DICIONÁRIO ESCOLAR
DA LÍNGUA PORTUGUESA

Domingos Paschoal Cegalla

2ª edição

Companhia Editora Nacional

© Companhia Editora Nacional, 2008

Direção editorial	Antonio Nicolau Youssef
Coordenação editorial	Célia de Assis
Edição	Edgar Costa Silva
Produção editorial	José Antônio Ferraz
Revisão	Berenice Baeder
	Dora Helena Feres
	Elisabete B. Pereira
	Patrizia Zagni
	Renata del Nero
	Sylmara Beletti
Editoração eletrônica	Globaltec Artes Gráficas Ltda.
Capa	Sabrina Lotfi Hollo

Dados Internacionais de Catalogação na Publicação (CIP)
(Câmara Brasileira do Livro, SP, Brasil)

Cegalla, Domingos Paschoal
 Dicionário escolar da língua portuguesa /
Domingos Paschoal Cegalla. -- 2. ed. -- São Paulo :
Companhia Editora Nacional, 2008.

ISBN 978-85-04-01412-9

1. Português - Dicionários I. Título.

08-10327 CDD-469.3

Índices para catálogo sistemático:
1. Português : Dicionários 469.3

2ª edição – São Paulo – 2008
Todos os direitos reservados
CTP, Impressão e Acabamento - IBEP Gráfica
1ª reimpressão - 2009

Av. Alexandre Mackenzie, 619
Jaguaré – São Paulo – SP
05322-000 – Brasil – Tel.: (11) 2799-7799
www.editoranacional.com.br
editoras@editoranacional.com.br

Sumário

Apresentação 6
Como usar este dicionário 7
Lista de abreviaturas 10
Pequena Gramática da Língua Portuguesa 889
Anexos 939
 • Adjetivos pátrios dos estados brasileiros e de suas capitais 939
 • Formas de tratamento 940
 • Abreviaturas, siglas e símbolos 942
 • Sistema internacional de medidas 946
 • Continentes, países e capitais 947

Apresentação

Este dicionário destina-se especialmente aos estudantes brasileiros da Educação Básica e pode ser definido por sua principal característica: o equilíbrio entre a quantidade e a qualidade dos verbetes selecionados. Para isso, foi necessária uma pesquisa criteriosa, que possibilitasse a seleção destes verbetes dentro de um universo suficientemente eclético para contemplar o indispensável atendimento da língua culta e da coloquial, bem como os termos mais recentes introduzidos em nosso idioma, considerando as tecnologias atuais e o ambiente em que vivemos nos dias de hoje.

A definição da palavra ou definição lexicográfica constitui um dos fatores fundamentais para a qualidade do dicionário, pois dela dependerá a maior ou menor facilidade de compreensão dos termos por parte do aluno. Nesse sentido, a clareza e a concisão são fatores determinantes. Procurou-se evitar, de um lado, a hipertrofia informativa que distancia o aluno da consulta e, de outro, o simplismo de definições e abonações que comprometem o bom entendimento do estudante.

As acepções dos verbetes foram estruturadas segundo os seguintes critérios:

1. A divisão silábica encontra-se contemplada em cada verbete assinalada por pontos.

2. Os substantivos foram classificados quanto ao gênero: substantivo masculino (*s.m.*), substantivo feminino (*s.f.*) e substantivo comum de dois gêneros (*s.2g.*).

3. Quando um verbete for simultaneamente substantivo e adjetivo ou substantivo e verbo, a acepção como substantivo aparece em primeiro lugar.

4. As diferentes regências de um mesmo verbo respeitarão a seguinte ordem: transitivo (*v.t.*), de ligação (*v.lig.*), pronominal (*v.pron.*) e intransitivo (*v.int.*).

5. Os pronomes foram classificados em subcategorias: pronome pessoal (*pron. pess.*), pronome possessivo (*pron. poss.*), pronome demonstrativo (*pron. dem.*), pronome indefinido (*pron. indef.*), pronome interrogativo (*pron. inter.*) e pronome relativo (*pron. rel.*).

6. Os adjetivos (*adj.*), as preposições (*prep.*), as conjunções (*conj.*), os advérbios (*adv.*) e as interjeições (*interj.*) não foram mencionados em subcategorias.

7. Em determinadas palavras, a pronúncia é esclarecida entre barras. Para representá-la, não foram utilizados os símbolos fonéticos internacionais, mas as letras do nosso alfabeto.

Como usar este dicionário

Para facilitar a consulta, os verbetes foram organizados a partir da seguinte estrutura:

① Verbete: texto de uma palavra-entrada, incluindo ela própria.

② Palavra-entrada ou entrada: cada uma das palavras que serão explicadas, alistadas em ordem alfabética. Aparecem em negrito.

③ Definição lexicográfica: definição da palavra-entrada, englobando as várias acepções de sentido ou de uso das palavras.

④ Separação silábica: as sílabas de cada palavra são separadas por pontos, na própria palavra-entrada.

⑤ Pronúncia ou ortoépia: entre parênteses, logo após a entrada, indicações necessárias de pronúncia. No caso de estrangeirismos, entre parênteses, a reprodução fonética em português.

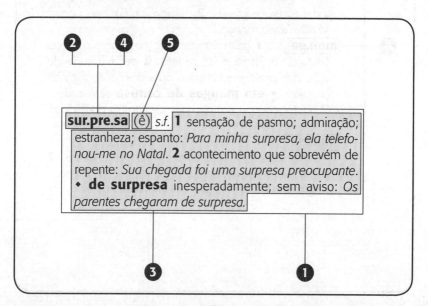

6 **Homógrafo**: entradas com a mesma grafia, mesma pronúncia, mas significados diferentes.

7 **Classe gramatical**: em itálico, logo após a entrada, abreviada, a classe gramatical da palavra, para cada acepção.

8 **Número de acepção**: em negrito, o número que precede cada definição de uma mesma palavra.

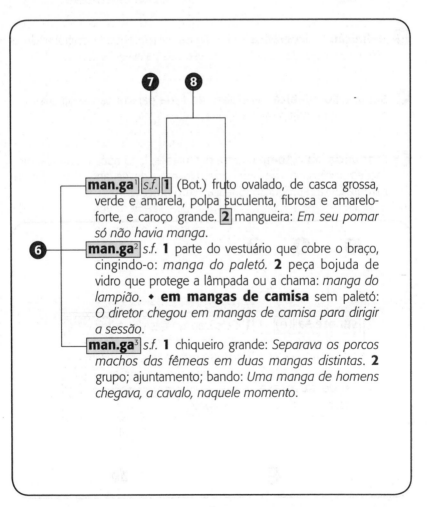

man.ga¹ *s.f.* **1** (Bot.) fruto ovalado, de casca grossa, verde e amarela, polpa suculenta, fibrosa e amarelo-forte, e caroço grande. **2** mangueira: *Em seu pomar só não havia manga.*
man.ga² *s.f.* **1** parte do vestuário que cobre o braço, cingindo-o: *manga do paletó.* **2** peça bojuda de vidro que protege a lâmpada ou a chama: *manga do lampião.* ◆ **em mangas de camisa** sem paletó: *O diretor chegou em mangas de camisa para dirigir a sessão.*
man.ga³ *s.f.* **1** chiqueiro grande: *Separava os porcos machos das fêmeas em duas mangas distintas.* **2** grupo; ajuntamento; bando: *Uma manga de homens chegava, a cavalo, naquele momento.*

⑨ Indicação de contexto: regionalismos, nível de uso da língua ou rubricas das diversas áreas do conhecimento completam a definição, remetendo o leitor a um contexto maior. Entre parênteses, na forma abreviada.

⑩ Regência verbal: em itálico, definidas para cada acepção ou para o verbete como um todo, se a regência for a mesma para todas as acepções.

⑪ Locuções ou expressões idiomáticas: em negrito, indicadas pelo símbolo ♦, expressões ou locuções usuais e seus respectivos significados.

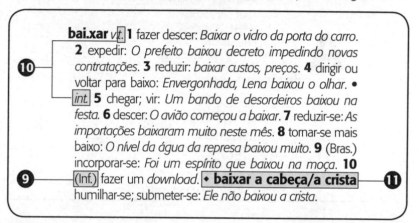

⑫ Informações adicionais: a marca "//" indica informações adicionais, tais como variações, fórmulas e antônimos.

⑬ Parônimos: indicam palavras graficamente iguais ou semelhantes, mas com significados diferentes. Aparecem precedidos por Cp.: (compare).

⑭ Exemplo e abonação: em itálico, frases meramente exemplificativas ou trechos de obras literárias ilustram o uso do verbete.

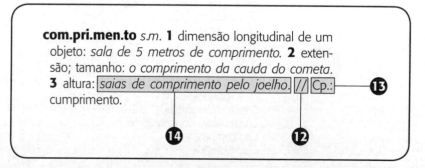

Lista de abreviaturas
usadas neste dicionário

A

adj.: adjetivo
adv.: advérbio ou adverbial
Aer.: Aeronáutica
Al.: alemão
Amaz.: Amazônia
Anál. Mat.: Análise Matemática
Anat.: Anatomia
Anest.: Anestesiologia
Ant.: antônimo
Antrop.: Antropologia
Ár.: árabe
Arit.: Aritmética
Arquit.: Arquitetura
art.: artigo
Art. Plást.: Artes Plásticas
Astr.: Astronomia
Astrol.: Astrologia
Atlet.: Atletismo
Aum.: aumentativo
Autom.: Automobilismo

B

Bacter.: Bacteriologia
Basq.: Basquetebol
Biol.: Biologia
Bioquím.: Bioquímica
Bot.: Botânica
Bras.: brasileirismo

C

Card.: Cardiologia
Ciênc. Polít.: Ciência Política
Ch.: chulo
Chin.: chinês
Cin.: Cinema
Cir.: Cirurgia
Citol.: Citologia
Coloq.: coloquial
conj.: conjunção
Constr.: Construção
Constr. Nav.: Construção Naval
Cp.: compare
Cul.: Culinária

D

Deprec.: depreciativo
Derm.: Dermatologia
Dir.: Direito

E

Ecol.: Ecologia
Econ.: Economia
Edit.: Editoração
El. Comp.: elemento de composição
Eletr.: Eletricidade
Eletrôn.: Eletrônica
E. Ling.: Estudos Linguísticos
Embr.: Embriologia
Endocr.: Endocrinologia
Eng. Elétr.: Engenharia Elétrica
Esp.: espanhol
Esport.: Esportes
Estat.: Estatística
Ét.: Ética
Etnogr.: Etnografia
Etnol.: Etnologia

F

Fam.: linguagem familiar
Farm.: Farmacologia
Fig.: sentido figurado
Filos.: Filosofia
Fís.: Física
Fís. Nucl.: Física Nuclear
Fís.-Quím.: Físico-Química
Fisiol.: Fisiologia
Folcl.: Folclore
Fon.: Fonologia
Fórm.: fórmula
Fot.: Fotografia
Fr.: francês
Fut.: Futebol

G

Genét.: Genética
Geofís.: Geofísica
Geogr.: Geografia
Geol.: Geologia
Geom. Anal.: Geometria Analítica

Gin.: Ginecologia
Ginást.: Ginástica
Gír.: gíria
Gloss.: Glossônimo
Gram.: Gramática

Hebr.: hebraico
Hemat.: Hematologia
Hig.: Higiene
Hist.: História
Histol.: Histologia

Imun.: Imunologia
Inf.: Informática
Ingl.: inglês
int.: intransitivo
interj.: interjeição
It.: italiano

Jap.: japonês
Jorn.: Jornalismo
Jur.: Jurídico

Lat.: latim
lig.: verbo de ligação
Lit.: Literatura
Lóg.: Lógica

Mar.: Marinha
Mat.: Matemática
Mec.: Mecânica
Med.: Medicina
Met.: Meteorologia
Mil.: Militar
Min.: Mineralogia
Mit.: Mitologia
Mús.: Música

N

N. Atôm.: número atômico
Náut.: Náutica
Nefr.: Nefrologia
Neur.: Neurologia
num.: numeral

O

Obsol.: obsoleto
Obst.: Obstetrícia
Odont.: Odontologia
Oftalm.: Oftalmologia
Ópt.: Óptica
Ort.: Ortopedia
Otor.: Ortorrinolaringologia

P

Paleont.: Paleontologia
Patol.: Patologia
Pej.: pejorativo
Pl.: plural
Pneum.: Pneumologia
Poét.: Poética
Polít.: Política
Pop.: Popular
prep.: preposição
Proct.: Proctologia
pron.: pronome ou pronominal
pron. def.: pronome definido
pron. indef.: pronome indefinido
pron. inter.: pronome interrogativo
pron. pess.: pronome pessoal
pron. poss.: pronome possessivo
pron. rel.: pronome relativo
Psic.: Psicologia ou Psicanálise
Psiq.: Psiquiatria

Q

Quím.: Química

R

Rád.: Rádio
Radiol.: Radiologia
Radiotéc.: Radiotécnica
Reg.: regionalismo
Rel.: Religião

S
- *s.2g.*: substantivo comum de dois gêneros
- *s.f.*: substantivo feminino
- *s.m.*: substantivo masculino
- Símb.: símbolo
- Sociol.: Sociologia
- Son.: Sonorização

T
- *t.*: transitivo
- Teatr.: Teatro
- Telecom.: Telecomunicações
- Telev.: Televisão
- Teol.: Teologia
- Terap.: Terapia
- Tip.: Tipografia

U
- Urol.: Urologia

V
- *v.*: verbo
- Var.: variante
- Vet.: Veterinária
- Vulg.: vulgar

Z
- Zool.: Zoologia

a¹ *s.m.* **1** primeira letra do alfabeto português. **2** som da vogal. **3** abreviatura de assinado (a). **4** o desenho do a: *Havia uma escada em forma de A.* **5** em maiúscula, abreviaturas de ampère internacional, argônio e autor. • *num.* **6** primeiro, numa série indicada por letras.

a² *art.* definido feminino: *A menina caiu.*

a³ *pron.* pessoal da 3ª pessoa do singular feminino do caso oblíquo: *Deixei-a em casa.* • *pron.* demonstrativo feminino; aquela: *A que chegar primeiro ganhará um prêmio.*

a⁴ *prep.* relaciona dois termos da oração, indicando: **1** movimento espacial; até: *Fomos a Santos.* **2** distância espacial ou temporal: *Caiu a 10 metros do muro.* **3** posição inferior; sob: *os campos prateados ao luar.* **4** duração no tempo; em: *Na rua a uma hora dessas?* **5** sucessão no tempo; por: *ano a ano.* **6** estado ou condição: *Faleceu aos 92 anos.* **7** causalidade; por causa de; devido a: *O arvoredo vergava às chicotadas do vento.* **8** modo: *Não sei me arrumar a jato.* **9** meio ou instrumento; com: *Foi recebido a tiro.* **10** oposição; contra: *Vitória do time por 2 a 0.* **11** limite; até: *Contou de um a dez; Trabalhou de segunda a sexta.* // Introduz complemento verbal ou nominal: *Não obedecia a ninguém.*

á *s.m.* nome da letra a: *Ada escreve-se com dois ás.*

à *prep.* a + *art.* a **1** usada antes de nome feminino que admite o artigo *a* ou do pronome *qual* quando retoma um nome feminino: *Vou reclamar à prefeitura; interrogações às quais não sabe responder.* **2** usada antes de nome masculino quando se subentende a palavra moda: *uma cama à Luís XV.* **3** usada antes de numeral que indica hora: *A rua, nas noites de bom tempo, silenciava às oito.* **4** introduz locução adverbial cujo núcleo é nome feminino: *O rancho estava quase às escuras.* • *prep.* a + *pron.* a (i) usada antes de *que* e *qual (is)* quando estes retomam um nome feminino: *Uma trajetória inversa à que fez o empresário Rubens.* (ii) contraída aos demonstrativos *aquele(s)* e *aquilo*: *Prefiro este texto àquele lido em classe.*

a.ba *s.f.* **1** parte inferior pendente de certas peças do vestuário: *aba do paletó.* **2** borda; beira: *Fez um corte na aba do chapéu.* **3** orla; margem: *a aba da cerca de mato.* **4** sopé; encosta: *a aba de uma serra.* **5** (Fig.) proteção; amparo.

a.ba.ca.te *s.m.* **1** fruto do abacateiro, de casca grossa, verde ou arroxeada, de polpa oleosa e esverdeada, caroço grande: *Neste ano, os abacates estão muito gostosos.*

a.ba.ca.tei.ro *s.m.* árvore tropical, de grande porte e folhas grandes verde-escuras, que produz o abacate: *a sombra de um abacateiro.*

a.ba.ca.xi /ch/ *s.m.* (Bras.) **1** fruto grande e escamoso, de sulcos simétricos, com uma coroa espinhosa, polpa branca ou amarelada, aromática e suculenta: *Abacaxi provoca o aparecimento de aftas em determinadas pessoas* **2** (Coloq.) tudo o que é indesejável e perigoso; coisa complicada e trabalhosa: *Quem é que aguenta um abacaxi desses?*

a.ba.ca.xi.zei.ro /ch/ *s.m.* planta tropical, de folhas longas, lanceoladas e de bordos em serrilha, que produz o abacaxi.

á.ba.co *s.m.* instrumento para cálculo elementar, que consiste numa moldura retangular com arames nos quais correm bolinhas coloridas.

a.ba.dá *s.m.* **1** espécie de camisa folgada, em geral sem mangas e sem gola; túnica longa usada pelos muçulmanos na África. **2** (Reg. RJ) calça usada por capoeiristas.

a.ba.de *s.m.* superior de ordem religiosa que governa uma abadia. // Fem.: abadessa.

a.ba.di.a *s.f.* mosteiro governado por abade ou abadessa.

a.ba.fa.di.ço *adj.* **1** um pouco abafado: *uma tarde abafadiça.* **2** um pouco sufocante.

a.ba.fa.do *adj.* **1** em que se respira mal; asfixiante: *Fazia calor, a sala estava abafada.* **2** sufocante: *O calor abafado estava quase insuportável.* **3** contido; reprimido: *Ouviam-se os gemidos abafados.* **4** ansiado; aflito: *Ela continua abafada com os problemas domésticos.* **5** (Coloq.) muito ocupado.

a.ba.fa.dor (ô) *s.m.* **1** aquilo ou aquele que abafa. **2** cobertura de lã para conservar quente o conteúdo de uma vasilha. • *adj.* **3** que abafa. **4** abafante; sufocante.

a.ba.far *v.t.* **1** sufocar; asfixiar: *O mormaço abafava todos nós.* **2** cobrir para impedir a combustão ou a perda de calor: *Quando conseguiram abafar o fogo, era tarde.* **3** (Coloq.) roubar; furtar: *Abafaram minha carteira.* **4** ocultar; esconder; disfarçar: *Não merecem consideração os que abafam trapaças e escândalos.* **5** impedir de ser ouvido; amortecer; abrandar: *Com a mão abafou o grito que saía da garganta.* • *int.* **6** (Coloq.) ter sucesso: *O importante é que o meu samba abafara.* **7** estar muito quente e sufocante: *O dia abafava.*

a.bai.xa.do *adj.* **1** voltado para baixo; inclinado, curvado para baixo: *O olho direito estava bem abaixado; Outros ficam de cabeças abaixadas.* **2** agachado: *Não havia ninguém abaixado atrás do carro.* **3** arriado; descido: *As janelas estão de venezianas abaixadas.*

a.bai.xa.men.to *s.m.* ato ou efeito de abaixar.

abaixar

a.bai.xar /ch/ *v.t.* **1** mover de cima para baixo; inclinar: *Vovó abaixou a cabeça.* **2** fazer descer: *O dono da loja abaixou a porta de ferro.* **3** dirigir ou voltar para baixo: *Abaixei o olhar, sem jeito.* **4** tornar mais baixo; diminuir a intensidade de: *A evaporação intensa abaixa a temperatura interna dos animais.* **5** reduzir: *abaixar o preço da gasolina.* • *pron.* **6** inclinar-se; curvar-se: *A bailarina abaixou-se lentamente.* • *int.* **7** mover-se de cima para baixo. **8** ter sua intensidade ou altura reduzida: *No inverno, a temperatura abaixa.* **9** reduzir-se: *O preço do arroz abaixara mais.* **10** assentar-se: *Depois a nuvem de poeira abaixou um pouco.* ✦ **abaixar a cabeça** humilhar-se; submeter-se: *Tinha como ideal nunca abaixar a cabeça para ninguém.*

a.bai.xo /ch/ *adv.* **1** em direção a um ponto inferior: *O suco de laranja desceu goela abaixo.* **2** localizado em posição mais baixa: *Tinha uma cicatriz um pouco abaixo da orelha.* **3** em seguida: *Abaixo damos os nomes dos matriculados em ordem alfabética.* **4** inferior: *temperatura abaixo de 20 ºC.*• *interj.* **5** expressa indignação ou reprovação: *Abaixo a corrupção!*

a.bai.xo-as.si.na.do *s.m.* documento subscrito por várias pessoas e dirigido a autoridade para reivindicar, protestar ou solicitar: *Coletaram mais de mil assinaturas em diversos abaixo-assinados contra o projeto do prefeito.*

a.ba.jur *s.m.* peça que se põe diante da lâmpada para não ferir a vista; quebra-luz.

a.ba.la.do *adj.* **1** que não está firme: *Seu dente ficou abalado após a pancada.* **2** perturbado: *Fiquei abalado com a notícia.* **3** comovido; impressionado: *A garota ficou abalada com a triste notícia.* **4** ameaçado: *um sistema monetário abalado pela inflação sempre em alta.* **5** enfraquecido; abatido: *sistema nervoso abalado.*

a.ba.lan.çar *v.t.* **1** avaliar; estimar; calcular. • *pron.* **2** arriscar-se; aventurar-se: *Estrangeiros abalançaram-se no setor industrial.*

a.ba.lar *v.t.* **1** fazer perder a firmeza, a timidez: *O automóvel, ao chocar-se contra o poste, abalou-o.* **2** forçar: *Murros abalaram a porta do quarto.* **3** fazer mover; balançar: *E abalava a cabeça para dizer que sim, que sim.* **4** perturbar; desconcertar: *As palavras da moça abalaram um pouco o namorado.* **5** impressionar; comover: *A notícia abalou o povo.* **6** causar estranheza a; alterar: *Isso em nada abala meu organismo.* **7** fazer diminuir: *uma dívida incalculável, capaz de abalar qualquer fortuna.* **8** mexer com; alterar: *A crise abala os alicerces do Estado.* • *pron.* **9** dispor-se a: *Só realmente uma nação com fé e confiança se abalaria a empreender um movimento de tal magnitude.* **10** impressionar-se: *Os entusiastas do projeto não se abalam com os custos.* **11** alterar-se; afligir-se: *Sem se abalar, ele pôs o motor em movimento e partiu.* • *int.* **12** sair correndo; partir rapidamente; afastar-se: *Abalei dali em disparada.*

a.ba.li.za.do *adj.* bem qualificado; competente: *um estudo abalizado de nossa formação histórica.*

a.ba.li.zar *v.t.* **1** marcar com balizas; demarcar: *Os agrônomos tinham vindo abalizar o sítio.* **2** servir como sinal; assinalar; marcar; mostrar: *Uma capelinha branca abalizava o local do encontro.*

a.ba.lo *s.m.* **1** oscilação; trepidação: *Um abalo de grandes proporções ocorreu na metrópole.* **2** perturbação; agitação: *O mercado interno sofreu um forte abalo.* **3** perturbação; alteração: *Vivia sob a impressão do forte abalo nervoso.* **4** sobressalto: *Quando vi o soldado na minha frente, tive um abalo.* ✦ **abalo sísmico** terremoto.

a.bal.ro.a.men.to *s.m.* trombada; colisão: *Nas ruas mais movimentadas são frequentes os abalroamentos.*

a.bal.ro.ar *v.t.* chocar-se com; colidir com: *O carro quase abalroou a moto.*

a.ba.na.dor (ô) *s.m.* abano.

a.ba.nar *v.t.* **1** mover de um lado para outro; agitar; sacudir; acenar: *O velho abanava a cabeça sem nada dizer.* **2** avivar (pelo movimento de um abano): *E a tia não parava de abanar o fogo.* **3** refrescar (pelo movimento de um abano): *A neta abana a avó com um leque preto.* **4** afugentar; espantar (pelo movimento de um abano): *Com a cauda, o boi abanava a mosquitada.* • *pron.* **5** refrescar-se com abano: *A baronesa abanava-se.*

a.ban.car *v. pron.* sentar-se; instalar-se: *Os casais se abancavam em torno da mesa.*

a.ban.do.na.do *adj.* **1** deixado ao desamparo; desabrigado: *menores abandonados.* **2** solitário; isolado: *Morreu só e abandonado.* **3** posto de lado; esquecido: *livro abandonado sobre a mesa.* **4** vazio; sem frequentadores: *Naquela tarde o restaurante estava abandonado.* **5** desocupado; sem trato: *uma casa abandonada.*

a.ban.do.nar *v.t.* **1** deixar ao desamparo; desamparar: *Há pais que abandonam seus filhos.* **2** sair de; afastar-se de: *Preparava-se para abandonar o acampamento.* **3** desistir de; renunciar a: *Resolveu abandonar aquelas ideias extravagantes.* • *pron.* **4** entregar-se: *Sentiu desejo de abandonar-se ao devaneio.* **5** deixar-se vencer por: *Os membros já se abandonavam ao cansaço.*

a.ban.do.no *s.m.* **1** ato ou efeito de abandonar(-se): *O abandono do lar custou-lhe caro.* **2** desistência. **3** falta de amparo ou cuidado: *Dói muito constatar o abandono a que está entregue a cidade.* **4** relaxamento de tensão: *A música propicia momentos de abandono.*

a.ba.no *s.m.* **1** aceno; movimento: *um leve abano de cabeça.* **2** objeto semelhante ao leque feito de palha entrelaçada, fibra, papel, próprio para agitar o ar ou avivar o fogo; abanador: *um abano de palha.*

a.ba.rá *s.m.* (Bras.) pequeno bolo feito de feijão de sementes pequenas brancas ou amarelas e camarão seco, temperado com sal, cebola, pimenta e azeite de dendê, cozido em banho-maria ou vapor e servido enrolado em folha de bananeira.

a.bar.car *v.t.* **1** cingir com os braços ou com as mãos: *A árvore era tão grande que três homens de mãos dadas não lhe abarcavam o tronco.* **2** incluir; abranger: *Esse projeto abarca vários empreendimentos.* **3** apreender; alcançar: *Sentada, Maria abarca com os olhos todo o espetáculo no grande palco.* ✦ **abarcar o mundo com as pernas** ousar além das possibilidades.

a.bar.ro.ta.do *adj.* muito cheio; repleto: *apartamento pequeno e abarrotado de móveis.*

aberto

a.bar.ro.tar *v.t.* **1** encher em demasia: *Comprou milho demais e abarrotou o paiol.* • *pron.* **2** tornar-se muito cheio de; lotar: *Às vezes a balsa se abarrotava.* **3** fartar-se; empanturrar-se: *abarrotar-se de doce.*

a.bas.ta.do *s.m.* **1** pessoa endinheirada; pessoa rica: *Só os mais abastados se aventuravam à compra do sal.* • *adj.* **2** endinheirado; rico: *um comerciante abastado.* **3** bem provido: *leilão abastado, sortido, com muitas prendas.* **4** que denota ou revela riqueza ou abastança.

a.bas.tan.ça *s.f.* **1** abundância; fartura: *Podia continuar a sua vida, criando os filhos em relativa abastança.* **2** riqueza. **3** vida econômica confortável: *O magnata vivia na abastança.*

a.bas.tar.dar *v.t.* **1** adulterar; deturpar: *Não merece o nome de escritor aquele que abastarda a escrita.* • *pron.* **2** corromper-se; degenerar-se: *Há quem se abastarde para sobreviver.*

a.bas.te.cer *v.t.* **1** prozzver ou munir do necessário: *As feiras e os supermercados abastecem as populações nos seus respectivos bairros.* • *pron.* **2** fazer provisão: *Quem mora em cidades grandes se abastece em supermercados.* **3** receber provisão: *Grandes embarcações chegam ao porto para abastecer-se.*

a.bas.te.ci.men.to *s.m.* **1** provisão; sortimento: *Os flagelados receberam abastecimento por helicóptero.* **2** fornecimento: *O abastecimento de arroz no Japão é controlado pelo governo.*

a.ba.te *s.m.* matança de animais para o consumo.

a.ba.te.dor (ô) *s.m.* quem abate animais para consumo.

a.ba.te.dou.ro *s.m.* lugar onde se abatem animais para o consumo.

a.ba.ter *v.t.* **1** derrubar: *Os lenhadores abatiam árvores.* **2** matar: *Caçadores abatiam capivaras.* **3** reduzir; abaixar (valor, preço); dar abatimento; descontar: *Com o fim do inverno, o comércio está abatendo o preço das mercadorias encalhadas.* • *pron.* **4** cair; descer: *As chuvas anualmente se abatem sobre aqueles campos.* **5** ficar prostrado; debilitar-se: *Ela não se abateu nem mesmo com a doença.*

a.ba.ti.do *adj.* **1** caído; fatigado: *Era um homem abatido pelo cansaço.* **2** derrubado; enfraquecido: *Encontrei-a um pouco abatida.* **3** lançado por terra; derrubado: *um avião de guerra abatido nas selvas.* **4** que se abateu para aproveitamento da carne: *milhões de suínos abatidos.*

a.ba.ti.men.to *s.m.* **1** ato ou efeito de abater (-se) **2** desânimo; depressão; acabrunhamento: *A causa do seu abatimento era a ausência da filha.* **3** diminuição no preço; desconto: *Conseguiu abatimento na compra à vista.*

a.ba.u.la.do *s.m.* de forma convexa; curvo.

a.ba.u.lar *v.t.* **1** tornar curvo ou convexo como a tampa de um baú; arquear: *A batida abaulou o para-choque do carro.* • *pron.* **2** tornar-se curvo ou convexo.

abc *s.m.* **1** alfabeto; abecedário: *Na primeira semana de aula aprendeu o abc.* **2** aquilo que é elementar ou muito simples: *o abc da categoria.* **3** composição poética popular que, em geral, celebra feitos heroicos, mas que também pode ter tom satírico, na qual o cantador começa cada estrofe por uma letra do alfabeto.

ab.di.ca.ção *s.f.* **1** ato ou efeito de abdicar; desistência voluntária (de cargo, poder, dignidade etc.): *Esperavam a abdicação do Imperador.* **2** renúncia a: *a abdicação de certos privilégios.*

ab.di.car *v.t.* **1** renunciar a; desistir de: *Não valeria a pena abdicar de seu passado.* • *int.* **2** renunciar voluntariamente a cargo ou poder: *Carlos V abdicou em 1555 em favor de seu filho.*

ab.do.me *s.m.* ventre; barriga: *abdome saliente; corte no abdome.* // Pl.: abdomes. Var.: abdômen.

ab.dô.men *s.m.* forma alatinada de abdome. // Pl.: abdômenes e abdomens.

ab.do.mi.nal *s.m.* **1** ginástica para fortalecer os músculos abdominais: *Estava em forma porque fazia 40 abdominais todas as manhãs.* • *adj.* **2** pertencente ao abdome; do abdome: *cavidade abdominal; músculos abdominais.*

a.be.be.rar *v.t.* **1** dar de beber: *O caseiro abebera os animais da chácara.* • *pron.* **2** tirar lição; inspirar-se: *Procurei abeberar-me dos ensinamentos daquele sábio.* • **3** matar a sede: *Os animais se abeberavam na lagoa.*

a.be.cê *s.m.* abc; as primeiras letras: *Ensina o abecê a meninos.*

a.be.ce.dá.rio *s.m.* conjunto das letras do alfabeto; alfabeto.

a.bei.rar *v.t.* **1** chegar à beira de; aproximar-se de: *Havia cobras abeirando a casa.* **2** estar próximo de; beirar: *De idade devia abeirar os trinta.* • *pron.* aproximar-se; avizinhar-se.

a.be.lha (ê) *s.f.* inseto de abdome com marcas amarelas ou amarelo-avermelhadas, conforme a espécie, e tórax com pelos amarelados; produz mel e cera.

a.be.lha-mes.tra *s.f.* a única fêmea fecundada de uma colmeia; rainha. // Pl.: abelhas-mestras.

a.be.lhei.ra *s.f.* colmeia ou viveiro de abelhas: *as abelheiras silvestres.*

a.be.lhu.do *s.m.* **1** pessoa metediça. • *adj.* **2** intrometido; bisbilhoteiro: *um rapaz abelhudo.*

a.ben.ço.a.do *adj.* **1** que recebeu bênçãos: *um país tropical, abençoado por Deus.* **2** próspero; afortunado: *terra abençoada em que vivemos.* **3** muito oportuno ou muito esperado: *Abençoado o dia em que ouvi seus conselhos.*

a.ben.ço.ar *v.t.* **1** dar ou lançar bênção a; benzer: *O sacerdote ia abençoar os fiéis.* **2** trazer felicidade, prosperidade; proteger: *Deus te abençoe.* • *pron.* **3** persignar-se; fazer o sinal da cruz; benzer-se.

a.ber.ra.ção *s.f.* **1** desatino; loucura: *aberrações praticadas a torto e a direito e em qualquer lugar.* **2** deformidade; defeito: *Magreza ou pernas finas não são aberrações.* **3** anomalia; irregularidade: *Aquilo era uma aberração administrativa.*

a.ber.ran.te *adj.* que se desvia daquilo que é considerado normal: *Era um anúncio aberrante e excessivo.*

a.ber.to (é) *adj.* **1** que se abriu; descerrado: *porta aberta; janela aberta.* **2** desabotoado: *Tinha as mãos levantadas e o paletó aberto.* **3** desabrochado: *Sentia o perfume das flores abertas pela manhã.* **4** sem obstáculos; livre; vasto: *A janela dava para o campo aberto.* **5** rasgado; dilacerado. **6** não cicatrizado: *uma ferida ainda aberta.* **7** com as páginas afastadas: *Tinha o livro aberto sobre o joelho.* **8** em funcionamento;

abertura

em atividade: *Será que a pizzaria ainda está aberta?* **9** agudo: *O som da letra e em café é aberto.* **10** instaurado; iniciado: *contas abertas em vários bancos.* **11** franco: *Tiveram um papo aberto.* **12** acessível; disponível: *novo palácio aberto à visitação pública.*• *adv.* **13** sem marcação sistemática; livremente: *O time jogava aberto do lado esquerdo de sua defesa.*

a.ber.tu.ra *s.f.* **1** ato de abrir: *A abertura das portas será às 7h30.* **2** ato de abrir um vão, quebrando, perfurando, rompendo: *A abertura do túnel começou em 1965.* **3** ato de abrir afastando, distendendo as partes de um todo: *a abertura dos braços.* **4** começo; início; inauguração; estreia: *A abertura da Copa do Mundo de 2002 foi a 31/05.* **5** parte sinfônica por meio da qual se inicia uma obra musical de grande dimensão. **6** instauração; instalação: *abertura de um inquérito.* **7** em política, disposição ou possibilidade de entendimento. **8** acessibilidade; franqueza; liberação: *Era uma pessoa de grande abertura de ideias.* **9** espaço vazio formado de orifício, buraco, fenda etc.; vão; passagem.

a.bes.pi.nha.do *adj.* **1** irritado; exasperado: *Ele vai ao corredor, meio trôpego, abespinhado.* **2** que denota irritação: *o olhar abespinhado do cliente.*

a.bes.pi.nhar *v.t.* **1** irritar: *O excesso de reclamações abespinhava os dirigentes.*• *pron.* **2** irritar-se; exasperar-se: *É um professor que se abespinha com facilidade.*

a.bes.ta.lha.do *adj.* abobado; abobalhado: *Eu estava abestalhado com a situação.*

a.be.to (ê) *s.m.* árvore rara nos trópicos, mas cultivada no Brasil como ornamento.

a.bi.ei.ro *s.m.* árvore frutífera que produz o abiu.

a.bi.lo.la.do *adj.* amalucado; abobalhado: *Ele é um cara todo abilolado.*

a.bi.o.gê.ne.se *s.f.* (Biol.) formação de seres vivos a partir de matéria desprovida de vida; geração espontânea.

a.bis.ma.do *adj.* **1** admirado; assombrado; pasmado: *O garoto ficou abismado com a presença de tantos bichos no pátio.* **2** absorto: *Descia para o rio, se esquecia do mundo, abismado e cheio de cismas.*

a.bis.mar *v.t.* **1** lançar no abismo.• *pron.* **2** causar espanto, admiração a. **3** ficar assombrado; espantar-se: *Os pescadores se abismavam com a largura do rio.*

a.bis.mo *s.m.* **1** lugar profundo; precipício: *depois das rochas, o abismo.* **2** cavidade cujo fundo é desconhecido; profundezas: *Nos abismos do oceano estão as carcaças de muitos navios.* **3** inferno: *A mão salvadora do Criador livra-nos do abismo.* **4** grande distância ou diferença: *Abriu-se um abismo entre o povo e o governo.* **5** grande intensidade: *o abismo do sofrimento e da dor.* **6** dificuldades; problemas: *Os caminhos da vida são cheios de abismos.*

a.bis.sal *adj.* da natureza do abismo; muito profundo; imenso: *as fossas abissais do Pacífico.*

a.bis.sí.nio *s.m.* **1** natural ou habitante da Abissínia (atual Etiópia).• *adj.* **2** relativo a Abissínia.

a.biu *s.m.* fruto carnoso, doce e de cor amarela.// Var.: abio.

ab.je.ção *s.f.* baixeza; aviltamento; degradação: *Vive na mais completa abjeção social.*

ab.je.to (é) *adj.* desprezível; vil: *Matar é crime abjeto.*

ab.ju.rar *v.t.* **1** perjurar; renegar: *Abjurou a promessa porque não conseguia cumpri-la.* **2** retratar-se, desdizer de (opinião): *Não devemos abjurar nossa vocação para a paz.*

a.bla.ção *s.f.* (Med.) retirada de órgão ou parte dele.

a.bla.ti.vo *s.m.* caso gramatical do latim que indica a função sintática do adjunto adverbial, principalmente aqueles que expressam as noções de lugar, onde, por onde, afastamento, instrumento, companhia, origem, matéria.

a.blu.ção *s.f.* banho de todo o corpo ou de parte dele com esponja embebida em água ou com toalha molhada: *Ao lado do dormitório comum, havia banheiras para abluções gerais.*

ab.ne.ga.ção *s.f.* desprendimento; desinteresse: *Lino dava mostras comovedoras de humanitarismo e abnegação.*

ab.ne.ga.do *adj.* **1** desprendido: *meus abnegados companheiros.* **2** que denota desprendimento ou altruísmo: *uma vida austera, abnegada e de sacrifícios.*

ab.ne.gar *v.t.* **1** renunciar a; abster-se de: *Ele abnega os princípios de qualquer doutrina.* • *pron.* **2** sacrificar-se: *O pai abnegou-se em benefício do filho.*

a.bó.ba.da *s.f.* construção de forma curva destinada a cobrir espaços murados: *No alto da abóbada, havia uma rachadura.*

a.bo.ba.do *adj.* abobalhado: *O escrivão era um rapazote abobado e de riso solto.* **2** próprio de bobo ou de tolo: *Passou por um período de loucura mansa, abobada.*

a.bo.ba.lha.do *adj.* tornado bobo; abobado: *Veio visitar-me com uma mulher meio abobalhada.*

a.bo.ba.lhar *v.t.* **1** deixar bobo; atoleimar; abobar: *Sua história abobalhou e confundiu os presentes.*• *pron.* **2** ficar como bobo; apatetar-se: *Com a surpresa, Nina abobalhou-se.*

a.bó.bo.ra *s.f.* **1** fruto da aboboreira, cuja polpa, de cor amarelo-avermelhada, é usada em vários pratos doces e salgados: *Com a chuva a abóbora cresce mais rápido.*

a.bo.bo.rei.ra *s.f.* planta rasteira ou trepadeira de folhas verde-escuras grandes e arredondadas e flores amarelas, que produz a abóbora.

a.bo.bri.nha *s.f.* **1** fruto verde da aboboreira usado na alimentação: *Comia abobrinha refogada todos os dias.* **2** (Coloq.) asneira; bobagem: *Ela ria muito das nossas abobrinhas.*

a.bo.ca.nhar *v.t.* **1** apanhar com a boca para comer: *O cavalo baixava o focinho e abocanhava a touceira de capim.* **2** atacar com a boca; morder: *Cães ferozes ameaçavam abocanhar o próprio dono.* **3** (Coloq.) apoderar-se; ganhar: *Não era possível que, sozinho, abocanhasse todos aqueles milhões.* **4** conseguir; conquistar: *O candidato abocanhou doze mil votos em sua cidade.*

a.boi.ar *v.int.* tanger os bois com canto: *Os campeiros aboiavam na tarde tranquila.*

a.boi.o (ô) *s.m.* chamado melódico do vaqueiro para atrair ou conduzir o gado: *Na tarde calma, ouvia-se o aboio triste dos campeiros.*

a.bo.le.ta.do *adj.* instalado; acomodado: *Uma vez aboletado na capital, podia procurar emprego em grandes escritórios.*

abrangente

a.bo.le.tar *v.t.* **1** acomodar; instalar: *Aboletou a filha no sofá da sala.* • *pron.* **2** alojar-se; acomodar-se: *O cacique se aboletou na casa.*

a.bo.li.ção *s.f.* **1** anulação; extinção ou supressão de qualquer instituição, lei, prática ou costume: *a abolição de certas barreiras que dificultam as importações.* **2** libertação (dos escravos no Brasil): *A abolição da escravatura deu-se em 1888.* **3** extinção; supressão: *Um dos itens da reforma ortográfica foi a abolição de alguns acentos diferenciais.*

a.bo.li.ci.o.nis.mo *s.m.* movimento político que propagava a abolição da escravatura: *Castro Alves era adepto do abolicionismo.*

a.bo.li.ci.o.nis.ta *s.2g.* **1** quem era a favor da libertação dos escravos. • *adj.* **2** favorável à libertação dos escravos: *O poeta tinha ideias abolicionistas.*

a.bo.lir *v.t.* eliminar; anular; suprimir prática, costume ou lei: *A ditadura aboliu a autonomia dos Estados.*

a.bo.mi.na.ção *s.f.* horror: *A violência contra as mulheres é uma abominação.*

a.bo.mi.nar *v.t.* sentir horror a; odiar: *Titia abominava fantasias de Carnaval.*

a.bo.mi.ná.vel *adj.* detestável: *A mãe achava abominável aquela ideia.*

a.bo.na.ção *s.f.* **1** ato ou efeito de abonar; aprovar. **2** fiança; caução. **3** aprovação; louvor. **4** auxílio monetário. **5** frase ou trecho de frase que serve para exemplificar uma acepção ou uma construção sintática nos dicionários.

a.bo.na.do *adj.* **1** rico; endinheirado: *Visitou nossa cidade um cidadão muito abonado.* **2** não contado; tolerado: *Os funcionários só têm algumas faltas abonadas.*

a.bo.nar *v.t.* **1** declarar bom ou verdadeiro: aprovar: *Não posso abonar tal comportamento.* **2** adiantar ou emprestar dinheiro a. **3** documentar para dar autoridade a ou para justificar o uso de uma palavra, expressão ou construção: *abonar uma dada regência verbal com autor clássico.*

a.bo.no *s.m.* **1** aprovação. **2** fiança; caução; garantia. **3** tolerância: *O serviço de jurado dá direto ao abono de faltas ao trabalho.* **4** quantia paga, além do vencimento ou ordenado: *Em vez de aumento, os funcionários receberão um abono até o fim do ano.* • **em abono** em favor: *Que mais posso dizer em abono da verdade?*

a.bor.da.gem *s.f.* **1** ato ou efeito de abordar. **2** exposição; tratamento: *A abordagem do assunto pelo conferencista foi clara e convincente.* **3** aproximação; contato: *uma garota de difícil abordagem.*

a.bor.dar *v.t.* **1** abalroar para tomar de assalto: *O veleiro pirata abordou a caravela.* **2** dirigir-se a; aproximar-se de: *Não tinha coragem de abordar a garota.* **3** tratar de; examinar: *Aquele professor sempre aborda os mesmos assuntos.*

a.bo.rí.gi.ne *s.2g.* **1** índio: *Há aborígines que vivem da caça.* • *adj.* **2** originário do país; nativo; indígena: *populações aborígines da região Norte.* **3** primitivo: *exposição de arte aborígine da coleção Rockfeller.*

a.bor.re.cer *v.t.* **1** causar aborrecimento a; importunar: *Aquela moleza do rapaz me aborrecia.* **2** irritar: *O comportamento dela aborrecia o pai.* • *pron.* **3** ficar aborrecido; enfastiar-se: *O rapaz se aborrecia facilmente.*

a.bor.re.ci.do *adj.* **1** amolado; contrariado: *Dirigi-me ao bar visivelmente aborrecido.* **2** entediado; enfastiado: *Olhou a minha cara com um ar aborrecido; Disse que estava aborrecido de minha pessoa.* **3** maçante; tedioso: *Fazia um ventinho aborrecido.*

a.bor.re.ci.men.to *s.m.* **1** fastio; tédio; enfado: *Era visível seu aborrecimento.* **2** desgosto; contrariedade: *muito aborrecimento com a família.*

a.bor.ta.men.to *s.m.* interrupção da gravidez; ato ou efeito de abortar.

a.bor.tar *v.t.* **1** evitar ou impedir a ocorrência de; cancelar; frustrar: *No último minuto abortaram o ataque aéreo.* • *int.* **2** expulsar do útero o produto da concepção: *A jovem abortou.* **3** fracassar; gorar: *A esperança não deve abortar nunca.*

a.bor.ti.vo *s.m.* **1** aquilo que faz abortar: *tomar um abortivo.* • *adj.* **2** que provoca aborto: *pílula abortiva; receita abortiva.*

a.bor.to (ô) *s.m.* **1** interrupção provocada ou involuntária da gravidez; abortamento: *Está em discussão a ilegalidade do aborto.* **2** indivíduo disforme; monstro.

a.bo.to.a.do *adj.* **1** fechado com botões: *Trazia o colarinho abotoado e sem gravata.* **2** com botões; cheio de botões: *Na frente da casa, a roseira toda abotoada.* **3** arregalado (o olho): *Sempre assim, com os olhos abotoados nas moças.*

a.bo.to.a.du.ra *s.f.* **1** ato de abotoar. **2** botões removíveis próprios para os punhos das camisas.

a.bo.to.a.men.to *s.m.* **1** ato de abotoar(-se). **2** fileira de botões com suas respectivas casas: *blusa de cetim com abotoamento duplo na frente.*

a.bo.to.ar *v.t.* **1** fechar, colocando os botões nas casas: *João abotoou o paletó e saiu.* **2** fixar: *Pedro abotoava os olhos assustados no irmão.* **3** (Coloq.) matar: *Os desconhecidos abotoaram os traficantes.* • *pron.* **4** fechar peças da própria roupa: *Soldados se abotoavam devagar.* • *int.* **5** fechar-se com botões: *colarinhos que não abotoam.* **6** soltar botões: *A flor abotoou na noite passada.*

a.bra.ca.da.bra *s.m.* palavra cabalística de supostas virtudes mágicas: *Com um simples abracadabra, o mágico fez aparecer muito dinheiro na cartola.*

a.bra.çar *v.t.* **1** cingir com os braços: *Abraçou cada um efusivamente.* **2** abarcar; contar; incluir; cingir; cercar: *A sombra da amendoeira copada abraçava o encalorado pedestre.* **3** adotar; escolher: *Abraçou a carreira das leis.* • *pron.* **4** cingir-se com os braços; enlaçar-se: *Abraçou-se aos filhos.*

a.bra.ço *s.m.* ato de abraçar; amplexo: *Mando-lhe um abraço pelo aniversário.* • **abraço de tamanduá** traição, deslealdade.

a.bran.da.men.to *s.m.* **1** ato ou efeito de abrandar. **2** suavização; atenuação: *abrandamento das exigências.*

a.bran.dar *v.t.* **1** tornar dócil; amansar: *A voz calma do mestre abrandou a classe agitada.* **2** atenuar; aliviar: *O canto dos passarinhos me abranda a insônia.* • *int.* **3** diminuir; atenuar-se: *A chuva abrandou.*

a.bran.gên.cia *s.f.* raio de ação ou de influência; alcance; âmbito: *A feira terá grande abrangência, pois mostrará produtos do mundo todo.*

a.bran.gen.te *adj.* **1** que abrange ou que abarca: *Uma reforma fiscal abrangente tem objetivos estratégicos.* **2** genérico: *Começou a conferência com uma pergunta bem abrangente.*

abranger

a.bran.ger *v.t.* **1** incluir; abarcar. **2** alcançar ou dominar com a vista: *Abrangíamos dali canaviais e casas.*

a.bra.sa.do *adj.* **1** da cor de brasa; avermelhado; afogueado: *A garota estava com as faces abrasadas.* **2** de calor muito intenso: *um dia abrasado; verão abrasado.* **3** exaltado; entusiasmado: *meu peito abrasado de patriota.* **4** inflamado; excitado: *Beijaram-se abrasados de amor.*

a.bra.sa.dor (ô) *adj.* **1** que abrasa; que queima: *um sol violento, abrasador.* **2** muito quente: *clima úmido e abrasador.* **3** muito intenso; muito forte: *pessoa que inspira paixões abrasadoras.*

a.bra.sa.men.to *s.m.* ato ou efeito de abrasar; aquecimento; afogueamento.

a.bra.san.te *adj.* abrasador.

a.bra.são *s.f.* desgaste provocado pelo atrito: *A ação das ondas provoca a abrasão das rochas.*

a.bra.sar *v.t.* **1** aquecer muito; queimar: *O sol a pino abrasava os campos.* **2** produzir sensação de grande calor ou de secura em: *uma sede imensa que o abrasa.* **3** arrebatar; exaltar: *As preces do Papa abrasarão os corações dos fiéis.* • *pron.* **4** exaltar-se: *Eles se abrasavam furiosos com as palavras do líder.* **5** apaixonar-se.

a.bra.si.lei.rar *v.t.* **1** adaptar ao modo de ser brasileiro; tornar brasileiro: *As bandas modernas conseguiram abrasileirar o rock.* • *pron.* **2** adaptar-se ao modo de ser brasileiro; tornar-se brasileiro: *O fado não se abrasileirou.*

a.bra.si.vo *s.m.* **1** substância ou produto usado para desbastar ou polir: *Na composição dos dentifrícios também entram abrasivos.* • *adj.* **2** que desbasta ou dá polimento: *material abrasivo; pó abrasivo.*

a.bre-a.las *s.m.* **1** adereço; adorno; dístico ou carro alegórico que abre o desfile de uma entidade carnavalesca: *O abre-alas da Portela foi muito aplaudido.* **2** os que formam tal setor da entidade em desfile: *Seu sonho era sair como abre-alas numa escola de samba.*

a.breu.gra.fi.a *s.f.* método desenvolvido pelo médico Manuel de Abreu para fixar a imagem reduzida obtida por radioscopia; radiografia do tórax.

a.bre.vi.a.ção *s.f.* **1** ato ou efeito de abreviar, de reduzir ou de diminuir. **2** representação de uma palavra ou de uma locução em poucas sílabas ou letras; abreviatura.

a.bre.vi.ar *v.t.* **1** tornar mais breve; encurtar: *Concorda com tudo para abreviar a conversa.* **2** resumir; sintetizar: *Vamos abreviar as anotações.* **3** representar por meio de abreviação: *Aquela gente tinha o costume de abreviar os nomes completos das pessoas.*

a.bre.vi.a.tu.ra *s.f.* abreviação.

a.bri.có (Bras.) *s.m.* fruto semelhante ao pêssego, mas menor, de aroma agradáveis, usado para fazer compotas, geleias e xaropes. // Var.: abricô.

a.bri.co.tei.ro (Bras.) *s.m.* árvore de madeira vermelho-escura, própria para construção, cujo fruto é o abricó.

a.bri.dor (ô) *s.m.* **1** instrumento para abrir. **2** desbravador: *Os bandeirantes foram os abridores do sertão.* • *adj.* **3** que abre ou se presta a abrir.

a.bri.gar *v.t.* **1** acolher; agasalhar: *Sabia que abrigava um malandro em casa.* **2** manter; conservar: *É justo abrigar suspeitas contra o deputado?* **3** encerrar; conter: *O prédio recém-construído abriga dois cinemas.* **4** proteger; esconder: *Abrigou a criança numa gruta.* **5** resguardar; proteger: *Peçamos ao Senhor que nos abrigue de todos os males.*

a.bri.go *s.m.* **1** roupa que serve de agasalho: *Comprou um abrigo de lã.* **2** cobertura: *o abrigo de uma parada de ônibus.* **3** casa de assistência social: *abrigo para menores.* **4** construção subterrânea para refúgio e proteção durante ataques aéreos: *Sob o rio construíram um abrigo para vinte pessoas.* **5** proteção; refúgio: *A religião é meu abrigo.*

a.bril *s.m.* quarto mês do ano civil.

a.bri.lhan.tar *v.t.* dar expressividade ou vivacidade: *A presença do bispo abrilhantou a cerimônia religiosa.*

a.brir *v.t.* **1** afastar a parte móvel da parte fixa; descerrar: *abrir a porta, a janela.* **2** tirar a tampa; destampar: *abrir uma lata de sardinhas.* **3** separar ou afastar uma parte da outra: *abrir o livro, o caderno.* **4** rasgar; cortar: *abrir o peixe.* **5** cavar: *abrir buracos e valas fundas.* **6** montar; instalar: *abrir um negócio, um bar, uma quitanda.* **7** pôr em uso; fazer funcionar: *Não conseguia abrir o chuveiro.* **8** desabotoar: *Com os dedos ele abre a camisa.* **9** despertar; estimular: *um cálice de vinho para abrir o apetite.* **10** alargar; ampliar: *Os estudos abrem muitas possibilidades.* **11** criar; oferecer: *Este acordo abre uma enorme fonte de renda para o país.* **12** tornar acessível; franquear: *Chegando ao Brasil, D. João VI abriu os portos às nações amigas.* **13** estar localizado na direção de; dar: *Duas janelas abriam para o jardim.* **14** iniciar: *Abriu a discussão.* • *pron.* **15** entregar-se: *Ele se abre ao prazer do contato com a água fria.* • *pron.* **16** fazer confidências a: *Finalmente, ela abriu-se com a mãe.* • *int e pron.* **17** fender(-se); partir(-se): *A terra ressecada (se) abria criando enormes valetas.* **18** descerrar(-se): *De repente uma porta abriu(-se).* **19** desabrochar: *Flores que (se) abrem na primavera.* • *int.* **20** apartar-se; separar-se: *As asas do urubu abriam e fechavam devagar.* ✦ **abrir alas/caminho** dar passagem. **abrir a boca/o bico** confessar um segredo; falar. **abrir fogo** atirar. **abrir o jogo** falar com franqueza. **abrir mão de** deixar de lado; abandonar. **abrir o olho** alertar. **num abrir e fechar de olhos** muito rapidamente. // Pp.: aberto.

ab-ro.gar *v.t.* anular; suprimir; revogar.

a.bro.lhos (ó) *s.m.pl.* rochedos marítimos que atingem a superfície das águas.

ab-rup.to *adj.* **1** difícil de escalar; íngreme: *rochedos ab-ruptos.* **2** inesperado; súbito; repentino: *A febre ab-rupta levou-o para o hospital.*

a.bru.ta.lhar *v.t.* tornar bruto, rude, grosseiro.

abs.ces.so (é) *s.m.* (Med.) pus acumulado numa cavidade existente ou formada acidentalmente nos tecidos: *No ponto contundido forma-se um abscesso.* // Var.: acesso.

abs.cis.sa *s.f.* (Mat.) **1** distância de um ponto a um plano de perfil tomado como referência. **2** no sistema cartesiano, coordenada referente ao eixo dos xis.

ab.sen.te.ís.mo *s.m.* hábito de estar frequentemente ausente de um local de estudo, de trabalho etc.

ab.sin.to *s.m.* **1** losna: *chá de folhas de absinto.* **2** bebida de alto teor alcoólico, feita de essência de losna: *Não pode mais beber uísque e muito menos absinto.*

ab.so.lu.tis.mo *s.m.* **1** sistema político em que a autoridade do governante não tem limite algum: *O absolutismo atingiu o apogeu na França de Luís XIV.* **2** despotismo; tirania.

ab.so.lu.tis.ta *s.2g.* **1** adepto do absolutismo. • *adj.* **2** relativo ao absolutismo: *o Estado absolutista; tendência absolutista.*

ab.so.lu.to *s.m.* **1** aquilo que existe independentemente de qualquer condição: *Eu tinha exatamente o que desejava, o absoluto, o infinito.* **2** a realidade plena, subsistente por si mesma; Deus • *adj.* **3** independente; livre: *Não existe um pensamento absoluto.* **4** sem restrições; sem limites; incondicional: *poder absoluto.* **5** completo; total: *O silêncio agora era absoluto.* **6** que vale por si mesmo; não comparativo: *valor absoluto.* **7** acima de todos e de tudo; único: *Na gerência de sua empresa, ele era absoluto.* **8** sem rival; soberano: *Em Recife, o frevo é absoluto.* **9** despótico; tirânico: *um governo absoluto.* **10** diz-se da maioria de votos correspondente à metade do total mais um. **11** diz-se de número redondo; inteiro. // Ant.: relativo.

ab.sol.ver *v.t.* **1** perdoar: *Só Deus absolve os nossos pecados.* **2** declarar inocente; inocentar: *O juiz vai absolver o réu condicionalmente.* **3** desobrigar; desculpar: *Ana absolveu o noivo de todas as faltas cometidas no passado.* // Cp.: absorver.

ab.sol.vi.ção *s.f.* perdão de pecados e culpas: *Só o Criador pode dar a absolvição.*

ab.sor.ção *s.f.* **1** ato ou efeito de absorver. **2** admissão; aproveitamento: *a absorção de novas propostas de trabalho.* **3** consumo; aceitação: *a absorção de carne importada pelo mercado interno.* **4** ação de engolir, comendo ou bebendo: *absorção de remédios por via oral.* **5** penetração e fixação de uma substância no organismo: *A vitamina D auxilia a absorção do fósforo.* **6** impregnação por líquido ou gás: *absorção de água pelo algodão.*

ab.sor.to (ô) *adj.* **1** distraído; ensimesmado: *Observava a rua absorto.* **2** com a atenção voltada para; concentrado; absorvido: *Estava absorto com o neto e nem viu a nora chegar; estava absorto na leitura.*

ab.sor.ven.te *s.m.* **1** tira retangular, mais comprida do que larga, acolchoada com gaze ou algodão e que serve para reter o fluxo menstrual. • *adj.* **2** que absorve; que recolhe em si. **3** que ocupa fortemente a atenção ou o espírito: *um justo e absorvente entusiasmo na defesa da liberdade.*

ab.sor.ver *v.t.* **1** embeber; sorver: *A pedra não absorve a água.* **2** engolir, comendo ou bebendo: *Absorvau num só gole todo o conteúdo do copo.* **3** consumir; gastar: *O mercado interno absorve toda a produção de soja do Estado.* **4** aspirar: *Quero absorver com calma este perfume.* **5** preocupar intensamente; ocupar toda a atenção de: *O problema da violência vem absorvendo as autoridades.* **6** aprender; assimilar: *Os alunos não absorviam as lições.* • *pron.* **7** ficar concentrado; enlevar-se: *O monge se absorve em meditações.* // Cp.: absolver.

abs.tê.mio *s.m.* pessoa que não ingere bebidas alcoólicas: *Ele é um abstêmio.*

abs.ten.ção *s.f.* **1** ato ou efeito de abster-se. **2** renúncia, eventual ou definitiva, do direito de votar: *Nas últimas eleições, as abstenções chegaram a 30%.*

abs.ter *v.t.* e *pron.* renunciar a; privar-se: *O advogado abstinha-se de entrar na discussão.*

abs.ti.nên.cia *s.f.* **1** privação: *períodos de abstinência de comida.* **2** privação de carne em cumprimento de preceito religioso.

abs.tra.ção *s.f.* **1** ato ou efeito de abstrair(-se). **2** operação pela qual se isolam atributos de um objeto, considerando aqueles que certos grupos de objetos tenham em comum; generalização: *Conseguiu realizar uma abstração matemática até então desconhecida.* **3** ato de deixar de lado; cancelamento: *O governo não poderá mais fazer abstração do plano de reformas econômicas.*

abs.tra.ci.o.nis.mo *s.m.* conjunto de princípios ou ideais de arte abstrata; arte que procura captar as propriedades do objeto sem representá-lo sob forma definida.

abs.tra.ir *v.t.* **1** considerar separadamente; apartar mentalmente para tomar em consideração: *A menina tem dificuldade em abstrair conceitos.* • *pron.* **2** abster-se de considerar; alhear-se: *A sala estava lotada, mas ele se abstraía da presença de todos e lia seu livro.*

abs.tra.to *s.m.* **1** aquilo que é resultado de operação de abstração: *O abstrato é intocável.* • *adj.* **2** que resulta de abstração: *Fidelidade e lealdade são conceitos abstratos.* **3** diz-se dos substantivos que nomeiam qualidade, propriedade, estado, modo de ser ou ação: *substantivo abstrato.* **4** adepto do abstracionismo; abstracionista: *um pintor abstrato.* **5** que não se aplica a nenhum objeto em particular; genérico: *ciência abstrata.* **6** teórico: *O parlamentar apresentava só propostas abstratas.* **7** que representa o abstracionismo: *A mostra apresentava alguns quadros abstratos.* **8** distraído; absorto: *Permaneceu abstrato diante daquela paisagem.* ✦ **em abstrato** separadamente; genericamente: *Não podemos discutir essa questão em abstrato.* // Ant.: concreto.

ab.sur.do *s.m.* **1** aquilo que é contrário à razão ou ao bom senso: *Mas essa crise política não é um absurdo?* **2** disparate; contrassenso: *Gastaram uma fortuna, rios de dinheiro, um absurdo.* • *adj.* **3** contrário à razão ou ao bom senso: *Tinha exigências absurdas.* **4** tolo; despropositado: *uma vontade absurda de chorar.* **5** disparatado: *A novela teve um final absurdo.* // Ant.: razoável.

a.bu.li.a *s.f.* (Med.) falta de vontade; diminuição da capacidade de ter iniciativa: *Dizem que o poeta sofria de abulia.*

a.bú.li.co *adj.* sem vontade de nada; sem ânimo: *Era um sujeito abúlico e de moral duvidosa.*

a.bun.dân.cia *s.f.* **1** fartura; abastança: *tempos, dias de abundância; terras de abundância.* **2** grande quantidade: *capim em abundância para os animais.*

a.bun.dan.te *adj.* **1** em grande quantidade; farto. **2** (Gram.) diz-se de verbo em cuja conjugação ocorre mais de uma forma, geralmente do particípio: *Por apresentar como forma participial aceitado, aceito, aceite, aceitar é um verbo abundante.*

a.bun.dar *v.t.* **1** ter em grande quantidade: *Os pomares abundam em goiabas.* • *int.* **2** existir em grande quantidade: *As goiabas abundam nos pomares.*

a.bur.gue.sar *v.t.* **1** fazer adquirir hábitos ou características de burguês. • *pron.* **2** adquirir traços ou comportamento próprio de burguês: *A classe média está se aburguesando.*

abusado

a.bu.sa.do s.m. **1** pessoa atrevida ou intrometida: *Vamos, expulse este abusado daqui.* • adj. **2** atrevido; confiado: *rapazinho abusado.*

a.bu.sar v.t. **1** usar em excesso: *Não abuse do café.* **2** valer-se; aproveitar-se: *Ele abusou de minha inocência.* **3** importunar além do limite: *Até quando você vai abusar da minha paciência?* **4** usar mal ou inconvenientemente de situação de superioridade: *O gerente abusou da falta de experiência daquele cliente.*

a.bu.si.vo adj. **1** impróprio; inconveniente: *atitude abusiva.* **2** praticado ou introduzido por abuso; exagerado: *abusivo aumento de preços.* **3** contrário às leis ou às prescrições: *gratificações abusivas.*

a.bu.so s.m. **1** uso excessivo; descomedimento: *o abuso do álcool e do cigarro.* **2** uso errado: *abuso de confiança.* **3** exorbitância de atribuições ou de poderes: *o abuso de autoridade.*

a.bu.tre s.m. **1** ave de rapina que se alimenta preferencialmente de animais mortos; no Brasil, urubu. **2** (Coloq.) indivíduo cruel e sem escrúpulos: *Devia haver castigo exemplar para os abutres que exploram o povo.*

a.ca.ba.do adj. **1** concluído; terminado: *uma obra acabada.* **2** exato; perfeito: *Ele é o exemplo acabado do malandro de praia.* **3** completo; rematado: *As figuras recebem um tratamento acabado.* **4** envelhecido; enfraquecido: *Puxa, como você está acabado!*

a.ca.ba.men.to s.m. **1** ato ou efeito de acabar(-se) **2** término; arremate: *Estava satisfeita com o acabamento daquela tarefa.* **3** arremate caprichado; aperfeiçoamento: *Comprou móveis de fino acabamento.* **4** arremate final de todos os elementos construtivos de uma edificação: *Minha nova casa está em fase de acabamento.*

a.ca.ba.na.do adj. diz-se do bovino que tem as orelhas e os chifres voltados para baixo: *uma novilha acabanada.*

a.ca.bar v.t. **1** concluir; terminar: *Ele acabou o trabalho só à noite.* **2** dar cabo de; terminar com: *Faminto, acabou com os biscoitos.* **3** arrasar; matar: *Acabou com a reputação das pessoas do lugarejo.* **4** chegar a termo: *Um namoro nem sempre acaba em casamento.* • pron. **5** ter fim; cessar: *Acabou-se o que era doce.* • int. **6** cessar; chegar ao fim: *Acabou a aula.* • lig. **7** tornar-se: *Só espero não acabar doido.*

a.ca.bo.cla.do adj. que tem origem, feições e/ou modos de caboclo; rústico: *mulato acaboclado.*

a.ca.bru.nha.men.to s.m. prostração; abatimento: *Foram alguns momentos de acabrunhamento geral.*

a.ca.bru.nhan.te adj. prostrante; opressivo: *um acontecimento acabrunhante.*

a.ca.bru.nhar v.t. abater; prostrar: *Males que acabrunham nossa gente.*

a.ca.ça.pa.do adj. **1** que tem pouca altura; baixo: *O teto do cinema era acaçapado.* **2** esmagado; abatido: *Saímos acaçapados por um peso terrível.*

a.ca.ça.par v.t. **1** achatar; amassar: *O choque acaçapou o teto do carro.* • pron. **2** achatar-se; amassar-se: *A capota do carro se acaçapou com o choque.*

a.ca.cha.par v.t. e pron. // Var. acaçapar.

a.cá.cia s.f. árvore de rápido crescimento, madeira branca de cerne avermelhado, flores amarelas ou rosa em cachos compridos e pendentes, aromáticas, fruto em forma de vagem sinuosa.

a.ca.de.mi.a s.f. **1** instituto ou agremiação científica, literária ou artística, particular ou oficial. **2** escola de ensino superior, faculdade, universidade. **3** escola especializada. **4** lugar onde se ensinam práticas desportivas ou jogos: *Ele frequenta uma academia de caratê.*

a.ca.de.mi.cis.mo s.m. em arte, obediência estrita a regras preestabelecidas; rigor ortodoxo.

a.ca.dê.mi.co s.m. **1** pessoa que pertence a uma academia: *O novo acadêmico foi contratado em março.* **2** aluno de curso superior: *Ele era um aplicado acadêmico de Medicina.* • adj. **3** relativo a uma academia ou a seus membros: *Era um escritor que merecia o reconhecimento acadêmico.* **4** relativo aos estudantes de curso superior: *A greve foi comandada pelos diretórios acadêmicos das faculdades.* **5** pertencente aos cursos superiores: *trabalhos acadêmicos.* **6** próprio ou típico de quem pertence a uma academia: *Seu livro parece mero exercício acadêmico.* **7** que não produz resultado prático imediato; teórico: *O debate teve apenas nível acadêmico.*

a.ca.de.mis.mo s.m. obediência estrita às tradições acadêmicas; academicismo: *um texto bem típico do academismo conservador.*

a.ça.frão s.m. **1** planta de folhas esguias e lineares, flores violáceas, róseas ou vermelhas, de bulbo perene, de largo uso na culinária e no fabrico de bebidas. **2** flor dessa planta. **3** pó extraído dos estigmas dessa planta de coloração fortemente amarela e usado na culinária.

a.ça.í s.m. (Bras.) **1** fruto de uma palmeira do mesmo nome comum no Norte do país; juçara. **2** Refresco feito com esse fruto.

a.cai.pi.ra.do adj. que tem modos ou características de caipira: *Ela tem sotaque acaipirado.*

a.ca.ju s.m. **1** mogno-verdadeiro, árvore de casca amarga e fruto oleaginoso, que fornece madeira de lei. • adj. Que tem a cor castanho-avermelhada do mogno.

a.ca.lan.to s.m. cantiga para adormecer crianças.

a.ca.len.tar v.t. **1** aconchegar, cantando ou não: *A mãe acalenta o filho.* **2** consolar; confortar: *Sempre há uma esperança para nos acalentar.* **3** cultivar; alimentar: *Um filho acalenta a saudade do pai.*

a.ca.len.to s.m. **1** ato de acalentar; acalanto: *Ela acalentava o bebê, para não mais chorar.* **2** cantiga de ninar.

a.cal.mar v.t. **1** tornar calmo; tranquilizar; serenar: *A mulher levantou-se e foi acalmar o marido.* **2** aplacar: *Jesus acalmou a tempestade.* **3** fazer diminuir a força, a intensidade ou a excitação de; moderar: *Fazer tricô acalma os nervos.* **4** fazer diminuir: *O governo cerca-se de cautelas para acalmar a preocupação do povo.* • int. e pron. **5** tornar-se calmo; tranquilizar-se; serenar: *O bebê chorou muito, mas depois (se) acalmou.*

a.ca.lo.ra.do adj. exaltado; apaixonado: *discussão acalorada.*

a.ca.ma.do adj. **1** doente de cama: *Ele ainda estava acamado.* **2** disposto em camadas; assentado: *estábulo com o capim acamado.*

a.ca.ma.men.to s.m. **1** ato ou efeito de acamar. **2** queda das hastes das gramíneas por forte ventania: *O trigo de boa qualidade é aquele que resiste ao acamamento.* **3** disposição dos terrenos em camadas umas sobre as outras: *O terraço sofreu acamamento.*

acautelatório

a.ca.mar *v.t.* **1** deitar; acomodar. **2** deitar por terra; amassar: *O tropeiro acamava o capim com o braço.* • *int.* e *pron.* **3** cair de cama; ficar doente: *O menino acamou-se e não pôde viajar.* **4** acomodar-se; assentar-se: *Iam-se acamando as touceiras secas.*

a.ca.ma.ra.dar *v. pron.* **1** ligar-se como camarada; parceiro.

a.çam.bar.ca.men.to *s.m.* tomada de posse; apropriação: *No país o açambarcamento de terras é mais comum.*

a.çam.bar.car *v.t.* **1** apoderar-se de; apropriar-se de: *Queria açambarcar todos os bens da família.* **2** chamar a si em detrimento de outrem; monopolizar: *Ele açambarcou todas as atenções da festa.*

a.cam.pa.men.to *s.m.* **1** ato ou efeito de acampar(-se); alojamento: *Uma construção abandonada tornara-se acampamento de mendigos.* **2** lugar onde se acampa: *Só voltei ao acampamento no outro dia.* **3** lugar onde a tropa (de exército, de escoteiros, bandeirantes etc.) se instala em barracas: *acampamento militar.*

a.cam.par *v.int.* instalar-se em campo ou acampamento, por pouco tempo; arranchar-se: *Os escoteiros aprendem a acampar.*

a.ca.nha.do *adj.* **1** apertado; diminuto: *Atendia num acanhado escritório no centro.* **2** pouco desenvolvido; limitado: *Criou os filhos num ambiente acanhado.* **3** envergonhado; tímido: *O menino é acanhado.*

a.ca.nha.men.to *s.m.* ato ou efeito de acanhar(-se); falta de desembaraço; timidez.

a.ca.nhar *v.t.* **1** vexar; envergonhar; embaraçar: *O desembaraço da filha até o acanhava.* • *pron.* **2** ficar vexado; envergonhar-se; embaraçar-se: *Nice acanha-se diante de estranhos.*

a.can.to.na.men.to *s.m.* construções civis utilizadas para alojar provisoriamente tropas militares ou grupos de escoteiros.

a.can.to.nar *v.pron.* instalar-se; alojar-se: *Os rebeldes se acantonaram na praça central.*

a.ção *s.f.* **1** ato ou efeito de atuar; aquilo que se faz ou que se pode fazer; ato: *Praticou uma boa ação.* **2** atuação; atividade: *Protestava contra a ação da polícia.* **3** interferência: *A Igreja confia na ação e na graça do Espírito Santo.* **4** comportamento; atitude: *Respeitar os pais é uma ação boa.* **5** trama caracterizada por grande movimentação: *Gosto de filmes de ação.* **6** assistência; atendimento: *Faltava organização nas ações sociais do governo.* **7** (Jur.) meio processual pelo qual se pode reclamar na Justiça o reconhecimento, a declaração, a atribuição ou efetivação de um direito ou ainda a punição de um infrator das leis penais; processo forense: *Sentindo-se prejudicado, entrou com uma ação contra a empresa.* **8** atuação; manifestação: *O álcool dificulta a ação dos antibióticos.* **9** funcionamento; atividade: *metralhadoras em ação.* **10** influência: *ação nociva das drogas no organismo.* **11** capacidade de agir ou de mover-se: *Diante da fera, ele ficou paralisado, sem ação.* **12** influência; alcance: *O raio de ação da lei.* **13** (Econ.) título de propriedade, negociável, representativo de uma fração de capital de uma empresa; apólice: *Adquiriu ações da companhia telefônica.*

a.ca.rá *s.m.* (Zool.) pequeno peixe de água doce, que se pode criar em aquário.

a.ca.ra.jé *s.m.* (Bras.) bolinho de massa de feijão, frito em azeite de dendê e recheado com molho apimentado, camarões secos e servido com vatapá.

a.ca.re.a.ção *s.f.* ato ou efeito de acarear; confrontação: *Assistimos pela TV à acareação dos dois negociantes envolvidos.*

a.ca.re.ar *v.t.* (Jur.) **1** pôr, em presença umas das outras, testemunhas ou acusados cujos depoimentos ou declarações não coincidam para que expliquem as divergências: *Pretendiam acarear o jogador expulso com o juiz.* **2** confrontar; cotejar: *O revisor acareou o original com a cópia.*

a.ca.ri.ci.an.te *adj.* que traduz carinho: *uma voz acariciante.*

a.ca.ri.ci.ar *v.t.* **1** tratar com carícias; afagar: *O tratador acariciava o cavalo.* **2** alisar: *Acariciava os cabelos da neta.* **3** tocar de leve: *acariciar as teclas do piano.*

a.ca.ri.ci.da *s.m.* substância ou preparado para matar ácaros.

a.ca.ri.nhar *v.t.* **1** tratar com carinho; afagar; acariciar: *É um pai que vive acarinhando os filhos.* **2** passar delicadamente as mãos em; alisar: *Ivo acarinhava os cabelos da namorada.*

á.ca.ro *s.m.* (Zool.) inseto parasita que provoca alergia.

a.car.pe.tar *v.t.* forrar com carpete: *Não sobrou dinheiro para acarpetar o escritório.*

a.car.re.tar *v.t.* **1** ocasionar; produzir; causar: *A ausência de vitaminas acarreta doenças.* **2** transportar em carreta, carro.

a.ca.sa.la.men.to *s.m.* ato ou efeito de acasalar; junção de macho e fêmea para procriação: *O acasalamento entre as capivaras se dá na água.*

a.ca.sa.lar *v.t.* **1** juntar para procriar; fazer cruzar: *Viviam de acasalar aves.* • *pron.* **2** juntar-se; associar-se: *É uma região muito pobre, onde a fome se acasala com a ignorância.* **3** unir-se para procriar; cruzar: *Os animais se acasalam.*

a.ca.so *s.m.* **1** acontecimento imprevisto: *Encontrar a prima no meio do povo foi um acaso agradável.* **2** destino; sorte; fortuna: *Espíritos mesquinhos que o acaso colocou no nosso caminho.* **3** eventualidade: *Nossa amizade se perdeu no acaso das viagens.* • *adv.* **4** porventura: *Acaso você é parente da acusada?* ♦ **ao/por acaso** casualmente; acidentalmente: *aproximar-se ao acaso de alguém; um número escolhido por acaso.*

a.ca.ta.men.to *s.m.* ato ou efeito de acatar; admissão; aceitação: *Não houve acatamento de todas as sugestões na reunião.*

a.ca.tar *v.t.* respeitar, reverenciar; aceitar: *Eles acataram a decisão do juiz.*

a.cau.te.la.dor (ô) *adj.* que acautela; preventivo: *Foram tomadas todas as medidas acauteladoras para evitar danos maiores.*

a.cau.te.lar *v.t.* **1** pôr sob proteção; preservar: *O ministro só pretendia acautelar os interesses do seu partido.* **2** pôr de sobreaviso; prevenir: *Devemos acautelar os jovens contra o perigo das drogas.* • *prep.* **3** pôr-se de sobreaviso; prevenir-se: *É preciso que os pais se acautelem contra os perigos que seus filhos correm diariamente.*

a.cau.te.la.tó.rio *adj.* próprio para acautelar; preventivo; de cautela: *Temos que tomar medidas acautelatórias.*

acavalar

a.ca.va.lar *v.t.* e *pron.* sobrepor(-se); amontoar(-se): *Acavalavam(-se) todos os livros no pequeno espaço da varanda.*

ace (êice) (Ingl.) *s.m.* no voleibol e no tênis, saque que o jogador adversário não consegue rebater e que é convertido em ponto.

a.ce.der *v.t.* concordar; anuir: *Contrariado, acabou acedendo ao convite.*

a.ce.fa.li.a *s.f.* (Med.) **1** ausência de cabeça ou parte dela (no embrião ou no feto). **2** ausência de comando; desgoverno: *É alarmante o estado de acefalia de nossa principal cidade.*

a.cé.fa.lo *adj.* **1** (Med.) sem cabeça. **2** que não tem ou não reconhece chefe ou autoridade; sem liderança: *Eles se sentiam num partido acéfalo.*

a.cei.ro *s.m.* **1** vala com água: *Para a vila toda só havia a água dos aceiros.* **2** faixa de terreno desbastado e limpo em volta de propriedades, matas ou cercas: *Os peões faziam aceiros para proteger a plantação de possíveis incêndios.*

a.cei.ta.bi.li.da.de *s.f.* possibilidade de ser aceito.

a.cei.ta.ção *s.f.* **1** ato ou efeito de aceitar; admissão: *a aceitação dos jovens na vida social.* **2** aprovação: *a aceitação do meu nome para candidato a prefeito.* **3** recebimento com resignação: *aceitação serena de mais uma fatalidade.* **4** acolhimento; acolhida: *A aceitação do rock é geral entre os jovens.*

a.cei.tar *v.t.* **1** consentir em receber: *Ela só aceitava presentes caros.* **2** aprovar; admitir: *Não aceito preconceitos.* **3** admitir: *O clube aceitou-o como sócio.* // Pp.: aceito; aceite; aceitado.

a.cei.tá.vel *adj.* digno ou passível de ser aceito; tolerável: *Atitudes desrespeitosas como as suas não são aceitáveis.*

a.ce.le.ra.ção *s.f.* **1** aumento da velocidade; aceleramento. **2** precipitação; apressamento: *a aceleração do desmatamento na Amazônia.*

a.ce.le.ra.dor (ô) *s.m.* **1** dispositivo que comanda o suprimento de um motor e, com isso, ativa sua rotação. • *adj.* **2** que acelera; princípio ativador: *nervo acelerador das pulsações.*

a.ce.le.ra.men.to *s.m.* ato ou efeito de acelerar; aceleração.

a.ce.le.rar *v.t.* **1** acionar o acelerador de: *Meu vizinho acelera o carro todas as manhãs.* **2** tornar rápido; fazer aumentar a velocidade de; apressar: *O soldado acelera o passo.* • *pron.* **3** adquirir maior velocidade: *O desemprego acelerou-se em alguns países.* **4** tornar-se mais rápido; apressar-se. **5** *int.* bater ou pulsar mais rápido: *Quando a vi, meu coração acelerou.*

a.cel.ga (é) *s.f.* hortaliça de folhas longas, finas, de cor verde-clara.

a.ce.lu.lar (Biol.) *adj.* que não se compõe de células: *Os vírus são acelulares.*

a.cém *s.m.* carne do lombo bovino, entre a pá e o cachaço: *Um quilo de acém valia a metade de um quilo de alcatra.*

a.ce.nar *v.t.* **1** agitar; balançar: *mulheres acenando lenços vermelhos.* **2** fazer acenos ou gestos para avisar, saudar ou estimular: *Da janela, acenei para meu primo na calçada.* **3** procurar seduzir; atrair; aliciar: *O governo acenou com a possibilidade de baixar o preço da gasolina.* • *pron.* **4** fazer acenos mutuamente: *Os velhos amigos acenaram-se.* • *int.* **5** fazer movimentos para avisar, mostrar, entender, ameaçar: *Os soldados acenavam-se durante a batalha.*

a.cen.de.dor (ô) *s.m.* instrumento que serve para acender.

a.cen.der *v.t.* **1** fazer arder ou brilhar: *Ela acendeu o fogo para o café.* **2** fazer funcionar; ligar: *acender as lâmpadas da sala.* **3** estimular; avivar: *batucada que acende os ânimos.* **4** avivar-se; crescer: *O ânimo dos foliões (se) acendia.* • *int.* **5** tornar-se iluminado; brilhar: *Os faróis do carro acenderam.* // Pp.: acendido; aceso; Cp.: ascender.

a.cen.di.men.to *s.m.* ato ou ação de acender.

a.cen.dra.do *adj.* afinado; apurado: *o acendrado amor de Jesus pela humanidade.*

a.ce.no *s.m.* **1** gesto; sinal: *Fez um aceno para a moça que passava.* **2** promessa; apelo: *acenos da sorte, do poder.*

a.cen.to *s.m.* **1** (Fon.) maior intensidade na emissão de uma sílaba: *A maior parte dos vocábulos portugueses tem o acento tônico na penúltima sílaba.* **2** tom de voz: *Sua voz tem um suave acento.* **3** sotaque: *A professora fala com acento inglês.* **4** (Mús.) destaque dado a uma nota ou acorde. **5** (Gram.) sinal diacrítico que, de acordo com as regras ortográficas de acentuação, se coloca sobre a vogal tônica dos vocábulos; acento gráfico.

a.cen.tu.a.ção *s.f.* **1** colocação de acento gráfico sobre a sílaba tônica de um vocábulo. **2** em música, o mesmo que acento.

a.cen.tu.ar *v.t.* **1** realçar; salientar: *O frio acentua meu apetite.* **2** pronunciar com ênfase; destacar: *Rubens falava devagar, acentuando bem cada palavra.* **3** indicar, num vocábulo, com sinal diacrítico adequado, a sílaba tônica e o timbre da sua vogal correspondente. • *pron.* **4** tornar-se saliente, evidente ou nítido: *A beleza da jovem acentuava-se com a idade.*

a.cep.ção *s.f.* sentido em que se toma uma palavra: *Uma palavra como casa tem várias acepções.*

a.ce.pi.pe *s.m.* guisado benfeito; iguaria delicada e apetitosa; guloseima: *jantar muito chique, em que se serviam finos acepipes.*

a.ce.ra.do *adj.* **1** afiado; aguçado; cortante: *flechas curtas e aceradas; planta de espinhos acerados.* **2** que fere profundamente; mordaz: *Seu humor era acerado.*

a.cer.bo (ê) *adj.* **1** que tem sabor azedo. **2** rigoroso; severo; duro: *O governo tem sofrido críticas acerbas.* **3** pungente; cruel: *Uma dor acerba varou-lhe a alma.*

a.cer.ca (ê) *adv.* a pequena distância (no espaço ou no tempo); perto: *O acidente ocorreu acerca do meu colégio.* ✦ **acerca de** a respeito de; sobre; de: *Sentia-me solidário com o que ele fazia e dizia acerca disso tudo.*

a.cer.car *v.t.* e *pron.* aproximar-se: *Lina acercou(-se) dos companheiros.*

a.ce.ro.la (ó) *s.f.* **1** arbusto de folhas pequenas, originário das Antilhas, cujo fruto, parecido com uma cereja, é rico em vitamina. **2** esse fruto: *suco de acerola.*

a.cer.ta.dor (ô) *s.m.* **1** quem acerta na loteria ou em qualquer tipo de aposta. **2** indivíduo que acerta a marcha de animais de sela.

a.cer.tar *v.t.* **1** tornar certo ou regular; regularizar; endireitar: *O alfaiate acerta a barra da calça do freguês.* **2** ajeitar: *Com este dinheiro vou acertar minha vida.* **3** pagar determinada quantia: *O patrão ainda não acertou as horas extras.* **4** dar com; localizar: *As mãos trêmulas não acertavam (com) a fechadura.* **5** atingir: *Acertou o javali com um tiro.* **6** combinar; ajustar: *Acertou a renovação do contrato com o diretor do clube.* **7** conseguir: *O garoto ainda não acerta pegar no lápis.* **8** ter bom êxito na solução de um problema: *Acertei quase todas as questões.* • *pron.* **9** harmonizar-se; ajustar-se: *Ela nunca se acertou com o marido.* • *int.* **10** estar certo; estar correto: *Meu pai sempre acerta.* ♦ **acertar na mosca** atingir o objetivo. **acertar os ponteiros** ajustar-se; entender-se.

a.cer.to (ê) *s.m.* **1** exatidão: *Você agiu com acerto.* **2** ajustamento; amoldamento: *O dentista fez o acerto da articulação dentária.* **3** ajuste; acordo: *novos acertos com as autoridades.* **4** trato; pacto: *acerto entre os cambistas.* ♦ **acerto de contas** liquidação de qualquer tipo de relação; tomada de satisfação: *acerto de contas com a contabilidade; acerto de contas com o marido.*

a.cer.vo (ê) *s.m.* **1** conjunto de obras de uma biblioteca, de um museu etc. **2** conjunto; massa: *acervo de conhecimentos, de observações.*

a.ce.so (ê) *adj.* **1** posto para arder no fogo ou com ele: *A fogueira acesa aglomerava em torno de si pessoas que buscavam agasalho.* **2** posto em funcionamento por meio de incandescência ou fosforescência: *as lâmpadas, o fogão e o aquecedor acesos.* **3** inflamado; veemente; intenso; exaltado: *Teve uma discussão acesa com o vizinho.* ♦ **no aceso** no auge: *Mesmo no aceso da luta, ainda tentava gracejar.*

a.ces.sar *v.t.* conseguir acesso a: *Os clientes poderão acessar suas contas bancárias pela internet.*

a.ces.sí.vel *adj.* **1** tratável; comunicativo: *uma pessoa acessível.* **2** a que se pode chegar: *O pátio só era acessível aos alunos.* **3** fácil de conseguir ou possuir: *A educação escolar deveria ser acessível a todos.* **4** compreensível; inteligível: *um professor de linguagem acessível aos alunos.* **5** que está ao alcance de: *As condições de pagamento não eram acessíveis a seus recursos.*

a.ces.so (é) *s.m.* **1** trato social; comunicação: *Vilma não é de fácil acesso.* **2** aproximação; contato: *Tinha acesso a documentos secretos.* **3** ação de chegar a; entrada; ingresso: *O acesso do público à sala de espetáculos se dá pela escada rolante.* **4** crise; ataque: *Ela teve um acesso de tosse.* **5** passagem; trânsito: *Os rios têm livre acesso ao mar.* **6** impulso; ímpeto: *Num acesso de fúria, atacou o irmão.*

a.ces.só.rio *s.m.* **1** objeto ou utensílio para facilitar uma tarefa ou atividade. **2** cada uma das peças que complementam o vestuário; complemento; adereço: *lindas roupas e acessórios de moda.* **3** nos veículos, peça que contribui para a segurança, proteção ou conforto do veículo ou do passageiro: *fábricas de peças e acessórios.* • *adj.* **4** que não é principal; complementar: *informação acessória.*

a.ce.tá.bu.lo *s.m.* (Med.) cavidade existente em cada um dos ossos ilíacos na qual se articula a cabeça do fêmur.

achega

a.ce.ta.to *s.m.* **1** (Quím.) sal ou éster de ácido acético. **2** acetato de celulose ou um dos seus produtos, tais como uma fibra têxtil ou um plástico para filmes.

a.cé.ti.co *adj.* (Quím.) diz-se de um ácido líquido, incolor e corrosivo, que se obtém pela oxidação do álcool etílico e pela destilação seca da madeira; é o que dá cheiro e sabor típicos ao vinagre e a outras substâncias.

a.ce.til.co.li.na *s.f.* (Quím.) substância química mediadora da transmissão de impulsos em certos tipos de fibras nervosas ou musculares e usada em terapia como antiespasmódico, vasodilatador e hipotensivo.

a.ce.ti.le.no *s.m.* (Quím.) hidrocarboneto gasoso à temperatura ambiente, incolor, que se emprega na iluminação.

a.ce.til.sa.li.cí.li.co *adj.* (Quím.) diz-se de ácido que tem ação contra dores, febre e inflamação; princípio ativo da aspirina.

a.ce.ti.na.do *adj.* **1** de cetim: *tecido acetinado.* **2** que tem aparência ou consistência de cetim: *pele acetinada.*

a.ce.to.na *s.f.* (Quím.) composto orgânico, líquido, incolor, inflamável e fragrante, obtido pela remoção de hidrogênio do álcool, usado como solvente.

a.cha *s.f.* pedaço de madeira rachada para o fogo.

a.cha.ca.dor (ô) *s.m.* **1** quem faz extorsão: *Fizemos tudo para expulsar os achacadores.* • *adj.* **2** que aborda alguém para extorquir dinheiro: *indivíduo achacador.*

a.cha.car *v.t.* extorquir dinheiro de: *achacava o sogro, os amigos.*

a.cha.do *s.m.* **1** encontro providencial; sorte: *Um posto naquele deserto fora um verdadeiro achado.* **2** o que se descobre imprevistamente e que contribui para melhorar uma situação; boa solução: *Não quis aceitar o nosso achado para continuar seu trabalho.* **3** descoberta ou invenção resultante de pesquisa: *achados experimentais.* **4** coisa encontrada por acaso: *Sentei-me numa pedra e comecei a contar os achados.*

a.cha.que *s.m.* **1** doença pouco grave; indisposição habitual: *beatas cheias de achaques.* **2** extorsão: *Como se sabe, as modalidades de achaque ao cidadão são muitas por aqui.*

a.char *v.t.* **1** encontrar por acaso ou como resultado de procura: *achar dinheiro na rua.* **2** supor; calcular: *Acho que você está certo.* **3** tomar a deliberação de; decidir: *Ela agora achou de implicar com tudo.* **4** considerar; qualificar: *Acho a jaca uma fruta muito gostosa.* • *pron.* **5** estar situado; localizar-se: *O Cristo Redentor acha-se no alto do Corcovado.* **6** julgar-se.

a.cha.ta.men.to *s.m.* **1** ato ou efeito de achatar. **2** forma chata ou plana: *o achatamento da Terra.* **3** perda do valor real; diminuição: *A inflação causa achatamento dos salários.*

a.cha.tar *v.t.* **1** tornar chato; amassar: *Sentou-se sobre o chapéu, achatando-o.* **2** comprimir: *política econômica que achata os salários.* • *pron.* **3** tornar-se chato ou plano: *O nariz achatava-se contra o vidro do carro.*

a.che.ga (ê) *s.f.* **1** rendimento acessório; acréscimo: *horas extras como achega para pagar os estudos do filho.* **2** apontamentos; notas: *achegas para uma história social do nosso município.* **3** auxílio; ajuda.

achegar

a.che.gar *v.t.* **1** aproximar; aconchegar: *Achegou seu cobertor nas pernas.* • *pron.* **2** aproximar-se; avizinhar-se: *Os desconhecidos achegaram-se do bar.*
a.chin.ca.lhar *v.t.* ridicularizar.
a.chin.ca.lhe *s.m.* escárnio; zombaria: *submetido a todo tipo de achincalhe.*
a.chis.mo *s.m.* prática ou hábito de quem emite juízos baseados em impressões, nas aparências: *Suas explanações apoiavam-se num achismo insuportável.*
a.cho.co.la.ta.do *s.m.* **1** bebida feita de chocolate: *Não gosto de beber achocolatado pela manhã.* • *adj.* **2** que contém chocolate: *leite achocolatado.*
a.ci.a.ri.a *s.f.* usina destinada à produção de aço.
a.ci.ca.te *s.m.* **1** incentivo; estímulo: *A competição internacional é um acicate ao desenvolvimento das forças produtivas.* **2** espora de um só aguilhão.
a.ci.den.tal *adj.* **1** casual; imprevisto: *uma explosão acidental;* testemunha acidental. **2** não essencial; acessório: *mudanças acidentais.*
a.ci.den.tar *v.t.* **1** tornar acidentado, desigual ou irregular (o terreno). **2** produzir acidente em. • *pron.* **3** sofrer acidente: *Meu sobrinho acidentou-se.*
a.ci.den.te *s.m.* **1** acontecimento casual ou imprevisto: *um acidente no palco.* **2** desastre: *um acidente de trens, de avião.* **3** fenômeno patológico inesperado: *acidente vascular grave.* **4** reentrância e/ou saliência de uma superfície: *acidentes geográficos.*
a.ci.dez (ê) *s.f.* **1** teor de ácido: *acidez do solo.* **2** azedume; travo: *acidez de certos frutos.* **3** irritação decorrente da presença de ácido: *Sentia acidez no estômago.* // Ant.: alcalinidade.
a.ci.di.fi.ca.ção *s.f.* ação de tornar ácido: *acidificação dos solos.*
a.ci.di.fi.can.te *adj.* capaz de tornar ácido.
á.ci.do *s.m.* (Quím.) **1** substância que se dissolve na água liberando íons de hidrogênio, ou que dissolve metais liberando hidrogênio, ou que reage a uma base para a formação de sais. **2** solução aquosa de ácido sulfúrico, usada nas baterias de veículos. **3** ácido clorídrico: *O estômago produz ácido.* • *adj.* **4** acre ao olfato; picante: *cheiro ácido.* **5** azedo: *gosto ácido da laranja.* **6** com alto grau de acidez: *terreno ácido.* **7** áspero; rude: *discussão ácida;* palavras ácidas.
a.ci.do.se (ó) *s.f.* (Med.) distúrbio causado pelo desequilíbrio entre os ácidos e as bases do sangue, caracterizado por predominância de acidez: *Hálito forte é sinal de acidose.*
a.ci.du.la.do *adj.* **1** de sabor levemente ácido: *bebida acidulada.* **2** que contém ácido: *soluções aciduladas.*
a.ci.ma *adv.* **1** em direção a um ponto superior: *Corria velozmente rua acima.* **2** localizado em posição mais alta: *Estava naquele camarote acima da plateia.* **3** anteriormente: *um motivo muito simples que, aliás, já foi acima enunciado.* **4** além: *crianças acima de três anos.* • **acima de** localizado em posição mais alta. **acima de tudo** antes de mais nada; principalmente: *Perseguimos, acima de tudo, a verdade.* // Ant.: abaixo.
a.cin.te *s.m.* provocação: *Seu modo de vestir é um acinte à moda.*
a.cin.to.so (ô) *adj.* **1** que constitui acinte; ostensivo: *o andar acintoso de certas garotas.* **2** propositado; premeditado: *uma intromissão acintosa nos meus negócios.*

a.cin.tu.ra.do *adj.* marcado na cintura; cinturado: *um vestido bem acinturado.*
a.cin.zen.tar *v.t.* **1** tornar de cor cinza: *A chuva acinzenta os campos.* • *int.* e *pron.* **2** tomar a cor cinza: *Coberta de nuvens, a cidade acinzentou(-se).*
a.ci.o.na.men.to *s.m.* ato de pôr algo em funcionamento: *o acionamento dos motores do avião.*
a.ci.o.nar *v.t.* **1** pôr em funcionamento; fazer funcionar; acionar manivelas, campainhas, motores. **2** pôr em ação; impulsionar: *acionar medidas, negócios, a política.*
a.ci.o.ná.rio *adj.* relativo a ações: *controle acionário da empresa.*
a.ci.o.nis.ta *s.2g.* possuidor de ações de sociedades anônimas ou empresas por ações.
a.cir.ra.men.to *s.m.* **1** intensificação extrema; exacerbação: *acirramento da batalha.* **2** instigação; estimulação: *acirramento das vendas pela propaganda.*
a.cir.rar *v.t.* **1** aguçar; estimular: *A ignorância acirra a violência.* • *pron.* **2** aguçar-se; estimular-se: *A discussão acirrou-se.*
a.cla.ma.ção *s.f.* **1** aplauso entusiástico; ovação: *Segue pela praça sob aclamação.* **2** aprovação geral; indicação unânime ou quase unânime: *O candidato foi eleito por aclamação.*
a.cla.mar *v.t.* **1** saudar com gritos de alegria e entusiasmo; aplaudir: *Todos aclamaram o orador e as reformas propostas.* **2** eleger por aclamação; proclamar: *Aclamaram Zumbi rei dos Palmares.*
a.cla.rar *v.t.* **1** tornar claro ou inteligível; esclarecer; elucidar: *Dispunha-se a aclarar todos os detalhes da proposta.* • *int.* e *pron.* **2** esclare-cer(-se); elucidar(-se): *As suspeitas ainda não (se) aclararam.* **3** tornar(-se) lúcido: *Suas ideias (se) aclararam logo.* **4** iluminar(-se): *O dia começou a aclarar-se.*
a.cli.ma.ta.ção *s.f.* adaptação a novo ambiente: *plantas de difícil aclimatação em regiões frias.*
a.cli.ma.tar *v.t.* **1** habituar a um clima: *Conseguiram aclimatar búfalos na ilha.* • *pron.* **2** habituar-se; adaptar-se: *Papagaios não se aclimatam em regiões frias.*
a.cli.ve *s.m.* encosta; inclinação de terreno. // Ant.: declive.
ac.ne *s.f.* (Med.) espinha: *Tinha a pele cheia de acnes.*
a.ço *s.m.* (Quím.) **1** liga de ferro e carbono, muito dura: *barras de aço.* **2** amálgama de estanho para fabricação de espelhos: *espelho de aço polido.* **3** lâmina de arma branca: *o aço do facão.* • **de aço** muito forte: *nervos de aço; punhos de aço.*
a.co.ber.ta.men.to *s.m.* ato ou efeito de acobertar; resguardo; proteção: *Ele negou acobertamento do caso.*
a.co.ber.tar *v.t.* **1** encobrir; disfarçar; esconder: *acobertar mentiras, falsidades, interesses escusos.* • *pron.* **2** esconder-se; proteger-se: *Buscam desculpas para se acobertarem.*
a.co.bre.a.do *adj.* da cor do cobre: *índios de pele acobreada.*
a.co.char *v.t.* **1** apertar muito: *acochar o laço, o parafuso.* • *int.* **2** intensificar-se: *E aquela dorzinha acochou.*
a.co.co.rar *v.t.* e *pron.* **1** pôr-se de cócoras; agachar(-se): *O menino (se) acocora perto do lago.* **2** humilhar-se.

aconselhamento

a.ço.da.men.to s.m. ato ou efeito de açodar-se; pressa; precipitação: *Não é necessário açodamento.*

a.ço.dar v.t. **1** apressar; acelerar: *Não se tratava de açodar o direito de defesa.* • pron. **2** apressar-se: *Não se açode, menino.*

a.coi.mar v.t. tachar; acusar; qualificar: *A direção acoimou de irresponsável o funcionário faltoso.*

a.çoi.ta.men.to s.m. ato ou efeito de açoitar(-se); castigo com açoite; surra: *Várias pessoas foram condenadas à pena de açoitamento.*

a.coi.tar v.t. **1** asilar; abrigar: *Não se deve acoitar criminosos.* • pron. **2** alojar-se; estabelecer-se: *A miséria que se acoita nas favelas.* • **3** esconder-se; ocultar-se: *Os fugitivos acoitaram-se nas montanhas.*

a.çoi.tar v.t. surrar com açoite; flagelar: *Não se deve açoitar os animais.*

a.çoi.te s.m. **1** chicote. **2** golpe com esse objeto. **3** flagelo; castigo: *Vivia sob o açoite da enfermidade.*

a.co.lá adv. **1** em lugar distante do falante e do ouvinte; lá: *Quem sou eu para deixá-la acolá no abandono.* **2** ali: *Abre-se uma porta aqui, fecha-se uma janela acolá, e assim vai indo.*

a.col.cho.a.do s.m. **1** coberta ou revestimento de tecido estofado com algodão, lã ou paina; edredom. • adj. **2** guarnecido de estofo; estofado: *chinelos acolchoados.*

a.col.cho.ar v.t. **1** encher (colchões, poltronas etc.) com lã, algodão, espuma de borracha. **2** suavizar: *acolchoando situações.* **3** proteger: *acolchoar pessoas.*

a.co.lhe.dor (ô) adj. **1** hospitaleiro; receptivo: *povo acolhedor.* **2** protetor; aconchegante: *braços acolhedores.* **3** agradável: *tardes acolhedoras de outono.*

a.co.lher v.t. **1** oferecer refúgio; abrigar; agasalhar: *O albergue acolheu alguns mendigos.* **2** aceitar como hóspede; hospedar: *Há hotéis que só acolhem tenistas.* **3** receber: *Acolheu os convidados muito sorridente.* **4** acatar; admitir: *Acolheram os pronunciamentos do governo.*

a.co.lhi.da s.f. acolhimento.

a.co.lhi.men.to s.m. **1** conforto; abrigo: *o irrecusável acolhimento dos seios maternos.* **2** recepção; acolhida: *um bom acolhimento ao visitante.* **3** anuência; concordância; acolhida: *o acolhimento do governo à iniciativa privada.*

a.co.li.tar v.t. **1** servir de acólito em (missa): *Queria um jesuíta para acolitar a missa.* **2** acompanhar: *Ele chegou à cerimônia acolitando o deputado.*

a.có.li.to s.m. **1** ajudante do sacerdote na celebração da missa. **2** (Deprec.) acompanhante; ajudante; auxiliar: *Apareceu no tablado o candidato acompanhado de seus acólitos.*

a.co.me.ter v.t. atacar; atingir: *A dengue acomete a população.*

a.co.mo.da.ção s.f. **1** adaptação; conformação: *acomodação dos políticos ao sistema vigente.* **2** conciliação; entendimento: *Uma acomodação entre gregos e troianos.* **3** divisão de imóvel residencial; cômodo: *prédio com boas acomodações.*

a.co.mo.da.do s.m. **1** pessoa que se ajusta a uma situação estando ou não de acordo com ela: *Será sempre um acomodado.* • adj. **2** ajustado a uma situação; sossegado; conformado: *Era uma pessoa acomodada.*

a.co.mo.da.men.to s.m. ato ou efeito de acomodar; acomodação.

a.co.mo.dar v.t. **1** sossegar; serenar: *A música acomodou a criança.* **2** ter acomodações ou lugar para: *A saleta não acomoda mais que cinco pessoas.* **3** instalar bem; aconchegar: *Acomodou a criança no colo.* **4** colocar em ordem; ajeitar: *Acomodou os livros na estante.* • pron. **5** adaptar-se; ajustar-se: *acomodar-se aos novos tempos.* **6** instalar-se bem: *Acomodou-se na poltrona.* **7** sossegar; acalmar-se: *Chorou um pouco, depois se acomodou.*

a.co.mo.da.tí.cio adj. que se acomoda facilmente: *Não pretendia perpetuar atitudes acomodatícias.*

a.com.pa.nha.dor (ô) s.m. músico que acompanha um solista vocal ou instrumental.

a.com.pa.nha.men.to s.m. **1** ação ou efeito de acompanhar; seguimento: *O professor fará o acompanhamento dos trabalhos em grupo.* **2** prato secundário que acompanha o principal: *O acompanhamento é batata frita.* **3** cortejo; comitiva: *Um grande acompanhamento seguia o governador.* **4** parte instrumental ou vocal executada conjuntamente com uma melodia à qual fornece textura harmônica ou rítmica.

a.com.pa.nhan.te s.2g. **1** aquele que acompanha ou segue: *Foi designado como acompanhante do deputado em visita à fábrica.* **2** pessoa que toma conta de crianças na ausência dos pais: *Crianças pequenas sempre precisam de acompanhante.* **3** pessoa que faz companhia a doentes: *No hospital sempre há uma cama para o acompanhante.*

a.com.pa.nhar v.t. **1** ir na companhia de; seguir: *Acompanhou a visita até o portão.* **2** fazer companhia a: *Sempre acompanhava a irmã.* **3** juntar-se a alguém para executar alguma coisa: *Teó acompanhava a mulher ao piano.* **4** seguir o ritmo de: *As garotas acompanham a música com palmas.* **5** seguir com os olhos; seguir com atenção: *O menino acompanha atento os malabarismos do trapezista.* **6** seguir o desenvolvimento de; assistir regularmente a: *acompanhar novelas.* **7** estar presente em: *A tristeza acompanha sua vida.* **8** estar associado a; estar junto de: *Vinho branco deve acompanhar o peixe.*

a.con.che.gan.te adj. **1** protetor; acolhedor: *sala com lareira aconchegante.* **2** hospitaleiro: *o jeito aconchegante de minha mãe.*

a.con.che.gar v.t. **1** aproximar; achegar; proteger: *aconchegar o filho ao peito.* • pron. **2** acomodar-se; ajeitar-se: *Indivíduos que se aconchegam nos bancos dos jardins.* **3** achegar-se; abraçar-se.

a.con.che.go (ê) s.m. agasalho; conforto: *o aconchego do lar, da família.*

a.con.di.ci.o.na.men.to s.m. **1** ato ou efeito de acondicionar(-se); acomodação: *acondicionamento de alimentos em caixas térmicas.* **2** embalagem; empacotamento: *Trabalha no acondicionamento de produtos farmacêuticos.*

a.con.di.ci.o.nar v.t. arranjar ou colocar em embalagem ou em lugar apropriado: *acondicionar o leite em caixas esterilizadas.*

a.con.se.lha.men.to s.m. ato ou efeito de aconselhar; orientação: *serviço telefônico de aconselhamentos.*

aconselhar

a.con.se.lhar v.t. **1** dar conselhos a: *Sempre aconselhei meus filhos*. **2** recomendar; indicar: *Aconselhou prudência ao jogador*. • *pron*. **3** tomar conselhos: *Aconselhar-se com os mais velhos*.

a.con.se.lhá.vel adj. que se pode aconselhar; recomendável: *Não é aconselhável que o atleta compre um calçado só para disputar a corrida*.

a.con.te.cer v.int. passar a ser realidade; realizar; ocorrer: *Milagres acontecem*.

a.con.te.ci.do s.m. evento; ocorrência; sucedido: *Ninguém ficou sabendo do acontecido*.

a.con.te.ci.men.to s.m. **1** evento; fato; ocorrência: *um acontecimento muito importante para os filipinos*. **2** evento memorável ou sensacional: *A visita do Papa foi um acontecimento*. **3** bom resultado de alguma empresa; êxito: *A venda de todos os exemplares em dois meses é um acontecimento editorial*.

a.co.pla.gem s.f. acoplamento.

a.co.pla.men.to s.m. ato ou efeito de acoplar(-se); ligação; junção: *acoplamento de uma nave com outra; o difícil acoplamento entre os ônibus espaciais*.

a.co.plar v.t. **1** juntar; ajustar: *Acoplou um aparelho de áudio ao computador*. • *pron*. **2** unir-se; ajustar-se: *A correia se acopla ao motor*.

a.cor.da.do adj. **1** desperto do sono: *Ele ficou acordado até tarde*. **2** resolvido por acordo; ajustado: *As reivindicações já estavam acordadas anteriormente*.

a.cór.dão s.m. (Jur.) resolução de recursos, em tribunais coletivos, administrativos ou judiciais; sentença: *O juiz leu lentamente o acórdão do tribunal*. // Pl.: acórdãos.

a.cor.dar v.t. **1** tirar do sono; despertar: *Os tiros me acordaram*. **2** tomar consciência; despertar: *acordar para a vida, para a realidade*. **3** resolver de comum acordo; concordar: *Eles acordaram que não falariam de religião*. • *pron*. **4** combinar-se; pôr-se de acordo sobre: *Acordaram-se sobre as ideias comuns a serem perseguidas*. • *int*. **5** sair do sono; despertar: *Não acordo cedo*.

a.cor.de (ó) s.m. **1** (Mús.) consonância harmônica de dois ou mais sons simultâneos; som musical: *os acordes de um piano*. • adj. **2** que está de acordo com; concordante; conforme.

a.cor.de.ão s.m. sanfona. // Var.: acordeom.

a.cor.de.o.nis.ta s.2g. quem toca acordeão; sanfoneiro.

a.cor.do (ô) s.m. **1** entendimento recíproco; combinação: *Depois do que você me fez, não há acordo*. **2** pacto; tratado: *acordo entre países vizinhos*. **3** (Jur.) concordância de vontades para determinado fim jurídico; ajuste: *Metalúrgicos entraram em acordo com as montadoras*. **4** concordância; conformidade: *acordo entre ciência e religião; acordo entre ideias*. • **de acordo** em conformidade; em consonância: *O preço varia de acordo com a oferta*.

a.ço.ri.a.no s.m. **1** natural ou habitante do arquipélago dos Açores (Portugal). • adj. **2** relativo aos Açores.

a.cor.ren.tar v.t. **1** prender com correntes; encadear: *Acorrentou os cachorros*. **2** subjugar; escravizar • *pron*. **3** ficar preso a; subjugar-se: *Acorrentava-se à força das paixões*.

a.cor.rer v.t. **1** ir ou vir em socorro de alguém: *A médica acorreu ao hospital imediatamente*. **2** acudir; socorrer: *As pessoas que acorrem aos flagelados vêm de toda parte*. • *int*. **3** sobrevir; surgir: *Imagens confusas acorriam*. **4** correr a algum lugar; acudir à pressa: *Acorram, curiosos, o desastre já ocorreu*.

a.cos.sar v.t. **1** afligir; atormentar: *As dores acossavam-lhe*. **2** correr ao encalço de; perseguir: *Os cães acossam os gatos*.

a.cos.ta.men.to s.m. **1** ato ou efeito de acostar. **2** faixa marginal, nas rodovias, para parada de emergência: *Os motoristas quase não usam o acostamento*. **3** ancoragem: *Havia um grande tablado para o acostamento das canoas*.

a.cos.tu.mar v.t. **1** habituar: *Acostumou o porquinho a comer em sua mão*. • *pron*. **2** habituar-se: *Acostumou-se com o cheiro*.

a.co.to.ve.lar v.t. **1** dar ou tocar com o cotovelo, em geral, a fim de chamar a atenção para alguma coisa: *Acotovelou-me ao ver a moça passar*. • *pron*. **2** dar cotoveladas ou encontrões um no outro; empurrar-se: *O povo se acotovelava na praça para ver a cantora*. **3** estar muito próximo (um do outro): *Os fiéis se acotovelam na capela*.

a.çou.gue s.m. lugar onde se vende carne.

a.çou.guei.ro s.m. **1** proprietário ou empregado de açougue. **2** (Deprec.) mau cirurgião; carniceiro.

a.co.var.da.men.to s.m. **1** ato ou efeito de acovardar (-se). **2** timidez; acanhamento.

a.co.var.dar v.t. **1** tornar covarde; amedrontar; aterrorizar. **2** fazer perder o ânimo; desanimar: *A situação adversa o acovardou*. • *pron*. **3** amedrontar-se; intimidar-se: *Acorvardou-se diante do perigo*.

a.cre adj. **1** de sabor ácido ou amargo: *uma fruta de gosto acre*. **2** de aroma forte e ativo: *um cheiro acre*. **3** ríspido; rude: *humor acre*.

a.cre.a.no s.m. **1** natural ou habitante do Acre; acriano. • adj. **2** relativo ao Acre.

a.cre.di.tar v.t. **1** supor; julgar: *Não acredito que ele seja o culpado*. **2** ter fé ou crença; ter como verdadeiro, real ou possível: *Quem acredita em Deus não acredita em bruxaria*. **3** dar crédito; ter confiança; confiar: *Não acredito na sua liderança*.

a.cre-do.ce adj. agridoce.

a.cres.cen.tar v.t. juntar; adicionar; acrescer: *E assim o avarento acrescentava cada dia acrescentando mais dinheiro à sua já imensa fortuna*.

a.cres.cer v.t. acrescentar; ajuntar.

a.crés.ci.mo s.m. adição: *acréscimo de farelo à ração dos animais*.

a.cri.a.no s.m. acreano.

a.crí.li.co s.m. resina sintética transparente.

a.cri.mô.nia s.f. **1** qualidade ou estado do que é azedo; acre. **2** indelicadeza; grosseria.

a.cro.á s.2g. grupo indígena que habitava a Bahia, o Piauí e Goiás.

a.cro.ba.ci.a s.f. **1** técnica de acrobata; equilibrismo: *acrobacia no trapézio*. **2** esforço; habilidade. **3** manobra espetacular realizada por aeronave.

a.cro.ba.ta s.2g. quem pratica manobras que exigem grande equilíbrio e coordenação; equilibrista; acróbata. // Var.: acróbata.

a.cro.bá.ti.co adj. típico ou próprio de acrobata: *uma dança acrobática*.

a.cro.fo.bi.a s.f. (Med.) medo doentio de altura: *Maria sofria de acrofobia*.

a.cro.má.ti.co adj. **1** que não toma cor. **2** que não distingue as cores.

a.cro.me.ga.li.a s.f. (Med.) doença que se caracteriza pelo desenvolvimento anormal do volume dos ossos chatos.

adágio

a.crô.ni.mo *s.m.* palavra formada pelas letras iniciais de outras: *Unesp é acrônimo de Universidade Estadual Paulista*.

a.cró.po.le *s.f.* fortificação situada na parte mais alta das antigas cidades gregas, especialmente a de Atenas.

a.crós.ti.co *s.m.* composição poética na qual o conjunto das letras iniciais dos versos compõe verticalmente uma palavra ou frase.

ac.tí.nia *s.f.* (Zool.) pnêmona-do-mar.

a.cu.ar *v.t.* 1 encurralar; cercar: *Os jogadores acuaram os adversários*. 2 perseguir a caça até que se abrigue na toca: *Os cachorros acuaram a onça*.

a.çú.car *s.m.* substância cristalina, doce, solúvel na água, extraída da cana-de-açúcar e de outros vegetais; sacarose.

a.çu.ca.ra.do *adj.* 1 adoçado com açúcar: *água açucarada*. 2 com açúcar cristalizado na superfície: *ameixa açucarada*. 3 suave: *voz açucarada*.

a.çu.ca.rar *v.t.* 1 pôr açúcar em; adoçar com açúcar. 2 abrandar; suavizar: *Diante da neta, o vovô açucara a voz*. 3 dar consistência de açúcar: *O frio açucarou o mel.* • *int.* 4 tomar consistência do açúcar: *O mel açucarou na garrafa*.

a.çu.ca.rei.ro *s.m.* 1 recipiente para açúcar. • *adj.* 2 produtor de açúcar: *zona açucareira*. 3 relacionado com o comércio do açúcar: *a economia açucareira*.

a.çu.ce.na *s.f.* (Bot.) 1 planta da família do lírio, de folhas finas, compridas, de cor verde-clara e flores brancas e perfumadas. 2 flor dessa planta.

a.çu.de *s.m.* construção destinada a represar águas; barragem.

a.cu.dir *v.t.* 1 auxiliar; socorrer: *Pedro acudiu o avô*. 2 atender; obedecer: *acudir a um chamado*. 3 dirigir-se; encaminhar-se: *O fazendeiro acudiu à varanda da casa*. 4 vir à lembrança: *Não lhe acudia o nome dela*. 5 ser conhecido; atender: *A gata acudia pelo nome de Pompom*.

a.cui.da.de *s.f.* 1 agudeza de percepção dos sentidos, principalmente da visão e da audição: *acuidade auditiva*. 2 agudeza de percepção; perspicácia: *Márcio tinha acuidade de um crítico nas suas análises*.

a.çu.lar *v.t.* 1 instigar; provocar; excitar: *açular os cães*. 2 estimular: *açular paixões*.

a.cú.leo *s.m.* espinho que se desenvolve na casca de certos vegetais: *Os galhos da roseira têm acúleos*.

a.cul.tu.ra.ção *s.f.* adaptação de um indivíduo, grupo ou povo à cultura de outro: *a aculturação dos índios*.

a.cul.tu.ra.men.to *s.m.* ato ou efeito de aculturar; aculturação.

a.cul.tu.rar *v.t.* 1 causar ou promover a aculturação. • *pron.* 2 adaptar-se a outra cultura.

a.cu.mi.na.do • *adj.* pontiagudo; agudo: *capim de folhas acuminadas*.

a.cum.pli.ci.ar *v.t.* 1 tornar cúmplice: *Queria acumpliciar o colega naquele negócio sujo*. • *pron.* 2 tornar-se cúmplice: *Eles se acumpliciaram com os bandidos*.

a.cu.mu.la.ção *s.f.* 1 acúmulo: *a acumulação de areia nas margens do lago*. 2 junção de cargos e rendimentos.

a.cu.mu.la.dor (ô) *s.m.* 1 aparelho elétrico que armazena energia para devolvê-la sob a forma de corrente; bateria. • *adj.* 2 que acumula ou armazena: *plantas acumuladoras de água*.

a.cu.mu.lar *v.t.* 1 amontoar; ajuntar; reunir: *Juca acumulava tesouros*. 2 deixar-se encher de: *O tanque acumula água da chuva*. 3 ter ou exercer simultaneamente: *O secretário acumula vários cargos*. • *pron.* 4 estar amontoado: *O lixo acumula-se na feira*.

a.cu.mu.la.ti.vo *adj.* que tem a propriedade de acumular.

a.cú.mu.lo *s.m.* 1 ajuntamento; reunião: *Havia um acúmulo de pessoas na praça*. 2 aumento; acréscimo: *um acúmulo de despesas*.

a.cu.pun.tor *s.m.* acupunturista.

a.cu.pun.tu.ra *s.f.* técnica terapêutica usada inicialmente pelos chineses e japoneses, que consiste na introdução de agulhas muito finas em pontos precisos da pele para tratamento de certas perturbações funcionais ou para aliviar dores.

a.cu.pun.tu.ris.ta *s.2g.* especialista em acupuntura.

a.cu.ra.do *adj.* 1 feito com muito cuidado; cuidadoso: *estudos, exames acurados*. 2 aguçado; refinado: *sensibilidade acurada*.

a.cu.sa.ção *s.f.* 1 ato ou efeito de acusar(-se); 2 exposição oral ou escrita das culpas do réu: *O promotor termina de ler a acusação*. 3 imputação de erro ou crime: *Ele fazia acusações ao governo*. 4 denúncia; delação: *Houve uma acusação contra o ministro*. 5 qualificação: *Sempre repeliu a acusação de desonesto*.

a.cu.sa.do *s.m.* 1 pessoa sobre quem recai a culpa; pessoa tida como culpada: *Os acusados riam cinicamente*. • *adj.* 2 que recebe acusação ou incriminação; responsabilizado: *réu acusado de crime hediondo*.

a.cu.sa.dor (ô) *s.m.* 1 quem acusa; denunciante. 2 promotor: *A prisão preventiva foi pedida pelo acusador público*. • *adj.* 3 que acusa ou censura; reprovador: *Aponta o dedo acusador para o réu*.

a.cu.sar *v.t.* 1 denunciar: *Ninguém quis acusar o responsável pelo estrago*. 2 assinalar; comunicar: *Esqueceu-se de acusar recebimento do telegrama*. 3 revelar; apresentar: *vendas que acusam lucro*. 4 apresentar como culpado; incriminar: *Joca acusou o sargento de agressão*. 5 declarar responsável por: *Minha consciência não me acusa de nada*. 6 qualificar; tachar: *Acusavam-me de indolente*.

a.cu.sa.ti.vo *s.m.* 1 (Gram.) caso gramatical que, em línguas como o latim e o grego, expressa tipicamente a função de objeto direto. • *adj.* 2 que contém acusação; acusatório: *O olhar da menina tinha um reflexo acusativo*.

a.cu.sa.tó.rio *adj.* que acusa; acusador: *O chefe sustentava o olhar ao mesmo tempo enigmático e acusatório*.

a.cús.ti.ca *s.f.* (Fís.) 1 parte da Física que trata dos sons e dos fenômenos a eles relacionados: *um técnico em acústica*. 2 conjunto de qualidades de um espaço fechado, que influem na propagação e na percepção dos sons: *Nosso teatro tem excelente acústica*.

a.cús.ti.co *adj.* 1 relativo à audição ou ao ouvido. 2 que serve para a produção do som, sua modificação ou sua melhoria. 3 diz-se de produção de som ou execução musical que não se serve de meios eletrônicos.

a.da.ga *s.f.* 1 arma branca, curta, de dois gumes. 2 espada curta e larga.

a.dá.gio *s.m.* 1 provérbio; ditado. 2 andamento musical lento. 3 composição, movimento ou divisão de uma peça musical com esse andamento.

adamascado

a.da.mas.ca.do *adj.* diz-se de tecido que tem a aparência e a cor do damasco: *colcha adamascada*.
a.dâ.mi.co *adj.* **1** relativo a Adão, o primeiro homem, segundo a Bíblia. **2** primitivo.
a.dap.ta.bi.li.da.de *s.f.* possibilidade de adaptar-se: *adaptabilidade ao meio ambiente*.
a.dap.ta.ção *s.f.* **1** ato ou efeito de adaptar(-se). **2** transformação de algo visando uma utilização específica: *a adaptação de novas salas*. **3** ajustamento: *a adaptação dos alunos ao novo regime escolar*. **4** acomodação: *adaptação do organismo ao clima*. **5** transferência de uma obra de arte de um meio de transmissão para outro: *Fazia adaptação de romances para o cinema*.
a.dap.ta.do *adj.* **1** que sofreu adaptação: *Mora num apartamentozinho adaptado*. **2** ajustado; habituado: *seres vivos adaptados a um certo grau de radiação*. **3** ajustado; amoldado: *eixo adaptado à roda*.
a.dap.ta.dor (ô) *s.m.* **1** quem faz adaptações. • *adj.* **2** que serve para adaptações: *Um anel adaptador simples não é muito caro*.
a.dap.tar *v.t.* **1** acomodar; adequar: *Não conseguia adaptar os versos à música*. **2** transferir uma obra de um meio de transmissão para outro: *Adaptava peças de teatro para a televisão*. • *pron.* **3** ajustar-se: *Não se adapta à vida ociosa*. **4** habituar-se: *Adaptou-se logo à praia*.
a.dap.tá.vel *adj.* que se pode adaptar ou que se adapta: *Há espécimes adaptáveis a todas as condições ambientais*.
a.de.ga (é) *s.f.* **1** lugar térreo ou subterrâneo, de temperatura baixa e constante, onde se guardam bebidas: *Tinha uma adega com vinhos selecionados*. **2** estabelecimento comercial que serve bebidas alcoólicas, principalmente vinhos, e iguarias em geral.
a.de.jar *v.t.* **1** fazer mover-se; agitar à semelhança de asas: *As aves assustadas adejavam as asas*. • *int.* **2** bater as asas; voejar; esvoaçar: *Um pássaro adeja por ali*. **3** agitar-se ao vento: *Roupas dependuradas adejavam*.
a.del.ga.ça.men.to *s.m.* ato ou efeito de adelgar; finamento; desbaste.
a.del.ga.çar *v.t.* **1** tornar delgado; afinar: *A ginástica adelgaçou o seu corpo*. • *pron.* **2** tornar-se delgado; afinar-se: *O rio se adelgaçava no vale*. **3** tornar-se pouco denso: *A neblina ia se adelgaçando*.
a.de.mais *adv.* além disso: *Sabe-se, ademais, que há grande desperdício de material*.
a.de.ma.nes *s.m. pl.* **1** gestos manuais para expressar sentimentos ou para fazer acenos. **2** gestos afetados ou extravagantes, principalmente quando se fala: *A atriz até adquiriu os ademanes da personagem que interpretava*.
a.den.do *s.m.* acréscimo; apêndice: *Era preciso cortar os adendos da lei*.
a.de.noi.de *s.f.* (Med.) excrescência em forma de gânglio que se forma nas paredes da faringe.
a.de.no.ma *s.m.* (Med.) tumor caracterizado pela proliferação de elementos glandulares.
a.de.no.pa.ti.a *s.f.* (Med.) doença glandular.
a.de.no.ví.rus *s.m.* (Med.) vírus que tem mais de quarenta variedades e que ataca mamíferos e aves, causando doenças, respiratórias e intestinais.

a.den.sa.men.to *s.m.* ato ou efeito de adensar(-se); concentração: *O pequeno adensamento populacional favorece à dispersão dos dejetos*.
a.den.sar *v.t.* **1** tornar (mais) denso; espessar: *adensar o caldo*. **2** tornar pesado; carregar; sobrecarregar: *Os perfumes adensavam o ar*. **3** tornar populoso: *O projeto, então, é adensar essas áreas*. • *pron.* **4** tornar-se denso; acumular-se: *A escuridão se adensara em volta da casa-grande*.
a.den.trar *v.t.* **1** entrar: *Vimos quando o acusado adentrou o recinto*. **2** penetrar em: *Não adentrou no mérito da questão*.
a.dep.to (é) *s.m.* **1** seguidor de doutrina, partido etc. • *adj.* **2** partidário: *Sempre fui adepto do socialismo*. **3** admirador; afeiçoado: *Ele é adepto dos movimentos pela paz*. **4** que segue; seguidor: *O rapaz era adepto das filosofias orientais*.
a.de.qua.ção *s.f.* ato ou efeito de adequar(-se); ajustamento; acomodação; adaptação: *Há sempre uma adequação entre as técnicas utilizadas e os objetivos que se têm em vista*.
a.de.qua.do *adj.* apropriado ou ajustado: *Era necessária a formação de pessoal adequado ao cumprimento das tarefas administrativas*.
a.de.quar *v.t.* **1** tornar apropriado; ajustar; adaptar: *Cumpre adequar as atividades de ensino e de pesquisa às necessidades profissionais*. • *pron.* **2** ajustar-se; adaptar-se: *O brasileiro sabe como se adequar às exigências de cada momento*.
a.de.re.ço (ê) *s.m.* ornamento pessoal; adorno; enfeite: *Lia usava um adereço leve na cabeça*.
a.de.rên.cia *s.f.* **1** adesão: *Atacaram o presidente por não assumir a aderência ao socialismo*. **2** fixação: *Esse tipo de pneu apresenta maior aderência ao solo*. **3** (Med.) saliência de tecido fibroso formada pela união anormal de estruturas do organismo.
a.de.ren.te *s.2g.* **1** quem adere: *Os sem-terra e os aderentes à sua causa chegavam a Brasília*. • *adj.* **2** que adere; que não escorrega: *Use um tênis confortável, com sola aderente*. **3** que se adapta a uma superfície: *No pé do artilheiro, a chuteira ficava aderente como uma luva*. **4** intimamente relacionado; compatível: *Enfatizava o realismo dos preços aderentes aos custos reais*.
a.de.rir *v.t.* **1** declarar-se de acordo com ou ser partidário de: *Todos aderiram à nossa causa*. **2** unir-se; ligar-se: *Alguns foragidos aderiram ao grupo dos pistoleiros*. **3** colar-se; grudar-se: *As pastas e argamassas de gesso aderem muito bem ao tijolo*.
a.der.nar *v.t.* **1** fazer inclinar (a embarcação): *O vento forte adernava o barco*. • *int.* **2** inclinar-se ligeiramente (a embarcação); emborcar-se: *A primeira vaga grande fez o barco adernar*.
a.de.são *s.f.* **1** ato ou efeito de aderir. **2** apoio: *O combate à inflação teve a adesão de todos os brasileiros*. **3** anuência; concordância; aprovação: *A atitude do chefe foi interpretada como de adesão à greve*.
a.de.sis.mo *s.m.* adesão sistemática a situações novas: *Na política o adesismo é prática corriqueira*.
a.de.sis.ta *s.2g.* **1** que ou quem pratica o adesismo: *Os adesistas a cada dia aparecem mais*. • *adj.* **2** relativo ao adesismo.

adjetivo

a.de.si.vo *s.m.* **1** tira de papel, pano ou plástico revestida de um lado de substância que adere: *Foram distribuídos mais de mil adesivos para carros.* • *adj.* **2** que adere; que gruda: *selo postal adesivo.*

a.des.tra.do *adj.* **1** treinado: *O trabalho só seria realizado por funcionários bem adestrados.* **2** hábil: *Entrei no conflito para salvar um amigo, pouco adestrado no jogo das armas.* **3** amestrado; ensinado: *animal adestrado.*

a.des.tra.dor (ô) *s.m.* amansador ou treinador de animais.

a.des.tra.men.to *s.m.* **1** ato ou efeito de adestrar; treinamento de animais para diversos fins: *adestramento de cavalos.* **2** preparação: *Deve-se promover o adestramento das novas gerações.*

a.des.trar *v.t.* **1** tornar destro ou hábil; capacitar; treinar: *É chegada a hora de adestrar seus filhos.* **2** treinar (animais); amansar; ensinar. • *pron.* **3** aperfeiçoar-se: *Adestrou-se para a prova.*

a.deus *s.m.* **1** gesto, palavra ou sinal de despedida: *Celita acenou um adeus.* **2** despedida; separação: *Seu gesto podia significar um adeus.* **3** usado para expressar perda irreparável: *Podemos dar adeus ao nosso carro.* • *interj.* **5** expressa despedida: *Adeus, Virgínia, adeus!*

a.di.a.men.to *s.m.* ato ou efeito de adiar; protelação; prorrogação.

a.di.an.ta.do *adj.* **1** colocado adiante: *O zagueiro jogando adiantado.* **2** moderno; progressista; avançado: *O comércio brasileiro é um dos mais adiantados do mundo.* **3** que está na dianteira nos estudos: *aluno adiantado.* **4** mais distante do começo ou mais próximo do fim (no tempo ou no espaço): *O trabalho está bastante adiantado.* • *adv.* **5** antecipadamente: *Tive que pagar o aluguel adiantado.*

a.di.an.ta.men.to *s.m.* **1** ato ou efeito de adiantar. **2** antecipação de pagamento (total ou em parte): *Recebeu um adiantamento de 30%.* **3** progresso; avanço: *A duração do treino depende do adiantamento de cada um.*

a.di.an.tar *v.t.* **1** mover ou estender para diante: *Ele, decidindo-se, adiantou o braço.* **2** antecipar: *Ela nada quer adiantar sobre o caso.* **3** fazer progredir; fazer avançar: *adiantar o serviço.* **4** dar; entregar antecipadamente: *O patrão lhe adiantou cem reais.* **5** dizer ou afirmar antecipadamente: *Não queria preocupar-me, não é? – adiantou a mãe.* • *pron.* **6** progredir; avançar: *A enfermidade ia-se adiantando.* **7** antecipar-se: *Esse ano as chuvas se adiantaram.* • *int.* **8** ter efeito; resolver: *Não adianta chorar.* **9** avançar (mecanismo do relógio) mais depressa que o normal: *Meu relógio sempre adianta.*

a.di.an.te *adv.* **1** mais para frente; mais longe: *Logo adiante há uma pequena igreja.* **2** na frente; na dianteira: *E o Senhor ia adiante deles.* **3** em seguida; logo depois; logo: *Mais adiante, voltaremos a falar do plástico e de sua história.* • *interj.* **4** usada para ordenar alguém a continuar um relato interrompido: *Adiante! – ordenou o juiz.* // Ant.: atrás.

a.di.ar *v.t.* deixar para outro dia ou para uma data indeterminada; protelar; prorrogar: *adiar o casamento.*

a.di.ção *s.f.* **1** soma. **2** colocação; acréscimo: *adição de cloreto de cálcio ao leite.*

a.di.ci.o.nal *s.m.* **1** valor que se acrescenta a outro: *O adicional seria de cem reais.* **2** valor suplementar do salário: *Fonseca acumula adicionais por tempo de serviço.* • *adj.* **3** que se adiciona; que se soma: *custos adicionais.* **4** suplementar; acessório: *O cartão adicional não dava direito ao bônus.*

a.di.ci.o.nar *v.t.* acrescentar; juntar: *Coloque as gemas e adicione uma pitada de sal.* // Ant.: subtrair.

a.dic.to *s.m.* (Med.) **1** que não consegue abandonar um hábito nocivo (álcool, drogas etc.). • *adj.* **2** afeiçoado, dedicado, apegado.

a.di.do *s.m.* pessoa não pertencente aos quadros diplomáticos, designada para servir junto a uma delegação ou embaixada como representante de interesses específicos: *Rami foi nomeado adido militar em Paris.*

a.dim.plen.te *adj.* que cumpre no devido termo todas as obrigações contratuais. // Ant.: inadimplente.

a.di.po.si.da.de *s.f.* tecido gorduroso localizado; gordura; obesidade: *adiposidade acumulada na barriga.*

a.di.po.so (ô) *adj.* **1** que tem gordura; gorduroso: *tecido adiposo.* **2** muito gordo; volumoso; balofo: *indivíduo adiposo.*

a.di.ta.men.to *s.m.* ato ou efeito de aditar; acréscimo; adendo: *Ele propôs um aditamento no contrato.*

a.di.tar *v.t.* **1** acrescentar: *aditou detalhes à história.* • *pron.* **2** ligar-se; associar-se.

a.di.ti.va.do *adj.* que contém aditivo: *O álcool aditivado limpa e mantém o carburador limpo.*

a.di.ti.vo *s.m.* **1** (Quím.) substância adicionada a uma solução para alterá-la. • *adj.* **2** adicional.

a.di.vi.nha *s.f.* adivinhação; enigma: *Nosso folclore se compõe de lendas, cantos e adivinhas.*

a.di.vi.nha.ção *s.f.* **1** ato ou efeito de adivinhar. **2** descoberta por meios supostamente sobrenaturais ou artifícios hábeis do que está oculto no passado, presente ou futuro: *As adivinhações são feitas em pedras, cartas, oráculos.* **3** descoberta por conjectura ou intuição: *Não raro se misturava a investigação detetivesca à simples adivinhação.*

a.di.vi.nhar *v.t.* **1** conjecturar; supor; julgar: *Procurava adivinhar o que havia por trás daquela atitude.* **2** decifrar; desvendar: *adivinhar um sonho.* **3** perceber por influência ou por intuição; deduzir: *Adivinhe quem chegou?*

a.di.vi.nha.tó.rio *adj.* relativo à adivinhação: *Práticas místicas e adivinhatórias não são técnicas de Psicologia.*

a.di.vi.nho *s.m.* pessoa que tem o poder da adivinhação; vidente.

ad.ja.cên.cia *s.f.* **1** imediação; cercanias; redondezas. **2** condição do que é próximo: *O passeio do chefe a Londres, Paris e adjacências.*

ad.ja.cen.te *adj.* **1** contíguo: *Comprou o prédio e duas casas adjacentes.* **2** vizinho; próximo: *Na aldeia adjacente à missão havia um incêndio.*

ad.je.ti.va.ção *s.f.* emprego de adjetivos: *Foi difícil conseguir adjetivação adequada para o fato.*

ad.je.ti.var *v.t.* **1** atribuir a função de adjetivo a: *O termo era usado para adjetivar a palavra* família. **2** atribuir adjetivos a; qualificar: *Que me adjetivem do jeito que acharem melhor.*

ad.je.ti.vo *s.m.* **1** (Gram.) palavra que se associa a um substantivo para qualificá-lo ou subclassificá-lo num determinado conjunto nocional. **2** elogio ou insulto: *O traje de Dóris dispensava adjetivos.* • *adj.* **3** que vem por acréscimo; derivado; secundário: *Trata-se de uma questão puramente adjetiva.*

adjudicação

ad.ju.di.ca.ção *s.f.* (Jur.) **1** ato ou efeito de adjudicar. **2** transferência de bens penhorados, ou os respectivos rendimentos, em pagamento de um crédito contra o executado: *adjudicação dos bens.*

ad.ju.di.car *v.t.* **1** conceder a posse de: *A Fazenda Pública poderá adjudicar imóveis rurais penhorados a quem de direito.* **2** atribuir: *Adjudicara ao amigo a importância do feito.*

ad.jun.to *s.m.* **1** assessor: *Um de seus adjuntos não despacha mais com ele.* **2** (Gram.) termo da oração que se junta a outro para modificar-lhe o sentido: *adjunto adverbial; adjunto adnominal.* • *adj.* **3** auxiliar; ajudante: *relator adjunto.* **4** substituto; suplente.

ad.ju.tó.rio *s.m.* **1** ajuda; auxílio: *Nem sei o que seria de mim se não fosse o seu adjutório!* **2** esmola: *Tome, irmão, este adjutório.* **3** que ajuda.

ad.ju.van.te *adj.* auxiliar; acessório.

ad.mi.nis.tra.ção *s.f.* **1** ato ou efeito de administrar; condução de negócios públicos ou particulares; gestão; governo; direção: *Geraldo era eficiente na administração da empresa.* **2** ação de ministrar (medicamentos, sacramentos): *administração de antibióticos por via oral; administração dos sacramentos.* **3** o conjunto de funcionários administrativos: *A administração está desconfiada.* **4** local onde funciona a gerência de uma repartição: *A administração ficava do outro lado da rua.*

ad.mi.nis.tra.dor (ô) *s.m.* **1** quem ocupa cargo de direção na gestão dos negócios públicos ou particulares. **2** quem dirige ou superintende: *Dulce era a administradora da cozinha.* • *adj.* **3** que gere; gerenciador: *Aquele senhor é o administrador da empresa.*

ad.mi.nis.trar *v.t.* **1** gerenciar; gerir: *O governo vai administrar a receita de acordo com as necessidades.* **2** reger; dirigir: *Não é tarefa fácil administrar essa prefeitura.* **3** dar; ministrar (sacramento, medicamento): *administrar a extrema-unção ao moribundo; administrar medicamento aos feridos.*

ad.mi.nis.tra.ti.vo *adj.* **1** relativo à administração: *pessoal administrativo; setor administrativo.* **2** que se realiza por ordem de autoridade da administração pública: *inquérito administrativo.*

ad.mi.ra.ção *s.f.* **1** ato ou efeito de admirar. **2** estranheza; espanto; assombro: *Sua atitude causou admiração.* **3** afeição; simpatia; respeito: *Já falei de minha admiração pelo Cinema Novo; admiração às belas-artes.*

ad.mi.ra.dor (ô) *adj.* que aprecia; entusiasta: *Sempre fui profundo admirador seu.*

ad.mi.rar *v.t.* **1** ter afeição por; apreciar: *Admiro as pessoas honestas.* **2** olhar ou examinar com admiração, espanto ou respeito: *Ficou horas admirando o seu ídolo.* **3** causar admiração, espanto ou estranheza: *O que me admirava era a sua destreza.* • *pron.* **4** ficar admirado: *Ela admirou-se do presente.* • *int.* **5** causar estranheza: *Não admira que os índios não gostassem da vizinhança.*

ad.mi.rá.vel *adj.* **1** que causa admiração: *Achei graça no seu admirável bom humor.* **2** espantoso; assombroso: *O grupo está fazendo um sucesso admirável.* **3** formidável; apreciável; excelente: *Ela tem uma casa admirável.*

ad.mis.são *s.f.* **1** ato ou efeito de admitir. **2** permissão de entrada; aceitação: *Ficou proibida a admissão de candidatos não concursados.* **3** (Mec.) entrada de um fluido operacional no cilindro do motor: *tubo de admissão do carburador.*

ad.mis.sí.vel *adj.* que se pode admitir; possível: *Não é admissível tanto controle da produção.*

ad.mi.tir *v.t.* **1** contratar: *A indústria admitiria dois mil trabalhadores.* **2** aceitar; concordar com: *Seu Joaquim não podia admitir padre sem batina.* **3** supor: *Vamos admitir que isso não aconteça.* **4** permitir; caber; comportar: *Os prazos estabelecidos não admitem alterações.*

ad.mo.es.ta.ção *s.f.* **1** ato ou efeito de admoestar. **2** reprimenda; repreensão; advertência: *Mamãe só reiterou as admoestações.*

ad.mo.es.tar *v.t.* chamar a atenção de; advertir: *Ministro resolve admoestar a Secretaria.*

adn (Quím.) sigla de ácido desoxirribonucleico.

ad.no.mi.nal *adj.* (Gram.) diz-se do adjunto modificador do substantivo.

a.do.be (ô) *s.m.* tijolo cru, seco ao sol.

a.do.çan.te *s.m.* substância líquida ou em pó usada como substituto do açúcar.

a.do.ção *s.f.* **1** ato ou efeito de adotar. **2** aceitação voluntária e legal de uma criança como filho: *Meu marido sempre pensava em fazer uma adoção.* **3** implantação: *É necessária a adoção de medidas rigorosas de higiene.*

a.do.çar *v.t.* **1** tornar doce: *adoçar o café* **2** abrandar; suavizar: *Sorrir adoça os sofrimentos.*

a.do.ci.car *v.t.* tornar levemente doce: *adocicar a bebida.* **2** abrandar; suavizar: *Adocicava a voz quando falava com o pai.* • *pron.* **3** tornar-se brando, suave: *Seus gestos adocicaram-se.*

a.do.e.cer *v.t.* **1** tornar doente; enfermar: *O calor forte adoeceu as crianças.* • *int.* **2** tornar-se doente; enfermar: *Seus oito filhos adoeceram.* **3** (Coloq.) menstruar: *Carmem estava para adoecer.*

a.do.en.tar *v.t.* **1** tornar um pouco doente: *O resfriado adoentou-a.* • *pron.* **2** tornar-se adoentado: *Adoentou-se em meio a tantas preocupações.*

a.doi.da.do *adj.* (Coloq.) **1** um tanto desatinado; amalucado; extravagante: *Eles estavam agarrados numa obstinação adoidada.* • *adv.* **2** (Coloq.) muito; demasiado: *Mastigavam chicletes adoidado.*

a.do.les.cên.cia *s.f.* fase que sucede à infância, começando com a puberdade e caracterizando-se por mudanças físicas e psicológicas, estendendo-se mais ou menos dos 12 aos 18 anos.

a.do.les.cen.te *s.2g.* pessoa na idade da adolescência.

a.do.les.cer *v.int.* entrar na fase da adolescência; ser adolescente.

a.do.ra.ção *s.f.* **1** ato ou efeito de adorar. **2** afeto, respeito ou submissão: *adoração aos pais.* **3** culto a uma divindade: *adoração ao Criador.* **4** amor excessivo; veneração: *A adoração pela mulher levou-o à loucura.* **5** gosto exagerado: *adoração por sorvete.*

a.do.rar *v.t.* **1** render culto a; venerar: *Os índios adoravam o Sol e a Lua.* **2** amar extremamente: *adorar os filhos.* **3** gostar muito de; apreciar muito: *Adorava dar aulas.*

a.do.rá.vel *adj.* admirável; fascinante: *Não me esqueço da adorável bailarina.*

a.dor.me.cer v.t. **1** fazer dormir: *A canção adormeceu a criança.* **2** tornar insensível; entorpecer: *O frio intenso adormecia os seus pés.* • *int.* **3** cair no sono; dormir: *Adormeci logo.* **4** ficar insensível ou dormente: *Meu pé adormeceu.*

a.dor.me.ci.do adj. **1** que adormeceu ou está dormindo. **2** dormente; entorpecido: *Seus músculos estavam adormecidos.* **3** em repouso; sem atividade ou sem funcionamento: *células adormecidas.* **4** esquecido: *lembranças adormecidas.*

a.dor.me.ci.men.to s.m. **1** ato ou efeito de adormecer. **2** sonolência: *O paciente estava em estado de adormecimento.* **3** entorpecimento; dormência: *adormecimento das pernas.*

a.dor.nar v.t. e pron. enfeitar(-se); decorar(-se): *Um colar de pérolas adornava-lhe o pescoço.*

a.dor.no (ô) s.m. ornamento; decoração; adereço; enfeite: *objetos de adorno.*

a.do.tar v.t. **1** legitimar como filho: *adotar uma criança.* **2** empregar; assumir: *Não adotaremos esse método.* **3** admitir; aceitar: *Sempre adotei o princípio da honestidade.* **4** passar a ter; tomar como: *Adotou um gato como mascote.*

a.do.ti.vo adj. **1** que foi adotado: *filho adotivo.* **2** que adotou: *pai adotivo.* **3** diz-se da pátria escolhida por alguém para residir, sem ser o seu país natal.

ad.qui.ren.te s.2g. quem adquire alguma coisa; comprador: *adquirente de um imóvel.*

ad.qui.rir v.t. **1** obter por compra; comprar: *adquirir uma casa.* **2** conseguir; obter; conquistar: *adquirir experiência.* **3** passar a ter; ganhar: *Seus cabelos adquiriram uma cor estranha.*

a.dre.de (ê) adv. de propósito; intencionalmente: *Fizemos uma surpresa adrede preparada para o professor.*

a.dre.na.li.na s.f. (Quím.) hormônio produzido pela medula das glândulas suprarrenais e fundamental nos mecanismos de elevação da pressão sanguínea: *Quando estamos agressivos ou assustados, nosso organismo segrega adrenalina.*

a.dro s.m. terreno ou pátio em frente ou ao redor de uma igreja.

ads.trin.gên.cia s.f. qualidade daquilo que é adstringente.

ads.trin.gen.te s.m. **1** substância que provoca constrição. • *adj.* **2** que comprime ou causa constrição.

ads.trin.gír v.t. e pron. apertar(-se); juntar(-se); unir(-se).

ads.tri.to adj. limitado; cingido; restrito: *ficar adstrito à vida cotidiana.*

a.du.a.na s.f. setor público encarregado da vistoria de bagagens e mercadorias em trânsito e da cobrança das taxas correspondentes; organização alfandegária; alfândega.

a.du.a.nei.ro adj. relativo à aduana; alfandegário: *funcionário aduaneiro; tarifa aduaneira.*

a.du.ba.ção s.f. ato ou efeito de adubar; fertilização por meio de produtos químicos, resíduos animais ou vegetais.

a.du.ba.gem s.f. adubação.

a.du.bar v.t. pôr adubo em; fertilizar com adubo: *Adubaram o terreno ácido para corrigir o solo.*

a.du.bo s.m. substância usada para fertilizar e/ou regenerar os solos.

a.du.ção s.f. operação pela qual se leva a água do ponto de captação até a rede de distribuição: *A empresa projetou os sistemas de captação, adução e tratamento de água.*

a.du.fa s.f. peça de madeira que serve de reparo a janelas: *Pelas adufas, os raios de luz vinham iluminar suavemente as tapeçarias das paredes.*

a.du.la.ção s.f. ato ou efeito de adular; agrado por interesse; bajulação: *Fazia falsos juramentos e adulações.*

a.du.la.dor (ô) s.m. quem lisonjeia, agrada ou elogia para obter favores; bajulador.

a.du.lar v.t. **1** bajular; lisonjear servilmente: *Vive adulando os superiores.* **2** acariciar; agradar: *O velho adulava os netos.*

a.dul.te.ra.ção s.f. ato ou efeito de adulterar; modificação fraudulenta; deturpação; falsificação: *adulteração de produtos, de documentos.*

a.dul.te.rar v.t. **1** alterar; modificar; falsificar: *Adulterava fotos e documentos.* **2** corromper; deturpar: *Há certas pessoas que estão adulterando a nossa amada língua.*

a.dul.te.ri.no adj. **1** que comete adultério; adúltero: *esposos adulterinos.* **2** nascido de adultério: *filho adulterino.*

a.dul.té.rio s.m. quebra da fidelidade conjugal: *Foi apanhado em flagrante de adultério com a mulher do vizinho.*

a.dúl.te.ro s.m. **1** pessoa que pratica sexo extraconjugal; adulterino. • *adj.* **2** que pratica adultério.

a.dul.to s.m. **1** pessoa que atingiu a maturidade. • *adj.* **2** que atingiu o máximo de seu crescimento: *pessoas e animais adultos; árvore adulta.* **3** maduro; sério; ponderado: *Tomara uma atitude adulta.*

a.dun.co adj. recurvado em forma de gancho ou de garra: *nariz adunco; mãos aduncas.*

a.du.tor (ô) adj. que transporta ou leva: *canal adutor.*

a.du.to.ra (ô) s.f. canal subterrâneo ou aéreo que conduz para um reservatório as águas captadas de uma fonte; aqueduto: *A adutora fornece muitos litros de água por segundo.*

a.du.zir v.t. **1** expor ou apresentar como prova, testemunho ou razão: *aduzir argumentos de ordem ambiental.* **2** acrescentar: *o advogado aduz argumentos inocentáveis.*

ad.ven.tí.cio s.m. **1** forasteiro; estrangeiro: *O documento fazia menção específica aos adventícios do país.* • *adj.* **2** (Bot.) que nasce ou brota fora do lugar habitual: *raízes adventícias.* **3** que provém de fora: *ideias adventícias.*

ad.ven.tis.ta s.2g. **1** membro de uma doutrina protestante que dá ênfase à segunda vinda de Cristo, para salvar os justos e castigar os pecadores. • *adj.* **2** relativo a essa seita: *pastor adventista; templo adventista.*

ad.ven.to s.m. **1** vinda; chegada: *o advento de Cristo.* **2** aquilo que começa ou se institui: *Com o advento do euro, a Europa se uniu mais.* **3** aparecimento; surgimento: *o advento da Aids.*

ad.ver.bi.al adj. (Gram.) **1** que tem a função de advérbio: *oração adverbial.* **2** diz-se do adjunto que modifica o verbo, o adjetivo e o próprio advérbio.

ad.vér.bio s.m. (Gram.) função de palavra invariável que modifica um verbo ou uma oração para acrescentar-lhes significação, e, sendo intensificador, um adjetivo ou um outro advérbio.

adversário

ad.ver.sá.rio *s.m.* **1** indivíduo que luta contra, que se opõe ou compete; antagonista; concorrente; rival: *Somos seus adversários no jogo.* • *adj.* **2** rival; concorrente; antagonista: *a torcida adversária.* Ant.: aliado.

ad.ver.sa.ti.va *adj.* (Gram.) diz-se da conjunção coordenativa que liga dois termos ou duas orações e estabelece entre eles ou elas uma ideia de contraste, de oposição: *Mas, porém, todavia, contudo são conjunções adversativas.*

ad.ver.si.da.de *s.f.* **1** desgraça; infortúnio; infelicidade: *Ela triunfara sobre aquela adversidade.* **2** contratempo; revés. **3** oposição: *Não vejo adversidade entre a visão contemplativa do mundo e o mundo empresarial burocrático.*

ad.ver.so (é) *adj.* **1** contrário; antagônico: *opinião adversa; efeito adverso.* **2** infeliz; desfavorável: *momentos adversos.* **3** nocivo; prejudicial: *A mudança climática foi extremamente adversa à vida dos dinossauros.*

ad.ver.tên.cia *s.f.* ato ou efeito de advertir; admoestação; aviso: *fazer uma advertência; sinal de advertência.*

ad.ver.tir *v.t.* **1** chamar a atenção de; prevenir; avisar: *Bem que o senhor me advertiu.* **2** censurar; repreender: *O pai a advertia quanto a adiar os deveres.* • *pron.* **3** dar-se conta de; perceber-se: *Advertiu-se de que não pagara a conta.*

ad.vir *v.t.* **1** proceder; provir: *O medo advém da insegurança.* **2** acontecer; ocorrer: *O serviço de atendimento médico acudirá a qualquer acidente que possa advir ao trabalhador.* // Pp.: advindo.

ad.vo.ca.ci.a *s.f.* **1** profissão de advogado: *exercer advocacia.* **2** curso jurídico.

ad.vo.ca.tí.cio *adj.* relativo à advocacia: *erro advocatício; serviços e honorários advocatícios.*

ad.vo.ga.do *s.m.* **1** profissional graduado em Direito, legalmente habilitado, que orienta e esclarece juridicamente a quem o consulta e age em juízo ou fora dele: *Tenho meu advogado particular.* **2** defensor; protetor; patrono: *advogado das causas justas.* ♦ **advogado do diabo** pessoa que ataca uma causa para provocar controvérsia ou que se opõe a qualquer tese.

ad.vo.gar *v.t.* **1** defender (em juízo); sustentar: *advogar uma tese.* • *int.* **2** exercer a profissão de advogado: *Aquele senhor advoga há trinta anos.*

a.e.do (é) *s.m.* **1** trovador da Grécia antiga, que cantava as proezas guerreiras, os épicos: *Os aedos percorriam as cidades gregas, cantando.* **2** poeta: *João era o aedo do grupo.*

a.e.ra.ção *s.f.* **1** renovação do ar; arejamento: *Fizeram a aeração da cabine.* (Quím.) **2** troca de gases entre os tecidos interiores dos vegetais e a atmosfera: *aeração das plantas.* **3** no interior dos pulmões, processo que consiste na transformação do sangue arterial.

a.é.reo *adj.* **1** próprio do ar. **2** que vive ou se desenvolve no ar: *cabos aéreos; espaço aéreo.* **3** relativo ao avião ou aviação: *companhia aérea; táxi aéreo.* **4** feito do alto, do avião: *fotografia aérea.* **5** alheado; distraído: *O mestre fez um gesto aéreo.*

a.e.ró.bi.ca *s.f.* ginástica que, com exercícios rápidos, ativa as funções respiratória e circulatória do organismo.

a.e.ró.bi.co *adj.* **1** que consome oxigênio existente no ar; aeróbico: *seres aeróbicos.* **2** relativo à aeróbica: *exercícios aeróbicos.*

a.e.ró.bio *s.m.* e *adj.* (Biol.) organismos que não vivem sem o oxigênio retirado do ar. // Ant.: anaeróbio.

a.e.ro.clu.be *s.m.* clube destinado às atividades relativas à navegação aérea, dedicando-se, sobretudo, à formação de pilotos de aviões de pequeno porte para fins esportivos e outros como prática de turismo: *O estudante completa a parte prática de piloto comercial em qualquer aeroclube.*

a.e.ro.di.nâ.mi.ca *s.f.* (Fís.) ramo da dinâmica que trata do movimento do ar e de outros gases e das forças que agem sobre os corpos em movimento: *leis da aerodinâmica.*

a.e.ro.di.nâ.mi.co *adj.* (Fís.) diz-se de estrutura que, ao deslocar-se, apresenta baixa resistência à pressão do ar: *Mexemos na suspensão e na parte aerodinâmica do carro.*

a.e.ró.dro.mo *s.m.* superfície de terra ou de água utilizada para aterrissagem de aeronaves.

a.e.ro.du.to *s.m.* conduto de ar nas instalações de ventilação.

a.e.ro.es.pa.ci.al *adj.* relacionado com a aeronáutica ou com o espaço aéreo: *engenharia aeroespacial.*

a.e.ro.fa.gi.a *s.f.* deglutição de ar, consciente ou não, decorrente da ingestão apressada de alimentos ou devido a momento de ansiedade.

a.e.ro.fó.lio *s.m.* (Autom.) peça que se adapta ao carro para dar-lhe melhor estabilidade.

a.e.ró.gra.fo *s.m.* instrumento de ar comprimido para pintar, que esparge tinta: *O uso do aerógrafo permite reparar pintura de pequenas áreas riscadas.*

a.e.ro.gra.ma *s.m.* correspondência com franquia prévia em papel que, dobrado, transforma-se em envelope.

a.e.rô.me.tro *s.m.* (Fís.) instrumento utilizado para medir a densidade ou o peso de um gás: *A empresa adquiriu dois aerômetros.*

a.e.ro.mo.ça (ô) *s.f.* comissária de bordo; mulher que presta assistência e serve refeições aos passageiros nos aviões.

a.e.ro.mo.de.lis.mo *s.m.* técnica de construir e projetar aeromodelos; esporte que se dedica a fazer voar aeromodelos.

a.e.ro.mo.de.lis.ta *s.2g.* quem se dedica ao aeromodelismo.

a.e.ro.mo.de.lo (ê) *s.m.* miniatura de máquina voadora (avião, helicóptero etc.).

a.e.ro.nau.ta *s.2g.* quem tripula aeronaves.

a.e.ro.náu.ti.ca *s.f.* **1** conjunto de princípios e métodos de condução de aeronaves: *conhecimentos de aeronáutica.* **2** órgão integrante das Forças Armadas de um país: *Ministério da Aeronáutica.*

a.e.ro.náu.ti.co *s.m.* **1** pessoa que trabalha em aeronáutica ou que pertence à Aeronáutica: *a greve dos aeronáuticos.* • *adj.* **2** relativo à Aeronáutica: *Nossa indústria aeronáutica progride.*

a.e.ro.na.ve *s.f.* designação genérica dos aparelhos usados para a prática da navegação aérea: *E lá se foi a aeronave!*

a.e.ro.pla.no *s.m.* (Obsol.) avião.

a.e.ro.po.ni.a *s.f.* cultivo de plantas sem terra e suspensas no ar; elas se desenvolvem em tubos plásticos horizontais (tomate e pepino) ou verticais (folhosas), dentro dos quais circula uma corrente de água com minerais e nutrientes.

afetação

a.e.ro.por.to (ô) *s.m.* campo de pouso e decolagem de aviões, com instalações para atendimento, embarque e desembarque de passageiros, recebimento e despacho de carga.

a.e.ro.por.tu.á.rio *s.m.* 1 quem trabalha em aeroporto: *Os aeroportuários voltam ao trabalho após uma semana parados.* • *adj.* 2 relativo a aeroporto: *administração aeroportuária.*

a.e.ros.sol *s.m.* suspensão de partículas que se dispersam por meio de gás ou vapor: *desodorante em aerossol.*

a.e.ros.tá.ti.ca *s.f.* (Fís.) parte da Física que trata do equilíbrio dos fluidos gasosos e dos corpos sólidos neles imersos.

a.e.ro.vi.a *s.f.* 1 espaço aéreo de largura determinada pela Aeronáutica, no qual se controla a navegação aérea. 2 empresa de navegação aérea.

a.e.ro.vi.á.rio *s.m.* 1 funcionário de empresa aérea. • *adj.* 2 relativo ao serviço aéreo: *departamento aeroviário.*

a.é.ti.co *adj.* alheio aos princípios da ética; anético: *atitude aética; profissional aético.*

a.fã *s.m.* 1 lida; trabalho: *o afã das donas de casa.* 2 grande vontade; ânsia: *afã de vencer na vida.* 3 pressa: *No afã de ser o primeiro, acabou tropeçando e caindo.*

a.fa.bi.li.da.de *s.f.* brandura no trato; delicadeza: *O diretor era famoso por sua afabilidade com os atores.*

a.fa.gar *v.t.* 1 acariciar; amimar: *Ajoelhou-se e afagou a criança com ternura.* 2 passar a mão com delicadeza; alisar: *Afagava o cavanhaque.* 3 alimentar; alentar: *afagar um ideal.* 4 estar em contato com; roçar; relar: *O vento lhe afagava os cabelos.*

a.fa.gi.a *s.f.* (Med.) impossibilidade de deglutir.

a.fa.go *s.m.* toque leve; carícia.

a.fa.ma.do *adj.* que tem fama; famoso; célebre: *pessoa afamada.*

a.fa.nar *v.t.* (Coloq.) roubar; furtar: *Afanaram minha carteira na rodoviária.*

a.fa.si.a *s.f.* (Med.) lesão cerebral que impossibilita a expressão escrita ou por sinais, ou de compreensão da fala ou da escrita.

a.fá.si.co *s.m.* 1 pessoa em estado de afasia: *Um bom profissional auxilia o afásico a reaprender a linguagem.* • *adj.* 2 em estado de afasia: *criança afásica.*

a.fas.ta.men.to *s.m.* 1 ato ou efeito de afastar. 2 fuga; retirada: *Preocupava-nos o afastamento de alguns parentes.* 3 espaço entre dois objetos; distância: *O afastamento das colunas era de cinco metros.* 4 desligamento de cargo ou função pública: *O afastamento do diretor provocou desagrado geral.* 5 eliminação: *afastamento dos obstáculos.* 6 isolamento: *O afastamento dos livros levou-o à estagnação cultural.*

a.fas.tar *v.t.* 1 pôr de lado; descartar: *Tentou afastar todas as possibilidades de acordo.* 2 despedir; exonerar: *O governador afastaria três secretários.* 3 pôr em lugar distante; fazer ficar longe: *Afastou as crianças do local do acidente.* 4 poupar; livrar: *Essas palavras acabaram de afastar de Luís aquelas sombras que o atormentavam.* 5 isolar; desviar: *A ambição nos afasta de Deus.* • *pron.* 6 deixar; abandonar: *Afastei-me do cinema.* 7 desligar-se; demitir-se: *O candidato não se afastou do cargo.* 8 pôr-se em lugar mais distante do que se estava inicialmente: *Afastei-me da porta, para que ela pudesse passar.* 9 sair; ir embora: *Os padres se afastaram apressados.*

a.fá.vel *adj.* 1 delicado; cortês; agradável: *Eram pessoas afáveis.* 2 que traduz delicadeza ou benevolência: *Trazia um sorriso amplo e afável.*

a.fa.ze.res *s.m. pl.* 1 fainas; trabalhos: *afazeres domésticos.* 2 ocupações; negócios: *Não descuidava dos seus afazeres.*

a.fec.ção *s.f.* doença; enfermidade: *afecção do aparelho respiratório.*

a.fe.gão *s.m.* 1 natural ou habitante do Afeganistão, Ásia. • *adj.* 2 relativo ao Afeganistão. // Fem.: afegã, afegane.

a.fei.ção *s.f.* 1 sentimento de amor, amizade; afeto; carinho: *Ela não tinha nenhuma afeição por mim.* 2 pendor; inclinação: *afeição pelas artes.*

a.fei.ço.a.do *s.m.* 1 pessoa que tem inclinação por alguma coisa; simpatizante: *os afeiçoados pelo Carnaval.* • *adj.* 2 que tem afeição: *Existem obras às quais sou muito afeiçoado.* 3 predisposto: *pessoa afeiçoada às doenças.*

a.fei.ço.ar[1] *v.t.* 1 dar feição, forma ou feitio a; modelar: *Aos poucos afeiçoava o mármore, transformando-o no retrato do seu modelo.* 2 dar nova feição moral a: *A industrialização afeiçoou os valores éticos da nação brasileira.*

a.fei.ço.ar[2] *v.t.* 1 fazer criar afeição ou estima a: *A professora procurava afeiçoar os alunos às dramatizações.* • *pron.* 2 criar afeto a; tomar afeição a: *Vou começar a me afeiçoar às coisas de meu guru.*

a.fei.to *adj.* 1 habituado; acostumado: *homem afeito ao trabalho.* 2 adaptado: *Já estava afeito àquela vida.* 3 que diz respeito a; concernente: *temas afeitos à classe alta.*

a.fe.mi.na.do *adj.* que tem hábitos ou aparência feminina: *homem afeminado.*

a.fe.rên.cia *s.f.* condução; transporte (de fora para dentro).

a.fe.ren.te *adj.* que conduz da periferia a um órgão interior: *vias aferentes auditivas.*

a.fé.re.se *s.f.* (Gram.) perda de um som ou de uma sílaba no início da palavra: *Em "tá bom" há aférese da sílaba "es" da palavra "está".*

a.fe.ri.ção *s.f.* 1 verificação; medição: *aferição dos taxímetros.* 2 avaliação: *aferição do desempenho escolar.*

a.fe.ri.dor (ô) *s.m.* 1 medidor: *Nas coisas do espírito, como na arte, não existe aferidor de valor.* • *adj.* 2 que afere; que mede: *relógio aferidor.*

a.fe.rir *v.t.* 1 conferir (medidas, pesos) com os respectivos padrões: *aferir o peso.* 2 avaliar; calcular: *aferir os resultados de uma ação.* 3 julgar; considerar: *Não se aferiu, ainda, o seu relevante papel na República.*

a.fer.rar *v.t.* apegar-se; obstinar-se: *Enquanto tivermos chances, vamos nos aferrar a elas.*

a.fer.ven.tar *v.t.* ferventar.

a.fe.ta.ção *s.f.* 1 ato ou efeito de afetar(-se). 2 exagero de sentimentos; simulação: *As cenas emocionam justamente porque desprovidas de qualquer afetação grandiloquente.* 3 procedimento artificioso: *Disse numa voz fina, com afetação feminina.*

afetado

a.fe.ta.do *adj.* 1 que tem afetação; artificial: *voz afetada*. 2 que sofreu afecção: *afetado por micose*. 3 atingido: *Esse setor foi o mais afetado*.

a.fe.tar *v.t.* 1 atingir: *Os cortes afetam apenas as emissoras de rádio e televisão*. 2 fingir; aparentar: *O mágico afetava despreocupação*. 3 ser do interesse de; dizer respeito a: *A medida afetava nossos planos*.

a.fe.ti.vi.da.de *s.f.* 1 afeto; carinho; simpatia: *A mãe demonstra mais afetividade do que o pai*. (Psicol.) 2 conjunto de fenômenos psíquicos que se manifestam sob a forma de emoções, sentimentos e paixões acompanhados de sensação de agrado ou desagrado: *A esquizofrenia se caracteriza por baixa afetividade*.

a.fe.ti.vo *adj.* 1 afetuoso: *pessoa afetiva*. 2 emotivo: *gesto afetivo*. 3 relativo à afeição: *Foi o seu primeiro contato afetivo com o pai*. 4 relativo à afetividade: *área do domínio afetivo da criança*.

a.fe.to (é) *s.m.* 1 afeição; carinho: *Todos têm afeto por crianças*. 2 atenção; simpatia: *afeto pelas artes; afeto pela pátria*. • *adj.* 3 relacionado com; entregue ou pertencente a: *A questão das drogas está afeta ao Ministério da Justiça*.

a.fe.tu.o.si.da.de *s.f.* qualidade de quem é afetuoso: *Abraçou-me demonstrando afetuosidade*.

a.fe.tu.o.so (ô) *adj.* 1 que denota ou transmite afeto, amor ou carinho: *D. Laurinda saudou-nos com gestos afetuosos*. 2 atencioso; delicado: *Receba nossos afetuosos agradecimentos*.

affair (afér) (Ingl.) *s.m. affaire*.

affaire (afér) (Fr.) *s.m.* 1 relação amorosa; caso: *Raul e Regina deverão interpretar um pequeno affaire no roteiro da peça*. 2 episódio: *Era o primeiro grande affaire envolvendo vícios e astros do mundo das artes*.

a.fi.a.do *adj.* 1 aguçado; cortante: *dentes afiados*. 2 bem adestrado ou bem preparado: *Os alunos estavam afiados para a prova de Matemática*. 3 sensível; apurado; atento: *ouvido afiado*. 4 ferino; mexeriqueiro: *língua afiada*.

a.fi.a.dor (ô) *s.m.* 1 instrumento para afiar: *Compramos um afiador de facas*. 2 pessoa que afia ou amola: *afiador de ferramentas*.

a.fi.an.ça.do *adj.* 1 abonado; digno de fé ou de crédito. 2 (Jur.) que deu fiança.

a.fi.an.çar *v.t.* 1 garantir como fiador: *Procuravam um voluntário para afiançar a operação*. 2 garantir: *O capitão afiançava minha honestidade*. 3 asseverar; afirmar: *Afianço-lhe que está sendo vítima de um terrível engano!*

a.fi.ar *v.t.* 1 tornar cortante ou mais cortante; aguçar; amolar: *afiar o machado*. 2 apurar; aprimorar; aguçar: *afiar os ouvidos*. • **afiar os dentes** preparar-se para um ataque.

a.fi.ci.o.na.do *s.m.* 1 grande entusiasta; apreciador: *os aficionados por corridas*. • *adj.* 2 grande entusiasta; apreciador.

a.fi.gu.rar *v.t.* 1 dar figura a. 2 imaginar; idear. • *pron.* 3 representar-se na mente como; parecer: *As medidas se lhe afiguravam salvadoras*.

a.fi.la.do *adj.* delgado; delicado: *rosto afilado*.

a.fi.lar[1] *v.t.* 1 tornar fino ou delgado; adelgaçar: *A saia longa afilava o seu corpo*. • *int.* e *pron.* 2 tornar(-se) fino ou delgado: *A silhueta (se) afilava*.

a.fi.lar[2] *v.t.* 1 açular (o cão) a morder; açular.

a.fi.lha.do *s.m.* 1 aquele que recebe o batismo em relação ao padrinho ou à madrinha. 2 protegido: *O político empregava seus afilhados*.

a.fi.li.a.ção *s.f.* 1 ato ou efeito de afiliar (-se). 2 inscrição a uma corporação ou sociedade: *afiliação política*.

a.fi.li.ar *v.t.* e *pron.* inscrever(-se) numa agremiação; associar(-se): *Afiliar-se ao partido da maioria era uma tentação*.

a.fim *adj.* 1 que tem afinidade; semelhante: *História e Geografia são ciências afins*. 2 que é parente por afinidade: *parente afim*.

a.fi.na.ção *s.f.* 1 ato ou efeito de afinar; afinamento. 2 aprimoramento; refinamento; harmonização. 3 ajuste de um instrumento no tom de outro ou à nota fornecida por um diapasão.

a.fi.na.dor (ô) *s.m.* pessoa que afina instrumentos musicais: *afinador de piano*.

a.fi.nal *adv.* por fim; finalmente; enfim; em conclusão; pensando bem: *Chegaram as férias, afinal!; Afinal, eu sou um profissional*. • **afinal de contas** expressa indignação ou contrariedade; afinal; enfim: *Afinal de contas, quem tem medo da CPI?*

a.fi.na.men.to *s.m.* 1 ato ou efeito de afinar. 2 qualidade do que é fino, delgado: *A bengala apresentava um afinamento na extremidade*. 3 afinação: *O coral mostrava harmonia e afinamento*. 4 aperfeiçoamento; refinamento: *A leitura favorece o afinamento do raciocínio*.

a.fi.nar *v.t.* 1 tornar mais fino; adelgaçar: *afinar a ponta do lápis*. 2 proceder à afinação de instrumento musical. 3 purificar; depurar: *remédio para afinar o sangue*. 4 aperfeiçoar; apurar: *afinar o paladar*. 5 estar em harmonia; estar em conformidade: *Sua política não se afinava com a do partido*. • *pron.* 6 tornar-se (mais) fino: *Seu corpo ia se afinando com a dieta*. • *int.* 7 (Coloq.) desistir; acovardar-se: *Vendo que estava diante de um faixa-preta, o valentão afinou*.

a.fin.co *s.m.* perseverança; dedicação: *Ela deveria demonstrar muito afinco na investigação*.

a.fi.ni.da.de *s.f.* 1 coincidência; semelhança; proximidade: *Os dois partidos não tinham afinidade ideológica*. 2 conformidade; familiaridade: *Tinha afinidade com os princípios anarquistas*. 3 tendência combinatória: *Um dos grupos químicos tem grande afinidade com a água*. • **por afinidade** em razão do parentesco que um cônjuge contrai com a família do outro: *Era meu tio por afinidade*.

a.fir.ma.ção *s.f.* 1 ato ou efeito de afirmar. 2 declaração firme; asserção: *Fez uma afirmação com muita certeza*. 3 consolidação; confirmação: *Esse ato é uma afirmação de sua maturidade*. 4 desejo de (boa) aceitação social: *Posso lhes dizer, sem desejo de afirmação pessoal, que concordo com ele*.

a.fir.mar *v.t.* 1 dizer; declarar: *Minha avó afirma que tudo isso é bobagem*. 2 atestar; confirmar: *As urnas insistem em afirmar o contrário*. 3 asseverar; garantir: *A atriz afirmou ao magistrado que vivia em companhia de Paulo Sérgio*. • *pron.* 4 firmar-se; fixar-se; consolidar-se: *Sua doutrina nunca se afirmou na universidade*.

a.fir.ma.ti.va *s.f.* declaração positiva; afirmação.

a.fir.ma.ti.vo *adj.* 1 que denota aquiescência ou concordância: *Rosa fez um sinal afirmativo*. 2 positivo: *Em caso afirmativo, iria ao médico*. 3 incisivo; direto: *Era um homem definitivamente afirmativo*.

afrancesar

a.fi.ve.lar v.t. prender com fivela.
a.fi.xar /ks/ v.t. **1** tornar fixo; prender; firmar: *Afixaram quadros nas paredes.* **2** colocar em lugar visível; tornando público: *Deverão afixar cartazes nos pontos, informando o horário dos ônibus.*
a.fi.xo /ks/ s.m. (Gram.) elemento mórfico (prefixos ou sufixos) que se acrescenta à raiz de uma palavra para formar outra.
a.fli.ção s.f. **1** angústia; sofrimento; mágoa: *Não quero aumentar sua aflição.* **2** desespero: *Agora me dá grande aflição lembrar aquela cena.* **3** preocupação; inquietação: *Quando eu demorava, minha mãe morria de aflição.* **4** irritação; mal-estar: *Dava até aflição ver a sua calma.* **5** pressa: *Era impressionante a aflição daquela gente para tomar o ônibus.*
a.fli.gir v.t. **1** causar aflição a; angustiar, atormentar: *Era preciso reagir à doença que o afligia.* **2** incomodar; preocupar: *Esse é outro problema que aflige os homens do futebol.* **3** devastar; assolar: *A seca afligia o Nordeste.* • *pron.* **4** ficar aflito; angustiar-se: *José se afligia com sua situação financeira.*
a.fli.ti.vo adj. que causa aflição; angustiante: *Justino baixou a voz, em sussurro aflitivo.*
a.fli.to s.m. **1** pessoa que está em aflição: *Devemos ajudar os aflitos.* • adj. **2** que está ou revela aflição; angustiado: *O paciente estava aflito.* **3** preocupado; inquieto: *Ficamos aflitos com a sua demora.* **4** ansioso: *Era o mais aflito dos candidatos.* **5** apressado: *Saiu aflito do escritório.*
a.flo.ra.men.to s.m. **1** ato ou efeito de aflorar; surgimento: *Evitemos o afloramento de sentimentos menores.* **2** aparecimento (de rocha ou de minério na superfície do solo). **3** em natação, elevação de parte do corpo para fora d'água: *Recomenda-se o afloramento dos quadris.*
a.flo.rar v.t. **1** mencionar: *Os deputados nem afloraram o assunto.* **2** esboçar: *A moça aflorou um leve sorriso.* **3** tocar de leve: *O líquido mal aflorava os seus lábios.* • *int.* **4** vir à tona; surgir: *O lodo aflorava às vezes.*
a.flu.ên.cia s.f. **1** grande concorrência; convergência: *Com o novo hotel, dobrou a afluência de turistas.* **2** confluência de águas correntes: *O rio recebe a afluência de ribeirões.* **3** riqueza, com altos níveis de produção e consumo.
a.flu.en.te s.m. **1** rio que desemboca em outro, no mar ou num lago: *afluentes do rio Amazonas.* • adj. **2** rico; opulento: *Há uma grade invisível separando o Brasil afluente da massa de miseráveis.*
a.flu.ir v.t. dirigir-se para; ir: *Forasteiros afluíram àquele local.*
a.flu.xo /ks/ s.m. **1** grande concorrência; afluência: *Havia grande afluxo de pessoas enfermas.* **2** convergência: *Interrompe-se, aí, o afluxo de sangue arterial.* **3** saída: *O fato provocou um grande afluxo de albaneses para a Itália.*
a.fo.ba.ção s.f. **1** ato ou efeito de afobar(se); pressa; precipitação; perturbação: *Na afobação, esqueceu de levar o pijama.* **2** cansaço; fadiga.
a.fo.ba.men.to s.m. afobação.
a.fo.bar v.t. **1** causar afobação ou pressa; perturbar: *Nada afoba esse rapaz.* • *pron.* **2** apressar-se; precipitar-se: *O candidato está nervoso, afobando-se em armar uma aliança eleitoral.* **3** perturbar-se; atrapalhar-se: *Os homens disseram que ele se afobou.*

a.fo.ga.di.lho s.m. precipitação; pressa. • **de afogadilho** às pressas: *O projeto foi elaborado de afogadilho.*
a.fo.ga.dor (ô) s.m. (Autom.) nos automóveis, dispositivo que restringe a passagem do ar para a câmara de carburação, facilitando a partida com o motor frio: *Puxe o afogador sem pisar no acelerador.*
a.fo.ga.men.to s.m. **1** ato ou efeito de afogar(-se); morte por asfixia pela água: *Registrou-se o afogamento de quatro pessoas.* **2** imersão na água para provocar a morte: *Tentaram provocar o afogamento do acusado.*
a.fo.gar v.t. **1** matar por asfixia, mergulhando num líquido: *Ele disse que iria me afogar na represa.* **2** sufocar; reprimir: *Afogava as mágoas no travesseiro.* **3** acabar com; anular. **4** refogar. • *int.* e *pron.* **5** cobrir-se completamente: *A roça (se) afogava no mato.* *int* **6** parar de funcionar: *O motor do carro afogou.* *pron.* **7** morrer por submersão em líquido: *Metade da tripulação se afogou.*
a.fo.gue.a.do adj. **1** ardente; abrasado: *olhos afogueados.* **2** muito corado; enrubescido: *rosto afogueado.* **3** cor de fogo; ruivo: *cabelos afogueados.*
a.fo.gue.ar v.t. **1** abrasar; esbrasear: *O mormaço afogueava o rosto de Lia.* • *pron.* **2** enrubescer; corar: *Com vergonha, sentiu seu rosto afoguear-se.*
a.foi.tar v.t. e *pron.* apressar-se; tornar-se afoito; atrever-se; ousar; aventurar-se; arriscar-se: *Meu irmão era tímido demais para afoitar-se a fazer discursos.*
a.foi.te.za (ê) s.f. **1** pressa; precipitação: *Graças à afoiteza, esqueceram as bagagens.* **2** ousadia; arrojo: *Enfrentou o cão bravo com afoiteza.*
a.foi.to adj. **1** apressado; precipitado; ansioso: *Vejo passar um garçom afoito.* **2** ousado; atrevido: *Moleque afoito!* **3** precipitado; irrefletido: *Tinha umas ideias muito afoitas.*
a.fo.ni.a s.f. diminuição ou perda da voz.
a.fô.ni.co adj. sem voz: *O locutor amanheceu afônico.*
a.fo.ra (ó) adv. **1** em toda a extensão do espaço ou do tempo: *Corri pelo jardim afora; Esqueci pelo tempo afora.* • *prep.* **2** exceto; fora; salvo: *Afora você, todos estiveram presentes.*
a.fo.ra.do adj. **1** cedido por meio de contrato de aforamento. **2** colocado em juízo, no fórum: *ação aforada na 3ª Vara Federal.*
a.fo.ra.men.to s.m. transferência do domínio útil e perpétuo de um imóvel mediante pagamento anual de foro.
a.fo.rar v.t. **1** dar ou tomar por aforamento. **2** conceder foro, privilégios, honrarias ou regalias.
a.fo.ris.mo s.m. dito; sentença; provérbio: *Diz o velho aforismo que quem cala consente.*
a.fo.rís.ti.co adj. relativo a aforismo; aforismático: *um pensamento aforístico.*
a.for.tu.na.do adj. feliz; favorecido pela fortuna; que tem sorte; ditoso: *Sou muito afortunado por morar em um lugar como este.*
a.fo.xé /ch/ s.m. (Bras.) cortejo de natureza semirreligiosa que, no Carnaval, desfila cantando e dançando; festa pública em terreiro de candomblé.
a.fran.ce.sar v.t. **1** fazer adquirir traços ou características francesas. • *pron.* **2** adquirir traços ou características dos franceses: *Afrancesou-se até nos hábitos alimentares.*

afresco

a.fres.co (ê) *s.m.* pintura feita sobre a argamassa fresca de paredes e tetos.

a.fri.cân.der *s.2g.* indivíduo sul-africano branco, em geral descendente de holandeses.

a.fri.câ.ner *s.m.* **1** língua falada na África do Sul e em parte da Namíbia, originada do holandês do século XVII, que apresenta influência do período da colonização.

a.fri.ca.nis.mo *s.m.* **1** conjunto de conhecimentos sobre a civilização africana; modo de ser dos africanos. **2** palavras ou expressões provenientes de uma língua africana: *os africanismos do português do Brasil*.

a.fri.ca.nis.ta *s.2g.* pessoa que se dedica a estudos africanos: *Africanistas estudaram os quilombos brasileiros.*

a.fri.ca.ni.zar *v.t.* **1** tornar africano; adaptar ao modo de ser africano: *O candomblé africanizou cultos católicos.* • *pron.* **2** adquirir hábitos ou características africanos: *Alguns colonizadores se africanizaram depressa.*

a.fri.ca.no *s.m.* **1** o natural ou habitante da África. • *adj.* **2** relativo à África.

a.fro[1] *adj.* diz-se de qualquer coisa inspirada em modelos da África negra: *cabelo afro, comida afro.*

a.fro[2] *El. comp.* africano: *afro-brasileiro.*

a.fro-a.si.á.ti.co *adj.* que abrange a África e a Ásia: *mundo afro-asiático.*

a.fro-bra.si.lei.ro *adj.* relativo à África e ao Brasil simultaneamente: *a comida afro-brasileira.*

a.fro.di.sí.a.co *s.m.* o que restaura ou aumenta o apetite sexual. • *adj.* que restaura ou aumenta o apetite sexual. // Ant.: anafrodisíaco.

a.fron.ta *s.f.* **1** ultraje; injúria; insulto: *Os manifestantes faziam afrontas ao governador*. **2** violação: *afronta às leis*. **3** ataque; desrespeito: *afronta às tradições*.

a.fron.ta.men.to *s.m.* **1** falta de ar provocada por perturbação no funcionamento do sistema digestório: *Abriu o peito e libertou o afrontamento que o incomodava*. **2** afronta; insulto: *Afrontamento às autoridades não resolve*.

a.fron.tar *v.t.* **1** ofender; insultar; injuriar: *Certos hábitos afrontam os bons costumes*. **2** enfrentar; desafiar: *Afrontou até a polícia*. **3** suportar: *Não era fácil afrontar a mesquinhez daquelas pessoas*.

a.fron.to.so (ô) *adj.* ofensivo; injurioso: *Fez um discurso afrontoso ao juiz.*

a.frou.xa.men.to /ch/ *s.m.* **1** desaperto; soltura: *afrouxamento dos cadarços do tênis*. **2** enfraquecimento; relaxamento; abrandamento: *Houve afrouxamento das pressões da família sobre o garoto.*

a.frou.xar /ch/ *v.t.* **1** tornar frouxo; alargar; soltar: *Afrouxou o nó da gravata*. **2** diminuir; relaxar: *O cansaço afrouxava sua resistência*. • *pron.* **3** tornar-se frouxo; soltar-se: *Os laços se afrouxaram*. **4** abrandar-se; diminuir: *A severidade do pai logo se afrouxara*. • *int.* **5** acovardar-se: *Não deves afrouxar logo agora.*

af.ta *s.f.* (Med.) pequena úlcera que aparece na mucosa bucal.

af.to.sa (ó) *s.f.* (Vet.) febre que causa o aparecimento de aftas e que ataca principalmente os bovinos: *A aftosa tem prejudicado o comércio bovino.*

a.fu.gen.tar *v.t.* **1** fazer fugir; pôr em fuga: *O espantalho afugentou os pássaros*. **2** repelir; afastar: *Juros altos afugentaram o consumidor.*

a.fun.da.men.to *s.m.* **1** ida a pique; submersão: *o afundamento do Titanic*. **2** rebaixamento: *Houve uma reforma para afundamento das calçadas.*

a.fun.dar *v.t.* **1** pôr a pique; fazer ir ao fundo: *Foi preciso afundar dois navios avariados*. **2** mergulhar: *Fechou os olhos e afundou a cabeça no travesseiro*. **3** pôr (em situação difícil): *Afundou a família em dívidas*. **4** ir para dentro de; embrenhar-se: *O animal assustado afundou na floresta*. • *int.* e *pron.* **5** instalar-se no fundo: *Novamente ela afundou(-se) no assento*. **6** entregar-se a; absorver-se: *Afundava(-se) cada vez mais no trabalho*. • *int.* **7** penetrar profundamente: *O punhal afundou em seu peito*. **8** ir a pique; soçobrar: *O Titanic afundou em 1912*. **9** ir para o fundo: *Uma árvore boiava no Tietê, de repente afundou.*

a.fu.ni.la.men.to *s.m.* **1** estreitamento em forma de funil: *A pista aqui é bem larga e há um afunilamento na primeira curva*. **2** redução: *Com a reforma política, haverá um afunilamento na quantidade de partidos.*

a.fu.ni.lar *v.t.* **1** dar forma de funil a; estreitar; afinar: *Vão afunilar a rua*. **2** restringir; reduzir: *Foram afunilando a relação de convidados*. **3** no futebol, fazer jogadas em direção ao centro do campo: *Os atacantes afunilavam o jogo pelo meio*. • *pron.* **4** tomar forma de funil; estreitar-se; afinar-se: *O rio afunilava-se naquele ponto*. **5** reduzir-se; concentrar-se: *A conversa afunilou-se, concentrando-se em temas políticos.*

a.gá *s.m.* nome da letra *h*. • **na hora agá** momento de decisão: *Na hora agá você pula fora!*

a.ga.cha.do *adj.* de cócoras; abaixado: *O garoto estava agachado num canto.*

a.ga.cha.men.to *s.m.* abaixamento do corpo com flexão dos joelhos.

a.ga.char *v. pron.* abaixar-se, flexionando os joelhos; acocorar-se: *O cão se agachou e ficou me olhando.*

a.ga.pan.to *s.m.* planta ornamental de jardim, família das liliáceas, de flores em cacho, roxas ou brancas.

á.ga.pe *s.2g.* **1** refeição que os antigos cristãos faziam juntos. **2** banquete; refeição de confraternização.

a.gar.ra.men.to *s.m.* **1** (Coloq.) contato voluptuoso entre duas pessoas: *Os noivos viviam num agarramento só*. **2** ligação estreita; apego a: *agarramento do filho com a mãe.*

a.gar.rar *v.t.* **1** enlaçar; segurar: *O menino agarrou a bola no ar*. **2** prender: *Agarraram o ladrão de galinhas*. **3** conquistar: *Agarre-a com seu charme*. **4** aproveitar; lançar mão de: *agarrar uma oportunidade*. • *pron.* **5** ligar-se afetivamente; apegar-se: *Não adiantava agarrar-se a recordações*. **6** segurar-se: *Ele, de um salto, agarra-se na corrente do guindaste*. **7** prender-se; enroscar-se: *A trepadeira agarrou-se à parede*. **8** recorrer à proteção de; pegar-se com: *agarrar-se a/com os santos.*

a.ga.sa.lhar *v.t.* **1** acolher; abrigar; proteger: *Duas camas ficavam sempre prontas para agasalhar as visitas*. **2** pôr agasalho em: *Era preciso agasalhar os meninos*. • *pron.* **3** aquecer-se: *Agasalhe-se, filho, porque vai esfriar bastante hoje*. **4** abrigar-se; esconder-se: *Ali se agasalhavam os amantes.*

a.ga.sa.lho *s.m.* **1** abrigo; proteção: *Todos vinham ali em busca de agasalho*. **2** bom acolhimento; atenção: *Suas ideias não tiveram agasalho entre os intelectuais*. **3** carinho: *o agasalho dos braços paternos*. **4** roupa para aquecer ou para esporte; abrigo.

aglutinante

a.gas.ta.do *adj.* **1** aborrecido; encolerizado: *Será que ele ficará agastado com a sua recusa?* **2** que revela aborrecimento: *Tinha a voz agastada.*

a.gas.tar *v.t.* **1** enfadar; irritar; aborrecer: *Suas atitudes me agastaram.* • *pron.* **2** irritar-se; aborrecer-se: *O pai agastou-se com a atitude do filho.*

á.ga.ta *s.f.* rocha de cores variadas, translúcida, que serve para a manufatura de joias, objetos de arte etc.

á.ga.te *s.f.* ferro esmaltado.

a.gên.cia *s.f.* **1** empresa prestadora de serviços: *agência de empregos.* **2** filial: *agência de banco.* **3** posto ou repartição pública fora da sede administrativa.

a.gen.ci.a.dor (ô) *s.m.* **1** o representante de um negócio: *Não vá na conversa de agenciadores de negócios.* **2** aquele/aquilo que promove: *O vídeo é um grande agenciador da dinâmica cultural.* • *adj.* **3** que trata de negócios como representante ou intermediário; contratante: *órgão agenciador.*

a.gen.ci.a.men.to *s.m.* **1** tratamento dado a determinado aspecto de uma construção: *O agenciamento de dependências da igrejinha a todos espantou.* **2** contratação por meio de agência: *No centro da cidade, há uma empresa de agenciamento de modelos.*

a.gen.ci.ar *v.t.* **1** contratar; recrutar: *Ela é especialista em agenciar atores.* **2** negociar como representante; comerciar: *Hoje eu só agencio automóveis.* **3** providenciar; intermediar: *Jorge agenciava encontros entre leitores e autores.*

a.gen.da *s.f.* **1** livro ou caderno em que se anota, dia a dia, o que se tem que fazer. **2** conjunto de atividades programadas para serem realizadas num determinado período de tempo; calendário de atividades: *A atriz incluiu em sua agenda aterrissagem rápida na Bahia.* **3** sumário dos itens a serem discutidos numa reunião: *a agenda da reunião.*

a.gen.da.men.to *s.m.* inclusão em agenda: *A secretária fará agendamento das consultas.*

a.gen.dar *v.t.* fazer constar em agenda; programar: *Mônica agendará a feira do ano que vem.*

a.gen.te *s.2g.* **1** causador ativo: *Não há crime quando o agente pratica o fato em legítima defesa.* **2** membro de corporação policial; investigador: *Delegado confirma que entregou fitas gravadas para agente da PF.* **3** promotor; causador; propiciador: *Tal atividade será agente de mudanças.* **4** intermediário de negócios; vendedor; funcionário: *agente de seguros.*
✦ **agente da passiva** (Gram.) na voz passiva, termo que indica o agente da ação expressa pelo verbo transitivo direto.

a.gi.gan.ta.men.to *s.m.* crescimento exagerado: *Houve um agigantamento das cidades.*

a.gi.gan.tar *v.t.* **1** avolumar; aumentar: *As migrações tendem a agigantar as cidades.* **2** engrandecer: *A esperança de vitória o agigantava.* • *pron.* **3** tornar-se muito grande; avolumar-se: *A praia se agigantava.* **4** tornar-se muito elevado: *Os preços agigantaram-se.* **5** engrandecer-se: *O seu futebol se agigantou mais ainda.*

á.gil *adj.* desembaraçado; ligeiro; rápido: *Era um jogador muito ágil.*

a.gi.li.da.de *s.f.* **1** ligeireza; destreza: *Tinha a agilidade de um gato.* **2** perspicácia; agudeza: *Ela tem agilidade mental.* **3** leveza: *Conjunção que dá agilidade à frase.* **4** rapidez; facilidade: *O recurso prejudicou a agilidade do processo.*

a.gi.li.za.ção *s.f.* apressamento; aceleração: *O presidente pediu a agilização dos estudos para as reformas administrativas.*

a.gi.li.zar *v.t.* **1** tornar ágil; dinamizar; apressar: *O jurista acha possível agilizar o trabalho da Justiça.* **2** tornar mais eficaz; desenvolver: *Pessoal bem treinado agiliza a empresa.* • *pron.* **3** tornar-se ágil: *Seus negócios se agilizaram.*

á.gio *s.m.* (Econ.) **1** diferença entre a cotação da moeda de um país e a de outro: *No mercado paralelo, o ágio sobre o dólar era de 70%.* **2** numa transação comercial, diferença cobrada a mais, de modo indevido: *Alguns comerciantes estão cobrando ágio.*

a.gi.o.ta (ó) *s.2g.* quem cobra juros muito altos; usurário • *adj.* que pratica agiotagem.

a.gi.o.ta.gem *s.f.* **1** operação ilícita para obter grandes lucros: *Não é possível fazer da venda de alimentos uma agiotagem.* **2** empréstimo de dinheiro a juros excessivos: *Calcula-se que ele praticava agiotagem.*

a.gir *v.t.* **1** produzir efeitos; atuar: *O remédio age no sistema nervoso central.* • *int.* **2** praticar um ato; atuar; operar: *O acusado disse que agia sozinho.* **3** tomar medidas: *A polícia precisa agir.* **4** comportar-se: *Sua amiga não agiu bem.*

a.gi.ta.ção *s.f.* **1** excitação; inquietação; atividade exagerada: *A agitação é própria de criança sadia.* **2** manifestação de caráter político ou social: *A agitação dos estudantes era justa.* **3** alvoroço; rebuliço: *Lá fora havia muita agitação.* **4** inquietação; perturbação: *agitação de espírito.*

a.gi.ta.dor (ô) *s.m.* **1** aquele que agita, que estimula: *Era um agitador de ideias.* **2** aquele que excita as paixões populares para determinado fim político ou religioso: *Para a polícia, ele seria um agitador.*

a.gi.tar *v.t.* **1** mover; movimentar; abanar: *O vento agitava seus cabelos.* **2** excitar; alvoroçar; despertar: *A notícia agitou os ouvintes.* **3** incitar à revolta: *Vivia agitando as massas.* • *pron.* **4** excitar-se; estimular-se: *Os ânimos se agitaram.* **5** mover-se; debater-se: *O enfermo se agita, geme.*

a.gi.to *s.m.* (Gír.) movimentação festiva: *Ele causou o maior agito anteontem na emissora.*

a.glo.me.ra.ção *s.f.* agrupamento; ajuntamento; reunião: *aglomeração de pessoas.*

a.glo.me.ra.do *s.m.* **1** agrupamento; ajuntamento: *um aglomerado de gente.* **2** conjunto: *aglomerado de casas.* **3** placa prensada e resistente feita de partículas de madeira: *os aglomerados de madeira.* • *adj.* **4** reunido; agrupado: *alunos aglomerados nas escadarias.* **5** prensado; compensado: *madeira aglomerada.*

a.glo.me.rar *v.t.* e *pron.* reunir(-se); amontoar(-se): *A multidão aglomerava-se para ver o desfile passar.*

a.glu.ti.na.ção *s.f.* **1** reunião; fusão: *O plano tem papel didático na aglutinação das diversas forças da política.* **2** (Gram.) processo de formação de palavras pela fusão de dois ou mais radicais em que se perde a delimitação fonética entre os elementos componentes, o primeiro dos quais, pelo menos, se altera (quando é palavra independente).

a.glu.ti.nan.te *s.m.* **1** que promove a fusão; que aglutina: *material aglutinante; força aglutinante.* **2** (Ling.) diz-se da língua que apresenta em seus vocábulos um elemento fundamental que guarda seu sentido primitivo e outros elementos que se aglutinam a este,

aglutinar

sem perder sua individualidade, servindo para exprimir as diversas relações gramaticais: *O húngaro, o finlandês e o turco são línguas aglutinantes.*
a.glu.ti.nar *v.t.* **1** unir; reunir: *A comissão terá de aglutinar todos os textos em um só.* • *pron.* **2** reunir-se; juntar-se: *Muitas forças se aglutinam ao meu redor.* **3** interligar-se; relacionar-se: *As ideias e os sentimentos se aglutinavam.*
ag.nos.ti.cis.mo *s.m.* (Filos.) doutrina que afirma a impossibilidade de conhecer a natureza última das coisas.
ag.nós.ti.co *s.2g.* **1** pessoa adepta do agnosticismo: *O agnóstico não é capaz de afirmar categoricamente se Deus existe ou não.* • *adj.* **2** relativo ao agnosticismo: *pessoa agnóstica; pensamento agnóstico.*
a.go.gô *s.m.* (Mús.) instrumento de percussão, de origem africana, formado por duas campânulas de ferro e que se percute com vareta também de ferro.
a.go.ni.a *s.f.* **1** (Med.) estado em que o moribundo luta contra a morte; estertor: *Eu soube de um homem que há seis dias está em agonia.* **2** aflição; angústia; sofrimento: *A agonia de esperar notícias suas causa-me muita dor.* **3** decadência; fim: *Começava a agonia da ditadura.* **4** (Bras.) pressa: *Que agonia para sair!*
a.go.ni.a.do *adj.* **1** que sente agonia; aflito: *Ele vivia agoniado.* **2** cheio de sofrimentos; angustiante: *uma noite agoniada.* **3** (Bras.) apressado; afobado: *O cão estava agoniado para passear na praça.*
a.go.ni.ar *v.t.* **1** causar agonia; inquietar: *Aquela espera me agoniava.* • *pron.* **2** afligir-se; inquietar-se: *A mulher se agoniava com a possibilidade de não ver o livro pronto.*
a.gô.ni.co *adj.* **1** que revela agonia; angustiado: *A partida de futebol teve um final agônico.* **2** próprio daquilo que está agonizando ou acabando: *o respirar agônico do moribundo.*
a.go.ni.zan.te *s.2g.* **1** pessoa que está morrendo; moribundo: *O agonizante foi transferido para a capital.* • *adj.* **2** que agoniza; moribundo. **3** que está em declínio; decadente: *A ditadura já se encontrava em estado agonizante.*
a.go.ni.zar *v.int.* **1** estar em agonia; estar prestes a morrer. **2** estar perto do fim; estar em declínio.
a.go.ra (ó) *adv.* **1** neste instante; neste momento: *O senhor vai sair agora?* **2** hoje: *Ela me ligou agora de manhã.* **3** em futuro próximo: *A formatura de meu filho é agora em dezembro.* **4** atualmente; presentemente: *Ela agora deu para reclamar de tudo.* **5** deste momento em diante: *Sossegue, rapaz, você agora faz parte desta família.* **6** depois disso; em vista disso: *É assim que você me trata agora?* • *conj.* **7** introduz um elemento que contraria alguma coisa que aconteça; mas; contudo; todavia: *Eu vou ao cinema; agora, se você não quer ir, problema é seu.* **8** algumas vezes... outras vezes; ora... ora: *Agora senta-se, agora levanta-se.* • *interj.* **9** expressa comando para uma ação imediata: *Arrastavam-se rente ao muro; as armas engatilhadas. Foi quando o tenente gritou: – Agora!* **10** expressa irritação: *Você é um folgado. Onde se viu essa, agora!* • **e agora** que fazer?: *Casei. Não tenho onde morar. E agora?*
á.go.ra *s.f.* praça pública onde os gregos antigos realizavam suas assembleias e aplicavam a justiça.

a.go.ra.fo.bi.a *s.f.* medo doentio de permanecer em lugares públicos ou grandes espaços descobertos.
a.go.ri.nha *adv.* **1** no instante imediatamente anterior: *Esteve aqui ainda agorinha.* **2** no instante imediatamente posterior; em seguida: *Irei agorinha mesmo.*
a.gos.to (ô) *s.m.* oitavo mês do ano civil.
a.gou.rar *v.t.* **1** fazer mau agouro sobre; ameaçar com infelicidade; predizer desgraças a: *Quem é amigo não fica agourando os colegas.* **2** predizer; prognosticar: *Não podes agourar o futuro.*
a.gou.rei.ro *s.m.* **1** pessoa que faz maus presságios: *Há sempre os agoureiros que assustam o povo.* • *adj.* **2** agourento: *E o malvado deu uma gargalhada agoureira.*
a.gou.ren.to *adj.* que traz mau agouro; agoureiro: *ave agourenta.*
a.gou.ro *s.m.* **1** presságio; pressentimento; predição; prognóstico; augúrio: *A atmosfera era de mau agouro.* **2** presságio de coisa má: *Ele interpretava como agouro o canto daquela ave.*
a.gra.ci.ar *v.t.* distinguir (com honraria ou condecoração); condecorar: *O patrão agraciou os empregados com crachás do protocolo.*
a.gra.dar *v.t.* **1** causar contentamento; satisfazer: *A beleza da cidade foi o que mais o agradou.* **2** fazer agrados em; acariciar: *Começou a agradar o cachorro da madame.* • *pron.* **3** comprazer-se; contentar-se: *Todos se agradaram da música.* • *int.* **4** causar agrado: *Ela agradou à primeira vista.*
a.gra.dá.vel *s.m.* **1** aquilo que agrada: *unir o útil ao agradável.* • *adj.* **2** polido; cortês: *pessoa agradável.* **3** aprazível: *um lugar agradável.* **4** suave; ameno: *Havia um ventinho agradável.* **5** leve; sereno: *uma sensação agradável.* **6** alegre; divertido: *Vamos ter umas férias agradáveis.* **7** tranquilo: *Fizemos uma viagem agradável.* **8** prazeroso: *Tivemos uma surpresa agradável.*
a.gra.de.cer *v.t.* **1** manifestar gratidão ou satisfação: *agradeceu ao colega.* **2** render graças a: *Sempre agradecia a Deus por ter nascido.*
a.gra.de.ci.men.to *s.m.* manifestação de gratidão ou reconhecimento: *Aí o homem se desfez em agradecimentos.*
a.gra.do *s.m.* **1** afago; carícia: *Fez-me um agrado e saiu.* **2** manifestação de carinho; satisfação: *Recebeu com muito agrado a nossa visita.* **3** aprovação; gosto: *Aquele vestido longo não era de seu agrado.* **4** assentimento: *Fez uma expressão de agrado.*
á.gra.fo *adj.* que não tem um sistema de escrita: *povos ágrafos.*
a.grá.rio *adj.* **1** relativo ao campo ou à cultura de terras; agrícola: *reforma agrária.* **2** rural: *Dedica-se a estudos agrários.*
a.gra.va.men.to *s.m.* **1** piora: *o agravamento da doença.* **2** aumento; ampliação: *Víamos estarrecidos o agravamento da miséria e da fome.*
a.gra.van.te *s.2g.* **1** circunstância que torna algo mais grave: *A crise entre o casal já tinha se instaurado, e qualquer justificativa era mais uma agravante para a situação.* • *adj.* **2** que agrava ou que torna mais grave: *Eram fatores agravantes dos índices da inflação.*
a.gra.var *v.t.* **1** tornar mais grave; piorar: *O calor intenso agravava a sua enfermidade.* **2** aumentar; intensificar: *A alta dos preços do petróleo agravou a crise econômi-*

agrura

ca. **3** ofender; magoar: *Sua atitude agravou o coronel.* **4** sobrecarregar; oprimir: *O sistema agravava o povo cada vez mais com impostos e taxas.* • *pron.* **5** tornar-se mais grave; piorar: *A crise agravou-se.*

a.gra.vo *s.m.* **1** (Jur.) recurso interposto para juízo ou tribunal superior a fim de que, em casos expressamente determinados em lei, se modifique ou reforme despacho ou sentença de juiz de instância inferior: *Quase perdi o prazo para um agravo na Terceira Câmara.* **2** afronta; ofensa: *Queria viver em paz comigo, sem agravos ou ofensas.* **3** dano: *A pele do banhista denunciava os agravos provocados pelo sol.*

a.gre.dir *v.t.* **1** insultar; provocar: *Suas palavras nos agrediam.* **2** atacar; surrar: *O vigia agrediu o repórter com socos e pontapés.* **3** desrespeitar: *Tente não agredir as regras de etiqueta.* **4** ofender; prejudicar; avariar: *A poluição agride a natureza.*

a.gre.ga.do *s.m.* **1** conjunto; aglomerado: *agregados moleculares.* **2** reunião; agrupamento: *Uma vila é mais que um agregado de pessoas.* (Bras.) **3** quem vive numa família como se fosse parente: *Ele era mais que um agregado, estimava-o como a um filho.* **4** serviçal; empregado: *A agregada ousou levantar a voz.* **5** lavrador que se estabelece em terras alheias mediante certas concessões: *O fazendeiro pagou os estudos do filho do agregado.* • *adj.* **6** junto; anexo: *Queria montar um comércio agregado ao laboratório.*

a.gre.gar *v.t.* **1** reunir; anexar; acrescentar: *O estudante agregou enormes conhecimentos com as leituras extracurriculares.* • *pron.* **2** reunir-se; juntar-se: *Mais um companheiro agregou-se voluntariamente ao grupo.* **3** recolher-se como agregado: *Agregou-se à fazenda.* **4** aderir; grudar-se: *Placas se agregavam à superfície porosa.* **5** estar reunido: *Ao pé da montanha agregavam-se casinhas brancas.*

a.gre.mi.a.ção *s.f.* **1** conjunto de pessoas que se reúnem para um fim comum; grupo; associação: *uma agremiação política.* **2** grêmio; sociedade recreativa e/ou desportiva.

a.gres.são *s.f.* **1** ofensa; insulto: *Houve apenas agressão verbal a quem estava na fila.* **2** provocação; desafio: *Isso é uma agressão aos nossos princípios.* **3** investida; ataque: *Houve agressão física contra os estudantes.*

a.gres.si.vi.da.de *s.f.* **1** disposição para agredir: *Ninguém explicava a agressividade da criança.* **2** dinamismo; energia: *Faltou-lhe uma certa agressividade perante a banca examinadora.* **3** tom provocativo ou insultuoso: *Havia agressividade em suas palavras.*

a.gres.si.vo *adj.* **1** que agride; que toma a ofensiva: *Sou muito agressivo.* **2** combativo; aguerrido: *O ataque da seleção era pouco agressivo.* **3** que denota agressividade; que ofende: *Falou-me em tom agressivo.* **4** impulsivo; contundente: *Ele é tão doce no trato pessoal e tão agressivo pelos jornais.* **5** que se impõe ou que procura impor-se: *Um agressivo investimento publicitário é um dos pilares para o sucesso de vendas.* **6** ativo; diligente: *Seja agressivo, observe tudo à sua volta.* **7** que causa lesão: *Trata-se de um tumor muito agressivo.*

a.gres.sor (ô) *s.m.* **1** quem agride ou ataca; ofensor: *Não conseguiu identificar seus agressores.* **2** aquilo que prejudica: *O cigarro é agressor ao organismo.* • *adj.* **3** que agride.

a.gres.te (é) *s.m.* (Bras.) **1** zona do Nordeste entre a mata e o sertão, de solo pedregoso e vegetação escassa e de pequeno porte: *A área indígena situa-se entre o agreste e o sertão.* • *adj.* **2** do campo; rústico: *A carne de javali tem sabor agreste.*

a.gri.ão *s.m.* planta herbácea, semiaquática, de caule oco e rastejante, folhas arredondadas, verde-escuras.

a.grí.co.la *adj.* **1** relativo à agricultura: *máquinas agrícolas.* **2** da zona rural: *Ele é um saudável trabalhador agrícola.*

a.gri.cul.tor (ô) *s.m.* quem cultiva ou lavra a terra; proprietário de terra cultivada; lavrador: *Meu pai era agricultor.*

a.gri.cul.tu.ra *s.f.* arte e ciência de cultivar a terra; lavoura; plantio: *A agricultura da cana-de-açúcar predomina em nossa região.* ♦ **agricultura de subsistência** lavoura que se destina apenas ao consumo da família do próprio agricultor.

a.gri.do.ce (ô) *adj.* de sabor ácido e adocicado; acre-doce: *fruta agridoce.*

a.gri.men.sor (ô) *s.m.* técnico em medição de terras.

a.gri.men.su.ra *s.f.* técnica de medição de terras: *Era formado em agrimensura.*

a.gro *El. comp.* campo: *agronomia.*

a.gro.e.co.lo.gi.a *s.f.* combinação da agricultura com a preservação do meio ambiente; estuda as combinações ambientais da atividade agrícola.

a.gro.in.dús.tria *s.f.* **1** a indústria nas suas relações com a agricultura: *A cidade vive da agroindústria da cana.* **2** indústria que transforma os produtos agrícolas em bens de consumo.

a.gro.in.dus.tri.al *adj.* relativo à agroindústria.

a.gro.ne.gó.cio *s.m.* atividade econômica que vai desde a produção agropecuária até a sua comercialização: *Os agronegócios estão crescendo cada vez mais no país.*

a.gro.no.mi.a *s.f.* conjunto de conhecimentos sobre os princípios que regem a prática da agricultura: *O filho do fazendeiro estudou agronomia.*

a.gro.nô.mi.co *adj.* relativo a agronomia.

a.grô.no.mo *s.m.* quem se dedica à agronomia: *O agrônomo avaliou o terreno propício ao plantio.*

a.gro.pas.to.ril *adj.* agropecuário: *produção agropastoril.*

a.gro.pe.cu.á.ria *s.f.* prática da agricultura e da pecuária em suas relações mútuas.

a.gro.pe.cu.á.rio *adj.* relativo à agropecuária.

a.gro.pe.cu.a.ris.ta *s.2g.* quem exerce suas atividades em setores da agropecuária.

a.gro.tó.xi.co /ks/ *s.m.* produto químico utilizado no combate e prevenção das pragas da lavoura.

a.gru.pa.men.to *s.m.* **1** ajuntamento; aglomeração: *A polícia proibia agrupamentos naquele local.* **2** conjunto; união: *Nossos garotos compõem um agrupamento de traços fortes, bem definidos.*

a.gru.par *v.t.* **1** reunir em grupo; associar; juntar: *O governo agrupou os dois ministérios.* • *pron.* **2** reunir-se em grupo; juntar-se: *Mulheres e crianças se agruparam em frente à escola.* **3** estar reunido; amontoar-se: *Ali se agrupavam casebres miseráveis.*

a.gru.ra *s.f.* **1** angústia; desgosto; dissabor: *Sofremos as agruras da vida.* **2** dificuldade; obstáculo; empecilho.

água

á.gua s.f. **1** (Quím.) líquido composto de dois átomos de hidrogênio e um de oxigênio, sem cor, sem cheiro, sem sabor. **2** chuva: *O céu mandava água em abundância.* **3** lágrima: *Tinha os olhos rasos d'água.* **4** cada uma das partes do telhado de uma casa: *telhado de duas águas.* **5** designação para grandes extensões de água; mar: *Já viajavam nas águas brasileiras.* **6** a massa líquida natural: *Todos têm direito às águas e às florestas.* // Fórm.: H_2O.
♦ **águas passadas** fatos consumados: *Esqueçamos isso, pois são águas passadas.* **água benta** água usada pelos católicos em cerimônias religiosas. **água oxigenada** solução aquosa composta de dois átomos de hidrogênio e dois de oxigênio, líquida, incolor, usada como antisséptico, alvejante e oxidante. // Fórm.: H_2O_2. **água sanitária** composto líquido à base de cloro que se usa como antisséptico e descorante.

a.gua.cei.ro s.m. chuva forte: *De repente desabou um aguaceiro.*

á.gua com a.çú.car adj. muito sentimental; simples; fácil: *Detesto romance água com açúcar.*

a.gua.da s.f. local onde existe água para beber.

á.gua de chei.ro s.f. essência perfumada; perfume. // Pl.: águas de cheiro.

á.gua de co.co s.f. líquido adocicado de coco quase maduro, usado como refresco. // Pl.: águas de coco.

á.gua-de-co.lô.nia s.f. álcool perfumado com essências diversas. // Pl.: águas-de-colônia.

a.gua.do adj. **1** diz-se dos olhos rasos de lágrimas: *Tinha os olhos aguados de emoção.* **2** diz-se de bebida cuja essência foi diluída com muita água; rala. **3** desmanchado; frustrado; perturbado: *A festa ficou aguada depois da notícia triste.* **4** sem graça: *Detestava aquela vidinha aguada.*

á.gua-for.te s.f. **1** técnica que permite a obtenção de cópias em papel a partir de uma placa metálica gravada com uma agulha, ou outro instrumento apropriado, e posteriormente embebida numa solução de ácido: *Ele é um mestre da água-forte.* **2** gravura ou quadro feito por essa técnica: *Presenteou-me com uma linda água-forte.* **3** mistura de água e ácido nítrico que corroem determinadas partes de um metal, formando imagens: *Deve-se mergulhar a peça em água-forte.* // Pl.: águas-fortes.

á.gua-fur.ta.da s.f. sótão em que as janelas abrem sobre o telhado; mansarda. // Pl.: águas-furtadas.

á.gua-ma.ri.nha s.f. pedra semipreciosa. // Pl.: águas-marinhas.

á.gua-mor.na s.2g. (Coloq.) pessoa pacata, sem vida e expressão, mole, inofensiva: *Ele é verdadeiro água-morna, nunca diz nada.* // Pl.: águas-mornas.

a.gua.pé s.m. designação comum a várias plantas aquáticas, de flores violáceas e ornamentais: *O aguapé se reproduz com facilidade em águas poluídas.*

a.guar v.t. **1** borrifar com água ou outro líquido; regar; molhar: *Ele sempre aguava as plantas do jardim.* **2** (Coloq.) interromper; atrapalhar: *O repórter ainda tentou aguar a festa.* ● int. **3** tornar-se aguado; estragar: *Tia Marta desistia de me ensinar receitas, meus pudins aguavam.*

a.guar.dar v.t. **1** estar à espera; permanecer na expectativa: *Aguardávamos ansiosos o resultado do jogo.* **2** estar reservado para: *Uma grande surpresa o aguardava.*

a.guar.den.te s.f. bebida de elevado teor alcoólico; cachaça; pinga.

a.guar.do s.m. espera: *O diretor estava no aguardo de um novo contato.*

a.guar.rás s.f. (Quím.) **1** essência de terebintina. **2** produto artificial ou mineral idêntico à essência de terebintina.

á.gua-vi.va s.f. animal marinho, de corpo mole, gelatinoso e transparente. // Pl.: águas-vivas.

a.gu.ça.do adj. **1** afiado; cortante: *A traíra tem dentes aguçados.* **2** perspicaz; sagaz: *Tinha um senso crítico muito aguçado.* **3** apurado; sensível: *Os cães têm o faro aguçado.* **4** atento: *Tinha olhos e ouvidos aguçados para nada perder.*

a.gu.ça.men.to s.m. estimulação; excitamento.

a.gu.çar v.t. **1** apontar; afiar: *As feras aguçavam as garras.* **2** aumentar a atenção de: *O espetáculo aguçava os olhos e os ouvidos.* **3** tornar mais vivo; estimular; excitar: *Aquele cheiro de churrasco aguçou meu apetite.* ● pron. **4** apurar-se: *As inteligências se aguçaram.*

a.gu.dez (ê) s.f. agudeza.

a.gu.de.za (ê) s.f. perspicácia; argúcia: *A reação denotava a agudeza do rapaz.*

a.gu.do s.m. **1** (Mús.) nota musical em tom alto: *A soprano ensaia seus agudos.* ● adj. **2** com a extremidade fina; afiado: *Sentiu o corte agudo da lâmina.* **3** perspicaz: *Tinha inteligência rápida e aguda.* **4** (Med.) de evolução rápida; violento: *Foi operado de uma apendicite aguda.* **5** diz-se da dor forte e instantânea: *Sentiu uma dor aguda no peito.* **6** (Gram.) acento tônico: *A palavra café apresenta acento agudo.* **7** diz-se do som alto: *o som agudo dos motores.* // Ant.: grave.

a.guen.tar (ü) v.t. **1** sofrer os efeitos penosos; suportar; tolerar: *Não aguentou a pressão da família.* **2** assumir a responsabilidade de; arcar com: *Tinha agora de aguentar as consequências.* **3** sustentar: *Apenas dois pilares aguentavam a estrutura do prédio.* **4** manter; sustentar financeiramente: *Tinha de aguentar todas as despesas da casa.* **5** resistir a: *Não há carro que aguente estrada mal conservada.* ● pron. **6** ser capaz de permanecer; manter-se; resistir: *Você mal se aguenta em pé.* ♦ (Gír.) **aguentar a barra/a mão/as pontas/o repuxo/o tranco** suportar qualquer dificuldade ou adversidade.

a.guer.ri.do adj. **1** combativo; destemido: *O cargo exigia argúcia e espírito aguerrido.* **2** belicoso; agressivo: *Trata-se de uma organização aguerrida.*

á.guia s.f. **1** ave de rapina, notável pelo tamanho, vigor, agudeza de visão e poder de voo. **2** pessoa capaz e poderosa: *Ele é uma águia nos negócios.*

a.gui.lhão s.m. **1** ponta de ferro que serve para incitar. **2** ferrão existente no abdome de alguns insetos. **3** sofrimento; dor: *Sentia na própria carne os aguilhões da injúria.*

a.gui.lho.ar v.t. **1** picar ou ferir com aguilhão. **2** incitar; provocar: *É uma dúvida que só contribui para aguilhoar a revolta entre os palestinos.* **3** espicaçar; fazer sofrer: *A dúvida o aguilhoava impiedosamente.*

a.gu.lha s.f. **1** instrumento geralmente de aço polido, fino e longo, com ponta aguda numa das extremidades e um orifício na outra, por onde se enfia a linha, e que serve para costurar, bordar ou cerzir à mão. **2** haste para fazer tricô ou crochê: *agulhas de tricô.* **3** peça delgada

ajuda

com ponta arredondada usada em toca-discos. **4** peça de aço das armas de fogo: *Sua pistola tinha uma bala na agulha*. **5** haste delgada e móvel que, nas bússolas, indica direção norte. **6** haste metálica e delgada para picar, fazer punções, suturas etc. **7** haste alongada que tapa ou abre um orifício em forma de cone para entrada ou saída de líquido: *agulha do carburador*. **8** haste móvel e afilada do trilho que, girada sobre um ponto fixo, permite que o veículo passe de uma via para outra. **9** abertura em calçada delimitadora entre duas pistas que permite a passagem do veículo de uma para outra via. **10** pico de montanha pontiagudo. ✦ **arroz agulhinha** variedade de arroz: *Só gosto de arroz agulhinha*. // Sempre no diminutivo.

a.gu.lha.da *s.f.* **1** picada de agulha. **2** dor aguda; pontuada: *A mulher começou a sentir agulhadas pelo corpo*. **3** porção de linha introduzida no orifício da agulha. **4** crítica ferina: *Não resistindo à agulhada, partiu para a polêmica*.

a.gu.lhão *s.m.* **1** pedra pontiaguda submersa no leito do rio. **2** (Bras.) peixe de corpo ovalado com quase sessenta centímetros e que ocorre entre o litoral da Flórida (EUA) e o da Bahia.

a.gu.lhei.ro *s.m.* **1** almofadinha ou qualquer outro objeto (estojo, cartelas etc.) onde se guardam agulhas: *A costureira não vive sem seu agulheiro*. **2** fabricante de agulhas. **3** profissional encarregado de operar as agulhas nas estradas de ferro. **4** nas construções, abertura estreita e profunda que permite a passagem de ar e luz.

ah *interj.* **1** expressa surpresa ou admiração. **2** expressa satisfação; prazer; alegria: *Ah! Que espetáculo aquele!* **3** expressa sofrimento, pesar, dor: *Ah! Como lhe doía pensar na pobrezinha!* **4** expressa desejo: *Ah! se houvesse algo para beber!*

ai *s.m.* **1** grito que expressa lamento; gemido: *Não se ouviu um grito nem um ai*. • *interj.* **2** expressa dor: *Massageando o rosto, na face esbofeteada: Ai, está doendo!* **3** expressa lamento: *Ai, meu Deus, morreu o pobre João!* **4** expressa leve censura ou espanto: *Ai! Otávio! Você tem cada ideia!* **5** expressa dúvida: – *Você trairia um grego por uma moeda de prata? – Por uma não, mas por dez, ai, ai, ai, honestamente não sei o que faria*. **6** expressa surpresa: *Ai! Sr. Severino, que susto que o senhor me pregou!* ✦ **ai de** usada para expressar pena ou compaixão; pobre de: *Ai de quem nunca amou de verdade*.

a.í *adv.* **1** enfatiza a proximidade em relação ao ouvinte; nesse lugar: *Coloca isso aí na mesa*. **2** em lugar referido anteriormente ou indicado com um gesto: *Certamente não os encontraria em manilhas ou chaminés, pois ninguém guardaria livros aí*. **3** nesse momento; então: *E eu já estava saindo, mas aí o telefone tocou e eu voltei*. **4** nesse ponto: *Quem vê cara não vê coração, e aí é que tudo se complica*. **5** (Coloq.) depois disso; então: *Ia andando devagar pelo trilho. De repente estacou. Aí ouviu uns gritinhos atrás de uma moita*. **6** reforça uma condição; nesse caso; então: *E se demorasse muito, aí iríamos sem ela, claro*. **7** em tempo próximo; quase: *Pois é, o inverno está aí*. **8** chama a atenção para um período de tempo aproximado: *Ela já havia terminado o colégio aí pelos anos oitenta*. **9** chama a atenção para qualquer parte da frase referente ao ouvinte ou próxima dele: *Ô,* *menino, avisa aí tua mãe que as visitas chegaram*. • *interj.* **10** expressa animação, aplauso ou apoio: – *Aí, meninos, coragem, em frente!* ✦ **por aí** (i) em lugar indeterminado: *Vou dar uma volta por aí*. (ii) assim; dessa forma: *Não, não é por aí que se pode resolver as coisas*.

ai.a *s.f.* dama de companhia; camareira.

ai.a.to.lá *s.m.* líder eclesiástico e político entre os xiitas da lei islâmica.

ai.dé.ti.co *s.m.* **1** portador do vírus da Aids. • *adj.* **2** que é portador do vírus da Aids.

Aids (Ingl.) *s.f. Acquired Immune Deficiency Syndrome* (Síndrome de Imunodeficiência Adquirida – Sida), doença transmitida pelo vírus HIV, presente em sêmen ou sangue contaminados: *A Aids foi descoberta em inícios dos anos 1980*.

ai.mo.ré *s.2g.* indivíduo pertencente aos povos indígenas dos aimorés, que viviam entre os estados do Espírito Santo e Bahia.

a.in.da *adv.* **1** até agora; até o momento presente: *Hélio ainda não voltou*. **2** até então; até aquele tempo: *Apesar da proximidade da morte, ainda estava lúcida*. **3** um dia; no futuro: *Mas eu ainda hei de aparecer nos jornais*. **4** por fim; finalmente: *Resta ainda uma questão crucial. Quais novos parceiros escolher?* **5** até; mesmo; até mesmo: *Ainda hoje, a adolescência está associada à ideia de crise*. **6** muito; bem: *E o medo do futuro é ainda maior*.

ai.pim *s.m.* (Bras.) mandioca.

ai.po *s.m.* hortaliça de hastes largas em forma de canoa; flores de cor branca-esverdeada; raiz, talos e folhas comestíveis.

airbag (érbeg) (Ingl.) *s.m.* bolsa de ar usada como equipamento de segurança em veículos que infla automaticamente para proteger o motorista e os passageiros, em caso de colisão.

ai.ro.so (ô) *adj.* **1** que tem bom ar, boa aparência, boa apresentação: *Sua fisionomia airosa, apesar da idade, não deixava dúvidas sobre sua rara beleza na mocidade*. **2** elegante; gentil; garboso: *Airoso, trajava riquíssima vestimenta*. **3** de aparência agradável, alegre: *A cidade airosa celebrava os feitos heroicos de seus filhos*. **4** digno; honrado: *Airoso, estampava no corpo as marcas da luta ferrenha de que saíra vencedor*.

a.jar.di.na.men.to *s.m.* **1** ação de ajardinar. **2** lugar ajardinado: *Árvores frondosas e de canteiros altos compunham o ajardinamento do largo*.

a.jar.di.nar *v.t.* transformar em jardim: *Gostaríamos de ajardinar o terreno dos fundos*.

a.jei.tar *v.t.* **1** acomodar; arranjar: *Ele aproximou-se ajeitando o colarinho*. **2** pôr em ordem: *Com o prêmio da loteria ajeitou a vida de toda a família*. **3** (Coloq.) arranjar; conseguir: *Veja se me ajeita algum dinheiro*. • *pron.* **4** colocar-se de maneira confortável; acomodar-se: *Ajeitou-se no sofá e começou a falar*.

a.jo.e.lhar *v.t.* pôr de joelhos: *Ajoelhem seus filhos diante do altar*. • *int.* e *pron.* ficar de joelhos: *Todos (se) ajoelharam*.

a.ju.da *s.f.* **1** auxílio; socorro. **2** assistência: *Não fosse a ajuda que recebeu, não chegaria a doutor*. ✦ **ajuda de custo** quantia dada a alguém para cobrir despesas pessoais no cumprimento de uma tarefa ou trabalho: *O funcionário recebia ajuda de custo*.

ajudante

a.ju.dan.te s.2g. 1 quem ajuda; colaborador: *Era o único ajudante do pai na mercearia.* 2 pessoa às ordens de outra pessoa; auxiliar: *Fui ajudante de pedreiro.*

a.ju.dan.te de or.dens s.2g. oficial às ordens de outro, de patente mais elevada, de um ministro ou de chefe de Estado: *Ele foi ajudante de ordens do presidente.*

a.ju.dar v.t. 1 tornar mais fácil; facilitar; favorecer: *Dizem que chá de hortelã ajuda a digestão.* 2 dar assistência a; auxiliar: *Ajuda o filho sempre que ele pede.* 3 socorrer: *Um desconhecido ajudou a mulher a sair dos escombros.* 4 ser útil; contribuir para: *Se todo mundo fizesse um pouco, ajudaria a resolver o problema de crianças carentes.* • pron. auxiliar-se mutuamente: *Aqui todos se ajudam.* • int. dar ajuda: *Quando viram o acidente, correram para ajudar.*

a.ju.i.za.do adj. que tem juízo; sensato: *Manuel era muito ajuizado.*

a.ju.i.za.men.to s.m. julgamento; avaliação: *Que fazer quando o ajuizamento dos violadores põe em risco a democracia?*

a.ju.i.zar v.t. 1 julgar; avaliar; ponderar: *Talvez o fato ajude o leitor a ajuizar melhor a notícia.* 2 ingressar em juízo: *Ela pretende ajuizar ações contra a empresa concorrente.*

a.jun.ta.men.to s.m. reunião; agrupamento; aglomeração: *Havia um ajuntamento de mendigos na frente da igreja.*

a.jun.tar v.t. 1 reunir: *Ajuntou alguns objetos pessoais e sumiu.* 2 amealhar; economizar: *Ajuntou grande fortuna.* 3 acrescentar; adicionar: *Ajuntemos a isso o fato de sermos mortais.* • pron. 4 aproximar-se; unir-se: *Os corpos se ajuntavam devido ao frio.* • int. 5 reunir-se; agrupar-se: *Num segundo ajuntou gente, vinda de todos os lados.*

a.jus.ta.do adj. 1 regulado; acertado: *O motor do carro já está ajustado.* 2 que vive em harmonia; harmonioso: *uma família bem ajustada.* 3 apertado (vestuário): *Ele não usa calças ajustadas.* 4 combinado; acordado: *Os proprietários pretendem reavaliar o aluguel e o valor ajustado.* 5 de acordo; conforme; adaptado: *O país anda mais ajustado com os mecanismos de importação.*

a.jus.ta.men.to s.m. 1 ajuste: *O ajustamento de contas ocorrerá.* 2 acomodação; adaptação: *Seu ajustamento ao trabalho demorou.*

a.jus.tar v.t. 1 pôr no ponto justo; acertar; regular: *Ajustou a almofada sob o braço esquerdo.* 2 tornar justo; apertar: *Mandei ajustar todas as minhas roupas.* 3 combinar; estipular: *Não precisa ajustar preço, é só dizer que é meu afilhado.* 4 adaptar; amoldar: *Tratava de ajustar a vida à exiguidade dos novos vencimentos.* •pron. 5 acomodar-se; adaptar-se; amoldar-se: *O organismo automaticamente se ajusta às suas necessidades.* 6 estar colado; estar justo: *O vestido de seda se ajustava ao seu corpo.*
• **ajustar contas** resolver uma questão pendente; pagar por um erro: *O senhor há de ajustar contas com o meu marido.*

a.jus.te s.m. 1 acerto: *Faltavam alguns ajustes no nosso acordo.* 2 regulagem: *Fez alguns ajustes finais na parte mecânica do carro.* 3 revisão: *ajuste fiscal.* 4 acordo; pacto: *Ela não queria ajuste com a patroa.* 5 afinação; conformação: *Faltava um ajuste entre o comércio e a indústria.*

a.ju.tó.rio s.m. adjutório.

a.la s.f. 1 fila; fileira. 2 grupo; conjunto: *a ala das baianas no Carnaval.* 3 parte de um edifício: *O hospital inauguraria a ala da maternidade.* 4 lado; facção: *Pertencia à ala radical do partido.* 5 no futebol, um dos lados da linha de ataque: *O time campeão reforçou sua ala esquerda.*

a.la.bar.da s.f. arma antiga, semelhante a uma lança, constituída de uma longa haste de madeira rematada em ferro largo e pontiagudo, atravessado por outro em forma de meia-lua.

a.la.bas.tro s.m. (Min.) rocha pouco dura, finamente granulada, muito branca e transparente.

á.la.cre adj. alegre; descontraído.

a.la.cri.da.de s.f. 1 entusiasmo; alegria. 2 vivacidade; vigor.

a.la.do adj. 1 que tem asas: *Sonhei que ele viera montado num cavalo alado.* 2 que se movimenta como se tivesse asas: *Bailarinos que se movimentam num balé alado.*

a.la.ga.di.ço s.m. 1 lugar pantanoso; alagado: *Moravam naqueles barracos sujos entre a lama e o alagadiço.* • adj. 2 sujeito a alagar-se: *terreno alagadiço.*

a.la.ga.do s.m. 1 terreno cheio de água; pântano: *As primeiras garças alvejavam nos alagados.* • adj. 2 cheio de água; inundado: *O jogo continuou apesar do campo alagado.*

a.la.ga.men.to s.m. 1 inundação: *A primeira chuva já provoca alagamento no vale.* 2 lugar inundado: *Havia um alagamento de duzentos metros na rodovia.*

a.la.gar v.t. 1 cobrir de água; inundar: *A chuva começou a alagar as casas do bairro.* • int. 2 encher-se ou cobrir-se de água; inundar-se: *As avenidas voltaram a alagar.*

a.la.go.a.no s.m. 1 natural ou habitante do estado de Alagoas. • adj. 2 relativo ao estado de Alagoas: *literatura alagoana.*

a.lam.bi.que s.m. 1 aparelho para destilar: *Cada destilaria tem seu alambique característico.* 2 fábrica para destilar; destilaria: *Outra programação interessante é visitar um alambique na zona rural.*

a.lam.bra.do s.m. cerca de arame; tela: *O alambrado rompeu-se e os torcedores invadiram o campo.*

a.la.me.da (ê) s.f. rua ou caminho ladeado de árvores: *Ele foi andando pelas alamedas e apreciando as flores.*

á.la.mo s.m. árvore ornamental, de casca rugosa e flores pequenas, que fornece madeira alva, leve e macia.

a.la.ran.ja.do s.m. 1 a cor da laranja: *Estava admirando o alaranjado do pôr do sol.* • adj. 2 da cor da laranja: *um tom alaranjado.*

a.lar.de s.m. espalhafato; ostentação: *vivia fazendo alarde de seus conhecimentos.*

a.lar.de.ar v.t. anunciar com muita ênfase; apregoar; ostentar: *O técnico alardeava que venceria o campeonato.*

a.lar.ga.men.to s.m. 1 ampliação: *Foi feito um alargamento na pista da marginal.* 2 expansão: *O ministro alemão se referiu ao alargamento das relações econômicas com o Brasil.*

a.lar.gar v.t. 1 tornar mais largo: *Para pezão espremido, o jeito é alargar o sapato.* 2 ampliar; expandir: *A Igreja convoca a todos para que alarguemos os laços de estima e amizade.* • pron. 3 tornar-se mais largo; ampliar-se; prolongar-se: *A estrada se alargava naquele trecho.*

a.la.ri.do *s.m.* gritaria; algazarra: *Ouvia-se um alarido lá fora.*
a.lar.ma *s.m.* alarme.
a.lar.ma.do *adj.* inquieto; sobressaltado: *Fiquei alarmado com a notícia.*
a.lar.man.te *adj.* que causa alarme; preocupante: *Os juros são alarmantes.*
a.lar.mar *v.t.* **1** inquietar; assustar; sobressaltar: *A possibilidade de chuva alarma o paulistano.* • *pron.* **2** assustar-se; sobressaltar-se: *O governo se alarmava com os dados da pesquisa.*
a.lar.me *s.m.* **1** aviso de perigo: *Ouvimos o grito de alarme.* **2** aviso; recado: *Tudo não passou de um alarme falso.* **3** inquietação; sobressalto: *A notícia da mudança causou alarme na família.* **4** dispositivo para dar aviso de perigo: *O motorista instalou um alarme em seu carro.*
a.lar.mis.mo *s.m.* difusão de boatos ou notícias alarmantes: *Combater o alarmismo não é tarefa da imprensa.*
a.las.tra.men.to *s.m.* ato ou efeito de alastrar(-se) expansão: *O alastramento da doença foi inevitável.*
a.las.trar *v.t.* **1** espalhar; propagar; difundir: *O vento alastrou o fogo rapidamente.* • *pron.* **2** espalhar-se; propagar-se: *O fogo se alastrava.*
a.las.trim *s.m.* (Med.) doença contagiosa, epidêmica, caracterizada por erupções cutâneas; espécie atenuada de varíola.
a.la.ú.de *s.m.* (Mús.) antigo instrumento de cordas com braço longo, cavalete e caixa sonora convexa: *À noite tocavam alaúde.*
a.la.van.ca *s.f.* **1** barra de material rígido, apoiada ou fixa num ponto de apoio, destinada a mover, levantar ou sustentar um corpo: *Antero usou uma alavanca para erguer a caixa.* **2** chave que aciona o motor de máquinas elétricas: *O operador puxou a alavanca da máquina automática.* **3** impulso; estímulo: *A instrução é a alavanca do progresso.*
a.la.van.ca.gem *s.f.* apoio para a elevação ou desenvolvimento: *A modernização dos portos poderá representar a alavancagem do comércio exterior.*
a.la.van.car *v.t.* apoiar; sustentar; impulsionar: *Temos um grande instrumento para alavancar o processo de modernização da indústria.*
a.la.zão *s.m.* **1** cavalo que tem cor castanho-avermelhada: *Pedro mandou encilhar o alazão.* • *adj.* **2** diz-se do cavalo que tem essa cor: *A égua alazã morreu picada por cobra.* // Fem.: alazã; Pl.: alazães/ões.
al.ba.nês *s.m.* **1** natural ou habitante da Albânia. • *adj.* **2** relativo à Albânia (Europa): *O homem foi confundido com um refugiado albanês.*
al.ba.troz (ó) *s.m.* grande ave marinha, de peito branco e narinas prolongadas: *O albatroz voa muito alto.*
al.ber.ga.do *s.m.* **1** pessoa recolhida em albergue: *A direção do asilo manteve a mulher afastada dos demais albergados.* • *adj.* **2** recolhido em albergue: *Toda manhã ia conversar com os homens albergados.* **3** diz-se do preso em liberdade condicional que deve pernoitar na prisão.
al.ber.gar *v.t.* **1** alojar; abrigar; hospedar: *Construíram um galpão para albergar andarilhos.* **2** guardar; conter: *Suas ideias são coerentes, mas albergam tendenciosidade.* • *pron.* **3** abrigar-se: *Não sei onde se albergam estes andarilhos.*

alcançar

al.ber.gue (é) *s.m.* **1** lugar de hospedagem; hospedaria: *albergue da juventude.* **2** lugar onde se acolhem pessoas desabrigadas: *Na enchente, todos os albergues ficaram abarrotados de donativos.*
al.bi.nis.mo *s.m.* ausência de pigmentação na pele, cabelos e olhos.
al.bi.no *s.m.* **1** portador de albinismo: *A família é toda formada por albinos.* • *adj.* **2** portador de albinismo: *Pessoas albinas devem evitar tomar sol.*
al.bor (ô) *s.m.* **1** a primeira luz da manhã. **2** início; começo: *Nos albores do segundo milênio, deparamo-nos com os mais variados problemas.*
ál.bum *s.m.* **1** livro em branco, caderno ou pasta em que se colocam fotos, selos, recortes, figuras etc. **2** encarte ou caixa em que se acomodam um ou mais discos: *álbum de discos.*
al.bú.men *s.m.* **1** clara do ovo. **2** (Bot.) tecido nutritivo que envolve o embrião nas sementes de muitas plantas.
al.bu.mi.na *s.f.* (Quím.) proteína composta de carbono, nitrogênio, hidrogênio, fósforo, oxigênio e enxofre: *A albumina é utilizada principalmente em pacientes que sofreram graves queimaduras.*
al.ça *s.f.* **1** suspensório delgado com que se seguram nos ombros certas peças do vestuário: *a alça do sutiã.* **2** presilha ou puxadeira para levantar alguma coisa: *Seguravam trêmulos a alça do caixão.* **3** parte de um órgão em forma de arco: *alça intestinal.*
al.ca.cho.fra (ô) *s.f.* **1** planta herbácea, de folhas muito largas, de cujo centro despontam hastes retas que sustentam um tipo de botão de flor, comestível, de cor roxa ou em tons esverdeados. **2** flor comestível dessa planta.
al.ca.çuz *s.m.* **1** planta leguminosa de raiz doce e medicinal. **2** a raiz dessa planta. **3** o sabor dessa raiz: *aquele toque de alcaçuz tão típico destes vinhos do Douro.*
al.ça.da *s.f.* competência; jurisdição: *O caso envolve contrabando e isso é da alçada da Polícia Federal.*
al.ca.gue.tar (ü) (ê) *v.t.* (Gír.) delatar; caguetar: *Vivia alcaguetando seus amigos.*
al.ca.gue.te (ü) (ê) *s.2g.* (Gír.) delator: *Não se perdoam os alcaguetes.*
al.cai.de *s.2g.* antigo governador de província, comarca ou castelo; prefeito: *O alcaide empalideceu ao reconhecer o inimigo.*
ál.ca.li *s.m.* (Quím.) composto de metais que transforma gorduras em sabões.
al.ca.li.ni.da.de *s.f.* estado de uma substância que tem propriedades alcalinas: *A saliva se altera na sua alcalinidade.* // Ant.: acidez.
al.ca.li.no *adj.* (Quím.) que contém álcali: *solução alcalina.*
al.ca.loi.de (ói) *s.m.* substância orgânica natural nitrogenada: *A morfina é um alcaloide natural do ópio.*
al.can.çar *v.t.* **1** conseguir pegar; apanhar: *Era tão pequeno que não alcançava os botões do elevador.* **2** chegar a tempo para: *Não consegui alcançar o ônibus que saía às seis em ponto.* **3** conseguir; obter: *Ninguém alcança a perfeição.* **4** perceber; entender: *Não conseguíamos alcançar o sentido de suas palavras.* **5** chegar a ter; atingir: *Uma baleia pode alcançar até quinze metros de comprimento.* **6** abranger; incluir: *A lei alcança todos os cidadãos.*

alcance

al.can.ce s.m. 1 limite dentro do qual se consegue tocar ou atingir algo: *Remédios devem ficar fora do alcance das crianças.* 2 capacidade: *O que me pede não está ao meu alcance.* 3 distância: *voos de longo alcance.* 4 obtenção: *O alcance desse objetivo depende de perseverança.* 5 importância; valor: *Poucos perceberam o alcance de suas palavras.* 6 âmbito de influência; raio de ação: *Os assalariados estavam fora do alcance daquela lei.* 7 em balística, distância entre a origem do tiro e o ponto de queda: *armas de longo alcance.*

al.can.ti.la.do adj. talhado a pique: *uma rocha alcantilada.*

al.ça.pão s.m. (Bras.) 1 armadilha para apanhar passarinho: *Pegava pombos em alçapões.* 2 abertura que comunica um pavimento com outro: *A tampa do alçapão era basculante.* 3 (Fig.) cilada: *Acabou caindo no alçapão armado pelos próprios amigos.*

al.ca.par.ra s.f. 1 hortaliça que cresce em tufos, com estames compridos cor de violeta. 2 botão floral dessa hortaliça, usado como condimento: *Comi peixe com molho de alcaparras.*

al.çar v.t. 1 levantar; erguer; elevar: *Nosso time começou a alçar bolas sobre a área.* • pron. 2 elevar-se; erguer-se: *Podemos imaginar a sua ambição de alçar-se aos pináceros da glória.*

al.ca.tei.a (éi) s.f. 1 bando de lobos. 2 bando de malfeitores.

al.ca.ti.fa s.f. tapete grande para revestir o chão ou pendurar na janela em dias de festa.

al.ca.tra s.f. carne do boi retirada do fio do lombo: *bife de alcatra.*

al.ca.trão s.m. 1 (Quím.) substância obtida pela destilação do pinheiro ou da hulha: *meio litro de alcatrão vegetal.* 2 substância contida na fumaça do fumo.

al.ca.traz s.m. ave parecida com o pelicano, das costas atlântica e pacífica da América tropical e subtropical.

al.ce s.m. mamífero da família dos cervos, de grande porte e com chifres achatados, que vive nas regiões polares.

ál.co.ol s.m. 1 líquido incolor, volátil, com cheiro e sabor característicos, obtido por fermentação de certas substâncias ou mediante processos sintéticos, utilizado para vários fins medicinais e como combustível. 2 qualquer bebida espirituosa: *Mais uma boa notícia para quem gosta de álcool, principalmente vinho.* 3 (Quím.) denominação genérica de compostos orgânicos que contêm pelo menos uma hidroxila, ou oxidrila (-OH), ligada diretamente a um átomo de carbono.

al.co.ó.la.tra s.2g. 1 pessoa viciada em bebidas alcoólicas: *Os alcoólatras precisam de ajuda.* • adj. 2 viciado em bebidas alcoólicas: *pessoa alcoólatra.*

al.co.o.lei.ro s.m. 1 produtor de álcool: *Criou-se o sindicato dos alcooleiros.* • adj. 2 que produz álcool: *a indústria alcooleira.*

al.co.ó.li.co s.m. 1 alcoólatra: *Venceu o vício graças à associação dos alcoólicos anônimos.* • adj. 2 que contém álcool; etílico: *bebida alcoólica.* 3 causado pelo álcool: *O rapaz entrou em coma alcoólico.* 4 de álcool: *A cachaça tem elevado teor alcoólico.*

al.co.o.lis.mo s.m. estado patológico resultante da ingestão habitual de bebidas alcoólicas; vício de ingerir bebidas alcoólicas: *Morreu de cirrose hepática devido ao alcoolismo.*

al.co.o.li.za.do adj.embriagado; bêbado: *Sofrerá pena o motorista alcoolizado.*

al.co.rão s.m. livro sagrado do islamismo, que contém os princípios básicos da religião maometana. // Pl.: alcorões ou alcorães.

al.cou.ce s.m. bordel; prostíbulo.

al.co.va (ô) s.f. 1 pequeno quarto de dormir sem abertura para o exterior. 2 abrigo; refúgio; esconderijo. 3 quarto de mulher. 4 dormitório de casal. ♦ **de alcova** íntimo; privado: *segredos de alcova.*

al.co.vi.tar v.t. 1 servir de intermediário ou de auxiliar em relações amorosas: *Sua maior ocupação era alcovitar namoros.* • int. 2 fazer mexericos ou intrigas: *As moças da corte falavam, intrigavam, alcovitavam.*

al.co.vi.tei.ro s.m. 1 intermediário de encontros amorosos. • adj. 2 que intermedia encontros amorosos: *Mulheres alcoviteiras arranjavam os namorados para as donzelas.* 3 mexeriqueiro; intrigante.

al.cu.nha s.f. apelido; cognome, geralmente depreciativo: *Ele não gostou da alcunha que lhe deram.*

al.cu.nhar v.t. pôr alcunha em; apelidar: *Por causa de sua barbicha, alcunharam o colega de bodinho.*

al.de.ão s.m. 1 camponês: *O aldeão arrendava sua terra do senhor do feudo.* • adj. 2 de aldeia: *Os personagens são delineados com leves toques psicológicos, mostrando o ambiente aldeão de Portugal.* // Pl.: aldeãos; aldeões; aldeães. Fem.: aldeã.

al.dei.a s.f. 1 agrupamento de casas de índios: *a aldeia dos índios Xavantes.* 2 pequena povoação sem categoria de vila ou cidade; povoação rústica: *O Rio de Janeiro, quando surgiu, era uma aldeia como outra qualquer.*

al.de.í.do s.m. (Quím.) composto orgânico derivado dos álcoois primários por oxidação: *O formol é um aldeído.*

al.dra.ba s.f. 1 tranca para fechar porta ou janela: *Girei a aldraba e a porta se abriu.* 2 argola de metal com que se bate à porta para chamar quem está dentro: *Bateu três vezes a aldraba, como estava combinado.*

al.dra.va s.f. aldraba.

a.le.a.tó.rio adj. 1 que está sujeito ao acaso; fortuito; incerto; eventual: *Fizeram um sorteio aleatório dos entrevistados.* 2 estabelecido ou escolhido ao acaso e sem critério; arbitrário: *um programa de passeios aleatórios.*

a.le.crim s.m. arbusto aromático que serve como medicamento ou condimento: *chá de alecrim.*

a.le.ga.ção s.f. explicação; justificativa: *Tentou justificar o atraso com a alegação de que perdera o ônibus.*

a.le.ga.do s.m. 1 dito; referido: *O alegado deve ser convincente aos olhos do juiz.* • adj. 2 que se alegou: *O motivo alegado foi uma dor de dente.*

a.le.gar v.t. 1 afirmar; declarar; mencionar: *O acusado alegou legítima defesa.* 2 invocar como desculpa, justificativa ou pretexto: *Alegou cansaço para não arrumar seu quarto.*

a.le.go.ri.a s.f. 1 figura de linguagem que consiste em apresentar uma coisa para dar ideia de outra; simbologia; ficção: *O autor usou de uma alegoria para repre-*

alevantar

sentar o fim do mundo. **2** narrativa em que predomina a sucessão de metáforas. **3** representação concreta ou simbolização de ideias ou concepções imaginárias por meio de figuras, quadros ou cenas, muito utilizada no carnaval: *Foram muito aplaudidas as alegorias que representavam nosso folclore.* **4** carro que transporta essas figuras: *A alegoria transportava três homens, que representavam os três Reis Magos.*

a.le.gó.ri.co *adj.***1** relacionado com alegoria; simbólico: *Construiu um texto essencialmente alegórico.* **2** que carrega ou sustenta uma alegoria: *carros alegóricos.*

a.le.grar *v.t.* **1** tornar alegre; contentar: *Suas palavras alegraram o rapaz.* **2** embelezar; enfeitar: *As crianças com suas roupas multicoloridas alegravam o pátio.* **3** animar: *A música ao vivo alegra o ambiente.* • *pron.* **4** tornar-se alegre; animar-se: *No parque, as crianças se alegraram.*

a.le.gre (é) *adj.* **1** contente; feliz; satisfeito: *Os alunos estavam alegres, porque chegaram as férias.* **2** divertido; descontraído: *O futebol alegre do jogador deixou saudade.* **3** vistoso; vivo: *Vestia roupas leves e alegres.* **4** que traduz ou traz alegria; agradável: *Tenho alegres recordações da infância.* **5** jovial; sorridente: *Mamãe tinha uma fisionomia alegre.* **6** (Coloq.) levemente embriagado; tocado: *Bebia um trago e já ficava meio alegre.* • **de alegre** de modo ingênuo: *Entrou de alegre no negócio.*

a.le.gri.a *s.f.* **1** contentamento; satisfação; regozijo: *Foi com muita alegria que recebi a notícia.* **2** divertimento: *O espetáculo garante muita alegria para os jovens.*

a.lei.a (éi) *s.f.* passagem ou caminho ladeado de muros, árvores ou de arbustos; alameda.

a.lei.ja.do *s.m.* **1** pessoa que tem alguma deficiência física. • *adj.* **2** que tem deficiência ou mutilação física: *O patinho já nasceu aleijado.*

a.lei.jão *s.m.* **1** deficiência física; deformidade. **2** objeto mal feito; aberração: *O prédio apresentava vários aleijões.*

a.lei.jar *v.t.* **1** causar aleijão; deformar. **2** prejudicar: *Um sistema educacional que aleija a mão de obra.*

a.lei.ta.men.to *s.m.* ato ou efeito de aleitar; amamentação: *Campanha do aleitamento materno.*

a.lei.tar *v.t.* amamentar: *Aleitava os filhos até completarem um ano de idade.*

a.lei.vo.si.a *s.f.* calúnia: *Ambos foram vítimas de semelhantes aleivosias.*

a.lei.vo.so (ô) *adj.* caluniador; pérfido: *Eram palavras aleivosas contra o homem.*

a.le.lui.a *s.f.* **1** cântico de alegria ou ação de graças: *A aleluia foi cantada.* **2** exclamação de júbilo: *Ouviam-se aleluias e aleluias.* **3** época da Páscoa: *Já é uma tradição a montagem de peças religiosas às vésperas da Aleluia.* **4** ressurreição de Cristo: *Alguns fiéis ainda duvidam da Aleluia?* // Nos sentidos 3 e 4 escreve-se com inicial maiúscula. // • *interj.* **5** expressa júbilo: *Aleluia! Você chegou cedo ao trabalho.*

a.lém *s.m.* **1** o que vem depois da morte; eternidade: *os mistérios do além.* • *adv.* **2** em lugar adiante do falante: *Vimos uma coisa muito brilhante além, quase na curva da estrada.* **3** adiante; à frente: *Alguns passos além, havia uma cruz de madeira.* **4** para o lado de lá; depois: *vacas pastando além da cerca.* **5** por tempo superior a: *Pobres crianças subnutridas que não viviam além de dois anos.* **6** adiante: *A barulheira era tanta que não permitia ao orador ir além com seu discurso.* // Ant.: aquém. // **7** e ainda: *Havia mais quatro pessoas na sala, além do diretor e eu.* **8** a não ser; exceto: *Você não sabe fazer mais nada além de reclamar?* • **além do mais** além disso; ademais: *Além do mais, o motor fazia mais barulho que o habitual.*

a.le.mão *s.m.* **1** natural ou habitante da Alemanha: *Um alemão, Wilhelm Conrad Roentgen, descobriu o raio X.* • *adj.* **2** relativo à Alemanha (Europa): *A visita mais ilustre foi a do físico alemão Albert Einstein.* // Pl.: alemães. Fem.: alemã.

a.lém-mar *s.m.* as terras situadas do outro lado do oceano, em relação ao lado em que se está: *O sucesso o levou para além-mar.* //Pl.: além-mares.

a.lém-tú.mu.lo *s.m.* **1** o que vem depois da morte; o outro mundo; a eternidade: *Perguntou se eu acreditava no além-túmulo.* • *adj.* **2** próprio do que é da outra vida; sobrenatural: *Ele se vê num sarau além-túmulo.* // Pl.: além-túmulos.

a.len.ta.do *adj.* **1** animado: *Todos estavam alentados com a perspectiva de vitória.* **2** volumoso; avantajado: *Há um alentado relatório a respeito do assunto.*

a.len.ta.dor (ô) *adj.* encorajador; animador: *Foi muito alentador o resultado da pesquisa.*

a.len.tar *v.t.* dar alento; encorajar; animar: *Alenta a juventude ver novos caminhos se abrindo.*

a.len.to *s.m.* **1** esforço: *O animal ainda se levantou num último alento.* **2** respiração; fôlego: *Antes que o adversário tomasse alento, Dino atacou-o novamente.* **3** coragem; ânimo: *O aluno encheu-se de alento e fez a pergunta.*

a.ler.gi.a *s.f.* **1** (Med.) intolerância do organismo a certos agentes físicos, químicos ou biológicos. **2** (Coloq.) aversão; repulsa: *Tenho alergia a gente hipócrita.*

a.lér.gi.co *s.m.* **1** quem sofre de alergia: *Os alérgicos não suportam a poeira.* • *adj.* **2** que sofre de alergia: *uma pessoa alérgica.* **3** de ou relativo a alergia: *Sofria de bronquite alérgica.*

a.ler.gis.ta *s.2g.* **1** médico especialista em alergia: *Quis consultar um alergista.* • *adj.* **2** especialista em alergia: *médico alergista.*

a.ler.ta (é) *s.m.* **1** sinal ou aviso para estar vigilante; advertência: *O fato ocorrido era um alerta a todos nós.* • *adj.* **2** vigilante; atento: *O guarda, com os sentidos alertas, vigiava o cofre.* • *adv.* **3** em atitude de vigilância: *Fiquem alerta porque o Batalhão de Choque quer invadir o presídio à noite.* • *interj.* **4** expressa comando: *Atenção, soldados, alerta!*

a.ler.tar *v.t.* **1** advertir; avisar: *A campanha alerta sobre os danos do cigarro.* • *pron.* **2** ficar de sobreaviso; despertar: *Os cães se alertaram com o barulho.*

a.le.ta (ê) *s.f.* **1** cada uma das duas asas do nariz. **2** pequena lâmina ou placa: *as aletas do ventilador.* **3** barbatana pequena: *Certas baleias não têm aleta dorsal.*

a.le.tri.a *s.f.* **1** espécie de macarrão em fios muito finos: *doce de aletria.*

a.le.van.tar *v.t.* **1** erguer: *Alevantou a vela para ver a cara da vítima.* **2** aumentar o volume: *Não alevante a voz pra mim.* • *int.* **3** levantar-se da cama: *Dona Matilde alevantou cedo para apreciar a manhã.* • *pron.* **4** erguer-se; surgir: *À beira do Tietê se alevanta a caravela do descobridor Candinho.* **5** pôr-se de pé: *Alevantou-se do banco* // Cp.: levantar.

alevino

a.le.vi.no *s.m.* filhote de peixe: *Colocou o alevino no aquário.*

a.le.xan.dri.no[1] /ch/ *adj.* **1** relativo a Alexandre Magno (356-323 a.C.), rei da Macedônia, antigo império do norte da Grécia: *A história descreve mais uma curva e enceta um novo período denominado helenista ou alexandrino.* **2** relativo à Alexandria (Egito): *Simias foi mais alexandrino do que ninguém.*

a.le.xan.dri.no[2] /ch/ *s.m.* **1** verso de doze sílabas. • *adj.* **2** diz-se de verso de doze sílabas: *versos alexandrinos.* **3** referente ao poeta que utiliza muito esses versos: *Olavo Bilac era alexandrino.*

al.fa *s.m.* **1** primeira letra do alfabeto grego. **2** a principal estrela de uma constelação, em geral a mais brilhante. **3** estágio alcançado pela meditação: *Mesmo estando em alfa, se a pessoa mentir, o aparelho voltará a registrar.* • *adj.* **4** (Quím.) diz-se da partícula que constitui o núcleo de hélio: *A partícula alfa reage fortemente com a matéria.*

al.fa.bé.ti.co *adj.* **1** de acordo com a ordem de sucessão das letras do alfabeto: *Os verbetes do dicionário vêm em ordem alfabética.* **2** que utiliza as letras do alfabeto: *escrita alfabética.*

al.fa.be.ti.za.ção *s.f.* ensino da leitura e da escrita.

al.fa.be.ti.za.do *s.m.* aquele que sabe ler. • *adj.* que aprendeu a ler e a escrever.

al.fa.be.ti.za.dor (ô) *s.m.* **1** quem alfabetiza: *Estava pretendendo estimular o alfabetizador a combater a evasão dos estudantes.* • *adj.* **2** que alfabetiza: *O ambiente alfabetizador não é só a escola ou a pré-escola, mas também a família.*

al.fa.be.ti.zan.do *s.m.* quem está em processo de alfabetização: *O país tem investido nos alfabetizandos adultos.*

al.fa.be.ti.zar *v.t.* **1** ensinar a ler e a escrever: *Minha própria mãe me alfabetizou.* • *pron.* **2** aprender a ler e a escrever: *Há quem se alfabetize sozinho.*

al.fa.be.to (ê) *s.m.* **1** conjunto das letras usadas na grafia de uma língua: *Nosso alfabeto tem vinte e seis letras.* **2** conjunto de sinais para transcrição fonética: *alfabeto fonético.*

al.fa.ce *s.f.* planta hortense de folhas largas lisas ou crespas: *salada de alface.*

al.fa.fa *s.f.* planta leguminosa, excelente para alimentação do gado.

al.fai.a *s.f.* **1** objeto de arte; joia de valor. **2** enfeite de igreja. **3** objeto de valor, de uso particular ou pessoal: *Vendeu suas alfaias para pagar dívidas.*

al.fai.a.ta.ri.a *s.f.* loja ou oficina onde se confeccionam roupas, sobretudo de homens.

al.fai.a.te *s.m.* indivíduo que trabalha na alfaiataria: *o alfaiate do rei.* // Fem.: alfaiata.

al.fân.de.ga *s.f.* **1** repartição pública encarregada de vistoriar bagagens ou mercadorias em trânsito; aduana: *O passageiro veio com excesso de bagagem e não passou pela alfândega.* **2** edifício onde funciona essa repartição: *Ficou detido numa das salas da alfândega.*

al.fan.de.gá.rio *adj.* relativo a alfândega; aduaneiro: *tarifa alfandegária.*

al.fan.je *s.m.* instrumento cortante de lâmina curva, curta e larga.

al.fa.nu.mé.ri.co *adj.* **1** que tem um sistema de codificação baseado na combinação de letras e números: *teclado alfanumérico de computador.* **2** que armazena informações nesse sistema: *memórias alfanuméricas.*

al.far.rá.bio *s.m.* livro antigo e desgastado; calhamaço: *À primeira vista, o alfarrábio assusta pela extensão de suas páginas.*

al.far.ra.bis.ta *s.2g.* pessoa que coleciona alfarrábios ou que trabalha com eles.

al.fa.va.ca *s.f.* arbusto que forma touceiras com folhas pequenas, verdes ou arroxeadas, aromáticas, usadas como condimento.

al.fa.ze.ma *s.f.* **1** arbusto aromático de folhas enroladas, flores azuis em espigas e fruto em forma de cápsulas. **2** o perfume desse arbusto.

al.fe.nim *s.m.* massa de açúcar muito branca a que se dá ponto e forma especiais.

al.fe.res (é) *s.m.* antiga patente de oficial inferior a tenente, que hoje corresponde a segundo-tenente.

al.fi.ne.ta.da *s.f.* **1** golpe com alfinete. **2** (Coloq.) dito ou alusão picante; picuinha: *De vez em quando lhe dava algumas alfinetadas, criticando sua indolência.*

al.fi.ne.tar *v.t.* **1** picar com alfinete: *Sentiu uma pontada como se o tivessem alfinetado.* **2** (Coloq.) criticar, satirizando ou magoando: *Alfinetar o espetáculo foi seu objetivo.*

al.fi.ne.te (ê) *s.m.* haste de metal com uma das extremidades aguda, sendo a outra dotada de cabeça ou de uma parte achatada, usada para prender roupas, papéis etc.

al.fom.bra *s.f.* tapete espesso e fofo; alcatifa.

al.for.je (ó) *s.m.* saco duplo, fechado nas extremidades e aberto no meio, transportado no lombo de animais ou em ombro humano: *A mula perdeu um dos alforjes.*

al.for.ri.a *s.f.* **1** liberdade concedida ao escravo: *O coronel concedeu alforria a dez escravos.* **2** libertação de qualquer domínio.

al.for.ri.ar *v.t.* dar alforria a; libertar: *O senhor negava-se a alforriar a escrava.*

al.ga *s.f.* planta aquática clorofilada, constituída de tecido esponjoso e mole, recoberto por uma espécie de limo: *Era um vegetal semelhante à alga de água doce.*

al.ga.ra.vi.a *s.f.* linguagem difícil de compreender; confusão de vozes: *Pessoas se extravasavam numa algaravia estridente.*

al.ga.ris.mo *s.m.* sinal gráfico com que se representam os números: *algarismos romanos.*

al.ga.zar.ra *s.f.* **1** conversa barulhenta; gritaria: *Eles não são violentos, mas fazem muita algazarra e sujeira.* **2** conjunto de ruídos ou sons: *Rock alternativo não é só sinônimo de algazarra.* **3** farra; folia: *Beto era meu colega de algazarras.*

ál.ge.bra *s.f.* parte da Matemática que consta de um conjunto de cálculos para generalizar e simplificar questões aritméticas por meio de letras e números.

al.gé.bri.co *adj.* que se resolve com as regras da álgebra: *cálculo algébrico.*

al.ge.ma *s.f.* **1** ferro com que se prende alguém pelos pulsos ou pelo tornozelo: *O juiz permitiu que as algemas fossem substituídas por fios de náilon.* **2** (Fig.) coerção; opressão: *Teve a coragem tolhida pelas algemas da modéstia.* // Mais usado no plural.

al.ge.mar *v.t.* prender com algemas: *A polícia não quis algemar o empresário.*

al.gi.bei.ra s.f. bolso: *Trazia sempre alguns trocados na algibeira.* ♦ **de algibeira** diz-se de expediente guardado como trunfo para ser usado em momento adequado: *O governante disse que não tem soluções de algibeira nem mágicas administrativas milagrosas.*

al.gi.ci.da s.m. substância química usada para matar algas: *Limpou a piscina com algicida.*

al.gi.dez (ê) s.f. qualidade do que é muito frio: *A algidez das montanhas o adoeceu.*

ál.gi.do adj. 1 gelado; frio: *águas álgidas.* 2 insensível; frio: *Os álgidos ingleses não se perturbam.* // Ant.: cálido.

al.go pron. indef. 1 alguma coisa; qualquer coisa: *Então é algo especial? – comentou Ana.* ● adv. 2 um tanto; um pouco: *Ela me pareceu algo contrariada.*

al.go.dão s.m. 1 fibra vegetal alva e fina que envolve as sementes do algodoeiro. 2 tecido fabricado com os fios do algodão: *Roupas de algodão são próprias para o verão.* 3 algodoeiro: *Os sem-terra já estão plantando algodão, mamona e mandioca na área.*

al.go.dão-do.ce s.m. guloseima de açúcar reduzida a fios finíssimos e que têm o aspecto de algodão. // Pl.: algodões-doces.

al.go.do.al s.m. plantação de algodoeiro.

al.go.do.ei.ro s.m. 1 arbusto agrícola muito cultivado, cujas sementes, de pelos brancos, macios e entrelaçados, formam o algodão. ● adj. 2 que planta ou beneficia o algodão: *indústria algodoeira.*

al.go.rit.mo s.m. conjunto predeterminado e bem definido de regras e processos destinados à solução de um problema, com um número finito de etapas.

al.goz (ó ou ô) s.m. 1 executor de pena de morte; carrasco: *O algoz vinha sempre com um capuz.* 2 (Fig) quem tortura, atormenta ou persegue: *E não será vingança jamais esquecer meus algozes.*

al.guém s.m. 1 alguma pessoa: *Pediu que alguém o ajudasse.* 2 pessoa de importância social; pessoa digna de consideração: *Lutou muito para ser alguém.* 3 pessoa determinada, mas que não se quer identificar: *Vá chamar sua irmã e diga a ela que um certo alguém está aqui.* 4 pessoa: *Procuro alguém que me faça companhia.* ● pron. indef. 5 usado para referir-se a uma pessoa indeterminada: *Alguém bateu à porta.* // Ant.: ninguém.

al.gui.dar s.m. vaso grosseiro de barro ou metal, baixo, em forma de cone truncado e invertido: *Junto aos cantadores, há um alguidar para recolher os donativos.*

al.gum pron. indef. 1 alguém: *Todos estavam calados. Se algum abria a boca era para resmungar.* 2 um certo: *Durante algum tempo ficaram de mãos dadas.* 3 qualquer: *Confiante em que alguma ideia me ocorresse.* 4 um pouco de: *Tinha algumas moedas no bolso.* 5 um entre dois ou mais; um: *Não sei se alguns de vocês já estiveram aqui.* 6 nenhum: *Não lhe ofereceu jantar algum.* 7 um número reduzido; uns poucos: *Alguns operários estavam de pé.* ● s. m. 8 (Gír.) dinheiro: *Vou me virar pra ver se descolo algum* // Ant.: nenhum.

al.gu.res adv. em algum lugar; em alguma parte: *O paraíso na terra existe algures.*

a.lhe.a.do adj. alheio ao que se passa; alienado; distraído: *pessoa alheada.*

a.lhe.a.men.to s.m. desatenção; indiferença: *As medidas provocaram o alheamento dos empregados.*

a.lhe.ar v.t. 1 transferir (posse): *O sitiante alheou suas terras.* ● pron. 2 afastar-se; distanciar-se: *Alguns se elegem e se alheiam dos interesses do povo.* ● int. 3 distrair-se: *Alheou-se tanto que se esqueceu da hora.*

a.lhei.o s.m. 1 tudo o que pertence a outra pessoa: *Quem cobiça o alheio não progride.* ● adj. 2 de outra pessoa: *Com os sentimentos alheios não se brinca.* 3 distraído; alheado: *Tio Ernesto cochila num canto, alheio a tudo.* 4 não sabedor de; ignorante de: *Alheio aos assuntos políticos, evitava as discussões.* 5 indiferente: *Nunca esteve alheio ao sofrimento do próximo.* 6 estranho; exterior: *Eram proibidas discussões sobre assuntos alheios à matéria da aula.* 7 contrário; oposto: *motivos alheios à nossa vontade.*

a.lho s.m. 1 planta hortense aromática, de folhas estreitas e alongadas, com bulbos (vulgarmente chamados de cabeças) constituídos de dentes de tons arroxeados ou brancos: *Paulo tinha uma plantação de alho.* 2 o bulbo ou cabeça de alho: *Não gosto de alho na comida.*

a.lho-po.ró s.m. hortaliça aromática, de folhas largas sobrepostas umas às outras na base da planta formando um talo redondo, esbranquiçado e bojudo na parte inferior: *sopa de alho-poró.*

a.lhu.res adv. em outra parte; em outro lugar: *A violência é a mesma aqui ou alhures.*

a.li adv. 1 em lugar distanciado do falante e do ouvinte; naquele lugar: *O forasteiro chegara ali num dia de chuva.* 2 usado para chamar a atenção depois do pronome demonstrativo: *Aquela ali é a mulher do patrão.* 3 a esse respeito; quanto a isso: *Não voltei mais àquele assunto, acho que ali tem coisa.*

a.li.á s.f. fêmea do elefante; elefanta.

a.li.a.do s.m. 1 seguidor; partidário: *Nessa missão não me faltarão aliados.* 2 auxiliar; ajudante: *Uma alimentação balanceada é a grande aliada na prevenção de doenças.* 3 conjunto de potências que contraem aliança para guerrear contra outra ou outras potências: *Nascido na Iugoslávia, ele lutou na guerra contra os Aliados.* // Nessa acepção, normalmente se escreve com inicial maiúscula e no plural. // ● adj. 4 que contraiu aliança; coligado: *os exércitos aliados.* 5 partidário; cúmplice: *Descobriu-se que o ex-funcionário era aliado dos ladrões.* 6 associado; ligado: *O seu estilo, aliado ao preparo físico, fez com que ele se firmasse como titular da seleção.* // Ant.: adversário.

a.li.an.ça s.f. 1 união; pacto: *Estamos assinando um pacto, uma aliança com os EUA.* 2 coligação: *A aliança do governo com o partido continuará.* 3 anel usado como símbolo de noivado ou de casamento: *Ele exibe uma aliança para deixar claro que está casado.*

a.li.an.cis.mo s.m. política de aliança entre partidos: *O compromisso histórico com a socialdemocracia e o aliancismo é uma angústia de vários partidos.*

a.li.ar v.t. 1 juntar; associar: *O carro conseguia aliar conforto e luxo.* ● pron. 2 associar-se; ligar-se: *Aos desajustes familiares se aliam as práticas delituosas.* 3 unir-se por pacto; coligar-se: *A polícia civil se alia à polícia militar contra o crime.*

aliás

a.li.ás *adv.* **1** além disso; além do mais: *É um cachorro esperto, aliás, muito inteligente.* **2** diga-se: *Pus a palavra amor entre aspas, velho costume meu, aliás.* **3** ou por outra; ou melhor: *Fazendo-lhe as vontades desse jeito, acaba estragando a menina. Aliás, já está estragada.*

á.li.bi *s.m.* **1** meio de defesa que o réu apresenta mostrando que, na ocasião do crime, estava em outro lugar: *O seu álibi foi que, no dia do crime, não estava na cidade.* **2** (Coloq.) justificação ou desculpa aceitável: *álibi perfeito.*

a.li.ca.te *s.m.* instrumento parecido com uma tesoura, com mandíbulas chatas, usado para segurar ou cortar objetos: *Arrancou rapidamente os oito pregos com um alicate.*

a.li.cer.ça.do *adj.* fundamentado; apoiado: *Suas acusações não estão alicerçadas em fatos concretos.*

a.li.cer.çar *v.t.* **1** dar sustentação; fundamentar: *O trabalho dos escravos alicerçava a estabilidade econômica dos fazendeiros.* • *pron.* **2** basear-se; fundamentar-se: *O plano econômico se alicerçava no confisco.*

a.li.cer.ce (é) *s.m.* **1** base que serve de sustentação às paredes de um edifício: *As casas tinham alicerce de pedras brutas.* **2** (Fig.) base; fundamento: *A educação é o alicerce do progresso.*

a.li.che *s.m.* anchova.

a.li.ci.a.men.to *s.m.* **1** suborno: *O indivíduo era especialista em aliciamento de colegas.* **2** atração por meio de adulação enganosa; sedução: *aliciamento de menores.*

a.li.ci.ar *v.t.* **1** seduzir; atrair: *A empresa é acusada de aliciar trabalhadores.* **2** subornar: *Sua missão era aliciar os incautos.*

a.li.e.na.ção *s.f.* **1** cessão de bens; venda: *É impossível a alienação de um veículo financiado.* **2** (Med.) perturbação mental: *O alcoolismo causa a alienação progressiva do indivíduo.* **3** indiferença com relação ao que se passa em volta; alheamento: *O programa visava a promover a alienação entre os cidadãos.*

a.li.e.na.do *s.m.* **1** pessoa indiferente e desligada dos problemas de seu meio: *O escritor não pode ser um alienado.* **2** louco; demente: *Internaram-no num hospital de alienados.* • *adj.* **3** indiferente aos problemas de seu meio social: *Era um indivíduo alienado, egoísta.* **4** isolado: *O produtor rural hoje não vive alienado, integra-se ao mundo da globalização.* **5** louco; doido: *Marcos começou a agir como uma pessoa alienada.*

a.li.e.nar *v.t.* **1** transferir para outra pessoa a posse de; vender: *Os novos diretores decidiram alienar todos os imóveis da firma.* **2** afastar; isolar: *O candidato queria alienar de sua campanha dois colegas tidos como corruptos.* • *pron.* **3** afastar-se; distanciar-se: *Alienei-me das atividades literárias.*

a.li.e.ní.ge.na *s.2g.* **1** forasteiro; estrangeiro. **2** ser de outro planeta. • *adj.* **3** estrangeiro: *A tecnologia alienígena vinha através do país vizinho.* **4** que vem de outro planeta: *No filme, o mocinho era um ser alienígena.*

a.li.e.nis.ta *s.2g.* **1** médico que trabalha com loucos ou alienados: *O delegado achou que não era má ideia falar com um alienista do hospício.* • *adj.* **2** especialista em doenças mentais: *Ele era médico alienista.*

a.li.gei.rar *v.t.* **1** tornar ligeiro; apressar: *A tropa aligeirava o passo.* • *pron.* **2** tornar-se leve; aliviar-se: *Dançando, as damas aligeiram-se no salão.*

a.li.ja.men.to *s.m.* afastamento; aniquilamento: *Esses fatos não devem implicar o alijamento de segmentos da população.*

a.li.jar *v.t.* **1** lançar fora da embarcação: *A tripulação sabia que não devia alijar dejetos ao mar.* **2** afastar: *Contusões alijaram da partida os competidores.* **3** arremessar: *Ventos fortes alijaram a nau sobre a ilha.* • *pron.* desobrigar-se; afastar de si: *Adoentado, o professor alijou-se dos compromissos do dia.*

a.li.má.ria *s.f.* animal irracional; animal de carga ou montaria: *Habituara-se ao solavanco do lombo de sua alimária.*

a.li.men.ta.ção *s.f.* **1** conjunto de substâncias de que um indivíduo necessita para alimentar-se; alimento: *Toda a alimentação da casa ficava na despensa.* **2** ação de alimentar: *Todas as manhãs o caseiro procedia à alimentação dos porcos.* **3** abastecimento; manutenção: *As chuvas foram insuficientes para a alimentação dos riachos.* **4** nutrição: *A natureza do solo pode dificultar a alimentação da planta.* **5** força eletromotriz que fornece corrente a um circuito: *A alimentação de certos sistemas elétricos é feita por baterias.*

a.li.men.ta.dor (ô) *s.m.* **1** mecanismo de alimentação, de abastecimento: *A máquina copiadora tem alimentador automático.* **2** aquilo que nutre, alimenta: *A vaidade é um alimentador do consumismo.* • *adj.* **3** que nutre; que abastece: *Todo o mecanismo era ligado a um cabo alimentador de energia.*

a.li.men.tar *v.t.* **1** ministrar alimento; nutrir: *Veio a seca e seu Joel não tinha com que alimentar o gado.* **2** dar força e vigor; fomentar: *Lia para alimentar a alma.* **3** fornecer meios para durar, funcionar: *O azeite alimentava a chama.* • *pron.* **4** nutrir-se: *Eu só me alimentava de frutas.* • *adj.* **5** relacionado com a alimentação; de alimentos: *Sua preferência alimentar excluía as carnes vermelhas.* **6** que ocorre por meio de alimento: *contaminação alimentar.*

a.li.men.tí.cio *adj.* **1** próprio para alimentar: *produtos alimentícios; pensão alimentícia.* **2** nutritivo: *O caju tem muitas propriedades alimentícias.*

a.li.men.to *s.m.* **1** toda substância que serve para a nutrição: *Os alimentos crus, em época de cólera, devem ser evitados.* **2** alimentação. **3** fomento; aleito: *O lazer é o alimento do espírito.*

a.lí.nea *s.f.* subdivisão de artigo de lei ou regulamento; parágrafo: *Foi modificada a alínea "a" do inciso XII do art. 21 da Constituição Federal.*

a.li.nha.do *adj.* **1** vestido com esmero; elegante: *Aparecia nas festas sempre muito alinhado.* **2** de boa aparência; benfeito: *Admirava-lhe o colete, a bengala, o terno alinhado.* **3** regulado: *A direção do carro bem alinhada dá segurança.* **4** afinado; aliado: *Todos ali estavam alinhados com o governo.*

a.li.nha.men.to *s.m.* **1** disposição em linha reta: *Vão em filas de três, num alinhamento impecável.* **2** disposição correta do início da linha de um parágrafo em relação a uma reta ideal formada pelas laterais do texto: *Um texto benfeito obedece ao alinhamento dos parágrafos.* **3** direção ou traçado do eixo de uma rua, estrada etc.: *edifícios sobre o alinhamento da via*

almofada

pública. **4** regulagem: *alinhamento da direção do carro.* **5** acerto; combinação: *Nós, da oposição, refutamos qualquer alinhamento com o governo.*

a.li.nhar *v.t.* **1** dispor em linha reta; pôr na mesma linha: *O garoto alinhou os carrinhos antes da largada.* • *pron.* **2** colocar-se ou estar disposto em linha: *Os alunos iam-se alinhando para formar as filas.* **3** pôr-se na mesma linha de conduta; aliar-se: *Houve muito esforço para que a maioria do Congresso se alinhasse ao Governo.* **4** esmerar-se no vestir: *Alinhou-se, perfumou-se e foi ao encontro da amada.*

a.li.nha.var *v.t.* **1** costurar a ponto largo: *A costureira primeiro alinhavava as partes do tecido.* **2** improvisar: *Alinhavou algumas desculpas esfarrapadas.* **3** rascunhar; esboçar: *Ainda alinhavava o meu primeiro livro quando nasceu minha filha.* **4** esmerar-se no vestir: *Alinhou-se, perfumou-se e foi ao encontro da amada.*

a.li.nha.vo *s.m.* arremate de costura provisório ou grosseiro: *Terminados os alinhavos, passou para a costura definitiva.*

a.lí.quo.ta *s.f.* percentual com que determinado tributo incide sobre o valor da coisa tributada.

a.li.sa.men.to *s.m.* **1** ação de tornar lisa uma superfície: *Era necessário proceder-se ao alisamento dos lençóis.* **2** ação de esticar especialmente os fios de cabelo crespo: *Minha prima fez alisamento de seus cabelos.*

a.li.sar *v.t.* **1** tornar liso; igualar: *Alisava o reboco com uma placa de madeira.* **2** tirar as rugas: *Fez uma plástica para alisar o rosto.* **3** tornar liso (o cabelo): *Mandava alisar os cabelos a cada seis meses.* **4** esfregar suavemente; afagar: *Papai alisava a barba, pensativo.* // Cp.: alizar.

a.lí.sio *s.m.* e *adj.* diz-se de vento persistente que sopra sobre extensas regiões de sudoeste, no Hemisfério Sul, e de nordeste, no Hemisfério Norte: *Os alísios são ventos persistentes.*

a.lis.ta.men.to *s.m.* **1** inscrição para serviço militar: *Era necessário o certificado de alistamento militar.* **2** inscrição como eleitor: *alistamento eleitoral.* **3** cadastramento: *A empresa fazia alistamento de estagiários.*

a.lis.tar *v.t.* **1** cadastrar; recrutar. • *pron.* **2** inscrever-se para o serviço militar ou para se tornar eleitor.

a.li.te.ra.ção *s.f.* repetição de sons iguais ou semelhantes em séries de palavras, frases ou verbos: *Mamãe era dada às aliterações, dizia, por exemplo, que eu ficava fazendo fita.*

a.li.vi.ar *v.t.* **1** livrar de um incômodo ou dor; suavizar; acalmar: *A retirada do peso aliviou minhas costas.* **2** tornar leve: *Jogaram cargas ao mar para aliviar o barco.* **3** tornar livre; livrar: *Este prêmio vem me aliviar das dívidas.* • *pron.* **4** sentir alívio; acalmar-se: *Aliviou-se ao saber notícias da mãe.*

a.lí.vio *s.m.* **1** diminuição de sofrimento ou de dor: *Só tinha alívio tomando analgésicos.* **2** ausência de angústia ou preocupação: *Foi um alívio saber que meu colega estava vivo.* **3** desafogo: *Neste mês a empresa teve ligeiro alívio em suas despesas.*

a.li.zar *s.m.* guarnição de madeira para cobrir portas, janelas e paredes. // Cp.: alisar.

al.jô.far *s.m.* **1** pérola muito miúda e irregular: *O manto era bordado com aljôfar.* **2** gota de água: *O aljôfar dourado das espumas.* **3** orvalho da manhã: *A pradaria estava coberta pelo aljôfar daquela fria manhã.* // Pl.: aljôfares.

allegro (alêgro) (It.) *s.m.* (Mús.) trecho musical de andamento rápido, vivo.

al.ma *s.f.* **1** substância incorpórea, imaterial, invisível, fonte e motor de todos os atos humanos: *Há quem duvide da imortalidade da alma.* **2** espírito desencarnado; espectro: *A alma de seu pai vinha fazer-lhe revelações.* **3** pessoa; indivíduo: *Não havia uma única alma na rua.* **4** aquele que dá vida a um empreendimento ou a uma entidade: *Este jogador é a alma do time.* **5** parte interior ou central: *O cinescópio é a alma do aparelho de televisão.* **6** sede dos sentimentos e dos afetos: *O texto tocou profundamente em minh'alma.* **7** força vital; energia; entusiasmo: *Criamos alma nova ao avistar o barco.* **8** condição essencial: *A perseverança é a alma do sucesso.* **9** sentimento; generosidade: *Era um bandido sem alma.* **10** modo de ser; mentalidade: *Dizem que as mulheres não compreendem a alma masculina.* ♦ **alma do outro mundo** alma penada: *Não tenho medo de alma do outro mundo.* **alma penada** alma do purgatório, a qual, segundo a crença popular, vagueia às vezes pela Terra; alma do outro mundo; assombração: *De vez em quando uma alma penada vinha perturbar as pessoas do lugar.*

al.ma.ço *s.m.* papel branco e resistente, de folhas duplas, com ou sem linhas, próprio para registros, documentos, trabalhos escritos etc.

al.ma.na.que *s.m.* livro ou folheto com calendário, efemérides, informações variadas e curiosidades.

al.mei.rão *s.m.* planta hortense, de folhas ovaladas e compridas recobertas por tênue penugem, de sabor amargo.

al.me.jar *v.t.* desejar ardentemente; ansiar: *O Brasil almeja maior projeção internacional.*

al.mi.ran.ta.do *s.m.* corporação de oficiais superiores da Marinha: *Tripulantes de navios aprisionados seriam julgados pelo almirantado britânico.*

al.mi.ran.te *s.m.* **1** oficial de posto mais elevado na Marinha: *O almirante da frota de prata espanhola continuava a captura.* **2** chefe supremo das forças navais: *O rei também é almirante da armada sueca.*

al.mís.car *s.m.* **1** substância de cheiro penetrante, sabor amargo e cor amarelada, usada em perfumaria como fixador: *O perfume contém almíscar.* **2** cheiro muito forte e penetrante: *Aquele almíscar inconfundível entrava pelos nossos narizes.*

al.mo.çar *v.int.* comer o almoço: *Almoço sempre tarde.*

al.mo.ço (ô) *s.m.* **1** primeira refeição substancial do dia: *Depois do almoço, tirava uma soneca.* **2** comida que constitui essa refeição: *Tirou o almoço da mesa porque ninguém comeu.*

al.mo.cre.ve (é) *s.m.* **1** pessoa que aluga ou conduz bestas de carga: *O almocreve parou as bestas e descansou.* **2** carregador: *O almocreve carregou as malas para nossos aposentos.*

al.mo.fa.da *s.f.* **1** saco estofado para assento, encosto, apoio ou ornato: *Chegava em casa, deitava no sofá e cobria a cabeça com almofadas.* **2** peça saliente que ornamenta, em geral, portas e janelas: *Uma das almofadas da porta foi retirada.* **3** enchimento; estofo: *Os paletós dos rapazes tinham os ombros com almofadas.* **4** retângulo de madeira ou metal coberto de feltro destinado à tinta com que se umedecem os carimbos.

almofadinha

al.mo.fa.di.nha *s.m.* **1** (Bras. Pop.) homem que se veste com excessivo capricho; janota: *Apaixonou-se pelo almofadinha mais cobiçado do bairro*. *s.f.* **2** apoio para carregar peso: *Eu prometi trazer a cruz nas costas, como Jesus, e ele não usou almofadinhas*.

al.mo.fa.riz *s.m.* vaso para triturar ou esmagar; pilão: *Triture o amendoim naquele almofariz mais pesado*.

al.môn.de.ga *s.f.* bolinho de carne moída temperada: *É difícil resistir a uma almôndega bem preparada*.

al.mo.xa.ri.fa.do /ch/ *s.m.* **1** lugar onde se guarda o material de consumo de um estabelecimento: *Dirigiu-se ao ranchinho fechado que servia de almoxarifado*. **2** função de almoxarife.

al.mo.xa.ri.fe /ch/ *s.2g.* encarregado do controle de entrada e saída de material guardado em almoxarifado: *Trabalhou como almoxarife até se aposentar*.

a.lô *s.m.* **1** cumprimento em que se diz alô: *Passei por aqui para lhe dar um alô*. • *interj.* **2** expressão para atender ao telefone: – *Alô! Quem fala?* **3** olá: *Alô, Pedro, como está?*

a.lo.ca.ção *s.f.* **1** colocação em determinada posição: *alocação de doentes*. **2** destinação: *Decidia sobre alocação de verbas para a educação básica*.

a.lo.car *v.t.* **1** destinar (verbas, recursos etc.) a um fim específico ou a uma entidade: *A Secretaria só aloca recursos para projetos em andamento*. **2** alojar: *alocar pessoas*. **3** (Inf.) reservar memória para execução de um programa: *Alocou alguns bites para rodar aquele programa*.

a.lo.cu.ção *s.f.* discurso breve: *O vereador saudou o prefeito com uma simpática alocução*.

a.lo.és *s.m. pl.* planta que contém suco amargo; babosa.

a.loi.ra.do *adj.* alourado.

a.loi.rar *v.t.* alourar.

a.lo.ja.do *adj.* **1** acomodado; hospedado: *Os estudantes estão bem alojados na moradia estudantil*. **2** recolhido; abrigado: *angústia alojada no coração*.

a.lo.ja.men.to *s.m.* **1** acomodação; hospedagem: *Só conseguimos alojamento num galpão*. **2** aposento: *O alojamento dos meninos era uma bagunça só*. **3** abrigo: *Construíram vários alojamentos para menores abandonados*.

a.lo.jar *v.t.* **1** hospedar; receber: *Criou uma ala só para alojar pacientes pobres*. **2** abrigar: *um galpão para alojar o gado*. • *pron.* **3** ficar hospedado; recolher-se: *Ele alojou-se num belo hotel*. **4** localizar-se: *Um estilhaço de bala alojara-se no joelho*.

a.lon.ga.do *adj.* **1** comprido: *um rosto alongado*. **2** ampliado; expandido: *A sombra estava alongada pelo efeito da luz*. **3** extenso; comprido; longo: *cauda alongada*. **4** demorado: *meses alongados*. **5** (Bras.) diz-se do animal doméstico que foge, e não volta: *Um gato alongado apareceu de repente por ali*.

a.lon.ga.men.to *s.m.* **1** modalidade de exercício físico que visa distender a musculatura; extensão: *Faço exercícios de alongamento todas as manhãs*. **2** ampliação: *Conseguiu um alongamento do prazo para pagar a dívida*. **3** aumento no sentido do comprimento: *o alongamento dos ossos, das cartilagens*.

a.lon.gar *v.t.* **1** tornar longo ou mais longo; encompridar; fazer parecer longo: *Para ganhar mais, precisou alongar a jornada de trabalho*. **2** estender; estirar: *Alongou as pernas no sofá*. • *pron.* **3** falar longamente: *Não se assuste, não vou me alongar muito neste assunto*. **4** deitar-se; estirar-se: *Entrou na sala e alongou-se no sofá*. **5** tornar-se longo; encompridar-se: *tarde que se alonga em direção à noite*. **6** espalhar-se: *um rugido que se alongou pela mata*.

a.lo.pa.ta *adj.* que adota o sistema de alopatia: *médico alopata*.

a.lo.pa.ti.a *s.f.* método ou sistema de tratamento que consiste no emprego de remédios que produzem no organismo um efeito contrário aos efeitos da doença. // Cp.: homeopatia.

a.lo.pá.ti.co *adj.* da ou relativo à alopatia: *tratamento alopático; produtos alopáticos*.

a.lo.pe.ci.a *s.f.* ausência, congênita ou não, de cabelos ou de pelos no corpo. // Var.: alopécia.

a.lo.pra.do (ô) *adj.* (Gír.) muito agitado; amalucado: *um rapaz meio aloprado*.

a.lo.prar (ô) *v.int.* (Gír.) tornar-se doido; amalucar-se: *O professor aloprou*.

a.lou.ca.do *adj.* meio louco; amalucado: *um sujeito meio aloucado*.

a.lou.ra.do *adj.* mais ou menos louro: *cabelos alourados*.

a.lou.rar *v.t.* **1** tornar louro: *alourar os cabelos*. • *int.* e *pron.* **2** tornar(-se) louro: *Seus cabelos (se) alouraram com o xampu*.

al.pa.ca *s.f.* **1** mamífero lanoso típico da América do Sul: *Já é tempo de tosar as alpacas*. **2** tecido feito com a lã da alpaca: *Vestia um paletó de alpaca*.

al.pen.dre *s.m.* **1** cobertura saliente, de uma só água, comumente à entrada de uma casa; telheiro: *Recebe amigos no alpendre da casa*. **2** pátio coberto: *Os cães latindo lá fora, no alpendre*.

al.per.ca.ta *s.f.* (Bras.) **1** sandália rasteira com sola de corda ou palha, presa ao pé por correias ou cadarços: *caboclos arrastando suas alpercatas*. **2** sandália leve de lona, com sola de borracha, couro ou outro material: *mocinhas na praia com alpercatas impermeáveis*. // Var.: alpargata.

al.pes.tre *adj.* alpino: *vegetação e clima alpestres*.

al.pi.nis.mo *s.m.* escalada de montanhas; montanhismo: *Garotos e garotas gostam muito de fazer alpinismo*.

al.pi.nis.ta *s.2g.* pessoa que pratica alpinismo.

al.pi.no *adj.* **1** pertencente ou típico dos Alpes, grande cadeia de montanhas da Europa Ocidental; alpestre: *a região, clima alpino*. **2** nos Alpes: *Eu preferiria férias alpinas*.

al.pis.te *s.m.* erva gramínea cujos grãos servem de alimento a pássaros engaiolados: *Dê alpiste ao sabiá*.

al.que.bra.do *adj.* abatido; debilitado: *um velho alquebrado dos anos*.

al.que.brar *v.t.* **1** prostrar; enfraquecer: *O cansaço alquebrava a pobre senhora*. **2** curvar; dobrar; inclinar. • *pron.* **3** tornar-se fraco ou abatido; perder o vigor: *apesar de nonagenário, não se alquebrava*.

al.quei.re *s.m.* (Bras.) unidade de medida de área, equivalente a 48.400 m² em MG, GO e RJ, a 24.200 m² em SP e a 27.225 m² nos estados do NE do Brasil.

al.qui.mi.a *s.f.* química da Idade Média, cujo objetivo era descobrir uma pedra (a pedra filosofal) que transformaria qualquer metal em ouro: *Conhecia bem alguns livros sobre alquimia*.

alto-falante

al.quí.mi.co *adj.* de ou relativo à alquimia: *um escrito alquímico.*

al.qui.mis.ta *s.2g.* pessoa que se dedica à alquimia: *Conheci um falso alquimista.*

al.sa.ci.a.no *s.m.* **1** natural ou habitante da Alsácia: *Era filho de um alsaciano.* • *adj.* **2** relativo à Alsácia (França): *Seu avô era alsaciano.*

al.ta *s.f.* **1** elevação; aumento (de preços ou cotação): *ações em alta.* **2** licença dada pelo médico ao doente internado, autorizando sua saída do hospital: *Estava hospitalizado e teve alta ontem.* ◆ **alta definição** grande nitidez devido à grande compactação das linhas que compõem a imagem: *No Japão, são comuns as televisões de alta definição.* **alta voltagem** voltagem muito elevada: *baterias de alta voltagem.* **de alta voltagem** perigoso; explosivo: *discussões de alta voltagem.*

al.ta-cos.tu.ra *s.f.* produção de roupas, especialmente femininas, feita por estilistas da moda: *Em Paris, há muitas casas de alta-costura.* // Pl.: altas-costuras.

al.ta-fi.de.li.da.de *s.f.* (Eletrôn.) conjunto de técnicas para reproduzir e amplificar sem distorção o impulso sonoro. // Pl.: altas-fidelidades.

al.ta.nei.ro *adj.* **1** soberbo; orgulhoso: *um olhar penetrante, altaneiro.* **2** muito alto; elevado: *um templo solitário e altaneiro.* **3** ilustre; digno: *homem honrado, de caráter altaneiro.*

al.tar *s.m.* mesa para cerimônias religiosas: *um altar com quatro velas acesas.*

al.tar-mor *s.m.* altar principal ou do santo padroeiro. // Pl.: altares-mores.

al.ta-ten.são *s.f.* tensão elétrica superior a mil volts aproximadamente: *fio de alta-tensão.* // Pl.: altas-tensões.

al.te.ar *v.t.* **1** tornar alto; elevar; erguer: *Ela alteia o pescoço para ver melhor.* • *pron.* **2** tornar-se alto; elevar-se: *A respiração ofegante, o peito alteando-se e abaixando compassadamente.* • *int.* **3** crescer: *Ao longe, alteava o morro.*

al.te.ra.ção *s.f.* mudança; modificação: *Houve alteração em três artigos do decreto-lei.*

al.te.ra.do *adj.* **1** modificado; mudado: *preços alterados.* **2** em estado de embriaguês: *O rapaz estava meio alterado após tomar muita cachaça.*

al.te.rar *v.t.* **1** tornar outro; mudar; modificar: *O tempo altera o comportamento.* • *pron.* **2** tornar-se outro; modificar-se: *Seu tom de voz se alterou.* **3** perturbar-se; irritar-se; inquietar-se: *Por que você está se alterando?* // Cp.: conservar.

al.ter.ca.ção *s.f.* discussão; bate-boca: *Os ânimos exaltaram-se e houve altercação entre os jogadores e o juiz.*

al.ter.car *v.t.* discutir: *O feirante altercava com o freguês.*

al.te.ri.da.de *s.f.* reconhecimento da existência do outro ou de outra personalidade: *Dizem que a tomada de consciência de si mesmo pressupõe a alteridade.*

al.ter.na.do *adj.* **1** que se alterna: *visita em dias alternados.*

al.ter.na.dor (ô) *s.m.* aparelho elétrico, mecânico ou eletromecânico que fornece corrente alternada.

al.ter.nân.cia *s.f.* sucessão repetida e regular de dois ou mais elementos de um todo cada um à sua vez; revezamento: *No meu prédio, há alternância dos porteiros.*

al.ter.nar *v.t.* **1** fazer suceder, repetida e regularmente; revezar: *Não sabe alternar os estudos com os períodos de lazer.* • *int* e *pron.* **2** suceder; ficar um no lugar do outro: *Condomínios residenciais (se) alternam com áreas de compras.* • *pron.* **3** revezar-se: *Vigias que se alternam no posto.*

al.ter.na.ti.va *s.f.* **1** opção entre duas coisas. **2** sucessão entre duas coisas: *alternativa entre dois modelos que tentam explicar a origem do universo.*

al.ter.na.ti.vo *adj.* **1** que se pode escolher: *caminhos alternativos.* **2** (Bras.) paralelo: *um projeto alternativo ao do governo.*

al.te.za (ê) *s.f.* **1** príncipe: *um decreto assinado por altezas europeias.* **2** usado para dirigir-se diretamente a príncipes e duques: *Posso retirar-me, alteza?*

al.tí.me.tro *s.m.* instrumento para medir altitudes.

al.ti.pla.no *s.m.* planalto: *índios do altiplano andino.*

al.tis.so.nan.te *adj.* que soa muito alto; retumbante: *discursos altissonantes.*

al.ti.tu.de *s.f.* **1** altura, na vertical, de uma elevação acima do nível do mar: *Não sei qual é a altitude do Pão-de-Açúcar.* **2** elevação angular de um corpo celeste acima do horizonte: *Há instrumentos especiais para calcular a altitude dos astros.* **3** altura: *O avião ganhava altitude.*

al.ti.vez (ê) *s.f.* **1** nobreza; brio; dignidade: *Pelas fotos, percebia-se a altivez da premiada.* **2** orgulho; soberba: *Perdeu a autoridade por altivez arrogante.*

al.ti.vo *adj.* **1** brioso; digno: *Peri era índio altivo.* **2** arrogante; orgulhoso: *O acusado, altivo, levantou o busto.* **3** nobre: *uma velha palmeira solitária e altiva.*

al.to[1] *s.m.* **1** o ponto mais elevado; topo: *Mora no alto do morro.* **2** parada: *Fizeram um alto no meio da jornada.* • *adj.* **3** de extensão vertical apreciável; comprido; longo: *palmeiras altas; salto alto.* **4** colocado ou situado em posição acima do plano do observador: *um ramo alto de primavera.* **5** crescido; desenvolvido: *A grama do campo já estava alta.* **6** afastado; longínquo: *o alto sertão do Araguaia.* **7** adiantado em seu curso: *altas horas; madrugada alta.* **8** de estatura elevada: *Era um estivador alto.* **9** que tem, numa hierarquia, posição muito elevada; categorizado: *alto funcionário da embaixada.* **10** (Coloq.) embriagado; bêbado: *Teo já estava alto por conta da cervejada.* **11** que não é módico; elevado: *o alto custo das viagens internacionais.* **12** profundo; sério: *alto espírito patriótico.* **13** excelente: *alimento de alto teor nutritivo.* **14** muito elevado: *um professor de alto saber.* **15** em escala muito elevada: *alta concentração de ureia no sangue.* **16** erguido; elevado: *manter o moral alto; alto astral.* **17** próximo à nascente: *índios do alto Amazonas.* • *adv.* **18** com voz em tom elevado: *O verdureiro falava alto.* **19** agudamente; sonoramente: *Ela ria alto.* **20** em grande escala: *faturando alto.* • *interj.* **21** voz de comando militar para suspender a marcha ou cessar fogo: *Atenção, companhia: Alto!* ◆ **de alto a baixo** cuidadosamente: *Ana examina o visitante de alto a baixo.* **por alto** sem detalhes; superficialmente: *Falou por alto do acidente com o carro.*

al.to[2] *s.f.* (Mús.) **1** o mesmo que contralto. **2** instrumento de cordas da família do violino, maior e de som mais grave do que este; viola; violeta.

al.to-fa.lan.te *s.m.* ampliador de som: *Discursava no alto-falante.* // Pl.: alto-falantes.

alto-forno

al.to-for.no s.m. recipiente de forma cilindrocônica, com cerca de dez metros de altura, construído com tijolos refratários e revestido com placas de aço, para produção de ferrogusa: *O alto-forno foi desligado por acidente.* // Pl.: altos-fornos.

al.to-mar s.m. porção do mar afastada do litoral. // Pl.: altos-mares.

al.to-re.le.vo s.m. qualquer figura esculpida ou moldada a partir de uma superfície da qual se destaca em relevo acentuado. // Pl.: altos-relevos.

al.tru.ís.mo s.m. amor abnegado do outro; filantropia; desprendimento; abnegação: *Sem altruísmo, não há felicidade.*

al.tru.ís.ta s.2g. 1 que pratica o altruísmo; pessoa desprendida: *Os altruístas sempre serão recompensados.* • adj. 2 que denota ou demonstra desprendimento; que pensa no bem-estar dos outros: *um homem altruísta; princípios altruístas.* // Ant.: egoísta.

al.tru.ís.ti.co adj. altruísta: *É incapaz de um gesto altruístico.*

al.tu.ra s.f. 1 dimensão vertical de um corpo: *Sabe qual é a altura da torre Eiffel?* 2 ponto; lugar: *Pregue os botões na altura que você quiser.* 3 distância entre a superfície da Terra e um corpo situado acima dela: *Percebemos que o avião perdia altura.* 4 distância do solo: *A bandeira estava a uma altura de 4 metros.* 5 distância entre o ponto mais baixo e o mais alto do corpo de um animal: *O potro já tem 1,20 m de altura.* 6 estatura: *Carina tem altura de modelo.* 7 estado ou ponto de adiantamento; decurso: *Foi nessa altura da viagem que ocorreu o desastre.* 8 momento; instante: *Naquela altura da narrativa, parou de falar e suspirou.* 9 sensação auditiva (de agudo ou de grave) ligada à frequência mais ou menos elevada de um som: *Ele deixa o rádio numa altura incrível.* 10 época; período: *Há muito vento nesta altura do ano.* • pl. 11 ponto elevado; posição superior; destaque: *A mídia pôs Fernanda nas alturas.* 12 céu: *O Senhor está nas alturas.* • **à altura** (i) adequadamente; convenientemente: *Atacou-me, mas revidei à altura.* (ii) próximo a: *uma dor à altura dos rins.* (iii) compatível com: *uma montaria à altura do cavaleiro.*

a.lu.á s.m. (Bras.) bebida feita com farinha de arroz, milho torrado, ou com casca de abacaxi fermentada com açúcar: *Bebeu quase meia garrafa de aluá.*

a.lu.a.do adj. (Coloq.) 1 distraído; alheado: *O rapaz tinha fama de aluado e farrista.* 2 amalucado; adoidado: *Ela tem a cabeça meio aluada.*

a.lu.ci.na.ção s.f. 1 desvario; delírio: *Um paciente com alucinação nem começou o tratamento.* 2 (Psicol.) percepção de sensações sem objeto que lhes dê causa direta: *Pensei que estava tendo uma alucinação.*

a.lu.ci.na.do s.m. 1 quem é louco; desvairado: *Era um desses alucinados que vagam pelas ruas.* • adj. 2 louco; desvairado: *O desconhecido, completamente alucinado, devorava as melancias.* 3 irritado; furioso: *Paula, alucinada, acertou na cabeça do adversário.* 4 enlevado; arrebatado: *Casais alucinados dançam no salão.*

a.lu.ci.nan.te adj. 1 fascinante; arrebatador: *uma história alucinante; espetáculo alucinante.* 2 desesperador; enlouquecedor: *aquele calor alucinante.* 3 muito rápido; agitado: *uma sucessão alucinante de imagens.*

a.lu.ci.nar v.t. 1 causar delírio; desvairar: *O medo alucinou a jovem.* 2 fascinar; deslumbrar: *É uma paixão que me alucina.* • pron. 3 delirar: *A doente começa a se alucinar.*

a.lu.ci.na.tó.rio adj. 1 que causa alucinação: *A paixão tem sempre um componente alucinatório.* 2 relacionado com alucinação: *estado alucinatório; sintomas alucinatórios.*

a.lu.ci.nó.ge.no s.m. 1 substância que provoca alucinações: *Vendia alucinógenos clandestinamente.* • adj. 2 que provoca alucinações: *plantas alucinógenas.*

a.lu.dir v.t. fazer referência; mencionar: *Curiosamente, não aludiu às críticas.*

a.lu.gar v.t. 1 dar em locação; ceder temporariamente mediante pagamento; arrendar: *Alugava armários aos estudantes.* 2 tomar em aluguel; apossar-se temporariamente mediante pagamento; arrendar: *Vou alugar um salão para montar meu escritório.* 3 assalariar: *O capataz alugou cortadores de cana para a colheita.* 4 (Gír.) importunar com conversa ou perguntas: *Marisa me alugou por meia hora.*

a.lu.guel s.m. 1 uso de bens alheios mediante pagamento; locação: *Temos várias casas de aluguel.* 2 o preço dessa locação: *O aluguel da filmadora foi alto.*

a.lu.ir v.t. 1 tirar a firmeza de; abalar; sacudir: *Um golpe do adversário na boca aluiu-lhe os incisivos.* 2 arruinar; prejudicar: *Suas atitudes desabonadoras aluíram a sua reputação.* • int. 3 cair; desmoronar-se: *A velha fortaleza abandonada aluía inexoravelmente.*

a.lum.bra.men.to s.m. 1 encanto; maravilha: *O vestido da noiva era um alumbramento.* 2 deslumbramento: *A visão da estátua da Liberdade foi meu primeiro alumbramento ao chegar a Nova Iorque.*

a.lum.brar v.t. 1 deslumbrar; maravilhar; fascinar: *Aquele rosto de deusa me alumbrava.* • pron. 2 ficar alumbrado: *Alumbrava-se com o concerto.*

a.lu.mi.ar v.t. 1 fornecer claridade; iluminar: *A luz do sol que nos alumia.* • int. 2 tornar-se brilhante ou luminoso: *Seus olhos (se) alumiaram.* 3 ter brilho; reluzir: *O dente de ouro alumiava quando ela ria.* 4 cintilar; brilhar: *As estrelas já alumiavam no céu.*

a.lu.mí.nio s.m. (Quím.) metal branco-prateado, leve, mole e resistente à corrosão. // Símb.: Al; N. Atôm.: 13.

a.lu.mi.ni.za.do adj. forrado de uma camada de alumínio: *comida em saquinhos aluminizados.*

a.lu.na.do s.m. conjunto dos alunos: *O alunado pobre das periferias precisa de atenção redobrada.*

a.lu.no s.m. aquele que recebe instrução em escola: *O aluno recebeu bolsa de estudos.*

a.lu.são s.f. 1 referência: *Havia citações de versos com alusão a outros escritos.* 2 referência vaga e indireta; insinuação: *As alusões de Sara ao comportamento de meu filho não me preocuparam.* 3 menção: *O chefe não fez alusão ao meu trabalho.*

a.lu.si.vo adj. referente; relativo: *várias comemorações alusivas à Proclamação da Independência.*

a.lu.vi.ão s.m. 1 enchente; enxurrada: *aluvião provocado pelas chuvas; aluviões e outros desastres naturais são inevitáveis.* 2 (Geol.) materiais (terra, areia, lodo, detritos, cascalhos) provenientes da erosão transportados pelas cheias ou enxurradas e depositados às margens ou à foz dos rios. 3 (Jur.) meio de aquisição de

amador

propriedade imóvel por acréscimo, devido ao aumento lento de terrenos às margens de rios ocasionado pelas enxurradas, desvio de cursos de rios etc. **4** (Fig.) grande quantidade: *um aluvião de más notícias.* // Também se usa no feminino: *uma aluvião de lembranças.*

a.lu.vi.o.nal *adj.* resultante de aluvião: *abismo provocado por transformações aluvionais.*

al.va *s.f.* **1** a primeira luz, esbranquiçada e fraca, que aparece no horizonte entre a escuridão da noite e a aurora; alvorada: *Partiu a cavalo aos primeiros sinais da alva.* **2** veste de pano branco que os sacerdotes usam para celebrar os ofícios: *Há costureiros especializados em alvas e batinas.*

al.va.cen.to *adj.* esbranquiçado: *a montanha coberta por uma bruma alvacenta.*

al.vai.a.de *s.m.* (Quím.) pigmento ou maquiagem de cor branca: *Tinha a cara pintada de alvaiade.*

al.var *adj.***1** esbranquiçado; alvacento: *Uma minúscula veia marcava levemente o rosto alvar.* **2** tolo; ingênuo: *um sorriso alvar nos lábios.*

al.va.rá *s.m.* **1** documento expedido por autoridade judiciária ou administrativa, conferindo a alguém certos direitos: *Foi à prefeitura pegar o alvará.* **2** autorização: *Para começar seu negócio, precisava de alvará de funcionamento.*

al.ve.dri.o *s.m.* resolução que depende só da vontade; deliberação: *Matéria muito importante que não pode ficar ao alvedrio dos interessados.*

al.ve.ja.do *adj.* **1** tomado como alvo; atingido: *O pilotos tiveram seu avião alvejado.* **2** clareado (sob a ação de produto químico ou do sol): *Vendia tecido grosseiro, mas já alvejado.*

al.ve.jan.te *s.m.* substância com que se alvejam ou se branqueiam os tecidos: *Roupa branca se lava com sabão e alvejante.*

al.ve.jar *v.t.* **1** tornar branco ou alvo; branquear: *Uso anil para alvejar as roupas.* **2** tomar como alvo ou ponto de mira; atingir: *O caçador alvejou patos selvagens.* • *int.* **3** apresentar-se em sua cor branca: *Ao longe alvejam as garças.*

al.ve.na.ri.a *s.f.* **1** ofício ou ocupação do pedreiro. **2** construção feita de pedras ou tijolos justapostos e superpostos: *casa de alvenaria.*

al.ve.o.lar *adj.* pertencente a um alvéolo; do alvéolo: *canais alveolares.*

al.vé.o.lo *s.m.* **1** local onde o dente está implantado: *uma inflamação nos alvéolos dos molares.* **2** pequena cavidade em forma de saco existente nos pulmões: *os alvéolos pulmonares.*

al.vís.sa.ras *s.f. pl.* **1** prêmio dado a quem anuncia boas novas ou entrega coisas perdidas: *Dou-lhe um beijo de alvíssaras pela notícia que nos traz.* **2** (Fig.) boas-novas; boa notícia: *Trago alvíssaras: a cirurgia foi um sucesso!*

al.vis.sa.rei.ro *adj.* favorável; promissor; animador: *Sinais alvissareiros não faltam.*

al.vi.trar *v.t.* propor; sugerir: *O guarda alvitrou que o melhor seria entregar o detido ao juiz.*

al.vi.tre *s.m.* decisão; arbítrio: *Concordar com meu pai naquele momento foi o melhor alvitre.*

al.vo *s.m.* **1** ponto de mira: *Acertou o alvo em cheio.* **2** intuito; desígnio; objetivo: *Seu alvo agora é comprar uma casa de campo.* **3** centro de interesse: *Ela foi alvo de todos os olhares.* • *adj.* **4** branco; claro: *dentes alvos.* **5** puro; inocente; cândido: *Correspondera-me com um alvo olhar de criança.*

al.vo.ra.da *s.f.* **1** claridade que precede o romper do Sol: *Sai para trabalhar sempre com a alvorada.* **2** canto ao amanhecer: *alvorada de pássaros no arvoredo.* **3** toque militar nos quartéis, ao raiar do dia, para despertar os soldados: *Todo soldado desperta com a alvorada.* **4** (Fig.) início; começo: *a alvorada das civilizações.*

al.vo.re.cer *v.int.* **1** amanhecer: *No verão, alvorece mais cedo.* **2** ter início; começar a surgir: *Já alvoreceu a era da tecnologia.* • *s.m.* **3** início da manhã: *Levanto-me sempre ao alvorecer.* **4** (Fig.) início: *o alvorecer do novo milênio.*

al.vo.ro.ça.do *adj.* **1** agitado; movimentado: *Àquela hora a passarada já estava alvoroçada.* **2** entusiasmado; agitado por alegria ou por ansiedade: *As crianças estavam alvoroçadas com a notícia do passeio.* **3** apressado: *Saímos alvoroçados para a reunião.*

al.vo.ro.çar *v.t.* **1** pôr em alvoroço; agitar; excitar: *A notícia do passeio alvoroçou a criançada.* **2** estimular: *Milagres alvoroçam a fé.* • *pron.* **3** agitar-se; excitar-se: *O povo se alvoroçou com a notícia.* **4** agitar-se: *Os passarinhos se alvoroçam nos ramos.*

al.vo.ro.ço (ô) *s.m.* **1** agitação; tumulto: *Mamãe não gosta de alvoroço.* **2** entusiasmo: *As festas de fim de ano não lhe causam alvoroço.* **3** pressa: *pessoas em alvoroço pela praça.* **4** confusão; alarido: *o alvoroço das aves no galinheiro.*

al.vu.ra *s.f.* brancura: *a alvura da blusa de cambraia.*

a.ma *s.f.* mulher que amamenta filho alheio; nutriz: *Meus filhos não tiveram ama quando eram pequenos.*

a.ma.bi.li.da.de *s.f.* **1** delicadeza; afabilidade: *Educação e amabilidade devem ser cultivadas.* **2** gentileza: *A amabilidade é qualidade essencial ao bom anfitrião.* // Ant.: grosseria.

a.ma.ci.a.do *adj.* **1** suave; amável: *um vendedor de fala amaciada.* **2** que atingiu o ponto de funcionamento ideal: *O motor do carro novo já está amaciado.*

a.ma.ci.a.men.to *s.m.* **1** amolecimento: *o amaciamento da terra pela chuva.* **2** abrandamento: *Com muita promessa conseguiu o amaciamento do sogro.*

a.ma.ci.an.te *s.m.* produto destinado a deixar os tecidos macios: *Lavou a roupa sem pôr amaciante na água.*

a.ma.ci.ar *v.t.* **1** tornar macio: *A chuva amaciou a terra.* **2** suavizar; abrandar: *Antes de responder, procurou amaciar a voz.* **3** fazer atingir o ponto de funcionamento ideal: *Ele amaciava o motor do carro novo.* **4** tornar complacente: *Muitas vezes um sorriso amacia a severidade.* • *pron.* **5** tornar-se brando; ameigar-se: *Sua voz se amaciou.* • *int.* **6** tornar-se mole ou macio: *A terra amaciou com a chuva.*

a.ma de lei.te *s.f.* mulher que amamenta criança alheia; babá; ama: *Meus filhos não precisaram de ama de leite.*

a.ma.do *s.m.* **1** pessoa amada: *Rosa fugiu com o amado.* • *adj.* **2** que se ama; querido: *filho amado.*

a.ma.dor (ô) *s.m.* **1** quem exerce uma atividade por prazer e sem remuneração: *O espetáculo foi bom, apesar de feito por amadores.* • *adj.* **2** que exerce determinada atividade por prazer; não profissionalizado; não remunerado: *atletas amadores; campeonato amador.* **3** de qualidade duvidosa; inexpressivo: *espetáculo em nível amador.*

amadorismo

a.ma.do.ris.mo *s.m.* característica de amador; falta de profissionalismo: *Por enquanto, o amadorismo de nosso trabalho fica só no equipamento.*

a.ma.do.rís.ti.co *adj.* próprio ou típico de amador; não-profissional: *um filme com diálogos amadorísticos.*

a.ma.du.rar *v.t.* **1** tornar maduro ou pronto para ser colhido; amadurecer: *O sol brando amadura tudo.* • *int.* **2** amadurecer; ficar pronto para ser colhido: *Um fruto vermelho amadurava em cachos.*

a.ma.du.re.cer *v.t.* **1** fazer ficar maduro: *O calor amadurece certos frutos.* **2** chegar ao estado adulto ou aprimorado; aperfeiçoar: *A dor amadurece o espírito.* • *int.* **3** tornar-se maduro: *As mangas amadurecem em dezembro.* **4** (Fig.) tornar-se adulto e refletido; aprimorar-se: *Será que já amadurecemos politicamente?*

a.ma.du.re.ci.do *adj.* **1** que amadureceu: *frutas amadurecidas antes do tempo.* **2** experiente; vivido: *pescadores amadurecidos na labuta do mar.* **3** tornado adulto: *Era um espírito amadurecido no sofrimento.*

a.ma.du.re.ci.men.to *s.m.* **1** processo pelo qual os frutos chegam ao ponto de colheita; maturação: *O sol provoca o amadurecimento dos frutos.* **2** aprimoramento; aperfeiçoamento: *O amadurecimento do espírito costuma ser lento.*

â.ma.go *s.m.* a parte mais íntima ou interior; o centro; a essência: *o âmago de um problema.*

a.mai.nar *v.t.* **1** fazer cessar; diminuir; abrandar: *Só o tempo pode amainar certas dores.* • *int.* **2** tornar-se calmo; abrandar-se; serenar: *A tempestade amainou logo.*

a.mal.di.ço.ar *v.t.* **1** lançar maldição; rogar praga a; imprecar males contra: *Um texto colérico amaldiçoando os canalhas.* **2** proferir palavras de ódio ou aversão contra: *Sentia-se infeliz, amaldiçoava até sua profissão.*

a.mál.ga.ma *s.m.* **1** mistura; mescla: *Nossa conversa era um amálgama de indiretas e mal-entendidos.* **2** fusão; associação: *Na formação do tipo brasileiro, houve amálgama de/entre várias raças.* **3** (Quím.) liga de mercúrio com outro metal: *O mercúrio entra nos amálgamas de ouro e prata.*

a.mal.ga.mar *v.t.* **1** fundir; ligar; combinar: *Seu trabalho era amalgamar metais preciosos.* **2** unir; ligar: *Conseguiu montar o texto amalgamando as descrições à narrativa.* **3** combinar; misturar. • *pron.* **4** fundir-se; misturar-se: *Os dois cursos amalgamaram-se num só.* **5** unir-se; ligar-se: *As narrações e descrições se amalgamaram.*

a.ma.lu.ca.do *adj.* meio maluco; aloucado: *pessoa amalucada.*

a.ma.men.ta.ção *s.f.* aleitamento: *A amamentação de crianças deve durar o máximo possível.*

a.ma.men.tar *v.t.* alimentar com leite; aleitar: *Feliz da mãe que amamenta os filhos.*

a.man.ce.ba.do *s.m.* **1** quem vive amasiado: *O vigário censurava os amancebados.* • *adj.* **2** amasiado: *Carlos vive amancebado com uma amiga de minha irmã.*

a.man.ce.bar *v.t.pron.* amasiar-se: *Pedro amancebou-se com Rita.*

a.ma.nhã *adv.* **1** no dia seguinte ao dia de hoje: *Poderá faltar água hoje e amanhã.* **2** mais tarde; futuramente: *Não penso em casar agora. Não me culpem amanhã.* • *s.m.* **3** a época que virá; o futuro: *Preocupa-me o amanhã deste país.*

a.ma.nhe.cer *v.int.* **1** despertar: *Amanheço sempre de bom humor.* **2** ter início; iniciar: *O dia amanheceu chuvoso.* **3** encontrar-se ou estar pela manhã: *Hoje o doente amanheceu mais calmo.* **4** raiar a manhã; romper o dia; alvorecer: *Quando deixei a festa, já amanhecia.* • *s.m.* **5** início da manhã: *Saiu de casa ao amanhecer.* **6** (Fig.) início: *A carta de Caminha marca o amanhecer de nossa história.*

a.ma.nhe.ci.do *adj.* do dia anterior: *Não gosto de pão amanhecido.*

a.ma.nho *s.m.* cultivo: *o amanho da terra.*

a.man.sa.do *adj.* tornado manso; domesticado: *cavalo amansado.*

a.man.sar *v.t.* **1** apaziguar; serenar; acalmar: *Muito carinho amansa o coração.* **2** domar; domesticar: *O tropeiro sabe amansar o burro.* • *int.* **3** tornar-se calmo; abrandar-se; serenar: *Só à tarde a chuva amansou um pouco.* **4** deixar-se domar ou domesticar: *A besta ainda não amansou.* // Ant.: enfurecer.

a.man.te *s.2g.* **1** quem ama; apaixonado; namorado: *Os amantes se viam às escondidas.* **2** pessoa que tem com outra relações extramatrimoniais; amásio: *O velho tinha uma amante.* • *adj.* **3** apreciador: *Povo ordeiro, amante da paz.*

a.ma.nu.en.se *s.2g.* antigo escrevente que fazia a correspondência e copiava ou registrava documentos: *Está há vinte anos nesse trabalho de amanuense.*

a.mar *v.t.* **1** gostar muito de; apreciar: *Amar os estudos, os livros, a solidão.* **2** ter afeição; sentir ternura ou paixão: *Ana amava Leo.* • *int.* **3** sentir amor: *Quem ama perdoa sempre.* // Ant.: odiar; detestar.

a.ma.re.la.do *adj.* amarelo suave: *A polpa da jaca é amarelada.*

a.ma.re.lão *s.m.* nome popular da ancilostomíase, doença provocada por certos parasitos do intestino, caracterizada por grave anemia e falta de vigor: *A criança tinha amarelão.*

a.ma.re.lar *v.t.* **1** tornar amarelo; amarelecer: *O outono amarela as folhas.* **2** descorar; empalidecer: *Uma doença lhe amarelou a pele.* **3** tornar amarelado por causa do tempo: *Os anos amarelaram as folhas do meu diário.* • *int.* **4** tornar-se amarelo ou amarelado: *As folhas do mamoeiro amarelavam e caíam.* **5** empalidecer: *O rosto da moça amarelou com o susto.* **6** (Gír.) tremer; acovardar-se: *O jogador amarelou.*

a.ma.re.le.cer *v.t.* **1** tornar amarelado: *O tempo amarelecera as páginas do álbum.* **2** descorar; empalidecer: *Uma doença lhe amareleceu a pele.* • *int.* **3** tornar-se amarelado: *Os ipês amareleceram, anunciando a chegada da primavera.* **4** ficar amarelado por causa do tempo; envelhecer: *Cartas que amareleciam na gaveta.*

a.ma.re.len.to *adj.* **1** tirante a amarelo; amarelado: *A luz amarelenta de cinco lampiões de querosene.* **2** muito pálido: *A cor estava fugindo, dando ao rosto um tom amarelento.*

a.ma.re.li.nha *s.f.* (Bras.) jogo infantil que consiste em pular em um pé só sobre casas riscadas no chão, exceto aquela em que cai a pedra que marca a progressão de quem brinca: *Duas meninas loiras pulavam amarelinha.*

a.ma.re.lo (é) *s.m.* **1** a cor amarela: *o amarelo das folhas de outono.* **2** pessoa da raça amarela: *O amarelo imigrou para São Paulo.* • *adj.* **3** que é de uma cor situada, no espectro solar, entre o verde e o alaranjado: *fita amarela; gravata amarela.* **4** pardo-desbotado; da cor de osso velho: *fotografias já amarelas.* **5** pálido; descorado: *criança magra e amarela.* **6** (Coloq.) sem graça; desenxabido (riso): *um riso amarelo.* **7** da raça amarela: *Japoneses e chineses são amarelos.*

a.mar.fa.nhar *v.t.* amassar; amarrotar: *amarfanhar a roupa, o jornal.*

a.mar.gar *v.t.* **1** tornar amargo; produzir gosto amargo: *Jiló amarga a boca.* **2** afligir; causar dissabor; atormentar: *Aquela espera me amargava.* **3** sofrer; suportar: *Os jogadores voltaram murchos, amargando a derrota.* • *int.* **4** ficar com gosto amargo: *Estava com enjoo, a boca amargando.* **5** ter gosto amargo: *Um remédio que amarga na boca.* **6** permanecer em um lugar constrangidamente: *Não houve jeito, tive de amargar na fila por duas horas.* ◆ **ser de amargar** ser intolerável ou desagradável: *Ela, quando estava emburrada, era de amargar.* // Ant.: adoçar.

a.mar.go *adj.* **1** que tem sabor adstringente e desagradável; amargoso; acre; penetrante: *fruta amarga.* **2** sem açúcar ou adoçante: *café amargo.* (Fig.) **3** magoado; sofrido: *Era uma pessoa feia e amarga.* **4** doloroso; triste: *As guerras sempre deixam recordações amargas.* **5** duro; difícil: *Suportou dias amargos.* // Ant.: doce.

a.mar.gor (ô) *s.m.* **1** sabor amargo ou áspero: *o amargor do jiló.* (Fig.) **2** amargura; aflição: *Suportou dias de medo e amargor.* **3** mágoa: *sorria sem amargor.* // Ant.: doçura.

a.mar.go.so (ô) *s.m.* **1** amargo; acre: *sabor amargoso.* **2** maledicente: *Há pessoas bem amargosas.*

a.mar.gu.ra *s.f.* **1** aflição; angústia: *dias e dias de amargura.* **2** tristeza: *Olhava com amargura o filho doente.* **3** desgostos; dissabores: *Foi uma visita que só me deixou amarguras.*

a.mar.gu.ra.do *adj.* cheio de amargura; muito triste: *Ela olhou amargurada para a mãe.*

a.mar.gu.rar *v.t.* **1** causar amargura a; angustiar; afligir: *Admitir um erro sempre amargurou meu chefe.* **2** amargar; suportar: *Perdido nas montanhas, amargurando a fome e a sede.* • *pron.* **3** tornar-se amargurado; afligir-se; angustiar-se: *Amargurava-se à toa.*

a.ma.rí.lis *s.f.* açucena; planta ornamental.

a.mar.ra *s.f.* **1** corda, corrente ou cadeia para prender: *Uma embira servia de amarra.* **2** ligação; dependência: *Sentia-se livre de todas as amarras sentimentais.* // Mais usado no plural.

a.mar.ra.ção *s.f.* **1** fixação: *Fez a amarração da cerca com cipós.* (Bras. Coloq.) **2** ritual mágico para causar males. **3** forte ligação amorosa.

a.mar.ra.do *adj.* **1** preso com amarras; atado: *Deixou o cavalo amarrado num poste.* **2** (Fig.) tolhido; inibido: *Credo! Que gente amarrada!* **3** amuado; zangado; carrancudo: *Ele está sempre de cara amarrada.* **4** (Fig.) preso; ligado: *O velho era amarrado a preconceitos.* **5** (Fam.) casado; compromissado: *Ele está amarrado àquela garota.* **6** (Gír.) muito interessado; ligado por laços afetivos: *Ele estava amarrado na moreninha.* **7** preso por obrigação ou promessa profissional: *amarrado à ética.* **8** (Bras.) conjunto de coisas atadas: *amarrado de flores.* ◆ **nem amarrado** de jeito nenhum: *Não caso com aquela mulher nem amarrado.*

amazônico

a.mar.ra.dou.ro *s.m.* lugar onde se amarra alguma coisa: *Era preciso soltar a canoa do amarradouro.*

a.mar.rar *v.t.* **1** envolver ou prender com amarras: *Amarrou a caixa com uma fita rosa.* **2** (Bras.) dificultar: *A desorganização amarra nossa administração.* **3** inibir; tolher: *O que amarrava o rapaz era a timidez.* **4** apertar: *Amarrei o cinto e fiquei esperando a decolagem.* **5** impedir a fuga da caça até a chegada do caçador: *Perdigueiro é o cachorro que amarra perdiz.* **6** atar; prender: *Amarrou o cavalo no poste.* • *pron.* **7** (Gír.) interessar-se por: *Ela não se amarra em cinema.* ◆ **amarrar a cara** ficar carrancudo; amuar. **amarrar cachorro com linguiça** fazer apenas coisas fáceis; viver na moleza. **amarrar um porre/pileque/uma pinga** embriagar-se.

a.mar.ri.lho *s.m.* cordão ou fio com que se amarra qualquer coisa; cadarço: *Ajustou o amarrilho das calças.*

a.mar.ro.tar *v.t.* **1** amassar; amarfanhar: *O policial amarrotou a farda.* **2** tornar excessivamente cansado: *Foi uma viagem que me amarrotou.* • *int.* **3** amassar-se; amarfanhar-se: *Paletó de linho amarrota facilmente.*

a.ma-se.ca *s.f.* babá: *A avó foi ama-seca.* // Pl.: amas-secas.

a.ma.si.ar *v.t.* estabelecer relação não oficial de casamento; amancebar-se: *O verdureiro amasiou-se com a florista.*

a.má.sio *s.m.* amante extraconjugal: *O amásio provocara a separação.*

a.mas.sa.dei.ra *s.f.* máquina para fazer massas: *A amassadeira da padaria quebrou-se.*

a.mas.sa.de.la *s.f.* **1** ato de amassar ligeiramente, levemente: *Foi uma amassadela sem importância.* **2** o resultado desse ato: *Que amassadela é esta aqui no carro?*

a.mas.sa.do *s.m.* **1** achatamento: *A porta esquerda do carro tem um amassado.* • *adj.* **2** achatado: *uma lata amassada.* **3** amarrotado; amarfanhado: *uma revista toda amassada.* **4** reduzido a massa; sovado: *farinha amassada e cozida.*

a.mas.sa.men.to *s.m.* ato de amassar: *Coloque o leite e inicie vigorosamente o amassamento dos ingredientes.*

a.mas.sar *v.t.* **1** converter em massa ou pasta; sovar: *Mamãe amassava os ingredientes com as mãos.* **2** amarrotar; amarfanhar: *Sentou-se descuidado e amassou a roupa.* **3** deformar: *Deu uma batida e amassou a porta do carro.* **4** comprimir: *Olhava a rua amassando o nariz no vidro.* • *int.* **5** achatar-se; deformar-se: *Minha farda amassou.*

a.má.vel *adj.* **1** cortês; delicado: *uma menina amável.* **2** que denota amabilidade; delicado: *um sorriso amável.*

a.ma.zo.na *s.f.* **1** mulher guerreira, pertencente à (lendária) nação das Amazonas, na Ásia Menor ou na América do Sul. **2** mulher que monta a cavalo: *Ana foi a única amazona a participar do campeonato.*

a.ma.zo.nen.se *s.2g.* **1** natural ou habitante do estado do Amazonas. • *adj.* **2** relativo ao estado do Amazonas.

a.ma.zô.ni.co *adj.* **1** pertencente à Amazônia: *a floresta amazônica.* **2** localizado na Amazônia: *tribos amazônicas.* **3** típico da Amazônia: *plantas amazônicas.* **4** do rio Amazonas: *a bacia hidrográfica amazônica.*

âmbar

âm.bar *s.m.* resina fóssil, muito dura, de cor amarelo-pálida ou castanha.

am.bi.ção *s.f.* **1** desejo imoderado ou veemente de riqueza, poder, honra, glória etc.; cobiça: *Tinha a ambição de ganhar na loteria.* **2** aspiração; pretensão: *Tinha a ambição de publicar seu livro de versos.* **3** cobiça: *a ambição da riqueza.*

am.bi.ci.o.nar *v.t.* desejar com veemência e imoderação: *O que a maioria ambiciona é dinheiro e sorte no amor.*

am.bi.ci.o.so (ô) *adj.* **1** que tem ambição: *Essa gente é ambiciosa.* **2** ousado: *um ambicioso projeto de educação especial.* **3** desejoso: *Os bandeirantes eram ambiciosos de/por riquezas.*

am.bi.des.tro (é ou ê) *adj.* que tem igual habilidade tanto com a mão direita como com a esquerda: *Tenho um colega de classe ambidestro.*

am.bi.ên.cia *s.f.* **1** conjunto de condições materiais e morais; contexto: *Ali naquela ambiência é que apareceram os grandes nomes das artes e das ciências.* **2** meio; ambiente: *É na ambiência urbana que prolifera a violência.*

am.bi.en.ta.ção *s.f.* situação em determinado ambiente: *O mais interessante do espetáculo está em sua ambientação na periferia urbana.*

am.bi.en.ta.do *adj.* **1** que tem como cenário: *É uma novela ambientada no Nordeste.* **2** habituado; adaptado: *O garoto ainda não está bem ambientado à escola.*

am.bi.en.tal *adj.* **1** do meio ambiente: *É muito importante a preservação ambiental.* **2** sobre/a respeito do meio ambiente: *Nosso governo tem preocupações ambientais.* **3** próprio para ambientes fechados: *som ambiental.*

am.bi.en.ta.lis.mo *s.m.* conjunto de ideias relacionadas com a defesa do meio ambiente.

am.bi.en.ta.lis.ta *s.2g.* **1** defensor do meio ambiente: *Povos da floresta, ambientalistas nacionais e mundiais convergem na defesa do patrimônio amazônico.* • *adj.* **2** que defende o meio ambiente: *A maior parte da discussão ambientalista trata da devastação crescente das florestas.*

am.bi.en.tar *v.t.* e *pron.* **1** adaptar-se: *Logo se ambientou com a nova terra.* **2** ter como cenário: *A nova peça teatral se ambienta na Bahia.*

am.bi.en.te *s.m.* **1** conjunto de elementos físicos que nos rodeiam; o meio físico em que estamos: *A poluição agride o ambiente.* **2** lugar; recinto: *É um spray para grandes ambientes.* **3** conjunto geral de condições que envolvem alguém; clima: *Saiu logo da festa porque não tinha ambiente.* • *adj.* **4** que cerca, circunda ou envolve os corpos por todos os lados: *controle da temperatura ambiente.*

am.bi.gui.da.de (ü) *s.f.* possibilidade de mais de uma interpretação; duplicidade de sentido: *Há ambiguidade numa frase como "comprei o carro da Márcia".*

am.bí.guo *adj.* **1** impreciso; indeterminado; vago: *Tudo naquela noite lhe parecia ambíguo.* **2** contraditório: *Certas confissões têm sido ambíguas.* **3** que tem mais de uma interpretação: *A frase "Comprei o carro da Márcia" é ambígua.* **4** inseguro; incerto; duvidoso: *O mau político sustenta posições ambíguas.*

âm.bi.to *s.m.* **1** campo de ação ou de influência; alcance; abrangência: *torneios de âmbito internacional.* **2** espaço delimitado: *Não poderei discutir muita coisa no âmbito deste manual.*

am.bi.va.lên.cia *s.f.* **1** (Psicol.) estado de quem vivencia sentimentos opostos: *A adolescência é a idade da ambivalência.* **2** ambiguidade; valor duplo; imprecisão: *É preciso ter cuidado com a ambivalência das palavras.*

am.bi.va.len.te *adj.* **1** que tem duplo valor ou função: *natureza ambivalente da televisão.* **2** de duplo sentido; ambíguo: *Cumprimentou o colega com um gesto ambivalente.* **3** (Psicol.) diz-se de coexistência ou aparição simultânea de tendências, atitudes ou sentimentos opostos contraditórios em relação a um dado objeto: *Amavam-se e odiavam-se com o mesmo sentimento ambivalente.*

am.bos *num.* os dois: *Ambos, pai e filho, ficaram momentaneamente ofuscados com a claridade.*

am.bro.si.a *s.f.* **1** na mitologia grega, alimento que tornava e mantinha imortais os habitantes do Olimpo: *Zeus ofereceu ambrosia a Afrodite.* **2** (Bras.) doce feito com ovos e leite cozidos.

am.bu.lân.cia *s.f.* **1** Veículo especialmente equipado para conduzir doentes e feridos: *Deu passagem à ambulância.* **2** hospital militar para socorro de emergência: *Na guerra, ele dirigia a ambulância.*

am.bu.lan.te *s.2g.* **1** vendedor de miudezas sem estabelecimento fixo: *os ambulantes da praça da matriz.* • *adj.* **2** que anda: *O homem é animal ambulante.* **3** que pode ser levado de um lugar para outro: *pronto-socorro ambulante; cozinha ambulante.* **4** que não é fixo; que não está sempre no mesmo lugar: *comércio ambulante.* **5** que percorre os lugares para oferecer suas mercadorias: *Leo era vendedor ambulante.*

am.bu.la.to.ri.al *adj.* **1** relacionado com ambulatório: *Nossa cidade tem sistema ambulatorial precário.* **2** em ambulatório: *atendimento ambulatorial.* **3** de ambulatórios: *o setor ambulatorial dos hospitais.*

am.bu.la.tó.rio *s.m.* **1** departamento hospitalar, em geral sem leitos, para atendimento rápido de pacientes que não necessitam de internação: *O ambulatório do hospital era bem equipado.* **2** clínica especializada em diferentes doenças, para prestação de primeiros socorros; pronto-socorro: *ambulatório de cardiologia.* • *adj.* **3** que impede a andar ou deslocar-se: *impulso ambulatório.*

a.me.a.ça *s.f.* **1** manifestação pela qual se dá a entender a alguém que se lhe prepara algum mal: *Fez-lhe uma ameaça de castigo.* **2** prenúncio (de fenômeno ou acontecimento mais ou menos maléfico); indício; sinal: *Paira no ar uma ameaça de insurreição.*

a.me.a.ça.dor (ô) *adj.* **1** que constitui ameaça; que amedronta: *Nuvens negras e ameaçadoras cresciam no horizonte.* **2** que faz ameaças; provocador: *Tinha o olhar ameaçador.*

a.me.a.çar *v.t.* **1** procurar amedrontar; intimidar: *Ameaçou-me com um castigo.* **2** fazer ameaças a: *O time ameaçou os adversários pelos jornais.* **3** pôr em risco ou perigo: *A dengue ameaça nossa cidade.* **4** dar mostras (de que fará algo): *O garoto ameaçou fugir de casa.* **5** estar prestes a; estar na iminência de: *A ponte ameaçava cair.*

amigável

a.me.a.lha.do *adj.* economizado; poupado: *Fortuna amealhada durante anos.*
a.me.a.lhar *v.t.* **1** economizar; poupar: *Passou a vida toda amealhando bens materiais.* • *int.* **2** reunir; juntar dinheiro ou riquezas; acumular: *Põe moedas no cofrinho e só pensa em amealhar.*
a.me.ba (é) *s.f.* ser parasita intestinal unicelular.
a.me.bi.a.no *adj.* causado por amebas: *disenteria amebiana.*
a.me.bí.a.se *s.f.* doença causada por amebas: *A amebíase é frequente nas áreas de clima frio.*
a.me.dron.ta.do *adj.* **1** com medo; aterrorizado: *A mulher vivia amedrontada.* **2** assustado: *olhares amedrontados.*
a.me.dron.tar *v.t.* **1** causar medo; assustar; atemorizar: *Suas ameaças não nos amedrontavam.* • *pron.* **2** assustar-se; atemorizar-se: *Não se amedrontou diante das ameaças.*
a.mei.a *s.f.* cada uma das partes salientes retangulares, separadas por espaços iguais, na parte superior de muralhas, castelos, paredes etc.
a.mei.xa /ch/ *s.f.* **1** fruto redondo, de casca fina, de cor vermelho-escura ou púrpura, polpa alaranjada e caroço pequeno: *pudim de ameixa.*
a.mei.xei.ra /ch/ *s.f.* pé de ameixas: *Foi-lhe destinado o chalezinho atrás da ameixeira.*
a.mém *interj.* **1** palavra que se diz após uma prece; assim seja: *"Livrai-nos de todo mal. Amém."* ✦ *s.m.* **2** assentimento; aprovação; concordância: *Antes de declarar-se candidato, foi solicitar o amém do mandachuva local.* ✦ **dizer amém a** consentir; aprovar: *Disse amém a todas as sugestões.*
a.mên.doa *s.f.* **1** semente alongada, coberta por pele marrom e envolta por um caroço muito duro: *A amêndoa é comestível e apreciadíssima.* **2** qualquer semente contida num caroço: *A amêndoa da castanha contém bastante óleo.*
a.men.do.a.do *adj.* **1** em forma de amêndoa: *Longos cabelos pretos, olhos amendoados.* **2** da cor de amêndoa: *tecido amendoado.*
a.men.do.ei.ra *s.f.* árvore de copa grande, cujas folhas largas vão do verde-claro ao marrom, que produz a amêndoa: *Junto à janela havia uma grande amendoeira.*
a.men.do.im *s.m.* **1** erva de flores amarelas agrupadas e frutos que se formam sob o solo, em forma de vagem, de casca dura, sementes em forma de carocinhos, de massa branca e oleosa: *o cultivo do algodão e do amendoim.* **2** a semente dessa erva: *Diante do circo estavam pipoqueiros e vendedores de amendoim.*
a.me.ni.da.de *s.f.* **1** serenidade; doçura: *Os fiéis preferiam a amenidade do jardim ao interior do templo.* **2** temas leves e agradáveis: *Vamos falar de amenidades.* // Nesta acepção, só usado no plural.
a.me.ni.zar *v.t.* **1** tornar ameno; abrandar; suavizar: *Quem sabe a rotina amenizasse minha saudade.* **2** diminuir; minimizar: *As passarelas de pedestres têm amenizado o perigo da travessia nas rodovias.* • *int.* e *pron.* abrandar-(se); suavizar-(se): *Suas dores e saudades, com o tempo, amenizaram-se.*
a.me.no *adj.* **1** agradável; aprazível: *região de clima ameno.* **2** suave; brando: *Considerava seu trabalho ameno e absorvente.* **3** sereno; afável: *Os mais velhos também se reúnem num papo ameno.*

a.me.nor.rei.a (éi) *s.f.* (Med.) ausência de menstruação: *O médico investigou as causas daquela amenorreia.*
a.me.ri.ca.nis.mo *s.m.* **1** concepção ou estilo de vida, mentalidade, costumes peculiares aos povos da América e dos EUA em particular: *Comer hambúrguer é um americanismo.* **2** admiração ou predileção pelas culturas americanas especialmente pela cultura norte-americana: *Houve uma época em que se combateu o americanismo no Brasil.* **3** qualquer peculiaridade linguística do inglês estadunidense: *A palavra "xerox" é um americanismo.*
a.me.ri.ca.nis.ta *s.2g.* **1** pessoa versada em assuntos da América, principalmente os das áreas etnográfica, antropológica, arqueológica, linguística, histórica e literária. **2** pessoa que demonstra admiração ou predileção pelas manifestações culturais dos americanos e, em particular, dos norte-americanos. • *adj.* **3** que é a favor ou defende os direitos da América.
a.me.ri.ca.ni.zar *v.t.* **1** impor o modo norte-americano de comportar-se ou de ver as coisas. • *pron.* **2** acomodar-se ao modo de ser norte-americano: *Aos poucos ele foi se americanizando.*
a.me.ri.ca.no *s.m.* **1** natural ou habitante dos Estados Unidos. • *adj.* **2** relativo aos Estados Unidos.
a.me.rín.dio *s.m.* **1** indígena americano: *Os ameríndios defendem sua cultura.* • *adj.* **2** que diz respeito aos indígenas do continente americano.
a.mes.qui.nha.do *adj.* **1** humilhado: *Naquela situação, nosso herói sentiu-se amesquinhado.* **2** depreciado; diminuído: *Na televisão, o filme fica com sua beleza um tanto amesquinhada.*
a.mes.qui.nha.men.to *s.m.* depreciação: *Parece que está havendo o amesquinhamento das entidades culturais.*
a.mes.qui.nhar *v.t.* **1** humilhar: *Não é preciso amesquinhar os nossos adversários.* **2** tornar insignificante; depreciar: *Fazia comentários levianos, na tentativa de amesquinhar minha imagem pública.* • *pron.* **3** tornar-se mesquinho: *Para solucionar as nossas questões internas não precisamos nos amesquinhar.*
a.mes.ti.ça.do *adj.* resultante de mestiçagem: *Há muitos índios já amestiçados.*
a.mes.tra.do *adj.* adestrado; ensinado: *Focas amestradas executam proezas inacreditáveis.*
a.mes.tra.dor (ô) *s.m.* quem amestra ou treina animais; adestrador: *O programa inclui apresentações de ginastas e amestradores de cães.*
a.mes.trar *v.t.* **1** domesticar; adestrar; domar: *Ele amestrava os cães em poucas semanas.* **2** treinar; educar: *Era preciso amestrar os ouvidos, dizia o professor.*
a.me.tis.ta *s.f.* pedra semipreciosa, variedade violeta do quartzo.
a.mi.an.to *s.m.* silicato natural hidratado de cálcio cujas fibras são muito finas, sedosas e refratárias, e com as quais se fabricam tecidos, placas etc. resistentes ao fogo.
a.mi.do *s.m.* espécie de carboidrato existente em numerosos vegetais.
a.mi.ga.do *adj.* **1** amasiado; amancebado. **2** associado; ligado: *Cangaceiro era gente amigada com a morte.*
a.mi.gar *v.t.* **1** unir por amizade. • *pron.* **2** tornar-se amigo.
a.mi.gá.vel *adj.* **1** amistoso; cordial: *Suspiramos aliviados, porque ele era amigável.* **2** que se faz por bem, por consentimento mútuo: *Ela não aceitou a separação amigável.*

amídala

a.mí.da.la *s.f.* (Anat.) cada uma das glândulas ovoides, situadas à entrada da garganta; amídala: *inflamação das amígdalas acarreta febre.* // Denominação substituída por *tonsila palatina.*

a.mi.da.li.te *s.f.* (Med.) inflamação das amígdalas: *Ele ainda se recupera de uma amidalite.*

a.mi.go *s.m.* **1** indivíduo ligado a outro por amizade: *Um amigo é mais importante do que um tesouro.* **2** companheiro: *Toca os primeiros compassos de uma modinha.* **3** defensor; protetor: *Ele foi grande amigo da paz.* **4** amásio; amante. • *adj.* **5** companheiro: *Como trabalhavam no mesmo departamento, tornaram-se amigos.* **6** aliado: *Convém franquear o comércio aos estrangeiros de nações amigas ou neutras.* **7** acolhedor; favorável: *A mulher fez-me um gesto amigo.* **8** defensor; protetor: *O menino era carinhoso e amigo dos cães.* **9** ligado a alguém por laço de amizade: *Ele é muito amigo de nosso avô.* **10** apreciador: *Não era amigo do trabalho, preferia ler poesias.*

a.mi.go da on.ça *s.m.* (Bras.) amigo falso; hipócrita: *Você é meu amigo ou é amigo da onça?* // Pl.: amigos da onça.

a.mi.go-o.cul.to *s.m.* (Bras.) Em festa em que há troca de presentes, cada uma das pessoas que, após o sorteio anônimo dos participantes, oferece um presente a quem lhe coube. // Pl.: amigos-ocultos.

a.mi.la.se *s.f.* enzima que transforma o amido em açúcar: *A saliva é composta por uma mistura aquosa de muco e uma enzima, a amilase salivar ou ptialina.*

a.mi.na *s.f.* (Quím.) classe de compostos orgânicos derivados da amônia.

a.mi.no.á.ci.do *s.m.* (Quím.) ácido orgânico em que parte do hidrogênio não ácido foi substituída por um ou mais radicais de amina.

a.mis.to.so (ô) *s.m.* **1** jogo de futebol fora de campeonato, não tendo em vista conseguir classificação: *Houve um amistoso entre os times.* • *adj.* **2** que mostra amizade; amigável; cordial: *A moça fazia-lhe um sinal amistoso.* **3** que não faz parte de um campeonato: *Atletas querem uma partida amistosa no interior.*

a.mi.u.da.do *adj.* que se repete muito; frequente: *choques amiudados entre grupos rivais.*

a.mi.u.dar *v.t.* **1** tornar frequente: *E ele, vendo o efeito que fazia, passou a amiudar as cartas, todo dia era uma.* • *int.* e *pron.* **2** tornar-(se) frequente; repetir-se: *O paciente piorou, pois os vômitos (se) amiúdam.*

a.mi.ú.de *adv.* repetidas vezes; frequentemente: *Pela minha mesa de trabalho esses exemplos passam amiúde.*

a.mi.za.de *s.f.* **1** sentimento de afeição; estima: *Foi o início de uma amizade sólida, íntima.* **2** boa convivência; entendimento: *O mal maior foi ter negociado, me aproximado, feito amizade com aquela gente.* **3** (Coloq.) usado para designar de um modo familiar a pessoa que se interpela; amigo; chapa: *Olha aqui, amizade, sou bom nesse negócio.*

am.né.sia *s.f.* perda total ou parcial da memória: *Disseram os médicos que se tratava de uma amnésia traumática.*

a.mo *s.m.* patrão; senhor: *Já servira a muitos amos e a muitas ocupações.*

a.mo.fi.na.ção *s.f.* aborrecimento; chateação: *Tentava desembaraçar-me dela, esquecer as amofinações do dia.*

a.mo.fi.nar *v.t.* tornar mofino, infeliz; afligir; atormentar: *Esse tipo de música agitada me amofina.*

a.moi.tar *v.t.* **1** esconder; ocultar: *José amoitou sua besta.* • *int.* e *pron.* **2** esconder-se; ocultar-se: *O essencial era apanhar o outro de surpresa; e, para isso, amoitar-se.*

a.mo.la.ção *s.f.* aborrecimento; incômodo.

a.mo.la.dei.ra *s.f.* instrumento para amolar: *Hoje, as grandes indústrias só usam amoladeiras mecânicas.*

a.mo.la.dor (ô) *s.m.* pessoa que afia instrumentos cortantes: *amolador de facas.*

a.mo.lar *v.t.* **1** afiar; aguçar: *Veio amolar a faca numa pedra.* (Bras.) **2** incomodar; aborrecer: *Que fiquem por lá e não venham amolar a gente aqui.* • *pron.* **3** aborrecer-se; irritar-se: *A juventude não quer saber de se amolar com essas coisas, não.*

a.mol.dar *v.t.* **1** adaptar; adequar: *Ele amolda sua fala a uma língua coloquial bem brasileira.* **2** ajustar; modelar: *A costureira amoldou a saia aos seus largos quadris.* • *pron.* **3** acostumar-se: *A necessidade fez com que Teo se amoldasse àquele trabalho.* **4** ajustar-se: *As lentes gelatinosas se amoldam à córnea.*

a.mo.le.cer *v.t.* **1** tornar mole, macio: *Use solvente para amolecer a cola.* **2** (Fig.) comover; enternecer: *Como amolecer o coração daquele velho severo?* • *pron.* **3** suavizar-se; tornar-se brando; perder ou diminuir a dureza: *Foi ouvir a voz, ele amoleceu-se todo.* • *int.* **4** ceder: *Não há razão para o time amolecer.* **5** tornar-se mole, macio: *O feijão no fogo ainda não amoleceu.*

a.mo.le.ci.men.to *s.m.* diminuição da consistência ou da energia; debilitação: *o amolecimento prematuro dos tomates.*

a.mo.len.gar *v.t.* **1** tornar mole: *O calor amolenga os corpos.* **2** abrandar; suavizar: *Foi amolengando a fala, até concordar.* • *int.* **3** tornar-se mole: *As folhas eram batidas para amolengarem.*

a.mol.gar *v.t.* **1** deformar por compressão; amassar; achatar: *Os sapatos amolgavam-lhe os pés.* **2** (Fig.) render; abalar; abrandar: *Não há quem lhe amolgue a índole rancorosa.* **3** (Fig.) subjugar; abater: *Apesar de pouco numerosos, não foram amolgados pelos adversários.* • *pron.* **4** (Fig.) ceder; render-se: *Vontades que não se amolgam.* • *int.* **5** deformar-se; abalar-se: *Depois do murro certeiro sua cara amolgou.*

a.mô.nia (Quím.) *s.f.* solução aquosa de amoníaco, incolor, com odor característico.

a.mo.ní.a.co (Quím.) *s.m.* composto gasoso, alcalino, incolor, com cheiro característico.

a.mon.to.a.do *s.m.* **1** monte; pilha: *Naquele amontoado de coisas, não conseguia encontrar nada.* • *adj.* **2** posto em monte: *O lixo ficava amontoado no chão.* **3** reunido em grande quantidade: *Entreabriu a janela, viu o povão amontoado na praça.*

a.mon.to.a.men.to *s.m.* **1** ato de amontoar: *Trabalha no amontoamento de café em grão.* **2** pilha; monte: *Admirou-se vendo aquele amontoamento de espigas no paiol.*

a.mon.to.ar *v.t.* **1** empilhar; acumular: *Amontoe as malhas dentro de uma mala.* • *pron.* **2** juntar-se; reunir-se num espaço muito pequeno: *Os guardadores de carro se amontoam à porta do teatro.*

a.mor (ô) *s.m.* **1** sentimento de afeição; atração de uma pessoa por outra: *Sempre tive amor por Joana.* **2** apego; afeição: *o amor aos animais.* **3** dedicação; entusiasmo: *o amor ao trabalho.* **4** aquilo que consi-

amplificar

deramos encantador ou delicado: *Uma criança que é um amor.* **5** pessoa amada: *Ela é o grande amor de minha vida.* **6** forma carinhosa de dirigir-se a alguém: *Oi, amor, chegou cedo hoje!*

a.mo.ra (ó) *s.f.* fruto pequeno e alongado, de sabor adocicado, cuja cor varia do vermelho ao roxo: *geleia de amora.*

a.mo.ral *s.2g.* **1** pessoa indiferente aos princípios da moral: *Ele era um amoral.* • *adj.* **2** que se situa fora do domínio da moral: *As ciências físicas são amorais.* **3** quem não tem noção alguma da moral ou que ignora seus princípios.

a.mo.ra.li.da.de *s.f.* **1** caráter do que ignora a moral sobre qualquer aspecto: *a amoralidade da ciência.* **2** ausência de moralidade.

a.mo.ra.lis.mo *s.m.* **1** condição daquilo que está fora dos valores morais; amoralidade. **2** doutrina filosófica que nega a moral como norma de vida.

a.mor.da.ça.do *adj.* **1** amarrado com mordaça: *Tinha também a boca amordaçada, para não gritar.* **2** (Fig.) impedido de manifestar-se: *o povo amordaçado.*

a.mor.da.çar *v.t.* **1** pôr mordaça em: *Um pano teria sido usado para amordaçar a vítima.* **2** (Fig.) impedir de manifestar-se; reprimir: *O ditador fechou o Congresso e amordaçou a imprensa.*

a.mo.rei.ra *s.f.* árvore de cujas folhas o bicho-da-seda se alimenta e que produz a amora.

a.mor.fo (ó) *adj.* sem forma determinada; indefinido: *Não distinguir nada, apenas uma massa amorfa.*

a.mor.na.do *adj.* tornado morno: *Ao leite já amornado junta-se a mistura de ovos e açúcar.*

a.mo.ro.so (ô) *s.m.* **1** pessoa que sente amor por outra; apaixonado: *Os dois amorosos saem pela noite, abraçados.* • *adj.* **2** que tem ou que sente amor: *Encontrou o casal amoroso no cinema.* **3** carinhoso; afetuoso; meigo: *Era um pai amoroso.* **4** que trata de amor: *histórias amorosas.*

a.mor-per.fei.to *s.m.* flor de jardim com cinco pétalas, corola grande e cores variadas. // Pl.: amores-perfeitos.

a.mor-pró.prio *s.m.* orgulho: *Não indo à festa, pouparia ao seu amor-próprio aquele vexame.* // Pl.: amores-próprios.

a.mor.ta.lhar *v.t.* **1** envolver com mortalha: *O criminoso amortalhou a vítima em lençóis.*

a.mor.te.ce.dor (ô) *s.m.* **1** dispositivo mecânico para diminuir choques ou vibrações em máquinas e veículos: *Troque seus amortecedores dentro do prazo.* **2** (Fig.) tudo o que serve para evitar choques ou desentendimentos: *Para lidar com ele, só sendo um amortecedor.*

a.mor.te.cer *v.t.* **1** fazer diminuir a força ou o ímpeto; enfraquecer; abrandar: *Flexione as pernas para amortecer a queda.* **2** entorpecer: *A anestesia amorteceu meus lábios.* • *int.* **3** diminuir; abrandar-se: *Quando encontrava os olhos dela, sua coragem amortecia.*

a.mor.te.ci.men.to *s.m.* **1** diminuição de impacto: *A palmilha anatômica melhora o amortecimento e dá proteção.* **2** perda do vigor; entorpecimento.

a.mor.ti.za.ção *s.f.* redução de dívida por pagamento parcelado e periódico.

a.mor.ti.zar *v.t.* **1** fazer diminuir ou abater por pagamento parcelado. **2** amortecer; suavizar: *Protetores de ouvido amortizam o ruído.*

a.mos.tra (ó) *s.f.* **1** parte de alguma coisa que se colhe para julgar a qualidade do todo: *Enviaram amostras de sangue para o laboratório.* **2** exemplar representativo; espécime: *Pretendia reunir amostras da música instrumental brasileira.* **3** exemplar gratuito que se distribui como propaganda: *A empresa estava oferecendo amostras do novo produto.* **4** indício; sinal: *Essa lista é bem uma amostra da capacidade atual da indústria brasileira.*

a.mos.tra.gem *s.f.* **1** tomada de amostra para ser analisada como representante do todo: *A fiscalização se baseará no critério de amostragem.* **2** amostra: *É uma amostragem dos recursos que temos.*

a.mo.ti.nar *v.t.* **1** provocar motim; rebelar: *Ele amotinou a tripulação.* • *pron.* **2** revoltar-se; rebelar-se: *Os rapazes das escolas amotinavam-se sempre.*

am.pa.ra.do *adj.* **1** apoiado; sustentado: *Subiu a escada amparado.* **2** defendido; preservado: *Queria que tivesse seus direitos amparados.* **3** protegido; resguardado: *filhas bem amparadas.*

am.pa.rar *v.t.* **1** proteger; ajudar; defender: *Sua casa tinha o pai para os amparos e amar.* **2** escorar; segurar; arrimar: *Ele correu a amparar o doente.* **3** (Fig.) apoiar; fundamentar: *Amparo minha vida na religião.* • *pron.* **4** escorar-se; segurar-se: *Veio devagar, a amparar-se no braço da filha.*

am.pa.ro *s.m.* **1** auxílio; ajuda; proteção: *amparo à orfandade, à velhice e à invalidez.* **2** apoio; arrimo: *utilizar as tarifas alfandegárias como medida de amparo à produção nacional.* **3** base; fundamento: *Meu projeto tem amparo na lei.*

am.pe.ra.gem *s.f.* intensidade de uma corrente elétrica, medida em ampères.

am.pe.re (é) *s.m.* (Fís.) unidade de medida de intensidade de corrente elétrica no Sistema Internacional.

am.ple.xo /ks/ *s.m.* abraço: *Exclamações, amplexos, sorrisos.*

am.pli.a.ção *s.f.* **1** aumento; expansão: *ampliação do serviço médico gratuito.* **2** fotografia em cópia maior que o negativo: *Comprei uma ampliação que estava exposta na mostra.*

am.pli.a.do *adj.* **1** reproduzido em tamanho maior: *foto ampliada.* **2** que se expandiu: *Este setor do comércio estará ampliado com a nova estrada.*

am.pli.ar *v.t.* **1** tornar amplo ou maior; alargar; aumentar: *Derrubou-se a mata para ampliar a roça.* **2** estender; intensificar: *Ele pensava em ampliar os negócios.* • *int.* e *pron.* **3** alargar-se; aumentar: *O pequeno comércio de troféus ampliou(-se).* **4** intensificar-se: *A politização do povo ampliou(-se) nestes dez anos.*

am.pli.dão *s.f.* **1** grande extensão; vastidão: *Abandonou o bordado, estendendo a vista na amplidão do campo.* **2** espaço muito grande e indefinido: *Um raio estalou, rasgando a amplidão.*

am.pli.fi.ca.dor (ô) *s.m.* **1** qualquer aparelho para aumentar ou intensificar: *As bandas abusam dos amplificadores de som.* • *adj.* **2** que aumenta, estende ou intensifica: *controle de volume amplificador.*

am.pli.fi.car *v.t.* **1** tornar mais amplo ou maior; intensificar: *Ambas conseguiram amplificar suas vozes.* • *pron.* **2** tornar-se mais amplo ou mais intenso; ampliar-se: *Os sons se amplificavam na noite escura.*

amplitude

am.pli.tu.de s.f. **1** vastidão; amplidão: *a amplitude das avenidas*. **2** extensão; dimensão: *A amplitude da tarefa deixava-a apreensiva*. **3** alcance; âmbito: *O voluntariado estava desenvolvendo um projeto de grande amplitude*.

am.plo adj. **1** de grandes dimensões; vasto; extenso: *O edifício estava no centro de um amplo pátio*. **2** espaçoso; grande: *Tenho cama ampla para estender o corpo*. **3** manifesto; aberto: *O riso é amplo, suave*. **4** sem restrições; ilimitado: *O banco dá amplo crédito*. **5** de grande alcance; abrangente: *O subtítulo indica que seu propósito é mais amplo*.

am.po.la (ô) s.f. **1** pequeno frasco ou tubo de vidro ou plástico, com gargalo, hermeticamente fechado após a introdução de um líquido ou fluido. **2** medicamento contido nesse tubo: *Aplicar uma ampola de hora em hora*.

am.pu.lhe.ta (ê) s.f. relógio de areia formado por dois vasos cônicos de vidro que se comunicam nos vértices por pequeno orifício.

am.pu.ta.ção s.f. **1** corte de parte do corpo: *Todos, porém, puseram-se de acordo em que se devia fazer a amputação*. **2** (Fig.) mutilação; truncamento: *O art. 4º do texto representa uma amputação séria no conteúdo da proposta*.

am.pu.tar v.t. **1** cortar; decepar: *Depois do acidente, precisou amputar a perna direita*. **2** suprimir; eliminar.

a.mu.a.do adj. **1** agastado; melindrado: *O menino estava amuado porque não lhe deram o que tinha pedido*. **2** aborrecido; amolado: *Estava amuado com saudade da mulher*. **3** de cara fechada; carrancudo; emburrado: *O patrão já amanhecia amuado*.

a.mu.ar v.t. **1** fazer alguém ficar amuado; melindrar; aborrecer; magoar. • int. **2** aborrecer-se; agastar-se: *Ouviu o que não queria, então amuou*.

a.mu.le.to (ê) s.m. objeto a que se atribuem poderes mágicos; talismã.

a.mu.o s.m. mau humor; enfado: *Vivíamos períodos de brigas e de amuos*.

a.mu.ra.da s.f. **1** muro de arrimo; paredão: *Vamos andar em cima da amurada?* **2** borda de embarcação: *a amurada do navio*.

a.na.ba.tis.mo s.m. doutrina de uma seita religiosa do século XVI segundo a qual, por ser ineficaz o batismo de crianças, era necessário que ele se renovasse na idade adulta.

a.na.ba.tis.ta s.m. **1** pessoa que professa o anabatismo. • adj. **2** relacionado com essa seita: *Era ligada a uma corrente anabatista*.

a.na.bo.li.zan.te s.m. **1** substância que estimula processos de assimilação de alimentos: *Anabolizante só pode ser usado com orientação médica*. • adj. **2** que estimula os processos de assimilação de alimentos: *Foi constatada a presença de substância anabolizante na urina do atleta*.

a.na.bo.li.zar v.t. promover assimilação de: *remédios para anabolizar alimentos*.

a.na.co.lu.to s.m. (Gram.) figura de sintaxe em que um termo não se liga sintaticamente a outro da oração, havendo uma interrupção e provocando mudança de sentido.

a.na.con.da s.f. sucuri.

a.na.co.re.ta (ê) s.m. **1** religioso ou penitente que vive sozinho. **2** (Fig.) pessoa que vive afastada do convívio social: *Preferiu levar vida de anacoreta*.

a.na.crô.ni.co adj. **1** que se acha em desacordo com usos da época a que se refere. **2** antiquado; desatualizado: *modos de produção anacrônicos*.

a.na.cro.nis.mo s.m. tudo o que está fora de época: *o anacronismo da situação*.

a.na.e.ró.bio s.m. **1** organismo que vive sem oxigênio livre: *Uma flora mista de aeróbios e anaeróbios*. • adj. **2** relativo ou próprio de organismo que vive sem oxigênio.

a.na.fi.lá.ti.co adj. relacionado com anafilaxia: *Choque anafilático pode causar morte*.

a.na.fi.la.xi.a /ks/ s.f. reação exagerada do organismo a uma substância: *Teve uma anafilaxia ao tomar antibiótico*.

a.ná.fo.ra s.f. (Gram.) repetição de um termo já enunciado.

a.na.gra.ma s.m. (Gram.) palavra ou frase formada com as letras de outra frase ou sentença em nova disposição: *O anagrama de Roma é amor*.

a.ná.gua s.f. saia de baixo, usada para dar maior volume à roupa ou para evitar transparências; saiote.

a.nais s.m. pl. **1** publicação periódica de artes, ciências etc. organizada anualmente: *Suas investigações figuram nos Anais da Academia Brasileira de Ciências*. **2** livro de registros de atas: *Os votos e pareceres estão nos anais do Tribunal*.

a.nal adj. localizado no ou relacionado ao ânus.

a.nal.fa.be.tis.mo s.m. condição de quem não sabe ler nem escrever.

a.nal.fa.be.to (é) s.m. **1** indivíduo que não sabe ler nem escrever: *Por ser analfabeto, ele tinha dificuldade para se locomover na cidade grande*. **2** pessoa muito ignorante, sem instrução. • adj. **3** que não sabe ler nem escrever: *indivíduo analfabeto*.

a.nal.gé.si.co s.m. **1** medicamento que alivia a dor: *Sempre toma analgésico quando está com dor de cabeça*. • adj. **2** que serve para aliviar a dor: *remédio analgésico*.

a.na.li.sar v.t. **1** examinar com atenção; observar: *Vamos analisar este material*. **2** refletir sobre; ponderar: *Naquela época, não era capaz de analisar a situação*. **3** decompor um todo em seus elementos constituintes: *Os agrônomos analisam o solo antes de orientar a plantação*. • pron. **4** submeter-se à psicanálise: *O próprio analista precisou se analisar*.

a.ná.li.se s.f. **1** exame; estudo: *técnicos em análise do solo*. **2** separação de um todo em suas partes constituintes: *análise da água*. **3** verificação: *É mentira que não resiste a uma simples análise*. **4** terapia baseada na psicanálise: *Saiu cedo para sua sessão de análise*. • **em última análise** em conclusão; em resumo: *Em última análise, defendo o nosso partido*.

a.na.lis.ta s.2g. **1** especialista em psicanálise: *Meu primo é analista*. **2** quem faz exame ou avaliação: *Contratamos um analista para o setor de projetos*. **3** quem faz exames clínicos: *analistas de laboratórios*. • **analista de sistemas** profissional de informática, especializado na análise e solução de problemas.

a.na.lí.ti.co *adj.* **1** relacionado à análise; que procede de análise: *pensamento analítico*. **2** psicanalítico: *O processo analítico o ajudou no relacionamento com as pessoas*.

a.na.lo.gi.a *s.f.* **1** comparação para descobrir semelhança: *Há muita analogia entre esses casos*. **2** semelhança: *Buscava a analogia entre a moça e o rapaz*. **3** (Gram.) mudança ou criação de uma forma linguística por influência de outra.

a.na.ló.gi.co *adj*.**1** fundamentado na analogia: *visão analógica*. **2** diz-se do sistema cuja variação se dá em passagem contínua: *Há discos e fitas analógicos e digitais*.

a.ná.lo.go *s.m.* **1** aquilo que tem função semelhante à de outro; equivalente: *Injetou no camundongo um análogo da morfina.* • *adj.* **2** semelhante; similar: *O sintetizador de vozes é análogo ao órgão eletrônico.*

a.na.nás *s.m.* abacaxi.

a.não *s.m.* **1** pessoa mais baixa que o normal: *Branca de Neve e os sete anões.* • *adj.* **2** de baixa estatura; pouco desenvolvido: *uma variedade de coqueiro anão.*

a.nar.qui.a *s.f.* **1** (Fig.) bagunça; confusão: *Não queremos badernas nem anarquia*. **2** negação do princípio de autoridade.

a.nár.qui.co *adj.* desorganizado; descontrolado: *Era um rapaz que não cooperava com nada, anárquico, negligente*.

a.nar.quis.mo *s.m.* sistema político que se caracteriza pela ideia de liberdade e de igualdade e pela eliminação de toda forma de Estado.

a.nar.quis.ta *s.2g.* **1** adepto do anarquismo: *Acredito que aquele seja o anarquista citado no livro.* • *adj.* **2** adepto do anarquismo: *Eles queriam uma sociedade anarquista*. **3** relacionado com o anarquismo: *Suas ideias eram anarquistas*.

a.nar.qui.zar *v.t.* **1** tornar anárquico. **2** incitar à desordem; sublevar; desmoralizar.

a.ná.te.ma *s.m.* **1** excomunhão. **2** condenação enérgica **3** maldição: *Lançou anátemas sobre os inimigos*.

a.na.to.mi.a *s.f.* (Med.) **1** estudo da forma e estrutura dos seres organizados: *Estudou anatomia no curso médico*. **2** forma e estrutura de um corpo organizado: *A anatomia do chimpanzé é muito próxima à do homem moderno*.

a.na.tô.mi.co *adj.* **1** referente à anatomia: *estudo anatômico do crânio*. **2** físico; corporal: *Ginástica estimula o desenvolvimento anatômico*. **3** que se adapta à anatomia humana; confortável: *poltrona anatômica*.

an.ca *s.f.* (Med.) **1** região lateral do corpo humano, da cintura à articulação da coxa; quadril. **2** quarto traseiro dos quadrúpedes; garupa.

an.ces.tral *s.2g.* **1** antepassado; antecessor. • *adj.* **2** antigo; primitivo: *Apóstolos de um culto ancestral*.

an.cho *adj.* **1** cheio de si; vaidoso: *Benigno vai ficar todo ancho*. **2** largo; amplo: *chapéu de abas anchas*.

an.cho.va (ô) *s.f.* pequeno peixe marinho, esverdeado no dorso, esbranquiçado no abdome e semelhante ao arenque.

an.ci.ão *s.m.* **1** pessoa velha e respeitável: *Álvaro arrojou-se aos pés do ancião.* • *adj.* **2** idoso; velho: *garimpeiro ancião*. // Pl.: anciãos; anciões; anciães. Fem.: anciã.

andar

an.ci.los.to.mí.a.se *s.f.* (Med.) infecção intestinal causada por parasita; amarelão.

an.ci.lós.to.mo *s.m.* (Zool.) verme parasita que se aloja nos intestinos do homem e de diversos animais.

an.ci.nho *s.m.* ferramenta agrícola de cabo longo e travessa dentada, que serve para ajuntar folhas, palha.

ân.co.ra *s.f.* **1** peça presa a uma corrente ou amarra, que serve para fixar o navio ao fundo; ferro: *Gemeram as correntes, levantando a âncora*. **2** (Fig.) apoio; arrimo: *Meus pais são a âncora de minha juventude.* • *s.2g.* **3** jornalista que interage com o repórter, fazendo entrevistas e comentários.

an.co.ra.dou.ro *s.m.* lugar onde são ancoradas as embarcações.

an.co.ra.gem *s.f.* fixação com âncora: *Não permitiram a ancoragem do navio*.

an.co.rar *v.t.* **1** lançar âncoras para fixar; fundear: *Ancorou o barco para reparos*. **2** fazer entrevistas e comentários, dirigindo programas de rádio e televisão: *O jornalista passou a ancorar um programa diário*. **3** fixar: *É possível ancorar o aumento da receita pública sem penalizar o povo*. **4** apoiar; fundamentar: *Costuma ancorar sua vida na religião.* •*pron.* **5** apoiar-se; fundamentar-se: *Quase sempre, ancora-se na família.* • *int.* **6** fixar âncoras; fundear: *Aproximando-se da praia o navio ancorou*.

an.da.dor (ô) *s.m.* **1** suporte que auxilia a andar: *Ele ainda anda com a ajuda de andador.* • *adj.* **2** que anda muito; de boa marcha: *O potro andador estava sempre na frente, puxando a marcha*.

an.da.du.ra *s.f.* marcha: *Esta égua tem uma andadura macia*.

an.dai.me *s.m.* armação de madeira ou de metal com estrado usada como apoio pelos operários das construções.

an.da.men.to *s.m.* **1** curso; seguimento: *Irritava-o a lentidão do andamento do processo*. **2** funcionamento: *O antigo cozinheiro vinha prejudicando o bom andamento do hotel*. **3** desenvolvimento: *música de andamento mais vivo*.

an.dan.ça *s.f.* **1** passeio; caminhada: *Suas andanças sempre me rendiam um doce, um regalo*. **2** (Coloq.) trabalho; lida: *Ela sempre ali, nas suas andanças pela cozinha*. **3** aventura; viagem: *Minha andança fluvial continua*.

an.dan.te *s.m.* **1** (Mús.) andamento moderado, entre o adágio e o *allegro.* • *adj.* **2** que anda; errante: *o príncipe dos cavaleiros andantes*.

an.dar *v.t.* **1** percorrer: *Já andei todas as lojas, não achei um vestido*. **2** locomover-se (por meio de um veículo): *Gosta de andar de automóvel, de bicicleta*. **3** envolver-se: *Ela está andando com más companhias*. **4** usar; vestir: *No colégio, todos andavam de uniforme*. **5** ter aproximadamente: *Ele já andava pelos quarenta anos*. **6** proceder; comportar-se: *Você não andou direito com sua amiga.* • *v.int.* **7** mover-se por conta própria; dar passos; caminhar: *Pôs-se a andar pela casa*. **8** mover-se de modo contínuo; pôr-se em movimento: *O carro quebrou, não anda*. **9** funcionar: *O relógio não anda*. **10** desenvolver-se; avançar: *Sem você, os negócios não andam.* • *lig.* **11** estar: *Andamos descontentes com o governo.* • *s.m.* **12** marcha; passo; modo de cami-

andarilho

nhar: *Seu andar não é firme.* **13** movimento: *Com o andar do carro, a criança se aquietou.* **14** num prédio, qualquer piso ou pavimento acima do térreo: *O andar superior era todo envidraçado.* ✦ **andar atrás de** procurar: *andar atrás de emprego.* **andar por baixo** estar por baixo; estar em situação difícil: *Andava por baixo, precisava de serviço.*

an.da.ri.lho *s.m.* **1** aquele que anda muito: *Não é um andarilho solitário.* • *adj.* **2** que anda muito: *Iniciou uma vida de monge andarilho.*

an.de.jo (ê) *s.m.* **1** quem anda sem destino; andarilho: *Demos abrigo a um andejo maltrapilho.* • *adj.* **2** que gosta de andar ao acaso; errante: *Homem andejo, vive incomodando os outros.*

an.di.no *s.m.* **1** natural ou habitante das regiões dos Andes • *adj.* **2** relativo aos Andes: *lagos andinos.*

an.di.ro.ba (ó) *s.f.* **1** árvore de grande porte, com flores pequenas e amarelas e de madeira escura, muito útil por fornecer óleo. **2** substância extraída da andiroba: *Era um composto de mastruço, andiroba e mel.*

an.dor (ô) *s.m.* pequeno tabuleiro ornamentado, sobre o qual se carregam imagens de santos nas procissões.

an.do.ri.nha *s.f.* pequena ave migratória, que se alimenta de insetos e voa em bandos, com dorso escuro, abdome claro e cauda bifurcada.

an.dra.jos *s.m. pl.* roupas sujas e esfarrapadas; trapos: *Pobre e sozinha, vestia-se de andrajos.*

an.dra.jo.so (ô) *adj.* vestido de andrajos; esfarrapado; maltrapilho.

an.dro.ceu *s.m.* (Bot.) órgão masculino da flor, representado pelos estames.

an.dro.gê.nio *s.m.* (Biol.) hormônio que estimula o desenvolvimento das características sexuais no homem.

an.dro.gi.ni.a *s.f.* estado ou condição de andrógino.

an.dró.gi.no *s.m.* (Biol.) **1** quem tem características dos dois sexos. • *adj.* **2** que reúne as características dos dois sexos: *Um tipo meio andrógino se aproximou de mim.*

an.droi.de (ói) *s.m.* autômato de figura humana: *Crianças adoram filmes de androides e monstros.*

an.dro.lo.gi.a *s.f.* (Med.) estudo dos elementos anatômicos, biológicos e psíquicos que contribuem para o bom funcionamento do aparelho urogenital masculino.

an.dro.pau.sa *s.f.* (Med.) climatério masculino.

a.ne.do.ta (ó) *s.f.* **1** história engraçada; piada: *Ela morria de rir com suas anedotas.* **2** relato curto de fato engraçado ou curioso.

a.ne.do.tá.rio *s.m.* coleção de anedotas: *Ele queria lançar um anedotário de temas regionais.*

a.nel *s.m.* **1** aro de metal que se usa no dedo como joia: *um anel com pedra semipreciosa.* **2** qualquer linha, figura ou objeto de forma circular: *Os arbustos formavam um anel protetor em volta do lago.* **3** caracol (de cabelos): *um anel de cabelos a cobrir-lhe os olhos.* **4** elo de corrente: *Um anel da corrente rompeu-se, a medalha caiu.* **5** (Astr.) feixe de matéria cósmica que circunda certos planetas: *os anéis de Saturno.* ✦ **anel viário** conjunto de vias que circunda uma área urbana: *anel viário de São Paulo.*

a.ne.la.do *adj.* com anéis ou cachos; encaracolado: *Tem cabelos anelados.*

a.ne.lí.deo *s.m.* (Zool.) **1** espécime dos anelídeos: *A minhoca é um anelídeo.* • *pl.* **2** classe de vermes de corpo alongado e segmentado como se fossem anéis soldados: *Os anelídeos têm o corpo segmentado.*

a.ne.lo *s.m.* anseio; aspiração: *Ana é a garota de seus anelos.*

a.ne.mi.a *s.f.* (Med.) doença caracterizada pela insuficiência de hemoglobina nos glóbulos sanguíneos: *A palidez é devida à anemia.*

a.nê.mi.co *s.m.* **1** quem está com anemia: *Os anêmicos são tratados com vitamina B-12.* • *adj.* **2** que está com anemia: *Muitos eram subnutridos e anêmicos.* **3** próprio da anemia; relacionado com a anemia: *Seu estado é anêmico.* **4** sem viço; amarelado: *Tem olheiras e pele anêmica.*

a.ne.mô.me.tro *s.m.* aparelho para medir a força dos ventos.

a.nê.mo.na *s.f.* planta com cerca de 40 cm de altura, flores solitárias, eretas, de sépalas ovaladas, nas cores vermelha, azul, roxa e branca com mancha violeta: *Em maio surgem as orquídeas, as anêmonas e os lírios.*

a.nê.mo.na-do-mar ser marinho do filo dos celenterados, desprovido de esqueleto, corpo cilíndrico ornado de tentáculos de cores variadas, o que o torna parecido com uma flor. // Pl.: anêmonas-do-mar.

a.nes.te.si.a *s.f.* (Med.) **1** aplicação de medicamento que faz perder a sensibilidade: *Retiraram-lhe o apêndice inflamado com anestesia geral.* **2** medicamento que faz perder a sensibilidade; anestésico.

a.nes.te.si.ar *v.t.* **1** aplicar anestesia em: *Ele só faz cirurgia depois de anestesiar o paciente.* **2** (Fig.) tornar insensível: *Banalizou-se a violência a ponto de anestesiar o povo.* • *pron.* **3** (Fig.) tornar-se insensível: *Os países do Norte se anestesiaram com a pobreza dos países do Sul.*

a.nes.té.si.co *s.m.* **1** substância que suprime ou diminui a sensibilidade: *O éter é também usado como anestésico.* • *adj.* **2** que suprime ou reduz a sensibilidade: *medicamentos anestésicos.*

a.nes.te.si.o.lo.gi.a *s.f.* (Med.) conjunto de conhecimentos sobre as técnicas de anestesia.

a.nes.te.si.o.lo.gis.ta *s.2g.* especialista em anestesiologia.

a.nes.te.sis.ta *s.2g.* **1** médico que prepara e administra anestesia: *Auxiliares e um anestesista participaram da cirurgia.* • *adj.* **2** que prepara e administra anestesia.

a.né.ti.co *adj.* que contraria os princípios da ética; contrário à moral; aético: *uma transação anética e lucrativa.*

a.neu.ris.ma *s.m.* (Med.) dilatação das paredes de artéria ou veia: *O cardiologista descobriu a existência de um aneurisma na aorta de seu paciente.*

a.ne.xa.ção /ks/ *s.f.* junção; reunião: *anexação do estado da Guanabara ao estado do Rio de Janeiro.*

a.ne.xar /ks/ *v.t.* **1** juntar; acrescentar: *O time irá anexar ao processo fitas do jogo.* **2** fazer passar à soberania de um Estado; incorporar. • *pron.* **3** tornar-se parte de; incorporar-se: *Mais uma província se anexou à federação.*

a.ne.xim /ch/ *s.m.* provérbio; máxima; ditado.

a.ne.xo /ks/ *s.m.* **1** parte acessória; complemento: *No anexo há um esboço de um curso rápido.* **2** construção ligada a outra, considerada principal; dependência:

aniagem

Construiu um anexo ao consultório para sala de recuperação. • adj. **3** ligado; incorporado: *Foi colocado no quartinho anexo à sala.*

an.fe.ta.mi.na s.f. (Quím.) líquido incolor utilizado para contrair vasos sanguíneos e usado como estimulante.

an.fí.bio s.m. **1** animal ou planta que vive tanto na terra como na água: *Na ilha havia muitos anfíbios.* • adj. **2** que vive na terra e na água: *animal anfíbio.* **3** relativo ao veículo que opera tanto em terra como na água: *Os tanques anfíbios foram importantes para o desembarque da tropa na praia.*

an.fi.te.a.tro s.m. **1** na Antiguidade, edifício circular ou oval, com arquibancadas em torno de uma arena, onde se realizavam espetáculos públicos. **2** espaço, ao ar livre ou não, de formato circular, oval ou semicircular, com arquibancadas que é usado para espetáculos, aulas etc.: *um anfiteatro de Anatomia.*

an.fi.tri.ão s.m. **1** pessoa que recebe visitas: *Ele é um ótimo anfitrião.* • adj. **2** que recebe visita: *país anfitrião.* // Fem.: anfitriã, anfitrioa.

ân.fo.ra s.f. recipiente de bojo mais ou menos longo, gargalo estreito e duas asas, usado para armazenar líquidos.

an.ga.ri.ar v.t. **1** tentar obter; arranjar: *O deficiente vivia de angariar esmolas.* **2** aliciar; recrutar: *Estou iniciando o negócio e quero angariar freguesia.*

an.gé.li.ca s.f. planta medicinal de folhas compostas e flores geralmente brancas.

an.ge.li.cal adj. **1** puro; inocente. **2** próprio de anjo; suave: *beleza quase angelical.*

an.gé.li.co adj. **1** próprio de anjo; angelical: *Era quem se encarregava, com angélico desvelo, de todos os trabalhos.* **2** da corte dos anjos: *Gabriel explica ao Profeta a hierarquia dos coros angélicos.*

angelus (ângelus)(Lat.) s.m. oração rezada ao amanhecer, ao meio-dia e ao entardecer: *O papa apareceu na janela para rezar o Angelus.*

an.ge.o.lo.gi.a s.f. **1** conjunto e hierarquia dos anjos. **2** crença na existência e intervenção dos anjos.

an.gi.co s.m. árvore de grande porte, de flores brancas, frutos em vagens, madeira de casca marrom-escura, dura e pesada.

an.gi.na s.f. (Med.) **1** crise de dor forte na região do peito. **2** inflamação da garganta e da faringe, que se caracteriza por dificuldade mais ou menos intensa de engolir e, por vezes, de respirar.

an.gi.o.gra.fi.a s.f. (Med.) visualização radiológica de vasos do aparelho circulatório após a introdução de contraste.

an.gi.o.lo.gi.a s.f. (Med.) estudo dos vasos do aparelho circulatório.

an.gi.o.lo.gis.ta s.2g. especialista em angiologia.

an.gi.o.ma s.m.(Med.) tumor formado pela multiplicação dos vasos sanguíneos ou linfáticos.

an.gi.o.plas.ti.a s.f. (Med.) intervenção cirúrgica destinada a reparar um vaso deformado, estreitado ou dilatado: *A angioplastia não é uma cirurgia.*

an.gi.os.per.ma (é) s.m. vegetal que tem a semente dentro de um ovário fechado que forma o fruto ao amadurecer.

an.gli.ca.nis.mo s.m. forma de cristianismo reformado desenvolvido na Inglaterra: *Da Inglaterra, o anglicanismo difundiu-se para as colônias.*

an.gli.ca.no s.m. **1** quem segue o anglicanismo: *Os anglicanos admitem o sacerdócio feminino.* • adj. **2** adepto do anglicanismo: *Era um bispo anglicano.* **3** que segue a doutrina do anglicanismo: *Foi decapitado por se opor às normas anglicanas.*

an.gli.cis.mo s.m. palavra ou expressão inglesa que se incorpora a outra língua: *A palavra* bife *é um anglicismo.*

an.glo-a.me.ri.ca.no s.m. **1** pessoa de origem inglesa e americana: *O alemão e o anglo-americano foram homenageados.* • adj. **2** relativo à Grã-Bretanha e aos Estados Unidos. // Pl.: anglo-americanos.

an.glo-sa.xão /ks/ s.m. **1** indivíduo dos povos germânicos que, no século V, se instalaram na Inglaterra. **2** idioma falado por esses povos. **3** indivíduo de origem inglesa; inglês. • adj. **4** próprio da Inglaterra ou dos ingleses: *pensamento anglo-saxão.* // Pl.: anglo-saxões.

an.go.la s.f. espécie de galináceo; galinha-d'angola: *Dúzias de angolas se espalham pelo matagal.*

an.go.la.no s.m. **1** natural ou habitante de Angola. **2** relativo a Angola.

an.go.rá s.2g. **1** gato ou gata angorá: *Janete tem um belo angorá cinzento.* **2** lã feita de pelo desses animais. • adj. **3** diz-se de uma raça de gatos, cabras ou coelhos que têm pelos compridos e finos: *peles de raposa, lontra, chinchila e gatos angorás.*

an.gra s.f. pequena baía ou enseada.

an.gu s.m. **1** massa cozida de farinha de milho, mandioca ou arroz: *Repartiu com o filho e a mulher o angu com carne que comiam.* **2** (Coloq.) desordem; briga: *Não tendo nada a ver com o angu, continuou a tocar sua viola.*

an.gu.la.ção s.f. **1** formação de ângulo. **2** em cinema e televisão, posicionamento da câmera para filmar; tomada: *O filme inteiro é uma aula de angulação.* **3** ponto de vista; perspectiva: *São justos, se vistos de sua própria angulação.*

an.gu.lar adj. **1** relativo a ângulo: *A unidade prática de medida angular é o grau.* **2** em ângulo: *distribuição angular.*

ân.gu.lo s.m. **1** aresta; esquina; canto: *situado no ângulo direito da frente do prédio.* **2** (Geom.) medida da distância entre essas duas semirretas. **3** figura formada por duas semirretas que partem do mesmo ponto: *ângulo reto.* **4** (Fig.) ponto de vista; posicionamento: *Nada impedia que o drama fosse visto pelo ângulo mais ameno.* **5** enquadramento: *várias fotografias, de todos os ângulos.*

an.gu.lo.so (ô) adj.**1** cheio de ângulos ou quinas: *pequeno cacto de caule esférico ou anguloso.* **2** cheio de saliências; ossudo: *Olhou o rosto fino e anguloso da adolescente.*

an.gús.tia s.f. **1** grande ansiedade; aflição: *A angústia me apertava o coração.* **2** sofrimento; tormento: *angústia física e moral.*

an.gus.ti.an.te adj. que causa angústia: *uma espera angustiante.*

an.gus.ti.ar v.t. **1** causar ansiedade ou aflição: *O silêncio angustiava Leopoldo.* • pron. **2** afligir-se: *Angustiava-me com aquela cena.*

a.ni.a.gem s.f. tecido grosseiro de algodão ou juta: *saia de aniagem.*

anidro

a.ni.dro *s.m.* (Quím.) composto químico que não contém água: *os anidros de cálcio.*

a.nil *s.m.* **1** a cor azul. **2** produto extraído da anilina e de algumas plantas leguminosas. **3** preparado para branquear roupa: *Lavadeiras usam anil nas roupas brancas.* • *adj.* **4** azul.

a.ni.lho *s.m.* **1** pequena argola. **2** argola de metal usada para debruar o ilhós.

a.ni.li.na *s.f.* (Quím.) **1** substância derivada do benzeno, usada na indústria de corantes.

a.ni.ma.ção *s.f.* **1** entusiasmo; alegria: *Conta casos com animação.* **2** movimento: *a animação das ruas.* **3** técnica usada para produzir a ilusão de movimento no desenho animado.

a.ni.ma.do *adj.* **1** entusiasmado; alegre; divertido: *Lá estava Mário animado, conversando em uma roda.* **2** encorajado; estimulado: *Sentia-se animado pela recompensa que viria.* **3** que tem vida ou movimento: *Conversava com a boneca, como se fosse um objeto animado.*

a.ni.ma.dor (ô) *s.m.* **1** apresentador de programa de auditório. **2** em cinema, aquele que faz a animação dos desenhos. • *adj.* **3** que anima; estimulante; encorajador: *É animador constatar que as empresas investiram no Brasil.*

a.ni.mal *s.m.* **1** ser vivo irracional, dotado de sensibilidade e de movimento próprio. (Fig.) **2** indivíduo estúpido e grosseiro; bruto: *João é um animal.* • *adj.* **3** de que fazem parte os animais: *reino animal.* **4** selvagem; animalesco; irracional: *essa fúria animal, vulgar.*

a.ni.ma.les.co (ê) *adj.* que tem características próprias dos animais; irracional: *atitude animalesca.*

a.ni.ma.li.zar *v.t.* **1** embrutecer; bestializar: *Ele queria animalizar os homens.* • *pron.* **2** embrutecer-se: *Um mundo violento e feroz em que as pessoas se animalizam.*

a.ni.mar *v.t.* **1** dar vivacidade ou maior brilho; entusiasmar: *Trios elétricos vão animar o Carnaval.* **2** dar vigor ou movimento a: *O software foi usado para animar os desenhos infantis.* **3** encorajar; incentivar: *Teo animava o pai a fazer política.* • *pron.* **4** criar coragem para *E ninguém se animava a desafiar o adversário.* **5** adquirir vida, expressividade ou movimento: *Com sua vinda, a casa se animou.*

a.ní.mi.co *adj.* da alma; do espírito; psíquico.

a.ni.mis.mo *s.m.* crença que supõe existir espírito em tudo o que existe na natureza.

a.ni.mis.ta *s.2g.* **1** quem é adepto do animismo. • *adj.* **2** relacionado com o animismo.

â.ni.mo *s.m.* **1** disposição; resolução; coragem: *Estava cansado, sem ânimo para sair.* **2** desejo; intenção: *renovar o ânimo missionário.* **3** excitação ou exaltação de espírito: *Os ânimos estavam um pouco exaltados naquela tarde.*

a.ni.mo.si.da.de *s.f.* **1** rancor; ódio; aversão: *clima de animosidade contra os adversários.* **2** hostilidade; má-vontade; ressentimento: *Não se trata de uma animosidade contra os funcionários.*

a.ni.mo.so (ô) *adj.* cheio de ânimo; corajoso: *O pulsar do animoso coração gaúcho.*

a.ni.nhar *v.t.* **1** pôr em ninho: *Os pardais aninham os filhotes entre as folhas.* **2** acomodar: *Ele aninhou a criança no banco traseiro do carro.* • *pron.* **3** acomodar-se: *O pintinho aninhou-se entre os dedos da criança.* **4** refugiar-se: *Ela se aninhou em seus braços e chorou.* **5** recolher-se em ninho: *A chuva fez o canário aninhar-se.* • *int.* **6** fazer ninho: *Os pássaros aninham.*

â.nion *s.m.* (Quím.) íon com carga elétrica negativa.

a.ni.qui.la.do *adj.* **1** destruído completamente. **2** abatido física ou moralmente; prostrado: *O esforço da caminhada deixou-o aniquilado.*

a.ni.qui.la.men.to *s.m.* **1** destruição; extinção: *o aniquilamento da fauna.* **2** abatimento; prostração: *Seu aspecto era de inteiro aniquilamento.*

a.ni.qui.lar *v.t.* **1** tornar sem efeito; anular; destruir: *O homem é capaz de aniquilar sua própria espécie.* **2** abater; prostrar: *Tanta correria aniquilou o ajudante.* • *pron.* **3** anular-se; tornar-se sem efeito: *Com tanta resistência, seu ânimo aniquilou-se.*

a.nis *s.m.* **1** erva-doce: *sopa aromática com temperos de açafrão e anis.* **2** bebida preparada com erva-doce.

a.nis.ti.a *s.f.* **1** perdão geral: *concessão de anistia aos presos políticos.* **2** cancelamento de dívidas: *Manifestou ser contra a anistia aos associados em atraso.*

a.nis.ti.ar *v.t.* conceder anistia a; indultar: *O governo anistiou todos os cidadãos.*

a.ni.ver.sa.ri.an.te *s.2g.* pessoa que completa um ou mais anos de existência: *Nossa singela homenagem à aniversariante!*

a.ni.ver.sa.ri.ar *v.int.* completar mais um ano de existência: *Ele aniversariou hoje.*

a.ni.ver.sá.rio *s.m.* **1** dia em que se completa um ou mais anos de idade: *Amanhã é meu aniversário.* **2** dia em que se completa um ou mais anos de um acontecimento: *Em janeiro, comemora-se aniversário da cidade de São Paulo.*

an.jo *s.m.* **1** (Rel.) ente puramente espiritual a quem se atribui o ofício de mensageiro entre Deus e os homens: *Mas aí Deus mandou um anjo.* **2** criança morta; anjinho: *uma camisola branca de enterrar anjo.* **3** criança que se veste de anjo em festas religiosas: *Corria para alcançar os anjos da procissão.* **4** pessoa virtuosa, bondosa: *Martinha é mesmo um anjo.* • **anjo da guarda** (i) ente espiritual que se supõe velar sobre cada pessoa, afastando-a do perigo e do mal: *Os afoitos devem ter dois anjos da guarda.* (ii) pessoa que protege outra; protetor.

a.no *s.m.* **1** período de tempo que compreende 365 dias, 6 horas, 13 minutos e 53 segundos. **2** período letivo dos cursos anuais: *Perdeu o livro quando cursava o terceiro ano.* • **ano civil** o ano como é considerado pela sociedade, com 365 dias, sem contar frações de tempo: *Ele defendeu a desvinculação do ano fiscal do ano civil.* **ano letivo** período do ano em que funcionam os estabelecimentos de ensino: *As crianças não podem perder o ano letivo.*

a.nó.di.no *adj.* **1** que mitiga a dor; paliativo. **2** (Fig.) sem importância; insignificante: *Falou uma dúzia de frases anódinas.*

a.no.di.za.do *adj.* (Quím.) colorido por meio de oxidação: *alumínio anodizado.*

a.noi.te.cer *v.int.* **1** terminar o dia; fazer-se noite: *Anoiteceu e faz frio.* • *s.m.* **2** período de tempo compreendido entre o final da tarde e o começo da noite: *Quero chegar a São Marcelo antes do anoitecer.*

a.no-luz s.m. (Astr.) distância percorrida pela luz no vácuo em um ano à razão de 300.000 quilômetros por segundo: *E um ano-luz corresponde a nove trilhões e meio de quilômetros.*

a.no.ma.li.a s.f. desvio do padrão normal; defeito: *A ausência congênita dos ossos da abóbada craniana é uma anomalia rara.*

a.nô.ma.lo adj. **1** anormal; irregular; excepcional: *casos de evolução anômala do feto.* **2** (Gram.) verbo que apresenta irregularidades no radical ou nas desinências, como *ser, ir, ter, haver, estar, ver, vir.*

a.no.ni.ma.to s.m. obscuridade; ausência de notoriedade ou identificação: *São pessoas caridosas, que trabalham no anonimato.*

a.nô.ni.mo s.m. **1** indivíduo que não se identifica; desconhecido: *Um anônimo telefonou para a polícia.* • adj. **2** que não é identificado; desconhecido: *Não era mais que um rosto anônimo na multidão.* **3** sem o nome ou sem a identificação do autor: *Nunca recebi uma carta anônima.*

a.no-no.vo s.m. o dia primeiro de janeiro: *Queria passar o ano-novo com a família.* // Pl.: anos-novos.

a.no.re.xi.a /ks/ s.f. (Patol.) perda de apetite; inapetência.

a.no.ré.xi.co /ks/ s.m. **1** pessoa que sofre de perda de apetite: *O anoréxico resistia a procurar ajuda médica.* • adj. **2** relativo a anorexia.

a.nor.mal s.2g. **1** pessoa com alguma deficiência de desenvolvimento físico, intelectual, emocional: *Os anormais e os deficientes são encaminhados para tratamento adequado.* • adj. **2** não normal; irregular; anômalo: *O desenvolvimento ósseo depois de 24 anos é anormal.*

a.nor.ma.li.da.de s.f. aquilo que está fora dos padrões; anomalia: *O exame não revelou nenhuma anormalidade.*

a.no.ta.ção s.f. apontamento; nota: *Fez anotação dos nomes e endereços dos frequentadores.*

a.no.tar v.t. **1** tomar nota de; registrar: *O escrivão começou a anotar a confissão.* **2** pôr notas pessoais em; comentar: *Enquanto lia, anotava suas impressões no canto da página.*

an.qui.nhas s.f. pl. armação de arame que estufava as saias das mulheres: *Vovó não andava sem espartilho e anquinhas.*

an.sei.o s.m. **1** ambição; aspiração; desejo veemente: *A felicidade é o anseio de todos.*

ân.sia s.f. **1** angústia; aflição: *Sofria a ânsia de viver sozinho.* **2** desejo intenso; aspiração: *Todo mundo se atropelava, ao entrar no trem, na ânsia de conseguir sentar.* **3** pl. náuseas: *A cozinha estava tão suja, que dava ânsias.*

an.si.ar v.t. **1** desejar ardentemente: *Carlos continuava a ansiar pelo afeto e apreço de seus pais.* • int. **2** expressar ansiedade: *Seus olhos ansiavam.*

an.si.e.da.de s.f. **1** aflição; angústia; ânsia: *Uma ansiedade oprimia-lhe o peito.* **2** impaciência; pressa; sofreguidão: *Encaminha-se para o ônibus com ansiedade, querendo um bom lugar.*

an.si.o.lí.ti.co s.m. (Med.) substância psicotrópica que atua como tranquilizante: *remédios ansiolíticos.*

an.si.o.so (ô) s.m. **1** pessoa que sofre de ansiedade: *O ansioso quer tudo antes da hora.* • adj. **2** que denota ou transmite ansiedade: *Rostos ansiosos apareceram na janela.* **3** cheio de ansiedade; aflito: *Está inquieto, sofrendo por mim, ansioso por notícias.*

an.ta s.f. mamífero de até dois metros de comprimento, com pelo escuro quando adulto e membros alongados, cauda curta e nariz prolongado em tromba; tapir.

an.ta.gô.ni.co adj.**1** adversário; antagonista: *grupos antagônicos.* **2** oposto; contrário: *pontos de vista antagônicos.*

an.ta.go.nis.mo s.m. **1** rivalidade; divergência: *Reformas despertam o antagonismo de corporações do setor público.* **2** incompatibilidade; oposição: *Não é difícil perceber o antagonismo entre civilização e barbárie.*

an.ta.go.nis.ta s.2g. **1** opositor; adversário; rival: *Começa a luta entre os dois grandes antagonistas.* • adj. **2** diferente; oposto; rival: *A nação vai dividindo-se em grupos antagonistas.*

an.tár.ti.co adj.**1** que se situa no polo Sul: *continente antártico.* **2** próprio da região situada no polo Sul: *frio antártico.*

an.te prep. **1** diante de: *Sempre ficava nervoso ante as câmeras da TV.* **2** na presença de: *Achava-me ante uma extraordinária criatura.* **3** após: *pé ante pé.* **4** em consequência de: *Ante a iminência do perigo, apelou para o corpo de bombeiros.*

an.te.bra.ço s.m. parte do braço entre o cotovelo e o punho: *Sustentava o paletó no antebraço.*

an.te.câ.ma.ra s.f. sala de espera: *Havia muitas conversas nas antecâmaras palacianas.*

an.te.ce.dên.cia s.f. precedência; anterioridade: *Avise-me da reunião com bastante antecedência.*

an.te.ce.den.te s.m. **1** o que existiu ou aconteceu antes; precedente: *Cada um dos episódios estava relacionado com o seu antecedente.* **2** o que vem imediatamente antes: *Cada movimento literário guarda características do antecedente.* • pl. **3** atos e fatos que revelam conduta anterior: *Será preciso observar os antecedentes dos candidatos.* **4** incriminações ou indiciações anteriores: *O acusado tem antecedentes.* • adj. **5** anterior no tempo ou no espaço; precedente: *Cada período da História é uma continuação do período antecedente.*

an.te.ce.der v.t. **1** vir adiante de; preceder: *O artigo sempre antecede o substantivo em português.* **2** estar antes de; preceder: *O salário sairá na sexta que antecederá aos feriados de Carnaval.* • pron. **3** antecipar-se; ser anterior.

an.te.ces.sor (ô) s.m. **1** pessoa responsável por um cargo em período imediatamente precedente: *Não consegui igualar-se a seu antecessor.* **2** de geração anterior; antecedente: *A máquina a laser oferece vantagem sobre sua antecessora.* **3** antepassados: *Seus antecessores também possuíam cabelos pretos.*

an.te.ci.pa.ção s.f. realização de algo antes da data prevista: *A antecipação da entrega dos formulários causou problemas para os empregados.* ♦ **por antecipação** antecipadamente; antes da hora: *time classificado por antecipação.*

an.te.ci.par v.t. **1** fazer ocorrer antes do tempo previsto; adiantar: *Não convém antecipar fatos nem ditos.* **2** informar ou dizer com antecedência: *Eram incapazes de antecipar o que estava acontecendo.* • pron. **3** existir antes de; preexistir: *O melhor planejamento é o que*

antediluviano

se antecipa aos problemas. **4** agir com antecipação; adiantar-se: *Aprendera a antecipar-se a certos feitos.* **5** ocorrer antes do tempo previsto: *Agia como se quisesse que a morte (se) antecipasse.*

an.te.di.lu.vi.a.no *adj.* que é anterior ao dilúvio: *um monstro antediluviano.*

an.te.go.zar *v.t.* gozar antecipadamente; prelibar: *Eu antegozava a viagem.*

an.te.go.zo (ô) *s.m.* ato de antegozar; deleite prévio.

an.te.mão *adv.* ◆ **de antemão** com antecedência; previamente: *Conhecia de antemão todos os presentes.* // Usada na locução adverbial.

an.te.na *s.f.* **1** haste ou fio metálico que serve para transmissão ou recepção de ondas de rádio ou TV. **2** (Zool.) apêndice cefálico sensorial de várias espécies de animais: *baratas de antenas vibráteis.*

an.te.na.do *adj.* 1 que tem antenas. **2** (Coloq.) que se mantém bem informado; ligado; conectado: *Ele é antenado em jogos.*

an.te.on.tem *adv.* **1** no dia anterior ao de ontem: *Anteontem visitei meu avô.* ◆ *s.m.* **2** tempo remoto; o passado distante: *Importa o hoje, o ontem e o anteontem já não contam mais.*

an.te.pa.ro *s.m.* **1** peça protetora; resguardo: *Mantenha limpo o anteparo de papel.* **2** (Fig.) proteção; resguardo: *Ele pretende criar um anteparo para evitar crises internas.*

an.te.pas.sa.do *s.m.* **1** parente de gerações anteriores, já morto; antecessor: *Para se impor na sociedade, recorre a algum antepassado ilustre.* **2** antecessor primeiro, do qual se origina uma família ou uma raça: *O Homo erectus é o antepassado do homem atual.* **3** precursor: *Os atores aprenderam a tocar viola da gamba, o antepassado do violoncelo.* ◆ *s. m. pl.* **4** ancestrais; avós. ◆ *adj.* **5** anterior; precedente.

an.te.pas.to *s.m.* conjunto de iguarias leves que se consomem antes da refeição: *Cogumelos com alho e salsinha são servidos como antepasto.*

an.te.pe.núl.ti.mo *adj.* que se situa imediatamente antes do penúltimo: *A seleção fez ontem seu antepenúltimo treino no Brasil.*

an.te.por *v.t.* **1** colocar diante de: *Apressou-se a calçar as rodas, antepondo a elas pedras e seixos.* **2** estabelecer como prioritário; preferir: *Discutiam no parlamento, mas nem sempre antepondo o bem público à ambição de mandar.* **3** contrapor; opor: *Era preciso antepor uma barreira a vícios e abusos antigos.* ◆ *pron.* **4** preceder; vir antes: *Em inglês, o adjetivo se antepõe aos substantivos.* **5** contrapor-se; opor-se: *Combaterá o terrorismo e tudo aquilo que se antepõe à democracia.* **6** colocar-se em primeiro lugar; ser superior: *O interesse público se antepõe ao interesse privado.*

an.te.po.si.ção *s.f.* colocação de algo em posição que antecede outra: *anteposição do pronome oblíquo ao verbo.*

an.te.pos.to (ô) *adj.* que vem antes de: *Havia um provérbio anteposto à narrativa.*

an.te.pro.je.to *s.m.* versão prévia de um projeto: *O anteprojeto será entregue segunda-feira.*

an.te.ra (é) *s.f.* (Bot.) parte do estame formada de pequenos sacos, em cujo interior se desenvolve o pólen; órgão reprodutor masculino dos vegetais.

an.te.ri.or (ô) *adj.* **1** localizado na parte dianteira: *A testa se localiza na parte anterior do crânio.* **2** localizado antes: *A figura está na página anterior.* **3** que se realizou antes; que existiu antes; de antes: *Na aula anterior, o professor já tinha esclarecido aquele ponto.*

an.tes *adv.* **1** em tempo passado; anteriormente: *Tenho a impressão de que já estive aqui antes.* **2** antigamente: *Ela continua grosseira como antes.* **3** em lugar anterior; em lugar próximo de: *O açougue fica no meio do quarteirão, antes da esquina.* ◆ **antes que** introduz oração subordinada adverbial temporal: *Antes que pudesse argumentar, ouvi Sérgio dizer que tudo já estava decidido.*

an.tes.sa.la *s.f.* sala que antecede a principal; sala de espera: *Eles aguardavam na antessala.*

an.te.ver *v.t.* **1** prever: *Não conseguimos antever o futuro.* **2** imaginar: *Antevia o prazer do encontro.*

an.te.vés.pe.ra *s.f.* dia anterior à véspera.

an.te.vi.são *s.f.* visão antecipada; previsão: *Tive a antevisão de que viria uma tempestade.*

an.ti.a.bor.ti.vo *adj.* (Med.) que evita aborto.

an.ti.á.ci.do *s.m.* **1** substância que atua sobre a acidez gástrica: *O tratamento se limita à supressão dos antiácidos.* ◆ *adj.* **2** que atua sobre os ácidos, neutralizando-lhes a ação: *O leite de magnésia tem poder antiácido.*

an.ti.a.de.ren.te *adj.* que não deixa grudar; que impede a aderência: *frigideira antiaderente.*

an.ti.a.é.reo *adj.* **1** que previne ou protege contra ataques aéreos: *alarmes antiaéreos.* **2** que protege contra ataques aéreos: *abrigo antiaéreo subterrâneo.*

an.ti.a.lér.gi.co *s.m.* **1** substância que suprime ou reduz as manifestações alérgicas: *O uso de antialérgico pode diminuir crises de rinite.* ◆ *adj.* **2** que não causa alergia: *Só uso lençóis antialérgicos.* **3** que combate ou previne a alergia: *pomada antialérgica.* **4** que detecta sensibilidade à alergia: *teste antialérgico.*

an.ti.bé.li.co *adj.* contrário à guerra: *Poemas satíricos, que abrangem textos antibélicos.*

an.ti.bi.ó.ti.co *s.m.* **1** medicamento utilizado para combater infecções: *Após a cirurgia, tomou antibióticos.* ◆ *adj.* **2** que impede a proliferação ou causa a morte de germes patogênicos: *medicação antibiótica .*

an.ti.ci.clo.ne *s.m.* vento forte que gira em torno de um centro de alta pressão: *Os anticiclones são mais fracos e não são acompanhados de chuva ou neve.*

an.ti.cle.ri.cal *adj.* que se opõe à interferência do clero nos negócios públicos: *Certos países cultivam um nacionalismo violento e anticlerical.*

an.ti.clí.max /ks/ *s.m.* ausência de clímax ou ponto culminante: *Em vez de um desfecho, tivemos um anticlímax.*

an.ti.co.a.gu.lan.te *s.m.* **1** substância ou medicamento que impede a coagulação do sangue: *O anticoagulante pode ajudar vítima de derrame.* ◆ *adj.* **2** que impede a coagulação do sangue: *agentes anticoagulantes.*

an.ti.co.mu.nis.mo *s.m.* posicionamento contra o comunismo; oposição ao comunismo.

an.ti.con.cep.cio.nal *s.m.* **1** substância que impede a gravidez: *Médicos receitam anticoncepcional para evitar a gravidez.* ◆ *adj.* **2** que evita a gravidez: *pílula anticoncepcional.*

an.ti.con.ges.ti.o.nan.te *s.m.* medicamento contra congestão.

antipatizar

an.ti.con.vul.si.vo *s.m.* **1** medicamento usado para prevenir ou reverter episódios convulsivos: *Tomava normalmente um anticonvulsivo.* • *adj.* **2** que previne ou reverte a convulsão: *remédio anticonvulsivo.*

an.ti.cor.po (ô) *s.m.* substância específica, de origem celular, que torna inoperantes substâncias orgânicas capazes de produzir moléstia.

an.ti.cor.ro.si.vo *s.m.* **1** substância que impede a corrosão: *Uma matéria-prima que atua como um anticorrosivo.* • *adj.* **2** impede a corrosão: *O produto anticorrosivo pode ser aplicado a seco.*

an.ti.cris.to *s.m.* **1** segundo o Apocalipse, o rival de Cristo, que virá antes do fim do mundo e, fingindo ser o Messias, tentará pôr os homens sob o jugo do diabo: *Cristo derrotará o Anticristo para o estabelecimento da redenção.* **2** personificação de tudo que se opõe a Cristo.

an.ti.de.mo.crá.ti.co *adj.* que é contra a democracia: *A Monarquia Absoluta era essencialmente antidemocrática como qualquer absolutismo.*

an.ti.de.pres.si.vo *s.m.* (Psiq.) **1** medicamento contra a depressão: *Precisou tomar antidepressivos.* • *adj.* **2** que combate ou atenua a depressão: *Faz tratamento antidepressivo.*

an.ti.der.ra.pan.te *adj.* que previne derrapagem: *calçado antiderrapante.*

an.ti.dis.tô.ni.co *s.m.* **1** medicamento que combate a alteração da tonicidade muscular: *Engoliu o antidistônico com água mineral.* • *adj.* **2** que combate a distonia ou alteração da tonicidade muscular: *comprimido antidistônico.*

antidoping (antidópin) (Ingl.) *adj.* **1** que é contra entorpecentes ou drogas que causam alterações no organismo.

an.tí.do.to *s.m.* **1** medicamento empregado para neutralizar a ação de outro: *Correu à farmácia para tomar um antídoto.* **2** (Fig.) tudo o que previne ou corrige: *O filme é um antídoto contra o mau humor.*

an.ti.é.ti.co *adj.* contrário à ética: *atitude antiética.*

an.tí.fo.na *s.f.* verso recitado ou cantado no início de um salmo ou de um canto religioso e que depois é repetido em coro.

an.ti.ga.men.te *s.m.* **1** um tempo anterior; o passado; outros tempos: *Pessoas de antigamente gostam de relembrar o passado.* • *adv.* **2** em tempo anterior; antes: *Aqui, antigamente era mato fechado.*

an.tí.ge.no *s.m.* substância orgânica que, inoculada no organismo, provoca a produção de anticorpos específicos.

an.ti.go *s.m.* **1** o que já é passado; não moderno: *O antigo e o moderno juntam-se na peça.* **2** conjunto das pessoas mais velhas: *Diziam os antigos que por aqui apareciam visões.* • *adj.* **3** de outrora; passado: *Gostava de contar casos antigos.* **4** que vem de longa data: *Seu amor por ela é antigo.* **5** que não está mais em exercício ou atividade: *Recebi carta de um antigo professor.* **6** fora de moda; antiquado; ultrapassado: *Seu terno antigo causava risos.* **7** da Antiguidade: *história da Grécia antiga.*

an.ti.gri.pal *s.m.* **1** medicamento que combate os sintomas da gripe: *Os antigripais são largamente consumidos.* • *adj.* **2** que evita a gripe: *Tomou vacina antigripal.*

an.ti.gui.da.de *s.f.* **1** estado do que é antigo: *O estado da pintura revela sua antiguidade.* **2** período que se inicia com as civilizações mais antigas e vai até a queda do Império Romano do Ocidente: *A Renascença herdou da Antiguidade uma série de crenças.* **3** tempo de serviço: *Se ambos têm os mesmos pontos, prevalece a antiguidade.* **4** duração no tempo; idade: *Não há consenso entre arqueólogos quanto à antiguidade da ocupação humana na América.* • *s.f. pl.* **5** monumentos ou objetos antigos: *É fanático por antiguidades.*

an.ti-he.rói *s.m.* protagonista de obra de ficção a quem faltam os efeitos ou os valores do herói clássico: *Macunaíma, um herói sem caráter, o anti-herói brasileiro.*

an.ti-hi.gi.ê.ni.co *adj.* contrário aos princípios da higiene: *É anti-higiênico comer sem lavar as mãos.*

an.ti-in.fla.ma.tó.rio *s.m.* **1** substância que combate a inflamação. • *adj.* **2** que combate a inflamação: *Use um creme anti-inflamatório.*

an.ti.lha.no *s.m.* **1** natural ou habitante das Antilhas. • *adj.* **2** relativo às Antilhas.

an.tí.lo.pe *s.m.* mamífero ruminante, de porte médio, chifres permanentes, longos, dirigidos para cima e para trás, e muito veloz.

an.ti.ma.té.ria *s.f.* (Fís.) matéria composta de partículas cujas cargas elétricas, e outras propriedades, são opostas às das partículas do nosso Universo.

an.ti.mi.có.ti.co *adj.* (Quím. e Farm.) diz-se do produto que age nas infecções provocadas por fungos patogênicos.

an.ti.mís.sil *adj.* destinado ou usado para interceptar ou destruir mísseis em voo: *carga antimíssil.*

an.ti.mo.fo (ô) *s.m.* substância usada para proteger tecidos contra o mofo: *Existem antimofos sem cheiro, mas acho a naftalina mais eficaz.*

an.ti.mô.nio *s.m.* (Quím.) elemento químico de aspecto metálico, branco-azulado, não maleável, utilizado em ligas e sob a forma de compostos: *A medicina, de início, caracterizou o antimônio como veneno.* // Símb.: Sb; N. Atôm.: 51.

an.ti.na.tu.ral *adj.* **1** contrário às leis da natureza: *A morte dos filhos antes dos pais é antinatural.*

an.ti.no.mi.a *s.f.* **1** contradição entre dois princípios: *uma antinomia entre intenções e realizações.* **2** oposição.

an.ti.o.fí.di.co *s.m.* **1** aquilo que neutraliza o veneno das cobras. • *adj.* **2** que neutraliza o veneno de cobras ou atenua sua ação: *soro antiofídico.*

an.ti.o.xi.dan.te /ks/ *s.m.* **1** substância que evita a oxidação: *Esses antioxidantes tornam-se escassos à medida que os anos passam.* • *adj.* **2** que previne a oxidação: *A célula fabrica substâncias antioxidantes.*

an.ti.par.tí.cu.la *s.f.* (Fís. Nucl.) partícula cujas propriedades são opostas àquelas de outra partícula de mesma massa.

an.ti.pa.ti.a *s.f.* aversão; repulsa: *Não sei a origem de sua antipatia por mim.*

an.ti.pá.ti.co *s.m.* **1** pessoa antipática: *É uma turma de antipáticos.* • *adj.* **2** que inspira antipatia: *Não era antipático apenas dentro da escola.* **3** desagradável: *Tem a função antipática de cobrar.*

an.ti.pa.ti.zar *v.t.* ter aversão a: *Controlou-se, estava antipatizando com o doutor.*

antipatriota

an.ti.pa.tri.o.ta (ó) s.2g. 1 quem é contra as atividades patrióticas: *Só antipatriotas agem contra a nação.* • adj. 2 que é contra a pátria.

an.ti.pe.da.gó.gi.co adj. contrário às normas da Pedagogia: *Ressaltou o teor antipedagógico do procedimento utilizado.*

an.ti.pers.pi.ran.te s.m. preparado cosmético, usado para impedir ou diminuir o suor excessivo.

an.ti.pi.ré.ti.co s.m. substância que combate a febre: *Tomou um antipirético e sua temperatura logo voltou ao normal.* • adj. que elimina ou atenua a febre: *medicamento antipirético.*

an.tí.po.da s.2g. 1 indivíduo que habita lugar oposto a outro. 2 (Fig.) o contrário; o oposto: *Nossos antípodas estão sempre buscando motivo para nos criticar.*

an.ti.qua.do adj. antigo; desusado; fora de moda: *Usa vestidos antiquados.*

an.ti.quá.rio s.m. 1 colecionador ou comerciante de coisas antigas: *Ele gosta de frequentar antiquários.* 2 loja onde se comerciam objetos antigos: *Vimos, num antiquário, uma cadeira que era uma beleza.*

an.tir.rá.bi.co 1 o que combate a raiva. • adj. 2 contra a raiva: *vacina antirrábica.*

an.tis.se.mi.ta s.2g. 1 quem combate ou se opõe aos judeus. • adj. 2 que combate ou se opõe aos judeus: *Foi vítima de uma ditadura antissemita.*

an.tis.sep.si.a s.f. conjunto de medidas para desinfetar: *A intervenção deve ser iniciada após uma boa assepsia e antissepsia da pele.*

an.tis.sép.ti.co s.m. 1 desinfetante: *O hexaclorofeno é um eficiente antisséptico.* • adj. 2 que impede a multiplicação dos micróbios: *loção antisséptica.*

an.tis.so.ci.al adj. 1 contrário aos costumes ou interesses da sociedade: *Distribuição antissocial das terras brasileiras.* 2 avesso aos contatos sociais: *Era antissocial, refugiava-se nos cinemas.* 3 que transgride as normas sociais.

an.ti.tér.mi.co s.m. (Med.) 1 medicamento que faz baixar a temperatura. • adj. 2 que protege contra o calor: *luvas antitérmicas.*

an.tí.te.se s.f. 1 o oposto; o contrário: *Ele é a antítese de seu pai: um é gastador, o outro é sovina.* 2 contradição. 3 (Gram.) figura que opõe, numa mesma frase, palavras, expressões ou pensamentos contrários: *Na frase: "A morte é continuação da vida", há uma antítese.*

an.ti.te.tâ.ni.co s.m. 1 medicamento contra tétano: *O antitetânico agiu com eficácia.* • adj. 2 que combate o tétano: *soro antitetânico.*

an.ti.té.ti.co adj.1 que contém antítese: *Defender a paz fazendo guerra é uma atitude antitética.* 2 que constitui antítese: *A série antitética é realçada pela estrutura do período.*

an.ti.vi.ral adj. que combate os vírus: *O herpes se trata com pomadas antivirais.*

an.to.lo.gi.a s.f. 1 coletânea de textos selecionados: *Estudou redação por uma velha antologia.* 2 coletânea; conjunto: *Registra imagens para a antologia do cinema paulista.*

an.to.ló.gi.co adj. 1 digno de figurar em antologia: *Vale a pena transcrever o trecho antológico.* 2 (Fig.) célebre: *Nem mesmo o antológico restaurante escapou da modernização.*

an.tô.ni.mo s.m. (Gram.) palavra de significação oposta em relação a uma outra: *O antônimo de duro é mole.*

an.traz s.m. (Vet. e Med.) 1 doença infecciosa, fatal ao gado bovino e a carneiros, causada por um estafilococo e transmissível ao homem; carbúnculo. 2 infecção grave que se manifesta em forma de furúnculo.

an.tro s.m. 1 caverna; gruta: *Subiu àquele antro entre as pedras.* 2 lugar de corrupção, de degeneração moral.

an.tro.po.cên.tri.co adj. que tem o homem como centro.

an.tro.po.cen.tris.mo s.m. doutrina que coloca o homem como centro e medida do Universo: *O antropocentrismo, oposto ao teocentrismo medieval, caracteriza o Renascimento.*

an.tro.po.fa.gi.a s.f. condição ou estado de antropófago; canibalismo.

an.tro.pó.fa.go s.m. 1 quem come carne humana; canibal: *Falou sobre lutas com antropófagos.* • adj. 2 que come carne humana; canibal: *índios antropófagos.*

an.tro.poi.de (ói) s.m. (Zool.) espécie de macaco, desprovido de cauda e ocasionalmente bípede, que compreende os chimpanzés, os gorilas e os orangotangos, bem como algumas espécies fósseis: *Um grupo extinto de primatas seriam ancestrais dos antropoides.*

an.tro.po.lo.gi.a s.f. ciência que estuda o homem como ser animal, social e moral.

an.tro.po.ló.gi.co adj. da Antropologia; relacionado à Antropologia.

an.tro.pó.lo.go s.m. quem se dedica à Antropologia: *Muitos povos nativos ainda não foram pesquisados por antropólogos.*

an.tro.po.mór.fi.co adj.relacionado com a forma do homem.

an.tro.po.mor.fis.mo s.m. representação humana daquilo que não é humano: *As fábulas estão repletas de personificações e antropomorfismos.*

an.tro.pô.ni.mo s.m. nome próprio de pessoa: *Meu antropônimo não tem nada de lusitano.*

an.tú.rio s.m. planta ornamental com folhas alongadas e verde-escuras, flores em forma de grande pétala, que termina em ponta, de coloração branca, rosa, ou vermelha e que abriga no centro um pendão em forma de cilindro.

a.nu s.m. ave de cor preta, com brilho metálico, bico provido de crista, cauda longa, anda em bando e costuma pousar no lombo do gado vacum para catar carrapatos. // Var.: anum.

a.nu.al adj.1 que se realiza todos os anos: *encontro anual de estudantes.* 2 que dura um ano: *período anual de aulas.* 3 correspondente a um ano: *A taxa anual de inflação caiu.* 4 que cumpre seu ciclo uma vez durante o ano: *Os cultivos anuais predominam na agricultura.*

a.nu.a.li.da.de s.f. condição daquilo que é anual: *Entrou em vigor a anualidade dos reajustes.*

a.nu.á.rio s.m. publicação anual.

a.nu.ên.cia s.f. consentimento; concordância; aprovação: *Considerava a anuência como expressiva vitória.*

a.nu.i.da.de s.f. quantia que se paga anualmente: *anuidades escolares.*

a.nu.ir v.t. **1** aprovar; consentir: *Anuiu em visitar o tio.* • *int.* **2** dizer concordando: *O velho cabeceou, anuindo: — Está bem!*

a.nu.la.ção s.f. cancelamento; eliminação: *Foi pedida anulação das dívidas dos camponeses.*

a.nu.lar[1] v.t. **1** tornar sem efeito; desfazer; invalidar. **2** tirar o vigor de; eliminar; suprimir. • *pron.* **3** perder a eficácia: *Assim o efeito do sal oxidante se anula.* **4** perder a identidade: *A moça se anulou depois do casamento.*

a.nu.lar[2] s.m. **1** dedo em que se usa o anel: *Exibia a aliança no anular esquerdo.* • *adj.* **2** em que se usa anel: *dedo anular.* **3** em forma de anel.

a.nun.ci.a.ção s.f. **1** notícia; participação: *Fez a anunciação solene de seu desejo.* **2** (Teol.) mensagem do anjo Gabriel a Maria para anunciar que ela teria um filho, Jesus: *Ele retratou a crucifixão de Cristo e a anunciação de Maria.*

a.nun.ci.an.te s.2g. quem faz ou veicula anúncios: *Para divulgar o novo produto, procurou um anunciante.*

a.nun.ci.ar v.t. **1** indicar a chegada ou ocorrência próxima de prenunciar: *O mestre de cerimônias anunciou os visitantes ilustres.* **2** fazer propaganda de; divulgar em anúncios: *Sua loja anuncia baixa de preços.* **3** dar a conhecer; fazer saber; comunicar: *Anunciou o noivado aos presentes.* • *pron.* **4** avisar a própria presença; apresentar-se.

a.nún.cio s.m. **1** aviso; participação: *Convocou a imprensa para fazer o anúncio da visita do presidente.* **2** prenúncio; presságio: *Sentiu no seu olhar o anúncio de que nunca mais estaria sozinha.* **3** mensagem veiculada pelos meios de comunicação, através de palavras ou de recursos audiovisuais; propaganda: *Recortei um anúncio do jornal para você.* **4** indício; sinal: *Nuvens escuras são anúncio de chuva próxima.*

a.nu.ro s.m. **1** animal anfíbio sem cauda: *O sapo, a rã e a perereca são anuros.* • *adj.* **2** sem cauda: *Batráquios anuros reproduzem-se em qualquer época do ano.*

â.nus s.m. orifício na extremidade terminal do intestino, pelo qual se expelem as fezes.

a.nu.vi.ar v.t. **1** cobrir de nuvens ou de fumaça: *A neblina anuviava os caminhos.* **2** (Fig.) abalar; afetar; tornar sombrio ou carregado: *Anuviando o semblante, perguntou-me onde estivera.* • *pron.* **3** tornar-se sombrio; abalar-se: *Seu rosto se anuviou com a notícia.* **4** embaciar; embaçar: *Com a idade, anuviara-se o seu olhar.*

an.ver.so (é) s.m. **1** face de medalha ou moeda onde se vê a efígie ou o emblema: *Só um dos lados da moeda, o anverso, apresentava um desenho inexpressivo.* **2** parte da frente num objeto que possui dois lados.

an.zol s.m. pequeno gancho, terminado em farpa, usado para pescar.

ao 1 junção da preposição *a* com artigo *o*; para o: *Dina foi ao mercado.* **2** junção da preposição *a* com o pronome demonstrativo *o*: *Eles ajudam aos que precisam.*

a.on.de adv. a que lugar: *Mestre, aonde vamos nesta noite?*

a.or.ta s.f. (Anat.) grande artéria que parte do ventrículo esquerdo do coração: *O aneurisma é uma dilatação da aorta.*

apalpadela

a.ór.ti.co adj. relativo ou pertencente à aorta: *válvula aórtica.*

a.pa.che s.2g. **1** indivíduo dos apaches, povo indígena norte-americano: *Temia um ataque dos apaches.* • *adj.* **2** relativo aos apaches ou a seu idioma: *tribos apaches.*

a.pa.dri.nha.men.to s.m. **1** proteção; favorecimento: *O apadrinhamento prejudicava o desenrolar dos trabalhos.* **2** ato ou efeito de apadrinhar; patrocínio: *Hospitais infantis poderão sobreviver com apadrinhamento de crianças.*

a.pa.dri.nhar v.t. **1** ser padrinho de: *Ele apadrinhou o noivo na cerimônia.* **2** patrocinar: *Procura empresários para apadrinhar seu filme.* **3** proteger; defender: *O governador já avisou que não vai apadrinhar ninguém.*

a.pa.ga.do adj. **1** que já não arde: *fósforo apagado.* **2** que não tem luz; desligado: *luzes apagadas.* **3** que desapareceu sem deixar traço: *Com esforço e muita borracha o nome dela ficou apagado.* **4** sem vida; sem alegria; sem intensidade: *Um grito apagado chegou até ela.* **5** não nítido; esmaecido: *foto apagada pelo tempo.* **6** (Coloq.) em sono profundo: *Veio arrumar o quarto, viu você apagado.*

a.pa.ga.dor (ô) s.m. pequeno retângulo de madeira, guarnecido de feltro numa das faces, que serve para apagar o que se escreveu num quadro-negro.

a.pa.gar v.t. **1** fazer desaparecer; extinguir: *Ela levantou-se para apagar o fogo.* **2** fazer parar de funcionar; desligar: *Girou o botão para apagar o forno.* **3** fazer desaparecer sem deixar traço: *Ele ia baralhar tudo, apagar os rastos de cavaleiro.* **4** tornar menos intenso; esquecer: *Tentávamos, inconscientemente, apagar o passado.* **5** (Coloq.) matar: *Ele mandou apagar as testemunhas.* • *pron.* **6** extinguir-se: *Mais uma estrela que está destinada a se apagar.* **7** (Fig.) ficar esquecido; desaparecer: *Seus sonhos de moça apagaram-se.* **8** (Coloq.) adormecer; prostrar-se: *Bebeu muito, apagou-se sentado no sofá.* • *int.* **9** (Coloq.) morrer: *Era melhor apagar de uma vez do que viver a prestações.* **10** adormecer: *Foi para a cama e apagou.*

a.pai.xo.na.do /ch/ s.m. **1** pessoa que sente inclinação amorosa por alguém; namorado: *Não veja em mim apenas o apaixonado.* **2** entusiasta; admirador: *É um apaixonado por livros.* • *adj.* **3** em que há ou que denota paixão: *Trocaram um beijo apaixonado.* **4** dominado por paixão; apaixonar: *Disse que estava apaixonado por mim.* **5** apreciador; entusiasta: *Tinha um irmão apaixonado por caçadas.*

a.pai.xo.nar /ch/ v.t. **1** despertar amor intenso: *Seu sorriso apaixonava os homens.* **2** entusiasmar; arrebatar: *O bom orador apaixona a plateia.* • *pron.* **3** ser tomado por um amor intenso: *Posso me apaixonar por outra.* **4** ser tomado por entusiasmo; sentir-se atraído por: *Apaixonara-se por barcos de pesca.*

a.pa.la.vrar v.t. **1** contratar; recrutar: *Os dois conversaram, apalavraram os outros e tudo deu certo.* **2** combinar: *Chegou mais cedo para apalavrar com o professor a viagem do dia seguinte.*

a.pa.ler.ma.do adj. abobalhado; apatetado: *O soldado, apalermado, olhava sem saber o que fazer.*

a.pal.pa.de.la (é) s.f. toque leve: *um beliscão, uma apalpadela audaciosa* ♦ **às apalpadelas** pelo tato, com dificuldade: *Pôs-se a caminhar às apalpadelas, como um cego.*

apalpar

a.pal.par *v.t.* **1** tocar ou examinar com as mãos; tatear: *Entro no quarto do hotel, apalpo a cama.* **2** sondar; examinar: *Com cuidado, apalpava o terreno.* • *pron.* **3** tocar-se com as mãos: *Apalpando-se, descobriu um nódulo no peito.*

a.pa.ná.gio *s.m.* aquilo que se goza por direito de herança; atributo peculiar e inerente; característica.

a.pa.nha.do *s.m.* **1** maço: *Pegava um apanhado de couve, uns carás.* **2** síntese; resumo: *Nesse apanhado, procurei abordar todos os tópicos.* • *adj.* **3** colhido: *Chupava laranjas apanhadas no pé.* **4** recolhido: *Trazia para casa gatos apanhados nas ruas.* **5** capturado: *No fim da corrida, acabou apanhado.* **6** adquirido; pego: *reumatismo apanhado no mar.* **7** surpreendido; pego: *Baixou os olhos, como um escolar apanhado em flagrante.* **8** que tem certa aparência: *um homem jovem e bem apanhado.*

a.pa.nhar *v.t.* **1** pegar com a mão: *É melhor você entrar para apanhar a mala.* **2** caçar ou pescar; pegar: *Desejou apanhar aquela borboleta em sua rede.* **3** prender; capturar: *Era preciso apanhar o criminoso.* **4** colher: *Fomos apanhar umas flores para a igreja.* **5** embarcar em; tomar: *Estava a caminho do aeroporto para apanhar o avião.* **6** buscar; pegar: *Meu namorado vem me apanhar no fim da noite.* **7** atingir com um choque; atropelar: *Um carro apanhou o vizinho.* **8** receber; tomar: *Ela permaneceu no pátio, apanhando chuva.* **9** adquirir; pegar: *Podia até apanhar pneumonia com esta friagem.* **10** surpreender; pegar: *Apanhei Juca roubando laranja.* **11** levar surra ou pancada: *Eduardo, você vai apanhar de seu pai!* **12** (Fig.) perder (em jogo ou em luta): *Você torce para time que só apanha dos outros!*

a.pa.ra *s.f.* sobra no corte de madeira, papel, carne: *As aparas voavam longe.*

a.pa.ra.dor (ô) *s.m.* móvel de sala de jantar, relativamente longo, e cujo tampo serve para receber os pratos e travessas com comida; bufê: *Na sala havia dois aparadores de jacarandá.*

a.pa.ra.fu.sar *v.t.* fixar com parafuso: *Aplicar feltro e aparafusar novamente o painel.*

a.pa.rar *v.t.* **1** cortar rente; desbastar: *aparar as unhas.* **2** alisar; aplainar: *aparar madeira.* **3** pegar; recolher: *Havia uma rede para aparar o trapezista, caso houvesse queda.* **4** defender-se de; deter: *Zé Gato mal tem tempo de aparar o golpe.* **5** abrandar; restringir ou eliminar em parte: *aparar certas dificuldades.*

a.pa.ra.to *s.m.* **1** luxo; pompa; ostentação: *O luxo e o aparato da casa eram excessivos.* **2** conjunto de elementos específicos de que se lança mão para mostrar poder, força, eficiência etc.: *O aparato de segurança estava preparado.* **3** conjunto de instrumentos; instrumental; equipamento: *Desinfecção dos aparatos de injeção endovenosa.*

a.pa.re.cer *v.int.* **1** tornar-se visível; mostrar-se: *O sol apareceu no horizonte.* **2** ser visto; ser encontrado: *O corpo apareceu no meio do canavial.* **3** comparecer: *Convidada, não apareceu para o almoço.* **4** vir; chegar: *Garcia apareceu em nossa casa.* **5** ser notado: *É tímido, não gosta de aparecer.* **6** vir a público: *Os livros começam a aparecer na juventude do escritor.* **7** ser inventado; surgir: *E no século passado apareceram os primeiros carros.* **8** manifestar-se; revelar-se ao espírito: *As ideias foram aparecendo.*

a.pa.re.ci.men.to *s.m.* **1** vinda; chegada: *O assunto foi interrompido devido ao aparecimento da criança.* **2** surgimento: *O progresso se acelerou com o aparecimento da imprensa.*

a.pa.re.lha.gem *s.f.* conjunto de instrumentos; equipamento: *Na irrigação por aspersão, utiliza-se a mesma aparelhagem destinada à cultura do café.*

a.pa.re.lha.men.to *s.m.* **1** conjunto de providências para dotar (algo) do necessário. **2** equipamento; instrumental: *Ocorreram explosões com o aparelhamento usado.*

a.pa.re.lhar *v.t.* **1** pôr em condições de uso ou funcionamento; equipar: *Aparelhar a escola com o equipamento necessário.* **2** pôr arreios em; arrear: *Aparelhou o cavalo e partiu em disparada.* • *pron.* **3** munir-se; equipar-se: *A preocupação dos marinheiros era aparelhar-se com todos os meios materiais.*

a.pa.re.lho (ê) *s.m.* **1** conjunto de peças montadas para um determinado fim: *um aparelho de som.* **2** conjunto de peças de serviço culinário; serviço: *um aparelho de café sobre a mesa.* **3** sistema de órgãos que, em conjunto, exercem uma função especial: *aparelho disgestório* // Nesta acepção, usa-se atualmente a designação *sistema*.

a.pa.rên.cia *s.f.* **1** aspecto exterior: *erupção da pele com aparência de lepra.* **2** ilusão; impressão: *Economizavam para manter a aparência de riqueza.* **3** semelhança: *O que você descreveu não tem aparência com gente.*

a.pa.ren.tar *v.t.* **1** mostrar na aparência: *Ela aparentava uma calma que não sentia.* **2** parecer: *O método aparenta ser difícil.* • *pron.* **3** tornar-se ou ser parecido; assemelhar-se: *Um irmão aparentava-se com outro.*

a.pa.ren.te *adj.* **1** que parece ser, mas não é; falso: *Sua calma era apenas aparente.* **2** perceptível: *depressão sem causa aparente.* **3** que aparece, que está à vista; visível: *fachada com concreto aparente.*

a.pa.ri.ção *s.f.* **1** aparecimento; chegada: *A velha estava assustada com a nossa aparição.* **2** aparecimento extraordinário: *Celebraram os 75 anos da primeira aparição de Fátima.* **3** aparecimento; invenção: *Com a aparição dos diários, o tamanho da página foi aumentando.*

a.par.ta.men.to *s.m.* parte independente de um prédio de habitação coletiva, destinada a residência particular: *Comprou um apartamento.*

a.par.tar *v.t.* **1** separar; isolar: *Sabiam apartar boi gordo e tocar uma tropa.* **2** arrancar; tirar de seu lugar: *Apartaram as madeiras no mato.* **3** separar (aqueles que brigam). **4** desviar; afastar: *Não aparte os olhos do que ela faz.* • *pron.* **5** separar-se; desviar-se: *Seus olhos não se apartavam de mim.*

a.par.te *s.m.* **1** interferência oral numa conversa, palestra, discurso: *Fez um aparte durante a reunião.* **2** conversa em segredo: *A mãe teve um aparte com a filha.*

a.par.te.ar *v.t.* interromper (orador, debatedor etc.) com apartes: *Não pude deixar de apartear o colega.*

apartheid (apartáid) (Africâner) *s.m.* antiga segregação racial e discriminação contra os habitantes da África do Sul por parte da minoria branca.

a.par.ti.dá.rio *adj.* sem partido: *Queria transformar a secretaria num órgão neutro, apartidário.*

apertar

a.par.va.lha.do *adj.* **1** atrapalhado; desnorteado: *Diante de autoridades, o rapaz sempre fica meio aparvalhado.* **2** pouco inteligente; tolo; apatetado.

a.par.va.lhar *v.t.* **1** apatetar; abobalhar; desnortear: *Aquela gritaria aparvalhou os cães que latiam ao redor.* • *pron.* **2** apatetar-se; atrapalhar-se: *Dando com a pinguela, os cavalos se aparvalharam.*

a.pas.cen.tar *v.t.* **1** levar ao pasto para dar de comer; pastorear: *apascentar ovelhas.* • *pron.* **2** pastar: *Uma gazela se apascentava à beira do lago.*

a.pa.te.ta.do *adj.* **1** aparvalhado; abobalhado: *Ele tem um aspecto apatetado.* **2** que se desnorteou; tonto; desnorteado.

a.pa.ti.a *s.f.* **1** impassibilidade de espírito; indiferença: *Não se trata de tristeza ou depressão, mas de tédio, apatia.* **2** preguiça; indolência: *Apatia e sonolência podem indicar hipotireoidismo.*

a.pá.ti.co *adj.* **1** que tem apatia; indiferente: *A criança mal nutrida é apática.* **2** indolente; preguiçoso: *Era apática no cuidado da casa.*

a.pá.tri.da *s-2g.* **1** quem não tem pátria: *Os apátridas são solitários.* • *adj.* **2** que se encontra oficialmente sem pátria: *pessoas apátridas.*

a.pa.vo.ra.do *adj.* cheio de pavor; aterrorizado: *Ficamos apavorados com os tremores de terra.*

a.pa.vo.ran.te *adj.* que causa pavor: *A descida da montanha-russa foi apavorante.*

a.pa.vo.rar *v.t.* **1** causar pavor a; amedrontar; aterrorizar: *Um misterioso animal apavorava a cidade toda.* • *pron.* **2** amedrontar-se; aterrorizar-se: *Basta não se apavorar, não largar a rédea.*

a.pa.zi.guar *v.t.* **1** conduzir a disposições pacíficas; acalmar; serenar: *O jogador fazia sinais com a mão, tentando apaziguar o colega.* • *pron.* **2** serenar; acalmar-se; aquietar-se: *Quando tudo se apaziguar, poderás voltar.*

a.pe.ar *v.t.* **1** descer: *Apeia do cavalo, dirige-se para a casa do patrão.* • *int.* **2** descer de montaria. // Ant.: montar.

a.pe.dre.ja.men.to *s.m.* **1** ataque com pedras: *Alguns incidentes, como apedrejamento de ônibus, foram registrados.* **2** (Fig.) crítica vigorosa; acusação: *Ele sofreu um apedrejamento moral.*

a.pe.dre.jar *v.t.* **1** atirar pedras em. **2** (Fig.) insultar; ofender: *Apedrejou a moça com palavras ofensivas.* **3** criticar rigorosamente.

a.pe.ga.do *adj.* **1** preso; ligado: *pessoa muito apegada aos seus hábitos.* **2** afeiçoado: *Era muito apegado ao pai.*

a.pe.gar-se *v.pron.* **1** prender-se; ligar-se: *Não se apegue apenas aos sucessos mais recentes.* **2** afeiçoar-se: *O menino apegou-se à avó.*

a.pe.go (ê) *s.m.* **1** inclinação afetuosa; afeição: *apego à família.* **2** relação obstinada com; ligação: *Diz que não tem apego ao cargo.*

a.pe.la.ção *s.f.* **1** pedido de auxílio; apelo: *A apelação das comunidades não recebeu resposta do secretário.* **2** subterfúgio ou ardil para sair de uma dificuldade ou para iludir: *Vamos jogar sem apelações!* **3** (Jur.) recurso interposto da sentença de um juiz ou de um tribunal: *Os veredictos são sujeitos a apelação.*

a.pe.lar *v.t.* **1** pedir auxílio; solicitar: *Apelava aos amigos nas horas difíceis.* **2** implorar: *Voltava a apelar para São Cipriano.* **3** (Jur.) interpor recursos; recorrer por apelação: *Seu advogado vai apelar para o secretário.* **4** servir-se de; utilizar; recorrer: *Não pretendo apelar para a violência.* • *int.* **5** (Colóq.) usar recursos baixos: *Quando começou a perder, o time apelou.*

a.pe.la.ti.vo *adj.* que utiliza recursos não muito honestos: *Ao defender-se, usou tom e gestos apelativos.*

a.pe.li.dar *v.t.* pôr alcunha ou apelido em: *Todos apelidavam o menino.*

a.pe.li.do *s.m.* **1** título distintivo que ressalta alguma característica; alcunha: *O famoso apelido de Prestes é Cavaleiro da Esperança.*

a.pe.lo (ê) *s.m.* **1** pedido; solicitação: *D. Pedro, em face do apelo do povo, proferiu o seu histórico "sim".* **2** apresentação ostensiva: *o apelo das fotos de propaganda.* **3** convocação; chamamento: *Nosso movimento é um apelo aos homens de bem.*

a.pe.nas *adv.* **1** só; somente: *Ela come apenas vegetais.* • *conj.* **2** assim que; mal: *Apenas me acomodei em minha sala, Pedro chegou para me atrapalhar.*

a.pên.di.ce *s.m.* **1** matéria que se junta ao texto de um livro; anexo: *Os apêndices ilustram temas tratados em cada capítulo.* **2** (Med.) parte acessória num órgão, distinta pela sua forma ou posição: *Teve de ser operado do apêndice às pressas.*

a.pen.di.ci.te *s.f.* (Med.) inflamação do apêndice intestinal: *operação de apendicite.*

a.pen.so *s.m.* **1** documento anexado a outro: *Venho atormentado com esses depoimentos, relatórios, apensos e separatas.* • *adj.* **2** junto; anexo: *As preocupações estratégicas apensas à dinâmica guerra e paz.*

a.pe.que.nar *v.t.* **1** tornar pequeno; diminuir: *Aquela vingança apequenava minhas recordações.* **2** humilhar: *Impunha-se, oprimindo e apequenando os adversários.* • *pron.* **3** tornar-se pequeno: *O mundo se apequena e as culturas se fundem.*

a.per.ce.ber-se *pron.* dar-se conta de; perceber; notar: *Disso não parecem aperceber-se os meus companheiros de solidão.*

a.per.fei.ço.a.men.to *s.m.* aprimoramento; melhoramento.

a.per.fei.ço.ar *v.t.* **1** Tornar perfeito; melhorar: *Ciência que visa a aperfeiçoar o ser humano.* • *pron.* **2** melhorar; esmerar-se; aprimorar-se: *Aperfeiçoar-se na natação.*

a.pe.ri.ti.vo *s.m.* bebida que desperta o apetite, servida antes das refeições: *tomar aperitivo com os amigos.*

a.per.re.a.do *adj.* aborrecido; preocupado; irritado: *O coronel vive aperreado.*

a.per.re.ar *v.t.* **1** atormentar; aborrecer: *Só espero que ele não vá aperrear ninguém.* • *pron.* **2** atormentar-se; aborrecer-se: *Não mais se aperreou com os pensamentos ruins sobre a vida.*

a.per.tão *s.m.* ação de cingir com força; abraço forte: *Criança não gosta de apertões.*

a.per.tar *v.t.* **1** segurar com força: *Cumprimentaram-se, apertando as mãos.* **2** comprimir: *O vestido justo aperta seu corpo.* **3** ajustar: *apertar um parafuso.* **4** (Fig.) afligir; angustiar: *A saudade aperta meu coração.* **5** juntar; unir; contrair: *Nervoso, apertava os lábios.* **6** pressionar: *Apertou a campainha.* **7** (Fig.) interrogar com insistência: *O pai aperta o filho.* **8** estreitar: *Apertou o filho contra o peito.* • *pron.* **9** ficar em dificuldades: *Rico nunca se aperta.* • *int.* **10** tornar-se mais intenso: *A chuva apertou.*

aperto

a.per.to (ê) *s.m.* **1** dificuldade: *Na hora do aperto, apela para os santos.* **2** compressão; pressão: *aperto de mão.* **3** opressão; sufocação: *Sentiu um aperto no coração.*

a.pe.sar de *loc. prep.* a despeito de; não obstante. ♦ **apesar de que** embora; ainda que.

a.pe.te.cer *v.t.* **1** despertar apetite: *Nada apetece ao velho doente.* (Fig.) **2** ser do agrado de; ser fonte de prazer: *Aquelas bobagens não apeteciam ao nosso grupo.* **3** despertar desejo em.

a.pe.te.cí.vel *adj.* que desperta apetite; desejável: *aroma apetecível.*

a.pe.tên.cia *s.f.* **1** desejo intenso. **2** vontade de comer; apetite. //Ant.: inapetência.

a.pe.ti.te *s.m.* **1** vontade ou desejo de comer: *A caminhada abriu o apetite.* **2** grande vontade: *Lançou-se ao trabalho com apetite.*

a.pe.ti.to.so (ô) *adj.* que desperta o apetite; saboroso: *apetitosos sanduíches.*

a.pe.tre.char *v.t.* munir; prover de apetrechos ou recursos: *Apetrechei a cozinha de mantimentos para o Natal.*

a.pe.tre.cho (ê) *s.m.* **1** conjunto de instrumentos e munições de guerra: *apetrechos de combate.* **2** objeto e utensílio necessário à execução de uma tarefa: *apetrechos de casa e ferramentas de trabalho.*

a.pi.á.rio *s.m.* **1** lugar onde se criam abelhas. ● *adj.* **2** relativo a abelhas.

á.pi.ce *s.m.* **1** o ponto mais elevado; vértice: *o ápice de um cone.* **2** a parte terminal; ponta; extremo: *o ápice da folha.* **3** o mais alto grau; apogeu: *Roma atingiu seu ápice no primeiro século antes de Cristo.*

a.pí.co.la *adj.* relativo a apicultura: *produtos apícolas.*

a.pi.cul.tor (ô) *s.m.* quem cria abelhas: *A abelha africana proporciona lucros aos apicultores.*

a.pi.cul.tu.ra *s.f.* criação de abelhas para colheita do mel: *O governo tem estimulado a apicultura no Estado.*

a.pi.e.dar-se *pron.* ter piedade; ter dó; condoer-se: *Não basta a gente se apiedar das vítimas.*

a.pi.men.ta.do *adj.* **1** que contém pimenta: *comida apimentada.* **2** (Fig.) malicioso; excitante: *histórias apimentadas.*

a.pi.men.tar *v.t.* **1** temperar com pimenta: *Josefa apimentou o feijão.* **2** (Fig.) tornar malicioso ou excitante: *Apimentava seus casos com piscadelas e gestos.*

a.pi.na.jé *s.2g.* **1** indivíduo dos apinajés. ● *pl.* **2** povo indígena brasileiro do baixo Araguaia e Tocantins: *Os apinajés olham o sol como seu criador e o pai da humanidade.*

a.pi.nha.do *adj.* superlotado; cheio: *Pintou um quadro gigantesco, apinhado de flores.*

a.pi.nhar *v.t.* **1** encher ou ocupar totalmente: *A criançada apinhou o circo.* ● *pron.* **3** aglomerar-se; unir-se como pinhas: *Nas janelas, apinharam-se todos da casa.*

a.pi.tar *v.t.* (Bras.) **1** assinalar por meio de um apito; marcar: *O juiz não apitou a falta.* **2** arbitrar em disputas esportivas: *Não gostava de apitar jogos no Maracanã.* ● *int.* **3** dar sinal por meio de apito: *Um guarda apitou na rua.* **4** (Fig.) opinar; interferir: *Aqui o Estado não apita e o oportunismo não tem vez.*

a.pi.to *s.m.* **1** instrumento que produz silvo ou assobio: *Apitos trilaram.* **2** assobio; silvo: *um calor agradável, apitos de trem ao longe.*

a.pla.car *v.t.* **1** tranquilizar; sossegar; acalmar: *Nem toda a repressão conseguiu aplacar a minha índole.* **2** fazer diminuir ou eliminar: *aplacar o desejo de revanche* ● *int. e pron.* **3** acalmar-se ou extinguir-se: *Esperei que sua cólera (se) aplacasse.*

a.plai.nar *v.t.* **1** alisar com plaina: *aplainar uma tábua.* **2** tornar plano: *aplainar um terreno.* **3** (Fig.) suavizar; remover: *aplainar dificuldades.* ● *pron.* **4** (Fig.) amenizar-se; abrandar-se: *As dificuldades se aplainariam.* **5** ter a superfície plana: *Ali o terreno se aplainava.*

a.pla.nar *v.t.* **1** aplainar; abrandar: *Com seu gênio forte, queria me dominar e me aplanar.* ● *pron.* **2** igualar-se; nivelar-se: *Levar o Brasil a unificar-se, a aplanar-se.*

a.pla.si.a *s.f.* (Med.) desenvolvimento incompleto de um órgão: *aplasia medular.*

a.plau.dir *v.t.* **1** bater palmas para: *Aplaudir o orador.* **2** aprovar; elogiar; louvar: *Aplaudimos a feliz escolha dos temas propostos.* **3** bater palma em sinal de aprovação, admiração ou entusiasmo; aclamar: *O orador falou bem e todos aplaudiram.*

a.plau.so *s.m.* **1** palmas; aclamação: *O cantor recebeu calorosos aplausos da plateia.* **2** elogio; louvor; aprovação: *meu aplauso pelo bom gosto do doutor.*

a.pli.ca.bi.li.da.de *s.f.* possibilidade de aplicação: *Verificar a aplicabilidade de hemodiálise.*

a.pli.ca.ção *s.f.* **1** ato de aplicar. **2** empenho; dedicação: *aplicação aos estudos.* **3** investimento: *aplicações na bolsa de valores.* **4** ato de colocar em prática: *aplicação de teorias.* **5** utilização; uso: *um manual sobre a aplicação do PH para a conservação do leite.* **6** administração: *aplicação de injeções.* **7** em costura, peça que se aplica sobre roupa com enfeite: *vestido preto com aplicações douradas.*

a.pli.ca.dor (ô) *s.m.* **1** quem investe; investidor: *Os aplicadores buscam refúgio para seu dinheiro.* **2** quem aplica ou faz executar: *Isto é função do legislador e do aplicador da lei.* ● *adj.* **3** que aplica: *criatividade do agente aplicador dos regulamentos.*

a.pli.car *v.t.* **1** investir: *Olegário não sabe onde aplicar o dinheiro.* **2** ministrar: *Aplicaram nos bebês a vacina prevista no calendário.* **3** infligir; impor: *Aplicou multa de 300 reais aos infratores.* **4** pôr; colocar: *Começou a aplicar o algodão perfumado no meu rosto.* **5** desferir: *Quis revidar, mas Pedro aplicou outro pontapé nele.* **6** empregar; utilizar: *Aplicava todo seu tempo livre à leitura.* ● *pron.* **7** dedicar-se; entregar-se com afinco: *Resolveu aplicar-se aos estudos.* **8** servir; ajustar-se: *E o sermão se aplica também a você, mocinha.*

a.pli.ca.ti.vo *s.m.* **1** (Inf.) programa específico aplicado a determinada área de atividade: *Temos muitos aplicativos para atender empresas.*

a.pli.que *s.m.* **1** enfeite ou conjunto de fios de cabelo aplicado sobre a cabeça: *Ela não sai sem os apliques no cabelo.* **2** enfeite aplicado sobre a roupa, sapato etc. **3** artefato que serve de ornamento para parede.

ap.nei.a (éi) *s.f.* (Med.) suspensão temporária da respiração: *O músico sofria de apneia.*

a.po.ca.lip.se *s.m.* **1** o último livro do Novo Testamento, que contém revelações feitas a João Evangelista: *Eu estudei o Apocalipse.* **2** o fim do mundo, previsto nesse livro: *Vivemos tempos anunciadores do Apocalipse.* **3** desastre; catástrofe: *Vocês poderão sobreviver a qualquer apocalipse.*

a.po.ca.líp.ti.co adj. 1 que anuncia grande catástrofe: *A situação não é apocalíptica*. 2 desastroso; terrível: *uma aventura apocalíptica*.

a.pó.co.pe s.f. (Gram.) supressão de fonema(s) no fim de vocábulo: *Um exemplo de apócope é usar "mui" em vez de "muito"*.

a.pó.cri.fo adj.1 de autor desconhecido ou cuja autenticidade não se comprovou: *texto apócrifo*. 2 não reconhecido pela Igreja Católica: *evangelho apócrifo*.

a.po.de.rar-se pron. fazer-se dono; apossar-se: *Queria apoderar-se da herança da sobrinha*.

a.po.dre.cer v.t. 1 tornar podre: *A chuva apodrece os grãos*. 2 deteriorar; estragar: *A umidade apodreceu suas luvas*. 3 (Fig.) degradar; corromper: *Os vícios apodrecem o homem*. • int. 4 decompor-se: *Atacada pela doença, a fruta apodrece*. 5 deteriorar-se: *Navios apodreciam nos portos*.

a.po.dre.ci.men.to s.m. decomposição de matérias orgânicas; putrefação: *O apodrecimento de laranjas no pomar aumenta a incidência de doenças e pragas*.

a.po.geu s.m. ponto culminante; auge; ápice: *O apogeu desses jogadores coincidiu com a era de ouro de seus times*.

a.poi.ar v.t. 1 amparar; escorar; sustentar: *Apoiou as palmas das mãos na beirada da mesa*. 2 pôr-se ao lado de; defender: *Não apoiaremos atitudes autoritárias*. 3 aprovar: *A população apoiou a modernização dos museus*. 4 prestigiar; patrocinar: *O meu governo sempre apoiou a agricultura*. 5 comprovar; provar; fundamentar: *Inventou uma teoria para apoiar sua hipótese*. • pron. 6 escorar-se; sustentar-se: *Luciana se apoiou em mim*. 7 basear-se; fundamentar-se: *Advogados apoiam-se em leis*.

a.poi.o (ô) s.m. 1 auxílio; ajuda: *falta de apoio à agricultura*. 2 estímulo; incentivo: *Quando resolveu estudar, demos nosso apoio para ele*. 3 abrigo; amparo; agasalho: *Procurou apoio no colo da mãe*. 4 aprovação.

a.pó.li.ce s.f. 1 contrato de seguro: *Fez apólice contra todos os tipos de prejuízo*. 2 título de obrigação civil ou mercantil: *apólices reajustáveis do Tesouro*.

a.po.lí.neo adj. que, pela perfeição, lembra Apolo, deus da luz e das artes entre os gregos: *Homem de formas apolíneas*.

a.po.lí.ti.co s.m. 1 quem não se envolve em política: *O cargo ficou para um apolítico, um técnico*. • adj. 2 que não se envolve em política: *Era um homem comum, apolítico e benquisto na cidade*.

a.po.lo.gi.a s.f. 1 discurso oral ou escrito para justificar ou defender alguém ou algo. 2 elogio; louvor: *Fazer a apologia da simplicidade da natureza*.

a.po.lo.gis.ta s.2g. quem faz a apologia; quem defende ou prega: *Foi um apologista da cultura física*.

a.pó.lo.go s.m. fábula; história que ilustra uma lição moral, tirada das falas de animais ou de objetos: *Ana narrava-me apólogos de uma antiga e estranha sabedoria*.

a.pon.ta.dor[1] (ô) s.m. objeto para apontar lápis: *Levou, para a prova, carteira de identidade, lápis, borracha, apontador e caneta*.

a.pon.ta.dor[2] (ô) s.m. pessoa encarregada de tomar o ponto dos operários, nas obras ou empresas: *Sou apontador, marco a entrada e saída dos trabalhadores*.

apossar-se

a.pon.ta.men.to s.m. nota; observação; registro: *Alguns apontamentos do conferencista merecem reparos*.

a.pon.tar[1] v.t. 1 fazer a ponta; aguçar: *apontar o lápis*. 2 sugerir; mostrar: *As pesquisas apontam novos caminhos*. 3 indicar um gesto: *O homem apontou a porta da rua para o intruso*. • int. 4 aparecer; surgir: *Já estava no portão quando o ônibus apontou na esquina*.

a.pon.tar[2] v.t. 1 anotar; tomar apontamento.

a.po.plé.ti.co adj. referente à apoplexia: *ataque apoplético*.

a.po.ple.xi.a /ks/ (Med.) s.f. afecção cerebral repentina, acompanhada de perda dos sentidos e paralisia: *Morreu de apoplexia*.

a.po.quen.tar v.t. 1 aborrecer; importunar: *A música apoquentava meus ouvidos*. • pron. 2 aborrecer-se; afligir-se: *Tolice você se apoquentar com isso*.

a.por (ô) v.t. 1 aplicar sobre; justapor: *Leo apunha os endereços nos envelopes*. 2 aplicar ou dar (assinatura): *apor sua assinatura no documento*.

a.por.ri.nhar v.t. (Coloq.) 1 atormentar; amolar; impacientar: *Como você gosta de aporrinhar seu irmão!* • 2 (Coloq.) amolar-se: *Aporrinhou-se porque teve que esperar duas horas*.

a.por.tar v.t. 1 fazer chegar ao porto (embarcação): *Aportou o navio na data marcada*. • int. 2 chegar ao porto; ancorar: *Cabral aportou na Bahia*. 3 alojar-se: *Aportou na casa da madrinha*.

a.por.tu.gue.sa.men.to s.m. adaptação à língua portuguesa: *aportuguesamento da grafia dos nomes estrangeiros*.

a.por.tu.gue.sar v.t. 1 adaptar às características da língua portuguesa: *Já aportuguesamos palavras do inglês usadas em informática*. • pron. 2 adquirir as características da língua portuguesa: *Muitas palavras estrangeiras se aportuguesaram*.

a.pós prep. 1 depois de: *O que acontecerá após a morte?* • adv. 2 depois; em seguida: *Discutiram muito. Logo após, saíram juntos*.

a.po.sen.ta.do s.m. 1 pessoa que tem ou que goza de aposentadoria: *Ontem, o aposentado almoçou arroz, peixe frito e salada de tomate*. • adj. 2 que se aposentou: *A família do soldado aposentado apelou para que ele fosse libertado*.

a.po.sen.ta.do.ri.a s.f. 1 direito que tem o empregado, depois de certo número de anos de atividade ou por invalidez, de se retirar do serviço recebendo uma mensalidade. 2 quantia que o trabalhador recebe mensalmente após aposentar-se: *Vou receber minha aposentadoria*.

a.po.sen.tar v.t. 1 conceder dispensa definitiva do serviço com ordenado: *Aposentar o trabalhador por invalidez*. 2 fazer perder a função ou utilidade: *Os CDs aposentaram os LPs*. • pron. 3 deixar o serviço após determinado tempo, passando a receber ordenado: *Você devia se aposentar*.

a.po.sen.to s.m. 1 cômodo; compartimento: *Os aposentos eram espaçosos*. 2 quarto; dormitório: *Era tarde, todos já se achavam em seus aposentos*.

a.pos.sar-se v. pron. 1 fazer-se dono de; assenhorear-se; apoderar-se: *O governo apressa-se em apossar-se das terras ditas devolutas*. 2 ficar entranhado em; passar a fazer parte de; invadir: *Uma tristeza infinita se apossou dela*.

aposta

a.pos.ta (ó) *s.f.* **1** acordo entre pessoas de opiniões diferentes sobre fato que se verificará posteriormente, devendo aquela que acertar em seu julgamento receber algo predeterminado: *fazer aposta*. **2** investimento; dedicação a algo em que se acredita: *O projeto faz aposta nas atividades esportivas*. **3** aquilo que se aposta: *Pedro cobriu a aposta*.

a.pos.ta.dor (ô) *s.m.* quem aposta: *O apostador pediu sigilo sobre sua identidade*.

a.pos.tar *v.t.* **1** assegurar; afirmar com certeza; asseverar: *Sou capaz de apostar que ele mora por ali também*. **2** disputar: *Apostaram corrida no corredor*. **3** fazer fé; confiar: *Também tem por missão apostar na juventude*.

a.pos.ta.si.a *s.f.* abandono da fé: *O resultado é sempre a apostasia lenta, mas real, dos católicos*.

a.pós.ta.ta *s.2g.* quem comete apostasia: *O apóstata pode despir a veste do sacerdócio*.

a.pos.ti.la *s.f.* **1** nota marginal a um texto. **2** acréscimo a um diploma oficial. **3** publicação de pontos ou matérias de estudo: *O livro, no início, era apenas uma apostila para os alunos do curso*. // Var.: apostilha.

a.pos.ti.lar *v.t.* **1** fazer apostila de: *Ele não permite que apostilem seus cursos*. **2** apor (notas ou comentários) a textos ou documentos.

a.pos.to (ô) *s.m.* (Gram.) **1** palavra ou expressão que explica ou esclarece outro termo da oração. ● *adj.* **2** posto junto; acrescentado. **3** posto sobre: *Honre seu nome aposto ao cheque*.

a.pos.to.la.do *s.m.* **1** pregação; propagação (do Cristianismo): *Novas formas de apostolado são indispensáveis nos tempos atuais*. **2** missão de defesa ou incentivo: *Define sua luta em defesa dos torturados como um apostolado*.

a.pos.to.lar *adj.* **1** próprio de apóstolo: *zelo apostolar*. **2** missionário; pregador; propagador: *trabalho apostolar*.

a.pos.tó.li.co *adj.* **1** dos apóstolos; relativo aos apóstolos: *afastamento da trilha apostólica*. **2** próprio dos apóstolos: *fé apostólica*. **3** da Santa Sé; relativo à Santa Sé: *A lista foi elaborada pelo núncio apostólico*.

a.pós.to.lo *s.m.* **1** cada um dos doze discípulos de Cristo: *Jesus Cristo escolheu apenas homens como apóstolos*. **2** defensor incentivador de uma doutrina ou de um ideal.

a.pós.tro.fe *s.f.* **1** frase enérgica; dito: *"Não dê o peixe, ensine a pescar" é uma apóstrofe de Confúcio*. **2** recurso em que o orador ou o escritor se dirige a alguém ou a algo perguntando ou pedindo explicação: *No poema "Vozes d'África", o poeta Castro Alves usa uma apóstrofe quando diz: "Deus, ó Deus, onde estás que não respondes?"*

a.pós.tro.fo *s.f.* sinal diacrítico em forma de vírgula sobrescrita (') que indica supressão de letra: *Em "Vozes d'África" o apóstrofo depois do d indica a ausência da vogal a*.

a.po.te.o.se *s.f.* **1** cena final de um espetáculo; glorificação: *Na apoteose, a escola mostrou por que entrou na avenida*. **2** conjunto de honras tributadas a alguém: *A chegada do ídolo foi outra apoteose*.

a.po.te.ó.ti.co *adj.* **1** relacionado a apoteose; semelhante a uma apoteose: *Conduziu o espetáculo para um final vertiginoso e apoteótico*. **2** grandioso; fantástico: *Fez um show apoteótico*.

a.pra.zar *v.t.* determinar ou marcar data/prazo: *O padre já tinha aprazado o casamento*.

a.pra.zer *v.t.* **1** causar prazer; agradar: *Lenço de seda não me apraz*. ● *pron.* **2** sentir prazer; contentar-se; deleitar-se: *À noite, apraza-se em velar o sono da filha*.

a.pra.zí.vel *adj.* agradável; prazeroso: *lugares aprazíveis*.

a.pre.çar *v.t.* **1** perguntar preço de: *Mandava pesar as bananas e apreçar os abacaxis*. **2** ajustar o preço de: *Discordaram ao apreçar o serviço*. // Cp.: apressar.

a.pre.ci.a.ção *s.f.* **1** exame; análise: *Apreciação das condições do escoamento das águas*. **2** avaliação; julgamento: *Submeterá à apreciação e estudos as nossas sugestões*. **3** conceito, opinião.

a.pre.ci.a.dor (ô) *s.m.* **1** quem gosta ou aprecia: *A casa faz a felicidade dos apreciadores de vinhos*. ● *adj.* **2** que gosta ou aprecia: *Rapaz apreciador da boa vida*.

a.pre.ci.ar *v.t.* **1** pôr sob exame; julgar: *O juiz aprecia hoje o caso Sheila*. **2** observar; olhar; admirar: *Amigos vieram de longe para apreciar os festejos*. **3** avaliar positivamente: *Ele saberia apreciar o talento da garota*. **4** gostar de: *Sei que você aprecia comer bem*.

a.pre.ci.á.vel *adj.***1** digno de apreço; admirável: *Tem bom papo e apreciável memória*. **2** considerável; vultoso: *uma conta pessoal com um apreciável saldo*.

a.pre.ço (ê) *s.m.* estima; consideração: *Temos apreço pelo futebol*.

a.pre.en.der *v.t.* **1** tomar posse por direito: *Puxadores são presos e polícia apreende carros*. **2** assimilar mentalmente; captar; compreender: *Não conseguia apreender aquele conceito*.

a.pre.en.são *s.f.* **1** preocupação; receio; temor: *Observava com apreensão as transformações por que passava o marido*. **2** tomada de posse por medida policial ou jurídica; apropriação: *apreensão de armas*. **3** percepção; compreensão: *Buscavam-se novas possibilidades de apreensão da realidade*.

a.pre.en.si.vo *adj.* que denota apreensão; preocupado: *Ficou espiando da janela, o olhar apreensivo de quem temia o pior*.

a.pre.go.ar *v.t.* **1** anunciar em voz alta; proclamar; alardear: *Nas feiras, vendedores apregoam suas mercadorias*. **2** proclamar; divulgar: *Os cristãos apregoam a existência de um só Deus*.

a.pren.der *v.t.* **1** adquirir os conhecimentos e procedimentos necessários para praticar: *Espero aprender uma profissão*. **2** passar a conhecer: *aprender o caminho*. **3** dar-se conta; tomar conhecimento: *Desde cedo aprende que a vida é difícil*. **4** tornar-se capaz: *Aprendamos a aceitar nossas limitações*. **5** ficar adestrado em: *Cães aprendem a saltar*.

a.pren.diz *s.2g.* **1** aquele que aprende alguma coisa; principiante; novato: *Os aprendizes fazem a comida, mas, às vezes, erram no tempero*. **2** aluno; estudante: *Na sala, o mestre e seus aprendizes*.

a.pren.di.za.do *s.m.* aprendizagem: *O aprendizado das crianças é rápido*.

a.pren.di.za.gem *s.f.* **1** aquisição de conhecimento: *Um pouco mais laboriosa foi a aprendizagem da leitura*. **2** treino: *Seus árduos anos de aprendizagem de escritor*.

a.pre.sar *v.t.* prender; capturar: *A Inglaterra apresava navios negreiros*.

aprovisionamento

a.pre.sen.ta.ção *s.f.* **1** exibição como atração pública; espetáculo: *Sua apresentação arrancou aplausos calorosos.* **2** exibição; desfile: *As candidatas fizeram sua apresentação em vestido para noite.* **3** porte pessoal; aparência: *Procura-se pessoa de boa apresentação.* **4** exibição; mostra: *Na entrada, exige-se apresentação da carteirinha.* **5** ato pelo qual alguém põe algo diante do público: *O escritor fez a apresentação de seu mais recente livro.* **6** modo como uma mercadoria é oferecida à venda ou à vista: *A apresentação da comida é importante para o público.* **7** introdução de pessoa nas relações de outra: *Fez a apresentação do amigo à dona da casa.* **8** documento em que se recomenda alguém: *Você é amigo do diretor, poderia me dar apresentação.*

a.pre.sen.tar *v.t.* **1** ter; mostrar: *A sala apresenta limpeza.* **2** fazer travar conhecimento; pôr em contato: *Deixe-me apresentar você à minha amiga.* **3** propor; fazer: *Os alunos apresentaram perguntas ao mestre.* **4** pôr ao alcance; pôr diante; mostrar: *Apresentei-lhe o lenço manchado.* **5** enviar: *O senador apresentou mensagem ao Congresso.* **6** exprimir; externar oralmente: *Veio apresentar suas condolências à minha família.* **7** exibir; mostrar: *A televisão começa a apresentar as imagens da greve ao público.* • *pron.* **8** comparecer diante de: *Foi um dos primeiros a se apresentar ao comandante das armas.* **9** submeter-se a juízo ou a exame: *Ana tinha medo de apresentar-se a um doutoramento.* **10** exibir-se: *Ele se apresentou num circo.* **11** surgir; aparecer: *Nenhuma solução se apresentara.* **12** mostrar-se ou ter determinado aspecto: *Em suas campanhas, apresentava-se como chefe de família exemplar.*

a.pre.sen.tá.vel *adj.***1** que tem boa aparência: *Agora, sim, vocês estão apresentáveis.* **2** que se pode apresentar: *Ele não era uma companhia apresentável.*

a.pres.sa.do *adj.***1** que tem pressa: *Pela rua passam transeuntes apressados.* **2** precipitado; irrefletido: *Fez juízo apressado da futura nora.* **3** que peca pela pressa com que é feito: *Fez maquiagem apressada e saiu.* **4** rápido; ligeiro: *passo apressado.*

a.pres.sar *v.t.* **1** tornar mais rápido; acelerar: *apressar o passo.* **2** antecipar: *Gostaria de apressar sua volta.* **3** fazer agir com rapidez: *O pai fica no carro, apressando as filhas.* **4** instigar; incitar: *O cavaleiro apressa o animal.* • *pron.* **5** agir ou executar algo com mais rapidez: *O pedestre apressa-se a ir ajudá-la.* **6** andar mais depressa: *Precisa apressar-se para tomar o ônibus.* **7** ir depressa; precipitar-se: *Lá embaixo, nas pedras, a corredeira se apressa.* // Cp.: apreçar.

a.pres.tar *v.t.* **1** aprontar. • *pron.* **2** preparar-se; aprontar-se; ultimar: *A tropa se aprestou para o desembarque.*

a.pri.mo.ra.men.to *s.m.* aperfeiçoamento; evolução; refinamento: *o aprimoramento das instituições democráticas.*

a.pri.mo.rar *v.t.* **1** tornar mais primoroso; aperfeiçoar: *Ficou na Europa, sob pretexto de aprimorar a educação.* • *pron.* **2** tornar-se primoroso; aperfeiçoar-se: *As habilidades de Ana se aprimoraram.*

a.pris.co *s.m.* **1** curral para ovelhas; redil: *Pegando o quadrúpede pela coleira, reconduziu-o ao aprisco.* **2** (Fig.) a casa; o lar: *Ali, no aprisco do Senhor, respirava feliz na comunhão dos Santos.*

a.pri.si.o.na.men.to *s.m.* prisão; captura: *aprisionamento de gente inocente.*

a.pri.si.o.nar *v.t.* **1** fazer prisioneiro; encarcerar: *O joão-de-barro aprisiona até a morte sua companheira.* **2** (Fig.) impedir a manifestação de; embargar; reprimir: *Seu mutismo aprisiona os sentimentos.* **3** comprimir; reter: *A forte chuva aprisionou o povo na porta da igreja.* • *pron.* **4** ficar preso a; submeter-se a: *O homem atual não se aprisiona a convenções.*

a.pro.fun.da.men.to *s.m.* **1** estudo detalhado: *Fizeram um debate para aprofundamento do tema.* **2** aumento; agravamento; intensificação: *o aprofundamento da crise social.*

a.pro.fun.dar *v.t.* **1** tornar mais fundo; escavar: *A chuva aprofundou a vala aberta na rua.* **2** colocar mais fundo; enterrar. **3** intensificar; levar ao extremo; tornar muito profundo: *Aprofundou as investigações.* • *pron.* **4** tornar-se fundo. **5** ir a fundo, à parte central: *Não se aprofundou nos grandes problemas da nação.* **6** intensificar-se: *A dor aprofundava-se.*

a.pron.tar *v.t.* **1** deixar pronto; preparar: *O mecânico não aprontou o meu jipe.* **2** fazer; armar: *Quando chovia, as crianças aprontavam uma bagunça.* • *pron.* **3** vestir-se; arrumar-se: *Gastava sempre muito tempo para aprontar-se.* • *int.* **4** fazer estripulias; comportar-se mal: *Sempre aprontou, desde pequenino.*

a.pro.pri.a.ção *s.f.* **1** utilização de algo como se fosse próprio; ocupação: *Houve nova apropriação de terra no Paraná.* **2** posse: *apropriação indébita de dinheiro público.*

a.pro.pri.ar *v.t.* **1** tornar seu: *O país apropria todos os cidadãos.* • *pron.* **2** fazer-se dono; apossar-se: *Aventureiros se apropriaram da terra.*

a.pro.va.ção *s.f.***1** consentimento; beneplácito: *Procurei um olhar de aprovação de Lorenzo.* **2** promoção: *a aprovação no concurso.* **3** autorização; reconhecimento: *Esse livro não tem qualquer aprovação eclesiástica.*

a.pro.var *v.t.* **1** dar seu acordo: *Um dos irmãos não aprovou a venda de um imóvel da família.* **2** considerar apto: *O chefe aprovou a digitadora.* **3** habilitar; promover: *Nenhum cursinho aprova mais alunos que o nosso.* **4** considerar bom; achar louvável: *Não pôde deixar de aprovar o seu plano.*

a.pro.vei.ta.dor (ô) *s.m.* **1** quem se aproveita da boa-fé de outra pessoa: *Este miserável é um aproveitador.* • *adj.* **2** que se aproveita: *Aquele rapaz sempre foi egoísta e aproveitador.*

a.pro.vei.ta.men.to *s.m.* **1** utilização; uso: *Ele quer um melhor aproveitamento do terreno.* **2** adiantamento; progresso: *Contava com o aproveitamento escolar do menino.*

a.pro.vei.tar *v.t.* **1** utilizar; usar: *Recortava notícias que ela pudesse aproveitar no trabalho.* **2** tirar proveito ou vantagem de: *Aproveite sua juventude.* **3** valer-se de; servir-se de: *Queria aproveitar a tarde livre para me ver.* • *pron.***4** tirar proveito ou vantagem; prevalecer-se: *Ele se aproveita da ausência dos pais para fumar.* **5** (Coloq.) abusar sexualmente.

a.pro.vi.si.o.na.men.to *s.m.* **1** ação de aprovisionar; sortimento; abastecimento: *Dispunham de fácil aprovisionamento de água e de alimentos.* **2** aquilo que foi aprovisionado: *Tinha de tomar conta do aprovisionamento de munições.*

aprovisionar

a.pro.vi.si.o.nar *v.t.* abastecer de provisões: *Precisamos aprovisionar a geladeira.*

a.pro.xi.ma.ção /S/ *s.f.* **1** chegada: *Populares avisam a aproximação da polícia.* **2** apresentação; conhecimento; relacionamento; contato: *Foi o responsável pela aproximação do casal.* **3** estimativa; cálculo aproximado. **4** união: *aproximação entre os povos.*

a.pro.xi.mar /S/ *v.t.* **1** tornar próximo; avizinhar; acercar: *Ele procura jeito de aproximar sua cadeira da minha.* **2** fazer relacionar-se por amizade; unir: *Acreditou que era chegado o momento de aproximar Alfredo da cunhada.* **3** relacionar; associar: *É preciso aproximar as diversas matérias de estudo.* • *pron.* **4** chegar perto; acercar-se: *Hesito um pouco antes de me aproximar dela.* **5** unir-se; relacionar-se amistosamente: *Tenho uma incrível incapacidade de me aproximar de mulheres.* **6** estar próximo: *Ela deve aproximar-se dos quarenta.* **7** ser semelhante; parecer: *O sabor da carpa se aproxima do sabor da tilápia.*

a.pro.xi.ma.ti.vo /S/ *adj.* feito por aproximação, por estimativa; próximo; aproximado: *Estes são números apenas aproximativos.*

a.pru.ma.do *adj.* **1** em posição vertical: *O mandacaru é planta orgulhosa, cresce aprumado e teso.* **2** bem-vestido: *moço bem aprumado.* **3** que tem negócios e finanças em ordem: *Está aprumado na vida.*

a.pru.mar *v.t.* **1** pôr a prumo ou em posição vertical: *Ela aprumou a cabeça, orgulhosa.* • *pron.* **2** tomar o prumo ou a direção certa: *A jangada rodopiou um pouco, depois aprumou-se.* • *pron.* **3** pôr-se ereto; empertigar-se: *Apoiando-se numa estante, até conseguiu aprumar-se.* **4** (Bras.) melhorar de sorte ou de saúde: *Ela precisa aprumar-se e encher um pouco mais o corpo magro.*

a.pru.mo *s.m.* **1** altivez; orgulho: *Mas eu sou o chefe, disse com aprumo.* **2** posição ereta: *O cavalo mostra a raça no aprumo do pescoço.*

ap.ti.dão *s.f.* capacidade inata; vocação; tendência: *A mãe é considerada com aptidão para criar os filhos.* **2** habilidade; tendência: *Os garotos tinham irrefreável aptidão para lutas.*

ap.to *s.m.* **1** pessoa que tem habilidade ou aptidão: *Que o mais apto vença!* • *adj.* **2** capaz; hábil: *Sentia-se apto para enfrentar mais uma campanha.* **3** que tem condição legal: *Jovens de 16 anos estão aptos a votar.* **4** que tem aptidão inata.

a.pu.nha.lar *v.t.* **1** ferir com punhal ou instrumento pontiagudo. **2** atingir profundamente: *Uma dor imensa apunhalou-lhe o coração.* • **apunhalar pelas costas** trair: *Apunhalou pelas costas o melhor amigo.*

a.pu.par *v.t.* perseguir com apupos; vaiar.

a.pu.po *s.m.* vaia: *Atravessa o jardim sob apupos e pedradas.*

a.pu.ra.ção *s.f.* **1** purificação; depuração. **2** averiguação; investigação para o conhecimento de algo: *apuração das fraudes.* **3** arrecadação: *apuração do montante conseguido no negócio.* **4** contagem: *apuração dos votos.*

a.pu.ra.do *s.m.* **1** quantia de dinheiro obtida: *Fez as contas e depositou o apurado no banco.* • *adj.* **2** conhecido; averiguado: *Os fatos foram apurados, nada ficou provado.* **3** aguçado: *Tinha o ouvido apurado.* **4** aperfeiçoado; refinado: *Seu terno tinha corte apurado.* **5** acurado; cuidadoso: *As experiências devem ser mais apuradas.* **6** obtido; conseguido: *Entreguei-lhe em mãos metade do dinheiro apurado.* **7** concentrado; reduzido: *molho apurado.*

a.pu.rar *v.t.* **1** livrar de impurezas; purificar. **2** fazer por conhecer ao certo; averiguar: *Já apuraram os fatos que o levaram à prisão.* **3** receber; arrecadar: *Você vai apurar um bom dinheiro com o couro.* **4** aperfeiçoar; refinar: *Para apurar a tarefa, empenhou-se mais.* **5** contabilizar: *apurar votos.* **6** apressar: *Tratou logo de apurar o almoço.* • *pron.* **7** caprichar; esmerar-se: *Quem mais se apurou na vestimenta foi o presidente francês.* **8** aperfeiçoar-se; refinar-se: *Percebendo o silêncio, sua curiosidade apurou-se.* **9** (Coloq.) agir com presteza; apressar-se: *Ela se apurava, debruçada na máquina de costura.*

a.pu.ro *s.m.* **1** requinte; esmero; finura: *Ela se veste com apuro.* **2** dificuldade; aperto; embaraço: *Naquele apuro, resolveu apelar para o pai.*

a.qua.re.la (é) *s.f.* **1** massa de diversas cores que, dissolvida em água, se transforma em tinta. **2** pintura com tinta solúvel em água: *Não perdeu tempo diante das aquarelas do pintor.*

a.qua.re.lis.ta *s.2g* quem pinta aquarelas: *É um aquarelista de primeira linha.*

a.qua.ri.a.no *s.m.* **1** nativo do signo de Aquário: *O aquariano tem maiores probabilidades de tirar bons resultados no serviço.* • *adj.* **2** relativo ao signo de Aquário.

a.quá.rio *s.m.* **1** vaso ou tanque feito de vidro transparente, para peixes. **2** (Astr.) décima primeira constelação do Zodíaco. **3** (Astrol.) o décimo primeiro signo do Zodíaco (20/1 a 19/2). // Nas acepções 2 e 3, usa-se com inicial maiúscula.

a.quar.te.la.men.to *s.m.* alojamento em quartel: *Os soldados voltavam ao aquartelamento em Itu.*

a.quar.te.lar *v.t.* **1** alojar em quartel: *Mandou aquartelar metade da tropa.* **2** alojar; instalar: *Aquartelou os estudantes no ginásio de esportes.* • *pron.* **3** alojar-se; acomodar-se.

a.quá.ti.co *adj.* **1** que vive ou se desenvolve na água ou à beira d'água: *plantas aquáticas.* **2** que se realiza na água: *esqui aquático.*

a.que.ce.dor (ô) *s.m.* **1** aparelho para esquentar: *A casa tem aquecedor central.* • *adj.* **2** que aquece: *Suporte aquecedor para esquentar os pães.*

a.que.cer *v.t.* **1** elevar a temperatura; tornar quente; esquentar: *Era inverno, e ficava cada vez mais difícil aquecer os pés.* (Fig.) **2** animar; entusiasmar: *O ritmo da música aquecia os casais.* **3** confortar: *A presença dos amigos aquecia seu coração.* **4** pôr em condições de funcionar bem; animar: *São fatores que aquecem o mercado.* • *int.* e *pron.* **5** tornar-se quente; esquentar-se. **6** tornar-se mais intenso; aumentar: *Com as vendas, as esperanças dos lojistas (se) aquecem.*

a.que.ci.men.to *s.m.* **1** elevação da temperatura: *Isso ajudaria no aquecimento do ambiente.* **2** (Fig.) intensificação; aceleração: *Neste mês houve pequeno aquecimento das vendas.* **3** ativação ou preparo dos músculos para alguma atividade esportiva: *Faz aquecimento antes do vôlei.* **4** sistema ou aparelhagem para elevar a temperatura da água ou de um ambiente; calefação: *O aquecimento do edifício não funcionou.*

aramaico

a.que.du.to *s.m.* conjunto de canais abertos ou cobertos, usados para conduzir água e sustentados por duas ou três ordens de arcadas superpostas.

a.que.le (ê) *pron.* **1** aponta para ser ou coisa afastados do falante e do ouvinte: *Pegue aquela cadeira perto da estante.* **2** refere-se a um tempo afastado do momento em que se fala: *Foi um milagre ninguém ter ficado ferido aquela noite.* **3** refere-se a alguma coisa que já se conheceu ou já aconteceu: *Nem se lembrava mais daquele lugar.* **4** refere-se a alguma coisa bem determinada, específica ou particular: *Aquele seu jeito gozador incomodava algumas pessoas.* **5** refere-se a algo/alguém muito conhecido ou muito fácil de identificar: *Pois é, o Carlitos, aquele do bigodinho.* ◆ **não ser mais aquele** perder suas características essenciais: *Nosso futebol já não é mais aquele.* **sem mais aquela** sem explicação: *Caiu na armadilha como um rato, de repente, sem mais aquela.*

à.que.le (ê) junção da preposição *a* com o pronome *aquele*: *Como se de súbito tivesse insuflado nova vida e calor àquele corpo gasto.*

a.quém *adv.* **1** do lado de cá: *Morávamos aquém do jardim da matriz.* **2** abaixo: *O movimento das lojas ficou aquém das expectativas.*

a.quen.tar *v.t.* **1** esquentar: *Acende um foguinho para aquentar a marmita.* ◆ *pron.* **2** tornar-se quente; esquentar-se: *Os canhões se aquentam ao sol.*

a.qui *adv.* **1** no lugar onde está o falante; neste lugar: *Não sei por que estou aqui.* **2** para perto do lugar onde está o falante; a este lugar: *Pediu que viéssemos aqui.* ◆ **aqui para nós** usada para chamar a atenção para alguém ou algo que não merece crédito ou que precisa de segredo: *Mas, aqui para nós, o doutor tinha toda razão.*

a.qui.es.cên.cia *s.f.* concordância; consentimento; anuência: *Em se tratando de menores, tinha de ter a aquiescência dos pais.*

a.qui.es.cer *v.t.* concordar; assentir: *Ia aquiescendo a algumas críticas.*

a.qui.e.tar *v.t.* **1** tranquilizar; serenar: *Ralhava com os cachorros aquietando-os.* ◆ *int.* e *pron.* **2** ficar quieto; sossegar; serenar: *Os cães aquietaram (-se).*

a.qui.la.tar *v.t.* determinar o quilate; apreciar; avaliar: *É necessário aquilatar as possibilidades de execução do plano.*

a.qui.li.no *adj.***1** diz-se do nariz recurvo como o bico da águia. **2** semelhante a águia; próprio de águia; feições aquilinas.

a.qui.lo *pron.* **1** coisa conhecida ou já mencionada; aquela coisa: *Tudo aquilo parecia ter sido vivido por ele.* **2** coisa desconhecida e afastada; aquela coisa: *Meu Deus! Que será aquilo atrás da bananeira?* **3** alguma coisa; algo: *Devemos dar a nossos atos aquilo que não trazemos em nós.* **4** (Deprec.) lugar ou pessoa por que se tem desprezo: *Não me venha dizer que aquilo é discoteca.*

à.qui.lo junção da preposição *a* com o pronome demonstrativo *aquilo*, forma usada quando a palavra anterior ao demonstrativo rege *a*: *Devemos respeito àquilo que nos ensinaram.*

a.qui.nho.a.do *adj.* favorecido com quinhão ou dote: *Só compareceram os cavalheiros aquinhoados com sesmarias imperiais.*

a.qui.nho.ar *v.t.* **1** dividir em quinhões: **2** compartilhar. **3** dotar; dar: *Rendeu graças aos céus por tão bem nos aquinhoar de homens admiráveis.*

a.qui.si.ção *s.f.* **1** compra: *aquisição de caminhões.* **2** obtenção; alcance: *Estudar a Antiguidade pressupõe aquisição de experiência.* **3** aprendizagem: *a aquisição da linguagem.*

a.qui.si.ti.vo *adj.* de aquisição; de compra: *capacidade aquisitiva da população.*

a.quo.so (ô) *adj.* **1** que tem água: *pântano aquoso.* **2** líquido; ralo: *catarro aquoso.*

ar *s.m.* **1** mistura de gases invisível, incolor, inodora, de que se compõe a atmosfera: *O homem necessita de ar para viver.* **2** espaço acima do solo; atmosfera: *Pássaros vivem no ar.* **3** lugar onde se está; ambiente: *cheiro de perfume no ar.* **4** clima: *O ar da montanha me faz bem.* **5** vento; brisa: *Com a janela aberta, entra o ar fresco.* ◆ **6** *pl.* ponto de referência ou de localização; lugar: *Vontade de mudar de ares, conhecer gente nova.* **7** respiração; alento: *O beijo tirou-lhe o ar.* **8** ambiente: *Há alguma coisa no ar de que não estou gostando.* **9** semblante: *Olhou-a com ar preocupado.* **10** aparência: *A comida tem ar de requentada.* ◆ **no ar** mal delineado; impreciso: *E o desfecho da conversa fica no ar.* **ao ar livre** a céu aberto; a descoberto: *O almoço é servido ao ar livre.*

a.ra *s.f.* **1** altar. **2** ◆ *interj.* (Reg. MG) oral: *Ara, larga de mão, Davino.*

á.ra.be *s.m.* **1** língua falada no norte da África e no Oriente Médio: *Em sua casa todos falavam o árabe.* ◆ *s.2g.* **2** quem nasce nos países de língua árabe do Norte da África e Oriente Médio: *Nosso vizinho é árabe de Medina.* ◆ *adj.* **3** natural ou habitante da Arábia (sudoeste da Ásia): *povos árabes.* **4** pertencente à Arábia: *tribos árabes.* **5** relacionado com a Arábia: *estudos árabes.* **6** dos árabes: *a invasão árabe.*

a.ra.bes.co (ê) *s.m.* ornato de folhas, frutos e figuras entrelaçados com linhas, empregado em pinturas, tecidos, baixos-relevos: *os arabescos coloridos do tapete.*

a.rá.bi.co *adj.* da Península Arábica ou dos árabes: *algarismos arábicos.*

a.ra.çá *s.m.* pequeno fruto redondo, amarelo, com polpa amarela e sabor ácido.

a.ra.ça.ri *s.m.* tucano pequeno, com plumagem verde, asa curta arredondada, pés de quatro dedos, unhas fortes e curvadas: *Mais longe, as pombas cinzentas e, aqui ao lado, um araçari.*

a.ra.ça.zei.ro *s.m.* arbusto de folhas verdes ovais e flores brancas, cujo fruto é o araçá.

a.rac.ní.deo *s.m.* (Zool.) **1** espécime dos aracnídeos. ◆ *pl.* **2** classe de animais que têm o corpo dividido em duas partes, com quatro pares de patas, que compreende os escorpiões, aranhas, carrapatos, ácaros e outros.

a.ra.do *s.m.* instrumento para lavrar a terra: *Um boi passou ao longe puxando o arado.*

a.ra.gem *s.f.* vento brando; brisa; viração: *Soprava uma aragem fresca.*

a.ra.ma.do *s.m.* cerca feita com fios de arame; alambrado: *O caminhão come terreno, na estrada ao longo do aramado.*

a.ra.mai.co *s.m.* idioma semítico falado por um povo que percorreu o norte da Arábia até a Síria, a Palestina e a Babilônia.

arame

a.ra.me *s.m.* fio mais ou menos delgado de metal flexível.

a.ran.de.la (é) *s.f.* suporte para lâmpada elétrica, preso à parede ou ao teto.

a.ra.nha *s.f.* **1** animal invertebrado com quatro pares de patas articuladas, sem antenas, de tamanhos e cores variadas: *a teia da aranha*. **2** carruagem de duas rodas, puxada por um cavalo: *Os antigos usavam a aranha como veículo de transporte*.

a.ra.pon.ga *s.2g.* **1** pessoa de voz estridente. **2** (Coloq.) espião. • *s.f.* (Zool.) **3** ave de porte médio, plumagem branca, bico preto, pés pardos, canto estridente: *O canto da araponga soava como uma martelada*.

a.ra.pu.ca *s.f.* **1** armadilha para caçar pássaros. **2** cilada: *Isso não é chance, meu velho, é arapuca*.

a.ra.que *s.m.* (Coloq.) acaso. • **de araque** (i) falso: *Era um funcionário de araque*. (ii) por acaso; (iii) de qualidade inferior.

a.rar *v.t.* lavrar; sulcar: *arar a terra*.

a.ra.ra *s.m.* **1** indivíduos das araras, povo indígena do grupo caribe. *s.f.* **2** (Zool.) ave de porte médio, colorido vivo (vermelho, azul e amarelo), cauda comprida, bico curto e grosso, língua móvel capaz de imitar a voz humana: *penas de arara*. **3** suporte para roupas e adornos: *arara de roupas para liquidação*. • *adj.* **4** relativo aos araras, povo indígena do grupo caribe, ou a seu idioma. • **uma arara** furioso: *Se o fulano souber disso vai ficar uma arara*.

a.ra.ru.ta *s.f.* **1** erva cultivada, de frutos com sementes vermelho-claro. **2** fécula alimentar extraída dos rizomas dessa planta: *mingau de araruta*.

a.ra.ti.cum *s.m.* fruto esférico, de casca amarelo-esverdeada, cheia de escamas carnosas, polpa branca, aquosa, mole, adocicada e farinácea.

a.rau.cá.ria *s.f.* grande árvore do Sul do país, copa em forma de guarda-chuva no alto do tronco, folhas pequenas e pontudas, em forma de lança, sementes reunidas em grandes cones.

a.rau.to *s.m.* **1** oficial que, na Idade Média, fazia as publicações solenes, anunciava as decisões do rei e outros governantes, como a guerra, e proclamava a paz. **2** propagador; defensor. • *adj.* **3** que divulga; que paga: *pessoas arautas de um moralismo insosso*.

a.rá.vel *adj.* que pode ser arado: *solo arável*.

ar.bi.tra.gem *s.f.* **1** julgamento; arbitramento: *A Justiça fixou prazo para a arbitragem do valor das propriedades*. **2** direção e decisão quanto ao desenvolvimento de um jogo: *Perdemos a decisão por erros de arbitragem*. **3** árbitro de jogo: *O gol foi anulado pela arbitragem*.

ar.bi.tral *adj.* **1** que decorre de decisão de árbitro: *Demorou para que fizessem o laudo arbitral*. **2** de arbitragem: *As controvérsias foram solucionadas por procedimento arbitral*. **3** do árbitro: *a execução da decisão arbitral*.

ar.bi.trar *v.t.* **1** decidir; julgar. **2** determinar; fixar: *Os bancos arbitram as taxas de juros*. **3** atuar como mediador: *Arbitrar a livre negociação de salários entre empresários e trabalhadores*. **4** atuar como árbitro desportivo: *Antônio já arbitrou mais de mil lutas*.

ar.bi.tra.ri.e.da.de *s.f.* **1** autoritarismo; despotismo: *Nunca devemos permitir que a arbitrariedade tome o lugar da justiça*. **2** falta de obediência a leis ou regras: *Ari é um delegado que não comete arbitrariedades*.

ar.bi.trá.rio *adj.* **1** resultante de arbítrio pessoal: *poder arbitrário*. **2** sem fundamento em lei ou regras: *métodos desumanos e arbitrários*. **3** feito ao acaso; casual: *Aquele ato do prefeito foi, no mínimo, arbitrário*. **4** autoritário; despótico: *Você foi injusto e arbitrário*.

ar.bí.trio *s.m.* **1** resolução que depende só da vontade: *o arbítrio do julgador*. **2** vontade: *Dominar é impor arbítrios*. **3** parecer; opinião: *O juiz exarou seu prudente arbítrio*. **4** capacidade decisória: *Tirania é governo de um só, exercido como arbítrio pessoal*.

ár.bi.tro *s.m.* **1** quem julga ou avalia; juiz. **2** mediador; intermediário: *Atuar como árbitro entre patrão e empregado*. **3** quem dirige um prélio esportivo; juiz.

ar.bó.reo *adj.* **1** de árvores: *ambiente arbóreo*. **2** em forma de árvore: *samambaias arbóreas*.

ar.bo.res.cen.te *adj.* que tem o porte ou a aparência de árvore: *plantas arborescentes*.

ar.bo.rí.co.la *adj.* que vive em árvores: *Camaleões são, em larga medida, arborícolas e raramente descem à terra*.

ar.bo.ri.za.ção *s.f.* plantio de árvores: *O projeto de arborização da praça já está pronto*.

ar.bo.ri.zar *v.t.* guarnecer com árvores: *arborizar as avenidas*.

ar.bus.ti.vo *adj.* **1** de arbusto: *A vegetação arbustiva é comum na região Centro-Oeste*. **2** da natureza do arbusto: *planta arbustiva*.

ar.bus.to *s.m.* planta de caule lenhoso e ramificado desde a base.

ar.ca *s.f.* **1** caixa grande, geralmente de madeira, com tampa e destinada a guardar roupas, objetos etc. **2** cofre.

ar.ca.bou.ço *s.m.* **1** estrutura: *o arcabouço de nossos corpos*. **2** armação: *Trouxeram do Pará madeiras para construir o arcabouço das casas*. **3** esboço; esquema: *Discutimos o arcabouço teórico da pesquisa*.

ar.ca.buz *s.m.* antiga arma de fogo portátil, de fecho de mecha, que disparava apoiada sobre uma forquilha.

ar.ca.bu.zei.ro *s.m.* soldado que manejava arcabuz: *Esse arcabuzeiro fez sua primeira viagem ao Brasil em 1547*.

ar.ca.da *s.f.* **1** construção em forma de arco: *A praça é rodeada por arcadas*. **2** passagem com coberta arqueada: *O riacho passava por debaixo das arcadas da velha casa*. **3** curva formada por certas partes ósseas: *arcada dentária*.

ár.ca.de *s.m.* **1** poeta seguidor do Arcadismo: *os árcades mineiros*. • *adj.* **2** próprio do Arcadismo; arcádico.

ar.cá.di.co *adj.* **1** do ou relativo ao Arcadismo: *lírica arcádica*. **2** pastoril; bucólico: *cenas arcádicas*.

ar.ca.dis.mo *s.m.* tendência literária dos séculos XVII e XVIII, cujos membros procuravam imitar a poesia grega ou latina.

ar.ca.do *adj.* arqueado; curvo: *pernas arcadas*.

ar.cai.co *adj.* **1** de épocas passadas; antigo: *O historiador estudou os traços arcaicos da religião grega*. **2** envelhecido: *Era uma proposta política arcaica*. **3** já sem função; antiquado: *Nossa lavoura ainda mantém máquinas arcaicas*. **4** antiquado; superado: *arcaicos preconceitos*. **5** diz-se de palavra ou expressão em desuso.

ar.ca.ís.mo *s.m.* **1** modo antiquado de apresentar-se ou de ser: *Varreremos da legislação esse arcaísmo*. **2** palavra ou locução arcaica: *Falares regionais exibem, quase sempre, um número considerável de arcaísmos*.

ar.ca.i.zan.te *adj.* **1** de tom arcaico: *música arcaizante*. **2** que tende para o arcaísmo: *diálogos de sintaxe arcaizante*.
ar.can.jo *s.m.* anjo de ordem superior.
ar.ca.no *s.m.* **1** conjunto de conhecimentos guardados como segredo: *os arcanos dos índios tupinambás*. **2** conhecimento difícil de compreender: *Muitos consideram a música erudita um arcano inacessível*. **3** no tarô, cada uma das cartas que simbolizam as características mais comuns dos seres humanos: *os arcanos maiores e menores*.
ar.ção *s.m.* cada uma das peças arqueadas e salientes na parte anterior e posterior da sela.
ar.car¹ *v.t.* **1** dar forma de arco a. • *int.* **2** curvar-se; arquear-se: *arcar sob o peso do fardo*.
ar.car² *v.t.* tornar-se responsável; assumir: *Deves arcar com as consequências de teus atos impensados*.
ar.ce.bis.pa.do *s.m.* dignidade, jurisdição ou residência de arcebispo.
ar.ce.bis.po *s.m.* prelado que está à frente de uma arquidiocese.
ar.cho.te *s.m.* utensílio de iluminação feito com corda de esparto untada de breu; tocha; facho.
ar.co *s.m.* **1** arma para arremesso de flechas, feita com vara flexível, curvada e presa nas pontas por uma corda: *Aquela loja vendia arcos e flechas*. **2** vara provida de crina com que se tangem instrumentos como o violino. **3** (Arquit.) peça curva, montada com tijolos ou pedras, para delimitar vãos de portas, janelas ou outras aberturas: *os arcos da ponte do aqueduto*. **4** semicírculo: *As sobrancelhas pareciam dois arcos negros, espessos e contínuos*. **5** qualquer porção da circunferência; segmento de curva: *arco de circunferência*.
ar.co-da-ve.lha *s.m.* (Coloq.) arco-íris ♦ **do arco-da-velha** extraordinário; mirabolante; inverossímil: *Em vários locais eles fizeram coisas do arco-da-velha*. // Pl.: arcos-da-velha.
ar.co-í.ris *s.m.* fenômeno resultante da dispersão da luz solar em gotículas suspensas na atmosfera, e observado como um conjunto de arcos de circunferência coloridos com as cores do espectro solar; arco da velha.
ar-con.di.ci.o.na.do *s.m.* aparelho elétrico que se destina a resfriar ambientes fechados. // Pl.: ares--condicionados.
ár.de.go *adj.* impetuoso; fogoso: *cavalo árdego*.
ar.dên.cia *s.f.* **1** sensação semelhante à causada por queimadura; ardume; ardor; queimação: *Sentia no peito uma terrível ardência*. **2** qualidade do que queima: *a ardência do sol*.
ar.den.te *adj.* **1** que se consome em chamas: *Os animais fugiam do matagal ardente*. **2** que irradia calor; muito quente: *Sentia no rosto o sopro ardente do vento*. **3** fogoso; sensual: *beijos ardentes*. **4** tomado de paixão: *peito ardente*. **5** profundo; intenso: *curiosidade ardente*.
ar.der *v.t.* **1** produzir sensação de ardência; queimar: *A fumaça ardia meu nariz e os meus olhos*. **2** (Fig.) desejar muito: *Ardia por saber notícias da amiga*. • *int.* **3** estar em ardência ou queimação: *Os olhos começaram a arder*. **4** estar aceso: *Tocos de vela ardiam*. **5** consumir-se em chamas; queimar-se: *As tábuas de pinho começam a arder*.

arena

ar.di.do *adj.* **1** que arde; picante: *queijo de cabra ardido*. **2** que causa irritação; que incomoda: *Mascar fumo dava uma sede ardida na boca*. **3** (Fig.) picado; inflamado: *rapaz ardido de raiva*. **4** irritante: *Ela tem uma voz ardida*.
ar.dil *s.m.* armadilha; artimanha; cilada.
ar.di.lo.so (ô) *adj.* **1** astuto; esperto; sagaz: *Ulisses foi herói ardiloso*. **2** que revela astúcia: *Elaboraram uma trama ardilosa*. **3** cheio de armadilhas: *caminho ardiloso*.
ar.dor (ô) *s.m.* **1** ardência; queimação; irritação: *O ardor nos olhos o incomodava muito*. **2** sabor picante: *ardor das pimentas*. **3** (Fig.) entusiasmo; paixão: *Lutava com ardor juvenil*.
ar.do.ro.so (ô) *adj.* **1** apaixonado; entusiasta: *O roqueiro atendeu aos fãs mais ardorosos*. **2** que revela ardor ou entusiasmo: *defesa ardorosa*.
ar.dó.sia *s.f.* pedra cinzenta, preta ou verde, separável em lâminas.
ar.du.me *s.m.* ardência; queimação: *Um ardume de fumaça nos olhos*.
ár.duo *adj.* **1** custoso; difícil: *Ele esforça-se por atenuar os árduos problemas sociais*. **2** cansativo; penoso: *trabalho árduo*.
a.re *s.m.* medida de superfície; equivalente a cem metros quadrados.
á.rea *s.f.* **1** superfície mais ou menos delimitada; extensão de terreno: *áreas cultivadas*. **2** espaço bem delimitado; ponto: *Estamos ampliando as áreas de lazer*. **3** nas residências, espaço coberto destinado a lazer ou serviço: *Compramos algumas cadeiras para a área*. **4** em campos ou quadras esportivas, espaços retangulares demarcados por linhas, um maior e outro menor, a partir da meta: *A falta foi cometida na grande área*. **5** campo em que determinada atividade é exercida: *área de transportes*. **6** raio de influência; domínio; âmbito: *São vastas as áreas do saber humano*.
a.re.al *s.m.* extensão de terreno onde há muita areia; areião.
a.re.ar *v.t.* **1** limpar; polir, esfregando com areia ou substância arenosa: *Dina vive areando os tachos de cobre com cinza*.
a.re.ei.ro *s.m.* pessoa que extrai areia para fins comerciais.
a.rei.a *s.f.* **1** substância mineral, em grânulos ou em pó, proveniente de erosões rochosas: *a areia alva da praia*. **2** praia: *vizinhos de areia*. **3** a cor da areia. • *adj.* **4** da cor da areia; bege: *Comprei uma camisa areia*.
a.re.ja.do *adj.* **1** em que há renovação de ar; ventilado: *Gosto de restaurante bem arejado*. **2** exposto ao ar: *pés arejados*. **3** (Fig.) aberto a mudanças; esclarecido; avançado: *Era um homem arejado, de ideias arejadas*.
a.re.ja.men.to *s.m.* ventilação: *arejamento dos cômodos da casa*.
a.re.jar *v.t.* **1** renovar o ar; ventilar: *Dois grandes ventiladores arejam o ambiente*. **2** expor ao ar livre: *Deixe os guarda-roupas abertos para arejar as roupas*. **3** renovar; reanimar: *Saí um pouco para arejar a cabeça*. • *int.* **4** tomar ar; espairecer; distrair(-se): *Levava o cachorro quando ia arejar(-se)*.
a.re.na *s.f.* **1** nos antigos circos romanos, área central, coberta de areia, onde combatiam os gladiadores e as feras: *Joguem-me às feras das arenas pagãs*.

arenga

2 terreno circular fechado para corridas de touros e outros espetáculos: *arena de rodeio*. **3** tablado para luta: *a arena dos boxeadores*. **4** palco, nos teatros de arena: *encenação em arena*. **5** campo de debate ou de contenda: *Nosso candidato sempre aparece na arena política*.

a.ren.ga *s.f.* **1** intriga; mexerico: *É mais uma das arengas daquele rapaz*. **2** discurso enfadonho: *As arengas do candidato não levam a nada*.

a.ren.gar *v.int.* **1** altercar; discutir: *arengar com os adversários*. **2** fazer arenga ou discurso enfadonho: *O candidato arengava na praça central*.

a.re.ni.to *s.m.* rocha constituída predominantemente de grãos de areia.

a.re.no.so (ô) *adj.* **1** que tem aspecto de areia: *Construíram a casa em terreno arenoso*. **2** que contém areia: *rochas arenosas*.

a.ren.que *s.m.* pequeno peixe parecido com a sardinha, que vive em grandes cardumes e tem grande valor comercial; manjuba.

a.ré.o.la *s.f.* **1** círculo pigmentado em torno do mamilo: *Ela notou que as aréolas dos mamilos estavam assimétricas*. **2** circunferência em redor da Lua.

a.res.ta (é) *s.f.* **1** quina; canto: *O quartzo tem várias arestas*. **2** (Fig.) ponto de conflito: *Suavizar arestas e aplainar diferenças*.

ar.far *v.t.* **1** imprimir, por respiração funda, um movimento acentuado: *O animal espumava e arfava o peito*. • *int.* **2** respirar com dificuldade; ofegar; arquejar: *Os animais arfavam*.

ar.ga.mas.sa *s.f.* **1** massa obtida da mistura de areia, cal e/ou cimento e água, empregada no assentamento de tijolos, ladrilhos etc. **2** reboco: *O mato crescia nas frestas da argamassa*.

ar.ge.li.no (ô) *adj.* **1** natural ou habitante da Argélia: *Os argelinos integraram-se na comunidade francesa*. • *adj.* **2** relativo à Argélia (África): *jogador argelino*.

ar.gen.tá.rio *s.m.* **1** pessoa muito rica; milionário: *Os argentários estão comprando iates*. • *adj.* **2** muito rico; milionário: *indivíduos argentários*.

ar.gên.teo *adj.* **1** de prata. **2** que contém prata. **3** da cor da prata; prateado: *reflexos argênteos do luar*.

ar.gen.ti.no[1] *adj.* **1** que contém prata; argênteo: *um filão argentino*. **2** de timbre como o da prata: *uma voz argentina*. **3** brilhante como prata: *luar argentino*.

ar.gen.ti.no[2] *s.m.* **1** natural ou habitante da Argentina: *a alta escolaridade dos argentinos*. • *adj.* **2** relativo à Argentina: *jogadores argentinos*.

ar.gi.la *s.f.* **1** nome dado aos silicatos de alumínio hidratados. **2** barro.

ar.gi.lo.so (ô) *adj.* **1** que contém argila: *terreno argiloso*. **2** de argila: *pasta argilosa*. **3** próprio de argila: *solos de natureza argilosa*.

ar.gi.ni.na *s.f.* (Quím.) aminoácido cristalino, essencial ao organismo.

ar.go.la (ó) *s.f.* **1** anel em que se enfia ou se amarra qualquer coisa: *argola para guardanapo*. **2** aro pregado em poste para prender animais de montaria: *Pendurou a rédea na argola do alpendre*. **3** qualquer coisa de forma circular e vazia no meio; aro: *A contorcionista se mete numas argolas*.

ar.gô.nio *s.m.* (Quím.) gás nobre, incolor e inodoro usado nas lâmpadas incandescentes. // Símb.: Ar; N. Atôm.: 18.

ar.gú.cia *s.f.* **1** observação aguda; perspicácia; agudeza: *A causa foi ganha graças à argúcia do leitor*. **2** engenho de raciocínio; esperteza: *Quisera ter a argúcia de um herói!*

ar.guei.ro *s.m.* **1** partícula destacada de qualquer corpo. **2** grânulo, cisco.

ar.gui.ção (ü) *s.f.* **1** interrogatório; arguição do réu. **2** alegação; justificativa.

ar.guir (ü) *v.t.* **1** examinar questionando ou interrogando: *A banca nem arguiu o candidato*. **2** alegar como justificativa: *Os advogados vão arguir a inconstitucionalidade da medida*. **3** acusar, tachar: *Arguiu o advogado de falta de ética*.

ar.gu.men.ta.ção *s.f.* **1** apresentação de raciocínios ou provas: *Na defesa, a argumentação do funcionário foi bastante convincente*. **2** conjunto de argumentos. **3** discussão; controvérsia.

ar.gu.men.tar *v.t.* **1** apresentar como argumento: *O diretor argumentou que a lei é igual para todos*. **2** justificar: *Argumentava seu direito a férias*. **3** discutir: *Tentei argumentar com o amigo cético*. • *int.* **4** apresentar argumentos: *Ele sabe argumentar e discutir*.

ar.gu.men.ta.ti.vo *adj.***1** de argumentação: *força argumentativa*. **2** em que há argumentação; dissertativo: *texto argumentativo*.

ar.gu.men.to *s.m.* **1** raciocínio que sustenta uma conclusão: *Os argumentos apresentados pela defesa foram convincentes*. **2** alegação: *Não havia argumento legal para o tombamento da área*. **3** justificativa; explicação: *Você não quer discutir porque não tem argumento!*

ar.gu.to *adj.* perspicaz; sutil: *O pesquisador precisa ser observador arguto*.

á.ria[1] *s.2g.* **1** indivíduo dos árias. • *pl.* **2** povo pré-histórico da Ásia central que se expandiu para a Europa e Índia.

á.ria[2] *s.f.* peça musical para uma só voz.

a.ri.a.nis.mo[1] *s.m.* (Rel.) Doutrina herética de Ário, contra o dogma católico da Trindade.

a.ri.a.nis.mo[2] *s.m.* doutrina popularizada pelo nazismo que afirma a superioridade dos homens brancos e, entre estes, a dos descendentes do povo ariano.

a.ri.a.no[1] *s.m.* **1** relativo ou pertencente aos árias. • *adj.* **2** relativo ao arianismo.

a.ri.a.no[2] *s.m.* (Astrol.) **1** nativo do signo de Áries. • *adj.* **2** relativo ao signo de Áries.

a.ri.dez (ê) *s.f.* **1** ausência de umidade; secura: *a aridez da terra*. **2** falta de suavidade; aspereza: *É difícil suportar a aridez dos dias de hoje*. **3** escassez: *Havia aridez de informações*.

á.ri.do *adj.* **1** sem umidade; seco: *No solo árido não há vegetais*. **2** agreste; sem vegetação: *paisagens áridas do Nordeste*. **3** difícil, árduo: *assuntos áridos*.

á.ries *s.m.* **1** (Astr.) primeira constelação do Zodíaco. **2** (Astrol.) primeiro signo do Zodíaco (21/3 a 20/4).

a.rí.e.te *s.m.* madeira pesado com ponta recoberta de ferro usado para romper portas.

a.ri.ra.nha *s.f.* pequeno mamífero carnívoro, de cauda achatada em forma de remo, pele brilhante e aveludada, que se alimenta de peixes.

a.ris.co *adj.***1** esquivo; arredio: *Essas gatas são ariscas*. **2** não domesticado; bravio: *um boi arisco*. **3** desconfiado: *modo arisco de olhar*.

arnica

a.ris.to.cra.ci.a s.f. **1** Estado no qual o poder político é exercido pela nobreza: *A aristocracia está em decadência?* **2** numa sociedade de classes, a classe mais alta, a classe nobre ou privilegiada: *É possível uma conciliação entre povo e aristocracia.* **3** num grupo, aqueles que se destacam pelo saber e pelo merecimento: *a aristocracia da moda.*

a.ris.to.cra.ta s.2g. **1** pessoa que tem título de nobreza; fidalgo; nobre. **2** partidário da aristocracia. • adj. **3** pertencente à aristocracia.

a.ris.to.crá.ti.co adj.**1** pertencente ou relacionado com a aristocracia: *poder aristocrático.* **2** nobre; distinto: *A rua das Palmeiras é tranquila e aristocrática.*

a.ris.to.té.li.co s.m. **1** pessoa adepta da filosofia de Aristóteles: *Tomás de Aquino foi um aristotélico.* • adj. **2** de Aristóteles (384-332 a.C.), um dos mais importantes filósofos gregos, que tratou dos mais variados temas e teve influência decisiva na cultura ocidental: *A obra aristotélica é importantíssima.*

a.ris.to.te.lis.mo s.m. (Filos.) conjunto de doutrinas ensinadas por Aristóteles, filósofo grego.

a.rit.mé.ti.ca s.f. (Mat.) **1** parte da Matemática que estuda os números, suas propriedades e operações. **2** obra ou tratado sobre essa ciência.

a.rit.mé.ti.co adj. (Mat.) pertencente ou relativo à Aritmética: *Aos 4 anos, o garoto já fazia cálculos aritméticos.*

ar.le.quim s.m. **1** personagem cômico de antiga comédia italiana, vestido de traje multicolor, em geral de losangos: *Assistimos a uma cena de Arlequim e Colombina.* **2** fantasia de carnaval inspirada nesse traje: *Ele se vestiu com um macacão de várias cores, feito um arlequim.* **3** pessoa com essa fantasia: *Arlequins e colombinas dançavam nos salões.*

ar.ma s.f. **1** instrumento de ataque e defesa: *Está proibido o porte de armas.* • pl. **2** insígnias: *as cores e armas dos orixás.* **3** expediente; recurso: *Usava de todas as armas para prejudicar o rival.* **4** cada uma das subdivisões básicas da tropa do exército. **5** as forças militares de um país: *A reforma do Estado foi imposta pelas armas.* **6** atividade militar; carreira militar: *risco de vida inerente à profissão das armas.*
♦ **arma branca** arma de lâmina de aço polido e que fere com a ponta ou com o gume. **arma de fogo** arma que detona carga explosiva, que dá lugar a gases que impulsionam o projétil.

ar.ma.ção s.f. **1** estrutura; arcabouço: *a armação de ferro do teto do ginásio.* **2** (Coloq.) trama; intriga: *Fui vítima de uma terrível armação.* **3** montagem: *armação do presépio.* **4** preparo: *Dois jogadores eram responsáveis pela armação do ataque.*

ar.ma.da s.f. **1** totalidade das forças navais de um Estado. **2** conjunto de navios; esquadra; frota: *os navios da armada.*

ar.ma.di.lha s.f. **1** atração enganosa ou perigosa: *Às vezes, somos surpreendidos pelas armadilhas da vida.* **2** plano engenhoso; cilada: *armadilha preparada pelos inimigos.* **3** perigo oculto: *A caixa aberta do esgoto é uma armadilha para as crianças.* **4** qualquer artifício com que se apanha qualquer animal: *armadilha para pegar tatu.*

ar.ma.dor (ô) s.m. **1** o que arma. **2** nos esportes coletivos, jogador que atua entre a defesa e o ataque, preparando a jogada: *a armadora da equipe de basquete.* **3** pessoa que mantém e explora comercialmente embarcação mercante: *armadores de pesca industrial.* **4** gancho de ferro em que se prende o punho da rede: *o chiar da rede nos armadores.* • adj. **5** relativo a navios mercantes: *agência armadora.*

ar.ma.du.ra s.f. **1** conjunto de armas defensivas e vestes de proteção dos antigos guerreiros: *Vi na foto um cavaleiro de armadura.* **2** organização; estrutura: *melhora armadura econômica e social.*

ar.ma.men.tis.mo s.m. doutrina que preconiza o aumento de material bélico de um país.

ar.ma.men.to s.m. **1** ato ou efeito de armar. **2** conjunto de armas: *armamento bélico.* **3** equipamento bélico: *produção de armamento nuclear.*

ar.mar v.t. **1** pôr em condições de funcionar; montar; instalar: *vendedores armam barracas na feira.* **2** avolumar: *um preparado especial para armar o cabelo.* **3** dispor; arranjar: *o técnico arma o time.* **4** arquitetar; imaginar; forjar: *Armaram uma cilada contra o jogador.* **5** aprontar; provocar: *Os bêbados armaram uma discussão.* **6** preparar: *O tigre arma o bote.* • pron. **7** preparar-se; formar-se: *Está (se) armando um temporal.* • int. **8** montar: *barraca de armar.*

ar.ma.ri.nho s.m. loja em que se vendem miudezas.

ar.má.rio s.m. móvel de madeira, aço ou outro material, para guardar objetos de uso.

ar.ma.zém s.m. **1** lugar onde se guarda mercadoria ou material; depósito. **2** estabelecimento para venda de bebidas e gêneros alimentícios; venda.

ar.ma.ze.na.dor (ô) s.m. **1** que armazena. • adj. **2** que guarda, armazena ou acumula; que contém em depósito: *tanques armazenadores de gás de cozinha.*

ar.ma.ze.na.gem s.f. ato ou efeito de armazenar; armazenamento.

ar.ma.ze.na.men.to s.m. **1** ato ou efeito de armazenar, de reter ou guardar em depósito: *armazenamento de grãos.* **2** acúmulo; concentração: *armazenamento de gás carbônico na atmosfera.*

ar.ma.ze.nar v.t. **1** acumular; guardar: *armazenar água para enfrentar o racionamento.* **2** conter; reter: *À noite, a superfície da Terra perde o calor que armazenou de dia.*

ar.mei.ro s.m. **1** indivíduo que forja, fabrica e conserta armas. **2** indivíduo que negocia armas.

ar.mê.nio s.m. **1** natural ou habitante da Armênia: *Ela descendente de armênios.* **2** língua falada na Armênia. • adj. **3** relativo à Armênia (Europa): *povo armênio.*

ar.mi.nho s.m. **1** mamífero das regiões polares, do tamanho de um gato, cuja pele adquire, no inverno, uma alvura imaculada, exceto a ponta da cauda, que é sempre preta. **2** a pele desse animal: *capuz de arminho branco.*

ar.mis.tí.cio s.m. **1** suspensão temporária de hostilidades entre países em guerra; tratado de paz: *O novo governo assina o armistício com os aliados.* **2** suspensão de atitude agressiva; trégua: *O jogador propôs armistício aos jornalistas que o criticavam.*

ar.mo.ri.al s.m. livro que contém o registro dos brasões.

ar.ni.ca s.f. **1** erva com folhas ovaladas e pontudas, verde-claras na parte inferior, flores amarelas ou alaranjadas, fruto pequeno, de cor escura: *Colheu um ramo de arnica.* **2** medicamento preparado com arnica: *Passou arnica no ferimento da perna.*

a.ro s.m. **1** argola. **2** no basquetebol, arco de ferro preso a uma tabela por onde a bola deve passar para marcar-se o ponto: *A bola bateu no aro e não entrou.* **3** arco pequeno: *o aro de arame do sutiã.* **4** parte dos óculos que envolve a lente: *óculos de aro redondo.* **5** guarnição circular das rodas de certos veículos: *aro de bicicleta.*

a.ro.ei.ra s.f. árvore com folhas verdes lustrosas alongadas e serrilhadas, flores miúdas brancas agrupadas em pencas, frutos pequenos, esféricos, vermelhos e de odor acre.

a.ro.ma s.m. **1** cheiro agradável; fragrância: *aroma de flores.* **2** essência odorífera de vegetais: *o aroma das frutas.*

a.ro.má.ti.co adj. **1** que tem aroma; que tem cheiro agradável: *óleo aromático.* **2** relativo à aroma: *Toda tarde ela toma seu banho aromático.*

a.ro.ma.ti.zan.te s.m. **1** substância que fornece perfume: *Os aromatizantes dão cheiro aos alimentos.* • adj. **2** que tem aroma; que perfuma: *plantas aromatizantes.*

a.ro.ma.ti.zar v.t. difundir aroma; perfumar: *Alfazema aromatiza o ambiente.*

ar.pão s.m. ferro em forma de seta que é fixado a um cabo, empregado na pesca ou caça submarina.

ar.pe.jo (ê) s.m. (Mús.) acorde cujas notas são tocadas em sucessão.

ar.po.a.dor (ô) s.m. quem maneja arpão.

ar.po.ar v.t. cravar o arpão em: *arpoar um peixe.*

ar.que.a.do adj. **1** em forma de arco; curvo: *O velhinho tinha o braço arqueado.* **2** curvado; arcado: *figura humana arqueada.* **3** provido de arco: *a bela torre arqueada.*

ar.que.ar v.t. **1** curvar em forma de arco: *arquear os tubos de aço.* • pron. **2** curvar-se em forma de arco: *As sobrancelhas se arqueavam.*

ar.quei.ro s.m. quem maneja o arco; atirador de flechas.

ar.que.jan.te adj. que respira com dificuldade; ofegante: *animal arquejante.*

ar.que.jar[1] v.int respirar com dificuldade; arfar; ofegar: *A garota arquejou e engasgou.*

ar.que.jar[2] v.t. **1** arquear. • pron. **2** arquear-se, curvar-se: *O pequeno carregador parecia arquejar-se.*

ar.que.o.lo.gi.a s.f. estudo da vida e das culturas do passado, baseado nos vestígios materiais que delas subsistem.

ar.que.o.ló.gi.co adj. **1** muito antigo; antediluviano: *relíquias arqueológicas.* **2** relacionado com a Arqueologia: *escavações arqueológicas.*

ar.que.ó.lo.go s.m. indivíduo perito ou versado em Arqueologia.

ar.que.tí.pi.co adj. que serve como modelo ou padrão: *pai e mãe arquetípicos.*

ar.qué.ti.po s.m. modelo; padrão; tipo; paradigma.

ar.qui.ban.ca.da s.f. **1** série de assentos dispostos em fileiras, em diversos planos, instalados em anfiteatros, estádios e circo. **2** o conjunto dos assistentes de um evento; a assistência; o público: *Intensificou-se a violência das arquibancadas.*

ar.qui.di.o.ce.sa.no adj. relacionado a uma arquidiocese: *comissão arquidiocesana.*

ar.qui.di.o.ce.se (é) s.f. território sob a jurisdição de um arcebispo; arcebispado.

ar.qui.du.que s.m. título de nobreza superior ao de duque.

ar.qui-i.ni.mi.go s.m. **1** grande inimigo; principal inimigo: *Nos anos 1950, ele atacava sistematicamente seu arqui-inimigo.* **2** adversário número um.

ar.qui.mi.li.o.ná.rio s.m. **1** aquele que é muitas vezes milionário: *Ele foi um arquimilionário dedicado às artes.* • adj. **2** diz-se de quem é muitas vezes milionário; multimilionário.

ar.qui.pé.la.go s.m. agrupamento de ilhas.

ar.qui.te.tar v.t. planejar; idear; maquinar: *arquitetar um bom plano.*

ar.qui.te.to (é) s.m. **1** quem se graduou em curso de Arquitetura. **2** quem projeta ou idealiza qualquer coisa: *Nosso arcebispo é um arquiteto da paz.*

ar.qui.te.tô.ni.co adj.**1** relativo à Arquitetura: *Sofremos a influência arquitetônica europeia.* **2** projetado por arquiteto: *a planta arquitetônica.*

ar.qui.te.tu.ra s.f. **1** arte e técnica de projetar e construir prédios e outras estruturas: *Começaram a divulgar as novas tendências da arquitetura europeia.* **2** modo de organizar-se; estruturação. **3** disposição das partes ou elementos de um edifício ou espaço urbano: *a arquitetura do Teatro Amazonas.* **4** o conjunto das obras de arquitetura de determinado tempo ou espaço; arquitetura medieval: *a arquitetura contemporânea do Brasil.*

ar.qui.va.men.to s.m. **1** guarda ou conservação de arquivos: *sala para arquivamento de imagem.* **2** desativação; engavetamento: *A Câmara procedeu ao arquivamento do processo.*

ar.qui.var v.t. **1** guardar em arquivo: *O hospital arquiva os raios X de seus pacientes.* **2** sustar o andamento de: *Juiz arquiva inquérito sobre morte de rapaz.* **3** reter; guardar: *A memória arquiva muitas lembranças.*

ar.qui.vis.ta s.2g. pessoa que é responsável por arquivos.

ar.qui.vo s.m. **1** (Inf.) conjunto de dados ou instruções registradas em meio digital, identificados por nome: *Recuperei os arquivos do meu computador.* **2** registro. **3** conjunto de documentos. **4** lugar ou móvel onde se guardam documentos.

ar.ra.bal.de s.m. cercania; arredor; subúrbio: *Nossos arrabaldes estão abandonados.*

ar.rai.a s.f. **1** peixe marinho de corpo achatado e cauda alongada com esporão; jamanta. **2** papagaio de papel de seda; pipa: *empinar arraia.*

ar.rai.al s.m. **1** acampamento de militares: *os arraiais dos bandeirantes.* **2** pequeno povoado; vilarejo: *Foi morar num arraial.* **3** festa popular com barracas de comestíveis, jogos e diversões: *Gosto dos arraiais juninos.*

ar.rai.a-mi.ú.da s.f. (Coloq.) populacho; plebe; ralé. // Pl.: arraias-miúdas

ar.rai.gar v.t. **1** lançar (a planta) raízes. **2** fixar de maneira profunda: *Anos de inflação arraigaram a chamada cultura inflacionária.* • pron. **3** prender-se (a planta) pelas raízes. **4** fixar-se; enraizar-se: *a moda jeans arraigou-se definitivamente nos trópicos.*

ar.ran.ca.da s.f. **1** movimento impetuoso para a frente; investida. **2** capacidade de arranque: *O carro tem boa arrancada.* **3** partida súbita e violenta: *Carros especiais usados em provas de arrancada.*

arrebentação

ar.ran.ca.men.to *s.m.* ação de arrancar; retirada: *arrancamento de tocos.*

ar.ran.car *v.t.* **1** tirar com força ou com dificuldade; fazer sair puxando; fazer sair: *Arrancaram as árvores do jardim.* **2** obter: *O guitarrista arranca sons diferentes das cordas.* **3** provocar; suscitar: *A comediante arranca risos nervosos da plateia.* **4** extirpar; eliminar: *arrancar do peito essa dor.* **5** afastar; tirar: *A emissora arrancou abruptamente do ar o apresentador.* • *pron.* **6** (Coloq.) partir; ir; sair: *Vou me arrancar daqui.* • *int.* **7** sair com ímpeto: *Silvinho arranca pela esquerda e invade a área.* **8** pôr-se em movimento; partir: *O carro arranca de zero a cem quilômetros por hora em nove segundos.* ✦ **arrancar os cabelos** desesperar-se.

ar.ran.ca-ra.bo *s.m.* (Coloq.) discussão; briga; bate-boca: *E o arranca-rabo recomeçou nos vestiários.* // Pl.: arranca-rabos.

ar.ran.char *v.t.* **1** albergar-se; alojar-se: *Costumo (me) arranchar numa fazenda.* **2** acomodar-se: *O circo arranchou no sítio de meu avô.* • *pron.* **3** juntar-se; amasiar-se: *Maria arranchou-se com o vizinho.*

ar.ran.co *s.m.* **1** impulso forte: *O cavalo deu um arranco e derrubou o vaqueiro.* **2** gesto brusco: *Medeiros afastou a mão num arranco.* **3** investida: *No sábado, aconteceram os últimos arrancos da batalha.* **4** partida; arrancada: *Ao sair com o carro, evite arrancos bruscos.*

ar.ra.nha-céu *s.m.* construção vertical, com grande número de pavimentos. // Pl.: arranha-céus.

ar.ra.nha.du.ra *s.f.* **1** arranhão: *arranhaduras de gatos.* **2** ferimento provocado por arranhão: *As arranhaduras não doíam muito porque eram superficiais.*

ar.ra.nhão *s.m.* **1** ferida superficial produzida por ponta aguda roçando fortemente a pele; arranhadura: *O arranhão sangrava.* **2** ranhura; risco: *uma bicicleta nova, sem um arranhão.* **3** agressão: *Haverá possíveis arranhões na abertura política.*

ar.ra.nhar *v.t.* **1** raspar ou tocar de leve: *O gato arranha a porta.* **2** ferir levemente; esfolar: *O gato arranhou a criança.* **3** produzir sensação desagradável em: *O barulho arranha nossos ouvidos.* **4** falar mal, sem fluência: *Arranho alguns idiomas.* **5** tocar ou executar mal: *arranhar um violão.* • *pron.* **6** esfolar-se; machucar-se: *O rapaz se arranhou todo.*

ar.ran.ja.dor (ô) (Mús.) *s.m.* quem faz arranjos musicais.

ar.ran.jar *v.t.* **1** pôr em ordem; arrumar: *arranjar as flores no vaso.* **2** conseguir; obter: *Enfim, ele já arranjou emprego.* **3** escolher: *Já arranjei nome para o cão de Lídia.* **4** servir; trazer: *Arranje-me uma toalha, rápido!* • *pron.* **5** sair-se bem de uma situação difícil. **6** sustentar-se: *Como você vai se arranjar sem mim?*

ar.ran.jo *s.m.* **1** colocação numa certa ordem; ordenação: *Este arranjo das pastas no armário não me agrada.* **2** disposição: *um novo arranjo tributário.* **3** combinação; acordo: *Houve um arranjo entre dirigentes e funcionários.* **4** (Mús.) adaptação de uma composição musical: *arranjo para orquestra.* **5** adorno em que se combinam vários elementos: *Comprei para Márcia um belo arranjo de flores.*

ar.ran.que *s.m.* **1** impulso forte: *Percebe-se um grande arranque da indústria da informática.* **2** partida de um motor ou máquina: *Os carros atuais têm excelente sistema de arranque.*

ar.ra.sa.dor (ô) *adj.* aniquilador; devastador: *bombardeios arrasadores.*

ar.ra.sar *v.t.* **1** tornar raso; aplainar. **2** destruir; devastar: *O terremoto arrasou a cidade.* **3** destruir; aniquilar: *A inflação arrasou a indústria do país.* (Fig.) **4** aniquilar; humilhar: *Time russo arrasa a seleção búlgara.* **5** abater; deprimir: *A morte do ator arrasou as fãs.* • *pron.* **6** arruinar-se.

ar.ras.ta.men.to *s.m.* ato ou efeito de arrastar(-se): *risco de arrastamento pela correnteza.*

ar.ras.tão *s.m.* **1** ataque, com objetivo de furto ou roubo, feito por grupos de pessoas: *Passeata termina em arrastão.* **2** diligência policial feita em locais considerados suspeitos; batida: *Quatro são presos em arrastão no bairro.* **3** vistoria: *Escolas planejam arrastão de limpeza nos bairros.* **4** pesca com rede que se arrasta pelo fundo do mar: *rede de arrastão.*

ar.ras.ta-pé *s.m.* (Bras.) baile popular: *Passou a noite no arrasta-pé.* // Pl.: arrasta-pés.

ar.ras.tar *v.t.* **1** levar à força; puxar; deslocar: *O rapaz virou para o lado, arrastando o cobertor.* **2** atrair; conduzir; induzir: *Trios elétricos arrastam multidões.* **3** levar consigo; carregar: *O ator arrasta a fama de excêntrico.* • *pron.* **4** rastejar: *Bombeiros se arrastam em túneis estreitos.* **5** desenvolver-se vagarosamente; demorar: *As negociações se arrastam há mais de um ano.* ✦ **arrastar a asa para** estar apaixonado por; fazer a corte: *Hélio andava arrastando a asa para Marília.*

ar.ras.to *s.m.* **1** deslocamento: *O vento provoca forte arrasto aerodinâmico.* **2** recolha ou puxão da rede de pescar.

ar.ra.zo.a.do *s.m.* **1** exposição justificada; alegação: *Quando Mário terminou seu arrazoado, o coronel saiu.* **2** discurso oral ou escrito para defender algo: *O advogado encaixotou processos e arrazoados.*

ar.ra.zo.ar *v.t.* **1** fundamentar, expondo razões: *arrazoar um ponto de vista.* • *int.* **2** expor razões ou argumentos: *O advogado arrazoa em favor do cliente.*

ar.re *interj.* **1** expressa contrariedade: *Arre, quanta pergunta!* **2** expressa alívio: *Arre, você chegou!*

ar.re.ar *v.t.* pôr arreios em; aparelhar: *arrear o cavalo.* // Cp.: arriar.

ar.re.ba.nhar *v.t.* **1** reunir em grupo ou rebanho; atrair como seguidor: *Sua missão era arrebanhar fiéis.* **2** juntar; reunir; unir: *arrebanhar votos.*

ar.re.ba.ta.do *adj.* **1** arrancado: *o filho arrebatado dos braços da mãe.* **2** impulsivo; impetuoso: *Ana é de temperamento arrebatado.* **3** forte; violento: *arrebatada admiração.*

ar.re.ba.ta.dor (ô) *adj.* que entusiasma ou excita: *Era uma música arrebatadora.*

ar.re.ba.ta.men.to *s.m.* êxtase; enlevo: *Senti um forte arrebatamento diante da beleza.*

ar.re.ba.tar *v.t.* **1** conquistar; ganhar: *arrebatar o primeiro prêmio.* **2** encantar; enlevar; extasiar: *O roqueiro arrebatou a plateia.* **3** levar com violência ou ímpeto; arrancar; tirar: *Um ladrão que arrebata dinheiro de pessoas distraídas.*

ar.re.ben.ta.ção *s.f.* **1** ato ou efeito de arrebentar (-se). **2** quebra da onda por instabilidade própria ou por encontrar obstáculo ao seu deslocamento: *É perigoso nadar perto da arrebentação.*

arrebentar

ar.re.ben.tar *v.t.* **1** quebrar; partir com violência: *O decorador arrebentou o vaso*. **2** estourar; romper: *arrebentar a corda*. • *pron.* **3** chocar-se com violência; explodir: *O carro se arrebentou contra o poste*. • *int.* **4** romper-se; partir-se: *A corda arrebentou*. **5** (Fig.) explodir; estourar: *a cabeça arrebentando de dor*. **6** irromper; surgir: *Onda de otimismo arrebentou no país*.

ar.re.bi.ta.do *adj.***1** com a ponta virada para cima: *Essa menina tem nariz arrebitado*. **2** (Fig.) petulante. **3** de mau gênio.

ar.re.bi.tar *v.t.* virar para cima; voltar para cima: *arrebitar o nariz*.

ar.re.bi.te *s.m.* rebite.

ar.re.bol *s.m.* vermelhidão do nascer ou pôr do sol. // Pl.: arrebóis.

ar.re.ca.da.ção *s.f.* **1** cobrança: *arrecadação de impostos*. • *adj.* **2** coleta; recolhimento: *arrecadação de doações*.

ar.re.ca.da.dor (ô) *s.m.* **1** funcionário que faz arrecadação: *o arrecadador do pedágio*. • *adj.* **2** ligado à arrecadação: *Nosso sistema arrecadador é muito eficiente*.

ar.re.ca.dar *v.t.* **1** recolher como doação; conseguir: *Arrecadamos pouco dinheiro*. **2** recolher como pagamento: *Janeiro é mês de arrecadar impostos*.

ar.re.dar *v.t.* **1** afastar; desviar: *arredar da casa o fogaréu*. **2** fazer sair; tirar: *Arrede da alma qualquer rancor*. • *int.* **3** afastar-se; desviar-se; recuar: *Arreda pra lá, por favor*. ♦ **não arredar pé** teimar em ficar onde está. **não arredar uma palha** não fazer nada para mudar os acontecimentos.

ar.re.di.o *adj.***1** isolado ou distanciado do convívio social: *Ela é uma moça arredia*. **2** que repele a aproximação; arisco: *Tem temperamento arredio*.

ar.re.don.da.do *adj.* que possui forma quase redonda: *árvore de copa arredondada*.

ar.re.don.da.men.to *s.m.* **1** ato de dar forma redonda a: *o arredondamento dos lábios*. **2** aproximação para cima ou para baixo, para se obterem números inteiros: *arredondamento da tarifa*.

ar.re.don.dar *v.t.* **1** tornar redondo ou abaulado; dar forma curva a: *Ao falar francês, ele arredondava os lábios*. **2** aproximar um cálculo para números inteiros; completar: *arredondar o preço do pão*. • *pron.* **3** tornar-se redondo ou curvo: *A bolha vai se arredondando*.

ar.re.dor *s.m.* circunvizinhança; redondeza.

ar.re.fe.cer (ê) *v.t.* **1** fazer diminuir a intensidade: *A ação da polícia não arrefeceu o ânimo dos grevistas*. • *int.* **2** desacelerar: *Os aumentos de preços arrefecem*. **3** perder a intensidade: *As labaredas arrefecem*.

ar.re.fe.ci.men.to *s.m.* **1** diminuição da intensidade: *arrefecimento do ânimo*. **2** perda de vigor ou ritmo; enfraquecimento: *A demanda de produtos importados já sofreu arrefecimento*.

ar.re.ga.çar *v.t.* **1** dobrar ou puxar para cima: *Arregaçou a manga da camisa de seda*.

ar.re.ga.lar *v.t.* **1** abrir muito: *Fausto arregala os olhos de espanto*. • *pron.* **2** abrir-se: *Olhos infantis se arregalaram*.

ar.re.ga.nhar *v.t.* **1** abrir muito; alargar: *A fera arreganha a boca*. • *pron.* **2** abrir muito; escancarar-se.

ar.re.gi.men.ta.ção *s.f.* ato ou efeito de arregimentar; recrutamento; agrupamento; reunião.

ar.re.gi.men.tar *v.t.* **1** reunir; associar; arrebanhar: *Era preciso arregimentar colaboradores*. • *pron.* **2** reunir-se; associar-se: *arregimentou-se com os amigos para uma reunião*.

ar.re.glar *v.t.* resolver assunto que envolve outrem: *arreglar o salário atrasado do servidor*.

ar.re.glo *s.m.* ato ou efeito de arreglar; combinação; acordo.

ar.rei.o *s.m.* conjunto de peças para selar cavalgaduras: *arreio de gaúcho*.

ar.re.li.a *s.f.* zanga; aborrecimento: *Esses meninos me matam de arrelia*.

ar.re.li.ar *v.t.* **1** aborrecer; irritar; chatear: *Essa decisão me arreliava*. • *pron.* **2** impacientar-se; chatear-se: *Carlos se arreliava com o irmão*.

ar.re.ma.tan.te *s.2g.* quem arremata alguma peça em leilão.

ar.re.ma.tar[1] *v.t.* **1** fazer os acabamentos em; dar arremate a; acabar: *Dona Lina ainda não arrematou o vestido de minha irmã*. **2** finalizar; concluir: *Rino arremata a conferência com uma anedota*.

ar.re.ma.tar[2] *v.t.* comprar em leilão ou similar: *Fui eu que arrematei o melhor touro*.

ar.re.ma.te *s.m.* **1** ato ou efeito de arrematar. **2** término, desfecho.

ar.re.me.dar *v.t.* imitar mal; macaquear: *O garoto arremedava o colega*.

ar.re.me.do (ê) *s.m.* imitação grosseira: *Aquilo não era time, era um arremedo de time*.

ar.re.mes.sa.dor (ô) *s.m.* **1** no basquete ou no beisebol, jogador encarregado de arremessar a bola: *arremessador de lances livres*. **2** atleta que arremessa: *Ela é arremessadora de dardo*.

ar.re.mes.sar *v.t.* **1** atirar ou lançar com ímpeto: *Arremessou a bola contra a parede*. • *pron.* **2** atirar-se com ímpeto; arrojar-se: *Vimos um golfinho se arremessando contra um peixe*.

ar.re.mes.so (ê) *s.m.* **1** ato de arremessar; lançamento. **2** lançamento de peso a distância: *prova de arremesso*. **3** (Fut.) reposição da bola ao campo de jogo, feita com as mãos, da linha lateral do campo: *O arremesso lateral resultou num belo passe para gol*.

ar.re.me.ter *v.t.* **1** avançar; lançar-se: *arremeter contra os inimigos*. **2** investir; atacar: *Cães arremeteram contra o ladrão*. • *int.* **3** avançar com ímpeto: *O avião arremeteu*.

ar.re.me.ti.da *s.f.* investida; avanço.

ar.ren.da.men.to *s.m.* contrato pelo qual uma pessoa cede à outra, por prazo e renda pré-fixados, o uso de alguma coisa: *arrendamento de terras*.

ar.ren.dar *v.t.* **1** dar em arrendamento; ceder temporariamente, mediante pagamento: *O patrão arrendou a fazenda aos colonos*. **2** tomar em arrendamento; apossar-se temporariamente mediante pagamento; alugar: *Os colonos arrendaram do patrão a fazenda*.

ar.ren.da.tá.rio *s.m.* quem toma alguma coisa, principalmente terra, em arrendamento: *Meu tio era arrendatário*.

ar.re.pen.der-se *v.pron.* sentir pesar ou remorso por erros cometidos: *Não me arrependo de nada*.

ar.re.pen.di.men.to *s.m.* pesar sincero por algum ato ou omissão: *Tenho arrependimento dos erros da juventude*.

arrolamento

ar.re.pi.a.do *adj.* **1** eriçado; levantado: *pele arrepiada.* **2** comovido: *A cantora deixou a plateia arrepiada.* **3** muito enrolado; encaracolado: *Ela tem cabelos arrepiados.* **4** com penas ou pelos eriçados: *uma galinha arrepiada.*

ar.re.pi.an.te *adj.* **1** que provoca arrepio: *Certas músicas são arrepiantes.* **2** assustador; terrível: *um filme arrepiante.*

ar.re.pi.ar *v.t.* **1** fazer eriçar-se; encrespar: *O vento arrepiou o cabelo da moça.* **2** fazer contrair-se; causar arrepios em: *Um bom susto arrepia a pele.* • *pron.* **3** ficar eriçado; levantar-se; encrespar-se: *O rabo do gato se arrepia.* • *int.* **4** ficar franzido, enrugado ou ondulado: *A seda da camisa arrepiou.* **5** ficar arrepiado; sentir calafrios: *Era susto para arrepiar.*

ar.re.pi.o *s.m.* **1** tremor causado por frio ou medo; calafrio: *Filme de terror provoca arrepios na espinha.* **2** estremecimento: *A música provoca arrepios de emoção.* • **ao arrepio** ao contrário (de); em sentido inverso (a): *Não se pode agir ao arrepio da lei.*

ar.res.tar *v.t.* (Jur.) fazer arresto em; apreender judicialmente bens; embargar; confiscar: *A decisão judicial arrestou os terrenos.*

ar.res.to (é) *s.m.* (Jur.) apreensão judicial para garantir quitação de dívida; confisco: *O banco está solicitando na Justiça o arresto de onze aviões.*

ar.re.ta.do *adj.* (Reg. NE) **1** animado; divertido: *Foi um forró arretado.* **2** corajoso; impávido: *pessoa arretada.* **3** bom; agradável: *abraço arretado.*

ar.re.ve.sa.do *adj.***1** ininteligível: *Quando chegou, o estrangeiro falava uma língua arrevesada.* **2** estranho; incomum: *Eram coligações arrevesadas entre partidos com ideais antagônicos.*

ar.re.ve.sar *v.t.* **1** pôr ao revés; às avessas. **2** dar sentido contrário a. **3** tornar ininteligível: *Tome cuidado para não arrevesar o que está querendo dizer.*

ar.ri.a.men.to *s.m.* descida do que está erguido ou hasteado; abaixamento: *o arriamento da bandeira.*

ar.ri.ar *v.t.* **1** fazer baixar ou descer: *Dois soldados vieram arriar a Bandeira Nacional.* **2** causar perda de forças: *A fome arria qualquer um.* **3** deixar cair o próprio corpo; soltar-se: *Arriei na cama.* **4** depositar, baixando: *arriar a carga no chão.* **5** deixar cair: *Arriou a cabeça no ombro do amigo.* • *int.* **6** descer; cair: *O calção do jogador arriou.* **7** perder as forças; baquear: *Com o peso da carga, o animal arriou.* **8** falhar; pifar: *A bateria do carro arriou.* // Cp.: arrear.

ar.ri.ba *adv.* (Coloq.) acima: *O sol já devia de estar bem um palmo arriba do morro.*

ar.ri.ba.ção *s.f.* **1** ato ou efeito de arribar. **2** migração de animais em busca de melhores condições de vida. **3** ancoragem; chegada: *Não havia um porto de arribação.* **4** ave columbiforme.

ar.ri.ba.da *s.f.* **1** entrada de embarcação em porto que não é seu destino nem sua escala: *a arribada forçada do navio.* **2** migração de animais: *Eram muitos os pombos de arribada.*

ar.ri.bar *v.t.* **1** voltar ao porto de partida ou entrar em outro que não seja o de destino. **2** aportar: *O navio arribou a Manaus.* • *int.* (Fig.) **3** revigorar-se; reanimar-se: *O doente não arriba, entre a vida e a morte.* **4** partir às ocultas; ir-se embora: *É melhor a gente arribar daqui agora mesmo.*

ar.ri.ei.ro *s.m.* pessoa que guia bestas de carga: *O arrieiro da tropa desapareceu.*

ar.ri.mar *v.t.* **1** escorar; amparar: *O tronco da árvore arrimava o muro.* • *pron.* **2** apoiar-se; basear-se: *A decisão do prefeito se arrima nas sugestões da população.* **3** encostar-se; amparar-se: *O mendigo se arrimava na parede.*

ar.ri.mo *s.m.* apoio; amparo: *arrimo de família.*

ar.ris.ca.do *adj.* **1** perigoso: *O eletricista tem um trabalho arriscado.* **2** de risco: *período mais arriscado da doença.* **3** sob risco; sujeito: *Estava arriscado a ser demitido do emprego.*

ar.ris.car *v.t.* **1** pôr em risco: *O sequestro do embaixador não arriscou a segurança nacional.* **2** pôr em risco de perda: *arriscar na loteria.* **3** dizer timidamente ou sem convicção: *arriscar um palpite.* • *pron.* **4** atrever-se; ousar: *No inverno não me arrisco a tomar banho à noite.* **5** correr risco: *Arrisquei-me a sair de casa, mesmo chovendo.* **6** aventurar-se: *Ele se arrisca em trilhas desconhecidas.*

ar.rit.mi.a *s.f.* **1** falta de regularidade no ritmo. **2** (Med.) irregularidade das contrações cardíacas.

ar.ri.vis.mo *s.m.* comportamento de quem quer subir na vida a qualquer custo: *O arrivismo o leva a prejudicar o próximo.*

ar.ri.vis.ta *s.2g.* pessoa que quer subir na vida a todo custo, mesmo em prejuízo de outrem.

ar.ro.ba (ô) *s.f.* **1** antiga unidade de medida de peso, equivalente a 14,688 quilos. **2** (Inf.) nome do sinal gráfico @, utilizado no endereço eletrônico separando a identificação do usuário e o provedor.

ar.ro.char *v.t.* **1** apertar; comprimir: *arrochar a criança nos braços.* **2** comprimir; restringir: *A empresa está arrochando os gastos com supérfluos.* **3** exigir muito: *Novos impostos arrocham a nação.*

ar.ro.cho (ô) *s.m.* **1** aperto: *Sofremos um arrocho na economia.* **2** restrição; diminuição: *arrocho salarial.* **3** compressão: *Ele sentia um arrocho no peito.*

ar.ro.gân.cia *s.f.* **1** ato ou efeito de atribuir a si direito, poder ou privilégio. **2** insolência; atrevimento: *A arrogância é inimiga da humildade.* **3** orgulho; vaidade: *a arrogância do campeão.*

ar.ro.gan.te *adj.* que tem ou revela arrogância: *Ela é arrogante.*

ar.ro.gar *v.t.* **1** atribuir-se como próprio: *Os invasores ainda se arrogavam direitos.* **2** dar-se: *Ele se arroga o título de doutor.*

ar.roi.o *s.m.* regato; riacho: *Ouvia-se o ruído do arroio.*

ar.ro.ja.do *adj.***1** corajoso; ousado: *empresário arrojado.* **2** arriscado; temerário: *Uma tentativa arrojada de assalto.* **3** avançado: *pesquisa arrojada.* **4** com características inovadoras; ousado: *Aquele diretor só faz filmes arrojados.*

ar.ro.jar *v.t.* **1** arremessar; lançar; atirar: *Crianças arrojavam pedras às vidraças.* **2** lançar com ímpeto; arremessar. **3** empenhar-se: *Todos devem arrojar-se na campanha contra a fome.* **4** lançar-se; precipitar-se: *O jardineiro arrojara-se aos meus pés.*

ar.ro.jo (ô) *s.m.* **1** ousadia: *O arrojo do piloto foi incrível.* **2** ação de arrojar.

ar.ro.la.men.to *s.m.* **1** (Jur.) inventário: *O advogado requererá ao juiz o arrolamento dos bens do casal.* **2** lista: *Apresentou o arrolamento dos participantes.*

arrolar

ar.ro.lar v.t. **1** colocar em lista ou rol; inventariar: *arrolar testemunhas*. **2** apontar: *Arrola-se o Carnaval como fator determinante do turismo carioca*.

ar.ro.lhar v.t. **1** fechar com rolha; tampar: *arrolhar a garrafa*. **2** fazer calar; silenciar: *Os censores arrolhavam os jornalistas*.

ar.rom.ba s.f. cantiga alegre e ruidosa tocada em viola • **de arromba** extraordinário; excelente: *festa de arromba*.

ar.rom.ba.dor (ô) s.m. aquele que pratica arrombamentos.

ar.rom.ba.men.to s.m. **1** abertura à força, por rompimento: *arrombamento do caixa eletrônico*. **2** rompimento: *Assistimos ao arrombamento das barragens*.

ar.rom.bar v.t. **1** abrir à força: *Nesta noite arrombaram o cofre do banco*. **2** fazer romper: *O som altíssimo arrombava nossos ouvidos*.

ar.ros.tar v.t. olhar de frente; encarar sem medo; enfrentar: *Para que arrostar perigos?*

ar.ro.tar v.t. **1** soltar pela boca o ar do estômago: *É feio arrotar em público*. **2** (Fig.) alardear: *arrotar valentia*.

ar.ro.to (ô) s.m. liberação de gases provenientes do estômago; eructação: *O bebê dá um arroto depois de mamar*.

ar.rou.bo s.m. **1** enlevo; êxtase: *São conhecidos os arroubos poéticos e filosóficos do jornalista*. **2** arrebatamento; ímpeto: *Ela teve um arroubo de lucidez*.

ar.ro.xe.ar v.t. **1** tornar roxo: *O frio arroxeia meus lábios*. • int. **2** ficar roxo: *O chão arroxeou de amoras*.

ar.roz (ô) s.m. **1** planta gramínea que cresce em touceiras, folhas verde-escuras, finas e lanceoladas, com um pendão em cuja extremidade se formam cachos: *plantação de arroz*. **2** o grão produzido por essa planta: *Consumimos um saco de arroz por mês*. **3** prato preparado com grãos de arroz descascados e geralmente polidos, cozidos em água e temperos: *Gosto de arroz com frango*. **4** a cultura do arroz: *terra boa para o arroz*. **5** plantação de arroz; arrozal: *A seca prejudicou o arroz*.

ar.ro.zal s.m. plantação de arroz.

ar.roz de fes.ta s.2g. (Coloq.) pessoa sempre presente em festa ou qualquer outro evento: *O cantor virou arroz de festa dos programas de auditório*. // Pl.: arrozes de festa.

ar.ro.zei.ro s.m. **1** produtor de arroz: *Meu tio pertence a uma associação de arrozeiros*. • adj. **2** do arroz: *lavoura arrozeira*.

ar.ru.a.ça s.f. tumulto de rua; desordem; baderna.

ar.ru.a.cei.ro s.m. **1** indivíduo que faz arruaças; baderneiro: *Levaram os arruaceiros para a delegacia*. • adj. **2** dado a arruaças; baderneiro: *torcedores arruaceiros*.

ar.ru.a.men.to s.m. **1** distribuição em ruas: *bairro distante, ainda sem arruamento*. **2** rua: *Já estão surgindo arruamentos em áreas de preservação*.

ar.ru.ar v.t. **1** traçar; delimitar; abrir ruas: *A prefeitura quer arruar todas a vilas*. • int. **2** percorrer ruas: **3** passear com certa pompa.

ar.ru.da s.f. arbusto de haste lenhosa, ramificada desde a base, folhas verde-azuladas e arredondadas nas pontas, flores amarelas em pequenos cachos, cheiro forte.

ar.ru.e.la (é) s.f. anel para assegurar a vedação de uma junta ou aperto de parafuso ou porca.

ar.ru.fo s.m. **1** zanga sem consequências entre pessoas que se estimam. **2** ressentimento passageiro; amuo.

ar.ru.i.nar v.t. **1** destruir; estragar: *A umidade arruinou a foto*. **2** fazer infeccionar; inflamar: *A falta de higiene arruinou o ferimento*. **3** prejudicar; abalar: *O escândalo arruinou a imagem do músico*. **4** tornar pobre; reduzir à miséria: *Crise financeira arruína cidades*. • pron. **5** perder o vigor; deteriorar-se: *Nossas esperanças se arruinavam dia a dia*. **6** tornar-se pobre; falir: *O empresário se arruinou pagando juros muito altos*. • int. **7** infeccionar; gangrenar: *O ferimento arruinou*.

ar.ru.lhar v.int. **1** produzir arrulhos; sonoridade característica (do pombo ou da rola): *A pomba arrulhava no beiral do telhado*. **2** (Fig.) trocar palavras amorosas: *Os casais arrulhando ao luar*. **3** acalentar crianças.

ar.ru.lho s.m. **1** voz ou gemido de pombo ou rola. **2** (Fig.) expressão amorosa e terna: *Os dois pombinhos terminaram a noite aos arrulhos de paixão*. **3** canto para acalentar crianças.

ar.ru.ma.ção s.f. **1** arranjo; disposição: *a arrumação dos móveis*. **2** limpeza; faxina: *Ela já terminou a arrumação da casa*. **3** decoração; ornamentação: *Em dezembro começa a arrumação das vitrinas das lojas*.

ar.ru.ma.dei.ra s.f. mulher incumbida de pôr em ordem e limpar a casa.

ar.ru.ma.dor (ô) s.m. pessoa encarregada de dispor, organizar mercadorias em depósitos ou casas comerciais.

ar.ru.mar v.t. **1** pôr em ordem; compor; ajeitar: *arrumar a cama*. **2** pôr em ordem: *Todo pai quer arrumar a vida dos filhos*. **3** armar: *arrumar confusão*. **4** vestir; aprontar: *Arrumou os filhos para a festa*. **5** conseguir; arranjar: *Ainda não arrumou namorada*. • pron. **6** sair-se bem; ajeitar-se; arranjar-se: *Lutou muito para arrumar-se na vida*.

ar.se.nal s.m. **1** estabelecimento onde se fabricam e se armazenam armas e munições de guerra: *Descobriu-se um arsenal clandestino com armas e explosivos*. **2** conjunto de armas, munições e petrechos de guerra: *arsenal de armas medievais*. **3** grande quantidade de: *O mágico dispõe de um arsenal de truques*.

ar.sê.ni.co s.m. (Quím.) pó branco, venenoso, com diversas aplicações industriais.

ar.te s.f. **1** aplicação de talento, criatividade e vivência na consecução de uma obra que impressiona pela sua forma: *Homens talentosos que se dedicam à arte*. **2** profissão; ofício: *a arte de encadernar livros*. **3** conjunto de regras concernentes a uma profissão: *Ele conhece bem a arte de pedreiro*. **4** artifício; artimanha; habilidade: *Vocês conhecem bem a arte da paquera?* **5** técnica: *a arte da escrita*. **6** criatividade: *A casa dela é decorada com arte*. **7** travessura; traquinagem: *Crianças fazem arte*. **8** obra de arte: *mercado de arte*. **9** o conjunto das obras de arte: *O diretor do museu fez um inventário completo da arte brasileira*.

ar.te.fa.to s.m. **1** qualquer objeto produzido pelas artes mecânicas: *a explosão do artefato nuclear*. **2** qualquer objeto manufaturado: *Aqui se vendem artefatos de couro*.

ar.te-fi.nal s.f. montagem de um trabalho gráfico (livro, anúncio, cartaz) pronta para ser fotografada e reproduzida, contendo todos os elementos do texto e ilustrações. // Pl.: artes-finais.

ar.tei.ro *adj.* irrequieto; traquinas: *criança buliçosa, arteira.*
ar.te.lho (ê) *s.m.* **1** (Anat.) articulação da perna com o pé; tornozelo. **2** (Coloq.) dedo do pé.
ar.te.mí.sia *s.f.* erva aromática, de folhas recortadas e esbranquiçadas na face interior, flores brancas, pode ser rasteira, ou crescer até um metro.
ar.té.ria *s.f.* **1** cada um dos vasos que conduzem o sangue oxigenado do coração a todas as partes do corpo. **2** grande via de comunicação: *Rua 9 de Julho, a principal artéria do nosso comércio.*
ar.te.ri.al *adj.***1** relativo ou pertencente às artérias: *sistema arterial.* **2** de sangue arterial: *a hipertensão arterial.*
ar.te.ri.os.cle.ro.se (ó) *s.f.* (Med.) endurecimento das artérias, com tendência à obstrução: *A empregada sofria de arteriosclerose avançada.*
ar.te.sa.nal *adj.* **1** não industrializado; manual: *Diminuiu nossa produção artesanal de doces.* **2** de artesanato: *feiras artesanais.* **3** de artesão: *Trabalha com habilidade artesanal.*
ar.te.sa.na.to *s.m.* **1** técnica de produção manual e individual: *Este artista também se dedica ao ensino de artesanato.* **2** trabalho de criação; elaboração: *É complicado o artesanato do texto poético.* **3** o produto, a produção do artesanato: *feira de artesanato.*
ar.te.são[1] *s.m.* **1** indivíduo que exerce qualquer arte que dependa de trabalho manual: *Os artesãos fabricantes de cintos.* **2** artífice que trabalha por conta própria. // Fem.: artesã.
ar.te.são[2] (Arquit.) *s.m.* painel decorativo, formado por moldura, aplicado em tetos, abóbadas etc.
ar.te.si.a.no *adj.* em que a água chega à superfície do solo sem bombeamento, em consequência da lei dos vasos comunicantes: *A água da rede pública é abastecida por um poço artesiano.*
ár.ti.co *adj.* da região do Polo Norte; boreal: *geleiras árticas.*
ar.ti.cu.la.ção *s.f.* **1** arranjo em busca de entendimento: *Parece que falta articulação política no governo.* **2** pronunciação distinta das palavras: *A articulação das palavras facilita a compreensão do que se diz.* **3** movimento regulado por junta: *A natação fortalece a articulação dos braços.* **4** relação; ligação: *articulação do governo com a sociedade.* **5** ponto onde dois ossos ou cartilagens se ligam; junta: *a articulação do joelho.*
ar.ti.cu.la.dor (ô) *s.m.* **1** quem arranja ou organiza; quem estabelece contatos entre as pessoas para a realização de algo: *Aquela mulher é uma das articuladoras da campanha contra a miséria.* • *adj.* **2** que articula; capaz de articular: *a competência articuladora do senador.*
ar.ti.cu.lar[1] *v.t.* **1** mover as articulações de: *articular os braços.* **2** proferir; pronunciar: *A doente articula mal as frases.* **3** organizar; estabelecer as bases de; compor: *articular campanha contra aumento de impostos.* **4** ligar; unir: *Rede telefônica articula as capitais do país.* **5** vincular; associar: *É preciso articular as palavras com as ações.* • *pron.* **6** entrar em entendimento: *Senadores articulam-se com deputados para eleição de presidente.* **7** organizar-se: *A sociedade começa a articular-se contra a inflação.*

artista

ar.ti.cu.lar[2] *adj.* relativo às articulações: *dores articulares.*
ar.ti.cu.la.tó.rio *adj.* relativo à articulação.
ar.ti.cu.lá.vel *adj.* que pode articular: *robôs de pernas articuláveis.*
ar.ti.cu.lis.ta *s.2g.* pessoa que escreve artigos para a imprensa.
ar.tí.fi.ce *s.2g.* **1** pessoa que executa atividade de natureza artesanal; artesão: *É um trabalho de artífice, feito com paciência.* **2** autor; executor; realizador: *O bandido é um dos principais artífices do tráfico de drogas.*
ar.ti.fi.ci.al *adj.***1** produzido por arte ou indústria do homem e não por causas naturais: *flores artificiais.* **2** produzido especialmente por processos químicos para assemelhar-se a uma derivada de uma matéria-prima ou a um derivado dela; sintético: *corantes artificiais.* **3** efetuado por meios que não são os naturalmente usados: *O veterinário especializou-se em inseminação artificial.* **4** postiço: *cabelos artificiais.* (Fig.) **5** afetado: *Ela tem um jeito artificial de falar.* **6** falso; dissimulado; fingido: *Aquela afabilidade do vendedor era artificial.*
ar.ti.fi.ci.a.li.da.de *s.f.* condição daquilo que é artificial: *a artificialidade das relações.*
ar.ti.fi.ci.a.lis.mo *s.m.* ausência de naturalidade; artificialidade: *artificialismo da paisagem.*
ar.ti.fi.ci.a.li.zar *v.t.* **1** tornar artificial: *O afastamento da realidade artificializa a sensibilidade do homem.* • *pron.* **2** tornar-se artificial ou não natural: *O Nordeste se automatiza e se artificializa com rapidez suficiente para enterrar o passado.*
ar.ti.fi.ci.ar *v.t.* **1** fazer ou executar com arte ou artifícios. **2** maquinar; tramar; fazer com artifício.
ar.ti.fí.cio *s.m.* **1** recurso hábil ou engenhoso; ardil: *Os artifícios do mágico distraía a atenção do público.* **2** disfarce; artificialismo: *A mulher usava artifícios para disfarçar a idade.*
ar.ti.fi.ci.o.so (ô) *adj.* **1** que não é natural; forçado: *gestos artificiosos.* **2** ardiloso; matreiro: *Antero é um político artificioso.*
ar.ti.go *s.m.* **1** objeto posto à venda; mercadoria: *loja de artigos esportivos.* **2** texto que forma um todo distinto numa publicação periódica: *artigos de jornal.* **3** cada uma das partes numeradas de uma lei ou de um trabalho escrito: *o artigo 23 do Código Civil.* **4** (Gram.) palavra que determina o nome, dando-lhe feição definida ou indefinida.
ar.ti.lha.ri.a *s.f.* **1** conjunto de material bélico para atirar a grande distância: *A artilharia não foi suficiente para destruir o campo minado.* **2** tropa de soldados artilheiros: *Ele é comandante de artilharia.* **3** fogo despedido pela artilharia: *Artilharia atinge cidade de sessenta mil moradores.* **4** (Fut.) o maior número de gols marcados por um mesmo jogador em uma competição.
ar.ti.lhei.ro *s.m.* **1** soldado pertencente à artilharia: *batalhão de artilheiros.* **2** (Fut.) jogador que marca o maior número de gols num campeonato: *Ele foi o artilheiro do último campeonato.*
ar.ti.ma.nha *s.f.* recurso engenhoso; artifício: *As artimanhas do promotor para conseguir a confissão do réu.*
ar.tis.ta *s.2g.* **1** pessoa que se dedica a uma arte ou que dela faz profissão: *O ministro foi homenageado por vários artistas.* **2** ator ou atriz: *Artista de teatro não precisa ter boa aparência.* **3** profissional de entretenimentos

artístico

populares: *Aquele homem foi um grande artista de circo.* **4** artesão; artífice: *um artista da tatuagem.* ● *adj.* **5** que revela sensibilidade para as artes.

ar.tís.ti.co *adj.* **1** relativo às artes: *eventos artísticos.* **2** de arte: *É o diretor artístico da novela.* **3** de artistas: *sociedade artística.* **4** feito com arte; em que há arte: *obras artísticas.*

ar.tri.te *s.f.* (Med.) inflamação das articulações.

ar.trí.ti.co *adj.*que apresenta artrite: *Movia lentamente seus braços artríticos.*

ar.tro.se *s.f.* (Patol.) forma de reumatismo que afeta as articulações.

ar.vo.rar *v.t.* **1** plantar árvores em. **2** empinar; levantar. **3** ostentar: *arvorar privilégios.* **4** hastear; içar: *Os operários arvoraram a bandeira da greve.* ● *pron.* **5** assumir por autoridade própria a condição de: *Pedro arvorou-se em dono da verdade.*

ár.vo.re *s.f.* vegetal lenhoso, de tronco alto, que se ramifica a maior ou menor altura do solo. ● **árvore genealógica** representação gráfica dos antepassados de um indivíduo ou de uma família.

ar.vo.re.do (ê) *s.m.* conjunto de árvores; bosque.

ás *s.m.* **1** carta de baralho marcada com um só ponto: *o ás de copas.* **2** pessoa que se destaca em uma atividade: *o ás do volante.*

a.sa *s.f.* **1** membro das aves guarnecido de penas. **2** apêndice membranoso de alguns insetos, peixes e mamíferos: *asa de barata.* **3** parte saliente de certos utensílios por onde se segura; alça: *asa da xícara.* **4** parte externa e lateral do avião, destinada à sustentação aerodinâmica. ● **sob as asas/debaixo da(s) asa(s)** sob a proteção: *Vivia debaixo das asas da mãe.*

a.sa-del.ta *s.f.* equipamento de forma triangular que, impulsionado pelo vento, permite o voo livre. // Pl.: asas-deltas e asas-delta.

as.bes.to (é) *s.m.* (Min.) mineral fibroso e incombustível; amianto: *O governo disciplinou a comercialização do asbesto.*

as.ca.ri.dí.a.se *s.m.* (Med.) infecção causada pelo *Ascaris lumbricoides* (lombriga), que parasita o intestino humano.

as.cen.dên.cia *s.f.* **1** movimento ou direção para cima; elevação. **2** origem genealógica; estirpe: *Ele é brasileiro de ascendência italiana.* **3** origem; procedência: *Nem sempre se conhece a ascendência dos carros importados.* **4** influência; domínio: *ascendência do líder sobre o grupo.* // Ant.: descendência.

as.cen.den.te *s.m.* **1** (Astrol.) signo que exerce influência no momento do nascimento de uma pessoa: *É aquariano com ascendente em peixes.* ● *s.2g.* **2** qualquer dos parentes de quem uma pessoa procede; antepassado: *O cantor tem ascendentes goianos.* // Ant.: descendente. ● *adj.* **3** que sobe: *Há quatro pistas ascendentes na rodovia.* **4** que vai do tom grave ao agudo: *A canção se desenvolvia sempre em tom ascendente.*

as.cen.der *v.t.* **1** alcançar o total de; elevar-se: *A multa ascende a milhões de reais.* **2** subir; chegar a: *Ele só ascendeu ao poder através de conchavos.* ● *nt.* **3** alcançar posição elevada; progredir: *Lauro procurava ascender na profissão e na vida social.* // Cp.: acender.

as.cen.são *s.f.* **1** deslocamento para cima; subida: *a ascensão da lua cheia no horizonte.* **2** conquista de prestígio; sucesso: *a ascensão dos computadores pessoais.* **3** festa eclesiástica comemorativa da glorificação de Cristo logo após a morte representada especialmente como a subida aos Céus: *festa de Ascensão.* **4** elevação; promoção.

as.cen.si.o.nal *adj.***1** para o alto: *o movimento ascensional do ciclone.* **2** de subida; de elevação: *desaceleração da marcha ascensional dos preços.* **3** em elevação; em progresso: *O político teve brilhante e ascensional carreira de homem público.*

as.cen.sor (ô) *s.m.* elevador.

as.cen.so.ris.ta *s.2g.* pessoa que maneja um elevador; cabineiro.

as.ce.se (é) *s.f.* 1 exercício que consiste em desenvolver o autocrontrole do corpo e do espírito visando o aperfeiçoamento moral. **2** ascetismo.

as.ce.ta (é) *s.2g.* quem se dedica integralmente à conquista de virtudes espirituais.

as.ce.ti.cis.mo *s.m.* ascetismo.

as.cé.ti.co *adj.***1** que despreza os bens terrenos; místico; casto: *jovem ascético.* **2** próprio de asceta; relativo a asceta: *ideais ascéticos.*

as.ce.tis.mo *s.m.* **1** moral baseada no desprezo do corpo e de suas sensações e que tende a assegurar, pelos sofrimentos físicos, o triunfo do espírito sobre os instintos e as paixões. **2** vida austera, visando a um objetivo nobre: *o ascetismo dos espíritos nobres.*

as.ci.te *s.f.* (Patol.) acumulação de líquido na cavidade abdominal; (Coloq.) barriga-d'água.

as.co *s.m.* repugnância; nojo; repulsa: *Tenho asco de baratas.*

as.fal.ta.men.to *s.m.* revestimento com asfalto.

as.fal.tar *v.t.* cobrir ou revestir de asfalto: *asfaltar rodovias.*

as.fál.ti.co *adj.* de asfalto: *pavimentação asfáltica.*

as.fal.to *s.m.* **1** mistura de betume, cal e cascalho, ou alcatrão mineral, cal e areia, usada para pavimentar ruas, estradas. **2** superfície pavimentada com asfalto: *terras localizadas próximas ao asfalto.* **3** nas grandes cidades, espaço urbanizado, em oposição às favelas ou às áreas rurais: *os adolescentes do asfalto.* **4** asfaltamento: *Moradores reivindicam asfalto.*

as.fi.xi.a /ks/ *s.f.* **1** falta de ar; sufocação: *O rapaz morreu por asfixia.* **2** opressão.

as.fi.xi.an.te /ks/ *adj.* **1** que asfixia; sufocante: *O ar desta sala é asfixiante.* **2** que oprime; que aflige: *Só tinha preocupações asfixiantes.*

as.fi.xi.ar /ks/ *v.t.* **1** matar por asfixia; sufocar: *O assassino asfixiou a vítima.* **2** reprimir; sufocar. **3** impedir a liberdade ou o sucesso; oprimir: *Nunca asfixie os sonhos de liberdade.*

a.si.á.ti.co *s.m.* **1** natural ou habitante da Ásia. ● *adj.* **2** relativo à Ásia.

a.si.lar *v.t.* **1** dar abrigo ou proteção; acolher: *asilar refugiados políticos.* ● *pron.* **2** esconder-se; refugiar-se: *Ela se asilou na Espanha.*

a.si.lo *s.m.* **1** casa de assistência social; abrigo. **2** proteção que se concede a estrangeiros perseguidos politicamente; refúgio: *Raramente, eles concedem asilo político.*

as.ma *s.f.* (Med.) doença do aparelho respiratório, caracterizada por ataques repetidos de dispneia.

assassinato

as.má.ti.co *s.m.* **1** pessoa que sofre de asma: *No inverno os asmáticos sofrem mais.* • *adj.* **2** relacionado com asma: *bronquite asmática.* **3** de asma: *Teve crise asmática.* **4** próprio de quem tem asma: *um ronco asmático.*

as.nei.ra *s.f.* **1** tolice; bobagem; estultice: *Não faça a asneira de vender fiado.* **2** fala ou dito sem importância; tolice: *dizer asneiras.*

as.no *s.m.* **1** quadrúpede equino de porte pequeno e orelhas grandes; jumento; burro. **2** (Fig.) pessoa pouco inteligente; burro: *Esse funcionário é um asno.*

as.pa *s.f.* **1** instrumento de suplício em forma de x. • *pl.* **2** sinais de pontuação (" ") que serve para abrir e fechar citação, para envolver palavra ou expressão usadas com valor especial num contexto.

as.par.go *s.m.* arbusto com ramos moles, folhas pequenas e pontudas; da parte subterrânea e horizontal do caule saem brotos comestíveis.

as.par.ta.me *s.m.* (Quím.) substância artificial utilizada como adoçante de baixa caloria: *Só tomo suco com aspartame.*

as.pec.to (é) *s.m.* **1** aparência: *Era admirável o aspecto saudável dos atletas.* **2** semblante: *Ficou preocupada com o aspecto contrariado do marido.* **3** ponto de vista: *Considerar o fato sob o aspecto da ética.*

as.pe.re.za *s.f.* **1** rugosidade numa superfície: *a aspereza das mãos.* **2** rispidez; grosseria: *Estranhei a aspereza daquelas palavras.* **3** severidade: *Havia uma ternura oculta sob a aspereza do avô.* **4** dureza: *A aspereza do trabalho nas salinas não intimidava Arlindo.*

as.per.gir *v.t.* **1** borrifar; orvalhar: *Aspergiu perfume nos cabelos.* **2** espirrar gotas: *O padre aspergia água benta nos fiéis.*

ás.pe.ro *adj.* **1** de superfície irregular; rugoso: *O chão era áspero.* **2** desagradável ao tato; irritante: *papel áspero.* **3** irritado: *a garganta áspera.* **4** desagradável ao ouvido; penetrante: *Era uma risada áspera.* **5** rispido; severo: *Ouvia calado aquelas palavras ásperas.* **6** difícil; árido; penoso: *os ásperos degraus do sucesso.*

as.per.são *s.f.* borrifação de líquido em gotas: *a aspersão de água nas plantas.*

as.per.sor *s.m.* instrumento usado para aspergir as plantas.

as.pi.ra.ção *s.f.* desejo: *aspiração a/de/por uma vida melhor.*

as.pi.ra.dor (ô) *s.m.* aparelho ou dispositivo para aspirar.

as.pi.ran.te *s.2g.* **1** jogador de equipe secundária: *Ademir ainda era aspirante do time.* **2** entre oficiais, quem ocupa o posto que constitui o primeiro degrau da hierarquia do Exército, da Aeronáutica e da Marinha: *Ele saiu aspirante na turma de 1990 da Academia Militar.* **3** quem aspira a um título ou função: *os aspirantes ao cargo de editor.* • *adj.* **4** que aspira.

as.pi.rar *v.t.* **1** atrair para os pulmões; respirar; inspirar: *Aspirou a fumaça densa.* **2** cheirar com força; absorver; inalar: *aspirar perfume.* **3** atrair ou recolher por meio de sucção: *A moça aspirou o pó das cortinas.* **4** desejar ardentemente; almejar: *Todos aspiramos ao sucesso.*

as.pi.ri.na *s.f.* **1** (Quím.) medicamento à base de ácido salicílico, usado como analgésico e antipirético. **2** comprimido de aspirina.

as.que.ro.so (ô) *adj.* **1** (Quím.) que causa asco; nojento; repugnante: *aspecto asqueroso dos vermes.* **2** infame; indecente: *O assassino era um homem asqueroso.*

as.sa.car *v.t.* atribuir deslealmente; inventar: *Assacaram calúnias contra o funcionário.*

as.sa.dei.ra *s.f.* fôrma para assar alimentos.

as.sa.do *s.m.* **1** pedaço de carne assada: *Tenho uma ótima receita de assado.* • *adj.* **2** cozido em forno; tostado: *frango assado.*

as.sa.du.ra *s.f.* inflamação cutânea por umidade, atrito ou calor: *Compramos pomada contra assadura.*

as.sa.la.ri.a.do *s.m.* **1** empregado que recebe salário do empregador: *O poder aquisitivo do assalariado nem sempre é satisfatório.* • *adj.* **2** que recebe um salário fixado pelo empregador: *empregado assalariado.* **3** remunerado por salário: *trabalho assalariado.*

as.sa.la.ri.ar *v.t.* contratar ou ser contratado mediante salário: *Assalariou alguns pintores.*

as.sal.tan.te *s.2g.* pessoa que pratica assaltos; ladrão; bandido.

as.sal.tar *v.t.* **1** atacar de súbito e com ímpeto para roubar: *Ladrões assaltam turistas.* **2** invadir ou atacar de súbito e com violência para roubar ou destruir algo: *Assaltaram o banco da esquina.* **3** tomar conta de; acometer: *A saudade de casa me assaltou.*

as.sal.to *s.m.* **1** ataque súbito e violento para roubar: *tentativa de assalto à lanchonete.* **2** no pugilismo, cada um dos períodos em que se divide a luta toda: *Roque foi nocauteado no terceiro assalto.* **3** ataque: *O assalto ao forte da cavalaria ocorreu durante a madrugada.*

as.sa.nha.do *adj.* **1** irrequieto: *Aves assanhadas bicando tudo.* **2** alvoroçado; exaltado: *turistas assanhados para fotografar o monumento.* **3** turbulento; arruaceiro. **4** enfurecido; irado: *Leão ainda pequeno, mas assanhado e agressivo.* **5** tomado de desejo sexual; excitado. **6** provocante; sem compostura: *mocinhas assanhadas.* **7** despenteado; emaranhado; desgrenhado: *cabelos assanhados.*

as.sa.nha.men.to *s.m.* **1** alvoroço: *assanhamento das crianças diante do palhaço.* **2** agitação; bulício: *o assanhamento irritante das araras.* **3** falta de compostura; comportamento inconveniente: *o assanhamento dos macacos.*

as.sa.nhar *v.t.* **1** provocar a sanha ou o desejo de alvoroçar: *Seu telefonema assanhou todo mundo aqui.* • *pron.* **2** proceder sem compostura ou comedimento; exceder-se: *Diante dos colegas, ele se assanha.* **3** alvoroçar-se; agitar-se: *O mercado de carros importados se assanhou.*

as.sar *v.t.* **1** cozer a seco sob a ação do calor: *Aos domingos, assamos frango na brasa.* **2** provocar assaduras; irritar a pele: *A fralda assou a pele do bebê.* • *int.* **3** tornar-se cozido pela ação do calor: *biscoitos assando nos fornos.*

as.sas.si.nar *v.t.* **1** matar (ser humano) com premeditação e violência. **2** extinguir; aniquilar.

as.sas.si.na.to *s.m.* homicídio cometido de surpresa, com premeditação ou com superioridade em força ou arma; assassínio: *Vimos pela televisão a notícia do assassinato de um presidente.*

assassino

as.sas.si.no s.m. 1 indivíduo que comete assassinato; matador: *assassino de mulheres*. 2 carrasco; algoz. • *adj*. 3 que mata; matador: *pistoleiro assassino*. 4 que causa morte ou destruição: *instintos assassinos*.

as.saz adv. muito; bastante: *Levantou-se em estado assaz precário*.

as.se.a.do adj.1 limpo; higiênico: *Cozinhe com as mãos asseadas*. 2 cuidadoso; zeloso: *rapaz asseado com suas camisas*.

as.se.ar v.t. tornar asseado; limpar: *A enfermeira asseou o corpo do doente*.

as.se.cla (é) s.2g. 1 seguidor; partidário; sequaz. 2 capanga.

as.se.di.a.dor (ô) s.m. 1 aquele que assedia. • adj. 2 que importuna, que persegue: *fãs assediadoras de seus ídolos*.

as.se.di.ar v.t. 1 perseguir com insistência; importunar: *Eles assediam a modelo*. 2 demonstrar interesse sexual de forma constrangedora. 3 cercar; rodear: *Desconhecidos assediavam a mansão*.

as.sé.dio s.m. 1 importunação; perturbação de alguém, para conseguir alguma coisa. 2 demonstração constrangedora de interesse sexual. 3 operação militar em frente ou em redor de uma praça de guerra; sítio; cerco: *O assédio militar à cidade durou uma semana*.

as.se.gu.ra.dor (ô) adj. que garante ou abona: *Estado assegurador dos direitos do cidadão*.

as.se.gu.rar v.t. 1 tornar seguro; garantir: *assegurar vaga nos Jogos Olímpicos*. 2 afirmar com segurança: *Atletas asseguram que estão bem preparados*. • pron. 3 ficar certo ou seguro; garantir-se; certificar-se: *Assegurou-se de que o formulário estava preenchido corretamente*.

as.sei.o s.m. limpeza; higiene: *asseio corporal*.

as.sel.va.ja.do adj.1 com aparência ou modos selvagens; rudes; abrutalhado. 2 deixado sem cultivo: *Ali adquiriu mil alqueires de terra asselvajada*.

as.sel.va.jar v.t. 1 tornar selvagem. • pron. 2 tornar-se selvagem.

as.sem.blei.a (éi) s.f. 1 conjunto de muitas pessoas reunidas para determinado fim: *assembleia dos estudantes*. 2 concílio; congresso: *Houve assembleia dos bispos no exterior*. 3 o recinto da assembleia legislativa: *Cruzou na Assembleia com um vereador defensor dos sem-terra*. // Nesta acepção, escreve-se com inicial maiúscula.

as.se.me.lhar v.t. 1 tornar semelhante: *Muito se fez para assemelhar nosso sistema tributário ao dos países avançados*. • pron. 2 ser semelhante; parecer: *O clima do Texas se assemelha ao do Sudeste brasileiro*. // Ant.: diferir.

as.se.nho.re.ar v.t. 1 fazer-se dono; apoderar-se; apossar-se: *Pretendiam assenhorear-se do patrimônio público*. 2 dominar; controlar: *assenhorear-nos de todos os mistérios da vida*.

as.sen.ta.dor (ô) s.m. operário que assenta, em construções, tijolos, azulejos ou qualquer outro revestimento.

as.sen.ta.men.to s.m. 1 ato ou efeito de assentar (-se). 2 registro por escrito; anotação: *Faço sempre o assentamento das despesas da casa*. 3 colocação; ajustamento: *Trabalha no assentamento dos dormentes e trilhos*. 4 local onde estão alocados agricultores sem terra: *o assentamento dos sem-terra*.

as.sen.tar v.t. 1 pôr sobre assento. 2 acomodar num determinado lugar: *O governo pretende assentar os sem-terra em lotes definitivos*. 3 acomodar: *Vamos assentar a educação pública em bases sólidas*. 4 dispor ou colocar de uma certa forma: *assentar o tijolo na fieira*. 5 aplicar; sentar. 6 ajustar; ficar (bem ou mal): *Vestido vermelho assenta bem naquela menina*. • pron. 7 sentar-se; acomodar-se: *Assentou-se no lombo do cavalo e partiu*. 8 ter base; fundamentar-se: *As promessas devem assentar-se em condições concretas*. 9 estar colocado ou situado: *A cidade se assenta sobre falha geológica*.

as.sen.te adj. 1 Resolvido; deliberado: *um conceito assente em Biologia*. 2 apoiado: *tampo de madeira assente numa estrutura tubular*.

as.sen.ti.men.to s.m. ato ou efeito de assentir; concordância; aprovação; consentimento: *Ninguém pronunciava uma sílaba sem o seu assentimento*.

as.sen.tir v.t. concordar; aprovar: *O delegado assentiu com o adiamento da investigação*.

as.sen.to s.m. 1 parte da cadeira, banco etc. onde se apoiam as nádegas: *Comprei quatro cadeiras de madeira com assentos estofados*. 2 lugar para sentar-se: *O jatinho tem oito assentos*. 3 nádegas; traseiro: *Ele levou uns tapinhas no assento*. 4 participação: *Ela tinha assento no conselho diretor da firma*.

as.sep.si.a s.f. processo de esterilização para prevenir infecção por germes microbianos nocivos ao organismo: *Não se devem esquecer as medidas de assepsia nos hospitais*.

as.sép.ti.co adj. livre de germes; desinfetado: *O hospital deve ser um ambiente asséptico*.

as.ser.ção s.f. 1 afirmação; alegação enunciada como verdadeira: *A nossa preferência pode voltar-se para asserções mais precisas*. 2 alegação; argumento: *O filósofo baseou suas asserções em fatos*.

as.ser.ti.va s.f. asserção; afirmação: *Esse fato simples bastaria para comprovar a minha assertiva*.

as.ser.ti.vo adj. afirmativo; seguro; positivo: *O empresário, muito assertivo, desenvolve opinião contrária*.

as.ses.sor (ô) s.m. ajudante; auxiliar: *Ele trabalha como assessor de imprensa*.

as.ses.so.rar v.t. auxiliar tecnicamente; prestar assistência: *Ela aceitou um convite para assessorar a produção de novelas*.

as.ses.so.ri.a s.f. 1 apoio; auxílio; assistência: *Ela presta assessoria especial aos patrocinadores*. 2 conjunto dos assessores: *A assessoria do presidente da empresa contratou seguranças*.

as.ses.ta.do adj. apontado para disparar: *canhões assestados sobre diversos pontos da cidade*.

as.ses.tar v.t. apontar; dirigir: *O rapaz assesta o visor telescópico para as estrelas*.

as.se.ve.ra.ção s.f. afirmação feita com segurança: *Essa asseveração não pode ser posta em dúvida*.

as.se.ve.rar v.t. 1 afirmar com certeza ou segurança; assegurar: *Asseverei a ela que aquela história era verdadeira*. 2 comprovar; atestar; mostrar: *As obras asseveram que assentamos toneladas de trilhos*.

as.se.xu.a.do /ks/ adj. 1 que não tem órgãos sexuais funcionais: *As abelhas operárias são assexuadas*. 2 que não tem ou aparenta não ter vida sexual: *criatura assexuada*. 3 sem ação sexual: *Na reprodução assexuada, a célula se divide em dois núcleos*.

as.si.du.i.da.de s.f. **1** presença ou assistência frequente junto a alguém: *Os dois funcionários são os campeões de assiduidade.* **2** constância; frequência: *Jurou que continuava escrevendo com a mesma assiduidade.*

as.sí.duo adj. **1** que aparece com frequência: *A atriz é uma das mais assíduas da telinha.* **2** constante; frequente: *Sou leitor assíduo deste jornal.*

as.sim adv. **1** deste ou desse modo: *Foi ótimo que tudo se esclarecesse. Assim poderemos continuar amigos.* **2** como este ou esse: *É o que se costuma fazer numa ocasião assim.* **3** nesta ou nessa posição: *Sentou-se de cócoras e assim ficou por uns quinze minutos.* **4** como se segue: *O poema começava assim: Alma minha gentil...* **5** consequentemente: *Preferiu calar-se, assim ficaria mais tranquilo.* **6** (Coloq.) em discurso direto, acompanhado do gesto de dedos unidos, indica grande quantidade: *A praça estava assim de gente.* **7** aproximadamente: *Daqui até o pesqueiro não é longe; coisa assim de dois quilômetros.* • conj. **8** portanto: *São sábios esses preceitos; tratarei, assim, de segui-los.* • **assim como** introduz oração subordinada adverbial comparativa; do mesmo modo que: *Pedro não gosta de sujar as mãos com sangue, assim como não gosta de laranja muito madura.* **assim que** introduz oração subordinada adverbial temporal; logo que; apenas: *Mário prometeu voltar assim que pudesse.* **assim assim** mais ou menos: – *E como vai a paciente?/ – Assim, assim.* **e assim por diante** e outras coisas; et cetera: *Ainda haverá divórcios, perdas de emprego, e assim por diante.*

as.si.me.tri.a s.f. falta de simetria; falta de proporção (entre as partes de um todo); desequilíbrio: *Nota-se a evidente assimetria do rosto da atleta.*

as.si.mé.tri.co adj. sem regularidade: *Ele usava desenhos assimétricos em sua obra.*

as.si.mi.la.ção s.f. **1** conformidade; semelhança. **2** absorção ou apropriação de ideias, sentimentos, valores. **3** absorção: *O esterco de galinha é de fácil assimilação pelas plantas.* **4** processo de interpenetração e fusão de culturas: *A mistura de raças e povos facilita a assimilação cultural.*

as.si.mi.la.dor (ô) s.m. **1** quem assimila: *O homem é um assimilador de ideias novas.* • adj. **2** de absorção; de assimilação: *A capacidade assimiladora das plantas depende da luz.*

as.si.mi.lar v.t. **1** tornar semelhante. **2** absorver; fazer seu; integrar: *O Brasil é um país que acolhe e assimila o estrangeiro.* **3** converter em substância própria: *O seu organismo assimilava amidos.* **4** compreender; apreender: *Assimilar teorias era fácil.*

as.si.na.lar v.t. **1** marcar com sinal. **2** fazer notar; mostrar: *O historiador assinala a importância das festas religiosas.* **3** deixar vestígios indicadores; marcar; indicar: *A cruz velha à beira da estrada devia assinalar a morte de algum viajante.* **4** enfatizar: *Ele assinalou que muitas pessoas não procuram o dentista por medo da dor.*

as.si.na.lá.vel adj. **1** que se pode assinalar. **2** importante; notável: *O poeta morreu aos trinta e quatro anos, deixando obra assinalável.*

as.si.nan.te s.2g. **1** pessoa que paga determinada quantia para ter um determinado serviço ou produto durante certo tempo: *Todos os assinantes foram ligados diretamente à estação telefônica.* **2** quem põe sua assinatura em determinado documento, assumindo um compromisso: *Entre os assinantes do protesto, estavam várias figuras importantes.*

as.si.nar v.t. **1** firmar; pôr sua assinatura em determinado documento, assumindo um compromisso: *Dizem que não se deve assinar nada na rua.* **2** ajustar; firmar: *Em 1810 foram assinados dois tratados entre Portugal e Inglaterra.* **3** fazer assinatura ou subscrição de publicação periódica, transmissão de televisão etc.: *Quando comprou um sítio, passou a assinar a revista* Vida no Campo. **4** ter por nome; ter o nome de: *Ela assinava Nair.* • **assinar o ponto** marcar a hora de entrada/saída no trabalho; bater o ponto: *Os funcionários assinavam o ponto sem trabalhar.*

as.si.na.tu.ra s.f. **1** aposição do nome num documento para confirmar autoria ou responsabilidade pelo que ele contém: *Quero uma declaração com a sua assinatura.* **2** ajuste pelo qual, mediante pagamento, obtém-se um produto: *TV por assinatura.* **3** estilo característico; autoria: *A minissérie tem a assinatura de autor famoso.* **4** nome escrito; firma: *O cheque tinha a assinatura do avô.*

as.sí.rio s.m. **1** natural ou habitante da Assíria. • adj. **2** relativo à Assíria (Mesopotâmia).

as.sis.te.má.ti.co adj. que não tem ou não segue sistema: *trabalho assistemático.*

as.sis.tên.cia s.f. **1** proteção; amparo; arrimo: *Criança precisa de assistência, dentro e fora de casa.* **2** supervisão; reparos: *Deixou o carro na oficina para serviços de assistência.* **3** atendimento médico; tratamento: *assistência ao recém-nascido.* **4** auxílio; ajuda: *assistência financeira e técnica aos colonos.* **5** veículo que presta socorro: *Chegou a assistência e levou os feridos para o hospital.* **6** conjunto de pessoas que assistem a um espetáculo, evento etc.: *Ouviu-se um murmúrio na assistência.*

as.sis.ten.ci.al adj. **1** que presta assistência: *O grupo se dedicava ao trabalho assistencial.* **2** relativo à assistência social: *Os menores serão encaminhados para órgãos assistenciais.*

as.sis.ten.ci.a.lis.mo s.m. sistema ou prática que preconiza e/ou organiza e presta assistência a membros carentes ou necessitados de uma comunidade.

as.sis.ten.ci.a.lis.ta adj. relacionado com o assistencialismo; protecionista: *Muitos acham que a política do governo federal é paternalista e assistencialista.*

as.sis.ten.te s.2g. **1** pessoa presente num evento, cerimônia ou espetáculo: *Os assistentes se acomodavam para o culto.* **2** auxiliar; ajudante: *Contrataram mais um assistente de laboratório.* • adj. **3** que auxilia professor, médico etc.: *Em casos duvidosos, convém consultar o médico assistente.*

as.sis.tir v.t. **1** atender; prestar serviço médico: *As entidades médicas particulares poderiam assistir os atletas.* **2** acompanhar para dar apoio espiritual: *O padre assistiu os últimos momentos do doente.* **3** presenciar; testemunhar; ver: *Ele assistiu à peça no Municipal.* **4** ver; presenciar: *Os alunos assistirão a uma palestra especial.* **5** prestar auxílio ou assistência; ajudar: *assistir a população pobre.*

as.so.a.lhar v.t. cobrir com assoalho: *Assoalhamos o armazém com tábuas de pinho.*

assoalho

as.so.a.lho s.m. 1 piso de madeira ou outro tipo de material: *Ouvimos os passos no assoalho.*

as.so.ar v.t. limpar de mucosidade (o nariz), fazendo sair o ar com força, comprimido pelas narinas: *O homem tapou uma narina para assoar a outra.* • pron. 2 limpar de mucosidade a próprio nariz, expelindo o ar com força pelas narinas: *Ela assoava-se na barra do avental.*

as.so.ber.ba.do adj. 1 que tem modos de pessoa soberba. 2 sobrecarregado: *Estamos sempre assoberbados de trabalho.* 3 dominado: *governos assoberbados por dívidas.*

as.so.ber.bar v.t. 1 tratar com soberba. 2 dominar; tomar conta: *A crise assoberba todos os países.* 3 sobrecarregar: *O homem comum é assoberbado por problemas.*

as.so.bi.ar v.t. 1 executar (melodia) por meio de assobio: *Um viajante assobiava uma valsa.* 2 chamar por meio de assobio: *Luciano assobia para as garotas que passam.* • int. 3 executar assobios: *Assobiei um pouco, para alegrar o ambiente.* 4 produzir um som sibilante pela expulsão do ar; silvar: *As serpentes assobiavam perto do galinheiro.* 5 zunir: *O tiro passou assobiando perto do ouvido do policial.* // Var.: assoviar.

as.so.bi.o s.m. 1 som agudo produzido pelo ar comprimido entre os lábios: *Se houver sinal de perigo, dou um assobio.* 2 silvo; sibilo: *assobios de cobra.* 3 som agudo; zunido: *A porta do elevador abriu-se com um assobio.* // Var.: assovio.

as.so.ci.a.ção s.f. 1 formação de grupo organizado ou agremiação: *É livre o direito de associação.* 2 combinação: *associação de minerais de diferentes espécies.* 3 união: *a associação entre o Estado e a iniciativa privada; associação entre várias empresas.* 4 relação; aproximação: *Em seu poema há várias associações entre elementos heterogêneos.* 5 agremiação; grêmio; sociedade: *Criamos nossa Associação dos Amigos do Bairro.* 6 sociedade comercial; firma ou razão social; companhia: *Meu avô pertencia à Associação dos Usineiros.*

as.so.ci.a.do s.m. 1 indivíduo que faz parte de uma associação ou sociedade; sócio: *As bebidas eram preparadas pelas senhoras dos associados.* • adj. 2 reunido: *rede de emissoras associadas.* 3 relacionado; ligado: *A música ficou associada à imagem do campeão.* 4 combinado; aliado: *tratamento com penicilina associada a outros antibióticos.*

as.so.ci.ar v.t. 1 estabelecer relações: *A maioria das pessoas não associa a cárie com uma doença.* 2 juntar; unir; misturar: *O médico associou penicilina com outros antibióticos.* • pron. 3 fazer-se sócio; unir-se: *Papai associara-se a outros italianos para importar azeite.* 4 aderir; compartilhar: *O presidente desejava associar-se aos esforços para construção do memorial.* 5 estar ligado a: *O último trecho da estrada se associa a outras vias.*

as.so.ci.a.ti.vo adj. 1 de sócios: *títulos associativos.* 2 relativo a associação: *Há também um forte interesse associativo nessas atividades.* 3 combinatório: *um modelo de empresa misto ou associativo.*

as.so.lar v.t. 1 devastar; arrasar; destruir: *A guerra assolava a Europa.* 2 invadir; espalhar-se por: *É preciso fazer alguma coisa contra essa doença que assola o país.*

as.so.mar v.t. 1 subir ou aparecer em posições elevadas: *O orador assomou por duas vezes à tribuna.* • int. 2 surgir; aparecer: *Logo que o sol assomou, ele veio.*

as.som.bra.ção s.f. fantasma; aparição: *Começou a aparecer em horas mortas da noite uma assombração ali no lugar.*

as.som.bra.do adj. 1 admirado; impressionado: *Mamãe ficou assombrada ao receber o talãozinho que eu lhe oferecia.* 2 espantado; assustado: *Larissa olhou assombrada para os dois lados da rua.* 3 lugar em que se crê que haja alma do outro mundo: *O apartamento parecia assombrado.*

as.som.brar v.t. 1 amedrontar; aterrorizar: *Era um cão que assombrava qualquer um.* 2 causar espanto ou admiração; deslumbrar: *Aquela proposta maluca me assombrou.* • pron. 3 amedrontar-se; aterrorizar-se: *Sou lá homem para me assombrar com fantasmas?*

as.som.bro s.m. espanto; susto; admiração: *Deu um grito de assombro.*

as.som.bro.so (ô) adj. 1 que causa admiração; maravilhoso: *Aquela verdadeira e assombrosa história.* 2 que causa espanto; intenso: *O cometa passa em assombrosa velocidade.* 3 difícil de acreditar; incrível: *Aquela assombrosa história da mula sem cabeça foi contada por meu avô.*

as.so.mo s.m. manifestação súbita e violenta; impulso: *O último grande assomo de criatividade do compositor.*

as.so.nân.cia s.f. semelhança de sons entre palavras ou sílabas próximas: *O texto é repleto de incidentes gráficos (travessões, reticências) e assonâncias.*

as.so.prar v.t. soprar.

as.so.re.a.men.to s.m. acumulação de areia ou de outros sedimentos no leito de um rio, lago ou canal: *O assoreamento de rios e córregos, obstruídos pelo lixo.*

as.su.mir v.t. 1 chamar a si; responsabilizar-se por: *Ele assume o que faz.* 2 tomar; adquirir; mostrar: *Aquele homem de cabelos brancos assumia um ar confiante.* 3 aceitar conscientemente: *Assumi a minha solidão.* 4 tomar responsabilidade; comprometer-se: *Assumi comigo mesmo o compromisso moral de aprender toda a letra do hino.* • int. 5 tomar posse; entrar no exercício de: *O prefeito assumiu ontem.*

as.sun.ção s.f. 1 ação ou resultado de assumir: *assunção de compromissos.* 2 subida em corpo e alma da Virgem Maria aos céus: *Celebramos no próximo domingo a festa litúrgica da Assunção de Maria.*

as.sun.tar v.t. 1 prestar atenção a; observar: *Desci do navio e fui assuntar a cidade.* • int. 2 informar-se: *Não é conversa fiada, não, assuntei bem antes de vir e contar.*

as.sun.to s.m. 1 matéria de que se trata; tema: *E creio até que cessei de ser o assunto principal das conversas.* 2 questão; problema: *O dono do carro foi obrigado a resolver com o mecânico um assunto inadiável.*

as.sus.ta.di.ço adj. que se assusta facilmente: *uma menina assustadiça e aflita.*

as.sus.ta.dor (ô) adj.1 que causa susto ou medo: *As portas e janelas faziam ruídos assustadores.* 2 preocupante; inquietante: *Constata-se uma assustadora baixa de qualidade dos produtos.* 3 que causa espanto; espantoso: *Era simplesmente assustadora a quantidade de pratos que havia nas refeições.*

atalaia

as.sus.tar v.t. **1** causar espanto; intimidar: *Você entra assim, sem bater... assusta a gente!* • pron. **2** espantar-se; sobressaltar-se: *Os cavalos podiam se assustar.* • int. **3** dar motivo de susto ou medo: *Histórias de terror já não assustam.*

as.te.ca (é) s.2g. **1** indivíduo dos astecas. • pl. **2** antigo povo que morava na região onde hoje é o México. • adj. **3** relativo aos astecas: *templos astecas.*

as.te.ni.a s.f. (Med.) diminuição das forças do organismo; debilidade: *O paciente ainda está com astenia, moleza no corpo.*

as.te.ris.co s.m. (Gram.) sinal gráfico em forma de estrela (*), que, colocado ao lado de uma palavra, faz remissão para nota de pé de página; usa-se também antes da palavra ou frase incorreta ou hipotética.

as.te.roi.de (ói) s.m. (Astr.) pequeno corpo celeste que gravita em torno do Sol: *A Terra atravessa a órbita de pequenos asteroides.*

as.tig.ma.tis.mo s.m. (Oftalm.) perturbação visual, por defeito da curvatura da córnea ou do cristalino.

as.tral s.m. **1** (Coloq.) disposição de espírito; ânimo: *Ela falava sem parar tentando levantar meu astral.* • adj. **2** relativo aos astros: *posição astral.*

as.tro s.m. **1** (Astr.) corpo celeste: *Olhei para o céu e contemplei os astros.* **2** (Astrol.) todo corpo celeste que, segundo os astrólogos, tem influência sobre os destinos humanos: *Os astros me reservavam um grande destino.* **3** ator ou atriz; estrela: *um príncipe europeu disfarçado de astro do cinema americano.* **4** quem ou aquilo que se destaca; estrela: *o grande astro dos brinquedos eletrônicos: o videogame.*

as.tro.fí.si.ca s.f. (Astr.) estudo da constituição material e das propriedades físicas dos astros.

as.tro.fí.si.co s.m. especialista em astrofísica.

as.tro.lá.bio s.m. (Astr.) antigo instrumento usado para determinar a altura dos astros e calcular a latitude e a longitude do lugar onde se encontra o observador.

as.tro.lo.gi.a s.f. arte de prever o futuro, com base na posição dos planetas do sistema solar, do sol e da lua, e dos ângulos formados por eles.

as.tro.ló.gi.co adj. pertencente ou relativo à astrologia: *Acreditava-se, na Antiguidade, que tais aproximações conjugavam as forças astrológicas específicas de cada astro.*

as.tró.lo.go s.m. especialista em astrologia.

as.tro.nau.ta s.2g. navegador do espaço; cosmonauta: *O astronauta disse que a Terra era bonita e azul.*

as.tro.náu.ti.ca s.f. **1** ciência e técnica de navegação no espaço cósmico: *O coronel pertence ao Departamento de Astronáutica da Força Aérea.* **2** técnica de construção de veículos espaciais: *Von Braun é um dos pais da astronáutica.*

as.tro.náu.ti.co adj. relativo a viagens espaciais: *O lançamento daquele foguete foi um fiasco astronáutico.*

as.tro.na.ve s.f. nave para viagens espaciais.

as.tro.no.mi.a s.f. ciência que trata da constituição, posição e movimento dos astros.

as.tro.nô.mi.co adj. **1** referente à astronomia: *obras matemáticas e astronômicas.* **2** baseado na astronomia: *navegação astronômica.* **3** de astros: *observatório astronômico.* **4** (Fig.) muito elevado; altíssimo: *contas telefônicas astronômicas.* **5** com muitos algarismos: *astronômica cifra de trinta milhões de espectadores.*

as.trô.no.mo s.m. especialista em astronomia.

as.tú.cia s.f. **1** ardil; manha: *Aquele cavalo parecia carregado de todas as astúcias e ruindades do mundo.* **2** esperteza; sagacidade: *Uma quadrilha foi desbaratada pela astúcia de um jovem.*

as.tu.ci.ar v.t. tramar com astúcia; preparar: *O desalmado astuciava outro golpe.*

as.tu.ci.o.so (ô) adj.**1** que tem astúcia; ardiloso; esperto: *O jogador é rápido e astucioso.* **2** em que há astúcia; sagaz: *astuciosas armadilhas.*

as.tu.to adj. **1** manhoso; matreiro: *Um especulador astuto é perigoso.* **2** que mostra esperteza ou manha: *Tinha um sorriso astuto.*

a.ta[1] s.f. documento em que se relata reunião ou evento.

a.ta[2] s.f. pinha; fruta-do-conde.

a.ta.ba.lho.a.do adj.**1** feito às pressas; precipitado: *uma reforma atabalhoada.* **2** confuso; atrapalhado: *A mudança deixou a população atabalhoada.*

a.ta.ba.que s.m. (Mús.) instrumento musical de percussão que se toca com as mãos, batendo as palmas abertas na parte de cima do instrumento, espécie de tambor em forma de funil, usado nas danças e cerimônias afro-brasileiras.

a.ta.ca.dis.ta s.2g. **1** negociante que compra e revende artigos de sua especialidade em grande quantidade: *Os atacadistas deixaram de entregar ontem duzentas toneladas de carne.* • adj. **2** que vende por atacado ou em grosso: *Vou procurar um fornecedor atacadista.*

a.ta.ca.do[1] adj. **1** que sofreu ataque, agressão ou censura: *Uma planta atacada de pulgões.* **2** (Coloq.) mal-humorado; nervoso; irritadiço: *Não diga nada: ele hoje amanheceu atacado.*

a.ta.ca.do[2] s.m. forma de venda de mercadorias em grande ou média quantidade: *Ele compra roupas no atacado e as vende no varejo* • **no atacado** em grosso; comprado ou vendido em grande quantidade.

a.ta.can.te s.m. **1** atleta que joga na linha de ataque; dianteiro: *Todo garoto quer jogar de atacante.* **2** quem ataca; agressor: *Os atacantes eram três e não apenas um.* • adj. **3** que joga no ataque; que avança: *À equipe atacante caberá a cobrança.*

a.ta.car v.t. **1** invadir; dominar: *A insônia ataca o incansável escritor.* **2** danificar; fazer mal a: *O toucinho é um veneno para a saúde, pois ataca os intestinos.* **3** investir contra; agredir: *Uma leoa ataca sua presa.* **4** comer ou beber com avidez: *O comilão ataca o bolo.* **5** censurar energicamente; criticar: *Você ataca o casamento por causa de suas falhas.* **6** começar a tocar ou cantar: *A orquestra atacou um samba.* **7** dar início a; começar: *Atacamos obras que se completarão depois do meu governo.* **8** tentar resolver; enfrentar; combater: *Os primeiros urbanistas atacavam os problemas urbanos isoladamente.* **9** (Coloq.) agir para chamar atenção: *Paulo também ataca de empresário.* • int. **10** efetuar um ataque: *Quem ataca de noite é vampiro.* **11** avançar no jogo; adiantar-se.

a.ta.char v.t. (Inf.) anexar um arquivo em um e-mail.

a.ta.du.ra s.f. faixa ou tira de gaze: *Ataduras envolviam a cabeça do acidentado.*

a.ta.lai.a s.2g. vigia; sentinela. • **de atalaia** vigilante; de sobreaviso; à espreita: *Os jagunços estavam de atalaia.*

atalhar

a.ta.lhar v.t. **1** impedir a progressão; sustar: *Os sanitaristas procuraram atalhar a epidemia.* **2** abreviar; cortar: *A cantora atalhou o caminho habitual das divas.* • *int.* **3** seguir um atalho para abreviar caminho: *O fugitivo atalhou por dentro do cafezal.*

a.ta.lho s.m. **1** caminho, fora da estrada comum, para encurtar a distância; corte; vereda: *O ônibus caiu quando tentava passar por um atalho.* **2** caminho ou recurso que encurta o desenvolvimento de um processo: *Ela encontrou o atalho para a glória num livro.*

a.ta.pe.tar v.t. **1** cobrir com tapete. **2** cobrir como se fosse tapete; forrar: *As algas atapetaram fundos de lago.*

a.ta.que s.m. **1** investida; assalto: *o traiçoeiro ataque contra a base de abelhas africanas.* **2** injúria; acusação: *Por que dar importância a esse ataque do jornal contra nós?* **3** no futebol, os jogadores da linha dianteira: *O ataque brasileiro entra em campo.* **4** (Coloq.) acometimento súbito; acesso: *Ela tem ataques de asma.* **5** faniquito: *As filhas são muito delicadas, dão ataque à toa.*

a.tar v.t. **1** amarrar ou prender envolvendo; cingir: *Uma corda atou-lhe os pulsos por cima da cabeça.* **2** impedir os movimentos: *Os preconceitos são como correntes que atam os nossos gestos.* **3** bloquear; embaraçar; estorvar: *A burocracia que nos atou no campeonato.* **4** amarrar; prender: *O cavaleiro ata um lenço branco na ponta da espada.* ✦ **nem ata nem desata** não se resolver: *Tenho horror de noivado que não ata nem desata.*

a.ta.ran.ta.do adj. aturdido; estonteado: *O menino pisou com o calcanhar a fileira de formigas atarantadas.*

a.ta.ran.tar v.t. **1** perturbar; aturdir: *buzinas que atarantam a gente todo o tempo.* • *pron.* **2** estontear-se; perturbar-se: *Eu me ataranto com ruas e arranha-céus.*

a.ta.re.fa.do adj. muito ocupado; cheio de trabalho: *Levava uma vida atarefada.*

a.ta.re.far v.t. **1** cumular de trabalho. • *pron.* **2** sobrecarregar-se de trabalho.

a.tar.ra.ca.do adj. **1** baixo e gordo. **2** muito apertado.

a.tar.ra.xar /ch/ v.t. apertar ou prender com tarraxa; parafusar: *Atarraxei o aviso à parede.*

a.ta.ú.de s.m. urna funerária; caixão: *Foi encontrado um ataúde de faraó egípcio.*

a.tá.vi.co adj. adquirido por atavismo; que reaparece em determinadas gerações.

a.ta.vi.o s.m. enfeite; adereço; adorno: *Ele não permitia peão seu usando atavios.*

a.ta.vis.mo s.m. reaparecimento de traços físicos ou morais dos antepassados depois de um número indeterminado de gerações.

a.ta.za.nar v.t. (Coloq.) atormentar; aborrecer: *pequenas coisas que ficam atazanando a consciência das pessoas.*

a.té prep. relaciona dois termos da oração indicando: **1** termo de movimento espacial: *O padre vai até o altar e ajoelha.* **2** limite temporal: *As matrículas vão até 15 de janeiro.* **3** limite extremo: *soldados armados até os dentes.* • *adv.* **4** mesmo; inclusive: *Eles até me cumprimentaram risonhos.* ✦ **até que** (i) introduz oração de natureza adverbial temporal ou consecutiva: *Cantou até que a criança adormecesse.* (ii) usado para pôr em evidência o que vem a seguir: *Um aperitivo antes do almoço até que vai bem.* **até que enfim** marca a realização de alguma coisa que estava demorando muito; finalmente: *Até que enfim ele se decidiu pela carreira de juiz.*

a.te.ar v.t. **1** pôr (fogo): *A vítima ateou fogo às vestes.* **2** lançar; acrescentar: *Ele conseguiu atear mais insensatez à discussão.*

a.te.ís.mo s.m. atitude ou doutrina que dispensa a ideia da divindade.

a.te.li.ê s.m. **1** oficina de pintor, escultor, costureiro etc.; estúdio: *Ajudava o pai em seu ateliê de costura.* **2** conjunto de artistas que trabalham sob a direção de um mestre: *Há cinco anos comanda o ateliê de alta-costura em Paris.* **3** cursos práticos de pintura, escultura etc.: *As outras atividades são o ateliê de dobradura e tecelagem.*

atelier (ateliê) (Fran.) s.m. ateliê.

a.te.mo.ri.zar v.t. **1** amedrontar; espavorir; assustar. • *pron.* **2** ficar com medo; assustar-se; apavorar-se: *Diante da carranca do pai, o garoto não se atemorizou.*

a.tem.po.ral adj. **1** que não depende do passar do tempo: *A história tem aquela qualidade atemporal das fábulas rurais.* **2** em que se faz abstração do tempo.

a.te.na.zar v.t. **1** aborrecer; importunar; atormentar. • *pron.* **2** aborrecer-se com poucas ou pequenas coisas.

a.ten.ção s.f. **1** resultado da aplicação cuidadosa da mente a alguma coisa exterior a ela; concentração: *Para vencer, é preciso muita atenção nos estudos.* **2** cuidado: *Muita atenção com a cesta de ovos, menina!* **3** reparo; tento: *Não prestou a menor atenção quando combinamos a tarefa.* **4** benevolência; consideração: *Foi muita atenção sua em vir me procurar.* • *pl.* **5** cuidados; amabilidades: *As atenções da minha mãe constrangeram o pobre homem.* • *interj.* **6** usada para advertir, exortar, recomendar cuidado, impor silêncio etc.: *Atenção! A aula vai começar.*

a.ten.ci.o.so (ô) adj. **1** que presta atenção: *Ela é muito atenciosa na sala de aula.* **2** cortês; delicado: *A dona da pensão foi atenciosa e gentil com o novo hóspede.*

a.ten.den.te s.2g. **1** pessoa que está a serviço de doentes: *Ele é atendente de enfermagem do hospital há doze anos.* **2** pessoa que atende ao público em empresas ou repartições públicas: *A atendente simpática me entregou uma ficha de três páginas para preencher.*

a.ten.der (ê) v.t. **1** dar atenção a; receber: *O homem que o atendeu revelava educação.* **2** dar atendimento a; servir: *O garçom atendera o casal.* **3** dar assistência a: *Este médico atende os casos clínicos.* **4** ouvir; acolher: *Santa Clara atende os pedidos sempre.* **5** responder ao chamado ou solicitação de; obedecer: *Alguns atenderam à convocação e cumpriram seu dever.* **6** levar em conta; considerar: *O aumento do salário atende às diferenças de empresa para empresa.* **7** satisfazer: *Tenho um plano que atende a todos os interesses.* **8** ter nome ou apelido: *Tenho um amigo que atende por João.*

a.ten.di.men.to s.m. **1** atenção; satisfação: *o atendimento às normas internacionais vigentes.* **2** resposta; acolhimento: *Dei pronto atendimento ao seu pedido.* **3** auxílio; ajuda: *O atendimento aos flagelados foi demorado.* **4** prestação de assistência: *um posto de atendimento médico.*

atípico

a.te.neu s.m. 1 lugar público onde os literatos, na Grécia Antiga, liam suas obras. 2 estabelecimento de ensino.

a.te.ni.en.se s.2g. 1 natural ou habitante de Atenas. • adj. 2 relativo a Atenas.

a.ten.ta.do s.m. 1 ataque; ofensiva: *A cidade andava sacudida por atentados.* 2 tentativa ou execução de crime: *Houve um atentado contra a vida do cientista.* 3 ofensa; afronta: *um atentado à moral e aos bons costumes.*

a.ten.tar[1] v.t. 1 levar em conta; considerar; observar: *É importante atentar para esse erro na questão da prova.* 2 prestar atenção em; reparar em: *Não temos capacidade de atentar a tudo o que nos rodeia.*

a.ten.tar[2] v.t. 1 cometer atentado contra; perpetrar: *Ele chegou mesmo a atentar contra a vida!* 2 ameaçar; desrespeitar: *Ataques injustos atentam contra a própria existência da legalidade democrática.*

a.ten.ta.tó.rio adj. que constitui atentado: *Eu nunca praticaria atos atentatórios à minha honra.*

a.ten.to adj.1 cuidadoso; aplicado: *Era um aluno atento.* 2 alerta; vigilante: *o olhar atento de um menino maltrapilho.* 3 com a atenção voltada; concentrado: *Estávamos atentos para os problemas sociais.*

a.te.nu.a.ção s.f. 1 enfraquecimento: *A atenuação do vírus foi obtida geneticamente.* 2 abrandamento; diminuição: *O preso foi beneficiado por atenuações da condenação original.*

a.te.nu.an.te s.f. 1 circunstância que diminui a gravidade de algum fato, ato ou evento: *Esses condenados são beneficiados com atenuantes por serem menores.* • adj. 2 que atenua; que diminui a gravidade: *aspectos atenuantes da catástrofe.*

a.te.nu.ar v.t. 1 tornar menor; diminuir: *Os obstáculos atenuam a influência da ação do vento.* 2 reduzir a gravidade; abrandar; amenizar: *O médico tentava atenuar as declarações do porta-voz.* 3 tornar menos evidente; enfraquecer: *Uma luz escassa mal dava para atenuar a escuridão cerrada.* • pron. 4 tornar-se menor ou menos intenso; diminuir: *O tremor se atenua, a dor cede.* 5 ter a gravidade reduzida; suavizar-se; abrandar-se: *Atenuara-se a expressão inflamada do olhar.*

a.ter (ê) v. pron. 1 buscar apoio em; encostar-se. 2 ficar restrito a; limitar-se: *Quanto a você, atenha-se às suas tarefas.*

a.te.ros.cle.ro.se s.f. semientupimento de artérias que pode ser causado por acúmulo de gordura: *A aterosclerose aumenta a chance do derrame no cérebro.*

a.ter.ra.do[1] adj. em que houve aterro: *um rio aterrado.*

a.ter.ra.do[2] adj. aterrorizado; apavorado: *O menino estava aterrado com a aproximação dos soldados.*

a.ter.ra.dor (ô) adj. que causa terror; aterrorizador: *O silêncio era aterrador.*

a.ter.ra.gem s.f. aterrissagem.

a.ter.rar[1] v.t. encher de terror; aterrorizar; amedrontar: *A lembrança daquele desastre há de aterrar o mundo para sempre.*

a.ter.rar[2] v.t. 1 encher de terra; cobrir de terra: *Construíram uma avenida aterrando dois quilômetros de mar.* • int. 2 descer à terra; aterrissar; pousar: *Dizem que um disco voador aterrou em Minas.*

a.ter.ris.sa.gem s.f. pouso de aeronave; aterragem: *Os jatos perdem mais tempo em decolagens e aterrissagens.*

a.ter.ris.sar v.int. 1 fazer aeronave descer à terra: *O piloto aterrissou em plena praça.* 2 pousar em terra: *O helicóptero aterrissou.*

a.ter.ro (ê) s.m. 1 colocação de terra ou entulho para tornar o terreno nivelado; aterramento: *Os moradores reclamam dos sucessivos aterros na baía.* 2 espaço amplo nivelado por colocação de terra ou entulho: *Nos aterros, o lixo é compactado em camadas sobre um terreno adequado.*

a.ter.ro.ri.zan.te adj. que aterroriza; apavorante: *um pesadelo aterrorizante.*

a.ter.ro.ri.zar v.t. 1 encher de terror; assustar: *Um leão aterrorizava as aldeias vizinhas.* • pron. 2 ficar muito assustado: *Muitas jovens se aterrorizaram com o filme.*

a.tes.ta.do s.m. 1 prova; demonstração: *O seu remorso é um atestado de que não perdeu a dignidade.* 2 documento em que se atesta algo; certidão; comprovante: *atestados de pobreza e de residência.* • adj. 3 comprovado; documentado: *Trata-se de um fato atestado.*

a.tes.tar v.t. 1 constituir prova de; comprovar: *Uma velha igreja mineira atestava a antiguidade do distrito.* 2 passar atestado de; certificar por escrito: *O proprietário atestou seus bens à prefeitura.*

a.teu s.m. 1 pessoa que não crê em Deus: *Conheci um ateu bem simpático.* • adj. 2 que não crê em Deus: *Artista ateu interpreta médium na novela.* // Fem.: ateia.

a.ti.çar v.t. 1 provocar; instigar: *Gostava de se distrair atiçando os animais.* 2 tornar mais aceso; avivar: *atiçar o fogo de lenha.* 3 tornar mais vivo; inflamar.

á.ti.co s.m. 1 natural ou habitante da Ática (Grécia antiga). • adj. 2 relativo à Ática.

a.ti.la.do adj. 1 ajuizado; prudente: *Pessoas atiladas e inteligentes devem precaver-se contra o perigo.* 2 esperto; sagaz: *atilados observadores da cena política.*

á.ti.mo s.m. 1 porção mínima: *nenhum átimo de emoção.* 2 instante; momento: *um átimo de tempo.*
• **num átimo** rapidamente: *Num átimo chegara ao hotel.*

a.ti.nar v.t. 1 perceber; dar-se conta: *A mulher não atinava com o objetivo daquela visita.* 2 encontrar; acertar: *Como não atinassem com o caminho, a menina deu explicação.* 3 atentar; prestar atenção: *Não atinou para o fato de que a criança estava febril.*

a.ti.nen.te adj. que diz respeito; concernente; relativo: *No código civil, há capítulos atinentes à família.*

a.tin.gir v.t. 1 chegar a; alcançar: *Quando atingiu o corredor, bateu palmas.* 2 afetar; abalar: *Uma tragédia o atingiu.* 3 ferir; acertar: *Um tiro atingiu o pedestre.* 4 dizer respeito a; afetar; tocar: *Esse é um assunto que atinge a todos nós.*

a.tí.pi.co adj. 1 que não apresenta as características normalmente observadas: *O núcleo da célula pode apresentar uma forma atípica.* 2 irregular; anormal: *E a necessidade do dia a dia levou-os a uma rotina atípica.* 3 que foge ao comum; excepcional: *Com chuvas atípicas durante a seca, não se recomenda nova adubação.*

atiradeira

a.ti.ra.dei.ra s.f. estilingue; bodoque.
a.ti.ra.do adj.1 arremessado; lançado: *Os mourões estavam todos confusamente atirados por terra.* 2 (Bras.) ousado; atrevido: *Ele é um sujeito muito atirado.*
a.ti.ra.dor s.m. 1 quem atira com arma de fogo. 2 instrumento para atirar: *Entre as muitas ferramentas, incluem-se atiradores de lanças.*
a.ti.rar v.t. 1 lançar; arrojar: *O garoto atirou uma pedra contra a vitrina.* 2 impelir para; compelir a: *E este desejo de aprender atirou-me para a frente.* 3 mandar; enviar: *Ele atirou a ela um beijo na ponta dos dedos.* 4 disparar arma de fogo; dar tiros: *O caçador atirou contra os pombos.* • pron. 5 arremeter; atacar: *Atirou-se com ímpeto ao adversário.* 6 lançar-se; dedicar-se com entusiasmo: *Atirou-se a fundo na tarefa.* 7 lançar-se; arrojar-se: *A meninada atirou-se na água.*
a.ti.tu.de s.m. 1 posição do corpo; postura: *Ela se mantinha numa atitude impecável.* 2 modo de agir ou de proceder; procedimento: *atitude corajosa.* 3 decisão: *Difícil seria saber que atitude tomaria.*
a.ti.va s.f. exercício efetivo de um serviço: *Eu não estou na ativa.*
a.ti.va.ção s.f. aceleração; impulso: *Já começou a ativação da economia.*
a.ti.var v.t. 1 tornar mais ativo; impulsionar: *Aquela nação reduz juro para ativar a economia.* 2 intensificar: *Massageando as costas, ativava a circulação.* • pron. 3 tornar-se ativo: *A bomba não explodiu, apenas o detonador se ativou.*
a.ti.vi.da.de s.f. 1 aquilo que se faz ou se pode fazer; ação; ato: *Para alguns, comer é a atividade mais importante que existe.* 2 trabalho específico: *a atividade de pesca.* 3 trabalho; ocupação: *Ao meio-dia, parava sua atividade.* 4 funcionamento: *Naquela época, nossa oficina ainda estava em atividade.*
a.ti.vis.mo s.m. atuação política; militância: *O ativismo da juventude rebelde dos anos 1960.*
a.ti.vis.ta s.2g. militante político.
a.ti.vo s.m. 1 o conjunto de bens de uma pessoa ou empresa: *Os investimentos em ativos fixos originam-se das poupanças.* • adj. 2 trabalhador; laborioso: *O fisioterapeuta é rapaz muito ativo.* 3 que produz efeito; eficaz: *O medicamento mostrou-se ativo contra as larvas.* 4 forte; penetrante; intenso: *Havia em tudo um cheiro ativo que não se identificava.* 5 que está ou poderá estar em atividade: *vulcão ainda ativo.* 6 que atua; participativo: *um movimento sindical muito ativo.* 7 movimentado; agitado: *São Paulo é o principal e mais ativo mercado de arte do país.* 8 que exerce uma função; em atividade: *o aumento do número de trabalhadores ativos.* 9 (Gram.) diz-se da voz de um verbo transitivo em que o sujeito é o agente, isto é, pratica a ação.
a.tlân.ti.co adj. 1 do oceano Atlântico: *a exploração da faixa atlântica.* 2 situado no oceano Atlântico ou próximo a ele: *a costa atlântica.*
a.tlas s.m. 1 coleção de mapas ou cartas geográficas em livro: *um atlas com mapas e bandeiras do mundo todo.*
• **atlas celeste** coleção de mapas que indicam as posições das estrelas na esfera celeste; atlas celeste: *A vidente tinha um atlas celeste em uma mão, e o mapa astral em outra.*

a.tle.ta (é) s.2g. 1 na Grécia e na Roma antigas, pessoa que se exercitava para combater nos jogos solenes: *Na carta aos coríntios, São Paulo faz uma comparação entre os atletas dos antigos jogos da Grécia e os cristãos.* 2 pessoa treinada para competir em exercícios, jogos e esportes: *atletas olímpicos.* 3 pessoa de constituição física robusta: *Na luta diária, mostrou-se um consumado atleta.*
a.tlé.ti.co adj. 1 musculoso; forte; vigoroso: *homem de porte atlético.* 2 relativo a atleta: *Mexeu com meus brios atléticos.*
a.tle.tis.mo s.m. conjunto de atividades esportivas, de caráter competitivo, realizadas individualmente ou entre equipes (corrida, salto, arremesso etc.): *campeonato de atletismo estudantil.*
at.mos.fe.ra (é) s.f. 1 camada gasosa que envolve a Terra, constituída especialmente de nitrogênio e oxigênio: *As queimadas poluem a atmosfera.* 2 (Fig.) ambiente; clima: *O ano começou numa atmosfera de desânimo geral.* 3 (Fís.) unidade de pressão dos gases: *A cada dez metros de profundidade, aumenta mais uma atmosfera.*
at.mos.fé.ri.co adj. 1 relativo à atmosfera: *cores atmosféricas.* 2 que está na atmosfera: *gás atmosférico.*
a.to s.m. 1 aquilo que se faz ou se pode fazer; ação: *ato de criação.* 2 gesto; atitude: *Foi um mero ato de cavalheirismo.* 3 cerimônia; solenidade: *um ato de solidariedade política.* 4 ritual; celebração: *Ele ouvia tudo como quem assiste a um ato religioso.* 5 cada uma das partes em que se divide um espetáculo, principalmente peça teatral: *Bateram palmas no fim do primeiro ato.* 6 momento; ocasião: *A área afetada pode ser retirada no ato da cirurgia.* • **ato contínuo** imediatamente: *Ato contínuo, o governador chamou seu secretário.* **ato de contrição** ato por que se manifesta sincera dor por haver ofendido a Deus. **ato público** reunião em local público de natureza política ou social. **no ato** na hora; imediatamente: *Arrependi-me no ato.*
à to.a adj. desprezível; insignificante; sem importância: *um sujeito à toa.*
a.to.a.lha.do s.m. 1 toalha de mesa. • adj. 2 com textura de toalha: *roupões atoalhados.*
a.to.cha.do adj.1 muito cheio; entupido: *a carabina atochada de balas.* 2 carregado: *Um burro passava atochado de verduras.* 3 espremido; apertado; amontoado: *Tinha letra atochada e miúda.*
a.to.char v.t. 1 apertar com força: *Depois de atochar o botão, entrará no elevador.* 2 encher; entupir. 3 aplicar com força; enfiar: *O vaqueiro atochou a espora no cavalinho.* • pron. 4 encher-se: *O quarto se atochou de malas.*
a.tol s.m. ilha de coral que forma um círculo ou anel mais ou menos contínuo ao redor de um lago.
a.to.lar v.t. 1 colocar; enterrar: *Querem nos atolar em seu mundo derrotista.* 2 meter-se: *Atolou-se em dívidas.* • int. 3 ficar metido em atoleiro; ficar preso: *Jipe não atola fácil.* 4 ficar parado; estagnar: *O mercado de automóveis agora atolou de vez.*
a.to.lei.ro s.m. 1 terreno lamacento, com lodo: *Os jipes passavam direto pelos atoleiros.* 2 dificuldade; embaraço: *As reformas de base hão de tirar o país do atoleiro.*
a.tô.mi.co adj. relativo ao átomo: *lixo atômico.*

atraso

a.to.mis.mo *s.m.* doutrina antiga segundo a qual os corpos são constituídos de partículas elementares chamadas átomos.

a.to.mi.za.ção *s.f.* **1** fragmentação de um corpo em unidades de dimensões muito pequenas. **2** pulverização; fragmentação: *A quebra da unidade sindical implicará a atomização dos sindicatos.*

a.to.mi.zar *v.t.* **1** borrifar; aspergir: *Válvulas aspersoras atomizam água.* **2** reduzir a pedaços minúsculos; fragmentar: *O período autoritário atomizou aquele país.* • *pron.* **3** reduzir-se a grupos ou porções minúsculas; fragmentar-se: *A política continua em baixa, os grupos se atomizam.*

á.to.mo *s.m.* **1** na Filosofia antiga, o menor elemento constitutivo da matéria. **2** na Física e na Química modernas, partícula indivisível que constitui a menor quantidade de um elemento que pode entrar em combinação. **3** pequena parcela; a menor parte: *Cada átomo no Universo.*

a.to.nal *adj.* que não segue os princípios da tonalidade: *música atonal.*

a.to.ni.a *s.f.* (Neur.) fraqueza; debilidade; paralisia: *O ancião sentia uma atonia invencível.*

a.tô.ni.to *adj.* **1** assombrado; pasmado: *Meu caso era para deixar atônita a assembleia.* **2** perturbado; atrapalhado: *Branca ficou atônita, sem saber o que responder.* **3** admirado; maravilhado: *A pintura desse artista nos deixa atônitos.*

á.to.no *adj.* **1** que não soa; mudo. **2** (Gram.) sem acento tônico; sílaba ou palavra que não tem vogal tônica.

a.tó.pi.co *adj.* sem lugar determinado: *A dermatite atópica costuma aparecer em bebês com tendência a alergias.*

a.tor (ô) *s.m.* **1** pessoa que representa em teatro, cinema ou TV. **2** (Fig.) pessoa que sabe fingir; fingidor. // Fem.: atriz.

a.tor.do.a.men.to *s.m.* perturbação dos sentidos; confusão: *Tentei ocultar meu atordoamento.*

a.tor.do.ar *v.t.* **1** perturbar os sentidos; deixar tonto; confundir: *Recebeu um golpe que o atordoou.* • *int.* **2** causar abalo; confundir; estontear: *Era um espetáculo que atordoava.*

a.tor.men.tar *v.t.* **1** torturar; flagelar. **2** angustiar; afligir: *Atormenta o colega com suas atitudes.* • *pron.* **3** afligir-se; perturbar-se: *José Afonso atormentava-se com pequenas coisas.* • *int.* **4** afligir; perturbar; importunar: *A sede atormenta.* **5** causar tormento, tortura: *A guerra atormenta.*

a.tó.xi.co /ks/ *adj.* que não contém substâncias tóxicas: *Brinquedos manuseados por crianças precisam usar tinta atóxica.*

a.tra.bi.li.á.rio *adj.* **1** neurastênico; irritável: *Suportava seu gênio atrabiliário, suas manias.* **2** colérico; violento: *Os presos atrabiliários isolam-se.*

a.tra.ca.ção *s.f.* amarração do navio no cais: *Vários navios aguardavam vaga para atracação.*

a.tra.ca.dou.ro *s.m.* lugar onde se amarram ou se encostam embarcações: *A maioria das cidades litorâneas não possui um atracadouro para receber um barco.*

a.tra.ca.men.to *s.m.* **1** abraço; agarramento. **2** luta; conflito: *Seria preciso estabelecer com as sentenças uma espécie de atracamento de tribunal.*

a.tra.ção *s.f.* **1** poder de encantar; fascínio: *O trabalho honesto exerce uma atração poderosa.* **2** aquilo que se destina a entreter; diversão: *A dança das águas foi a grande atração da noite.* **3** aquilo que chama a atenção ou atrai público; sensação: *O time estava se tornando uma atração na Europa.* **4** inclinação; propensão: *Sentia uma atração imensa por ela.*

a.tra.car *v.t.* **1** prender ou amarrar embarcação à terra: *O comandante não conseguiu atracar a embarcação no pequeno porto.* **2** encostar-se ao cais; aportar: *Os transatlânticos atracavam no porto de Manaus.* **3** abraçar com força; agarrar: *Mal os convidados saíram, o noivo atracou-a aos beijos.* • *pron.* **4** entrar em luta corporal; engalfinhar-se: *O prisioneiro atracou-se com o vigia.* **5** agarrar-se; pegar-se: *Deu um pulo e atracou-se ao balaústre do bonde.* • *int.* **6** encostar-se no cais (embarcação): *O navio finalmente atracou.*

a.tra.en.te *adj.* **1** que prende a atenção: *Estávamos na etapa mais atraente da disputa.* **2** que atrai; encantador: *moça atraente.* **3** convidativo; estimulante: *Comprou muito porque o preço era atraente.*

a.trai.ço.ar *v.t.* trair; enganar: *Não tinha coragem de atraiçoar os colegas.*

a.tra.ir *v.t.* **1** seduzir: *Aqueles rapazes estavam atraindo mulheres.* **2** chamar: *Os restaurantes japoneses estão atraindo os paulistanos.* **3** provocar: *Chama a atenção e atrai coisas boas.* **4** chamar a si; fazer aproximar-se: *A estrela atrai mais matéria à medida que cresce.*

a.tra.pa.lha.ção *s.f.* **1** confusão; desordem: *Muita gente na sala causava atrapalhação.* **2** dificuldade; embaraço: *Foi uma atrapalhação justificar aquele dinheiro.*

a.tra.pa.lhar *v.t.* **1** embaraçar; perturbar: *Ficou caído no meio da rua atrapalhando o tráfego.* **2** confundir; desorganizar: *A falta de fôlego lhe atrapalhava a pronúncia das palavras.* • *pron.* **3** perturbar-se; confundir-se: *O homem atrapalhou-se.* • *int.* **4** causar embaraço: *Quando o jogador é ruim, até a bola atrapalha.*

a.trás *adv.* **1** na parte posterior; na retaguarda: *Vamos em frente que atrás vem gente.* **2** em seguida; após: *Ela foi morar na Europa, e ele foi atrás.* **3** em tempo passado; antes: *O Rio de vinte anos atrás era bem diferente* ♦ **atrás de** (i) em lugar posterior a; no lado posterior: *O pasto ficava atrás do barracão.* (ii) em seguida: *Chegou atrás do irmão.*

a.tra.sar *v.t.* **1** fazer ficar atrasado; fazer demorar; retardar; adiar: *Acho que a tradução vai atrasar minha pesquisa.* **2** tomar lento: *A falta de vento atrasou a travessia.* **3** fazer ficar atrasado em seu desenvolvimento; barrar; impedir: *O endividamento só servia para atrasar o progresso do país.* **4** fazer chegar atrasado: *Um descarrilamento atrasou o trem por cinco horas.* **5** demorar para pagar: *O patrão atrasa seus salários.* **6** pôr para trás; fazer recuar: *O zagueiro atrasou a bola.* • *pron.* **7** ficar para trás; retardar-se: *Corria, esforçando-se por não se atrasar.* **8** chegar atrasado: *Minha mãe me puxava pela mão, porque íamos nos atrasar.* • *int.* **9** ficar atrasado; demorar: *Há dois meses o pagamento atrasa.*

a.tra.so *s.m.* **1** demora: *Mauro só não avisara do atraso porque não havia telefone.* **2** falta de cultura ou de civilização; subdesenvolvimento: *O nosso atraso vem disto, meu filho: ignorância.* **3** falta ou demora de pagamento: *Até já me acostumei a receber com um mês e meio de atraso.*

atratividade

a.tra.ti.vi.da.de *s.f.* capacidade de atrair: *Algumas carreiras não têm atratividade.*

a.tra.ti.vo *s.m.* **1** encanto; sedução: *Lena era uma garota de grandes atrativos.* **2** aquilo que atrai; atração: *O fato de o município possuir atrativos não é o suficiente para que a atividade cresça.* • *adj.* **3** que tem capacidade para atrair; atraente: *poder atrativo.*

a.tra.van.ca.men.to *s.m.* **1** amontoamento; embaraço: *um atravancamento de carros.* **2** congestionamento; engarrafamento: *Os caminhões pegam as duas pistas e causam um atravancamento enorme.*

a.tra.van.car *v.t.* **1** encher em excesso; congestionar; engarrafar: *Milhares de automóveis atravancavam as principais ruas da cidade.* **2** atrapalhar a passagem; obstruir: *Deixou a mala atravancando a porta.* **3** atrapalhar; estorvar; impedir: *A divergência atravancava o processo de paz.* • *pron.* **4** ficar espremido; amontoar-se; acumular-se: *As informações se atravancam e se superpõem através de centenas de páginas.*

a.tra.vés *adv.* de través; transversalmente. ✦ **através de** (i) por entre; por meio de: *Via o mar através de sua janela.* (ii) por: *Saiu, através da janela, sem que ninguém visse.* (iii) no decorrer de: *É um problema que vem se arrastando através dos anos.* (iv) de um lado para o outro: *Para chegar ali, aquele povo teve de passar através de densas florestas.* (v) por intermédio de: *Conheci Carlos através de Joana.*

a.tra.ves.sa.do *adj.* **1** oblíquo; ressabiado: *Lançou-me um olhar atravessado.* **2** raivoso: *Era incapaz de uma resposta atravessada para os mais velhos.* **3** disposto em cruz; cruzado: *A armadilha se disfarça com ramos sobre varas atravessadas.* **4** entalado; enroscado: *O assunto está atravessado em minha garganta.* **5** que se põe ou que se pôs de través: *o pau atravessado no caminho.* • *adv.* **6** de esguelha; de través: *A mãe olhava atravessado quando o menino aprontava alguma.*

a.tra.ves.sa.dor (ô) *s.m.* indivíduo que se coloca entre o produtor e o vendedor, comprando grande quantidade de mercadorias e retendo-as para forçar a alta dos preços: *O maior problema de pequenos agricultores é a venda ao atravessador, por preço muito baixo.*

a.tra.ves.sar *v.t.* **1** percorrer do começo ao fim; transpor: *Um cachorro atravessava tranquilo a rua.* **2** passar por: *O atleta atravessou a linha de chegada.* **3** perfurar; trespassar: *O espinho atravessou-lhe a mão.* **4** passar por um período de tempo; viver: *Há quem atravesse a vida sem preocupações.* **5** enfrentar: *Quantas guerras esses povos já atravessaram?* **6** estar em; passar por: *O país atravessa um período de otimismo.* **7** suportar; aguentar: *O camelo atravessa até uma semana sem água.* **8** passar; esgueirar-se: *Atravessou pela cerca de arame farpado.* • *pron.* **9** ficar colocado de través, constituindo obstáculo: *Uma tora caiu e se atravessou na estrada.*

a.tre.lar *v.t.* **1** prender com trela: *Para que atrelar dois cavalos à carroça?* **2** submeter; sujeitar: *O tempo me atrela aos seus limites.* **3** vincular; associar: *Não quis que atrelassem seu nome ao partido.* • *pron.* **4** engajar-se (em); unir-se: *Atrelei-me aos movimentos ecológicos.*

a.tre.ver *v.t.* tomar a liberdade; ousar: *Mal se atreve a tocar-me.*

a.tre.vi.do *s.m.* **1** pessoa insolente; petulante: *Não era raro aquele atrevido levantar-me a voz.* • *adj.* **2** insolente; petulante: *recado atrevido.* **3** arrojado; ousado: *O rapaz era um bandido muito atrevido.* **4** intrometido; enxerido: *Tiãozinho é moleque atrevido.*

a.tre.vi.men.to *s.m.* **1** insolência; petulância. **2** ousadia; arrojo; coragem.

a.tri.bu.i.ção *s.f.* **1** competência; tarefa: *Faz parte das atribuições do bombeiro examinar o estado dos fios.* **2** prerrogativa; direito: *Deu-se ao povo a atribuição de eleger seus representantes.* **3** concessão; distribuição: *Procedeu-se à atribuição de cada uma das partes a um trabalhador.*

a.tri.bu.ir *v.t.* **1** referir como causa ou origem; imputar: *Cada um atribuía ao outro a responsabilidade do insucesso.* **2** dar; conferir; conceder: *Os fatos não tinham a importância que eu lhes atribuía.* • *pron.* reivindicar para si; arrogar-se: *Cada qual era livre para se atribuir uma patente.*

a.tri.bu.la.ção *s.f.* sofrimento; aflição; adversidade: *Nenhuma outra equipe, afinal, atravessou tantas atribulações.*

a.tri.bu.lar *v.t.* **1** causar atribulação a; mortificar; afligir; angustiar: *Toda aquela demora o atribulava de pensamentos negativos.* • *pron.* **2** mortificar-se; afligir-se; sentir atribulações.

a.tri.bu.to *s.m.* **1** traço característico; peculiaridade: *um atributo moral.* **2** qualidade; predicado. **3** símbolo; emblema.

á.trio *s.m.* (Arquit.) **1** grande sala central de distribuição da circulação num edifício; vestíbulo: *Haverá exposições no átrio central da Feira do Livro.* **2** pátio interno de acesso a um edifício: *Horácio apareceu no átrio do Fórum.* **3** (Med.) cavidade superior do coração; aurícula: *O átrio direito liga-se às grandes veias.*

a.tri.to *s.m.* **1** fricção entre dois corpos: *o atrito da pele com a madeira.* **2** (Fig.) desentendimento; briga; desavença.

a.tro.ar *v.t.* **1** fazer estremecer com o estrondo; fazer retumbar: *Um palavrório irritado atroou os ares.* • *int.* **2** retumbar; estrondear.

a.tro.ci.da.de *s.f.* maldade; barbaridade: *São incríveis as atrocidades cometidas pelos traficantes.*

a.tro.fi.a *s.f.* (Med.) definhamento ou redução de tamanho provocado por falha de nutrição ou falta de exercício: *atrofias musculares.*

a.tro.fi.a.men.to *s.m.* definhamento; degenerescência.

a.tro.fi.ar *v.t.* **1** causar atrofia; tolher o desenvolvimento de; debilitar: *O exercício físico não atrofia a mente.* • *int.* e *pron.* **2** definhar; enfraquecer-se; debilitar-se: *Os órgãos inativos atrofiam(-se).*

a.tro.pe.la.men.to *s.m.* queda por choque com veículo.

a.tro.pe.lar *v.t.* **1** derrubar com ímpeto, passando por cima ou chocando-se: *Atropelei um cachorro.* **2** confundir; baralhar: *Com sotaque italianado, o rapaz atropela a gramática.* **3** (Fig.) aturdir; afligir: *Pensamentos lhe atropelavam a cabeça.* **4** alterar a ordem de; provocar confusão: *Talvez eu estivesse atropelando os fatos.* **5** empurrar; esbarrar em: *Na pressa, atropelou uma cadeira.* • *pron.* **6** amontoar-se desordenadamente; apinhar-se: *Os convidados se atropelavam no saguão central.* **7** confundir-se; baralhar-se: *Os fatos se atropelam, baralhando-se.*

100

augusto

a.tro.pe.lo (ê) *s.m.* **1** confusão; baralhada: *o atropelo da batalha.* **2** (Fig.) pressa; precipitação.

a.troz (ó) *adj.***1** cruel; desumano: *um inimigo atroz.* **2** intolerável; pungente: *um desespero atroz.* **3** bárbaro; cruel: *Naquele tempo havia uma perseguição atroz contra a Igreja.*

a.tu.a.ção *s.f.* **1** desempenho; ação: *A atuação do mediador será indispensável para a organização do debate.* **2** atividade; trabalho: *uma atuação diplomática.* **3** representação de um papel no teatro, televisão ou no cinema; trabalho: *Suas melhores atuações ocorreram em faroestes.* **4** modo especial de desenvolver uma ação: *O zagueiro teve uma perfeita atuação no jogo.*

a.tu.al *adj.***1** que existe no momento em que se fala; do momento presente: *A atual herdeira é uma velha dama.* **2** da época presente; moderno: *As formas atuais de expressão tendem mais para a simplicidade.* **3** que continua válido, vivo: *uma exigência das mais atuais.*

a.tu.a.li.da.de *s.f.* **1** momento atual: *Outros exemplos são de impressionante atualidade.* **2** época presente: *A proposta do governo está de acordo com a atualidade brasileira.*

a.tu.a.li.za.ção *s.f.* **1** modernização: *É urgente a atualização dos portos.* **2** ajustamento à realidade atual; reajuste: *a atualização trimestral dos valores de taxas.*

a.tu.a.li.zar *v.t.* **1** tornar atual; modernizar: *atualizar os meios de transporte.* **2** transformar em valor atual; reajustar: *atualizar o valor dos impostos.* **3** pôr-se ao corrente dos acontecimentos; reciclar-se: *Os cirurgiões atualizam-se constantemente.* **4** modernizar-se: *A Igreja Católica está se atualizando.*

a.tu.an.te *adj.* que atua; que age: *Entre os treinadores, é o mais atuante.*

a.tu.ar *v.t.* **1** provocar reações ou efeitos; agir: *Enzimas digestivas atuam na função de digestão.* **2** exercer ação; funcionar: *Músculos que atuam em movimentos simples.* **3** exercer influência; influir; influenciar: *As condições do meio atuam sobre a personalidade.* **4** agir; operar: *Atua no comércio de ostras.* • *int.* **5** desempenhar um papel como ator: *O ator disse que não pretende deixar de atuar.* **6** jogar: *O goleiro atuou bem naquele jogo.*

a.tu.á.ria *s.f.* parte da Estatística que investiga problemas relacionados com a teoria e o cálculo de seguros.

a.tu.á.rio *s.m.* securitário; especialista em atuária.

a.tu.lhar *v.t.* encher até a borda; abarrotar; entupir: *Divertiam-se atulhando os embornais com bugigangas.*

a.tum *s.m.* peixe marinho de águas profundas, que atinge até 2,40 m e 320 kg, nadador veloz de corpo roliço; dorso azul-metálico e ventre esbranquiçado.

a.tu.rar *v.t.* (Coloq.) aguentar com resignação; suportar: *Tenho que aturar até desaforo.*

a.tur.di.do *adj.* **1** atônito; pasmado: *A comissão trocava olhares, aturdida.* **2** assustado; perturbado: *homem aturdido.*

a.tur.di.men.to *s.m.* desorientação; perturbação.

a.tur.dir *v.t.* atordoar; perturbar; confundir: *A visita do rapaz aturdiu a moça.* • *pron.* **2** ficar confuso; atordoar-se; perturbar-se: *O candidato se aturdiu com as perguntas.*

au.dá.cia *s.f.* **1** impulso de ânimo que leva alguém a cometer atos arrojados ou difíceis; coragem: *Atiraram-se contra o inimigo com audácia.* **2** arrojo; ousadia: *A ponte pênsil é uma nova audácia da engenharia.* **3** atrevimento; petulância: *O senhor tem a audácia de intrometer-se nisso?*

au.da.ci.o.so (ô) *adj.***1** audaz; corajoso: *A juventude é sempre audaciosa.* **2** atrevido; ousado: *ladrão destemido e audacioso.*

au.daz *adj.* audacioso.

au.di.ção *s.f.* **1** (Fisiol.) sentido pelo qual se percebem os sons: *Ele perdeu a audição por causa de uma febre na infância.* **2** (Mús.) percepção dos sons; audiência: *O disco toca muito de leve, de modo a não perturbar a audição da conversa.* **3** apresentação artística, geralmente musical: *Fechou-se a audição com uma sinfonia de Beethoven.*

au.di.ên.cia *s.f.* **1** sessão de tribunal: *A Justiça adiou a audiência para a próxima semana.* **2** recepção dada por qualquer autoridade a pessoas que lhe desejam falar: *Minha mãe solicitou uma audiência ao general.* **3** conjunto de ouvintes; número de ouvintes.

áu.dio *s.m.* **1** parte sonora de um filme ou transmissão de televisão. **2** som.

au.di.o.me.tri.a *s.f.* medição da capacidade auditiva.

au.di.o.vi.su.al *s.m.* **1** mensagem transmitida combinando imagem e som: *Montou um audiovisual sobre os lugares visitados.* • *adj.* **2** que transmite mensagem através dos canais auditivo e visual: *um sistema audiovisual.*

au.di.ti.vo *adj.* relativo ao ouvido ou à audição: *aparelho auditivo.*

au.di.tor (ô) *s.m.* **1** funcionário que informa o tribunal ou repartição sobre aplicação das leis; ouvidor: *O auditor vai conferir se o imóvel vendido valia efetivamente o que foi declarado.* • *adj.* **2** relativo a juiz adjunto a tribunais de justiça militar: *juiz auditor.*

au.di.to.ri.a *s.f.* **1** análise do desenvolvimento de operações contábeis, desde o início até o balanço; exame das contas. **2** lugar ou repartição onde o auditor exerce suas funções: *Eles disseram na auditoria que estão sendo vítimas de insegurança.*

au.di.tó.rio *s.m.* **1** conjunto de pessoas reunidas para ouvir um discurso, relato, conferência, audiência ou espetáculo musical; público; assistência: *Ela falava para um auditório inquieto.* **2** local amplo, com acústica apropriada, onde as pessoas se reúnem para ouvir alguém.

au.dí.vel *adj.* que se pode ouvir: *voz pouco audível.*

au.ê *s.m.* (Coloq.) tumulto; confusão: *Vamos fazer o maior auê.*

au.fe.rir *v.t.* receber; tirar; obter: *auferir rendimento satisfatório.*

au.ge *s.m.* ponto máximo; apogeu: *Aquelas palavras elevaram sua irritação ao auge.*

au.gu.rar *v.t.* **1** fazer previsões; prever; prognosticar: *A decisão augura um futuro promissor para a região.* **2** desejar fortemente: *Ao homenageado, auguramos todo o bem e toda a paz.*

au.gú.rio *s.m.* presságio; sinal; auspício; agouro: *Aquilo poderia ser bom augúrio para nossa empreitada.*

au.gus.to *adj.***1** respeitável; digno; venerando: *Dirijo meus respeitos a essa augusta assembleia.* **2** elevado; sublime: *Na sua augusta sabedoria, o homem soube a hora de calar-se.* **3** majestoso; magnífico: *a sombra augusta do imperador.*

aula

au.la s.f. lição de uma disciplina; preleção.
áu.li.co s.m. súdito; cortesão: *o rei e seus áulicos mais influentes.*
au.men.tar v.t. **1** tornar maior; ampliar: *O oculista aumenta o tamanho da letra.* **2** fazer subir; elevar; reajustar: *O comerciante aumentou os preços de tudo.* **3** tornar mais forte ou intenso: *Essas coisas só aumentam minha fome.* • int. **4** tornar-se maior ou mais considerável: *A confusão aumentara.* **5** tornar-se mais intenso ou mais forte; intensificar-se: *Nosso entusiasmo aumentou.* **6** sofrer aumento de preço: *O salário mínimo aumentara.* **7** crescer em número; proliferar: *Aumentam as favelas nas grandes cidades.*
au.men.ta.ti.vo s.m. **1** (Gram.) palavra de significação ampliada ou intensificada em relação àquela de que deriva. • adj. **2** que aumenta. // Ant.: diminutivo.
au.men.to s.m. **1** elevação (de preço ou de valor, salário etc.): *E ainda querem aumento de tarifas.* **2** crescimento: *o aumento de vendas.* **3** intensificação: *O aumento do tráfego tem sido insuportável.*
au.ra s.f. **1** vento brando e agradável brisa. **2** (Coloq.) fama, popularidade. **3** de acordo com espiritualistas, é uma energia que rodeia o corpo humano.
áu.reo adj.**1** relativo a ouro. **2** de grande prestígio; esplendoroso: *época áurea dos grandes descobrimentos.*
au.ré.o.la s.m. **1** círculo luminoso que rodeia a cabeça dos santos e que aparece nas imagens deles. **2** brilho; glória; esplendor: *O candidato perdeu aquela auréola de mocinho.*
au.re.o.lar v.t. **1** rodear; circundar: *Manchas escuras lhe aureolavam os olhos.* **2** aclamar; consagrar: *A glória o aureolou.* • adj. **3** que tem forma de auréola: *Havia uma luz aureolar sobre a cabeça da imagem.*
au.rí.cu.la s.f. (Anat.) cada uma das cavidades superiores do coração: *Da aurícula esquerda, o sangue passa para o ventrículo esquerdo.*
au.rí.fe.ro adj. que contém ou que produz ouro: *jazidas auríferas.*
au.ri.ver.de (ê) adj. de cor amarela e verde: *Eis o auriverde pendão da minha terra.*
au.ro.ra (ó) s.f. **1** claridade que precede o nascer do sol no horizonte; alvorada: *A penumbra antecede a aurora.* **2** começo; início: *a aurora de sua vida.* **3** os primeiros tempos de alguma coisa: *a aurora do cinema.* • **aurora boreal** fenômeno natural noturno, que consiste em faixas e às vezes arcos de luz que aparecem no céu nas latitudes mais altas, principalmente nas regiões árticas.
aus.cul.ta.ção s.f. aplicação dos ouvidos ou do estetoscópio ao tórax ou abdômen para identificar ruídos que se produzem no organismo.
aus.cul.tar v.t. **1** fazer auscultação: *Só o médico tem condições de auscultar os pulmões.* **2** procurar descobrir; pesquisar com atenção: *O governo precisa auscultar as necessidades do povo.* **3** procurar conhecer as intenções; inquirir; sondar: *O candidato segue auscultando as lideranças políticas.*
au.sên.cia s.f. **1** falta; carência: *A ausência da vitamina A acarreta doença nos olhos.* **2** inexistência: *total ausência de hierarquia.* **3** alheamento: *No rosto da jovem, uma estranha expressão de ausência.* **4** não presença: *O assunto fora abordado durante a minha ausência à reunião.* **5** não comparecimento: *Lamentou a ausência do comerciante na festa.* // Ant.: presença.

au.sen.tar v. pron. **1** retirar-se; sair: *Ele não podia se ausentar da cidade.* **2** apartar-se; afastar-se: *Não cabe a nós ausentar-nos dessa luta.* **3** tornar-se ausente; desaparecer: *Quando chega a seca, a água se ausenta.* **4** estar ausente; não comparecer; não tomar parte: *Cuba se ausentou da Olimpíada.* // Ant.: comparecer.
au.sen.te s.2g. **1** quem não está presente em algum lugar: *O grande ausente foi o major.* • adj. **2** que faltou; faltoso. **3** distraído; alheio; desatento: *Tinha um ar ausente.* **4** afastado; distante: *Passava semanas ausente de casa.* **5** inexistente: *A vigilância é ausente nos limites com a reserva indígena.*
aus.pí.cio s.m. **1** augúrio baseado na observação das aves. **2** pressentimento bom ou ruim. • pl. **3** apoio financeiro; proteção.
aus.pi.ci.o.so (ô) adj. animador; esperançoso: *Tenho notícias auspiciosas para você.*
aus.te.ri.da.de s.f. **1** sobriedade; seriedade: *Diretor de terno preto é a austeridade em pessoa.* **2** disciplina rigorosa: *A austeridade do rapaz não podia entusiasmar os colegas.*
aus.te.ro (é) adj. **1** sério; sóbrio: *pessoa austera.* **2** severo; rígido: *A religião e a regra são austeras.*
aus.tra.li.a.no s.m. **1** natural ou habitante da Austrália. • adj. **2** relativo à Austrália.
aus.trí.a.co s.m. natural ou habitante da Áustria. adj. **2** relativo à Áustria.
au.tar.qui.a s.f. **1** poder absoluto. **2** entidade autônoma, para auxiliar no serviço público. **3** independência econômica de um país.
au.tár.qui.co adj. diz-se das instituições economicamente independentes ou do regime próprio delas: *As estatais não obedecem às regras do regime autárquico da administração direta.*
au.ten.ti.ca.ção s.f. reconhecimento como verdadeiro ou legítimo; legalização: *A autenticação de certidões é feita em cartório.*
au.ten.ti.car v.t. reconhecer como autêntico ou verdadeiro: *Ele autenticou a cópia do documento.*
au.ten.ti.ci.da.de s.f. **1** caráter daquilo em que se pode confiar; confiabilidade: *Confirmam a autenticidade dos fatos.* **2** caráter daquilo que é genuíno ou verdadeiro; legitimidade: *Os partidos são responsáveis pela autenticidade do sistema representativo.*
au.tên.ti.co adj. **1** genuíno; legítimo; verdadeiro: *perfume autêntico.* **2** a que se pode dar fé; fidedigno; confiável: *Presenciei desespero autêntico de uma pobre mulher.* **3** legalizado; autenticado: *É um documento original e autêntico.*
au.tis.mo s.m. (Med.) estado mental caracterizado por devaneios e afastamento exterior; criação mental de um mundo autônomo.
au.tis.ta s.2g. **1** quem sofre de autismo: *Hoje há escolas especiais para autistas.* • adj. **2** que sofre de autismo.
au.to[1] s.m. **1** antiga composição dramática que se caracteriza pela simplicidade da construção, ingenuidade de linguagem e intenção moralizante. **2** registro escrito e autenticado de qualquer ato: *Foi lavrado o auto de prisão em flagrante.*
au.to[2] s.m. (Coloq.) redução de automóvel: *Mercado de autos terá informação por telefone.*

automatização

au.to.a.fir.ma.ção *s.f.* necessidade íntima de impor-se à aceitação do meio; afirmação: *capacidade de autoafirmação.*

au.to.a.ju.da *s.f.* método pelo qual o indivíduo pode alcançar a superação de problemas emocionais sem a ajuda de outrem: *livros de autoajuda.*

au.to.a.ná.li.se *s.f.* investigação de si mesmo, mediante certas técnicas do método psicanalítico: *Quase mergulhei de novo na minha deprimente autoanálise.*

au.to.a.va.li.a.ção *s.f.* avaliação do próprio desempenho: *A autoavaliação deve estar concluída em outubro, quando será iniciada a avaliação externa.*

au.to.bi.o.gra.fi.a *s.f.* biografia de si próprio: *Um dia escrevo uma autobiografia.*

au.to.cen.su.ra *s.f.* censura feita a si mesmo.

au.to.cla.ve *s.f.* aparelho usado para esterilizar; esterilizador.

au.to.co.mi.se.ra.ção *s.f.* pena de si mesmo; autopiedade: *Caio não tem autocomiseração, não reivindica piedade.*

au.to.con.fi.an.ça *s.f.* confiança que se tem em si mesmo.

au.to.co.nhe.ci.men.to *s.m.* conhecimento de si próprio: *Um país sem cinema é um país sem espelho, sem imaginário, sem autoconhecimento, sem autoestima nem autocrítica.*

au.to.con.tro.le (ô) *s.m.* controle de si mesmo; domínio de seus próprios impulsos.

au.to.cra.ci.a *s.f.* governo exercido por um só, com poderes absolutos e ilimitados: *Nosso país não é uma autocracia.*

au.to.cra.ta *s.2g.* chefe num governo de uma pessoa com poderes ilimitados e absolutos.

au.to.crá.ti.co *adj.* relativo à autocracia.

au.to.crí.ti.ca *s.f.* crítica que alguém faz de si mesmo ou de seus atos: *Tinha de fazer uma autocrítica em relação a seu comportamento.*

au.to.crí.ti.co *adj.* que critica a si mesmo; rigoroso consigo mesmo.

au.tóc.to.ne *adj.* natural de uma região; nativo; aborígine: *populações autóctones.*

au.to.de.fe.sa (ê) *s.f.* defesa de si próprio: *A lei só permite a autodefesa no momento da ameaça.*

au.to.de.fi.nir *v.t. (pron.)* definir a si mesmo; caracterizar-se: *Ele se autodefine autoritário.*

au.to.des.tru.i.ção *s.f.* destruição de si próprio.

au.to.des.tru.ir *v.t. (pron.)* destruir a si mesmo: *O esporte começa a se autodestruir.*

au.to.de.ter.mi.na.ção *s.f.* **1** (Polít.) princípio segundo o qual um Estado tem o direito de escolher sua própria forma de governo e ideologia. **2** força de vontade; firmeza; determinação: *Com autodeterminação, qualquer um pode conquistar um império.*

au.to.de.ter.mi.nar-se *v. pron.* dar a si mesmo o nome de; chamar a si próprio de; intitular-se: *Sócrates se autodeterminava filósofo.*

au.to.di.da.ta *s.2g.* pessoa que se educa por esforço próprio, sem ajuda de professor: *Sem condições de ir à escola, foi um autodidata.*

au.to.do.mí.nio *s.m.* domínio de si mesmo; autocontrole: *Lidava com tudo com grande calma e autodomínio.*

au.tó.dro.mo *s.m.* lugar onde se realizam corridas de automóveis.

au.to.es.co.la *s.f.* escola para habilitação de motoristas.

au.to.es.ti.ma *s.f.* consideração ou estima de si mesmo; autovalorização: *Nós trabalhamos a autoestima, a valorização da criança.*

au.to.es.tra.da *s.f.* rodovia para alta velocidade, com pistas duplas e acessos limitados, sem cruzamentos em nível; autopista.

au.to.e.xa.me *s.m.* **1** exame feito em si mesmo: *Lina, preocupada, apalpava os seios, em autoexame.* **2** autorreflexão; autocrítica: *Ele faz um autoexame contínuo de seus atos.*

au.to.e.xi.la.do *s.m.* **1** quem se exilou por decisão própria. • *adj.* **2** que se exilou por decisão própria: *Estava autoexilado em Zurique.*

au.to.fá.gi.co *adj.* que se nutre com sua própria substância: *Há células autofágicas.*

au.to.fi.nan.ci.a.men.to *s.m.* **1** retenção e utilização, nos negócios, de lucro não distribuído: *O autofinanciamento do grupo aumentou 25,5%.* **2** desenvolvimento da produção ou de outros negócios de uma empresa pela aplicação de lucros e capital próprios: *O setor agrícola terá capacidade de autofinanciamento menor na próxima safra.*

au.to.fi.nan.ci.ar *v.t.* prover, por si mesmo, os meios financeiros para: *O México já autofinancia suas operações e não recebe mais dinheiro norte-americano.*

au.to.ges.tão *s.f.* gerência de uma empresa pelos próprios trabalhadores, representados por uma diretoria e por um conselho: *Aquele prédio funciona em regime de autogestão.*

au.to.gra.far *v.t.* assinar; apor autógrafo em: *O escritor compareceu para autografar seu livro.*

au.tó.gra.fo *s.m.* **1** assinatura ou qualquer escrito assinado por alguém famoso: *A menina pegou o autógrafo de seu ídolo.* **2** cópia que reproduz os manuscritos originais: *Disponho de dez dias para sancionar o projeto, cujo autógrafo recebo neste momento.*

au.to.i.ma.gem *s.f.* imagem que se tem de si mesmo; forma como o indivíduo se vê ou se avalia: *O autor mostra como melhorar a autoimagem.*

au.to.lim.pan.te *adj.* que se limpa automaticamente: *forno autolimpante.*

au.to.lo.ca.do.ra *s.f.* estabelecimento onde se alugam automóveis.

au.to.ma.ção *s.f.* automatização.

au.to.má.ti.co *adj.***1** inconsciente; maquinal; involuntário: *um movimento automático das mãos.* **2** que se processa ou se opera por meios mecânicos: *Um portão automático que funcionava por controle remoto.* **3** que se realiza sem necessidade de intervenção; programado: *limpeza automática da impressora.*

au.to.ma.tis.mo *s.m.* **1** falta de vontade própria; movimento ou reação maquinal: *O público aplaudiu um dos atores por méritos e outro, por automatismo.* **2** ato executado mecanicamente; condicionamento: *Não se concebe mais uma formação baseada em automatismos.*

au.to.ma.ti.za.ção *s.f.* **1** transformação em algo que age ou reage maquinalmente; robotização; mecanização: *A urbanização moderna trouxe consigo a automatização do cotidiano.* **2** emprego de recursos eletrônicos para funcionamento automático; automação: *processos de automatização de produção.*

automatizar

au.to.ma.ti.zar *v.t.* **1** tornar automático: *Projeto que automatiza a doação de órgãos.* **2** prover de máquinas ou meios mecânicos; mecanizar; organizar mecanicamente: *Aquela empresa automatizou as suas oito lojas.* **3** tornar o comportamento automático; condicionar: *O trabalho automatiza os indivíduos.* • *pron.* **4** prover-se de máquinas ou meios mecânicos; mecanizar-se; organizar-se mecanicamente: *As empresas vêm se automatizando há anos.*

au.tô.ma.to *s.m.* **1** pessoa que age como máquina, sem raciocínio e sem vontade própria: *Ele prossegue como um autômato a sina de herói.* **2** mecanismo que imita os movimentos humanos; robô. **3** aparelho que se movimenta por meios mecânicos: *Os pesquisadores interessavam-se por inúmeros autômatos.*

au.to.me.di.ca.ção *s.f.* medicação de si mesmo.

au.to.me.di.car-se *v. pron.* medicar a si mesmo: *O doente não deve automedicar-se.*

au.to.mo.bi.lis.mo *s.m.* esporte que se pratica com automóveis; corrida de automóveis.

au.to.mo.bi.lis.ta *s.2g.* **1** indivíduo que se dedica ao esporte do automobilismo. **2** pessoa que dirige automóveis: *Tudo foi pensado para favorecer o automobilista.*

au.to.mo.bi.lís.ti.co *adj.* relativo ao automóvel ou ao automobilismo: *acidente automobilístico.*

au.to.mo.ti.vo *adj.* **1** para automóveis: *O óleo automotivo é caro.* **2** proveniente de automóveis: *emissões de gases automotivos.*

au.to.mo.tor (ô) *s.m.* **1** carro; veículo: *Alemanha e Japão reduziram sua produção de automotores.* • *adj.* **2** que se move por si mesmo; que tem movimento próprio; automóvel: *veículos automotores.*

au.to.mo.triz *s.f.* carro ferroviário com motor próprio: *A nova automotriz realizou sua primeira viagem no fim de semana.*

au.to.mó.vel *s.m.* veículo terrestre, acionado por motor a explosão; carro; auto.

au.to.no.mi.a *s.f.* **1** faculdade ou direito de se governar por si mesmo: *Os templos maiores gozavam de certa autonomia.* **2** direito de se governar por leis próprias: *Os vereadores queriam autonomia municipal.* **3** liberdade: *a autonomia de gestão das empresas estatais.* **4** distância máxima que um veículo, um avião ou um navio podem percorrer sem se reabastecerem de combustível: *O jatinho tem autonomia para voos internacionais.*

au.to.no.mis.ta *s.2g.* **1** quem é partidário da autonomia de um território. • *adj.* **2** favorável à autonomia de um território.

au.tô.no.mo *s.m.* **1** pessoa que trabalha por conta própria: *Irei me aposentar como autônomo.* • *adj.* **2** dono de si; livre; independente: *Ela é cidadã autônoma, poderosa e bonita.* **3** que trabalha por conta própria; que não tem patrão: *vendedor autônomo.* **4** que possui organização e administração particular e independente: *Aqui não se desenvolvem núcleos autônomos de colonização.*

au.to.pe.ça *s.f.* peça ou acessório para veículo automóvel: *loja de autopeças.*

au.to.pis.ta *s.f.* autoestrada.

au.to.pro.mo.ção *s.f.* promoção de si mesmo: *Neste tempo de feroz autopromoção, existem ainda escritores tímidos.*

au.tóp.sia *s.f.* dissecação de um cadáver para estudos médicos ou conclusões judiciais; necrópsia: *O corpo foi levado para autópsia.* // Var.: autopsia.

au.to.pu.ni.ção *s.f.* punição aplicada a si mesmo.

au.tor (ô) *s.m.* **1** criador de uma obra artística, literária ou científica: *Em algumas passagens de seu livro, o autor comenta questões de leitura e interpretação.* **2** quem pratica uma ação; agente: *Já foi preso o autor daquele crime horrível.* **3** criador; idealizador: *Aquele deputado foi autor de muitas emendas.*

au.to.ral *adj.* relativo a autor: *direitos autorais; liberdade autoral.*

au.to.ra.ma *s.m.* miniatura de pista automobilística em que carros de brinquedo disputam corridas.

au.tor.re.gu.la.dor *adj.* que tem regulagem própria; que regula a si mesmo: *Não conheço as propriedades autorreguladoras do mercado de capitais.*

au.tor.re.gu.la.men.ta.ção *s.f.* estabelecimento das próprias regras: *a necessidade de regulamentação e autorregulamentação do uso da internet.*

au.tor.re.gu.lá.vel *adj.* que se pode regular automaticamente: *Na avenida principal, há semáforos autorreguláveis.*

au.tor.re.tra.to *s.m.* retrato de uma pessoa feito por ela mesma.

au.to.ri.a *s.f.* **1** condição de autor: *Eles negam a autoria do crime.* **2** criação: *É uma peça de minha autoria.*

au.to.ri.da.de *s.f.* **1** direito de se fazer obedecer: *Não se questiona a autoridade paterna.* **2** poder constituído: *crise da autoridade pública.* **3** competência comprovada; especialista em determinado assunto: *Ele é autoridade em assuntos literários.* **4** agente ou delegado do poder público: *O preso desacatou a autoridade.*

au.to.ri.tá.rio *adj.* **1** que expressa autoridade: *Fez um gesto autoritário.* **2** que se impõe pela autoridade: *governo autoritário.* **3** que se baseia na autoridade: *A escola antiga usava métodos autoritários.*

au.to.ri.ta.ris.mo *s.m.* **1** sistema político que concentra o poder nas mãos de uma autoridade ou pequena elite autocrática; despotismo: *A população sofreu com o autoritarismo do regime.* **2** atitude de quem é autoritário: *Rigor sim, autoritarismo não!*

au.to.ri.za.ção *s.f.* **1** consentimento expresso; permissão: *Recebeu autorização para entrar no centro cirúrgico.* **2** documento escrito de autorização: *Não rasgar a autorização de internação hospitalar.*

au.to.ri.zar *v.t.* **1** aprovar; permitir: *O governo autorizou a importação de remédios.* **2** dar autorização ou aprovação a: *Não o autorizei a abrir conta bancária.*

au.tos.ser.vi.ço *s.m.* sistema de comércio que permite aos próprios fregueses apanhar as mercadorias que lhes interessam: *lojas de autosserviço.*

au.tos.su.fi.ci.ên.cia *s.f.* **1** condição daquilo que se basta a si mesmo; independência: *autossuficiência do país em petróleo.*

au.tos.su.fi.ci.en.te *adj.* que se basta a si mesmo; independente: *país autossuficiente em quase tudo.*

au.tos.sus.ten.tá.vel *adj.* que se sustenta por si.

au.to.va.lo.ri.zar-se *v.pron.* atribuir valor a si próprio: *Quem está bem consigo e se autovaloriza não precisa de atenção constante.*

au.tu.a.ção s.f. ação de autuar.

au.tu.ar v.t. registrar como infrator: *autuar e multar quem desrespeitar o Código do Consumidor*.

au.xi.li.a.dor /s/ (ô) adj. que auxilia; prestativo: *amigo fiel e auxiliador*.

au.xi.li.ar /s/ s.2g. 1 quem auxilia; ajudante: *auxiliar de pedreiro*. • adj. 2 que auxilia; que ajuda: *medida auxiliar no combate à inflação*. 3 de apoio; complementar: *pista auxiliar*. 4 assistente; ajudante: *bispo auxiliar*. 5 (Gram.) verbo que forma locução com um verbo principal. • v.t. 6 colaborar; facilitar: *vinho auxilia a digestão*. 7 ajudar: *Auxilia o pai a consertar o telhado*.

au.xí.lio /s/ s.m. 1 amparo; proteção: *pessoa que necessita de auxílio médico*. 2 ajuda; assistência; socorro: *auxílio às vítimas das enchentes*. 3 subsídio: *auxílio a pesquisas*.

a.va.ca.lha.ção s.f. 1 desmoralização; degradação: *Os grandes clubes não estão reagindo à avacalhação do futebol*. 2 falta de capricho, de cuidado.

a.va.ca.lhar v.t. (Bras.) 1 expor ao ridículo; desmoralizar: *O jornalista avacalhava com todo mundo*. 2 executar com desleixo: *avacalhar a profissão de fiscal*. • pron. 3 desmoralizar-se; relaxar; desleixar-se: *Os fiscais se avacalharam*.

a.val s.m. 1 garantia; aprovação: *O governo concedeu aval aos empréstimos dos agricultores*. 2 apoio, moral ou intelectual: *o aval da família à profissão do filho*.

a.va.lan.che s.f. 1 grande massa de neve que rola das montanhas derrubando tudo na sua passagem: *A avalanche arrastou para o mar cinco carros*. 2 grande quantidade de seres ou coisas que se apresentam de modo súbito: *Recebeu uma avalanche de gente durante o evento*. // Var.: avalancha.

a.va.li.a.ção s.f. 1 determinação da competência: *avaliação dos candidatos*. 2 apreciação: *Houve avaliação cuidadosa do projeto*. 3 determinação do justo preço: *Comprou um terreno sem avaliação*.

a.va.li.a.dor (ô) s.m. 1 pessoa que faz avaliações: *Chegou o avaliador de carros usados*. • adj. 2 que avalia: *recurso avaliador do preparo físico dos atletas*.

a.va.li.ar v.t. 1 calcular o valor ou o preço: *avaliar os imóveis*. 2 determinar a qualidade; julgar: *Avaliaram os candidatos*. 3 apreciar; considerar: *Foi preciso avaliar a utilidade do produto*. 4 considerar; reputar.

a.va.lis.ta s.2g. 1 pessoa que dá uma garantia pessoal; fiador: *O amigo seria seu grande avalista*.

a.va.li.zar v.t. 1 dar aval; abonar: *avalizar um contrato de aluguel*. 2 apresentar como bom; garantir; justificar: *O pai não avalizou atos irresponsáveis dos filhos*.

a.van.ça.da s.f. avanço; investida: *Excelentes as avançadas do zagueiro*.

a.van.ça.do adj. 1 progressista; inovador: *um país avançado*. 2 moderno; arrojado: *Importamos tecnologias avançadas*. 3 em andamento; em fase próxima do fim: *A doença já estava em estágio avançado*. 4 adiantado em anos: *pessoas de idade avançada*.

a.van.çar v.t. 1 ultrapassar; ir além: *Não avance a faixa de pedestres*. 2 fazer progredir; desenvolver: *A comissão avança recomendações precisas para orientar a ação dos governos*. 3 adiantar; progredir: *O tenista avança dois postos na classificação*. 4 ir; dirigir-se: *O ciclone avança para o leste*. 5 investir; atirar-se; atacar: *O mar avança sobre o continente*. 6 difundir-se; espalhar-se: *A dengue avança pelo país*. • int. 7 andar para a frente; adiantar-se: *A barreira da defesa avançou*. • **avançar o sinal** (Coloq.) agir com audácia intempestiva: *Vamos agir com prudência, sem avançar o sinal*.

a.van.ço s.m. 1 deslocamento para a frente: *o avanço do time*. 2 impulso para a frente; progresso: *o avanço da indústria brasileira*. 3 investida atrevida: *Não suportava os avanços do rapaz*. 4 deslocamento para conquistar posições ou para atacar: *Por que não detêm o avanço das madeireiras sobre a floresta?*

a.van.ta.ja.do adj. que excede o comum; incomum; invulgar: *jogador de estatura avantajada*.

a.van.ta.jar v.t. 1 tornar vantajoso ou proveitoso; melhorar: *A mudança dos trilhos avantajará o transporte ferroviário*. 2 aumentar em tamanho; avolumar-se: *O vento avantajou o fogo*. • pron. 3 salientar-se; sobressair: *Não quero avantajar-me aos meus predecessores*. 4 ser superior; exceder: *Nossa música popular se avantaja à dos demais povos*.

a.van.te adv. 1 adiante: *Um passo avante, dois para trás*. 2 para frente; adiante: *levar avante a reforma agrária*. • interj. 3 usada para exortar; adiante: *Avante, Brasil!*

a.va.ran.da.do s.m. (Bras.) 1 varanda; alpendre: *O jantar foi servido num belo avarandado*. • adj. 2 que tem varanda: *casa avarandada*.

a.va.ren.to s.m. 1 pessoa muito apegada ao dinheiro: *Os avarentos enterravam dinheiro*. • adj. 2 muito apegado ao dinheiro; avaro; sovina: *velho avarento*. // Ant.: pródigo.

a.va.re.za (ê) s.f. apego exagerado ao dinheiro; sovinice: *a avareza dos ricos*. // Ant.: prodigalidade.

a.va.ri.a s.f. dano; estrago: *Furacão causa sérias avarias em ilha japonesa*.

a.va.ri.ar v.t. 1 danificar: *A trepidação avariou a suspensão do carro*. • int. 2 danificar-se; parar de funcionar: *O carro avariou*.

a.va.ro s.m. 1 indivíduo avarento. • adj. 2 avarento: *pessoa rica e avara*.

a.vas.sa.la.dor (ô) adj. que avassala; dominante: *O tenista teve um sucesso avassalador*.

a.vas.sa.lar v.t. 1 tornar vassalo. 2 oprimir; dominar: *Emoção avassala a plateia do ginásio*.

a.va.tar s.m. 1 (Rel.) cada uma das sucessivas encarnações de um ser divino à Terra: *Krishna e Rama, os avatares do deus Vixnu*. 2 metamorfose; transfiguração.

a.ve[1] s.f. 1 espécime da classe das aves: *O faisão é uma ave*. • pl. 2 classe de vertebrados de sangue quente, de dois pés, que bota ovos, de pele revestida de penas, membros anteriores transformados em asas, boca prolongada em bico.

a.ve[2] interj. 1 forma de saudação entre os romanos: *Ave, César!* 2 salve: *Ave, Maria*.

a.vei.a s.f. 1 gramínea cultivada nas regiões de clima temperado, cujas sementes são usadas como forragem ou alimento: *Alguns agricultores da região estão optando por plantar aveia no local*. 2 as sementes dessa planta: *A aveia é um produto muito nutritivo, muito rico em fibras*. 3 semente dessa planta, descascada, moída ou laminada, usada como alimento; aveia em flocos ou farinha de aveia: *Só tomo mingau de aveia com canela*.

avelã

a.ve.lã *s.f.* fruto pequeno, arredondado, de casca dura, marrom-clara, contendo um caroço comestível.

a.ve.lu.da.do *adj.* **1** suave e macio como o veludo: *tecido aveludado.* **2** (Fig.) suave; agradável; brando: *timbre de voz aveludado.*

a.ve-ma.ri.a *s.f.* (Rel.) **1** oração à Virgem Maria: *A tradição católica nos ensina que às seis horas da tarde devemos rezar a Ave-Maria.* **2** conjunto de três badaladas de sino de igreja às 6, 12 e 18 horas, para lembrar aos fiéis que devem rezar essa oração; ângelus: *Soaram as ave-marias.* // Pl.: ave-marias.

a.ven.ca *s.f.* planta de ramos frágeis, folhas miúdas e finas, recortadas, de várias tonalidades da cor verde, própria de locais sombrios e úmidos.

a.ve.ni.da *s.f.* **1** rua larga, em geral com mais de uma pista para circulação de veículo. **2** caminho orlado de árvores.

a.ven.tal *s.m.* pedaço de pano, couro ou plástico que se usa sobre a roupa para protegê-la.

a.ven.tar *v.t.* **1** expor ao vento; ventilar. **2** sugerir; lembrar: *aventar uma hipótese.*

a.ven.tu.ra *s.f.* **1** ação arriscada: *a aventura de mudar de país.* **2** conquista ou ligação amorosa: *as aventuras extraconjugais.* **3** acontecimento extraordinário ou imprevisto: *A viagem pelo Amazonas foi uma aventura emocionante.* **4** proeza; façanha: *A mais nova aventura do espião britânico ocorre em Paris.*

a.ven.tu.rar *v.t.* e *pron.* **1** arriscar-se; atrever-se; ousar: *Repórter brasileiro se aventurou a fazer uma pergunta em inglês.* **2** arriscar-se a praticar uma atividade: *Nunca me aventurei como ator.* **3** expor-se: *Aventurou-se para longe do país.* **4** tentar a sorte; arriscar: *É melhor ser prudente e não se aventurar.*

a.ven.tu.rei.ro *s.m.* **1** pessoa que vive de aventuras: *Aventureiro escala o Himalaia sozinho.* **2** pessoa que corre o mundo em busca de riqueza: *Um aventureiro descobriu um tesouro na ilha.* **3** quem se arrisca confiando tudo à sorte: *Algum aventureiro abriu aqui mais uma loja de tecidos.* • *adj.* **4** dado a ação ou empreendimento arriscado, peripécias e lances: *Ele é um pesquisador aventureiro.* **5** ousado; imprudente: *espírito aventureiro.*

a.ven.tu.ro.so (ô) *adj.* **1** cheio de aventuras: *Conteilhes uma história aventurosa.* **2** perigoso; arriscado: *Lidava com empreendimentos aventurosos.*

a.ver.ba.ção *s.f.* declaração à margem de um documento ou de um registro; nota marginal: *Certidão de casamento, com averbação do óbito de um dos cônjuges.*

a.ver.bar *v.t.* anotar à margem de um documento qualquer observação que lhe diga respeito: *O registro de imóveis averbava o cancelamento da hipoteca.*

a.ve.ri.gua.ção *s.f.* **1** verificação; exame: *averiguação dos dados pessoais.* **2** investigação; apuração: *a averiguação do crime.*

a.ve.ri.guar *v.t.* examinar com cuidado; verificar; apurar: *averiguar o estado de conservação dos ônibus.*

a.ver.me.lhar *v.t.* **1** tingir de vermelho: *O sol avermelha toda a paisagem.* • *int.* e *pron.* **2** tornar-se vermelho. **3** corar; enrubescer: *O menino se avermelhou de repente.*

a.ver.são *s.f.* **1** má vontade; antipatia: *Ele tem aversão à intolerância.* **2** repulsa: *Tenho aversão a óleo bronzeador.*

a.ves.sas (ê) *s.f. pl.* coisas opostas • **às avessas** ao contrário: *Você entende tudo às avessas.*

a.ves.so (ê) *s.m.* **1** lado oposto ao principal em coisas de duas faces; reverso: *Você pôs a meia do avesso.* • *adj.* **2** oposto; contrário: *Olhava do lado avesso do binóculo.* **3** contrário; desfavorável: *pessoa avessa aos regimes alimentares.*

a.ves.truz *s.f.* e *m.* a maior das aves terrestres, com mais de dois metros de altura, asas atrofiadas, veloz na corrida.

a.vi.a.ção *s.f.* **1** sistema de navegação aérea realizada por aviões: *a aviação civil.* **2** pilotagem de avião: *as modernas técnicas de aviação.* **3** conjunto de aviões: *ataques da aviação do país inimigo.*

a.vi.a.dor[1] (ô) *s.m.* piloto de avião.

a.vi.a.dor[2] (ô) *s.m.* aquele que prepara medicamento prescrito em receita.

a.vi.a.men.to *s.m.* **1** preparo: *O aviamento das receitas é demorado.* **2** material usado em costura: *vendedor de tecidos e aviamentos.*

a.vi.ão *s.m.* **1** aparelho automotor mais pesado que o ar, cuja sustentação se faz por meio de asas. **2** (Coloq.) mulher de corpo perfeito, muito atraente.

a.vi.ar *v.t.* **1** expedir; aprontar: *aviar a receita.* • *pron.* **2** aprontar-se para sair; apressar-se: *Aviamo-nos o mais rápido que pudemos.*

a.vi.á.rio *s.m.* lugar onde se criam aves; viveiro de aves: *O forte vento destruiu dois aviários.*

a.ví.co.la *s.f.* **1** estabelecimento comercial que vende carne de aves: *proprietários de pequenas avícolas.* **2** granja: *Ele cria mais de mil frangos em uma avícola.* • *adj.* **3** relativo à avicultura: *abatedouros avícolas.*

a.vi.cul.tor (ô) *s.m.* criador de aves.

a.vi.cul.tu.ra *s.f.* técnica de criação e/ou comercialização de aves: *equipamentos aplicados à avicultura.*

a.vi.dez (ê) *s.f.* **1** ambição; ganância: *a avidez do lucro.* **2** forte desejo: *Tenho avidez por frutas.*

á.vi.do *adj.* **1** cheio de avidez; ansioso: *Sou um ávido consumidor de verduras.* **2** muito ansioso por; sôfrego por: *fãs ávidos para ver o ídolo.*

a.vil.ta.men.to *s.m.* **1** rebaixamento; descrédito: *o aviltamento das nossas crenças.* **2** violação; desrespeito: *É crime de aviltamento da vida doméstica.* **3** baixa de preço de uma mercadoria: *Os produtores reclamam do aviltamento dos preços.*

a.vil.tan.te *adj.* **1** humilhante: *condições de trabalho aviltantes.* **2** degradante: *Recebia um salário aviltante.*

a.vil.tar *v.t.* **1** tornar vil; humilhar; rebaixar: *É uma violência que avilta a consciência humana.* **2** tornar muito baixo: *É preciso lutar para que não se aviltem os salários.* • *int.* e *pron.* **3** tornar-se vil; rebaixar-se: *O Judiciário nunca poderá aviltar-se.*

a.vi.nha.do *s.m.* **1** (Zool.) curió. • *adj.* **2** embebido em vinho. **3** que bebeu muito.

a.vir *v.* e *pron.* **1** entender-se; haver-se: *Ele terá de avir-se com o diretor.* **2** sentir-se bem; ajeitar-se: *Não me avenho com roupas luxuosas.*

a.vi.sar *v.t.* informar; prevenir: *Avise o rapaz que há alguém na recepção.*

a.vi.so *s.m.* **1** comunicação; notificação: *enviar avisos de cobranças aos clientes.* **2** recado: *mandar um aviso ao namorado.* **3** recomendação; conselho:

azeite

um aviso aos marinheiros de primeira viagem. **4** qualquer comunicação feita por escrito: *Mandei afixar avisos nas paredes.* ♦ **aviso prévio** comunicação do empregador ao empregado ou vice-versa, informando-lhe a rescisão do contrato de trabalho dentro de determinado período.

a.vis.tar *v.t.* **1** alcançar com a vista; ver ao longe; enxergar: *avistar o balão no céu.* **2** perceber; pressentir: *avistar um perigo.* • *pron.* **3** entrar em contato; encontrar: *Os vereadores queriam avistar-se com o prefeito.*

a.vi.ta.mi.no.se (ó) *s.f.* (Med.) estado doentio no homem e nos animais causado pela carência de uma ou mais vitaminas na alimentação.

a.vi.var *v.t.* **1** tornar mais vivo ou mais forte; reanimar: *Avivei o fogo.* **2** realçar; aumentar: *Vamos avivar a responsabilidade dos cidadãos.* • *int.* e *pron.* **3** mostrar-se mais vivo ou mais forte; realçar-se: *A brasa do cigarro avivara-se.* **4** reanimar-se: *Minha memória avivou-se.*

a.vi.zi.nhar *v.t.* **1** pôr perto; aproximar: *Avizinhou da cama uma lamparina.* • *int.* **2** estar iminente: *Uma nova guerra avizinha.* • *pron.* **3** ficar próximo ou perto; aproximar-se: *A dívida se avizinha dos três bilhões de reais.*

a.vo *s.m.* (Mat.) parte integrante de expressão numérica que designa fração a partir de onze, comumente usado no plural: *A empresa só gastou por mês um doze avos do valor estabelecido para o projeto.*

a.vô *s.m.* **1** pai do pai ou da mãe: *Meu avô não era rico.* // Fem.: avó.

a.vo.a.do *adj.* distraído; trapalhão: *um cientista meio avoado.*

a.vo.a.men.to *s.m.* (Coloq.) alheamento: *Voltou a si do avoamento em que andava.*

a.vo.an.te *s.f.* pomba de até vinte centímetros de comprimento, com a parte superior da cabeça de cor cinza, bico preto, pés vermelhos, plumagem parda e pintas pretas nas asas.

a.vo.car *v.t.* **1** (Jur.) citar como fundamento: *O promotor avocou uma lei antiga.* **2** fazer voltar; fazer retornar: *avocar processos.* **3** chamar; atribuir: *avocar a si os encargos familiares.*

a.vo.en.go *s.m.* **1** antepassados: *os velhos retratos dos avoengos.* • *adj.* **2** herdado dos avós; antigo: *uma avoenga cadeira de balanço.*

a.vo.lu.mar *v.t.* **1** tornar volumoso, grande ou maior; fazer crescer: *Os pedais do piano avolumam o som.* • *int.* **2** aumentar em volume; crescer: *Os problemas avolumam.*

a.vul.so *adj.* **1** separado; insulado. **2** desligado da coleção de que faz parte: *Teve de comprar mais três pratos avulsos.* **3** sem que seja por assinatura; em separado: *venda avulsa do jornal.* **4** sozinho; sem acompanhante: *Ator circula avulso pelos agitos da cidade.* **5** sem contrato de trabalho; autônomo: *trabalhador avulso.*

a.vul.tar *v.t.* **1** destacar; evidenciar: *Inúmeras obras-primas avultam nossa literatura.* • *int.* **2** tomar vulto; sobressair: *A figura do rapaz avultou na sala.*

a.xa.dre.za.do *adj.* de estampa em xadrez: *tecido em padrão escocês, axadrezado em vermelho e preto.*

a.xé /ch/ *s.m.* **1** cada um dos objetos sagrados do orixá, que ficam no santuário das casas de candomblé. **2** poder sagrado dos orixás. • *interj.* **3** expressa alegria ou contentamento.

a.xi.al /ks/ *adj.* **1** em forma de eixo: *uma cruz axial.* **2** fundamental; primordial: *A vida extraterrena é o tema axial do livro.*

a.xi.la /ks/ *s.f.* (Anat.) cavidade sob a junção do braço com o ombro; sovaco.

a.xi.o.ma /ks/ *s.m.* **1** princípio evidente que não precisa ser demonstrado: *Lavoisier tomou como axioma que, nas reações químicas, a matéria não é criada nem destruída.* **2** máxima; sentença.

a.xi.o.má.ti.co /ks/ *adj.* **1** que tem caráter de axioma: *verdade axiomática.* **2** evidente; incontestável: *explicação axiomática.*

a.za.do *adj.* propício: *No momento azado, saiu para almoçar.*

a.zá.fa.ma *s.f.* **1** movimentação intensa; correria: *a azáfama nervosa de reuniões nos gabinetes.* **2** agitação; pressa; confusão: *Aos sábados, é impressionante a azáfama das ruas apinhadas de gente.*

a.za.lei.a (éi) *s.f.* arbusto de folhas miúdas e flores ornamentais em várias cores. // Var.: azálea.

a.zar *s.m.* **1** má sorte; infortúnio: *O número do azar é 13 mesmo?* **2** revés; desdita: *Devemos enfrentar os azares da profissão.* **3** acaso: *os azares do mercado financeiro.*

a.za.ra.do *adj.* que está com azar; infortunado: *jogador azarado.*

a.za.rão *s.m.* **1** numa competição, cavalo que, tendo pouca possibilidade de vencer, acaba ganhando. **2** o que não tem muita possibilidade de ganhar uma disputa.

a.za.rar *v.t.* **1** transmitir má sorte; agourar: *A presença do adversário azarava o concorrente.* **2** (Coloq.) namorar; paquerar.

a.za.ren.to *adj.* que tem azar: *um cavalo de corrida muito azarento.*

a.ze.da.men.to *s.m.* **1** ato de azedar: *O calor causa azedamento de alguns alimentos.* **2** azedume. **3** aspereza; irritação; indignação.

a.ze.dar *v.t.* **1** tornar azedo ou acre; amargar: *Azedou a conserva com vinagre.* **2** dar cheiro azedo a: *O mofo azeda as roupas.* **3** (Fig) irritar; exasperar: *Certas leituras azedam os leitores.* **4** estragar; deteriorar: *O calor azedou o leite.* • *int.* e *pron.* **5** tornar-se azedo. **6** (Fig.) deteriorar-se: *Meu casamento azedou.* **7** irritar-se; exasperar-se: *Alguns leitores azedam-se com certos livros.*

a.ze.di.nha *s.f.* erva cultivável, de flores verdes pequenas e folhas comestíveis; vinagreira.

a.ze.do (ê) *adj.* **1** ácido ao paladar: *limão azedo.* **2** penetrante; acre: *cheiro azedo.* **3** (Fig.) mal-humorado; irritadiço: *vendedor de cara azeda.*

a.ze.du.me *s.m.* **1** sabor ácido. **2** (Fig.) azedamento; irritação: *o azedume do vendedor.*

a.zei.ta.do *adj.* **1** lubrificado: *motor bem azeitado.* (Fig.) **2** bem preparado: *Tínhamos uma azeitada dupla de zagueiros.* **3** estimulado: *vendas azeitadas pelas liquidações.*

a.zei.ta.men.to *s.m.* lubrificação; amaciamento: *O mecânico caprichou no azeitamento da moto.*

a.zei.tar *v.t.* **1** temperar com azeite: *azeitar a carne.* **2** lubrificar: *azeitar as engrenagens da máquina.* **3** (Fig.) estimular; ativar: *azeitar as vendas.*

a.zei.te *s.m.* **1** óleo extraído da azeitona: *Só uso azeite em saladas.* **2** óleo extraído de outros vegetais: *Foi à venda comprar azeite para a candeia.* **3** óleo extraído

azeite de dendê

da gordura de certos animais: *O azeite de peixe era usado para limpar as selas.*
a.zei.te de den.dê *s.m.* óleo extraído da palmeira dendê, de sabor forte e cor escura.
a.zei.to.na *s.f.* fruto pequeno, cuja cor varia do verde ao negro, carnoso, caroço pequeno, comestível quando posto em conserva e do qual se extrai o azeite.
a.zer.baid.ja.no *s.m.* **1** natural ou habitante do Azerbaidjão. • *adj.* **2** relativo ao Azerbaidjão.
a.ze.vi.che *s.m.* variedade de carvão fóssil, duro e muito compacto, de cor negra e brilhante.
a.zi.a *s.f.* (Med.) sensação de queimação no estômago.
a.zi.a.go *adj.* agourento: *Dizem que agosto é mês aziago para casamento.* // Ant.: propício.
a.zi.nha.vre *s.m.* camada verde que se forma nos objetos de cobre ou latão expostos ao ar e à umidade: *manchas esverdeadas de azinhavre.*
a.zo *s.f.* ensejo; motivo; pretexto; oportunidade: *dar azo à fantasia.*
a.zor.ra.gue *s.m.* açoite de várias correias trançadas, atadas a um pau, com que se tangem as bestas: *Com a carne dilacerada, mordida pelo azorrague, ainda resistia a pobre besta.*
a.zo.to (ô) *s.m.* nitrogênio.
a.zou.gue *s.m.* **1** mercúrio: *água contaminada por azougue.* **2** (Fig.) pessoa impetuosa e esperta: *O ponta daquele time é um azougue.*

a.zu.cri.nar *v.t.* importunar; apoquentar: *Ele vive azucrinando a vida dos vizinhos.*
a.zul *s.m.* **1** a cor azul, intermediária entre o verde e o violeta no espectro solar: *o azul do oceano.* • *adj.* **2** da cor do céu sem nuvens: *mar azul.* **3** da cor do anil: *as serras azuis.*
• **tudo azul** (Coloq.) tudo bem: *Este ano está tudo azul para mim.*
a.zu.lão *s.m.* **1** ave canora, de coloração, em geral, azul, asas e cauda escurecidas: *O azulão abriu o bico.* **2** tecido de algodão azul, preto ou vermelho; zuarte: *Ela usou uma minissaia de azulão.*
a.zu.lar *v.t.* **1** tingir de azul: *A luz do holofote azulou a arquibancada.* • *int.* **2** tornar-se azul: *O céu azulou.* **3** (Coloq.) ir-se embora com pressa: *O caloteiro azulou.*
a.zu.le.jar *v.t.* guarnecer com azulejos: *azulejar paredes.*
a.zu.le.ja.ri.a *s.f.* coleção de azulejos: *A igreja tinha um estilo barroco, com uma interessante azulejaria.*
a.zu.le.jis.ta *s.2g.* assentador de azulejos.
a.zu.le.jo (ê) *s.m.* ladrilho vidrado usado em revestimento de paredes.
a.zul-ma.ri.nho *s.m.* **1** azul da cor do mar. // Pl.: azuis-marinhos. // • *adj.* **2** que tem essa cor: *Ele estava vestido com um casaco azul-marinho.*
a.zu.ri.ta *s.f.* minério de cor azul, constituído de carbonato de cobre.

b (bê) *s.m.* **1** segunda letra do alfabeto português. **2** som da consoante *b*. **3** em maiúscula, símbolo químico do boro. • *num.* **4** segundo, numa série indicada por letras: *Confira o art. 3º, item b, da Lei 214*.

ba.ba *s.f.* **1** substância viscosa criada na boca: *a baba constante do bebê*. **2** substância viscosa e incolor existente em certos vegetais: *baba de quiabo*. ♦ **uma baba** (Coloq.) muito dinheiro: *A fazenda custa uma baba*.

ba.bá *s.f.* moça que cuida de crianças pequenas; ama.

ba.ba.ca *s.2g.* (Coloq.) **1** pessoa tola ou sem préstimos; basbaque: *Esses babacas não sabem fazer nada*. • *adj.* **2** sem interesse; superficial: *um documentário babaca*.

ba.ba.çu *s.m.* **1** palmeira de folhas longas da região amazônica, central e Nordeste: *plantação de babaçu*. **2** fruto dessa palmeira: *o óleo de babaçu*.

ba.ba de mo.ça *s.f.* (Bras.) doce feito de gemas de ovos, leite de coco e açúcar. // Pl.: babas de moça.

ba.ba.do *s.m.* **1** guarnição pregueada ou franzida para vestidos, saias etc.: *saia de babados*. **2** (Coloq.) mexerico; fuxico; fofoca: *Deixe de babados, menino*. **3** (Gír.) interesse; curtição: *— O babado daquele rapaz é fotografia*.

ba.ba.dor (ô) *s.m.* resguardo de pano ou plástico que se ata ao pescoço, especialmente de crianças quando vão ser alimentadas, para evitar que se suje a roupa.

ba.ba.lo.ri.xá /ch/ *s.m.* chefe espiritual e administrador de um candomblé ou de certos centros de umbanda; babaloxá; pai de santo. // Fem.: iarolixá.

ba.bão *adj.* **1** que baba com frequência: *Meu cachorro babão me suja sem parar*. **2** (Coloq.) pateta; tolo; bobo: *Se você fosse babão, ela já tinha botado você pra correr*. **3** indivíduo sentimental que sente orgulho por alguém: *O avô ficou todo babão*.

ba.ba.qui.ce *s.f.* (Coloq.) asneira; tolice: *Ele só faz babaquices*.

ba.bar *v.t.* **1** deixar escorrer pela boca: *Manuel babou cerveja*. • *pron.* **2** gostar muito; deliciar-se: *A menina baba-se por melancia*. **3** ficar possuído de sentimento agradável em alto grau; derreter-se: *Corina babava-se de contente*. • *int.* **4** molhar-se ou sujar-se com baba: *criança que baba*.

ba.bau *interj.* exprime a perda ou o desaparecimento rápido de alguma coisa; era uma vez: *Revirou a casa toda. Infelizmente, babau agenda!*

ba.bel *s.f.* **1** confusão de línguas, de vozes. **2** confusão: *Não conseguia entender nada naquela babel*. **3** palavrório ininteligível. **4** conjunto de pessoas que falam línguas diferentes: *A festa foi uma verdadeira babel, havia pessoas de vários países*.

ba.bi.lô.nio *s.m.* **1** natural ou habitante da Babilônia, antiga cidade da Mesopotâmia (Ásia). • *adj.* **2** relativo à Babilônia.

ba.bo.sa (ó) *s.f.* planta cujas folhas produzem um óleo muito verde e de cheiro característico: *Lava os cabelos e passa óleo de babosa*.

ba.bo.sei.ra *s.f.* bobagem; tolice.

ba.bu.gem *s.f.* **1** espuma produzida pela água agitada: *A babugem da correnteza escondia dejetos atirados ao rio*. **2** resto de comida: *Ela despejou a babugem na lixeira*. **3** coisa sem importância: *Deixou no sótão as babugens*.

ba.bu.í.no *s.m.* macaco da África e da Ásia, grande, com focinho de cachorro, grandes dentes caninos, cauda curta e calosidades nuas nas nádegas.

babysitter (bêibi-síter) (Ingl.) *s.2g.* pessoa que cuida de crianças na ausência dos pais e ganha por hora trabalhada; babá.

ba.ca.lhau *s.m.* **1** peixe de grande porte e de corpo alongado, originário dos mares frios. **2** (Coloq.) pessoa magra.

ba.ca.lho.a.da *s.f.* prato típico da cozinha portuguesa, feito de bacalhau refogado no azeite, com vários acompanhamentos.

ba.ca.mar.te *s.m.* arma de fogo de cano curto e largo.

ba.ca.na *s.2g.* (Bras.) **1** pessoa rica e chique; grã-fino: *Os bacanas só frequentam lugares sofisticados*. • *adj.* **2** (Coloq.) bonito: *Você está bacana de vestido vermelho*. **3** legal; simpático: *Acho você uma garota muito bacana*. **4** legal; interessante: *Ele fez uma dedicatória bem bacana no meu álbum*.

ba.ca.nal *s.f.* **1** na Roma Antiga, festa em honra a Baco, deus do vinho. **2** festa licenciosa; orgia.

ba.can.te *s.f.* **1** sacerdotisa de Baco. **2** mulher que participa de bacanais; mulher de mau comportamento.

ba.ca.rá *s.m.* jogo de cartas em que um jogador, o banqueiro, enfrenta todos os outros jogadores, sendo vencido por aquele que perfizer um total de pontos que mais se aproxime de nove.

ba.cha.rel *s.m.* **1** indivíduo que colou grau em Direito; advogado: *Queria ser bacharel para, depois, ser promotor*. **2** indivíduo que colou o primeiro grau de formatura em qualquer curso superior: *Meu irmão é bacharel em Geografia*. **3** (Coloq.) especialista: *Cai fora, rapaz, que neste assunto sou bacharel*.

ba.cha.re.la.do *s.m.* modalidade dos cursos universitários que forma bacharéis: *Aquela universidade tem bacharelado em Letras*.

ba.cha.re.lar *v.t. e pron.* receber o grau de bacharel: *Ela bacharelou-se em Direito*.

bacharelismo

ba.cha.re.lis.mo *s.m.* conjuntura político-social que tende a sobrevalorizar os bacharéis (advogados): *Pouco a pouco vamos superando o bacharelismo dos tempos coloniais.*

ba.ci.a *s.f.* **1** vaso redondo, raso, de bordas largas, de uso doméstico. **2** (Anat.) porção inferior do esqueleto do tronco; pelve: *Suas dores na bacia eram constantes.* **3** vaso sanitário: *As bacias do banheiro estavam encardidas.* **4** conjunto de terras drenadas por um rio e por seus afluentes: *a bacia do rio Amazonas.* **5** depressão artificial para reservatório; dique: *bacias de captação de águas.* ♦ **na bacia das almas** pelo preço mínimo: *O coronel teve de vender, na bacia das almas, suas propriedades.*

ba.ci.a.da *s.f.* conteúdo de uma bacia.

ba.ci.lo *s.m.* (Biol.) tipo de bactéria em forma de bastonete que, às vezes, transmite doenças. ♦ **bacilo de Koch** aquele que é o agente causador da tuberculose humana.

background (bécgráund) (Ingl.) *s.m.* **1** conjunto de conhecimentos ou de experiências que constituem o fundamento do preparo de alguém: *Aquele rapaz tem background.* **2** conjunto de elementos que estão na base de um fato, evento ou situação: *Alguma coisa está rolando no background do futebol.*

backup (becáp) (Ingl.) (Inf.) *s.m.* cópia de um arquivo de computador que se reserva para um caso de perda do original; cópia de segurança.

ba.ço *s.m.* **1** víscera glandular ímpar, esponjosa, situada na região abdominal lateral esquerda entre o estômago e as falsas costelas. ♦ *adj.* **2** sem brilho; embaciado: *olhos baços e sem expressão.*

bacon (bêicon) (Ingl.) *s.m.* toucinho defumado.

ba.co.ri.nho *s.m.* leitãozinho: *Levava lavagem e farelo para os bacorinhos.*

bac.té.ria *s.f.* (Biol.) microrganismo de uma única célula, que se reproduz dividindo-se em duas partes.

bac.te.ri.a.no *adj.* **1** constituído de bactérias: *uma variada flora bacteriana nos intestinos.* **2** causado por bactérias: *A decomposição bacteriana enriquece o solo.*

bac.te.ri.ci.da *adj.* que destrói bactérias: *fungo bactericida.*

bac.te.ri.o.lo.gi.a *s.f.* conjunto de conhecimentos sobre bactérias.

bac.te.ri.o.lo.gis.ta *s.2g.* especialista em bacteriologia.

ba.cu.rau *s.m.* ave noturna, de plumagem mole e cor amarelada, bico largo e fundido; curiango.

ba.cu.ri *s.m.* **1** fruto da região Norte, grande, baga globosa, amarela, de polpa comestível e de sabor agridoce. **2** (Coloq.) criança.

ba.da.la.ção *s.f.* (Coloq.) **1** frequência a reuniões sociais com a finalidade de autopromoção; vida social intensa: *Ele pertence ao time que não perde badalação.* **2** bajulação; adulação: *A badalação é sempre a mesma, com troca de discursos melosos.* **3** divulgação; promoção: *Querem uma festa sem badalação.*

ba.da.la.da *s.f.* **1** som produzido pelo sino, chocalho, etc.: *Despertou com as badaladas do carrilhão.* ♦ *adj.* **2** bajulado; adulado: *Ela é uma modelo muito badalada pela mídia.* **3** muito falado; comentado: *Sempre escolhe um bar bem badalado.*

ba.da.lar *v.t.* **1** (Coloq.) elogiar em excesso; bajular: *Elas vivem badalando o mestre.* **2** divulgar em excesso: *Não é tão refinada quanto se badala.* **3** comparecer a festas ou reuniões exibindo-se: *Sua esposa e filha badalavam por São Paulo, indo a teatros e butiques.* ♦ *int.* **4** soar; fazer soar com badalo: *O sino badala lentamente.*

ba.da.lo *s.m.* **1** haste ou cadeia de metal terminando em bola, suspensa no interior do sino. **2** agitação; badalação: *Não procuro badalo, procuro respeito e compreensão.*

ba.de.jo (ê ou é) *s.m.* **1** peixe do mar, de cor variada. **2** a carne desse peixe: *Moqueca se faz com badejo.*

ba.der.na (é) *s.f.* arruaça; desordem; tumulto: *O povo reage contra novas badernas.*

ba.der.nei.ro *s.m.* pessoa que gosta de brigar; arruaceiro; desordeiro: *O porteiro do clube vivia expulsando os baderneiros.*

ba.du.la.ques *s.m. pl.* coisas miúdas e de pouco valor; que cada um guarda ou traz consigo.

ba.e.ta (ê) *s.f.* **1** tecido de lã felpudo e grosseiro. **2** manta confeccionada com esse tecido: *Uma mulher com o filho embrulhado numa baeta azul.*

ba.fa.fá *s.m.* (Coloq.) rebuliço; confusão: *rua famosa pelas brigas e bafafás.*

ba.fe.ja.do *adj.* favorecido; protegido: *um homem bafejado pela sorte.*

ba.fe.jar *v.t.* **1** assoprar com bafo: *Bafejou os óculos para limpá-los.* **2** favorecer; proteger: *A fortuna bafejava aquela casa.* ♦ *int.* **3** exalar bafo.

ba.fe.jo (ê) *s.m.* **1** leve sinal; sopro: *O lugar ganhou um bafejo de ar fresco.* **2** expiração pela boca: *O bafejo incomodava os presentes.* **3** sorte.

ba.fi.o *s.m.* **1** cheiro desagradável: *um bafio de álcool.* **2** cheiro; bafo: *Gostava até mesmo do bafio dos animais.*

ba.fo *s.m.* **1** ar expirado dos pulmões: *Ao aproximar-me dele, senti a aguardente no seu bafo.* **2** calor; quentura: *Bafo morno do banho.* **3** cheiro desagradável: *o bafo do chiqueiro.* **4** (Coloq.) conversa fiada: mentira: *Deixa de bafo, rapaz.*

ba.fô.me.tro *s.m.* (Pop.) aparelho destinado a detectar e determinar o grau de concentração alcoólica no organismo humano, mediante análise de sua expiração.

ba.fo.ra.da *s.f.* quantidade de fumaça expelida no ato de fumar: *Soltava baforadas no rosto do colega.*

ba.ga *s.f.* **1** fruto simples e carnudo, sem caroço, porém com mais de uma semente, como o tomate, a uva. **2** gota (suor, orvalho etc.): *Bagas de suor escorriam pela sua face.*

ba.ga.cei.ra *s.f.* **1** local próximo ao engenho de açúcar, onde se junta o bagaço de cana. **2** aguardente de bagaço de uva.

ba.ga.ço *s.m.* **1** resíduo de frutas, ervas, cana, depois que se lhes tira o suco. **2** (Coloq.) coisa usada demais: *O carro já está um bagaço.* **3** cartas descartadas em jogos de baralho: *No jogo, restou-lhe apenas o bagaço.*

ba.ga.gei.ro *s.m.* **1** acessório de veículos, onde se carregam bagagens. **2** carregador de bagagem: *Trabalhava como bagageiro no aeroporto.*

ba.ga.gem *s.f.* **1** conjunto de objetos de uso pessoal que os viajantes levam em malas e pacotes; equipagem: *Minha bagagem seguiu noutro voo.* **2** soma de conhecimentos ou de produções: *pessoa de grande bagagem intelectual.*

ba.ga.na s.f. (Coloq.) toco de cigarro; guimba: *baganas de cigarro pelo chão.*
ba.ga.te.la (é) s.f. **1** coisa ou acontecimento sem importância; bobagem: *Não perco tempo com bagatelas.* **2** ninharia; mixaria: *A casa custou uma bagatela.*
ba.go s.m. **1** cada uma das uvas de um cacho: *Estes bagos estão verdes: quem os poderá experimentar?* **2** fruta ou parte de fruta que lembre a forma de uva: *Comeu cinco bagos de jaca.* **3** pingo, gota: *bagos de chuva, suor.* **4** (Coloq.) testículos: *Preparou um prato com bagos de boi.*
ba.gre s.m. peixe de água doce, de pequeno porte, sem escamas, dorso escuro e ventre esbranquiçado.
ba.gri.nho s.m. (Coloq.) profissional subempregado que substitui o titular em cargo ou função com remuneração inferior à deste.
ba.gual adj. diz do potro arisco ou recém-domado e, também, do cavalo que se tornou selvagem.
ba.gue.te (é) s.f. **1** sarrafinho de madeira com que se fazem molduras simples para quadros; diplomas; janelas etc. **2** pão francês fino, cilíndrico e longo.
ba.gu.lha.da s.f. conjunto de objetos de pouco valor; trastes: *Venderia toda aquela bagulhada.*
ba.gu.lho s.m. **1** objeto sem nenhum valor; cacareco: *Naquela casa só tinha bagulho.* **2** (Coloq.) pessoa muito feia: *Era um bagulho de homem.* **3** (Gír.) droga (maconha).
ba.gun.ça s.f. (Gír.) **1** pândega ruidosa; tumulto; baderna: *Deveria ser um ambiente de trabalho, mas era uma bagunça.* **2** desarrumação; desordem: *A casa estava uma verdadeira bagunça.*
ba.gun.çar v.t. (Gír.) **1** promover bagunça ou desordem: *Os ladrões bagunçaram a casa toda.* • int. **2** fazer bagunça ou desordem: *Foi à festa só para bagunçar.*
• **bagunçar o coreto** criar complicações: *O auditor bagunçou o coreto dos guarda-livros.*
ba.gun.cei.ro s.m. (Gír.) **1** arruaceiro; desordeiro: *Os bagunceiros se encontram espalhados por aí.* • adj. **2** arruaceiro; desordeiro: *Ele se acha bagunceiro.*
bai.a s.f. compartimento onde se recolhem os animais nas cavalariças e estábulos; boxe.
bai.í.a s.f. pequeno golfo de boca estreita.
bai.a.na s.f. **1** mulher da Bahia, em especial a vendedora de quitutes, cuja indumentária consta de saia rodada, bata de renda, turbante, pano da costa, colares e balangandãs. **2** mulher vestida com traje típico de baiana: *Foi de baiana ao baile.* **3** mulher idosa, figura tradicional dos desfiles de escolas de samba, que usa obrigatoriamente indumentária típica da baiana: *Vera sempre saía na ala das baianas.*
bai.a.no s.m. **1** natural ou habitante da Bahia. • adj. **2** relativo à Bahia.
bai.ão s.m. (Bras.) **1** gênero musical sertanejo, nordestino, executado originalmente com viola, pandeiro e rabeca. **2** dança popular nordestina, executada por casais no meio de uma roda, em que demonstram habilidade nos pés e velocidade nos movimentos do corpo.
bai.la.do s.m. **1** dança artística acompanhada de gestos: *Ela rodava de braços abertos como nos bailados.* **2** conjunto de movimentos de dança: *O ator executava um bailado que agradava ao público.*
bai.lar v. int. **1** dançar: *Saiu bailando com a moça.* **2** movimentar-se como numa dança: *Um vaga-lume bailava no ar.* **3** estar em movimento: *Pensamentos bailam em sua cabeça.*

baixaria

bai.la.ri.no s.m. dançarino.
bai.le s.m. **1** reunião festiva, cujo fim principal é a dança ao som de música: *um baile de formatura.* **2** (Coloq.) difícil; trabalhoso: *Aquela tarefa deu-me um baile.*
bai.nha s.f. **1** estojo comprido em que se guarda a folha de uma espada ou objeto semelhante: *uma espada com sua bainha.* **2** dobra costurada na borda de um tecido a fim de que este não se desfie; barra: *a bainha das calças.* **3** parte da folha que envolve o caule: *A bainha das folhas do arroz é frágil.*
bai.o s.m. **1** cavalo castanho amarelado: *Comprei dois baios.* • adj. **2** dessa cor; castanho: *um cavalo baio.*
bai.o.ne.ta (ê) s.f. arma branca, de lâmina pontiaguda, ajustável à extremidade do cano do fuzil.
bair.ris.mo s.m. **1** amor à terra natal; nativismo: *Ninguém vence o bairrismo daquele grupo.* **2** sentimento de defesa dos interesses próprios de uma pessoa ou de um grupo, em detrimento dos demais que apresentam posturas divergentes: *Gente bonita, um som maravilhoso sem preconceitos nem bairrismos.*
bair.ris.ta s.2g. **1** quem só valoriza pessoas e coisas de seu próprio bairro ou de sua própria terra, hostilizando tudo quanto se refere às demais: *O bairrista só conquistou antipatias.* • adj. **2** relativo a bairro.
bair.ro s.m. **1** cada uma das regiões em que se subdivide uma cidade: *o bairro da Lapa.* **2** os moradores de um bairro: *O bairro todo veio à praça aplaudir o cantor.*
bai.ta adj. (Coloq.) **1** muito grande; grandão; enorme: *Era um baita negócio.* **2** competente: *É um baita profissional.*
bai.u.ca (ú) s.f. (Coloq.) taverna: *Eles frequentam uma baiuca todos os fins de semana.*
bai.xa /ch/ s.f. **1** redução de preço: *Houve baixa do tomate e do peixe.* **2** dispensa; exoneração: *Mal começou o campeonato, já houve baixas num dos times favoritos.* **3** diminuição; queda: *Esperávamos a baixa da inflação.* **4** perda que um efetivo militar sofre por morte, ferimento ou prisão de seus integrantes: *Na guerra do Golfo, o número de baixas não foi pequeno.* **5** depressão de terreno; lugar baixo. • **dar baixa** ser dispensado do serviço militar: *Depois de vinte anos de serviço, deu baixa no batalhão.*
bai.xa.da /ch/ s.f. planície entre montanhas: *a Baixada Fluminense; a Baixada Santista.*
bai.xa-mar s.m. nível mínimo da curva da maré; maré baixa; maré vazante: *praias delimitadas pela linha de baixa-mar.* // Pl.: baixa-mares.
bai.xar /ch/ v.t. **1** fazer descer: *Baixar o vidro da porta do carro.* **2** expedir: *O prefeito baixou decreto impedindo novas contratações.* **3** reduzir: *baixar custos, preços.* **4** dirigir ou voltar para baixo: *Envergonhada, Lena baixou o olhar.* • int. **5** chegar; vir: *Um bando de desordeiros baixou na festa.* **6** descer: *O avião começou a baixar.* **7** reduzir-se: *As importações baixaram muito neste mês.* **8** tornar-se mais baixo: *O nível da água da represa baixou muito.* **9** (Bras.) incorporar-se: *Foi um espírito que baixou na moça.* **10** (Inf.) fazer um *download.* • **baixar a cabeça/a crista** humilhar-se; submeter-se: *Ele não baixou a crista.*
bai.xa.ri.a /ch/ s.f. (Bras.) **1** conjunto de palavras e imagens que agridem os padrões morais socialmente aceitos: *Ela gritava ofendendo todo mundo e dizendo baixarias.* **2** fala grosseira, agressiva e deselegante: *Discutiremos o assunto calmamente, pois não quero baixaria.*

baixeiro

bai.xei.ro /ch/ *s.m.* manta que se põe sob os arreios, a cangalha ou a sela de animal, com o forro diretamente em contato com o pelo, para proteger o lombo do animal.

bai.xe.la (ché) *s.f.* **1** o conjunto de utensílios necessários ao serviço de mesa, geralmente de metal. **2** coleção de objetos litúrgicos usados numa igreja.

bai.xe.za (chê) *s.f.* pouca altura: *Tinha complexo de sua baixeza.*

bai.xi.o /ch/ *s.m.* **1** banco de areia ou rochedo coberto por pouca água do mar ou de um rio: *O barco em que ele viajava encalhou num baixio.* **2** (Reg. N) enseada que, na época da vazante, os rios formam nos terrenos marginais e onde a água se deposita: *a água parada e cheia de lodo dos baixios.* **3** (Reg.) depressão rodeada de serras, na qual há depósito de água subterrânea: *a água cristalina dos baixios da serra.*

bai.xis.ta /ch/ *s.2g.* pessoa que toca contrabaixo.

bai.xo /ch/ *s.m.* **1** instrumento de diapasão mais grave de cada família de instrumentos; contrabaixo: *Ele toca baixo elétrico.* **2** tecla dos sons graves: *acordeão de oitenta baixos.* **3** a mais grave das vozes masculinas. • *adj.* **4** de pequena altura. **5** a pequena altura do chão: *O avião passou em voo baixo.* **6** brando: *mingau cozido em fogo baixo.* **7** rente ao chão; rasteiro: *a vegetação baixa.* **8** que tem som grave ou pouco audível: *Tinha voz baixa.* **9** próximo à foz (rio): *o baixo Araguaia.* **10** de estatura pequena: *Ela é uma mulher baixa.* **11** ignóbil; vil: *Os bandidos têm sentimentos muito baixos.* **12** barato; módico: *preços baixos, juros baixos.* **13** em grau ou escala reduzida: *colesterol baixo.* **14** traiçoeiro; desleal: *Sofri um golpe baixo.* • *adv.* **15** em voz baixa: *No velório todos falam baixo.* **16** próximo ao chão: *avião voando muito baixo.* • **de baixo** íntimo: *roupas, peças de baixo.* **por baixo** (i) sem prestígio; inferiorizado: *Nunca me senti tão por baixo.* (ii) no mínimo: *Aquela festa de formatura para o filho ficou, por baixo, em cinco mil reais.* // Ant.: alto.

bai.xo-as.tral *s.m.* **1** desânimo; abatimento: *Não tolero seu baixo-astral.* • *adj.* **2** que é depressivo; lúgubre; negativo: *Aquele lugar decadente era escuro e baixo-astral.* // Pl.: baixos-astrais.

bai.xo.te (chó) *s.m.* **1** pessoa mais ou menos baixa: *Os baixotes são simpáticos.* • *adj.* **2** um pouco baixo: *Era troncudo e baixote.*

bai.xo-ven.tre *s.m.* região inferior do ventre: *Recebeu golpes no baixo-ventre.* // Pl.: baixos-ventres.

ba.ju.la.ção *s.f.* adulação: *Detesto bajulação.*

ba.ju.la.dor (ô) *s.m.* **1** quem bajula; adulador: *vive rodeado de bajuladores.* • *adj.* **2** que bajula; adulador: *Não gosto de indivíduos bajuladores.*

ba.ju.lar *v.t.* adular; lisonjear servilmente: *Aquele ali vive bajulando o chefe.*

ba.la *s.f.* **1** projétil de arma de fogo. **2** (Bras.) guloseima de açúcar, geralmente com essências; caramelo. • **mandar bala** (Coloq.) dedicar-se a algo com afinco: *Mandou bala para levantar rapidamente a parede.*

ba.la.ço *s.m.* **1** grande bala. **2** tiro de bala: *O pobre soldado recebeu um balaço no olho esquerdo.*

ba.la.da *s.f.* **1** canção de ritmo lento, de estrutura variável: *Ele compõe baladas românticas.* **2** poema formado de três estrofes de oito versos ou três de dez, que têm as mesmas rimas e terminam pelo mesmo verso, seguidas de uma meia estrofe, na qual se repetem as rimas e o último verso das de oito ou de dez: *Bocage compunha baladas satíricas.* **3** (Coloq.) sair para dançar; divertir-se: *Vou para a balada.*

ba.lai.o *s.m.* cesto de boca larga, feito de cipó, palha ou taquara.

ba.la.lai.ca *s.f.* instrumento musical russo, de forma triangular e de três cordas, semelhante a uma guitarra.

ba.lan.ça *s.f.* **1** instrumento para determinar o peso dos corpos, registrado em quilograma ou libra: *Tropeçou na balança velha.* **2** pesagem: *Não se pesam sentimentos em balança.* **3** confronto; comparação: *Virtudes e defeitos dos candidatos são pesados na balança dos votos.* **4** (Astrol.) nome de uma constelação zodiacal: Libra.

ba.lan.çar *v.t.* **1** fazer oscilar; mover: *A brisa balança suavemente as folhas do coqueiro.* **2** afetar: *O olhar da jovem balançou o poeta.* • *int.* **3** estar indeciso: *Entre a loira e a morena meu coração balança.* • *pron.* **4** embalar-se; mover-se: *Vi a menina balançando-se na rede.*

ba.lan.ce.a.men.to *s.m.* **1** dosagem de componentes: *ração com balanceamento adequado de ingredientes.* **2** boa proporção; equilíbrio: *O ideal é o balanceamento entre receita e despesa.*

ba.lan.ce.ar *v.t.* **1** balançar; mover de um lado para outro: *Ela balanceava as pernas.* **2** equilibrar; dosar: *balancear as rodas e calibrar os pneus.*

ba.lan.ce.te (ê) *s.m.* demonstrativo parcial de contas de receita e despesa.

ba.lan.ço *s.m.* **1** movimento oscilatório; balanceio: *o balanço das ondas do mar.* **2** aparelho que consiste em um assento suspenso por cordas ou correntes, próprio para as pessoas se balançarem. **3** registro de contas de uma empresa: *O balanço anual da empresa acusou prejuízo.* **4** levantamento de uma situação; exame: *Fiz um balanço da minha vida profissional e o saldo foi positivo.*

ba.lan.gan.dãs *s.m. pl.* (Bras.) adornos em forma de figas, medalhas, moedas, chaves, feitos de metal e tradicionalmente usados em penca pelas baianas.

ba.lão *s.m.* **1** veículo cheio de gás mais leve do que o ar, que se eleva na atmosfera, e cuja direção de voo é determinada pelo vento: *Você já andou de balão?* **2** invólucro feito geralmente de papel de seda, lançado ao ar durante as festas juninas, e que sobe por força do ar interno aquecido por uma mecha. **3** esfera de borracha ou de plástico, de paredes muito finas, cheia de ar ou de gás mais leve do que este; bola de encher: *Comprou um balão para a filha.* **4** nas histórias em quadrinhos, espaço demarcado e geralmente arredondado onde o desenhista põe as falas dos personagens: *Um balãozinho no canto da página continha três palavras misteriosas.* **5** em ruas e estradas, lugar onde os veículos fazem manobra de retorno: *Pedro teve que andar cinco quilômetros, fazer o balão e voltar.*

ba.lão de en.sai.o *s.m.* **1** balão que se solta para verificar a direção do vento. **2** (Fig.) boato ou notícia não confirmada que se lança, a fim de verificar a reação da opinião pública: *A redução do preço da gasolina não passou de mero balão de ensaio.* // Pl.: balões de ensaio.

balsâmico

ba.la.us.tra.da *s.f.* fileira de balaústres, formando grade de parapeito ou corrimão.

ba.la.ús.tre *s.m.* **1** pequena coluna ou pilar que, junto com outros iguais em fileira, sustenta uma travessa, corrimão ou peitoril: *escada de balaústres torneados.* **2** parapeito: *Viam o desfile debruçados no balaústre.* **3** haste vertical de madeira ou metal, de certos veículos coletivos, para auxiliar o passageiro no embarque e desembarque.

bal.bu.ci.ar *v.t.* **1** articular com imperfeição ou de modo hesitante: *A criança começava a balbuciar os primeiros sons.* • *int.* **2** exprimir-se com hesitação e confusamente: *Uma criança que apenas balbucia.*

bal.búr.dia *s.f.* **1** tumulto: *Os insatisfeitos promoveram a maior balbúrdia.* **2** confusão; desordem: *O trânsito das grandes cidades é uma balbúrdia.*

bal.câ.ni.co *s.m.* **1** natural ou habitante dos Bálcãs, Europa: *Os balcânicos não emigram facilmente.* • *adj.* **2** relativo aos Bálcãs.

bal.cão *s.m.* **1** em estabelecimentos comerciais, móvel da altura de uma mesa ou um pouco mais alto, usado para atender a clientela e, eventualmente, para exposição de mercadorias. **2** peitoril; sacada: *Garotas espiavam do balcão da varanda.* **3** em empresas comerciais, escritório especializado no atendimento ao público: *Foi ao balcão de atendimento da companhia telefônica.* **4** nos teatros, espaço destinado à plateia, situado entre os camarotes e as galerias.

bal.co.nis.ta *s.2g.* empregado que atende o público, postado atrás de um balcão.

bal.da *s.f.* **1** mania; vício: *Aquela era uma mulinha cheia de balda.* **2** onda; moda; mania: *O feminismo foi balda dos anos 1960.*

bal.dar *v.t.* **1** frustrar; inutilizar: *A greve baldava qualquer possibilidade de negociação.* • *pron.* **2** frustrar-se; inutilizar-se: *Baldaram-se os esforços.*

bal.de *s.m.* recipiente cilíndrico e aberto, com alça.

bal.de.a.ção *s.f.* mudança de um veículo para outro: *Todos preferem viagens sem baldeação.*

bal.de.ar *v.t.* **1** passar de um lugar para outro: *Os carregadores baldearam todas as sacas para o caminhão.* • *pron.* **2** transferir-se; bandear: *O deputado baldeou-se para outro partido.*

bal.di.o *s.m.* **1** terreno abandonado. • *adj.* **2** diz-se do terreno sem construção, agreste; inculto: *Jogavam pelada no terreno baldio.*

ba.lé *s.m.* **1** representação dramática em que se combinam a música, a dança e a pantomima; bailado: *Foi ao Municipal assistir ao balé Giselle.* **2** companhia de bailarinos que executam uma peça coreográfica: *O Bolshoi é um balé de fama internacional.* **3** dança: *Pudemos apreciar o balé dos botos no rio.* **4** curso de aprendizagem de dança clássica: *fez piano e balé.*

ba.le.ar *v.t.* atingir com bala; ferir ou matar com bala; cravar a bala em: *Balearam um desconhecido na esquina.*

ba.le.ei.ra *s.f.* (Bras.) embarcação para a pesca de baleias.

ba.le.ei.ro *s.m.* **1** tripulante de baleeira. **2** pescador de baleias. • *adj.* relativo a baleias.

ba.lei.a *s.f.* **1** mamífero marinho, que chega a medir quase trinta metros de comprimento e a pesar mais de cem toneladas, cabeça enorme, pele lisa, sem pelos. **2** (Coloq.) pessoa muito gorda: *De tanto comer, virou uma baleia.*

ba.lei.ro *s.m.* **1** vendedor de balas ou confeitos. **2** recipiente para bala.

ba.le.la (é) *s.f.* boato falso; dito sem fundamento: *Não posso acreditar nessa balela.*

ba.li.do *s.m.* grito próprio da ovelha ou do cordeiro: *Ouvindo ao longe o balido dos carneirinhos.*

ba.lir *v.int.* balar: *As ovelhas baliam chamando os carneirinhos.*

ba.lís.ti.ca *s.f.* **1** estudo do movimento dos projetis propulsionados, ou não, por explosivos: *O exame de balística revela o tipo de arma usada no crime.* • *adj.* **2** referente à balística. **3** que se desloca de acordo com as leis da balística: *foguetes e mísseis balísticos.*

ba.li.za *s.f.* **1** marco delimitador: *Os limites da fazenda estavam assinalados por balizas.* **2** cada uma das barras verticais que delimitam o gol; trave. **3** no jogo de boliche, peça de madeira, com formato de garrafa, colocada numa das extremidades da pista e que deve ser derrubada pela bola. **4** moças que abrem desfiles movimentando um bastão: *A baliza marchava à frente da banda.*

ba.li.za.dor (ô) *s.m.* **1** delimitador; demarcador: *A preferência por animais mais velhos é um balizador do mercado de equinos.* • *adj.* **2** que delimita; que demarca: *elementos balizadores da pesquisa científica.*

ba.li.za.men.to *s.m.* **1** delimitação; demarcação: *um balizamento dos índices de tolerância inflacionária.* **2** fixação de limites; restrição: *o balizamento dos preços.* **3** fixação de balizas para orientação de pouso e decolagem de aeronaves: *um grande aeroporto sem balizamento suficiente da pista.*

ba.li.zar *v.t.* marcar com balizas; demarcar; delimitar: *Já balizaram a pista do aeroporto internacional.*

bal.ne.á.rio *s.m.* **1** estância de águas para banhos medicinais. **2** estabelecimento para banhos. • *adj.* **3** relativo a banhos: *Caxambu é uma estância balneária.*

ba.lo.fo (ô) *adj.* **1** gordo; com mais volume do que peso: *Um homem balofo atendia à porta.* **2** sem consistência; fofo.

ba.lo.nis.mo *s.m.* **1** prática de soltar balões ou esporte de neles voar: *Não é proibido praticar balonismo.* **2** esporte de navegar em balão.

ba.lo.nis.ta *s.2g.* quem pratica a arte de soltar balões ou quem neles voa: *Meu vizinho é um balonista prudente.*

ba.lou.çan.te *adj.* **1** oscilante. **2** que não está firmemente colocado; bambo; frouxo: *Frank saiu com uma peruca balouçante.* **3** que se mexe; que se agita: *Fundo de chácara, farfalhante de folhas secas, balouçante de verdes galhos.*

ba.lou.çar *v.t.* **1** fazer oscilar levemente; balançar levemente: *uma leve brisa que balouça as folhas das árvores.* • *int.* **2** mover-se lentamente; balançar: *Os frutos pendentes balouçam com o vento.*

bal.sa *s.f.* **1** embarcação de grandes dimensões, motorizada, usada para travessia de veículos, cargas e passageiros em rios sem pontes ou pequenos trechos marítimos. **2** jangada feita de troncos de árvores amarrados.

bal.sâ.mi.co *adj.* **1** que tem a natureza do bálsamo; aromático: *salada temperada com vinagre balsâmico.* **2** suave: *uma especiaria de toque balsâmico.* **3** que reanima: *erva balsâmica.*

bálsamo

bál.sa.mo s.m. **1** infusão de plantas usada em fricções: *bálsamo para aliviar a coceira*. **2** planta da qual se extrai resina aromática: *pomada feita de bálsamo*. **3** (Coloq.) alívio: *sonata que é um bálsamo para as atribulações*.

bal.sei.ro s.m. **1** pessoa que dirige a balsa. **2** (Reg. AM) ilhota flutuante formada por um emaranhado de plantas: *um balseiro de murici*.

ba.lu.ar.te s.m. **1** estrutura sólida para defesa; fortaleza: *Aquele baluarte fora construído para defesa contra os piratas da costa*. (Fig.) **2** alicerce; base: *A tolerância é o verdadeiro baluarte do budismo*.

bal.za.qui.a.no adj. **1** próprio dos romances do escritor francês Honoré de Balzac (1799-1852): *cenas narradas com vigor balzaquiano*. (Bras.) **2** que tem cerca de 30 anos ou mais ou menos essa idade (diz-se de mulher): *Tenho uma amiga balzaquiana*.

bam.ba s.m. (Coloq.) **1** pessoa valente: *Pedro era um bamba da polícia*. **2** perito; mestre: *Ele foi um bamba das serestas*.

bam.be.ar v.t. **1** tornar bambo; afrouxar: *O medo bambeou suas pernas*. • int. **2** ficar bambo; afrouxar: *Minhas pernas bambearam*.

bam.bo adj. **1** pouco firme; frouxo: *corda bamba*. **2** frouxo; relaxado: *Tinha os braços bambos de cansaço*. **3** cansado: *O trabalhador arriou, bambo, na cadeira*.

bam.bo.lê s.m. aro geralmente de plástico usado como brinquedo que se faz girar em torno do corpo, da perna ou do braço.

bam.bo.le.ar v.t. **1** balancear; menear: *Os animais vinham bamboleando as ancas*. • int. **2** balançar o corpo; rebolar; gingar: *A moça vinha bamboleando*.

bam.bu s.m. **1** planta de caule dividido em colmos lisos, lustrosos, de cor verde ou rajada de amarelo, folhas finas e compridas. **2** haste ou vara dessa planta: *cortina feita de bambu*.

bam.bu.zal s.m. bosque ou mata de bambus.

ba.nal adj. sem importância; trivial; corriqueiro: *um espetáculo banal*.

ba.na.li.da.de s.f. trivialidade; vulgaridade: *Queria escapar à banalidade do dia a dia*.

ba.na.li.za.ção s.f. **1** popularização que desvaloriza; vulgarização: *Fiquei preocupado com a banalização do tema*. **2** tratamento desprestigioso: *banalização do sonho das regras de cortesia*.

ba.na.li.zar v.t. **1** tornar banal ou comum; vulgarizar: *As chacinas banalizaram o crime*. • pron. **2** tornar-se banal; vulgarizar-se: *Certas cerimônias repetidas em demasia acabam por banalizar-se*.

ba.na.na s.f. **1** fruto tropical, longo, grosso e curvo, de casca amarela quando maduro, polpa macia e doce. **2** cartucho de dinamite. (Coloq.) **3** covarde: *Na hora de defender seus interesses, é um banana*. **4** sem iniciativa: *Antes era firme, agora é um banana*. **5** gesto que se faz com a mão fechada e o braço dobrado. • **de banana** baixo: *a preço de banana*.

ba.na.na.da s.f. doce de banana e açúcar, em forma de massa ou pasta.

ba.na.nal s.m. plantação de bananeiras: *Os bananais foram substituídos por pastagens*.

ba.na.nei.ra s.f. planta tropical de caule cilíndrico, mole, de folhas simples e grandes, flores envolvidas em brácteas coloridas e reunidas em grande cacho pendente. • **bananeira que já deu cacho** pessoa velha e inútil.

ban.ca s.f. **1** barraca ou balcão em que se pratica o comércio de determinados produtos: *Na esquina há uma banca de jornais*. **2** grupo de pessoas encarregadas de realizar um exame: *A banca examinadora reprovou o candidato*. **3** cadeira especial, com encosto, apoio para os pés e compartimento destinado à guarda dos petrechos, usada pelos engraxates: *banca de engraxate*. **4** mesa especial para os trabalhos de uma oficina: *Comprou uma banca de carpinteiro*. **5** escritório de advocacia ou atividades afins: *Visitei meu amigo em sua banca de advocacia*. **6** (Bras.) em jogos de azar, fundo de apostas: *Nenhum jogador ganhou a banca*. **7** (Coloq.) pose; ostentação: *A candidata só tem banca*.

ban.ca.da s.f. **1** banco comprido. **2** conjunto de bancos: *Assistiam ao jogo duma bancada sob a marquise*. **3** de mesa rústica sobre a qual trabalham certos profissionais como carpinteiro, fresador, torneiro: *bancada do carpinteiro*. **4** conjunto de deputados ou senadores de um estado ou partido político: *A bancada daquele partido faz oposição ao governo*.

ban.car v.t. (Coloq.) **1** financiar: *Quando me casei, meu pai bancou a festa*. **2** fazer o papel de: *Vai bancar o idiota de novo?* **3** em jogos de azar, exercer a função de banqueiro: *Neste jogo, é ele quem banca*.

ban.cá.rio s.m. **1** funcionário de banco ou estabelecimento de crédito: *Houve um torneio entre os bancários*. • adj. **2** relativo a banco; conta bancária.

ban.car.ro.ta (ô) s.f. **1** falência comercial; perda total do patrimônio; quebra: *uma empresa à beira da bancarrota*. **2** decadência; ruína: *instituições sociais em bancarrota*.

ban.co s.m. **1** móvel usado como assento, com ou sem encosto, rústico, feito de madeira, pedra ou concreto: *Havia bancos no jardim*. **2** assento para passageiros e condutores nos meios de locomoção: *Idosos sempre no banco da frente*. **3** estabelecimento de crédito, para transações de fundos públicos ou particulares: *conta num banco privatizado*. **4** ilhota de aluvião no meio dos rios: *um banco de areia*. **5** armazenagem de material, devidamente catalogado, a ser usado em análises e pesquisas: *Nossa empresa está montando banco de dados*. **6** departamento hospitalar em que se armazenam sangue, leite e órgãos humanos, para serem administrados a pacientes que deles necessitam: *banco de sangue; banco de leite materno*. **7** reservas de um time esportivo: *O banco era formado por jogadores experientes*. • **banco de dados** armazenamento de informações.

ban.da¹ s.f. **1** lado; parte lateral: *Olhavam por uma banda da janela*. **2** grupo; conjunto musical: *Tocava em uma banda de rock*.

ban.da² s.f. **1** cinta de oficiais do exército. **2** faixa ou listra larga.

ban.da.gem s.f. **1** nos pneumáticos, faixa externa que fica em contato com o solo: *A bandagem do pneu estava descolada*. **2** faixa de tecido: *Ela usava uma bandagem no cabelo*. **3** faixa; atadura: *Protegeu o pé ferido com uma bandagem*.

banha

ban.da.lhei.ra *s.f.* **1** ato próprio de bandalho; patifaria: *A bandalheira de alguns dirigentes é visível.* **2** bobagem; palavrão: *Garoto sem educação que só sabia dizer bandalheira.* **3** pouca vergonha; indecência: *Um descarado, que vive na bandalheira.*

ban.da.lho *s.m.* **1** patife; indivíduo indigno: *Essas são maneiras de bandalho.* **2** maltrapilho: *A praça estava cheia de bandalhos.*

ban.da.na *s.f.* lenço colorido usado como enfeite ou adorno, no pescoço, na cintura ou na parte superior da cabeça; também utilizado pelos atletas para reter o suor.

ban.de.ar *v.t.* **1** transferir-se; mudar: *Antes do final do campeonato, o jogador bandeou para uma equipe europeia.* • *pron.* **2** mudar de posição política ou de opinião: *O deputado governista bandeou-se.* • *int.* **3** inclinar-se para um lado, para uma banda: *Com aquele vento forte, a pipa bandeou.*

ban.dei.ra *s.f.* **1** pedaço de pano de uma ou mais cores, preso a uma haste, servindo de distintivo de uma nação, corporação ou partido; estandarte: *bandeira do Brasil.* **2** nação; país: *Sempre defendi minha bandeira.* **3** caixilho envidraçado sobre portas e janelas: *A luz batia na bandeira da porta.* **4** chapa metálica do taxímetro, cujo abaixamento inicia a contagem da quantia correspondente ao percurso: *bandeira dois; bandeira três.* **5** (Bras.) expedição armada que desbravava os sertões a fim de capturar índios e descobrir minas: *As bandeiras ampliaram nossas fronteiras.* **6** campanha em favor de: *Todos devemos levantar a bandeira do combate à corrupção.* **7** facção; partido: *É um deputado que atua sempre sob a bandeira da oposição ao governo.* **8** ideia; objetivo ou lema que serve de guia a um grupo ou partido: *A bandeira daquele partido sempre foi a reforma agrária.* ✦ **dar bandeira** (Coloq.) deixar transparecer alguma coisa que deveria ficar oculta: *Falou demais e acabou dando bandeira.* **bandeira branca** pano branco que se mostra (ao inimigo) em sinal de trégua.

ban.dei.ra.da *s.f.* **1** cota fixa marcada pelo taxímetro dos carros de praça, antes de iniciar a corrida. **2** aceno de bandeira com que se assinala o início e o final de uma competição esportiva, especialmente automobilística.

ban.dei.ran.te *s.f.* (Bras.) **1** menina ou moça que pratica o bandeirantismo: *Ela é uma leal bandeirante.* • *s.2g.* **2** pessoa pertencente a uma bandeira: *Os bandeirantes alargaram nosso território.* • *adj.* **3** pertencente ou relativo à bandeira: *Borba Gato foi um dos chefes da grande marcha bandeirante.* **4** paulista; de ou relativo ao estado de São Paulo: *a capital bandeirante.*

ban.dei.ran.tis.mo *s.m.* **1** sistema de educação extraescolar, voluntário, que visa a desenvolver, entre meninas e moças, o espírito comunitário, a liberdade responsável, o esforço de progresso e atitudes moldadas em valores éticos: *O bandeirantismo procura incentivar o civismo entre as jovens.* **2** ato próprio das bandeiras: *Na realidade, o bandeirantismo foi uma ação tragicamente despovoadora.*

ban.dei.ri.nha *s.m.* no futebol, auxiliar do juiz, encarregado de acenar com uma pequena bandeira ao observar uma infração.

ban.dei.ro.la (ó) *s.f.* **1** bandeira pequena. **2** pequeno caixilho envidraçado de janelas e portas.

ban.de.ja (ê) *s.f.* **1** tabuleiro de feitio e material variado, para serviço de mesa e cozinha: *uma bandeja para frutas.* **2** recipiente de metal em que se acomodam instrumentos e produtos médicos: *uma bandeja com pinças e gaze.* ✦ **de bandeja** com facilidade, gratuitamente: *E você oferece sua colaboração assim, de bandeja?*

ban.de.jão *s.m.* restaurante popular, comum em escolas e empresas com grande número de funcionários, que serve cardápio único, a preço acessível, em bandejas com compartimentos para cada tipo de alimento.

ban.di.da.gem *s.f.* **1** grupo de bandidos, de criminosos: *Chegou a polícia e a bandidagem se mandou.* **2** criminalidade: *A bandidagem está cada vez mais crescente.*

ban.di.do *s.m.* **1** malfeitor: *Ele foi um bandido muito conhecido.* **2** pessoa sem caráter; salafrário: *Apesar de bandido, ocupa um cargo de confiança.* // Usado em discurso direto, é insulto: *Seu bandido, você vai me pagar agora!* // • *adj.* **3** de mau caráter. **4** desavergonhado; safado: *Ele exibia um jeito bandido.*

ban.di.tis.mo *s.m.* **1** ação ou qualidade de bandidos. **2** procedimento vil; safadeza: *Quem tolera o banditismo?*

ban.do *s.m.* **1** ajuntamento de pessoas ou animais: *Um bando de desocupados depredou o teatro.* **2** quadrilha de malfeitores; malta: *um bando de cangaceiros.* ✦ **em bandos** em grupos; conjuntamente: *As andorinhas chegam em bandos.*

ban.dó *s.m.* cada uma das metades de um certo penteado que divide o cabelo ao meio e o repuxa para os lados.

ban.dô *s.m.* armação de madeira ou faixa de tecido que se coloca sobre a parte superior de uma cortina, para encobrir os trilhos.

ban.do.lei.ro *s.m.* **1** salteador; bandido: *Vários bandoleiros foram capturados.* • *adj.* **2** errante: *Levava uma vida bandoleira.*

ban.do.lim *s.m.* (Mús.) instrumento de quatro cordas duplas, com caixa de ressonância em forma de pera e costas abauladas ou retas.

ban.ga.lô *s.m.* pequena casa de arquitetura ligeira e caprichosa, para moradia na cidade ou no campo; chalé: *Vendi meu bangalô perto da montanha.*

ban.guê (güê) *s.m.* (Bras.) **1** padiola em que se conduziam cadáveres de escravos. **2** padiola de cipós trançados na qual se leva à bagaceira o bagaço verde da moenda. **3** engenho de açúcar primitivo.

ban.gue-ban.gue *s.m.* filme que retrata cenas da conquista do Oeste americano, com lutas e tiroteios entre bandidos e mocinhos: *Os meninos são doidos por um bangue-bangue.* // Pl.: bangue-bangues.

ban.gue.la (é) *s.2g.* (Coloq.) **1** pessoa sem um ou mais dentes. • *adj.* **2** sem um ou mais dentes da frente; desdentado: *bruxa enxerida e banguela.* ✦ **na banguela** com o veículo em ponto morto: *Não se deve fazer curvas na banguela.*

ba.nha *s.f.* **1** gordura animal: *Fez a massa da empada com banha de porco.* **2** tecido gorduroso; gordura: *O porco tem muita banha.*

banhado

ba.nha.do s.m. 1 charco coberto de vegetação: *Rãs povoam os banhados.* • adj. 2 embebido: *a camisa banhada de sangue.* 3 coberto de: *o rosto banhado de suor.* 4 junto de; contíguo a: *Temos grandes cidades banhadas pelo oceano.*

ba.nhar v.t. 1 dar banho: *Banhou o recém-nascido antes de dar-lhe a mamadeira.* 2 lavar: *Antes de pegar o cálice, o sacerdote banha as mãos.* 3 embeber; molhar: *Banhou os pés cansados em água morna.* 4 envolver: *Um luar de prata banhava toda a campina.* 5 estar junto de; correr por: *O Tietê banha São Paulo.* • pron. 6 tomar banho: *Barbeou-se, banhou-se e saiu.*

ba.nhei.ra s.f. grande recipiente para banhos. • **estar na banheira** em futebol, estar em impedimento: *O gol foi invalidado porque o jogador estava na banheira.*

ba.nhei.ro s.m. 1 aposento com todo o aparelhamento de banho, pia e vaso sanitário: *Quantos banheiros tem sua casa?* 2 (Bras.) compartimento com vaso sanitário e pia; toalete: *Nos locais públicos há banheiros para damas e cavalheiros.* 3 (Reg. S) pequeno curso d'água em que se pode tomar banho: *Naquele banheiro natural, crianças e patos brincavam.*

ba.nhis.ta s.2g. pessoa que toma banho de mar, de rio ou de águas termais.

ba.nho s.m. 1 imersão total ou parcial do corpo em água ou outro líquido para fins higiênicos, terapêuticos ou recreativos: *Tomo banho todos os dias.* 2 brincadeira na água com natação ou não: *os banhos no rio.* 3 exposição do corpo (à ação de luz ou calor): *banho de sol.* 4 demonstração de conhecimento: *O conferencista nos deu um banho de erudição.* 5 imersão em solução química, para se obter uma reação ou realizar-se um dado processo: *Procedeu ao banho de platina nas medalhas selecionadas.* 6 local apropriado para banho ou natação; banhado. 7 tanque com água temperada com cal virgem e formol por onde passa o rebanho para evitar o desenvolvimento de parasitas. 8 água para banho preparada com ervas em infusão, para fins terapêuticos: *banho de arruda.* • pl. 9 balneário: *Os romanos foram os criadores dos banhos públicos.* • **banho de loja** renovação do vestuário, substituindo-se roupas antigas ou velhas por outras mais modernas. **banho de sangue** mortandade; carnificina. **banho turco** banho de vapor usado pelos turcos e adotado por outros povos: *Banho turco baixa a pressão.*

ba.nho-ma.ri.a s.m. água fervente em que se mergulha uma vasilha que contém substância que se quer cozinhar ou aquecer: *café requentado em banho-maria.* // Pl.: banhos-marias e banhos-maria.

ba.nir v.t. 1 desterrar; expulsar: *Os inimigos do regime foram banidos do país.* 2 eliminar; suprimir: *Queria banir do espírito aquela preocupação.*

ban.jo s.m. instrumento musical de cordas, com braço comprido e caixa de ressonância circular e coberta por uma membrana retesada, como um pandeiro.

banner (bâner) (Ingl.) s.m. peça publicitária em formato de bandeira, confeccionada em diferentes materiais (pano, plástico), impressa em um ou ambos os lados para ser pendurada em postes e paredes, nas vias públicas.

ban.quei.ro s.m. 1 proprietário ou diretor de estabelecimento bancário: *A mudança do plano econômico levou à falência um banqueiro.* 2 proprietário de banca para jogo de bicho. 3 aquele que manipula fundos de aposta em jogos de azar: *O banqueiro tem mais possibilidades de ganhar do que o jogador.*

ban.que.ta (ê) s.f. pequeno banco sem encosto.

ban.que.te (ê) s.m. refeição pomposa oferecida a grande número de convidados.

ban.que.te.ar v.t. oferecer banquete a: *O empresário banqueteou os convidados.* • pron. regozijar-se em banquete: *Os estudantes se banquetearam alegremente.*

ban.que.tei.ro s.m. pessoa entendida em gastronomia, que se especializa em organizar banquetes ou refeições de culinária esmerada.

ban.to s.m. 1 grupo de línguas africanas, que compreende cerca de trezentos idiomas falados ao sul da linha Camerum-Quênia, todas de estrutura muito semelhante. • pl. 2 povo da África equatorial e meridional. • adj. 3 relacionado ou pertencente à etnia dos bantos: *A capoeira foi introduzida no Brasil pelos negros bantos.*

ban.zar v.int. pensar detidamente; cismar: *Viu o mar e ficou banzando de boca aberta.*

ban.zé s.m. (Pop.) confusão; tumulto; briga: *Em dado momento, começou o banzé.*

ban.zei.ro adj. (Fig.) triste; melancólico: *Fiquei olhando o céu, banzeiro e saudoso.*

ban.zo s.m. saudade que os negros escravizados sentiam da terra natal; nostalgia.

ba.que s.m. 1 ruído de um corpo ao cair ou ao bater em outro: *Já ouvia o baque da água da cachoeira.* 2 estouro; estampido: *o baque dos tiros no morro.* 3 queda: *Com o baque, as garrafas todas quebraram.* 4 abalo emocional; choque: *Foi um baque a notícia da morte do piloto.* 5 contratempo; revés: *Devemos nos preparar para os baques da vida.*

ba.que.ar v.int. 1 cair com baque ou repentinamente: *Depois de uma longa jornada, o rapaz baqueou.* 2 sofrer baque: *Diante da desgraça, ficou baqueado.* 3 perder as forças ou o ímpeto.

ba.que.li.te s.f. resina sintética e plástica usada na fabricação de várias peças: *A baquelite é usada para fabricar aparelhos telefônicos.*

ba.que.ta (ê) s.f. vareta de madeira que serve para tocar instrumentos de percussão.

bar s.m. 1 estabelecimento comercial onde se servem bebidas em balcão ou pequenas mesas; botequim. 2 móvel para guardar bebidas alcoólicas.

ba.ra.fun.da s.f. confusão; balbúrdia: *uma barafunda de letreiros em neon.*

ba.ra.fus.tar v.t. entrar ou meter-se com violência; penetrar de vez: *Barafustou pela casa sem pedir licença.*

ba.ra.lha.da s.f. confusão; desordem: *Não se meta nesta baralhada, rapaz.*

ba.ra.lhar v.t. 1 pôr em desordem; misturar: *De propósito, ele baralhou os livros da biblioteca.* 2 confundir; desordenar: *Contou o episódio nervosamente, baralhando os fatos.* 3 perceber confusamente; atrapalhar-se ou errar na identificação. • pron. 4 confundir-se; misturar-se: *Baralhou-se ao identificar os nomes.*

ba.ra.lho s.m. 1 coleção de 52 cartas de jogar, distribuídas em quatro naipes, em série de ás a rei: *Compraram um baralho.* 2 jogo de cartas: *Aos domingos, elas se encontram para jogar baralho.*

barbela

ba.rão *s.m.* 1 título de nobreza inferior ao de visconde. 2 homem ilustre; magnata: *os barões do café.* // Fem.: baronesa.

ba.ra.ta *s.f.* inseto pequeno, achatado e oval, de cor marrom ou escura, doméstico ou silvestre. ♦ **às baratas** às traças; ao abandono: *Fugiu deixando a casa às baratas.* **barata tonta** pessoa desnorteada: *Barata tonta, a menina andava de um lado para o outro.*

ba.ra.te.a.men.to *s.m.* baixa de preço: *o barateamento da mão de obra.*

ba.ra.te.ar *v.t.* 1 tornar o preço mais baixo: *A produção em série barateia os produtos.* 2 fazer baixar: *O governo não consegue baratear os remédios.* ● *int.* 3 ficar mais barato: *Os computadores estão sempre barateando.*

ba.ra.tei.ro *adj.* que vende barato: *uma loja barateira.*

ba.ra.ti.na.do *adj.* (Coloq.) transtornado; confuso; atrapalhado: *A compradora deixou o lojista completamente baratinado.*

ba.ra.ti.nar *v.t.* 1 transtornar; perturbar mentalmente: *A situação baratinou meu amigo.* ● *int. e pron.* 2 ficar perturbado; transtornar-se: *Meu amigo baratinou(-se) com a ausência da esposa.*

ba.ra.to *s.m.* 1 aquilo que tem baixo preço: *O barato sai caro.* 2 (Coloq.) aquilo que dá prazer ou que está na onda; curtição: *Os filmes de comédia são um barato.* ● *adj.* 3 que tem preço baixo: *Usa roupas baratas.* 4 vulgar; sem linha: *conquistador barato.* 5 pouco dispendioso: *um mercado barato.* 6 banal; comum: *Só gosta de humor barato.* ● *adv.* 7 modicamente: *Costureiras não cobram barato.* 8 por baixo preço: *lojas que vendem barato.* // Ant.: caro.

bar.ba *s.f.* 1 conjunto de pelos do rosto do homem. 2 ação de raspar a barba: *Sempre caprichava na barba.* ♦ **nas barbas** na frente de; na presença de; cara a cara com: *Fazia o que bem entendia nas barbas do chefe.*

bar.ba-a.zul *s.m.* 1 homem que enviuvou várias vezes: *O barba-azul perdeu três mulheres.* 2 homem conquistador: *Charmoso, o barba-azul derrete corações.* // Pl.: barbas-azuis.

bar.ba.ça *s.f.* 1 barba grande: *O comandante do barco tem uma barbaça branca.* 2 homem que usa barba grande: *O barbaça comandava o espetáculo.*

bar.ba.da *s.f.* 1 competição que se julga fácil de vencer: *Todos achavam que aquele torneio seria uma barbada.* 2 empreendimento fácil: *Não é barbada montar uma empresa hoje.*

bar.ba-de-bo.de *s.f.* capim de folhas muito finas, compridas e resistentes. // Pl.: barbas-de-bode.

bar.ba.do *s.m.* 1 pessoa que tem barba crescida: *A jovem aproximou-se de um barbado bonito.* 2 (Coloq.) adulto; marmanjo: *Na reunião havia muitos barbados.* ● *adj.* 3 que tem barba: *Um rapaz barbado atendia o balcão.* 4 com a barba crescida: *Vestiu-se depressa e saiu para a rua mesmo barbado.*

bar.ban.te *s.m.* cordão delgado para atar.

bar.ba.ri.da.de *s.f.* 1 atrocidade; crueldade: *cometer uma barbaridade.* 2 horror: *Pôs a mão na cabeça quando o marido lhe contou a barbaridade da notícia.* 3 quantidade exagerada: *Conseguiu pescar uma barbaridade de peixes.* 4 dito ou palavra grosseira: *Na praça, os desocupados gritavam barbaridades.* ● *interj.* 5 exclamação de espanto: *Barbaridade! Como ele emagreceu!*

bar.bá.rie *s.f.* 1 selvageria: *A ação da polícia contra a barbárie nas grandes cidades.* 2 incivilidade: *O conflito era um indisfarçável confronto entre a civilização e a barbárie.* // Ant.: civilização.

bar.ba.ris.mo *s.m.* 1 incivilidade; grosseria: *Parece que estamos voltando ao barbarismo.* 2 desregramento: *o barbarismo de costumes da Roma Imperial.* 3 crueldade; selvageria: *Os antigos porões dos navios negreiros, aquilo sim era barbarismo.* 4 (Gram.) vício de linguagem, ou seja, desrespeito às normas de uma língua, na pronúncia, na grafia, nas flexões de gênero e número.

bar.ba.ri.zar *v.t.* 1 tornar bárbaro; embrutecer: *É uma ordem social cruel que barbariza as pessoas.* ● *pron.* 2 embrutecer. ● *int.* (Coloq.) 3 fazer misérias: *Contrariada, a criança barbarizou.*

bár.ba.ro *s.m.* 1 indivíduo dos povos do norte da Europa que invadiram o Império Romano durante os séculos III e IV: *Os bárbaros invadiram a península ibérica.* 2 pessoa sem civilização ou pessoa inculta: *uma terra de bárbaros.* 3 pessoa de modos rudes e grosseiros: *Só podia ser um bárbaro, para falar tão alto durante o espetáculo.* ● *adj.* 4 cruel: *Um crime bárbaro ocorreu na madrugada de ontem.* 5 sem civilização; inculto: *pessoas bárbaras e mesquinhas.* 6 extraordinário; maravilhoso; fenomenal: *Estão de parabéns pelas reportagens bárbaras.* ● *interj.* 7 exprime espanto, admiração: *Você leu este livro? – Sim, bárbaro!* // Ant.: civilizado.

bar.ba.ta.na *s.f.* (Zool.) 1 órgão membranoso externo característico de peixes e outros animais aquáticos, que se servem dela para se moverem; nadadeira. 2 lâmina ou vareta feita de material flexível, usada para armação de peças de vestuário: *saias antigas, de anquinhas de barbatana.*

bar.ba.ti.mão *s.m.* arbusto de caule e ramos tortuosos, casca rugosa, pouca folhagem, flores pequenas, vermelhas ou esbranquiçadas; fruto em forma de vagem grossa, comprida e carnosa; rica em tanino; caroba.

bar.be.a.dor (ô) *s.m.* aparelho de barbear: *Meu barbeador quebrou.*

bar.be.ar *v.t.* 1 cortar a barba: *Calmamente ele barbeia o rosto.* 2 fazer a barba de: *Cuidadosamente, o rapaz barbeava o pai.* ● *pron.* 3 cortar a própria barba: *Barbeio-me diariamente.*

bar.be.a.ri.a *s.f.* salão de barbeiro.

bar.bei.ra.gem *s.f.* (Bras.)1 imperícia cometida no trânsito: *Ocorreu o acidente por barbeiragem do motorista.* 2 falta cometida por imperícia (em qualquer atividade profissional): *A barbeiragem do administrador foi lamentável.*

bar.bei.ro *s.m.* 1 aquele que, por ofício, barbeia e corta cabelo: *salão de barbeiro.* 2 (Zool.) percevejo que se alimenta de sangue, de corpo ovalado e de cor escura, que transmite a doença de Chagas: *A criança foi picada por um barbeiro.* 3 (Coloq.) quem dirige mal: *Os barbeiros bagunçam o trânsito em qualquer cidade.* ● *adj.* 4 que dirige mal: *motorista barbeiro.* 5 sem perícia: *Temia que o cirurgião fosse barbeiro.*

bar.be.la (é) *s.f.* 1 pele pendente do pescoço do boi: *a barbela do zebu.* ● *s.m.* 2 apêndice carnoso pendente por baixo do bico de algumas aves: *Os perus têm barbela.*

barbicha

bar.bi.cha s.f. **1** pequena barba: *Cortou uma mecha da barbicha.* ◆ s.m. **2** homem com barba escassa: *O barbicha de chapéu estava impaciente.*

bar.bi.tú.ri.co s.m. medicamento à base de um ácido cristalino e incolor obtido a partir da ureia e usado como sonífero e anticonvulsivo.

bar.bu.do s.m. **1** quem tem barba comprida ou muita barba: *A moça estava apaixonada por um barbudo.* ◆ adj. **2** que tem barba comprida ou muita barba: *um homem barbudo.*

bar.ca s.f. embarcação de fundo chato para transporte de passageiros e carga, principalmente em baías e enseadas. // Aum.: barcaça.

bar.ca.ça s.f. grande embarcação de madeira, usada na carga e descarga de navios em um porto.

bar.co s.m. **1** embarcação costeira de um só mastro, pequena, sem coberta: *Gosto de andar de barco.* **2** qualquer embarcação: *Da praia, avistou um barco muito distante.*

bar.do s.m. trovador; poeta: *o grande bardo da canção baiana.*

bar.ga.nha s.f. **1** negociação que, muitas vezes, envolve troca de favores ou de mútuas concessões: *O novo salário mínimo resulta de uma barganha política.* **2** troca; permuta: *Conseguiu a barganha de algumas figurinhas por uma barra de chocolate.*

bar.ga.nhar v.t. trocar; negociar: *A menina barganhou um livro por uma caixa de hidrocor.*

ba.rí.to.no s.m. cantor cujo registro de voz se situa entre o tenor e o baixo.

bar.la.ven.to s.m. **1** direção de onde sopra o vento. **2** bordo da embarcação que está voltado para a direção de onde sopra o vento. ◆ **a barlavento** na direção do vento: *Tentavam pôr o leme a barlavento.*

barman (barmén) (Ingl.) s.m. homem cuja profissão é preparar e servir bebidas em um bar: *Todos admiravam o traquejo do barman.*

bar mitzvah (bar mitsva) (Heb.) s.m. **1** na religião judaica, menino de 13 anos que passa a ter de cumprir os preceitos religiosos. **2** Cerimônia que reconhece um jovem como *bar mitzvah.*

bar.na.bé s.2g. (Coloq.) funcionário público de categoria modesta.

ba.rô.me.tro s.m. instrumento medidor da pressão atmosférica.

ba.ro.na.to s.m. **1** título de barão. **2** território administrado por barão: *O baronato rendia bons lucros no passado.* **3** elite de determinado grupo: *O baronato empresarial financiou um projeto cinematográfico.*

ba.ro.ne.te (ê) s.m. título de nobreza superior ao de cavaleiro e inferior ao de barão: *Um rude baronete medieval.*

bar.quei.ro s.m. condutor de barco.

bar.ra s.f. **1** peça estreita e alongada, de madeira, metal ou outro material sólido: *Pegou uma barra de aço.* **2** (Ginást.) peça de ferro sustentada por dois esteios, para exercício. **3** traço oblíquo usado para, entre outros fins, separar números e registrar datas: *12/12/99.* **4** bloco de certos artigos de consumo que constitui uma unidade comercial: *barra de sabão.* **5** tablete: *barras de chocolate.* **6** lingote: *metais em barra.* **7** borda inferior das vestes: *a barra das saias.* **8** entrada estreita de um porto: *O navio atravessou a barra e ganhou o oceano.* **9** as primeiras claridades: *Já víamos as barras da manhã.* **10** jogo infantil, de pegar, em que cada jogador corre a desafiar determinado adversário, em cuja mão bate três vezes, fugindo depois rumo ao próprio campo, perseguido pelo adversário. **11** (Coloq.) dificuldade; complicação: *É preciso de muito ânimo para aguentar a barra.* ◆ **forçar a barra** (Gír.) ir além dos limites; exagerar: *Forçou a barra e entrou de bicão na festa.* **barra de direção** peça conectada ao volante e que transmite seu movimento à caixa de direção.

bar.ra.ca s.f. **1** abrigo desmontável e portátil, confeccionado em tecido e armações de metal, usado por militares em campanha e por excursionistas; tenda: *soldados instalados em barracas de lona.* **2** construção ligeira, de fácil remoção, feita de madeira e lona, usada pelos feirantes: *a barraca das frutas.* **3** abrigo fincado na areia da praia, usado pelos banhistas para se protegerem do sol; guarda-sol: *Os banhistas protegem-se do sol em barracas coloridas.*

bar.ra.cão s.m. **1** construção ampla, sem divisórias internas, constituída de cobertura assentada sobre pilares, aberta ou não em todas as suas faces: *Os ensaios da escola de samba eram num barracão alugado.* **2** (Reg. AM) habitação dos donos dos seringais, onde se armazenam mercadorias a serem vendidas aos seringueiros, bem como a borracha colhida. **3** construção ampla e arejada, onde se espalham as sementes de cacau, para secagem. **4** barraco: *No morro, os barracões são cobertos de zinco.*

bar.ra.co s.m. **1** pequena casa de tijolos ou de madeira, coberta com telhas, folhas de zinco ou palha: *Mora com a família num barraco à beira do rio.* **2** pequena construção usada como depósito: *No fundo do quintal, fez um barraco para guardar bugigangas.* **3** (Coloq.) discussão; briga; baixaria: *Ao ver a namorada com outro, armou um barraco.*

bar.ra.do s.m. **1** barra; nuvem carregada: *Um barrado de nuvens escuras crescia no céu.* **2** barra; acabamento: *Pintava um barrado na parede.* ◆ adj. **3** que tem barra: *uma parede barrada de sombra.* **4** fechado; obstruído: *um corredor barrado por uma cancela.*

bar.ra.gem s.f. **1** estrutura construída num vale e que o fecha para represar a água de um rio; represa: *a barragem de Itaipu.* **2** parede; tapume: *uma barragem de concreto.* **3** represamento: *Estão fazendo uma barragem no rio.*

bar.ra-lim.pa s.2g. **1** (Coloq.) alguém em que se pode confiar: *Aquele rapaz é barra-limpa.* ◆ adj. **2** (Coloq.) coisa confiável: *Esse é um negócio barra-limpa.* // Pl.: barras-limpas.

bar.ra.men.to s.m. **1** (Inf.) via de circulação dos dados de um computador: *O barramento é uma via por onde circulam os sinais que vão do processador para as placas dos periféricos.* **2** em mecânica, alicerce sobre o qual se constrói o torno: *O barramento consiste de uma peça rígida de ferro fundido especial.*

bar.ran.ca s.f. margem elevada em um curso d'água; ribanceira.

bar.ran.co s.m. **1** escavação provocada por agentes naturais ou pelo homem: *Havia muitos barrancos provocados pelas fortes chuvas.* **2** ribanceira: *cabras pastando perto do barranco.*

bar.ra-pe.sa.da s.f. (Coloq.) **1** situação difícil: *O time vai enfrentar uma barra-pesada no campeonato.* **2** pessoa considerada perigosa: *Ele é barra-pesada.* // Pl.: barras-pesadas.

basco

bar.ra.quei.ro s.m. vendedor que trabalha em barraca; quem produz barraca.

bar.rar v.t. **1** embargar; impedir: *Tentaram barrar o vandalismo na cidade.* **2** impedir a entrada ou a participação: *O técnico barrou o jogador naquela partida.*

bar.rei.ra s.f. **1** obstáculo: *Operários demoliam uma barreira que impedia o acesso à estrada.* **2** (Atlet.) obstáculo padronizado disposto a intervalos regulares na pista de corrida, e que o atleta, ou animal que ele conduz, tem de saltar: *O cavalo parou diante da quarta barreira.* **3** posto fiscal, à entrada de cidade ou de povoação, para controle de trânsito ou de entrada de pessoas ou mercadorias: *Não conseguiu passar pela barreira porque não tinha documentos.* **4** marca; limite: *O britânico superou em dez centímetros a barreira dos oito metros no salto em distância.* **5** (Fut.) jogadores em formação de linha, para dificultar o chute do adversário numa cobrança de falta: *Apesar da barreira, o atacante marcou o gol.* **6** grupo de pessoas que se colocam em linha, impedindo a passagem: *Uma barreira de seguranças protegia a passagem.* **7** proteção; defesa: *Boa alimentação e exercícios são uma barreira contra as doenças.* **8** dificuldade; obstáculo: *O governo enfrenta barreiras como as da fome e do analfabetismo.* **9** encosta sem vegetação sujeita a deslizamento de terra: *Com as fortes chuvas, caíram várias barreiras na rodovia.*

bar.rei.ro s.m. terra alagada; lamaçal: *um barreiro formado pela chuva.*

bar.re.la (é) s.f. água fervida com cinza, usada como alvejante de roupas.

bar.ren.to adj. **1** que contém barro: *as águas barrentas do rio.* **2** cheio de barro: *Passava com as botas barrentas sobre o tapete.*

bar.re.te (ê) s.m. **1** cobertura de tecido, flexível, que se ajusta à cabeça; gorro: *Usava um barrete grosso de lã.* **2** gorro de formato cônico; carapuça: *O barrete do saci é vermelho.* **3** cobertura quadrangular usada por clérigos: *um barrete cardinalício.*

bar.ri.ca s.f. vasilha bojuda de madeira para guardar líquidos ou mercadorias.

bar.ri.ca.da s.f. obstáculo improvisado com barricas cheias de terra, estacas, pedras, sacos de areia para impedir o acesso de qualquer passagem: *Como protesto, logo pensaram em construir uma barricada na via principal.*

bar.ri.ga s.f. **1** cavidade abdominal do homem e dos animais, onde ficam o estômago e os intestinos; abdome: *Levou um soco na barriga.* **2** parte dianteira do tronco do corpo humano: *A barriga do açougueiro era enorme.* **3** útero: *A criança ainda estava na barriga da mãe.* **4** bojo: *a barriga da moringa.* **5** gravidez: *A mulher disse que não apanha mais barriga.* **6** notícia falsa: *O que alguns jornais publicaram sobre o novo salário era barriga.* ◆ **de barriga (grande)** grávida; prenhe: *Com o pedinte havia uma mulher de barriga.* **empurrar com a barriga** (i) adiar a solução de algo: *Vai empurrar com a barriga a difícil solução.* (ii) não dar a solução devida: *O diretor empurrou com a barriga o caso do aluno faltoso.* **barriga da perna** panturrilha.

bar.ri.ga.da s.f. **1** golpe com ou na barriga: *No meio da luta deu uma barrigada.* **2** conjunto das vísceras de animais abatidos.

bar.ri.gu.do adj. que tem barriga volumosa; pançudo: *um coelho barrigudo.*

bar.ri.guei.ra s.f. cinta larga que se prende por baixo da barriga de animal de montaria.

bar.ril s.m. **1** unidade de medida de capacidade equivalente a 158,98 litros: *O barril de petróleo custa caro.* **2** vasilha bojuda de madeira para guardar líquidos ou transportar mercadoria; pipa; tonel: *Compraram dois barris de cachaça.*

bar.ro s.m. **1** argila fofa e gordurosa, amassada com água e usada no fabrico de utensílios e materiais de construção, como tijolo e telhas. **2** terra amolecida pelas chuvas: *estradas cheias de barro.*

bar.ro.ca s.f. escavação natural resultante de erosão.

bar.ro.co (ô) s.m. **1** estilo arquitetônico, pictórico, literário e musical, que predominou no século XVII, caracterizado nas artes plásticas pelo dinamismo e pela predominância da curva, e que se manifestou no Brasil do século XVII ao início do século XIX: *O barroco brasileiro concentra-se mais nas igrejas.* ● adj. **2** criado, produzido conforme os princípios da estética barroca: *estátuas barrocas; anjo barroco.* **3** característica das produções artísticas do século XVII-XVIII: *um mural com detalhes barrocos.* **4** exuberante; extravagante: *Aquele ator representa com gestos e atitudes barrocos.*

bar.ro.te (ó) s.m. trave grossa e curta que sustenta forros e soalhos.

ba.ru.lhei.ra s.f. conjunto de ruídos persistentes: *Logo de manhã, já começa a barulheira da rua.*

ba.ru.lhen.to adj. **1** pessoa desordeira: *Um grupo de barulhentos invadiu o local da reunião.* ● adj. **2** que faz barulho: *caminhões barulhentos na rua.* **3** ruidoso; estridente: *Os jovens gostam de música barulhenta.* **4** que causa tumulto; desordeiro: *Uns rapazes barulhentos acabaram com a festa.* **5** agitado; animado: *passarada barulhenta nas árvores.* **6** animado; festivo: *Nossas reuniões eram muito barulhentas.*

ba.ru.lho s.m. **1** conjunto de sons fortes: *O barulho infernal vindo da rua.* **2** estrondo: *barulho de trovões ao longe.* **3** ruído: *o barulho da chuva caindo no teto.* **4** (Fig.) confusão; encrenca: *Gente mal educada que só gosta de armar barulho.* **5** manifestação; protesto: *O barulho dos grevistas surtiu efeito.* **6** estardalhaço: *Jornais que só fazem barulho.* **7** escândalo; confusão: *Esta notícia vai causar barulho.* **8** folia; algazarra: *As crianças fizeram tanto barulho que acordaram o bebê.* ◆ (Coloq.) **do barulho** extraordinário; excepcional: *O diretor que ganhou o festival realizou um filme do barulho.*

ba.sal adj. básico: *a camada basal da parede das células.*

ba.sál.ti.co adj. formado de basalto: *rochas de composição basáltica.*

ba.sal.to s.m. rocha preta, densa ou finamente granulada, de origem vulcânica.

bas.ba.que s.2g. **1** indivíduo que fica pasmado diante de tudo: *Da calçada os basbaques espiavam.* ● adj. **2** pasmado; boquiaberto: *O rapaz, basbaque, contemplava o espetáculo.*

bas.co s.m. **1** pessoa natural ou habitante do País Basco: *Os bascos lutam pelos seus ideais.* ● adj. **2** natural ou habitante do País Basco (norte da Espanha e sul da França): *os chamados separatistas bascos.*

basculante

bas.cu.lan.te *s.m.* **1** mecanismo que permite abertura em sentido vertical. **2** janela com partes móveis que favorecem a ventilação: *Viam a rua pelo basculante.* **3** caminhão equipado com carroceria móvel que se inclina para despejar carga.

ba.se *s.f.* **1** suporte: *A coroa é sustentada por uma base de metal.* **2** alicerce: *edifício com bases de concreto.* **3** parte inferior: *a base do crânio.* **4** sopé: *a base da montanha.* **5** constituinte fundamental de um composto: *A cafeína está na base do café.* **6** prato principal: *O arroz com feijão constitui a base da refeição dos brasileiros.* **7** fundamento; princípio: *As bases da educação nacional.* **8** fundamento; sustentação: *Aquelas afirmações não tinham nenhuma base.* **9** conjunto de conhecimentos; formação; preparo: *Jovens que entram para a universidade sem nenhuma base.* **10** apoio; representatividade: *A base eleitoral do candidato está na periferia das grandes cidades.* **11** (Quím.) substância que tem tendência a receber um próton por dispor de um par de elétrons não compartilhados: *As bases reagem com os ácidos formando os sais.* ♦ **de base** essencial; estrutural; básico: *reformas de base.* **na base** (i) por meio de, tomando-se por princípio: *O negócio era na base do palpite.* (ii) na proporção de: *Produzem calçados na base de três mil pares por dia.* **nessa base** desta forma; assim: *Nessa base, a sala deveria conter pelo menos três ou quatro mil obras.* **base aérea** conjunto de estabelecimentos, instalações e serviços reunidos em determinada posição geográfica com a finalidade de fornecer apoio à Aeronáutica. **base espacial** centro de lançamento de foguetes e satélites artificiais. **base naval** conjunto de estabelecimentos, instalações e serviços reunidos em determinada posição geográfica com a finalidade de fornecer apoio às forças navais.

ba.se.a.do *s.m.* **1** (Coloq.) cigarro de maconha; jererê; boró. • *adj.* **2** fundado; fundamentado: *um romance baseado na experiência do autor.*

ba.se.ar *v.t.* **1** fundamentar; sustentar: *Baseava seus tratamentos em terapias alternativas.* • *pron.* **2** tomar como base; apoiar-se; fundar-se: *O prefeito baseia-se em lei para proibir o fumo em determinados locais.* **3** ter como base ou fundamento: *O plano a ser desenvolvido baseia-se em projetos internacionais.*

bá.si.co *adj.* **1** que serve de base; fundamental: *O leite é alimento básico na infância.* **2** elementar: *Aprendi só o inglês básico.* **3** essencial: *noções básicas de higiene.* **4** (Quím.) que tem propriedades de base.

ba.si.lar *adj.* **1** básico; fundamental: *princípios basilares da educação.* **2** que forma a base ou que está na base: *a membrana basilar do ouvido interno.*

ba.sí.li.ca *s.f.* igreja a que se outorgaram certas prerrogativas honoríficas e jurisdicionais.

bas.que.te (é) *s.m.* **1** esporte disputado por duas equipes de cinco jogadores e cujo objetivo é, em dois tempos de 20 minutos, somar o maior número de pontos, fazendo a bola entrar na cesta. **2** habilidade e competência nesse jogo: *Todos apreciam o basquete das brasileiras.*

bas.que.te.bol *s.m.* basquete. // Pl.: basquetebóis.

bas.ta *s.m.* **1** interrupção; fim: *Ninguém conseguiu dar um basta naquela gandaia.* • *interj.* **2** chega: *Basta de brincadeiras!*

bas.tan.te *s.m.* **1** aquilo que basta ou que é suficiente; o suficiente: *Chega! Já não chorou o bastante?* • *adj.* **2** suficiente: *Há água e sabão bastantes.* • *pron.* **3** muito: *Tenho bastante experiência.* • *adv.* **4** muito, suficientemente: *Ele já tinha dormido bastante.* **5** bem: *Seu namorado é bastante carinhoso.*

bas.tão *s.m.* **1** pedaço de madeira longo, de forma cilíndrica, que se traz na mão; bordão: *Vestia um manto e carregava um bastão.* **2** pequeno bordão com que se percutem tambores; baqueta: *Marcava o ritmo com um bastão.* **3** comando; cargo: *Sentindo-se cansado na empresa, passou o bastão ao filho mais velho.*

bas.tar *v.t.* **1** desejar o término de; chegar: *Basta de discussão!* • *pron.* **2** ser autossuficiente: *Bastava-se a si mesmo.* • *int.* **3** ser suficiente: *Trinta mil bastam para custear o evento.*

bas.tar.do *s.m.* **1** filho ilegítimo: *Hoje é comum serem reconhecidos os bastardos.* // Em discurso direto, é insulto: *Saia já daqui, seu bastardo!* // • *adj.* **2** ilegítimo; ilegal: *O coronel tinha três filhos bastardos.*

bas.ti.ão *s.m.* fortificação, construção de engenharia militar.

bas.ti.dor (ô) *s.m.* **1** caixilho de madeira em que se prende e retesa o estofo que se quer bordar. **2** conchavo arquitetado pelos interessados antes de uma reunião formal para deliberar sobre uma questão: *A eleição da nova diretoria do clube foi coisa de bastidor.* • *pl.* **3** corredores que contornam a cena, no palco de teatro. **4** o lado oculto de certas organizações, que não está ao alcance do público: *Ninguém conhece os bastidores daquela instituição.* ♦ **nos bastidores** às ocultas; atrás das cortinas: *Toda aquela maracutaia foi combinada nos bastidores.*

bas.to *adj.* espesso; abundante; farto: *Ele tinha basta cabeleira.* // Ant.: ralo.

bas.to.ne.te (ê) *s.m.* **1** pequeno bastão: *Há células em forma de bastonete.* **2** bacilo alongado e articulado: *bastonetes gram-negativos.*

ba.ta *s.f.* **1** blusa de mulher, larga e folgada, geralmente usada por cima da saia: *A baiana usava uma bata branca com renda.* **2** veste longa e larga, de mangas compridas: *Quase todos vestiam roupas simples e soltas como batas.*

ba.ta.lha *s.f.* **1** combate entre exércitos ou armadas: *Morreu ferido numa sangrenta batalha.* **2** luta: *a batalha contra a fome.* **3** concorrência; disputa: *Já vem de longe a batalha entre as duas fábricas rivais.* **4** conflito; enfrentamento: *pessoa dada a batalhas.* **5** (Fig.) esforço; empenho: *A batalha pela indexação dos salários.* **6** competição: *Sua mãe parecia estranha à batalha de olhares e de risos.* **7** disputa de mercado: *Aquele país entrou na batalha da carne bovina.* **8** combate simulado: *Nos carnavais antigos havia batalhas de serpentinas.*

ba.ta.lha.dor (ô) *s.m.* **1** pessoa que batalha; lutador: *Era de origem humilde e grande batalhador.* **2** defensor convicto de uma ideia, partido ou princípio: *Ele próprio era um batalhador pela justiça e pelo bem.*

ba.ta.lhão *s.m.* **1** unidade tática de infantaria ou de cavalaria que compõe um regimento e se subdivide em companhias: *um batalhão de artilheiros.* **2** grande número; multidão: *um batalhão de formigas atraídas pelo mel.*

bateria

ba.ta.lhar v.t. **1** defender por meio de luta: *Batalhemos pela justiça e pela paz*. • int. **2** lutar pela sobrevivência: *Ela batalha de manhã à noite*. **3** entrar em batalha; lutar: *Ele batalha até o derradeiro instante*.

ba.ta.ta s.f. **1** planta hortense de pequeno porte, caule com prolongamentos em cujas pontas formam-se tubérculos de casca fina e polpa amarelada, flores brancas ou arroxeadas; batatinha; batata-inglesa: *uma plantação de batatas*. **2** tubérculo dessa planta: *batatas fritas*. // Associado a um substantivo significa muito bom; eficiente: *Este remédio é batata!* // ♦ **na batata** de verdade; da forma como as coisas são: *Você vê tudo cor-de-rosa. Eu não. Vejo ali, na batata*. **ser batata** ser infalível; ser exato: *Tive um palpite. Joguei na loteria. Foi batata. Ganhei*.

ba.ta.ta-ba.ro.a s.f. erva robusta com tubérculos amarelados e adocicados; mandioquinha. // Pl.: batatas-baroas.

ba.ta.ta-do.ce s.f. hortaliça tropical, de caule rasteiante, ramos com folhas verdes ou arroxeadas em forma de coração ou ponta de lança, raízes várias em cujas extremidades se formam tubérculos de cor branca, amarela, alaranjada, rosa ou roxa. // Pl.: batatas-doces.

ba.ta.ta-in.gle.sa s.f. variedade de batata. // Pl.: batatas-inglesas.

ba.ta.vo s.m. **1** pessoa natural ou habitante da Batávia; holandês: *Os batavos se puseram em fuga*. • adj. **2** relativo à Batávia, antigo nome dos Países Baixos; holandês: *Christian Pater era almirante batavo*.

ba.te-bo.ca s.m. discussão; altercação: *Para que tanto bate-boca?* // Pl.: Bate-bocas.

ba.te-bo.la s.m. **1** jogo de futebol, praticado como diversão: *Todo sábado, à tarde, havia bate-bola no terreno baldio*. **2** treino leve que os futebolistas fazem para se exercitar no controle da bola e que consiste geralmente em chutes à meta: *Primeiro os jogadores correram, depois fizeram um rápido bate-bola*. // Pl.: bate-bolas.

ba.te.cum s.m. baticum.

ba.te.dei.ra s.f. **1** aparelho, manual ou elétrico, que bate massa, ovos etc. (Bras.) **2** palpitações: *A batedeira no coração não assustou o supervisor*.

ba.te.dor (ô) s.m. **1** membro de escolta: *Os batedores vão na frente do carro oficial*. **2** batedeira. **3** tábua ou pedra de lavar: *o batedor de roupa ao lado do poço*. • adj. **4** que bate: *pugilista batedor*.

ba.te-es.ta.ca s.m. máquina de cravar estacas no solo. // Pl.: bate-estacas.

bá.te.ga s.f. pancada de chuva: *grossas bátegas fazendo barulho no teto de zinco*. // Mais usado no plural.

ba.tei.a s.f. gamela afunilada de madeira ou metal em que se lavam areias auríferas ou cascalhos diamantíferos.

ba.tel s.m. pequeno barco.

ba.te.la.da s.f. grande quantidade: *Recolheu uma batelada de livros*.

ba.te.lão s.m. canoa curta e grande para o transporte de cargas pesadas.

ba.ten.te s.m. **1** peça para proteger o vão de parede onde se fecha ou se bate a porta ou a janela: *batente das portas, das janelas*. (Bras.) **2** trabalho efetivo, árduo: *Os operários estavam exaustos do batente diário*.

ba.te-pa.po s.m. conversa; papo: *Moços passavam sorrindo nos bate-papos da noite quente*. // Pl.: bate-papos.

ba.ter v.t. **1** fechar com força fazendo ruído: *Saiu batendo a porta com violência*. **2** movimentar rapidamente: *O sabiá bateu as asas e voou*. **3** fazer ir de encontro a: *Batia a cabeça na parede*. // Nessas acepções pode ser usada a preposição: *Bati na porta com o joelho*. // **4** agitar; remexer: *Na cozinha, a cozinheira batia um bolo*. **5** fazer soar: *O sacristão bate o sino da capela*. **6** cunhar; malhar: *bater moedas*. **7** derrotar; vencer: *O time paulista bate o adversário facilmente*. **8** fazer (continência): *Soldado que não bate continência é advertido*. **9** marcar o tempo de (compasso): *O regente bate o compasso com uma batuta*. **10** superar: *bater recordes*. **11** ser superior; superar: *Prato nenhum bate a feijoada de dona Zilda*. **12** agredir fisicamente; surrar: *Homem que bate em mulher é covarde*. **13** tocar: *No futebol, se a bola bate na mão é falta*. **14** estar de acordo; coincidir: *Foi verificar se o endereço batia com o que lhe tinha sido dado*. **15** chegar; atingir: *A água já me batia nos joelhos*. **16** ir de encontro; chocar-se: *O navio bateu num rochedo*. **17** ir parar: *Andou, andou e foi bater numa praia deserta*. **18** incidir; dar: *o sol batendo na vidraça*. **19** dar pancadas: *Bateram na porta várias vezes*. • pron. **20** pegar-se; brigar: *Eram inimigos que se batiam constantemente*. **21** empenhar-se; defender: *O professor batia-se pela democracia*. **22** debater-se: *A capivara batia-se na armadilha*. • int. **23** vibrar produzindo som: *tambores batendo na noite*. **24** palpitar; pulsar: *Meu coração batia fortemente*. **25** surgir: *Quando a saudade bate, ninguém me segura aqui*. ♦ (Coloq.) **bater a(s) bota(s)** morrer. **bater asas** ir-se embora. **bater boca** discutir. **bater cabeça** viver em desacerto; errar. **bater carteira** roubar. **bater com a língua nos dentes** falar o que não deve; revelar confidência. **bater em retirada** fugir. **bater um fio** telefonar. **bater na cangalha para burro entender** dizer alguma coisa de forma indireta. **bater na mesma tecla** insistir. **bater (o) pé** teimar; insistir. **bater perna(s)** andar à toa. **não bater bem** não ser bom do juízo; não regular.

ba.te.ri.a s.f. **1** conjunto de duas ou mais pilhas ligadas para fornecer corrente elétrica: *Homem ganha coração movido por bateria*. **2** conjunto de acumuladores ligados em série, dentro de um recipiente comum, usado em automóveis e aviões; acumulador: *celular alimentado pela bateria de um carro*. **3** conjunto de canhões instalados a bordo de um navio de guerra: *baterias antiaéreas*. **4** instrumento musical composto de bombo, pratos, caixa, caixeta e vassourinha, tocado por um só músico: *Eu tinha uma bateria completa*. **5** conjunto dos músicos que tocam instrumentos de percussão: *A bateria da escola de samba tem 150 ritmistas*. **6** conjunto de soldados que compõe uma unidade tática elementar de um corpo de artilharia: *A expedição se compunha de diversas baterias de artilharia*. **7** conjunto de provas de uma competição esportiva que visa selecionar os melhores candidatos para a prova final: *O atleta diz que vai jogar de igual para igual em todas as baterias, não importa o adversário*. **8** energia elétrica produzida pelo acumulador: *A luz do carro está fraca porque a bateria está fraca*. **9** (Bras.) grande quantidade: *Os presentes levantaram uma bateria de questões*.

baterista

ba.te.ris.ta s.2g. (Bras.) tocador de bateria.
ba.ti.cum s.m. (Bras.) som repetido como o dos batuques.
ba.ti.da s.f. **1** golpe; pancada: *batidas de martelo*. **2** (Bras.) diligência policial: *Foi preso de madrugada durante uma batida da polícia*. **3** batimento; palpitação: *Ouvia as batidas do próprio coração*. **4** badalada: *batidas de um sino*. **5** colisão; trombada: *uma batida de carros*. **6** (Bras.) bebida preparada com cachaça (ou vodca, gim etc.), açúcar e geralmente suco de fruta, misturados como coquetel: *Tomavam batidas no bar*. **7** som ritmado: *batida de bumbo*.
ba.ti.do adj. **1** comprimido; calcado; compactado: *chão de terra batida*. **2** muito usado; surrado: *Usava um terno muito batido*. **3** que sofreu colisão; acidentado: *um carro batido*. **4** aquecido e trabalhado na forja: *Pusemos na entrada um portão de ferro batido*. **5** muito conhecido; muito divulgado: *uma história muito batida*. • adv. **6** (Coloq.) rapidamente: *Dali saíram batido para a fazenda do Pinhão*.
ba.ti.men.to s.m. **1** pulsação: *batimentos cardíacos exagerados*. **2** ação de bater asas para sustentar-se no ar: *o pesado batimento de asas do condor*. **3** defeito na regulagem do motor de automóveis, que faz o pino da válvula bater no bloco: *Meu carro está com batimento no motor*.
ba.ti.na s.f. **1** vestuário próprio para eclesiásticos e estudantes de certas instituições: *Hoje os padres não precisam mais usar batina*. **2** atividade religiosa: *Era seminarista, mas não tinha vocação para a batina*.
ba.ti.que s.m. **1** arte de estampar tecido com cera. **2** tecido estampado com essa arte: *As africanas usam batas de batique*.
ba.tis.mal adj. **1** que serve para batizar (pia): *uma velha pia batismal*. **2** relativo ao batismo: *a graça batismal*.
ba.tis.mo s.m. **1** o primeiro dos sete sacramentos da Igreja Católica Apostólica Romana: *A criança morreu sem batismo*. **2** admissão solene em um grupo: *O batismo dele no cangaço foi com sangue*. **3** ato de pôr o nome em: *O batismo do quadro foi um pouco antes da exposição*. **4** lançamento inaugural de um navio ao mar, após ser benzido: *Todo batismo de navio se faz com champanha*. • **batismo de fogo** primeira dificuldade enfrentada quando se é novato numa dada função ou profissão: *Aquela reportagem seria meu batismo de fogo como jornalista*.
ba.tis.ta s.2g. **1** adepto de seita protestante que só ministra o batismo aos adultos: *Os batistas não cultuam imagens de santo*. • adj. **2** dos ou relativo aos batistas: *Era um pastor batista*.
ba.tis.té.rio s.m. **1** lugar onde fica a pia de batismo: *O monge não me deixou visitar aquele batistério*. **2** (Obsol.) certidão de batismo: *Perdi meu batistério*.
ba.ti.za.do s.m. **1** administração do sacramento do batismo: *Meu batizado foi num domingo*. **2** iniciação religiosa: *O batizado de algumas seitas protestantes se faz num rio*. **3** cerimônia de administração do sacramento do batismo: *Foram a um batizado*. **4** pessoa que recebeu o sacramento do batismo: *Só os batizados podiam frequentar o interior da nave da catedral*. • adj. **5** a quem se administrou o batismo: *criança batizada*. **6** (Coloq.) diz-se de bebida adulterada pela adição de água: *Naquela festa só havia uísque batizado*.
ba.ti.zar v.t. **1** ministrar o batismo a: *O padre batizou meus filhos*. **2** dar nome a; denominar: *Descobriram novos rios, batizaram novos lugares*. **3** adulterar (leite, gasolina etc.). • pron. **4** receber o batismo: *Batizei-me na matriz da cidade*.
bat mitzvah (bat mitsva) (Heb.) s.m. **1** na religião judaica, menina que completa 12 anos e passa a ter de cumprir os preceitos religiosos. **2** cerimônia que reconhece uma jovem como *bat mitzvah*.
ba.tom s.m. cosmético em forma de bastão para pintar os lábios.
ba.to.ta s.f. (Coloq.) **1** trapaça no jogo: *Era a batota que lhe dava o dinheiro*. **2** baderna; bagunça: *Um bando de marginais especialistas em batotas*.
ba.trá.quio s.m. animal anfíbio caracterizado pela cabeça fundida ao corpo, desprovido de pescoço e cauda, membros locomotores posteriores mais desenvolvidos: *As rãs e os sapos são batráquios*.
ba.tu.ca.da s.f. (Bras.) **1** batuque. **2** reunião popular onde se toca o samba em instrumentos de percussão: *A batucada foi até altas horas*.
ba.tu.car v.t. (Bras.) **1** executar o batuque: *Enquanto um grupo batucava o samba, o outro dançava*. • int. **2** fazer barulho ritmado com pancadas: *João sempre batucava na caixinha de fósforos*.
ba.tu.í.ra s.f. ave migratória de pernas e bicos muito longos e dedos livres, três anteriores e um posterior: *Algumas batuíras já rodeavam as árvores*.
ba.tu.que s.m. (Bras.) **1** dança afro-brasileira acompanhada de cantigas e instrumentos de percussão como tambores, tamborins e pandeiros. **2** ritmo cadenciado por instrumentos de percussão: *o batuque do samba*.
ba.tu.quei.ro s.m. (Bras.) aquele que batuca.
ba.tu.ta s.f. **1** pequeno bastão delgado com que os maestros regem orquestras e bandas: *Na frente da banda, o maestro ergue a batuta*. **2** regência; direção; coordenação: *A orquestra estava sob a batuta de novo maestro*. • s.2g. **3** pessoa habilidosa e perita em algum ofício: *Aquele marinheiro é um batuta do mar*. • adj. **4** eficiente; competente: *Ele era um professor batuta*.
ba.ú s.m. **1** mala de madeira recoberta de couro, com tampa convexa: *Deixe que eu carrego o baú*. **2** móvel em forma de caixa, de folha ou madeira, onde se guardam roupas e demais objetos: *A papelada deve estar por baixo das roupas guardadas em algum baú velho*. (Fig.) **3** depósito: *Memórias que foram para o baú do passado*.
bau.ni.lha s.f. **1** planta trepadeira, de caule grosso, nodoso, com folhas ovais alongadas, flores grandes e perfumadas, agrupadas em cachos, fruto com infinita quantidade de sementes: *A baunilha cresce nos bosques*. **2** fava dessa planta: *chá de baunilha*. **3** essência ou extrato dessa planta.
bau.ru s.m. (Bras.) sanduíche quente, preparado com pão, presunto ou carne, queijo e tomate.
bau.xi.ta /ch/ s.f. (Min.) mistura impura de óxidos e hidróxidos hidratados, terrosos, de alumínio.
bá.va.ro s.m. **1** que nasceu ou mora na Baviera (estado da Alemanha): *Os bávaros historicamente sempre criticaram a Alemanha centralizada*. • adj. **2** relativo à Baviera.

ba.zar *s.m.* **1** estabelecimento onde se vendem artigos de armarinhos, calçados, chapéus, cristais, quinquilharias etc. **2** exposição e vendas de produtos doados, usados ou novos, para fins beneficentes: *Ana doou seus casacos para o bazar.*
ba.zó.fia *s.f.* ostentação infundada; presunção: *Minha resposta não foi mera bazófia.*
ba.zu.ca *s.f.* arma antitanque, em forma de tubo, que se dispara apoiada ao ombro.
B.C.G. (sigla de Bacilo de Calmette e Guérin) vacina contra a tuberculose.
bê *s.m.* a letra *b.*
beabá *s.m.* **1** abecedário: *crianças que já sabem o beabá.* **2** (Fig.) noções básicas: *Foi para as montanhas sem saber o beabá do alpinismo.*
be.a.ti.ce *s.f.* falsa devoção; hipocrisia religiosa: *Ninguém suportava mais a beatice dela.*
be.a.ti.fi.ca.ção *s.f.* inclusão, pela autoridade pontifícia, de uma pessoa falecida, de reconhecidas virtudes, no rol dos bem-aventurados; ato de beatificar: *O processo de beatificação e canonização do padre de Minas já está em Roma.*
be.a.ti.fi.car *v.t.* **1** reconhecer como beato: *O Papa beatificou três suíças do século XIX.* **2** (Fig.) louvar com exagero: *vive beatificando o mestre.*
be.a.ti.fi.co *adj.* **1** bem-aventurado: *Tinha consigo o poder beatífico do perdão.* **2** de bem-aventurança; de pura felicidade: *Contemplava o rosto beatífico da imagem no altar.*
be.a.ti.tu.de *s.f.* **1** felicidade eterna e suprema: *Contemplava o céu com um sorriso de beatitude.* **2** felicidade tranquila e serena; bem-estar: *Foi tomado lentamente por uma sensação de beatitude.*
be.a.to *s.m.* **1** aquele que foi beatificado. **2** devoto fanático: *rezando e falando feito um beato.* • *adj.* **3** excessivamente devoto: *gente beata; mulheres beatas.*
bê.ba.do *s.m.* **1** indivíduo que se embriaga: *uma legião de bêbados em cantoria pelas ruas.* • *adj.* **2** perturbado pelo excesso de bebida alcoólica; embriagado: *Ele estava bêbado.* (Fig.) **3** perturbado; alterado: *bêbado de raiva.* **4** estonteado; zonzo: *estava bêbado de sono.*
be.bê *s.m.* **1** criança de peito; nenê; neném: *brincava distraída com um bebê.* **2** filho: *O bebê da minha irmã vai nascer em julho.* • **bebê de proveta** criança gerada por fecundação *in vitro* em laboratório.
be.be.dei.ra *s.f.* estado de quem ingeriu bebida alcoólica e embriagou-se: *A bebedeira dele foi vergonhosa.*
bê.be.do *s.m.* e *adj.* bêbado.
be.be.dor *s.m.* **1** aquele que bebe: *Chegaram os bebedores de refrigerantes.* **2** pessoa que tem o hábito de embriagar-se com bebida alcoólica: *Na mesa do fundo, um bebedor solitário.*
be.be.dou.ro *s.m.* **1** tanque ou vasilha onde se coloca água para os animais. **2** aparelho com água encanada, munido de torneira, da qual se aproxima a boca para beber: *Apertou demais o pedal de pressão do bebedouro e a água esguichou no seu rosto.*
be.ber *v.t.* **1** ingerir (líquido): *Não beba água antes das refeições.* • *int.* **2** ingerir água: *bois bebendo no açude.* **3** ingerir bebidas alcoólicas: *É um rapaz que bebe.*
be.be.ra.gem *s.f.* **1** preparado medicinal com vários ingredientes e de sabor desagradável: *Deu-lhe uma colher de beberagem.* **2** água com farelos, para animais.

beijoqueiro

be.be.ri.car *v.t.* beber em goles ou aos poucos: *Continuava a bebericar o café sem açúcar.*
be.ber.rão *s.m.* **1** pessoa que bebe muito: *beberrão inveterado.* • *adj.* **2** que consome bebida alcoólica imoderada e habitualmente.
be.bi.da *s.f.* **1** líquido que se bebe: *servia bebidas e salgadinhos.* **2** consumo de bebida alcoólica; alcoolismo: *Precipitou-se no abismo da bebida.*
be.bum *s.m.* (Coloq.) **1** pessoa que se embriaga; ébrio; bêbado: *O bebum era desconhecido.* • *adj.* **2** que se embriaga; bêbado: *Pessoa bebum é inconveniente.*
be.ca (é) *s.f.* veste usada em cerimônias por magistrados, professores ou alunos em colação de grau.
be.ça (é) *s.f.* usado na locução adverbial *à beça*: em grande quantidade; em abundância: *comeu e bebeu à beça.*
• **à beça** demais: *uma camiseta bacana à beça.*
be.co (ê) *s.m.* rua estreita e curta, por vezes sem saída. • **beco sem saída** (i) embaraço; impasse: *Vimo-nos num beco sem saída com o aumento dos combustíveis.* (ii) caminho sem volta; problema sem solução: *Uma sequência errada de ações pode levar a um beco sem saída.*
be.del *s.m.* funcionário de colégios e universidades que controla a frequência de alunos e professores; inspetor: *um bedel de escola pública.*
be.de.lho (ê) *s.m.* **1** tranqueta ou ferrolho de porta. **2** pequeno trunfo, no jogo. • **meter o bedelho em** intrometer-se em conversa que não lhe diz respeito.
be.du.í.no *s.m.* **1** árabe que habita o deserto.
• *adj.* **2** relativo ou pertencente a, ou próprio de beduíno: *trajes beduínos.*
be.ge (é) *s.m.* **1** cor da lã em seu estado natural: *Segundo estudiosos, o bege é a cor que menos agride sob o sol.* • *adj.* **2** dessa cor: *uma blusa bege.*
be.gô.nia *s.f.* planta de pequeno porte, de folhas grandes em forma de coração, com nervuras salientes, coloridas, flores vermelhas ou róseas: *uma estufa com begônias e avencas.*
bei.ço *s.m.* **1** lábio: *O homem tinha o beiço ferido.* **2** rebordo.
bei.çu.do *s.m.* **1** pessoa que tem lábios grossos: *Os beiçudos podem ser alvos de brincadeiras.* • *adj.* **2** que tem lábios grandes e grossos: *pessoa beiçuda.*
bei.ja-flor *s.m.* ave pequenina, bico longo e fino, mais comprido que a cabeça, asas finas, despontadas, plumagem de colorido com reflexos das cores do arco-íris; colibri. // Pl.: beija-flores.
bei.ja-mão *s.m.* ação ou cerimônia de beijar a mão; cumprimento com beijo na mão: *Estava presente na cerimônia de beija-mão do cardeal.*
bei.jar *v.t.* **1** dar beijo; oscular: *Ela ainda não tinha beijado o namorado.* • *pron.* **2** trocar beijos com: *Os noivos beijaram-se após a cerimônia.* • **beijar a lona** no boxe, ir a nocaute. **beijar os pés** agradecer; homenagear: *Esta é a semana de beijar os pés dos jogadores campeões.*
bei.jo *s.m.* toque com os lábios com leve sucção, em demonstração de carinho; ósculo: *Todos ganharam beijos e abraços.*
bei.jo.ca *s.f.* (Coloq.) beijo com estalido: *E uma beijoca para você também.*
bei.jo.quei.ro *s.m.* **1** pessoa que é dada a beijar: *O beijoqueiro tentou beijar o artista distraído.* • *adj.* **2** que é dado a beijar: *Tenho uma tia beijoqueira.*

beiju

bei.ju *s.m.* iguaria feita com massa de tapioca ou mandioca muito fina, da qual há um bom número de variedades; biju.

bei.ra *s.f.* **1** beirada; borda: *Sentou-se à beira da cama.* **2** fímbria; orla: *Beijou a beira do manto da santa.* **3** margem: *Chegou à beira de um córrego.* ◆ **à beira** perto, próximo: *Estava à beira de uma inoportuna crise de choro.*

bei.ra.da *s.f.* **1** borda; beira: *a beirada da tina, da poltrona.* **2** orla; fímbria: *Sujou de lama a beirada da saia.* **3** beira; margem: *a beirada do ribeirão.*

bei.ral *s.m.* **1** prolongamento do telhado além da aprumada das paredes: *beiral da casa.* **2** peitoril: *beiral da janela.*

bei.ra-mar *s.f.* litoral: *casas na beira-mar.*

bei.rar *v.t.* **1** caminhar à beira ou à margem de: *Caminhavam beirando o rio.* **2** estar no limite; estar situado à beira de: *casebres beirando a estrada.* **3** estar próximo de: *É uma admiração que beira o fanatismo.* **4** estar quase atingido: *beirando os 80 anos.*

bei.ru.te *s.m.* sanduíche quente feito de rosbife, tomate, queijo e orégano.

bei.se.bol *s.m.* jogo muito popular nos Estados Unidos, disputado por dois times de nove jogadores cada um, e que consiste em lançar uma pequena bola que deve ser rebatida com um bastão, num campo de quatro bases e quatro posições, em que os jogadores se revezam.

be.la.do.na *s.f.* **1** erva silvestre, de folhas lisas em forma de seta, flores miúdas de cinco pétalas pontudas, fruto roxo em forma de baga. **2** essa erva como substância medicamentosa: *Empastou a ferida com beladona.*

be.las-ar.tes *s.f. pl.* artes como a pintura, a escultura, a música, a dança, a literatura, que têm por objeto a representação do Belo.

bel.da.de *s.f.* **1** mulher bonita. **2** beleza.

bel.dro.e.ga *s.f.* **1** erva que se alastra pelo chão, de caule avermelhado, folhas pequenas ovaladas e suculentas, flores amarelas que só desabrocham com o sol da manhã. *2g.* **2** (Fig.) pessoa desagradável; importuno: *Ninguém suporta aquele beldroega.* ◆ *adj.* **3** (Fig.) desagradável; inoportuno: *um funcionário beldroega.*

be.le.nen.se *s.2g.* **1** quem nasceu ou mora em Belém do Pará: *Os belenenses adoram sua cidade.* ◆ *adj.* **2** natural ou habitante de Belém (Pará): *O locutor era belenense.*

be.le.tris.mo *s.m.* atividade literária amadora ou frívola, em geral medíocre: *O beletrismo de certas pessoas beira o ridículo.*

be.le.tris.ta *s.2g.* **1** praticante do beletrismo: *Ele é um beletrista afetado que só publica sob pseudônimo.* **2** amante da literatura: *O secretário da faculdade era um beletrista.* **3** pessoa que cultua as belas-artes. ◆ *adj.* **4** relacionado com o beletrismo: *nossa tradição beletrista.*

be.le.za (ê) *s.f.* **1** qualidade do que é belo; formosura: *uma atriz de beleza estonteante.* **2** embelezamento: *salão de beleza.* **3** perfeição física: *Ela participou de dois concursos de beleza.* **4** harmonia de linhas; perfeição de formas: *Contemplava a beleza das torres da catedral gótica.* **5** coisa muito apreciável; delícia: *Este vatapá está uma beleza.* **6** lugar aprazível; paisagem muito bonita: *nossas belezas naturais.* ◆ **beleza não (se) põe na mesa** usada para acentuar que não é o aspecto externo que conta.

bel.ga (é) *s.2g.* **1** quem nasce ou mora na Bélgica: *Teve sucesso a experiência dos belgas naquela fazenda.* ◆ *adj.* **2** relativo à Bélgica: *Já estive em várias cidades belgas.*

be.li.che *s.m.* **1** conjunto de duas ou três camas superpostas apoiadas numa armação: *Soldados dormem em beliche.* **2** pequeno camarote em navio ou trem, onde ficam as camas, geralmente superpostas.

be.li.cis.mo *s.m.* doutrina ou tendência que advoga a guerra.

be.li.cis.ta *adj.* favorável à guerra: *ideias belicistas.*

bé.li.co *adj.* **1** de guerra ou relacionado com a guerra: *arsenal bélico.* **2** de armamentos: *a indústria bélica.* **3** aguerrido, destemido: *Não somos um povo de espírito bélico.*

be.li.co.so (ô) *adj.* **1** que incita à guerra: *muitas discussões belicosas.* **2** relacionado com guerra; bélico: *objetivos belicosos.* **3** que tem inclinação para a guerra; belicista: *um mundo belicoso demais.* **4** agressivo: *temperamento belicoso.*

be.li.ge.rân.cia *s.f.* estado de guerra: *O clima de beligerância toma conta daquele país.*

be.li.ge.ran.te *adj.* que está em guerra: *um país beligerante.*

be.lis.cão *s.m.* ato de apertar ou torcer a pele de alguém com a ponta de dois dedos, sendo um deles o polegar: *Deu-lhe um beliscão afetuoso.*

be.lis.car *v.t.* **1** aplicar beliscão: *Diante do espelho, belisca o rosto descorado.* **2** comer porção mínima; lambiscar: *Em vez de comer, a gente belisca um pedacinho de queijo.*

be.lo (é) *s.m.* **1** conjunto harmônico de características ou atributos que despertam sentimento de prazer e admiração; emoção estética: *Era um cultor do Belo. Os renascentistas italianos eram senhores absolutos do Belo.* // Neste sentido se grafa comumente com inicial maiúscula. ◆ *adj.* **2** que tem forma perfeita e proporções harmônicas: *Ela tem um belo rosto.* **3** muito bonito: *Só saía com belas mulheres.* **4** agradável: *Como seria belo se tudo acontecesse como queremos!* **5** elevado; sublime: *Foi um belo gesto de sua parte.* **6** majestoso; imponente: *São belas as montanhas de meu país.* **7** muito bom; excelente: *Isso mesmo. Bela ideia!* **8** delicioso: *Hoje no almoço tivemos um belo leitão à caçadora.* **9** próspero; feliz: *Espero que tenhas um belo futuro pela frente.* **10** usado em sentido indeterminado ou indefinido; certo: *Vivia sempre sozinho, até que, um belo dia, encontrou uma companheira.* ◆ **belo sexo** as mulheres.

be.lo-ho.ri.zon.ti.no *s.m.* **1** natural ou habitante de Belo Horizonte: *Os belo-horizontinos que ficarem na cidade poderão visitar o parque municipal.* ◆ *adj.* **2** relativo a Belo Horizonte (MG): *paisagem belo-horizontina.*

bel-pra.zer *s.m.* a seu gosto; arbitrariamente: *empresa que você comanda a seu bel-prazer.* // Pl.: bel-prazeres.

bel.tra.no *s.m.* pessoa indeterminada, que se menciona em geral depois de outra também indeterminada, que se nomeia fulano, e antes de sicrano: *Diziam que fulano e beltrano ganhariam a competição, mas os vencedores fomos nós.*

bel.ve.der (ê) *s.m.* mirante.

beneficiamento

bel.ve.de.re (ê) *s.m.* belveder.

bel.ze.bu *s.m.* príncipe dos demônios; segundo o Novo Testamento, diabo.

bem *s.m.* **1** boa ação; benefício, favor: *Fazer o bem sem olhar a quem.* **2** benefício; virtude: *um homem só preocupado com o bem.* **3** felicidade; ventura: *Só faço isso pensando em seu bem.* **4** vantagem; proveito: *Os pesquisadores trabalham para o bem da ciência.* **5** forma carinhosa de dirigir-se a alguém: – *Quer dar uma voltinha, bem?/ – Claro, meu bem.* • *pl.* **6** haveres; posses: *Ele acabou com os bens da família.* • *adv.* **7** com nitidez: *Vovó ainda enxerga bem.* **8** com elegância; elegantemente: *Foi bem vestida à festa.* **9** adequadamente: *Quero que você se comporte bem.* **10** acertadamente: *Você agiu bem comprando as ações.* **11** em boas condições de saúde: *E sua mãe está bem?* **12** com profundidade: *Conheço bem a Europa.* **13** tipicamente: *Era a hospitalidade bem brasileira.* **14** bastante; muito: *uma cerveja bem gelada.* **15** propriamente: *Na verdade, não era bem um descanso.* **16** exatamente: *Levou um balaço bem no coração.* ♦ **a bem** em favor: *Demitido a bem do serviço público.* **de bem** bom; honesto: *um homem de bem.* **de bem com** em relações amigáveis com: *de bem com o vizinho.* **por bem** sem violência: *Você vai sair por bem, não é?* **se bem que** (*loc. conj.*) introduz oração subordinada adverbial concessiva; embora; ainda que: *O banho o aliviaria um pouco, se bem que de noite o corpo ainda ficasse coçando um pouco.* // Ant.: mal.

bem-a.ma.do *s.m.* **1** que ou aquele que é querido; predileto. *O bem-amado chegou atrasado.* • *adj.* **2** que é querido, amado: *mulher bem-amada.*

bem-a.pes.so.a.do *adj.* de boa aparência; distinto: *O namorado dela era um homem influente e bem-apessoado.*

bem-a.ven.tu.ra.do *s.m.* **1** pessoa que, depois da morte, goza da felicidade celestial; santo: *Vovô agora habita a mansão dos bem-aventurados.* **2** pessoa que goza de bem-estar; privilegiado: *Um país dos grandes contrastes: de um lado os bem-aventurados; de outro os pobres miseráveis.* • *adj.* **3** santificado; santo: *O bem-aventurado José de Anchieta.* **4** completamente feliz; ditoso: *Bem-aventurados os pacíficos, porque serão chamados filhos de Deus.*

bem-a.ven.tu.ran.ça *s.f.* **1** a felicidade eterna que se goza no céu: *tinha mil ideias sobre Deus e a bem-aventurança.* **2** felicidade perfeita: *Vivia em bem-aventurança naquele lugar.* **3** cada uma das perfeições exaltadas no Sermão da Montanha: *As bem-aventuranças evangélicas são oito.*

bem-bom *s.m.* (Bras.) comodidade; vida confortável: *está ali, no bem-bom com o marido e os filhos.*

bem-es.tar *s.m.* **1** estado de perfeita satisfação (física ou emocional): *Há quem se preocupe com o bem-estar da humanidade.* **2** condições materiais que garantem um padrão de vida confortável: *Nesta última década, parece que melhorou o bem-estar de nosso povo.* **3** boa disposição: *Um banho morno que lhe propicia bem-estar.*

bem-hu.mo.ra.do *adj.* que tem ou que está de bom humor. // Ant.: mal-humorado.

bem-nas.ci.do *s.m.* **1** indivíduo de família ilustre; aristocrata: *Veste-se como os bem-nascidos.* • *adj.* **2** que nasceu para o bem: *um jovem bem-nascido.*

be.mol *s.m.* (Mus.) sinal de notação normalmente colocado à esquerda de uma nota, indicando que a nota deve ter sua altura abaixada de um semitom.

bem-pos.to (ô) *adj.* **1** bem-vestido; elegante: *Um sujeito bem-posto, mas falava com voz pastosa.* **2** garboso; distinto: *Tinha um andar bem-posto.*

ben.que.rer *s.m.* **1** estima; afeto: *A neta tem pela avó um benquerer enorme.* **2** amor: *um poeta do benquerer.* **3** pessoa a quem se ama; bem-amado: *Ela é o meu benquerer.*

bem-su.ce.di.do *s.m.* **1** indivíduo que obteve sucesso na vida: *Queria saber mais sobre a vida dos bem-sucedidos.* • *adj.* **2** que alcançou os seus objetivos; realizado; vitorioso: *sempre foi um entrevistador bem-sucedido.* **3** que se dá bem; bem adaptado: *Os moluscos são animais altamente bem-sucedidos.* **4** de bom êxito; afortunado: *um casamento bem-sucedido.* **5** acertado; correto; eficiente: *política econômica bem-sucedida.*

bem-te-vi *s.m.* (Bras.) ave de bico longo e preto, plumagem parda no dorso, amarela no ventre: *O canto estridente do bem-te-vi.* // Pl.: bem-te-vis.

bem-vin.do *adj.* **1** que chegou bem; a salvo: *Eis os bem-vindos viajantes.* **2** que se acolhe bem à chegada: *bem-vindo à cidade.* **3** que veio em momento oportuno: *Sua sugestão é muito bem-vinda.* • *interj.* **4** exclamação de alegria com a chegada de alguém: *Que bom ter você conosco! Bem-vindo!*

bên.ção *s.f.* **1** graça divina: *Que o céu te cubra de bênçãos.* **2** ação de benzer ou abençoar: *Foi à igreja pedir ao padre uma bênção para o filho doente.* **3** nos ofícios católicos, prece final em que o sacerdote abençoa os fiéis: *No final, todos ouvem a bênção pastoral.* **4** aprovação: *Você tem minha bênção para ir em frente.*

ben.di.to *s.m.* **1** cântico religioso que começa por essa palavra: *muita apreensão guardada a poder de rezas e benditos.* • *adj.* **2** abençoado: *Bendito seja Deus, rei do Universo.* **3** bem-aventurado: *rogo aos santos e às almas benditas.* **4** tão falado; famoso: *E agora vamos ver esses benditos livros.* // Ant.: maldito.

ben.di.zer *v.t.* louvar; glorificar: *Só abro a boca para bendizer o nome de Deus.* // Ant.: maldizer.

be.ne.di.ti.no *s.m.* **1** monge da Ordem de São Bento: *O mosteiro dos beneditinos fica na montanha.* • *adj.* **2** dessa Ordem: *frade beneditino.* **3** próprio dos beneditinos; resignado: *Mamãe tinha paciência beneditina.*

be.ne.fi.cên.cia *s.f.* caridade; filantropia: *instituições de beneficência.*

be.ne.fi.cen.te *adj.* **1** que recolhe fundos com um fim assistencial: *Fizeram um bazar beneficente.* **2** sem fins lucrativos: *Dirijo uma instituição beneficente.*

be.ne.fi.ci.a.do *s.m.* **1** beneficiário: *Os beneficiados pelo novo código civil serão muitos.* • *adj.* **2** favorecido: *Nesse caso, a pessoa beneficiada será ela.* **3** aquinhoado; agraciado: *Tem um físico bastante beneficiado.* **4** que recebeu beneficiamento: *arroz beneficiado.*

be.ne.fi.ci.a.men.to *s.m.* **1** ato ou efeito de beneficiar: *Fez beneficiamentos no imóvel.* **2** conjunto de opera-

beneficiar

ções a que se submetem os produtos agropecuários, com vistas à sua preparação para o consumo: *máquinas para beneficiamento de arroz, de algodão.*

be.ne.fi.ci.ar *v.t.* **1** trazer benefício a; favorecer: *um projeto para beneficiar os moradores de favela.* **2** livrar da casca ou da semente: *beneficiar arroz.* ◆ *pron.* **3** tirar proveito; servir-se de: *A Pedagogia beneficiou-se com os progressos da Psicologia.*

be.ne.fi.ci.á.rio *s.m.* **1** pessoa que goza de uma vantagem concedida por lei ou por outrem, mediante o reconhecimento do respectivo direito: *Muitos militares são beneficiários de fundos de pensões.* **2** pessoa em favor de quem se emite ordem de pagamento: *Alguns beneficiários do financiamento compraram imediatamente a casa própria.*

be.ne.fí.cio *s.m.* **1** ganho; proveito: *A chuva traz benefício para a lavoura.* **2** vantagem assegurada por leis trabalhistas: *Os trabalhadores rurais recebem alguns benefícios.* ◆ **em benefício** em favor: *campanha em benefício das crianças de rua.* // Ant.: malefício.

be.né.fi.co *adj.* que faz bem; benfazejo: *um produto benéfico para a pele.* // Ant.: maléfico.

be.ne.me.rên.cia *s.f.* **1** prestação de serviços relevantes à comunidade: *Ele dedica-se a obras de benemerência.* **2** qualidade de benemérito: *sempre foi reconhecida sua benemerência.*

be.ne.me.ren.te *adj.* benemérito: *Toda escola deve ser benemerente.*

be.ne.mé.ri.to *adj.* **1** digno de louvor e recompensa por relevantes serviços: *Recebeu o título de cidadão benemérito.* **2** sócio ilustre, homenageado: *sócio benemérito daquele clube.*

be.ne.plá.ci.to *s.m.* consentimento; licença: *Todo esse aparato teve o beneplácito da diretoria.*

be.nes.se (é) *s.f.* **1** favorecimento; dádiva; proteção: *seduzidos pelas benesses do sistema.* **2** lucro não resultante do trabalho; regalia: *funcionários desfrutando as benesses do poder.* // Usado quase sempre no plural.

be.ne.vo.lên.cia *s.f.* complacência; indulgência: *Contavam com a benevolência do professor.* // Ant.: malevolência.

be.ne.vo.len.te *adj.* complacente; benévolo: *Teve uma atitude benevolente para comigo.* // Ant. malevolente.

be.né.vo.lo *adj.* **1** que tem tendência para fazer o bem; voltado para o bem: *Nosso pároco sempre se mostrou benévolo.* **2** benevolente; complacente: *O julgamento até que foi benévolo.* // Ant.: malévolo.

ben.fa.ze.jo (ê) *adj.* **1** que faz o bem; benéfico: *os ares benfazejos da montanha.* **2** favorável; propício: *Que soprem ventos benfazejos.* // Ant.: malfazejo.

ben.fei.to *interj.* expressa aprovação a um castigo ou prejuízo que o falante julga merecido: *O cachorro te mordeu? Benfeito!*

ben.fei.tor (ô) *s.m.* **1** pessoa que faz o bem: *um benfeitor da humanidade.* **2** protetor: *Foi pedir mais dinheiro a seu benfeitor.* **3** pessoa que promove benfeitorias: *O novo prefeito está se revelando um benfeitor da cidade.* // Ant.: malfeitor.

ben.fei.to.ri.a *s.f.* obra útil realizada em qualquer propriedade móvel ou imóvel; melhoramento: *Foi o senhor que fez estas benfeitorias todas?*

ben.ga.la *s.f.* **1** pequeno bastão que serve de apoio ao caminhar: *Ele precisava de bengala para caminhar.* **2** pão de formato comprido, que lembra uma bengala: *Foi comprar duas bengalas na padaria da esquina.*

ben.ga.la.da *s.f.* golpe desferido com a bengala: *Levou uma bengalada nas costas.*

be.nig.no *adj.* **1** benéfico; benfazejo: *as forças benignas da natureza.* **2** benévolo; generoso: *um patrão benigno com seus empregados.* **3** brando; suave: *manifestação benigna de uma doença.* **4** não perigoso nem maligno: *tumor benigno.* // Ant.: maligno.

ben.ja.mim *s.m.* **1** filho caçula ou preferido. **2** (Bras.) peça com mais de uma entrada para tomadas elétricas: *Há necessidade de um benjamim para ligar o rádio e o ventilador.*

ben.jo.ei.ro *s.m.* arbusto de que se extrai o benjoim.

ben.jo.im *s.m.* bálsamo aromático, amarelo, usado na fabricação de perfumes e medicamentos.

ben.que.ren.ça *s.f.* benquerer; estima: *ternura que vem de uma benquerença particular.* // Ant.: malquerença.

ben.quis.to *adj.* querido; estimado por todos: *Joaquim tornou-se benquisto no lugar.* // Ant.: malquisto.

ben.ti.nho *s.m.* saquinho fabricado com pano bento, contendo orações ou relíquias que o devoto carrega, em geral, pendente no pescoço: *Num dos bolsos da calça curta, carregava estampas de santinhos e bentinhos.*

ben.to *adj.* que foi benzido: *água benta.*

ben.tos *s.m. pl.* (Ecol.) conjunto de organismos que habitam a base sólida do mar, lagoa ou lago: *Os bentos marinhos são caracterizados por um grande número de animais fixos.*

ben.ze.du.ra *s.f.* enunciação de rezas acompanhadas de gestos para obtenção de curas; benzimento: *Os caboclos valem-se de benzeduras de curandeiros para diversos fins.*

ben.ze.no *s.m.* (Quím.) composto constituído de carbono e de hidrogênio; tem uma estrutura molecular bem característica, que é base de várias outras substâncias mistas com larga aplicação industrial. // Fórm.: C_6H_6.

ben.zer *v.t.* **1** abençoar; consagrar ao culto divino ou beneficiar com favor divino, fazendo o sinal da cruz ou recitando certas fórmulas litúrgicas: *O padre benzia os fiéis.* ◆ *pron.* **2** fazer o sinal da cruz; persignar-se: *Ela benze-se a cada relâmpago.* // Pp.: benzido; bento.

ben.zi.men.to *s.m.* ato ou efeito de benzer; benzedura.

ben.zi.na *s.f.* (Quím.) benzeno impuro, vendido comercialmente como solvente industrial.

be.ó.cio *s.m.* **1** quem nasceu ou habitou a Beócia, antiga região da Grécia: *Os beócios falavam um dialeto diferente do Atenas.* **2** (Fig.) pessoa pouco inteligente ou tola: *Não adiantaria nada dizer a esses beócios que meu choro não era fingido.* ◆ *adj.* **3** relativo à Beócia. **4** (Fig.) pouco inteligente; tolo; bobo: *Fez uma pergunta beócia sobre política.*

be.que *s.m.* (Fut.) zagueiro.

ber.be.re (é) *s.2g.* **1** indivíduo de um povo muçulmano do norte da África: *Vi uma exposição da arte dos berberes.* ◆ *adj.* **2** desse povo: *uma tribo berbere.*

ber.çá.rio *s.m.* local destinado aos recém-nascidos nas maternidades, creches, empresas etc.

ber.ço (ê) *s.m.* **1** leito de bebê: *A criança dormia em seu berço.* **2** cidade natal: *Meu berço é Matão.* **3** local de nascimento: *palacete que serviu de berço à grande escritora.* **4** origem; nascimento: *Sua nobreza era de berço.* **5** educação: *Arrotar em público é evidente falta de berço.* **6** nascente de rio: *O berço do* *rio está nas montanhas*. **7** ponto de partida; origem: *A Grécia é o berço da democracia.* ♦ **em berço de ouro** em família rica: *Nasceu em berço de ouro; nunca viu a cara da necessidade.*

ber.ga.mo.ta (ó) *s.f.* **1** tangerina. **2** óleo volátil, muito usado em perfumaria, extraído da casca da tangerina.

ber.gan.tim *s.m.* embarcação ligeira de dois mastros.

be.ri.bé.ri *s.m.* (Med.) doença tropical causada por carência de vitamina B1 e que se manifesta por inflamação simultânea de nervos periféricos, perturbações cardíacas, convulsões e paralisia.

be.rí.lio *s.m.* (Quím.) elemento metálico, leve, quebradiço, tóxico, cinzento-azulado, bom condutor de eletricidade e permeável aos raios X. // Símb.: Be; N. Atôm.: 4.

be.ri.lo *s.m.* (Min.) pedra semipreciosa, de grande dureza, que ocorre em forma de prismas hexagonais verdes, verde-azulados, amarelos, cor-de-rosa ou brancos.

be.rim.bau *s.m.* instrumento de percussão formado por um arco de madeira retesado por um fio de metal, percutido com uma vareta, enquanto uma cabaça, colocada na extremidade inferior do arco, serve de caixa de ressonância.

be.rin.je.la (é) *s.f.* **1** planta de horta cujo fruto ou baga de forma oval e alongada, de cor roxa, é comestível. **2** o fruto dessa planta.

ber.lin.da *s.f.* pequeno oratório para imagens de santos. ♦ **na berlinda** em evidência; em destaque: *Papo tranquilo sobre futebol, com o time campeão na berlinda.*

ber.li.nen.se *s.2g.* **1** pessoa que nasceu ou mora na cidade de Berlim: *O presidente elogiou a coragem dos berlinenses.* ● *adj.* **2** de Berlim: *A imprensa berlinense participou a morte do cineasta.*

ber.lo.que (ó) *s.m.* enfeite que se traz pendente do relógio, da pulseira ou de correntes etc.; pingente; penduricalho: *uma pulseira de berloques.*

ber.mu.da *s.f.* variedade de calças que vão quase até os joelhos.

ber.mu.dão *s.m.* bermuda larga, de comprimento abaixo dos joelhos.

ber.ne (é) *s.m.* (Zool.) larva de mosca que se desenvolve no interior dos tecidos subcutâneos, ocasionando neles a formação de um tumor: *um cão cheio de bernes.*

ber.nen.to *adj.* que tem bernes: *Via-se o gado magro e bernento no pasto ralo.*

ber.ran.te *s.m.* **1** (Bras.) buzina de chifre de boi, que emite som semelhante ao mugido, usada pelos boiadeiros para chamar o gado. ● *adj.* **2** que berra. **3** vistoso; chamativo: *Ela gosta de roupas berrantes.*

ber.rar *v.t.* **1** chamar aos berros; gritar: *berrava pelo pai.* **2** pedir com veemência: *Os alunos berravam pela revisão das provas.* **3** dizer berrando: *Berrou que não admitia insultos.* ● *int.* **4** soltar berros (o boi, o cabrito, o carneiro): *Um bezerrinho berrava no pasto.* **5** falar muito alto; gritar; bradar: *Eu berrava sempre com ele.* **6** chorar alto e forte: *O bebê berrava no colo da avó.* **7** bramir; rugir.

ber.ra.ri.a *s.f.* berreiro.

ber.rei.ro *s.m.* **1** gritaria: *O berreiro dos vizinhos repercutia em nossa casa.* **2** pranto ruidoso: *Ouvia-se um berreiro insuportável de crianças.*

betacaroteno

ber.ro (é) *s.m.* **1** voz do boi, cabrito ou carneiro: *Ouviu o berro da novilha malhada.* **2** grito; brado: *Pediu socorro num berro assustador.* **3** (Coloq.) revólver.

ber.ru.ga *s.f.* (Coloq.) verruga.

be.sou.ro *s.m.* (Zool.) inseto cujas asas posteriores são membranosas e as anteriores em forma de chifre, de tamanhos e cores variados.

bes.ta (é) *s.f.* **1** quadrúpede de grande porte, em geral doméstico: *Tinha que prender as bestas no curral.* **2** mula: *Havia cana picada e milho à vontade para a besta.* **3** pessoa bruta e estúpida: *Mas, seu delegado, esse homem é uma besta.* ● *adj.* **4** tolo; bobo: *Pensa que sou besta para acreditar em mentira?* **5** pretensioso; pedante: *Que mania mais besta de querer endireitar o mundo!* **6** fora de propósito; inoportuno: *Que ideia mais besta!* ♦ **metido a besta** convencido; pretencioso.

bes.ta-fe.ra *s.f.* **1** animal feroz: *indefeso nas unhas da besta-fera.* **2** pessoa ruim, cruel e desumana: *É certo que dia e noite ela esperara a besta-fera morrer para fugir.* // Pl.: bestas-feras.

bes.ta.gem *s.f.* besteira; tolice: *Foi tudo por causa de uma bestagem que eu fiz.*

bes.ta.lhão *s.m.* (Coloq.) **1** indivíduo tolo; paspalho: *Zezinho não passa de um bestalhão.* ● *adj.* **2** tolo; paspalho: *Seu palhaço bestalhão, anda logo com isso.*

bes.tar *v.int.* (Coloq.) **1** andar ou ficar à toa; vagabundear: *Ficou bestando a tarde toda.* **2** dizer ou fazer asneiras.

bes.tei.ra *s.f.* (Bras.) **1** tolice; asneira: *Não diga besteira.* **2** ninharia; insignificância: *Ele cria caso por qualquer besteira.* **3** desatino; loucura: *Matar o porco foi uma besteira.*

bes.tei.ra.da *s.f.* (Bras.) **1** palavrório sem significado ou sem intuito definido; besteira: *Ficavam discutindo, falando um monte de besteirada.* **2** conjunto de atitudes sem nexo ou sem propósito: *Parece até que ele se entusiasmou com aquela besteirada toda.*

bes.tei.rol *s.m.* **1** frase ou dito imbecil; besteira. **2** gênero de espetáculo humorístico que extrai sua comicidade do ridículo, do grotesco, do absurdo.

bes.ti.al *adj.* **1** que tem características de besta; grotesco: *Ele é um bandido bestial.* **2** selvagem; estúpido: *Aquela cidade entregue à mais bestial violência.*

bes.ti.a.li.da.de *s.f.* comportamento semelhante ao do animal; selvageria: *Os dois foram assassinados com uma bestialidade indescritível.*

bes.ti.ce *s.f.* (Bras.) **1** besteira; bobagem: *Não perco tempo com bestices.* **2** arrogância: *A bestice daquela mulher é insuportável.*

bes.ti.fi.ca.do *adj.* pasmo; abobalhado: *estava bestificado diante de tanta grosseria.*

best-seller (bést-séler) (Ingl.) *s.m.* o livro que mais vendeu num dado período, na sua categoria.

bes.tun.to *s.m.* (Coloq.) cabeça; cachola: *E essa agora não me cabe no bestunto.*

be.sun.tar *v.t.* **1** untar excessivamente; lambuzar: *Índios que besuntam os cabelos com urucum.* ● *pron.* **2** sujar-se; lambuzar-se: *O mecânico besuntou-se de graxa.*

be.ta (é) *s.m.* a segunda letra do alfabeto grego.

be.ta.ca.ro.te.no *s.m.* (Quím.) variedade de caroteno, encontrável especialmente na cenoura e conversível em vitamina A.

beterraba

be.ter.ra.ba *s.f.* **1** planta de raiz tuberosa, de formato redondo, de cor vermelho-vinho, sabor adocicado, folhas verdes com nervuras purpúreas: *Visitamos uma plantação de beterraba.* **2** o tubérculo dessa planta: *salada de beterraba.*

be.to.nei.ra *s.f.* máquina destinada a preparar concreto.

bé.tu.la *s.f.* árvore de madeira dura e branca, com folhas denteadas e alternadas.

be.tu.me *s.m.* **1** substância impermeabilizante usada no preparo de asfalto, borrachas, tinta etc. **2** massa para pregar vidros em armações.

be.tu.mi.no.so (ô) *adj.* que contém betume: *rochas betuminosas.*

be.xi.ga /ch/ *s.f.* **1** (Anat.) reservatório constituído de músculo membranoso em que se acumula urina, situado na parte inferior do abdome. **2** pequeno saco de borracha colorida que, quando cheio de ar, se transforma em balãozinho: *crianças no parque com bexigas coloridas.* **3** sinal deixado na pele pela varíola: *o rosto cheio de bexigas.* **4** varíola.

be.xi.guen.to *s.m.* **1** pessoa acometida de varíola: *Foi aqui que enterraram o bexiguento?* • *adj.* **2** que apresenta marcas de varíola: *homem de cara bexiguenta.*

be.zer.ro (ê) *s.m.* boi novo; vitelo; novilho.

bi.a.nu.al *adj.* que ocorre de dois em dois anos: *Esses torneios são bianuais.*

bi.ar.ti.cu.la.do *s.m.* **1** ônibus formado por duas carrocerias: *Os biarticulados percorrem a cidade toda.* • *adj.* **2** diz-se do ônibus formado por duas carrocerias: *os ônibus biarticulados da nova cidade.*

bi.be.lô *s.m.* **1** pequeno objeto decorativo, geralmente de vidro, louça ou porcelana, colocado como adorno sobre móveis. **2** pessoa de beleza delicada: *Ela lembra um bibelô.* **3** objeto de pouco valor.

bí.blia *s.f.* **1** conjunto de livros sagrados do Antigo e do Novo Testamento, aceitos pelas igrejas cristãs como revelação da palavra de Deus. // Os judeus aceitam apenas os textos do Antigo Testamento. // **2** (Fig.) livro fundamental para um determinado assunto; guia: *Aquela revista norte-americana é a bíblia dos que gostam de* Internet.

bí.bli.co *adj.* **1** da Bíblia, pertencente à Bíblia: *Tem a mania de recitar versículos bíblicos.* **2** citado na Bíblia: *o rei bíblico Salomão.* **3** próprio dos textos da Bíblia: *texto em estilo bíblico.* **4** que tem a Bíblia por objeto: *arqueologia bíblica.*

bi.bli.ó.fi.lo *s.m.* pessoa que tem grande amor aos livros, sobretudo às edições raras.

bi.bli.o.gra.fi.a *s.f.* **1** disciplina que tem por objeto o agrupamento de quaisquer textos impressos (livros, folhetos), seguindo critérios variados: *uma bibliografia de Fernando Pessoa (autoral), de Botânica (temático), da poesia portuguesa do século XVI (temático cronológico) etc.* **2** relação das obras consultadas ou citadas pelo autor de determinado texto: *O texto estava bem escrito, no entanto faltou a bibliografia.*

bi.bli.o.grá.fi.co *adj.* referente a bibliografia: *consulta o material bibliográfico.*

bi.bli.o.lo.gi.a *s.f.* conjunto de conhecimentos que abrange a história do livro, desde a sua produção até a sua catalogação em coleções, e as técnicas de conservação e restauração: *Conhecimentos de bibliologia são fundamentais para os bibliotecários.*

bi.bli.o.te.ca (é) *s.f.* **1** coleção pública ou privada de livros e documentos congêneres, organizada para estudo, leitura ou consulta: *Minha biblioteca tem livros técnicos e de ficção.* **2** conjunto de obras sobre determinado assunto: *Ampla biblioteca de aplicativos para atender empresas de todos os portes e setores.* **3** cômodo de residência, onde se acomodam estantes com livros, destinado ao estudo e à leitura: *Passa o dia na sua biblioteca.* **4** espaço público ou privado, onde se instalam grandes coleções de livros, acessíveis a frequentadores ou sócios: *A biblioteca municipal estava instalada em lugar ideal.*

bi.bli.o.te.cá.rio *s.m.* **1** pessoa que organiza e administra uma biblioteca. • *adj.* **2** relativo a biblioteca: *organização bibliotecária.*

bi.bli.o.te.co.no.mi.a *s.f.* conjunto de conhecimentos sobre as técnicas de organização e administração de uma biblioteca.

bi.bli.o.te.co.no.mis.ta *s.2g.* especialista em biblioteconomia.

bi.bo.ca (ó) *s.f.* (Bras.) **1** lugar de acesso perigoso ou difícil: *O cangaceiro estava refugiado numa biboca no interior nordestino.* **2** botequim; bodega: *desocupados bebendo cachaça na biboca da esquina.* **3** casa modesta: *mora numa biboca.*

bi.ca *s.f.* **1** cano ou calha por onde a água corre e cai. **2** torneira: *O guri esqueceu a bica do banheiro aberta.* **3** líquido que jorra ou flui em quantidade; fio: *uma bica de sangue escorrendo do ferimento.* ♦ **em bicas** abundantemente: *Os estivadores suavam em bicas.* **na bica** muito perto de; à beira de: *Os nossos times estiveram, até as duas últimas rodadas, na bica da classificação.*

bi.ca.da *s.f.* **1** pancada ou golpe com o bico; picada: *Bicada de galinha choca dói mais.* **2** (Coloq.) gole; trago: *Deu uma bicada no coquetel.*

bi.ca.ma *s.f.* móvel constituído por duas camas, encaixadas uma sob a outra: *Os meninos, por enquanto, dormem em bicamas.*

bi.ca.me.ral *adj.* **1** constituído de duas câmaras legislativas: *A função legislativa do Estado cabe a uma assembleia bicameral.* **2** em que o poder legislativo se divide em duas partes: *Há regimes parlamentaristas bicamerais.*

bi.cam.pe.ão *s.m.* indivíduo ou equipe que conquista um campeonato por duas vezes: *Viu os bicampeões mundiais desembarcarem.* // Fem.: bicampeã.

bi.cam.pe.o.na.to *s.m.* vitória em campeonato alcançada pela segunda vez: *A equipe comemorou o bicampeonato nacional.*

bi.cão *s.m.* (Coloq.) pessoa que vai a reuniões sociais sem ser convidada: *A família inteira do piloto, amigos, alguns mecânicos, até alguns bicões colaboraram.*

bi.car *v.t.* **1** dar bicadas; picar com o bico: *Um pássaro bicava a fruta sem parar.* **2** (Coloq.) comer aos poucos; beber aos golinhos; lambiscar: *Não come direito, só bica os alimentos.* • *pron.* **3** (Coloq.) relacionar-se; dar-se: *São dois grupos que não se bicam.*

bi.car.bo.na.to *s.m.* (Quím.) sal com duas vezes mais ácido carbônico do que o carbonato.

bi.cen.te.ná.rio *s.m.* **1** período de dois séculos: *Em 2022 será o bicentenário da independência do Brasil.* • *adj.* **2** que tem dois séculos: *A praça central tem uma igreja bicentenária.*

bí.ceps *s.m.* (Anat.) músculo do braço ou da coxa que apresenta dois ligamentos na parte superior.
bi.cha *s.f.* **1** nome comum a todos os vermes e répteis de forma alongada. **2** lombriga. (Coloq.) **3** homossexual masculino com gestos efeminados. • *adj.* **4** efeminado.
bi.cha.do *adj.* atacado por algum tipo de bicho: *goiabas bichadas.*
bi.cha.no *s.m.* (Coloq.) gato manso ou novo.
bi.cha.ra.da *s.f.* multidão de bichos: *A bicharada miúda ficava debaixo das árvores.*
bi.chei.ra *s.f.* ferida nos animais, cheia de vermes: *Vivia na fazenda curando bicheira.*
bi.chei.ro *s.m.* (Bras.) aquele que banca no jogo de bicho: *Ontem foi morto um bicheiro no tiroteio.*
bi.cho *s.m.* **1** qualquer animal irracional: *Isso foi no tempo em que os bichos falavam.* **2** ser vivo; criatura: *Homem é bicho besta.* **3** pessoa de grande habilidade; uma fera: *Ele é um bicho na guitarra.* **4** bicho-de-pé: *crianças com bicho até no calcanhar.* **5** remuneração extra paga aos jogadores de um time, como gratificação pela vitória obtida: *Acha pouco um bicho de mil dólares por partida?* **6** cada um dos vinte e cinco bichos do jogo: *Não sabemos qual o bicho que vai dar.* **7** jogo do bicho: *Ganhou uma fortuna no bicho.* ♦ **e outros bichos** (Coloq.) e outras coisas; e outros babados: *Era casada na igreja, com véu, grinalda e outros bichos.* **que bicho te mordeu?** que aconteceu?: *Que foi? Que bicho te mordeu?*
bi.cho-da-se.da *s.m.* (Zool.) inseto da família das borboletas, cujas larvas se desenvolvem dentro de um casulo de seda fina. // Pl.: bichos-da-seda.
bi.cho-de-pé *s.m.* (Zool.) (Bras.) inseto cuja fêmea fecundada penetra na pele do homem e de outros animais, produzindo ulceração. // Pl.: bichos-de-pé.
bi.cho de se.te ca.be.ças *s.m.* (Bras.) coisa muito complicada e difícil: *Nessa época, esgrima já não era um bicho de sete cabeças para ela.* // Pl.: bichos de sete cabeças.
bi.cho do ma.to *s.m.* **1** animal selvagem; fera: *O que decidiu mesmo foi a sua força de bicho do mato.* **2** (Coloq.) pessoa arredia, que foge ao convívio social: *Bem se vê que você nunca frequentou festinhas, bicho do mato como é.* // Pl.: bichos do mato.
bi.cho-pa.pão *s.m.* monstro imaginário que assusta as crianças; cuca: *Por acaso tenho cara de bicho-papão?* // Pl.: bichos-papões.
bi.ci.cle.ta (é) *s.f.* **1** veículo constituído por quadro montado em duas rodas, alinhadas uma atrás da outra, dotado de selim e manobrado por guidão e pedais. **2** jogada em que o jogador, de costas para o gol, salta e chuta a bola para trás, por cima da própria cabeça: *Conseguiu marcar o gol com uma bicicleta.*
bi.ci.cle.ta.ri.a *s.f.* loja em que se vendem ou se consertam bicicletas.
bi.co *s.m.* **1** extremidade córnea da boca das aves e de alguns outros animais: *A garça tem bico bem comprido.* **2** extremidade; ponta aguçada ou alongada: *o bico do bule.* **3** (Bras.) pequeno emprego; tarefa passageira; biscate: *O rapaz vivia de bicos.* **4** chute com a ponta da chuteira: *Deu um bico na bola.*
bi.co de pa.pa.gai.o *s.m.* (Med.) excrescência ou saliência vertebral dolorosa. // Pl.: bicos de papagaio.
bi.co-de-pa.pa.gai.o *s.m.* planta ornamental de folhas largas e flores grandes, de pétalas separadas e cor vermelha, amarela ou branca. // Pl.: bicos-de-papagaio.

bi.co de pe.na *s.m.* desenho executado com traços numerosos e destacados, feitos com pena de bico muito fino, usando-se tinta de escrever e, mais especialmente, nanquim: *uma exposição de bicos de pena.* // Pl.: bicos de pena.
bi.co.lor (ô) *adj.* que tem duas cores: *jaqueta bicolor.*
bi.co.ta (ó) *s.f.* beijo estalado; beijoca.
bi.cu.do *s.m.* (Zool.) **1** ave muito comum no país, sendo o macho preto com um espelho branco na asa e a fêmea parda; alimenta-se de capim e é muito apreciada como ave de gaiola. **2** inseto que ataca as lavouras: *O bicudo é uma praga difícil de controlar.* • *adj.* **3** que tem bico grande: *Tucano é bicudo.* **4** (Coloq.) diz-se de época difícil ou desfavorável: *estes tempos bicudos.*
bi.dé *s.m.* bidê.
bi.dê *s.m.* aparelho sanitário, de bacia oblonga, para higienização das partes inferiores do tronco.
bi.di.men.si.o.nal *adj.* que tem duas dimensões: *imagens bidimensionais.*
bi.di.re.ci.o.nal *adj.* que funciona em duas direções, normalmente opostas: *É um dispositivo bidirecional.*
bi.du *adj.* (Coloq.) esperto; inteligente: *Mas você é bidu mesmo!*
bi.e.la (é) *s.f.* (Mec.) haste rígida de uma máquina, cuja função é transmitir força de uma parte rotativa a outra, móvel, mediante um movimento de vaivém: *Alguns motores apresentam um ruído proveniente da movimentação das bielas.*
bi.e.nal *s.f.* **1** evento cultural, geralmente artístico, que se realiza a cada dois anos: *Uma de nossas alunas expôs um desenho na Bienal.* • *adj.* **2** que acontece a cada dois anos: *Nesta região há algumas festas bienais.*
bi.ê.nio *s.m.* período de dois anos consecutivos: *Boas condições de preços vigentes no biênio 2001/2002.*
bi.fá.si.co *adj.* **1** que tem duas fases. **2** que pode utilizar duas voltagens: *sistema bifásico de fornecimento de energia elétrica.*
bi.fe *s.m.* **1** fatia de carne, em geral bovina, destinada a ser frita ou grelhada. **2** (Coloq.) bofetada; tapa.
bí.fi.do *adj.* **1** dividido ao meio, bipartido: *Serpente tem língua bífida.* **2** que tem má-formação congênita, consistente em uma fissura ou brecha: *crânio bífido.* **3** diz-se da espinha bipartida no estojo ósseo que contém a medula espinhal.
bi.fo.cal *adj.* **1** que tem dois focos. **2** dotado de distâncias focais diferentes, a da parte superior, para visão a distância, e a da inferior, para visão próxima (lente ou óculos): *usa lentes bifocais.*
bi.fron.te *adj.* que tem duas faces: *uma estátua bifronte.*
bi.fur.ca.ção *s.f.* **1** ponto em que uma coisa se divide em duas partes, como uma forquilha: *Daqui a dois quilômetros a estrada tem uma bifurcação.* **2** o ponto em que ocorre essa separação.
bi.fur.ca.do *adj.* que se divide em duas partes: *um dragão da cauda bifurcada.*
bi.fur.ca.men.to *s.m.* bifurcação.
bi.fur.car *v.int.* e *pron.* dividir-se em duas partes: *Perto do cafezal, a estrada (se) bifurca.*
bi.ga *s.f.* antigo carro romano de duas rodas, puxado por dois cavalos: *Os antigos romanos faziam corridas de bigas.*

bigamia

bi.ga.mi.a s.f. condição de quem tem dois cônjuges.
bí.ga.mo s.m. 1 pessoa que vive com dois cônjuges: *Algumas sociedades admitem bígamos.* • *adj.* 2 que vive com dois cônjuges ao mesmo tempo: *O cacique era bígamo.*
big-bang (big-bang) (Ingl.) s.m. grande explosão que teria dado origem ao Universo.
bi.go.de (ó) s.m. 1 barba que cresce sobre o lábio superior dos homens. 2 pelos finos e curtos que nascem no lábio superior de algumas mulheres; buço. 3 pelos ou fios cartilaginosos do focinho de certos animais: *os bigodes da foca.* 4 (Coloq.) espuma de cerveja; colarinho.
bi.go.dei.ra s.f. bigode farto.
bi.go.du.do adj. 1 que tem bigode grande: *o português bigodudo.* 2 que tem buço: *minha prima bigoduda.*
bi.gor.na (ó) s.f. 1 peça de ferro sobre a qual se malham metais: *O ferreiro malha na bigorna.* 2 (Anat.) um dos ossinhos do ouvido médio.
bi.guá s.m. (Zool.) ave aquática de cor preta e dorso alto, que, na época da incubação, tem dois penachos na cabeça e algumas penas brancas nas sobrancelhas e na nuca; corvo-marinho.
bi.ju s.m. beiju.
bi.ju.te.ri.a s.f. enfeite ou joia de imitação: *Usava roupas e bijuterias exóticas.*
bi.la.bi.al adj. (Fon.) diz-se da consoante que se produz com o concurso de ambos os lábios: /b/, /p/, /m/.
bi.la.te.ral adj. que tem dois lados: *acordo bilateral.*
bil.bo.quê s.m. brinquedo de plástico ou madeira com um furo onde deve entrar um bastonete pontudo. As duas peças são ligadas entre si por um cordel.
bi.le s.f. bílis.
bi.lha s.f. vaso bojudo de gargalo estreito, feito de barro ou latão: *A bilha de barro deixa a água fresca.*
bi.lhão s.m. (Num.) mil milhões: *Eles mandam para casa cerca de US$ 2 bilhões.*
bi.lhar s.m. jogo de duas ou mais pessoas, praticado em mesa retangular, com tacos e bolas de madeira.
bi.lhe.te (ê) s.m. 1 carta breve e simples: *Recebeu um bilhete da namorada.* 2 impresso que dá direito ao trânsito em transportes coletivos; passagem: *Comprou dois bilhetes de trem para São Paulo.* 3 senha de admissão em espetáculos, reuniões etc.; entrada; ingresso: *reserva de bilhetes para teatro.* 4 cédula de loteria: *Comprei um bilhete premiado.*
bi.lhe.tei.ro s.m. pessoa que vende passagens, ingressos ou bilhetes de loteria.
bi.lhe.te.ri.a s.f. (Bras.) 1 local onde se vendem bilhetes, passagens etc.: *Trabalhava na bilheteria do cinema.* 2 quantia em dinheiro arrecadada na venda de ingressos; arrecadação: *Foi um grande sucesso de bilheteria.*
bi.li.ar adj. 1 que armazena a bile: *vesícula biliar.* 2 segregado pela bile: *os sucos biliares.*
bi.li.ar.dá.rio s.m. 1 pessoa bilionária: *O biliardário comprou um iate luxuoso.* • *adj.* 2 bilionário: *Fez um negócio biliardário.*
bi.lín.gue (güe) adj. 1 que fala duas línguas: *secretária bilíngue.* 2 escrito em duas línguas: *folheto bilíngue.*
bi.lin.guis.mo (güis) s.m. uso de duas línguas, ambas com caráter de língua materna, por um falante ou um grupo. *Na Suíça é comum o bilinguismo.*

bi.li.o.ná.rio s.m. 1 pessoa riquíssima: *O bilionário texano tem uma mansão.* • *adj.* 2 extremamente rico: *Uma modelo jovem e já bilionária.* 3 que atinge a casa do bilhão: *O caso envolve um contrato bilionário.*
bi.li.o.né.si.mo num. cada uma das partes de um todo dividido em um bilhão de partes iguais.
bi.li.o.so (ô) adj. 1 que contém bile. 2 da tonalidade da bile: *amarelo bilioso.* 3 (Fig.) irascível; colérico: *Era um sujeito bilioso.*
bí.lis s.f. 1 (Fisiol.) líquido amargo, amarelo ou esverdeado, produzido pelo fígado, auxiliar na digestão; fel: *O doente vomitava bílis.* 2 (Fig.) raiva; cólera: *Sempre descarregava toda a sua bílis na enteada.*
bil.ro s.m. pequena peça de madeira em forma de fuso, com que se tecem rendas: *A mulher trabalhava nos bilros.*
bil.tre s.m. homem desprezível: *Ficou de tocaia esperando o biltre.*
bim.ba.lhar v.int. soar; repicar: *Os sinos bimbalharam sem parar.*
bi.men.sal adj. que se realiza ou aparece duas vezes por mês: *Sua coluna no jornal será bimensal.*
bi.mes.tral adj. que ocorre a cada dois meses: *Eles recebem bônus bimestrais.*
bi.mes.tre (é) s.m. período de dois meses consecutivos: *Só comecei a estudar no último bimestre.*
bi.mo.tor (ô) s.m. avião com dois motores.
bi.na.ci.o.nal adj. 1 referente a duas nações: *acordo binacional.* 2 que possui dupla nacionalidade.
bi.ná.rio adj. que tem duas unidades ou dois elementos: *O computador usa o código binário.*
bin.go s.m. 1 jogo semelhante ao loto, no qual, além dos números, podem aparecer letras nas cartelas. 2 estabelecimento onde se joga o bingo: *Aquele bingo sorteia carros aos domingos.*
bi.nó.cu.lo s.m. instrumento óptico portátil para ver objetos distantes.
bi.nô.mio s.m. (Mat.) expressão algébrica consistente em dois termos ligados pelo sinal mais ou menos.
bi.o.ci.ên.cia s.f. conjunto das ciências que tratam dos seres vivos em seus diversos aspectos: Biologia, Bioquímica etc.
bi.o.com.bus.tí.vel s.m. combustível derivado de lixo orgânico, vegetais etc.: *O álcool é um biocombustível.*
bi.o.de.gra.da.ção s.f. decomposição por micro-organismos: *a biodegradação do lixo.*
bi.o.de.gra.dá.vel adj. que pode ser decomposto por micro-organismos: *O envoltório não era biodegradável e não se desintegrava no solo.*
bi.o.di.ges.tor (ô) s.m. 1 equipamento destinado à produção de biogás. • *adj.* 2 relativo a esse equipamento.
bi.o.di.ver.si.da.de s.f. variedade de espécies vegetais e animais: *Inúmeras iniciativas estão sendo tomadas para conservar a biodiversidade mundial.*
bi.o.e.ner.gé.ti.ca s.f. 1 teoria criada por Alexander Lower, que considera que a personalidade deve ser compreendida em função do corpo e seus processos energéticos. 2 terapia que se baseia nessa teoria, trabalhando integralmente o corpo e a mente para tratar de problemas emocionais: *Ela é adepta da bioenergética.*

bipartir

bi.o.en.ge.nha.ri.a s.f. técnica usada para a manipulação genética, a fim de encontrar soluções para problemas congênitos; engenharia genética.

bi.o.en.ge.nhei.ro s.m. aquele que trabalha com bioengenharia; especialista cujo trabalho é desenvolver próteses, equipamentos cirúrgicos e de diagnóstico.

bi.o.es.ta.tís.ti.ca s.f. parte da estatística que estabelece parâmetros quantitativos das condições de vida da população.

bi.o.é.ti.ca s.f. estudo dos problemas e implicações morais despertados pelas pesquisas científicas em Biologia e Medicina.

bi.o.fí.si.ca s.f. estudo dos aspectos físicos dos organismos vivos.

bi.o.fí.si.co s.m. 1 indivíduo especialista em Biofísica: *Os biofísicos brasileiros são muito competentes.* • *adj.* 2 característico dos processos físicos que ocorrem nos organismos vivos: *processos biofísicos.*

bi.o.gás s.m. gás produzido a partir de matéria orgânica vegetal ou animal.

bi.o.ge.né.ti.ca s.f. conjunto de conhecimentos sobre a composição das características hereditárias dos seres vivos, visando ao melhoramento das espécies.

bi.o.gra.far v.t. fazer a biografia: *Queria biografar a vida daquele estadista.*

bi.o.gra.fi.a s.f. narração da vida de alguém: *Não sei se já escreveram a biografia de Hilda Hilst.*

bi.o.grá.fi.co adj. relativo à biografia: *um romance biográfico.*

bi.ó.gra.fo s.m. escritor especializado em biografias.

bi.o.lo.gi.a s.f. 1 conjunto de conhecimentos sobre os seres vivos e suas relações. 2 setor de uma universidade onde se desenvolvem estudos dessa ciência: *Departamento de Biologia.* 3 disciplina escolar que ensina essa ciência: *Sempre fui o melhor aluno em Biologia.* // Nestas duas últimas acepções, escreve-se comumente com inicial maiúscula.

bi.o.ló.gi.co adj. 1 da vida ou com ela relacionado: *melhora das condições físicas e biológicas do solo.* 2 de seres vivos: *São muitas as espécies biológicas.* 3 corporal; físico: *o desenvolvimento biológico.*

bi.ó.lo.go s.m. especialista em Biologia.

bi.o.ma s.m. (Ecol.) flora e fauna de determinada região.

bi.o.mas.sa s.f. 1 qualquer matéria de origem vegetal utilizada como fonte de energia: *A tecnologia energética transforma a floresta em biomassa para a produção de energia.* 2 quantidade de matéria viva em forma de uma ou mais espécies de organismos, presentes em determinado hábitat: *Naquela região o total de biomassa animal obtida provém das roças novas e antigas.*

bi.om.bo s.m. divisória móvel feita de folhas de madeira articuladas por dobradiças e que serve para separar um espaço de outro: *Escondeu-se atrás de um biombo.*

bi.o.me.di.ci.na s.f. biociência que estuda as aplicações das ciências naturais (Bioquímica, Biofísica, Biologia etc.) à Medicina.

bi.o.mé.di.co s.m. 1 profissional que atua em pesquisas e ensino da Medicina: *O biomédico faz testes em organismos e identifica doenças.* • *adj.* 2 relacionado com Biomedicina: *Pensa em cursar ciências biomédicas.*

bi.ô.ni.co s.m. 1 aquele que tem capacidade humana ampliada por dispositivos eletrônicos. 2 (Bras.) político não eleito, mas nomeado: *Biônicos davam as cartas no governo federal.* • *adj.* 3 construído artificialmente seguindo um modelo biológico: *um homem biônico.* 4 (Bras.) diz-se de quem não foi eleito e, sim, nomeado para cargo político: *era um senador biônico.*

bi.op.si.a s.f. biópsia.

bi.óp.sia s.f. (Med.) retirada de tecidos vivos para o exame da natureza das alterações nele existentes: *Fez radiografias e biópsias.*

bi.o.quí.mi.ca s.f. ramo da Química que se ocupa dos fenômenos químicos ocorrentes nos seres vivos.

bi.o.quí.mi.co s.m. 1 especialista em Bioquímica: *Os bioquímicos trabalham em laboratórios.* • *adj.* 2 relativo a ou próprio da Bioquímica: *Observam-se anomalias bioquímicas nos esquizofrênicos.*

bi.or.rit.mo s.m. ritmo ou ciclo de certos processos biológicos: *Cada um preocupado com seu biorritmo.*

bi.os.fe.ra (é) s.f. (Ecol.) 1 parte da Terra em que pode existir vida. 2 conjunto dos ecossistemas da Terra.

bi.os.se.gu.ran.ça s.f. precaução contra a manipulação incorreta de elementos biológicos para a proteção da vida em sociedade: *Já foi sancionada a lei de biossegurança.*

bi.o.ta (ó) s.f. conjunto dos seres vivos habitantes de uma região.

bi.o.tec.no.lo.gi.a s.f. técnica que tem por objetivo a manipulação de processos, de micro-organismos, de animais e plantas, visando à criação de substâncias e produtos úteis ao homem.

bi.o.tec.no.ló.gi.co adj. que usa a tecnologia para alterar elementos biológicos: *As pesquisas biotecnológicas se utilizam dos organismos vivos presentes nos complexos ecológicos.*

bi.o.té.rio s.m. (Bras.) local onde se criam animais, em geral de pequeno porte, para experiências: *A Faculdade de Farmácia mantém um pequeno biotério.*

bi.ó.ti.co adj. (Ecol.) relativo aos seres vivos, ou induzido ou causado por eles.

bi.o.ti.po s.m. (Med.) configuração biológica determinante de características físicas e psicológicas: *Qualquer mulher, independentemente da idade e do biotipo (gorda ou magra), pode apresentar celulite.*

bi.ó.ti.po s.m. biotipo.

bi.pe s.m. (Inf.) 1 sinal sonoro agudo e curto: *Ouviu-se um bipe vindo da espaçonave.* 2 aparelho pequeno que emite som avisando que há um recado numa central: *O médico anda com um bipe preso ao cinto.*

bi.par.ti.ção s.f. 1 divisão em duas partes: *Houve a bipartição do grupo em alfabetizados e analfabetos.* 2 processo de reprodução assexuada em que um ser se divide para dar origem a descendentes geneticamente iguais: *É uma técnica avançada a bipartição de embriões.*

bi.par.ti.dá.rio adj. que tem dois partidos: *O Brasil já foi um país bipartidário; só havia Arena e MDB.*

bi.par.ti.da.ris.mo s.m. situação política de um Estado onde só existem ou só têm importância dois partidos políticos.

bi.par.tir v.t. 1 dividir em duas partes: *Para fins didáticos biparti o meu livro em parte teórica e parte prática.* • *pron.* 2 cindir-se em duas partes; bifurcar-se: *Naquele ponto, a estrada se bipartia.*

bipartite

bi.par.ti.te *adj.* que é formado por representantes de duas partes ou diferentes instâncias de governo: *Cada conselho bipartite vai fixar tetos de despesas.*

bí.pe.de *s.2g.* **1** o homem: *O astronauta foi o primeiro bípede a entrar em órbita da Lua.* • *adj.* **2** que anda sobre dois pés: *mamíferos bípedes.* **3** com apoio sobre os pés: *O homem tem andar bípede.*

bi.pla.no *s.m.* aeroplano cujas asas de sustentação têm dois planos paralelos.

bi.po.lar *adj.* **1** (Fís.) que tem dois polos: *Os eletrodos são bipolares.* **2** que tem duas partes que se opõem: *Não há nenhuma necessidade de termos um mundo bipolar.*

bi.po.la.ri.da.de *s.f.* **1** (Fís.) propriedade daquilo que tem dois polos opostos: *A bipolaridade dos eletroímãs.* **2** propriedade daquilo que tem duas partes que se opõem: *a bipolaridade certo e errado.*

bi.po.la.ri.za.ção *s.f.* divisão em duas partes opostas; contraposição: *Não será por meio da bipolarização Norte/Sul e ricos/pobres que este problema terá solução.*

bi.quei.ra *s.f.* **1** condutor de água; calha: *O barulho da água caindo da biqueira.* **2** peça metálica colocada na ponta da sola do sapato, para reforço.

bi.quí.ni *s.m.* **1** roupa de banho feminina de duas peças. **2** calcinha.

bi.ri.ba *s.m.* (Bras.) jogo de cartas; buraco.

bi.ri.ta *s.f.* (Coloq.) designação de qualquer bebida alcoólica; pinga; cachaça: *Aquele rapaz tomava muita birita.*

bir.ma.nês *s.m.* **1** pessoa que nasceu ou mora na Birmânia: *Milhares de birmaneses imigram para a Tailândia.* • *adj.* **2** natural ou habitante da Birmânia (Ásia): *A ativista birmanesa visitou ontem o túmulo de seu pai.* **3** pertencente à Birmânia: *o império birmanês.*

bi.rô *s.m.* **1** escrivaninha com gaveta. **2** agência; repartição.

bi.ro.ca *s.f.* jogo infantil que consiste em atirar com dois dedos bolinhas de gude em quatro buracos pequenos, a um metro mais ou menos um do outro.

bi.ros.ca (ó) *s.f.* (Coloq.) **1** estabelecimento comercial modesto que vende gêneros de primeira necessidade e bebidas alcoólicas; venda: *Quando o fazendeiro saiu da birosca, não tinha mais seu cavalo.* **2** barraca improvisada para fins comerciais: *Espalhavam-se pela praia algumas biroscas.* **3** coisa; troço; treco: *Comprei um pente, pasta de dentes e outras biroscas.*

bir.ra *s.f.* **1** antipatia; aversão; implicância: *Sempre tive birra de discussões.* **2** teimosia; capricho: *Nem que seja por birra, você vai me responder.*

bir.re.frin.gên.cia *s.f.* propriedade de cristais que, para certos ângulos de incidência da luz, dividem o raio refratado em dois, com diferentes direções e diferentes estados de polarização: *birrefringência dos vidros.*

bir.re.frin.gen.te *adj.* que sofre dupla divisão dos raios luminosos: *Há vários cristais birrefringentes.*

bir.ren.to *adj.* que faz birra; manhoso; teimoso: *criança birrenta.*

bi.ru.ta *s.f.* **1** aparelho no formato de uma sacola cônica, instalada perpendicularmente à extremidade de um mastro, e que, indicando a direção dos ventos de superfície, serve para orientação das manobras dos aviões nos aeródromos: *Hoje só restam a pista de pouso e a biruta.* • *adj.* (Bras.) **2** amalucado; adoidado: *era um recruta biruta.*

bi.ru.ti.ce *s.f.* (Coloq.) maluquice: *Consideraram aquele acordo mera birutice do diretor.*

bis *s.m.* **1** repetição: *Levantou-se apenas no final, para pedir bis.* **2** *interj.* outra vez.

bi.são *s.m.* (Zool.) grande mamífero da família do boi, de cor parda com tons acinzentados, e pescoço, cabeça e elevação da parte anterior do dorso cobertos de longos pelos; bisonte.

bi.sar *v.t.* repetir: *O time tem grandes chances de bisar o feito da temporada passada.*

bi.sa.vô *s.m.* avô do pai ou da mãe. // Fem.: bisavó.

bis.bi.lho.ta.gem *s.f.* ato de bisbilhotar; mexerico: *O namoro da atriz deu margem a bisbilhotagens.*

bis.bi.lho.tar *v.t.* **1** investigar com curiosidade; vasculhar: *O bom repórter sabe bisbilhotar os principais acontecimentos.* • *int.* **2** fazer mexericos; fofocar: *De tanto bisbilhotar, estragou a vida do casal.*

bis.bi.lho.tei.ro *s.m.* **1** quem faz mexericos: *A vizinha era a maior bisbilhoteira da rua.* **2** quem investiga com curiosidade: *O bisbilhoteiro teve a possibilidade de fotografar a estrela.* • *adj.* **3** que se mete na vida alheia; mexeriqueiro: *Ele era bisbilhoteiro e atrevido.*

bis.bi.lho.ti.ce *s.f.* **1** bisbilhotagem: *Vivia fazendo bisbilhotices.* **2** qualidade de bisbilhoteiro; indiscrição: *Ele opõe-se à bisbilhotice da mulher.*

bis.ca *s.f.* **1** nome de diversos jogos de baralho. **2** (Coloq.) pessoa de mau caráter; canalha; patife: *era uma bisca intolerável.*

bis.ca.te *s.m.* **1** pequeno serviço avulso; bico: *Vivemos de biscate no mercado.* **2** (Coloq.) prostituta.

bis.ca.te.ar *v.int.* comerciar coisas pequenas ou de pouco valor; fazer biscates: *Para ganhar um pouco, vivia biscateando.*

bis.ca.tei.ro *s.m.* (Coloq.) pessoa que faz biscates ou vive deles.

bis.coi.to *s.m.* massa doce ou salgada feita de farinha ou amido e ovos, cozida em forno até ficar bem seca; bolacha.

biscuit (biskuí) (Fr.) *s.m.* **1** massa de porcelana. **2** objeto de decoração feito com essa massa.

bis.mu.to *s.m.* (Quím.) elemento químico metálico, cristalino, utilizado como medicamento sob a forma de compostos. // Símb.: Bi; Nº Atôm.: 83.

bis.na.ga *s.f.* **1** tubo para guardar substância pastosa. **2** recipiente cilíndrico com esguicho, usado nas folias de carnaval. **3** pão comprido, cilíndrico e afinado nas pontas.

bis.ne.to (é) *s.m.* filho do neto ou da neta.

bi.so.nho *adj.* **1** inábil; inexperiente; ingênuo: *Era um rapaz bisonho.* **2** constrangedor: *Suas anedotas geram situações bisonhas.*

bis.pa.do *s.m.* território sob a jurisdição de um bispo; diocese: *A catedral é a igreja principal de um bispado.*

bis.po *s.m.* **1** eclesiástico que recebeu o grau máximo do sacramento da ordem pela Igreja Católica Apostólica Romana e que tem a seu cargo a direção de uma diocese. **2** ministro evangélico com graduação superior. **3** peça do jogo de xadrez, que só pode ser movida no sentido das diagonais do quadrado que ocupa.

bis.se.triz *s.f.* (Geom.) reta que divide um ângulo ao meio.

bis.sex.to (ê) *adj.* **1** diz-se do ano solar de 366 dias, em que o mês de fevereiro tem 29 dias. **2** que ocorre nesse ano: *sábado de aleluia bissexto*. **3** que não atua regularmente; inconstante: *Não foi dita uma palavra a respeito do escritor bissexto*.

bis.se.xu.al /ks/ *s.2g.* **1** pessoa que se relaciona sexualmente com homem e com mulher. • *adj.* **2** que sente atração ou que se relaciona sexualmente com homem e com mulher. **3** que possui as duas funções, masculina e feminina: *planta bissexual*.

bis.se.xu.a.li.da.de /ks/ *s.f.* comportamento bissexual; bissexualismo.

bis.se.xu.a.lis.mo /ks/ *s.m.* bissexualidade.

bis.te.ca (é) *s.f.* corte de carne pronto para bife, tendo uma parte com osso.

bis.trô *s.m.* pequeno restaurante, de ambiente alegre e descontraído, de estilo francês.

bis.tu.ri *s.m.* faca cirúrgica estreita, reta ou curva, para corte ou incisão.

bit (bit) (Ingl.) *s.m.* (Inf.) unidade mínima de informação que pode ser transmitida por um computador. // Cp.: *byte*.

bi.to.la (ó) *s.f.* **1** medida reguladora; padrão, espessura ou diâmetro: *Atualmente, este produto tem chegado ao mercado com a bitola um pouco menor*. **2** a largura de um filme; a largura de fitas de audiovisual: *A bitola de filmes de 8 mm está quase em desuso*. **3** distância entre os lados internos dos trilhos de um trem: *Quanto mais modernos os trens, maior a sua bitola*.

bi.to.la.do *adj.* **1** de visão ou compreensão muito limitada: *Aquele garoto bitolado não mora mais aqui*. **2** limitado; restrito: *Nossos pensamentos eram muito bitolados*.

bi.to.lar *v.t.* **1** estabelecer bitola; avaliar; medir. **2** limitar: *Bitolei os planos de viagem das crianças para três dias*. • *pron.* **3** seguir um determinado padrão; limitar-se: *Bitolou-se aos costumes da comunidade*.

bi.tran.si.ti.vo *adj.* (Gram.) diz-se do verbo transitivo direto e indireto.

bi.tri.bu.ta.ção *s.f.* dupla incidência de um mesmo imposto sobre um mesmo produto ou ato.

bitter (bíter) (Ingl.) *s.m.* licor geralmente de baixo teor alcoólico, preparado a partir da destilação de folhas, frutos, sementes ou raízes amargos.

bi.tu.ca *s.f.* (Coloq.) toco de cigarro; guimba: *Olhava a calçada atrás de bitucas*.

bi.u.ní.vo.co *adj.* referente à relação entre dois conjuntos em que a cada elemento do primeiro corresponde apenas um do segundo, e vice-versa: *Há uma relação biunívoca entre os sons /b/, /d/, /v/ e as letras b, d, v*.

bi.va.len.te *adj.* (Quím.) que possui duas valências; divalente.

bi.val.ve *s.m.* **1** (Zool.) molusco cujo corpo se reveste de duas peças sólidas: *Alguns bivalves, como ostras e mariscos adultos, vivem presos ao lodo das pedras*. • *adj.* **2** diz-se do fruto ou concha que tem duas valvas: *molusco bivalve*. **3** constituído de duas metades que se abrem: *fruto de cápsula bivalve*.

bi.va.que *s.m.* acampamento de tropa ao ar livre.

bi.zan.ti.no *s.m.* **1** natural ou habitante de Bizâncio ou do Império Romano do Ocidente: *Os bizantinos tinham notáveis diplomatas*. • *adj.* **2** referente a Bizâncio ou Constantinopla (hoje Istambul), antiga cidade europeia nas margens do Bósforo, capital do Império Romano do Oriente, de 330 a 1493: *O filme mostra o esplendor da época bizantina*. **3** de Bizâncio: *príncipe bizantino*. **4** (Deprec.) sem interesse prático; tolo: *Vamos começar mais um debate bizantino de culinária*.

blenorragia

bi.zar.ri.a *s.f.* **1** bazófia; fanfarrice: *A longa história do fetichismo encerra algumas bizarrias*. **2** bravura; valentia: *Era de se admirar a sua bizarria, desafiando a todos*. **3** elegância um pouco espalhafatosa: *O orador impressionava pela bizarria de seu terno*.

bi.zar.ro *adj.* **1** de aspecto ou comportamento estranhos; excêntrico: *Com aqueles bigodões ficava um tanto bizarro*. **2** curioso; estranho; singular: *Foi um cerimonial solene e bizarro*.

bla.bla.blá *s.m.* (Coloq.) falação que não leva a nada; conversa fiada: *As intenções dele não podem ficar no blablablá*.

black-tie (bléc-tái) (Ingl.) *s.m.* **1** *smoking*: *Vestiu seu black-tie para a cerimônia*. **2** traje a rigor: *O convite especificava como traje o black-tie*.

bla.gue *s.f.* **1** brincadeira; gozação: *Queixou-se, em tom de blague, de dores nas mãos*. **2** mentira com segundas intenções: *Tudo não passou de uma blague*. **3** dito espirituoso; piada: *Meu tio fazia blagues até nos velórios*.

blas.fe.mar *v.t.* **1** injuriar; xingar: *Você blasfemava até uma simples dor de dentes!* **2** ultrajar com blasfêmias: *Chegava a blasfemar contra Deus*. • *int.* **3** proferir palavras blasfemas ou ultrajantes: *Ele apenas blasfema e reclama da solidão*.

blas.fê.mia *s.f.* **1** palavra ofensiva à divindade ou à religião: *dizer blasfêmias contra Deus*. **2** imprecação; maldição: *Lançava blasfêmias contra todos*. **3** contrassenso: *No cinema antigo, experimentar as cores nos filmes era uma blasfêmia*.

blas.fe.mo (ê) *s.m.* **1** pessoa que blasfema: *O blasfemo foi excomungado*. • *adj.* **2** ofensivo à religião ou às divindades; ultrajante: *Ele passou a proferir palavras blasfemas*.

blas.to.ma *s.m.* (Med.) tumor formado por células embrionárias: *São raros os blastomas do rim nas gestantes*.

bla.te.rar *v.t.* **1** falar muito; tagarelar; vociferar; xingar. • *int.* **2** soltar a voz (o camelo): *O camelo blaterava sedento no deserto*.

ble.cau.te *s.m.* escurecimento total pela falta de energia elétrica; apagão: *Basta lembrar o histórico blecaute de Nova Iorque!*

ble.far *v.int.* **1** tentar enganar com palavras, fingindo uma situação que, na verdade, é falsa, ou fazendo falsas ameaças: *O bandido blefou quando disse que estava armado*. **2** iludir no jogo, simulando estar com boas cartas; simular: *Se estás blefando, eu pago para ver*.

ble.fe *s.m.* **1** ardil; engano; logro: *Aquilo poderia ser um blefe, mas não podíamos arriscar*. **2** no jogo de baralho, ato de iludir o adversário, simulando a posse de boas cartas: *Ganhou a partida graças a um blefe*. **3** fraude; mentira: *O casamento do príncipe com uma camponesa não passou de um blefe*.

blêi-ser *s.m.* jaqueta esporte, leve, folgada, e quase sempre com algum emblema de clube, associação etc.

ble.nor.ra.gi.a *s.f.* (Med.) inflamação das membranas, especialmente da uretra e vagina, acompanhada de corrimentos (doença venérea).

blindado

blin.da.do *s.m.* **1** veículo de combate blindado: *O exército possuía vários blindados.* ♦ *adj.* **2** fabricado com material à prova de balas ou choques; reforçado: *carro blindado.* **3** aparelhado de veículos blindados: *a infantaria blindada do exército.*

blin.da.gem *s.f.* **1** ato ou efeito de blindar. **2** chapas de aço à prova de balas colocadas entre a forração e a lataria dos veículos: *As balas perfuraram a blindagem do carro-forte.*

blin.dar *v.t.* proteger com revestimento resistente: *Os empresários estão mandando blindar os seus veículos.*

blitz (blitz) (Al.) *s.f.* **1** ação policial de surpresa: *Durante a* blitz *foram apreendidas várias armas.* **2** fiscalização de surpresa: *Fiscais da Receita fizeram uma* blitz *no centro comercial.* **3** campanha; mobilização: *Pensa-se em fazer uma* blitz *para reabilitar os bons costumes.*

blo.co (ó) *s.m.* **1** porção volumosa de uma substância pesada: *Rolou do caminhão um bloco de concreto.* **2** caderno de papel com folhas destacáveis: *bloco de anotações.* **3** cada um dos edifícios que formam um conjunto de prédios: *Moro no bloco "A".* **4** conjunto de pessoas; grupo: *Havia um bloco de crianças no pátio.* **5** grupo carnavalesco: *Participei do bloco dos descamisados.* **6** grupo de políticos que se une para a consecução de um fim comum: *bloco governista.* **7** bloco de países que mantêm entre si relações econômicas especialmente estreitas, como em uma área de livre comércio: *bloco econômico dos países sul-americanos.*

blo.que.ar *v.t.* **1** impedir o movimento ou a circulação de; sitiar: *O público bloqueava a passagem e dificultava o socorro.* **2** conter; refrear: *Era necessário bloquear a hemorragia.* **3** inibir: *Uma forte emoção bloqueava-me o raciocínio e os movimentos.* **4** impedir a movimentação (de conta bancária): *O Banco Central mandou bloquear as contas suspeitas.*

blo.quei.o *s.m.* **1** cerco ou operação militar com que se procura cortar a comunicação com o exterior: *Não conseguem mais furar o bloqueio aliado.* **2** obstrução; isolamento: *Os grevistas promoveram o bloqueio da avenida principal.* **3** parada transitória do curso do pensamento: *Tive um bloqueio quando o professor me fez a pergunta.* **4** impedimento da circulação: *bloqueio da artéria.*

blues (blus) (Ingl.) *s.m.* canção popular do folclore norte-americano, de caráter melancólico, entoada principalmente pelos negros.

blu.sa *s.f.* peça do vestuário feminino ou masculino, de tecido leve, usada sobre o tronco.

blu.são *s.m.* blusa larga, de tecido encorpado; jaqueta.

bo.a (ô) *adj.* **1** feminino de bom: *Lutamos por uma boa causa.* **2** (Coloq.) diz-se da mulher de corpo benfeito e sensual: *Lina é bonita, inteligente e muito boa!* ♦ *interj.* **3** exclamação de aplauso ou aprovação: *Boa, Josué, é assim que se fala!* ♦ **numa boa** sem preocupação; tranquilamente: *Conversamos numa boa.* **essa é/foi (muito) boa** usada para expressar espanto ou admiração: *Vê lá se vou concordar com ele. Essa é muito boa!*

bo.á *s.m.* estola de plumas, estreita e comprida que as mulheres usam em redor do pescoço.

bo.a-fé *s.f.* sinceridade; honestidade: *Gente de boa-fé é bom caráter.* ♦ **de boa-fé** certo de estar agindo corretamente: *Garanto que agi de boa-fé.* // Pl.: boas-fés.

bo.a-noi.te *s.m.* saudação para a noite: *Deu boa-noite e saiu.* // Pl.: boas-noites.

bo.a-pin.ta *s.f.* (Coloq.) **1** elegância; charme: *Sua boa-pinta ajudava nas conquistas.* ♦ *adj.* **2** de boa apresentação; elegante: *Meu amigo é um rapaz boa-pinta.* // Pl.: boas-pintas.

bo.a-pra.ça *s.2g.* (Coloq.) pessoa afável; comunicativa; sociável: *Sou um boa-praça.* // Pl.: boas-praças.

bo.as-fes.tas *s.f. pl.* **1** saudação por ocasião das festividades de Natal e Ano-Novo: *Retribuímos as mensagens de boas-festas.* ♦ *interj.* **2** usada para saudar por ocasião das festas de fim de ano: *– Boas-Festas, Feliz Ano-Novo!*

bo.as-vin.das *s.f. pl.* saudação pela chegada.

bo.a-tar.de *s.m.* a saudação da tarde, entre doze e dezoito horas mais ou menos: *Aos ouvintes dava sempre um boa-tarde entusiasmado.* // Pl.: boas-tardes.

bo.a.ta.ri.a *s.f.* boatos em grande quantidade: *Já não suportava aquela boataria!*

bo.a.te *s.f.* estabelecimento comercial que funciona à noite e, em geral, consta de bar, pista de dança e palco para apresentação de atrações artísticas; casa noturna.

bo.a.tei.ro *s.m.* pessoa que espalha boatos: *Os boateiros velhacos soltavam notícias catastróficas.*

bo.a.to *s.m.* notícia de fonte desconhecida que corre publicamente sem confirmação; zum-zum; mexerico: *Logo as más-línguas passaram o boato para frente.*

bo.a-vi.da *s.f.* **1** vida só de prazeres, sem preocupações: *Acostumei-me à boa-vida. s.2g.* **2** pessoa pouco afeita ao trabalho: *é um boa-vida.*

bo.a.zu.da *s.f.* (Coloq.) **1** mulher de corpo provocante, sensual. ♦ *adj.* **2** de corpo provocante, sensual: *Todos acham boazuda a mulher do lado.*

bo.ba.gem *s.f.* **1** tolice; asneira: *Acho que é bobagem tudo o que você está fazendo.* **2** coisa sem importância: *Eu ficava nervoso por qualquer bobagem.*

bo.ba.lhão *s.m.* pessoa muito boba, ridícula.

bo.be.a.da *s.f.* descuido; vacilo: *A defesa deu uma bobeada, e o outro time fez um gol.*

bo.be.ar *v.int.* descuidar; vacilar: *Não podemos bobear com o prazo da matrícula.*

bo.bei.ra *s.f.* asneira; bobagem: *Nossa maior bobeira foi não aplicar o dinheiro na conta-corrente.* ♦ **marcar bobeira** vacilar: *Comigo é assim: no que marcou bobeira, dançou.* **de bobeira** por descuido: *Perdemos pontos de bobeira.*

bo.bi.ce *s.f.* bobagem; besteira: *Não dei bola para aquelas bobices.*

bo.bi.na *s.f.* **1** grande rolo de papel contínuo. **2** espiral de fio isolado, enrolado em um carretel ou outra estrutura, para efeitos eletromagnéticos ou para oferecer resistência à passagem de corrente: *Quando uma corrente passa através de uma bobina, ela induz um campo magnético.* **3** carretel onde se enrolam fios, fitas, papéis etc.

bo.bi.nar *v.t.* enrolar em bobina: *O jovem passava o dia todo na gráfica, onde bobinava rolos e rolos de papel.*

bo.bi.nho *s.m.* **1** (Fut.) brincadeira na qual os jogadores formam um círculo e deixam um atleta no meio tentando roubar a bola. **2** forma carinhosa de dirigir-se a alguém: *Ora, bobinho, eu já te perdoei!* ♦ *adj.* **3** ingênuo: *Ciúme bobinho só aceito em criança.*

bo.bo (ô) *s.m.* **1** indivíduo sem inteligência ou sem juízo; tolo: *E ficaram ali parados, os bobos.* • *adj.* **2** tonto; simplório; ingênuo: *Bobo, deixava-se enganar com facilidade.* **3** atordoado: *A queda deixou-me meio bobo por um instante.* **4** estupefato; boquiaberto: *Fico bobo com a sua destreza!* **5** sem importância; insignificante: *Você fica se preocupando com esses probleminhas bobos.* **6** sem sentido; sem graça: *Veio com uma conversa boba, sem pé nem cabeça.* **7** desgovernado; sem controle: *Depois do derrame, seu braço ficou meio bobo.* // Ant.: esperto. ✦ **bobo da corte** homem que, na Idade Média, divertia os reis e os nobres, com os seus gracejos e palhaçadas.

bo.bó *s.m.* comida de origem africana preparada com feijão-mulatinho e azeite de dendê e que pode ser servida com aipim ou inhame. ✦ **bobó de camarão** prato típico baiano, preparado com camarão refogado, leite de coco, azeite de dendê e aipim.

bo.bo.ca *s.2g.* **1** pessoa tola: *Essa boboca não sabe fazer nada.* • *adj.* **2** tolo; simplório: *Acho que esse candidato é meio boboca.* **3** sem graça; ingênuo: *O livro narrava uma historinha boboca.*

bo.ca (ô) *s.f.* **1** cavidade na parte inferior do rosto ou da cabeça, pela qual o homem e outros animais ingerem os alimentos. **2** abertura ou fenda numa extremidade de um recipiente ou do objeto oco: *a boca do canhão.* **3** cratera: *De helicóptero, os soldados avistaram a boca do vulcão.* **4** foz: *a boca do rio.* **5** boca do lixo: *Em vez de estudar à noite, vivia perambulando pelas bocas.* **6** pessoa considerada como consumidora de alimento: *A família não tinha condições de sustentar mais uma boca.* **7** (Coloq.) oportunidade; chance: *Veja se consegue uma boca para mim lá no jornal.* ✦ **à boca pequena** às escondidas; sorrateiramente: *Comentava-se o fato à boca pequena.* **da boca pra fora** falar o que, na verdade, não se sente ou pensa: *Falou tudo isso da boca pra fora.* **de boca** oralmente: *Foi um trato apenas de boca.* **de boca aberta** (i) boquiaberto; muito admirado ou espantado: *Fiquei de boca aberta com o espetáculo.* (ii) à espera: *Estava de boca aberta esperando que ele disesse alguma coisa.* **de boca cheia** com orgulho; com prazer: *Falava de boca cheia sobre o filho.* **de boca em boca** entre as pessoas: *A notícia corria de boca em boca.* **boca da noite** início do anoitecer: *Chegamos à cidade na boca da noite.* // Aum.: bocarra.

bo.ca a bo.ca *s.m.* **1** método de respiração artificial de emergência: *Fiz um boca a boca no afogado.* • *adj.* **2** diz-se de método artificial de emergência: *respiração boca a boca.*

bo.ca de fu.mo *s.f.* (Coloq.) ponto de venda de drogas. // Pl.: bocas de fumo.

bo.ca de lo.bo *s.f.* abertura nos bueiros. *A boca de lobo entupiu.* // Pl.: bocas de lobo.

bo.ca de si.ri *s.f.* atitude que consiste em guardar um segredo, não falar: *A ordem agora é boca de siri em todas as circunstâncias.* // Pl.: bocas de siri.

bo.ca de ur.na *s.f.* **1** propaganda eleitoral que se faz nas proximidades dos locais de votação: *A Justiça Eleitoral proibiu a boca de urna.* **2** as proximidades de votação: *pesquisas de boca de urna.* // Pl.: bocas de urna.

bo.ca.do *s.m.* quantidade limitada; porção: *Comeu alguns bocados da macarronada.* ✦ **um bocado** muito; bastante: *Maria tem sofrido um bocado.*

bo.ca do li.xo *s.f.* zona, numa cidade, onde se aglomeram marginais, prostitutas, viciados e traficantes (de entorpecentes). // Pl.: bocas do lixo.

bo.cai.na *s.f.* **1** depressão numa serra. **2** vale entre dois terrenos altos.

bo.cal *s.m.* **1** abertura redonda de certos objetos: *O objetivo é trocar o bocal do tanque de combustível defeituoso.* **2** embocadura de instrumentos de sopro: *o bocal do saxofone.* **3** peça com rosca interna, em que se encaixa uma lâmpada: *A lâmpada, o bocal e o fio vendidos eram incompatíveis com o artefato que explodiu.*

bo.çal *s.m.* **1** pessoa rude e grosseira: *Detesto o boçal que vive exibindo a namorada.* • *adj.* **2** tolo; rude; ignorante: *O ator faz um machão boçal muito engraçado.*

bo.ça.li.da.de *s.f.* falta de discernimento; estupidez; ignorância: *Era boçalidade perder tempo discutindo aquele assunto.*

bo.ca-li.vre *s.f.* (Coloq.) festa ou reunião de entrada franca e onde se servem comidas e bebidas. // Pl.: bocas-livres.

bo.car.ra *s.f.* boca muito grande: *Um jacaré aquecia-se ao sol, abrindo a bocarra.*

bo.ce.jar *v.int.* dar bocejo: *Dia monótono faz as pessoas bocejarem.*

bo.ce.jo (ê) *s.m.* abertura da boca, ocasionada por sono, preguiça ou aborrecimento, com aspiração seguida de expiração do ar: *O noivo, ao dizer o sim, não conteve um discreto bocejo.*

bo.ce.ta (ê) *s.f.* **1** (Obsol.) caixa pequena, oval ou alongada, para rapé; pequena caixa. **2** (Ch.) vulva.

bo.cha (ó) *s.f.* jogo em que cada parceiro, com três bolas de madeira, lança-as numa pista, a uma certa distância, tentando aproximá-las o mais possível de uma bola menor, considerada alvo.

bo.che.cha (ê) *s.f.* **1** parte saliente e carnuda de cada uma das faces: *Criança detesta que lhe apertem as bochechas.* **2** parte lateral da cavidade bucal: *Encheu as bochechas de água.*

bo.che.char *v.t.* agitar líquido na boca, movimentando as bochechas: *Bochechei água morna tentando aliviar a dor de dente.*

bo.che.cho (ê) *s.m.* ato de bochechar: *O dentista recomendou fazer bochechos com flúor.*

bo.chi.cho *s.m.* **1** (Coloq.) comentário maledicente; mexerico; intriga: *ouvia os bochichos e fingia que não era com ela.* **2** agito; muvuca: *Havia um bochicho na porta do barzinho.*

bo.chin.cho *s.m.* **1** bochicho: *Houve alguns bochinchos sobre o casamento.* **2** baile popular; arrasta-pé: *O bochincho ia até o sol raiar.* **3** boataria: *Bochinchos sobre a mudança da empresa assustaram os funcionários.*

bó.cio *s.m.* **1** (Med.) desenvolvimento exagerado da glândula tireoide; papo: *Theodor Kocher, pioneiro na cirurgia da tireoide, operou centenas de casos de bócio.* **2** (Coloq.) papeira ou papo.

bo.có *s.2g.* **1** indivíduo tolo, boboca; ingênuo: *Ali estava um grupo de bocós mexendo com a senhora.* • *adj.* **2** (Coloq.) boboca; simplório; ingênuo: *Era um menino bocó.*

bocudo

bo.cu.do *adj.* **1** que tem boca grande. **2** (Coloq.) inconveniente; malcriado: *Um bom jogador; porém, muito bocudo.*
bo.da (ô) *s.f.* bodas.
bo.das (ô) *s.f. pl.* **1** casamento. **2** festa de celebração de um casamento. ♦ **bodas de diamante** aniversário de sessenta anos de casamento. **bodas de esmeralda** aniversário de quarenta anos de casamento. **bodas de ouro** aniversário de cinquenta anos de casamento. **bodas de pérolas** aniversário de trinta anos de casamento. **bodas de prata** aniversário de vinte e cinco anos de casamento. **bodas de rubi** aniversário de quarenta e cinco anos de casamento.
bo.de (ó) *s.m.* **1** animal doméstico, quadrúpede, ruminante, de porte médio, chifres ocos voltados para trás, pelos grossos. (Coloq.) **2** confusão; encrenca: *Sair da classe antes do sinal pode dar bode.* **3** sonolência: *Não vou ao jantar porque estou no maior bode.* // Fem.: cabra. ♦ **bode expiatório** pessoa sobre quem recaem as culpas alheias ou a quem se atribuem males e desgraças.
bo.de.ga (é) *s.f.* **1** pequeno armazém de secos e molhados. **2** taberna: *Comprou um estoque de vinhos na bodega.* **3** (Coloq.) coisa reles: *O ambiente era bom, mas a comida, uma bodega.*
bo.de.guei.ro *s.m.* quem tem bodega; taberneiro.
bo.do.que (ó) *s.m.* (Bras.) **1** arco com duas cordas e uma rede ou couro com que se atiram bolas de barro, pedras etc. **2** estilingue; atiradeira.
bo.dum *s.m.* transpiração malcheirosa de animais e seres humanos; mau cheiro; fedor: *Não aguentava mais aquele bodum.*
bo.e.mi.a *s.f.* (Bras.) boêmia.
bo.ê.mia *s.f.* gênero de vida hedonista, irresponsável e desregrada: *a boêmia dos malandros.*
bo.ê.mio *s.m.* **1** quem nasce ou mora na Boêmia. **2** pessoa que leva a vida alegre e despreocupada: *Os boêmios varam as noites nos bares.* **3** pessoa que leva a vida desregrada; farrista: *O boêmio gasta tudo em noitadas.* ● *adj.* **4** do antigo reino da Boêmia, atual região da República Tcheca. **5** frequentado por boêmios: *um bairro boêmio.*
bô.er *s.2g.* **1** indivíduo habitante da África do Sul e descendente dos colonizadores holandeses. **2** esse povo: *Os bôeres são fazendeiros do Oeste.* ● *adj.* **3** desse povo: *Houve resistência bôer aos britânicos.*
bo.fe (ó) *s.m.* (Coloq.) **1** pessoa feia, sem atrativos: *Depois de dez anos, o modelo estava um bofe!* **2** denominação dada aos homens pelos homossexuais. **3** conjunto das vísceras mais grossas (pulmão, fígado, coração etc.): *Arrebentava os bofes de tanto gritar.* ♦ **(ter) a alma nos bofes** estar arquejante; estar ofegante: *Quando chegou ao final da corrida, tinha a alma nos bofes.* **maus bofes** mau gênio; má índole: *Era jogador e pistoleiro de maus bofes.*
bo.fe.ta.da *s.f.* **1** tapa no rosto: *O pai lhe deu uma bofetada.* **2** insulto; injúria: *Suas declarações foram uma bofetada.* **3** censura: *O silêncio do acusado equivale a uma bofetada em seus acusadores.*
bo.fe.tão *s.m.* grande bofetada; sopapo: *Os contendores trocaram pontapés e bofetões.*
boi *s.m.* (Zool.) animal doméstico, quadrúpede, de grande porte, de grandes chifres, pelagem de cores variadas, geralmente castrado: *Não como carne de boi.*

♦ **para boi dormir** para enganar; para engambelar: *conversa para boi dormir.*
boi.a (ó) *s.f.* **1** flutuador usado para vários fins, tais como balizamento, amarração de navios. **2** objeto feito de cortiça ou outro material que flutua; qualquer objeto flutuante que auxilie a sustentação na superfície da água. **3** peça flutuante das caixas-d'água para vedar a entrada de água quando o reservatório está cheio. **4** (Coloq.) comida; rango: *Quando chegava à sua casa, a boia tinha de estar pronta.*
boi.a.da *s.f.* rebanho de bois: *O fazendeiro vendeu sua boiada.*
boi.a.dei.ro *s.m.* **1** quem toca a boiada. **2** quem negocia os bois. ● *adj.* **3** para boiada: *estrada boiadeira.*
boi.a-fri.a (ó) *s.2g.* (Bras.) **1** trabalhador rural sem vínculo empregatício, que presta serviços temporários e come, no local de trabalho, a comida que leva. **2** por extensão, qualquer trabalhador que come no local de trabalho a comida que leva de casa. // Pl.: boias-frias.
boi.ar *v.int.* **1** flutuar sobre as águas: *Um corpo boiava na represa.* **2** (Coloq.) não entender: *O professor explicava e eu ficava boiando.*
boi-bum.bá *s.m.* (Bras.) tipo de bumba meu boi: *Muitas figuras do boi-bumbá vêm do folclore indígena.* // Pl.: bois-bumbás e bois-bumbá.
boi.co.tar *v.t.* **1** recusar coletivamente qualquer relação (de trabalho, social, comercial etc.) com indivíduo ou coletividade que se deseja punir ou constranger: *O governo resolveu boicotar o comércio com os países protecionistas.* **2** recusar-se individual ou coletivamente a participar de evento de qualquer natureza: *Os músicos da orquestra boicotaram os ensaios noturnos.*
boi.co.te (ó) *s.m.* ato ou efeito de boicotar: *Os países daquela região optaram pelo boicote das exportações do suposto inimigo.*
bóiler (bóiler) (Ingl.) *s.m.* caixa-d'água com mecanismo termoelétrico para aquecimento de água: *É preciso ligar o boiler duas horas antes do banho.*
boi.na *s.f.* gorro chato sem costuras e sem pala.
boi.ta.tá *s.m.* **1** (Folcl.) cobra de fogo ou touro que lança fogo pelas ventas: *Correu todo mundo com medo do boitatá.* **2** combustão espontânea de gases emanados de sepulturas e pântanos; fogo-fátuo: *o boitatá dos cemitérios.*
bo.jo (ô) *s.m.* **1** parte mais arredondada e convexa de navios e aviões: *o bojo das caravelas.* **2** parte interna de qualquer coisa: *Os companheiros mergulharam no bojo verde da floresta.* **3** saliência arredondada: *O vaso tinha um bojo de grande diâmetro.* **4** nos sutiãs, a parte convexa que se amolda aos seios. **5** íntimo; cerne: *No bojo da referida reportagem, encontra-se muita inverdade.*
bo.ju.do *adj.* **1** que tem saliência convexa: *Havia um vaso bojudo sobre a mesa.* **2** gordo; corpulento: *pessoa bojuda.*
bo.la (ó) *s.f.* **1** objeto redondo em toda a sua superfície; esfera: *bola de futebol.* **2** (Bras.) porção de carne envenenada com que se matam cães: *O cãozinho amanheceu morto. Deve ter comido bola.* **3** futebol: *Já joguei bola muito bem.* (Coloq.) **4** comando; controle: *Falava sem parar e não passava a bola a ninguém.* **5** juízo: *João não está regulando bem da bola.* ♦ **bola fora** gafe: *A emissora deu uma bola fora na cobertura*

do evento. **bola pra frente** usada para estimular alguém a superar uma situação difícil; avante: *Bola pra frente!* **dar bola** dar confiança: *Não dou bola para mexerico.* **bola murcha** pessoa sem iniciativa: *Ari era um bola murcha; aceitava tudo sem reagir.*

bo.la ao ces.to *s.f.* jogo de basquete. // Pl.: bolas ao cesto.

bo.la.cha *s.f.* **1** bolinho chato e seco, feito com farinha; biscoito. **2** (Coloq.) tapa no rosto; bofetada: *Ele recebeu uma bolacha na cara.*

bo.la.da *s.f.* **1** pancada com bola: *O juiz recebeu uma bolada na cabeça.* **2** (Coloq.) grande soma de dinheiro: *ganhou uma bolada na loteria.*

bo.la de ne.ve *s.f.* problema que vai crescendo com o passar do tempo: *O risco é que as dívidas virem uma bola de neve.* // Pl.: bolas de neve.

bo.lan.dei.ra *s.f.* nos engenhos de açúcar, grande roda dentada da engrenagem de moer cana.

bo.lão *s.m.* **1** bola grande. (Bras.) **2** excelência no jogo de futebol: *César também já jogou um bolão.* **3** grande quantidade de apostas num mesmo jogo: *Fizemos um bolão na loto.*

bo.lar *v.t.* (Coloq.) imaginar; inventar: *Os alunos bolaram uma nova brincadeira.*

bo.las *interj.* **1** expressa inquietação: *Bolas! Como demora esse lanche!* **2** expressa reprovação; desagrado: *Bolas! Que tenho eu com isso?* **3** expressa desprezo: *Bolas para essa gente!*

bol.che.vi.que *s.2g.* **1** na Rússia, membro do Partido Operário Social Democrata, que foi favorável à tomada do poder pelo proletariado; bolchevista; comunista: *As tropas contrarrevolucionárias impuseram pesadas derrotas aos bolcheviques.* • *adj.* **2** adepto do bolchevismo: *Nicolau II foi executado por revolucionários bolcheviques.* **3** relativo ou pertencente ao bolchevismo: *revolução bolchevique.*

bol.che.vis.mo *s.m.* sistema político dos bolcheviques; comunismo, como foi implantado na Rússia.

bol.che.vis.ta *s.2g.* bolchevique.

bol.do (ô) *s.m.* arbusto de folhas sempre verdes, ovais, pelosas, de cheiro característico, usadas em chás caseiros.

bo.le.a.dei.ras *s.f. pl.* (Bras.) aparelho empregado pelos campeiros para laçar animais, ou como arma de guerra, constituído por três bolas envolvidas num couro espesso e ligadas entre si por cordas de couro, duas das quais são de igual tamanho, sendo a terceira, menor.

bo.le.ar *v.t.* **1** prender ou laçar com boleadeiras: *Os dois rapazes saíram a bolear novilhos.* • *int.* **2** rodopiar; girar como bola: *O peixe boleou nas águas do riacho.*

bo.lei.a (é) *s.f.* assento do cocheiro numa carruagem; cabina do motorista, no caminhão: *O caminhão tinha uma boleia confortável.*

bo.le.ro (é) *s.m.* **1** dança e música de origem espanhola, largamente difundida na América Latina. **2** casaquinho curto, com ou sem mangas, usado pelas mulheres sobre a blusa ou sobre o vestido.

bo.le.tim *s.m.* **1** resenha noticiosa de operações militares ou policiais; relatório: *À noite foram distribuídos boletins de comandantes das Armas.* **2** relato de ocorrência criminal: *Lavraram boletim de ocorrência do assalto ao banco.* **3** publicação oficial periódica noticiosa ou informativo de dados: *boletim médico.*

bolsa

4 impresso de propaganda: *O candidato da oposição soltou um boletim de denúncias na véspera das eleições.* **5** caderneta escolar onde se registram notas de avaliação e certas ocorrências disciplinares.

bo.le.to (ê) *s.m.* **1** impresso para transações comerciais (compra, venda e pagamento): *boleto bancário.* **2** ingresso de espetáculo. **3** parte superior de um trilho ferroviário, sobre a qual deslizam as rodas dos veículos: *O boleto dos trilhos está sujeito a desgaste lateral.*

bo.lha (ô) *s.f.* **1** pequena bexiga, cheia de ar ou líquido, à superfície da pele: *A ferramenta fez bolhas na sua mão.* **2** bola de ar ou gás: *Flutuava como uma bolha.* •*s.2g.* **3** (Coloq.) pessoa importuna ou enfadonha: *O namorado de minha irmã é um bolha.* • *adj.* **4** diz-se de quem ou do que é bolha: *uma colunista bolha.*

bo.li.che *s.m.* jogo que consiste no lançamento de uma bola da extremidade de uma pista estreita e assoalhada, para derrubar, na outra extremidade, dez balizas de madeira com formato de garrafas.

bó.li.do *s.m.* **1** (Astr.) meteorito de volume acima do comum que, ao penetrar na atmosfera terrestre, produz ruído e se torna muito brilhante, podendo deixar também um rastro brilhante: *Estrelas cadentes e bólidos atravessam o espaço.* **2** veículo automóvel capaz de atingir altas velocidades.

bo.li.nha *s.f.* **1** pequena bola. **2** conta; miçanga. **3** (Gír.) pílula de psicotrópico usada como estimulante; entorpecente.

bo.li.nho *s.m.* pequena porção de massa de forma arredondada, preparada com diversos ingredientes culinários e geralmente frita: *bolinho de bacalhau.*

bo.lí.var *s.m.* unidade monetária da Venezuela.

bo.li.vi.a.no *s.m.* **1** quem nasceu ou mora na Bolívia: *Os bolivianos são pessoas de boa-fé.* • *adj.* **2** da Bolívia (América do Sul): *No avião, conheci um médico boliviano.*

bo.lo (ô) *s.m.* **1** guloseima, doce ou salgada, geralmente assada, feita de farinha, manteiga e ovos. **2** amontoado (de coisas amassadas) em forma de bola: *Fez um bolo de papel e atirou pela janela.* **3** maço: *Tirou um bolo de dinheiro do bolso.* **4** ajuntamento confuso de gente: *Havia um bolo de gente ali.* (Bras.) **5** conjunto de apostas: *Fizemos o bolo para jogar na loteria.* **6** confusão; encrenca: *Isso ainda vai dar bolo.*

bo.lo.nhês *s.2g.* **1** quem nasceu ou mora em Bolonha: *a arte culinária dos bolonheses.* • *adj.* **2** da Bolonha (Itália): *Conheci uma mulher bolonhesa muito bonita.*

bo.lor (ô) *s.m.* fungo que se desenvolve, sob influência da umidade e do calor, em matérias orgânicas por ele decompostas; mofo.

bo.lo.ren.to *adj.* **1** coberto de bolor: *O livro estava bolorento.* **2** (Fig.) antiquado; ultrapassado; obsoleto: *Tinha umas ideias bolorentas.*

bo.lo.ta (ó) *s.f.* **1** pequena bola: *A menina brinca com uma bolota.* **2** porção em formato de bola: *Jogaram-lhe bolotas de uma coisa fedorenta.*

bol.sa (ô) *s.f.* **1** recipiente de couro, pano ou outro material, em geral com alça e fecho, usado para guardar dinheiro, documentos e outros pertences: *Roubaram a bolsa da mulher.* **2** pequeno saco de plástico, usado por pessoas que sofreram cirurgia, para coleta de fezes ou urina. **3** recipiente onde se coloca água

137

bolsão

quente ou gelada para fins terapêuticos: *Dormia com uma bolsa de água quente sobre a perna*. **4** prêmio em dinheiro concedido a lutadores profissionais: *O boxeador recebe uma bolsa previamente estipulada.* ♦ **bolsa de estudos** subsídio concedido a estudantes ou pesquisadores para estudos ou viagem cultural. **bolsa de valores** instituição pública destinada a efetuar operações de compra e venda de ações e obrigações de companhias, outros títulos de crédito e também de mercadorias.

bol.são s.m. **1** bolso ou bolsa grandes. **2** grande depósito de águas subterrâneas: *As águas da chuva se depositavam em bolsões*. **3** setor que se encontra isolado e envolvido por elementos estranhos ou hostis: *um bolsão de pobreza*.

bol.sis.ta s.2g. pessoa contemplada com bolsa de estudos ou de viagem.

bol.so (ô) s.m. **1** pequeno saco de pano costurado, interna ou externamente, à roupa e que serve para guardar objetos; algibeira: *Tirou do bolso uma carteira*. **2** poder aquisitivo: *A inflação afeta diretamente o bolso do pobre*. **3** recursos financeiros: *Paguei os gastos do meu próprio bolso*. ♦ **de bolso** de formato pequeno: *livro de bolso*. **botar no bolso** (i) enganar: *O filho botou o pai no bolso*. (ii) ser superior a: *Aquele jogador botou no bolso seus companheiros*.

bom s.m. **1** pessoas honradas e virtuosas: *Dizem que os bons morrem cedo*. // Ant.: mau; ruim. // • adj. **2** benévolo; bondoso: *Era um homem simples e bom*. **3** que alcançou alto grau de proficiência; competente; eficiente: *É um bom professor*. **4** educado: *Meu filho é um bom menino*. **5** legítimo: *Como um bom baiano, gostava de acarajé*. **6** bem de saúde; são: *Você há de ficar bom*. **7** que preenche os requisitos exigíveis de funcionalidade ou uso: *Tenho um bom carro e uma boa casa*. **8** saboroso; gostoso: *Esse doce está muito bom!* **9** fértil; produtivo: *terra boa para o plantio*. **10** quantitativamente apreciável ou razoável: *Ganhou uma boa quantia em dinheiro*. **11** garantido; lucrativo: *Investir em imóveis é um bom negócio*. **12** agradável: *Ele tem uma boa conversa*. **13** respeitável; honrado: *É importante que tenhamos um bom nome*. **14** rigoroso: *O paciente precisa de um bom regime alimentar*. **15** agradável; conveniente: *Seria bom que chovesse*. **16** adequado; apropriado: *remédio bom para o fígado*. **17** útil: *O que é bom para mim pode não ser para você.* ♦ **do bom e do melhor** aquilo que é da mais alta qualidade: *Minha adega tem do bom e do melhor*. **bom senso** sensatez; discernimento; critério: *Quem se vale do bom senso não comete violência*.

bom.ba¹ s.f. **1** projétil ou outro dispositivo que contém carga explosiva e que provoca destruição. **2** artefato pirotécnico constituído por uma carga de pólvora e um estopim, num invólucro cilíndrico; bombinha: *bomba de São João*. **3** (Fut.) chute muito forte: *O jogador acertou uma bomba na trave*. (Bras.) **4** reprovação em exame escolar: *Quem estuda não toma bomba*. **5** notícia surpreendente, sensacional: *O jornal de hoje traz uma bomba sobre economia*. **6** problema de solução complicada: *Meu pai não consegue resolver o caso, vejo que essa bomba vai estourar em minhas mãos*. ♦ **bomba atômica** engenho explosivo de emprego bélico, cuja liberação violenta de energia resulta da desintegração de átomos pesados.

bom.ba² s.f. **1** máquina utilizada para movimentar fluidos gasosos ou líquidos, geralmente ao longo de tubulação: *bomba de gasolina*. **2** aparelho com que se enchem câmaras de ar. **3** aparelho pulverizador: *O jardineiro usa bombas de inseticida*. **4** (Reg. S) canudo de metal ou de madeira para tomar o mate.

bom.ba.cha s.f. (Bras.) calças largas, apertadas acima dos tornozelos por meio de botões, usadas pelos gaúchos: *Passava a mão pelas bombachas remendadas*.

bom.bar v.t. bombear: *Bombavam o ar para dentro do formigueiro*.

bom.bar.de.a.men.to s.m. **1** bombardeio: *Durante o bombardeamento, morreram muitos civis*. **2** ato de atingir um alvo por um fluxo de partículas: *bombardeamento de nêutrons*.

bom.bar.de.ar v.t. **1** lançar bombas ou projéteis: *Bombardearam a capital inimiga*. **2** (Fig.) atacar com críticas ou perguntas: *O jornalista bombardeou os candidatos*.

bom.bar.dei.o s.m. **1** arremesso de bombas ou projéteis de artilharia. **2** (Fig.) arremesso de objetos; ataque: *O juiz sofreu um bombardeio de garrafas*. **3** efeito de atingir um alvo por um feixe de partículas aceleradas: *bombardeio dos núcleos atômicos*.

bom.bar.dei.ro s.m. **1** avião de bombardeio. ♦ adj. **2** que executa bombardeio: *aviões bombardeiros*.

bom.ba-re.ló.gio s.f. artefato explosivo programado para detonar após um tempo prefixado. // Pl.: bombas-relógios e bombas-relógio.

bom.bás.ti.co adj. de forte efeito; sensacional; surpreendente: *O livro não contém nenhuma revelação bombástica*.

bom.be.a.men.to s.m. ato ou efeito de bombear: *bombeamento de ar pros os pulmões*.

bom.be.ar v.t. **1** acionar ou manobrar máquina ou aparelho para injetar uma substância: *O jardineiro começou a bombear o veneno para dentro do formigueiro*. **2** extrair por meio de bomba: *Uma máquina bombeia a água do poço*.

bom.bei.ro s.m. **1** trabalhador de corporação de assistência pública, encarregado de combater incêndios, fazer salvamentos e socorrer acidentados. **2** encanador: *Chamei o bombeiro para consertar a torneira*.

bom.bo s.m. tambor de posição vertical, usado em bandas militares e orquestras, bem como para marcar o ritmo da música popular.

bom-bo.ca.do s.m. doce feito com açúcar, gemas de ovos, leite de coco e coco ralado. // Pl.: bons-bocados.

bom.bom s.m. confeito de chocolate com ou sem recheio.

bom.bo.nei.ra s.f. **1** loja onde se vendem bombons. **2** recipiente próprio onde se guardam bombons.

bom.bor.do (ó) s.m. o lado esquerdo do navio para quem observa da popa.

bom-di.a s.m. a saudação que se faz antes do meio-dia: *O professor nos deu um bom-dia sem entusiasmo*. // Pl.: bons-dias.

bom-tom s.m. conjunto de regras que caracterizam a elegância de maneiras e a boa educação: *Chegar atrasado a uma cerimônia não é de bom-tom*. // Pl.: bons-tons.

borboletear

bo.na.chão *adj.* **1** que é naturalmente bom, simples e paciente: *Era um senhor gordo e bonachão.* **2** que reflete bondade e tolerância: *Ele deu uma risada bonachona.*

bo.nan.ça *s.f.* **1** bom tempo; prosperidade: *Depois da tempestade vem a bonança.* **2** ventura; felicidade; sossego: *A bonança voltou a sorrir em nossas vidas.*

bo.na.par.tis.mo *s.m.* **1** modo de governo de Napoleão Bonaparte (1769-1821). **2** adesão e apoio a Napoleão Bonaparte, à sua dinastia ou ao regime por ele fundado: *O bonapartismo foi uma força política na França.*

bo.na.par.tis.ta *s.2g.* **1** adepto de Napoleão Bonaparte ou do bonapartismo: *Os bonapartistas voltaram ao poder em 1848.* • *adj.* **2** relativo ao imperador francês Napoleão Bonaparte ou ao bonapartismo: *Será que agora teremos um governo bonapartista?*

bon.da.de *s.f.* **1** qualidade de quem é bom; benevolência; indulgência: *A bondade dela nos comovia.* **2** doçura; meiguice: *Trazia no olhar muita bondade.* **3** gentileza; cortesia: *Queira ter a bondade de nos acompanhar.* // Ant.: maldade; ruindade.

bon.de *s.m.* veículo de tração elétrica, fechado ou aberto, que se move sobre trilhos, para transporte urbano de passageiros ou de carga: *Íamos a Copacabana de bonde.* ♦ **pegar o bonde andando** entrar em uma atividade, num empreendimento, após o seu início: *Ele não teve nada a ver com o plano. Já pegou o bonde andando.*

bon.do.so (ô) *adj.* **1** que tem bondade; benévolo; bom: *uma pessoa bondosa.* **2** brando; terno: *Seu olhar bondoso nos cativava.* // Ant.: maldoso.

bo.né *s.m.* cobertura para a cabeça, de copa redonda, com uma pala que protege os olhos.

bo.ne.ca (é) *s.f.* **1** brinquedo de criança feito de trapo, louça, plástico etc., que imita, geralmente, uma forma feminina: *Minha filha ainda brinca com boneca.* (Bras.) **2** mulher bonita: *Que boneca é essa menina!* **3** homem efeminado; homossexual. **4** espiga (de milho) ainda em formação: *Colhíamos as bonecas do milho para brincar.*

bo.ne.co (é) *s.m.* **1** o masculino de boneca. **2** fantoche; marionete: *O funcionário é manipulado como se fosse um boneco.* **3** versão provisória e não impressa de uma obra, revista ou documento: *Antes de mandar a prova para a gráfica, apresentou um boneco do livro ao editor.*

bon.gô *s.m.* instrumento de percussão de origem africana, composto de dois pequenos tambores geminados, de afinações diferentes, tocados com as mãos.

bo.ni.fi.ca.ção *s.f.* **1** gratificação: *Recebi uma bonificação no salário deste mês.* **2** abatimento no valor de uma dívida, concedido como vantagem: *A revendedora está dando bonificações a quem comprar um modelo popular.* **3** distribuição gratuita de ações de uma sociedade anônima que aumentou seu capital: *Os acionistas receberam uma excelente bonificação.*

bo.ni.fi.car *v.t.* gratificar; dar bonificação; premiar.

bo.ni.na *s.f.* (Bras.) planta herbácea de flores vistosas; malmequer.

bo.ni.tão *s.m.* **1** homem muito bonito: *Os bonitões têm mais chance na televisão.* • *adj.* **2** que é muito bonito: *Aquele ator era culto e bonitão.* // Fem.: bonitona.

bo.ni.te.za (ê) *s.f.* qualidade de bonito; beleza: *Ele só fazia olhar a lua e dizer que estava tudo uma boniteza.*

bo.ni.to *s.m.* **1** peixe marinho desprovido de escamas, dorso azul, abdome prateado, carne saborosa. • *adj.* **2** agradável à vista; de bela aparência: *uma paisagem bonita.* **3** viçoso: *Nunca vi um cafezal tão bonito!* **4** brilhante; claro: *Fazia um dia bonito.* **5** interessante; fascinante: *Fez um bonito discurso.* **6** louvável; nobre: *Fez um bonito gesto doando sua biblioteca.* **7** comovente: *Foi a declaração de amor mais bonita que já ouvi.* **8** caprichado; esmerado: *Fizeste um bonito serviço em teu escritório.* **9** censurável: *Bonito papel, Jeremias, discutir com o próprio pai!* • *adv.* **10** bem: *Hoje você falou bonito.* // Ant.: feio.

bo.no.mi.a *s.f.* bondade natural aliada à simplicidade de maneiras: *Aquele senhor se destacava pela sua extraordinária bonomia.*

bon.sai *s.m.* árvore em miniatura, cultivada em pequenos vasos rasos, com técnica japonesa.

bô.nus *s.m. 2n.* **1** título de dívida pública; apólice: *bônus do governo.* **2** cupom que garante desconto no preço de produtos. **3** prêmio concedido por uma empresa a seus acionistas ou empregados; gratificação.

bon-vivant (bom viván) (Fr.) *s.m.* Indivíduo jovial e de trato que ama os prazeres da vida: *Ele sempre foi um perfeito bon-vivant.*

bon.zo *s.m.* monge budista.

boom (bum) (Ingl.) *s.m.* **1** crescimento acelerado nos negócios ou na aceitação de um produto: *Os corretores fizeram uma fortuna incalculável com o boom do mercado de ações.* **2** expansão súbita; sucesso repentino: *A televisão vive um boom do desenho animado.*

boot (but) (Ingl.) *s.m.* (Inf.) processo pelo qual um computador ou periférico é preparado para uso. ♦ **dar um** *boot* dar o procedimento de partida de um computador.

bo.quei.ra *s.f.* (Coloq.) lesão que surge no canto da boca.

bo.quei.rão *s.m.* abertura ou garganta na serra, onde corre um rio: *O inseto, conhecido como mosquito-palha, vive em matas e boqueirões.*

bo.que.jar *v.t.* **1** comentar; murmurar: *Boquejavam que o rapaz era casado.* **2** discutir: *Boquejou com o capataz e foi despedido.* • *int.* **3** conversar: *Os dois meteram-se no mato e aí boquejaram um tempão.* **4** falar baixo; murmurar: *O casal boquejava em um canto.*

bo.qui.a.ber.to (é) *adj.* **1** de boca aberta. **2** estupefato; pasmado: *São palavras que deixam qualquer um boquiaberto.*

bo.qui.lha *s.f.* tubo de marfim ou plástico por onde se fuma o cigarro ou o charuto; piteira.

bor.bo.le.ta (ê) *s.m.* **1** estilo de natação: *Com algumas aulas de natação já sabia o estilo borboleta.* • *s.f.* **2** inseto de grandes asas muito finas e coloridas, que se desenvolve a partir de uma lagarta. **3** aparelho giratório, em forma de cruz, colocado em passagens para controle do fluxo de pessoas; catraca; roleta.

bor.bo.le.te.ar *v.int.* **1** voejar; adejar: *Um inseto borboleteava tranquilo.* **2** vaguear: *Andou borboleteando pela Europa.* **3** devanear: *Passava os dias borboleteando.*

borbotão

bor.bo.tão *s.m.* **1** grande quantidade: *Um borbotão de alunos invadiu o pátio.* **2** jorro: *Sentia nos olhos as lágrimas em borbotões.*

bor.bo.tar *v.t.* **1** lançar com ímpeto: *Ao meio-dia, o portão do grupo escolar borbota um bando de crianças em algazarra.* • *int.* **2** sair com ímpeto: *A água borbotando da fonte.*

bor.bu.lha *s.f.* **1** bolha que um líquido faz ao ferver ou quando nele se desenvolve um gás: *as borbulhas da água fervente.* **2** (Med.) pequeno ponto inflamado sob a pele: *A queimadura deixou-lhe algumas borbulhas.* **3** botão; broto: *borbulha do vegetal.*

bor.bu.lhan.te *adj.* **1** que borbulha; que escorre em borbulhas: *A água minava, borbulhante, da areia muito branca.* **2** (Fig.) buliçoso; agitado: *Lá estava a criançada borbulhante.*

bor.bu.lhar *v.int.* **1** apresentar-se em ebulição; fervilhar: *A água estava fervendo, borbulhando, chiando.* **2** (Fig.) agitar-se: *Mil pensamentos borbulhavam em meu cérebro.*

bor.co (ô) *s.m.* posição voltada para baixo ♦ **de borco** (i) de barriga para baixo: *caiu de borco.* (ii) de boca para baixo: *Carregava uma vasilha de borco sobre a cabeça.*

bor.da (ó) *s.f.* **1** extremidade de uma superfície; beirada; margem: *O derretimento da geleira chegou às bordas do continente.* **2** limite; fronteira: *Chegaram à borda da mata.* **3** orla; franja: *as bordas da toalha.*

bor.da.dei.ra *s.f.* **1** mulher que borda. **2** máquina de bordar.

bor.da.do *s.m.* **1** trabalho em relevo, feito em tecido, com linha ou lã, fios de metal etc.: *Trazia um bordado no bolso esquerdo da blusa.* • *adj.* **2** que apresenta esse trabalho: *usava um vestido bordado.*

bor.dão *s.m.* **1** vara que serve de apoio; bastão; cajado: *O ancião vinha do interior da casa, apoiando-se num bordão.* **2** (Mús.) corda mais grave dos instrumentos musicais de cordas dedilhadas. **3** som grave e ininterrupto. **4** palavra ou frase que se repete a cada passo: *Repetiu a expressão tantas vezes que ela se tornou quase um bordão.*

bor.dar *v.t.* **1** executar bordados em: *Ela bordara todo o enxoval.* (Fig.) **2** enfeitar: *O zagueiro resolveu bordar uma jogada e se deu mal.* **3** criar na imaginação: *O general bordava os fatos com entusiasmo.* • *int.* **4** ter como profissão a arte de executar bordados: *Desde nova borda num ateliê de alta-costura.*

bor.de.jar *v.t.* **1** movimentar-se em torno de; contornar: *O barco ia bordejando a ilha.* **2** situar-se à margem ou ao longo de: *Uma fileira de palmeiras bordejava o pátio.* • *int.* **3** andar à cata de aventuras amorosas. **4** navegar de acordo com o vento: *O veleiro bordejava.*

bor.del *s.m.* casa de prostituição.

bor.de.rô *s.m.* nota de entrega de mercadoria ou valor na forma de extrato de operação comercial ou bancária.

bor.do (ó) *s.m.* **1** interior de barco, avião, trem ou ônibus. **2** cada lado de uma embarcação. ♦ **a bordo** dentro de barco, avião etc.: *Quando estávamos a bordo, enjoávamos muito.*

bor.dô *s.m.* **1** cor do vinho tinto: *Prefiro o bordô ao vermelho.* • *adj.* **2** que tem a cor do vinho tinto: *uma blusa bordô.*

bor.do.a.da *s.f.* **1** pancada com bordão; cacetada; paulada: *O ladrão levou uma bordoada pelas costas.* **2** (Fig.) golpe; revés: *O coitado só leva bordoadas da vida.*

bo.re.al *adj.* do hemisfério norte: *gelados ventos boreais.*

bor.go *s.m.* véu usado pelas mulheres muçulmanas para cobrir o rosto, ficando à mostra apenas os olhos.

bo.ri.ca.do *adj.* (Quím.) que contém ácido bórico: *água boricada.*

bó.ri.co *adj.* (Quím.) derivado do boro: *ácido bórico.*

bor.la (ó) *s.f.* **1** ornamento pendente que consiste num feixe de cordéis ou fios ligados em uma extremidade, formando uma bola da qual pendem os fios. **2** chapéu de doutor: *O bacharel recebeu sua borla do seu padrinho de cerimônia.*

bor.nal *s.m.* sacola para levar provisões; emboral.

bo.ro (ó) *s.m.* (Quím.) elemento químico pouco reativo, conhecido tanto em forma cristalina muito dura, quanto na de um pó amarelo-esverdeado ou marrom, e que ocorre na natureza somente em combinação. // Símb.: B; N. Atôm.: 5.

bo.ro.ro (ô) *s.m.* povo indígena que habita as margens do rio São Lourenço, em Mato Grosso.

bor.ra (ô) *s.f.* substância sólida que, depois de haver estado em suspensão num líquido, se depositou; resíduo: *A borra do café tem uso industrial.*

bor.ra-bo.tas *s.2g.* e *2n.* **1** trapalhão; **2** zé-ninguém.

bor.ra.cha *s.f.* **1** substância elástica feita do látex coagulado de várias plantas, ou por processos químico-industriais: *O Brasil é grande produtor de borracha.* **2** peça feita com essa substância, destinada a vedação: *borracha da panela de pressão.* **3** látex beneficiado, em tabletes, apropriado para apagar traços de desenho ou de escrita: *Trouxe lápis e borracha para a prova.* **4** mangueira: *Usou uma borracha para tirar gasolina do carro.*

bor.ra.cha.ri.a *s.f.* local onde se vendem e se consertam pneumáticos e câmaras de ar.

bor.ra.chei.ro *s.m.* **1** indivíduo que vende e conserta pneus. **2** fabricante ou vendedor de borracha; seringueiro.

bor.ra.cho *adj.* (Coloq.) bêbado; ébrio: *Na hora do almoço, já estava borracho.*

bor.ra.chu.do *s.m.* **1** mosquito negro, de porte minúsculo, cuja picada, muito dolorida, provoca intensa coceira: *Foi picado por um borrachudo.* • *adj.* **2** com consistência de borracha.

bor.ra.do *adj.* **1** manchado: *Chegou com a camisa borrada de café.* **2** meio apagado; desfeito: *O texto ficou todo borrado com suas lágrimas.*

bor.ra.dor (ô) *s.m.* **1** caderneta em que os comerciantes anotam dia a dia as suas operações, que servem de base à escrituração regular: *A lista de débitos estava anotada no borrador.* • *adj.* **2** que borra: *caneta borradora.*

bor.ra.lho *s.m.* **1** braseiro coberto de cinzas: *Assava as batatas no borralho.* **2** lareira.

bor.rão *s.m.* **1** rascunho de um escrito ou desenho: *Sua história ainda era um borrão a ser passado a limpo.* **2** mancha: *O caderno estava cheio de borrões.*

bor.rar *v.t.* **1** manchar com borrões; sujar; enodar: *Pichadores borraram a parede recém-pintada.* • *pron.* (Coloq.) **2** ter medo: *Rufino borrou-se ao pensar na carta anônima.* • *int.* **3** manchar-se de borrões: *Era necessário um papel que não borrasse.* **4** (Coloq.) defecar.

bor.ras.ca s.f. tempestade de chuva ou de neve, violenta e repentina, acompanhada de fortes rajadas de vento: *O navio não suportou a borrasca.*
bor.re.go (ê) s.m. cordeiro novo, com menos de um ano.
bor.ri.fa.dor (ô) s.m. **1** aparelho para borrifar: *Precisava de um borrifador de inseticida.* • adj. **2** que borrifa.
bor.ri.far v.t. **1** molhar com borrifos ou gotículas; salpicar com líquido; orvalhar: *A passadeira borrifa as camisas antes de passá-las a ferro.* **2** lançar: *Um caminhão-pipa da prefeitura vai borrifar água sobre a multidão.*
bor.ri.fo s.m. **1** ato ou efeito de borrifar. **2** pingo; respingo: *Arremataram sua barba com um borrifo de água-de-colônia.*
bor.ze.guim s.m. bota com cano até o meio da perna, fechada por meio de cordões.
bós.nio s.m. **1** quem nasceu ou mora na Bósnia: *Apenas os bósnios chegaram a um acordo.* • adj. **2** natural ou habitante da Bósnia, nos Bálcãs: *O cineasta bósnio anunciou que não fará mais filmes.*
bos.que (ó) s.m. **1** arvoredo denso, de considerável extensão; floresta. **2** conjunto de árvores de mesma espécie; plantação: *um bosque de pinheiros.*
bos.que.jar v.t. delinear; desenhar o esboço de: *É um retrato que venho bosquejando.*
bos.que.jo (ê) s.m. **1** esboço; rascunho: *Sobre a mesa havia uma folha com um bosquejo de poema.* **2** descrição vaga ou genérica de algo.
bos.sa (ó) s.f. **1** (Anat.) saliência na superfície dos ossos do crânio, considerada antigamente como indicadora de certa faculdade, tendência ou aptidão: *bossas cranianas.* (Fig.) **2** estilo; moda: *Versos sem rima foi a grande bossa do Modernismo.* **3** jeito; aptidão: *sempre teve bossa para atriz.* • **bossa nova** estilo musical, criado nos anos 1950, caracterizada pela influência do *jazz* no samba.
bos.ta (ó) s.f. **1** excremento em geral. **2** coisa mal feita ou de qualidade reles. • s.2g. **3** (Fig.) pessoa reles ou desprezível. • interj. **4** expressa contrariedade, frustração: *Bosta! Torci o tornozelo.*
bo.ta (ó) s.f. calçado que envolve o pé, a perna e, às vezes, a coxa.
bo.ta-fo.ra s.m. 2n. ato ou festa de despedida: *Pouca gente compareceu ao bota-fora do atleta.*
bo.tâ.ni.ca s.f. **1** parte da Biologia que estuda os vegetais. **2** conjunto de espécies vegetais: *Estão pesquisando a botânica da região central.*
bo.tâ.ni.co s.m. **1** pessoa especializada em botânica: *Esse é um assunto a ser discutido pelos botânicos.* • adj. **2** relativo aos vegetais: *Essas são plantas pertencentes a outro grupo botânico.* **3** que se especializou em botânica: *Meu pai é botânico.*
bo.tão s.m. **1** a flor antes de desabrochar: *um botão de rosa.* **2** pequena peça, geralmente de formato redondo, que se prega ao vestuário, para unir uma parte à outra ou como enfeite. **3** em instalações elétricas, interruptor. **4** dispositivo para acionar um mecanismo: *Hoje em dia, para tudo que você queira ver funcionando, basta acionar um botão.*
bo.tar v.t. **1** vestir; calçar: *Botou o melhor terno, o melhor par de sapatos e saiu.* **2** pôr para fora; expelir: *Gostava de ver a galinha botar ovo.* **3** pôr; colocar: *Os adolescentes gostam de botar adesivos nas portas.* **4** estabelecer; instalar: *O vendedor botou uma barraca de bugigangas no calçadão.* • int. **5** pôr ovos: *A galinha só bota uma vez por dia.* • **botar abaixo** derrubar. **botar a alma pela boca** estar muito cansado. **botar a boca no mundo** (i) gritar; berrar: *Quando se viu só, botou a boca no mundo.* (ii) delatar: *Se souber de algum ato ilícito, boto a boca no mundo.* **botar a boca no trombone** botar a boca no mundo. **botar fé** acreditar: *Não boto fé nessa seleção.* **botar na rua** expulsar; despedir. **botar pra quebrar** (i) agir com rigor: *Agora que assumi a direção da empresa, vou botar pra quebrar.* (ii) agir com violência, de maneira radical: *Quando a sogra chegou dando ordens, ele botou pra quebrar.*

bovino

bo.te¹ (ó) s.m. pequena embarcação a remo ou a vela: *Usou um bote para pescar no lago.*
bo.te² (ó) s.m. **1** salto da cobra ou de qualquer animal sobre a presa: *o bote da cascavel.* **2** ataque; investida: *bote no contribuinte.*
bo.te.co (é) s.m. (Bras.) botequim de ínfima categoria; birosca: *Um beberrão que só frequenta botecos.*
bo.te.lha (ê) s.f. garrafa.
bo.te.quim s.m. estabelecimento que serve bebidas e pequenos lanches; boteco: *conversa de botequim.*
bo.te.qui.nei.ro s.m. dono de botequim.
bo.ti.ca s.f. estabelecimento onde se preparam ou se vendem medicamentos; farmácia: *A botica da praça já tem mais de cem anos.*
bo.ti.cão s.m. instrumento para arrancar dentes.
bo.ti.cá.rio (Obsol.) s.m. farmacêutico.
bo.ti.ja s.f. vasilha cilíndrica ou bojuda, de boca estreita, gargalo curto e pequena asa. • **com a boca na botija** pegar alguém fazendo alguma coisa que não devia: *Peguei o rapaz com a boca na botija.*
bo.ti.jão s.m. **1** recipiente para armazenar produtos voláteis. **2** recipiente de gás combustível para uso doméstico; bujão de gás.
bo.ti.na s.f. (Bras.) bota de cano curto.
bo.ti.na.da s.f. (Fut.) falta cometida com chutes com intenção de machucar; pontapé: *A defesa adversária só dava botinada.*
bo.to (ô) s.m. (Bras.) **1** golfinho de água doce, de maxilas longas e afuniladas. **2** no folclore amazônico, golfinho encantado, capaz de assumir forma humana para seduzir mulheres.
bo.to.cu.do s.m. **1** indivíduo dos botocudos, índios que usavam botoque e habitavam a Bahia e o Espírito Santo. **2** (Coloq.) indivíduo hostil às maneiras civilizadas; bronco: *Quem não vai à escola se torna um botocudo.*
bo.to.que (ó) s.m. enfeite em forma de argola usado pelos indígenas brasileiros, introduzido em furos artificiais nos lóbulos da orelha, nas narinas e no lábio inferior.
bo.tu.lis.mo s.m. (Med.) envenenamento causado por alimentos inadequadamente enlatados ou conservados e que se manifesta por vômitos, dores abdominais, paralisia muscular etc.
bou.ba s.f. **1** (Med.) doença infecciosa, endêmica em certas regiões rurais, transmitida ao homem por uma pequenina mosca, e que provoca reações semelhantes às da sífilis. **2** escoriação.
bo.ví.deo s.m. (Zool.) **1** espécime dos bovídeos, família de ruminantes que compreende, entre outros animais, os bois e os antílopes. • adj. **2** relativo aos bovídeos.
bo.vi.no s.m. **1** bovídeo: *Em contraste com os bovinos, caprinos e ovinos, o porco fornece um único produto, a carne.* • adj. **2** de ou próprio de boi: *Não gosto de carne bovina.*

bovinocultura

bo.vi.no.cul.tu.ra *s.f.* criação de animais bovinos.
bo.xe[1] /ks/ *s.m.* **1** cada um dos compartimentos de uma cavalariça ou um viveiro: *boxe dos cavalos de corrida.* **2** compartimento destinado aos carros de corrida: *Três mecânicos se queimaram no incêndio ocorrido nos boxes.* **3** compartimento nos banheiros destinado ao banho de chuveiro. **4** cada um de uma série de compartimentos, separados entre si por divisões de madeira ou de outro material, em mercado, garagem, clube etc. **5** em livros e periódicos, texto dentro de um quadrado.
bo.xe[2] /ks/ *s.m.* jogo de ataque e defesa, com luvas, em que os socos seguem certas regras; pugilismo.
bo.xe.a.dor (ô) /ks/ *s.m.* lutador de boxe; pugilista: *A vida do boxeador é um constante dar socos e recebê-los.*
bo.xe.ar /ks/ *v.int.* lutar boxe: *O lutador ensinava-me inúmeros segredos da arte de boxear.*
boy (bói) (Ingl.) *s.m.* office-boy: *Segundo a reportagem, a empresa tem apenas um boy.*
bra.be.za (ê) *s.f.* braveza.
bra.bo *adj.* bravo.
bra.ça *s.f.* unidade de medida de comprimento, equivalente a 1,8288 m.
bra.ça.da *s.f.* **1** aquilo que se pode abranger com os braços; porção: *uma braçada de lenha.* **2** movimento dos braços em natação: *Com poucas braçadas atravessou a lagoa.*
bra.ça.dei.ra *s.f.* distintivo envolvendo o braço: *O jogador queria a braçadeira de capitão.*
bra.çal *adj.* **1** que utiliza a força muscular: *trabalhador braçal.* **2** que se faz com os braços; grosseiro; pesado: *trabalho braçal.*
bra.ce.le.te (ê) *s.m.* argola de adorno usada no braço pelas mulheres; pulseira.
bra.cho.la *s.f.* carne enrolada com recheio.
bra.ço *s.m.* **1** cada um dos membros superiores do corpo humano: *A jogadora de basquete tem braços longos.* **2** parte desse membro entre o ombro e o cotovelo: *Cada membro superior se divide em braço, antebraço e mão.* **3** parte alongada da alavanca. **4** suporte lateral em cadeiras, poltronas, sofás, que serve de apoio: *o braço da poltrona.* **5** cada uma das partes horizontais da cruz. **6** parte estreita de porção de água: *Entrou de canoa por um braço de rio.* **7** o homem considerado como trabalhador braçal: *A lavoura precisa de braços.* **8** esforço; trabalho: *O que tenho conseguido com os meus braços.* **9** ramificação de rio junto ao delta: *Aquele rio tem cinco braços.* **10** extensão ou alcance de poder: *O braço da Cruz Vermelha chega a todos os países em guerra.* ◆ **cruzar os braços** ficar deliberadamente inativo. **dar o braço a torcer** (Bras.) mudar de opinião, reconhecendo um erro: *Convencido de que a verdade era outra, deu o braço a torcer.* **de braços abertos** de modo amistoso. **de braços cruzados** sem fazer nada. **descer o braço em** bater em alguém; meter o braço em: *Com raiva, desceu o braço nele.* **braço de ferro** autoridade exercida com rigor. **braço direito** ajudante indispensável: *O moço era o braço direito do prefeito.*
bra.ço de fer.ro *s.m.* **1** indivíduo que exerce a autoridade com rigor: *O braço de ferro mandou todos para a cadeia.* **2** queda de braço: *Ele é o campeão no braço de ferro.* **3** luta; embate: *O braço de ferro entre as revendedoras começou no mês passado.* // Pl.: braços de ferro.

bra.dar *v.t.* **1** proclamar em voz alta; anunciar: *O senador bradou com ênfase sua revolta.* **2** lançar reclamações ou críticas; protestar: *Trabalhadores bradavam aos patrões as suas reivindicações.* **3** clamar; gritar: *Os náufragos bradavam por socorro.* ● *int.* **4** soltar brados; gritar; berrar: *Pôs-se a bradar como louco.*
bra.do *s.m.* **1** grito; clamor: *O meu apelo foi como um brado no deserto.* **2** apelo; protesto: *Os intelectuais protestavam em veementes brados contra a censura.* **3** chamada; conclamação: *Os trabalhadores deram o seu brado para a mobilização.*
bra.gui.lha *s.f.* abertura dianteira das calças, calções etc.
brai.le *s.m.* **1** sistema de escrita e impressão para cegos que consiste em pontos elevados lidos com a ponta dos dedos. ● *adj.* **2** que representa esse sistema: *alfabeto braile.*
brainstorm (breinstorm) (Ingl.) *s.m.* técnica de discussão em grupo que se utiliza da contribuição espontânea de ideias provenientes dos participantes, com intuito de resolver algum problema.
brâ.ma.ne *s.m.* **1** membro da casta sacerdotal do bramanismo. ● *adj.* **2** que pertence ou se refere aos brâmanes ou ao bramanismo: *sacerdote brâmane.*
bra.ma.nis.mo *s.m.* organização religiosa, política e social dos brâmanes e dos hindus ortodoxos.
bra.mar *v.int.* bramir; bradar; gritar: *O velho rei bramava e suspirava.*
bra.mi.do *s.m.* **1** rugido (de feras e outros animais). **2** grito muito forte; clamor: *Os bramidos partiam do quarto ao lado.*
brâ.mi.ne *s.m.* brâmane.
bra.mir *v.t.* **1** dizer em altos brados: *Os grevistas bramiam palavras de ordem.* ● *int.* **2** dar bramidos (as feras e outros animais); rugir: *O leão, acuado, bramia.* **3** gritar; bradar: *Já vi bestas bramindo nos sertões.* **4** produzir ruído forte: *O mar bramia enfurecido.* **5** exaltar-se; enfurecer-se: *O rapaz bramia de raiva.*
bran.co *s.m.* **1** a cor branca: *O branco é a cor da paz.* **2** pessoa de pele clara. **3** incapacidade de raciocinar ou de lembrar; vazio: *Na hora de responder à questão, me deu branco.* ● *adj.* **4** da cor da neve ou do leite; alvo: *cavalo branco.* **5** diz-se dessa cor: *A cor branca é ideal para os trajes de verão.* **6** pálido em consequência de emoção, trauma etc.; lívido; descorado: *ficou branca de medo.* **7** incolor; transparente; translúcido: *copo de vidro branco.* **8** diz-se de algo que tem cor mais clara em relação às coisas da mesma espécie: *vinho branco.* **9** diz-se de certas carnes, como as de aves e peixes: *A nutricionista prescreveu uma dieta com carne branca.* **10** isento de características malévolas: *magia branca.* ◆ **em branco** (i) diz-se do papel ou documento em que não há nada escrito: *Assinou uma carta em branco.* (ii) diz-se do cheque não preenchido: *Assinei um cheque em branco.* (iii) em claro: *Passei a noite em branco.* (iv) sem realizar nada: *Ele passou anos em branco.*
bran.cu.ra *s.f.* qualidade do que é branco; branquidão; alvura: *Era notável a brancura de sua roupa.*
bran.dir *v.t.* **1** erguer (uma arma) antes do arremesso ou disparo: *Um dos homens brandia uma pistola automática.* **2** agitar (as mãos, os punhos): *O chefe brandia os punhos como louco.* **3** acenar com qualquer objeto: *Brandiu a bandeira branca.* ● *int.* **4** oscilar; vibrar: *Com o vento, as hastes do bambu brandiam.*

bran.do *adj.* **1** meigo; terno; afável: *A garota tinha um olhar brando.* **2** mole; complacente: *Seu coração ficou mais brando.* **3** pouco intenso: *fogo brando.* **4** ameno; suave; agradável: *um vento brando.* **5** delicado: *gestos brandos.* **6** frouxo; pouco rigoroso: *O discurso do promotor foi considerado brando.*

bran.du.ra *s.f.* **1** meiguice; suavidade: *Agradava-nos a brandura de seus gestos.* **2** bondade; complacência: *São razões que nada têm a ver com a suposta brandura daquele povo.*

bran.que.a.dor *s.m.* **1** quem ou o que branqueia: *O branqueador tirou as manchas da roupa.* • *adj.* **2** que branqueia: *produto branqueador.*

bran.que.a.men.to *s.m.* ato ou efeito de branquear: *Reuniu as melhores soluções para branqueamento das roupas.*

bran.que.ar *v.t.* **1** tornar branco ou mais branco: *Usava produtos com cloro para branquear a roupa.* **2** cobrir ou pintar de branco: *branquear as paredes com cal.* • *int.* **3** tornar-se branco; alvejar: *Seus cabelos branquearam de repente.*

brân.quia *s.f.* (Zool.) cada um dos órgãos pregueados, com inúmeros filamentos, da faringe dos peixes e de muitos anfíbios, responsável pela absorção do oxigênio da água; guelra.

bran.qui.nha *s.f.* (Coloq.) pinga; cachaça; aguardente: *Meu avô gostava de uma branquinha.*

bra.qui.á.ria *s.f.* gênero de gramíneas de folhas curtas.

bra.qui.ó.po.de *s.m.* (Zool.) **1** espécime dos braquiópodes. • *pl.* **2** classe de invertebrados marinhos extintos, dotados de uma concha calcária formada pela conjunção de duas valvas.

bra.sa *s.f.* carvão incandescente: *A carne foi assada na brasa.* • **em brasa** incandescente; irado; faiscante: *Tinha os olhos em brasa.*

bra.são *s.m.* **1** insígnia ou distintivo de pessoa ou família nobre: *A família não tinha nenhum brasão.* **2** conjunto de peças, figuras e ornatos que representam as armas: *o brasão do Império.*

bra.sei.ro *s.m.* **1** grande porção de brasas: *O faquir anda sobre o braseiro.* **2** fogareiro: *Enquanto o marido cuida do braseiro, a mulher serve os fregueses.*

bra.si.lei.ris.mo *s.m.* **1** modo de ser brasileiro; caráter brasileiro: *O brasileirismo deste filme tem uma força especial.* **2** palavra, expressão ou acepção própria do português do Brasil: *Os brasileirismos, como os estrangeirismos incorporados à língua, enriquecem-na.*

bra.si.lei.ro *s.m.* **1** pessoa que nasceu ou mora no Brasil: *O brasileiro é sambista por natureza.* • *adj.* **2** do Brasil: *César Lates foi um dos maiores cientistas brasileiros.*

bra.si.li.a.na *s.f.* conjunto de obras sobre o Brasil.

bra.si.li.a.nis.ta *s.2g.* estrangeiro estudioso de assuntos brasileiros.

bra.si.lí.co *adj.* típico das raízes do Brasil e dos brasileiros: *Saboreou a caipirinha, aperitivo brasílico.*

bra.si.li.da.de *s.f.* sentimento de amor ao Brasil: *"Quero expressar a minha brasilidade", diz a cantora.*

bra.si.li.en.se[1] *adj.* de ou relativo ao Brasil.

bra.si.li.en.se[2] *s.2g.* **1** pessoa que nasceu ou mora em Brasília: *Os brasilienses estão acostumados com o clima seco.* • *adj.* **2** de ou relativo a Brasília (capital do Brasil): *O clima brasiliense é seco.*

bra.sis *s.m. pl.* as terras do Brasil: *Anote num caderninho as coisas que acontecem por estes brasis.*

bra.va.ta *s.f.* atitude ou palavra arrogante que visa a intimidar.

bra.va.te.ar *v.int.* dizer bravatas: *O delegado vivia bravateando.*

bra.ve.za *s.f.* **1** qualidade do que ou de quem é bravo; bravura; valentia. **2** ferocidade; selvageria: *A braveza de alguns homens se assemelha à dos animais.*

bra.vi.o *adj.* **1** agitado; revolto: *mar bravio.* **2** agreste; hostil: *as florestas bravias do Amazonas.* **3** bruto; selvagem: *Eram atitudes próprias de animais bravios.*

bra.vo *s.m.* **1** pessoa valente, corajosa: *Os bravos também morrem.* • *adj.* **2** severo: *Ele tinha um pai muito bravo.* **3** irado; bronqueado: *Fiquei muito bravo com meu irmão.* **4** valente; corajoso; intrépido: *Os nossos bravos soldados venceram a guerra.* **5** feroz: *Era um cão muito bravo.* **6** selvagem; não domado: *potro bravo.* **7** agitado; turbulento; bravio: *O mar estava cada vez mais bravo.* **8** agreste; denso: *O caçador enfrentou aqueles matos bravos.* **9** não comestível: *mandioca brava.* **10** difícil de curar; resistente: *ferida brava.* **11** muito forte; intenso; violento: *chuva brava.* • *interj.* **12** expressa aprovação; muito bem!: *Bravo! Você acertou na mosca!*

bra.vu.ra *s.f.* **1** qualidade de bravo; coragem; valentia: *A bravura dos nossos jogadores impressionava.* **2** firmeza; resistência: *O comandante se destacava pela bravura moral.*

bre.a.do *adj.* **1** revestido de breu: *Os archotes são feitos com cordas de esparto breadas.* **2** (Bras.) sujo (geralmente com substância pegajosa ou oleosa); besuntado: *chegou com os sapatos breados de lama.*

bre.ca (é) (Coloq.) cãibra. • **com a breca** com os diabos: *Com a breca! Como pôde fazer uma coisa assim!* **levado da breca** muito travesso: *A filha mais velha é levada da breca.*

bre.ca.da *s.f.* ato de frear com o breque: *Com a brecada, o passageiro se assustou.*

bre.car *v.t.* **1** fazer parar sob a ação de freios; frear: *Brecou o ônibus em cima da faixa.* **2** impedir; conter: *O governo quer brecar a inflação.* • *int.* **3** parar bruscamente; frear: *Uma caminhonete que vinha atrás brecou para evitar uma batida.*

bre.cha (é) *s.f.* **1** fenda ou abertura: *Os ratos entravam por uma brecha do assoalho.* **2** espaço aberto: *A defesa abriu uma brecha enorme por onde penetrou o ataque adversário.* **3** intervalo; pausa: *Esperou uma brecha no tráfego para atravessar a avenida.* **4** (Coloq.) oportunidade: *Aguardo uma brecha no serviço da prefeitura.*

bre.chó *s.m.* loja onde se vendem roupas e objetos usados: *Comprei este móvel no brechó.*

brech.ti.a.no *adj.* do ou relativo ao dramaturgo alemão Bertolt Brecht (1898-1956): *É famoso o teatro brechtiano.*

bre.ga (é) *s.m.* **1** (Coloq.) estilo cafona; mau gosto: *O brega está na moda.* **2** quem é adepto desse estilo. • *adj.* **3** cafona; de mau gosto: *um cantor brega.*

bre.gui.ce *s.f.* qualidade daquilo ou daquele que é brega; cafonice: *Alguns acham que há breguice nas sandálias de salto alto daquela garota.*

bre.jal *s.m.* brejo extenso; pantanal: *Era um brejal cheio de cobras.*

brejeirice

bre.jei.ri.ce s.f. jeito ou ar gaiato, brincalhão; malícia: *a brejeirice da mulher brasileira*.
bre.jei.ro s.m. **1** quem trabalha em brejo: *Os brejeiros agricultores são corajosos*. **2** indivíduo travesso, maroto, brincalhão. **3** indivíduo malicioso. **4** indivíduo vadio, vagabundo. **5** indivíduo desonesto; patife. • *adj.* **6** relativo ou pertencente a brejo: *vegetação brejeira*. **7** travesso; maroto; brincalhão: *Seu sorriso brejeiro cativava a todos*. **8** malicioso: *Observa as meninas de maiô com um olhar brejeiro*. **9** vadio; vagabundo: *Foi um menino brejeiro e um adulto sério*. **10** desonesto; patife: *O funcionário brejeiro aplicou um golpe no banco*.
bre.jo (é) s.m. terreno alagadiço ou pantanoso: *Sapo gosta de brejo*. • **ir para o brejo** ser malsucedido; falhar: *O empreendimento foi para o brejo*.
bre.nha s.f. mata espessa; matagal: *metia-se em touceiras de brenha grossa, afastando galhos com a mão*.
bre.que (é) s.m. (Bras.) **1** freio mecânico: *Pisou no breque e parou o carro*. **2** no samba, interrupção do desdobramento melódico para a intercalação de frases: *samba de breque*.
bre.tão s.m. **1** pessoa que nasceu ou mora na Grã-Bretanha. **2** língua de origem celta, falada pelos bretões, na França. • *pl.* **3** povo originário da antiga Britânia, atual Grã-Bretanha: *Os romanos se assenhorearam dos gauleses e bretões*. • *adj.* **4** da Bretanha (França): *Trabalhava num restaurante bretão*. **5** da Grã-Bretanha ou da Inglaterra: *O futebol é conhecido por esporte bretão*. // Fem.: bretã.
breu s.m. **1** substância negra betuminosa obtida pela evaporação parcial ou destilação da hulha: *Havia breu na bucha do bidê*. **2** (Fig.) escuridão: *Estava um breu no interior do castelo*.
bre.ve (é) s.m. **1** documento pontifício onde se registra decisão de cunho particular. **2** (Bras.) escapulário que encerra oração; bentinho. • *s.f.* **3** figura musical equivalente a duas semibreves. • *adj.* **4** de curta duração: *alegria breve*. **5** de pequena extensão: *uma breve estrada de terra*. **6** sucinto: *um breve manual de geometria*. **7** (Fon.) diz-se de fonema que se realiza em menos tempo do que outro fonema da mesma língua, com os mesmos traços distintivos. • *adv.* **8** em pouco tempo: *Breve estaremos de volta*.
bre.vê s.m. habilitação para pilotar aviões: *Ele tem brevê de piloto privado*.
bre.vi.á.rio s.m. **1** conjunto de orações e leituras prescritas pela Igreja Católica aos colégios maiores e religiosos, que devem ser recitadas diariamente: *Padres de batinas negras rezam o breviário pelos corredores*. **2** livro que contém essas orações e leituras: *Ganhou um breviário da madre*.
bre.vi.da.de s.f. **1** curta duração: *a brevidade da vida*. **2** concisão; resumo: *Brevidade é uma das qualidades deste trabalho*. **3** (Bras.) bolinho assado feito de polvilho, açúcar e ovos.
bri.ca.bra.que s.m. loja que compra e vende objetos usados: *Comprava imagens barrocas num bricabraque*.
bri.co.la.gem s.f. trabalho ou conjunto de trabalhos manuais de artesanato: *Minha tia estava tendo aulas de bricolagem*.
bri.da s.f. rédea. • **a toda a brida** em disparada: *cavalgada a toda a brida*.

bri.dão s.m. freio que consta apenas do bocal, articulado no meio ou rígido: *Segurava firme a guia presa ao bridão do cavalo em galope*.
bridge (bridje) (Ingl.) s.m. jogo de cartas de origem inglesa, entre quatro jogadores, dois a dois como parceiros, com um baralho completo de 52 cartas.
briefing (brifim) (Ingl.) s.m. conjunto de informações e determinações para a execução de um trabalho: *O fabricante fez um briefing de seu produto para a realização de um anúncio*.
bri.ga s.f. **1** rixa: *Assistíamos a uma briga de moleques*. **2** discussão; desentendimento: *Não entro em briga de marido e mulher*. **3** disputa: *Havia uma briga pelo cargo público*.
bri.ga.da s.f. **1** corpo militar, geralmente composto de dois regimentos: *Faz parte da brigada de paraquedistas*. **2** grupo de pessoas mobilizadas em torno de um mesmo objetivo: *brigada de incêndio*.
bri.ga.dei.ro s.m. **1** um dos postos da hierarquia militar da Aeronáutica: *O capitão da Aeronáutica morreu sem ter sido promovido a brigadeiro*. **2** (Bras.) doce que consiste em bolinhas de chocolate e leite condensado cobertas com chocolate granulado: *Brigadeiro é um docinho de festa*.
bri.gão s.m. **1** quem briga: *Passou uma descompostura nos brigões*. • *adj.* **2** que é dado a brigas; briguento: *Não fica bem para um deputado ser brigão*. **3** valente; feroz: *No boxe, era como um touro brigão*.
bri.gar v.t. **1** combater; enfrentar: *brigou com o ladrão*. **2** entrar em atrito; disputar; discutir: *Brigou com a família e saiu de casa*. • *int.* **3** lutar; discordar; divergir: *O casal brigava muito*.
bri.guen.to s.m. e adj. brigão.
bri.lhan.te s.m. **1** diamante lapidado: *anel de brilhantes*. • *adj.* **2** reluzente; cintilante: *Vimos um objeto brilhante sobre a mesa*. **3** notável; magnífico: *Era um poeta brilhante*. **4** feliz; próspero: *Hei de ter um brilhante futuro*. **5** que sobressai pelo talento ou pela inteligência: *Ela sempre foi uma aluna brilhante*.
bri.lhan.ti.na s.f. cosmético graxoso e perfumado, próprio para assentar e dar brilho ao cabelo: *Sempre usava brilhantina quando se penteava para sair*.
bri.lhan.tis.mo s.m. **1** qualidade do que é brilhante; cintilação; brilho: *O brilhantismo da pedra ofuscava nosso olhar*. **2** grande luxo; suntuosidade; esplendor: *O brilhantismo da festa*. **3** habilidade; talento: *Não se pode ignorar o brilhantismo de nossas atrizes*.
bri.lhar v.int. **1** resplandecer; fulgurar: *O sol brilhou intensamente*. **2** manifestar-se; transparecer: *A alegria brilhava nos seus olhos*. **3** refletir luz: *Seus olhos brilhavam à luz do luar*. **4** destacar-se; distinguir-se: *Nossos atletas brilharam nas Olimpíadas*.
bri.lho s.m. **1** luz viva; cintilação: *o brilho do sol*. **2** luz refletida de um corpo natural ou artificialmente resplandecente: *O brilho da lua penetra pela janela*. // Ant.: opacidade. // **3** grande luxo; esplendor: *A festa deste ano não teve o mesmo brilho*. **4** habilidade; talento: *O brilho individual dos jogadores superou a falta de conjunto*.
brim s.m. tecido encorpado de algodão.
brin.ca.dei.ra s.f. **1** divertimento, especialmente de criança; jogo; entretenimento: *A turma havia descoberto uma nova brincadeira*. **2** gracejo; pilhéria; zombaria:

144

brochura

Pus-lhe um bilhete nas costas, e ele não gostou da brincadeira. **3** coisa sem importância: Resolver vinte questões em meia hora é brincadeira! **4** algo sem validade: A aposta não foi para valer, era só brincadeira. **5** coisa de fácil resolução: Esta equação é brincadeira para mim. • **brincadeira de mau gosto** ato degradante ou que causa mal-estar: Fizeram uma brincadeira de mau gosto com a professora, e ela chorou. **cair na brincadeira** cair na folia: No carnaval, só queria saber de cair na brincadeira. **de brincadeira** sem ser a sério: Não se ofenda, porque ele só falou de brincadeira. **não estar pra brincadeiras** (i) não querer ser incomodado com coisas inoportunas: Encontra-se concentrado e não está para brincadeira. (ii) estar de mau humor: Deixe ele quieto, porque não está para brincadeiras. **não ser brincadeira** (i) ser de difícil execução: Esta tarefa não é brincadeira. (ii) ser sério: Sua doença não foi brincadeira. **não ser de brincadeira** (i) ser exigente: Aquele professor, na hora das provas, não é de brincadeira. (ii) ser mal-humorado: Não desafie o inspetor, pois ele não é de brincadeira.
brin.car v.t. **1** entreter-se; ocupar-se de: Brincava distraído com o lápis. **2** caçoar; zombar: Não brinque com as pessoas mais velhas. **3** fingir uma situação real; encenar; exercer o papel: Quando eu era criança brincava de diretor de filmes. • int. **4** recrear-se; divertir-se: A criança brincava alegre. • **brincar com fogo** tratar levianamente coisas perigosas. **brincar em serviço** não levar a sério uma atividade.
brin.co s.m. **1** adorno que se usa preso ao lóbulo da orelha: brinco de ouro. **2** (Fig.) coisa delicada, ou muito bonita: Este major tem uma propriedade que é um brinco.
brin.co-de-prin.ce.sa s.m. planta ornamental de flores vistosas de cor vermelha com núcleo violáceo; fúcsia.
brin.dar v.t. **1** fazer um brinde: Brindamos o diretor pelo seu aniversário. **2** presentear; homenagear: A prefeitura brindou os professores com um dicionário.
brin.de s.m. **1** homenagem com bebida e palavras de saudação: Primeiro pensaram em fazer um brinde com vinho branco. **2** dádiva; presente: As crianças pobres receberam brindes no Natal. • **de brinde** de graça; como brincadeira: Quem comprasse um carro levava um rádio de brinde.
brin.que.do (ê) s.m. **1** objeto para divertimento de crianças: um brinquedo de plástico. **2** jogo de criança; brincadeira: Vejam se inventam um brinquedo! **3** coisa sem importância; brincadeira: Estudar não é brinquedo. • **de brinquedo** (i) imitativo; falso: Era um carro de brinquedo. (ii) dado a brincadeiras; fácil de levar; bonachão: Essa professora não é de brinquedo.
bri.o s.m. **1** sentimento de dignidade: Sou um homem de brio. **2** coragem; bravura: O time se encheu de brio e entrou em campo muito determinado. **3** garbo: Cavalgar requer brio e destreza.
bri.o.che (ó) s.m. pãozinho muito macio, feito com farinha, açúcar, ovos, manteiga e fermento.
bri.ó.fi.ta s.f. (Bot.) planta clorofilada não florescente, que se reproduz por esporos e por células sexuais, como, por exemplo, o musgo.
bri.o.so (ô) adj. **1** valente; corajoso: Nosso brioso povo não recua à primeira dificuldade. **2** digno. **3** elegante; garboso (o cavalo).

bri.o.zo.á.rios s.m. pl. (Biol.) espécime dos briozoários; grupamento zoológico de seres minúsculos, que vivem em colônias em forma de planta e incrustam-se em rochas de águas salgadas ou doces.
bri.sa s.f. vento brando; aragem: Pela janela entrava a brisa fresca vinda do mar.
bri.ta s.f. material resultante da fragmentação de pedra, com diâmetros entre 5 e 100 mm, usado sobretudo em concretagem.
bri.ta.dei.ra s.f. **1** máquina usada em pedreiras para a produção de pedra britada: A britadeira trabalha sem parar. **2** máquina elétrica usada para quebrar asfalto, concreto etc.: O barulho da britadeira é irritante.
bri.ta.do adj. fragmentado; triturado: pedra britada.
bri.ta.dor (ô) s.m. **1** britadeira. **2** operário que trabalha com a britadeira: A prefeitura contratou alguns britadores.
bri.ta.gem s.f. fragmentação, trituração de pedras.
bri.tâ.ni.co s.m. **1** pessoa que nasceu ou mora na Grã-Bretanha (Inglaterra, Escócia, País de Gales), ou no Reino Unido (Grã-Bretanha e Irlanda do Norte): Os britânicos apreciam o bom uísque. • adj. **2** natural ou habitante da Grã-Bretanha (Inglaterra, Escócia, País de Gales), ou do Reino Unido (Grã-Bretanha e Irlanda do Norte), ou do Império Britânico: súditos britânicos. **3** natural ou habitante da Inglaterra: Deve ser ressaltada a abertura de visão do general britânico. **4** do ou relativo ao inglês: o parlamento britânico. **5** típico dos ingleses: a pontualidade britânica.
bri.tar v.t. quebrar; triturar; fragmentar: trabalham britando pedra.
bro.a (ô) s.f. pão arredondado, geralmente feito de farinha de milho ou fubá: A broa de milho está deliciosa.
bro.ca (ó) s.f. **1** instrumento para fazer perfurações: Para facilitar a colocação de parafusos usamos broca de 8 mm. **2** instrumento rotatório para perfuração de dentes e limpeza de cavidades dentárias: No dentista, a broca é o instrumento mais temido. **3** furo; buraco; orifício: Havia duas brocas na madeira. **4** designação genérica dos insetos que corroem livros, madeira, vegetais: tentou combater a broca com querosene.
bro.ca.do s.m. tecido de seda com desenhos em relevo de fios de ouro e de prata: almofada de brocado.
bro.car v.t. **1** furar com broca: As balas brocaram a parede da frente. **2** roçar; lavrar: brocava a terra, plantava e depois colhia os legumes.
bro.car.do s.m. provérbio: gostava de citar brocardos e parábolas.
bro.cha (ó) s.f. prego curto de cabeça larga e chata; tacha.
bro.char v.t. **1** pregar brochas em. **2** encadernar com capa mole.
bro.che (ó) s.m. adorno de metal ou pedraria, com alfinete e fecho, que se prende nas vestes: espetou o broche na lapela.
bro.che.te (é) s.f. **1** espeto para grelhar ou assar carne, peixe etc. **2** o alimento preparado nesse espeto: Pediu uma brochete de camarão com arroz à grega.
bro.chu.ra s.f. **1** sistema de encadernação que consiste em prender folhas impressas com costura, grampos ou cola, colocando-se uma capa mole, flexível: é especialista em brochura e trabalha no museu. **2** livro com essas características: É uma brochura de 30 páginas com o discurso de posse do novo presidente.

brócolis

bró.co.lis *s.m. pl.* **1** planta hortense da família das couves, de folhas rijas verde-escuras, talos grossos, botões de flor em forma de buquê: *Temos brócolis plantados no fundo do quintal*. **2** as flores dos brócolis: *Comeram polvo com arroz e brócolis*.
bró.co.los *s.m. pl.* brócolis.
bro.ma.to *s.m.* (Quím.) sal de ácido brômico: *bromato de potássio*. // O ácido que dá origem a esse sal tem na sua fórmula três ácidos de oxigênio (HbrO$_3$).
bro.mé.lia *s.f.* (Bot.) gênero de planta rastejante, de folhas rígidas dispostas em roseta, flores coloridas, fruto em cápsula ou em baga.
bro.me.li.á.cea *s.f.* (Bot.) **1** espécime das bromeliáceas. • *pl.* **2** família de ervas tropicais, que têm folhas alongadas muitas vezes espinhosas e flores em densas espigas ou cachos coloridos.
bro.me.to (ê) *s.m.* (Quím.) sal de ácido bromídrico: *brometo de prata*. // O ácido que dá origem a esse sal não possui oxigênio em sua fórmula (Hbr).
bro.mí.dri.co *adj.* (Quím.) ácido resultante da combinação do bromo com o hidrogênio.
bro.mo *s.m.* (Quím.) elemento químico, líquido, vermelho-escuro, com vapores vermelhos irritantes, muito reativo e venenoso. // Símb.: Br; N. Atôm.: 35.
bron.ca *s.f.* (Bras.) **1** reprimenda: *Ele estava cansado de levar bronca da mãe*. **2** protesto; reclamação: *A gente precisa dar a bronca para que a situação se resolva*. **3** indignação; zanga: *A única bronca do time era com a arbitragem*.
bron.co *s.m.* **1** indivíduo obtuso; imbecil: *Os broncos só diziam bobagens*. • *adj.* **2** curto de inteligência: *Era tão bronco que não aprendeu a tabuada do cinco*. **3** inculto; rude; ignorante: *Não se adaptou no meio daquela gente bronca*.
bron.co.di.la.ta.dor (ô) *s.m.* substância que causa relaxamento do músculo bronquial, permitindo expansão da passagem de ar: *Aquele xarope é um broncodilatador usado para facilitar a respiração*.
bron.co.pneu.mo.ni.a *s.f.* (Med.) inflamação dos brônquios e alvéolos pulmonares, causada por infecção microbiana.
bron.que.a.do *adj.* (Gír.) aborrecido; irritado: *O jogador estava bronqueado com o juiz*.
bron.que.ar *v.t.* (Gír.) dar bronca; repreender; censurar: *As pessoas bronqueiam comigo, dizendo que sou teimoso*.
bron.qui.al *adj.* dos ou relacionado com os brônquios: *secreção bronquial*.
brôn.qui.co *adj.* **1** dos brônquios: *Ocorre a drenagem espontânea do abscesso para a árvore brônquica*. **2** que afeta os brônquios: *asma brônquica*.
brôn.quio *s.m.* (Anat.) cada um dos dois canais em que se bifurca a traqueia e que se ramificam nos pulmões, levando-lhes oxigênio.
bron.quí.o.lo *s.m.* (Anat.) ramificação dos brônquios.
bron.qui.te *s.f.* (Med.) inflamação dos brônquios.
bron.quí.ti.co *adj.* de ou relacionado com bronquite: *acesso de tosse bronquítica*.
bron.tos.sau.ro *s.m.* espécie de dinossauro herbívoro do período Jurássico Inferior que media até 22 metros.
bron.ze *s.m.* **1** (Quím.) liga de cobre, estanho e, eventualmente, de outros elementos: *O bronze serve de matéria-prima para moedas*. **2** escultura ou busto fundidos em bronze: *A praça era ornamentada de bronzes artísticos*. **3** sino: *Soaram os bronzes à meia-noite*. **4** a cor do bronze: *decoração com predominância do bronze*. **5** (Gír.) a cor morena da pele obtida pela exposição ao sol; bronzeado: *Depois do verão, ela adquiriu o maior bronze*. **6** medalha que, numa competição, corresponde ao prêmio de terceiro colocado: *terminou a prova em terceiro lugar e garantiu o bronze*. ✦ **de bronze** (i) forte; resistente: *A cabocla gerava filhos de bronze*. (ii) impassível; insensível; duro: *No seu rosto de bronze não se via alegria*.
bron.ze.a.do *s.m.* **1** cor semelhante à do bronze; moreno: *O bronzeado de sua pele me atraía*. • *adj.* **2** da cor do bronze por causa do sol; trigueiro: *Seu corpo ficou bronzeado em um dia de praia*.
bron.ze.a.dor (ô) *s.m.* preparado que favorece o bronzeamento: *Bronzeador com fator de proteção é o mais indicado*.
bron.ze.a.men.to *s.m.* escurecimento da pele provocado pelo sol ou por processos artificiais: *A modelo fez bronzeamento artificial para as fotos*.
bron.ze.ar *v.t.* **1** tornar da cor do bronze; amorenar: *Médicos desaconselham lâmpadas de bronzear o corpo*. • *pron.* **2** tomar a cor do bronze; tornar-se moreno: *Todos estavam relaxados e dispostos a se bronzear*.
brôn.zeo *adj.* **1** de bronze: *Na lápide brônzea, o nome do presidente ilustre*. **2** que tem a cor de bronze: *Observava a estátua brônzea na praça*.
bro.tar *v.t.* **1** emanar; surgir: *De nossas cinzas brotarão outras vidas*. **2** jorrar: *O sangue brotava das feridas*. • *int.* **3** germinar: *Os galhos da laranjeira brotaram viçosos*.
bro.to (ô) *s.m.* **1** órgão que brota nos vegetais e se desenvolve em ramificações com folhas ou flores; rebento: *broto de bambu*. **2** (Gír.) pessoa muito jovem; rapaz ou moça: *Era comum ver pessoas já grisalhas olhando os brotos*.
bro.to.e.ja (ê) *s.f.* erupção cutânea formada por pequenas vesículas.
brownie (bráuni) (Ingl.) *s.m.* bolo de chocolate.
browser (bráuser) (Ingl.) *s.m.* (Inf.) tipo de aplicativo ou programa que permite acessar a *Web* e utilizar seus serviços; navegador.
bro.xa (óch) *s.m.* pincel grosso, de pelos ordinários, usado em pintura de parede.
bro.xar /ch/ *v.t.* pintar com broxa ou pincel grosso.
bru.a.ca *s.f.* **1** (Bras.) bolsa de couro para transporte de cereais e outros produtos sobre cavalgadura: *Levava os livros numa bruaca*. **2** (Coloq.) mulher feia e má: *Aquela bruaca me pagá!*
bru.a.quei.ro *s.m.* (Bras.) **1** animal que transporta bruacas: *O patrão nos arranjou uns bruaqueiros que só fazem atrasar o serviço*. **2** indivíduo que transporta mantimentos das roças para os povoados: *Os bruaqueiros descarregaram suas mercadorias na feira*.
bru.ce.lo.se (ó) *s.f.* (Med.) doença infecciosa comum aos bovinos, caprinos, suínos e cães, que a transmitem ao homem, caracterizada por fraqueza, suores noturnos, calafrios, febres e dores generalizadas: *Há boas vacinas contra a brucelose*.
bru.ços *s.m. pl.* posição deitada com a barriga de encontro ao chão. ✦ **de bruços** deitado com o ventre e o rosto para baixo: *deitado de bruços*.

búfalo

bru.cu.tu s.m. (Bras.) **1** veículo blindado usado pela polícia. **2** (Coloq.) pessoa de atitudes grosseiras: *Chegaram dois brucutus pedindo cachaça.*

bru.ma s.f. nevoeiro; neblina; cerração: *A bruma impedia nossa visão.*

bru.mo.so (ô) adj. **1** que tem bruma: *um dia brumoso.* **2** mal definido; pouco nítido: *Dedicava-se a atividades um tanto brumosas.*

bru.nir v.t. polir; tornar brilhante: *brunia o latão com sapólio.*

brus.co adj. **1** arrebatado; impetuoso: *Fez um movimento brusco.* **2** áspero; ríspido: *Falou comigo num tom brusco.* **3** repentino; súbito: *brusco aumento de preços.* **4** muito acentuado: *O carro fez uma curva brusca.*

bru.tal adj. 2g. **1** rude; grosseiro: *Contrariado, ele tomou atitudes brutais.* **2** cruel; desumano; perverso: *Era uma criatura brutal e sanguinária.* **3** muito grande: *Seu tamanho era brutal.* **4** muito forte; excessivo: *Fazia um calor brutal.* **5** violento; radical: *Houve um corte brutal no fornecimento de cestas básicas.*

bru.ta.li.da.de s.f. **1** violência; ato brutal: *Foi impressionante a brutalidade com que arrombou a porta.* **2** grosseria; incivilidade: *Ele vivia a dizer brutalidades às pessoas.*

bru.ta.li.zar v.t. **1** tratar com brutalidade: *Grosseiro, brutalizou a freguesa sem motivo.* **2** tornar rude ou grosseiro; embrutecer: *O instrutor garante que o caratê não brutaliza a mulher.* • pron. **3** tornar-se bruto: *Afastando-se de Deus, os homens se brutalizam.*

bru.ta.mon.tes s.2n. **1** indivíduo bruto, selvagem: *Parecia alucinado e agia como um brutamontes.* **2** homem alto e corpulento: *Ao sair, esbarrei num brutamontes e cambaleei.*

bru.te.za (ê) s.f. **1** rusticidade: *O seu jardim não tinha nada com a bruteza do sertão.* **2** rudeza: *A bruteza do meu falar incomodava a todos.*

bru.to s.m. **1** indivíduo considerado bárbaro ou selvagem: *Os brutos também amam.* **2** animal selvagem; bicho: *Viviam no mato, como os brutos irracionais.* • adj. **3** tal qual é encontrado na natureza; sem beneficiamento: *madeira bruta.* **4** violento: *Ele só tem força bruta.* **5** sem decréscimo ou abatimento; integral: *renda bruta.* **6** agreste; selvagem; bravio: *Penetramos naquele sertão bruto.* **7** sem educação; grosseiro; violento: *Casou-se com um homem muito bruto.* **8** (Gír.) muito forte; intenso: *Fizera um bruto esforço inutilmente.*

bru.xa /ch/ s.f. **1** mulher que faz bruxarias; feiticeira. **2** mulher má ou feia: *Aquela bruxa falou mal de mim.* (Bras.) **3** mariposa de cor escura: *Pensei que fosse uma bruxa, mas era uma borboleta comum.* **4** boneca de pano: *Ela brincava com sua bruxinha de pano.*

bru.xa.ri.a /ch/ s.f. **1** prática de feitiçaria; prática de magia negra: *O rei mandava dar chibatadas nas mulheres suspeitas de prática de bruxaria.* **2** acontecimento sem explicação, atribuído a artes diabólicas ou a entes sobrenaturais: *Começaram a aparecer objetos estranhos em sua cama, parecendo até bruxaria.*

bru.xis.mo /ch/ s.m. (Med.) hábito de ranger os dentes durante o sono: *sofria de bruxismo.*

bru.xo /ch/ s.m. feiticeiro; mago: *O bruxo é o personagem principal do filme.*

bru.xu.le.an.te /ch/ adj. **1** que oscila frouxamente; que bruxuleia: *A luz bruxuleante das velas mal iluminava o pequeno quarto.* **2** que está em processo de extinção: *Ainda vemos em alguns estados manifestações de nossas tradições bruxuleantes.*

bru.xu.le.ar /ch/ v.int. brilhar tremulamente: *A luz bruxuleava, querendo apagar.*

bu.bô.ni.ca adj. diz-se de infecção transmitida pela pulga do rato, que acarreta a inflamação da glândula ou gânglio linfáticos: *peste bubônica.*

bu.cal adj. da ou relativo à boca: *cavidade bucal.*

bu.ca.nei.ro s.m. **1** pirata; salteador: *O capitalismo inglês começou com os bucaneiros pirateando os mares.* • adj. **2** que tem características de pirataria; enganador: *Os atos bucaneiros da navegação são preocupantes.*

bu.cha s.f. **1** planta de frutos em forma de baga que, depois de secos, se transformam em esponjas utilizadas na lavagem de louças ou na higiene pessoal: *Esfregou-se com a bucha.* **2** porção de estopa, papel ou outro material que se metia no cano das armas de fogo para sustentar e comprimir a carga. **3** pedaço de rolha ou chumaço de algodão ou outro material: *Fez uma bucha de papel plástico para tapar o vazamento.* **4** peça que se embute na parede e na qual se fixa prego, parafuso etc.: *bucha plástica.* ♦ **na bucha** (Coloq.) sem rodeios; diretamente: *Ah, não tinha conversa, eles diziam uma e eu, duas, na bucha!*

bu.cha.da s.f. prato típico do Nordeste do Brasil, feito com vísceras e intestinos de carneiro ou de bode.

bu.cho s.m. **1** estômago dos animais: *Uma bota foi encontrada no bucho da baleia.* **2** estômago humano: *Uma fome tenaz roía o bucho do homem.* **3** (Bras.) ventre de ser humano: *A mulher já estava com outro filho no bucho.* **4** (Gír.) mulher muito feia. // Cp.: buxo.

bu.clê s.m. tecido que deixa fios longos e ondulados: *A modelo usava um casaco de buclê.*

bu.ço s.m. penugem acima do lábio superior: *A mulher tinha um buço aloirado.*

bu.có.li.co adj. **1** relativo ao campo e aos pastores; campestre; pastoril: *paisagem bucólica.* **2** que exalta as belezas do campo ou da vida campestre: *poema bucólico.* **3** próprio do ambiente campestre: *Ali havia uma paz bucólica.* **4** simples; ingênuo: *A poderosa equipe ganhou da bucólica estreante.*

bu.co.lis.mo s.m. **1** caráter do que é bucólico: *bucolismo interior.* **2** literatura voltada à celebração da vida pastoril: *bucolismo dos poetas mineiros.* **3** cunho bucólico ou pastoril de certas obras: *O bucolismo é uma característica marcante da poesia de Gonzaga.*

bu.dis.mo s.m. doutrina e religião filosófica fundada na Índia por Siddharta Gautama (562-483 a.C.), cognominado Buda: *Os adeptos do budismo meditam.*

bu.dis.ta s.2g. **1** indivíduo adepto do budismo: *Budistas têm adeptos dentre as colônias japonesas e chinesas.* • adj. **2** relativo ou próprio do budismo: *crença budista.*

bu.ei.ro s.m. **1** conjunto de caixa e tampa de ferro grelhado, localizado junto ao meio-fio das ruas, por onde as águas pluviais escorrem para os coletores subterrâneos: *Os bueiros estão entupidos.* **2** tubulação de esgoto: *A empresa vai substituir os bueiros antigos.*

bú.fa.lo s.m. boi selvagem, de pelo fulvo e ralo, cauda curta, chifres achatados e inclinados para baixo.

bufante

bu.fan.te *adj.* diz-se da vestimenta ou de parte dela, franzida e inflada, que fica folgada e afastada do corpo: *calça bufante*.

bu.fão *s.m.* bobo; palhaço: *O bufão vai fazer rir a plateia*.

bu.far *v.int.* **1** expelir o ar pelo nariz ou pela boca fortemente: *O cavalo bufava*. **2** expelir vapores ou fumaça com barulho: *O trem vinha bufando*. **3** fazer reclamação, enfurecer-se: *Ouça as ponderações e depois não bufe*. **4** ficar enfurecido ou encolerizado: *O homem bufava de raiva*.

bu.fê *s.m.* **1** móvel onde são dispostas iguarias a serem consumidas: *Vá até o bufê e sirva-se*. **2** serviço que fornece comidas e bebidas em festas: *contratar um bufê para a festa*. **3** conjunto de comidas variadas: *um bufê de saladas e vinho francês*.

bu.fo[1] *s.m.* **1** palhaço do rei; bobo da corte: *É hora do bufo, Majestade*. • *adj.* **2** cômico; burlesco; farsesco: *Era um ator bufo e versátil*.

bu.fo[2] *s.m.* expulsão violenta do ar pela boca ou pelo nariz: *O cão se assustou com o bufo da égua*.

bug (bâg) (Ing.) (Inf.) *s.m.* **1** erro de programação: *o bug do milênio*. **2** falha na execução de um programa de computador.

bu.ga.lho *s.m.* (Coloq.) globo ocular: *arregalou os bugalhos*.

bu.gan.ví.lia *s.f.* **1** trepadeira lenhosa e ornamental que dá flor de diversos tons, em cachos. **2** qualquer espécie desse gênero.

bu.gi.gan.ga *s.f.* objeto sem utilidade ou valor; traste: *Guardava suas bugigangas num baú velho*.

bu.gi.o *s.m.* **1** macaco de queixo barbado, pescoço volumoso, pelo de cor preta, ruiva ou amarelo-escura. **2** (Deprec.) pessoa feia.

bu.gre *s.m.* **1** (Bras.) denominação dada pelos europeus a diversos grupos indígenas do Brasil: *Os colonizadores tentaram se comunicar com os bugres*. **2** índio, especialmente o bravio e aguerrido. **3** índio arredio, desconfiado: *O bugre fica retraído diante das novidades*. **4** (Fig.) indivíduo inculto, rude, incivilizado: *Naquela pequena cidade, a maioria era formada por bugres*. • *pl.* **5** tribo indígena do sul do país: *Os bugres de Santa Catarina*.

bu.gue *s.m.* carro pequeno e sem capota usado em terrenos acidentados e arenosos.

bu.jão *s.m.* botijão.

bu.la *s.f.* **1** na Igreja Católica, carta que contém decreto do Papa: *bula papal*. **2** impresso que acompanha medicamentos, contendo informações sobre sua composição e uso: *Veja as contraindicações na bula do remédio*.

bul.bo *s.m.* (Bot.) **1** caule subterrâneo ou aéreo dominado por uma gema terminal suculenta. **2** pequena raiz em forma de globo. (Anat.) **3** segmento que, por suas contrações, movimenta o sangue ou outro líquido através do corpo dos animais: *As duas artérias vertebrais, contornando o bulbo, convergem entre si*. **4** qualquer parte orgânica em forma arredondada: *bulbo capilar*.

bul.bo.so (ô) *adj.* do ou relativo a bulbo: *O narciso é um gênero de planta bulbosa*.

bul.do.gue *s.m.* cão originário da Grã-Bretanha, musculoso, de cabeça volumosa, focinho curto e achatado, pescoço arqueado com barbela, orelhas pequenas e pelo curto.

bul.dô.zer *s.m.* trator de terraplanagem.

bu.le *s.m.* recipiente cilíndrico ou arredondado, com tampa, asa e bico, para bebidas quentes.

bu.le.var *s.m.* rua larga geralmente arborizada; avenida.

búl.ga.ro *s.m.* **1** quem nasce ou mora na Bulgária. **2** língua falada na Bulgária. • *adj.* **3** natural ou habitante da Bulgária (Europa). **4** da ou relativo à Bulgária: *Há interesse pelos problemas búlgaros*.

bu.lha *s.f.* **1** barulho; ruído: *Só se ouvia a bulha das crianças*. **2** gritaria confusa de manifestantes; algazarra: *Misturavam-se a bulha dos grevistas e as sirenes das patrulhinhas*. **3** briga entre pessoas inimigas; refrega; desentendimento: *Houve uma bulha séria entre eles*.

bu.lhen.to *adj.* barulhento; ruidoso: *Íamos bulhentos, saltitantes*.

bu.lhu.fas *pron.* (Gír.) nada: *Os alunos não entendiam bulhufas do que o professor falava*.

bu.lí.cio *s.m.* **1** agitação de muita gente em movimento: *Não me acostumo ao bulício da cidade grande*. **2** ruído confuso de coisas que se mexem. **3** rumor contínuo e indefinido de coisas e de vozes: *As crianças faziam um terrível bulício no quarto*.

bu.li.ço.so (ô) *adj.* que se move sem parar; agitado; irrequieto: *Pessoas alegres e buliçosas saltitavam*.

bu.li.mi.a *s.f.* (Med.) distúrbio psicológico e alimentar que alterna a ingestão obsessiva de alimentos, seguida de dores abdominais ou vômitos.

bu.lir *v.t.* **1** movimentar: *Caminhava bulindo as cadeiras*. **2** tocar emocionalmente; sensibilizar: *É um ritmo que bole com a gente*. **3** caçoar; provocar; brincar: *Buliu com a diretora e foi expulso*. **4** aborrecer; incomodar: *Não vá bulir com ele, pois está concentrado*. **5** transformar; mudar: *Era proibido bulir no projeto original*. **6** tocar de leve: *O moleque começou a bulir no cabelo da moça*. • *pron.* **7** mexer-se ou agitar-se levemente; deslocar-se: *O medo o impedia de bulir-se*.

bu.lu.fas *pron.* (Gír.) bulhufas.

bum.ba *interj.* **1** indica barulho de queda ou pancada: *Discursava sobre uma cadeira e, de repente, bumba! Estatelou-se no chão*. **2** expressa ação rápida; zás: *Quando menos se espera, bumba! Acabou-se o tempo*.

bum.ba meu boi *s.m.* (Bras.) bailado popular dramático e em cortejo, cuja trama gira em torno da morte e ressurreição de um boi.

bum.bo *s.m.* bombo.

bum.bum *s.m.* (Coloq.) nádega; traseiro.

bu.me.ran.gue *s.m.* arma de arremesso usada originalmente pelos indígenas australianos, feita de madeira escavada e arqueada, e que, após descrever curvas, volta a um ponto próximo daquele de onde foi atirada.

bun.da *s.f.* **1** (Coloq.) nádegas; traseiro. • *s.2g.* **2** língua falada pelos indígenas de Angola (África); bundo. • *adj.* **3** relativo aos bundos.

bun.da-mo.le *s.2g.* (Gír.) pessoa mole e sem coragem: *é um bunda-mole, não reagiu às ofensas*. // Pl: bundas-moles.

bun.dão *s.m.* (Gír.) bunda-mole: *Esses caras são uns bundões*.

bun.du.do *adj.* (Coloq.) que tem bunda grande: *um bando de formigas bundudas*.

bungee-jumping (bângui-djâmpin) (Ingl.) *s.m.* modalidade esportiva considerada radical, em que o praticante é lançado de uma plataforma preso por uma corda elástica, como um ioiô humano.

bunker (bânquer) (Ingl.) *s.m.* abrigo subterrâneo usado sobretudo nos períodos de guerra.
bu.quê *s.m.* **1** ramalhete; maço de flores. **2** cheiro; aroma: *Aprecie o buquê deste vinho.*
bu.ra.co *s.m.* **1** cavidade ou depressão num corpo ou superfície: *O ônibus caiu num enorme buraco.* **2** abertura; orifício; perfuração: *buraco da fechadura.* **3** jogo de cartas semelhantes à canastra, porém mais simplificado; biriba. **4** vazio; vaga: *Havia um buraco na defesa da seleção visitante.* **5** (Bras.) problema; dificuldade; complicação: *Estamos num buraco sem saída* ♦ **tapar o buraco** (i) pagar dívida: *Passei um cheque sem fundos e tenho que tapar o buraco.* (ii) remediar uma situação difícil ou uma falta: *Colocando água no feijão, dá para tapar o buraco.* **buraco negro** (i) (Astr.) região do espaço dotada de um campo gravitacional intenso do qual nenhuma radiação pode sair. (Fig.) (ii) grande vazio: *A morte do esposo deixou um buraco negro em seu coração.* (iii) problema de difícil solução: *O buraco negro da inflação se formou num passado remoto.*
bu.ra.quei.ra *s.f.* (Coloq.) grande quantidade de buracos.
bur.bu.ri.nho *s.m.* som confuso e prolongado de muitas vozes; bulício; murmúrio: *De longe ouvíamos o burburinho do salão de festas.*
bur.ca *s.f.* traje tradicional usado por algumas mulheres muçulmanas, que consiste de um longo manto que cobre todo o corpo.
bur.go *s.m.* **1** na Idade Média, local fortificado que, eventualmente, acaba se transformando numa pequena cidade. **2** povoação de certa importância, menor que a cidade.
bur.go.mes.tre *s.m.* título do magistrado principal, equivalente ao do prefeito, em alguns municípios da Bélgica, Holanda e Alemanha.
bur.guês *s.m.* **1** habitante dos burgos medievais que detinha privilégios. **2** proprietário de meios de produção, em oposição ao operário: *Proletários e burgueses devem viver em harmonia.* **3** pessoa que tem padrão de vida convencional da classe média: *virou burguês e comprou um bom apartamento.* **4** (Deprec.) indivíduo conservador, reacionário e apegado a bens materiais: *Como bom burguês, não vota nos partidos de esquerda.* ♦ *adj.* **5** habitante livre dos burgos medievais. **6** relativo, pertencente ou próprio do burgo. **7** relativo, pertencente ou próprio dos indivíduos que pertencem à burguesia: *moral burguesa.*
bur.gue.si.a *s.f.* **1** classe social constituída a princípio pelos mercadores dos burgos e ampliada, depois, com a inclusão de pequenos proprietários, mercadores, banqueiros e artesãos ricos, residentes nos burgos: *A burguesia era aliada do clero.* **2** no sistema capitalista, classe social constituída pelos burgueses, especialmente os mais ligados aos dirigentes e detentores de poder econômico: *Só a burguesia frequenta aquele restaurante.*
bu.ril *s.m.* pequena barra de aço temperado para cunhar gravuras em metal e em madeira: *usava o buril para esculpir a madeira.*
bu.ri.la.men.to *s.m.* **1** ato ou efeito de burilar. **2** aperfeiçoamento: *O mestre disse que seu trabalho ainda precisa de muito burilamento.*

buscar

bu.ri.lar *v.t.* **1** gravar em buril. **2** aperfeiçoar; aprimorar: *A tarefa do treinador é burilar o atleta.*
bu.ri.ti *s.m.* (Bras.) **1** palmeira alta, de tronco reto, cilíndrico, folhas em tufo, grandes, de extremidades pendentes: *um campo cheio de buritis.* **2** o fruto dessa palmeira: *O buriti é comestível.*
bu.ri.ti.zal *s.f.* conjunto ou plantação de buritis.
bur.la *s.f.* fraude; logro: *Havia uma burla generalizada à legislação.*
bur.lar *v.t.* enganar; lograr; fraudar: *burlar a fiscalização.*
bur.les.co (ê) *s.m.* **1** aquilo que provoca riso: *Os textos oscilam entre o burlesco e o dramático.* ♦ *adj.* **2** cômico: *um episódio burlesco.* **3** ridículo: *Foi uma noite burlesca, cheia de vexames.*
bu.ro.cra.ci.a *s.f.* **1** a classe dos funcionários públicos, principalmente das secretarias de Estado, sujeita a uma hierarquia: *Ele pertence à alta burocracia brasileira.* **2** tramitação de documentos por várias instâncias administrativas, com muitas formalidades: *A burocracia impede a rapidez dos processos criminais.* **3** qualquer sistema de administração em que os assuntos são tratados por escrito e dependem da assinatura de vários funcionários: *Começa a surgir uma moderna burocracia.*
bu.ro.cra.ta *s.2g.* **1** empregado público: *Meu avô era um burocrata muito respeitado.* **2** funcionário que faz parte da burocracia e que segue, mecanicamente, as normas impostas pelo regulamento administrativo.
bu.ro.crá.ti.co *adj.* da ou relativo à burocracia: *Detesto trabalho burocrático.*
bu.ro.cra.ti.za.ção *s.f.* ato ou efeito de burocratizar: *Aquela empresa informal está passando por um processo de burocratização.*
bu.ro.cra.ti.zar *v.t.* tornar burocrático; complicar o andamento de: *Na prática, essa medida burocratiza a entrada de vinhos europeus no Brasil.*
bur.ra *s.f.* **1** fêmea de burro. **2** cofre: *Todo o seu ouro estava na burra.*
bur.ra.da *s.f.* **1** conjunto de burros: *A burrada ia tranquila pela estrada.* **2** asneira; burrice: *Acho que fiz uma burrada comprando um carro usado.*
bur.ri.ce *s.f.* **1** condição de burro; asnice. **2** ação de burro; asneira; estupidez: *Comprar briga na rua foi uma burrice.* **3** falta de inteligência: *Era famoso por sua burrice.*
bur.ro *s.m.* **1** quadrúpede doméstico, de grande porte, pelo duro e várias cores, orelhas grandes; asno; jumento. **2** (Coloq.) indivíduo pouco inteligente: *Aquele burro errou todas as questões.* ♦ *adj.* **3** diz-se de quem ou do que é pouco inteligente; obtuso; estúpido: *uma pessoa burra* ♦ **pra burro** muito; demasiado: *Ganhou dinheiro pra burro.*
bus.ca *s.f.* **1** procura minuciosa; revista: *Fiz uma busca nos arquivos da biblioteca.* **2** batida policial: *Invadiram o local com mandado de busca e apreensão.* **3** esforço para atingir ou conseguir algo: *A busca da verdade deve ser incessante.* **4** investigação; pesquisa: *busca de novas técnicas de produção de alimentos.*
bus.ca-pé *s.m.* fogo de artifício preso a uma pequena haste de madeira, que sai ziguezagueando rente ao chão e termina em estouro: *Compraram rojões e busca-pés para as festas juninas.* // Pl.: busca-pés.
bus.car *v.t.* **1** tratar de descobrir ou encontrar; procurar: *O governo busca solução para vários problemas.* **2** levar ou trazer: *Foi até a cozinha buscar um copo d'água.* **3** procurar atingir; visar: *O lutador buscava*

149

bússola

o rosto do adversário. **4** dirigir-se para: *Os retirantes buscavam o sul do país.* **5** procurar conhecer ou entender: *Buscava os fundamentos da religião lendo a Bíblia.* **6** empenhar-se em; tentar: *Eu buscava entender as razões daquele desperdício.*

bús.so.la *s.f.* **1** instrumento com agulha magnética que determina direções sobre a superfície terrestre: *O viajante não se separava de sua bússola.* **2** (Fig.) ponto de referência; guia: *Tenho como bússola a minha intuição.*

bus.ti.ê *s.m.* peça do vestuário feminino, semelhante a um sutiã ou corpete sem alças; peça superior do maiô: *Ele corou ao olhar para o seu bustiê.*

bus.to *s.m.* **1** peito; tórax: *Estava sem camisa, com o busto exposto.* **2** seios: *Ela quer aumentar o busto usando silicone.* **3** escultura ou pintura de cabeça humana, com pescoço e parte do peito: *A exposição trazia um busto em gesso do escritor Victor Hugo.*

bu.ti.á *s.m.* (Bras.) fruto comestível do butiazeiro, de amêndoa oleaginosa, cuja polpa fornece, pela fermentação, álcool próprio para beber.

bu.tim *s.m.* **1** produto de saque ou roubo: *O assalto ao banco rendeu um vultoso butim.* **2** saque; pilhagem: *Receberam punição exemplar todos aqueles que participaram do butim.*

bu.ti.que *s.f.* loja pequena onde se vendem roupas e acessórios, principalmente femininos.

button (bâtom) (Ingl.) *s.m.* broche com gravura ou mensagem.

bu.xo *s.m.* arbusto de flores pequenas e alvas, frutos em cápsulas, e de madeira útil para marchetaria, torno, instrumentos musicais de sopro e instrumentos de desenho // Cp.: bucho.

bu.zi.na *s.f.* **1** aparelho elétrico sonoro, munido de placa vibratória, instalado em veículos; trombeta; berrante: *A buzina da moto falhou.* **2** o som emitido por esses instrumentos: *buzina muito aguda.*

bu.zi.nar *v.t.* **1** (Coloq.) dizer em tom de fofoca: *Alguém buzinou a notícia no seu ouvido.* • *int.* **2** tocar buzina: *Buzinou três vezes chamando a namorada.*

bú.zio *s.m.* **1** designação comum às conchas de moluscos gastrópodes de forma piramidal: *Achou um búzio na areia da praia.* **2** buzina feita da concha desse molusco: *Tocar um búzio.*

byte (baite) (Ingl.) (Inf.) *s.m.* conjunto de *bits* adjacentes, geralmente oito, formando uma unidade de informação, que expressa uma escolha entre duas possibilidades.

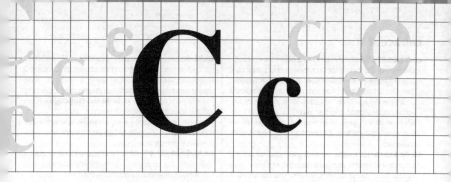

c *s.m.* **1** terceira letra do alfabeto português. **2** a figura dessa letra. **3** (Fís.) abreviatura de Celsius: *aquecimento a 80 ºC*. **4** (Quím.) símbolo do elemento químico carbono (C). • *num.* **5** terceiro numa série indicada por letras: *Ele mora no bloco C.*

cá *adv.* **1** no lugar em que está o falante; aqui: *Ele apareceu cá para visitar-me.* **2** neste país: *Tanto na Europa como cá, é preciso combater com energia os déficits públicos.* **3** a este lugar; até aqui: *Vem cá, menino!* **4** chama a atenção para um constituinte da oração relacionado com o falante: *Eu pergunto cá para os meus botões: o que estou fazendo aqui?* **5** este lugar; aqui: *O jornalista americano veio para cá no ano passado.* **6** este lado: *dar dois passos para lá e dois para cá.* **7** este momento; atualmente: *De uns tempos para cá tenho sentido dores de cabeça.* ♦ **cá entre nós** usada quando se quer comentar alguma coisa reservadamente: *Cá entre nós, você anda bebendo um pouco, não anda?* **de cá para lá** de um lado para outro; de um lugar para outro: *A paciente foi levada de cá para lá, porque não havia vaga nos hospitais.* **para cá e para lá** a todo o momento: *Eram beijinhos para cá e para lá, e, por fim, os dois acabaram brigando.*

ca.a.tin.ga *s.f.* (Bras.) **1** vegetação característica do nordeste brasileiro formada por arbustos, comumente espinhosos, que perdem as folhas durante a seca. **2** zona cuja vegetação é a caatinga: *Era sempre com prazer que via o dia nascer na caatinga.*

ca.ba.ça *s.f.* **1** fruto da cabaceira, seco e oco, com o formato de uma abóbora, com casca dura de cor marrom-clara; cabaço: *caixa de ressonância feita de uma cabaça.* **2** recipiente feito com a cabaça seca e limpa; porongo: *Cuia é a cabaça que contém o mate do chimarrão.*

ca.ba.ço *s.m.* **1** cabaça. **2** (Ch.) hímen.

ca.bal *adj.* completo; suficiente; perfeito: *Se não houver prova cabal a pessoa deve ser considerada inocente.*

ca.ba.la *s.f.* **1** sistema filosófico-religioso judaico, transmitido por tradição, que dá uma interpretação mística e esotérica ao Antigo Testamento: *A cantora estuda a cabala.* **2** estudos e práticas secretos de grupos ou indivíduos iniciados; ocultismo: *Conhecia astrologia e cabala.*

ca.ba.lis.ta *s.2g.* pessoa versada em cabala: *Os cabalistas valorizavam o poder mágico das letras.*

ca.ba.lís.ti.co *adj.* **1** que diz respeito à cabala: *estudos cabalísticos.* **2** misterioso; mágico: *números cabalísticos.*

ca.ba.na *s.f.* **1** pequena casa rústica; choupana; palhoça: *O pescador vivia numa cabana.* **2** casa pequena, de madeira, no campo ou nas montanhas, para passeio: *Ele tem uma cabana nas montanhas.*

ca.ba.ré *s.m.* estabelecimento de vida noturna, com serviços de bar e restaurante, onde há atrações e se pode dançar; boate: *No cabaré da Lapa, a orquestra era aplaudida.*

ca.be.a.men.to *s.m.* ligação através de cabos: *Veja se o cabeamento da impressora está correto.*

ca.be.ça (ê) *s.f.* **1** (Anat.) parte superior do corpo dos seres vivos bípedes e anterior dos demais vertebrados e invertebrados. **2** parte interior, onde se localizam as funções mentais: *Põe isso na tua cabeça de uma vez por todas!* **3** parte superior ou anterior de alguma coisa ou objeto: *Fraturou a cabeça do fêmur.* **4** animal ou pessoa, se tomados como unidade: *Tinha mil cabeças de gado.* • *s.m.* **5** chefe; líder: *O cabeça do bando era uma mulher.* ♦ **de cabeça** mental; de memória: *Sabe calcular de cabeça.* **cada cabeça uma sentença** cada um pensa ou age como quer. **de cabeça baixa** cabisbaixo; envergonhado; sem resistência. **de cabeça erguida** consciente de sua dignidade. **de cabeça para baixo** invertido; confuso. **de cabeça virada** com ideias extravagantes.

ca.be.ça-cha.ta *s.m. e adj.* (Deprec.) apelido dado aos nordestinos, em especial aos cearenses. // Pl.: cabeças-chatas.

ca.be.ça.da *s.f.* **1** ação mal-sucedida; desatino: *Quando moço, deu também suas cabeçadas.* **2** no futebol, golpe com a cabeça para atirar ou rebater a bola: *Com uma cabeçada, fez um belo gol.* **3** golpe ou pancada com a cabeça: *Deu uma cabeçada na testa do adversário.* **4** correia que cinge a cabeça do cavalo e segura o freio: *Retirou a cabeçada do cabresto.*

ca.be.ça-de-ne.gro *s.f.* **1** arbusto de flores amarelas: *chá de cabeça-de-negro para os intestinos.* // Pl.: cabeças-de-negro.

ca.be.ça de ne.gro *s.f.* certo tipo de fogo de artifício com forte poder de explosão: *A vitória foi comemorada com estrondos de cabeça de negro.* // Pl.: cabeças de negro.

ca.be.ça de ven.to *s.2g.* **1** pessoa imprudente; doidivanas: *É difícil lidar com um cabeça de vento.* • *adj.* **2** que é imprudente. // Pl.: cabeças de vento.

ca.be.ça-du.ra *s.2g.* **1** pessoa rude, estúpida, pouco inteligente: *Não entendeu o que eu disse, aquele cabeça-dura.* • *adj.* **2** pessoa teimosa, obstinada: *Não há argumentos definitivos para um sujeito cabeça-dura.* // Pl.: cabeças-duras.

ca.be.ça.lho *s.m.* **1** dizeres impressos no alto do papel de carta, envelope, fatura, nota etc., com a indicação do nome, endereço e atividade do emitente. **2** título destacado de jornal, revista etc. **3** título de livro, de capítulo, autor, parte superior da página; cabeço.

cabecear

ca.be.ce.ar v.t. 1 no futebol, tocar a bola com a cabeça, arremessando-a: *Ao cabecear a bola, chocou-se com um adversário.* • int. 2 mover a cabeça em várias direções: *Os animais cabeceiam para secar os pelos.* 3 deixar pender a cabeça por causa do sono: *Cabeceava, esforçando-se para não cochilar.*
ca.be.cei.o s.m. jogada em que se atira ou rebate a bola com a cabeça: *O centroavante deve treinar cabeceios.*
ca.be.cei.ra s.f. 1 lugar, na cama, em que se deita a cabeça. 2 em mesa retangular, cada um dos lados mais estreitos: *Sentou-se à cabeceira da mesa comprida.* 3 região em que há uma nascente; nascente: *cabeceira do rio.* ◆ **de cabeceira** que se tem sempre à mão; preferido: *livro de cabeceira.* **à cabeceira** ao lado; junto, com o objetivo de cuidar ou velar: *José ficou à cabeceira do doente.*
ca.be.ço.te (ó) s.m. 1 parte dianteira superior da sela: *Atracou no cabeçote da sela, dele valendo-se para continuar montado.* 2 parte superior do motor que fecha os cilindros e contém a câmara de combustão. 3 cabeça magnética de um gravador: *Sujeira nos cabeçotes prejudica som e imagem.*
ca.be.çu.do adj. 1 de cabeça grande: *Um garoto cabeçudo, metido num camisolão.* 2 (Coloq.) teimoso; obstinado; cabeça-dura: *É muito cabeçudo, não ouve os outros.* 3 de extremidade grossa ou saliente: *Tem polegar grosso e cabeçudo.*
ca.be.dal s.m. 1 conjunto de bens materiais; patrimônio; riqueza; capital: *Soubestes aproveitar o cabedal de recursos que recebestes.* 2 conhecimento; saber; acervo: *Possui um cabedal de conhecimentos admirável.* 3 poder; força: *O diretor usa de todo o seu cabedal para ações beneficentes.*
ca.be.lei.ra s.f. 1 conjunto dos cabelos da cabeça, quando compridos: *Penteia a longa cabeleira loura.* 2 cabelos postiços; peruca: *Usava cabeleira postiça.*
ca.be.lei.rei.ro s.m. 1 profissional que corta e penteia cabelos, especialmente de mulheres: *Os cabeleireiros estavam ocupadíssimos.* 2 estabelecimento comercial onde profissionais se dedicam ao trato e penteado dos cabelos, paralelamente a outros cuidados de beleza: *Vão a cabeleireiros fazer escova e afinar sobrancelhas.*
ca.be.lo (ê) s.m. 1 conjunto de pelos que recobrem a cabeça humana: *cabelos louros.* 2 pelo comprido de alguns animais: *O macaco tem um tufo de cabelos na testa.* 3 conjunto de fios delicados e frágeis que protegem os grãos de certos cereais: *cabelo de milho verde.* ◆ **de cabelo nas ventas** decidido; muito corajoso; bravo; brigão: *cabodo de cabelo nas ventas, ruim como cobra.*
ca.be.lu.do s.m. 1 indivíduo que tem muito cabelo ou o traz comprido. • adj. 2 que tem muito cabelo ou pelo: *Tem o peito cabeludo.* 3 imoral; obsceno: *Pessoa fina não usa palavra cabeluda.* 4 que tem cabelos compridos: *esses playboys cabeludos.* 5 complicado; intrincado; confuso: *Resolvi um problema cabeludo.*
ca.ber v.t. 1 poder realizar-se: *Meu discurso cabe em alguns minutos.* 2 poder estar ou ser contido: *O celular cabia-lhe na mão.* 3 passar a pertencer por direito ou dever: *A difícil incumbência coube ao mais velho.* • int. 4 ser admissível; ter cabimento: *No caso não cabe mandado de segurança.* 5 ser conveniente ou oportuno: *Cabe ressaltar que não pretendo viajar nestas férias.*

ca.bi.de s.m. 1 móvel para pendurar chapéu e roupas; cabideiro: *Pendure o paletó no cabide do corredor.* 2 peça alongada de madeira com um gancho no meio para pendurar roupas dentro do armário: *Colocou o terno num cabide.* ◆ **cabide de empregos** (Bras. Pop.) local ou instituição que abriga funcionários contratados como recompensa a favores políticos e não por mérito próprio; pessoa que ocupa vários empregos, quer os exerça, quer não.
ca.bi.de.la (é) s.f. alimento preparado com miúdos de aves, principalmente de galinha, misturados com o sangue da própria ave.
ca.bi.do s.m. corporação dos cônegos de uma catedral: *Oficiou a cerimônia o bispo diocesano, acompanhado pelo cabido.*
ca.bi.men.to s.m. 1 condição ou qualidade do que cabe. 2 propósito; justificativa: *Sua argumentação não tem cabimento.* ◆ **sem cabimento** absurdo; impróprio; inconveniente.
ca.bi.na s.f. cabine.
ca.bi.ne s.f. 1 pequeno compartimento para passageiros; camarote: *cabine de avião.* 2 compartimento fechado de caminhões, máquinas e aviões destinado aos operadores: *linha de caminhão com cabine avançada* ◆ **cabine eleitoral** compartimento destinado ao exercício do voto secreto. **cabines telefônicas** compartimento destinado às comunicações telefônicas individuais, em isolamento.
ca.bi.nei.ro s.m. ascensorista: *Precisa-se de porteiro, vigias, cabineiros de elevador.*
ca.bis.bai.xo /ch/ adj. 1 de cabeça baixa: *Pude continuar, cabisbaixo, o meu caminho.* 2 que revela abatimento; moralmente abatido; envergonhado; triste; humilhado: *Na face, esse jeito descuidado e cabisbaixo.*
ca.bi.ú.na s.f. 1 árvore alta, de poucas flores agrupadas em cachos, roxo-escuras, fruto em forma de vagem. 2 a madeira dessa árvore: *cama de cabiúna.* // Var.: caviúna.
ca.bí.vel adj. 1 que tem cabimento; admissível: *Sua observação é perfeitamente cabível.* 2 oportuno: *E nem sempre a tolerância e a suavidade são cabíveis.*
ca.bo[1] s.m. 1 posto na hierarquia militar acima de soldado, no Exército; do marinheiro de primeira classe, na Marinha; e de soldado de primeira classe, na Aeronáutica.
◆ **cabo eleitoral** indivíduo que conquista votos para candidatos.
ca.bo[2] s.m. 1 parte de um objeto por onde se agarra, empunha ou maneja: *o cabo da enxada.* 2 ponta de terra que avança pelo mar; promontório: *O litoral apresenta cabos e restingas.* 3 feixe de fios metálicos isolados que servem para telegrafia e telefonia: *Foi preciso vedar os cabos aéreos contra a umidade.* 4 fio grosso usado para transmissão de corrente elétrica: *fios e cabos elétricos.* 5 corda metálica grossa: *Ele se agarrou ao cabo jogado pelo helicóptero.* ◆ **ao cabo** ao fim: *Ao cabo de tanta briga, abraçaram-se.* **de cabo a rabo** de ponta a ponta: *Vistoriou o quarto de cabo a rabo.* **dar cabo de** acabar; extinguir; matar: *Urge dar cabo da violência urbana.* **levar a cabo** concluir; finalizar: *Levou sua tarefa a cabo com louvor.*
ca.bo.clo (ô) s.m. (Bras.) 1 mestiço de branco e índio. 2 caipira; roceiro; sertanejo: *São caboclos que vivem de pequenas atividades extrativistas.* 3 nas regiões afro-brasileiras, designação de espíritos ancestrais de origem indígena.

cacauicultura

ca.bo.gra.ma s.m. telegrama expedido por cabo submarino: *Receberam notícias por cabograma.*

ca.bo.ta.gem s.f. navegação costeira ou entre cabos ou portos do mesmo país: *navegação de grande ou de pequena cabotagem.*

ca.bo.ti.nis.mo s.m. modo ou costume de cabotino: *Ainda não cheguei a esse nível de cabotinismo.*

ca.bo.ti.no s.m. 1 indivíduo presumido, de maneiras afetadas, que procura chamar a atenção: *Tinha horror de parecer um cabotino.* • adj. 2 vaidoso; presumido; presunçoso: *Ela é ingrata, cruel, fingida, cabotina.* 3 falso; artificial: *Pode parecer cabotino questionar aquela forma de integração.*

ca.bra s.m. 1 (Bras.) cangaceiro; capanga: *Veio aqui um bando de cabras e assaltou a cidade.* 2 indivíduo; sujeito forte; brigão: *Aquele, sim, que é cabra bom pra isso.* • s.f. 3 fêmea do bode.

ca.brei.ro s.m. 1 pessoa que guarda cabras: *Era filho da cabreira e ajudante da mãe na venda do leite.* • adj. 2 (Coloq.) desconfiado; esquivo; arisco: *O rapaz ficou cabreiro com a explicação do colega.*

ca.bres.to (ê) s.m. correia sem freios com que se prendem os animais pela cabeça: *Vinha puxando os animais pelo cabresto.* ✦ **de cabresto** obediente; servil: *voto de cabresto.*

ca.bri.o.la (ó) s.f. salto; cambalhota: *Os meninos faziam cabriolas pelo caminho de casa.*

ca.bri.o.lar v.int. 1 saltar como cabrito; pinotear: *Crianças cabriolavam pelos caminhos de chão batido.* 2 saltar; pinotear: *Os bodes cabriolavam repetidamente.*

ca.bri.o.lé s.m. carruagem leve de duas rodas, com capota móvel, puxada por um cavalo.

ca.bri.to s.m. 1 filhote de cabra: *Mandei ao veterinário meu melhor cabrito.* 2 criança travessa: *A mim você não engana, cabrito!* 3 carne de cabrito: *Hoje vamos ter cabrito no jantar.*

ca.bri.ú.va s.f. 1 árvore da floresta atlântica, de casca pardo-escura com tons avermelhados, aromática, muito pesada e resistente: *Na mata há poucas perobeiras e cabriúvas.* 2 a madeira extraída dessa árvore: *Os mourões da cerca são de cabriúva.*

ca.bu.lar v.int. faltar às aulas sem motivo; gazetear: *Ele cabulava todas as sextas-feiras.*

ca.bu.lo.so (ô) adj. 1 maçante; aborrecido: *São testes de fôlego, cabulosos e difíceis.* 2 que dá azar; azarento: *Dobrava aposta no número cabuloso.* 3 complicado; obscuro: *Tratava-se de um caso cabuloso.*

ca.bu.ré s.m. (Bras.) 1 ave pequena, semelhante à coruja, de plumagem de cor parda com manchas amarelas e brancas, cauda quase preta. 2 mestiço de negro ou de branco com índio. 3 caipira; roceiro.

ca.ca s.f. (Fam.) 1 excremento; fezes. 2 palavra expressiva da linguagem infantil indicando coisa malfeita ou ruim; porcaria: *Nenê, não coloque a mão aí; é caca.*

ca.ça s.f. 1 forma reduzida de avião de caça; avião de combate: *Três caças sobrevoaram o espaço aéreo colombiano.* • s.f. 2 caçada: *A caça de jacarés no Pantanal é ilegal.* 3 perseguição; busca: *A polícia se empenha na caça de fugitivos.* 4 animal selvagem que pode ser caçado; presa: *mirou a caça e atirou.* 5 iguaria feita à base de animais de caça: *Restaurante especializado em caça.*

ca.ça.da s.f. 1 jornada ou diversão de caçadores; caça: *Diga que é para uma caçada de onça.* 2 perseguição; busca; procura: *A caçada aos criminosos mobilizou 250 policiais.*

ca.ça.dor (ô) s.m. 1 aquele que caça animais: *Vários caçadores rondavam a mata.* • adj. 2 que vive da caça: *homem caçador.* ✦ **caçador de cabeças** (i) entre determinados povos primitivos, pessoa engajada em caçar e decapitar vítimas. (ii) profissional especializado em recrutar pessoas (especialmente executivos e profissionais liberais) para ocupar cargos em empresas.

ca.ça-do.tes s.2g. pessoa que procura enriquecer através de casamento com pessoa rica: *uma caça-dotes interessada na fortuna do noivo.*

ca.çam.ba s.f. 1 balde para tirar água dos poços: *Jogou a caçamba e aguardou o ruído de sua chegada ao fundo do poço.* 2 receptáculo de escavadeiras, guindastes e dragas: *A caçamba da escavadeira volta com barro, galhos e raízes.* 3 carroceria: *revestimentos e protetores para caçambas das picapes.* 4 cangalha: *Burros carregam caçambas d'água.* 5 qualquer tipo de recipiente ou depósito: *caçamba de lixo.*

ca.ça-ní.quel s.m. caça-níqueis.

ca.ça-ní.queis s.m. máquina de jogo de azar que funciona pela introdução de moedas: *Perdeu o dinheiro nos caça-níqueis do cassino.*

ca.ção s.m. (Zool.) peixe de médio porte, cor acinzentada no dorso e branca no ventre, corpo alongado, cabeça prolongada, carnívoro, semelhante aos tubarões.

ca.ça.pa s.f. 1 pequena bolsa de tira de couro onde caem as bolas embocadas no jogo de sinuca. 2 alvo; meta: *Bola na caçapa é gol.*

ca.çar v.t. 1 perseguir animais silvestres para aprisionar ou matar. 2 ir ao encalço de; prender: *A polícia caçou os bandidos em seus domínios.* 3 procurar intensamente; catar; buscar (solução, objeto, palavra etc.): *Caçou o perfume em várias lojas especializadas.*

ca.ca.re.co (é) s.m. (Bras.) traste velho ou muito usado: *Arrumou seus cacarecos, montou em sua garupa.*

ca.ca.re.jar v.t. 1 emitir voz esganiçada: *Abrir a janela do quarto, olhar para dentro, dar uma risada e cacarejar – "bença, pai".* • int. 2 soltar a voz característica (os galináceos); cantar: *A galinha cacareja depois de pôr o ovo.*

ca.ça.ro.la (ó) s.f. panela de metal, com bordas altas, cabo e tampa.

ca.ca.tu.a s.f. gênero de aves maiores que o papagaio, de plumagem geralmente branca e um penado eriçado na cabeça: *Estarão expostas aves raras como pombas exóticas coloridas e cacatuas da Austrália.*

ca.cau s.m. 1 grande fruto ovoide, de casca amarela, polpa doce e grande número de sementes. 2 plantação desse fruto: *A plantação de cacau prosperava.* 3 pó solúvel feito com a semente torrada do cacau, usado na fabricação do chocolate: *Recomendam-se leite, cacau, pão integral, cereais.*

ca.cau.ei.ro s.m. árvore do cacau, cultivada em região de clima quente, com folhas grandes, compridas e com pequenas flores que se inserem no tronco.

ca.cau.i.cul.tor (ô) s.m. e adj. que ou aquele que se dedica ao cultivo ou possui plantação de cacau.

ca.cau.i.cul.tu.ra s.f. plantação ou cultura de cacau: *No Brasil, a cacauicultura não pode enfrentar o mercado competitivo.*

cacetada

ca.ce.ta.da s.f. **1** (Bras.) situação maçante e importuna; chateação: *Há aulas que são verdadeiras cacetadas.* **2** paulada; bordoada; pancada: *acertou uma senhora cacetada na tela da TV.* **3** impacto; baque.

ca.ce.te (ê) s.m. **1** bordão de madeira geralmente grosso numa das extremidades; porrete; pau: *Surgiram homens indignados, brandindo cacetes e pedras.* **2** indivíduo maçante ou impertinente; chato. **3** (Ch.) pênis. **4** (Coloq.) surra; sova; cacetada. • adj. **5** cansativo; maçante. interj. **6** expressa impaciência, desagrado ou espanto. ♦ **do cacete** genial. **pra cacete** muito; demais.

ca.cha.ça s.f. (Bras.) aguardente que se obtém mediante a fermentação e destilação do caldo de cana ou borras de melaço; pinga.

ca.cha.cei.ro s.m. **1** pessoa que bebe muita cachaça ou outra bebida alcoólica; beberrão: *O sujeito em questão é um notório cachaceiro.* • adj. **2** que consome muita bebida alcoólica.

ca.cha.ço[1] s.m. parte posterior do pescoço; nuca: *Aplicou-lhe um golpe no cachaço que o fez tontear.*

ca.cha.ço[2] s.m. (Bras.) porco reprodutor.

ca.cha.lo.te (ó) s.m. baleia de grande porte, provida de dentes; pode medir até 20 m de comprimento; de seu corpo se obtém o óleo e, da cabeça, espermacete.

ca.chê s.m. quantia que um artista recebe por participação eventual num trabalho: *Os atores preferem não revelar o valor do cachê.*

ca.che.a.do adj. encaracolado; anelado: *Ela tem cabelo cacheado.*

ca.che.col s.m. agasalho para o pescoço: *Enrolou-se no cachecol.*

ca.che.pô s.m. recipiente para decoração em que se colocam vasos.

ca.chim.bo s.m. utensílio para fumar, composto de um forno pequenino em que se põe fumo, e ao qual está adaptado um tubo por onde se aspira a fumaça.

ca.cho s.m. **1** conjunto de flores ou frutos em redor de um eixo comum: *cacho de uvas.* **2** madeixa de cabelo disposta em caracóis: *um cacho de cabelo.*

ca.cho.ei.ra s.f. queda-d'água, em rio ou ribeirão, cujo leito apresenta forte declive; corredeira: *No Brasil, há cachoeiras famosas.*

ca.cho.la (ó) s.f. (Coloq.) cabeça: *O garoto zanza atarantado, coçando a cachola.*

ca.chor.ra.da s.f. **1** bando de cachorros; matilha: *A cachorrada ladrava sem parar.* **2** ação má; canalhice: *Puxa, mas que cachorrada fizeram comigo!*

ca.chor.ro (ô) s.m. **1** cão ou cadela. **2** pessoa de mau caráter; infame; patife; vil: *Aquele cachorro veio aqui só para pedir dinheiro.* ♦ **da cachorra** infernal; insuportável: *Foi um barulho da cachorra!* **com a cachorra** fora de si; irado: *Levantou com o pé esquerdo, está hoje com a cachorra.* **pra cachorro** em grande quantidade; muito: *Tinha dinheiro pra cachorro!*

ca.chor.ro-quen.te s.m. sanduíche feito com pão pequeno e salsicha quente, servido com molho. // Pl.: cachorros-quentes.

ca.ci.far v.t. recolher, no jogo, o cacife: *cacifar as apostas.*

ca.ci.fe s.m. **1** em jogo de aposta, quantia mínima necessária à participação de cada jogador: *Qual é o cacife estipulado para iniciar o jogo?* **2** soma; montante; valor: *O sindicato é dono de um cacife de 105.000 filiados.*

ca.cim.ba s.f. cova feita no leito seco dos rios ou terrenos úmidos para recolher água; poço.

ca.ci.que s.m. **1** nome dado ao chefe de tribo indígena: *Tem uma paciência digna de um velho cacique.* **2** nome que se dá aos representantes mais importantes de um partido político: *Os caciques políticos se empenharam na conquista de novas alianças partidárias.*

ca.co s.m. **1** fragmento de louça ou vidro: *O chão ficou cheio de cacos do espelho.* **2** (Teatr.) palavra ou frase que o ator, geralmente de improviso, introduz no texto original durante a representação: *O comediante costuma meter cacos nas suas falas.* **3** qualquer coisa que esteja estragada ou em pedaços: *cacos de dentes.* **4** (Coloq.) pessoa envelhecida e doente: *Ainda é nova, mas está um caco.*

ca.ço.a.da s.f. zombaria; troça.

ca.ço.ar v.t. zombar; escarnecer: *Aí, ele começou a caçoar de mim.*

ca.co.e.te (ê) s.m. movimento involuntário e repetido, como contrações musculares, piscadelas ou gestos; tiques: *Rapazote abobado, riso solto, cheio de cacoetes.*

ca.có.fa.to s.m. (Gram.) encontro da última sílaba de uma palavra com as da palavra seguinte, cujo efeito é uma terceira palavra, geralmente obscena, grosseira ou não eufônica: *boca dela.*

ca.co.fo.ni.a s.f. sucessão desagradável de sons.

cac.tá.cea s.f. espécime das cactáceas, família de plantas sem folhas, flores muito grandes e caule grosso, em virtude da reserva de água; tem geralmente espinhos.

cac.to s.m. planta típica dos desertos com caule cheio de espinhos, capaz de armazenar grande quantidade de água.

ca.çu.la s.2g. **1** filho ou irmão mais novo: *Aquele menino é o caçula.* • adj. **2** mais jovem: *O filho caçula é mais mimado.*

ca.cun.da s.f. (Coloq.) dorso; costas; corcunda: *Sentia fortes dores na cacunda.* ♦ **na cacunda** à custa de: *A família toda vive na cacunda do pai.*

ca.da pron. indef. **1** individualiza uma unidade num conjunto ou numa categoria: *Nós, os veteranos, combinávamos quem retiraria cada livro e o passaria aos demais.* **2** individualiza uma unidade num conjunto, acrescentando uma ideia de distribuição; todo: *Cada mês estava com o cabelo de uma cor.* **3** individualiza uma unidade num conjunto ou categoria, intensificando-a: *Um belo restaurante, rapaz... Tem cada bife!* ♦ **cada um** individualiza uma unidade num conjunto ou numa categoria; todos: *Cada um sabe onde o sapato aperta.* **cada qual** individualiza uma unidade num conjunto, acrescentando uma ideia de distribuição: *Comprou dois vestidos, cada qual para uma ocasião diferente.*

ca.da.fal.so s.m. estrado alto para a execução geralmente pública de condenados; patíbulo: *Pessoas disputavam lugares ao redor do cadafalso.*

ca.dar.ço s.m. **1** fita estreita, chata ou roliça de pano: *Eu estava comprando cadarço de enfeitar roupa.* **2** cordão com que se ajusta o sapato aos pés: *O cachorrinho brincava com o cadarço do meu sapato.*

ca.das.tra.men.to s.m. **1** organização ou montagem de cadastro: *Foi feito o cadastramento de todos os fornecedores.* **2** registro: *A empresa teve o seu cadastramento aprovado pela agência local.*

cafetão

ca.das.trar *v.t.* inscrever em cadastro; registrar: *A defesa civil já cadastrou 144 famílias desabrigadas.*

ca.das.tro *s.m.* **1** registro público dos bens de raiz de certa região: *A concentração da propriedade da terra se acentuou, a julgar pelos dados do cadastro do instituto.* **2** registro em fichas; fichamento: *Faria um cadastro dos clientes.*

ca.dá.ver *s.m.* corpo de ser humano ou animal, após a morte; defunto.

ca.da.vé.ri.co *adj.* **1** que tem aparência de cadáver: *moça cadavérica.* **2** malcheiroso; putrefato: *Empestava tudo com seu bafo cadavérico.* **3** de ou próprio de cadáver: *Ela era duma palidez cadavérica.*

ca.dê *adv.* (Coloq.) forma popular usada interrogativamente significando "que é de?", "onde está?": *Cadê meu carro?*

ca.de.a.do *s.m.* fechadura portátil.

ca.dei.a *s.f.* **1** corrente de anéis ou de elos de metal; grilhão: *Escravos tinham cadeias nos pés.* **2** edifício público onde se prendem delinquentes e suspeitos; cárcere; presídio: *A cadeia está superlotada.* **3** grupo de estabelecimentos ligados num só sistema: *cadeia de supermercados.* **4** rede de estações radiodifusoras ou de TV interligadas: *O presidente falou em cadeia nacional.* **5** conjunto interligado; sucessão: *cadeias de montanhas.* **6** prisão; detenção: *Nesse caso, a lei pune com cadeia.* **7** ligação; laço: *Queria casar-se, entregar-se àquela doce cadeia.* **8** conjunto de fatos ou fenômenos que ocorrem sucessivamente; continuidade; encadeamento; sucessão. ♦ **cadeia alimentar** seres vivos que se alimentam e servem de alimento para outros seres vivos.

ca.dei.ra *s.f.* **1** peça de mobiliário que consiste num assento com costas e, às vezes, com braços, para uma pessoa. **2** lugar individual em casa de espetáculo, estádio ou ginásio: *Procurou uma cadeira bem próxima da cena.* **3** posição ou lugar ocupado por membro de corporação política, científica ou literária: *Foi marcada a posse do escritor em sua cadeira da Academia Brasileira de Letras.* **4** função de professor; cargo: *Fez concurso para a cadeira de Português.* **5** disciplina ministrada em estabelecimento escolar; matéria; cátedra: *a cadeira de Geografia do Brasil.* ● *pl.* **6** quadril. *Ela sentia muita dor nas cadeiras.*

ca.de.la (é) *s.f.* fêmea do cão; cachorra.

ca.dên.cia *s.f.* (Mús.) regularidade de movimentos ou sons; compasso; ritmo: *a cadência do samba.*

ca.den.ci.ar *v.t.* **1** dar cadência a: *Soube ser rápido quando necessário, depois soube cadenciar o ritmo.* **2** marcar a cadência.

ca.den.te *adj.* **1** que cai; pendente: *estrela cadente.* **2** que diminui ou está diminuindo: *Ainda que cadente, há uma inflação que se acumula.* // Cp.: candente.

ca.der.ne.ta (ê) *s.f.* **1** pequeno caderno para apontamentos: *caderneta de endereços.* **2** conta bancária para depósitos e retiradas de dinheiro em banco: *caderneta de poupança.* **3** agenda para registro de frequência e notas de alunos: *caderneta escolar.*

ca.der.no *s.m.* **1** conjunto de folhas de papel, coladas, costuradas ou presas por espiral, formando um livro de anotações. **2** parte do jornal constituída por folhas encaixadas; suplemento: *A notícia está no segundo caderno.* **3** livro de anotações diárias; diário: *O comandante anota tudo no caderno de navegação.*

ca.de.te (ê) *s.m.* aluno de escola militar superior do Exército, da Aeronáutica e da Marinha; aspirante a oficial.

ca.di.nho *s.m.* **1** (Quím.) vaso metálico ou de material refratário para operações químicas em temperaturas elevadas. **2** fusão; mistura: *O Brasil é um cadinho de raças e culturas.*

cád.mio *s.m.* (Quím.) elemento metálico de cor pardacenta utilizado em ligas. // Símb.: Cd; N. Atôm.: 48.

ca.du.car *v.int.* **1** perder a força; decair; tornar-se caduco. **2** perder a validade; vencer: *A validade do remédio caducou.* **3** delirar; desvairar.

ca.du.co *s.m.* **1** (Bras.) pessoa cujas faculdades mentais enfraqueceram por causa da velhice: *O caduco fala sozinho.* ● *adj.* **2** enfraquecido; velho; decrépito. **3** que não sabe o que faz ou diz; sem juízo: *Essa moça está caduca, agindo desse jeito!* **4** maluco; desatinado: *Vivemos num mundo caduco.* **5** que se tornou nulo; vencido: *regras morais caducas.*

ca.du.qui.ce *s.f.* (Bras.) perda da lucidez devido à velhice: *Já se percebe bem a caduquice dela.*

ca.e.té *s.m.* **1** indivíduo dos caetés: *Nos dois estados, não restara um único caeté.* ● *pl.* **2** povos indígenas que habitavam a antiga capitania de Pernambuco: *Os caetés fugiram para o interior.*

ca.fa.jes.ta.da *s.f.* (Bras.) **1** grupo de cafajestes: *É lá que se encontra a cafajestada do bairro.* **2** ação própria de cafajeste: *Quero saber o motivo da cafajestada daquele malandro.*

ca.fa.jes.te (é) *s.m.* (Bras.) **1** indivíduo vulgar e canalha; malandro: *O cafajeste se divertia com boatos e calúnias.* ● *adj.* **2** canalha; malandro: *Era um homem desenvolto, mas um tanto cafajeste.*

ca.fé *s.m.* **1** fruto pequeno, redondo, de casca fina e vermelha quando maduro e com semente dupla: *colheita de café.* **2** bebida feita por infusão da semente torrada e moída desse fruto: *Só tomava café em xícara.* **3** pó de café: *café embalado a vácuo.* **4** estabelecimento comercial onde se vende essa bebida; cafeteria; bar: *Está sempre pelos cafés, conversando com amigos.* **5** primeira refeição da manhã; café da manhã; desjejum: *Bem cedo, arruma a mesa para o café.* **6** cafeeiro: *Visitamos grandes lavouras de café.* **7** cafezal: *trabalho no café.* ♦ **café pequeno** (Coloq.) algo fácil de se realizar. **café-solúvel** extrato do café que se obtém por processo industrial e se dissolve facilmente em água quente.

ca.fé-con.cer.to *s.m.* café (4) com programa de música leve ou canções. // Pl.: cafés-concertos ou cafés-concerto.

ca.fe.ei.ro *s.m.* **1** arbusto da família das rubiáceas, cujas sementes fornecem o pó aromático chamado café. ● *adj.* **2** relativo a café: *Vovó trabalhou na lavoura cafeeira.*

ca.fe.i.cul.tor (ô) *s.m.* **1** aquele que se dedica ao cultivo do café, plantação do café. ● *adj.* **2** que produz café: *Brasil e Colômbia são países cafeicultores.*

ca.fe.i.cul.tu.ra *s.f.* cultivo do café: *O governo incentiva a cafeicultura.*

ca.fe.í.na *s.f.* substância estimulante cristalina, branca, amarga, encontrada no café, no chá e no guaraná.

ca.fe.tão *s.m.* (Bras.) aquele que explora a prostituição, o meretrício. //Fem.: cafetina.

155

cafeteira

ca.fe.tei.ra *s.f.* vasilha destinada à preparação do café ou a servi-lo.

ca.fe.te.ri.a *s.f.* lugar especializado em servir café e, eventualmente, outras bebidas, com lanches rápidos que acompanham: *Os preços das cafeterias não variam muito.*

ca.fe.zal *s.m.* plantação de cafeeiros.

ca.fe.zi.nho *s.m.* (Bras.) café servido em xícara pequena: *Toma muitos cafezinhos por dia.*

cá.fi.la *s.f.* **1** grupo de camelos que transportam mercadorias. **2** caravana de mercadores na Ásia e na África, transportada em camelos. **3** (Fig.) bando; corja; súcia.

ca.fo.na *s.2g.* (Bras. Gír.) **1** pessoa de mau gosto: *Quem foi o cafona que escolheu a cor da pasta?* • *adj.* **2** de mau gosto; ridículo: *Ainda usa aquela costeleta cafona.*

ca.fo.ni.ce *s.f.* (Bras. Gír.) caráter ou atitude de cafona; falta de bom gosto: *O repertório daquele cantor é um primor de cafonice.*

caf.ta *s.f.* prato árabe feito com carne moída, pimenta, sal, hortelã, assado em espeto.

ca.fu.a *s.f.* **1** rancho escuro e sujo; choça. **2** cubículo; cela: *Ficou na cafua que era a solitária.* **3** caverna; antro: *uma cafua no fim do mundo.*

ca.fun.dó *s.m.* (Bras.) lugar despovoado e afastado: *Por que te vais meter naqueles cafundós, na selva bruta?*

ca.fu.né *s.m.* (Bras.) coçada leve; carícia leve feita com a ponta dos dedos; carinho; afago.

ca.fu.zo *s.m.* (Bras.) mestiço de negro e índio.

cá.ga.do *s.m.* réptil de corpo coberto por uma carapaça e que vive em lagoas rasas e terrenos pantanosos.

ca.ga.nei.ra *s.f.* (Vulg.) distúrbio intestinal com evacuação frequente e líquida; diarreia.

ca.gar *v.int.* (Vulg.) **1** descarregar os excrementos do intestino; defecar. **2** não dar importância. **3** expelir. **4** borrar-se.

ca.gue.tar *v.t.* delatar; denunciar: *Na calada da noite, caguetaram o chefe.* // Var.: alcaguetar.

cai.a.ção *s.f.* pintura feita com cal, água e cola: *O dinheiro não dá para a caiação de todas as paredes.*

cai.a.pó *s.m.* (Bras.) **1** indivíduo dos caiapós. • *pl.* **2** povos indígenas de Mato Grosso: *Lastimava a presença de um bruto lidando com os caiapós.*

cai.a.que *s.m.* **1** pequena embarcação esquimó feita com ossos de baleia e coberta de pele de animal, que é amarrada na cintura do remador. **2** embarcação pequena e estreita, usada por esportistas, com abertura apenas para caber um homem: *Os desportistas desceram as corredeiras em caiaques.*

cai.ar *v.t.* pintar com tinta à base de cal: *caiar muros.*

cãi.bra *s.f.* (Med.) contração muscular involuntária e dolorosa em geral causada por problemas vasculares, por esforço ou frio excessivos: *Chegou a sentir cãibras na barriga das pernas.*

cai.bro *s.m.* cada uma das peças de madeira usadas em telhados, sobre as quais se pregam as ripas e se encaixam as telhas.

cai.ça.ra *s.2g.* (Bras.)**1** pescador que vive no litoral paulista: *Os caiçaras são gentis com os turistas.* **2** cerca tosca de proteção contra animais.

cai.ei.ra *s.f.* **1** fábrica de cal. **2** forno no qual se calcina a pedra calcária.

ca.i.men.to *s.m.* **1** grau de flexibilidade que um tecido ou vestuário apresenta e que o faz cair com elegância e perfeição: *tecido macio, de bom caimento.* **2** declive; inclinação: *terreno com caimento para os fundos.*

cai.pi.ra *s.2g.* (Bras.) **1** homem do interior; roceiro; matuto; sertanejo: *Desenvolviam pesquisas sobre o negro, o caipira, o imigrante.* • *adj.* **2** da roça; sertanejo: *cidades paulistas com sotaque caipira.* **3** relativo às festas juninas: *Naquela rua, todo ano se realizam festas caipiras.*

cai.pi.ri.ce *s.f.* (Bras.) modos ou atitude do homem do interior ou do sertanejo.

cai.pi.ri.nha *s.f.* bebida feita com limão espremido, açúcar, aguardente e gelo.

cai.pi.ris.mo *s.m.* (Bras.) caipirice: *o caipirismo do personagem humorístico.*

cai.po.ra (ó) *s.m.* (Folcl.) **1** ente fantástico da mitologia tupi, que toma a forma, segundo a região, de uma mulher de um só pé que anda aos saltos, de uma criança de cabeça grande, de um caboclinho encantado ou de um homem agigantado com um pé só ou montado num porco-do-mato. • *adj.* **2** infeliz; azarado: *Eta vidinha caipora!*

ca.ir *v.t.* **1** deixar-se apanhar: *Caiu numa cilada.* **2** incidir: *A sorte caiu em você.* **3** atacar de surpresa; investir: *Os soldados caíram sobre o inimigo.* **4** descer; envolver: *Grande tristeza caiu sobre todos.* • *int.* **5** atirar-se; jogar-se: *A garotada caiu na piscina.* **6** ir ao chão; vir abaixo; tombar: *A moça não viu o degrau e caiu.* **7** baixar; diminuir; reduzir-se: *A temperatura caiu.* **8** ser destituído (de um cargo): *O ministro caiu.* **9** perder o valor; descer: *A cotação do dólar caiu.* **10** ser tomado pelo inimigo: *A fortaleza caiu.* **11** declinar; perder a vida; sucumbir; morrer: *A tarde caía.* • *lig.* **12** tornar-se: *A criança caiu doente.* ✦ **cair bem** harmonizar-se: *O vestido não lhe caía bem.* **cair do cavalo** dar-se mal: *Não me escutou, caiu do cavalo.* **cair do(s) céu(s)** vir a propósito: *Aquele dinheiro caiu do(s) céu(s).* **cair em si** voltar à realidade: *O homem caiu em si e pediu desculpas.* **cair fora** fugir; sair: *Sentiu medo e caiu fora.* **cair no conto (do vigário)** ser enganado.

cais *s.m.* **1** plataforma à margem de um rio ou porto de mar em que atracam navios e se faz o embarque ou desembarque de passageiros ou mercadorias: *A rua ia dar justamente à beira de um cais deserto.* **2** reforço às margens de um rio ou canal para conter ou direcionar suas águas.

cai.ti.tu *s.m.* (Bras.) mamífero de patas pretas, pelagem cinza-escuro, com uma faixa branca de longos pelos no pescoço; porco-do-mato: *Os caititus me deram um prejuízo danado este ano.*

cai.xa /ch/ *s.f.* **1** recipiente feito de material rígido, com ou sem tampa, para guardar, acondicionar ou transportar qualquer coisa: *caixas de sapatos.* **2** caixa registradora: *A mocinha da caixa recebe e dá troco.* **3** seção de um banco ou casa comercial em que se fazem os recebimentos e os pagamentos: *Há uma fila enorme diante da caixa.* **4** instrumento de percurssão do gênero tambor: *Os ruídos dos clarins e caixas causaram pavor aos inimigos.* **5** o conteúdo de uma caixa: *Em março ele vendeu a caixa de abacates.* **6** reservatório; tanque: *caixa de água.* **7** ninho; casa:

calçada

caixa de marimbondo. **8** estabelecimento que recebe fundos financeiros para guardar ou administrar. **9** lugar fechado que abriga um mecanismo: *caixa de força*. **10** dinheiro recebido: *prestar conta de caixa*. **11** reserva, disponibilidade em dinheiro: *A empresa tem problemas de caixa*. • *s.m.* **12** livro no qual se registram entrada e saída de dinheiro: *Anote todos os valores no caixa.* • *s.2g.* **13** pessoa cuja ocupação num banco ou casa comercial é receber ou pagar: *A caixa contava as notas calmamente, sem se preocupar com os que esperavam.* ✦ **caixa acústica** onde estão instalados alto-falantes. **caixa dois** contabilidade paralela, não manifesta, com a finalidade de subtrair-se ao pagamento de tributos. **caixa eletrônico** equipamento bancário para autosserviço. **caixa torácica** (Anat.) conjunto de ossos do tórax formado por vértebras, costelas e esterno. **fazer caixa** operação financeira ou de qualquer outro tipo para que entre dinheiro na caixa da firma. **caixa postal** coleta de correspondência a ser encaminhada ao correio.

cai.xa-al.ta *s.f.* letra maiúscula. // Pl.: caixas-altas.

cai.xa-bai.xa *s.f.* letra minúscula. // Pl.: caixas-baixas.

cai.xa-d'á.gua *s.f.* compartimento ou reservatório onde se armazena a água. // Pl.: caixas-d'água.

cai.xa-for.te *s.f.* recinto de alta segurança, reforçado e protegido contra roubo e incêndio, onde se guardam valores (dinheiro, joias, documentos etc.). // Pl.: caixas-fortes.

cai.xão /ch/ *s.m.* **1** caixa grande. **2** urna funerária; ataúde; esquife: *Cheguei até a beira do caixão e olhei o defunto.*

cai.xa-pre.ta *s.f.* aparelhagem que grava dados sobre o funcionamento de uma aeronave, seus sistemas e as conversas da equipagem. // Pl.: caixas-pretas.

cai.xei.ro /ch/ *s.m.* auxiliar de comércio; balconista: *Começou a trabalhar como caixeiro de uma loja.*

cai.xei.ro-vi.a.jan.te *s.m.* empregado que vende produtos de um estabelecimento comercial em local fora da praça; representante comercial. // Pl.: caixeiros-viajantes.

cai.xe.ta (chê) *s.f.* caixa pequena: *uma caixeta de goiabada.*

cai.xi.lho /ch/ *s.m.* parte da esquadria onde se fixam os vidros: *as janelas de caixilhos azuis.*

cai.xo.te (chó) *s.m.* caixa tosca de madeira destinada a embalagem.

ca.já *s.m.* (Bras.) fruto oval, de casca lisa e fina, amarela quando madura, e de polpa alaranjada, mole e com sabor agridoce.

ca.ja.da.da *s.f.* pancada com cajado; bordoada. ✦ **de/com uma só cajadada** de uma só vez: *Matei dois coelhos com uma cajadada só.*

ca.ja.do *s.m.* **1** bastão; bordão; apoio: *Apoiado num cajado, o vaqueiro atravessa o campo.* **2** vara de pastor que permite puxar as pernas dos animais.

ca.já-man.ga *s.m.* (Bras.) fruto ovalado, amarelo, de polpa carnosa e caroço com pontas duras. // Pl.: cajás-mangas ou cajás-manga.

ca.ja.zei.ra *s.f.* árvore do cajá, de grande porte, com folhas verdes e com pequenas flores esbranquiçadas em cachos e que produz o cajá.

ca.ju *s.m.* (Bras.) haste carnosa do fruto do cajueiro, de cor amarela ou vermelha e suco abundante, adstringente e doce.

ca.ju.a.da *s.f.* suco de caju.

ca.ju.ei.ro *s.m.* (Bras.) **1** árvore do caju; tem folhas grandes e flores pequenas reunidas em cachos: *Descansaram à sombra de um cajueiro.* • *adj.* **2** que produz caju: *Passamos por uma região cajueira.*

cal *s.f.* substância branca granulada obtida pela calcinação do cálcio, usada em tintas, revestimentos, construções e processos industriais e farmacêuticos. ✦ **de pedra e cal** de maneira firme: *Assumiu o compromisso de pedra e cal.*

ca.la.bou.ço *s.m.* **1** cárcere sombrio; prisão subterrânea. **2** buraco grande; poço: *calabouço do monjolo.*

ca.la.brês *s.m.* **1** natural ou habitante da Calábria. • *adj.* **2** relativo à Calábria.

ca.la.da *s.f.* silêncio total: *Fugiu na calada da noite.*

ca.la.do¹ *adj.* **1** em silêncio; quieto; mudo: *Ele esperava, calado e triste.* **2** sem produzir ruído; silencioso: *A mata estava calada.*

ca.la.do² *s.m.* **1** distância vertical da quilha da embarcação em relação à superfície da água: *navios de grande calado.* **2** profundidade necessária à navegação: *O rio não tem calado.*

ca.la.fe.tar *v.t.* tapar; vedar fendas ou juntas: *Calafetam os intervalos com cera quente de abelha.*

ca.la.fri.o *s.m.* (Med.) contrações musculares e tremores provocados por febre alta ou por sensações intensas (de frio, de medo, de horror etc.); arrepio: *A febre e também a fadiga provocaram-lhe calafrios.*

ca.la.mi.da.de *s.f.* **1** grande desgraça; catástrofe: *A guerra é uma calamidade.* **2** tem muitos defeitos ou inconveniências: *Nossa situação financeira é uma calamidade.*

ca.la.mi.to.so (ô) *adj.* **1** desastroso; funesto: *Foi uma época calamitosa para nós.* **2** que denota grande desgraça ou tragédia; catastrófico: *O estado calamitoso da região assolada pela seca.*

ca.lan.dra *s.f.* **1** máquina para curvar e desempenar chapas. **2** na indústria de papel, conjunto de cilindros destinado a fechar poros e alisar o papel: *A calandra dá a espessura e a textura do produto final.*

ca.lan.go *s.m.* (Bras.) **1** pequeno lagarto que vive na terra e em pedreiras: *Divertia-se atirando pedras nos calangos e lagartixas.* **2** desafio no qual cada cantador repete, geralmente de improviso, o último verso de seu opositor: *Ouvimos hoje os deliciosos galopes, calangos e toadas.*

ca.lão *s.m.* linguajar em que predominam termos chulos ou grosseiros: *Não usar palavras de baixo calão.*

ca.lar¹ *v.t.* **1** fazer parar de falar, impor silêncio. **2** ocultar; omitir: *Não podíamos calar a verdade.* • *int.* **3** parar de falar; não dizer o que sabe; emudecer: *O melhor que faço é calar.* **4** não produzir som ou ruído: *O telefone calou.*

ca.lar² *v.t.* **1** fixar-se; penetrar fundo: *A verdade calou em seu peito.* **2** encaixar: *calar baionetas.* **3** fazer abertura em fruta para verificar o estado: *Ele calava as melancias antes de comprar.*

cal.ça *s.f.* **1** peça exterior do vestuário, que se ajusta na cintura e cobre as pernas em separado, geralmente até o tornozelo: *Usava uma calça jeans.* **2** peça feminina; calcinha.

cal.ça.da *s.f.* caminho pavimentado para pedestres, quase sempre mais alto do que a parte da rua destinada aos veículos e geralmente limitado pelo meio-fio; passeio: *Toldos e mesas não são permitidos na calçada.*

calçadão

cal.ça.dão *s.m.* calçada ou passeio extenso e largo: *Caminhava no calçadão da praia.*

cal.ça.dei.ra *s.f.* utensílio utilizado para ajudar a calçar sapatos.

cal.ça.dis.ta *s.2g.* **1** produtor de calçados. • *adj.* **2** que produz calçados: *O setor calçadista alcançou bons níveis de exportação.*

cal.ca.do *adj.* **1** apoiado; baseado: *O estado legal, calcado no sistema jurídico.* **2** esmagado; comprimido; apertado.

cal.ça.do *s.m.* **1** peça de couro, tecido, plástico ou borracha para cobrir e proteger os pés. • *adj.* **2** pavimentado: *Passou por uma rua calçada.* **3** protegido com sapato, bota, tênis ou sandália: *Os pés calçados com sandálias.* **4** apoiado; fundamentado; baseado: *Tenho opinião calçada na experiência.* **5** que usa calçados.

cal.ça.men.to *s.m.* **1** pavimentação de terrenos ou ruas com pedra, asfalto ou concreto: *Prossegue o calçamento da rua.* **2** superfície revestida com material resistente: *O calçamento era irregular.*

cal.ca.nhar *s.m.* **1** parte posterior do pé humano: *O major bateu os calcanhares e comandou.* **2** parte do calçado ou da meia correspondente ao calcanhar: *A meia está furada no calcanhar.*

cal.ca.nhar de a.qui.les *s.m.* lado ou aspecto vulnerável; ponto fraco: *O calcanhar de aquiles da equipe continua sendo a defesa.* // Pl.: calcanhares de aquiles.

cal.ção *s.m.* **1** calça curta do vestuário masculino que desce até os joelhos ou pouco acima deles, em geral com a cintura ajustada por um elástico. **2** traje masculino para banho de mar ou natação.

cal.car *v.t.* **1** pisar fortemente; esmagar; compactar: *Ela vai calcar as uvas com os pés.* **2** comprimir; apertar: *Calquei o botão da campainha.* **3** reprimir; conter; sustar: *Tentaram calcar a revolução nas ruas.*

cal.çar *v.t.* **1** revestir os pés ou as mãos; pôr calçados: *calçar os sapatos.* **2** pôr calço ou cunha em; escorar com calço: *calçar as rodas com pedras.* **3** pavimentar: *A prefeitura calçou as ruas.* **4** usar calçado de determinado tamanho: *Ele calça sapatos nº 40.* **5** colocar ferradura; ferrar: *calçar os cavalos.* **6** no futebol, pôr o pé contra a perna do adversário, para derrubá-lo: *calçar o adversário.* • *int.* **7** ajustar-se (calçado): *Este sapato calça bem.*

cal.cá.rio *s.m.* **1** designação comum às rochas constituídas de carbonato de cálcio; pedra calcária. • *adj.* **2** que contém carbonato de cálcio: *terreno calcário.*

cal.cei.ro *s.m.* **1** peça de armários, apropriada para pendurar calças. **2** fabricante de calças; alfaiate.

cal.ci.fi.ca.ção *s.f.* **1** depósito de sais de cálcio no organismo: *a calcificação dos ossos.* **2** depósito anormal de cálcio em qualquer parte do organismo.

cal.ci.fi.car *v.t.* **1** ministrar cálcio: *Não se pode calcificar demais a gestante.* • *int.* e *pron.* **2** sofrer um processo de calcificação: *Se houver muito cálcio no sangue, os ossos e dentes calcificam(-se) demasiadamente.*

cal.ci.na.ção *s.f.* aquecimento em altíssimo grau; abrasamento: *a calcinação de rocha calcária.*

cal.ci.nar *v.t.* transformar em pó pela ação do calor; queimar; abrasar: *O sol calcina a terra nordestina.*

cal.ci.nha *s.f.* calcinhas.

cal.ci.nhas *s.f.pl.* peça interna do vestuário feminino, bem ajustada e de tecido delicado, que se estende da cintura ou logo abaixo dela às virilhas ou às coxas; calça.

cál.cio *s.m.* (Quím.) elemento químico, prateado, leve e maleável, pertencente ao grupo dos metais alcalino-terrosos. // Símb.: Ca; N. Atôm.: 20.

cal.ço *s.m.* **1** pedaço de madeira, pedra ou outro material que se coloca debaixo de um móvel, máquina ou qualquer outro objeto para aprumar, nivelar, elevar, firmar ou ajustar: *Um pedaço de papelão serve de calço para a porta.* **2** golpe que um jogador de futebol, em defesa, dá contra um atacante: *O árbitro deve distinguir entre o calço proposital e o calço resultante de jogada normal.*

cal.ço.la *s.f.* calcinha feminina.

cal.cu.la.do.ra (ô) *s.f.* máquina de calcular dotada de dispositivos mecânicos ou de programa computacional: *calculadora eletrônica de bolso.*

cal.cu.lar *v.t.* **1** determinar um valor por meio de cálculo; contar; computar; medir: *O aluno precisava calcular a área de um triângulo.* **2** avaliar; estimar: *Ele não soube calcular os prejuízos materiais.* **3** planejar; prever: *Na floresta, é preciso sempre calcular o próximo passo.* **4** presumir; imaginar: *O filho nem pode calcular o esforço do pai.*

cal.cu.lis.ta *s.2g.* **1** pessoa encarregada de cálculos matemáticos: *Jamais idealiza qualquer projeto sem um calculista ao seu lado.* • *adj.* **2** interesseiro: *É pessoa cautelosa e calculista.* **3** ditado pelo interesse: *Ela sempre teve aquele comportamento calculista.*

cál.cu.lo *s.m.* **1** operação matemática; cômputo; avaliação: *Estava absorto em seus cálculos.* **2** contagem: *Fez o cálculo do número de páginas do romance.* **3** medição; medida: *cálculo da altitude dos corpos celestes.* **4** planejamento; plano: *Casar-se não estava nos seus cálculos.* **5** interesse: *Os olhos faiscavam de meditado cálculo.* **6** capacidade de raciocínio. **7** solidificação que se forma na bexiga, na vesícula biliar e nos canais excretores das glândulas: *cálculos biliares ou renais.*

cal.da *s.f.* solução de açúcar e água fervidos conjuntamente; xarope: *doce em calda.*

cal.dei.ra *s.f.* recipiente metálico usado para aquecer líquidos, produzir vapor ou cozer alimento: *A lenha alimentava as caldeiras da fábrica.*

cal.dei.rão *s.m.* **1** utensílio de metal ou barro, grande e redondo, com alças e tampa, usado na cozinha. **2** escavação nas rochas feita pelas águas, na qual se encontram ouro e diamante: *Ele está tirando cascalho do caldeirão.* **3** centro ou fonte de turbulência ou perturbação: *A região é um caldeirão de ódios.*

cal.do *s.m.* **1** alimento líquido preparado pelo cozimento de carne ou de outras substâncias: *caldo de galinha.* **2** (Bras.) suco que se extrai de frutos ou de outras partes de certas plantas: *caldo de cana.* **3** mergulho forçado que se dá em quem está nadando: *Gostavam de dar caldo nas meninas.*

ca.le.che (é) *s.f.* e *s.m.* carruagem de quatro rodas e dois assentos, descoberta na frente e puxada por dois cavalos.

ca.le.fa.ção *s.f.* aquecimento de ambientes internos.

ca.lei.dos.có.pio *s.m.* instrumento formado por um tubo de cartão ou de metal, com pequenos fragmentos de vidro colorido que, ao ser movimentado, reflete combinações variadas e agradáveis: *Era um cenário colorido e cambiante como um caleidoscópio.*

caloria

ca.le.ja.do *adj.* **1** que tem calosidade: *mãos calejadas*. **2** experiente; vivido: *tropeiro prático, calejado na obrigação*.

ca.le.jar *v.t.* **1** formar calos: *Calejou as mãos na lida*. **2** tornar insensível; endurecer: *Os escândalos tendem a calejar o povo*.

ca.len.dá.rio *s.m.* **1** tabela, folhinha ou folheto com indicação dos dias, semanas e meses do ano, as fases da Lua, as festas religiosas e os feriados nacionais. **2** sistema de divisão do tempo em que se aplica um conjunto de regras baseadas na Astronomia e em convenções próprias, capazes de fixar a duração do ano civil e de suas diferentes datas: *Os maias organizaram um calendário lunar*. **3** datas prefixadas para a realização de determinados acontecimentos; cronograma: *calendário do exame vestibular*. **4** lista de compromissos; agenda: *Vou anotar o encontro no meu calendário*.

ca.len.das *s.f.pl.* no antigo calendário romano, primeiro dia de cada mês: *as calendas de agosto*. ♦ **para as calendas** sem data para acontecer: *O título de campeões ficou para as calendas*.

ca.lha *s.f.* **1** cano pelo qual escoam as águas do telhado. **2** qualquer canal para o escoamento de água, grãos etc.

ca.lha.ma.ço *s.m.* livro grosso: *Muitas vezes o vi debruçado sobre calhamaços*.

ca.lham.be.que *s.m.* **1** (Fig.) veículo velho e mal conservado: *Este calhambeque até que ainda corre bem*. **2** pequena embarcação costeira velha e desgastada: *O calhambeque passou a barra, cortou as águas calmas do porto*.

ca.lhar *v.i.* **1** acontecer; ocorrer: *Na viagem de volta, calhou que o guarda me reconheceu*. **2** encaixar-se; ajustar-se; caber: *A figura dela calhava bem dentro daquele cenário*. **3** ser oportuno; convir: *Esta viagem virá a calhar*.

ca.lhau *s.m.* pedaço de rocha dura; pedra; seixo: *Achei um calhau redondo na beira do rio*.

ca.lhor.da (ó) *s.m.* (Bras.) **1** indivíduo desprezível; cafajeste: *Quem foi o calhorda que divulgou aquelas inverdades?* ♦ *adj.* **2** desprezível; ordinário: *A cidade está dominada por gente calhorda*.

ca.lhor.di.ce *s.f.* (Bras.) estado de quem é calhorda; cafajestada: *Mostra toda a sua calhordice comprando falsos testemunhos*.

ca.li.bra.gem *s.f.* **1** ato ou efeito de calibrar. **2** regulagem do calibre: *O tubo sofre uma série de operações de calibragem dos diâmetros*. **3** a medida da pressão de ar conveniente, em pneus, câmaras de ar etc.

ca.li.brar *v.t.* dar o conveniente calibre; regular: *Calibre os pneus antes de qualquer viagem*.

ca.li.bre *s.m.* **1** diâmetro de cano de uma arma de fogo, de artéria etc.: *armas de grosso calibre*. **2** teor: *Desafaro desse calibre não podia ficar sem resposta*. **3** (Fig.) capacidade; inclinação; tendência: *Não tem calibre para o serviço*.

ca.li.ça *s.f.* fragmentos de argamassa soltos da parede ou do teto; entulho; pó: *Uma farinha de caliça denunciava o estrago das pedras*.

cá.li.ce[1] *s.m.* **1** copo com pé, para bebidas: *cálice de vinho*. **2** o conteúdo de um cálice: *Venham tomar um cálice comigo*.

cá.li.ce[2] *s.m.* (Bot.) invólucro exterior da flor que contém a corola e os órgãos sexuais: *As flores masculinas, agrupadas em racimos, têm o cálice de cinco sépalas quase iguais*.

cá.li.do *adj.* **1** quente: *Um grupo de curiosos, ao cálido sol da tarde de janeiro*. **2** ardente; apaixonado: *um cálido abraço de namorados*.

ca.li.fa *s.m.* soberano muçulmano.

ca.li.gra.fi.a *s.f.* **1** arte ou técnica de bem escrever à mão segundo determinadas regras e modelos. **2** letra manuscrita: *Sua caligrafia era boa, cheia de personalidade*.

ca.li.grá.fi.co *adj.* de talhe elegante, caprichado: *Na parede havia uma pintura caligráfica*.

ca.lí.gra.fo *s.m.* especialista em caligrafia; copista: *Aquele senhor trabalhou como calígrafo*.

ca.lis.ta *s.2g.* profissional que trata dos pés e especialmente de calos.

cal.ma *s.f.* **1** grande calor sem vento; calmaria: *Uma calma morna estendia-se por todos os lados*. **2** ausência de movimentos ou de ondas fortes: *Ficamos encantados com a calma das águas do lago*. **3** ausência de ruído; silêncio; quietude: *Na casa havia calma*. **4** serenidade de ânimo; tranquilidade: *As pessoas estão abaladas, mas procuram manter a calma*.

cal.man.te *s.m.* **1** medicamento que acalma ou abranda dores; sedativo: *O médico me receitou um calmante*. **2** tudo o que serve para acalmar ou relaxar: *Ouvir música é um ótimo calmante*. ♦ *adj.* **3** que acalma ou faz relaxar: *O chá de cidreira é calmante*.

cal.ma.ri.a *s.f.* **1** ausência de ventos ou do movimento das ondas; calma: *Quando há calmaria, os albatrozes pousam no oceano*. **2** tranquilidade; sossego: *Gosto da calmaria das tardes mornas*.

cal.mo *adj.* **1** sossegado; tranquilo: *Seu jeito calmo é apenas aparente*. **2** sem muito movimento ou agitação; sereno: *Agora o mar está calmo*.

ca.lo *s.m.* **1** endurecimento na superfície da pele, resultante de atrito continuado; calosidade: *A enxada produziu calos em suas mãos*. **2** saliência; nó. **3** crosta dura que liga os ossos fraturados: *calo ósseo*. **4** (Fig.) sensibilidade; ponto fraco: *Claro que se irritou, você mexeu no calo dele!*

ca.lom.bo *s.m.* (Bras.) **1** inchação endurecida na superfície da pele: *Tinha o rosto cheio de calombos pela picada das abelhas*. **2** qualquer saliência numa superfície: *estrada, com buracos e calombos*.

ca.lor (ô) *s.m.* **1** temperatura elevada: *Estava andando na rua, fazia calor*. **2** temperatura: *O ar é mau condutor de calor*. **3** elevação da temperatura do corpo provocada por causas como movimentos fortes, febre, emoção: *Senti no peito um calor que subia para o rosto como uma labareda*. **4** animação; ardor; entusiasmo: *Gostava de jogar sob o calor da torcida*. **5** aconchego; conforto: *Como é bom o calor do lar!* **6** acolhimento cordial; solidariedade. ♦ **no calor da hora** no entusiasmo do momento.

ca.lo.ren.to *adj.* **1** que sente muito calor: *A dama, calorenta, agitou o leque com fúria*. **2** em que há calor; quente: *Era um lugarzinho apertado e calorento*.

ca.lo.ri.a *s.f.* (Fís.) **1** quantidade de calor capaz de fazer subir de um grau centígrado (de 14,5 °C a 15,5 °C) a temperatura de um grama de água ou um quilogra-

calórico

ma, sob pressão atmosférica normal. **2** unidade que indica o conteúdo energético dos vários alimentos e as necessidades energéticas do organismo para manter o equilíbrio: *O normal é gastar 500 calorias por dia com exercícios.*

ca.ló.ri.co *adj.* que contém muita caloria: *Você deve restringir sua ingestão calórica.*

ca.lo.rí.fe.ro *adj.* que produz calor: *A energia calorífera dá ao organismo uma temperatura constante.*

ca.lo.rí.fi.co *adj.* que pode trocar energia sob forma de calor: *teor calorífico.*

ca.lo.rí.me.tro *s.m.* instrumento para medir a quantidade de calor produzida ou absorvida num processo físico ou químico.

ca.lo.ro.so (ô) *adj.* **1** que tem ou provoca calor. **2** ardente; animado: *Ele lhe deu um aceno caloroso.* **3** aconchegante.

ca.lo.si.da.de *s.f.* endurecimento da pele por acúmulo de células endurecidas; calo: *Unhas aparadas e calosidades ausentes são sinal de higiene.*

ca.lo.ta (ó) *s.f.* **1** qualquer cobertura com forma esférica côncavo-convexa. **2** peça de metal abaulada que se adapta externamente às rodas dos veículos para proteger as extremidades dos eixos e as porcas com que se fixam as rodas: *A calota das rodas de carro.* **3** região gelada ao redor do polo de um planeta: *calota polar.*

ca.lo.te (ó) *s.m.* dívida não paga ou contraída sem a intenção de pagar: *Alguns comerciantes levam muitos calotes.*

ca.lo.te.ar *v.t.* deixar de pagar o que deve: *Ele não sonega o fisco e não caloteia ninguém.*

ca.lo.tei.ro *s.m.* **1** quem passa calotes; mau pagador: *Eu sei que há muitos caloteiros por aí.* ◆ *adj.* **2** que passa calotes, mau pagador: *patrão caloteiro.*

ca.lou.ro *s.m.* **1** aluno novato de uma academia ou faculdade: *Hoje é proibido dar trote em calouros.* **2** quem se apresenta como candidato em programas de auditório em rádio ou televisão para tentar a carreira artística: *Ela começou a vida artística num programa de calouros.*

ca.lun.du *s.m.* mau humor; amuo.

ca.lun.ga *s.m.* (Bras.) **1** boneco imitando ser humano, usado em malfeitos e feitiçaria. **2** no maracatu, cada um dos dois bonecos que os bailarinos carregam e que recebem as esmolas. **3** ajudante de caminhão de carga: *Tinham sido calungas de caminhão de uma empresa transportadora.* ◆ *s.f.* **4** (Bras.) divindade de culto banto associada ao mar, à morte e ao inferno. **5** molho de mudas de arroz: *Os agricultores plantaram as calungas.*

ca.lú.nia *s.f.* afirmação falsa a respeito de alguém; difamação: *Fui vítima de calúnias de amigos invejosos.*

ca.lu.ni.ar *v.t.* fazer acusações maldosas e falsas; difamar: *Caluniaram aquela moça.*

ca.lu.ni.o.so (ô) *adj.* que envolve calúnia; que serve para caluniar: *Usou argumento apressado e calunioso.*

cal.va *s.f.* parte da cabeça onde não há cabelo; careca: *Era um homem de seus trinta anos, rosto sério, calva precoce.*

cal.vá.rio *s.m.* **1** lugar da crucificação de Cristo: *Maria toma parte no sofrimento de seu filho, acompanha-o ao Calvário.* **2** monte pedregoso e de acesso difícil: *Como penitência, subiu o calvário descalço.* **3** crucificação de Cristo. **4** percurso muito difícil: *Com o filho doente, percorreu um calvário de hospital em hospital.* **5** tormento; martírio.

cal.ví.cie *s.f.* falta total ou parcial de cabelo: *A calvície não o incomoda.*

cal.vo *s.m.* **1** pessoa que não tem cabelos na cabeça ou em parte dela; careca: *É um calvo charmoso.* ◆ *adj.* **2** sem cabelo; careca: *Um senhor quase calvo atendeu-me.*

ca.ma *s.f.* **1** móvel em que a pessoa se deita para descansar ou dormir; leito. **2** lugar para dormir; acomodação: *Ajeitou a cama sobre folhas secas.* **3** repouso: *O corpo cansado está pedindo cama.* ◆ **de cama** acamado; adoentado.

ca.ma.da *s.f.* **1** porção de material colocado ou espalhado uniformemente sobre uma superfície: *Coloca-se sobre a pizza uma camada generosa de queijo.* **2** cada uma das partes diferentes que indicam o período de formação, a densidade, a antiguidade ou a constituição de qualquer coisa: *as camadas geológicas da terra.* **3** estrato, classe ou categoria: *O projeto envolve amplas camadas da sociedade.*

ca.ma.feu *s.m.* joia feminina feita de pedra semipreciosa, com duas camadas de cor diferente, numa das quais se talha uma figura em relevo.

ca.ma.le.ão *s.m.* **1** lagarto que vive em árvores, de cauda longa e dedos opostos, língua capaz de projetar-se a grande distância e muda de cor para adaptar-se ao ambiente: *Os camaleões mimetizam a cor do ambiente.* **2** (Fig.) pessoa que fácil e rapidamente muda de partido, de atitude, de opinião, de aparência etc.: *Na política é um camaleão.* // Fem.: camaleoa.

ca.ma.le.ô.ni.co *adj.* **1** próprio ou semelhante ao camaleão. **2** (Fig.) que muda com facilidade: *Seu caráter camaleônico variava com o humor do chefe.*

ca.ma.rá *s.m.* cambará.

câ.ma.ra *s.f.* **1** parte opaca que forma o corpo da máquina fotográfica, tendo de um lado a objetiva, por onde penetra a imagem, e, de outro, a superfície sensível: *Colocou o filme dentro da câmara e fechou a máquina.* **2** compartimento ou aposento de uma casa, em especial o quarto de dormir: *Era uma câmara abafada e escura.* **3** espaço fechado onde se processa alguma coisa: *A carne fica em câmaras frias.* **4** edifício onde funciona a assembleia legislativa: *O povo lotou as galerias da Câmara.* **5** ventrículo: *as duas câmaras esquerdas do coração.* **6** parte do olho entre a córnea e a íris (câmara anterior), e entre esta e o cristalino (câmara posterior): *Faz o implante na câmara anterior do olho.* **7** setor; seção. **8** assembleia legislativa: *Câmara Municipal discute o orçamento.* **9** aparelho para fotografar as sucessivas imagens de um filme; máquina de filmar: *A câmara apanhava apenas os olhos de Luciana.* **10** aparelho que capta e transmite as imagens de televisão: *O candidato sente-se à vontade diante da câmara da TV.* **11** máquina fotográfica: *Para suas fotos, usa uma câmara protegida e à prova de pressão.* ◆ *s.2g.* **12** pessoa que opera a câmara de cinema ou de televisão: *O câmara interrompeu a filmagem.* ◆ **de câmara** diz-se das peças musicais para poucos instrumentos ou poucas vozes, próprias para execução em pequenos ambientes: *peças de câmara* *de Brahms.* **câmara alta** o Senado: *O senador foi empossado na presidência da Câmara Alta.* **câmara baixa** Câmara dos Deputados; assembleia legislativa: *Foi para o Senado o projeto já aprovado pela Câmara Baixa.* **em câmara lenta** em ritmo ou velocidade mais lenta que o normal.

ca.ma.ra.da *s.2g.* **1** trabalhador temporário contratado para tarefas rurais: *pasto de graça para animais dos camaradas na fazenda.* **2** amigo; companheiro; colega: *Sempre haviam sido bons camaradas.* **3** pessoa; indivíduo: *Uns camaradas e eu nos encontramos em um bar ontem.* **4** companheiro na militância política de esquerda. • *adj.* **5** simpático; agradável: *O diretor tem sido camarada conosco.* **6** condescendente: *Estou sendo camarada, cobrando só metade do prejuízo.* **7** agradável; propício: *O sol camarada punha alegria na folhagem.* **8** acessível; bom: *um precinho camarada.*

ca.ma.ra.da.gem *s.f.* **1** companheirismo: *O espírito de camaradagem é comum entre os jovens.* **2** grupo de camaradas empregados no serviço do campo e das fazendas: *O velho namorava a criação e fiscalizava a camaradagem na lavoura.*

câ.ma.ra de ar *s.f.* tubo de borracha colocado no interior de pneus, bolas etc. e que se enche de ar: *Trocou a câmara de ar do pneu de meu carro.* // Pl.: câmaras de ar.

ca.ma.rão *s.m.* crustáceo artrópode, com dez patas, muito apreciado na culinária: *bobó de camarão.*

ca.ma.rei.ro *s.m.* **1** empregado que se ocupa da limpeza e arrumação de quartos: *Um camareiro veio trazer novas toalhas de banho.* **2** fidalgo a serviço das pessoas reais: *Ocupava o cargo de camareiro no Palácio Real.*

ca.ma.ri.lha *s.f.* (Deprec.) grupo de pessoas lisonjeadoras ou dissimuladas que cercam um chefe, buscando influir nas suas decisões.

ca.ma.rim *s.m.* cada um dos compartimentos dos teatros onde os atores se caracterizam e se vestem: *O diretor fora cumprimentá-la no camarim.*

ca.ma.ro.te (ó) *s.m.* **1** cada um dos compartimentos especiais das salas de espetáculos, destinados aos espectadores: *Já comprou seu camarote no Municipal.* **2** pequena câmara dos navios para alojamento; cabina: *O oficial sobe para o camarote para repousar.* • **de camarote** numa posição privilegiada, superior: *Quero assistir de camarote ao teu fracasso.*

cam.ba.da *s.f.* **1** porção de objetos: *Comprou uma cambada de quinquilharias.* **2** (Fig.) bando; súcia; corja: *Quero distância de vocês, cambada de malandros.*

cam.bai.o *adj.* **1** que tem as pernas tortas; manco; coxo; cambota. **2** trôpego: *Bebeu demais, chegou ao barraco já meio cambaio.* **3** torto de um lado: *sapatos cambaios.*

cam.ba.la.cho *s.m.* negócio fraudulento com intenção de dolo; trapaça; tramoia: *Os malandros vivem de cambalacho.*

cam.ba.le.an.te *adj.* que cambaleia: *O homem andava cambaleante pelo saguão do hotel.*

cam.ba.le.ar *v.int.* **1** andar sem equilíbrio; oscilar; balançar; vacilar: *Saiu cambaleando como se tivesse sido baleado.* **2** tornar-se oscilante ou prestes a ruir: *A economia está cambaleando há tempos.*

cam.ba.lho.ta (ó) *s.f.* exercício ou brincadeira que consiste em curvar o corpo até o chão e rolar para frente ou para trás; cabriola: *O menino dá cambalhotas pela sala.*

cam.ba.rá *s.m.* (Bras.) **1** arbusto com folhas verdes ovaladas e ásperas, flores miúdas, com tonalidades que vão do amarelo ao vermelho; camará. **2** óleo medicinal extraído desse arbusto.

cam.be.ta (ê) *adj.* que tem as pernas tortas; coxo; manco; cambota.

cam.bi.al *s.m.* **1** papel representativo de valor em moeda estrangeira: *Isto mobiliza recursos em cambiais que não temos.* • *adj.* **2** relacionado com câmbio: *O país adotou uma política cambial realista.*

cam.bi.an.te *s.f.* **1** matiz; nuança: *Estavam presentes todas as cores e cambiantes que vão do verde ao roxo.* • *adj.* **2** que se altera; que sofre câmbio ou mudanças. **3** que muda ou parece mudar de cor; furta-cor: *O sol dissolve as gotas em reflexos cambiantes.*

cam.bi.ar *v.t.* **1** praticar o câmbio: *O turista cambiou seus cheques de viagem.* **2** trocar entre si: *Os dois cambiaram gentilezas.* **3** mudar; passar: *O rosto cambiou do rosa ao rubro.*

câm.bio *s.m.* **1** operação financeira de troca, venda ou compra de valores (moeda, ações etc.). **2** taxa de câmbio: *trocar dólares ao câmbio do dia.* **3** em operações de rádio, palavra que se usa para pedir ou autorizar mudança de interlocutor. **4** (Mec.) haste metálica por meio da qual o motorista alterna as marchas do veículo: *carros com câmbio hidramático.* • **câmbio negro** comércio ilegal de moeda estrangeira; câmbio paralelo; mercado paralelo: *Vendia dólares no câmbio negro.*

cam.bis.ta *s.2g.* **1** vendedor de bilhetes, com ágio, à porta das casas de diversão: *À entrada do estádio ficam os cambistas.* **2** pessoa que vende bilhetes de loteria ou de outros jogos e apostas. **3** qualquer pessoa que repassa uma mercadoria com ágio.

cam.bi.to *s.m.* **1** perna fina; caniço: *A mulher suspendeu a saia de chita e mostrou os cambitos.* **2** gancho duplo de madeira que, posto sobre a cangalha dos animais, serve para o transporte de lenha, capim ou outro material.

cam.bo.ta (ó) *s.f.* (Bras. Fam.) **1** cambalhota; cabriola: *O menino do circo virava cambotas e andava no arame.* • *adj.* (Reg. RS e BA) **2** que tem as pernas tortas; cambeta; cambaio.

cam.brai.a *s.f.* tecido muito fino de algodão ou de linho: *lenço de cambraia.*

cam.bri.a.no *s.m.* **1** período mais antigo da era paleozoica: *No Cambriano começam a surgir as plantas terrestres.* • *adj.* **2** relativo àquele período: *formações calcárias do período cambriano.*

cam.bu.lha.da *s.f.* **1** grande quantidade ou agrupamento de coisas ou de pessoas: *cambulhada de papéis.* **2** reunião de coisas diversas; mistura. • **de cambulhada** em confusão; de modo desordenado.

cam.bu.qui.ra *s.f.* broto da aboboreira: *Comiam cambuquira refogada com arroz.*

cam.bu.rão *s.m.* (Bras.) viatura da polícia para o transporte de presos.

ca.mé.lia *s.f.* flor grande, branca ou rosada, com numerosas pétalas, muito cultivada como ornamental.

camelo

ca.me.lo (ê) *s.m.* **1** animal originário das regiões desérticas, de grande porte, com pescoço longo e duas saliências no dorso, as corcovas. (Bras. Gír.) **2** pessoa que trabalha em excesso: *Ele trabalha como um camelo.* **3** bicicleta: *Vou à escola de camelo.*

ca.me.lô *s.m.* vendedor que expõe seus artigos nas calçadas ou tabuleiros.

câ.me.ra *s.f.* câmara.

ca.mi.ca.se *s.m.* **1** na Segunda Guerra Mundial, piloto japonês voluntário que desfechava ataque suicida contra alvos inimigos. **2** escorregador muito alto, que lança o banhista na água a toda velocidade. • *adj.* **3** suicida: *usar uma técnica camicase.* **4** imprudente: *A atitude camicase do policial provocou a tragédia.*

ca.mi.nha.da *s.f.* **1** jornada; viagem: *A caminhada pelo deserto levou dias.* **2** passeio a pé; andada: *A irmã precisou interromper sua caminhada pelo claustro.* **3** passeata; marcha: *Na caminhada pela paz, todos vestiam-se de branco.* **4** avanço; progresso: *Desviar o rumo da firme caminhada para o parlamentarismo.*

ca.mi.nhan.te *s.2g.* aquele que percorre um caminho ou por ele passa: *As calçadas irregulares exigem atenção do caminhante.*

ca.mi.nhão *s.m.* **1** veículo automotor, grande, com boleia independente, carroceria para transporte de carga. **2** capacidade de um caminhão; carga: *Para o serviço, usou dez caminhões de areia.*

ca.mi.nhar *v.t.* **1** percorrer, andando: *Caminhou longo trecho da estrada.* • *int.* **2** encaminhar-se; dirigir-se: *A história caminhava para o fim.* **3** deslocar-se a pé; locomover-se: *O rapaz pôs-se a caminhar a passos lentos.* **4** (Fig.) progredir; avançar: *O povo quer que o país caminhe depressa.*

ca.mi.nho *s.m.* **1** qualquer faixa de terreno destinada ao trânsito; estrada; via: *O caminho está bloqueado por barreiras.* **2** trilho; trilha: *Observava curioso o caminho das formigas.* **3** espaço em que se caminha; distância: *cortar caminho.* **4** caminhada; marcha: *Tem ainda boa légua de caminho.* **5** trajetória; percurso: *Para chegar aonde cheguei, fiz um longo caminho.* **6** direção; tendência: *A moda está a caminho de um estilo jovial e informal.* **7** rumo marítimo; rota: *descobrimento do caminho marítimo para as Índias.* **8** modo de proceder: *Infelizmente escolheu o caminho dos fora da lei.* **9** meio; expediente: *Para agradá-lo, o melhor caminho é o estômago.* **10** destino; fim: *A morte é o caminho natural do homem.* **11** decurso; sequência: *caminhos da vida.* **12** solução; jeito: *Para este problema, só restava um caminho.* ✦ **a caminho** em desenvolvimento; em andamento: *A solução está a caminho.*

ca.mi.nho.nei.ro *s.m.* motorista profissional de caminhão de carga.

ca.mi.nho.ne.te (é) *s.f.* veículo automotor, de quatro ou seis rodas, para transporte de passageiros e pequenas cargas: *Estava sendo seguido por uma caminhonete.* // Var.: camioneta.

ca.mi.sa *s.f.* **1** peça do vestuário masculino ou feminino, de mangas curtas ou compridas, que cobre o tronco: *Colocou na mala duas camisas, uma social e outra esporte.* **2** revestimento interno; envoltório: *tubulação feita por uma camisa de aço.* **3** (Fig.) agasalho; sustento: *Conversa não dá camisa a ninguém.*

ca.mi.sa de for.ça *s.f.* **1** espécie de colete de lona, com mangas fechadas, em cujas extremidades há cordões com que se apertam, atrás do tórax, os braços cruzados dos loucos em acesso de fúria: *Foi necessário recorrer à camisa de força para contê-lo.* **2** imposição violenta. // Pl.: camisas de força.

ca.mi.sa de vê.nus *s.f.* camisinha; preservativo: *Nunca faça sexo sem camisa de vênus.* // Pl.: camisas de vênus.

ca.mi.sa.ri.a *s.f.* estabelecimento onde se fabricam ou se vendem camisas.

ca.mi.se.ta (ê) *s.f.* camisa feita de tecido de malha de algodão.

ca.mi.si.nha *s.f.* envoltório de borracha fina e resistente para cobrir o pênis durante a prática sexual com a finalidade de proteger contra infecções ou de evitar a concepção; preservativo.

ca.mi.so.la (ó) *s.f.* peça do vestuário feminino usada para dormir.

ca.mo.mi.la *s.f.* erva aromática, de folhas delgadas, com flores brancas de muitas pétalas que circundam um botão amarelo em relevo, de propriedades digestivas e calmantes; macela: *Deu chá de camomila ao bebê.*

ca.mo.ni.a.no **1** aquele que é grande estudioso de obra ou da vida de Camões. • *adj.* **2** relativo ou pertencente ao poeta português Luís de Camões: *Os Lusíadas são a obra-prima camoniana.* **3** diz-se de grande estudioso da obra de Camões: *A Academia Brasileira de Poetas recepcionou o ilustre mestre camoniano.*

cam.pa *s.f.* pedra que cobre a sepultura; lápide: *O nome do ator estava escrito na campa fria.*

cam.pa.i.nha *s.f.* **1** dispositivo elétrico ou manual instalado em portas, painéis, telefones, relógios etc., e que emite som característico quando acionado. **2** pequena sineta de mão: *Usou campainha de prata para chamar o criado.* **3** flor cuja forma lembra a da sineta; campânula: *canteiros com campainhas roxas.*

cam.pal *adj.* **1** ao ar livre: *Assistimos à missa campal.* **2** realizado em campo raso: *batalha campal.*

cam.pa.na *s.f.* **1** sino. **2** campânula: *Ele arranjou uma campana para o gás.*

cam.pa.ná.rio *s.m.* **1** torre com sino: *De longe se avistava o campanário.* **2** os sinos dessa torre: *Ouviu os sons de um campanário.*

cam.pa.nha *s.f.* **1** campo de grande extensão; planície: *o verde descorado e triste da campanha.* **2** conjunto de ações ou esforços para se atingir determinado fim: *São duras as campanhas eleitorais.* **3** série de operações militares durante uma guerra: *A campanha da Guerra do Golfo durou muito.*

cam.pâ.nu.la *s.f.* **1** qualquer objeto em forma de sino; campana: *As plantas foram colocadas ao sol, dentro de campânulas úmidas.* (Bot.) **2** corola de flor em forma de sino: *as campânulas brancas do cipó-de-batatas.* **3** flor de uma planta herbácea também chamada campainha.

cam.pe.ão *s.m.* **1** vencedor de qualquer torneio desportivo: *os campeões vão para o pódio.* **2** pessoa de grande destaque e valor: *O campeão está no ápice de sua glória.* **3** animal vencedor em exposições de qualidade: *o grande campeão da exposição.* **4** aquilo que está na dianteira de um processo ou condição: *Produtos mais baratos são os campeões de vendas.* • *adj.* **5** vitorioso; vencedor: *Vários times campeões participarão do novo torneio.*

162

cam.pe.ar *v.t.* **1** cavalgar à procura de um animal: *campear garrotes desgarrados*. **2** (Coloq.) procurar; buscar: *Foi à cozinha campear o que comer*. • *int.* **3** imperar; predominar; prevalecer: *A demagogia voltou a campear*.

cam.pei.ro *s.m.* **1** empregado que lida com o gado; vaqueiro. • *adj.* **2** do campo; campesino: *Haverá bailados, trovas, concursos de canções e disputas campeiras*.

cam.pe.o.na.to *s.m.* prova em que o vencedor recebe o título de campeão; certame; competição; prova: *campeonato de boliche*.

cam.pe.si.na.to *s.m.* grupo de camponeses.

cam.pe.si.no *adj.* campestre; campeiro: *a simplicidade campesina*.

cam.pes.tre (é) *adj.* **1** do campo; rural: *uma paisagem campestre*. **2** de vegetação baixa que cobre os campos: *São extensas as formações campestres brasileiras*.

cam.pi.na *s.f.* campo extenso, plano, sem arvoredo e com predominância de ervas rasteiras; prado: *A campina era verdejante*.

cam.pi.nei.ro *s.m.* **1** natural ou habitante de Campinas. • *adj.* **2** relativo a Campinas.

camping (campin) (Ingl.) *s.m.* **1** ato de acampar ao ar livre, em tendas ou veículos destinados a este fim; campismo. **2** local reservado a esse tipo de acampamento.

cam.po *s.m.* **1** extensão de terra sem mata: *Para lá do rio, era o campo estendendo-se*. **2** terreno extenso, mais ou menos plano, destinado à pastagem: *Cavalos pastavam no campo*. **3** zona fora do perímetro urbano onde predominam as atividades agrícolas; zona rural: *A vida na cidade é diferente da vida no campo*. **4** lugar onde se travam combates; campo de batalha: *Pracinhas que lutaram nos campos da Itália*. **5** amplo espaço físico sem construções; descampado: *Do avião, viam-se os campos abertos, sem nada ou ninguém*. **6** local especialmente preparado e demarcado para a prática de certos esportes: *campo de futebol*. **7** terreno plantado; plantação: *campo de trigo*. **8** área de interesse de atuação; setor: *avanço da tecnologia em todos os campos*. **9** assunto; tema: *Escrevia textos direcionados ao campo da Medicina*. **10** ocasião; ensejo; oportunidade: *O encontro abriu campo para novas ideias*. **11** domínio; âmbito; alcance: *A cada leitura, aumenta o campo de sua experiência*. **12** enquadramento; quadro; plano; foco: *campo de visão*. **13** facção; partido: *Estão em campos opostos na política*. ✦ **de campo** que se realiza por observação direta, no local do objeto de estudo: *pesquisa de campo*. **em campo** em atividade, em ação: *O formando já está em campo em busca de trabalho*.

cam.po.nês *s.m.* **1** quem vive ou trabalha no campo: *Os camponeses trabalham de sol a sol*. • *adj.* **2** do campo; campestre; rural: *pessoas de origem camponesa*. **3** dos camponeses: *São justas as reivindicações camponesas*. **4** próprio de campo; simples; rústico.

campus (câmpus) (Lat.) *s.m.* o conjunto de terrenos e edifícios de uma universidade: *O campus daquela universidade mantém vários laboratórios*. // Pl.: campi.

ca.mu.cim *s.m.* (Bras.) vaso de barro em que os indígenas sepultavam seus mortos.

ca.mu.fla.gem *s.f.* falsa aparência; disfarce: *Usou uma roupa com camuflagem para driblar o cerco policial*.

ca.mu.flar *v.t.* **1** esconder; enganar por meio de camuflagem: *Na guerra, camuflaram os tanques blindados*. **2** disfarçar; dissimular: *Camuflou sua emoção, observando os passantes*.

ca.mun.don.go *s.m.* (Zool.) pequeno mamífero roedor, de cor cinza, essencialmente caseiro.

ca.mur.ça *s.f.* **1** cabra montês. **2** pele curtida desse animal: *Bolsa e sapatos de camurça*.

ca.na[1] *s.f.* **1** caule liso marcado por nós de várias plantas gramíneas, como bambu, cana-de-açúcar etc.: *Na feira vendiam umas gaitinhas feitas de cana*. **2** objeto alongado e cilíndrico que dá ideia de uma cana; canudo: *cana do cachimbo*. **3** haste ou barra de madeira ou ferro para governar o leme. **4** (Gír.) prisão: *nunca estive em cana*.

ca.na[2] *s.f.* **1** planta tropical de folhas longas de cor verde-clara e de entrenós, com suco abundante extremamente doce; cana-de-açúcar: *Trabalhava como cortador de cana*. **2** entrenó de cana: *chupar cana*. **3** a cultura da cana: *A cana aparece no século XVII*. **4** aguardente; cachaça; pinga: *Comprou uma garrafa de cana*.

ca.na-de-a.çú.car *s.f.* cana[2]. // Pl.: canas-de-açúcar.

ca.na.den.se *s.2g.* **1** natural ou habitante do Canadá. • *adj.* **2** relativo ao Canadá.

ca.nal *s.m.* **1** curso d'água artificial destinado à navegação ou à imaginação: *O canal do Panamá une o Atlântico ao Pacífico*. **2** braço de mar que liga dois mares ou duas partes do mesmo mar; estreito: *Canal da Mancha*. **3** (Telecom.) faixa de frequência para transmissão de áudio e vídeo: *canal de televisão*. **4** orifício; conduto: *Canais subterrâneos de onde nascem os rios*. **5** cavidade ou tubo que dá passagem ao ar, a líquidos, sólidos ou gases; conduto: *canal lacrimal*. **6** caminho; via; meio.

ca.na.le.ta (ê) *s.f.* pequeno canal ou sulco para escoamento de água: *As obras são de tapa-buraco, limpeza de canaletas e corte de mato*.

ca.na.lha *s.2g.* **1** gente reles, desprezível. • *s.2g.* **2** pessoa infame, indigna: *O canalha me passou cheque sem fundo*. • *adj.* **3** infame, vil.

ca.na.lhi.ce *s.f.* comportamento próprio de canalha: *Essa é a pior canalhice que ele poderia ter feito comigo*.

ca.na.li.za.ção *s.f.* **1** transformação de cursos d'água em sistema de canais: *canalização dos rios*. **2** condução por meio de tubulação: *Esperamos a canalização do gás liquefeito*. **3** conjunto de canos ou canais; tubulação; encanamento: *No prédio há uma coluna central por onde passa toda a canalização*. **4** direcionamento; encaminhamento: *canalização de recursos para a educação*.

ca.na.li.zar *v.t.* **1** fazer escorrer ou escoar por meio de sistema de canais ou canos: *A prefeitura pretende canalizar esse córrego*. **2** instalar redes de esgoto e água: *É preciso canalizar os bairros da periferia*. **3** concentrar; encaminhar; dirigir: *Canalizar esforços para a superação das desigualdades sociais*.

ca.na.pé **1** *s.m.* assento para duas ou três pessoas, dotado de braços e encosto, como um sofá, geralmente de palhinha e com a estrutura de madeira visível, muitas vezes torneada. **2** (Cul.) fatia minúscula de pão recoberta de alguma iguaria condimentada, que se come à maneira de aperitivo.

canário

ca.ná.rio *s.m.* 1 ave pequena, de coloração predominantemente amarela e canto muito apreciado: *Um canário cantou na mata.* 2 natural ou habitante do arquipélago das Canárias, na costa atlântica da África. • *adj.* 3 relativo ao arquipélago das Canárias.

ca.nas.tra[1] *s.f.* caixa revestida de couro na qual se guardam roupas e outros objetos: *A moça guarda seu enxoval numa canastra.*

ca.nas.tra[2] *s.f.* 1 jogo de cartas geralmente jogado a duas parcerias. 2 em certos jogos, sequência de sete cartas do mesmo naipe ou conjunto de sete cartas do mesmo valor. ✦ **canastra real** canastra em que não figura um curinga.

ca.nas.trão *s.m.* 1 pessoa sem talento ou desajeitada: *O galã não passava de um canastrão.* • *adj.* 2 sem talento; medíocre: *A crítica ridiculariza alguns atores canastrões.*

ca.na.vi.al *s.m.* plantação de cana-de-açúcar.

ca.na.vi.ei.ro *s.m.* 1 trabalhador da plantação de cana-de-açúcar: *Os canavieiros fazem reivindicações.* • *adj.* 2 relativo à cana-de-açúcar: *A lavoura canavieira do Nordeste é rica.* 3 que produz cana-de-açúcar: *região canavieira.*

can.ção *s.f.* 1 composição musical simples para ser cantada: *canção de ninar.* 2 composição poética de caráter lírico e estilo elevado: *As canções de Luís Camões bastaram para imortalizá-lo.*

can.ce.la (é) *s.f.* porteira.

can.ce.la.men.to *s.m.* suspensão; anulação: *O analista pediu cancelamento de contrato.*

can.ce.lar *v.t.* 1 suprimir; eliminar; cortar: *Queriam saber se não era melhor cancelar o baile.* 2 tornar sem efeito; invalidar; anular: *Seus advogados conseguiram cancelar a sentença com base numa alegação técnica.*

cân.cer *s.m.* 1 (Med.) tumor maligno; carcinoma: *Ainda não foi descoberta a cura do câncer.* 2 mal: *O desemprego é um câncer social.* 3 (Astr.) quarta constelação do Zodíaco. 4 (Astrol.) o quarto signo do Zodíaco (21/06 a 21/07). // Nas acepções 3 e 4, usa-se inicial maiúscula.

can.ce.ri.a.no *s.m.* 1 nativo do signo de Câncer. • *adj.* 2 do ou relativo ao signo de Câncer.

can.ce.rí.ge.no *s.m.* 1 produto que pode causar câncer: *O cigarro contém cancerígenos.* • *adj.* 2 capaz de produzir câncer: *Há alguns alimentos cancerígenos.* 3 que tem natureza de câncer; canceroso: *célula cancerígena.*

can.ce.ro.so (ô) *s.m.* 1 indivíduo acometido de câncer: *hospitais para cancerosos.* • *adj.* 2 afetado pelo câncer: *tecidos cancerosos.*

can.cha *s.f.* 1 lugar onde se realizam jogos esportivos: *canchas de futebol.* 2 pista para corrida de cavalo; raia. 3 experiência; capacidade: *O atleta não tinha cancha para um bom nado.*

can.ci.o.nei.ro *s.m.* 1 coleção de canções: *as mais lindas canções do cancioneiro popular.* 2 coleção manuscrita de poesia lírica medieval ou renascentista, portuguesa e espanhola.

can.cro *s.m.* 1 úlcera característica de doenças sexualmente transmissíveis: *O cancro e a erupção cutânea caracterizam a fase inicial da sífilis.* 2 centro e fonte de corrupção: *um cancro social.*

can.dan.go *s.m.* 1 operários das obras da construção de Brasília (DF): *Na capital federal existe um monumento aos candangos.* 2 próprio de Brasília: *A vegetação retorcida do cerrado candango.*

can.de.ei.ro *s.m.* 1 utensílio em que se coloca óleo, querosene ou gás inflamável para iluminação; lampião: *Dentro da casa acenderam os candeeiros.* 2 guia de carro de bois ou de tropa: *O experiente agricultor foi candeeiro, boiadeiro de lavoura, capinador de enxada.*

can.dei.a *s.f.* 1 pequeno aparelho de iluminação que se suspende por um prego, com recipiente abastecido com óleo, no qual se embebe um pavio; lamparina: *Ele via a réstia de luz da candeia, acesa no meu quarto.* 2 (Bot.) arbusto de folhas ovais e de flores em pequenos cachos; cambará.

can.de.la.bro *s.m.* suporte com apoio para diversas luzes; grande castiçal: *As mulheres moviam-se sob as luzes dos candelabros.*

can.den.te *adj.* 1 em brasa; muito quente: *Pisava na areia candente da praia.* 2 que produz calor ou brilho; resplandecente: *O lago refletia os raios candentes de um sol tropical.* 3 ardoroso; veemente; arrebatado: *Num tom candente, tenta convencer a plateia.* 4 que suscita debates calorosos. // Cp.: cadente.

can.di.da.tar *v.t.* apresentar-se ou inscrever(-se) como candidato; declarar-se candidato: *O político novamente se candidatou a deputado federal.*

can.di.da.to *s.m.* pretendente a cargo eletivo ou a alguma função, honraria, posição: *O comerciante é candidato a prefeito.*

can.di.da.tu.ra *s.f.* estado ou condição de candidato: *Apresentou sua candidatura à vaga disponível na empresa.*

cân.di.do *adj.* 1 puro; ingênuo; inocente: *Voltou para a irmã o rosto cândido.* 2 de grande alvura.

can.dom.blé *s.m.* (Bras.) 1 religião afro-brasileira introduzida pelos escravos, em que se invocam e celebram divindades da natureza e ancestrais, os orixás: *A beleza das cerimônias do candomblé na Bahia.* 2 local de culto: *o candomblé do Gantois.*

can.du.ra *s.f.* simplicidade; pureza; inocência; ingenuidade.

ca.ne.ca (é) *s.f.* recipiente alto e cilíndrico com asa: *Beberam chope em canecas de cristal.*

ca.ne.co (é) *s.m.* 1 caneca estreita e mais longa: *um caneco de cerveja.* 2 (Coloq.) troféu; taça: *O país vibrou com mais um caneco.*

ca.ne.la[1] (é) *s.f.* 1 árvore de grande porte, de casca odorífera, cuja madeira é usada em marcenaria: *mesa de canela.* 2 especiaria feita da canela em pequenas lascas ou em pó.

ca.ne.la[2] (é) *s.f.* 1 parte da perna, entre o pé e o joelho, que corresponde à região da tíbia: *Olha só esta cicatriz na minha canela.* 2 (Coloq.) tíbia: *Está com a canela quebrada.*

ca.ne.la.da *s.f.* pancada na canela da perna.

ca.ne.lei.ra *s.f.* 1 árvore alta, de tronco com casca grossa, flores verde-amareladas e aromáticas e frutos ovoides. 2 peça acolchoada que os atletas usam para proteger as canelas: *Joga futebol com caneleira de fibra de carbono.*

ca.ne.lo.ne (ô) *s.m.* massa cozida recheada e enrolada em forma de cilindro.

canoagem

ca.ne.ta (ê) *s.f.* **1** haste provida de um fino tubo carregado de tinta com ponta esférica, para escrever ou desenhar. **2** haste de madeira ou de metal em que se adapta uma pena metálica para que se possa escrever.

cân.fo.ra *s.f.* substância cristalina, com odor característico, penetrante, de largo emprego industrial e medicinal.

can.fo.ra.do *adj.* preparado ou misturado com cânfora: *álcool canforado*.

can.ga¹ *s.f.* **1** peça de madeira que prende os bois pelo pescoço e os liga ao carro ou ao arado: *Coloca as pesadas cangas nos bois*. **2** pau que carregadores põem aos ombros para suspender fardos: *Nossos soldados sofriam no jugo e na canga, carregando suas armas*. **3** minério de ferro, argiloso e pardacento: *A canga é o minério mais pobre*. **4** (Fig.) jugo; sujeição; opressão.

can.ga² *s.f.* retângulo de tecido de algodão, fino, geralmente usado como saída de praia: *As meninas cobrem os biquínis com cangas*.

can.ga.cei.ro *s.m.* (Bras.) bandido salteador do sertão nordestino: *Lampião é o cangaceiro mais conhecido*.

can.ga.ço *s.m.* modo de vida ou atividade de cangaceiro: *Era cabra destemido que nascera para o cangaço*.

can.ga.lha *s.f.* **1** armação colocada em cima de bestas para transporte de carga; caçamba: *Os burros levavam enormes latões pendurados em cangalhas*. **2** (Coloq.) óculos: *Agora usa essas cangalhas*. // Nesta acepção é mais usada no plural.

can.ga.pé *s.m.* (Bras.) pontapé que, por brincadeira, alguém desfere dentro d'água, ao mergulhar, em companheiro que está próximo: *Nada feito um peixe, distribuindo cangapés à vontade*.

can.go.te (ó) *s.m.* **1** parte posterior do pescoço; cogote. **2** protuberância na parte superior do pescoço do touro; cupim: *Laçou novilhos pelo cangote*.

can.gu.çu *s.f.* mamífero de pelagem amarelo-ruiva com manchas pretas no corpo, cauda longa, cabeça com orelhas pequenas; jaguar; onça-pintada.

can.gu.ru *s.m.* mamífero marsupial da Austrália que tem a cabeça diminuta e as pernas traseiras muito desenvolvidas, o que lhe permite dar grandes saltos.

câ.nha.mo *s.m.* erva alta, de folhas recortadas e de caule com fibras usadas na indústria.

ca.nhão *s.m.* **1** peça de artilharia de grosso calibre e cano longo: *Posicionou o canhão contra o navio inimigo*. **2** vale profundo quase a prumo, resultante de grandes e prolongados trabalhos de erosão: *É uma região cheia de pedreiras e canhões*. **3** tubo disparador: *canhões de luz*. **4** pontapé forte na bola; chute forte: *Ele armou um canhão, mas o chute saiu chocho*. **5** (Bras. Coloq.) pessoa feia ou sem atrativos.

ca.nhes.tro (ê) *adj.* **1** sem habilidade ou destreza; desajeitado: *No trabalho, revelou-se um funcionário canhestro*. **2** tímido; acanhado; ressabiado: *Era um tipo canhestro, apartado das rodas sociais*.

ca.nho.nei.ro *s.m.* quem aciona canhões: *Eu era canhoneiro do segundo regimento de artilharia*.

ca.nho.tei.ro *s.m.* no futebol, jogador que chuta com o pé esquerdo.

ca.nho.ta (ó) *s.f.* a mão esquerda: *Segurava o filho com a canhota*.

ca.nho.to (ô) *s.m.* **1** parte não destacável que fica do lado esquerdo nos blocos de cheques, recibos, receituários etc. • *s.f.* **2** a mão esquerda: *Segurava o revólver com a canhota*. • *adj.* **3** que é mais hábil com a mão esquerda do que com a direita: *Aquele rapaz é canhoto*. **4** esquerdo: *a mão canhota*. **5** que usa preferencialmente o pé esquerdo: *Uma chuteira velha, que pertenceu a um jogador canhoto*. **6** desajeitado; desastrado.

ca.ni.bal *s.2g.* **1** antropófago. **2** pessoa grosseira; selvagem; cruel.

ca.ni.ba.lis.mo *s.m.* antropofagia: *Sobrevivente acusa guerrilheiros de chacina e canibalismo*.

ca.ni.ço *s.m.* **1** cana¹ delgada: *Caniços crescem no brejo*. **2** cana¹ comprida e flexível da qual pende um fio com anzol, para pescar: *À beira do riacho, com um caniço na mão, esperando alguma fisgada*. **3** (Coloq.) pessoa excessivamente magra e alta. **4** perna muito fina.

ca.ní.cu.la *s.f.* grande calor atmosférico: *Água para aliviar a canícula do Nordeste*.

ca.nil *s.m.* lugar onde se abrigam ou se criam cães.

ca.ni.na.na *s.f.* cobra de cor pardo-amarelada com desenho transversal azul-escuro, faixa escura que vai dos olhos ao pescoço, não venenosa, mas muito agressiva e ágil.

ca.ni.nha *s.f.* (Coloq.) pinga; cachaça; aguardente: *Vou tomar uma caninha*.

ca.ni.no *s.m.* **1** (Anat.) cada um dos quatro dentes laterais dos mamíferos, mais compridos que os demais e pontiagudos: *Estendeu o lábio inferior, mostrando o canino*. • *adj.* **2** relativo ou próprio de cão: *exemplar da raça canina*. **3** próprio, típico de cão: *fidelidade canina*. **4** voraz: *fome canina*.

câ.ni.on *s.m.* vale estreito e profundo ladeado por formações rochosas e íngremes; desfiladeiro: *O sexto maior cânion do mundo fica no Paraná*.

ca.ni.ve.te (ê) *s.m.* pequena faca de lâmina dobrável e que se fecha sobre o cabo.

can.ja *s.f.* **1** caldo de galinha com arroz. **2** (Coloq.) apresentação não programada, improvisada, de um artista: *Os músicos deram uma canja no festival de samba*. • *adj.* **3** (Coloq.) fácil: *Graças à informática, qualquer pesquisa é canja*.

can.ji.ca *s.f.* **1** prato feito de milho branco e cozido em água, leite, açúcar e canela: *É canjica feita em panela de barro*. **2** (Reg. NE) doce feito de milho verde ralado e açúcar, semelhante ao curau: *Acenderiam uma pequena fogueira, provariam um pedaço de canjica*.

ca.no *s.m.* **1** tubo para condução de gases ou de líquidos. **2** tubulação geralmente subterrânea para escoamento de água, gás ou dejetos: *canos de água*. **3** tubo de armas de fogo, por onde sai o projétil: *O caçador limpou o cano da espingarda*. **4** parte da bota que cobre as pernas: *Ela só usa botas de cano longo*. **5** qualquer objeto tubular: *cano de guarda-chuva*.

ca.no.a *s.f.* embarcação feita de uma só peça, comprida, impelida a remo ou por motor de popa.

ca.no.a.gem *s.f.* esporte de corrida de canoa, geralmente em rio encachoeirado: *Aquele rio é próprio para banhos, pesca e canoagem*.

canoeiro

ca.no.ei.ro *s.m.* quem dirige uma canoa: *Sentado à popa, o canoeiro ia impelindo a embarcação.*

ca.no.la (ó) *s.f.* planta de cujos grãos se fabrica um óleo com o menor índice de gordura saturada entre os óleos comestíveis.

câ.non *s.m.* cânone.

câ.no.ne *s.m.* **1** regra; preceito; norma: *Devemos seguir os cânones da Constituição.* **2** conjunto de normas de direito eclesiástico: *A igreja tolera aqueles que se desviam dos cânones sagrados.* // É mais usado no plural. // **3** parte central da missa católica. **4** lista de santos reconhecidos pela Igreja.

ca.nô.ni.co *adj.* **1** conforme os cânones da Igreja Católica: *leis canônicas.* **2** conforme aos cânones; regular; ortodoxo.

ca.no.ni.za.ção *s.f.* decisão papal que inscreve um membro do corpo da Igreja, de excepcionais virtudes cristãs e que praticou reconhecidos milagres, no cânone dos santos honrados pelo culto público: *a canonização de Madre Paulina.*

ca.no.ni.zar *v.t.* **1** declarar santo: *A Igreja demorou para canonizar Joana d'Arc.* **2** enaltecer; exaltar.

ca.no.ro (ó) *adj.* que canta bem; melodioso; sonoro; cantor: *pássaros canoros.*

can.sa.ço *s.m.* fadiga; canseira: *Os guias cantam para espantar o cansaço.*

can.sa.do *adj.* **1** fatigado; exausto: *Voltava cansado da lida na roça.* **2** enfraquecido; fraco: *Ficou velha, doente, cansada.* **3** aborrecido; entediado; farto: *Estou cansada de você!* **4** envelhecido; gasto; sem energia; sem vitalidade: *Mostra o rosto cansado, os olhos embaçados.*

can.sar *v.t.* **1** causar cansaço; fatigar: *O trabalho na fábrica cansava-o.* **2** molestar; aborrecer; importunar: *Estudar todos os dias me cansa.* • *int.* e *pron.* **3** tornar(-se) cansado; fatigar(-se): *Ela me seguiu, seguiu até (se) cansar.*

can.sa.ti.vo *adj.* **1** que causa cansaço; fatigante: *É cansativo caminhar sob o sol.* **2** monótono; enfadonho; entediante: *A voz daquele orador é cansativa.*

can.sei.ra *s.f.* (Coloq.) cansaço; fadiga: *Foram quatro anos de lutas e canseiras.*

can.ta.da *s.f.* (Coloq.) tentativa de sedução por conversa cheia de lábia.

can.ta.dor (ô) *s.m.* **1** cantor ou poeta popular que, de improviso e ao som de viola e rabeca, canta em versos fatos da vida regional (Nordeste) ou nacional. • *adj.* **2** que canta: *um canário cantador.*

can.tar *v.t.* **1** exprimir através do canto; entoar: *Gostava de cantar velhas melodias.* **2** celebrar em prosa ou verso; exaltar; louvar: *Camões cantou as glórias de Portugal.* **3** dizer em voz alta e cadenciada; ditar: *Cantava os nomes para o funcionário conferir.* **4** (Coloq.) tentar seduzir com palavras ou maneiras hábeis; dar uma cantada: *Vive cantando e assediando as colegas de trabalho.* • *int.* **5** produzir sons harmoniosos e cadenciados: *Dono de uma bela voz, vivia cantando.* **6** emitir sons (falando-se de aves): *O galo canta ao amanhecer.* **7** range, chiar: *Os pneus cantavam na pista do autódromo.* • *s.m.* **8** cantiga: *Dom Dinis escreveu cantares de amigos.*

can.ta.ri.a *s.f.* **1** obra de alvenaria usada em construções. **2** pedra trabalhada ou talhada: *As igrejas apresentam trabalhos de cantaria.*

cân.ta.ro *s.m.* grande vaso, bojudo e com gargalo e duas asas, usado para acondicionar líquidos: *Tenho um cântaro que meus avós trouxeram de Portugal.*
• **a cântaros** torrencialmente; copiosamente: *Chovia a cântaros.*

can.ta.ro.lar *v.int.* cantar à meia voz: *A moça cantarolava varrendo o chão.*

can.ta.ta *s.f.* composição musical para vozes e instrumentos, predominantemente religiosa: *as cantatas de Bach.*

can.tei.ro *s.m.* **1** porção de terreno delimitado, para cultivo de plantas: *canteiro de alface.* **2** faixa de terreno gramado e, às vezes, com plantas, entre duas pistas: *O carro rodopiou e foi parar no canteiro central.* **3** local destinado ao alojamento de operários e a serviços auxiliares durante uma obra: *Os equipamentos para a construção estão estocados no canteiro.*

cân.ti.co *s.m.* **1** hino consagrado a Deus ou a divindades. **2** poema: *Recitamos cânticos nas nossas escolas.* **3** cantiga; cantilena.

can.ti.ga *s.f.* **1** composição poética cantada, de versos e estrofes curtas; canto; cantar: *cantigas de roda.* **2** qualquer composição popular cantada. **3** gorjeio; arrulho; pipilo: *cantiga dos pássaros.* **4** ruído cadenciado; cantilena: *a cantiga chorosa do carro de bois.*

can.til *s.m.* pequena vasilha para transportar líquidos: *Levava um cantil de couro com o gargalo estreito, de chifre.*

can.ti.le.na (ê) *s.f.* **1** cantiga monótona: *Nas plantações continuava a cantilena triste das mulheres.* **2** som ritmado; cantiga: *cantilena de grilos e sapos.* **3** (Coloq.) discurso fastidioso; lenga-lenga: *Repete-se, ano após ano, uma cantilena da qual o povo está cansado.*

can.ti.na *s.f.* **1** bar ou lanchonete, em quartéis, escolas ou fábricas: *Sempre tomava lanche na cantina da escola.* **2** restaurante especializado em cozinha italiana e vinhos: *São Paulo tem muitas cantinas italianas.*

can.to[1] *s.m.* **1** ponto ou área em que linhas e superfícies se encontram e formam ângulo: *canto da sala.* **2** lugar; ponto: *Observava cada canto da casa.* **3** (Coloq.) lugar onde se mora, se vai ou se está habitualmente: *Não saio, fico no meu canto.* **4** extremidade: *canto do olho.*

can.to[2] *s.m.* (Mús.) **1** som musical produzido pelos homens, pelas aves ou por certos insetos: *Os pássaros vinham dando seus últimos cantos.* **2** música vocal: *cantos natalinos.* **3** poema: *O poeta recitou seus cantos.* **4** arte e técnica da música vocal: *Lina tem aulas de canto.* **5** divisão de poema épico.

can.to.chão *s.m.* (Mús.) canto coral tradicional da Igreja Católica, também chamado de canto gregoriano: *Ecoam pela nave os acordes de um cantochão.*

can.to.nei.ra *s.f.* **1** armário ou prateleira que se adapta ao ângulo formado por duas paredes: *Pequenas peças decoravam estantes, mesas e cantoneiras.* **2** reforço metálico para quinas e cantos de móveis ou quadros: *porta-retrato com cantoneiras douradas.*

can.tor (ô) *s.m.* aquele que canta, profissionalmente ou não.

can.to.ri.a *s.f.* **1** canto: *Na rua há farras, cantorias e bandeiras.* **2** concerto de vozes; música vocal: *O público aplaude a cantoria das pastorinhas.* **3** desafio de cantadores: *Violeiros disputam cantorias.*

capilar

ca.nu.do *s.m.* **1** pequeno tubo, fino e alongado: *um canudo de refrescos*. **2** (Coloq.) diploma de curso superior: *No final do ano recebeu o canudo*.

câ.nu.la *s.f.* (Med.) pequeno tubo de plástico, borracha ou metal, aberto em ambas as extremidades e que é introduzido em órgãos ou orifícios do corpo para fins cirúrgicos: *O doente está deitado, intacto, sem cânulas enfiadas no nariz*.

ca.nu.ti.lho *s.m.* pequeno canudo de vidro para enfeite; vidrilho: *blusa preta bordada de canutilhos de prata*. // Pl.: cães.

canyon (kênion) (Ingl.) *s.m.* cânion.

cão *s.m.* **1** animal doméstico quadrúpede, carnívoro, de porte médio ou pequeno, pelagem macia em cores diversas. **2** diabo; demônio; gênio do mal: *O que prevalece mesmo é a lei do cão*. **3** pessoa má; canalha. **4** peça de arma de fogo que faz disparar a cápsula: *o cão da espingarda*. **de cão** difícil: *vida de cão*. // Pl.: cães.

ca.o.lho (ô) *s.m.* (Bras.) **1** pessoa cega de um olho: *Em terra de cegos o caolho é rei*. **2** pessoa estrábica: *Um caolho me olhava assustado*. • *adj.* **3** cego de um olho: *um sujeito alto e caolho*. **4** estrábico: *Não se sabia para onde ele olhava, era caolho*.

ca.os *s.m.* **1** estado dos elementos antes de sua separação e ordenação para formação do Universo: *No princípio reinava o caos*. **2** grande confusão; desordem; balbúrdia: *A chuva instaurou o caos na cidade*.

ca.ó.ti.co *adj.* confuso; desordenado: *É caótica a situação do trânsito nas cidades grandes*.

ca.pa *s.f.* **1** agasalho para abrigo do frio ou da chuva: *Apanhou a capa vermelha e com ela cobriu o corpo*. **2** peça de cor viva usada pelos toureiros para chamar o touro: *Um toureiro completo, com capa e chapéu*. **3** cobertura de papel ou outro material usado na encadernação: *livros de capa dura*. **4** camada; cobertura: *a estrada coberta por uma capa de gelo*. **5** (Fig.) aparência; pretexto: *Sob aquela capa de bonzinho o homem fez misérias*.

ca.pa.ce.te (ê) *s.m.* armadura de copa oval para proteger a cabeça.

ca.pa.cho *s.m.* **1** tapete de fibras grossas e ásperas, colocado às portas para limpeza da sola dos calçados: *Limpe os pés no capacho da porta*. **2** (Coloq.) indivíduo servil; bajulador: *Eu sei que ele é um capacho do diretor*.

ca.pa.ci.da.de *s.f.* **1** potencial para conter ou guardar algo em um recipiente ou recinto; volume: *a capacidade do salão*. **2** poder de produção, execução ou rendimento: *A indústria automobilística aumentou sua capacidade de fabricação*. **3** habilidade física ou mental; competência: *Ninguém duvida de sua capacidade*. **4** propriedade; atributo; condição: *aeronave com grande capacidade de voo*. **5** dom; talento; aptidão: *Sua capacidade para as artes é extraordinária*.

ca.pa.ci.ta.ção *s.f.* habilitação; formação: *exame de capacitação profissional*.

ca.pa.ci.tar *v.t.* **1** tornar capaz; habilitar: *Capacitar a equipe para a realização do trabalho*. **2** persuadir; convencer: *Afinal conseguiu capacitar o funcionário a obedecer aos regulamentos*.

ca.pa.do *s.m.* **1** porco castrado que se destina à engorda: *Havia capados no chiqueiro*. • *adj.* **2** castrado: *animal capado*.

ca.pa.dó.cio *s.m.* **1** trapaceiro; velhaco. **2** natural ou habitante da Capadócia, na Ásia Menor. • *adj.* **3** relativo à Capadócia.

ca.pan.ga *s.m.* (Bras.) **1** indivíduo pago por uma pessoa para protegê-la; guarda-costas; jagunço: *O coronel só andava com capangas*. **2** indivíduo assalariado para assassinato, coerção ou ataque inescrupuloso; assassino profissional. • *s.f.* **3** bolsa que os viajantes usam a tiracolo para transportar pequenos objetos: *Trazia uma capanga com munição e água*. **4** pequena bolsa usada na mão ou presa à cintura.

ca.pão[1] *s.m.* **1** animal castrado para engorda ou abate: *A cozinheira cobiçava o capão para o forno*. • *adj.* **2** castrado; capado: *boi capão*.

ca.pão[2] *s.m.* mato crescido e isolado no meio do campo: *Eu ficava oculto no capão próximo*.

ca.par *v.t.* (Coloq.) castrar: *capar boi*.

ca.pa.taz *s.m.* **1** administrador de fazenda: *Era capataz da fazenda do coronel Amâncio*. **2** chefe de um grupo de trabalhadores braçais.

ca.paz *adj.* **1** com capacidade; qualificado: *Era homem sadio e capaz*. **2** competente para: *Os alunos eram capazes de somar*. **3** suscetível: *A poeira é capaz de gerar manifestações alérgicas*. **4** bom para o fim a que é destinado; eficaz: *Remédio capaz de atenuar dores de cabeça*.

ca.pe.ar *v.t.* encapar; revestir; cobrir: *Papel pardo capeando o livro de leitura*.

ca.pe.la (é) *s.f.* **1** pequena igreja; ermida. **2** cada uma das partes de uma igreja em que há um altar: *A imagem da padroeira fica sempre na capela central da igreja*. **3** local destinado a culto religioso em escolas, hospitais etc.

ca.pe.lão (ê) *s.m.* **1** padre encarregado do serviço religioso de uma capela: *Em suas obras aparecem senhores de engenho, frades e capelães*. **2** sacerdote que dirige os serviços religiosos e presta assistência espiritual em corporações militares, hospitais, colégios: *Comungou na Páscoa, graças ao capelão do batalhão*.

ca.pe.le.te (ê) *s.m.* pastelzinho de massa cozida com recheio variado e servido em sopas ou com molhos diversos.

ca.pe.lo (ê) *s.m.* **1** (Obsol.) capuz de hábito dos frades usado pelos doutores em determinadas solenidades. **2** chapéu de cardeal. **3** pequena capa usada pelos doutores em solenidades: *Os professores, de beca preta e capelo vermelho, entraram no salão*.

ca.pen.ga *adj.* (Bras.) manco; coxo: *Um potro capenga andando com dificuldade*.

ca.pen.gar *v.int.* (Bras.) **1** coxear; mancar: *O velhinho capengava ao andar*. **2** (Fig.) falhar; faltar: *Na hora da prova, sua memória capengava*.

ca.pe.ta (ê) *s.m.* (Bras.) **1** diabo; demônio. **2** traquinas; travesso: *Como é que vou trabalhar com esses dois capetas em volta?*

ca.pi.au *s.m.* (Bras.) **1** caipira; matuto: *capiaus com enxadas e foices nas mãos*. • *adj.* **2** caipira: *Às vezes se sentia mais capiau*.

ca.pi.lar *s.m.* **1** (Anat.) vaso muito fino que liga entre si as artérias e as veias: *os capilares sanguíneos*. • *adj.* **2** relativo aos capilares: *rede capilar*. **3** relacionado com o cabelo: *O produto age nas raízes capilares, fortalecendo os cabelos*.

capilé

ca.pi.lé s.m. bebida adocicada feita com xarope de uma espécie de avenca.

ca.pim s.m. (Bras.) planta de haste fina, folhas delicadas e compridas, que cresce em touceiras ou moitas, usada como pasto: *O capim crescia em volta da casa abandonada.*

ca.pi.nar v.t. **1** limpar do capim ou de erva daninha: *capinar o quintal.* **2** arrancar ou cortar: *capinar o mato.* • int. **3** (Coloq.) ir embora: *Ele capinou à chegada da polícia.*

ca.pin.zal s.m. (Bras.) terreno coberto de capim.

ca.pi.tal s.m. **1** riqueza ou valores disponíveis; posses; patrimônio: *acumulação de capital.* **2** bem; valor: *A juventude brasileira é o melhor capital de que dispomos.* • s.f. **3** cidade que funciona como sede da administração de um país, Estado, província etc.: *A cidade de São Paulo é a capital do Estado.* • adj. **4** essencial; fundamental: *A educação é de importância capital para a cidadania.* **5** principal; máximo: *O réu teve pena capital.* **6** maiúscula: *letra capital.* ◆ **capital de giro** conjunto de bens e valores empregados na movimentação dos negócios de uma empresa: *Sem capital de giro, não conseguirá investir muito.*

ca.pi.ta.lis.mo s.m. (Econ.) sistema econômico baseado no princípio de que os meios de produção constituem propriedade privada e pertencem a particulares, os capitalistas: *O século XVIII assistiu ao aparecimento do capitalismo.*

ca.pi.ta.lis.ta s.2g. **1** quem tem muito capital; rico. **2** aquele que vive do investimento de seu capital em empresas que geram lucro. • adj. **3** relativo a ou próprio do capitalismo: *economia capitalista.*

ca.pi.ta.li.za.ção s.f. (Econ.) operação financeira em que se poupa certa quantia em uma instituição financeira, recebendo ao fim de determinado prazo a importância capitalizada: *fundos de capitalização dos bancos.*

ca.pi.ta.li.zar v.t. **1** converter em capital: *A propriedade é uma forma de capitalizar a natureza.* **2** acumular; reunir; ajuntar: *Seu trabalho é capitalizar votos para o concurso.* • int. **3** acumular; economizar: *Capitalizava para os filhos.*

ca.pi.ta.ne.ar v.t. **1** ser o capitão: *Ele capitaneava o navio.* **2** dirigir; orientar: *Ele capitaneava uma cadeia de supermercados.*

ca.pi.ta.ni.a s.f. chefia, direção, comando: *Responsabilizou-se pela capitania da embarcação danificada.* ◆ **capitania do porto** repartição dependente do Ministério da Marinha, com jurisdição em determinada área marítima ou fluvial do país, e à qual compete o trato de assuntos relacionados com a segurança da navegação e o tráfego marítimo. **capitania hereditária** cada uma das primeiras divisões administrativas do Brasil, das quais se originaram os estados: *Em 1534, o rei D. João III criou o sistema de capitanias hereditárias para o Brasil.*

ca.pi.tão s.m. **1** na hierarquia militar, posto entre major e tenente: *Capitão-tenente da Marinha é cargo equivalente ao de capitão do Exército.* **2** pessoa que ocupa esse posto: *Manteve como prisioneiros de guerra dois capitães do Exército brasileiro.* **3** comandante de navio mercante: *Foi convidado para ir à cabine do capitão.* **4** dirigente; chefe: *Em São Paulo, há grandes capitães de indústria.* **5** atleta que representa a equipe: *O capitão do time costuma trazer uma faixa no braço.*

ca.pi.tão do ma.to s.m. (Bras.) indivíduo que se dedica à captura de escravos fugitivos. // Pl.: capitães do mato.

ca.pi.tão-te.nen.te s.m. na hierarquia militar, pessoa que ocupa esse posto. // Pl.: capitães-tenentes.

ca.pi.tel s.m. (Arquit.) remate ou coroamento de uma coluna, pilastra ou balaústre: *um mosteiro do século XII com colunas e capitéis.*

ca.pi.to.so (ô) adj. embriagador; inebriante; sedutor.

ca.pi.tu.la.ção s.f. submissão; sujeição: *A tradição partidária não aceita tamanha capitulação.*

ca.pi.tu.lar v.t. **1** ajustar sob certas condições. **2** dividir em capítulos. • int. **3** render-se; entregar-se: *O soldado capitulou diante do perigo.* **4** ceder; transigir: *Ele capitulou diante das súplicas.*

ca.pí.tu.lo s.m. **1** (Bot.) inflorescência em que flores numerosas se reúnem sobre um receptáculo comum, como, por exemplo, nas margaridas: *A hortênsia tem flores em capítulos.* **2** cada uma das principais divisões do texto de livro, tratado ou lei: *Era um livro com oitenta capítulos.* **3** matéria de que se trata; assunto; tema. **4** episódio, seriado de filme ou novela: *Amanhã é o último capítulo da novela.* **5** assembleia de religiosos ou militares.

ca.pi.va.ra s.f. o maior mamífero roedor, de patas dianteiras com quatro dedos e garras, e traseiras com três dedos unidos por membranas.

ca.pi.xa.ba /ch/ s.2g. **1** natural ou habitante do Espírito Santo. • adj. **2** relativo ao Espírito Santo.

ca.pô s.m. cobertura metálica, móvel, que protege o motor do carro.

ca.po.ei.ra¹ s.f. terreno em que o mato foi roçado ou queimado.

ca.po.ei.ra² s.2g. **1** pessoa que pratica capoeira; capoeirista: *Os capoeiras davam espetáculo na praça.* • s.f. **2** espécie de jogo introduzido no Brasil pelos escravos bantos, praticado atualmente como esporte: *Os baianos praticam bastante capoeira.*

ca.po.ei.ris.ta s.2g. pessoa que pratica capoeira: *O rapaz se gaba de ser bom capoeirista.*

ca.po.ta (ó) s.f. cobertura, removível ou não, de automóvel e outros veículos.

ca.po.ta.gem s.f. capotamento: *Uma estrutura protege o piloto em caso de capotagem.*

ca.po.ta.men.to s.m. processo em que um veículo vira de cabeça para baixo: *O capotamento de um carro causou congestionamento.*

ca.po.tar v.int. **1** virar de borco; tombar: *O carro capotou.* **2** (Coloq.) desmaiar; cair em sono profundo, por efeito de bebida, de cansaço ou emoção forte: *Ao saber do fato, capotou.*

ca.po.te¹ (ó) s.m. peça de vestuário de mangas compridas, usada como agasalho contra o frio; casaco.

ca.po.te² (ó) s.m. vitória por uma grande diferença de pontos. ◆ **dar (levar) capote** infligir derrota esmagadora.

ca.pri.char v.t. fazer algo com capricho, com esmero: *Aquela mulher caprichou no bordado.*

ca.pri.cho s.m. **1** apuro; esmero; zelo: *A noiva adornara com capricho a nova casa.* **2** desejo impulsivo e súbito, sem justificação aparente: *Era menina enjoada, cheia de caprichos.* **3** obstinação; teimosia: *Por puro capricho, continuei em silêncio.* **4** extravagância; fantasia: *Sempre teve um capricho: sonhava em ter um papagaio.*

ca.pri.cho.so (ô) *adj.* **1** cuidadoso: *Ele é um desenhista caprichoso.* **2** teimoso; obstinado: *Caprichoso, não desiste nunca de seus objetivos.* **3** cheio de vontades: *É uma criança caprichosa, cada hora quer uma coisa.*

ca.pri.cor.ni.a.no *s.m.* nascido sob o signo de Capricórnio.

ca.pri.cór.nio *s.m.* **1** (Astr.) a décima constelação do Zodíaco. **2** (Astrol.) o décimo signo do Zodíaco (22/12 a 20/01).

ca.pri.no *s.m. pl.* **1** nome genérico para cabras e bodes, ovelhas e carneiros, considerados como espécie; ovinos: *É criador de caprinos.* • *adj.* **2** relativo a cabra ou bode: *carne caprina.*

cáp.su.la *s.f.* **1** pequeno recipiente em que se colocam certos medicamentos: *A enfermeira trouxe a cápsula e o copo com água.* **2** compartimento destacável que abriga os astronautas ou instrumentos de medida: *A cápsula Odyssey participou da 13ª missão lunar.* **3** pequeno cilindro que encerra a massa fulminante das armas de percussão: *No chão havia cápsulas deflagradas.* **4** (Bot.) continente fechado e seco de certos frutos ou sementes: *Estalam as cápsulas e salta para o chão um punhado de sementes.* **5** saco ou tegumento membranoso: *Cápsula que envolve os ovos na época da postura.*

cap.su.lar *adj.* relativo ou semelhante a cápsula: *A sapucaia dá frutos capsulares enormes.*

cap.tar *v.t.* **1** chamar; atrair: *O menino faz birra para captar a atenção do pai.* **2** colher; conseguir; obter: *O governo capta recursos em várias fontes.* **3** recolher; apanhar: *captar a água.* **4** apreender; entender: *Não captamos bem as palavras do professor.* **5** receber sinais de áudio e vídeo: *captar os sinais dos canais de televisão.*

cap.tor (ô) *s.m.* quem captura ou aprisiona: *A polícia libertou o cativo e prendeu seus captores.*

cap.tu.ra *s.f.* **1** prisão: *Captura do ladrão.* **2** apreensão: *Recebeu ordem de captura do barco.* **3** tomada; conquista: *captura da cidade inimiga.*

cap.tu.rar *v.t.* **1** prender: *capturar bandidos e ladrões.* **2** apreender; confiscar: *capturar o carregamento suspeito.*

ca.pu.chi.nho *s.m.* **1** religioso pertencente a uma das ordens franciscanas: *Os capuchinhos e jesuítas trabalham nas missões.* • *adj.* **2** dessa ordem religiosa: *missionários capuchinhos.*

ca.puz *s.m.* peça de pano para resguardo da cabeça, geralmente presa ao casaco, hábito ou capa: *Os conspiradores meteram os capuzes e guardaram as adagas na cintura.*

ca.qué.ti.co *adj.* **1** desnutrido; debilitado; alquebrado. **2** velho; ultrapassado; decrépito: *programa caquético.*

ca.qui *s.m.* fruto do formato de tomate, vermelho vivo quando maduro, de polpa abundante e doce.

cá.qui *s.m.* **1** tecido de brim da cor do barro. • *adj.* **2** da cor do barro: *farda cáqui.*

ca.qui.zei.ro *s.m.* árvore de tronco ramificado, com folhas ovaladas verdes, lisas e brilhantes, e pequenas flores, cujo fruto é o caqui.

ca.ra *s.f.* **1** parte anterior da cabeça humana; rosto; face: *Encostou a cara no vidro da janela.* **2** parte anterior da cabeça dos animais: *cara do cavalo.* **3** a parte oposta à coroa, nas moedas: *Lançou a moeda no ar: cara ou coroa?* • *s.2g.* (Coloq.) **4** indivíduo; sujeito: *O cara que esteve aqui é meu primo.* **5** forma para se referir ou se dirigir a alguém com familiaridade: *Que você achou dela, cara?* **6** semblante; fisionomia: *Quando me viu, fez cara feia.* **7** aparência; jeito: *Ele tem cara de ser simpático.* **8** atrevimento; desfaçatez: *Depois de tudo, você ainda tem cara de vir aqui.* • **de cara** (i) de frente: *Dei de cara com quem não queria.* (ii) logo de saída; de repente: *Senti de cara sua má vontade.* **na cara** diante de: *Eu lhe disse a verdade na cara.*

ca.rá *s.m.* **1** hortaliça trepadeira de raízes comestíveis, de tamanho e coloração variada: *O cará cresce rasteiro.* **2** tubérculo dessa hortaliça: *Na feira, ela comprou inhame e cará.*

ca.ra.bi.na *s.f.* espingarda curta: *Milícias percorrem as florestas armados com carabinas e facões.*

ca.ra.bi.nei.ro *s.m.* soldado armado de carabina: *Saiu com a tropa o chefe dos carabineiros.*

ca.ra.col *s.m.* **1** (Zool.) pequeno molusco terrestre de corpo mole e viscoso, sem membros, com duas antenas na parte frontal do corpo e uma concha fina em forma de espiral às costas. **2** madeixa de cabelo enrolado em espiral; cacho: *A menina alisava lentamente os caracóis de seus cabelos.* • **em caracol** em espiral: *escada em caracol.*

ca.rac.te.re *s.m.* **1** qualquer símbolo ou sinal convencional empregado na comunicação escrita. **2** (Inf.) letra, sinal de pontuação, qualquer número ou símbolo especial que seja representado no computador como uma unidade de informação: *A escrita dos maias tinha diversos caracteres.* // Pl.: caracteres.

ca.rac.te.rís.ti.ca *s.f.* traço distintivo; particularidade: *A alegria é uma das características do brasileiro.*

ca.rac.te.rís.ti.co *adj.* **1** que sobressai; que chama a atenção; marcante: *Esse rapaz é um tipo bem característico.* **2** que caracteriza ou que distingue; típico: *Tem a indiferença característica dos homens rudes.*

ca.rac.te.ri.za.ção *s.f.* **1** indicação dos traços distintivos: *Não é fácil a caracterização das regiões do Brasil.* **2** nas artes cênicas, técnica de elaboração do personagem, seja por recursos materiais, maquiagem, indumentária, seja por recursos extraídos do talento do ator, gestos, fala, postura: *É ator perfeito em suas caracterizações.*

ca.rac.te.ri.zar *v.t.* **1** pôr em evidência; distinguir; individualizar. **2** indicar; revelar: *Calafrios podem caracterizar falta de hormônios.* **3** fazer a caracterização: *Sua especialidade é caracterizar sertanejos e caipiras.* • *pron.* **4** individualizar-se; distinguir-se: *Ela caracteriza-se pela candura.*

ca.ra.cu *adj.* diz-se da raça bovina de pelo liso, curto e avermelhado: *Mansos bois caracus arrastando possantes arados.*

ca.ra de pau *s.2g.* **1** pessoa cínica: *O leitor decida quem é o cara de pau e falsário da história.* • *s.f.* **2** cinismo; desfaçatez: *Ele teve a cara de pau de me propor um trabalho sujo.* • *adj.* **3** de modos atrevidos; cínico; desavergonhado: *Ele é muito cara de pau mesmo.* // Pl.: caras de pau.

ca.ra.du.ra *s.2g.* (Bras.) indivíduo desavergonhado; cara de pau.

ca.ra.gua.tá *s.m.* erva de caule curto e grosso, com folhas espinhosas na parte mais alta e flores de cor púrpura; bromélia.

caraíba

ca.ra.í.ba s.2g. homem branco ou europeu, segundo a designação dos indígenas brasileiros.

ca.ra.já s.2g. **1** indivíduo dos carajás: *Já ouvi carajá, xavante, caiapó, toda espécie de índio cantando.* **2** povo indígena que habita a Ilha do Bananal e as margens do rio Araguaia (TO).

ca.ra.man.chão s.m. construção leve de ripas ou estacas revestidas de trepadeiras, em jardins e pomares.

ca.ram.ba interj. (Coloq.) expressa admiração ou aborrecimento: *Eu não fabrico dinheiro, caramba!* ♦ **pra caramba** (Coloq.) muito; demais; em alto grau: *Acho que ficou bonito pra caramba.*

ca.ram.bo.la (ó) s.f. fruto ovalado, em gomos abertos amarelo-esverdeados quando maduro, com casca fina e brilhante, de suco ácido e perfumado.

ca.ra.me.lo (é) s.m. **1** calda de açúcar levemente queimada para cobrir doces: *pudim de leite coberto com caramelo.* **2** bala puxa-puxa, feita com açúcar derretido e essência aromática.

ca.ra-me.ta.de s.2g. (Coloq.) cônjuge. // Pl.: caras-metades.

ca.ra.min.guás s.m.pl. (Coloq.) níquel ou nota de pouco valor; dinheiro insignificante: *Vive dos caraminguás que lhe rendem seus livros.*

ca.ra.mi.nho.la (ó) s.f. **1** cabelo desalinhado. **2** (Fig.) intriga; mexerico. **3** fantasia; sonho; ilusão: *Você não vai ficar pondo caraminhola na cabeça a esta altura do campeonato, vai?*

ca.ra.mu.jo s.m. (Zool.) molusco semelhante ao caracol, que habita concha em espiral.

ca.ran.go s.m. (Bras. Coloq.) automóvel fora de época, recondicionado para uso.

ca.ran.gue.jei.ra s.f. (Bras.) aranha de grande porte, peluda e de mordedura venenosa: *É preciso muito cuidado com caranguejeiras e escorpiões.*

ca.ran.gue.jo (ê) s.m. **1** (Zool.) crustáceo de corpo arredondado, achatado e largo, coberto por uma concha ou carapaça e com cinco pares de pernas, sendo o par frontal terminado em pinças. **2** (Astr. e Astrol.) Câncer.

ca.ran.to.nha s.f. cara grande e feia; carranca: *O barqueiro apareceu com a carantonha de sempre.*

ca.rão s.m. **1** cara muito grande. **2** (Coloq.) repreensão; advertência: *Não valia a pena mexer no jornal, arriscar-se a levar um carão.*

ca.ra.o.quê s.m. **1** casa noturna onde os frequentadores podem cantar ao microfone acompanhados por músicos: *Ouvimos um grupo de caraoquê afinadíssimo.* **2** espetáculo em que se oferece acompanhamento musical para que os participantes cantem ao microfone: *Eles promoviam animados caraoquês com os amigos.*

ca.ra.pa.ça s.f. **1** revestimento ósseo que protege o dorso de certos animais: *O tatu tem carapaça inteiriça e fixa.* **2** escudo protetor: *A caixa craniana é uma carapaça que protege o cérebro.*

ca.ra.pa.nã s.m. (Reg. AM) mosquito que se alimenta de sangue.

ca.ra.pi.na s.m. indivíduo que faz obras de madeira; carpinteiro.

ca.ra.pi.nha s.f. **1** cabelo crespo e muito negro; pixaim. ● adj. **2** que tem cabelo pixaim: *Um moleque ranhento, carapinha e barrigudo.*

ca.ra.pu.ça s.f. barrete ou gorro cônico: *Malazarte com sua carapuça vermelha.*

ca.ra.tê s.m. antiga arte marcial japonesa, hoje método de defesa pessoal em que se usam as mãos e os pés desarmados.

ca.rá.ter s.m. **1** conjunto de traços particulares de um indivíduo ou grupo; índole; temperamento: *A criança desde cedo forma o seu caráter.* **2** conjunto de qualidades (boas ou más) do indivíduo; feitio moral: *É um caráter nobre.* **3** firmeza; coerência de atitude; personalidade. **4** conjunto de traços típicos; modo de ser; peculiaridade; marca: *o caráter nacional brasileiro.* **5** aspecto morfológico ou fisiológico que distingue um indivíduo ou grupo de outros; traço distintivo; característica. **6** sinal (letra, algarismo, sinal de pontuação etc.) ou qualquer outro símbolo usado na escrita; caractere ♦ **a caráter** (i) com traje típico, segundo a moda e o local: *banda escocesa vestida a caráter.* (ii) de modo formal: *Só se veste a caráter.* // Pl.: caracteres.

ca.ra.va.na s.f. **1** grande número de peregrinos, mercadores ou viajantes que se juntam para atravessar o deserto com segurança: *A caravana cruzava o Saara.* **2** grupo de pessoas ou de veículos que se deslocam juntas: *Na época, ele chegou a tomar parte em uma caravana de estudantes.*

ca.ra.ve.la (é) s.f. pequena embarcação antiga movida a vela: *as caravelas de Cabral.*

car.bo-hi.dra.to s.m. (Quím.) cada um dos compostos neutros de carbono, hidrogênio e oxigênio, como os açúcares e o amido; carboidrato: *Coma alimentos que contenham carbo-hidratos e baixa dosagem de proteínas.*

car.bô.ni.co adj. **1** relacionado ao carbono: *Fenóis, gasolina e querosene são inibidores da anidrase carbônica.* **2** dióxido de carbono: *ácido carbônico; gás carbônico.*

car.bo.ní.fe.ro adj. **1** relacionado ao carvão: *bacia carbonífera.* **2** que produz ou contém carvão: *região carbonífera.*

car.bo.ni.za.ção s.f. **1** redução a carvão; queima: *carbonização da casca de babaçu.* **2** transformação em carvão: *A fossilização dá-se por um processo conhecido como carbonização.*

car.bo.ni.zar v.t. reduzir a carvão; queimar: *Empresários carbonizaram uma pilha de livros fiscais.*

car.bo.no s.m. (Quím.) elemento químico cristalino capaz de formar extensas cadeias de átomos e de constituir dezenas de milhares de compostos. // Símb.: C; N. Atôm.: 6.

car.bu.ra.dor (ô) s.m. num veículo, parte do motor onde o combustível se mistura com o ar, para garantir o funcionamento de um motor de explosão.

car.bu.ran.te s.m. **1** combustível próprio para motor de explosão: *carburantes fósseis.* ● adj. **2** que produz carburação: *Estão promovendo o uso de etanol carburante, extraído do milho.*

car.bu.re.to (ê) s.m. (Quím.) composto binário de carbono com outro elemento.

car.ca.ça s.f. **1** estrutura óssea: *animais de carcaça deformada.* **2** esqueleto de animais; ossada: *Havia carcaças lançadas no canteiro central.* **3** armação; estrutura: *Encontraram só a carcaça do carro roubado.* **4** (Depr.) corpo físico já velho e alquebrado.

car.ca.ma.no s.m. (Depr.) designação jocosa dada aos italianos: *carcamanos da Calábria.*

caricaturar

car.ca.rá s.m. ave de rapina de tamanho médio, plumagem preta com a extremidade listrada de branco, cabeça escura, garganta e lado da cabeça brancos.

car.ce.ra.gem s.f. pavilhão onde ficam as celas: *Está preso na carceragem da Polícia Federal.*

car.ce.rá.rio adj. relacionado a cárcere: *O sistema carcerário está abarrotado.*

cár.ce.re s.m. prisão; cadeia.

car.ce.rei.ro s.m. guarda de cárcere: *O carcereiro guiou as visitas.*

car.ci.no.ma s.m. (Patol.) tumor maligno; câncer.

car.co.mer v.t. **1** reduzir madeira a pó; roer: *O cupim carcomeu o madeirame da velha casa.* **2** destruir pouco a pouco; corroer; minar: *Tumor que vai carcomendo o que resta das poucas células sadias.*

car.dá.pio s.m. relação dos pratos disponíveis e seus preços: *O cardápio do restaurante é variado.*

car.dar v.t. desfiar; desembaraçar: *cardar a lã.*

car.de.al s.m. **1** prelado do Sacro Colégio pontifício: *As vestes dos cardeais eram vermelhas.* **2** (Zool.) ave geralmente branca ou preta, com a cabeça e o papo encarnados: *Antigamente aqui era cheio de canários, cardeais, papa-capins.* • adj. **3** principal; fundamental: *Foi responsável pela determinação dos signos cardeais.*

car.dí.a.co s.m. (Patol.) **1** indivíduo que sofre do coração; cardiopata: *Falou no tom meio rouco e cansado de um cardíaco.* • adj. **2** que sofre do coração: *medicamentos para pessoas cardíacas.*

car.di.gã s.m. casaco de malha, aberto na frente: *A moda agora são cardigãs e saias compridas até o joelho.*

car.di.nal adj. diz-se do numeral que expressa quantidade absoluta: *Os numerais cardinais são 1, 2, 3, 7, 8, 12 etc.*

car.di.o.lo.gi.a s.f. ramo da Medicina que se ocupa das doenças do coração e dos vasos sanguíneos: *congresso de cardiologia.*

car.di.o.ló.gi.co adj. relacionado com o coração e suas funções: *Ele fez exame cardiológico.*

car.di.o.lo.gis.ta s.2g. **1** especialista em cardiologia: *Fui ao cardiologista.* • adj. **2** que é especialista em cardiologia.

car.di.o.pa.ta s.2g. **1** pessoa cardíaca: *Fez todos os exames para constatar que não é um cardiopata.* • adj. **2** cardíaco: *clínica especializada na reabilitação de pessoas cardiopatas.*

car.di.o.pa.ti.a s.f. (Patol.) doença do coração: *O problema da cardiopatia na gravidez.*

car.di.o.vas.cu.lar adj. que compreende ou afeta o coração e os vasos sanguíneos: *As doenças cardiovasculares são mais comuns em idosos.*

car.do s.m. planta de pequeno porte, com caule ereto revestido de pelos, folhas acinzentadas, com espinhos e flores amarelas.

car.du.me s.m. grande quantidade de peixes.

ca.re.ca (ê) s.f. **1** cabeça sem cabelos; calva: *Sua careca brilhava ao sol.* • s.2g. **2** pessoa sem cabelo na cabeça: *Dizem que é dos carecas que elas gostam mais.* • adj. **3** sem cabelo na cabeça; calvo: *É um jovem careca, baixo e simpático.* **4** gasto; usado: *pneus carecas.* ♦ (Coloq.) **estar careca** estar farto de; cansado de.

ca.re.cer v.t. **1** não ter; não possuir: *O povo carece de educação e saúde.* **2** ter necessidade; precisar: *A sala carece de móveis novos.*

ca.rei.ro adj. que vende ou cobra caro: *lojas careiras.*

ca.rên.cia s.f. **1** falta; ausência: *carência de vitamina.* **2** necessidade. **3** período de tempo concedido pelo credor, durante o qual o devedor não paga o principal da dívida, mas apenas os juros: *A carência para o primeiro pagamento é de noventa dias.*

ca.ren.te s.2g. **1** pessoa muito pobre. • adj. **2** muito pobre. **3** necessitado; desprovido: *estudante carente de recursos.*

ca.res.ti.a s.f. **1** preço superior ao real ou tabelado: *carestia dos gêneros de primeira necessidade.* **2** encarecimento geral do custo de vida: *Os trabalhadores reclamam da carestia.*

ca.re.ta (ê) s.f. **1** contração do rosto; trejeito: *Fez uma careta de dor.* • adj. **2** (Coloq.) antiquado; conservador: *Concluiu que ciúme era uma recaída careta.*

ca.re.ti.ce s.f. (Coloq.) condição daquilo que é careta; conservadorismo.

car.ga s.f. **1** tudo o que pode ser transportado ou suportado por algo ou alguém: *Transportamos a carga por caminhão.* **2** medida de tinta que cabe em uma caneta: *Preciso trocar a carga de minha caneta.* **3** munição que se põe de uma vez na arma de fogo: *Levou uma carga de chumbo.* **4** carregamento: *local para carga e descarga de mercadorias.* **5** ataque; investida impetuosa: *O exército rebatia a carga do inimigo.* **6** aquilo que impõe responsabilidade ou que custa suportar; fardo; encargo: *Desde criança carrega uma pesada carga.* **7** grande quantidade: *O povo não suporta a carga de impostos.* **8** (Eletr.) acumulação de eletricidade: *Acabou a carga da bateria.*

car.ga-d'á.gua s.f. **1** chuva forte. • pl. **2** (Coloq.) motivo ignorado, razão inexplicada: *Por que cargas-d'água deixou a reunião furiosamente?* //Pl.: cargas-d'água.

car.go s.m. **1** emprego; função; posto: *Infelizmente eram muitos os candidatos ao cargo.* **2** responsabilidade; incumbência; encargo: *Tomou a seu cargo a educação das crianças.*

car.guei.ro s.m. **1** guia de bestas de carga: *Era cargueiro, varava os sertões de feira em feira.* **2** animal que transporta carga sobre o dorso: *A égua guiava uma tropa de cargueiros.* **3** trem, navio ou avião de carga: *Viajou a bordo de um cargueiro.*

ca.ri.ar v.t. **1** produzir cárie em; corromper: *A má escovação dental caria os dentes.* • int. **2** criar cárie: *os dentes cariaram.*

ca.ri.ca.to adj. **1** semelhante a uma caricatura. **2** ridículo; grotesco; caricatural: *Trata-se de um personagem claramente caricato.*

ca.ri.ca.tu.ra s.f. **1** desenho que acentua os traços que mais se destacam de pessoas ou fatos, geralmente, com uma visão crítica e jocosa: *Ele só faz caricaturas de personalidades.* **2** pessoa grosseira ou ridícula: *Aquele rapaz é a caricatura em pessoa.*

ca.ri.ca.tu.ral adj. **1** relacionado à caricatura: *O desenhista já mostrava seus dotes caricaturais.* **2** que se presta à caricatura; caricato: *Tinha a fisionomia grotesca e caricatural.*

ca.ri.ca.tu.rar v.t. representar por meio de caricaturas: *Adora caricaturar pessoas famosas.*

caricaturista

ca.ri.ca.tu.ris.ta s.2g. quem faz caricaturas.

ca.rí.cia s.f. afago; carinho: *Fazia na filha uma carícia suave.*

ca.ri.ci.o.so (ô) adj. **1** que faz carícias; carinhoso. **2** agradável; suave: *Ele tem voz cariciosa.*

ca.ri.da.de s.f. **1** amor a Deus e ao próximo; generosidade: *Ando afastado do verdadeiro sentido cristão de caridade.* **2** bondade de coração; compaixão; benevolência: *A enfermagem não é apenas um ato de filantropia ou caridade.* **3** doação; esmola: *Não tenho renda, vivo da caridade alheia.* **4** favor; obséquio; fineza.

ca.ri.do.so (ô) adj. generoso; piedoso; benevolente: *O rapaz tem alma caridosa.*

cá.rie s.f. destruição da estrutura dos dentes pela ação de bactérias: *dentes brilhantes e sem cárie.*

ca.ri.jó s.m. **1** indivíduo dos carijós, extinto povo indígena guarani, que habitou em São Paulo, Mato Grosso do Sul, Paraná e Santa Catarina. • adj. **2** diz-se do galo ou da galinha de penas pintadas de branco e preto; pedrês.

ca.ril s.m. condimento indiano em pó, amarelo, composto de várias especiarias, sobretudo o açafrão.

ca.rim.bar v.t. marcar com carimbo: *Passava o dia carimbando documentos.*

ca.rim.bo s.m. **1** instrumento de madeira, metal ou borracha com que se marcam, à tinta, papéis: *Sobre a mesa havia telefone, máquina de escrever e carimbos.* **2** marca ou sinal produzido por esse instrumento: *Olhei o carimbo sobre o selo e vi que a carta era de São Paulo.*

ca.ri.nho s.m. **1** carícia; afago; afeto: *Enquanto falava, fazia carinho no rosto da filha.* **2** meiguice; ternura: *Faltou à criança o carinho de mãe.* **3** cuidado; zelo.

ca.ri.nho.so (ô) adj. **1** que denota ou transmite afeto ou amor: *Apertou-a num abraço carinhoso.* **2** delicado; atencioso.

ca.ri.o.ca (ó) s.2g. **1** natural ou habitante do Rio de Janeiro. • adj. **2** relativo ao Rio de Janeiro.

ca.ri.ri s.m. **1** família linguística extinta. • s.2g. **2** indivíduo dos cariris, povo indígena que habita no Ceará. • adj. **3** pertencente ou relativo a cariri.

ca.ris.ma s.m. **1** segundo a teologia cristã, dom espiritual extraordinário concedido pelo Espírito Santo ou a indivíduo ou a grupos de pessoas, visando ao bem geral da Igreja e de seus fiéis: *o carisma dos apóstolos.* **2** conjunto de qualidades excepcionais de liderança.

ca.ris.má.ti.co s.m. **1** quem tem carisma: *Na nova agremiação não sobrou lugar para os radicais nem para os carismáticos.* • adj. **2** que tem carisma: *A situação exige o surgimento de líderes carismáticos.*

ca.ri.ta.ti.vo adj. relativo à caridade; caridoso: *sociedade com finalidades caritativas.*

car.lin.ga s.f. em avião pequeno, cabina do piloto.

car.ma s.m. no hinduísmo e no budismo, doutrina segundo a qual o destino humano é resultado dos atos bons ou maus praticados nesta vida ou em encarnações anteriores: *O carma do rapaz é praticar o bem.*

car.me.li.ta s.2g. **1** frade ou freira da Ordem de Nossa Senhora do Monte Carmelo. • adj. **2** pertencente a essa ordem: *convento carmelita.*

car.me.sim adj. vermelho vivo: *grande poltrona de veludo carmesim.*

car.mim s.m. **1** matéria corante, de um vermelho vivo, usada para colorir a face; ruge: *Realçou sua beleza com carmim nas faces.* • adj. **2** de cor vermelha; carmesim: *Ela vestia uma blusa carmim.*

car.nal adj. **1** referente ao corpo; físico. **2** consanguíneo: *sobrinha carnal.*

car.na.ú.ba s.f. **1** carnaubeira: *Na campina, as frondes das carnaúbas rebrilhavam.* **2** cera extraída das folhas da carnaubeira: *Podia sentir o cheiro das velas de carnaúba.*

car.na.u.bei.ra s.f. palmeira de tronco ereto, flores amarelas e grandes folhas pendentes, em forma de penas.

car.na.val s.m. período de três dias anteriores à Quarta-feira de Cinzas, dedicado a festejos diversos, como bailes, desfiles de escolas de samba etc.: *Vou passar o carnaval na Bahia.* ✦ **fazer um carnaval** (i) comemorar algo alegre e ruidosamente (ii) provocar confusão, desordem.

car.na.va.les.co (ê) s.m. **1** pessoa que planeja e põe em execução o desfile de uma escola de samba: *Joãozinho Trinta é um dos carnavalescos mais inspirados.* • adj. **2** relativo ou pertencente ao carnaval: *baile carnavalesco.*

car.ne s.f. **1** tecido muscular do corpo humano e animal. **2** parte comestível de algumas espécies animais: *carne de vaca.* **3** parte suculenta e comestível dos frutos; polpa; mesocarpo: *a carne do mamão.* **4** o corpo; o físico: *Olhava o vestido colado à carne.* **5** o corpo, a matéria, por oposição ao espírito, à alma: *Tudo aquilo doía mais na alma que na carne.* ✦ **em carne viva** sem pele; esfolado: *Andei muito, meus pés estão em carne viva.*

car.nê s.m. pequeno bloco onde se registram os pagamentos mensais de compra ou de financiamento: *Esqueceu o carnê de prestações sobre o balcão.*

car.ne de sol s.f. carne levemente salgada e seca ao sol. // Pl.: carnes de sol.

car.ne.gão s.m. núcleo de furúnculos e outros tumores: *Esprema o furúnculo até saltar fora o carnegão.*

car.nei.ro s.m. **1** animal domesticável, quadrúpede, de porte médio, chifres recurvos e corpo coberto por espessa lã. **2** a carne desse animal: *Almoçaram churrasco de carneiro.* **3** (Astr.) Áries. **4** (Astrol.) Áries.

car.ni.ça s.f. carne em decomposição; carne podre.

car.ni.cei.ro s.m. **1** matador sanguinário; assassino: *Sentia-se como um carniceiro e amaldiçoava sua profissão.* • adj. **2** carnívoro: *Urubus carniceiros rodeavam a vaca morta.* **3** feroz; sanguinário: *É um assassino carniceiro.*

car.ni.fi.ci.na s.f. chacina; matança: *O comandante da invasão diz que a polícia conseguiu evitar uma carnificina.*

car.ní.vo.ro s.m. **1** espécime de carnívoros, animais mamíferos que se alimentam de carne: *Os pumas superam em destreza a maioria dos carnívoros.* • adj. **2** que se alimenta de carne: *A piranha é peixe carnívoro.*

car.nu.do adj. **1** que tem muita carne; carnoso: *Não era gorda, mas cheia, roliça, carnuda.* **2** grosso; volumoso: *lábios carnudos.*

ca.ro s.m. **1** por alto preço (no sentido material ou moral). • adj. **2** de preço elevado: *Roupas de grife são caras.* **3** que cobra preço elevado: *O restaurante*

carregar

é caro. **4** que exige grandes despesas; dispendioso: *A educação atualmente é cara*. **5** estimado; querido; prezado: *Vim visitá-lo, caro amigo*. **6** apreciado: *Os passeios me são muito caros*. • *adv.* **7** por preço elevado: *O comerciante vende muito caro seus tecidos*. **8** muito: *Quem desobedecer pagará caro*.

ca.ro.á *s.m.* planta de poucas folhas, flores de várias cores, frutos em bagas, cujas fibras se usam na manufatura do barbante, linhas de pesca e tecidos; gravatá.

ca.ro.chi.nha *s.f.* narrativa pueril, ingênua, fantasiosa.

ca.ro.ço (ô) *s.m.* **1** semente de vários frutos, com formato e tamanho variados: *caroços de manga*. **2** (Patol.) tumor endurecido na superfície da pele ou no interior do tecido.

ca.ro.la (ó) *s.2g.* **1** pessoa assídua à igreja ou muito devota; beata. • *adj.* **2** frequentador de igrejas; beato.

ca.ro.na (ô) *s.f.* **1** condução ou transporte gratuito em qualquer veículo: *Não se recomenda pegar carona com estranhos*. • *s.2g.* **2** pessoa que viaja sem pagar a passagem: *O motorista gostava de conversar com os caronas*.

ca.ro.te.no (ê) *s.m.* (Quím.) pigmento cristalino corante das folhas verdes, existente também na manteiga e na gema de ovo: *O caroteno é encontrado em verduras, legumes e frutas*.

ca.ró.ti.da *s.f.* (Anat.) cada uma das duas grandes artérias que, da aorta, levam o sangue à cabeça.

car.pa *s.f.* peixe de água doce, de coloração cinza-prateada e boca pequena rodeada de fios curtos.

car.pe.te (ê) *s.m.* forração de fibras têxteis que se fixa a um piso para revesti-lo.

car.pi.dei.ra *s.f.* mulher paga para chorar o morto, em velório: *As carpideiras choravam muito alto*.

car.pin.ta.ri.a *s.f.* **1** ofício, trabalho de carpinteiro: *A peroba é muito usada em carpintaria*. **2** oficina de carpinteiro.

car.pin.tei.ro *s.m.* pessoa que constrói, monta e repara armações em geral, móveis, portas, janelas e outras peças de madeira.

car.pir *v.t.* **1** tirar o mato; capinar: *Ele carpiu sua roça*. **2** chorar em desespero; prantear: *A moça carpia desesperada a perda do marido jovem*. • *int.* **3** chorar; prantear: *As mulheres carpiam durante o enterro*.

car.po *s.m.* (Anat.) conjunto dos ossos do pulso, constituído de duas fileiras de quatro ossos.

car.que.ja (ê) *s.f.* planta de propriedades medicinais.

car.qui.lha *s.f.* ruga.

car.ran.ca *s.f.* **1** semblante fechado com expressão de mau humor; cara feia: *Ela teve que enfrentar a carranca do pai*. **2** figura que orna a proa de certas embarcações: *as carrancas das embarcações do São Francisco*.

car.ran.cu.do *s.m.* **1** pessoa mal-humorada: *Na casa há um verdadeiro batalhão de carrancudos*. • *adj.* **2** de semblante carregado; emburrado: *Depois da morte da mulher, tornou-se carrancudo*. **3** que denota mau humor: *Apesar da aparência carrancuda, tem bom coração*.

car.ra.pa.tei.ra *s.f.* (Bot.) mamona.

car.ra.pa.ti.ci.da *s.m.* **1** preparado químico para matar carrapatos: *Comprou na loja doze frascos de carrapaticida*. • *adj.* **2** que contém preparado químico para matar carrapatos: *banhos carrapaticidas*.

car.ra.pa.to *s.m.* (Zool.) parasita de forma arredondada, com quatro pares de pernas, que se fixa à pele de animais e lhes suga o sangue.

car.ra.pe.ta (ê) *s.f.* pequeno pião que se faz girar com as mãos: *Os meninos jogavam carrapeta no pátio*.

car.ra.pi.cho *s.m.* pequeno arbusto com vagens espinhosas e aderentes.

car.ras.cal *s.m.* (Bras.) terreno com mata rala; carrasco[2]: *Temos carrascais a capinar e limpar*.

car.ras.co[1] *s.m.* **1** executor de pena de morte; algoz; verdugo: *O carrasco desfere o golpe fatal*. **2** executor de penas corporais; torturador: *Estava à mercê do impiedoso carrasco*. • *adj.* **3** que atormenta, persegue ou castiga.

car.ras.co[2] *s.m.* (Bras.) terreno pedregoso, com vegetação baixa e rala; carrascal: *Compramos o carrasco e umas cabeças de boi*.

car.ras.pa.na *s.f.* **1** (Coloq.) bebedeira: *Tomava tranquilamente a sua carraspana*. **2** repreensão; advertência: *Passou-lhe uma carraspana*.

car.re.a.dor (ô) *s.m.* trilha; picada; vereda: *Caminhava pelo carreador à beira da estrada*.

car.re.ar *v.t.* **1** transportar; levar; trazer: *Ele era o encarregado de carrear água*. **2** causar; ocasionar; acarretar.

car.re.a.ta *s.f.* desfile coletivo de veículos motorizados em sinal de alegria, protesto ou reivindicação: *A torcida promoveu carreata após vitória do time*.

car.re.ga.ção *s.f.* carga, carregamento. • **de carregação**; de má qualidade; malfeito; mal-acabado.

car.re.ga.dei.ra *s.f.* máquina pesada usada no transporte.

car.re.ga.do *adj.* **1** com carga; que recebeu carga: *avião militar carregado de armas*. **2** conduzido; transportado: *O campeão chegou carregado nos braços do povo*. **3** munição: *Deixou o revólver carregado*. **4** que prenuncia chuva: *Nuvens carregadas vagavam no céu*. **5** carrancudo; apreensivo: *semblante carregado*. **6** indicativo de que algo negativo está acontecendo ou irá acontecer: *O ambiente estava carregado*. **7** diz-se do sotaque estranho e acentuado: *sotaque carregado*. **8** cheio; lotado: *A agenda do chefe está carregada*. **9** cheio de ornatos, de enfeites: *decoração carregada*.

car.re.ga.dor (ô) *s.m.* **1** aquele que conduz ou transporta carga: *Os carregadores estão em greve*. **2** o que carrega bagagem; bagageiro.

car.re.ga.men.to *s.m.* **1** transporte: *O carregamento era feito por estradas ruins*. **2** colocação de carga; lotação com carga: *Esse novo método de carregamento é mais funcional*. **3** carga: *O Ibama apreendeu um carregamento ilegal de madeira*.

car.re.gar *v.t.* **1** pôr (algo ou alguém) sobre; transportar; sustentar: *carregar a mala; carregar a criança*. **2** pôr carga em: *carregar o caminhão*. **3** prover da munição necessária: *carregar o canhão*. **4** levar; conduzir; trazer: *A enchente carregou tudo*. **5** levar sobre si; suportar; arcar: *Carregava o peso da idade*. **6** ter presente; trazer consigo: *carregar eternamente essa culpa*. **7** tornar severo, sombrio: *carregar o semblante*. **8** fazer funcionar; fazer andar: *Carrega os negócios sem ajuda da família*. **9** acumular eletricidade em: *carregar a bateria do carro*. **10** tornar repleto; encher: *A roseira estava carregada de flores*. **11** pôr em excesso; exagerar: *O cozinheiro carregou no sal*. • *int.* **12** encher de nuvens como prenúncio de chuva: *O tempo carregou*.

carreira

car.rei.ra s.f. **1** corrida: *Os dois desabalaram numa carreira*. **2** modo de vida; profissão: *A Medicina é uma carreira nobre*. **3** trilha; rastro: *E podia ver dali aquela carreirinha de tatu*. **4** fileira; fila; série: *O paletó tinha duas carreiras de colchetes*. **às carreiras**; às pressas; com rapidez. **de carreira** (i) que faz serviço regular de transporte. (ii) que alcançou posição profissional de modo gradual: *funcionário de carreira*.

car.rei.ris.ta s.2g. **1** pessoa que faz qualquer coisa para subir na carreira: *Muitos partidos são ajuntamentos de carreiristas*. • *adj.* **2** relativo ao carreirismo: *Possui interesses carreiristas*.

car.rei.ro s.m. **1** quem conduz carro de bois: *Que faziam os carreiros que não punham os bois nos carros?* **2** caminho habitual da caça: *Vim pelos carreiros das pacas*.

car.re.ta (ê) s.f. **1** carroça ou veículo para transporte de carga: *Descemos da carreta para um caminhão que nos esperava*. **2** caminhão para carga pesada; jamanta.

car.re.tei.ro s.m. **1** aquele que conduz carro de boi ou faz carretos: *Sou um simples carreteiro*. **2** motorista de caminhão de carga; caminhoneiro.

car.re.tel s.m. **1** pequeno cilindro de madeira ou de metal com rebordos, em que se enrola fio de aço ou de qualquer metal, ou linha de coser. **2** bobina; rolo: *carretel de filme*.

car.re.ti.lha s.f. **1** aparelho metálico da vara de pescar: *Pegava a carretilha e saía para pescar*. **2** pequena roldana: *A corda deslizava pela carretilha e chegava ao fundo do poço*.

car.re.to (ê) s.m. **1** transporte; frete: *Estava ali fazendo um carreto*. **2** carga: *Entregamos o carreto no endereço errado*.

car.ri.lhão s.m. **1** conjunto de sinos afinados com que se tocam músicas: *Para que tanto, se temos o carrilhão que é o piano das torres?* **2** relógio de parede que dá hora tocando música.

car.ri.nho s.m. **1** carro pequeno, leve, geralmente de duas rodas, que se empurra: *O velho empurrava seu carrinho de sorvete*. **2** carro pequeno, leve, de quatro rodas, com toldo, para transportar bebês: *Carrinhos de criança atravancavam o pátio*. **3** miniatura de automóvel, que serve como brinquedo: *Toda criança gosta de carrinho de pilha*.

car.ri.o.la (ó) s.f. carro pequeno de duas rodas: *Levava os tijolos numa carriola de mão*.

car.ro s.m. **1** veículo de rodas, de tração animal, para transporte de carga ou pessoas: *Os carros de boi ainda são comuns no interior*. **2** vagão puxado por locomotiva: *Uma velha locomotiva puxa os carros*. **3** veículo para transporte de poucas pessoas; automóvel: *Hoje quase todos têm carro*. **4** carro pequeno, leve, geralmente de duas rodas, que se empurra; carrinho: *carro de sorvete*.

car.ro.ça s.f. **1** veículo pequeno, comumente de duas rodas e de tração animal, para transporte de carga; carreta: *A carroça seguiu rua abaixo*. **2** quantidade que cabe numa carroça; carga: *uma carroça de lenha*.

car.ro.cei.ro s.m. profissional que conduz carroça.

car.ro.ce.ri.a s.f. **1** parte superior de um veículo automotor, colocada sobre o chassi, destinada a abrigar o motorista e a transportar pessoas e coisas. **2** caminhão, caminhonete, parte traseira, geralmente aberta e destinada a cargas: *caminhões com uma cobertura de lona na carroceria*.

car.ro-che.fe s.m. **1** o principal carro alegórico de um desfile. **2** (Coloq.) num conjunto, o que se considera como de maior interesse ou mais importante: *A picanha é o carro-chefe do novo restaurante*.

car.ro.ci.nha s.f. **1** carroça pequena: *carrocinha de verduras*. **2** veículo fechado com gradeados, para recolher animais nas vias públicas: *A carrocinha levou cinco animais*.

car.ros.sel s.m. aparelho de feiras ou parques de diversões, constituído de um rodízio com uma viga vertical e hastes horizontais, em cujas extremidades estão presos cavalos de madeira, bancos, carrinhos ou outras figuras que giram com o eixo.

car.ru.a.gem s.f. carro de quatro rodas sobre molas, de tração animal, para transporte de pessoas.

car.ta s.f. **1** comunicação manuscrita ou impressa devidamente acondicionada e endereçada; missiva; epístola: *Recebeu a carta das mãos do carteiro*. **2** mapa: *carta geográfica*. **3** cada uma das peças do baralho. **4** a Constituição de um país; carta magna: *Havia necessidade de reforma constitucional uma vez que a Carta de 1891 não mais atingia sua finalidade*. **5** documento em que um governo ou uma entidade toma oficialmente importantes decisões de natureza política ou social. • **carta de alforria** título que conferia liberdade ao escravo. **carta magna** a Constituição de um país: *O Parlamento pode modificar a Carta Magna para resolver uma crise política?*

car.ta-bran.ca s.f. autorização plena dada a alguém, por escrito ou não, para agir como achar conveniente. // Pl.: cartas-brancas.

car.ta.da s.f. ação ou empreendimento decisivo ou arriscado; lance; jogada: *Decidiu jogar sua cartada definitiva na Bolsa de Valores*.

car.ta.gi.nês s.m. **1** o natural ou habitante da cidade de Cartago. • *adj.* **2** pertencente ou relativo a essa cidade.

car.tão s.m. folha encorpada com diversas camadas de papel coladas entre si ou fabricada diretamente na máquina cilíndrica: *Era um livro fino e pequeno, com capa de cartão muito danificada*.

car.tão-pos.tal s.m. retângulo de um cartão, que tem numa das faces uma ilustração, ficando a outra reservada à correspondência. // Pl.: cartões-postais.

car.taz s.m. **1** anúncio ou aviso de grande formato, propaganda comercial: *Cartazes exibiam os próximos filmes*. **2** (Fig.) promoção: *Não sou de fazer cartaz de ninguém*. **3** falando-se de filmes ou peças teatrais, exibição; representação: *a nova peça em cartaz*. **4** (Fig.) popularidade; prestígio; sucesso: *Não posso estragar o meu cartaz assim, desculpe*.

car.te.a.do s.m. qualquer jogo com cartas de baralho: *mesa de carteado*.

car.te.ar v.t. **1** dar cartas, no jogo de baralho. • *pron.* **2** corresponder-se por carta. • *int.* **3** jogar cartas: *Passar as noites carteando*.

car.tei.ra s.f. **1** pequena bolsa dobrável, com divisões internas para cédulas, cartões e documentos: *Tirou a carteira do bolso*. **2** mesa ou banca para escrita, estudo ou desenho; escrivaninha; secretária: *Oito anos sentado naquela carteira para ouvir o professor*. **3** documento oficial expedido em forma de caderneta ou de pequeno cartão que contém licenças, autorizações e identificações: *carteira de identidade*. **4** seção em estabelecimento de crédito.

car.tei.ro s.m. entregador de correspondências; correio: *O filme mostra a amizade entre um carteiro e um escritor.*
car.tel s.m. acordo formalizado entre empresas independentes para atuação coordenada, com vistas ao controle de preços e da produção.
car.te.la (é) s.f. **1** mostruário portátil de cartão, metal ou plástico que acondiciona mercadorias miúdas: *cartela de bijuterias.* **2** embalagem para pequenos objetos ou remédios: *Uma cartela de comprimidos.* **3** pequeno cartão contendo furos e que funciona como matriz.
cár.ter s.m. reservatório nos automóveis onde se coloca o óleo lubrificante.
car.te.sia.nis.mo s.m. sistema filosófico de Descartes, filósofo e matemático francês (1596-1650), fundamentado no racionalismo e na concepção do método como garantia de obtenção da verdade.
car.te.si.a.no adj. **1** formulado por Descartes: *teoria cartesiana.* **2** relativo ao cartesianismo. **3** racional; objetivo.
car.ti.la.gem s.f. (Histol.) tecido flexível, branco ou cinzento, que se encontra especialmente na extremidade dos ossos.
car.ti.la.gi.no.so (ô) adj. com cartilagem: *tecido cartilaginoso do ouvido externo.*
car.ti.lha s.f. **1** livro em que se aprende a ler. **2** manual elementar de qualquer matéria: *Distribuíram cartilhas com orientações básicas sobre o trânsito.*
car.to.gra.fi.a s.f. conjunto de operações científicas, técnicas e artísticas para a elaboração de cartas geográficas e mapas: *estudo da cartografia brasileira.*
car.tó.gra.fo s.m. aquele que traça cartas geográficas.
car.to.la (ó) s.m. (Coloq.) **1** dirigente de clube ou entidade esportiva. **2** indivíduo de posição social mais elevada; grã-fino: *É um líder trabalhista que negocia com cartolas.* • s.f. **3** chapéu masculino, de copa alta e cilíndrica, e cor preta luzidia, para uso em solenidades: *Os cavalheiros vão à cerimônia de fraque e cartola.*
car.to.li.na s.f. papel grosso, menos encorpado que o cartão.
car.to.man.ci.a s.f. leitura e interpretação da sorte pelas cartas de baralho: *O tarô é um baralho muito usado em cartomancia.*
car.to.man.te s.f. pessoa que pratica a cartomancia.
car.to.na.gem s.f. confecção de produtos de cartão ou papelão.
cartoon (cartum) (Ingl.) s.m. cartum.
car.tó.rio s.m. repartição da justiça onde se registram e guardam documentos: *Foram ao cartório registrar o filho.*
car.tu.chei.ra s.f. faixa de lona ou de couro provida de orifícios para cartuchos, usada comumente à cintura ou a tiracolo.
car.tu.cho s.m. **1** tubo de cartão ou de metal que contém carga para arma de fogo. **2** tubo que contém a película para fotografia: *Você apenas coloca o cartucho e bate as fotos.* **3** bobina de fitas eletromagnéticas: *Comprei vários cartuchos de fitas para carros.* **4** tubo que contém uma carga de tinta: *um cartucho para canetas.* **5** (Coloq.) diploma: *Pendurou na parede o cartucho de doutor.* **6** (Coloq.) meio para atingir um objetivo; expediente: *Aquela proposta era seu último cartucho.*

car.tum s.m. desenho caricatural humorístico, podendo utilizar legendas; charge: *desenhistas de cartum.*
car.tu.nis.ta s.2g. desenhista de cartum, desenho animado ou tira cômica.
car.tu.xa s.f. **1** ordem religiosa muito austera, fundada por São Bruno, no século XI. **2** convento de cartuxos.
car.tu.xo s.m. **1** religioso da ordem cartuxa. • adj. **2** pertencente ou relativo à cartuxa.
ca.run.cha.do adj. que tem caruncho; carcomido: *Os degraus da escada estavam carunchados e podres.*
ca.run.cho s.m. inseto que corrói madeira, livro, cereal armazenado, reduzindo-os a pó: *Amostras do arroz teriam apresentado carunchos.*
ca.ru.ru s.m. **1** erva de raiz vermelha, caule grosso, ramoso desde a base, folhas de cor verde-acinzentada, flores verde-claras. **2** prato típico baiano, espécie de guisado feito com caruru ou quiabo a que se acrescentam camarões secos e peixe, temperado com pimenta e azeite de dendê: *O restaurante oferece porções generosas de caruru.*
car.va.lho s.m. **1** árvore de grande porte, que fornece madeira pardacenta e dura, usada em construções. **2** madeira dessa árvore: *mesa com tampo de carvalho.*
car.vão s.m. **1** substância combustível negra, constituída de carbono associado a outros elementos de origem animal, vegetal ou mineral: *minas de carvão.* **2** substância constituída pela combustão de madeira: *O fazendeiro queimava madeira para fazer carvão.*
car.vo.a.ri.a s.f. estabelecimento em que se faz ou se vende carvão vegetal.
car.vo.ei.ro s.m. **1** quem fabrica ou vende carvão: *Os carvoeiros devem usar equipamentos de proteção.* • adj. **2** que comercializa carvão. **3** que produz ou trabalha com carvão: *Santa Catarina conta com vasta região carvoeira.*
cãs s.f. pl. cabelos brancos: *Respeitem as minhas cãs!*
ca.sa s.f. **1** qualquer construção destinada a ser habitada; moradia; residência: *Morava em uma pequena casa no subúrbio.* **2** lugar onde se mora com a família; lar: *Só pensava em voltar à paz da casa.* **3** sede de uma associação; academia; clube etc. **4** repartição pública: *casa da moeda.* **5** abertura por onde passam os botões do vestuário: *Fazia à mão as casas da camisa.* **6** espaço separado por linhas em formulários, tabelas, tabuleiros ou cartões de jogos: *as casas do xadrez e do jogo de damas.* **7** refúgio; toca: *casa de caranguejo.* **8** instituição familiar; estirpe; linhagem: *A casa de Bragança mantinha-se fiel à Inglaterra.* **9** conjunto dos auxiliares ou assessores de um chefe de Estado: *Chefe da Casa Civil.* **10** (Mat.) casa decimal. **11** cada uma das décadas na idade de uma pessoa: *Ela deve estar na casa dos trinta.* ♦ **ser de casa** ser familiar; não ter cerimônia: *Fique à vontade, você é de casa.* **casa bancária** estabelecimento autorizado a realizar operações de crédito ou comércio de câmbio; banco. **casa de câmbio** estabelecimento financeiro que compra, vende ou troca moeda estrangeira. **casa de detenção** estabelecimento oficial onde ficam detidos os réus que aguardam julgamento: *Foi levado para a casa de detenção.* **casa de saúde** hospital particular ou de economia privada; clínica.

casaca

ca.sa.ca *s.f.* peça do vestuário masculino usada em cerimônias, curta na frente, à altura da cintura, e com abas compridas atrás. ♦ **virar a casaca** mudar de opinião.

ca.sa.cão *s.m.* casaco longo, de tecido grosso, geralmente lã, usado sobre a roupa como agasalho; sobretudo; capote.

ca.sa.co *s.m.* **1** peça do vestuário de mangas longas, que se fecha à frente e que cobre o tronco; capote: *casaco de couro.* **2** peça de vestuário usada sobre vestido ou terno, geralmente de lã; sobretudo.

ca.sa.do *s.m.* **1** pessoa que se casou: *A porcentagem de casados vem caindo ultimamente.* • *adj.* **2** ligado por casamento; desposado: *O técnico autorizou os jogadores casados a dormirem fora da concentração.*

ca.sa.doi.ro *adj.* casadouro.

ca.sa.dou.ro *adj.* que deseja casar; casadoiro: *A noiva jogou o buquê às amigas casadouras.*

ca.sa-gran.de *s.f.* casa senhorial; residência do dono do engenho ou do fazendeiro.

ca.sal *s.m.* **1** par composto de um homem e uma mulher: *um casal de namorados.* **2** par composto de macho e fêmea da mesma espécie: *Um casal de pombos procura o ninho.* **3** pequena propriedade rural.

ca.sa.ma.ta *s.f.* abrigo subterrâneo abobadado e blindado; fortificação: *Soldados invadiram a casamata.*

ca.sa.men.tei.ro *s.m.* **1** quem arranja casamento: *Em 13 de junho, celebra-se santo Antônio de Pádua, o casamenteiro.* • *adj.* **2** que promove ou ajusta casamentos; santo casamenteiro. **3** relativo a casamento: *Prepara-se para encarar a maratona casamenteira da filha.*

ca.sa.men.to *s.m.* **1** união conjugal: *O casamento deles durou muito pouco.* **2** cerimônia de união entre duas pessoas, com legitimação religiosa ou civil; matrimônio; enlace: *casamento entre pessoas de sexos diferentes.* **3** aliança; associação; união: *o casamento de Cristo com a sua Igreja.*

ca.sa.no.va *s.m.* homem dado a conquistas amorosas; mulherengo.

ca.sar *v.t.* **1** unir pelo casamento: *Casou a filha com o melhor partido da cidade.* **2** aliar; associar; combinar: *Não conseguia casar os nomes às pessoas.* **3** harmonizar-se; combinar: *Seu olhar casava(-se) aos/com os sentimentos que levava no coração.* • *pron.* **4** contrair casamento; desposar: *Bentinho bem podia casar-se com Alice.* **5** estar conforme; condizer: *Suas ideias não se casam com as minhas.*

ca.sa.ri.o *s.m.* conjunto de casas: *No outro extremo da praça, o casario onde funcionaram as antigas corporações.*

cas.ca *s.f.* **1** (Bot.) camada externa de órgãos vegetais (caule, ramo, frutos, sementes): *casca de laranja.* **2** (Zool.) cobertura rígida protetora de crustáceos, moluscos e répteis: *casca de camarão.* **3** crosta ou película protetora; envoltório; invólucro: *casca de ovo.* **4** (Fig.) aparência; superficialidade: *Só a casca da moça era refinada.*

cas.ca-gros.sa *s.2g.* e *adj.* (Coloq.) **1** pessoa grosseira, mal-educada, rude. • *adj.* **2** que é grosseiro ou rude.

cas.ca.lho *s.m.* **1** lasca de pedra ou pedra britada: *O cascalho da estrada machucava os pés.* **2** camada de areia ou barro, solta ou compacta, onde se encontra diamante ou ouro: *Metiam o cascalho bruto nas bateias.* **3** pedra britada ou lasca de pedra, misturada com areia grossa e fragmentos de tijolos, utilizada em materiais de construção: *A entrada da casa era coberta de pedra e cascalho.* **4** pequena pedra redonda ou oval, com superfície lisa: *No leito do rio havia uma mistura de lama, areia e cascalho.*

cas.cão *s.m.* **1** camada de sujeira na pele de uma pessoa. **2** crosta de feridas.

cas.ca.ta *s.f.* **1** queda-d'água natural ou artificial; cachoeira: *Os rios Madeira e Mamoré têm muitas cascatas.* **2** (Coloq. Bras.) conversa fiada; mentira: *Houve diversos acordos sindicais malogrados e muitas cascatas.* ♦ **em cascata** em cadeia; em série: *E as mentiras foram saindo de sua boca em cascata.*

cas.ca.tei.ro *s.m.* (Coloq.) pessoa que mente; aquele que conta vantagens; gabola.

cas.ca.vel *s.f.* **1** cobra venenosa, de porte médio, de cor pardo-escura, com losangos escuros ao longo do corpo e a cauda terminada em guizo. **2** (Fig.) pessoa má ou traiçoeira.

cas.co *s.m.* **1** o couro cabeludo. **2** unha de muitos mamíferos: *cascos do boi.* **3** garrafa vazia: *Jogou o casco de refrigerante no lixo.* **4** corpo da embarcação: *o casco do navio.* **5** casca; carapaça: *o casco do tatu.*

cas.cu.do¹ *s.m.* pancada na cabeça com os nós dos dedos: *Venha cá que lhe dou uns cascudos!*

cas.cu.do² *s.m.* **1** peixe fluvial pequeno, com o corpo revestido por placas ósseas e cor de chumbo. • *adj.* **2** que tem casca grossa ou pele dura: *barata cascuda.*

ca.se.ar *v.t.* abrir e pontear casas para botões: *máquina de casear.*

ca.se.bre (é) *s.m.* casa pequena e pobre; choupana; choça.

ca.se.í.na *s.f.* (Quím.) proteína rica em fósforo e característica do leite dos mamíferos.

ca.sei.ro *s.m.* **1** pessoa que toma conta de uma casa: *Ao caseiro competia também o corte da grama.* • *adj.* **2** feito em casa: *remédios caseiros.* **3** que se usa em casa; muito simples: *vestido caseiro.* **4** criado em casa: *animais caseiros.* **5** que gosta de ficar em casa: *Sou muito caseira, só saio para o mercado e a missa.* **6** familiar: *conversas caseiras.*

ca.ser.na (é) *s.f.* **1** alojamento de soldados dentro de quartel: *A caserna estava silenciosa.* **2** vida militar: *Muitos militares estão trocando a caserna por um emprego no setor privado.*

cash /kéch/ (Ingl.) *s.m.* **1** dinheiro em espécie. • *adj.* **2** pagamento em dinheiro. • *adv.* **3** em espécie: *Exigiram receber cash.*

cashmere (kéchmir) (Ingl.) *s.m.* lã muito fina e macia: *Só usava ternos de cashmere.*

ca.si.mi.ra *s.f.* tecido encorpado, em geral de lã: *terno de casimira escura.*

cas.mur.ro *adj.* calado; muito sério; fechado em si mesmo: *Andava caladão, sempre casmurro.*

ca.so *s.m.* **1** fato; acontecimento; ocorrência: *Não gostava de pensar em casos passados.* **2** circunstância; condição: *Nesses casos, o melhor é calar-se.* **3** desacordo; desavença; desentendimento: *O caso surgiu devido a problemas de fronteiras.* **4** narrativa; história; conto: *Era um grande contador de casos.* **5** confusão; escândalo; briga: *Vive criando caso.* **6**

manifestação ou ocorrência de uma doença: *No verão, surgem muitos casos de dengue.* **7** relação amorosa: *Tinham um caso em segredo.* **8** causa ou demanda judicial: *O caso agora está na mão do juiz.* **9** (Gram.) em línguas como o latim, desinência dos substantivos, adjetivos e pronomes, conforme sua função sintática na oração. • *conj.* **10** na hipótese de; se: *Caso não melhore, repita a receita.* ♦ **em todo (o) caso** apesar de tudo; de qualquer modo. **em último caso** na pior das hipóteses.
ca.só.rio *s.m.* (Coloq.) casamento; matrimônio.
cas.pa *s.f.* pequena escama que se cria no couro cabeludo.
cás.pi.te *interj.* expressa admiração ou ironia; caramba; puxa vida.
cas.que.te (é) *s.f.* pequena cobertura para a cabeça usada por militares.
cas.qui.nha *s.f.* **1** pequena casca. **2** cone oco de biscoito para colocar sorvete: *Pediu um sorvete de casquinha.* **3** iguaria preparada em concha de ostra ou recipiente semelhante: *Saboreávamos uma casquinha de siri.* **4** (Fig. Bras.) vantagem; proveito: *Está sempre procurando tirar uma casquinha.*
cas.sa.ção *s.f.* **1** anulação; invalidação ou cancelamento: *cassação da liminar.* **2** anulação dos direitos políticos: *O pedido de cassação envolve vários parlamentares.*
cas.sar *v.t.* **1** tornar sem efeito; anular: *Cassaram o mandato de dois deputados.* **2** privar de; bloquear; impedir: *O presidente da mesa cassou a palavra do orador.* // Cp.: caçar.
cas.se.te (é) *s.m.* caixa ou estojo equipado com fita magnética onde se grava fala ou filme.
cas.se.te.te (é) *s.m.* cacete curto, de madeira ou de borracha, usado, em geral, por policiais: *Os agentes circulavam armados de cassetetes.*
cás.sia *s.f.* arbusto ornamental leguminoso, de flores amarelas e frutos em forma de vagens.
cas.si.no *s.m.* casa ou lugar com salões para jogos e, eventualmente, para espetáculos de música e dança.
cas.sis *s.m.* fruto de origem europeia, semelhante à groselha, com o qual se fazem cremes, sorvetes e licores: *Sua sobremesa foi uma tigelinha de creme de papaia com cassis.*
cas.si.te.ri.ta *s.f.* (Min.) minério do estanho.
cast (kést) (Ingl.) *s.m.* elenco: *O cantor faz parte do cast de uma grande gravadora.*
cas.ta *s.f.* **1** grupo social fechado, de caráter hereditário, cujos membros pertencem à mesma raça, etnia, profissão ou religião: *Os párias são o mais baixo escalão do sistema de castas indiano.* **2** linhagem; classe: *O aristocrata não se envolvia com a casta inferior.* **3** classe; categoria: *A crise bancária dividiu o mercado financeiro em castas.* **4** tipo; espécie: *produção de vinhos de castas finas.*
cas.ta.nha *s.f.* fruto da castanheira.
cas.ta.nha-de-ca.ju *s.f.* fruto do cajueiro. // Pl.: castanhas-de-caju.
cas.ta.nha-do-pa.rá *s.f.* fruto em forma de cápsula, com sementes comestíveis de cor creme, recobertas por casca escura, rugosa e muito dura. // Pl.: castanhas-do-pará.

cas.ta.nhal *s.m.* plantação de castanheiros.
cas.ta.nhei.ra *s.f.* árvore de grande porte, de copa ampla e folhas verdes alongadas, com bordos serrilhados, que produz a castanha.
cas.ta.nhei.ro *s.m.* castanheira: *Contemplava as negras raízes de um castanheiro.*
cas.ta.nho *s.m. adj.* **1** a cor da castanha. **2** que tem a cor da casca da castanha; marrom: *A menina tem cabelos castanhos.*
cas.ta.nho.las (ó) *s.f. pl.* instrumento de percussão constituído de duas peças ocas de madeira, marfim ou ébano, que, ligadas entre si e aos dedos ou pulsos do tocador por um cordel, batem uma na outra.
cas.te.lão *s.m.* **1** senhor feudal que vivia em castelos. **2** dono do castelo. // Pl.: castelões, castelãs. Fem.: castelã, casteloa, castelona.
cas.te.lha.no *s.m.* **1** natural ou habitante da província espanhola de Castela. • *adj.* **2** relativo à província espanhola de Castela.
cas.te.lo (é) *s.m.* **1** residência senhorial ou real fortificada. **2** lugar onde se está protegido: *O lar é meu castelo.* **3** projeto sem fundamento; sonho; ilusão: *Em sua cabeça só há castelos de vento e tolices.*
cas.ti.çal *s.m.* suporte para velas.
cas.ti.ço *adj.* de linguagem correta, sem estrangeirismo; vernáculo: *Expressou-se num português castiço.*
cas.ti.da.de *s.f.* **1** pureza; inocência: *Não levaram em conta a castidade de nossos objetivos.* **2** abstinência dos prazeres sensuais: *Os padres fazem voto de castidade.*
cas.ti.gar *v.t.* **1** punir: *Castigou o filho por ter mentido.* **2** impor privações ou sofrimentos; mortificar: *A ausência de saúde castiga nosso povo.* **3** causar danos; afetar; deteriorar: *A geada castigou o café.* • *pron.* **4** punir a si mesmo.
cas.ti.go *s.m.* **1** pena; punição: *Aquele aluno bem que merece um castigo.* **2** mortificação; consumição: *Carregava o casamento arranjado como um castigo.*
cas.to *adj.* **1** puro; inocente. **2** que se abstém de relações sexuais: *Tem fama de santo devoto e casto.*
cas.tor (ô) *s.m.* animal roedor semiaquático que tem as patas traseiras providas de membranas entre os dedos e a cauda longa e chata; alimenta-se de ramos e cascas de árvores e é hábil na construção de sua casa e de diques feitos de ramos, pedras e lama.
cas.tra.ção *s.f.* **1** retirada dos órgãos de reprodução: *castração de bois.* **2** impedimento de atuar; frustração; limitação: *A censura é um tipo de castração da imprensa.*
cas.tra.dor (ô) *s.m.* **1** quem castra: *Contrataram um bom castrador de porcos.* • *adj.* **2** (Coloq.) que anula ou restringe a personalidade: *pais castradores.*
cas.trar *v.t.* **1** cortar ou destruir os órgãos reprodutores; capar: *O boiadeiro sabe castrar animais.* **2** (Fig.) impedir os atos de; inibir. • *pron.* **3** privar a si mesmo dos órgãos reprodutores.
ca.su.al *adj.* que depende do acaso; acidental; eventual: *O nosso encontro foi casual.*
ca.su.a.li.da.de *s.f.* acaso; eventualidade: *Considero aquele incidente uma casualidade.*
ca.su.ís.mo *s.m.* **1** atitude ou conduta de acomodação a uma situação; comodismo. **2** aceitação passiva de ideias; apego ao formalismo. **3** medida resultante de

casuística

raciocínio enganador ou falso, muitas vezes baseada em casos concretos e momentâneos e não em princípios já estabelecidos: *Mudar a Constituição para beneficiar algumas pessoas é mero casuísmo.*

ca.su.ís.ti.ca *s.f.* método de tratar casos, situações etc. por meio de sutilezas e artifícios.

ca.su.ís.ti.co *adj.* que se caracteriza pelo casuísmo: *medida casuística.*

ca.su.lo *s.m.* **1** invólucro de seda fabricado pela larva do bicho-da-seda, borboleta. **2** cápsula: *o astronauta dentro do casulo pressurizado.*

ca.ta *s.f.* **1** ação ou efeito de catar; busca, procura. **2** escavação mais ou menos profunda, conforme a natureza do terreno, para mineração. ◆ **à cata de** em busca de; à procura de: *Saiu à cata de novas informações.*

ca.ta.clis.mo *s.m.* **1** (Geol.) grande desastre; catástrofe: *Aquilo não era obra de um cataclismo da natureza.* **2** (Fig.) convulsão social; grande revolta: *Receio que esta política cause um cataclismo social.*

ca.ta.cum.ba *s.f.* **1** galeria subterrânea em cujas paredes se faziam tumbas e onde os primeiros cristãos se reuniam secretamente. **2** túmulo; tumba.

ca.ta.dor (ô) *s.m.* o que recolhe alguma coisa: *Trabalhava como catador de papel.*

ca.ta.du.pa *s.f.* **1** queda-d'água; cachoeira; catarata: *um rio dobrando-se e desdobrando-se em catadupas.* **2** o que flui com ímpeto e continuamente; jorro: *Irritado, soltou uma catadupa de nomes feios.*

ca.ta.du.ra *s.f.* fisionomia; aspecto; aparência.

ca.ta.lão *s.m.* **1** natural ou habitante da Catalunha. ◆ *adj.* **2** relativo a Catalunha.

ca.ta.lep.si.a *s.f.* (Med.) perda temporária, total ou parcial, da sensibilidade externa e dos movimentos voluntários, com extrema rigidez muscular.

ca.ta.lép.ti.co *s.m.* **1** aquele que sofre de catalepsia. ◆ *adj.* **2** relativo à catalepsia: *paciente em estado cataléptico.*

ca.ta.li.sa.dor (ô) *s.m.* **1** (Fís. Quím.) substância que estimula a catálise: *Usou ácido acético e um catalisador para adiantar a obtenção da polpa de celulose.* **2** aparelho que visa eliminar gases tóxicos produzidos pela combustão: *O carro vem equipado com catalisador antipoluição.* ◆ *adj.* **3** (Fig.) estimulante; incentivador: *O elemento catalisador da transformação das massas é o conhecimento.*

ca.ta.li.sar *v.t.* **1** (Fís. Quím.) acelerar (uma reação química): *Certas enzimas catalisam reações químicas muito complexas.* **2** (Fig.) estimular; incentivar.

ca.tá.li.se *s.f.* (Fís. Quím.) aumento da velocidade de uma reação química provocado pela presença de um agente.

ca.ta.lo.ga.ção *s.f.* registro em catálogo: *catalogação criteriosa de material pesquisado pela universidade revela material em péssimo estado de conservação.*

ca.ta.lo.gar *v.t.* inventariar; ordenar; classificar: *Ela teve a ideia de catalogar as cantigas de roda num livro.*

ca.tá.lo.go *s.m.* relação, geralmente em ordem alfabética, de coisas ou pessoas, com breve notícia a respeito de cada uma.

ca.ta.plas.ma *s.m.* (Farmac.) massa medicamentosa que se aplica sobre uma região dolorida ou inflamada, funcionando como sedativo ou analgésico diretamente ou entre dois panos; emplastro.

ca.ta.po.ra (ó) *s.f.* (Coloq.) designação vulgar da varicela.

ca.ta.pul.ta *s.f.* antiga máquina de guerra ou mecanismo próprio para lançamento de pedra ou projéteis de grande porte: *As catapultas atiravam pedras e dardos.*

ca.tar *v.t.* **1** apanhar; pegar; recolher: *Vive de catar papel.* **2** tirar e matar parasitas depois de busca minuciosa: *catar piolho.* **3** buscar; procurar: *O secretário começa a catar o endereço.* **4** retirar as impurezas de; escolher: *catar feijão.*

ca.ta.ra.ta *s.f.* **1** grande massa de água de um rio ou de um lago que se precipita de grande altura; cachoeira: *cataratas do Iguaçu.* **2** (Patol.) doença ocular que torna o cristalino opaco, impedindo a chegada dos raios luminosos à retina.

ca.ta.ri.nen.se *s.2g.* **1** natural ou habitante do estado de Santa Catarina. ◆ *adj.* **2** relativo ao estado de Santa Catarina.

ca.tar.ro *s.m.* (Med.) secreção amarelo-esbranquiçada das membranas mucosas, resultante de processo inflamatório.

ca.tar.se *s.f.* purificação; purgação: *Cantar funciona como uma catarse para aliviar o estresse.*

ca.tár.ti.co *adj.* **1** relativo a catarse; que provoca catarse: *Este filme talvez cumpra, para os adultos, uma função catártica e terapêutica.* **2** (Farmac.) laxativo; purgativo.

ca.tás.tro.fe *s.f.* acontecimento de consequências trágicas ou calamitosas: *O intenso desejo humano de sobreviver às catástrofes da Terra.*

ca.tas.tró.fi.co *adj.* de consequências desastrosas ou funestas: *Foi um ano de cheias catastróficas.*

ca.ta.tau *s.m.* **1** coisa grande ou volumosa. **2** pessoa de baixa estatura: *O catatau afrouxava o laço da barriga.* **3** grande quantidade.

ca.ta.to.ni.a *s.f.* (Psiq.) tipo de esquizofrenia caracterizado por período de negativismo.

ca.ta.tô.ni.co *adj.* acometido de catatonia: *No hospital havia dois doentes catatônicos.*

ca.ta-ven.to *s.m.* **1** máquina movida por energia eólica. **2** bandeirinha de metal presa em uma haste que se coloca nos lugares altos e que indica a direção do vento: *Pouco mais, aparecia a casa do doutor, munida de um vistoso cata-vento.* **3** brinquedo que consta de haste e uma espécie de hélice que gira com o vento: *Leandro gosta do cata-vento de papel.* // Pl.: cata-ventos.

catchup *s.m.* ketchup.

ca.te.cis.mo *s.m.* **1** ensino dos dogmas e preceitos religiosos, especialmente cristãos. **2** livro elementar de instrução religiosa: *Aos sete anos ganhei meu primeiro catecismo.* **3** conjunto dos princípios fundamentais de uma doutrina ou ciência.

ca.te.cú.me.no *s.m.* quem se prepara e se instrui para o batismo: *O padre era atencioso com os catecúmenos.*

cá.te.dra *s.f.* **1** cadeira do bispo durante a liturgia. *Após o sermão, o bispo senta-se na cátedra.* **2** cargo de docente: *Conseguiu sua cátedra na universidade por concurso.* **3** disciplina ensinada por catedrático. ◆ **de cátedra** com conhecimento de causa: *– Falo de cátedra, como ex-assessor do ministro.*

ca.te.dral *s.f.* igreja principal de um bispado ou arcebispado; sé: *As catedrais góticas foram construídas por várias gerações.*

cauda

ca.te.drá.ti.co *s.m.* **1** professor titular de curso secundário ou superior. • *adj.* **2** relativo à cátedra: *professor catedrático de Direito Civil.*

ca.te.go.ri.a *s.f.* **1** ordem; espécie; natureza: *Problemas desta categoria devem ser levados ao chefe.* **2** boa qualidade; excelência: *Só usava roupas de categoria.* **3** classe; posição social: *Vestia-se de acordo com sua categoria.* **4** hierarquia social ou administrativa: *O distrito passou à categoria de cidade.* **5** grupo de pessoas que têm a mesma atividade profissional ou esportiva: *O empresário disse que só dialoga se a categoria voltar ao trabalho.*

ca.te.gó.ri.co *adj.* **1** relativo à categoria. **2** que não admite dúvida; indiscutível; definitivo.

ca.te.go.ri.zar *v.t.* **1** dispor em categorias ou numa determinada categoria; classificar: *Não gosto de categorizar minha obra.* **2** dotar de categoria ou de melhor qualidade: *Com as inovações pretende categorizar sua rede de lojas.*

ca.te.que.se (é) *s.f.* instrução metódica e oral sobre religião; doutrinação religiosa: *A igreja precisa reforçar o trabalho de catequese.*

ca.te.quis.ta *s2g.* **1** pessoa que catequiza; catequizador. • *adj.* **2** que ensina catecismo.

ca.te.qui.zar *v.t.* **1** instruir em matéria religiosa: *Missionários saíram a catequizar os índios.* **2** (Fig.) doutrinar; aliciar; procurar convencer.

ca.te.re.tê *s.m.* **1** dança tupi em fileiras opostas. **2** música que acompanha essa dança: *Cantam loas de Natal, cateretê do norte e lundu.*

ca.ter.va (é) *s.f.* (Deprec.) corja; malta; súcia.

ca.te.ter (é) *s.m.* (Anest.) tubo ou sonda que se introduz em cavidades ou vasos do corpo a fim de retirar ou injetar substâncias.

ca.te.te.ris.mo *s.m.* (Anest.) procedimento médico para correção de problemas cardíacos com uso do cateter.

ca.te.to[1] (ê) *s.m.* (Geom.) cada um dos lados do ângulo reto de um triângulo retângulo.

ca.te.to[2] (ê) *s.m.* porco-do-mato.

ca.ti.li.ná.ria *s.f.* acusação violenta e eloquente: *O parlamentar desenvolveu uma catilinária contra a política de juros.*

ca.tim.ba *s.f.* (Coloq. Bras.) manha; astúcia: *O time tem que esquecer a catimba, para sair com um bom resultado.*

ca.tim.bei.ro *s.m.* **1** pessoa astuta: *Os relatórios caíram nas mãos de renomados catimbeiros.* • *adj.* **2** (Coloq.) diz-se de jogador ou de time que procura minar a força do adversário, irritando-o: *Meu time não é catimbeiro.*

ca.tim.bó *s.m.* ritual sincrético que associa magias africanas e ameríndias a elementos do cristianismo e do espiritismo.

ca.tin.ga[1] *s.f.* caatinga.

ca.tin.ga[2] *s.f.* mau cheiro; fedor: *Procurava habituar as narinas à catinga do chiqueiro.*

ca.tin.guei.ra *s.f.* arbusto de flores amarelas e fruto em vagem, que vegeta em lugares pedregosos e que, durante a seca, serve de alimento para o gado.

ca.tin.guei.ro *s.m.* **1** habitante da caatinga. **2** (Zool.) veado de pequeno porte que vive nos descampados da América do Sul; veado-mateiro. • *adj.* **3** natural ou habitante da caatinga.

ca.tin.guen.to *adj.* que exala catinga; fedorento: *O gambá é um bichinho catinguento.*

cá.tion *s.m.* (Fís. Quím.) íon com carga positiva e que, na eletrólise de uma substância química, aparece no polo negativo.

ca.ti.ra *s.f.* cateretê.

ca.ti.van.te *adj.* envolvente; sedutor; atraente: *personalidade cativante.*

ca.ti.var *v.t.* **1** tornar cativo; aprisionar; sujeitar: *Os professores cativam os alunos.* **2** ganhar a simpatia ou estima de; seduzir; atrair.

ca.ti.vei.ro *s.m.* **1** escravidão; servidão: *A princesa livrou os escravos do cativeiro.* **2** prisão: *Com violência urbana, vivemos num cativeiro doméstico.* **3** local da prisão: *Os policiais conseguiram cercar o cativeiro e liberar o refém.* **4** local de confinamento para a criação de animais selvagens.

ca.ti.vo *s.m.* **1** escravo; indivíduo cativo: *Luta dos cativos contra senhores.* • *adj.* **2** escravo: *Os senhores mantinham negros cativos em seus engenhos.* **3** preso; confinado; encarcerado: *retorno de animais cativos à natureza.* **4** seduzido: *Serei sempre cativo de seus lindos olhos.* **5** permanente: *Tem cadeira cativa no estádio.*

ca.to.do (ô) *s.m.* (Eletr.) eletrodo negativo.

ca.to.li.cis.mo *s.m.* religião dos cristãos que tem no Papa a autoridade máxima e, na missa, o ato litúrgico mais importante.

ca.tó.li.co *s.m.* **1** pessoa que professa o catolicismo: *Sua esposa é uma católica fervorosa.* • *adj.* **2** que professa o catolicismo: *Pertenço a uma família católica.* **3** que pertence ao catolicismo: *templos católicos.* **4** que veicula o catolicismo: *revistas católicas.*

ca.tor.ze (ô) *num.* **1** quatorze. • *s.m.* **2** representação gráfica desse numeral.

ca.tra.ca *s.f.* dispositivo usado para contagem de pessoas em meios de transporte ou em grandes espaços para espetáculos; borboleta: *a catraca do metrô.*

ca.tre *s.m.* **1** cama dobrável de pés baixos, feita de madeira ou ferro, com o lugar para deitar revestido de lona. **2** qualquer cama simples.

ca.tu.a.ba *s.f.* **1** arbusto ornamental com flores amarelas em forma de sino e frutos com formato de cápsulas. **2** folha da catuaba: *chá de catuaba.*

ca.tu.ca.da *s.f.* cutucada.

ca.tur.ra *s.2g.* **1** pessoa teimosa, apegada aos velhos costumes. • *adj 2g.* **2** teimoso: *É duro ter um pai caturra.*

ca.tur.ri.ce *s.f.* teimosia.

cau.bói *s.m.* vaqueiro; guardião de cavalo: *Gosta de assistir a filmes de caubóis.*

cau.ção *s.f.* **1** garantia; precaução. **2** depósito de valores aceitos para tornar efetiva a responsabilidade de um encargo; contrato de dívida: *Liminar determina que se deposite em juízo uma caução.*

cau.ca.si.a.no *s.m.* **1** natural ou habitante do Cáucaso. • *adj.* **2** relativo ao Cáucaso.

cau.cho *s.m.* **1** árvore de grande porte e da qual se extrai o látex. **2** borracha.

cau.da *s.f.* **1** prolongamento posterior, mais ou menos comprido, do corpo de alguns animais; rabo: *cauda do gato.* **2** o conjunto das penas que se inserem no corpo das aves: *cauda do pavão.* **3** a parte do vestido ou manto que se arrasta posteriormente: *vestido de cauda.* **4** parte posterior ou prolongamento de qualquer objeto: *O avião tem um paraquedas instalado na cauda.*

caudal

cau.dal *s.2g.* **1** grande fluência de água; torrente; cachoeira: *A maré era de enchente e, por isso, o caudal estava menos barrento.* **2** abundância: *um caudal de conhecimentos.* • *adj.* **3** localizado na cauda: *nadadeira caudal.* **4** caudaloso; abundante.

cau.da.lo.so (ô) *adj.* que leva água em abundância: *rios caudalosos.*

cau.da.tá.rio *s.m.* **1** pessoa ou instituição que segue ou que vive a serviço de outra; sectário; servical: *Já não somos os fiéis caudatários do imperialismo.* • *adj.* **2** sem opinião própria; servil.

cau.di.lhis.mo *s.m.* sistema ou procedimento típico de caudilho.

cau.di.lho *s.m.* **1** chefe militar. **2** dirigente de partido ou facção política; chefe.

cau.im *s.m.* bebida preparada pelos índios com mandioca ou milho cozido e fermentado em água.

cau.le *s.m.* parte aérea, provida de folhas, do eixo das plantas superiores.

cau.lim *s.m.* substância argilosa usada em cerâmica; argila branca: *Hoje há unidades de produção de celulose, caulim e bauxita.*

cau.sa *s.f.* **1** razão de ser; explicação; motivo: *Nada existe sem causa.* **2** o que fez com que algo existisse ou acontecesse: *Um curto-circuito é a causa mais comum dos incêndios.* **3** aquilo que se defende ou em que se crê: *Trabalha pela causa dos operários.* **4** ação judicial; demanda: *Perdeu a causa e ainda teve de pagar as custas.* **5** o processo judicial: *É advogado de grandes causas criminais.* ♦ **em causa**, em questão; aquilo de que se está tratando: *O assunto em causa muito me interessa.* ♦ **por causa** (i) em consequência de; em razão de: *Foi despedido por causa de uma denúncia.* (ii) por culpa: *Tudo aconteceu por causa dela.* (iii) em consideração: *Só me controlei por causa das crianças.*

cau.sa.dor (ô) *s.m.* **1** o que funciona como causa: *A estiagem foi a principal causadora dos prejuízos.* • *adj.* **2** que produz: *Existem gases causadores de câncer.*

cau.sal *adj.* **1** que se refere à causa; causador. **2** (Gram.) diz-se da conjunção subordinativa e da oração subordinada adverbial que exprimem causa.

cau.sa.li.da.de *s.f.* relação entre causa e efeito: *Deve haver relação de causalidade entre condição física e saúde.*

cau.sar *v.t.* ser causa de; motivar; originar; ocasionar: *Buracos na pista causaram o acidente.*

cau.sí.di.co *s.m.* advogado; defensor de causas.

cau.so *s.m.* (Coloq.) história; conto; caso: *O tropeiro era especialista em causos divertidos.*

caus.ti.can.te *adj.* **1** que queima muito; cáustico: *Caminhavam sob um sol causticante.* **2** (Fig.) crítico; mordaz; irônico: *O homenageado é homem de causticante pena.*

cáus.ti.co *s.m.* **1** substância que pode queimar, corroer ou destruir, por ação química, qualquer tecido orgânico: *A ingestão de cáusticos produz úlceras.* • *adj.* **2** que queima e destrói os tecidos; corrosivo: *Era comum o uso de substâncias cáusticas e irritantes sobre a pele.* **3** que queima muito: *sol cáustico.* **4** (Fig.) mordaz; sarcástico; irônico: *humor cáustico.*

cau.te.la (é) *s.f.* **1** cuidado; prudência: *Os três homens avançam com cautela, pé ante pé.* **2** certificado de um título de propriedade de ações; recibo de depósito ou penhor: *Recebeu cautela correspondente a duas mil ações.*

cau.te.lar *adj.* que acautela; preventivo: *Outros trabalhadores entram com ações cautelares.*

cau.te.lo.so (ô) *adj.* **1** que procede com cautela; cuidadoso; prudente: *As pessoas estão cautelosas nos gastos.* **2** que denota cautela ou prudência.

cau.té.rio *s.m.* agente utilizado para cauterizar partes vivas do organismo; cáustico.

cau.te.ri.zar *v.t.* **1** queimar uma lesão com instrumento ou substância cáustica, a fim de cicatrizá-la: *O médico cauterizou a ferida.* **2** (Fig.) destruir; extirpar. **3** corrigir; sanear.

cau.to *adj.* cauteloso.

ca.va *s.f.* **1** lugar cavado; fossa: *passar o córrego e chegar na cava da serra.* **2** corte do vestuário onde se pregam as mangas: *É difícil costurar a manga na cava.*

ca.va.co *s.m.* **1** pequeno pedaço de madeira tirado em lasca; graveto: *A remoção dos cavacos é feita por meio de escovas.* **2** (Coloq.) cavaquinho: *Cantava ao som do cavaco.*

ca.va.dei.ra *s.f.* instrumento agrícola usado para cavar buracos na terra para o plantio de sementes.

ca.va.do *s.m.* **1** lugar que se cavou; buraco; cova; depressão: *o cavado do poço.* • *adj.* **2** revolvido; encovado: *terreno cavado.* **3** em que se fez buraco: *túnel cavado embaixo da rua.* **4** que tem cava aberta ou larga; decotado.

ca.va.lar *adj.* **1** próprio de cavalo: *dentes cavalares.* **2** (Coloq.) exagerado; sem medida: *Ele tem dívidas cavalares.*

ca.va.la.ri.a *s.f.* **1** conjunto de pessoas a cavalo: *A cavalaria seguiu viagem para o santuário.* **2** uma das armas do serviço militar, em que se serve a cavalo: *oficial das armas de Artilharia, Infantaria e Cavalaria.* **3** conjunto de cavalos.

ca.va.la.ri.a.no *s.m.* **1** soldado de cavalaria; cavaleiro: *Cavalarianos promoviam batidas noturnas.* **2** mercador de cavalos.

ca.va.la.ri.ça *s.f.* alojamento para cavalos; cocheira; estrebaria.

ca.va.la.ri.ço *s.m.* empregado de cavalariça: *Os cavalariços receberam presentes do dono do haras.*

ca.va.lei.ro *s.m.* **1** homem que anda a cavalo: *O cavaleiro deixava o animal à solta.* **2** na Idade Média, homem de armas que servia a um rei ou a um senhor feudal, a quem foi conferida certa dignidade como recompensa de serviços prestados ao país: *Era cavaleiro imperial da Ordem do Cruzeiro.* **3** soldado de cavalaria. **4** homem nobre e corajoso.

ca.va.le.te (ê) *s.m.* **1** tripé dobradiço no qual se colocam tela para pintar, quadro-negro ou máquinas fotográficas. **2** armação de madeira ou de metal em forma de V: *A baiana tem uma caixa apoiada em cavaletes para acondicionar seus quitutes.*

ca.val.ga.da *s.f.* **1** marcha de um grupo de pessoas a cavalo: *Há ainda a cavalgada noturna, organizada pela escola de equitação.* **2** passeio ou galope a cavalo.

ca.val.ga.du.ra *s.f.* **1** besta que se pode cavalgar: *Precisaram parar para descanso das cavalgaduras.* **2** (Coloq.) pessoa imbecil, estúpida, grosseira: *Esse sujeito é uma cavalgadura.*

ceder

ca.val.gar v.t. **1** montar cavalo: *Meu primo cavalgava um puro-sangue.* • int. **2** andar a cavalo: *O homem cavalgava bem.*

ca.va.lha.da s.f. **1** manada de cavalos: *A cavalhada estava solta no pasto.* **2** marcha de um grupo de pessoas a cavalo; cavalgada: *Cedinho faremos nossa cavalhada.* • pl. **3** diversão popular em que vários contendores, montados em cavalos, procuram, com lanças, vários prêmios suspensos em argolinhas: *Saímos logo cedo à rua, para assistir às cavalhadas.*

ca.va.lhei.res.co (ê) adj. **1** nobre; distinto; educado: *Era pessoa romântica e cavalheiresca.* **2** próprio de cavalheiro: *gesto cavalheiresco.*

ca.va.lhei.ris.mo s.m. atitude ou comportamento próprio de cavalheiro: *aquele rapaz é um exemplo de cavalheirismo.*

ca.va.lhei.ro s.m. **1** homem de boas ações e sentimentos nobres: *O senhor é um perfeito cavalheiro.* **2** homem educado e de boas maneiras: *Ele sempre agia como um cavalheiro.* **3** par, de uma dama, na dança: *Naquele tempo, mulher que recusasse cavalheiro não dançava.* **4** forma polida de referir-se ou de dirigir-se a um desconhecido. // Cp.: cavaleiro.

ca.va.lo s.m. **1** animal doméstico, quadrúpede, de grande porte, pelo macio e de cores diversas. **2** (Coloq.) indivíduo grosseiro e sem educação; cavalgadura: *O homem foi grosseiro, um verdadeiro cavalo.* **3** peça do jogo de xadrez. **4** aparelho destinado à ginástica para exercícios de salto com evoluções. **5** unidade de medida de potência (735,5 W): *motor de 120 cavalos.* ♦ **a cavalo** (i) diz-se do bife com um ovo frito em cima: *um bife a cavalo.* (ii) montado em cavalo: *cruzar o rio a cavalo.*

ca.va.lo de pau s.m. **1** cavalete usado para ginástica e saltos: *um ginásio poliesportivo com argolas, barra e cavalo de pau.* **2** brinquedo infantil constituído de madeira longa e roliça, com ou sem uma cabeça de cavalo esculpida em uma das pontas. **3** giro violento de um veículo sobre si mesmo, numa guinada de 180 graus: *Conseguiu frear o automóvel com um cavalo de pau.* // Pl.: cavalos de pau.

ca.va.lo-ma.ri.nho s.m. animal marinho cuja cabeça lembra um cavalo em miniatura e cujo corpo é revestido de anéis ósseos. // Pl.: cavalos-marinhos.

ca.va.nha.que s.m. **1** parte da barba aparada em ponta no queixo; barbicha: *Sem cavanhaque, fica mais jovem, mais saudável.* **2** pelos longos no queixo dos bodes.

ca.va.qui.nho s.m. pequena viola de quatro cordas.

ca.var v.t. **1** abrir buracos; revolver; sulcar: *O velho cavava a terra pacientemente.* **2** fazer cava em vestimenta: *Cavou mais o vestido de verão.* **3** (Fig.) alcançar; conseguir por esforço próprio ou por favorecimento: *Cavou uma promoção na empresa.*

ca.vei.ra s.f. **1** esqueleto da cabeça de homem ou animal. **2** (Fig.) rosto magro ou encovado. **3** (Coloq.) desgraça; ruína. ♦ **fazer a caveira de** (Coloq. Bras.) difamar alguém; tornar malvisto.

ca.ver.na (é) s.f. grande cavidade no interior da terra, sobretudo em terrenos rochosos.

ca.ver.no.so (ô) adj. **1** que parece caverna: *corpos cavernosos.* **2** que tem som rouco e profundo: *voz cavernosa.*

ca.vi.ar s.m. alimento preparado com ovas de esturjão levemente salgadas.

ca.vi.da.de s.f. **1** espaço vazio de um corpo sólido ou de um órgão: *cavidade bucal.* **2** espaço cavado; buraco: *Há uma cavidade aberta na rocha.* **3** caverna: *Vive numa das cavidades subterrâneas da região.*

ca.vi.la.ção s.f. astúcia para induzir a erro; ardil: *Ela é dada a cavilações e intrigas.*

ca.vi.lo.so (ô) adj. ardiloso; astucioso: *Tinha um ar assustado, arredio e caviloso.*

ca.vo adj. **1** que tem cavidade; oco; vazio. **2** que tem som rouco; cavernoso: *um barítono de timbre cavo.*

ca.vou.car v.t. **1** abrir buracos; cavar: *cavoucar a terra.* **2** mexer; revirar; procurar insistentemente: *Já que estamos com a mão no lixo, cavouquemos um pouco mais.*

ca.xa.réu /ch/ s.m. macho adulto da baleia.

ca.xe.ta (chê) s.f. árvore do cerrado e capões, da família do ipê.

ca.xi.as /ch/ s.2g. **1** pessoa extremamente preocupada com o cumprimento de suas obrigações. •adj. 2g. **2** relativo a ou próprio desse tipo de pessoa: *É aluno por demais caxias.*

ca.xin.gue.lê /ch/ s.m. (Zool.) esquilo brasileiro menor que o europeu; serelepe.

ca.xum.ba /ch/ s.f. (Patol.) inflamação dolorosa, infecto-contagiosa das glândulas parótidas.

Cd (Quím.) símbolo do cádmio.

cd sigla de *compact disc*, disco compacto em que se registram músicas ou outras informações de forma digital.

cd-rom (Inf.) sigla do inglês *compact disc read-only memory*, disco usado especialmente em computadores, com informações digitalizadas (texto, imagens, sons e vídeo).

cê s.m. nome da terceira letra do alfabeto.

ce.ar v.t. **1** comer a ceia: *No Natal, ceou com a família.* • int. **2** comer a ceia: *Recebeu convite para cear.*

ce.a.ren.se s.2g. **1** natural ou habitante do Ceará. • adj. **2** relativo ao Ceará.

ce.bo.la (ô) s.f. **1** planta hortense, de folhas compridas, bulbo branco ou roxo, formado por camadas sobrepostas. **2** o bulbo comestível dessa planta: *Estava com os olhos ardendo de tanto descascar cebola.*

ce.bo.lão s.m. **1** um dos componentes do sistema de controle de temperatura de um motor; cebolinha: *O sistema de controle de temperatura do motor inclui a válvula termostática, a bomba de água, o cebolão.* **2** antigo relógio de bolso grande e redondo. **3** afinação em mi da viola.

ce.bo.li.nha s.f. **1** hortaliça que se forma em touceiras, hastes de talos brancos e folhas verdes em forma de tubinhos ocos, usada como tempero: *No quintal, temos um canteiro de cebolinha.* **2** cebolão.

ce.cê s.m. (Coloq.) cheiro de corpo resultante da falta de higiene.

ce.co (é) s.m. (Anat.) parte mais larga do intestino grosso.

ce.der v.t. **1** transferir alguma coisa a alguém: *Cedeu os bens em vida aos herdeiros.* **2** pôr algo à disposição de alguém; emprestar: *Cedi-lhe meus livros e discos.* **3** não resistir; render-se: *Cedeu à pressão dos amigos e saiu candidato a vereador.* **4** condescender; concordar: *Cedia sempre aos pedidos dos filhos.* • int. **5** diminuir; abrandar: *A dor cedeu.* **6** mover-se: *O muro cedeu.* **7** afrouxar; relaxar.

cedilha

ce.di.lha s.f. sinal gráfico que se coloca sob a letra c diante das vogais a, o e u, para dar à letra o valor de s inicial.

ce.do (ê) adv. **1** antes do tempo ajustado ou conveniente: *A empregada saiu cedo hoje.* **2** prematuramente: *Perdera o pai muito cedo.* **3** de manhã. **4** logo no início da noite: *Vovó dorme cedo.* ♦ **mais cedo ou mais tarde** a qualquer momento.

ce.dro (ê) s.m. **1** árvore de grande porte, sem ramificação, com casca grossa, flores grandes e brancas, e fruto capsular lenhoso com muitas sementes. **2** madeira extraída dessa árvore: *porta de cedro.*

cé.du.la s.f. **1** papel-moeda; nota: *cédula de dez reais.* **2** papel usado em votação, com o nome do candidato: *Imprimiram muitas cédulas para as eleições.*

ce.fa.lei.a (éi) s.f. dor de cabeça violenta, crônica e contínua.

ce.fa.ló.po.de s.m. **1** espécime dos cefalópodes. • pl. **2** classe de moluscos marinhos que se caracterizam pela cabeça grande, com dois olhos e com tentáculos.

ce.gan.te adj. que cega; ofuscante.

ce.gar v.t. **1** tornar cego; privar do sentido da visão; tirar a vista: *Um ácido cegou-lhe a vista.* **2** (Fig.) fazer perder a razão; alucinar: *As paixões cegam o homem.* **3** tirar o fio ou gume de faca, navalha, tesoura etc. • pron. **4** iludir-se; enganar-se. • int. **5** perder a visão; ficar cego.

ce.go (ê) s.m. **1** pessoa privada da visão: *O cego só saía com seu cão.* • adj. **2** privado parcial ou totalmente da visão: *Hoje há trabalho para o cego.* **3** (Fig.) indiferente; desinteressado: *A ambição tornou-o cego.* **4** alucinado; desvairado: *Estava cego de raiva.* **5** sem fio; não amolado: *A faca está cega.* **6** que não se desfaz com facilidade: *nó cego.* **7** sem direção; desorientado: *voo cego.* **8** sem medida ou controle: *Sentia um ódio cego pelo inimigo.* **9** total; absoluto: *confiança cega.* **10** cegante; que impede a visão; ofuscante: *uma luz cega.*

ce.go.nha s.f. **1** ave migratória europeia de grande porte, pernalta, penas brancas, bico longo. **2** (Bras.) caminhão especialmente construído para o transporte de carros das fábricas às revendedoras.

ce.guei.ra s.f. **1** (Patol.) incapacidade de ver; privação do sentido da visão: *Pesquisa procura tratamento para cegueira.* (Fig.) **2** indiferença; desinteresse. **3** falta de lucidez, de bom senso.

cei.a s.f. **1** ato de tomar a refeição da noite: *Convidou o amigo para a ceia.* **2** eucaristia: *Na hora da ceia, levantou-se em direção ao altar.* ♦ **a Santa Ceia** a derradeira ceia de Jesus Cristo.

cei.fa s.f. ação de ceifar; corte: *Concluímos a ceifa do trigo.*

cei.far v.t. **1** cortar: *Ceifava o mato alto.* **2** tirar (a vida); abater; destruir: *As drogas ceifam muitos jovens.*

ce.la (é) s.f. **1** cubículo onde se coloca o condenado, na penitenciária. **2** aposento de frades ou de freiras, nos conventos. // Cp.: sela.

ce.le.bra.ção s.f. **1** comemoração; festejo: *celebração do casamento.* **2** exaltação; louvação: *celebração da democracia.* **3** realização de cerimônia: *celebração da missa.* **4** formalização (de acordo, contrato etc.).

ce.le.brar v.t. **1** comemorar; festejar: *celebrar o aniversário.* **2** exaltar; enaltecer; homenagear: *Todos celebraram o heroísmo dos bombeiros.* **3** formalizar; contrair solenemente; contratar: *celebrar convênios com o município.* **4** rezar; dizer missa: *O padre celebra várias missas por dia.*

cé.le.bre adj. famoso; notável: *Meu avô foi um célebre romancista.*

ce.le.bri.da.de s.f. **1** notoriedade; fama: *Obteve celebridade, aparecendo em capas de revistas especializadas.* **2** pessoa célebre: *Há fotos de celebridades usando o tal relógio.*

ce.le.bri.zar v.t. **1** tornar célebre; notabilizar: *"Gabriela, cravo e canela" foi o romance que celebrizou Jorge Amado.* **2** comemorar; celebrar. • pron. **3** tornar-se célebre ou famoso; notabilizar-se: *O professor celebrizou-se pela sua sabedoria.*

ce.lei.ro s.m. **1** lugar onde se guarda cereal: *O trigo estava guardado no celeiro.* **2** produtor de cereais em grande quantidade.

ce.len.te.ra.do s.m. (Zool.) **1** espécime dos celenterados: *A água-viva é um celenterado.* • pl. **2** ramo de animais aquáticos, que podem viver em colônias, fixos ou flutuantes, ou de forma livre; têm cavidade digestiva com uma única abertura guarnecida de tentáculos. • adj. **3** pertencente ou relativo a eles.

ce.le.ra.do s.m. **1** facínora; bandido: *Os celerados saíram cortando fios telefônicos.* • adj. **2** criminoso. **3** perverso; mau: *Todos sabiam que ele era um homem celerado.*

cé.le.re adj. com velocidade acelerada; rápido; veloz: *Ele foi o corredor mais célere das Olimpíadas.*

ce.le.ri.da.de s.f. velocidade; rapidez: *Impunha-se maior celeridade na execução do projeto.*

ce.les.te (é) adj. **1** pertencente ao céu, ao espaço sideral: *corpos celestes.* **2** do céu; divino; sobrenatural: *anjos celestes.*

ce.les.ti.al adj. **1** celeste; divino: *paraíso celestial.* **2** (Fig.) muito agradável: *Nessa chácara, a tranquilidade é celestial.*

ce.leu.ma s.f. algazarra; agitação; tumulto: *A questão do gás gerou celeuma entre a população.*

ce.li.ba.tá.rio s.m. **1** pessoa que não se casou. • adj. **2** solteiro: *Com a desilusão, tornou-se celibatário.* **3** relativo ao celibato clerical: *A igreja não deseja modificações nas leis celibatárias.*

ce.li.ba.to s.m. estado de uma pessoa que se mantém solteira: *Há quem seja contra o celibato dos padres.*

ce.lo.fa.ne s.m. **1** película transparente de celulose regenerada. **2** espécie de papel altamente impermeável.

cel.sius s.m. o grau de temperatura que está de acordo com a escala desenvolvida pelo físico Anders Celsius (1701–1744).

cel.ta (é) s.2g. **1** indivíduo dos celtas, povo indo-germânico que se espalhou pela Espanha, Itália, Bretanha, mar Negro, Bálcãs e Ásia Menor. **2** língua indo-europeia extinta ou em via de desaparecimento. • adj. **3** relativo a celta.

cé.lu.la s.f. **1** (Biol.) unidade estrutural dos seres vivos constituída de material genético, citoplasma e membrana plasmática. **2** pequena cela: *Os quartos são células de dormir.* **3** pequena cavidade: *as células das colmeias.* **4** ponto de partida: *Aquela parada de tropeiros foi a célula da grande cidade.* **5** (Fig.) base; fundamento: *A família é a célula básica da sociedade.*

cento

cé.lu.la-mãe *s.f.* (Biol.) célula a partir da qual se forma outra. // Pl.: células-mães e células-mãe.

cé.lu.la-o.vo *s.f.* (Biol.) a que resulta da fertilização de um óvulo por um espermatozoide. // Pl.: células-ovos e células-ovo.

ce.lu.lar *s.m.* **1** telefone portátil que funciona por um sistema de rádio. • *adj.* **2** relativo a célula. **3** relativo à célula de sistema penitenciário: *prisão celular*. **4** que se refere ou faz parte de um sistema eletrônico integrado de recepção e transmissão.

ce.lu.li.te *s.f.* (Med.) inflamação da pele e do tecido subcutâneo de qualquer região do organismo.

ce.lu.loi.de (ói) *s.f.* substância transparente e plástica com numerosas aplicações na indústria.

ce.lu.lo.se (ó) *s.f.* substância branca, de aspecto fibroso, insolúvel em água e em dissolventes orgânicos, que constitui o tecido de sustentação e a membrana das células dos vegetais, usada na produção de papel e tecido.

cem *num.* **1** noventa mais dez. **2** centésimo. • *s.m.* **3** número ou algarismo que representa noventa mais dez.

ce.men.to *s.m.* substância que recobre um corpo que, pela ação do calor, modifica suas propriedades: *Certas células são separadas umas das outras por uma pequena porção de cemento*.

ce.mi.té.rio *s.m.* **1** lugar destinado ao sepultamento dos mortos. **2** (Fig.) depósito de objetos sem uso ou imprestáveis: *cemitério de automóveis*. **3** lugar sem habitante; lugar ermo: *A cidade virou um cemitério*.

ce.na *s.f.* **1** ação que se passa dentro do âmbito de visão do espectador: *Hoje vi uma cena interessante*. **2** no cinema ou TV, parte de um filme: *Na cena, a atriz deveria estar abatida*. **3** episódio: *Gostava de lembrar-se de cenas interessantes*. **4** palco: *Ela nada diz, atravessa metade da cena, abre a porta*. **5** cada uma das unidades de ação numa peça, cuja divisão se faz pela entrada ou saída dos atores: *Participava da peça apenas no segundo ato, na cena da volta do filho*. ♦ **em cena** em atuação no palco.

ce.ná.cu.lo *s.m.* **1** sala em que se servia a ceia. **2** local da Santa Ceia. **3** reunião de pessoas que professam as mesmas ideias.

ce.ná.rio *s.m.* **1** conjunto de elementos que concorrem para a decoração do palco numa apresentação: *Por favor, ajude a mudar o cenário*. **2** lugar onde aconteceu algum fato: *Ipiranga foi cenário de nossa Independência*. (Fig.) **3** circunstância; situação; ambiente: *Desemprego e inflação baixa compõem o cenário temido por todos*. **4** panorama; vista; paisagem.

ce.nho *s.m.* fisionomia; semblante; rosto: *Traz o cenho franzido*.

cê.ni.co *adj.* **1** referente a cenário: *A televisão é um elemento cênico no contexto da peça*. **2** referente à arte de representar: *No palco, é necessário jogo cênico*.

ce.no.gra.fi.a *s.f.* projeção e execução de cenários para espetáculos: *Ele foi o responsável por toda a cenografia da minissérie*.

ce.no.gra.fis.ta *s.2g.* cenógrafo.

ce.nó.gra.fo *s.m.* especialista em cenografia.

ce.nou.ra *s.f.* **1** hortaliça com folhas rendilhadas verde-escuras, de talo comprido, flores alvas ou amarelo-pálidas e vermelhas, de raiz alongada, aromática e de cor alaranjada. **2** a raiz comestível dessa hortaliça: *salada de cenoura*.

cen.so *s.m.* recenseamento: *O censo é feito periodicamente*. // Cp.: senso.

cen.sor (ô) *s.m.* **1** aquele que censura comportamento, ações ou obras de outrem: *Havia censores nas redações do jornal*. **2** crítico.

cen.su.ra *s.f.* **1** ato ou efeito de censurar. **2** crítica; desaprovação: *Seu comportamento merece censura*. **3** proibição total ou parcial de divulgação: *Fico muito feliz em assinar um jornal que não tem censura*. **4** advertência enérgica; reprovação. **5** corporação ou tribunal encarregado de censurar: *A censura apreendia filmes destinados aos cineclubes*.

cen.su.rar *v.t.* **1** exercer censura; proibir a divulgação ou a execução, total ou parcial: *censurar cenas de violência na televisão*. **2** repreender com energia: *Censuram a irresponsabilidade do aluno*. **3** criticar; reprovar.

cen.su.rá.vel *adj.* passível de censura; condenável: *comportamento censurável*.

cen.tau.ro *s.m.* **1** (Mit.) monstro, metade homem e metade cavalo. **2** (Astr.) constelação austral.

cen.ta.vo *s.m.* centésima parte da unidade monetária do Brasil, Portugal e outros países.

cen.tei.o *s.m.* **1** planta de clima frio, da família das gramíneas, com colmo ereto e flores dispostas em espigas: *No Sul há muitos campos de centeio*. **2** grão dessa planta, rico em glúten, usado para fazer pães: *Os pães de centeio são saudáveis*.

cen.te.lha (ê) *s.f.* **1** partícula que se desprende de um corpo em brasa; fagulha; faísca: *Centelhas e chamas que se lançam para o alto*. (Fig.) **2** manifestação rápida ou brilhante; lampejo: *teve uma centelha de sabedoria*. **3** princípio; origem: *Não foi preciso ir tão longe para encontrar a centelha da vida*. **4** inspiração; dom.

cen.te.na *s.f.* **1** quantidade equivalente a cem unidades: *Dez dezenas fazem uma centena*. **2** quantidade equivalente a aproximadamente cem unidades: *Fizemos a propaganda para uma centena de franceses*. **3** na loteria, qualquer número de três algarismos. • *pl.* **4** grande quantidade: *Centenas de oficiais presentes se solidarizaram com os seus colegas*. ♦ **às centenas** em grande quantidade: *Pelas varandas imensas espalhavam-se às centenas meninas de todos os tamanhos*.

cen.te.ná.rio *s.m.* **1** período de cem anos: *Celebra-se o centenário do nascimento de Carlos Gomes*. **2** pessoa que já fez 100 anos: *Há cerca de 5.000 centenários na França*. • *adj.* **3** que tem cem anos: *um ancião centenário*.

cen.té.si.mo *num.* **1** que ocupa a posição de número cem: *centésimo aniversário*. **2** fração de um todo dividido em cem partes iguais: *chegou três centésimos de segundo na frente*.

cen.tí.gra.do (Fís.) *s.m.* um grau, na escala de temperatura centesimal. // De uso popular.

cen.ti.gra.ma *s.m.* unidade de medida de peso equivalente à centésima parte do grama. // Abrev.: cg.

cen.tí.me.tro *s.m.* unidade de medida de comprimento equivalente à centésima parte do metro. // Abrev.: cm.

cên.ti.mo *s.m.* **1** a centésima parte da moeda de diversos países. **2** pequena quantia: *Não nos interessa ganhar nem um cêntimo nesse negócio*.

cen.to *s.m.* conjunto de cem unidades: *um cento de bananas*. ♦ **por cento** para cada cem; a cada cem: *O ouro branco tem setenta e cinco por cento de ouro puro*.

centopeia

cen.to.pei.a (éi) *s.f.* pequeno animal invertebrado, com corpo comprido e muitas patas; lacraia.
cen.tra.do *adj.* **1** situado no centro ou em posição central. **2** (Coloq.) pessoa emocionalmente equilibrada, sensata: *Ele parece muito centrado.*
cen.tral *s.f.* **1** lugar ou edifício onde estão centralizadas certas instalações: *central telefônica.* • *adj.* **2** situado no centro: *Ele me levou até o ponto mais central da cidade.* **3** principal; fundamental: *Veio afinal o acontecimento central da cerimônia.*
cen.tra.li.zar *v.t.* **1** colocar no centro: *Centralize o desenho na página.* **2** ser o centro das atenções; atrair: *As visitas do pintor italiano centralizaram a mídia.* **3** fazer convergir; concentrar: *centralizaram suas atenções no discurso.* • *pron.* **4** reunir-se num centro; centrar-se: *O oeste da província de São Paulo centralizou-se em Campinas.* **5** voltar-se para; concentrar-se: *O seu interesse estava centralizado na Matemática.*
cen.trar *v.t.* **1** colocar no centro: *O desenhista centrou a figura na página em branco.* **2** concentrar: *Ele centra a sua vida em si mesmo.* **3** (Fut.) chutar a bola para o centro da pequena ou da grande área: *O lateral centrou uma bela bola para o atacante.*
cen.trí.fu.ga *s.f.* **1** aparelho giratório para fazer centrifugação. **2** máquina de secar roupas por centrifugação: *lavou e depois colocou as roupas na centrífuga.*
cen.tri.fu.ga.ção *s.f.* **1** processo de separação das porções mais leves de uma substância por movimento de fuga do centro. **2** secagem de roupa em centrífuga.
cen.tri.fu.gar *v.t.* **1** fazer desviar do centro por movimento giratório. **2** secar por centrifugação: *máquina que lava, enxágua e centrifuga até 4 kg de roupa.*
cen.trí.pe.to *adj.* que tende a se aproximar do centro: *Quando o carro faz a curva, está sujeito à força centrípeta.*
cen.tro *s.m.* **1** ponto interior situado à mesma distância de todos os pontos exteriores de uma circunferência: *O arqueiro apontava para o centro do alvo.* **2** meio; ponto central: *O edifício estava no centro de um amplo pátio.* **3** local ou edifício onde se acham concentradas certas instalações: *Trabalho num centro de pesquisas.* **4** lugar que constitui ponto de convergência de indústrias, comércio, artes e ciências de uma cidade, região ou país: *Rodaram algum tempo pelo centro da cidade.* **5** ponto do corpo humano onde se localiza a sede de determinadas funções: *os centros nervosos.* **6** lugar de reunião de praticantes do culto espírita: *Procurou o médium do centro para tomar um passe.* **7** núcleo; elemento mais importante: *O presidente está no centro do poder.* • **de centro** que tem posição política moderada: *Ele não gosta de radicalismos; é uma pessoa de centro.*
cen.tro-o.es.te *s.m.* região brasileira que abrange o Distrito Federal, Goiás, Mato Grosso e Mato Grosso do Sul. Pl.: centro-oestes.
cen.tu.pli.car *v.t.* **1** multiplicar por cem. **2** fazer aumentar muito: *centuplicou a produção da sua indústria.*
cen.tú.ria *s.f.* **1** período de cem anos; século; centenário: *Houve uma guerra que durou uma centúria.* **2** grupo de cem elementos da mesma natureza; centena: *A documentação exibia mais de uma centúria de peças musicais.* **3** na milícia romana, subdivisão de legião composta de cem cavaleiros.

cen.tu.ri.ão *s.m.* **1** comandante de uma centúria, na milícia romana. **2** comandante; líder.
ce.pa (ê) *s.f.* **1** linhagem de uma espécie: *Há diferentes cepas do vírus.* **2** linhagem; estirpe; tronco de família: *descendentes da mesma cepa.* • **de boa cepa** de boa origem.
ce.po (ê) *s.m.* pedaço de tronco de árvore; toco; tora: *Cesário, sentado em outro cepo, riu divertidamente.*
ce.ra (ê) *s.f.* **1** substância amarelada e mole, produzida pelas abelhas. **2** substância vegetal semelhante à cera de abelhas: *vela de cera de carnaúba.* **3** preparado para dar brilho: *cera de assoalho.* **4** secreção do conduto auditivo externo; cerume. • **fazer cera** (Bras.) fazer algo vagarosamente, especialmente trabalhar.
ce.râ.mi.ca *s.f.* **1** técnica de fabricação de objetos de argila ou barro moldado e queimado: *Fiz um excelente curso de cerâmica.* **2** material usado nessa técnica: *enfeites de cerâmica.* **3** revestimento de pisos e paredes, feito de barro cozido e geralmente esmaltado; azulejo; ladrilho. **4** fábrica de peças desse material: *Meu pai foi o fundador daquela cerâmica.*
ce.ra.mis.ta *s.2g.* quem faz objetos de cerâmica: *O expositor receberá amanhã a comissão de ceramistas.*
cer.ca (ê) *s.f.* estrutura de madeira ou outro material que circunda um terreno para protegê-lo. • **cerca viva** aquela feita com arbustos; sebe.
cer.ca.do *s.m.* **1** terreno rodeado ou fechado por cerca: *No fundo do quintal está o cercado das galinhas.* **2** (Bras.) móvel gradeado e acolchoado, para crianças pequenas: *Ela ficava no colo ou no cercado.* • *adj.* **3** protegido por cerca ou muro: *O campo era todo cercado.* **4** rodeado; ladeado; *um palco cercado por espelhos.* **5** tomado; cheio; repleto: *Cercado de dúvidas, ele a consultava.* **6** bloqueado; sitiado: *O presídio foi invadido e continua cercado.*
cer.ca.du.ra *s.f.* contorno; ornato: *Vovó tinha toalhas de algodão com cercadura de crochê.*
cer.ca.ni.as *s.f. pl.* arredores; imediações: *Havia soldados nas cercanias da vila.*
cer.car *v.t.* **1** fazer cerca ou muro ao redor de: *É mais seguro cercar a fazenda.* **2** fazer círculo ao redor de; rodear; circundar: *Os rapazes cercaram a mesa.* **3** delimitar: *Vamos cercar o problema por todos os lados.* **4** pôr cerco a; sitiar: *A tropa de linha cercou a casa.* **5** perseguir; importunar: *A má sorte o cerca há muito tempo.* **6** em grande quantidade; cumular: *cercar o bebê de carinho e atenção.*
cer.ce.a.men.to *s.m.* **1** restrição; limitação; supressão: *Não devemos permitir o cerceamento de nossos direitos.* **2** confinamento; prisão.
cer.ce.ar *v.t.* **1** restringir; suprimir; diminuir: *Pretendem cercear nossa liberdade.* **2** tirar a liberdade de.
cer.co (ê) *s.m.* **1** ato ou efeito de cercar. **2** bloqueio; sítio: *O cerco de Uruguaiana pelos paraguaios foi rápido.* **3** (Fig.) procura insistente: *Foi então que ele começou o cerco à casa da namorada.*
cer.da (ê) *s.f.* **1** pelo áspero e duro de certos animais: *cerdas de javali.* **2** fios em náilon ou outro material: *escova de cerdas duras.*
ce.re.al *s.m.* **1** qualquer tipo de grão, produzido por planta gramínea e usado na alimentação. **2** cultura de tais grãos: *O cereal conquista terreno em São Paulo.* **3** alimento feito desses grãos: *A indústria de cereais está em expansão.*

ce.re.a.lis.ta *s.f.* **1** pessoa que produz cereais: *Alguns cerealistas especularam com estoques.* **2** empresa ou pessoa que comercializa cereal. • *adj.* **3** que produz ou vende cereais.

ce.re.be.lo (ê) *s.m.* parte do sistema nervoso central que comanda a coordenação dos movimentos e o equilíbrio.

ce.re.bral *adj.* **1** relativo ou pertencente ao cérebro: *derrame cerebral.* **2** (Fig.) que age com a inteligência.

cé.re.bro *s.m.* **1** (Anat.) porção do encéfalo que ocupa, na caixa craniana, toda a parte superior e anterior e que é sede da inteligência, do pensamento, das sensações etc. **2** espírito; mente: *Seu cérebro deve estar transtornado por leituras extravagantes.* **3** (Fig.) pessoa responsável pelo planejamento de alguma tarefa; mentor: *O bandido confessou ser o cérebro do assalto ao banco.* **4** capacidade de pensar; razão: *Um véu lhe obscurecia o cérebro.*

ce.re.ja (ê) *s.f.* pequeno fruto arredondado, cuja cor varia do amarelo-claro ao vermelho-escuro, de sabor doce e pequeno caroço esférico: *pacotes de maçãs e cerejas.*

ce.re.jei.ra *s.f.* **1** nome comum de várias espécies de árvores, algumas das quais dão cerejas, outras fornecem madeira para marcenaria. **2** madeira de algumas dessas árvores: *Em casa os armários são de cerejeira.*

ce.ri.mô.nia *s.f.* **1** reunião formal e solene, festiva ou não: *Assisti à cerimônia de formatura de meu sobrinho.* **2** ritual religioso ou não; rito: *cerimônia litúrgica.* **3** (Fig.) formalidade; cortesia: *Só por cerimônia, perguntou se a comida havia agradado.*

ce.ri.mo.ni.al *s.m.* **1** rito; ritual: *Houve todo um cerimonial de premiação.* **2** protocolo; etiqueta: *Você não vê o cerimonial das grandes festas?* • *adj.* **3** cerimonioso: *fazem também uso cerimonial do cachimbo.*

ce.ri.mo.ni.o.so (ô) *adj.* em que há cerimônia; formal: *jamais perdia sua linha cerimoniosa de homem bem-educado.*

cer.ne (ê) *s.m.* **1** parte interna e mais dura do lenho das árvores. **2** (Fig.) ponto principal ou central; essência; núcleo: *O mestre chegou bem ao cerne da questão.*

ce.rol (ó) *s.m.* **1** cera com que os sapateiros enceram cordões de sapatos. **2** (Bras.) mistura de vidro moído e cola de madeira, usada em uma linha para soltar pipas, destinada a cortar no ar as linhas de outras pipas: *É proibido usar linhas com cerol.*

ce.ro.so (ô) *adj.* relativo ou semelhante à cera: *pele cerosa.*

ce.rou.la *s.f.* peça de vestuário masculino usada por baixo das calças e que cobre as pernas quase até os tornozelos.

cer.ra.ção *s.f.* nevoeiro espesso que dificulta a visibilidade: *As estrelas estavam encobertas pela cerração.*

cer.ra.do *s.m.* **1** (Bras.) vegetação caracterizada por plantas rasteiras, típica do planalto central brasileiro: *o capim duro do cerrado.* • *adj.* **2** unido; apertado: *mandíbulas fortemente cerradas.* **3** denso; espesso; fechado: *mata cerrada.* **4** todo coberto de nuvens ou névoas: *céu cerrado.*

cer.rar *v.t.* **1** unir as partes separadas; fechar: *comerciantes cerraram as portas em sinal de luto.* **2** unir fortemente; pressionar; apertar: *cerraram os dentes.* **3** terminar; concluir; encerrar. • *pron.* **4** fechar-se: *Mas não vê que meus olhos não se cerram?* •

cerveja

cerrar fileiras unir-se por uma causa: *Conclamo os profissionais da área para cerrarem fileiras em torno da educação.*

cer.ro (ê) *s.m.* pequena elevação; colina.

cer.ta.me *s.m.* **1** campeonato; competição; torneio: *Tecnicamente o certame de natação correspondeu à expectativa.* **2** debate; discussão. **3** concurso ou exposição artística: *Diversos países concorreram a esse grandioso certame de arte.*

cer.tei.ro *adj.* **1** que acerta; que alcança o alvo: *Acabou de cabeça quebrada por uma pedra certeira.* **2** garantido; infalível: *certeiros sinais de geada lá pela primeira lua de junho.* **3** correto; exato: *palavras certeiras.*

cer.te.za (ê) *s.f.* **1** qualidade do que é certo. **2** persuasão íntima; convicção; evidência: *Eu tive certeza de que ele me daria a pista.* ◆ **com certeza**; certamente; evidentemente; sem dúvida.

cer.ti.dão *s.f.* documento que tem fé pública; atestado; certificado: *certidão de nascimento.*

cer.ti.fi.ca.ção *s.f.* **1** ação de certificar-se. **2** afirmação com certeza: *As normas servirão para avaliação e certificação dos sistemas.* **3** atestado; certificado: *O selo é uma certificação de que o produto é fabricado dentro de normas técnicas que garantem sua qualidade.*

cer.ti.fi.ca.do *s.m.* **1** documento que comprova ou dá garantia de algo. **2** diploma; atestado: *entrega dos certificados aos alunos alfabetizados.* • *adj.* **3** que possui garantia de qualidade.

cer.ti.fi.ca.dor (ô) *s.m.* **1** organismo que expede certificados. • *adj.* **2** que expede certificados: *auditoria do órgão certificador.*

cer.ti.fi.car *v.t.* **1** dar certeza; atestar; asseverar: *A empresa certificou que não reporia as perdas salariais.* **2** passar certidão; atestar; testemunhar: *O instituto é credenciado para certificar a qualidade das amostras.* **3** dar certificado de qualidade: *O órgão certifica e aprova os brinquedos.* • *pron.* **4** assegurar-se; verificar: *O comprador deve certificar-se da procedência das peças adquiridas.*

cer.to (ê) *s.m.* **1** coisa certa; correto: *O certo seria eu me despir agora.* **2** realidade; verdade: *O certo é que a mesa estava coberta de doces.* • *adj.* **3** correto; verdadeiro: *Honestidade, este é o caminho certo.* **4** exato; preciso: *A soma está certa.* **5** com que se pode contar; seguro; garantido: *Já tinha emprego certo.* **6** acertado; combinado: *Antes de viajar, deixou tudo certo com o sócio.* **7** convencido: *Eu estava certo de que devia haver coisas terríveis escritas contra ele.* • *adv.* **8** de maneira correta, exata: *Mas você não andou certo comigo.* • *pron.* **9** um; não determinado: *tinha certa discrição, certo ar encabulado.* ◆ **por certo** com certeza; decerto; certamente: *Essa náusea que por certo lhe há de causar o escândalo.* **ao certo** com certeza; com exatidão. *Não sei ao certo para que vim.*

ce.rú.leo *adj.* da cor do céu; azul-celeste: *a capa cerúlea do padre.*

ce.ru.me *s.m.* secreção grossa, gordurosa e amarelada que se forma no conduto auditivo externo; cera do ouvido.

cer.ve.ja (ê) *s.f.* **1** bebida fermentada de baixo teor alcoólico, feita de lúpulo e cevada ou outros cereais. **2** garrafa, copo ou lata dessa bebida.

cervejada

cer.ve.ja.da s.f. 1 rodada de cerveja: *Depois de um dia de campanha, sempre sobra tempo para uma boa cervejada.* 2 festa em que se bebe muita cerveja: *Em vez de arrecadar dinheiro para as cervejadas, os novos estudantes são encorajados a recolher alimentos.*

cer.ve.ja.ri.a s.f. 1 fábrica de cerveja. 2 estabelecimento onde se toma cerveja: *O local assume as características de uma cervejaria alemã.*

cer.ve.jei.ro s.m. 1 fabricante, vendedor ou consumidor de cerveja: *Como ficam os planos de expansão dos cervejeiros nacionais?* • adj. 2 referente a cerveja: *A indústria cervejeira nacional se expande.*

cer.vi.cal adj. 1 que se situa na parte de trás do pescoço: *Num acidente, ele fraturou uma vértebra cervical.* 2 relativo ao colo de qualquer órgão: *margem cervical dos dentes.*

cer.vo (é ou ê) s.m. • (Zool.) mamífero ruminante, de pelo marrom-avermelhado ou castanho e cascos divididos em duas unhas; o macho tem chifres, como os das renas.

cer.zi.dei.ra s.f. mulher que se ocupa de cerzir roupas.

cer.zi.do s.m. 1 remendo feito com pequenos pontos invisíveis: *cerzidos benfeitos.* • adj. 2 remendado com linha, com pontos pouco visíveis: *O vestidinho estava cerzido na barra.*

cer.zir v.t. 1 coser de modo que pouco se notem as costuras. 2 remendar; entretecer: *dois ou três pescadores cerzindo redes.*

ce.sá.rea s.f. cesariana.

ce.sa.ri.a.na s.f. operação que consiste em extrair o feto por incisão nas paredes do ventre e do útero da mãe.

cé.sio s.m. (Quím.) elemento da família dos metais alcalinos: *o césio 137 é um isótopo desse elemento, usado no tratamento do câncer.* // Símb.: Cs; N. Atôm.: 55.

ces.sa.ção s.f. 1 interrupção; suspensão; trégua: *Alguns estadistas discutiram a cessação da guerra.* 2 paralisação; término: *A cessação do tráfico de escravos se deu em 1850.*

ces.san.te adj. que se deixa de obter; interrompido: *O seguro de lucros cessantes cobre todas as despesas fixas do estabelecimento.*

ces.são s.f. 1 ação de ceder; permissão de uso; doação: *É constante a cessão ou aluguel das casas a migrantes sem terras.* 2 concessão de vantagem ou precedência: *cessão da palavra.* 3 empréstimo: *cessão de livros.* // Cp.: seção e sessão.

ces.sar v.t. 1 fazer parar; encerrar; interromper: *O rapaz cessou bruscamente o movimento de zombaria que tivera ao entrar.* • int. 2 acabar; interromper-se: *A chuva miúda caía sem cessar.*

ces.sar-fo.go s.m. fim ou interrupção de hostilidades bélicas: *Era previsto, em plena contenda, o toque de cessar-fogo para recolher os mortos e agonizantes.*

ces.si.o.ná.rio s.m. 1 o beneficiário de uma cessão. • adj. 2 que recebe uma cessão.

ces.ta (ê) s.f. 1 receptáculo, geralmente de palha, cipó ou vime, provido ou não de alças e de tampa, para guardar ou transportar frutas ou outras mercadorias pequenas: *Vocês têm uma cesta para levar os ovos?* 2 recipiente; cesto: *O cheque foi atirado a uma cesta e se confundiu com outros papéis.* (Basqu.) 3 rede de malha presa por um aro por onde se faz passar a bola. 4 fato de um jogador conseguir fazer a bola passar pelo aro e pela cesta: *A partida foi decidida com uma cesta a três segundos do final.* • **cesta básica** conjunto preestabelecido de gêneros de primeira necessidade que deve ser suficiente para a subsistência de uma família de quatro pessoas durante um mês.

ces.ta.ri.a s.f. 1 a arte da fabricação de cestos. 2 local onde se fabricam cestos. 3 o produto dessa fabricação: *a maravilha da cestaria indígena.*

ces.tei.ro s.m. pessoa que faz cestos. • **cesteiro que faz um cesto faz cem** usada para aconselhar prudência em relação a alguém que já fez alguma coisa errada, porque ela pode repetir o erro.

ces.ti.nha s.2g. (Basqu.) jogador de basquete que faz mais pontos ou cestas para sua equipe.

ces.to (ê) s.m. 1 cesta grande e sem alças, provida ou não de tampa: *Lá ia o garoto da padaria, com o cesto vazio sobre o ombro.* 2 cesta pequena: *colocou na mesa um cesto de pão.* 3 qualquer cesta ou recipiente para lixo, papel usado, roupa suja etc.

ce.tá.ceo s.m. (Zool.) 1 espécime dos cetáceos. • pl. 2 mamíferos marinhos que têm os membros anteriores transformados em nadadeiras e nadadeira caudal horizontal: *A família dos cetáceos abrange baleias e golfinhos.* • adj. 3 relativo aos cetáceos.

ce.ti.cis.mo s.m. 1 doutrina filosófica segundo a qual o homem não pode atingir o conhecimento da verdade. 2 estado de dúvida; descrença; incredulidade: *Vimos com ceticismo as recentes descobertas da Genética.*

cé.ti.co s.m. 1 partidário do ceticismo: *O cético é aquele que recusa todas as respostas da Filosofia.* • adj. 2 descrente; duvidoso: *Ele tem uma atitude bastante cética diante de quase tudo.* 3 referente ao ceticismo.

ce.tim s.m. tecido de seda, macio e brilhante: *vestidos de cetim.*

ce.to.na s.f. (Quím.) composto orgânico caracterizado por grupo de carbonila combinado com dois átomos de carbono.

ce.tro s.m. 1 bastão que representa a autoridade real: *O imperador, de coroa, manto e cetro, sentou-se no trono.* 2 poder soberano: *A Casa de Bragança teve sob seu cetro o imenso território brasileiro.*

céu s.m. 1 espaço ilimitado onde se movem os astros; espaço sideral: *Nenhuma estrela do céu tinha a beleza de sua alma.* 2 o espaço acima de nossas cabeças, limitado pelo horizonte; firmamento: *céu cinzento.* 3 espaço delimitado que cobre determinada região: *O céu do Xingu só trazia os roncos dos aviões.* 4 lugar para onde vão as almas dos justos, segundo algumas crenças religiosas; paraíso: *E o caminho do céu, que o anjo indicava aos mortos?* 5 (Coloq.) Providência Divina; Deus: *Tudo que vem do céu é bem-vindo.* • **a céu aberto** ao ar livre; a descoberto: *Era a primeira vez que eu passava a noite no tempo, a céu aberto.* **céu de brigadeiro** existência de boas condições de voo. **cair do céu** vir em boa hora; vir a calhar: *Esse dinheiro caiu do céu.* **céu da boca** abóboda palatina; palato: *Tomávamos um, dois, três sorvetes, até doer o céu da boca.*

céus interj. expressa espanto, dor ou admiração: *Céus! Isso pode ser uma bomba!*

ce.va s.f. **1** alimentação e engorda de animais domésticos. **2** local onde se prendem os animais para engordar. **3** lugar onde se coloca isca para atrair animais: *Fazíamos pescaria de barranco, em uma ceva feita com feixes de sabugos de milho.*

ce.va.da s.f. (Bot.) **1** planta da família das gramíneas, com flores dispostas em espigas na extremidade do colmo e frutos amarelos e ovoides, usada como alimento para o homem e o gado, e no fabrico da cerveja e de outras bebidas alcoólicas. **2** a semente dessa planta: *As proteínas vegetais encontram-se na cevada.*

ce.va.do adj. **1** engordado na ceva: *porco cevado.* **2** bem-alimentado; gordo. **3** (Coloq.) que prosperou; enriquecido.

ce.var v.t. **1** alimentar bem, especialmente animais; engordar: *cevar peixes.* **2** (Bras.) ralar a mandioca para transformá-la em massa ou em farinha. **3** colocar isca em anzol ou armadilha. **4** (Reg. S) colocar um pouco de água fria sobre a erva-mate na cuia, para empastá-la. • pron. **5** alimentar-se; nutrir-se. **6** saciar-se; fartar-se: *Enquanto estava na festa, cevou-se de tudo o que queria.*

chá s.m. **1** arbusto originário da Índia e da China e de cujas folhas – que contêm cafeína e teofilina – se faz uma infusão largamente usada em todo o mundo. **2** produto da colheita, secagem e beneficiamento das folhas desse arbusto: *chá chinês; chá-da-índia.* **3** infusão dessas folhas. **4** qualquer tipo de bebida feita por infusão. **5** refeição leve em que são servidos chá, torradas, bolos etc. **6** reunião social em que se serve chá: *Encontrei-a num chá de caridade.*

chã s.f. **1** terreno plano; planície. **2** carne da parte interior da coxa do boi; pojadouro.

cha.cal s.m. **1** (Zool.) animal mamífero canídeo, muito feroz, semelhante ao lobo. **2** (Fig.) indivíduo cruel e desumano: *Esse chacal massacrou uma família por vingança.*

chá.ca.ra s.f. pequena propriedade no campo; pequeno sítio: *Muitos de nossos fins de semana eram passados na chácara.*

cha.ca.rei.ro s.m. **1** dono ou administrador de chácara. • adj. **2** relativo a chácaras.

cha.ci.na s.f. assassinato em massa; morticínio; matança.

cha.ci.nar v.t. matar violentamente várias pessoas; massacrar; assassinar friamente.

cha.co.a.lhar v.t. **1** agitar; sacudir, às vezes, com barulho; chocalhar: *Não se deve chacoalhar a garrafa de champanha.* **2** agitar; excitar; estimular: *Nem a presença da grande dançarina chacoalhou a plateia.* **3** mexer com; reformular; mudar: *Esse costureiro chacoalhou a moda daquela década.* • int. **4** agitar(-se); mover(-se); dançar: *Alguns convidados chacoalharam durante a noite toda.* **5** sacolejar; trepidar: *Tive poucas horas de sono porque o trem chacoalhava muito.*

cha.co.ta (ó) s.f. zombaria; escárnio; mofa: *Atrás de mim, os colegas faziam chacota.*

cha.co.te.ar v.t. zombar; caçoar: *O povo queria mesmo era chacotear os políticos.*

cha.cra s.m. na ioga, cada um dos sete centros de energia existentes no corpo humano.

chá de pa.ne.la s.m. reunião geralmente feminina, em que a noiva recebe presentes para uso doméstico: *Vou a um chá de panela amanhã.* //Pl.: chás de panela.

chamar

cha.fa.riz s.m. construção, geralmente de alvenaria, com bica(s) por onde jorra água utilizada como bebedouro ou como ornamento de praças e jardins; fonte: *Na praça da matriz, há um velho chafariz.*

cha.fur.dar v.t. **1** atolar; afundar: *porcos chafurdam na lama.* • pron. **2** revolver-se.

cha.ga s.f. **1** ferida; pústula; úlcera: *O animal caminha ferido, coberto de chagas.* **2** mal; problema: *O mundo todo combate a terrível chaga que é o terrorismo.* **3** defeito; doença: *O egoísmo é chaga terrível que encarcera as criaturas.*

cha.la.ça s.f. zombaria; gracejo; troça.

cha.la.na s.f. pequena embarcação fluvial de fundo chato, de forma quadrada ou retangular.

cha.lé s.m. **1** casa de campo com teto de duas águas que avança sobre a fachada. **2** casa rústica, frequentemente de madeira: *O hotel tinha apenas dois chalés vagos para o feriado.*

cha.lei.ra s.f. **1** vasilha bojuda de metal, com bico e tampa, para líquidos. • s.2g. **2** (Coloq.) pessoa que costuma bajular; adulador: *Os chaleiras do patrão podem se dar mal.*

cha.lei.rar v.t. (Coloq.) bajular; adular.

cha.ma s.f. **1** língua de fogo; labareda: *As chamas da fogueira cresceram na noite.* **2** luz; brilho; fulgor. **3** (Fig.) ardor; entusiasmo: *A chama da paixão entorpece a razão.*

cha.ma.da s.f. **1** ato ou efeito de chamar; chamamento. **2** ligação telefônica; telefonema: *Logo que desligou o telefone, recebeu outra chamada.* **3** ação de proferir em voz alta o nome das pessoas para verificar a presença: *O professor começou a chamada.* **4** convocação; convite: *Nós nos instalamos no aeroporto, esperando a chamada para a volta.* **5** pequeno texto em capa de revista, primeira página de jornal, abertura de telejornal ou em intervalos comerciais de televisão e rádio que chama a atenção para determinada matéria; filme; programa etc.: *Programaremos matérias pagas nos principais jornais imediatamente e chamadas na televisão.* **6** ruído indicativo de chamada; toque; sinal: *a chamada para as aulas.* **7** (Coloq.) advertência; repreensão: *Ele deu uma chamada no filho mal-educado.*

cha.ma.do s.m. **1** chamamento; chamada. **2** convocação; convite: *Vim a chamado da diretoria.* **3** pedido de auxílio; apelo: *A seu chamado, larguei meus doentes e vim logo.* **4** ruído indicativo de chamamento; sinal: *Ele continuava com os ouvidos atentos aos chamados.* • adj. **5** denominado: *o chamado centro histórico.* **6** que tem por nome: *Uma garota chamada Laís.*

cha.ma.men.to s.m. **1** convocação; convite: *Meus conterrâneos não faltarão ao novo chamamento da Pátria.* **2** pedido de auxílio; apelo: *Os países atenderam ao chamamento para apoiar nossos esforços pela paz.*

cha.mar v.t. **1** atrair a atenção de alguém por meio de voz ou gesto: *A gritaria chamou a minha atenção.* **2** pedir ou ordenar, com voz, gesto: *Ele chamou o garçom e pediu mais uma garrafa de vinho.* **3** fazer despertar; acordar: *Peço que me chamem às 6 horas.* **4** convidar: *Ela o chamou para tomar café.* **5** pedir; solicitar a vinda de: *Um funcionário finalmente chamou a ambulância.* **6** oferecer cargo ou emprego. **7** acionar dispositivo para fazer subir ou descer: *chamar o elevador.* **8** invocar; pedir o auxílio de: *Ele*

chamariz

chamou seus deuses, tocando o tambor sagrado. **9** fazer despertar; acordar; fazer voltar; trazer: *Uma recordação muito especial chamou-o à realidade.* **10** telefonar; ligar; assumir; reclamar para si: *O grupo terrorista chamou para si a responsabilidade do atentado.* **11** dar nome; apelidar: *Os amigos me chamam de Zuzu.* • *pron.* **12** tachar; qualificar; ter por nome; denominar-se: *Chamam-se espertos.* • *int.* **13** dar sinal; tocar: *A campainha chamava insistentemente.*
♦ **chamar a atenção**; repreender: *A mãe chamou a atenção da filha.*

cha.ma.riz *s.m.* tudo o que serve para chamar a atenção; atrativo: *Descontos são chamarizes para compradores.*

cha.ma.ti.vo *adj.* que chama ou desperta a atenção: *Ele tem um bigode chamativo.*

cha.me.go (ê) *s.m.* **1** apego; afeição; carinho: *A menina tinha chamego com os animais.* **2** brilho; fulgor. **3** paixão; atração. **4** dengo; faceirice.

cha.me.jar *v.t.* manifestar-se como chama: *Os olhos chamejando terror na face trêmula.*

cha.mi.né *s.f.* tubo ou conduto para dar passagem ao ar e saída ao fumo da cozinha, do fogão, da lareira ou das fornalhas de indústrias.

cham.pa.nha *s.m.* vinho espumante branco ou rosado. // É frequente o uso de *champanha* como feminino.

cham.pa.nhe *s.m.* champanha.

champignon (champinhon) (Fr.) *s.m.* cogumelo comestível.

cha.mus.ca.do *adj.* **1** tostado; crestado: *carne chamuscada.* **2** levemente queimado. **3** (Coloq.) desprestigiado; desacreditado: *Figuras de primeiro escalão saíram chamuscadas do escândalo.*

cha.mus.car *v.t.* **1** queimar de leve; crestar; tostar: *A chama do isqueiro chamuscou-lhe o bigode.* **2** (Coloq.) desacreditar; desprestigiar: *Os ensaios chamuscaram a reputação do famoso fotógrafo.*

chan.ce *s.f.* **1** ocasião; oportunidade: *Cada um teve sua chance de subir à tribuna.* **2** probabilidade: *Quanto antes a doença for tratada, maiores as chances de recuperação.*

chan.ce.la (é) *s.f.* aprovação; permissão; rubrica: *O leilão teve a chancela da associação dos criadores de cavalos.*

chan.ce.lar *v.t.* **1** apor chancela; rubricar: *Sua caneta vai chancelar um documento histórico.* **2** sancionar; aprovar: *O Senado se limitou a chancelar a decisão tomada pela Câmara.*

chan.ce.la.ri.a *s.f.* **1** ministério das relações exteriores: *O diálogo entre o embaixador e a sua chancelaria se desenrola em estilo pessoal.* **2** escritório de uma missão diplomática; embaixada: *Ele é chefe de nossa chancelaria em Paris.*

chan.ce.ler (ê) *s.m.* **1** antigo magistrado a quem incumbia a guarda do selo real; guarda-selos. **2** ministro das relações exteriores ou responsável por assuntos diplomáticos. **3** primeiro-ministro, em países de governo parlamentarista.

chan.cha.da *s.f.* peça ou filme humorístico, de caráter populeresco: *Sempre gostei das chanchadas da antiga Atlântida.*

chan.frar *v.t.* fazer chanfros em: *Chanfrar tábuas para fazer mesas.*

chan.fro *s.m.* corte em ângulo ou de esguelha; a borda de um objeto: *As tábuas devem ter chanfros nas laterais.*

chan.ta.ge.ar *v.t.* fazer chantagem; praticar ardil com artifícios: *Sabendo das falcatruas do inimigo, começou a chantageá-lo.*

chan.ta.gem *s.f.* extorsão de dinheiro ou vantagens, sob ameaça de revelações escandalosas, verdadeiras ou não; rapinagem.

chan.ta.gis.ta *s.2g.* **1** quem pratica chantagem. • *adj.* **2** que pratica chantagem: *Não acredite nele; é um rapaz chantagista.*

chantilly (chantili) (Fr.) *s.m.* creme de leite batido.

cha.mu.kah (Hebr.) *s.m.* festa judaica das luzes que celebra a reconquista do templo em Jerusalém. Celebrada de 25 de *kislev* a 2 de *tevet* no calendário judaico (correspondentes a novembro/dezembro/janeiro no calendário gregoriano).

chão *s.m.* **1** pavimento; piso: *o chão de mármore.* **2** solo; superfície: *Eles tinham roçado e limpado o chão.* **3** lugar onde se nasce ou se vive: *o chão da minha infância.* **4** terra: *A gente já cavava o chão sabendo que ia encontrar diamante.* • *adj.* **5** plano; liso: *terreno; chão.* **6** tranquilo; sereno: *chuva chã.* **7** singelo; simples: *beleza chã.* **8** habitual; trivial; vulgar: *apelido chão.*

cha.pa *s.f.* **1** designação comum a qualquer peça lisa e pouco espessa, feita de metal, madeira ou vidro: *chapas de ferro esburacadas e retorcidas.* **2** radiografia: *as chapas de raios X.* **3** placa rígida, geralmente de vidro, recoberta de emulsão fotográfica: *Há chapas muito sensíveis.* **4** filme fotográfico posto no interior da câmara e pronto para ser utilizado: *Já tinha mandado revelar as chapas.* **5** placa de automóvel: *carro preto com chapa branca.* **6** lista de candidatos às eleições: *A chapa favorita de todos foi eleita.* • *s.2g.* **7** (Coloq.) amigo: *Ele não me prejudicaria, ele sempre foi meu chapa.*

cha.pa.da *s.f.* terreno plano e elevado; planalto.

cha.pa.dão *s.m.* (Bras.) grande extensão de terreno plano e elevado; chapada extensa.

cha.pa.do *adj.* **1** que se estende uniformemente: *uma luz chapada sobre a parede.* **2** completo; rematado; perfeito. **3** (Coloq.) Diz-se de alguém embriagado.

cha.par *v.t.* **1** pôr chapa em. **2** dar forma de chapa. **3** marcar; cunhar.

cha.pe.a.do *adj.* **1** guarnecido com chapa ou lâmina de metal: *Chegou num cavalo branco de cabresto chapeado.* **2** revestido de banho de ouro ou prata: *A modelo usava um brinco chapeado.* **3** iluminado; colorido: *a estrada chapeada pelo sol.*

cha.pe.a.men.to *s.m.* **1** revestir ou reforçar com chapas (metálicas ou não). **2** ação de dar forma de chapa: *chapeamento de alumínio.*

cha.pe.la.ri.a *s.f.* casa de comércio ou indústria de chapéus: *É a melhor chapelaria da cidade.*

cha.pe.lei.ra *s.f.* caixa de formato redondo onde se guardam ou se transportam chapéus: *Dentro da chapeleira, encontrei uma bolsa.*

cha.pe.lei.ro *s.m.* profissional que confecciona ou vende chapéu.

cha.péu *s.m.* **1** peça do vestuário para cobrir a cabeça: *O homem coçou a cabeça, depois de tirar o chapéu.* **2** (Coloq.) no futebol, jogada na qual o jogador passa

chato

a bola por cima do adversário e a retoma em seguida: *O jogador deu um chapéu no zagueiro.* ♦ **de tirar o chapéu** que causa admiração; espantoso; surpreendente.

cha.péu-co.co (ô) *s.m.* chapéu de homem, de feltro rígido, com a copa arredondada e as abas estreitas. // Pl.: chapéus-cocos e chapéus-coco.

cha.pi.nha *s.f.* **1** pequena chapa. **2** chapa de ferro da prancha alisadora, que por meio de duas lâminas de alumínio aquecidas a 100 ºC é capaz de deixar os cabelos lisos.

cha.pi.nhar *v.t.* **1** atolar-se: *Os cavalos chapinhavam no pântano.* • *int.* **2** agitar a água ou lama com as mãos ou os pés: *A criança procurava a poça d'água para chapinhar.* **3** escorregar; patinar: *Chapinhando no lamaçal das ruas, sob a chuva, lá íamos encosta abaixo.* • *s.m.* **4** ruído: *o chapinhar nervoso das vassouras nas pedras do calçamento.*

cha.pis.co *s.m.* revestimento rugoso feito de argamassa de areia e cimento, aplicado em superfície lisa de modo que se torne áspera.

cha.pli.ni.a.no *s.m.* **1** grande admirador e conhecedor da obra cinematográfica de Chaplin. • *adj.* **2** referente a Charles Chaplin, cineasta e ator inglês (1889-1977): *Assistimos a uma mostra chapliniana.* **3** semelhante ao personagem Carlitos, criado por Chaplin; tragicômico: *a face chapliniana de um ator.*

cha.pu.le.ta.da *s.f.* (Coloq.) bofetada: *O zagueiro deu uma chapuletada no incorrigível atacante.*

cha.ra.da *s.f.* **1** enigma cuja solução consiste em recompor uma palavra partindo de seus elementos significativos e de um conceito que expressa a palavra desejada: *Era uma revista só de charadas.* **2** problema; dificuldade; enigma: *Os entendidos em finanças estão sendo desafiados a resolver essa charada.*

cha.ran.ga *s.f.* **1** banda de música composta principalmente de instrumentos de metal: *A instrumentação era basicamente a de uma típica charanga cubana.* (Coloq.) **2** banda musical mais ou menos desafinada: *A torcida vaiava ao som da charanga.* **3** carro velho.

cha.rão *s.m.* madeira revestida de verniz de laca.

char.co *s.m.* lugar onde há água estagnada, pouco profunda.

char.cu.ta.ri.a *s.f.* comércio, loja ou produtos de charcutaria.

char.cu.tei.ro *s.m.* aquele que prepara e vende carne de porco, linguiça, salame etc.

char.ge *s.f.* desenho em que se satiriza algo; caricatura: *O jornal trazia uma charge assinada pelo desenhista.*

char.gis.ta *s.2g.* pessoa que faz charges.

char.la.ta.nis.mo *s.m.* exploração da credulidade pública; trapaça; impostura; logro: *Como agiu de má-fé, exercendo uma profissão sem registro, foi processado por charlatanismo.*

char.la.tão *s.m.* **1** quem explora a boa-fé do público; trapaceiro; impostor: *Se dizia médico, mas era um charlatão.* **2** profissional incompetente. • *adj.* **3** que explora a boa-fé do público; trapaceiro.

char.me *s.m.* encanto; sedução; fascínio: *O charme da garota conquistava toda a rapaziada.*

char.mo.so (ô) *adj.* atraente; fascinante; sedutor: *o sorriso charmoso da mocinha.*

char.ne.ca (é) *s.f.* terreno inculto e árido onde só cresce vegetação arbustiva e rasteira.

char.que (Bras.) *s.m.* carne de vaca salgada e em mantas; carne-seca; jabá.

char.que.a.da *s.f.* estabelecimento onde se charqueia carne: *As charqueadas do Nordeste estão diminuindo.*

char.que.ar *v.t.* (Bras.) **1** salgar a carne em mantas e expor ao sol, para preparar charque ou carne-seca: *Seu trabalho era charquear carne.* • *int.* **2** preparar o charque.

char.re.te (é) *s.f.* carro leve, de duas rodas, puxado por um ou dois cavalos.

char.re.tei.ro *s.m.* aquele que conduz charrete.

char.ru.a¹ *s.f.* arado grande, de ferro, com jogo dianteiro e uma só peça para sustentá-lo.

char.ru.a² *s.m.* **1** indivíduo dos charruas. • *pl.* **2** povo indígena que habitava parte do território do Rio Grande do Sul: *Foram estabelecidas correlações entre índios Minuano e Charrua, que viviam nos campos do sul do Brasil.* • *adj.* **3** relativo a charrua: *índios charruas.*

char.ru.a³ *s.f.* (Bot.) subarbusto da família das compostas, de até 60 cm de altura, folhas alternas, flores de corola cilíndrica, vermelhas ou azuis.

charter (tkárter) (Ingl.) *s.m.* voo contratado mediante fretamento: *voo charter.*

cha.ru.ta.ri.a *s.f.* estabelecimento onde se vendem cigarros, charutos e outros objetos para fumantes; tabacaria.

cha.ru.tei.ra *s.f.* caixa para guardar charutos.

cha.ru.to *s.m.* rolo de folhas secas de tabaco, preparado para fumar.

chas.co *s.m.* **1** gracejo; zombaria; caçoada; troça. **2** (Reg. SP) ato de puxar de súbito as rédeas do cavalo, para fazê-lo parar.

chas.que.ar *v.t.* **1** puxar com violência. **2** (Coloq.) zombar; fazer troças.

chas.si *s.m.* parte do veículo automotor constituída dos elementos necessários à sua locomoção e que suporta a carroçaria.

chat (chet) (Ingl.) *s.m.* (Inf.) sala de bate-papo a distância, que utiliza computadores ligados à Internet, na qual o que se digita no teclado de um deles aparece em tempo real no vídeo de todos os participantes, proporcionando diálogo a duas ou mais pessoas.

cha.ta *s.f.* embarcação fluvial larga, de fundo chato e pequeno calado.

cha.te.a.ção *s.f.* amolação; aborrecimento: *Ele se sentiu cansado com as chateações do dia.*

cha.te.a.do *adj.* aborrecido; irritado; apoquentado: *Estava chateado com as fofocas sobre a namorada.*

cha.te.ar *v.t.* **1** aborrecer; importunar: *Ele resolveu chatear um pouco o prestimoso auxiliar.* • *pron.* **2** entediar-se; ficar cansado; aborrecer-se • *int.* **3** molestar; irritar alguém.

cha.ti.ce *s.f.* (Coloq.) amolação; maçada: *O público não acha o trabalho de vocês uma chatice?*

cha.to¹ *s.m.* (Zool.) inseto parasita que vive normalmente na região pubiana e eventualmente nas sobrancelhas, axilas e outras partes do corpo.

chato

cha.to² *s.m.* **1** (Coloq.) pessoa desagradável: *meu vizinho é um chato.* **2** situação ou algo maçante: *O chato é ter de parar de brincar.* • *adj.* **3** sem saliência ou sem relevo; plano: *sapato de bico chato.* (Coloq.) **4** maçante; monótono: *o dia mais chato da semana.* **5** importuno; desagradável: *Acho que eu estava meio chato naquela noite.* ✦ **que chato** que desagradável; que pena: *Ela se foi. Que chato!*

chau.vi.nis.mo (chô) *s.m.* **1** patriotismo ou nacionalismo exagerado: *Defendemos valores nacionalistas, mas sem chauvinismos.* **2** discriminação contra a mulher: *denunciamos o chauvinismo masculino.*

chau.vi.nis.ta (chô) *s.m.* **1** pessoa adepta do chauvinismo ou que assume posições extremadas. • *adj.* **2** que é nacionalista extremado: *Ele é um político chauvinista.* **3** que discrima a mulher; machista: *Homens chauvinistas acreditam na inferioridade das mulheres.*

cha.vão *s.m.* palavra ou construção muito repetida, desgastada; lugar-comum; clichê: *um texto cheio de chavões, sem criatividade.*

cha.ve *s.f.* **1** artefato de metal que movimenta a lingueta das fechaduras. **2** dispositivo que interrompe ou liga um circuito elétrico: *A chave do sistema desligou-se e os técnicos não encontraram o problema.* **3** peça com que se liga a corrente elétrica dos motores de explosão. **4** cada um dos grupos de esportistas ou clubes que disputam um mesmo torneio: *O meu time ficou na chave A.* **5** símbolo matemático ({ }) que indica agrupamento. **6** golpe usado em luta corporal: *Uma chave de pescoço obriga o valente a bater no chão.* **7** elemento desencadeador, facilitador ou norteador: *A formação da crosta é a chave de todo o processo.* **8** ponto fundamental: *Qual será a chave para a retomada do crescimento?* **9** segredo: *A chave da vitória de hoje está na marcação.* ✦ **a sete chaves** com muita segurança; de modo seguro; muito bem trancado ou guardado: *O documento está num baú fechado a sete chaves.*

cha.vei.ro *s.m.* **1** objeto em que se prendem as chaves para que não se percam: *guardou o chaveiro no bolso.* **2** profissional que faz ou conserta chaves: *Mandou fazer mais duas chaves no chaveiro da esquina.*

chá.ve.na *s.f.* **1** xícara: *Como se segura a alça da chávena?* **2** conteúdo contido na chávena: *Hoje o senhor está convidado a tomar uma chávena de chá em minha companhia.*

che.ca.gem *s.f.* verificação; controle: *Deve ser feita também a checagem dos limpadores de para-brisa.*

che.car *v.t.* **1** conferir; verificar: *checar se há infecções no paciente.* **2** examinar as causas ou condições; analisar: *Ele checa as reclamações dos leitores.* **3** testar: *Para checar o resultado, utiliza-se o teste clássico.*

check-up (checáp) (Ingl.) *s.m.* **1** checagem; verificação: *Faça um check-up nos sistemas de segurança do veículo antes de viajar.* **2** conjunto de exames médicos: *O rei foi internado para um check-up regular.*

che.cos.lo.va.co *s.m.* **1** natural ou habitante da antiga Checoslováquia, república europeia que deixou de existir em 1993. • *adj.* **2** relativo à Checoslováquia.

che.fe (é) *s.2g.* **1** aquele que exerce autoridade; líder; cabeça: *Ele é o irmão mais velho, o chefe da família.* **2** aquele que ocupa a mais alta hierarquia civil ou militar: *chefe de estado.* **3** aquele que comanda; comandante: *seguiu ordens do próprio chefe da guarda pessoal.* **4** funcionário encarregado da supervisão de uma seção, departamento etc.: *O chefe dava ordens absurdas.* **5** líder político; capitão; caudilho; diretor: *O coronel foi chefe do município.* **6** fundador ou representante de uma dinastia, um clã, uma tribo, uma família.

che.fi.a *s.f.* **1** comando; direção; mando: *Ele só queria saber do mando e da chefia.* **2** grupo de chefes; diretoria: *A chefia me elogiou.* **3** cargo ou comando de chefe.

che.fi.ar *v.t.* governar como chefe; comandar; dirigir: *Ela chefia um laboratório na universidade.*

che.ga.da *s.f.* **1** ação de chegar a um lugar; ida ou vinda: *Na chegada a Londres, ele ofereceria uma carona.* **2** nascimento: *a chegada dos filhos.* **3** início; começo: *a chegada da primavera.* **4** regresso; volta: *a chegada em casa tarde da madrugada.* **5** lugar onde se chega; ponto de chegada: *Estávamos a uns dois quilômetros da chegada.*

che.ga.do *adj.* **1** que chegou; que veio: *Noite chegada, e ele partindo.* **2** próximo; contíguo. **3** estreitamente ligado por afeição; íntimo: *os amigos mais chegados.* **4** que aprecia; propenso; dado: *uma grande plateia chegada às fofocas.*

che.gar *v.t.* **1** atingir determinado ponto no espaço ou no tempo: *Acabaria chegando a São Paulo antes dele.* **2** estar no mesmo nível ou nos limites de: *Os cobertores mal chegavam até o peito.* **3** atingir; alcançar: *Chegamos à mesma conclusão.* **4** elevar-se a; atingir o valor de: *Os honorários chegam a 200 reais a hora.* **5** pôr perto; aproximar: *Chegaram o jipe para junto da barraca.* • *pron.* **6** aproximar-se; acercar-se: *Os homens chegavam-se às cruzes.* • *int.* **7** vir; sobrevir: *E as chuvas chegaram.* **8** iniciar; começar: *O inverno chegou.* **9** ser suficiente; bastar: *quatro dias não chegaram.*

chei.a *s.f.* enchente de rio; inundação: *Os moradores sofrem com a cheia nesta época do ano.*

chei.o *adj.* **1** totalmente preenchido; pleno; completo: *O tanque do carro está cheio.* **2** que encerra ou abriga grande quantidade de coisas: *gavetas cheias.* **3** nutrido; encorpado. **4** claro; audível; potente: *Com a voz cheia, chamou por todos.* **5** ocupado; atarefado: *Meu dia também será cheio.* **6** repleto; apinhado: *A sala está cheia de pacientes.* **7** completamente tomado; dominado: *"Chantagem?", indaguei, cheia de indignação.* **8** que apresenta algo em alto grau; rico: *mulher cheia de saúde.* **9** (Coloq.) aborrecido; farto: *Estou cheia desse papo!* **10** que recebe luz solar em toda a superfície visível: *a lua cheia sobre a cabeça.* **11** em que as águas do mar atingem altura máxima: *maré cheia.* ✦ **em cheio** (i) de modo pleno; de todo: *O tabefe alcançou-lhe a face bem em cheio.* (ii) exatamente; precisamente: *acertou em cheio o inimigo.*
cheio de si vaidoso; orgulhoso; pretensioso: *Ele estava de novo tão cheio de si que dava gosto.*

chei.rar *v.t.* **1** sentir o cheiro; aplicar o sentido do olfato a: *Um cachorro veio cheirar a ração.* **2** sorver os odores; aspirar: *Ela cheira o perfume das flores.* **3** perceber; pressentir. **4** indicar; parecer; dar indícios: *Isso para mim cheirou a coisa malfeita.* **5** exalar cheiro de: *Seu focinho cheira a mel de cana.* • *int.* **6** exalar odor característico ou desagradável. **7** (Coloq.) causar impressão (boa ou má): *Este assunto não está* *cheirando bem.* • **não cheirar bem** ser suspeito; ser perigoso: *A alta repentina do dólar não cheira bem.*

chei.ri.nho da lo.ló *s.m.* mistura de fabricação caseira, que contém substâncias anestésicas líquidas com efeito embriagante. //Pl.: cheirinhos da loló.

chei.ro *s.m.* **1** aroma; odor. **2** perfume: *Uma touceira de manacá enchia de cheiro a tarde.* **3** erva aromática: *os canteiros de cheiros.* **4** olfato; faro: *O macho dificilmente acha de novo a fêmea pelo cheiro.* **5** indício; sensação; impressão: *Começou a farejar no ar o cheiro do tetracampeonato.* **6** mau cheiro; fedor. **7** aparência; característica: *o cheiro da obsessão.*

chei.ro.so (ô) *adj.* **1** que tem cheiro; que exala cheiro: *A relva cheirosa do Pantanal.* **2** que tem cheiro agradável; perfumado: *Eu vou cheirosa até para a ginástica.*

chei.ro-ver.de (ê) *s.m.* conjunto dos temperos verdes, como salsa, cebolinha, coentro etc. //Pl.: cheiros-verdes.

chemisier (chemisiê) (Fr.) *s.m.* vestido inteiriço, sem corte na cintura e abotoado na frente, semelhante a uma camisa longa: *Chemisier florido é o vestido do momento.*

che.que (é) *s.m.* ordem de pagamento do titular de uma conta bancária a seu favor ou a favor de outra pessoa: *talão de cheques personalizado.* // Cp.: xeque.

chi *interj.* xi; expressa espanto: *Chi, o papai vai brigar com o vovô!*

chi.a.dei.ra *s.f.* **1** ruído prolongado e desagradável: *Transformar a chiadeira em música agradável foi o maior desafio do estúdio.* **2** (Coloq.) reclamação: *Vai começar a inevitável chiadeira contra os juros.*

chi.a.do *s.m.* **1** som agudo e prolongado: *o chiado das rodas de ferro dos primeiros bondes.* **2** som semelhante ao fervilhar: *Ele reclama de falta de ar e chiado no peito.* **3** ruído que interfere na execução de um som: *Os discos de vinil logo pegam chiado.* **4** guincho: *Para achar rato basta um bom ouvido para detectar seu chiado.* **5** (Coloq.) reclamação; queixa: *Surgem os primeiros chiados contra a reforma.* **6** som produzido pela fricção da língua com o palato: *Notamos chiados cariocas sob a fala dos atores.*

chi.ar *v.int.* **1** soar como chiado. **2** emitir ruído estridente e áspero; ranger: *O rádio chiava.* **3** som produzido pela cigarra. **4** esbravejar de cólera; protestar; reclamar: *E ninguém reclama, ninguém chia!* • *s.m.* **5** ruído estridente; chiado: *o chiar dos carros fazia o papel dos roncos dos motores.*

chi.ba.ta *s.f.* chicote; açoite: *surra de chibata.*
chi.ba.ta.da *s.f.* golpe com a chibata; chicotada.
chi.ca.na *s.f.* **1** uso de argumentos jurídicos de forma ardilosa, com subterfúgios e má-fé. **2** trapaça; tramoia. **3** (Autom.) obstáculos colocados na pista resultando em uma passagem em zigue-zague.

chi.ca.no *s.m.* **1** norte-americano descendente de latino-americano, especialmente mexicano. • *adj.* **2** de ou relativo aos chicanos.

chi.clé *s.m.* (Coloq.) chiclete.
chi.cle.te *s.m.* goma de mascar: *Fala de um jeito esquisito e não tira o chiclete da boca.*

chinelo

chi.có.ria *s.f.* hortaliça de sabor amargo, folhas rijas, crespas, verde-escuras, de bordas bem recortadas.
chi.co.ta.da *s.f.* golpe de chicote.
chi.co.te (ó) *s.m.* **1** tira ou trança de couro com cabo, usada para açoitar: *apressado, metera o chicote na mula.* **2** surra de chicote: *É possível que ele não esqueça o chicote.* **3** golpe; impulso.

chi.co.te.ar *v.t.* **1** bater com chicote; açoitar. **2** atingir ou golpear como quando se usa chicote; castigar; fustigar: *um frio desumano chicoteando os grevistas.* **3** atingir ou criticar duramente; censurar: *Ele vive chicoteando o racismo.*

chi.fra.da *s.f.* golpe dado com chifre; marrada: *A chifrada do touro machuca.*

chi.frar *v.t.* **1** ferir com os chifres; cornear: *Um dia, quase foi chifrado por um touro.* **2** (Coloq.) praticar adultério; trair; enganar.

chi.fre *s.m.* **1** apêndice pontudo e curvo que certos animais desenvolvem na fronte: *gado de chifres imensos.* **2** antena ou tentáculo semelhante ao chifre: *É uma serpente africana, muito venenosa, com chifres na cabeça.* **3** planta em condições de ser plantada em definitivo; muda, principalmente de bananeira: *Bananeira nasce pelo chifre.* **4** qualquer objeto, ornato em forma de chifre. **5** (Coloq.) adultério; traição: *Não houve chifres nem honra a ser lavada.*

chi.fru.do *adj.* **1** provido de chifres: *demônios chifrudos.* **2** (Deprec.) enganado, traído pelo cônjuge.

chi.le.no *s.m.* **1** natural ou habitante do Chile: *As chilenas haviam estreado com derrota para as argentinas.* • *adj.* **2** relativo ao Chile, América do Sul: *um técnico chileno.*

chili (tchíli) (Esp.) *s.m.* **1** pimenta mexicana, de sabor picante: *fritadas de ovos com chili.* **2** prato típico mexicano que é um picadinho de carne com caldo de feijão, tomate e pimenta: *Serviam chili de feijão preto, cozido na cerveja.*

chi.li.que *s.m.* (Coloq.) ataque de nervos; faniquito: *Eles têm chiliques porque não admitem um mínimo aumento de impostos.*

chil.re.ar *v.int.* som produzido pelos pássaros: *Os pardais chilreavam nas árvores próximas.*

chim *s.2g* **1** chinês • *adj.* **2** relativo à China: *a milenar escrita chim.*

chi.mar.rão *s.m.* bebida feita de mate e água quente, sem açúcar.

chim.pan.zé *s.m.* (Zool.) grande macaco antropoide, africano, de corpo peludo, pequena capacidade craniana, nariz chato, focinho alongado e sem queixo, caninos salientes, coluna vertebral curvada para a frente, braços muitos longos e pés quase sem calcanhar.

chi.na *s.f.* (Reg. RS) **1** concubina; amásia. • *adj.* **2** diz-se do bovino mestiço de zebu com gado da terra: *uma vaca china estabanada.*

chin.chi.la *s.f.* (Zool.) pequeno mamífero roedor, de pelo macio, natural dos Andes peruanos e chilenos.
chi.ne.la (é) *s.f.* chinelo.
chi.ne.la.da *s.f.* pancada com chinelo: *levou umas cheneladas.*
chi.ne.lo (é) *s.m.* calçado, geralmente sem salto, macio e confortável, de uso doméstico: *cansado, parou um instante, descalçou o chinelo.*

chinês

chi.nês s.m. **1** natural ou habitante da China: *os chineses são campeões olímpicos*. • adj. **2** relativo à China (Ásia): *escritores chineses*.

chin.frim adj. (Coloq.) de pouca importância; insignificante: *Era um guiazinho de viagem muito chinfrim*.

chip (chip) (Ingl.) (Inf.) s.m. cada uma das pastilhas de silício utilizadas na produção de circuitos integrados: *Cada cartão contém um chip com código digital*.

chi.que s.m. **1** elegância; bom gosto; requinte. • adj. **2** elegante no trajar; muito chique: *O estilista achou a primeira-dama muito chique*. **3** de bom-tom; requintado: *Todos começaram a achar chique contribuir para a campanha*. **4** de bom gosto; elegante: *Vi fotos chiques do ator*.

chi.quê s.m. (Coloq.) elegância exagerada; luxo afetado: *resolveu sair do chiquê que havia adotado desde a sua aparição*.

chi.quei.ro s.m. **1** curral para pequenos animais, especialmente os porcos. **2** lugar imundo: *Sua casa era imunda, um chiqueiro!*

chir.ri.ar v.int. som agudo e prolongado da voz da coruja: *À noite as corujas chirriavam nos pinheirais*.

chis.pa s.f. **1** faísca; fagulha; centelha: *Fogos de artifício iluminam a noite com suas chispas coloridas*. **2** brilho rápido; lampejo: *seus olhos lançavam chispas*.

chis.par v.int. **1** emitir chispas; faiscar; brilhar: *A luz chispava nas pedras de minha coroa*. **2** (Fig.) correr em disparada; disparar.

chis.te s.m. dito espirituoso; piada; gracejo: *homem inteligente, sempre disposto ao chiste e à boa risada*.

chis.to.so (ô) adj. espirituoso; engraçado: *Aqui e ali, um dito chistoso*.

chi.ta s.f. **1** tecido de algodão estampado, de má qualidade: *A mocinha comprou alguns metros de chita*. **2** vestido de chita: *Ela vira sua mãe usando chita estampada de cores desbotadas*.

chi.tão s.m. tecido de chita com estampas grandes.

cho.ça (ó) s.f. casebre; choupana.

cho.ca.dei.ra s.f. aparelho para chocar ovos; incubadeira.

cho.ca.lhar v.t. **1** agitar; sacudir; produzindo som semelhante ao do chocalho. • int. **2** soar (o chocalho).

cho.ca.lho s.m. **1** peça de metal que contém um badalo e que se põe no pescoço de certos animais. **2** instrumento musical constituído de um cilindro de madeira ou metal, dentro do qual grãos diversos batem em suas paredes ao ser movimentado. **3** guizo de cascavel.

cho.can.te adj. **1** que causa estranheza; que causa impressão desagradável: *Vi uma cena chocante de animais apreendidos*. **2** que incomoda, ofende ou revolta: *imagens chocantes da nossa pobreza*. **3** (Coloq.) interessante; agradável; muito bom: *O tecido tem uma maciez e um caimento chocantes*.

cho.car[1] v.t. **1** causar estranheza ou revolta; incomodar; abalar: *Esse crime chocou a cidade*. • pron. **2** dar de encontro; encontrar-se: *A corrente quente do Brasil choca-se com a corrente fria das Falklands*. **3** bater, esbarrar ou encostar, como decorrência de um movimento brusco: *O piloto perde o controle da máquina e se choca contra o muro*. **4** ser oposto; estar ou ficar em oposição: *A opinião do secretário se choca com a do chefe*. • int. **5** ofender; melindrar. **6** ficar desagradavelmente surpreso; incomodar; escandalizar: *Atualmente este tipo de violência não choca mais*.

cho.car[2] v.t. **1** cobrir, aquecendo com o próprio corpo, a fim de que se desenvolva o embrião e nasça o animal; incubar: *Uma pata choca de dezesseis a dezoito ovos*. **2** incubar artificialmente. • int. **3** tornar-se choco, sem efervescência (bebida ou água).

cho.car.rei.ro adj. sarcástico; atrevido; insolente: *aquele tom de confidência quase chocarreira*.

cho.cho (ô) adj. **1** sem potência; fraco; amortecido: *Ele armou um canhão, mas o chute saiu chocho*. **2** sem gosto; insípido: *chochas verduras cozidas*. **3** desinteressante; sem graça; sem espírito: *duas histórias meio chochas*. **4** murcho; seco: *grãos chochos*. **5** sem emoção; sem vida; desanimado: *Que pré-carnaval mais chocho!*

cho.co (ô) s.m. **1** período de incubação dos ovos, quando o embrião está se desenvolvendo; choca: *Uma grande galinha branca estava no choco*. **2** descanso na cama; repouso. • adj. **3** que está chocando ovos: *Quem é que está sentada aí como uma pata choca?* **4** podre; estragado: *a caldeira cheia de água choca*. **5** sem efervescência: *goles de cerveja choca*.

cho.co.la.ta.ri.a s.f. casa comercial que vende chocolates.

cho.co.la.te s.m. **1** alimento ou bebida feitos de cacau, açúcar e substâncias aromáticas: *creme de chocolate e canela*. **2** bebida feita com cacau em pó, leite e açúcar. **3** bombom ou barra desse alimento.

cho.co.la.tei.ra s.f. vasilha onde se prepara ou se serve o chocolate.

cho.fer (é) s.m. motorista profissional; condutor de automóvel.

cho.fre (ô) s.m. golpe ou choque repentino. • **de chofre;** de repente: *despertou de chofre de um sonho bom*.

chol.dra (ô) s.f. **1** gente vil, ordinária; ralé; plebe: *As personagens de Eça de Queirós criticam a choldra do país*. **2** aquilo que não tem valor, de má qualidade.

cho.pe (ô) s.m. tipo de cerveja mais suave, colocada em barril.

cho.pei.ra s.f. vasilha que contém ou é própria para servir chope.

cho.pe.ri.a s.f. estabelecimento onde se vende chope: *Ele era dono de uma choperia em Ribeirão Preto*.

cho.que (ó) s.m. **1** contração dos músculos causada pela passagem de uma corrente elétrica por uma parte do corpo: *O invasor levou um choque na cerca elétrica*. **2** reação contrária; conflito: *Houve mortes por choque alérgico*. **3** comoção; abalo emocional: *Foi um choque saber da sua morte*. **4** embate violento de forças contrárias; luta. **5** colisão de dois corpos; batida; impacto: *Com o choque, o carro partiu ao meio e o poste caiu*. **6** oposição; antagonismo: *o choque de ambições pessoais*.

cho.ra.dei.ra s.f. **1** choro contínuo e impertinente: *A choradeira da meninada deixou a mamãe doida*. **2** pedido lamuriento; reclamação; protesto: *a choradeira por maiores verbas*.

cho.ra.do adj. **1** cuja morte foi lamentada; pranteado. **2** cantado ou tocado em tom melancólico ou plangente.

cho.ra.min.gar v.t. **1** lamuriar; lamentar: *Está sempre choramingando a impossibilidade de dar conta dos problemas*. • int. **2** chorar repetidamente e sem causa bastante; chorar baixinho: *O filho ficou choramingando ao lado da mãe*.

churrascaria

cho.ra.min.gas s.2g.pl. **1** choramingo: *Não me venham com choramingas.* • adj. **2** que chora ou se lastima muito; chorão: *Ele é um jogador choramingas.*

cho.ra.min.go s.m. **1** choro; choradeira: *Não é hora para choramingos.* **2** reclamação; queixa; lamúria: *A resposta foi apenas um choramingo da parte vencida.*

cho.rão s.m. **1** pessoa que se queixa muito: *Nosso treinador é um chorão.* **2** (Bras.) instrumentista que toca choro: *Quem não tinha chorão contratado improvisava.* **3** (Bot.) árvore ornamental, de galhos elásticos e pendentes: *Nos jardins, você poderá ter chorão e lírio.* • adj. **4** que chora facilmente ou muito. **5** que reclama de tudo; queixoso: *Com a fama de chorão, costuma se emocionar facilmente.* **6** que toca choro: *o flautista chorão.*

cho.rar v.t. **1** lamentar; prantear: *Mãe, chora por teu filho.* **2** lastimar; deplorar. • int. **3** verter ou derramar lágrimas sob o efeito de uma emoção; exprimir dor: *Assim ficaria muito triste e choraria de dor.* **4** (Fig.) emitir som triste: *Um violoncelo chora mansamente na tarde.*

cho.ri.nho s.m. (Bras.) música popular brasileira variante do choro, de andamento rápido; choro: *Alguém começa a tocar um chorinho macio ao cavaquinho.*

cho.ro (ô) s.m. **1** lamentação lacrimosa; pranto; lamúria: *O choro dos descontentes não amolecerá a política.* **2** (Bras.) composição popular brasileira de caráter sentimental; chorinho: *novos discos de choro.* **3** conjunto instrumental, que toca esse tipo de música. **4** rumor contínuo e prolongado; ruído; murmúrio: *o choro monótono do motor.* **5** melodia triste: *aquele choro fino e rouco do violoncelo.* **6** porção de alguma coisa dada como brinde, de quebra.

cho.ro.so (ô) adj. **1** que chora ou que está chorando: *uma garotinha chorosa.* **2** sentido; magoado: *Chorosa, atendeu à porta.* **3** cheio de lamúrias; lacrimoso: *um filme choroso.*

cho.ru.me s.m. líquido produzido pela fermentação de lixo.

cho.ru.me.la s.f. (Coloq.) **1** coisa de pouco valor, insignificante; ninharia. **2** cantilena; arenga; lenga-lenga: *Uma vez anotada a placa do carro, não há chorumela que faça a operadora voltar atrás.*

chou.pa.na s.f. casa rústica de madeira ou de ramos de árvore; casebre; choça.

chou.ri.ço s.m. linguiça seca curtida no fumeiro.

cho.ve não mo.lha s.m. (Bras.) situação indecisa; coisa sem resolução: *Inseguro, fica sempre nesse chove não molha.*

cho.ver (ê) v.int. **1** cair água, em gotas, da atmosfera: *vamos antes que chova.* v.t. (Fig.) **2** cair do alto como chuva: *ontem choveu granizo.* **3** chegar em abundância: *choveram pedidos de ingressos para o jogo.* ♦ **chover na horta (de alguém)** ter sorte; ser bem-sucedido: *Eu nunca conseguia namorado. Agora, está chovendo na minha horta.*

chu.chu s.m. **1** fruto suculento em forma de pera, de casca fina, cuja cor varia do branco para o verde-escuro, com sulcos, com ou sem espinhos; machucho. **2** chuchuzeiro: *plantei uma área só de chuchu.* **3** (Coloq.) pessoa muito bonita (referindo-se especialmente a mulher): *Ela está um chuchu.* ♦ **pra chuchu** (Coloq.) muito: *Olha a hora, é tarde pra chuchu.*

chu.chu.zei.ro s.m. planta trepadeira, de folhas abundantes em forma de coração, presas a ramas, flores amareladas, que produz o chuchu.

chu.ço s.m. vara com uma ponta de ferro: *Para se defender preparou o chuço e a faca.*

chu.cro adj. **1** que ainda não foi domado: *O animal era chucro e não ia aceitar cavaleiro.* **2** selvagem; rústico: *O jogador era o que os gaúchos chamam de chucro.*

chu.cru.te s.m. prato feito com repolho picado e fermentado.

chu.la s.f. (Reg. RS) música ou dança popular acompanhada de sanfona ou violão.

chu.lé s.m. (Coloq.) odor desagradável dos pés.

chu.lo adj. de baixo calão; grosseiro; vulgar: *Um filme vulgar, com cenas de nudez e linguagem chula.*

chu.ma.ço s.m. **1** estofo; tecido usado especialmente para acolchoar peças do vestuário e da decoração. **2** porção pequena e compacta de material mole e macio (algodão, gaze etc.).

chum.ba.da s.f. peça de chumbo usada por pescadores e que serve para levar a rede ou o anzol ao fundo da água.

chum.ba.do adj. **1** ferido por tiro de chumbo. **2** soldado com chumbo: *O freio parecia chumbado na cabina.* **3** fixado; preso; grudado: *Parecia ter os pés chumbados ao chão.* **4** (Coloq.) cansado; embriagado: *O marido chegou em casa chumbado.*

chum.bar v.t. **1** soldar, prender ou fixar com chumbo. **2** ferir com chumbo ou arma de fogo. **3** colocar pesos de chumbo; chumbadas. **4** imobilizar; obturar com amálgama: *O dentista resolveu chumbar a cárie.* **5** travar; prender: *O susto lhe chumbava a língua.* **6** enfraquecer muito; debilitar. **7** (Coloq.) embebedar; embriagar.

chum.bo s.m. **1** (Quím.) elemento metálico cinza-prateado, mole, muito denso, utilizado em ligas. // Símb.: Pb; N. atôm.: 82. // (Coloq.) **2** bala; projétil: *Vai voar chumbo.* **3** reprovação; reprimenda; acusação; oposição: *Outros esperavam chumbo grosso.* ♦ **de chumbo** (i) pesado; carregado; tenso: *o clima de chumbo que baixou sobre os campos de futebol.* (ii) que revela autoritarismo; opressão: *anos de chumbo.*

chu.pa.da s.f. ato de chupar: *Deu uma chupada forte no cigarro.*

chu.par v.t. **1** aspirar por meio dos lábios; sugar; sorver: *Queria chupar uma laranja inteira.* **2** exercer sucção com a boca: *O menino chupava um dedo, com força.* **3** ingerir, deixando derreter na boca: *Já chuparam as poucas balas que restavam.* (Coloq.) **4** tirar proveito; explorar; extorquir: *Muitos vivem chupando o Estado.* **5** copiar; plagiar: *chupou quase toda a história de outro romance.* **6** ingerir bebida alcoólica; beber; entornar.

chu.pe.ta s.f. bico de borracha, imitando mamilo, para sucção de crianças de colo: *A criança toma sua chupeta, suga com vigor e se acalma.*

chu.pim s.m. **1** (Zool.) pássaro que põe ovos em ninho de tico-tico, para que ele os choque. **2** (Coloq.) pessoa que vive à custa de outra ou dela se aproveita: *É um chupim, quer se encostar nos outros.*

chur.ras.ca.ri.a s.f. restaurante especializado em churrasco.

churrasco

chur.ras.co *s.m.* **1** refeição que tem a carne assada sobre brasas como prato principal; churrascada: *Embalado pela descontração do churrasco, criticou o governo*. **2** carne assada em espeto ou grelha sobre brasas: *Comi um delicioso churrasco de carneiro*.

chur.ras.quei.ra *s.f.* peça, geralmente de ferro, ou construção de alvenaria, onde se prepara churrasco.

chur.ro *s.m.* iguaria feita de massa frita recheada com doce.

chus.ma *s.f.* grupo grande de pessoas; bando: *A chusma debandou aos gritos*.

chu.ta.dor (ô) *s.m.* pessoa que chuta: *Aquele jogador novato é um grande chutador*.

chu.tar *v.t.* **1** dar chutes ou pontapés em: *Senti vontade de chutar a traseira daquele idiota*. **2** arremessar com os pés. **3** tentar acertar, arriscando. (Coloq.) **4** enviar; mandar. **5** repudiar; rejeitar: *chutou a namorada*. **6** expulsar: *O Comitê Central tinha decidido chutá-lo do partido*. • *int.* **7** arremessar bola com chute ou pontapé: *De onde ele tirara aquele jeito de arrancar, driblar, chutar?* **8** (Coloq.) arriscar palpite.

chu.te *s.m.* **1** arremesso com o pé; pontapé: *No chute seco, a bola não subia nada*. **2** (Coloq.) palpite; afirmação sem fundamento; mentira: *Confira o índice médio de acerto em cada questão, descontados os chutes*.

chu.tei.ra *s.f.* calçado com travas na sola, próprio para futebol.

chu.va *s.f.* **1** precipitação atmosférica por efeito da condensação de vapor: *Ouvia o ruído da chuva contra a vidraça*. (Fig.) **2** tudo que cai como chuva: *Atiram sobre o meu corpo uma chuva de pétalas*. **3** grande quantidade: *O cobrador de impostos recebeu uma chuva de reclamações*.

chu.va.ra.da *s.f.* chuva abundante e forte: *Recente chuvarada destruiu o telhado do museu*.

chu.vei.ra.da *s.f.* banho rápido de chuveiro; ducha.

chu.vei.ro *s.m.* **1** dispositivo com furos por onde sai a água canalizada: *Ficou por instantes debaixo do chuveiro*. **2** anel ornado com brilhantes: *Na mão luzia o chuveiro, anelão de ouro branco e pedras*. **3** banho de chuveiro: *Naquela noite, ele tomou o seu chuveiro*. **4** compartimento onde se encontra o chuveiro.

chu.vis.car *v.int.* chover pouco e miúdo: *Chuviscava um pouco lá fora*.

chu.vis.co *s.m.* **1** chuva miúda e passageira: *O chuvisco contribuía para que a praça estivesse deserta*. **2** pequenos traços brilhantes que aparecem na tela do televisor quando há interferência de imagem e que se assemelham a chuva miúda: *A empresa culpa a localização do prédio pelos chuviscos na imagem*.

chu.vo.so (ô) *adj.* abundante em chuva: *manhã chuvosa*.

ci.a.no.se (ó) *s.f.* (Med.) coloração azulada da pele ou mucosa, devido à insuficiente oxigenação do sangue.

ci.a.nó.ti.co *adj.* (Med.) **1** com a pele azulada, entre pálida e escura: *As regiões mais comprimidas do corpo mostram-se cianóticas*. **2** que causa cianose: *moléstias cianóticas*.

ci.á.ti.ca *s.f.* (Med.) dor no quadril e nas coxas causada por inflamação do nervo ciático: *Não duvido que o jogador tenha apenas ciática*.

ci.á.ti.co *adj.* (Med.) **1** nervo ciático: *Ele tinha atrofia no ciático*. • *adj.* **2** nervo situado na região do quadril: *Há uma compressão do nervo ciático*. **3** relativo a esse nervo: *dores ciáticas*.

ci.ber.ca.fé *s.m.* espécie de bar ou lanchonete onde os clientes encontram computadores à sua disposição para acessar a Internet, jogos eletrônicos, executar pequenos trabalhos etc.

ci.be.res.pa.ço *s.m.* (Inf.) diz respeito ao mundo virtual, onde transitam informações de todo tipo, como mensagens, vídeos, sons.

ci.ber.né.ti.ca *s.f.* ciência que estuda o controle de processos em sistemas biológicos, mecânicos e eletrônicos.

ci.ber.né.ti.co *s.m.* **1** quem utiliza tecnologia moderna, especialmente a informática: *Revistas de informática saciam os cibernéticos*. • *adj.* **2** que se refere à cibernética: *comunicação cibernética*.

ci.ca.tri.ci.al *adj.* (Med.) relativo a ou próprio de cicatriz: *Estes sinais cicatriciais são indício de cirurgias anteriores*.

ci.ca.triz *s.f.* **1** (Med.) marca deixada em tecidos vivos por ferida ou ferimento já fechado: *Olha só esta cicatriz na minha canela*. (Fig.) **2** marca ou sinal de destruição: *As palmeiras tinham cicatrizes de palmas arrancadas*. **3** impressão deixada por um acontecimento desagradável.

ci.ca.tri.za.ção *s.f.* (Med.) formação de cicatriz; fechamento: *A cicatrização da lesão foi completa*.

ci.ca.tri.zan.te *s.m.* (Med.) **1** substância que auxilia na cicatrização: *A gordura do jacaré é um ótimo cicatrizante*. • *adj.* **2** que auxilia na cicatrização; que cicatriza: *pomadas cicatrizantes*.

ci.ca.tri.zar *v.t.* **1** (Med.) promover a cicatrização de; curar; secar: *uma planta medicinal que cicatriza feridas*. **2** (Fig.) fazer cessar os efeitos de; dissipar; desfazer: *a promessa de cicatrizar essa dor*. • *int.* **3** sofrer cicatrização; secar: *Os ferimentos começaram a cicatrizar*. **4** (Fig.) deixar de provocar sofrimento; dissipar-se: *O crime também já cicatrizou na mente dela*.

ci.ce.ro.ne *s.m.* guia turístico: *O cicerone orienta o olhar do turista*.

ci.ce.ro.ne.ar *v.t.* acompanhar; guiar: *Eu ciceroneava um amigo em visita à cidade*.

ci.ci.ar *v.t.* **1** dizer em voz baixa; dirigir-se em cicio; sussurrar; murmurar; cochichar: *Ela ergueu os olhos para o marido e ciciou para ele: a gatinha sumiu*. • *s.m.* **2** ruído brando; murmúrio; cicio: *o ciciar do vento nos arbustos*.

ci.ci.o *s.m.* sussurro; murmúrio; ruído brando; vibração: *um cicio de folhas*.

ci.cla.ma.to *s.m.* (Quim.) adoçante sintético artificial que é sal de um ácido sólido, solúvel na água.

ci.cli.co *adj.* **1** que acontece ou se desenvolve por ciclos: *os patins são exemplos de modas cíclicas*. **2** constante: *as manifestações cíclicas de infidelidade partidária*.

ci.clis.mo *s.m.* esporte ou exercício que consiste em andar de bicicleta: *Em sua expedição pelo Caribe, uniu ciclismo e mergulho*.

ci.clis.ta *s.2g.* **1** pessoa que pratica ciclismo: *O ciclista espanhol recebeu o prêmio*. **2** pessoa que anda de bicicleta: *O ciclista, na iminência de cair, pedala com força redobrada*.

ci.clís.ti.co *adj.* relativo ao ciclismo, à bicicleta ou ao ciclista: *uma corrida ciclística*.

194

cilíndrico

ci.clo s.m. **1** período de tempo caracterizado por acontecimento de mesmos fatos; fase: *o ciclo das festas folclóricas*. **2** cada um dos lapsos de tempo por que passa o desenvolvimento cultural e social; época: *o ciclo da vida*. **3** fenômenos biológicos que se repetem em tempo determinado: *ciclo menstrual*. **4** cada uma das divisões de certos programas de ensino: *ciclo básico*. **5** conjunto de apresentação em torno de um mesmo assunto. **6** série de fenômenos naturais que se sucedem em ordem determinada. **7** série de transformações cujo estágio inicial é igual ao final: *ciclo de palestras*.

ci.clo.mo.tor (ô) s.m. bicicleta motorizada.

ci.clo.ne s.m. vento fortíssimo que gira ao redor de um centro de baixa pressão atmosférica; furacão.

ci.clô.ni.co adj. relativo a ou próprio de ciclone: *O redemoinho ciclônico impede a formação de nuvens*.

ci.clo.pe s.m. (Mit.) gigante com um só olho no meio da testa.

ci.cló.pi.co adj. **1** relativo a ciclope. **2** (Fig.) enorme; gigantesco: *Precisaremos de mais alguns anos para completar essa obra ciclópica*.

ci.clo.vi.a s.f. pista para circulação de bicicletas ou para prática de ciclismo.

ci.cu.ta s.f. veneno poderoso preparado com uma erva de folhas verde-escuras, grandes e luzidias, flores brancas e fruto oval.

ci.da.da.ni.a s.f. condição de quem goza plenamente de seus direitos civis e políticos: *Caminhamos, felizmente, para uma maior consciência de nossa cidadania*.

ci.da.dão s.m. **1** pessoa no gozo de seus direitos civis e políticos: *Alguns cidadãos não creem nos instrumentos criados para o exercício e a garantia de seus direitos*. **2** pessoa; indivíduo: *Um cidadão descia do automóvel e sorrateiramente entrava pelo portão*. **3** título honorífico concedido por uma cidade a um natural de outra cidade ou país por seus méritos e realizações. // Pl.: cidadãos; Fem.: cidadã e cidadoa.

ci.da.de s.f. **1** povoação que é sede de município; concentração populacional: *a cidade do Rio de Janeiro*. **2** núcleo principal dessa povoação, onde geralmente se encontram centro administrativo, secretarias públicas, bancos e casas comerciais: *Íamos de metrô para a cidade*.

ci.da.de.la s.f. **1** fortaleza defensiva: *Ruíram as muralhas da cidadela*. **2** elemento que serve de defesa.

ci.dra s.f. fruta cítrica graúda de cor verde-limão e de cuja casca se faz um doce muito apreciado.

ci.ên.cia s.f. **1** conjunto ou soma dos conhecimentos humanos adquiridos por meio de observação sistemática, de pesquisa e de métodos e linguagem próprios: *os progressos da ciência*. **2** campo de estudos sistematizado voltado para qualquer ramo do conhecimento. **3** conhecimento; noção precisa; informação: *A diretoria vai até a subsede para tomar ciência do que está ocorrendo*. **4** arte; técnica; tecnologia. • pl. **5** disciplina escolar introdutória dos estudos científicos: *Estudamos Português, Matemática e Ciências*. // Neste caso se escreve com inicial maiúscula.

ci.en.te s.m. **1** assinatura colocada em um documento de cujo conteúdo se tomou conhecimento. • adj. **2** que tem conhecimento ou ciência de; informado: *Estávamos cientes de que a prova seria hoje*. **3** consciente: *Era um aluno ciente de suas obrigações*.

ci.en.ti.fi.car v.t. **1** tornar ciente; dar conhecimento; informar: *Sr. Prefeito, cientifico-o do meu requerimento*. • pron. **2** tomar ciência; tornar-se ciente; informar-se: *Cientifiquei-me do ocorrido e saí imediatamente*.

ci.en.tí.fi.co s.m. **1** antigo curso de nível médio, no qual predominava o ensino das ciências exatas: *Fiz o ginásio, mas não consegui terminar o científico*. • adj. **2** próprio da ciência, que tem o rigor da ciência: *um estudo científico*.

ci.en.tis.ta s.2g. especialista em determinada ciência ou em ciências.

ci.fra s.f. **1** qualquer importância. **2** importância; valor: *Sua dívida atingia cifras elevadas*. **3** número total; montante; soma: *A mortalidade, naquele país, atingiu cifras assustadoras*. **4** conjunto de sinais para comunicação em linguagem secreta; código.

ci.fra.do adj. escrito em código ou em caracteres secretos: *O jornal publicou anúncio cifrado*.

ci.frão s.m. sinal ($) que indica a unidade monetária.

ci.frar v.t. **1** registrar em cifras ou algarismos. **2** comunicar uma mensagem por cifra ou código. **3** reduzir; sintetizar; resumir: *Todo ensino cifra seu êxito no exercício*. • pron. **4** orçar; estimar-se: *A construção da ponte cifrava-se em cerca de 500.000 reais*.

ci.ga.no s.m. **1** indivíduo pertencente a povo nômade de origem indiana que migrou para a Europa. • adj. **2** relativo a ou próprio desse povo: *famílias ciganas*.

ci.gar.ra s.f. **1** (Zool.) inseto de asas grandes e transparentes, cujo macho produz um som estridente e aparece no verão. **2** campainha estridente: *Eu já o preveni de que quando estiver trabalhando desligue a cigarra*.

ci.gar.rei.ra s.f. pequeno estojo para guardar cigarros.

ci.gar.ri.lha s.f. cigarro menor e mais fino que o charuto e que usa o próprio tabaco como invólucro.

ci.gar.ro s.m. tabaco picado fino e enrolado em papel ou palha, para se fumar.

ci.la.da s.f. emboscada; traição; ardil; engano: *Ao assinar contratos, cuidado para não cair em cilada*.

ci.lha s.f. correia larga, de couro ou fios torcidos, que se passa sob a barriga de cavalgaduras para segurar a sela ou a carga.

ci.li.a.do s.m. (Zool.) **1** espécime dos ciliados. • pl. **2** classe de protozoários de vida livre que possuem cílios durante todos os estágios de vida. • adj. **3** pertencente à classe dos ciliados: *protozoários ciliados*. **4** provido de cílios ou pelos.

ci.li.ar adj. **1** relativo ou semelhante a cílios: *Algumas vezes, francas hemorragias ocorrem nos processos ciliares*. **2** que margeia rios e lagos: *matas ciliares*. **3** relativo às margens dos rios ou dos lagos: *reflorestamento ciliar*.

ci.lí.cio s.m. **1** veste ou cinto eriçado de cerdas ou pontos de arame que se usa junto ao corpo para mortificá-lo. **2** tormento; sacrifício; mortificação: *Sofria o cilício da solidão*. // Cp.: silício.

ci.lin.dra.da s.f. capacidade máxima de gás que recebe um cilindro de motor de explosão: *um motor de 200 cilindradas*.

ci.lín.dri.co adj. em forma de cilindro: *um corpo cilíndrico*.

cilindro

ci.lin.dro *s.m.* **1** corpo alongado e roliço que tem o mesmo diâmetro em todo o seu comprimento. **2** designação geral para toda peça de forma cilíndrica, geralmente dotada de movimento rotativo, em máquinas ou mecanismos; rolo; tambor: *Os fornos rotativos são constituídos de um cilindro metálico.*

cí.lio *s.m.* **1** pelo que guarnece a borda das pálpebras; pestanas. **2** pelo que guarnece certos órgãos: *os cílios sensoriais do canal do ouvido.* **3** saliência semelhante a um pelo e que serve de órgão de locomoção: *os cílios dos protozoários.*

ci.ma *s.f.* parte superior de alguma coisa; alto; cume; topo. • **de cima** (i) parte mais elevada; parte superior: *Toda a parte de cima do prédio ficou tomada de chamas.* (ii) de quem está em posição superior: *As ordens vinham sempre de cima.* **em cima** (i) no alto: *Havia alguém lá em cima.* (ii) sobre: *Havia torcedores em cima das árvores.* **para cima** para o alto: *Os policiais atiraram para cima.* **por cima** pela parte superior; sobre: *Morcegos voavam por cima de nossas cabeças.* **e ainda por cima** e além disso; e além do mais: *E ainda por cima vocês me tratam como se eu não existisse.* **para cima e para baixo** sem parar; andando em várias direções: *O casal tem sido visto noite e dia, para cima e para baixo, em São Paulo.*

ci.ma.lha *s.f.* saliência no alto das paredes dos edifícios, onde se assentam os beirais do telhado: *Abrigava-se da chuva sob as cimalhas dos edifícios.*

cím.ba.lo *s.m.* (Mús.) instrumento musical constituído por dois discos de metal, que se percutem um contra o outro.

ci.mei.ra *s.f.* **1** reunião de cúpula. **2** (Bot.) tipo de inflorescência, cujo eixo termina com uma flor. **3** enfeite no cimo dos capacetes e elmos. **4** cume; topo; a parte mais elevada.

ci.men.ta.ção *s.f.* **1** amálgama; sedimentação. **2** consolidação; estabilização.

ci.men.tar *v.t.* **1** recobrir ou tapar com cimento: *O prefeito mandou cimentar a quadra.* **2** (Fig.) solidificar; consolidar: *O que faltava para cimentar a aliança entre as duas facções era um inimigo comum.*

ci.men.to *s.m.* **1** pó acinzentado, mistura de argila e cal, que, umedecido, se usa em estado plástico, tornando-se duro como pedra após secar. **2** piso feito com esse material: *Gostava de andar de patins no cimento da calçada.* **3** massa usada nos tratamentos dentários: *cimento cirúrgico.*

ci.mo *s.m.* **1** o ponto mais alto; cume; topo; crista: *O vaqueiro riu, olhando para o cimo da colina.* **2** ponto culminante ou ponto final: *Sua eleição situa-se no cimo de uma crise sem paralelo.*

ci.na.mo.mo *s.m.* árvore ornamental, de flores pequenas e aromáticas, com corola azulada ou rósea, casca e folha com uso medicinal.

cin.cer.ro (ê) *s.m.* campainha que se coloca no pescoço dos animais que guiam tropa ou rebanho: *Os cincerros vinham tilintando.*

cin.co *num.* **1** quatro mais um: *Chove há cinco dias.* • *s.m.* **2** número ou algarismo que representa 5: *O cinco é um número cabalístico.*

cin.dir *v.t.* **1** cortar; cruzar: *Os navios cindiam os mares.* **2** separar; dividir; fracionar: *Ainda não sabemos se nosso escritor cindirá seu mundo em bem e mal.* **3** abrir traços fundos; sulcar; marcar: *Rugas profundas cindiam-lhe a face.* • *pron.* **4** dividir-se; fragmentar-se: *Eles tiveram medo de que o país se cindisse.*

ci.ne *s.m.* forma reduzida de *cinema.*

ci.ne.as.ta *s.2g.* pessoa que dirige ou produz filmes.

ci.ne.fi.li.a *s.f.* paixão pelo cinema.

ci.né.fi.lo *s.m.* **1** amante de cinema: *Nunca pretendi ser um cinéfilo ou historiador do cinema.* • *adj.* **2** aficionado ao cinema: *Mesmo que não seja cinéfilo, você já deve ter visto alguns filmes iguais a esse.*

ci.ne.gra.fis.ta *s.2g.* operador de câmera de cinema; câmara.

ci.ne.ma *s.m.* projeção cinematográfica: *Já vi no cinema essa história.* **2** arte e técnica da cinematografia: *Há artistas que nascem vocacionados para o cinema.* **3** prédio ou sala de projeção de filmes; cine: *Era um cinema velho, sem conforto.*

ci.ne.ma.te.ca *s.f.* lugar onde se conservam os filmes e onde são exibidos especialmente aqueles que não estão em circuito comercial: *cinemateca do Museu de Arte Moderna.*

ci.ne.má.ti.ca *s.f.* (Fís.) parte da mecânica que estuda os movimentos, sem se referir às forças que os produzem ou às massas dos corpos em movimento.

ci.ne.ma.to.gra.fi.a *s.f.* **1** arte e técnica de criar e projetar filmes. **2** conjunto de filmes de um cineasta, de um país ou de uma época.

ci.ne.ma.to.grá.fi.co *adj.* **1** pertencente ou relativo à cinematografia: *gênero cinematográfico.* **2** com características da cinematografia: *uma narrativa cinematográfica.* **3** que se assemelha a cenas vistas no cinema; espetacular: *A fuga dos bandidos foi cinematográfica.*

ci.ne.ma.tó.gra.fo *s.m.* antigo aparelho capaz de reproduzir o movimento em uma tela, por meio de uma sequência de fotografias.

ci.nes.te.si.a *s.f.* sentido da percepção dos movimentos musculares, do peso e da posição dos membros.

ci.né.ti.ca *s.f.* (Fís.) **1** trata dos efeitos das forças sobre os movimentos dos corpos. **2** conjunto de fenômenos pelos quais uma alteração física ou química é efetuada: *Fazia pesquisa sobre a cinética dos gases.*

ci.né.ti.co *adj.* **1** relativo ou pertencente ao movimento. **2** que produz movimento.

cin.ga.lês *s.m.* **1** natural ou habitante da República de Sri Lanka: *um grupo de cingaleses imigrava para a Alemanha.* • *adj.* **2** relativo à República de Sri Lanka, antigo Ceilão (Ásia): *povo cingalês.*

cin.ga.pu.ri.a.no *s.m.* **1** natural ou habitante de Cingapura: *A maioria dos cingapurianos tem casa própria.* • *adj.* **2** natural ou habitante de Cingapura (sudeste asiático): *Casou-se com um médico cingapuriano.*

cin.gir *v.t.* **1** abraçar; rodear; envolver: *Mamãe, chorando, cinge-me com os braços.* **2** restringir. • *pron.* **3** limitar-se; restringir-se: *A discussão não deveria cingir-se apenas ao lado jurídico.*

cí.ni.co *s.m.* **1** que demonstra descaso pelas convenções sociais e morais; pessoa despudorada ou sem escrúpulos: *Os cínicos são gozadores.* • *adj.* **2** sem pudor; desavergonhado: *uma pessoa cínica.* **3** que denota desfaçatez: *Ela disse algumas palavras muito cínicas.*

ci.nis.mo *s.m.* atitude de quem é cínico; desfaçatez; descaramento.

circo

cin.quen.ta (qüen) *num.* **1** quantidade que é uma unidade maior que 49; quarenta mais dez. • *s.m.* **2** representação gráfica do 50.

cin.quen.tão (qüen) *s.m.* **1** (Coloq.) pessoa com cinquenta anos: *Ela não queria um cinquentão para companheiro.* • *adj.* **2** que tem cinquenta anos: *Havia desde crianças e adolescentes até jovens cinquentões.* // Fem.: cinquentona.

cin.quen.te.ná.rio (qüen) *s.m.* **1** passagem do quinquagésimo aniversário: *Houve um almoço comemorativo ao cinquentenário do grupo.* • *adj.* **2** que completou cinquenta anos: *Esta é uma cidade cinquentenária.*

cin.ta *s.f.* **1** tira, geralmente de couro, para cingir a cintura; cinto. **2** tira que serve para envolver e prender um fardo ou embrulho: *Passou uma cinta de papel em torno do embrulho.* **3** faixa: *uma cinta de concreto no verde do parque.* **4** peça íntima feita de tecido elástico que serve para apertar a cintura, o abdômen ou corrigir problemas anatômicos: *Ela usava uma cinta modeladora.*

cin.ti.la.ção *s.f.* **1** brilho intermitente de certas fontes luminosas: *a cintilação das estrelas.* **2** (Fig.) fulgor do espírito; esplendor: *são cintilações de uma mente privilegiada.*

cin.ti.lan.te *adj.* **1** que emite raios luminosos: *estrelas cintilantes.* **2** que tem muito brilho; faiscante: *roupas cintilantes.* **3** (Fig.) notável; de grande fulgor espiritual; fulgurante: *a cintilante civilização grega.* **4** que causa deslumbramento ou impacto: *Recebi uma cintilante revelação.*

cin.ti.lar *v.int.* **1** brilhar com intermitência; tremeluzir: *Começavam a cintilar as luzes da cidade.* **2** apresentar-se luzente; brilhar: *os lábios entreabertos, os dentes cintilando.* **3** tornar-se brilhante; luzir: *Os olhos da criança cintilaram.*

cin.ti.lo.gra.fi.a *s.f.* técnica de exame clínico que permite a observação de órgãos internos.

cin.to *s.m.* **1** tira de tecido ou couro que envolve a cintura a fim de prender a calça ou a saia. **2** cinturão: *A aeromoça pediu que afivelassem os cintos de segurança.* ♦ **cinto de segurança** dispositivo composto de faixa com presilhas e que serve para fixar o passageiro ao assento do veículo em caso de acidente ou choque.

cin.tu.ra *s.f.* **1** a parte mais delgada do tronco humano, que separa tórax e abdome: *As modelos têm cintura fina.* **2** parte do vestuário que envolve essa parte do corpo: *usou um vestido sem cintura.*

cin.tu.ra.do *adj.* ajustado na cintura: *um paletó cinturado.*

cin.tu.rão *s.m.* **1** cinto largo, geralmente de couro, que se usa à cintura para acomodar armas ou cartucheiras. **2** cinto representativo de título de campeão na luta de boxe: *O boxeador defenderá hoje o cinturão.* **3** grupo de objetos dispostos em forma de círculo ou em linha curva: *um cinturão de asteroides.* **4** região que circunda uma cidade; zona: *cinturão industrial.* ♦ **cinturão verde** área de produção hortifrutigranjeira na periferia dos grandes centros urbanos.

cin.za *s.m.* **1** mescla de preto e branco; a cor da cinza: *A cor original do estádio era o cinza.* • *s.f.* **2** resíduo mineral resultante da combustão de certas substâncias: *Do incêndio restou apenas um monte de cinzas.* • *pl.* **3** restos mortais: *É preciso honrar as cinzas de quem morreu.* **4** (Fig.) lembranças: *É bom não remexermos as cinzas do passado.* • *adj.* **5** (Coloq.) lúgubre; funesto; sombrio: *Encontramo-nos numa tarde cinza.*

cin.zei.ro *s.m.* pequeno recipiente para depositar cinzas ou resíduos de fumo ou para apoiar cigarros.

cin.zel *s.m.* **1** instrumento cortante usado para entalhar; esculpir ou gravar: *O Aleijadinho esculpiu suas maiores obras com o cinzel amarrado aos punhos.* **2** instrumento cortante usado por dentistas: *Cortou o dente com um cinzel.*

cin.ze.lar *v.t.* **1** entalhar; esculpir ou gravar com cinzel. **2** talhar ou fazer com esmero; apurar; aprimorar: *O autor cinzela suas obras querendo que sejam imortais.*

cin.zen.to *s.m.* **1** a cor da cinza: *À luz da manhã seguiu-se o cinzento da tarde.* • *adj.* **2** cor da cinza: *um banco de mármore cinzento.* **3** (Coloq.) sem luz; escuro; triste; melancólico: *um dia cinzento.*

ci.o *s.m.* período de desejo sexual das fêmeas; durante o qual ocorrem o acasalamento e a fecundação.

ci.o.so (ô) *adj.* cuidadoso ao extremo; zeloso; consciente: *Hoje os consumidores estão muito mais ciosos de seus direitos.*

ci.pó *s.m.* (Bot.) nome genérico de plantas trepadeiras cujas hastes, longas e cilíndricas, pendem das árvores ou nelas se entrelaçam.

ci.po.a.da *s.f.* (Bras.) **1** golpe dado com cipó: *tanger o animal com uma cipoada.* **2** chicotada; chibatada.

ci.po.al *s.m.* **1** (Bras.) mata cujo acesso é dificultado pela presença abundante de cipós. **2** (Fig.) fios entrelaçados: *Um cipoal de fios dificultava a passagem.* **3** (Coloq.) situação difícil e intricada; complicação; embrulhada: *Ele se enredava a cada dia num cipoal de intrigas.*

ci.pres.te (é) *s.m.* **1** árvore alta, ramos curtos, finos, que formam uma copa em forma de pirâmide ou de coluna, folhas de coloração variada; conforme a época, vai do verde-claro ao castanho. **2** a madeira dessa árvore: *Usaram cipreste na construção dos móveis.*

ci.pri.o.ta (ó) *s.2g.* **1** natural ou habitante do Chipre. • *adj.* **2** relativo ao Chipre, ilha do Mediterrâneo oriental: *o governo cipriota.*

ci.ran.da *s.f.* **1** dança infantil de roda, acompanhada de canto; cirandinha: *Quem não dançou ciranda na infância?* **2** dança de roda, de adultos, popular em certas regiões do Brasil: *São famosas as rodas de ciranda de Pernambuco.* **3** (Fig.) movimentação ininterrupta; progressão; vaivém: *a ciranda dos preços.*

cir.cen.se *adj.* **1** relativo, pertencente ao circo: *espetáculo circense.* **2** com características de espetáculo de circo: *Exibia números circenses na televisão.*

cir.co *s.m.* **1** na Roma antiga, área circular destinada a jogos e espetáculos públicos: *O Coliseu era o maior circo romano.* **2** pavilhão circular coberto de lona, com arquibancadas ao redor do picadeiro, onde se apresentam espetáculos de variedades: *Armaram um circo na praça.* **3** a arte dos espetáculos circenses: acrobacias, palhaçadas, truques, representações etc.: *Meninos de rua vão dar aulas de circo.* **4** espetáculo circence: *Crianças e adultos gostam de circo.* **5** (Fig.) bagunça; confusão: *A aula virou um verdadeiro circo.*

circuito

cir.cui.to s.m. **1** linha fechada que limita um espaço; contorno; circunferência: *o circuito central do campo de futebol*. **2** pista sinuosa e fechada, própria para corridas de carro e motocicleta: *o circuito de Interlagos*. **3** trajeto predeterminado; percurso; volta: *Fizemos todo o circuito a pé*. **4** conjunto de condutores interligados, capazes de conduzir a corrente elétrica de um gerador a diversos receptores: *Uma descarga elétrica queimou todo o circuito do aparelho*. **5** ambiente; campo; âmbito: *São discussões que vão além do circuito acadêmico*. **6** circulação; mercado: *No próximo mês, entra em circuito um novo produto importado*. **7** dispositivo que faz conversões; conversor: *Um circuito convertia sinais analógicos em digitais*.

cir.cu.la.ção s.f. **1** movimento contínuo de um corpo em uma trajetória circular: *a circulação da água no radiador*. **2** movimentação contínua de pessoas ou coisas; locomoção; deslocamento: *a circulação de produtos estrangeiros*. **3** trânsito: *Foi proibida a circulação de caminhões pelo centro da cidade*. **4** propagação; expansão: *circulação do ar*. **5** passagem de mão em mão: *a circulação de notas falsas*. **6** divulgação; veiculação: *A circulação de más notícias é feita pela imprensa*. **7** (Biol.) movimentação de elemento vital que transmite às partes de um corpo o alimento de que necessita para viver: *a circulação do sangue*.

cir.cu.lan.te adj. **1** que circula, voltando ao ponto de partida: *o volume circulante do sangue*. **2** que passa de mão em mão; em circulação; em uso: *a moeda circulante*. **3** que não é fixo nem estático; itinerante; móvel: *biblioteca circulante*.

cir.cu.lar[1] v.t. **1** rodear. **2** mover-se em círculos. **3** renovar-se (o ar).

cir.cu.lar[2] s.m. **1** meio de transporte coletivo que cumpre um trajeto em forma de círculo: *Tomo sempre um circular para o centro da cidade*. • s.f. **2** qualquer tipo de comunicação escrita enviada a pessoas com interesse ou atividades comuns: *Recebi uma circular no trabalho*. • adj. **3** relativo a círculo. **4** que tem a forma de círculo: *um salão circular*. **5** que tem movimento de círculo: *a movimentação circular da água*. **6** que volta ao ponto de partida; cíclico; recorrente. **7** diz-se da correspondência de interesse comum, interna ou externa, enviada a várias pessoas ou entidades: *uma carta circular*.

cir.cu.la.tó.rio adj. pertencente ou relativo à circulação: *aparelho circulatório*.

cír.cu.lo s.m. **1** (Geom.) superfície limitada por uma linha curva cujos pontos são equidistantes do centro; circunferência: *Fez um círculo e o preencheu com desenhos*. **2** qualquer objeto de forma circular (disco, roda, anel etc.) **3** movimento circular; circuito: *A pipa descrevia círculos no ar*. (Fig.) **4** ambiente; âmbito; meio: *círculo de amizades*. **5** associação; sociedade; agremiação: *Essas questões não são discutidas no círculo dos intelectuais*. • **círculo vicioso** sucessão de ideias, fatos, eventos, que voltam sempre a seu ponto de partida.

cir.cum-na.ve.ga.ção s.f. navegação ao redor da Terra ou ao redor de um continente, de uma ilha etc.

cir.cum-na.ve.gar v.t. **1** rodear navegando. **2** navegar em volta de (a Terra ou outro astro): *O astronauta circum-navegou a Lua*. **3** navegar em volta do globo, de uma ilha ou de um continente: *O explorador dos sete mares está circum-navegando desde ontem a imensa ilha*.

cir.cun.ci.dar v.t. fazer a circuncisão em; cortar o prepúcio. // Pp.: circuncidado; circunciso.

cir.cun.ci.são s.f. **1** retirada cirúrgica do prepúcio, praticada como rito religioso entre os judeus e muçulmanos. **2** remoção parcial ou total do clitóris em meninas em certos países africanos e islâmicos.

cir.cun.dan.te adj. que circunda; que rodeia: *A folha recebe uma quota de calor do ar circundante*.

cir.cun.dar v.t. formar círculo; cingir; envolver; rodear: *Há muitos satélites artificiais circundando a Terra*.

cir.cun.fe.rên.cia s.f. **1** (Geom.) linha curva, plana, fechada que limita um círculo e cujos pontos equidistam do centro: *Hoje aprendemos a calcular a área da circunferência*. **2** contorno: *a circunferência do tórax*.

cir.cun.fle.xo (é) /ks/ adj. **1** (Gram.) sinal gráfico (^) usado sobre as vogais e e o tônicas para indicar o timbre fechado: *acento circunflexo*. **2** que tem forma curva: *uma artéria circunflexa*.

cir.cun.ló.quio s.m. uso excessivo de palavras em um enunciado; rodeio de palavras; perífrase: *O orador fez muitos circunlóquios antes de entrar na questão principal*.

cir.cuns.cre.ver (ê) v.t. **1** fixar os limites; delimitar: *A ideia é circunscrever o número de turistas ao número de leitos*. • pron. **2** estar restrito; limitar-se: *A atitude meditativa não se circunscreve aos amores impossíveis*. // Pp.: circunscrito.

cir.cuns.cri.ção s.m. área territorial dividida administrativamente: *A 1ª circunscrição eleitoral abrange duas zonas*.

cir.cuns.cri.to adj. delimitado; restrito: *A força do futebol não está circunscrita apenas a um estado da federação*.

cir.cuns.pec.ção s.f. **1** gravidade; seriedade: *O mestre conduzia a aula com a sua costumeira circunspecção*. **2** cautela (no agir e no falar); critério; prudência: *Os estudantes não agiram com a circunspecção acadêmica esperada*.

cir.cuns.pec.to (ê) adj. **1** grave; sério; respeitável; circunspeto: *Seu avô era um senhor circunspecto*. **2** que revela circunspecção: *Sua atitude circunspecta a fazia respeitada por todos*.

cir.cuns.tân.cia s.f. **1** situação ou estado de coisas em dado momento: *Naquelas circunstâncias eu não tinha coragem de reagir às ofensas*. **2** particularidade que acompanha um fato: *O segundo acidente ocorreu nas mesmas circunstâncias do primeiro*. **3** condição; requisito: *A companhia pagará o seguro em uma única circunstância: morte natural*. **4** causa; motivo; razão: *Foi preso pela circunstância de estar dirigindo embriagado*. • **de circunstância** (i) próprio de ocasiões solenes; de cerimônia: *traje de circunstância*. (ii) de grande importância e destaque: *um trabalho de circunstância*.

cir.cuns.tan.ci.al adj. depende ou resulta de uma ou de um conjunto de circunstâncias: *Esse movimento não foi mero fenômeno circunstancial*.

cir.cuns.tan.te s.2g. **1** pessoa que está presente em alguma situação ou lugar: *Os circunstantes eram todos pessoas muito distintas*. • adj. **2** que está à volta: *Quando meditava, desligava-se das coisas circunstantes*.

citrícola

cir.cun.vi.zi.nhan.ça s.f. 1 área vizinha; arredores: *Procurou casa para alugar em toda a circunvizinhança.* 2 pessoas que moram ao redor ou que convivem; vizinhança: *Toda a circunvizinhança ficou chocada com o crime.*

cir.cun.vi.zi.nho s.m. 1 circunvizinhança: *Os circunvizinhos sentiram-se prejudicados.* • adj. 2 situado próximo ou nos arredores: *Todas as casas circunvizinhas tinham problemas de rachaduras.*

cir.cun.vo.lu.ção s.f. 1 (Anat.) área sinuosa da face superior do cérebro: *No cérebro, a substância cinzenta se dispõe em circunvoluções.* 2 volta; giro: *O pensamento, às vezes, tem estranhas circunvoluções.*

cí.rio s.m. grande vela de cera.

cir.ro s.m. 1 nuvem branca e leve situada nas regiões superiores da atmosfera. 2 (Coloq.) respiração estertorosa, característica das pessoas em coma; estertor: *A respiração da doente ficou ofegante, já era o cirro da morte.*

cir.ro.se (ó) s.f. (Med.) moléstia crônica degenerativa do fígado: *Ele sofre de cirrose hepática.*

cir.ró.ti.co s.m. 1 pessoa que sofre de cirrose: *Os cirróticos têm graves efeitos colaterais em casos de cirurgias.* • adj. 2 que sofre de cirrose: *É um paciente cirrótico.*

ci.ru.e.la s.f. pequena árvore de copa baixa, esparramada, de folhas compostas e flores brancas, pequenas, isoladas e frutos semelhantes a ameixas.

ci.rur.gi.a s.f. (Med.)1 processo operatório utilizado no tratamento de pacientes; intervenção cirúrgica; operação: *O governador submeteu-se a uma cirurgia de emergência.* 2 parte da medicina que se ocupa de operações no tratamento de pacientes: *A medicina modernizou-se no setor da cirurgia.*

ci.rur.gi.ão s.m. profissional que exerce a cirurgia: *Os cirurgiões hindus desenvolveram técnicas de reconstrução do nariz.*

ci.rúr.gi.co adj. que se refere ou é empregado na cirurgia: *materiais cirúrgicos.*

ci.são s.f. 1 divisão; separação: *Em algumas culturas do Oriente, não há uma cisão entre erotismo e religiosidade.* 2 dissidência; divergência: *O chefe do governo deve evitar as cisões na vida política dos municípios.*

cis.car v.t. 1 limpar a terra de ciscos, gravetos, folhas etc.: *Uma galinha ciscava a terra ressequida.* • pron. 2 escapulir-se; safar-se: *O suspeito conseguiu ciscar-se pelos cantos escuros do beco.* • int. 3 ciscar: *As galinhas ciscavam cacarejando.*

cis.co s.m. 1 pequeno detrito; lixo; sujeira: *Fiquei encarregado de tirar o cisco da varanda.* 2 pó; partícula: *Entrou-me um cisco no olho.*

cis.ma s.m. 1 dissidência religiosa, política ou literária; dissensão; separação: *É o sétimo encontro entre líderes das duas igrejas desde o cisma ocorrido em 1054.* • s.f. 2 pensamento fixo; preocupação; inquietação: *A cisma de que o bandido voltasse não deixou a mulher dormir.* 3 dúvida; desconfiança; suspeita: *Tinha cisma do colega, não confiava na sua palavra.* 4 devaneio: *Estava mergulhado em suas cismas, quando a campainha tocou.* 5 aversão; antipatia; implicância: *Tenho cisma com pessoas preconceituosas.* 6 teima; capricho; birra: *Não respondeu ao chamado da mãe por pura cisma.*

cis.ma.do adj. desconfiado; prevenido; temeroso.

cis.mar v.t. 1 meter na cabeça; pensar com insistência; convencer-se de: *Cismou que vai viajar pelo mundo.* 2 antipatizar; implicar: *O chefe cismava sempre com os novos contratados.* • int. 3 ficar absorto em pensamento; andar preocupado: *Deitei-me na rede e fiquei cismando.* 4 teimar; embirrar: *Quando ele cisma, ninguém consegue convencê-lo do contrário.*

cis.má.ti.co s.m. 1 quem segue um cisma. • adj. 2 que segue um cisma.

cis.pla.ti.no adj. 1 situado aquém do Rio da Prata (região meridional da América do Sul). 2 relacionado a essa região: *a guerra cisplatina.*

cis.si.pa.ri.da.de s.f. (Biol.) na reprodução assexuada, divisão de um organismo unicelular em dois organismos semelhantes; divisão binária: *As bactérias se reproduzem por cissiparidade.*

cis.ter.na (é) s.f. 1 reservatório de água das chuvas. 2 poço cavado até um lençol d'água: *Tiravam água potável da cisterna.*

cís.ti.co adj. (Med.) relativo ou pertencente à bexiga ou à vesícula biliar: *A fibrose cística é uma doença genética que ataca os pulmões e o pâncreas.*

cis.ti.te s.f. (Med.) inflamação da bexiga.

cis.to s.m. (Med.) tumor de matéria líquida ou semissólida; quisto: *A moça se submeteu a uma cirurgia para retirar um cisto no ovário direito.*

ci.ta.ção s.f. 1 menção; registro: *Fez a citação de vários autores estrangeiros em seu trabalho.* 2 intimação para alguém comparecer diante de uma autoridade judiciária: *O devedor recebeu a citação judicial de manhã em sua casa.* 3 texto citado; transcrição; cópia: *Uma citação muito longa prejudica a originalidade do texto.*

ci.ta.di.no s.m. 1 pessoa criada na cidade: *Logo se via que era um citadino: não conhecia pé de mandioca.* • adj. 2 relativo ou próprio da cidade; urbano: *Os escritores paulistas são mais citadinos.*

ci.tar v.t. 1 referir um texto ou transcrever em apoio ao que se afirma: *Cito Graciliano Ramos como exemplo de um clássico do modernismo.* 2 indicar; mencionar: *Em seu relatório citou apenas os crimes de homicídio.* 3 lembrar; evocar: *Sempre citava os preceitos bíblicos em seus discursos.* 4 avisar ou intimar alguém para comparecer em juízo ou para cumprir ordem judicial.

cí.ta.ra s.f. (Mús.) instrumento de cordas, com uma caixa de ressonância geralmente trapezoidal, feito de madeira.

ci.ta.ris.ta s.2g. (Mús.) instrumentista que toca cítara.

ci.to.lo.gi.a s.f. (Biol.) ramo da Biologia que estuda a estrutura e função das células.

ci.to.lo.gis.ta s.2g. (Biol.) profissional especialista em citologia.

ci.to.plas.ma s.m. (Biol.) fluido de aparência gelatinosa, presente no interior das células.

ci.to.plas.má.ti.co adj. (Biol.) relativo ou pertencente ao citoplasma: *movimento citoplasmático.*

cí.tri.co s.m. 1 planta desse gênero: *plantação de cítricos.* 2 fruto dessas plantas ou o seu suco: *Este ano duplicou-se a produção de cítricos.* • adj. 3 relativo a fruta do gênero citro, como o limão e a laranja: *indústria cítrica.*

ci.trí.co.la adj. 1 de citricultura: *região citrícola.* 2 de produtos cítricos: *indústria citrícola.*

ci.tri.cul.tor *s.m.* que ou aquele que se dedica à cultura de árvores cítricas.
ci.tri.cul.tu.ra *s.f.* cultura de árvores cítricas: *Cidade e citricultura se desenvolveram paralelamente.*
ci.tro *s.m.* **1** (Bot.) gênero de árvores ou arbustos que compreende várias espécies frutíferas, como a laranja, o limão, a lima etc. **2** o fruto dessas árvores.
ci.ú.me *s.m.* **1** inquietação causada por receio ou suspeita de infidelidade no amor: *O ciúme exagerado prejudica a convivência do casal.* **2** inveja; despeito: *O irmão mais velho tinha ciúme dos presentes que a mãe dava ao caçula.* **3** zelo; cuidado: *Tenho ciúme do meu carro novo.*
ci.u.mei.ra *s.f.* (Coloq.) ciúme exagerado: *A mulher pediu que o marido parasse com aquela ciumeira.*
ci.u.men.to *adj.* que tem ciúme: *marido ciumento.*
cí.vel *s.m.* **1** (Jur.) jurisdição dos tribunais ou juízes aos quais estão afetas as ações de natureza civil e seus incidentes: *Trata-se de matéria de alçada do cível.* • *adj.* **2** referente ao direito civil: *A Secretaria de Justiça pediu a instauração de ação cível pública contra a empresa.* // Cp.: civil.
cí.vi.co *adj.* **1** relativo aos cidadãos como membros do Estado: *direitos cívicos.* **2** patriótico: *entusiasmo cívico.* **3** em homenagem ou a serviço da Pátria: *atividade cívica.*
ci.vil *s.2g.* **1** cidadão não militar nem pertencente a instituição religiosa; paisano: *Era um civil que agia como militar.* • *adj.* **2** que diz respeito às relações dos cidadãos entre si: *Respeitemos também as instituições civis.* **3** relativo ao cidadão considerado em suas circunstâncias particulares dentro da sociedade: *direitos e obrigações civis.* **4** que não tem caráter militar nem eclesiástico: *gabinete civil.* ♦ **no civil** no cartório: *Casou apenas no civil.* // Cp.: cível.
ci.vi.li.da.de *s.f.* mútuo respeito e consideração entre os cidadãos; boas maneiras; delicadeza; cortesia: *A cerimônia foi uma verdadeira aula de civilidade.*
ci.vi.lis.mo *s.m.* corrente política que defende o exercício do governo por cidadãos civis: *Era partidário do civilismo.*
ci.vi.lis.ta *s.2g.* **1** pessoa partidária do civilismo: *Conselheiro Ribas foi um dos nossos mais eminentes civilistas.* • *adj.* **2** que se refere ao civilismo: *campanha civilista.*
ci.vi.li.za.ção *s.f.* **1** conjunto de características morais, espirituais e materiais próprias de uma época, região, país ou sociedade e que são por eles transmitidas: *Era preciso repensar as bases da civilização ocidental.* **2** o estágio de desenvolvimento político, econômico, artístico, científico e tecnológico de uma sociedade; cultura; progresso: *O grau de civilização de um país se mede também pela sua produção científica.* **3** tipo de cultura: *civilização judaico-cristã.*
ci.vi.li.zar *v.t.* **1** converter ao estado de civilização; elevar o grau de desenvolvimento socioeconômico, político e cultural de uma sociedade: *O dever de colonizar e, portanto, de civilizar o Brasil coube à Coroa portuguesa.* • *pron.* **2** tornar-se civilizado; educar-se: *Algumas regiões se civilizaram mais depressa que outras.*
ci.vis.mo *s.m.* amor pela causa da pátria; patriotismo.
clã *s.m.* **1** grupo de famílias descendentes de ancestrais comuns: *O rapaz emigrou com todo o seu clã para a Argentina.* **2** família: *Os dois grandes clãs da cidade tinham à sua frente novos chefes.*

cla.mar *v.t.* **1** proferir em alta voz; bradar; gritar: *Ele clamava que era inocente.* **2** rogar; implorar: *Clamava o auxílio dos santos.* **3** reclamar; protestar: *Cada vez mais em todo o mundo se clama contra a tributação.* **4** ter como exigência premente: *A miséria das populações sofredoras de muitos países clama por uma solução.*
cla.mor (ô) *s.m.* **1** rogo; súplica; queixa ruidosa: *O clamor do povo fez com que o presidente renunciasse.* **2** brado de protesto; reclamação: *Houve clamores contra a alta dos preços.*
cla.mo.ro.so (ô) *adj.* **1** realizado com clamor, com protesto; ruidoso: *O caso mais clamoroso foi a morte dos animais.* **2** gritante; evidente: *Os árbitros cometem erros clamorosos.*
clan.des.ti.ni.da.de *s.f.* condição de quem está em desacordo com a lei; ilegalidade: *Há empresas trabalhando na clandestinidade.*
clan.des.ti.no *s.m.* **1** pessoa que se encontra, de modo ilegal, em determinado país: *É preciso legalizar os clandestinos.* **2** passageiro que viaja escondido: *No aeroporto, foram presos dois clandestinos.* • *adj.* **3** ilegal; ilegítimo: *Existem madeireiras clandestinas em vários pontos da cidade.* **4** oculto; secreto: *Tinha um encontro clandestino.*
cla.que *s.f.* **1** grupo de pessoas pagas para aplaudir ou vaiar em espetáculos ou comícios: *estúdio de TV com claque de fãs.* **2** grupo de admiradores ou partidários de alguém ou de algo: *Todo artista precisa de claque.*
cla.ra *s.f.* (Biol.) albumina do conteúdo do ovo que envolve a gema.
cla.ra.boi.a (ói) *s.f.* abertura envidraçada no telhado para dar claridade interior.
cla.rão *s.m.* **1** brilho instantâneo; cintilação rápida: *o clarão dos raios.* **2** brilho luminoso; claridade intensa: *Um clarão no céu chamou a nossa atenção.* **3** (Fig.) estado de espírito momentâneo: *De repente, o bandido foi tocado por um clarão de honestidade.*
cla.re.a.men.to *s.m.* **1** branqueamento: *o clareamento da roupa.* **2** esclarecimento; elucidação: *o clareamento da situação.*
cla.re.ar *v.t.* **1** tornar claro; iluminar: *Apenas uma vela clareava o ambiente.* **2** aclarar; esclarecer: *Vale a pena clarear alguns pontos referentes à questão exposta.* **3** tornar lúcido: *O silêncio me clareava a mente.* • *int.* **4** tornar-se claro: *O céu foi clareando aos poucos.* **5** tornar-se inteligível; esclarecer-se: *Aos poucos as coisas iam clareando.* • *s.m.* **6** amanhecer: *Sairemos ao clarear do dia.*
cla.rei.ra *s.f.* **1** terreno desmatado ou com poucas árvores, em mata ou bosque: *Na queda, o avião abriu uma clareira na mata.* **2** espaço; lacuna; vão claro: *A multidão abriu uma clareira para a passagem dos carros.*
cla.re.za (ê) *s.f.* **1** qualidade do que é claro; inteligibilidade: *A clareza de linguagem é uma qualidade da redação.* **2** compreensão; entendimento: *A clareza da lei não permitia outra interpretação.* **3** transparência; nitidez: *Contornando com traços vermelhos, a figura aparece com mais clareza.* **4** acuidade; lucidez: *Minha avó, aos noventa, ainda raciocina com muita clareza.*

claudicante

cla.ri.da.de *s.f.* **1** qualidade do que é claro. **2** brilho intenso; luminosidade: *A claridade do sol prejudicava nossa visão.* **3** luz; iluminação: *É uma sala muito escura, é preciso mais claridade.* **4** clareza; inteligibilidade: *Exponham os fatos com claridade e sem malícia.*

cla.ri.fi.car *v.t.* **1** tornar claro, límpido (um líquido): *clarificar a água da cisterna.* **2** aclarar; clarear; esclarecer: *Precisamos clarificar essa questão dos transportes.* **3** tornar-se mais claro ou inteligível: *O sentido desse texto só se clarifica após várias leituras.*

cla.rim *s.m.* **1** trombeta pequena, de som muito agudo, usada para sinais militares: *Ao som do clarim, hastearam a bandeira.* **2** o som desse instrumento.

cla.ri.ne.ta (ê) *s.f.* clarinete.

cla.ri.ne.te (ê) *s.f.* instrumento de sopro, de madeira ou metal, dotado de palheta simples e orifícios como os da flauta.

cla.ri.ne.tis.ta *s.2g.* pessoa que toca clarineta.

cla.ri.vi.dên.cia *s.f.* percepção clara dos fatos: *Cristo tinha a clarividência de todos os perigos.*

cla.ri.vi.den.te *s.2g.* **1** quem vê com clareza: *Era uma pessoa muito esperta; um clarividente.* • *adj.* **2** que vê com clareza.

cla.ro *s.m.* **1** espaço vazio; vão; clareira: *Havia uns claros no meio da mata.* **2** sensação de falta; vazio: *A sua partida deixou um claro imenso no coração.* • *adj.* **3** que clareia ou ilumina; luminoso; brilhante: *um sol claro.* **4** bem iluminado: *Luzes de néon tornavam a sala mais clara.* **5** iluminado pelo sol ou pelo luar: *dia claro.* **6** transparente; límpido: *águas claras.* **7** de tonalidade pouco intensa; desmaiada: *roupa clara.* **8** branco ou quase branco: *pele clara.* **9** nítido; límpido: *O som de sua voz é muito claro.* **10** fácil de entender; compreensível: *O seu texto é muito claro.* **11** evidente; patente: *A testemunha teve a clara intenção de prejudicar o réu.* **12** certo; provado; comprovado: *Ficou clara a sua culpa.* • *adv.* **13** com clareza: *A diretora falou claro e com franqueza.* • *interj.* **14** sem dúvida: *Ela virá, claro!* ◆ **em claro** (i) sem dormir: *noite em claro.* (ii) com espaços sem preencher: *Deixou três questões em claro.*

clas.se *s.f.* **1** conjunto de estudantes de uma matéria ou de uma mesma série; turma: *A classe ficou em silêncio quando a diretora entrou.* **2** sala de aula: *Alguns alunos permaneciam fora da classe.* **3** grupo de pessoas que se diferenciam das outras por suas ocupações, costumes e opiniões: *A classe dos funcionários públicos não se mobilizou.* **4** qualidade; categoria: *Viajava sempre de primeira classe.* **5** tipo; sorte: *Sofremos toda classe de repressão.* **6** grupo ou camada social que se organiza em sociedades estratificadas e para cuja formação contribuem a divisão do trabalho, as diferenças de propriedades e de rendas ou a distribuição das riquezas: *classe social.* **7** (Biol.) subdivisão acima das ordens: *A baleia pertence à classe dos mamíferos.* **8** (Bras.) distinção de maneiras; categoria; educação: *Era um homem de muita classe.* **9** coleção ou grupo de coisas que se distinguem pela natureza, uso etc.: *Os principais antidepressivos ligados à ocorrência de problemas eram da classe dos tricíclicos.* **10** (Gram.) conjunto de palavras que têm as mesmas propriedades distribucionais e as mesmas funções; categoria.

clas.si.cis.mo *s.m.* tendência artístico-literária caracterizada pela imitação do estilo greco-latino, considerado como modelo de perfeição, predominante nos séculos XVI e XVII.

clás.si.co *s.m.* **1** obra ou autor pertencentes à Antiguidade Clássica ou ao Classicismo: *Devemos sempre voltar a ler os clássicos.* **2** (Fut.) jogo decisivo entre dois times fortes: *O Fla x Flu é um clássico.* **3** antigo curso de nível médio, no qual predominavam disciplinas humanísticas: *Fazia o clássico de manhã e o científico à noite.* • *adj.* **4** relativo ou pertencente à Antiguidade greco-latina: *A Idade Média não desprezou os modelos clássicos.* **5** relativo ou pertencente ao Classicismo: *A gramática tradicional tem como modelo de linguagem os autores clássicos.* **6** tradicional: *trocou a clássica cozinha francesa pela australiana moderna.* **7** cujo valor foi posto à prova do tempo; consagrado: *O maior destaque é o seriado "Jornada nas Estrelas" que foi considerado um clássico da TV.* **8** costumeiro; habitual: *Expulso, o jogador deveria cumprir a clássica suspensão por uma partida.* **9** sem excesso de ornamentos; simples; sólido: *moda clássica.*

clas.si.fi.ca.ção *s.f.* **1** distribuição em classes, categorias ou grupos: *Até hoje não foi proposta uma classificação dos vegetais totalmente aceita pela maioria dos botânicos.* **2** ordenação: *a classificação dos livros na biblioteca.* **3** denominação: *A falsificação de remédios não merece outra classificação que não a de crime contra a humanidade.* **4** posição dentro de uma escala (em concurso, exame, competição): *Consegui ótima classificação na corrida.* **5** qualificação profissional: *um trabalhador sem classificação.* **6** habilitação; escolha: *Os candidatos foram submetidos a um teste de classificação.*

clas.si.fi.ca.do *s.m.* **1** pessoa aprovada e selecionada num concurso: *Nem todos os classificados foram chamados.* **2** em jornal ou revista, pequeno anúncio publicitário: *Lia apenas os classificados dos jornais.* • *adj.* **3** que se classificou; distribuído; ordenado; arrumado: *uma coleção de livros raros e classificados.* **4** que se classificou em exame seletivo, concurso ou prova: *Os mais bem classificados serão chamados imediatamente.*

clas.si.fi.ca.dor (ô) *s.m.* **1** profissional encarregado da classificação de determinados produtos: *Era um classificador de café.* **2** pasta ou armário com divisões em que se guardam objetos ou papéis segundo ordenação determinada.

clas.si.fi.car *v.t.* **1** distribuir ou organizar em classes, segundo sistemas ou métodos próprios; organizar em classes; ordenar: *Fui encarregado de classificar os livros da biblioteca.* **2** eleger a uma determinada posição ou condição: *A banca deve classificar dois candidatos.* **3** qualificar; tachar: *Olegário Mariano classificou o Rio de Janeiro de cidade maravilhosa.* • *pron.* **4** obter ou receber classificação, classe, grau ou posição numa escala: *Meu time acabou se classificando.*

clas.si.fi.ca.tó.rio *adj.* que classifica: *provas classificatórias.*

clas.sis.ta *adj.* que representa ou defende uma classe: *manifestação classista.*

clau.di.can.te *adj.* **1** que vacila; hesitante: *Fez um governo inseguro, claudicante.* **2** que manca; coxo: *Entrou no bar um rapaz claudicante pedindo um cigarro.*

claudicar

clau.di.car *v.t.* **1** apresentar imperfeição; falhar: *Ele claudicou em seu discurso várias vezes.* ◆ *int.* **2** andar capengando; coxear; mancar: *Ele claudicava devido a um acidente.*

claus.tro *s.m.* **1** pátio interno de um convento ou mosteiro: *A principal atração do mosteiro dos Jerônimos é o claustro.* **2** vida reclusa; confinamento; reclusão: *Abandonou a vida social e refugiou-se no seu claustro solitário.*

claus.tro.fo.bi.a *s.f.* medo mórbido da clausura ou de encontrar-se em espaços fechados.

cláu.su.la *s.f.* (Jur.) cada um dos artigos ou disposições de um contrato, de um tratado, de um testamento ou de qualquer outro documento semelhante, público ou privado: *Uma cláusula do contrato previa multa exorbitante.*

clau.su.ra *s.f.* **1** recinto, em um convento, reservado ao religioso e fechado a estranhos: *As clausuras eram despojadas de luxo.* **2** local de confinamento: *clausura das aves.* **3** reclusão conventual; recolhimento: *Algumas freiras vivem em regime de clausura.* **4** confinamento; reclusão: *Escrevia seus livros na clausura do gabinete.*

cla.va *s.f.* pedaço de pau curto e grosso, mais volumoso em uma das extremidades e usado como arma: *Aqueles índios portavam clavas.*

cla.ve *s.f.* **1** (Mús.) sinal colocado no início da pauta para indicar o nome das notas postas e o grau de sua elevação na escala de sons: *clave de sol.* **2** instrumento de percussão cubano, parecido com o agogô: *tocador de clave.*

cla.ví.cu.la *s.f.* (Anat.) cada um dos ossos situados na parte dianteira do ombro e que se articulam de um lado com o esterno e de outro com a omoplata.

cla.vi.no.te *s.m.* pequena carabina.

cle.mên.cia *s.f.* **1** indulgência; perdão: *O acusado pediu clemência ao júri.* **2** benevolência: *examinando tudo sem qualquer clemência.*

cle.men.te *adj.* que tem clemência; indulgente; benevolente: *Vamos, seja clemente, perdoe a mocinha.*

clep.to.ma.ni.a *s.f.* compulsão mórbida para o furto.

clep.to.ma.ní.a.co *s.2g.* pessoa que sofre de cleptomania.

cle.ri.cal *adj.* do clero; relativo ao clero: *Há um movimento a favor do fim do celibato clerical.*

clé.ri.go *s.m.* **1** pertencente à classe eclesiástica. **2** sacerdote de ordem leiga ou regular que já possui todas ou quase todas as ordens sacras.

cle.ro (é) *s.m.* corpo dos clérigos em sua totalidade ou relativo a uma igreja, região ou país: *Quem pertencia à nobreza e ao clero, nos meados do século XV, tinha poder.*

clic *s.m.* clique.

cli.car *v.t.* apertar (um botão, o *mouse* de computador etc.): *clicar uma máquina fotográfica.*

cli.chê *s.m.* **1** placa (com imagens ou dizeres) gravada em relevo no metal e usada na impressão em máquina tipográfica: *Os desenhos estavam amarelados e o clichê não era aproveitável.* **2** imagem ou texto assim impressos: *O furacão teve clichê em primeira página.* **3** frase feita; lugar-comum; chavão: *Vivia repetindo os velhos slogans e clichês.*

cli.che.ri.a *s.f.* oficina onde se fazem clichês.

cli.en.te *s.2g.* pessoa que procura habitualmente determinada empresa ou profissional para consultas, compras, informações etc.; freguês.

cli.en.te.la (é) *s.f.* conjunto de clientes; freguesia.

cli.en.te.lis.mo *s.m.* ação ou política de caráter eleitoreiro que consiste no favorecimento pessoal e na troca de favores: *O presidente teme o apadrinhamento e o clientelismo.*

cli.en.te.lis.ta *adj.* relativo ao clientelismo: *Urge dar um basta aos interesses regionais e clientelistas.*

cli.ma *s.m.* **1** conjunto das condições atmosféricas que caracterizam um lugar: *Visitei uma cidade bonita, de clima excepcional.* **2** região ou zona onde as condições atmosféricas e a temperatura são constantemente as mesmas: *clima tropical.* **3** (Fig.) ambiente; atmosfera: *Havia um clima de apreensão na cidade.*

cli.ma.té.rio *s.m.* (Med.) conjunto de alterações orgânicas e psíquicas que se observam, na mulher, no final de seu período reprodutor, e no homem, quando diminui progressivamente sua atividade sexual normal.

cli.má.ti.co *adj.* relativo ao clima: *Problemas climáticos afetaram a cultura do trigo.*

cli.ma.ti.za.ção *s.f.* **1** criação ou manutenção, num local, de determinadas condições de temperatura e umidade. **2** conjunto dos aparelhos usados para esse fim.

cli.ma.ti.za.do *adj.* em que há climatização, condições ambientais adequadas à conservação de certos produtos ou bem-estar das pessoas: *um parque aquático climatizado.*

cli.ma.ti.zar *v.t.* executar climatização: *Vários aparelhos ligados climatizam o ambiente.*

cli.ma.to.lo.gi.a *s.f.* ramo da geografia física que estuda os climas.

clí.max /ks/ *s.m.* **1** o mais alto grau de desenvolvimento de um fenômeno ou processo; culminância: *A campanha eleitoral teve seu clímax com o debate dos candidatos.* **2** momento decisivo da ação de uma obra (livro, filme, novela etc.): *o clímax do romance.*

clí.ni.ca *s.f.* **1** casa de saúde, sanatório ou hospital: *Trabalha numa clínica psiquiátrica.* **2** local onde se faz atendimento médico, odontológico e laboratorial: *clínica dentária.* **3** prática da medicina: *a sua especialidade é clínica geral.*

cli.ni.car *v.int.* praticar a medicina: *Nessa época, ele clinicava em Indaiá.*

clí.ni.co *s.m.* **1** profissional que exerce a Medicina: *A revelação patológica não foi surpresa para o clínico.* **2** médico que exerce a medicina clínica: *clínico geral.* ◆ *adj.* **3** relativo ao tratamento médico de doente: *casos clínicos.* **4** próprio para uso médico: *aparelhagem clínica.*

cli.pe *s.m.* **1** pequeno prendedor de papéis que consiste num fio de metal dobrado várias vezes, num mesmo plano. **2** filme de curta duração feito para televisão com o objetivo de apresentar novas músicas, propaganda etc.: *Neste ano, a banda emplacou um clipe independente.*

cli.que *s.m.* onomatopeia que expressa um ruído ou estalido curto e seco: *Ao ligar a máquina ouvi um clique.* ◆ **dar um clique** ter uma ideia ou lembrança súbita.

clis.ter (é) *s.m.* injeção de água ou medicamento líquido no reto para contraste em radiografia do intestino; lavagem intestinal.

coalho

cli.tó.ris s.m. (Anat.) pequeno órgão do aparelho feminino situado na parte superior da vulva.

cli.va.gem s.f. **1** propriedade de certos minerais, como os cristais, de se fragmentar ao longo de planos paralelos: *Recursos disponíveis para a identificação de um mineral poderão ser utilizados, como cor, brilho, dureza, clivagem, fratura etc.* **2** divisão; separação; oposição: *a clivagem entre esquerda e direita.*

clo.a.ca s.m. **1** fossa ou canal que recebe dejeções; esgoto: *as grandes cloacas da antiga Roma*. **2** vaso sanitário; latrina. **3** lugar imundo e fedorento: *nas cloacas dos esgotos*. **4** (Zool.) orifício comum dos canais intestinal, urinário e genital das aves, répteis, anfíbios, de certos peixes e mamíferos.

clo.na.gem s.f. (Biol.) produção de células ou de indivíduos geneticamente idênticos por meio de manipulação do material genético: *A primeira clonagem conhecida foi feita na Inglaterra.*

clo.nar v.t. (Biol.) produzir por meio de clonagem. *Os pesquisadores já clonaram embriões humanos.*

clo.ne s.m. **1** indivíduo geneticamente idêntico a outro produzido por manipulação genética (clonagem). **2** cópia; réplica de produtos. **3** (Inf.) cópia de um elemento de programa que pode executar as funções do original.

clo.ra.ção s.f. adição de cloro à água: *a cloração da água da região.*

clo.ra.do adj. **1** que contém cloro: *solução clorada*. **2** esterilizado com cloro: *água clorada*.

clo.rar v.t. tratar com cloro: *No verão, é preciso clorar bem a água das piscinas.*

clo.re.to (ê) s.m. (Quím.) designação genérica para sal derivado de ácido clorídrico. ♦ **cloreto de sódio** sal de cozinha.

clo.ri.dra.to s.m. (Quím.) designação comum dos cloretos compostos de ácido clorídrico.

clo.rí.dri.co adj. diz-se do ácido obtido do ácido sulfúrico com sal marinho, usado na indústria e na limpeza.

clo.ro (ó) s.m. (Quím.) elemento gasoso, venenoso, verde--amarelado, usado industrialmente como alvejante e desinfetante e no tratamento de água. // Símb.: Cl; N. atôm.: 17.

clo.ro.fí.cea s.f. (Bot.) **1** espécime das clorofíceas. ♦ pl. **2** grupo de organismos unicelulares, classicamente conhecido como algas verdes.

clo.ro.fi.la s.f. (Bot.) substância corante verde das plantas, essencial para a realização da fotossíntese.

clo.ro.fór.mio s.m. (Quím.) líquido incolor, que pode ser reduzido a gás ou vapor, com forte cheiro e sabor adocicado e ardente, usado como anestésico.

clo.ro.se (ó) s.f. **1** (Med.) anemia peculiar à mulher, caracterizada pelo tom amarelo-esverdeado que imprime à pele. **2** (Bot.) moléstia dos vegetais, caracterizada por uma coloração amarelada das partes normalmente verdes: *O laranjal foi atacado pela clorose.*

close (clouz) (Ingl.) s.m. *close-up.*

closet (clázet) (Ingl.) s.m. armário embutido anexo ao dormitório, às vezes um compartimento semelhante a um quarto, para guardar peças do vestuário, roupas de cama e calçados.

close-up (clouz-âp) (Ingl.) s.m. em fotografia, cinema ou televisão, diz-se do enquadramento de apenas uma parte da pessoa ou coisa focalizada; primeiro plano. // Pl. *close-ups.*

clown s.m. (cláun) (Ingl.) **1** palhaço: *espetáculo de clowns*. ♦ adj. **2** de ou referente a palhaço: *a arte* clown.

clu.be s.m. **1** local apropriado para praticar esportes, jogar, dançar etc.: *Gostava muito de dançar no clube.* **2** associação de pessoas com objetivos comuns, políticos, culturais, recreativos etc.: *clube filatélico*. **3** equipe de esporte; time.

cni.dá.rio s.m. (Zool.) celenterado.

co.a.bi.ta.ção s.f. **1** vida em comum: *Casamento pressupõe coabitação*. **2** convívio pacífico.

co.a.bi.tar v.t. **1** habitar junto: *Peixes que coabitam nas mesmas águas*. **2** ficar junto de; conviver: *Perde o direito à pensão a mulher que coabitar com outro homem*. **3** conviver pacificamente; viver junto: *Há gatos que coabitam com cachorros*. ♦ int. **4** viver junto: *Na mesma savana, grandes mamíferos e insetos coabitam.*

co.a.ção s.f. violência física ou moral contra alguém; constrangimento: *Acusam-no de coação contra seu cliente.*

co.ad.ju.tor (ô) s.m. **1** pessoa que auxilia; auxiliar: *diocese com quatro coadjutores*. ♦ adj. **2** que auxilia; auxiliar: *Ele é nosso vigário coadjutor.*

co.ad.ju.van.te s.2g. **1** auxiliar: *O xadrez é um excelente coadjuvante pedagógico*. ♦ adj. **2** que auxilia; que concorre para um fim comum; auxiliar: *remédio coadjuvante na cura da anemia*. **3** relativo ao ator ou atriz que interpreta papel secundário.

co.ad.ju.var v.t. auxiliar; ajudar.

co.a.dor (ô) s.m. **1** vasilha de metal ou plástico com orifícios no fundo para deixar passar líquidos, retendo sólidos: *coador de macarrão*. **2** saco de pano ou de papel para coar; filtro: *coador para café.*

co.a.du.nar v.t. pron. **1** combinar(-se); harmonizar(-se): *Os desejos inconscientes nem sempre se coadunam com a realidade.*

co.a.gir v.t. forçar; constranger: *O tom convincente coagiu a senhora a sentar-se à mesa.*

co.a.gu.la.ção s.f. (Med.) **1** ato ou efeito de coagular(-se). **2** passagem de um líquido ao estado sólido; solidificação: *a coagulação do sangue.*

co.a.gu.lan.te s.m. (Med.) **1** agente que causa coagulação: *tratamentos feitos com coagulantes*. ♦ adj. **2** que precipita a coagulação: *ação coagulante.*

co.a.gu.lar v.t. **1** promover a coagulação; transformar em massa sólida; coalhar: *Há bactérias que coagulam o leite*. ♦ pron. **2** tornar-se sólido (o sangue, o leite): *O sangue coagulou(-se) lentamente.*

co.á.gu.lo s.m. substância que sofreu processo de coagulação.

co.a.les.cên.cia s.f. junção; união; aderência de partes que estavam separadas: *a coalescência das bordas da ferida.*

co.a.lha.da s.f. leite coagulado; iogurte.

co.a.lha.do adj. **1** coagulado; solidificado: *leite coalhado*. **2** cheio; apinhado; repleto: *A praça estava coalhada de gente.*

co.a.lhar v.t. **1** transformar em massa sólida; solidificar; coagular: *bactérias que coalham o leite*. ♦ int. **2** solidificar-se; coagular-se: *O leite coalhou.*

co.a.lho s.m. **1** substância que precipita a coagulação; coagulante: *Coalho de má qualidade influi na qualidade do queijo*. **2** substância coagulada: *um coalho de sangue.*

coalizão

co.a.li.zão *s.f.* **1** aliança entre nações, visando a um fim comum: *Austríacos e suecos aderiram à coalizão.* **2** acordo ou aliança entre partidos políticos; coligação: *Houve forte coalizão de partidos para eleger o presidente.* // Cp.: colisão.

co.ar *v.t.* **1** passar através do coador ou filtro; filtrar: *coar café; coar chá.* • *pron.* **2** penetrar; introduzir-se: *A luz coava-se pelo vão da janela.*

co.au.tor (ô) (Med.) *s.m.* indivíduo que produz ou executa algo juntamente com outro(s): *Ele foi denunciado como coautor do homicídio do major.* // Pl.: coautores.

co.au.to.ri.a *s.f.* qualidade, estado ou condição de coautor: *Não gosto de escrever em coautoria.* // Pl.: coautorias.

co.a.xar /ch/ *v.int.* som produzido pelos batráquios: *Sapos e rãs coaxam na lagoa.*

co.a.xi.al /ks/ *s.m.* **1** esse cabo: *Os coaxiais da TV a cabo.* • *adj.* **2** diz-se do cabo elétrico montado sobre um mesmo eixo ou sobre eixos concêntricos: *cabo coaxial.*

co.bai.a *s.f.* **1** mamífero roedor semelhante ao rato, de dorso castanho-escuro e lados do corpo mais claros, muito usado em experiências de laboratório. **2** (Fig.) assunto ou objeto de experiências: *Não quero virar cobaia de coquetel químico.*

co.bal.to *s.m.* (Quím.) elemento resistente usado em aços, cerâmicas etc. // Símb.: Co; N. atôm.: 27.

co.ber.ta (é) *s.f.* **1** que serve para cobrir ou envolver. **2** colcha de cama: *A coberta da nossa cama era vermelha.* **3** cobertor: *Em dias frios, vai para debaixo da coberta.* **4** teto; telhado: *a coberta esburacada do circo.* **5** pavimento de um navio: *a coberta do porta-aviões.* **6** capota: *jipe com coberta.* **7** (Coloq.) proteção; abrigo: *Essa empresa cresceu sob a coberta do monopólio.*

co.ber.to (é) *adj.* **1** relativo ao tempo quando o céu está cheio de nuvens; sem sol: *tempo coberto.* **2** com cobertura; protegido de; tapado: *ranchos cobertos de sapé.* **3** envolto por uma camada aderente: *bolo coberto de glacê.* **4** com algo estendido sobre; envolto: *caixão coberto com a bandeira.* **5** cheio; carregado; repleto: *canteiro coberto de tiririca.* **6** resguardado; abrigado: *nenê coberto por uma manta.* **7** garantido: *dependentes cobertos pelo plano de saúde.* **8** diz-se da fêmea ao acasalar-se: *éguas cobertas por reprodutores.*

co.ber.tor (ô) *s.m.* roupa de cama grossa, geralmente de lã, com que se agasalha o corpo no leito.

co.ber.tu.ra *s.f.* **1** tudo o que cobre ou serve para cobrir. **2** teto; telhado: *choupana com cobertura de sapé.* **3** revestimento: *A cobertura do bolo era de chocolate.* **4** apartamento construído sobre a laje de um edifício: *Tem um apartamento de cobertura.* **5** acasalamento: *a cobertura das fêmeas pelos machos.* **6** (Jor.) reportagem: *Foi destacado para a cobertura completa da inundação.* **7** liquidação; pagamento: *Quem faz a cobertura dos prejuízos?* **8** ação de defender; proteção: *Bandidos que dão cobertura a bandidos.*

co.bi.ça *s.f.* desejo exagerado de possuir bens materiais; ambição: *a cobiça do ouro.*

co.bi.çar *v.t.* sentir cobiça; ambicionar; desejar: *Há quem cobice o poder a qualquer custo.*

co.bi.ço.so (ô) *adj.* cheio de cobiça; ávido; sôfrego: *O garoto dirigia ao bolo olhares cobiçosos.*

co.bra (ó) *s.f.* **1** réptil de corpo fino e comprido, coberto de placas córneas, venenoso ou não; serpente. **2** (Fig.) pessoa de má índole ou mau gênio: *Dizia que seu local de trabalho era um ninho de cobras.* • *s.2g.* **3** (Bras. Coloq.) pessoa perita em alguma atividade; muito capaz: *Na sinuca, ele é um cobra.* • **estar/virar uma cobra** enfurecer-se. **dizer cobras e lagartos** falar mal de alguém; injuriar.

co.bra.dor (ô) *s.m.* **1** pessoa que recebe o dinheiro da passagem em veículo de transporte coletivo: *cobrador de ônibus.* **2** pessoa que faz cobranças: *Acordou com o cobrador batendo à porta.*

co.bran.ça *s.f.* **1** ato ou efeito de cobrar: *cobrança de duplicatas.* **2** exigência: *cobrança da vida.* **3** arrecadação: *sistema de cobrança do Governo.*

co.brar *v.t.* **1** obter como paga; receber o que é devido: *cobrar uma dívida.* **2** fazer com que seja pago: *os funcionários cobravam os vales-transportes a que tinham direito.* **3** exigir determinado valor como pagamento: *A escola cobra dos alunos mensalidades muito altas.* **4** pedir; exigir: *Cobro carinho dos meus filhos.* **5** recuperar; recobrar: *A custo, ela cobrou os sentidos.* **6** nos esportes coletivos, executar penalidade marcada pelo árbitro: *O jogador cobrou o pênalti.* • *pron.* **7** tomar-se; possuir-se: *cobrava-se de medo diante das palavras do pai.*

co.bre (ó) *s.m.* **1** (Quím.) elemento metálico, vermelho, maleável, grande condutor de eletricidade e calor: *fios de cobre.* // Símb.: Cu; N. atôm.: 29 // **2** moeda desse metal. **3** (Coloq.) dinheiro.

co.brei.ro *s.m.* (Coloq.) espécie de dermatose com feridas ou bolhas na pele. É o nome popular do *herpes-zóster.*

co.brir *v.t.* **1** ocultar; resguardar: *Cobriu o rosto com as mãos.* **2** apor cobertura: *Cobria a criança com a manta de lã.* **3** pôr (chapéu, capuz, véu etc.): *Cobriu a cabeça com uma mantilha.* **4** pagar; liquidar: *O banco cobriu parte desse déficit.* **5** percorrer; vencer: *Os camelos cobrem grandes distâncias sem se cansar.* **6** (Jorn.) fazer cobertura jornalística, radiofônica, televisiva: *Poucos repórteres cobriam o evento.* **7** exceder; aumentar: *Ofereceu duzentos mil pelo quadro; o outro cobriu a oferta.* **8** ocupar inteiramente uma superfície; espalhar-se por; encher: *A neve cobre a cidade.* **9** sobrepor-se a fêmea para o acasalamento: *Comprou um touro para cobrir suas vacas.* **10** abranger: *Um ensaio que cobre vários assuntos.* **11** faz experimentar; causar: *Corrupção que nos cobre de vergonha.* **12** aplicar em grande quantidade; encher: *Cobriu o sobrinho de beijos.* • *pron.* **13** resguardar-se; proteger-se: *As mulheres muçulmanas cobriam-se com véus negros.* **14** ficar repleto: *E as macieiras cobriam-se de frutos.* **15** encher-se; cumular-se: *O campeão cobriu-se de glórias.*

co.ca (ó) *s.f.* **1** (Bot.) arbusto frondoso de flores amarelo-alvacentas, fruto oblongo e vermelho, cujas folhas e cascas encerram vários alcaloides: *Há índios que mascam folhas de coca.* **2** redução de *cocaína.*

co.ça (ó) *s.f.* (Coloq.) surra; sova.

co.ca.da *s.f.* doce de coco ralado de consistência firme.

co.ca.í.na *s.f.* alcaloide cristalino, incolor e tóxico encontrado na folha de coca.

código

co.ca.i.nô.ma.no *s.m.* pessoa dependente de cocaína.

co.cal *s.m.* plantação de árvores que produzem coco; coqueiral: *os cocais do litoral baiano.*

co.car *s.m.* enfeite de plumas usado pelos índios: *cocar do cacique.*

co.çar *v.t.* **1** roçar com as unhas ou com objeto áspero; esfregar: *coçar o queixo, a barba.* **2** bater; fustigar. **3** roçar a pele com as unhas, levemente. • *int.* **4** produzir ou sentir coceira; comichar. ✦ **coçar a cabeça** ficar indeciso ou confuso.

coc.ção *s.f.* ato ou efeito de cozer; cozimento: *cocção dos alimentos.*

coc.ci.gi.a.no *adj.* que se situa na região do cóccix.

cóc.cix /s/ *s.m.* (Anat.) osso localizado na extremidade inferior da coluna vertebral.

có.ce.ga *s.f.* **1** sensação de riso, de prazer ou de irritação provocada por leves toques ou fricções em algumas partes do corpo: *fazer cócegas.* **2** essa sensação: *Ele sente muitas cócegas.* // Mais usada no plural.

co.cei.ra *s.f.* **1** forte comichão; prurido. **2** irritação cutânea causada pelo ato contínuo de coçar.

co.che (ô) *s.m.* **1** antiga carruagem fechada. **2** carro ou carruagem fúnebre: *Quanto mais rico o defunto, maior o número de cavalos puxando o coche.*

co.chei.ra *s.f.* lugar onde se guardam cavalos; cavalariça.

co.chei.ro *s.m.* condutor de qualquer veículo puxado por cavalo ou burro.

co.chi.char *v.int.* **1** falar em voz baixa; murmurar: *As pessoas começaram a cochichar.* **2** (Coloq.) mexericar; intrigar: *As comadres cochichavam o tempo todo.*

co.chi.cho *s.m.* **1** voz baixa; murmúrio: *Da sala ouvia-se o cochicho.* **2** (Coloq.) mexerico transmitido em voz baixa; segredo; boato: *Não tolero cochicho.*

co.chi.la.da *s.f.* **1** (Bras.) sono leve; cochilo: *Preciso dar uma cochilada de pelo menos quinze minutos.* **2** (Fig.) distração; descuido: *O gol se deu devido à cochilada da defesa.*

co.chi.lar *v.int.* **1** (Bras.) dormir levemente; dormitar: *Foram flagrados cochilando.* **2** (Fig.) descuidar-se; falhar: *Nosso time perdeu porque a defesa cochilou.*

co.chi.lo *s.m.* **1** (Bras.) sono leve; cochilada: *Bocejos e cochilos acompanharam o discurso do candidato.* **2** (Fig.) descuido; erro: *Mesmo um bom dicionário pode conter alguns cochilos.*

co.cho (ô) *s.m.* recipiente alongado, em geral de madeira escavada, onde se coloca água ou ração para animais: *Porcos comiam no cocho.*

co.cho.ni.lha *s.f.* inseto, também chamado piolho de vegetal, que suga a seiva das plantas, constituindo-se em verdadeira praga: *As cochonilhas são um mal constante nas hortas.*

cockpit (cókpit) (Ingl.) *s.m.* espaço onde o piloto se acomoda e onde estão os comandos de um carro de corrida ou de um avião; cabina.

có.clea *s.f.* (Anat.) parte anterior do labirinto no ouvido interno.

co.co[1] (ô) *s.m.* **1** grande fruto arredondado, de casca dura recoberta de material fibroso, marrom ou amarelo quando maduro, com uma cavidade central forrada de polpa branca e cheia de líquido leitoso. **2** a polpa do coco: *doce de coco.* **3** (Coloq.) cabeça: *Recebeu uma pancada no coco.* **4** (Bras. Folc.) dança popular de roda, originária de Alagoas, cujo canto é acompanhado pelo bater rítmico das palmas das mãos encovadas: *Dançavam o coco no terreiro.*

co.co[2] (ó) *s.m.* (Biol.) bactéria arredondada de que há vários tipos e que se pode agrupar de diferentes maneiras.

co.có *s.m.* **1** (Bras. Coloq.) na linguagem infantil; qualquer ave, especialmente as galináceas. **2** rodilha de cabelos no alto da cabeça; coque: *Tem cabelos lisos presos em cocó.*

co.cô *s.m.* (Bras. Coloq.) excremento; fezes.

có.co.ras *s.f. pl.* posição agachada. ✦ **de cócoras** sentado sobre os calcanhares.

co.co.ri.car *v.int.* som produzido pelo galo.

co.co.ro.ca *s.m.* peixe de água salgada de cor verde-amarelada e listras azuladas, cuja carne não é muito apreciada.

co.co.ro.te (ó) *s.m.* (Bras.) pancada na cabeça com os nós dos dedos; cascudo: *A mulher aplicou uns cocorotes no menino.*

co.co.ta *s.f.* (Obsol.) menina pré-adolescente, muito vaidosa.

co.cu.ru.to *s.m.* **1** ponto mais alto da cabeça: *Mas lhe dei em troca um toque no cocuruto.* **2** giba do touro: *Zebu tem cocuruto.* **3** saliência de terra; cume arredondado: *O sol nasce por trás do cocuruto dos morros.*

cô.dea *s.f.* parte exterior e endurecida do pão, do queijo, das massas assadas no forno; casca: *A criança roía uma côdea de pão.*

co.de.í.na *s.f.* (Quím.) derivado da morfina, cristalino, incolor, sedativo e hipnótico.

có.di.ce *s.m.* **1** folhas de pergaminho manuscrito, unidas de forma semelhante à do livro moderno. **2** registro ou coleção de manuscritos, de documentos históricos ou de matérias legislativas.

co.di.fi.ca.ção *s.f.* **1** reunião de leis em código: *Pontos positivos do governo Vargas foram o voto secreto e a codificação da política social.* **2** sistematização e aplicação de código de regras ou normas. **3** transformação de dispositivos ou programas de código: *Pequenas empresas atuam na codificação de aparelhos.*

co.di.fi.ca.do *adj.* **1** posto em código: *antenas de sinal codificado.* **2** catalogado: *Os filmes são previamente codificados pelas emissoras.*

co.di.fi.ca.dor (ô) *s.m.* **1** quem codifica; quem transforma alguma coisa em código. **2** dispositivo ou programa que realiza codificação.

co.di.fi.car *v.t.* **1** reunir em código; catalogar: *Os fabricantes codificam seus produtos.* **2** classificar segundo um código: *Um gene que codifica a proteína.* **3** converter mensagens em código. **4** (Inf.) modificar informação por meio de um código que a torna ininteligível; criptografar.

có.di.go *s.m.* **1** compilação ou compêndio de leis: *o código civil brasileiro.* **2** conjunto de regras, normas ou princípios de um indivíduo ou de um grupo que regem seu comportamento social: *código de conduta.* **3** sistema de sinais cifrados ou secretos utilizados em correspondência ou outro tipo de comunicação; criptografia. **4** sistema de sinais para determinar os integrantes de um conjunto ou de uma classificação: *código de assinantes.* ✦ **código de barras** conjunto

codinome

de informações colocadas na forma de pequenas barras verticais paralelas que podem ser lidas mediante um dispositivo eletrônico de leitura óptica: *O código de barras brevemente será uma rotina na área da saúde.*
código de honra conjunto de princípios ou regras que pautam o comportamento de uma pessoa ou de um grupo: *Os presos que tentaram a fuga feriram o código de honra da penitenciária.*
co.di.no.me (ô) *s.m.* designação que esconde a identidade de um indivíduo ou nomeia uma ação ou organização secreta: *codinome de guerra.*
co.di.re.ção *s.f.* direção exercida juntamente com outra pessoa: *Estou acostumado à codireção em documentários.*
co.di.re.tor *s.m.* diretor associado: *Lirio Ferreira foi codiretor do filme "Baile perfumado", ao lado de Paulo Caldas.*
co.dor.na (ó) *s.f.* ave de porte pequeno, pescoço e peito amarelo-pardo com listas pretas.
co.e.di.ção *s.f.* edição realizada através de convênio entre editoras: *O livro será feito em coedição.*
co.e.di.tor *s.m.* editor associado a outro em uma edição conveniada.
co.e.fi.ci.en.te *s.f.* **1** propriedade de algum corpo ou fenômeno de poder ser avaliado numericamente. **2** condição ou circunstância que contribui para determinado fim; fator: *A ética é o coeficiente básico da política.*
co.e.lhei.ra *s.f.* recinto ou casa para criação de coelhos.
co.e.lho (ê) *s.m.* **1** pequeno mamífero roedor de pelo macio, orelhas longas, cauda curta, conhecido pela rapidez. **2** iguaria feita com a carne desse animal.
co.en.tro *s.m.* planta hortense, aromática, de folhas triangulares verde-escuras, flores brancas ou rosadas em forma de guarda-chuva, usadas como condimento.
co.er.ção *s.f.* repressão; coação; constrangimento: *Os líderes não têm poder de coerção.*
co.er.ci.ti.vo *adj.* capaz de exercer coerção; coercivo: *Desaconselha-se inteiramente usar qualquer método coercitivo.*
co.er.ci.vo *adj.* coercitivo.
co.e.rên.cia *s.f.* **1** atitude de quem se comporta sempre da mesma forma; congruência: *Ele manteve-se, com inflexível coerência, fiel a seu propósito.* **2** ligação harmônica; conexão: *As espécies naturais apresentam extrema coerência interna.*
co.e.ren.te *adj.* **1** que tem coerência: *Os intolerantes são também espantosamente coerentes em sua louvação da liberdade.* **2** harmônico: *O sábio tem uma visão coerente das coisas.* **3** com ou ligação harmônica: *Sua conduta de vida era coerente com os seus princípios.*
co.e.são *s.f.* **1** conexão; ligação. **2** nexo; unidade: *Faltava coesão ao ensino.* **3** (Fís.) força de atração entre átomos e moléculas constituitivas de um corpo: *A força de coesão molecular.* **4** (Fig.) harmonia; união: *A festa do Divino também desperta a coesão social.*
co.e.si.vo *adj.* **1** que apresenta coesão ou ligação. **2** que une ou adere: *solos coesivos.*
co.e.so (é *ou* ê) *adj.* **1** firmemente unido ou ligado: *O exército está coeso contra qualquer tentativa de golpe.* **2** harmônico: *Vários organismos vivem em conjuntos coesos.*

co.es.ta.du.a.no *s.m.* **1** pessoa que nasceu no mesmo estado que outra: *Monteiro Lobato, meu famoso coestaduano.* ● *adj.* **2** pertencente ao mesmo estado: *Manuel Bandeira e José Lins do Rego são coestaduanos.*
co.e.tâ.neo *adj.* que vive ou acontece na mesma época: *A correção cambial foi praticamente coetânea com a inflação projetada.*
co.e.vo (é) *s.m. pl.* **1** pessoas que pertencem à mesma época: *Tiradentes e seus coevos lutaram pela liberdade.* ● *adj.* **2** contemporâneo: *Oswald foi coevo de Mário de Andrade.*
co.e.xis.tên.cia /z/ *s.f.* **1** existência simultânea: *coexistência de acontecimentos.* **2** convivência: *Imigrantes sempre tiveram uma coexistência pacífica neste país.*
co.e.xis.ten.te /z/ *adj.* que coexiste; simultâneo: *tempo coexistente com o espaço.*
co.e.xis.tir /z/ *v.t.* **1** existir junto ou simultaneamente: *Esse compromisso coexiste com uma esperança de grandes mudanças.* ● *int.* **2** existir simultaneamente: *Um mundo onde a verdade e a mentira coexistem.*
co.fi.ar *v.t.* afagar passando a mão; alisar: *João cofiava o bigode.*
co.fo (ô) *s.m.* samburá: *Os siris acabaram fugindo do cofo.*
co.fre (ó) *s.m.* **1** caixa onde se guardam dinheiro, joias, documentos e outros valores; arca: *O cofre estava escondido atrás de um quadro.* **2** o conteúdo de um cofre: *Os ladrões limparam o cofre da viúva.* ● *pl.* **3** tesouro; erário: *os cofres públicos.*
co.fre-for.te *s.m.* caixa-forte: *Sumiu dinheiro do cofre-forte do banco oficial.* // *Pl.: cofres-fortes.*
co.fun.da.dor *s.m.* fundador juntamente com outro.
co.ges.tão *s.f.* forma de participação dos trabalhadores na administração da empresa, por meio de representantes eleitos em votação direta.
co.ges.tor *s.m.* gerente que administra conjuntamente com outro(s): *Os funcionários doravante serão cogestores da empresa.*
co.gi.ta.ção *s.f.* plano; propósito; tenção: *A aposentadoria não está ainda em minhas cogitações.*
co.gi.tar *v.t.* **1** pensar a respeito; ter em mente; tencionar; projetar: *O governo cogita regulamentar a jornada de trabalho.* **2** refletir acerca de; imaginar: *Ela cogitava viajar nas férias.* ● *int.* **3** refletir; meditar; cismar: *Ficou longos minutos a cogitar.*
cog.na.to *s.m.* **1** (Gram.) palavra que tem a mesma raiz de outra(s): *Os cognatos formam uma família de palavras.* ● *adj.* **2** (Gram.) diz-se de palavra que vem da mesma raiz que outra(s): *Pedra e pedreiro são palavras cognatas.*
cog.ni.ção *s.f.* ato de adquirir um conhecimento.
cog.ni.ti.vo *adj.* referente à cognição: *A capacidade cognitiva dos indivíduos varia muito.*
cog.no.me (ô) *s.m.* apelido; alcunha: *Tonico era seu cognome rural.*
co.gu.me.lo (é) *s.m.* **1** vegetal sem clorofila, constituído de filamentos, de textura macia, que comumente tem forma de guarda-chuva aberto e pode ser venenoso ou comestível; chapéu-de-sapo. **2** que se assemelha à forma de cogumelo: *o cogumelo da bomba atômica.*

colaborador

co.i.bir v.t. **1** reprimir; refrear: *esforços da sociedade para coibir a violência.* **2** impedir; tolher: *como coibir uma planta de crescer?* • *pron.* **3** afastar-se; abster-se: *coibir-se da bebida.*

co.i.bi.ti.vo *adj.* que coíbe; impeditivo: *uma legislação coibitiva de práticas desleais de comércio.*

coi.ce *s.m.* **1** pancada desferida por quadrúpede, com as patas traseiras: *Levou um coice da mula.* **2** pancada para trás com os pés: *O zagueiro foi expulso porque deu um coice no adversário.* **3** recuo violento consequente do disparo de arma de fogo: *O coice da espingarda machucou meu ombro.* **4** (Coloq.) agressão física ou moral: *Quem não recebe coices da vida?* **5** a parte posterior de qualquer coisa; traseira; retaguarda: *Carro, puxado por quatro bois, dois no coice e dois na guia.*

coi.fa *s.f.* **1** pequena touca em rede que as mulheres usam para prender os cabelos: *Na cabeça, trazia uma pequena coifa de veludo.* **2** campânula de metal sobre os fogões que aspira gorduras e fumaça: *A chaminé do fogão grande entupiu, muito acima da coifa.* **3** camada em forma de capuz que protege a extremidade da raiz: *a coifa dos vegetais.*

coi.ma *s.f.* **1** pena em dinheiro por pequenos furtos. **2** multa por alguma infração. **3** acusação de erro ou de culpa; censura.

co.im.brão *adj.* **1** de ou relativo a Coimbra, Portugal: *as togas dos estudantes coimbrãos.* **2** realizado em Coimbra: *participar de um debate coimbrão.*

co.in.ci.dên.cia *s.f.* **1** acaso; casualidade: *Neste filme, qualquer semelhança com pessoas ou fatos será mera coincidência.* **2** identidade; igualdade: *coincidência de comportamento.* **3** ocorrência simultânea; simultaneidade: *coincidência da palavra com o gesto.*

co.in.ci.den.te *adj.* **1** igual; idêntico: **2** que se dá ao mesmo tempo; simultâneo: *Seu aniversário é coincidente com as festas juninas.* **3** de acordo; concorde: *Neste ponto os autores consultados são coincidentes.*

co.in.ci.dir v.t. **1** ocorrer ao mesmo tempo: *O lançamento de sua obra coincidiu com a abertura da Bienal do Livro.* **2** ajustar-se; igualar-se: *A descrição do sujeito coincide com a daquele homem.* **3** ser idêntico (em forma ou dimensões): *Sua altura coincide com a de seu irmão.* • *int.* **4** concordar; combinar; afinar-se: *Nossas ideias não coincidem.* **5** incidir ao mesmo tempo: *As datas dos nossos aniversários coincidem.*

coi.o.te (ó) *s.m.* mamífero semelhante ao lobo, encontradiço do Alasca ao Panamá.

coi.sa *s.f.* **1** termo genérico para indicar uma entidade material ou ideal, concreta ou abstrata. **2** usado para se referir ao que foi mencionado antes ou ao que vem depois. **3** (Coloq.) ataque; acesso; indisposição: *A gente pensou que você estava tendo uma coisa.* **4** aquilo que é próprio ou característico: *coisa de criança.* **5** interesse; ocupação; negócio: *Como vão as coisas?* **6** assunto; matéria: *Falar de alcoolismo e drogas é coisa que não me agrada.* **7** causa; motivo: *Não minto por coisa nenhuma.* **8** mistério; enigma: *Ali tinha coisa.* **9** expressa quantidade aproximada: *O professor falou coisa de uns quarenta minutos.* **10** atividade: *Brincar com boneca é coisa de mulher.* • *pl.* **11** fato concreto; realidade: *Cada um tem seu modo de ver as coisas.* **12** qualquer ser inanimado: *Vou pegar minhas coisas e dar o fora.* **13** qualquer objeto material cujo nome não se sabe ou não se quer nomear: *Como se chama aquela coisa que os bois têm nas costas?* **14** palavras: *A vizinha me disse coisas horríveis.* ✦ **que coisa!** expressa espanto ou admiração. **uma coisa** usada para se referir ao que é extraordinário ou muito bom: *Aquela modelo é uma coisa!* **coisa julgada** (Jur.) sentença irrecorrível por não haver mais contra ela qualquer recurso, e que firma o direito de um dos litigantes para não admitir sobre a dissidência anterior qualquer outra oposição por parte do contentor vencido, ou de outrem que se sub-rogue em suas pretensões improcedentes: *Quando nenhum recurso for possível, a sentença adquire qualidade de coisa julgada.* **coisa pública** negócios ou interesses do Estado; o Estado: *práticas divorciadas da correta administração da coisa pública.*

coi.sa à to.a *s.2 g.* indivíduo desprezível; sem caráter; ordinário. //Pl.: coisas à toa.

coi.sa-fei.ta *s.f.* feitiçaria; bruxaria: *Não tenha medo de coisa-feita.* //Pl.: coisas-feitas.

coi.sa-ru.im *s.f.* (Bras.) demônio; diabo. //Pl.: coisas-ruins.

coi.si.fi.car v.t. reduzir o ser humano à condição de coisa, de objeto ou de valores materiais: *Frequentemente a mulher é coisificada pela propaganda.*

coi.ta.do *s.m.* **1** indivíduo infeliz; desgraçado: *Ele é um coitado.* • *adj.* **2** desgraçado; infeliz: *O filho, coitado, quem se lembra dele?* • *interj.* **3** exprime dó; pena; compaixão: *Coitado, perdeu o alto cargo e as honrarias.*

coi.té *s.f.* cuia: *Bebia chá no coité.*

coi.tei.ro *s.m.* (Reg. NE) pessoa que dá asilo a bandidos ou os protege: *O velho Custódio se fizera de coiteiro para uma vingança.*

coi.to *s.m.* relação sexual; cópula; acasalamento.

coi.va.ra *s.f.* **1** fogueira: *Juntava lenha para a coivara.* **2** (Bras.) galhada que desce rio abaixo ou que se prende à margem do rio: *Enroscou o anzol numa coivara.*

co.la (ó) *s.f.* **1** substância viscosa adesiva; goma: *Ficava com os dedos grudando na cola.* **2** (Coloq.) cópia fraudulenta em prova escrita. **3** cauda de animal: *A cola do cavalo.* ✦ **na cola** atrás; no encalço: *Seguia na cola do rapaz.*

co.la.bo.ra.ção *s.f.* **1** ajuda; auxílio: *Contou com a colaboração de um amigo.* **2** trabalho em comum com uma ou mais pessoas; cooperação: *No combate à violência, foi necessária a colaboração do exército.* **3** participação: *Confesso que houve alguma colaboração minha na transcrição do texto.* **4** participação em publicação: *Sua colaboração no jornal durou dezoito anos.*

co.la.bo.ra.ci.o.nis.mo *s.m.* colaboração dada às forças de ocupação pelos habitantes de uma região ocupada: *O colaboracionismo francês na Segunda Guerra foi tema do filme.*

co.la.bo.ra.dor (ô) *s.m.* **1** pessoa que ajuda outra numa tarefa: *incansável colaboradora.* **2** auxiliar; ajudante: *Foi um dos colaboradores na montagem do espetáculo.* **3** quem escreve num periódico sem pertencer ao quadro permanente de redatores: *Passou de leitor a colaborador do jornal.* • *adj.* **4** que contribui; cooperador: *entidades colaboradoras do sucesso dos movimentos religiosos.*

207

colaborar

co.la.bo.rar *v.t. e int.* **1** cooperar; participar: *Começou a colaborar com um casal singular.* **2** prestar colaboração em publicações (jornais; revistas) ou obras (dicionários; enciclopédias): *Um jovem que colaborava no Pasquim.* **3** contribuir; concorrer: *Tudo colaborou para o sucesso da causa.*

co.la.ção *s.f.* **1** concessão de um título, cargo, grau: *Compareceu à solenidade de colação de grau do irmão.* **2** cotejo; comparação ou confronto: *fazer colação de textos antigos* ♦ **trazer à colação** citar a propósito; referir: *O escândalo foi trazido à colação na reportagem da revista.*

co.la.dei.ra *s.f.* gênero de música para dançar, de compasso binário acelerado, originária do Cabo Verde.

co.la.do *adj.* **1** fixado com cola; grudado: *cartazes mal colados nos muros.* **2** ajustado; moldado: *Usava um vestido vermelho colado ao corpo.* **3** encostado; junto; rente: *rosto colado no rosto.*

co.la.gem *s.f.* **1** a junção de objetos através de cola: *A colagem de cartazes nos muros.* **2** união; associação: *A narração do documentário é feita por uma colagem de depoimentos.* **3** trabalho artístico que consiste na junção de vários materiais colados sobre a superfície de um quadro: *O material da exposição consistia numa colagem de desenhos e fotografias.*

co.lá.ge.no *s.m.* (Histol.) substância proteica das fibras de várias estruturas do corpo como pele, cartilagens, ossos etc.

co.lan.te *s.m.* **1** roupa que adere ao corpo: *Ela usava um colante de malha.* ♦ *adj.* **2** que cola; grudento; aderente: *uma geleia colante.* **3** que se ajusta, amolda ou adere ao corpo: *calça colante.*

co.lap.so *s.m.* **1** (Med.) falência súbita da atividade nervosa e cerebral: *morte por colapso.* **2** perda; desaparecimento: *Sofreu um colapso total de memória.* **3** ruína financeira: *o colapso das contas do governo.* **4** diminuição da eficiência: *Houve colapso no fornecimento de energia.*

co.lar¹ *v.t.* **1** pregar com cola; grudar: *Colaram cartazes nos muros do cemitério.* **2** encostar; unir: *Colei minha testa na dela.* ♦ *pron.* **3** ajustar-se; amoldar-se: *a camisa colando(-se) no corpo por causa do suor.* ♦ *int.* **4** usar fraude em provas escolares: *Aluno que vive colando.* **5** (Coloq.) tornar-se admissível, aceito, acreditável: *É uma conversa que não cola mais.*

co.lar² *s.m.* **1** adorno ou insígnea para colo e pescoço. **2** fileira em forma semicircular: *A lagoa enfeitava-se de um colar de lâmpadas.*

co.la.ri.nho *s.m.* gola de pano, costurada ou presa à camisa, ao redor do pescoço.

co.la.ri.nho-bran.co *s.m.* (Coloq.) profissional graduado que, por sua atividade, deve apresentar-se vestido formalmente de terno e gravata. //Pl.: colarinhos-brancos.

co.la.te.ral *adj.* **1** situado ao lado; paralelo ou quase paralelo a outro: *caminhos colaterais.* **2** que acompanha outro fato ou atividade principal; secundário: *Este remédio não tem efeitos colaterais.* **3** cada uma das quatro direções da rosa dos ventos correspondentes ao nordeste, sudeste, sudoeste e noroeste.

col.cha *s.f.* coberta de cama usada para se cobrir ou para enfeitar.

col.chão *s.m.* grande almofada, estofada com substância flexível, colocada sobre o estrado da cama.

col.chei.a *s.f.* nota musical que vale a metade da semínima.

col.che.te (ê) *s.m.* **1** pequeno gancho de metal, usado para prender partes do vestuário. ♦ *pl.* **2** par de sinais gráficos que encerram, em uma citação, palavras que não fazem parte dela.

col.cho.a.ri.a *s.f.* estabelecimento onde se fabricam ou se vendem colchões e outros objetos acolchoados.

col.cho.ne.te (ê) *s.m.* colchão pequeno e fino, portátil.

col.dre (ô) *s.m.* estojo de couro em que se guardam armas de fogo: *um coldre de couro cru para o revólver.*

co.le.ção *s.f.* **1** conjunto de objetos da mesma natureza ou que possuem algo em comum: *uma coleção de pedras preciosas.* **2** (Edit.) conjunto de obras sob um mesmo formato identificativo de autores diversos versando sobre o mesmo tema, ou, ainda, obras editadas por uma mesma editora etc. **3** conjunto de modelos de roupas, acessórios etc. criados por um artista ou uma indústria de confecções para uma temporada: *a coleção de inverno.*

co.le.ci.o.na.dor (ô) *s.m.* pessoa que coleciona: *colecionador de obras raras.*

co.le.ci.o.nar *v.t.* fazer coleção; reunir; coligir: *colecionar quadros.*

co.le.ci.o.nis.mo *s.m.* prática de colecionar objetos de certo tipo por gosto, passatempo ou profissão; colecionamento: *Notícias que incentivam o colecionismo de selos.*

co.le.ga (ê) *s.2g.* pessoa que, em relação a outra, pertence à mesma escola, comunidade, profissão etc.: *colega de classe.*

co.le.gi.a.do *s.m.* **1** instituição cujos membros, sob a direção de um presidente, têm poderes idênticos: *colegiado trabalhista.* ♦ *adj.* **2** que é constituído por um colégio: *A assembleia é um órgão colegiado.*

co.le.gi.al *s.m.* **1** estudante de colégio: *Parece um colegial em férias.* **2** denominação em desuso para o ensino médio: *Aprendi isso quando ainda estava no colegial.* ♦ *adj.* **3** de ou relativo ao ensino nos colégios: *o ciclo colegial; matérias colegiais.*

co.lé.gio *s.m.* **1** estabelecimento de ensino fundamental e médio; escola: *os colégios estaduais e particulares da capital.* **2** os alunos de um colégio: *O colégio está em greve.* **3** conjunto de pessoas cujos membros têm a mesma dignidade e categoria; colegiado: *colégio de cardeais.* **4** associação de colegas de uma mesma atividade ou profissão; corporação: *colégio de cirurgiões.*

co.le.guis.mo *s.m.* espírito de amizade, lealdade, solidariedade e cooperação entre colegas: *Além do coleguismo, é indispensável a solidariedade.*

co.lei.ra *s.f.* correia de couro com fivela que se coloca no pescoço dos animais, principalmente de cães e gatos.

co.lei.ro *s.m.* pássaro de cor cinza, garganta e abdome brancos e uma fita negra atravessando o peito: *Coleiro é pássaro de gaiola.*

co.len.do *adj.* respeitável; venerando: *o colendo colégio de senadores.*

co.le.óp.te.ro *s.m.* (Zool.) **1** espécime dos coleópteros. ♦ *pl.* **2** ordem de insetos que têm dois pares de asas: *As brocas são coleópteros que atacam as laranjeiras.*

colisão

có.le.ra s.m. 1 (Patol.) doença infecciosa e contagiosa, caracterizada por diarreia, prostração e cãibras: *Hoje o país importa a tetraciclina, essencial no combate ao cólera.* • s.f. 2 raiva; ira; furor: *O gerente estava roxo de cólera.* 3 (Fig.) agitação; força: *A cólera das chuvas arrasou a cidade.*

co.lé.ri.co adj. 1 cheio de cólera; irado; enfurecido: *voz colérica.* 2 que indica cólera: *urros coléricos.* 3 atacado de cólera: *doentes coléricos.*

co.les.te.rol s.m. (Quím.) substância presente na gordura animal, carnes e ovos e que é responsável pela arterosclerose.

co.le.ta (é) s.f. 1 recebimento de esmolas, donativos, contribuições etc.; arrecadação: *coleta para o Natal.* 2 recolhimento: *a coleta do lixo.* 3 ato de coletar amostras de produtos ou elementos para análise ou estudo: *coleta de sangue.*

co.le.tâ.nea s.f. conjunto selecionado de obras ou trechos de obras: *coletânea de contos.*

co.le.tar v.t. 1 fazer a coleta de; colher; recolher; juntar: *Passei a coletar veneno de cobras.* 2 arrecadar: *Coletou uma tonelada de alimentos para a campanha.*

co.le.te (ê) s.m. 1 peça de vestuário sem mangas ou gola, abotoada na frente e de comprimento até a cintura, geralmente usada sobre camisa ou blusa. 2 equipamento de segurança cobrindo o tórax, feito de material segundo o fim a que se destina: *Vestiu um colete de aço sob a camisa.* 3 aparelho ortopédico para proteger a coluna vertebral ou o tórax: *Um colete protegia a coluna fraturada.*

co.le.ti.vi.da.de s.f. 1 o conjunto da sociedade; povo: *Os governantes devem agir em benefício da coletividade.* 2 grupo de pessoas com laços ou interesses comuns; comunidade. 3 vida em conjunto com outras pessoas: *Havia no acampamento muito espírito de coletividade.*

co.le.ti.vis.mo s.m. doutrina ou sistema social para o qual a exploração dos meios de produção e todos os bens de uma sociedade devem ser estendidos à coletividade.

co.le.ti.vi.za.ção s.f. ato ou efeito de coletivizar: *coletivização da propriedade.*

co.le.ti.vi.zar v.t. tornar coletivo ou comunitário: *Os índios coletivizam o consumo da carne.*

co.le.ti.vo s.m. 1 veículo de transporte da população: *empresas de táxis e de coletivos.* 2 treino realizado em conjunto pelos jogadores: *No coletivo de sábado é que ele pretendia escolher os zagueiros.* • adj. 3 que é praticado por muitas pessoas: *Não pratico esporte coletivo.* 4 que abrange grande número de pessoas: *os interesses coletivos e problemas coletivos.* 5 para todos: *guarda-roupa coletivo.* 6 (Gram.) diz-se do substantivo com que se designa uma pluralidade de indivíduos como se tratasse de um só: *Cardume é o substantivo coletivo de peixes.*

co.le.tor (ô) s.m. 1 profissional encarregado da arrecadação de impostos: *Meu tio era coletor federal.* 2 encarregado de recolher o lixo urbano: *Os coletores deixaram cartõezinhos.* 3 recipiente para detritos: *Amassaram os coletores de lixo.* • adj. 4 que coleta ou recebe: *urna coletora dos votos.*

co.le.to.ri.a s.f. órgão público arrecadador de impostos.

co.lhe.dei.ra s.f. colheitadeira.
co.lhe.do.ra s.f. colheitadeira.

co.lhei.ta s.f. 1 ato de colher produtos agrícolas: *Estávamos nas vésperas da colheita do café.* 2 coleta; extração: *colheita de sangue.* 3 recolhimento; recebimento: *colheita de informações.* 4 o conjunto dos produtos de determinada safra: *Caruncho atacaram a colheita.*

co.lhei.ta.dei.ra s.f. máquina usada na colheita de produtos agrícolas; colhedeira: *Negociou duas colheitadeiras de arroz para a fazenda.*

co.lher¹ (é) s.f. 1 utensílio de mesa, que consiste geralmente numa peça única com um cabo e uma parte côncava, destinado a levar os alimentos à boca. 2 colherada: *Tome uma colher deste xarope antes de dormir.* • **dar uma colher de chá** *(coloq.)* dar uma oportunidade a alguém. **de colher** que está à mão.

co.lher² (ê) v.t. 1 destacar (flor ou fruto) do ramo ou haste; apanhar: *Colhia rosas no jardim.* 2 fazer a colheita: *Este ano colhemos muita soja.* 3 retirar; recolher: *colher água do poço.* 4 coletar; arrecadar: *colher donativos* 5 conseguir; obter: *colher notícias.* 6 atingir; alcançar: *colher a vitória.* 7 apreender; perceber: *Não soube colher o verdadeiro sentido daquelas palavras.* 8 derrubar; atropelar: *Foi colhido pelo carro desgovernado.* • int. 9 proceder à colheita: *Quem planta colhe.*

co.lhe.ra.da s.f. porção de algo que uma colher pode conter: *uma colherada de xarope.*

co.lhe.rei.ro s.f. ave pernalta, de bico achatado em forma de colher, pescoço branco, região do ventre e asa de cor rósea e cauda amarelo-ocre.

co.li.bri s.m. ave de pequeno porte, bico longo e fino, plumagem de cor variada e brilhante; beija-flor.

có.li.ca s.f. (Med.) contração dolorosa e intermitente dos órgãos abdominais; espasmo.

co.li.dir v.t. e int. 1 ir de encontro; chocar-se: *A moto colidiu com uma camioneta.* 2 contrariar; contradizer: *Minhas ideias colidiam com as do professor.* 3 ir de encontro; abalroar; chocar-se: *Os dois veículos colidiram.*

co.li.for.me (ó) s.m. (Bacter.) 1 bacilo encontrado nos intestinos: *leite contaminado com coliformes.* • adj. 2 relativo a bacilo; qualquer bacilo: *bactérias coliformes.*

co.li.ga.ção s.f. união; aliança: *Comigo e com o partido a coligação está de pé.*

co.li.gar v.t. 1 unir; ligar; juntar: *Os temas ecológicos coligaram os ambientalistas.* • pron. 2 juntar-se; unir-se: *Novos micro-organismos que se coligaram para moldar os seres superiores.*

co.li.gir v.t. reunir em coleção; acumular: *Tinha o trabalho de coligir dados e documentos.*

co.li.mar v.t. ter em vista; visar a; objetivar: *As empresas privadas grandes e pequenas colimam a necessidade do cliente.*

co.li.na s.f. pequena elevação de terreno; pequeno monte: *uma casinha branca no alto da colina.*

co.lí.rio s.m. 1 medicamento para aplicar na conjuntiva do olho. 2 (Coloq.) pessoa muito bonita, de bela aparência.

co.li.são s.f. 1 choque de dois corpos: *Houve colisão de dois aviões no ar.* 2 divergência; contradição: *A reunião terminou cedo porque houve muita colisão de interesses.* // Cp.: coalizão.

coliseu

co.li.seu *s.m.* **1** grande anfiteatro onde se realizavam, na Antiguidade, lutas de gladiadores e outras competições e espetáculos. **2** anfiteatro grande e suntuoso: *Os romanos deixaram os mais belos monumentos do norte da África, como o Coliseu de El Djem.*

co.li.te *s.f.* (Patol.) inflamação do cólon: *Foi internado com colite aguda.*

col.mei.a *s.f.* **1** casa de abelhas; enxame: *uma colmeia abriga até 3.000 abelhas.* **2** grade: *a colmeia do radiador.* **3** Grupo de pessoas que trabalham para o mesmo fim: *reconhecimento à benemérita colmeia de Tomás Coelho.*

col.mo *s.m.* caule característico das gramíneas, que possui nós e entrenós: *O bambu tem colmos amarelos.*

co.lo (ó) *s.m.* (Anat.) **1** parte do corpo humano que liga a cabeça ao tronco; pescoço **2** espaço entre o abdome e as coxas de alguém sentado; regaço: *Repousa a cabeça no colo da namorada.* **3** superfície lisa do dente, localizada próximo à margem da gengiva: *cáries de colo.* **4** a parte mais estreita de um osso ou de um órgão: *o colo do útero.* ✦ **de colo** que não anda; muito pequeno; muito novo: *criança de colo.*

co.lo.ca.ção *s.f.* **1** ação de colocar: *vala para a colocação de fios.* **2** comercialização; venda: *Lutou pela colocação do produto no mercado.* **3** posição em uma classificação; situação: *boa colocação no campeonato.* **4** apresentação; exposição: *O homem me fascinava pela inteligência e pela colocação de suas ideias.* **5** emprego: *Queria ver se o doutor lhe conseguia uma colocação na prefeitura.*

co.lo.ca.do *s.m.* **1** pessoa em determinada posição em uma classificação: *Na classificação final do vestibular, ele foi o primeiro colocado.* • *adj.* **2** posto; situado: *com a bola colocada entre os joelhos.* **3** empregado: *Freitas tinha um amigo bem colocado no palácio.*

co.lo.car *v.t.* **1** pôr em algum lugar; posicionar: *Colocou a porca no parafuso.* **2** postar: *colocar cartas no correio.* **3** apor: *Colocou uma tarja preta na manga do paletó.* **4** investir; aplicar: *Sempre colocava algum dinheiro na poupança.* **5** pôr à venda; vender: *colocou à venda todas as ações.* **6** trazer à baila ou à discussão; aventar; propor: *Quero colocar agora a questão da violência urbana.* **7** dar emprego; empregar: *colocar parentes nos empregos públicos.* • *pron.* **8** situar-se; posicionar-se: *colocar-se numa posição côdma.* **9** postar-se; instalar-se: *Colocou-se na janela para ver o desfile.* **10** conseguir determinada colocação; colocar-se; classificar-se: *Colocou-se sempre entre os primeiros da turma.* ✦ **colocar o dedo na ferida** tocar no ponto principal ou no ponto fraco. **colocar os pés no chão** enfrentar a realidade. **colocar os pingos nos is** resolver um problema; esclarecer tudo.

co.loi.dal *adj.* que tem as propriedades do coloide: *substâncias coloidais.*

co.loi.de (ói) *s.m.* (Fís./Quím.) substância que não se cristaliza.

co.lom.bi.a.no *s.m.* **1** pessoa natural ou habitante da Colômbia: *Os colombianos cercaram a fronteira.* • *adj.* **2** referente à Colômbia (América do Sul): *Um sacerdote colombiano rezou a missa.*

co.lom.bi.na *s.f.* **1** personagem da antiga comédia italiana, mulher sedutora, esperta e volúvel. **2** fantasia de carnaval inspirada no traje tradicional dessa personagem.

có.lon *s.m.* (Anat.) parte do intestino grosso, entre o ceco e o reto.

co.lô.nia *s.f.* **1** grupo de pessoas de mesma nacionalidade, que imigra e se estabelece em um país estrangeiro: *A colônia portuguesa era grande.* **2** lugar onde se estabelece qualquer grupo de migrantes: *Vinha da colônia das Missões no Sul.* **3** grupos de casas de colonos, nas fazendas: *a fila das casinhas da colônia do engenho.* **4** (Biol.) grupo de organismos de uma mesma espécie que vivem intimamente associados: *colônias de bacilos.* ✦ **colônia penal** estabelecimento onde certos condenados cumprem pena, geralmente trabalhando. **colônia agrícola** povoação de colonos lavradores. **colônia de férias** local com instalações apropriadas para hospedagem de pessoas em gozo de férias.

co.lo.ni.al *adj.* **1** relativo a colônia ou a colonos: *o período colonial no Brasil; agricultura colonial.* **2** que possui colônias ou domínio territorial: *o império colonial inglês.* **3** diz-se dos padrões (artísticos, arquitetônicos etc.) do período do Brasil Colônia: *igrejas coloniais.*

co.lo.ni.a.lis.mo *s.m.* (Ciênc. Polit.) **1** sistema político, econômico e social pelo qual uma potência mantém ou estende seu controle sobre territórios ou povos estranhos: *colonialismo britânico.* **2** época colonial: *O Brasil do tempo do colonialismo.*

co.lo.ni.a.lis.ta *adj.* **1** próprio ou característico do colonialismo: *uma política colonialista.* **2** que submete ou que oprime, como no colonialismo: *Finalmente estavam livres da exploração colonialista.*

co.lo.ni.ão *s.m.* capim de folhas finas e compridas.

co.lo.ni.za.ção *s.f.* estabelecimento de colônia: *A colonização do Brasil foi lenta.*

co.lo.ni.za.dor (ô) *s.m.* **1** pessoa que coloniza: *colonizador português.* • *adj.* **2** que coloniza: *povo colonizador.*

co.lo.ni.zar *v.t.* transformar em colônia: *Portugal colonizou o Brasil.*

co.lo.no *s.m.* **1** cultivador de terra pertencente a outrem: *Colonos italianos cultivavam os cafezais de São Paulo.* **2** trabalhador assalariado de lavoura. **3** desbravador; povoador.

co.lo.qui.al *s.m.* **1** linguagem coloquial: *A língua falada prefere o coloquial.* • *adj.* **2** relativo ao coloquialismo: *A linguagem coloquial é espontânea.*

co.lo.qui.a.lis.mo *s.m.* estilo de linguagem informal e simples.

co.ló.quio *s.m.* **1** conversa entre duas ou mais pessoas; conversação: *Este colóquio significará o fim de nossas relações.* **2** reunião de especialistas para discussão e debates sobre determinado tema: *Já participei de vários colóquios.*

co.lo.ra.ção *s.f.* **1** cor; colorido: *Àquela hora o mar tinha uma coloração verde-musgo.* **2** tendência; característica: *Um discurso inflamado de coloração populista.*

co.lo.ra.do *s.m.* **1** gado de pelos avermelhados: *Venderia a tropilha dos colorados... e pronto!* • *adj.* **2** membro do Partido Colorado. **3** (Reg. RS) vermelho: *no pescoço, um lenço colorado.*

co.lo.ran.te *adj.* usado para colorir; corante: *xampus corantes*.

co.lo.rau *s.m.* tempero em pó, vermelho, feito de urucum e pimentão seco.

co.lo.ri.do *s.m.* **1** coloração; cor: *A mistura do vinho e do sangue forma um colorido marrom-escuro.* • *adj.* **2** de diversas cores: *um embrulho de papel colorido.* **3** alegre; vivo; animado: *O estilo colorido da moda agradou ao público feminino.*

co.lo.rir *v.t.* **1** cobrir ou revestir de cor; dar cores: *Coloriram os muros da escola.* **2** tornar expressivo; realçar: *Ele contava a história com a necessidade interior de colorir cada episódio com os recursos da imaginação.* • *pron.* **3** tomar cor; tornar-se colorido; cobrir-se de cores: *A cidade coloriu-se toda para receber o bispo.* **4** ruborizar-se; corar: *O rosto da jovem coloriu-se de vergonha.*

co.lo.ris.ta *s.2g.* pintor de colorido vivo e expressivo: *Os artistas contemporâneos são bons coloristas.*

co.lo.ri.za.ção *s.f.* processo eletrônico que permite colorizar as imagens de um filme realizado originalmente em preto e branco.

co.lo.ri.zar *v.t.* colorir filmes produzidos originalmente em preto e branco pelo processo de colorização.

co.los.sal *adj.* **1** que tem proporções de colosso. **2** enorme; gigantesco; descomunal; vastíssimo: *monumento colossal.* **3** espantoso; extraordinário: *força colossal.*

co.los.so (ô) *s.m.* **1** estátua de grandes proporções: *o colosso de Rhodes, na Grécia.* **2** qualquer coisa de grandes proporções: *um verdadeiro colosso este estádio olímpico.* **3** pessoa de excepcional valor, poderio ou merecimento: *Caetano e Gil, dois colossos da música popular.* **4** (Coloq.) coisa muito vantajosa; excelente: *O festival foi um colosso.* **5** grande quantidade: *Comprou um colosso de verduras.*

co.los.to.mi.a *s.f.* (Cir.) abertura cirúrgica do cólon.

co.los.tro (ô) *s.m.* líquido amarelado secretado pelas glândulas mamárias logo após o parto e rico em anticorpos.

co.lum.bá.rio *s.m.* espécie de edifício com nichos onde se conservam as cinzas funerárias em cemitérios.

co.lu.na *s.f.* **1** (Arquit.) pilar cilíndrico que sustenta um teto: *Vi você encostado na coluna do saguão da biblioteca.* **2** conjunto de soldados alinhados: *A coluna se refugiou no Paraguai.* **3** linha vertical de algarismos ou palavras: *tabela de três colunas.* **4** cada uma das subdivisões verticais de uma página de jornal, revista, dicionário: *A notícia ocupava quatro colunas no jornal.* **5** seção de periódicos, geralmente assinada, que ocupa uma ou mais colunas: *coluna social.* ♦ **coluna vertebral** (Anat.) coluna formada pela sobreposição das vértebras, na parte dorsal do tronco; espinha dorsal.

co.lu.na.ta *s.f.* série de colunas: *A prefeitura deve retirar o placar eletrônico do meio das colunatas.*

co.lu.ná.vel *s.2g.* **1** pessoa que frequentemente aparece nas colunas sociais de jornais, revistas etc.: *Os colunáveis faziam sua ingênua e divertida inquisição.* • *adj.* **2** que aparece nas colunas sociais: *Ouviu paciente as declarações de uma senhora colunável.*

co.lu.nis.mo *s.m.* atividade exercida pelo colunista: *Hoje faço oito anos de colunismo diário.*

co.lu.nis.ta *s.2g.* jornalista ou colaborador de uma coluna de jornal, revista etc.; comentarista; cronista; articulista.

comatoso

co.lu.tó.rio *s.m.* (Farm.) substância medicamentosa para gargarejos, usada na higiene ou no tratamento das gengivas e mucosas da boca.

com *prep.* Relaciona dois termos da oração indicando: **1** companhia; em companhia de: *Ela não vivia bem com o marido.* **2** posterioridade no tempo; após; depois de: *Com a chegada do mestre, a aula começou.* **3** limite temporal: *Já estou com quase 70 anos.* **4** oposição; contra: *a guerra com o Vietnã.* **5** associação; a favor de: *Estamos com você, meu amigo.* **6** delimitação; com referência a: *Era muito carinhoso com os filhos.* **7** causa; por causa de: *O bebê acordou com o estouro dos fogos.* **8** contiguidade espacial; junto a: *rua Sete de Setembro, esquina com a alameda Santos.* **9** adição; associação: *arroz com feijão.* **10** meio ou instrumento: *Convenceu-me com os seus argumentos.* **11** modo: *Levava os filhos com jeito e paciência.* **12** duração no tempo: *Com o passar dos dias, seu mal se agravava.* **13** a respeito de; sobre: *Estão fazendo piada com o pobre rapaz.* **14** aos cuidados de; sob a responsabilidade de: *Deixei minhas joias com uma vizinha.*

co.ma *s.m.* (Med.) estado de inconsciência profundo, com perda total da sensibilidade e da ação de mover-se.

co.ma.dre *s.f.* **1** madrinha de uma pessoa em relação aos pais desta: *Chegou a comadre da mamãe.* **2** mãe do afilhado, com relação aos padrinhos. **3** (Coloq.) tratamento dado a mulheres amigas, vizinhas ou conhecidas. **4** mulher bisbilhoteira; alcoviteira: *Só se ouvia o zum-zum das fofocas entre as comadres.* **5** recipiente de uso hospitalar para coletar urina ou fezes de pacientes que não podem levantar-se da cama.

co.man.da *s.f.* papeleta em que se anotam os pedidos em restaurantes e bares.

co.man.da.do *s.m.* **1** pessoa que está sob o comando de outra(s): *Disse, porém, que confia plenamente em seus comandados.* • *adj.* **2** dirigido; governado: *A comissão de combate à fome, comandada pelas voluntárias, fechou o ano com saldo positivo.*

co.man.dan.te *s.2g.* **1** que comanda ou exerce o comando; dirigente: *comandante de uma empresa.* **2** título atribuído ao oficial que exerce o comando de uma organização militar das Forças Armadas. **3** oficial que comanda um navio ou uma aeronave. **4** piloto da aviação civil: *O comandante desejou boa viagem aos passageiros de seu voo.*

co.man.dan.te em che.fe *s.2g.* título dado a comandante de alto escalão. //Pl.: comandantes em chefe.

co.man.dar *v.t.* **1** exercer comando; mandar; governar: *Comanda sua empresa com autoridade e competência.* **2** dirigir como superior em uma organização militar: *comandar um pelotão.* **3** liderar; conduzir: *comandar uma rebelião.* **4** fazer funcionar; acionar: *Um simples botão comanda a máquina.*

co.man.do *s.m.* **1** ato ou efeito de comandar. **2** poder, função ou posto de comandante. **3** liderança; governo; mando. **4** órgão que dirige uma unidade: *Comando Militar do Leste.* // Nesta acepção, usa-se a inicial maiúscula.

co.mar.ca *s.f.* área sob jurisdição de um ou mais juízes de direito: *Era juiz na comarca de Itabira.*

co.ma.to.so *adj.* referente a coma: *doente comatoso.*

211

combalido

com.ba.li.do *adj.* **1** debilitado; enfraquecido: *a última esperança de um paciente combalido.* **2** moralmente abalado; abatido; deprimido: *A candidata a deputada deixou a campanha terrivelmente combalida.* **3** deteriorado; abalado; arruinado: *verba para salvar a combalida instituição esportiva.*

com.ba.lir *v.t.* **1** enfraquecer; debilitar; abater: *Fumar combaliu seu organismo.* • *pron.* **2** debilitar-se; enfraquecer-se: *A doente combalira-se ainda mais.*

com.ba.te *s.m.* **1** luta; batalha; guerra: *Morreu em combate.* **2** oposição; contestação: *combate à corrupção.* **3** extinção; destruição: *combate às baratas.*

com.ba.ten.te *s.2g.* **1** pessoa que combate; soldado: *Premiaram o combatente cego.* **2** pessoa que defende um ideal; defensor: *combatente revolucionário.*

com.ba.ter *v.t.* **1** sustentar combate; fazer guerra; bater-se com: *Deu a vida combatendo os mouros.* **2** opor-se a; refutar; contestar: *Uma fé legítima combate as hipocrisias.* **3** dar cabo; destruir; extinguir: *combater os insetos.* • *int.* **4** lutar; guerrear: *A ordem era combater sem trégua até a vitória.*

com.ba.ti.vo *adj.* **1** que dá combate; guerreiro; lutador: *um jogador combativo.* **2** contestador; questionador: *Era um jornalista combativo e irônico.*

com.bi.na.ção *s.f.* **1** reunião de coisas, iguais ou distintas, em determinada ordem; ordenação; arranjo: *combinação de cores.* **2** harmonização. **3** união: *A fase expansionista de Portugal consistiu na combinação do poder político e do poder continental.* **4** associação de números ou sinais que acionam a abertura de um cofre: *Descobriram a combinação do cofre.* **5** união; mistura: *A Medicina hindu representa uma combinação de práticas racionais e outras de natureza mística.* **6** ajuste; acordo: *Há uma combinação entre o empresário e o cantor.* **7** peça íntima feminina, usada sob vestido: *Ela tirou o vestido e ficou só de combinação.*

com.bi.na.do *s.m.* **1** time formado por jogadores selecionados de duas ou mais equipes. **2** quantia ajustada: *Só pagou metade do combinado.* • *adj.* **3** acertado; ajustado: *Deu o sinal combinado.* **4** unido; amalgamado: *Ali a timidez estava combinada à honestidade.* **5** harmonizado: *Ela usava um vestido de cores combinadas.* **6** associado; agregado: *uso de chás combinado com antibióticos.*

com.bi.nar *v.t.* **1** juntar; unir; associar adequadamente: *Sabia combinar o trabalho, os estudos e o lazer.* **2** ajustar; acertar: *Combinei um encontro com os alunos.* **3** usar conforme; estar em harmonia; condizer: *Só usa sapatos combinando com o cinto.* • *pron.* **4** unir-se em combinação química: *O gás carbônico combina-se com a água para produzir o ácido carbônico.* • *int.* **5** entender-se: *A gente combinava bem demais.*

com.bi.na.tó.rio *adj.* que envolve combinação: *Um esforço de integração de caráter combinatório.*

com.boi.ar *v.t.* acompanhar; escoltar; um comboio: *Uma escolta de aviões comboiava os cargueiros.*

com.boi.o (ô) *s.m.* **1** série de navios que navegam próximos: *vários comboios constituídos de navios mercantes.* **2** série de vagões puxados por locomotiva; trem. **3** série de animais de carga que transportam mercadorias; tropa: *O comboio e os tropeiros descansaram na parte da manhã.* **4** série de veículos que seguem na mesma direção e com mesmo objetivo: *O comboio dos campeões seguiu pela avenida principal.*

com.bus.tão *s.f.* **1** ação de queimar ou arder. **2** estado de um corpo que arde, produzindo calor, ou calor e luz.

com.bus.tí.vel *s.m.* **1** substância utilizada para produzir combustão: *a crise dos combustíveis.* • *adj.* **2** que pode produzir combustão: *óleo ou gás combustíveis.*

co.me.çar *v.t.* **1** dar início a; principiar: *Minha mãe começou o bordado.* **2** ter como ponto inicial: *A estrada começa na outra margem do rio.* • *int.* **3** ter início: *O Sol se põe, a noite começa.*

co.me.ço (ê) *s.m.* **1** o primeiro momento; princípio: *o começo da adolescência.* **2** ponto inicial no espaço: *um vulto ali no começo da mata.*

co.mé.dia *s.f.* **1** peça teatral que se destina a provocar riso: *uma comédia de costumes.* **2** dissimulação; fingimento: *Não está doente coisa nenhuma. Isso é comédia.*

co.me.di.an.te *s.2g.* ator ou atriz de comédia: *Ele é um grande comediante.*

co.me.di.do *adj.* que tem comedimento, moderado; sóbrio; prudente: *um discurso comedido.*

co.me.di.men.to *s.m.* **1** moderação; sobriedade: *Ele fala sem comedimento.* **2** prudência: *A candidata vem se portando com comedimento.*

co.me.di.ó.gra.fo *s.m.* escritor de comédias; comedista; cômico: *Artur de Azevedo foi um comediógrafo do século XIX.*

co.me.dir *v.t.* **1** usar de moderação; moderar; conter: *Deves comedir teus impulsos.* • *pron.* **2** agir de forma moderada; controlar-se: *O avô comedia-se nas palavras para não ofender a visita.*

co.me.dor (ô) *s.m.* **1** indivíduo que come; comilão: *Era um comedor de verduras.* • *adj.* **2** que come.

co.me.dou.ro *s.m.* recipiente onde é colocado o alimento para animais; cocho: *A vaca enfia a cabeça dentro do comedouro.*

co.me.mo.ra.ção *s.f.* celebração; festejo: *as comemorações do Dia da Pátria.*

co.me.mo.rar *v.t.* fazer comemoração; celebrar; festejar: *Senhores, hoje se comemora o Dia da Liberdade.*

co.me.mo.ra.ti.vo *adj.* referente a ou que envolve comemoração: *Convidou as amigas para um chá comemorativo de seu aniversário.*

co.men.da *s.f.* **1** distinção ou condecoração honorífica (militar ou eclesiástica). **2** insígnia de comendador: *Ele recebeu a comenda da Legião de Honra.*

co.men.da.dor (ô) *s.m.* pessoa que recebeu comenda.

co.men.sal *s.2g.* pessoa que come à mesma mesa com outro(s): *A diretora recebeu o prefeito e outros comensais.*

co.men.su.rá.vel *adj.* que se pode medir; mensurável: *Enfrentou obstáculos poderosos, mas comensuráveis.*

co.men.tar *v.t.* **1** explicar; interpretar; analisar com comentário: *O professor comentou um poema de Fernando Pessoa.* **2** fazer comentários; mencionar: *Cheguei a comentar a notícia do desastre com o meu irmão.*

co.men.tá.rio *s.m.* **1** interpretação; análise; anotação: *comentários de textos literários.* **2** observação; apreciação: *Na televisão, alguém fazia comentários sobre o desastre.* **3** crítica maliciosa; falação: *Não quero ser alvo de comentários dos vizinhos.*

comissão

co.men.ta.ris.ta s.2g. pessoa que faz comentários especializados na imprensa (falada ou escrita); comentador: *É comentarista esportivo da televisão.*

co.mer v.t. **1** mastigar e engolir; ingerir: *comer carne.* **2** gastar; dilapidar: *Comeu toda a fortuna do pai.* **3** corroer; destruir: *A ferrugem come o ferro.* **4** vencer: *A locomotiva ia comendo distâncias.* **5** pronunciar mal; omitir; suprimir: *Fala muito rápido, comendo as sílabas.* **6** eliminar ou ganhar as pedras no jogo de xadrez ou de damas. • int. **7** alimentar-se: *Aqui se come bem.* • **comer fogo** passar por situação constrangedora: *Comi fogo para me livrar daquela companhia.* **comer o pão que o diabo amassou** passar por grandes dificuldades: *Comi o pão que o diabo amassou.* **comer vivo** irritar-se muito.

co.mer.ci.al s.m. **1** anúncio publicitário transmitido em emissora de rádio ou televisão: *Ela fazia comerciais para a televisão.* • adj. **2** mercantil: *um voo comercial.* **3** onde se faz comércio: *rua comercial.* **4** voltado para o comércio: *publicidade comercial.* **5** dos comerciantes: *a classe comercial.*

co.mer.ci.a.lis.mo s.m. predomínio do interesse comercial e financeiro em atividades intelectuais, artísticas etc.: *O filme, com seu comercialismo todo, ainda emociona.*

co.mer.ci.a.li.za.ção s.f. comércio; negociação: *a comercialização dos bens e serviços.*

co.mer.ci.a.li.zar v.t. **1** colocar no comércio: *Já estão comercializando os novos jeans.* **2** tornar comercial ou comercializável.

co.mer.ci.a.li.zá.vel adj. que pode ser comercializado: *produtos comercializáveis com o exterior.*

co.mer.ci.an.te s.2g. **1** pessoa que exerce o comércio; negociante: *Comerciantes árabes levaram seus produtos e costumes a todas as partes do mundo.* • adj. **2** que comercia: *um filho comerciante.*

co.mer.ci.ar v.t. e int. **1** fazer comércio; negociar: *Comerciava móveis usados.* **2** transformar em objeto de comércio. **3** exercer transações comerciais: *O Brasil comercia com todos os países latino-americanos.*

co.mer.ci.á.rio s.m. pessoa empregada no comércio: *a greve dos comerciários.*

co.mér.cio s.m. **1** atividade de mercado; compra e venda de produtos ou valores: *comércio de secos e molhados.* **2** os comerciantes: *Todo o comércio se revoltou com as novas portarias regulamentadas pelo município.*

co.mes.tí.vel adj. que se pode comer; comível: *palmeira que fornece óleo e fruto comestíveis.*

co.me.ta (ê) s.m. **1** (Astr.) astro de luminosidade fraca, formado por pequenas partículas sólidas e que gira em torno do Sol, em cuja proximidade pode formar-se uma grande cauda. **2** (Obsol.) caixeiro-viajante; mascate.

co.me.ter v.t. executar; praticar; perpetrar: *Precisava acabar a noite sem cometer desatino algum.*

co.me.ti.men.to s.m. **1** empreendimento; tentativa ou empresa difícil, arriscada e/ou de grande vulto: *A revisão constitucional é o mais importante cometimento político da atual legislatura.* **2** prática; execução: *O réu é acusado do cometimento de vários delitos.*

co.me.zai.na s.f. **1** refeição farta, abundante. **2** festa com comida e bebida em abundância.

co.me.zi.nho adj. comum; simples; prosaico: *Não se preocupe com questões comezinhas.*

co.mi.chão s.f. prurido; coceira: *Sentia uma comichão nas orelhas.*

co.mi.char v.int. **1** causar ou sentir comichão; coçar. **2** sentir grande excitação; arder: *Diante do pacote, a mãe comichava de curiosidade.*

co.mí.cio s.m. reunião, geralmente em via pública, de cidadãos para tratar de assuntos de interesse geral, ou em manifestação de apoio a um candidato a cargo eletivo ou em protesto contra algum fato de caráter político, social, econômico etc. • **comício relâmpago** comício improvisado, geralmente em via pública, e que rapidamente se dissolve.

cô.mi.co s.m. **1** ator de comédias; humorista: *Ele é um grande cômico.* **2** comicidade: *um filme que associa o trágico ao cômico.* • adj. **3** comediante: *um ator cômico.* **4** engraçado: *Teve uma saída cômica.*

co.mi.da s.f. **1** aquilo que se come; alimento: *Perguntou se a comida havia agradado.* **2** o conjunto dos alimentos de que o indivíduo costuma nutrir-se; alimentação: *Trabalha em troca de casa e comida.* **3** prato típico, característico de uma região, povo etc.; culinária; cozinha: *Gosto da comida chinesa.*

co.mi.go pron. **1** com a pessoa que fala: *Ele não tem coragem de falar comigo.* **2** em minha companhia: *Quer ir ao teatro comigo?* **3** a meu cargo: *Vá tranquilo, deixe o resto comigo.* **4** a meu respeito: *Fingi que nada daquilo era comigo.* **5** com relação a mim: *Agradeço sua consideração para comigo.* **6** em meu poder: *Não tenho nada comigo.* **7** a meu favor: *Os eleitores estão comigo.*

co.mi.go-nin.guém-po.de s.m. (Bras.) planta ornamental venenosa, de caule tortuoso, folhas alongadas, verdes, com manchas e estrias esbranquiçadas, e flores em espiga cilíndrica.

co.mi.lan.ça s.f. (Coloq.) alimentação muito farta e festiva; comes e bebes: *A mulher sempre reclamava das comilanças em sua casa.*

co.mi.lão s.m. **1** aquele que come muito e com avidez; glutão: *Um restaurante tão discreto que os comilões nem passam por perto.* • adj. **2** que come muito e com avidez; guloso; glutão: *um cachorro comilão.*

co.mi.na.ção s.f. aplicação de pena ou punição; prescrição: *Do pedido constará, ainda, a cominação da pena de prisão.*

co.mi.nar v.t. impor pena por infração cometida; prescrever; decretar: *Aos usuários não viciados o juiz comina penas menores.*

co.mi.nho s.m. planta de folhas finas e verdes, pequenos frutos alongados e com listras e pequenas sementes aromáticas, usadas como condimento.

co.mi.se.ra.ção s.f. ato de comiserar-se; compaixão; piedade; dó: *É um fraco tentando provocar comiseração.*

co.mi.se.rar v.t. **1** inspirar compaixão; piedade; pena; dó. • pron. **2** ter piedade ou compaixão.

co.mis.são s.f. **1** gratificação, geralmente percentual, dada ao vendedor: *Trabalha numa loja em que só ganha por comissão.* **2** grupo de pessoas incumbidas de tratar conjuntamente de determinado assunto: *O diretor recebeu as comissões de alunos e de professores.* **3** grupo de membros das câmaras legislativas encarregado de estudar projetos e dar conjuntamente seu parecer: *J. B. era presidente da comissão da Câmara.* **4** função, emprego ou atividade de caráter temporário: *Ele ocupa um cargo em comissão.*

comissariado

co.mis.sa.ri.a.do *s.m.* órgão encarregado de funções de comissário: *o comissariado do povo.*
co.mis.sá.rio *s.m.* **1** que exerce uma comissão. **2** pessoa que compra ou vende por comissão: *Os comissários de venda ganham 1% do preço.* **3** autoridade policial: *Ele é comissário na 5ª Delegacia de Polícia.* **4** encarregado do controle de carros de corrida: *A equipe pediu aos comissários mais três jogos de pneus.* **5** funcionário incumbido de vários serviços referentes à segurança e ao bem-estar dos passageiros em aviões e ônibus comerciais: *O café foi servido pela comissária de bordo.*
co.mis.si.o.na.do *adj.* **1** empregado em regime de comissão: *Meu pai estava comissionado.* **2** não efetivo; temporário: *cargos comissionados.*
co.mis.si.o.na.men.to *s.m.* preenchimento de cargo ou função em comissão.
co.mis.si.o.nar *v.t.* **1** dar a alguém uma comissão. **2** falando-se de funcionário público, designar para cargo ou função em caráter temporário: *O Estado comissionou vários professores junto às delegacias de ensino.*
co.mis.su.ra *s.f.* designação genérica para a junção de partes anatômicas com abertura em forma de fenda: *as comissuras dos lábios.*
co.mi.tê *s.m.* **1** grupo ou órgão formado por membros encarregados de examinar determinadas questões: *O comitê de segurança era integrado por dois coronéis.* **2** local de reunião desse órgão ou grupo: *Visitou seu comitê de campanha eleitoral.*
co.mi.ti.va *s.f.* **1** grupo de pessoas que acompanham uma autoridade: *O presidente chegou com sua comitiva.* **2** grupo de peões, com capataz, que conduz tropa ou boiada: *Ali logo dei com uma comitiva de tropeiros.*
co.mí.vel *adj.* comestível: *raízes comíveis.*
co.mo *conj.* **1** conforme: *Não deixou de ser bonito o modo como ele sorriu para toda a gente.* **2** porque: *Como sou também o telegrafista, lembro-me do nome do destinatário.* **3** igual a: *Não há nada como levantar cedo.* **4** da mesma forma que: *Sinto-me à vontade, como (me sentiria) se estivesse em casa.* **5** tal qual; tanto; quanto: *Ele escreve bem tanto prosa como poesia.* **6** quanto: *No abraço é que melhor percebi como o rapaz estava ansioso.* • *adv.* **7** de que jeito; de que forma: *Como arranjar tanto dinheiro?* **8** por que motivo; por que: *Como uma menina tão educada foi capaz de responder daquele jeito?* **9** exclamativo; quanto: *Como ela parecia distante!*
co.mo.ção *s.f.* **1** emoção ou impressão forte: *A exposição foi uma comoção nacional.* **2** agitação social; revolta: *comoções internas e perigo em vários países do mundo.*
cô.mo.da *s.f.* móvel com gavetas desde a base até a face superior para guardar roupas.
co.mo.da.to *s.m.* (Jur.) empréstimo gratuito condicionado à devolução em tempo acordado entre as partes envolvidas: *As terras foram cedidas em comodato.*
co.mo.di.da.de *s.f.* bem-estar; conforto: *sentado na comodidade de seu escritório.*
co.mo.dis.mo *s.m.* tendência para a comodidade: *O autoritarismo da censura foi substituído pelo comodismo da permissividade.*
co.mo.dis.ta *adj.* que só atende ao próprio bem-estar, conforto.

cô.mo.do *s.m.* **1** aposento; quarto: *apartamento de um cômodo.* • *adj.* **2** que oferece comodidade; confortável: *As antenas elétricas são mais cômodas para o motorista.* **3** fácil: *Não é cômodo aceitar pessoas intransigentes.* **4** tranquilo; calmo: *um lugar cômodo para a leitura.*
co.mo.ren.se *s.2g.* **1** natural ou habitante de Comores (arquipélago ao norte de Madagáscar). • *adj.* **2** relativo a Comores.
co.mo.ve.dor *adj.* que provoca comoção; comovente: *Alternavam acrobacias portentosas e fracassos comovedores.*
co.mo.ven.te *adj.* comovedor: *um espetáculo comovente.*
co.mo.ver *v.t.* **1** causar comoção; impressionar; emocionar: *Choro de criança sempre comove.* • *pron.* **2** sentir comoção; enternecer-se; emocionar-se: *O país inteiro se comoveu com os apelos dos pais.*
com.pac.ta.ção *s.f.* **1** transformação em compacto; solidificação: *A queda violenta da temperatura provoca compactação da água.* **2** ação de compactar; compressão: *compactação de dados no computador.*
com.pac.ta.dor (ô) *s.m.* (Inf.) instrumento ou dispositivo para compactar arquivos e programas: *O compactador comprime arquivos para economizar espaço no disco rígido.* • *adj.* **2** que compacta; compressor: *rolos compactadores de motor a diesel.*
com.pac.tar *v.t.* **1** tornar compacto, reduzindo o volume; condensar: *compactar o solo.* • *pron.* **2** (Inf.) comprimir (dados) de forma que ocupe menos espaço no armazenamento ou na memória do computador.
com.pac.to *s.m.* **1** (Obsol.) pequeno disco gravado com uma ou duas músicas de cada lado. **2** edição condensada de um programa de rádio ou televisão para representação: *Nos domingos à noite ele vê o compacto do futebol.* • *adj.* **3** que se compactou; comprimido: *rocha compacta.* **4** espesso; fechado: *a fronde compacta das mangueiras.* **5** pequeno: *Tenho um chalé compacto, com quarto e sala, mais uma varandinha.* **6** condensado; resumido: *dicionário eletrônico compacto.* **7** num só bloco: *destiladores solares compactos.* **8** unido; uniforme: *São quarteirões compactos, com muitas edificações.* **9** relativo ao futebol com passes curtos e fechados; defensivo: *Foi um jogo compacto, com marcação forte.*
com.pac.tu.ar *v.t.* fazer pacto; pôr-se de acordo: *Não tem sentido compactuar com ele.*
com.pa.de.cer *v.t.* **1** Ter compaixão de; lastimar: *A mãe ensinou-lhe a compadecer a dor alheia.* • *pron.* **2** sentir piedade ou compaixão: *Não havia quem não se compadecesse do menor acidentado.*
com.pa.dre *s.m.* **1** padrinho de uma pessoa em relação aos pais desta: *Meu compadre já morreu.* **2** pai do afilhado em relação aos padrinhos. **3** (Coloq.) forma de referir-se ou dirigir-se a pessoas íntimas: *Que foi que aconteceu, meu compadre?*
com.pa.dri.o *s.m.* **1** condição de compadre: *relações de compadrio.* **2** (Deprec.) favoritismo: *Compadrio e coronelismo estão quase sempre associados.*
com.pai.xão /ch/ *s.f.* piedade; pena: *Homem movido pela compaixão e pela generosidade.*
com.pa.nhei.ris.mo *s.m.* convívio amistoso próprio de companheiro; camaradagem; coleguismo: *incentivo ao companheirismo.*

compensação

com.pa.nhei.ro *s.m.* **1** pessoa que acompanha, que faz companhia: *Ele é um velho companheiro de caçadas.* **2** camarada; colega: *Eram dois companheiros iniciantes no jornalismo.* **3** homem em relação à pessoa com quem vive: *Agora vive sem companheiro.* **4** aquilo que acompanha; que está sempre presente: *A solidão é minha companheira.*

com.pa.nhi.a *s.f.* **1** acompanhamento (de pessoas, animais, coisas); presença: *Estamos em boa companhia.* **2** convívio; convivência: *Preferia a companhia de rapazes.* **3** sociedade comercial ou industrial formada por acionistas: *Trata-se de uma companhia que implantou um marco na história industrial.* **4** associação de pessoas em torno de objetivos comuns: *companhia de dança.* **5** subdivisão de um batalhão comandado por um capitão: *Só faltavam duas companhias completas para começar o cerco.*

com.pa.ra.ção *s.f.* ação de comparar; cotejo; confronto: *uma comparação entre dois sistemas de numeração.*

com.pa.ra.dor (ô) *s.m.* dispositivo mecânico que trabalha junto com a fresa e que mostra a diferença entre o modelo e a peça que está sendo feita.

com.pa.rar *v.t.* **1** examinar as relações de semelhança e de diferença; cotejar; confrontar: *É impossível comparar um homem com um automóvel.* **2** igualar-se; equiparar-se: *Seu gesto se compara aos dos maiores heróis.*

com.pa.ra.ti.vo *adj.* feito através de comparação: *estudo comparativo das aves tropicais.*

com.pa.rá.vel *adj.* **1** que se pode comparar. **2** semelhante; análogo: *Lembrança de um passado que me dá calafrios comparáveis aos da malária.*

com.pa.re.cer *v.int.* apresentar-se em determinado local ou evento; ir; aparecer: *Os dois guardas compareceram a seu aposento.*

com.pa.re.ci.men.to *s.m.* **1** presença; vinda: *comparecimento à festa.* **2** apresentação em juízo ou perante uma autoridade: *O juiz determinou o comparecimento de todas as testemunhas.*

com.par.sa *s.2g.* cúmplice; coautor de um delito ou ação desonesta.

com.par.ti.lha.men.to *s.m.* participação conjunta; uso compartilhado: *O compartilhamento de seringas é perigoso.*

com.par.ti.lhar *v.t.* **1** dividir; repartir: *compartilhar esperanças.* **2** partilhar; dividir. **3** tomar parte: *Não queria compartilhar daquela situação.*

com.par.ti.men.ta.do *adj.* isolado em setor; separado: *As empresas eram divididas por departamentos compartimentados.*

com.par.ti.men.ta.li.za.ção *s.f.* colocação em compartimentos; divisão em setores ou seções.

com.par.ti.men.tar *v.t.* colocar em compartimentos; separar: *Teorias que compartimentam a cultura entre o erudito e o popular.*

com.par.ti.men.to *s.m.* cada uma das divisões de um espaço: *Alguns compartimentos de bagagem se abriram e maletas caíram.*

com.par.tir *v.t.* **1** compartilhar; dividir: *Compartia seu vasto saber com os colegas.* **2** tornar-se participante: *É mais fácil compartir das alegrias do que das dores alheias.* **3** dividir em compartimentos; compartimentar.

com.pas.sa.do *adj.* **1** que obedece a um ritmo ou cadência ritmado; cadenciado: *marcha compassada.* **2** pausado; lento: *a fala compassada do mestre.*

com.pas.sar *v.t.* **1** imprimir ritmo regular; cadenciar: *Os tambores compassam a marcha dos soldados.* **2** medir as proporções de; calcular: *Relógios compassam a nossa história, que muda a todo momento.*

com.pas.si.vo *adj.* que tem compaixão, compadecido; penalizado; piedoso: *Não tolero olhares compassivos.*

com.pas.so *s.m.* **1** instrumento com duas hastes que se articulam, usado para traçar circunferência e tirar medidas. **2** ritmo; cadência: *o compasso do meu coração.* **3** marcha regular: *Ele não perde o compasso.* **4** movimento regular: *Aprecio o compasso das ondas.* (Mús.) **5** regularidade no andamento de uma execução musical: *A valsa tem compasso ternário.*

com.pa.ti.bi.li.da.de *s.f.* qualidade ou condição de compatível; harmonia; conciliação: *compatibilidade da democracia com a luta pelo desenvolvimento.*

com.pa.ti.bi.li.za.ção *s.f.* harmonização; conciliação: *Retorno financeiro em compatibilização com a imagem do banco.*

com.pa.ti.bi.li.zar *v.t.* **1** tornar compatível; harmonizar; conciliar: *É preciso compatibilizar melhor o mercado interno com a balança comercial.* • *pron.* **2** estar ou ser compatível: *O emprego não se compatibiliza com a exigência de idade mínima.*

com.pa.tí.vel *adj.* passível de coexistir ou conciliar: *As prestações do imóvel eram compatíveis com seus rendimentos.*

com.pa.tri.o.ta (ó) *s.2g.* pessoa natural da mesma pátria de outra.

com.pe.lir *v.t.* forçar; obrigar; coagir; constranger: *É lícito ao Estado compelir o cidadão a um esforço de poupança.*

com.pen.di.ar *v.t.* reunir em compêndio; resumir; sintetizar: *Compendiou seus artigos escritos para jornal.*

com.pên.dio *s.m.* **1** livro que contém resumo de doutrina ou ciência. **2** livro de texto para escola.

com.pe.ne.tra.ção *s.f.* ação de compenetrar-se; convencimento; persuasão; certeza: *Frequentava as aulas de catecismo com muita compenetração.*

com.pe.ne.tra.do *adj.* **1** com a atenção voltada para; aplicado; concentrado: *aluno compenetrado* **2** cônscio; sério: *O vigia me ouvia calado e compenetrado.*

com.pe.ne.trar *v.t.* **1** passar a compreender: *Já se compenetrou de que precisa trabalhar.* **2** fazer penetrar bem; arraigar. **3** convencer profundamente; persuadir. • *pron.* **4** convencer-se; persuadir-se: *A atriz não se compenetra de sua idade.*

com.pen.sa.ção *s.f.* **1** operação contábil com que se facilita a cobrança e o pagamento de cheques de um banco em outro: *serviço de compensação de cheques.* **2** restabelecimento de equilíbrio: *a compensação das importações com o mesmo volume de exportações.* **3** indenização; ressarcimento: *compensação pelos prejuízos da seca.* **4** recompensa; remuneração: *compensação por horas extras.* ♦ **em compensação** em troca. **compensação de cheques** operação pela qual se cobram e pagam os cheques bancários em um banco oficial.

215

compensado

com.pen.sa.do *s.m.* **1** tábua de madeira compensada: *armários de compensado.* • *adj.* **2** diz-se de madeira formada por lâminas finas prensadas e com as fibras dispostas em cruz, alternadamente. **3** diz-se de cheque em que houve compensação. **4** contrabalançado; equilibrado. **5** premiado; recompensado.

com.pen.sa.dor (ô) *adj.* que compensa; que traz vantagens ou benefícios; vantajoso: *Todo aquele esforço foi compensador.*

com.pen.sar *v.t.* **1** contrabalançar: *Para compensar meus pesadelos, eu tinha o privilégio de sonhar colorido.* **2** oferecer vantagem relativamente a: *A redução de 30% do imposto não compensa o acréscimo de preços.* **3** contrapesar; equilibrar: *Compensaram a queda da receita com uma diminuição das despesas.* **4** recompensar: *Era preciso compensar aquela criatura dos maus-tratos recebidos.* **5** realizar compensação. • *int.* **6** ser compensador; valer a pena: *O crime não compensa.*

com.pen.sa.tó.rio *adj.* que oferece compensação: *uma indenização compensatória.*

com.pe.tên.cia *s.f.* **1** capacidade; habilidade: *a competência do médico.* **2** poder; autoridade: *Havia conflito de competência entre os chefes.* **3** capacidade legal; responsabilidade: *assunto da competência do diretor do colégio.* **4** indivíduo de grande autoridade ou notoriedade.

com.pe.ten.te *s.2g.* **1** pessoa competente: *É preciso diferenciar os competentes dos picaretas.* • *adj.* **2** que tem competência; capaz: *professor competente.* **3** adequado; eficiente: *Necessitamos de uma competente reforma na área social.* **4** legalmente capacitado; habilitado: *órgão competente para autorizar pagamentos.* **5** legal; que é devido; próprio; respectivo: *O diretor tomará as medidas competentes para a abertura da sindicância.*

com.pe.ti.ção *s.f.* **1** disputa por algum prêmio; certame: *competições esportivas.* **2** concorrência: *Havia competição entre os bancos.* **3** disputa; luta; desafio.

com.pe.ti.dor (ô) *s.m.* **1** indivíduo ou grupo que compete ou concorre com outro por um mesmo objetivo. **2** que disputa um título em provas esportivas: *Os competidores se cumprimentam antes do jogo.*

com.pe.tir *v.t.* **1** disputar; concorrer: *Hoje, em quase tudo, os homens competem com as mulheres.* **2** ser pertencente por direito; caber; tocar: *Vestia-se bem como competia a um cidadão rico.* **3** ser da competência; caber; cumprir: *A segurança compete às autoridades.*

com.pe.ti.ti.vi.da.de *s.f.* qualidade do que ou de quem é competitivo: *A agricultura tem tecnologia e competitividade.*

com.pe.ti.ti.vo *adj.* **1** que tem qualidades para competir: *O mercado global é muito competitivo.* **2** referente à ou que envolve competição: *produto pouco competitivo.*

com.pi.la.ção *s.f.* reunião de textos de autores diversos que guardam entre si alguma relação: *compilação dos melhores poemas.*

com.pi.la.dor (ô) *s.m.* aquele que faz compilação: *Trabalha como compilador de partituras.*

com.pi.lar *v.t.* coligir; reunir em uma só obra textos de autores e procedências diversas: *Conseguiram compilar todas as obras didáticas.*

com.pla.cên.cia *s.f.* condescendência; tolerância; benevolência: *Há certa complacência com os erros dos filhos.*

com.pla.cen.te *adj.* condescendente; tolerante; benevolente: *A crítica foi complacente com o filme.*

com.plei.ção *s.f.* **1** constituição física: *rapaz de compleição robusta.* **2** disposição de espírito; caráter; índole: *homem de rígida compleição moral.*

com.ple.men.ta.ção *s.f.* **1** ação de complementar; completo: *A complementação da rodovia se dará em breve.* **2** acréscimo: *É necessária uma complementação nos salários.* **3** reforço; suprimento: *Vitaminas para complementação alimentar.*

com.ple.men.tar *v.t.* **1** dar ou receber complemento; tornar completo; inteirar: *Faz uns bicos para complementar o salário.* • *pron.* **2** tornar-se completo, associando-se: *A Matemática e a Física são disciplinas que se complementam.* • *adj.* **3** que serve de complemento: *um projeto de lei complementar.*

com.ple.men.to *s.m.* **1** aquilo que complementa ou completa; complementação: *Arte e ciência devem andar juntas, pois uma é o complemento da outra.* **2** elemento que não é básico, mas necessário: *Os sucos são complemento da refeição.* **3** elemento que acrescenta ou aperfeiçoa; acessório: *O perfume é complemento indispensável à toalete.* **4** (Gram.) construção que integra o sentido de outra: *Os verbos transitivos pedem complemento obrigatoriamente.* ♦ (Gram.) **complemento nominal** complemento, obrigatoriamente preposicionado, de um nome (substantivo ou adjetivo) ou de um advérbio. **complemento verbal** o que completa o sentido do verbo; objeto.

com.ple.tar *v.t.* **1** tornar completo; inteirar: *Trabalhou feito um doido até completar a quantia para viajar.* **2** terminar; concluir: *Não teve forças para completar a frase.* **3** perfazer; atingir: *Amanhã ela completa 15 anos.* • *pron.* **4** ser complemento um do outro; completar: *Um casal que se completa.*

com.ple.to (é) *adj.* **1** a que não falta nada do que deve ter; preenchido; inteiro: *um arquivo completo de dados e fotos.* **2** concluído; acabado: *Junta-se água à carne até o cozimento completo.* **3** perfeito; total; absoluto: *silêncio completo.* **4** cumprido; satisfeito; completado: *documentação completa.* **5** no máximo da capacidade: *O teatro estava com a lotação completa.* **6** diz-se do alimento ou da alimentação substancial: *O leite é um alimento completo.*

com.ple.tu.de *s.f.* **1** totalidade: *Devem-se analisar a completude e a maturidade do projeto.* **2** integridade física e moral; inteireza: *Vamos observar o candidato em sua completude.*

com.ple.xi.da.de /ks/ *s.f.* qualidade do que é complexo: *A complexidade da vida moderna.*

com.ple.xo (é) /ks/ *s.m.* **1** conjunto de representações e recordações de forte valor emocional, parcial ou totalmente inconscientes. **2** sentimento: *O pai ficou com complexo de culpa.* **3** grupo de edificações, cada qual com sua destinação específica, mas que concorrem todas para um objetivo comum: *trabalhar num complexo comercial.* • *adj.* **4** que encerra muitos elementos que podem ser observados sob diferentes aspectos: *um complexo sistema de engrenagens.* **5** de difícil compreensão; confuso: *Há relações humanas* muito complexas. ✦ **complexo de Édipo** conjunto de desejos amorosos ou atração sexual recalcada que o filho experimenta em relação à própria mãe.

com.pli.ca.ção s.f. **1** complexidade: *Os filmes hoje têm muita complicação de enredo*. **2** sobrevinda de uma afecção que dificulta o tratamento de uma doença em andamento: *Ele morreu de uma complicação nos intestinos*. **3** dificuldade; embaraço: *Nossa ortografia não apresenta grandes complicações*. **4** confusão: *Bem, veja se não arranja mais complicação!*

com.pli.ca.dor (ô) s.m. **1** aquilo que complica ou dificulta; problema: *A reduzida altura do carro em relação ao solo é outro complicador em lombadas e valetas*. • *adj*. **2** que complica; que dificulta: *A infecção pulmonar era um elemento complicador da doença do poeta*.

com.pli.car v.t. **1** tornar complexo; confuso ou difícil; embaraçar: *Qualquer negligência pode complicar o nosso trabalho*. • *int. e pron*. **2** tornar-se difícil; embaraçar-se; enredar-se: *O caso dos jornais poderia complicar(-se)*. **3** sofrer complicação; gravar(-se): *O estado do paciente complicou-se após a cirurgia*.

com.plô s.m. conspiração contra o poder constituído: *Acusaram o juiz de fazer parte de um complô*.

com.po.nen.te s.m. **1** peça que faz parte de uma estrutura composta: *Os móveis são um componente da casa*. **2** elemento que entra na composição de alguma coisa: *O álcool é usado como componente de bebidas*. **3** elemento: *Um novo componente introduzia-se na vida política do país*. • *adj*. **4** que faz parte; que entra na composição: *Oxigênio e hidrogênio são gases componentes da água*.

com.por v.t. **1** arranjar; dispor: *A criadagem compunha a mesa para o banquete*. **2** conceber; produzir; criar: *Compunha poemas nas horas vagas*. **3** formar; fazer parte de: *Vinte e um vereadores compõem a Câmara Municipal*. **4** associar-se a: *Estamos fazendo um governo de abertura e seria bom compor outros partidos*. **5** reproduzir um texto em caracteres tipográficos. • *pron*. **6** dispor-se, arranjar-se; arrumar-se: *Ela se compôs para o jantar*. **7** constituir-se; compreender: *O musical compunha-se de piano, violino e flauta*.

com.por.ta (ó) s.f. porta que retém as águas de um dique, açude ou eclusa: *as comportas do canal*.

com.por.ta.do *adj*. **1** que se comporta bem; que sabe comportar-se: *um garoto comportado*. **2** de acordo com o gosto instituído; arrumado: *Vestia roupas bem comportadas*.

com.por.ta.men.tal *adj*. relacionado com o comportamento: *Sofria de distúrbios comportamentais*.

com.por.ta.men.to s.m. modo de comportar-se; procedimento; conduta: *rapaz de comportamento estranho*.

com.por.tar (ó) v.t. **1** permitir; admitir: *Esse negócio não comporta imitação*. **2** ser capaz de conter: *A calçada não comporta mais tanto público*. • *pron*. **3** portar-se; agir; proceder: *O menino se comportou como se estivesse em casa*.

com.po.si.ção s.f. **1** elaboração; criação: *uma composição musical feita em parceria*. **2** formação; constituição: *a composição das tintas usadas pelos fabricantes*. **3** disposição; organização: *a composição de um discurso*. **4** redação; texto escrito: *Aos onze anos fazia belas composições escolares*. **5** conjunto dos vagões de um trem: *Uma composição de oito vagões descarrilou ontem perto da serra*. **6** em artes gráficas, obra escrita com linhas ou páginas de caracteres combinados pelo tipógrafo.

com.po.si.ci.o.nal *adj*. de ou relativo a composição artística: *O livro é uma análise dos vários aspectos composicionais da música*.

com.pó.si.to s.m. **1** material constituído de duas ou mais substâncias. • *adj*. **2** feito de vários elementos; heterogêneo; variado: *arte de tendências compósitas*.

com.po.si.tor (ô) s.m. pessoa que compõe músicas: *Vamos convidar compositores para o festival*.

com.pos.ta.gem s.f. fermentação do esterco ou de outro material posto em camadas umedecidas, levemente compactadas, utilizada como adubo.

com.pos.to s.m. **1** mistura de matérias orgânicas decompostas usada como adubo. • *adj*. **2** formado por vários elementos ou partes. **3** (Coloq.) arrumado; bem-posto; sério.

com.pos.tu.ra s.f. correção de maneiras; circunspeção; comedimento; seriedade: *nunca perde a compostura*; *um rapaz sem compostura*.

com.po.ta (ó) s.f. conserva de fruta em calda de açúcar.

com.pra s.f. **1** aquisição de um bem ou direito mediante pagamento: *Gastou muito na compra do carro*. **2** objeto comprado: *Deixou as compras em cima da mesa*.

com.pra.dor (ô) s.m. aquele que compra, por conta própria ou alheia: *um comprador de diamantes*.

com.prar v.t. **1** adquirir por dinheiro: *Comprou uma corrente de um vendedor ambulante*. **2** subornar; peitar: *Certos candidatos compram eleitores*. **3** em certos jogos, tirar uma ou mais cartas do baralho ou da mesa. ✦ **comprar briga/barulho** meter-se em complicações.

com.pra.zer v.t. **1** deleitar; satisfazer: *coleção de imagens para comprazer olhares curiosos*. **2** fazer a vontade de; ser agradável ou cortês. • *pron*. **3** encontrar prazer ou satisfação; deleitar-se: *comprazer-se em criar confusões*.

com.pre.en.der v.t. **1** apreender com a inteligência; atirar com; alcançar: *Você compreendeu o texto*. **2** ter conhecimento de; entender: *Usa expressões que o povo nem sempre compreende*. **3** dar-se conta de; perceber; ver: *Compreenda que certas mudanças não podem ser feitas com uma varinha mágica*. • *pron*. **4** conter em si; abranger; englobar.

com.pre.en.são s.f. **1** percepção; entendimento: *a compreensão dos textos*. **2** disposição para compreender o outro e compartilhar de seus sentimentos: *Conto com a compreensão e a generosidade dos amigos*.

com.pre.en.sí.vel *adj*. **1** de fácil entendimento: *palavras compreensíveis*. **2** de fácil justificação: *É compreensível que ele tenha ficado furioso*.

com.pre.en.si.vo *adj*. **1** que demonstra compreensão; complacente; tolerante: *pais compreensivos*. **2** que revela correto entendimento: *fazer uma leitura compreensiva do poema*.

com.pres.sa (é) s.f. pedaço de algodão, linho ou gaze, esterilizado, dobrado em várias camadas, usado para cobrir curativos ou em intervenções cirúrgicas.

compressão

com.pres.são s.f. **1** contenção: *compressão do consumo de gasolina*. **2** diminuição; arrocho; restrição: *compressão dos salários*. **3** contração; pressão: *compressão do tórax*. **4** compactação: *compressão digital de imagens*.

com.pres.si.bi.li.da.de s.f. capacidade de compressão: *a compressibilidade do subsolo*.

com.pres.si.vo adj. **1** que age por compressão: *Usar uma cinta compressiva no local diminui o inchaço*. **2** redutor: *O sal da água do mar tem poder corrosivo e compressivo*.

com.pres.sor (ô) s.m. **1** máquina para comprimir ar, gases ou mistura de combustível e gás: *compressor de ar*. **2** (Inf.) programa de compactação de dados: *compressor de arquivos*. • adj. **3** que comprime: *Usaram um rolo compressor para aplainar o asfalto da pista*.

com.pri.do adj. **1** extenso ou longo (no tempo ou no espaço): *cabelos compridos*. **2** de grande estatura; alto: *Era um tipo magro e comprido*. **3** que dura muito; monótono; cansativo: *uma novela comprida*. ♦ **ao comprido** no sentido do comprimento.

com.pri.men.to s.m. **1** dimensão longitudinal de um objeto: *sala de 5 metros de comprimento*. **2** extensão; tamanho: *o comprimento da cauda do cometa*. **3** altura: *saias de comprimento pelo joelho*. // Cp.: cumprimento.

com.pri.mi.do s.m. (Farm.)**1** pastilha de substância medicamentosa em pó compactada por compressão; pílula. • adj. **2** que sofreu compressão; compactado: *ar comprimido*. **3** apertado: *pessoas comprimidas nos ônibus circulares*.

com.pri.mir v.t. **1** reduzir a menor volume mediante pressão; compactar: *comprimir a bagagem na mala*. **2** apertar; premer: *comprimir o dedo na porta*. **3** afligir; confranger: *Palavras emocionadas comprimem nosso coração*. **4** reprimir; refrear; reter: *comprimir o consumo de eletricidade*. • pron. **5** apertar-se; premir-se: *Os torcedores comprimiam-se para ver o ídolo*.

com.pro.ba.tó.rio adj. que contém a prova; que comprova: *Não havia documento comprobatório de legalidade da importação*.

com.pro.me.te.dor (ô) adj. que compromete; que põe em má situação ou em situação suspeita: *Ele julga as práticas comprometedoras da honestidade do homem*.

com.pro.me.ter v.t. **1** pôr em risco; prejudicar: *intrigas comprometem a amizade*. **2** pôr em má situação ou em situação suspeita: *Essa denúncia compromete a caixa do banco*. • pron. **3** assumir compromisso; obrigar-se por compromisso: *O consumidor evita comprometer-se com várias prestações*. **4** assumir compromisso: *Governo compromete-se com os grevistas a aumentar os salários*. **5** combinar ou tratar casamento: *Os noivos comprometeram-se diante da família*.

com.pro.me.ti.men.to s.m. **1** dano; prejuízo: *comprometimento da autoridade*. **2** obediência; sujeição: *o comprometimento do jogador às normas ditadas pelo técnico*. **3** envolvimento; implicação: *o grau de comprometimento do candidato com as propostas de seu partido*. **4** obrigação por compromisso; responsabilidade: *o comprometimento dos frigoríficos com a qualidade da carne comercializada*. **5** destinação obrigatória; empenho.

com.pro.mis.sar v.t. comprometer.

com.pro.mis.so s.m. **1** acordo; convenção; tratado; obrigação de caráter social: *agenda cheia de compromissos*. **2** acordo político; pacto: *compromisso político*. **3** trato a ser cumprido; contrato: *O jogador tem compromisso com o time italiano*. **4** promessa formal; obrigação: *o compromisso dos padrinhos com os afilhados*. **5** promessa de casamento: *o compromisso do noivo com a noiva*.

com.pro.va.ção s.f. demonstração para comprovar; prova: *comprovação de despesas médicas*.

com.pro.va.dor (ô) adj. que comprova; confirmador; demonstrador: *notas fiscais comprovadoras dos gastos com alimentação*.

com.pro.van.te s.m. **1** documento que comprova; recibo: *os comprovantes de pagamento*. **2** aquilo que comprova; prova: *Eu trouxe o comprovante de residência*. • adj. **3** que comprova; comprobatório; comprovador.

com.pro.var v.t. **1** confirmar; corroborar: *comprovar a veracidade da denúncia*. **2** tornar evidente; demonstrar; mostrar.

com.pro.vá.vel adj. que pode ser comprovado; demonstrável: *denúncia comprovável*.

com.pul.são s.f. impulso incontrolável: *compulsão pelo jogo*.

com.pul.sar v.t. manusear; examinar: *compulsar documentos*.

com.pul.si.vo adj. que compele; impulsivo: *O sujeito faz uso compulsivo de calmantes*.

com.pul.só.ria s.f. **1** aposentadoria forçada por haver o servidor, civil ou militar, alcançado o limite de idade permitido no serviço público. **2** mandado de juiz superior para instância inferior.

com.pul.so.ri.e.da.de s.f. caráter compulsório; obrigatoriedade: *a compulsoriedade do ensino básico*.

com.pul.só.rio s.m. **1** depósito, pagamento ou recolhimento obrigatório de certa quantia em dinheiro. • adj. **2** determinado por ordem judicial superior; obrigatório: *a contribuição previdenciária compulsória*. **3** regido por compulsão; impulsivo: *Ela tem uma ambição compulsória*.

com.pun.ção s.f. **1** grande pesar; arrependimento profundo; contrição. **2** ar solene; seriedade; gravidade.

com.pun.gi.do adj. **1** arrependido; pesaroso: *beato compungido*. **2** que revela compunção: *Tinha um ar grave e compungido*.

com.pun.gir v.t. e pron. **1** arrepender-se: *compungir-se dos pecados*. **2** sensibilizar-se; enternecer-se. **3** afligir-se; magoar-se.

com.pu.ta.ção s.f. **1** cálculo; apuração; cômputo: *Procedeu-se à computação dos votos*. (Inf.) **2** conjunto de técnicas referentes ao uso do computador: *especialista em computação*. **3** sistema de processamento de dados: *ciência da computação*.

com.pu.ta.ci.o.nal adj. **1** de ou relacionado com computação ou informática: *ambiente computacional*. **2** relacionado com a criação e o desenvolvimento de computadores: *Os americanos têm capacitação computacional avançada*.

com.pu.ta.dor (ô) s.m. (Inf.) máquina destinada ao processamento de dados capaz de aceitar informação e efetuar com ela operações programadas.

comutador

com.pu.ta.do.ri.za.ção *s.f.* uso sistemático do computador para organização de atividades diversas; informatização: *a computadorização das bibliotecas*.

com.pu.ta.do.ri.za.do *adj.* 1 realizado em computador: *Trabalha em animação computadorizada*. 2 que se serve de computador.

com.pu.tar *v.t.* 1 fazer o cômputo, a contagem; contar: *computar os votos*. 2 levar em conta; calcular: *O reajuste dos salários não computou os efeitos da inflação*.

côm.pu.to *s.m.* cálculo; conta; apuração; contagem: *No cômputo geral, o time marcou cem gols*.

co.mum *s.m.* 1 situação corriqueira; cotidiano habitual; normal: *O comum é o fiscal da dengue visitar cinquenta casas por dia*. • *adj.* 2 sem nada de especial; simples: *gasolina comum*. 3 habitual; usual: *crimes comuns*. 4 de ou relativo a todos ou muitos: *perigo comum a todos os caminhoneiros*. ✦ **em comum** em conjunto: *vida em comum*.

co.mu.na[1] *s.f.* 1 na Idade Média, cidade que obtinha do senhor feudal carta que lhe dava autonomia: *as comunas italianas do século XIII*. 2 município; municipalidade: *Prefeitos buscam benefícios para as suas comunas*. 3 pequena comunidade: *comunas agrícolas*.

co.mu.na[2] *s.2g.* (Coloq.) 1 comunista: *os comunas dos anos 1970*. • *adj.* 2 comunista: *deputado comuna*.

co.mu.nal *adj.* 1 em comunidade: *vida comunal*. 2 em grupo; em equipe: *trabalho comunal*. 3 relativo a pequena comunidade: *Não temos um sistema comunal de propriedade da terra*.

co.mun.gar *v.t.* 1 administrar a comunhão: *O padre comunga os fiéis*. 2 receber, tomar em comunhão: *Os cristãos comungam a hóstia*. 3 dividir com; compartilhar: *Comungamos com os torcedores a alegria da vitória*. 4 participar; tomar parte em: *Comungam da mesma doutrina*. • *int.* 5 receber o sacramento da eucaristia: *A avó comungava diariamente*.

co.mu.nhão *s.f.* 1 participação em comum; integração; reunião: *casamento com comunhão de bens*. 2 união estreita; harmonia: *viver em comunhão com a natureza*. 3 associação: *a comunhão de interesses pessoais com interesses sociais*. 4 harmonização: *a comunhão do/entre o goleiro e os zagueiros*. 5 recepção do sacramento da eucaristia: *vestido branco da primeira comunhão*. 6 eucaristia; hóstia; pão da eucaristia.

co.mu.ni.ca.bi.li.da.de *s.f.* 1 capacidade de se fazer entender ou de comunicar mensagem; entendimento: *o grau de comunicabilidade dos sinais de trânsito*. 2 facilidade de comunicação: *funcionário de boa aparência e comunicabilidade*. 3 possibilidade de comunicação.

co.mu.ni.ca.ção *s.f.* 1 transmissão de informação: *os meios de comunicação*. 2 facilidade ou capacidade para interagir: *É um professor dotado de simpatia e comunicação*. 3 conjunto de conhecimentos relativos à comunicação, ou que tem implicações com ela: *Conheço vários profissionais da área de comunicação*. 4 informação; notícia; mensagem: *a comunicação dos médicos sobre a saúde do governador*. 5 participação; aviso: *a comunicação do casamento do artista ao seu fã-clube*. 6 interação; interligação: *a comunicação entre as células*. 7 interação; relacionamento: *a comunicação do cantor com seu público*. 8 exposição oral ou escrita que apresenta resultados de uma pesquisa: *Professores apresentam comunicações em reunião internacional*. 9 caminho de acesso ou de ligação; passagem: *A comunicação da casa com o curral estava interrompida pela queda da árvore*. 10 os meios de transporte fluvial, marítimo, rodoviário, aéreo etc. 11 o conjunto de meios técnicos de comunicação; telecomunicações.

co.mu.ni.ca.do *s.m.* informação; declaração; aviso: *comunicado oficial*.

co.mu.ni.ca.dor (ô) *s.m.* 1 especialista em comunicação; comunicólogo: *Ele é um comunicador visual*. 2 pessoa que tem facilidade de comunicação. 3 aparelho que permite comunicação a distância: *Tinha um comunicador instalado no carro*. • *adj.* 4 que comunica.

co.mu.ni.car *v.t.* 1 fazer saber; participar; divulgar: *Comuniquei para os meus pais nossa decisão*. 2 transmitir: *As palavras do professor comunicavam entusiasmo aos alunos*. • *pron.* 3 pôr-se em contato com: *A família comunicou-se com os parentes*. 4 ligar-se; unir-se.

co.mu.ni.ca.ti.vo *adj.* 1 sociável: *pessoa comunicativa*. 2 relacionado com a comunicação pela linguagem: *clareza comunicativa*. 3 de comunicação: *rede comunicativa de jornais, rádios, TVs*.

co.mu.ni.cá.vel *adj.* que pode ser comunicado.

co.mu.ni.có.lo.go *s.m.* especialista em comunicação; comunicador: *comunicólogos das campanhas políticas*.

co.mu.ni.da.de *s.f.* 1 conjunto de indivíduos que vivem num mesmo lugar, partilham a mesma história ou têm os mesmos interesses e ideais políticos, religiosos etc.: *Já visitei uma comunidade cigana*. 2 conjunto populacional considerado como um todo em virtude de algum aspecto comum: *a comunidade europeia*. 3 grupo social com características específicas e individualizantes: *a comunidade da favela*. 4 concordância; conformidade; harmonização: *comunidade de destino*. ✦ **comunidade de base** pequena comunidade formada por cristãos desejosos de viver em conjunto o ideal evangélico.

co.mu.nis.mo *s.m.* doutrina política elaborada por Karl Marx (1818-1883), que propõe a eliminação da propriedade privada dos meios de produção.

co.mu.nis.ta *s.2g.* 1 pessoa militante ou adepta do comunismo: *As prisões estavam lotadas de comunistas*. • *adj.* 2 do ou relativo ao comunismo: *doutrina comunista*. 3 em que vige o comunismo: *países comunistas*. 4 militante ou adepto do comunismo: *Ele foi um líder comunista*.

co.mu.ni.tá.rio *adj.* 1 de comunidade: *consciência comunitária*. 2 da comunidade: *o líder comunitário do bairro*. 3 em que há participação da comunidade: *creche comunitária*.

co.mu.ni.za.ção *s.f.* transformação de um regime político em comunismo: *Os militares foram mobilizados temendo a comunização*.

co.mu.ta.ção *s.f.* 1 permuta; troca: *rede de comutação de pacotes turísticos*. 2 (Jur.) substituição de uma pena por outra de menor duração ou mais leve: *a comutação da sentença*. 3 alternância: *chave de comutação entre 110 e 220 volts*.

co.mu.ta.dor (ô) *s.m.* (Fís.) interruptor; dispositivo que interrompe ou restabelece a continuidade de uma corrente elétrica: *Girou o comutador e o quarto se iluminou*.

comutar

co.mu.tar v.t. **1** permutar; alternar: *O transistor tem como função comutar correntes elétricas.* **2** trocar: *comutar a sentença por prestação de serviços à comunidade.*

con.ca.te.na.ção s.f. ligação; coesão; relação; conexão: *concatenação das ideias.*

con.ca.te.nar v.t. **1** estabelecer vínculo entre; ligar; encadear: *O filme concatena pequenos episódios.* **2** estabelecer relação entre; relacionar. **3** encadear-se; associar-se; ligar-se.

con.ca.vi.da.de s.f. **1** qualidade do que é côncavo: *A concavidade do espelho altera as imagens.* **2** superfície côncava: *inflamação na concavidade do osso.*

côn.ca.vo adj. **1** que tem depressão no centro; menos elevado no centro que nas bordas; escavado: *espelho côncavo.* **2** que tem forma côncava: *concha côncava.* // Ant.: convexo.

côn.ca.vo-con.ve.xo adj. côncavo de um lado e convexo do outro. // Pl.: côncavo-convexos.

con.ce.ber v.t. **1** formar; criar: *conceber uma música.* **2** planejar; imaginar: *conceber um plano.* **3** compreender; entender: *O artista não concebe a vida sem arte.* **4** admitir: *Ninguém concebe uma guerra.* **5** gerar: *conceber gêmeos duas vezes.* **6** figurar; imaginar: *conceber o Messias como um ser divino.*

con.ce.bi.men.to s.m. ato ou efeito de conceber; concepção.

con.ce.bí.vel adj. que se pode conceber; compreensível: *Não é concebível que haja pessoas passando fome.*

con.ce.der v.t. **1** dar como um favor: *conceder entrevista ao jornalista.* **2** dar por direito; outorgar: *conceder patente a produtos farmacêuticos.* **3** permitir; facultar; aceitar: *Concedeu que o filho viajasse sozinho.* **4** concordar; anuir: *O herói do filme concede em passar por situações arriscadas.* **5** admitir; confessar. **6** admitir por hipótese: *Concedendo que ele viaje, não admitirei atraso no trabalho.*

con.cei.ção s.f. (Rel.) **1** concepção. **2** dogma católico da concepção da Virgem Maria, sem o pecado original. **3** festa religiosa, comemorada em 8 de dezembro, em que a Igreja Católica celebra essa concepção. **4** antiga moeda portuguesa do reinado de D. João IV.

con.cei.to s.m. **1** definição: *o conceito de teorema.* **2** princípio: *conceitos morais.* **3** avaliação de aproveitamento ou rendimento por meio de nota: *Nosso curso teve conceito A.* **4** opinião; apreciação. **5** reputação; fama. **6** máxima; sentença; provérbio. **7** pensamento; ideia.

con.cei.tu.a.ção s.f. **1** ato ou efeito de conceituar. **2** conceito; definição: *A conceituação de pobreza não é difícil.* **3** reputação: *advogados de conceituação positiva.*

con.cei.tu.a.do adj. **1** que tem boa reputação; bem conceituado: *Meu pai era uma pessoa bem conceituada.* **2** de quem se formou algum conceito; avaliado.

con.cei.tu.al adj. que se refere a conceito; teórico: *rigor conceitual.*

con.cei.tu.a.li.za.ção s.f. ato ou efeito de conceitualizar; conceito.

con.cei.tu.a.li.zar v.t. conceituar.

con.cei.tu.ar v.t. **1** formar conceito de; definir; conceitualizar: *É preciso saber conceituar temas como a ética e a honestidade.* **2** julgar; avaliar.

con.ce.le.brar v.t. celebrar conjuntamente: *Cardeais concelebraram a missa.*

con.cen.tra.ção s.f. **1** reflexão: *A sala da biblioteca é um ambiente propício à concentração e leitura.* **2** reunião em um só ponto; centralização: *Há concentração de vendas no final do ano.* **3** agrupamento em um mesmo local, com finalidade específica: *a concentração de pessoas para assistirem à queima de fogos.* **4** local para reunião de atletas: *Os jogadores estão na concentração.*

con.cen.tra.do s.m. **1** substância, principalmente alimentícia, reduzida em volume pela eliminação da água nela contida; xarope: *uma fábrica de concentrado para sucos.* **2** qualquer substância obtida por concentração: *novos concentrados da vitamina C.* • adj. **3** espesso; condensado; não diluído: *suco concentrado.* **4** forte; intenso: *o cheiro concentrado de lixo.* **5** reunido; juntado; centralizado: *O dinheiro fica concentrado nas mãos de poucos.* **6** com a atenção voltada para alguma coisa específica; centrado: *um jogador concentrado.* **7** em concentração; absorto; ensimesmado: *O time estava concentrado em Atibaia.*

con.cen.tra.dor (ô) s.m. **1** aparelho que realiza concentração; centralizador. **2** elemento centralizador: *Este sistema funciona como um concentrador de rendas.* • adj. **3** que concentra; centralizador: *país concentrador de intelectuais.*

con.cen.trar v.t. **1** conter: *A região concentra o maior número de lojas da cidade.* **2** pôr em concentração: *A comissão técnica decidiu concentrar os jogadores.* **3** fazer convergir; aplicar: *Concentre sua atenção nos vestibulares.* **4** reunir; agrupar: *A polícia concentra a tropa na entrada do estádio.* • pron. **5** absorver-se em; aplicar a atenção em: *Concentrou-se na leitura.* **6** dirigir os interesses para; dedicar-se a: *Pequenos empresários concentram-se no ramo de cerâmica.* **7** agrupar-se; reunir-se: *O medicamento concentra-se no fígado.* **8** ficar em concentração: *Jogadores deverão se concentrar somente no segundo turno do campeonato.* **9** aplicar-se interiormente: *Concentrou-se e rezou.*

con.cên.tri.co adj. que possui um mesmo centro: *círculos concêntricos.*

con.cep.ção s.f. **1** ato de conceber; criação; invenção: *O arquiteto concentrou-se na concepção do projeto.* **2** geração: *concepção de filhos.* **3** ponto de vista; opinião: *ter uma concepção pessoal de religiosidade.* **4** formato: *automóvel de concepção moderna.* **5** noção; conceito: *a concepção grega de democracia.*

con.cep.tis.mo s.m. corrente literária caracterizada pelo logicismo do pensamento e pelo uso abusivo de conceitos.

con.cep.ti.vo adj. que se refere à concepção: *métodos conceptivos.*

con.cer.nen.te adj. que concerne; relativo; referente: *dinheiro concernente ao aluguel.*

con.cer.nir v.t. dizer respeito a; referir-se a; ter relação com: *A responsabilidade do acidente concerne ao motorista.*

con.cer.tan.te adj. (Mús.) composição musical escrita para orquestra, na qual partes importantes são confiadas a dois ou mais solistas.

220

concluir

con.cer.tar v.t. **1** harmonizar; acertar; conciliar: *O grupo decidiu concertar posições sobre o combate às drogas.* **2** combinar; pactuar: *concertar um acordo.* • pron. **3** fazer acordo; entrar em acordo: *Os políticos e a população se concertaram para porem fim à violência.* // Cp.: consertar.

con.cer.tis.ta s.2g. músico que dá concertos; solista.

con.cer.to (ê) s.m. **1** composição musical criada para ser executada por orquestra ou para fazer sobressair um instrumento: *um concerto de Vivaldi.* **2** apresentação de um solista que toca um instrumento ou canta, acompanhado de orquestra ou piano; recital: *O concerto do famoso violinista foi no Municipal.* **3** espetáculo em que são executados trechos ou composições musicais por um conjunto de instrumentos ou vozes: *venda de ingressos para concertos.* **4** conjunto harmonioso: *o concerto dos planetas.* // Cp.: conserto.

con.ces.são s.f. **1** ato de conceder; cessão de um direito em favor de outrem; condescendência: *Todas as partes estão interessadas na paz e dispostas a fazer concessões.* **2** autorização do governo para exploração de serviços de utilidade pública ou recursos naturais: *concessão de exploração de estradas à iniciativa privada.* **3** oferecimento; outorga: *a concessão de férias coletivas aos funcionários.*

con.ces.si.o.ná.ria s.f. **1** empresa que obteve uma concessão: *as novas concessionárias das rodovias.* **2** (Bras.) revendedora de automóveis: *Havia até fila na porta da concessionária por causa da oferta do novo carro popular.*

con.ces.si.o.ná.rio s.m. **1** pessoa que obteve uma concessão: *encargos do concessionário.* • adj. **2** que obteve uma concessão.

con.ces.si.vo s.m. **1** concessão: *os concessivos de benefícios fiscais.* • adj. **2** que concede: *lei concessiva.* **3** (Gram.) diz-se da conjunção que introduz oração subordinada concessiva e expressa um estado de coisas contrário ao da oração principal, mas incapaz de neutralizá-lo.

con.cha s.f. **1** invólucro calcário dos moluscos: *colar de conchas.* **2** tudo que possui forma abobadada: *protetores auditivos com conchas ajustáveis.* **3** utensílio arredondado e côncavo, com haste, usado geralmente para servir líquidos: *Usava uma concha para servir o feijão.* **4** conteúdo de uma concha: *Coloque duas conchas de água.*
• **concha acústica** abóboda formada por paredes côncavas e que serve para melhor refletir e dirigir o som: *A prefeitura construiu uma concha acústica onde se realizam espetáculos musicais.*

con.cha.var v.t. **1** fazer conchavo, trama: *O líder grevista conchavou com o sindicato.* **2** combinar: *Conchavavam com a secretária uma trapaça contra o chefe.* • pron. **3** entrar em acordo: *Três partidos se conchavam no propósito de apoiar o candidato.*

con.cha.vo s.m. (Deprec.) mancomunação por maus intentos: *Foi denunciado um suposto conchavo entre aqueles profissionais.*

con.ci.da.dão s.m. pessoa que é da mesma cidade ou país de outrem: *Sejamos solidários ao sofrimento dos nossos concidadãos.* // Pl. concidadãos. Fem.: concidadã.

con.ci.li.á.bu.lo s.m. assembleia secreta de intenções malévolas: *conciliábulos dos locadores de imóveis.*

con.ci.li.a.ção s.f. **1** harmonia; paz: *Um clima de conciliação dominava o ambiente.* **2** acordo; harmonização: *conciliação dos interesses do marido com os da esposa.* **3** combinação; união: *a conciliação de tons claros com tons escuros.*

con.ci.li.a.dor (ô) s.m. **1** pessoa que, numa negociação, atua como mediadora: *As partes envolvidas se reúnem com um conciliador, que negocia um acordo.*
• adj. **2** que harmoniza ou põe de acordo: *temperamento conciliador.*

con.ci.li.ar¹ v.t. **1** pôr de acordo; reconciliar: *Foi chamado até o padre para tentar conciliar o casal.* **2** pôr em acordo: *Tentou conciliar o marido com a esposa.* **3** harmonizar; combinar: *É conveniente conciliar o trabalho com a vida pessoal.* • pron. **4** pôr-se de acordo: *conciliar-se com os amigos.* **5** harmonizar-se; associar-se: *O progresso tecnológico precisa conciliar-se com a Ecologia.* **6** ficar em paz, em harmonia, consigo mesmo.

con.ci.li.ar² adj. pertencente ou referente a concílio: *documentos conciliares.*

con.ci.li.a.tó.rio adj. **1** que tende à conciliação; conciliador: *o espírito conciliatório do avô.* **2** que concorre ou procura concorrer para a conciliação: *Não foram possíveis soluções conciliatórias.* **3** que denota conciliação: *tom de voz conciliatório.*

con.ci.li.á.vel adj. que se pode conciliar: *recursos conciliáveis.*

con.cí.lio s.m. **1** assembleia de altos prelados para tratar de assuntos dogmáticos, doutrinários e disciplinares. • pl. **2** deliberações votadas em concílio.

con.ci.são s.f. **1** brevidade; laconismo: *concisão telegráfica.* **2** precisão; exatidão: *Um bom texto deve ter clareza e concisão.* **3** exposições das ideias em poucas palavras.

con.ci.so adj. em que há concisão; breve; lacônico; sucinto: *currículo conciso e objetivo.* // Ant.: prolixo.

con.ci.tar v.t. instigar; estimular: *Concitaram a população a organizar-se.*

con.cla.ma.ção s.f. convocação; incitamento: *conclamação do povo à luta.*

con.cla.mar v.t. **1** bradar: *O povo conclama a deposição do ditador.* **2** incitar; convocar: *conclama a nação a mudar o rumo da história.*

con.cla.ve s.m. **1** assembleia de cardeais para eleger o Papa: *o conclave no Vaticano.* **2** assembleia para tratar de determinado assunto; congresso: *conclave de acadêmicos internacionais.*

con.clu.den.te adj. conclusivo; categórico: *provas concludentes.*

con.clu.in.te s.2g. **1** estudante que está concluindo um curso: *Há grande número de concluintes em Filosofia.* • adj. **2** que está concluindo um curso: *os alunos concluintes da 8ª série.*

con.clu.ir v.t. **1** terminar; acabar: *concluir o curso de magistério.* **2** levar a cabo; finalizar: *concluir jogadas.* **3** assentar; firmar: *Já concluíram uma negociação com o Fundo.* **4** extrair como conclusão; inferir; deduzir: *Dos exames de laboratório pode-se concluir que o rapaz está contaminado.* **5** demonstrar; comprovar: *O inquérito concluiu pelo desvio de verba do setor.* **6** tomar uma decisão; decidir-se: *O Senado concluiu pelo pedido de cassação do senador.*

conclusão

con.clu.são s.f. **1** término; acabamento: *conclusão do curso*. **2** epílogo; fecho: *a conclusão da carta*. **3** opinião definitiva: *Os dois relatores chegaram a conclusões contraditórias*. **4** ilação; dedução.

con.clu.si.vo adj. **1** que contém conclusão: *a parte conclusiva do processo*. **2** categórico; concludente; cabal: *prova conclusiva*. **3** (Gram.) diz-se de conjunção coordenativa que une orações quando uma delas expressa uma conclusão.

con.clu.so adj. concluído e entregue ao juiz para despacho ou sentença; relatório concluso: *É o relatório final, mas ainda não concluso*.

con.co.mi.tân.cia s.f. simultaneidade: *Não houve concomitância entre a eleição municipal e a estadual*.

con.co.mi.tan.te adj. simultâneo; que acompanha: *O ensino de Arte é concomitante ao de Ciências*.

con.cor.dân.cia s.f. **1** ação de concordar; conformidade; acordo: *contar com a concordância do chefe*. **2** ponto pacífico, de aceitação geral. **3** harmonia; concórdia: *comportamento dos filhos em concordância com os ensinamentos dos pais*. **4** (Gram.) harmonia formal entre constituintes frasais relacionados: *concordância do adjetivo com o substantivo*.

con.cor.dan.te adj. harmônico; condizente; concorde: *Os depoimentos são inteiramente concordantes*.

con.cor.dar v.t. pôr-se de acordo; ajustar-se: *concordar com o amigo*. **2** assentir; aceitar: *Concordou em apoiar a greve*.

con.cor.da.ta s.f. acordo entre comerciante endividado e seus credores para evitar a declaração de sua falência: *Aquela empresa entrou em concordata*.

con.cor.da.tá.rio s.m. **1** negociante que pediu concordata: *estar em situação de concordatário*. • adj. **2** que pediu concordata: *empresário concordatário*.

con.cor.de (ó) adj. de acordo; concordante: *atitudes nem sempre concordes com a moral*.

con.cór.dia s.f. harmonia; concordância; paz: *a concórdia entre os irmãos*. // Ant.: discórdia.

con.cor.rên.cia s.f. **1** competição; disputa: *No último vestibular, a concorrência foi de quatro candidatos por vaga*. **2** afluência de pessoas: *Registrou-se significativa concorrência ao espetáculo do cantor baiano*. **3** aparecimento indesejado num dado sítio: *Herbicida impede concorrência de ervas daninhas nos cafezais*. **4** disputa pela oferta de mercadorias ou serviços: *a concorrência entre a marca nacional e a marca estrangeira*.

con.cor.ren.te s.2g. **1** adversário: *concorrente temível*. **2** aquele ou aquilo que concorre: *os concorrentes ao cargo*. • adj. **3** que concorre; que compete: *filmes concorrentes ao Oscar*.

con.cor.rer v.t. **1** acudir juntamente com outros; acorrer; afluir: *A multidão concorreu ao espetáculo gratuito*. **2** ser candidato; disputar; competir: *concorrer à eleição*. **3** cooperar; contribuir; colaborar: *Poucos programas de TV concorrem para formar o espírito crítico do espectador*. • int. **4** apresentar-se como candidato; ir a concurso. **5** ter a mesma pretensão de outrem.

con.cor.ri.do adj. em que há grande afluência de pessoas: *feira de artesanato bem concorrida*.

con.cre.ção s.f. **1** concretização; solidificação; efetivação: *promover a concreção de justiça e bem-estar social*. **2** concretude: *a concreção da poesia cabralina*.

con.cre.ta.gem s.f. colocação de concreto: *concretagem das vigas do edifício*.

con.cre.tis.mo s.m. (Art. Plást. e Lit.) corrente artística do século XX que propugnava a concretização visual de conceitos intelectuais; arte concreta: *a poesia visual do concretismo*.

con.cre.tis.ta s.2g. **1** artista adepto do concretismo: *Visitamos uma exposição dos concretistas brasileiros*. • adj. **2** relativo ao concretismo: *pintor concretista*.

con.cre.ti.za.ção s.f. realização; efetivação: *concretização das profecias*; *concretização das reformas*.

con.cre.ti.zar v.t. **1** realizar; efetivar: *concretizar um plano*. • pron. **2** efetivar-se; realizar-se: *As profecias se concretizaram*.

con.cre.to (é) s.m. **1** (Constr.) massa compacta usada em construções, feita com cimento, areia, pedra britada e água: *colunas de concreto*. • adj. **2** que existe em forma material, palpável: *objetos concretos*. **3** definido; determinado; efetivo: *Precisamos de resultados concretos*. **4** diz-se do substantivo que se refere a uma entidade que tem existência real em si mesma. **5** concretista: *livro de poemas concretos*. // Ant.: abstrato.

con.cre.tu.de s.f. **1** concretização; efetivação: *O acordo deu concretude à integração dos mercados*. **2** qualidade de coisa concreta; materialidade.

con.cu.bi.na s.f. mulher ilegítima; amante; amásia.

con.cu.bi.na.to s.m. **1** estado em que vivem casais que coabitam sem serem casados; mancebia: *Há direitos advindos do concubinato*. **2** união permanente e interesseira: *o concubinato de caudilhos e homens ricos*.

con.cu.nha.do s.m. cunhado indireto, por intermédio do esposo ou da esposa, ou seja, o cônjuge do irmão ou da irmã do esposo ou da esposa: *Aquele rapaz é cunhado de meu marido e meu concunhado*.

con.cu.pis.cên.cia s.f. **1** apetite carnal; lascívia: *concupiscência juvenil dos rapazes*. **2** cobiça de bens materiais: *a concupiscência de alguns dirigentes esportivos*.

con.cu.pis.cen.te adj. que tem ou revela concupiscência: *É um homem concupiscente*.

con.cur.sa.do s.m. **1** pessoa aprovada em concurso: *Haverá contratação imediata dos concursados*. • adj. **2** aprovado em concurso: *professor concursado*.

con.cur.so s.m. **1** prova em que concorrentes disputam entre si um prêmio, cargo ou vaga: *concurso público*. **2** cooperação; ajuda: *A partir de sucessivos cálculos e com o concurso de fórmulas apropriadas, chega-se à solução do problema*. **3** afluência; convergência de pessoas.

con.cus.são s.f. roubo; extorsão: *Foi acusado de ter cometido crime de concussão*. ✦ **concussão cerebral** (Med.) estado de inconsciência resultante de golpe na cabeça.

con.cu.tir v.t. **1** fazer tremer; abalar. **2** incutir; infundir: *concutir pavor nas crianças*.

con.da.do s.m. **1** território sob a jurisdição de um conde. **2** divisão administrativa de um estado em alguns países: *O condado de Dade abrange as cidades de Miami, South Beach e Key Biscayne*.

con.dão s.m. poder especial e misterioso: *O futebol tem o condão de parar o país*.

con.de s.m. título de nobreza inferior ao do marquês e superior ao de visconde. // Fem.: condessa.

condizer

con.de.co.ra.ção *s.f.* **1** distinção que se outorga a alguém por mérito: *Houve uma cerimônia para condecoração de dois policiais.* **2** insígnia representativa da condecoração: *Revoltado, ele atirou pela janela uma condecoração de guerra.*

con.de.co.rar *v.t.* distinguir com condecoração; conferir título ou insígnia honorífica: *Governo condecora cientistas.*

con.de.na.ção *s.f.* **1** ato de condenar; reprovação; censura: *condenação do aborto.* **2** sentença condenatória: *condenação por homicídio doloso.* **3** pena condenatória. **4** pena imposta por sentença. **5** (Coloq.) censura, reprovação.

con.de.na.do *s.m.* **1** pessoa declarada culpada; criminoso. • *adj.* **2** reprovado; censurado; desaprovado: *comerciais condenados pelo conselho.* **3** com doença incurável: *O homem estava condenado.* **4** destinado; fadado. **5** sentenciado como criminoso: *motorista condenado a um ano de prisão.* ✦ **como um condenado** muito; demais: *Em jogo do meu time, torço como um condenado.*

con.de.nar *v.t.* **1** censurar; desaprovar: *condenar os filmes de violência.* **2** proferir sentença condenatória; sentenciar: *O júri condenou o réu à prisão perpétua.* **3** forçar; obrigar: *condenar a população à miséria.* **4** destinar: *condenar o edifício à demolição.* • *pron.* **5** sujeitar-se; obrigar-se: *Pessoas egoístas condenam-se a viver isoladas.*

con.de.na.tó.rio *adj.* que condena; que censura: *Já saiu decisão condenatória sobre a entrega ilegal de produtos.*

con.de.ná.vel *adj.* que merece condenação: *atos condenáveis.*

con.den.sa.ção *s.f.* **1** redução a um volume menor: *método de condensação do leite.* **2** sintetização; resumo: *boa condensação do texto.* **3** reunião; concentração: *condensação de riquezas.* **4** transformação em líquido; liquefação: *condensação do vapor d'água.* **5** mistura; amálgama.

con.den.sa.dor (ô) *s.m.* **1** (Ópt.) componente que condensa elétrons; capacitor: *Fiz substituir a bateria por um condensador.* • *adj.* **2** centralizador: *moda condensadora de estilos.*

con.den.sar *v.t.* **1** tornar mais denso ou mais espesso: *condensar o leite.* **2** reduzir a um tamanho menor: *condensar o desenho.* **3** resumir; sintetizar: *condensar o enredo do romance.* **4** reunir; englobar: *A música baiana condensa ritmos portugueses com ritmos africanos.* **5** concentrar: *condensar em livro os ensinamentos do filósofo.* • *pron.* **6** concentrar-se; tornar-se denso; engrossar; amontoar-se: *O povo se condensa em torno do vendedor.*

con.des.cen.dên.cia *s.f.* tolerância; complacência: *a condescendência do diretor com o estudante indisciplinado.*

con.des.cen.den.te *adj.* **1** complacente; benevolente: *pai condescendente com os filhos.* **2** que revela condescendência: *olhar condescendente para com a vida.*

con.des.cen.der *v.t.* transigir; concordar; ceder: *O juiz condescendeu em visitar o acusado.*

con.des.sa (ê) *s.f.* feminino de conde.

con.des.tá.vel *s.m.* pessoa importante ou poderosa: *o condestável da televisão brasileira.*

con.di.ção *s.f.* **1** exigência; requisito: *Aceitou a matrícula do aluno sob algumas condições.* **2** modo de ser das coisas; estado: *Enfrentamos nossa condição de país em desenvolvimento.* **3** posição na sociedade; classe: *pessoa de condição humilde.* **4** qualidades próprias para satisfazer certo fim; capacidade: *O time tinha condições de ganhar o campeonato.* • *pl.* **5** circunstâncias: *assegurar às crianças condições favoráveis para uma educação visando à paz.* **6** qualidades requeridas como ideais: *manter o carro em perfeitas condições.* **7** qualidade de vida: *propiciar melhoria de condições para o povo.*

con.di.ci.o.na.do *adj.* **1** que passou por um processo de condicionamento: *pássaros condicionados à rotina da gaiola.* **2** acondicionado: *panetones condicionados em latas.* **3** diz-se do ar cuja temperatura é controlada.

con.di.ci.o.na.dor (ô) *s.m.* **1** aquilo que dá condições; regulador: *Florestas têm o papel de condicionador do clima.* **2** produto que desembaraça, dá brilho e suavidade aos cabelos: *amostras de xampus e condicionadores.* • *adj.* **3** que dá condições; que regula: *A boa alimentação é condicionadora do vigor físico.* **4** que suaviza; que amacia: *cremes condicionadores de cabelos.* ✦ **condicionador de ar** aparelho que controla a temperatura do ar em recintos fechados.

con.di.ci.o.nal *s.m.* **1** (Gram.) conjunção subordinativa que vincula a realização de um fato a certas situações. • *s.f.* **2** (Jur.) liberdade ou livramento condicional: *O réu conseguiu a condicional.* • *adj.* **3** que expressa condição: *o sentido condicional da frase.* **4** que depende de condição: *compromisso condicional de pagar as dívidas.*

con.di.ci.o.na.men.to *s.m.* **1** comportamento previsível ou controlado: *Fumar depois das refeições é um condicionamento psicológico.* **2** preparo; resistência: *o condicionamento físico do atleta.* **3** subordinação; dependência: *condicionamento da concessão do empréstimo à comprovação da renda familiar.*

con.di.ci.o.nan.te *adj.* que condiciona: *fatores condicionantes da vida na Terra.*

con.di.ci.o.nar *v.t.* **1** regular: *A quantidade de chuvas condiciona o sucesso das colheitas.* **2** impor como condição: *condicionar a matrícula à sobra de vagas.* **3** submeter; subordinar: *A natureza condicionou a abelha a produzir mel.* • *pron.* **4** submeter-se ou adaptar-se a condições. **5** adotar comportamento previsível.

con.dig.no *adj.* de acordo com o que é devido ou merecido; conveniente a: *conduta condigna com o exercício da profissão.*

con.di.men.ta.do *adj.* em que há condimentos; temperado; adubado.

con.di.men.tar *v.t.* **1** temperar; adubar: *condimentar as comidas.* **2** (Coloq.) dar sabor a; alegrar; animar. • *adj.* **3** usado como condimento: *plantas condimentares.*

con.di.men.to *s.m.* tempero; substância aromática, usada para realçar o sabor dos alimentos: *os condimentos alimentares.*

con.dir *v.t.* temperar; preparar medicamentos.

con.di.zen.te *adj.* que condiz; adequado: *programas infantis condizentes com a realidade das crianças.*

con.di.zer *v.t.* estar de acordo com; combinar com: *Palavrões não condizem com a boa educação.*

condoer

con.do.er v.t. 1 despertar compaixão. • pron. 2 ficar com dó; compadecer-se; ter dó: *condoer-se dos pobres*.

con.do.lên.cia s.f. 1 compaixão: *Enviou mensagem de condolência às famílias das vítimas*. • pl. 2 pêsames: *Enviou condolências à viúva pela morte do marido*.

con.do.mi.ni.al adj. 1 de ou relativo a condomínio: *área de lazer condominial*. 2 do condomínio: *taxa condominial*.

con.do.mí.nio s.m. 1 domínio ou propriedade em comum; copropriedade. 2 taxa condominial: *reajustes de condomínio*. 3 prédio ou área residencial cuja propriedade está dividida entre os proprietários de apartamentos ou casas: *a portaria do condomínio*. 4 conjunto das pessoas que habitam um condomínio: *convocar uma reunião do condomínio*. • **condomínio fechado** conjunto residencial, geralmente composto de casas ou edifícios.

con.dô.mi.no s.m. coproprietário de um condomínio.

con.dor (ô) s.m. ave de rapina com cabeça e pescoço desprovidos de penas, plumagem preta e colar de penas brancas no pescoço, encontrada ao longo de toda a Cordilheira dos Andes.

con.do.rei.ro adj. 1 que usa um estilo caracterizado pelo abuso de eloquência. 2 (Bras.) em que há estilo pomposo.

con.du.ção s.f. 1 direção; comando: *A correta condução dos negócios não é fácil*. 2 ação de guiar numa certa direção: *a condução da charrete*. 3 ato de transportar; transporte: *A condução das crianças à escola deve ser feita por motorista muito paciente*. 4 designação; nomeação: *a condução do jogador ao cargo de ministro*. 5 transmissão: *a condução de energia ao eletrodoméstico*. 6 veículo de transporte: *Tomava duas conduções para chegar ao trabalho*.

con.du.cen.te adj. 1 (Constr.) que conduz: *estrada conducente ao aeroporto*. 2 que tem pendor para; tendente a: *as votações conducentes a novos impostos*.

con.du.í.te s.m. tubo, rígido ou flexível, usado nas instalações elétricas para passagem de fios condutores de energia.

con.du.ta s.f. 1 modo de comportar-se; atitude: *a conduta dos homens públicos*. 2 modo de proceder; procedimento: *Foi questionada a conduta de milhares de médicos prescritores do novo medicamento*.

con.du.ti.bi.li.da.de s.f. propriedade de condução de calor, eletricidade etc.; condutividade: *O alumínio tem grande condutibilidade elétrica*.

con.du.ti.vi.da.de s.f. capacidade de conduzir calor ou eletricidade: *cerâmica de alta condutividade*.

con.du.to s.m. 1 canal para escoamento: *Tubos são condutos fechados*. 2 meio: *O poder público se manifesta pelos condutos formais da sociedade*.

con.du.tor (ô) s.m. 1 cano pelo qual escoa água: *Os telhados são providos de condutores e de calhas*. 2 dispositivo que transporta uma corrente elétrica: *A corrente passa por um condutor*. 3 meio que transporta: *O sangue é o condutor de oxigênio*. 4 pessoa que conduz: *condutores de ônibus*. 5 dirigente, coordenador: *O jovem é um firme condutor dos trabalhos da empresa*. 6 guia; mentor: *condutores de opinião pública*. • adj. 7 que conduz: *o fio condutor da novela*. 8 que transporta: *materiais com melhores propriedades condutoras*.

con.du.zir v.t. 1 encaminhar; orientar, dirigir: *conduzir uma investigação*. 2 transportar: *O carro dos bombeiros conduzia o time vencedor*. 3 guiar; dirigir veículo: *Seu trabalho é conduzir ônibus*. 4 dirigir; governar, administrar: *Ele conduz bem sua empresa*. 5 ser condutor de; transmitir: *materiais capazes de conduzir correntes elétricas*. 6 fazer chegar; levar: *Esta porta nos conduz ao centro cirúrgico*. 7 levar; guiar: *conduzir a noiva para o altar*. 8 induzir: *As palavras do líder espiritual conduziam os fiéis ao transe*. • pron. 9 agir; comportar-se: *Fixou castigos para quem se conduz mal*.

co.ne s.m. (Geom.) corpo sólido limitado por uma superfície cônica fechada, de base circular ou elíptica e terminado em ponta.

co.nec.tar v.t. 1 fazer conexão; ligar; unir: *Um relâmpago tremendo conectou a nuvem ao solo*. • pron. 2 (Inf.) ligar-se a: *O computador não se conectava à Internet*.

co.nec.ti.vi.da.de s.f. capacidade de conectar-se: *O novo programa permite maior poder de conectividade com a Internet*.

co.nec.ti.vo s.m. 1 (Gram.) palavra usada para ligar duas orações ou dois termos semelhantes numa mesma oração. • adj. 2 que liga, une ou associa.

co.nec.tor (ô) s.m. (Eng. Elétr.) dispositivo destacável para conexão de condutores elétricos flexíveis: *Verificou-se mau contato nos conectores de todo o sistema elétrico*.

cô.ne.go s.m. padre secular pertencente a um cabido.

co.ne.xão /ks/ s.f. 1 ligação; vínculo: *a conexão entre os ritmos*. 2 relação; nexo: *a conexão entre as disciplinas*. 3 transferência para outro meio de transporte; baldeação: *Em São Paulo, há conexão para Brasília*. 4 meio de transporte que faz conexão: *Pegou uma conexão para o Rio*. 5 (Eng. Elétr.) dispositivo que permite a ligação de um circuito elétrico a um circuito de alimentação; tomada: *O quarto do hotel não tinha conexão para TV*. 6 setor; subdivisão; área: *Os civis detidos estariam envolvidos na conexão local do grupo que executou o atentado*.

con.fa.bu.la.ção s.f. 1 ato de confabular; conchavo, conluio: *desempregados e mendigos, alheios às confabulações políticas*. 2 conversa; bate-papo: *confabulação entre o conferencista e os estudantes*.

con.fa.bu.lar v.int. 1 trocar ideias; conversar: *confabular com os vizinhos*. 2 conchavar, tramar: *Confabulavam com os sindicalistas*.

con.fec.ção s.f. 1 realização; feitura: *confecção de brinquedos*. 2 fábrica de roupas: *Houve um pavoroso incêndio na confecção*. 3 roupa feita em fábrica, que se compra pronta: *queima de confecções de inverno*.

con.fec.ci.o.na.dor (ô) s.m. pessoa que confecciona: *confeccionador de bonés*.

con.fec.ci.o.nar v.t. fabricar; fazer; preparar: *confeccionar pipas*.

con.fec.ci.o.nis.ta s.2g. 1 pessoa proprietária de confecção: *A confeccionista ganhou prêmio por criatividade*. 2 pessoa que trabalha em confecção: *Confeccionistas reivindicaram aumento salarial*. • adj. 3 de confecção: *Monte Sião é polo confeccionista*.

con.fe.de.ra.ção s.f. 1 aliança, associação ou liga de várias nações: *a confederação dos Tamoios*. 2 agrupamento de associações sindicais ou desportivas.

confinar

con.fe.de.ra.do *s.m.* **1** partidário de uma coligação, geralmente para fim político: *os confederados da Guerra Civil americana.* • *adj.* **2** associado; coligado: *Europa confederada.*

con.fe.de.rar *v.t.* **1** unir em confederação. • *pron.* **2** associar-se para um fim comum; unir-se.

con.fei.tar *v.t.* cobrir ou enfeitar com confeitos: *confeitar o bolo.*

con.fei.ta.ri.a *s.f.* loja onde se fabricam e se vendem doces; doceria.

con.fei.tei.ro *s.m.* quem faz doces e confeitos; doceiro.

con.fei.to *s.m.* pastilha doce e colorida; bala.

con.fe.rên.cia *s.f.* **1** palestra pública; discurso: *Fez uma conferência sobre mortalidade infantil.* **2** encontro de representantes de entidades para deliberarem sobre assuntos de interesse comum; convenção; congresso. **3** encontro de delegados de vários países para deliberarem sobre assuntos internacionais: *42 países participaram da Conferência de Londres sobre a Bósnia.* **4** confronto; verificação; fazer a verificação da lista dos aprovados; cotejo: *Fizemos a conferência da lista dos aprovados.* **5** conversa entre várias pessoas sobre assuntos, negócios ou interesses comuns.

con.fe.ren.ci.ar *v.int.* **1** conversar; palestrar: *Os dois presidentes conferenciaram em um navio ancorado em Natal.* **2** fazer preleção ou conferência. **3** discutir ou tratar em conferência. **4** ter conferência.

con.fe.ren.cis.ta *s.2g.* pessoa que faz conferências ou palestras.

con.fe.ren.te *s.2g.* pessoa que confere: *os conferentes de cargas.*

con.fe.ri.ção *s.f.* ato ou efeito de conferir; verificação; conferência.

con.fe.rir *v.t.* **1** examinar; verificar: *Conferi meu saldo bancário.* **2** conceder; atribuir; outorgar: *Conferiu o prêmio ao ator.* **3** imprimir; dar: *O cachimbo conferia ao rapaz um ar intelectual.* **4** cotejar; confrontar: *conferir o documento original com a cópia xerografada.*

con.fes.sar *v.t.* **1** declarar; admitir; revelar: *confessar o crime ao juiz.* **2** deixar perceber ou transparecer; denunciar: *Confessou seu segredo ao amigo.* **3** administrar o sacramento da confissão: *O padre confessou o moribundo.* • *pron.* **4** declarar-se; reconhecer-se: *confessar-se incapaz de ganhar o próprio dinheiro.* • *int.* **5** praticar o ato religioso da confissão: *Confesso (-me) aos domingos.*

con.fes.si.o.ná.ri.o *s.m.* móvel, semelhante a uma guarita, onde fica o padre para ouvir a confissão.

con.fes.so (é) *s.m.* **1** monge que vivia em mosteiro. **2** confessor. • *adj.* **3** que se declarou como tal; assumido: *É um ateu confesso.* **4** que confessou sua culpa: *réu confesso.*

con.fes.sor (ô) *s.m.* **1** religioso que ministra o sacramento da confissão. • *adj.* **2** que ouve confissão: *padre confessor.*

con.fe.te (é) *s.m.* **1** pequeno círculo de papel colorido que se atira nas pessoas, aos punhados, em festas, principalmente no Carnaval. **2** (Coloq.) elogio: *Quem não gosta de um confete de vez em quando?*

con.fi.a.bi.li.da.de *s.f.* **1** qualidade daquilo em que se pode confiar; segurança: *Lançou dúvidas sobre a confiabilidade do exame de sangue.* **2** confiança; credibilidade.

con.fi.a.do *adj.* **1** atrevido; petulante: *Era um vendedor confiado.* **2** transmitido como encargo; atribuído: *missão confiada aos jovens.* **3** confiante; que tem confiança.

con.fi.an.ça *s.f.* **1** familiaridade; intimidade: *funcionário da confiança pessoal do governador.* **2** segurança: *O excesso de confiança derrubou o time.* **3** crença nos bons propósitos; entrega confiante: *Os alunos têm confiança no professor.* **4** esperança: *falta de confiança no futuro.* **5** crédito; fé: *voto de confiança.*

con.fi.an.te *adj.* **1** que denota ou que transmite confiança: *olhar confiante.* **2** convencido; certo: *Estou confiante de que vou passar no teste.* **3** esperançoso: *Estava confiante no futuro.*

con.fi.ar *v.t.* **1** entregar aos cuidados de: *Confiou a chave da casa à vizinha.* **2** comunicar ou contar sob segredo: *confiar ao amigo uma angústia.* • *int.* **3** ter confiança; ter fé; acreditar: *Ele é ingênuo: confia demais.*

con.fi.á.vel *adj.* em que se pode confiar; digno de crédito: *informação confiável.*

con.fi.dên.cia *s.f.* revelação de caráter sigiloso: *a confidência do empregado ao patrão.*

con.fi.den.ci.al *adj.* **1** secreto; sigiloso: *relatórios confidenciais.* **2** próprio de confidência: *falar em tom confidencial.*

con.fi.den.ci.ar *v.t.* **1** dizer em segredo, em confidência: *Confidenciou ao delegado os detalhes do crime.* **2** conversar em particular: *confidenciar com a mãe.*

con.fi.den.te *s.2g.* pessoa a quem se confiam segredos.

con.fi.gu.ra.ção *s.f.* **1** indicação; identificação: *A justiça trabalhista deu nova configuração de vínculo empregatício.* **2** forma exterior de um objeto; conformação; formato: *A moça lembrava-se bem da configuração do rosto do galã.* **3** forma; feitio; aspecto: *a configuração interna dos aviões.* **4** organização: *a nova configuração do trânsito após a construção do viaduto.* **5** posição de um astro em relação aos outros. **6** (Inf.) Conjunto de parâmetros, componentes, periféricos e programas que determinam as possibilidades e a forma de funcionamento de um computador, de seu sistema operacional, e de seus aplicativos.

con.fi.gu.rar *v.t.* **1** (Inf.) ajustar a um determinado padrão de funcionamento: *configurar o computador.* **2** dar forma ou figura; representar: *configurar uma solução para as contradições do mundo.* **3** representar; indicar: *Suspeição não configura culpa.* **4** caracterizar: *O bilhete encontrado no bolso da vítima configura o fato como acidente.* • *pron.* **5** apresentar-se: *A censura prévia se configura como atentado à liberdade de informação.* **6** adquirir identidade: *O adultério não se configurava nesses casos.*

con.fim *adj.* que confina; confinante.

con.fi.na.men.to *s.m.* **1** encerramento: *o confinamento do doente no hospital.* **2** limitação; circunscrição: *Só se conseguiu o confinamento do vírus a regiões remotas.* **3** isolamento; marginalização: *Causa revolta o confinamento dos aposentados na condição de párias.* **4** lugar em que alguém ou algo se encontra confinado: *animais criados em confinamentos automatizados.*

con.fi.nar *v.t.* **1** reter no pasto para engordar: *confinar gado.* **2** conter: *Abriram-se clareiras para confinar o fogo.* **3** enclausurar; encerrar: *confinar os presos em cela especial.* **4** ter como fronteira ou limite; limitar-se:

confins

São Paulo confina com o Paraná. • *pron.* **5** limitar; circunscrever; demarcar. **6** isolar-se; estar limitado: *O analfabetismo não se confina ao Nordeste.*
con.fins *s.m. pl.* **1** fronteiras. **2** lugar longínquo. • **os confins do Judas** um lugar muito distante e isolado; cafundó: *Os soldados foram transferidos para os confins do Judas.*
con.fir.ma.ção *s.f.* **1** comprovação; ratificação: *a confirmação da data do casamento.* **2** (Rel.) crisma: *Ainda não recebeu o sacramento da confirmação.*
con.fir.mar *v.t.* **1** afirmar a exatidão ou existência; atestar; comprovar: *Confirmamos o resultado do teste* **2** corroborar; validar: *Os fatos confirmam a suspeita.* **3** ratificar; garantir: *O cantor confirmou sua presença no show.* • *pron.* **4** tornar-se certo: *Confirmaram-se as nossas suspeitas.*
con.fis.ca.ção *s.f.* confisco; apreensão de bens: *a confiscação dos bens do sonegador.*
con.fis.car *v.t.* **1** apreender em proveito do fisco, em consequência de crime ou contravenção; arrestar: *agentes federais confiscam armas de militares.* **2** tomar em seu proveito, apossar-se; apoderar-se.
con.fis.co *s.m.* ato ou efeito de confiscar; apreensão de bens para o fisco; arresto; confiscação: *o confisco dos equipamentos contrabandeados.*
con.fis.são *s.f.* **1** declaração de culpa: *O juiz ouvia impaciente a confissão de um crime de assassinato.* **2** declaração dos próprios pecados ao confessor: *O padre ouve as confissões de seus fiéis.* **3** revelação de um segredo: *livro rico de confissões amorosas.* **4** declaração; revelação: *a confissão de incompetência.* **5** documento que registra a declaração de culpa: *O detento não assinou a confissão.*
con.fla.gra.ção *s.f.* **1** revolução; guerra: *Há perigo de nova conflagração mundial.* **2** polêmica; controvérsia; conflito: *O partido foi prejudicado pela conflagração entre seus líderes.* **3** manifestação viva e súbita; eclosão: *a conflagração da greve dos funcionários.*
con.fla.grar *v.t.* **1** excitar; convulsionar; agitar: *Arruaceiros conflagravam o bairro.* • *pron.* **2** enfrentar em combate: *Os exércitos se conflagram.* **3** (Coloq.) excitar vivamente; agitar: *conflagrar ânimos.* **4** eclodir: *A luta armada conflagrou-se.*
con.fli.tan.te *adj.* **1** discrepante; divergente; incompatível. **2** que estão em conflito: *A reunião é um passo para a reaproximação entre facções conflitantes.*
con.fli.tar *v.t.* **1** causar conflito em. **2** opor-se a; colidir: *As leis municipais não podem conflitar com as leis estaduais.* **3** não coincidir: *A versão do réu conflita com a versão da testemunha.* **4** entrar em conflito; desentender-se: *O torcedor vitorioso se encolhe para não conflitar com os derrotados.* • *int.* **5** estar em conflito: *As duas versões conflitam.*
con.fli.to *s.m.* **1** luta armada: *o conflito entre os índios e os posseiros.* **2** debate; agonia. **3** discussão; desavença: *os conflitos do namorado com a namorada.* **4** choque; oposição: *o conflito do interesse pessoal com o interesse familiar.*
con.fli.tu.o.so (ô) *adj.* **1** em que há conflito; conflitivo: *um casamento conflituoso.* **2** que estimula o debate: *O tema é polêmico, conflituoso.* **3** tumultuado. **4** que manifesta conflito: *O tom dos comandos passou de conflituoso a tolerante.* **5** cheio de conflitos.

con.flu.ên.cia *s.f.* **1** ponto de encontro: *a confluência do rio Amazonas com o rio Negro.* **2** fusão; associação: *a confluência do estilo europeu com o estilo brasileiro.* **3** cruzamento; união: *a confluência de raças na América.*
con.flu.ir *v.t.* **1** reunir; juntar: *As três tendências confluem num estilo reconhecido por todos.* **2** convergir; direcionar-se: *Todos os esforços terão de confluir para a paz mundial.*
con.for.ma.ção *s.f.* **1** organização; estrutura. **2** aspecto; formato; contorno: *O terreno tem conformação irregular.* **3** resignação; conformidade; submissão: *Não entendo sua conformação com as ideias de seu pai.* **4** exibição do aspecto estético de cavalos de corrida.
con.for.ma.do *adj.* **1** configurado; modelado: *A zona de livre comércio está bem conformada.* **2** que denota resignação: *um sorriso conformado.* **3** resignado; acomodado: *time conformado com a desclassificação.*
con.for.mar *v.t.* **1** formar; dispor; configurar: *Três questões básicas conformam o problema agrário brasileiro.* **2** ajustar; amoldar: *Conformou os desejos de consumo com o poder aquisitivo.* • *pron.* **3** adaptar-se; acomodar-se: *As vítimas se conformam de forma pacífica à sua má sorte.* **4** ficar conformado; resignar-se: *Ela não se conforma com sua situação.*
con.for.me (ó) *adj.* **1** que tem a mesma forma; condizente: *modelos conformes com nossos costumes.* • *prep.* **2** de acordo com; por: *Agiu conforme as circunstâncias.* • *adv.* **3** como; consoante: *Ligou para o escritório conforme haviam combinado.*
con.for.mi.da.de *s.f.* **1** adequação; concordância: *a conformidade dos brinquedos com as normas de segurança.* **2** resignação; conformismo: *A suspensão dos protestos não significa conformidade com a desigualdade.*
con.for.mis.mo *s.m.* acomodação a; aceitação de: *Esse conformismo com as desigualdades deve acabar.*
con.for.mis.ta *s.2g.* **1** pessoa que se amolda a uma situação: *um discurso contra os conformistas.* • *adj.* **2** que aceita com resignação; conformado: *Não sou um cidadão conformista.*
con.for.ta.dor (ô) *adj.* que conforta; confortante: *palavras confortadoras.*
con.for.tan.te *adj.* confortador; animador: *É confortante saber que você é nosso aliado.*
con.for.tar *v.t.* **1** aliviar o sofrimento; consolar: *Mamãe me confortava com afagos.* **2** tornar forte; fortificar: *Tomou chá quente para confortar o estômago.* • *pron.* **3** consolar-se: *A mocinha se conforta com a amiga.*
con.for.tá.vel *adj.* **1** que oferece conforto: *As poltronas do salão do clube não são confortáveis.* **2** aconchegante; acolhedor: *A reunião deu-se num clima confortável.* **3** conveniente; apropriado: *uma solução confortável.* **4** tranquilo; seguro: *condições de pagamento mais confortáveis.*
con.for.to (ô) *s.m.* **1** bem-estar material: *Proporcionemos conforto aos nossos filhos.* **2** bem-estar físico; comodidade: *o conforto excepcional do sofá.* **3** consolo; ânimo; alívio: *Levou aos doentes um pouco de conforto.* **4** tranquilidade; aconchego: *São músicas boas para serem ouvidas no conforto do lar.*
con.fra.de *s.m.* **1** membro de uma confraria: *os confrades da confraria de vinho.* **2** companheiro; colega: *os seus confrades de Academia.*

conglomeração

con.fran.ger *v.t.* **1** oprimir; afligir; angustiar: *Maus pressentimentos confrangiam o coração da mãe.* • *pron.* **2** tornar-se aflito ou angustiado; sentir-se muito mal. **3** contrair-se de aflição: *Ao saber do acidente, a fisionomia da mulher se confrangeu.*

con.fra.ri.a *s.f.* **1** associação: *a confraria dos barbeiros.* **2** associação de pessoas com fins religiosos; irmandade; congregação: *a confraria de franciscanos.*

con.fra.ter.ni.za.ção *s.f.* **1** encontro festivo para demonstração de espírito fraterno; congraçamento: *a confraternização dos médicos com as enfermeiras.* **2** convívio fraterno: *confraternização entre os povos latinos.*

con.fra.ter.ni.zar *v.t.* **1** promover o entendimento de: *Você está tentando confraternizar Calabar com a história do Brasil.* **2** tratar fraternalmente; concordar em sentimento: *O homem (se) confraterniza com os policiais.* • *int.* **3** ter crenças ou ideias de outrem: *Embora viessem de terras distantes, confraternizaram efusivamente.*

con.fron.ta.ção *s.f.* **1** confronto: *a confrontação entre gerações.* **2** comparação: *a confrontação das versões.*

con.fron.tar *v.t.* **1** contrariar: *Adota medidas que não confrontem a Lei da Anistia.* **2** pôr em confronto; comparar; cotejar: *confrontar os interesses pessoais com os coletivos.* **3** pôr em face de: *A experiência do homem o confronta com limites.* **4** colidir: *O conteúdo e o espírito das propostas não confrontam com nossa Constituição.* • *pron.* **5** entrar em confronto com; enfrentar: *confrontar-se com o adversário.* **6** ver-se diante; deparar com: *confrontar-se com graves problemas.*

con.fron.to *s.m.* **1** certame: *participação do time em confrontos internacionais.* **2** choque em luta ou briga: *Houve confronto entre os torcedores.* **3** comparação; cotejo: *o confronto da receita arrecadada com a despesa realizada.*

con.fu.ci.a.no *s.m.* **1** sectário do confucionismo: *a disciplina dos confucianos.* • *adj.* **2** próprio do confucionismo: *a visão confuciana do mundo.*

con.fu.ci.o.nis.mo *s.m.* doutrina religiosa do filósofo chinês Confúcio Kung Fu-Tsé (551-479 a.C.) e de seus seguidores, praticado na China por quase dois mil anos.

con.fu.ci.o.nis.ta *adj.* confuciano: *códigos confucionistas.*

con.fun.dir *v.t.* **1** embaraçar; atrapalhar: *As ruas curtas confundiram os policiais.* **2** tomar um pelo outro: *Confundiu um irmão com o outro.* • *pron.* **3** misturar-se; unir-se: *Negócios não se confundem com amizade.* **4** atrapalhar-se; embaraçar-se: *O garoto não se confunde diante das teclas do controle remoto.*

con.fu.são *s.f.* **1** envolvimento conflituoso entre várias pessoas; tumulto: *meter-se em confusões.* **2** falta de ordem ou método; desorganização: *as roupas na gaveta, numa confusão.* **3** perturbação; desnorteamento: *a confusão causada por troca constante de fusos horários e muitas horas de voo.* **4** conjunto desordenado: *uma confusão de nomes.* **5** troca de uma coisa por outra; engano: *confusão entre fato e ficção.*

con.fu.so *adj.* **1** que não é nítido; obscuro: *Essa história tem vários pontos confusos.* **2** perturbado; desnorteado: *mentes confusas.*

con.ga *s.f.* **1** dança afro-americana parecida com a rumba: *dançar a conga.* **2** calçado fechado, de tecido e sola de borracha.

con.ga.da *s.f.* (Bras.) bailado popular em que os figurantes representam a coroação de um rei do Congo.

con.ga.do *s.m.* congada.

con.ge.la.do *s.m.* **1** alimento congelado: *Comprei vários congelados.* • *adj.* **2** solidificado por congelamento: *Alimentos congelados duram bastante.* **3** enrijecido pelo frio; gelado: *Tinha as mãos congeladas.* **4** que se fixou em determinado limite; estabilizado: *preços congelados.* **5** fixado; imobilizado: *imagem congelada.*

con.ge.la.dor (ô) *s.m.* **1** compartimento da geladeira em que se produz o gelo. **2** aparelho que se destina a congelar.

con.ge.la.men.to *s.m.* **1** solidificação pelo frio: *o congelamento de peixes.* **2** entorpecimento causado pelo frio: *O congelamento dos dedões do pé o incomodava.* **3** manutenção em determinado nível; estabilização: *Está durando o congelamento dos preços e salários.* **4** fixação; imobilização: *o congelamento da imagem.*

con.ge.lar *v.t.* **1** fazer sentir muito frio: *O vento congela os transeuntes.* **2** submeter ao frio para conservar, até o congelamento: *Congelamos muita carne.* **3** manter em determinado nível; embargar o aumento de: *O governo congelou os preços.* • *int.* **4** tornar-se muito frio: *Sentia os pés congelarem.* **5** passar ao estado sólido: *A água congelou.*

con.gê.ne.re *s.2g.* **1** aquele ou aquilo que é da mesma natureza de alguém ou algo: *A impressão de calendários, cadernos e congêneres não é cara.* • *adj.* **2** semelhante; similar.

con.gê.ni.to *adj.* **1** que se traz ao nascer; de nascença: *crianças com malformação congênita.* **2** inerente ao que é inato: *fator congênito.* **3** existente desde sua origem: *um problema congênito e central do partido.*

con.ges.tão *s.f.* (Patol.) acúmulo de sangue e outras matérias num órgão.

con.ges.ti.o.na.do *adj.* **1** com fluxo obstruído: *O trânsito em São Paulo está sempre congestionado.* **2** repleto; lotado: *lojas congestionadas de consumidores.* **3** com acúmulo de sangue; rubro: *Tinha os olhos congestionados.* **4** transtornado: *feições congestionadas.*

con.ges.ti.o.na.men.to *s.m.* **1** obstrução de fluxo: *congestionamento da rodovia.* **2** grande afluência num mesmo ponto, à mesma hora: *o congestionamento de pessoas na bilheteria do estádio.*

con.ges.ti.o.nar *v.t.* **1** produzir congestionamento: *Feriado congestiona as estradas paulistas.* **2** causar o acúmulo de sangue ou de outro humor; produzir congestão: *Os resfriados comuns congestionam as vias nasais.* • *pron.* **3** ter o fluxo obstruído: *A linha telefônica congestionou-se.* **4** passar a ter os vasos repletos de sangue ou de outro humor: *As vias nasais congestionaram-se.*

con.ges.ti.vo *adj.* que causa congestão: *insuficiência cardíaca congestiva grave.*

con.ges.to *adj.* **1** transtornado: *pessoa irada e congesta.* **2** congestionado; obstruído: *o olho constantemente congesto.*

con.glo.me.ra.ção *s.f.* conglomerado: *a conglomeração de grupos étnicos.*

conglomerado

con.glo.me.ra.do *s.m.* **1** (Fig.) grupo econômico-financeiro: *Grandes conglomerados alemães anunciam investimentos no mercado brasileiro.* **2** aglomerado: *A favela é um conglomerado de cerca de 40 mil habitantes.* **3** (Geol.) rocha sedimentar formada por fragmentos unidos por uma substância mineral: *solo de calcário e de conglomerados.* **4** aquilo que se compõe de diversas partes: *um conglomerado heterogêneo.*

con.go *s.m.* **1** (Reg. N/NE) ritmo africano de percussão. **2** (Bras.) dançador de congada: *O mulherio ajeitava as vestes dos congos.*

con.go.lês *s.m.* **1** quem nasce ou habita a República do Congo (antigo Zaire, África). • *adj.* **2** que é natural ou relativo a esse país.

con.gra.ça.men.to *s.m.* **1** união; harmonização: *o congraçamento das forças renovadoras do país.* **2** confraternização: *o congraçamento de professores com funcionários do colégio.*

con.gra.çar *v.t.* **1** confraternizar-se: *Os atores se congraçaram com o público do teatro.* **2** fazer as pazes; reconciliar-se: *Nós nos congraçamos com nossos adversários.* **3** entrelaçar-se harmonicamente: *Nessa atividade se congraçam a razão e a emoção.*

con.gra.tu.la.ções *s.f. pl.* felicitações; parabéns: *mensagem de congratulações aos noivos.*

con.gra.tu.lar *v.t.* **1** felicitar; dar os parabéns: *O pai congratulou o filho ao ver suas notas.* • *pron.* **2** partilhar da alegria: *Congratulam-se com os amigos.* **3** regozijar-se: *Congratulou-se com a vitória dos amigos.*

con.gre.ga.ção *s.f.* **1** companhia de frades sujeitos a determinadas regras; confraria: *congregação dos capuchinhos.* **2** associação de leigos devotos de um santo; irmandade: *congregação mariana.* **3** conjunto de fiéis: *congregação cristã.* **4** conselho de professores de uma escola: *reunião da congregação do colégio.* **5** reunião: *congregação de estilos.*

con.gre.ga.do *s.m.* **1** membro de congregação: *Fui congregado mariano.* • *adj.* **2** reunido: *Os jornalistas estavam congregados no hotel.* **3** que pertence a uma congregação: *profissionais congregados.*

con.gre.gar *v.t.* **1** juntar; reunir: *Entidade que congrega os profissionais da educação.* **2** formar congregação: *Jovens de classe média alta congregam com jovens da periferia.* • *pron.* **3** reunir-se; juntar-se: *Todos os brasileiros se congregavam a favor da cassação dos corruptos.*

con.gres.sis.ta *s.2g.* **1** membro de um congresso: *congressista evangélico.* **2** membro do Congresso: *A principal meta do congressista é representar seus eleitores.*

con.gres.so (é) *s.m.* **1** encontro de especialistas ou representantes oficiais para tratar de determinados assuntos; conferência: *Sempre há congressos missionários na América Latina.* **2** conjunto de pessoas que detêm o poder legislativo: *Está demorando a votação do Congresso em favor da reforma agrária.* **3** local onde se reúnem os congressistas: *senador do Congresso Nacional.*

con.gres.su.al *adj.* **1** de congressistas: *votações congressuais.* **2** referente ao Congresso: *resolução congressual.*

con.gru.ên.cia *s.f.* harmonia de algo com o fim a que se destina; coerência: *Admirável orador, pela congruência dos princípios formulados.*

con.gru.en.te *adj.* coerente; conexo; concordante: *Selecionei exemplos congruentes com os argumentos.*

co.nha.que *s.m.* bebida de alto teor alcoólico, originária de Cognac (sul da França); aguardente de vinho.

co.nhe.ce.dor (ô) *s.m.* **1** sabedor: *ser um conhecedor do próprio lugar.* **2** perito: *Todo brasileiro se julga conhecedor de futebol.*

co.nhe.cer *v.t.* **1** entrar em contato com: *Ele já conheceu os pais da namorada.* **2** experimentar; provar: *já conhecia a saudade.* **3** visitar: *Conheci Roma.* **4** ter conhecimento de: *Conhece os contos de Dalton Trevisan?* **5** ter relações; convivência: *Ela não conhecia ninguém na cidade.* **6** distinguir; reconhecer: *Há dias em coma, o paciente já não conhece ninguém.* **7** aceitar; admitir: *A justiça não conhece privilégios.* ♦ **conhecer seu lugar** saber comportar-se; não tomar liberdades; não ser atrevido.

co.nhe.ci.do *s.m.* **1** pessoa que se conhece, mas com a qual não se tem relação de amizade: *Ela só cumprimentava os conhecidos.* • *adj.* **2** que se conhece ou que se reconhece; já visto ou ouvido: *piada conhecida.* **3** famoso; célebre; notório: *um dos mais conhecidos atores de cinema.*

co.nhe.ci.men.to *s.m.* **1** experiência; preparo: *Poucos mecânicos têm conhecimento para mexer no sistema de injeção eletrônica.* **2** ciência; saber: *A escola produz conhecimento.* **3** aprendizado; instrução: *Foi aprimorar, no exterior, os conhecimentos musicais.* **4** ciência; informação: *A diretora tomou conhecimento da irregularidade.* // Ant.: ignorância.

cô.ni.co *adj.* em forma de cone: *chapéu chinês cônico.*

co.ní.fe.ra *s.f.* (Bot.) **1** espécime das coníferas: *O pinheiro é uma conífera.* **2** classe de plantas (árvore ou arbusto) cuja copa tem formato cônico: *florestas de palmeiras e de coníferas.*

co.ni.vên.cia *s.f.* **1** cumplicidade: *conivência dos professores com os alunos.*

co.ni.ven.te *s.2g.* **1** pessoa que acoberta um erro; cúmplice: *Os coniventes com fraudes também merecem punição.* • *adj.* **2** que finge não perceber ou que acoberta o erro; cúmplice: *O fiscal era conivente com fraudes praticadas pelos comerciantes.*

con.jec.tu.ra *s.f.* suposição; hipótese: *formular conjecturas de resultados da eleição com base em pesquisas.* // Var.: conjetura.

con.jec.tu.ral *adj.* que formula conjecturas: *julgamento puramente conjectural.* // Var.: conjetural.

con.jec.tu.rar *v.t.* **1** presumir; supor: *Conjecturavam que o réu seria inocente.* • *int.* **2** fazer conjecturas: *não conseguiu ser claro, apenas conjecturou.* // Var.: conjeturar.

con.ju.ga.ção *s.f.* **1** (Gram.) conjunto das flexões das formas verbais: *conjugação de verbos.* **2** união; reunião; associação: *O resultado foi bom por causa da conjugação de muitos elementos.*

con.ju.ga.do *s.m.* **1** apartamento composto de quarto e sala reunidos numa só peça: *dividiu com um amigo um conjugado.* • *adj.* **2** reunido; integrado: *O aumento dos salários conjugado com a redução da inflação seria o ideal.* **3** ligado; associado; contínuo: *estacionamento conjugado ao jardim da mansão.* **4** (Gram.) que se

consagrar

conjuga; flexionado: *formas conjugadas do verbo.*
con.ju.gal *adj.* relativo aos cônjuges ou ao casamento: *vida conjugal.*
con.ju.gar *v.t.* **1** (Gram.) flexionar (um verbo): *É conveniente saber conjugar os verbos irregulares.* **2** unificar; combinar: *conjugar os esforços do governo e os da sociedade.* • *pron.* **3** unir-se; ligar-se; combinar-se: *Raras vezes a teoria do amor ao próximo se conjuga com a prática.* **4** reunir esforços; empenhar-se: *A população deve conjugar-se no combate à dengue.*
côn.ju.ge *s.2g.* cada um dos casados, em relação ao outro; consorte.
con.jun.ção *s.f.* **1** encontro de circunstâncias; conjuntura: *Conquistas da São Silvestre, vôlei, basquete e futebol mostram que o país entra numa conjunção favorável.* **2** união; associação: *a conjunção de fatores.* **3** (Astr.) configuração de dois astros cujas ascensões retas são iguais: *conjunção de Saturno com Júpiter.* **4** (Gram.) palavra invariável que liga duas orações ou dois termos semelhantes da mesma oração: *Enquanto é uma conjunção subordinativa.*
con.jun.ti.va *s.f.* (Anat.) membrana transparente que cobre a parte branca dos olhos e a parte interna das pálpebras.
con.jun.ti.vi.te *s.f.* (Patol.) inflamação da conjuntiva.
con.jun.ti.vo *adj.* **1** que serve para unir, juntar. **2** tecido que liga os órgãos entre si e serve de sustentação das diversas estruturas do corpo: *células do tecido conjuntivo.*
con.jun.to *s.m.* **1** grupo: *um conjunto de trabalhadores rurais.* **2** grupo de músicos: *O sucesso desgastou o trabalho do conjunto.* **3** traje, masculino ou feminino, composto de peças usadas juntas: *conjunto de lingerie de malha.* **4** grupo de edificações; conjunto residencial: *Eles têm apartamento num conjunto da Cohab.* **5** qualquer coleção de elementos matemáticos: *O conjunto é diferente da soma das partes.* **6** reunião; complexo: *Chuva, frio e janelas fechadas formam um conjunto perfeito para embaçar os vidros do carro.* **7** totalidade: *o conjunto dos municípios brasileiros.* • *adj.* **8** unificado: *Diretores deixam o governo em pedido conjunto de demissão.* **9** total: *a população conjunta de Copacabana e Ipanema.*
con.jun.tu.ra *s.f.* circunstância; situação; ocasião: *adaptar-se a conjunturas financeiras desfavoráveis.*
con.jun.tu.ral *adj.* referente a conjuntura: *a atual crise conjuntural do sistema financeiro.*
con.ju.ra.ção *s.f.* **1** trama; maquinação; conluio: *A conjuração para derrubar o poder.* **2** conspiração; insurreição: *Na Conjuração Mineira, havia cinco padres.* **3** esconjuro; afastamento: *O benzedor fez a conjuração do perigo.*
con.ju.ra.do *s.m.* **1** quem participa de conjuração: *Os funcionários formavam um grupo de conjurados.* • *adj.* **2** que se conjurou: *agressões conjuradas.*
con.ju.rar *v.t.* **1** maquinar; tramar: *Conjuravam em segredo o assassinato do líder.* **2** afastar; desviar: *O governo atuou para conjurar a crise.*
con.lu.i.ar *v.t.* e *pron.* tramar conluio; fraudar em combinação com outrem: *Os corruptos conluiaram(-se) com os fiscais para fraudar impostos.*
con.lu.io *s.m.* combinação com o intuito de lesar alguém; trama; maquinação: *Havia um conluio com agiotas.*
co.nos.co (ô) *pron. pess.* da *1ª p.* do *pl.* do caso oblíquo (Gram.) **1** com a pessoa que fala, associada a outras: *Você jamais compreendeu o que se passou conosco.* **2** em nossa companhia: *Afinal teríamos conosco o tio aventureiro.* **3** com relação a nós: *Mas desde criança nos acostumamos a acreditar que a natureza foi mesquinha conosco.* **4** a nosso favor: *Quantos eleitores você acha que estão conosco?*
co.no.ta.ção *s.f.* **1** sentido figurado de uma palavra ou expressão: *"bicho de sete cabeças" tem a conotação de "coisa complicada".* **2** sentido: *conotação racista de algumas palavras.* **3** relação; dependência; vínculo: *a conotação entre a imprensa e a política.*
co.no.tar *v.t.* ter como conotação: *Frase conotando sentidos diversos.*
co.no.ta.ti.vo *adj.* que envolve conotação: *o emprego conotativo é tão frequente quanto o denotativo.*
con.quan.to *conj.* (Gram.) embora; ainda que: *O carnaval se fora, conquanto as lembranças dele ainda perdurassem nas revistas.*
con.quis.ta *s.f.* **1** submissão à força de armas: *Foi incompleta a conquista das populações indígenas.* **2** aquisição pelo esforço; alcance; obtenção: *a conquista do título.* **3** ação de granjear ou atrair a simpatia ou apoio: *A conquista da freguesia é lenta.* **4** sedução: *conquista amorosa.* **5** aquilo que foi conquistado, alcançado, conseguido: *O computador é uma valiosa conquista tecnológica.* **6** pessoa que se cativou; namorado: *Ele gostava de listar os nomes de suas conquistas.*
con.quis.ta.dor (ô) *s.m.* **1** aquele que submete pela força das armas: *a herança dos conquistadores holandeses.* **2** aquele que faz conquistas amorosas; galanteador: *Ele é um conquistador persistente.* • *adj.* **3** que cativa: *simpatia conquistadora do público.* **4** dado a conquistas amorosas: *A TV exagera na exibição de heróis conquistadores.*
con.quis.tar *v.t.* **1** obter lutando; adquirir à força do trabalho; alcançar: *conquistar um lugar na sociedade.* **2** granjear; adquirir; ganhar: *O professor já conquistou a confiança dos alunos.* **3** obter a simpatia, o amor ou o respeito de; cativar: *conquistar os pais da namorada.* **4** seduzir: *Gabava-se de conquistar mulheres indefesas.*
con.sa.bi.do *adj.* sabido por muitos; conhecido: *É fato consabido que cigarro faz mal à saúde.*
con.sa.gra.ção *s.f.* **1** ato ou efeito de consagrar (-se). **2** aclamação entusiástica: *O espetáculo obteve consagração na noite de estreia.* **3** aprovação; reconhecimento: *O jeans já tem consagração mundial.* **4** na religião católica, conversão do pão e do vinho no corpo e no sangue de Cristo: *Faz-se silêncio absoluto no instante da consagração da hóstia.* **5** oferecimento; dedicação: *consagração de nossas vitórias a Deus.*
con.sa.gra.do *adj.* **1** louvado; enaltecido: *Ela é atriz consagrada.* **2** dedicado; devotado: *vida consagrada.*
con.sa.gra.dor (ô) *adj.* que consagra; que glorifica: *vitória consagradora da seleção brasileira.*
con.sa.grar *v.t.* **1** exaltar; glorificar; louvar: *Novelas consagram os atores.* **2** sancionar; confirmar: *A Constituição consagra a liberdade de culto religioso.* **3** na religião católica, transformar o pão e o vinho no corpo e no

consanguíneo

sangue de Cristo: *consagrar a hóstia*. **4** dedicar; destinar: *Sempre consagro o fim de semana à família*. **5** eleger; aclamar: *Urnas consagram presidente o líder sindical*. • *pron*. **6** tornar-se aclamado ou glorificado: *O futebol brasileiro consagrou-se pentacampeão mundial*.

con.san.guí.neo (güi) *s.m.* **1** pessoa que é do mesmo sangue: *É desaconselhável o casamento entre consanguíneos*. • *adj.* **2** que tem o mesmo sangue: *parente consanguíneo*. **3** que envolve consanguinidade: *casamento consanguíneo*.

con.san.gui.ni.da.de (güi) *s.f.* **1** condição ou atributo do que é consanguíneo. **2** relação entre parentes consanguíneos: *A consanguinidade aumenta o risco de morte por doenças hereditárias*.

cons.ci.ên.cia *s.f.* **1** capacidade de conhecer valores e aplicá-los nas diversas situações; lucidez: *Essas drogas produzem ligeiras perturbações na consciência*. **2** julgamento interior que aprova ou reprova nossos atos: *Tenho minha consciência tranquila*. **3** honradez; retidão; responsabilidade: *Era uma pessoa de muita consciência*. ♦ **em sã consciência** com lucidez; com sinceridade: *Nenhum juiz, em sã consciência, pode concordar com isso*.

cons.ci.en.ci.o.so (ô) *adj.* que procede com consciência; honrado; reto: *Ela sim é uma pessoa conscienciosa*.

cons.ci.en.te *s.m.* (Psicol.) **1** estado mental em vigília que determina o conhecimento de si mesmo e das coisas que o cercam: *Tínhamos no consciente tudo muito claro*. • *adj.* **2** referente ao conhecimento da própria atividade psíquica: *O homem é um ser consciente*. **3** cônscio; ciente: *Estou consciente de minhas obrigações*.

cons.ci.en.ti.za.ção *s.f.* **1** ação ou efeito de conscientizar(-se): *A conscientização política começa na adolescência*. **2** tomada de consciência; conhecimento: *A sua conscientização do certo e do errado foi muito lenta*.

cons.ci.en.ti.zar *v.t.* **1** tornar ciente; alertar: *É necessário conscientizar as pessoas do perigo das doenças contagiosas*. • *pron.* **2** tomar conhecimento: *Os jogadores se conscientizaram da necessidade de deter a posse da bola, a maior parte do tempo possível*.

côns.cio *adj.* que sabe o que faz ou o que lhe compete fazer: *estar cônscio dos direitos e dos deveres*.

cons.cri.to *s.m.* pessoa alistada; recruta: *Neste ano diminuiu o número de conscritos*.

con.se.cu.ção *s.f.* ação de conseguir; obtenção; alcance: *consecução dos objetivos*.

con.se.cu.ti.vo *adj.* que segue em série; seguido; sucessivo: *Foi a segunda derrota consecutiva do time de Campinas*.

con.se.guin.te *adj.* **1** consecutivo. **2** consequente; lógico ♦ **por conseguinte** por isso; em consequência: *Estão evitando o livre debate e, por conseguinte, os legítimos interesses do povo*.

con.se.guir *v.t.* ter como resultado; alcançar; obter: *Consegui resolver todas as questões*.

con.se.lhei.ro *s.m.* **1** membro de um conselho ou de certos tribunais: *Foi nomeado para o cargo de conselheiro do Tribunal de Contas do Município*. **2** pessoa que ocupa cargo hierárquico dentro da carreira diplomática: *Era conselheiro da embaixada americana no Brasil*. **3** quem aconselha: *O pai é um bom conselheiro*. • *adj.* **4** que aconselha: *Visitei meu amigo conselheiro*.

con.se.lho (ê) *s.m.* **1** advertência; aviso: *Conselho de mãe tem o ingrediente do amor*. **2** opinião; parecer: *Precisava de um conselho sobre que decisão tomar*. **3** corpo consultivo ou deliberativo, pertencente ou não à administração pública, incumbido de consultar sobre negócios de sua competência: *Fui eleito presidente do conselho da empresa*.

con.sen.so *s.m.* concordância de ideias; conformidade; acordo: *Creio que haverá consenso sobre a necessidade das reformas*.

con.sen.su.al *adj.* em que há consenso; concorde: *Sempre foi consensual entre economistas brasileiros que o país precisa crescer 5% ao ano*.

con.sen.tâ.neo *adj.* coerente; adequado a: *Precisamos de um plano econômico consentâneo com as reais necessidades do país*.

con.sen.ti.men.to *s.m.* **1** ato ou efeito de consentir. **2** permissão; licença: *O jogador foi advertido por ter entrado em campo sem o consentimento do juiz*.

con.sen.tir *v.t.* permitir; concordar; autorizar: *O chefe não consentia namoro durante o expediente*.

con.se.quên.cia (qüen) *s.f.* resultado; efeito: *A agressão à natureza tem consequências trágicas*. ♦ **em consequência de** por causa de: *O garoto se tornara surdo em consequência de uma explosão*.

con.se.quen.te (qüen) *adj.* **1** que vem como consequência; que se segue; sequente: *Houve um decréscimo na produção e a consequente alta dos preços*. **2** coerente; responsável: *O povo está cobrando atitudes consequentes das autoridades*.

con.ser.tar *v.t.* **1** pôr em bom estado o que estava danificado ou estragado; reparar; restaurar: *Consertou um sofá quebrado em sua casa*. **2** remediar; corrigir; emendar: *Tentou consertar a besteira que dissera*.

con.ser.to (ê) *s.m.* **1** ato ou efeito de consertar. **2** reparação; remendo; arranjo: *o conserto do automóvel*.

con.ser.va (é) *s.f.* substância alimentícia acondicionada em líquido ou calda: *Os dois irmãos montaram uma fábrica de conservas*.

con.ser.va.ção *s.f.* **1** ato ou efeito de conservar(-se). **2** manutenção em estado próprio para o consumo; impedimento da destruição ou deterioração: *Estão avançadas as técnicas de conservação dos alimentos*. **3** manutenção em bom estado; preservação: *Era surpreendente o estado de conservação do local*.

con.ser.va.ci.o.nis.mo *s.m.* tendência para preocupar-se com a conservação dos recursos naturais: *O conservacionismo é urgente porque as espécies estão desaparecendo*.

con.ser.va.ci.o.nis.ta *s.2g.* **1** pessoa adepta do conservacionismo: *A Comissão Internacional de Pesca à Baleia tem ignorado as advertências dos conservacionistas*. • *adj.* **2** que se refere ao conservacionismo: *Aumentam os adeptos da filosofia conservacionista*.

con.ser.va.do *adj.* **1** que não apresenta efeitos do tempo; preservado: *um prédio bem conservado*. **2** pessoa que, apesar de idosa, aparenta ter menos idade: *Ela é uma senhora enxuta e bem conservada*. **3** que se mantém próprio para o consumo: *indústrias de carnes conservadas*.

consolidar

con.ser.va.dor (ô) *s.m.* **1** pessoa que não abdica de valores éticos ou políticos tradicionais: *O fato estarreceu os conservadores.* **2** (Quím.) conservante: *Conservadores impedem que os alimentos industrializados estraguem.* • *adj.* **3** que é favorável à continuação da situação vigente; contrário a reformas radicais: *Intelectuais e políticos conservadores se reúnem.*

con.ser.va.do.ris.mo *s.m.* atitude de quem é contrário a inovações de caráter político e social; tradicionalismo: *O conservadorismo quer proteger os valores morais.*

con.ser.van.te *s.m.* **1** produto que permite a conservação de matérias perecíveis: *Alguns conservantes podem causar alergia.* • *adj.* **2** que permite a conservação: *O vinagre é um produto conservante.*

con.ser.var *v.t.* **1** manter em bom estado; preservar de alteração causada por destruição; proteger: *O verniz conserva a madeira.* **2** não deixar desaparecer; fazer durar; preservar: *Era muito gastador, não soube conservar a sua fortuna.* **3** continuar a ter; manter: *Na garrafa térmica, o café conserva sua temperatura.* **4** manter em determinado estado: *Ela conserva a casa sempre limpa.* • *pron.* **5** manter-se em determinado estado; permanecer: *Esterilizado, o leite conserva-se puro e inalterável fora da geladeira.*

con.ser.va.tó.rio *s.m.* estabelecimento de ensino onde são ministrados conhecimentos artísticos: *Aprendeu música num conservatório.*

con.si.de.ra.ção *s.f.* **1** ato ou efeito de considerar. **2** reflexão; ponderação: *O surto de hepatite é um fato digno de consideração.* **3** observação; apreciação; exame: *O conferencista teceu considerações sobre a economia brasileira.* **4** respeito; deferência: *A sua atitude foi uma falta de consideração.*

con.si.de.rar *v.t.* **1** olhar atentamente; contemplar; observar: *A menina considerava o estranho com desconfiança.* **2** levar em conta; ponderar: *Não considerei o fato de que poderia chover.* **3** estimar: *Morreu o amigo que eu tanto considerava.* **4** reputar; julgar: *O aluno considera o professor um sábio.* **5** achar; crer; pensar: *Considero ser esta a minha oportunidade.* • *pron.* **6** reconhecer-se: *O réu não se considerava culpado.*

con.si.de.rá.vel *adj.* **1** que se deve considerar; importante: *A superstição é um fato considerável de nossa cultura.* **2** muito grande: *Herdou uma considerável fortuna.*

con.sig.na.ção *s.f.* **1** ato ou efeito de consignar. **2** afirmação por escrito: *Tivemos na Constituição a consignação para importantes conquistas.* **3** previsão de valor para pagamento de despesas obrigatórias: *A realização da obra dependerá da consignação de verbas no orçamento da prefeitura.* ✦ **em consignação** sem receber adiantamento ou pagamento antecipado da mercadoria, que pode ser devolvida no caso de não ser vendida: *venda em consignação.*

con.sig.nar *v.t.* **1** mencionar; relatar: *Não gostaria de consignar esse fato.* **2** determinar; fixar: *O orçamento da União consignou verba para a educação.* **3** consagrar; dedicar: *Quero consignar meus agradecimentos ao senhor diretor.*

con.sig.na.tó.ria *s.f.* (Jur.) ação preventiva que cabe à pessoa que se julga lesada em seus direitos: *Diminuíram as consignatórias no fórum paulista.*

con.sig.na.tó.rio *adj.* (Jur.) referente a consignatária: *ação consignatória.*

con.si.go *pron. pess. de 3ª p. do sing. ou pl. do caso oblíquo* **1** com a pessoa: *Marcos levara o violino consigo.* **2** a si mesmo; de si para si (mesmo): *"Veja só que safado"* – *comentou consigo a tia.* **3** em proveito próprio: *Tudo o que recebera no negócio gastara consigo.*

con.sis.tên.cia *s.f.* **1** coesão entre partículas de massa de um corpo; densidade; solidez: *A pele tem a consistência de uma borracha.* **2** firmeza; vigor: *A gelatina já perdeu a consistência.* **3** (Fig.) estabilidade; segurança: *O dólar está em baixa, mas sem muita consistência.*

con.sis.ten.te *adj.* **1** espesso; denso: *A peça era feita de chapas de aço bastante consistentes.* **2** firme; sólido: *As casas eram construídas por um agregado nada consistente.* **3** fundamentado: *Suas acusações pareciam consistentes.*

con.sis.tir *v.t.* ser constituído; compor-se: *A primeira etapa do curso consistirá de aulas intensivas.*

con.sis.tó.rio *s.m.* reunião de cardeais presidida pelo Papa: *Os cardeais se reuniram em consistório secreto.*

con.so.an.te *s.f.* **1** (Fon.) som da fala produzido por meio de um estreitamento ou fechamento momentâneo, em determinado ponto, do aparelho fonador humano: *A consoante /b/ é pronunciada com os lábios.* • *prep.* **2** estabelece relação de conformidade; conforme; segundo: *Ele era muito inteligente, consoante avaliação do amigo.* • *conj.* **3** como; conforme: *A direção da escola, consoante invariavelmente procede, se mostrou zelosa.*

con.so.la.ção *s.f.* **1** ato ou efeito de consolar: *Talvez não lhe possa dar consolação.* **2** conforto; alívio; consolo: *Busco sabedoria e consolações nos livros religiosos.*

con.so.la.dor (ô) *adj.* que consola; confortador: *Até que enfim ouço uma voz consoladora.*

con.so.lar *v.t.* **1** tentar aliviar a dor ou o sofrimento; confortar: *O pastor veio consolar a família.* • *pron.* **2** resignar-se; conformar-se: *Após a morte da esposa, ele não se consola com nada.*

con.so.le (ó) *s.m.* **1** móvel ou gabinete, geralmente metálico, onde se acoplam aparelhos eletrônicos de som. **2** (Inf.) terminal utilizado em computador que permite ao operador intervir no controle da máquina ou no processamento efetuado por ela; controle; comando: *O sistema é dotado de console de 16 bites.* **3** acessório para carros onde se instala o som ou se guardam pequenos objetos: *Um carro dotado de console com porta-luvas.* **4** mesa estreita sobre a qual se põem objetos de enfeite.

con.so.li.da.ção *s.f.* **1** ato ou efeito de consolidar (-se). **2** estabilização; firmação; fortalecimento: *O fato contribuiu para a consolidação de nossa amizade.* **3** solidificação: *Pela consolidação da argila formam-se os argilitos.* **4** materialização; concretização; realização: *Buscávamos a consolidação de nossos ideais.* **5** codificação de dispositivos de leis independentes: *Consolidação das Leis de Trabalho.*

con.so.li.dar *v.t.* **1** tornar mais sólido e consistente; solidificar: *Tentavam consolidar o terreno com rolos compressores.* **2** reforçar; estabilizar: *O Brasil tenta consolidar sua economia.* **3** confirmar; ratificar: *O time consolidou a vitória marcando o quarto gol.* • *pron.* **4** tomar consistência; firmar-se: *O sentimento de unidade entre os bispos brasileiros consolidou-se nos últimos anos.*

consolo

con.so.lo (ô) *s.m.* consolação; alívio; conforto: *Não vou ter nem mesmo o consolo de poder viajar para a casa dos meus pais.*

con.so.mê *s.m.* caldo ralo, servido sem outros ingredientes.

con.so.nân.cia *s.f.* conformidade; concordância; harmonia: *Havia perfeita consonância entre os estilos.* ◆ **em consonância** em conformidade: *Tudo caminha em consonância com os nossos desejos.*

con.so.nan.tal *adj.* (Gram.) relativo a consoante: *sons consonantais.*

con.so.nân.ti.co *adj.* (Gram.) consonantal: *A língua árabe exibe riqueza consonântica.*

con.sor.ci.a.do *s.m.* **1** pessoa participante de um consórcio: *O consorciado pode receber o produto do primeiro ao 24º mês.* ● *adj.* **2** combinado; associado: *O plantio do cacau está consorciado com o da seringueira.*

con.sor.ci.ar *v.t.* **1** unir; associar: *Tentaremos consorciar nossos objetivos.* ● *pron.* **2** combinar-se; associar-se: *As pequenas empresas poderiam consorciar-se para realizar grandes obras.*

con.sór.cio *s.m.* **1** associação; ligação: *consórcio entre empresas.* **2** participação de pessoas com patrimônio e interesses comuns num negócio ou empresa. 3 casamento: *consórcio entre famílias tradicionais.*

con.sor.te (ó) *s.2g.* cônjuge: *Foi à festa sem a sua amada consorte.*

cons.pí.cuo *adj.* **1** evidente: *As fraudes no setor são o exemplo mais conspícuo da desonestidade.* **2** eminente; ilustre; distinto: *Chegava para a reunião o conspícuo juiz de direito da comarca.* **3** grave; respeitável: *Os óculos pretos davam ao diretor um ar conspícuo.*

cons.pi.ra.ção *s.f.* **1** ato ou efeito de conspirar. **2** maquinação; trama: *Havia uma conspiração armada pelos opositores.*

cons.pi.ra.dor (ô) *s.m.* **1** participante de uma conspiração: *Os conspiradores estão por todos os lados.* ● *adj.* **2** que conspira: *pertencia a um grupo conspirador.* **3** referente à conspiração: *Ele nega que tenha qualquer vocação conspiradora.*

cons.pi.rar *v.t.* **1** maquinar; urdir; tramar: *conspirar contra o governo.* **2** estar em combinação; estar em conluio: *Tudo conspirava contra nós.* **3** concorrer: *Tudo parece conspirar para evitar que o meu time vença.*

cons.pi.ra.tó.rio *adj.* referente a conspiração: *movimento conspiratório.*

cons.pur.car *v.t.* **1** sujar; macular: *Conspurcou o vestido.* **2** corromper; perverter: *Andaram conspurcando o nome de nossa família.* ● *pron.* **3** aviltar-se; corromper-se: *Os empresários conspurcaram-se com a quantidade de dinheiro.*

cons.tân.cia *s.f.* **1** persistência; perseverança: *Para levar a cabo esse trabalho, é preciso ter constância e boa vontade.* **2** frequência: *Devias ir à igreja com mais constância.* **3** permanência em determinado estado; estabilidade: *É necessário manter constância na velocidade do carro.*

cons.tan.te *s.f.* **1** aquilo que está sempre presente, que é comum: *A falta de equilíbrio emocional é uma constante entre concorrentes.* **2** (Mat.) numa expressão algébrica analítica, grandeza independente das variáveis envolvidas. ● *adj.* **3** que consta; que faz parte de: *Devem atentar para a recomendação constante do presente aviso.* **4** assíduo; habitual; costumeiro: *Sou um constante frequentador da biblioteca.* **5** duradouro; permanente: *Os nossos telefones apresentam um chiado constante.* **6** frequente: *Tinha uma constante dor de dentes.* **7** composto: *Seu projeto, constante de duas etapas, era inviável.* **8** fiel: *Sejamos constantes aos nossos princípios.*

cons.tar *v.t.* **1** ser composto ou formado; consistir; constituir-se: *O rancho constava de dois cômodos, mais a cozinha.* **2** estar escrito ou registrado: *Os depoimentos das testemunhas devem constar dos autos.* **3** ser do conhecimento; ser conhecido: *Não me consta que seu avô falasse alemão.* ● *int.* **4** ser tido como certo ou verdadeiro: *Consta que ele é um ótimo orador.*

cons.ta.ta.ção *s.f.* **1** ato ou efeito de constatar. **2** confirmação; verificação; comprovação: *A constatação da irregularidade foi feita pelo fiscal.*

cons.ta.tar *v.t.* atestar; comprovar; verificar: *Constatamos que a devastação da floresta ainda perdura.*

cons.te.la.ção *s.f.* (Astr.) **1** grupo de estrelas aparentemente fixas que, ligadas por linhas imaginárias, formam diferentes figuras no mapa celeste. **2** cada uma das divisões convencionais da esfera celeste: *Atualmente são conhecidas 88 constelações celestes.* **3** (Coloq.) grupo de pessoas notáveis: *Esse grupo de jogadores faz parte da constelação de primeira grandeza do futebol brasileiro.*

cons.ter.na.ção *s.f.* **1** ato ou efeito de consternar(-se). **2** tristeza; desolação: *Aquela notícia gerou consternação geral.*

cons.ter.nar *v.t.* **1** causar aflição e abatimento; desalentar: *O terrível terremoto consternou todo o Japão.* ● *pron.* **2** ficar horrorizado, prostrado pela dor: *Todos consternaram-se com a morte do amigo.*

cons.ti.pa.ção *s.f.* **1** atraso no trânsito intestinal; prisão de ventre. **2** (Coloq.) resfriado: *Minha avó não sai no sereno para evitar constipações.*

cons.ti.par *v.t.* **1** causar constipação a. ● *pron.* **2** (Coloq.) ficar resfriado; apanhar constipação: *Neste inverno, muita gente se constipou.*

cons.ti.tu.ci.o.nal *adj.* **1** relativo ou pertencente à Constituição: *O direito de ir e vir é um princípio constitucional.* **2** próprio da constituição ou do temperamento do indivíduo: *Não se trata de algo constitucional do homem, mas uma reação de caráter cultural.* **3** relativo à organização de alguma coisa: *Só Deus poderia criar essa harmonia constitucional do universo.*

cons.ti.tu.ci.o.na.li.da.de *s.f.* qualidade daquilo que está concorde com a Constituição: *a constitucionalidade das leis.*

cons.ti.tu.ci.o.na.lis.mo *s.m.* sistema de governo regido por Constituição.

cons.ti.tu.ci.o.na.lis.ta *s.2g.* **1** perito em Direito Constitucional: *Os bons constitucionalistas sabem que, contra a Constituição, não prevalecem direitos adquiridos.* ● *adj.* **2** relativo ao constitucionalismo: *movimento constitucionalista.*

cons.ti.tu.ci.o.na.li.za.ção *s.f.* mudança para um estado em que se seguem os princípios constitucionais: *A constitucionalização do país atendeu ao apelo popular.*

cons.ti.tu.i.ção *s.f.* **1** ato ou efeito de constituir; formação; estabelecimento: *A constituição de cada casulo leva pouco mais de uma hora.* **2** organização: *a cons-*

consultório

tituição óssea do corpo humano. **3** lei suprema que regula a organização política de um Estado: *A maioria dos brasileiros não leu a nossa Constituição*.
cons.ti.tu.in.te *s.m.* **1** elemento que faz parte de um organismo; componente: *Sabe quais são os constituintes celulares?* **2** membro de uma assembleia encarregada da elaboração de uma nova Constituição: *Os constituintes tiveram nas mãos os destinos da nação*.
• *s.f.* **3** essa assembleia: *Logo após a proclamação da Independência, elegeu-se a primeira Constituinte*.
• *adj.* **4** que constitui; que faz parte; componente. **5** que tem por finalidade a elaboração de uma nova Constituição: *Assembleia Constituinte*.
cons.ti.tu.ir *v.t.* **1** estabelecer; instituir; nomear: *O governo constitui seu ministério*. **2** formar; produzir: *Casei-me e constituí família*. **3** ser a base, a parte essencial: *O filho constitui a sua esperança*. **4** eleger: *O Senhor constituiu os pais seus representantes para educar os filhos*. • *pron.* **5** ser composto; organizar-se: *O projeto constitui-se de etapas bem definidas*. **6** passar a ser; tornar-se: *Qualquer cópia adicional se constituirá em ato de pirataria*.
cons.ti.tu.ti.vo *adj.* que constitui; formador: *os elementos constitutivos da matéria*.
cons.tran.ge.dor (ô) *adj.* que constrange; embaraçoso: *Era um ambiente constrangedor*.
cons.tran.ger *v.t.* **1** submeter a situações desagradáveis; acanhar: *As brincadeiras vexatórias constrangem o rapaz*. • *pron.* **2** experimentar constrangimento; ficar acanhado: *As pessoas sensíveis constrangem-se com facilidade*.
cons.tran.gi.men.to *s.m.* situação embaraçosa; embaraço: *Ela sofreu constrangimento psicológico*.
cons.tri.ção *s.f.* contração; estreitamento; estrangulamento: *A constrição da glote leva à asfixia*.
cons.tru.ção *s.f.* **1** ato ou efeito de construir. **2** edificação; fabricação: *Muitos trabalham na construção de edifícios*. **3** estruturação; criação: *a construção do futuro*. **4** (Gram.) organização sintática das palavras na frase: *construções típicas da língua falada*. **5** edifício; edificação: *O bairro da Fonte tem belas construções*.
cons.tru.ir *v.t.* **1** dar estrutura; edificar; fabricar: *Esse foi o governo que mais construiu estradas*. **2** conceber; criar; elaborar: *Consegui construir um texto com cinco personagens*. **3** (Gram.) dispor as palavras da oração conforme as regras da sintaxe: *Deve-se construir o verbo* ir *com a preposição* a.
cons.tru.ti.vis.mo *s.m.* **1** moderna tendência que se preocupa com o emprego de métodos construtivistas na aprendizagem, valorizando a individualização e as descobertas. **2** nas artes plásticas, estilo que se caracteriza pela rígida disposição do espaço: *o construtivismo na pintura*.
cons.tru.ti.vis.ta *s.2g.* **1** adepto do construtivismo: *Kasemir Malévitch é um dos mais famosos construtivistas russos*. • *adj.* **2** que é adepto do construtivismo: *uma escola construtivista*.
cons.tru.ti.vo *adj.* **1** que constrói; que edifica: *Tenha sempre pensamentos construtivos*. **2** que visa renovar, aperfeiçoar: *Só devemos aceitar críticas construtivas*.
cons.tru.tor (ô) *s.m.* **1** profissional que se dedica à construção de obras: *Ele é um construtor de pontes*. **2** aquele que arquiteta, organiza: *Benjamin Constant foi construtor da "ordem nova"*. • *adj.* **3** que se dedica à construção de obras: *uma firma construtora*. **4** que edifica: *Creio no civismo e no espírito construtor da mocidade*.
cons.tru.to.ra (ô) *s.f.* empresa cuja finalidade é construir edifícios ou vias públicas.
con.subs.tan.ci.a.ção *s.f.* concretização; realização: *reformas cuja consubstanciação só se dá no papel*.
con.subs.tan.ci.al *adj.* que é da mesma substância; identificado: *O sofrimento e a morte são dados consubstanciais à existência humana*.
con.subs.tan.ci.ar *v.t.* **1** apresentar; ostentar: *As decisões do Poder Judiciário consubstanciam avanços dos mais expressivos*. **2** unir para formar uma substância; unificar; concretizar: *Consubstanciei meus objetivos nas trinta metas de expansão econômica*. • *pron.* **3** identificar-se; concretizar-se: *É necessário que as divergências se consubstanciem em propostas reais*.
con.su.e.tu.di.ná.rio *adj.* **1** costumeiro; habitual: *Os metalúrgicos ainda não fizeram a greve consuetudinária*. **2** que é fundado nos usos e costumes: *Direito Consuetudinário*.
côn.sul *s.m.* **1** representante de um país em território estrangeiro e que tem atribuições diplomáticas e jurídicas. **2** na antiga Roma, cada um dos dois magistrados supremos da República. // Pl.: cônsules.
con.su.la.do *s.m.* **1** lugar em que o cônsul exerce suas funções: *Chegando ao Brasil, recorreu ao consulado de seu país*. **2** tempo em que um cônsul desempenha suas funções.
con.su.lar *adj.* **1** de ou relativo ao cônsul: *visita consular*. **2** relativo ao consulado: *serviço consular*.
con.su.len.te *s.2g.* **1** quem faz consultas para informar-se: *A maioria dos consulentes tinha o mesmo problema*. • *adj.* **2** que ou quem consulta; consultador: *mulheres consulentes*.
con.sul.ta *s.f.* **1** procura de informação, instrução: *O aluno fez várias consultas aos arquivos da biblioteca pública*. **2** pedido de conselho, opinião ou parecer: *O deputado foi fazer uma consulta à sua bancada*. **3** atendimento que determinados profissionais dão a seus clientes: *Marquei uma consulta com o médico e outra com o advogado*.
con.sul.tar *v.t.* **1** fazer consulta a: *Preciso consultar um oculista*. **2** pedir conselho; opinião; instrução: *Consultei os meus superiores sobre o assunto*. **3** investigar; pesquisar: *Consultou vários livros sobre o tema da pesquisa*. • *pron.* **4** fazer consulta: *Consultei-me com um especialista*. • *int.* **5** dar consulta; emitir parecer: *O meu médico só consulta nesta clínica*.
con.sul.ti.vo *adj.* que emite parecer, mas sem força deliberativa: *conselho consultivo*.
con.sul.tor (ô) *s.m.* **1** pessoa que dá parecer sobre assuntos de sua especialidade. • *adj.* **2** que emite parecer, conselho, opinião sobre determinados assuntos de sua especialidade: *Procurei uma firma consultora para esclarecer o problema*.
con.sul.to.ri.a *s.f.* **1** parecer; opinião; instrução: *Minha firma presta serviços de consultoria aos engenheiros*. **2** cargo ou função de consultor: *Decidiu abandonar a consultoria da obra*. **3** órgão ou empresa onde trabalham consultores: *A consultoria ficava situada no quinto andar*.
con.sul.tó.rio *s.m.* local onde se dão consultas: *consultório médico*.

consumação

con.su.ma.ção *s.f.* **1** ato ou efeito de consumar. **2** realização: *Chegou a tempo de evitar a consumação daquele ato.* **3** término: *Isso irá até a consumação dos séculos.* **4** (Bras.) quantia mínima obrigatória paga pelos frequentadores de clubes, restaurantes ou bares; consumo: *O valor da consumação dependia do freguês.*

con.su.mar *v.t.* **1** levar ao fim; completar; realizar: *Constitui agravante a intenção de consumar o delito.* • *pron.* **2** chegar a termo; completar-se; ultimar: *As núpcias consumaram-se, não obstante os entraves impostos pelas duas famílias.*

con.su.mi.ção *s.f.* **1** ato ou efeito de consumir (-se). **2** mortificação; tormento; inquietude: *Prova oral tem sido a maior consumição de minha vida.*

con.su.mi.dor (ô) *s.m.* **1** aquele que compra para uso, gasto ou proveito próprio: *O homem era um consumidor de produtos importados.* • *adj.* **2** relativo ao consumo; que consome: *mercado consumidor.*

con.su.mir *v.t.* **1** acabar com; dissipar; aniquilar: *A saudade consumia-me impiedosa.* **2** gastar; absorver: *O brasileiro consome mais cerveja do que vinho.* **3** destruir: *O fogo consumiu a favela em poucas horas.* **4** empregar; aplicar; dedicar-se: *Consumiu o resto do dia escrevendo cartas.* • *pron.* **5** dissipar-se; extinguir-se: *Em pouco tempo tudo se consumiu.* **6** mortificar-se: *As pessoas consumiam-se naquela labuta.* • *int.* **7** absorver bens de consumo: *Com a economia em recessão, o povo consome menos.*

con.su.mis.mo *s.m.* tendência para o consumo exagerado.

con.su.mis.ta *s.2g.* **1** pessoa favorável ao consumismo ou que o pratica: *é um consumista compulsivo.* • *adj.* **2** relativo ao consumismo: *uma sociedade consumista.*

con.su.mo *s.m.* **1** ação de consumir. **2** utilização; uso; gasto: *Aumentou o consumo de energia elétrica no Brasil.*

con.ta *s.f.* **1** operação aritmética; cálculo: *Aprendemos a ler, escrever e fazer contas.* **2** registro e confrontação de débitos e créditos ou de receita e despesa: *Feitas as contas, sobrou-nos apenas o dinheiro da passagem.* **3** nota de despesa; fatura: *Fez compra no shopping e me mandou a conta pelo correio.* **4** registro que serve para controlar o movimento de dinheiro depositado e retirado por alguém em banco: *Abri uma conta no banco.* **5** peça redonda e pequena, de vidro, metal ou mineral, perfurada para ser enfiada em linha ou cordel na confecção de colares ou ornamentos: *Dei à minha namorada um colar de contas azuis.* ♦ **afinal de contas** afinal; enfim: *Afinal de contas, sou um professor decidido.* **além da conta** fora do normal; em demasia: *Era estudioso além da conta.* **por conta** (i) às expensas: *Ela se hospedou no hotel por conta da faculdade.* (ii) por causa: *Compra roupas caras por conta de sua megalomania.* (iii) a cargo: *a ironia da peça fica por conta da improvisação dos atores.* (iv) furioso, indignado: *Sua mãe ficará por conta com você.* **em conta** por preço favorável; barato: *Viajar de trem fica mais em conta.* **sem conta** em número indeterminado: *São sem conta as palavras de carinho que recebi.* **ser a conta** ser o quanto bastou, o suficiente: *Chamou o amigo de tolo e isso foi a conta: levou um tapa.*

con.tá.bil *adj.* referente a contabilidade: *Os auditores vão examinar os livros e a escrituração contábil.*

contar

con.ta.bi.li.da.de *s.f.* **1** escrituração da receita e despesa de qualquer empresa ou administração pública ou privada: *a contabilidade da firma.* **2** técnica de organização de livros comerciais ou de escrituração de contas: *Estudei datilografia e contabilidade.*

con.ta.bi.lis.ta *s.2g.* profissional formado em contabilidade.

con.ta.bi.li.za.ção *s.f.* escrituração das atividades econômicas de uma firma ou pessoa: *A contabilização da indústria está a cargo de técnicos de renome.*

con.ta.bi.li.zar *v.t.* **1** escriturar; calcular: *Meu pai contabilizava lucros e perdas do dia.* **2** conter; computar; ter: *O time já contabiliza vinte gols no campeonato.*

con.tac.tar *v.t.* contatar.

con.tac.to *s.m.* contato.

con.ta.dor (ô) *s.m.* **1** profissional formado em contabilidade: *o contador da firma.* **2** narrador; relator: *contador de histórias.* **3** aparelho ou dispositivo próprio para a contagem ou medição; medidor: *contador de pulsos telefônicos.*

con.ta.gem *s.f.* **1** ato de contar: *Fizemos a contagem das moedas por duas vezes.* **2** apuração; cômputo: *Pela nossa contagem, ainda faltam dois meses para o nascimento do bebê.* **3** quantidade; conta: *A contagem dos glóbulos vermelhos duplicou.* **4** resultado de uma partida; escore: *Meu time venceu pela contagem de três a zero.*

con.ta.gi.an.te *adj.* que contagia: *uma alegria contagiante.*

con.ta.gi.ar *v.t.* **1** transmitir vírus: *Um dos doentes contagiou toda a enfermaria.* **2** influenciar; contaminar: *O ambiente de tristeza nos contagiava.* • *pron.* **3** adquirir doença por contágio; contaminar-se: *Todos ali se contagiaram com o vírus.* **4** ficar impregnado; deixar-se influenciar: *Não te deves contagiar com esses maus costumes.*

con.tá.gio *s.m.* **1** transmissão de doença de um indivíduo a outro por contato imediato ou mediato: *Houve um contágio preocupante de tuberculose.* **2** transmissão: *Era inevitável o contágio de sua alegria.* **3** influência: *Tornou-se escritor pelo contágio das ideias do avô.*

con.ta.gi.o.so (ô) *adj.* **1** que se propaga por contágio: *A Aids é contagiosa.* **2** que influencia; contagiante: *Transmitia um mau humor contagioso.*

con.ta-go.tas (ô) *s.m. 2n.* instrumento usado para escoar líquido gota a gota.

con.ta.mi.na.ção *s.f.* **1** ato ou efeito de contaminar (-se). **2** transmissão de vírus contagioso; contágio; infecção: *Houve contaminação de todos os que beberam daquela água.* **3** transmissão; propagação: *contaminação radioativa.*

con.ta.mi.na.dor (ô) *adj.* que contamina; contagiante.

con.ta.mi.nar *v.t.* **1** provocar infecção; infectar: *Um animal infectado contamina o rebanho.* **2** impregnar; transmitir-se; contagiar: *O entusiasmo do professor contaminou os alunos.* • *pron.* **3** ficar infectado: *Tinha pavor de me contaminar com sua doença.* **4** impregnar-se: *Contaminou-se da bondade da namorada e passou a fazer o bem.*

con.tar *v.t.* **1** determinar por cálculo; calcular: *Contava o lucro todas as tardes.* **2** determinar o número; enumerar: *Durante o passeio ia contando os cartazes de propaganda.* **3** levar em conta; incluir: *Havia no*

conteúdo

teatro duas mil pessoas, sem contar as crianças. **4** expor numa narrativa; relatar: *Contou-me uma história absurda.* **5** ter: *Os candidatos devem contar com mais de dezoito anos.* **6** dizer de cor os números: *O índio só sabia contar até dez.* **7** esperar por: *Não contava com aquela herança.* **8** ter confiança ou esperança: *Sabia que podia contar com você!* **9** dispor de: *A seleção de basquete não pôde contar com o seu melhor jogador.* **10** dizer; comentar: *Contam que ele nunca havia ido ao cinema.* • *int.* **11** fazer cálculos; fazer contas: *Todo trabalhador deve saber ler, escrever e contar.* **12** ter importância; ser ponderável; importar: *Sua opinião não conta.* • **contar prosa** gabar-se; vangloriar-se: *Depois da vitória, os caras ficaram contando prosa.*

con.ta.tar *v.t.* **1** entrar em contato: *O chefe contatou os fornecedores.* • *pron.* **2** comunicar-se: *Eles se contatavam com o contrabandista.*

con.ta.to *s.m.* **1** encontro; toque: *Gostava do contato com sua pele macia.* **2** comunicação; relacionamento; convivência: *O contato com marginais pode nos levar à prisão.*

con.tá.vel *adj.* que se pode contar: *história escabrosa, dificilmente contável.*

con.têi.ner *s.m.* caixa de grandes dimensões usada para acondicionamento de carga.

con.tem.pla.ção *s.f.* **1** ato ou efeito de contemplar. **2** aplicação demorada da vista; apreciação; admiração: *Passava horas na contemplação das belezas naturais do Rio.* **3** meditação profunda sobre as coisas divinas: *contemplação dos sagrados mistérios.* **4** benevolência; consideração: *Com essa gente se há de ter contemplação.*

con.tem.plar *v.t.* **1** observar atentamente; apreciar; admirar: *Da janela do hotel, contemplávamos a baía de Guanabara.* **2** admirar com o pensamento; meditar; considerar: *Nas suas meditações, contemplava os mistérios da vida.* **3** beneficiar; atingir; abranger: *Algumas das leis ditas sociais não contemplam a classe pobre.* **4** conter; englobar: *Precisamos de um currículo que contemple o ensino de Filosofia.*

con.tem.pla.ti.vo *adj.* **1** que se dedica à contemplação: *Lá estava ele, absorto e contemplativo.* **2** voltado à contemplação: *Há, nessa encenação, material para o prazer contemplativo.*

con.tem.po.ra.nei.da.de *s.f.* **1** qualidade de ser da mesma época em que vivemos; atualidade: *O caráter romântico não afeta a contemporaneidade da poesia de Vinícius de Moraes.* **2** qualidade de existir na mesma época: *Apesar da contemporaneidade, a obra de Eça difere da de Machado.*

con.tem.po.râ.neo *s.m.* **1** pessoa que é da mesma época: *Os contemporâneos do moço dividem-se ao julgá-lo.* • *adj.* **2** que é do nosso tempo; da atualidade: *Este dicionário registra os fatos do português contemporâneo.* **3** que é da mesma época: *Basílio da Gama foi contemporâneo de Gonzaga.*

con.tem.po.ri.za.ção *s.f.* **1** ato ou efeito de contemporizar. **2** transigência; condescendência; acordo: *A lei será aplicada sem contemporizações.* **3** tentativa de ganhar tempo; adiamento: *Não há mais tempo para contemporização.*

con.tem.po.ri.za.dor (ô) *adj.* que contemporiza; condescendente: *Fez um discurso em tom contemporizador com a oposição.*

con.tem.po.ri.zar *v.t.* **1** acomodar; conciliar: *Tentamos contemporizar a situação.* **2** transigir; condescender: *A polícia não pode contemporizar com o infrator.* • *int.* **3** contornar a situação: *Após ouvir as declarações gravadas por um radialista, o treinador tentou contemporizar.*

con.ten.ção *s.f.* **1** ato ou efeito de conter(-se). **2** restrição; diminuição: *contenção de despesas.* **3** repressão; dominação: *medidas de contenção das greves.* **4** impedimento do avanço ou expansão; limitação: *O projeto é um conjunto de obras para contenção das cheias do rio.*

con.ten.ci.o.so (ô) *s.m.* **1** litígio; disputa: *A decisão envolve contencioso sobre prédio famoso.* • *adj.* **2** litigioso: *direito contencioso.*

con.ten.da *s.f.* **1** debate; polêmica; desavença; controvérsia: *Sou inimigo de contenda.* **2** disputa; peleja: *A contenda entre os times se iniciou com atraso.*

con.ten.dor (ô) *s.m.* **1** pessoa que debate com alguém; adversário: *Os contendores discutiram durante duas horas.* **2** pessoa que luta contra outra; competidor: *Ele nocauteou seu contendor no primeiro assalto.*

con.ten.ta.men.to *s.m.* alegria; prazer; satisfação: *As crianças batiam palmas de contentamento.*

con.ten.tar *v.t.* **1** tornar contente; satisfazer; acalmar: *A notícia contentou a todos.* • *pron.* **2** tornar-se contente; satisfazer-se; acalmar-se: *A criança contenta-se com um agrado.*

con.ten.te *adj.* **1** alegre; feliz: *A noiva parecia muito contente.* **2** satisfeito: *Não estou contente com o meu salário.*

con.ten.to *s.m.* contentamento. • **a contento** de maneira satisfatória: *Em nossa ida à praia, saiu tudo a contento.*

con.ter *v.t.* **1** impedir de avançar, de estender; fazer ficar em certos limites; reprimir; dominar; limitar: *A noiva não conteve o choro.* **2** ter em si; incluir: *A vasilha continha restos de comida.* • *pron.* **3** reprimir-se; dominar-se; sofrear-se: *Não me contive, comecei a chorar.*

con.ter.râ.neo *s.m.* **1** pessoa que é da mesma terra; compatriota: *Ofereceu um jantar a seus conterrâneos.* • *adj.* **2** que é da mesma terra: *Caetano e Gil são conterrâneos.*

con.tes.ta.ção *s.f.* **1** ato ou efeito de contestar. **2** oposição; objeção; questionamento: *Quando expunha suas ideias, não admitia contestação.* **3** resposta fundamental que se opõe a uma argumentação ou decisão: *Foram apresentadas várias contestações à decisão judicial.*

con.tes.ta.dor (ô) *s.m.* **1** pessoa que contesta: *O contestador das informações do jornalista não se conteve.* • *adj.* **2** que contesta; questionador: *Foi apresentado um documento contestador da prestação de contas do condomínio.*

con.tes.tar *v.t.* **1** colocar em dúvida; contradizer; protestar: *A empresária contestou as suspeitas de que o assalto tivesse sido forjado.* • *int.* **2** responder; replicar: *Quando ele afirmou ser meu parente, contestei na hora!*

con.tes.ta.tó.rio *adj.* que contesta; questionador: *participar de ato político contestatório.*

con.te.ú.do *s.m.* **1** aquilo que está contido: *Ele bebeu todo o conteúdo da garrafa.* **2** assunto; tema; teor: *Eu escrevi textos imensos, mas sem muito conteúdo.*

contexto

con.tex.to (ês) s.m. **1** encadeamento das ideias de um texto; ambiente em que se insere uma narrativa: *O contexto esclareceu o significado das palavras.* **2** posição relativa de cada elemento linguístico numa sequência: *O /s/ tem som de /z/ dependendo do contexto, isto é, quando vem entre vogais.* **3** o todo em que um fato se situa; conjuntura: *A questão do machismo se insere num contexto cultural, social e até político.*

con.tex.tu.al /s/ *adj.* referente ao contexto: *dados contextuais.*

con.tex.tu.a.li.za.ção /s/ *s.f.* **1** ato ou efeito de contextualizar. **2** colocação de um fato dentro de seu contexto: *A definição parece ser óbvia, e não precisa de contextualização.*

con.ti.go *pron. pess. da 2ª p. do sing. do caso oblíquo* **1** com a pessoa a quem se fala: *– Quero falar contigo agora mesmo.* **2** em tua companhia: *– E por que teus filhos não estão contigo?* **3** a teu cargo: *Bem, vou te apresentar a ela. O resto é contigo.* **4** com relação a ti: *Tudo bem contigo?* **5** a teu favor; do teu lado: *Estou contigo e não abro.*

con.ti.gui.da.de (güi) *s.f.* posição de duas coisas que se tocam; proximidade; vizinhança; adjacência: *O projeto visa a aproximar os países que não têm contiguidade geográfica.*

con.tí.guo *adj.* ao lado; próximo; vizinho: *Falava baixo porque havia pessoas na sala contígua à dele.*

con.ti.nên.cia *s.f.* **1** saudação regulamentar entre militares: *Levado pelo hábito, o soldado fez continência ao me cumprimentar.* **2** abstenção de prazeres; castidade; moderação: *O movimento constitui-se numa rebelião contra o mandamento religioso da continência.*

con.ti.nen.tal *adj.* **1** situado no continente: *plataforma continental.* **2** pertencente ao continente: *a flora continental.* **3** próprio de continente: *O Brasil tem dimensões continentais.*

con.ti.nen.te *s.m.* **1** considerável massa de terra cercada de águas oceânicas; cada uma das cinco grandes divisões da Terra: *o continente americano.* **2** aquilo que contém algo; recipiente. • *adj.* **3** que observa continências; sóbrio; casto.

con.tin.gên.cia *s.f.* **1** eventualidade; circunstância: *Estarmos nessa situação difícil é mera contingência.* **2** necessidade por circunstância; premência circunstancial: *Ele se viu na contingência de solicitar os serviços de um detetive.*

con.tin.gen.te *s.m.* **1** grupo de pessoas estabelecido para executar tarefa temporária: *Um grande contingente de trabalhadores braçais deslocou-se da lavoura para a cidade.* **2** grupo que se destaca de um batalhão para uma diligência; destacamento: *um contingente do exército.* **3** conjunto: *O contingente de nossas escolas se concentra no Sul e no Sudeste.* • *adj.* **4** provável; possível; eventual: *O término dessa tarefa em curto prazo depende de uma série de circunstâncias contingentes.* **5** transitório; acidental: *A situação crítica das finanças daquela prefeitura é apenas contingente.*

con.ti.nu.a.ção *s.f.* **1** ato ou efeito de continuar. **2** prolongamento no espaço e no tempo; prosseguimento: *Está prevista a continuação do calor.* **3** sucessão: *a continuação dos dias.*

con.ti.nu.ar *v.t.* **1** não interromper; prosseguir: *O professor não pôde continuar a aula.* • *int.* **2** prolongar-se; durar: *Os festejos vão continuar por duas semanas.* **3** indica continuidade daquilo que o segundo verbo expressa: *A chuva continuou a cair.* • *v.lig.* **4** permanecer; conservar-se; manter-se: *Apesar das desavenças, continuamos amigos.*

con.ti.nu.i.da.de *s.f.* **1** prosseguimento; sequência: *Em determinado ponto, a estrada não tinha mais continuidade.* **2** permanência: *Discutia-se a continuidade do funcionário naquele cargo.* **3** continuação: *O acordo possibilitará a continuidade da queda dos juros.* **4** duração: *Os sindicatos procuram manter a continuidade de trabalho.* **5** manutenção da lógica e da unidade de ação nas sucessivas tomadas e cenas de um filme ou de um espetáculo teatral: *Houve falta de continuidade em algumas cenas.*

con.ti.nu.ís.mo *s.m.* tendência para manter uma pessoa ou um grupo no poder: *Há um certo continuísmo entre os últimos governos.*

con.ti.nu.ís.ta *s.2g.* **1** em cinema e televisão, pessoa responsável pela continuidade das cenas, ou seja, zela para que tudo o que apareça numa cena apareça também na cena seguinte (roupas, penteados, música etc.). • *adj.* **2** relativo ao continuísmo: *um governo de caráter continuísta.* **3** adepto do continuísmo: *Boa parte dos eleitores é continuísta.*

con.tí.nuo *s.m.* **1** funcionário subalterno de uma repartição encarregado de pequenos serviços: *O contínuo atendeu-nos com muita amabilidade.* • *adj.* **2** sem interrupção; ininterrupto: *Foram oito horas de trabalho contínuo.* **3** sucessivo; seguido: *Rosa desesperava-se com as contínuas reclamações do marido.*

con.tis.ta *s.2g.* autor de contos.

con.to *s.m.* **1** narrativa escrita ou oral: *A classe leu um conto de Machado de Assis.* **2** engodo; trapaça: *Nunca mais cairei nesse conto.* **3** um milhar de mil réis; um milhão de réis: *Naquela época, vendeu um cavalo por dois contos de réis.* • **conto da carochinha** conto popular para crianças.

con.to do vi.gá.rio *s.m.* (Bras.) embuste para ganhar dinheiro, em que o vigarista se aproveita da boa-fé da vítima: *cair no conto do vigário.* // Pl.: *contos do vigário.*

con.tor.ção *s.f.* **1** ato ou efeito de contorcer(-se). **2** movimento irregular ou forçado do corpo: *Eles cantavam e dançavam executando contorções e passos exagerados.* **3** contração dos músculos: *contorções faciais.*

con.tor.cer *v.t.* torcer muito; fazer contrair-se; dobrar: *Contorcia o corpo ao som do rock.* • *pron.* **2** torcer-se; dobrar-se; remexer: *O atleta contorcia-se no gramado.*

con.tor.ci.o.nis.mo *s.m.* **1** exibição de ginástica que consiste em fazer contorções: *A moça do circo deu uma demonstração de contorcionismo.*

con.tor.ci.o.nis.ta *s.2g.* acrobata ou ginasta que faz exibição de contorcionismo.

con.tor.nar *v.t.* **1** fazer o contorno de; dar a volta: *Contornei a casa e entrei pelos fundos.* **2** solucionar em parte: *Tentamos contornar a situação.* **3** estender-se ao redor de; cercar: *Uma cerca de arame contornava o jardim.*

contraponto

con.tor.ná.vel *adj.* que se pode contornar: *dificuldades facilmente contornáveis.*

con.tor.no (ô) *s.m.* linha que fecha ou limita exteriormente um corpo: *A iluminação chama a atenção para o contorno das árvores.*

con.tra *prep.* (Gram.) relaciona dois termos da oração indicando: **1** posição contrária; de encontro a: *Atirou o livro contra a parede.* **2** direção; em direção a; para: *O avião levantou voo contra o céu azul.* **3** oposição: *Quixote lutava contra moinhos de vento.* ♦ **ser do contra** que discorda de tudo: *Sempre foi do contra.*

con.tra-a.ta.car *v.t.* atacar em revide; responder ao ataque: *O candidato contra-ataca os adversários que o caluniam.*

con.tra-a.ta.que *s.m.* **1** ato ou efeito de contra-atacar; ataque em revide. **2** (Fut.) domínio súbito da bola, sem dar tempo de o adversário armar a defesa: *O técnico armou um esquema de contra-ataque.* // Pl.: contra-ataques.

con.tra.bai.xo /ch/ *s.m.* (Mús.) o maior e o mais grave instrumento de cordas, da família do violino.

con.tra.ba.lan.çar *v.t.* fazer compensar; equilibrar: *Há fatores que contrabalançam a pressão nos custos dos laticínios.*

con.tra.ban.de.ar *v.t.* fazer contrabando de; negociar contrabando de; transportar e comercializar ilegalmente: *Um grupo de jovens contrabandeava peças de computador.*

con.tra.ban.dis.ta *s.2g.* quem faz contrabando.

con.tra.ban.do *s.m.* importação ou exportação clandestina de mercadoria sem pagamento dos direitos devidos.

con.tra.ção *s.f.* **1** ato ou efeito de contrair(-se). **2** retraimento; retração: *Percebi seu desespero pela contração de seus lábios.* **3** retração de volume por encurtamento ou aproximação da parede dos órgãos: *contrações no estômago ou na barriga.* **4** diminuição; retração: *Verificava-se uma contração nas vendas.* **5** (Gram.) fusão de duas vogais iguais numa só; crase: *O acento grave assinala a contração da preposição a com o artigo a.*

con.tra.ca.pa *s.f.* lado interno da capa.

con.tra.ce.nar *v.t.* participar de uma cena juntamente com outra pessoa: *O pai e a mãe contracenavam com o filho.*

con.tra.cep.ção *s.f.* conjunto de métodos que evitam a fecundação: *as muitas alternativas de contracepção.*

con.tra.cep.ti.vo *s.m.* **1** medicamento ou instrumento utilizados para evitar a gravidez ou inibir a capacidade de reproduzir: *Alguns contraceptivos não são infalíveis para se evitar a concepção.* ● *adj.* **2** que evita a gravidez ou inibe a capacidade de reproduzir: *A Igreja Católica é contra os métodos contraceptivos.*

con.tra.che.que (é) *s.m.* documento emitido por fonte pagadora, no qual se especificam salário bruto, vantagens, deduções e salário líquido; holerite.

con.tra.dan.ça *s.f.* **1** dança de quatro ou mais pares, defrontando uns com os outros; quadrilha: *A nossa quadrilha inspirou-se na contradança francesa.* **2** qualquer dança de salão: *Ela parecia solitária, então a convidei para uma contradança.*

con.tra.di.ção *s.f.* **1** ato ou efeito de contradizer(-se). **2** afirmação contrária ao que já se disse: *Durante o interrogatório, o acusado caiu várias vezes em con-*

tradição. **3** incoerência: *Havia uma contradição entre o que ele pregava e o que fazia.*

con.tra.di.tar *v.t.* contestar; refutar: *Governar também é saber contraditar as críticas ao governo.*

con.tra.di.tó.rio *adj.* que envolve ou que tem contradição: *O texto era contraditório.*

con.tra.di.zer *v.t.* **1** dizer o contrário; refutar; desmentir: *Em seu discurso, o ministro contradisse o presidente.* **2** não condizer com; ser conflitante com; discrepar de: *Eu achava que a arquitetura moderna não devia contradizer nossa tradição.* ● *pron.* **3** dizer o contrário; desmentir-se: *Ela sempre se contradiz.*

con.tra.fei.to *adj.* constrangido; forçado; contrariado: *O vagabundo sentado na calçada nos olha contrafeito.*

con.tra.fi.lé *s.m.* carne da parte média do dorso do boi.

con.tra.gol.pe (ó) *s.m.* golpe que se destina a anular outro; revide; contra-ataque: *O pugilista defendia-se com contragolpes certeiros.*

con.tra.gos.to (ô) *s.m.* falta de vontade; falta de gosto; antipatia. ♦ **a contragosto** contra a vontade: *Mesmo a contragosto fui ao baile das debutantes.*

con.tra.in.di.ca.ção *s.f.* **1** ato ou efeito de contraindicar. **2** conjunto de circunstâncias que não permite utilizar determinados medicamentos para determinadas doenças ou doentes: *Alguns medicamentos têm mais contraindicações do que indicações.* // Pl.: contraindicações.

con.tra.in.di.car *v.t.* ser contrário ou oposto; não considerar conveniente: *O endocrinologista costuma contraindicar a seus pacientes o uso de certos remédios.*

con.tra.ir *v.t.* **1** fazer contração; encolher; comprimir: *Contraiu o rosto, sem esconder o mal-estar.* **2** adquirir: *Ele tem medo de contrair doenças.* **3** contratar; ajustar: *contrair dívida.* ● *pron.* **4** encolher-se; apertar-se; comprimir-se: *Contraiu-se de dor.*

con.tral.to *s.2g.* **1** registro de voz feminina grave. **2** cantora que tem esse tipo de voz.

con.tra.mão *s.f.* **1** sentido oposto à mão de direção: *trafegar na contramão.* **2** sentido inverso: *Na contramão da história, aquela sociedade vem praticando a intolerância entre os diferentes.*

con.tra.or.dem *s.f.* ordem que contraria outra. // Pl.: contraordens.

con.tra.par.te *s.f.* **1** parte relacionada com outra; parte complementar: *Naquela descoberta, a contraparte brasileira foi uma equipe de 12 físicos e quatro engenheiros.* **2** parte que se opõe: *A memória tem a sua contraparte:* o esquecimento.

con.tra.pe.so (ê) *s.m.* **1** elemento que compensa ou contrabalança outro: *A tendência de baixa dos preços dos alimentos é um contrapeso importante para a inflação.* **2** porção que se coloca na balança para completar o peso: *Na venda de alcatra, o açougueiro sempre colocava um contrapeso de carne de segunda.*

con.tra.pi.so *s.m.* capeamento de argamassa para nivelar pisos, sobre o qual se aplica o revestimento definitivo.

con.tra.pon.to *s.m.* **1** contraposição: *As caretas debochadas do maestro fazem contraponto à seriedade dos músicos da orquestra.* **2** concordância harmônica: *Os arranjos ressaltam a voz grave da cantora em contraponto com o instrumental.*

contrapor

con.tra.por v.t. **1** propor em contrário: *Àquele débil argumento do aluno, o diretor contrapôs outro bem mais sensato.* • pron. **2** pôr-se contrariamente; opor-se: *Ninguém se contrapunha às ordens da direção.* **3** estar em posição contrária; opor-se: *No decorrer do espetáculo, momentos de alegria se contrapõem a cenas de sofrimento.*

con.tra.po.si.ção s.f. **1** posição ou disposição em sentido contrário; oposição: *Marcou-me muito, na paisagem tropical, a contraposição do mineral com o vegetal.* **2** contraste; oposição: *Houve aumento das tarifas telefônicas para ligações comuns em contraposição aos reduzidos acréscimos para ligações interurbanas.*

con.tra.pro.du.cen.te adj. que se configura contrário à produção de resultados satisfatórios: *Conversar durante o trabalho é uma atitude contraproducente.*

con.tra.pro.pos.ta (ó) s.f. proposta em resposta a outra cujas condições não foram parcial ou totalmente satisfatórias: *O governo não apresentou qualquer contraproposta de aumento de salários.*

con.tra.pro.va (ó) s.f. prova realizada para checar ou impugnar outra: *Foi realizada uma contraprova que confirmou o primeiro resultado.*

con.tra.ri.ar v.t. **1** deixar de atender; desgostar: *A avó procurava não contrariar as vontades do neto.* **2** estorvar; embaraçar; atrapalhar: *A proibição de venda de armas contraria os interesses dos fabricantes.* **3** agir ou estar em contradição a; violar: *Fazer suposições levianas contraria o caráter científico de um trabalho.* • pron. **4** ficar descontente ou aborrecido; zangar-se: *Ele contrariava-se com os gastos da esposa.*

con.tra.ri.e.da.de s.f. aborrecimento; desgosto: *Aquele namoro da filha caçula já lhe trouxera muitas contrariedades.*

con.trá.rio s.m. **1** o oposto; o inverso: *O contrário de "sancionar" é "vetar".* • adj. **2** oposto; inverso: *O carro vinha em sentido contrário.* **3** que contraria: *Adquiriu hábitos contrários à boa convivência social.* **4** adversário: *Não podia aceitar as ofertas do partido contrário.* **5** não favorável: *Sou contrário à pena de morte.* ♦ **ao contrário** exatamente o oposto ao que se disse antes: *Ao aceitar essa incumbência, não fui inteligente, ao contrário, agi como um imbecil.* **do contrário** em caso contrário; de outra forma: *Ela parece não gostar de mim, do contrário teria vindo à minha festa.*

con.tras.sen.so s.m. disparate; despautério: *Foi um contrassenso repreendê-lo sem antes ouvir os seus motivos.* // Pl.: contrassensos.

con.tras.tan.te adj. em contraste: *Sua voz mansa e calma era contrastante com seu gênio violento.*

con.tras.tar v.t. **1** pôr em contraste, em confronto: *O pintor quis contrastar as cores fortes com o fundo azul-claro da tela.* **2** ser diferente ou contrário; divergir essencialmente: *As luzes amarelas das ruas contrastavam com a claridade branca dos salões.*

con.tras.te s.m. **1** distinção entre claro e escuro ou entre tons: *Seus quadros destacam-se pelos contrastes das cores.* **2** oposição: *O contraste entre a vida do gaúcho e a do nordestino é gritante.* **3** (Quím.) substância usada em radiografia ou ultrassonografia: *O sulfato de bário é usado como contraste radiográfico.*

con.tra.ta.ção s.f. **1** ação de contratar; admissão: *A Secretaria da Educação autorizou a contratação de docentes.* **2** ação de negociar; combinação.

con.tra.tan.te s.2g. **1** quem contrata: *Nós fizemos o nosso preço para a contratante principal da obra.* • adj. **2** que contrata: *A empresa contratante não cumpriu o acordo.*

con.tra.tar v.t. **1** adquirir por contrato; negociar: *Meu tio contratou um caminhão para levar a mudança.* **2** empregar; assalariar; ajustar: *A prefeitura vai contratar cem trabalhadores braçais.* **3** combinar; tratar; negociar: *Contratei uma pescaria com o Zeca.*

con.tra.tem.po s.m. **1** acidente imprevisto; obstáculo: *Não comparecí porque houve um contratempo.* **2** contrariedade; aborrecimento: *Registrou em cartório a escritura, para evitar contratempos.*

con.trá.til adj. que se contrai: *músculo contrátil.*

con.tra.to s.m. **1** acordo entre pessoas que se obrigam a algo ou se dão algum direito: *A empresa firmou contratos milionários no Brasil.* **2** documento em que é lavrado esse acordo: *Empunhando um contrato já amarelado, ele se dizia dono do imóvel.*

con.tra.tu.al adj. de ou relativo a contrato: *cláusula contratual.*

con.tra.tu.ra s.f. contração permanente e involuntária: *contratura muscular.*

con.tra.ven.ção s.f. transgressão ou infração a disposições legais: *contravenção penal.*

con.tra.ven.tor (ô) s.m. quem comete contravenção; infrator: *Os bicheiros eram contraventores.*

con.tri.bu.i.ção s.f. **1** ato ou efeito de contribuir; cooperação; ajuda: *Os nordestinos dão sua contribuição para o crescimento de São Paulo.* **2** cota; tributo: *contribuição sindical.*

con.tri.bu.in.te s.2g. quem paga impostos: *O contribuinte quer ter retorno dos impostos que paga.*

con.tri.bu.ir v.t. **1** cooperar; colaborar: *Os trabalhadores rurais estão contribuindo com o governo.* **2** recolher impostos: *Contribuí durante 35 anos para a Previdência Social.* **3** ter parte em um resultado: *A massagem contribui para aliviar o estresse.*

con.tri.bu.ti.vo adj. de ou relativo a contribuição: *O atual sistema contributivo penaliza os setores que mais absorvem mão de obra.*

con.tri.ção s.f. arrependimento dos próprios pecados ou culpas: *ato de contrição.*

con.tris.tar v.t. **1** causar tristeza; afligir; mortificar: *O acidente contristou a família do jogador.* • pron. **2** ficar muito triste; entristecer-se; penalizar-se: *Diante da cena, contristou-se o bom homem.*

con.tri.to adj. que tem ou revela contrição; compungido; triste: *Detenho-me, contrito, diante da estupidez humana.*

con.tro.la.dor (ô) s.m. **1** dispositivo que controla o funcionamento de um aparelho: *O controlador de temperatura quebrou.* • adj. **2** que exerce controle: *órgão controlador de preços.*

con.tro.lar v.t. **1** exercer o controle de; fiscalizar; administrar: *Um dos diretores controlava o setor de vendas da fábrica.* **2** dominar; refrear; conter. **3** regular; comandar: *A válvula controla a saída do vapor.* **4** exercer domínio sobre: *As grandes potências controlam os países subdesenvolvidos.* • pron. **5** conter-se; refrear-se: *Não conseguiu se controlar e beijou a amada.*

convento

con.tro.le (ô) s.m. 1 domínio: *Não tinha controle sobre as próprias emoções*. 2 administração; direção: *O controle dos seus negócios está a cargo do cunhado*. 3 fiscalização: *O controle sobre a venda de armas é precário*. ♦ **sob controle** controlado; dominado: *Nem tudo está sob controle*. **controle remoto** dispositivo para acionar aparelhos eletrônicos a distância.

con.tro.vér.sia s.f. divergência; discussão; contestação: *Há controvérsia sobre a data de nascimento de Camões.*

con.tro.ver.so (é) adj. em que há controvérsia; discutível: *um assunto controverso*.

con.tro.ver.ti.do adj. 1 que causa controvérsia; discutido: *A política é um tema muito controvertido*. 2 posto em dúvida; discutível; controverso: *Embora controvertida, a estratégia do técnico parece ter dado certo*.

con.tu.do conj. expressa contraposição entre duas orações do mesmo gênero; porém; todavia; entretanto: *Desejava para o filho casamento vantajoso, contudo ele se apaixonara por moça pobre e sem recursos*.

con.tu.maz adj. 1 persistente; costumeiro; habitual; obstinado: *Sou um leitor contumaz de Graciliano Ramos*. 2 reincidente: *Foram apontados como violadores contumazes dos direitos humanos*.

con.tun.dên.cia s.f. capacidade de ataque; agressividade: *Suas intervenções nos debates ganharam destaque pela contundência*.

con.tun.den.te adj. 1 que machuca; que fere: *objeto contundente*. 2 agressivo: *crítica contundente*. 3 incisivo: *Deveria ter sido mais contundente nas suas observações*.

con.tun.dir v.t. 1 machucar; ferir: *O atleta ficou cinco dias sem treinar depois que contundiu a clavícula esquerda*. • pron. 2 lesionar-se; ferir-se; machucar-se: *Seis jogadores suecos contundiram-se nas últimas semanas*.

con.tur.ba.ção s.f. 1 ato ou efeito de conturbar (-se). 2 perturbação: *a conturbação da ordem*. 3 agitação: *Havia ali certa conturbação*.

con.tur.ba.dor (ô) adj. que conturba: *atitudes impensadas e conturbadoras*.

con.tur.bar v.t. 1 perturbar; alvoroçar; agitar: *Os forasteiros conturbaram a vida pacata da cidade*. • pron. 2 alterar-se; alvoroçar-se: *Eu me conturbei com os gritos dela*.

con.tu.são s.f. 1 ato ou efeito de contundir(-se). 2 lesão produzida por pancada; ferimento: *As repetidas contusões prejudicaram os jogadores da seleção brasileira*.

co.nú.bio s.m. casamento; união.

con.va.les.cen.ça s.f. estado intermediário entre a doença e a saúde: *Às vezes a convalescença dura mais que a doença*.

con.va.les.cen.te s.2g. 1 quem está em convalescença: *O hospital tem uma ala para recuperação dos convalescentes*. • adj. 2 que está em convalescença: *Foi criada a casa de recuperação da criança convalescente*.

con.va.les.cer v.t. 1 fortalecer; fazer ficar são: *Aquelas pílulas convalesceram os doentes*. • int. 2 recobrar a saúde; restabelecer-se: *Foi vítima de uma pneumonia enquanto convalescia depois de uma operação nos rins*.

con.va.li.da.ção s.f. 1 ato ou efeito de convalidar. 2 confirmação; ratificação: *a convalidação do diploma pelo MEC*.

con.va.li.dar v.t. 1 reafirmar; confirmar: *O Congresso editaria um decreto convalidando o valor dos salários de março*. 2 recuperar a validade: *O governo está convalidando moedas velhas*.

con.ven.ção s.f. 1 acordo ou pacto sobre um assunto: *Há uma convenção internacional que resguarda os direitos dos índios*. 2 encontro, reunião ou assembleia de indivíduos ou representações de classe, de associações etc., onde se delibera sobre determinados assuntos; conferência; congresso: *A convenção do partido escolherá o candidato à presidência*. 3 conjunto de regras de controle do comportamento social ou aquilo que é tacitamente aceito, por uso ou geral consentimento: *Era rejeitado porque não obedecia às convenções sociais*.

con.ven.cer v.t. 1 fazer crer ou reconhecer; persuadir: *O ministro convenceu o presidente da necessidade de uma nova política econômica*. • pron. 2 passar a ter certeza ou a aceitar; ficar persuadido de: *Convenci-me de que devo estudar inglês*. // Ant.: dissuadir.

con.ven.ci.men.to s.m. 1 persuasão: *as táticas de convencimento*. 2 falta de modéstia: *o convencimento do jogador*.

con.ven.ci.o.nal s.2g. 1 membro de uma convenção: *Os convencionais ficaram hospedados no melhor hotel da Capital*. • adj. 2 relativo ou resultante de convenção; conforme as convenções: *Os noivos cumpriram todos os atos convencionais*. 3 tradicional: *Estudei num colégio convencional e muito rigoroso*.

con.ven.ci.o.nar v.t. 1 estabelecer por convenção; pactuar; combinar; ajustar: *Os alunos convencionaram alguns sinais para a comunicação silenciosa*. • pron. 2 acertar; combinar: *Convencionou-se que deveríamos andar sempre em grupo*.

con.ve.ni.a.do s.m. 1 aquele que firma ou mantém convênio: *O convenido não cumpriu o contrato*. • adj. 2 que mantém convênio: *Contamos com vários hospitais conveniados*.

con.ve.ni.ên.cia s.f. 1 proveito; vantagem: *A escola discute a conveniência do uso de uniforme*. 2 decoro; decência: *Era uma moça fina, com senso de conveniência*. • pl. 3 convenções sociais de decoro: *Ele, que não guardava conveniências, começou a rir*. 4 utilidades de interesse geral vendidas em lojas: *loja de conveniências*.

con.ve.ni.en.te adj. 1 útil; proveitoso: *É sempre conveniente ler um documento antes de assiná-lo*. 2 vantajoso; oportuno: *Achou mais conveniente casar no mês de maio*. 3 adequado: *A professora não deu uma explicação conveniente sobre a matéria*. 4 favorável; oportuno: *Não era conveniente que ficássemos na rua até de madrugada*.

con.vê.nio s.m. 1 ajuste; acordo; pacto: *As lojas fizeram convênio com a associação dos servidores para vendas a prazo*. 2 contrato entre dois ou mais órgãos: *A universidade assinou convênio com a prefeitura*.

con.ven.to s.m. 1 construção para moradia de comunidade religiosa: *O convento ficava a dois quilômetros da cidade*. 2 vida de reclusão ou vida religiosa: *Caso não se casasse logo, ela iria para o convento*.

239

convergência

con.ver.gên.cia *s.f.* **1** ato ou efeito de convergir. **2** encontro: *A boate era o ponto de convergência dos jovens maiores de dezoito anos.* **3** direção ou ponto comuns: *Havia ali uma convergência de interesses.* // Ant.: divergência.

con.ver.gen.te *adj.* **1** que se dirige ou tende para um mesmo ponto: *linhas convergentes.* **2** que tem a forma côncava: *lentes convergentes.* // Ant.: divergente.

con.ver.gir *v.t.* dirigir-se; afluir; direcionar-se; ser convergente: *Para aquele dia convergem todas as lembranças infantis do narrador.*

con.ver.sa (é) *s.f.* **1** ato de conversar; conversação: *Foi advertido por ficar ouvindo a conversa dos pais.* **2** bate-papo: *Demoramos algum tempo, numa conversa descontraída.* **3** assunto: *Essa conversa não lhe interessa.* **4** mentira: *A informação que recebi não passava de conversa.* **5** ajuste de contas; entendimento: *Preciso ter uma conversa séria com você sobre o que anda dizendo a meu respeito.* ◆ **conversa mole** conversa fiada, vazia, oca: *Mas que conversa mole!*

con.ver.sa.ção *s.f.* **1** ato ou efeito de conversar. **2** uso da língua em situações de interação social: *A conversação faz parte da boa convivência.* **3** conversa: *Todos os membros do grupo participaram da conversação.*

con.ver.sa.dor (ô) *s.m.* **1** quem sabe usar bem a palavra; quem gosta de conversar. ●*adj.* **2** que fala muito; tagarela: *vendedor conversador.*

con.ver.sa-fi.a.da *s.f.* conversa sem resultados práticos: *O chefe não gostava de conversa-fiada na seção.* // Pl.: conversas-fiadas

con.ver.são *s.f.* **1** ação ou efeito de converter(-se); transformação: *conversão do estado sólido para o líquido.* **2** passagem; mudança: *A conversão ao socialismo mudou o teor das obras do escritor.* **3** mudança de direção; volta; retorno: *Naquele ponto os motoristas precisavam fazer a conversão à esquerda.* **4** passagem de uma concepção religiosa, seita, doutrina, para outra: *conversão para o catolicismo.*

con.ver.sar *v.t.* **1** (Coloq.) convencer; persuadir: *Se ele não aderir espontaneamente à nossa causa, temos de conversá-lo.* **2** falar; palestrar: *Os meninos evitavam conversar com as meninas.* **3** discorrer; discutir: *Conversei com o meu sogro sobre os nossos problemas.* ● *int.* **4** falar; palestrar: *Numa sala ao lado, as mulheres conversavam animadas.*

con.ver.sí.vel *s.m.* **1** carro esporte com capota dobrável ou removível: *Quero ter um conversível.* ●*adj.* **2** que se pode converter: *uma substância conversível em outra.* **3** que tem a capota dobrável ou removível: *automóvel conversível.* **4** que se pode trocar por outros valores: *papel-moeda conversível em ouro.*

con.ver.so (é) *s.m.* **1** pessoa que se converteu a um novo credo: *entrevista com um converso católico.* ● *adj.* **2** convertido: *Descendia de judeus conversos.*

con.ver.sor (ô) *s.m.* (Eletr.) aparelho para modificar a forma ou a natureza de uma corrente elétrica: *conversor de frequência.*

con.ver.ter *v.t.* **1** fazer mudar uma convicção qualquer ou uma profissão religiosa: *Nunca empregamos a força para converter ninguém.* **2** fazer câmbio; trocar; transformar: *converter real em dólar.* **3** mudar; transformar: *O homem precisa converter suas melhores disposições naturais em hábitos.* ● *pron.* **4** mudar de convicção ou profissão religiosa: *Converteu-se ao protestantismo.* **5** transformar-se: *As sombras se converteram em trevas.*

con.ver.ti.do *s.m.* **1** pessoa que se converteu a outra religião: *Eles perseguiam os falsos convertidos.* ● *adj.* **2** transformado; tornado: *palácios convertidos em hotéis.* **3** trocado; cambiado: *Qual foi o total de reais convertido em dólares?* **4** conduzido a outra religião ou doutrina: *família judia convertida ao catolicismo.*

con.vés *s.m.* (Náut.) pavimento superior do navio, sobre a cobertura do casco.

con.ves.co.te (ó) *s.m.* piquenique.

con.ve.xi.da.de /ks/ *s.f.* abaulamento: *O canal não é retilíneo, formando ligeira curva de convexidade.*

con.ve.xo (é) /ks/ *adj.* de saliência curva; arredondado externamente; bojudo: *Linhas convexas simbolizam as lombadas.*

con.vic.ção *s.f.* persuasão íntima; certeza; segurança: *Tenho plena convicção de que o meu país será uma grande potência.*

con.vic.to *adj.* **1** convencido; seguro: *Convicto de que já sabia a matéria, o aluno recusou-se a estudar para a prova.* **2** por convicção.

con.vi.da.do *s.m.* **1** aquele que recebeu convite: *Os convidados da noiva fizeram uma fila à esquerda.* ● *adj.* **2** que recebe ou recebeu convite: *Na sua festa, só entravam as pessoas convidadas.* **3** artista que, num espetáculo, tem participação à parte em relação ao restante do elenco: *atriz convidada.*

con.vi.dar *v.t.* **1** pedir o comparecimento: *Convidei toda a vizinhança para o meu aniversário.* **2** chamar; instar: *Estou te convidando a assistir ao jogo em minha casa.* **3** ser estimulante; impelir: *A chuva mansa convidava-a para uma soneca.* ● *pron.* **4** dar-se por convidado sem ter sido; oferecer-se: *Ele se convidou para a festa.* ● *int.* **5** despertar atenção; ser convidativo: *Naquele frio, a lareira convidava.*

con.vi.da.ti.vo *adj.* que convida para alguma coisa; sugestivo; atraente: *Era uma noite convidativa.*

con.vin.cen.te *adj.* que convence; persuasivo: *O discurso do governador foi muito convincente.*

con.vir *v.t.* **1** admitir; aceitar: *É preciso convir que o custo de vida está insuportável.* **2** ser do interesse de; ser conveniente: *Não me convém esse tipo de trabalho.* **3** ser adequado: *Veio de terno e gravata como convinha à importância do evento.* ● *int.* **4** ser conveniente: *Convém estudar mais.*

con.vi.te *s.m.* **1** ato ou efeito de convidar; solicitação; convocação: *O convite para a reunião foi extensivo a todos os associados.* **2** estímulo; tentação: *As águas claras do lago eram um convite ao mergulho.* **3** solicitação: *Não pude recusar o convite dela para irmos ao cinema.* **4** mensagem escrita que formaliza o ato de convidar: *Os noivos mandaram imprimir mil convites.*

con.vi.va *s.2g.* pessoa que toma parte, como convidado, em banquete, jantar etc.: *Eram mais de cinquenta convivas.*

con.vi.vên.cia *s.f.* **1** trato: *Eram uns rapazes de boa convivência.* **2** relação; associação: *O crítico disse que a convivência entre o jornalismo impresso e o computador será pacífica.* **3** trato diário; familiaridade: *Era pacífica a convivência entre os casais.*

con.vi.ver v.t. **1** viver em comum; viver em intimidade: *Na minha casa os cães convivem com os gatos.* **2** estar em contato permanente: *Não posso conviver com essa dúvida.*

con.ví.vio s.m. convivência; contato: *O convívio com intelectuais estimulou a sua arte.*

con.vo.ca.ção s.f. **1** ato ou efeito de convocar; chamada formal: *A convocação de mais dois atacantes para o próximo jogo agradou à torcida.* **2** chamada informal; convite: *O governo faz a convocação do povo para a luta contra o abusivo aumento dos preços.* **3** chamada para prestação de serviço militar: *O Exército fará a convocação de reservistas.*

con.vo.car v.t. **1** chamar formalmente: *O sindicato convocou uma assembleia para discutir a greve.* **2** convidar: *O chefe convocou os funcionários para uma reunião em sua casa.* **3** chamada para prestar serviço militar: *Por ser arrimo de família, não me convocaram para o Exército.*

con.vos.co (ô) pron. pess. da 2ª p. pl. do caso oblíquo **1** com a(s) pessoa(s) a quem se fala: — *Mas o que há convosco?* **2** em vossa companhia: *O Senhor esteja convosco.* **3** a vosso favor: *Eis que estarei convosco até a consumação dos séculos.*

con.vul.são s.f. **1** contração violenta e involuntária dos músculos, acompanhada de abalos mais ou menos violentos; espasmo: *Algumas intoxicações produzem convulsões.* **2** ataque epiléptico: *Machado sofria de convulsões.* **3** grande transformação ou agitação; revolução: *convulsão social.*

con.vul.si.o.nar v.t. pôr em convulsão; agitar; conturbar: *O fechamento do Congresso convulsionaria o país.*

con.vul.si.vo adj. **1** de convulsão: *Sofria de crises convulsivas.* **2** muito agitado: *um choro convulsivo.* **3** que causa convulsão: *drogas convulsivas.*

cookie (cúqui) (Ing.) s.m. **1** espécie de biscoito. **2** (Inf.) arquivo usado pelos servidores para manter o rastro dos padrões e preferências dos usuários de *sites* da Internet.

co.o.nes.tar v.t. fazer que pareça honesto; disfarçar.

co.o.pe.ra.ção s.f. ato ou efeito de cooperar; ajuda mútua; colaboração; auxílio: *Os garimpeiros têm grande espírito de cooperação.*

co.o.pe.ra.do s.m. associado de cooperativa: *Os cooperados se reuniram em assembleia.*

co.o.pe.rar v.t. **1** contribuir; colaborar: *Muito cooperei para o bem de meu país.* **2** ser parte de um resultado; contribuir: *As intrigas cooperam para a separação do casal.*

co.o.pe.ra.ti.va s.f. sociedade ou empresa constituída por membros de determinado grupo econômico ou social, e que objetiva desempenhar, em benefício comum, determinada atividade: *cooperativa agrícola.*

co.o.pe.ra.ti.vis.mo s.m. sistema econômico e social em que a cooperação é a base sobre a qual se constroem todas as atividades do grupo: *O cooperativismo já se estende a todas as atividades econômicas do país.*

co.o.pe.ra.ti.vo adj. **1** de cooperação: *sistema cooperativo.* **2** disposto a cooperar: *As pessoas, quando se juntam por um interesse comum, são cooperativas.* **3** em que há cooperação: *O trabalho cooperativo dos trabalhadores rurais tem surtido ótimos resultados.*

co.op.tar v.t. admitir num grupo como privilégio; agregar; atrair: *A campanha conseguiu cooptar 38 adeptos.*

co.or.de.na.ção s.f. **1** ato ou efeito de coordenar. **2** disposição de vários elementos em certa ordem para cumprir determinado objetivo: *Os grupos passam a formar, em conjunto, pela coordenação das partes, uma sociedade.* **3** associação; combinação: *O bailado destaca-se pela perfeita coordenação dos movimentos.* **4** capacidade de controlar com harmonia, com sincronização ou com lógica: *coordenação motora.* **5** (Gram.) associação de constituintes que pertencem ao mesmo paradigma e que têm a mesma função sintática: *Num enunciado como "Ele chegou, me cumprimentou e saiu", as orações estão numa relação de coordenação entre si.*

co.or.de.na.da s.f. **1** (Geom.) qualquer dos membros de um conjunto que determina univocamente a posição de um ponto no espaço: *Para localizar um ponto sobre uma superfície, são necessárias duas coordenadas.* **2** (Gram.) oração independente que possui sentido completo quando não exerce função sintática de outras: *oração coordenada.* • *pl.* **3** diretrizes: *O governo reuniu o ministério para discutir as coordenadas da política internacional.*

co.or.de.na.do adj. **1** organizado; articulado: *Precisamos de um sistema de ensino bem coordenado.* **2** sincronizado: *O corpo ideal é o elástico, de gestos e movimentos coordenados.* **3** associado por coordenação: *Duas orações coordenadas entre si guardam uma relação de independência sintática.*

co.or.de.na.dor (ô) s.m. **1** quem coordena: *Para cada nível de ensino, a escola tem um coordenador.* • *adj.* **2** que coordena: *Ele presidia o conselho coordenador do programa de privatizações do Estado.* **3** que organiza e harmoniza: *A lei tem uma função coordenadora.*

co.or.de.na.do.ri.a s.f. **1** órgão ou setor de coordenação de serviços: *coordenadoria dos serviços públicos.* **2** local onde fica esse setor: *Os funcionários foram rendidos na sala da coordenadoria.* **3** pessoa no cargo ou na função de coordenador desse órgão: *A ordem estava assinada pela coordenadoria.*

co.or.de.nar v.t. **1** dispor segundo certa ordem e método; organizar: *O gerente coordena sozinho as atividades da indústria.* **2** dirigir; disciplinar: *Fui encarregado de coordenar os debates.* **3** ligar; interligar: *Não foi possível coordenar o nosso trabalho com o da outra equipe.*

co.or.de.na.ti.vo adj. **1** de coordenação: *esquemas coordenativos.* **2** (Gram.) diz-se das conjunções que cumprem a função de coordenação: *conjunção coordenativa aditiva.*

co.or.te s.f. **1** décima parte de uma legião do exército romano. **2** grupo; bando; multidão: *Estava, em frente ao Congresso, uma coorte de estudantes de todo o Brasil.*

co.pa (ó) s.f. **1** vaso fundo para bebidas; taça. **2** torneio desportivo em que se disputa uma copa ou uma taça: *O Brasil venceu por cinco vezes a Copa Mundial de futebol.* **3** parte arredondada e superior da ramagem: *a copa de uma árvore.* **4** parte do chapéu que cobre a cabeça. **5** cômodo contíguo à cozinha onde, em geral, se fazem refeições íntimas: *Tomavam a refeição na copa.* • *pl.* **6** naipe das cartas de jogar, vermelho, representado pela figura de um coração. ✦ **de copa e cozinha** íntimo: *Era amigo de copa e cozinha do presidente.*

copaíba

co.pa.í.ba *s.f.* (Bot.) árvore frondosa de madeira avermelhada, usada em marcenaria, e que produz um óleo medicinal.

co.pei.ro *s.m.* criado que serve à mesa: *Fomos servidos por um copeiro muito gentil.*

có.pia *s.f.* **1** reprodução textual de um escrito: *A cópia da escritura estava ilegível.* **2** reprodução, imitação ou decalque de uma obra original (gravura, pintura, escultura, filme etc.): *Uma cópia do filme foi enviada à cinemateca do clube.* **3** reprodução fiel de um objeto: *Eu tinha duas cópias das chaves.* **4** reprodução fotográfica: *Davam como brinde duas cópias ampliadas da melhor foto.* **5** ação de copiar: *O professor deu como tarefa a cópia de um trecho de "O Alienista".* **6** reprodução: *Nossas ideias não são originais, são cópias de outras ideias.* **7** (Coloq.) retrato; semelhança na imagem: *O pai é a cópia do avô.*

co.pi.a.dor *s.m.* **1** quem copia: *Ele era um copiador profissional.* • *adj.* **2** que usa o sistema de cópias: *máquina copiadora.*

co.pi.a.do.ra (ô) *s.f.* **1** qualquer máquina de copiar. **2** comércio especializado em fazer cópias heliográficas.

co.pi.ar¹ *v.t.* **1** fazer cópia; transcrever; reproduzir: *Sua maior ocupação era copiar receitas.* **2** inspirar-se em; imitar.

co.pi.ar² *s.m.* varanda contígua à casa; alpendre: *Conversávamos no copiar da casa.*

co.pi.des.que *s.m.* **1** revisão de texto a ser publicado, que, além de implicar a correção de erros gráficos e gramaticais, procura melhorar a redação. • *s.2g.* **2** pessoa que realiza essa tarefa.

co.pi.o.so (ô) *adj.* **1** abundante: *uma cabeleira copiosa.* **2** numeroso: *Copiosos são os exemplos de vandalismo contra o patrimônio público.* // Ant.: escasso.

co.pis.ta *s.2g.* **1** quem copia textos: *A tradição medieval dos copistas não desapareceu com a invenção da imprensa.* • *adj.* **2** que faz cópia de textos: *Antes de se fixarem aqui, meus antepassados eram copistas e encadernadores em Turim.*

co.po (ó) *s.m.* vaso pequeno, em geral cilíndrico, sem tampa, usado para beber: *Só bebia água em copo de cristal.*

co.po-de-lei.te *s.m.* planta de flores brancas, aromáticas, originária do Japão, cultivada como ornamental; açucena: *um vaso com copos-de-leite.* // Pl.: copos-de-leite.

co.pro.du.ção *s.f.* produção conjunta: *coprodução de um filme por empresas brasileiras e norte-americanas.*

co.pro.du.tor *s.m.* quem produz alguma coisa juntamente com outrem: *coprodutores cinematográficos.*

co.pro.prie.tá.rio *s.m.* proprietário juntamente com outra pessoa.

cop.ta *s.m.* **1** cristão egípcio: *No Cairo, empregavam coptas católicos como lixeiros.* **2** língua escrita com caracteres gregos, falada no Egito a partir do séc. III, hoje usada apenas como língua litúrgica. • *adj.* **3** que segue os rituais cristãos do Egito: *igreja copta.* **4** pertencente aos coptas, povo antigo que conservou os hábitos dos primitivos habitantes do Egito: *Arqueólogos poloneses descobriram mais de 70 pergaminhos coptas.*

có.pu.la *s.f.* **1** (Gram.) verbo que liga o predicativo ao sujeito: *O verbo "ser" é cópula na frase: Paulo é estudioso.* **2** ato sexual; coito.

co.pu.la.ção *s.f.* cópula.

co.pu.lar *v.int.* acasalar; ter cópula.

copyright (copiraite) (Ingl.) *s.m.* direito exclusivo para reproduzir, imprimir ou vender obras artísticas, literárias ou científicas. // Abrev.: ©.

co.que¹ (ó) *s.m.* penteado que consiste em enrodilhar os cabelos por trás da cabeça.

co.que² (ó) *s.m.* carvão resultante da queima do carvão mineral: *Está aumentando, no Brasil, a produção de coque.*

co.que³ (ó) *s.m.* pancada na cabeça com o nó dos dedos.

co.quei.ral *s.m.* plantação de coqueiros.

co.quei.ro *s.m.* palmeira que produz cocos, de tronco indiviso, anelado e flexível, e grandes folhas em forma de penas situadas no ápice.

co.que.lu.che *s.f.* **1** (Med.) tosse convulsa que ataca as crianças; tosse comprida: *A coqueluche é fácil de curar.* **2** (Coloq.) tudo o que ocupa momentaneamente a preferência ou a atenção popular: *A nova coqueluche é o mercado de capitais brasileiro.*

co.que.te (ê) *adj.* **1** faceira; garrida: *Ontem você estava tão coquete!* **2** leviana; volúvel: *É uma mulher sobretudo amorosa, mas inquieta e coquete.*

co.que.tel *s.m.* **1** mistura preparada geralmente com bebida alcoólica, suco de tomate ou fruta, gelo e açúcar: *A moça chegou com ares arrogantes e pediu logo um coquetel.* **2** mistura de drogas ou medicamentos. **3** reunião social onde se servem salgadinhos e aperitivos: *Participei do coquetel em homenagem ao professor que se aposentou.* • **coquetel molotov** bomba de fabricação caseira que consiste numa garrafa com líquido inflamável e um pavio nele mergulhado.

cor (ô) *s.f.* **1** impressão que a luz refletida pelos corpos produz na vista: *De um lado a outro da praça, bandeirolas trêmulas, numa profusão de cores.* **2** colorido: *Tinha os cabelos tingidos de uma cor indefinida.* **3** colorido da pele humana: *Na adoção de crianças, os estrangeiros não costumam fazer exigências quanto a idade, cor, raça ou sexo.* • *pl.* **4** colorido de uma bandeira, emblema, camisa ou insígnia que representa o elemento distintivo de um país, instituição ou associação: *Defendia com entusiasmo as cores do seu time.* **5** aspecto; feição; caráter: *Os atos das pessoas tomavam cores de violência.* **6** opinião; ideologia: *O governador promete atender todos os prefeitos independentemente da cor partidária.* • **cor local** conjunto de características próprias de uma época, de uma sociedade ou grupo social: *O que seria do modernismo de Oswald de Andrade sem a exaltação da cor local?*

co.ra.ção *s.m.* **1** (Anat.) órgão muscular, de forma cônica, responsável pela circulação do sangue: *Meu coração batia descompassado.* **2** (Anat.) região do tórax onde se situa o coração; peito: *Quando dorme põe a mão no coração.* **3** centro: *Estávamos no coração da floresta.* **4** forma de galanteio para se referir ou se dirigir à pessoa amada: *Ah, coração, eu jamais te deixarei!* **5** sede de sentimentos e paixões: *Seu gesto tocara meu coração.* **6** sensibilidade: *Nem os belos poemas conseguiram atingir o coração dela.* **7** caráter;

coreano

índole: *uma pessoa de coração perverso.* ♦ **coração mole** bondade ou sensibilidade exagerada: *Um juiz não pode ter coração mole.* **de coração aberto** com sinceridade: *Estou lhe falando de coração aberto.* **de coração** com todo o prazer; sinceramente: *Recebo a sua visita de coração!* **ter coração de ouro** ser muito generoso: *Meu pai tem um coração de ouro.*

co.ra.do *adj.* **1** que tem as faces rosadas: *As crianças daquela região eram fortes e coradas.* **2** tornado rubro pela afluência de sangue à pele: *Corada de vergonha, ela abaixou a cabeça.* **3** rosado: *pele fina e corada.* **4** tostado: *Retire as batatas quando estiverem coradas.*

co.ra.dou.ro *s.m.* estrado onde as roupas são colocadas para corar; quarador.

co.ra.gem *s.f.* **1** bravura diante do perigo: *Enfrentou o ladrão com coragem.* **2** ousadia; intrepidez: *Não tive coragem suficiente para falar com o diretor.* **3** resolução; ânimo; disposição: *Sempre teve coragem para enfrentar as dificuldades da vida.* ● *interj.* **4** expressa ânimo, força ou perseverança: *Coragem! Isso vai passar.*

co.ra.jo.so (ô) *s.m.* **1** pessoa de coragem: *Os corajosos sempre vencem.* ● *adj.* **2** que tem coragem; destemido; impávido: *O pai era corajoso, mas ele sempre foi covarde.* **3** que denota coragem; ousado; temerário: *atitude corajosa.*

co.ral¹ *s.m.* (Biol.) **1** animal marinho, de corpo simples, carnívoro e sedentário, que constrói a sua volta uma couraça de calcário e se fixa nas rochas ou em outros corais mortos. **2** calcário duro, geralmente vermelho, segregado por animais marinhos, formando recifes ou ilhas. **3** cobra coral ou qualquer cobra não venenosa de cor avermelhada.

co.ral² *s.m.* **1** grupo de pessoas que cantam em coro, com ou sem acompanhamento: *Já pertenci ao coral da minha igreja.* ● *adj.* **2** cantado em coro: *canto coral.*

co.ra.mi.na *s.f.* líquido viscoso e amargo, solúvel em água e que é estimulante cardíaco e respiratório.

co.ran.te *s.m.* **1** substância usada para dar cor: *Usava um corante vermelho para tingir suas roupas.* ● *adj.* **2** que dá cor: *substância corante.*

co.rão *s.m.* Alcorão.

co.rar *v.t.* **1** dar cor: *Corava os tecidos com tinta de fabricação caseira.* ● *int.* **2** ficar ruborizado; envergonhar-se; enrubescer: *O bacharel corou, humilhado.*

cor.be.lha (é) *s.f.* pequena cesta para flores, frutas ou brindes: *O palco cheio de corbelhas, a plateia coberta de serpentinas.*

cor.ça (ô) *s.f.* a fêmea do veado.

cor.cel *s.m.* cavalo de raça ou corredor: *Vinham doze cavaleiros, de bandeira à frente, montados em fogosos corcéis.*

cor.co.va (ó) *s.f.* **1** corcunda: *Tinha um enorme nariz e trazia nas costas uma corcova.* **2** saliência carnosa no dorso dos camelos, dromedários e alguns bovinos; cupim: *O camelo de uma só corcova vive nos desertos da África e Arábia.*

cor.co.ve.ar *v.int.* dar pinote; saltar: *Um cavalo pôs-se a corcovear no terreno aberto.*

cor.cun.da *s.f.* **1** curvatura anormal da coluna de que resulta uma protuberância nas costas ou no peito; corcova: *O velho tinha o corpo deformado por uma corcunda.* **2** cupim; corcova: *Era enorme a corcunda do zebu.* ● *s.2g.* **3** pessoa que tem corcunda: *O corcunda estava inquieto.* ● *adj.* **4** que tem corcunda: *Ela casou-se com um homem corcunda.*

cor.da (ó) *s.f.* **1** objeto comprido e flexível, formado de fios vegetais ou arames, unidos e torcidos ou trançados. **2** proteção que cerca o ringue: *O boxeador cambaleou e apoiou-se na corda.* **3** fio de tripa, seda, náilon ou aço retesado sobre a caixa de ressonância de um instrumento musical: *No violão de seis cordas, a primeira é o mi.* **4** fio ou lâmina de aço que, enrolado, aciona o maquinismo de relógio e outros instrumentos ou brinquedos: *Ganhei um brinquedo de dar corda.* **5** (Anat.) órgão ou parte de órgão do corpo cujo aspecto ou flexibilidade lembra uma corda: *cordas vocais.* ♦ **com a corda toda** em ritmo acelerado; com muita energia: *O ministro ainda estava com a corda toda quando finalmente nos recebeu para a última audiência do dia.* **de corda** enrolado: *fumo de corda.* **na corda bamba** em situação embaraçosa ou perigosa; em dificuldade: *O malandro era o sujeito que vivia na corda bamba.*

cor.da.do *s.m.* (Biol.) animal que, nas primeiras fases da vida ou em toda ela, possui um cordão fibroso que funciona como eixo de sustentação do esqueleto.

cor.da.me *s.m.* conjunto de cordas: *O cordame e as madeiras da lancha gemiam com o vento.*

cor.dão *s.m.* **1** corda delgada, usada para amarrar, prender ou fixar. **2** condutor ou cabo elétrico, flexível e isolante: *cordão de ferro elétrico.* **3** cadarço: *O menino logo aprendeu a amarrar os cordões dos sapatos.* **4** corrente, geralmente de metal precioso, que se usa no pescoço: *Uma senhora elegante ostentava um cordão de ouro no pescoço.* **5** (Bras.) grupo de carnavalescos que saem e brincam juntos, geralmente com fantasia igual; bloco: *Venha brincar no nosso cordão.* ♦ **cordão de isolamento** meio de separação ou de isolamento, feito por policiais ligados uns aos outros: *Os manifestantes foram cercados por um cordão de isolamento.* **cordão umbilical** órgão que une o feto à placenta: *O bebê é alimentado pelo cordão umbilical.*

cor.da.to *adj.* que se põe de acordo; amável; sensato: *Ele é um homem culto e cordato.*

cor.dei.ro *s.m.* carneiro novo; filhote de ovelha.

cor.del *s.m.* **1** corda muito delgada; barbante: *Os assaltantes amarraram a vítima com um cordel de náilon.* **2** romanceiro popular em versos, impresso em folheto e exposto à venda pendurado em corda, em feiras e mercados: *No Nordeste, cultiva-se o cordel.*

cor.di.al *adj.* **1** afetuoso; sincero: *Atendeu-nos um garçom muito cordial.* **2** que denota cordialidade: *Cativaram-nos a sua voz e suas maneiras cordiais.*

cor.di.a.li.da.de *s.f.* afabilidade; afeição: *A cordialidade do diretor não lhe diminuía a autoridade.*

cor.di.lhei.ra *s.f.* cadeia de montanhas.

cor.do.a.lha *s.f.* conjunto de cordas.

cor.du.ra *s.f.* sensatez; prudência; gravidade: *Ele interveio com sua habitual cordura.*

co.re.a.no *s.m.* **1** quem nasceu ou vive na Coreia: *Há duas semanas, três coreanos visitaram o museu.* **2** a língua falada na Coreia. ● *adj.* **3** da Coreia (Ásia): *imigrantes coreanos.*

coreografia

co.re.o.gra.fi.a *s.f.* **1** composição dos movimentos e figuras de uma dança, geralmente acompanhada de música: *O bailado destacou-se pela coreografia.* **2** conjunto harmônico de movimentos: *As aves se movimentavam numa bela coreografia.*

co.re.o.grá.fi.co *adj.* de ou relativo à coreografia: *um arranjo coreográfico.*

co.re.ó.gra.fo *s.m.* especialista em coreografia.

co.re.to (ê) *s.m.* palanque construído em praças para concertos musicais.

co.ri.á.ceo *adj.* de consistência do couro: *folhas coriáceas.*

co.ri.feu *s.m.* **1** nas tragédias gregas, mestre do coro, que tem por função representar o povo, comentando ou relatando fatos: *Na cena, o comandante fala ao corifeu de um sonho que acabou de ter.* **2** chefe; dirigente: *Foi ele o corifeu daquele movimento.*

co.rim.ba *s.m.* curimbatá.

co.rin.ga *s.m.* **1** pequena vela triangular de embarcação. **2** vela quadrangular que se usa à proa de barcaças. **3** moço de barcaça. **4** pessoa feia e raquítica. // Cp.: curinga.

co.rín.tio *s.m.* **1** pessoa natural ou habitante de Corinto (cidade da Grécia): *a carta de São Paulo aos coríntios.* • *adj.* **2** no estilo arquitetônico de Corinto: *as colunas coríntias.*

co.ris.car *v.int.* **1** surgir num relance: *Ideias loucas coriscavam em sua mente.* **2** brilhar intensa e rapidamente: *Uma arma branca coriscou no escuro.*

co.ris.co *s.m.* faísca elétrica que rasga nuvens eletrizadas; pequeno raio: *Coriscos cortavam o céu.*

co.ris.ta *s.2g.* **1** pessoa que canta em coro. **2** vedete de companhia de revista e teatro: *As coristas dançam ao som do sapateado.*

co.ri.za *s.f.* (Med.) inflamação da mucosa nasal acompanhada de corrimento; defluxo: *Sofria de coriza alérgica.*

cor.ja (ó) *s.f.* grupo de pessoas desprezíveis; canalha; súcia: *corja de vagabundos.*

cór.nea *s.f.* (Anat.) membrana transparente situada na parte anterior do olho.

cor.ne.ar *v.t.* (Coloq.) trair o cônjuge; cometer adultério; chifrar.

cór.neo *adj.* que tem consistência de chifre: *o casco córneo do cavalo.*

cor.ne.ta (ê) *s.f.* instrumento semelhante ao trompete, em metal, com embocadura e pavilhão largo: *tocador de corneta.*

cor.ne.tei.ro *s.m.* tocador de corneta.

cor.ni.ja *s.f.* série de molduras sobrepostas que formam saliências na parte superior das paredes ou portas.

cor.no (ó) *s.m.* **1** chifre; guampa: *Quero ver vocês pegarem um touro pelos cornos.* **2** antena ou tentáculo de alguns animais: *Alguns camaleões apresentam cornos desenvolvidos.* **3** trompa ou buzina rudimentar, feita de chifre ou que tem a sua forma: *O guia ia na frente tocando o seu corno.* **4** (Coloq.) marido de mulher adúltera. • *adj.* **5** que é traído pela mulher.

cor.nu.có.pia *s.f.* **1** recipiente ou vaso em forma de chifre. **2** tubo cônico, antigo amplificador de som.

cor.nu.do *adj.* corno.

co.ro (ô) *s.m.* **1** grupo de pessoas que cantam juntas; coral: *As músicas são cantadas por um coro de dez vozes.* **2** balcão, na parte traseira das igrejas, onde se toca e canta: *Comentava-se que havia insetos no coro da igreja.* **3** sons, ruídos produzidos em bloco: *Um coro de vozes e lamentos ia crescendo à medida que nos aproximávamos.* **4** conjunto de pessoas com a mesma opinião: *Aumentava cada vez mais o coro de críticas ao governo.* ♦ **em coro** a uma voz; ao mesmo tempo: *A torcida começou a gritar em coro o nome do técnico.*

co.ro.a (ô) *s.f.* **1** adorno de forma circular usado na cabeça como insígnia de nobreza ou soberania: *a coroa do rei.* **2** adorno de forma circular que cinge a cabeça como enfeite ou distintivo: *Ostentava uma coroa de louros.* **3** arranjo de flores dispostas em círculo, usado para homenagear os mortos: *Os amigos do falecido trouxeram uma coroa magnífica.* **4** cada uma das unidades monetárias da Dinamarca, Eslováquia, Estônia, Groenlândia, Ilhas Faroes, Noruega, República Tcheca e Suécia. **5** reverso da moeda, que se opõe à cara. **6** (Anat.) parte visível do dente, que fica fora do alvéolo: *coroa dentária.* **7** poder real; condição de monarca: *A rainha estava na iminência de perder a coroa.* **8** governo português no período colonial: *Todo o nosso ouro ia para a Coroa.* // Nessa acepção, escreve-se com inicial maiúscula. // • *s.2g.* **9** (Coloq.) pessoa idosa; velho: *Meu pai é um coroa legal.*

co.ro.a.ção *s.f.* **1** ato ou efeito de coroar. **2** colocação de coroa: *a coroação da rainha.* **3** fecho; desfecho; remate: *Esse prêmio representa a coroação dos nossos esforços.*

co.ro.a.men.to *s.m.* ato ou efeito de coroar; coroação: *O cinema foi para ele o coroamento de uma carreira lapidada no palco.*

co.ro.ar *v.t.* **1** cingir com coroa; pôr coroa: *Os gregos coroavam seus heróis.* **2** terminar; arrematar: *A nomeação para embaixador coroou a carreira do magistrado.* **3** premiar; recompensar: *Alguém haveria de coroar o seu esforço.*

co.ro.ca (ó) *adj.* (Coloq.) caduco; decrépito: *um grupo de pessoas corocas.*

co.ro.i.nha *s.m.* menino ajudante do sacerdote católico nos ofícios religiosos.

co.ro.la (ó) *s.f.* (Bot.) parte da flor formada pelas pétalas.

co.ro.lá.rio *s.m.* proposição que se deduz imediatamente de outra demonstrada; consequência: *Em poucos anos, a ideia de independência e de seu corolário, o constitucionalismo, espalhou-se pela América Latina.*

co.ro.ná.ria *s.f.* (Anat.) cada uma das duas artérias que irrigam o coração.

co.ro.na.ri.a.no *adj.* de ou relativo às coronárias: *doenças coronarianas.*

co.ro.ná.rio *adj.* relativo às coronárias: *artérias coronárias.*

co.ro.nel *s.m.* **1** posto na hierarquia do Exército entre os de tenente-coronel e general de brigada: *Aquela era função privativa do posto de coronel.* **2** oficial que detém o posto de coronel na hierarquia militar: *Alguns coronéis compareceram à cerimônia.* **3** (Bras.) chefe político não oficial de certas regiões do interior do Brasil: *Todos votavam em quem o coronel mandasse.*

co.ro.ne.lis.mo *s.m.* influência do coronel, chefe político, caracterizada pela arbitrariedade: *O coronelismo ainda existe em algumas regiões do Brasil.*

co.ro.nha *s.f.* parte integrante das armas de fogo onde se encaixa o cano.

co.ro.nha.da *s.f.* golpe com a coronha: *Ali mesmo, uma coronhada apanhou-lhe a nuca.*

correlacionar

cor.pan.zil s.m. corpo grande: *O centroavante jogou o seu corpanzil para cima do goleiro e fez o gol.*

cor.pe.te (ê) s.m. blusa ajustada ao corpo e sem mangas: *Ela usava um corpete muito justo.*

cor.po (ô) s.m. **1** substância física do homem ou do animal: *Meu corpo todo doía.* **2** parte central de um edifício: *o corpo da casa.* **3** parte central de um objeto: *o corpo do avião.* **4** ser humano morto; cadáver: *O corpo foi velado na Câmara Municipal.* **5** qualquer objeto natural perceptível no céu: *corpos celestes.* **6** corporação: *Corpo de Bombeiros.* **7** intensidade; consistência: *O grande sonho tomava corpo nas duras crises domésticas.* **8** conjunto; estrutura: *A nova física chegou como um admirável corpo de doutrina até os nossos dias.* ♦ **de corpo e alma** com todo empenho: *A professora se dedica de corpo e alma ao magistério.* **corpo de baile** conjunto de dançarinos em um teatro: *Na sala de ensaios, o corpo de baile repassava a coreografia.* **corpo de delito** conjunto de elementos materiais que constituem a prova de um crime. **corpo diplomático** conjunto de representantes dos países estrangeiros junto ao governo de outro país. **corpo discente** conjunto de alunos de um estabelecimento de ensino. **corpo docente** conjunto de professores de um estabelecimento de ensino. **corpo estranho** (i) elemento alheio ao organismo e introduzido nele de modo não natural: *O tumor funciona como corpo estranho intrauterino e provoca contrações.* (ii) pessoa não adaptada a um ambiente: *Ele era um corpo estranho na equipe.*

cor.po a cor.po (ô) s.m. 2n. **1** luta corporal: *Os pugilistas ficaram no corpo a corpo, em golpes curtos.* **2** ato que consiste em enfrentar diretamente uma situação; contato: *O candidato fez corpo a corpo com os eleitores.*

cor.po.ra.ção s.f. **1** conjunto de órgãos que administram determinados serviços: *corporação militar.* **2** associação de empresários do mesmo ramo. **3** associação de indivíduos para defesa de interesses comuns: *corporação de empregados.* **4** agremiação.

cor.po.ral adj. **1** do ou com o corpo: *Os dois homens empenhavam-se em luta corporal.* **2** do ou no corpo: *Houve muitos ferimentos corporais.*

cor.po.ra.ti.vis.mo s.m. sistema social baseado na reunião das classes em corporações; defesa dos interesses de grupos: *O corporativismo é forte entre os agricultores.*

cor.po.ra.ti.vis.ta adj. **1** relativo ao corporativismo. **2** que é partidário do corporativismo: *um grupo de empresários corporativistas.*

cor.po.ra.ti.vo adj. **1** em que há corporativismo: *o espírito corporativo do Judiciário.* **2** de ou referente a uma corporação: *Há sindicatos que só defendem os interesses corporativos.*

cor.pó.reo adj. do corpo; corporal: *Todos os movimentos corpóreos ocorrem a partir de comandos.*

cor.po.ri.fi.ca.ção s.f. **1** ato ou efeito de corporificar. **2** transformação em elemento real; concretização: *Todos viam no Estado a corporificação do interesse público.*

cor.po.ri.fi.car v.t. **1** dar corpo a; materializar: *Só mesmo o teatro poderia corporificar esse tema.* ● pron. **2** tomar corpo; materializar-se: *Que essas ideias se corporifiquem.*

cor.pu.lên.cia s.f. volume avantajado do corpo: *O homem tinha um rosto magro, apesar da corpulência.*

cor.pu.len.to adj. que tem o corpo grande, alentado: *O fazendeiro era corpulento, de voz pesada.*

corpus (Lat.) s.m. conjunto de dados sobre determinado assunto.

cor.pús.cu.lo s.m. corpo muito pequeno: *A quimioterapia destrói corpúsculos do sangue necessários à coagulação.*

cor.re.ção s.f. **1** ato ou efeito de corrigir; retificação: *Os próprios alunos farão a correção da prova.* **2** exatidão; precisão: *Empregava as palavras com muita correção.* **3** dignidade; honestidade: *correção de caráter.* **4** aplicação de corretivo; castigo: *O garoto necessitava de uma correção.* ♦ **correção monetária** operação destinada a atualizar o poder aquisitivo da moeda.

cor.re-cor.re s.m. **1** correria; azáfama: *o corre-corre das compras de Natal.* **2** rebuliço; confusão; agitação: *O pai estava jogado no sofá entre o corre-corre das crianças.* // Pl.: corre-corres.

cor.re.dei.ra s.f. trecho de um rio em que as águas correm mais velozes.

cor.re.di.ço adj. **1** que se move com facilidade; que desliza: *Teto corrediço substitui a capota e a tampa do bagageiro.* **2** que escorrega: *lama corrediça.* **3** liso; sem asperezas.

cor.re.dor (ô) s.m. **1** atleta que realiza corridas a pé: *A São Silvestre reúne milhares de corredores.* **2** competidor em corridas de veículos motorizados: *As indústrias de automóvel disputam a preferência dos corredores.* **3** passagem estreita e comprida no interior de uma casa: *Um corredor estreito separava os quartos da sala.* **4** via estreita: *Entramos por um corredor cheio de pedras.* ● adj. **5** que corre muito; que participa de corridas: *O veado é um animal corredor.*

cor.re.ge.dor (ô) s.m. magistrado que fiscaliza o exercício de funcionários do Poder Judiciário.

cor.re.ge.do.ri.a s.f. cargo ou função de corregedor.

cór.re.go s.m. pequeno curso d'água; riacho.

cor.rei.a s.f. **1** tira, geralmente de couro, usada para unir, prender ou cingir; cinta: *O calor aumentou e a correia da caixa doía no meu ombro.* **2** cinta circular que põe uma engrenagem em movimento: *Havia rompido a correia do motor.*

cor.rei.ção s.f. **1** fileira de insetos: *A equipe foi atingida por correição de formigas.* **2** diligência feita a mando do corregedor ou por ele próprio; fiscalização: *O desembargador não descartou a necessidade de uma correição no tribunal.*

cor.rei.o s.m. **1** repartição pública que recebe, expede e entrega a correspondência: *Trabalhei no correio durante quinze anos.* **2** edifício onde funciona o correio: *O correio ficava longe, era difícil postar uma carta.* **3** expedição, recepção e entrega de correspondência: *Não tínhamos correio aos sábados.*

cor.re.la.ção s.f. relação mútua; correspondência: *Há uma estreita correlação entre desemprego e queda nas vendas.*

cor.re.la.ci.o.nar v.t. **1** estabelecer relação ou correlação: *Correlaciono minhas pesquisas com trabalhos pioneiros feitos no passado.* ● pron. **2** ter relação: *O rendimento de plantas cultivadas também se correlaciona com a intensidade da radiação solar.*

correlativo

cor.re.la.ti.vo *adj.* em que há correlação: *É também característica do estilo barroco a estrutura correlativa de versos.*

cor.re.la.to *s.m.* **1** aquilo que se correlaciona ou corresponde: *A falta de instrução escolar tem o seu correlato: a impossibilidade de conseguir um bom emprego.* • *adj.* **2** da mesma natureza; correlativo; correspondente: *Estima e afeição são sentimentos correlatos.*

cor.re.li.gi.o.ná.rio *s.m.* pessoa que tem o mesmo partido ou doutrina que outras pessoas: *Gosto de reunir meus correligionários.*

cor.ren.te *s.f.* **1** correnteza; curso d'água; ribeiro: *Longe se ouvia o ruído de uma corrente d'água.* **2** série de elos de metal, entrelaçados; cadeia; grilhão: *Segurava, pela corrente, um cão de caça.* **3** série de elos entrelaçados, geralmente de metal precioso, usada como enfeite; cordão: *uma corrente de ouro, acompanhada do relógio.* **4** fluxo de carga (elétrica): *A corrente elétrica oscila violentamente.* **5** massa de águas que segue determinada direção: *O rumo é afetado pelos ventos e correntes marítimas.* **6** movimento; fluxo; curso: *A corrente imigratória se intensifica depois de 1850.* **7** conjunto ordenado; sequência; série: *A corrente de informações havia sido interrompida.* **8** movimento; tendência; vertente: *Há várias correntes filosóficas.* • *adj.* **9** que corre ou desliza bem: *Lavava-se sem água corrente.* **10** fluente: *falar qualquer coisa em inglês corrente.* **11** corriqueiro; cotidiano: *vocabulário mais corrente.* **12** que tem curso legal: *moeda corrente.* **13** atual: *No dia três do corrente mês, o senhor Mendes morreu.* ✦ **ao corrente** a par; ciente; informado: *O comendador estava bem ao corrente dos segredos.*

cor.ren.te.za (ê) *s.f.* fluxo; movimento intenso das águas de um rio; corrente: *E as águas rolavam, arrastando tudo na correnteza.*

cor.ren.tis.ta *s.2g.* pessoa que tem conta corrente num banco: *Só poderiam ser atendidos correntistas daquela agência.*

cor.rer *v.t.* **1** percorrer; visitar: *O presidente convidou-a a correr o Palácio.* **2** estar em; sujeitar-se a: *Viver é correr riscos.* **3** fazer deslizar; passar: *A mulher não hesitava em correr o dedo em algum móvel.* **4** passear; vaguear: *Correu o olhar em torno e pareceu não ver ninguém.* **5** fazer deslocar-se: *Corri a chave na fechadura.* **6** dirigir-se ou acudir apressadamente: *Ele correu para mim de braços abertos.* **7** fugir; afastar-se: *É um medroso, corre até de barata.* **8** expulsar; afugentar: *Corri com os três a tapa.* **9** ir no encalço; perseguir: *Sua tática preferida era correr atrás das pessoas.* • *int.* **10** escorrer; fluir; manar: *E mais lágrimas correram de seus olhos.* **11** andar com ligeireza; deslocar-se rapidamente com as pernas: *Correr é um bom exercício para as pernas.* **12** participar de uma corrida: *Meus cavalos correm em Curitiba.* **13** agir rapidamente; apressar-se; mexer-se: *Temos de correr e providenciar o peixe.* **14** transcorrer; passar: *Cada vez com mais velocidade, o tempo corre.* **15** deslizar; deslocar-se: *O rio corre, incansável e constante.* **16** estar em circulação; circular: *Aqui, de qualquer forma, o dinheiro corre.* **17** ter seguimento; tramitar: *Adiantou até dinheiro para fazer correr os papéis.* **18** espalhar-se; propalar-se; divulgar-se: *Minha fama correu.* ✦ **correr mundo** viajar muito: *Quando ficasse homem, iria para a marinha mercante correr mundo.* ✦ **correr por conta** estar sob a responsabilidade de: *Os detalhes correm por conta dele.*

cor.re.ri.a *s.f.* **1** corrida desordenada e ruidosa: *a correria de manifestantes e policiais.* **2** pressa; atropelo; corre-corre: *A correria da semana foi cansativa.*

cor.res.pon.dên.cia *s.f.* **1** ato ou efeito de corresponder(-se). **2** troca de cartas: *Até hoje mantenho correspondência com meu ex-namorado.* **3** conjunto de cartas: *Li a correspondência entre os dois poetas.*

cor.res.pon.den.te *s.2g.* **1** jornalista que representa um periódico em outra localidade: *Fora um jornalista célebre, porque estivera, como bom correspondente, na guerra.* **2** aquilo que corresponde ou equivale: *É um carro nacional que não tem correspondente no exterior.* • *adj.* **3** que corresponde; correlativo: *O comerciante entregou a quantia correspondente à venda do arroz.* **4** que é próprio; conforme: *Corria os olhos nas indicações do dia correspondente.*

cor.res.pon.der *v.t.* **1** retribuir; responder: *Para corresponder à gentileza dos dois, aceitei tomar o café.* **2** ser próprio ou adequado; satisfazer; conformar-se: *Várias moças podiam corresponder àquela breve descrição.* **3** equivaler: *Os signos do zodíaco não correspondem às constelações.* • *pron.* **4** estabelecer ou manter comunicação por meio de correspondência: *Os estudantes poderão corresponder-se com os autores por meio de cartas.*

cor.res.pon.sa.bi.li.da.de *s.f.* responsabilidade partilhada entre pessoas ou instituições: *O Congresso compreendeu o sentido de corresponsabilidade na execução da meta.*

cor.res.pon.sá.vel *adj.* que tem responsabilidade partilhada: *O gerente era corresponsável pelas irregularidades da empresa.*

cor.re.ta.gem *s.f.* intermediação de compra e venda: *Muitos corretores de valores deixam de cobrar corretagem só para manter os grandes clientes.*

cor.re.ti.vo *s.m.* **1** punição; castigo: *Deixa estar que ele vai ter corretivo.* **2** cosmético que corrige imperfeições. **3** produto químico que corrige deficiência da terra: *Os financiamentos serão destinados para compra de fertilizantes e corretivos.* **4** produto que apaga erros em textos: *corretivo à base de água.* • *adj.* **5** que corrige; corretor: *Estamos aplicando medidas corretivas.*

cor.re.to (é) *adj.* **1** isento de erro; certo: *A solução correta é simples.* **2** preciso; exato: *uma descrição correta da sensação.* **3** íntegro; honesto; direito: *um homem destemido e correto.* **4** apropriado; adequado: *Automaticamente pus meus ombros na posição correta.* **5** elegante; esmerado; educado: *É uma grande dama. Correta, bonita, fina.*

cor.re.tor[1] (ô) *s.m.* **1** (Inf.) dispositivo ou programa destinado a efetuar correções em textos de computador: *O corretor está alimentado com um dicionário de 96 mil palavras.* • *adj.* **2** que corrige; corretivo: *Como posso retirar o arquivo corretor?* **3** relativo à corretora; sociedades corretoras.

cor.re.tor[2] (ô) *s.m.* profissional agente intermediário entre vendedor e comprador: *Os corretores traziam ordens de venda.*

cor.re.to.ra (ô) *s.f.* firma que atua no mercado de ações e nas operações das bolsas de valores.

cor.ri.da *s.f.* **1** ato de correr; carreira: *A ratazana saiu na corrida e entrou no buraco.* **2** competição de velocidade: *Tenho paixão por corridas de cavalos.* **3** competição; disputa: *Os ministérios militares lançavam-se à corrida de armamentos.* **4** percurso; viagem: *Na minha cidade, táxi era chamado de carro de corrida.* **5** busca; procura: *os tempos da corrida para o ouro.* **6** ida de muita gente; afluência: *Houve corrida às livrarias atrás do romance.*

cor.ri.do *adj.* **1** cerrado; fechado: *cortinas corridas.* **2** sem interrupção; contínuo: *A professora tem bela escrita corrida.* **3** largo e comprido: *assoalho de tábuas corridas de duas cores.* **4** feito às pressas; apressado: *A visita aos parentes foi muito corrida porque embarcamos no mesmo dia.*

cor.ri.gen.da *s.f.* emenda; correção: *Transcreveu o manuscrito na íntegra, inclusive reproduzindo as corrigendas.*

cor.ri.gir *v.t.* **1** dar a forma correta, emendando; eliminar erro ou defeito; retificar: *Era preciso corrigir os textos originais.* **2** repreender; disciplinar; castigar: *Tentou corrigir a filha.* **3** reajustar de acordo com determinados índices: *O banco corrigiu os salários de setembro em 20,94%.* • *pron.* **4** emendar-se; mudar de comportamento: *Essa minha amiga não se corrige.*

cor.ri.gí.vel *adj.* que pode ser corrigido: *erros corrigíveis.*

cor.ri.mão *s.m.* peça que corre ao longo de escada, ponte ou outro local perigoso e que serve de apoio e segurança: *Estão previstos ainda corrimões contínuos nas escadas.*

cor.ri.men.to *s.m.* (Med.) secreção patológica que escorre de algum órgão.

cor.ri.o.la *s.f.* (Coloq.) turma; grupo: *A corriola assanhou-se com a chegada do ídolo.*

cor.ri.quei.ro *adj.* comum; banal; habitual: *Trata-se de um acontecimento corriqueiro.*

cor.ro.bo.ra.ção *s.f.* **1** ato ou efeito de corroborar. **2** comprovação; confirmação: *a corroboração dos fatos.*

cor.ro.bo.rar *v.t.* **1** confirmar; comprovar: *A comissão de professores corroborou as alegações dos alunos.* • *pron.* **2** fortificar-se; fortalecer-se; adquirir forças: *A insatisfação corrobora-se cada vez mais.*

cor.ro.er *v.t.* **1** danificar, desgastar ou destruir progressivamente: *Os cupins corroem os objetos de madeira.* **2** depravar; corromper: *Previna-se contra tudo o que corrói a alma humana.* **3** consumir; torturar: *A sensação de inutilidade me corroía por dentro.* • *pron.* **4** desgastar-se; destruir-se; consumir-se: *Com tantos problemas, ele carola-se cada vez mais.*

cor.rom.per *v.t.* **1** perverter; depravar; viciar: *Quando a pessoa é séria e honrada, nada a corrompe.* **2** subornar; comprar: *Os traficantes tentam corromper os agentes da lei.* **3** estragar; danificar; destruir: *Esse programa pode corromper outros programas do seu computador.* • *pron.* **4** perverter-se; depravar-se: *Queriam evitar que os jovens se corrompessem.* **5** estragar-se; danificar-se; destruir-se: *Até mesmo essas belezas naturais estão se corrompendo.*

cor.ro.são *s.f.* **1** ato ou efeito de corroer(-se). **2** desgaste progressivo; decomposição: *Os aditivos devem proteger os radiadores contra corrosões.* **3** destruição lenta; dilapidação: *Aplicavam seu dinheiro para evitar a corrosão pela inflação.* **4** envelhecimento: *Era impossível aguentar o tempo sem nenhuma corrosão.*

cor.ro.si.vo *s.m.* **1** substância que corrói: *O plástico é resistente a corrosivos.* • *adj.* **2** que corrói; que gasta: *A água do radiador não é corrosiva.* **3** que danifica; que deteriora: *A bactéria causa lesões corrosivas acompanhadas de inflamações.* **4** que prejudica; destruidor: *A manutenção inexplicável de juros corrosivos liquida esperanças de devedores.*

cor.rup.ção *s.f.* **1** ato de corromper; decomposição; deterioração: *a corrupção dos alimentos.* **2** devassidão; depravação: *Lembrou as grandes corrupções históricas: Babilônia e Gomorra.* **3** suborno: *Flávio denunciara a corrupção dos fiscais.*

cor.ru.pi.ão *s.m.* (Bot.) ave pequena, de cabeça negra, bico fino, de cor preta no dorso, asa com mancha branca e ventre e peito amarelo-laranja.

cor.ru.pi.o *s.m.* movimento rápido em torno do próprio eixo; rodopio: *A poeira subia ao céu em corrupio.*

cor.rup.te.la (é) *s.f.* variante linguística decorrente de distorção de pronúncia ou de grafia: *Quelemente é corruptela de Clemente.*

cor.rup.to *s.m.* **1** pessoa que se deixa corromper: *Os corruptos e os maus andam em sintonia.* // Ant.: íntegro. // **2** (Biol.) animal marinho que vive em galerias escavadas nas praias de areia fina: *Pequenos corruptos agitavam-se à beira da água.* • *adj.* **3** que se deixou corromper ou subornar: *Sou contra os políticos corruptos.* **4** em que há corrupção: *este mundo cruel e corrupto em que vivemos.*

cor.rup.tor (ô) *s.m.* **1** pessoa que corrompe ou suborna: *os corruptores de pessoas pobres.* • *adj.* **2** que corrompe: *um líder corruptor das massas.*

cor.sá.rio *s.m.* **1** quem ataca navios mercantes inimigos; pirata: *histórias de corsários e batalhas marítimas.* • *adj.* **2** na caça a navios mercantes inimigos: *navio corsário.*

cor.so¹ (ô) *s.m.* desfile de carros em festas: *Automóveis enfeitados, como se fossem para um corso.*

cor.so² (ô) *s.m.* **1** quem é natural ou habitante da Córsega. **2** língua falada na Córsega. **3** cognome de Napoleão Bonaparte, imperador da França: *As batalhas ganhas pelo corso são exemplos até hoje para os estrategistas militares.* • *adj.* **4** da Córsega (ilha do Mediterrâneo): *Aquele ano poderia ser ainda mais agradável ao imperador corso.*

cor.ta.da *s.f.* no voleibol, arremesso forte e rápido da bola, de cima para baixo: *O brasileiro bloqueia a cortada do atacante chileno.*

cor.ta.dei.ra *s.f.* **1** saúva que corta folhas de plantas: *formicida para dar cabo das cortadeiras.* **2** máquina utilizada para cortar: *Faz-se o arredondamento das peças na cortadeira circular.*

cor.ta.do *s.m.* **1** (Coloq.) momento difícil; aflição; apuro: *Aquele moço vive num cortado a cada dia.* • *adj.* **2** que foi excluído: *Havia mais um jogador cortado da lista.* **3** que se cortou: *cabelo cortado.* **4** rompido: *O pai e a filha estão de relações cortadas.* **5** interrompido; quebrado: *O choro cortado de soluços.*

cor.ta.dor (ô) *s.m.* **1** aquele ou aquilo que corta; cuja função é cortar: *cortadores de cana.* • *adj.* **2** que corta; cuja função é cortar: *máquina cortadora.*

cor.ta-luz *s.m.* **1** tipo de cortina que não deixa passar a luz. **2** bloqueio do adversário com o corpo para que o companheiro se movimente livremente. // Pl.: corta-luzes.

cortante

cor.tan.te *adj.* **1** que corta; aguçado; afiado: *objetos cortantes.* **2** provocador; crítico; ferino: *Raro é encontrar um pensamento tão vivo e cortante.* **3** lancinante; pungente: *Desenlaces, como a morte da mãe, são rápidos e cortantes.* **4** muito frio; gelado: *vento cortante.*

cor.tar *v.t.* **1** dividir; separar: *Cortou o pedaço de folha branca ao meio.* **2** fazer incisão ou talho: *O velho cortou o rosto ao barbear-se.* **3** aparar; desbastar: *Cortamos o cabelo.* **4** fechar ou bloquear após ultrapassagem: *Um motorista imprudente acabou de cortar a frente do nosso carro.* **5** suprimir; eliminar: *O deputado cortou mais de 20 linhas do texto original.* **6** interromper; sustar: *Ele de algum modo cortara a discussão.* **7** atravessar; passar por: *Cortei a praça em passo militar.* **8** estar situado em posição transversal a: *Uma dessas ruas estreitas corta a avenida.* **9** romper: *O Brasil cortou as relações diplomáticas com o outro país.* • *pron.* **10** machucar-se; ferir-se: *Tia Ana cortou-se com os cacos de vidro.* • *int.* **11** ter bom gume: *De muito velha, a tesoura já não corta.* **12** cortar tecido para confecção de roupas: *Ele corta e costura.* ♦ **cortar caminho** abreviar distância: *O jipe prefere cortar caminho ribanceira abaixo.* **cortar (o) coração** causar pena: *Aquilo cortou meu coração.* **cortar o mal pela raiz** eliminar algo pela base: *É preciso cortar o mal pela raiz.* **corta essa** para com isso; deixa disso: *Corta essa de solene, desce aí dessas alturas.*

cor.te¹ (ó) *s.m.* **1** poda; desbaste: *O agrônomo incentivou a prática do corte junto aos galhos.* **2** trecho de texto censurado e suprimido: *A matéria veio com 120 linhas de corte.* **3** modo de talhar uma roupa: *vestido de corte elegante.* **4** modo de cortar (cabelo): *Os cortes de cabelo têm de ser idênticos.* **5** abate: *boi em tempo de corte.* **6** derrubada: *estilhaços de madeira espalhados durante o corte das árvores.* **7** incisão; talho: *esse nítido corte na carne.* **8** redução ou eliminação: *Houve corte no subsídio para o trigo.* **9** interrupção: *aquele brusco corte em suas esperanças.* **10** divisão; sulco: *A linha férrea rasgava a serra num corte vermelho.* **11** seção; perfil: *cortes de areia.* **12** lugar onde se cortou; ferida: *Às vezes, ainda ficavam pequenos cortes.* **13** porção de tecido: *um corte de seda marrom.* **14** lâmina; gume: *As mãos sentiram o corte do machado resvalar.*

cor.te² (ô) *s.f.* **1** residência de um soberano; paço; palácio: *a corte de Salomão.* **2** cidade ou lugar onde vive o soberano: *Saudou a independência lá na corte do Rio de Janeiro.* **3** o soberano, seus ministros e a nobreza que o acompanha: *As famílias importantes deram notícias para a corte.* **4** conjunto de aduladores ou admiradores: *O coronel estava cercado pelos membros da sua corte.* **5** conjunto de divindades: *os santos da corte celestial.* **6** tribunal: *O seu advogado se dirige à Corte Suprema.* // Neste caso, escreve-se com inicial maiúscula. // **7** o governo de um país monárquico. **8** galanteio; agrado: *A filha aceita a corte daquele desconhecido.* ♦ **corte marcial** tribunal militar: *Tentou instituir uma espécie de corte marcial para julgar os companheiros.*

cor.te.jar *v.t.* **1** tratar com cortesia; cumprimentar; saudar: *Fazia gestos cortejando a princesa.* **2** fazer a corte; galantear: *Levei muito tempo cortejando minha esposa.* **3** agradar ou obsequiar com o intuito de obter algo; bajular: *O político cortejava em excesso o eleitor.* • *pron.* **4** flertar; fazer a corte: *Nós nos cortejamos o bastante antes de casarmos.* • *int.* **5** fazer a corte: *O bonachão galanteia e corteja.*

cor.te.jo (ê) *s.m.* **1** galanteio: *O cortejo à mulher era desconhecido em períodos anteriores.* **2** comitiva pomposa: *Depois fizeram um cortejo pela rua.* **3** acompanhamento; procissão: *Eles tomaram a dianteira do cortejo, segurando as alças do caixão.* ♦ **em cortejo** em grupo; em comitiva: *Saímos dali em cortejo a uma taberna.*

cor.tês *adj.* **1** da corte; cortesão: *a poesia cortês medieval.* **2** gentil; educado; delicado: *É autoritário no modo de falar, sem deixar de ser cortês.*

cor.te.sã *s.f.* prostituta elegante: *Era ela a grande cortesã da ilha.*

cor.te.são *s.m.* **1** homem da corte: *O soberano escolhia um dos seus cortesãos para representá-lo.* • *adj.* **2** próprio da corte; cortês: *a poesia cortesã e festiva.*

cor.te.si.a *s.f.* **1** delicadeza de maneiras; educação; civilidade: *Por baixo dessa cortesia existe algo abusivo.* **2** brinde; gratificação: *20 mil fatias de torta serão oferecidas como cortesia.* **3** cumprimento; saudação; mesura: *Vá lá dentro fazer cortesia ao mestre.*

cór.tex /ks/ *s.m.* (Anat. e Bot.) camada externa de certos órgãos animais ou vegetais: *o córtex auditivo – parte do cérebro responsável pela audição.*

cor.ti.ça *s.f.* **1** produto extraído da casca espessa e leve do sobreiro e outras árvores: *Rolha alemã em madeira e cortiça.* **2** rolha: *O que mais valoriza as garrafas é a cortiça forrada.*

cor.ti.cal *adj.* do ou relativo ao córtex: *Lesões nas áreas motoras corticais levam a comprometimento dos impulsos.*

cor.ti.ço *s.m.* **1** caixa cilíndrica, de cortiça, na qual as abelhas se criam e fabricam o mel e a cera. **2** qualquer casa feita por inseto similar à abelha: *Os marimbondos tinham feito novos cortiços.* **3** habitação coletiva das classes pobres: *No quarto andar de um cortiço, encontrei o doente.*

cor.ti.coi.de (ói) *s.m.* (Med.) **1** hormônio produzido pela camada cortical das glândulas suprarrenais: *Seu rosto ainda está inchado pela medicação à base de corticoide.* • *adj.* **2** em que há esse hormônio: *medicação corticoide para evitar a dor.*

cor.ti.na *s.f.* **1** peça de pano suspensa e franzida utilizada para vedação ou como divisória; cortinado: *Uma gigantesca janela retangular estava coberta por uma cortina grossa.* **2** barreira: *A chuva formava uma cortina espessa.* ♦ **cortina de ferro** Na época da guerra fria, entre a ex-União Soviética e os Estados Unidos, termo com que os ocidentais denominavam a fronteira entre os países comunistas e os da Europa Ocidental. **cortina de fumaça** manobra para desviar a atenção; disfarce: *Essa nova denúncia é uma cortina de fumaça para encobrir outros fatos.*

cor.ti.na.do *s.m.* **1** armação coberta de filó usada como protetor sobre berço ou cama, a fim de impedir a entrada de insetos: *Dormiu sem cortinado, com a janela aberta.* **2** cortina: *A corrente de ar do corredor agita o cortinado das janelas.*

costado

cor.ti.so.na *s.f.* (Med.) hormônio produzido pelas glândulas suprarrenais.

co.ru.ja *s.f.* (Biol.) **1** ave de rapina noturna, de plumagem mole, bico recurvo e grandes olhos redondos, localizados frontalmente. • *adj.* **2** (Coloq.) que tem muita admiração e muito amor pelos filhos, elogiando-os com frequência: *O pai coruja nunca perdeu as reuniões de pais e mestres no colégio da filha.*

co.ru.jar *v.t.* (Coloq.) orgulhar-se de; admirar: *A avó corujava a boniteza da neta.*

co.rus.can.te *adj.* **1** que corusca; fulgurante; brilhante: *olhos coruscantes.* **2** que brilha; que se destaca; famoso: *a parcela menos coruscante do meio da moda na cidade.*

co.rus.car *v.int.* cintilar; brilhar: *cada palavra corusca em dobrado fulgor.*

cor.ve.ta (ê) *s.f.* navio de guerra pequeno e veloz.

cor.vi.na *s.f.* (Biol) peixe marinho de coloração azul-metálica.

cor.vo (ô) *s.m.* **1** ave de porte médio, de cor preta, brilhante, com bico recurvo também preto e voz rouca; urubu. **2** (Coloq.) agiota; rapineiro: *Há muito corvo agindo por aí.*

cós *s.m.* tira de tecido de saias e calças que se ajusta à cintura.

co.ser *v.t.* **1** unir com pontos de agulha; costurar: *os vestidos e panos que cosia para o enxoval.* • *pron.* **2** unir-se; grudar-se: *A cadela cosia-se ao dono.* • *int.* **3** fazer trabalho de costura: *Pinta tecidos e cose.* **4** esfaquear. // Cp.: cozer.

cos.mé.ti.ca *s.f.* **1** técnica de preservar, restaurar ou melhorar a beleza do corpo humano, especialmente o rosto. **2** ramo da indústria que produz artigos para tratamento e embelezamento da pele, dos cabelos etc. **3** o conjunto desses produtos. *A cosmética nacional está bastante desenvolvida.*

cos.mé.ti.co *s.m.* **1** produto que serve para embelezar, limpar, colorir ou amaciar o corpo humano ou partes dele, especialmente rosto, cabelos, unhas e pele: *As tias cheiravam os cosméticos e as loções espalhados na mesa.* • *adj.* **2** usado em cosmética: *A criada foi apanhar o pó cosmético.* **3** que age como cosmético: *Faça a generosa espuma cosmética envolver carinhosamente seu corpo.* **4** (Coloq.) que não toca no fundamental; superficial; aparente; maquiado: *Fizeram apenas mudanças cosméticas na legislação.*

cós.mi.co *adj.* do ou relativo ao cosmo: *espaço cósmico.*

cos.mo (ó) *s.m.* o universo como um todo organizado e harmonioso: *Há um brasileiro entre os cientistas que estudam o cosmo.*

cos.mo.go.ni.a *s.f.* cada uma das diferentes teorias filosófico-religiosas ou místicas que tentam explicar a origem do universo: *Numerosas cosmogonias explicaram a origem do mundo a partir de um ovo primordial.*

cos.mo.lo.gi.a *s.f.* conjunto de conhecimentos sobre a origem, a natureza e as leis que regem o universo.

cos.mo.ló.gi.co *adj.* referente à cosmologia: *um fenômeno cosmológico.*

cos.mo.nau.ta *s.2g.* astronauta.

cos.mo.po.li.ta *s.2g.* **1** quem julga que o mundo é sua pátria: *Há toda uma classe de cosmopolitas que se enxergam como cidadãos do mundo.* • *adj.* **2** que se acomoda aos usos estrangeiros: *São os falsos brasileiros, descaracterizados, cosmopolitas.* **3** que é de todos os países; universal: *O filme impressiona por seu conteúdo cosmopolita.* **4** que apresenta aspectos comuns a vários países: *O Rio tem longa tradição cosmopolita.* **5** diz-se de organismo, gênero ou grupo que ocorre em diversos continentes: *São plantas cosmopolitas dos trópicos.* **6** quem viaja muito e se sente à vontade, especialmente nos grandes centros: *Isto é bom para você, uma pessoa cosmopolita, e não para mim, que sou bicho do mato.*

cos.mo.po.li.tis.mo *s.m.* tendência à absorção de pessoas, usos ou costumes de várias procedências: *Os ataques ao cosmopolitismo tendiam a isolar mais os simplórios.*

cos.mos (ó) *s.m.* cosmo.

cos.mo.vi.são *s.f.* visão do mundo de um indivíduo, de uma sociedade ou de parte dela; concepção do mundo: *Vamos analisar a obra segundo a cosmovisão do autor.*

cos.sa.co *s.m.* **1** indivíduo dos cossacos. • *pl.* **2** grupos de pessoas livres que se estabeleceram nas fronteiras do império russo, ao sul e na Sibéria, e que tinham origens étnicas variadas. **3** soldado recrutado dessas populações para servir no exército do czar e que se destacava sobretudo como cavaleiro: *Os cossacos defendiam seus interesses.*

cos.se.can.te *s.f.* (Geom.) secante do complemento de um ângulo ou de um arco.

cos.se.no *s.m.* (Geom.) seno do complemento de um ângulo ou arco dado.

cos.ta (ó) *s.f.* **1** região do mar próxima do continente; litoral; praia: *as águas da costa da Bahia.* **2** região do continente próxima do mar: *Na região das Minas, ao contrário das grandes plantações da costa, não havia senzalas.* • *pl.* **3** a parte posterior do corpo humano; dorso: *Ela me fez uma massagem nas costas.* **4** dorso de animal: *As omoplatas estendem-se por sobre as costas da baleia.* **5** parte externa: *Utilizando-se das costas das mãos, molhou o rosto.* **6** encosto de sofá, cadeira, poltrona etc. **7** parte de trás; verso; reverso: *As costas azuis do baralho eram manchadas.* **8** responsabilidade: *Isso tira, momentaneamente, o problema das minhas costas.* ♦ **nas costas de** às custas de: *Está todo mundo comendo nas minhas costas.* **nas costas de** na ausência de: *Nas minhas costas, chamavam-me de "cão de guarda".* para (o outro) fazer: *Deixou todo o serviço nas minhas costas e foi viajar.* **pelas costas** por trás; traiçoeiramente: *Só falava da gente pelas costas.* **ter as costas quentes** proteção: *Ninguém tem costas quentes assim de graça.*

cos.ta.do *s.m.* **1** parte exterior; revestimento; casco: *Introduziu no costado da caixa uma manivela e começou a girá-la.* **2** lombo de animal: *O búfalo permite que garças pousem em seu costado negro e sujo de lama.* ♦ **dar com os costados em** ir parar em: *Depois de viajar muito, ele deu com os costados na capital baiana.* **dos quatro costados** genuíno; autêntico: *O padre oficiante da missa era um italiano dos quatro costados.*

costal

cos.tal *s.m.* **1** fardo que se pode conduzir às costas ou ao lombo: *animal de cangalha, carregando sacos de farinha e costais de abóboras.* • *adj.* **2** das costelas: *fragmentos metálicos nos arcos costais.*

cos.ta-ri.que.nho *s.m.* **1** pessoa natural ou habitante da Costa Rica: *A costa-riquenha completa a lista de recordistas.* • *adj.* **2** que é pertencente, natural ou habitante da Costa Rica (América Central): *O líder costa-riquenho ganhou o Nobel da Paz.*

cos.te.ar *v.t.* **1** arrebanhar, habituando a reunir-se em certo ponto: *o curral coberto, onde se costeava o gado.* **2** dar a volta; rodear; circundar: *Costeava a ilha rapidamente.* **3** mover-se ou caminhar ao lado de; margear: *Um carro da polícia vinha costeando a calçada.* **4** seguir de perto: *Ele sempre costeou as modas do momento.* • *pron.* **5** chegar-se; aproximar-se: *O iate costeou-se no porto.* • *int.* **6** navegar rumo à costa: *Lentamente, o navio costeava.*

cos.tei.ra *s.f.* região litorânea: *O trecho de costeira entre as praias Grande e do Curral também foi atingido.*

cos.tei.ro *adj.* **1** da ou relativo à costa; litorâneo: *A urbanização costeira polui o litoral.* **2** que fica próximo da costa: *estrada costeira.* **3** que vive em terras próximas da costa: *pássaros costeiros.*

cos.te.la (é) *s.f.* **1** (Anat.) cada um dos ossos que se estendem das vértebras ao esterno e cujo conjunto forma a caixa do tórax dos vertebrados: *O jogador fará uma radiografia porque teme estar com uma costela fraturada.* **2** (Anat.) região do corpo em que se acham as costelas: *Não se recuperou de uma pancada na costela.* **3** prato preparado com costela: *À mesa, costela de bezerro.*

cos.te.le.ta (ê) *s.f.* **1** faixa de barba de cada lado do rosto, junto às orelhas: *Com a unha do polegar alisou a costeleta.* **2** prato feito com a carne da região das costelas de certos animais: *Comemos costeleta de porco frita, arroz e virado de feijão.*

cos.tu.mar *v.t.* **1** ter costume ou hábito daquilo que o verbo principal expressa: *Ele costuma andar de táxi.* • *pron.* **2** acostumar-se; habituar-se; afazer-se: *Costumei-me a pensar sempre em você.*

cos.tu.me *s.m.* **1** conjunto de regras geralmente observadas; uso: *a moral e os bons costumes.* **2** particularidade; característica: *Podem-se conhecer os costumes e o caráter de uma pessoa pelos traços fisionômicos?* **3** hábito: *A prática da caça e o domínio de seus métodos tornaram-se um costume da nobreza.* **4** roupa masculina composta de calça, paletó e colete. **5** roupa feminina composta de saia e casaco. • *pl.* **6** regras ou práticas que se observam em determinadas regiões ou sociedades; comportamento; procedimento: *as crenças e os costumes de seu tempo.*

cos.tu.mei.ro *adj.* habitual; usual: *Fui despertado pelo costumeiro repicar de sinos.*

cos.tu.ra *s.f.* **1** ação ou atividade de unir com linhas, por pontos de agulha: *Concentrada, voltou à costura da calça.* **2** efeito do ato de costurar; emenda feita com pontos de linha por meio de agulha manual ou à máquina: *reforçar uma costura.* **3** técnica de confeccionar roupas: *A namorada aprendia corte e costura.* **4** pontos entrelaçados em um tecido; resultado da costura: *Pediu para ela reforçar a costura do fio da meia.* **5** tecido ou peça (a ser) costurada: *Tomou a costura da mão da irmã.* **6** amálgama; mistura: *Os tubos com costura são quase sempre de qualidade inferior aos sem costura.*

cos.tu.rar *v.t.* **1** unir com pontos de agulha; unir as bordas por pontos; coser: *Ela costurou a boca do saco.* **2** fazer roupas; ser costureiro ou alfaiate: *O alfaiate sempre costurou as roupas de nossa família.* **3** dar sequência a: *Vou costurando minhas histórias a cada dia.* **4** elaborar; amarrar; combinar: *O tratado começou a ser costurado.*

cos.tu.rei.ro *s.m.* **1** profissional que costura roupas: *Ele emprega vinte costureiras.* **2** profissional que dirige casa de alta-costura e cria coleções; estilista: *As pessoas enfeitam-se no cabeleireiro e no costureiro.*

co.ta (ó) *s.f.* **1** parte; porção determinada; parcela: *Esta é minha cota de contribuição para o mundo.* **2** fração do capital social de uma empresa: *cotas ou ações distribuídas em decorrência de aumento de capital.*

co.ta.ção *s.f.* **1** determinação de preço: *Os ajudantes entretinham-se com as informações da bolsa, as cotações da borracha.* **2** preço; valor: *As frutas cultivadas no Nordeste alcançam boa cotação nos mercados brasileiros.* **3** prestígio; apreço; conceito: *Esse político corre o risco de ver sua cotação despencar.*

co.ta.do *adj.* **1** conceituado; apreciado; valorizado: *Era um dos mais cotados entre as mulheres no ônibus.* **2** que tem possibilidade de conseguir ou vencer: *O ator está cotado para ganhar seu segundo prêmio.* **3** com preço determinado; avaliado: *A arroba do boi estava cotada em vinte e quatro reais.*

co.tan.gen.te *s.f.* tangente do complemento de um ângulo.

co.tar *v.t.* **1** anotar para comparação; avaliar: *cotar preços.* **2** fixar o preço ou a taxa; atribuir valor: *A loja está cotando os preços de acordo com o dólar.*

co.te.jar *v.t.* **1** conferir: *Cotejou a prova com o original do livro.* **2** comparar; confrontar. *Cotejei as informações com os dados inseridos nos arquivos.*

co.te.jo (ê) *s.m.* **1** comparação: *o cotejo dos Estados Unidos com a Inglaterra.* **2** disputa; confronto: *O jovem foi expulso no cotejo dos veteranos com os calouros.*

co.ti.di.a.no *s.m.* **1** aquilo que se faz ou que sucede todos os dias; rotina: *os eventos do cotidiano.* • *adj.* **2** que se faz ou que acontece todos os dias; diário: *Aquela gente se entregava ao trabalho cotidiano.* **3** frequente; rotineiro: *Os mercados vendiam produtos de uso cotidiano.* **4** comum; simples: *seu interesse pela vida cotidiana.*

co.ti.lé.do.ne *s.m.* (Bot.) parte da semente que envolve o embrião de um vegetal.

co.tis.ta *s.2g.* pessoa que possui cotas do capital social de uma sociedade.

co.ti.za.ção *s.f.* **1** contribuição por cotas: *Os condôminos entraram em acordo sobre a cotização das despesas.* **2** divisão por cotas: *A cotização de vagas para as mulheres não foi aceita.*

co.ti.zar *v.t.* **1** contribuir com cota de: *O empregado cotiza no mínimo 6,8% do salário bruto.* • *pron.* **2** reunir-se contribuindo com cotas para pagar alguma coisa: *As pessoas cotizam-se para homenagear um amigo comum.*

co.to (ô) *s.m.* **1** resto de vela. **2** extremidade ou parte restante de órgão cortado: *coto das pernas.*

250

co.tó *adj.* (Coloq.) **1** sem um membro; aleijado: **2** animal cuja cauda foi cortada: *um cãozinho cotó*.
co.to.co (ô) *s.m.* **1** pedaço; toco: *Pelo chão havia cotocos de velas.* **2** (Coloq.) parte restante de um membro: *Andava com o cotoco de braço.*
co.to.ne.te (é) *s.m.* marca registrada de haste plástica com as pontas envolvidas por algodão, destinada à higiene pessoal.
co.to.ni.cul.tor (ô) *s.m.* lavrador ou empresário que se dedica à lavoura de algodão.
co.to.ni.cul.tu.ra *s.f.* cultivo de algodão.
co.to.ve.la.da *s.f.* pancada dada com o cotovelo: *Recebeu coteveladas durante o jogo.*
co.to.ve.lei.ra *s.f.* protetor para cotovelo.
co.to.ve.lo (é) *s.m.* **1** (Anat.) parte exterior do braço, na junção entre a parte superior e a inferior. **2** parte da manga do vestuário que cobre essa parte do braço: *Os cotovelos das roupas estavam apertados.* **3** conexão de encanamento hidráulico de forma curva. **4** tudo que se assemelha a cotovelo; curva: *o cotovelo da estrada.*
co.to.vi.a *s.f.* pássaro canoro europeu, de plumagem cinza com pintas mais escuras: *Já não ouço mais o canto da cotovia.*
co.tur.no *s.m.* **1** calçado de solado alto, de madeira, usado pelos atores no teatro grego antigo. **2** bota de soldado. **3** bota de meio cano e sola grossa. ♦ **de alto coturno** socialmente importante; de alta hierarquia; aristocrata: *Uma senhora recepção, de alto coturno, como não poderia deixar de ser.*
cou.ra.ça *s.f.* **1** invólucro protetor ósseo de certos animais: *Os tiros não transpõem a couraça do rinoceronte.* **2** armadura defensiva para costas e peito. **3** proteção; defesa: *Armem os corações com a couraça da fé.*
cou.ra.ça.do *s.m.* **1** navio de guerra fortemente blindado e armado: *Foi avistado naquelas águas um couraçado americano.* • *adj.* **2** revestido de couraça resistente; blindado: *o navio couraçado.*
cou.rei.ro *s.m.* **1** indivíduo que comercia com couro. **2** pessoa que mata jacarés para comerciar o couro.
cou.ro *s.m.* **1** pele de certos animais: *couro de cabra.* **2** essa pele, após passar por processos especiais de amaciamento, tintura etc.: *A fábrica passou a trabalhar com couro de melhor qualidade.* ♦ **dar no couro** dar conta; ser capaz. **tirar o couro de** falar mal de; explorar financeiramente; fazer (alguém) trabalhar muito. **couro cabeludo** (Anat.) pele da cabeça onde crescem os cabelos.
cou.ve *s.f.* hortaliça de caule reto, folhas grandes, lisas e tenras, de forma ovalada.
cou.ve-flor *s.f.* hortaliça de folhas grandes, verde-azuladas escuras com nervuras salientes, caule curto em cuja extremidade se forma um conjunto de inúmeras hastes e flores esbranquiçadas, suculentas, que se fundem num buquê compacto formando uma cabeça. // Pl.: couves-flores ou couves-flor.
couvert (cuvér) (Fr.) *s.m.* conjunto de iguarias servidas antes da refeição; antepasto: *Apreciaram o delicioso couvert enquanto aguardavam a chegada do prato principal.*
co.va (ó) *s.f.* **1** buraco na terra onde o animal se esconde; toca: *O coelho se esconde na cova.* **2** sepultura: *O corpo foi enterrado em cova temporária.* **3** escavação na terra, para plantar. **4** cavidade, depressão em qualquer superfície: *Esfregou o fumo na cova da mão.*

cozinhar

co.var.de *s.2g.* **1** pessoa medrosa, desleal ou traiçoeira: *Você fugiu como a mais fraca das covardes!* • *adj.* **2** sem coragem; medroso: *Não queria morrer como covarde.* **3** desleal: *as táticas covardes defendidas pelo auxiliar-técnico.* **4** traiçoeiro: *É, sem dúvida, um crime covarde.*
co.var.di.a *s.f.* **1** fraqueza; falta de coragem. **2** deslealdade: *Não defender a colega foi covardia.*
co.vei.ro *s.m.* funcionário de cemitério que abre covas e/ou é encarregado de enterrar os mortos.
co.vil *s.m.* toca: *E o que dizer da ovelha que entra tranquilamente no covil do lobo?*
co.vi.nha *s.f.* pequena depressão na pele do queixo ou das bochechas: *Tem uma covinha que provoca suspiros.*
co.vo (ó) *s.m.* instrumento de pesca feito de arame ou taquara, tendo uma das extremidades fechada e a outra com um funil de lâminas de taquara delgadas, de modo que os peixes que buscam a isca que está no interior entrem, mas não consigam sair.
cowboy (caubói) (Ingl.) *s.m.* caubói.
co.xa (ô) /ch/ *s.f.* (Anat.) parte da perna que vai das virilhas ao joelho: *O jogador estará no banco de reservas, por causa de uma contusão no músculo da coxa direita.*
co.xe.ar /ch/ *v.int.* capengar; mancar: *Quando me viu, parou de coxear.*
co.xi.a /ch/ *s.f.* espaço que circunda bastidores do palco: *A música prossegue e continuará até o bloco desaparecer na coxia.*
co.xi.lha /ch/ *s.f.* (Reg. RS) grande extensão de terra com colinas arredondadas e pouco elevadas, típica dos pampas gaúchos.
co.xim /ch/ *s.m.* **1** almofada: *O coxim azul e denso estufava dos lados.* **2** qualquer objeto semelhante a almofada. **3** parte da sela onde o cavaleiro se senta.
co.xi.nha /ch/ *s.f.* bolinho em forma de coxa de galinha, feito de farinha ou purê de batata, recheado com carne de frango desfiada e frito à milanesa.
co.xo (ô) /ch/ *s.m.* **1** pessoa que coxeia; manco. • *adj.* **2** que coxeia; manco; claudicante: *Lá ia o animal coxo, tristemente.*
co.zer *v.t.* **1** preparar um alimento ao fogo ou ao calor; submeter à ação do fogo; cozinhar: *cozer o feijão por uma hora.* • *int.* **2** ficar cozido: *Deixe as peras cozerem.* // Cp.: coser.
co.zi.do *s.m.* **1** prato de carnes que se cozinham com verduras e legumes: *um cozido de cordeiro* // Cp.: cosido; Ant.: cru. // • *adj.* **2** que se cozeu; cozinhado: *legumes cozidos.*
co.zi.men.to *s.m.* mudança na consistência de substâncias, sob a ação do fogo ou calor: *Para que a carne ficasse bem macia, eram necessárias muitas horas de cozimento.*
co.zi.nha *s.f.* **1** compartimento da casa onde se preparam os alimentos: *A cozinha desta casa é enorme.* **2** os móveis de cozinha: *Comprou cozinha americana com bar e forno de micro-ondas.* **3** o conjunto dos utensílios de cozinha. **4** o conjunto dos pratos característicos de um país, estado ou região: *Eles apreciam a boa cozinha italiana.*
co.zi.nhar *v.t.* **1** preparar ao fogo ou calor; submeter alimentos ou outra substância à ação do fogo: *Cozinhou os legumes e o feijão.* **2** tramar; urdir: *um adolescente a cozinhar ambições literárias.* • *int.* **3** chegar, sob a ação do fogo ou calor, ao ponto próprio para consumo: *O arroz não cozinhou.*

251

cozinheiro

co.zi.nhei.ro *s.m.* profissional que cozinha; pessoa que sabe cozinhar.
cra.chá *s.m.* cartão de identificação individual: *Serei barrado por falta de crachá.*
crack[1] (crák) (Ingl.) *s.m.* craque[1].
crack[2] (crák) (Ingl.) *s.m.* droga muito tóxica, preparada a partir da cocaína, que provoca alucinações.
cra.ni.a.no *adj.* do crânio: *traumatismo craniano.*
crâ.nio *s.m.* **1** (Anat.) caixa óssea que encerra e protege o encéfalo, no homem e nos vertebrados: *Tenho aqui um rapaz com fratura na base do crânio.* **2** cabeça: *A calvície despontava, desnudando-lhe o crânio liso.* **3** cérebro. **4** quem é muito inteligente; gênio: *Esse moço é um crânio.*
crá.pu.la *s.2g.* **1** quem é vil ou calhorda; vândalo: *um sujeito sem caráter, um crápula.* • *adj.* **2** vil; canalha; calhorda: *Um detetive pretensioso e crápula.*
cra.que[1] *s.m.* queda brusca e incontrolável dos preços das ações de uma ou mais bolsas de valores, levando à bancarrota milhares de pessoas: *O craque da bolsa de Nova York e a guerra criaram desordem na economia.*
cra.que[2] *s.m.* **1** jogador famoso por sua habilidade em jogar: *Ele quer ser um craque do esporte.* **2** pessoa muito habilidosa ou muito inteligente: *Lá trabalha um craque do mercado financeiro.* **3** perito; especialista: *O cantor permanece como o grande craque do violão.*
cra.que[3] *interj.* ruído de coisa que se quebra.
cra.se *s.f.* (Gram.) **1** acento indicativo da fusão de dois *aa*: *No primeiro item ("atendimento a clientes") o a não tem crase.* **2** fusão de dois *aa*: *O acento grave é o sinal gráfico da crase.*
cra.se.ar *v.t.* (Bras.) colocar acento grave indicativo da fusão de dois *aa*: *Dizia-se professor, mas craseava qualquer a.*
cras.so *adj.* **1** rude; grosseiro; bronco: *a mais crassa ignorância em matéria econômica.* **2** espesso; denso; grosso.
cra.te.ra (é) *s.f.* **1** abertura larga e circular por onde saem as matérias de um vulcão em erupção: *Meu instinto de sobrevivência me afastava da cratera do vulcão.* **2** buraco grande: *Um amontoado de casebres rodeando uma cratera enorme.*
cra.var *v.t.* **1** fazer penetrar à força e profundamente; enterrar; fincar: *Soldados tentam cravar a bandeira no solo.* **2** engastar; incrustar: *O artesão crava brilhantes nas joias.* **3** olhar fixamente; fitar: *Cravou o olhar na parede.* **4** fixar objetivamente; determinar. **5** marcar; assinalar: *O piloto cravou o sexto tempo.* • *pron.* **6** penetrar; fincar-se: *Uma lança cravou-se na parede.*
cra.vei.ro *s.m.* planta de pequeno porte, caules eretos com poucas folhas, de cor verde-esbranquiçada, flores solitárias de várias cores e tamanhos, formadas por numerosas pétalas dentadas ou franjadas.
cra.ve.jar *v.t.* **1** pregar com cravos. **2** engastar; encastoar; incrustar: *Cravejou a pulseira de diamantes.* **3** encher: *Palavras raríssimas, preciosas, a meu ver, cravejaram demais certos poemas.* **4** transpassar: *Cravejou de balas o cascavel.*
cra.ve.lha (ê) *s.f.* peça de madeira ou de metal usada para esticar as cordas de instrumentos musicais.
cra.ve.lho (ê) *s.m.* peça de madeira usada para fechar porteiras, portões portas; taramelas: *Puxou o cravelho e empurrou a porta devagar.*

cra.vi.na *s.f.* planta ornamental, com muitos caules ramificados, com folhas em forma de lança e flores isoladas e aromáticas de cores variadas.
cra.vis.ta *s.2g.* pessoa que toca cravo[3].
cra.vo[1] *s.m.* a flor do craveiro: *Ele estava com o cravo na lapela.*
cra.vo[2] *s.m.* **1** prego para ferradura: *Na ferradura do cavalo faltava um cravo.* **2** pequeno ponto preto, geralmente no rosto, formado pela obstrução e acúmulo de matéria graxa no poro: *A pele era gordurosa, com cravos e espinhas.*
cra.vo[3] *s.m.* instrumento musical de teclas que impulsionam lâminas de material resistente que beliscam cordas esticadas.
cra.vo-da-ín.dia *s.m.* pequeno botão seco em forma de cravo de ferradura, de aroma intenso e sabor picante, produzido por uma árvore alta, de folhas rijas e brilhantes. // Pl.: cravos-da-índia.
cre.a.ti.na *s.f.* (Bioquím.) substância cristalina encontrada nos músculos: *A creatina é liberada na corrente sanguínea.*
cre.che *s.f.* estabelecimento onde se cuida de crianças pequenas.
cre.den.ci.al *s.f.* **1** documento ou comprovante escrito que abona uma pessoa ou lhe concede direitos: *Conseguiram enfim as credenciais necessárias para a visita.* **2** procuração que o governo de um Estado concede a embaixador ou enviado em país estrangeiro: *Jornalistas cobriam a entrega de credenciais do novo embaixador peruano.* **3** qualificação; mérito: *Meu filho tem credencial para coisa melhor.*
cre.den.ci.a.men.to *s.m.* **1** cadastramento; habilitação: *O plano de saúde exige o credenciamento dos pacientes.* **2** qualificação; crédito: *Os vice-ministros e assessores com maior credenciamento integravam os trabalhos.* **3** autorização; credencial: *O credenciamento para o jornalista que quiser ir à festa será limitado.*
cre.den.ci.ar *v.t.* **1** qualificar: *A história credencia esta instituição diante do país.* **2** autorizar; habilitar: *O Estado credencia redes de oficinas.* **3** conferir credencial a: *A Justiça da Califórnia credenciou 1.200 jornalistas e técnicos para trabalharem no tribunal.* **4** conferir poderes ou crédito: *O trono credenciou embaixador o barão de Penedo.* • *pron.* **5** qualificar-se: *Cada empreiteiro credencia-se a uma seguradora.*
cre.di.á.rio *s.m.* sistema de pagamento em prestações: *O brasileiro prefere compra pelo crediário.*
cre.di.bi.li.da.de *s.f.* **1** boa reputação; respeito; confiabilidade: *O capital mais importante do diplomata é a credibilidade.* **2** autoridade; valia; importância: *Você simplesmente empresta sua credibilidade a determinado produto.* **3** confiança; fé; crédito: *Não havia credibilidade na abertura democrática.*
cre.di.tar *v.t.* **1** depositar: *Muitos bancos passaram a creditar centavos nas contas dos correntistas.* **2** atribuir: *Os jogadores creditam a vitória ao apoio da torcida.*
cre.di.tí.cio *adj.* de crédito.
cré.di.to *s.m.* **1** aceitação de algo como verdadeiro; confiança; credibilidade: *Seu estudo merece crédito.* **2** fé; crença: *Involuntariamente dava créditos aos boatos.* **3** valor, importância: *Ninguém mais atribui crédito às teorias dele.* **4** boa reputação; consideração; fama: *Ela tem crédito no meio cultural.* **5** facilidade para obter

empréstimos ou comprar a prazo: *O major goza de bom conceito e de crédito*. **6** possibilidade de conseguir adiantamento de dinheiro; financiamento: *restrições ao crédito rural*. **7** nos cursos universitários, unidade de trabalho escolar correspondente a 15 horas de atividade: *proporcionar os créditos semestrais necessários à obtenção do diploma*. **8** soma posta à disposição de alguém num banco, numa casa de comércio etc., mediante certas vantagens: *Ganham os grandes fazendeiros que recebem o crédito subsidiado*. **9** autorização para despesas dada por autoridades que estabelecem, votam ou regulamentam os orçamentos: *O Governo Federal concedeu um crédito de emergência*. • *pl*. **10** apresentação dos nomes dos participantes, na parte inicial ou final de um filme, de um programa de tevê ou de rádio: *Ingrid Bergman não se recusara a participar, abrindo os créditos*. ♦ **a crédito** a prazo; fiado: *Vendem ferramentas e sementes a crédito*. // Ant.: débito.

cre.do (é) *s.m.* **1** oração cristã iniciada, em latim, pela palavra credo (Ital.) *in unum Deus Patrem* (Creio em Deus Pai): *Todo aluno decorava o Credo*. **2** profissão de fé: *As clientes de Valentino têm por credo uma famosa frase da duquesa de Windsor*. **3** fé religiosa; crença: *a diversificação dos credos religiosos*. **4** tendência: *o novo credo político*. • *interj*. **5** expressa espanto: *Credo, que agonia!* ♦ **credo em cruz** credo!: *Te esconjuro! Credo em cruz!*

cre.dor (ô) *s.m.* **1** quem tem dívida a receber: *Seria bom negócio para o devedor e para o credor*. // Ant.: devedor. • *adj*. **2** que tem dívida a receber: *banco credor da agricultura*. **3** de crédito ou haver: *As empresas corrigirão esse saldo credor*.

cre.du.li.da.de *s.f.* **1** boa fé; ingenuidade: *exploração da credulidade pública*. **2** fé; confiança; crédito: *uma credulidade grande demais no maravilhoso*.

cré.du.lo *s.m.* **1** quem crê facilmente; indivíduo ingênuo: *Estavam errados tanto os descrentes quanto os crédulos*. • *adj*. **2** que crê facilmente; confiante: *É um jornalismo extremamente crédulo na versão oficial dos fatos*.

cre.ma.ção *s.f.* queima, incineração (de um cadáver): *A cremação é a forma comum de funeral na Índia*.

cre.ma.lhei.ra *s.f.* **1** tipo de estrada de ferro em que existe um trilho dentado no qual engrenam as rodas motrizes, também dentadas, das locomotivas e utilizado em rampas muito fortes. **2** barra dentada sobre a qual corre uma engrenagem transformando o movimento retilíneo em movimento circular: *Um trator provido de uma enorme cremalheira*.

cre.mar *v.t.* incinerar; queimar: *Viúva decide cremar corpo do marido*.

cre.ma.tó.rio *s.m.* **1** lugar onde se faz a cremação: *Os crematórios eram rodeados por canteiros bem cuidados*. • *adj*. **2** em que se faz cremação: *fornos crematórios*.

cre.me (é) *s.m.* **1** substância gordurosa que se forma na superfície do leite; nata. **2** preparação culinária, doce ou salgada, feita de leite engrossado com farinha de trigo ou maisena: *Misture as ameixas com as claras em neve e coloque por cima do creme frio*. **3** pasta: *queijo com creme de nozes*. **4** sopa cremosa: *creme de aspargos*. **5** preparado em forma de pasta para limpar os dentes; dentifrício; pasta dental: *A criança pegou o creme dental*. **6** substância cosmética pastosa: *Um creme especial previne as rugas*. **7** cor branco-amarelada: *Dessas cores, eu prefiro o creme*.

cre.mo.si.da.de *s.f.* qualidade daquilo que é cremoso: *a cremosidade da margarina*.

cre.mo.so (ô) *adj.* **1** que tem a consistência de creme (1); pastoso: *molho cremoso*. **2** mole; macio: *lãs cremosas*.

crepúsculo

cren.ça *s.f.* **1** fé religiosa; religião: *Cada um na sua, com suas crenças e suas particularidades*. **2** opinião formada; convicção: *Como podemos alterar nossas crenças racionalmente?* **3** crendice; superstição: *Algumas crenças são bem antigas*. **4** fé; crédito; confiança: *Aumenta a minha crença no negócio*.

cren.di.ce *s.f.* crença sem fundamento; superstição: *As leis da física expulsaram as crendices*.

cren.te *s.2g.* **1** protestante das igrejas renovadas: *Além do pastor, os crentes também podem pregar e dar seus testemunhos*. **2** pessoa que segue uma religião sem questionar: *Conselheiro era o fanático condutor de cerca de 20 mil crentes*. **3** quem acredita: *Ele era um crente na energia feminina*. • *adj*. **4** certo de algo; convencido; convicto: *Saí de São Paulo crente de que a rodovia estaria desimpedida*. **5** que dá crédito; que acredita: *Ele permanece crente nas ideias do político*.

cre.o.li.na *s.f.* desinfetante líquido, com base em sabão de resina e creosoto: *Apanhei o vidro de creolina que lá se encontrava*.

cre.o.so.to (ô) *s.m.* (Quím.) produto resultante da destilação do alcatrão, constituído por hidrocarbonetos, fenol e outros derivados aromáticos.

cre.pe (é) *s.m.* **1** fita preta que se usa em sinal de luto: *Ao lado da bandeira, estava uma mulher de luto e de crepe*. **2** tecido fino de aspecto ondulado: *Suas roupas usuais eram jaqueta e calça de crepe de algodão*. **3** certo tipo de panqueca muito fina. • *adj*. **4** diz-se da fita adesiva destinada a fechar pacotes e ao uso em fraldas infantis.

cre.pi.ta.ção *s.f.* som de estalo: *a crepitação de troncos meio verdes na fogueira*.

cre.pi.tan.te *adj.* **1** que crepita; que estala: *As labaredas ardiam crepitantes*. **2** animado; agitado; pulsante: *Não tem nada muito crepitante nessa cidadezinha*.

cre.pi.tar *v.int.* **1** estalar, como madeira ou sal lançados ao fogo: *O fogaréu no quintal crepitava*. **2** produzir ruído semelhante ao estalido de madeira ou sal lançados ao fogo: *As folhas do livro crepitavam*.

cre.pom *s.m.* papel enrugado, de seda, de cores vivas e variadas, usado na confecção de flores artificiais e outros adornos.

cre.pus.cu.lar *adj.* **1** do crepúsculo: *Onde estaria alojado naquela hora crepuscular?* **2** que aparece ao anoitecer: *pássaro crepuscular*. **3** decadente: *a fase crepuscular da vida*.

cre.pús.cu.lo *s.m.* **1** luminosidade crescente ao amanhecer e decrescente ao anoitecer, quando o sol, escondido, está próximo do horizonte: *Isto está sendo escrito à luz do crepúsculo*. **2** o tempo que dura essa luminosidade, especialmente a do fim do dia; entardecer; anoitecer: *Dava-lhe uma tristeza ao ouvir o sino bater a ave-maria, no crepúsculo*. **3** decadência; ruína; declínio: *Com o crepúsculo dos musicais, concentrou-se em papéis dramáticos*.

253

crer v.t. **1** ter fé ou crença; julgar como verdadeiro ou autêntico; acreditar: *Creio em Deus.* **2** dar crédito a; confiar: *O senhor não crê na palavra de um oficial?* **3** ficar certo; certificar-se: *Creia que jamais pensei que pudessem existir remorsos assim.* **4** supor; julgar: *Creio que o Brasil dará certo.*

cres.cen.te *s.m.* **1** aquilo que cresce: *O silêncio encheu-se de ruídos e de murmúrios, num crescente rápido e confuso.* • *s.f.* **2** a fase crescente da lua: *Os agricultores plantam na crescente.* • *adj.* **3** que aumenta continuamente: *o número sempre crescente de ratos e de pulgas.* **4** progressivo: *uma crescente desumanização do médico.* **5** cada vez mais importante: *Uma força externa atuava de modo crescente.* **6** diz-se da lua que apresenta menos da metade do seu hemisfério. **7** diz-se de ditongo em que a semivogal precede a vogal: *ditongo crescente.*

cres.cer *v.int.* **1** aumentar: *A dívida vai crescendo de mês para mês.* **2** progredir; desenvolver-se: *Esta cidade cresceu demais.* // Ant.: diminuir. // **3** aumentar em estatura ou comprimento; desenvolver-se: *Menino forte, crescia rapidamente.*

cres.ci.men.to *s.m.* **1** aumento; ampliação; expansão: *o crescimento da cidade tranquila.* **2** multiplicação: *o crescimento de bactérias.* **3** desenvolvimento; evolução: *um país em crescimento.* **4** desenvolvimento físico: *o crescimento dos filhos.* **5** aprimoramento; aperfeiçoamento: *A terapia é um processo de crescimento pessoal.* **6** aumento da importância; evolução: *o crescimento do esporte no Estado.*

cres.po *adj.* **1** encaracolado; anelado: *Minha garota tem cabelos crespos.* **2** que não é liso; rugoso: *alface crespa.* // Ant.: liso.

cres.ta.do *adj.* **1** levemente queimado; tostado: *capim crestado.* **2** moreno; bronzeado: *pele crestada.*

cres.tar *v.t.* **1** tornar a superfície levemente queimada ou seca; tostar: *O sol ia alto, crestando as folhas verdes.* **2** dar cor de queimado; bronzear; escurecer: *O trabalho ao ar livre crestou-lhe a pele.*

cre.tá.ceo *s.m.* **1** período da história da Terra, acima do Jurássico, em que aparecem os primeiros mamíferos: *Os dinossauros povoaram a Terra durante o Cretáceo e o Jurássico.* • *adj.* **2** relativo ou que ocorre nesse período: *dinossauros da era cretácea.*

cre.ti.ni.ce *s.f.* **1** aquilo que não tem valor; bobagem; asneira: *Essa foto na primeira página é uma cretinice.* **2** falta de vergonha; desfaçatez: *Sua cretinice não tem limites, por isso não consegue emprego.*

cre.ti.nis.mo *s.m.* **1** cretinice: *Este é um momento de raro cretinismo da elite tradicional.* **2** deficiência mental causada por insuficiência ou ausência da glândula tireoide.

cre.ti.no *s.m.* **1** quem é idiota ou imbecil: *Só um cretino não reconheceria a enorme contribuição de Weber para as ciências sociais.* • *adj.* **2** sem sentido; bobo, ridículo: *Mas que ritual mais cretino!* **3** pouco inteligente; idiota; imbecil: *Papo cretino não quero ouvir mais.* **4** indivíduo mal-educado, insolente; atrevido.

cre.to.ne *s.m.* tecido, muito forte, de linho ou algodão: *um lençol de cretone.*

cri.a *s.f.* **1** filhote de animal. **2** filho: *a cria da irmã, nascida algum tempo depois.* ♦ **dar cria** ter filhotes; procriar: *A gata deu cria no mês passado.* (i) **lamber**

a cria cuidar com esmero do filho. (ii) (Coloq.) estar muito orgulhoso de sua obra; exibir a própria obra com carinho e satisfação.

cri.a.ção *s.f.* **1** invenção; desenvolvimento; elaboração: *a criação da personagem.* **2** fundação: *a criação de novos municípios.* **3** instalação; estabelecimento: *O dono das terras se opôs à criação das Casas de Fundição.* **4** geração: *a criação de novos empregos.* **5** produção: *criação de porcos.* **6** aparecimento; surgimento; formação: *a criação de uma consciência de classe.* **7** inventividade; criatividade: *criação artística.* **8** conjunto dos seres criados: *Não reconheço na criação nada tão interessante.* **9** conjunto de animais ou animal criado em casa: *Roubaram toda a nossa criação.* **10** cuidado; educação: *criação dos filhos.* ♦ **de criação** adotivo: *filho de criação.*

cri.a.da.gem *s.f.* conjunto dos criados: *A criadagem reclama dos salários atrasados.*

cri.a.do *s.m.* **1** empregado, geralmente doméstico; serviçal: *Aparecem quatro criados carregando uma bandeja.* **2** designação que dá a si mesmo quem se põe à disposição de outra pessoa: *Reinaldo Mourão, gaúcho, seu criado.* • *adj.* **3** gerado; produzido: *Estava criado o pretexto de que a Inglaterra precisava.* **4** adulto; desenvolvido fisicamente: *um bode já criado e gordo.* **5** educado: *Fora criado pelas freiras do convento.*

cri.a.do-mu.do *s.m.* pequeno móvel à cabeceira da cama, para objetos utilizados durante a noite; mesa de cabeceira. // Pl.: criados-mudos.

cri.a.dor (ô) *s.m.* **1** quem faz criação: *um criador de gado.* **2** quem cria ou inventa: *Orfeu, criador de melodia.* **3** Deus: *resolveram insubordinar-se contra o Criador.* // Nesta acepção, escreve-se com inicial maiúscula. // **4** que cria ou criou: *Ele é um criador de casos.* • *adj.* **5** de criação; inventivo; produtivo; criativo: *Você nunca descobriu um canal para sua força criadora.*

cri.a.dou.ro *s.m.* lugar onde se criam animais ou plantas; viveiro: *criadouro de rãs.*

cri.an.ça *s.f.* **1** ser humano de pouca idade: *Naquela noite as crianças iriam cedo para a cama.* **2** filho: *Os adultos plantavam-se de pé, cada qual ao lado de sua criança.* • *adj.* **3** novo; de pouca idade: *Eu era criança, mas juro que senti que ela devia ter feito alguma coisa horrível.* **4** infantil; imaturo: *Não seja tola, nem criança!*

cri.an.ça.da *s.f.* grupo de crianças: *Vamos incentivar a criançada a ler mais.*

cri.an.ci.ce *s.f.* **1** atitude infantil ou imatura: *Não me venha com criancices.* **2** imaturidade; infantilidade: *Um adolescente percebe muito bem a criancice de seus pais.*

cri.an.ço.la (ó) *s.2g.* pessoa já crescida de comportamento infantil: *namorar um criançola.*

cri.ar *v.t.* **1** dar existência ou origem a; fazer surgir: *Primeiro, Deus criou Adão.* **2** promover a procriação de; produzir: *Estava fora de seus planos criar gado na fazenda.* **3** inventar; elaborar: *Quantas histórias não criei para ela se divertir.* **4** alimentar e educar: *A senhora disse que cria a menina desde os nove meses.* **5** adquirir: *Hoje criei coragem e vim lhe fazer uma proposta.* • *pron.* **6** crescer; desenvolver-se em algum lugar: *Criei-me na roça.*

cri.a.ti.vi.da.de *s.f.* força criadora; inventividade; originalidade: *Até que ponto o brinquedo feito em série limita a criatividade da criança?*

cri.a.ti.vo *adj.* 1 de criação; criador: *a capacidade criativa do homem.* 2 imaginativo; inventivo; original: *Existem soluções criativas e eficientes.*

cri.a.tu.ra *s.f.* 1 ser: *criaturas vivas.* 2 pessoa; indivíduo: *Essa criatura não me fez nenhum bem.* 3 produto da criação; aquilo que se criou: *As pessoas eram criaturas e não sujeitos desse processo.* 4 personagem; criação: *Uma novela que coloca suas criaturas em sua condição natural.*

cricket (críket) (Ingl.) *s.m.* críquete.

cri-cri *s.m.* 1 onomatopeia do canto do grilo. 2 (Coloq.) que ou aquele que é insuportavelmente maçante.

cri.me *s.m.* 1 atividade ilegal; delinquência; marginalidade; violação da lei: *Como se eu estivesse cometendo algum crime.* 2 ato condenável, sujeito a consequências desagradáveis: *A vida aqui é tão bonita que seria um crime desperdiçá-la.* 3 defeito; falha: *Seu único crime era ser chegada a fofocas.* • **crime de colarinho branco** aquele que lesa os cofres públicos e é executado por pessoas que têm acesso a órgãos governamentais. **crime hediondo** aquele executado com extrema crueldade e que não admite fiança nem pode ser anistiado. **crime organizado** organização criminosa que emprega métodos e recursos de uma verdadeira empresa e pode ter ramificações internacionais.

cri.mi.nal *adj.* 1 referente a crime; de crimes: *código criminal.* 2 de criminoso: *Tiraram várias fotos para identificação criminal.* 3 criminalista: *Meu tio é advogado criminal.*

cri.mi.na.li.da.de *s.f.* 1 atividade ilegal; delinquência: *aumento da criminalidade.* 2 conjunto de crimes ou de criminosos: *a criminalidade nova-iorquina.*

cri.mi.na.lis.ta *s.2g.* 1 advogado especialista em assuntos relativos a crimes: *Criminalistas afirmam que lei brasileira também inocentaria o réu.* • *adj.* 2 que é especialista em assuntos criminais; criminal: *advogado criminalista.*

cri.mi.na.lís.ti.ca *s.f.* conjunto de conhecimentos que visa à solução de crimes e à identificação de seus autores: *O exame de criminalística apontou que um dos projéteis atingiu o corpo.*

cri.mi.na.li.zar *v.t.* tratar alguma coisa como se fosse crime; enquadrar algo na categoria de crime: *criminalizar a corrupção passiva.*

cri.mi.no.lo.gi.a *s.f.* 1 conjunto de conhecimentos sobre direito criminal. 2 ciência que se ocupa das causas do comportamento criminoso e da personalidade dos delinquentes.

cri.mi.no.ló.gi.co *adj.* 1 relativo à criminologia: *Na reportagem, o jornalista mostrava ter conhecimentos criminológicos.* 2 que detecta a existência de crime: *O teste criminológico faz parte da análise que poderá mudar a pena do empresário.*

cri.mi.no.lo.gis.ta *s.2g.* pessoa especialista em criminologia.

cri.mi.no.so (ô) *s.m.* 1 quem comete crime: *Existem criminosos demais na rua.* • *adj.* 2 que cometeu crime; culpado de crime: *Como é que você vai revelar o herói criminoso?* 3 condenável; perverso: *uma indiferença criminosa das autoridades.* 4 em que há culpa ou crime: *a execução criminosa de toda uma família.* 5 em que há ações ilegais; corrupto: *organizações criminosas.* 6 ilícito; pecaminoso: *paixões criminosas.*

cri.na *s.f.* 1 conjunto de pelos do pescoço e da cauda do cavalo e outros animais: *Vi cavalos de crina em caracol.* 2 fibras vegetais extraídas da palmeira e de outras plantas: *colchões de crina vegetal.* 3 tecido grosso fabricado com fibras vegetais: *Para lavar as costas, use uma daquelas tiras de crina.*

cri.ou.lo *s.m.* 1 indivíduo da raça negra nascido na América: *Ele é um crioulo forte e decidido.* 2 a língua, essencialmente falada, formada a partir da simplificação de sistemas linguísticos de colonizados: *composições locais, cantadas em crioulo.* • *adj.* 3 que não é importado; nativo; local: *o cavalo crioulo indomável.* 4 mestiço: *um galo crioulo.* 5 formado a partir da simplificação de sistema linguístico: *língua crioula.* 6 negro: *um elenco de estrelas praticamente crioulo.*

crip.ta *s.f.* galeria subterrânea, geralmente usada para sepultamentos: *Pasteur foi enterrado em sua casa, numa cripta situada abaixo da construção principal.*

críp.ti.co *adj.* 1 relativo a cripta. 2 misterioso; enigmático: *a críptica linguagem dos sacerdotes.*

crip.to.gra.far *v.t.* escrever em código secreto: *Se o sistema de caixa eletrônico criptografar a senha, não há risco.*

crip.to.gra.fi.a *s.f.* escrita cifrada ou em código, de tal modo que só o emissor e o receptor conheçam e decifram; codificação de mensagens.

crí.que.te *s.m.* jogo, muito popular na Inglaterra, entre dois times de once jogadores cada, que consiste em impelir, com uma pá de madeira, uma bola maciça, em direção à meta oposta.

cri.sá.li.da *s.f.* (Zool.) fase da metamorfose de certos insetos em que a larva se encerra dentro de um casulo até se tornar um inseto adulto; pupa; casulo: *A crisálida vira borboleta.*

cri.sân.te.mo *s.m.* 1 pequeno arbusto ornamental, de folhas verde-acinzentadas e flores brancas, amarelas ou rosadas, com numerosas pétalas alongadas e recurvadas nas pontas. 2 a flor desse arbusto: *jardim repleto de crisântemos.*

cri.se *s.f.* 1 alteração ou piora súbita em uma doença: *A paciente sofreu uma crise súbita.* 2 surto: *Tinha crises de loucura.* 3 ataque: *Madame teve uma crise nervosa.* 4 fase ou situação difícil, perigosa, embaraçosa: *A crise econômica era momentânea.* 5 tensão; conflito: *uma possível crise na família.* 6 período de transformação ou conturbação: *Talvez seja a crise da adolescência.*

cris.ma *s.f.* (Rel.) sacramento que confirma a graça do batismo; confirmação: *O bispo celebrou missas e crismas na capela.*

cris.mar *v.t.* 1 conferir a crisma: *Fui crismado naquela igreja.* 2 apadrinhar no sacramento da crisma: *Foi meu tio quem me crismou.*

cris.pa.ção *s.f.* 1 contração dos músculos; espasmo: *As frutas azedas lhe provocavam crispações no rosto.* 2 agitação; conturbação: *Há uma crispação fora de propósito no ambiente.*

cris.par *v.t.* 1 apertar; contrair: *Crispou as mãos com força na borda da cama.* 2 encrespar; ondular: *Um vento morno crispou a água suja.* • *pron.* 3 contrair-se: *O*

crista

seu rosto se crispa, os olhos fuzilam. **4** ficar perturbado; irritar-se; incomodar-se: *O colunista parece crispar-se com a hipótese de o advogado ter dois empregos.*

cris.ta *s.f.* **1** saliência carnosa da cabeça das aves: *um pássaro de peito e crista vermelhos.* **2** parte mais alta; topo: *Avistam-se ao longe as cristas de picos da serra.* ♦ **de crista baixa** abatido; humilhado: *Os dois times chegam para o clássico desta tarde de crista baixa.* **na crista da onda** em evidência: *Dois desses novatos estão na crista da onda.*

cris.ta-de-ga.lo *s.f.* **1** flor vermelha, carnuda e torcida que se assemelha a uma crista de galo. **2** (Coloq.) lesão em forma de verruga na região genital: *O condiloma acuminado também é conhecido como crista-de-galo.* // Pl.: cristas-de-galo.

cris.tal *s.m.* **1** (Fís.) substância sólida cujas partículas constitutivas estão regularmente arrumadas no espaço: *Os pesquisadores usaram como matéria-prima cristais laranja.* **2** substância solidificada em forma de poliedros regulares: *cristal de quartzo.* **3** (Min.) mineral transparente semelhante ao gelo: *Misturados ao quartzo, eles dão cor aos cristais.* **4** vidro muito límpido e puro: *taças de cristal para os vinhos.* **5** grânulo: *cristais de vitamina C.* ♦ *adj.* **6** granulado: *açúcar cristal.* **7** transparente: *o céu azul, em contraste com o meio cristal.* ♦ **cristal líquido** (Quím.) líquido de origem orgânica em que o tom pode ser mudado de maneira eletrônica entre o preto e o branco.

cris.ta.lei.ra *s.f.* armário envidraçado para guardar cristais e outros objetos de mesa ou adornos.

cris.ta.li.no *s.m.* (Anat.) **1** parte do olho situada atrás da pupila, biconvexa e transparente: *Ele perdeu parcialmente a visão por causa de uma inflamação no cristalino.* ♦ *adj.* **2** de cristal; cristalizado: *A vitamina foi isolada em forma cristalina.* **3** em forma de cristal: *É um ímã molecular que possui uma estrutura cristalina.* **4** semelhante ao som do cristal; puro: *Seu timbre de voz é cristalino.* **5** límpido; claro; transparente: *lagoas cristalinas.* **6** que contém cristais: *planaltos cristalinos.* **7** sincero; aberto: *Discutiu de forma cristalina os rumos do partido.*

cris.ta.li.za.ção *s.f.* **1** processo de cristalizar(-se). **2** transformação em algo concreto; materialização: *O gesto de respeito é a cristalização do amor.* **3** aglomeração de cristais. **4** fixação; consolidação: *A pesquisa mostra também uma maior cristalização da intenção de voto.* **5** transformação em cristais; granulação: *a cristalização do sal.* **6** passagem de substância no estado líquido ou gasoso para o estado cristalino.

cris.ta.li.za.do *adj.* **1** transformado em cristal; que tem a contextura do cristal: *Fabricante trabalha com fibra cristalizada.* **2** preparado e envolto em calda de açúcar: *fruta cristalizada.* **3** consolidado; confirmado: *A recuperação ainda não estava cristalizada.* **4** estático; fixo; imutável: *A concepção do século XIX vê a biblioteca como instituição cristalizada.*

cris.ta.li.zar *v.t.* **1** transformar em algo concreto; materializar: *As artes visuais têm a capacidade de cristalizar ideias.* **2** fixar: *O compositor criou músicas e letras que cristalizaram um momento na história brasileira.* ♦ *pron.* **3** permanecer; consolidar-se; estabilizar-se: *A inflação se cristalizou em 4%.* ♦ *int.* **4** adquirir forma ou aparência de cristal: *O mel cristalizou.*

cris.ta.lo.gra.fi.a *s.f.* conjunto de conhecimentos relacionados com a forma, a estrutura e as leis que regem a formação dos cristais.

cris.tan.da.de *s.f.* **1** o conjunto dos cristãos: *O Papa Paulo VI dirigiu uma calorosa mensagem à cristandade.* **2** religião cristã; cristianismo: *O Santo Sudário é um precioso tesouro da cristandade.* **3** característica de quem é cristão; sentimento cristão: *momento histórico de cristandade.*

cris.tão *s.m.* **1** aquele que segue o cristianismo: *A comemoração do Natal absorve boa parte dos cristãos.* **2** (Coloq.) criatura; pessoa: *A terra tem tudo de que um cristão precisa.* ♦ *adj.* **3** que segue o cristianismo: *As comunidades cristãs são numerosas.* **4** pertencente ao cristianismo: *igrejas cristãs.* **5** próprio, característico do cristianismo: *O padre apelou para o nosso sentimento cristão.* // pl.: cristãos.

cris.tão-no.vo *s.m.* judeu convertido à fé cristã: *Seu avô, cristão-novo, continuava fiel aos ritos judaicos.* // Pl.: cristãos-novos.

cris.ti.a.nis.mo *s.m.* **1** conjunto das religiões baseadas nos ensinamentos, na pessoa e na vida de Jesus Cristo: *O cristianismo não é uma filosofia, mas uma religião.* **2** característica de quem é cristão: *Como pode a minha graciosa amiga conciliar seu cristianismo com essas ideias?*

cris.ti.a.ni.za.ção *s.f.* conversão ao cristianismo: *Os jesuítas vieram para a cristianização dos gentios.*

cris.ti.a.ni.zar *v.t.* converter à religião cristã; tornar cristão: *Os missionários lusitanos tinham a chance de cristianizar os japoneses.*

cris.to *s.m.* **1** designação única para Jesus, o filho de Deus para os cristãos. **2** imagem de Cristo crucificado: *Os Cristos foram criados a partir das madeiras que sobraram do incêndio.* **3** retrato, pintura representando Cristo: *Um cristo bizantino era a única decoração do recinto.* **4** redentor; salvador; messias: *Um novo cristo para salvar a humanidade.* ♦ **pra cristo** como vítima: *Pegaram o homem pra cristo!*

cri.té.rio *s.m.* **1** base para comparação, julgamento ou apreciação: *A lista deveria obedecer a um critério político.* **2** discernimento; prudência; juízo: *A idade e a experiência lhe dão critério para compreender a vida.* **3** capacidade para decidir; julgamento: *Aqui o espetáculo pode ser interrompido, a critério do ensaiador.*

cri.te.ri.o.so (ô) *adj.* **1** que tem critério; prudente: *Os condutores da economia são pessoas criteriosas.* **2** que revela discernimento; acertado; cuidadoso: *a escolha criteriosa dos servidores.* **3** minucioso; detalhado: *uma investigação criteriosa.*

crí.ti.ca *s.f.* **1** avaliação ou apreciação, especialmente de produções estéticas: *O filme não recebeu boas críticas.* **2** avaliação; análise: *Demonstrou uma segurança que já resiste a qualquer crítica.* **3** censura; juízo desfavorável: *Há críticas abertas a seu estilo popularesco.*

cri.ti.car *v.t.* **1** fazer a crítica de; analisar; apreciar: *O seu trabalho é criticar textos literários.* **2** julgar desfavoravelmente; censurar: *A elite também criticou a decisão do governo.* **3** apontar defeitos em alguém ou algo; falar mal: *Vive criticando os outros.*

cri.ti.cis.mo *s.m.* (Filos.) tendência a considerar a teoria do conhecimento como a base de toda a pesquisa filosófica. **2** julgamento; apreciação; crítica: *Esse criticismo da mídia em relação a todos é interminável.*

crí.ti.co s.m. **1** quem faz avaliação ou apreciação, especialmente de produção estética: *Conheço vários críticos de cinema.* **2** quem critica ou censura; quem condena: *os críticos do governo.* • *adj.* **3** que faz crítica; analítico: *o debate crítico das diferentes formas de discriminação.* **4** apreciativo; avaliativo: *um texto crítico sobre o regionalismo na literatura brasileira.* **5** máximo ou mínimo admissível: *O nível das águas atingiu um limite crítico.* **6** significativo; crucial; fundamental: *Este sexto sentido é o fator crítico para sua sobrevivência?* **7** que encerra críticas ou censura; condenatório: *Ela me examinou com olho crítico.* **8** difícil; embaraçoso; perigoso: *Resolvi intervir e abordar o assunto crítico.* **9** muito grave: *O paciente foi internado em estado crítico.* **10** que tem discernimento; que é capaz de estabelecer julgamentos: *A jovem tem espírito crítico.*

cri.var *v.t.* furar em muitos pontos; perfurar: *Crivaram de balas o veículo.*

crí.vel *adj.* em que se pode crer; acreditável: *Não parecia crível que um dia ele chegasse a essa idade.*

cri.vo s.m. **1** julgamento; avaliação crítica: *Todos os gastos devem passar pelo crivo do Congresso.* **2** bordado para o qual se prepara o pano tirando-lhe fios intercalados, na forma de grade; labirinto: *Os panos de crivo cobriam os dois almofadões.* • **passar pelo crivo** examinar ou ser examinado minuciosamente: *Eu passei pelo crivo do diretor.*

cro.a.ta s.2g. **1** quem é natural ou habitante da Croácia: *O croata e a croata seguiram rumos diferentes.* • *adj.* **2** natural ou habitante da Croácia (Europa): *soldado croata.* **3** da Croácia: *uma cidade croata na fronteira.*

cro.can.te s.m. **1** iguaria feita com castanha, nozes, amendoim etc. e açúcar caramelado que, ao ser mordido, faz ruído: *recheio de bombons de amêndoas e crocante.* • *adj.* **2** que faz um ruído seco ao ser mordido: *pequenos cubos de torrada crocante.*

cro.ché s.m. crochê.

cro.chê s.m. **1** trama feita à mão com agulha provida de um gancho na extremidade: *Aproveitavam a ocasião para fazer tricô e crochê.* **2** peça feita de crochê: *A mulher sobrevive vendendo crochê.* (Coloq.) • **fazendo crochê** aquele que fala e debate sobre muita coisa, mas que não chega a conclusões: *moça que vai ao baile e não consegue dançar.*

cro.ci.tar *v.int.* som produzido pelo corvo.

cro.co.di.lo s.m. **1** grande réptil aquático, carnívoro, de corpo comprido, pele espessa e boca cheia de dentes afiados. **2** o couro desse réptil: *A modelo usava sapato de crocodilo.* // Flexão de gênero: *o crocodilo macho; o crocodilo fêmea.*

croissant (cruaçã) (Fr.) s.m. pão francês de massa fina e amanteigada, em forma de crescente lunar: *Os croissants e a baguete são hábitos em Paris.*

cro.ma.do s.m. **1** peça feita ou revestida de cromo: *As motos se destacam no excesso de cromados.* • *adj.* **2** revestido de cromo: *cigarreira de metal cromado.*

cro.má.ti.co *adj.* **1** de cores; colorido: *explorações cromáticas pelo artista.* **2** de semitons: *Os choros nos comovem com seus bandolins e escalas cromáticas.*

cro.ma.ti.na s.f. substância existente no núcleo celular: *As proteínas são substâncias fundamentais da cromatina.*

cronometrar

cro.ma.tis.mo s.m. **1** combinação das cores: *As tintas fazem um cromatismo.* **2** sistema musical que utiliza a escala cromática. **3** propriedade de dispersão da luz. **4** propriedade que têm os corpos transparentes de dispersar e decompor a luz que passa através deles.

cro.ma.to.gra.fi.a s.f. técnica pela qual se separam os componentes de uma solução de misturas fluidas.

cro.ma.tó.gra.fo s.m. aparelho que analisa a curva de evaporação de combustíveis.

cro.mo (ô) s.m. **1** (Quím.) metal prateado, maleável, com um leve tom azulado. // Símb.: Cr; N. atôm.: 24. // **2** fita ou filme revestidos de liga desse metal: *Os cromos são revelados no processo C-41, utilizado para revelar filmes negativos.* **3** figura estampada em cores; estampa: *Enfeitei o caixote com papel de seda e cromos colados.* **4** couro tratado com cromo: *sapatos de cromo alemão.*

cro.mos.so.ma s.m. cromossomo.

cro.mos.so.mo s.m. (Biol.) unidade morfológica e fisiológica que contém a informação genética: *A espécie humana tem 23 pares de cromossomos.*

cro.mo.te.ra.pi.a s.f. emprego das cores como forma de tratamento de determinadas doenças.

crô.ni.ca s.f. **1** relato escrito de fatos ocorridos, feito em ordem cronológica: *a crônica dos primeiros reis portugueses.* **2** texto literário breve em prosa coloquial, sobre assuntos do cotidiano, comumente publicado na imprensa: *A repórter entregou a crônica ao secretário da redação.* **3** narrativa; relato: *crônica do ator.* **4** história: *Os historiadores até hoje temem lembrar certos fatos da crônica desse município.*

crô.ni.co *adj.* **1** que dura há muito tempo: *Existe o problema crônico de corrosão na adutora.* **2** que não tem fim; persistente; inveterado: *doente crônico.* **3** de longa duração, que não é aguda: *O homem sofria de azia crônica.*

cro.nis.ta s.2g. **1** quem faz crônica: *leitores apaixonados pelos cronistas da História.* **2** comentarista: *O menino tem recursos de cronista esportivo.* **3** colunista: *Um correspondente de guerra vai morar com o amigo, cronista social de TV.*

cro.no.gra.ma s.m. previsão de etapas de execução de um trabalho, com a indicação dos prazos de cada fase: *Um cronograma de treinos foi elaborado pelo preparador físico da seleção.*

cro.no.lo.gi.a s.f. **1** divisão do tempo e fixação de datas: *Esse método proporcionou uma cronologia que se estende ao longo de cerca de 2.000 anos.* **2** localização de eventos no tempo; sequência temporal: *O romance desrespeitou as leis de duração e a cronologia.*

cro.no.ló.gi.co *adj.* **1** que diz respeito à duração física objetiva: *Não há uma idade cronológica limite para a maturidade.* **2** temporalmente sequencial: *fotos de fases da construção, sem ordem cronológica.* **3** relativo a ou que envolve ordem temporal: *Reconheço que estou fugindo ao critério cronológico.*

cro.no.me.tra.gem s.f. **1** medição da duração de um evento por meio de cronômetro: *Nos 500 metros finais da pista, é feita a cronometragem.* **2** cálculo ou controle da duração: *O espetáculo teve a cronometragem exata.*

cro.no.me.trar *v.t.* marcar ou controlar a duração de: *Cronometrara o ato de comer pela duração da viagem de ônibus.*

cronometrista

cro.no.me.tris.ta *s.2g.* pessoa que maneja cronômetros.

cro.nô.me.tro *s.m.* instrumento mecânico de precisão, para medir intervalos de tempo com aproximação de décimos de segundo ou menos: *As polícias rodoviárias contarão com cronômetro para fiscalizar as estradas.*

crooner (crúner) (Ingl.) *s.2g.* cantor que integra uma banda, conjunto ou orquestra.

cro.que *s.m.* pancada na cabeça com o nó dos dedos; cocorote; coque; cascudo: *O menino levou uns croques na cabeça.*

cro.que.te (é) *s.m.* bolinho de carne, galinha, camarão etc., passado em farinha de rosca e frito.

cro.qui *s.m.* esboço à mão, em breves traços, de pintura, desenho, planta, projetos etc.: *O croqui do museu.*

cro.quis (croqui) (Fr.) *s.m.* croqui.

cros.ta (ô) *s.f.* **1** escama; casca: *As feridas na pele formam crostas.* **2** camada superficial e dura: *uma pequena rachadura na crosta continental africana.* **3** placa endurecida: *crostas de sal.*

cru *adj.* **1** que não foi cozido ou assado: *fatias de peixe cru.* **2** que não foi corado ou tingido: *manta de algodão cru.* **3** que não foi preparado ou tratado: *petróleo cru.* // Ant.: cozido. // **4** chocante; que fere: *O faz de conta ameniza a realidade crua.* **5** impiedoso; doloroso: *a face crua e miserável de nosso próprio desejo.* **6** cruel; cruento; sanguinário: *a mais crua bestialidade.* **7** grosseiro; chulo; demasiado livre: *Garotos que usam uma linguagem crua.* **8** que não tem maturidade: *O menino é ainda muito cru.*

cru.ci.al *adj.* **1** muito importante; fundamental; decisivo: *uma decisão crucial para o futuro do país.* **2** em forma de cruz.

cru.ci.an.te *adj.* torturante; martirizante: *A doença o atormentava com sofrimentos cruciantes.*

cru.ci.fi.ca.ção *s.f.* **1** suplício que consiste em fixação numa cruz: *a crucificação de Cristo.* **2** mortificação; tortura; suplício. **3** condenação; reprovação: *As letras de minhas músicas representam uma resposta à crucificação a que fui submetido.* **4** sofrimento; tormento: *terríveis crucificações mentais.*

cru.ci.fi.car *v.t.* **1** pregar na cruz; aplicar o suplício da cruz: *Se Cristo voltasse, seria novamente crucificado?* **2** atormentar, torturar: *Não sei se crucificávamos demais o colega.* **3** condenar; reprovar: *Começam a crucificar o político por causa das contas que mandou pagar.*

cru.ci.fi.xão /ks/ *s.f.* crucificação.

cru.ci.fi.xo /ks/ *s.m.* **1** imagem de Cristo pregado na cruz. • *adj.* **2** que se crucificou; crucificado.

cru.el *adj.* **1** perverso; mau: *Ele é o bandido cruel e inflexível dos filmes.* **2** em que há derramamento de sangue; sanguinolento; cruento: *a mais pura e cruel selvageria.* **3** desumano; impiedoso: *palavras cruéis.* // Ant.: clemente; bondoso. // **4** que fere os sentidos ou a sensibilidade; cru; chocante: *A cidade tem um lado cruel na periferia.* **5** duro; inclemente; rigoroso: *inverno cruel.*

cru.el.da.de *s.f.* **1** ato ou procedimento hediondo: *Matar era a maior de todas as crueldades.* **2** perversidade; maldade: *Um assunto impressiona pela crueldade da situação.* **3** crueza; grosseria: *O texto flui com ironia e crueldade.* // Ant.: clemência; bondade.

cru.en.to *adj.* **1** sanguinário; cruel: *uma das guerras mais cruentas dos últimos 50 anos.* **2** maldoso; perverso; impiedoso: *O país foi submetido a uma cruenta repressão militar.*

cru.e.za (ê) *s.f.* **1** crueldade; impiedade: *As imagens revelam a crueza das agressões.* **2** rudeza; grosseria: *A crueza dos seus versos, entretanto, reflete o que a população pobre e jovem pensa.*

cru.pe (Patol.) *s.m.* doença infecciosa caracterizada por respiração laboriosa e sufocativa.

cru.pi.ê *s.m.* empregado que, especialmente nos cassinos, dirige o jogo, paga e recolhe as apostas.

crus.tá.ce.o *s.m.* (Zool.) **1** espécime dos crustáceos: *O caranguejo é um crustáceo.* • *pl.* **2** classe de invertebrados antrópodes que têm o corpo coberto por uma crosta, dois pares de antenas e, muitas vezes, a cabeça e o tórax soldados.

cruz *s.f.* **1** antigo instrumento de suplício formado por duas peças atravessadas uma sobre a outra e ao qual eram amarrados ou pregados os condenados à morte: *Cristo morreu na cruz por nós.* **2** insígnia em forma de cruz: *uma cruz de brilhantes.* **3** sinal em forma de cruz: *Marcava o nome dos maus fregueses com uma cruz.* **4** símbolo da religião cristã: *Há uma cruz no palanque. Haverá missa campestre.* **5** castigo: *Talvez você seja a minha cruz.* **6** sofrimento; aflição; infortúnio: *a cruz do meu remorso.* • *interj.* **7** expressa espanto, surpresa, enfado: *Cruzes, que sujeira!* ♦ **em cruz** cruzado: *Desta praça partem, dispostas em cruz, as quatro ruas principais.*

cru.za *s.f.* **1** cruzamento; acasalamento: *Escolhem-se para a cruza os melhores touros.* **2** animal resultante de cruzamento: *A égua Índia é uma cruza de quarto de milha com puro-sangue inglês.*

cru.za.da *s.f.* **1** na Idade Média, expedição militar contra hereges ou infiéis. **2** campanha: *a grande cruzada pelas reformas.*

cru.za.do[1] *s.m.* **1** soco desferido enquanto o pugilista gira rápido para o lado do punho com que tenciona acertar o alvo: *O pugilista esteve perdido no ringue, cansando de errar ganchos e cruzados.* **2** antiga moeda. **3** unidade monetária do Brasil no período de 1986 a 1990. • *adj.* **4** que se cruza ou se cruzou: *linhas cruzadas.* **5** de um ser para outro: *fecundação cruzada interna – como nas lesmas.* **6** que vem de direções opostas: *Mais de 50 pessoas ficam no fogo cruzado.* **7** transversalmente: *O zagueiro chutou cruzado.*

cru.za.do[2] *s.m.* **1** quem tomou parte nas cruzadas, lutas pela libertação dos lugares santos. **2** quem luta por uma causa: *Ele sempre foi um cruzado na luta contra a fome.* • *adj.* **3** da época das Cruzadas: *um castelo cruzado.*

cru.za.dor (ô) *s.m.* **1** navio de combate, de tamanho médio, grande velocidade e raio de ação, e boa mobilidade. **2** lutador de boxe na categoria de peso até 86,18 kg: *O rapaz tenta de sorte entre os cruzadores.*

cru.za.men.to *s.m.* **1** acasalamento: *o cruzamento entre o reprodutor e a égua puro-sangue.* **2** encontro; confluência: *um movimento de vanguarda, ancorado no cruzamento das artes.* **3** combinação: *o cruzamento de diferenças de temperatura e pressão.* **4** mistura; caldeamento; miscigenação: *As três raças de cujo cruzamento resultou o início da formação do tipo bra-*

sileiro. **5** interceptação; interrupção do curso: *o ponto de cruzamento das duas retas*. **6** no futebol, lance longo e transversal da lateral para a área do gol do adversário: *O atacante aproveitou o cruzamento do colega e marcou gol*. **7** comparação; cotejo: *A expectativa é de que o cruzamento das contas telefônicas mostre os contatos do parlamentar com o advogado*. **8** cruz: *os pedaços de cipó que formam o cruzamento sobre o qual se tece o fundo das cestas*. **9** lugar em que duas ou mais vias se cortam; encruzilhada: *o cruzamento das avenidas*.

cru.zar *v.t.* **1** dispor em forma de cruz: *Cruzou os braços sobre a mesa*. **2** no boxe, desferir um cruzado: *O campeão avançou e cruzou a direita*. **3** ir além de; ultrapassar; atravessar: *Eu jamais tornaria a cruzar o umbral daquela porta*. **4** percorrer em diversos sentidos; passar por: *Já cruzei muitas vezes estas areias*. **5** fazer duas linhas paralelas sobre: *O examinador pega o cheque e cruza-o*. **6** acasalar: *O fazendeiro cruzou duas raças de gado*. **7** estar colocado de través: *Uma longa avenida, que cruzava com armazéns e mais armazéns*. **8** encontrar, vindo de sentidos opostos: *Atravessava, para não cruzar, na calçada, com gente inimiga*. **9** dar com; chocar-se; topar: *Seu olhar cruzou com o da moça*. **10** combinar: *O livro cruza a psicanálise com a investigação social*. • *pron.* **11** estar entrelaçado: *Meu destino se cruzava com o de um homem desconhecido*. **12** misturar-se; embaralhar-se: *As perguntas se cruzam, se confundem em seu cérebro*. • **cruzar os braços** deixar de agir ou de tomar atitude: *Deve a autoridade tolerar tudo isso e cruzar os braços?*

cru.zei.ro *s.m.* **1** cruz de grande dimensão: *No fim das duas quadras iniciais o cruzeiro de granito abre seus braços*. **2** antiga unidade monetária e moeda brasileira. **3** viagem de navio de passageiros, com turistas, em visita a vários portos: *500 pessoas embarcaram no cruzeiro para o Caribe*. **4** navegação feita em vários rumos, dentro de uma área limitada, para fins de policiamento das águas ou para observação de movimentos do inimigo.

cru.ze.ta (ê) *s.f.* peça transversal na extremidade de um eixo, uma haste ou um poste: *Uma cruzeta do poste quebrou por causa do vento*.

cu *s.m.* (Vulg.) ânus.

Cu *s.m.* (Quím.) símbolo do cobre.

cu.ba *s.f.* **1** vasilha, em geral de madeira; tina: *O líquido obtido era depositado numa cuba*. **2** pia: *cubas para banheiro em peça única*.

cu.ba.no *s.m.* **1** quem é natural ou habitante de Cuba: *O cubano se casou com a brasileira*. • *adj.* **2** de Cuba, América Central: *charutos cubanos*. **3** situado em Cuba: *cidade cubana*.

cú.bi.co *adj.* **1** em forma de cubo: *Eram peças cúbicas*. **2** em cubo: *A forma cúbica de cristaizinhos*. **3** elevado à terceira potência, tomado três vezes como fator: *motor turbo de 2.000 centímetros cúbicos*.

cu.bí.cu.lo *s.m.* **1** (Geom.) cômodo muito pequeno: *São 691 pessoas morando em cubículos de madeira*. **2** cela: *Cinco cubículos da penitenciária foram lacrados na última sexta*.

cu.bis.mo *s.m.* na pintura e escultura, tendência a decompor e representar geometricamente os objetos em sua totalidade, como se pudessem ser contemplados simultaneamente por todos os lados.

cuidar

cu.bis.ta *s.2g.* **1** quem é adepto ou seguidor do cubismo: *Os cubistas reduzem a aparência dos seres às linhas de sua estrutura*. • *adj.* **2** próprio do cubismo: *um quadro de estilo cubista*.

cu.bo *s.m.* **1** figura poliédrica regular com seis faces quadradas: *cubos coloridos de cristal*. **2** objeto com seis faces quadradas regulares: *pequenos cubos de torrada*. **3** (Mec.) peça onde se encaixa a extremidade do eixo dos carros: *O mecânico retira rolamento do cubo de roda*. **4** a terceira potência de uma variável: *Quanto é o cubo de três?*

cu.ca[1] *s.f.* (Coloq.) **1** cabeça; mente: *A culpa habita a cuca das pessoas*. **2** bicho-papão: *O menino viu na televisão muitos mitos como a cuca*.

cu.ca[2] *s.f.* bolo de origem alemã, feito com ovos, farinha, fermento, manteiga e coberto de açúcar.

cu.co *s.m.* **1** pequeno pássaro europeu que imita a voz de outros pássaros. **2** relógio em que as horas são dadas por um pequeno pássaro que canta: *Os suíços nos deram o cuco*. // Flexão de gênero: o cuco macho; o cuco fêmea.

cu.cur.bi.tá.cea *s.f.* (Bot.) **1** espécime das cucurbitáceas. • *pl.* **2** família de plantas rasteiras ou trepadeiras, de flores grandes ou pequenas, fruto em forma de baga, às vezes lenhosa.

cu.e.ca (é) *s.f.* peça íntima do vestuário masculino, usada sob as calças.

cu.ei.ro *s.m.* pano em que se enrola o corpo dos recém--nascidos, da cintura para baixo.

cui.a *s.f.* **1** vasilha pequena; cabaça: *No final, foi oferecido chá de canela em cuias de coco seco*. **2** cabaça adornada em que se prepara e se bebe o mate por meio de uma bombinha: *Começou a circular uma cuia de chimarrão*. **3** concavidade formada pela junção das palmas das mãos recurvadas: *Ela voltava da fonte com as mãos em cuia*.

cui.a.ba.no *s.m.* **1** natural ou habitante de Cuiabá (MT): *Os cuiabanos orgulham-se de sua cidade*. • *adj.* **2** relativo à Cuiabá: *um violeiro cuiabano*.

cu.í.ca *s.f.* (Bras.) instrumento feito com um pequeno barril, uma pele bem esticada numa das bocas, tendo presa no centro uma vara que se faz vibrar com a mão.

cui.da.do *s.m.* **1** precaução; cautela: *Outro cuidado que o vizinho pode tomar é ligar uma luz externa*. **2** zelo; tratamento: *Estava sob os cuidados do médico*. **3** capricho; esmero: *Os turistas ignoram as aulas que a guia prepara com tanto cuidado*. **4** atenção: *O estudante precisa ler esse texto com cuidado*. • *adj.* **5** esmerado; caprichado: *um egípcio de bigode negro e bem cuidado*. **6** que é tratado com zelo: *criança muito bem cuidada*. • *interj.* **7** usada para alertar contra um perigo: *Cuidado com o cara de jaqueta vermelha!* • **todo cuidado é pouco** usado para aconselhar extrema cautela ou atenção.

cui.da.do.so (ô) *adj.* **1** minucioso; detalhado; atencioso: *um cuidadoso acompanhamento psicoterapêutico*. **2** elaborado; caprichado: *roupas e visual cuidadosos*. **3** prudente; cauteloso: *Os movimentos serão lentos e cuidadosos*. **4** que toma cuidado; zeloso: *Alguns usuários têm sido pouco cuidadosos com os aparelhos*.

cui.dar *v.t.* **1** dar atenção: *Você precisa cuidar dessa tosse seca*. **2** tomar conta: *Já cuidei de uma quitanda*. **3** prestar atenção; observar: *Ela nos abandonou sem*

cuité

cuidar da nossa aflição. **4** procurar obter; providenciar: *Era bom cuidar, desde logo, de solução diferente.* **5** ocupar-se; tratar: *Vamos cuidar, apenas, da nossa vida.* **6** dispor-se a; procurar: *E cuidaria de observar se o rapaz não ia desconfiar de nada.* **7** pensar: *Não cuido nessas coisas de assombrações.* **8** julgar; supor: *Mas cuidei, então, que seu olhar se detinha em mim.* **9** atentar: *Cuidei para contar a história de maneira intrigante.* ◆ *pron.* **10** tomar cuidados com relação à aparência ou saúde: *E essa barriga? Você não se cuida mais?* **11** prevenir-se; acautelar-se; proteger-se: *Ele quer te prejudicar. Vê se te cuida.*

cui.té *s.m.* cuia: *Pôs um pouco de chá no cuité.*

cu.jo *s.m.* **1** (Deprec.) a pessoa de quem se fala: *Ficaria para ver se o cujo havia mesmo aprendido a lição.* ◆ *pron. relativo.* **2** indica que o antecedente é possuidor daquilo que expressa o nome a que se refere: *Obra de um autor genial, cujo nome era um mistério.*

cu.la.tra *s.f.* **1** o fundo do cano de arma de fogo: *O policial segurou a culatra no ombro.* **2** parte de trás; retaguarda; rabeira: *Na culatra fica o chefe da comitiva.*

cu.li.ná.ria *s.f.* **1** a arte de cozinhar: *Livros de culinária invadem as lojas.* **2** conjunto de iguarias de uma localidade, região, país: *O ministro gostaria de experimentar a culinária local.*

cu.li.ná.rio *adj.* **1** referente à culinária: *Progresso culinário acompanha a história de Florença.* **2** de cozinha: *segredos culinários guardados durante séculos.*

cul.mi.nân.cia *s.f.* auge; apogeu: *O ator vive a culminância da carreira.*

cul.mi.nan.te *adj.* **1** mais sério; mais importante: *O nosso programa chega ao ponto culminante de toda a história.* **2** mais alto: *O ponto culminante do Brasil é o Pico da Neblina.*

cul.mi.nar *v.t.* chegar ao auge; atingir o ponto culminante: *O processo culminou com o grampeamento do telefone do réu.*

cu.lo.te (ó) *s.m.* **1** calça larga na parte de cima e justa a partir do joelho, usada especialmente para montaria. **2** gordura localizada do quadril: *A cantora procurou o hospital para fazer uma lipoaspiração do culote.*

cul.pa *s.f.* **1** delito; falta; transgressão: *A culpa não pode mais ser punida, devido ao tempo passado.* **2** pecado: *O maestro da guerra parece determinado a expiar suas culpas.* **3** consciência de falta ou pecado; remorso: *As adolescentes passaram a usar microssaias sem culpa.* **4** responsabilidade: *O jogador não tinha culpa pelo acidente.* **5** defeito; falha; imperfeição: *um homem cuja grande culpa consiste em ter amado as mulheres.* ◆ **culpa no cartório** estar implicado em delito ou falha.

cul.pa.bi.li.da.de *s.f.* característica de quem tem culpa: *Através de um duelo, decidiu sobre a culpabilidade ou inocência de uma pessoa.*

cul.pa.do *adj.* **1** quem tem culpa: *A apuração dos culpados pelo massacre é inviável.* **2** quem é responsável: *Não somos culpados pela alta da inflação.* ◆ *adj.* **3** que tem culpa: *Seu filho se declarou culpado das acusações.*

cul.par *v.t.* **1** incriminar; inculpar; responsabilizar: *Os jogadores não devem culpar o juiz pela perda do título.* **2** apontar como causa: *Há os que culpam a televisão pela violência.* ◆ *pron.* **3** declarar-se culpado: *Quando perdia, o goleiro ficava se culpando.* **4** atribuir-se culpa: *Os humanos tendem a se culpar pela degradação do meio ambiente.*

cul.po.so (ô) *adj.* **1** em que há culpa: *um certo ar culposo.* **2** não intencional: *homicídio culposo.*

cul.ti.va.do *adj.* **1** que se cultivou: *O replantio deve atingir 30% da área cultivada.* **2** gerado ou desenvolvido por métodos artificiais: *pérola cultivada.* **3** desenvolvido; difundido: *o estudo dos mitos cultivados pelos povos indígenas.* **4** apurado; refinado: *cultivado senso de humor.* **5** educado; culto: *O Brasil possui gente cultivada e crítica.*

cul.ti.var *v.t.* **1** tomar os cuidados necessários para tornar fértil e produtivo: *Cada um cultiva o próprio lote de terra.* **2** fazer nascer e desenvolver: *As moças cultivavam legumes e verduras.* **3** fazer por conservar; manter: *Ele cultiva relações com o poder.* **4** fazer desenvolver-se: *Eles cultivam essa fama no meio religioso.* **5** cultuar: *Os povos antigos cultivavam ídolos.* ◆ *pron.* **6** desenvolver-se; aperfeiçoar-se; evoluir: *Com o tempo a própria humanidade se cultiva.*

cul.ti.vo *s.m.* **1** plantio; cultura: *O marido trabalha no cultivo de cana-de-açúcar.* **2** criação: *o cultivo de carpas.* **3** culto; respeito: *o cultivo do passado.* **4** estímulo ao crescimento: *É próprio do homem sábio o cultivo da clareza.*

cul.to[1] *s.m.* **1** adoração ou homenagem à divindade em qualquer de suas formas e em qualquer religião: *A finalidade das igrejas é praticar e desenvolver o culto religioso.* **2** cerimônia de adoração ou homenagem à divindade; ritual; rito: *culto em comemoração ao Natal.* **3** cultivo: *culto aos valores tradicionais.* **4** homenagem; preito: *culto à memória dos pracinhas.* **5** prática fervorosa; exercício: *Essa gente se dedica ao culto da violência.* **6** adoração; veneração: *culto dos nossos ídolos.*

cul.to[2] *adj.* **1** instruído; ilustrado: *Era um homem culto, talentoso.* **2** civilizado; adiantado: *Aquele país rico e culto enfrenta a mesma crise do Estado que nós.* **3** próprio das classes mais escolarizadas: *a língua culta.*

cul.tor (ô) *s.m.* quem admira; quem reverencia ou presta culto: *Ele era um cultor da Pátria e dos seus símbolos sagrados.*

cul.tu.ar *v.t.* **1** render culto: *Eles cultuam o poder divino.* **2** praticar: *Alguns países cultuam o modelo socialista do partido único.* **3** apreciar muito: *cultuar a beleza.* **4** estimular o crescimento de; cultivar: *Os ciganos cultuam a aura de mistério e misticismo que os envolve há séculos.*

cul.tu.ra *s.f.* **1** ação de cultivar (a terra ou certas plantas); cultivo: *a cultura da terra.* **2** sistema de ideias, conhecimentos, técnicas e artefatos, de padrões de comportamento e atitudes que caracterizam determinada sociedade: *rica cultura popular.* **3** estado ou estágio do desenvolvimento de um povo ou de um período, caracterizados pelo conjunto das obras, instalações e objetos criados pelo homem desse povo ou período; civilização: *Sócrates marcou seu século e a cultura até hoje.* **4** terreno para cultivo: *O lado esquerdo do rio é a cultura mais apropriada às lavouras de café e cana.* **5** conjunto de plantas que se cultivam. **6** meio nutritivo preparado para o desenvolvimento de micro-organismos: *As primeiras penicilinas foram isoladas a partir de culturas de fungos.*

cupinzeiro

cul.tu.ral *s.m.* **1** tudo o que é próprio de uma cultura: *Temos de evitar certa dependência entre o natural e o cultural.* • *adj.* **2** próprio de uma cultura: *os traços culturais do Brasil.* **3** de instrução; de saber: *As duas têm exatamente a mesma formação cultural.* **4** de ou para formação ou desenvolvimento intelectual: *O catolicismo constitui um agente cultural.*

cul.tu.ris.mo *s.m.* modelagem do corpo mediante exercícios: *Alguns atletas praticam o culturismo.*

cul.tu.ris.ta *s.2g.* pessoa adepta do culturismo.

cum.bu.ca *s.f.* **1** (Bras.) recipiente feito de uma cabaça à qual se corta a parte superior: *Os números eram sacados um a um da cumbuca.* **2** vasilha: *massas servidas em cumbucas de barro.*

cu.me *s.m.* **1** ponto mais alto de um monte; cimo; píncaro: *Havia neve no cume das montanhas.* **2** ponto mais importante; auge; clímax: *O cume da ópera está no começo.*

cu.me.ei.ra *s.f.* parte mais alta do telhado.

cúm.pli.ce *s.2g.* **1** quem é o coautor ou parceiro de crime: *A testemunha apontou os dois cúmplices no assassinato.* • *adj.* **2** solidário: *Uma sociedade na qual as pessoas sejam mais cúmplices, mais fraternas.* **3** conivente, anuente: *O deputado era cúmplice do plano.* **4** que ajuda a elaborar; coautor: *O cantor é cúmplice de toda essa ideia de pop brasileiro.*

cum.pli.ci.da.de *s.f.* **1** solidariedade: *Contribuir pressupõe alguma cumplicidade.* **2** companheirismo; amizade: *Já havia entre nós uma verdadeira cumplicidade.* **3** colaboração; parceria; coautoria: *dois acusados de cumplicidade no crime.* **4** associação; vínculo: *A minissérie estabeleceu uma cumplicidade com o público.* **5** conivência; anuência; concordância: *cumplicidade histórica entre a mídia e o poder político.*

cum.pri.dor (ô) *adj.* que cumpre ou executa: *O cliente era pessoa honesta e cumpridora dos seus compromissos.*

cum.pri.men.tar *v.t.* **1** dirigir ou fazer cumprimentos; saudar: *Atílio cumprimentou-nos apressado.* **2** homenagear; apresentar votos de felicidade: *Venho cumprimentá-lo pelo seu aniversário.* **3** fazer elogios; elogiar; louvar.

cum.pri.men.to *s.m.* **1** gesto de cortesia; saudação: *O presidente e o senador trocaram abraços e cumprimentos.* **2** elogio; louvor: *Os meus cumprimentos pelo brilhantismo do futebol apresentado.* **3** desempenho; execução: *o cumprimento de seu dever.* **4** obediência; submissão: *o cumprimento de prazos.* // Cp.: comprimento.

cum.prir *v.t.* **1** satisfazer; realizar: *Os vereadores cumpriram (com) sua promessa.* **2** executar; desempenhar: *A lei cumpriu o dever fundamental.* **3** sujeitar-se a: *Ele cumpriu três anos e meio de prisão.* **4** ser da responsabilidade: *Não cumpre a nós resolver esse problema.* • *pron.* **5** realizar-se; verificar-se: *A profecia se cumpriu.* • *int.* **6** ser necessário; convir: *Cumpre, agora, evitar que novos problemas surjam.*

cu.mu.lar *v.t.* concentrar numa só pessoa; acumular; encher: *A leitora me cumula de receitas culinárias.*

cu.mu.la.ti.vo *adj.* **1** que se acumula ou que acumula uma coisa sobre outra; aditivo: *um imposto cumulativo.* **2** simultâneo; acumulado: *prestação cumulativa e contínua de serviços.* **3** progressivo; seriado: *O progresso da ciência é considerado como um desenvolvimento cumulativo.*

cú.mu.lo *s.m.* **1** exagero; extremo: *O detetive chegava ao cúmulo de ignorar a composição do sistema solar.* **2** ponto mais alto; grau máximo; auge: *A proposta é o cúmulo da hipocrisia.* **3** grande nuvem branca constituída de elementos que lembram flocos de algodão: *As nuvens gordas e fofas foram chamadas de cúmulos.* ♦ **para cúmulo de** usado para se referir a um evento que acentua a gravidade ou dificuldade de uma situação: *Para cúmulo do azar, não acordara a tempo.*

cu.nei.for.me *adj.* constituído de sinais triangulares, em forma de cunha: *escrita cuneiforme.*

cu.nha *s.f.* **1** peça de ferro ou de madeira, cortada em ângulo agudo, que se introduz em brecha para partir ou para servir de calço. **2** parte cortante de uma ferramenta, em forma de ângulo agudo: *A cunha da plaina tinha ponta muito comprida.* **3** formação triangular: *A cavalaria inimiga formava uma cunha.* **4** diferença entre duas grandezas: *A diferença entre o que o trabalhador recebe e o que a empresa paga é a chamada cunha fiscal.* **5** subterfúgio para burlar uma lei ou uma regra estabelecida; brecha: *Essa emenda é uma cunha introduzida na Constituição.*

cu.nhã *s.f.* (Reg. N) **1** mulher: *E a cunhã deitou-lhe os olhos de amêndoa.* **2** criada; empregada: *as casas cheias de mucamas e cunhãs.*

cu.nha.do *s.m.* irmão de um dos cônjuges em relação ao outro ou o esposo em relação ao irmão ou irmã de sua esposa.

cu.nha.gem *s.f.* **1** fabricação com cunho: *A utilização de ouro para a cunhagem de moedas oficiais acabou.* **2** criação; formação: *a cunhagem de vocábulos.*

cu.nhar *v.t.* **1** imprimir cunho em: *Em Roma, cunhavam-se moedas.* • *pron.* **2** formar(-se); criar(-se); definir(-se): *Já está se cunhando uma nova geração de desportistas.*

cu.nhe.te *s.m.* caixote de madeira para munição de guerra.

cu.nho *s.m.* **1** marca em relevo impressa por placa de ferro: *O cunho foi colocado como sinal da quantidade do metal.* **2** placa de ferro para marcar moedas e medalhas. **3** caráter; feitio; tipo: *Este é um projeto de cunho social.*

cu.pê *s.m.* **1** antigo veículo fechado, de duas portas, puxado a cavalo; carruagem. **2** automóvel de duas portas.

cu.pi.dez (ê) *s.f.* cobiça; avidez: *Ele foi movido pela cupidez.*

cu.pi.do *s.m.* (Mit.) o deus alado do amor, representado com arco e flechas.

cú.pi.do *adj.* ávido; sôfrego; cobiçoso: *Olhar sádico e cúpido, vive sempre à custa dos outros.* // Cp.: cupido.

cu.pim *s.m.* **1** inseto que destrói madeira, papel e outros materiais: *O prédio está ameaçado pelos cupins.* **2** cupinzeiro (de terra). **3** corcova de boi, especialmente do zebu: *Bezerros com orelhas caídas e cupim têm preços mais baixos.*

cu.pin.cha *s.2g.* (Coloq.) amigo; companheiro; comparsa: *Os cupinchas eram favorecidos.*

cu.pin.zei.ro *s.m.* habitação de uma colônia de cupins: *Os chimpanzés usam gravetos para tirar cupins de cupinzeiros.*

cupom

cu.pom *s.m.* **1** papel impresso com a relação das mercadorias compradas e de seu preço unitário e global: *Está valendo apenas o cupom fiscal.* **2** pequena cédula numerada que confere certos direitos a seu portador; tíquete: *cupom de pedágio.*

cu.pu.a.çu *s.m.* (Bras. Bot.) **1** árvore amazônica, de flores vermelhas. **2** fruto dessa árvore, grande, oblongo, de casca grossa e marrom, de cuja polpa branca se fazem sucos, cremes e sorvetes.

cú.pu.la *s.f.* **1** cobertura convexa, externa e geralmente hemisférica: *a cúpula de alumínio da Matriz estava brilhando ao sol intenso.* **2** cobertura de luminárias: *a cúpula do abajur.* **3** conjunto das pessoas mais graduadas de uma instituição: *a cúpula do governo.* **4** parte mais importante ou relevante: *a cúpula da empresa.*

cu.ra *s.m.* **1** vigário de paróquia pequena: *Ele era padre, cura de uma aldeia da província.* • *s.f.* **2** restabelecimento da saúde: *Vivo com a expectativa da cura.* **3** tratamento eficiente: *Ainda não foi descoberta a cura para esse vírus.*

cu.ra.dor (ô) *s.m.* **1** pessoa que, judicial ou legalmente, zela pelos bens e pelos interesses de incapazes ou de instituições: *curador de menores.* **2** curandeiro: *No sertão há curadores de enfermidades.* • *adj.* **3** que zela judicial ou legalmente por bens ou interesses de incapazes ou de instituições: *conselho curador.*

cu.ra.do.ri.a *s.f.* **1** órgão que zela pelos bens ou interesses de certas instituições: *As casas foram lacradas a mando da curadoria do Estado.* **2** responsabilidade pela organização e manutenção (de acervo): *curadoria da exposição de fotografias.*

cu.ran.dei.ris.mo *s.m.* prática de cura por meio de métodos como rezas ou feitiçarias.

cu.ran.dei.ro *s.m.* **1** quem cura sem habilitação específica, geralmente por meio de rezas e feitiçarias: *Uma curandeira foi chamada para desfazer o feitiço.* • *adj.* **2** que cura; curador: *Tenho uma amiga curandeira.*

cu.rar *v.t.* **1** restabelecer a saúde de; livrar de doença: *As habilidades de um médico podiam curar seu paciente.* **2** fazer sarar: *Esta planta cura a febre.* **3** fazer curativo; medicar. **4** acabar com; remover; afastar: *O livro ensina como curar teimosia.* **5** secar ao sol ou no fumeiro: *A carne foi curada ao sol.* • *pron.* **6** recuperar a saúde; sarar: *Pessoas otimistas têm mais condições de se curarem.*

cu.ra.re *s.m.* **1** veneno muito violento, de ação paralisante, extraído da casca de certos cipós. **2** extrato preparado de várias espécies vegetais e que contém um alcaloide muito venenoso.

cu.ra.ti.vo *s.m.* **1** aplicação local de remédios em feridas ou incisões para facilitar a regeneração dos tecidos: *Curativos, limpeza e coleta de material são rotinas desse ambulatório.* **2** (tentativa de) solução: *O curativo deve vir por intermédio de um banco da Califórnia.* **3** conjunto dos elementos que entram nessa aplicação (remédios, gaze, ataduras, adesivos etc.): *Em alguns dias, ele tira os curativos do braço.* • *adj.* **4** relacionado com a cura; de cura: *a medicina curativa.*

cu.rau *s.m.* (Bras.) creme doce feito com milho verde ralado.

cur.do *s.m.* **1** natural ou habitante do Curdistão. • *adj.* **2** relativo ao Curdistão.

cu.re.ta (ê) *s.f.* (Med.) instrumento cirúrgico que serve para raspagem.

cu.re.ta.gem *s.f.* (Med.) raspagem com cureta.

cú.ria *s.f.* **1** antiga subdivisão de tribos romanas. **2** tribunal religioso dos bispados: *Fez uma busca nos arquivos da cúria diocesana.* **3** o mais alto tribunal da Igreja Católica; corte pontifícia: *Ele era um homem da cúria.*

cu.ri.al *adj.* **1** relativo ou pertencente a cúria. **2** normal; conveniente; sensato: *Parece curial lavar as frutas antes de consumi-las.*

cu.ri.bo.ca (ó) *s.2g.* caboclo.

cu.rim.ba *s.m.* (Bras. Zool.) curimbatá.

cu.rim.ba.tá *s.m.* peixe de água doce, escamoso, que se alimenta de vegetais, sobretudo de lodo.

cu.rin.ga *s.m.* **1** carta de baralho que não tem valor fixo, podendo substituir qualquer outra. **2** aquilo que cabe em qualquer combinação; aquilo que tem várias utilidades: *Este vestido é um curinga para a noite.* **3** no esporte, pessoa que joga em muitas posições: *Um curinga entrará em quadra só para defender.*

cu.ri.ó *s.m.* (Bras.) pequeno pássaro preto com abdome vermelho e mancha branca nas asas.

cu.ri.o.si.da.de *s.f.* **1** característica de quem é curioso. **2** desejo irreprimível de conhecer os segredos alheios; bisbilhotice; indiscrição: *A casa vizinha despertou minha curiosidade.* **3** originalidade; singularidade: *Uma curiosidade na formação da banda é a presença de dois japoneses e um brasileiro.* **4** informação interessante e original: *curiosidades artísticas.* **5** desejo de ver, conhecer ou aprender: *Tenho curiosidade de saber como é o sistema de governo.* **6** aquilo que é raro ou interessante; raridade: *Dentro das curiosidades arquitetônicas, um prédio em estilo vitoriano.*

cu.ri.o.so (ô) *s.m.* **1** quem tem curiosidade: *Limitava-se a sacudir os ombros com um sorriso que irritava os curiosos.* **2** quem participa de um evento como espectador, embora não tenha interesse pessoal: *praça quase vazia de curiosos.* • *adj.* **3** interessante; surpreendente; notável: *Contou-me coisas curiosas de sua vida.* **4** original; raro; diferente: *Amigos que possuem uma curiosa particularidade: jamais se encontram.* **5** interessado em: *Estou curiosa de/por saber como é o casamento.* **6** intrometido; bisbilhoteiro: *Era uma mulher curiosa.*

cu.ri.ti.ba.no *s.m.* **1** natural ou habitante de Curitiba. • *adj.* **2** relativo à Curitiba.

cur.ra *s.f.* (Coloq.) estupro praticado por mais de um indivíduo.

cur.ral *s.m.* **1** lugar onde se recolhem ou guardam animais: *O rapaz o ajudava a ordenhar as vacas no curral.* **2** cercado para pesca: *Criação de vastos currais onde se desenvolveriam espécies escolhidas de pescados.*

cur.ra.lei.ro *s.m.* **1** boi pouco produtivo, resultante do cruzamento de gado gir com guzerá. **2** gado que fica em curral. **3** trabalhador de curral. • *adj.* **4** mestiço: *Havia um excesso de bezerros curraleiros.* **5** que fica em curral: *Não havia pastos plantados, mas era boa a criação de gado curraleiro.*

cur.rar *v.t.* (Coloq.) estuprar; violentar.

cur.ri.cu.lar *adj.* **1** do currículo escolar: *Os estados já aderiram à mudança curricular.* **2** referente à formação e experiência profissional: *informações curriculares detalhadas.*

cur.rí.cu.lo *s.m.* **1** conjunto das disciplinas constantes de um curso. **2** conjunto de dados referentes a quem se candidata a um emprego, concurso ou curso de pós-graduação de uma faculdade: *O professor tinha um currículo vasto e produtivo.* **3** reputação: *A empresa é considerada excelente e tem um currículo conceituado.*

curry (cârri) (Ingl.) *s.m.* pó fino usado como condimento e feito com uma mistura de especiarias picantes: *O curry vermelho leva pelo menos uma dúzia de pimentas malaguetas.*

cur.sar *v.t.* seguir estudos de; estudar: *O estudante quer cursar engenharia aeronáutica.*

cur.si.lho *s.m.* (Rel.) movimento da Igreja Católica que promove encontros para orientar católicos adultos na reflexão sobre fatos fundamentais da fé cristã e suas consequências práticas.

cur.si.nho *s.m.* (Bras.) curso que prepara candidatos aos exames de ingresso na universidade; curso pré-vestibular.

cur.si.vo *s.m.* **1** letra cursiva: *No século XIV escrevia-se em cursivo minúsculo.* • *adj.* **2** traçado de maneira rápida e contínua: *escrita cursiva.*

cur.so *s.m.* **1** fluxo; movimento numa direção; corrente: *o curso das águas.* **2** rumo; direção: *Só ele mesmo pode mudar o curso de sua vida.* **3** desenvolvimento; sequência: *Havia em curso uma campanha de desmoralização.* **4** ensino de um conjunto de matérias de acordo com um programa traçado: *O rapaz fez cursos nos Estados Unidos.* **5** prosseguimento; andamento: *E não havia lugar melhor para dar livre curso a uma paixão.* ◆ **curso de água** água corrente que pode constituir um riacho, um ribeirão ou um rio. **de longo curso** experiente: *É capitão de longo curso.*

cur.sor (ô) *s.m.* **1** em diversos instrumentos de medição, peça que corre ao longo de outra: *Aplica-se a placa na planta dos pés e o cursor na cabeça, para medir a altura da criança.* **2** (Inf.) no computador, sinal luminoso com que se localiza a busca desejada; seta.

cur.ta-me.tra.gem *s.m.* filme de curta duração, mais ou menos dez minutos, rodado para fins artísticos, educativos ou comerciais: *O filme* Terra Estrangeira *dividiu o prêmio com um curta-metragem francês.* // Pl.: curtas-metragens.

cur.ti.ção *s.f.* (Coloq.) **1** ato ou efeito de curtir; curtimento. **2** prazer; diversão: *Michel corre apenas por curtição.* **3** tudo o que se pode desfrutar ou apreciar: *Gostaria de ver as minhas curtições preferidas?*

cur.ti.men.to *s.m.* tratamento de pele de animal com substâncias químicas ou orgânicas a fim de transformá-la em couro.

cur.tir *v.t.* **1** preparar couro ou pele de animais para evitar apodrecimento: *O trabalho dele é curtir couro.* **2** (Coloq.) sofrer; padecer: *Ruim é ficar em casa curtindo fome.* **3** aguentar os efeitos de: *O cantor curtiu períodos de exílio.* **4** (Coloq.) gozar; desfrutar: *Fui curtir a primavera no campo.* **5** apreciar; gostar: *Há pessoas que curtem o lado poderoso da vida.* • *int.* **6** enrijar; secar: *Via as mantas de couro curtindo ao sol.*

cur.to *adj.* **1** que dura pouco; rápido; breve: *Pode haver curtos períodos de sol.* **2** escasso; insuficiente: *Meu dinheiro era curto.* **3** limitado: *Que criatura de inteligência curta!* **4** lacônico: *Eram comentários curtos.* ◆ **curto e grosso** brusco; rude: *Ele foi curto e grosso na resposta.*

cuspir

cur.to-cir.cui.to *s.m.* ligação de condutores por onde passa uma corrente com uma resistência quase nula; curto. // Pl.: curtos-circuitos.

cur.tu.me *s.m.* lugar onde se curtem couros.

cu.ru.mim *s.m.* menino, normalmente indígena: *Os capuchinhos batizavam os curumins com nomes cristãos.*

cu.ru.pi.ra *s.m.* (Folcl.) ente fantástico que habita as matas e apresenta-se como um índio com os pés voltados para trás: *O curupira defende as matas.*

cu.ru.ru *s.m.* **1** (Folcl.) dança de roda, com cantoria, palmas e sapateado: *Cururu e siriri são danças folclóricas.* **2** sapo de grande porte e pele enrugada.

cur.va *s.f.* **1** superfície ou forma arredondada: *a curva do ombro.* **2** curvatura; arqueamento: *A fumaça arrastava-se em curva caprichosa.* **3** linha em forma de arco: *A modista desenhava as curvas das cavas.* **4** linha que liga pontos previamente cotados, em gráficos demonstrativos ou estatísticos. **5** trecho sinuoso; volta: *Surgiu na curva do caminho um homem a cavalo.* **6** volta; curvatura: *Não faça curvas em alta velocidade.* **7** modulação: *A complicada curva melódica daquela sinfonia.*

cur.var *v.t.* **1** tornar curvo; dobrar; arquear: *Curvou a barra de ferro.* **2** inclinar para diante ou para baixo: *Minha mãe curva a cabeça.* • *pron.* **3** submeter-se; sujeitar-se; ceder: *Não necessitamos de nos curvar à moda.* • *int.* e *pron.* **4** dobrar(-se), inclinar(-se): *Meu corpo (se) curvou para a frente.*

cur.va.tu.ra *s.f.* **1** inclinação; reverência: *As velhinhas da igreja fizeram uma curvatura discreta.* **2** forma curva ou em arco: *As teclas devem possuir uma curvatura côncava, facilitando o toque.*

cur.vi.lí.neo *adj.* **1** que segue uma linha curva; em forma de curva; curvo: *os traços curvilíneos do caricaturista.* **2** que tem curvas: *corpo curvilíneo.*

cur.vo *adj.* **1** que não é ereto; arqueado; curvado: *O adolescente caminhava meio curvo para a frente.* **2** cheio de voltas; tortuoso: *caminhos curvos e iluminados.*

cus.co *s.f.* (Reg. RS) cão pequeno, de raça ordinária; vira-lata.

cus.cuz *s.m.* **1** prato originário do Norte da África, feito de semolina cozida no vapor e que se serve com diversos tipos de carnes e legumes cozidos, com bastante molho e condimentos. **2** iguaria doce feita com tapioca, leite, leite de coco e coco ralado. **3** bolo salgado feito de farinha, geralmente de milho ou de arroz, sardinha, camarão ou galinha, e cozido no vapor.

cus.pe *s.m.* pequena porção de saliva: *Havia um pouco de cuspe nos lábios.*

cus.pi.da *s.f.* emissão de cuspe; jato de cuspe: *O técnico levou umas cuspidas.*

cús.pi.de *s.f.* **1** ponta; extremidade; vértice: *As paredes laterais terminavam em cúspides muito agudas.* **2** saliência do dente que corta ou mói o alimento.

cus.pi.nhar *v.t.* cuspir repetidamente e pouco de cada vez: *A criança cuspinhou as sementes no prato.*

cus.pir *v.t.* **1** lançar fora; expelir: *uma impressora capaz de cuspir algumas centenas de cópias por edição.* **2** desrespeitar. **3** lançar cuspe; atingir com cuspe: *O torcedor teve a coragem de cuspir no juiz.* • *int.* **4** deitar fora cuspe ou saliva: *Criança adora cuspir.* ◆ **cuspir no prato em que se come** ser ingrato; retribuir mal um benefício recebido: *Hoje você cospe no prato em que comeu.*

custa

cus.ta *s.f.* **1** dispêndio; despesa. **2** custo; despesas. ♦ **à custa** de (i) graças a: *Venceu na vida à custa do próprio esforço.* (ii) às expensas: *Gozam de mordomia à custa do povo.*

cus.tar *v.t.* **1** ter preço; valer; importar: *Fechadura quádrupla custa mais caro.* **2** ser custoso; ser difícil: *Custava conciliar a lembrança do rapazinho com a figura pálida à sua frente.* **3** causar; ocasionar: *Isso é algo que custou tortura e agonia para a humanidade.* • *int.* **4** ser difícil; ter ou apresentar dificuldade: *Não custa alertar.* ♦ **custar os olhos da cara** ser muito caro: *O quadro custava os olhos da cara.* **custe o que custar** a qualquer preço; de qualquer forma: *É preciso elevar o salário mínimo, custe o que custar.*

cus.tas *s.f. pl.* despesas feitas em processo judicial.

cus.te.ar *v.t.* arcar com as despesas de; pagar: *A ideia é atrair empresas para custear as obras.*

cus.tei.o *s.m.* financiamento; pagamento das despesas: *Há verba para o custeio da obra.*

cus.to *s.m.* **1** aquilo que se gasta ou gastou; despesa: *O custo da educação é muito alto.* **2** valor em dinheiro; preço: *O custo médio da cesta em dezembro foi o maior.* **3** dispêndio: *As reformas preveem alto custo social.* **4** sacrifício; dificuldade: *Foi um custo encontrar a roupa certa.* ♦ **a qualquer/todo custo** de qualquer maneira: *Os dois times querem a vitória a qualquer custo.* **custo de vida** (Econ.) índice que mede a variação de preços de bens e serviços consumidos pela população em determinada localidade e em período específico para avaliar o poder de compra dos salários e o valor real da moeda. **de custo** (i) financeiro: *ajudas de custo.* (ii) que não inclui o lucro: *preço de custo.*

cus.tó.dia *s.f.* **1** guarda; proteção; vigilância: *O caixote com as armas está em um quartel, sob custódia da Justiça.* **2** peça de ouro ou prata em que se expõe a hóstia consagrada; ostensório: *A peça mais valiosa da capela era uma pequena custódia.* **3** lugar onde se conserva alguém detido; casa de detenção: *Ele está preso na custódia municipal.*

czarista

cus.to.di.ar *v.t.* manter sob custódia; guardar; vigiar: *São os bancos que custodiam os cheques pré-datados.*

cus.to.so (ô) *adj.* **1** que custa muito caro; dispendioso: *A educação é um trabalho árduo e custoso.* **2** difícil: *Torna-se tarefa custosa achar vagas nos hotéis durante o Carnaval.*

cu.tâ.neo *adj.* da pele: *moléstias cutâneas.*

cu.te.la.ri.a *s.f.* **1** técnica de fabricação de facas: *as novidades da cutelaria.* **2** a produção gerada com essa técnica, tomada no seu conjunto: *A cutelaria brasileira tem boa aceitação no exterior.* **3** fábrica de facas: *Comprou uma cutelaria e espera ficar rico.* **4** loja onde se vendem facas e instrumentos de corte.

cu.te.lo (ê) *s.m.* **1** instrumento cortante de ferro, de forma semicircular. **2** facão de lâmina curta e larga usado por açougueiro para cortar carne, ossos etc.

cu.ti.a *s.f.* (Bras. Zool.) animal roedor de pequeno porte, de pelo marrom e patas curtas.

cu.tí.cu.la *s.f.* **1** película que se destaca da pele em torno das unhas. **2** película. **3** camada impermeável protetora: *A parte externa da folha é coberta pela cutícula.*

cu.ti.la.da *s.f.* golpe de cutelo, espada ou equivalente.

cú.tis *s.f.* pele humana; epiderme; tez: *Mantenha a cútis sempre fresca e sadia.*

cu.tu.ca.da *s.f.* (Bras.) **1** ação de cutucar; toque de leve: *Recebi uma cutucada nas costelas.* **2** provocação: *A primeira cutucada foi recebida em silêncio pelo partido da oposição.*

cu.tu.cão *s.m.* (Bras.) cutucada.

cu.tu.car *v.t.* (Bras.) **1** tocar de leve: *A menina cutuca o irmão.* **2** remexer: *Ele cutucou a ferida.*

czar *s.m.* monarca e depois imperador da antiga Rússia: *O czar exigiu a retirada das tropas.*

cza.ri.na *s.f.* título que se dava, na Rússia imperial, à imperatriz.

cza.ris.mo *s.m.* **1** sistema político em vigor na Rússia no tempo dos czares. **2** período da história russa em que reinavam os czares.

cza.ris.ta *s.2g.* partidário do czarismo. • *adj.* do czarismo.

d s.m. **1** quarta letra do alfabeto português. **2** som da consoante *d*. **3** quarto, numa série indicada por letras. • *num.* **4** em maiúscula, símbolo químico do deutério.

da *prep.* de + o *art.* a ou *pron.* demonstrativo de 3ª pes. sing. a: *Chegou da rua alegre.*

dá.blio s.m. nome da letra w.

da.da.ís.mo s.m. movimento literário iniciado em 1916 pelo escritor francês Tristan Tzara, e cujo princípio básico era o apelo ao subconsciente.

dá.di.va s.f. presente; dom: *A Deus daremos contas sobre a conservação de tão grande dádiva.*

da.di.vo.so (ô) *adj.* benemérito; generoso; pródigo: *este país, tão grande e dadivoso.*

da.do[1] s.m. **1** indício, informação ou antecedente por meio do qual se pode entrar no conhecimento de algum assunto: *Falou, falou, mas não acrescentou nenhum dado novo.* **2** elemento conhecido que serve à solução de um problema: *Os dados colhidos já são suficientes para a análise.* • *adj.* **3** gratuito: *Peguem, que a mercadoria é dada.* **4** que se dá bem com os outros; afável; tratável: *uma mocinha muito dada.* **5** aplicado; disparado: *um golpe bem dado.* **6** empenhado: *palavra dada.* **7** habituado: *um homem dado à vida noturna.* **8** oferecido; concedido: *o crédito dado ao cliente.* **9** transmitido: *recado dado.* ✦ **dado que** visto que: *O homem não nos recebeu, dado que estava de luto.*

da.do[2] s.m. peça cúbica, de madeira, osso, marfim etc., marcada em cada uma das faces com pontos, de 1 a 6, usada em certos jogos.

da.guer.re.ó.ti.po s.m. **1** aparelho precursor das modernas máquinas fotográficas, criado pelo inventor francês Jacques Daguerre (1787-1851): *Era uma foto muito antiga, tirada com um daguerreótipo.* **2** imagem produzida por esse aparelho.

da.í *prep.* de + *adv.* aí. **1** desse lugar: *Desça daí, menino.* **2** desse motivo: *Mudou-se para o Mato Grosso; daí, tomou o rumo da selva.* **3** desse momento: *A partir daí pôs a maquinar uma vingança.* **4** depois de: *Daí a dias, ele apareceu novamente em casa.* **5** por causa disso; por isso: *Você me disse que era muito inconstante, lembra-se? Daí essa necessidade de renovar sempre.* ✦ **e daí?** desqualifica uma opinião; qual o problema?: – *Mas você compra os ovos depois.* – *E daí?*

dai.qui.ri s.m. coquetel preparado com rum, gelo picado, suco de limão e açúcar.

da.lai-la.ma s.m. chefe supremo dos lamas tibetanos.

da.li *prep.* de + *adv.* ali: *Queria sair dali.*

dá.lia s.f. flor ornamental, de vários tamanhos e cores, sem perfume.

dál.ma.ta s.f. **1** raça de cães de pelo branco com pintas pretas. • *s.2g.* **2** natural ou habitante da Dalmácia. • *adj.* **3** relativo a Dalmácia, região situada na costa oriental do mar Adriático.

dal.tô.ni.co s.m. **1** pessoa que sofre de daltonismo: *Daltônicos totais não devem guiar carro.* • *adj.* **2** que sofre de daltonismo: *pessoa daltônica.*

dal.to.nis.mo s.m. incapacidade congênita para distinguir certas cores, principalmente o vermelho e o verde: *A menina sofre com seu daltonismo.*

da.ma s.f. **1** mulher fina e educada: *Dulce é uma grande dama.* **2** mulher importante e que ocupa posição de destaque: *Ela é a grande dama do teatro brasileiro.* **3** figura feminina do baralho: *a dama de paus.* **4** no jogo de xadrez, a peça mais importante depois do rei, por mover-se mais livremente; rainha: *O jogador deve saber mover bem a dama.* • *pl.* **5** jogo, em tabuleiro, com 12 peças pretas e 12 brancas: *Não sei jogar damas.* ✦ **primeira-dama** esposa de chefe de Estado.

da.ma-da-noi.te s.f. flor branca e perfumosa que se abre normalmente à noite. ✦ **dama de companhia** mulher cujo trabalho é fazer companhia a alguém ou cuidar de alguém. **dama de honra** menina ou moça que acompanha a noiva no casamento. //Pl.: damas-da-noite.

da.mas.co s.m. **1** fruto carnoso e aromático, de casca fina e aveludada, amarelo-avermelhado quando maduro, com caroço arredondado: *geleia de damasco.* **2** tecido de seda com flores em relevo, outrora fabricado em Damasco, na Síria: *colcha de damasco.*

da.na.ção s.f. **1** ato ou efeito de danar. **2** maldição: *E a bruxa falava danações na beira do caldeirão.* **3** condenação às penas eternas: *A danação é consequência da vida em pecado.* **4** mal; desgraça: *Trabalhar não é danação.* **5** perturbação; excitação: *Berrava forte, quase perdido na danação da cólera.*

da.na.do *adj.* **1** hábil; jeitoso; esperto; inteligente: *Rapaz danado como ele saberá consertar o rádio.* **2** amaldiçoado; condenado; danificado. **3** furioso; irado.

da.nar *v.t.* **1** causar dano; danificar; estragar: *A geada danou o café.* **2** corromper; perverter: *Más companhias danaram o rapaz.* **3** irritar; encolerizar; enfurecer: *O vozerio danou os cães.* • *int.* **4** estragar-se; danificar-se: *As espigas danaram(-se) com as chuvas.* ✦ **para danar** muito; bastante: *Andar carregando peso é cansativo para/pra danar.*

dan.ça s.f. **1** arte de dançar: *O nosso passado de palco, de dança, de nada nos serve.* **2** movimento rítmico: *a dança das abelhas.* **3** oscilação; variação: *a dança por que tem passado a moeda.* ✦ **dança do ventre** dança típica da cultura muçulmana, caracterizada por

dançante

movimentos rítmicos do ventre nu: *A dança do ventre é parte tão integrante do Egito quanto o rio Nilo.*
dan.çan.te *adj.* **1** próprio para a dança: *músicas dançantes.* **2** que se caracteriza pela atividade da dança: *À noite vamos a uma sociedade dançante.*
dan.çar *v.t.* **1** executar ritmicamente passos e outros movimentos com o corpo ao som de uma música; bailar: *dançar uma valsa.* **2** bailar: *Tirou a moça para dançar.* • *int.* **3** movimentar-se; mexer-se: *Folhas dançam no vento da tarde.* **4** (Coloq.) sair-se mal: *Quem marca bobeira dança.*
dan.ça.ri.no *s.m.* **1** quem dança: *Dançarinos trabalham em casas noturnas.* **2** que dança bem: *Ele é um bom dançarino.*
dan.ce.te.ri.a *s.f.* casa noturna, onde se dança.
dân.di (Ingl.) *s.m.* indivíduo que se veste com muito requinte; almofadinha: *Afinal, ele era um intelectual de verdade ou um dândi superficial?*
dan.dis.mo *s.m.* **1** maneiras de dândi. **2** insignificância; futilidade: *Deixaram de lado o dandismo, dedicando-se às obras assistenciais.*
da.ni.fi.ca.ção *s.f.* **1** estrago; dano: *liquidação de produtos com pequenas danificações.* **2** destruição; estrago: *a danificação da estátua.* **3** deterioração: *a danificação da camada de ozônio.*
da.ni.fi.car *v.t.* **1** causar dano; estragar: *Ele foi acusado de danificar um quadro da exposição.* • *int. e pron.* **2** sofrer danos; estragar-se: *A plantação danificou(-se) com as chuvas.*
da.ni.nho *adj.* que causa dano; nocivo: *O gafanhoto é um animal daninho.*
da.no *s.m.* estrago; prejuízo: *Ele afirmou que não houve danos ao helicóptero britânico.*
da.no.so (ô) *adj.* nocivo; prejudicial; daninho: *A geada trouxe consequências danosas para a lavoura.*
dan.tes *prep.* de + *adv.* antes. **1** antes: anteriormente: *O juiz relatou fatos nunca dantes revelados.* **2** outrora; antigamente: *Nosso relacionamento nunca mais será como dantes.*
dan.tes.co (ê) *adj.* **1** de grandes proporções; terrível: *O espetáculo dantesco da miséria cria uma angústia interminável.* **2** relativo a Dante e às cenas por ele descritas no "Inferno" da *Divina Comédia.*
da.que.le (ê) *prep.* de + *pron.* aquele.
da.quém *prep.* de + *adv.* aquém.
da.qui *prep.* de + *adv.* aqui.
da.qui.lo *prep.* de + *pron.* aquilo.
dar *v.t.* **1** executar para ser visto ou ouvido: *dar um recital.* **2** produzir: *Esta árvore dá frutos deliciosos.* **3** constituir; formar: *Os artigos deram um livro.* **4** fazer presente; presentear: *Deu à noiva um anel de brilhantes.* **5** favorecer; beneficiar: *dar ajuda aos pobres.* **6** consagrar; dedicar: *dar horas de seu trabalho à pesquisa.* **7** confiar; incumbir: *Difícil missão foi dada a nós!* **8** fazer adquirir; imprimir: *dar têmpera ao aço.* **9** atribuir; conferir: *dar muito valor ao dinheiro.* **10** ministrar; servir (comida, bebida, medicamento): *A enfermeira deu o comprimido ao paciente.* **11** ceder; oferecer; emprestar: *Deu seu lenço para a viúva chorosa.* **12** consentir; permitir: *dar licença ao funcionário para sair.* **13** transmitir: *O professor deu aos alunos noções de Geometria.* **14** causar; provocar; despertar: *Andar pelas ruas dá medo aos pedestres.* **15** sacrificar: *Deu a vida pelos filhos.* **16** pagar: *Deu pelo livro vinte reais.* **17** aplicar batendo; acertar: *Deu um pontapé.* **18** perceber; notar: *Foi o primeiro que deu pelo fogo.* **19** dar pancada; bater: *O pai deu no filho sem dó.* **20** resultar; redundar: *As ameaças deram em nada.* **21** ir de encontro; bater: *dar com o joelho na quina da cama.* **22** encontrar; topar; deparar: *Deu com o irmão mexendo na sua gaveta.* **23** estar voltado; ter comunicação; ter vista: *O quarto dá para o quintal.* **24** ser possível: *Da janela dava para ouvir a conversa.* **25** ter vocação: *Não dava para os estudos.* **26** considerar; reputar: *Deram o irmão como morto.* • *int.* **27** soar: *Deram nove horas.* • *pron.* **28** ter relacionamento: *dar-se (bem) com os vizinhos.* **29** sentir-se; achar-se: *Não me dou bem aqui.* **30** considerar-se: *Deu-se por satisfeito com os resultados.* ♦ **dar a louca** ser atacado de grande agitação; agir como louco: *Deu a louca no rapaz.* **dar a entender** insinuar: *Ela deu a entender que estava grávida.* **dar à luz** parir: *Deu à luz uma menina.* **dar as cartas** mandar: *Aqui dou as cartas.* **dar baixa** (i) concluir o serviço militar ou ser dele excluído: *O soldado já deu baixa.* (ii) anotar a saída de mercadoria: *Deu baixa na mercadoria vendida.* **dar brecha** facilitar; ensejar: *Quero abordá-la, mas ela não dá brecha.* **dar com a língua nos dentes** cometer indiscrição ao falar. **dar com os burros n'água** ser malsucedido; cair em desgraça. **dar conta do recado** cumprir uma obrigação satisfatoriamente; ser capaz de fazer algo: *Essa lavadora dá mesmo conta do recado.* **dar de cara com** encontrar repentinamente. **dar em cima** assediar: *Ele dava em cima da garota.* **dar margem** ensejar: *Não quero dar margem a comentários.* **dar murro em ponta de faca** insistir inutilmente. **dar na telha** vir à mente: *Falo sempre que me der na telha.* **dar na vista** evidenciar-se, despertar a atenção. **dar nome aos bois** revelar a identidade; nomear: *Conto tudo, mas não dou nome aos bois.* **dar no mesmo** ter o mesmo resultado, não apresentar nenhuma diferença. **dar no pé** fugir: *O garoto pegou a revista e deu no pé.* **dar o braço a torcer** abrir mão de uma opinião previamente defendida, por reconhecê-la errônea: *Não quer dar o braço a torcer porque sempre foi contra o casamento.* **dar o fora** ir embora: *Vá saindo, dê o fora daqui.* **dar o golpe** enganar: *Acha que vou te dar o golpe?* **dar o golpe do baú** fazer casamento por interesse: *Ela vai dar o golpe do baú, casando-se com um milionário.* **dar o sangue** dedicar-se intensamente: *Dava o sangue àquele projeto.* **dar o troco** revidar: *Foi traído, mas pretendia dar o troco.* **dar ouvidos** acreditar; prestar atenção. **dar para o gasto** ser suficiente; bastar. **dar para trás** recuar: *O negócio deu pra trás.* **dar pé** ser possível: *Ara, deixe de histórias. Assim não dá pé.* **dar por si** perceber: *Quando deu por si, estava noivo.* **dar por terra** acabar: *Meu negócio deu por terra.* **darem-se as mãos** unirem-se: *É dando-se as mãos que a gente ajuda o mundo.* **dar-se ao luxo** permitir-se: *O turista dava-se ao luxo de tomar doze garrafas de refrigerante.* **dar-se ao trabalho** preocupar-se; incomodar-se: *Nem precisam dar-se ao trabalho de praticar exercícios.* **dar sinal de vida** aparecer: *Esperei duas horas,*

debilitar

mas o diretor não deu sinal de vida. **dar tempo ao tempo** esperar pacientemente: *Tudo há de se ajeitar. Vamos dar tempo ao tempo.* **dar uma de** agir como; imitar: *Dei uma de repórter.* **dar uma mão** auxiliar: *Vamos lá dar uma mão para o velho.* **dar (um) duro** trabalhar intensamente; esforçar-se: *Estou dando um duro danado nos treinos.* **dar um fora** dizer coisas inconvenientes. **dar um pulo** ir a algum lugar, voltando rapidamente: *Vou dar um pulo ao bar.* **dar voz de prisão** declarar a prisão: *O cabo deu voz de prisão ao baderneiro.* **não dar a mínima** não atentar; não se preocupar: *Eu não dava a mínima para a minha filha.* **para o que der/desse e vier/viesse** para tudo quanto possa acontecer: *Estamos aqui para o que der e vier.*

dar.de.jar *v.t.* **1** atingir com dardo: *O índio dardejou o inimigo.* **2** desferir ou emitir raios sobre: *O sol dardejava as fachadas das casas.* **3** desferir ou lançar rapidamente (como se fosse dardo): *Ambos dardejavam olhares odiosos.* ◆ *int.* **4** cintilar; brilhar: *O sol dardeja na tarde quente.* **5** movimentar-se rapidamente: *E a língua ferina dardejava.*

dar.do *s.m.* arma de arremesso delgada, curta e com ponta aguçada de ferro.

dar.wi.nis.mo *s.m.* teoria evolucionista do naturalista inglês Charles Darwin (1809-1882), segundo a qual todos os seres vivos teriam a mesma origem.

da.ta *s.f.* época determinada; dia, mês e/ou ano: *Ela insistia em marcar a data do casamento.* ◆ **de longa data** velho; antigo: *amigos de longa data.*

da.ta-ba.se *s.f.* data em que anualmente entram em vigor alterações nas condições de trabalho de uma categoria profissional, negociadas entre o sindicato e os empregadores: *Trabalhadores aguardam a reposição salarial na próxima data-base.* // Pl.: datas-bases e datas-base.

da.ta.ção *s.f.* determinação da data ou da época: *a datação precisa dos projetos.*

da.ta.dor (ô) *s.m.* aparelho que imprime datas sucessivas; carimbo datador.

da.tar *v.t.* **1** colocar a data: *datar cartas.* **2** atribuir idade: *datar os fósseis com segurança.* **3** ter como marco de existência determinada data: *Seus trabalhos datam do século passado.*

da.ti.lo.gra.far *v.t.* escrever à máquina: *Preciso datilografar uma carta.*

da.ti.lo.gra.fi.a *s.f.* técnica de escrever à máquina: *Aquele senhor fez curso de datilografia.*

da.ti.ló.gra.fo *s.m.* quem exerce a atividade de escrever à máquina como profissão: *Ele não quis que um datilógrafo profissional fizesse o trabalho.*

da.ti.los.co.pi.a *s.f.* identificação das pessoas por meio das impressões digitais.

da.ti.los.co.pis.ta *s.2g.* **1** especialista em datiloscopia. **2** o encarregado de recolher impressões digitais.

da.ti.vo *s.m.* (Gram.) **1** caso gramatical que, em línguas como o latim e o grego, indica geralmente a função de complemento indireto: *O estudante tentava distinguir entre o dativo e o ablativo.* ◆ *adj.* **2** nomeado pelo juiz: *Para o caso foi nomeado advogado dativo.*

de *prep.* Relaciona dois termos da oração indicando. **1** origem: *fugir de casa.* **2** lugar; em: *dor de dente.* **3** tempo passado: *conhecido de longa data.* **4** percurso; por: *suor escorrendo do rosto.* **5** destinação ou finalidade; para: *lápis de sobrancelha.* **6** causalidade; devido a: *fugir de medo.* **7** preço: *rosas de três reais.* **8** estado ou condição; como: *Minha mãe trabalhava de empregada.* **9** meio; por: *viajar de trem.* **10** instrumento; com: *Observavam a corrida de binóculos.* **11** posse: *o papagaio da vizinha.* **12** conteúdo; com: *xícara de leite.* **13** próprio de: *um olhar de galã.* **14** matéria; feito de: *bolo de chocolate.* **15** assunto; sobre: *falar de política.* **16** introduz complemento: *gostar de chá; desejoso de carinho.* **17** usada para pôr em evidência o objeto de lamentação: *o pobre do rapaz;* **18** feito por: *os doces de minha tia.*

dê *s.m.* nome da letra *d*: *O alfabeto começa com a, bê, cê, dê.*

de.bai.xo *adv.* **1** em plano inferior: *Jogou os detritos pela janela, sem cuidar que haveria gente debaixo.* **2** em condição inferior: *Desde que deixou o governo, tem-se sentido muito debaixo.* ◆ **debaixo de** (i) em plano inferior, sob: *O anel estava debaixo do sofá.* (ii) por trás; sob: *Trazia insígnia de seu cargo debaixo da lapela.* (iii) em posição de sujeição, dependência ou proteção de: *Apresentou-se a juízo debaixo de vara.*

de.bal.de *adv.* em vão; inutilmente: *Ele tentou, debalde, reconquistar a mulher.*

de.ban.da.da *s.f.* fuga coletiva; dispersão: *A fumaça ocasionou debandada geral.*

de.ban.dar *v.t.* **1** pôr em debandada; fazer fugir: *debandar os manifestantes.* ◆ *pron.* **2** pôr-se em debandada; fugir: *Na seca, os nordestinos começaram a debandar-se para o sul.*

de.ba.te *s.m.* **1** discussão: *debate sobre os problemas.* **2** altercação: *Houve debate entre parlamentares.* **3** discussão para exames de assuntos importantes, mal aclarados.

de.ba.te.dor (ô) *s.m.* quem participa de discussão, debate: *Os debatedores apresentaram o tema.*

de.ba.ter *v.t.* **1** discutir: *O professor debateu a situação atual com os alunos.* **2** lutar; pelejar. ◆ *pron.* **3** agitar-se: *O animal ainda se debatia quando olhei.*

de.be.lar *v.t.* dominar; vencer; extinguir: *A sociedade faz esforços para debelar a inflação.*

de.bi.car *v.t.* **1** tirar ou picar com o bico: *Os pássaros debicam a casca.* **2** comer pequena porção; provar: *A mocinha debicou um creme de nozes.* **3** caçoar; zombar; provocar: *O menino debicava de seu pai.*

dé.bil *adj.* **1** sem vigor; fraco: *A doença deixara-o débil.* **2** pouco resistente; frágil: *Naquele país, a débil chama da paz começa a ficar mais firme.* **3** sem energia; frouxo: *Reagiu de modo débil às provocações.*

de.bi.li.da.de *s.f.* falta de vigor ou de energia; fraqueza; fragilidade: *Pesquisas recentes confirmam a debilidade econômica daquela nação.* ◆ **debilidade mental** atraso do desenvolvimento intelectual, congênito ou adquirido.

de.bi.li.ta.ção *s.f.* enfraquecimento: *A recessão causou a debilitação do sistema bancário.*

de.bi.li.tar *v.t.* **1** tornar débil; enfraquecer: *As manobras tinham o objetivo de debilitar a posição do adversário.* ◆ *pron.* **2** tornar-se débil; enfraquecer-se: *A repressão penal tenderá a debilitar-se cada vez mais.*

debiloide

de.bi.loi.de (ói) *s.2g.* (Deprec.) pessoa tonta; mentecapto: *O sucesso vem porque não falo com crianças como se fossem uns debiloides.*

de.bi.que *s.m.* ato de debicar; motejo; zombaria: *Quem está comigo não serve de debique para ninguém.*

de.bi.tar *v.t.* **1** lançar em débito; lançar na conta devedora: *Os juros serão debitados na conta corrente.* **2** atribuir: *Não se pode debitar esta crise apenas ao recente estatuto da empresa.*

dé.bi.to *s.m.* **1** dívida: *Não conseguiu saldar o débito.* **2** deficiência: *Quando há débito de oxigênio no sangue, a resistência cai.*

de.bla.te.rar *v.t.* **1** exprimir-se com veemência contra alguém ou algo: *Indignado, deblaterava contra a demissão arbitrária do empregado.* • *int.* **2** vociferar; clamar: *É um homem irritadiço: deblatera muito ao ler os jornais.*

de.bo.char *v.t.* fazer deboche; fazer pouco caso; escarnecer: *Já tinha achado estranho ele espezinhar e debochar da equipe adversária.*

de.bo.che (ó) *s.m.* escárnio; ironia: *Aquele rapaz usa tom de deboche para falar com outros.*

de.bru.ar *v.t.* guarnecer com debrum; ornar em volta; enfeitar: *debruar o casaco com um viés.*

de.bru.çar *v.t.* **1** pôr-se de bruços; inclinar-se sobre: *Toda a tarde debruçava à janela.* **2** dedicar-se ao trabalho ou a determinada atividade: *Ela debruça sobre os livros.*

de.brum *s.m.* fita que se cose dobrada sobre a orla de um tecido; dobra: *Usava um tubinho preto com debruns brancos.*

de.bu.lhar*v.t.* separar os grãos da espiga. ♦ **debulhar-se em lágrimas** chorar muito.

de.bu.tan.te *s.2g.* **1** quem se inicia numa atividade profissional: *Era debutante no emprego.* • *s.f.* **2** garota que se inicia na vida social: *baile de debutantes.* • *adj.* **3** estreante; novato: *Trabalhou na peça como atriz debutante.*

de.bu.tar *v.int.* iniciar-se na vida social ou profissional: *Com quinze anos as meninas estão prontas para debutar.*

dé.ca.da *s.f.* período de dez anos; decênio: *Ao contrário das previsões do início da década, houve crescimento da economia.*

de.ca.dên.cia *s.f.* degradação; declínio; queda: *A modernização tecnológica evita a decadência de uma empresa.*

de.ca.den.te *adj.* decrépito; em declínio; ultrapassado: *Era uma casa de chá decadente, mas simpática.*

de.ca.den.tis.mo *s.m.* tendência literária e artística dos fins do século XIX que se caracterizou pelo pessimismo e pelo tédio; decadismo: *O romance às avessas, de J.-K. Huysmans, foi a bíblia do decadentismo.*

de.ca.í.do *adj.* **1** decadente: *Depois da greve, o diretor agiu como um rei decaído.* **2** deteriorado: *Projetos para recuperar o decaído centro da cidade.* **3** enfraquecido: *Os agricultores estão recuperando solos decaídos.*

de.ca.ir *v.int.* **1** sofrer diminuição; baixar; enfraquecer: *O poder aquisitivo do trabalhador decaiu.* **2** ir-se aproximando do fim: *Decaía a tarde.* **3** passar a uma situação ou condição inferior: *O homem começou a decair por esbanjar oportunidades.*

de.cal.car *v.t.* **1** transferir um desenho ou outra imagem gráfica de uma superfície a outra, por compressão de uma contra a outra. **2** reproduzir; imitar: *A jovem decalcava os gestos de seu ídolo.*

de.cal.co.ma.ni.a *s.f.* transposição de imagens ou desenhos coloridos de um papel para outra superfície, comprimindo-os e retirando-os depois de umedecidos: *Os princípios de cartografia e de decalcomania propõem a distinção entre o mapa e o decalque.*

de.ca.li.tro *s.m.* medida de capacidade equivalente a 10 litros.

de.cal.que *s.m.* **1** desenho ou imagem que se transfere para uma superfície: *Vai tirar um decalque do chassi e solicitar o pedido de segunda via.* **2** papel ou objeto de onde a figura é transferida: *Aplica-se o decalque na pele e passa-se o bronzeador.*

de.ca.na.to *s.m.* cada uma das três divisões, em dez graus, dos signos do zodíaco: *o terceiro decanato do signo de Sagitário.*

de.ca.no *s.m.* **1** membro mais velho ou mais antigo de uma classe ou corporação: *O decano dos índios era o pajé.* **2** professor mais antigo num departamento universitário.

de.can.tar *v.t.* **1** fazer separar-se, pela ação da gravidade, partículas sólidas de uma mistura líquida ou gasosa: *Criar uma represa para decantar o minério e devolver somente água limpa.* **2** purificar; depurar: *É preciso decantar sua linguagem.* • *pron.* **3** purificar-se: *A água decanta-se ao passar pelo filtro.*

de.ca.pi.tar *v.t.* **1** cortar fora a cabeça de; degolar: *Lampião foi decapitado.* **2** eliminar a cabeça de; anular a ação ou o poder de um chefe, instituição de governo etc.: *Decapitar o interventor não traria constrangimento para a equipe.*

de.cas.sí.la.bo *s.m.* **1** verso de dez sílabas. • *adj.* **2** que tem dez sílabas.

de.ca.tlo *s.m.* (Esport.) conjunto de dez provas de atletismo, constituído de corrida de velocidade, saltos (em distância, em altura e com vara) e lançamentos (de peso, de disco e de dardo).

de.cên.cia *s.f.* dignidade de comportamento; decoro; compostura: *Ultrapassou qualquer limite de decência.*

de.cê.nio *s.m.* cada um dos dez períodos que compreendem o século: *No último decênio, a renda per capita diminuiu.*

de.cen.te *adj.* **1** decoroso; digno; correto: *É um moço decente.* **2** adequado; conforme; conveniente: *Agiu de modo decente na recepção.* **3** asseado; limpo: *A cozinha era modesta, mas decente.*

de.ce.par *v.t.* cortar, separando do corpo de que faz parte; seccionar: *Contemplaram a possibilidade de decepar a cabeça do criminoso.* **2** pôr termo a; eliminar: *É possível estabelecer o controle dos preços sem decepar a economia.*

de.cep.ção *s.f.* desilusão; malogro; desapontamento: *João teve uma decepção ao não ver seu nome na lista dos aprovados.*

de.cep.ci.o.nan.te *adj.* que causa decepção: *Foi decepcionante o número de espectadores no estádio.*

de.cep.ci.o.nar *v.t.* **1** causar decepção; desiludir: *Os jogadores prometem não decepcionar a torcida.* •

decorrer

pron. **2** experimentar decepção; desiludir-se: *Quem for ao museu pode decepcionar-se com a exposição.*

de.cer.to *adv.* certamente; com certeza: *O constituinte decerto pensou numa nação sem meninos de rua.*

de.ci.bel *s.m.* unidade de medida da intensidade das ondas sonoras.

de.ci.dir *v.t.* **1** resolver; deliberar: *O comerciante decidiu fechar seu posto de gasolina.* **2** emitir julgamento; concluir: *Uma reunião para decidir se serão convocadas eleições.* **3** optar; escolher: *Meu maior problema era decidir entre o futebol e o basquete.*

de.ci.fra.ção *s.f.* desvendamento; revelação: *A Pedra de Roseta permitiu a decifração dos hieróglifos.*

de.ci.frar *v.t.* desvendar; revelar; interpretar: *Quem consegue decifrar o mistério ganha um passeio de helicóptero.*

de.ci.gra.ma *s.m.* unidade de medida de peso equivalente à décima parte do grama: *A quantidade máxima de álcool no sangue deve ser sete decigramas por litro.*

de.ci.li.tro *s.m.* unidade de medida de capacidade, equivalente à décima parte do litro: *A taxa de colesterol ideal deve ser menor do que 180 miligramas por decilitro.*

de.ci.mal *adj.* que tem por base o número dez: *frações decimais.*

dé.ci.mo *num.* **1** que ocupa a posição do número dez: *décimo aniversário.* **2** que corresponde a uma fração de um todo dividido por dez partes iguais: *Cada parte da unidade dividida em dez partes iguais se chama um décimo.* **3** fração de um todo dividido por dez partes iguais: *trinta e oito graus e dois décimos.*

de.ci.são *s.f.* **1** resolução; deliberação: *Tomaram as decisões mais acertadas.* **2** sentença; julgamento: *A decisão do júri foi pela pena máxima.*

de.ci.si.vo *adj.* que impõe uma decisão; de decisão: *Aprendemos a controlar os nervos nas horas decisivas.*

de.cla.ma.ção *s.f.* recitação: *Nos saraus daqueles velhos tempos havia música, declamação e dança.*

de.cla.mar *v.t.* recitar em voz alta; dizer com arte: *declamar uma poesia.*

de.cla.ra.ção *s.f.* **1** manifestação oral ou escrita; anúncio; relação: *declaração de bens.* **2** documento em que tal manifestação é feita: *A Declaração de Independência dos Estados Unidos está em Washington.*

de.cla.ran.te *s.2g.* quem declara alguma coisa ou depõe em juízo: *declarante de Imposto de Renda.*

de.cla.rar *v.t.* **1** revelar: *declarar seu amor à namorada.* **2** informar oficialmente: *declarar seus rendimentos ao Imposto de Renda.* **3** revelar-se enamorado: *declarar-se à namorada.* **4** emitir julgamento; sentenciar: *Os rebeldes declararam abolida a propriedade privada.*

de.cli.na.ção *s.f.* **1** ato de declinar. **2** inclinação; declive. **3** declínio; decadência. **4** (Gram.) nas línguas flexivas como o Latim, modificação das desinências dos substantivos, adjetivos e pronomes, segundo o gênero, o número e o caso.

de.cli.nar *v.t.* **1** dizer; enunciar; revelar: *Reservo-me o direito de apenas declinar seus nomes.* **2** (Gram.) enunciar as flexões de caso: *declinar um adjetivo latino.* **3** não aceitar; rejeitar: *Infelizmente declino do amável convite.* • *int.* **4** enfraquecer; debilitar-se: *Suas capacidades vitais começam a declinar.* **5** perder a intensidade; diminuir: *As taxas de juros tendem a declinar de forma gradual.* **6** abaixar-se; descer: *O Sol declina no horizonte.*

de.clí.nio *s.m.* **1** queda; abaixamento: *Nós esperamos um grande declínio nas taxas de juros.* **2** desaceleração; regressão: *Os negócios entraram em declínio.* **3** decadência: *A peça apresenta uma mulher de astúcia em seu declínio.*

de.cli.ve *s.m.* inclinação; desnível: *Os cientistas pretendem mapear a erosão nos declives do vale.* // Ant.: aclive.

de.cli.vi.da.de *s.f.* inclinação; declive: *A declividade da rua aliada à presença de lombadas aumenta o risco de acidentes.*

de.co.di.fi.ca.dor (ô) *s.m.* aparelho para decodificar mensagens: *O técnico levou de volta o decodificador.*

de.co.di.fi.car *v.t.* interpretar um código; decifrar: *O balão meteorológico emite sinais que um técnico recebe e decodifica.*

de.co.la.gem *s.f.* **1** falando-se de aeronave, saída do solo: *O acidente aconteceu na hora da decolagem.* **2** crescimento; desenvolvimento; progresso: *a decolagem da economia.*

de.co.lar *v.int.* **1** levantar voo: *O monomotor decolou do aeroporto.* **2** sair da estagnação; progredir: *Sua carreira individual decolou no início da década de 1980.*

de.com.por *v.t.* **1** separar os elementos componentes; separar em partes: *decompor as palavras.* **2** fazer deteriorar, apodrecer: *O calor decompunha os restos do animal.* • *pron.* **3** ter separados os elementos componentes: *A luz se decompunha.* **4** apodrecer-se; estragar-se: *Os ornamentos da fachada se decompunham e ameaçavam cair.*

de.com.po.si.ção *s.f.* **1** desestruturação; deterioração. **2** putrefação: *O corpo estava em decomposição.*

de.co.ra.ção *s.f.* **1** arranjo; ornamentação: *Sua firma fez a decoração do salão.* **2** conjunto de objetos e arranjos de ornamentação; enfeites: *Estavam fiscalizando painéis e decorações instalados nos shoppings.*

de.co.ra.dor (ô) *s.m.* quem faz decorações: *Aquela moça é decoradora de interiores.*

de.co.rar[1] *v.t.* guarnecer com decoração; ornamentar: *Ajudamos a decorar o palanque, a colocar faixas.*

de.co.rar[2] *v.t.* fixar na memória; memorizar: *Ele sente-se obrigado a decorar datas e nomes.*

de.co.ra.ti.vo *adj.* **1** que ornamenta; que enfeita: *tapete com elementos decorativos.* **2** sem importância; ineficiente: *O cargo era apenas decorativo.*

de.co.ro (ô) *s.m.* dignidade; decência: *o decoro parlamentar.*

de.cor.rên.cia *s.f.* resultado; consequência: *A morte do soldado é uma decorrência da guerra.*

de.cor.ren.te *adj.* **1** que provém; consequente: *Enfrentava a insônia decorrente do barulho ritmado do trem.* **2** que transcorre; corrente: *o tempo decorrente entre a entrada e a saída das turmas.*

de.cor.rer *v.t.* **1** derivar; ter origem: *O machucado decorre de um tombo que levei.* • *int.* **2** transcorrer; passar(-se): *O tempo decorria.*

decotado

de.co.ta.do *adj.* **1** que tem decote: *vestido decotado*. **2** cortado; aparado: *Em cafeeiro decotado, é preciso deixar todos os brotos*.

de.co.tar *v.t.* **1** cavar abertura na roupa, na parte que fica junto ao pescoço: *A costureira decotou muito a peça*. **2** cortar; suprimir; podar: *O jardineiro decotava todas as árvores do jardim*.

de.co.te (ó) *s.m.* **1** abertura no vestuário, deixando descoberto o colo ou a parte das costas. **2** poda alta de arbustos.

de.cré.pi.to *adj.* **1** debilitado; caduco: *O pedinte era um velho decrépito*. **2** velho; arruinado: *Do outro lado havia um decrépito sobrado*.

de.cre.pi.tu.de *s.f.* **1** caduquice; senilidade: *Não bastasse a decrepitude do homem, quebrou uma perna*. **2** decadência; ruína: *A majestade da cidade se acompanha da sua decrepitude*.

de.cres.cen.te *adj.* que diminui; que decresce: *Esse custo deve ser decrescente ao longo do tempo*.

de.cres.cer *v.int.* diminuir; baixar.

de.cre.ta.ção *s.f.* determinação por decreto; proclamação: *Com as chuvas, houve a decretação de situação de emergência*.

de.cre.tar *v.t.* **1** estabelecer por decreto: *O prefeito decretou feriado*. **2** determinar; estabelecer: *Os funcionários decretaram greve*.

de.cre.to (é) *s.m.* determinação escrita, com força de lei, emanada do poder executivo ou legislativo.

de.cre.to-lei *s.m.* determinação escrita expedida pelo chefe do Poder Executivo, com força de lei, por estar este absorvendo, excepcionalmente, as funções do Legislativo. // Pl.: decretos-leis e decretos-lei.

de.cú.bi.to *s.m.* posição do corpo deitado: *Caiu em decúbito dorsal*.

de.cu.par *v.t.* (Cin. Telev.) dividir um roteiro em planos numerados com as observações para cenas a serem filmadas ou gravadas: *O diretor trabalhou a noite toda para decupar as cenas da novela*.

de.cu.pli.car *v.int.* tornar-se dez vezes maior: *O número de doentes decuplicou*.

de.cur.so *s.m.* período de tempo; período de tempo já decorrido. ◆ **por decurso** por causa do transcurso do tempo limite: *O projeto foi aprovado por decurso de prazo*.

de.dal *s.m.* **1** instrumento que se encaixa no dedo para empurrar a agulha, quando se cose. **2** o conteúdo de um dedal; pequena quantidade: *Comprou um dedal de miçangas*.

dé.da.lo *s.m.* cruzamento complicado de caminhos; labirinto: *O bairro é um dédalo de livrarias, galerias e história*.

de.dão *s.m.* o dedo polegar do pé: *Fraturou o dedão do pé esquerdo*.

de.dar *v.t.* (Coloq.) denunciar; delatar: *Um eleitor dedou abuso de autoridade*.

de.de.ti.za.ção *s.f.* pulverização com inseticida; desinfecção: *Foram feitos serviços de desratização e dedetização do prédio*.

de.de.ti.zar *v.t.* fazer pulverização com DDT ou outro inseticida; desinsetizar: *O primeiro passo é dedetizar o ambiente*.

de.di.ca.ção *s.f.* afeição profunda; devotamento; aplicação: *Participa do trabalho com dedicação à causa*.

de.di.car *v.t.* **1** oferecer como tributo; consagrar: *Dedicou seu livro aos pais*. **2** empregar em favor de; destinar: *Dedicou sua vida ao trabalho com os pobres*. ● *pron.* **3** aplicar-se; ocupar-se: *Dedicou-se inteiramente ao lar e filhos*.

de.di.ca.tó.ria *s.f.* texto, oral ou escrito, que registra o oferecimento, a alguém, de uma produção artística ou de algum outro presente: *O concerto foi publicado com uma dedicatória ao amigo e protetor*.

de.di.lhar *v.t.* **1** tocar com os dedos as cordas de um instrumento musical: *dedilhar a viola*. **2** acionar: *dedilhar o gatilho da arma*.

de.do (ê) *s.m.* **1** (Anat.) cada um dos prolongamentos articulados das mãos e dos pés. (Fig.) **2** participação; intromissão: *Tenho certeza de que ali havia o dedo do tio*. **3** pequena quantidade: *Já não havia um dedo de cana na garrafa*. **4** marca da destreza; habilidade: *A obra revela o dedo da artista*.

de.do-du.ro *s.2g.* (Coloq.) delator; alcaguete: *É como se eu fosse um dedo-duro, que entrega o vizinho*. // Pl.: dedos-duros.

de.du.ção *s.f.* **1** inferência lógica: *A dedução que podemos tirar é que ele privilegia a área mais nobre da cidade*. **2** abatimento; desconto.

de.du.rar *v.t.* (Coloq.) delatar: *Fora acusado de dedurar seus comparsas*.

de.du.tí.vel *adj.* **1** que se pode concluir por dedução: *Esta negativa já foi dedutível de sua palestra anterior*. **2** que se pode abater; retirar: *São dedutíveis do imposto as despesas com educação*.

de.du.ti.vo *adj.* em que há dedução: *"Razão" significa raciocínio lógico, talento dedutivo*.

de.du.zir *v.t.* **1** abater; descontar: *É preciso deduzir despesas*. **2** concluir: *Pensativo, deduzia o que a mulher queria lhe dizer*. **3** retirar; excluir: *deduzir do texto qualquer referência indevida*.

de.fa.sa.gem *s.f.* diferença; discrepância: *Não podia sair do país devido à defasagem cambial*.

de.fa.sar *v.t.* **1** causar defasagem; atrasar; descompassar: *Sua gestão deixou defasar os reajustes*. ● *pron.* **2** ficar desatualizado: *A música clássica nunca se defasa*.

de.fe.ca.ção *s.f.* eliminação de fezes pelo ânus: *A disenteria provoca defecações frequentes*.

de.fe.car *v.int.* expelir excrementos pelo ânus: *O gato defecou*.

de.fec.ti.vo *adj.* **1** imperfeito; defeituoso. **2** (Gram.) verbo em cuja conjugação faltam algumas formas, como abolir, precaver, remir.

de.fei.to *s.m.* **1** imperfeição: *Seu maior defeito é calar-se*. **2** mau funcionamento; desarranjo: *O carro está com defeito no motor*.

de.fei.tu.o.so (ô) *adj.* **1** que apresenta imperfeição ou falha: *Trocou o disco rígido defeituoso*. **2** que apresenta deformidade ou imperfeição física: *escola adequada para crianças defeituosas*.

de.fen.der *v.t.* **1** fazer a defesa; falar a favor: *O advogado defende o réu*. **2** sustentar com argumentos e razões: *defender o decreto antifumo*. **3** (Coloq.) conseguir mediante trabalho ou por habilidade: *Precisava defender seu feijão com arroz*. **4** socorrer; preservar; proteger: *Alarmes para defender a casa contra ladrões*.

defrontar

de.fe.nes.trar *v.t.* **1** destituir de cargo ou função: *A emissora defenestrou o apresentador.* **2** arremessar por uma janela abaixo: *Os rebeldes defenestraram as armas rapidamente.*

de.fen.sá.vel *adj.* que é passível de defesa: *A tese do compulsório é, do ponto de vista técnico, defensável.*

de.fen.si.va *s.f.* posição de quem se defende; defesa: *O candidato passou à defensiva no segundo semestre.*

de.fen.si.vo *s.m.* **1** substância química que protege as plantações: *Ensinar aos agricultores como utilizar com segurança defensivos agrícolas.* • *adj.* **2** de defesa: *O meio-campo ficaria com três jogadores defensivos.* **3** de quem se defende: *Mulher maltratada pelo marido toma medidas defensivas na delegacia.*

de.fen.sor (ô) *s.m.* **1** quem defende; quem sustenta com argumentos: *defensor do parlamentarismo.* **2** quem defende; protetor: *defensor dos meninos de rua.* • *adj.* **3** que defende; protetor: *Cruzou com um deputado defensor dos sem-terra.* **4** no futebol, que se encarrega da defesa; que joga na defesa: *Acabou se chocando com o adversário defensor e soltou a bola.*

de.fe.rên.cia *s.f.* consideração; respeito; atenção: *Estava ali por deferência à família.*

de.fe.ren.te *adj.* **1** respeitoso; condescendente. **2** diz-se de ducto que transporta líquido: *Na vasectomia, os canais deferentes são bloqueados.*

de.fe.ri.men.to *s.m.* despacho favorável: *Nestes termos, peço deferimento.*

de.fe.rir *v.t.* atender; outorgar; aprovar: *Não posso deferir nem negar seu pedido.* // Cp.: diferir.

de.fe.sa (ê) *s.f.* **1** ato de defender ou defender-se, visando à proteção: *Teve um gesto brusco, quase de defesa física.* **2** nos esportes coletivos, conjunto de jogadores com a função de neutralizar o ataque adversário: *A defesa jogou mal.* **3** equipamento destinado à proteção: *Guerrilheiros protegem-se com trincheiras, defesas de arame farpado, sacos de areia.* **4** exposição de fatos e produção de provas em favor de um réu: *O advogado fez uma bela defesa no julgamento.* ♦ **em defesa** a favor: *Péricles teria dito em defesa de seu mestre.*

de.fe.so (ê) *adj.* proibido: *Fumar em restaurantes agora é defeso.*

de.fi.ci.ên.cia *s.f.* **1** insuficiência; carência: *programas de ajuda a crianças com deficiência visual.* **2** falta: *Na cidade há deficiência de moradias.* **3** falha: *Houve deficiência do sistema elétrico.*

de.fi.ci.en.te *s.2g.* **1** pessoa portadora de defeito físico: *Crianças visitam museu para deficientes.* • *adj.* **2** que apresenta deficiência; insuficiente: *O bebê nasceu com o sistema imunológico deficiente.* **3** com deficiência mental: *um ônibus escolar com crianças deficientes a bordo.* **4** falho; defeituoso: *A situação da educação é deficiente.*

dé.fi.cit *s.m.* saldo negativo entre a receita e a despesa num orçamento ou balancete: *Só haverá uma saída para impedir o avanço do déficit comercial.*

de.fi.ci.tá.rio *adj.* **1** que apresenta saldo negativo; que provoca déficit financeiro: *Ele é acusado de ter provocado o avanço deficitário da empresa.* **2** deficiente; insuficiente: *dieta deficitária em cobre.* **3** deficiente; com defeito: *pessoas fisicamente deficitárias.*

de.fi.nhar *v.t.* **1** fazer perder o vigor; debilitar: *A doença foi definhando seu pobre corpo já sofrido.* • *int.* **2** emagrecer; debilitar-se; consumir-se: *Na seca, os animais definham até a morte.* **3** perder o vigor: *Via com tristeza o cajueiro definhar.* **4** perder a intensidade; regredir: *A produção de cacau vem definhando.*

de.fi.ni.ção *s.f.* **1** determinação; escolha; explicitação: *A cada ano há nova definição das regras do futebol.* **2** explicação; significação: *Ela está preparando uma obra com definições.*

de.fi.nir *v.t.* **1** determinar os limites de; estabelecer com precisão: *definir as regras a seguir.* **2** dar a conhecer de maneira exata; interpretar: *definir a política externa do Brasil.* **3** apresentar ou enunciar os atributos essenciais: *Definiu essa mudança de valores como capitalismo selvagem.* • *pron.* **4** decidir-se; posicionar-se: *O ministro anunciou que já se definiu.* **5** dar-se a conhecer; exprimir-se: *Os contornos do horizonte vão, aos poucos, se definindo.*

de.fi.ni.ti.vo *adj.* **1** que define; determinante: *Tentei explicar de modo definitivo.* **2** decisivo; concludente: *Seu poder de raciocínio era lógico, definitivo.* **3** inabalável; categórico: *Minha posição é definitiva, da qual não arredo pé.* **4** final: *O corpo seguia para seu repouso definitivo.*

de.fla.ção *s.f.* (Econ.) inflação negativa: *Aquele país registra deflação de 0,2%.* // Ant.: inflação.

de.fla.ci.o.nar *v.t.* causar ou promover deflação: *Alguns empresários já decidiram deflacionar seus preços.*

de.fla.gra.ção *s.f.* **1** combustão fazendo explosão ou lançando grande chama. **2** desencadeamento; irrupção.

de.fla.grar *v.t.* **1** fazer irromper; desencadear: *Trabalhadores exercem direito de deflagrar greve.* **2** fazer arder intensamente, em meio a explosões: *Um toco de cigarro deflagrou o posto de gasolina.*

de.flo.ra.men.to *s.m.* desvirginamento; estupro: *Estava sendo perseguido por roubo ou defloramento em seu bando.*

de.flo.rar *v.t.* desvirginar; estuprar.

de.for.ma.ção *s.f.* **1** alteração da forma; deformidade: *Alguns dos casos de câncer deixam deformações depois que o tumor é extraído.* **2** desvio; deturpação: *O livro mostra as fraquezas morais e deformações culturais.*

de.for.man.te *adj.* que deforma: *O espectador cai em uma sala com espelhos deformantes.*

de.for.mar *v.t.* **1** alterar a forma de; tornar disforme: *A dança não deforma o corpo.* **2** alterar a natureza; deturpar: *A televisão foi acusada de deformar a mente da garotada.* • *pron.* **3** perder a forma primitiva; desfigurar-se: *Receio que a sua face se deforme.*

de.for.mi.da.de *s.f.* deformação: *O feto tem sérias deformidades.*

de.frau.dar *v.t.* espoliar com fraude; fraudar: *Defraudar pessoas é crime.*

de.fron.tar *v.t.* **1** arrostar; enfrentar: *O navegante defrontou os perigos do mar.* **2** ver-se diante; deparar; encontrar: *Defrontaram, na esquina, com uma confeitaria.* **3** estar situado diante de: *Minha casa defronta com a praça da Matriz.* • *pron.* **4** ver-se ou achar-se defronte de: *Defrontou-se com sérios problemas.*

defronte

de.fron.te *adv.* 1 em frente: *Almoçou bife com batatas fritas, no botequim defronte.* 2 em frente a; diante de: *Parou defronte do alpendre.*

de.fu.ma.ção *s.f.* 1 preparação por meio da ação da fumaça: *Os escandinavos aperfeiçoaram a técnica de defumação do salmão.* 2 purificação com a queima de substâncias: *defumação da sala.*

de.fu.ma.dor (ô) *s.m.* vasilha onde se queimam essências para defumação.

de.fu.mar *v.t.* 1 preparar por defumação: *defumar o presunto.* 2 perfumar por defumação para proteger-se de males, atraindo boa sorte: *defumar a sala.*

de.fun.to *s.m.* 1 cadáver: *Colocaram o defunto na rede.* • *adj.* 2 morto; falecido: *Chorou o marido defunto.*

de.ge.lar *v.t.* 1 fazer descongelar: *degelar a geladeira.* • *int.* 2 descongelar-se: *Os alimentos degelaram.*

de.ge.lo (ê) *s.m.* descongelamento: *O refrigerador tem sistema com degelo automático.*

de.ge.ne.ra.ção *s.f.* degradação; deterioração: *degeneração das células nervosas.* // Ant.: regeneração.

de.ge.ne.rar *v.t.* 1 modificar para pior; corromper. 2 transformar-se para pior; deturpar-se: *Uma democracia não pode degenerar numa ditadura.* • *int.* 3 tornar-se pior; corromper-se; aviltar-se: *Essa aliança tende a degenerar.* 4 estragar-se: *Plantação sem água degenera.*

de.ge.ne.ra.ti.vo *adj.* que provoca ou que sofre degeneração: *Aterosclerose é processo degenerativo da parede das artérias.*

de.ge.ne.res.cên.cia *s.f.* degeneração: *sermões sobre a degenerescência dos costumes.*

de.glu.ti.ção *s.f.* ação de engolir: *deglutição do alimento.*

de.glu.tir *v.t.* 1 engolir: *deglutir o alimento.*

de.go.la (ó) *s.f.* 1 ação de cortar a cabeça: *O menino não quis assistir à degola dos frangos.* 2 (Fig.) destituição do cargo: *Houve a degola de três auxiliares diretos.*

de.go.la.men.to *s.m.* ato de cortar a cabeça; decapitação; degolação: *o degolamento do prisioneiro.*

de.go.lar *v.t.* 1 cortar o pescoço; decapitar: *denunciar o crime cometido pelos que degolarem os jagunços.* 2 (Fig.) privar de poderes; destituir: *A diretoria decidiu degolar o capataz da obra.*

de.gra.da.ção *s.f.* 1 deterioração; transformação; decadência. 2 aviltamento: *Não era a degradação moral que me oprimia.*

de.gra.dan.te *adj.* infamante; aviltante: *atos degradantes.*

de.gra.dar *v.t.* 1 privar da dignidade ou da honra; aviltar: *É proibido propaganda que possa degradar ou ridicularizar os adversários.* 2 passar a grau inferior; rebaixar. • *pron.* 3 deteriorar; estragar: *Alguns materiais jogados no meio ambiente demoram para se degradar e voltar à natureza.* • 4 perder a dignidade ou a honra; deteriorar-se: *Os costumes vêm se degradando.*

de.gra.dá.vel *adj.* que pode degradar-se; deteriorável: *Resíduos de óleo não são degradáveis por processos naturais.*

de.grau *s.m.* 1 cada uma das divisões de uma escada. 2 elevação; patamar: *degrau da porta.* 3 nível de progresso: *Passou por difíceis degraus para chegar ao sucesso.*

de.gre.dar *v.t.* desterrar; exilar; banir: *A coroa degredou dois opositores para Moçambique.*

de.gre.do (ê) *s.m.* 1 expulsão da pátria; desterro: *Seus diários foram escritos durante os cinco anos de degredo.* 2 lugar de degredo: *Tomás Antonio Gonzaga morreu no degredo.*

de.grin.go.lar *v.int.* (Coloq.) decair rapidamente; arruinar: *Seus negócios degringolaram.*

de.gus.ta.ção *s.f.* experimentação pelo paladar; deleite: *O famoso restaurante promove a degustação de delícias da Guiné.*

de.gus.ta.dor (ô) *s.m.* provador: *Trabalha num restaurante como degustador de vinhos.*

de.gus.tar *v.t.* experimentar o gosto; saborear: *degustar lagostas com acompanhamentos.*

dei.da.de *s.f.* 1 divindade, deus ou deusa. 2 (Fig.) mulher deslumbrante: *Os rapazes observavam entusiasmados o desfile de deidades pela praia.*

de.i.fi.ca.ção *s.f.* ato ou efeito de deificar.

de.i.fi.car *v.t.* 1 incluir no número dos deuses; divinizar. 2 adorar como a um deus.

de.ís.mo *s.m.* (Filos.) sistema dos que creem em Deus e na religião natural, mas rejeitam a revelação divina.

dei.tar *v.t.* 1 estender ao comprido; dispor horizontalmente: *Deitou a criança no berço.* 2 verter, derramar: *Deite mais vinho no meu copo.* 3 inclinar; abaixar: *Deitou a cabeça no meu ombro.* 4 aplicar; misturar: *deitar mais sal no caldo.* 5 lançar; expelir: *A casa deitava fumaça pela chaminé.* • *int.* 6 estender-se ao comprido: *O cachorro deitou aos meus pés.* 7 recolher-se ao leito; ir dormir: *Costumo deitar tarde.* ◆ **deitar e rolar** aproveitar-se da situação. **deitar fora** jogar fora. **deitar lágrimas** chorar. **deitar por terra** desfazer; frustrar.

dei.xa /ch/ *s.f.* 1 oportunidade: *Saí na primeira deixa.* 2 no teatro, hora de entrar ou sair de cena: *A fala de Hércules era a sua deixa para entrar.*

dei.xar /ch/ *v.t.* 1 colocar: *deixar os papéis na mesa.* 2 causar: *O sol deixou manchas na pele.* 3 abandonar: *Não podia era deixar os corpos ao relento.* 4 ir embora; sair: *A moça deixou a casa dos pais* 5 abandonar; pôr de lado: *deixar o cigarro.* 6 largar; soltar: *Ao apito, deixou a pedra que ia lançar na vitrina.* 7 esperar; aguardar: *Deixe o rapaz se acalmar.* 8 permitir: *Deixou as crianças brincar.* 9 abandonar: *A mãe deixou o filho ainda pequenino.* 10 afastar-se: *O trem deixa a estação.* 11 ter como consequência: *O acidente deixou muitos feridos.* 12 separar-se ao morrer: *Não deixa parentes nem amigos.* 13 levar: *Deixou a mulher em casa.* 14 fazer ficar em determinado estado ou condição: *Sua resposta deixou o visitante pasmado.* 15 legar: *Deixou uma casa para o filho.* 16 trocar; substituir: *deixar o certo pelo duvidoso.* 17 adiar: *deixar o serviço para depois.* 18 marca o fim da ação que o verbo expressa: *Deixou de pensar nela.* ◆ **deixar de fita** parar de fingir. **deixar de lado** desprezar; abandonar. **deixar estar** abster-se de agir, à espera de uma mudança. **deixar margem** permitir; possibilitar. **deixar na mão** abandonar. **deixar pra lá** não dar importância; ignorar.

de.je.to (ê) *s.m.* matéria fecal expelida pelo organismo: *Os dejetos chegam ao mar por meio da rede de águas pluviais.*

demagogia

de.la.ção s.f. denúncia; acusação: *A delação costuma ser vista como a pior das faltas éticas.*

de.la.tar v.t. **1** denunciar; acusar: *A moça não vai delatar seus superiores.* **2** revelar; evidenciar: *A palidez do rosto delatava profunda emoção.* // Cp.: dilatar.

de.la.tor (ô) s.m. que delata ou denuncia; alcaguete; dedo-duro.

de.le prep. de + pron. ele: *Todo mundo gostava dele porque era simpático.*

de.le.ga.ção s.f. **1** ato ou efeito de delegar: *a delegação de poderes.* **2** transmissão de poderes; procuração: *Dei-lhe uma delegação para me representar na cerimônia.* **3** comissão representativa: *A delegação de Santos chegou sem grande festa a São Paulo.*

de.le.ga.ci.a s.f. repartição pública em que o delegado exerce suas funções.

de.le.ga.do s.m. **1** autoridade a quem se delegam poderes: *O Governador realizou reunião com delegados de ensino.* **2** chefe de uma delegacia de polícia.

de.le.gar v.t. transmitir por delegação; atribuir: *Declarou que não tem como delegar essas funções a ninguém.*

de.lei.tar v.t. **1** causar prazer; deliciar: *Aquela música deleitou os ouvintes.* **2** regozijar-se; deliciar-se: *Os turistas podem se deleitar com o empadão.*

de.lei.te s.m. regalo; prazer: *Um livro que causará deleite aos fãs.*

de.le.tar v.t. **1** (Inf.) apagar; eliminar: *deletar arquivos.* **2** fazer desaparecer; eliminar: *deletar as cenas violentas da TV.*

de.le.té.rio s.m. **1** dano; malefício. • adj. **2** nocivo; prejudicial: *O país viveu sob o efeito deletério de inflações anuais.*

del.fim s.m. **1** título dos antigos soberanos dos feudos cedido à coroa da França. **2** sucessor escolhido por um chefe de Estado. **3** golfinho.

del.ga.do adj. **1** pouco espesso; fino: *delgada folha de papel.* **2** esguio; esbelto: *silhueta delgada.*

de.li.be.ra.ção s.f. resolução; decisão: *Quer ver anuladas as deliberações da última assembleia.*

de.li.be.rar v.t. **1** decidir; resolver: *Deliberou visitar o cunhado.* **2** discutir para tomar decisões; debater: *A matriz desta indústria vai deliberar sobre a renúncia do conselho de administração.*

de.li.be.ra.ti.vo adj. decisório; que delibera: *O Conselho Deliberativo vai decidir a venda do jogador.*

de.li.ca.de.za (ê) s.f. **1** polidez; cortesia: *Ele se notabilizou pela lisura e delicadeza de trato.* **2** suavidade; leveza: *Acariciou com delicadeza seus cabelos.* **3** dificuldade; fragilidade: *Dada a delicadeza do momento, preferiu cuidar do assunto pessoalmente.*

de.li.ca.do adj. **1** atencioso; afável; educado: *Era uma garota simpática e delicada.* **2** agradável ao paladar; suave: *um delicado molho à base de azeite.* **3** frágil: *A avenca é uma planta delicada.* **4** melindroso; difícil: *Passa por momento delicado da vida.*

de.lí.cia s.f. prazer intenso; deleite: *Este vinho é uma delícia.*

de.li.ci.ar v.t. **1** causar prazer; deleitar: *A comédia parece ainda deliciar os espectadores.* **2** sentir prazer; deleitar-se: *É só acelerar mais forte e se deliciar com o vento no rosto.*

de.li.ci.o.so (ô) adj. **1** saboroso: *O almoço está delicioso.* **2** muito agradável; deleitável: *É um perfume delicioso.* **3** encantador: *um rosto delicioso.*

de.li.mi.ta.ção s.f. demarcação; circunscrição: *delimitação e desapropriação de terras.*

de.li.mi.tar v.t. marcar os limites de; circunscrever: *Delimitou um espaço público para uma praça.*

de.li.ne.a.dor (ô) s.m. **1** cosmético usado para destacar o contorno dos olhos ou dos lábios: *Vá de batom leve, delineador e sombra clara.* **2** demarcador; planejador. • adj. **3** que delineia: *Use uma lapiseira delineadora nos cílios inferiores.*

de.li.ne.a.men.to s.m. esboço; projeto: *Para delineamento do futuro, podemos apenas recorrer ao passado.*

de.li.ne.ar v.t. **1** dar forma a; definir: *Usa lápis preto para delinear e esfumaçar os olhos.* • int. **2** adquirir determinada forma: *delinear uma política social.*

de.lin.quên.cia (qüen) s.f. **1** criminalidade; infração: *repressão à delinquência.* **2** caráter, estado ou qualidade de delinquente.

de.lin.quen.te (qüen) s.2g. **1** pessoa que comete delito; infrator; criminoso: *Deve-se promover a recuperação social do delinquente.* • adj. **2** que delinque; próprio de delinquente.

de.lin.quir (qüi) v.int. cometer delito ou infração: *Na reunião, autorizaram a punição de funcionários que delinquiram.*

de.li.ran.te adj. **1** insano; irracional: *Era falador meio delirante.* **2** exaltado; entusiasmado; vibrante: *Delirante multidão aplaudia seu show.* **3** extravagante: *O sambista cria as fantasias mais delirantes.*

de.li.rar v.int. **1** entrar em delírio; variar; desvairar: *A febre faz delirar.* **2** entusiasmar-se; extasiar-se: *A multidão delirou ao ver o gol.* **3** ficar desnorteado; ficar doido: *Você deve estar delirando para falar isso.*

de.lí.rio s.m. **1** exaltação do espírito; alucinação: *À noite sempre vinham delírios, fantasmas.* **2** excesso de paixão: *Seu amor era verdadeiro delírio.* **3** entusiasmo; arrebatamento: *Aplaudem o cantor com delírio.* **4** perturbação das faculdades intelectuais provocada por moléstia: *Alcoólatras têm delírios e alucinações.* **5** gosto exagerado ou imoderado por alguma coisa; mania: *A velha senhora enchia seus guarda-roupas de peles custosas, num verdadeiro delírio de luxo.*

de.li.to s.m. infração da lei; crime; contravenção: *Foi preso em flagrante delito.*

de.li.tu.o.so (ô) adj. em que há delito; criminoso; fraudulento: *É óbvio que irregularidades delituosas são de alçada criminal.*

delivery **[delíveri]** (Ingl.) s.m. **1** sistema de entrega em domicílio. **2** (Inf.) sistema de entrega de compra via computador.

de.lon.ga s.f. demora: *São opções que devem ser discutidas sem delongas.*

del.ta s.m. **1** quarta letra do alfabeto grego, correspondente ao d do latim e das línguas neolatinas. **2** parte terminal de um rio que deságua em forma de triângulo: *delta do rio Paraíba.*

de.ma.go.gi.a s.f. condução da opinião pública de modo desonesto; falsa promessa; engodo: *Sua política era pura demagogia.*

demagógico

de.ma.gó.gi.co *adj.* relacionado a demagogia; demagogo: *Consideram aquele político populista e demagógico.*

de.ma.go.go (ô) *s.m.* **1** quem conduz a opinião pública de forma desonesta: *É um político ultrapassado, um populista, um demagogo.* • *adj.* **2** o que pratica demagogia: *Nunca tive receio da impopularidade, porque não sou demagogo.*

de.mais *adv.* **1** excessivamente; em demasia: *Já bebeu demais.* • *adj.* **2** a mais; em excesso: *Já percebi que estou demais aqui.* • *pron. ind. pl.* **3** outros; restantes: *Não consegui ler as demais palavras.*

de.man.da *s.f.* **1** procura de determinada mercadoria ou serviço: *A pouca demanda impede a produção em larga escala.* **2** pedido: *Pessoas procuram a benzedeira para fazer uma demanda.* **3** litígio; pleito: *Dou a demanda com o doutor por acabada.*

de.man.dar *v.t.* **1** indagar; perguntar: *Demandou se era preciso tudo aquilo.* **2** determinar: *A religião cristã demanda que sejamos apóstolos.* **3** requerer; necessitar: *A diplomacia demanda imaginação e audácia.* **4** encaminhar-se para; dirigir-se: *Retirantes demandavam para o sul do país.* • *int.* **5** solicitar em demanda; pedir em litígio civil ou criminal.

de.mão *s.f.* **1** aplicação (de tinta); camada: *São necessárias cinco demãos de tinta para que a textura ideal seja alcançada.* **2** retoque: *Deu a última demão no seu penteado.* **3** ajuda: *Teve de aceitar a demão do adversário.*

de.mar.ca.ção *s.f.* delimitação; marcação: *demarcação das reservas indígenas.*

de.mar.car *v.t.* **1** marcar os limites de: *A prefeitura deveria demarcar com boias as áreas dos banhistas.* **2** servir de limite; ser delimitador: *Uma cerca demarca o início de sua fazenda.*

de.mar.ca.tó.rio *adj.* que demarca; que delimita: *A falta de boias demarcatórias nas praias é prejudicial a pilotos e banhistas.*

de.ma.si.a *s.f.* excesso; exagero. • **em demasia** demais; excessivamente: *Talvez tenha havido otimismo em demasia.*

de.ma.si.a.do *adj.* **1** excessivo; desmedido: *Não é bom ter demasiado poder.* • *adv.* **2** em demasia; excessivamente: *Alguns produtos estão demasiado caros.*

de.mên.cia *s.f.* insanidade; loucura: *A degeneração do sistema nervoso resulta em demência.*

de.men.te *s.2g.* **1** louco; desmiolado. • *adj.* **2** louco: *Não passa de mais um indivíduo isolado e demente.*

de.mé.ri.to *s.m.* desmerecimento: *O treinador destacou que não será demérito perder a final para o Brasil.*

de.mis.são *s.f.* exoneração; dispensa: *Haverá demissões na empresa.*

de.mis.si.o.ná.rio *adj.* que pede demissão: *A assessoria descartou que ele estivesse demissionário.*

de.mi.tir *v.t.* **1** excluir do quadro funcional; exonerar; despedir: *A estatal vai demitir pessoal para equilibrar as contas.* • *pron.* **2** pedir demissão; exonerar-se: *Um dos médicos disse que deve demitir-se da prefeitura.*

de.mi.ur.go *s.m.* **1** (Filos.) na filosofia platônica, o organizador da matéria preexistente para dar origem ao universo. • *adj.* **2** que possui poderes divinos semelhantes aos do demiurgo: *poeta demiurgo.*

de.mo (ê) *s.m.* **1** demônio; diabo: *Esse excomungado tem mesmo parte com o demo!* **2** (Ingl. Inf.) CD, CD-ROM ou fita cassete para demonstração de um produto: *Deixou o demo com um produtor musical de sucesso.*

de.mo.cra.ci.a *s.f.* regime político baseado nos princípios da soberania popular e da distribuição equitativa do poder.

de.mo.cra.ta *s.2g.* **1** adepto ou partidário da democracia: *Aquele homem é o único democrata que ainda pode desafiá-lo.* • *adj.* **2** próprio da democracia ou a ela relativo: *Ele era democrata convicto.*

de.mo.crá.ti.co *adj.* que emana do povo; que segue os princípios da democracia; popular: *Vivemos num regime democrático.*

de.mo.cra.ti.za.ção *s.f.* **1** transformação em democracia: *A democratização daquele país era muito esperada.* **2** popularização; vulgarização: *A democratização do ensino foi uma conquista valiosa.*

de.mo.cra.ti.zar *v.t.* **1** tornar democrático ou relacionado com a soberania popular: *Prometeu democratizar o país.* **2** popularizar: *O preço do ingresso democratiza o teatro.* • *pron.* **3** tornar-se democrático: *Nosso país, a duras penas, democratizou-se.*

de.mo.gra.fi.a *s.f.* estatística aplicada ao estudo sobre as características das populações (traços como natalidade, mortalidade e migrações).

de.mo.grá.fi.co *adj.* populacional: *O instituto considera que houve um crescimento demográfico de 6,8%.*

de.mó.gra.fo *s.m.* especialista em demografia: *Três demógrafos assessoraram o instituto na elaboração do censo.*

de.mo.li.ção *s.f.* destruição; desmantelamento.

de.mo.li.dor (ô) *s.m.* **1** destruidor. • *adj.* **2** que destrói; destruidor: *O estilo demolidor do boxeador está ultrapassado.*

de.mo.lir *v.t.* **1** desmanchar; destruir: *Demoliram o velho casarão.* **2** prejudicar; desmoralizar: *Demoliu a imagem de chefe de família.*

de.mo.ní.a.co *adj.* relativo ou próprio de demônio; diabólico; satânico: *Foi acusada de promover cerimônias demoníacas.*

de.mô.nio *s.m.* **1** diabo; satanás. **2** gênio do mal; espírito maligno; entidade malfazeja: *O tédio e a solidão são dois demônios parados.* (Fig.) **3** pessoa de má índole; facínora: *Não dê ouvidos àquele demônio.* **4** pessoa muito astuta: *Aquela moça é um demônio, tem argumento pra tudo.* **5** criança travessa ou insuportável: *Essa criança é um demônio.* **6** sentimento ruim; instinto mau: *Aquela fortuna lhe tirava o sono e agitava seus demônios.*

de.mo.nis.mo *s.m.* crença na existência e no poder dos demônios: *Vivemos em plena era do demonismo.*

de.mons.tra.ção *s.f.* **1** manifestação de ideias ou sentimentos: *Uma demonstração de apreço.* **2** raciocínio de que se conclui a verdade de uma proposição: *A filosofia considera o dogma por demonstração científica ou pela razão.* **3** ato de demonstrar; prova: *A demonstração da natureza elétrica dos raios foi feita por Franklin.* **4** sinal; testemunho. **5** comprovação: *Trata-se de um fato notório, cuja demonstração é desnecessária.*

de.mons.trar *v.t.* **1** provar por meio de raciocínio

dentro

concludente; confirmar com argumentos: *Santo Tomás demonstra a existência de Deus de cinco modos*. **2** pôr à mostra; revelar; manifestar: *Precisamos demonstrar seriedade de propósitos*. **3** ser indício ou prova; apresentar-se como dado revelador: *O crescimento demográfico demonstra que a nação está trabalhando*.

de.mons.tra.ti.vo *s.m.* **1** documento que contém a análise dos elementos de uma importância recebida ou paga: *O caixa devolveu-lhe o demonstrativo*. • *adj.* **2** o que serve para uma demonstração, análise ou esclarecimento: *A universidade realizará um curso demonstrativo de atendimento odontológico para crianças*.

de.mons.trá.vel *adj.* que se pode demonstrar; demonstrativo: *A prova do crime não era demonstrável*.

de.mo.ra (ó) *s.f.* **1** atraso: *Desculpem a demora*. **2** permanência: *Sua demora no banho é enervante*. **3** aumento de prazo; lentidão; vagar: *A principal queixa foi a demora na entrega dos carros*. ✦ **sem demora** logo; rapidamente.

de.mo.rar *v.t.* **1** fazer parar; imobilizar: *Demora propositalmente o cigarro na boca*. **2** estender por tempo considerável: *Demorou o olhar sobre o quarto*. **3** delongar; atrasar: *Demorei a entrega da prova*. • *int.* **4** parar; deter-se: *Na esquina, demorou(-se) um instante*. **5** ocorrer tardiamente: *Sua morte demorou muito*. **6** ocorrer durante tempo considerável; durar muito tempo: *A aula inaugural demorou*. **7** estar em atraso: *O ônibus demorou*. **8** haver delonga ou tardança: *Não demorou para eu perceber sua zanga*.

de.mo.ver *v.t.* **1** remover; retirar: *demover o móvel*. **2** eliminar; desconsiderar: *demover esta possibilidade*. **3** dissuadir: *Demoveu o relator de sua decisão*.

den.dê *s.m.* (Bras.) **1** árvore de cujas amêndoas ou polpa se produz o azeite de dendê: *a plantação de dendê*. **2** azeite comestível, de cor vermelha ou marrom, obtido das amêndoas ou da polpa desta árvore: *camarão com dendê e leite de coco*.

de.ne.ga.ção *s.f.* ato ou efeito de denegar; indeferimento; recusa: *denegação sistemática de direitos trabalhistas por governos estrangeiros*.

de.ne.gar *v.t.* indeferir; negar: *A juíza federal denegou o mandado de segurança*.

de.ne.grir *v.t.* **1** infamar; macular: *Suposta tentativa de funcionários de denegrir a imagem da emissora*. **2** tornar(-se) negro ou escuro.

den.go *s.m.* melindre; faceirice: *A modelo posou com dengos e mimos*.

den.go.so (ô) *adj.* **1** cheio de dengos; faceiro: *sinhazinhas pretensamente dengosas e indolentes*. **2** que demonstra ou traduz faceirice ou melindre feminino: *Clarice continua pedindo com a voz dengosa*. **3** diz-se da criança que choraminga: *Carlos foi o bebê mais dengoso da família*.

den.gue *s.m.* **1** dengo. • *s.2g.* (Bras.) **2** doença infecciosa produzida por um vírus e transmitida por duas espécies de mosquito: *A dengue pode matar*.

de.no.do (ô) *s.m.* coragem; bravura; destemor: *enfrentar com maior denodo as tarefas que lhe cabem*.

de.no.mi.na.ção *s.f.* **1** atribuição de nome. **2** o nome atribuído: *A empresa mudou sua denominação social*.

de.no.mi.na.dor (ô) *s.m.* (Mat.) termo que indica em quantas partes se divide o número inteiro.

de.no.mi.nar *v.t.* **1** dar nome; nomear; apelidar: *Denomina-se a obra de Machado de Assis como genial*. • *pron.* **2** ter como nome ou título: *A referida publicação denomina-se "Anuário dos Trabalhadores"*.

de.no.ta.ção *s.f.* (Gram.) significado básico e objetivo de uma palavra: *Ao traduzir o texto, o autor se rendeu à denotação das palavras*.

de.no.tar *v.t.* ser um sinal ou indício; mostrar: *O molho vermelho muito escuro denota má qualidade ou prazo vencido*.

den.si.da.de *s.f.* **1** qualidade do que é denso. **2** relação entre a massa de um corpo e seu volume. **3** espessura. ✦ **densidade demográfica** relação entre o número de habitantes e o espaço ocupado: *Os povoados se transformaram nas grandes cidades e a densidade demográfica criou o caos*.

den.so *adj.* **1** espesso; grosso: *pelo denso*. **2** cerrado; compacto: *um denso bosque de eucaliptos*. **3** muito profundo: *rugas densas*. **4** intenso; árduo: *uma densa semana de trabalho*. **5** profundo: *um filme denso*. **6** numeroso: *povoamento denso*.

den.ta.da *s.f.* **1** mordida: *Tenho a marca da dentada do tubarão no ombro*. **2** mordida ou marca de ferida feita com os dentes: *Passou remédio na dentada*.

den.ta.do *adj.* **1** dotado de dentes: *Verifique também a correia dentada*. **2** recortado na forma de dentes: *folhas dentadas*.

den.ta.du.ra *s.f.* conjunto de dentes artificiais usado por quem perdeu os naturais.

den.tal *adj.* de ou relativo a dente: *creme dental*.

den.tá.rio *adj.* dos dentes; relacionado aos dentes: *tratamento dentário*.

den.te *s.m.* **1** (Anat.) cada uma das peças solidificadas das maxilas, que servem para morder e mastigar. **2** peça artificial colocada para substituir um dente original: *dentes de ouro*. **3** ponta fina de ferramentas ou máquinas: *dentes do serrote*. **4** saliência ou borda de órgãos vegetais: *As folhas expostas ao sol têm menor número de dentes*. **5** componente da cabeça ou bulbo do alho: *dente de alho*. ✦ **até os dentes** em alto grau; em excesso: *Estava armado até os dentes*.

den.ti.ção *s.f.* **1** conjunto dos dentes. **2** formação e nascimento dos dentes.

den.ti.frí.cio *s.m.* substância utilizada para limpar os dentes; pasta dental.

den.ti.na *s.f.* marfim dos dentes, que circunda a polpa e é recoberto por esmalte na coroa e por cemento na raiz.

den.tis.ta *s.2g.* profissional da área de odontologia.

den.tre *prep.* de + *prep.* entre. relaciona dois termos da oração indicando **1** origem; a partir de: *voltar dentre os mortos*. **2** inclusão: *Dentre todos nós, só ele sabe para onde vai*.

den.tro *adv.* na parte interior: *Lá dentro não há ninguém*. ✦ **dentro de** (i) no interior de: *O documento estava dentro do cofre*. (ii) no íntimo de: *O exame de consciência consiste em fixar o olhar dentro de si*. (iii) no espaço de (tempo): *Dentro de um mês começam as férias*. **dentro em** (i) no interior de: *Dentro em si mesmo sabia que errara*. (ii) no espaço de (tempo): *A sessão de cinema começará dentro em poucos minutos*.

dentuço

den.tu.ço *s.m.* **1** pessoa dentuça. • *adj.* **2** (Deprec.) que tem os dentes grandes ou salientes.

de.nún.cia *s.f.* **1** imputação de crime ou de outra ação condenável transmitida a quem de direito. **2** comunicação do término de um acordo, pacto ou convenção. **3** comunicação de algo que se mantinha em segredo.

de.nun.ci.an.te *s.2g.* delator; informante: *O denunciante busca o anonimato como forma de evitar represálias.*

de.nun.ci.ar *v.t.* **1** fazer denúncia; incriminar; apontar como culpado; delatar: *Procure o órgão competente para denunciar abusos.* **2** dar a conhecer; revelar: *A demora da resposta denuncia o desinteresse em ajudar.* • *pron.* **3** dar-se a conhecer; trair-se: *Ao falar com sotaque, ele se denunciou.*

de.on.to.lo.gi.a *s.f.* (Filos.) estudo dos fundamentos e sistemas de moral.

de.pa.rar *v.t.* **1** encontrar inesperadamente: *Ao chegar do trabalho, deparei com a porta entreaberta.* • *pron.* **2** encontrar-se; deparar-se: *Ao dobrar a curva, deparou-se com um cão no meio da pista.*

de.par.ta.men.tal *adj.* de ou relativo a departamento: *secretário departamental.*

de.par.ta.men.to *s.m.* **1** divisão; seção; setor: *Departamento de Águas e Esgotos.* **2** (Coloq.) atribuições ou obrigações de uma pessoa: *Matemática não é meu departamento.* **3** divisão política de vários países: *A França se dividia em 130 departamentos.*

de.pau.pe.ra.ção *s.f.* empobrecimento: *A depauperação afetou os servidores públicos.*

de.pau.pe.rar *v.t.* **1** debilitar; enfraquecer; empobrecer: *A bebida depauperou o coitado.* • *pron.* **2** debilitar-se; enfraquecer-se: *Depauperou-se com a bebida.*

de.pe.nar *v.t.* **1** tirar as penas ou os pelos: *depenar galinhas.* **2** (Coloq.) despojar de partes, bens ou valores: *Ladrões depenaram seu carro.*

de.pen.dên.cia *s.f.* **1** subordinação; submissão: *As crianças vivem sob a dependência dos pais.* **2** repartição; cômodo: *A multidão lotou todas as dependências da casa.*

de.pen.den.te *s.2g.* **1** quem não tem meios próprios de subsistência: *o pai de família e seus dependentes.* **2** quem está sujeito ao poder ou à autoridade de outrem: *poder do senhor sobre seus dependentes.* **3** viciado: *dependente de drogas.* • *adj.* **4** vinculado; que tem conexão: *As marés são um fenômeno dependente da posição da Lua em relação à Terra.* **5** que não produz lucros: *economia dependente.* **6** sujeito à tutela: *filha dependente do pai.*

de.pen.der *v.t.* estar subordinado ou sujeito a: *A economia dependerá mais da política.*

de.pen.du.rar *v.t.* **1** colocar em lugar elevado, de modo que fique suspenso; pendurar: *dependurar a roupa no cabide.* • *pron.* **2** suspender-se; pendurar-se: *dependurar-se nos galhos do abacateiro.* **3** ficar suspenso; pender: *Gotas de chuva se dependuram na beira das folhas.*

de.pi.la.ção *s.f.* extração ou raspagem dos pelos.

de.pi.la.dor (ô) *s.m.* aparelho destinado a fazer depilação: *O país já fabrica depilador masculino.*

de.pi.lar *v.t.* **1** raspar ou arrancar o pelo: *depilar as pernas.* • *pron.* **2** raspar-se ou arrancar os próprios pelos: *As mulheres costumam depilar-se.*

de.plo.rar *v.t.* manifestar mágoa; lamentar: *deplorar o tempo perdido.*

de.plo.rá.vel *adj.* **1** digno de ser deplorado; lamentável; lastimável: *ferrovias em condições deploráveis.* **2** execrável; abominável: *A deplorável venalidade de uns poucos envergonha a muitos.*

de.po.en.te *s.2g.* pessoa que depõe; declarante: *O depoente disse o mínimo possível.*

de.po.i.men.to *s.m.* **1** declaração feita por quem presenciou algum delito; testemunho: *No depoimento, só falou a verdade.* **2** documento ou texto que contém as declarações de uma testemunha: *Leu e assinou o depoimento.*

de.pois *adv.* **1** em seguida; posteriormente: *Deu um suspiro e depois morreu.* **2** em seguida a; após: *Depois de beber começou a chorar.* **3** em lugar adiante; após: *Depois do jardim, fica o cinema.* **4** além disso; ademais: *De quem é a culpa? Depois, mesmo que fale a verdade, ninguém acreditará.* • **depois que** introduz oração subordinada adverbial temporal; assim que; quando: *Só saio de casa depois que o filho dorme.*

de.por *v.t.* **1** pôr; colocar; depositar: *depor flores no altar.* **2** declarar em juízo; dar testemunho: *Depôs que o acusado era inocente.* **3** destituir do cargo ou função: *Depôs o secretário de suas funções.* **4** constituir depoimento; ser indício ou prova: *Isso depõe contra nosso nome.*

de.por.ta.ção *s.f.* degredo; banimento; exílio.

de.por.tar *v.t.* expulsar para fora do país; banir, expatriar; exilar.

de.po.si.ção *s.f.* **1** afastamento do poder: *A deposição do imperador não foi aceita.* **2** assentamento; decantação: *processo de lavagem e deposição de minerais como o cobre e o urânio.*

de.po.si.tan.te *s.2g.* pessoa que faz depósito em banco: *O objetivo é defender o depositante.*

de.po.si.tar *v.t.* **1** pôr, colocar: *depositar o castiçal sobre a mesa.* **2** pôr em depósito; colocar em conta bancária: *depositar o dinheiro no banco.* • *pron.* **3** colocar-se; formar depósito: *O lodo depositou-se no fundo do lago.*

de.po.si.tá.rio *s.m.* **1** aquele que recebe em depósito: *Ele é o depositário do valor.* • *adj.* **2** quem recebe em depósito: *sujeito depositário do dinheiro da aposta.* **3** que guarda ou detém: *A verdade de que a Igreja é depositária.*

de.pó.si.to *s.m.* **1** guarda; armazenamento: *fazer depósito de mantimentos.* **2** pagamento como sinal ou aplicação de dinheiro: *É preciso fazer depósito para alugar o prédio.* **3** colocação em conta corrente: *O depósito referente ao salário já foi feito.* **4** sedimento: *depósito de borra no fundo da garrafa.* **5** lugar para armazenamento: *depósito de armas e munições.* **6** lugar onde se acumula sujeira ou algo indesejável: *Terrenos baldios não devem ser depósitos de lixo.*

de.pra.va.ção *s.f.* degradação; imoralidade; perversão: *Os censores ficaram indignados com tanta depravação.*

de.pra.var *v.t.* **1** perverter; corromper. • *pron.* **2** perverter-se; corromper-se: *O jovem depravou-se.*

de.pre.ci.a.ção *s.f.* **1** baixa de preço ou de valor: *depreciação da moeda.* **2** ato ou efeito de depreciar.

de.pre.ci.ar *v.t.* **1** desvalorizar; menosprezar: *Não quero depreciar ninguém*. **2** rebaixar; reduzir: *depreciar o valor das ações*.

de.pre.ci.a.ti.vo *adj.* pejorativo: *usa palavras depreciativas*.

de.pre.da.ção *s.f.* destruição; devastação: *a depredação de imóveis*.

de.pre.dar *v.t.* **1** devastar; destruir: *Um desconhecido foi preso após depredar o templo*. **2** roubar; saquear: *A casa foi depredada pelos assaltantes*.

de.pre.da.tó.rio *adj.* destruidor: *As ações depredatórias do homem colocam em risco a própria vida na Terra*.

de.pre.en.der *v.t.* perceber; inferir; deduzir: *Do que foi dito depreende que o dinheiro fora roubado*.

de.pres.sa *adv.* **1** com rapidez; rapidamente: *caminhar depressa*. **2** com pressa: *Foi depressa comprar algo para comer*. • *interj.* **3** incita alguém a fazer alguma coisa com rapidez: *Vá chamar a menina; depressa!*

de.pres.são *s.f.* **1** abatimento físico ou moral; distúrbio: *Martinho sofria de depressão*. **2** período de declínio no nível da atividade produtiva e do emprego: *Foi a maior depressão já vista no país*. **3** desnível de terreno: *O rapaz caiu nas depressões do terreno*.

de.pres.si.vo *s.m.* **1** pessoa que sofre de depressão: *O medicamento é usado no tratamento de depressivos*. • *adj.* **2** que causa depressão; deprimente: *um agente depressivo*. **3** de depressão: *sintomas depressivos*.

de.pri.men.te *adj.* **1** que deprime; depressivo: *um poderoso e deprimente sentimento de inferioridade*. **2** humilhante; constrangedor: *É deprimente e humilhante submeter quem paga impostos a tamanho desrespeito*.

de.pri.mir *v.t.* **1** causar depressão moral; abater; desanimar: *O espetáculo deprimia os transeuntes*. **2** debilitar; restringir: *A morfina deprime alguns reflexos*. • *pron.* **3** ficar moralmente abatido; angustiar-se: *A moça deprimiu-se*.

de.pu.ra.ção *s.f.* **1** refinamento; seleção: *um esforço de depuração em seu modo de vestir-se*. **2** purificação: *menor depuração do potássio pelos rins*. **3** obtenção do ponto ideal: *ponto de depuração do açúcar*.

de.pu.ra.dor (ô) *s.m.* **1** instrumento separador de impurezas: *Instalou depuradores de fumaça na churrasqueira*. • *adj.* **2** que depura: *Teve uma experiência depuradora*.

de.pu.ra.men.to *s.m.* refinamento; pureza: *depuramento da raça*.

de.pu.rar *v.t.* **1** tornar puro; limpar; purificar: *Purgativos depuram o sangue*. **2** aguçar; purificar: *A idade depura a compreensão*. **3** detectar e corrigir erros: *O programador depurou o programa*. • *int.* **4** purificar-se: *Na diálise, o sangue (se) depura*.

de.pu.ra.ti.vo *s.m.* **1** o que promove a eliminação de substâncias inúteis ou nocivas: *Tomou um depurativo para o fígado*. **2** próprio para depurar.

de.pu.ta.do *s.m.* membro de assembleia deliberante ou legislativa.

de.pu.tar *v.t.* **1** transmitir por delegação; delegar: *A assembleia deputou na comissão o poder de deliberar sobre o assunto*. **2** enviar (alguém) em missão ou comissão: *Cada escola deputou um aluno à comissão de formatura*.

derrear

de.que (é) *s.m.* **1** convés: *No deque superior, era a cabine do telegrafista*. **2** terraço, geralmente feito de madeira: *O deque ficava entre o bar e a piscina*.

de.ri.va *s.f.* **1** desvio da rota de um barco ou avião causado por correntes marítimas ou aéreas. **2** tendência natural na evolução de determinada língua. • **à deriva** sem rumo: *O barco ficou à deriva*.

de.ri.va.ção *s.f.* **1** (Gram.) processo de formação de palavras pelo acréscimo de afixos. **2** desvio do ponto de origem: *Houve discussão e derivação para palavrões grosseiros*.

de.ri.va.do *s.m.* **1** produto; substância derivada de outra: *A nafta é um derivado do petróleo*. • *adj.* **2** provindo; originado: *alimentos derivados da soja*.

de.ri.var *v.t.* **1** provir; resultar: *A palavra crise deriva do grego*. **2** dirigir-se, mudando de rumo; desviar: *A tempestade derivou para oeste*.

der.ma.ti.te *s.f.* (Med.) inflamação da pele, caracterizada por vermelhidão, inchaço ou escamação.

der.ma.to.lo.gi.a *s.f.* ramo da medicina que se ocupa do diagnóstico e tratamento das doenças da pele, cabelo e unhas.

der.ma.to.ló.gi.co *adj.* **1** que se refere à dermatologia: *tratamento dermatológico*. **2** da pele: *infecções dermatológicas*.

der.ma.to.lo.gis.ta *s.2g.* médico que atua na área de dermatologia.

der.ma.to.se *s.f.* designação genérica para doenças de pele: *O frio é responsável por algumas dermatoses*.

der.me (é) *s.f.* (Anat.) segunda camada da pele.

der.ra.dei.ro *adj.* **1** último: *É a sua posição até o instante derradeiro da batalha*. **2** último; extremo: *Eis esse derradeiro desafio*.

der.ra.ma.men.to *s.m.* ação ou processo de derramar; espalhar: *derramamento de petróleo no mar*. • **derramamento de sangue** matança.

der.ra.mar *v.t.* **1** despejar: *derramar óleo na frigideira*. **2** verter; jorrar: *A Independência veio sem se derramar uma única gota de sangue*. • *pron.* **3** refestelar-se; esparramar-se: *Derramou-se na cadeira*. **4** espalhar-se: *A barba derramava-se na camisa*. **5** expandir-se: *Ele se derramou em elogios*. • **derramar lágrimas** chorar.

der.ra.me *s.m.* **1** (Med.) acúmulo de líquidos. **2** (Pop.) hemorragia: *derrame cerebral*. **3** (Fig.) grande quantidade; profusão: *Há um derrame de cheques sem fundos na praça*.

der.ra.pa.gem *s.f.* **1** deslizamento seguido da perda de direção: *Modulador de freio reduz risco de derrapagens*. **2** deslize: *Quando acontece alguma derrapagem em cena, a risada é geral*.

der.ra.par *v.int.* escorregar; deslizar: *O carro derrapou na curva*.

der.re.a.do *adj.* **1** prostrado; extenuado: *Nunca viu a mãe derreada em sua poltrona*. **2** arqueado; curvado: *Após a briga, ele voltou para casa com a cabeça derreada*.

der.re.ar *v.t.* **1** fazer deslocar-se para baixo; inclinar: *Derreou o corpo sobre o parapeito*. **2** estender-se; deixar-se ficar: *derrear-se na poltrona*. **3** prostrar-se; extenuar-se: *Estressado, ele amolecia, largava os músculos e derreava-se no chão*.

derredor

der.re.dor (ó) *s.m.* lugar que se pode abranger com a vista: *Nestes derredores, não cresce nada.* ♦ **em/ ao derredor** (i) ao redor; em volta: *Ao derredor da praça, há calçadões.* (ii) aproximadamente: *Ninguém em derredor de cem léguas brinca com o capitão.*

der.re.ter *v.t.* **1** fazer passar do estado sólido ao líquido ou pastoso: *derreter toucinho.* ● *int. e pron.* **2** passar do estado sólido ao líquido ou pastoso: *O asfalto (se) derretia.* **3** (Fig.) enamorar-se; enternecer-se: *A mulher (se) derretia, mas fingia desinteresse.*

der.re.ti.men.to *s.m.* **1** passagem do estado sólido ao líquido: *o derretimento das calotas polares.* **2** enlevo; encanto: *E as crianças recitaram, para derretimento das mães.*

der.ri.çar *v.t.* **1** destramar; desenriçar. **2** (Reg.) colher (os grãos de café) deslizando as mãos pelo galho de cima para baixo.

der.ro.ca.da *s.f.* **1** queda; desabamento. **2** colapso; ruína; falência: *a derrocada do sistema viário.*

der.ro.car *v.t.* destruir; arrasar: *A revolução Praieira derrocaria o regime escravagista.*

der.ro.gar *v.t.* anular; abolir: *Os ingleses derrogaram a política protecionista portuguesa.*

der.ro.ta (ó) *s.f.* insucesso; fracasso; perda: *O time sofreu sua maior derrota.*

der.ro.tar *v.t.* subjugar; vencer: *O pequeno e heroico Davi derrotou o gigante Golias.*

der.ro.tis.ta *s.2g.* **1** pessimista; negativista: *O candidato tem medo de criar uma imagem de derrotista.* ● *adj.* **2** que é pessimista ou negativista: *gente com espírito frágil e derrotista.*

der.ru.ba.da *s.f.* **1** devastação; corte: *derrubada de árvores.* **2** deposição: *derrubada do governo republicano.* **3** eliminação; retirada: *derrubada da liminar.* **4** rebaixamento; diminuição: *derrubada da inflação.*

der.ru.bar *v.t.* **1** jogar por terra; fazer cair; abater: *Estão derrubando as árvores da praça.* **2** derramar; despejar: *Derrubou vinho na toalha.* **3** fazer cair; provocar a queda: *derrubar o irmão no chão.* **4** fazer adoecer; abater: *A gripe está derrubando muita gente.* **5** fazer perder o poder; destituir; depor: *Querem derrubar o governo.* **6** remover; eliminar: *derrubar barreiras entre povos.* **7** fazer diminuir: *derrubar a inflação.* **8** excluir; vetar: *O Senado derrubou a emenda.*

der.vi.xe *s.m.* religioso muçulmano que manifesta sua devoção ou estados místicos pela dança, grito etc.

de.sa.ba.far *v.t.* **1** desafogar; aliviar: *desabafar a raiva.* ● *int.* **2** dizer o que sente em tom de desabafo: *Correu para perto da mãe e desabafou.*

de.sa.ba.fo *s.m.* ação de pôr para fora um sentimento reprimido; desafogo: *O jornalista comentou a notícia como um desabafo.*

de.sa.ba.la.do *adj.* desenfreado; veloz; desembestado: *O ladrão disparou numa fuga desabalada.*

de.sa.ba.lar *v.int.* **1** sair correndo; fugir precipitadamente: *O ladrão desabalou.* **2** marca o início da ação expressa pelo verbo: *O rapaz desabalou a correr.*

de.sa.ba.men.to *s.m.* desmoronamento; queda: *desabamento parcial da residência.*

de.sa.bar *v.t.* **1** precipitar-se: *A tropa desabou sobre o inimigo.* ● *int.* **2** desmoronar; ruir: *O prédio desabou.* **3** arruinar-se; desfazer-se: *A empresa vem desabando.* **4** perder o valor: *As ações desabaram.* **5** cair com violência; abater-se: *A tempestade desabou.*

de.sa.bi.li.tar *v.t.* tornar inábil ou inapto: *Ele desabilitou os serviços de caixa postal de seu telefone celular.*

de.sa.bo.to.ar *v.t.* tirar os botões das casas da roupa; fazer abrir os botões: *desabotoar a camisa.*

de.sa.bri.do *adj.* grosseiro; rude; insolente: *resposta desabrida.*

de.sa.bri.gar *v.t.* tirar o abrigo; deixar sem amparo; desalojar: *A demolição desabrigou famílias.*

de.sa.bro.char *v.t.* **1** fazer brotar; abrir: *O sol desabrocha as flores.* ● *int.* **2** abrir-se: *O botão desabrochou.*

de.sa.ca.tar *v.t.* faltar com o respeito; afrontar: *Foi preso por desacatar a autoridade.*

de.sa.ca.to *s.m.* afronta; desrespeito: *Está preso por desacato à autoridade.*

de.sa.ce.le.ra.ção *s.f.* **1** redução da velocidade. **2** retardamento: *O crescimento do país sofre uma forte desaceleração.*

de.sa.ce.le.rar *v.t.* **1** fazer reduzir ou perder a velocidade: *desacelerar a rotação da máquina.* ● *int.* **2** ter a velocidade reduzida; retardar: *As exportações desaceleraram.*

de.sa.cer.to (ê) *s.m.* **1** desencontro; incompatibilidade: *O desacerto entre a teoria e a prática não foi superado.* **2** tolice; asneira: *Só dizia desacertos.*

de.sa.con.se.lhar *v.t.* sugerir a não realização; dissuadir: *desaconselhar o amigo de beber.*

de.sa.cor.ço.a.do *adj.* desalentado; desanimado: *Disse que andava desacorçoado da vida.*

de.sa.cor.dar *v.t.* **1** fazer perder os sentidos; provocar um desmaio: *Desacordou o adversário com um soco.* ● *int.* **2** perder os sentidos; desmaiar: *O filho desacordou.*

de.sa.cor.do (ô) *s.m.* divergência; desarmonia; incompatibilidade: *A família sempre vivera em desacordo.*

de.sa.cos.tu.mar *v.t.* **1** fazer perder o costume ou o hábito: *A mãe tenta desacostumar o filho da chupeta.* **2** perder o costume ou o hábito: *E não é que o rabugento já desacostumou de reclamar.*

de.sa.cre.di.tar *v.t.* **1** fazer perder o crédito ou a reputação; desmerecer; depreciar: *O governo tenta desacreditar as denúncias.* **2** não acreditar ou não confiar: *Começo a desacreditar em muitas coisas.*

de.sa.fe.to (ê) *s.m.* adversário; inimigo; rival: *Ele é um desafeto do diplomata.*

de.sa.fi.an.te *s.2g.* **1** quem desafia; provocador: *Tivemos um encontro formal com os desafiantes da disputa.* ● *adj.* **2** que desafia; provocante: *Ergueu o rosto desafiante para o pai.*

de.sa.fi.ar *v.t.* **1** propor desafio ou combate: *Desafiou o colega para uma briga.* **2** pôr à prova; arrostar; enfrentar; provocar: *Estudantes desafiam a polícia.*

de.sa.fi.na.ção *s.f.* **1** ato de desafinar. **2** falta de harmonia; dissonância: *a desafinação ocasional do vocalista.*

de.sa.fi.nar *v.int.* perder a afinação; destoar: *Essa cantora desafina.*

de.sa.fi.o *s.m.* **1** competição: *desafio entre os dois lutadores.* **2** provocação: *desafio ao poder público.* **3** folguedo sertanejo; dança ou cantoria a dois; porfia: *Haveria um desafio entre dois cantadores.*

de.sa.fo.gar *v.t.* **1** descontrair; desoprimir: *Desafogo meu*

desaparafusar

coração com você. **2** aliviar os encargos financeiros: *Isto vai desafogar minhas contas.* **3** liberar o espaço; desobstruir; esvaziar: *O metrô desafogaria as ruas.* • *pron.* **4** livrar-se; libertar-se; desoprimir-se: *Desafogava-se chorando sozinha.*
de.sa.fo.go (ô) *s.m.* alívio: *A discussão sobre independência entra em recesso e temos, então, um desafogo.*
de.sa.fo.ra.do *adj.* inconveniente; insolente; atrevido: *É desaforado com os idosos.*
de.sa.fo.ro (ô) *s.m.* afronta; atrevimento: *Já aturei muito desaforo dele.*
de.sá.gio *s.m.* diferença, para menos, entre o valor nominal e o preço de compra de um título de crédito.
de.sa.gra.dar *v.t.* desgostar; descontentar; constranger: *desagradar a gregos e troianos.*
de.sa.gra.dá.vel *adj.* **1** que causa desprazer; que não agrada. **2** que se comporta de maneira antipática ou irritante: *Vivi uma situação desagrável.*
de.sa.gra.do *s.m.* descontentamento; desprazer: *Recebeu com desagrado o genro.*
de.sa.gra.var *v.t.* tornar menos grave, mais desculpável; atenuar; suavizar: *O arrependimento do jogador desagravou suas faltas na partida.*
de.sa.gra.vo *s.m.* ato ou efeito de desagravar; reparação de agravo: *Ofereceu um jantar de desagravo aos amigos magoados e ofendidos.*
de.sa.gre.ga.ção *s.f.* **1** separação das partes; decomposição: *desagregação de átomos.* **2** dissolução; desunião: *desagregação familiar.*
de.sa.gre.ga.dor (ô) *adj.* destruidor; desorganizador: *O vírus assusta por seu poder desagregador do sistema imunológico.*
de.sa.gre.gar *v.t.* **1** separar em partes; fragmentar; desorganizar: *Ela ameaça desagregar a base governista.* • *pron.* **2** fragmentar-se: *O partido não vai desagregar-se.*
de.sa.guar *v.t.* **1** despejar as águas em; desembocar: *O São Francisco deságua no oceano.* **2** afluir; convergir: *As pressões desaguavam somente no contador.* • *int.* **3** (Coloq.) urinar: *Fui desaguar atrás da casa.*
de.sai.ro.so (ô) *adj.* inconveniente; deselegante: *O ator era trucidado por comentários desairosos.*
de.sa.jei.ta.do *adj.* sem jeito; atrapalhado: *A série mostra situações cômicas protagonizadas por um sujeito desajeitado.*
de.sa.jus.ta.do *s.m.* **1** indivíduo que sofre de desajustamento: *O Serviço Social foi criado para reajustar os desajustados.* • *adj.* **2** desordenado; irregular: *Ela falou sobre os riscos do câmbio desajustado.* **3** com as peças soltas; desregulado: *motor desajustado.* **4** que sofre de desajustamento: *pessoa desajustada.*
de.sa.jus.ta.men.to *s.m.* desajuste.
de.sa.jus.tar *v.t.* **1** fazer perder a articulação ou o ajuste: *A trepidação desajustou a caixa de marchas do automóvel.* **2** desarticular os sentimentos ou a vida; desestruturar: *O conflito desajustou o casal.*
de.sa.jus.te *s.m.* **1** falta de adaptação do indivíduo ao meio familiar ou social; desajustamento: *São comuns neuroses e desajustes em crianças e jovens.* **2** desarticulação: *O motor vai sofrendo pequenos desajustes.*

3 descompasso: *O cansaço traz um desajuste da respiração com a braçada.*
de.sa.len.tar *v.t.* **1** tirar o ânimo ou o alento; desanimar: *Esses são fatores que desalentam o investidor.* • *int.* (*pron.*) **2** desanimar-se; esmorecer: *O paciente desalenta-se com a demora da cura.*
de.sa.len.to *s.m.* abatimento; desânimo: *Olhou com desalento a extensa fila no cinema.*
de.sa.li.nha.do *adj.* **1** sem alinhamento: *O carro foi devolvido com o volante desalinhado.* **2** desordenado: *Seu cabelo está sempre desalinhado.* **3** em desacordo com uma norma vigente: *Afinal, os preços não estão assim desalinhados.*
de.sa.li.nho *s.m.* desarranjo; desordem: *Apareceu à porta com os cabelos em desalinho.*
de.sal.ma.do *s.m.* **1** quem é perverso; ruim: *E esse juiz era um desalmado.* • *adj.* **2** que é perverso; ruim: *criatura desalmada.*
de.sa.lo.jar *v.t.* **1** fazer sair; tirar; remover: *Todas as tentativas de desalojar os animais da toca falharam.* • *int.* **2** sair do lugar onde se encontrava. • *pron.* **3** sair do lugar; mover-se: *Foi convidado a desalojar-se.*
de.sa.mar.rar *v.t.* **1** soltar as amarras de: *desamarrar a canoa.* **2** desprender: *desamarrar o pacote.* **3** desfazer nó ou laço; desatar: *desamarrar os cordões dos sapatos.* **4** fazer descontrair: *Você precisa desamarrar a cara.* • *int.* e *pron.* **5** soltar-se; desprender-se: *O laço da fita desamarrou(-se).*
de.sa.mas.sar *v.t.* tirar as rugas ou amassados; alisar: *Eu me especializei em desamassar carros importados.*
de.sa.mor (ô) *s.m.* falta de afeição; desprezo.
de.sam.pa.rar *v.t.* **1** abandonar: *Eu sabia que meus pais não iam me desamparar!* **2** deixar de sustentar: *Com a separação, ele desamparou os filhos.*
de.sam.pa.ro *s.m.* falta de proteção; abandono: *A letra da música remete à situação de desamparo da população.*
de.san.car *v.t.* **1** bater muito. **2** (Fig.) criticar severamente: *O analista desancou bons e maus autores.*
de.san.dar *v.t.* **1** dirigir-se; encaminhar-se: *O homem desandou para o porto.* **2** causar diarreia a: *um fermentado de milho capaz de fazer desandar qualquer intestino.* • *int.* **3** desencaminhar-se. **4** malograr: *Um almoço pode fazer um negócio desandar.* **5** perder o ponto; estragar-se: *A maionese desandou.*
de.sa.ni.ma.ção *s.f.* desalento; desânimo: *A desanimação tomou conta da torcida.*
de.sa.ni.ma.dor (ô) *adj.* que desanima; frustrante: *É desanimador o ritmo de demissões registradas no ano passado.*
de.sa.ni.mar *v.t.* **1** fazer perder o ânimo ou a energia; desalentar: *Afirmou manter as esperanças para não desanimar a família.* • *int.* **2** perder o ânimo ou a coragem; arrefecer: *O time não pode desanimar.*
de.sâ.ni.mo *s.m.* abatimento; desalento: *Não escondeu o desânimo com os resultados do jogo.*
de.sa.nu.vi.ar *v.t.* **1** tranquilizar: *A boa notícia desanuviou seu coração.* **2** esclarecer: *O professor desanuviou as dúvidas.* • *int.* e *pron.* **3** limpar-se de nuvens; tornar-se límpido: *O céu (se) desanuviou.*
de.sa.pa.ra.fu.sar *v.t.* desparafusar.

desaparecer

de.sa.pa.re.cer v.t. **1** fazer sumir: *Desapareceram com os autos do processo.* • *int.* **2** ir-se; fugir; sumir: *O animal desapareceu floresta adentro.* **3** deixar de ser visto; tornar-se oculto: *O Cristo Redentor desaparece quando há nevoeiro.* **4** deixar de existir; extinguir-se: *O mico-leão-dourado pode desaparecer de nossas florestas.*

de.sa.pa.re.ci.men.to s.m. **1** sumiço: *o desaparecimento, entre nós, do gênero biográfico.* **2** extravio; roubo: *o desaparecimento das joias da marquesa.* **3** morte: *desaparecimento trágico do amigo no meio do mar.*

de.sa.pe.gar v.t. separar-se; desprender-se; desfazer-se do apego: *O homem se desapegou dos bens materiais.*

de.sa.pe.go (ê) s.m. desprendimento: *O desapego dos bens terrenos é louvável.*

de.sa.per.tar v.t. **1** soltar; afrouxar: *desapertar o cinto.* • *pron.* **2** sair do aperto; livrar-se: *Desapertou-se da má situação.*

de.sa.pon.ta.men.to s.m. desilusão; decepção: *Não vou esconder meu desapontamento.*

de.sa.pon.tar v.t. **1** causar desapontamento; decepcionar: *O candidato não quis desapontar seu eleitor.* • *pron.* **2** ficar desapontado ou encabulado; ficar decepcionado: *Ela se desapontou com o resultado das provas.*

de.sa.pro.pri.a.ção s.f. ato ou efeito de desapropriar mediante indenização; expropriação: *Os órgãos governamentais aceleraram o processo de desapropriação das terras.*

de.sa.pro.pri.ar v.t. privar da propriedade; desapossar; expropriar: *Desapropriaram uma fazenda no sul do país.*

de.sa.pro.va.ção s.f. censura; reprovação: *um claro sinal de desaprovação à sua atitude demagógica.*

de.sa.pro.var v.t. não concordar, reprovar: *O pastor disse desaprovar a atitude do fiel.*

de.sa.que.cer v.t. **1** tirar o aquecimento a. **2** enfraquecer, desacelerar: *As reformas desaqueceram a economia.*

de.sa.que.ci.men.to s.m. ato ou efeito de desaquecer.

de.sar.ma.men.to s.m. deposição ou retirada de armas: *O desarmamento urgente da tropa era necessário.*

de.sar.mar v.t. **1** desativar dispositivo que aciona a arma: *desarmar o fuzil.* **2** desmontar: *desarmar a árvore de Natal.* **3** fazer voltar ao normal; desfazer: *Porta cerrada, desarmei a carranca.* **4** acalmar; amenizar: *Antes de tudo, é preciso desarmar os ânimos.* **5** tornar ineficaz; anular: *Desarmou todas as manobras criadas pela oposição.* **6** tirar as armas de: *Um dos capangas desarmou nosso chefe.* **7** fazer perder os argumentos; desconcertar: *Ela desarmou o amigo com seus argumentos.* **8** proibir o uso de armas: *A nova lei quer desarmar a população.*

de.sar.ran.jar v.t. **1** prejudicar o funcionamento de; alterar: *Apareceu para desarranjar a minha vida.* • *int. pron.* **2** (Coloq.) falando em funções intestinais, ter diarreia: *Meu intestino desarranjou.*

de.sar.ran.jo s.m. **1** obstáculo; contratempo: *Aquele desarranjo de última hora atrasou-me.* **2** enguiço: *O motor teve pequeno desarranjo.* **3** diarreia: *Está com desarranjo intestinal.* **4** falta de arranjo; confusão: *O povo se preocupa com o desarranjo da economia.*

de.sar.ru.ma.ção s.f. desordem: *Assaltantes deixaram a sala na maior desarrumação.*

de.sar.ru.mar v.t. **1** tirar da ordem; desfazer: *desarrumar a cama para dormir.* **2** desorganizar; confundir: *O ódio desarruma o pensamento.* • *int. pron.* **3** ficar em desordem; desarranjar-se: *Na briga, seu penteado desarrumou-se.*

de.sar.ti.cu.la.ção s.f. **1** desmantelamento: *A polícia só se afastou depois da desarticulação da quadrilha.* **2** desajuste: *desarticulação da sociedade.*

de.sar.ti.cu.lar v.t. **1** desorganizar; desordenar: *Desarticulou a quadrilha.* • *pron.* **2** descontrolar-se; desorganizar-se: *Seu olhar me desarticulou completamente.*

de.sar.vo.ra.do adj. desorientado; confuso: *Ao vê-la em dores, ficou desarvorado, sem saber o que fazer.*

de.sar.vo.rar v.t. **1** desnortear: *A batida desarvorou completamente o motorista.* • *int. e pron.* **2** desnortear-se; desorientar-se: *A falta de respeito por si e pelos outros faz com que a pessoa (se) desarvore.*

de.sas.sei.o s.m. falta de asseio; sujeira.

de.sas.sis.ti.do s.m. **1** pessoa desamparada: *Pense nos desassistidos da sorte.* • *adj.* **2** abandonado; desamparado: *Infelizmente há crianças abandonadas, desassistidas.* **3** sem assistência: *Vários setores da economia continuam desassistidos.*

de.sas.som.bro s.m. **1** ousadia; destemor. **2** confiança; franqueza.

de.sas.so.re.a.men.to s.m. desobstrução de um rio, canal ou estuário: *A falta de desassoreamento permanente faz com que o rio não dê passagem aos navios.*

de.sas.sos.se.go (ê) s.m. inquietação; agitação; ansiedade: *O problema vem causando desassossego aos vizinhos.*

de.sas.tra.do s.m. **1** pessoa desajeitada: *Sou um desastrado.* • *adj.* **2** malsucedido; que redundou em desastre: *Fez um casamento desastrado.* **3** desajeitado; estabanado: *Quando criança, era desastrado.*

de.sas.tre s.m. **1** acidente: *Sofreu um desastre de moto.* **2** devastação; estrago: *O cancro cítrico traz desastre para a lavoura de laranja.* **3** (Coloq.) insucesso; fracasso: *Minha vida é um desastre.*

de.sas.tro.so (ô) adj. danoso; em que há desastre; desastrado: *A sua estreia no palco foi desastrosa.*

de.sa.tar v.t. **1** desprender; soltar; desfazer: *desatar o nó.* **2** resolver; solucionar: *desatar o problema.* **3** desencadear; soltar: *A moça desatou uma risada.* • *pron.* **4** desfazer-se; dissolver-se: *Seu engajamento político não se desataria nunca.* • **desatar a língua** falar com desembaraço. **não atar nem desatar** ficar indeciso; não tomar decisão.

de.sa.ten.ção s.f. desinteresse; distração: *O time sofreu o gol por desatenção na saída de bola.*

de.sa.ten.ci.o.so (ô) adj. indelicado; descortês: *Os clientes se queixam do tratamento desatencioso por parte dos funcionários da loja.*

de.sa.ten.to adj. distraído; displicente: *O time esteve desatento na marcação.*

de.sa.ti.na.do s.m. **1** pessoa sem tino; pessoa insensata: *O motorista dirigia feito um desatinado.* • adj. **2** desvairado; desarvorado; louco: *Ao tomar conhecimento da situação, saiu desatinado pelo corredor.*

de.sa.ti.nar v.t. **1** fazer perder o tino ou a razão: *Sua ausência desatinou o rapaz.* • int. **2** fazer, dizer ou praticar desatinos: *Diante de tamanha dor, a mulher desatinou.*

de.sa.ti.no s.m. **1** insensatez; loucura: *Como estava, poderia cometer um desatino.* **2** palavras de desatino: *Enquanto bebia, só falava desatinos.*

de.sa.ti.va.ção s.f. suspensão das atividades ou do funcionamento: *O diretor vai propor a desativação do hospital.*

de.sa.ti.var v.t. **1** tirar de atividade; tornar inativo: *O banco desativou a empresa.* **2** ligar; desarmar: *Desativou o alarme do carro.*

de.sa.to.lar v.t. **1** tirar do atoleiro; libertar: *Os soldados tiveram dificuldades para desatolar tanques e caminhões.* **2** (Fig.) tirar das dificuldades: *Os emigrantes precisam voltar para ajudar a desatolar o país.*

de.sa.tre.lar v.t. **1** tirar a trela de; desengatar: *desatrelar os cavalos.* **2** desligar; dissociar: *O economista conseguiu desatrelar da tabela mensal de preços os índices semanais.*

de.sa.tu.a.li.zar v.t. fazer perder ou perder a atualidade; ultrapassado: *As novas descobertas desatualizaram as teorias sobre a origem do homem.*

de.sau.to.ri.zar v.t. **1** tirar a autoridade de; desprestigiar: *Os avós não devem desautorizar os pais.* **2** não autorizar; desaprovar: *Desautorizou o pedido de aumento por falta de verbas.*

de.sa.ven.ça s.f. **1** contenda; discórdia: *Não foi registrado nenhum caso de briga, desavença ou furto.* **2** inimizade: *A desavença entre os dois irmãos dura até hoje.*

de.sa.ver.go.nha.do s.m. **1** pessoa sem pudor ou insolente: *O pai devia dar uma lição naquele desavergonhado.* • adj. **2** despudorado; insolente.

de.sa.vir v.t. e pron. pôr-se em desacordo; indispor-se: *Ela se desaviera com a vizinha.*

de.sa.vi.sa.do s.m. **1** pessoa mal informada ou desprevenida: *Um desavisado até que acreditaria nessa história.* • adj. **2** que não sabe; que ignora; desprevenido: *Turista desavisado deve tomar cuidado com o forte tempero indiano.*

des.ban.car v.t. levar vantagem sobre; suplantar; substituir: *Saídas de praia inspiradas nos anos 60 vão desbancar as cangas neste verão.*

des.ba.ra.ta.men.to s.m. **1** ato de desbaratar. **2** derrota. **3** desperdício.

des.ba.ra.tar v.t. **1** vencer; destruir; derrotar: *desbaratar o exército inimigo.* • pron. **2** desorganizar-se: *O exército se desbaratou.*

des.bas.tar v.t. **1** tornar menos basto; tirar os excessos de: *desbastar o mato.* **2** tirar as rebarbas de; tornar liso: *desbastar a madeira.* **3** diminuir; reduzir: *desbastar a cólera.*

des.bas.te s.m. **1** ação de desbastar: *desbaste das plantas mais raquíticas.* **2** polimento: *desbaste de pedras.*

des.blo.que.ar v.t. **1** retirar os obstáculos; desimpedir; liberar: *tratamento para desbloquear as artérias.* • pron.

2 desinibir-se; perder o bloqueio psicológico: *Com a hipnose, a mulher desbloqueou-se dos traumas.*

des.blo.quei.o s.m. retirada de obstáculo para permitir a movimentação; liberação: *desbloqueio da estrada.*

des.bo.ca.do adj. que tem linguagem inconveniente por dizer obscenidades ou não medir as palavras.

des.bo.ta.do adj. **1** cuja cor original quase desapareceu de todo: *Usava uma calça jeans desbotada.* **2** cansado; velado: *olhos desbotados de pessoa infeliz.* **3** desgastado; debilitado: *O verniz do móvel está desbotado.* **4** ultrapassado; fora de moda: *Este manual de regras de etiqueta está desbotado e inexpressivo.*

des.bo.tar v.t. **1** fazer perder o viço ou a vivacidade: *O tempo vem desbotando seu olhar, antes tão vivo.* **2** tornar menos nítido: *Nuvens iam desbotando os contornos do Pão de Açúcar.* • pron. **3** perder a cor ou o brilho: *As pétalas desbotavam-se com o sol.* **4** perder a vivacidade; desvanecer: *Sua memória desbotou-se.*

des.bra.ga.do adj. **1** descomedido; desmesurado: *Contava a mais desbragada mentira sem pestanejar.* **2** permissivo; impudico; depravado: *Usava de desbragada sensualidade para obter o que queria.*

des.bra.va.dor (ô) s.m. **1** explorador; conquistador: *Os primeiros desbravadores fincaram ali suas bandeiras.* • adj. **2** que explora; conquistador: *Bandeirantes foram os desbravadores do interior do país.*

des.bra.va.men.to s.m. ato ou efeito de desbravar; penetração: *desbravamento dos sertões.*

des.bra.var v.t. **1** explorar: *Bandeirantes desbravaram selvas.* **2** enfrentar: *Resoluto, foi desbravando caminhos até conseguir seu objetivo.*

des.bu.ro.cra.ti.za.ção s.f. eliminação da burocracia; simplificação dos trâmites administrativos: *A nova política inclui a desburocratização dos pagamentos.*

des.bu.ro.cra.ti.zar v.t. diminuir ou eliminar as exigências burocráticas: *A reforma tributária vai desburocratizar a arrecadação de impostos.*

des.ca.be.la.do adj. **1** desgrenhado. **2** absurdo; disparatado: *ideias descabeladas.* **3** excessivo; exagerado: *Aplicaram à criança um castigo descabelado.*

des.ca.be.lar v.t. despentear: *O vento descabela os banhistas.* • pron. **2** despentear-se em desespero; desesperar-se: *Já não é necessário se descabelar para tirar as gordurinhas.*

des.ca.bi.do adj. que não tem cabimento; absurdo: *O rapaz insiste num patriotismo despropositado, descabido e cego.*

des.ca.la.bro s.m. ruína; desgraça: *O economista vê descalabro nas contas públicas.*

des.cal.çar v.t. **1** tirar do pé ou da mão: *descalçar as botas.* **2** tirar do apoio: *O bom peão não descalça o pé do estribo.*

des.cal.ci.fi.ca.ção s.f. perda de sais de cálcio no organismo: *A osteoporose é caracterizada pela descalcificação dos ossos.*

des.cal.ço adj. que não tem calçado; com os pés nus, ou só calçados de meias: *Ele estava descalço.*

des.ca.ma.ção s.f. **1** retirada da escama: *descamação do peixe.* **2** queda de células mortas da pele; esfoliação: *Alguns cremes promovem uma descamação aumentada da pele.*

des.cam.bar v.t. **1** mudar para pior; decair: *A troca*

descaminho

de ideias descambou para a troca de insultos. **2** inclinar-se; sair do prumo: *O ônibus descambou para a direita.* • *int.* **3** cair pesadamente; tombar: *O contêiner descambou por falta de apoio sólido.* **4** declinar; descer em direção ao horizonte: *O sol descambava pouco a pouco.*

des.ca.mi.nho *s.m.* desvio do caminho; desvirtuamento: *desvendar os descaminhos da vida.*

des.ca.mi.sa.do *s.m.* **1** pessoa pobre; miserável: *O pré-candidato tem liderança entre os descamisados.* • *adj.* **2** maltrapilho; pobre: *distribuição de cestas básicas ao povo descamisado.*

des.cam.pa.do *s.m.* **1** lugar desabrigado e desabitado: *Segundo autoridades, o fogo começou em um descampado.* • *adj.* **2** desabitado; deserto: *A fronteira colombiano-brasileira é um lugar descampado.* **3** desabrigado; aberto: *Um vento frio cortava o espaço descampado.*

des.can.sar *v.t.* **1** dar descanso físico a; livrar da fadiga: *O guia fez uma pausa para descansar os turistas.* **2** tranquilizar; sossegar: *A notícia do fim da greve descansou a população.* **3** apoiar; encostar: *Descansou os talheres na mesa.* **4** estar em repouso: *O braço descansa na poltrona.* **5** estar fundamentado; estar baseado: *O futuro do Brasil descansa nas crianças.* • *int.* **6** repousar; dormir: *Não pode atendê-lo agora, está descansando.* **7** (Fig.) morrer: *Estava muito doente, agora descansou.* **8** parar de funcionar: *Esta máquina não descansa há meses.* **9** parar de agir: *Não descansarei enquanto não pegar o ladrão.*

des.can.so *s.m.* **1** repouso; sono: *Trabalhei muito, preciso de descanso.* **2** tranquilidade: *Vou lhe dar descanso para estudar.* **3** mureta; patamar: *Sentou-se no descanso do alpendre.* ♦ **sem descanso** sem interrupção.

des.ca.pi.ta.li.za.ção *s.f.* perda ou diminuição do capital: *A descapitalização dos produtores impediu o investimento nas lavouras.*

des.ca.rac.te.ri.za.ção *s.f.* perda das características ou das particularidades.

des.ca.rac.te.ri.zar *v.t.* **1** alterar o caráter; fazer perder as características básicas: *A reforma não descaracterizou a praça.* • *pron.* **2** perder as características básicas: *O partido se descaracterizará caso fuja de seus ideais.*

des.ca.ra.do *s.m.* **1** pessoa de mau caráter ou impudica: *Quando o garoto terminou o serviço, o descarado foi embora sem dar gorjeta.* • *adj.* **2** sem vergonha; insolente; atrevido: *Era um rapazola descarado, que nem graça tinha.* **3** vergonhoso; indigno: *Elegeu-se graças à descarada distribuição de favores.*

des.ca.ra.men.to *s.m.* **1** qualidade de quem é descarado; atrevimento: *O descaramento do contrato merecia maiores protestos.* **2** falta de vergonha: *Escandalizou-se com o descaramento da vizinha.*

des.car.ga *s.f.* **1** escoamento: *O declive dá descarga às águas da chuva.* **2** descarregamento: *descarga de mercadorias em plena rua.* **3** disparo: *descarga de fuzil.* **4** desabafo; desafogo: *Bordar é para mim uma descarga de tensões.* **5** condução da eletricidade: *Uma descarga elétrica pode levar à morte.*

6 válvula que dá vazão à água num vaso sanitário: *Não esqueça de puxar a descarga, viu?*

des.car.na.do *adj.* **1** que tem poucas carnes; magro: *um velho magro e descarnado.* **2** minguado; ralo: *a descarnada mata ciliar.*

des.car.nar *v.t.* **1** separar dos ossos: *Com uma faca, o caçador descarnava o animal.* **2** tirar a carne de: *O cachorro bravo descarnou parte da coxa do ladrão.* **3** separar do caroço (a polpa de um fruto) ou da casca: *descarnar o pêssego.*

des.ca.ro.çar *v.t.* tirar o caroço de: *descaroçar azeitonas.*

des.car.re.ga.men.to *s.m.* retirada do carregamento; descarga: *Filas de navios aguardam descarregamento no cais do porto.*

des.car.re.gar *v.t.* **1** tirar a carga de; aliviar (da carga, do peso, do conteúdo): *descarregar a arma.* **2** ficar sem carga; arriar: *A falta de uso descarregou a bateria.* **3** aliviar: *A vinda da irmã descarregou suas obrigações.* **4** desferir; lançar: *Firma o pé, ergue a clava, descarrega o golpe!* **5** extravasar um sentimento: *Descarregou a raiva nos filhos.* **6** atirar a carga de uma arma: *O homem descarregou a arma no bandido.*

des.car.ri.la.men.to *s.m.* saída do trem do trilho: *Um descarrilamento atrasou o trem.*

des.car.ri.lar *v.t.* **1** fazer sair dos trilhos: *A tempestade descarrilou o trem.* • *int.* **2** sair fora dos trilhos: *Os trens foram descarrilando.*

des.car.tar *v.t.* **1** deixar de lado; excluir; rejeitar: *descartar as frutas passadas.* **2** deixar de lado; ignorar: *Ainda é cedo para descartar alguma hipótese.* • *pron.* **3** desfazer-se; livrar-se: *O governo se descartou do problema.*

des.car.tá.vel *adj.* que se pode descartar: *A embalagem do leite é descartável.*

des.car.te *s.m.* **1** retirada; eliminação: *O sistema elimina o descarte de resíduos químicos tóxicos.* **2** cartas descartadas no jogo do baralho.

des.ca.sar *v.t.* **1** desemparelhar: *Arrumou a sapateira, mas descasou as sandálias.* • *int.* **2** anular ou desfazer o casamento; desquitar-se ou divorciar-se: *Há pessoas que casam e descasam o tempo todo.*

des.cas.car *v.t.* **1** tirar a casca: *descascar banana.* **2** (Fig.) repreender severamente; admoestar: *O chefe descascou o empregado.* • *int.* **3** soltar; desprender: *A pintura começou a descascar.* **4** perder a casca, a pele ou o revestimento: *Suas costas estão descascando.* ♦ **descascar o abacaxi** resolver um problema difícil.

des.ca.so *s.m.* desatenção; desprezo; desconsideração: *Os idosos são tratados com o mais completo descaso.*

des.cen.dên.cia *s.f.* **1** conjunto dos descendentes; prole; filhos: *O casamento não lhe dera descendência.* **2** parentesco; linhagem: *A descendência se fazia em linha paterna.* **3** proveniência; derivação: *Orgulha-se de sua descendência italiana.* // Ant.: ascendência.

des.cen.den.te *s.2g.* **1** aquele que descende de uma família ou indivíduo; oriundo: *Eu sou um descendente de africanos.* **2** sucessor; derivado: *Não era um gramofone, mas seu descendente direto.* • *pl.* **3** indivíduos que constituem uma descendência; prole; filhos: *Tinha um número grande de descendentes.* •

descompensação

adj. **4** pertencente à mesma família ou grupo; parente: *Estas são as plantas descendentes das leguminosas.* **5** que se direciona para baixo; que desce: *uma curva descendente.*

des.cen.der *v.t.* provir; ter origem: *Ele descende de índios por parte da mãe.*

des.cen.so *s.m.* queda; descida: *O time não conseguiu escapar do descenso.*

des.cen.tra.li.za.ção *s.f.* **1** expansão; ramificação: *a descentralização geográfica das atividades econômicas.* **2** desvinculação do poder central: *A empresa promoveu a descentralização.*

des.cen.tra.li.zar *v.t.* **1** desconcentrar; diversificar: *descentralizar e reorganizar o equipamento escolar.* **2** transferir atribuições a órgãos não centrais da administração: *O diretor descentralizou o poder de distribuição de merendas escolares.*

des.cer *v.t.* **1** levar do alto para baixo; abaixar: *Desceu o livro do alto da estante.* **2** fazer baixar; puxar para baixo: *descer a persiana.* **3** percorrer em sentido descendente: *descer a escada.* **4** desferir; desfechar: *Desceu um murro no desafeto.* **5** ter declive: *A estrada desce para o vale.* **6** passar do norte para o sul: *A caravana desceu ao lago.* **7** ir em direção a local mais baixo: *descer à cidade.* **8** pender: *Os cabelos descem pelos ombros.* **9** apear-se; sair de cima; desmontar: *descer do cavalo.* **10** deixar um posto elevado: *descer do trono.* **11** desembarcar: *descer em Santos.* • *int.* **12** vir de cima para baixo: *Lá vem o ônibus descendo.* **13** baixar de nível: *A temperatura desceu.* **14** aproximar-se do ocaso: *O sol desceu.* **15** chegar: *A noite desceu.* **16** diminuir o valor: *As ações desceram.* ✦ **descer a borracha/o cacete/o pau** bater; surrar.

des.cer.ra.men.to *s.m.* retirada da cobertura; abertura: *descerramento de placa comemorativa do centenário da cidade.*

des.cer.rar *v.t.* **1** abrir: *descerrar as cortinas.* **2** deixar transparecer; revelar: *Descerrou aquilo que traz escondido no peito.* • *pron.* **3** abrir-se: *As pálpebras descerraram-se.*

des.ci.da *s.f.* **1** aterrissagem: *descida do avião.* **2** declive: *Os carros correm mais nas descidas.*

des.clas.si.fi.ca.ção *s.f.* perda da qualificação; eliminação: *Encararam com tranquilidade a derrota e a desclassificação da equipe.*

des.clas.si.fi.ca.do *s.m.* **1** pessoa que não desfruta de bom conceito; pessoa indigna de consideração social: *Um desclassificado igual a ele, eu estava para ver.* • *adj.* **2** que não desfruta de bom conceito; indigno de consideração social: *É um pária, um sujeito desclassificado.*

des.clas.si.fi.car *v.t.* **1** eliminar da competição; desqualificar: *Conseguiu desclassificar o adversário das duas competições.* **2** desmoralizar: *O advogado leu a ficha policial de cada uma, procurando desclassificar o testemunho.*

des.co.ber.ta (é) *s.f.* **1** chegada a um resultado mediante observação, pesquisa ou dedução: *a descoberta da gravitação universal.* **2** encontro; achado: *descoberta do túmulo do faraó Thamus.* **3** chegada a um lugar pela primeira vez; descobrimento: *a descoberta do Brasil.* **4** invenção: *a descoberta da imprensa.*

des.co.ber.to *adj.* **1** exposto à vista: *Paquistanesas não podem sair com o rosto descoberto.* **2** sem cobertura: *A escola tem um corredor descoberto.* **3** sem roupa; exposto: *As pernas da moça estavam descobertas.* **4** à vista; sem reboco: *As paredes mostravam os tijolos descobertos.* **5** sem tampa: *A pizza estava descoberta sobre a mesa.* **6** encontrado: *Vendeu o filme descoberto nos porões de um cinema.* **7** inventado: *um microscópio descoberto na Holanda.* ✦ **a descoberto** sem proteção.

des.co.bri.dor (ô) *s.m.* **1** pessoa que acha ou desvenda o que estava oculto: *O cientista foi o descobridor do vírus.* **2** explorador: *Cabral, o descobridor do Brasil.* • *adj.* **3** que descobre ou desvenda: *O laboratório descobridor de um medicamento deve usar a sua marca comercial para estimular a pesquisa.*

des.co.bri.men.to *s.m.* **1** chegada a um resultado mediante observação, pesquisa ou dedução; descoberta: *descobrimento de um medicamento.* **2** chegada a um lugar pela primeira vez; descoberta: *descobrimento de uma terra.*

des.co.brir *v.t.* **1** tirar a cobertura de: *Não quis descobrir o rosto para não ser reconhecido.* **2** fazer ficar exposto ou sem proteção; mostrar; deixar ver: *A saia descobria os joelhos.* **3** fazer conhecer o que estava escondido; mostrar: *descobrir os segredos do amigo.* **4** encontrar; achar: *descobrir rastros do animal.* **5** notar; perceber: *Descobriu um furo de bala no seu paletó.* **6** dar com; topar: *Descobriram um corpo já desfeito.* ✦ **descobrir a América** achar o que estava evidente. **descobrir um santo para cobrir outro** favorecer alguém em detrimento de outrem ou de si mesmo.

des.co.la.do *s.m.* **1** (Gír.) pessoa desembaraçada; comunicativa: *No último dia, foi o maior índice de descolados na plateia.* • *adj.* **2** despegado; desgrudado: *Estava com a sola do sapato descolada.* **3** (Gír.) que saiu da estagnação; bem-sucedido: *Vai comemorar amanhã os 14 anos de seu descolado restaurante.*

des.co.lar *v.t.* **1** desunir; despegar: *Um tipo de fungo está descolando suas unhas.* **2** (Gír.) tomar, conseguir para si ou para outrem: *descolar uma indicação para o prêmio.* • *int.* e *pron.* **3** desgrudar-se; soltar-se: *A sola do sapato descolou(-se).* **4** sair da estagnação; elevar-se: *A corrida de preços fez com que as tarifas se descolassem.*

des.co.lo.ra.ção *s.f.* perda da cor; despigmentação: *a descoloração dos cabelos.*

des.co.lo.ri.do *adj.* **1** que perdeu a cor; desbotado: *Usava um velho vestido de um azul descolorido.* **2** (Gír.) inexpressivo: *um cantor tão descolorido, tão sem sal!*

des.co.me.di.do *adj.* extravagante; exagerado: *Era descomedido em tudo que fazia.*

des.com.pas.sa.do *adj.* que está fora do ritmo normal: *A respiração continua descompassada.*

des.com.pas.so *s.m.* **1** falta de medida; desordem; desproporção: *O descompasso na organização do show foi total.* **2** desarmonia; desacordo: *Existe um descompasso ou desequilíbrio no sistema ecológico.*

des.com.pen.sa.ção *s.f.* (Med.) **1** estado de insuficiência funcional: *A doença resulta de uma descompensação do indivíduo.* **2** estado de um órgão

descompensar

cujo funcionamento está gravemente comprometido: *descompensação cardíaca*.
des.com.pen.sar *v.int.* apresentar descompensação: *O pulmão do paciente descompensou*.
des.com.pos.tu.ra *s.f.* **1** admoestação; repreenda: *O chefe passou uma descompostura nos brigões*. **2** falta de educação; irreverência: *Você se comportou com muita descompostura e arrogância*.
des.co.mu.nal *adj.* que tem tamanho ou intensidade fora do normal; exagerado: *Tirou dos ombros um peso descomunal*.
des.con.cen.trar *v.t.* **1** fazer sair de um centro ou núcleo. • *pron.* **2** sair da concentração: *A equipe não pode se desconcentrar*.
des.con.cer.ta.do *adj.* perturbado; embaraçado: *O visitante mostrava-se desconcertado*.
des.con.cer.tan.te *adj.* que desconcerta; desorienta; atordoa: *A sua resposta foi grosseira e desconcertante*.
des.con.cer.tar *v.t.* **1** desarranjar; desarmonizar: *O livro desconcerta até o estilo e o vocabulário, ora sóbrio, ora desabusado*. **2** desorientar; aturdir; embaraçar: *Os uruguaios são tão gentis que chegam a desconcertar o forasteiro*. • *pron.* **3** tornar-se desorientado; embaraçar-se: *Ela não se desconcerta nunca*. • *int.* **4** dizer disparates: *Perturbado, ele desconcertava*.
des.co.nec.tar *v.t.* desfazer uma conexão; desligar; desunir: *Desconectar a bateria do equipamento durante o transporte é uma boa providência*.
des.co.ne.xão /ks/ *s.f.* **1** desligamento: *desconexão dos fios*. **2** incoerência: *A desconexão entre o que é narrado e o que acontece é absurda*.
des.co.ne.xo /ks/ *adj.* incoerente; sem nexo lógico: *Da boca saía-lhe um amontoado desconexo de frases*.
des.con.fi.an.ça *s.f.* **1** falta de confiança: *O comportamento do chefe gerou desconfiança em seus funcionários*. **2** temor de ser enganado: *A sua desconfiança atrapalha o nosso relacionamento*.
des.con.fi.ar *v.t.* **1** supor; imaginar: *Desconfio que, a estas horas, está em casa*. **2** não ter confiança; suspeitar: *Desconfio de todos naquela casa*.
des.con.fi.ô.me.tro *s.m.* (Coloq.) percepção das próprias inconveniências ou dos próprios limites: *O que move esse pessoal que nunca ouviu falar de desconfiômetro ou amor-próprio?*
des.con.for.tá.vel *adj.* **1** sem conforto; incômodo: *Na verdade, é um lugar desconfortável para viver*. **2** que provoca mal-estar: *silêncio desconfortável*.
des.con.for.to (ô) *s.m.* **1** falta de conforto; incômodo: *O desconforto do público foi maior quando a arquibancada ficou lotada*. **2** perturbação; ansiedade; desânimo: *Experimentou enorme desconforto ao saber da demissão do colega*.
des.con.ge.la.men.to *s.m.* **1** degelo: *descongelamento do freezer*. **2** (Fig.) liberação: *descongelamento de preços*.
des.con.ge.lar *v.t.* **1** degelar: *descongelar alimentos congelados*. **2** (Fig.) tirar do imobilismo: *descongelar os salários*. • *int.* **3** degelar-se: *A calota polar vem descongelando*.
des.con.ges.ti.o.na.men.to *s.m.* desimpedimento; desobstrução: *descongestionamento do trânsito na avenida principal*.

des.con.ges.ti.o.nan.te *s.m.* **1** substância para descongestionar as vias respiratórias: *usou um descongestionante nasal*. • *adj.* **2** que descongestiona ou desobstrui: *Foi proibido o uso de produtos descongestionantes*.
des.con.ges.ti.o.nar *v.t.* **1** livrar de congestão; desentupir; desinchar: *descongestionar o nariz entupido*. **2** tornar menos congestionado; desobstruir: *Precisamos encontrar uma saída para descongestionar os tribunais*. • *int.* **3** ficar desobstruído; ficar mais livre: *Nesta cidade, só depois das dez é que o trânsito descongestiona*.
des.co.nhe.ce.dor (ô) *adj.* que não conhece: *Pessoas ou profissionais pouco conscientes e desconhecedores da matéria*.
des.co.nhe.cer *v.t.* **1** não reconhecer; estranhar: *Eu estava desconhecendo o local*. **2** não ter conhecimento; não saber; ignorar: *Declarou desconhecer quem poderia ser o escolhido como candidato*. **3** ser ingrato; não reconhecer favor recebido: *Desconhecia tudo que se fazia por ele*.
des.co.nhe.ci.do *s.m.* **1** pessoa não conhecida, estranha: *Não pegue carona com um desconhecido*. **2** aquilo que não se conhece; incógnito: *Tinha medo de viajar ao estrangeiro, enfrentar o desconhecido*. • *adj.* **3** ignorado; estranho: *De repente estávamos num lugar totalmente desconhecido*. **4** de identidade não conhecida: *Visitamos o túmulo do soldado desconhecido*.
♦ **ilustre desconhecido** pessoa que ninguém conhece nem sabe de onde veio.
des.co.nhe.ci.men.to *s.m.* falta de informação; ignorância: *Às vezes o paciente não revela os sintomas de sua doença, por desconhecimento ou medo*.
des.con.jun.ta.do *adj.* **1** estragado; desmantelado: *uma cadeira desconjuntada*. **2** desarmônico; feio: *A multidão invade o palco num balé desconjuntado, ao som do prefixo musical*. **3** torto; desequilibrado: *O andar do rapaz era todo desconjuntado*.
des.con.jun.tar *v.t.* **1** desorganizar; desestruturar: *A chegada da polícia desconjuntou os planos dos marginais*. **2** abalar; danificar: *O pequeno tremor de terra desconjuntou as estruturas do prédio*. • *pron.* **3** desfazer-se; desorganizar-se; desestruturar-se: *Nossos planos se desconjuntaram*. • *int.* **4** ter a estrutura física desmantelada: *Acho que este banco desconjuntou*.
des.con.si.de.ra.ção *s.f.* **1** falta de consideração; desrespeito: *Não ir à festa da menina é uma desconsideração para com seus pais*. **2** desprezo; ofensa: *Diante de tanta desconsideração, resolvemos cortar relações com vocês*.
des.con.si.de.rar *v.t.* **1** não levar em consideração; descartar: *O professor desconsiderou os erros de gramática da minha redação*. **2** não dar conta de; ignorar: *Levar vida desregrada é desconsiderar a saúde*.
des.con.so.la.do *adj.* **1** triste; consternado; desolado: *Ela emagrecia, vivia desconsolada*. **2** que revela tristeza ou consternação: *Tinha um semblante desconsolado*.
des.con.so.lar *v.t.* afligir; entristecer; desanimar: *O seu comportamento me desconsola*.
des.con.so.lo (ô) *s.m.* tristeza; desalento: *O menino voltou, num desconsolo enorme*.

descrever

des.con.ta.mi.na.ção *s.f.* perda ou diminuição da contaminação: *Terminou ontem a descontaminação do laboratório de onde vazou a substância.*

des.con.tar *v.t.* **1** pagar ou receber mediante desconto: *Foi ao banco descontar uma promissória.* **2** sacar o valor; trocar por dinheiro: *descontar um cheque.* **3** tirar; subtrair: *O livreiro descontou uma quantia irrisória no preço do dicionário.* **4** não levar em conta; excetuar: *Descontando os resfriados, nunca fico doente.* **5** recuperar; repor: *Era preciso descontar o atraso do sono perdido.* **6** diminuir: *Temos que jogar muito para descontar essa diferença de quatro gols.* **7** (Coloq.) desforrar; vingar-se: *Ela descontou na irmã sua revolta pelo fracasso nos exames.*

des.con.ten.ta.men.to *s.m.* desgosto; desagrado: *O descontentamento do povo já dura muito tempo.*

des.con.ten.tar *v.t.* tornar descontente; desgostar; aborrecer: *Esse político consegue descontentar até os seus correligionários.*

des.con.ten.te *s.2g.* **1** quem está insatisfeito, desgostoso: *Aumentavam cada vez mais os descontentes.* • *adj.* **2** insatisfeito; desgostoso: *Todos ali estavam descontentes com o prefeito.*

des.con.ti.nu.i.da.de *s.f.* **1** caráter do que não é contínuo; falta de sequência: *a descontinuidade geográfica do Brasil.* **2** interrupção: *A indústria registra dez milhões de jogos vendidos sem descontinuidade na produção.*

des.con.to *s.m.* **1** redução; abatimento: *Todas as lojas estão oferecendo descontos.* **2** perdão; desculpa: *Teve desconto, pois não foi bem na prova porque estava gripado.* **3** troca por dinheiro: *Segundo o gerente do banco, os descontos de cheques de pequeno valor diminuíram.*

des.con.tra.ção *s.f.* relaxamento; distensão: *Num momento de descontração, o velho patriarca brinca com os netos.*

des.con.tra.í.do *adj.* alegre; relaxado; distenso: *Era uma pessoa descontraída, despreocupada.*

des.con.tra.ir *v.t.* **1** fazer cessar a contração; relaxar: *descontrair os músculos.* **2** fazer perder o nervosismo ou tensão; pôr à vontade: *A música descontrai os enfermos.* • *pron.* **3** perder a contração; relaxar: *Seus dedos descontraíram-se e soltaram a mão da amiga.* **4** perder o nervosismo ou a tensão; pôr-se à vontade: *O entrevistado só se descontraiu depois de meia hora.*

des.con.tro.la.do *adj.* **1** sem controle; desgovernado: *Um barco descontrolado bateu nos recifes.* **2** sem domínio emocional: *O orador desconcertou os presentes ao irromper num pranto sonoro e descontrolado.*

des.con.tro.lar *v.t.* **1** desorganizar; desequilibrar: *O gasto inesperado descontrolou minhas finanças.* • *pron.* **2** perder o controle; desequilibrar-se: *O carro descontrolou-se e foi de encontro ao poste.* **3** perder o domínio emocional: *Ela se descontrola, começa a chorar.*

des.con.tro.le (ô) *s.m.* **1** desgoverno; desequilíbrio: *Houve um descontrole de nossas finanças.* **2** perda do domínio emocional: *O descontrole emocional tornou-o agressivo.*

des.con.ver.sar *v.int.* mudar de assunto; fazer-se de desentendido; dissimular: *Quando lhe perguntavam sobre a sua prisão, ele desconversava.*

des.co.or.de.na.ção *s.f.* falta de coordenação: *descoordenação motora.*

des.co.rar *v.t.* **1** fazer perder a cor: *O sol forte descora a roupa.* • *int.* **2** perder a cor; tornar-se descolorido; desbotar: *As pinturas da parede iam aos poucos descorando.* **3** empalidecer: *O depoente tremeu e descorou a olhos vistos.*

des.cor.ço.a.do *adj.* **1** sem ânimo; desalentado; sem coragem: *Até o professor parecia descorçoado ante os resultados das provas.* **2** que revela desalento ou desânimo: *Sentou-se ao computador com aquele ar descorçoado.*

des.cor.ço.ar *v.t.* **1** fazer perder a esperança; desanimar: *O excesso de trabalho para casa descorçoa os alunos.* • *int.* **2** desanimar-se: *Descorçoei quando vi aquele engarrafamento no trânsito.*

des.co.ro.ço.a.do *adj.* descorçoado.

des.co.ro.ço.ar *v.t.* descorçoar.

des.cor.tês *adj.* grosseiro; indelicado: *Eu seria descortês se não aceitasse o seu convite.*

des.cor.te.si.a *s.f.* grosseria; indelicadeza; desfeita: *A visita considerou uma descortesia o fato de não ser acompanhada até a porta.*

des.cor.ti.nar *v.t.* **1** revelar; desvendar; descobrir: *A leitura nos permite descortinar novas realidades.* **2** avistar; enxergar: *Dali podíamos descortinar toda a Baía de Guanabara.* • *pron.* **3** aparecer; surgir: *Quando temos fé, novos horizontes sempre se descortinam.*

des.cor.ti.no *s.m.* capacidade de antever; perspicácia: *homem público honrado, ótimo administrador e de admirável descortino político.*

des.co.si.do *adj.* **1** descosturado: *O tecido do sofá está descosido.* **2** sem nexo; mal concatenado: *Elaborou algumas frases descosidas e sem sentido.*

des.cos.tu.rar *v.t.* **1** desfazer a costura: *teve que descosturar parte da saia para que lhe servisse.* • *int.* **2** ter a costura desfeita: *Sua blusa descosturou no ombro.*

des.cre.den.ci.a.men.to *s.m.* retirada do credenciamento; desautorização: *Alguns hospitais pediram descredenciamento da companhia seguradora.*

des.cre.den.ci.ar *v.t.* **1** retirar as credenciais de; desautorizar: *O governo ameaçou descredenciar os hospitais desonestos.* **2** desqualificar: *A falta de responsabilidade descredencia-o a um bom emprego.* • *pron.* **3** deixar de ser credenciado: *Os hospitais estão se descredenciando da companhia seguradora.*

des.cré.di.to *s.m.* falta de confiança; desprestígio: *As promessas em véspera de eleição já caíram no descrédito do povo.*

des.cren.ça *s.f.* ceticismo; incredulidade: *A descrença do povo nos maus políticos leva a desacreditar na política como um todo.*

des.cren.te *s.2g.* **1** quem não tem fé ou crença; pessoa incrédula: *Os descrentes respeitaram a procissão.* • *adj.* **2** que não crê; incrédulo: *Um povo descrente é um povo sem futuro.* **3** desesperançoso: *estava descrente da vida.*

des.crer *v.t.* não crer; desacreditar: *O pai começava a descrer das palavras do próprio filho.*

des.cre.ver *v.t.* **1** apresentar os traços característicos; representar; retratar: *O professor pediu que descrevêssemos a sala de aula.* **2** retratar comparativamente: *Ela descreve o esposo como um amigo e companheiro.*

descrição

des.cri.ção *s.f.* representação das características básicas; detalhamento: *É mais fácil fazer a descrição de objetos do que de pessoas.* // Cp.: discrição.

des.cri.mi.na.ção *s.f.* retirada da condição de crime; legalização: *descriminação do jogo do bicho.* // Cp.: discriminação.

des.cri.mi.na.li.za.ção *s.f.* exclusão da categoria de crime; descriminação: *Ainda vai longe o debate sobre a descriminalização do aborto.*

des.cri.mi.nar *v.t.* excluir da categoria de crime; inocentar. // Cp.: discriminar.

des.cri.ti.vo *adj.* **1** detalhado; pormenorizado: *memorial descritivo.* **2** em que há descrição: *texto descritivo.* **3** que descreve a estrutura e o funcionamento de um objeto ou de um sistema: *gramática descritiva.*

des.cru.zar *v.t.* desfazer o cruzamento de: *descruzou as pernas.* • **descruzar os braços** pôr-se a trabalhar ou a fazer algo: *Vamos descruzar os braços, minha gente!*

des.cui.da.do *adj.* **1** negligente; desleixado: *Ela era muito descuidada, a casa vivia sempre suja.* **2** distraído: *O motorista descuidado sempre causa acidente.* **3** sem cuidados; abandonado: *A lavoura estava descuidada e o gado morrendo de fome.*

des.cui.dar *v.t.* **1** não atentar para; desprezar; ignorar: *Não descuide de sua saúde.* • *int.* **2** tornar-se desatento: *Se descuidarmos, todo o nosso salário vai para pagar dívidas.*

des.cui.do *s.m.* falta de cuidado; negligência; distração: *No trânsito não pode haver descuido.*

des.cul.pa *s.f.* **1** pretexto; evasiva: *Ele sempre arranjava uma desculpa para não fazer as tarefas.* **2** indulgência; perdão: *Pedir desculpa é um ato de boa educação.*

des.cul.par *v.t.* **1** isentar de culpa; perdoar: *Peço que desculpe meu filho, ele é muito afoito.* **2** não levar em conta; relevar: *O senhor me desculpe, mas não posso acreditar nisso.* • *pron.* **3** pedir desculpas; justificar-se: *Ele desculpou-se pelo incidente com os cães.*

des.cul.pá.vel *adj.* que se pode desculpar: *A sua atitude é desculpável, pois ele estava nervoso.*

des.cum.prir *v.t.* deixar de cumprir; desobedecer; infringir: *O senhor descumpriu o nosso trato.*

des.cu.pi.ni.za.ção *s.f.* exterminação do cupim: *A prefeitura fará um trabalho de descupinização nos bairros de arborização antiga.*

des.cu.ra.do *adj.* descuidado; desleixado: *Apresentou-me a um senhor de barba descurada.*

des.cu.rar *v.t.* não cuidar de; abandonar; ignorar: *Não pode nem deve a autoridade governamental descurar dos problemas universitários.*

des.de *prep.* Relaciona dois termos da oração indicando: **1** origem; a partir de: *O cão o acompanhava desde a praça.* **2** ponto de partida no tempo: *Mora aqui desde o ano passado.* **3** ponto de partida de uma atividade: *Sabe fazer tudo em casa, desde lavar pratos até passar camisas de cambraia.* **4** ponto de partida numa enumeração: *Sabia o nome de todos os parentes desde o mais próximo até o mais distante.* • **desde que** introduz oração subordinada adverbial temporal; a partir do momento em que: *O meu irmão está intratável desde que seu cão fugiu de casa.*

des.dém *s.m.* desprezo; arrogância: *cultivava certo desdém pela literatura.* • **com desdém** com desprezo: *tratava os empregados com desdém.*

des.de.nhar *v.t.* não fazer caso de; menosprezar: *Ele sempre desdenhou a filha da vizinha, mas acabou casando com ela.*

des.de.nho.so (ô) *adj.* que desdenha; que menospreza: *A moça me olhou com ar desdenhoso.*

des.den.tar *v.t.* fazer perder os dentes: *A falta de orientação vem desdentando grande parte da população.*

des.di.ta *s.f.* desgraça; desventura; infelicidade.

des.di.to.so (ô) *s.m.* **1** pessoa infeliz; desgraçado: *Tenho pena dos desditosos.* • *adj.* **2** infeliz; desgraçado; mal-aventurado: *A desditosa professora perdeu o marido e um filho em acidente.*

des.di.zer *v.t.* negar o que disse; desmentir: *Ele foi embora tentando desdizer o que dissera.*

des.do.bra.men.to *s.m.* **1** ato ou efeito de desdobrar. **2** desmembramento; expansão: *Essa questão não é tão simples, ela tem vários desdobramentos.* **3** decomposição: *O organismo processa o desdobramento dos alimentos.* **4** duplicação; ramificação; divisão: *As vias estreitas dificultam o desdobramento da tropa, que tem de formar colunas.*

des.do.brar *v.t.* **1** desfazer as dobras de; abrir: *Sua função era dobrar e desdobrar toalhas.* **2** estender; ampliar: *Precisamos desdobrar nossos esforços.* • *pron.* **3** agir com excessivo empenho: *desdobrar-se em gentilezas.* **4** multiplicar esforços; superar os próprios limites: *A equipe se desdobrava para dar conta da tarefa.* **5** abrir-se; estender-se; ampliar-se: *Na década de cinquenta as frentes de trabalho se desdobraram.*

des.dou.ro (ô) *s.m.* desonra; depreciação: *Não há desdouro em confessar as origens humildes.*

de.se.du.car *v.t.* **1** prejudicar a educação de; educar mal: *Alguns programas da televisão estão deseducando o povo.* • *pron.* **2** perder, estragar a educação recebida: *Em vez de se profissionalizarem, os presos se deseducam.*

de.se.jar *v.t.* **1** pretender: *A diretora deseja falar com você.* **2** ter atração sexual por: *Não cometi o pecado de desejar a mulher do próximo.* **3** ter vontade de; querer; almejar: *Sempre desejei uma vida melhor para meus pais.* **4** fazer votos de que algo aconteça: *Os amigos desejaram boa sorte aos que partiam.*

de.se.jo (ê) *s.m.* **1** vontade de obter algo: *Meu desejo era estar numa praia sem poluição.* **2** aspiração; anseio: *Sempre tive desejo de ser advogado.* **3** intenção; propósito: *desejo de vingança.* **4** atração física: *O corpo esbelto daquela mulher lhe despertava o desejo.*

de.se.jo.so (ô) *adj.* **1** ansioso; ávido: *Estas meninas aqui estão desejosas de falar com você.* **2** interessado ou empenhado: *Todos estamos desejosos de ver o fim da inflação.*

de.se.le.gân.cia *s.f.* **1** desalinho: *A deselegância de suas roupas passou a ser sua marca.* **2** falta de educação; descortesia: *É uma deselegância ser tão áspero com os subalternos.* // É usual o emprego de *para* com: *É uma deselegância para com os candidatos.*

de.se.le.gan.te *adj.* inconveniente; indecoroso: *Fiquei espantado com pergunta tão deselegante.*

de.sem.ba.çar *v.t.* **1** tirar o aspecto baço; tornar claro, límpido: *O ar-condicionado serve para desembaçar o para-brisa.* • *int.* **2** tornar-se claro, límpido: *O espelho logo desembaçou.*

desencalhar

de.sem.bai.nhar *v.t.* **1** tirar da bainha: *O homem não teve tempo de desembainhar o punhal.* **2** desmanchar a bainha de uma costura.

de.sem.ba.ra.ça.do *adj.* **1** desinibido; desenvolto: *Ela é uma menina desembaraçada, fala com todo mundo.* **2** sem nós: *cabelos desembaraçados.*

de.sem.ba.ra.çar *v.t.* **1** desfazer os nós de; desemaranhar; desatar: *levou um tempão para desembaraçar os cadarços do tênis.* **2** clarear: *respirei fundo e acalmei de modo a desembaraçar as ideias.* **3** tornar livre; libertar; desprender: *Gostaria de desembaraçar a minha mente dessa ideia fixa.* • *pron.* **4** livrar-se: *O gato não conseguia desembaraçar-se dos fios do novelo.*

de.sem.ba.ra.ço *s.m.* desinibição; desenvoltura: *falar com desembaraço.*

de.sem.bar.ca.dou.ro *s.m.* local de desembarque: *Os navios atracaram em um pequeno desembarcadouro.*

de.sem.bar.car *v.t.* **1** fazer descer de um veículo de transporte: *O navio não pôde desembarcar a mercadoria.* • *int.* **2** saltar em terra; descer de veículo (ônibus, carro, avião etc.); apear: *Os imigrantes desembarcaram à noite.*

de.sem.bar.ga.dor (ô) *s.m.* **1** juiz do Tribunal de Justiça ou de Apelação: *desembargador da justiça.* **2** membro de tribunal religioso: *desembargador eclesiástico.*

de.sem.bar.gar *v.t.* **1** livrar de impedimento ou obstáculo; desembaraçar: *Desembarguei-o dos compromissos que o impediam de viajar.* **2** (Jur.) suspender embargo resultante de sentença judicial: *desembargar um espólio penhorado.*

de.sem.bar.go *s.m.* **1** ato ou efeito de desembargar. **2** suspensão de embargo ou arresto. **3** despacho concludente de sentença.

de.sem.bar.que *s.m.* saída de alguém ou retirada de algo de uma embarcação: *O desembarque dos passageiros ocorreu sem incidentes.*

de.sem.bes.tar *v.t.* **1** arremessar; atirar (seta etc.): *desembestou a flecha com o arco.* • *int.* **2** correr desesperadamente: *O rapaz desembestou para alcançar o ônibus.*

de.sem.bo.ca.du.ra *s.f.* **1** ato de desembocar. **2** lugar onde as águas desembocam; foz: *a desembocadura do rio.*

de.sem.bo.car *v.int.* **1** ir ter; afluir: *A passeata desembocou na praça principal.* **2** convergir para; afluir: *Pequenos rios desembocam no Tietê.* **3** terminar em: *A rua desemboca na praça.*

de.sem.bol.sar *v.t.* **1** despender; gastar: *Desembolsei metade de meu salário só com o aluguel.* **2** tirar do bolso ou da bolsa.

de.sem.bol.so (ô) *s.m.* pagamento: *Só fomos liberados mediante o desembolso de uma volumosa quantia.*

de.sem.bru.lhar *v.t.* **1** tirar do embrulho; desempacotar: *Ao receber o presente, desembrulhe-o imediatamente.* (Fig.) **2** desvendar; interpretar: *O leitor tem de desembrulhar a trama.* **3** esclarecer; explicar: *desembrulhar uma situação cheia de equívocos.*

de.sem.bu.char *v.t.* (Coloq.) **1** dizer o que sabe; confessar; falar: *O acusado desembuchou tudo o que sabia.* **2** desembolsar: *A fazendeira desembuchou alguns contos de réis.*

de.sem.pa.tar *v.t.* **1** desfazer o empate de: *O centroavante desempatou a partida cobrando falta.* **2** decidir: *O mercado de trabalho desempatará o que a Justiça do Trabalho não conseguir.*

de.sem.pa.te *s.m.* ação de desempatar: *O desempate se fez pela cobrança de pênaltis.*

de.sem.pe.na.do *adj.* **1** endireitado; direito: *O marceneiro recomendou que só usassem tábuas desempenadas.* (Bras.) **2** forte; desenvolto; corajoso: *Era um tipo desempenado, decidido.* **3** esguio: *Toda tarde lá vinha o moço, desempenado, elegante.*

de.sem.pe.nar *v.t.* endireitar; desentortar; nivelar: *Os laminadores desempenam e ajustam as medidas do diâmetro e da espessura das paredes.*

de.sem.pe.nhar *v.t.* **1** cumprir; exercer; executar: *Sempre procurou desempenhar suas funções com correção.* **2** representar; interpretar: *Nesse filme o ex-mocinho desempenha o papel de bandido.* **3** ter determinada função: *Hoje a cana-de-açúcar desempenha, na economia brasileira, o papel que outrora foi do café.* **4** resgatar; recuperar (o que estava empenhado): *desempenhou suas joias.*

de.sem.pe.nho *s.m.* **1** ato ou efeito de desempenhar. **2** atividade; trabalho: *Fui elogiado pelo ótimo desempenho como motorista da família.* **3** apresentação de resultados; rendimento: *O desempenho financeiro do setor de cinema superou o dos parques temáticos.* **4** atuação; interpretação: *A qualidade de um ator se mede pelo seu desempenho no palco.* **5** capacidade de atuação de um veículo, máquina ou motor: *O piloto culpou o desempenho do motor pelo seu fracasso.* **6** cumprimento: *Sempre fui bem-sucedido no desempenho de minhas obrigações.*

de.sem.per.rar *v.t.* **1** soltar; desembaraçar: *trabalhou duro para desemperrar as dobradiças.* • *int.* **2** deixar de estar emperrado: *a fechadura desemperrou com óleo.*

de.sem.pre.ga.do *s.m.* **1** pessoa que perdeu o emprego ou que está sem trabalho: *Há no país milhões de desempregados.* • *adj.* **2** que perdeu o emprego; que está sem trabalho: *Um homem desempregado é capaz de tudo.*

de.sem.pre.gar *v.t.* fazer ficar sem emprego: *Máquinas e robôs podem desempregar pessoas.*

de.sem.pre.go (ê) *s.m.* falta de emprego: *O desemprego pode gerar mais violência.*

de.sen.ca.de.a.men.to *s.m.* manifestação súbita como consequência; surgimento: *Haverá o desencadeamento de uma série de reações na atmosfera.*

de.sen.ca.de.ar *v.t.* **1** soltar; desatar; desprender (quem ou o que estava preso por cadeias): *À noite ele costuma desencadear seus cães de guarda.* **2** provocar uma ação ou reação repentina; suscitar: *A suspensão inesperada do concerto desencadeou a ira da multidão de jovens.* • *pron.* **3** manifestar-se com violência: *Os ventos desencadearam-se com grande fúria.*

de.sen.cai.xar /ch/ *v.t.* retirar do encaixe; deslocar: *Tentava desencaixar o copo do liquidificador.*

de.sen.cai.xo.tar /ch/ *v.t.* tirar do caixote ou da caixa: *desencaixotou os cristais.*

de.sen.ca.la.crar *v.t.* tirar de apuros, de dívida: *O aumento das vendas vai desencalacrar a empresa.*

de.sen.ca.lhar *v.t.* **1** fazer uma embarcação sair do

287

desencalhe

encalhe: *A Marinha procura desencalhar o petroleiro.* **2** dar prosseguimento; desemperrar: *Era preciso desencalhar aquele assunto.* **3** vender o que estava encalhado; comercializar: *Os supermercados já estão planejando as promoções para desencalhar as sobras do final do ano.* **4** (Coloq.) promover o casamento de: *Ainda não há receita para desencalhar solteirona.* • *int.* **5** livrar-se de encalhe; liberar-se: *A muito custo o navio desencalhou.*

de.sen.ca.lhe *s.m.* **1** ato ou efeito de desencalhar. **2** remoção do impedimento; desobstrução: *A operação de desencalhe da baleia foi delicada.*

de.sen.ca.mi.nhar *v.t.* **1** desviar do bom caminho; perverter: *Um grupo de adultos desencaminhava jovens com falsas promessas.* **2** desviar do caminho correto: *Na mata, a trilha malfeita desencaminhou os ecologistas, que acabaram dormindo ao relento.*

de.sen.ca.nar *v.t.* (Gír.) **1** desistir; afastar-se: *A garota não desencanava de mim.* • *int.* **2** deixar de preocupar-se: *O problema é que meu pai não desencana.*

de.sen.can.tar *v.t.* **1** desfazer, tirar o encanto ou encantamento: *Bastaria beijar o sapo para desencantá-lo.* **2** fazer aparecer; encontrar: *Espero desencantar o livro que sumiu.* • *pron.* **3** decepcionar-se; desiludir-se: *Os trabalhadores se desencantariam logo com aquele abono.* • *int.* **4** perder o encanto ou encantamento: *O príncipe desencantou.* **5** (Esport.) voltar a vencer: *O time brasileiro finalmente desencantou.*

de.sen.can.to *s.m.* desilusão; decepção: *O desencanto e a amargura se transformaram em indiferença.*

de.sen.ca.pa.do *adj.* sem capa ou cobertura: *Um fio desencapado provocou o acidente.*

de.sen.car.dir *v.t.* tirar o encardido; clarear; embranquecer: *A lavadeira desencardiu as roupas das crianças.*

de.sen.car.go *s.m.* **1** alívio; desabafo; despreocupação: *desencargo de consciência.* **2** desobrigação: *O pároco ia formando assim os futuros casais, por gosto e desencargo da tarefa.*

de.sen.car.na.ção *s.f.* **1** ação ou efeito de desencarnar. **2** afastamento definitivo pela alma ou pelo espírito do corpo físico.

de.sen.car.nar *v.int.* deixar a carne; passar para o mundo espiritual; morrer: *Na enfermaria da Santa Casa, desencarnou quase no anonimato.*

de.sen.ca.var *v.t.* (Bras.) encontrar; descobrir; conseguir: *Ao que tudo indica, eles desencavaram pencas de manuscritos gregos e latinos.*

de.sen.con.tra.do *adj.* **1** contraditório: *Havia muitos boatos desencontrados.* **2** que está fora de alinhamento: *Seus dentes eram todos desencontrados.*

de.sen.con.trar *v.pron.* **1** seguir direções contrárias: *Nós nos desencontramos na feira.* • *int.* **2** ser incompatível; discordar: *Nossos pontos de vista desencontram.*

de.sen.con.tro *s.m.* **1** ato ou efeito de desencontrar-se: *Em caso de desencontro, combinamos esperar no posto de informações.* **2** falta de coincidência; discrepância; incongruência: *Há um desencontro entre o que ele pensa e o que ele faz.* **3** distanciamento: *desencontro de realidades, de mundos.*

de.sen.co.ra.ja.men.to *s.m.* falta de estímulo; desânimo: *A situação econômica provoca o desencorajamento de novos investimentos.*

de.sen.co.ra.jar *v.t.* tirar a coragem ou o ânimo de; desestimular: *A solução seria desencorajá-lo da ideia de vender a casa.*

de.sen.cos.tar *v.t.* **1** tirar do encosto; livrar do apoio: *Neste carro, nunca é preciso desencostar os ombros do banco ou virar a cabeça para achar botões e alavancas.* • *pron.* **2** sair do encosto; livrar-se do apoio: *Ele se desencostou da parede, deu um passo à frente.*

de.sen.cra.var *v.t.* remover cravo ou qualquer objeto de onde penetrou; despregar.

de.sen.fer.ru.jar *v.t.* **1** remover a ferrugem de; desemperrar: *desenferrujar as dobradiças.* **2** (Fig.) fazer reanimar; exercitar: *Fizemos uma caminhada para desenferrujar as pernas.*

de.sen.for.mar *v.t.* tirar da forma: *Deixe o bolo esfriar durante cinco minutos e desenforme.*

de.sen.fre.a.do *adj.* **1** sem limite; muito intenso: *o consumo desenfreado de bebidas alcoólicas.* **2** sem freio: *O cavalo desembestou, desenfreado.*

de.sen.ga.na.do *adj.* **1** desiludido; decepcionado: *Desenganado da vida, sofreu muito.* **2** sem esperança de cura: *A freira confortava os pacientes desenganados.*

de.sen.ga.nar *v.t.* **1** dissuadir; desiludir: *Os professores de conto não quiseram nos desenganar de todo.* **2** tirar a esperança de cura: *Os médicos desenganaram meu pai.* • *pron.* **3** perder o estímulo; desiludir-se; desesperançar-se: *Em pouco tempo, desenganei-me com a profissão de ator.*

de.sen.ga.no *s.m.* **1** decepção: *Muitas moças desanimam ao primeiro desengano de amor.* **2** revelação sobre a impossibilidade de cura: *O desengano dos médicos em relação à minha mãe chocou toda a família.*

de.sen.gar.ra.far *v.t.* **1** tirar da garrafa: *desengarrafei o vinho.* **2** acabar com o engarrafamento ou congestionamento: *Um sinal desengarrafaria o trânsito naquela avenida.*

de.sen.ga.tar *v.t.* **1** soltar do engate: *Nunca desengate o veículo na descida.* **2** soltar; desprender: *O cocheiro desengata os cavalos da carruagem.* • *pron.* **3** desprender-se: *Os vagões desengataram-se quando começavam a ser descarregados.*

de.sen.ga.te *s.m.* soltura do engate: *O motorista deve observar vazamentos de óleo, ruídos e desengate espontâneo das marchas.*

de.sen.ga.ve.tar *v.t.* **1** tirar o que estava engavetado: *Para a pesquisa, desengavetou revistas e livros raros de sua biblioteca.* **2** retomar o que havia sido posto de lado: *desengavetar antigos projetos.*

de.sen.go.mar *v.t.* tirar a goma.

de.sen.gon.ça.do *adj.* (Coloq.) sem aprumo; desajeitado: *movia-se de um a outro lado com o andar desengonçado.*

de.sen.gor.du.rar *v.t.* **1** tirar a gordura de: *Não conseguiu desengordurar o casaco.* **2** (Fig.) diminuir; reduzir: *A diminuição das taxas permitiu desengordurar o preço final.*

de.se.nhar *v.t.* **1** traçar a figura ou o desenho de: *Prefiro desenhar paisagens a desenhar objetos.* **2** formar a figura de: *As paredes das encostas desenham formas semelhantes a ruínas.* **3** conceber; projetar: *Meu pai gosta de desenhar o meu futuro.* • *pron.* **4** apresen-

desentupir

tar-se; aparecer; esboçar-se: *Aquele sorrisinho que se desenha em seus lábios me choca.* • *int.* **5** praticar a arte do desenho: *Ele desenha muito bem.*

de.se.nhis.ta *s.2g.* **1** quem exerce o ofício ou a arte de desenhar: *tinha vocação para desenhista.* **2** projetista; estilista: *desenhista de modas.* **3** cartunista; caricaturista.

de.se.nho *s.m.* **1** produto da arte ou técnica de desenhar: *A professora sempre elogia os meus desenhos.* **2** figura; estampa: *Gosto de roupas com desenhos coloridos.* **3** formato; contorno; configuração: *Eu ficava observando as nuvens formando desenhos de animais e pessoas.* **4** retrato: *gostava de fazer o desenho de toda a família.* **5** desenho animado: *Passa as manhãs vendo desenho.* **6** disciplina escolar: *Hoje vamos ter aula de desenho.* • **desenho animado** filme cinematográfico em que aparecem desenhos em movimento. **desenho industrial** curso superior para *designer*.

de.sen.la.çar *v.t.* **1** desamarrar; soltar: *Com muito custo desenlaçou as cordas de seu corpo.* **2** distinguir; separar: *Hoje não é possível desenlaçar os componentes políticos dos econômicos ou dos culturais.* • *pron.* **3** separar-se; desabraçar-se: *O casal de namorados se desenlaçou.*

de.sen.la.ce *s.m.* **1** desfecho; final: *O público fascinado ansiava, calorosamente, pelo desenlace daquele drama.* **2** separação: *Já estava previsto o desenlace do casal.* **3** morte: *Todos nós vivemos angustiados à espera do desenlace final.*

de.sen.ra.i.za.men.to *s.m.* **1** ato ou efeito de desenraizar-se; soltura; libertação: *desenraizamento social e cultural.* **2** perda dos laços; desprendimento das origens: *A destruição da igreja causará o desenraizamento espiritual da sua comunidade.*

de.sen.ra.i.zar *v.t.* **1** arrancar pela raiz: *O vento desenraizou a árvore da praça.* **2** fazer desprender-se das raízes ou das origens: *É necessário desenraizarmos os preconceitos.* • *pron.* **3** soltar-se; libertar-se: *Um pensamento se desenraíza e cria forma no papel.*

de.sen.re.dar *v.t.* **1** desfazer o enredo de; desembaraçar. **2** resolver (o que está complicado). **3** descobrir; esclarecer: *O detetive desenredou o enigma em menos de uma semana.* **4** desembaraçar; liberar: *Desenredou o trabalho rapidamente.* • *pron.* **5** soltar-se; desembaraçar-se: *Desenredou-se de qualquer compromisso para dedicar-se ao filho.*

de.sen.ro.lar *v.t.* **1** desfazer o rolo; abrir; estender: *A torcida se atrapalhou na hora de desenrolar a enorme bandeira.* • *pron.* **2** desfazer-se do rolo: *A linha não se desenrolava dos fios.* **3** decorrer; desenvolver-se: *As cenas se desenrolavam numa fazenda.* • *s.m.* **4** desenvolvimento: *o desenrolar da história.*

de.sen.ru.gar *v.t.* **1** desfazer as rugas; desfranzir; alisar: *Quando me viu, alegrou-se, desenrugou a testa.* • *pron.* **2** perder as rugas; alisar-se: *Como por encanto, sua pele se desenrugava.*

de.sen.ta.lar *v.t.* **1** tirar das talas. **2** livrar de dificuldades; desembaraçar: *O aumento de salário desentalou-o das dívidas.* • *pron.* **3** desprender-se; desembaraçar-se: *Depois de muito esforço, o ladrão conseguiu desentalar-se da cerca.*

de.sen.ten.der *v.t.* **1** não entender. **2** fingir que não entende: *Na conversa que tivemos, desentendeu os assuntos que não lhe interessavam.* • *pron.* **3** entrar em desacordo; brigar; discutir: *Desentendeu-se com o melhor amigo.*

de.sen.ten.di.men.to *s.m.* **1** atrito; conflito: *Um pequeno desentendimento acabou com a nossa amizade.* **2** dificuldade de compreensão mútua: *Houve um desentendimento e a ordem não foi cumprida adequadamente.*

de.sen.ter.ra.men.to *s.m.* **1** retirada da terra: *Trata-se, na verdade, de um desenterramento, ou seja, da retirada do que está por cima das estruturas soterradas.* **2** exumação: *O coronel ordenou o desenterramento do corpo.*

de.sen.ter.rar *v.t.* **1** tirar de debaixo da terra: *Os garotos desenterraram o baú com documentos secretos.* **2** tirar da sepultura; exumar: *A família não quer que se desenterre o corpo do menino.* **3** (Fig.) tirar do esquecimento; reativar; relembrar: *Meu tio desenterrava histórias de sua infância.*

de.sen.to.ar *v.int.* **1** sair do tom. **2** (Fig.) fazer ou dizer inconveniências; despropositar: *Naquela festa, só ele desentoava.*

de.sen.to.car *v.t.* **1** tirar da toca: *O cachorro foi ensinado a desentocar bichos.* (Fig.) **2** fazer sair de casa: *Ninguém conseguia desentocar o meu pai.* **3** tirar de onde estava há muito tempo: *Quando os amigos chegavam, desentocava as velhas garrafas de vinho.* • *pron.* **4** sair da toca ou do esconderijo: *Depois de algum tempo o tatu desentocou-se.*

de.sen.tor.pe.cer *v.t.* tirar o torpor de; reanimar: *costuma levantar-se e andar um pouco para desentorpecer as pernas.*

de.sen.tor.tar *v.t.* **1** tornar reto; aprumar: *Tentei desentortar o corpo e senti uma pontada nas costas.* **2** (Fig.) corrigir: *Ninguém consegue desentortar aquele menino.* • *int.* **3** tornar-se reto; endireitar-se: *O seu nariz desentortou após a cirurgia.*

de.sen.tra.nhar *v.t.* **1** fazer sair das entranhas, do ventre materno: *desentranhar a criança.* **2** extrair: *desentranhar minerais do solo.* • *pron.* **3** sair de dentro ou do meio: *Alguns brotos se desentranhavam dos galhos.*

de.sen.tra.var *v.t.* liberar dos entraves; desobstruir: *É melhor desentravar o caminho para todos passarem.*

de.sen.tro.sa.do *adj.* **1** sem entrosamento; sem ordem nem organização: *Os atletas estreantes estavam desentrosados.* **2** deslocado; inadaptado: *Estudantes estrangeiros dificilmente ficam desentrosados no Brasil.*

de.sen.tro.sa.men.to *s.m.* falta de ajuste: *Na última partida, o desentrosamento entre os jogadores ficou evidente.*

de.sen.tro.sar *v.t.* **1** desfazer o entrosamento. • *pron.* **2** deslocar-se; deixar de entrosar-se: *Desentrosou-se logo na primeira semana de aula.*

de.sen.tu.pi.dor (ô) *s.m.* instrumento para desentupir: *desentupidor de ralo.*

de.sen.tu.pi.men.to *s.m.* remoção de obstáculos; desobstrução: *desentupimento de ralo.*

de.sen.tu.pir *v.t.* **1** tirar o entupimento; desobstruir:

desenvolto

Ele desentupiu o ralo. • int. **2** (Coloq.) dizer o que sabe; desembuchar: Interrogado pelas autoridades, acabou desentupindo.

de.sen.vol.to (ô) adj. desembaraçado; desinibido; descontraído: Era um moço expansivo e desenvolto.

de.sen.vol.tu.ra s.f. **1** habilidade; destreza: A menina corre de um bloco ao outro com a maior desenvoltura. **2** desinibição: Era impressionante a desenvoltura com que discursava.

de.sen.vol.ver v.t. **1** tirar o que envolve; desembrulhar: Não desenvolveu a caixa do papel colorido. **2** fazer progredir: Os fazendeiros usam técnicas modernas para desenvolver as lavouras de milho. **3** criar; elaborar: Estou desenvolvendo um novo projeto. **4** expor; explanar: Um dos alunos desenvolveu o tópico sobre ecologia. • pron. **5** crescer; propagar-se; progredir: Nossa cidade se desenvolveu muito na última década.

de.sen.vol.vi.do adj. **1** fisicamente bem-dotado; crescido: Era um garoto forte, bem desenvolvido. **2** plenamente realizado; concluído: O menino nasceu prematuro, com o pulmão pouco desenvolvido. **3** expandido: um comércio desenvolvido. **4** elevado financeira e culturalmente: país desenvolvido.

de.sen.vol.vi.men.tis.ta adj. adepto do progresso: política desenvolvimentista.

de.sen.vol.vi.men.to s.m. **1** criação; produção: A clonagem consiste no desenvolvimento de um ser vivo a partir de outro semelhante. **2** execução: A escola está encontrando obstáculos para o desenvolvimento de seus projetos. **3** crescimento; progresso: o desenvolvimento físico e intelectual. **4** surgimento; proliferação: O desenvolvimento de fungos provoca a micose.

de.sen.xa.bi.do adj. **1** sem graça; desanimado: Era uma mulher desenxabida, que usava uns óculos grossos e um coque. **2** insípido: feijão desenxabido.

de.se.qui.li.bra.do s.m. **1** pessoa sem equilíbrio: Um desequilibrado não pode ser responsável por nenhum projeto. • adj. **2** sem equilíbrio: A estante está desequilibrada. **3** meio doido; doido: Ele passou por problemas, está desequilibrado.

de.se.qui.li.brar v.t. **1** fazer perder o equilíbrio: Um tropeção me desequilibrou e caí de cara no chão. **2** desestabilizar; transtornar: desequilibrar a moeda corrente de um país. • pron. **3** perder o equilíbrio: O pedreiro se desequilibrou e caiu do terceiro andar da construção.

de.se.qui.lí.brio s.m. **1** ausência ou perda de equilíbrio: O desequilíbrio da escada pode causar acidentes. **2** falta de proporção ou harmonia; disparidade: Uma pintura caracterizada pelo desequilíbrio na distribuição das cores. **3** discrepância entre a receita e a despesa: desequilíbrio financeiro. **4** anomalia funcional: desequilíbrio mental.

de.ser.ção s.f. **1** abandono do serviço militar: A deserção constitui crime. **2** fuga; afastamento: Os líderes do partido japonês foram surpreendidos pela deserção de seus eleitores nos últimos anos.

de.ser.dar v.t. privar do direito a uma herança ou sucessão: Deserdou o filho.

de.ser.tar v.t. **1** deixar vago; deixar deserto: Eu estava disposto a desertar a loja de jornais e sair correndo. **2** abandonar o exército ou fileiras militares: O filme conta a história de um soldado que desertou do exército em busca de outros ideais. **3** sumir; desaparecer: As boas ideias desertaram de meu pensamento. • int. **4** abandonar o serviço ou a corporação militar: O soldado desertou.

de.sér.ti.co adj. **1** próprio do deserto: Fazia um sol e um calor desérticos. **2** semelhante a deserto; vazio; deserto: o desértico velho Oeste.

de.ser.ti.fi.ca.ção s.f. transformação de uma região em deserto pela ação de fatores climáticos ou humanos: A desertificação é causada pelo desmatamento.

de.ser.to (é) s.m. **1** região árida, despovoada, com vegetação pobre adaptada à escassez de chuva: A atriz está em retiro espiritual no deserto de Atacama. **2** lugar solitário; ermo: Ainda mudo para a cidade grande e deixo de vez este deserto. • adj. **3** despovoado; desabitado: Pareceu-nos que chegávamos a uma cidade deserta. **4** sem ninguém: Àquela hora o clube estava deserto.

de.ser.tor (ô) s.m. **1** quem abandona o serviço militar ou o posto em tempo de guerra: O sargento partiu à procura dos desertores. **2** quem abandona um partido ou agremiação política: Cinco dos desertores integram o bloco da oposição e criaram novo partido político. • adj. **3** que abandona o serviço militar ou o posto em tempo de guerra: condenado o general desertor.

de.ses.pe.ra.do s.m. **1** quem está em desespero ou aflito: Um frade consolava os desesperados. • adj. **2** que está em desespero; atordoado; aflito: Estava desesperado com o sumiço da filha.

de.ses.pe.ra.dor (ô) adj. altamente preocupante; aflitivo: O estado do acidentado era desesperador.

de.ses.pe.ran.ça s.f. descrença; desilusão: O que restou da enchente foi um travo amargo de desesperança.

de.ses.pe.ran.ça.do adj. desalentado; desanimado: Tinha o coração cheio de sentimentos desesperançados.

de.ses.pe.ran.ço.so (ô) adj. sem esperança; desesperançado: Confesso que já estava ficando meio desesperançoso.

de.ses.pe.ran.te adj. que desespera; desesperador: Sempre odiei estes períodos vagos e desesperantes em que fico seco por dentro.

de.ses.pe.rar v.t. **1** causar desespero a; afligir; desanimar: Aquela situação me desesperava. • int. **2** perder a calma; desanimar: Com o atraso, a plateia começava a desesperar. • pron. **3** chegar ao desespero; afligir-se; angustiar-se: Quem tem fé não se desespera.

de.ses.pe.ro (ê) s.m. aflição; descontrole: Em dia de prova, o desespero tomava conta da classe. ♦ **em desespero de causa** como última tentativa para resolver uma situação muito grave: Acabou vendendo a casa, em desespero de causa.

de.ses.ta.bi.li.za.ção s.f. desorganização; desequilíbrio: O grupo foi acusado de estar tentando a desestabilização do regime democrático.

de.ses.ta.bi.li.zar v.t. **1** fazer perder a estabilidade; descontrolar: Querem desestabilizar a minha vida. • pron. **2** perder a estabilidade; desorganizar-se: Durante um curto período a indústria de calçados se desestabilizou.

desfigurar

de.ses.ta.ti.za.ção s.f. ato ou efeito de desestatizar.

de.ses.ta.ti.zar v.t. **1** transferir para indivíduos em firmas privadas a propriedade de empresa pública. **2** diminuir a presença do Estado na economia: *Aquele país desestatizou aeroportos, telecomunicações e outros serviços.*

de.ses.ti.mu.lan.te adj. que tira o estímulo; que desanima: *Para algumas carreiras, o mercado de trabalho está desestimulante.*

de.ses.ti.mu.lar v.t. **1** fazer perder o estímulo ou o ânimo: *O preço das passagens aéreas desestimula os turistas.* **2** fazer diminuir o interesse: *Os juros elevados desestimulam compras a crédito.*

de.ses.tí.mu.lo s.m. desmotivação; desencorajamento: *O excesso de chuva foi um desestímulo para a viagem.*

de.ses.tru.tu.ra.ção s.f. **1** desestabilização: *A desestruturação familiar é um dos grandes males da sociedade moderna.* **2** perda da estrutura: *a desestruturação do solo.*

de.ses.tru.tu.rar v.t. **1** desmontar a estrutura; desarticular; desmantelar: *O gol desestruturou a equipe paulista.* **2** abalar moral ou psicologicamente; perturbar: *O uso de drogas vem desestruturando a nossa juventude.* • pron. **3** ter a estrutura desmontada; desarticular-se: *Se a escola e a família se desestruturam, toda a sociedade se desestabiliza.*

des.fa.ça.tez s.f. atrevimento; cinismo; falta de vergonha: *Desviar verbas é, para dizer o mínimo, uma desfaçatez.*

des.fal.ca.do adj. **1** de que se retirou parte; reduzido: *A loja amanheceu desfalcada de algumas peças de tecidos caros.* **2** sem poder contar com: *O time jogará desfalcado de dois atacantes.*

des.fal.car v.t. **1** tirar parte de. **2** fazer diminuir; reduzir: *A morte do escritor desfalcou a nossa literatura.* **3** fraudar; roubar: *Desfalcou a empresa em vultosa quantia.*

des.fa.le.cer v.t. **1** fazer enfraquecer ou esmorecer: *Aquela sensação de cansaço me desfalecia.* • int. **2** enfraquecer; esmorecer; minguar: *À medida que falava, sua voz ia desfalecendo.* **3** perder os sentidos; desmaiar: *O soldado dá um grito de dor e desfalece.*

des.fa.le.ci.do adj. que desfaleceu; que desmaiou: *Ela toca a mão do homem desfalecido.*

des.fa.le.ci.men.to s.m. **1** desvanecimento; desmaio: *Ela tem um desfalecimento e o marido a ampara.* **2** perda da intensidade; esmorecimento: *Há uma forte amizade entre os uruguaios e os brasileiros, sem quebra do mútuo respeito e sem desfalecimentos do patriotismo.*

des.fal.que s.m. **1** subtração de valores, de forma fraudulenta: *Deu um desfalque na firma e sumiu.* **2** diminuição ou redução de uma quantidade: *A contusão do jogador significa um desfalque certo no time.*

des.fas.ti.o s.m. descontração; relaxamento: *Só por desfastio fui ao cinema.*

des.fa.ve.la.men.to s.m. extinção progressiva das favelas: *Um programa de desfavelamento será apresentado como modelo.*

des.fa.ve.lar v.t. acabar com favela existente.

des.fa.ve.li.za.ção s.f. desfavelamento.

des.fa.vo.rá.vel adj. que é prejudicial, desvantajoso ou contrário: *Só uma pequena parte dos presentes era desfavorável à greve.*

des.fa.vo.re.cer v.t. **1** ser desfavorável a; dificultar; inibir: *A rigidez das leis trabalhistas também desfavorece o crescimento do setor formal da economia.* **2** deixar de ajudar; prejudicar: *A altitude desfavorecia a seleção brasileira.*

des.fa.vo.re.ci.do s.m. **1** pessoa privada de bens, sem recursos; pobre: *Dizem que os desfavorecidos honram seus compromissos mais do que os ricos.* • adj. **2** privado de bens; sem recursos; pobre: *O pessoal aqui é desfavorecido de roupas e alimentos.*

des.fa.zer v.t. **1** desmanchar; anular: *Desfez a sociedade e seguiu seu rumo em outro negócio.* **2** dirimir; esclarecer: *Desfazer uma dúvida.* **3** desamarrar; desatar; desembrulhar: *Com suas mãos trêmulas, desfazia o nó da gravata.* **4** destruir; arruinar: *A onda desfazia os castelos de areia.* **5** apagar; remover: *Sem creme era difícil desfazer totalmente a pintura do rosto.* • pron. **6** livrar-se de: *Ninguém se desfaz de um amor verdadeiro.* • pron. **7** desmanchar-se; fragmentar-se: *Com o passar dos anos sua foto se desfez.* **8** dirimir-se; esclarecer-se: *A minha dúvida se desfez.* **9** acabar; diluir: *As nuvens se desfizeram e o sol apareceu.* **10** dispersar-se: *Os agrupamentos em frente à fábrica foram se desfazendo.*

des.fe.char v.t. **1** desferir: *Alguém desfechou um golpe naquele homem.* **2** fazer de chofre (uma pergunta): *O aluno desfecha a sua pergunta fatal.* **3** disparar; atirar: *Ele desfecha no soldado um tiro à queima-roupa.* • int. **4** terminar: *A discussão desfechou sem rancores.*

des.fe.cho (ê) s.m. remate; conclusão; resultado: *O desfecho da história foi o casamento dos dois amigos.*

des.fei.ta s.f. ofensa; ultraje; desconsideração: *Considero uma desfeita a recusa de um cumprimento.*

des.fei.te.ar v.t. recriminar; ofender; menosprezar: *Desfeiteou o amigo, que também revidou com azedume.*

des.fei.to adj. **1** desmanchado; dissipado: *Ele via seus problemas todos resolvidos e todos os nós da sua vida desfeitos.* **2** destruído: *Com o lar desfeito, entregou-se ao alcoolismo.* **3** diluído; dissolvido: *nuvens desfeitas.*

des.fe.rir v.t. **1** soltar; emitir: *O enfermo desferia terríveis gritos de dor.* **2** atirar; lançar: *Crianças desferiam flechas nas bandeirolas.* **3** aplicar: *desferir um tapa.*

des.fi.ar v.t. **1** reduzir a fios; desfazer: *Distraída, desfiava a barra do vestido.* **2** passar pelos dedos, rezando: *Lá estava ela desfiando o terço.* **3** narrar minuciosamente; expor: *Desfiara uma longa história.* • int. **4** reduzir-se a fios; desfazer-se: *Sua blusa desfiou inteirinha.* **5** transcorrer: *O tempo se desfiando lentamente.*

des.fi.gu.ra.ção s.f. **1** deformação: *A desfiguração dos rostos revelava ter havido um grande acidente.* **2** perda das características: *A reurbanização provoca a desfiguração da cidade histórica.*

des.fi.gu.rar v.t. **1** alterar a figura ou o aspecto característico; deformar: *A presença de máquinas enormes nas ruas desfigurava a cidade.* **2** deturpar; desvirtuar: *Os discursos dessa facção desfiguram o nosso movimento.* • pron. **3** sofrer alterações na figura ou no

desfiladeiro

aspecto característico; transformar-se: *Com a vinda dos turistas a cidade desfigurou-se.*

des.fi.la.dei.ro *s.m.* **1** caminho estreito entre montanhas; passagem estreita: *Entramos por um desfiladeiro que parecia não ter fim.* **2** (Fig.) dificuldade: *O Brasil atravessou seu desfiladeiro e vive um bom momento.*

des.fi.lar *v.t.* **1** exibir-se perante júri ou plateia; participar de desfile: *As candidatas passaram desfilando a nova coleção outono-inverno.* • *int.* **2** passar por lugar público; exibir-se: *Uma multidão de garotas desfilava na praça principal.* **3** ter passagem por: *Por estes bancos escolares desfilaram personalidades que fazem a nossa história.*

des.fi.le *s.m.* **1** grupo de pessoas em apresentação pública; passagem: *Fomos ver o desfile de Sete de Setembro.* **2** acontecimento reiterado; repetido: *Assistimos a um verdadeiro desfile de tragédias.*

des.flo.res.ta.men.to *s.m.* derrubada das matas; desmatamento: *o desflorestamento da Amazônia.*

des.fo.car *v.t.* **1** fazer perder o foco; tornar difuso: *Os telejornais não devem desfocar a realidade.* **2** desviar: *A atriz desfocou um pouco o olhar.*

des.fo.lha.men.to *s.m.* perda de folhas ou pétalas: *Esse tipo de praga caracteriza-se por causar o desfolhamento dos cafezais.*

des.fo.lhan.te *s.m.* **1** gás tóxico utilizado nas guerras. • *adj.* **2** que provoca a queda das folhas dos vegetais ou a morte das pessoas: *gás desfolhante.*

des.fo.lhar *v.t.* **1** tirar as folhas ou pétalas: *O vento forte desfolhava as árvores mais altas.* **2** destacar as partes de; desmembrar: *Desfolhou um maço de notas sobre o balcão.* • *int.* **3** perder as folhas ou as pétalas: *Algumas plantas desfolham mais facilmente.*

des.for.ra (ó) *s.f.* vingança; revide: *Chegou a vez da minha desforra.*

des.for.rar *v.t.* **1** tirar o forro de : *Desforrar o casaco.* **2** recuperar; reaver: *Precisava desforrar o dinheiro gasto no Natal.* **3** vingar-se; descontar: *Levou um tapa do irmão mais velho e desforrou no mais novo.* • *pron.* **4** compensar-se de: *Para desforrar-me deste trabalho duro, fui passar uns dias na praia.*

des.fral.da.do *adj.* solto ao vento; tremulante: *bandeira desfraldada.*

des.fral.dar *v.t.* **1** soltar ao vento; hastear: *desfraldar a bandeira.* **2** espalhar; divulgar: *Desfraldavam o seu grito de guerra.*

des.fran.zir *v.t.* **1** alisar; desfazer as pregas ou rugas: *A costureira desfranziu todas as cortinas.* • *pron.* **2** perder o franzido; desenrugar-se: *Enquanto escutava as desculpas, seu rosto ia se desfranzindo.*

des.fri.zar *v.t.* desencrespar; alisar: *desfrizar os cachos dos cabelos.*

des.fru.tar *v.t.* **1** obter gozo; tirar proveito; usufruir: *Agora vou desfrutar as minhas férias.* **2** gozar; ter: *O time desfruta de condições favoráveis para ser campeão.*

des.fru.tá.vel *adj.* **1** que se pode desfrutar; apreciável: *Aproveitemos os momentos desfrutáveis.* **2** que se presta à zombaria: *Se veste de maneira informal, moderna, mas não desfrutável.* **3** fácil de ser conquistado; pessoa dada a desfrutes; leviana.

des.fru.te *s.m.* **1** produção: *Não foi satisfatório o desfrute de soja este ano.* **2** gozo: *Todos almejam o desfrute máximo da vida.* **3** desplante; ousadia: *Ele teve o desfrute de ir à festa sem ser convidado.*

des.gar.ra.do *adj.* que se afastou do grupo; solto; perdido: *uma ovelha desgarrada.*

des.gar.rar *v.t.* **1** desviar do rumo. **2** desviar-se; afastar-se: *desgarrar de um assunto.* • *pron.* **3** afastar-se: *O novilho se desgarrou do rebanho.*

des.gas.ta.do *adj.* **1** gasto pelo uso; puído: *O estofamento desgastado dos bancos denunciava desleixo.* **2** semidestruído pelo tempo: *Não se conseguiam ler as inscrições já desgastadas.* **3** cansado; fatigado: *o aspecto desgastado denunciava cansaço.* **4** sem prestígio; desvalorizado: *Temos um funcionário desgastado em busca de reabilitação.*

des.gas.tan.te *adj.* que desgasta; chato; incômodo: *Essa conversa está ficando cada vez mais desgastante.*

des.gas.tar *v.t.* **1** gastar; consumir; destruir: *Desgastava a sua inteligência naquele trabalho inútil.* **2** tornar fraco; debilitar: *A greve longa desgastava o sindicato.* • *pron.* **3** tornar-se fraco; abater-se; debilitar-se: *Ele se desgastava tentando convencer a namorada com suas palavras carinhosas.* **4** tornar-se gasto; consumir-se: *Sua força vai se desgastando.*

des.gas.te *s.m.* **1** consumo; corrosão: *O motor do carro sofre grande desgaste sem a troca periódica de óleo.* **2** perda da credibilidade: *As sucessivas perdas representam desgaste para o sindicato.* **3** enfraquecimento: *desgaste físico.*

des.gos.tar *v.t.* **1** causar desgosto a; desagradar; contrariar: *A mãe procurava não desgostar a filha adotiva.* **2** não gostar; deixar de gostar: *Desgosto de tudo que é amargo.* • *pron.* **3** aborrecer-se; desagradar-se: *Naquele dia desgostei-me com a minha noiva.*

des.gos.to (ô) *s.m.* mágoa; desprazer; tristeza; pesar: *Um grande desgosto pode levar à depressão.*

des.gos.to.so (ô) *adj.* descontente; insatisfeito; triste: *Os adolescentes geralmente estão desgostosos com a família.*

des.go.ver.na.do *adj.* **1** sem ter quem governe; sem orientação: *Sem direção forte, uma escola fica desgovernada.* **2** descontrolado: *Um carro desgovernado bateu no poste, ferindo o motorista.* **3** desnorteado; desorientado: *Andava pela rua cambaleando, desgovernado.*

des.go.ver.nar *v.t.* **1** fazer mau governo. • *pron.* **2** desnortear-se; perder o equilíbrio: *Suas pernas se desgovernaram.* **3** descontrolar-se: *O carro que o ex-campeão dirigia se desgovernou e capotou.*

des.go.ver.no (ê) *s.m.* ausência de governo; desorganização: *A legislação deve mudar porque existe desgoverno e prepotência nessa área.*

des.gra.ça *s.f.* **1** miséria; sofrimento; ruína: *Deixou a família na desgraça.* **2** tragédia; calamidade: *Aconteceu uma desgraça: um curto-circuito provocou a morte de oito pessoas.* **3** infelicidade; má sorte. **4** coisa ruim, desconexa ou destrambelhada: *E essa desgraça de carro não sai da oficina.* ♦ **desgraça pouca é bobagem** não vale a pena aborrecer-se por pequenas coisas: *Vamos perder logo de dez a zero, pois desgraça pouca é bobagem.*

desincompatibilizar

des.gra.ça.do *s.m.* **1** pessoa ruim ou desprezível: *Se eu pego esse desgraçado, acabo com a raça dele!* // Usa-se também para elogiar alguém pelas qualidades: *Olha como o desgraçado dribla bem!* // • *adj.* **2** infame; perverso; ruim: *Ele era um assassino desgraçado.* **3** diz-se de quem se tem ódio: *Ah, mulher desgraçada, se te pego tu me pagas!* **4** excessivo; extenuante: *Fazia um frio desgraçado.*

des.gra.çar *v.t.* **1** causar desgraça a. **2** levar à ruína; causar dano: *Um mau elemento desgraça toda uma comunidade.* **3** em relação à mulher, deflorar; desvirginar: *Seu prazer era desgraçar as meninas .* • *pron.* **4** arruinar-se: *A cidade se desgraçou de vez.*

des.gra.cei.ra *s.f.* (Bras.) **1** série de desgraças: *Todo mundo sabe que ele fez muitas desgraceiras.* **2** coisa horrível e muito intensa: *Comia que era uma desgraceira.*

des.gra.ma.do *s.m.* **1** quem não goza de boa reputação; desgraçado: *São eles todos uns desgramados.* • *adj.* **2** desgraçado: *Ladrão desgramado, levou todo o meu dinheiro!* **3** intenso; enorme: *Estou com uma fome desgramada.*

des.gra.var *v.t.* desfazer a gravação de.

des.gre.nha.do *adj.* **1** despenteado; emaranhado: *vinha com os cabelos desgrenhados.* **2** que tem os cabelos despenteados: *Uma mulher toda desgrenhada entrou gritando na igreja.* **3** de voz irregular e desordenada: *No alto-falante da praça, ouvia-se um locutor desgrenhado.*

des.gre.nhar *v.t.* desguedelhar; despentear: *A viúva chorava, desgrenhando os cabelos.*

des.gru.dar *v.t.* **1** desprender; descolar: *Usava um líquido especial para desgrudar os cílios postiços.* **2** separar-se; afastar-se: *A moça não desgrudava de mim.* **3** desviar: *O marido não desgrudava os olhos da mulher.* • *int e pron.* **4** desprender-se; soltar: *O pôster desgrudou(-se) da parede e caiu.*

des.guar.ne.cer *v.t.* privar de; desfalcar: *Quis desguarnecer a defesa para forçar os meias e atacantes a participarem mais da marcação.*

des.guar.ne.ci.do *adj.* **1** sem guarnição; sem componente: *A sala desguarnecida de móveis dava impressão de abandono.* **2** desprotegido: *A defesa desguarnecida permitiu o primeiro gol do adversário.*

des.gue.de.lhar *v.t.* despentear; desgrenhar.

des.gui.ar *pron.* desviar-se; evitar: *Desguiei-me dos obstáculos da pista.*

de.si.de.ra.to *s.m.* desejo; objetivo: *Promover a justiça social era o desiderato de nossa luta.*

de.sí.dia *s.f.* indolência; descaso: *A escola fechou por desídia do diretor.*

de.si.dra.ta.ção *s.f.* **1** remoção da água de uma substância ou de uma mistura, por secagem, aquecimento ou processo químico: *desidratação do álcool.* **2** (Med.) perda excessiva de água do organismo, juntamente com sais minerais e orgânicos: *A ingestão de líquidos no calor evita a desidratação.*

de.si.dra.ta.do *adj.* **1** de que se extraiu a água: *flor desidratada.* **2** que perdeu líquido: *criança desidratada.*

de.si.dra.tar *v.t.* **1** retirar a água de tecido ou do órgão: *A mãe queria saber o que foi que desidratou a criança.* • *pron.* **2** perder a água do organismo: *Nessa época é comum a pessoa desidratar-se.*

design (dezáin) (Ingl.) *s.m.* projeto; desenho: *Nossos carros têm design avançado.*

de.sig.na.ção *s.f.* **1** nomeação; indicação: *A designação do novo ministro sairá na próxima semana.* **2** denominação; nome: *No Nordeste, a abóbora recebe a designação de jerimum.*

de.sig.na.do *adj.* **1** nomeado: *O relator designado para presidir a comissão de inquérito era excelente.* **2** denominado; classificado: *O designado rio tem um considerável volume e grande extensão.*

de.sig.nar *v.t.* **1** dar a conhecer; nomear; indicar: *O P das siglas partidárias designa "partido".* **2** nomear para um cargo ou função; indicar: *O chefe me designou como seu auxiliar direto.* **3** classificar; nomear: *A Nomenclatura Gramatical passou a designar todos os complementos verbais preposicionados de objeto indireto.*

de.sig.na.ti.vo *adj.* que designa; que nomeia: *Convém observar que caixeta é palavra designativa de muitas outras madeiras brancas e leves, com idêntica utilização.*

designer (dezáiner) (Ingl.) *s.m.* desenhista; estilista: *designer conceituado abre hoje a primeira mostra individual de seus produtos.*

de.síg.nio *s.m.* **1** destino: *Édipo nasceu com um trágico desígnio.* **2** plano; propósito; intenção: *os desígnios de Deus.*

de.si.gual *adj.* **1** que apresenta desequilíbrio ou diferença: *A distribuição de rendas será sempre desigual?* **2** que é injusto, por apresentar desequilíbrio: *Luta desigual pela sobrevivência.*

de.si.gual.da.de *s.f.* dissemelhança; diferença; diversidade: *Só do ponto de vista físico há desigualdade entre homens e mulheres.*

de.si.lu.di.do *adj.* sem esperanças; decepcionado: *Todos ali pareciam desiludidos.*

de.si.lu.dir *v.t.* **1** fazer perder as ilusões; causar decepção: *Não se deve desiludir uma criança.* • *pron.* **2** perder as ilusões ou as esperanças; deixar de acreditar: *Desiludi-me com os meus parentes.*

de.si.lu.são *s.f.* desengano; decepção: *Para ele, não passar no vestibular foi uma grande desilusão.*

de.sim.pe.di.do *adj.* **1** sem compromisso; livre: *Era rapaz solteiro, desimpedido para namorar.* **2** sem obstáculos; livre: *A pista já está desimpedida.*

de.sim.pe.dir *v.t.* tirar o impedimento ou o obstáculo; desobstruir: *Houve desentendimento entre policiais e motorista na tentativa de desimpedir a pista.*

de.sin.char *v.t.* **1** reduzir: *A diretoria decidiu desinchar a firma, despedindo vinte por cento do pessoal.* **2** aliviar: *Fomos ouvir música para desinchar a nossa cabeça.* • *int.* **3** perder o inchaço; murchar: *Seu pé desinchou após a aplicação de gelo.* **4** (Fig.) perder a vaidade: *Com a derrota do time, o técnico desinchou e falou com humildade aos jornalistas.*

de.sin.com.pa.ti.bi.li.za.ção *s.f.* perda da incompatibilidade pelo afastamento de um cargo ou função com vistas à candidatura a uma eleição: *A desincompatibilização implica apenas o afastamento temporário do cargo.*

de.sin.com.pa.ti.bi.li.zar *v.t.* **1** tirar a incompatibilidade. • *pron.* **2** afastar-se do cargo para evitar incompa-

desincumbir

tibilidade de função: *Ele era acusado de ter perdido o prazo para se desincompatibilizar do cargo.*
de.sin.cum.bir *v.t.* **1** desobrigar: *Vou desincumbi-lo dessa tarefa espinhosa.* • *pron.* **2** desobrigar-se; desencarregar-se: *Ele quer desincumbir-se de seus árduos deveres.*
de.sin.de.xa.ção /ks/ *s.f.* (Econ.) eliminação de índices de correção monetária: *Há seis anos o governo anunciava a desindexação total da economia.*
de.sin.de.xar /ks/ *v.t.* (Econ.) desvincular as variações de valor de um elemento em relação a outro, tomado como referência; eliminar o índice de correção monetária: *Não foi fácil desindexar a economia brasileira.*
de.sin.fe.liz *s.2g.* (Coloq.) **1** coitado; infeliz: *O desinfeliz foi enxotado a pontapés.* • *adj.* **2** (Coloq.) que não é bem-sucedido; muito infeliz: *Teve a desinfeliz ideia de ir à praia mesmo com chuva.*
de.sin.fec.ci.o.nar *v.t.* **1** desinfetar. **2** fazer desaparecer a infecção de: *A enfermeira desinfeccionou o machucado em poucos dias.*
de.sin.fe.tan.te *s.m.* **1** preparado químico que destrói micro-organismos; aquilo que desinfeta: *Tinha sempre um desinfetante no banheiro.* • *adj.* **2** que destrói micro-organismos; que desinfeta: *um líquido desinfetante.*
de.sin.fe.tar *v.t.* destruir os micróbios; purificar: *Você desinfetou o banheiro?*
de.sin.fla.mar *v.t.* **1** fazer cessar a inflamação; desinchar: *Vou usar uma droga para desinflamar o nervo.* • *int.* **2** ficar sem inflamação: *Meu dente já desinflamou.*
de.sin.for.ma.do *adj.* que não tem informação; ignorante; mal-informado: *Estava completamente desinformado dos fatos.*
de.sin.for.mar *v.t.* deixar de informar ou informar erroneamente.
de.si.ni.bi.ção *s.f.* descontração; extroversão: *A desinibição é característica do bom orador.*
de.si.ni.bi.do *adj.* livre de inibição; desembaraçado; extrovertido: *Agora eu ando tão desinibido que faço tudo sem o menor temor.*
de.si.ni.bir *v.t.* **1** eliminar a inibição ou acanhamento: *Suas palavras me deixaram à vontade, me desinibiram.* • *pron.* **2** perder a inibição; tornar-se desinibido: *Aos poucos o garoto foi se desinibindo.*
de.sin.qui.e.to *adj.* (Coloq.) muito agitado; desassossegado: *O menino estava desinquieto.*
de.sin.te.gra.ção *s.f.* decomposição; destruição; desestruturação: *A bomba provoca a desintegração da matéria.*
de.sin.te.grar *v.t.* **1** desmanchar; desfazer; destruir: *Estudiosos concluem em seminário que a globalização pode desintegrar alguns países economicamente.* • *pron.* **2** desfazer-se; desagregar-se: *Todos sabemos que um setor empresarial não se desintegra de uma hora para outra.*
de.sin.ter.di.tar *v.t.* suspender a interdição: *A polícia desinterditou o prédio suspeito de ter uma bomba.*
de.sin.te.res.sar *v.t.* **1** fazer perder o interesse; desestimular: *O aumento das taxas de juros desinteressou o consumidor de comprar a prazo.* • *pron.* **2** perder o interesse ou o estímulo: *Aqueles meninos se desinteressaram dos estudos.*

de.sin.te.res.se (ê) *s.m.* **1** falta de interesse; indiferença; descaso: *Os juros altos provocaram desinteresse nos consumidores.* **2** abnegação; generosidade: *Caridade só é caridade quando é feita com desinteresse.*
de.sin.to.xi.car /ks/ *v.t.* **1** eliminar a intoxicação de: *Desintoxique o organismo com muita água.* • *pron.* **2** livrar-se da intoxicação: *Só com um tratamento prolongado o organismo se desintoxica totalmente.* • *int.* **3** livrar da intoxicação: *O leite desintoxica.*
de.sis.tên.cia *s.f.* abandono; renúncia: *Não se justifica a desistência dos estudos após o Ensino Médio.*
de.sis.ten.te *s.2g.* **1** aquele que desiste ou desistiu: *Os desistentes do consórcio não participarão do sorteio.* • *adj.* **2** que desiste ou desistiu: *O aluno desistente teria direito ao reembolso da matrícula.*
de.sis.tir *v.t.* **1** deixar de lado um intento: *Desistimos da viagem à Bahia.* **2** deixar de querer: *Desistiu do noivo.* **3** deixar de lado; abandonar: *Desistiu de tentar convencer as pessoas.* • *int.* **4** renunciar a: *O perseverante não desiste nunca.*
des.je.jum *s.m.* primeira alimentação do dia; café da manhã: *O desjejum do brasileiro, em geral, inclui café.*
des.la.crar *v.t.* partir ou tirar o lacre: *Ele deslacrou o pote de geleia.*
des.lam.bi.do *adj.* (Bras.) **1** cínico; sem-vergonha. **2** sem graça; insosso.
des.lan.char *v.t.* (Coloq.) **1** pôr em marcha; desenvolver; desencadear: *O candidato vai deslanchar sua campanha a partir de agosto.* • *int.* **2** progredir: *Agora, sim, nosso trabalho está deslanchando.*
des.la.va.do *adj.* **1** desbotado: *roupa deslavada.* **2** (Fig.) descarado; petulante: *O funcionário chegou atrasado, com um ar cínico e deslavado.*
des.le.al *adj.* **1** infiel; desonesto: *uma pessoa desleal.* **2** que mostra deslealdade: *Foi uma atitude desleal.*
des.le.al.da.de *s.f.* **1** falta de lealdade: *O jogador agiu com deslealdade naquela dividida.* **2** infidelidade; traição: *Deslealdade pode ser motivo de divórcio litigioso.*
des.lei.xa.do /ch/ *s.m.* **1** pessoa descuidada: *Só os desleixados não se preocupam com o próprio corpo.* • *adj.* **2** negligente; displicente; descuidado: *Era um tradutor desleixado que fazia péssimas traduções.* **3** não ter cuidado com a roupa: *Aquele rapaz está sempre desleixado.*
des.lei.xar /ch/ *v.t.* descuidar; negligenciar: *A direção anterior desleixou o acervo da biblioteca.*
des.lei.xo /ch/ *s.m.* negligência; desmazelo: *O desleixo faz parte da má educação.*
des.li.ga.do *adj.* **1** sem conexão com a eletricidade; inativo: *O computador deve permanecer desligado quando não está em uso.* **2** livre: *Aos 18 anos, sentiu-se desligado das amarras paternas.* **3** (Coloq.) desatento; distraído: *Sou um tanto desligado, vivo me esquecendo do aniversário dos amigos.*
des.li.ga.men.to *s.m.* **1** afastamento; separação: *O funcionário comunicou seu desligamento da firma.* **2** desativação; desligamento dos alto-falantes se dava à meia-noite. **3** (Coloq.) qualidade de quem é desligado: *Esse desligamento é natural no adolescente.*
des.li.gar *v.t.* **1** separar (o que estava ligado); desatar;

desmarcado

soltar. **2** cortar a energia que faz funcionar; interromper o funcionamento: *desligar o motor.* **3** pôr o telefone no gancho: *Ao telefone perguntei-lhe a idade e ela desligou na minha cara.* **4** separar; desvincular: *Era impossível desligar a nossa cultura da francesa.* • *pron.* **5** (Coloq.) tornar-se desatento; alhear-se: *De vez em quando me desligo da realidade.* **6** separar-se: *Há muito tempo as duas famílias se desligaram.*

des.lin.da.men.to *s.m.* explicação; esclarecimento: *o deslindamento do enigma.*

des.lin.dar *v.t.* **1** estabelecer a demarcação de; estremar: *Os técnicos deslindaram o terreno para demarcar os lotes.* **2** esclarecer; desenredar: *Nem a polícia conseguiu deslindar o mistério.* **3** dar solução a; resolver: *deslindar a charada.*

des.li.za.men.to *s.m.* **1** passagem sem atrito por uma superfície: *A lágrima facilita o deslizamento das pálpebras sobre o globo ocular.* **2** desmoronamento: *Ocorreram vários deslizamentos de terra na rodovia.*

des.li.zar *v.t.* **1** escorregar brandamente; resvalar. **2** fazer mover-se; conduzir: *Carinhosamente, a moça deslizava sua mão pelo rosto do rapaz.* **3** andar suavemente; mover-se: *O casal deslizava pelo salão numa valsa antiga.* **4** desmoronar: *O morro deslizou sobre os barracos.* **5** descambar: *O país deslizava para o consumismo.*

des.li.ze *s.m.* **1** engano; incorreção: *O professor de Português não admitia qualquer deslize de ortografia.* **2** falha moral; desvio de conduta: *Faltar deliberadamente a um encontro marcado não é um delito, mas é um deslize.*

des.lo.ca.do *adj.* **1** fora do seu ambiente; isolado: *Sentia-me deslocado no meio daquela gente.* **2** fora das juntas; desarticulado; luxado: *Queixava-se de dores no ombro deslocado.*

des.lo.ca.men.to *s.m.* **1** ida de um lugar a outro: *O deslocamento de alunos para escolas distantes desagradou às mães.* **2** movimentação: *Quanto maior é a hélice, mais intenso é o deslocamento de ar.* **3** desarticulação de osso: *Com a queda, o cavaleiro teve um deslocamento da bacia.*

des.lo.car *v.t.* **1** mudar ou tirar do lugar; mover: *A explosão deslocou algumas rochas.* **2** levar de um lugar ao outro: *Era impossível deslocar a tropa de choque para o estádio.* **3** transferir: *Deslocara para si todas as atenções.* **4** mudar a posição; desviar: *A empresa deslocara seu centro de interesse para as exportações.* • *pron.* **5** dirigir-se para; encaminhar-se: *A multidão se deslocava para o centro da cidade.* **6** mudar de destinação: *Os objetivos da escola se deslocaram da teoria acadêmica para os interesses reais dos alunos.* **7** transferir-se temporária ou definitivamente: *Alguns funcionários se deslocaram do Rio para Brasília.* **8** movimentar-se: *Nuvens negras se deslocavam no céu.*

des.lum.bra.do *s.m.* **1** (Coloq.) pessoa que se deslumbra facilmente. • *adj.* **2** fascinado; arrebatado; embevecido: *Deslumbrados com o espetáculo, os espectadores aplaudiram de pé.*

des.lum.bra.men.to *s.m.* fascinação; assombro; deslumbre: *Foi grande o nosso deslumbramento ao avistarmos o Rio de Janeiro.*

des.lum.bran.te *adj.* **1** ofuscante. **2** fascinante: *um espetáculo deslumbrante.* **3** luxuoso; suntuoso: *um vestido deslumbrante.*

des.lum.brar *v.t.* **1** ofuscar ou turvar a vista de: *A luz intensa nos deslumbrava.* **2** causar assombro a; maravilhar: *As obras do escritor deslumbravam as mulheres.* • *pron.* **3** ficar fascinado; seduzir-se: *Os garotos se deslumbraram com a ideia da excursão.*

des.lum.bre *s.m.* deslumbramento.

des.lus.trar *v.t.* tirar ou diminuir o brilho de; diminuir: *Uma desavença entre os artistas deslustrou o espetáculo.*

des.ma.cu.lar *v.t.* tirar manchas ou máculas: *Ela levou um bom tempo para desmacular a sua imagem.*

des.mag.ne.ti.zar *v.t.* retirar a ação magnética: *Um defeito na máquina desmagnetizou o cartão.*

des.mai.ar *v.int.* **1** perder os sentidos; desfalecer: *A mulher desmaiou ao receber a notícia.* **2** (Fig.) perder a cor ou o brilho; descorar: *Já era madrugada e as estrelas iam desmaiando.*

des.mai.o *s.m.* perda dos sentidos; desfalecimento: *Eram frequentes os desmaios de minha tia.*

des.ma.mar *v.t.* **1** suspender a amamentação de: *Só por extrema necessidade se deve desmamar a criança antes dos 6 meses de idade.* • *int.* **2** deixar de mamar: *Desmamei aos 5 anos.*

des.ma.me *s.m.* ato de desmamar: *O desmame foi mais fácil para o filho do que para a mãe.*

des.man.char *v.t.* **1** desfazer; desarranjar: *Desmanchou a casa, mas não desmanchou o casamento.* **2** desarrumar; desordenar: *Ela fica brava se alguém lhe desmancha o penteado.* **3** tornar sem efeito; anular; revogar: *desmanchar um compromisso.* • *pron.* **4** exceder-se: *Desmanchava-se em gentilezas com a moça.* **5** desfazer-se: *O feitiço se desmanchou e virou contra o feiticeiro.* **6** desmontar-se; destruir-se: *Com o tremor de terra o casarão se desmanchou.* **7** diluir-se; solver-se: *O açúcar se desmancha na água.*

des.man.che *s.m.* **1** ato de desmontar mecanismos ou máquinas: *A polícia prendeu um grupo que atuava em roubo, desmanche e venda de carros usados.* **2** desmantelamento; destruição: *Ordenaram o desmanche das barracas.*

des.man.do *s.m.* **1** abuso; arbitrariedade: *A população se revoltara com os desmandos das autoridades.* **2** adversidade; violência: *O nordestino sofre com os desmandos da natureza.*

des.man.te.la.do *adj.* **1** demolido; desmanchado: *No período das promoções a loja fica desmantelada.* **2** desarranjado; desarrumado: *Os seus cadernos estão sempre desmantelados.*

des.man.te.la.men.to *s.m.* ato de desmanchar ou decompor algo organizado: *O desmantelamento das armas nucleares traz alívio.*

des.man.te.lar *v.t.* **1** desmontar; desmanchar; desorganizar: *A falta de habilidade do funcionário desmantelou a máquina mais cara da indústria.* **2** desarranjar; desorganizar: *A alta do petróleo desmantelou as finanças do país.* • *pron.* **3** desorganizar-se; destruir-se: *A fila dos recrutas se desmantelava para desespero do comandante.*

des.mar.ca.do *adj.* **1** cancelado: *Nosso compromisso ficou desmarcado.* **2** no esporte coletivo, jogador sem marcação: *Esse atacante não pode ficar desmarcado.*

desmarcar

des.mar.car *v.t.* **1** privar das marcas ou marcos: *Pegou o meu livro e desmarcou a página onde parei.* **2** cancelar um compromisso: *Na última hora, o cantor desmarcou sua apresentação.* • *pron.* **3** (Esport.) livrar-se da marcação do adversário: *O jogador desmarcou-se com certa dificuldade do zagueiro.*

des.mas.ca.ra.men.to *s.m.* **1** ato ou efeito de desmascarar; descoberta: *o desmascaramento da quadrilha.* **2** revelação das verdadeiras características: *É um texto que promoveu um forte desmascaramento social.*

des.mas.ca.rar *v.t.* **1** fazer revelar a verdadeira identidade; tirar o disfarce: *O delegado desmascarou a quadrilha.* • *pron.* **2** perder o disfarce; revelar-se: *O mentiroso se desmascarou e disse que vinha inventando aquela história.*

des.ma.ta.men.to *s.m.* derrubada das matas; corte da vegetação; desmate: *Não temos dados concretos sobre o desmatamento da Amazônia.*

des.ma.tar *v.t.* limpar ou tirar o mato ou a mata; desflorestar: *Fazendeiros estão sendo multados por desmatarem as florestas sem nenhum critério.*

des.ma.te *s.m.* corte do mato; desmatamento.

des.ma.te.ri.a.li.zar *v.t.* tornar abstrato: *Artistas desmaterializaram o centro de São Paulo usando material de sucata.*

des.ma.ze.la.do *adj.* **1** que não cuida de si mesmo; negligente: *É desmazelado, anda sujo e despenteado.* **2** que não recebeu cuidados; abandonado: *Naquela casa tudo estava desmazelado.*

des.ma.ze.lo (ê) *s.m.* falta de cuidado; desleixo: *Pela bagunça do quarto se percebia o desmazelo do rapaz.*

des.me.di.do *adj.* **1** exagerado; excessivo: *Está havendo um desmedido aumento dos preços.* **2** de tamanho desproporcional; de medidas exageradas: *É um prédio de altura desmedida; tem mais de cem andares.*

des.mem.bra.men.to *s.m.* desdobramento; separação da parte de um todo: *Foi feito o desmembramento da fazenda em pequenos lotes.*

des.mem.brar *v.t.* **1** separar em partes; segmentar; dividir: *Desmembrou o terreno em lotes.* **2** separar os membros de: *Ele desmembra patos e frangos.* • *pron.* **3** deixar de ser membro de; separar-se: *Países que se desmembraram da antiga União Soviética.* **4** dividir-se; fragmentar-se: *A Tchecoslováquia se desmembrou em duas nações, a Eslováquia e a República Tcheca.*

des.me.mo.ri.a.do *s.m.* **1** pessoa que sofre de amnésia. • *adj.* **2** que perdeu a memória; que não se lembra: *um velho desmemoriado.*

des.men.ti.do *s.m.* negação do que foi dito: *Depois que um jornal noticiou a morte do piloto, houve vários desmentidos.*

des.men.tir *v.t.* contestar, contradizer; declarar inverídico; negar o que se disse: *O deputado desmentiu as declarações feitas no dia anterior.*

des.me.re.cer *v.t.* **1** tornar menos merecedor: *O fato de os alunos terem ido mal na prova não desmerece o trabalho do professor.* **2** perder o merecimento: *Não quero desmerecer a confiança de meus pais.*

des.me.su.ra.do *adj.* muito grande; enorme; desmedido: *Passou um tempo desmesurado lendo aquele livro.*

des.mi.lin.guir (güi) *pron.* (Coloq.) perder a força; enfraquecer; debilitar-se: *A equipe estava literalmente se desmilinguindo com o calor.*

des.mi.li.ta.ri.za.ção *s.f.* **1** retirada das forças militares: *a desmilitarização do território inimigo.* **2** perda do estatuto de militar: *A desmilitarização da polícia civil já é antiga.*

des.mi.li.ta.ri.zar *v.t.* **1** tirar o caráter militar: *É necessário desmilitarizar a polícia.* **2** retirar a ocupação militar de: *Os comandantes haviam concordado em desmilitarizar a área.* • *pron.* **3** perder o estatuto militar: *Aquele território deverá desmilitarizar-se.*

des.mi.o.la.do *adj.* **1** sem juízo; maluco: *Ele era desmiolado, gastava todo o salário em jogos de azar.* **2** fora de propósito; insensato: *uma ideia desmiolada.*

des.mis.ti.fi.ca.ção *s.f.* eliminação do caráter místico ou misterioso: *a desmistificação da obra de arte e do ato criador.*

des.mis.ti.fi.car *v.t.* **1** fazer perder o caráter místico ou misterioso; desfazer o misticismo de: *É necessário desmistificar preconceitos.* **2** desmascarar: *É preciso desmistificar os falsos profetas.*

des.mi.ti.fi.ca.ção *s.f.* eliminação do caráter mítico: *O escritor buscava a desmitificação da conquista do Oeste.*

des.mi.ti.fi.car *v.t.* desfazer o mito que se cria em torno de algo: *O Congresso serviu para desmitificar a figura do político.*

des.mo.bi.li.za.ção *s.f.* **1** desativação: *o programa de desmobilização das empresas.* **2** ausência de mobilização: *a desmobilização da opinião pública.*

des.mo.bi.li.zar *v.t.* **1** tirar da condição de mobilização: *Aquelas punições tiveram o objetivo de desmobilizar a categoria dos trabalhadores.* • *pron.* **2** sair da condição de mobilização: *A base governista se desmobilizou.*

des.mo.ne.ti.zar *v.t.* (Econ.) tirar o valor e a circulação de uma moeda.

des.mon.ta.do *adj.* **1** apeado de cavalgadura. **2** desarmado: *O gravador precisou ser desmontado.*

des.mon.ta.gem *s.f.* ato ou efeito de desmontar; desestruturação; desmonte: *a desmontagem do painel de propaganda.*

des.mon.tar *v.t.* **1** desfazer, separando as partes componentes; desarmar: *Fomos ver os homens desmontarem o circo.* **2** desmanchar; destruir: *A empresa também desmontou a comissão dos estagiários.* **3** (Fig.) embaraçar; constranger: *O colega me desmontou com seus argumentos.* **4** descer; apear: *O rapaz entrou no salão sem desmontar da bicicleta.*

des.mon.tá.vel *adj.* que se pode desmontar: *Ganhou um brinquedo desmontável.*

des.mon.te *s.m.* desmontagem: *o desmonte da equipe.*

des.mo.ra.li.za.ção *s.f.* desonra; descrédito: *Esses fatos contribuem para a desmoralização da equipe.*

des.mo.ra.li.zar *v.t.* **1** fazer perder a reputação ou o prestígio: *Os bandidos querem desmoralizar a polícia.* • *pron.* **2** perder o crédito; corromper-se: *Quem mente se desmoraliza.*

des.mo.ro.na.men.to *s.m.* **1** queda violenta: *O desmoronamento da ponte interrompeu o trânsito.*

desonestidade

2 decadência; declínio: *A crise de 29 provocou o desmoronamento da economia cafeeira.*

des.mo.ro.nar *v.t.* **1** fazer vir abaixo; demolir; destruir: *As últimas chuvas desmoronaram casas e provocaram inundações.* **2** arruinar: *As drogas desmoronam os lares.* • *int.* **3** vir abaixo; desabar: *o muro desmoronou.* **4** extinguir-se; dissipar: *Todos os meus sonhos desmoronaram.*

des.mo.ti.va.do *adj.* **1** sem motivação; desinteressado: *aluno desmotivado.* **2** que não tem motivo; infundado: *Sintomas como perda de peso e vômitos desmotivados podem indicar anorexia.*

des.mo.ti.var *v.t.* **1** fazer perder a motivação, o estímulo: *Notas baixas desmotivam o aluno.* • *pron.* **2** perder a motivação, o estímulo: *Ao saberem que o time estava classificado, os jogadores se desmotivaram.*

des.mu.nhe.car *v.t.* **1** movimentar (as mãos) em trejeitos efeminados: *Desceu as escadas com o nariz empinado, desmunhecando a mão esquerda.* • *int.* **2** (Deprec.) mostrar-se ou tornar-se efeminado.

des.na.ci.o.na.li.zar *v.t.* **1** tirar o caráter ou feição nacional de: *Vão desnacionalizar a indústria petrolífera.* • *pron.* **2** perder o caráter ou feição nacional: *Só a nossa alma não se desnacionaliza.*

des.na.ta.do *adj.* sem nata ou gordura: *leite desnatado.*

des.na.tu.ra.do *adj.* cruel; desumano: *mãe desnaturada.*

des.ne.ces.sá.rio *adj.* sem necessidade; que se pode dispensar; inútil: *O crediário pode induzir a compras desnecessárias.*

des.ní.vel *s.m.* **1** desequilíbrio; discrepância: *Os desníveis sociais são evidentes no terceiro mundo.* **2** rebaixamento; depressão: *os desníveis dos rios.*

des.ni.ve.la.men.to *s.m.* **1** retirada do nível; rebaixamento: *Os esgotos estão entupidos e já ocorreu o desnivelamento de duas ruas.* **2** falta de homogeneidade; discrepância: *O desnivelamento dificulta o ensino de línguas em turmas muito grandes.*

des.ni.ve.lar *v.t.* desfazer o nivelamento.

des.nor.te.a.do *adj.* desorientado; desatinado: *Sem emprego, estava desnorteado.*

des.nor.te.an.te *adj.* (Coloq.) que desnorteia; desorientador: *a crise desnorteante da economia.*

des.nor.te.ar *v.t.* **1** desviar do norte, do rumo: *O mau tempo desnorteou o piloto.* (Coloq.) **2** desorientar; perturbar: *A notícia do acidente desnorteou a família* • *pron.* **3** desorientar-se; perturbar-se: *Desnorteou-se totalmente.*

des.nu.da.men.to *s.m.* **1** despojamento das vestes: *o desnudamento dos corpos.* **2** (Fig.) ato ou efeito de tornar manifesto: *o desnudamento da fraude.*

des.nu.dar *v.t.* **1** despir: *Diante dos jurados a candidata desnudou os ombros.* **2** tirar o envoltório ou a camada superficial: *O camponês desnudava as espigas com incrível rapidez.* **3** (Fig.) trazer à tona; revelar: *Não quero desnudar o meu passado.* • *pron.* **4** despir-se: *Na penumbra, um corpo de mulher se desnudava.*

des.nu.do *adj.* **1** sem roupa; nu: *Provocava aplausos ostentando o corpo desnudo.* (Fig.) **2** sem vegetação; vazio: *um solo desnudo.* **3** sem nada; vazio: *Fiquei horas olhando para aquele horizonte desnudo.*

des.nu.tri.ção *s.f.* debilitação do organismo por falta de alimentação: *A desnutrição materna traz prejuízos ao feto.*

des.nu.tri.do *adj.* **1** malnutrido; mal alimentado; subnutrido: *uma criança desnutrida.* **2** que revela desnutrição: *Ali estavam aquelas pessoas de faces desnutridas.*

de.so.be.de.cer *v.t.* **1** não obedecer. **2** não se submeter; rebelar-se; transgredir: *Desobedeci à minha mãe e me dei mal.*

de.so.be.di.ên.cia *s.f.* não observância, transgressão de uma ordem; desrespeito: *Reclama de duas multas que recebeu por desobediência ao sinal vermelho.*

de.so.be.di.en.te *adj.* que não obedece: *Era uma criança malcriada e desobediente.*

de.so.bri.gar *v.t.* **1** isentar; liberar: *Medida provisória desobriga o Tesouro de repasse à Previdência.* • *pron.* **2** ficar liberado; isentar-se: *Desobriguei-me daquela tarefa.*

de.sobs.tru.ção *s.f.* **1** remoção de obstáculos; desentupimento: *desobstrução de bueiros.* **2** remoção de obstáculos; liberação: *a desobstrução dos pequenos processos jurídicos.*

de.sobs.tru.ir *v.t.* retirar os obstáculos; desimpedir: *Os manifestantes custaram a desobstruir a estrada.*

de.so.cu.pa.ção *s.f.* **1** ato ou efeito de desocupar. **2** esvaziamento de um local pela remoção de pessoas: *Os bombeiros determinaram a desocupação dos prédios condenados.* **3** retirada de tropas militares: *Aquele país prepara a desocupação da Cisjordânia.* **4** ociosidade: *A desocupação leva a pessoa a inventar moda.*

de.so.cu.pa.do *s.m.* **1** pessoa ociosa, desocupada; vadio: *Algum desocupado riscou o meu carro.* • *adj.* **2** vago; livre: *A casa achava-se desocupada.* **3** sem trabalho; inativo; desempregado: *pessoa desocupada.*

de.so.cu.par *v.t.* **1** deixar vago ou livre: *desocupar o lugar.* **2** retirar as tropas: *Duas horas depois o comboio com dez blindados chegou para desocupar a área.* **3** (Coloq.) deixar livre; liberar: *Veja se arruma algo para fazer, só assim você me desocupa!*

de.so.do.ran.te *s.m.* **1** preparado químico para eliminar odor desagradável. • *adj.* **2** que elimina o odor desagradável: *sabonete desodorante.*

de.so.do.ri.zar *v.t.* tirar o odor ou o mau odor: *Ela precisou desodorizar o quarto onde haviam dormido os animais.*

de.so.la.ção *s.f.* **1** devastação; destruição: *Após a queimada, a floresta era pura desolação.* **2** angústia: *A desolação do técnico aumentava à medida que o fim da partida se aproximava.*

de.so.la.do *adj.* **1** desalentado; triste: *O goleiro estava desolado quando saiu do campo.* **2** que denota desalento ou tristeza: *A costureira tinha um ar desolado.* **3** que causa desalento ou tristeza: *a paisagem desolada.*

de.so.lar *v.t.* **1** despovoar: *A seca desolou aquela região.* **2** devastar; assolar: *O fogo desolou a floresta.* **3** entristecer muito.

de.so.la.dor *adj.* que causa desolação: *Velho, cinzento, desolador, o hospital dominava um quarteirão.*

de.so.nes.ti.da.de *s.f.* **1** prática de atos deso-

desonesto

nestos: *Jamais cometi qualquer desonestidade*. **2** falta de honestidade; indignidade: *É uma desonestidade, uma retaliação política que querem usar contra mim*.

de.so.nes.to (é) *s.m.* **1** pessoa que não age com honestidade: *Os desonestos não dormirão tranquilos*. • *adj.* **2** que não age com honestidade; corrupto: *uma pessoa desonesta*. **3** indigno; torpe: *Fez-me uma proposta desonesta*.

de.son.ra *s.f.* **1** perda da honra, da dignidade: *A sua atitude provocou a desonra da família*. **2** fato indigno: *O time não merece esta desonra*.

de.son.rar *v.t.* **1** ofender a honra de; desacreditar. **2** praticar ato desonesto ou desonroso.

de.son.ro.so (ô) *adj.* contrário à honra: *conduta desonrosa*.

de.so.pi.lar *v.t.* **1** desobstruir: *desopilar o fígado*. • *int.* **2** (Coloq.) fazer esquecer ou esquecer agruras, preocupações etc.: *Uma boa comédia é o melhor coisa para a gente desopilar*.

de.sor.dei.ro *s.m.* **1** pessoa que pratica desordem; arruaceiro: *Chegou uma patrulha para prender os desordeiros*. • *adj.* **2** arruaceiro: *Era um homem violento e desordeiro*.

de.sor.dem *s.f.* **1** confusão; tumulto; briga; gritaria: *Aquele grupo, onde chegava, praticava desordens*. **2** desarranjo; desorganização: *Meu quarto era uma verdadeira desordem*. ♦ **em desordem** desorganizado; confuso: *Não só a biblioteca mas também a sua cabeça estavam em desordem*.

de.sor.de.na.do *adj.* **1** que está em desordem; sem organização: *Na sua estante havia um monte de livros desordenados*. **2** tumultuado; irregular: *Ouvíamos um tropel desordenado lá fora*. **3** sem planejamento: *um crescimento desordenado da economia*.

de.sor.de.nar *v.t.* **1** tirar a ordem; baralhar; confundir: *A ordem estranha do diretor desordenou todo o trabalho da comissão*. • *pron.* **2** desarranjar-se; confundir-se: *Minhas ideias se desordenavam*.

de.sor.ga.ni.za.ção *s.f.* falta de organização; desarranjo; desordem: *A desorganização administrativa levou a firma à falência*.

de.sor.ga.ni.za.do *adj.* **1** sem planejamento; malestruturado: *cidades com um crescimento desorganizado*. **2** em desordem: *A secretária se deu conta de que os papéis estavam desorganizados*.

de.sor.ga.ni.zar *v.t.* **1** destruir a organização. **2** desarranjar; desordenar; perturbar: *A morte da mãe desorganizou sua vida*. **3** desarticular: *Estão querendo desorganizar os sindicatos*. • *pron.* **4** desarranjar-se; desordenar-se: *As peças do jogo se desorganizaram no tabuleiro*.

de.so.ri.en.tar *v.t.* **1** fazer perder a boa direção; desnortear; confundir: *Névoa desorienta visitantes*. • *pron.* **2** confundir-se; desnortear-se: *O adversário tocou a bola com velocidade, então nos desorientamos*.

de.sos.sa.do *adj.* sem ossos: *frango desossado*.

de.sos.sar *v.t.* retirar os ossos: *desossar patos*.

de.so.va *s.f.* **1** deposição dos ovos destinados à reprodução: *Na época da desova, os peixes sobem o rio*. **2** (Fíg.) venda de mercadoria por preço baixo: *Aumento das vendas deve-se à desova de estoques*. **3** (Gír.) ato de livrar-se de cadáver ou carro roubado em lugar ermo: *A mata era usada para desova dos esqueletos de carros roubados após o desmanche das peças*.

de.so.var *v.t.* **1** (Fig.) livrar-se ou desfazer-se de: *Os doleiros começavam a desovar seus dólares*. • *int.* **2** pôr ovos: *A Bahia conta hoje com cerca de quinhentas tartarugas marinhas desovando sob proteção do Ibama*.

des.pa.cha.do *adj.* **1** enviado: *Chegou a mercadoria despachada da França*. (Fig.) **2** ativo; diligente: *Era um menino esperto, muito despachado*. **3** desinibido; desenvolto: *Até o indivíduo mais despachado perde a naturalidade*.

des.pa.chan.te *s.2g.* agente comercial incumbido de desembaraçar negócios, mercadorias e papéis: *despachante aduaneiro*.

des.pa.char *v.t.* **1** praticar atos decisórios, como autoridade: *O presidente despachará de sua residência*. **2** (Fig.) mandar embora: *Num ataque de histeria, ela despachou todas as visitas*. **3** dar encaminhamento; resolver; decidir: *Tive de despachar um caso complicado de homicídio*. **4** enviar; remeter: *Despacharam a encomenda*.

des.pa.cho *s.m.* **1** resolução de autoridade pública sobre requerimento ou processo: *Fiquei uma semana aguardando o despacho dos meus papéis*. **2** (Relig.) oferenda feita a um orixá para a realização de um pedido: *fazer despacho*.

des.pa.la.ta.li.zar *v.t.* (Fon.) despalatizar.

des.pa.la.ti.zar *v.t.* fazer perder a natureza palatal: *É interessante notar como em certas áreas do Brasil se despalatizou o n de companhia, dizendo-se "companía"*.

des.pa.ra.fu.sar *v.t.* **1** fazer soltar os parafusos; desatarraxar: *O mecânico desparafusou o amortecedor do carro*. • *int.* **2** (Coloq.) perder a lucidez: *Desparafusou de vez*.

des.pau.té.rio *s.m.* despropósito; absurdo; disparate: *Achei a resolução do diretor um despautério*.

des.pe.da.çar *v.t.* **1** fazer em pedaços; partir; dilacerar: *Os moleques despedaçaram a vidraça*. **2** (Fig.) arruinar; destruir: *Despedaçou a minha vida*. • *pron.* **3** fazer-se em pedaços; partir-se: *Louças chinesas se despedaçavam com o abalo*.

des.pe.di.da *s.f.* **1** ato de despedir-se: *Ela chorou na nossa despedida*. **2** homenagem pela partida de alguém: *Vamos fazer-lhe uma despedida à altura*.

des.pe.dir *v.t.* **1** fazer sair; dispensar a presença de. **2** demitir: *A empresa de autopeças vai despedir muitos operários*. • *pron.* **3** saudar quando se vai embora: *O amigo saiu sem se despedir de ninguém*. **4** (Fíg.) desaparecer; dissipar-se: *As chuvas estão se despedindo*.

des.pei.ta.do *adj.* **1** ressentido; magoado: *O amigo chorava porque estava despeitado*. **2** invejoso: *Não faltou um colega despeitado que pusesse em dúvida a autoria do meu poema*.

des.pei.to *s.m.* descontentamento produzido por inveja ou ciúme: *De repente me invade um sentimento de despeito*. ♦ **a despeito de** apesar de: *O frio teimava em prosseguir, a despeito de estarmos na primavera*.

des.pe.jar *v.t.* **1** entornar; derramar: *A secretária afoita despejou uma xícara de chá na toalha*. **2** expulsar

despolitizar

judicialmente da moradia; desalojar: *A imobiliária ameaça despejar os inquilinos em débito.* **3** lançar para fora: *despejar a água.* **4** soltar; encaminhar: *Algumas faculdades despejam no mercado de trabalho profissionais incompetentes.* **5** lançar: *Despejou sua raiva em cima de nós.* • *pron.* **6** deixar--se cair: *Chega em casa e se despeja na poltrona.* **7** lançar-se; desaguar: *Os rios despejam-se no mar.* **8** derramar-se; precipitar-se: *A chuva despejava-se de nuvens densas.*

des.pe.jo (ê) *s.m.* **1** ação ou efeito de despejar. **2** ação judicial para desocupar um imóvel: *O juiz assinará amanhã o mandado de despejo dos inquilinos em atraso.* **3** lançamento: *o despejo de detritos no rio Tietê.*

des.pen.car *v.t.* **1** separar da penca ou do cacho: *Despenquei uma banana para ver se tinha cica.* **2** fazer cair; derrubar: *A chuva despencou folhas, flores e até frutos.* • *int.* **3** baixar (o preço, a cotação): *Na semana passada o preço do feijão despencou.* **4** lançar-se; cair: *A criançada despencava alegre nas águas da piscina.* **5** cair de muito alto: *O operário despencou de uma altura de cinquenta metros.*

des.pen.der *v.t.* **1** fazer despesa de; gastar: *O Brasil despende pouco dinheiro com educação.* **2** demorar: *Vamos despender muito tempo neste trabalho.* **3** fazer; desempenhar: *Todos conhecemos o esforço que ele vem despendendo nos estudos.* **4** consumir: *despender energia.*

des.pe.nha.dei.ro *s.m.* precipício: *O carro rolou pelo despenhadeiro.*

des.pen.sa *s.f.* compartimento da casa onde se guardam mantimentos: *No cós da saia prendia o molho de chaves da despensa e das cômodas.* // Cp.: dispensa.

des.pen.te.a.do *adj.* **1** que teve o cabelo desmanchado; descabelado: *Apareceu na sala toda despenteada.* **2** que não se penteou: *cabelo despenteado.*

des.pen.te.ar *v.t.* **1** desfazer, desmanchar o penteado de: *Vovó não admitia que lhe despenteassem os cabelos.* • *pron.* **2** desmanchar o próprio penteado: *Por pirraça, despenteou-se e foi dormir.*

des.per.ce.bi.do *adj.* que não foi percebido; notado; ignorado: *A estada do ator na cidade passou despercebida.*

des.per.di.çar *v.t.* **1** gastar em excesso; esbanjar: *As autoridades recomendam não desperdiçar água nem energia.* **2** perder; não aproveitar: *Desperdicei meu tempo com esta leitura.*

des.per.dí.cio *s.m.* **1** ato ou efeito de desperdiçar; esbanjamento: *desperdício de dinheiro.* **2** gasto inútil: *desperdício de tempo; desperdício de energia.*

des.per.so.na.li.za.ção *s.f.* **1** descaracterização: *A mecanização levou à despersonalização parcial do atendimento bancário.* **2** desvirtuamento ou perda da personalidade: *Os contos do autor analisam a despersonalização do proletário.*

des.per.so.na.li.zar *v.t.* **1** fazer perder a personalidade; descaracterizar: *A chamada pelo número despersonaliza o aluno.* • *pron.* **2** perder a personalidade; descaracterizar-se: *O moço acostumara-se a girar como um satélite, em torno do cientista, despersonalizando-se cada vez mais.*

des.per.ta.dor (ô) *s.m.* relógio com dispositivo para despertar, soando em hora determinada.

des.per.tar *v.t.* **1** tirar do sono; acordar: *Qualquer ruído me desperta.* **2** suscitar; provocar: *Um cartaz na porta da escola despertou a curiosidade dos alunos.* **3** ressuscitar: *despertar os mortos.* **4** fazer nascer; dar origem: *Diamantina sempre teve o poder de despertar em mim a faculdade de exprimir-me como desejava.* **5** passar a interessar-se: *Negava-se a despertar para a vida horrenda que o cercava.* • *int.* **6** sair do sono; acordar: *Hoje despertei de mau humor.*

des.per.to (é) *adj.* **1** lúcido; vivo; esperto: *Depois do banho sentiu-se renovado e inteiramente desperto.* **2** acordado: *Se seu corpo jaz adormecido, seu espírito está desperto.*

des.pe.sa (ê) *s.f.* gasto; dispêndio: *A despesa foi muito alta.*

des.pe.ta.lar *v.t.* **1** tirar as pétalas de: *despetalar uma flor.* • *int. e pron.* **2** perder as pétalas: *A rosa ia(-se) despetalando, pouco a pouco, sobre o chão lamacento.*

des.pi.do *adj.* **1** sem roupa; nu: *Um louco descia as escadas totalmente despido.* **2** despojado: *imensas regiões despidas de vegetação.* **3** isento; desprovido: *Os garotos saem de lá despidos de vaidade.*

des.pir *v.t.* **1** tirar as vestes de: *A mãe despiu a criança.* **2** retirar uma peça de roupa: *A modelo despe com elegância a blusa de cetim.* **3** (Coloq.) despojar: *Despiram-na de seus bens.* • *pron.* **4** tirar a própria roupa; desnudar-se: *Glória despia-se diante do espelho.*

des.pis.ta.men.to *s.m.* ato ou efeito de despistar.

des.pis.tar *v.t.* **1** fazer perder a pista; enganar: *A raposa conseguiu despistar os cães que a perseguiam.* **2** iludir, afastando os suspeitos: *Os criminosos despistaram os policiais.*

des.pis.te *s.m.* ato ou efeito de despistar; disfarce; artifício.

des.plan.te *s.m.* audácia; atrevimento: *O desplante de se comparar a mim era motivo suficiente para uma discussão.*

des.po.ja.do *adj.* **1** sem nada; vazio: *Era um terreno árido e despojado.* **2** isento: *Prepararam um altar simples, despojado de ornamentos.* **3** desprendido: *Era um homem despojado, sem ambições.*

des.po.ja.men.to *s.m.* **1** ação ou efeito de despojar; destituição: *o despojamento das riquezas materiais.* **2** simplicidade: *o despojamento da decoração da sala.*

des.po.jar *v.t.* **1** privar de: *É preciso despojar o conceito de "globalização" de seu conteúdo ideológico.* • *pron.* **2** abrir mão; renunciar: *Ele despojara-se de todas as suas ambições.*

des.po.jo (ô) *s.m.* **1** o que resta; o que ficou: *Ela apegava-se ao despojo de suas ideias.* **2** prisioneiro; presa: *De mãos atadas, foi entregue como despojo de guerra.* • *pl.* **3** restos mortais: *Ele mandou cremar os despojos da esposa.* **4** produtos de saque: *Esconderam num armazém os despojos do assalto.* **5** sobras; restos: *Os mendigos ficavam com os despojos da ceia natalina.*

des.po.li.ti.za.ção *s.f.* eliminação da consciência ou do saber político.

des.po.li.ti.zar *v.t.* **1** fazer perder o caráter político:

despoluição

Aquele jornal quer despolitizar a pesquisa de opinião. • *pron.* **2** perder os ideais ou as concepções políticas: *Eles estão se despolitizando.*

des.po.lu.i.ção *s.f.* eliminação da poluição; retirada dos fatores poluentes: *Prepararam um gigantesco projeto de despoluição da Baía de Guanabara.*

des.po.lu.ir *v.t.* fazer cessar a poluição; purificar: *Despoluir o ambiente é dever de todos.*

des.pon.tar *int.* **1** aparar; cortar ou gastar a ponta de. **2** surgir; aparecer: *O sol desponta no horizonte.* **3** estar em posição de destaque; sobressair: *O entretenimento desponta como a indústria de maior potencial para o próximo século.*

des.por.tis.ta *s.2g.* pessoa que pratica esporte ou que se interessa por ele.

des.por.ti.vo *adj.* **1** relativo a esporte ou desporto: *clube desportivo.* **2** especialista em esporte ou desporto: *jornalista desportivo.*

des.por.to (ô) *s.m.* conjunto de exercícios físicos praticados com método; esporte.

des.po.sar *v.t.* contrair matrimônio; casar; esposar.

dés.po.ta *s.2g.* pessoa que age com despotismo, abusando do poder ou da autoridade: *A História registra o reinado de déspotas esclarecidos.*

des.pó.ti.co *adj.* tirano; opressivo: *Tinham os colonizadores despótico poder sobre os índios que comandavam.*

des.po.tis.mo *s.m.* autoridade absoluta de um déspota; abuso de autoridade: *Alguns reinados se caracterizavam pelo despotismo.*

des.po.vo.a.do *adj.* **1** desabitado: *O Amazonas ainda é relativamente despovoado.* **2** vazio; ermo: *Aos domingos a cidade fica despovoada.*

des.po.vo.a.men.to *s.m.* diminuição da população: *o despovoamento rural.*

des.po.vo.ar *v.t.* **1** fazer ficar sem habitantes: *O medo da febre amarela despovoou a cidade no verão.* **2** privar da presença: *As damas mais recatadas estão despovoando os salões de baile.* • *pron.* **3** ficar sem habitantes; ficar deserto: *Os garimpos despovoaram-se.*

des.pra.zer *s.m.* desgosto; desagrado: *Certos prazeres em demasia fazem mal, acabam por produzir desprazer.*

des.pre.gar *v.t.* **1** fazer soltar-se; arrancar: *Tentava despregar as figurinhas do álbum.* **2** tirar; afastar; desviar: *Aquele homem não despregava os olhos de mim.* **3** sair; afastar-se: *Papai não despregava do computador.* • *pron.* **4** desprender-se, soltar-se: *As capas dos cadernos despregaram-se com o tempo.*

des.pren.der *v.t.* **1** expelir; soltar: *Os esgotos desprendiam mau cheiro.* **2** fazer soltar; despregar: *A menina tentava desprender a ponta da saia da porta do carro.* • *pron.* **3** desvencilhar-se: *A garota se desprendeu da mãe e pôs-se a correr.* **4** soltar-se: *A canoa desprendeu-se das amarras e foi levada pela correnteza.* • *pron.* **5** exalar; emanar: *Um leve perfume se desprendia do quarto.*

des.pren.di.do *adj.* **1** que não se prende a coisas materiais; abnegado: *Era um rapaz desprendido, metade de seu salário gastava com os pobres.* **2** que se desprendeu; que se soltou: *Uma enorme pedra desprendida do morro interrompia a estrada.*

des.pren.di.men.to *s.m.* **1** processo de desprender-se; soltura: *Quando o material é rico em nitrogênio e pobre em carbono, ocorrerá o desprendimento da amônia.* **2** abnegação; altruísmo: *Num gesto de desprendimento, ofereceu seu casaco ao mendigo.*

des.pre.o.cu.pa.ção *s.f.* desleixo; desinteresse: *A despreocupação com os filhos tem de ter os seus limites.*

des.pre.o.cu.par *v.t.* **1** tranquilizar; acalmar: *A previsão de chuvas despreocupa os lavradores.* • *pron.* **2** deixar de preocupar-se; tranquilizar-se: *O técnico despreocupou-se com os contra-ataques.*

des.pre.pa.ra.do *adj.* que não está preparado; inapto: *É um setor despreparado para atender às demandas de modernização.*

des.pre.pa.ro *s.m.* falta de conhecimento, de cultura, de habilitação; inexperiência; incompetência: *A grande quantidade de notas baixas nos vestibulares revela o despreparo dos candidatos.*

des.pres.su.ri.za.ção *s.f.* ato ou efeito de despressurizar: *pequena despressurização do avião.*

des.pres.su.ri.zar *v.t.* fazer cessar a pressurização: *Um defeito no equipamento despressurizou a cabine de comando.*

des.pres.ti.gi.ar *v.t.* **1** tirar o prestígio de; não dar crédito a: *Na discussão, a intervenção da mãe desprestigiou as palavras do pai.* • *pron.* **2** perder o prestígio; tornar-se desacreditado: *Com essa atitude você acaba se desprestigiando aos olhos de seus colegas.*

des.pres.tí.gio *s.m.* falta de crédito; desmoralização: *O ministro alertou para o atual desprestígio de certos políticos.*

des.pre.ten.si.o.so (ô) *adj.* que não tem pretensão; modesto: *Era um homem despretensioso, não vivia fazendo alarde de sua cultura.*

des.pre.ve.ni.do *adj.* **1** sem cuidado; desatento: *Desprevenido, passou na frente do ônibus e quase foi atropelado.* **2** sem proteção: *A chuva me pegou desprevenido.* **3** (Coloq.) sem dinheiro: *Na hora de pagar a conta, notei que estava desprevenido.* **4** sem provisões: *Naquela semana estávamos totalmente desprevenidos: faltavam carnes e verduras.*

des.pre.zar *v.t.* **1** não levar em conta; não dar importância: *É uma mulher que despreza as regras sociais; Para os técnicos, a prefeitura despreza as regras sociais.* **2** dispensar; rejeitar: *Não se deve desprezar um favor.* **3** não ter apreço por; desdenhar: *A mãe que despreza o filho despreza a si mesma.*

des.pre.zí.vel *adj.* **1** que pode ser desprezado ou ignorado; de pouca importância: *um valor desprezível.* **2** digno de desprezo: *indivíduo desprezível.*

des.pre.zo (ê) *s.m.* **1** falta de apreço. **2** desconsideração; desdém: *A imprensa mostrou certo desprezo pelos quadros do pintor cearense.*

des.pro.gra.mar *v.t.* desfazer a programação: *Após meses de trabalho, desistiu e começou a desprogramar tudo no computador.*

des.pro.por.ção *s.f.* **1** falta de proporção. **2** desarmonia. **3** desigualdade.

des.pro.por.ci.o.nal *adj.* **1** de tamanho excessivo; exagerado: *Era um animal de dimensões desproporcionais.* **2** fora de proporção; desigual: *Os meus gastos são desproporcionais ao meu salário.*

destacável

des.pro.po.si.ta.do *adj.* fora de propósito; descabido; impensado: *Foi um ataque pessoal, despropositado e ofensivo.*

des.pro.pó.si.to *s.m.* **1** falta de propósito; inconveniência; desatino; imprudência; disparate: *A decisão de sairmos com aquela chuvarada era um despropósito.* **2** grande quantidade; exagero: *Havia um despropósito de gente esperando que a loja abrisse.*

des.pro.te.gi.do *adj.* sem proteção; desamparado; abandonado: *Dói-me ver uma criança desprotegida.*

des.pro.vi.do *adj.* sem provisões; carente; desaparelhado: *A lavoura está desprovida de máquinas adequadas.*

des.pu.dor (ô) *s.m.* falta de pudor; sem-vergonhice; impudência: *Exibo minha vaidade com despudor.*

des.pu.do.ra.do *adj.* sem pudor; sem vergonha; impudente: *Certos programas humorísticos são despudorados.*

des.qua.li.fi.ca.do *s.m.* **1** quem possui más qualidades: *Quem vende objeto furtado é um desqualificado.* • *adj.* **2** que possui más qualidades: *Ela começou a namorar um rapaz desqualificado.* **3** que não possui qualificação profissional: *Os trabalhadores desqualificados são os primeiros a perder o emprego.*

des.qua.li.fi.car *v.t.* **1** fazer perder a qualidade ou qualificação; desmoralizar: *A venda de produtos com preços abaixo do custo desqualifica a marca.* **2** considerar inválido: *Assessor desqualifica acusações.* **3** considerar não-habilitado: *O juiz desqualificou o jurado.*

des.qui.ta.do *adj.* aquele que se separou: *Ela casou-se com um rapaz desquitado.*

des.qui.tar *v. pron.* separar-se legalmente; desfazer o casamento: *Meus tios desquitaram-se.*

des.qui.te *s.m.* (Jur.) dissolução da sociedade conjugal, pela qual se separam os cônjuges e seus bens, sem quebra do vínculo matrimonial: *Eles já assinaram o desquite e dividiram os bens.*

des.ra.ti.za.ção *s.f.* combate aos ratos: *A prefeitura está fazendo um trabalho de desratização no mercado municipal.*

des.ra.ti.zar *v.t.* eliminar os ratos: *Antes da mudança mandou desratizar a casa.*

des.re.gra.do *adj.* **1** que tem vida irregular; devasso; libertino: *homem desregrado.* **2** irregular; desordenado: *Ele tem vida desregrada.*

des.re.gra.men.to *s.m.* **1** desordem; desarmonia: *Certos programas de TV incentivam a violência e o desregramento moral.* **2** desarranjo; desacerto: *O desregramento de contas públicas afasta investidores.*

des.re.gu.la.do *adj.* **1** fora dos padrões normais; sem organização: *um mercado financeiro desregulado.* **2** que apresenta funcionamento irregular; desarranjado: *um motor desregulado.*

des.re.gu.la.gem *s.f.* falta de regulagem: *corrigir desregulagens no motor.*

des.re.gu.la.men.ta.ção *s.f.* liberação das regras ou normas burocráticas: *O diretor da câmara é a favor da desregulamentação total do mercado de telecomunicações.*

des.re.gu.lar *v.t.* **1** descontrolar: *Dormir demais também desregula o relógio biológico.* **2** provocar irregularidade no funcionamento: *Excesso de óleo pode desregular o motor do carro.*

• *pron.* **3** descontrolar-se: *Minha pressão se desregula facilmente.* • *int.* **4** ter funcionamento irregular: *O motor desregula com a variação de temperatura.*

des.res.pei.tar *v.t.* **1** faltar ao respeito a; ter atitude indecorosa com; desacatar: *Os manifestantes desrespeitaram a bandeira hasteada a meio-pau.* **2** deixar de cumprir ou atender; violar: *Querem subverter a ordem e desrespeitar a lei.* **3** Não obedecer: *Desrespeitou o sinal e provocou o acidente.*

des.res.pei.to *s.m.* não obediência; desacato; irreverência: *desrespeito às leis.*

des.res.pei.to.so (ô) *adj.* que falta com o respeito; acintoso: *atitude desrespeitosa.*

des.sa.cra.li.za.ção *s.f.* ato ou efeito de dessacralizar; desmistificação: *A nova moral envolve a dessacralização da sexualidade.*

des.sa.cra.li.zar *v.t.* **1** retirar o caráter sacro ou sagrado de; desmistificar: *Existe uma intenção em dessacralizar imagens.* • *pron.* **2** perder o caráter sacro; desmistificar-se: *A política se torna humana somente quando se dessacraliza.*

des.sa.li.ni.za.ção *s.f.* retirada do sal da água do mar: *usina de dessalinização da água.*

des.sar.te *adv.* assim: *Dessarte, podemos concluir que tudo vale a pena.*

des.se (ê) *prep.* de + *pron. demonst.* esse: *Você nunca me falou dessa moça.*

des.se.ca.ção *s.f.* perda de umidade; ressecamento: *Evita-se a dessecação da pele mantendo-a sempre hidratada.*

des.se.car *v.t.* retirar o líquido ou a umidade; ressecar: *dessecar o couro.*

des.se.den.tar *v.t.* **1** matar a sede de: *Levava água mineral para dessedentar as crianças.* **2** saciar a sede: *Ali no rancho os viajantes se dessedentaram.*

des.se.me.lhan.ça *s.f.* diferença; desigualdade: *Entre pai e filho havia mais dessemelhanças do que semelhanças.*

des.ser.vi.ço *s.m.* mau serviço; atitude prejudicial: *Considero a sua atitude um desserviço à empresa.*

des.ser.vir *v.t.* deixar de servir; servir mal: *Às vezes as circunstâncias obrigam-no a desservir a própria região.*

des.ta.ca.do *adj.* **1** separado: *Fez os exercícios numa folha destacada.* **2** relevante; de destaque: *Você tem lugar destacado no meu coração.*

des.ta.ca.men.to *s.m.* porção de tropa militar que se separa de sua unidade para prestação de serviço específico: *O destacamento policial permaneceu na vila durante oito dias.*

des.ta.car *v.t.* **1** tirar de onde está; arrancar: *Destaquei uma folha de minha agenda.* **2** indicar: *O novo diretor destacou dois funcionários para a delegacia.* **3** colocar em relevo; apontar como o principal: *Dentre os poetas do Romantismo destaco Castro Alves.* **4** apontar como fato relevante; enfatizar: *O candidato destacou a educação como prioridade de seu programa.* • *pron.* **5** ter atuação relevante; sobressair: *Ele vinha se destacando como o melhor tenista do mundo.* **6** estar em destaque; ser relevante: *As praias de Santa Catarina se destacam como seu cartão de visita.*

des.ta.cá.vel *adj.* **1** que pode ser separado de onde está preso: *O caderno trazia uma folha destacável.*

destampar

2 que merece destaque ou ênfase: *A elegância é uma das qualidades mais destacáveis da mulher brasileira.*
des.tam.par *v.t.* **1** tirar a tampa de; abrir: *O cozinheiro chegava, dirigia-se à cozinha e ia destampando as panelas.* **2** romper; prorromper: *Destampava em risos alucinantes.*
des.tam.pa.tó.rio *s.m.* (Bras.) falatório em tom de censura; recriminação: *Quando falei em casamento, o pai da menina veio com aquele destampatório de objeções.*
des.ta.par *v.t.* **1** destampar: *destapar as panelas.* **2** retirar o tapume de; desobstruir: *pediu um remédio para destapar os ouvidos.*
des.ta.que *s.m.* **1** louvor; realce: *Merece destaque o discurso do presidente da Academia.* **2** quem ou aquilo que se apresenta mais relevante, mais importante: *A anfitriã foi o grande destaque da festa.*
des.tar.te *adv.* deste modo; assim: *Destarte, a remuneração recebida é condizente com a realidade.*
des.te (ê) *prep.* de + *pron. demonst.* este: *Desta vez você exagerou.*
des.te.lha.men.to *s.m.* perda das telhas: *o destelhamento de casas.*
des.te.lhar *v.t.* tirar ou arrancar as telhas de: *O vendaval destelhou várias casas.*
des.te.mi.do *adj.* **1** que não tem temor; corajoso: *É um rapaz destemido e valente.* **2** que denota coragem: *Os seus gestos destemidos entusiasmam os amigos.*
des.te.mor (ô) *s.m.* audácia; coragem: *Era impressionante o destemor com que ele enfrentava os perigos da mata.*
des.tem.pe.ra.do *adj.* **1** que não tem controle; de atitudes irregulares; não racional: *Segundo o treinador, o jogador teve um ato destemperado.* **2** sem tempero ou condimento: *O ambiente do restaurante era esquisito e a comida destemperada.*
des.tem.pe.rar *v.t.* **1** diluir, alterando o sabor: *É necessário destemperar a cachaça com um pouco d'água.* **2** causar distúrbio em; desarranjar: *Comi uma maionese que destemperou meus intestinos.* • *pron.* **3** perder o controle: *Quando chega tarde em casa, a mulher se destempera.*
des.tem.pe.ro (ê) *s.m.* **1** falta de comedimento: *Era impressionante o destempero verbal de seu discurso.* **2** despropósito; exagero: *Falou que foi um destempero.*
des.ter.ra.do *adj.* banido da pátria; expatriado, exilado: *Um homem desterrado perde a identidade.*
des.ter.rar *v.t.* **1** fazer sair da terra; banir; exilar: *A ditadura desterrou intelectuais.* **2** extirpar; erradicar: *Apelo aos jovens que me ajudem a desterrar a miséria e os privilégios.*
des.ter.ro (ê) *s.m.* exílio; confinamento: *Sabia bem o quanto era doloroso o desterro.*
des.ti.la.ção *s.f.* evaporação e condensação de um líquido para purificá-lo ou separá-lo de outro: *a destilação de bebidas alcoólicas.*
des.ti.la.dor *s.m.* **1** pessoa que promove a destilação. **2** instrumento para fazer destilação: *A fábrica de aguardente comprou novos destiladores.*

des.ti.lar *v.t.* **1** produzir por meio de destilação: *Ele comprou um alambique para destilar cachaça.* **2** exalar: *O lixão destila odores insuportáveis.* **3** expressar; manifestar, derramar: *O desconhecido destilou sua raiva em cima dos garotos da rua.*
des.ti.la.ri.a *s.f.* estabelecimento onde se destilam bebidas alcoólicas.
des.ti.na.ção *s.f.* destino; finalidade: *A destinação de recursos para a agricultura precisa ser revista; O dinheiro foi liberado com destinação genérica.*
des.ti.nar *v.t.* **1** reservar (para determinado fim): *O orçamento do município não destina recursos para o carnaval.* • *pron.* **2** dirigir-se para: *O ônibus com turistas se destinava ao Sul do país.* **3** ter a finalidade de: *Esse dinheiro se destina ao pagamento dos funcionários.*
des.ti.na.tá.rio *s.m.* pessoa a quem se endereça ou se destina alguma coisa: *Emocionei-me ao saber que era o destinatário daqueles poemas.*
des.ti.no *s.m.* **1** vida predeterminada; fado; sorte: *Ela não acredita no destino.* **2** ponto de chegada: *O nosso destino era Paris.* **3** destinação; meta: *O destino desses livros velhos é a reciclagem.*
des.ti.tu.i.ção *s.f.* demissão; exoneração: *O diretor determinou a destituição do presidente da comissão de sindicância.*
des.ti.tu.ir *v.t.* **1** privar do poder ou do cargo; exonerar; demitir: *O prefeito não quer destituir o Major das funções de secretário.* **2** privar: *Ninguém poderá destituir-me dessa vontade de trabalhar.* • *pron.* **3** privar-se; demitir-se: *O gerente destituiu-se do cargo.*
des.to.an.te *adj.* que destoa; que contraria; dissonante: *O centroavante teve um desempenho destoante do resto do time.*
des.to.ar *v.t.* **1** ser diferente; contrastar: *O jovem faz questão de destoar dos colegas, usando botas azuis.* **2** estar em discordância: *Aquela estante velha destoava dos outros móveis.*
des.tor.cer *v.t.* **1** desenrolar o que estava torcido: *Destorceu o arame que prendia o portão.* **2** girar ao contrário: *A tampa não saía, pois estávamos destorcendo para o lado errado.* • *pron.* **3** desenrolar-se: *Com o calor, o cipó destorcia-se.* // Cp.: distorcer.
des.tra (ê) *s.f.* a mão direita: *Empalmava uma jaca mole na mão esquerda, e com a destra ia passando os bagos para a boca.* ✦ **à destra** ao lado direito: *Nossos companheiros acampavam à destra do rio.*
des.tram.be.lha.do *adj.* **1** adoidado; amalucado: *Ele tinha um filho meio destrambelhado.* **2** estragado; desmantelado: *Deixou como herança um casebre e um carro destrambelhado.*
des.tran.car *v.t.* tirar a tranca; abrir: *As pessoas tiveram que pedir socorro aos funcionários do hotel para destrancar a porta de seus quartos.*
des.tra.tar *v.t.* insultar; ofender; xingar: *No balcão, a atendente destratou o idoso.*
des.tran.çar *v.t.* **1** desfazer a trança: *Ao chegar, destrançou todo o cabelo.* **2** desmanchar o que havia sido trançado: *Com calma, ia destrançando a história.*
des.tra.va.men.to *s.m.* remoção das travas: *porta com destravamento automático.*
des.tra.var *v.t.* **1** liberar da trava: *Ouvimos quando*

desvantajoso

alguém destravou a porta. **2** liberar: *A medida é necessária para destravar o mercado.* • *int.* **3** desprender da trava: *A porta do carro destravou e a criança quase caiu.* • *pron.* **4** perder a inibição: *Uma escritora que quer se destravar e revelar seu gênio.*
des.tre.za (ê) *s.f.* **1** agilidade; aptidão: *Um atleta deve ter determinação e destreza.* **2** sagacidade; astúcia: *Ele fez suas observações com bastante destreza.*
des.trin.çar *v.t.* destrinchar.
des.trin.char *v.t.* (Bras.) **1** desvendar; resolver: *Não sei se tenho saber suficiente para destrinchar o que está neste livro.* **2** expor com minúcia; particularizar: *Destrinchou o assunto com sabedoria.* **3** partir uma ave ossada: *Destrinche o frango e sirva.*
des.tro (ê) *adj.* (Bras.) **1** que usa de preferência a mão direita: *Quem praticou o crime era canhoto, por isso o delegado dispensava os interrogados destros.* **2** que tem habilidade; hábil: *Ele sempre foi mais destro com os talheres do que com as ferramentas.*
des.tro.çar *v.t.* **1** quebrar; despedaçar; estraçalhar: *Um tiro de canhão é capaz de destroçar uma casa.* **2** arruinar; destruir: *A crise veio para destroçar os planos dos lavradores.*
des.tro.ço (ô) *s.m.* pedaço, resto proveniente de acidente ou catástrofe: *os destroços do avião.* // Mais usado no plural: *destroços.*
des.trói.er *s.m.* navio de guerra de grande potência: *O destróier estava equipado com lançador de mísseis.*
des.tro.nar *v.t.* **1** fazer perder o trono ou a soberania: *O povo conseguiu destronar o último monarca do país.* **2** destituir: *Destronar heróis seculares não é tarefa agradável para ninguém.*
des.tron.car *v.t.* desarticular; deslocar: *A garota destroncou o tornozelo devido ao salto alto.*
des.tru.i.ção *s.f.* ato ou efeito de destruir; desmantelamento; demolição; ruína: *Alguns populares ajudaram na destruição dos barracos.*
des.tru.i.dor (ô) *s.m.* **1** quem destrói; demolidor. • *adj.* **2** que destrói; demolidor: *Não conheço sentimento mais destruidor do que a timidez.*
des.tru.ir *v.t.* **1** arruinar; aniquilar: *As drogas não estão destruindo apenas os jovens, mas toda a família.* **2** desfazer; desmanchar; demolir: *Usaram dinamite para destruir a ponte.* **3** consumir; exterminar: *O vício do álcool destrói a saúde psíquica em pouco tempo.*
des.tru.ti.vo *adj.* que é capaz de destruir; destruidor: *Todo vício pode ser destrutivo.*
de.su.ma.ni.da.de *s.f.* qualidade do que é desumano; crueldade: *O sociólogo brasileiro comentou a extrema desumanidade que há nas grandes metrópoles.*
de.su.ma.ni.za.ção *s.f.* perda das características humanas: *Sempre me preocupei com a desumanização do homem moderno.*
de.su.ma.ni.zar *v.t.* **1** fazer perder as características humanas: *Um dos grandes perigos do futuro é que a tecnologia desumanize o exercício da medicina.* • *pron.* **2** perder as características humanas: *Uma vez no poder, as pessoas se desumanizam.*
de.su.ma.no *adj.* que não possui caráter humano; cruel: *Ainda temos lembrança viva e recente do massacre vil, brutal e desumano.*
de.su.mi.di.fi.ca.dor *s.m.* aparelho equipado para a eliminação da umidade do ar por meio da condensação do vapor de água: *Museus são equipados com desumidificadores.*
de.su.mi.di.fi.car *v.t.* eliminar a umidade de: *É preciso desumidificar a sala para a conservação do equipamento.*
de.su.ni.ão *s.f.* **1** falta de união: *A desunião que reinava entre os irmãos abalou a família.* **2** separação; discórdia: *Ele não viajava para pregar o bem: era o missionário da desunião.*
de.su.ni.do *adj.* separado; dividido: *Nossa classe sempre foi desunida.*
de.su.nir *v.t.* desfazer a união de; afastar; separar: *A desconfiança desunia o casal.*
de.su.sa.do *adj.* **1** que está fora de uso; arcaico: *"Broto" é uma gíria desusada.* **2** incomum; extravagante: *Deparou com um escorpião de tamanho desusado.*
de.su.so *s.m.* falta de uso ou de hábito: *O desuso provocou a oxidação das peças do aparelho.*
♦ **em desuso** ultrapassado: *Esta palavra já caiu em desuso.*
des.vai.ra.do *adj.* **1** sem juízo; alucinado; insano: *A mulher estava completamente desvairada.* **2** violento; descontrolado: *Um vento desvairado vinha derrubando tudo.*
des.va.li.do *s.m.* **1** pessoa social e economicamente sem proteção; miserável: *Lançou campanha de ajuda aos desvalidos.* • *adj.* **2** sem proteção; abandonado: *Os cônsules providenciam a repatriação de pessoas desvalidas.*
des.va.lo.ri.za.ção *s.f.* **1** provocação da perda de valor: *As autoridades prometeram que não haverá desvalorização da nossa moeda.* **2** perda do valor; depreciação: *A utilização das máquinas vem provocando a desvalorização do trabalho braçal.*
des.va.lo.ri.zar *v.t.* **1** tirar ou diminuir o valor de; depreciar: *A falta de garagem desvaloriza a casa.* • *pron.* **2** diminuir de valor: *Nossa moeda vem se desvalorizando a cada ano.*
des.va.ne.cer *v.t.* **1** envaidecer; sensibilizar: *Os aplausos da plateia me desvaneceram.* **2** dissipar; extinguir: *Não consigo desvanecer esse ódio que me consome.* • *pron.* **3** envaidecer-se; sensibilizar-se: *Ela se desvanecia diante da joia.* **4** perder a intensidade; desaparecer; descorar: *A luz das estrelas ia-se desvanecendo.* **5** diminuir; acalmar-se: *Vamos esperar que se desvaneça a agitação desse movimento estudantil.*
des.va.ne.ci.do *adj.* **1** desbotado; esmaecido: *A colcha tinha a cor desvanecida pelo tempo.* **2** envaidecido; orgulhoso: *Fiquei desvanecido com a homenagem.*
des.va.ne.ci.men.to *s.m.* **1** orgulho; vaidade: *É com indisfarçável desvanecimento que recebo esta homenagem.* **2** esmorecimento; fraqueza: *De repente senti um desvanecimento em todo o corpo.*
des.van.ta.gem *s.f.* **1** ausência de vantagem; posição de inferioridade: *A defesa se desequilibrou com a desvantagem.* **2** inconveniência: *As saias justas têm algumas desvantagens: subir no ônibus, por exemplo.* **3** prejuízo; perda: *Na troca do carro tive uma desvantagem monetária.*
des.van.ta.jo.so (ô) *adj.* **1** sem vantagem: *Trata-se de um negócio desvantajoso.* **2** inferior: *Nosso time,*

desvão

graças às contusões, estava em situação desvantajosa. **3** prejudicial: *É desvantajosa para a criança a falta do leite materno.*

des.vão *s.m.* **1** espaço intermediário entre o telhado e o ferro de uma construção: *Num desvão do telhado o pássaro fez seu ninho.* **2** esconderijo; espaço estreito: *Correu o sobradinho, da varanda ao desvão mais retirado.*

des.va.ri.o *s.m.* delírio; loucura; extravagância: *Mas tudo isto são desvarios de um espírito insensato.*

des.ve.la.do *adj.* **1** zeloso; dedicado: *Eis um dos meus mais desvelados e brilhantes auxiliares.* **2** revelado; patente; descoberto: *Todo o mistério foi desvelado na conversa.*

des.ve.la.men.to *s.m.* revelação: *Só no final da história há o desvelamento do assassinato.*

des.ve.lar *v.t.* **1** retirar o véu: *A religiosa não desvelava o rosto.* **2** desvendar; revelar: *desvelar um segredo.* • *pron.* **3** dedicar-se ao extremo; empenhar-se: *A enfermeira se desvelava em dar ao doente toda a assistência.* **4** desvendar-se; revelar-se: *Afinal o grande mistério se desvelava.*

des.ve.lo (ê) *s.m.* cuidado; dedicação: *Cuida do filho com desvelo.*

des.ven.ci.lhar *v.t.* **1** desatar; desprender: *Finalmente consegui desvencilhar a criança dos escombros.* • *pron.* **2** livrar-se; desembaraçar-se; desvincular-se: *A moda se desvencilhou da alta costura.*

des.ven.da.men.to *s.m.* revelação; esclarecimento: *A psicanálise surge com o desvendamento do processo dos sonhos.*

des.ven.dar *v.t.* **1** tirar a venda dos olhos: *Só desvendaram-na quando ela chegou ao esconderijo.* **2** pôr a descoberto; revelar: *Tentamos em vão desvendar as intenções do inspetor.* **3** ver; avistar: *O vaqueiro era esperto a ponto de desvendar uma rês no escuro, entre as árvores.* • *pron.* **4** tornar-se visível: *Todos os seus segredos se desvendaram.*

des.ven.tu.ra *s.f.* desdita; desgraça; infortúnio: *Tive a desventura de encontrar um temporal pela frente.*

des.vi.ar *v.t.* **1** fazer mudar de rumo: *Para a construção da represa desviaram o curso do rio.* **2** mudar o destino ou a aplicação de: *Parte da verba foi desviada para a saúde.* **3** afastar: *Uma força superior me desviou daquela tentação.* • *pron.* **4** sofrer mudança de rumo ou direção: *As nuvens se desviaram para o sul.* **5** evitar; esquivar-se: *Relatou o ocorrido desviando-se dos detalhes.*

des.vin.cu.la.ção *s.f.* afastamento; desligamento: *O atleta já previa sua desvinculação do clube.*

des.vin.cu.lar *v.t.* **1** desligar; separar; demitir: *Vários funcionários foram desvinculados da empresa.* **2** tornar independente ou autônomo: *A intenção é desvincular o Departamento de Turismo da Secretaria de Educação e Cultura.* • *pron.* **3** tornar-se independente; libertar-se: *Os adolescentes não veem a hora de se desvincularem da vigilância dos pais.* **4** afastar-se: *O juiz se desvinculará do cargo.*

des.vi.o *s.m.* **1** mudança de rumo ou destino: *Entre as irregularidades, o tribunal apontou desvio de verbas e falta de prestação de contas.* **2** anomalia; afastamento da norma; falha: *O rapaz apresentava alguns desvios de conduta e personalidade.* **3** caminho secundário, alternativo: *A estrada estava em obras, entramos por um desvio e nos perdemos.* **4** sumiço; roubo: *O desvio dos documentos ainda não foi esclarecido pelo funcionário.* • **desvio-padrão** em estatística, raiz quadrada da média aritmética dos quadrados dos desvios da média.

des.vi.rar *v.t.* **1** fazer voltar à posição anterior: *Quando desvirou a roupa, notou que estava manchada.* **2** revolver: *Desvirei os bolsos, nem um centavo.* • *int.* **3** voltar ao estado anterior: *Dizem que o nosso vizinho vira lobisomem por uma semana e depois desvira.*

des.vir.gi.nar *v.t.* **1** tirar a virgindade de; deflorar. **2** explorar pela primeira vez; devastar: *Os exploradores desvirginaram nossas florestas.*

des.vir.tu.a.men.to *s.m.* alteração viciosa; deturpação: *Quero protestar contra o desvirtuamento de minhas palavras; eu não disse isso.*

des.vir.tu.ar *v.t.* **1** depreciar a virtude, o valor. **2** privar de mérito ou prestígio. **3** deturpar o sentido: *O jornal desvirtuou o discurso do embaixador.*

de.ta.lha.do *adj.* **1** minucioso: *O professor pediu que fizéssemos uma descrição detalhada de nossa sala de aula.* **2** planejado com todos os detalhes: *O projeto do edifício deve ser bem detalhado.*

de.ta.lha.men.to *s.m.* descrição minuciosa: *Não vamos fazer aqui o detalhamento dos fatos que provocaram a discussão.*

de.ta.lhar *v.t.* **1** reproduzir os detalhes de: *As fotos detalham muito bem as ruas da favela.* **2** narrar em detalhes; particularizar: *O professor detalhou a conversa que teve com o diretor.*

de.ta.lhe *s.m.* **1** particularidade; pormenor: *O garoto, chamado a depor, contou com detalhes os acontecimentos.* **2** parte de um objeto posta em destaque: *O quadro, em branco e preto, chamava a atenção por um detalhe colorido no canto esquerdo.*

de.ta.lhis.ta *adj.* diz-se de quem cuida muito dos detalhes; das minúcias: *A Constituição brasileira é muito detalhista.*

de.tec.ção *s.f.* **1** identificação: *Apresento ao leitor um novo método para a detecção de doenças.* **2** percepção: *O idoso tem mais dificuldade na detecção de sons e de odores.*

de.tec.tar *v.t.* revelar ou perceber a existência do que está escondido; identificar; descobrir: *O técnico logo detectou o vazamento de gás.*

de.tec.tá.vel *adj.* que se pode detectar.

de.tec.tor (ô) *s.m.* **1** aparelho que torna perceptível a presença de algo: *um detector de incêndio.* • *adj.* **2** que detecta: *um aparelho detector de sinais de radar.* • **detector de mentiras** polígrafo que registra as reações fisiológicas de quem se deseja obter confissão.

de.ten.ção *s.f.* **1** ato de deter; encarceramento temporário: *É proibida a detenção de menores em presídios comuns.* **2** contenção: *Era urgente a detenção da inflação no país.* **3** casa de encarceramento; cadeia: *A detenção, construída há vinte anos, não oferecia segurança.*

de.ten.to *s.m.* aquele que se acha detido ou preso; prisioneiro: *Transferiu os detentos da cadeia para o presídio.*

de.ten.tor (ô) *s.m.* **1** aquele que detém; depositário: *A sorte do país está nas mãos dos detentores do poder.* **2** ganhador: *Naquele concurso, fui o detentor do primeiro prêmio.*

de.ter *v.t.* **1** fazer parar; reter: *Os populares detiveram o assaltante até que os policiais chegassem ao local.* **2** ter sob o poder; possuir: *O presidente detém 50% das ações da empresa.* • *pron.* **3** demorar-se: *O professor deteve-se mais na explicação a fim de que entendêssemos.* **4** parar; estacar: *O grupo ia apressado, de repente se deteve.*

de.ter.gen.te *s.m.* substância purificadora e desinfetante: *Lave a louça com detergentes biodegradáveis.*

de.te.ri.o.ra.ção *s.f.* **1** degeneração; apodrecimento: *O calor provoca a deterioração dos alimentos.* **2** estrago; ruína: *O povo está preocupado com a deterioração dos prédios públicos.* **3** diminuição; enfraquecimento: *Só o trabalhador é que sente a deterioração dos salários.*

de.te.ri.o.rar *v.t.* **1** estragar; danificar: *O excesso de chuvas deteriorou as plantações.* **2** arruinar; corromper: *Havia crises econômicas que deterioravam as instituições do antigo reinado.* • *int.e pron.* **3** estragar-se; apodrecer; decompor-se: *Fora da geladeira os alimentos (se) deterioram.* **4** corromper-se: *As relações entre os dois países (se) deterioraram.*

de.ter.mi.na.ção *s.f.* **1** resolução; decisão: *Se jogarmos com determinação, não tenho nenhuma dúvida de que venceremos.* **2** indicação; definição: *Não é possível a determinação da hora certa em que vamos ter uma dor de cabeça.* **3** cálculo: *Na determinação do imposto a pagar, devemos abater despesas com instrução.* **4** mando; ordem: *A onda de consumo foi contida por determinação da equipe econômica.*

de.ter.mi.na.do *adj.* **1** fixado; estabelecido: *Não havia um dia determinado para viajarmos.* **2** selecionado; escolhido: *Sempre temos preferência por determinado tipo de sorvete.* **3** dado; certo: *Em determinado ponto da leitura, o professor parava e nos mandava prosseguir.* **4** decidido; resoluto: *Estou determinado a concluir hoje este trabalho.*

de.ter.mi.nan.te *s.m.* **1** aquilo que determina, que causa ou que condiciona: *Boa alimentação e exercícios físicos são os determinantes da boa saúde.* • *adj.* **2** que determina; causador; fundamental: *O forte calor é um fator determinante de chuvas com trovoadas.*

de.ter.mi.nar *v.t.* **1** causar; provocar: *A falta de oxigênio determina a morte dos seres vivos.* **2** prescrever: *A liberdade de ir e vir é o que determina a Constituição.* **3** definir; precisar; especificar: *Os peritos não conseguiram determinar a causa do incêndio.* **4** ser determinante ou diretriz; orientar: *A posição do sol determinava a nossa rota.* **5** ordenar: *A diretora determinou aos alunos que viessem uniformizados.*

de.ter.mi.nis.mo *s.m.* consequência inevitável; fatalidade.

de.ter.mi.nis.ta *s.2g.* **1** pessoa adepta do determinismo. • *adj.* **2** relativo ou próprio do determinismo: *O princípio determinista contraria nossa liberdade de escolha.*

de.tes.tar *v.t.* **1** abominar; odiar: *Detesto jiló.* **2** ter aversão; antipatizar: *Sei que você me de testa, mas sempre lhe trago boas notícias.*

• *pron.* **3** ter aversão a si mesmo: *Detestei-me por reagir daquela maneira.* **4** ter aversão recíproca: *Detestavam-se desde pequenos.*

de.tes.tá.vel *adj.* que provoca aversão; horrível; insuportável: *Era um lugar detestável.*

de.te.ti.ve *s.2g.* agente policial que investiga crimes.

de.ti.do *s.m.* **1** indivíduo preso provisoriamente: *Os detidos foram transferidos, por medida de segurança.* • *adj.* **2** demorado: *fazer um exame detido.* **3** preso: *O rapaz está detido há quatro meses sob acusação de fraude fiscal.*

de.to.na.ção *s.f.* **1** explosão: *O chefe de obras ordenou a detonação das bombas.* **2** ruído súbito causado por explosão: *A dois quilômetros de distância ouvimos as detonações.*

de.to.na.dor *s.m.* **1** dispositivo que aciona um mecanismo de explosão. • *adj.* **2** que faz explodir: *dispositivo detonador.* **3** que desencadeia: *O estresse é apontado como um detonador de casos de violência.*

de.to.nar *v.t.* **1** disparar: *O assaltante detonou sua arma acertando a vítima de raspão.* **2** fazer explodir: *O homem que detonou a granada está foragido.* **3** (Gír.) acabar com; destruir: *Um grupo de desordeiros detonou a cantina da escola.* **4** desencadear: *A briga entre dois diretores detonou uma crise no clube.* • *int.* **5** disparar (em relação a armas): *A arma detonou, abrindo uma enorme fenda na parede.* **6** explodir: *Bombas detonavam na madrugada.*

de.tra.ção *s.f.* difamação; maledicência: *Para evitar a detração, convém que se façam leis capazes de punir os jornais sensacionalistas.*

de.tra.ir *v.t.* **1** reduzir o mérito de; depreciar; detratar: *Incapaz de estudar com afinco, detraía os melhores alunos.* **2** falar mal de; murmurar: *À falta de melhor ocupação, dedicava-se a detrair os vizinhos.*

de.trás *adv.* na parte posterior; atrás: *Uma criança surgiu detrás de um ônibus estacionado no acostamento.* • **por detrás** (i) por trás: *Abraçou-se à mãe por detrás.* (ii) atrás: *O sol nasce todos os dias por detrás do cemitério.* (iii) na base; no fundo: *Por detrás daquela conversa mansa, havia a clara intenção de nos iludir.* (iiii) sob o disfarce de: *Por detrás daquele sorriso, se escondia um grande ódio.*

de.tra.tar *v.t.* detrair.

de.tra.tor (ô) *s.m.* **1** difamador; caluniador: *Nem o detrator nem o criminoso sofreram punição.* • *adj.* **2** que detrata, difama: *visão detratora dos fatos.*

de.tri.men.to *s.m.* prejuízo; dano: *O crescimento das cidades causou detrimento da qualidade de vida.*

de.tri.to *s.m.* resto; resíduo: *caçamba para recolher detritos de obras.*

de.tur.pa.ção *s.f.* **1** desvirtuamento; descaracterização: *As pessoas estão sofrendo uma deturpação de valores.* **2** alteração: *Respeito a maioria dos comentaristas, mas às vezes há deturpações dos fatos.*

de.tur.pa.do *adj.* adulterado; falso: *O relatório estava completamente deturpado.*

de.tur.par *v.t.* **1** tornar torpe; desvirtuar; corromper: *Os maus hábitos dos adultos deturpam a mente das crianças.* **2** dar um sentido falso; adulterar: *O bom jornalista não deturpa os fatos que recolhe.*

deus *s.m.* **1** ser infinito, perfeito, criador do Universo: *É certo que Deus sempre me deu mais do que eu*

deusa

merecia. // Neste caso escreve-se sempre com inicial maiúscula. // **2** entidade suprema considerada pelas religiões como superior à natureza: *Não importa o nome que você dê ao seu deus.* **3** nas religiões em que há pluralidade de deuses, divindade superior aos homens, e à qual se atribui influência especial, benéfica ou maléfica, nos destinos do Universo: *Thot é o deus egípcio inventor da escrita.* **4** entidade digna de adoração; objeto de culto: *O chefe quer ser tratado como um deus.*

deusa *s.f.* **1** cada uma das divindades femininas do politeísmo: *Deusa da caça e das florestas, Diana era uma guerreira.* **2** mulher que personifica a suprema aspiração, os valores supremos de uma classe, um grupo social etc.: *É uma grande atriz, é a deusa das artistas brasileiras.* **3** (Fig.) mulher muito atraente ou de extraordinária beleza física: *A noiva estava deslumbrante, uma verdadeira deusa!*

deus-da.rá *El. s.m.* usado na locução adverbial *ao deus-dará* ♦ **ao deus-dará** à toa; a esmo; à sorte; ao acaso: *Não era um menino tolo para largar a sorte ao deus-dará.*

deus nos a.cu.da *s.m.* confusão; desordem; tumulto: *Quando seu time perdia, era um deus nos acuda.* // Usado sempre com o artigo *um*.

deu.té.rio *s.m.* (Quím.) átomo do hidrogênio que recebe um nêutron.

de.va.gar *adv.* **1** de modo lento: *O frio ia diminuindo devagar.* **2** sem pressa: *Comer devagar facilita a digestão.* ♦ **devagar com o andor** usada para pedir calma ou prudência:*Vamos devagar com o andor que o santo é de barro.* // Cp.: divagar.

de.va.ne.ar *v.int.* **1** pensar ou dizer coisas sem nexo: *O orador devaneava, citava frases que nada tinham a ver com o assunto.* **2** divagar; sonhar: *Quando me lembro dela, começo a devanear.*

de.va.nei.o *s.m.* sonho; quimera; fantasia: *Viajar pelo mundo era o maior devaneio do rapaz.*

de.vas.sa *s.f.* **1** ação judicial em que se procuram provas de fato criminoso: *A polícia federal fará uma devassa na vida do acusado.* **2** procura minuciosa; busca; revista: *Fizemos uma devassa no seu quarto e nada encontramos.*

de.vas.sar *v.t.* **1** invadir a intimidade de; perscrutar; observar: *Procurava devassar os casebres ribeirinhos, que lhe aguçavam a curiosidade.* **2** permitir que se veja amplamente: *Janelas e portas abertas devassavam o interior da casa.*

de.vas.si.dão *s.f.* libertinagem; depravação.

de.vas.so *s.m.* **1** pessoa libertina; depravada. ● *adj.* **2** depravado; libertino; licencioso: *Levava uma vida devassa.*

de.vas.ta.ção *s.f.* destruição; assolação: *a devastação das florestas.*

de.vas.ta.dor (ô) *adj.* **1** que devasta; destruidor: *O vendaval dessa vez veio mais devastador.* **2** que arrebata; extraordinário: *O seu sucesso no cinema foi devastador.*

de.vas.tar *v.t.* destruir; danificar; assolar.

de.ve.dor (ô) *s.m.* **1** pessoa que deve: *Os devedores terão seu nome incluído no Cadastro de Inadimplentes.* ● *adj.* **2** que deve: *Os brasileiros já nascem devedores de uma dívida que não fizeram.* **3** deficitário; negativo: *saldo devedor.*

de.ver *v.t.* **1** estar obrigado a pagamento: *Deve dois mil reais ao sogro.* **2** ter como obrigação; estar obrigado: *O acusado deve explicações.* **3** ter como agradecimento; tributar: *Devo o meu sucesso aos ex-professores.* **4** ser obrigado a: *Devemos comparecer na escola às sete horas.* **5** precisar; necessitar: *Esse assunto deve ficar bem claro.* **6** parecer: *Aquele senhor deve ser muito rico.* ♦ *pron.* **7** ter como causa ou razão: *O acidente deveu-se à alta velocidade do carro.* ● *s.m.* **8** tarefa escolar: *As crianças faziam o dever escolar à noite.* **9** moral; obrigação; compromisso: *Todos nós temos direitos e deveres.*

de.ve.ras (é) *adv.* de fato; verdadeiramente; realmente: *A coisa está deveras feia.*

de.vi.do *s.m.* **1** aquilo que se deve; dívida: *Garanto que não lhe pagarei nada aquém do devido.* ♦ **devido a** por causa de: *Devido às chuvas, o jogo foi cancelado.* ● *adj.* **2** obrigatório; necessário; adequado: *Ninguém ali se dava o devido respeito.*

de.vir *s.m.* fluxo ininterrupto de mudanças, atuante como lei geral do Universo; futuro: *Somos donos do próprio devir.*

de.vo.ção *s.f.* **1** reza; oração. **2** dedicação: *Era impressionante a sua devoção ao marido.* **3** veneração: *A fiel tem devoção a Nossa Senhora.*

de.vo.lu.ção *s.f.* retorno; restituição: *Quem empresta um livro espera com certeza a devolução.*

de.vo.lu.to *adj.* **1** adquirido por devolução. **2** sem dono; desocupado; desabitado: *terras devolutas.*

de.vol.ver *v.t.* restituir; retornar; dar ou mandar de volta.

de.vo.ra.ção *s.f.* ação de devorar ou consumir; destruição.

de.vo.ra.dor (ô) *s.m.* **1** quem ou o que devora. **2** aquilo que destrói ou consome: *O radiotransmissor é um poderoso devorador de baterias.* ● *adj.* **3** que devora: *monstro devorador.* **4** muito forte ou intenso: *apetite devorador.*

de.vo.rar *v.t.* **1** destruir; consumir; devastar: *O fogo devorou mais de trezentos hectares de mata.* **2** comer avidamente: *Num instante, os dois rapazes devoraram o frango assado.*

de.vo.ta.men.to *s.m.* dedicação: *O menino é de devotamento exemplar aos estudos.*

de.vo.tar *v.t.* **1** tributar; consagrar; dedicar: *Orgulho-me de devotar amor, carinho e assistência aos meus pais.* **2** dedicar-se: *Felizes daqueles que se devotam aos enfermos.*

de.vo.to (ó) *s.m.* **1** pessoa religiosa; beato: *Ao badalar dos sinos, lá vinham as devotas portando os seus véus escuros.* **2** quem tem devoção ou veneração a: *Sou devoto de Santo Expedito.* **3** pessoa leal ou fiel; admirador: *Ele era um devoto do socialismo.* **4** que é religioso ou fervoroso; afeiçoado às práticas religiosas: *Ele é sabidamente um bom rapaz, muito devoto e bom filho.*

dez (é) *num.* **1** nove mais um. **2** décimo: *O pagamento sai no dia dez de cada mês.* ● *s.m.* **3** número que representa nove mais um: *Desenhou um dez em sua camisa.* **4** nota de avaliação: *Bons tempos quando eu só tirava dez.*

de.zem.bro *s.m.* décimo segundo mês do ano civil.

de.ze.na *s.f.* **1** unidade de segunda ordem no sistema de numeração: *unidade, dezena, centena e milhar.* **2** conjunto de dez unidades: *uma dezena de lápis.* **3** quantidade equivalente a aproximadamente dez unidades: *Recebi mais de uma dezena de telegramas.* **4** quantidade razoável; vários: *O time desperdiçou uma dezena de oportunidades de fazer gols.*

de.ze.no.ve (ó) *num.* **1** dez mais nove. **2** décimo nono: *século dezenove.* • *s.m.* **3** algarismo que representa dez mais nove: *Gosta do dezenove porque é seu número de sorte.*

de.zes.seis *num.* **1** algarismo que representa dez mais seis: *Para abrir o cofre, tinha de passar três vezes pelo dezesseis.* • *s.m.* **2** dez mais seis. **3** décimo sexto: *Camões viveu no século dezesseis.*

de.zes.se.te (é) *num.* **1** dez mais sete. **2** décimo sétimo: *Mora no andar dezessete.* • *s.m.* **3** algarismo que representa dez mais sete: *Sonhou com o dezessete e não jogou no macaco.*

de.zoi.to *num.* **1** dez mais oito. **2** décimo oitavo: *O acidente foi no quilômetro dezoito.* • *s.m.* **3** algarismo que representa dez mais oito: *Desenhou um dezoito bem redondinho.*

di.a *s.m.* **1** tempo que decorre desde o nascer até o pôr do sol; tempo em que a Terra está clara: *Ainda era dia quando chegamos.* **2** período de 24 horas: *A rede funciona 24 horas por dia, durante os sete dias da semana.* **3** ocasião oportuna: *Um dia ainda realizo meu sonho.* **4** momento: *assunto do dia.* **5** vez; oportunidade: *Hoje não é o meu dia.* **6** vida: *Não quero terminar meus dias num hospital.* **7** tempos: *Dias melhores virão.* //As acepções 6 e 7 só são usadas no plural. ✦ **dia a dia** todos os dias; dia após dia: *A paciente piora dia a dia.* ✦ **em dia** sem atraso: *Suas contas sempre estavam em dia.* em ordem: *Preciso pôr minha vida em dia.* **de um dia para (o) outro** quando menos se espera; de repente: *Você não muda a rota de um dia para outro.* **do dia para a noite** em muito pouco tempo; muito rapidamente; de repente: *A vida não muda do dia para a noite.* **mais dia, menos dia** um futuro mais ou menos próximo: *Mais dia, menos dia, ele voltará.* **no dia de são nunca** nunca; jamais: *No dia de são nunca eu lhe pago.* **um belo dia** quando menos se esperava (ou se espera) determinado fato: *Um belo dia, o filho aparece de carro novo.*

di.a a di.a *s.m.* vida cotidiana; rotina: *Ia ficando cada vez mais difícil o nosso dia a dia.*

di.a.be.te (é) *s.m. e.f.* (Patol.) doença caracterizada por alteração no metabolismo dos açúcares no organismo. // Usada também no plural.

di.a.bé.ti.co *s.m.* **1** pessoa que sofre de diabete: *O implante de células produtoras de insulina vem dar novas esperanças aos diabéticos.* • *adj.* **2** que sofre de diabetes(s): *um paciente diabético.* **3** relativo à diabete: *complicações diabéticas.*

di.a.bo *s.m.* **1** espírito maligno; demônio. **2** pessoa de mau gênio ou de má índole. **3** coisa desconhecida: *Que diabo é isso que você tem nesse embrulho?* • *interj.* **4** usada para exprimir impaciência contrariedade, raiva, admiração. ✦ **dizer o diabo de alguém** acusá-lo ou censurá-lo violentamente. **do diabo/dos diabos**

diagonal

excessivo; espantoso: *Está fazendo um frio dos diabos.* **comer do pão que o diabo amassou** passar por grandes provações. **enquanto o diabo esfrega um olho** rapidamente; num abrir e fechar de olhos. // É vocábulo frequentemente usado como expletivo depois de palavras interrogativas: *Onde diabo se meteu aquele menino?* Usado também em função de substantivo para exprimir desprazer, espanto e outras circunstâncias psicológicas: *E não é que o diabo do garoto conhecia as regras daquele jogo estranho?*

di.a.bó.li.co *adj.* **1** próprio do diabo ou relativo a ele: *maldade diabólica.* **2** terrível; infernal: *Era uma criança diabólica, mexia em tudo.* **3** complicado; enredado: *um truque diabólico.* **4** muito hábil; muito criativo: *Era um jogador diabólico.*

di.a.bru.ra *s.f.* travessura; arte: *As diabruras do neto divertiam a avó.*

di.a.cho *s.m.* (Coloq.) **1** diabo: *O diacho seria encontrá-las nas prateleiras.* • *adj.* **2** expressa irritação: *Diacho, não o tinha visto entrar.*

di.á.co.no *s.m.* clérigo de grau hierárquico imediatamente inferior ao de presbítero ou padre.

di.a.crí.ti.co *adj.* (Fon.) diz-se de cada um dos sinais gráficos que conferem às letras ou grupos de letras um valor fonológico especial, como o acento agudo, o acento grave, o acento circunflexo, o trema, o til, o apóstrofo e o hífen.

di.a.cro.ni.a *s.f.* **1** descrição de uma língua ao longo de sua história. **2** conjunto dos fenômenos sociais, culturais etc. encarados do ponto de vista de sua evolução temporal.

di.a.crô.ni.co *adj.* relativo à diacronia.

di.a.de.ma *s.m.* **1** ornato de metal, pedras preciosas ou estofo com que os reis e as rainhas cingiam a cabeça. **2** qualquer ornato circular com que se enfeita a cabeça.

di.á.fa.no *adj.* **1** que dá passagem à luz; transparente: *Usava o véu diáfano da hipocrisia.* **2** (Fig.) muito magro: *corpo diáfano.*

di.a.frag.ma *s.m.* **1** (Anat.) músculo que separa a cavidade torácica da abdominal. **2** membrana elástica usada para provocar ou para detectar e transmitir vibrações. **3** dispositivo para interceptar os raios de luz: *Depois que o diafragma se fecha, a câmera rola o filme e expõe outro pedaço de película.* **4** membrana da bomba injetora de combustível nos motores de veículos: *Caso o carro tenha carburador, trocar o jogo de reparos (boia, agulha, diafragma...).* **5** dispositivo contraceptivo circular que se coloca na vagina para fechar o colo do útero e impedir a entrada de espermatozoides, mais conhecido como DIU.

di.ag.no.se *s.f.* diagnóstico.

di.ag.nos.ti.car *v.t.* **1** detectar ou identificar uma doença ou suas causas: *O médico diagnosticou a cólica do lactente.* **2** analisar; reconhecer: *O pesquisador diagnosticou a estrutura e a dinâmica da sociedade moderna.*

di.ag.nós.ti.co *s.m.* **1** identificação ou detecção de doenças ou de suas causas. **2** avaliação; análise: *O secretário quer um diagnóstico completo da educação no município.*

di.a.go.nal *s.f.* **1** (Geom.) linha transversal que une vértices de ângulos não consecutivos. **2** linha oblíqua,

diagrama

transversal: *Os jogadores se alinhavam na diagonal do meio-campo.* • *adj.* **3** que tem sentido transversal: *linha diagonal.* ✦ **em diagonal** em sentido transversal: *O treinador recomendava nadar em diagonal.*

di.a.gra.ma *s.m.* gráfico; esquema: *Resumiu os dados obtidos no estudo em um diagrama.*

di.a.gra.ma.ção *s.f.* disposição dos elementos que virão a compor uma página impressa; projeto gráfico: *Hoje todos os jornais apresentam diagramação moderna e bonita.*

di.a.gra.ma.dor (ô) *s.m.* pessoa que faz a diagramação de textos na imprensa escrita.

di.al *s.m.* nos aparelhos de rádio, dispositivo para sintonizar as estações: *Gire o dial e ouça uma boa música.*

di.a.lé.ti.ca *s.f.* (Filos.) arte de discutir; argumentação lógica e articulada: *Usou a dialética para demonstrar seu conhecimento.*

di.a.lé.ti.co *adj.* referente à dialética.

di.a.le.to (é) *s.m.* variação regional de uma língua caracterizada por traços fonéticos, gramaticais e/ou lexicais próprios.

di.á.li.se *s.f.* processo de filtragem de um líquido através de uma membrana.

di.a.lo.gar *v.t.* **1** conversar; trocar ideias: *O ator passava a dialogar com a plateia, descontraindo o pessoal.* • *int.* **2** conversar, discutir: *Pais e filhos precisam dialogar mais.*

di.a.lo.gis.mo *s.m.* arte do diálogo.

di.á.lo.go *s.m.* conversa entre duas ou mais pessoas; troca de ideias.

di.a.man.te *s.m.* **1** a mais dura pedra preciosa, formada por carbono puro cristalizado. **2** joia que contém essa pedra.

di.a.man.tí.fe.ro *adj.* terreno onde há diamantes.

di.a.man.ti.no *adj.* **1** relativo a diamante: *cidades ligadas ao ciclo diamantino.* **2** que produz diamante: *as lavras diamantinas.*

di.a.me.tral *adj.* **1** que está no extremo oposto; extremo: *um adversário diametral.* **2** relativo a diâmetro.

di.â.me.tro *s.m.* (Geom.) linha reta que passa pelo centro de uma circunferência, dividindo-a em duas partes iguais.

di.an.te *adv.* defronte; na frente; em primeiro lugar. ✦ **diante de** defronte de: *Ficou parado diante do palco.*

di.an.tei.ra *s.f.* **1** parte da frente: *Embora fôssemos três homens, não conseguimos levantar a dianteira do carro.* **2** liderança; frente: *O ministro tomou a dianteira na defesa do Governo.*

di.an.tei.ro *s.m.* **1** atacante, no jogo de futebol: *O time jogava com três dianteiros avançados.* • *adj.* **2** localizado na parte da frente.

di.a.pa.são *s.m.* **1** (Mús.) instrumento que, ao ser vibrado, emite uma nota constante que serve de referência para a afinação de vozes ou de outros instrumentos musicais. **2** extensão de uma voz ou instrumento. **3** altura relativa de um som na escala geral; tom. **4** maneira de ser ou agir; padrão; medida: *Ambos reclamam de falta de dinheiro, de emprego, no mesmo diapasão.*

di.a.po.si.ti.vo *s.m.* foto em chapas transparentes próprias para projeção; transparência: *projetor de diapositivos.*

di.á.ria *s.f.* **1** salário que se paga por dia de trabalho: *Toda tarde a faxineira vinha receber sua diária.* **2** importância paga por dia para hospedagem em hotéis ou internação em hospitais e congêneres: *Os hotéis aumentaram o preço da diária.* **3** importância paga a funcionários para custeio de estada, alimentação e transporte, em serviço fora da sede: *O diretor tinha direito a duas diárias quando ia à capital.*

di.á.rio *s.m.* **1** obra em que se registram diariamente acontecimentos, impressões, confissões: *Toda adolescente tem o seu diário.* **2** caderneta ou documento onde o professor registra a matéria lecionada e as presenças/ausências dos alunos: *diário de classe.* **3** livro comercial de uso obrigatório, no qual se registram, em ordem cronológica, todas as operações econômicas do comerciante e o resumo do balanço geral. • *adj.* **4** que se realiza todos os dias: *Sempre levava o cãozinho no seu passeio diário.* **5** por dia; de cada dia: *O gasto diário com combustível é maior do que com refeição.* **6** que circula todos os dias: *jornal diário.*

di.a.ris.ta *s.2g.* **1** pessoa que trabalha mediante o pagamento diário ou só recebe pelos dias em que trabalha: *O boia-fria é um diarista rural.* • *adj.* **2** que trabalha mediante pagamento por dia: *trabalhador diarista.*

di.ar.rei.a (éi) *s.f.* (Med.) evacuação frequente de fezes liquefeitas; desarranjo intestinal.

di.ar.rei.co *s.m.* **1** indivíduo que padece de diarreia. • *adj.* **2** relativo à diarreia.

di.ás.po.ra *s.f.* **1** dispersão dos judeus através dos séculos, desde o exílio babilônico: *Os judeus da Diáspora se espalham pelo mundo.* // Nesta acepção se escreve comumente com inicial maiúscula. // **2** dispersão de pessoas por motivos políticos ou religiosos. **3** qualquer tipo de dispersão: *A diáspora dos treinadores iugoslavos começou bem antes da guerra.*

di.ás.to.le *s.f.* (Fisiol.) movimento de dilatação do coração; dilatação: *diástoles do trabalho de parto.*

di.as.tó.li.co *adj.* referente à diástole.

di.a.tri.be *s.f.* crítica feroz e injuriosa: *O estudioso prefere a serenidade à diatribe.*

di.ca *s.f.* (Coloq.) pista; sugestão: *O professor nos deu uma dica sobre o que cairia na prova.*

dic.ção *s.f.* maneira de pronunciar as palavras; arte de dizer: *A dicção do locutor é ruim.*

di.ci.o.ná.rio *s.m.* **1** obra que contém, parcial ou totalmente, os vocábulos de uma língua, dispostos por ordem alfabética, com seu significado e principais traços, na mesma ou em outra língua. **2** conjunto das acepções do léxico de uma língua.

di.ci.o.na.ris.ta *s.2g.* autor de dicionário; lexicógrafo.

di.co.to.mi.a *s.f.* divisão lógica de um conceito em dois outros, em geral contrários: *A dicotomia entre ensino público e ensino privado.*

di.co.tô.mi.co *adj.* dividido ou subdividido em dois: *Somos seres dicotômicos, formados de corpo e alma.*

di.da.ta *s.2g.* **1** pessoa que ensina: *O verdadeiro didato consegue envolver os alunos.* • *adj.* **2** que ensina: *Ele é um advogado didata.*

di.dá.ti.ca *s.f.* **1** conjunto de métodos e técnicas de ensino: *A eficácia do ensino não depende apenas do conteúdo, mas, sobretudo, de uma boa didática.* **2** disciplina que trata dos métodos e técnicas de ensino.

di.dá.ti.co *adj.* **1** usado para ensinar; educativo: *material didático*. **2** relativo ao ensino: *proposta didática*.

di.da.tis.mo *s.m.* capacidade didática; habilidade para o ensino.

di.é.re.se *s.f.* (Gram.) **1** divisão do ditongo em duas sílabas. **2** sinal ortográfico dessa divisão; trema.

diesel (dízel) (Ingl.) *s.m.* óleo para motor de combustão interna, inventado pelo engenheiro alemão Rodolfo Diesel.

di.e.ta (é) *s.f.* regime alimentar.

di.e.té.ti.co *s.m.* **1** medicamentos ou substâncias que não contêm açúcar ou outros ingredientes que favoreçam o aumento de peso: *Os dietéticos devem ser ingeridos com moderação.* • *adj.* **2** relativo à alimentação. **3** que não contém açúcar ou outras substâncias que favorecem o aumento do peso.

di.e.tis.ta *s.2g.* nutricionista; dietélogo.

di.e.tó.lo.go *s.m.* nutricionista; dietista.

di.fa.ma.ção *s.f.* desmoralização; degradação.

di.fa.mar *v.t.* depreciar; desabonar; desacreditar publicamente: *Os novatos difamaram gente que merece respeito.*

di.fa.ma.tó.rio *adj.* que difama: *palavras difamatórias.*

di.fe.ren.ça *s.f.* **1** disparidade; distinção: *Descubro hoje a diferença entre satisfação física e felicidade.* **2** divergência; desarmonia: *Sempre tive uma diferença com ele.* **3** (Mat.) resultado da operação de subtração: *A diferença entre 5 e 4 é 1.*

di.fe.ren.çar *v.t.* **1** estabelecer diferença entre: *Não conseguia diferençar os dois bichinhos.* **2** tornar diferente; diferenciar: *O gênio forte diferençava meu pai do resto dos irmãos.* **3** perceber a diferença; distinguir: *Eu não sabia diferençar um camelo de um dromedário.* **4** ser diferente: *As garçonetes se diferençavam das arrumadeiras apenas pelos bonés.*

di.fe.ren.ci.a.ção *s.f.* **1** estabelecimento de diferenças: *Não é fácil estabelecer a diferenciação entre algumas flores do campo.* **2** condição daquilo que é diferente.

di.fe.ren.ci.a.do *adj.* **1** diferente; distinto: *As crianças mais lentas merecem tratamento diferenciado na escola.* **2** que se destaca: *O jogador teve uma atuação diferenciada.*

di.fe.ren.ci.a.dor (ô) *adj.* que estabelece diferença; distintivo: *A tecnologia é um elemento diferenciador nos países desenvolvidos.*

di.fe.ren.ci.al *s.m.* **1** peça que mantém o automóvel em equilíbrio nas curvas: *O carro estava com problemas no diferencial.* **2** diferença: *O diferencial dessa empresa está no esquema de segurança.* • *adj.* **3** distintivo: *O exame radiológico é meio importante para estabelecer um diagnóstico diferencial.*

di.fe.ren.ci.ar *v.t. e pron.* diferençar: *Os dialetos diferenciam-se de acordo com as regiões.*

di.fe.ren.te *adj.* **1** que não é igual; diverso: *Sua reação foi bem diferente do que se esperava.* **2** incomum; estranho; que foge do habitual: *Hoje tivemos uma aula diferente.* **3** variado; diverso: *Na floresta Amazônica, há as mais diferentes espécies de aves.* **4** alterado; modificado: *O divórcio deixou-o diferente.*

di.fe.rir *v.t.* **1** diferençar: *A cor não difere as pessoas quanto ao caráter.* **2** distinguir: *A linguagem articulada difere o homem dos demais animais.* **3** ser diferente: *Aquelas pessoas diferiam de todos nós pelos trajes e pelos hábitos.* • *int.* **4** ser diferente; distinguir-se: *Os programas dos diversos candidatos não diferiam muito.* // Cp.: deferir. Ant.: assemelhar.

digestão

di.fí.cil *s.m.* **1** dificuldade: *O difícil é precisar quando todas essas mudanças ocorreram.* • *adj.* **2** que apresenta dificuldade; árduo; custoso: *um trabalho difícil.* **3** intricado; complicado; trabalhoso: *Este é um problema difícil de resolver.* **4** embaraçoso: *Para mim, era muito difícil dizer aquilo a meus pais.* **5** penoso: *A asma torna a respiração difícil.* **6** demorado; complicado: *Foi difícil achar uma loja aberta.* **7** pouco provável: *Acho difícil você conseguir convencer a minha mãe.* **8** que oferece dificuldade no trato ou na convivência social: *Aquela mulher é pessoa muito difícil.* • *adv.* **9** de modo complicado ou requintado: *O garotão metido a artista toca no conjunto e fala difícil.*

di.fi.cul.da.de *s.f.* **1** qualidade ou caráter do que é difícil; impedimento; complicação; obstáculo: *Não tive dificuldade para encontrar a rua.* **2** oposição; objeção: *Criou dificuldade para o nosso plano.* **3** relutância; repugnância: *Sempre tive dificuldade com pessoas altivas.*

di.fi.cul.tar *v.t.* tornar difícil; estorvar: *A chuva dificultava a nossa caminhada.*

di.fi.cul.to.so (ô) *adj.* que apresenta dificuldade; difícil: *Com o calor, o trabalho se torna dificultoso.*

dif.te.ri.a *s.f.* (Patol.) doença contagiosa, causada por um bacilo que se localiza de preferência nas mucosas da boca e garganta, onde determina a formação de falsas membranas.

di.fun.dir *v.t.* **1** divulgar; propalar: *Toda a imprensa gosta de difundir as más notícias.* **2** emitir: *A lua difundia sua claridade pálida.* **3** espalhar; disseminar: *Alguns insetos estão difundindo a praga na lavoura.* • *pron.* **4** divulgar-se; propalar-se: *Os boatos se difundem com rapidez.* **5** espalhar-se: *Uma grande mancha de óleo vai se difundindo pelas águas da represa.*

di.fu.são *s.f.* **1** propagação; divulgação: *A difusão nas rádios facilitou a venda do disco.* **2** mistura de gases: *leis físico-químicas da difusão dos gases e vapores.*

di.fu.so *adj.* **1** em que há difusão; divulgado. **2** espalhado; esparso; disperso: *Paixões religiosas e fervores discriminatórios tornam difusas as tensões.* **3** prolixo; redundante: *Seus argumentos ficaram difusos.* **4** que não provém de uma fonte localizada: *O paciente queixa-se de mal-estar generalizado, dores difusas, imprecisas e variadas.*

di.fu.sor (ô) *s.m.* **1** quem difunde, divulga: *Os criadores e difusores do brinquedo educativo procuram orientar os pais.* **2** aparelho que capta e difunde energia. • *adj.* **3** que é capaz de difundir ondas de energia: *material difusor de energia.* **4** que transmite mensagens: *rádio difusora.*

di.ge.rir *v.t.* **1** fazer a digestão de: *Há alimentos difíceis de digerir.* **2** assimilar intelectualmente; apreender: *Não consegui digerir muito bem aquelas lições.* **3** aceitar com resignação.

di.ges.tão *s.f.* elaboração dos alimentos nas vias digestivas.

digestivo

di.ges.ti.vo s.m. 1 medicamento que auxilia a digestão: *Depois da feijoada, é bom tomar um digestivo.* • adj. 2 que promove a digestão: *aparelho digestivo.* 3 que auxilia a digestão: *os sucos digestivos.* 4 do processo da digestão: *distúrbios digestivos.*

di.ges.tor (ô) adj. que serve para digerir; digestivo.

di.ges.tó.rio adj. 1 que pode digerir. 2 (Fisiol.) relativo ou próprio do aparelho digestório.

di.gi.ta.ção s.f. ato ou efeito de digitar.

di.gi.ta.dor (ô) s.m. pessoa que executa trabalhos de digitação.

di.gi.tal s.m. 1 mostrador que utiliza dígitos: *O digital da cabina piscava intermitente.* • adj. 2 pertencente ou referente aos dedos: *O médico faz o exame com um toque digital.* 3 que se utiliza de um conjunto de dígitos em vez de ponteiros ou marcas numa escala, para mostrar informações numéricas: *relógio digital.* 4 que manipula números, segundo um código convencionado, podendo, portanto, ser utilizado em computador. 5 que resulta desse processo: *uma foto digital.*

di.gi.tar v.t. escrever utilizando um teclado de computador: *Digitamos um texto de dez páginas.*

dí.gi.to s.m. qualquer algarismo arábico de 0 a 9; número: *A inflação havia atingido dois dígitos.*

di.gla.di.ar v.t. e pron. 1 travar luta: *Duas correntes políticas iriam se digladiar.* 2 discutir; polemizar: *Formamos dois grupos de estudos que se digladiavam em torno do tema.* 3 estar em conflito: *Ideias opostas digladiavam-se em minha mente.*

dig.nar v.t. e pron. ter vontade de fazer; ter a bondade, a gentileza; fazer o favor: *É preciso conseguir que os legisladores se dignem a comparecer ao plenário.*

dig.ni.da.de s.f. honra; decoro; decência; respeitabilidade: *Todo cidadão tem o direito de viver com dignidade.*

dig.ni.fi.ca.ção s.f. ato ou efeito de dignificar(-se); enobrecimento; enaltecimento: *Nunca se investiu tanto na dignificação de professores.*

dig.ni.fi.can.te adj. que dignifica; que enaltece: *exemplo dignificante do mestre.*

dig.ni.fi.car v.t. 1 tornar digno; enobrecer: *A capacidade de perdoar dignifica o homem.* • pron. 2 tornar-se digno; nobilitar-se: *Todos nos dignificamos pela prática do bem.*

dig.ni.tá.rio s.m. pessoa que possui cargo elevado ou alta graduação honorífica: *Não me diga que todos esses virtuosos dignitários não são tementes a Deus.*

dig.no adj. 1 honrado; decente: *Sou uma pessoa digna e tenho um digno padrão de vida.* 2 merecedor: *Fez um trabalho digno de elogios.*

dí.gra.fo s.m. digrama.

di.gra.ma s.m. (Gram.) grupo de duas letras representando um único som: *lh, nh, rr, ss, gu, qu, ue* etc.

di.gres.são s.f. afastamento, desvio do tema principal; divagação: *O orador fez algumas digressões sobre o divórcio.*

di.la.ção s.f. 1 prorrogação: *O cliente queria uma dilação no prazo de pagamento da dívida.* 2 demora: *O frio provoca uma dilação no amadurecimento das frutas.* // Cp.: delação.

di.la.ce.ra.ção s.f. 1 ato ou processo de despedaçar-se; dilaceramento: *Havia uma dilaceração do músculo facial.* 2 (Fig.) dor; aflição: *A notícia me provocara a dilaceração da alma.*

di.la.ce.ra.men.to s.m. dilaceração.

di.la.ce.ran.te adj. que dilacera; aflitivo; cruel: *Era uma valsa melancólica, pungente, dilacerante.*

di.la.ce.rar v.t. 1 provocar o rompimento; estraçalhar; rasgar: *A palmatória dilacerava as mãos dos alunos.* 2 (Fig.) afligir; martirizar: *A lembrança do noivo dilacerava o coração da moça.* • pron. 3 despedaçar-se; rasgar-se: *Pela tentativa de sair das ferragens, os músculos de sua perna se dilaceraram.*

di.la.pi.da.ção s.f. 1 ato ou efeito de dilapidar; gasto descomedido; desperdício: *Promoviam a dilapidação do patrimônio da família.* 2 devastação: *O homem está promovendo a dilapidação da natureza.* 3 furto; pilhagem: *a dilapidação dos recursos públicos.*

di.la.pi.da.dor (ô) s.m. pessoa que explora, destrói ou danifica: *Há um processo contra dilapidadores do Erário.*

di.la.pi.dar v.t. 1 destruir; arruinar: *Invasores inescrupulosos estão dilapidando nossas florestas.* 2 consumir; dissipar: *Dilapidou toda a economia do país.*

di.la.ta.ção s.f. 1 aumento das dimensões: *O calor provoca a dilatação dos corpos.* 2 prolongamento; adiamento: *A comissão alegou que a dilatação do prazo permitirá a todos os eleitores votar em boas condições.*

di.la.ta.do adj. 1 que se dilatou; aumentado: *Não conseguiu ler o texto porque estava com a pupila dilatada.* 2 demorado; longo: *A construtora queria um prazo mais dilatado para concluir a obra.* 3 extenso; prolongado: *Houve nova e dilatada pausa, silêncio quase hostil.*

di.la.ta.dor (ô) s.m. 1 medicamento que provoca dilatação de um órgão. • adj. 2 que dilata.

di.la.tar v.t. 1 aumentar as dimensões de; expandir; ampliar: *dilatar os músculos.* 2 prolongar a duração de: *Não gostaria de dilatar mais esta exposição.* 3 adiar: *dilatar o prazo.* • int. e pron. 4 ter as dimensões aumentadas; crescer; ampliar-se: *De repente suas narinas (se) dilataram.* // Cp.: delatar.

di.le.ção s.f. afeição; estima: *Nutria especial dileção pela filha.*

di.le.ma s.m. 1 situação embaraçosa em que se apresentam duas opções: *Eu estava num verdadeiro dilema: continuar com dor de garganta ou tomar uma injeção dolorida.* 2 situação difícil: *Vivemos um dilema: muitos pacientes precisam de remédios que não podem pagar.*

di.le.tan.te s.m. 1 pessoa que exercita uma arte apenas por gosto, e não como profissional: *O diletante tocou o piano com ares de intérprete erudito.* • adj. 2 que se ocupa de um assunto ou arte apenas por gosto, sem ser profissional; amador: *Nos esportes, sou apenas diletante.*

di.le.tan.tis.mo s.m. 1 ato sem compromisso que visa apenas ao prazer. 2 prazer; desfastio: *Aquele senhor afirma trabalhar por diletantismo.*

di.le.to (é) adj. preferido; amado; querido: *Meu assunto dileto é futebol.*

di.li.gên.cia s.f. 1 zelo; presteza: *Fez valer sua criatividade, diligência e capacidade de tomar iniciativas.* 2 providência: *Mais uma diligência a se fazer era*

diplomata

recuperar o retrato do menino. **3** empreitada; empreendimento: *O êxito daquela diligência se deveu à competência dos investigadores*. **4** carruagem puxada a cavalos para transportar passageiros quando não existiam trens e automóveis.

di.li.gen.ci.ar *v.t.* dispor-se; empenhar-se: *As corporações diligenciaram pela escolha democrática de seus representantes*.

di.li.gen.te *adj*. **1** ativo; zeloso; aplicado: *Diligente e decidida é quase toda a gente desta região*. **2** rápido e cuidadoso: *Graças ao trabalho diligente da polícia, o crime se desvendou em três dias*.

di.lu.i.ção *s.f.* **1** ato ou efeito de diluir(-se); dispersão em meio líquido; dissolução: *a diluição de pó em líquido*. **2** fragmentação; dispersão; enfraquecimento: *Com a criação de setores, houve uma diluição de responsabilidades na empresa*.

di.lu.ir *v.t.* **1** dissolver; misturar com água: *Dilua aos poucos o pó em água filtrada*. **2** dissipar; descaracterizar: *Hoje, diluímos os negócios em seis grandes instituições*. **3** atenuar; abrandar: *Um companheiro a mais nesta luta diluirá nosso trabalho*. • *pron*. **4** espalhar-se ou dissolver-se em um líquido: *O ácido clorídrico se dilui facilmente em água*. **5** tornar-se pouco perceptível; dissipar-se: *Estão se diluindo muitos preconceitos machistas*. **6** atenuar-se; abrandar-se: *O conteúdo ideológico dos comediantes se diluía nas palhaçadas*.

di.lú.vio *s.m.* **1** (Rel.) inundação universal; cataclismo. Segundo o Velho Testamento, castigo imposto por Deus aos homens, sob a forma de inundação que cobriu toda a Terra. **2** chuva copiosa e torrencial; aguaceiro: *A partida foi prejudicada por um verdadeiro dilúvio*. **3** grande quantidade; grande número: *um dilúvio de discursos e pichações*.

di.men.são *s.f.* **1** extensão; tamanho; grandeza: *poltronas de grandes dimensões*. **2** valor; importância: *É preciso primeiro resgatar a dimensão do sagrado*.

di.men.si.o.na.men.to *s.m.* determinação de medida: *Estudos visando ao dimensionamento do setor financeiro da empresa*.

di.men.si.o.nar *v.t.* determinar as dimensões, as proporções ou a intensidade de; calcular; avaliar: *A empresa, acima de tudo, precisa dimensionar seus custos*.

di.mi.nu.i.ção *s.f.* ato ou efeito de diminuir; redução: *a diminuição do número das células de defesa*.

di.mi.nu.ir *v.t.* **1** reduzir em intensidade ou grau; reduzir a quantidade, o valor ou tamanho de: *diminuir o salário*. **2** abater moralmente; humilhar: *O casal está sempre diminuindo os vizinhos*. • *int*. **3** reduzir-se em tamanho; tornar-se menor: *Os juros vinham diminuindo*. **4** reduzir-se em grau ou intensidade: *As dores diminuíram*.

di.mi.nu.ti.vo *s.m.* (Gram.) **1** grau do substantivo e do adjetivo que dá ideia de pequenez. **2** palavra formada por sufixo diminutivo.

di.mi.nu.to *adj*. de tamanho reduzido; muito pequeno; insuficiente.

di.na.mar.quês *s.m.* **1** natural ou habitante da Dinamarca. • *adj*. **2** relativo à Dinamarca.

di.nâ.mi.ca *s.f.* **1** (Fís.) estudo das relações entre as forças e os movimentos por elas produzidas. **2** movimento: *a dinâmica social; a dinâmica da partida*.

di.nâ.mi.co *adj*. **1** diligente; empreendedor: *O monitor deve ser dinâmico e criativo*. **2** ágil: *A política é um processo dinâmico*.

di.na.mis.mo *s.m.* qualidade de dinâmico; vigor; atividade.

di.na.mi.tar *v.t.* fazer explodir por meio de dinamite.

di.na.mi.te *s.f.* explosivo composto de nitroglicerina e areia de quartzo.

di.na.mi.za.ção *s.f.* agilização; aceleração; aumento.

di.na.mi.zar *v.t.* dar caráter dinâmico a; acelerar; ativar: *Queremos dinamizar o mercado*.

dí.na.mo *s.m.* **1** (Eng. Elétr.) aparelho que transforma a energia mecânica em energia elétrica. **2** impulsionador; movimentador: *O comércio tem sido o grande dínamo da economia mundial*.

di.nas.ti.a *s.f.* sucessão de soberanos pertencentes à mesma família: *dinastia dos Braganças*.

di.nhei.ra.ma *s.f.* quantidade grande de dinheiro.

di.nhei.rão *s.m.* (Coloq.) muito dinheiro; preço elevado: *Gastamos um dinheirão para reformar o apartamento*.

di.nhei.ro *s.m.* **1** moeda corrente. **2** qualquer valor comercial: *Possuía enorme habilidade em administrar dinheiro*. **3** riqueza: *Aquele homem tem dinheiro*.

di.nos.sau.ro *s.m.* réptil fóssil de enormes dimensões.

di.o.ce.sa.no *s.m.* **1** pessoa pertencente a uma diocese: *Carta Pastoral do Bispo elogia o trabalho dos diocesanos*. • *adj*. **2** que pertence à diocese.

di.o.ce.se (é) *s.f.* circunscrição territorial administrada por bispo, arcebispo ou patriarca.

di.o.do (ô) *s.m.* (Fís.) válvula eletrônica composta de dois eletrodos: filamento e placa.

di.o.ni.sí.a.co *adj*. **1** relativo a Dioniso (Baco, entre os romanos), deus do vinho na mitologia grega: *O autor descreve um ritual dionisíaco*. **2** relativo ao prazer; à alegria; instintivo; espontâneo: *O homem tem impulsos dionisíacos*.

di.ó.xi.do /ks/ *s.m.* composto cuja molécula possui dois átomos de oxigênio.

di.plo.ma *s.m.* **1** documento que confere título ou habilitação. **2** qualquer lei ou decreto: *O diploma legal estende seus efeitos àqueles que cometeram crimes conexos*.

di.plo.ma.ção *s.f.* ação de diplomar; solenidade de entrega de diploma: *As decisões definitivas sobre diplomação de candidatos cabem ao tribunal*.

di.plo.ma.ci.a *s.f.* **1** ciências das relações exteriores ou negócios do Estado: *A diplomacia desempenha papel importante em tempos de guerra*. **2** habilidade no tratamento; delicadeza; cortesia: *falar com diplomacia*.

di.plo.ma.do *adj*. **1** que recebeu diploma: *homem diplomado*. **2** com diploma: *Tem um filho diplomado em veterinária*. **3** (Coloq.) escolado: *rapaz diplomado em malandragem*.

di.plo.mar *v.t.* **1** conceder diploma: *Criou um curso de odontologia sanitária e acaba de diplomar sua primeira turma*. • *pron*. **2** obter diploma; formar-se: *Diplomou-se com distinção*.

di.plo.ma.ta *s.2g.* **1** quem faz parte do corpo diplomático. **2** pessoa hábil ou astuta para tratar de negócios melindrosos: *Negar que as mulheres não sejam diplomatas é muita ignorância*.

diplomático

di.plo.má.ti.co *adj.* **1** da ou relativo à diplomacia. **2** polido; educado; cortês: *Tratou o assunto de modo diplomático, com todo o cuidado.*

di.que *s.m.* construção destinada a represar águas; reservatório; represa; açude.

di.re.ção *s.f.* **1** ato ou arte de dirigir. **2** chefia; comando: *assumir a direção da empresa.* **3** rumo: *seguir em direção do curtume.* **4** (Mec.) peça mecânica que comanda o direcionamento de um veículo: *Tira do porta-luvas uma flanela e limpa a direção do carro.*

di.re.ci.o.nal *adj.* **1** que indica ou orienta a direção: *A sala está preparada para reuniões públicas, contando até com holofotes direcionais.* **2** que dirige: *A parte direcional da empresa tem sido eficiente.*

di.re.ci.o.na.men.to *s.m.* orientação: *As empresas de comunicação são instrumentos de direcionamento da opinião pública.*

di.re.ci.o.nar *v.t.* **1** ser diretriz ou orientação para; orientar: *Conjunto de condutas que direcionam o futuro profissional.* **2** fazer tomar um rumo ou direção; encaminhar: *Direcionou seus estudos para a área de Matemática.*

di.rei.ta *s.f.* **1** mão direita: *Bateu forte com a direita no rosto do adversário.* **2** lado direito: *Tentou corrigir a rota, virando a aeronave para a direita.* **3** regime ou partido político de tendência conservadora: *Recentemente, a direita ganhou eleições em vários países.*

di.rei.tis.mo *s.m.* posição política dos adeptos dos partidos de direita.

di.rei.tis.ta *s.2g.* **1** pessoa adepta dos partidos de direita: *Seu gesto uniu os direitistas.* • *adj.* **2** que é adepto ou que pertence a partido de direita: *Era militante de um grupo de estudantes direitistas.*

di.rei.to *s.m.* **1** aquilo que é justo, conforme à lei e à justiça: *O livre-arbítrio é um direito do homem.* **2** ciência que estuda e determina preceitos, regras e leis, com as respectivas sanções, que regem as relações dos homens em sociedade; jurisprudência: *Era bacharel em Direito.* // Nessa acepção se escreve comumente com inicial maiúscula. **3** faculdade concedida pela lei; poder legítimo: *direitos da criança e do adolescente.* **4** possibilidade: *Teve de fazer o que ele mandava, sem direito de reclamar.* **5** regalia; privilégio: *Acho que tenho o direito de ficar onde quero!* **6** lado principal ou mais perfeito, com as cores mais vivas em um tecido: *direito e avesso da chita.* • *adj.* **7** lado do corpo humano em que a ação muscular é, na maioria das pessoas, mais forte e desembaraçada: *mão direita.* **8** correspondente a esse lado para um observador colocado em frente ao objeto: *Olhou para o canto direito e nada viu.* **9** nos rios, lado que fica à direita do observador, de costas para a nascente: *margem direita do rio Negro.* **10** plano; liso; desempenado: *Procurou uma tábua bem direita, para não ter trabalho ao lixar.* **11** correto; certo: *Não faça isso! Não é direito.* **12** íntegro; honesto; honrado: *É um homem direito e bom.* • *adv.* **13** em linha reta; diretamente: *Seguiu direito para casa.* **14** de modo adequado; conveniente: *Vá lavar direito as orelhas, menino!* ♦ **de direito** por justiça; de modo legítimo. **direito autoral** direito exercido pelo autor ou por seus descendentes sobre a comercialização de suas obras; *copyright*: *Recebia direitos autorais sobre seus livros.* **direito civil** normas reguladoras dos direitos e obrigações de ordem privada atinentes às pessoas, aos bens e às suas relações. **direito constitucional** princípios fundamentais que regulam a organização política do Estado, forma de governo, atribuições e funcionamento dos poderes políticos. **direitos humanos** conjunto de direitos, como liberdade, igualdade, justiça etc., que têm os indivíduos independentemente de cor, raça, religião, sexo.

di.re.ti.vo *adj.* que dirige; diretor: *Exercia cargo diretivo na empresa.*

di.re.to *s.m.* **1** soco; murro: *O boxeador lançou um direto certeiro.* • *adj.* **2** sem intermediário; próximo: *Tinha contato direto com clientes.* **3** que vai ao seu destino sem fazer paradas intermediárias: *O ônibus direto para São Paulo sai às seis.* **4** diz-se da ligação sem uso da chave de ignição: *Fez uma ligação direta no carro e fugiu.* **5** imediato: *A culpa caiu no auxiliar direto do chefe.* • *adv.* **6** já; imediatamente: *Vamos direto ao assunto.* **7** sem passar por intermediário: *Falei direto com o deputado.* **8** sem parar: *Passou direto pelo bar, não entrou.*

di.re.tor (ô) *s.m.* **1** pessoa que dirige. • *adj.* **2** que dirige; orientador.

di.re.to.ri.a *s.f.* grupo de pessoas encarregadas da direção.

di.re.tó.rio *s.m.* **1** comissão diretora de um partido político: *O diretório do partido se reunirá hoje.* **2** conselho dirigente de alguma corporação ou associação: *diretório central dos estudantes.* **3** (Inf.) subdivisão de um disco rígido de computador, na qual são agrupados e organizados os arquivos.

di.re.triz *s.f.* **1** linha que determina o traçado de um caminho ou de uma estrada. **2** norma; conduta; princípio: *A diretriz oficial foi de terceirizar os serviços.*

di.ri.gen.te *s.2g.* **1** pessoa que dirige, que comanda; diretor. • *adj.* **2** que dirige; que comanda.

di.ri.gi.bi.li.da.de *s.f.* possibilidade de ser dirigido: *Não há problema que possa comprometer a segurança ou dirigibilidade do veículo.*

di.ri.gir *v.t.* **1** comandar; orientar: *dirigir um exército; dirigir um filme.* **2** administrar; gerenciar: *dirigir uma empresa.* **3** manejar a direção; operar; pilotar: *dirigir um avião.* **4** apontar; direcionar: *Dirigiu o dedo para mim.* **5** enviar; encaminhar; dizer: *dirigir súplicas aos santos.* • *int.* **6** manejar a direção de um veículo: *Ele dirige bem.* • *pron.* **7** falar com: *Ele se dirigiu a mim de modo respeitoso.* **8** ter como meta; estar direcionado: *Nosso trabalho dirige-se aos clientes.* **9** encaminhar-se: *O sol já se dirigia para o poente.* ♦ **dirigir a palavra** falar com: *Ela nem se dignou a dirigir-me a palavra uma só vez.*

di.ri.gí.vel *s.m.* **1** balão ou aeronave que se pode dirigir: *Santos Dumont foi um dos pioneiros na idealização e criação dos dirigíveis.* • *adj.* **2** que se pode dirigir.

di.ri.mir *v.t.* anular; extinguir; dissolver: *dirimir dúvidas.*

dis.ca.gem *s.f.* ato de discar número de telefone.

dis.car *v.t.* **1** girar o disco ou acionar as teclas do telefone: *discar o número do telefone.* **2** telefonar: *discar para o amigo.*

dis.cen.te *s.2g.* **1** aluno: *participação efetiva de discen-*

discurseira

tes nas resoluções da escola. • *adj.* **2** de ou relativo a aluno: *o corpo discente da escola.*

dis.cer.ni.men.to *s.m.* capacidade de análise; juízo; tino; entendimento: *Talvez os reféns não tenham condições de discernimento, pela tensão por que estão passando.*

dis.cer.nir *v.t.* **1** perceber a diferença; distinguir: *discernir o bem do mal.* • *int.* **2** julgar; decidir; fazer apreciação: *Até hoje é incapaz de discernir.*

dis.ci.pli.na *s.f.* **1** comportamento metódico segundo os princípios da ordem e da obediência: *Foi criado com disciplina muito rígida.* **2** matéria escolar: *Conhece bem o conteúdo das disciplinas do Ensino Médio.*

dis.ci.pli.na.do *adj.* que se comporta com disciplina; comedido: *pessoa disciplinada.*

dis.ci.pli.na.dor (ô) *s.m.* **1** quem impõe ou estabelece disciplina a: *O professor deve atuar como o disciplinador da classe.* • *adj.* **2** que impõe ou estabelece disciplina: *um técnico disciplinador.*

dis.ci.pli.na.men.to *s.m.* estabelecimento da ordem e do comportamento metódico: *normas para o disciplinamento do comércio ambulante.*

dis.ci.pli.nar *v.t.* **1** impor um comportamento metódico; educar: *disciplinar os filhos.* **2** impor ordem ou método: *disciplinar o serviço da casa.* • *pron.* **3** desenvolver-se ordenadamente; educar-se: *Suas sensações se disciplinavam.* • *adj.* **4** de disciplina; metódico; educado: *Respeitou o código de normas disciplinares.*

dis.cí.pu.lo *s.m.* **1** aquele que recebe ensino de alguém; aluno: *Carlos Chagas foi um discípulo de Oswaldo Cruz.* **2** aquele que segue as ideias ou doutrinas de outrem: *Os discípulos do cristianismo se espalham pelo mundo.*

disc-jó.quei *s.2g.* comunicador de programa de música popular; pessoa que seleciona as músicas a serem tocadas. // Também chamado de *DJ*; discotecário.

dis.co *s.m.* **1** placa circular e chata, fabricada em resina vinílica, na qual se gravam sons. **2** qualquer objeto circular e chato: *A lua surgiu como um disco luminoso.* **3** (Esp.) chapa redonda e chata, de ferro ou de pedra, usada em atletismo para arremesso. • **disco flexível** disquete. **disco magnético** dispositivo de armazenamento de dados e programas composto de uma ou mais placas nas quais são registradas as informações pela magnetização seletiva. **disco rígido** disco magnético rígido do computador capaz de armazenar programas e arquivos de trabalho; disco fixo; HD. **disco voador** objeto voador de origem não identificada, segundo o imaginário popular.

dis.co.gra.fi.a *s.f.* **1** coleção de discos gravados: *A gravadora vai relançar a discografia do grupo em CD.* **2** listagem de discos gravados: *O livro traz também a discografia completa do grupo.*

dis.cor.dân.cia *s.f.* opinião contrária; desacordo; descompasso: *discordância com nota atribuída ao trabalho do grupo.*

dis.cor.dan.te *adj.* que não está de acordo; divergente: *Minha opinião é discordante da sua.*

dis.cor.dar *v.t.* não concordar; divergir: *Devo discordar de sua opinião.*

dis.cór.dia *s.f.* divergência; desacordo: *Há lares desfeitos pela discórdia entre os filhos.*

dis.cor.rer *v.t.* **1** falar; explanar: *O professor discorreu acerca de sua viagem.* • *int.* **2** falar; discursar: *O rapaz foi o mais objetivo ao discorrer.*

dis.co.te.ca (é) *s.f.* **1** lugar onde se conservam discos fonográficos: *Tenho em casa uma pequena discoteca.* **2** casa de dança cuja música é apenas de gravação; boate: *As garotas foram dançar na discoteca.*

dis.co.te.cá.rio *s.m.* pessoa que seleciona os discos a serem tocados na discoteca; disc-jóquei; DJ.

dis.cre.pân.cia *s.f.* desacordo; contradição; divergência: *As estimativas do vendedor estão em total discrepância com as demais apresentadas.*

dis.cre.pan.te *adj.* divergente; discordante: *O artista propunha uma pintura com pinceladas livres e cores discrepantes.*

dis.cre.par *v.t.* **1** divergir; discordar: *discrepar da opinião de todos.* **2** ser discrepante ou divergente; contrastar: *Suas roupas de grife discrepavam de seus sapatos cambaios.*

dis.cre.to (é) *adj.* **1** que tem discrição; prudente: *O mordomo era discreto e nada dizia.* **2** não ostensivo; modesto: *O restaurante tinha um pequeno e discreto letreiro.*

dis.cri.ção *s.f.* **1** prudência: *O cargo exige desprendimento, equilíbrio emocional, discrição, retidão de caráter.* **2** capacidade de guardar segredo; reserva: *Pode confiar na minha discrição.* // Cp.: descrição.

dis.cri.ci.o.ná.rio *adj.* discriminatório; caprichoso; arbitrário: *Reconheceu o caráter discricionário dos planos econômicos.*

dis.cri.mi.na.ção *s.f.* **1** ato ou efeito de discriminar: *O cliente solicitou a discriminação dos produtos na nota fiscal.* **2** segregação preconceituosa: *Não deve haver discriminação contra deficientes físicos ou mentais.* **3** distinção entre duas classes, privilegiando uma delas: *discriminação de duas categorias de cidadãos.* // Cp.: descriminação.

dis.cri.mi.na.do *s.m.* **1** pessoa que é marginalizada: *Aqueles profissionais estão entre os discriminados do setor público.* • *adj.* **2** que não é aceito na sociedade; marginalizado: *Temia sentir-se discriminado em terra estrangeira.* **3** que tem todas as partes descritas: *No contrato deve ser discriminado tudo o que já está incluído no valor do aluguel.*

dis.cri.mi.na.dor (ô) *s.m.* **1** aquele que discrimina. **2** *adj.* que discrimina; que segrega; discriminatório: *uma proposta discriminadora das classes menos favorecidas.*

dis.cri.mi.nar *v.t.* **1** tratar de modo preconceituoso; depreciar: *discriminar os colegas filhos de pais pobres.* **2** identificar; distinguir: *discriminar as cobras venenosas das não venenosas.* // Cp.: descriminar.

dis.cri.mi.na.tó.rio *adj.* que discrimina; discriminador: *No Brasil, há um sistema tributário discriminatório contra a produção nacional.*

dis.cro.mi.a *s.f.* (Med.) distúrbio pigmentar da pele e dos pelos.

dis.cur.sar *v.t.* **1** falar; dissertar; orar: *O professor foi convidado a discursar sobre o assunto.* • *int.* **2** falar em público; fazer discurso: *Não ouviu o paraninfo discursar.*

dis.cur.sei.ra *s.f.* (Coloq.) número excessivo de discur-

discursivo

sos; falação: *No espetáculo, a principal novidade foi a discurseira da cantora.*
dis.cur.si.vo *adj.* **1** que faz discurso; falador: *No filme, o protagonista está muito discursivo.* **2** de ou relativo a discurso: *análise discursiva das obras literárias.*
dis.cur.so *s.m.* **1** peça oratória; fala de caráter oficial ou solene: *O seu discurso foi magnífico!* **2** (E. Ling.) qualquer manifestação concreta da língua; fala: *É exagero policiar até o discurso dos alunos.* ◆ **discurso direto** (E. Ling.) reprodução exata das palavras ditas por alguém: *Algumas narrativas clássicas possuem diálogos de sintaxe arcaizante, misturada ao discurso direto e oral.* **discurso indireto** (E. Ling.) reprodução, na terceira pessoa, das palavras ditas por alguém: *A narrativa é articulada a partir de um jogo incessante entre o uso do discurso indireto e direto.*
dis.cus.são *s.f.* **1** debate: *A discussão sobre os assuntos polêmicos fica para o final.* **2** entrevero; bate-boca: *Teve uma discussão com a vizinha.*
dis.cu.tir *v.t.* **1** debater (questão, assunto); examinar; investigar: *discutir a causa desse problema.* ● *int.* **2** promover discussão; altercar: *Os motoristas pararam para discutir.* **3** oferecer resistência; relutar: *Seguiu o marido sem discutir.*
dis.cu.tí.vel *adj.* **1** que pode ser discutido: *O assunto é discutível e merece exame mais cuidadoso.* **2** problemático; duvidoso.
di.sen.te.ri.a *s.f.* (Med.) evacuação frequente; desarranjo intestinal.
dis.far.ça.do *adj.* **1** que usa disfarce; fantasiado: *Caiu no samba disfarçada de odalisca.* **2** camuflado: *Aquele jogador é meia disfarçado de centroavante.*
dis.far.çar *v.t.* **1** ocultar; encobrir: *disfarçar a calvície com peruca.* **2** mudar; modificar: *disfarçar a voz.* **3** reprimir; dissimular: *disfarçar a ansiedade.* ● *pron.* **4** vestir-se de modo diferente para não ser reconhecido: *Disfarçou-se de médico para assistir à conferência.* ● *int.* **5** dissimular: *Quando me viu, disfarcei, fingi que comprava frutas.*
dis.far.ce *s.m.* **1** dissimulação; fingimento; artifício: *O mal-estar foi uma espécie de disfarce para o seu atraso.* **2** recurso físico ou mecânico utilizado para dissimular; máscara: *Não aparecem em público sem um disfarce e não dão entrevistas.*
dis.fo.ni.a *s.f.* (Otor.) qualquer distúrbio da voz.
dis.for.me (ó) *adj.* **1** que sofreu deformação: *Várias crias disformes têm nascido na região.* **2** sem forma definida: *A massa é disforme, própria para a manipulação.* **3** monstruoso; horrendo; descomunal: *Em seus desenhos, as mulheres são feias e disformes.*
dis.fun.ção *s.f.* (Med.) perturbação ou desvio do funcionamento de um órgão, sistema ou aparelho.
dis.jun.ção *s.f.* separação: *Ele elabora soluções ousadas, como a disjunção entre som e imagem.*
dis.jun.tor (ô) *s.m.* (Eng. Elétr.) dispositivo destinado ao desligamento automático de um circuito elétrico.
dis.le.xi.a *s.f.* (Neur.) **1** deficiência na compreensão do que se lê causada por lesão do sistema nervoso central. **2** situação na qual um indivíduo lê experimentando cansaço e sensações desagradáveis.
dis.lo.gi.a *s.f.* **1** (Psiq.) perturbação do poder de raciocínio. **2** perturbação da fala.
dis.me.nor.rei.a *s.f.* (Gin.) menstruação dolorosa.

dís.par *adj.* desigual; diferente; diverso: *Amor e ódio não são sentimentos díspares.*
dis.pa.ra.da *s.f.* corrida desenfreada; subida muito rápida: *Será que vai haver uma nova disparada de preços?* ◆ **em disparada** de modo veloz.
dis.pa.ra.dor (ô) *s.m.* **1** dispositivo que comanda o diafragma de máquina fotográfica. ● *adj.* **2** que dispara; que foge quando perseguido: *animal, espantadiço e disparador.*
dis.pa.rar *v.t.* **1** lançar; atirar; arremessar: *disparar uma pedra com mão certeira.* **2** soltar de repente e com força: *disparar uma risada.* ● *int.* **3** correr desabaladamente; ser avisado: *O cavalo disparou.* **4** acelerar; crescer rapidamente: *A inflação disparou.*
dis.pa.ra.ta.do *adj.* que revela disparate; extravagante: *um comentário disparatado.*
dis.pa.ra.te *s.m.* absurdo; desatino; ato fora de propósito por inconveniência: *Aquele menino só falava disparates.*
dis.pa.ri.da.de *s.f.* desequilíbrio; desigualdade; discrepância: *Há disparidade entre a formação nas escolas e a demanda por mão de obra especializada.*
dis.pa.ro *s.m.* tiro dado por arma de fogo: *De repente, ouvi disparos e alguém saiu cambaleando.*
dis.pên.dio *s.m.* gasto; despesa: *O negociante não quer dispêndio de dinheiro no acordo.*
dis.pen.di.o.so (ô) *adj.* que demanda gasto excessivo; de alto custo; caro: *Manter o canil se tornara dispendioso.*
dis.pen.sa *s.f.* **1** não obrigação; licença: *A dispensa do Serviço Militar não é comum.* **2** exoneração; documento que libera alguém de um serviço: *A dispensa teria sido provocada pelos frequentes conflitos com a rede.* // Cp.: despensa.
dis.pen.sar *v.t.* **1** mandar embora; despedir: *Reduzir a produção significa dispensar operários.* **2** abrir mão de; não se interessar por: *Tomou o leite, mas dispensou as bolachas.* **3** não necessitar: *Dispenso elogios.* **4** dar; conferir; conceder: *dispensar respeito.* **5** dar dispensa a; desobrigar: *O diretor dispensou os funcionários do relatório mensal.* ● *pron.* **6** desobrigar-se; eximir-se: *O chefe dispensou-me da reunião.*
dis.pen.sá.rio *s.m.* estabelecimento público onde se prestam serviços médicos gratuitos: *Os bairros novos necessitam de ambulatórios e dispensários.*
dis.pen.sá.vel *adj.* que pode ser dispensado; não necessário.
dis.per.são *s.f.* **1** ato ou efeito de dispersar: *Com a dispersão de seus quadros pelo mundo, ficou difícil organizar uma exposição do artista.* **2** desmembramento: *Evitar a excessiva dispersão de partidos é uma necessidade política.* **3** falta de atenção, de concentração: *Alguns alunos têm dispersão em sala de aula.*
dis.per.sar *v.t.* **1** pôr em debandada: *A polícia dispersou os manifestantes.* **2** disseminar; espalhar: *O vento dispersou as folhas do parque.* ● *pron.* **3** debandar: *Com a chuva, o povo dispersou-se.* **4** espalhar-se: *As nuvens se dispersam, o sol sai.* **5** dissipar-se; desfazer-se: *As esperanças do povo se dispersam.*
dis.per.si.vo *s.m.* **1** pessoa dispersiva: *O dispersivo tem dificuldade para se concentrar.* ● *adj.* **2** que

dissensão

não possui objetivos claros e definidos: *projeto dispersivo e contraditório*. **3** desatento; evasivo: *aluno dispersivo*. **4** que dispersa: *O vento é o principal agente dispersivo*.

dis.per.so *adj.* **1** espalhado; disseminado: *papéis dispersos pela mesa*. **2** vago; indefinido: *tem olhar disperso, ausente*.

display (displêi) (Ingl.) *s.m.* dispositivo para apresentação visual de informações ou propaganda de algum produto; mostruário: *O rapaz mostrou logo o display e começou a vender a mercadoria*.

dis.pli.cên.cia *s.f.* **1** predisposição para a tristeza ou o tédio. **2** negligência; descaso: *O time atuou com displicência, indiferença e falta de seriedade*.

dis.pli.cen.te *s.m.* (Bras.) **1** indivíduo descuidado; relaxado. • *adj.* **2** desleixado; negligente; descuidado: *O boxeador foi displicente, baixou a guarda e um direto lhe fraturou o nariz*.

disp.nei.a (éi) *s.f.* (Med.) dificuldade de respirar.

dis.po.ni.bi.li.da.de *s.f.* **1** estado daquilo de que se pode dispor: *disponibilidade de tempo*. **2** situação de quem está desempregado: *Desempregado, sua disponibilidade é total*. ♦ **em disponibilidade** (i) à disposição: *Estarei em disponibilidade*. (ii) à disposição do serviço público: *Os servidores postos em disponibilidade serão reintegrados*.

dis.po.ni.bi.li.zar *v.t.* tornar disponível, de fácil acesso: *O objetivo é disponibilizar a informação para o usuário*. // Não é forma bem aceita pela norma.

dis.po.ní.vel *adj.* **1** de que se pode dispor: *São informações disponíveis para qualquer cidadão*. **2** desembaraçado; livre: *Hoje me sinto disponível para outro relacionamento*.

dis.por *v.t.* **1** colocar em certa posição ou ordem; ordenar: *dispor os livros na estante*. **2** conceber; planejar: *Dispôs uma nova solução para o caso*. **3** assentar; arrumar: *dispor os azulejos da cozinha*. **4** determinar; deliberar; decidir: *O clube dispôs das condições para a realização da competição*. **5** regular legislativamente; estatuir: *O juiz dispôs os direitos para cada uma das partes*. **6** preparar; persuadir; convencer: *Foi-lhe dispondo o espírito para receber a notícia*. **7** angariar; granjear: *A boa argumentação da defesa dispôs a simpatia dos jurados*. **8** possuir; ter disponível: *Dispõe de duas lâmpadas sobressalentes*. **9** valer-se de uma pessoa ou coisa: *Disponha de mim ou da casa sempre que precisar*. • *pron.* **10** aspirar; ter pretensões; tencionar: *Dispunha-se a estudar para o concurso*. **11** propor-se: *Foi ela quem se dispôs a zelar pelo doente*. **12** prestar-se; condescender: *Sempre me dispus a conversar amigavelmente*. **13** sujeitar-se; resignar-se: *Dispôs-se a sofrer humilhação pensando somente nos filhos*. • *int.* **14** fazer o oposto do que havia sido planejado: *O homem põe e Deus dispõe*. ♦ **a seu dispor** forma educada de apresentar-se; às suas ordens: *Como é mesmo o nome do senhor? – Severino, a seu dispor*.

dis.po.si.ção *s.f.* **1** distribuição ordenada; colocação; arranjo: *disposição dos objetos na vitrina*. **2** propensão; tendência; ânimo; desejo; predisposição: *Não tinha disposição para sair de casa; Sempre mostrou disposição para a música*. **3** ordem; determinação: *Por disposição constitucional, o Estado oferece assistência judiciária gratuita aos necessitados*. **4** subordinação; dependência: *Estou sempre à disposição para trabalhar*. **5** estado de espírito ou saúde; temperamento: *Ele tem boa disposição e aprende rápido!*

dis.po.si.ti.vo *s.m.* **1** instrumento ou peça capaz de acionar um mecanismo: *dispositivo detonador do alarme*. **2** determinação: *Foi aprovado pelo sindicato o dispositivo sugerido pelo operário*. **3** meio para se atingir determinado fim: *Todo o dispositivo de combate ao mosquito transmissor da dengue foi mobilizado*.

dis.pos.to (ô) *s.m.* **1** aquilo que se dispôs ou determinou; norma; regra: *O disposto no regulamento deve ser cumprido*. • *adj.* **2** arrumado; organizado: *Os pratos estão dispostos sobre a mesa*. **3** determinado; decidido; animado: *Saiu disposto a brigar*. **4** inclinado; propenso: *É pouco disposto a conversas*.

dis.pu.ta *s.f.* **1** discussão originada pela oposição de opiniões; luta; contenda: *Na disputa do mercado, a publicidade é imprescindível*. **2** competição: *Pela facilidade para as disputas em água, o surfe pode virar esporte olímpico*.

dis.pu.ta.do *adj.* **1** que envolve disputa ou competição; onde todos querem estar; frequentado por muitas pessoas: *jogo disputado*. **2** que todos querem: *Foi o atleta mais disputado pelos patrocinadores*.

dis.pu.tar *v.t.* **1** lutar pela posse; pleitear: *Primeiro, terá de derrotar os republicanos que vão disputar a vaga com ele*. **2** questionar; discutir; altercar: *Disputou com os colegas o direito à fala*.

dis.que.te (é) *s.m.* (Inf.) disco magnético flexível e removível do computador, usado para armazenar cópias de arquivos e programas.

dis.rit.mi.a *s.f.* (Med.) alteração do ritmo normal do coração, do cérebro: *disritmia cardíaca, disritmia cerebral*.

dis.sa.bor *s.m.* desgosto; contratempo: *Evite que o prazer de hoje transforme-se em dissabor amanhã*.

dis.se.ca.ção *s.f.* **1** corte metódico de órgão ou de cadáver para fins de estudo: *Após acompanharem a dissecação de um cérebro, os estudantes fizeram um relatório de observação*. **2** (Fig.) análise minuciosa; exame rigoroso: *Ele fez uma verdadeira dissecação da obra do escritor*.

dis.se.car *v.t.* **1** fazer a dissecação de; retalhar. **2** (Fig.) analisar de modo minucioso: *dissecar um poema*.

dis.se.mi.na.ção *s.f.* propagação: *disseminação de moléstias e epidemias*.

dis.se.mi.na.do *adj.* **1** que se difundiu; que se propagou. **2** que se espalhou: *O exame permite saber se o câncer está localizado ou disseminado por outros órgãos*.

dis.se.mi.na.dor (ô) *s.m.* **1** quem espalha; quem propaga: *O mosquito é o disseminador da dengue*. • *adj.* **2** que espalha, que propaga: *Sua obra é disseminadora de ideias atuais*.

dis.se.mi.nar *v.t.* **1** espalhar; dispersar: *O vento dissemina as sementes pelos campos*. **2** difundir; propagar: *disseminar a telefonia no meio rural*. • *pron.* **3** propagar-se; difundir-se; espalhar-se: *As notícias se disseminaram pelo mundo*.

dis.sen.são *s.f.* **1** divergência de opiniões ou de interesses. **2** dissenso; desavença; divergência: *as dissensões internas da diretoria da empresa*.

dissenso

dis.sen.so *s.m.* **1** dissensão. **2** ruptura unilateral de um contrato antes de expirado seu período de validade.
dis.ser.ta.ção *s.f.* **1** discurso de natureza expositiva ou argumentativa; explanação. **2** trabalho escrito no qual o aluno expõe sobre um tema.
dis.ser.tar *v.t.* fazer dissertação; discorrer.
dis.ser.ta.ti.vo *adj.* **1** em que se faz uma reflexão crítica sobre determinado tema: *o texto dissertativo*. **2** que exige respostas redigidas, e não de múltipla escolha: *As provas dissertativas são mais bem elaboradas*.
dis.si.dên.cia *s.f.* cisão; cisura; dissensão; divergência: *A dissidência do partido gerou polêmicas*.
dis.si.den.te *s.2g.* **1** pessoa que diverge da opinião, crença ou princípio: *Fundou com os demais dissidentes a atual chapa*. • *adj.* **2** que diverge; separatista: *Com uma conversa, contornou o dissídio entre os irmãos; movimento dissidente*.
dis.sí.dio *s.m.* **1** dissensão: *Com uma conversa, contornou o dissídio entre os irmãos*. **2** controvérsia submetida ao Ministério do Trabalho: *A Assembleia discutiu o dissídio coletivo dos empregados no setor*.
dis.sí.la.bo *s.m.* **1** (Gram.) palavra de duas sílabas. • *adj.* **2** que tem duas sílabas.
dis.si.mu.la.ção *s.f.* disfarce; fingimento.
dis.si.mu.la.do *adj.* **1** fingido; hipócrita: *É um homem dissimulado, perigoso*. **2** disfarçado: *Sua fama o obrigava a andar nas ruas dissimulado*.
dis.si.mu.lar *v.t.* **1** ocultar ou encobrir com astúcia; disfarçar; esconder: *Dissimula a idade com cosméticos*. **2** não dar a perceber; disfarçar: *A namorada dissimulou o ciúme com um cumprimento formal*. • *int.* **3** fingir: *O orador dissimulava, distribuindo sorrisos*.
dis.si.pa.ção *s.f.* **1** esbanjamento; desperdício: *Amigos viam preocupados a dissipação dos bens*. **2** dispersão: *Massas de ar quente impedem a dissipação do calor*. **3** desaparecimento: *O remédio tem produzido a dissipação progressiva dos sintomas*.
dis.si.pa.dor (ô) *s.m.* quem esbanja; perdulário: *um dissipador das economias domésticas*.
dis.si.par *v.t.* **1** dispersar; espalhar: *O vento dissipou as nuvens*. **2** dilapidar; esbanjar; gastar à toa: *Dissipou a fortuna do pai no jogo*. **3** fazer desaparecer ou cessar; pôr fim a: *dissipar as dúvidas*. • *pron.* **4** dispersar-se; espalhar-se: *Dissipou-se a neblina com o sol*. **5** desfazer-se: *O impasse entre as partes começou a se dissipar após o encontro*.
dis.so *prep.* de + *pron. dem.* isso.
dis.so.ci.a.ção *s.f.* **1** desmembramento: *A diplomacia do país tenta a dissociação da influência da Inglaterra*. **2** separação: *dissociação entre a teoria e a prática*.
dis.so.ci.ar *v.t.* **1** separar; isolar: *Ele sabia dissociar amizade e profissionalismo*. **2** separar; distinguir: *O mestre fez questão de dissociar seu nome de assuntos políticos*. • *pron.* **3** desunir-se; separar-se; desagregar-se: *Duas imagens fundiam-se e dissociavam-se ante meus olhos*.
dis.so.lu.ção *s.f.* **1** desagregação; esfacelamento: *A dissolução do seu casamento não afetou emocionalmente*. **2** diluição: *dissolução de substâncias na água*. **3** extinção: *Os interessados pediram a dissolução do negócio*. **4** devassidão: *a dissolução dos costumes*.
dis.so.lu.to *adj.* dissolvido; desfeito; devasso; corrupto; libertino; destituído de valores morais; desregrado: *Não há mais o don Juan canalha, dissoluto, das versões moralistas*.
dis.sol.ver *v.t.* **1** liquefazer; diluir: *Usou solvente para dissolver a cola*. **2** desfazer; desmanchar; dispersar: *Pretende dissolver o conselho e realizar novas eleições*. • *int. e pron.* **3** diluir-se: *A cola não (se) dissolvia*.
dis.so.nân.cia *s.f.* **1** conjunto de sons desarmoniosos ou desafinados: *Uma só nota fora do lugar ou a mínima dissonância é imediatamente percebida*. **2** desarmonia; desacordo: *Entre eles nota-se certa dissonância no campo das ideias*.
dis.so.nan.te *adj.* destoante; discordante: *Sentia-me dissonante naquele ambiente artificial*.
dis.su.a.dir *v.t.* tirar o propósito; desaconselhar: *dissuadir o filho a ficar em casa*. // Ant.: convencer.
dis.su.a.são *s.f.* ato de dissuadir: *Nossa conversa objetivou a dissuasão de suas intenções de vingança*.
dis.tân.cia *s.f.* **1** espaço que separa dois pontos de referência. **2** intervalo de tempo: *Passaram-se três horas de distância entre sua entrada e saída*. **3** afastamento; diferença: *A distância entre a realidade e o nosso desejo é muito grande*.
• **a distância** distante; um tanto longe: *Ouvimos tênues sons a distância*.
dis.tan.ci.a.men.to *s.m.* **1** ato de afastar; retirada: *distanciamento do chefe de seção das decisões da firma*. **2** procedimento reservado; afastamento: *Promoveu um cuidadoso distanciamento da parceira*. **3** distância; diferença.
dis.tan.ci.ar *v.t.* **1** afastar; apartar: *distanciar as crianças do convívio dos avós*. • *pron.* **2** tornar-se distante; afastar-se: *distanciar-se da família*. **3** ser diferente; ser distinto: *A educação atual distancia-se muito da educação dos anos trinta*. **4** ficar distante: *No litoral norte, as montanhas não se distanciam do mar*.
dis.tan.te *adj.* **1** afastado; longe; remoto. **2** alheado; absorto: *Ela parecia distante de tudo*. **3** que tem uma relação de parentesco indireta, acima de segundo grau: *parente distante*.
dis.tar *v.t.* **1** estar distante: *A escola distava três quarteirões de sua casa*. **2** ser diferente: *O texto apresentado distou muito do que havia sido sugerido*.
dis.ten.der *v.t.* **1** estender; esticar: *distender as pernas*. **2** retesar: *distender o elástico do estilingue*. • *int. pron.* **3** sofrer distensão: *Seus músculos se distendem num esforço maior*. **4** esticar-se; avolumar-se: *Na gravidez o ventre se distende*.
dis.ten.di.do *adj.* **1** que se distendeu: *O arco estava distendido*. **2** relaxado: *Estava distendido na poltrona, tranquilo*. **3** estendido: *Deu-lhe no rosto com a mão distendida*.
dis.ten.são *s.f.* **1** torção violenta dos ligamentos de uma articulação; estiramento: *O atleta sofreu distensão muscular*. **2** descontração. **3** afrouxamento. **4** dilatação: *O abdome está abaulado em consequência da distensão das alças intestinais*.
dís.ti.co *s.m.* **1** frase muito conhecida e repetida; letreiro: *"D. Pedro I criou a Ordem da Rosa, cujo dístico era "amor e fidelidade"*. **2** grupo de dois versos: *No poema, Baudelaire expõe em dísticos os destinos opostos das gerações de Abel e Caim*.
dis.tin.ção *s.f.* **1** ato ou efeito de distinguir. **2** educação; elegância: *Era uma pessoa de grande beleza*

divergência

e *distinção*. **3** grau mais elevado que se obtém em prova ou concurso: *Diplomou-se com distinção.* **4** diferença; separação: *distinção entre os sexos.* ◆ **fazer distinção** tratar diferentemente: *Mãe não faz distinção entre filhos.*

dis.tin.guir *v.t.* **1** diferençar: *distinguir o bem do mal.* **2** perceber; divisar: *distinguir um vulto na sala.* **3** ser caracterizador, diferenciador: *O que distingue patrão de empregado?* **4** perceber a diferença: *distinguir o bem do mal.* **5** tratar com distinção; agraciar: *Deus distinguiu os homens com seu amor.* ● *pron.* **6** ser distinto; ser diferente: *José distinguia-se dos irmãos.* **7** destacar-se: *distinguir-se como bom professor.* **8** fazer diferença ou distinção: *O bom crítico é aquele que sabe distinguir.*

dis.tin.ti.vo *s.m.* **1** insígnia; emblema: *Os sócios usam distintivo.* ● *adj.* **2** que distingue; identificador: *Capacidade de refletir é atributo distintivo do ser humano.*

dis.tin.to *s.m.* **1** cavalheiro: *O distinto me paga um café?* ● *adj.* **2** que se comporta com nobreza, elegância: *Era uma senhora muito distinta.* **3** digno; seleto: *Esteve presente no evento um distinto público.* **4** diferente; diverso: *Nasceram em ambientes distintos.*

dis.to *prep.* de + *pron. dem.* isto.

dis.tor.ção *s.f.* **1** deturpação; alteração: *Não houve distorção dos fatos.* **2** deformação: *Constatou-se aumento e distorção de parte do cérebro.*

dis.tor.cer *v.t.* **1** desvirtuar; deturpar: *O jornal distorceu a verdade.* **2** mudar a posição; desfocar: *O fotógrafo distorceu as imagens.* // Cp.: destorcer.

dis.tra.ção *s.f.* **1** desatenção; descuido: *Aproveitou a distração do gerente para pegar outra empadinha.* **2** divertimento; recreação: *Andar pelo parque é sua distração.*

dis.tra.í.do *s.m.* **1** pessoa desatenta: *O distraído saiu com uma meia diferente da outra.* ● *adj.* **2** desatento; descuidado: *Era distraído, vivia esquecendo coisas.*

dis.tra.ir *v.t.* **1** desviar a atenção: *A moça de biquíni distraiu o banhista.* **2** entreter; divertir: *O circo distrai as crianças.* ● *pron.* **3** divertir-se; entreter-se: *Distraí-a com um carrinho.* **4** ter a atenção desviada: *Distraiu-se por um instante e perdeu o trem.*

dis.tra.to *s.m.* rescisão de contrato: *O distrato do funcionário foi assinado pela administração.*

dis.tri.bui.ção *s.f.* **1** ato de distribuir; repartição: *distribuição de brinquedos.* **2** arranjo: *distribuição da carga no caminhão.* **3** entrega: *distribuição das cartas.* ◆ **distribuição de renda** forma como a renda de um país é repartida entre indivíduos ou segmentos da sociedade.

dis.tri.bui.dor (ô) *s.m.* **1** quem entrega ou distribui: *distribuidor de gás.* ● *adj.* **2** que distribui: *as empresas distribuidoras de energia.*

dis.tri.bu.ir *v.t.* **1** organizar; colocar; dispor: *Distribuiu os livros na estante.* **2** espalhar; levar: *O sistema hidráulico de uma casa distribui água pelas diversas partes dela.* **3** dar; entregar; oferecer: *Distribuiu brindes aos clientes.* ● *pron.* **4** espalhar-se: *O sangue se distribui pelas artérias.* **5** estar localizado: *As casas se distribuem pelas ruas.* **6** estar dividido ou classificado: *Os animais se distribuem em classes.*

dis.tri.tal *adj.* relativo ou pertencente a distrito: *Os representantes distritais se reuniram em Assembleia.*

dis.tri.to *s.m.* **1** cada uma das partes em que se divide o território administrativo de um município: *distrito de Araraquara.* **2** delegacia de polícia: *Ligue para o telefone do distrito policial mais próximo.* ◆ **distrito federal** cidade ou território onde está a sede do governo central de uma república federativa.

dis.tro.fi.a *s.f.* (Med.) perturbação grave da nutrição: *distrofia muscular.*

dis.túr.bio *s.m.* **1** (Med.) perturbação: *distúrbio intestinal.* **2** confusão; agitação: *Um distúrbio marcou o início da reunião com os alunos.*

di.ta.do *s.m.* **1** provérbio: *Como diz o ditado, cabeça vazia é oficina do demônio.* **2** texto que se dita: *O seu ditado contém erros.*

di.ta.dor (ô) *s.m.* **1** governante que exerce poder absoluto. ● *adj.* **2** que exerce poder absoluto; despótico; autoritário: *Toma decisões, sem ser ditador.*

di.ta.du.ra *s.f.* forma de governo em que os poderes se concentram nas mãos de um indivíduo ou de um grupo.

di.tar *v.t.* **1** sugerir; inspirar; orientar: *O medo ditou uma ideia desesperada.* **2** impor; prescrever: *Não me venha ditando moral.* **3** dizer oralmente para que alguém anote: *Ditava uma carta à secretária.*

di.ta.to.ri.al *adj.* relativo a ditadura ou a ditador.

di.to *s.m.* **1** ditado; provérbio: *Diz um dito popular: morre o homem, fica a fama.* **2** (Coloq.) pessoa anteriormente citada: *Procure o ladrão e ponha o dito na cadeia.* ● *adj.* **3** referido; mencionado; tal: *O dito cinema de vanguarda está em ascensão.* ◆ **dito por não dito** desconsideração do que foi dito ou combinado. **dito e feito** comprovação de um fato. **tenho dito** conclusão de um discurso.

di.to-cu.jo *s.m.* pessoa que não se quer nomear; fulano; sujeito: *O dito-cujo está aqui perto.* // Pl.: ditos-cujos.

di.ton.go *s.m.* (Gram.) grupo vocálico formado por uma vogal e uma semivogal. ◆ **ditongo crescente** aquele em que a semivogal soa antes da vogal. **ditongo decrescente** aquele em que a vogal soa antes da semivogal: *Em pai, sei e boi ocorrem respectivamente os ditongos decrescentes /ai/, /ei/, /oi/.*

di.to.so (ô) *adj.* feliz; venturoso: *Desejo-lhe um ano ditoso, com saúde e paz.*

diu *s.m.* sigla de dispositivo intrauterino, aparelho colocado no útero para evitar gravidez.

di.u.ré.ti.co *s.m.* **1** medicamento que ajuda a urinar: *O doutor me receitou um diurético.* ● *adj.* **2** que ajuda a urinar: *remédios diuréticos.*

di.ur.no *adj.* **1** que se realiza durante o dia: *trabalho diurno.* **2** do dia: *claridade diurna.*

di.u.tur.no *adj.* de longa duração; contínuo: *as preocupações diuturnas.*

di.va *s.f.* deusa; musa: *A diva da noite foi a atriz do filme premiado.*

di.vã *s.m.* sofá sem braços nem encosto.

di.va.ga.ção *s.f.* digressão; devaneio: *Essas divagações parecem cultura de almanaque.*

di.va.gar *v.int.* **1** fugir ao assunto ou tema principal: *O orador continuou divagando.* **2** andar sem rumo certo; vaguear: *Estive divagando ontem à noite.* **3** fantasiar; devanear. // Cp.: devagar.

di.ver.gên.cia *s.f.* discordância; desacordo: *divergência de opiniões.* Ant.: convergência.

divergente

di.ver.gen.te *s.2g.* **1** quem diverge ou discorda: *Os divergentes trocam farpas.* • *adj.* **2** que diverge; em que há divergência; discordante: *Tinham opiniões divergentes.* // Ant.: convergente.

di.ver.gir *v.t.* **1** discordar: *Nós divergimos de sua opinião.* • *int.* **2** ser diferente; desviar-se: *Embora semelhantes na planta, nossos apartamentos divergem.*

di.ver.são *s.f.* **1** recreação; divertimento: *Futebol é a diversão do povo.* **2** desvio: *diversão de energia.*

di.ver.si.da.de *s.f.* **1** variedade; dessemelhança: *diversidade de materiais.* **2** falta de acordo; contradição: *diversidade de opiniões.*

di.ver.si.fi.ca.ção *s.f.* ato ou efeito de diversificar; variedade: *diversificação de interesses.*

di.ver.si.fi.car *v.t.* **1** tornar diverso; variar: *O objetivo dos agricultores agora é diversificar a produção.* • *pron.* **2** tornar-se diverso; modificar-se: *Os custos baixam e os produtos se aperfeiçoam e se diversificam.*

di.ver.so *adj.* **1** que oferece vários aspectos; diversificado: *figuras de formas diversas.* **2** diferente: *Não esperava comportamento diverso do que você teve.* **3** variado; muito: *Há diversas pontes sobre o rio da minha cidade.*

di.ver.ti.do *adj.* **1** alegre; pândego: *Era um homem divertido.* **2** alegre; recreativo: *Passou um divertido dia na praia.*

di.ver.ti.men.to *s.m.* recreação; diversão; entretenimento: *divertimento para crianças.*

di.ver.tir *v.t.* **1** recrear; distrair; entreter: *Procurava divertir as crianças com histórias.* • *pron.* **2** recrear-se; distrair-se; entreter-se: *Eu me divertia muito quando ia ao parque.*

dí.vi.da *s.f.* **1** aquilo que se deve; débito: *Foi obrigado a entregar a sua casa em pagamento da dívida.* **2** compromisso; obrigação: *Tenho com ele uma dívida de gratidão.* ♦ **dívida de honra** compromisso moral.

di.vi.den.do *s.m.* **1** parcela oriunda de lucro sobre capital financeiro distribuída aos acionistas de uma sociedade anônima. **2** vantagem: *Isso gera dividendo político.* **3** quantidade que é dividida por outra: *Em Matemática, o dividendo é dividido pelo divisor.*

di.vi.dir *v.t.* **1** separar; desunir: *As dificuldades que deveriam unir dividem os homens.* **2** ser marco divisório; separar: *Uma cortina dividia o quarto.* **3** distribuir: *Desapropriar e dividir as terras entre os camponeses.* **4** repartir; compartilhar: *Divido o quarto com meu irmão.* **5** separar em grupos; classificar: *dividir os animais em vertebrados e invertebrados.* **6** efetuar a divisão: *Dividindo 50 por 5, não há resto.* • *pron.* **7** divergir: *As opiniões se dividem.* **8** separar-se em partes: *E descobriram que as células se dividiam.* • *int.* **9** fazer a operação da divisão: *O menino aprendeu a dividir.*

di.vi.nal *adj.* divino; maravilhoso: *Ganhei um quadro divinal.*

di.vi.na.tó.rio *adj.* relativo a adivinhação: *artes divinatórias.*

di.vin.da.de *s.f.* entidade superior de caráter divino: *Os gregos adoravam várias divindades.*

di.vi.ni.za.ção *s.f.* elevação à categoria de divindade: *a divinização dos soberanos.*

di.vi.ni.zar *v.t.* **1** atribuir qualidade de divindade: *divinizar as forças naturais.* **2** exaltar; engrandecer: *Divinizava tudo o que era feito por ele.* • *pron.* **3** considerar-se divino; atribuir-se poder divino.

di.vi.no *s.m.* **1** O Espírito Santo nas festas populares religiosas. • *adj.* **2** que provém de Deus ou que possui suas características: *providência divina.* **3** encantador; extraordinário; maravilhoso: *É uma cantora divina!*

di.vi.sa *s.f.* **1** marco divisório; delimitação: *Plantei eucaliptos para marcar a divisa do terreno.* **2** insígnia; patente militar: *Um dos guardas tinha as divisas de cabo.* • *pl.* **3** reserva cambial: *Houve evasão de divisas para o exterior.*

di.vi.são *s.f.* **1** ato de dividir; distribuição; desmembramento: *divisão dos bens entre herdeiros.* **2** linha ou parede divisória. **3** cada um dos compartimentos de um imóvel. **4** (Mat.) operação matemática que determina o maior número de vezes que uma quantidade contém outra. **5** unidade tática de um exército ou de uma esquadra. **6** discórdia; dissensão: *Havia muita divisão entre os sócios.*

di.vi.sar *v.t.* **1** distinguir; avistar: *Do alto, podia divisar o bairro todo.* **2** perceber; notar: *Aceitamos sua palavra sem divisar quanto era falsa.* **3** estar fronteiriço: *a fazenda divisa com a cidade.*

di.vi.sí.vel *adj.* **1** que pode ser dividido: *cargas divisíveis, como caixas, tambores e sacos.* **2** (Mat.) diz-se do número que se pode dividir exatamente sem deixar resto: *Os números pares são divisíveis por dois.*

di.vi.sor *s.m.* **1** número pelo qual se divide outro. • *adj.* **2** que divide; que delimita: *marco divisor da cidade.*

di.vi.só.ria *s.f.* móvel ou parede que separa ou divide: *divisória de madeira.*

di.vi.só.rio *adj.* divisor: *as linhas divisórias.*

di.vor.ci.a.do *s.m.* **1** pessoa que se divorciou. • *adj.* **2** separado por divórcio: *O casal está divorciado.* **3** apartado; distanciado; desvinculado: *É um homem divorciado da realidade brasileira.*

di.vor.ci.ar *v.t.* **1** provocar ou decretar o divórcio de. **2** separar; desunir. **3** afastar. • *pron.* **4** separar-se legalmente: *Resolveu divorciar-se da esposa o mais cedo possível.* **5** desligar-se; afastar-se: *Divorciou-se da vida pública.*

di.vór.cio *s.m.* **1** dissolução definitiva do vínculo conjugal: *Com o divórcio, as crianças passaram a morar com a mãe.* **2** separação; isolamento: *Sempre houve divórcio entre os governantes e o povo.*

di.vul.ga.ção *s.f.* propagação; difusão; publicação: *Deve ser imposto um limite para essas divulgações injuriosas.*

di.vul.gar *v.t.* **1** tornar público; propagar; difundir: *O governo divulgou formas de prevenção contra a dengue.* • *pron.* **2** tornar-se público; propagar-se; difundir-se: *A história se divulgou pelo país.*

di.zer *v.t.* **1** exprimir por meio da palavra: *Não disse uma palavra.* **2** exprimir por escrito: *Sua carta dizia que estava com saudades.* **3** exprimir de outra maneira que não por palavras: *Seu olhar dizia tudo, não precisava falar.* **4** contar; narrar; referir: *O artigo dizia tudo com detalhes.* **5** recitar; declamar: *dizer versos.* **6** declarar; falar; informar; enunciar; revelar: *O que você disse ao fazendeiro?* **7** proferir: *A avó dizia as orações da manhã sentada na cadeira de balanço.* **8** celebrar: *Na igreja do bairro, o padre diz a missa*

documentário

todos os dias às 8 h. **9** ordenar; mandar; determinar: *Dizia as tarefas relativas a cada um no início do dia.* **10** despertar interesse; interessar; seduzir: *Não lhe dizia nada todo aquele luxo.* **11** considerar; ter na qualidade de: *Diziam-no capaz de atos heroicos.* **12** falar: *– Posso-lhe fazer uma pergunta? – Diga!* **13** *pron.* ter-se na conta de; julgar-se; denominar-se: *Aquele político se diz democrata.* ♦ *s.m.* **14** modo de exprimir; linguagem oral: *Eram coisas que "os antigos contavam", no dizer da tia.* ● *pl.* **15** expressão ou frase escrita; legenda: *Mostrou que estava alfabetizado lendo os dizeres de um anúncio.* ♦ **para bem dizer** para ser franco; na verdade: *Trabalhara naquela casa a bem dizer uns dois anos.* **até dizer chega** em grande quantidade; ao extremo: *Comi até dizer chega!* **como diz o outro** segundo a maneira de dizer: *Como diz o outro, estou quebrado!* **dizer cobras e lagartos** blasfemar contra; xingar. **dizer coisa com coisa** falar sem lógica ou coerência: *Estava tão cansado que já não dizia coisa com coisa.* **dizer poucas e boas** proferir insultos; xingar.

dí.zi.ma *s.f.* (Mat.) número fracionário decimal que se repete indefinidamente, numa divisão aritmética.

di.zi.ma.ção *s.f.* destruição; eliminação: *dizimação de espécies raras.*

di.zi.mar *v.t.* destruir; exterminar; devastar: *O objetivo era dizimar todo o rebanho contaminado.*

dí.zi.mo *s.m.* (Rel.) quantia que se paga a instituição religiosa.

diz-que-diz *s.m. 2n* (Coloq.) falatório; fofoca: *Formou-se um diz-que-diz em torno do casamento do professor.*

dj (didjêi, dijei) (Ingl.) *s.2g.* disc-jóquei; discotecário.

do¹ *prep.* de + *art. def.* o.

do² *prep.* de + *pron. dem.* o.

dó¹ *s.m.* compaixão: *Tenho dó de pisar em formigas.* ♦ **sem dó nem piedade** de maneira enérgica: *Malhou a pobre mulinha sem dó nem piedade.*

dó² *s.m.* primeira nota da escala diatônica natural.

do.a.ção *s.f.* **1** cessão gratuita; oferta: *Fez a doação de um milhão para a Santa Casa.* **2** ato de desprendimento: *Exercitou-se na doação de si mesmo.*

do.a.dor (ô) *s.m.* **1** quem doa: *doador de sangue.* **2** que doa.

do.ar *v.t.* **1** oferecer gratuitamente; ofertar: *Queria doar material escolar.* ● *pron.* **2** dedicar-se; devotar-se: *Doou-se a várias atividades beneficentes.*

do.bra *s.f.* **1** vão entre duas partes de um papel ou tecido: *Fazer a dobra do origâmi é uma arte.* **2** prega; vinco: *dobra da saia.*

do.bra.di.ça *s.f.* **1** peça de metal, formada de duas chapas presas por um eixo, sobre a qual giram as portas e as janelas. **2** parte dobrável de qualquer coisa.

do.bra.di.nha *s.f.* (Bras.) **1** parte comestível do intestino do boi ou da vaca. **2** (Cul.) guisado feito com a dobradinha. **3** (Coloq.) dupla: *A dobradinha que os dois fizeram no violão foi um sucesso.*

do.bra.do *s.m.* **1** marcha militar executada em desfiles: *Na rua subiram os acordes de um dobrado.* ● *adj.* **2** que se dobrou: *Guardou a roupa dobrada no armário.* **3** curvado: *Andava com o corpo dobrado de dor.* **4** flexionado: *Mantenha o joelho dobrado.* **5** duplicado: *Filho criado, trabalho dobrado.* ● *adv.* **6** em dobro: *Naquele dia, chorei dobrado.*

do.bra.du.ra *s.f.* parte dobrada ou dobrável de papel onde se fazem desenhos ou pinturas com finalidade ornamental: *As dobraduras recortadas enfeitavam o teto do salão.*

do.brar *v.t.* **1** fazer curvar; inclinar: *dobrar a cabeça.* **2** flexionar: *dobrar a perna.* **3** fazer dobras; sobrepor as partes de: *dobrar o guardanapo.* **4** (Fig. Coloq.) persuadir; convencer alguém a pensar ou fazer diferente: *Ele não queria, mas conseguiu dobrar o marido.* **5** duplicar; redobrar: *As empresas automobilísticas querem dobrar as exportações.* **6** virar; circundar algum lugar: *O carro dobrou a rua.* ● *pron.* **7** curvar-se em reverência: *Dobrou-se diante da autoridade.* **8** submeter-se; subjugar-se: *Ela não se dobrava fácil.* **9** vergar-se; flexionar-se: *A vara dobrou-se sem quebrar.* ● *int.* **10** soar; tocar: *O sino dobrou ao longe.* **11** duplicar-se: *As apostas dobravam.* **12** ter a forma de dobra: *Ali, o rio dobra como um cotovelo.* ♦ **dobrar a língua** expressão de advertência para que se seja comedido na linguagem; respeitar: *Dobre a língua ao falar comigo!* **dobrar o passo** andar mais depressa.

do.brá.vel *adj.* que pode ser dobrado.

do.bro (ô) *s.m.* duplo: *Vou me divertir o dobro, por mim e por você.*

do.ca (ó) *s.f.* construção junto de porto para carga, descarga e depósito de mercadorias e abrigo de navios.

do.ce.ri.a *s.f.* **1** abundância de doces. **2** lugar onde se fabricam ou vendem doces.

do.ce (ô) *s.m.* **1** aquilo que é doce. **2** iguaria feita à base de açúcar, mel ou adoçante. ● *adj.* **3** que tem o sabor como o do açúcar ou do mel: *A laranja está doce como mel!* **4** que tem o sabor agradável. **5** que não é salgado: *água doce.* (Fig.) **6** amável; delicado; suave: *Era mãe doce e carinhosa.* **7** ditoso; feliz: *doce vida.*

do.cei.ro *s.m.* pessoa que faz ou vende doce; confeiteiro.

do.cên.cia *s.f.* exercício do magistério; ensino: *docência universitária.*

do.cen.te *s.2g.* **1** professor: *Minha escola tem doze docentes.* ● *adj.* **2** que ensina; que se presta ao ensino: *Um bom corpo docente é essencial para o ensino.*

dó.cil *adj.* que aprende ou é conduzido com facilidade; submisso; maleável: *Os golfinhos não são sempre dóceis.*

do.ci.li.da.de *s.f.* **1** qualidade do que é dócil; maleabilidade: *O time aceitou os treinamentos com docilidade.* **2** delicadeza; amabilidade: *O pai tratava todos com docilidade.*

do.cu.men.ta.ção *s.f.* **1** conjunto de documentos: *A maior parte da documentação está destruída.* **2** documento pessoal; registro de propriedade de um bem: *documentação do carro.* **3** registro (de um evento): *Repórteres fizeram a documentação dos trabalhos.*

do.cu.men.tal *adj.* **1** relativo a documento: *Esses papéis têm valor documental.* **2** que serve como documento: *análise de fontes documentais e de entrevistas.*

do.cu.men.tar *v.t.* **1** registrar um fato ou acontecimento. ● *pron.* **2** juntar documentos; aparelhar-se: *O candidato documentou-se antes do debate.*

do.cu.men.tá.rio *s.m.* **1** aquilo que vale como documento, como registro: *Este filme é um documentário.*

documentarista

2 filme que registra, que documenta: *O festival vai exibir dez documentários.* • *adj.* **3** que tem valor de documento.

do.cu.men.ta.ris.ta *s.2g.* **1** pessoa que produz documentários: *Os documentaristas ganharam prêmio especial.* • *adj.* **2** relativo a documentário: *tendências documentaristas.*

do.cu.men.to *s.m.* **1** qualquer objeto (papel, filme, fita etc.) que sirva como registro de informação: *Após o debate, o grupo preparou um documento.* **2** cartão ou papel com dados pessoais ou relativos a bens, de caráter oficial: *O guarda solicitou os documentos do veículo.*

do.çu.ra *s.f.* **1** sabor doce: *a doçura do açúcar.* // Ant.: amargor. // **2** suavidade; amenidade: *a doçura da tarde.* **3** (Fig.) meiguice; ternura: *As vovós tratam os netos com doçura.*

do.de.ca.e.dro *s.m.* (Geom.) poliedro de doze faces planas.

do.de.cá.go.no *s.m.* (Geom.) polígono de doze lados.

do.de.cas.sí.la.bo 1 *s.m.* verso de doze sílabas. • *adj.* **2** que tem doze sílabas.

do.dói *s.m.* (Coloq.) **1** dor; ferimento; lesão: *O menino fez um dodói no joelho.* **2** doente: *Ficaram dodóis na mesma época.*

do.en.ça *s.f.* **1** moléstia; enfermidade: *doença incurável.* **2** vício; paixão, mania: *Minha doença são os carros.* // Ant.: saúde. ♦ **doença de Chagas** (Bras. Patol.) doença do coração causada por um protozoário transmitido pela picada do barbeiro; mal de Chagas.

do.en.te *s.2g.* **1** pessoa enferma: *O doente agitou-se na cama.* • *adj.* **2** que está enfermo: *Levantou-se doente, com febre.* **3** (Fig.) arruinado; decadente: *Vivemos numa sociedade doente.* // Ant.: saudável; sadio.

do.en.ti.o *adj.* **1** que é doente; que aparenta doença: *Sempre foi criança doentia.* **2** patológico; anormal: *Seu ciúme era doentio.* // Ant.: sadio.

do.er *v.t.* **1** causar dor ou sofrimento físico ou moral: *O corte doía-lhe o braço.* • *pron.* **2** ressentir-se; incomodar-se: *Quando escolheram outra pessoa, ele se doeu.* **3** condoer-se; arrepender-se: *Doía-se por não haver dito tudo naquele momento.* • *int.* **4** apresentar dor física: *Meu corpo dói.* ♦ **de doer/que dói** demasiado: *É feio que dói.* **doa a quem doer** não interessa a quem possa prejudicar: *Vamos apurar as denúncias até o fim, doa a quem doer.*

dog.ma *s.m.* **1** cada um dos pontos fundamentais de uma crença religiosa: *o papa Pio IX proclamou o dogma da Imaculada Conceição em 1854.* **2** conjunto de doutrinas; princípio: *Novas pesquisas científicas começaram a pôr em dúvida o dogma do "big bang".*

dog.má.ti.co *adj.* que segue um dogma; autoritário; sentencioso: *Assume sempre um tom dogmático em suas aulas.*

dog.ma.tis.mo *s.m.* (Filos.) **1** atitude filosófica ou religiosa considerada como princípio indiscutível que rejeita qualquer contestação e crítica; atitude daqueles que seguem um dogma: *Aquela religião fixou seus pilares no dogmatismo, na obediência e no respeito à hierarquia.* **2** tendência sistemática para afirmar ou negar categoricamente.

doi.dei.ra *s.f.* (Coloq.) doidice: *Que doideira é essa que você quer fazer?*

doi.di.ce *s.f.* **1** insanidade; loucura; maluquice: *As crianças riem da doidice da mulher.* **2** exagero; despropósito: *Uma doidice, ir à missa de fraque.*

doi.di.va.nas *s.2g. e 2n.* **1** pessoa estouvada; imprudente: *Pegou a doidivanas pela mão e saiu.* • *adj. 2g. e 2n.* **2** leviano; inconsequente; estouvado: *homem doidivanas.*

doi.do *s.m.* **1** pessoa louca, demente: *O doido percorre as ruas sem nada ver.* • *adj.* **2** louco; que perdeu a razão; alienado; demente: *Nunca bateu bem, agora está mesmo doido.* **3** insensato; temerário: *Ele não vai ser doido de se pôr comigo.* **4** (Coloq.) muito intenso; exagerado: *uma doida vontade de gritar.* **5** apaixonado; entusiasmado: *Sempre foi doido pela moça.* **6** ávido; ansioso: *Estava doido por conhecer a menina.* ♦ **doido de pedra/doido varrido** completamente louco. **doido manso** pessoa amalucada, mas inofensiva.

do.í.do *adj.* **1** dolorido: *Sentia o corpo todo doído.* **2** ressentido; desgostoso: *O fato me surpreendeu e me deixou doído.* **3** que causa dor; doloroso: *Foi a injeção mais doída que já tomei.*

dois *num.* **1** um mais um: *Traz na mão dois presentes.* • *s.m.* **2** representação gráfica do número 2.

dois de paus (Bras. Coloq.) *s.m. 2n.* pessoa sem importância, sem iniciativa: *Sinto-me sobrecarregada com este dois de paus ao meu lado.*

dó.lar *s.m.* unidade monetária dos Estados Unidos da América do Norte e outros países como Austrália, Canadá e Nova Zelândia.

do.la.ri.zar *v.t.* fazer seguir o sistema monetário do dólar americano: *Dolarizou a economia do país.*

dolby (dólbi) (Ingl.) *s.m.* (Eletrôn.) sistema de gravação de áudio que reduz os ruídos encontrados nas fitas.

do.lei.ro *s.m.* (Coloq.) pessoa que se dedica ilegalmente à compra e venda de dólares.

do.lên.cia *s.f.* **1** estado doloroso; sofrimento. **2** tom lamentoso ou magoado: *Na dolência da intérprete, a música bateu recorde de vendas.*

do.len.te *adj.* magoado; lamentoso: *Sua poesia tem um lado dolente, romântico.*

do.lo (ó) *s.m.* **1** procedimento fraudulento e prejudicial em relação a outrem; má-fé. **2** (Jur.) violação deliberada e consciente da lei.

do.lo.ri.do *adj.* **1** que tem ou apresenta dor; doído: *O braço ainda está dolorido.* **2** lastimoso; magoado: *Sua fala era doce e dolorida.*

do.lo.ro.so (ô) *adj.* **1** que causa ou que apresenta dor ou sofrimento: *Tenho de passar por um tratamento doloroso.* **2** desagradável; dolorido; amargurado: *Experimentei um longo e muito doloroso período de adaptação.*

do.lo.so (ô) *adj.* **1** em que há dolo; má-fé: *Os que praticaram ação dolosa não poderão renegociar os débitos.* **2** criminoso: *lesões corporais dolosas.*

dom[1] *s.m.* **1** dádiva; presente; virtude: *recebeu um dom divino.* **2** qualidade inata; habilidade; capacidade: *Nasceu com o dom da música.*

dom[2] *s.m.* forma de tratamento dada a reis, príncipes, nobres e dignitários da Igreja Católica: *dom Pedro II; dom Paulo Evaristo Arns.*

do.ma *s.f.* ato ou efeito de domar; amansamento; domesticação: *a doma do potro.*

dorminhoco

do.ma.dor (ô) *s.m.* **1** pessoa que doma, amansa: *Domadores de feras adoram exibir-se.* • *adj.* **2** que amansa; que domestica.

do.mar *v.t.* **1** amansar; domesticar: *domar cavalos chucros.* **2** vencer; subjugar: *Os bandeirantes pretendiam domar índios selvagens.* **3** refrear; reprimir: *Convém domar os instintos.* • *pron.* **4** conter-se; refrear-se.

do.més.ti.ca *s.f.* empregada que serve em residência.

do.mes.ti.car *v.t.* **1** amansar; domar; adestrar: *domesticar um cavalo.* **2** educar; civilizar: *domesticar crianças.* • *pron.* **3** tornar-se doméstico; amansar-se: *Animais se domesticam no contato com o homem.*

do.més.ti.co *s.m.* **1** empregado; criado: *Os domésticos fazem diversos serviços.* • *adj.* **2** referente à casa, à vida da família; caseiro: *O ambiente doméstico deve ser ameno.* **3** diz-se do animal que vive ou é criado em casa. **4** interno: *Não quer envolver-se em problemas domésticos dos vizinhos.* **5** dentro do país; nacional: *linhas aéreas domésticas e internacionais.*

do.mi.ci.li.ar *adj.* de ou relativo a domicílio; realizado na residência: *O acompanhamento das gestantes inclui visitas domiciliares.*

do.mi.cí.lio *s.m.* casa de residência; habitação: *A média de pessoas por domicílio no país é de 4,38.*

do.mi.na.dor (ô) *s.m.* **1** quem domina ou subjuga. • *adj.* **2** que domina ou subjuga: *um jeito dominador.*

do.mi.nân.cia *s.f.* qualidade de dominante; predominância: *No Senado, a dominância dos partidos de centro é ainda maior.*

do.mi.nan.te *adj.* que domina; que prevalece; predominante: *O ponto de vista dominante sugere que as reformas vão avançar.*

do.mi.nar *v.t.* **1** subjugar; vencer: *dominar as forças inimigas.* **2** liderar: *dominar a multidão.* **3** reprimir; controlar: *dominar a emoção.* **4** ocupar inteiramente: *O fogo dominou a mata.* **5** estar acima de; estar proeminente: *A colina dominava a cidade.* **6** ter conhecimento; saber: *Os candidatos deverão dominar o inglês.* **7** ter predominância; imperar: *Este é o pensamento geral que domina o Congresso Nacional.* • *pron.* **8** conter-se: *Para ser alguém, é preciso dominar-se.*

do.min.go *s.m.* primeiro dia da semana.

do.min.guei.ro *adj.* de domingo; dominical: *almoço domingueiro.*

do.mi.ni.cal *adj.* relativo a ou próprio do dia de domingo: *missa dominical.*

do.mi.ni.ca.no *s.m.* **1** frade da ordem de São Domingos: *Os dominicanos têm uma longa presença no Brasil.* **2** *adj.* que pertence à Ordem de São Domingos: *monge dominicano.*

do.mí.nio *s.m.* **1** ação de subjugar; dominação: *Na Alemanha, foram doze anos de domínio nazista.* **2** posse; controle; supremacia: *Em 1997, Hong Kong voltou ao domínio chinês.* **3** conhecimento ou posse. **4** circunscrição; âmbito: *assunto de domínio da arquitetura.* **5** território; propriedade: *os domínios portugueses na África.* **6** (Inf.) grupo de computadores interligados em rede. ✦ **domínio público** diz-se de obras literárias, místicas etc., que podem ser reproduzidas livremente por haver expirado o prazo de proteção legal.

do.mi.nó *s.m.* jogo praticado com um conjunto de 28 peças, com pontos marcados de um a seis em cada uma. ✦ **em dominó** que cai como as pedras de dominó, em cadeia: *a crise econômica provocou quebra em dominó.*

do.na *s.f.* **1** forma de tratamento respeitosa para dirigir-se a uma mulher: *dona Maria.* **2** mulher: *Ela era uma dona linda.* ✦ **dona de casa** mulher que executa as funções domésticas em seu lar.

do.na.tá.rio *s.m.* **1** quem recebe uma doação. **2** pessoa a quem foi destinada uma capitania hereditária no Brasil colonial.

do.na.ti.vo *s.m.* doação; dádiva; presente: *Os alunos fizeram uma campanha de coleta de donativos para o SOS Criança.*

don.de *prep.* de + *adv.* onde.

don.do.ca (ó) *s.f.* (Deprec.) **1** mulher ociosa e fútil: *vida de dondoca.* • *adj.* **2** ociosa e fútil: *Criou a filha para ser dondoca.*

do.ni.nha *s.f.* pequeno mamífero carnívoro de origem europeia, de cor pardo-escura, corpo esguio e focinho pontudo.

do.no (ô) *s.m.* **1** proprietário: *dono do restaurante.* **2** chefe de família: *dono da casa.* **3** quem controla: *Ele era o dono da situação.* **4** senhor; possuidor: *A cantora é dona de uma invejável voz.* ✦ **dono da bola** aquele com o controle total da situação. **dono da verdade** aquele que quer ter sempre razão.

don.ze.la (é) *s.f.* **1** mulher virgem: *O rapaz tudo faz para ter o coração da donzela.* • *adj.* **2** que é virgem: *moça donzela.*

do.pa.gem *s.f.* doping.

do.par *v.t.* **1** administrar substância excitante ou entorpecente; intoxicar com droga: *O criminoso dopou a vítima.* • *pron.* **2** ingerir substâncias entorpecentes ou excitantes: *Aquele homem dopou-se até a morte.*

doping (dópin) (Ingl.) *s.m.* aplicação ilícita de substâncias estimulantes em competidor (pessoa ou animal) para aumentar ou diminuir seu rendimento.

dor (ô) *s.f.* **1** sofrimento físico: *dor de garganta.* **2** sofrimento moral; pesar: *Sentia uma dor funda no coração.* ✦ **dor de cabeça** preocupação: *Este projeto tem dado muita dor de cabeça.* **tomar as dores de alguém** exigir reparações por males causados a outra pessoa.

do.ra.van.te *adv.* de agora em diante: *Doravante não acredito mais em você.*

dor de co.to.ve.lo *s.f.* (Coloq.) ciúme ou despeito por motivo de amor: *A moça falava mal do ex-namorado por pura dor de cotovelo.* // Pl.: dores de cotovelo.

dor.mên.cia *s.f.* **1** modorra; sonolência: *Depois do almoço, deixava-se ficar naquela dormência.* **2** sensação de formigamento: *dormência nas mãos.*

dor.men.te *s.m.* **1** peça colocada transversalmente na via férrea sobre a qual se fixam os trilhos. • *adj. 2g.* **2** que dorme; adormecido. **3** que entorpeceu; adormecido; insensível: *Sentiu o pé dormente.*

dor.mi.dei.ra *s.f.* planta espinhosa, de folhas miúdas, que se fecham à noite ou quando tocadas.

dor.mi.do *adj.* **1** que teve sono reparador; descansado: *noites bem dormidas.* **2** (Coloq.) diz-se do alimento que passou de um dia para o outro; amanhecido: *pão dormido.*

dor.mi.nho.co (ô) *s.m.* **1** pessoa que dorme muito: *Os*

dormir

dorminhocos não gostam de ser incomodados. • *adj.* **2** que dorme muito: *Acorda, menino dorminhoco!*

dor.mir *v. int.* **1** passar ao estado de sono; adormecer: *Foi para a cama e logo dormiu.* **2** estar latente: *O fogo dorme sob as cinzas.* **3** relacionar-se sexualmente: *Ainda não dormiu com o namorado.* **4** pernoitar; pousar: *O caminhoneiro dormiu no posto.* **5** estar quieto, parado: *A cidade dorme.*

dor.mi.tó.rio *s.m.* **1** lugar onde se dorme; quarto. **2** mobília de quarto de dormir: *Vende-se dormitório de casal.*

dor.sal *adj.* **1** relativo ao dorso. **2** da parte traseira; do dorso: *São peixes dotados de uma nadadeira dorsal.*

dor.so (ô) *s.m.* **1** parte posterior do tronco que vai dos ombros à altura dos rins: *o dorso humano.* **2** parte superior ou posterior do corpo dos animais: *o dorso do cavalo.* **3** parte posterior; reverso: *o dorso das mãos.*

do.sa.gem *s.f.* quantidade determinada por dose: *Tome o medicamento na dosagem certa.*

do.sar *v.t.* **1** fixar a dose adequada; graduar: *dosar os remédios para evitar efeitos colaterais.* **2** usar na proporção adequada: *Sabia dosar bem as palavras.*

do.se (ó) *s.f.* **1** quantidade, porção determinada: *Adulto deve tomar duas doses deste remédio.* **2** (Fig.) quantidade; porção: *Tem boa dose de experiência com estranhos.*

dos.sel *s.m.* cobertura ou armação ornamental: *cama francesa com dossel.*

dos.si.ê *s.m.* conjunto de documentos relativos a um processo ou às atividades de uma pessoa: *O dossiê do funcionário foi muito elogiado.*

do.tar *v.t.* **1** dar dote a: *O capitão dotou todas as filhas.* **2** fazer doação a: *Dotou a Santa Casa com aparelhos novos.* **3** favorecer (com algum dom natural): *Deus dotou o homem de inteligência.* **4** prover; munir: *dotar a empresa de computadores.*

do.te (ó) *s.m.* **1** conjunto de bens que a pessoa leva quando se casa: *O dote da moça era uma fazenda.* **2** conjunto de dons naturais; qualidades: *O trompetista também exibiu seus dotes vocais.*

dou.ra.do *s.m.* **1** peixe carnívoro grande, de coloração dourada tendente ao vermelho, cuja carne é muito apreciada. • *adj.* **2** revestido por leve camada de ouro ou imitação: *um anel de metal dourado.* **3** da cor do ouro: *nuvens douradas.* **4** louro: *cabelos dourados.* **5** (Fig.) brilhante; áureo: *O automobilismo vive sua fase dourada.*

dou.rar *v.t.* **1** dar a cor do ouro: *O sol doura os frutos.* **2** adquirir a cor do ouro: *Doure a carne.*

dou.to *adj.* muito culto; erudito: *Eis aí uma boa tarefa para os doutos representantes da Lei.* // Ant.: ignorante.

dou.tor (ô) *s.m.* **1** quem defendeu tese de doutorado: *O deputado é doutor em Economia.* **2** designação de certos profissionais liberais, socialmente reconhecidos como autoridade. **3** pessoa bem instruída.

dou.to.ra.do *s.m.* pós-graduação para obtenção do título de doutor: *O professor fez doutorado na França.*

dou.to.rar *v.t.* **1** conferir grau de doutor. • *pron.* **2** receber grau de doutor: *Doutorou-se há um ano.*

dou.tri.na *s.f.* conjunto de princípios que servem de base a sistemas políticos, religiosos ou filosóficos: *A Igreja tem sua doutrina.*

dou.tri.na.ção *s.f.* ato ou efeito de doutrinar; catequese; ensinamento: *doutrinação política dos camponeses.*

dou.tri.na.dor (ô) *s.m.* **1** aquele que emite conceitos ou princípios básicos sobre um assunto: *Aquele homem é um doutrinador nato.* • *adj.* **2** que tenta doutrinar ou catequizar.

dou.tri.nar *v.t.* **1** fazer assimilar uma doutrina; ensinar: *doutrinar alunos.* **2** pregar: *doutrinar catecismo.*

dou.tri.ná.rio *adj.* que doutrina: *compromisso moral ou doutrinário com o catolicismo.*

dou.tro *prep.* de + *pron. indef.* outro: *Não se falava doutra coisa.*

download (daunlôud) (Ingl.) *s.m.* (Inf.) aquisição, via rede, de cópia de um arquivo de um computador para outro: *Passamos horas fazendo o download de músicas.*

do.ze (ô) *num.* **1** dez mais dois: *Estou casado há doze anos.* • *s.m.* **2** representação do número 12: *Olhou com atenção para o doze, no alto do mostrador.*

dra.ce.na *s.f.* planta de ramos com tufos de folhas finas e compridas e pequenas flores branco-esverdeadas.

drac.ma *s.f.* **1** antiga unidade monetária da Grécia: *Pela primeira vez, os gregos podem converter as dracmas para investir em qualquer moeda.* **2** unidade de peso adotada em alguns países.

dra.co.ni.a.no *adj.* rigoroso; severo; drástico: *lei draconiana.*

dra.ga *s.f.* aparelho para retirar areia ou entulho do fundo do mar, lago ou rio: *Ficou preso na cabine da draga.*

dra.ga.gem *s.f.* retirada de areia ou entulhos por meio de dragas: *dragagem do rio Tietê.*

dra.gão *s.m.* monstro fabuloso com cauda de serpente, garras e asas, que expele fogo pelas ventas.

drá.gea *s.f.* comprimido ou pílula recoberta de substância doce endurecida: *As drágeas eram bonitas, vermelhas.*

drag-queen (drég-qüin) (Ingl.) *s.f.* travesti masculino; transformista: *Muitos assistiram à apresentação da drag-queen.*

dra.ma *s.m.* **1** (Lit.) narrativa (conto, novela, romance, peça, filme) que representa situações de conflito da vida comum. **2** sucessão de acontecimentos conflituosos: *Está vivendo um drama com o divórcio.* **3** fato desastroso; catástrofe: *Sofria com o drama das pessoas atingidas pela seca.* • **fazer drama** dramatizar; exagerar: *Gosta de fazer drama para chamar a atenção.*

dra.ma.lhão *s.m.* drama de qualidade inferior ou apelativo: *dramalhão de órfãs e madrastas.*

dra.ma.ti.ci.da.de *s.f.* qualidade do que é dramático: *Será um jogo de grande dramaticidade.*

dra.má.ti.co *adj.* **1** relativo ao drama, às artes cênicas: *ópera dramática.* **2** comovente; patético: *Desesperado, o pai fez um apelo dramático ao filho.* **3** difícil; sério; grave: *A situação é dramática.*

dra.ma.ti.za.ção *s.f.* representação teatral; encenação: *Os temas são apresentados em dramatizações.*

dra.ma.ti.zar *v.t.* **1** dar forma de drama; encenar: *dramatizar um texto romântico.* **2** (Fig.) agir de forma dramática; exagerar: *Você está dramatizando um acontecimento banal.*

dra.ma.tur.gi.a *s.f.* **1** produção e representação de peças de teatro: *A dramaturgia de hoje busca um* *público maior.* **2** conjunto das obras teatrais de um período, escola ou autor: *O Rei de Ramos é uma peça nova na dramaturgia de Dias Gomes.*

dra.ma.tur.go *s.m.* autor de peças teatrais: *Molière foi um grande dramaturgo francês.*

drás.ti.co *adj.* severo; rigoroso; radical: *A empresa tomou medidas drásticas para conter custos.*

dre.na.gem *s.f.* escoamento por meio de dreno: *drenagem da ferida.*

dre.nar *v.t.* fazer escoar, por meio de dreno, o excesso de líquido: *drenar o terreno.*

dre.no *s.m.* **1** tubo utilizado para escoamento de líquidos do corpo. **2** canal para escoamento de águas em terrenos úmidos.

dri.blar *v.t.* **1** (Fut.) mover o corpo de modo a enganar o adversário e a continuar com a bola: *Ele tentou driblar seu marcador.* **2** (Fig.) ludibriar: *Driblou os amigos para sair sozinho.*

dri.ble *s.m.* **1** (Fut.) ação de mover o corpo para enganar o adversário e continuar com a bola: *O atacante tenta um drible sobre o adversário.* **2** (Fig.) engano: *A revista deu muitos dribles na censura.*

drin.que *s.m.* bebida alcoólica tomada antes ou fora das refeições; aperitivo.

drive (dráiv) (Ingl.) *s.m.* (Inf.) unidade periférica eletromecânica do computador, utilizada para pôr em movimento um dispositivo de memória secundária (disco ou fita), para aí armazenar ou ler informações; acionador; leitor de disquete.

drive-in (dráiv-in) (Ingl.) *s.m.* estabelecimento comercial de lazer em cujo pátio os clientes entram com seus carros e são servidos: *Não gosto de usar drive-in.*

driver (dráiver) (Ingl.) *s.m.* (Inf.) programa destinado a fornecer energia para o funcionamento de diversos dispositivos de um computador como impressoras, *scanners*, unidades de disco etc.

dro.ga (ó) *s.f.* **1** substância química medicamentosa: *droga usada no tratamento de tuberculose.* **2** substância química de efeitos psicotrópicos ou tóxicos: *É viciada em drogas.* **3** coisa sem valor; imprestável; ruim: *O filme era uma droga!*

dro.ga.ri.a *s.f.* estabelecimento em que se vendem produtos farmacêuticos; farmácia.

dro.gar *v.t.* **1** dar medicamento a. • *pron.* **2** fazer uso de droga.

dro.me.dá.rio *s.m.* mamífero, quadrúpede, de cor amarelada, pescoço curto e saliência ou corcova no dorso, originário das regiões desérticas: *O dromedário vive no calor dos desertos da África e da Arábia.*

dro.pes (ó) *s.m. pl.* balas em forma de disco: *Chupava dropes de hortelã.*

dro.só.fi.la *s.f.* pequena mosca encontrada nas frutas: *As drosófilas são mutantes.*

drui.da *s.m.* antigo sacerdote celta. // Fem.: druidesa.

dru.pa *s.f.* fruto carnoso com caroço duro.

du.a.li.da.de *s.f.* qualidade do que é duplo; duplicidade: *dualidade de opiniões.*

du.a.lis.mo *s.m.* doutrina comum a diversas religiões e seitas que admite a existência de dois princípios irredutíveis: *dualismo entre o bem e o mal.*

du.bi.e.da.de *s.f.* qualidade do que é dúbio; ambiguidade: *O soberano não tolera dubiedade nos subordinados.*

duplicar

dú.bio *adj.* **1** ambíguo: *É homem dúbio, sujeito a várias interpretações.* **2** impreciso; vago; indefinido: *Tudo que ele diz é hipotético e dúbio.* **3** vacilante; indeciso.

du.bla.gem *s.f.* (Cin. Telev.) **1** substituição, num filme, do idioma original por outro na trilha sonora de um filme ou programa de televisão: *Os documentários serão exibidos sem legendas nem dublagem.* **2** em televisão, gravação de diálogos, após a filmagem ou a animação de desenhos, sincronizada com o movimento dos lábios dos atores ou das figuras em movimento: *Aceitou até papéis de dublagem na televisão.* **3** substituição de ator em cenas perigosas ou de pouca importância.

du.blar *v.t.* **1** gravar a parte falada: *Ele dubla a voz de personagens nos desenhos animados.* **2** substituir o ator em alguma cena.

du.blê *s.2g.* pessoa que substitui outra em determinada atividade: *No cinema, o dublê sempre fica com as cenas perigosas.*

du.ca.do *s.m.* **1** território sob o domínio de um duque: *A Bretanha foi um ducado independente.* **2** moedas de ouro ou prata usadas antigamente em diversos países europeus.

du.cha *s.f.* jorro d'água para banhar-se: *tomar uma ducha.*

dúc.til *adj.2g.* **1** flexível; maleável. **2** (Fig.) dócil.

duc.to *s.m.* duto.

du.e.lar *v.int.* **1** bater-se em duelo; lutar: *Os inimigos duelam.* **2** (Fig.) ser competitor; estar em concorrência: *Ele duelará pelo título de cestinha do campeonato.*

du.e.lo (é) *s.m.* **1** combate ou luta de desagravo entre dois adversários, com testemunhas e armas iguais: *No filme há um duelo entre dois espadachins.* **2** desafio; disputa; enfrentamento: *Os dois atletas travam o último duelo do ano.*

du.en.de *s.m.* ente sobrenatural das lendas europeias, de aspecto humano e de tamanho diminuto, que faz travessuras: *Acredito também em Papai Noel, Saci-Pererê, duendes.*

du.e.to (ê) *s.m.* (Mús.) **1** composição musical para duas vozes ou dois instrumentos: *O roqueiro fez um dueto com o sambista.* **2** conjunto formado por dois músicos; duo.

du.na *s.f.* monte de areia formado pelo vento.

du.o *s.m.* dueto: *Os irmãos formam um duo de violinistas.*

du.o.dé.ci.mo *num.* **1** cada uma das doze partes iguais de um todo. **2** ocupa o duodécimo lugar.

du.o.de.no *s.m.* (Anat.) primeira parte do intestino delgado.

du.pla *s.f.* **1** conjunto de duas pessoas ou coisas da mesma natureza; par. **2** conjunto de duas pessoas que atuam em comum ou estão sempre juntas: *Ela e o marido formam uma bela dupla.*

dú.plex /ks/ *s.m.2n.* **1** apartamento com dois pavimentos: *O estúdio foi instalado no andar superior do dúplex.* • *adj.2g. e 2n.* **2** duplo; que tem dois pavimentos: *apartamento dúplex.*

du.pli.ca.ção *s.f.* ato de duplicar, de dobrar a quantidade ou o tamanho: *Ele prevê a duplicação de toda a rodovia.*

du.pli.car *v.t.* **1** multiplicar por dois; dobrar: *A empresa duplicou a participação no mercado de xampus.* **2**

duplicata

fazer crescer; aumentar: *O time duplicou sua chance de vitória.* • *int.* **3** tornar-se multiplicado por dois; dobrar: *A produção duplicou.*

du.pli.ca.ta *s.f.* **1** título de crédito de compra a prazo: *pagar uma duplicata.* **2** cópia; reprodução: *Ele tirou duplicata dos negativos.*

du.pli.ci.da.de *s.f.* **1** qualidade do que apresenta duas características ou funções: *O ator representa uma duplicidade de papéis na novela.* **2** o que revela caráter duplo; ambiguidade: *duplicidade de comportamentos.*

du.plo *num.* **1** que equivale a dois; dobro. • *adj.* **2** para duas pessoas: *cabine dupla.* **3** dobrado: *Vovó tem queixo duplo.* **4** ambíguo: *dupla personalidade.*

du.que *s.m.* **1** o mais elevado título de nobreza imediatamente inferior ao de príncipe: *duque de Bragança.* **2** título dado a comandante militar: *Luís Alves de Lima e Silva recebeu o título de duque.*

du.ra.bi.li.da.de *s.f.* qualidade do que é durável: *O pneu recauchutado tem 50% da durabilidade de um novo.*

du.ra.ção *s.f.* período de tempo que uma coisa dura: *A feira tem duração de dez dias.*

du.ra.dou.ro *adj.* que dura muito; durável: *O crescimento é o modo de garantir empregos duradouros.*

du.ran.te *prep.* no tempo de: *Durante o almoço, os amigos conversaram sobre cinema.*

du.rão *s.m.* **1** pessoa forte e valente: *Ele é o durão das ruas, mas não abandona sua vocação poética.* • *adj.* **2** (Coloq.) forte; valente: *O ator quer mudar de imagem, tentar um jeito mais durão.*

du.rar *v.int.* **1** existir por determinado tempo; persistir; perdurar: *A briga na Justiça durou anos.* **2** ter resistência; conservar-se; manter-se: *Só compra roupas que duram muito.*

du.rá.vel *adj.2g.* que dura; duradouro; resistente: *efeito penetrante e durável.*

du.re.za (ê) *s.f.* **1** resistência que um material rijo oferece ao esforço exercido em sua superfície; rigidez: *A dureza do trilho é uma propriedade importante.* **2** (Fig.) severidade; insensibilidade; rigor: *Tratava os filhos com dureza.* **3** (Coloq.) estado de penúria financeira: *Vive na maior dureza.*

du.ro *adj.* **1** sólido; rijo; resistente: *madeira dura.* **2** consistente: *Ele só come ovo duro.* **3** severo; insensível; rigoroso: *O seu jeito duro afasta as pessoas.* **4** (Coloq.) sem dinheiro: *Não comprou nada, porque estava duro.* **5** árduo; difícil; penoso: *trabalho duro.* • *adv.* **6** de maneira severa ou rigorosa: *Mamãe falou duro comigo pela primeira vez.* **7** com afinco ou dedicação: *Trabalhei duro para chegar aqui.* ♦ (Coloq.) **no duro** com certeza: *Para saber o que vai acontecer no duro, só na hora mesmo.* **duro de roer** de difícil trato: *É um rapaz difícil, um osso duro de roer.* **duro na queda** forte; resistente: *Aquele rapaz é duro na queda.*

du.to *s.m.* tubo condutor; tubulação; canal: *O rompimento de um duto causou a inundação de várias salas.*

dú.vi.da *s.f.* **1** dificuldade para se decidir; indecisão; hesitação: *Estava em dúvida se devia ir ou não.* **2** desconfiança; suspeita: *Já não trabalha direito, tem dúvida da mulher.* **3** dificuldade de entendimento ou compreensão: *O professor esclareceu minhas dúvidas.* **4** incerteza sobre a realidade de um fato ou a verdade de uma afirmação: *Não tenho dúvida sobre seu amor.* ♦ **sem dúvida** com certeza; certamente. // Ant.: certeza.

du.vi.dar *v.t.* **1** estar em dúvida; não saber. **2** não acreditar; não estar convencido: *Duvidou que ela estivesse dizendo a verdade.* **3** estar indeciso: *Duvidei se devia falar ou calar.* **4** não confiar em; ter suspeitas: *Duvido muito desse seu novo amigo.*

du.vi.do.so (ô) *adj.* **1** que oferece dúvida, incerto: *Até a última hora o resultado das eleições era duvidoso.* **2** que não inspira confiança; suspeito: *Nunca use chás ou poções de efeito duvidoso.* **3** discutível: *Tem um gosto duvidoso para vestir-se.*

du.zen.tos *num.* **1** duas vezes cem: *É possível comprar uma impressora por duzentos reais.* • *s.m.* **2** representação gráfica do número 200. *Não encontrei o número duzentos naquela rua.*

dú.zia *s.f.* conjunto de doze objetos da mesma espécie: *uma dúzia de bananas.* ♦ **meia dúzia** (Coloq.) pequena quantidade; poucos: *Deu meia dúzia de passos e parou.* **uma dúzia** (Coloq.) indica quantidade indefinida; aproximadamente doze: *Perguntou por você uma dúzia de vezes.*

e¹ s.m. **1** quinta letra do alfabeto português. **2** a figura desta letra. **3** num. quinto numa série indicada por letras: *fila e*.

e² conj. **1** conjunção aditiva que aproxima duas orações ou palavras: *Levantou-se devagar e saiu da sala*. **2** aproxima duas orações em que a segunda é uma consequência da primeira: *Percebi que ia cair e escorei-me na balaustrada*. **3** mais: *dois e dois são quatro*. **4** mas; no entanto: *Deu na criança um banho frio, e a febre continuou*.

é.ba.no s.m. madeira dura, pesada, quase preta, de longa duração, obtida de várias árvores tropicais de mesmo nome.

e.bó s.m. (Bras. Rel.) na umbanda ou no candomblé, oferenda ou sacrifício de animal votivo a um orixá.

e.bo.la (ó) s.m. (Biol.) vírus mortal que provoca febre hemorrágica: *Li uma reportagem sobre o ebola, o supervírus*.

é.brio s.m. **1** pessoa que se embriaga: *No banco da praça, um ébrio saúda passantes imaginários.* • *adj*. **2** bêbado; embriagado: *Ali pela meia-noite, trouxeram-no meio ébrio*. **3** desequilibrado: *passos ébrios*. **4** estado produzido por forte sentimento; extasiado: *Ébrio de dor, esmurrava o peito*. // Ant.: sóbrio.

e.bu.li.ção s.f. **1** transformação de um líquido em vapor; fervura: *A água entra em ebulição a 100 °C*. **2** (Fig.) agitação; efervescência: *O campeonato está em plena ebulição*.

e.búr.neo adj. **1** de marfim. **2** semelhante ou da cor do marfim; branco fosco: *Apreciava o colo ebúrneo da deusa*.

e.char.pe s.f. faixa de tecido que se usa em redor do pescoço como agasalho ou adorno.

e.clamp.si.a s.f. eclâmpsia.

e.clâmp.sia s.f. (Obst.) acesso de convulsões no final da gravidez, geralmente seguido de coma, causado por intoxicação sanguínea e que pode ocorrer durante o parto: *a eclâmpsia está relacionada com parte das mortes fetais*.

e.cle.si.al adj. da ou relativo à Igreja: *comunidade eclesial*.

e.cle.si.ás.ti.co s.m. **1** membro de uma igreja; padre; sacerdote; clérigo: *Chegou o novo eclesiástico nomeado para a nossa paróquia*. **2** relativo ao eclesiástico: *hábito eclesiástico.* • *adj*. **3** da igreja; do clero: *tribunal eclesiástico*.

e.clé.ti.co adj. **1** que reúne várias tendências, estilos ou doutrinas: *pintor eclético*. **2** que resulta de várias fontes: *Aquele homem é possuidor de um saber eclético*.

e.cle.tis.mo s.m. **1** (Filos.) método filosófico que reúne teses de diferentes doutrinas. **2** reunião de tendências ou estilos diversos: *A sua obra era criticada pelo ecletismo: fazia uma miscelânea de fontes e de teorias*.

e.clip.sar v.t. **1** causar eclipse de um corpo celeste. **2** (Fig.) diminuir a importância ou prestígio de; ofuscar: *O presidente antecipou o anúncio do futuro diretor para eclipsar a atual gestão.* • *int. pron*. **3** (Fig.) desaparecer; sumir: *Terminado o jantar, os rapazes eclipsaram-se*. **4** diminuir a intensidade; escurecer; ofuscar-se.

e.clip.se s.m. (Astr.) fenômeno em que um astro deixa de ser visível, totalmente ou em parte, pela interposição de outro astro entre ele e o observador.

e.clo.dir v.int. **1** surgir abruptamente; irromper: *Parece que uma guerra civil vai eclodir*. **2** estar em destaque: *Bandeiras vermelhas eclodiam*. **3** sair do ovo, casca etc.: *O pintinho eclodiu pela manhã*.

é.clo.ga s.f. poesia pastoril geralmente dialogada.

e.clo.são s.f. **1** surgimento ou aparecimento ab-rupto: *a eclosão da doença*. **2** abertura do ovo para saída do animal: *Em junho, começava a eclosão dos ovos*.

e.clu.sa s.f. cada um dos diques que se sucedem em série de dois ou três, num trecho de rio ou canal onde há grande desnível do leito.

e.co (é) s.m. **1** som que se repete em face da reflexão das ondas em um obstáculo: *Gritávamos à entrada da gruta para ouvirmos o eco*. **2** (Fig.) repercussão favorável: *Os trabalhos sobre ecologia realizados no Brasil estão fazendo eco no exterior*.

e.co.ar v.t. **1** (Fig.) reproduzir; repetir; enunciar: *As crianças ecoam as ideias dos pais.* • *int*. **2** fazer eco; ressoar: *O grito ecoou, repetindo-se pelas escarpas*. **3** soar com estrondo; retumbar: *Lá fora, o vozeirão ecoava*. **4** (Fig.) repercutir; vigorar.

e.co.lo.gi.a s.f. **1** ramo da biologia que trata das relações entre os seres vivos e o meio ambiente em que vivem, bem como suas influências recíprocas. **2** ramo das ciências humanas que estuda a estrutura e o desenvolvimento das comunidades humanas em suas relações com o meio ambiente.

e.co.ló.gi.co adj. **1** relativo ou pertencente ao meio ambiente: *O derramamento de óleo nas águas é um desastre ecológico*. **2** relacionado com a ecologia.

e.co.lo.gis.ta s.2g. **1** especialista em ecologia. **2** defensor do meio ambiente: *Meu primo deixou a arquitetura para se tornar ecologista.* • *adj*. **3** que defende o meio ambiente.

e.co.no.mês s.m. (Coloq.) linguajar técnico de certos economistas.

e.co.no.mi.a s.f. ciência que trata dos fenômenos relativos à produção, distribuição, acumulação e consu-

325

econômico

mo de bens materiais: *O ministro da Fazenda é doutor em Economia.* // Nesta acepção se escreve com inicial maiúscula. // **2** sistema que engloba o conjunto de fontes produtoras de riqueza: *A economia nacional está se destacando no exterior.* • *pl.* **3** reserva de dinheiro; poupança: *Reuni minhas economias e comprei meu primeiro carro.* // Ant.: desperdício. // **4** controle para evitar gastos excessivos; poupança: *A dona de casa nos ensina a fazer economia.* ✦ **economia de guerra** conjunto de medidas de controle e regulamentação da economia comumente adotado em tempo de guerra.

e.co.nô.mi.co *adj.* **1** especialista em economia: *comentarista econômico.* **2** que tem o hábito de economizar; não gastador: *Aquela mulher é muito econômica.* // Ant.: perdulário; gastador. // **3** pouco dispendioso; que gasta pouco: *um carro econômico.* **4** relativo à economia: *O sucesso do plano econômico depende da população.* **5** que favorece a contenção de despesas.

e.co.no.mis.ta *s.2g.* **1** pessoa que se ocupa de questões econômicas e sociais; especialista em economia. • *adj.* **2** que é especialista em economia: *O gerente do banco, além de advogado, era também economista.*

e.co.no.mi.zar *v.t.* **1** gastar com parcimônia; poupar: *Economizemos energia elétrica.* **2** deixar de gastar: *Este mês consegui economizar parte do meu salário.* // Ant.: gastar; dissipar. // **3** poupar; restringir; agir com parcimônia: *Quando a classe ia bem nas provas, a professora não economizava elogios.*

e.cô.no.mo *s.m.* **1** indivíduo encarregado da administração de uma casa grande; mordomo; despenseiro. **2** eclesiástico incumbido da administração dos bens de uma abadia, um benefício.

e.co.tu.ris.mo *s.m.* turismo que respeita e preserva o equilíbrio do meio, fomentando a educação ambiental; turismo ecológico.

e.cos.sis.te.ma *s.m.* (Ecol.) conjunto de relações entre os diversos componentes de um meio ambiente: *As queimadas atingem o ecossistema da mata atlântica.*

ecstasy (ékstasi) (Ingl.) *s.m.* (Pop.) droga sintética, constituída principalmente de metilenodioximetanfetamina. // É ilegal por ser alucinógena, euforizante e estimulante, seu uso causa sequelas ao organismo e dependência.

e.cu.mê.ni.co *adj.* **1** relativo ao universo; a toda a terra habitada; geral; universal: *Tinha preocupação ecumênica com a preservação da terra.* **2** diz-se de concílio presidido pelo Papa para o qual são convocados todos os bispos da Igreja. **3** relativo ao ecumenismo: *Antes de começar a assembleia, realizou-se um culto ecumênico.* **4** que encerra pessoas de diferentes credos ou ideologias: *uma reunião ecumênica.*

e.cu.me.nis.mo *s.m.* **1** apelo à unidade de todos os povos contido na mensagem do Evangelho. **2** (Rel.) movimento favorável à união de todas as igrejas cristãs.

ec.ze.ma *s.m.* (Derm.) **1** lesão da pele, que consiste numa bolha com secreções e crostas: *Tinha o rosto coberto de eczemas.* **2** inflamação da pele em que surgem bolhas, secreções e crostas.

e.de.ma *s.m.* (Med.) acúmulo anormal de líquido em certas partes do organismo: *edema pulmonar.*

é.den *s.m.* **1** paraíso terrestre, segundo a Bíblia: *Deus expulsou o primeiro casal do Éden.* // Neste sentido, escreve-se com inicial maiúscula. // **2** lugar muito agradável; paraíso: *Quando viajo, sinto-me no éden.*

e.di.ção *s.f.* **1** publicação: *O governo fez uma edição das medidas provisórias.* **2** (Edit.) conjunto de exemplares de livros, jornais, revistas etc., reproduzidos uma ou mais vezes com a mesma matriz, fotolito etc.: *O livro está em sua quinta edição.* **3** seleção e manipulação de dados para a redação de textos a serem veiculados pela imprensa: *É necessário fazer a edição da entrevista com o Presidente.* **4** (Cin. Telev.) seleção e união de materiais gravados para elaboração de um filme, programa, videoclipe etc.; montagem: *O filme ganhou o Oscar de melhor edição.* **5** cada ida ao ar de um programa jornalístico de rádio ou TV com notícias novas: *No ar, a primeira edição do Jornal da Tarde.* **6** obra editada: *Comprei uma edição, em português, de Hamlet.* ✦ **edição pirata** edição fraudulenta, que é feita sem assentimento do autor ou do detentor dos direitos autorais. **edição crítica** publicação em que se procura estabelecer o texto perfeito de uma obra, com notas e comentários.

e.dí.cu.la *s.f.* pequena construção que se faz geralmente nos fundos da construção principal: *Usávamos a edícula como despensa.* **2** pequena casa: *A empresa construiu edículas para os operários.* **3** pequena capela, nicho ou oratório que serve para abrigar uma ou mais imagens.

e.di.fi.ca.ção *s.f.* **1** construção: *A edificação de um arranha-céu prejudicou a vista dos moradores.* **2** constituição; aperfeiçoamento: *edificação de uma nova nação.* **3** edifício; construção; casa: *Uma moderna edificação contrastava com os barracos da favela.*

e.di.fi.can.te *adj.* que edifica moralmente; construtivo; instrutivo; esclarecedor: *Um pai tem de dar exemplos edificantes.*

e.di.fi.car *v.t.* **1** construir; elaborar. **2** dar boa estrutura moral: *Edificar o seu rebanho é o propósito de todas as igrejas.* • *pron.* **3** conduzir-se à virtude; aprimorar-se: *A escola, aberta a mudanças, vem se edificando.*

e.di.fí.cio *s.m.* **1** construção de alvenaria ou madeira, limitada por paredes e teto, que serve para comércio ou moradia; prédio. **2** prédio de muitos andares: *A glória de um engenheiro é ser citado como o projetista de um grande edifício.*

e.dil *s.m.* **1** antigo magistrado romano que se incumbia da inspeção e conservação dos edifícios públicos. **2** vereador.

e.di.pi.a.no *adj.* que deriva do complexo de Édipo; relações de hostilidade e/ou amor excessivo motivadas pela inclinação erótica do filho pela mãe ou da filha pelo pai: *caráter edipiano de algumas relações entre pais e filhos.*

e.di.tal *s.m.* **1** documento oficial contendo normas regulamentares de concurso ou concorrência pública: *edital para a realização do concurso.* **2** ordem ou aviso oficial: *edital de convocação da assembleia.*

e.di.tar *v.t.* **1** elaborar e fazer publicar uma lei ou portaria: *O Ministério da Saúde edita uma nova portaria.* **2** imprimir; publicar: *É necessário que se editem mais*

efervescente

livros e revistas sobre ecologia. **3** fazer a preparação de um texto para editora, jornal, televisão etc.: *A emissora editou a entrevista do ministro*. **4** montagem de um filme, programa, videoclipe etc.

e.di.to *s.m.* parte da lei em que se preceitua alguma coisa; mandato, decreto, ordem.

é.di.to *s.m.* ordem judicial publicada em anúncios ou editais.

e.di.tor (ô) *s.m.* **1** pessoa responsável pela edição de livros ou revistas; proprietário de editora: *editor da revista*. **2** pessoa responsável pela edição de assuntos especializados em um veículo de imprensa: *Aquele rapaz é o editor de esportes do jornal*. **3** aquele que faz edição de filme, programa, videoclipe etc. ♦ **editor de texto** (Inf.) programa de computador destinado à produção e leitura de textos: *Crianças já dominam o editor de texto do computador*.

e.di.to.ra (ô) *s.f.* estabelecimento ou organização que edita livros, revistas e assemelhados.

e.di.to.ra.ção *s.f.* **1** atividade de editor. **2** preparação de originais a serem editados: *Estamos trabalhando na editoração de textos técnicos e didáticos*. ♦ **editoração eletrônica** (Edit.) edição de texto que abrange editoração, diagramação e arte-final feitas no computador.

e.di.to.ri.a *s.f.* seção de órgão de imprensa ou de editora incumbida da edição do material a ser publicado: *editoria de esportes*.

e.di.to.ri.al *s.m.* **1** artigo de um jornal ou revista que veicula o pensamento da direção do órgão sobre determinado assunto: *Sempre leio os editoriais do jornal*. ● *adj.* **2** que cuida da editoração de textos jornalísticos: *comissão editorial de um jornal*. **3** que diz respeito à edição de textos jornalísticos e livros: *Aquela editora se empenha na qualidade editorial*.

e.dre.dão *s.m.* edredom.

e.dre.dom *s.m.* cobertura acolchoada para cama: *No inverno, prefiro um edredom a um cobertor*.

e.du.ca.ção *s.f.* **1** aperfeiçoamento e desenvolvimento das faculdades humanas: *A educação musical e artística são importantes*. **2** formação: *No passado, a educação dos filhos ficava mais a cargo das mães*. **3** formação das novas gerações segundo certos ideais de uma comunidade cultural: *A escola vem lutando para vencer o seu maior desafio: a educação dos adolescentes*. **4** orientação; aprendizado; instrução: *A tentativa de reduzir os acidentes de trânsito deve passar pela educação dos motoristas*. **5** adestramento; treino: *O bom cantor deve preocupar-se com a educação da voz*. **6** conjunto de informações ou de técnicas de ensino formal: *O governo precisa investir mais na educação*. **7** cortesia; civilidade: *Entrar sem bater é falta de educação*. **8** nível ou tipo de ensino: *educação pré-escolar*. ♦ **educação a distância** processo educacional caracterizado pela não presença do professor, cujos meios instrucionais são a televisão, o rádio, a correspondência postal, *site* na Internet etc. **educação especial** ensino voltado para portadores de necessidades especiais ou superdotados.

e.du.ca.ci.o.nal *adj.* **1** que se destina ou que se refere à educação: *A família precisa rever seus conceitos educacionais*. **2** que educa; educativo.

e.du.ca.dor (ô) *s.m.* **1** quem educa; pedagogo. ●
adj. **2** que educa: *A função educadora da televisão tem sido discutida*.

e.du.can.dá.rio *s.m.* estabelecimento de educação e ensino.

e.du.can.do *s.m.* aquele que está recebendo educação; aluno.

e.du.car *v.t.* **1** promover a educação de; transmitir conhecimentos; instruir; preparar: *Educar os filhos é a grande preocupação dos pais*. **2** adestrar; domesticar; domar: *O treinador tem muita paciência para educar os elefantes*. **3** treinar; aperfeiçoar: *educar a voz*. ● *pron.* **4** cultivar o espírito; cultivar-se. **5** receber educação; instruir-se; estudar: *Os filhos se educaram na Europa*.

e.du.ca.ti.vo *adj.* **1** destinado à educação e ao ensino; educacional; pedagógico: *Os programas educativos devem ser incentivados*. **2** que promove a educação; que educa: *O exemplo dos pais é um forte fator educativo*.

e.fe (é) *s.m.* nome da letra *f*.

e.fe.bo (ê) *s.m.* **1** rapaz que chegou à puberdade. **2** homem jovem; mancebo.

e.fe.dri.na *s.f.* alcaloide cristalino encontrado em certas plantas e usado como medicamento.

e.fei.to *s.m.* **1** resultado necessário ou acidental de uma causa; ato de um agente qualquer: *A sua vinda gerou os efeitos que esperávamos*. **2** resultado; realização: *Para ter o efeito pretendido, a operação policial foi mantida em segredo*. **3** consequência; resultado: *A chuva excessiva trouxe efeitos maléficos para a lavoura*. **4** realidade; eficácia; eficiência: *O comandante recuou e considerou sem efeito a ordem dada*. **5** execução; cumprimento; realização: *Poremos em efeito, novamente, o projeto da casa nova*. **6** aplicação; resultado prático: *Para gozar os efeitos da lei, você tem que estar em dia com o fisco*. **7** impressão; sensação: *O efeito desta música é muito agradável*. **8** recurso artístico ou técnico: *O efeito do sombreamento em seus desenhos atraiu a atenção do público*. ♦ **com efeito** de fato; realmente: *Com efeito, tudo está mudado nesta cidade*. **levar a efeito** realizar: *Levou a tarefa a efeito*. **efeito colateral** efeito paralelo: *Aquele medicamento tem efeitos colaterais perigosos*.

e.fe.me.ri.da.de *s.f.* fugacidade; transitoriedade: *A angústia relativa à efemeridade da vida afeta muita gente*.

e.fe.mé.ri.de *s.f.* comemoração de um fato digno de nota; acontecimento importante.

e.fê.me.ro *s.m.* **1** aquilo que dura pouco: *O efêmero mostra-se como sinal da finitude do homem e de suas coisas*. ● *adj.* **2** que dura pouco; passageiro; transitório: *Não percamos o nosso tempo, pois a vida é efêmera*. // Ant.: perene.

e.fe.mi.na.do *adj.* afeminado; homem que tem modos femininos.

e.fer.ves.cên.cia *s.f.* **1** evolução de um gás em bolhas dentro de um líquido, seja pela diminuição da pressão, seja pela ação de um agente químico: *A criança se encantava com a efervescência da pastilha*. **2** ebulição; fervura. **3** (Coloq.) agitação; comoção: *A renúncia do Presidente provocou grande efervescência popular*.

e.fer.ves.cen.te *adj.* **1** que apresenta efervescência: *Para azia, tomava um pó efervescente*. **2** agitado;

efetivação

excitante; estimulante: *A cidade estava efervescente com a festa do rock.*

e.fe.ti.va.ção *s.f.* **1** realização; concretização: *A efetivação da compra só se realizou à tarde.* **2** passagem à condição de efetivo: *A falta de diploma impediu a efetivação do funcionário.*

e.fe.ti.var *v.t.* **1** fazer; realizar: *É necessário que efetivemos a reforma do ensino.* **2** tornar efetivo: *A empresa efetivou os concursados.* • *pron.* **3** realizar-se; concretizar-se: *Apesar das brigas e ameaças, a separação do casal não se efetivou.*

e.fe.ti.vo *s.m.* **1** o número de militares que compõem uma corporação; corpo de funcionários: *Todo o efetivo da Polícia Militar foi mobilizado na ocupação dos prédios.* • *adj.* **2** que tem estabilidade em um emprego ou cargo público: *Muitos estão fazendo concurso público para tornarem-se funcionários efetivos.* **3** real; verdadeiro; eficaz: *Seria necessário um combate mais efetivo à inflação.*

e.fe.tu.a.ção *s.f.* **1** execução; realização: *A efetuação do trabalho durou longo tempo.* **2** operação matemática.

e.fe.tu.ar *v.t.* **1** fazer; construir: *Resolveu efetuar obras de pequeno porte.* **2** efetivar; realizar: *Efetuamos algumas transformações na decoração da casa.* **3** executar operação matemática: *efetuar a soma.* • *pron.* **4** realizar-se; ocorrer: *Uma parte do ensino se efetuará no laboratório especializado.*

e.fi.cá.cia *s.f.* qualidade daquilo que é eficaz; eficiência: *As medidas tomadas pela diretora não tiveram eficácia.*

e.fi.caz *adj.* **1** que produz o efeito desejado; que tem resultado positivo: *Os antibióticos combatem as infecções de maneira eficaz.* **2** que age com presteza e com objetividade: *trabalhadores eficazes.*

e.fi.ci.ên.cia *s.f.* qualidade do que é eficiente; eficácia: *O excesso na dose pode afetar a eficiência do medicamento.*

e.fi.ci.en.te *adj.* eficaz; que tem capacidade de desempenhar, produzir: *O cão era um eficiente guardião.*

e.fí.gie *s.f.* representação de pessoa; imagem; figura: *efígie do rei.*

e.flo.res.cên.cia *s.f.* (Bot.) formação e surgimento da flor.

e.flú.vio *s.m.* **1** desprendimento de gases ou odores; aroma; perfume: *O perfume francês abafava qualquer outro eflúvio.* **2** exalação de fluidos; emanação: *Faziam orações para afastar os maus eflúvios.*

e.fu.são *s.f.* **1** exaltação; expansividade: *Convidou o fiscal numa efusão de simpatia.* **2** gás ou líquido que escoam dos seus vasos ou reservatórios naturais para uma cavidade ou tecido; derramamento: *Há efusão pleural líquida ou gasosa.*

e.fu.si.vo *adj.* caloroso; comunicativo; entusiasmado: *Os estudantes faziam manifestações efusivas.*

é.gi.de *s.f.* proteção; amparo; defesa: *Trabalha fora da égide de um órgão de governo.*

e.gíp.cio *s.m.* **1** natural ou habitante do Egito: *Um egípcio de bigode negro e bem cuidado descia de um jipe.* • *adj.* **2** relativo ao Egito: *o povo egípcio.*

e.gip.to.lo.gi.a *s.f.* estudo da civilização egípcia.

e.gip.tó.lo.go *s.m.* estudioso da civilização egípcia: *Um egiptólogo francês decifrou os hieróglifos.*

é.glo.ga *s.f.* écloga.

e.go (é) *s.m.* **1** o indivíduo considerado em si mesmo e por si mesmo. **2** em psicanálise, a parte da pessoa em contato direto com a realidade, cujas funções são a comprovação e aceitação dessa realidade.

e.go.cên.tri.co *s.m.* **1** pessoa que só pensa em si mesma; egoísta: *Os egocêntricos se dão bem no poder.* • *adj.* **2** que se considera centro de todo interesse; egoísta: *rapaz egocêntrico.*

e.go.cen.tris.mo *s.m.* estado da pessoa especialmente voltada para si mesma.

e.go.ís.mo *s.m.* apego excessivo a si mesmo e aos próprios bens, sem consideração aos interesses alheios: *O egoísmo nos impede de perceber os méritos do outro.* // Ant.: altruísmo.

e.go.ís.ta *s.2g.* **1** pessoa que só pensa em si mesma: *Você não passa de um egoísta.* // Ant.: altruísta. • *adj.* **2** que visa apenas aos próprios interesses: *pessoa egoísta.*

e.gré.gio *adj.* **1** muito distinto; nobre: *Gostaria de falar com o egrégio diretor.* **2** famoso; admirável: *Terei saudade desta egrégia escola.*

e.gres.so (é) *s.m.* **1** quem saiu ou é originário de: *Um egresso da penitenciária dificilmente consegue emprego.* • *adj.* **2** que saiu; que é originário de: *Os alunos egressos da escola pública têm outra visão sobre o ensino.*

é.gua *s.f.* fêmea do cavalo. • **lavar a égua** (Coloq.) desfrutar ao máximo uma situação vantajosa; fartar-se.

eh *interj.* exprime surpresa, incredulidade: *Eh, rapaz, que aconteceu?*

ei *interj.* usada para chamar a atenção: *Ei, estou falando com você!*

ei.a *interj.* usada para animar: *Eia, pra frente Brasil!*

ei.ra *s.f.* área de terra batida, lajeada ou cimentada, onde se espalham cereais. • **sem eira nem beira** sem recursos; pobre; miserável: *Casou-se com um pobretão, sem eira nem beira.*

eis *adv.* aqui está; é isto: *A sabedoria e a paixão: eis a grande e sublime tragédia humana.* • **eis que de** súbito; repentinamente: *E eis que do alto do teto parte um tambor, ferindo o nosso herói.*

ei.ta *interj.* exprime alegria, surpresa: *Eita, moça bonita!*

ei.to *s.m.* **1** plantação onde trabalhavam os escravos. **2** trabalho de enxada. • **a eito** a fio; em sucessão.

ei.va.do *adj.* infectado; contaminado; cheio: *Esta sala está eivada de micróbios.*

ei.xo *s.m.* **1** peça em torno da qual giram as rodas de um veículo ou de uma máquina. **2** (Fig.) ponto central: *O eixo das preocupações voltou a se deslocar da inflação para o câmbio.*

e.ja.cu.la.ção *s.f.* **1** expulsão violenta de líquido. **2** emissão de esperma.

e.ja.cu.lar *v.int.* **1** emitir de si um jato de líquido. **2** expelir esperma.

e.je.ção *s.f.* ação de expulsar ou expelir: *Antes de o avião cair, o piloto ativou a ejeção de seu banco.*

e.je.tar *v.t.* **1** expelir; lançar para fora: *Os vulcões ejetaram grande volume de gás carbônico.* • *pron.* **2** lançar-se para fora: *A cápsula se ejetava automaticamente da espaçonave.*

eletrizar

e.lã *s.m.* arrebatamento; entusiasmo; impulso: *Apesar das vaias, não perdeu o seu elã.*

e.la.bo.ra.ção *s.f.* **1** construção; realização: *A elaboração de um dicionário é demorada.* **2** fabricação: *A fábrica dedicava-se à elaboração de produtos para exportação.* **3** organização: *elaboração de listas.*

e.la.bo.rar *v.t.* **1** preparar cuidadosamente; fazer; construir: *A secretária elaborou um relatório para o chefe.* **2** organizar criteriosamente: *elaborar a lista dos candidatos.* **3** tornar mais perfeito. • *pron.* **4** operar-se; formar-se.

e.las.ti.ci.da.de *s.f.* qualidade do que é elástico; maleabilidade; flexibilidade: *Com a velhice, a pele perde a elasticidade.*

e.lás.ti.co *s.m.* **1** tira ou cordão confeccionado à base de borracha, às vezes entremeado ou recoberto com tecido: *Gostava de calças com elástico na cintura.* • *adj.* **2** que pode aumentar e voltar ao tamanho original; flexível: *O estômago é um órgão elástico.*

e.le (ê) *pron. pessoal* **1** refere-se à pessoa ou à coisa que é assunto do discurso: *Estou falando com você e com ele, que está aí atrás de você.* // O pronome *ele* tanto pode referir-se a alguém ou a algo de que se falou anteriormente no discurso. // Normalmente é usado como sujeito, predicativo, em função complementar ou circunstancial, estando nas duas últimas funções sintáticas necessariamente preposicionado. // **2** (Coloq.) refere-se a pessoa ou coisa que é assunto do discurso, quando em função de objeto direto ou de sujeito de oração subordinada substantiva objetiva direta reduzida de infinitivo: *Encontrei ele e os amigos na praia.* // Tal uso é tradicionalmente reprovado pela gramática da norma culta principalmente se em língua escrita, mas comuníssimo no Brasil.

e.le (é) *s.m.* nome da letra *l*.

e.le.fan.te *s.m.* mamífero de grande porte, de focinho prolongado em forma de tromba, de grandes orelhas e presas curvas de marfim. • / Fem.: elefanta. Cp.: aliá.

e.le.fan.te-ma.ri.nho *s.m.* mamífero carnívoro, adaptado à vida aquática, com cabeça grande, olhos grandes e salientes.

e.le.fan.tí.a.se *s.f.* (Patol.) moléstia caracterizada por uma intumescência mais ou menos volumosa e dura da pele e do tecido celular adiposo.

e.le.gân.cia *s.f.* **1** distinção de porte, de maneiras; graça; encanto: *A elegância dos cariocas chamava a atenção dos turistas.* **2** delicadeza: *O rapaz teve a elegância de oferecer seu lugar à senhorita.*

e.le.gan.te *adj.* **1** que se veste bem; que tem boas maneiras: *mulher fina e elegante.* **2** decente; distinto; nobre: *Seria mais elegante de sua parte não se referir ao meu passado.* **3** clássico; chique: *Morava num bairro elegante da cidade.*

e.le.ger *v.t.* **1** escolher pelo voto: *Hoje, elegeremos o presidente da República.* **2** escolher; determinar: *Elegi o combate às drogas como tema de minha dissertação.* **3** selecionar pelas qualidades: *A comissão elegeu a mulher a Mãe do Ano.* // Pp.: elegido/eleito.

e.le.gi.a *s.f.* poema lírico, consagrado ao luto ou à tristeza: *Fagundes Varela compôs uma elegia à memória de seu filho.*

e.le.gí.a.co *adj.* relativo ou próprio da elegia.

e.le.gí.vel *adj.* que pode ser eleito; que pode ser escolhido.

e.lei.ção *s.f.* **1** procedimento de escolha de alguém, por voto, para ocupar um cargo: *Votou nas eleições.* **2** indicação; escolha: *Fui jurado na última eleição da Miss Brasil.*

e.lei.tor (ô) *s.m.* pessoa que está apta a eleger seus representantes.

e.lei.to.ra.do *s.m.* conjunto de eleitores: *O objetivo maior é sempre atingir o eleitorado.* • **conhecer o seu eleitorado** conhecer as artimanhas ou malícias de alguém.

e.lei.to.ral *adj.* **1** que visa à eleição: *propaganda eleitoral.* **2** relativo aos eleitores: *colégio eleitoral.* **3** que trata de eleição: *legislação eleitoral.*

e.lei.to.rei.ro *adj.* (Deprec.) que busca apenas captar votos: *discurso eleitoreiro.*

e.le.men.tar *adj.* **1** básico; fundamental. **2** dos elementos: *constituição elementar da atmosfera.* **3** simples; rudimentar: *noções elementares de gramática.*

e.le.men.to *s.m.* **1** parte integrante e fundamental: *Para os antigos, eram quatro os elementos da natureza: água, fogo, terra e ar.* **2** (Quím.) substância formada por uma só espécie de átomo e que não se decompõe: *O oxigênio é um dos elementos químicos vitais para os seres vivos.* **3** fator; agente: *O nosso organismo elabora elementos de defesa.* **4** pessoa considerada parte de um todo social. **5** (Coloq.) em linguagem policial, indivíduo criminoso, indiciado ou suspeito: *O elemento será interrogado ainda hoje.* **6** fator; componente: *elementos básicos.* • *pl.* **7** primeiras noções; rudimentos: *Incluía em seu livro elementos de filosofia.*

e.len.car *v.t.* enumerar; listar; arrolar: *A Constituição elenca deveres e direitos.*

e.len.co *s.m.* **1** conjunto de artistas ou pessoas notáveis: *A emissora ameaçou demitir todo o elenco da novela.* **2** conjunto de jogadores de um time: *A seleção de basquete está com seu elenco renovado.* **3** conjunto; lista; rol: *Tem um elenco de problemas para resolver.*

e.le.ti.vo *adj.* **1** que se preenche por eleição: *O ministro declarou não ser candidato a qualquer cargo eletivo.* **2** relativo a ou próprio de eleição: *O processo eletivo está sendo estudado.* • *adj.* **3** optativo: *Na quarta-feira, o hospital chegou a suspender dez cirurgias eletivas.*

e.le.tri.ci.da.de *s.f.* **1** cada um dos fenômenos que envolvem cargas elétricas em repouso ou em movimento: *A água é um condutor de eletricidade.* **2** carga elétrica: *Nosso corpo possui eletricidade.* **3** energia elétrica.

e.le.tri.cis.ta *s.2g.* **1** pessoa especialista em equipamentos elétricos: *A firma está precisando de um eletricista.* • *adj.* **2** que é especialista em equipamentos elétricos: *É pedreiro, encanador e eletricista.*

e.lé.tri.co *adj.* **1** que é resultado de eletricidade: *choque elétrico.* **2** que é movido a eletricidade: *ônibus elétricos.* **3** que conduz eletricidade: *fios elétricos.* **4** que é fonte de eletricidade: *energia elétrica.* **5** (Fig.) ágil; veloz: *É um menino elétrico, não para um minuto sequer.*

e.le.tri.fi.car *v.t.* **1** prover de energia elétrica: *A indústria pensa em eletrificar todas as suas máquinas.* **2** transmitir energia elétrica: *O raio eletrificou a cerca de arame.*

e.le.tri.zan.te *adj.* que provoca emoção; excitante: *Foi um jogo eletrizante.*

e.le.tri.zar *v.t.* **1** eletrificar. **2** (Fig.) excitar; exaltar: *A chegada do roqueiro eletrizou as meninas da cidade.*

eletrocardiografia

e.le.tro.car.di.o.gra.fi.a *s.f.* (Card.) registro gráfico das correntes elétricas originadas do músculo cardíaco.

e.le.tro.car.di.o.gra.ma *s.m.* (Card.) **1** eletrocardiografia: *Precisava fazer eletrocardiograma.* **2** gráfico obtido pela eletrocardiografia: *O paciente havia perdido o eletrocardiograma.*

e.le.tro.cho.que (ó) *s.m.* (Psiq.) aplicação de choques elétricos em seres humanos, para tratamento de algumas doenças mentais, originando perda de consciência: *Não se trata mais doentes mentais à base de eletrochoques.*

e.le.tro.cu.tar *v.t.* matar por meio de choque elétrico: *Há países que eletrocutam criminosos.*

e.le.tro.di.nâ.mi.ca *s.f.* parte da Física que estuda cargas elétricas em movimento e os campos magnéticos.

e.le.tro.do (ô) (Fís.) *s.m.* condutor metálico utilizado para o estabelecimento de um circuito elétrico: *Um eletrodo foi inserido no crânio do paciente.*

e.lé.tro.do *s.m.* eletrodo.

e.le.tro.do.més.ti.co *s.m.* **1** aparelho de uso caseiro movido a eletricidade: *Mamãe avisou que não aceita eletrodoméstico como presente.* • *adj.* **2** diz-se do aparelho doméstico movido à eletricidade: *lojas de aparelhos eletrodomésticos.*

e.le.tro.en.ce.fa.lo.gra.fi.a *s.f.* **1** (Neur.) técnica de registrar as ondas cerebrais. **2** o estudo desse registro.

e.le.tro.en.ce.fa.lo.gra.ma *s.m.* **1** registro gráfico das vibrações emitidas pelo cérebro: *O médico aconselhou-me a fazer um eletroencefalograma.* **2** gráfico das vibrações emitidas pelo cérebro: *O médico examinou o meu eletroencefalograma.*

e.le.tro.í.mã *s.m.* (Fís.) instrumento para produzir campos magnéticos por meio de uma corrente elétrica.

e.le.tro.la (ó) *s.f.* (Obsol.) aparelho elétrico para reproduzir sons gravados em discos.

e.le.tró.li.se *s.f.* (Quím.) decomposição de um eletrólito pela passagem de corrente elétrica.

e.le.tro.lí.ti.co *adj.* **1** em que há eletrólise; que se processa por meio de eletrólise: *Essa substância se obtém por processo eletrolítico.* **2** próprio para a eletrólise: *solução eletrolítica.* **3** diz-se do líquido que acelera a reposição de sais minerais no organismo: *líquido eletrolítico.*

e.le.tró.li.to *s.m.* substância condutora de eletricidade, em que o transporte da carga é feito por meio de íons: *Os sais minerais são eletrólitos.*

e.le.tro.mag.né.ti.co *adj.* **1** movido por eletromagnetismo: *O telégrafo eletromagnético foi inventado por Morse.* **2** dotado de eletromagnetismo: *campo eletromagnético.*

e.le.tro.mag.ne.tis.mo (Fís.) *s.m.* **1** investigação relativa a interação entre campos magnéticos e elétricos. **2** atração produzida por um campo elétrico: *Cérebro e olhos seriam partes do organismo mais suscetíveis ao eletromagnetismo.*

e.lé.tron *s.m.* (Fís.) corpúsculo carregado de eletricidade negativa e que entra na constituição do átomo.

e.le.trô.ni.ca (Fís.) *s.f.* estudo relativo a emissão, comportamento e efeitos do elétron no vácuo e nos gases, e à utilização dos recursos eletrônicos.

e.le.trô.ni.co *adj.* relativo à eletrônica.

e.le.tros.fe.ra *s.f.* (Fís.) parte do átomo que circunda o núcleo.

e.le.tros.tá.ti.ca (Fís.) *s.f.* estudo das propriedades e do comportamento de cargas elétricas em repouso.

e.le.tro.téc.ni.ca *s.f.* (Fís.) **1** ciência que tem por objetivo o estudo das aplicações técnicas da eletricidade. **2** curso profissionalizante sobre eletricidade aplicada.

e.le.tro.téc.ni.co *adj.* **1** especialista em eletrotécnica: *O rapaz é eletrotécnico por profissão há tempo.* **2** relativo à eletrotécnica: *engenharia eletrotécnica.* **3** que diz respeito às técnicas de eletricidade e serviços elétricos.

e.le.va.ção *s.f.* **1** aumento. **2** enobrecimento; sublimação: *O sofrimento contribuiu para a elevação de nossos sentimentos.* **3** passagem a uma categoria superior: *A elevação da categoria de vila a município trouxe euforia aos habitantes.* **4** proeminência; colina: *Armamos a barraca numa elevação do terreno.*

e.le.va.do *s.m.* **1** via urbana, para tráfego rodoviário ou ferroviário, construída em nível superior ao do solo; viaduto: *Por este elevado trafegam milhares de carros.* • *adj.* **2** de boa qualidade; superior; nobre: *padrão de vida elevado.* **3** grande; alto; extenso: *A mulher estava com as taxas de colesterol elevadas.* **4** que está acima; em posição superior: *O fotógrafo postou-se no degrau mais elevado da escada.*

e.le.va.dor (ô) *s.m.* máquina que transporta pessoas e objetos para os andares de um prédio, subindo ou descendo; ascensor.

e.le.var *v.t.* **1** levantar; erguer: *Levantou-se e elevou os braços lentamente.* **2** aumentar o valor: *A alta do dólar não deveria elevar o preço do leite.* **3** aumentar a intensidade: *A sua defesa era elevar o tom de voz.* **4** exaltar: *O elogio do professor eleva o moral do aluno.* **5** aumentar a qualidade ou prestígio de; promover: *Só fazer caridade não eleva ninguém à categoria de santo.* • *pron.* **6** subir; erguer-se; alçar-se: *Nossas preces se elevaram aos céus.* **7** estar em determinado ponto ou posição: *Num determinado trecho, o leito da pista se eleva a 50 cm do acostamento.* **8** atingir determinada quantidade: *O número de mortos já se eleva a mais de mil.*

e.li.dir *v.t.* suprimir; eliminar: *O disposto neste artigo não elide as regras previstas nos artigos anteriores.*

e.li.mi.na.ção *s.f.* **1** expulsão: *eliminação de gases.* **2** extinção: *eliminação do mosquito transmissor da dengue.*

e.li.mi.nar *v.t.* **1** suprimir; abolir; excluir: **2** exterminar; matar: *Eliminou as pragas da lavoura.*

e.li.mi.na.tó.ria *s.f.* fase de uma competição em que o perdedor é desclassificado.

e.li.mi.na.tó.rio *adj.* que elimina; que desclassifica: *A primeira prova não é eliminatória.*

e.lip.se *s.f.* **1** forma geométrica caracterizada pela interseção de um cone circular reto com um plano, que faz com o eixo do cone um ângulo maior que o do vértice: *As órbitas dos planetas em torno do Sol são elipses.* **2** (Gram.) omissão de um termo que facilmente se subentende.

e.líp.ti.co *adj.* **1** que tem forma de elipse: *faróis elípticos.* **2** que se apresenta em elipse; oculto; subentendido: *Na frase "Compramos laranjas", o pronome "nós" está elíptico.*

e.li.são *s.f.* eliminação; supressão; omissão: *A sonegação e a elisão dos impostos diretos são crescentes.*

embaixada

e.li.te *s.f.* **1** parte refinada, nata da sociedade ou de um seu segmento: *A festa reunia a elite dos literatos brasileiros.* **2** minoria prestigiada e dominante em um grupo: *A elite dirigente não conhecia a realidade do país.* ◆ **de elite** especial: *atiradores de elite.*

e.li.tis.mo *s.m.* **1** sistema que favorece as elites, com prejuízo da maioria: *O elitismo é típico de qualquer ideologia reacionária.* **2** discriminação social e/ou cultural por parte de uma elite.

e.li.tis.ta *s.2g.* **1** quem é adepto do elitismo: *Os elitistas rejeitam a opinião das massas.* ● *adj.* **2** relativo ao elitismo: *Os assessores do novo presidente não são elitistas.*

e.li.ti.zar *v.t.* tornar próprio da categoria de elite: *O alto custo elitiza os hospitais particulares.*

e.li.xir /ch/ *s.m.* **1** preparado líquido, à base de água e álcool, açucarado, com propriedades medicinais: *elixir contra tosse.* **2** bebida que, supostamente, possui virtudes mágicas: *elixir da juventude.*

el.mo *s.m.* espécie de capacete que protegia a cabeça nas armaduras dos cavaleiros.

el niño (el ninho) (Esp.) *s.m.* corrente de águas marinhas superficiais e quentes, que ocorre por vezes na costa ocidental da América do Sul e causa grandes alterações climáticas e ecológicas.

e.lo (é) *s.m.* **1** cada um dos anéis de uma corrente: *Faltavam dois elos em sua corrente.* **2** elemento de ligação, união. ◆ **elo perdido** na teoria evolucionista de Darwin, o espécime intermediário entre o macaco e o homem.

e.lo.gi.ar *v.t.* gabar; louvar: *Um colunista elogiou os quadros da exposição.*

e.lo.gi.o *s.m.* louvor: *O elogio nos traz mais responsabilidade.*

e.lo.gi.o.so (ô) *adj.* que contém elogio: *Um comentário elogioso nos faz bem.*

e.lo.quên.cia (qüen) *s.f.* **1** capacidade de falar e expressar-se facilmente: *exercícios de eloquência.* **2** persuasão; expressividade.

e.lo.quen.te (qüen) *adj.* **1** que fala com facilidade e expressividade. **2** vibrante; persuasivo; expressivo: *Deixo vocês com a palavra eloquente do nosso novo diretor.*

el-rei *s.m.* rei, ou o rei.

e.lu.ci.dar *v.t.* esclarecer; explicar; resolver: *Um livro que elucida a vida do jogador.*

e.lu.cu.brar *v.t.* elaborar mentalmente: *Elucubrou a tese durante anos.*

em *prep.* relaciona dois termos da oração indicando: **1** inclusão; dentro de: *leite vendido em saquinhos de plástico.* **2** localização superior; sobre: *Dormia em colchão de crina.* **3** contiguidade no espaço; junto a: *placa na porta do escritório.* **4** posição intermediária; entre: *Anda pela mata com a faca nos dentes.* **5** lugar: *Moro em Santos.* **6** ponto no tempo: *Menina nascida em 1989.* **7** limite temporal; no prazo de: *Em 5 dias, estou livre do trabalho.* **8** causalidade; por causa de: *contorcer-se em dores.* **9** preço ou valor: *prejuízos avaliados em seis mil dólares.* **10** modo: *sair em silêncio.* **11** meio ou instrumento: *Resolveu a pendenga no braço.* **12** introdução de complemento: *confiar, pensar, mergulhar em.*

e.ma *s.f.* ave corredora sul-americana, pernalta, parecida com a avestruz.

e.ma.gre.ce.dor (ô) *adj.* relativo ao emagrecimento: *A caminhada diária tem efeito emagrecedor.*

e.ma.gre.cer *v.t.* **1** tornar mais magro; reduzir a gordura: *A seca está emagrecendo o gado.* ● *int.* **2** tornar-se mais magro; perder peso: *Emagreci jogando tênis.* **3** (Fig.) reduzir-se; diminuir em riqueza, importância ou valor: *Nosso salário continua emagrecendo.* // Ant.: engordar.

e-mail (imêil) (Ingl.) *s.m.* (Inf.) redução de *electronic mail*; correio eletrônico conectado à Internet, que funciona como uma caixa postal, para envio e recebimento de mensagens.

e.ma.na.ção *s.m.* **1** desprendimento de gases ou odores; eflúvio: *emanação de gases tóxicos.* **2** proveniência; origem: *emanação de ideias.*

e.ma.nar *v.t.* **1** provir; proceder; originar-se: *Nenhum poder é verdadeiro se não emana do povo.* **2** escalar-se: *Um odor de rosas emanava do jardim.*

e.man.ci.pa.ção *s.f.* **1** promoção de alforria ou libertação: *Hoje, 13 de maio, comemora-se a emancipação dos escravos.* **2** (Dir.) aquisição do gozo dos direitos civis: *A mulher moderna não depende de emancipação para sair da casa dos pais.* **3** aquisição de independência ou autonomia: *Estão acontecendo plebiscitos sobre a emancipação de municípios.*

e.man.ci.par *v.t.* **1** tornar independente; libertar: *O casamento emancipa o menor para todos os efeitos civis.* ● *pron.* **2** (Dir.) adquirir autonomia quanto ao exercício dos direitos civis: *Quando completa 21 anos, a mulher se emancipa.* **3** tornar-se independente: *Mais de duzentos municípios se emanciparam.*

e.ma.ra.nha.do *s.m.* **1** entrelaçamento desordenado e confuso: *um emaranhado de fibras ressequidas.* ● *adj.* **2** embaraçado; enredado: *mata emaranhada.* **3** misturado; confuso: *Minhas ideias estavam emaranhadas.*

e.ma.ra.nhar *v.t.* **1** embaraçar; misturar de forma confusa: *O barulho da discoteca emaranhava meu raciocínio.* ● *pron.* **2** ficar enredado; embaraçar-se: *A mosca se emaranha na teia de aranha.*

e.mas.cu.la.ção *s.f.* **1** castração. **2** perda do vigor; enfraquecimento: *Tudo fica no arremedo de ação, na emasculação das responsabilidades.*

e.mas.cu.lar *v.t.* **1** tirar a virilidade a; castrar. **2** privar do vigor masculino.

em.ba.ça.do *adj.* **1** diz-se de superfície recoberta de gotículas de vapor; sem brilho: *O tempo chuvoso deixava os vidros do carro embaçados.* **2** ofuscado: *A idosa queixou-se de que tinha a vista embaçada.* **3** sem discernimento: *Tinha a inteligência um tanto embaçada.*

em.ba.çar *v.t.* **1** fazer perder a transparência; tornar fosco, sem brilho: *O vapor da sauna embaça meus óculos.* **2** dificultar a visão a; ofuscar: *A poluição embaça os olhos.* ● *int.* **3** perder a transparência; tornar-se fosco: *No frio, lentes, espelhos e vidros embaçam.*

em.ba.ci.ar *v.t.* embaçar: *Nossas respirações embaciavam o vidro.*

em.bai.xa.da *s.f.* **1** posto ou função de embaixador: *embaixada brasileira.* **2** missão diplomática que um país envia a outro: *A embaixada anunciou sua posição quanto ao assunto.* **3** comitiva do embaixador: *A embaixada foi recepcionada pelo ministro das Relações*

embaixador

Exteriores. **4** local onde funciona a representação diplomática e reside o embaixador. **5** (Bras.) malabarismo que o jogador faz com a bola: *Zé Carioca faz embaixada para a criançada apreciar*.

em.bai.xa.dor (ô) *s.m.* **1** representante de um governo junto a outro; chefe de embaixada: *Sonhava ser um embaixador do Brasil num país da Europa*. **2** representante de entidades ou pessoas de um país junto a outro: *O campeão da Fórmula 1 foi nomeado embaixador da Unesco*. // Fem.: embaixadora e embaixatriz.

em.bai.xa.do.ra (ô) *s.f.* **1** representante diplomática. **2** mulher encarregada de missão particular.

em.bai.xa.triz *s.f.* **1** esposa do embaixador: *A embaixatriz compareceu à recepção*. **2** representante de uma entidade: *A modelo foi consagrada como embaixatriz do turismo*.

em.bai.xo *adv.* **1** na parte inferior: *Agora os carros ficam aqui embaixo, no pátio*. **2** por baixo: *O cachorro está deitado embaixo da mesa*.

em.ba.la.do *adj.* **1** ninado; acalentado: *Dormia embalado ao som das valsas antigas*. **2** (Coloq.) em alta velocidade: *O carro estava embalado*.

em.ba.la.gem *s.f.* **1** invólucro de acondicionamento de um produto: *O bom produto se conhece pela embalagem*. **2** acondicionamento de mercadorias em caixas, pacotes: *Trabalhava na embalagem de objetos frágeis*.

em.ba.lar[1] *v.t.* colocar em embalagem; empacotar: *Embalou a louça para a mudança*.

em.ba.lar[2] *v.t.* **1** encantar; acalentar; enlevar. **2** balançar suavemente para fazer adormecer; ninar: *Embalou a criança para que adormecesse*. **3** ter em mente; alimentar: *O casal embalava o sonho de ter filhos gêmeos*. • *pron.* **4** entreter-se. • *int.* **5** acelerar: *Na descida, o carro embalou*.

em.ba.lo *s.m.* **1** movimento envolvente; balanço: *Fazia suas canções ao embalo da rede*. **2** ondulação ou agitação: *O embalo das ondas me deixava tonto*. **3** impulso; corrida: *O jogador estava no embalo para chutar a bola*. **4** animação; euforia: *No embalo das comemorações, resolveram se casar*. **5** (Bras. Coloq.) festa; comemoração: *Hoje é sexta-feira, dia de embalo*.

em.bal.sa.mar *v.t.* **1** impregnar com perfume de bálsamo: *Um aroma agradável embalsamava o nosso quarto*. **2** envolver; enlevar: *Uma bruma embalsamava nossas almas*. **3** acondicionar com substâncias que impedem a decomposição: *Os egípcios embalsamavam os corpos dos faraós*.

em.ba.na.na.do *adj.* (Coloq.) em difícil situação; complicado: *Estou embananado com essa história*.

em.ba.na.nar *v.t.* (Coloq.) **1** atrapalhar a execução ou o andamento de; embaraçar: *A contraordem do chefe embananou nosso trabalho*. • *pron.* **2** atrapalhar-se; embaraçar-se: *É raro um homem que não se embanane ao dar o nó na gravata*.

em.ban.dei.rar *v.t.* **1** enfeitar com bandeiras: *As torcidas embandeiraram o estádio*. • *pron.* **2** ornar-se, cobrir-se com bandeiras: *O país se embandeirou em sinal de júbilo*.

em.ba.ra.çar *v.t.* **1** criar impedimento; obstruir; dificultar: *Os saltos altos embaraçavam os passos da moça*. **2** criar constrangimento; atrapalhar: *Se isso fosse publicado poderia embaraçar muita gente!* • *pron.* **3** ficar enredado; enrolar-se: *O menino embaraçou-se no carpete*. **4** atrapalhar-se: *Os dois jogadores se embaraçaram e o juiz marcou pênalti*. **5** ficar confuso, perturbado: *O calouro não se embaraçou e ficou em primeiro lugar*. • *int.* **6** emaranhar-se: *Seus cabelos embaraçam facilmente*.

em.ba.ra.ço *s.m.* **1** obstáculo; dificuldade: *A alfândega não impôs embaraço à nossa mercadoria*. **2** perturbação; atrapalhação: *Mostrava um certo embaraço na hora de falar com estranhos*.

em.ba.ra.ço.so (ô) *adj.* que causa constrangimento: *situação embaraçosa*.

em.ba.ra.fus.tar *v. int* e *pron.* entrar com ímpeto; meter-se: *Dobrei na primeira esquina e (me) embarafustei por uma loja de artigos femininos*.

em.ba.ra.lha.men.to *s.m.* **1** ação de embaralhar cartas. **2** confusão; desordem: *embaralhamento na visão*.

em.ba.ra.lhar *v.t.* **1** intercalar; misturar; baralhar. **2** causar desordem: *A greve embaralhou o trânsito*. **3** confundir: *A mudança de plano embaralhou minhas ideias*. • *pron.* **4** confundir-se; misturar-se; atrapalhar-se: *A visão se embaralhou*.

em.bar.ca.ção *s.f.* veículo destinado a navegar sobre águas.

em.bar.ca.di.ço *s.m.* quem costuma viajar embarcado; marinheiro: *documentos de embarcadiço*.

em.bar.ca.dou.ro *s.m.* local de embarque.

em.bar.car *v.t.* **1** colocar em veículo de transporte para ser remetido; despachar; remeter: *Embarcou sua safra de café*. **2** (Coloq.) ingressar; entrar: *Quem embarca no mundo do crime acaba preso*. **3** ser levado a participar; ser envolvido: *Embarcou naquela história da mina de diamantes e se deu mal*. • *int.* **4** entrar em veículo para viajar; tomar condução: *Embarquei para o norte*. ✦ **embarcar nessa (canoa)** (Coloq.) aderir a uma ideia ou projeto: *Vocês dão corda e eu embarco nessa*.

em.bar.gar *v.t.* **1** determinar o cancelamento de; impedir o prosseguimento de: *A prefeitura embargou as obras do edifício*. **2** impedir a execução judicial: *Tentará embargar a penhora de seus bens*. **3** (Fig.) tolher; obstruir: *A emoção embargava minha voz*.

em.bar.go *s.m.* **1** impedimento; obstáculo; empecilho. (Jur.) **2** arresto: *A empresa sofreu embargo de seus bens*. **3** impedimento judicial à execução de obra: *O juiz embargou a construção do edifício*. ✦ **sem embargo** não obstante.

em.bar.que *s.m.* ato de embarcar: *O embarque estava previsto para as três horas da manhã*.

em.bar.ri.gar *v.int.* **1** (Coloq.) engravidar: *A moça embarrigou*. **2** criar barriga por efeito do bom trato.

em.ba.sa.men.to *s.m.* **1** conhecimento básico; fundamento: *Para resolver esse problema, é preciso um embasamento de Matemática*. **2** parte inferior que serve de base a uma construção: *O tremor de terra não afetou o embasamento de concreto do prédio*.

em.ba.sar *v.t.* **1** servir de base para; fundamentar: *Fatos reais embasam nossos argumentos*. • *pron.* **2** ter como base ou fundamento: *A acusação embasava-se em provas materiais*.

embotado

em.bas.ba.car v.t. 1 embaraçar; encabular: *O turista, com seu português enrolado, embasbacava o vendedor*. • pron. 2 embaraçar-se; atrapalhar-se: *O locutor embasbacou-se diante do ilustre entrevistado*.

em.ba.te s.m. 1 confronto; luta; combate: *Já é fato corriqueiro o embate entre polícia e manifestantes*. 2 choque; colisão: *Ficava horas vendo o embate das ondas nas rochas*. 3 lances adversos do destino: *Só com fé e perseverança venceremos os embates da vida*.

em.ba.tu.car v.t. 1 fazer calar; deixar sem fala ou resposta. • int. 2 não poder falar; calar-se.

em.ba.ú.ba s.f. árvore de tronco contínuo, grandes folhas e flores agregadas em espigas, cujas sementes, bem como as folhas, servem de alimento aos animais.

em.be.be.dar v.t. 1 embriagar: *O vinho embebedou-o rapidamente*. • pron. 2 tornar-se bêbado; embriagar-se: *Fica valente quando se embebeda*.

em.be.ber v.t. 1 encharcar; empapar; ensopar: *É necessário embeber estopa em querosene para tirar manchas*. • pron. 2 encharcar-se; ensopar-se. 3 (Fig.) ficar embevecido; inebriar-se: *Embebia-me na beleza da paisagem*.

em.be.bi.do adj. 1 (Fig.) impregnado; absorto: *Todos pareciam embebidos da paz ali reinante*. 2 ensopado; totalmente mergulhado em líquido: *Utilizamos um algodão embebido em álcool*.

em.be.le.za.men.to s.m. ato de embelezar(-se): *Ela gasta todo o salário no embelezamento da casa*.

em.be.le.zar v.t. 1 tornar belo; ornamentar; enfeitar: *O jardim bem cuidado embeleza a frente da casa*. 2 enaltecer; elevar: *As boas ações embelezam o espírito*. • pron. 3 tornar-se belo; enfeitar-se: *Ele ficava mais de duas horas se embelezando*.

em.be.ve.cer v.t. 1 causar encanto, deleite, enlevo em; extasiar: *O canto dos pássaros embevecia a jovem*. • pron. 2 extasiar-se; encantar-se: *Todos se embeveciam com a inteligência do rapaz*.

em.bi.car v.t. 1 dar a forma de bico; tornar bicudo: *Ficou nervoso, embicou o chapéu na cabeça e saiu resmungando*. 2 enveredar: *embicar o carro*. • int. 3 cair de bico: *A asa direita bateu em um poste e o avião embicou para a rua*.

em.bi.ra s.f. 1 árvore de até 5 m com folhas muito venenosas e flores pequenas, cálice afunilado de cuja entrecasca se produzem fibras com que se fabricam cordas, redes, cestos e outros utensílios. 2 qualquer casca de cipó usado para amarrar.

em.bir.rar v.t. 1 implicar com; antipatizar; aborrecer-se: *Quando meu pai embirrava com alguém, era para sempre*. 2 insistir muito; teimar. • int. 3 mostrar-se birrento.

em.ble.ma s.m. 1 insígnia; distintivo: *Mandou afixar o emblema do clube na parede do quarto*. 2 símbolo: *A personagem era o emblema da coragem*.

em.ble.má.ti.co adj. simbólico; representativo: *O presidente vestiu o emblemático boné dos garotos*.

em.bo.a.ba s.m. (Deprec.) alcunha dada aos descendentes de bandeirantes paulistas ou forasteiros portugueses.

em.bo.ca.du.ra s.f. 1 foz ou boca de um rio, entrada de túnel, rua ou estrada: *O rio se alarga na emboca-*

dura. 2 parte de instrumentos de sopro que se introduz na boca; bocal: *A embocadura do trompete era de prata*. 3 maneira de posicionar os lábios para se produzir sons nos instrumentos de sopro. 4 parte do freio que fica na boca de cavalgaduras.

em.bo.car v.t. 1 colocar a boca no bocal de um instrumento de sopro: *Embocou o fagote e começou a tocar*. 2 pôr freio na boca de uma cavalgadura: *Alisava o pelo do cavalo, enquanto embocava*. 3 encaçapar. 4 entrar com uma embarcação na embocadura de um rio: *Embocou o navio pela foz do Amazonas*. 5 penetrar em: *Sem nenhuma cerimônia, embocou na sala*.

em.bo.la.da s.f. forma poético-musical própria do Nordeste brasileiro.

em.bo.lar v.t. 1 enrolar em forma de bola: *Embolou algumas notas e atirou-as sobre o balcão*. 2 emaranhar; misturar. 3 tornar confuso: *O time surpreende, derruba o último invicto e embola o campeonato*. • int. e pron. 4 emaranhar-se: *As roupas (se) embolaram ao serem lavadas na máquina*. 5 tornar-se confuso: *As coisas por aqui vão(-se) embolando cada vez mais*.

em.bo.li.a s.f. (Patol.) obstrução repentina de uma veia ou artéria, por um êmbolo: *embolia pulmonar*.

êm.bo.lo s.m. 1 em seringas ou bombas, cilindro que desliza para provocar o deslocamento de líquidos ou gases: *Quando se trata de líquido oleoso, deve-se comprimir o êmbolo devagar*. 2 (Patol.) qualquer massa anormal de matéria sólida, líquida ou gasosa veiculada pelo sangue.

em.bo.lo.rar v.int. criar bolor; mofar: *Os biscoitos emboloraram*.

em.bol.sar v.t. 1 colocar no bolso ou na bolsa. 2 apossar-se de: *Embolsou o dinheiro arrecadado*. 3 ganhar; receber: *Trabalhando à noite, chegava a embolsar duzentos reais por semana*. 4 pagar o que se deve; indenizar.

em.bo.ne.car v.t. 1 enfeitar; adornar. 2 fazer desenvolver espigas: *O sol emboneca o milho*. • pron. 3 enfeitar-se: *Passara horas se embonecando*.

em.bo.ra conj. 1 ainda que; posto que; conquanto: *Embora chovesse, saiu sem guarda-chuva*. • adv. 2 não obstante; mesmo: *Embora conhecesse seus livros, não os lia*. 3 expressa separação; distanciamento no espaço: *Vamos logo embora daqui*.

em.bor.car v.t. 1 virar algo de boca para baixo: *A copeira emborcou a tigela sobre a mesa*. 2 beber sofregamente: *Emborcou uma garrafa de água*. • int. 3 curvar-se em forma de arco: *O lutador recebeu um golpe no estômago e emborcou*. 4 virar de borco: *O navio emborcou*.

em.bor.nal s.m. saco ou bolsa, a tiracolo, para transportar pequenos objetos e/ou comida; bornal: *Trago os talheres no embornal*.

em.bos.ca.da s.f. espera que se faz ao inimigo, em lugar oculto, para o assaltar ou agredir; cilada; tocaia.

em.bos.car v.t. 1 fazer cair em emboscada: *Sua missão era emboscar os inimigos*. • pron. 2 embrenhar-se; esconder-se: *O fugitivo emboscou-se num barraco*.

em.bo.ta.do adj. 1 enfraquecido; fragilizado: *A imagem do sindicalista andava embotada, quase esquecida*. 2 obstruído; entorpecido; limitado: *Informe-se para não ficar com a mente embotada*.

333

embotar

em.bo.tar v.t. **1** fazer perder a acuidade ou a sensibilidade: *O egoísmo embota os sentimentos humanitários.* **2** fazer perder (o brilho, o valor): *Esse fato não embotaria o brilho de uma obra clássica.*

em.bran.que.cer v.t. **1** tornar branco, branquear: *A idade embranquece os cabelos.* • *int.* **2** tornar-se branco: *Antes dos trinta, seus cabelos embranqueceram.*

em.bre.a.gem s.f. (Autom.) dispositivo instalado entre o motor do carro e a caixa de mudanças, que permite ligar e desligar o motor da transmissão por intermédio de discos de fricção.

em.bre.nhar v.t. **1** meter; esconder: *Embrenhou a mulher na mata.* • *pron.* **2** penetrar em: *Os fugitivos embrenharam-se num matagal.* **3** aprofundar-se: *Se o assunto é futebol, embrenhamo-nos numa discussão sem fim.*

em.bri.a.ga.do adj. **1** bêbado; alcoolizado; ébrio: *O indiciado estava embriagado.* **2** inebriado; extasiado: *Estava embriagado de glória.*

em.bri.a.gar v.t. **1** tornar ébrio; embebedar: *Os rapazes embriagaram o colega.* **2** inebriar; extasiar; enlevar: *Aquela música me embriagava.* • *pron.* **3** ficar ébrio; embebedar-se: *Não gostava de embriagar-se.* **4** ficar inebriado; extasiar-se; enlevar-se: *Embriago-me quando contemplo o pôr do sol.*

em.bri.a.guez s.f. **1** estado de indivíduo embriagado; bebedeira: *Tentava disfarçar a embriaguez.* **2** êxtase; enlevo: *Ao ouvir sua voz, invade-me uma doce embriaguez.*

em.bri.ão s.m. **1** (Zool.) ser vivo nas primeiras fases de desenvolvimento. **2** (Bot.) organismo primitivo que se forma no interior da semente.

em.bri.o.ge.ni.a s.f. (Embr.) a produção ou origem do embrião, embriogênese.

em.brio.lo.gi.a s.f. ramo da biologia que se ocupa da formação e do desenvolvimento do embrião.

em.brio.ná.rio adj. **1** relativo a embrião: *desenvolvimento embrionário.* **2** de crescimento; que está em formação: *período embrionário.*

em.bri.os.co.pi.a s.f. (Obst.) visualização de embrião no útero mediante o uso de endoscópio.

em.bro.ma.ção s.f. (Coloq.) tapeação: *Acho pura embromação essa história de extraterrestres.*

em.bro.mar v.t. **1** enganar com protelações; tapear: *Embromava os clientes e não liberava o empréstimo.* • *int.* **2** deixar de tomar decisões; negligenciar: *Todo mundo sentiu que o candidato estava embromando.*

em.bru.lha.da s.f. confusão; trapalhada; embaraço: *Você me meteu numa embrulhada.*

em.bru.lha.do adj. **1** empacotado: *Trouxe os presentes embrulhados em papel de seda.* **2** envolto; coberto. **3** complicado; confuso; difícil: *Entrei num negócio meio embrulhado.* **4** nauseado; enjoado: *Estava com o estômago embrulhado.*

em.bru.lhar v.t. **1** enrolar; empacotar: *Embrulhou a fruta num jornal.* • *pron.* **2** enrolar-se: *Estava frio, as crianças embrulhavam-se nas cobertas.* **3** (Coloq.) enganar; tapear: *O vendedor estava querendo me embrulhar.* • *int.* e *pron.* **4** confundir-se; atrapalhar-se: *Os negócios se embrulhavam e a gente ficava perdido.*

em.bru.lho s.m. **1** objeto embrulhado; pacote: *O carteiro trouxe um embrulho muito pesado.* **2** (Coloq.) embaraço; confusão: *Agora quero ver você sair desse embrulho.*

em.bru.te.cer v.t. **1** tornar bruto; tornar desumano: *A injustiça e os maus-tratos embrutecem os homens.* • *int.* e *pron.* **2** tornar-se bruto, insensível, estúpido: *Sem convivência social, corre o risco de (se) embrutecer.*

em.bru.te.ci.men.to s.m. perda da sensibilidade ou do caráter humano: *O embrutecimento do ser humano infelizmente acontece.*

em.bu.char v.t. **1** encher o bucho com; comer até o estômago ficar cheio em demasia. **2** fartar, saciar. **3** colocar bucha em.

em.bur.ra.do adj. carrancudo; amuado: *A menina vivia emburrada pelos cantos.*

em.bur.rar v.int. **1** emburrecer; tornar-se estúpido. **2** ficar de mau humor; retrair-se; amuar: *A mulher emburrou, não queria sair.*

em.bur.re.cer v.t. **1** fazer perder a inteligência: *Aquele filme emburrece as pessoas.* • *int.* **2** tornar-se burro; perder a inteligência.

em.bus.te s.m. trapaça; cilada; mentira ardilosa: *Só mais tarde percebi os embustes daquele falso amigo.*

em.bus.tei.ro s.m. pessoa trapaceira ou hipócrita: *Aqueles embusteiros compravam e não pagavam.*

em.bu.ti.do s.m. **1** obra marchetada ou incrustada: *armário de madeiras embutidas.* **2** produto alimentício acondicionado em invólucro de tripa ou equivalente: *A salsicha é um embutido.* • adj. **3** diz-se do produto acondicionado em invólucro de tripa ou equivalente: *Deverão ser reajustados os preços dos produtos embutidos.* **4** diz-se do armário fixado em vão formado por duas ou três paredes: *armário embutido.* **5** colocado dentro: *A placa de modem vem embutida no micro.*

em.bu.tir v.t. **1** colocar; inserir; introduzir: *As lojas embutiam nos preços a inflação futura.* • *pron.* **2** introduzir-se; entrar: *Embuti-me no meio daquela gente.*

e.me s.m. nome da letra *m*.

e.men.da s.f. **1** ligadura; conexão: *A emenda do cano era de plástico.* **2** adendo, acréscimo a uma lei ou projeto: *A emenda ao projeto continha dez páginas.* **3** correção: *Na leitura do discurso, fez algumas emendas de improviso.* ✦ **pior a emenda que o soneto** correção de um erro que ficou pior do que o próprio erro.

e.men.dar v.t. **1** corrigir: *Tentou emendar o que dissera, mas já era tarde.* **2** unir; juntar: *Pegou o barbante e emendou as duas pontas.* **3** alterar; modificar: *Emendava tudo o que escrevia.* • *int.* e *pron.* **4** corrigir-se: *O aluno não (se) emendava, insistia em vir sem uniforme.*

e.men.ta s.f. **1** apontamento; nota. **2** súmula; resumo.

e.mer.gên.cia s.f. **1** surgimento; aparecimento: *emergência de um novo modelo de administração.* **2** situação que demanda providências urgentes: *O porteiro nos disse que era uma emergência.* ✦ **de emergência** que deve ser utilizado em caso de necessidade urgente; emergencial: *saída de emergência.*

e.mer.gen.ci.al adj. que atende a uma necessidade momentânea; de emergência: *A prefeitura construiu abrigos emergenciais.*

e.mer.gen.te s.2g. **1** pessoa que de repente passa a fazer parte da alta sociedade: *A emergente esnobou o vestido comprado no exterior.*

empacotador

- *adj.* **2** que emerge ou surge num determinado momento.
e.mer.gir *v.t.* **1** fazer sair algo de onde estava mergulhado: *Usaram um guindaste para emergir o barco afundado.* • *int.* **2** vir à tona; sair de: *O submarino emergiu.* **3** surgir; aparecer; despontar: *À medida que relemos um texto, novos significados vão emergindo.* // Ant.: imergir; Pp.: emergido, emerso.
e.mé.ri.to *adj.* altamente versado numa ciência, arte ou profissão; insigne: *professor emérito da faculdade.*
e.mer.são *s.f.* **1** vinda à tona; subida: *O mergulhador faz a emersão à superfície para respirar.* **2** saída de uma crise; ascensão: *A emersão daquele país é um fato que merece consideração.* **3** saída de um líquido para a superfície: *A emersão de águas termais produziu bacias oceânicas.* // Ant.: imersão.
e.mer.so (é) *adj.* **1** que está sobre as águas: *O mar entra em contato com um rochedo emerso.* **2** que saiu de onde estava mergulhado ou envolto: *Sua figura parecia emersa das trevas.* // Ant.: imerso.
e.mé.ti.co *s.m.* **1** substância que provoca vômito. • *adj.* **2** que provoca vômito.
e.mi.gra.ção *s.f.* saída do local de origem para viver em outro: *A Itália assistia à emigração de sua gente para o Brasil.* // Ant.: imigração.
e.mi.gran.te *s.2g.* **1** pessoa que saiu do seu lugar de origem para viver em outro. • *adj.* **2** que saiu de seu lugar de origem para viver em outro: *Sempre recebemos os portugueses emigrantes.* // Ant.: imigrante.
e.mi.grar *v.t.* **1** transferir-se de um país ou de uma região para outra: *Emigraram da Espanha para a América.* • *int.* **2** sair do lugar de origem: *Os ciganos vivem emigrando.* // Ant.: imigrar.
e.mi.gra.tó.rio *adj.* **1** de emigração: *movimento emigratório.* **2** que trata de emigração: *organizações emigratórias.* **3** que promove emigração: *países emigratórios.* **4** de emigrantes: *Vêm diminuindo os contingentes emigratórios.* // Ant.: imigratório.
e.mi.nên.cia *s.f.* **1** excelência; superioridade: *a eminência de Machado de Assis como um criador de contos.* **2** elevação de terreno; altura; saliência: *E, junto ao altar de pedra, há uma leve eminência.* **3** tratamento dado aos cardeais. // Cp.: iminência.
e.mi.nen.te *adj.* **1** emérito; importante; sublime: *Quero agradecer a presença do eminente deputado.* **2** alto, elevado: *ponte eminente.* // Cp.: iminente.
e.mir *s.m.* príncipe ou chefe militar muçulmano.
e.mi.ra.do *s.m.* território ou região governado por um emir.
e.mis.são *s.f.* **1** ato de emitir ou projetar de si: *emissão de luz.* **2** expedição; fornecimento: *emissão de nota fiscal.* **3** ato de pôr em circulação: *emissão de papel-moeda.* **4** no processo de comunicação, ação de emitir uma mensagem, um enunciado: *A emissão do recado aos alunos foi bem clara.* **5** transmissão de programa radiofônico ou televisivo: *A emissão da Copa do Mundo é disputada pelas redes de TV.*
e.mis.sá.rio *s.m.* **1** pessoa enviada para cumprir uma missão; mensageiro: *Enviou um emissário para conversar com o ministro.* **2** canal de esgotamento sanitário ou pluvial que se destina a conduzir os materiais recolhidos e devidamente processados ao local de lançamento. • *adj.* **3** que se encarrega de cumprir uma missão; mensageiro: *Chegou um emissário trazendo a boa notícia.*
e.mis.sor (ô) *s.m.* **1** lançador: *emissor de som.* **2** expedidor: *Uma emissora de cartões de crédito não cumpriu o contrato.* **3** quem produz algo para colocar em circulação: *O Banco Central se transformou num emissor de moeda.* **4** aquele que fala no processo da comunicação: *Emissor e receptor devem dominar o mesmo código.* • *adj.* **5** que emite: *uma fonte emissora de raios X.* **6** que emite para pôr em circulação: *Não havia no selo o nome do país emissor.*
e.mis.so.ra (ô) *s.f.* **1** estação transmissora de programas de rádio ou televisão. **2** empresa que produz e transmite programas.
e.mi.ten.te *s.2g.* **1** pessoa que emite um documento de crédito: *o emitente de um cheque.* **2** emissor; o que emite.
e.mi.tir *v.t.* **1** lançar de si: *O violino emitia um som melancólico.* **2** fazer circular: *O Banco Central emitirá mais papel-moeda.* **3** divulgar; tornar público: *A empresa emite boletins diários.* **4** exprimir; pronunciar: *Emite sons não articulados.* **5** enviar: *A torre de controle emitia sinais em código.*
e.mo.ção *s.f.* reação sentimental e forte a um fato; comoção: *Foi grande a emoção quando revi minha filha.*
e.mo.ci.o.nal *adj.* de caráter emotivo: *Sofre de desequilíbrio emocional.*
e.mo.ci.o.nan.te *adj.* que causa emoção; comovente: *O final do espetáculo foi emocionante.*
e.mo.ci.o.nar *v.t.* **1** causar emoção; comover; impressionar: *O reencontro de mãe e filho emocionou os telespectadores.* • *pron.* **2** comover-se; impressionar-se: *Dizem que a mulher se emociona mais facilmente.* • *int.* **3** provocar emoção; impressionar: *O casamento emocionou.*
e.mol.du.rar *v.t.* **1** ornamentar com ou como moldura: *Pediu para emoldurar seus quadros.* **2** enfeitar: *Emoldurou o prato de maionese com folhas de salsinha.*
e.mo.li.en.te *adj.* (Med.) que causa amolecimento; que abranda: *gel para banho com extratos vegetais emolientes.*
e.mo.lu.men.to *s.m.* **1** lucro; vantagem. **2** rendimento dum cargo, além do ordenado fixo; gratificação. • *pl.* **3** lucros eventuais.
e.mo.ti.vi.da.de *s.f.* caráter do que é emotivo; emoção: *A obra de arte expressa uma emotividade.*
e.mo.ti.vo *adj.* **1** que se emociona facilmente: *pessoa emotiva.* **2** que deriva da emoção; cheio de emoção: *Era um choro de fundo emotivo.* **3** que causa emoção: *A arte é uma sequência de surpresas emotivas.*
em.pa.car *v.int.* **1** (Bras.) não prosseguir; parar: *A égua empacou, não saiu do lugar.* **2** (Coloq.) não prosseguir; estagnar.
em.pa.char *v.t.* **1** sobrecarregar; abarrotar; empanturrar: *Empachou o estômago de tanto comer.* • *pron.* **2** empanturrar-se; abarrotar-se: *Empachou-se de doces.*
em.pa.co.ta.do *adj.* embrulhado em forma de pacote: *Trouxe alguns objetos empacotados e os deixou na portaria.*
em.pa.co.ta.dor (ô) *s.m.* **1** quem executa a tarefa de fazer pacotes: *A firma contratou mais dois empacotadores.* • *adj.* **2** que faz pacotes: *Pergunte ao garoto empacotador.*

empacotar

em.pa.co.tar *v.t.* **1** reunir em maço ou pacote; embrulhar; embalar: *empacotar balas*. • *int.* **2** (Coloq.) morrer: *Fulano empacotou ali mesmo*.

em.pa.da *s.f.* iguaria de massa com recheio, geralmente assada em fôrmas pequenas para consumo individual.

em.pa.dão *s.m.* empada feita em fôrma grande; torta salgada.

em.pá.fia *s.f.* orgulho vão; soberba; arrogância: *O chefe veio com muita empáfia, menosprezando os funcionários*.

em.pa.lha.dor (ô) *s.m.* **1** pessoa que faz trabalho de revestimento com palha ou similar: *empalhador de cadeiras*. **2** pessoa que prepara animais mortos para conservação, usando palha: *empalhador de passarinhos*.

em.pa.lhar *v.t.* **1** tecer ou revestir com palha: *Fazia cestos e empalhava cadeiras*. **2** acondicionar com palha para conservar: *Pescar e empalhar peixes era o seu passatempo*.

em.pa.li.de.cer *v.t.* **1** fazer perder a cor ou o brilho: *empalidecer o rosto com maquiagem*. • *int.* **2** perder a cor ou o brilho; fazer-se pálido: *Quando vi aquela cena, empalideci*.

em.pal.mar *v.t.* **1** ocultar na palma da mão: *O mágico empalmava objetos e os fazia sumir*. **2** furtar: *Enquanto um dos ladrões os amarrava, o outro ia empalmando as joias*. **3** tomar posse de; apoderar-se de: *Empalmaram os bens do avô*.

em.pa.nar¹ *v.t.* **1** ofuscar; deslustrar: *A situação constrangedora empanou o brilho da festa*. • *pron.* **2** perder o brilho; embaçar: *Na velhice, a voz enfraquece e os olhos se empanam*.

em.pa.nar² *v.t.* envolver em farinha e ovo, antes de fritar: *empanar os bifes*.

em.pan.tur.rar *v.t.* **1** encher o estômago; saciar a fome à exaustão: *A dona da festa ia empanturrando os convidados com arroz de forno*. • *pron.* **2** encher-se de comida; abarrotar-se; empanzinar-se: *Empanturrou-se no jantar*.

em.pa.par *v.t.* **1** molhar; ensopar; encharcar: *O suor empapava minha camisa*. • *pron.* **2** encharcar-se: *As roupas empaparam-se na chuva*.

em.pa.pe.lar *v.t.* envolver em papel; embrulhar: *empapelar o presente*.

em.pa.pu.çar *v.t.* encher de papos ou pregas.

em.pa.re.lhar *v.t.* **1** pôr lado a lado: *O policial emparelhou sua moto com o nosso carro*. • *pron.* **2** estar no mesmo nível; equiparar-se; ser igual: *As obras emparelham-se*. • *int.* **3** ficar lado a lado.

em.pas.tar *v.t.* **1** tornar pastoso: *O sangue empastava os seus cabelos*. **2** tornar (voz, fala) confuso; alterar: *Falava empastando as palavras*. • *pron.* **3** tornar-se pastoso: *O sangue ia se empastando*.

em.pas.te.la.men.to *s.m.* **1** inutilização das oficinas gráficas: *Na época da ditadura, era comum o empastelamento dos jornais*. **2** confusão; mistura: *O empastelamento do texto dificultava a compreensão*.

em.pas.te.lar *v.t.* **1** misturar caracteres tipográficos. **2** destruir oficina tipográfica: *A polícia empastelou a tipografia*.

em.pa.ta.do *adj.* **1** em que não há vencedor: *O primeiro jogo terminou empatado*. **2** diz-se de dinheiro recebido numa aplicação: *O capital empatado é enorme*.

em.pa.tar *v.t.* **1** aplicar (dinheiro): *Você empatou todo o seu capital?* **2** (Coloq.) atrapalhar; impedir: *Preciso trabalhar e você fica empatando meu serviço*. **3** igualar o valor ou quantidade de: *O governo tenta empatar a despesa com a receita*. **4** igualar em resultado: *Nas eleições, o partido do governo praticamente empatou com o da oposição*. **5** coincidir: *A minha idade empata com a sua*. • *int.* **6** igualar em resultado: *Os times empataram*.

em.pa.te *s.m.* **1** aplicação (de dinheiro): *A esta altura o empate de capital não é bom negócio*. **2** resultado de uma competição em que não há vencedor: *O empate favoreceu as duas equipes*.

em.pa.ti.a *s.f.* tendência para se identificar com os sentimentos do outro: *A empatia entre médico e paciente favorece a cura*.

em.pe.ci.lho *s.m.* impedimento; obstáculo: *As leis ultrapassadas criam empecilhos ao progresso*.

em.pe.der.ni.do *adj.* **1** que se tornou duro como pedra; endurecido; petrificado: *o solo empedernido do sertão*. **2** (Fig.) desumano; insensível; que não se deixa persuadir: *Que coração empedernido!*

em.pe.der.nir *v.t.* **1** petrificar. **2** endurecer; enrijecer. **3** tornar insensível e frio feito pedra. • *pron.* **4** (Fig.) desumanizar-se; tornar-se cruel: *Empederniu-se em contato com as agruras de guerra*.

em.pe.dra.do *adj.* **1** revestido de pedra: *um pátio empedrado*. **2** duro como pedra: *O açúcar ficou empedrado*.

em.pe.drar *v.t.* **1** revestir ou tapar com pedra: *empedrar o muro*. • *int.* **2** endurecer como pedra: *O solo empedrou*.

em.pe.na.do¹ *adj.* torto; vergado; deformado: *Foram substituídos os discos de freio, por estarem empenados*.

em.pe.na.do² *adj.* que adquiriu penas; emplumado: *Aos 45 dias, as aves já estavam empenadas*.

em.pe.nar¹ *v.t.* **1** enfeitar com penas: *Empeneram todas as fantasias*. • *pron.* **2** emplumar-se; cobrir-se de penas. • *int.* **3** criar penas: *Aqueles pássaros já empenaram*.

em.pe.nar² *v.t.* **1** fazer torcer ou entortar pela ação do calor ou umidade. • *int.* **2** torcer-se; deformar-se (a madeira): *A madeira não era de boa qualidade; acabou empenando*.

em.pe.nhar *v.t.* **1** dar em garantia; penhorar: *Ela empenhou todas as joias*. **2** pôr empenho; investir: *Empenhei todos os esforços neste trabalho*. **3** despender; gastar: *Conseguirei ficar rico, ainda que para isso empenhe toda a minha vida*. • *pron.* **4** dedicar-se; esforçar-se: *O atleta vem se empenhando nos treinamentos*.

em.pe.nho *s.m.* **1** autorização de despesa preestabelecida no orçamento de uma repartição pública: *Para que a prefeitura faça um pagamento, é necessário que tenha havido o respectivo empenho*. **2** desejo; interesse; determinação: *Houve muito empenho do lutador para conseguir a vitória*. **3** penhora: *Precisou realizar o empenho de suas joias*.

em.pe.pi.nar *v.t.* **1** tornar semelhante a pepino. • *pron.* **2** (Coloq.) estar em situação embaraçosa,

empreendedor

problemática: *Com tantas dívidas, acabou se empepinando.*

em.pe.ri.qui.tar v.t. 1 enfeitar em demasia: emperiquitava a mãe. • pron. 2 enfeitar-se em demasia: *emperiquitou-se para a festa.*

em.per.ra.men.to s.m. atravancamento; imobilização; emperro: *Houve um emperramento nas negociações.*

em.per.rar v.t. 1 impedir ou dificultar o funcionamento ou desenvolvimento de: *O acúmulo de processos emperra a Justiça.* 2 atrapalhar; tolher: *Ele não é homem de emperrar a vida dos outros.* • int. 3 deixar de funcionar: *Os ponteiros do velocímetro emperraram.*

em.per.ro s.m. emperramento.

em.per.ti.ga.do adj. 1 vaidoso; altivo: *Lá estava ele, empertigado, cheio de empáfia.* 2 ereto; aprumado: *andar empertigado.*

em.per.ti.gar v.t. 1 tornar ereto; aprumar: *Empertigou o corpo e caminhou pela passarela.* • pron. 2 assumir ares de altivez; aprumar-se: *As modelos se empertigavam ao passar diante da plateia.* 3 aprumar-se; empinar-se.

em.pes.tar v.t. infectar; contaminar: *empestar a água.*

em.pes.te.ar v.t. 1 disseminar a peste: *Uma doença desconhecida empesteava as nossas reses.* 2 impregnar; contaminar; emporcalhar: *As indústrias estão empesteando o ar de São Paulo.*

em.pe.te.car v.t. (Bras.) 1 enfeitar em exagero: *Vive empetecando a filha.* • pron. 2 enfeitar-se exageradamente: *Empeteca-se toda para sair.*

em.pi.lha.dei.ra s.f. máquina destinada a empilhar.

em.pi.lhar v.t. 1 pôr em pilha; amontoar: *Ele vai lendo e empilhando os livros.* • pron. 2 amontoar-se: *Na pia, a louça se empilhava.*

em.pi.na.do adj. empertigado; erguido; levantado: *ombros empinados.*

em.pi.nar v.t. 1 elevar; erguer: *Empinou o corpo, queria briga.* 2 (Bras.) fazer subir aos ares: *Já empinei muito papagaio.* • pron. 3 elevar-se; erguer-se: *Rapidamente a lua empinava-se.*

em.pí.ri.co adj. que se baseia na experiência e não em teoria: *Temos apenas dados empíricos sobre esse assunto.*

em.pi.ris.mo s.m. conhecimento resultante da experiência, sem caráter científico.

em.pla.ca.men.to s.m. ação ou efeito de colocar placas: *emplacamento de veículos.*

em.pla.car v.t. 1 colocar placa em: *emplacar um veículo.* (Gír.) 2 conseguir fazer; marcar: *O jogador de basquete emplacou quarenta pontos no jogo de ontem.* 3 colocar; introduzir: *Estilistas brasileiros estão emplacando suas coleções na Europa.* • int. 4 (Gír.) conquistar bons resultados; conseguir êxito: *Os filmes violentos estão emplacando atualmente.*

em.plas.tro s.m. preparado feito com substâncias medicinais para ser aplicado na pele.

em.plu.ma.do adj. 1 que tem o corpo coberto de penas: *pássaros emplumados.* 2 enfeitado com plumas; ornamentado: *Ela era a mais emplumada do baile.*

em.po.a.do adj. 1 coberto de pó ou poeira; empoeirado: *Chegou da viagem cansado e todo empoado.* 2 coberto de pó de arroz: *Ela estava de batom vermelho e rosto empoado.*

em.po.bre.ce.dor (ô) adj. que empobrece ou limita: *Para muitos, palavrões são elementos empobrecedores da linguagem.*

em.po.bre.cer v.t. 1 tornar pobre; depauperar: *A crise da Bolsa empobreceu muitos fazendeiros.* 2 desvalorizar: *Os erros gramaticais empobrecem a obra desse escritor.* • int. 3 ficar pobre; depauperar-se: *Aquela família empobrece cada vez mais.* 4 desvalorizar-se: *Nossa cultura musical empobreceu.* // Ant.: enriquecer.

em.po.bre.ci.do adj. que se tornou pobre: *É de causar pena esse povo empobrecido financeira e moralmente em função da guerra.*

em.po.bre.ci.men.to s.m. perda dos bens ou das qualidades; enfraquecimento: *O empobrecimento do atletismo não é por falta de bons atletas.* // Ant.: enriquecimento.

em.po.çar v.t. 1 cair em poço ou poça; atolar: *Empoçou o corpo todo no mangue.* 2 cobrir de água: *A enxurrada empoçou a casa.* • int. 3 acumular-se (um líquido) em depressão de terreno: *As águas da chuva empoçaram.* // Cp.: empossar.

em.po.ei.rar v.t. 1 cobrir de pó: *O vento trazia sujeira e empoeirava a roupa no varal.* • pron. 2 encher-se de pó: *Os livros empoeiram-se abandonados.*

em.po.la.do adj. 1 cheio de bolhas: *Tinha o corpo todo empolado pelas picadas das formigas.* 2 pomposo; complicado: *linguagem empolada.*

em.po.lar v.t. 1 cobrir-se de bolhas: *A queimadura empolou sua pele.* 2 tornar pomposo, complicado: *Empolou o estilo até ficar incompreensível.* • int. e pron. 3 cobrir-se de bolhas: *Seus pés (se) empolaram após a caminhada pelo mato.*

em.po.lei.rar v.t. 1 pôr em poleiro: *empoleirou as galinhas.* • pron. 2 (Coloq.) subir; trepar: *O político empoleirou-se no estrado e discursou.*

em.pol.ga.ção s.f. animação; entusiasmo: *Na festa, a empolgação era geral.*

em.pol.gan.te adj. que entusiasma; que emociona: *uma aventura empolgante.*

em.pol.gar v.t. 1 fazer vibrar; comover; atrair: *As belezas do Rio de Janeiro empolgam os turistas.* 2 animar: *A vitória empolgou a torcida.*

em.por.ca.lhar v.t. 1 tornar imundo; sujar: *Alguns partidos políticos emporcalham a cidade nas vésperas de eleição.* 2 aviltar; degradar: *Emporcalharam o nome e a honra do meu amigo.* • pron. 3 sujar-se: *Quem ousasse sair na rua com chuva emporcalhava-se todo.*

em.pó.rio s.m. 1 centro de comércio internacional; mercado. 2 loja de secos e molhados; armazém.

em.pos.sar v.t. 1 investir numa função; dar posse a: *O Congresso empossará amanhã o seu novo presidente.* • pron. 2 tomar posse; apossar-se: *Ficou rico empossando-se dos bens alheios.* 3 receber a posse: *Os candidatos eleitos se empossarão hoje.*

em.pos.ta.ção s.f. impostação.

em.pos.tar v.t. emitir (a voz) com tonalidade específica; modular: *O locutor empostou a voz e deu algumas ordens.*

em.pre.en.de.dor (ô) s.m. 1 quem é dotado de espírito realizador ou quem realiza um empreendimento: *Um verdadeiro empreendedor vence os obstáculos.* • adj. 2 que empreende; realizador: *um homem*

empreender

empreendedor. **3** típico ou próprio de quem empreende: *Era admirável a capacidade empreendedora da empresa*.

em.pre.en.der *v.t.* pôr em execução; realizar: *Antes de fazer um dicionário é necessário empreender uma pesquisa de fôlego sobre os usos da língua*.

em.pre.en.di.men.to *s.m.* **1** ato ou efeito de empreender. **2** atividade; realização; projeto: *empreendimento imobiliário*.

em.pre.ga.do *s.m.* **1** quem trabalha mediante remuneração: *Os empregados da firma receberam os atrasados*. • *adj.* **2** que se emprega; colocado: *homem empregado*. **3** usado; aplicado: *O lucro foi empregado em novas instalações*.

em.pre.ga.dor (ô) *s.m.* **1** quem contrata os serviços de outrem mediante pagamento; patrão: *Empregadores e empregados não podem viver em conflito*. • *adj.* **2** que contrata os serviços de outro mediante pagamento: *O Estado é uma entidade empregadora como outra qualquer*.

em.pre.gar *v.t.* **1** dar emprego; contratar: *A companhia aérea vai empregar mais de cinco mil técnicos*. **2** investir; aplicar: *Empreguei todo o meu dinheiro em ações*. **3** lançar mão de; utilizar: *O engenheiro empregou material de segunda na construção do prédio*. **4** dedicar: *Emprego minhas atenções no bem-estar da família*. • *pron.* **5** arrumar emprego: *Foi a primeira vez que ela se empregou*.

em.pre.ga.tí.cio *adj.* relativo a emprego: *vínculo empregatício*.

em.pre.go (ê) *s.m.* **1** uso; aplicação: *O emprego exagerado de agrotóxico na lavoura traz grandes males à saúde*. **2** cargo; função: *Fiquei feliz por conseguir um emprego de balconista*. **3** lugar onde se trabalha: *A moça preferia dormir no emprego*.

em.pre.guis.mo *s.m.* tendência para dar empregos públicos por interesse político.

em.prei.ta *s.f.* tarefa; empreitada: *Nossa grande empreita é economizar energia*.

em.prei.ta.da *s.f.* **1** trabalho que se faz mediante pagamento global pelo serviço prestado: *A maioria dos pedreiros trabalha por empreitada*. **2** tarefa; empreendimento: *Temos uma empreitada difícil pela frente: assentar os sem-terra*.

em.prei.tar *v.t.* contratar ou fazer por empreitada: *O fazendeiro empreitou as obras de sua nova sede*.

em.prei.tei.ra *s.f.* empresa que realiza serviços por empreitada.

em.prei.tei.ro *s.m.* dono de empreiteira.

em.pre.nhar *v.t.* **1** tornar prenhe; engravidar (mulher ou fêmea): *Alugaram um touro de raça para emprenhar as novilhas*. • *int.* **2** ficar grávida ou prenhe: *O pai ficou feliz quando a filha emprenhou*.

em.pre.sa (ê) *s.f.* **1** organização que produz ou oferece bens e serviços com fins lucrativos; firma: *Ele é encarregado em uma empresa prestadora de serviços*. **2** empreendimento: *Esta vasta e difícil empresa é matéria para outra história*.

em.pre.sar *v.t.* empresariar; financiar (algo ou alguém): *A produtora empresaria novos artistas*.

em.pre.sa.ri.a.do *s.m.* conjunto de empresários: *O empresariado se revoltou contra o racionamento de energia*.

em.pre.sa.ri.al *adj.* relativo a empresa ou a empresário: *associação empresarial*.

em.pre.sa.ri.ar *v.t.* dirigir os negócios de; representar: *Empresariar artistas é um bom negócio*.

em.pre.sá.rio *s.m.* **1** dono de empresa. **2** profissional que se ocupa dos interesses de outro profissional: *O empresário do cantor contratou dois espetáculos para o mesmo dia*.

em.pres.tar *v.t.* **1** ceder provisoriamente; fazer empréstimo: *Emprestei meu terno a um amigo*. **2** conferir; dar: *Emprestamos nossa solidariedade aos que sofrem*. **3** tomar por empréstimo; pedir emprestado: *O agricultor emprestou uma pequena fortuna do banco*.

em.prés.ti.mo *s.m.* **1** o que se empresta: *Pedi um empréstimo ao banco*. **2** cessão de bem ou quantia em dinheiro para devolução posterior: *Cedi meu carro por empréstimo*. **3** palavra estrangeira que se incorpora a outra língua: *O português incorporou vários empréstimos do francês*.

em.pro.a.do *adj.* pretensioso; orgulhoso: *Ignorante que era, não tinha o direito de ser tão emproado*.

em.pu.bes.cer *v.int.* **1** atingir a puberdade. **2** criar pelos.

em.pu.lha.ção *s.f.* **1** ato ou efeito de empulhar. **2** (Bras.) logro; trapaça: *O negócio acabou sendo uma empulhação*.

em.pu.lhar *v.t.* iludir; enganar: *Ganhava a vida empulhando as pessoas ingênuas*.

em.pu.nhar *v.t.* **1** segurar: *Os repórteres, ávidos, empunhavam os microfones*. **2** ostentar: *Nosso partido empunha a bandeira da liberdade*.

em.pur.ra-em.pur.ra *s.m.* esbarrões de pessoas que querem sair de ou entrar em algum lugar: *Houve um empurra-empurra na entrada do teatro*. // Pl.: empurra-empurras.

em.pur.rão *s.m.* impulso violento dado com o corpo: *Foi posto para fora da sala aos empurrões*.

em.pur.rar *v.t.* **1** fazer deslocar-se; impelir: *O passageiro empurrou o bagunceiro para fora do ônibus*. **2** conduzir; levar; encaminhar: *O seu talento empurra-o para a fama*. **3** (Fig.) incentivar; ajudar: *A torcida empurrava o time*. **4** vender ou entregar (mercadoria de má qualidade); impingir: *O vendedor queria empurrar uma roupa com defeito ao freguês*.

e.mu.de.cer *v.t.* **1** fazer calar; silenciar: *A censura emudecia a voz dos intelectuais*. • *int.* **2** calar-se; silenciar-se: *Os telefones emudeceram*.

e.mu.la.ção *s.f.* rivalidade: *A emulação entre os alunos é prejudicial*.

e.mu.lar *v.t.* **1** concorrer; rivalizar; competir: *É um brigão que emula até a família*. **2** estimular: *Os bons exemplos emulam os alunos a se dedicarem aos estudos*. • *pron.* **3** empenhar-se: *O povo se emula para ajudar o governo no combate à inflação*.

ê.mu.lo *s.m.* imitador; rival; adversário: *Alguns alunos procuram ser um êmulo do professor*.

e.mul.são *s.f.* (Quím.) líquido de aparência leitosa, no qual se acha em suspensão substância gordurosa e ao qual, geralmente, se adicionam substâncias medicamentosas: *Todas as manhãs tomava a sua emulsão*.
• **emulsão fotográfica** camada gelatinosa, sensível à luz, presente em um dos lados do filme.

encantado

e.nal.te.cer v.t. exaltar; engrandecer: *Machado de Assis enaltece a literatura em língua portuguesa.*

e.nal.te.ci.men.to s.m. elevação; engrandecimento: *A honestidade contribui para o enaltecimento do nosso trabalho.*

e.na.mo.ra.do s.m. **1** pessoa apaixonada; amante: *Antigamente, os enamorados trocavam juras ao luar.* • adj. **2** apaixonado: *Eu estava enamorado de uma italiana.*

e.na.mo.rar v.t. **1** inspirar amor em. • pron. **2** apaixonar-se: *Eu me enamoro facilmente.*

en.ca.be.çar v.t. **1** vir à frente; liderar: *Meu pai encabeçou um movimento estudantil.* **2** estar à frente; encimar: *Nossa universidade encabeça a lista das mais procuradas.*

en.ca.bres.tar v.t. **1** pôr cabresto a. **2** (Fig.) ter preso; subjugar: *Era machão; queria encabrestar a esposa.*

en.ca.bu.la.do adj. envergonhado; acanhado: *Era muito tímida e encabulada.*

en.ca.bu.lar v.t. (Bras.) **1** fazer ficar constrangido ou preocupado: *Aquele silêncio nos encabulava.* • int. e pron. **2** constranger-se; preocupar-se: *Na presença de estranhos, (se) encabula.*

en.ca.ça.par v.t. no jogo de sinuca, meter a bola na caçapa: *Com duas tacadas encaçapei quatro bolas.*

en.ca.de.a.men.to s.m. **1** sequência: *encadeamento de ideias.* **2** concatenação; sucessão: *encadeamento narrativo.*

en.ca.de.ar v.t. **1** unir, formando cadeia: *Macromoléculas podem encadear milhares de grupos de átomos.* **2** concatenar: *Tentava encadear meu raciocínio, não conseguia.* • pron. **3** juntar-se, formando cadeia ou sequência: *Os fatos encadearam-se.*

en.ca.der.na.ção s.f. **1** acabamento em forma de caderno; colocação de capa consistente: *curso de encadernação.* **2** capa que se coloca em um livro: *Destacavam-se na estante as encadernações douradas.*

en.ca.der.na.do.ra (ô) s.f. máquina que faz encadernação.

en.ca.der.nar v.t. dar acabamento em forma de caderno a; colocar capa consistente em: *Trabalhava na gráfica encadernando livros.*

en.ca.fi.far v.t. (Coloq.) **1** cismar; preocupar: *O fato de a filha estar demorando começou a encafifar a mãe.* • int. **2** encabular-se; vexar-se; envergonhar-se: *Em plena festa, ela encafifou.*

en.ca.fu.ar v.t. **1** colocar; enfiar: *Onde você encafuou meu sapato preto?* • pron. **2** esconder-se; enfurnar-se: *O garoto encafuou-se no quarto.*

en.cai.xar /ch/ v.t. **1** colocar; inserir: *encaixar as peças de um quebra-cabeça.* • pron. **2** adaptar-se; enquadrar-se: *Os nossos pesquisadores tentam se encaixar nos modelos estrangeiros.* **3** estar inserido; combinar: *A medida adotada se encaixa bem com a política atual do governo.* **4** inserir-se em; caber: *As peças iam se encaixando nos orifícios.* • int. **5** entrar facilmente: *O parafuso encaixou.*

en.cai.xe /ch/ s.m. **1** colocação em espaço ou cavidade, com ajuste adequado: *O marceneiro não conseguia proceder ao encaixe perfeito das peças do móvel.* **2** fenda ou cavidade onde se encaixam as saliências de uma peça: *Os encaixes estavam incompatíveis com o tamanho das peças.*

en.cai.xo.tar /ch/ v.t. meter em caixote: *Já encaixotamos a mudança.*

en.ca.la.cra.do adj. (Coloq.) **1** metido em encrenca; atrapalhado: *Estou encalacrado com essa história de comprar carro velho.* **2** emperrado; encalhado: *O carro ficou encalacrado na areia.*

en.ca.la.crar v.t. (Coloq.) **1** meter em encrenca: *Encalacrei meu primo ao forçá-lo a entrar na briga.* • pron. **2** endividar-se: *Encalacrei-me por causa deste carro novo.* • int. **3** emperrar: *O processo de aposentadoria de meu pai encalacrou.*

en.cal.ço s.m. rastro; pegada. • **no encalço de** em busca; à procura: *A polícia estaria no seu encalço.*

en.ca.lha.do adj. **1** que está impedido de prosseguir; imobilizado: *Nosso ônibus ficou encalhado num atoleiro.* (Bras.) **2** que não tem comercialização; que não se vende: *mercadoria encalhada.* **3** que não conseguiu se casar: *O pai não queria as filhas encalhadas.*

en.ca.lhar v.t. **1** dar no seco (uma embarcação). • int. (Bras.) **2** ficar sem comercialização: *Os livros encalharam.* **3** estacionar; paralisar: *Não temos verbas, nossas vendas encalharam.* **4** não conseguir-se casar: *A irmã encalhou.*

en.ca.lhe s.m. **1** ato ou efeito de encalhar. **2** obstrução; obstáculo: *Não pudemos seguir adiante por causa do encalhe.* **3** (Bras.) mercadoria não vendida; restos de estoque: *Meu pai arrematou todo o encalhe da loja.*

en.ca.mi.nha.men.to s.m. **1** busca de solução; condução: *As questões da reforma não têm tido o encaminhamento adequado.* **2** preparação; orientação: *Os pais devem se preocupar mais com o encaminhamento dos filhos.* **3** remessa; envio: *A burocracia fez atrasar o encaminhamento da papelada.*

en.ca.mi.nhar v.t. **1** fazer seguir um bom caminho: *Conseguiu, a duras penas, encaminhar todos os filhos.* **2** orientar; direcionar: *Precisamos encaminhar as discussões sem fugir do tema principal.* **3** enviar; remeter: *Encaminhei um ofício ao diretor.* • pron. **4** ir em direção de; dirigir-se para: *O professor se encaminha para o fundo da classe.*

en.cam.par v.t. **1** assumir a posse ou administração de: *A prefeitura já cogitou de encampar o sistema de transporte coletivo.* **2** (Fig.) defender; assumir: *Precisamos encampar essa empreitada de combate às drogas.*

en.ca.na.do adj. **1** que circula através de um cano; canalizado: *gás encanado.* **2** (Coloq.) preocupado: *A esposa está encanada com o atraso do marido.*

en.ca.na.dor (ô) s.m. profissional especializado em serviços de hidráulica e de encanamento.

en.ca.na.men.to s.m. tubulação que compõe a rede de água e esgoto.

en.ca.nar[1] v.t. conduzir por cano; canalizar: *encanar as águas do rio.*

en.ca.nar[2] v.t. **1** colocar talas ou canas: *A primeira providência foi encanar a perna do rapaz.* **2** (Coloq.) meter em prisão: *A polícia encanou os dois bêbados.*

en.ca.ne.ci.do adj. com os cabelos brancos; grisalho: *Um senhor humilde, já encanecido, foi destratado na porta do pronto-socorro.*

en.can.ta.do adj. **1** que sofreu encantamento; idealizado: *Ela espera o seu príncipe encantado.* **2** enfeitiçado; fascinado: *Quando vi a moça, fiquei encantado.*

encantador

en.can.ta.dor (ô) *s.m.* **1** pessoa que provoca encantamento: *encantador de serpentes.* • *adj.* **2** que encanta; fascinante: *O ambiente da casa era encantador.*

en.can.ta.men.to *s.m.* **1** deslumbramento; sedução: *A candidata provocava o encantamento dos jurados.* **2** feitiço: *Nossa tristeza desapareceu como que por encantamento.*

en.can.tar *v.t.* **1** seduzir; cativar; extasiar: *A apresentadora encanta os telespectadores com sua beleza.* **2** lançar encantamento ou magia; enfeitiçar: *A sereia encantava os pescadores.* • *pron.* **3** ficar extasiado; maravilhar-se: *Encanto-me com sua voz.* **4** transformar-se em outro ser, por efeito de encantamento: *Encantou-se numa rainha.*

en.can.ta.tó.rio *adj.* **1** mágico: *A bruxa tinha força encantatória.* **2** que encanta, que fascina.

en.can.to *s.m.* **1** feitiço; encantamento: *Quando desse meia-noite, o encanto desapareceria.* **2** beleza; fascínio: *Ali estava uma mulher de mil encantos.* **3** quem encanta: *Minha filha é um encanto.*
 • **por encanto** de maneira mágica: *A chuva cessou como por encanto.*

en.ca.pa.men.to *s.m.* cobertura que envolve como capa: *encapamento dos fios elétricos.*

en.ca.par *v.t.* cobrir com capa; revestir: *Os alunos deviam encapar os seus livros.*

en.ca.pe.ta.do *adj.* (Coloq.) endiabrado; travesso: *um moleque encapetado.*

en.ca.po.ta.do *adj.* envolto em capote ou vestido com roupas de inverno: *Basta fazer um friozinho, lá vem ele todo encapotado.*

en.ca.po.tar *v.t.* **1** cobrir com capa, capote ou outro abrigo de inverno: *Encapotou os filhos antes de sair.* • *pron.* **2** cobrir-se com capa, capote ou outro abrigo contra o frio: *Encapotou-se para enfrentar o frio.*

en.cap.su.lar *v.t.* encerrar em cápsula.

en.ca.pu.zar *v.t.* **1** cobrir com capuz: *Encapuzaram o condenado à morte.* • *pron.* **2** cobrir-se com capuz: *Encapuzou-se para se proteger do frio.*

en.ca.ra.co.la.do *adj.* enrolado; crespo; anelado: *cabelos encaracolados.*

en.ca.ra.co.lar *v.t.* **1** frisar; ondular; encrespar: *encaracolar os cabelos.* • *pron.* **2** ter forma de caracol: *A estrada se encaracolava naquele trecho.*

en.ca.ran.gar *v.t.* tolher os movimentos de; entrevar: *O frio encarangava até as crianças.* • *int.* **2** ficar imobilizado ou encolhindo pelo frio.

en.ca.ra.pi.tar *v.t.* **1** pôr no alto: *O pai encarapitou o filho nos ombros.* • *pron.* **2** pôr-se no alto, comodamente: *Encarapitou-se na escada.*

en.ca.rar *v.t.* **1** olhar de frente: *A moça me encarou e eu perdi a pose.* **2** afrontar: *O baixinho foi valente, encarou o brutamontes.* **3** levar em conta; enfrentar: *Temos de encarar os problemas.* **4** considerar: *O pai encarava a questão sob outro ponto de vista.*

en.car.ce.ra.men.to *s.m.* colocação em cárcere: *O encarceramento é a pior maneira de tratar o doente mental.*

en.car.ce.rar *v.t.* **1** prender em cárcere: *Encarceraram os bandidos.* **2** enclausurar: *Há casos de pais que encarceravam as filhas rebeldes.*

en.car.di.do *adj.* manchado por sujeira não removida: *roupas encardidas.*

en.car.dir *v.t.* **1** sujar; manchar: *Usamos um sabão caseiro que encardiu a roupa.* **2** não lavar bem. • *int.* **3** ficar mal lavado; manchar-se; amarelar-se: *O vestido de noiva encardiu.*

en.ca.re.cer *v.t.* **1** elevar o preço; tornar mais caro: *A alta do petróleo encarece todos os produtos.* **2** louvar; exaltar; enaltecer: *O orador encareceu a importância da presença do deputado.* **3** recomendar com insistência; instar: *A gerência encarecia aos hóspedes que fizessem silêncio.* • *int.* **4** ficar mais caro: *A vida encareceu muito ultimamente.*

en.ca.re.ci.men.to *s.m.* elevação de preço.

en.car.go *s.m.* **1** obrigação; responsabilidade: *À viúva coube o encargo da educação dos filhos.* **2** incumbência: *Coube-me o encargo de saudar o governador.*

en.car.na.ção *s.f.* **1** ato de tornar semelhante (na cor, no aspecto) à carne; encarnar. (Rel.) **2** corporificação de uma divindade ou espírito: *Ela é uma encarnação de Santa Teresa.* **3** para os espíritas, cada uma das existências de espírito materializado: *Na próxima encarnação, quero nascer poeta.* (Fig.) **4** personificação; imagem; símbolo: *Ele é a encarnação da paz.* **5** personificação; incorporação: *Na montagem das cenas, procuro ser a encarnação do personagem.* **6** (Coloq.) perseguição; provocação: *Virei objeto de encarnação dos meus colegas.*

en.car.na.do *s.m.* **1** cor vermelha escarlate: *O encarnado não ficava bem em seus lábios.* • *adj.* **2** vermelho escarlate: *Portava uma rosa encarnada no colo.* **3** (Rel.) que encarnou: *O espírito do marido estava ali, encarnado no gato.* **4** (Fig.) representado: *A personagem encarnada na peça nada tinha a ver com o ator.*

en.car.nar *v.t.* (Fig.) **1** assumir o papel de; representar: *Alguns atores preferem encarnar personagens más.* **2** ser o símbolo ou a representação de: *O líder desse movimento encarna os anseios da sua classe.* **3** (Rel.) integrar-se a; corporificar-se; materializar-se em: *Dizem que um espírito bondoso encarnou no recém-nascido.* **4** enraizar-se; entranhar-se; personificar-se: *Toda a sabedoria oriental encarnara naquele filósofo.* **5** (Coloq.) perseguir insistentemente; provocar: *Encarnou no primo e não mais o deixou em paz.*

en.car.ni.ça.do *adj.* **1** muito intenso: *luta encarniçada.* **2** avermelhado: *Sua pele encarniçada denunciava sua origem.*

en.car.ni.çar *v.t.* **1** incitar um animal a brigar. **2** instigar; excitar: *Os adversários encarniçaram a torcida no estádio.* • *pron.* **3** enfurecer-se; enraivar-se: *Encarniçou-se com a discussão.*

en.ca.ro.ça.do *adj.* cheio de caroços; empelotado: *pele encaroçada.*

en.ca.ro.çar *v.int.* criar caroços; empelotar: *O mingau encaroçou.*

en.car.qui.lha.do *adj.* enrugado; rugoso: *rosto encarquilhado.*

en.car.qui.lhar *v.t.* **1** encher de rugas: *A idade encarquilhou a pele da velha senhora.* • *pron.* **2** enrugar-se: *Há folhas que se encarquilham no verão.*

en.car.re.ga.do *s.m.* **1** pessoa incumbida de: *O encarregado da fiscalização nunca estava em seu posto.* • *adj.* **2** incumbido de; responsável: *O porteiro era encarregado de indicar as salas aos alunos.*

enclausurar

en.car.re.gar v.t. **1** confiar; incumbir: *Encarregaram-na da limpeza da casa.* • pron. **2** cuidar; incumbir-se: *As mulheres se encarregaram da comida.*

en.car.ri.lhar v.t. pôr nos carris ou trilhos: *encarrilhar o trem.*

en.car.tar v.t. introduzir encarte no interior de jornal ou revista: *O jornal encartou um folheto sobre ecologia.*

en.car.te s.m. **1** folhas ou caderno intercalados em jornais, revistas ou livros: *encarte de revista.* **2** folheto que acompanha disco fonográfico.

en.cas.que.tar v.t. (Coloq.) **1** incutir; pôr: *O fanático tenta encasquetar nas pessoas as suas ideias.* **2** obstinar-se; cismar: *Quando encasqueto com uma coisa, ninguém me detém.*

en.cas.te.lar v.t. **1** fortificar com castelo. **2** dar forma de castelo a. • pron. **3** (Fig.) apoiar-se; estribar-se: *Muitos ambiciosos se encastelam no poder.*

en.ca.va.lar v.t. **1** sobrepor: *O uso prolongado da chupeta contribui para encavalar os dentes.* **2** fazer coincidir: *A mudança no calendário encavalou os três jogos principais.* • pron. **3** sobrepor-se: *Seus dentes encavalaram-se.*

en.ce.fá.li.co adj. relativo ao encéfalo: *massa encefálica.*

en.ce.fa.li.te s.f. (Med.) inflamação do encéfalo.

en.cé.fa.lo s.m. (Anat.) parte do sistema nervoso central contida no crânio, que compreende o cérebro, o cerebelo e a medula alongada.

en.ce.na.ção s.f. **1** representação teatral: *encenação de peça teatral.* **2** fingimento: *aquele choro foi encenação.*

en.ce.nar v.t. **1** levar à cena; pôr em cena; representar: *Construíram um palco especial para encenar a Paixão de Jesus Cristo.* **2** (Coloq.) representar; fingir; simular: *Encenou uma crise nervosa para chamar a atenção.*

en.ce.ra.dei.ra s.f. aparelho eletrodoméstico para encerar assoalhos.

en.ce.ra.do s.m. **1** tecido impermeabilizado mediante um processo de tratamento à base de cera: *Cobriu a carga do caminhão com um encerado resistente.* • adj. **2** recoberto com cera. **3** polido, lustrado com cera: *piso encerado.*

en.ce.ra.men.to s.m. ação ou efeito de encerar: *O carro tem a aparência de novo após o enceramento.*

en.ce.rar v.t. passar cera: *Passava a metade do dia encerando os móveis.*

en.cer.ra.men.to s.m. **1** finalização; término: *No encerramento da festa, houve até comício político.* **2** enclausuramento; prisão: *O encerramento do criminoso numa cela satisfez a população.*

en.cer.rar v.t. **1** enclausurar; prender: *Na história, a rainha encerra a princesa na torre do castelo.* **2** concluir; finalizar: *Encerro meu discurso com uma saudação ao presidente.* **3** fechar; liquidar: *O banco poderá encerrar a conta do cliente a qualquer hora.* **4** conter; incluir: *A vida de cada um encerra muitos segredos.* • pron. **5** enclausurar-se; fechar-se: *Encerrou-se na biblioteca.*

en.ces.tar v.t. (Basq.) jogar a bola no cesto; fazer cesta: *Numa só partida, o novato encestou mais de vinte bolas.*

en.ce.tar v.t. **1** dar início a: *A imprensa enceta campanha contra a violência nos estádios.* **2** desenvolver; realizar: *O ministério encetou um eficiente trabalho no setor da saúde.*

en.char.ca.do adj. **1** embebido; ensopado: *Com três dias de chuva, a terra estava encharcada.* **2** (Coloq.) bêbado; embriagado: *Ele chegou encharcado, quebrando tudo.*

en.char.car v.t. **1** molhar inteiramente; empapar; ensopar: *O suor encharcava sua camisa.* **2** alagar: *A chuva encharcou o campo de futebol.* • pron. (Coloq.) **3** beber com exagero; embebedar-se: *Lá estava ele se encharcando de cerveja.* **4** ensopar-se: *Apesar do guarda-chuva, encharcou-se.*

en.che.ção s.f. (Coloq.) amolação; aborrecimento; chateação.

en.chen.te s.f. **1** torrente; inundação; cheia: *As enchentes têm sido cada vez mais violentas.* **2** (Coloq.) grande quantidade: *Encomendou um bolo de trinta quilos, esperando uma enchente de convidados.*

en.cher (ê) v.t. **1** ocupar totalmente; lotar: *Enchi duas xícaras de café para nós.* **2** preencher: *Passo os dias lendo para encher o tempo.* **3** comer até se fartar; saciar: *Paramos num restaurante e enchemos o estômago.* **4** estufar: *encheu o peito e falou com entusiasmo.* **5** (Coloq.) aborrecer demais; azucrinar: *Pare de encher as visitas!* • pron. **6** chatear-se; aborrecer-se: *Encheu-se porque não a entenderam bem.* • int. e pron. **7** tornar-se cheio: *Eram tantos os convidados que o salão encheu(-se).* • int. **8** ter o espaço totalmente preenchido: *Desligue a torneira que o balde já encheu.*

en.chi.men.to s.m. **1** ato ou efeito de encher: *O enchimento das caçambas era feito manualmente.* **2** material com que se enche; recheio: *O enchimento do sofá era de espuma.*

en.cho.va (ô) s.f. (Zool.) anchova.

en.cí.cli.ca s.f. carta circular elaborada pelo Papa, de natureza dogmática ou doutrinal.

en.ci.clo.pé.dia s.f. obra que contém informação acerca de todos os ramos do saber. • **enciclopédia viva** indivíduo de vastos conhecimentos, de muito saber.

en.ci.clo.pé.di.co adj. que abrange todo o saber: *O professor tinha um conhecimento enciclopédico.*

en.ci.clo.pe.dis.ta s.2g. **1** autor ou colaborador de obra enciclopédica: *Os enciclopedistas franceses fizeram história.* • adj. **2** que trata de enciclopédias: *Jantei com alguns amigos enciclopedistas.*

en.ci.lhar v.t. arrear (a cavalgadura): *A patroa fazia questão de encilhar o seu cavalo.*

en.ci.mar v.t. **1** colocar em cima ou no alto: *O autor encimava os seus textos com citações latinas.* **2** estar situado acima ou no alto: *O brasão da República encima o documento.*

en.ci.u.ma.do adj. que está com ciúme: *Enciumado, age sem pensar.*

en.ci.u.mar v.t. **1** provocar ciúme em: *Com seu jeito elegante, enciumava as outras mulheres.* • int. **2** ficar com ciúme: *O moço enciumou quando cumprimentei sua namorada.*

en.clau.su.ra.do adj. **1** posto em clausura: *Ela vive enclausurada no convento há vinte anos.* **2** fechado; isolado: *O escritor vive enclausurado no mundo das ideias.*

en.clau.su.rar v.t. **1** meter em clausura; aprisionar;

341

encoberto

prender: *Enclausurou o prisioneiro.* • *pron.* **2** fechar-se; retrair-se; ocultar-se: *Temendo represálias, enclausurou-se.*

en.co.ber.to (é) *adj.* **1** oculto; escondido; dissimulado: *As beatas traziam os rostos encobertos.* **2** coberto de nuvens: *O tempo amanheceu encoberto.*

en.co.brir *v.t.* **1** impedir a visão de; esconder; cobrir: *Nuvens negras encobriam o céu.* **2** impedir a audição ou visão: *O barulho encobria os gritos de socorro.* **3** acobertar; disfarçar; esconder: *A avó sempre encobre dos pais as travessuras dos netos.* • *pron.* **4** ocultar-se; esconder-se: *Usava aquele chapéu para encobrir-se.* • *int.* **5** cobrir-se de nuvens: *O tempo encobriu.*

en.co.le.ri.zar *v.t.* encher de cólera; enraivecer; irritar: *Encolerizava os colegas quando se atrasava muito.*

en.co.lher *v.t.* **1** fazer diminuir: *A inflação encolhe nossos salários.* **2** contrair; retrair; dobrar: *Encolhia as pernas por causa do frio.* • *pron.* **3** recolher-se; contrair-se; mostrar-se tímido: *O garoto encolheu-se de vergonha.* • *int.* **4** ficar menor; contrair-se: *Depois de velha, a pessoa encolhe.*

en.co.lhi.men.to *s.m.* **1** diminuição; retraimento: *O encolhimento dos recursos para a saúde é preocupante.* **2** contração: *A dor provocava um encolhimento do corpo.*

en.co.men.da *s.f.* **1** objeto que deve ser entregue: *O carteiro entregou-me uma encomenda.* **2** incumbência ou pedido: *Recebeu a encomenda de cinco vestidos.* ♦ **de encomenda** (i) sob medida: *O terno lhe serviu como se fosse feito de encomenda.* (ii) a propósito: *A chuva, àquela hora, viera de encomenda.* **sair melhor que a encomenda** (Coloq.) sair pior do que se esperava.

en.co.men.dar *v.t.* **1** mandar trazer ou fazer: *Encomendei uma caixa de vinho do Porto.* **2** encarregar de; providenciar ou realizar: *Precisava encomendar um serviço. pron.* **3** pedir a própria salvação: *encomendar-se a Deus.* ♦ **encomendar a alma** orar pela alma de um morto: *Vieram dois padres encomendar a alma do coronel.*

en.cô.mio *s.m.* aplauso; elogio; louvor: *A atuação do atleta foi digna de encômios.*

en.com.pri.dar *v.t.* **1** tornar comprido; alongar; estender: *A girafa encompridou o pescoço para alcançar a folha.* • *int.* **2** ficar menor; contrair-se: *Depois de velha, a pessoa encolhe.pron.* **3** alongar-se; estender-se: *A conversa ia se encompridando.*

en.con.tra.di.ço *adj.* que se encontra com frequência: *As lâmpadas de mercúrio não são mais encontradiças no mercado.*

en.con.trão *s.m.* esbarrão forte; topada; empurrão: *Dei um encontrão numa senhora.*

en.con.trar *v.t.* **1** descobrir: *Ainda não encontraram uma solução para o problema do menor abandonado.* **2** recuperar: *Nunca mais encontrei a pasta deixada no táxi.* **3** achar; localizar: *Encontrou por acaso o livro desaparecido.* **4** ter fundamento: *Esse projeto não encontra amparo legal.* **5** conseguir: *Não sei onde encontrei forças para gritar.* **6** deparar: *Encontrei a casa toda revirada.* • *pron.* **7** perceber-se a si mesmo; achar-se: *Finalmente eu me encontrei.* **8** ir ao encontro de: *Fui me encontrar com ela numa noite chuvosa.* **9** dar de cara; defrontar; topar: *Encontrei-me novamente com aquele vendedor chato.* **10** achar-se no mesmo lugar, ocasionalmente ou não: *Eles se encontraram no cinema.* **11** estar (em algum lugar); localizar-se: *Naquele dia, eu me encontrava em Brasília.*

en.con.tro *s.m.* **1** ato ou efeito de ir ter com alguém; contato previamente combinado: *Marcamos um encontro às dez horas.* **2** reunião: *Nossa turma ainda mantém encontros anuais.* **3** partida; jogo: *O encontro entre os times finalistas será no sábado.* **4** (Bras.) confluência: *O encontro das águas forma um belo espetáculo.* ♦ **ao encontro de** (i) em direção a: *As crianças vieram correndo ao encontro da mãe.* (ii) em favor ou em concordância com: *Sua proposta vem ao encontro do que eu penso.* **de encontro a** (i) junto de: *A mãe apertava o filho de encontro ao peito.* (ii) contra: *Essa proposta vem de encontro à minha.*

en.co.ra.ja.men.to *s.m.* incitamento; estimulação: *Para vencer a crise, precisamos de muito encorajamento.*

en.co.ra.jar *v.t.* **1** fazer desenvolver-se; estimular; favorecer: *O exemplo de meu pai me encoraja a enfrentar as dificuldades.* • *pron.* **2** adquirir ânimo ou coragem: *Encorajou-se e pediu-a em casamento.*

en.cor.do.a.men.to *s.m.* **1** ato ou efeito de encordoar. **2** conjunto de cordas de um instrumento musical, de uma raquete etc.

en.cor.do.ar *v.t.* colocar cordas: *Passou a tarde encordoando seus instrumentos.*

en.cor.pa.do *adj.* **1** consistente; espesso: *tecido encorpado.* **2** corpulento: *homem encorpado.* // Ant.: franzino.

en.cor.par *v.t.* **1** tornar espesso; engrossar: *Encorpe o caldo da sopa adicionando um pouco de farinha de trigo.* • *int.* **2** tomar corpo; crescer; avolumar: *A menina encorpou de repente.*

en.co.ru.ja.do *adj.* encolhido; retraído: *Em tempo de frio, as crianças ficavam em casa, encorujadas.*

en.cos.ta (ó) *s.f.* vertente; declive de montanha; ladeira: *Plantaram a lavoura na encosta da serra.*

en.cos.ta.do *adj.* **1** amparado; apoiado: *Encostada na porta, observava o trabalho do marido.* **2** afastado das funções; inativo: *É grande o número de funcionários encostados.* **3** abandonado: *A mercadoria estava encostada, sem compradores.*

en.cos.tar *v.t.* **1** apoiar: *O bêbado encostou a cabeça na parede.* **2** deixar de usar; abandonar: *O famoso tenista já encostou as raquetes.* **3** fechar sem trancar: *Antes de sair, encoste a porta.* **4** tocar; ter contato com: *A cabeça do rapaz encostava no teto do ônibus.* **5** parar; estacionar: *Navios cargueiros encostam no porto de Santos.* **6** colocar junto de; aproximar: *A faxineira encostou a vassoura num canto.* • *pron.* **7** deitar-se, por algum tempo: *Cansado, encostou-se e dormiu.* **8** (Coloq.) passar a depender de; importunar pedindo favores: *Folgado, encostou-se nos amigos.*

en.cos.to (ô) *s.m.* **1** parte de um móvel ou lugar que serve para encostar: *o encosto do banco.* **2** (Rel.) espírito que se incorporou em alguém: *Ele achava que estava com encosto.*

en.cou.ra.ça.do *s.m.* navio de combate de grande porte.

en.cra.va.do *adj.* **1** fixado com cravos; cravado. **2** embutido na pele, provocando inflamação: *pelo*

endocrinologista

encravado. **3** preso; atolado: *Nosso ônibus ficou encravado numa valeta.* **4** que está situado no interior de: *Uma casa encravada nas montanhas nos servia de abrigo.* **5** incrustado; cravejado: *O anel tinha brilhantes encravados.* **6** diz-se de unhas cujos cantos, ao crescerem, penetram na carne, machucando-a: *unha encravada.*

en.cra.var *v.t.* **1** incrustar; embutir: *encravar a esmeralda na joia.* **2** encalhar; prender-se: *O jipe que ia nos dar socorro encravou no barro.* **3** fixar; fincar: *Turistas encravaram suas barracas nas praias.* • *pron.* **4** estar situado em meio a: *A pequena cidade se encrava em região montanhosa.*

en.cren.ca *s.f.* (Coloq.) situação difícil; intriga; embaraço: *Estamos numa encrenca dos diabos.*

en.cren.ca.do *adj.* **1** complicado; difícil: *problema encrencado.* **2** em dificuldade; em situação perigosa: *O cidadão perdeu seus documentos e ficou encrencado.*

en.cren.car *v.t.* **1** criar conflito; implicar com: *A sogra vivia encrencando com o genro.* **2** (Coloq.) tornar difícil ou complicada (uma situação). • *pron.* **3** embaraçar-se: *Nossa vida se encrencou.* • *int.* **4** enguiçar: *O carro encrencou.*

en.cren.quei.ro *s.m.* **1** aquele que provoca encrenca. *adj.* **2** que gosta de criar confusão; rebelde: *um indivíduo encrenqueiro.*

en.cres.pa.do *adj.* **1** crespo: *cabelo encrespado.* **2** agitado: *mar encrespado.* **3** (Coloq.) brigão; encrenqueiro: *O síndico é um sujeito encrespado.*

en.cres.par *v.t.* **1** tornar crespo: *Usei um produto que encrespou meus cabelos.* • *pron.* **2** tornar-se rugoso; ondular-se: *As águas se encresparam.* **3** (Coloq.) irritar-se: *Encrespou-se, queria briga.*

en.cros.tar *v.int.* criar crostas.

en.cru.ar *v.t.* **1** tornar cru; fazer endurecer (o que estava quase cozido): *o fogo baixo encruou o bolo.* **2** dificultar ou retardar as funções do estômago. • *int.* **3** tornar-se cru. **4** (Fig.) tornar-se insensível, cruel: *Depois da tragédia, seu coração encruou.* **5** não ter o crescimento satisfatório. **6** não progredir a contento: *Os negócios encruaram.*

en.cru.zi.lha.da *s.f.* **1** ponto onde dois caminhos se cruzam: *Vamos nos encontrar na encruzilhada.* **2** momento de difícil decisão; embaraço: *Estamos numa encruzilhada: ou pagamos a multa ou seremos punidos.*

en.cu.ca.do *adj.* (Coloq.) preocupado; desconfiado: *Era uma criança encucada.*

en.cu.car *v.t.* **1** (Coloq.) intrigar; preocupar: *Essa demora está me encucando.* • *int.* **2** (Coloq.) ficar intrigado, preocupado: *Ninguém atendia à porta, então eu encuquei.*

en.cur.ra.lar *v.t.* **1** colocar (gado) no curral. **2** prender em local sem saída: *A polícia encurralou o suspeito no final do corredor.* • *pron.* **3** ficar preso; ficar acuado; confinar-se: *O gato se encurralou num canto da sala.*

en.cur.ta.men.to *s.m.* **1** redução; limitação: *O encurtamento do prazo para o pagamento das prestações nos pegou de surpresa.* **2** atrofiamento.

en.cur.tar *v.t.* **1** tornar curto; abreviar; diminuir: *Encurtaram o prazo para se fazer o curso.* **2** restringir; limitar: *Encurtaram o espaço em que as crianças brincavam.*

en.cur.var *v.t.* **1** tornar curvo; arquear: *precisava encurvar o corpo para apanhar os objetos.* • *pron.* **2** humilhar-se; rebaixar-se: *Não se encurve diante das pessoas.* **3** curvar-se; dobrar-se: *Sentiu uma dor aguda e encurvou-se.* **4** tornar-se curvo; arquear-se: *Os caibros da casa se encurvaram.*

en.de.mi.a *s.f.* doença que se manifesta constantemente em determinada localidade.

en.dê.mi.co *adj.* **1** relativo à endemia: *A dengue está se tornando endêmica.* **2** peculiar a um povo ou uma região.

en.de.mo.ni.a.do *s.m.* e *adj.* endemoninhado.

en.de.mo.ni.nha.do *s.m.* **1** pessoa possuída pelo demônio; endiabrado: *Alguns endemoninhados arrebentaram os fios do telefone.* • *adj.* **2** possuído pelo demônio; possesso; furioso; endiabrado: *sujeito endemoninhado.*

en.de.re.çar *v.t.* **1** pôr endereço em: *Temos ainda que endereçar cem envelopes.* **2** encaminhar; enviar: *Enderecei o ofício ao chefe da seção.* **3** dirigir: *Enderecei a pergunta ao presidente da mesa.* • *pron.* **4** dirigir-se; ir: *A caravana se endereçava ao palácio do governo.*

en.de.re.ço (ê) *s.m.* **1** inscrição contendo a indicação do local de residência ou domicílio: *O endereço da carta deve estar bem legível.* **2** local determinado: *A mulher pediu-me que levasse o pacote naquele endereço.* **3** destinação: *As suas poesias tinham endereço certo.* • **endereço eletrônico** convenção que se usa para a comunicação via Internet.

en.deu.sar *v.t.* venerar como a um deus; valorizar em exagero: *Os fãs exagerados endeusam seus ídolos.*

en.di.a.bra.do *s.m.* **1** pessoa muito ruim, maldosa: *Algum endiabrado pôs fogo no pasto.* • *adj.* **2** muito travesso; furioso: *menino endiabrado.* **3** muito esperto.

en.di.nhei.ra.do *s.m.* **1** pessoa que tem muito dinheiro: *Entre os endinheirados não se fala em crise.* • *adj.* **2** que tem muito dinheiro; rico; abastado: *pessoa endinheirada.*

en.di.rei.tar *v.t.* **1** tornar direito ou reto; aprumar: *endireitar o corpo.* **2** corrigir; acertar: *Todos os candidatos prometem endireitar o que está errado.* • *int.* e *pron.* **3** corrigir-se: *Tenho fé que esse garoto ainda (se) endireita.* **4** tornar-se reto ou direito: *A árvore que nasce torta não (se) endireita.* **5** retomar o bom caminho: *O réu endireitou(-se).*

en.dí.via *s.f.* escarola; variedade de chicória de folhas frisadas, que pode ser consumida crua ou cozida.

en.di.vi.dar *v.t.* **1** fazer contrair dívida; tornar devedor: *Jogador inveterado, endividou até a família.* • *pron.* **2** contrair dívidas: *Depois de ficar desempregado, começou a endividar-se.*

en.do.car.po *s.m.* (Bot.) membrana interna do fruto que fica em contato com a semente.

en.dó.cri.no *adj.* (Anat.) relativo às glândulas de secreção interna: *distúrbios endócrinos.*

en.do.cri.no.lo.gi.a *s.f.* (Med.) área da Medicina que trata das glândulas de secreção interna.

en.do.cri.no.lo.gis.ta *s.2g.* **1** quem se especializa em Endocrinologia: *Ele se transformou num excelente endocrinologista.* • *adj.* **2** especializado em Endocrinologia: *médico endocrinologista.*

endoenças

en.do.en.ças *s.f. pl.* rituais religiosos católicos da Quinta-Feira Santa.

en.do.ga.mi.a *s.f.* casamento entre os membros de uma mesma família: *A endogamia pode trazer más consequências para os filhos.*

en.dó.ge.no *adj.* (Biol.) que se origina e desenvolve dentro de um organismo ou sistema.

en.doi.dar *v.t.* 1 fazer perder o juízo; excitar em demasia; enlouquecer: *As vedetes endoidavam a plateia.* • *int.* 2 endoidecer: *A moça endoidou.*

en.doi.de.cer *v.t.* 1 fazer perder o juízo; endoidar: *Aquelas dívidas me endoideciam.* • *int.* 2 perder o juízo; endoidar: *O andarilho endoideceu.*

en.do.mé.trio *s.m.* (Anat.) mucosa que reveste internamente o útero.

en.dos.co.pi.a *s.f.* (Med.) exame feito com uso do endoscópio.

en.dos.có.pio *s.m.* (Med.) instrumento médico óptico para exame das partes internas do corpo.

en.dos.per.ma (é) *s.m.* (Bot.) parte nutritiva e rica em substâncias alimentares que envolve o embrião de várias plantas.

en.dos.sar *v.t.* 1 efetuar o endosso em letra, ordem etc.: *endossar um cheque.* 2 assumir, juntamente com o devedor principal, a responsabilidade de uma dívida; avalizar; afiançar: *endossar o empréstimo.* 3 (Fig.) concordar; aquiescer; apoiar: *Endosso tudo o que ele disser.*

en.dos.so (ô) *s.m.* 1 declaração escrita geralmente no verso de uma letra de câmbio, cheque, ordem de pagamento etc., que transfere sua propriedade a outra pessoa: *endosso de um cheque.* 2 aval: *Foi preciso o endosso do fiador para que o contrato fosse assinado.* 3 (Fig.) concordância; aquiescência: *Suspeita-se de que o uso ilegal do documento teve o endosso da diretoria.*

en.do.ve.no.so (ô) *adj.* 1 relativo ao interior da veia; intravenoso: *aplicação de soro por via endovenosa.* 2 que se aplica na veia: *injeção endovenosa.*

en.du.re.cer *v.t.* 1 tornar sólido: *O frio endureceu a superfície do lago.* 2 enrijecer: *A ginástica endurece os músculos.* • *int.* 3 agir com rigidez, com severidade: *No caso da greve dos funcionários, a empresa endureceu.* 4 solidificar-se: *Quando a argila endurece, fica imprópria para o trabalho artístico.* 5 perder o vigor ou a vivacidade; demonstrar indignação: *Suas feições endureceram.*

en.du.re.ci.men.to *s.m.* 1 solidificação: *O sol provocou o endurecimento da massa.* 2 rigidez; severidade: *Se não houver negociação, vai haver endurecimento por parte dos líderes.*

en.du.ro *s.m.* prova de resistência, geralmente de motocicleta, realizada em terreno acidentado.

e.ne *s.m.* nome da letra *n*.

e.ne.á.go.no *s.m.* (Geom.) polígono de nove lados.

e.ne.as.sí.la.bo *s.m.* 1 verso de nove sílabas. • *adj.* 2 diz-se de vocábulo ou verso que tem nove sílabas: *versos eneassílabos.*

e.ne.gre.cer *v.t.* 1 tornar negro; escurecer: *Um bando de urubus enegreceu o pátio.* 2 difamar; desmoralizar: *Os repetidos atos de corrupção enegrecem o passado desse homem.* • *int.* 3 tornar-se negro; escurecer: *De repente, o céu enegreceu.*

é.ne.o *adj.* de bronze; brônzeo: *medalhão éneo.*

e.ner.gé.ti.ca *s.f.* (Fís.) ramo da Física que trata da energia e suas transformações: *Estamos bem avançados no campo da energética.*

e.ner.gé.ti.co *adj.* 1 que contém energia: *carvão energético.* 2 relativo à energia. 3 ativo; vibrante; dinâmico: *criatura energética.*

e.ner.gi.a *s.f.* 1 capacidade de um corpo ou substância de produzir um trabalho ou desenvolver uma força: *energia solar.* 2 força física; vigor: *O sono repõe nossas energias.* 3 qualidade de quem é enérgico; firmeza: *A polícia agiu com muita energia na fuga dos presos.* 4 força moral ou vigor: *Já não encontrava energia para ir em frente.*

e.nér.gi.co *adj.* severo; rigoroso: *Um chefe deve ser enérgico, mas não autoritário.* // Ant.: tíbio.

e.ner.gi.zan.te *adj.* que transmite energia: *poder energizante.*

e.ner.gi.zar *v.t.* 1 alimentar com energia elétrica: *Houve pane na rede elétrica que energiza o setor norte da cidade.* 2 transmitir energia; revigorar: *Encontrou-se uma raiz que energiza as funções vitais do indivíduo.* • *pron.* 3 receber energia: *Após um reforçado café da manhã, nós nos energizamos.*

e.ner.gú.me.no *s.m.* 1 pessoa possuída pelo demônio; possesso: *Um energúmeno começou a proferir maledicências.* 2 indivíduo extremamente exaltado, que se agita muito.

e.ner.va.do *adj.* 1 irritado; nervoso: *Ficou enervado com as críticas recebidas.* 2 que revela irritação: *Fez um discurso enervado e violento.* 3 cheio de nervos: *A carne de segunda é enervada.*

e.ner.van.te *adj.* que provoca irritação: *A demora do ônibus era enervante.*

e.ner.var *v.t.* 1 irritar; impacientar: *O atraso do pagamento enerva os empregados.* • *pron.* 2 tornar-se nervoso, impaciente: *Os jogadores estão sentindo a pressão da torcida e estão se enervando.*

e.né.si.mo *adj.* 1 (Mat.) que ocupa a posição número *n* numa sequência. 2 (Coloq.) que se refere a um número de ocorrências bastante elevado: *Já disse pela enésima vez que não concordo com o senhor.*

e.ne.vo.a.do *adj.* 1 nublado; coberto de névoa: *O céu enevoado dificultava os voos.* 2 embaçado: *A idade deixava seus olhos enevoados.*

e.ne.vo.ar *v.t.* 1 cobrir de névoa; nublar: *O mau tempo enevoou a serra.* 2 embaçar: *O choro enevoou seus olhos.* • *pron.* 3 cobrir-se de névoa; turvar-se: *Os olhos da moça se enevoaram.*

en.fa.dar *v.t.* 1 causar tédio; irritar: *A conferência enfadou a plateia.* • *pron.* 2 sentir tédio; desgostar-se; aborrecer-se: *Enfadava-se com filmes muito longos.*

en.fa.do *s.m.* aborrecimento; tédio: *As pessoas demonstravam enfado naquela festa.*

en.fa.do.nho *adj.* fastidioso; monótono; cansativo: *Seria enfadonho contarmos essa história com todos os detalhes.*

en.fai.xa.do *adj.* envolto em faixa: *O atleta jogou com o punho enfaixado.*

en.fai.xar *v.t.* envolver com faixa: *No hospital, enfaixaram a perna machucada.*

en.far.rus.car *v.t.* 1 fazer adquirir expressão de zanga: *enfarruscar a cara.* • *pron.* 2 sujar-se de fuligem;

enfraquecer

encarvoar-se: *A criança enfarruscou-se.* • *int.* e *pron.* **3** ficar carrancudo; zangar-se: *À medida que o tempo passava, o rosto do garoto ia (se) enfarruscando.*
en.far.ta.do *adj.* infartado.
en.far.tar[1] *v.t.* encher; saciar: *A comida enfartou-o.*
en.far.tar[2] *v.t.* (Med.) sofrer enfarte.
en.far.te *s.m.* (Med.) infarto.
ên.fa.se *s.f.* **1** vigor no modo de falar ou expressar-se. **2** entonação especial: *O professor dava ênfase às palavras, pronunciando-as pausadamente.* **3** destaque; relevo; realce.
en.fas.ti.a.do *adj.* **1** entediado; aborrecido: *O filme incomodou o espectador, que sai enfastiado.* **2** sem apetite: *Sente-se enfastiado ao olhar o almoço.*
en.fas.ti.ar *v.t.* **1** causar fastio; enjoar; aborrecer: *As aulas expositivas enfastiam os alunos.* • *pron.* **2** ficar aborrecido; aborrecer-se: *Ao ouvir a voz dele, eu já me enfastiava.*
en.fá.ti.co *adj.* em que há ênfase: *O presidente foi enfático ao admitir o corte de verbas.*
en.fa.ti.zar *v.t.* **1** dar destaque ou realce: *O professor enfatizou a necessidade do estudo de línguas.* **2** dizer com destaque: *O diretor enfatizou que não haveria corte de despesas.*
en.fa.tu.ar *v.t.* **1** encher de vaidade ou de presunção. • *pron.* **2** tornar-se presunçoso; envaidecer-se; orgulhar-se: *Enfatuava-se sempre que falavam de sua inteligência.*
en.fe.ar *v.t.* **1** tornar feio; desfigurar: *Aquele vestido largo enfeou o seu corpo.* • *int.* **2** tornar-se feio; desfigurar-se: *Não chore que seu rosto enfeia!*
en.fei.tar *v.t.* **1** adornar de modo a embelezar; ornamentar: *Bandeirolas multicoloridas enfeitavam o salão.* • *pron.* **2** receber enfeites; ornamentar-se: *Vaidosa, enfeitava-se demais para sair.*
en.fei.te *s.m.* ornamento; adorno: *Gosta de dar enfeites de presente.*
en.fei.ti.çar *v.t.* **1** lançar feitiço; fazer mal, por meio de magia: *A bruxa enfeitiçou o príncipe.* **2** encantar; fascinar; seduzir: *Essa mulher enfeitiça os homens com seu charme.* • *pron.* **3** deixar-se enfeitiçar.
en.fei.xar *v.t.* **1** atar ou prender em feixe: *enfeixar a lenha.* **2** reunir; concentrar; juntar: *Aquela antologia enfeixa todas as tendências poéticas do século passado.* **3** embrulhar.
en.fer.ma.gem *s.f.* **1** técnica de cuidar de enfermos, acidentados, idosos etc., conferindo-lhes atendimento especializado. **2** profissão de enfermeiro.
en.fer.ma.ri.a *s.f.* local onde doentes são tratados.
en.fer.mei.ro *s.m.* pessoa diplomada em Enfermagem; quem cuida de enfermos: *Um excelente enfermeiro cuidou do meu pai.*
en.fer.mi.da.de *s.f.* doença; fraqueza; debilidade: *A criança foi acometida de uma enfermidade preocupante.*
en.fer.mo (ê) *s.m.* **1** pessoa doente: *A refeição dos enfermos era servida ao meio-dia.* • *adj.* **2** doente: *pessoa enferma.*
en.fer.ru.ja.do *adj.* **1** cheio de ferrugem: *faca enferrujada.* **2** (Coloq.) que está fora de forma: *Quem está há muito tempo sem fazer ginástica fica enferrujado.*
en.fer.ru.jar *v.t.* **1** fazer criar ferrugem; oxidar: *A umidade enferruja as peças de ferro.* • *pron.* **2** cobrir-se ou encher-se de ferrugem. (Coloq.) • *int.* **3** criar ferrugem; oxidar-se: *A bicicleta enferrujou.* **4** perder o vigor ou a destreza: *Minhas pernas estão enferrujando.* **5** cair em desuso: *Certos costumes enferrujam.*
en.fe.za.do *adj.* (Coloq.) **1** pouco desenvolvido; raquítico: *Era um sujeitinho enfezado, magro e queimado de sol.* **2** nervoso; irritado: *O capataz estava enfezado, xingava os bois e os vaqueiros.*
en.fe.zar *v.t.* **1** mirrar; decair; definhar: *A seca enfezou o gado.* **2** irritar; aborrecer: *A sua atitude me enfeza.* • *pron.* **3** ficar irritado: *O paciente enfezou-se.*
en.fi.a.da *s.f.* **1** conjunto de objetos colocados em linha; fileira; fila. **2** (Fig.) sequência de acontecimentos, ações, palavras etc. **3** (Bras.) goleada em partida de futebol: *Foi uma enfiada de gols.* ✦ **de enfiada** (i) de uma só vez: *Bebeu o cálice de vinho de enfiada.* (ii) sem interrupção: *Trabalhei quatro horas de enfiada.*
en.fi.ar *v.t.* **1** introduzir fio em orifício: *enfiar a linha na agulha.* **2** meter algo em fio: *enfiar as pérolas.* **3** empurrar para dentro; fazer entrar; introduzir: *Enfiou a roupa suja dentro do cesto.* **4** vestir; calçar: *Enfiou as calças.* **5** (Fut.) dar passe: *O zagueiro enfiou a bola para o artilheiro.* • *pron.* **6** penetrar em: *Enfiou-se mata adentro.* **7** meter-se: *Um cão sarnento enfiou-se no meio das senhoras.*
en.fi.lei.rar *v.t.* **1** organizar em fila; alinhar: *O manobrista ia enfileirando os carros ao longo do pátio.* • *pron.* **2** dispor-se em fila; alinhar-se: *Os mendigos iam se enfileirando para receber a comida.*
en.fim *adv.* em conclusão; afinal; finalmente; por fim: *Qual é, enfim, o projeto que nos interessa mais?*
en.fi.se.ma *s.m.* (Med.) estado mórbido caracterizado pela inchação anormal, devido à presença de ar no interior de um tecido ou órgão: *enfisema pulmonar.*
en.fi.teu.se *s.f.* direito real em contrato perpétuo, alienável e transmissível aos herdeiros, através do qual o proprietário permite a outrem a utilização de imóvel, mediante pagamento de foro, taxa ou pensão anual; aforamento.
en.fo.car *v.t.* **1** pôr em foco; focalizar (a câmara): *O fotógrafo enfocou apenas a mãe.* **2** focalizar; abordar; colocar em evidência: *Hoje, o professor enfocou a seca do Nordeste.*
en.fo.lhar *v.int.* e *pron.* cobrir-se de folhas: *Com a chuva, as árvores (se) enfolham.*
en.fo.que (ó) *s.m.* ato ou efeito de enfocar: *Minha opinião dependerá do enfoque dado ao tema.*
en.for.ca.men.to *s.m.* ato ou efeito de enforcar: *O enforcamento era comum nos filmes de faroeste.*
en.for.car *v.t.* **1** matar na forca: *Enforcaram Tiradentes em praça pública.* **2** estrangular: *O assassino enforcou a vítima friamente.* **3** (Coloq.) faltar ao trabalho ou à aula, emendando o feriado com o fim de semana: *Enforquei dois dias de trabalho.* • *pron.* **4** matar-se por enforcamento: *O sequestrador enforcou-se na prisão.* **5** (Coloq.) casar-se: *Os noivos se enforcaram.*
en.fra.que.cer *v.t.* **1** tornar fisicamente fraco; debilitar: *A anemia enfraquece a pessoa.* **2** fazer perder o poder ou a vitalidade: *A ameaça de demissão enfraqueceu o movimento grevista.* • *pron.* **3** tornar-se fraco: *enfraqueceu-se com a dor.* • *int.* **4** perder o poder ou a força; debilitar-se: *O exército inimigo vem*

enfraquecido

enfraquecendo. **5** diminuir a intensidade: *O barulho dos trovões foi enfraquecendo.*
en.fra.que.ci.do *adj.* fraco; debilitado: *O animal dava sinais de estar enfraquecido.*
en.fra.que.ci.men.to *s.m.* **1** perda do vigor ou das forças; fraqueza: *A anemia provoca enfraquecimento físico.* **2** perda de prestígio ou de poder: *Houve um enfraquecimento daquela tendência de moda.*
en.fren.ta.men.to *s.m.* **1** confronto; luta: *No debate, teremos o enfrentamento entre os candidatos.* **2** disposição para solucionar: *A situação exige o enfrentamento do problema com mais determinação.*
en.fren.tar *v.t.* **1** pôr-se frente a frente, para combater ou competir: *O time enfrentará seu mais ferrenho adversário.* **2** sofrer; experimentar: *Ninguém vive sem enfrentar dificuldades.* • *pron.* **3** defrontar-se: *As duas equipes vão se enfrentar brevemente.*
en.fro.nhar *v.t.* **1** colocar fronha em: *enfronhou os travesseiros.* **2** colocar a par de: *O pai enfronhou o filho em seus negócios.* • *pron.* **3** entrar; penetrar: *Detesto esses indivíduos que vivem se enfronhando na vida da gente.* **4** tornar-se profundo conhecedor: *Cada vez mais me enfronho na Informática.*
en.fu.ma.çar *v.t.* **1** cobrir de fumaça: *O fogão a lenha enfumaçava o teto da cozinha.* • *pron.* **2** cobrir-se de fumaça: *A cozinha se enfumaçou.* **3** embaçar-se: *O espelho enfumaçou-se.*
en.fu.nar *v.t.* **1** encher; inflar: *O vento forte enfunava as velas.* • *pron.* **2** zangar-se; irritar-se: *O autor enfunou-se com a crítica.*
en.fu.re.cer *v.t.* **1** fazer ficar furioso; irar: *A algazarra da meninada enfurecia os cães.* • *pron.* **2** tornar-se furioso; irar-se: *Papai se enfurecia com a nossa teimosia.* **3** tornar-se revolto (o mar).
en.fu.re.ci.men.to *s.m.* irritação; ira: *Ele ia falando, meu enfurecimento ia se tornando patente.*
en.fur.nar *v.t.* (Coloq.) **1** esconder; ocultar: *O coronel enfurnava as filhas quando vinham visitas.* • *pron.* **2** isolar-se; recolher-se; apertar-se: *Enfurnei-me no meu escritório.*
en.ga.be.lar *v.t.* (Bras.) enganar com lábia: *O jornalista tentava engabelar a professora para que desse a informação.*
en.ga.ja.men.to *s.m.* **1** participação ativa numa causa: *De algum modo, todos temos um engajamento político-ideológico.* **2** alistamento: *O meu engajamento no exército se deu por acaso.*
en.ga.jar *v.t.* **1** fazer participar: *O desejo de ajudar engaja o povo nessa luta.* • *pron.* **2** participar ativamente; aderir a: *Engajei-me na campanha do agasalho.* **3** pôr-se a serviço: *O marinheiro se engajou no navio como cozinheiro.*
en.ga.la.nar *v.t.* **1** enfeitar de galas; embelezar: *No Natal, engalanaram as ruas.* • *pron.* **2** ornar-se; enfeitar-se: *Engalanou-se para receber o prefeito.*
en.gal.fi.nha.do *adj.* agarrado em luta corporal; entrelaçado: *Lá estavam outra vez os dois engalfinhados.*
en.gal.fi.nhar *v. pron.* **1** agarrar-se em luta corporal; atracar-se: *O guepardo se engalfinhou com dois filhotes de onça.* **2** atracar-se: *Os boxeadores se engalfinharam.*
en.gam.be.lar *v.t.* engabelar.

en.ga.na.ção *s.f.* tapeação; mentira.
en.ga.na.dor (ô) *adj.* que induz a erro; que engana; enganoso: *O sujeito não passava de um trapaceiro enganador.*
en.ga.nar *v.t.* **1** induzir a erro; lograr: *O seu palavrório enganava os incautos.* **2** trair; praticar adultério contra. **3** dar uma satisfação ilusória e momentânea; distrair: *Bebíamos água com açúcar para enganar a fome.* • *pron.* **4** cometer erro; iludir-se: *A vidente se enganara.* • *int.* **5** dar ou ter falsa impressão: *Ele não é correto, só engana.*
en.gan.char *v.t.* **1** prender com gancho: *enganchar a carne.* • *pron.* **2** prender-se; enroscar-se: *Os vestidos das madames engancharam-se.*
en.ga.no *s.m.* equívoco; erro: *Refez as contas, para convencer-se de que não houve engano.*
en.ga.no.so (ô) *adj.* que induz a erro; enganador: *É enganoso achar que tudo é culpa do destino.*
en.gar.ra.fa.do *adj.* **1** acondicionado em garrafa: *Vendia mel engarrafado.* **2** (Coloq.) congestionado pelo acúmulo de veículos: *trânsito engarrafado.*
en.gar.ra.fa.men.to *s.m.* **1** acondicionamento em garrafa: *Trabalhei no setor de engarrafamento de vinhos.* **2** (Coloq.) congestionamento do trânsito: *Ficamos presos num engarrafamento.*
en.gar.ra.far *v.t.* **1** colocar em garrafa: *Engarrafavam o leite ali mesmo na fazenda.* **2** (Coloq.) impedir o fluxo; congestionar: *Um acidente engarrafou o trânsito.* • *int.* **3** (Coloq.) ficar obstruído: *Quando chove, o trânsito engarrafa.*
en.gas.gar *v.t.* **1** produzir engasgo a: *A ração engasgou o cão.* **2** impedir a fala de: *O cansaço engasgou o balconista.* • *int.* **3** sofrer ou provocar engasgo: *Cuidado, crianças engasgam fácil.* **4** falhar; enguiçar: *O carro engasgava, não desenvolvia a marcha.*
en.gas.go *s.m.* obstrução da garganta, devido a algum obstáculo: *Teve um engasgo e foi hospitalizado às pressas.*
en.gas.ta.lhar *v.t.* prender-se; enroscar: *Engastalhei nos fios e quase caí.*
en.gas.tar *v.t.* **1** pôr; encravar: *Mandou engastar um rubi no anel de noivado.* • *pron.* **2** estar encravado: *Uma enorme pedra engastava-se na encosta do morro.*
en.ga.tar *v.t.* **1** prender com engates; ligar; unir: *Engataram vinte vagões na locomotiva.* **2** engrenar: *Em alta velocidade, é necessário engatar a quinta marcha.* • *pron.* **3** engrenar-se: *As marchas engatam-se automaticamente.*
en.ga.te *s.m.* **1** atrelamento; união: *Após o engate, os vagões são puxados devagar.* **2** peça que une duas outras: *Um engate de plástico unia as duas peças.*
en.ga.ti.lha.do *adj.* **1** armado; pronto para disparar: *espingarda engatilhada.* **2** (Fig.) pronto; preparado: *O repórter tinha uma pergunta engatilhada.*
en.ga.ti.lhar *v.t.* **1** armar o gatilho de; preparar para atirar: *engatilhar a arma.* **2** (Fig.) preparar para dizer: *Quando engatilhei minha pergunta, acabou a aula.*
en.ga.ti.nhar *v.int.* **1** deslocar-se com as mãos e os joelhos no chão: *Ela começou a engatinhar muito cedo.* **2** (Fig.) estar no início; estar pouco desenvolvido: *O projeto está só engatinhando.*
en.ga.ve.ta.men.to *s.m.* **1** impedimento dos trâmites

engravidar

normais de documento, processo etc.: *Não pode virar rotina o engavetamento de processos problemáticos.* **2** (Fig.) penetração de veículos na traseira do outro, por ocasião de um choque: *Houve um engavetamento na via principal da cidade.*

en.ga.ve.tar *v.t.* **1** guardar na gaveta: *O escritor engavetou os originais.* **2** impedir o encaminhamento: *O departamento pessoal engavetou meu pedido de aposentadoria.* **3** (Fig.) provocar o choque entre veículos, ocasionando a penetração de um na traseira do outro: *O veículo se moveu com o choque, engavetando outros quatro carros.* • *pron.* **4** chocar-se (um veículo) na traseira do outro: *Um caminhão e quatro carros se engavetaram.*

en.ge.lhar *v.t.* enrugar; encarquilhar: *Sua pele engelhada denunciava o peso dos anos.*

en.gen.drar *v.t.* **1** gerar; produzir: *engendrar textos.* **2** idealizar; planejar: *engendrar um plano.*

en.ge.nhar *v.t.* **1** inventar; engendrar: *Engenhamos uma saída para a situação difícil.* **2** planejar, maquinar, arquitetar.

en.ge.nha.ri.a *s.f.* conjunto de conhecimentos relacionados com as técnicas de aplicação do saber científico relativo à invenção; utilização ou aperfeiçoamento dos recursos naturais em formas adequadas ao atendimento das necessidades humanas; ciência ou arte de construções civis, militares e navais: *Os arranha-céus atestam o progresso da nossa engenharia.*

en.ge.nhei.ro *s.m.* profissional que atua em engenharia.

en.ge.nho *s.m.* **1** propriedade agrícola onde se industrializa cana-de-açúcar: *Meus avós trabalhavam num engenho.* **2** conjunto de máquinas e aparelhos destinados à industrialização de cana-de-açúcar: *A indústria açucareira teve início com os engenhos do Nordeste.* **3** máquina; aparelho: *Ele criou um engenho que facilitará o trabalho dos dentistas.* **4** poder de criação; destreza; habilidade: *A Camões não faltava engenho, muito menos arte.*

en.ge.nho.ca (ó) *s.f.* **1** pequeno engenho destinado à produção de rapadura e/ou aguardente: *Antigamente moía-se a cana numa engenhoca.* **2** qualquer máquina ou maquinismo considerado precário: *Meu pai construiu uma engenhoca para pegar ratos.*

en.ge.nho.si.da.de *s.f.* capacidade de invenção; destreza; habilidade.

en.ge.nho.so (ô) *adj.* **1** que foi feito com imaginação: *barco engenhoso.* **2** que tem grande imaginação; habilidoso: *funcionário engenhoso.* **3** benfeito: *trabalho de marcenaria engenhoso.*

en.ges.sar *v.t.* **1** imobilizar com gesso: *Engessaram a perna errada.* **2** (Fig.) paralisar; estagnar: *A Medida Provisória não engessa a negociação.*

en.glo.bar *v.t.* **1** abranger: *O corte de energia engloba pobres e ricos.* **2** conter num todo: *A associação engloba países da América do Sul e México.*

en.go.do (ô) *s.m.* **1** isca. **2** tapeação; embuste: *O engodo da democracia racial continua com uma nova roupagem.*

en.gol.far *v.t.* **1** envolver; cercar: *Não vamos nos deixar engolfar por questões menores.* **2** encobrir: *A escuridão engolfava as casas da vila.* • *pron.* **3** dedicar-se inteiramente; mergulhar: *Engolfei-me na leitura para esquecer os problemas.* **4** penetrar; mergulhar: *Aquele país se engolfou numa crise de autoridade.*

en.go.lir *v.t.* **1** deglutir; sorver: *Engoli uma xícara de café e saí.* **2** apropriar-se; absorver: *Um silêncio terrível engolia aquelas pessoas.* **3** conter; reprimir: *engolir o choro.* **4** aceitar; tolerar: *Tivemos de engolir um chefe autoritário.* **5** dar crédito; aceitar: *O professor não engoliu a história da dor de barriga.* **6** comer sem mastigar: *Apressado, engoliu a comida.* ♦ **engolir em seco** suportar afronta sem revidar: *Engoliu em seco e nada disse.*

en.go.mar *v.t.* **1** pôr goma: *A empregada engoma as camisas do patrão.* **2** molhar em goma.

en.gor.da (ó) *s.f.* **1** tratamento para fazer adquirir peso: *A engorda de porcos é rápida.* **2** (Bras.) pasto para a engorda do gado.

en.gor.dar *v.t.* **1** tornar gordo; nutrir: *Os fazendeiros estão preferindo engordar bois a criar gado leiteiro.* **2** (Fig.) fazer crescer ou enriquecer. • *int.* **3** tornar-se gordo: *Acho que estou engordando muito.* **4** (Fig.) aumentar; crescer: *Dinheiro aplicado em poupança não engorda.* // Ant.: emagrecer.

en.gor.du.rar *v.t.* **1** manchar ou impregnar de gordura: *A fumaça das panelas engordura o teto da cozinha.* • *pron.* **2** manchar-se ou impregnar-se de gordura: *Os panos de prato se engorduraram.*

en.gra.ça.do *adj.* **1** que tem ou provoca graça; cômico: *histórias engraçadas.* **2** curioso; estranho: *É engraçado como a gente se esquece fácil dessas coisas.*

en.gra.ça.men.to *s.m.* atitude desrespeitosa e atrevida: *Os pais não gostam de engraçamentos.*

en.gra.çar *v.pron.* **1** agir de forma inconveniente; assediar: *Engraçou-se com o cachorro e se deu mal.* **2** passar a gostar; simpatizar; enamorar-se: *Engracei-me pela menina mais bonita da escola.*

en.gra.da.do *s. m.* **1** caixa usada no transporte de garrafas, animais e objetos em geral. • *adj.* **2** provido de grade: *terraço engradado.*

en.gran.de.ce.dor (ô) *adj.* que engrandece; dignificante: *A luta pelo menor sem lar é bastante engrandecedora.*

en.gran.de.cer *v.t.* **1** elevar; enaltecer: *O seu sonho era praticar um ato que engrandecesse a sua pátria.* • *pron.* **2** elevar-se; enobrecer-se: *A nossa alma se engrandece quando ajudamos o próximo.*

en.gran.de.ci.do *adj.* elevado; dignificado; enaltecido: *Sinto-me engrandecido por servir a Vossa Excelência.*

en.gran.de.ci.men.to *s.m.* elevação; dignificação; enaltecimento: *Drummond contribuiu para o engrandecimento da nossa literatura.*

en.gra.va.ta.do *s.m.* **1** (Deprec.) pessoa que se veste bem ou que tem hábitos próprios da elite: *Os engravatados dos gabinetes não conhecem a realidade brasileira.* • *adj.* **2** que está usando gravata: *Quando estou engravatado, sinto-me elegante.*

en.gra.va.tar *v.t.pron.* **1** pôr gravata. • *pron.* **2** (Fig.) apresentar-se bem vestido; enfeitar-se: *Engravatei-me para a cerimônia.* **3** pôr gravata (em si mesmo) ou usar gravata.

en.gra.vi.dar *v.t.* **1** tornar grávida; emprenhar: *O rapaz engravidou a noiva.* • *int.* **2** ficar grávida; emprenhar-se: *Ela engravidou novamente.*

engraxado

en.gra.xa.do *adj.* que recebeu aplicação de graxa: *sapatos engraxados*.

en.gra.xar *v.t.* aplicar graxa; lustrar: *Já engraxei sapato para sobreviver*.

en.gra.xa.ta.ri.a *s.f.* casa onde se engraxam sapatos e outros artefatos de couro.

en.gra.xa.te (Bras.) *s.m.* pessoa que engraxa calçado: *Trabalhava de engraxate num hotel*.

en.gre.na.gem *s.f.* **1** conjunto de peças ou rodas dentadas de um mecanismo, acionadas umas pelas outras. **2** (Fig.) organização; organismo: *A engrenagem da administração deve funcionar*.

en.gre.nar *v.t.* **1** mover engrenagem, ajustando suas rodas dentadas. **2** engatar: *Engrenou a marcha errada e o carro morreu*. (Fig.) **3** principiar e dar prosseguimento: *Agora sim estou engrenando meus trabalhos acadêmicos*. **4** entrar em funcionamento harmônico: *Temos de engrenar a fabricação de pão com a produção de trigo*. • *int.* e *pron.* **5** harmonizar-se; entrosar-se: *Aos poucos, as coisas vão (se) engrenando*.

en.gro.lar *v.t.* **1** deixar meio cru; assar mal. **2** (Fig.) pronunciar as palavras de modo confuso: *Estava tão nervoso que engrolou a fala*. **3** não completar; deixar inacabado: *engrolar o trabalho*.

en.gros.sar *v.t.* **1** aumentar o volume: *Andar de bicicleta engrossa as coxas*. **2** aumentar a espessura de: *Engrosse o caldo com farinha de trigo*. • *int.* **3** tornar-se calejado: *Suas mãos engrossaram*. **4** crescer; aumentar: *O grupo de manifestantes ia engrossando*. **5** tornar-se mais denso, mais consistente: *O caldo engrossou demais*. **6** (Coloq.) criar problema: *Se o freguês engrossa, nós chamamos a polícia*. // Ant.: afinar.

en.gru.pir *v.t.* (Coloq.) enganar; ludibriar: *O vendedor tentava nos engrupir*.

en.gui.a *s.f.* (Zool.) peixe em forma de serpente, de cor escura, marinho ou fluvial.

en.gui.çar *v.t.* **1** avariar: *A falta de óleo enguiçou o carro*. • *int.* **2** deixar de funcionar; avariar-se: *O ônibus enguiçou a dois quilômetros da cidade*.

en.gui.ço *s.m.* **1** desarranjo; defeito; pane: *A arma não disparou devido a um enguiço no gatilho*. **2** (Coloq.) desavença: *Tive um enguiço com o professor*.

en.gu.lho *s.m.* **1** náusea; ânsia de vômito: *Aquela sopa de pernas de rãs me dava engulhos*. **2** asco; repugnância: *A atitude do velho causava engulhos*.

e.nig.ma *s.m.* **1** texto ou fala obscura. **2** problema de difícil decifração; segredo: *Temos de decifrar esse enigma*.

e.nig.má.ti.co *adj.* **1** misterioso: *pessoa enigmática*. **2** de difícil compreensão: *Tínhamos de interpretar um texto enigmático*.

enjambement (ãjãbmã) (Fr.) *s.m.* na poesia, colocação, no verso seguinte, de uma ou mais palavras que completam o sentido do verso anterior.

en.jau.la.do *adj.* **1** preso em jaula: *As feras ficam enjauladas*. **2** (Coloq.) preso em cadeia: *Os corruptos deviam estar enjaulados*.

en.jau.lar *v.t.* **1** colocar em jaula: *O dono do circo mandou enjaular até os elefantes*. **2** (Coloq.) pôr na cadeia: *Enjaularam o bandido*.

en.jei.tar *v.t.* **1** não aceitar; rejeitar. **2** abandonar; rejeitar: *Enjeitou o próprio filho*. **3** reprovar. • *pron.* **4** rejeitar a si mesmo.

en.je.rir *v. pron.* encolher-se em função do frio ou por doença. // Cp.: ingerir.

en.jo.a.do *s.m.* **1** pessoa desagradável; inconveniente: *Os funcionários da diretoria são todos uns enjoados*. • *adj.* **2** que está atacado de enjoo; nauseado: *O balanço do barco me deixa enjoado*. **3** que causa enjoo; enjoativo: *Vinha da rua um cheiro enjoado*. **4** incômodo; maçante: *Uma dorzinha enjoada no estômago me preocupa*. **5** muito exigente; cheio de manias; desagradável: *Atendeu-nos uma jovem enjoada, que nos obrigou a tirar os sapatos*.

en.jo.ar *v.t.* **1** causar náusea ou enjoo: *Aquele cheiro de cebola enjoava a gestante*. **2** aborrecer; entediar: *O locutor tem voz que enjoa os ouvintes*. **3** desgostar; aborrecer-se com; entediar-se com: *Já enjoei desse tipo de filme*. • *int.* **4** sentir náusea ou enjoo: *Mulher grávida vive enjoando*. **5** ter cheiro enjoativo.

en.jo.a.ti.vo *adj.* **1** que causa enjoo; nauseabundo: *O xarope tinha um cheiro enjoativo*. **2** que causa incômodo; que desagrada; tedioso: *filme enjoativo*.

en.jo.o *s.m.* **1** náusea: *Descobriu que estava grávida quando começou a sentir enjoos*. **2** (Coloq.) desagrado; aversão; repulsa: *Dava-nos enjoo a repetição da leitura*.

en.la.çar *v.t.* **1** prender nos braços; abraçar: *Enlaçou o marido com carinho*. **2** cruzar; entrelaçar: *A mulher evitava sentar-se e enlaçar as pernas*. **3** prender; atrair; cativar: *O seu perfume me enlaçava*. **4** enfeitar com laços; ornamentar: *Enlaçou a viola com fitas coloridas*. **5** ligar, unir. • *pron.* **6** ligar-se; atar-se: *Enlaçaram-se num grande abraço*.

en.la.ce *s.m.* **1** casamento: *Do nosso enlace, nasceram duas meninas*. **2** união; ligação: *O enlace entre as peças é feito com fios de náilon*. **3** abraço: *Os dois estavam num enlace apaixonado*. **4** relacionamento.
♦ **enlace matrimonial** casamento.

en.la.me.ar *v.t.* **1** cobrir ou sujar de lama: *A enxurrada enlameou as calçadas*. **2** macular; aviltar: *Aquela mulher fazia questão de enlamear a honra do ex-marido*. • *pron.* **3** cobrir-se de lama: *As ruas se enlamearam*.

en.lan.gues.cer *v.int.* **1** ficar lânguido: *Os olhos dos namorados enlangueceram*. • *pron.* **2** tornar-se lânguido. **3** perder as forças; enfraquecer. **4** tornar-se sensual.

en.la.ta.do *s.m.* **1** comestível conservado em lata: *É necessário que evitemos os enlatados*. **2** (Deprec.) filme ou outros produtos importados de má qualidade: *Parece que o brasileiro está se livrando dos enlatados*. • *adj.* **3** metido ou conservado em lata: *Detesto as comidas enlatadas*.

en.la.tar *v.t.* armazenar em lata: *Montou uma indústria para enlatar sardinha*.

en.le.ar *v.t.* **1** envolver; enlaçar: *A moça aproximou-se e enleou-me a cintura*. **2** tapear; enganar: *Certos discursos políticos são feitos para enlear o eleitor*. **3** envolver; inebriar: *A suavidade da música enleava a plateia*. **4** atrapalhar; impedir. • *pron.* **5** enroscar-se; tornar-se confuso; perturbar-se: *Enleou-se com o próprio pensamento*.

en.lei.o *s.m.* **1** embaraço: *Preciso sair do enleio em que me meti*. **2** encanto; atração: *Não pude evitar os seus enleios*. **3** êxtase; enlevo: *Era visível o seu enleio* *ao ouvir a voz do professor*. **4** confusão; perplexidade; dúvida: *enleio político*.

en.le.var *v.t.* **1** encantar; deleitar: *Os contos enlevavam as crianças*. • *pron.* **2** encantar-se; maravilhar-se: *Enlevava-se com as histórias de seus antepassados*.

en.le.vo (ê) *s.m.* deleite; êxtase; arroubo: *Entrego-me sempre ao enlevo da leitura*.

en.lou.que.ce.dor (ô) *adj.* que tira a razão ou desnorteia; que enlouquece: *Fazia um calor enlouquecedor*.

en.lou.que.cer *v.t.* **1** fazer perder a razão; desorientar: *A alta dos preços enlouquece o consumidor*. **2** empolgar excessivamente; excitar: *Essa música me enlouquece!* • *int.* **3** ficar louco: *Todos acham que ela enlouqueceu*.

en.lou.que.ci.do *adj.* **1** furioso; irado; raivoso: *A multidão enlouquecida atirava pedras*. **2** arrebatado; seduzido: *A plateia enlouquecida aplaudia o cantor*. **3** desordenado; desorientado; aflito: *A multidão enlouquecida procurava sair do estádio*.

en.lu.a.ra.do *adj.* iluminado pelo luar: *Fazíamos serenatas em noites enluaradas*.

en.lu.tar *v.t.* **1** vestir roupa que simboliza o luto: *Quando o chefe da casa morreu, a mãe enlutou toda a família*. **2** cobrir de luto; constranger profundamente: *A tragédia automobilística enlutou o país*.

e.no.bre.ce.dor (ô) *adj.* que enobrece ou dignifica: *O magistério é uma profissão enobrecedora*.

e.no.bre.cer *v.t.* **1** enaltecer; dignificar; tornar nobre: *O trabalho honesto enobrece o homem*. • *pron.* **2** elevar-se; dignificar-se: *Com tantos homens ilustres, nossa cidade se enobrece!*

e.no.bre.ci.men.to *s.m.* engrandecimento; valorização: *O enobrecimento dos nossos atos depende da boa-fé com que os praticamos*.

e.no.dar *v.t.* dar nó; encher de nós.

e.no.do.ar *v.t.* **1** sujar com nódoa; manchar: *O sumo da fruta enodoou o meu lenço*. **2** (Fig.) macular; desonrar: *Os inimigos tudo fizeram para enodoar a minha vida*. • *pron.* **3** cobrir-se de nódoa. **4** desonrar-se; difamar-se: *Com essas atitudes, ele próprio se enodoa*.

e.no.ja.do *adj.* **1** cheio de nojo; nauseado; enjoado: *Ficava enojado ao ver aquelas pessoas comendo com a mão*. **2** escandalizado: *Essa bandalheira da política me deixa enojado*. **3** enfadado; entediado; aborrecido: *Ele vive enojado e triste*.

e.no.jar *v.t.* **1** causar nojo ou aversão: *Essa cambada de trapaceiros me enoja*. • *pron.* **2** sentir nojo: *Enojou-se da comida*.

e.no.lo.gi.a *s.f.* conjunto de conhecimentos relacionados ao vinho.

e.nó.lo.go *s.m.* especialista em vinhos.

e.nor.me (ó) *adj.* **1** acima do normal; muito grande: *O Brasil importa uma enorme quantidade de grãos*. **2** muito amplo ou vasto: *Meu quarto era enorme*. **3** muito numeroso: *Uma enorme multidão de fãs aplaudia o cantor*. **4** extraordinário: *É um jogador dotado de enorme habilidade*. **5** muito intenso: *Era enorme a sua força de vontade*. **6** muito generoso: *Titia tinha um coração enorme*.

e.nor.mi.da.de *s.f.* **1** grande intensidade: *Sabemos da enormidade de sua dor*. **2** tamanho extraordinário: *Os estrangeiros se espantam com a enormidade da floresta Amazônica*. **3** grande quantidade: *Uma enormidade de turistas visitam Foz do Iguaçu todo ano*. • **uma enormidade** demais: *Os preços dos serviços públicos subiram uma enormidade*.

en.qua.dra.men.to *s.m.* ato ou efeito de enquadrar (-se): *O enquadramento da foto ficou perfeito*.

en.qua.drar *v.t.* **1** emoldurar: *Mandei enquadrar uma gravura de Portinari*. **2** em fotografia, colocar num campo restrito de mira; focalizar: *A câmara enquadrava a parte inferior do edifício*. **3** (Coloq.) punir: *O diretor vai enquadrar os alunos desobedientes*. **4** incluir; classificar: *A comissão enquadrou os meus textos na categoria crônica*. **5** incriminar com base em texto legal: *Ele foi enquadrado na Lei de Segurança Nacional*. **6** classificar: *Aquele preso foi enquadrado como perigoso*. • *pron.* **7** pertencer; estar incluído: *A indústria de confecção não se enquadra neste caso*. **8** ajustar-se: *O jogador não se enquadra no esquema*.

en.quan.to *conj.* **1** ao mesmo tempo que; durante o tempo em que; antes que; até que: *O homem não se afastou enquanto não fechei a janela*. **2** na medida em que: *A moral burguesa, mesmo ilusória, existe enquanto determina um conjunto de valores*.

en.que.te (ê) *s.f.* pesquisa de opinião sobre determinado assunto: *O professor pediu-nos que fizéssemos uma enquete com as pessoas do bairro*.

en.ra.bi.cha.do *adj.* **1** que tomou a forma de rabicho. **2** (Coloq.) enamorado; apaixonado: *Logo que viu a moça ficou enrabichado*.

en.ra.bi.char *v.t.* **1** dar forma de rabicho. • *pron.* **2** (Coloq.) apaixonar-se; enamorar-se: *Enrabichou-se pelo filho do dono do açougue*.

en.rai.ve.cer *v.t.* **1** provocar raiva: *A teimosia da menina enraivecia a sua avó*. • *pron.* **2** irar-se; enfurecer-se: *O tigre enraiveceu-se*.

en.ra.i.za.do *adj.* **1** fixado pela raiz: *As árvores ainda não estavam bem enraizadas*. **2** fixado; estabelecido; radicado: *Os nordestinos já estão enraizados em São Paulo*. **3** apegado; fixado; arraigado: *Foi sempre muito enraizado às tradições da família*.

en.ra.i.zar *v.t.* **1** fixar: *O deputado quer enraizar sua candidatura no interior*. • *pron.* **2** fixar-se: *Ele quer enraizar-se no nosso país*. • *int.* **3** criar raízes: *Em algumas semanas a planta (se) enraíza*.

en.ras.ca.da *s.f.* trapalhada; embaraço; apuro: *Entramos numa enrascada com esse negócio*.

en.ras.car *v.t.* **1** pôr em dificuldade; complicar: *Ele enrascou o filho por causa de suas dívidas*. • *pron.* **2** pôr-se em dificuldade; complicar-se: *Ele se enrascou na declaração de bens*.

en.re.da.do *adj.* envolvido; enleado; preso: *Abaixo havia uma fileira de guirlandas enredadas em ramos de cipreste*.

en.re.dar *v.t.* **1** prender em rede. **2** construir; urdir; tecer: *Enredou um belo discurso de paraninfo*. **3** envolver: *Quando o amor nos enreda, não há escapatória*. • *pron.* **4** envolver-se; embaraçar-se: *Enredamo-nos numa grande complicação*. **5** prender-se em rede: *O barco enredou-se numa tarrafa*. • *int.* **6** intrigar; armar trama ou enredo: *A comadre vive enredando*.

en.re.do (ê) *s.m.* **1** sequência de eventos em uma narrativa de ficção; trama: *O enredo da obra se desenvolve cheio de efeitos inesperados*. **2** mexerico;

enregelar

intriga: *Essa vizinhança é chegada a um enredo.* **3** complicação; enrascada: *Quiseram me envolver nesse enredo de intrigas.*

en.re.ge.lar *v.t.* **1** congelar. • *pron.* **2** congelar-se: *Os lagos daquela região enregelam-se no inverno.*

en.ri.car *v.int.* (Coloq.) enriquecer: *O empresário enricou.*

en.ri.jar *v.t.* **1** enrijecer: *enrijar os músculos.* • *pron.* **2** fortalecer-se; endurecer-se: *Com o tempo, as fibras foram se enrijando.*

en.ri.je.cer *v.t.* **1** tornar rijo; endurecer: *Fazia exercícios para enrijecer o abdômen.* **2** fortalecer: *A maior preocupação dele era enrijecer o caráter do filho.* • *int.* e *pron.* **3** tornar-se rijo; endurecer: *Seus músculos (se) enrijeceram.* **4** tornar-se resistente; insensível: *O seu coração (se) enrijecia cada vez mais.*

en.ri.je.ci.men.to *s.m.* endurecimento; fortalecimento: *Exercícios para enrijecimento devem ser bem controlados.*

en.ri.que.ce.dor (ô) *adj.* que enriquece; que acrescenta elementos de valor: *Ouvir um filósofo é sempre muito enriquecedor.*

en.ri.que.cer *v.t.* **1** tornar rico; prover de riquezas: *A lavoura de café enriqueceu muitos.* **2** melhorar a qualidade: *O esterco do gado enriquece o solo.* **3** proporcionar benefícios morais ou intelectuais: *As aulas desse professor enriquecem os alunos.* • *int.* **4** adquirir riquezas; tornar-se rico: *Como essa gente enriquece fácil!*

en.ri.que.ci.men.to *s.m.* **1** acúmulo ou aquisição de riquezas: *O repentino enriquecimento do político causou a abertura de sindicância.* **2** melhoramento: *enriquecimento do solo.* **3** aumento do valor; aprimoramento; acréscimo: *Neologismos contribuem para o enriquecimento do dicionário.* **4** acréscimo de elementos constituintes: *Montaram uma usina para enriquecimento do urânio.*

en.ro.di.lha.do *s.m.* **1** rodilha. • *adj.* **2** torcido ou enrolado: *Deparamos com uma cascavel enrodilhada, pronta para o bote.*

en.ro.di.lhar *v.t.* **1** enrolar: *Enrodilhou o lençol.* • *pron.* **2** rodear, encostando-se: *Uma gata veio se enrodilhar nas minhas pernas.* **3** encolher-se; curvar-se: *Nossos corpos se enrodilhavam devido ao frio.* **4** enrolar-se, formando rodilhas: *O garoto ficava apreciando as cobras que ali se enrodilhavam.*

en.ro.la.ção *s.f.* (Coloq.) adiamento; tapeação: *Marcou a audiência, depois de muitas enrolações.*

en.ro.la.do *adj.* **1** em forma de rolo: *Serviram-nos uma carne enrolada.* **2** com as bordas viradas para cima; arregaçado: *calças enroladas até o joelho.* **3** que forma rolos; encrespado: *cabelos enrolados.* **4** envolto; preso em torno; embrulhado: *Apareceu com um lenço vermelho enrolado na cabeça.* (Coloq.) **5** embaraçado; atrapalhado: *Acho que estamos enrolados com essa crise.* **6** confuso: *A professora deu uma explicação um tanto enrolada.*

en.ro.la.dor (ô) *s.m.* **1** quem enrola ou embrulha: *Trabalhei como enrolador de balas.* **2** aparelho para enrolar fios; bobina: *Os técnicos esqueceram um enrolador de fios no meio da rua.* (Coloq.) **3** quem tapeia ou engana; enganador: *Não acredite nele; é um enrolador.* • *adj.* **4** que tapeia ou engana: *O vereador era enrolador, prometia até chuva.*

en.ro.la.men.to *s.m.* **1** ato ou efeito de enrolar. **2** acondicionamento em forma de rolo numa bobina ou num motor: *O enrolamento dos fios era lento e difícil.*

en.ro.lar *v.t.* **1** dar a forma de rolo: *Aprendi a enrolar a massa de pão.* **2** acondicionar em forma de rolo: *Meu pai enrolava seu cigarro de palha.* **3** (Coloq.) enganar; tapear: *Acho que esse vendedor está enrolando todos nós.* **4** embrulhar; cingir: *A mãe enrolou o bebê em um cobertor.* **5** ficar em volta; circundar. • *pron.* **6** embrulhar-se: *Enrolou-se na toalha.* **7** enrodilhar-se: *A cascavel se enrola esperando a presa.* **8** (Coloq.) tornar-se confuso; atrapalhar-se: *Enrolou-se no discurso.* • *int.* **9** (Coloq.) protelar uma decisão; embromar: *Ficou enrolando e perdeu a aula.*

en.ros.ca.men.to *s.m.* ato ou efeito de enroscar.

en.ros.car *v.t.* **1** introduzir girando à semelhança de rosca ou espiral: *Você enroscou a lâmpada no bocal?* **2** enrolar; dar voltas com; torcer. • *pron.* **3** abraçar-se; enlear-se: *O bebê se enroscou na mãe.* **4** enrolar-se: *Deitou-se e enroscou-se na coberta.*

en.ros.co *s.m.* **1** enroscamento. **2** (Coloq.) confusão; complicação; embaraço: *Estamos num enrosco dos diabos, pois descobriram nossas mentiras.*

en.ru.bes.cer *v.t.* **1** tornar avermelhado; corar: *O sol enrubescia sua face clara.* • *int.* **2** tornar-se avermelhado; corar: *Ao ouvir a anedota, enrubesceu.*

en.ru.ga.do *adj.* **1** cheio de pequenos sulcos ou rugas: *Reclamou à passadeira da camisa enrugada.* **2** encrespado; crispado: *A casca enrugada da fruta lembrava um jenipapo.*

en.ru.gar *v.t.* **1** tornar rugoso; encarquilhar: *O excesso de sabão enruga suas mãos.* **2** fazer dobras; preguear: *Primeiro a costureira enruga o tecido, depois costura.* • *pron.* **3** encher-se de rugas: *O excesso de sol faz a pele enrugar-se.* **4** encrespar-se: *Com os fortes ventos, o mar enrugou-se.* • *int.* **5** tornar-se rugoso; encarquilhar-se: *É inevitável que a pele enrugue na velhice.*

en.rus.ti.do *adj.* (Coloq.) **1** introvertido; fechado: *Ele é enrustido, manhoso, ninguém sabe o que está em seu coração.* **2** que não se manifesta claramente; disfarçado: *O ódio estava enrustido no coração.*

en.rus.tir *v.t.* esconder; ocultar: *A testemunha enrustiu a verdade.*

en.sa.bo.a.do *adj.* **1** regado ou coberto com sabão: *Meus lenços estão ensaboados.* **2** (Fig) escorregadio: *Freou o carro num trecho ensaboado e bateu no barranco.*

en.sa.bo.ar *v.t.* **1** passar sabão: *Ensaboe o corpo com delicadeza.* • *pron.* **2** lavar-se com sabão: *Ensaboou-se para tirar a graxa do corpo.*

en.sa.car *v.t.* **1** meter em saco: *Ensaquei todos os meus brinquedos.* **2** embalar em saco: *ensacar cereais.*

en.sai.ar *v.t.* **1** preparar uma apresentação; treinar; exercitar: *Ensaiamos a peça num palco improvisado.* **2** iniciar; experimentar: *Eu ainda ensaiava os primeiros passos quando faleceu meu pai.* **3** pôr em prática; tentar; habilitar para uma determinada função. **4** repetir uma função várias vezes a fim de exercitar-se ou tornar-se hábil. • *pron.* **5** preparar-se; exercitar-se: *Ensaiou-se em Direito.*

entalhar

en.sai.o *s.m.* **1** prova; exame; experiência: *ensaios químicos.* **2** tentativa: *Vários ensaios de esclarecimento da população foram feitos.* **3** apresentação preparatória; treinamento: *Durante o ensaio, a atriz sentiu-se mal.* **4** pequeno estudo crítico sobre determinado assunto: *Publicou um ensaio sobre Ecologia.*

en.sa.ís.ta *s.2g.* quem escreve ensaios.

en.san.de.cer *v.t.* **1** tornar louco; enlouquecer: *O desaparecimento do filho ensandeceu a pobre mulher.* • *int.* **2** ficar louco; enlouquecer: *Ele ensandeceu.* **3** sair do sério; descontrolar-se. **4** cometer sandices; dizer ou fazer tolices: *Enlouqueceu e quebrou tudo que via.*

en.san.de.ci.do *adj.* enlouquecido; irracional: *O homem, ensandecido, começou a gritar.*

en.san.guen.tar (güen) *v.t.* **1** cobrir de sangue: *A guerra civil ensanguentou o país.* •*pron.* **2** cobrir-se de sangue: *Toda a sua cabeça se ensanguentou.*

en.se.a.da *s.f.* pequena baía; angra; recôncavo.

en.se.bar *v.t.* **1** passar sebo em. **2** engordurar: *A fritura ensebou o ambiente.* **3** sujar; enodoar: *Aquela poluição ensebava as nossas roupas.* • *pron.* **4** passar sebo em si mesmo. **5** engordurar-se: *Panelas de barro ensebam-se menos.* **6** sujar-se pelo uso. • *int.* **7** ficar engordurado: *Esse é um tecido que não enseba.* **8** (Coloq.) complicar; remanchar

en.se.jar *v.t.* **1** dar oportunidade; possibilitar: *As visitas às fazendas ensejam aos alunos o contato com a natureza.* **2** ser motivo ou oportunidade para: *A existência de uma boa biblioteca enseja que os estudantes se iniciem na pesquisa.* • *pron.* **3** surgir ocasião de; deparar-se: *Enseja-se o momento da derrocada.*

en.se.jo (ê) *s.m.* **1** ocasião; época: *Aproveitamos o ensejo para cumprimentar o colega.* **2** oportunidade; chance; possibilidade: *A sua atitude deu ensejo a várias críticas.* **3** afã; intuito: *No ensejo de ganhar a corrida, o piloto melhorou o motor do carro.*

en.si.mes.ma.do *adj.* **1** absorto; concentrado: *Passava horas na janela, ensimesmada.* **2** introvertido; fechado em si mesmo: *Era um aluno ensimesmado, não se entrosava com a turma.*

en.si.mes.mar *v. pron.* voltar-se para dentro de si; concentrar-se: *Depois da tragédia, ensimesmou-se.*

en.si.na.men.to *s.m.* **1** transmissão de conhecimento; ensino: *A escola oferecia também ensinamento musical.* **2** doutrina; preceito: *Seguimos rigorosamente os ensinamentos bíblicos.* **3** exemplo; lição: *Nem sempre os jovens aproveitam os ensinamentos dos mais velhos.*

en.si.nar *v.t.* **1** dar aula; lecionar; instruir: *Meu pai ensina Química.* **2** passar conhecimento; fazer saber: *As mães ensinam às filhas os segredos da cozinha.* **3** indicar; apontar: *O pai ensina o caminho do bem aos filhos.* **4** ser fonte de saber ou conhecimento; ser exemplo de: *A democracia ensina ao cidadão o valor das diferenças.* **5** treinar; adestrar: *Ensinei o meu cão a caçar perdiz.* • *int.* **6** dar aula; lecionar: *Passou a maior parte da sua vida ensinando.*

en.si.no *s.m.* **1** transmissão de conhecimento sistemático ou de informações: *O ensino da gramática não se faz isolado do texto.* **2** magistério; docência: *A universidade exige que seus docentes se dediquem ao ensino e à pesquisa.* **3** treinamento; adestramento: *A construtora oferece o ensino do correto uso das ferramentas.* **4** instrução; educação: *Agimos de acordo com o ensino que recebemos.* **5** sistema de instrução ou educação: *A melhoria do ensino depende de vontade política do poder público.* ♦ **ensino fundamental** instrução ministrada nas oito primeiras séries escolares. **ensino médio** instrução destinada à formação do adolescente, ministrada em três ou quatro séries, em prosseguimento ao ensino fundamental. **ensino primário** (Obsol.) instrução destinada à criança nas quatro primeiras séries escolares. **ensino secundário** (Obsol.) ensino médio. **ensino superior** instrução que se ministra nas faculdades. **ensino supletivo** instrução que se ministra para suprir a escolarização regular para os adolescentes e adultos que não a tenham concluído na idade própria.

en.so.la.ra.do *adj.* **1** cheio de sol: *dia ensolarado.* **2** exposto ao sol: *terraço ensolarado.*

en.som.brar *v.t.* **1** cobrir de sombras: *A grande figueira ensombrava a frente da casa.* **2** tornar sombrio: *Acontecimentos estranhos ensombravam nossa vida.* • *pron.* **3** entristecer-se: *Ao receber a notícia, sua face ensombrou-se.*

en.so.pa.do *s.m.* **1** prato de carne em pedaços, com ou sem legumes, em molho abundante; guisado: • *adj.* **2** muito molhado; encharcado: *Nossa roupa estava ensopada.* **3** cozido com molho: *Prefiro peixe ensopado.*

en.so.par *v.t.* **1** embeber; empapar: *Ensoparam a roupa do calouro.* • *int.* **2** ficar encharcado: *O suor escorreu, a camisa ensopou.*

en.sur.de.ce.dor (ô) *adj.* que ensurdece; muito forte; estrondoso: *barulho ensurdecedor.*

en.sur.de.cer *v.t.* **1** tornar surdo; fazer perder a audição. **2** estontear; atordoar: *A música da discoteca ensurdece a vizinhança.* • *int.* **3** perder a audição: *Perdeu a visão e ensurdeceu.* **4** perder a sonoridade; abafar-se; enfraquecer: *As trombetas ensurdeceram.*

en.ta.bu.lar *v.t.* **1** dar início; empreender; preparar: *Estamos entabulando um projeto sobre ensino de redação.* **2** estabelecer (relações).

en.ta.la.do *adj.* **1** preso: *Um leitão entalado na cerca gritava.* **2** apertado; espremido. **3** engasgado: *Estou com as suas palavras entaladas na garganta.* **4** (Coloq.) enrascado; enredado; metido: *Estamos entalados nesse negócio de financiamento.*

en.ta.lar *v.t.* **1** imobilizar entre talas: *entalar um braço quebrado.* **2** fazer ficar preso em lugar estreito e apertado: *Entalou a perna no vão dos bancos.* **3** (Coloq.) encher; fartar: *Ela entalou os sobrinhos de doces.* • *pron.* **4** meter-se em lugar apertado: *Entalou-se na entrada do porão.* **5** engasgar: *Entalou-se com a bala.*

en.ta.lha.do *adj.* **1** gravado em madeira ou esculpido em pedra: *O artista segurava um tucano entalhado em madeira.* **2** com detalhes em baixo-relevo: *O teto é em mármore branco ricamente entalhado.*

en.ta.lha.dor (ô) *s.m.* **1** quem faz entalhes ou esculpe: *Um entalhador de estátuas trabalhava com afinco.* **2** instrumento de entalhar. • *adj.* **3** que faz entalhe ou esculpe: *Meu tio era entalhador.*

en.ta.lhar *v.t.* **1** abrir sulcos ou entalhes (em madeira ou outro material): *Ele entalha madeira numa fábrica de móveis.* **2** esculpir em madeira ou pedra: *entalhar uma imagem.* **3** gravar abrindo sulco: *Entalhei o seu nome no tronco da mangueira.*

entalhe

en.ta.lhe *s.m.* 1 corte ou incisão (em madeira ou pedra): *A peça de madeira tinha um profundo entalhe.* 2 peça com figuras esculpidas: *A exposição ostentava um rico entalhe com figuras.* 3 escavação; sulco: *Para escalar a montanha, fizeram vários entalhes na rocha.*

en.tan.to *adv.* neste meio tempo; neste ínterim. • **no entanto** todavia; entretanto; ainda assim: *Havia muito serviço, no entanto ninguém queria trabalhar.*

en.tão *adv.* 1 nesse ou naquele momento; nessa ou naquela ocasião: *Foi só então que percebeu que ansiava por ouvir o passarinho.* 2 em tal caso: *Já que estão bem entrosados, então não haverá divergências.* // A palavra "então" pode ser usada para incentivar uma resposta ou continuação de um relato.

en.tar.de.cer *v.int.* 1 cair a tarde: *Já entardecia quando chegamos ao Rio. s.m.* 2 início da noite; chegada da tarde; crepúsculo: *O entardecer na roça é melancólico.* 3 (Fig.) final de um estado ou condição; crepúsculo: *No entardecer da vida, descubro que posso escrever um romance.*

en.te *s.m.* 1 o que existe ou se supõe existir; ser. 2 pessoa; indivíduo. 3 ser vivo, animal ou pessoa; criatura: *É um ente de Deus.*

en.te.a.do *s.m.* filho do cônjuge atual, nascido de união anterior.

en.te.di.an.te *adj.* que causa tédio; enfadonho: *É entediante ficar sem fazer nada.*

en.te.di.ar *v.t.* 1 causar tédio; deprimir; enfadar: *O monólogo entediava a plateia.* • *pron.* 2 sentir tédio; enfadar-se: *Não gosta de ficar só; entedia-se.*

en.ten.de.dor (ô) *s.m.* 1 quem entende; quem conhece: *No Brasil, o grande entendedor de futebol não é o técnico, é o torcedor.* • *adj.* 2 especialista; perito: *Gabava-se de ser ali o único peão entendedor de boi bravo.* • **para o bom entendedor meia palavra basta** expressão usada para acentuar que quem está a par de um assunto não precisa de muita explicação.

en.ten.der *v.t.* 1 compreender: *Não entendi o enunciado do problema.* 2 conhecer (um idioma): *Ele entende russo.* 3 perceber: *A mulher entendeu que o marido estava exausto.* 4 ter conhecimento; saber: *Não entendo de mecânica.* 5 resolver; decidir: *Entendeu o governo de decretar feriado na segunda-feira.* • *pron.* 6 entrar em acordo ou entendimento: *O técnico se entendeu com os jogadores.* • *s.m.* 7 entendimento; opinião; parecer: *No meu entender, esta questão está correta.*

en.ten.di.do *s.m.* 1 quem é perito ou especialista: *Dizem os entendidos que aquela soprano terá projeção internacional.* • *adj.* 2 ajustado; combinado: *Ficou entendido que você viria às oito em ponto.* 3 discriminado; identificado: *Deverão constar do concurso as matérias já entendidas.* 4 especialista; perito: *Contrataram uma pessoa entendida em eletricidade.*

en.ten.di.men.to *s.m.* 1 juízo; opinião; avaliação: *No meu entendimento, essa disputa terá um fim trágico.* 2 percepção; compreensão; apreensão: *Para melhor entendimento dessa matéria, vamos recorrer a exemplos práticos.* 3 faculdade de compreensão ou raciocínio: *Deus nos deu entendimento para que tenhamos liberdade de escolha.* 4 harmonia; concórdia; paz: *A conversa com o secretário ocorreu em clima de entendimento.* 5 acordo; ajuste; combinação: *Após entendimento com a oposição, o projeto será submetido ao plenário.* 6 experiência; conhecimento: *O seu entendimento de Medicina é quase nulo.*

en.té.ri.co *adj.* do intestino; intestinal: *doenças entéricas.*

en.te.ri.te *s.f.* (Med.) inflamação na mucosa intestinal.

en.ter.ne.ce.dor (ô) *adj.* que sensibiliza; comovedor: *Fiquei inebriado pelo seu olhar enternecedor.*

en.ter.ne.cer *v.t.* 1 tornar terno. 2 embevecer; sensibilizar: *A suave canção enternecia os ouvintes.* • *pron.* 3 embevecer-se; sensibilizar-se: *Quando ouviu os elogios, enterneceu-se.*

en.te.ro.co.li.te *s.f.* inflamação do colo intestinal.

en.ter.ra.men.to *s.m.* 1 ação ou efeito de enterrar: *Após o enterramento das sementes, coloque água nas covas.* 2 sepultamento; enterro: *O enterramento ocorreu debaixo de chuva.*

en.ter.rar *v.t.* 1 colocar embaixo da terra: *O gato sempre enterra suas fezes.* 2 sepultar: *Enterrar os mortos é uma tradição milenar.* (Fig.) 3 sufocar; destruir: *O casamento dela enterrou minhas esperanças.* 4 esquecer; abandonar: *Quero enterrar o meu passado.* 5 cravar ou espetar profundamente; fincar: *Foi como se me enterrassem um punhal no peito.* • *pron.* 6 penetrar; afundar-se: *As rodas do carro enterraram-se na lama.* 7 afundar-se na terra; soterrar-se: *O bico do avião enterrou-se.*

en.ter.ro (ê) *s.m.* 1 sepultamento; funeral: *Não compareci ao enterro do amigo.* 2 cortejo fúnebre: *O enterro ia passando quando uma bomba explodiu.*

en.te.sou.rar *v.t.* 1 juntar ou acumular (bens, fortuna, riquezas etc.), formando tesouro: *Entesouraram riquezas incalculáveis.* 2 formar acervo de; preservar como tesouro: *O índio deve entesourar as palavras da tribo.*

en.ti.da.de *s.f.* 1 ser; ente; coisa. 2 ser espiritual que é objeto de culto. 3 instituição estabelecida para fins específicos: *entidade de classe.*

en.to.ar *v.t.* 1 cantar: *Todos entoaram o Hino Nacional.* 2 recitar metodicamente: *Entoamos alguns versos e fomos aplaudidos.* 3 proferir; enunciar: *Ele gosta de entoar elogios aos mestres.* • *int.* 4 ter afinidade; combinar: *Hipocrisia e sinceridade são duas coisas que não entoam.*

en.to.car *v.t.* 1 pôr em toca. 2 esconder: *Entocou suas joias.* • *pron.* 3 pôr-se em toca: *O tatu fugiu e entocou-se.* 4 esconder-se.

en.to.jar *v.t.* 1 causar ou sentir nojo; repugnar: *Carne crua me entoja.* 2 aborrecer; entediar; amolar: *Essa falta do que fazer nos entoja.*

en.to.mo.lo.gi.a *s.f.* parte da Zoologia que estuda os insetos.

en.to.na.ção *s.f.* 1 modulação da voz; modo de falar: *O locutor mudava a entonação quando anunciava um funeral.* 2 (Fon.) variação de altura no tom de voz que produz a curva melódica das frases: *A entonação é também um fator de ênfase do que se diz.*

en.ton.te.cer *v.t.* 1 causar tontura. 2 tornar tonto, tolo. 3 enlouquecer: *A sua ausência me entontece.* • *int.* e *pron.* 4 ficar tonto: *Com tanto barulho, entonteceu (-se).* 5 ficar tolo. 6 enlouquecer-se.

en.tor.nar *v.t.* **1** derramar; despejar: *Entornou todo o leite.* **2** (Coloq.) tomar bebida alcoólica; beber: *Entornamos duas garrafas de vinho.* • *int.* **3** transbordar; derramar: *O suco entornou.*

en.tor.no (ô) *s.m.* área ao redor de; circunvizinhança: *Tenho propriedades no entorno de Itabuna.*

en.tor.pe.cen.te *s.m.* **1** substância tóxica que provoca alterações da sensibilidade ou outros sintomas físicos ou psíquicos. • *adj.* **2** que entorpece; debilitante: *gás entorpecente.*

en.tor.pe.cer *v.t.* **1** causar torpor: *Vários goles de vinho logo entorpeceram o rapaz.* **2** inibir os movimentos ou a sensibilidade: *Colocava gelo para entorpecer o músculo dolorido.* **3** embevecer; inebriar: *O perfume dos manacás nos entorpeciam.* **4** enfraquecer; desanimar: *A notícia da eclosão da guerra entorpeceu-o.* • *int. e pron.* **5** perder os movimentos ou a sensibilidade: *Com aquele frio, meus pés (se) entorpeceram.* **6** entrar em estado de torpor; adormecer: *A criança (se) entorpeceu.* **7** enfraquecer-se; desanimar-se: *A voz (se) entorpeceu.*

en.tor.pe.ci.men.to *s.m.* **1** torpor; apatia; falta de ação: *Deprimido, vivia em um entorpecimento permanente.* **2** perda dos movimentos; adormecimento: *Para evitar o entorpecimento dos músculos, os atletas ficavam em constante agitação.* **3** desalento; desânimo; preguiça: *O excesso de calor provoca entorpecimento.*

en.tor.se (ó) *s.f.* (Med.) torção repentina e violenta dos tendões de uma articulação.

en.tor.tar *v.t.* **1** tornar torto: *Com raiva, entortou o garfo.* **2** arquear; dobrar: *O chute foi tão forte que entortou a trave.* • *int. e pron.* **3** arquear-se; dobrar-se: *Suas pernas entortaram(-se) devido à equitação.*

en.tra.da *s.f.* **1** passagem para dentro; ingresso: *Decidiu-se que a entrada dos alunos seria pelo portão da frente.* **2** participação; envolvimento; ingresso: *Está liberada a entrada de capital estrangeiro no país.* **3** aparição; apresentação: *O ator teve uma entrada triunfal no mundo das novelas.* **4** início; princípio; começo: *a entrada do Ano-Novo.* **5** fluxo; ingresso: *Uma borracha sintética veda a entrada de água no mecanismo.* **6** admissão; integração: *A entrada para o clube mudou os rumos de sua vida.* **7** (Bras.) expedição organizada no período colonial pelos bandeirantes para explorar o interior do Brasil, apresar índios ou procurar minas: *As entradas e bandeiras são hoje vistas sob outro ângulo.* **8** palavra ou expressão que encabeça um verbete de dicionário, enciclopédia, vocabulário etc.: *Um dicionário escolar possui cerca de trinta mil entradas.* **9** pagamento inicial de uma das parcelas; sinal: *A loja exige uma entrada de mil reais.* **10** lugar onde algo começa; boca: *Na entrada da mata havia um aviso aos caçadores.* **11** lugar por onde se entra; portão; porta: *Ordenou ao entregador que viesse pela entrada lateral.* **12** o primeiro prato servido numa refeição: *A única entrada era uma sopa de cebola.* **13** bilhete de admissão ou ingresso: *Foram vendidas mais entradas do que os lugares existentes no teatro.* • *pl.* **14** parte da cabeça, acima das frontes, destituída de cabelo: *Grandes entradas denunciavam o início da calvície.* ✦ **entrada de dados** processo de gravar novos dados na memória do computador. **entrada franca** ingresso gratuito.

en.tra e sai *s.m. 2n.* movimentação incessante de entrada e saída: *Aos sábados isso aqui é um entra e sai intenso.*

en.tra.nha *s.f.* **1** qualquer parte interna do ventre. • *pl.* **2** partes internas do ventre: *Retiraram as entranhas do animal para análise.* **3** ventre materno. **4** profundeza: *as entranhas da caverna.*

en.tra.nhar *v.t.* **1** enfiar; entrar; penetrar: *Os escoteiros entranharam na mata.* **2** cravar: *entranhou um punhal no peito do adversário.* • *pron.* **3** impregnar; fixar-se: *O cheiro de suor entranhava-se nos lençóis.* **4** penetrar: *Um espinho entranhou-se na sua pele.*

en.tran.te *s.2g.* **1** quem entra ou chega: *Ela nem deu atenção aos entrantes.* • *adj.* **2** que está para começar; próximo: *No mês entrante eu lhe pagarei.* **3** que entra ou chega: *Estava distraído, não percebi a visita entrante.*

en.trar *v.t.* **1** passar de fora para dentro; introduzir-se; adentrar: *Entramos no ônibus sem dinheiro no bolso.* **2** participar; colaborar: *Até minha mãe entrou na brincadeira.* **3** intrometer-se: *Entrei na conversa sem ser convidado.* **4** (Coloq.) comer ou beber com exagero: *A turma entrou na cerveja.* **5** ingressar; atingir: *Entramos no século XXI!* **6** passar; experimentar: *entrar em crise.* **7** penetrar: *Um espinho entrara no pé da criança.* **8** encaixar; caber: *Essa chave não entra na fechadura.* **9** chegar a: *Assim que o trem entrou na estação, vi minha noiva no primeiro carro.* **10** estar incluído: *Fazer faculdade não entrava nos seus planos.* **11** ingressar: *Entrei no ramo da microempresa.* **12** interpor: *entrar com ação na Justiça.* • *int.* **13** ter início; começar: *Este ano entrou sem chuva.* **14** desaparecer no horizonte (o Sol): *O Sol já ia entrando quando chegamos ao sítio.* ✦ **entrar bem/em fria/pelo cano** ser malsucedido; dar-se mal. **entrar na de alguém** ser envolvido por alguém; aderir às ideias de alguém: *Entrei na dele e me dei mal.*

en.tra.var *v.t.* **1** obstruir; dificultar: *A falta de pessoal qualificado entrava a boa produção.* **2** embaraçar; tornar impraticável; impedir: *A distância entrava o nosso namoro.*

en.tra.ve *s.m.* obstáculo; empecilho; estorvo: *Há alguns entraves na execução do projeto.*

en.tre *prep.* Relaciona dois termos da oração indicando: **1** interposição no espaço: *Há quatro linhas de ônibus entre São Paulo e Araraquara.* **2** no meio de; posição: *Sentou-se entre uma loira e uma morena.* **3** alternância: *O casal vivia entre tapas e beijos.* **4** intervalo de tempo para o qual se dão os limites anterior e posterior: *O político fez o discurso entre a sobremesa e o café.* **5** tempo aproximado: *Na ocasião do acidente eu devia ter entre sete e oito anos.* **6** quantidade aproximada: *A distância média de uma cidade a outra está entre 30 e 40 km.* **7** discriminação por categoria; totalidade: *No estábulo havia quase 30 animais, entre cavalos, burros, bois, carneiros e cabras.* **8** dentre; de: *Entre os romances de Machado de Assis, destaco Quincas Borba como o que mais me agradou.* **9** situação a meia distância de duas coisas: *O mestre recebeu os alunos entre curioso e apreensivo.* **10** cada elemento de um conjunto: *As provas foram distribuídas entre os alunos.* ✦ **por entre** pelos meandros de.

en.tre.a.ber.to *adj.* **1** meio aberto: *A janela estava*

entreabrir

entreaberta. **2** que ainda não desabrochou: *botões de rosas entreabertos*.
en.tre.a.brir *v.t.* **1** abrir parcialmente: *Entreabri os olhos e vi mamãe ao meu lado*. • *pron.* **2** abrir-se parcialmente: *Seus lábios entreabriram-se*.
en.tre.a.to *s.m.* **1** intervalo entre dois atos de um espetáculo teatral. **2** ligeira cena dramática ou musical representada nesse intervalo.
en.tre.cho *s.m.* enredo: *A peça tem um entrecho complicado*.
en.tre.cho.car *v. pron.* **1** chocar-se levemente: *Nossos braços se entrechocavam*. **2** estar em contradição: *As opiniões dos dois autores entrechocam-se*.
en.tre.cho.que *s.m.* **1** choque: *Do entrechoque dos copos surgiam sons musicais*. **2** conflito; contradição: *O entrechoque das ideologias favorece o debate*.
en.tre.cor.tar *v.t.* **1** interromper a intervalos: *Os soluços entrecortavam-lhe a fala*. • *pron.* **2** interromper-se a intervalos: *A fala entrecortava-se*.
en.tre.cru.zar *v.t.* **1** cruzar: *Não entrecruze as pernas!* • *pron.* **2** cruzar-se: *No salão, as pessoas se entrecruzam*. **3** entrelaçar-se: *Os cordões se entrecruzaram*.
en.tre.fe.char *v.t.* fechar parcialmente: *A mãe entrefechou a porta para ouvir o choro do bebê*.
en.tre.ga *s.f.* **1** passagem às mãos ou à posse de: *A entrega dos títulos de eleitor será no sábado*. **2** transmissão da posse: *O fazendeiro não fez a entrega do gado vendido no leilão*. **3** concessão; distribuição: *A cerimônia de entrega dos diplomas foi adiada*. **4** apresentação: *Temos três anos para a entrega deste trabalho*. **5** doação; consagração: *Fiz a entrega de meu coração a Deus*. **6** aquilo que se entrega: *Hoje fiz uma entrega de cartas*. **7** rendição; capitulação.
en.tre.ga.dor (ô) *s.m.* **1** aquele que entrega; distribuidor: *Os entregadores de gás devem usar uniforme*. **2** traidor; delator. • *adj.* **3** que entrega; distribuidor: *Aos 10 anos eu já era entregador de jornais*. **4** que delata: *Descobrimos quem era o entregador*.
en.tre.gar *v.t.* **1** passar às mãos; dar: *entregar uma encomenda*. **2** devolver: *Achei esses documentos e vim entregá-los ao dono*. **3** confiar: *Entregue a Deus suas preocupações*. **4** delatar; denunciar; trair: *O assassino entregou o cúmplice à polícia*. **5** vender: *Entreguei meu carro à concessionária pela metade do preço*. **6** abandonar; largar: *Pais relapsos entregam os filhos à rebeldia*. • *pron.* **7** render-se: *O assassino entregou-se à polícia*. **8** dedicar-se; consagrar-se: *O professor se entrega totalmente à sua profissão*. **9** deixar-se levar: *Entreguei-me ao desespero*. **10** dar-se como parceiro sexual: *Ela jurava que não se entregaria a um homem casado*. // Pp.: entregado; entregue.
en.tre.gue (é) *adj.* **1** transmitido ou passado à posse ou aos cuidados de outra pessoa: *Finalmente a mercadoria estava entregue*. **2** cansado; subjugado: *No fim do dia, a lavadeira está entregue*. **3** confiado; submetido: *Estamos entregues à misericórdia divina*. **4** dominado; vencido: *Entregue à angústia, se isolou*. **5** abandonado: *Infelizmente há filhos entregues à própria sorte*.
en.tre.la.ça.do *s.m.* **1** conjunto de elementos ligados um no outro: *Aquele entrelaçado de serpentinas multicoloridas dava vida ao salão de festas*. • *adj.* **2** trançado; enroscado; enrolado um no outro: *Os fios de seus cabelos estavam todos entrelaçados*.

3 abraçado: *Lá vinham dois bêbados entrelaçados, cantarolando*.
en.tre.la.ça.men.to *s.m.* **1** ação ou resultado de entrelaçar-se; mistura; enroscamento: *O vento provocou o entrelaçamento dos fios*. **2** interligação: *Há um forte entrelaçamento entre nossos anseios*.
en.tre.la.çar *v.t.* **1** juntar dois ou mais elementos, trançando uns aos outros: *Entrelaçou fitas em ramos de flores e frutos*. **2** prender um no outro: *Deram as mãos, entrelaçaram os dedos*. • *pron.* **3** unir-se; misturar-se: *A nostalgia se entrelaça com a angústia*. **4** entrecruzar-se: *Esses sentimentos se entrelaçam*.
en.tre.li.nha *s.f.* **1** espaço vazio entre duas linhas. **2** na música, intervalo entre as linhas da pauta. **3** aquilo que não se manifesta explicitamente, mas que se pode deduzir; sentido subentendido, implícito: *É necessário perceber o que o texto traz nas entrelinhas*.
en.tre.me.ar *v.t.* misturar; intercalar: *Na vida, entremeamos tristezas com alegrias*. • *pron.* **2** colocar-se; pôr-se (no meio): *As galinhas se entremeavam com os patos*.
en.tre.mei.o *s.m.* **1** espaço ou tempo entre dois pontos; meio: *No entremeio da discussão, alguém disparou um tiro*. **2** renda sem bicos ou pontas aplicada entre duas tiras de tecido: *Minha avó mandou-me comprar entremeios para meu vestido de debutante*.
en.tre.men.tes *adv.* **1** enquanto isso: *Temos uma tarefa a cumprir e não podemos, entrementes, dedicar-nos a outros afazeres*. **2** nesse ínterim: *Foi ao toalete e, entrementes, o seu cachorro fugiu*. **3** no entanto: *Odiava o marido, entrementes não o deixava*. • **nesse entrementes** nesse intervalo de tempo; nesse ínterim.
en.tre.mos.trar *v.t.* **1** mostrar parcialmente: *O coelho apenas entremostrou os dentinhos*. • *pron.* **2** aparecer parcialmente: *Aquela pontinha vermelha era o botão da flor que se entremostrava*.
en.tre.nó *s.m.* (Bot.) parte do caule que fica entre dois nós.
en.tre.o.lhar *v. pron.* olhar um para o outro: *Os dois jovens entreolharam-se e ficaram enrubescidos*.
en.tre.ou.vir *v.t.* ouvir parcial ou indistintamente: *Entreouvi a conversa dos meus pais*.
en.tre.pos.to (ô) *s.m.* **1** depósito de mercadorias. **2** armazém onde se guardam ou vendem unicamente as mercadorias dum estado, de uma instituição ou duma companhia.
en.tres.sa.fra *s.f.* período entre uma safra e outra: *Na entressafra da cana, prepara-se o solo para a próxima plantação*.
en.tre.tan.to *conj.* **1** porém; mas: *As terras são muito boas, entretanto ninguém quer cuidar de lavoura aqui*. • *adv.* **2** nesse meio tempo. • **neste entretanto** neste ínterim.
en.tre.te.cer *v.t.* **1** entrelaçar; tecer entremeando: *O caiçara aprende, desde cedo, a entretecer as redes de pesca*. • *pron.* **2** estar entrelaçado: *Nesses escritos, muitas alusões se entretecem*.
en.tre.te.la (é) *s.f.* tecido duro que se põe entre o forro e o tecido para torná-lo armado.
en.tre.te.ni.men.to *s.m.* diversão; distração: *A escola deve também oferecer entretenimento aos alunos*.

entusiasmo

en.tre.ter v.t. **1** prender a atenção; distrair: *Entretinha a polícia enquanto o comparsa saía pelos fundos.* **2** proporcionar momento de recreação: *Um tocador de flauta entretinha os convidados.* **3** ocupar; preencher: *Não tenho como entreter minhas horas vagas.* • pron. **4** preencher ou passar o tempo; distrair-se: *sempre me entretive lendo.*

en.tre.va.do[1] s.m. **1** quem tem os movimentos tolhidos; paralítico: *O entrevado solicita uma cadeira de rodas.* • adj. **2** que tem os movimentos tolhidos; paralítico: *O acidente deixou o motoqueiro entrevado.*

en.tre.va.do[2] adj. escurecido; coberto de trevas: *Era um lugar entrevado e sem ventilação.*

en.tre.var[1] v.t. **1** fazer perder os movimentos; paralisar: *O reumatismo entrevou a senhora.* • int. e pron. **2** perder os movimentos; paralisar-se: *Entrevou(-se) de vez.*

en.tre.var[2] v.t. **1** cobrir de trevas; escurecer. • pron. **2** cobrir-se de trevas; obscurecer.

en.tre.ver v.t. **1** ver parcialmente, de modo indistinto ou rápido: *Entrevi, pela fresta da janela, uma silhueta de mulher.* **2** perceber: *Pelo seu rosto era possível entrever desânimo.* **3** pressentir; prever: *O ministro entreviu a crise por que estamos passando.* • pron. **4** ver-se mutuamente; ver-se de passagem.

en.tre.ve.ro (ê) s.m. (Bras.) confronto; briga; luta: *No entrevero com a polícia, dois grevistas saíram feridos.*

en.tre.vis.ta s.f. **1** conjunto das perguntas feitas por um jornalista e das declarações dadas por um entrevistado: *O repórter fez uma entrevista com o governador.* **2** matéria resultante dessa coleta: *A rede de tevê levou ao ar uma entrevista bombástica.* **3** conversa para a obtenção de esclarecimentos, opiniões, avaliações etc.: *A seleção de candidatos ao emprego constava de uma prova escrita e uma entrevista.* **4** conversa previamente combinada: *Marquei, para as duas horas, a entrevista com o diretor.*

en.tre.vis.ta.dor (ô) s.m. **1** quem faz entrevistas. • adj. **2** que faz entrevistas.

en.tre.vis.tar v.t. **1** fazer entrevista: *Fui entrevistar o príncipe herdeiro.* • pron. **2** encontrar-se para conversar.

en.trin.chei.rar v. pron. **1** proteger-se em trincheira: *Soldados se entrincheiravam nas montanhas.* **2** (Fig.) amparar-se; firmar-se: *O filósofo entrincheirava-se nas suas convicções.*

en.tris.te.cer v.t. **1** tornar triste; magoar: *Os trovões longínquos entristecem-na.* • int. e pron. **2** tornar-se triste, sombrio: *Toda a cidade entristeceu(-se) com a tragédia.*

en.tron.ca.do adj. **1** corpulento; forte: *ginasta entroncado.* **2** que engrossou; engrossado; grosso.

en.tron.ca.men.to s.m. **1** ponto de encontro ou de junção de duas ou mais vias rodoviárias ou linhas férreas. **2** ponto de encontro ou junção de duas coisas: *entroncamento de nervos.*

en.tron.car v.t. **1** ligar-se; unir-se: *Trata-se de uma manifestação popular que entronca com as nossas tradições.* • pron. **2** vincular-se: *A medida do governo entronca-se com regimes absolutistas.* **3** encontrar-se (duas ou mais vias rodoviárias ou linhas férreas): *Ali as estradas se entroncavam.* **4** formar tronco; robustecer-se.

en.tro.ni.zar v.t. **1** elevar ao trono: *Entronizaram a rainha com todas as pompas.* **2** tornar muito elevado; exaltar; enaltecer: *O orador, tomado de emoção, entronizava o homenageado.* **3** colocar imagem sagrada em altar ou lugar de honra: *Houve festa para entronizar a imagem da padroeira no nicho principal da igreja.* • pron. **4** elevar-se ao trono.

en.tro.pi.a s.f. (Fís.) quantidade de energia de um sistema termodinâmico, que não pode ser convertida em trabalho mecânico sem comunicação de calor a um outro corpo ou sem alteração de volume.

en.tro.sa.men.to s.m. **1** adaptação; entendimento; harmonização: *O que está faltando é o entrosamento da família com a escola.* **2** ajuste; acordo: *Depois de muita discussão, chegaram a um entrosamento.*

en.tro.sar v.t. **1** ajustar; fazer combinar; harmonizar: *A empresa quer entrosar o departamento jurídico com o econômico.* • pron. **2** engrenar-se; harmonizar-se: *Nosso time finalmente se entrosou.* **3** adaptar-se; integrar-se: *Os diferentes pontos de vista vão se entrosando.* **4** fazer amizade; conviver em harmonia: *Os vizinhos procuraram se entrosar.*

en.tru.do s.m. **1** antiga brincadeira carnavalesca que consistia em lançar uns aos outros água, farinha, perfume etc. **2** os três dias que precedem a Quaresma.

en.tu.bar v.t. **1** introduzir tubo em canal ou cavidade do corpo. **2** (Bras.) entrar numa onda e surfar dentro dela: *Entubou uma onda.*

en.tu.lhar v.t. **1** encher de entulho. **2** acumular; amontoar; abarrotar: *Entulharam a despensa de alimentos.*

en.tu.lho s.m. **1** restos de construção; escombros; lixo: *Na frente das casas, ia se acumulando o entulho.* **2** material inútil, sem préstimo: *No quarto de despejo, põe-se o entulho.*

en.tu.mes.cer v.t. **1** aumentar o volume de; provocar o inchaço de: *Os tumores entumesciam o seu ventre.* • int. **2** sofrer aumento de volume; inchar; tornar-se túmido: *Seu ventre entumesceu.*

en.tu.pi.do adj. **1** obstruído; tapado: *Tinha o nariz e os ouvidos entupidos.* (Coloq.) **2** congestionado; engarrafado: *Aquela avenida está sempre entupida.* **3** cheio demais; abarrotado: *O salão, entupido de gente, favorecia os discursos políticos.*

en.tu.pi.men.to s.m. obstrução; impedimento: *entupimento dos canos.*

en.tu.pir v.t. **1** obstruir: *O excesso de gordura no sangue entope as veias.* **2** abarrotar; encher: *Produtos estrangeiros entupiam as lojas.* (Coloq.) **3** congestionar: *O tráfego já ameaçava entupir o centro da cidade.* • pron. **4** (Coloq.) encher-se; empanturrar-se: *Entupiu-se de doces.* • int. **5** obstruir-se: *A pia entupiu.*

en.tur.mar v. pron. fazer amizade; entrosar-se: *A aluna nova não se enturmava com o grupo.*

en.tu.si.as.mar v.t. **1** animar; encantar; incentivar: *A ideia do piquenique entusiasmou a turma.* • pron. **2** animar-se; incentivar-se; excitar-se: *Ao ouvirem o presidente, todos se entusiasmaram.*

en.tu.si.as.mo s.m. **1** euforia; vivacidade: *O orador falou com entusiasmo.* **2** exaltação; animação; satisfação: *O entusiasmo foi tamanho que todos queriam participar da brincadeira.* **3** alegria; júbilo: *A família recebeu com entusiasmo a notícia de sua chegada.* **4** ardor; admiração: *Ela falou com entusiasmo sobre a peça.*

entusiasta

en.tu.si.as.ta *s.2g.* **1** fã; admirador: *Sempre fui um entusiasta da música clássica.* **2** quem tem entusiasmo ou admiração: *Os entusiastas do automobilismo não perdem uma corrida.* • *adj.* **3** entusiasmado; animado: *A alegria entusiasta da meninada nos contagia.*

en.tu.si.ás.ti.co *adj.* que revela entusiasmo: *Receba o meu entusiástico abraço.*

e.nu.me.ra.ção *s.f.* **1** indicação por ordem, em geral numérica: *Vamos ver o que vem em primeiro lugar na enumeração das reivindicações.* **2** contagem; cômputo: *São tantos os símbolos que aparecem nas moedas que a sua enumeração é difícil.*

e.nu.me.rar *v.t.* **1** relacionar metodicamente; contar um a um; listar; fazer a numeração de: *O líder dos grevistas ia enumerando os itens da pauta de reivindicação.* **2** designar, indicar por números: *Vamos enumerar os dez itens prioritários.*

e.nun.ci.a.ção *s.f.* **1** (Ling.) ato individual de utilização da língua; expressão. **2** exposição; indicação: *A enunciação de regras ultrapassadas causou mal-estar.* **3** menção; pronunciação: *A moça se corava à simples enunciação do nome do jovem.* **4** afirmação; asserção; proposição.

e.nun.ci.a.do *s.m.* **1** texto que introduz uma questão; proposição; exposição: *O enunciado da questão ocupava dez linhas.* **2** (Ling.) frase; período: *O professor pediu que analisássemos todas as palavras do enunciado.* **3** exposição sumária de um pensamento: *Há um enunciado da Física que diz: a toda ação corresponde uma reação igual e contrária.* **4** (Ling.) discurso (oral ou escrito) em associação com o contexto em que ocorreu. • *adj.* **5** que enunciou; formulado: *A questão enunciada não faz parte da nossa proposta.*

e.nun.ci.ar *v.t.* **1** expor; exprimir; manifestar: *Enunciei minhas intenções.* **2** dizer; proferir: *Enunciava cada palavra com cuidado.*

e.nu.re.se (é) *s.f.* (Med.) emissão involuntária de urina; incontinência urinária.

e.nu.vi.a.do *adj.* cheio de nuvens; nublado; anuviado: *um céu enuviado.*

en.vai.de.cer *v.t.* **1** encher de vaidade ou orgulho: *O convite para presidir a seção o envaidece.* • *pron.* **2** tornar-se vaidoso: *A candidata do concurso se envaideceu.*

en.vai.de.ci.do *adj.* que se envaideceu; vaidoso: *Qualquer escritor ficaria envaidecido ao ser comparado a Machado de Assis.*

en.va.sa.men.to *s.m.* colocação em vasilhame ou recipiente: *envasamento de bebidas.*

en.ve.lhe.cer *v.t.* **1** tornar velho ou dar a aparência de velho: *Aquela roupa larga e a barba envelheciam o rapaz.* • *int.* **2** tornar-se ou parecer velho: *Quero envelhecer com lucidez.* **3** perder a atualidade; entrar em desuso: *Nossos conhecimentos envelhecem.*

en.ve.lhe.ci.do *adj.* **1** que perdeu o viço ou o vigor; que envelheceu: *Seu rosto envelhecido já não desperta atenções.* **2** que permaneceu em repouso até adquirir características ideais: *vinho envelhecido.* **3** ultrapassado; antiquado: *Suas ideias sobre política estão envelhecidas.*

en.ve.lhe.ci.men.to *s.m.* **1** ato ou efeito de tornar-se velho: *envelhecimento precoce.* **2** desgaste provocado pela ação do tempo: *Filtros solares evitam o envelhecimento da pele.* **3** perda da atualidade: *envelhecimento de teorias.* **4** fermentação de vinho em tonel: *As vinícolas dão especial atenção ao envelhecimento dos vinhos.*

en.ve.lo.par *v.t.* colocar em envelope: *envelopar o documento.*

en.ve.lo.pe (ó) *s.m.* invólucro de papel, e eventualmente de plástico, para correspondência ou impresso de qualquer natureza: *envelope tamanho ofício.*

en.ve.ne.na.men.to *s.m.* **1** administração de veneno; intoxicação por veneno: *Foi acusado de envenenamento.* **2** intoxicação por veneno: *Na Idade Média eram comuns as mortes por envenenamento.* **3** (Coloq. Fig.) deturpação, deterioração: *Houve o envenenamento de toda uma cultura política.*

en.ve.ne.nar *v.t.* **1** causar intoxicação; infectar com veneno: *Quantos súditos tentaram envenenar o rei!* **2** aplicar veneno: *Os índios envenenavam suas flechas.* **3** contaminar com veneno: *Agrotóxicos envenenam as verduras.* **4** (Coloq.) aumentar a potência ou o desempenho (de um motor ou mecanismo) por meios não convencionais: *O rapaz envenenou sua moto.* **5** (Coloq. Fig) influenciar negativamente: *As amigas ficavam envenenando o meu noivo.* **6** (Fig.) corromper; deturpar; estragar: *Um mau administrador envenena toda a administração.* • *pron.* **7** infectar-se com veneno; intoxicar-se; tomar veneno: *O maníaco-depressivo envenenou-se.*

en.ve.re.dar *v.t.* **1** seguir em direção a; encaminhar-se, dirigir-se para: *O homem enveredou pela mata adentro.* **2** seguir uma certa tendência ou orientação: *Aquele jornal enveredou para uma política crítica sistemática.* **3** entrar: *O tema é polêmico e envereda pelo terreno sempre acidentado da moral.*

en.ver.ga.du.ra *s.f.* **1** ato ou efeito de envergar; capacidade; aptidão; competência: *Era homem de uma envergadura invejável.* **2** importância; peso; relevância: *Um plano dessa envergadura poderá ser executado em menos de um ano.* **3** distância de uma à outra ponta das asas abertas da ave ou de avião. **4** tamanho; porte: *O haras tinha cavalos de grande envergadura.* **5** (Náut.) a parte mais longa das velas de um navio. **6** magnitude; grandeza: *Era respeitado por sua envergadura moral.*

en.ver.gar *v.t.* **1** fazer curvar-se; entortar; arquear: *Envergava o corpo.* **2** vestir; usar; ostentar: *Envergava um terno italiano.* • *int.* **3** curvar-se; arquear-se; entortar: *Essa madeira não quebra nem enverga.*

en.ver.go.nhar *v.t.* **1** causar vergonha; constranger; aviltar: *A sujeira das ruas envergonha nossa cidade.* • *pron.* **2** sentir vergonha: *Não me envergonho de meu passado.*

en.ver.ni.za.dor (ô) *s.m.* **1** aquele que envernza. • *adj.* **2** que envernza: *tinta envernizadora.*

en.ver.ni.za.men.to *s.m.* ato ou efeito de envernizar.

en.ver.ni.zar *v.t.* **1** cobrir com verniz: *Envernizava os móveis.* **2** polir; lustrar.

en.vi.a.do *s.m.* **1** mensageiro; portador. **2** pessoa credenciada que participa de missão diplomática: *Trabalhou como enviado especial em Londres.* • *adj.* **3** remetido, mandado.

enxerto

en.vi.ar *v.t.* **1** remeter; mandar; expedir; endereçar: *Enviei um telegrama para o aniversariante.* **2** encaminhar; conduzir.

en.vi.dar *v.t.* **1** provocar parceiro de jogo, apostando quantia maior do que a dele. **2** empenhar; aplicar: *O ministro declarou que envidará todos os esforços para erradicar a doença.*

en.vi.dra.çar *v.t.* fechar ou guarnecer com vidros ou vidraças: *Envidraçou a área de serviço.*

en.vi.e.sa.do *adj.* **1** torto; oblíquo: *O sujeito lançou-me um olhar enviesado.* **2** em posição diagonal; atravessado: *A carroça ficou enviesada na pista.* **3** inclinado: *Passamos por uma rua enviesada.* **4** cortado de viés no tecido: *saia enviesada.* • *adv.* **5** de lado; de esguelha: *A mulher me olhou enviesado.*

en.vi.e.sar *v.t.* **1** pôr de viés: *O decorador enviesou os tapetes persas.* **2** dobrar ou cortar obliquamente: *enviesar o tecido.* **3** envesgar; entortar (os olhos).* • *pron.* **4** entortar-se; inclinar-se: *Postado na sacada, enviesou-se todo para ver a banda.*

en.vi.o *s.m.* remessa; expedição: *Estamos aguardando o envio da carga.*

en.vi.u.var *v.t.* **1** tornar viúvo: *A queda do avião enviuvou a moça.* • *int.* **2** ficar viúvo: *Enviuvou muito cedo.*

en.vol.to (ô) *adj.* **1** embrulhado; enrolado; envolvido: *Coloque o peixe para assar envolto em papel-alumínio.* **2** rodeado; circundado; encerrado: *um crime envolto em mistérios.* **3** frequentemente envolvido; cercado: *Ele está envolto em crises desde que assumiu o cargo.*

en.vol.tó.rio *s.m.* **1** aquilo que serve para envolver; invólucro; capa: *O envoltório do vírus e a membrana da cápsula se fundem.* • *adj.* **2** que envolve, cobre, protege.

en.vol.ven.te *adj. 2g.* **1** que está ao redor; que circunda. **2** atraente; encantador: *Era uma noite tão envolvente que decidi fazer uma serenata.* **3** (Fig.) sedutor: *A moça tem uma conversa envolvente.*

en.vol.ver *v.t.* **1** rodear; cobrir totalmente: *A pleura é uma membrana que envolve os pulmões.* **2** dar a sensação de segurança, de proteção: *Uma calma imensa nos envolveu.* **3** pressupor; abranger: *Essa negociata envolve milhões de dólares.* **4** enrolar; embrulhar: *Envolveu o braço com uma faixa.* **5** fazer ficar comprometido; enredar: *Não queremos envolver sua família nesse episódio.* **6** alcançar; abarcar: *O orador envolvia todo o auditório com seu olhar atento.* • *pron.* **7** meter-se com; ligar-se a; comprometer-se: *Nunca me envolvi com namorada de amigo.* **8** ficar coberto: *Aos poucos, o estádio foi se envolvendo na escuridão.* **9** tomar partido de; participar (Med.) // Pp.: envolvido; envolto.

en.vol.vi.do *s.m.* **1** quem participa de um ato ilegal: *Todos os envolvidos foram presos em flagrante.* • *adj.* **2** engajado; comprometido: *Estou envolvido em pesquisa sobre Geografia.* **3** enrolado; embrulhado: *Trouxeram o corpo da vítima envolvido num plástico.* **4** implicado; enredado: *O candidato está envolvido com a Justiça.* **5** ligado afetivamente: *A mulher estava envolvida com um estrangeiro.*

en.vol.vi.men.to *s.m.* **1** ato ou efeito de envolver-se, de cobrir-se. **2** implicação; inclusão: *Queremos desen-* *volver esse trabalho sem envolvimento com política.* **3** relacionamento; ligação: *O casal tinha envolvimento com o sindicato.* **4** colaboração; engajamento: *Todo político deve ter envolvimento com os problemas sociais.* **5** participação: *Ficou provado não haver envolvimento dos presos na morte do carcereiro.* **6** ligação afetiva ou amorosa: *O envolvimento do jovem com a moça foi muito criticado.* **7** comportamento.

en.xa.da /ch/ *s.f.* **1** utensílio para trabalhar a terra, com cabo de madeira encaixado a uma lâmina de ferro ou aço, em forma de semicírculo. **2** peça de máquina para revolver a terra: *A máquina tem uma enxada rotativa.*

en.xa.dão /ch/ *s.m.* instrumento agrícola, de ferro, com cabo, semelhante à enxada, com uma extremidade larga terminada em gume e outra estreita, com a forma de bico de picareta.

en.xa.dris.mo /ch/ *s.m.* **1** arte ou técnica de jogar xadrez. **2** o xadrez como esporte e aquilo que o cerca: *clube de enxadrismo.*

en.xa.dris.ta /ch/ *s.2g.* **1** quem joga xadrez: *Mequinho foi um dos maiores enxadristas brasileiros.* • *adj.* **2** que joga xadrez: *Temos um professor enxadrista.*

en.xa.guar /ch/ *v.t.* **1** passar em segunda água para tirar o sabão: *Deve-se enxaguar a roupa imediatamente.* **2** lavar superficialmente, sem sabão: *Não tomou banho, só enxaguou o corpo.*

en.xa.me /ch/ *s.m.* **1** conjunto de abelhas de uma colmeia: *Um enxame de abelhas-africanas pode matar uma pessoa.* **2** grupo numeroso de insetos que voam: *enxame de moscas.* (Fig.) **3** grupo numeroso; bando: *O artista foi abordado por um enxame de fãs.* **4** grande quantidade: *enxame de problemas.*

en.xa.que.ca /ch/(ê) *s.f.* (Med.) síndrome constituída por dores de cabeça periódicas, muitas vezes acompanhadas de náusea, vômito e outras perturbações.

en.xer.gar (chê) *v.t.* **1** perceber pela visão; ver; divisar: *Enxergávamos as pedras no fundo do rio.* **2** notar; perceber; intuir: *Enxerguei a possibilidade de encontrá-la.* **3** dar-se conta de; entender: *Finalmente, enxerguei que meu pai estava certo.* • *pron.* **4** (Coloq.) cair em si; perceber ou reconhecer as próprias limitações ou os próprios defeitos: *Aquele ignorante não se enxerga.* • *int.* **5** ter a capacidade da visão; ver: *Minha avó já não enxerga bem.* ♦ **enxergar longe** ser muito esperto: *Aquele rapaz enxerga longe, já se prepara para um novo projeto!* **não enxergar um palmo diante do nariz** não atinar com nada; ser ignorante.

en.xe.ri.do /ch/ *s.m.* **1** quem é intrometido: *Algum enxerido mexeu em meus pertences.* • *adj.* (Coloq.) **2** intrometido; atrevido: *pessoa enxerida.*

en.xer.tar (chê) *v.t.* **1** fazer enxerto: *O médico enxertou fragmentos de pele no local lesionado.* **2** introduzir; inserir: *Há o costume de enxertar autores menores em livros de leitura.*

en.xer.to (chê) *s.m.* **1** (Med.) transferência de célula ou tecidos de um paciente para outro local de seu corpo, ou de células ou tecidos de um doador para o paciente, a fim de restaurar uma área lesionada: *enxerto de pele.* **2** (Bot.) inserção de um vegetal em outro, que passa a fornecer a seiva necessária ao seu desenvolvimento: *Algumas plantas que são produtos de enxerto têm vida curta.* **3** adição; acréscimo; inserção: *O fragmento é*

enxó

um enxerto introduzido no romance. **4** (Med.) tecido cutâneo, órgão ou célula implantada em um organismo: *O médico precisou remover o enxerto por causa da rejeição*. **5** (Bot.) pedaço de planta enxertado: *O ramo de limão era um ótimo enxerto para o pé de lima*.

en.xó /ch/ s.m. utensílio de cabo curvo e chapa de aço cortante, para desbastar madeira.

en.xo.fre (chô) s.m. (Quím.) elemento químico amarelo, cristalino, com odor forte. // Símb.: S; N. Atôm.: 16.

en.xo.tar /ch/ v.t. expulsar; afugentar: *O homem enxotava os cães a pontapés.*

en.xo.val /ch/ s.m. conjunto de roupas e objetos úteis preparado com antecedência para um determinado período da vida: *enxoval de bebê.*

en.xo.va.lhar /ch/ v.t. **1** sujar; manchar; emporcalhar: *Os sapatos sujos enxovalharam o chão*. **2** amarrotar; amassar: *Ele sentou em cima de meu chapéu e o enxovalhou*. **3** sujar a honra de; degradar; aviltar: *A denúncia irresponsável enxovalhou um homem inocente.*

en.xo.vi.a /ch/ s.f. **1** cárcere térreo ou subterrâneo, escuro, úmido e sujo. **2** qualquer recinto insalubre, sujo, mal arejado.

en.xu.ga.men.to /ch/ s.m. **1** ação de enxugar ou secar: *enxugamento do rosto*. **2** corte do que é excessivo: *enxugamento de despesas.*

en.xu.gar /ch/ v.t. **1** retirar a água ou a umidade de; secar: *Não enxugue o rosto na mesma toalha em que enxugar o corpo*. **2** reduzir (como medida de economia): *A empresa precisa enxugar os gastos com pessoal*. **3** (Coloq.) beber: *Logo de manhã já enxugava uma cerveja*. • int. **4** secar: *Com tanta chuva, a roupa não enxuga*. **5** reduzir os gastos: *Finalmente, parece que nossa economia enxugou*. ✦ **enxugar gelo** fazer trabalho inútil. //Pp.: enxugado; enxuto.

en.xur.ra.da /ch/ s.f. **1** grande volume de água resultante de chuvas e que corre com grande força; enxurro. **2** (Fig.) grande quantidade: *Foi para a reunião com uma enxurrada de propostas*. ✦ **de enxurrada** em grande quantidade: *De repente, vieram de enxurrada.*

en.xur.ro /ch/ s.m. enxurrada.

en.xu.to /ch/ adj. **1** sem água; seco: *Em poucos segundos, a roupa estava enxuta*. **2** sem lágrimas: *olhos enxutos*. **3** (Fig.) bem proporcionado; esbelto: *Todos dizem que sou um garoto enxuto*. **4** isento de líquido: *A mandioca enxuta é melhor para fritura*. **5** (Bras. Fig.) sem excessos; sem redundâncias; elegante: *Consegui redigir um texto enxuto*. **6** sem excesso de gastos; sem desperdícios: *A agência possui uma estrutura enxuta de funcionários.*

en.zi.ma (Quím.) s.f. substância orgânica, presente em todos os organismos animais e vegetais, que é capaz de catalisar as reações químicas e bioquímicas.

en.zi.má.ti.co adj. referente a ou que contém enzimas: *reações enzimáticas.*

e.ó.li.co adj. relativo a vento: *A energia eólica não polui.*

é.o.lo s.m. vento forte.

e.pa (ê) interj. indica surpresa ou discordância; opa: *Epa, espera aí!*

e.pi.car.po s.m. (Bot.) película que envolve o pericarpo dos frutos. // Cp. mesacarpo; endocarpo.

e.pi.cen.tro s.m. **1** (Geofís.) ponto da superfície terrestre mais próximo ao centro de um abalo sísmico: *O terremoto não causou grandes estragos porque o seu epicentro foi no deserto*. **2** ponto central: *O roubo da estátua era o epicentro da discussão.*

é.pi.co s.m. **1** autor da epopeia: *O nosso épico, por excelência, é Luís de Camões*. • adj. **2** que narra, em versos, feitos heroicos ou grandiosos: *Os Lusíadas são o maior poema épico da língua portuguesa*. **3** relativo a epopeia ou próprio dela: *O verso épico do português é o decassílabo*. **4** digno de figurar numa epopeia; heroico: *Egas Moniz é uma figura épica*. **5** de intensidade ou grandeza fora do comum; desmedido; grandioso: *espetáculo épico.*

e.pi.cu.ris.mo s.m. (Filos.) doutrina do filósofo grego Epicuro (341-271 a.C.), que se caracteriza, na moral, pela identificação do bem soberano com o prazer que se atinge pela prática de virtude e pelo cultivo do espírito, e, na Física, pelo atomismo.

e.pi.cu.ris.ta s.2g. **1** quem segue os princípios do epicurismo: *Para os epicuristas, devemos aproveitar o momento que passa*. • adj. **2** que segue ou é adepto dos princípios do epicurismo: *autor epicurista.*

e.pi.de.mi.a s.f. **1** (Med.) surto de uma doença que ataca muitas pessoas da mesma região, ao mesmo tempo: *Houve uma epidemia de dengue*. **2** (Fig.) modismo; mania; onda; febre: *Está havendo uma epidemia de tatuagens.*

e.pi.dê.mi.co adj. **1** relativo a ou próprio de epidemia: *doença epidêmica*. **2** que contagia; que se espalha: *A violência epidêmica toma conta das cidades.*

e.pi.de.mi.o.lo.gi.a s.f. (Med.) ramo da Medicina que investiga tudo que diz respeito às epidemias e as maneiras de tratá-las e evitá-las.

e.pi.de.mi.o.ló.gi.co adj. **1** relativo a epidemia: *doença de perfil epidemiológico*. **2** de ou relativo a epidemiologia: *estudo epidemiológico.*

e.pi.de.mi.o.lo.gis.ta s.2g. **1** quem é especialista em epidemiologia. • adj. **2** que é especialista em epidemiologia: *médico epidemiologista.*

e.pi.der.me (é) s.f. **1** (Anat.) camada membranosa e transparente que se estende sobre a derme e que com ela forma a pele. **2** (Bot.) camada celular externa de algumas partes vegetais: *a epiderme das orquídeas*. **3** (Fig.) superfície: *Muitas pessoas não vão ao fundo dos problemas, ficam na sua epiderme.*

e.pi.dér.mi.co adj. **1** da ou relativo à epiderme: *As queimaduras afetaram a região epidérmica*. **2** (Fig.) sem profundidade; superficial: *Vejam o caráter epidérmico desses filmes*. **3** muito próximo; íntimo.

e.pí.fi.se s.f. (Anat.) **1** glândula oval situada no cérebro: *A melatonina é produzida na epífise*. **2** extremidade de osso longo, geralmente cartilaginoso: *Os ossos longos são formados por duas epífises.*

e.pí.fi.ta s.f. (Bot.) planta que apenas se apoia em outra para obter melhor localização quanto à luz. // Também é usada a forma masculina: *o epífito.*

e.pi.glo.te (ó) s.f. (Anat.) lâmina delgada, ligada à parte posterior da língua, que intercepta a comunicação da faringe com a glote no ato da deglutição.

e.pí.go.no s.m. **1** quem pertence à geração seguinte. **2** discípulo; seguidor. • adj. **3** que pertence à geração seguinte.

e.pí.gra.fe s.f. **1** citação curta, fragmento de texto, máxi-

equalizar

ma etc., colocada no início de um livro, um capítulo, um poema, um artigo etc.: *Colocou como epígrafe um texto de Machado de Assis.* **2** título ou frase que contém um tema ou assunto a ser desenvolvido em texto; mote. **3** inscrição em monumento, medalha etc.

e.pi.gra.ma *s.m.* **1** (Lit.) pequeno poema satírico ou humorístico: *Os epigramas rimados de Ronald de Carvalho são pequenas joias do humorismo.* **2** dito ou gracejo picante.

e.pi.lep.si.a *s.f.* (Med.) transtorno cerebral provocado por alteração no fluxo elétrico do cérebro, manifestado por episódios transitórios de disfunção motora, sensorial ou psíquica, podendo ser acompanhado de inconsciência ou de movimentos convulsivos.

e.pi.lép.ti.co *s.m.* **1** indivíduo que sofre de epilepsia: *O hospital se dedicava ao tratamento dos epilépticos.* • *adj.* **2** relativo a epilepsia: *ataque epiléptico.* **3** que sofre de epilepsia: *uma pessoa epiléptica.* // Var.: epilético.

e.pí.lo.go *s.m.* **1** conclusão de uma narrativa, peça teatral etc.; fecho: *O autor do crime só se revela no epílogo da novela.* **2** fim; remate: *Chegamos finalmente ao epílogo de um trabalho que durou seis meses.* // Ant.: prólogo.

e.pis.co.pa.do *s.m.* **1** conjunto dos bispos: *O episcopado brasileiro fez um apelo ao povo.* **2** cargo ou função de bispo; bispado. **3** período no qual um bispo exerce sua função. **4** circunscrição eclesiástica que está sob orientação espiritual de um bispo.

e.pis.co.pal *s.2g.* **1** quem pertence à Igreja Episcopal: *Fala sobre a posição dos episcopais diante da visita do Papa.* • *adj.* **2** de bispo: *palácio episcopal.* **3** regido por bispos: *igreja episcopal.* **4** que é sede de bispado: *cidade episcopal.*

e.pi.só.di.co *adj.* **1** que não é frequente; esporádico; acidental: *fato episódico.* **2** relativo a ou da natureza do episódio: *A natureza episódica do tema é assunto da resenha.*

e.pi.só.dio *s.m.* **1** aquilo que sucedeu; acontecimento; ocorrência: *Alguns episódios de nossa vida estão gravados na memória.* **2** no teatro, cada uma das ações parciais do argumento dramático: *A peça se desenvolvia em cinco episódios.* **3** em literatura, passagem, trecho em que se narra um fato acessório: *O episódio de Inês de Castro, em Os Lusíadas, é sempre muito citado.* **4** situação no decorrer de um filme, novela ou série; cena: *episódio cômico.* **5** capítulo: *A tevê reprisará o último episódio da novela.* **6** fato incidental/acidental; incidente: *Esperemos que esse fato não seja mais um mero episódio da vida política.*

e.pis.te.mo.lo.gi.a *s.f.* conjunto de estudos sobre a origem, natureza e limites do conhecimento.

e.pis.te.mo.ló.gi.co *adj.* de ou relativo a epistemologia.

e.pís.to.la *s.f.* **1** carta apostólica às comunidades cristãs primitivas: *a Epístola aos Romanos, de São Paulo.* **2** carta: *estudo das epístolas.* **3** composição poética em forma de carta. **4** parte da liturgia da missa em que se leem trechos das epístolas.

e.pis.to.lar *adj.* **1** relativo a, próprio ou da natureza da epístola: *Só se relacionavam através de cartas e tinham, portanto, uma amizade epistolar.* **2** formado de cartas: *Gosta de ler romance epistolar.*

e.pi.tá.fio *s.m.* **1** inscrição tumular: *Não quero biografia no meu epitáfio, apenas um verso de Cecília Meireles.* **2** texto que recorda e enaltece uma pessoa recentemente falecida.

e.pi.te.li.al *adj.* do ou relativo ao epitélio: *os alvéolos e seu revestimento epitelial.*

e.pi.té.lio *s.m.* (Anat.) tecido que reveste as superfícies internas e externas do corpo e exerce funções secretoras e sensoriais.

e.pí.te.to *s.m.* palavra ou frase que qualifica alguém ou algo: *Luís XIV tinha o epíteto de Rei Sol.*

e.pí.to.me *s.m.* **1** resumo de uma obra sobre certo ramo do conhecimento destinada especialmente ao uso escolar, limitando-se aos pontos essenciais. **2** compêndio; sinopse; síntese; resumo.

é.po.ca *s.f.* **1** período na história marcado por acontecimentos notáveis ou de feição constante: *época dos descobrimentos marítimos.* **2** espaço de tempo que se segue a cada uma das grandes alterações terrestres; fase: *As várias espécies de dinossauros viveram em épocas diferentes.* **3** ocasião ou momento determinado: *Os recém-casados iam viajar de navio, como era comum na época.* **4** período; tempo: *Foi-se a época das grandes conquistas territoriais.* ♦ **de época** que procura recriar um determinado período no passado: *as novelas de época.* ♦ **fazer época** ter sido notável por conduta inovadora ou extravagante: *Os tropicalistas fizeram época na música dos anos de 1967 e 1968.*

e.po.pei.a (éi) *s.f.* **1** (Lit.) poema em que são narradas ações grandiosas e heroicas: *Nunca é demais lembrar que temos a nossa grande epopeia:* Os Lusíadas, *de Camões.* **2** feitos extraordinários ou heroicos; façanhas: *Cantavam a epopeia tecnológica dos trens de aço e velocidade de cometas.*

e.qua.ção *s.f.* **1** (Mat.) igualdade matemática que só se verifica para determinados valores das incógnitas que encerra. **2** questão; problema reduzido a fórmulas simples para facilitar sua solução: *Não ficam de fora dessa equação os interesses regionais.*

e.qua.ci.o.na.men.to *s.m.* disposição para o encaminhamento de uma solução; solução de um problema: *O principal é o equacionamento do déficit público.*

e.qua.ci.o.nar *v.t.* **1** organizar (com intuito de resolver): *Estamos tendo dificuldade para equacionar nossas vidas.* **2** encaminhar para uma solução; procurar; resolver: *Aquele país está equacionando seus problemas econômicos externos.* • *pron.* **3** organizar-se; equilibrar-se: *O banco foi reestruturado, seu passivo equacionou-se.*

e.qua.dor (ô) *s.m.* (Geogr.) linha imaginária, equidistante dos polos, que divide a esfera terrestre em dois hemisférios: *A Terra é achatada nos polos e dilatada no equador.*

e.qua.li.za.ção *s.f.* **1** igualamento; uniformização: *Propôs a equalização dos salários da categoria.* **2** (Fís.) atenuação da distorção de um sinal.

e.qua.li.za.dor (ô) *s.m.* aparelho que diminui ou corrige a distorção de sinais.

e.qua.li.zar *v.t.* **1** uniformizar; igualar: *Um contrato coletivo de trabalho poderia equalizar os salários.* • *pron.* **2** efetuar a equalização. **3** igualar-se: *Os recursos da poupança equalizaram-se.*

equânime

e.quâ.ni.me *adj.* 1 justo; imparcial: *Deram um tratamento equânime aos candidatos.* 2 igualitário; equitativo: *É necessário distribuir a renda global de modo mais equânime.*

e.qua.to.ri.al *adj.* 1 localizado próximo à linha do equador: *floresta equatorial.* 2 próprio ou típico da região do equador: *clima equatorial.*

e.qua.to.ri.a.no *s.m.* 1 pessoa que nasceu ou que habita no Equador: *O presidente da empresa é um equatoriano.* • *adj.* 2 que é natural ou relativo ao Equador (América do Sul): *território equatoriano.*

e.ques.tre (qüé) *adj.* relativo à equitação ou à cavalaria: *corrida equestre.*

e.qui.da.de (qui ou qüi) *s.f.* 1 sentimento de justiça; imparcialidade: *Lutemos para estabelecer a equidade e a justiça.* 2 respeito ao princípio de igualdade: *Defendia maior equidade entre os três poderes.*

e.quí.deo (qüí) *s.m.* 1 (Zool.) espécime dos equídeos. • *pl.* 2 família de mamíferos herbívoros que inclui os cavalos, os asnos e as zebras. • *adj.* 3 relativo aos equídeos.

e.qui.dis.tân.cia (qüi) *s.f.* 1 (Mat.) distância igual entre um ponto de referência e duas ou mais coisas. 2 imparcialidade.

e.qui.dis.tan.te (qüi) *adj.* 1 que dista igualmente; igualmente distante: *O círculo central será equidistante das linhas laterais.* 2 imparcial.

e.qui.li.bra.do *adj.* 1 em equilíbrio; sem cair: *Andava equilibrado em duas pernas de pau.* 2 contrabalançado; compensado. 3 sensato; moderado; comedido: *pessoas equilibradas.* 4 bem proporcionado: *A sua redação está formalmente equilibrada.* 5 estável: *A economia permanece equilibrada.* 6 com desempenho semelhante: *Foi um jogo equilibrado.* 7 apoiado; escorado: *Equilibrado apenas numa das mãos, jogava beijinhos para a plateia.*

e.qui.li.brar *v.t.* 1 pôr em situação de equilíbrio: *A dona de casa equilibra os gastos da família.* 2 pôr ou conservar em posição estável, sem deixar cair: *A foca é treinada para equilibrar bolas no focinho.* 3 harmonizar; igualar: *Não consegui equilibrar a receita com a despesa.* • *pron.* 4 manter-se em equilíbrio: *As aves se equilibravam nos fios.* 5 ficar em equilíbrio, em pé de igualdade: *No segundo tempo, o jogo se equilibrou.*

e.qui.lí.brio *s.m.* 1 manutenção em posição estável: *O equilíbrio do corpo é comandado pelo cérebro.* 2 capacidade de autocontrole; comedimento: *Era uma pessoa que não perdia facilmente o equilíbrio.* 3 estabilidade: *equilíbrio entre as partes.* 4 nivelamento; compensação: *equilíbrio entre obrigação e lazer.* 5 proporcionalidade; igualdade entre forças ou coisas opostas: *Equilíbrio entre a receita e a despesa é desejável.* 6 harmonia: *Era perfeito o equilíbrio entre a graça e a beleza da atriz.*

e.qui.li.bris.mo *s.m.* arte de equilibrar-se: *Ele deu um show de equilibrismo na corda bamba.*

e.qui.li.bris.ta *s.2g.* 1 artista que caminha por um fio suspenso no ar e pratica outros jogos de equilíbrio, em bicicleta, bola etc.: *Trapezistas, malabaristas, palhaços e equilibristas sobem no picadeiro.* • *adj.* 2 que consegue equilibrar-se; que pratica a arte do equilibrismo: *Não é preciso viver no circo para ser equilibrista.*

e.qui.mo.se *s.f.* (Med.) mancha azulada ou roxa na pele ou em membrana mucosa proveniente de choque, contusão; mancha roxa.

e.qui.no (qüi) *s.m.* (Zool.) 1 espécime dos equinos. • *adj.* 2 relativo a cavalo; cavalar: *mercado equino.*

e.qui.nó.cio *s.m.* (Astr.) instante em que o Sol, no seu movimento anual aparente, corta o equador celeste e se registra igual duração do dia e da noite: *O equinócio do outono no hemisfério sul é em 21 de março, e o da primavera é em 23 de setembro.*

e.qui.pa.do *adj.* 1 aparelhado; instrumentalizado: *Hoje, os pequenos agricultores estão mais bem equipados.* 2 dotado: *O homem já nasce equipado de inteligência.* 3 portador do material necessário para a prática de esporte: *O técnico exige que os atletas se apresentem para o treino devidamente equipados.* 4 provido; munido: *Os carros modernos já vêm equipados com os requisitos exigidos.*

e.qui.pa.gem *s.f.* 1 equipamento; bagagem. 2 os tripulantes de um avião. 3 comitiva.

e.qui.pa.men.to *s.m.* 1 conjunto de apetrechos necessários para a realização ou o funcionamento de algo: *Todo o equipamento do laboratório foi importado.* 2 ato de equipar; provimento.

e.qui.par *v.t.* 1 guarnecer; prover: *Equipei o meu carro com todos os acessórios.* 2 compor o equipamento: *Os instrumentos que equipam o laboratório precisam ser substituídos.*

e.qui.pa.ra.ção *s.f.* 1 colocação no mesmo nível: *a equiparação dos preços de produtos similares.* 2 comparação para considerar de mesmo nível: *A lei nº 8.971 fortaleceu a equiparação da união estável com o matrimônio legal.*

e.qui.pa.rar *v.t.* 1 comparar, considerando iguais ou semelhantes. 2 colocar no mesmo nível paritário: *O município vai equiparar o salário de seus professores ao dos professores estaduais.* • *pron.* 3 ser da mesma categoria; ter a mesma posição: *Os produtos manufaturados do Brasil já se equiparam aos dos países de Primeiro Mundo.* 4 igualar-se: *Nosso time de vôlei se equipara com o dos melhores do mundo.* 5 equivaler-se.

e.qui.pe *s.f.* 1 grupo de pessoas organizado para uma tarefa determinada: *A equipe de produção trabalha em Los Angeles.* 2 grupo de pessoas que toma parte numa competição esportiva; time esportivo: *A equipe já está concentrada para a final da Copa.*

e.qui.ta.ção *s.f.* esporte ou arte de montar a cavalo: *aulas de equitação.*

e.qui.ta.ti.vo (qui ou qüi) *adj.* 1 equânime; igualitário: *Todos os trabalhadores devem receber tratamento equitativo.* 2 justo; imparcial: *Uma ordem política mais equitativa é o anseio de todos nós.* 3 dividido igualmente; proporcional: *A merenda é composta de ingredientes nutritivos, distribuídos de modo equitativo.*

e.qui.va.lên.cia *s.f.* igualdade; correspondência: *equivalência entre os salários de mesma categoria.*

e.qui.va.len.te *s.2g.* 1 aquilo que tem o mesmo valor; correspondente. • *adj.* 2 de mesmo valor; correspondente: *Muitos hotéis já oferecem videogames no quarto, por uma taxa equivalente ao aluguel de um filme.*

errar

e.qui.va.ler v. pron. 1 ser igual; corresponder: *A perda brasileira com frutas equivale a cinco vezes as exportações globais do Chile.* • pron. 2 ser igual; corresponder: *As mercadorias equivalem-se.*

e.qui.vo.car v.t. confundir-se; enganar-se: *Equivoquei-me e telefonei para a pessoa errada.*

e.quí.vo.co s.m. 1 erro; engano: *Cometeu o equívoco de convidar toda a vizinhança.* • adj. 2 que dá margem a várias interpretações; ambíguo: *O juiz formulou uma sentença equívoca.* 3 errôneo; equivocado: *modo equívoco de apresentar sugestões.*

e.ra (é) s.f. 1 período de tempo que se inicia com uma data marcante: *era cristã.* 2 período de tempo que, geralmente, começa com um fato marcante ou com a ocorrência sistemática de fatos que mudam o curso da história: *era dos descobrimentos.* 3 divisão básica do tempo geológico: *era mesozoica.* 4 tempo; época: *Na era dos meus tataravôs, nem se sonhava com computadores.*

e.rá.rio s.m. conjunto de recursos financeiros do poder público; dinheiro público; tesouro público; fazenda.

e.re.ção s.f. 1 ato de erguer-se. 2 (Anat.) enrijecimento ou endurecimento do pênis.

e.re.mi.ta s.2g. 1 pessoa que vive em local isolado e só; ermitão. 2 pessoa solitária.

e.re.to (ê) adj. 1 reto verticalmente; erguido; aprumado: *Toda bailarina tem o corpo esbelto e ereto.* 2 voltado para cima; levantado: *Desenhou as palmeiras com as folhas eretas.* 3 diz-se de pênis em estado de ereção.

er.go.me.tri.a s.f. medição do trabalho muscular.

er.go.mé.tri.co adj. que mede e registra o trabalho executado pelos músculos: *testes ergométricos.*

er.guer v.t. 1 levantar; alçar: *O campeão ergueu a taça.* 2 construir; edificar: *Os jesuítas ergueram algumas igrejas.* 3 elevar: *Não erga a voz quando falar com seus pais.* 4 dirigir para o alto: *Ergui os olhos e deparei com um belo espetáculo.* 5 dar vigor; elevar; animar: *Era preciso erguer o moral do time.* • pron. 6 promover: *O diretor ergueu-se a presidente.* 7 restabelecer-se; revigorar-se. 8 levantar-se: *Ergueu-se do sofá com esforço.* 9 içar-se; subir. 10 insurgir-se; revoltar-se: *Inúmeras vozes se erguem contra a guerra.* • int. e pron. 11 estar em posição elevada: *No morro do Corcovado, ergue(-se) imponente o Cristo Redentor.*

er.gui.men.to s.m. 1 movimento para cima: *O erguimento da bandeira emocionou os presentes.* 2 construção; formação: *O erguimento de uma grande nação só é possível via educação.*

e.ri.çar v.t. 1 fazer levantar; tornar hirto; ouriçado ou arrepiado: *O pavor do escuro eriçava meus cabelos.* 2 enraivecer; irritar: *A agressão ao menino eriçou toda a família.* • pron. 3 tornar-se hirto, ouriçado ou arrepiado; levantar-se: *Os pelos de todo o corpo se eriçaram.* 4 irritar-se; enraivecer-se: *Ela sempre se eriça.*

e.ri.gir v.t. 1 construir; erguer; levantar: *Por promessa, mandou erigir uma capela na fazenda.* 2 criar; fraudar; instituir: *erigir uma teoria.* 3 construir obra arquitetônica: *Os filhos erigiram ao pai um mausoléu.* 4 fazer passar a uma condição mais elevada ou mais importante: *Eles erigiram o município a cidade.* • pron. 5 atribuir a si mesmo atributo ou qualidade: *Ele erigiu-se em salvador da pátria.*

e.ri.si.pe.la (ê) s.f. (Med.) infecção na pele caracterizada por rubor e tumefação, com formação de pequenas bolhas.

e.ri.te.ma (ê) s.m. (Med.) rubor da pele causado por congestão dos vasos sanguíneos.

er.mi.da s.f. capela fora do povoado, em lugar isolado; pequena igreja.

er.mi.tão s.m. 1 eremita. 2 religioso responsável por uma capela.

er.mo (ê) s.m. 1 lugar desabitado; deserto: *No ermo, aproveitava para ler.* • adj. 2 deserto; desabitado: *Morava num lugar ermo, longe de tudo.* 3 solitário: *Ela levava uma vida erma.*

e.ro.dir v.t. 1 causar erosão; desgastar: *As águas da chuva iam erodindo os barrancos.* • pron. 2 desfazer-se por erosão: *As terras erodiram-se.*

e.ró.ge.no adj. que provoca excitação sexual: *zonas erógenas.*

e.ros s.m. 1 na mitologia grega, o deus do amor. 2 na psicanálise, o símbolo do desejo ou da libido vistos como o princípio da vida.

e.ro.são s.f. desgaste do solo provocado pela ação da chuva, do vento etc.: *O desmatamento desenfreado causa a erosão dos terrenos.*

e.ro.si.vo adj. que causa erosão; desgastante: *A ação erosiva dos ventos fez sulcos nas rochas.*

e.ró.ti.co adj. 1 relativo ao erotismo: *Escreveu um livro sobre danças eróticas.* 2 que diz respeito ao amor ou desejo sexual; sensual; lúbrico: *O filme tinha várias cenas eróticas.* 3 que se refere a atos sexuais ou descreve-os: *poema erótico.*

e.ro.tis.mo s.m. 1 estado de paixão amorosa marcado pela excitação sexual. 2 caráter do que é erótico.

er.ra.di.ca.ção s.f. extirpação; destruição; extinção: *A erradicação da paralisia infantil no Brasil foi uma grande vitória.*

er.ra.di.car v.t. fazer extinguir-se; extirpar: *Erradicar a pobreza e a miséria é o sonho dos homens de bem.*

er.ra.di.o adj. 1 que vagueia sem rumo; errante: *Por ali nem cães erradios passavam.* 2 que anda perdido no caminho, sem rumo certo; desnorteado.

er.ra.do s.m. 1 aquilo que não é correto, adequado ou conveniente: *O certo e o errado são conceitos relativos.* 2 quem comete ou cometeu erros: *Nessa história toda, o único errado sou eu.* • adj. 3 que contém erro; malfeito: *interpretações erradas.* 4 equivocado; enganado: *De repente, percebi que estava errado, não devia ter discutido.* 5 inoportuno; inadequado: *Veio no dia errado.* 6 incorreto; inadequado: *Pegamos a estrada errada.* • adv. 7 de um modo que não é correto; incorretamente: *Não gosta que se fale errado.*

er.ran.te s.2g. 1 quem anda sem rumo ou vagueia: *Sou um errante por natureza.* • adj. 2 que vagueia; sem rumo: *Preciso dar direção certa à minha alma errante.* 3 que não é fixo; móvel: *Ficava horas olhando o céu, apreciando as nuvens errantes.* 4 nômade: *aves errantes.*

er.rar v.t. 1 não acertar: *Errei três questões na prova.* 2 trocar; confundir; enganar-se: *Errou de estrada, entrou numa vicinal.* • int. 3 cair em erro ou engano; falhar. 4 andar sem rumo fixo; vaguear: *Vivo por aí, por essas estradas, errando.* // Ant.: acertar.

errata

er.ra.ta *s.f.* numa publicação, lista de erros com a indicação das correções; corrigenda: *O livro trazia uma errata de duas páginas.*

er.rá.ti.co *adj.* errante; flutuante: *Os boias-frias são trabalhadores erráticos.*

er.re (é) *s.m.* nome da letra *r*.

er.ro (ê) *s.m.* **1** engano; equívoco: *erro de avaliação.* **2** falha; incorreção: *Leu o texto sem cometer nenhum erro.* **3** movimento errado; falha: *Na direção de um veículo, qualquer erro pode ser fatal.* **4** incerteza associada a uma medição: *A margem de erro das pesquisas é mínima.* **5** (Coloq.) possibilidade de falha: *Vá reto por esta avenida que não tem erro.* **6** incorreção em texto: *Havia erros de ortografia no texto apresentado.*

er.rô.neo *adj.* que não corresponde à verdade; equivocado; incorreto; errado: *ponto de vista errôneo.*

e.ru.di.ção *s.f.* **1** grande conhecimento adquirido, geralmente, com muitas leituras; cultura geral: *Todo orador gosta de mostrar erudição.* **2** qualidade do que é erudito: *As obras de erudição não têm sempre seu público fiel.*

e.ru.di.to *s.m.* **1** quem possui erudição: *Não há o que não saiba, é um erudito.* • *adj.* **2** que possui ou que revela erudição; ilustrado; culto: *pessoa erudita.* **3** que não é popular; clássico: *música erudita.*

e.rup.ção *s.f.* **1** saída; irrupção: *erupção do primeiro dente.* **2** (Med.) aparecimento de manchas, borbulhas ou vesículas: *O produto provocava erupções na pele do bebê.* **3** emissão de lava: *erupção vulcânica.* **4** rebuliço; movimentação: *A cidade estava em erupção para receber o tenista.* **5** surgimento: *A erupção de antigas questões de nacionalidade trouxe trágicas consequências.*

er.va (é) *s.f.* **1** planta pequena, que conserva o caule sempre verde e tenro: *As ervas nasciam abundantes na beira do córrego.* **2** capim: *A seca devastou tudo, não havia mais erva para o gado.* **3** especiaria que serve de condimento: *Prepare a sopa com ervas aromáticas.* **4** planta usada no preparo de medicamentos: *ervas medicinais.* **5** (Coloq.) dinheiro: *Torrava a erva da família.* **6** (Coloq.) maconha. • **erva daninha** (i) erva que nasce sozinha no meio de certas culturas, prejudicando-as. (ii) (Coloq.) indivíduo pernicioso; mau elemento.

er.va-ci.drei.ra *s.f.* **1** erva aromática, de que se faz chá calmante; melissa. **2** planta da família das gramíneas, de folhas longas e muito aromáticas, de que se faz calmante e essência para perfumaria. // Pl.: ervas-cidreiras.

er.va-do.ce (ô) *s.f.* planta aromática e ramosa, de flores amarelo-esverdeadas e frutos usados na Medicina ou como tempero. // Pl.: ervas-doces.

er.va-ma.te *s.f.* arbusto sempre verde, com folhas alternadas de consistência semelhante à do couro, de cuja infusão se faz chá. // Pl.: ervas-mate e ervas-mates.

er.vi.lha *s.f.* **1** trepadeira anual da família das leguminosas, dotada de flores grandes, solitárias, róseas, de corola alva, azulada ou roxa, e cujos frutos são vagens ovais, lisas ou rugosas, com numerosas sementes comestíveis. **2** semente dessa planta: *A receita indicava o acréscimo de duzentos gramas de ervilhas verdes.*

es.ba.fo.ri.do *adj.* com a respiração entrecortada pela pressa ou pelo cansaço; ofegante: *O vigia chegou esbaforido, dizendo que a guerra começara.*

es.bal.dar *v. pron.* divertir-se à vontade: *As crianças podiam se esbaldar.*

es.ban.ja.dor (ô) *s.m.* **1** quem gasta em excesso; quem dissipa. • *adj.* **2** dissipador; gastador: *pessoa esbanjadora.*

es.ban.ja.men.to *s.m.* **1** gasto excessivo; dissipação: *homem acostumado ao esbanjamento.* **2** desperdício: *Acabaram-se os tempos de esbanjamento de energia elétrica.*

es.ban.jar *v.t.* **1** gastar em excesso; desperdiçar; dissipar: *Ele vivia esbanjando o dinheiro do pai.* **2** usar em excesso; abusar: *Esbanjando charme, a modelo andou tranquila pela passarela.*

es.bar.rão *s.m.* choque casual entre corpos; encontrão: *Ao descer do ônibus, a moça levou um esbarrão.*

es.bar.rar *v.t.* **1** bater em alguém ou algo; dar um encontrão: *Na saída, o ladrão esbarrou num armário.* **2** dar com; topar: *Esbarrei com minha sogra na saída da missa.* **3** (Fig.) deparar com dificuldades: *Esbarrou em muitos obstáculos.*

es.bel.to (é) *adj.* elegante; esguio: *Seu corpo esbelto provocava assobios.*

es.bo.çar *v.t.* **1** fazer o esboço de; delinear: *Esboçamos um plano de viagem perfeito.* **2** deixar entrever ou transparecer: *Esboçou um sorriso, mas logo ficou sério.* • *pron.* **3** adquirir a primeira forma; delinear-se; surgir: *Com poucas pinceladas, a silhueta de uma mulher esboçava-se.*

es.bo.ço (ô) *s.m.* **1** desenho inicial: *O engenheiro mostrou o esboço do projeto.* **2** obra sucinta ou apenas delineada, suscetível de maior desenvolvimento: *O jornal se negou a publicar o esboço do romance.* **3** delineamento; planejamento: *esboço da aula.* **4** apresentação geral; resumo; sinopse: *Iniciou a conferência fazendo um esboço da história de Roma.*

es.bo.de.gar *v.t.* **1** estragar; destruir; arruinar. • *pron.* **2** mostrar-se cansado. **3** desleixar-se: *Ele esbodegou-se depois do torneio.*

es.bo.fe.te.ar *v.t.* dar bofetões: *Descontrolado, saiu esbofeteando todo mundo.*

es.bór.nia *s.f.* **1** farra; pândega. **2** orgia sexual.

es.bo.ro.ar *v.t.* **1** reduzir a pó; pulverizar: *A velha muralha esboroou sob a ação do tempo.* • *pron.* **2** desfazer-se; desmoronar. *A cada dia, sua autoestima vai se esboroando.*

es.bor.ra.char *v.t.* **1** achatar; esmagar: *Esborracharam o nariz do pugilista.* • *pron.* **2** estatelar-se no chão: *A criança escorregou e esborrachou-se no chão.*

es.bran.qui.ça.do *adj.* **1** quase branco: *Nuvens esbranquiçadas cobriam o céu.* **2** descorado; desbotado: *Se a casca da fruta está esbranquiçada, é sinal de que está estragada.* **3** grisalho: *cabeça esbranquiçada.*

es.bra.ve.cer *v.t.* **1** enfurecer: *A manha do filho esbravecia os pais.* • *int.* e *pron.* **2** enfurecer-se: *Ao ver a tarefa malfeita, esbravecia-se.*

es.bra.ve.jar *v.t.* **1** lançar brados; falar aos gritos: *O fazendeiro esbravejou contra as pragas.* **2** falar com braveza; vociferar.

es.bu.ga.lha.do *adj.* diz-se do olho muito saliente ou arregalado: *Recuei, alarmado, porque brilhavam como nunca seus olhos esbugalhados.*

es.bu.ga.lhar *v.t.* arregalar os olhos: *Esbugalhava os olhos, não acreditando no que via.*

escamar

es.bu.lhar v.t. espoliar; tirar bens de alguém ilegalmente: *Havia indícios de que ele esbulhou ações do sócio.*

es.bu.lho s.m. expropriação forçada; espoliação; usurpação.

es.bu.ra.car v.t. abrir buracos; encher de buracos: *As chuvas esburacaram as ruas.*

es.ca.be.che (é) s.m. molho à base de vinagre, cebola e outros temperos.

es.ca.bi.o.se (ó) s.f. (Derm.) sarna: *As duas pacientes estão com o corpo coberto por escabioses.*

es.ca.bre.a.do adj. 1 desconfiado. 2 encabulado.

es.ca.bro.so (ô) s.m. 1 aquilo que é indecente ou indecoroso; perversão: *Representa um papel escabroso.* • adj. 2 indecente; indecoroso: *A polícia investiga um caso escabroso.* 3 áspero; pedregoso: *terrenos escabrosos.*

es.ca.da s.f. 1 série de degraus de alvenaria ou de madeira por onde se sobe ou desce. 2 instrumento móvel, geralmente dobrável, em que há degraus. 3 meio para alcançar algo: *Aquele estágio foi a escada para ser efetivado na empresa.* 4 hierarquia; escala: *Na escada da ascensão social, há uma proporção mais elevada de brancos com instrução.* ◆ **escada rolante** esteira em degraus que se move mecanicamente, para cima ou para baixo de um pavimento.

es.ca.da.ri.a s.f. 1 escada larga e monumental: *Prometeu subir de joelhos a escadaria da catedral.* 2 série de lances de escadas separados por patamares: *Por medo de elevador, usa as escadarias do edifício.*

es.ca.fan.dris.ta s.2g. mergulhador que usa escafandro.

es.ca.fan.dro s.m. vestimenta impermeável usada por mergulhadores, provida de um conduto por onde se respira, acoplado a um capacete, que se comunica com a superfície para renovar o ar.

es.ca.fe.der v. pron. (Coloq.) fugir apressadamente; safar-se: *Quando viu o médico chegar, o medroso escafedeu-se.*

es.ca.la s.f. 1 lugar em que transportes coletivos, param, entre o ponto de partida e o ponto de chegada; parada: *Quando fomos a Paris, fizemos escala em Roma.* 2 hierarquia: *O comércio introduz uma nova escala de valores.* 3 nível; categoria; grau. 4 programação: *A utilização do gás natural obedece a uma escala de prioridades.* 5 proporção: *Analisou imagens em escala de 1 para 250 mil.* 6 sucessão de tons. 7 alcance; abrangência: *conflito em escala mundial.* 8 linha graduada, dividida em partes iguais, que indica a relação das dimensões ou distâncias marcadas sobre um plano com as dimensões ou distâncias reais. 9 (Mús.) série de notas musicais dispostas em sequência ascendente ou decrescente, obedecendo a intervalos determinados pela tonalidade. 10 no ouvido, cada um dos canais em espiral em que se divide a orelha interna. ◆ **em grande ou larga escala** em grande quantidade.

es.ca.la.ção s.f. escolha; designação de pessoa ou grupo de pessoas para desempenho de alguma função ou tarefa: *A escalação do time foi feita pelo diretor do clube.*

es.ca.la.da s.f. 1 subida por uma superfície íngreme ou vertical: *A escalada da montanha duraria seis dias.* 2 aumento; alta: *escalada dos preços.* 3 progresso; ascensão: *O partido comemora a escalada do candidato nas pesquisas.*

es.ca.la.fo.bé.ti.co adj. 1 extravagante; excêntrico: *Sua teoria é escalafobética.* 2 desajeitado.

es.ca.lão s.m. 1 grupo de funcionários pertencentes a um mesmo grau numa hierarquia: *O primeiro escalão do governo compareceu à cerimônia.* 2 nível; grau; escala: *A nossa emoção atingiu escalões elevadíssimos.*

es.ca.lar v.t. 1 designar para atuação; atribuir posição numa equipe a: *Para trabalhar na segurança do estádio, a PM escalou seiscentos homens.* 2 subir por uma superfície íngreme ou vertical: *Os bombeiros escalaram a parede do edifício.* 3 subir por etapas: *Escalou vários degraus até chegar à presidência da empresa.*

es.ca.la.vra.do adj. 1 esfolado; ferido: *O apanhador de café vivia com as mãos escalavradas.* 2 corroído; esburacado: *As paredes escalavradas denunciavam abandono.* 3 arruinado; acabado; estragado: *Aquele exército escalavrado jamais poderia vencer qualquer batalha.*

es.ca.la.vrar v.t. 1 esfolar; arranhar: *Escalavrou o joelho jogando futebol.* 2 danificar; esburacar: *Por maldade, ele escalavrava as paredes da sala.*

es.cal.dan.te adj. muito quente; que queima: *sol escaldante.*

es.cal.da-pés s.m. banho dos pés com água muito quente.

es.cal.dar v.t. 1 pôr em água fervente; lavar em água muito quente: *Escaldou a louça antes de usá-la.* 2 causar excessivo calor; aquecer muito: *O sol quente escaldava nossos corpos.* 3 excitar; inflamar: *Aquele ambiente agitado nos escaldava.* • pron. 4 sofrer reveses; dar-se mal: *Os homens desonestos se escaldaram.* 5 estar muito quente: *Ao sol do meio-dia, o asfalto escaldava-se.*

es.ca.le.no (ê) adj. (Geom.) diz-se do triângulo que tem os lados desiguais.

es.ca.ler (é) s.m. (Mar.) embarcação miúda, de proa fina e popa chata, impelida a remo ou a vela e destinada a executar serviços de um navio ou repartição marítima.

es.ca.lo.na.men.to s.m. ato ou efeito de escalonar.

es.ca.lo.nar v.t. 1 dar formato de escala a: *O arquiteto escalonou a borda da piscina.* 2 atingir níveis mais altos, superando etapas: *Escalonaram os salários de acordo com os índices de produtividade da empresa.* • pron. 3 dispor-se ou agrupar-se em escala: *Os elementos da natureza se escalonam harmoniosamente.*

es.ca.lo.pe (ó) s.m. fatia fina de filé, cortada no sentido transversal.

es.cal.par v.t. arrancar o couro cabeludo; escalpelar.

es.cal.pe.lar v.t. escalpar.

es.cal.po s.m. couro cabeludo arrancado do crânio.

es.ca.ma s.f. 1 (Zool.) lâmina que reveste o corpo de répteis ou de peixes que se desprende da pele, geralmente em consequência de certas moléstias. 2 película em forma de lâmina.

es.ca.ma.ção s.f. desprendimento da pele em forma de escamas.

es.ca.mar v.t. 1 tirar as escamas de: *A mulher escamava peixes com rapidez.* • pron. 2 (Coloq.) zangar-se; irritar-se:

escambau

O goleiro escamou-se inutilmente. • *int.* **3** desfazer-se em escamas: *A pele começa a escamar.*

es.cam.bau *s.m.* (Coloq.) usado no fim de um enunciado para substituir uma enumeração; e tudo o mais: *É covarde, traiçoeiro e o escambau.*

es.ca.mo.so (ô) *adj.* **1** coberto de escamas ou lâminas: *A árvore tem uma casca escamosa.* **2** (Coloq.) (Reg. SP) indivíduo desagradável; intratável: *Mande embora esse cara escamoso.*

es.ca.mo.te.a.ção *s.f.* **1** furto com habilidade: *A escamoteação da carteira não foi percebida na hora.* **2** encobrimento ou ocultação (de algo): *Houve escamoteação da verdade na reportagem.*

es.ca.mo.te.ar *v.t.* **1** encobrir com subterfúgios: *Mais uma vez se escamoteia a realidade.* **2** furtar; surrupiar: *Escamotearam meus direitos.* **3** ocultar; esconder: *Escamoteava informações.*

es.can.ca.ra.men.to *s.m.* abertura exagerada: *Há empresas prejudicadas pelo escancaramento do mercado.*

es.can.ca.rar *v.t.* **1** abrir inteiramente ou com exagero: *Logo cedo a moça escancara portas e janelas.* **2** deixar ver; exibir; mostrar: *Por qualquer coisa, escancarava os dentes, mostrava-se alegre.* **3** franquear: *Escancarou seu coração aos amigos.* • *pron.* **4** abrir-se exageradamente: *Todos os olhos se escancararam.*

es.can.cha.do *adj.* montado de pernas abertas: *O capataz vinha na frente, escanchado em seu cavalo branco.*

es.can.char *v.t.* **1** afastar as pernas para montar a cavalo. **2** encaixar como se fosse num cavalo: *Escanchou o filho no pescoço e atravessou a rua.* • *pron.* **3** acomodar-se com as pernas abertas: *O homem escanchou-se na sela.*

es.can.da.li.zar *v.t.* **1** causar escândalo, indignação; chocar: *Ele apareceu de pijama, escandalizando os presentes.* • *pron.* **2** indignar-se; chocar-se: *Ela escandalizou-se.*

es.cân.da.lo *s.m.* **1** fato que abala a opinião pública: *O escândalo do superfaturamento sacudiu o país.* **2** fato revoltante; inaceitável: *A fome é um escândalo sem proporção.* **3** vergonha. **4** fato imoral e vergonhoso: *Na década de 1940, era um escândalo usar maiô sem saiote.*

es.can.da.lo.so (ô) *s.m.* **1** aquilo que produz escândalo: *O escandaloso e o chocante fazem parte daquele estilo.* **2** quem faz escândalo; quem é espalhafatoso: *Os escandalosos merecem a preferência da televisão.* • *adj.* **3** espalhafatoso: *As gargalhadas escandalosas da moça impressionaram os convidados.* **4** que incita ao pecado: *Só usa roupas escandalosas.* **5** indecoroso; vergonhoso: *desvio escandaloso de verbas.*

es.can.di.na.vo *s.m.* **1** natural ou habitante da Escandinávia. • *adj.* **2** relativo à Escandinávia.

es.ca.ne.ar *v.t.* (Inf.) copiar por meio de leitora ótica: *Ganha a vida escaneando romances antigos.*

es.câ.ner *s.m.* scanner.

es.can.ga.lhar *v.t.* **1** destruir; estragar: *A criança escangalhou o gravador.* • *pron.* **2** estragar-se; desconjuntar-se: *A batedeira caiu no chão e escangalhou-se toda.* **3** arrebentar-se de rir: *Ele se escangalhou de rir com a piada.*

es.ca.nho.a.do *adj.* raspado com navalha; de barba feita; barbeado: *O rapaz não foi reconhecido porque estava careca e bem escanhoado.*

es.ca.nho.ar *v.t.* repassar com apuro a lâmina no rosto a contrapelo, ao barbear: *O jovem escanhoava o rosto até a pele ficar completamente lisa.*

es.ca.ni.nho *s.m.* **1** pequeno compartimento que serve de armário, cofre: *Na sala há um escaninho para cada um.* **2** esconderijo; recôndito: *Busquei nos escaninhos da memória a lembrança dela.*

es.can.tei.o *s.m.* **1** no futebol, infração que ocorre quando um jogador atira a bola pela linha de fundo do seu próprio gol, e que se cobra num dos cantos do campo. **2** (Coloq.) segundo plano: *O rapaz se sentia jogado para escanteio.*

es.ca.pa.da *s.f.* **1** saída rápida: *Deu uma escapada para comprar cigarros.* **2** fuga a um dever, compromisso ou situação desagradável. **3** viagem rápida: *Fomos a Guaíra e demos uma escapada até Foz do Iguaçu.*

es.ca.pa.de.la (é) *s.f.* escapada bastante breve; escapulida.

es.ca.pa.men.to *s.m.* **1** tubo de escape de gases de motor de combustão: *Dos escapamentos dos veículos, saem gases venenosos.* **2** saída (de gás): *O rapaz morreu vítima de escapamento de gás.*

es.ca.par *v.t.* **1** ser emitido indevida ou involuntariamente; sair: *Deixou escapar uma risada.* **2** perder: *Deixei escapar a maior oportunidade de minha vida.* **3** fugir: *O ladrão já escapou três vezes da cadeia.* **4** soltar-se; desprender-se de: *Fumaças negras escapavam das chaminés.* **5** livrar-se de; safar-se: *O cantor não escapa ao assédio feminino.* **6** sair do controle ou do domínio; fugir: *A organização dos negócios escapou do seu controle.* **7** (Fig.) passar despercebido; deixar de ser notado: *Nada escapa de sua observação perspicaz.* • *int.* **8** fugir; escapulir; safar-se: *Quem deixou o cachorro escapar?* **9** salvar-se; sobreviver: *Apenas dois dos passageiros escaparam.*

es.ca.pa.tó.ria *s.f.* desculpa ou pretexto para escapar de um dever, um compromisso etc.: *Não terão escapatória: todos trabalharão durante o jogo.*

es.ca.pe *s.m.* **1** fuga; escapada. **2** vazamento (de gás ou de líquido); escapamento: *Houve o escape de gás.*

es.ca.pis.mo *s.m.* tendência para fugir de situações difíceis ou desagradáveis: *É puro escapismo do ator negar-se a ser entrevistado.*

es.cá.pu.la *s.f.* **1** gancho preso na parede, no qual se pendura a rede ou outro objeto. **2** (Anat.) osso que forma a parte superior do ombro.

es.ca.pu.lar *adj.* relativo ou pertencente à escápula: *Sinto dores na região escapular.*

es.ca.pu.lá.rio *s.m.* (Rel.) **1** quadrado de pano bento com imagens, orações escritas ou relíquias, que os devotos trazem ao pescoço, com a finalidade de proteção. **2** teia de pano que religiosos de certas ordens usam pendentes sobre o peito.

es.ca.pu.li.da *s.f.* saída rápida; escapada; escapadela: *Tentava uma escapulida, mas não estava fácil.*

es.ca.pu.lir *v.t.* **1** sair de modo involuntário: *Deixou escapulir um grito.* **2** livrar-se de; fugir: *Um cão havia escapulido da guia.* **3** soltar-se; sair: *Um crucifixo de ouro escapuliu da corrente.* **4** dirigir-se; ir: *Todas as tardes, escapulia para a casa da vizinha.* • *int.* **5** fugir; escapar: *A vaca escapuliu.*

es.ca.ra *s.f.* (Med.) destruição localizada na pele resultante de forças de compressão e imobilidade, de queimadura, de gangrena etc.

es.ca.ra.fun.char *v.t.* 1 limpar com palito, dedo etc. 2 revolver; remexer: *O homem seguia escarafunchando o solo.* 3 remexer cuidadosamente; promover busca minuciosa; esmiuçar: *A secretária escarafunchou em todos os arquivos.*

es.ca.ra.mu.ça *s.f.* briga; conflito; desordem: *Jorrou sangue e não foi mais que simples escaramuça para a polícia.*

es.ca.ra.mu.çar *v.t.* 1 combater; lutar em escaramuça: *Precisamos escaramuçar os inimigos da pátria.* • *pron.* 2 travar escaramuça. 3 arquear o dorso; corcovear; saltar: *O gato se escaramuçava no tapete da sala.*

es.ca.ra.ve.lho (ê) *s.m.* inseto de cor escura, com aparelho bucal mastigador, cujo alimento é o excremento de mamíferos herbívoros.

es.car.céu *s.m.* 1 exagero; escândalo. 2 (Fig.) alarido; gritaria. 3 grande onda de mar revolto; vagalhão.

es.car.gô *s.m.* 1 (Zool.) pequeno molusco de concha fina; caracol: *O escargô se alimenta apenas de folhas e polpa de chuchu e cenoura.* 2 iguaria preparada com esse molusco: *Alguns restaurantes servem escargô.*

es.car.la.te *adj.* 1 de cor vermelha muito viva e brilhante: *um tapete escarlate.* 2 diz-se dessa cor: *O céu tinha uma cor escarlate.*

es.ca.ri.fi.ca.ção *s.f.* 1 ato de revolver o solo. 2 (Med.) produção de escara: *A substância possibilitou a formação de uma película protetora na pele, impedindo sua escarificação.*

es.car.la.ti.na *s.f.* (Patol.) doença infecciosa que se caracteriza por febre alta, manchas vermelhas e posterior escamação da pele.

es.car.ne.cer *v.t.* fazer escárnio; zombar: *O jovem escarneceu da autoridade.*

es.cár.nio *s.m.* zombaria; mofa: *poemas de escárnio.*

es.ca.ro.la (ó) *s.f.* (Bot.) variedade de chicória de folhas frisadas, que pode ser consumida crua, em salada, ou cozida; endívia.

es.car.pa *s.f.* 1 terreno com forte declive: *Subimos a pé uma escarpa de dois quilômetros.* 2 dificuldade; obstáculo.

es.car.pa.do *adj.* 1 inclinado; íngreme: *montanha escarpada.* 2 difícil; espinhoso.

es.car.ra.dei.ra *s.f.* recipiente onde se escarra; cuspideira.

es.car.rar *v.t.* 1 expelir: *O paciente estava escarrando sangue.* • *int.* 2 expelir escarro; expectorar: *Nunca escarre no chão!* • **escarrar na mão** ser ingrato: *Escarrou na mão que o ajudou.*

es.car.ro *s.m.* 1 expulsão de secreção das mucosas ou de sangue pela boca; expectoração. 2 matéria viscosa segregada pelas mucosas das vias respiratórias e expelida pela boca.

es.cas.se.ar *v.t.* 1 tornar raro; fazer rarear ou minguar: *Escasseava as visitas à casa do amigo.* • *int.* 2 tornar-se escasso; rarear; minguar: *Os alimentos iam escasseando.*

es.cas.sez (ê) *s.f.* falta; carência; míngua: *A escassez de petróleo gera a crise.* // Ant.: abundância; fartura.

es.cas.so *adj.* 1 em pequena quantidade; pouco numeroso; raro. 2 que não é intenso; fraco: *Uma luz escassa entrava pelas janelas.* 3 que não é frequente; raro: *Nossas idas ao exterior estão cada vez mais escassas.* 4 de pouca intensidade: *A vegetação é escassa no cerrado.* 5 desprovido; carente: *O passado dele é escasso de proezas.*

es.ca.to.lo.gi.a *s.f.* 1 tratado sobre os excrementos. 2 obscenidade; pornografia. 3 conjunto de conhecimentos sobre o que vai acontecer no fim do mundo.

es.ca.to.ló.gi.co *s.m.* 1 aquilo que é obsceno; pornográfico. • *adj.* 2 obsceno; pornográfico; chulo: *poema escatológico.* 3 relativo ao fim do mundo: *Há profecias escatológicas.*

es.ca.va.ção *s.f.* 1 trabalho de remoção de terra ou de entulho: *A máquina de terraplenagem não realizava nenhum tipo de escavação.* 2 abertura de buracos ou cavidades: *Foram usadas colheres para a escavação do túnel de fuga.* 3 local onde se faz a remoção de terra: *Todos se postaram à entrada das escavações.*

es.ca.va.dei.ra *s.f.* máquina de escavar ou revolver a terra.

es.ca.va.dor (ô) *s.m.* 1 quem realiza escavações: *Os escavadores, em geral, registram aquilo que lhes parece importante no momento.* • *adj.* 2 que escava.

es.ca.var *v.t.* 1 fazer escavação; retirar terra de: *As máquinas da prefeitura escavaram buracos no acostamento da estrada.* 2 tornar oco; côncavo: *Os pica-paus escavam as árvores e nelas fazem ninhos.* 3 investigar, pesquisar ou analisar profundamente; escarafunchar: *Antes de escrever a tese, escavou todos os poemas sobre os quais dissertaria.*

es.cla.re.cer *v.t.* 1 tornar claro ou inteligível; aclarar; elucidar: *Esclareço que nada tenho a ver com essa história.* 2 fazer ver com clareza; instruir; explicar: *A obrigação das autoridades é esclarecer o povo sobre os perigos da doença.*

es.cla.re.ci.do *adj.* 1 claro; nítido; elucidado; desvendado: *Tudo ficou esclarecido após as explicações do servente.* 2 dotado de ilustração ou saber; sábio: *Uma pessoa esclarecida enriquece os debates.* 3 consciente: *Estou suficientemente esclarecido e não vou cair em armadilha.*

es.cla.re.ci.men.to *s.m.* 1 elucidação; clarificação: *A perda de vários documentos dificultou o esclarecimento do caso.* 2 conscientização; informação; conhecimento: *A falta de esclarecimento da população leva ao desperdício de água e energia.*

es.cle.rên.qui.ma *s.m.* (Bot.) tecido constituído por células com paredes grossas e duras, que confere rigidez ao caule e a raiz das plantas.

es.cle.ro.sar *v.t.* 1 causar esclerose: *Os descongestionantes podem esclerosar os vasos.* • *int.* 2 adquirir esclerose: *Minha avó esclerosou cedo.*

es.cle.ro.se (ó) *s.f.* (Patol.) endurecimento patológico de tecido, causado por processo inflamatório ou por causas desconhecidas, em várias estruturas como nervos, pulmões etc.

es.cle.ró.ti.ca *s.f.* (Anat.) túnica externa branca e fibrosa do globo ocular, vulgarmente chamada de branco do olho.

es.co.a.dou.ro *s.m.* canal de escoamento: *Localizaram-se cerca de cem mil domicílios sem fossa séptica, esgoto, escoadouro etc.*

escoamento

es.co.a.men.to *s.m.* **1** ato de escoar; curso; vazão: *A inundação impediu o escoamento do volume de água dos rios.* **2** circulação; saída: *O trecho é importante para o escoamento da safra até o porto.* **3** passagem; fluxo: *Dado o grande escoamento de veículos no local, era impossível a fiscalização.*

es.co.ar *v.t.* **1** fazer o escoamento; dar vazão: *Os agricultores têm agora estrada por onde escoam sua produção.* ● *int.* **2** sair; desaparecer progressivamente.

es.co.cês *s.m.* **1** natural ou habitante da Escócia (Grã-Bretanha). ● *adj.* **2** que é relativo à Escócia. **3** proveniente da Escócia: *uísque escocês.* **4** próprio da Escócia: *provérbio escocês.*

es.coi.ce.ar *v.t.* **1** dar coices em: *O cavalo escoiceou uma criança.* ● *int.* **2** dar coices: *A égua saiu saltando e escoiceando.*

es.coi.mar *v.t.* **1** livrar de impurezas. **2** fazer desaparecer; limpar. ● *pron.* **3** escapar de; furtar-se de; livrar-se de.

es.col (ó) *s.m.* o que há de mais selecionado; elite: *Naquela noite se reunia ali todo o escol paulistano.* ✦ **de escol** de alta qualidade.

es.co.la (ó) *s.f.* **1** instrução primária; estudo: *Todos temos saudade dos tempos de escola.* **2** doutrina: *Segue a escola freudiana.* **3** modelo; exemplo: *Ela teve uma boa escola em casa.* **4** sistema de ensino: *A escola moderna valoriza mais o aluno.* **5** fonte de conhecimento ou experiência: *A escola da vida me ensinou que não se progride sem trabalho.* **6** estabelecimento onde se ministra ensino sistemático e coletivo: *A escola ficava a dois quarteirões de minha casa.* **7** conjunto dos membros de um estabelecimento de ensino: *A escola inteira desfilou naquele dia.* ✦ **escola de samba** agremiação de sambistas, passistas, compositores, cantores etc., que promove festejos e desfiles, especialmente durante o Carnaval. **escola normal** antigo curso destinado à formação de professores de ensino básico.

es.co.la.do *adj.* (Coloq.) experiente; esperto; traquejado: *Escolado, nada o embaraça.*

es.co.lar *s.2g.* **1** quem frequenta escola; estudante: *O escolar é gentil com os colegas.* ● *adj.* **2** da escola: *material escolar.* **3** de estudante: *O seu discurso mais parecia uma redação escolar.* **4** de ensino: *estabelecimento escolar.*

es.co.la.ri.da.de *s.f.* **1** aprendizagem escolar; escolarização: *O projeto vai oferecer aos indígenas apoio à escolaridade.* **2** grau de instrução escolar: *O bairro tem o melhor índice de escolaridade do município.* **3** rendimento escolar de um aluno ou grupo de alunos: *Observemos a evolução da escolaridade em cada etapa do ensino.*

es.co.la.ri.za.ção *s.f.* ato de escolarizar.

es.co.la.ri.zar *v.t.* **1** submeter ao ensino escolar: *Apesar das dificuldades, conseguiram escolarizar todas as crianças.* ● *pron.* **2** ficar escolarizado ou educado pela escola.

es.co.lás.ti.ca *s.f.* (Hist. Filos.) doutrina teológico-filosófica dominante na Idade Média ocidental, caracterizada pelo problema da relação entre a fé e a razão.

es.co.lás.ti.co *s.m.* **1** adepto da escolástica. ● *adj.* **2** relativo ou próprio de escola. **3** relativo à escolástica.

es.co.lha (ô) *s.f.* **1** seleção; determinação: *A escolha dos temas de redação é feita pelo professor.* **2** eleição: *Todos aplaudiram a escolha do presidente do grêmio.* **3** opção; alternativa: *Eu não tive escolha, ou melhor, não tive escapatória.*

es.co.lher *v.t.* **1** dar preferência a; optar por; preferir: *Podia escolher o país em que iria morar.* **2** fazer escolha ou seleção: *Temos que escolher entre viajar e trocar de carro.* **3** eleger pelo voto; sufragar: *Escolhemos você para representar-nos.* **4** selecionar: *O diretor escolhe o ator que melhor se adapte ao papel.* **5** separar impurezas ou produto de má qualidade de: *A menina escolhia o feijão.*

es.co.lhi.do *s.m.* **1** quem se escolheu; eleito: *Afinal fomos os escolhidos para habitar esta terra.* ● *adj.* **2** que se escolheu; eleito; preferido. **3** selecionado pela excelência de qualidade: *arroz escolhido.*

es.co.lho (ô) *s.m.* **1** rocha à flor da água; recife: *O casal velejava atento a possíveis escolhos.* **2** dificuldade; embaraço; perigo: *Caso não vencesse seus escolhos sentimentais, teria naufragado no insucesso.*

es.co.li.o.se (ó) *s.f.* (Ort.) curvatura lateral da coluna vertebral.

es.col.ta (ó) *s.f.* **1** acompanhamento protetor e defensivo: *escolta policial.* **2** policiais, grupo de tropa, veículos etc. que acompanham, protegem ou defendem pessoas ou coisas: *Os policiais fizeram a escolta do acusado até a delegacia.* **3** conjunto de acompanhantes; séquito: *O governador teve uma escolta de dez automóveis.*

es.col.tar *v.t.* **1** fazer a escolta de: *Um aparato paramilitar escolta os empresários.* **2** ir ou seguir junto; acompanhar: *Sua proposta, que contrariei, era aguardar que aparecesse um jovem para escoltar nós duas.*

es.com.bros *s.m. pl.* destroços; ruínas: *Um monte de escombros foi o que restou do edifício.*

es.con.de-es.con.de *s.m.* jogo infantil em que um participante escondido deve ser encontrado pelos demais; jogo das escondidas.

es.con.der *v.t.* **1** pôr em lugar oculto: *Os garotos esconderam meus sapatos.* **2** ocultar; encobrir: *Nuvens densas esconderam a lua.* **3** mascarar; disfarçar; dissimular: *Não consegue esconder sua preocupação.* **4** não manifestar; não revelar; não enunciar: *Escondeu o fato da mulher.* ● *pron.* **5** furtar-se à vista; ocultar-se: *O fugitivo esconde-se da polícia.* **6** proteger-se: *Não tínhamos onde nos esconder da chuva.* **7** desaparecer; ocultar-se: *A lua se escondeu atrás das nuvens.* **8** disfarçar-se: *O escritor se esconde sob um pseudônimo.*

es.con.de.ri.jo *s.m.* **1** lugar onde se esconde algo ou alguém: *Arrombada a porta, observamos o esconderijo do malfeitor.* **2** refúgio: *O inseto saiu de seu esconderijo.*

es.con.di.das *s.f. pl.* jogo de esconde-esconde. ✦ **às escondidas** às ocultas: *Sai sempre às escondidas.*

es.con.ju.rar *v.t.* **1** exorcizar: *Um frade esconjurou o maligno.* **2** amaldiçoar; rogar praga contra; imprecar; maldizer: *Esconjurou os matadores de seu filho.* **3** afastar; evitar: *As medidas tomadas não foram suficientes para esconjurar o surto de dengue.* **4** determinar; ordenar: *Eu te esconjuro que me deixes em paz.* ● *pron.* **5** lamentar-se; queixar-se: *Vivia esconjurando-se.*

es.con.ju.ro *s.m.* **1** maldição; praga: *Lançou esconjuros aos inimigos.* **2** exorcismo; imprecação: *Os esconjuros do feiticeiro falharam.*

escravidão

es.con.so *s.m.* 1 canto; ângulo; desvão. 2 lugar oculto; esconderijo; recesso: *Eu temia entranhar-me pelo esconso e me perder.* • *adj.* 3 oblíquo; inclinado: *Ela parou em frente de uma cancela baixa e esconsa.* 4 que não está à vista; escondido; oculto: *Havia uma saída esconsa, disfarçada.*

es.co.pe.ta (ê) *s.f.* espingarda antiga e curta, de carregar pela culatra.

es.co.po (ô) *s.m.* 1 alvo: *Mirou o escopo e atirou.* 2 propósito; objetivo: *Os tratados diferem quanto a seu escopo e abrangência.*

es.co.ra (ó) *s.f.* 1 amparo ou apoio de madeira ou de ferro: *Precisou colocar uma escora no rancho.* 2 apoio; sustento; arrimo.

es.co.rar *v.t.* 1 pôr escoras ou esteios: *O passo seguinte é erguer tapumes e escorar as paredes.* 2 amparar para que alguém ou algo não caia: *A mãe escorou o filho que estava prestes a levar um tombo.* • *pron.* 3 apoiar-se; amparar-se: *Escorou-se na mesa para não cair.*

es.cor.bu.to *s.m.* (Med.) doença causada pela falta de vitamina C, caracterizada por enfraquecimento e hemorragias diversas.

es.cor.chan.te *adj.* oneroso demais; exorbitante: *taxas e impostos escorchantes.*

es.cor.char *v.t.* 1 cobrar preços exorbitantes. 2 explorar; esfolar: *Há comerciantes que escorcham os crediaristas com juros abusivos.*

es.co.re (ó) *s.m.* resultado de uma partida esportiva expresso por números; contagem; placar: *Vencemos pelo apertado escore de um a zero.*

es.có.ria *s.f.* 1 resíduo que se forma com a fusão dos metais: *A escória de ferro é resultante da fabricação do aço.* 2 matéria estranha; resíduo: *O monte de escórias polui o rio.* 3 (Fig.) ralé; gentalha: *Não se pode tratar os excluídos como escória humana.*

es.co.ri.a.ção *s.f.* ferida superficial; esfoladura; arranhão: *Outras pessoas foram atendidas com escoriações.*

es.cor.pi.a.no *s.m.* (Astrol.) 1 nativo do signo de Escorpião. 2 relativo a esse signo.

es.cor.pi.ão *s.m.* (Zool.) 1 animal artrópode que respira por meio de pulmões, com doze segmentos abdominais e cauda terminada em aguilhão, por onde injeta o veneno. 2 (Astr.) oitava constelação do Zodíaco. 3 (Astrol.) o oitavo signo do Zodíaco (23/10 a 21/11).

es.cor.ra.çar *v.t.* 1 pôr para fora; expulsar: *escorraçar as pessoas inconvenientes.* 2 não fazer caso de; rejeitar: *Escorraçou seu próprio irmão.* 3 fazer afastar-se; acabar com: *Você escorraçou a tristeza de minha alma.*

es.cor.re.dor (ô) *s.m.* utensílio de cozinha para escorrer a água: *escorredor de pratos.*

es.cor.re.ga (é) *s.m.* brinquedo com placa de madeira ou metal inclinada por onde escorregam as crianças; escorregador.

es.cor.re.ga.de.la (é) *s.f.* deslize; lapso.

es.cor.re.ga.di.ço *adj.* escorregadio.

es.cor.re.ga.di.o *adj.* 1 que escorrega; liso: *terreno escorregadio.* 2 dado a evasivas; cheio de subterfúgios: *Ele é escorregadio; nunca faz uma afirmação que possa comprometê-lo.*

es.cor.re.ga.dor (ô) *s.m.* 1 escorrega. • *adj.* 2 que escorrega.

es.cor.re.gão *s.m.* 1 resvalo; desequilíbrio: *Um simples escorregão pode ocasionar fraturas sérias.* 2 deslize; escorregadela; lapso: *Sempre perdoa os escorregões dos colegas.*

es.cor.re.gar *v.t.* 1 fazer deslizar; resvalar: *Escorregou levemente a mão sobre a colcha.* 2 escorrer: *O suor escorregava de seu rosto.* 3 (Coloq.) dar às escondidas; passar furtivamente. • *int.* 4 falsear os pés, resvalando: *Escorregou e caiu de costas.* 5 ser escorregadio: *O gramado escorregava muito.* 6 (Coloq. Fig.) cometer falhas; errar: *Até quando tenta ser engraçado, ele escorrega feio.*

es.cor.rei.to *adj.* 1 perfeito; correto: *Esse jornal sempre me impressionou pelo português escorreito e pela revisão cuidadosa.* 2 apurado; primoroso.

es.cor.rer *v.t.* 1 fazer correr (líquido); verter: *A ferida escorria sangue.* 2 fluir; gotejar: *As lágrimas escorrem de seus olhos.* 3 pender; descair: *Um belo xale escorre de seus ombros.* • *int.* 4 retirar líquido de algo, escoando-o: *Cozinhe o macarrão e deixe escorrer.* 5 fluir; escoar: *A enxurrada escorria abundantemente.* 6 correr em fio; gotejar; pingar: *O choro era convulso, e as lágrimas escorriam.*

es.co.tei.ro *s.m.* 1 membro de uma unidade de escotismo. • *adj.* 2 relativo ou próprio do escotismo: *bandeira escoteira.*

es.co.ti.lha *s.f.* (Constr. Nav.) abertura em convés ou cobertura das embarcações, por onde entram luz e ar, serve para carregar e descarregar frete e por onde transitam pessoas.

es.co.tis.mo *s.m.* sistema educativo, que visa desenvolver nas crianças a ética e a civilidade.

es.co.va (ô) *s.f.* peça em que se fixam pelos, fios de arame, fios sintéticos etc. e que serve para limpar, pentear, alisar etc.

es.co.va.ção *s.f.* limpeza com escova: *A escovação adequada dos dentes evita cáries.*

es.co.vão *s.m.* escova grande e provida de longo cabo, para limpar ou polir assoalhos.

es.co.var *v.t.* 1 limpar, pentear, lustrar com escova: *escovar os dentes.* 2 lustrar: *Aproveitou o atraso do trem para escovar os sapatos.* 3 arranjar com a escova; passar a escova em: *escovar os cabelos.*

es.co.vi.nha *s.f.* pequena escova. • **à escovinha** diz-se de cabelo cortado muito rente: *Usa seus cabelos grisalhos à escovinha.*

es.cra.char *v.t.* 1 desmoralizar; debochar. 2 passar descompostura em; esculachar. 3 tornar óbvio; evidente; patente. 4 agir com desleixo.

es.cra.va.gis.mo *s.m.* 1 doutrina dos adeptos da escravatura. 2 sistema socioeconômico que tem como base a escravatura.

es.cra.va.gis.ta *s.2g.* 1 quem é senhor de escravos: *Os escravagistas julgavam ter direito adquirido sobre os escravos.* • *adj.* 2 partidário do escravagismo: *sociedade escravagista.* 3 de escravidão; escravizante: *Tinha uma relação escravagista com seus senhores.*

es.cra.va.tu.ra *s.f.* regime de sujeição do homem e de sua exploração como propriedade privada; escravidão.

es.cra.vi.dão *s.f.* 1 redução à condição de escravo; escravização: *O velho negro se lembra dos tempos de escravidão.* 2 aprisionamento: *Não pode existir maior escravidão do que a pobreza.* 3 condição de

escravismo

escravo; servidão: *Ainda há quem viva em regime de escravidão.*

es.cra.vis.mo *s.m.* **1** prática da escravidão; escravatura. **2** sistema socioeconômico que tem como base a escravidão; escravagismo. **3** aquilo em que resulta esse sistema.

es.cra.vis.ta *s.2g.* **1** quem é partidário da escravatura. • *adj.* **2** que se baseia no regime da escravidão: *O latifúndio escravista era o eixo da atividade econômica.*

es.cra.vi.za.ção *s.f.* ato ou efeito de escravizar(-se).

es.cra.vi.zan.te *adj.* que escraviza; que oprime.

es.cra.vi.zar *v.t.* **1** reduzir à condição de escravo; tornar escravo: *Os portugueses não conseguiram escravizar os índios.* **2** dominar moralmente; subjugar. • *pron.* **3** tornar-se dependente; submeter-se: *Ele não se escravizou.*

es.cra.vo *s.m.* **1** quem vive em sujeição a um senhor, como propriedade dele: *Até hoje existem obras realizadas pelos escravos.* **2** pessoa dependente: *Sou um escravo da minha profissão.* • *adj.* **3** que vive sem liberdade, em absoluta sujeição a um senhor: *Os negros escravos eram maltratados.* **4** dominado; submisso; cativo: *coração escravo da paixão.* **5** dependente; prisioneiro: *Ela tornou-se escrava dos antidepressivos.*

es.cra.vo.cra.ta *s.2g.* **1** quem é favorável à escravatura. • *adj.* **2** relativo à escravatura: *um regime escravocrata.*

es.cre.te (é) *s.m.* equipe escalada para uma competição e constituída pelos melhores atletas; seleção: *O escrete conquistou a taça.*

es.cre.ven.te *s.2g.* **1** quem copia o que outra pessoa escreve ou dita; escriturário. **2** funcionário de cartório subordinado ao escrivão.

es.cre.ver *v.t.* **1** representar a língua e ideias por meio de sinais da escrita: *Escreveu seu nome de forma bem legível.* **2** redigir obra científica ou literária; produzir: *Jorge Amado escreveu muitos romances.* **3** compor: *escrever letra de música.* **4** dirigir-se por escrito a determinada pessoa: *Escrevia cartas de amor para o namorado.* **5** produzir texto escrito: *O professor pediu que escrevêssemos sobre o Barroco.* • *int.* **6** utilizar-se dos símbolos da língua escrita: *Aos cinco anos, já sabia ler e escrever.* **7** exercer a profissão de escritor: *O que fazes na vida? – Eu escrevo.* ✦ **escreveu, não leu, o pau comeu** (Pop.) expressão usada para indicar que quem não se porta direito, sofre as consequências. **pode escrever** usada quando se tem absoluta certeza do que vai acontecer: *Pode escrever, à tarde estarei aí com o trabalho pronto.*

es.cre.vi.nha.dor (ô) *s.m.* **1** quem escrevinha. • *adj.* **2** que escrevinha.

es.cre.vi.nhar *v.t.* **1** escrever coisas fúteis, sem valor. • *int.* **2** escrever mal as letras; rabiscar. **3** escrever futilidades.

es.cri.ba *s.m.* **1** quem copia o que os outros dizem ou escrevem; copista: *Ser escriba na terra dos faraós era uma das mais nobres profissões.* **2** pessoa que, entre os judeus, lia e interpretava as leis. **3** (Deprec.) mau escritor.

es.cri.ta *s.f.* **1** ação ou resultado de escrever: *O curso de alfabetização começa com a escrita do nome do aluno.* **2** arte ou técnica de gravar a fala por meio de símbolos visuais: *A humanidade inventou a escrita há aproximadamente cinco mil anos.* **3** aprendizado ou domínio da linguagem escrita: *método bom para desenvolver a escrita.* **4** conjunto de signos, com suas regras, de um determinado sistema de registro gráfico: *escrita cuneiforme.* **5** qualquer sistema de registro gráfico: *escrita musical; escrita Morse.* **6** caligrafia: *Aquela menina tem uma escrita bonita.* **7** escrituração de uma firma: *Para cuidar da escrita do armazém, contratou um contador.* **8** estilo; escritura: *A escrita de Guimarães Rosa é inconfundível.*

es.cri.to *s.m.* **1** composição literária ou científica; obra: *Inundou seus escritos com os nomes dos principais pensadores.* **2** bilhete ou carta: *O menino entregou um escrito para o colega.* • *adj.* **3** representado ou expresso por meio de sinais gráficos; que não é oral: *A produção do texto escrito deve suceder imediatamente à do oral.* **4** redigido; composto: *O seu trabalho estava muito bem escrito.* **5** grafado: *A carta estava escrita a lápis.* ✦ **escrito e escarrado** exatamente como; tal qual; sem tirar nem pôr. ✦ **estar escrito** estar predeterminado pelo destino: *Estava escrito que você seria advogado.* ✦ **por escrito** documentado: *Quero por escrito isso que você acaba de dizer.*

es.cri.tor (ô) *s.m.* quem escreve obras literárias ou científicas: *Machado de Assis foi um grande escritor.*

es.cri.tó.rio *s.m.* **1** compartimento de uma casa destinado ao trabalho intelectual; gabinete. **2** lugar onde se tratam negócios ou se recebem clientes; sede de trabalho: *Voltou ao escritório para buscar algo.*

es.cri.tu.ra *s.f.* **1** documento, especialmente título de propriedade imóvel, feito em cartório: *Os interessados têm que apresentar a escritura do imóvel.* **2** escrita; caligrafia: *Reconheceu no manuscrito a escritura do grande escritor.* **3** prática da linguagem escrita que mostra o estilo do autor ou sua filiação a alguma escola literária: *escritura parnasiana.* • *pl.* **4** o conjunto dos livros do Antigo e do Novo Testamento; a Bíblia: *Vivia lendo as Sagradas Escrituras.*

es.cri.tu.ra.ção *s.f.* registro sistemático de fatos administrativos: *Os fiscais encontraram fraude na escrituração da empresa.* ✦ **escrituração mercantil** a contabilidade praticada nas empresas mercantis.

es.cri.tu.rar *v.t.* **1** registrar o movimento contábil: *Compete aos tesoureiros fazer as arrecadações das mensalidades, escriturando-as em livro próprio.* **2** fazer a escrituração de: *Posso escriturar o livro-caixa em formulário contínuo?*

es.cri.tu.rá.rio *s.m.* **1** empregado auxiliar de escritório ou que faz serviços gerais de escrita. **2** escrevente.

es.cri.va.ni.nha *s.f.* mesa própria para escrever, geralmente com gavetas.

es.cri.vão *s.m.* **1** oficial público que, junto de uma autoridade, escreve autos, termos de processo, atas e outros documentos legais: *escrivão de polícia.* **2** escrivão de cartório; notário.

es.có.fu.la *s.f.* (Med.) ingurgitamento dos gânglios linfáticos com frequente formação de tumores que podem ulcerar-se.

es.cro.que (ó) *s.m.* quem se apropria de bens alheios por meios fraudulentos; defraudador.

es.cro.tal *adj.* do ou relativo ao escroto: *saco escrotal.*

escuro

es.cro.to (ô) *s.m.* **1** (Anat.) bolsa de pele que envolve os testículos. **2** (Coloq.) vil; canalha; covarde; ordinário.

es.crun.cho *s.m.* roubo com arrombamento, escalamento ou chave falsa.

es.crú.pu.lo *s.m.* **1** hesitação ou dúvida de consciência: *Não teve escrúpulo ao denunciar o tio.* **2** retidão de caráter; senso moral: *É uma carreirista que já perdeu todo escrúpulo.* **3** cuidado: *Revelou escrúpulo ao tratar de um caso delicado.* • *pl.* **4** caráter; índole: *Trata-se de um sujeito sem escrúpulos.*

es.cru.pu.lo.so (ô) *adj.* **1** que tem escrúpulos; que revela retidão: *cuidado escrupuloso*. **2** que tem escrúpulos; reto; íntegro: *Ele é um sujeito escrupuloso.* **3** cuidadoso; meticuloso: *Haverá uma escrupulosa seleção dos candidatos ao cargo.*

es.cru.tar *v.t.* examinar com grande atenção para descobrir o que está escondido; sondar: *É preciso escrutar os crimes já cometidos.*

es.cru.ti.na.dor (ô) *s.m.* **1** quem apura e recolhe o número de votos numa eleição: *Aos mesários e escrutinadores, o ministro pediu que colaborem com a fiscalização da apuração.* **2** quem examina com atenção; quem investiga: *uma hábil escrutinadora de opiniões.* • *adj.* **3** que explora ou faz sondagem: *Existe um programa escrutinador de vírus.*

es.cru.ti.nar *v.t.* apurar o número de votos de uma eleição.

es.cru.tí.nio *s.m.* **1** votação em urna: *O candidato conseguiu maioria no escrutínio.* **2** apuração dos votos: *Concluído o escrutínio, todos foram felicitar o eleito.* **3** urna onde se depositam os votos. **4** exame meticuloso: *Os arquivistas efetuaram o escrutínio do manuscrito para determinar sua autoria.*

es.cu.dei.ro *s.m.* **1** na Idade Média, jovem iniciante na carreira das armas que acompanhava um cavaleiro, levando-lhe o escudo nas viagens e guerras. **2** criado particular dos cavaleiros andantes: *O escudeiro de D. Quixote dizia não existirem gigantes, eram apenas moinhos de vento.* **3** funcionário de nível superior que acompanha ou assessora o patrão. **4** auxiliar; ajudante: *Minha esposa sempre foi minha fiel escudeira.*

es.cu.de.la *s.f.* tigela de madeira, pouco funda, especialmente para comida; gamela.

es.cu.de.ri.a *s.f.* organização proprietária de carros de corrida.

es.cu.do *s.m.* **1** arma defensiva que resguarda o corpo de golpes: *O guerreiro usava um escudo de prata.* **2** peça em que se representam os emblemas de uma instituição: *A torcedora exibia a camiseta com o escudo do clube.* **3** peça em que se representam armas e brasões: *O fumo até hoje figura no escudo oficial do Brasil.* **4** unidade monetária de Portugal, antes de 1º de janeiro de 2002, quando aquele país adotou o euro. **5** defesa; apoio: *Usa a religião como escudo.*

es.cu.la.cha.do *adj.* (Coloq.) descuidado; relaxado.

es.cu.la.char *v.t.* (Coloq.) **1** repreender de maneira grosseira ou irônica. **2** surrar; espancar.

es.cu.la.cho *s.m.* (Coloq.) **1** pancada; surra. **2** repreensão em termos desmoralizantes. **3** descuido; desleixo.

es.cu.lham.ba.ção *s.f.* (Coloq.) **1** deboche; desmoralização: *Não é esculhambação, eu estou falando sério.* **2** anarquia; confusão: *Temos de acabar com a esculhambação no clube.* **3** aquilo que funciona mal: *Aquele departamento é uma esculhambação.* **4** repreensão áspera: *Deu uma esculhambação no colega.*

es.cu.lham.bar *v.t.* (Coloq.) **1** estragar; arruinar: *As estradas, cheias de buracos, esculhambam os veículos.* **2** criticar de maneira humilhante; esculachar: *O rapaz esculhambou o trabalho do colega.* **3** bagunçar: *As crianças viviam esculhambando meu escritório.* **4** repreender asperamente.

es.cul.pir *v.t.* **1** produzir figuras, ornamentos etc., talhando em pedra ou madeira, ou modelando em barro, argila etc.: *Aleijadinho esculpiu suas maiores obras com o cinzel.* **2** imprimir; gravar; modelar: *A natureza esculpiu arcos e taças nas rochas de Vila Velha.* • *int.* **3** exercer a arte de fazer estátuas ou decorações lavradas em superfícies.

es.cul.tor (ô) *s.m.* artista que faz esculturas: *Quando se fala em escultor, pensa-se em Rodin.*

es.cul.tu.ra *s.f.* **1** a arte de esculpir; produção de figuras sólidas com a utilização de pedra, madeira, metal, barro etc.: *A escultura requer arte, técnica e paciência.* **2** peça esculpida; estátua: *Suas esculturas em mármore foram muito apreciadas.*

es.cul.tu.ral *adj.* **1** referente à escultura: *técnicas esculturais.* **2** de formas perfeitas: *corpo escultural.*

es.cu.ma *s.f.* **1** espuma. **2** ralé.

es.cu.ma.dei.ra *s.f.* espumadeira.

es.cu.mar *v.t.* e *int.* espumar.

es.cu.mi.lha *s.f.* **1** chumbo miúdo que se usa na caça. **2** tecido leve e fino.

es.cu.na *s.f.* (Mar.) embarcação ligeira, de dois mastros e velas latinas, com uma ou duas gáveas.

es.cu.ras *s.f. pl.* às escuras; sem luz: *O quarto estava às escuras.*

es.cu.re.ce.dor (ô) *s.m.* **1** (Fot.) equipamento que controla a intensidade da luz e permite graduar a luminosidade durante a fotografia. **2** aquele ou aquilo que escurece. • *adj.* **3** que escurece.

es.cu.re.cer *v.t.* **1** tornar escuro; privar de luminosidade; pretejar: *Os urubus escureceram o céu.* **2** pintar de cor escura: *Ela escureceu os cabelos.* **3** fazer perder a clareza; tornar obscuro; turvar: *Aquela notícia me abalou, escureceu-me a visão.* • *int.* **4** tornar-se escuro; perder a luminosidade: *O arroz escureceu, não pode ser vendido.* **5** turvar-se; enfraquecer-se: *Senti tontura e minha vista escureceu.* **6** tornar-se noite; anoitecer: *No inverno escurece cedo.* **7** tornar-se escuro: *O céu escureceu mais cedo.*

es.cu.re.ci.men.to *s.m.* **1** processo ou resultado de escurecer: *A "Peste Negra" recebeu esse nome por provocar o escurecimento da pele.* **2** eliminação da luz: *As cortinas provocam o escurecimento da sala.* **3** turvação; perturbação: *Um escurecimento na vista me preocupou.* **4** aquisição de cor escura: *Evita-se o escurecimento da carne, escorrendo-se todo o sangue.*

es.cu.ri.dão *s.f.* **1** turvação; enfraquecimento: *O paciente reclamava da escuridão na vista.* **2** (Fig.) solidão; tristeza: *Quero alguém que aclare a escuridão de minha alma.* **3** negrume; escuro: *Na escuridão dos urubus se destacava uma pomba branca.* **4** ausência de luz: *Na escuridão da noite, nada se via.*

es.cu.ro *s.m.* **1** escuridão: *No escuro da noite, tudo*

escusa

pode acontecer. • *adj.* **2** privado de luz: *Não quero sair nesta noite escura.* **3** de cor negra ou de outra cor que se aproxime dela: *Usava um terno escuro e gravata vermelha.* **4** de pigmentação da pele tirante ao marrom ou negro: *Era um homem escuro.* **5** misterioso; suspeito; enigmático: *A personagem não desvenda o seu lado escuro.* **6** turvo; obscurecido: *vista escura* ◆ **no escuro** sem conhecimento; às cegas: *Não gosto de fazer negócio no escuro.*

es.cu.sa *s.f.* desculpas.

es.cu.sa.do *adj.* inútil; desnecessário.

es.cu.sar *v.t.* **1** admitir escusas; desculpar; perdoar: *escusar um erro.* **2** não precisar; não necessitar. • *pron.* **3** negar-se; recusar-se: *Ela escusou-se a ouvir as orientações do pai.*

es.cu.so *adj.* **1** suspeito; ilícito: *atitudes escusas.* **2** escondido: *lugares escusos.*

es.cu.ta *s.f.* **1** percepção ou apreensão por meio do sentido da audição: *A escuta da conversa alheia pode ser perigosa.* **2** equipamento que permite escutar conversas telefônicas; grampo: *Colocaram escutas nos telefones da casa do suspeito.* ◆ **à escuta** em estado de atenção; alerta.

es.cu.tar *v.t.* **1** perceber ou entender os sons pelo sentido da audição; ouvir: *Escutei um tiro lá pelas bandas do morro.* **2** prestar atenção; dar importância: *Ninguém escuta minha opinião.* **3** atender; acatar: *Quem não escuta conselhos pode se arrepender.* • *int.* **4** ouvir: *Pare e escute, por favor!* **5** ter o sentido da audição: *Não aprendeu a falar porque não escuta.*

es.drú.xu.lo *adj.* **1** (Coloq.) estranho; esquisito; incomum: *objeto esdrúxulo.* **2** (Gram.) que tem o acento tônico na antepenúltima sílaba; proparoxítono. **3** diz-se de verso que termina com palavra proparoxítona.

es.fa.ce.la.do *adj.* **1** (Med.) atacado de esfácelo; gangrenado. **2** desestruturado; desorganizado: *O treinador pegou um time esfacelado.*

es.fa.ce.lar *v.t.* **1** causar dano ou estrago; destruir: *Uma bola certeira esfacelou a vidraça.* **2** desestruturar; desorganizar: *A guerra e a fome esfacelaram aquele país.* • *pron.* **3** desfazer-se; corromper-se (instituições; privilégios).

es.fai.ma.do *adj.* que tem fome; esfomeado: *mendigos esfaimados.*

es.fal.fa.do *adj.* muito cansado; extenuado.

es.fal.far *v.t.* **1** cansar muito; fatigar: *Os exercícios aeróbicos esfalfaram a moça.* • *pron.* **2** cansar-se muito: *Os dois times esfalfaram-se durante a partida.*

es.fa.que.a.men.to *s.m.* ferimento com faca.

es.fa.que.ar *v.t.* ferir ou matar com faca: *Dois homens esfaquearam um desconhecido.*

es.fa.re.la.men.to *s.m.* esfacelamento; destruição: *O prédio sofre processo de esfarelamento de suas colunas.*

es.fa.re.lar *v.t.* **1** reduzir a farelo; esmigalhar; esfarinhar: *O moinho de martelo é mais eficiente para esfarelar minério.* **2** tornar-se farelo; ficar reduzido a farelo; esmigalhar-se: *O milho esfarela no processo de moagem.* • *pron.* **3** desfazer-se; arruinar-se: *Seu prestígio esfarelou-se.*

es.fa.ri.nhar *v.t.* **1** reduzir a farinha ou a pó; esfarelar: *Esfarinhou o fumo com as mãos.* • *int.* **2** reduzir-se a farinha; desmanchar-se: *A batata esfarinhou.*

es.far.ra.pa.do *adj.* **1** vestido de farrapos; maltrapilho; andrajoso: *um mendigo esfarrapado.* **2** fraco; débil: *O doente soltou um gemido esfarrapado.* **3** (Fig.) incoerente; inconsistente: *Quando foi visto mexendo ali, inventou uma desculpa esfarrapada.* **4** reduzido a farrapos; gasto; rasgado: *Vestia-se com roupas esfarrapadas.*

es.far.ra.par *v.t.* reduzir a farrapos; rasgar.

es.fe.ra (é) *s.f.* **1** corpo sólido redondo; globo; bola: *esfera terrestre.* **2** astro; corpo celeste: *A inteligência moderna desvenda as esferas longínquas.* **3** (Fig.) meio; âmbito; círculo: *Começou vendendo salgadinhos na esfera familiar.* **4** (Fig.) campo; setor: *Ele é executivo do primeiro escalão, na esfera privada.* **5** extensão de poder, autoridade, saber etc.: *Sua esfera de influência alargou-se por vários estados.*

es.fé.ri.co *adj.* que tem forma ou é semelhante à esfera: *A Terra tem forma esférica.*

es.fe.ro.grá.fi.ca *s.f.* caneta cuja ponta é uma esfera metálica que regula a saída de tinta.

es.fi.a.par *v.t.* **1** desfazer em fiapos ou fios; desfiar: *A máquina de lavar esfiapou a bainha das calças.* • *pron.* **2** desfazer-se em fiapos ou fios: *O tapete esfiapou-se de tanto uso.* **3** soltar fiapos, especialmente nas bordas: *A costureira fez nova bainha nas colchas que se esfiaparam.*

es.fínc.ter *s.m.* (Anat.) músculo existente em estruturas ocas, que regula o trânsito do conteúdo delas ao contrair-se ou relaxar-se.

es.fin.ge *s.f.* **1** (Mit.) monstro com cabeça humana e corpo de leão, que propunha enigmas, devorando os que não os decifrassem. **2** pessoa enigmática; fechada: *Ela era totalmente impenetrável, uma esfinge para ser decifrada.*

es.fir.ra *s.f.* iguaria da culinária árabe, feita de massa recheada com carne moída, queijo ou verduras, levada ao forno.

es.fo.gue.ar *v.t.* e *pron.* **1** afoguear(-se). **2** apressar (-se); atarantar(-se).

es.fo.la.do *s.m.* **1** esfoladura: *O esfolado já criara casca, mas ainda doía ao andar.* • *adj.* **2** que apresenta escoriações; arranhado: *O tombo rendeu-lhe um joelho esfolado.* **3** danificado: *O livro já está com a capa esfolada.* **4** explorado; lesado.

es.fo.lar *v.t.* **1** tirar a pele ou o couro de: *esfolar porco.* **2** arranhar; fazer escoriação; escoriar: *esfolar o rosto ao fazer a barba.* **3** (Fig.) tirar o dinheiro; espoliar: *Aquele supermercado esfolava os clientes.* • *pron.* **4** ficar arranhado; escoriado: *Esfolou-se no ombro no arame farpado.*

es.fo.lhar *v.t.* **1** tirar as folhas a. **2** descamisar o milho.

es.fo.li.a.ção *s.f.* ato ou efeito de esfoliar.

es.fo.li.an.te *s.m.* **1** substância química que provoca descamação, renovando as células: *Os esfoliantes devem ser aplicados sobre a pele só por alguns minutos.* • *adj.* **2** que esfolia; que provoca a descamação, renovando as células: *Ela usa um creme esfoliante no rosto.*

es.fo.li.ar *v.t.* separar em folhas, lâminas, escamas ou camadas uma superfície; descamar.

es.fo.me.a.do *s.m.* **1** quem está com fome. • *adj.* **2** que está com fome; faminto: *O cão, esfomeado que estava, devorou a comida.*

esgoto

es.fo.me.ar *v. pron.* **1** causar fome; esfaimar: *A seca esfomeou a população.* **2** provocar apetite: *O cheiro da carne assada esfomeava os convidados.*

es.for.ça.do *adj.* **1** diligente; zeloso: *Era de confiança e muito esforçado no serviço.* **2** valoroso; denodado: *Ocupa as manhãs em esforçado trabalho.*

es.for.çar *v.pron.* fazer o máximo ou o melhor possível: *Esforçou-se na elaboração do trabalho.*

es.for.ço (ô) *s.m.* **1** uso ou ativação de forças para atingir determinado fim: *Ele faz muito esforço físico.* **2** empenho; diligência: *Foi promovido pelo seu esforço no trabalho.* **3** funcionamento na potência máxima: *o esforço redobrado da locomotiva na subida.* **4** dificuldade: *Com esforço, levantou-se da cama.*

es.fral.dar *v.t.* **1** desfraldar. **2** estender; alargar.

es.fran.ga.lhar *v.t.* reduzir a frangalhos; esfarrapar; rasgar; dilacerar: *Ao rolar pela encosta, esfrangalhou as vestes.*

es.fre.ga (é) *s.f.* **1** ato de esfregar. **2** (Coloq. Fig.) repreensão; castigo.

es.fre.ga.ção *s.f.* **1** ação ou efeito de esfregar. **2** fricção; atrito: *esfregação dos rostos.* **3** limpeza; lavagem: *Vassouras em punho, a esfregação era ativa e enérgica.*

es.fre.gão *s.m.* escova de cabo longo, pano, esponja etc. usados para limpeza, geralmente de assoalho.

es.fre.gar *v.t.* **1** limpar; lavar: *Esfrega o chão diariamente.* **2** coçar: *esfregar o nariz.* **3** friccionar: *Esfregou o nariz no rosto dele.* • *pron.* **4** friccionar-se: *No banho, esfrega-se calmamente.* **5** roçar-se; coçar-se: *O gato esfregava-se todo nas pernas da cadeira.*

es.fri.a.men.to *s.m.* **1** processo de esfriar-se; resfriamento; diminuição de temperatura: *Os cientistas submeteram o gás a um esfriamento.* **2** relaxamento; afrouxamento: *esfriamento da crise.* **3** distanciamento; perda de interesse: *Aconteceu um esfriamento entre nós.*

es.fri.ar *v.t.* **1** tornar frio; fazer perder o calor: *Esfriou o chá antes de tomá-lo.* **2** enfraquecer; arrefecer: *Esfriou a amizade com a moça.* **3** diminuir o ardor; acalmar: *A demora do cantor não esfriou a plateia.* • *int.* **4** tornar-se frio ou menos quente; perder o calor: *Venha, antes que a sopa esfrie.* **5** perder o ímpeto; acalmar: *Resolveu não dar declarações até a coisa esfriar.* **6** tornar-se insensível ou indiferente; perder o entusiasmo ou o ardor: *Decepcionada com a atitude do amigo, a mulher esfriou.* **7** fazer frio: *Hoje esfriou muito.* ♦ **esfriar a cabeça** acalmar-se.

es.fu.ma.ça.do *adj.* envolto em fumaça ou neblina: *Via ao longe as montanhas esfumaçadas.*

es.fu.ma.çar *v.t.* **1** encher de fumaça. **2** encher de névoa: *Uma bruma seca esfumaçava o céu.* **3** fazer desaparecer ou confundir-se: *Diferenças sociais não esfumaçam as amizades.* **4** defumar alimentos. • *int. pron.* **5** (Fig.) desaparecer; sumir: *Meus melhores amigos esfumaçaram-se com o tempo.*

es.fu.ma.do *adj.* **1** diz-se do desenho que tem as sombras esbatidas. **2** (Fot.) efeito fotográfico causado por iluminação abundante, produzindo uma imagem sem contornos marcantes e sem sombras evidentes.

es.fu.mar *v.t.* **1** desenhar com carvão, usando o esfuminho. **2** escurecer com fumaça: *A cozinheira esfumou a cozinha ao fritar os bifes.* **3** (Fig.) esvair; fazer sumir: *O tempo e a distância esfumaram seus sentimentos.*

es.fu.mi.nho *s.m.* rolo ou cilindro de papel, pelica ou de feltro, aparado na ponta, para atenuar desenho a lápis, a carvão etc.

es.fu.zi.ar *v.t.* **1** lançar; atirar: *Esfuziava imprecações sobre os trabalhadores.* • *int.* **2** zumbir; sibilar: *O vento esfuziava lá fora.* **3** soprar violentamente: *O ciclone esfuziava inclemente.*

es.fu.zi.an.te *adj.* **1** vivaz; comunicativo; radiante: *A irmã precipitou-se ao encontro deles, com alegria esfuziante.* **2** vívido; intenso; brilhante: *O mar está agora orlado de um verde esfuziante.*

es.ga.lhar *v.t.* **1** arrancar ramos, galhos: *O vento esgalhou a mangueira.* • *int.* **2** criar galhos ou ramos; ramificar-se: *As árvores esgalharam cedo.*

es.ga.na.ção *s.f.* **1** ato ou efeito de esganar; esganadura. **2** voracidade; gana; sofreguidão: *Lançaram-se com esganação à comida.*

es.ga.na.do *adj.* **1** que sofreu esganadura. **2** ávido por alimento; faminto: *animais esganados.* **3** ávido; sequioso; ansioso: *Estavam esganados por vingança.*

es.ga.nar *v.t.* matar por sufocação; estrangular; sufocar.

es.ga.ni.ça.do *s.m.* diz-se da voz aguda e estridente.

es.ga.ni.çar *v.t.* **1** tornar estridente (a voz). • *pron.* **2** cantar ou falar alto e em tom agudo.

es.gar *s.m.* **1** expressão de escárnio. **2** careta.

es.gar.ça.men.to *s.m.* **1** desgaste das fibras: *Pontos muito distantes favorecem o esgarçamento das fibras.* **2** desgaste; dissolução: *esgarçamento das relações.*

es.gar.çar *v.t.* **1** abrir afastando as fibras; desfiar: *A máquina esgarçou as roupas.* **2** desfazer: *O vento esgarça as nuvens no céu.* **3** estirar; esticar: *Esgarçou os lábios num sorriso.* • *pron.* **4** desfiar; abrir-se: *A roupa foi se esgarçando.* **5** desfazer-se; desaparecer: *As lembranças dos dias felizes foram se esgarçando.*

es.go.e.lar *v.t.* **1** proferir em voz alta: *Esgoelava meu nome no portão.* • *pron.* **2** gritar muito; abrir muito a goela: *O filhote se esgoelava para receber a comida da boca da mãe.*

es.go.ta.men.to *s.m.* **1** canalização; retirada de água ou dejetos: *programa de esgotamento das águas pluviais.* **2** pane; parada: *Houve esgotamento total do centro respiratório.* **3** perda do interesse ou valor: *O rapaz mostra sinais de esgotamento.* **4** término; fim: *A cesta não valeu, houve esgotamento do tempo.* **5** desaparecimento; extinção: *Haverá o esgotamento das reservas naturais.* **6** fraqueza; estafa; cansaço; exaustão.

es.go.tar *v.t.* **1** tirar ou consumir todo o conteúdo; esvaziar: *Esgotou hoje uma garrafa de refrigerante.* **2** exaurir; secar: *A falta de água esgota a seiva e enfraquece as raízes.* **3** causar esgotamento; extenuar: *Medicamentos podem esgotar os centros respiratórios.* **4** fazer acabar; destruir: *Muito barulho esgota meu bom humor.* **5** abordar de modo exaustivo; tratar completamente: *A sua explanação não esgotou todos os aspectos da questão.* • *pron.* **6** acabar; terminar: *Os ingressos para o jogo esgotaram-se.* **7** expirar; terminar: *O prazo para a entrega do material vai se esgotar.* **8** fatigar-se; ficar exausto; perder as forças: *Ela se esgotava lavando e passando todos os dias.*

es.go.to (ô) *s.m.* **1** esgotamento. **2** conjunto de dutos para receber águas pluviais e dejetos, que são

esgrima

despejados em lugar afastado: *Há um vazamento no esgoto.* **3** águas pluviais e dejetos: *Crianças brincam no rio poluído pelos esgotos.* **4** canalização e retirada de dejetos e águas pluviais: *O esgoto é um sério problema para a maioria das cidades.*

es.gri.ma *s.f.* manejo ou jogo com arma branca, especialmente a espada, o florete e o sabre: *O pentatlo moderno inclui tiro, esgrima, corrida, natação e equitação.*

es.gri.mir *v.t.* **1** jogar ou manejar esgrima: *No filme, o mocinho esgrimia o florete com bravura.* **2** polemizar; debater: *Esses dois adoram esgrimar acerca de tudo.* **3** usar numa argumentação: *O advogado esgrimiu todos os seus trunfos.* **4** segurar alguma coisa como se fosse arma branca: *Garçons vestidos de gaúchos esgrimem espetos.* **5** (Fig.) lutar: *O povo esgrime contra a carestia.* • *int.* **6** manejar as armas da esgrima: *Esgrimia com elegância e técnica.*

es.gri.mis.ta *s.2g.* **1** quem pratica esgrima: *Esgrimistas do Brasil conquistaram medalhas em torneios.* **2** (Fig.) quem debate ou argumenta bem; quem tem facilidade de expressão: *Aquele homem era um esgrimista literário de primeira.*

es.guei.rar *v. pron.* **1** retirar-se com cautela; escapulir(-se); safar-se: *O ladrão esgueirava-se pela janela.* **2** introduzir-se; passar; entrar: *A luz esgueirava-se pelas frestas.*

es.gue.lha (ê) *s.f.* través; viés; maneira oblíqua. • **de esguelha** atravessado; enviesado: *O desconhecido me olhava de esguelha.*

es.gui.char *v.t.* **1** deixar jorrar; fazer sair em jatos: *Esguichava água nas plantas.* • *int.* **2** sair líquido com força, em jato, por orifício estreito ou por pressão: *O champanhe esguichou.*

es.gui.cho *s.m.* **1** mangueira com dispositivo na extremidade, para esguichar água: *Usava um esguicho para molhar as plantas.* **2** dispositivo para esguichar água: *Carros modernos têm limpador com temporizador e esguicho elétrico.* **3** líquido em jato: *Um esguicho borbulhante saiu da garrafa e nos atingiu.*

es.gui.o *adj.* alto e esbelto.

es.lai.de *s.m.* slide.

es.la.vo *s.m.* **1** quem mora ou habita na Europa Central, como os russos, os ucranianos, os bielo-russos, os iugoslavos, os poloneses e outros. • *adj.* **2** que é natural ou relativo à Europa Central.

es.lo.va.co *s.m.* **1** pessoa que nasce ou habita Eslováquia (Europa). • *adj.* **2** que é natural ou relativo à Eslováquia.

es.lo.ve.no (ê) *s.m.* **1** pessoa que nasce ou habita a Eslovênia (Europa). • *adj.* **2** natural ou relativo à Eslovênia.

es.ma.e.cer *v.t.* **1** apagar; diluir: *O tempo esmaece lembranças e amores.* • *int.* **2** perder a cor ou a luminosidade; desbotar: *Com o uso, a cor do tecido foi esmaecendo.* **3** perder a energia ou a vivacidade; enfraquecer: *O entusiasmo de todos foi aos poucos esmaecendo.*

es.ma.e.ci.do *s.m.* **1** o que perde a cor ou a luminosidade. • *adj.* **2** que perde a cor ou a luminosidade.

es.ma.e.ci.men.to *s.m.* **1** perda progressiva da cor ou da luminosidade: *O esmaecimento das pinturas preocupa os curadores.* **2** enfraquecimento: *o esmaecimento de uma lembrança.* **3** desmaio.

es.ma.ga.dor (ô) *adj.* **1** que esmaga; que esmigalha. (Fig.) **2** opressor; sufocante: *Senti o impacto esmagador da solidão.* **3** que escraviza ou tiraniza: *Luto contra um esmagador sentimento de ciúme.* **4** indiscutível; irrefutável: *Os números provam de modo esmagador sua teoria.*

es.ma.ga.men.to *s.m.* **1** ação de esmagar ou esmigalhar; compressão: *O bagaço resultante do esmagamento da cana-de-açúcar e um tipo de biomassa.* **2** aniquilamento; destruição; repressão: *esmagamento da insurreição operária.*

es.ma.gar *v.t.* **1** achatar e deformar por força de pressão ou choque violento: *A usina esmaga toneladas de cana por dia.* **2** pisar com força; esmigalhar: *Adorava esmagar formiga.* **3** aniquilar; abater: *Uma imensa tristeza esmaga seu coração.* **4** reprimir; sufocar: *Conseguiram esmagar o movimento rebelde no seu início.* **5** levar vantagem; suplantar: *O concorrente vinha esmagando o seu negócio.*

es.mal.ta.do *adj.* **1** revestido de esmalte: *prato esmaltado.* **2** revestido de película brilhante: *Antigamente eram comuns os retratos esmaltados.* **3** pintado com esmalte: *unhas esmaltadas.*

es.mal.tar *v.t.* **1** aplicar esmalte: *esmaltar as unhas.* **2** (Fig.) ilustrar; enaltecer; dar realce a: *Quero aqui esmaltar as virtudes de nossas esposas.*

es.mal.te *s.m.* **1** líquido que, aplicado a uma superfície, produz uma película brilhante, dura e aderente: *esmalte de unhas.* **2** obra no trabalho (em porcelana, metais etc.) revestidos desse líquido brilhante: *O aparador está cheio de esmaltes e pratas antigos.* **3** (Anat.) substância branca, dura e compacta que reveste a coroa dentária dos vertebrados: *esmalte dental.* **4** (Fig.) esplendor; brilho; realce: *O esmalte de seu vocabulário engrandeceu o romance.*

es.me.ral.da *s.f.* **1** (Min.) pedra preciosa translúcida e geralmente verde. • *adj.* **2** que tem a cor da esmeralda; verde: *De todos, ela preferia um vestido esmeralda.*

es.me.ra.do *adj.* caprichado: *Exibia um penteado esmerado.*

es.me.rar *v.t.* **1** pôr esmero em; aperfeiçoar; apurar: *esmerar a linguagem.* • *pron.* **2** aplicar-se; empenhar-se: *O rapaz se esmerava para fazer seu pai feliz.*

es.me.ril *s.m.* **1** pedra de amolar; amoladeira: *O esmeril é usado para afiar ferramentas.* **2** substância que serve para polir metais, pedras preciosas etc. **3** (Reg. S.) óxido de ferro originário da decomposição das terras roxas.

es.me.ro (ê) *s.m.* **1** cuidado extremo: *Cuidava com esmero de seu guarda-roupa.* **2** perfeição: *Os seus trabalhos de argila são feitos com esmero.* **3** elegância: *Trajava-se com esmero.*

es.mi.ga.lha.men.to *s.m.* ação de esmigalhar, de despedaçar: *esmigalhamento do milho.*

es.mi.ga.lhar *v.t.* **1** reduzir a migalhas por pressão das mãos, dos pés ou de máquinas; amassar: *Tentou esmigalhar com os pés a aranha.* **2** reduzir a fragmentos; despedaçar: *Ele esmigalhou o fêmur no acidente.* • *pron.* **3** reduzir-se a migalhas: *O pão esmigalhou-se.* **4** fazer-se em pedaços; despedaçar-se: *A pedra esmigalhou-se ao deslizar da encosta e chocar-se com o asfalto.*

es.mi.u.ça.men.to *s.m.* **1** fragmentação. **2** redução

espalhafatoso

a pó. **3** análise detalhada. **4** revelação de intimidades ou pormenores.

es.mi.u.çar v.t. **1** separar em partes miúdas; fragmentar. **2** analisar; pesquisar detalhadamente: *Não quis esmiuçar o caso.* **3** explicar os pormenores de: *A imprensa adora esmiuçar a vida dos artistas.*

es.mo (ê) s.m. cálculo aproximado; estimativa. ◆ **a esmo** (ê) (i) sem objetivo; ao acaso: *Levantou-se, começou a andar a esmo.* (ii) sem fundamentação: *Ele usava as palavras a esmo.*

es.mo.la (ó) s.f. **1** aquilo que se dá aos pobres por caridade: *Pede esmolas sacudindo uma cuia.* **2** donativo dado à Igreja durante a missa. **3** benefício; favor: *Nem a esmola de seu olhar eu consegui!*

es.mo.lar v.int. **1** pedir esmolas: *Crianças saem pelas ruas esmolando.* **2** dar esmola.

es.mo.re.cer v.t. **1** fazer diminuir de intensidade: *Na subida, todos esmoreceram a marcha.* ◆ int. **2** desfalecer; desmaiar: *Lena esmoreceu e o corpo caiu.* **3** diminuir de intensidade: *O vento de repente parecia esmorecer um pouco.* **4** definhar-se; extinguir-se: *A tarde principiava a esmorecer.* **5** afrouxar-se: *Apenas deixou o interesse em torno da sua pessoa esmorecer.* **6** perder o ânimo ou o entusiasmo; fraquejar: *Nunca se deve esmorecer!*

es.mo.re.ci.men.to s.m. **1** enfraquecimento: *Sentiu um esmorecimento e tombou no sofá.* **2** desânimo; desalento: *Vamos continuar a luta sem esmorecimento!* **3** diminuição da intensidade: *Ações que vinham dando certo podem sofrer esmorecimento e descontinuidade.* **4** desmaio.

es.mur.rar v.t. dar murros em; golpear com murros: *O homem esmurrou a bancada, colérico.*

es.no.ba.ção s.f. ação de esnobar: *Por esnobação, recusou o convite.*

es.no.bar v.t. **1** tratar com desprezo, fazer pouco caso; desdenhar; menosprezar: *Vive esnobando pretendentes.* **2** ostentar: *Garotas na praia esnobam beleza.* ◆ int. **3** proceder como esnobe: *Quando se trata de festas, ele esnoba.*

es.no.be (ó) s.2g. **1** pessoa arrogante e pretensiosa. ◆ adj. **2** pretensioso; arrogante; pedante: *Sua ironia implacável o faz parecer desconcertante e esnobe.*

es.no.bis.mo s.m. **1** sentimento de superioridade; arrogância; pedantismo: *Aquela socialite esbanja esnobismo com os amigos do marido.* **2** demonstração de esnobe.

e.sô.fa.go s.m. (Anat.) tubo muscular que conduz alimentos da faringe ao estômago.

es.so.té.ri.co adj. **1** quem é ligado ao esoterismo; ocultista: *Não sou um esotérico.* ◆ adj. **2** do ou relativo ao esoterismo: *Livro descreve o universo esotérico dos anjos.* **3** misterioso; enigmático: *Livro revela o lado esotérico de Fernando Pessoa.*

e.so.te.ris.mo s.m. doutrina secreta que é comunicada apenas a um número restrito de iniciados.

es.pa.ça.do adj. **1** que mantém espaço entre si: *Para cada ponto cinza, o computador gera pontos coloridos espaçados.* **2** com intervalos mais ou menos regulares: *Haverá um largo balcão e mesas bem espaçadas.* **3** lento; vagaroso: *A respiração da paciente estava agora calma e espaçada.*

es.pa.ça.men.to s.m. distância; espaço; intervalo: *O espaçamento entre os prédios seria de cem metros.*

es.pa.çar v.t. **1** abrir espaços entre: *Ao plantar, espaçou bem as mudas.* **2** aumentar o intervalo de tempo entre; adiar: *Clientes voltam a comparar preços e espaçam suas compras.* ◆ pron. **3** aumentar o intervalo de tempo entre uma ocorrência e outra: *Os encontros espaçaram-se.*

es.pa.ce.jar v.t. espaçar; dar espaço entre letras, palavras, linhas: *Aumentou as entrelinhas para espacejar o texto.*

es.pa.ci.al adj. **1** de ou relativo a espaço: *nave espacial.* **2** para a exploração do espaço: *O governo apresenta programa espacial.*

es.pa.ço s.m. **1** local: *O escritório é seu espaço particular.* **2** extensão indefinida: *Estava distraída, o olhar perdido no espaço.* **3** extensão que assinala a separação entre palavras ou linhas, na escrita: *o texto deve ser digitado com espaço duplo.* **4** extensão abstrata: *Clarões de fogo surgiam por entre as árvores, lançando ao espaço um cheiro de madeira queimada.* **5** extensão que abriga o sistema solar, as estrelas e as galáxias: *Cometas atravessam o espaço sideral.* **6** área; região: *espaços urbanos.* **7** limite entre dois pontos; vão: *O espaço entre as mesas era pequeno.* **8** oportunidade; ocasião: *Há espaço para todas as profissões.* **9** posição ou situação bem definida: *Quero conquistar meu espaço na vida.*

es.pa.ço.na.ve s.f. nave destinada a viagens interplanetárias; nave espacial; astronave.

es.pa.ço.so (ô) adj. que tem muito espaço; grande; amplo: *O escritório era espaçoso, mas sombrio.*

es.pa.da s.f. **1** arma branca, de lâmina comprida cortante e perfurante, punho e guardas: *Numa das mãos tinha uma espada.* ◆ pl. **2** um dos quatro naipes do baralho, representado, em cor preta, como o ferro de uma lança: *o nove de espadas.*

es.pa.da.chim s.m. **1** aquele que luta com espada. **2** duelista. **3** brigão; valentão.

es.pa.da-de-são-jor.ge s.f. planta com folhas longas e marmorizadas, muito ornamental.

es.pa.da.ú.do adj. **1** que tem ombros largos; encorpado; robusto: *Ela empurrou pela porta afora o rapaz espadaúdo.* **2** que revela robustez: *Tinha compleição alta e espadaúda.*

es.pa.dim s.m. pequena espada: *Embainhou o espadim.*

es.pá.dua s.f. **1** (Anat.) ombro. **2** parte mais elevada dos membros anteriores de equídeos: *O homem chicoteava a espádua do burrico.*

es.pa.gue.te (ê) s.m. macarrão em forma de finos cilindros.

es.pai.re.cer v.t. **1** distrair; entreter; recrear: *Voltou a caminhar, procurando espairecer os olhos no ermo da rua.* ◆ int. **2** distrair-se; recrear-se: *Procuro espairecer vendo um bom filme.*

es.pal.dar s.m. costas; encosto: *o espaldar da poltrona.*

es.pa.lha-bra.sa s.2g. **1** indivíduo desordeiro. **2** pessoa desastrada; barulhenta.

es.pa.lha.fa.to s.m. **1** escândalo; estardalhaço; barulho: *Quando soube que a filha fugira, fez um espalhafato.* **2** exagero; extravagância: *É bonita, não precisaria pintar-se com espalhafato.*

es.pa.lha.fa.to.so (ô) adj. que chama a atenção; extravagante; exagerado: *Usa roupas espalhafatosas.*

espalhar

es.pa.lhar v.t. 1 propagar: *É bom sujeito, procura espalhar o bem.* 2 disseminar: *O indício de desabamento espalhou o pânico.* 3 esparramar: *espalhar água pelo chão.* 4 tornar público; divulgar: *espalhar a notícia na cidade.* 5 difundir; irradiar: *As flores espalham perfume pelo ar.* • pron. 6 distribuir-se por vários pontos de: *Policiais espalham-se pela favela.* 7 estar distribuído ou disperso: *Os convidados espalham-se no salão.* 8 dispersar: *Os fugitivos espalharam-se rapidamente.* 9 irradiar-se; difundir-se: *O perfume se espalhou pelo quarto.*

es.pal.mar v.t. 1 abrir a mão, estendendo os dedos. 2 amparar ou rebater (a bola) com a palma da mão: *O goleiro espalmou a bola.* • int. 3 abrir a mão com os dedos estendidos: *As mãos espalmavam acima da cabeça.*

es.pa.na.dor (ô) s.m. escova ou penacho de fios de lã ou de penas com que se limpa ou sacode o pó.

es.pa.nar v.t. 1 tirar o pó com espanador; limpar: *espanar os móveis.* 2 sacudir; agitar: *No cais, ela espanava o lenço como sinal de despedida.* 3 desgastar-se (parafuso, rosca) a ponto de não mais atarraxar.

es.pan.ca.men.to s.m. agressão com pancadas; surra.

es.pan.car v.t. dar pancadas em; surrar: *Espancaram os animais.*

es.pa.nhol s.m. 1 natural ou habitante da Espanha. • adj. 2 relativo à Espanha.

es.pan.ta.di.ço adj. que se espanta facilmente: *um cavalo espantadiço.*

es.pan.ta.lho s.m. 1 boneco ou qualquer objeto que se coloca geralmente em plantação para espantar pássaros ou roedores: *Fez um espantalho para proteger a horta.* 2 pessoa muito feia ou mal vestida: *Era tão bonita, hoje é um espantalho.* 3 aquilo que espanta ou atemoriza; ameaça.

es.pan.tar v.t. 1 causar espanto em; assustar: *A notícia espantou a cidade.* 2 afugentar: *espantar as moscas.* 3 surpreender; maravilhar: *O espetáculo espantou os espectadores.* • pron. 4 assustar-se; admirar-se: *A plateia se espantou.* 5 tomar medo ou susto: *O gato se espantou.* • int. 6 ser espantoso; causar espanto.

es.pan.to s.m. 1 admiração; surpresa: *A notícia do confisco causou espanto na população.* 2 medo; susto: *Deu grito de espanto quando viu os marginais.*

es.pan.to.so (ô) adj. 1 surpreendente; assustador: *Fomos acordados com uma notícia espantosa.* 2 que causa admiração; extraordinário; fantástico: *A atuação da bailarina foi espantosa.* 3 supremo; máximo: *Fez um esforço espantoso para não chorar.* 4 enorme; muito grande: *Um número espantoso de jovens saiu à rua para protestar.*

es.pa.ra.dra.po s.m. fita adesiva para fixar curativos ou ataduras.

es.par.gir v.t. 1 espalhar em gotas; borrifar: *Espargiu perfume sobre o corpo.* 2 espalhar: *Ela soprou as brasas e espargiu cinzas sobre o fogão.* 3 propagar; difundir: *espargir palavras generosas.* • pron. 4 espalhar-se; derramar-se; disseminar-se: *O odor das flores se espargiu pelo ambiente.* // Pp.: espargido; esparso.

es.par.ra.ma.do adj. 1 grande; largo: *O dedão dos pés era esparramado.* 2 espalhado; distribuído: *As folhas ficaram esparramadas pelo parque.* 3 estendido; estatelado: *Tropeçou e caiu esparramado na calçada.* 4 divulgado: *Era impossível conter, a notícia já estava esparramada.*

es.par.ra.mar v.t. 1 espalhar: *O rapaz esparramou os livros pelo quarto.* 2 deixar espalhar-se ou estender-se: *Esparramou os cabelos nas costas.* 3 entornar; derramar: *A cozinheira esparramou a sopa sem querer.* • pron. 4 sentar-se ou deitar-se com relaxo: *esparramar-se na poltrona.* 5 estatelar-se: *esparramar-se no chão.* • pron. 6 divulgar-se; alastrar-se: *A novidade esparramou-se.* 7 dispersar-se; disseminar-se: *A boiada esparramou-se.*

es.par.ra.me s.m. 1 debandada: *Depois da briga, houve um esparrame geral.* 2 ostentação; espalhafato. 3 confusão; briga; esparramo.

es.par.re.la (é) s.f. 1 armadilha de caça. 2 (Fig.) cilada: *Se fosse esperto, não cairia nessa esparrela.*

es.par.so adj. 1 espalhado aqui e ali: *Hoje só há pequenas tribos esparsas.* 2 disperso; solto: *Juntou documentos esparsos numa pasta.*

es.par.ta.no s.m. 1 indivíduo espartano. 2 povo que morou ou habitou Esparta (Grécia Antiga). • adj. 3 relativo a Esparta.

es.par.ti.lho s.m. antigo colete usado para comprimir o abdômen e a cintura e dar elegância ao corpo.

es.par.to s.m. 1 arbusto de cujas folhas se extraem fibras usadas na fabricação de cordas, cestos e esteiras. 2 a fibra extraída dessas plantas.

es.pas.mo s.m. 1 (Med.) contração involuntária e convulsiva de um músculo. 2 êxtase; arroubo.

es.pas.mó.di.co adj. 1 que se manifesta por espasmos repetidos. 2 relativo a espasmos: *dor espasmódica.*

es.pa.te.la s.f. espécie de espátula com que se abaixa a língua a fim de poder ver melhor a garganta.

es.pa.ti.far v.t. 1 fazer em pedaços; despedaçar: *espatifar um copo.* • pron. 2 fazer-se em pedaços; despedaçar-se: *A garrafa espatifou-se.* 3 levar um tombo: *Caiu nas pedras e espatifou-se.* 4 (Coloq.) desfazer-se: *Meus sonhos se espatifaram.*

es.pá.tu.la s.f. 1 instrumento para abrir livros: *Abriu o livro com uma espátula.* 2 instrumento para misturar ou espalhar preparados culinários ou farmacêuticos: *Usou uma espátula para abrir a massa da torta.* 3 instrumento usado para espalhar substâncias pastosas: *Ele utilizou a espátula na pintura a óleo.*

es.pa.ven.tar v.t. 1 espantar; assustar. 2 envaidecer. • pron. 3 assustar-se: *Espaventou-se diante do perigo.*

es.pa.ven.to s.m. espanto; ostentação; pompa.

es.pa.vo.ri.do adj. cheio de pavor; apavorado: *Olhou espavorida para o ônibus em chamas.*

es.pa.vo.rir v.t. 1 amedrontar; assustar: *Os jagunços invadiram o povoado, espavorindo o povo.* • pron. 2 apavorar-se; assustar-se: *O cavalo se espavoriu e jogou o peão no chão.*

es.pe.ci.al s.m. 1 programa de televisão que não é produzido em série: *O especial sobre Fernando de Noronha está belíssimo.* • adj. 2 específico; determinado: *Darei uma aula especial sobre o assunto.* 3 exclusivo: *ônibus especiais para executivos.* 4 superior; refinado: *um jantar especial.* 5 fora do comum; extraordinário: *Vamos lançar uma* *edição especial sobre o aniversário da cidade.* **6** redobrado; particular: *Ouviu o eleitor com especial atenção.* **7** designado para uma tarefa determinada; especializado: *A análise desses fatos será feita por um delegado especial.*

es.pe.ci.a.li.da.de *s.f.* **1** qualidade de especial. **2** área específica do conhecimento: *A Sociologia do conhecimento é uma especialidade relativamente nova.* **3** qualificação para um fim específico; especialização: *Sua especialidade é pediatria.* **4** prato especial ou mais requintado: *A especialidade da casa é torta de maçã.*

es.pe.ci.a.lis.ta *s.2g.* **1** profissional que se especializou em determinado ramo de sua profissão: *Procurou um especialista em dermatologia.* • *adj.* **2** perito: *É mestre especialista em baixo-relevo.* **3** que se especializou em determinado ramo de sua profissão: *advogado especialista em direito criminal.*

es.pe.ci.a.li.za.ção *s.f.* **1** ato, processo ou efeito de especializar-se. **2** área ou âmbito específico: *Trabalhava só no que estivesse relacionado à sua especialização.* **3** qualificação para um fim específico; habilidade: *Sua especialização era lidar com tratores.* **4** formação específica em determinado ramo do conhecimento: *curso de especialização em direito penal.*

es.pe.ci.a.li.za.do *adj.* **1** feito por especialistas: *Nosso serviço é especializado.* **2** específico de uma área de saber: *Falou-me da doença em linguagem especializada e nada entendi.* **3** com formação ou qualificação específica; aperfeiçoado: *Precisa-se de operário especializado em assentar pedras.*

es.pe.ci.a.li.zar *v.t.* **1** tornar especial; particularizar; distinguir: *Ela especializou sua escola de inglês com novo e eficiente método.* **2** promover a especialização de; proporcionar conhecimentos particularizados de: *Vamos especializar o pessoal de cada seção separadamente.* • *pron.* **3** tornar-se especialista, aperfeiçoado: *Especializou-se em pintura na porcelana.*

es.pe.ci.a.ri.a *s.f.* erva aromática ou outro tempero de origem vegetal (cravo, canela, pimenta, noz-moscada etc.) usados em culinária.

es.pé.cie *s.f.* **1** natureza; tipo: *Ele não é a espécie de pessoa que procurava.* **2** condição; caráter: *No seu balcão, atende pessoas de todas as espécies.* **3** algo que aparenta ser; simulacro: *Fundamos uma espécie de clube literário.* **4** classe de seres que têm as mesmas características: *É possível que cada espécie animal perceba o objeto de acordo com a forma dos seus olhos.* • **causar espécie** surpreender. **em espécie** (i) em dinheiro: *pagamento em espécie.* (ii) em mercadorias ou serviços, em vez de dinheiro.

es.pe.ci.fi.ca.ção *s.f.* **1** explicação minuciosa: *especificação do ocorrido.* **2** descrição pormenorizada das características desejáveis: *Este material não corresponde às especificações das normas de nossa empresa.*

es.pe.ci.fi.car *v.t.* detalhar; precisar: *Não especificou a data para receber a encomenda.*

es.pe.ci.fi.ci.da.de *s.f.* característica do que é específico ou distinto; singularidade; particularidade: *Cada ciência possui sua especificidade.*

es.pe.cí.fi.co *adj.* **1** próprio de uma espécie. **2** que não é geral; particular: *Não há remédio específico para o seu mal.* **3** característico: *Este tipo de reação é*

especulativo

específico de crianças. **4** distinto; diferenciado: *Cada um tem preferência por uma cor específica.* **5** especial; diferenciado: *Tem talento específico para línguas.*

es.pé.ci.me *s.m.* **1** (Zool.) indivíduo de uma mesma espécie, classe etc.: *O colecionador de borboletas descobriu um espécime raro.* **2** amostra; exemplo.

es.pe.ci.o.so (ô) *adj.* que induz em erro; ilusório; enganador: *argumento e ideias especiosos.*

es.pec.ta.dor (ô) *s.m.* **1** quem observa sem participar; testemunha: *Eu não dou palpite, sou apenas espectador.* **2** quem assiste: *Sempre vi os filmes como espectador comum.* • *adj.* **3** que assiste; observador: *As quadras devem exibir placar para o público espectador.*

es.pec.tral *adj.* **1** que lembra um espectro ou fantasma; fantasmagórico: *Ao longe, as montanhas, umas atrás das outras, hostis e espectrais.* **2** (Fís.) do espectro; relativo à distribuição de energia numa onda: *fotografias aéreas e imagens espectrais de satélites.*

es.pec.tro (é) *s.m.* **1** fantasma: *Sonha com espectros caminhando pelo quarto.* **2** pessoa esquelética; fantasmagórica: *Ela é um espectro de mulher, deslocando-se pela casa.* **3** espectro solar: *raios ultravioleta do espectro.* **4** ameaça: *O espectro da guerra estendia sua sombra sobre o Brasil.* **5** (Fís.) efeito proveniente da função de distribuição de energia: *o espectro de difração dos raios X.* **6** raio de ação; alcance. • **espectro solar** faixa luminosa visível, situada entre os raios infravermelhos e os ultravioleta.

es.pe.cu.la.ção *s.f.* **1** negociação que procura auferir lucros acima do aceitável: *Há uma boa dose de especulação nesses reajustes.* **2** investigação; análise: *A filosofia pré-socrática era orientada para a especulação do Cosmos.* **3** suposição: *Os pesquisadores passaram da especulação à experiência.* **4** conjectura; mexerico: *Técnicos do instituto dizem que uma análise mais recente não passa de especulação.* **5** reflexão; raciocínio: *Param aí suas especulações sobre o futuro.* **6** operação mercantil sobre valores sujeitos às oscilações do mercado: *especulação na bolsa de valores.*

es.pe.cu.la.dor (ô) *s.m.* **1** quem opera sobre valores sujeitos à oscilação do mercado: *Por que o especulador assume estes riscos?* **2** investigador; pesquisador; estudioso: *Grutas e escavações estão à espera de arqueólogos e especuladores científicos.* **3** quem negocia procurando lucros acima do razoável.

es.pe.cu.lar *v.t.* **1** estudar com atenção e minúcia sob o ponto de vista teórico: *especular uma tese.* **2** procurar entender de forma racional; teorizar: *Os pré-socráticos especularam sobre muitas questões depois esclarecidas pela ciência.* **3** colher informações; bisbilhotar: *especular sobre a vida alheia.* **4** praticar especulação: *especular sobre a cotação do dólar.* **5** observar investigando: *especular os preços em várias lojas.* **6** tentar alterar (valores) de acordo com interesses próprios: *especular com preços.* • *int.* **7** meditar; considerar. • *adj.* **8** referente a espelho; que reflete: *superfície especular.*

es.pe.cu.la.ti.vo *adj.* **1** que visa a interesses lucrativos: *Houve uma alta especulativa de preços.* **2** investigativo; teórico: *Explorava a área especulativa da teoria do conhecimento.* **3** de pesquisa; de investigação: *programas especulativos do governo.*

espéculo

es.pé.cu.lo s.m. (Med.) instrumento em forma de tubo com que se observam certas cavidades do corpo.

es.pe.da.çar v.t. 1 despedaçar. • pron. 2 fazer-se em pedaços: *A garrafa caiu e espedaçou-se.*

es.pe.le.o.lo.gi.a s.f. (Geol.) ciência que estuda a formação e a exploração das cavernas, furnas, grutas.

es.pe.lha.do adj. 1 coberto de espelho: *Na sala, há enorme parede espelhada.* 2 semelhante a espelho; que reflete imagens como espelho; refletido: *Olha-se no verde espelhado da lagoa.* 3 (Edit.) material impresso que ocupa duas páginas de uma revista, de um livro ou de um jornal.

es.pe.lha.men.to s.m. ato de espelhar: *Há um efeito de espelhamento entre as fotos e o espectador.*

es.pe.lhar v.t. 1 revestir com espelho: *espelhar a porta do armário.* 2 refletir; representar: *Suas palavras espelham a verdade.* • pron. 3 olhar-se no espelho. 4 (Fig.) tomar como modelo; imitar. 5 tornar-se patente; revelar-se. 6 refletir-se: *O céu se espelha na água do lago.* • int. 7 brilhar; refletir como espelho: *Suas panelas espelhavam.*

es.pe.lho (ê) s.m. (Ópt.) 1 lâmina de vidro ou cristal, estanhada na parte posterior, que reflete imagens e luz. 2 superfície lisa ou polida que reflete uma imagem e a luz: *Narciso viu a si próprio no espelho das águas.* 3 refletor; retransmissor: *O satélite é como um espelho que recebe e transmite sinais.* 4 faixa delgada; lâmina: *espelhos-d'água.* 5 (Fig.) reflexo: *O futuro do homem é o espelho de sua infância.*

es.pe.lho-d'á.gua (ê) s.m. superfície das águas de lagos, artificiais ou não. // Pl.: espelhos-d'água.

es.pe.lho sem a.ço s.2g. (Coloq.) pessoa que se põe na frente de outra obstruindo-lhe a visão. // Pl.: espelhos sem aço.

es.pe.lo.te.a.men.to s.m. (Bras.) sem critério; estouvamento.

es.pe.lo.te.ar v.int. proceder estouvadamente, com espeloteamento.

es.pe.lun.ca s.f. 1 estabelecimento comercial ou casa em condições precárias: *Seu dinheiro dava apenas para dormir numa espelunca.* 2 lugar escuro e sujo.

es.pe.ra (ê) s.f. 1 aguardo: *Foi atendida depois de longa espera.* 2 demora; prazo: *Há uma espera de dois dias para a realização do serviço.* 3 expectativa; esperança: *Ele ficou ali na estrada, à espera de uma carona.*

es.pe.ra-ma.ri.do s.m. doce feito com ovos e açúcar queimado.//Pl.: espera-maridos.

es.pe.ran.ça s.f. 1 sentimento de algo que se deseja realizar; fé: *Vivemos a esperança de dias melhores.* 2 aguardo; espera; expectativa: *Vive na esperança de que seu livro seja publicado.* 3 coisa ou pessoa em que se deposita fé, confiança ou expectativa: *O filho menor era a esperança da família.* 4 ilusão: *Ele não voltará, portanto, tire essa esperança da cabeça.* 5 (Rel.) a segunda das virtudes básicas, a que se juntam a fé e a caridade, e que é representada por uma âncora. 6 (Zool.) inseto, geralmente de coloração verde, que se acredita trazer algo de bom.

es.pe.ran.ço.so (ô) adj. 1 que tem esperança: *Fui esperançoso para a primeira prova do vestibular.* 2 que reflete ou manifesta esperança: *Havia um sentimento esperançoso de que ele voltaria.*

es.pe.ran.to s.m. (Gloss.) idioma artificial criado pelo polonês Ludwig Zamenhof para facilitar a comunicação internacional.

es.pe.rar v.t. 1 ter a expectativa de: *De você, poderia esperar algo melhor.* 2 estar à espera; aguardar: *esperar a amiga para saírem.* 3 estar grávida de: *esperar gêmeos.* 4 ter esperança: *esperar (por) dias melhores.* 5 ter fé; confiar: *esperar em Deus.* • int. 6 sofrer adiamento: *Estas medidas são urgentes, não podem esperar.*

es.per.di.çar v.t. desperdiçar.

es.per.ma s.m. (Biol.) líquido produzido pelas glândulas reprodutoras do homem e dos animais machos, que contém os espermatozoides.

es.per.ma.to.zoi.de (ó) s.m. (Biol.) célula germinal masculina que fecunda o óvulo.

es.per.mi.ci.da s.m. (Farm.) substância química que destrói o espermatozoide.

es.per.ne.ar v.int. 1 agitar convulsivamente as pernas: *A criança chorava e espernava.* 2 revoltar-se; insubordinar-se.

es.per.ta.lhão s.m. 1 quem tem esperteza maliciosa; sabido. • adj. 2 que tem esperteza maliciosa; malandro.

es.per.te.za (ê) s.f. 1 astúcia; sagacidade: *O rapaz tem esperteza para compreender as diferenças.* 2 manha; malandragem: *A história conta como o macaco, com sua esperteza, engana o leão.* 3 inteligência; vivacidade; tino.

es.per.to (ê) s.m. 1 quem é astucioso ou ardiloso; espertalhão: *O mundo é dos espertos.* • adj. 2 desperto; acordado: *O bebê está bem esperto.* 3 arguto; inteligente; vivaz; perspicaz: *O aluno novo é esperto e logo acompanhará a turma.* 4 espertalhão: *Sujeito esperto, não deixa escapar uma oportunidade.* 5 forte; vivo: *O capataz acendeu um fogo esperto.* 6 diz-se de banho ou de água mornos: *Tome um comprimido e um banho esperto.* 7 (Coloq.) bom; ótimo: *O restaurante faz um camarãozinho esperto.*

es.pes.so (ê) adj. 1 grosso: *A cidade está coberta por uma espessa camada de pó.* 2 basto; cerrado: *sobrancelhas espessas.* 3 de consistência pastosa; denso; compacto: *molho espesso para a carne.*

es.pes.su.ra s.f. 1 qualidade de espesso; grossura: *Essa rocha tem cerca de sessenta centímetros de espessura.* 2 alta densidade; consistência: *Experimentou a espessura da calda do doce.*

es.pe.ta.cu.lar adj. 1 grande; notável: *A festa foi espetacular.* 2 que constitui espetáculo; sensacional: *Os palhaços estiveram espetaculares.* 3 muito bom; extraordinário; grandioso: *Esse é mais um espetacular projeto da instituição.* 4 sensacionalista: *Jornais não muito sérios procuram notícias espetaculares e sensacionalistas.* 5 maravilhoso; magnífico; excelente: *uma casa espetacular.*

es.pe.tá.cu.lo s.m. 1 representação teatral; peça: *montar um espetáculo.* 2 exibição pública de canto; dança etc. 3 visão; contemplação: *O espetáculo de pessoas sambando estimula os que assistem.* 4 aquilo que chama a atenção, causa riso ou indignação: *Não gosto de assistir ao espetáculo diário da guerra e da violência.* • **um espetáculo** muito bom; ótimo: *O filme é um espetáculo.*

espionar

es.pe.ta.cu.lo.so (ô) *adj.* 1 que dá muito na vista. 2 pomposo; aparatoso; ostentoso.

es.pe.ta.da *s.f.* golpe ou ferimento com espeto ou outro objeto pontiagudo.

es.pe.tar *v.t.* 1 pegar ou prender com espeto ou instrumento pontiagudo: *espetar a azeitona.* 2 furar; atravessar: *Espetaram a carne.* 3 levantar; alçar: *espetar o dedo no ar.* • *pron.* 4 ferir-se em objeto pontiagudo: *Espetou-se nos espinhos.*

es.pe.to (ê) *s.m.* 1 haste de madeira ou ferro em que se enfia carne ou outros alimentos para assar. 2 pau afiado e pontudo em uma extremidade: *Fez um espeto de pau e guardou para a hora propícia.* 3 (Coloq. Fig.) pessoa muito magra: *Era fraco e magro, um espeto.* 4 (Reg. S.) complicação; contratempo: *Perdi o trem. Que espeto!*

es.pe.vi.ta.do *adj.* 1 diz-se do pavio que foi cortado com espevitadeira. 2 vivo; esperto. 3 pretensioso; presunçoso.

es.pe.vi.tar *v.t.* 1 tornar o pavio ou a mecha mais abertos ou aparados para avivar a chama. 2 avivar a chama de outras maneiras. 3 assanhar: *A notícia boa espevitou a moça.* • *pron.* 4 tornar-se impertinente: *Ao entrar na adolescência, espevitou-se ainda mais.* 5 assanhar-se; tornar-se mais vivo.

es.pe.zi.nhar *v.t.* 1 pisotear. 2 tratar com desprezo ou desdém; desprezar; humilhar: *espezinhar os mais humildes.*

es.pi.a *s.f.* 1 cabo que mantém em equilíbrio mastro ou poste. • *s.2g.* 2 quem observa secretamente as ações de outrem; espião: *Os espias ficavam observando a chegada dos guardas.* 3 vigia; sentinela. 4 vigilância; espreita.

es.pi.a.da *s.f.* ação de olhar de modo rápido; olhada: *Vou dar uma espiada no céu.*

es.pi.a.de.la (é) *s.f.* espiada; olhadela.

es.pi.ão *s.m.* 1 quem obtém informações secretas de um inimigo ou adversário; agente secreto; espia: *O espião apropriou-se de documentos confidenciais.* 2 olheiro. • *adj.* 3 que realiza missões de observação: *um avião espião.*

es.pi.ar *v.t.* 1 observar atenta e secretamente; olhar às escondidas: *Fiquei espiando as moças na saída da escola.* 2 (Bras.) olhar; ver: *Ela fica na sacada espiando o movimento.* 3 examinar; verificar; dar uma olhada: *Andou pelas lojas espiando os preços.* • *pron.* 4 olhar-se: *Espiou-se no espelho.*

es.pi.ca.çar *v.t.* 1 ferir com bico; bicar: *Uma galinha espicaçava a outra.* 2 picar ou golpear repetidamente com objeto pontiagudo: *espicaçar a carne.* (Fig.) 3 instigar; estimular: *espicaçar um talento.* 4 magoar; afligir; torturar: *Ela espicaçou os irmãos vendendo joias de família.*

es.pi.char *v.t.* (Coloq.) 1 tornar maior; ampliar: *Quero espichar a propriedade.* 2 esticar; aumentar: *espichar o assunto.* 3 estirar; estender: *Espichei as pernas no sofá.* • *pron.* 4 (Coloq.) morrer: *O coronel já se espichou.* 5 ampliar-se; crescer: *A propriedade espichou-se.* 6 esticar-se: *O elástico espichou-se demais e rompeu.* 7 pôr-se ao comprido; deitar-se: *espichar-se na cama.*
 • **espichar as canelas** morrer.

es.pi.ga *s.f.* (Bot.) parte das gramíneas, de formato alongado e afilado, que contém os grãos: *espiga de trigo.*

es.pi.ga.do *adj.* 1 que criou espigas. 2 alto; crescido.

es.pi.gão *s.m.* 1 (Coloq.) edifício muito alto: *São Paulo e seus espigões.* 2 pico de serra ou montanha etc.: *Da janela, via o peão lá em cima, no espigão.* 3 ponta aguçada: *A grade termina em espigões.*

es.pi.na.frar *v.t.* 1 (Bras. Coloq.) censurar de modo áspero: *Há críticas que só sabem espinafrar os espetáculos.* 2 passar a descompostura.

es.pi.na.fre *s.m.* planta alimentícia de folhas verdes terminadas em pontas comestíveis, flores pequenas e verdes.

es.pin.gar.da *s.f.* arma de fogo portátil, de cano longo.

es.pi.nha *s.f.* (Coloq.) 1 borbulha que nasce na pele principalmente no rosto; acne: *Aplicou o creme sobre a espinha.* 2 coluna vertebral: *Uma bala atravessou a espinha e parou no pulmão.* 3 (Zool.) conjunto de elementos do esqueleto dos peixes, de natureza cartilaginosa ou óssea: *Engasgou com a espinha do peixe.*

es.pi.nha.ço *s.m.* 1 (Coloq.) coluna vertebral; espinha: *Doíam-me as pernas, doía-me o espinhaço.* 2 (Coloq.) dorso; costas: *O lenhador carregava muito peso no espinhaço.* 3 cordilheira: *Alugou um cavalo para fazer passeio à base do espinhaço.*

es.pi.nhal *adj.* (Anat.) aquilo que se refere ou se assemelha à coluna vertebral: *Na medula, encontram-se dois sistemas: a artéria espinhal anterior e as artérias espinhais posteriores.*

es.pi.nhar *v.t.* 1 ferir com espinho. 2 irritar. • *pron.* 3 ferir-se com espinho. 4 (Coloq.) irritar-se: *O rapaz deu resposta rude, e o colega se espinhou.*

es.pi.nhei.ro *s.m.* arbusto espinhoso de casca fina e medicinal.

es.pi.nhel *s.m.* aparelho de pesca que consiste numa extensa corda da qual pendem, a espaços, linhas providas de anzóis.

es.pi.nhe.la (é) (Coloq.) apêndice cartilaginoso do esterno ou apêndice xifoide. • **espinhela caída** (Coloq.) doença que afeta o peito, atribuindo-se como causa a queda da espinhela.

es.pi.nhen.to *adj.* 1 que tem espinhos. 2 cheio de espinhas ou erupções cutâneas; espinhudo: *adolescente magro e espinhento.* 3 que espeta: *tecido espinhento.*

es.pi.nho *s.m.* 1 (Bot.) órgão duro e pontiagudo profundamente inserido em algumas plantas: *O espinho serve para proteger a planta.* 2 (Zool.) cerda: *Os ouriços enchem de espinhos quem se encostar neles.* (Fig.) 3 obstáculo; impedimento: *Encontrei muitos espinhos na profissão.* 4 aflição; tormento.

es.pi.nho.so (ô) *adj.* 1 que tem espinhos. 2 (Coloq. Fig.) complexo; difícil; complicado: *Esse problema é extremamente espinhoso.*

es.pi.no.te.a.do *adj.* (Coloq.) leviano; inconsequente.

es.pi.no.te.ar *v.int.* 1 dar pinotes (um animal). 2 (Coloq.) reclamar; resistir esbravejando: *Ante os problemas, ela só sabia espinotear.*

es.pi.o.na.gem *s.f.* 1 ação de espionar. 2 encargo de espião.

es.pi.o.nar *v.t.* espreitar; espiar; atuar como espião: *Ele foi ao estádio para espionar o jogo do time adversário.*

espiral

es.pi.ral s.f. **1** (Geom.) linha curva que gira em torno de um eixo central, dele se aproximando ou se afastando: *um par de aparadores de alumínio fundido com pés em espiral*. **2** processo difícil de conter: *A alta do custo de vida estava em espiral ascendente*. • *adj*. **3** referente a espiral ou que tem a sua forma.

es.pi.ra.lar v.t. **1** dar ou tomar a forma de espiral: *Fez um voo louco, espiralando a fumaça branca*. • *int*. **2** subir ou descer em espiral.

es.pi.rar v.t. exalar; desprender; emanar: *As rosas espiram perfumes*. // Cp.: expirar.

es.pí.ri.ta s.2g. **1** quem é adepto do espiritismo. • *adj*. **2** referente à doutrina do espiritismo: *pessoa espírita*.

es.pi.ri.tei.ra s.f. vaso onde se deita álcool para arder.

es.pi.ri.tis.mo s.m. (Rel.) **1** filosofia religiosa que visa ao aperfeiçoamento moral do homem e que acredita na reencarnação, na imortalidade da alma e na comunicação mediúnica dos espíritos com seres vivos. **2** kardecismo.

es.pí.ri.to s.m. **1** alma depois da morte: *Dizem que o espírito dela está rondando por aqui*. **2** ser sobrenatural da natureza dos anjos; gênio protetor: *Os índios acreditam na proteção dos espíritos da floresta*. **3** (Coloq.) fantasma; assombração: *Não acredito em espíritos*. **4** (Rel.) para o espiritismo, entidade simples, imaterial, incorpórea, inteligente e com consciência de si mesma: *reencarnação de um espírito iluminado*. **5** princípio animador que dá vida aos organismos físicos; sopro vital: *Todo ser humano tem uma estrutura que pode ser expressa como corpo, alma e espírito*. **6** conjunto das faculdades mentais do homem, em contraposição à parte física, ao corpo: *A adversidade confere têmpera ao espírito*. **7** ânimo: *Vamos tomar uma cervejinha para esfriar os espíritos*. **8** clima; atmosfera: *Na festa, reinava o espírito natalino*. **9** intenção; desejo: *espírito de vingança*. **10** inteligência: *Era homem de espírito*.

es.pi.ri.tu.al adj. relativo ao espírito: *Era um exercício espiritual, que me trazia muita paz*.

es.pi.ri.tu.a.li.da.de s.f. **1** religiosidade; devoção: *A garota foi criada na fé e na espiritualidade*. **2** caráter do que é espiritual e não material: *Há tempos, ele vem trocando a espiritualidade pelo materialismo*.

es.pi.ri.tu.a.lis.mo s.m. doutrina filosófica centrada no primado do espírito.

es.pi.ri.tu.a.lis.ta s.2g. **1** adepto do espiritualismo: *Um grupo de espiritualistas fez palestras na universidade*. • *adj*. **2** que segue o espiritualismo: *Sou espiritualista e agradeço sempre a Deus por tudo*. **3** baseado no espiritualismo.

es.pi.ri.tu.o.so (ô) adj. **1** que tem graça; espírito; vivacidade: *Era alegre, com uma conversa espirituosa*. **2** engenhoso; astucioso: *Seu plano para resolver o problema era espirituoso*.

es.pir.rar v.t. **1** borrifar; esguichar: *espirrar água nas plantas*. **2** sair; jorrar: *A água espirra da torneira*. • *int*. **3** dar espirros: *Os perfumes me fazem espirrar*. **4** (Coloq.) no jogo de bilhar, bater mal na bola: *Na primeira tacada, a bola espirrou*.

es.pir.ro s.m. expiração do ar violenta e ruidosa, pelo nariz e pela boca, por uma irritação das mucosas nasais.

es.pla.na.da s.f. **1** terreno plano, descoberto e extenso que fica em frente a edifícios importantes: *esplanada dos Ministérios*. **2** chapada; planície: *Ela caminhava na derradeira curva que antecedia a esplanada da lagoa*.

es.planc.no.to.mi.a s.f. (Cir.) dissecção das vísceras.

es.ple.nal.gi.a s.f. (Med.) dor no baço, ou esplênica.

es.plen.de.cer v.int. resplandecer.

es.plên.di.do adj. **1** brilhante; reluzente; resplandecente: *cabelos esplêndidos*. **2** luxuoso; suntuoso: *mansão esplêndida*. **3** agradável; muito bonito: *manhã esplêndida*. **4** maravilhoso; deslumbrante: *paisagem esplêndida*.

es.plen.dor (ô) s.m. **1** brilho; luminosidade: *o esplendor do Sol*. **2** luxo; pompa: *O esplendor dos bailes de gala, com seus vestidos e joias*. **3** magnificência: *É um poeta da grandeza e do esplendor de Gonçalves Dias*. **4** apogeu; ápice; perfeição: *Aos vinte anos, está no esplendor da carreira*.

es.plen.do.ro.so (ô) adj. **1** brilhante; fulgurante: *O Sol brilha, esplendoroso*. **2** luxuoso; pomposo: *Tudo em sua casa é esplendoroso*. **3** inteligente; brilhante: *O orador é esplendoroso*. **4** glorioso: *Desejamos um futuro esplendoroso para todos*.

es.plê.ni.co adj. relativo ou pertencente ao baço.

es.po.car v.int. **1** estourar; estalar: *Mal o ministro apareceu, os flashes começaram a espocar*. **2** surgir; irromper: *Exemplos de romantismo espocam aqui e ali*.

es.po.jar v.t. **1** reduzir a pó; pulverizar. • *pron*. **2** fazer cair no chão: *O cão espojava-se na terra*.

es.po.le.ta (ê) s.f. **1** dispositivo que determina a inflamação de carga de arrebatamento dos projéteis: *Eles não sabem o que é detonador, espoleta*. **2** (Bras.) indivíduo; irrequieto: *Meu filho é uma verdadeira espoleta*.

es.po.li.a.ção s.f. privação de algo legítimo; exploração.

es.po.li.a.dor (ô) s.m. **1** quem espolia; explorador: *Fujamos sempre dos espoliadores*. • *adj*. **2** que espolia; espoliativo: *atividade espoliadora*.

es.po.li.an.te adj. espoliador; espoliativo.

es.po.li.ar v.t. **1** privar alguém de seus bens e direitos. **2** causar dano ou prejuízo; explorar; roubar.

es.po.li.a.ti.vo adj. que espolia; espoliador; espoliante: *Combatemos o capital espoliativo e antissocial*.

es.pó.lio s.m. **1** bens deixados por quem morreu; legado: *O espólio foi dividido entre os herdeiros*. **2** inventário: *O espólio é um processo demorado*. **3** aquilo que se espoliou: *Roma vivia dos espólios das províncias*.

es.po.li.an.te adj. espoliador; espoliativo.

es.pon.dí.li.co adj. relativo a vértebra.

es.pon.di.lo s.m. (Anat.) vértebra.

es.pon.gi.á.rio s.m. (Zool.) espécime dos espongiários, animais rudimentares que têm por tipo a esponja; porífero.

es.pon.ja s.f. **1** (Zool.) grupo de protozoários, marinhos ou de água doce, cujo corpo é provido de numerosos poros, canais e câmaras, pelos quais penetra e sai a água: *As esponjas são animais pluricelulares aquáticos*. **2** esqueleto poroso e macio desses animais, usado para limpeza do corpo, louças etc. **3** qualquer objeto poroso, macio e absorvente usado com a finalidade de limpar, ensaboar, espalhar líquido etc.: *Comprei uma esponja de borracha*. **4** (Bras. Coloq.) beberrão.

es.pon.jo.so (ô) *adj.* de consistência semelhante à da esponja.

es.pon.sais *s.m. pl.* celebração de casamento; bodas.

es.pon.ta.nei.da.de *s.f.* ausência de artificialismo; naturalidade.

es.pon.tâ.neo *adj.* 1 realizado de livre vontade: *Ao se candidatar, recebeu apoio espontâneo dos amigos.* 2 natural; livre: *Seu riso é espontâneo, sem maldade.* 3 não induzido; não provocado: *O aborto pode ser espontâneo.*

es.po.ra (ó) *s.f.* 1 peça de metal, com pontas, que se prende à parte posterior do calçado para estimular a montaria: *Calçava botinas com esporas chilenas.* 2 (Bras. Coloq.) saliência córnea do tarso dos galos; esporão: *Aprendeu cedo que galos têm esporas.*

es.po.rá.di.co *adj.* disperso; raro; eventual: *encontros esporádicos.*

es.po.rân.gio *s.m.* (Biol.) célula que reveste os esporos.

es.po.rão *s.m.* 1 (Zool.) saliência córnea de alguns machos galináceos. 2 espécie de dique: *Em determinado trecho da costa, há um esporão avançando para o mar.*

es.po.re.ar *v.t.* 1 fustigar com espora: *esporear o cavalo.* 2 instigar; estimular.

es.po.ro (ó) *s.m.* (Bot.) célula reprodutora capaz de germinar.

es.por.rar *v.t.* (Ch.) emitir esperma.

es.por.ro (ô) *s.m.* (Bras. Coloq.) 1 censura; reprimenda. 2 escândalo; desordem: *Diz que vai causar um esporro na festa.*

es.por.te *s.m.* 1 prática metódica de exercícios físicos: *Você não gosta de praticar esporte?* 2 exercício praticado com método, regras específicas, individualmente ou em equipes: *O futebol é o esporte nacional.* 3 (Fig.) divertimento; passatempo: *Bordar para ela é um esporte.* • *adj.* 4 diz-se de roupa informal: *Usava um paletó esporte.*

es.por.tis.ta *s.2g.* quem pratica esportes: *Cresce o número dos esportistas.*

es.por.ti.va *s.f.* (Bras.) espírito esportivo; capacidade de tolerância; senso de humor: *Você perde a esportiva com qualquer brincadeira.*

es.por.ti.vi.da.de *s.f.* 1 procedimento esportivo: *Prepare-se para entrar numa nova era de esportividade e prazer ao dirigir.* 2 bom humor ou tolerância: *O dono do bar encara a coisa com esportividade.*

es.por.ti.vo *adj.* 1 relativo ao esporte: *competição esportiva.* 2 de uso informal: *traje esportivo.*

es.pór.tu.la *s.f.* 1 na Roma Antiga, cesta com gêneros e dinheiro que eram distribuídos entre o povo. 2 donativo; esmola. 3 gratificação; gorjeta: *Não vivo de espórtulas como o resto da freguesia.*

es.po.sar *v.t.* 1 unir-se em matrimônio a; casar: *Esposou a colega de escola.* 2 adotar, apoiar doutrina, causa etc. • *pron.* 3 casar-se; desposar-se.

es.po.so (ô) *s.m.* 1 marido: *Aquele senhor é um esposo dedicado.* • *pl.* 2 o marido e a mulher; casal; cônjuges.

es.po.só.rio *s.m.* 1 casamento. 2 esponsais.

es.po.te *s.m.* (Propag.) 1 anúncio comercial de rádio cujo texto é falado integralmente, usando-se música apenas como introdução ou efeito de fundo. 2 fração de tempo destinada à transmissão de um comercial, dentro da programação de emissora de rádio ou televisão: *Há espotes vagos na madrugada.*

es.prai.ar *v.t.* 1 estender pela praia, pelas margens etc.: *A lagoa espraiou as suas águas.* 2 lançar à praia: *As ondas espraiam destroços do avião.* 3 esparramar; espalhar: *A lua espraiava sua luminosidade.* 4 espairecer; distrair: *espraiar aborrecimentos e preocupações.* 5 espalhar-se; alastrar-se: *Há receio de que a proliferação de mosquitos faça espraiar uma nova epidemia.* • *pron.* 6 estender-se pela praia, pelas margens etc. 7 derramar-se em favores, promessas etc.: *Ele espraiou-se em elogios rasgados.* 8 estender-se; disseminar-se: *A dengue se espraiou pela cidade.* 9 lançar-se em todas as direções; esparramar-se: *A luz do lampião se espraiava pela sala.* 10 exibir-se totalmente: *A lua cheia se espraiava pelo vale.* • *int.* 11 estender pela praia, pelas margens etc.: *As águas da represa espraiaram pelo vale.*

es.pre.gui.ça.dei.ra *s.f.* cadeira reclinável onde se estende o corpo por inteiro, podendo ser de madeira com lona, plástico, fibra de vidro e outros materiais.

es.pre.gui.çar *v.t.* 1 tirar a preguiça a; espertar. 2 estirar; esticar: *O homem espreguiça o corpo cansado.* • *pron.* 3 esticar o corpo, notadamente os membros, para espantar a preguiça: *Espreguiçou-se ainda deitado.*

es.prei.ta *s.f.* vigilância atenta e furtiva. ✦ **à espreita de** à espera: *A fera está à espreita de novas vítimas.*

es.prei.tar *v.t.* 1 observar às ocultas; espionar: *espreitar o suspeito.* 2 observar com atenção: *O navegador espreita o céu.* 3 ficar de tocaia: *A polícia espreitou o bandido e o algemou.* 4 aguardar uma ocasião, uma oportunidade etc.: *Espreita uma chance de entrar para a universidade.* • *int.* 5 espionar: *O vigia ficou espreitando, até que o barulho cessou.* 6 ficar de tocaia: *Fiquei espreitando até o animal sumir.*

es.pre.me.dor (ô) *s.m.* 1 utensílio para reduzir o alimento a massa: *passar as batatas no espremedor.* 2 utensílio para extrair suco: *espremedor de laranja.*

es.pre.mer *v.t.* 1 comprimir para fazer sair: *espremer limão.* 2 diminuir: *espremer os gastos.* 3 cobrar com exagero; apertar: *Espremeu dinheiro dos acionistas para fechar o caixa.* • *pron.* 4 ficar comprimido: *espremer-se entre o povo.*

es.pre.mi.do *adj.* 1 oprimido: *estar com o coração espremido.* 2 apertado; premido; comprimido: *casa espremida entre dois prédios.* 3 colado; unido: *Tinha o corpo espremido ao da mãe.* 4 indeciso; hesitante: *Está espremido entre duas opções.*

es.pu.ma *s.f.* 1 conjunto de bolhas que se formam à superfície de um líquido depois de agitado, fervido ou ferventado: *O menino brinca com espuma de sabão.* 2 substância química que forma densa massa de bolhas: *espuma de barbear.* 3 borracha ou plástico semelhante à espuma, usada como estofo: *colchão de espuma.* 4 saliva espumosa: *espuma da boca.*

es.pu.ma.dei.ra *s.f.* colher crivada de orifícios para tirar a espuma dos líquidos ou para retirar alimentos de panelas ou frigideiras; escumadeira: *Ela maneja panelas e espumadeiras.*

es.pu.man.te *s.m.* 1 vinho semelhante ao champanhe,

espumar

efervescente: *beber um espumante.* • *adj.* **2** que forma espuma; espumoso: *bebida espumante.* **3** que lança espuma: *boca espumante.* **4** (Fig.) raivoso; enfurecido.

es.pu.mar *v.t.* **1** cobrir de espuma: *O barbeiro espuma o rosto do freguês.* • *int.* **2** ficar coberto de espuma: *O mar espumava.* **3** babar; soltar espuma: *O cachorro, velho e doente, espumava.* **4** ficar furioso: *Ele espumava quando caçoavam de seu cabelo.*

es.pu.mo.so (ô) *adj.* espumante.

es.pur.co *adj.* **1** imundo, sujo. **2** sórdido; torpe.

es.pú.rio *adj.* **1** não genuíno; hipotético; suposto. **2** bastardo; ilegítimo: *Tinha um filho espúrio de uma ligação fora do lar.* **3** que não é o autor ao qual se atribui algo: *editar livro espúrio.* **4** falsificação; adulterado: *passaporte espúrio.* **5** indigno; ilegal; desonesto: *Usou recurso espúrio para subir na vida.*

es.qua.dra *s.f.* **1** (Mar.) conjunto de navios de guerra de um país: *A esquadra holandesa partiu da Europa em dezembro de 1623.* **2** seção de uma companhia de infantaria. **3** instrumento usado pelos artilheiros para guardar as peças.

es.qua.drão *s.m.* **1** grupamento de navios de guerra, aeronaves etc.: *esquadrão de aviões de caça.* **2** qualquer grupo organizado: *esquadrões policiais.* **3** conjunto de jogadores; equipe: *Esse foi o melhor esquadrão de futebol do Brasil.*

es.qua.dri.a *s.f.* **1** ângulo reto. **2** instrumento usado para medição de ângulos. **3** (Constr.) armação com caixilho que dá acabamento a portas e janelas.

es.qua.dri.lha *s.f.* **1** flotilha. **2** agrupamento de aeronaves para fins operativos.

es.qua.dri.nha.men.to *s.m.* ato de esquadrinhar; pesquisa; investigação.

es.qua.dri.nhar *v.t.* examinar com cuidado; vasculhar: *O detetive esquadrinhou o local do crime.*

es.qua.dro *s.m.* instrumento usado para formar ou medir ângulos e tirar linhas perpendiculares.

es.quá.li.do *adj.* **1** muito magro; esquelético. **2** pálido; lívido: *face esquálida.*

es.quar.te.ja.men.to *s.m.* ato ou efeito de esquartejar.

es.quar.te.jar *v.t.* **1** cortar em pedaços; retalhar: *esquartejar um animal.* **2** difamar; desacreditar: *Houve quem esquartejasse o conferencista.*

es.que.cer *v.t.* **1** deixar sair da lembrança: *esquecer o nome do amigo.* **2** deixar de lado: *Apesar do sucesso, não esquece os amigos.* **3** perder a habilidade adquirida: *Esqueceu o latim aprendido na escola.* **4** descuidar: *esquecer as obrigações.* • *pron.* **5** deixar sair da memória; não lembrar; olvidar: *Esqueceu-se que marcou consulta.*

es.que.ci.do *s.m.* **1** quem foi abandonado ou desprezado: *Jesus procura pelos esquecidos da sorte.* • *adj.* **2** que saiu da memória; que se esqueceu: *recordar coisas esquecidas.* **3** paralisado; adormecido: *ficar com o lado direito esquecido.* **4** abandonado; inerte: *Ficou com a faca esquecida na mão.* **5** desprezado; deixado de lado: *É um pedaço de chão distante e esquecido.*

es.que.ci.men.to *s.m.* **1** abandono: *Morreu no esquecimento.* **2** lapso de memória: *Os esquecimentos são formas sutis de autopunição.*

es.quei.te *s.m.* skate.

es.que.lé.ti.co *adj.* **1** relativo a esqueleto. **2** muito magro: *menino esquelético.*

es.que.le.to (ê) *s.m.* **1** conjunto de ossos dos vertebrados: *Dez centigramas por dia é a quantidade de cálcio que o esqueleto fixa.* **2** conjunto dos ossos de um vertebrado morto, descarnado; ossada: *Um esqueleto foi encontrado na região do aeroporto.* **3** (Fig.) pessoa extremamente magra: *Era tão magro, um esqueleto.* **4** estrutura; armação: *Agora só havia o esqueleto da construção.* **5** projeto de algo: *esqueleto do meu livro.*

es.que.ma (ê) *s.m.* **1** representação gráfica de relações e funções básicas dos objetos; de processos etc.: *um esquema pormenorizado do bairro.* **2** resumo: *O esquema da aula será dado por escrito.* **3** plano; programação: *um esquema de trabalho.* **4** programa; projeto: *esquema de educação imposto aos alunos.* **5** (Deprec.) arranjo; acerto; trama: *A polícia desmantelou o esquema dos marginais.* **6** (Coloq.) maneira como algo funciona ou é gerido: *Não concordo com esse esquema de trabalho.* **7** plano para conseguir determinados objetivos: *Arrumei um esquema de vida que me permite trabalhar e estudar.*

es.que.má.ti.co *adj.* **1** em forma de esquema: *modelo esquemático da aula.* **2** simplificado; resumido: *falar de forma esquemática.*

es.que.ma.ti.za.ção *s.f.* **1** sintetização: *esquematização de projetos políticos.* **2** simplificação: *A marchinha de Carnaval tem grande esquematização rítmica.* **3** planejamento; arranjo: *esquematização dos próximos trabalhos.*

es.que.ma.ti.zar *v.t.* pôr em esquema: *Vamos esquematizar os próximos passos para a realização do objetivo.*

es.quen.ta.do *s.m.* **1** (Fig.) quem é irascível, genioso ou exaltado: *O esquentado teve que esfriar a cabeça na delegacia.* • *adj.* **2** aquecido; quente: *A sopa já está esquentada.* **3** (Fig.) irritado; exaltado; genioso: *Seu novo amigo é muito esquentado!* **4** exaurido; esgotado: *Tenho a cabeça esquentada de tanto trabalho.*

es.quen.tar *v.t.* **1** tornar quente; aquecer: *esquentar o leite.* **2** exercitar; aquecer: *esquentar os músculos.* (Coloq.) **3** animar; acalorar: *esquentar o ânimo.* **4** preocupar, atormentar: *esquentar a cabeça.* **5** bater. • *int.* **6** ficar quente; aquecer-se: *Quando o sol esquentou, ele já estava a caminho.* (Coloq.) **7** tornar-se acalorado; animar-se: *A festa esquentou só depois das onze.* **8** ficar bom; ativar-se: *Os negócios esquentam pelo Natal.* **9** (Bras. Coloq.) irritar-se; aborrecer-se; preocupar-se: *Não esquente, tudo vai dar certo!* ♦ **esquentar o sangue** irritar-se.

es.quer.da (ê) *s.f.* **1** o lado que corresponde ao do coração no ser humano: *A secretaria fica na segunda porta à esquerda.* **2** (Anat.) mão esquerda: *É canhoto e só escreve com a esquerda.* **3** posição política fundada no socialismo ou no comunismo. **4** no futebol, a perna esquerda: *Fez o gol com um chute de esquerda.* **5** (Ciênc. Pol.) conjunto dos partidos políticos de esquerda: *A esquerda radical debateu o assunto.*

es.quer.dis.mo *s.m.* atitude política dos esquerdistas, que preconizam medidas revolucionárias, de tendências socialistas.

estabilização

es.quer.dis.ta s.2g. 1 quem é partidário do esquerdismo: *Os esquerdistas discutiram com os direitistas.* • adj. 2 de esquerda: *organizações esquerdistas.* 3 que é partidário do esquerdismo: *Falou com o amigo esquerdista.*

es.quer.do (ê) adj. 1 que fica do lado oposto ao direito: *mão esquerda.* 2 situado à esquerda de quem vê: *Entra-se no estádio pelo portão esquerdo.* 3 desajeitado. 4 desagradável. 5 de má vontade: *Lançou um olhar esquerdo para o patrão.*

es.que.te s.m. peça teatral curta, quase sempre de caráter cômico.

es.qui s.m. 1 prancha alongada e com a ponta dianteira curva, que se prende aos pés para deslizar sobre a neve ou a água: *Para Bariloche, vai até quem nunca pôs um esqui no pé.* 2 esporte praticado com essa prancha: *Las Leñas é um sofisticado centro de esqui.*

es.qui.a.dor (ô) s.m. quem pratica o esporte de esqui: *Há poucos esquiadores no Brasil.*

es.qui.ar v.t. praticar esqui.

es.qui.fe s.m. 1 caixão de defunto: *Levou o esquife até o cemitério.* 2 pequena embarcação, a remo ou a vela.

es.qui.lo s.m. roedor que vive em árvores, de cauda basta e membros posteriores compridos e fortes, o que lhe permite saltar de ramo em ramo.

es.qui.mó s.2g. 1 natural ou habitante das regiões mais setentrionais da Groenlândia, Canadá e Alasca: *Os esquimós moram em iglus.* • adj. 2 relativo aos esquimós: *tribos esquimós.*

es.qui.na s.f. 1 canto formado pelo cruzamento de duas vias: *esquina da avenida Sete com a rua Nunes Cabral.* 2 virada em ângulo reto: *Há necessidade de prática para fazer esquinas nas costuras.*

es.qui.si.ti.ce s.f. ação extravagante ou excêntrica: *O marido tem lá suas esquisitices, mas é trabalhador.*

es.qui.si.to adj. 1 estranho; exótico: *Esta rua está esquisita, parece que falta algo.* 2 raro; incomum: *No zoo, viu pássaros e bichos esquisitos.* 3 inexplicável: *Algo esquisito o desaparecimento das provas do crime.* 4 excelente; delicioso; requintado: *vinhos esquisitos.*

es.quis.tos.so.ma (ô) s.m. (Zool.) verme parasito, causador da esquistossomose.

es.quis.tos.so.mo.se (ó) s.f. (Patol.) doença parasitária causada pelo esquistossoma, cuja existência é verificada na eliminação de fezes.

es.qui.va s.f. ato de esquivar-se para evitar um golpe; movimento de desvio do corpo: *O lutador fez algumas esquivas e desferiu o golpe.*

es.qui.var v.t. 1 evitar com receio ou desprezo. • pron. 2 desviar-se por receio ou desprezo; escapar. 3 furtar-se; eximir-se.

es.qui.vo adj. 1 desconfiado; ressabiado: *Lançou um olhar esquivo pela sala.* 2 arisco; arredio: *Era esquivo a estranhos.*

es.qui.zo.fre.ni.a s.f. (Psiq.) doença mental em que se perde o contato com a realidade, vivendo-se em um mundo imaginário ou dissociando-se a ação do pensamento.

es.qui.zo.frê.ni.co s.m. 1 quem sofre de esquizofrenia. • adj. 2 que sofre de esquizofrenia: *pessoa esquizofrênica.* 3 típico dos esquizofrênicos: *fantasias esquizofrênicas.* 4 (Fig.) estranho; anormal: *A relação entre os dois era esquizofrênica.*

es.se[1] (ê) s.m. 1 nome da letra s: *Escreve-se com um ou com dois esses?* 2 gancho com a forma dessa letra: *rede presa por esses de ferro.*

es.se[2] (ê) pron. dem. 1 aponta para o que está próximo do ouvinte: *Vamos, me dê esse garfo.* 2 refere-se a algo que se deu num passado mais ou menos distante em relação à época em que está o falante. 3 refere-se a pessoa ou coisa distante ou desconhecida: *E quem teria sido essa misteriosa personagem?* 4 refere-se a alguma coisa já mencionada ou que é assunto da conversação: *Falou-se muito em traição. Talvez tenha sido esse o motivo que levou o rapaz ao desatino.* 5 seu/dele: *É a mulher mais forte que eu conheço. Veja essas pernas e essas mãos.* 6 teu/seu: *Vamos, meu filho. Levante esse braço.* 7 tamanho; tanto: *Arregalou os olhos de espanto. Era possível essa coragem?*

es.sên.cia s.f. 1 ideia principal; fundamento: *Apresentarei aqui a essência do projeto.* 2 extrato aromático de certos vegetais: *essência de baunilha* • **em essência** (i) de modo resumido: *Em essência, a língua falada no Brasil e em Portugal é a mesma.* (ii) por excelência: *Toda contabilidade é financeira, em essência.* • **por essência** por natureza, por definição.

es.sen.ci.al s.m. 1 ponto mais importante ou fundamental: *O essencial é preservar a dignidade da pessoa.* • adj. 2 principal: *A bola é o material essencial para muitos esportes.* 3 que é próprio da essência ou natureza: *Toda substância tem um atributo essencial.* 4 necessário: *A liberdade é essencial ao país.*

es.ta.ba.car v. pron. cair no chão com todo o peso do corpo; estatelar-se.

es.ta.ba.na.do s.m. 1 pessoa desajeitada ou precipitada: *Eu era um estabanado.* • adj. 2 precipitado; impulsivo; imprudente: *pessoa estabanada.* 3 forte; vigoroso: *Ventos estabanados uivam lá fora.*

es.ta.be.le.cer v.t. 1 instituir; instaurar: *estabelecer a democracia.* 2 fazer começar; criar: *estabelecer laços de amizade com vizinhos.* 3 fixar; tornar efetivo ou estável: *estabelecer prioridades nas compras.* 4 determinar; prescrever: *A Constituição Federal estabelece o direito de ir e vir.* 5 indicar com precisão; verificar; constatar: *estabelecer se houve fraude.* • pron. 6 fixar residência; instalar-se: *Supermercado estabelece-se na cidade.*

es.ta.be.le.ci.do adj. fixado; criado; fundado; determinado.

es.ta.be.le.ci.men.to s.m. 1 casa comercial: *estabelecimento comercial.* 2 instituição: *estabelecimento de ensino.* 3 fixação; assentamento: *Houve estabelecimento de migrantes no Sudeste.* 4 instituição; criação: *estabelecimento da alegria entre foliões.* 5 fundação; instauração: *estabelecimento de indústrias.* 6 determinação: *Faz-se necessário o estabelecimento de regras para os usuários.*

es.ta.bi.li.da.de s.f. 1 ausência de variabilidade; segurança: *A situação precisa voltar à estabilidade.* 2 equilíbrio: *O carro tem estabilidade nas curvas.* 3 garantia que um funcionário tem de só ser demitido por falta grave: *Todos querem estabilidade no emprego.* 4 constância: *estabilidade da temperatura.* 5 ausência de oscilação; nitidez: *estabilidade de imagem.*

es.ta.bi.li.za.ção s.f. conservação em nível estável; ajuste: *A principal meta do governo é a estabilização da economia.*

estabilizado

es.ta.bi.li.za.do *adj.* que se estabilizou.

es.ta.bi.li.za.dor (ô) *s.m.* **1** dispositivo que dá estabilidade: *Desde o início, o carro apresenta problemas no estabilizador.* **2** (Fís.) aparelho que assegura a constância da corrente elétrica: *O estabilizador de voltagem aumenta a segurança do micro.* • *adj.* **3** que dá estabilidade; que evita a oscilação.

es.ta.bi.li.zan.te *s.m.* (Quím.) produto químico destinado a conservar as propriedades de uma substância: *Os estabilizantes ajudam na conservação dos alimentos.*

es.ta.bi.li.zar *v.t.* **1** tornar estável: *estabilizar a economia.* • *pron.* **2** tornar-se estável: *A economia começa a estabilizar-se.*

es.tá.bu.lo *s.m.* local onde se recolhe o gado.

es.ta.ca *s.f.* **1** pilar para alicerce numa construção: *A primeira estaca do alicerce foi fincada aqui.* **2** pau aguçado que se finca na terra: *cerca de estacas.* **3** haste ou ramo que se coloca na terra para criar raízes: *A estaca na terra servirá de muda.*

es.ta.ção *s.f.* **1** lugar onde se processam o embarque e desembarque de passageiros: *estação ferroviária.* **2** época; temporada: *frutas da estação.* **3** posto central: *estação telefônica.* **4** (Rád. Telev.) centro retransmissor; emissora: *estação de rádio.* **5** estância; lugar de repouso ou cura: *estação de águas.* **6** cada um dos quatro períodos do ano que constam de três meses: *Não temos estações bem definidas.* **7** local de pesquisa ou observação: *estação experimental de Jales.*

es.ta.car *v.t.* **1** fazer parar: *estacar os cavalos.* **2** colocar estacas em: *estacar os buracos da cerca.* • *int.* **3** deter-se; parar: *A bola rolou e estacou justo nos pés do goleiro.*

es.ta.cio.na.men.to *s.m.* **1** parada de automóvel por algum tempo; permanência: *estacionamento em via pública.* **2** imobilização; paralisação; estagnação: *estacionamento da economia.* **3** lugar para estacionar carros: *O estacionamento estava lotado.*

es.ta.cio.nar *v.t.* **1** fazer parar; deter: *estacionar os preços.* **2** imobilizar: *Estacionar o dinheiro no banco não é bom.* **3** parar veículo durante certo tempo. • *int.* **4** deter-se; parar de progredir: *O sucesso do cantor estacionou.* **5** parar; ficar parado: *Disputava uma corrida, mas estacionou.*

es.ta.cio.ná.rio *adj.* **1** inalterado; parado: *A inflação mantém-se estacionária.* **2** que não se desloca; imobilizado; que não evolui: *Fazemos equipamentos para veículos e motores estacionários.*

es.ta.da *s.f.* ação de estar; permanência: *Durante a estada no hospital, ele recebeu milhares de cartas.*

es.ta.di.a *s.f.* **1** prazo concedido para carga e descarga de navio ancorado num porto. **2** demora; permanência (veículo). **3** preço que se paga por essa permanência.

es.tá.dio *s.m.* **1** campo em que se praticam jogos esportivos e provas, com instalações para espectadores (cadeiras, arquibancadas etc.) e para os desportistas (vestuário etc.): *estádio de futebol.* **2** estágio; fase: *estádio avançado da doença.*

es.ta.dis.ta *s.2g.* político de grande habilidade, tirocínio e discernimento no que toca às questões políticas e administração do Estado; homem de Estado; chefe de Estado.

es.ta.do *s.m.* **1** modo de ser ou de existir: *diamante em estado bruto.* **2** condição; situação: *Mantém a casa em perfeito estado.* **3** estágio; fase: *borboleta em estado adulto.* **4** condição de saúde: *O estado da paciente é bom.* **5** classe social: *No feudalismo havia ordens sociais ou estados.* **6** regime político; governo: *estado socialista francês.* **7** (Dir.) conjunto das instituições públicas de um país: *É preciso gerir bem a máquina do Estado.* **8** comunidade politicamente organizada que faz parte de um país; divisão territorial de certos países: *Estado de São Paulo* ◆ **estado de sítio** governo que assume poderes excepcionais e suspende garantias constitucionais quando há ameaças internas ou externas.

es.ta.do-mai.or *s.m.* **1** grupo de oficiais encarregados de assistir o chefe militar no exercício do comando. **2** órgão constituído por esses oficiais. **3** conjunto dos colaboradores de um chefe. // Pl.: estados-maiores.

es.ta.du.al *adj.* **1** que representa um estado ou divisão territorial de um país: *deputado estadual.* **2** realizado ou praticado no estado: *eleições estaduais.* **3** mantido pelo governo de um estado: *escolas estaduais.*

es.ta.du.ni.den.se *s.2g.* **1** natural ou habitante dos Estados Unidos. • *adj.* **2** relativo aos Estados Unidos.

es.ta.fa *s.f.* esgotamento; exaustão.

es.ta.fa.do *adj.* muito cansado; exausto: *Chegava estafada do emprego e ainda tinha de cozinhar.*

es.ta.fan.te *adj.* que produz estafa; muito cansativo: *A temporada foi estafante para o time.*

es.ta.far *v.t.* **1** cansar muito; causar estafa: *O serviço estafa o marceneiro.* • *pron.* **2** cansar-se; ficar com estafa: *Ela começa a estafar-se.*

es.ta.fe.ta (ê) *s.m.* **1** (Obsol.) entregador de correspondência; carteiro: *O estafeta dos correios anda muito.* **2** entregador. **3** mensageiro.

es.ta.fi.lo.co.co (ó) *s.m.* (Bacter.) bactéria, normalmente patogênica, que causa furunculose, antraz, septicemia etc.

es.ta.fi.lo.ma (ô) *s.m.* (Oftalm.) saliência da córnea ou da esclerótica, motivada por uma inflamação.

es.tag.fla.ção *s.f.* (Econ.) situação de um país caracterizada pela estagnação das atividades econômicas e da produção, e, simultaneamente, pela inflação.

es.ta.gi.ar *v.int.* fazer estágio.

es.ta.gi.á.rio *s.m.* quem faz estágio ou treinamento para uma profissão: *Era estagiária em conceituada escola.*

es.tá.gio *s.m.* **1** treinamento ou prática no aprendizado de uma profissão: *Fez estágio em uma fazenda experimental.* **2** fase; etapa: *Há oitenta novos longas-metragens em diversos estágios de realização.* **3** (Mec.) dispositivo que libera combustível: *carburador de duplo estágio.* **4** em astronáutica, unidade de propulsão de um foguete ou veículo espacial.

es.tag.na.ção *s.f.* **1** paralisação; imobilização: *Houve estagnação da economia.* **2** imobilidade; inércia; falta de progresso: *luta contra a estagnação de uma empresa.* **3** ausência de movimento ou circulação: *estagnação da água.*

es.tag.nar *v.t.* **1** impedir que flua (um líquido); paralisar. • *pron.* **2** ficar em estado estacionário; paralisar-se: *A economia estagnou-se.* • *int.* **3** impedir que um líquido flua: *O mercúrio estagnou.*

estar

es.ta.lac.ti.te s.f. (Min.) formação calcária alongada que pende do teto de uma caverna.

es.ta.la.gem s.f. pequeno hotel ou hospedaria; pousada.

es.ta.lag.mi.te s.f. (Min.) formação calcária alongada que sobe do solo de uma caverna ou subterrâneo, resultante dos respingos caídos do teto.

es.ta.la.ja.dei.ro s.m. quem possui ou administra estalagem.

es.ta.lar v.t. **1** fazer produzir estalidos ou ruídos: *estalar os dedos.* **2** partir ou fender com ruído: *O vento estalava galhos de árvores.* **3** arrebentar; estourar: *estalar pipocas.* **4** (Coloq.) brotar; nascer: *Uma ideia estalou na sua cabeça.* • *int.* **5** partir ou fender-se com ruído: *As vagens estalam, as sementes caem.* **6** produzir estalido ou ruído: *A vara envergava, estalava.* **7** prorromper com ruído: *As palmas estalavam.* **8** latejar; palpitar: *A cabeça estalava.*

es.ta.lei.ro s.m. lugar onde se constroem ou se consertam embarcações.

es.ta.li.do s.m. **1** som breve e seco produzido por quebra ou atrito; estalo: *dar estalidos com os dedos.* **2** som produzido por estouro; explosão; estalo: *Ouvem-se estalidos de raio.*

es.ta.li.nis.mo s.m. stalinismo.

es.ta.lo s.m. **1** som breve e seco produzido por quebra ou atrito momentâneo: *Ouviu-se um estalo e o vidro quebrou.* **2** atrito que produz som breve e seco: *estalo de um tapa.* **3** crepitação: *estalo da lenha seca.* **4** (Coloq.) ideia brilhante e súbita; inspiração: *Teve um estalo, iria resolver a questão.*

es.ta.me s.m. (Bot.) órgão sexual masculino da flor.

es.ta.me.nha s.f. tecido grosseiro de lã.

es.tam.pa s.f. **1** figura impressa: *estampas de santos.* **2** impressão; publicação: *O texto foi dado à estampa pela gráfica.* **3** aparência; aspecto: *Era pessoa de boa estampa.*

es.tam.pa.do s.m. **1** tecido com figuras, desenhos ou caracteres impressos por tingimento: *Com este estampado, vou fazer um vestido de alcinhas.* • *adj.* **2** com figuras ou caracteres: *vestidos estampados.* **3** publicado; impresso; gravado: *Todo livro traz estampada a data da impressão.* **4** mostrado; apresentado: *rosto estampado na revista.* **5** patente; visível: *A alegria estava estampada em seu rosto.*

es.tam.pa.gem s.f. impressão de figuras, ornatos ou letras sobre material resistente ou plástico: *Faço trabalho em metais, tais como estampagem e prensagem.*

es.tam.par v.t. **1** imprimir; gravar ou reproduzir motivos variados sobre o papel, tecido, couro, metal etc. **2** publicar com grande destaque: *O jornal estampou a foto na primeira página.* **3** mostrar; patentear: *Estampou um riso falso no rosto.* • *pron.* **4** mostrar-se; patentear-se: *A alegria estampava-se no seu olhar.*

es.tam.pa.ri.a s.f. **1** fábrica, oficina ou loja de estampas. **2** desenhos ou figuras impressos sobre tecido; estampa: *Trabalha com cores vibrantes, estamparia diferenciada.* **3** impressão de desenhos ou figuras sobre tecido: *Terceirizava a costura e a estamparia.*

es.tam.pi.do s.m. som explosivo; estrondo de uma arma de fogo: *estampidos de armas de grosso calibre.*

es.tam.pi.lha s.f. (Bras.) selo postal ou do tesouro público.

es.tan.ca.men.to s.m. ato ou efeito de estancar.

es.tan.car v.t. **1** impedir o fluxo de um líquido: *estancar o sangue.* **2** deter; fazer cessar: *estancar as dificuldades de aprendizagem.* • *int.* **3** parar; deter-se: *Ao puxão da rédea, o cavalo estancou.* **4** parar de escorrer: *O sangue estancou.*

es.tân.cia s.f. **1** cidade dotada de clima especial ou águas medicinais, onde se permanece durante algum tempo para tratamento de cura ou repouso; estação: *O casal foi repousar numa estância mineral.* **2** estrofe. **3** (Reg. RS) fazenda para criação de gado: *estâncias de gado do Rio Grande do Sul.*

es.tan.ci.ei.ro s.m. proprietário de estância; fazendeiro.

es.tan.dar.te s.m. **1** bandeira de corporação militar, religiosa ou civil: *estandarte da escola de samba.* **2** nas plantas, pétala superior ou posterior, maior e de forma diferente das outras.

es.tan.dar.ti.zar v.t. padronizar; uniformizar: *A empresa estandartizou os rótulos dos produto.*

es.tan.de s.m. **1** local fechado para treino: *estande de tiro ao alvo.* **2** local para exposição e venda de produtos ou serviços: *Cerca de duzentas empresas ocupam todos os estandes disponíveis na exposição.*

es.ta.nho s.m. (Quím.) **1** elemento químico usado em ligas de bronze e cobre, lata e ferro etc. **2** metal maleável, dúctil, branco-prateado que tem esta liga como elemento principal: *O decorador comprou dois castiçais de estanho.* // Símb.: Sn; N. Atôm.: 50.

es.tan.que adj. **1** que não deixa sair nem entrar líquido totalmente separado ou isolado. **2** estagnado: *As negociações estão estanques.*

es.tan.te s.f. **1** móvel com prateleiras onde geralmente se guardam livros ou se colocam objetos de decoração. **2** suporte para partitura musical.

es.ta.pa.fúr.dio adj. estranho; excêntrico; esquisito: *O anúncio tinha título tão estapafúrdio como inoportuno.*

es.ta.pe.ar v.t. dar tapas em: *Já o vi estapear a irmã.*

es.ta.que.ar v.t. **1** marcar pontos com estacas: *estaquear o terreno.* **2** (Reg. RS) esticar o couro com estacas para secar: *estaquear o couro.*

es.tar v.t. **1** localizar-se no espaço; encontrar-se: *Esteve em Portugal.* **2** localizar-se no tempo; situar-se: *Não estamos em tempo de guerra.* **3** situar-se; encontrar-se: *O saber está na cabeça, mas também no coração.* **4** consistir: *Nosso futuro está na agricultura.* **5** ter a companhia de: *Ainda ontem estivemos com ela.* **6** apoiar; concordar: *Nem sempre podemos estar com a maioria.* **7** atingir certo custo ou valor: *Seus gastos mensais estão em torno de dois salários mínimos.* **8** situar-se em processo: *O empresário estava de partida para o Japão.* **9** fazer: *Está uma noite maravilhosa.* **10** indica o início e a continuação daquilo que o verbo expressa: *O trem estava chegando.* **11** indica que aquilo que o verbo expressa vai se realizar logo: *Nosso ônibus já estava para partir.* **12** indica negação daquilo que expressa o infinitivo: *A sala ainda está por limpar.* • *lig.* **13** apresentar-se acidentalmente ou temporariamente: *A casa está vazia.* **14** apresentar-se de determinada forma: *O assado está uma delícia.* **15** permanecer:

estardalhaço

Percebeu que todos estavam cabisbaixos. **16** passar: *A doentinha está bem.* **17** achar-se vestido: *O rapaz estava de fraque e cartola.* **18** ter: *Seu rosto estava com uma cor saudável.* **19** achar-se numa certa posição: *Duas índias estavam de cócoras.* **20** trazer; ter: *Muitas das casas estavam de janelas iluminadas.*

es.tar.da.lha.ço *s.m.* **1** barulho alto; ruído: *Jovens sambistas fazem estardalhaço com seus tamborins.* **2** gritaria; escândalo: *Armou um estardalhaço ao ver a enfermeira com a injeção.* **3** alarde: *Anunciou com estardalhaço a próxima atração.*

es.tar.re.ce.dor (ô) *adj.* **1** espantoso; assombroso. **2** assustador; aterrador: *A subnutrição infantil é aterradora.*

es.tar.re.cer *v.t.* **1** apavorar; assustar; assombrar: *Este episódio estarrece o país e o mundo.* • *pron.* **2** ficar apavorado ou assustado; horrorizado: *Quem não se estarrece ao ler os relatórios sobre o conflito.*

es.ta.tal *s.f.* **1** empresa que pertence ao Estado ou ao governo: *A estatal começou a dar lucro.* • *adj.* **2** que pertence ao Estado ou governo; público: *empresas estatais.* **3** exercido pelo Estado ou governo: *monopólio estatal.*

es.ta.te.lar *v.t.* **1** causar grande admiração a; tornar atônito. **2** fazer cair ou cair de face e estendido: *Ele estatelou o corpo na calçada.* **3** bater contra um objeto; chocar-se: *Ela estatelou a cabeça no biombo.* • *pron.* **4** cair estatelado ou de comprido e de face: *Ele escorregou e estatelou-se no asfalto.* **5** estender-se ao comprido: *Ela estatelou-se na espreguiçadeira para tomar banho de sol.*

es.tá.ti.ca *s.f.* **1** parte da mecânica que estuda o equilíbrio dos corpos sob a ação de forças. **2** (Radiotéc.) ruído causado pela eletricidade atmosférica nos aparelhos de rádio.

es.tá.ti.co *adj.* **1** sem movimento; parado; imóvel: *O turista continuava estático, o sol a pino queimando-lhe o rosto.* **2** que não toma nenhuma atitude. **3** relativo à estática: *testes estáticos com máquinas de tração.*

es.ta.tís.ti.ca *s.f.* **1** análise numérica ou quantitativa de um conjunto de dados: *Há estatística sobre o número de pessoas cegas no Brasil?* **2** conjunto de informações apresentadas numericamente: *No ano passado, foram oitenta sequestros, segundo estatística dos órgãos públicos.* **3** ramo da Matemática que investiga os processos de obtenção, organização e análise quantitativa de um conjunto de dados: *O progresso da estatística fornece meios de aumentar a precisão dos experimentos.*

es.ta.tís.ti.co *s.m.* **1** especialista em estatística: *Estatísticos polemizam sobre economia brasileira.* • *adj.* **2** de estatística; numérico: *A preocupação com aquele fenômeno tem finalidade apenas estatística.* **3** proveniente da análise numérica de dados: *O estudo foi baseado no material estatístico existente.* **4** que tem por base a estatística: *A mecânica quântica baseia-se em uma teoria estatística.* **5** especializado em estatística: *O trabalho exige pessoal especializado, como entrevistadores e supervisores estatísticos.*

es.ta.ti.za.ção *s.f.* ato ou efeito de estatizar.

es.ta.ti.zar *v.t.* fazer passar para a gerência do Estado; tornar estatal.

es.tá.tua *s.f.* **1** peça de escultura que representa uma figura inteira de ser humano, divindade ou ser imaginário ou animal: *Depredaram a estátua da praça.* **2** (Fig.) pessoa imóvel, inexpressiva ou sem capacidade de decisão.

es.ta.tu.e.ta (ê) *s.f.* pequena estátua: *Vendia estatuetas de santos da arte popular.*

es.ta.tu.ir *v.t.* estabelecer; determinar.

es.ta.tu.ra *s.f.* **1** altura: *O cinto de segurança deve estar adequado à estatura do usuário.* (Fig.) **2** importância: *Depois do que você disse, o fato ganha em estatura e significação.* **3** porte: *V. Ex.ª tem a estatura de governante sereno e firme.*

es.ta.tu.tá.rio *adj.* **1** relativo a estatutos. **2** determinado ou previsto nos estatutos: *O centro recreativo cometeu infrações estatutárias.*

es.ta.tu.to *s.m.* **1** conjunto de regras ou normas que regem uma organização, empresa pública ou privada etc.: *O estatuto do clube não permite a contratação de jogadores estrangeiros.* **2** código ou regulamento que tem status de lei ou normas: *O Estatuto da Criança e do Adolescente é diploma legal que segue os mais avançados princípios internacionais.* **3** condição; status: *O distrito conseguiu obter o estatuto de município.*

es.tá.vel *adj.* **1** firme; fixo: *O trabalhador sonha com emprego estável.* **2** que não varia; inalterável: *O estado da paciente continua estável.* **3** que adquiriu estabilidade no emprego: *funcionário estável* **4** sólido; permanente; duradouro: *A fortuna da família é estável.*

es.te[1] (ê) *pron. dem.* **1** aponta para ser ou coisa presente e próxima de quem fala: *Este livro é meu.* **2** refere-se ao lugar em que se fala, em que se mora ou em que se nasceu: *Amo esta cidade.* **3** refere-se ao tempo presente em relação ao falante: *A moça esteve aqui esta manhã.* **4** refere-se a um período de tempo passado ou futuro, mas próximos do momento em que se fala: *Viajarei neste inverno.* **5** refere-se a alguém ou algo que se mencionou por último: *O homem foi encontrar a ex-mulher, mas esta não quis conversa.* **6** usado para indicar polidez ou deferência; aponta para pessoa que fala: *E foi convocado para ocupar tão honroso cargo, este que lhes dirige agora a palavra.* **7** usado para chamar a atenção para o que se vai citar ou enumerar em seguida: *O objetivo seria este: dedicar-se aos projetos pessoais.* ♦ **este ou aquele** um ou outro indiferentemente; qualquer: *De quando em vez, porém, surgem situações complicadas por este ou aquele motivo.*

es.te[2] (é) *s.m.* **1** lado do horizonte onde nasce o Sol; leste; oriente. **2** um dos quatro pontos cardeais, o que fica à direita quando se está de frente para o Norte.

es.tei.o *s.m.* **1** peça de madeira, ferro etc., que serve para segurar ou escorar alguma coisa: *No prego do esteio, está a sacola de compras.* **2** amparo; proteção; arrimo: *O padrinho tem sido o esteio da família.*

es.tei.ra[1] *s.f.* **1** porção revolvida de água que a embarcação deixa atrás de si: *A lancha deixa esteira de espuma.* **2** trilha; vestígio: *Saiu na esteira de caça para comer.*

es.tei.ra[2] *s.f.* **1** trama de hastes vegetais, normalmente usada para revestir: *Comprou uma canastra de esteira para guardar o enxoval.* **2** tapete feito de esteira: *O*

esteroide

chão é limpo, enfeitado com esteiras. **3** tapete rolante movido por engrenagens: *Na academia, usa esteira e bicicleta ergométrica.* ♦ **ir na esteira de** seguir ou acompanhar de perto.

es.te.lar *adj.* relativo às estrelas: *sistema estelar.*

es.te.li.o.na.tá.rio *s.m.* quem pratica estelionato; fraudador de patrimônio alheio: *É antes um estelionatário que um produtor.*

es.te.lio.na.to *s.m.* obtenção de vantagem ilícita, em prejuízo alheio, através de fraude: *O comportamento da empresa caracteriza crime de estelionato.*

es.tên.cil *s.m.* folha de papel recoberta por substância gelatinosa, em que se datilografa ou se gravam informações reproduzindo fielmente as letras ou desenhos traçados; matriz.

es.ten.de.dou.ro *s.m.* corda na qual se estendem roupas lavadas para secar; varal.

es.ten.der *v.t.* **1** ampliar; aumentar; alargar: *Queria estender os seus domínios.* **2** esticar: *estender o lençol para dormir.* **3** fazer avançar; estirar: *estender a mão para alcançar o prato.* **4** derrubar: *estender o lutador na lona.* **5** apresentar; entregar: *estender o prato para a visita.* **6** alongar; alastrar: *estender a palavra aos novos integrantes.* ● *pron.* **7** estirar-se; deitar-se: *Os amigos estenderam-se na areia.* **8** desenvolver: *Estendeu-se apenas sobre os assuntos mais importantes.* **9** espalhar-se: *O atendimento se estende a outras áreas.* **10** espalhar: *A dengue se estende pelo estado.* **11** ampliar-se: *Seus domínios se estenderam.* **12** alongar-se: *A conversa se estendeu.* **13** raiar-se: *O sol estendia-se.* ♦ **estender a mão** prestar auxílio; ajudar.

es.te.no.gra.far *v.t.* escrever por meio de estenografia; taquigrafar.

es.te.no.gra.fi.a *s.f.* arte de escrever por abreviaturas, com a mesma rapidez com que se fala; taquigrafia.

es.te.nó.gra.fo *s.m.* aquele que escreve por meio de estenografia; taquígrafo.

es.ten.tor (ô) *s.m.* pessoa de voz muito forte.

es.ten.tó.ri.co *adj.* **1** referente a estentor. **2** que tem voz muito forte.

es.te.pe (é) *s.m.* **1** (Bras.) pneu sobressalente. ● *s.f.* **2** (Geogr.) terreno ou tipo de vegetação dominado sobretudo por gramíneas, característico de zonas frias e secas.

és.ter *s.m.* (Quím.) composto formado de um álcool e de um ácido, por eliminação da água.

es.ter.car *v.t.* deitar esterco em; adubar (a terra).

es.ter.çar *v.t.* virar completamente: *Esterçou as rodas do carro.*

es.ter.co (ê) *s.m.* **1** excremento animal; estrume: *colher o esterco e limpar as baias.* **2** adubo animal: *Utilizamos o esterco na horta.*

es.té.reo *s.m.* **1** aparelho estereofônico: *uma saleta com telão, estéreo e sofás confortáveis.* ● *adj.* **2** estereofônico: *Os táxis contam com telefones celulares e som estéreo.* **3** medida de volume para lenha, correspondente a um metro cúbico.

es.te.re.o.cro.mi.a *s.f.* método de fixar cores em corpos sólidos.

es.te.re.o.di.nâ.mi.ca *s.f.* (Fís.) parte da dinâmica que estuda os movimentos dos corpos sólidos.

es.te.re.o.fo.ni.a *s.f.* técnica de reconstituição da distribuição espacial das ondas sonoras, de tal forma que dá a quem ouve a impressão de que o som vem realmente da fonte que o produziu.

es.te.re.o.fô.ni.co *adj.* que funciona pelo princípio da estereofonia: *Há quarenta e dois anos aparecia o cinemascope e o som estereofônico.*

es.te.re.ó.gra.fo *s.m.* instrumento que dá o contorno do crânio, observado por qualquer das faces.

es.te.re.ô.me.tro *s.m.* instrumento óptico através do qual as imagens planas são vistas em relevo.

es.te.re.o.ti.pa.do *adj.* que não varia; que não se altera; padronizado: *O consumismo tem caráter mais ou menos estereotipado.*

es.te.re.o.ti.par *v.t.* **1** imprimir por estereotipia. **2** atribuir uma imagem simplificada ou preconcebida a algo ou alguém. **3** tipificar; transformar em estereótipo: *Aquela emissora de televisão denigre e estereotipa a imagem do roqueiro.*

es.te.re.o.ti.pi.a *s.f.* (Tip.) processo de duplicação de uma composição tipográfica mediante uma matriz.

es.te.re.ó.ti.po *s.m.* fórmula que se repete; lugar-comum; chavão.

es.té.ril *adj.* **1** que não tem a capacidade de fecundar: *Era estéril, não podia ter filhos.* **2** árido; improdutivo: *terras estéreis.* **3** (Med.) livre de germes ou micróbios: *Use algodão estéril.* **4** que não traz resultados ou vantagem; inútil: *discussão estéril.*

es.te.ri.li.da.de *s.f.* **1** incapacidade de fecundar: *esterilidade masculina.* **2** incapacidade de produzir; aridez: *esterilidade da terra.* **3** (Med.) ausência de germes ou micróbios: *Fazemos análise de esterilidade do leite.*

es.te.ri.li.za.ção *s.f.* (Med.) **1** eliminação de germes ou micróbios: *esterilização de instrumentos cirúrgicos.* **2** procedimento cirúrgico que leva à infecundidade: *A esterilização feminina é ilegal.*

es.te.ri.li.za.dor (ô) *s.m.* **1** aparelho que destrói germes através de vapor a alta pressão e temperatura: *Apanhei o bisturi no esterilizador.* ● *adj.* **2** que esteriliza; esterelizante: *estufa esterilizadora.*

es.te.ri.li.zar *v.t.* **1** tornar estéril ou impossibilitado de fecundar ou procriar, infecundo: *esterilizar gatas.* **2** destruir os germes: *esterilizar seringas.* **3** tornar impossível; impossibilitar: *Ele esterilizou qualquer possibilidade de entendimento.* ● *pron.* **4** ficar impossibilitado de fecundar ou procriar: *A mulher se esterilizou.* **5** tornar-se estéril; estagnar-se: *O conhecimento, quando tornado fim em si mesmo, esteriliza-se.*

es.ter.li.no *s.m.* **1** a libra, moeda inglesa. ● *adj.* **2** referente a libra.

es.ter.no (é) *s.m.* (Anat.) osso situado na parte anterior do tórax, ao qual se ligam as clavículas e as cartilagens costais das sete primeiras costelas.

es.te.roi.de (ói) *s.m.* (Quím.) **1** substância natural ou artificial que exerce importantes funções bioquímicas nos organismos, como o colesterol, a cortisona e os hormônios sexuais humanos: *O atleta fica fora das competições por uso de esteroides.* ● *adj.* **2** que altera as funções bioquímicas do organismo: *Dentro do núcleo das células, também estão os receptores de hormônios esteroides.* ♦ **esteroide anabolizante** derivado da testosterona, que demonstra intensivo poder anabolizante e fraca capacidade andrógina,

385

esterqueira

usado principalmente para estimular o crescimento e a restauração de tecidos em idosos, debilitados e convalescentes.

es.ter.quei.ra s.f. depósito de esterco.

es.ter.tor (ô) s.m. **1** respiração rouca e crepitante: *A respiração saía-lhe pesada, um estertor.* **2** movimentos involuntários; estremecimento: *Na hora de matar pombos, enxergava os ossos pequenos estalando, o estertor da ave.*

es.ter.to.rar v.int. estar em estertor; agonizar.

es.te.ta (é) s.2g. quem cultiva e valoriza a estética acima de qualquer coisa.

es.té.ti.ca s.f. **1** teoria da arte e do belo: *O professor interessava-se por estética.* **2** concepção de beleza: *O artista busca uma nova estética.* **3** plástica; harmonia de formas: *Cabelos sem vida prejudicam a estética do rosto.*

es.te.ti.cis.mo s.m. **1** doutrina dos princípios da estética. **2** valorização daquilo que é estético: *O autor era dominado pelo esteticismo da época.*

es.te.ti.cis.ta s.2g. **1** especialista em tratamentos de beleza: *creme recomendado por esteticistas e dermatologistas.* • *adj.* **2** relativo a esteticismo: *Parece um mero exercício esteticista.*

es.té.ti.co adj. **1** relativo à estética; ao sentimento do belo. **2** belo; harmonioso; artístico; de arte: *Meu senso estético também avalia suas obras.*

es.te.ti.zar v.t. estudar ou considerar do ponto de vista estético: *O pintor procura não estetizar os objetos.*

es.te.tos.có.pio s.m. instrumento para auscultação do corpo.

es.té.via s.f. planta utilizada na produção de adoçantes.

es.ti.a.da s.f. estiagem: *Aproveitou a estiada para estender a roupa.*

es.ti.a.gem s.f. **1** tempo seco e brando após período de chuvas. **2** falta de chuva; seca prolongada: *A estiagem foi a principal causadora dos prejuízos.*

es.ti.ar v.int. **1** cessar de chover: *Ontem choveu, mas hoje estiou.* **2** serenar (o tempo).

es.ti.bor.do (ó) s.m. (Mar.) o lado direito de embarcação, olhando da popa para a proa; boreste: *Observa a segunda escotilha a estibordo, partindo da popa.*

es.ti.ca.da s.f. **1** ato ou efeito de esticar. **2** espichada; direcionamento: *Deu uma esticada de olho nos bolsos recheados de balas.*

es.ti.ca.do adj. **1** estendido; distendido: *os braços esticados.* **2** caído; estendido: *Olhei para dentro e vi um vulto esticado no chão.* **3** retesado: *Este creme deixa a pele esticada e seca.*

es.ti.car v.t. **1** estender: *esticar o lençol.* **2** aumentar o tempo de; prolongar: *esticar o passeio.* **3** estender; espichar: *A samambaia estica suas folhas.* **4** lançar: *Esticou o olho na saia curta.* **5** (Coloq.) dirigir-se; ir: *Foi a Nova York e esticou em Miami.* • pron. **6** deitar-se; pôr-se ao comprido: *esticar-se na rede.* **7** prolongar-se: *A conversa esticou até pela manhã.* • int. **8** estender-se; espichar-se: *O couro do sapato estica.* ♦ **esticar a canela** morrer.

es.tig.ma s.m. **1** marca; cicatriz: *O sofrimento era um estigma nas faces.* **2** marca; sinal de vergonha ou infâmia: *Ela transformou-se num estigma vivo de sua fraqueza.* **3** (Bot.) órgão reprodutor feminino dos vegetais. **4** (Zool.) órgão da respiração dos insetos.

es.tig.ma.ti.za.ção s.f. **1** castigo; punição; condenação: *Queria evitar a estigmatização que poderia decorrer da sentença condenatória.* **2** discriminação: *Existe a estigmatização do usuário de drogas.*

es.tig.ma.ti.zar v. **1** marcar com ferro em brasa: *estigmatizar a rês.* **2** condenar de modo definitivo e infame: *Estigmatizamos os usuários de drogas.* **3** tachar; definir; classificar: *Alguns povos estigmatizam a mulher como ser inferior.*

es.ti.le.te (ê) s.m. **1** punhal de lâmina muito fina e pontiaguda: *Ele portava um estilete na mão esquerda.* **2** válvula na tampa do carburador. **3** (Bot.) prolongamento filamentoso do ovário das plantas: *ovário com três carpelos e três estiletes.*

es.ti.le.te.ar v.t. ferir com estilete.

es.ti.lha.ça.men.to s.m. **1** quebra violenta; fragmentação: *O estilhaçamento da bomba explodiu a casa.* **2** decomposição; ruína.

es.ti.lha.çar v.t. **1** reduzir a estilhaços ou fragmentos: *Uma pedra estilhaçou o vidro.* **2** fazer perder a unidade: *Mudanças de governo contribuem para estilhaçar projetos de longo prazo.* • pron. **3** reduzir-se a estilhaços ou perder a unidade: *Países da Europa se estilhaçaram.* • int. **4** ficar reduzido a estilhaços: *O plástico quebra sem estilhaçar.*

es.ti.lha.ço s.m. **1** fragmento; partícula: *Grevistas foram feridos por estilhaços de bomba.* **2** estilhaçamento; fragmentação: *As detonações podem provocar o estilhaço de rochas.*

es.ti.lin.ga.da s.f. ato de atirar com estilingue: *O passarinho caiu com a estilingada.*

es.ti.lin.gue s.m. instrumento, geralmente de madeira, com o qual se atiram pedras impulsionadas por um elástico; atiradeira.

es.ti.lis.ta s.2g. **1** quem domina as técnicas do estilo; quem escreve com estilo apurado: *Machado de Assis é considerado nosso estilista maior.* **2** quem valoriza o apuro no estilo: *Os estilistas não aceitam essa concordância.* **3** criador ou desenhista de moda: *O filme conta a trajetória profissional do estilista.*

es.ti.lís.ti.ca s.f. (E. Ling.) **1** arte de bem escrever; disciplina linguística que estuda os diferentes tipos de estilo e seus preceitos.

es.ti.lís.ti.co adj. de estilo: *linguagem sóbria, clara, sem rodeios estilísticos.*

es.ti.li.zar v.t. **1** representar ou combinar formas, com vistas à obtenção de um efeito estético; dar estilo a; aprimorar: *estilizar a língua escrita.* **2** representar por meio de efeitos de estilo: *O primeiro a estilizar o ritmo do maxixe foi um músico erudito.* • pron. **3** tornar-se representado: *Flores estilizam-se em joias.*

es.ti.lo s.m. **1** modo de expressão verbal: *Use estilo claro nas redações.* **2** tipo: *vestidos de diversos padrões e estilos.* **3** costume; hábito; praxe: *Fez os agradecimentos numa carta de estilo.* **4** feitio; modo: *Cada qual tem seu estilo de vida.* **5** classe; elegância; fineza: *É mulher de estilo.* **6** gênero; caráter; espécie: *móveis de estilo moderno.* **7** conjunto de traços literários que caracteriza a expressão de um autor ou escola: *o estilo de Machado de Assis.*

es.ti.ma s.f. **1** afeição; amor; afeto; amizade: *estima pelos pais.* **2** apreço; consideração.

es.ti.ma.ção s.f. **1** amor; afeição; estima: *Tenho es-*

estoico

timação por você. **2** objeto de estima ou afeição: *O coraçãozinho de ouro é sua estimação.*

es.ti.ma.do *adj.* **1** querido; amado: *meus três estimados filhos.* **2** calculado: *Na apresentação, havia um público estimado em cinquenta mil.*

es.ti.mar *v.t.* **1** ter estima, apreço ou consideração: *estimar os irmãos.* **2** avaliar; calcular: *estimar os prejuízos.* **3** regozijar-se; alegrar-se: *Estimo que você esteja bem.* **4** pensar; presumir; supor: *Ele não está, estimo que agora esteja no trabalho.* • *pron.* **5** ter-se em grande estima. **6** ter estima recíproca: *Os dois se estimam.*

es.ti.ma.ti.va *s.f.* cálculo; avaliação; juízo; apreciação: *A estimativa de prejuízo chega a pelo menos quatrocentos mil.*

es.ti.ma.ti.vo *adj.* baseado em probabilidades: *Não se trata de dado estimativo, mas sim de informação real.*

es.ti.má.vel *adj.* **1** digno de estima. **2** que se pode estimar ou calcular; calculável: *uma contribuição estimável em dinheiro.*

es.ti.mu.la.ção *s.f.* ato ou efeito de estimular; incitamento; impulso.

es.ti.mu.la.dor (ô) *s.m.* **1** pessoa que estimula; ativador. • *adj.* **2** que estimula; incentivador; encorajador: *hormônio estimulador das glândulas suprarrenais.*

es.ti.mu.lan.te *s.m.* **1** (Farmac.) substância que estimula uma função orgânica ou psíquica: *Os estimulantes eram constituídos inicialmente pelos derivados anfetamínicos.* • *adj.* **2** que estimula; excitante; ativador: *uma estimulante xícara de café.* **3** de estímulo; incentivador: *Sua carinhosa presença tem sido estimulante.*

es.ti.mu.lar *v.t.* **1** ativar; instigar: *Suas palavras estimulam a hostilidade dos poderosos.* **2** animar; encorajar; favorecer: *O silêncio estimulava a criação do pintor.* **3** dar nova vida; revitalizar: *creme revitalizador que estimula as células da pele.*

es.tí.mu.lo *s.m.* **1** qualquer coisa que torna mais ativa a mente, ou incita à atividade ou a um aumento de atividade. **2** algo que ativa a ação orgânica nos seres vivos.

es.ti.o *s.m.* verão.

es.ti.o.lar *v.t.* **1** enfraquecer; atrofiar: *A doença vem estiolando seu corpo.* • *int.* e *pron.* **2** debilitar-se; enfraquecer-se: *O pobrezinho estiolava (-se) dia a dia.*

es.ti.pe *s.m.* (Bot.) haste ou tronco sem ramificações: *Urucuri é palmeira de estipe curto e grosso, longas folhas eretas.*

es.ti.pên.dio *s.m.* paga; salário; soldo.

es.ti.pu.la.ção *s.f.* ação de estipular; contrato; ajuste.

es.ti.pu.lar *v.t.* **1** estabelecer por meio de contrato; precisar: *Um juiz estipula a pensão dos filhos.* **2** impor como condição; determinar; decidir: *Estipulou que viajaria em agosto.*

es.ti.ra.da *s.f.* **1** caminhada longa. **2** distância longa: *Daqui à chácara é uma estirada.* • **de uma estirada** sem parar.

es.ti.ra.men.to *s.m.* **1** ato ou efeito de estirar: *estiramento dos músculos.* **2** tração que provoca deslocamento ou repuxo; distensão: *Os músculos abdominais sofrem estiramento na gravidez.*

es.ti.rão *s.m.* **1** passeio ou caminhada longa: *Gostava de dar longos estirões pelo campo.* **2** longa distância: *Daqui até a cidade é um estirão.* **3** período longo. **4** caminho ou trecho em linha reta: *A estrada era um estirão de terra batida.*

es.ti.rar *v.t.* **1** esticar; estender: *estirar os braços.* **2** derrubar; fazer cair: *estirar o adversário no chão.* • *pron.* **3** deitar-se; pôr-se deitado: *Cansado, estirou-se na cama.* **4** cair; estatelar-se: *Perdeu o equilíbrio e se estirou no chão.* **5** distender-se; estender-se: *O voo do tuiuiú se estira em direção do banhado.*

es.tir.pe *s.f.* **1** linhagem; origem: *A condessa deveria constar na história daquela estirpe.* **2** categoria; classe: *As palmeiras são de uma estirpe altiva de árvores.*

es.ti.va *s.f.* **1** operação de carregamento e descarregamento de navios: *Homens vão fazendo a estiva de bordo.* **2** pesagem de gêneros alimentícios. **3** conjunto de estivadores: *Espera-se a reação da estiva, que teme a perda de seus privilégios.*

es.ti.va.dor *s.m.* **1** quem carrega ou descarrega carga de navio; trabalhador portuário: *Movimento rápido dos estivadores, liberando a carga no fundo dos porões.* • *adj.* **2** que carrega ou descarrega carga de navio: *Pega peso que dois operários estivadores não levantam.*

es.ti.val *adj.* **1** característico de estação com clima seco e temperaturas elevadas: *os climas mediterrâneos, com estação seca estival.* **2** do estio; do período do ano em que o clima é quente e seco: *Cuidado com desidratações e diarreias estivais.* **3** (Fig.) de muito sentimento; entusiástico; caloroso: *Ela bem poderia dar-me um abraço estival de reconciliação.*

es.to.ca.da *s.f.* **1** golpe com instrumento pontiagudo: *O boi segue para o funil, onde receberá a estocada.* **2** ataque verbal; crítica.

es.to.ca.gem *s.f.* reserva para uso futuro; formação de depósito; armazenamento; estoque: *Há dificuldades de manipulação e estocagem dos granéis sólidos.*

es.to.car *v.t.* **1** ferir ou golpear com estoque ou espada: *estocar o adversário.* **2** formar estoque; armazenar: *Estocam seus produtos num casarão alugado.*

es.to.fa.do *s.m.* **1** móvel forrado: *Tem na sala um belo estofado de couro.* **2** tecido ou revestimento grosso. • *adj.* **3** revestido de tecido ou estofo; forrado: *um sofá estofado de veludo.* **4** acolchoado: *assento estofado.*

es.to.fa.men.to *s.m.* **1** revestimento ou enchimento com estofo: *Fazemos estofamento de sofás e poltronas.* **2** material usado para estofar: *O estofamento para esta cadeira já foi encomendado.*

es.to.far *v.t.* guarnecer ou cobrir de estofo; acolchoar: *estofar cadeiras.*

es.to.fo (ô) *s.m.* **1** tecido especialmente usado no revestimento de móveis: *Os sofás foram reformados com novos estofos.* **2** (Fig.) caráter; índole; natureza: *É possível avaliar o estofo dos homens que compõem aquela empresa.*

es.toi.cis.mo *s.m.* **1** (Filos.) sistema filosófico que condiciona a felicidade a uma atitude de coragem impossível diante dos males físicos ou morais: *A filosofia dominante na Grécia Antiga já era o estoicismo.* **2** resignação; tolerância: *Suporto com estoicismo o que me falta.*

es.toi.co (ó) *s.m.* **1** quem abraça o estoicismo: *O estoico concebia ainda um ideal a ser atingido.* • *adj.* **2** relativo ao ou adepto do estoicismo: *O sábio estoico deveria permanecer em silêncio.* **3** resignado: *Passou dez anos de estoico sofrimento.*

estojo

es.to.jo (ô) *s.m.* pequena caixa, às vezes provida de divisões, onde se guardam objetos miúdos, aparelhos ou instrumentos.

es.to.la (ó) *s.f.* **1** tira larga e comprida de pano, com bordados ou pintura, usada como ornamento sacerdotal: *Colocou a estola e postou-se no confessionário.* **2** tira larga, em geral de pele, usada para agasalhar o pescoço: *Usava vestido de brocado e uma estola de pele.*

es.to.ma.cal *adj.* do ou relativo ao estômago: *Sentiu ligeira acidez estomacal.*

es.tô.ma.go *s.m.* (Anat.) **1** órgão da digestão, que se comunica com o esôfago acima e com o duodeno abaixo: *Sofro de acidez, tenho uma úlcera no estômago.* **2** a parte externa do corpo, correspondente à região estomacal; barriga: *Respondeu com outro soco que pegou no estômago.* (Fig.) **3** vontade; disposição; ânimo: *É preciso ter estômago para fazer esse serviço.* **4** gula; fome: *A esposa pegou o comilão pelo estômago.* ♦ **estômago de avestruz** pessoa que come muito sem selecionar os alimentos. **forrar o estômago** ingerir certa porção de alimento muito menor que a da refeição habitual.

es.to.ma.ti.te *s.f.* (Patol.) inflamação da membrana mucosa da boca.

es.ton.te.an.te *adj.* **1** que causa tontura; atordoante: *O brinquedo girava em estonteante velocidade.* **2** deslumbrante; perturbador: *A moça era de uma beleza estonteante.*

es.ton.te.ar *v.t.* **1** causar tontura ou deslumbramento a; atordoar: *Aquela situação estontearia até pessoas muito fortes.* ● *pron.* **2** aturdir-se; atordoar-se: *Estonteara-se com a altura da montanha.* ● *int.* **3** perturbar; atordoar: *A grandiosidade do espetáculo estonteava.*

es.to.pa (ó) *s.f.* **1** sobras de fios não aproveitadas na indústria textil usadas em limpeza. **2** tecido de fio cardado, com trama grosseira e áspera: *saco de estopa.*

es.to.par *v.t.* calafetar com estopa; enchumaçar.

es.to.pim *s.m.* **1** acessório de explosivo que transmite a chama para a ignição de espoleta: *O estopim foi aceso!* **2** (Fig.) fato que provoca uma série de acontecimentos; motivo: *Se o sindicato voltasse atrás, seria o estopim de uma greve.* ♦ **estopim curto** sem paciência ou tolerância.

es.to.que (ó) *s.m.* **1** arma com lâmina triangular ou quadrangular que só fere de ponta. **2** quantidade de mercadorias guardadas para venda: *A loja está liquidando seu estoque.* **3** provisão; reserva: *É preciso poupar o estoque de água doce.* **4** lugar onde se guardam mercadorias; depósito: *Foi buscar mercadoria no estoque.*

es.to.quis.ta *s.2g.* **1** pessoa que tem grande quantidade de mercadorias disponível para uso ou venda. **2** depositário de mercadoria para venda ou exportação. **3** empregado de casa comercial encarregado da escrituração do livro de estoque.

es.tor.ce.gar *v.t.* **1** torcer com força; estorcer. **2** contorcer; contrair: *O contorcionista estorcegava seus músculos diante de uma plateia boquiaberta.*

es.to.re (ó) *s.m.* cortina móvel que se enrola e desenrola por meio de aparelho próprio.

es.tó.ria *s.f.* história.

es.tor.ri.ca.do *adj.* **1** muito seco. **2** quase torrado ou queimado: *bife estorricado.*

es.tor.ri.car *v.t.* **1** secar muito. **2** torrar; tostar: *estorricar o café.* ● *int.* **3** secar em excesso: *no varal, a roupa estorricava ao sol.*

es.tor.nar *v.t.* lançar em débito ou crédito uma quantia que, indevidamente, tinha sido lançada: *Com a reclamação do cliente, estornamos a quantia em dinheiro.*

es.tor.no (ô) *s.m.* ato ou efeito de estornar: *estorno de créditos.*

es.tor.var *v.t.* **1** incomodar; importunar: *A presença dele estorvava-nos.* **2** impedir ou tolher a liberdade de movimentos a; embaraçar. **3** atrapalhar; dificultar: *Motivos diversos estorvam a exposição dos meus trabalhos.*

es.tor.vo (ô) *s.m.* obstáculo; incômodo; aborrecimento: *Na velhice não pretendo ser estorvo para ninguém.*

es.tou.ra.do *adj.* **1** que estourou; arrebentado: *pneu estourado.* **2** (Coloq.) cansado; extenuado: *Chega do trabalho estourado.* (Fig.) **3** explosivo; impetuoso: *O jogador tem gênio estourado.* **4** em débito: *Minha conta no banco está estourada.*

es.tou.rar *v.t.* **1** fazer rebentar com estrondo: *estourou o balão.* **2** fazer-se em pedaços; arrebentar: *estourar o parabrisas.* (Bras.) **3** fechar estabelecimento clandestino ou ilegal: *estourar cassinos.* **4** aparecer; chegar: *Ele agora deve estar estourando em casa.* **5** sair-se bem; fazer sucesso: *A música estourou nas rádios.* ● *int.* **6** dar estouro; rebentar com estrondo; explodir. **7** soar com estrépito; troar; ribombar. (Bras.) **8** ocorrer repentinamente; irromper: *A boiada estourou.* **9** vir à tona; tornar-se público: *A notícia estourou.* **10** latejar de dor; estalar: *Ela sentia a cabeça estourar.* **11** rebentar de raiva, de riso, de fome: *Mamãe não aguentou mais e estourou.* **12** ir além da data marcada: *O prazo estourou.*

es.tou.ro *s.m.* **1** ruído feito por algum corpo ao rebentar; explosão ruidosa: *o estouro de fogos de artifício.* **2** fuga atropelada; debandada: *A multidão se dispersa como num estouro de boiada.* (Bras.) **3** manifestação de raiva: *De vez em quando é preciso dar um estouro.* **4** grande êxito: *A festa foi um estouro.* **5** aquilo que é espetacular, deslumbrante: *Você está um estouro neste vestido!* ♦ **dar um estouro na praça** falir causando à praça grande prejuízo. **estouro da boiada** debandada de boiada ou rebanho.

es.tou.va.do *s.m.* **1** pessoa muito desajeitada ou imprudente: *Ela era uma estouvada.* ● *adj.* **2** desajuizado; que faz as coisas sem pensar; sem juízo: *Responder grosseiramente ao patrão foi gesto estouvado de sua parte.* **3** estabanado; desajeitado: *Criança estouvada, quebra e derruba o que há pela frente.*

es.trá.bi.co *s.m.* **1** indivíduo atacado de estrabismo. ● *adj.* **2** que ou quem sofre de estrabismo; caolho; vesgo: *olhos estrábicos.*

es.tra.bis.mo *s.m.* (Oftalm.) defeito de convergência dos eixos visuais, que impede as pupilas de se moverem ou verem simultanea e regularmente.

es.tra.ça.lha.do *adj.* **1** feito em pedaços; despedaçado: *A briga deixou sua roupa suja e estraçalhada.* **2** desfeito; arruinado: *Sua vida estava estraçalhada, destruída.*

es.tra.ça.lhar *v.t.* (Bras.) **1** fazer em pedaços; retalhar: *Ele estraçalha o cigarro que tem nas mãos.* **2** levar à

estranho

ruína; arruinar: *estraçalhar a honra da mulher.* **3** (Coloq.) sair-se bem; ter grande sucesso: *Ele estraçalhou no jogo.* • *pron.* **4** desarticular-se: *Estraçalha-se pelo seu amor.* **5** ficar reduzido a pedaços; quebrar-se: *Com a queda, os copos se estraçalharam.*

es.tra.da *s.f.* **1** caminho de terra ou asfalto para o trânsito de veículos entre cidades: *A estrada teve queda de barreira.* **2** via; caminho: *O país é cortado por estradas de ferro.* (Fig.) **3** direção; rumo: *Sabia que estava seguindo a estrada do crime.* **4** trajeto; percurso: *Vive o momento mais dramático da estrada da vida.* ♦ **comer estrada** andar ou caminhar com rapidez. **estar no fim da estrada** estar perto da morte. **estrada de ferro** ferrovia. **estrada de rodagem** rodovia.

es.tra.dar *v.t.* **1** abrir estradas. **2** dirigir-se; encaminhar-se: *Estradou muito até chegar à cidade.* **3** guarnecer com estrados, assoalhos: *Estradou o quarto.*

es.tra.dei.ro *s.m.* **1** (Bras.) pessoa ou animal que viaja pelas estradas: *A caminhonete tem tudo para agradar aos estradeiros.* • *adj.* **2** que viaja por estradas: *vendedor estradeiro.* **3** (Fig.) desonesto; trapaceiro; escroque. **4** diz-se do cavalo que tem boa marcha.

es.tra.di.ol *s.m.* (Quím.) estrogênio esteroidal potente, produzido pelo ovário.

es.tra.do *s.m.* **1** armação de madeira; tablado: *Fez um estrado para os candidatos falarem.* **2** suporte para colchão, geralmente feito de madeira: *estrado de cama.*

es.tra.ga.do *adj.* **1** em mau estado; avariado: *Os pés da mesa estavam estragados.* **2** deteriorado; podre: *maçã estragada.* (Coloq.) **3** muito mimado: *Esta criança está estragada com tanto mimo.* **4** muito cansado: *Se não descanso à noite, fico estragado.* **5** prejudicado; destruído: *Depois de suas palavras, meu dia ficou estragado.*

es.tra.gão *s.m.* (Bot.) erva de flores pequenas e brancas, folhas aromáticas de sabor picante, usadas como condimento.

es.tra.gar *v.t.* **1** danificar; avariar: *A goteira estragou o colchão.* **2** preparar de modo indevido; desperdiçar: *A cozinheira estragou a carne.* **3** viciar; corromper: *A vida nas ruas estraga as meninas.* **4** acostumar mal; mimar: *Alguns dizem que muito carinho estraga os filhos.* **5** prejudicar; arruinar: *Não aborreça, não estrague meu dia.* • *pron.* **6** corromper-se; arruinar-se; viciar-se: *Viveu na esbórnia, estragou-se muito cedo.* • *int.* **7** apodrecer; deteriorar-se: *O feijão estragou.* **8** sofrer avaria; danificar-se: *A mesa estragou.*

es.tra.go *s.m.* **1** avaria; dano: *A chuva causou estrago na madeira.* **2** prejuízo: *O incêndio trouxe estrago para o empresário.* **3** desordem; balbúrdia; confusão: *Fez um estrago daqueles no botequim da esquina.* **4** coisa avariada ou arruinada: *Façamos um levantamento dos estragos.*

es.tra.lar *v.int.* produzir estalidos; estalar: *A lenha estrala ao sol.*

es.tra.le.jar *v.t.* **1** fazer vibrar; fazer produzir sons sucessivos, semelhantes a estouros: *estralejar as juntas dos dedos.* • *int.* **2** vibrar; produzir estalos: *Foguetes estralejavam no céu.*

es.tram.bó.li.co *adj.* **1** incomum; extravagante; estrambótico: *Veio-lhe, de raspão, a ideia estrambólica de haver morrido.* **2** afetado; ridículo: *roupa estrambólica.* // Var.: estrambótico.

es.tra.mô.nio *s.m.* (Bot.) planta de propriedades tóxicas e medicinais; figueira-brava.

es.tran.gei.rar *v.t.* tornar ou fazer parecer estrangeiro.

es.tran.gei.ri.ce *s.m.* coisa feita ou dita ao gosto e costume dos estrangeiros; apego demasiado às coisas estrangeiras: *Nada original, valoriza apenas a estrangeirice contida nas músicas e publicações importadas.*

es.tran.gei.ris.mo *s.m.* **1** palavra ou frase estrangeira: *Os estrangeirismos incorporados à língua a enriquecem.* **2** afeição demasiada às coisas estrangeiras: *Está havendo uma onda de estrangeirismo.*

es.tran.gei.ro *s.m.* **1** pessoa natural de outro país. **2** país diferente daquele sobre o qual se fala ou no qual alguém se encontra: *Viajou para o estrangeiro.* • *adj.* **3** originário ou procedente de outro país: *Cientistas estrangeiros chegam ao país.* **4** de outro país: *ter nacionalidade estrangeira.*

es.tran.gu.la.dor (ô) *s.m.* **1** quem estrangula: *Pegaram o suspeito de ser o estrangulador.* • *adj.* **2** (Fig.) que oprime; angustiante: *aumentos estranguladores.*

es.tran.gu.la.men.to *s.m.* **1** ato ou efeito de estrangular. (Fig.) **2** diminuição; redução: *Vamos impedir o estrangulamento do progresso.* **3** sufocamento; asfixia: *A sala fechada produzia nele na sensação de estrangulamento.* **4** estreitamento; afunilamento; fechamento: *Houve tumulto na saída do cinema pelo estrangulamento da passagem.*

es.tran.gu.lar *v.t.* **1** matar por estrangulamento; esganar. (Fig.) **2** interromper: *estrangular a via pública.* **3** prejudicar: *estrangular os assalariados.*

es.tra.nha.men.to *s.m.* distanciamento; alheamento: *A criança sente estranhamento ante o que não lhe é habitual.*

es.tra.nhar *v.t.* **1** achar estranho; fora do comum: *Sempre estranhou os hábitos da cidade grande.* **2** considerar diferente do que se poderia esperar: *Estranhou a reação do amigo.* **3** causar espanto ou admiração. **4** achar censurável; censurar: *O professor estranhou os modos da turma.* **5** reparar; notar: *Estranhou a sua ausência.* **6** não se familiarizar com; não se adaptar: *As crianças estranharam a comida da nova cozinheira.* **7** manifestar timidez; fugir: *A menina estranhou as visitas na casa.* • *pron.* **8** esquivar-se. **9** indispor-se com: *No final da aula, dois colegas se estranharam.*

es.tra.nhe.za (ê) *s.f.* **1** admiração; surpresa; espanto: *Causou-nos estranheza o protesto.* **2** característica do que é estranho ou incomum; singularidade: *O que chama a atenção é a estranheza da linguagem do autor.*

es.tra.nho *s.m.* **1** quem é desconhecido: *Está aí fora um estranho.* **2** quem é estrangeiro: *Esses estranhos são bem recebidos no país.* **3** quem é de fora: *Não se fala de certos assuntos perto de estranhos à família.* **4** fato incomum ou desconhecido: *Há alguma coisa de estranho no motor do carro.* • *adj.* **5** fora do comum; desusado: *atitudes estranhas.* **6** desconhecido: *Este lugar não me é estranho.* **7** misterioso; esquisito: *Nosso vizinho*

estratagema

era pessoa estranha. **8** externo; alheio: *Não faça perguntas estranhas ao assunto da aula.*

es.tra.ta.ge.ma (ê) *s.m.* **1** ardil de guerra cujo objetivo é enganar o adversário; estratégia. **2** astúcia; manha; artifício: *Usava as crianças como estratagema para ganhar esmolas.*

es.tra.té.gia *s.f.* **1** arte de planejar operações de guerra. **2** arte de usar os meios disponíveis ou as condições que se apresentam para atingir um determinado fim: *A estratégia do novo técnico foi fundamental para a vitória do time.*

es.tra.té.gi.co *adj.* **1** relativo a estratégia; que fixa estratégias de ação: *O conferencista é especialista em planejamento estratégico.* **2** apropriado para algum fim: *Aquela região é um mercado estratégico para quem quer atuar no continente.* **3** em que há ardil; astucioso; hábil: *resposta estratégica.*

es.tra.te.gis.ta *s.2g.* profissional especialista em planejamento de operações militares: *Notabilizou-se como estrategista num conflito em seu país.*

es.tra.ti.fi.ca.ção *s.f.* **1** disposição em camadas ou estratos. **2** sedimentação; fixação; estabilização: *estratificação de ideias.* **3** formação de um sistema social praticamente fixo, de classes ou castas: *estratificação social.*

es.tra.ti.fi.ca.do *adj.* **1** separado por classes ou estratos sociais: *sociedade estratificada.* **2** que não sofre alteração; cristalizado: *O desenvolvimento destruiu o equilíbrio estratificado nas velhas famílias.*

es.tra.ti.fi.car *v.t.* **1** dispor em camadas ou estratos. • *pron.* **2** cristalizar-se; permanecer no mesmo estado: *Quando a pessoa envelhece, vícios e virtudes se estratificam.*

es.tra.to *s.m.* **1** (Geol.) camada de terreno sedimentar: *A Arqueologia estuda os estratos inferiores.* **2** (Bot.) porção de uma comunidade vegetal em determinado limite de altura: *Estas são ervas típicas do estrato das florestas tropicais.* **3** (Met.) nuvem que se apresenta em camadas horizontais e paralelas: *Os estratos-cúmulos se estendiam em direção ao norte.* **4** nível social; camada: *Ele mobilizou a sociedade brasileira em todos os seus estratos.*

es.tra.tos.fe.ra (ê) *s.f.* **1** (Geofís.) camada atmosférica situada entre a troposfera e a ionosfera. **2** (Fig.) ponto mais alto; topo: *Era alguém da estratosfera do mundo dos negócios e da política.*

es.tra.tos.fé.ri.co *adj.* relativo à estratosfera: *espaço estratosférico.*

es.tre.an.te *s.2g.* **1** quem se apresenta pela primeira vez; iniciante; principiante: *O estreante estuda seu papel com o autor.* • *adj.* **2** que se apresenta pela primeira vez: *A diretora do filme era uma jovem estreante.*

es.tre.ar *v.t.* **1** pôr em uso ou atividade pela primeira vez: *Ela estreou o vestido de festa.* **2** começar; iniciar; principiar: *A autora estreará sua primeira peça.* • *pron.* **3** fazer alguma coisa pela primeira vez: *Estreou-se como cozinheiro talentoso.* • *int.* **4** ir a público pela primeira vez: *O filme estreou ontem.* **5** iniciar suas atividades: *O restaurante está prestes a estrear.*

es.tre.ba.ri.a *s.f.* abrigo para animais; cavalariça.

es.tre.bu.char *v.int.* agitar-se de modo violento; debater-se: *O pobre animal estrebuchava com a pancada na cabeça.*

es.trei.a (ê) *s.f.* **1** primeira apresentação pública: *Sua estreia no teatro foi muito comentada.* **2** o primeiro uso que se faz de uma coisa; iniciação; primeira experiência: *Sua estreia no amor não foi feliz.* **3** início de uma carreira, de uma atividade.

es.trei.ta.men.to *s.m.* **1** diminuição; redução: *estreitamento do leito do rio.* **2** (Fig.) aprofundamento; solidificação: *estreitamento de amizade.*

es.trei.tar *v.t.* **1** tornar estreito; apertar: *Estreite um pouco a cintura do vestido.* (Fig.) **2** tornar mais íntimo ou próximo: *estreitar relações de amizade.* **3** reduzir; limitar; restringir: *estreitar o prazo para entrega da mercadoria.* **4** intensificar: *estreitar a participação nos comícios.* **5** abraçar; apertar: *A mãe estreita o filho nos braços.* • *pron.* (Fig.) **6** tornar-se mais próximo: *As relações entre as famílias se estreitaram.* **7** diminuir; reduzir-se: *O poder de compra estreita-se.* • *int.* **8** tornar-se mais estreito: *Mais para o norte o rio vai estreitando.*

es.trei.te.za (ê) *s.f.* **1** qualidade de estreito; falta de largura: *A estreiteza da rua impede a procissão.* (Fig.) **2** acanhamento; reserva; limitação: *A estreiteza para o novo acarreta a estagnação.* **3** rigor; severidade; rigidez: *estreiteza das regras.* **4** intimidade; confiança: *estreiteza das relações.*

es.trei.to *s.m.* **1** (Geogr.) canal natural que une dois mares ou duas partes do mesmo mar: *estreito de Behring.* • *adj.* **2** que tem pouca largura; apertado: *A cama é estreita demais.* **3** restrito; pequeno; limitado: *Nada sabia da vida, vivia no seu mundinho estreito.* **4** conservador; acanhado: *É pessoa de hábitos estreitos.* **5** íntimo; próximo: *Um vínculo estreito de amizade os unia.* **6** de pequena amplitude; fechado: *A estrada faz um ângulo estreito para a direita.* **7** severo; intenso: *O pai mantinha estreita vigilância sobre os filhos.*

es.tre.la (ê) *s.f.* **1** (Astr.) astro dotado de luz própria que mantém praticamente a mesma posição relativa na esfera celeste e que, observado à vista desarmada, apresenta cintilação, o que o distingue dos planetas: *No céu de inverno, avistam-se muitas estrelas.* **2** figura convencional que tem, geralmente, cinco ou seis pontas, as quais se irradiam de um ponto. **3** cada estrela que marca o posto na hierarquia militar: *O militar exibia suas estrelas.* (Fig.) **4** pessoa importante ou a mais importante num evento ou num determinado setor da vida social: *A estrela da noite foi o artista de televisão.* **5** pessoa que sobressai pelo talento, alcançando grande sucesso nos esportes, no cinema, no rádio ou na televisão: *Ele continua a grande estrela do futebol.* **6** personagem principal: *A estrela do filme é um menino talentoso.* **7** sorte; destino; fado: *A estrela do jogador continua a brilhar.* • **estrela cadente** meteorito que, à noite, deixa, por alguns instantes, um rastro luminoso, dando a impressão de uma estrela que cai. **ler nas estrelas** tirar horóscopo. **levantar-se com as estrelas** levantar-se da cama muito cedo. **levar às estrelas** exaltar. **ver estrelas** sentir dor muito forte. **pôr entre as estrelas** fazer a apoteose de; divinizar.

es.tre.la-d'al.va *s.f.* (Coloq.) (Astr.) o planeta Vênus: *Pelo seu magnífico brilho, o planeta Vênus costuma ser chamado de estrela-d'alva, estrela vespertina ou estrela matutina.* // Pl.: estrelas-d'alva.

es.tre.la de da.vi *s.f.* estrela de seis pontas, ou hexagrama, considerada hoje símbolo de Israel. // Pl.: estrelas de davi.

es.tre.la.do *adj.* **1** coberto de estrelas: *O céu está estrelado.* **2** com um sinal em forma de estrela: *alazão estrelado.* **3** que tem estrelas como marca de qualificação; categorizado: *Hospedou-se num hotel estrelado.* **4** (Colóq.) estalado: *ovo estrelado.*

es.tre.la-do-mar *s.f.* (Biol.) animal marinho cuja forma lembra uma estrela.

es.tre.lar *v.t.* **1** encher ou ornar de estrelas. **2** dar forma de estrela. **3** fritar (ovo). **4** (Bras.) atuar como estrela; protagonizar: *Ele passou a estrelar uma campanha publicitária da empresa.* • *pron.* **5** cobrir-se de estrelas. • *int.* **6** brilhar; cintilar: *o céu estrelou.*

es.tre.la.to *s.m.* (Bras.) posição de relevo alcançada por pessoa que sobressai em alguma atividade de alcance popular; fama: *Alcançou o estrelato com seu mais novo filme.*

es.tre.lis.mo *s.m.* (Bras.) maneira de proceder própria daqueles que aspiram ou desejam conservar o estrelato.

es.tre.ma *s.f.* limite de terras.

es.tre.me.cer (ê) *v.t.* **1** causar tremor; fazer tremer; sacudir: *O vento estremecia as vidraças.* **2** causar medo ou comoção: *A história estremecia as crianças.* **3** abalar; afrouxar; enfraquecer: *A desconfiança entre os pais estremeceu a base familiar.* **4** (Fig.) amar enternecidamente. • *pron.* **5** sofrer abalo; abalar-se. **6** assustar-se; horrorizar-se: *Estremeceu-se de medo.* • *int.* **7** tremer repentinamente, por medo, emoção, surpresa etc.: *o corpo estremeceu.*

es.tre.me.ci.men.to *s.m.* **1** ato ou efeito de estremecer; tremor: *Sentiu o corpo sacudir num estremecimento.* **2** (Fig.) perturbação; abalo: *A desunião agrava o estremecimento da vida familiar.*

es.tre.mu.nhar *v.t.* **1** despertar de repente (quem dorme). • *pron.pron.* **2** estontear-se; aturdir-se. • *pron.int.* **3** despertar de súbito: *Com o susto, estremunhou.*

es.trê.nuo *adj.* valente; ativo; esforçado: *trabalhador estrênuo.*

es.tre.pa.da *s.f.* **1** ferida causada por estrepe. **2** (Colóq.) situação desfavorável: *Eu me meti em uma estrepada.*

es.tre.par *v.t.* **1** machucar; ferir: *Ele estrepou o pé nos espinhos.* • *pron.* **2** (Colóq.) dar-se mal: *Deixe estar, desta vez ela se estrepa.*

es.tre.pe (é) *s.m.* **1** farpa; lasca; espinho: *Tirei um estrepe do pé.* **2** (Fig.) pessoa muito feia: *Deus me livre, o namorado dela é um estrepe.*

es.tre.pi.tan.te *adj.* que faz estrépito; ruído: *foguetes estrepitantes.*

es.tre.pi.tar *v.int.* soar, vibrar com estrépito.

es.tré.pi.to *s.m.* **1** barulho; estrondo: *Pisou em falso na escada e caiu com estrépito.* **2** agitação; tumulto.

es.tre.pi.to.so (ô) *adj.* **1** ruidoso; estrondoso: *O explodir da bomba fez um barulho estrepitoso.* **2** notório; sensacional: *Seu último disco fez um sucesso estrepitoso.*

es.trep.to.co.co (ó) *s.m.* (Biol.) bactéria, em geral parasitária, que se apresenta como uma cadeia de pequenas esferas.

es.trep.to.mi.ci.na *s.f.* (Med.) antibiótico pulveru-

estrincar

lento e branco que age contra a tuberculose e outras infecções.

es.tres.sa.do *adj.* que sofre de estresse.

es.tres.san.te *adj.* que produz estresse: *O ritmo de treinos é muito estressante.*

es.tres.sar *v.t.* **1** causar estresse; extenuar: *Estudar muito na véspera da prova estressa o aluno.* • *pron.* **2** extenuar-se; aborrecer-se: *A professora estressou-se por causa do barulho.*

es.tres.se (é) *s.m.* perturbação causada por agressões de ordem física ou psíquica: *Tirei um mês de férias para poder aliviar o estresse.*

es.tri.a *s.f.* pequeno sulco ou traço na superfície de um corpo.

es.tri.a.men.to *s.m.* **1** ato ou efeito de estriar. **2** conjunto de estrias.

es.tri.ar *v.t.* **1** ornar ou guarnecer com estria. **2** riscar; canelar: *estriar a madeira.*

es.tri.bar *v.t.* **1** firmar os pés nos estribos. **2** firmar; segurar; apoiar: *Estribou os livros no corrimão.* **3** fundar; fundamentar: *Estribou seus trabalhos com pesquisas na biblioteca.* • *pron.* **4** apoiar-se; escorar-se. **5** fundamentar-se; basear-se: *Ele estribou-se bem para defender sua tese.* • *int.* **6** meter os pés nos estribos.

es.tri.bei.ra *s.f.* **1** estribo: *As esporas eram de prata, e a estribeira de latão.* **2** apoio; sustento; firmeza. • **perder as estribeiras** desorientar-se.

es.tri.bi.lho *s.m.* **1** versos que se repetem depois de cada estrofe nas canções: *Volta a dedilhar o violão e a cantar baixinho o estribilho.* **2** frase que se repete amiúde; bordão: *Feliz Ano Novo! – era o estribilho da multidão.*

es.tri.bo *s.m.* **1** peça que pende de cada lado da sela, onde o cavaleiro firma os pés: *Meteu o pé esquerdo no estribo e montou, espichando as pernas.* **2** degrau abaixo da entrada de veículo: *Viajava de pé no estribo do bonde.* **3** um dos quatro pequenos ossos do ouvido interno. **4** (Fig.) apoio; sustento; amparo: *A religião é meu estribo e força.*

es.tric.ni.na *s.f.* (Quím.) veneno alcaloide, extraído da noz-vômica.

es.tri.den.te *adj.* agudo; penetrante: *o som estridente de um apito.*

es.tri.du.lan.te *adj.* agudo; estridente: *som estridulante.*

es.tri.du.lar *v.t.* **1** dizer; cantar com voz estridente. • *int.* **2** meter os pés nos estribos.*int.* **3** produzir som agudo e penetrante: *As cigarras estridulam.* **4** vibrar, produzindo som agudo e penetrante: *O telefone estridulava logo cedo.*

es.trí.du.lo *s.m.* **1** som forte e estimulante: *O estrídulo do telefone despertou o bebê.* • *int.* **2** meter os pés nos estribos.*adj.* **3** estridente; estridulante: *Ouviu uma estrídula gargalhada.*

es.tri.ge *s.f.* **1** vampiro. **2** coruja. **3** feiticeira.

es.tri.lar *v.int.* (Colóq.) **1** soltar estrilo ou som estrídulo. **2** reclamar; zangar-se: *O diretor vai estrilar.*

es.tri.lo *s.m.* (Colóq.) **1** som estrídulo; protesto; bronca: *Os alunos não davam importância aos estrilos do inspetor.* • **dar estrilo** irritar-se com alvoroço.

es.trin.car *v.t.* torcer os dedos, fazendo-os estalar.

estripador

es.tri.pa.dor (ô) *s.m.* quem tira as tripas.

es.tri.par *v.t.* **1** tirar as tripas de: *estripar frangos*. **2** desfiar; desfazer em fios: *estripar algodão*.

es.tri.pu.li.a *s.f.* farra; folia; bagunça; travessura: *Quando criança fez todas as estripulias a que tinha direito*.

es.tri.to *adj.* **1** rigoroso; exato: *Diga a verdade estrita*. **2** restrito; estreito; limitado: *As ideias dos autores são mais abrangentes do que parecem no contexto estrito de uma peça teatral*. **3** severo; rigoroso: *Faz um estrito controle dos gastos da casa*.

es.tro (é) *s.m.* **1** imaginação criadora; inspiração; talento: *É autor querido e louvado por seu estro*. **2** desejo sexual: *Há animais que exibem o acúmulo de líquido apenas durante o estro*.

es.tro.bos.có.pio *s.m.* **1** aparelho para observação de objetos em movimento, como se estivessem parados. **2** aparelho que produz a ilusão de movimento de figuras num disco.

es.tro.fe (ó) *s.f.* grupo de versos de composições poéticas ou canções.

es.tro.gê.nio *s.m.* (Bioquím.) grupo de hormônios sexuais que estimulam o estro nas fêmeas.

es.tro.go.no.fe (ó) *s.m.* guisado de carne vermelha ou de frango, com molho preparado com creme de leite, *ketchup* e cogumelos.

es.troi.na (ó) *s.2g.* **1** pessoa dissoluta ou dissipadora: *O filho era um gastador, um estroina*. • *int.* **2** meter os pés nos estribos. *adj.* **3** boêmio; irresponsável: *Era um estroina, aventureiro incorrigível*. **4** perdulário; gastador; malandro: *O rapaz não era estroina, reconhecia o desvelo do pai*.

es.troi.ni.ce *s.f.* ação de estroina; extravagância.

es.trom.par *v.t.* (Coloq.) **1** gastar; estragar; machucar: *estrompar as mãos no serviço duro*. **2** obrigar a trabalho duro; fatigar: *O coronel estrompava os trabalhadores na lavoura*.

es.trôn.cio *s.m.* (Quím.) elemento químico, leve, branco-prateado, usado no tratamento de olhos e em baterias atômicas. // Símb.: Sr; N. Atôm.: 38.

es.tron.dar *v.t.* **1** fazer soar com força; fazer vibrar; estrondear: *As botas estrondavam o assoalho*. • *int.* **2** meter os pés nos estribos. *int.* **3** soar com força; estrepitar: *O tiro estrondou*. **4** berrar. **5** (Fig.) causar sensação: *Estrondou na festa*.

es.tron.de.ar *v.t.* estrondar.

es.tron.do *s.m.* **1** som forte; estrépito: *A porta bateu com estrondo*. **2** ostentação ruidosa: *festa de estrondo*. **3** fama.

es.tron.do.so (ô) *adj.* **1** estrepitoso; ruidoso: *estrondosa gargalhada*. **2** pomposo; suntuoso: *uma festa estrondosa*. **3** que causa sensação; notável; grandioso: *sucesso estrondoso*.

es.tro.pi.a.do *s.m.* **1** quem é aleijado ou mutilado: *Uma multidão de estropiados subia as escadas da igreja*. • *adj.* **2** muito cansado; exaurido: *O trabalho noturno deixa-o estropiado*. **3** aleijado; mutilado: *Soldados voltam da guerra estropiados*. **4** deteriorado; avariado: *Seu carro era antigo, meio estropiado*.

es.tro.pi.ar *v.t.* **1** aleijar; mutilar; prejudicar: *A guerra estropia os homens*. **2** fatigar; cansar em demasia: *A lida no campo estropia o camponês*. **3** adulterar; alterar; desfigurar: *Estropiou a mensagem ao traduzi-la*.

es.tro.pí.cio *s.m.* (Coloq.) **1** escarcéu; barulho; tumulto; estrupício: *Ela fez um estropício dos diabos por nada*. **2** acontecimento danoso; maléfico.

es.tru.gir *v.t.* **1** fazer estremecer; estrondar: *Logo cedo sua voz estrugia o ar*. • *int.* **2** vibrar; soar: *Depois do espetáculo, as palmas estrugiram*.

es.tru.mar *v.t.* deitar estrume; estercar; adubar: *estrumar canteiros de verdura*.

es.trum.bi.car *v.t.* (Coloq.) **1** estragar; melar; desfazer: *O menino estrumbicou a bicicleta quando caiu na ladeira*. • *pron.* **2** dar-se mal: *Não quero que eles se estrumbiquem*.

es.tru.me *s.m.* excremento de animais, usado como adubo; esterco.

es.tru.mei.ra *s.f.* **1** lugar onde se deposita e prepara o estrume: *Da estrumeira vem o cheiro forte*. **2** grande quantidade de estrume: *a estrumeira do curral*. **3** imundície; porcaria: *Quanta estrumeira há na traição!*

es.tru.pí.cio *s.m.* estropício.

es.tru.tu.ra *s.f.* **1** maneira pela qual estão dispostos os elementos que formam um todo organizado: *estrutura da sociedade*. **2** sistema: *estrutura agrária*. **3** caráter; feitio; base: *É pessoa de estrutura firme e resoluta*. **4** conjunto organizado: *O esqueleto é uma estrutura óssea*. **5** armação; esqueleto; arcabouço: *a estrutura metálica do teto*.

es.tru.tu.ra.ção *s.f.* ação de estruturar: *É importante a estruturação do trabalho em base sólida*.

es.tru.tu.ra.dor (ô) *s.m.* **1** quem forma a estrutura. • *adj.* **2** formador da estrutura; organizador: *Os veículos de língua e de cultura adquirem um papel estruturador*.

es.tru.tu.ral *adj.* **1** relativo a estrutura; básico; fundamental: *A parte estrutural da casa não foi mexida*. **2** relativo a sistema (político, social, econômico etc.): *A economia tem problema estrutural*.

es.tru.tu.ra.lis.mo *s.m.* teoria que aborda o seu objeto de estudo como um sistema de elementos inter-relacionados.

es.tru.tu.rar *v.t.* **1** organizar: *Vou estruturar as aulas de inglês*. **2** consolidar; firmar: *É preciso estruturar aliança com povos vizinhos*. • *pron.* **3** adquirir uma estrutura: *O Brasil procura estruturar-se rumo ao Primeiro Mundo*.

es.tu.an.te *adj.* ardente; fervilhante: *É um poeta de inspiração estuante*.

es.tu.á.rio *s.m.* desembocadura de um rio que se abre largamente na entrada do mar; foz: *Dali, tinha-se uma ampla vista do estuário*.

es.tu.da.do *adj.* **1** que se estudou; analisado: *É importante fazer conexão entre as matérias estudadas*. **2** que não é natural nem espontâneo; artificial: *Aquele ator faz gestos estudados*. **3** que estudou; culto: *O moço é pessoa muito estudada*.

es.tu.dan.te *s.2g.* quem estuda; aluno: *Era um estudante do ensino médio*.

es.tu.dan.til *adj.* relativo a estudante: *passe estudantil*.

es.tu.dar *v.t.* **1** cursar; frequentar o curso de: *Gosto de estudar português*. **2** ler atentamente para fixar na memória: *estudar um processo*. **3** examinar; analisar: *estudar um mapa*. **4** observar atentamente; sondar: *Estudei seu rosto para ver qual*

esvaziamento

a reação. • *int.* **5** exercer as atividades de estudante: *Ela estuda muito.*

es.tú.dio *s.m.* **1** local para gravações de áudio ou vídeo: *gravação em estúdio.* **2** oficina: *estúdio de pintura.* **3** escritório; gabinete de trabalho: *O escritor trabalha em seu estúdio.*

es.tu.di.o.so (ô) *s.m.* **1** quem estuda ou investiga: *É um estudioso de Matemática.* • *adj.* **2** que estuda muito: *A menina sempre foi estudiosa.*

es.tu.do *s.m.* **1** ato de estudar; aplicação do espírito para aprender: *Ele tem dedicação ao estudo.* **2** trabalhos e exercícios necessários ao desenvolvimento de conhecimentos administrados em uma instituição estudantil: *Muitas crianças não têm estudo.* **3** tempo dessa atividade. **4** preparo prévio à execução de um projeto; exame: *um estudo para saber qual o caminho mais curto.* **5** esforço intelectual no sentido de adquirir um tipo de conhecimento: *estudo sobre os animais marinhos.* **6** trabalho literário ou científico sobre determinado assunto; ensaio; pesquisa: *estudo de arte maia.* **7** desenho, pintura ou modelagem para servir de modelo a uma obra mais elaborada. **8** ensaio ou composição musical: *Chopin escreveu muitos estudos.* **9** (Fig.) dissimulação; afetação: *agir com estudo.*

es.tu.fa *s.f.* **1** galeria envidraçada na qual se aquece artificialmente o ar para cultura de plantas: *cultivar plantas em estufas.* **2** recinto fechado em que se eleva a temperatura do ar ambiente: *bananas amadurecidas em estufas.* **3** esterilizador.

es.tu.fa.do *s.m.* **1** guisado de carne temperada cujo molho é feito com o líquido da própria carne. • *adj.* **2** inchado; dilatado; avolumado: *barriga estufada.* **3** inflado; enfunado: *balões estufados.* **4** levantado; empinado: *O pai fala dos filhos com o peito estufado.*

es.tu.fa.men.to *s.m.* **1** aquecimento em estufa. **2** aumento do volume; inchaço: *O estufamento dos queijos é causado por bactérias.*

es.tu.far *v.t.* **1** pôr ou aquecer em estufa. **2** fazer aumentar o volume; inflar; encher. • *pron.* **3** (Fig.) sentir-se orgulhoso: *Estufou-se toda com os elogios da professora.* • *int.* **4** ter o volume aumentado; crescer: *A barriga estufou.*

es.tul.tí.ce *s.f.* estultícia.

es.tul.tí.cia *s.f.* qualidade ou procedimento de estulto.

es.tul.to *adj.* tolo; néscio; inepto; estúpido: *Ninguém é tão estulto que rasgue dinheiro.*

es.tu.pe.fa.ção *s.f.* **1** adormecimento de uma parte do corpo. **2** (Fig.) grande espanto ou surpresa; pasmo: *Houve estupefação pela vitória do time tão pouco conhecido.*

es.tu.pe.fa.to *adj.* **1** entorpecido; anestesiado. **2** (Fig.) muito espantado; pasmo; atônito: *Todos me olharam estupefatos.*

es.tu.pen.do *adj.* **1** muito bom; excelente: *A peça tem um elenco estupendo.* **2** espantoso; incrível: *O almoço foi estupendo.*

es.tu.pi.dez (ê) *s.f.* **1** falta de inteligência; burrice: *Até hoje não perdoo a estupidez da pergunta.* **2** bobagem; asneira: *A ambição exagerada dele é uma estupidez.* **3** grosseria; brutalidade: *Não vou continuar a aguentar sua estupidez.*

es.tú.pi.do *s.m.* **1** quem não é inteligente; pessoa burra: *E sorria, eu, o estúpido!* • *adj.* **2** que não é inteligente; burro: *Como sou estúpido! Por que tinha de me meter ali?* **3** (Bras.) bruto; indelicado; grosseiro: *Estúpido, tratava-o aos berros.* **4** muito tedioso; árido: *um trabalho estúpido.* **5** próprio de quem não é inteligente; tolo; disparatado: *Refiro-me ao meu estúpido gesto.*

es.tu.por (ô) *s.m.* **1** (Psiq.) diminuição ou paralisação das reações intelectuais, sensitivas e motoras. **2** imobilidade; inércia: *O medo faz a garota cair em estupor.* **3** espanto; surpresa: *Vi o senhor fitá-lo com certo estupor.* **4** (Fig.) pessoa muito feia ou de má aparência: *Aquele homem é um estupor.*

es.tu.po.ra.do *s.m.* **1** pessoa paralítica: *Tentava acomodar as pernas frias da estuporada.* • *adj.* **2** tomado de estupor; paralisado; pasmo; atônito: *Ficou como que estuporada com o que viu.* **3** que está em más condições; arruinado: *Fez mau negócio; acabou estuporado.*

es.tu.po.rar *v.t.* **1** cair em estupor; causar embotamento; paralisar: *Você estupora o menino de susto!* **2** causar estrago; arruinar: *estuporar os vidros das janelas.* **3** acabar-se; arruinar-se: *Bebeu a vida toda, agora estuporou-se.* **4** (Coloq.) cansar-se extremamente: *A gente se estupora e de nada adianta.*

es.tu.pra.dor (ô) *s.m.* quem comete estupro.

es.tu.prar *v.t.* manter conjunção carnal mediante violência; violentar; ofender; deflorar.

es.tu.pro *s.m.* coação com violência ou ameaças à prática do ato sexual.

es.tu.que *s.m.* argamassa preparada com gesso, água e cola, usada na construção.

es.túr.dia *s.f.* estroinice; travessura.

es.tur.jão *s.m.* (Zool.) peixe grande de cujas ovas se faz o caviar.

es.tur.ra.do *adj.* muito torrado; quase queimado: *pão esturrado.*

es.tur.ri.ca.do *adj.* estorricado.

es.tur.ri.car *v.t.* estorricar.

es.tur.ro *s.m.* onomatopeia do som produzido pela onça.

es.va.e.cer (ê) **1** apagar; desvanecer: *esvaecer uma lembrança.* • *int.* e *pron.* **2** perder as forças; evaporar-se: *O balão esvaeceu(-se) no ar.*

es.va.ir *v.t.* **1** fazer desaparecer; dissipar: *O trabalho pesado esvai as forças do camponês.* • *pron.* **2** evaporar-se; dissipar-se: *Os sonhos da juventude se esvaem.* **3** esgotar-se; exaurir-se: *Minha paciência está se esvaindo!* ♦ **esvair-se em sangue** perder sangue em abundância. **esvair-se em suor** transpirar copiosamente.

es.va.ne.cer (ê) *v.t.* **1** desvanecer; apagar: *A treva esvaneceu a tênue cintilação.* **2** fazer perder as forças; debilitar. • *int.* e *pron.* **3** dissipar-se; evaporar-se: *A névoa (se) esvanecia mal rompia o dia.*

es.va.ne.ci.do *adj.* **1** apagado; diluído; desfeito: *O passado estava esvanecido na memória.* **2** esmorecido; enfraquecido; destroçado: *A tropa recuou, esvanecida.*

es.va.rar *v.int.* entrar sem pedir licença.

es.va.zi.a.men.to *s.m.* **1** ato ou efeito de esvaziar: *esvaziamento da piscina.* **2** perda de poder; enfraquecimento: *o esvaziamento político do partido.*

esvaziar

es.va.zi.ar *v.t.* **1** tornar vazio: *esvaziar o copo*. **2** tirar a importância ou a significação de: *esvaziar o movimento grevista*. **3** tirar a vitalidade de; enfraquecer; debilitar: *A idade esvazia o olhar*. **4** tirar; eliminar: *esvaziar a possibilidade de êxito*. • *pron.* **5** perder a importância ou a significação: *Para ela, a cerimônia havia se esvaziado de sentido*. **6** ficar vazio: *Os estádios vêm se esvaziando*. **7** extinguir-se: *O amor do casal se esvaziou*.

es.ver.de.ar *v.t.* tornar verde; pintar de verde.

es.vis.ce.rar *v.t.* eviscerar.

es.vo.a.çan.te *adj.* **1** leve; vaporoso: *vestido esvoaçante*. **2** que flutua no vento: *cabelos esvoaçantes*. **3** que usa roupas leves ou vaporosas: *A modelo estava esvoaçante em azul*. **4** que esvoaça: *borboletas esvoaçantes*.

es.vo.a.çar *v.t.* **1** fazer voar; provocar movimentos semelhantes aos de um pássaro voando; fazer voar: *O vento esvoaça os seus cachos*. • *int.* **2** adejar; voejar: *Pássaros esvoaçam*. **3** flutuar; agitar-se; revolver: *Uma misteriosa ideia esvoaçava no seu espírito*.

es.vo.e.jar *v.int.* bater (a ave) as asas para erguer o voo; voar com voo curto e rasteiro.

ET *s.m. e adj.* abreviatura de extraterrestre.

e.ta[1] (é) *s.m.* a sétima letra do alfabeto grego (H, η).

e.ta[2] (ê) *interj.* expressa surpresa, admiração, aprovação: *Eta, manjarzinho bom!*

e.ta.no *s.m.* (Quím.) hidrocarboneto saturado, incolor e inodoro, presente no gás natural, usado em pretoquímica.

e.ta.nol *s.m.* (Quím.) álcool etílico; álcool.

e.ta.pa *s.f.* **1** cada uma das fases que se deve percorrer para a realização de um negócio, obra, prova esportiva, carreira etc.; fase; estação; paragem; escala: *A próxima etapa do voo é Brasília*. **2** período; parte: *Trabalha oito horas por dia, divididas em duas etapas*.

e.tá.rio *adj.* relativo à idade: *As crianças são separadas pela faixa etária*.

etc. abreviatura da expressão latina *et coetera*, que significa "e o mais"; "e outras coisas"; "e assim por diante".

e.te.no *s.m.* (Quím.) hidrocarboneto não saturado, gasoso, incolor; etileno.

é.ter *s.m.* **1** (Quím.) líquido incolor, volátil e inflamável, resultante da destilação do álcool com um ácido. **2** no ocultismo, agente fluídico, substância primordial e universal, o espaço celeste.

e.té.reo *adj.* **1** (Quím.) relativo a ou da natureza do éter. **2** diz-se de uma substância a qual foi acrescentado éter: *vinho etéreo*. (Fig.) **3** celestial; celeste: *anjos etéreos*. **4** delicado; espiritual: *Um etéreo sentimento toma conta de nós*.

e.ter.ni.da.de *s.f.* **1** qualidade de eterno; perenidade: *Uma pedra exibe seu caráter de eternidade*. **2** imortalidade: *a eternidade da alma*. **3** período após a morte. **4** (Fig.) período muito longo: *Esperei-a uma eternidade*.

e.ter.ni.za.ção *s.f.* prolongamento por tempo indefinido; perpetuação: *Não desejo a eternização do problema*.

e.ter.ni.zar *v.t.* **1** tornar eterno; perpetuar: *Eternizemos o nome desses benfeitores em mármore*. **2** prolongar; delongar. • *pron.* **3** prolongar-se no tempo: *Aqui, os problemas se eternizam*. **4** imortalizar-se.

e.ter.no (é) *s.m.* **1** Deus: *A vida emana do Eterno*. • *adj.* **2** que não tem princípio nem fim; que dura sempre: *Deus é eterno*. **3** sem fim; infinito: *Creio na vida eterna*. **4** que não se altera; imutável; inalterável: *Há pessoas que repetem os mesmos erros, na sua eterna ignorância*. **5** de sempre; permanente; habitual: *O eterno problema continua presente*.

é.ti.ca *s.f.* (Filos.) **1** parte da filosofia que aborda os fundamentos da moral e os princípios ideais da conduta humana. **2** conjunto de princípios ideais de conduta.

é.ti.co *adj.* **1** relativo à ética: *Levantou uma dúvida ética*. **2** digno; respeitável: *Essa sua atitude não é nada ética*. **3** que age de acordo com os princípios ideais de conduta: *Aquele vereador é uma pessoa ética*.

e.ti.lê.ni.co *adj.* relativo ao etileno.

e.ti.le.no *s.m.* (Quím.) hidrocarboneto gasoso, incolor, inflamável; eteno.

e.tí.li.co *adj.* (Quím.) **1** alcoólico. **2** diz-se de composto cuja molécula contém etila.

e.ti.lo *s.m.* (Quím.) radical univalente de hidrocarboneto derivado do etano.

é.ti.mo *s.m.* **1** origem filológica; etimologia. **2** termo que serve de base para a formação de palavra.

e.ti.mo.lo.gi.a *s.f.* estudo da origem e formação das palavras de uma língua: *A etimologia vai à origem da palavra*. **2** origem ou formação particular de uma palavra; étimo: *A etimologia da palavra "eutanásia" é eloquente: "boa morte"*.

e.ti.mo.ló.gi.co *adj.* relativo à etimologia; histórico: *dicionário etimológico*.

e.ti.o.lo.gi.a *s.f.* **1** ciência que estuda a origem das coisas. **2** conjunto de fatores que causam uma doença. **3** ramo da Medicina que pesquisa as causas das doenças.

e.ti.o.ló.gi.co *adj.* **1** relativo a etiologia: *diagnóstico etiológico*. **2** causador; patológico: *combater o agente etiológico*.

e.tí.o.pe *s.2g.* **1** natural ou habitante da Etiópia (África). • *adj.* **2** relativo à Etiópia.

e.ti.que.ta (ê) *s.f.* **1** rótulo aplicado a um produto com a finalidade de indicar o seu conteúdo, preço e outras informações: *etiqueta do vinho*. **2** pequeno retângulo de tecido costurado no interior ou exterior das roupas, sapatos etc. que leva o nome do fabricante, da loja vendedora ou instruções de uso: *Leia a etiqueta no avesso do paletó*. **3** marca registrada; grife: *Para que vou pagar pela etiqueta se o que preciso é me aquecer?* **4** conjunto de normas de conduta social: *um homem habituado a respeitar regras de etiqueta*.

e.ti.que.ta.gem *s.f.* colocação de etiquetas.

e.ti.que.tar *v.t.* **1** colocar etiquetas em: *Não deixe de etiquetar as malas*. **2** identificar por um nome; rotular.

et.ni.a *s.f.* (Antrop.) agrupamento humano cuja unidade repousa na comunhão da língua e de elementos culturais ou raciais.

et.ni.ci.da.de *s.f.* (Antrop.) **1** caráter do que é étnico. **2** caráter de um grupo étnico estabelecido através de critérios de identificação dos padrões socioculturais nele presentes e dos que lhe são externos.

ét.ni.co *adj.* **1** relativo a etnia. **2** toda manifestação

evangelista

própria de um agrupamento sociocultural homogêneo: *na sua maioria, são organizações de caráter étnico.* **3** da mesma raça: *A autora estuda as bases entre os diversos grupos étnicos.*

et.no.gra.fi.a *s.f.* (Antrop.) estudo ou descrição dos traços socioculturais de um povo.

et.no.grá.fi.co *adj.* relativo à etnografia.

et.nó.gra.fo *s.m.* (Antrop.) especialista em etnografia.

et.no.lo.gi.a *s.f.* ramo da Antropologia que estuda, compara e interpreta diferentes povos e culturas.

et.no.ló.gi.co *adj.* relativo à etnologia: *estudos etnológicos.*

et.nó.lo.go *s.m.* (Antrop.) especialista em etnologia.

e.to.lo.gi.a *s.f.* (Antrop.) **1** tratado acerca dos costumes humanos. **2** estudo do comportamento das espécies animais e sua adaptação às condições do ambiente.

e.tos (é) *s.m.* (Antrop.) conjunto das características comuns aos indivíduos de uma mesma sociedade.

e.trus.co *s.m.* **1** indivíduo pertencente aos etruscos, povo que habitou a Etrúria (região da Itália antiga). • *adj.* **2** relativo à Etrúria.

eu *pron.* **1** pronome pessoal da 1ª pessoa do singular do caso reto. • *s.m.* **2** a consciência de individualidade; a consciência de si mesmo: *As doenças são o resultado de conflitos entre a nossa personalidade e nosso eu mais profundo.*

eu.ca.lip.to *s.m.* (Bot.) árvore de grande porte, com o caule liso, de cor acinzentada, flores pequenas e folhas estreitas e pontiagudas com propriedades medicinais.

eu.ca.ris.ti.a (Rel.) **1** sacramento da Igreja Católica em que o pão e o vinho representam o corpo e o sangue de Jesus. **2** a celebração desse sacramento; missa. **3** comunhão do pão e do vinho consagrados.

eu.ca.rís.ti.co *s.m.* **1** leigo católico que tem parte ativa nas atividades da Igreja: *Os eucarísticos têm como função instruir os fiéis.* • *adj.* **2** relativo à eucaristia: *mistério eucarístico.*

eu.fê.mi.co *adj.* relativo ao eufemismo; atenuado; dissimulado; suavizado.

eu.fe.mis.mo *s.m.* palavra ou expressão atenuadora que substitui outra considerada deselegante ou ofensiva: *O cidadão usa um eufemismo e se confessa "não muito jovem".*

eu.fo.ni.a *s.f.* efeito acústico agradável resultante de uma combinação fonética harmoniosa.

eu.fô.ni.co *adj.* relativo à eufonia.

eu.for.bi.á.cea *s.f.* (Bot.) espécime das euforbiáceas, que pertencem à complexa e multiforme família de plantas composta de árvores que produzem seiva leitosa, às vezes venenosa: *As seringueiras são da família das euforbiáceas.*

eu.fo.ri.a *s.f.* sensação de bem-estar; de satisfação; grande alegria: *A euforia era total na viagem.*

eu.fó.ri.co *adj.* **1** relativo à euforia. **2** expansivo; muito alegre: *Ficou eufórico quando passou no vestibular.*

eu.ge.ni.a *s.f.* ciência que estuda o aperfeiçoamento físico e mental do homem.

eu.nu.co *s.m.* **1** homem castrado que guardava os haréns no Oriente. **2** (Fig.) homem impotente. • *adj.* **3** castrado.

eu.ra.si.á.ti.co *adj.* indivíduo mestiço de europeu e asiático; eurásico.

eu.rá.si.co *adj.* eurasiático.

eu.ro *s.m.* unidade monetária que circula desde 1º de janeiro de 2002 em alguns países da União Europeia.

eu.ro.dó.lar *s.m.* dólar americano depositado e investido em bancos europeus.

eu.ro.pe.i.za.ção *s.f.* aquisição de características europeias: *europeização do futebol.*

eu.ro.pe.i.zar *v.t.* **1** adotar hábitos e modos europeus: *Esse estilo europeizou a moda atual.* • *pron.* **2** adquirir hábitos e modo de ser europeus: *Nós nos europeizamos e renegamos a nossa origem.*

eu.ro.peu *s.m.* **1** natural ou habitante da Europa. • *adj.* **2** relativo à Europa.

eu.ta.ná.sia *s.f.* **1** morte sem sofrimento. **2** interrupção da vida dos doentes incuráveis, por meio da administração de drogas medicamentosas a fim de abreviar-lhes o sofrimento.

eu.to.ni.a *s.f.* prática corporal que busca o equilíbrio das tensões.

e.va.cu.a.ção *s.f.* **1** ação ou efeito de evacuar. **2** esvaziamento do intestino; defecação: *Passou a sentir dor durante as evacuações.* **3** abandono ou remoção, geralmente coletivos, de um recinto: *Uma ameaça anônima de bomba causou a evacuação de uma sinagoga.*

e.va.cu.ar *v.t.* **1** fazer esvaziar: *Evacuamos todas as salas do edifício.* **2** fazer sair: *evacuar os moradores do prédio.* • *int.* **3** defecar: *A menina estava evacuando muito.*

e.va.dir *v.t.* **1** escapar de; fugir a; evitar: *evadir um problema.* • *pron.* **2** sumir-se; esvaecer-se: *Sentiu medo e evadiu-se.*

e.va.nes.cen.te *adj.* **1** que se esvai; que desaparece: *Do amor que se dizia eterno, só restou lembrança evanescente.* **2** que não deixa resíduos: *Use no rosto um creme evanescente.*

e.van.ge.lho (é) *s.m.* (Rel.) **1** doutrina de Cristo: *Os apóstolos pregavam o Evangelho.* **2** ensinamento contido em obras bíblicas que narram a vida e expõem a doutrina de Cristo: *seguir o Evangelho.* **3** momento na missa católica em que se lê um extrato do Novo Testamento: *Após a leitura do Evangelho, o sacerdote fez um pequeno sermão.* **4** livro que contém os quatro textos principais do Novo Testamento: *Fechou o Evangelho e colocou-o na mesinha de cabeceira.* **5** (Fig.) doutrina; conjunto de preceitos: *Considerava as normas éticas o seu evangelho.*

e.van.gé.li.co *s.m.* (Rel.) **1** quem é adepto de seita protestante: *Os evangélicos constroem os templos em regime de mutirão.* • *adj.* **2** relativo ao Evangelho: *ensinamentos evangélicos.* **3** (Bras.) que é adepto de seita protestante; evangelista: *O homem era pastor evangélico.* **4** evangelizador: *trabalho evangélico.* **5** onde se prega o Evangelho; protestante: *igrejas evangélicas.*

e.van.ge.lis.mo *s.m.* sistema moral e religioso fundamentado no Evangelho.

e.van.ge.lis.ta *s.m.* **1** cada um dos quatro autores do Evangelho: *Os evangelistas são Mateus, Marcos, Lucas e João.* • *s.2g.* **2** (Bras.) quem segue uma das religiões protestantes; evangélico: *Os evangelistas leem a Bíblia diariamente.* • *adj.* **3** que segue o Evangelho: *pastor evangelista.*

evangelização

e.van.ge.li.za.ção *s.f.* ação de evangelizar.

e.van.ge.li.za.dor (ô) *s.m.* **1** quem prega o Evangelho; evangelista: *É um evangelizador ciente de sua responsabilidade.* • *adj.* **2** que evangeliza; que prega o Evangelho; evangelista: *O leigo também pode ser evangelizador.* **3** de evangelização: *missão evangelizadora da Igreja.*

e.van.ge.li.zar *v.t.* **1** pregar o Evangelho; doutrinar: *evangelizar as famílias.* **2** difundir uma doutrina ou ideia: *evangelizar o Brasil.*

e.va.po.ra.ção *s.f.* **1** ato de evaporar-se; eliminação sem ebulição da parte líquida de uma solução: *evaporação das salinas para obter o sal.* **2** passagem do estado líquido para o gasoso: *evaporação da água.*

e.va.po.rar *v.t.* **1** transformar um líquido em vapor ou gás: *evaporar a umidade das frutas.* **2** (Fig.) fazer desaparecer rapidamente: *A inflação evapora os salários.* • *pron.* **3** tornar-se vapor ou gás: *O líquido evaporou-se.* **4** (Fig.) desaparecer: *O dinheiro evaporou-se.*

e.va.são *s.f.* **1** ato de evadir-se; fuga: *A evasão do prisioneiro foi impedida a tempo.* **2** saída: *evasão de dinheiro para a Europa.*

e.va.si.va *s.f.* desculpa ardilosa; subterfúgio: *Respondeu com evasivas, sem comprometer-se.*

e.va.si.vo *adj.* que serve de subterfúgio ou desculpa: *Ela fazia promessas evasivas para depois não ter que pagar.*

e.va.sor (ô) *s.m.* quem se evade: *O evasor foi detido.*

e.ven.to *s.m.* **1** qualquer acontecimento que mobilize público (simpósio, festa, campeonato, espetáculo etc.): *A homenagem aos premiados será o primeiro evento deste ano.* **2** acaso; acontecimento. **3** chegada; aparecimento: *O evento do computador simplificou as pesquisas.* **4** início; começo: *O ano de 1875 marca um evento de grande importância: a criação da Comissão Geológica do Império.*

e.ven.tu.al *adj.* **1** que não é comum ou frequente; que depende das circunstâncias: *Sua vida se resumia ao trabalho, missa aos domingos e eventual cinema com amigos.* **2** hipotético; incerto; passageiro: *Cometerá o erro de contar o fato a um amigo eventual.*

e.ven.tu.a.li.da.de *s.f.* **1** acontecimento imprevisto; acaso: *Se por alguma eventualidade eu não vier, ligue para meu celular.* **2** possibilidade; hipótese: *Resolveu levar agasalho para a eventualidade de esfriar.*

e.vi.dên.cia *s.f.* **1** aquilo que é incontestável ou evidente: *Não é possível contestar a evidência dos números.* **2** indício; sinal: *A evidência do crime é a arma com suas digitais.* **3** destaque; proeminência: *Era político em evidência no capital.* **4** clareza; certeza: *Identificou a voz do cantor com toda evidência.*

e.vi.den.ci.ar *v.t.* **1** tornar evidente; pôr em evidência: *Procuramos evidenciar que a empresa trabalha para o bem-estar da comunidade.* • *pron.* **2** tornar-se evidente; pôr-se em evidência: *A discriminação contra a mulher na atividade política evidencia-se de forma inconteste.*

e.vi.den.te *adj.* que não oferece dúvida; patente; perceptível; óbvio; visível: *São evidentes os sinais de que ela adorou o presente.*

e.vis.ce.rar *v.t.* tirar as vísceras de; estripar: *eviscerar o frango.*

e.vi.tar *v.t.* **1** esquivar-se; desviar-se de: *evitar as más companhias.* **2** impedir; prevenir: *evitar filhos.* **3** poupar: *evitar gastos.*

e.vi.tá.vel *adj.* que pode ou deve ser evitado: *Com a higiene adequada muitas doenças tornam-se facilmente evitáveis.*

e.vo.ca.ção *s.f.* **1** recordação; rememoração: *Ficou preso às evocações da infância.* **2** invocação; chamada: *evocação do espírito do falecido.*

e.vo.car *v.t.* **1** chamar de algum lugar: *Evocou sua presença.* **2** fazer ir à lembrança: *evocar o olhar sereno do pai.* **3** chamar; fazer aparecer pela magia: *Os atabaques de terreiros evocam os santos.*

e.vo.ca.ti.vo *adj.* que faz lembrar: *E a aragem traz o aroma evocativo do mato e da natureza.*

e.vo.lar *v.t.* **1** mostrar; revelar: *As crianças evolam uma aura de inocência.* • *pron.* **2** desprender-se; emanar; sair: *Fumaça e labaredas evolam-se da cratera.* **3** desaparecer: *Aquela geringonça ia mesmo explodir ou evolar-se.*

e.vo.lu.ção *s.f.* **1** passagem progressiva de um estado a outro. **2** desenvolvimento ou transformação de ideias, sistemas, costumes etc.: *Ao longo da evolução, animais e plantas surgiram.* **3** sucessão de fases pelas quais passa um processo patológico: *evolução da doença.* **4** movimentos harmônicos do corpo executados por um grupo de ginastas, dançarinas ou músicos: *as evoluções dos casais na valsa.* **5** (Biol.) conjunto de transformações dos caracteres de espécies animais e vegetais, de geração em geração, levando ao aparecimento de espécies novas: *evolução da espécie.*

e.vo.lu.ci.o.nar *v.t.* **1** fazer passar por alterações sucessivas: *O empenho nas pesquisas evolucionou a Genética.* • *int.* **2** sofrer evoluções; evoluir.

e.vo.lu.ci.o.nis.mo *s.m.* qualquer doutrina baseada no conceito de evolução.

e.vo.lu.ci.o.nis.ta *s.2g.* **1** quem é adepto do evolucionismo: *Darwin foi um evolucionista.* • *adj.* **2** relativo ao evolucionismo: *teoria evolucionista de Darwin.*

e.vo.lu.í.do *adj.* **1** que teve evolução: *O homem é o mais evoluído dos animais.* **2** atualizado; moderno: *Ela considera-se moderna, evoluída e independente.* **3** desenvolvido: *Somos uma sociedade organizada e altamente evoluída.*

e.vo.lu.ir *v.t.* **1** desenvolver: *O operário evoluiu a máquina de modo a torná-la mais econômica.* **2** fazer evoluções ou movimentos; deslocar-se: *Os passistas evoluíam pela passarela.* • *int.* **3** sofrer evolução; passar por transformação: *Os fatos evoluíam normalmente.*

e.vo.lu.ti.vo *adj.* relativo à evolução: *A teoria de Gaia é uma teoria evolutiva.* **2** suscetível de evolução ou que produz evolução.

e.vul.são *s.f.* ato de arrancar, de extrair violentamente; ablação.

ex *s.2g.* aquele que já não é mais cônjuge, noivo, namorado. // Usado como prefixo de um nome para indicar um estado, condição ou atividade que deixou de existir: *O homem ao lado era um ex-funcionário seu.*

e.xa.cer.ba.ção [/z/] *s.f.* **1** ato de exacerbar. **2** agravamento; recrudescimento: *O mundo levou o homem à exacerbação do individualismo.*

exceder

e.xa.cer.bar /z/ *v.t.* **1** tornar mais intenso; agravar: *A exposição ao sol pode exacerbar a desidratação.* • *pron.* **2** tornar-se mais intenso; agravar-se: *A dor de cabeça se exacerbara.*

e.xa.ge.rar /z/ *v.t.* **1** apresentar fatos ou coisas como sendo maiores, melhores ou piores do que realmente são: *Pais exageram as qualidades dos filhos.* **2** exceder-se: *exagerar na maquiagem.*

e.xa.ge.ro /z/ (ê) *s.m.* **1** procedimento descomedido ou inconveniente: *As jovens fãs não percebem o exagero diante do ídolo.* **2** ampliação; aumento: *Aquela repórter cometeu exagero no relato de fatos.*

e.xa.la.ção /z/ *s.f.* **1** ação de exalar-se. **2** emissão de vapores, odores etc.; emanação: *exalação do perfume.*

e.xa.lar /z/ *v.t.* **1** emitir ou lançar fora de si: *As pedras ainda exalavam o calor do dia.* **2** desprender-se; dissipar-se: *Um odor insuportável exalava do quarto.* • **exalar o último suspiro** morrer.

e.xal.ta.ção /z/ *s.f.* **1** ato ou efeito de exaltar(-se). **2** grande excitação de ânimo: *Na exaltação do momento, trocaram insultos e palavrões.* **3** engrandecimento; louvor: *exaltação do amor à Pátria.*

e.xal.ta.do /z/ *s.m.* **1** indivíduo muito irritado ou nervoso: *Os seguranças contiveram os exaltados.* • *adj.* **2** apaixonado; fanático: *Era um torcedor exaltado.* **3** irritado; nervoso; alterado: *O público mais exaltado vaiava os atores.* **4** que se irrita facilmente: *Tinha gênio exaltado.*

e.xal.tar /z/ *v.t.* **1** glorificar; louvar: *O cidadão exaltava os aspectos positivos de sua cidade.* **2** intensificar: *O batom escuro exaltava a brancura dos dentes.* **3** inflamar; excitar: *As palavras do líder exaltam os ouvintes.* • *pron.* **4** irritar-se; excitar-se: *Os ânimos se exaltaram.*

e.xa.me /z/ *s.m.* **1** ato de examinar; observação minuciosa; inspeção: *Houve exame do local do crime.* **2** estudo cuidadoso; análise minuciosa: *exame dos gráficos apresentados.* **3** avaliação a que um candidato se submete para admissão ou promoção em instituição de ensino ou para demonstrar aptidão; prova de capacidade: *exame de habilitação.* **4** (Med.) avaliação física ou mental efetuada por um médico para avaliar o estado de saúde de um paciente: *exame médico.*

e.xa.mi.na.dor /z/ (ô) *s.m.* **1** que examina: *Os examinadores deram a nota máxima.* • *adj.* **2** aquele que examina: *banca examinadora.*

e.xa.mi.nar /z/ *v.t.* **1** observar; analisar com atenção; verificar: *examinar o motor.* **2** submeter a exame médico; submeter a diagnóstico: *examinar o doente.* **3** submeter a exame escolar: *examinar o aluno para avaliação de seu aprendizado.* **4** medir: *examinar a pressão.* • *pron.* **5** analisar a própria consciência: *Examinou-se e mudou de atitude.*

e.xan.gue /z/ *adj.* **1** sem sangue; pálido; descorado: *Os lábios estavam exangues.* **2** (Fig.) sem forças; débil; exausto: *Tinha agora à sua frente uma figura pálida e exangue, de pés inchados.*

e.xan.te.ma /z/ *s.m.* (Med.) erupção cutânea: *Sarampo, escarlatina e rubéola pertencem ao grupo das doenças que apresentam exantemas.*

e.xa.rar /z/ *v.t.* **1** gravar; entalhar. **2** apresentar por escrito; registrar por escrito: *O funcionário exarou o despacho.*

e.xas.pe.ra.ção /z/ *s.f.* **1** ato de exasperar-se. **2** irritação; impaciência: *clima de exasperação.* **3** exacerbação; agravamento.

e.xas.pe.ran.te /z/ *adj.* que exaspera; irritante: *temperamento exasperante.*

e.xas.pe.rar /z/ *v.t.* **1** irritar; enfurecer: *A demonstração de indiferença exasperava-a.* **2** tornar mais intenso; agravar: *Suas atitudes exasperaram ainda mais o ciúme dela.* • *pron.* **3** ficar desesperado, irritado; encolerizar-se: *Ela se exasperava por qualquer motivo.*

e.xa.ti.dão /z/ *s.f.* **1** característica do que é exato, que é fidedigno: *Quer saber a verdade com exatidão.* **2** precisão; correção: *regular com exatidão o relógio.* **3** perfeição; esmero: *Contou o caso com exatidão.*

e.xa.to /z/ *s.m.* **1** aquilo que é preciso, correto ou verdadeiro: *Vou contar a você o exato dessa história.* • *adj.* **2** certo; correto: *Vou falar sobre o caso quando todos estiverem aqui, no momento exato.* **3** preciso; combinado: *Chegou na hora exata.* **4** perfeito; correto: *O encaixe entre as partes está exato.*

e.xa.tor /z/ (ô) *s.m.* cobrador ou arrecadador de impostos e de contribuições; coletor.

e.xau.rir /z/ *v.t.* **1** esgotar completamente; exaustar: *O trabalho exaure suas forças.* **2** fazer secar; ressecar: *O calor exauriu a lagoa.* **3** gastar ou dissipar totalmente: *Exauriu todo o seu dinheiro.* • *pron.* **4** esgotar-se; esvair-se: *Os argumentos se exauriram.*

e.xau.rí.vel /z/ *adj.* que se pode exaurir; esgotável: *Os recursos naturais são exauríveis.*

e.xaus.tão /z/ *s.f.* **1** cansaço; fadiga extrema: *O trabalhador caiu, vencido pela exaustão.* **2** esgotamento: *a exaustão dos solos.*

e.xaus.tar /z/ *v.t. pron.* exaurir.

e.xaus.ti.vo /z/ *adj.* **1** cansativo; extenuante: *Foi uma viagem exaustiva.* **2** que esgota um tema; abrangente: *Fez um trabalho exaustivo sobre a poetisa.*

e.xaus.to /z/ *adj.* muito cansado ou fatigado: *Estava exausta do trabalho.*

e.xaus.tor /z/ (ô) *s.m.* aparelho que retira o ar viciado ou malcheiroso de um ambiente fechado.

ex.ce.ção *s.f.* **1** ação ou efeito de excetuar. **2** o que se desvia da regra geral: *Camisas sem mangas são, salvo raras exceções, proibidas no trabalho.* **3** exclusão; isenção: *Não são permitidas exceções à regra imposta.* **4** privilégio; prerrogativa: *não abrir exceção para ninguém.* **5** raridade: *Roseiras estão se tornando exceção nos jardins.* **6** arbitrariedade; abuso de poder: *Já vivemos um regime de exceção e de arbítrio.*

ex.ce.den.te *s.m.* **1** diferença para mais; excesso; sobra: *A cooperativa vai comprar o excedente de energia elétrica de empresas.* • *adj.* **2** que sobra ou ultrapassa determinados limites: *Tivemos demissão dos servidores excedentes.* **3** que se qualificou em exame, mas não ingressa em escola superior por falta de vagas: *Queremos vagas para os vestibulandos excedentes.*

ex.ce.der (ê) *v.t.* **1** ir além; ultrapassar: *Ele excedeu todos os limites.* **2** ultrapassar; levar vantagem; superar: *O casarão excedia em beleza às outras casas da vizinhança.* **3** ultrapassar em valor, peso, extensão, tamanho etc.: *Os gastos excedem às suas posses.* • *pron.* **4** ultrapassar o limite de; cometer excessos: *Ele*

excelência

se excede na bebida. **5** enfurecer-se; exasperar-se sem comedimento: *Em uma discussão, ele sempre se excede.* **6** fadigar-se; cansar-se. **7** esmerar-se; apurar-se.

ex.ce.lên.cia *s.f.* **1** qualidade de excelente; perfeição: *O homem comparou a excelência da ideia à desilusão que se seguiu.* **2** (Bras.) oração que se entoa ao pé do morto ou moribundo. **3** tratamento usado para dirigir-se diretamente a altas patentes militares, presidente da República, ministros, pessoas de alta categoria, bispos e arcebispos.

ex.ce.len.te *adj.* de muito boa qualidade; muito bom: *Este vinho é excelente.*

ex.ce.len.tís.si.mo *s.m.* **1** pessoa de hierarquia social elevada: *E o excelentíssimo, como vai?* • *adj.* **2** superlativo absoluto sintético de excelente. **3** tratamento que se dá a determinadas pessoas de alta hierarquia: *O excelentíssimo senhor deputado estava presente.*

ex.cel.so (é) *adj.* **1** elevado; excelente; sublime: *Ele é pai extremado de excelsas qualidades.* **2** magnífico; altíssimo; supremo: *Santo, excelso é o Senhor, rei da glória.*

ex.cen.tri.ci.da.de *s.f.* **1** afastamento em relação a um centro. **2** qualidade de excêntrico. **3** esquisitice; originalidade: *A excentricidade de sua fantasia conquistou os jurados.*

ex.cên.tri.co *s.m.* **1** quem não age de acordo com as normas ou convenções: *Um excêntrico me parece a melhor qualificação para ele.* • *adj.* **2** afastado de um ponto central: *posição geográfica excêntrica.* **3** estranho; extravagante: *O senhor tem hábitos meio excêntricos.*

ex.cep.ci.o.nal *s.2g.* **1** (Med.) quem é portador de deficiência mental, física ou sensorial: *Atualmente os excepcionais são muito bem assistidos.* • *adj.* **2** excelente; muito bom: *A nova picape oferece conforto excepcional.* **3** incomum; extraordinário: *Sua memória é excepcional.* **4** portador de deficiência mental, física ou sensorial: *É um homem devotado à causa das crianças excepcionais.* **5** que constitui ou envolve exceção: *Com as medidas provisórias, dão-se poderes excepcionais ao governo.*

ex.cep.ci.o.na.li.da.de *s.f.* originalidade; diferença; anormalidade: *É curioso como, em certos países, o cumprimento da lei tem, muitas vezes, um caráter de excepcionalidade.*

ex.cer.to (ê) *s.m.* trecho; fragmento; extrato: *Gostaria de citar um excerto que revela o caráter do educador.*

ex.ces.si.vo *adj.* **1** exagerado; desmedido: *Houve desenvolvimento excessivo de fungos nessa experiência.* **2** em excesso; numeroso demais: *Há excessivos servidores para a repartição.*

ex.ces.so (é) *s.m.* **1** diferença para mais entre duas quantidades: *excesso de peso.* **2** falta de moderação; desregramento: *Os excessos de qualquer ordem são prejudiciais.* **3** quantidade a mais: *O excesso de vitamina é eliminado.* **4** grau muito elevado; exagero: *excesso de trabalho.* **5** sobra; sobejo: *Há excesso de mão de obra.* **6** (Fig.) abuso; violência: *Os soldados cometeram excessos contra os civis.*

ex.ce.to (é) *prep.* com exclusão ou à exceção de; salvo; a não ser: *Ninguém, exceto minha mãe, compreendia minha angústia.*

ex.ce.tu.ar *v.t.* **1** fazer exceção de; excluir: *Derrotou todos os adversários, sem excetuar nenhum.* **2** isentar; excluir: *Excetuou os amigos do pagamento de ingresso.*

ex.ci.ta.bi.li.da.de *s.f.* **1** propriedade de reagir a estímulos: *Excitabilidade é a propriedade da matéria viva de reagir às formas de energia que sobre ela atuam.* **2** nervosismo; irritação: *Nas três situações, a pessoa apresenta um quadro de excitabilidade e confusão mental.*

ex.ci.ta.ção *s.f.* **1** ação ou efeito de excitar(-se). **2** ativação; estimulação: *Deve-se manter tão baixa quanto possível a quantidade total de excitações a que a pessoa está sujeita.* **3** animação; agitação: *Os presentes tomaram-se de excitação e batiam palmas.* **4** desejo sexual.

ex.ci.ta.men.to *s.m.* animação; excitação: *O excitamento incentiva a produção de adrenalina.*

ex.ci.tan.te *s.m.* **1** substância química que provoca excitação: *Pela manhã toma um excitante.* • *adj.* **2** que excita: *É um trabalho excitante que gosto de fazer.* **3** emocionante: *uma excitante corrida de cavalos.*

ex.ci.tar *v.t.* **1** tornar mais vivo; estimular; despertar: *excitar a curiosidade.* **2** aumentar a atividade; animar: *As palmas excitam o cantor.* **3** provocar; incitar: *Seu discurso excita os grevistas.* **4** despertar o desejo sexual. **5** exortar: *excitar os cristãos à prática das virtudes.* • *pron.* **6** experimentar sensação erótica. **7** estimular-se; animar-se: *excitou-se com o convite para a festa.*

ex.cla.ma.ção *s.f.* **1** ato de exclamar; grito súbito que expressa uma forte emoção: *exclamação de alegria.* **2** ponto de exclamação: *A prova está marcada em vermelho e com exclamações.*

ex.cla.mar *v.t.* dizer com ênfase; dizer em tom exclamativo: *exclamar uma palavra de alegria.*

ex.cla.ma.ti.vo *adj.* que denota exclamação ou admiração.

ex.clu.den.te *adj.* **1** que exclui. **2** que se excluem mutuamente: *Estas explicações não são necessariamente excludentes.*

ex.clu.ir *v.t.* **1** afastar; isentar: *Não se pode excluir do filme um humor deslavado.* **2** retirar; cortar; eliminar: *Vão excluir o clube do campeonato?* **3** omitir: *Excluímos sua participação nos acontecimentos.* • *pron.* **4** afastar-se; privar-se: *Não me excluo dessa turma de maneira alguma.*

ex.clu.são *s.f.* **1** ato de excluir; afastar ou omitir: *exclusão do aluno da escola.* **2** exceção: *Ela levou todos, com exclusão dos meninos menores.* // Ant.: inclusão.

ex.clu.si.vi.da.de *s.f.* **1** qualidade do que é exclusivo. **2** característica exclusiva; particularidade: *Nossa loja oferece exclusividade de atendimento.* **3** monopólio: *O privilégio de navegação garantiu àquele país a exclusividade do comércio externo.*

ex.clu.si.vis.mo *s.m.* **1** espírito de exclusão. **2** monopólio: *A empresa tinha exclusivismo na exportação do produto.*

ex.clu.si.vis.ta *s.2g.* **1** pessoa de espírito seletivo; intolerante: *Para os exclusivistas, há um salão reservado.* • *adj.* **2** relativo ao exclusivismo: *um amor exclusivista e egoísta.* **3** que rejeita tudo quanto difere do seu modo

exemplificativo

de pensar: *Trabalham pelos interesses exclusivistas de sua organização*. **4** egoísta; individualista: *um grupo dominante exclusivista, ávido de estabilidade social e poder*.

ex.clu.si.vo *adj*. **1** que exclui; excludente: *São duas teorias mutuamente exclusivas*. **2** que cabe por privilégio; privativo; especial: *As peças são exclusivas*.

ex.co.gi.tar *v.t.* inventar; imaginar: *Sempre excogitava uma boa saída para situações difíceis*.

ex.co.mun.gar *v.t.* **1** (Rel.) afastar da comunhão da Igreja Católica: *excomungar os católicos*. **2** esconjurar; condenar: *O velho excomunga todas as novidades*.

ex.co.mu.nhão *s.f.* **1** ato de excomungar. **2** censura eclesiástica que afasta alguém da comunhão da Igreja. **3** maldição; praga.

ex.cre.ção *s.f.* **1** eliminação e expulsão de resíduos pelo organismo: *excreção dos elementos que não foram assimilados*. **2** matéria eliminada do organismo.

ex.cre.men.to *s.m.* **1** matéria sólida ou líquida que os animais expelem do corpo pelas vias naturais. **2** matérias fecais; fezes.

ex.cres.cên.cia *s.f.* **1** saliência; elevação; parte saliente. **2** (Med.) tumor na superfície de qualquer órgão. **3** demasia; superfluidade.

ex.cre.tar *v.t.* eliminar pelo organismo; evacuar; expelir.

ex.cre.tor (ô) *adj.* que expele resíduos: *sistema excretor*.

ex.cru.ci.an.te *adj.* muito penoso; aflitivo; doloroso: *A perda de tempo adquire sua forma mais excruciante no vestibular*.

ex.cur.são *s.f.* **1** viagem de estudos; expedição: *excursão às aldeias indígenas*. **2** viagem de recreio, individual ou em grupo, geralmente com guia: *Fizemos excursão pelos países da Europa*. **3** viagem com itinerário determinado, para apresentações artísticas ou esportivas; turnê: *excursão de bailarinos pelos estados do Nordeste*.

ex.cur.si.o.nar *v.int.* fazer excursão: *excursionar pelo Sul do Brasil*.

ex.cur.si.o.nis.ta *s.2g.* **1** pessoa que participa de excursões: *Em qualquer lugar do mundo encontramos excursionistas brasileiros*. • *adj.* **2** de ou relativo a excursões: *clube excursionista*.

e.xe.cra.ção /z/ *s.f.* abominação; maldição: *expor cidadãos à execração pública*.

e.xe.crar /z/ *v.t.* **1** ter aversão por; abominar; detestar: *execrar calças compridas para mulher*. **2** desejar mal a.

e.xe.crá.vel /z/ *adj.* que causa aversão; abominável; detestável: *Este é o personagem mais execrável que já interpretei*.

e.xe.cu.ção /z/ *s.f.* **1** ato ou efeito de executar; de cumprir um plano; de realizar um objetivo: *execução de projetos*. **2** interpretação musical: *execução de música clássica*. **3** cumprimento de sanções, civis ou criminais, de um processo criminal. **4** ajuizamento; obrigação ao pagamento: *execução de dívidas*. **5** cumprimento de pena de morte: *execução dos condenados*.

e.xe.cu.tan.te /z/ *s.2g.* **1** músico: *Os mestres pré-românticos costumavam alterar bastante o número de executantes*. • *adj.* **2** que executa: *O operário exe-cutante das sondagens deve manter estreita ligação com os projetistas*.

e.xe.cu.tar /z/ *v.t.* **1** efetuar; realizar: *Todos executam a tarefa*. **2** matar: *executou o inimigo*. **3** proceder à execução de; cobrar: *executar uma dívida do contribuinte*. **4** tocar ou cantar (música): *O pianista executou a melodia divinamente*.

e.xe.cu.tá.vel /z/ *adj.* que pode ser executado: *A ideia é boa, não sei se politicamente executável*.

e.xe.cu.ti.va /z/ *s.f.* comissão encarregada de tomar decisões: *Ele é membro da executiva nacional do partido*.

e.xe.cu.ti.vo /z/ *s.m.* **1** diretor ou alto funcionário que exerce funções executivas: *Quais são as características ideais do executivo de recursos humanos do século 21?* **2** governo da nação, representado pelo chefe de Estado e seu ministério; poder executivo: *Parlamentares obtiveram o apoio do Executivo*. • *adj.* **3** que atua na área administrativa, técnica, financeira ou comercial de uma empresa ou órgão: *É secretário executivo da empresa*. **4** que executa; executor; que torna efetivo: *comissão executiva*. **5** que faz cumprir as leis: *medidas executivas e judiciárias*.

e.xe.cu.tor /z/ (ô) *s.m.* **1** quem executa: *Ele é o executor do projeto*. **2** algoz; carrasco. • *adj.* **3** que ou quem executa: *Ele pertence ao grupo executor do projeto*.

e.xe.cu.tó.rio /z/ *adj.* que deve ser posto em execução; que dá o poder de execução: *delegação de funções executórias*.

e.xe.ge.se /z/ (é) *s.f.* comentário explicativo ou interpretação de texto ou palavra: *Faltam-lhe igualmente paciência e sabedoria para devotar-se à exegese*.

e.xe.ge.ta /z/ (é) *s.2g.* **1** quem faz exegese; quem explica ou comenta um texto ou palavra: *Há um ponto que parece ter passado despercebido dos exegetas do poema*. **2** hermenêutica.

e.xe.gé.ti.ca /z/ *s.f.* parte da teologia que trata da exegese bíblica.

e.xe.gé.ti.co /z/ *adj.* relativo a exegese: *Não sigo um método exegético*.

e.xem.plar /z/ *v.t.* **1** castigar para dar exemplo; infligir castigo: *Era preciso exemplar o filho rebelde*. • *s.m.* **2** cada indivíduo da mesma espécie animal, vegetal ou mineral; espécime: *Viu no zoológico um exemplar de zebra*. **3** tipo; modelo: *Exibe com orgulho um exemplar do conversível de 1929*. **4** cada um dos impressos (folha volante, prospecto, estampa, folheto, fascículo) pertencentes à mesma tiragem; número: *Comprou na banca um exemplar daquele jornal*. • *adj.* **5** próprio ou digno de ser tomado como exemplo: *um aluno exemplar*.

e.xem.plá.rio /z/ *s.m.* coleção de exemplos: *O professor tem um exemplário de conjunções para usar em aula*.

e.xem.pli.fi.ca.ção /z/ *s.f.* ação de exemplificar; ilustração: *Ele expõe de modo detalhado, com material informativo e riquíssima exemplificação*.

e.xem.pli.fi.car /z/ *v.t.* **1** mostrar ou ilustrar com exemplo: *exemplificar uma regra*. **2** ser exemplo ou ilustração: *Esta figura exemplifica tubérculos radiculares*.

e.xem.pli.fi.ca.ti.vo /z/ *adj.* que exemplifica: *Cito apenas um trecho exemplificativo do estilo machadiano*.

399

exemplo

e.xem.plo /z/ s.m. **1** aquilo que deve ser seguido ou imitado; modelo: *Irritava a esposa, citando a mãe como exemplo de boa dona de casa.* **2** ilustração; amostra: *Este é um exemplo de oração afirmativa.* **3** provérbio; ditado. ◆ **a exemplo de** segundo o exemplo dado por: *A exemplo do funcionário, não me calarei.*

e.xé.quias /z/ s.f. pl. cerimônias ou honras fúnebres: *Embarcou às pressas, a fim de assistir às exéquias de seu chefe e amigo.*

e.xe.qui.bi.li.da.de /z/ (güi) s.f. qualidade do que é exequível: *Quero imprimir presteza, exequibilidade e exatidão ao inquérito.*

e.xe.quí.vel /z/ (qüí) adj. que pode ser feito; executável; realizável: *As metas foram fixadas em bases exequíveis.*

e.xer.cer /z/ (ê) v.t. **1** desempenhar os deveres ou funções relativas a um cargo: *exercer o ofício de carpinteiro.* **2** pôr em ação; executar: *exercer a autoridade.* **3** efetuar; desempenhar: *O pai exerce domínio sobre os filhos.*

e.xer.cí.cio /z/ s.m. **1** ato de exercitar, para desenvolver ou melhorar uma capacidade ou habilidade: *exercícios de memorização.* **2** desempenho de função, cargo, profissão; atividade: *exercício do cargo.* **3** tarefa escolar para avaliar ou consolidar os alunos numa determinada matéria. **4** atividade para aperfeiçoamento físico; treinamento: *exercícios com halteres.* **5** período em que se executam serviços previstos num orçamento: *A previsão orçamentária da empresa é de 20% a mais que a do exercício anterior.*

e.xer.ci.tar /z/ v.t. **1** cultivar; praticar atividade física ou intelectual: *exercitar os músculos.* **2** pôr em ação; fazer valer: *exercitar sua autoridade.* **3** submeter a treinamento para desenvolver uma aptidão ou um hábito: *exercitar as crianças no estudo.* ● pron. **4** adestrar; habilitar-se por meio de exercício ou do estudo: *exercitar-se na escrita.*

e.xér.ci.to /z/ s.m. **1** parte das forças armadas que compreende as tropas: *um oficial do Exército brasileiro.* **2** tropas sob as ordens de um comandante: *O general com seu exército cercou o inimigo.* **3** (Fig.) grande quantidade; multidão: *Não vamos nos incomodar com o exército de descontentes que querem sempre mais.*

ex.fo.li.a.ção s.f. (Med.) **1** ação de exfoliar; escamação: *fazer exfoliação na pele.* **2** desprendimento, sob a forma de escamas ou de camadas, de um tendão ou cartilagem atacados por necrose.

ex.fo.li.ar v.t. desprender sob a forma de camadas ou escamas; escamar: *exfoliar a pele com cremes.* // Cp.: esfoliar.

e.xi.bi.ção /z/ s.f. **1** ação de exibir-se. **2** apresentação pública; espetáculo: *exibição de uma peça de teatro.* **3** exposição; mostra: *exibição de telas e esculturas.* **4** colocação em evidência; manifestação: *Essa exibição de ciúme em público não fica bem.* **5** ostentação; alarde: *Tímida, não gosta de exibições.*

e.xi.bi.ci.o.nis.mo /z/ s.m. **1** característica de quem se exibe; ostentação: *Acabamos perdendo a partida por exibicionismo do jogador.* **2** (Psiq.) perversão que consiste na exibição das partes sexuais do corpo.

e.xi.bi.ci.o.nis.ta /z/ s.2g. **1** pessoa que gosta de exibir-se: *Ele é um exibicionista.* ● adj. **2** que gosta de fazer ostentação ou alarde: *Ela tem um jeito maroto, exibicionista.*

e.xi.bi.dor /z/ s.m. **1** (Bras.) proprietário de sala de cinema. ● adj. **2** que exibe algo ou alguém.

e.xi.bir /z/ v.t. **1** apresentar; mostrar: *A menina exibe o vestido novo.* **2** projetar; expor: *exibir filmes.* **3** apresentar: *exibir peças de teatro.* **4** revelar; deixar à mostra: *A moça sorria, exibindo dentes brancos e perfeitos.* ● pron. **5** mostrar-se; apresentar-se: *Ela gosta de se exibir.*

e.xi.gên.cia /z/ s.f. **1** ato de exigir; reclamar: *Às vezes as exigências dos pais são exageradas.* **2** determinação; imposição: *A prefeitura fez algumas exigências para conceder o alvará.* **3** impertinência; excessos: *Desde o início ele não fazia exigências.* **4** obrigação: *Uma das exigências do acordo era o sigilo absoluto.*

e.xi.gen.te /z/ adj. **1** que exige: *aluno exigente.* **2** rigoroso; severo: *Não seja tão exigente com os filhos.* **3** refinado; sofisticado: *Estes filtros retêm impurezas que os menos exigentes deixam passar.*

e.xi.gi.bi.li.da.de /z/ s.f. conjunto de obrigações exigidas em determinado prazo: *A mudança na exigibilidade está prevista desde julho.*

e.xi.gir /z/ v.t. **1** reclamar como direito: *A mulher exigia a pensão para os filhos.* **2** pedir com autoridade; ordenar: *A escola exige disciplina dos alunos.* **3** solicitar: *As crianças exigem carinho dos pais.* **4** requerer como necessário; prescrever: *O emprego exige experiência dos interessados.*

e.xi.gí.vel /z/ adj. que pode ser exigido: *Nenhuma das empresas possuía os requisitos mínimos exigíveis em serviços dessa natureza.*

e.xi.gui.da.de /z/ (güi) s.f. **1** qualidade de exíguo: *Nosso problema é a exiguidade de orçamento.* **2** insuficiência; escassez: *O problema é a exiguidade de tempo para realizar a empreitada.*

e.xí.guo /z/ adj. **1** de pequenas proporções; diminuto: *O quarto era exíguo, mal cabia a cama.* **2** escasso; minguado; limitado: *O tempo é exíguo para trabalho tão elaborado.* **3** insuficiente; parco: *O dinheiro é exíguo.*

e.xi.lar /z/ v.t. **1** condenar ao exílio; desterrar; expatriar: *A ditadura exilou muitos cientistas e professores.* ● pron. **2** afastar-se do convívio social; isolar-se: *Casal exilou-se na montanha em busca de sossego.*

e.xí.lio /z/ s.m. **1** expulsão da pátria; desterro: *Não sobreviveu ao exílio e à guerra.* **2** lugar onde vive o exilado: *Só não vamos para a fogueira ou para o exílio porque os tempos são outros.* **3** lugar afastado, isolado ou solitário: *Sua casa era seu exílio.* **4** (Astrol.) planeta que se encontra em signo oposto ao de sua casa no zodíaco.

e.xí.mio /z/ adj. muito hábil; excelente: *Ele era famoso por ser exímio jogador de dama.*

e.xi.mir /z/ v.t. **1** isentar; desobrigar: *O juiz eximiu a viúva do pagamento da dívida.* ● pron. **2** ficar livre; isentar-se: *eximir-se de culpa.*

e.xis.tên.cia /z/ s.f. **1** o fato de existir; vivência: *Já nem sequer se lembra da existência do amigo.* **2** maneira de viver: *Sua existência é humilde, pobre e vazia.* **3** (Filos.) modo de ser atual, concreto. **4** presença: *Passou a ignorar sua existência.*

e.xis.ten.ci.al /z/ adj. **1** relativo à existência: *Graças a Deus não temos problemas existenciais.* **2** que toma por objeto de reflexão o homem em sua existência concreta: *A filosofia existencial tem muitos adeptos.*

expedição

e.xis.ten.ci.a.lis.mo /z/ *s.m.* (Filos.) corrente filosófica cujo objeto de reflexão é o homem, livre e responsável por seus próprios atos em sua existência.

e.xis.ten.ci.a.lis.ta /z/ *s.2g.* **1** quem é adepto do existencialismo. • *adj.* **2** adepto do existencialismo: *Sartre era um filósofo existencialista.*

e.xis.ten.te /z/ *adj.* que existe; que há: *Este é o único modelo existente em nossas lojas.*

e.xis.tir /z/ *v.int.* **1** ter vida; ser; haver: *Para mim, é a única mulher que existe.* **2** subsistir; permanecer: *No Norte existe a crença de que o boto vira homem.*

ê.xi.to /z/ *s.m.* **1** resultado; efeito. **2** vitória; bom resultado; sucesso: *Ele obteve êxito em seu trabalho.*

ê.xo.do /z/ *s.m.* **1** emigração em massa de um povo (ou parte dele); saída: *A atração econômica das cidades causa o êxodo também entre os pescadores.* **2** diminuição pela retirada de investimentos; fuga: *Vai haver êxodo de capitais.* **3** (Rel.) o segundo livro do Pentateuco, em que é relatada a saída dos hebreus do Egito.

e.xó.ge.no /z/ *adj.* **1** que provém de uma causa; de fora; exterior; externo: *A cultura brasileira sempre sofreu influências exógenas.* **2** que se forma no exterior, na superfície.

e.xo.ne.ra.ção /z/ *s.f.* **1** destituição do cargo; demissão: *O gerente providenciou a exoneração do funcionário.* **2** demissão: *pedido de exoneração do cargo de chefe de produção.*

e.xo.ne.rar /z/ *v.t.* **1** demitir; afastar: *exonerar funcionários.* **2** eximir; livrar: *exonerar o réu de culpa.* • *pron.* **3** pedir demissão; desobrigar-se: *exonerar-se do cargo.*

e.xor.bi.tân.cia /z/ *s.f.* **1** excesso; exagero: *Era homem bom, de família, incapaz de exorbitâncias.* **2** preço muito alto ou excessivo: *Era uma exorbitância o preço daquela roupa.*

e.xor.bi.tan.te /z/ *adj.* **1** que exorbita ou sai da órbita. **2** excessivo; demasiado; exagerado: *O preço dos remédios é exorbitante.*

e.xor.bi.tar /z/ *v.t.* **1** tirar da órbita. **2** ultrapassar os limites; exceder-se: *Os policiais não podem exorbitar no exercício de sua missão.* **3** ter em excesso: *sala de jantar exorbitando de entalhes e cafonices.*

e.xor.cis.mar /z/ *v.t.* exorcizar.

e.xor.cis.mo /z/ *s.m.* prática religiosa que tem como objetivo a expulsão de maus espíritos; esconjuro: *Alguns padres benzem e fazem exorcismos.*

e.xor.cis.ta /z/ *s.2g.* pessoa que pratica o exorcismo: *A família pediu o auxílio de pastores evangélicos, exorcistas e curandeiros.*

e.xor.ci.zar /z/ *v.t.* **1** expulsar os demônios por meio de preces e cerimônias: *exorcizavam demônios.* (Fig.) **2** tirar do páreo; afastar da disputa: *exorcizar o time rival.* **3** afugentar; afastar: *Quero exorcizar essa antiga paixão.*

e.xór.dio /z/ *s.m.* **1** parte inicial de um discurso; preâmbulo. **2** princípio; origem.

e.xor.ta.ção /z/ *s.f.* **1** estímulo; incitamento: *exortação dos fiéis à santidade.* **2** conselho: *É bom ouvir as exortações dos pais.*

e.xor.tar /z/ *v.t.* **1** animar; incentivar: *O líder exortou seus seguidores.* **2** induzir; convencer. **3** advertir; admoestar.

e.xo.té.ri.co /z/ *adj.* (Filos.) diz-se de doutrina filosófica ou religiosa ensinada publicamente em escolas da antiguidade grega (ao contrário das doutrinas esotéricas). // Cp.: esotérico.

e.xo.te.ris.mo /z/ *s.m.* **1** qualidade do que é exotérico. **2** a doutrina exotérica. // Cp. esoterismo.

e.xó.ti.co /z/ *adj.* **1** estranho; estrangeiro: *plantas e frutos exóticos.* **2** esquisito; extravagante: *Veste roupas coloridas e exóticas.*

e.xo.tis.mo /z/ *s.m.* **1** qualidade do que é exótico: *a exuberância e o exotismo da cozinha brasileira.* **2** excentricidade; extravagância.

ex.pan.dir *v.t.* **1** ampliar: *expandir a área do parque para crianças.* **2** desenvolver: *expandir as lavouras de açúcar.* **3** divulgar; difundir: *expandir ensinamentos.* **4** desabafar: *Venho expandir as mágoas com a amiga.* • *pron.* **5** mostrar-se alegre e comunicativo; abrir-se: *expandir-se com amigos.* **6** espalhar-se; disseminar-se: *Os italianos se expandiram pelo Sul do país.* **7** crescer; desenvolver-se: *A lavoura de cana se expandiu por todo o estado.*

ex.pan.são *s.f.* **1** aumento; desenvolvimento em volume ou superfície: *expansão da avenida.* **2** ação de estender-se, difundir-se, propalar-se: *expansão do poderio econômico de um país.* **3** manifestação espontânea de sentimentos: *A garota não era dada a expansões com amigos.*

ex.pan.si.o.nis.mo *s.m.* atitude política que preconiza a expansão de um país ou empresa além dos limites do seu território.

ex.pan.si.vi.da.de *s.f.* característica de quem é expansivo.

ex.pan.si.vo *adj.* extrovertido; comunicativo; aberto: *Na época do colégio, ele me parecia mais expansivo do que você.*

ex.pa.tri.a.do *adj.* que foi expulso da pátria; exilado.

ex.pa.tri.ar *v.t.* **1** expulsar da pátria; exilar. • *pron.* **2** ir para o exílio. **3** mudar-se para um país estrangeiro.

ex.pec.ta.dor (ô) *s.m.* que tem ou está na expectativa.

ex.pec.ta.ti.va *s.f.* **1** esperança fundada em probabilidades: *Se as expectativas forem confirmadas, a empresa dará bom lucro.* **2** estimativa: *A expectativa de vida da população brasileira cresceu.* **3** espera; aguardo: *Estou na expectativa do fim do jogo.*

ex.pec.to.ran.te *s.m.* **1** medicamento que provoca a expulsão do catarro: *Dê a ele um expectorante.* • *adj.* **2** que provoca a expulsão de catarro: *xarope expectorante.*

ex.pec.to.rar *v.t.* **1** soltar do pulmão: *O doente expectorou um catarro sanguinolento.* • *int.* **2** expelir a secreção proveniente dos pulmões: *O doente expectorou.*

ex.pe.di.ção *s.f.* **1** remessa; envio: *expedição de cartas.* **2** emissão: *expedição das certidões de nascimento.* **3** viagem de um grupo para pesquisa ou exploração de determinada região: *expedição científica a Fernando de Noronha.* **4** grupo de pesquisadores ou exploradores de uma região: *A expedição encontrou cerâmicas valiosas.* **5** corpo de tropa: *As expedições militares naquela região limitavam-se ao treinamento dos soldados.* **6** (Bras.) seção encarregada de envio ou remessa: *Na expedição há muito material para ser enviado.*

expedicionário

ex.pe.di.ci.o.ná.rio *s.m.* **1** quem participa de expedição: *Fui um expedicionário de guerra.* • *adj.* **2** que participa de expedição: *Enviaram um corpo expedicionário ao país.*

ex.pe.di.en.te *s.m.* **1** horário de trabalho: *Esqueceu o quilo de arroz que precisava levar para casa, no fim do expediente.* **2** correspondência; ofício; requerimento: *Encaminharam expediente ao gerente, denunciando irregularidades.* **3** serviço de rotina: *Tinha um secretário e um auxiliar para o expediente do escritório.* **4** meio; recurso: *Usou de expedientes inconfessáveis para subir na vida.* • *adj.* **5** que expede, resolve: *funcionário expediente.* ✦ **ter expediente** ser desembaraçado: *Esta secretária não serve, não tem expediente.* **viver de expedientes** viver de oportunidades ou negócios fortuitos, em geral, ilícitos: *Vive de pequenos expedientes.*

ex.pe.dir *v.t.* **1** remeter; enviar; despachar: *Vamos expedir convites para os amigos.* **2** promulgar; tornar público; publicar: *A secretaria tem de expedir portaria convocando delegados.* **3** emitir: *expedir certificados de conclusão de curso.* **4** expor: *O juiz vai expedir seu parecer sobre o assunto.*

ex.pe.di.to *adj.* desembaraçado; ativo; diligente: *O ajudante era um garoto expedito e leal.*

ex.pe.lir *v.t.* **1** lançar para fora; arremessar. **2** lançar fora de si: *O dragão expelia fogo pelas ventas.* **3** expulsar; afastar: *expelir as tropas inimigas.*

ex.pen.sas *s.f. pl.* usado na locução. ✦ **às expensas de** à custa de: *A festa correu às expensas do padrinho.*

ex.pe.ri.ên.cia *s.f.* **1** ato ou efeito de experimentar: *O contrato prevê um período de experiência de três meses.* **2** conhecimento adquirido pela prática da observação ou exercício; habilidade; perícia: *Tinha muita experiência em lidar com crianças.* **3** investigação científica; experimento. **4** qualquer acontecimento ou ato que afeta a mente ou os sentimentos: *Teve uma experiência muito enriquecedora no convívio com o avô.*

ex.pe.ri.en.te *adj.* que tem experiência; perito; experimentado: *Vou me aconselhar com pessoas mais experientes.*

ex.pe.ri.men.ta.ção *s.f.* **1** ato ou efeito de experimentar. **2** estudo científico através de experimentos; experiência: *Este antibiótico ainda está em fase de experimentação clínica.*

ex.pe.ri.men.ta.dor (ô) *s.m.* quem realiza experimentos: *O experimentador considerou o café de boa qualidade.*

ex.pe.ri.men.tal *adj.* **1** que visa à realização de uma experiência: *A escola dele faz uso de técnicas de aprendizado experimentais.* **2** que está em fase de experiência ou verificação: *aplicação experimental de antibióticos.* **3** que se baseia em dados da experiência; empírico: *A Física é uma ciência experimental.*

ex.pe.ri.men.tar *v.t.* **1** submeter à prova; testar: *experimentar o sal da feijoada.* **2** tentar; empreender: *Experimentou levantar-se da cama, não conseguiu.* **3** vestir ou calçar; provar: *experimentar sapatos.* **4** sentir; conhecer pela experiência: *Quero experimentar sensações novas.* **5** pôr à prova; submeter a provas morais: *Chegou o dia de experimentar o filho na empreitada.*

ex.pe.ri.men.to *s.m.* estudo científico para a verificação de um fenômeno; experiência: *Fazer experimentos com plantações sem agrotóxicos.*

expert (ekspert) (Ingl.) *s.2g.* experto: *Tinha a seu lado um expert em fotografia.*

ex.per.to *adj.* que tem experiência; especialista; perito; conhecedor: *O rapaz é experto em computação.* // Cp.: esperto.

ex.pi.a.ção *s.f.* cumprimento de pena; castigo; penitência: *Dizem que a Terra é lugar de expiação.*

ex.pi.ar *v.t.* **1** reparar crimes ou faltas por meio de penitência ou cumprindo pena; pagar: *expiar possíveis pecados.* **2** sofrer condenação; padecer: *expiar as consequências pelos crime cometido.* **3** obter perdão; reparar; resgatar: *Após vinte anos de prisão, o condenado acreditava ter expiado seus erros.*

ex.pi.a.tó.rio *adj.* que serve para, ou em que há expiação. ✦ **bode expiatório** pessoa sobre quem se faz recair as culpas alheias ou a quem são imputados todos os revezes.

ex.pi.ra.ção *s.f.* **1** tempo da respiração que consiste na expulsão do ar pelos pulmões: *A poluição faz a respiração ficar mais acelerada e dificulta a expiração.* **2** fim do prazo de validade; vencimento: *Os vistos concedidos continuarão sendo válidos até sua data de expiração.*

ex.pi.rar *v.t.* **1** expelir o ar dos pulmões. • *int.* **2** morrer: *O doente expirou em paz.* **3** esgotar; acabar: *O prazo para entrega do imposto de renda expirou ontem.* **4** expelir ar dos pulmões: *Tinha dificuldade para inspirar e expirar.*

ex.pi.ra.tó.rio *adj.* relativo à expiração do ar pulmonar: *A dispneia pode ser inspiratória ou expiratória.*

ex.pla.na.ção *s.f.* ato de explanar; explicação; exposição: *Todos ouviram calados as explanações sobre as carências da unidade de terapia intensiva.*

ex.pla.nar *v.t.* **1** dar esclarecimento sobre; explicar: *Seria necessário explanar melhor os fundamentos geofísicos da Hidrologia.* **2** expor verbalmente; narrar minuciosamente.

ex.pli.ca.ção *s.f.* **1** ato de explicar; esclarecimento: *Visitou o estande, onde ouviu interessantes explicações técnicas sobre o produto.* **2** razão ou motivo: *O cientista buscou uma explicação para o fenômeno.* **3** desenvolvimento que se destina a esclarecer, a fazer compreender; aula particular: *A explicação do professor tirou todas as dúvidas.* **4** justificação; elucidação: *Dar explicações ao delegado sobre os acontecimentos da noite anterior.* **5** desagravo; satisfação; desafronta: *Sentiu-se merecedor de uma explicação.*

ex.pli.ca.dor (ô) *s.m.* **1** aquele que dá explicações: *Ele é um grande explicador de assuntos culturais.* • *adj.* **2** que explica; que esclarece: *Fez-se ouvir uma voz explicadora.*

ex.pli.car *v.t.* **1** tornar explícito; fazer conhecer: *Devo explicar de novo a lição para os alunos?* • *pron.* **2** prestar esclarecimentos; justificar-se: *Você precisa se explicar.* • *int.* **3** justificar; apresentar razões ou motivos: *explicar à mulher o motivo de chegar tarde em casa.*

ex.pli.ca.ti.vo *adj.* que explica, orienta, elucida: *Damos informações de caráter explicativo.*

ex.pli.cá.vel *adj.* que pode ser explicado; justificável: *Seu sucesso nos negócios é perfeitamente explicável.*

ex.pli.ci.ta.ção s.f. ação de tornar explícito ou claro; esclarecimento: *explicitação da crise no mercado mundial*.

ex.pli.ci.tar v.t. tornar claro ou explícito: *É preciso explicitar os direitos e deveres de cada indivíduo*.

ex.plí.ci.to adj. **1** expresso formalmente; claro; desenvolvido: *O objetivo explícito é ensinar*. **2** manifesto; claro; sem reservas: *O senhor poderia ser mais explícito?*

ex.plo.dir v.t. **1** fazer explosão com estrondo; estourar: *Os rebeldes explodiram bombas*. **2** falar com cólera; gritar; berrar: *Ele explodiu um palavrão*. • int. **3** estourar; arrebentar: *fogos explodiram*. **4** manifestar-se com revolta; encolerizar-se: *Toda a sua raiva explodiu*. **5** rebentar; eclodir: *A revolução explodiu*. **6** aumentar em grande escala: *Os preços explodiram*. **7** alcançar grande sucesso: *O filme explodiu*.

ex.plo.ra.ção s.f. **1** aproveitamento com fins lucrativos: *exploração agrícola*. **2** uso abusivo ou ilícito; especulação: *exploração do trabalho escravo*. **3** pesquisa; estudo; sondagem: *exploração submarina*. **4** descobrimento; observação: *viagem de exploração pelos rios da Amazônia*. **5** utilização: *A exploração de recursos naturais deve ser cuidadosa*. **6** exame: *exploração do conduto auditivo*. **7** exagero na cobrança de um serviço: *O que ele faz não é comércio, é a mais pura exploração!*

ex.plo.ra.dor (ô) s.m. **1** aquele que tira proveito ilegítimo ou demasiado do trabalho de outrem. **2** quem faz viagens para regiões desconhecidas ou inóspitas com objetivos científicos, culturais ou econômicos: *Um grupo de exploradores procurou uma passagem entre os oceanos Atlântico e Pacífico*. • adj. **3** que explora, investiga ou estuda: *É um grande explorador do turismo*. **4** aproveitador; que abusa dos favores e da bondade de outrem: *Era um explorador que vivia à custa da família*.

ex.plo.rar v.t. **1** tirar proveito de: *exploraram os negros*. **2** percorrer observando, analisando ou estudando: *explorar cavernas*. **3** usar para fazer sensacionalismo: *Os jornais exploram o caso da atriz*. **4** auferir lucros indevidos: *Os monopólios exploram o consumidor*.

ex.plo.são s.f. **1** ação ou efeito de explodir; abalo violento e instantâneo; estouro: *Uma explosão abalou o prédio*. **2** combustão brusca: *motor a explosão*. **3** desintegração: *explosão atômica*. (Fig.) **4** manifestação súbita e impetuosa; rompante de um sentimento: *explosão de choro*. **5** aumento descontrolado: *explosão dos preços*. **6** revolta; insurreição: *explosão social*.
• **explosão demográfica** crescimento rápido e desmedido de uma população.

ex.plo.si.vo s.m. **1** substância inflamável, capaz de produzir explosão: *O agente usou um explosivo plástico*. • adj. **2** que é capaz de explodir; detonar ou causar explosão: *cargas explosivas de dinamite*. **3** que irrompe subitamente: *Os roqueiros fizeram um sucesso explosivo*. (Fig.) **4** esfuziante; arrebatador: *A garota sentiu uma explosiva alegria ao saber da aprovação*. **5** descontrolado; desordenado: *crescimento explosivo das cidades*.

ex.po s.f. forma reduzida de exposição.

ex.po.en.te s.m. **1** aquele que expõe. **2** quem sobressai no âmbito de suas atividades: *Machado de Assis é um expoente da literatura nacional*. **3** (Mat.) número que indica a potência a que se deve elevar uma quantidade: *Para achar a raiz quadrada de um número expresso por uma potência, dividiremos o seu expoente por 2*.

expressão

ex.po.nen.ci.al s.f. **1** (Mat.) função exponencial. • adj. **2** relativo às potências dos números. **3** (Bras.) que se destaca como figura representativa de sua classe ou ramo de atividade; notável: *Por aqui passaram vultos exponenciais da cultura*.

ex.por (ô) v.t. **1** pôr à vista; mostrar; apresentar; exibir: *expor quadros e gravuras*. **2** explicar; desenvolver; explanar: *expor seu plano de ataque*. **3** colocar em perigo: *expor a vida de civis*. **4** submeter; sujeitar: *expor a família ao ridículo*. **5** contar: *expor o acontecido ao amigo*. • pron. **6** sujeitar-se; submeter-se: *expor-se ao ridículo*. **7** arriscar-se; aventurar-se: *Você corre risco muito grande ao expor-se deste modo*. **8** exibir-se; mostrar-se: *Nas festas, ela gostava de expor-se*.

ex.por.ta.ção s.f. **1** ato de exportar. **2** envio, geralmente para fora de um país, para venda: *exportação de aviões para a Ásia*. **3** produtos exportados: *Todas as exportações seguiram para o porto*.

ex.por.ta.dor (ô) s.m. **1** quem exporta: *Os exportadores de calçados não andam satisfeitos*. • adj. **2** que exporta: *indústrias exportadoras de soja*.

ex.por.tar v.t. **1** transportar ou vender para fora: *exportar café*. **2** transportar dados de um aplicativo para outro em informática.

ex.por.tá.vel adj. que pode ser exportado: *Há dificuldade de obter novos estoques exportáveis do produto*.

ex.po.si.ção s.f. **1** ação ou efeito de expor(-se): *exposição do corpo ao sol*. **2** exibição ao público de obras de arte, produtos etc.; mostra: *Ela prometeu para breve uma exposição de pintura*. **3** apresentar por escrito ou oralmente ideias ou fatos; explanação: *O juiz prosseguiu a exposição de sua tese*. **4** intervalo de tempo em que uma emulsão fotográfica é submetida à ação de uma radiação luminosa: *foto com exposição de mais de 30 segundos*. **5** local onde se expõem obras de arte ou produtos: *Ele esteve ontem na exposição de arte*.

ex.po.si.ti.vo adj. **1** relativo à exposição. **2** que expõe, descreve, apresenta; dá a conhecer: *trabalho expositivo*.

ex.po.si.tor (ô) s.m. **1** aquele que expõe; quem participa de uma exposição ou mostra: *O valor pago pelo estande corresponde a cerca de 2% das vendas de cada expositor*. **2** pessoa que apresenta ou interpreta um texto; uma teoria; preletor: *O expositor falou sobre saúde e prevenção*. • adj. **3** de ou para exposição: *As joias ficavam numa vitrina expositora*.

ex.pres.são s.f. **1** manifestação de pensamentos, emoção e sentimentos: *A lei garante a liberdade de expressão*. **2** manifestação ou formulação verbal: *Evite a repetição para tornar a expressão mais rápida*. **3** semblante; fisionomia: *Sua expressão é sempre de desdém*. **4** vivacidade; expressividade: *O rosto dele não tem expressão*. **5** caráter; cunho: *A conversa ganhou expressão de querela*. **6** importância: *É figura de expressão no meio artístico*. **7** personalidade; figura: *Permanece conhecido como uma das mais altas expressões da nossa cultura*. **8** fala; comunicação

expressar

verbal: *países africanos de expressão portuguesa.* **9** aquilo que se diz ou enuncia: *Fala-se tanto em reforma agrária que a expressão deixou de ser subversiva.* **10** (Mat.) representação algébrica do valor de uma quantidade: *A e B são expressões que envolvem a letra X.* ♦ **expressão corporal** linguagem do corpo. **expressão idiomática** idiomatismo. **reduzir à expressão mais simples** diminuir; humilhar; desmoralizar.

ex.pres.sar *v.t.* **1** fazer conhecer; tornar manifesto; exprimir: *Quero expressar meus votos de um pronto restabelecimento.* • *pron.* **2** tornar-se manifesto; manifestar-se: *O nervosismo se expressava no esfregar de mãos.* **3** comunicar-se; falar: *Ela expressa-se mal.*

ex.pres.si.o.nis.mo *s.m.* **1** (Art. Plást.) arte e técnica de pintura, desenho, escultura etc., que tende a deformar ou exagerar a realidade por meios que expressam os sentimentos e a percepção de maneira intensa e direta. **2** qualquer manifestação artística que privilegia as emoções e reações subjetivas opondo-se ao convencionalismo e à razão.

ex.pres.si.o.nis.ta *s.2g.* **1** quem é adepto do expressionismo: *O expressionista pretende refazer a arte.* • *adj.* **2** do expressionismo ou dos expressionistas: *Tudo quanto foi tocado pela poética expressionista ou se desfigura ou se transfigura.*

ex.pres.si.vi.da.de *s.f.* **1** vivacidade; animação: *Você escreve com expressividade.* **2** modo de se expressar ou manifestar: *Seu trabalho é uma lição inesquecível de balé como expressividade.* **3** importância; relevância: *Ao lado da expressividade numérica da reunião, ressalte-se a variedade de temas.*

ex.pres.si.vo *adj.* **1** que transmite sentimentos ou pensamentos. **2** que tem importância; significativo; relevante: *Ele escreveu um número expressivo de livros.* **3** que tem expressão; revelador; vivaz: *A foto da menina era expressiva, pois mostrava sua alegria.* **4** que expressa; que demonstra: *Essas realizações representam exemplo expressivo da capacidade empreendedora dos países latino-americanos.*

ex.pres.so (é) *s.m.* **1** trem que vai ao seu destino praticamente sem parar: *Aos domingos e feriados, há um expresso que sai da estação às 8h30.* • *adj.* **2** manifesto; declarado: *No olhar do pai estava sua reprovação expressa.* **3** que não pode ser contrariado; terminante; categórico: *Deixou em vida um pedido expresso para não ser velado no cemitério.* **4** explícito e exclusivo: *Montou uma empresa com o objetivo expresso de ganhar dinheiro.* **5** enunciado; mostrado: *Está expresso na lei o uso do cinto por motoristas.* **6** de trânsito rápido: *via expressa.* **7** que vai ao destino ou é executado com rapidez: *ônibus expresso.*

ex.pri.mir *v.t.* **1** revelar; apresentar: *Seu jeito exprimia alegria.* **2** expressar; expor: *exprimir os votos de felicidade ao aniversariante.* • *pron.* **3** tornar-se manifesto; manifestar-se: *A alegria se exprimia em todos os rostos.*

ex.pro.brar *v.t.* fazer censuras a; censurar; repreender; criticar: *Exprobrei sua falta de educação.*

ex.pro.bra.tó.rio *adj.* que envolve exprobração: *Falou irritado, em tom exprobratório.*

ex.pro.pri.a.ção *s.f.* ação de expropriar; desapropriação: *expropriação de terras.*

ex.pro.pri.a.do *s.m.* **1** quem é privado de suas propriedades ou bens: *Buscam acordos que não prejudiquem os expropriados.* • *adj.* **2** subtraído à posse, segundo as normas legais; desapropriado: *Moradores dos imóveis expropriados fizeram protestos.*

ex.pro.pri.ar *v.t.* privar alguém da propriedade de algo por meios legais, mediante indenização; desapropriar: *O governo expropriou várias fazendas.*

ex.pug.na.ção *s.f.* ato de expugnar.

ex.pug.nar *v.t.* conquistar à força de armas; tomar de assalto; vencer: *expugnar uma base militar.*

ex.pul.são *s.f.* **1** ação de expulsar: *Houve expulsão dos invasores do terreno.* **2** saída; eliminação: *É preciso evitar problemas na expulsão do feto.*

ex.pul.sar *v.t.* **1** pôr para fora; fazer sair à força: *expulsar toda aquela gente de suas terras.* **2** eliminar; excluir: *expulsar pensamentos ruins da mente.* **3** deixar sair; eliminar; expelir: *Chá de quebra-pedra expulsa pedras dos rins.*

ex.pur.gar *v.t.* **1** limpar; purificar; apagar: *expurgar os pecados.* **2** imunizar: *expurgar a plantação de insetos daninhos.* **3** expulsar: *expurgar os efeitos da correção monetária sobre as dívidas.* • *pron.* **4** limpar-se; corrigir-se: *Um escritor cujo estilo expurgou-se completamente.*

ex.pur.go *s.m.* **1** limpeza; purificação: *expurgo de dejetos.* **2** eliminação; expulsão de um grupo ou coletividade: *expurgo de maus administradores.* **3** café de qualidade extremamente baixa, que não pode ser usado para o consumo normal: *A quarta parte do café retido consiste no denominado expurgo.*

ex.su.da.ção *s.f.* ato de exsudar; transpiração: *O nervosismo provoca exsudação.*

ex.su.dar *v.int.* segregar em forma de gotas ou de suor: *Com a batida que deu na boca, o sangue exsudou.*

ex.su.da.to *s.m.* (Patol.) líquido com elevado teor de proteína e células que, na inflamação, passa para os tecidos ou espaços adjacentes por meio das paredes vasculares.

êx.ta.se *s.m.* arrebatamento íntimo; enlevo; arroubo: *Foi ela quem primeiro saiu do êxtase e retomou seu autocontrole.*

ex.ta.si.a.do *adj.* maravilhado; arrebatado; enlevado: *Ficou extasiado com a beleza da moça.*

ex.ta.si.an.te *adj.* que provoca admiração ou surpresa; maravilhoso; deslumbrante: *A visão do alto da montanha foi extasiante.*

ex.ta.si.ar *v.t.* **1** causar êxtase a; enlevar; encantar: *Palhaços e trapezistas extasiam as crianças.* • *pron.* **2** enlevar-se; encantar-se: *Foi a Barcelona e se extasiou diante da catedral da Sagrada Família.*

ex.tá.ti.co *adj.* em estado de êxtase; arrebatado; enlevado: *O beato contemplava o céu em transe extático.*

ex.tem.po.râ.neo *adj.* **1** feito fora de hora; inoportuno: *Sua declaração, além de extemporânea, nada acrescenta.* **2** antiquado; ultrapassado: *revisão de um modelo extemporâneo de relações de trabalho.*

ex.ten.são *s.f.* **1** tamanho; dimensão: *extensão territorial do Brasil.* **2** ampliação; aumento: *plano de extensão da rede telefônica.* **3** ampliação ou aplicação extensiva de uma lei, doutrina etc.: *extensão das vantagens dos aposentados.* **4** alcance; importância: *Você não percebe a extensão de seu crime?* **5**

extração

duração: *O congresso terá a extensão de três dias.* **6** aparelho eletrônico de um mesmo número, localizado em local diverso daquele em que se acha o telefone principal: *O telefone tem extensão no quarto.* **7** fio alongado para conexão elétrica: *A extensão dos fios fica escondida atrás do móvel.* **8** (Inf.) apêndice colocado nos nomes de domínio para qualificar o tipo de organização, entidade ou empresa que opera tal domínio; geralmente, aparecem com três letras, sendo as mais utilizadas: *com* empresa comercial; *gov* organização governamental. • **em toda a extensão da palavra** em toda força ou intensidade do seu significado.

ex.ten.sí.vel *adj.* que pode ser estendido; extensivo.

ex.ten.si.vo *adj.* **1** que se estende; que se aplica também a: *O convite é extensivo à família.* **2** extenso; amplo: *A televisão fez cobertura extensiva do evento.* **3** que se refere à extensão: *Houve crescimento extensivo da lavoura de soja.* **4** em que o gado é criado solto, em regime de pasto: *exploração da pecuária extensiva.*

ex.ten.so *adj.* **1** que tem extensão; vasto; amplo: *Passeava por um extenso parque.* **2** comprido; longo: *ruas extensas.* **3** prolongado; duradouro: *inverno extenso.* **4** não resumido; desenvolvido: *Fez extenso relato dos acontecimentos.* • **por extenso** sem abreviaturas; por inteiro: *Você deve escrever seu nome por extenso.*

ex.te.nu.an.te *adj.* que esgota; muito cansativo; exaustivo: *trabalho extenuante.*

ex.te.nu.ar *v.t.* **1** esgotar as forças; exaurir: *O jogo extenuou o time.* • *pron.* **2** esgotar-se; cansar-se: *O trabalho era muito pesado e o rapaz extenuou-se.*

ex.te.ri.or (ô) *s.m.* **1** a parte externa: *o exterior da garrafa.* **2** as nações estrangeiras: *Fui estudar no exterior.* **3** a parte de fora de uma construção: *As janelas comunicavam com o exterior.* • *adj.* **4** que está por fora ou na parte de fora; externo: *contato com o mundo exterior.* **5** relativo aos países estrangeiros; externo: *comércio exterior.*

ex.te.ri.o.ri.da.de *s.f.* **1** característica do que é exterior ou independente: *Nem sempre a regra, em sua mera exterioridade de código de condutas, é o melhor caminho.* **2** aparência: *Dá mais valor à exterioridade do que ao caráter propriamente das pessoas.*

ex.te.ri.o.ri.za.ção *s.f.* **1** ato de exteriorizar(-se). **2** manifestação; expressão: *exteriorização de sentimentos.*

ex.te.ri.o.ri.zar *v.t.* **1** pôr à mostra; externar: *O seu semblante exterioriza alegria.* • *pron.* **2** manifestar-se; externar-se: *No amor, ele exterioriza-se muito bem.*

ex.ter.mi.na.ção *s.f.* eliminação; extermínio: *exterminação de insetos caseiros.*

ex.ter.mi.na.dor (ô) *s.m.* **1** quem mata ou extermina; assassino: *O exterminador de mendigos foi preso pelos policiais.* • *adj.* **2** que mata ou extermina; matador; assassino: *A matança foi praticada por bandidos exterminadores.*

ex.ter.mi.nar *v.t.* **1** destruir com mortandade; eliminar; aniquilar: *exterminou o inimigo.* **2** expulsar; banir: *Exterminaram-na de sua terra natal.* **3** extirpar; acabar com: *exterminar baratas.*

ex.ter.mí.nio *s.m.* **1** ato ou efeito de exterminar. **2** matança; assassinato. **3** eliminação; extinção: *extermínio de matas ciliares.*

ex.ter.na (é) *s.f.* gravação, filmagem etc. realizada ao ar livre: *As externas do filme foram feitas no Sul.*

ex.ter.nar *v.t.* **1** tornar manifesto ou conhecido; exteriorizar: *Posso externar minha opinião pessoal?* • *pron.* **2** manifestar-se; exteriorizar-se: *O artista se externa através de sua arte.*

ex.ter.na.to *s.m.* estabelecimento de ensino que não aceita alunos internos.

ex.ter.no (é) *adj.* **1** que fica ou vem do lado de fora; exterior: *As paredes externas foram pichadas.* **2** voltado para fora: *rotação externa do fêmur.* **3** dos países estrangeiros: *mercado externo de café.* **4** exterior: *A caixa ficou manchada na sua parte externa.* **5** realizado ao ar livre: *gravação da novela em tomada externa.* **6** ambiental: *Plantas têm crescimento maior ou menor, dependendo das condições externas.* **7** para com outros países: *dívida externa do país.* **8** para atendimento do público; aberto ao público: *O expediente externo dos bancos é insuficiente.* **9** que se aplica sobre o corpo; tópico: *pomada para uso externo.*

ex.tin.ção *s.f.* **1** dissolução; cancelamento: *Houve extinção do cargo.* **2** abolição; supressão: *extinção da escravatura.* **3** aniquilamento; extermínio: *extinção das pragas dos pés de café.* **4** desaparecimento: *A ararinha-zul é de espécie em extinção.*

ex.tin.guir *v.t.* **1** tornar extinto ou apagar (fogo): *Os bombeiros extinguiram as chamas.* **2** destruir; aniquilar: *A dedetização visava extinguir qualquer inseto doméstico dos edifícios.* **3** fazer desaparecer; acabar com: *O ideal seria extinguir toda a miséria humana.* **4** dissolver; desfazer: *extinguir uma associação.* **5** saciar; satisfazer: *A água extingue a sede.* • *pron.* **6** esgotar-se; dissolver-se: *A chama da vela se extinguiu.* **7** dissipar-se; desaparecer: *O fogo extinguiu-se.*

ex.tin.to *s.m.* **1** falecido; defunto: *O extinto bebia muito, segundo familiares.* • *adj.* **2** que não está em atividade: *vulcão extinto.* **3** apagado: *fogo quase extinto.* **4** suprimido; abolido: *lei extinta.*

ex.tin.tor (ô) *s.m.* **1** aparelho que serve para extinguir incêndios: *extintor de incêndio.* • *adj.* **2** que extingue.

ex.tir.pa.ção *s.f.* ato ou efeito de extirpar.

ex.tir.par *v.t.* **1** arrancar totalmente; remover; desenraizar: *extirpar ervas daninhas do jardim.* **2** extrair; arrancar: *extirpar um cisto.*

ex.tor.quir *v.t.* obter sem livre consentimento; obter por extorsão: *extorquir o comerciante.*

ex.tor.são *s.f.* obtenção de dinheiro pela força ou violência; usurpação: *Acusado de extorsão nega irregularidade.*

ex.tor.si.vo *adj.* diz-se do preço, ou da taxa de juros, que estão acima do justo valor das possibilidades dos compradores ou da média dos preços ou dos juros de mercado: *juros extorsivos.*

ex.tra *s.m.* **1** serviço adicional: *Fazia extras nos fins de semana.* **2** ator que participa ocasionalmente de alguma cena; figurante; ponta: *Foi contratado como extra no filme.* **3** salário ou taxa adicional: *Trabalha nos feriados para faturar um extra.* • *adj.* **4** extraordinário; adicional: *edição extra do jornal.* **5** de qualidade superior: *São batatas extras, a bom preço.*

ex.tra.ção *s.f.* **1** ato ou efeito de extrair ou arrancar. **2** ação de extirpar; remoção: *Precisou fazer extrações*

extraclasse

dentárias. **3** extrativismo: *extração de bauxita.* **4** sorteio lotérico: *A extração será excepcionalmente na sexta.* **5** (Mat.) operação para conhecer a raiz de uma potência.

ex.tra.clas.se *adj. unif.* que se realiza fora da sala de aula: *Recebia o equivalente a quatro aulas semanais por trabalhos extraclasse.*

ex.tra.con.ju.gal *adj.* que não se encontra entre os direitos e deveres conjugais; que é estranho ao matrimônio.

ex.tra.con.tra.tu.al *adj.* que foi feito fora do contrato; estranho ao contrato.

ex.tra.cur.ri.cu.lar *adj.* que não faz parte do currículo: *atividades extracurriculares.*

ex.tra.di.ção *s.f.* **1** ato de extraditar. **2** envio de acusado ou culpado de crime a outro país para ser julgado: *O juiz ordenou a libertação do acusado e rechaçou o pedido de extradição.*

ex.tra.di.tar *v.t.* entregar um acusado ou culpado de crime a um outro país para ser julgado.

ex.tra.es.co.lar *adj.* que não pertence à escola.

ex.tra.fi.no *adj.* diz-se do artigo comercial de qualidade superior à superfina, ou apresentado como tal.

ex.tra.ir *v.t.* **1** tirar de dentro de; tirar para fora: *extrair a caneta do bolso.* **2** praticar a extração de; arrancar: *extrair o siso.* **3** sugar; chupar. **4** tirar; extratar: *Extraiu todos os dados da apostila para o resumo.* **5** reproduzir; copiar. **6** (Arit.) calcular a raiz de um número: *extrair a raiz quadrada do número quatro.*

ex.tra.ju.di.ci.al *adj.* que ocorre ou se realiza fora do âmbito jurídico.

ex.tra.net (Inf.) tipo de Intranet que permite a conexão com outras Intranets.

ex.tra.nu.me.rá.rio *adj.* que não pertence ao quadro efetivo dos funcionários ou empregados.

ex.tra.o.fi.ci.al *adj.* que funciona em caráter não oficial.

ex.tra.or.di.ná.rio *s.m.* **1** pagamento por serviço não previsto; qualquer despesa fora do comum: *Cobra extraordinário quando chamado à noite.* • *adj.* **2** fora do comum; excepcional: *Era um extraordinário aluno de matemática.* **3** raro; singular; notável: *Tinha extraordinário talento para o desenho.* **4** muito grande ou intenso: *armas de extraordinário poder de fogo.* **5** que só ocorre em dadas circunstâncias; imprevisto: *Tive muitas despesas extraordinárias neste mês.* **6** encarregado de tarefa ou missão especial: *ministro extraordinário dos Esportes.*

ex.tra.po.la.ção *s.f.* **1** (Mat.) determinação de um valor ou de uma quantidade além do limite conhecido: *calcular o percentual por extrapolação.* **2** ato ou efeito de extrapolar.

ex.tra.po.lar *v.t.* **1** tirar uma conclusão a partir de dados incompletos. **2** proceder à extrapolação (em estatística ou matemática). **3** ultrapassar; ir além de: *Extrapolou sua incumbência.* • *int.* **4** exceder; exorbitar: *Dessa vez você passou dos limites, extrapolou.*

ex.trassen.so.ri.al *adj.* que pode ser percebido além do alcance dos sentidos.

ex.tra.ter.re.no *s.m.* que está fora da Terra; alienígena.

ex.tra.ter.res.tre *s.2g.* **1** aquilo que é de fora da Terra; alienígena; extraterreno: *Muitas pessoas acreditam que os extraterrestres já estão na Terra.* • *adj.* **2** de fora da Terra.

ex.tra.ti.vis.mo *s.m.* **1** atividade de extração de produtos naturais não cultivados: *Os colonos portugueses vieram interessados no extrativismo mineral.* **2** extração de recursos naturais sem preocupação com a preservação das espécies ou do meio ambiente: *O crime foi atribuído a empresários do extrativismo.*

ex.tra.ti.vo *adj.* relativo à extração: *indústria extrativa.*

ex.tra.to *s.m.* **1** produto de extração. **2** fragmento; trecho: *A frase é extrato de um texto.* **3** reprodução; cópia: *extrato de saldo bancário.* **4** resumo; síntese. **5** solução concentrada de substâncias medicinais ou aromáticas. **6** produto obtido pelo tratamento de substâncias animais ou vegetais por um dissolvente apropriado: *extrato de tomate.* **7** segmento; porção: *favorecer o extrato calçadista com uma melhora significativa nas vendas.*

ex.tra.va.gân.cia *s.f.* **1** procedimento anormal, estranho ou fora do comum; esquisitice: *Era homem cheio de extravagâncias.* **2** excesso; exagero: *Extravagâncias fazem mal para o corpo ou para o bolso.*

ex.tra.va.gan.te *s.2g.* **1** quem é estranho ou singular; excêntrico: *A longa lista de concorrentes inclui um extravagante europeu.* • *adj.* **2** fora do comum; excêntrico: *Mulheres com chapéus extravagantes flanavam de braços com seus maridos.* **3** estranho; inesperado: *Tinha sempre umas ideias extravagantes.*

ex.tra.va.sar *v.t.* **1** fazer transbordar; derramar: *Extravase o ódio que corrói seu peito!* **2** manifestar de modo exaltado. **3** ir além de; ultrapassar: *extravasar os limites da boa educação.* • *int.* **4** tornar-se manifesto: *A notícia extravasou.* **5** transbordar; derramar: *O rio extravasou.*

ex.tra.vi.ar *v.t.* **1** fazer perder-se; fazer que não chegue ao destino: *extraviou a encomenda.* **2** tirar do bom caminho; afastar do bem; desencaminhar. **3** desviar; roubar: *extraviaram placas.* • *pron.* **4** perder-se no caminho; sair fora do caminho: *O gado extraviou-se.*

ex.tra.vi.o *s.m.* **1** perda; sumiço: *O comunicado de extravio de cartão deve ser imediato.* **2** desvio; roubo: *De Portugal vinham fiscais e espiões para evitar contrabando e extravio de ouro e diamantes.*

ex.tre.mar *v.t.* **1** agravar; exacerbar: *As palavras extremaram ódios.* **2** levar a extremos; exagerar: *A aproximação das duas extremava a diferença entre ambas.* • *pron.* **3** tornar-se extremo; intensificar-se: *Depois daquilo, o relacionamento se extremara.*

ex.tre.ma-un.ção *s.f.* (Rel.) sacramento da Igreja Católica destinado aos enfermos e moribundos. // Pl.: extremas-unções e extrema-unções.

ex.tre.mi.da.de *s.f.* **1** qualidade do que é extremo. **2** ponta: *Sentou-se na extremidade da mesa.* **3** limite; parte final: *A loja fica na extremidade da rua.*

ex.tre.mis.mo *s.m.* **1** doutrina que preconiza atitudes radicais para solucionar os males sociais. **2** exagero; radicalismo: *Foi homem que sempre agiu com extremismos.*

ex.tre.mis.ta *s.2g.* **1** quem é adepto do extremismo. • *adj.* **2** em que há extremismo: *Há grupos extremistas*

em todo partido. **3** radical; descomedido: *seu discurso sempre foi extremista*.
ex.tre.mo *s.m.* **1** ponto mais distante; limite: *Aproveitou a herança para viajar de um a outro extremo do mundo*. **2** fim; término: *No extremo das forças, pediu ajuda*. **3** exagero; descomedimento: *Chegou ao extremo da violência*. • *pl.* **4** exagero: *pessoa de extremos*. • *adj.* **5** que está no ponto mais afastado; distante; longínquo: *o extremo norte*. **6** que está no auge; que atingiu o ponto máximo; extraordinário: *A inflação chegou a seu ponto extremo em março*. **7** muito intenso: *Ouvia a aula com extrema atenção*. **8** muito alto ou muito baixo; máximo ou mínimo: *temperaturas extremas*. **9** descomedido; exagerado: *Por que ela cometeu esse gesto extremo?* **10** extremista; radical: *Um grupo mais extremo manifestou-se contrário*. **11** final; derradeiro: *Acompanhou-o até a hora extrema*.
ex.tre.mo.so (ô) *adj.* **1** carinhoso; afetuoso. **2** dedicado; devotado; zeloso: *Cumpria um dever de tia extremosa*.
ex.trín.se.co *adj.* exterior; externo; que não faz parte.
ex.tro.ver.são *s.f.* qualidade ou estado de extrovertido.
ex.tro.ver.ti.do *s.m.* **1** indivíduo extrovertido: *Ele era um extrovertido*. • *adj.* **2** que se desabafa; expansivo; comunicativo: *Era um homem extrovertido, gostava de conversar, cantar*.

e.xu /chu/ *s.m.* (Bras.) considerado o mensageiro dos orixás, cultuado nas crenças afro-brasileiras.
e.xu.be.rân.cia /z/ *s.f.* **1** superabundância; excesso; riqueza: *A exuberância das joias fez com que parecesse uma árvore de Natal*. **2** expansividade; expressividade; vivacidade: *A criança é esperta, tem muita exuberância*.
e.xu.be.ran.te /z/ *adj.* **1** numeroso; abundante. **2** expressivo: *Sua prosa é correta e exuberante*. **3** expansivo; animado; vivo: *Criança sadia é exuberante*. **4** viçoso; vigoroso: *folhagem exuberante*.
e.xul.ta.ção /z/ *s.f.* grande alegria; júbilo.
e.xul.tan.te /z/ *adj.* que exulta; muito alegre; radiante: *As crianças saíram exultantes da gincana da escola*.
e.xul.tar /z/*v.int.* sentir imensa alegria; regozijar-se: *Ela exultou quando descobriu que era amada*.
e.xu.ma.ção /z/ *s.f.* ação de exumar; de desenterrar: *A polícia vai pedir a exumação dos corpos*.
e.xu.mar /z/ *v.t.* **1** tirar da sepultura; desenterrar: *Exumaram de uma fossa comum o que seriam os restos do capitão*. **2** tirar do esquecimento: *O professor costuma exumar os mais antigos provérbios*.
ex-vo.to *s.m.* qualquer objeto simbólico, que se oferece e expõe numa igreja ou numa capela, em agradecimento por voto ou promessa cumpridos.

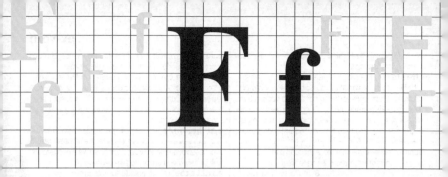

f s.m. **1** sexta letra do alfabeto português. **2** a figura dessa letra. **3** (Fís.) abreviatura de Fahrenheit: *A água ferve a 212 °F.* • num. **4** sexto numa série indicada por letras: *item f.*

fá s.m. (Mús.) quarta nota da escala musical de dó.

fã s.2g. admirador; entusiasta de alguém ou algo: *Sou fã de cantores sertanejos.*

fá.bri.ca s.f. **1** estabelecimento ou lugar onde se fabrica alguma coisa. **2** fabricação: *Os carros vêm com garantia de fábrica.* **3** (Fig.) causa determinante; fonte; origem: *A cidade é uma fábrica de doidos!*

fa.bri.ca.ção s.f. **1** produção; industrialização: *fabricação de queijos.* **2** manufatura; feitura: *Comprei uma goiabada deliciosa de fabricação caseira.* **3** criação; produção: *O cinema é responsável pela fabricação de ídolos.*

fa.bri.can.te s.2g. **1** quem fabrica ou produz: *os fabricantes de seda.* **2** dono de fábrica: *Os fabricantes daquela zona industrial souberam evitar a greve.* **3** quem forja ou inventa: *fabricantes de boatos.* • adj.2g. **4** que fabrica ou produz; produtor: *empresas fabricantes de papel.*

fa.bri.car v.t. **1** produzir em fábrica; transformar matéria-prima em produto: *Estas máquinas fabricam meias.* **2** produzir; ocasionar: *A explosão de bombas fabrica surdos.* **3** forjar; inventar: *Os teóricos falsos que fabricam uma explicação para tudo.*

fa.bri.co s.m. fabricação; produção.

fa.bril adj.2g. de ou relativo à fábrica: *parque fabril.*

fá.bu.la s.f. narrativa de caráter alegórico da qual se depreende uma lição de moral: *As personagens de uma fábula geralmente são animais.* • **uma fábula** grande soma de dinheiro: *O carro custou uma fábula.*

fa.bu.la.ção s.f. elaboração ficcional; invenção: *O escritor usou muitos termos bíblicos na fabulação do seu romance.*

fa.bu.lar v.t. **1** compor ou contar fábulas. **2** narrar sem critério; inventar; fingir. • adj.2g. **3** próprio de fábula.

fa.bu.lá.rio s.m. **1** conjunto de fábulas: *o fabulário de Esopo.* **2** coleção de contos fantásticos populares: *As histórias de Malazartes pertencem ao fabulário nacional.*

fa.bu.lis.ta s.2g. quem escreve fábulas.

fa.bu.lo.so (ô) adj. **1** relativo à fábula, às lendas antigas. **2** muito grande; enorme: *Como jogar um patrimônio fabuloso no lixo?* **3** maravilhoso; admirável: *os fabulosos palácios antigos.*

fa.ca s.f. **1** instrumento cortante, constituído de lâmina e cabo. **2** lâmina cortante, provida de gume, fixa numa máquina: *as facas do eixo da desempenadeira.*

fa.ca.da s.f. **1** golpe com faca. **2** (Coloq.) pedido de dinheiro: *Malandro, vivia de facada nos amigos.*

fa.ça.nha s.f. **1** proeza; feito: *Ficou lá no centro da praça, vitorioso pela façanha do adiamento da festa.* **2** trabalho difícil ou extraordinário; tarefa: *O vaqueiro realizou a façanha de domar o animal.* • pl. **3** (Fig.) aventuras; feitos extraordinários: *O menino era conhecido por suas façanhas.*

fa.cão s.m. **1** faca de grande tamanho. **2** sabre curto e largo para abrir caminho no mato.

fac.ção s.f. conjunto de membros divergentes de um grupo: *facções políticas.*

fac.ci.o.nar v.t. **1** dividir em facções. **2** amotinar; sublevar.

fac.cio.so (ô) adj. **1** tendencioso; parcial: *Um juiz faccioso apitou o jogo.* **2** de facção: *Ele é um político faccioso.*

fa.ce s.f. **1** (Anat.) parte anterior da cabeça humana. **2** cada um dos lados do rosto. **3** cada um dos lados de um objeto ou o rosto todo de uma superfície: *A peça tem faces planas.* **4** aspecto; aparência: *Chegou das férias com a face mais relaxada.* **5** característica; particularidade: *O escritor mostra uma face negativa da sociedade.* • **em face de** em vista; por causa; defronte: *Ele foi deposto em face da revolução.* **de face** frontalmente; de frente: *Olhando de face, parece um dólar de prata.*

fa.cei.ri.ce s.f. elegância; charme: *Chamava muita atenção com sua faceirice.*

fa.cei.ro adj. **1** que denota alegria ou satisfação: *Acordou lépido e faceiro.* **2** todo enfeitado; charmoso: *garota faceira.*

fa.ce.ta (ê) s.f. **1** cada uma das pequenas faces regulares de uma pedra preciosa lapidada: *O brilhante perde valor se há fraturas entre as muitas facetas.* **2** aspecto; lado: *A simplicidade era apenas mais uma faceta de sua conduta.*

fa.ce.ta.do adj. composto de pequenas faces regulares: *vidro facetado.*

fa.cha.da s.f. **1** face de uma edificação geralmente voltada para a rua. (Fig.) **2** aparência: *Por trás da fachada carrancuda, mora um coração solitário.* **3** disfarce: *A loja era usada como fachada para negócios ilegais.*

fa.cho s.m. **1** utensílio de iluminação externa; tocha. **2** (Fig.) tudo o que serve para esclarecer ou guiar; chama: *Espanha e Portugal assumiram conduzir o facho da cristandade até onde chegassem as suas naus.*

fa.ci.al adj.2g. **1** da face; do rosto: *músculos faciais.* **2** para ser usado na face: *cremes faciais.*

fá.cil adj.2g. **1** que se pratica ou obtém sem embaraço ou dificuldade. **2** claro; inteligível: *um texto muito fácil.* **3** simples; sem complicação; natural: *É mais fácil enviar um e-mail do que uma carta pelo correio.*

falácia

4 espontâneo; pronto: *A garota tem um riso fácil.* 5 frívolo; leviano: *A vida a fez uma mulher fácil.* • *adv.* 6 facilmente: *Este aluno aprende fácil.*

fa.ci.li.da.de *s.f.* 1 ausência de obstáculo: *Decorei tudo com facilidade.* 2 propensão; tendência: *Ele tem facilidade para desenhar.* 3 prontidão; rapidez: *O fato é que aceitou com facilidade minha desculpa.* • *pl.* 4 vantagens: *Esta loja oferece facilidades para os consumidores.* 5 meios prontos e fáceis para a consecução de um fim: *Observe todas as facilidades para chegar até a fronteira.*

fa.ci.li.ta.ção *s.f.* ato de facilitar: *Naquela prova não houve facilitação pôr parte do professor.*

fa.ci.li.tar *v.t.* 1 tornar mais fácil ou exequível: *facilitar pagamentos.* 2 por-se, agir sem prudência: *Não se deve facilitar com traseira de burro.* • *int.* 3 descuidar-se: *O pugilista facilitou e recebeu potente golpe no queixo.*

fa.cí.no.ra *s.2g.* bandido; criminoso; perverso: *O facínora do massacre foi preso.*

fã-clu.be *s.m.* 1 grupo de fãs de personalidade pública. 2 grupo de admiradores. // Pl.: fãs-clubes e fãs-clube.

fac-sí.mi.le *s.m.* reprodução de qualquer impressão. // Pl.: fac-símiles.

fac.tu.al *adj.2g.* 1 fatual; que se baseia em fatos: *elementos factuais.* 2 que se atém aos fatos: *busca de informações factuais.*

fa.cul.da.de *s.f.* 1 escola superior: *pretende cursar a faculdade.* 2 aptidão; capacidade: *O ser humano tem a faculdade do raciocínio.* 3 propriedade; característica: *A mesa transforma-se em desempenadeira, graças à faculdade de se dobrar.* 4 estabelecimento onde se fazem os estudos universitários: *Moro perto da Faculdade de Direito.*

fa.cul.tar *v.t.* 1 permitir; facilitar: *O porteiro facultou a entrada aos visitantes.* 2 proporcionar: *É uma prerrogativa que a lei lhes faculta.*

fa.cul.ta.ti.vo *s.m.* 1 médico: *Na vila, só havia um facultativo.* • *adj.* 2 opcional: *Essa disciplina é facultativa.* 3 não obrigatório: *feriados e pontos facultativos.*

fa.da *s.f.* entidade fantástica com poderes mágicos e influência no destino dos homens: *história de fadas.*

fa.da.do *adj.* predestinado: *Parecia fadado a brilhar e sofrer.*

fa.dar *v.t.* 1 predestinar. 2 dotar; favorecer: *O destino fadou-o à gloria.*

fa.di.ga *s.f.* 1 cansaço; exaustão: *E me estirei na areia, morto de fadiga.* 2 trabalho árduo; labuta: *É com os filhos que descansa da fadiga.*

fa.dis.ta *s.2g.* tocador e/ou cantador de fados: *Escutou com prazer a fadista portuguesa.*

fa.do *s.m.* 1 destino; sorte: *Quando Bela Adormecida espetasse o dedo, o fado ia se cumprir.* 2 canção de música terna e dolente de origem portuguesa: *A gravação do fado ficou belíssima.*

fa.go.ci.to.se *s.f.* (Biol.) ingestão e digestão de um micro-organismo por uma célula.

fa.go.te (6) *s.m.* instrumento de sopro com tubo de madeira, longo e dobrado, e palheta dupla, de som grave.

fa.guei.ro *adj.* 1 satisfeito; contente: *O noivo, todo fagueiro, levava no bolso a certidão de casamento.* 2 aprazível; ameno: *tarde fagueira.*

fa.gu.lha *s.f.* partícula que salta de uma substância incandescente ou em atrito com outro corpo; centelha.

fahrenheit *adj.* (Fís.) unidade de medida termométrica, na qual a água atinge o ponto de fusão a 32 °F e o de ebulição a 212 °F, em condições normais.

fai.an.ça *s.f.* louça de barro envernizado ou coberto de esmalte: *pratos de faiança.*

fai.na *s.f.* 1 trabalho intenso; labuta; lida: *Quem concebeu essa trégua na faina de cada dia foi Deus.* 2 tarefa; serviço: *Os alunos estavam empenhados na faina de trazer as cadeiras para o salão de conferência.*

fair-play (férplêi) (Ingl.) *s.m.* 1 na prática de qualquer esporte, conformidade com as regras, o espírito do jogo e o adversário. 2 atitude elegante diante de situação adversa.

fai.são *s.m.* (Zool.) ave galinácea de plumagem colorida e grande cauda. 2 iguaria feita com a carne dessa ave.

fa.ís.ca *s.f.* 1 descarga elétrica; chispa de fogo; centelha: *A pedra soltava faíscas.* 2 corisco; raio: *Uma nova faísca acabou de destruir o que ainda restava do campanário.* 3 palheta de ouro ou lasca perdida na terra ou na areia das minas: *Apontou, no leito do riacho, uma faísca dourada.* 4 (Bras.) brilho; fulgor: *Nos negros olhos havia uma faísca de loucura.*

fa.is.car *v.t.* 1 expelir como faíscas; dardejar: *olhos que faíscam ódio.* • *int.* 2 cintilar; brilhar: *Seus olhos pareciam faiscar na escuridão.*

fai.xa /ch/ *s.f.* 1 tira de pano estreita e comprida que se expõe nas ruas com mensagens. 2 tira de pano pequena; fita: *Usava faixa no cabelo.* 3 superfície estreita e comprida; área: *Chovia em toda a faixa litorânea.* 4 cada parte do disco em que se grava uma música: *Percebe-se a tristeza em cada faixa do CD.* 5 (Bras.) área reservada para os pedestres atravessarem a rua, marcada por listras brancas. 6 fita usada transversalmente sobre o corpo, como símbolo de título ou mérito: *faixa de campeão.* 7 gama; variedade: *O agricultor cultiva uma faixa considerável de hortaliças.* 8 segmento; parte: *E é essa faixa de eleitores que costuma decidir os pleitos.* 9 nível; grau: *A previsão é de temperatura na faixa de 20ºC a 25°C.* 10 frequência: *sintonizar as faixas de rádio.* 11 atadura; ligadura: *Enrolou uma faixa no pulso para jogar tênis.*

fai.xa-pre.ta *s.2g.* 1 pessoa que atinge o mais alto grau em esportes orientais, como judô e caratê: *O faixa-preta brasileiro foi aplaudido de pé.* 2 o grau mais alto em lutas marciais. // Nesta acepção, usa-se sem hífen: *Obteve a faixa preta anos depois.* // Pl.: faixas-pretas.

fa.ju.ti.ce *s.f.* (Coloq.) falta de qualidade; mediocridade: *A fajutice dos músicos era notória.*

fa.ju.to *adj.* (Coloq.) de má qualidade; ruim: *atores fajutos.*

fa.la *s.f.* 1 ato de falar. 2 expressão do pensamento por meio de palavras: *Ela ouvia, embevecida, a fala do orador.* 3 discurso. 4 parte do texto que cabe ao ator numa peça de teatro: *Ele tinha poucas falas no primeiro ato da peça.* 5 modo de falar; linguajar: *A fala dele é estranha.* 6 timbre ou tom de voz.

fa.la.ção *s.f.* tagarelice.

fa.lá.cia *s.f.* 1 engano; sofisma; ilusão; quimera: *Suas promessas eram uma falácia.* 2 argumento capcioso que induz a erro.

falacioso

fa.la.ci.o.so (ô) *adj.* enganador; ilusório; que tem ou denota falácia; falaz: *discurso falacioso.*

fa.la.do *s.m.* **1** aquilo que se combinou por fala; o que se ajustou verbalmente: *O falado foi que você traria o dinheiro!* • *adj.* **2** que já foi dito. **3** que se fala ou falou: *O inglês é uma das línguas mais faladas do mundo.* **4** comentado: *a tão falada alegria do brasileiro.* **5** mal-afamado: *uma pessoa falada.*

fa.la.dor (ô) *adj.* **1** pessoa que fala muito; pessoa tagarela; maledicente: *Você é uma grande faladeira, isto sim.* • *adj.* **2** que fala muito; tagarela: *menino falador.*

fa.lan.ge *s.f.* **1** (Anat.) osso do dedo da mão ou do pé. **2** grupo; facção: *Os presos aliam-se a falanges, cada qual mais perigosa.*

fa.lan.te *s.2g.* (E. Ling.) **1** quem fala uma língua: *os falantes de português.* • *adj.2g.* **2** que possui a faculdade da fala; que fala: *Li a história de um gato falante.* **3** que fala muito; tagarela: *indivíduo falante.*

fa.lar *v.t.* **1** exprimir o pensamento por meio de palavras; dizer: *Fale a verdade.* **2** saber usar uma língua, especialmente estrangeira: *Ele fala inglês muito bem.* **3** conversar: *Evitava falar comigo.* **4** aludir; referir-se: *O presidente falou da crise ao povo.* • *int.* **5** articular as palavras: *Aos dois anos já fala.* **6** usar da palavra; discursar: *O bom orador fala de improviso.* ✦ **falar grosso** mostrar-se duro com quem se fala; dar uma de valente. **falar mais alto** influenciar sobremaneira: *A fome falou mais alto.* **falou!** (Coloq.) está certo; combinado.

fa.las.trão *s.m.* **1** quem fala demais; pessoa tagarela: *O falastrão discursa contra tudo e todos.* • *adj.* **2** que fala demais; tagarela: *homem falastrão.*

fa.la.tó.rio *s.m.* **1** muitas pessoas falando ao mesmo tempo; ruído de vozes. **2** ditos difamatórios: *Com o tempo, o falatório na vizinhança acabou.* **3** tagarelice; conversa fiada: *Ninguém aguentou tanto falatório.*

fa.laz *adj.2g.* enganador; falacioso; falacioso: *indivíduo falaz.*

fal.cão *s.m.* (Zool.) ave de rapina, de porte médio, que pode ser treinada para a caça.

fal.ca.tru.a *s.f.* fraude; logro: *O malandro só faz falcatruas.*

fa.le.cer *v.t.* **1** faltar; escassear: *Para o plantio, falecem recursos ao agricultor.* • *int.* **2** morrer; expirar.

fa.le.ci.do *s.m.* **1** quem morreu; defunto. • *adj.* **2** que morreu; morto: *pessoa falecida.*

fa.le.ci.men.to *s.m.* morte; passamento.

fa.lên.cia *s.f.* **1** quebra de um negociante reconhecida pelo tribunal; cessação de pagamento: *As empresas dele estão indo para a falência.* **2** decadência; ruína: *a falência da instituição.*

fa.lé.sia *s.f.* terras ou rochas altas e íngremes resultantes de erosão marinha.

fa.lha *s.f.* **1** descuido: *Perdemos o jogo por falha da defesa.* **2** erro; engano: *acidente causado por falha humana.* **3** falta; não comparecimento: *Não tinha falhas no serviço.* **4** deficiência; insuficiência: *doença causada por falha na alimentação.* **5** rachadura ou fenda na crosta terrestre, com deslizamento de um dos planos em relação ao outro: *falhas geológicas.* **6** tudo aquilo que falta; lacuna: *falha nos dentes.*

fa.lhar *v.t.* **1** deixar de cumprir ou de atender; faltar: *Não falhe com seus amigos.* **2** não corresponder à expectativa; malograr: *E se ele falhasse como maquinista também?* • *int.* **3** deixar de funcionar ou funcionar mal: *Justamente na descida o breque falhou.* **4** dar em falso: *E como é que ficamos se o negócio falhar?*

fa.lho *adj.* **1** imperfeito; defeituoso: *O cálculo, porém, em ambas as situações é falho.* **2** incompleto; lacunoso: *Sua explicação, por ser falha, não convenceu.* **3** com falha: *dentes falhos.* **4** carente; desprovido: *homem falho de energia.*

fa.li.bi.li.da.de *s.f.* estado daquilo que é falível; precariedade: *falibilidade humana.*

fá.li.co *adj.* **1** relativo ao falo: *símbolos fálicos.* **2** semelhante ao falo: *objeto fálico.*

fa.li.men.tar *adj.2g.* de ou relativo à falência.

fa.lir *v.int.* **1** sofrer falência financeira: *Nossas empresas não vão falir.* **2** malograr; fracassar: *um sistema educacional que está falindo.*

fa.lo *s.m.* pênis.

fal.sá.rio *s.m.* falsificador.

fal.se.a.men.to *s.m.* **1** desvio em relação às características; distorção; desvirtuamento: *falseamento da realidade.* **2** fraude; adulteração: *Houve falseamento do livro-caixa.* **3** desafinação.

fal.se.ar *v.t.* **1** tornar falso; adulterar: *Há valores e modos de pensar que falseiam a realidade.* **2** pisar em falso: *A moça falseou o pé e caiu.* • *int.* **3** adquirir tom de falsete; desafinar: *A soprano sente a voz falsear.*

fal.se.ta (ê) *s.f.* **1** traição; falsidade: *Um amigo não faz falseta.* **2** peça; logro: *O malandrinho está planejando alguma falseta!*

fal.se.te (ê) *s.m.* **1** voz com que se procura imitar o soprano: *cantar em falsete.* **2** aquele que tem voz de falsete ou canta em falsete.

fal.si.da.de *s.f.* **1** condição daquilo que é falso: *falsidade de um negócio.* **2** mentira; inverdade; deslealdade: *Se há falsidade em tudo isso, o mentiroso não sou eu.* **3** hipocrisia; fingimento: *Quanta falsidade na Terra!*

fal.si.fi.ca.ção *s.f.* **1** ato ou efeito de falsificar; reprodução ou imitação fraudulenta; adulteração: *A falsificação do documento ficou óbvia.* **2** desvirtuamento; falseamento: *O aparelho de som que ela comprou é uma falsificação.*

fal.si.fi.ca.dor (ô) *s.m.* quem reproduz ou altera fraudulentamente: *Os falsificadores de bebidas foram presos.*

fal.si.fi.car *v.t.* tornar falso; adulterar: *Falsificou a assinatura.*

fal.so *s.m.* **1** pessoa mentirosa; fingida: *Odeia os falsos que se vestem de cordeiros.* **2** falsidade; calúnia: *Minha boca nunca proferiu um falso.* **3** mentira; inverdade; dissimulação: *Nem sempre é fácil separar o falso do verdadeiro.* • *adj.* **4** que não está de acordo com a verdade ou a realidade: *Seu argumento está apoiado em premissas falsas.* **5** em que há mentira, dolo: *falso testemunho.* **6** fingido; dissimulado: *falsos amigos.* **7** não convincente; que se denuncia: *Havia um tom falso na sua voz quando ele externava seus protestos de amizade.* **8** que se faz passar por outra pessoa ou coisa: *joia falsa.* **9** infundado; ilusório: *falsas esperanças.* **10** errado; inexato: *resultado falso.* **11** que não é legítimo ou verdadeiro; falsificado: *passaporte falso.* **12** aparente; enganador: *falsa cegueira; gravidez falsa.* **13** que abre qualquer fechadura: *chave falsa.* • *adv.* **14** de modo

410

inverídico, mentiroso ou não convincente: *Soavam falso as brincadeiras de dois amigos.*

fal.ta *s.f.* **1** privação; carência: *A cantina não funciona por falta de funcionários.* **2** não comparecimento; ausência: *falta ao trabalho.* **3** culpa; pecado. **4** erro; falha; engano: *Ele nem sempre confessa suas faltas.* **5** não-existência; ausência: *Que crueza e falta de caridade!* **6** (Fut.) jogada a que o adversário tem direito para compensar infração: *O jogador cobrou a falta.*

fal.tar *v.t.* **1** deixar de cumprir ou respeitar: *Nunca faltei com o dever.* **2** deixar de servir ou socorrer: *Não posso faltar com os amigos.* **3** deixar de comparecer: *Decidiu faltar à aula.* **4** fazer falta: *Faltou estudo ao vestibulando.* • *int.* **5** deixar de existir; morrer: *Quando eu faltar, rezem por mim.* **6** estar ainda por fazer ou acontecer: *Só falta agora termos de tomar banho gelado!*

fal.to *adj.* carente; desprovido: *uma gente falta de fé.*

fal.to.so (ô) *s.m.* **1** quem não comparece; o que costuma faltar: *A empresa está substituindo os faltosos.* **2** no esporte, quem comete falta: *jogador faltoso.* • *adj.* **3** devedor: *inquilino faltoso.* **4** que falta; ausente: *aluno faltoso.*

fa.ma *s.f.* **1** renome; notoriedade: *O cantor alcançou a fama rapidamente.* **2** reputação; conceito: *Meu avô tem fama de ranzinza.*

fa.mé.li.co *adj.* faminto.

fa.mi.ge.ra.do *adj.* **1** de grande fama; notável; célebre: *O famigerado romancista publicou seu primeiro livro aos 20 anos.* **2** tristemente afamado: *famigerado traficante.*

fa.mí.lia *s.f.* **1** grupo de pessoas aparentadas que vivem sob o mesmo teto. **2** filhos: *Queria se casar e ter família.* **3** grupo de ascendentes, descendentes, colaterais e afins de uma linhagem: *Hamlet pertencia a uma família de reis dinamarqueses.* **4** grupo de pessoas que têm o mesmo credo, a mesma pátria etc.: *a grande família maçônica.* **5** grupo de elementos caracterizados por uma propriedade comum; categoria; classe: *Usei inseticidas da família dos carbonatos.* **6** (Biol.) divisão principal de uma ordem, constituída de um ou mais gêneros vegetais ou animais: *uma planta da família das leguminosas.*

fa.mi.li.ar *s.m.* **1** membro da família: *Por insistência dos familiares, fez o curso de Direito.* • *adj.2g.* **2** de família. **3** que se pode reconhecer ou identificar; conhecido: *Ela me parecia ter um rosto familiar.* **4** íntimo; próximo: *um amigo familiar.* **5** coloquial: *A repetição de sílabas é processo frequente na linguagem familiar.*

fa.mi.lia.ri.da.de *s.f.* **1** intimidade: *O inspetor se instalou a seu lado, com familiaridade.* **2** conhecimento; entrosamento: *Sua familiaridade com a música facilitou o processo de construção do disco.*

fa.mi.lia.ri.zar *v.t.* **1** tornar familiar: *Ainda não consegui familiarizar os alunos com a Matemática.* • *pron.* **2** tornar-se familiar ou íntimo; acostumar-se; habituar-se: *E assim começou a familiarizar-se com a vida da cidade.*

fa.min.to *s.m.* **1** pessoa que tem muita fome: *Ansiamos pelo dia em que não haverá famintos no mundo.* • *adj.* **2** que tem muita fome; esfaimado.

fa.mo.so (ô) *adj.* que tem fama; célebre; notável.

fâ.mu.lo *s.m.* criado: *Os fâmulos não comiam em presença dos patrões.*

fantástico

fa.nar *v.pron.* perder o vigor; envelhecer: *As flores fanaram-se antes do tempo.*

fa.ná.ti.co *s.m.* **1** pessoa excessivamente apaixonada por algo: *Gandhi foi assassinado por um fanático.* **2** obcecado: *um fanático por café.* **3** que é admirador apaixonado: *fanático por futebol.* • *adj.* **4** que é partidário exaltado; facioso: *um militante fanático.* **5** que tem dedicação ou zelo excessivo: *Eram fanáticos seguidores do beato.*

fa.na.tis.mo *s.m.* admiração ou adesão cega; paixão ou crença irracional.

fa.na.ti.zar *v.t.* tornar fanático; arrebatar: *A nova seita fanatiza milhares de pessoas.*

fan.dan.go *s.m.* **1** dança espanhola, cantada e sapateada, de andamento vivo, ao som de guitarra e de castanholas. **2** música que acompanha essa dança. **3** (Bras.) baile popular na zona rural, ao som da sanfona e viola.

fan.far.ra *s.f.* **1** banda de música com instrumentos de metal; charanga. **2** toque: *Fomos recebidos pela fanfarra dos clarins.*

fan.far.rão *s.m.* **1** quem alardeia valentia ou exagera seu próprio valor: *O vizinho era um fanfarrão.* • *adj.* **2** que alardeia valentia ou exagera seu próprio valor: *homem fanfarrão.*

fa.nho *adj.* fanhoso.

fa.nho.so (ô) *adj.* **1** nasalado: *voz fanhosa.* **2** de voz nasalada, como se o nariz estivesse obstruído: *rapaz fanhoso.*

fa.ni.qui.to *s.m.* (Coloq.) ataque de nervos sem importância nem gravidade; chilique.

fan.ta.si.a *s.f.* **1** imaginação; criação: *Costuma ter mais fantasia que o comum dos mortais.* **2** alucinação. **3** devaneio; sonho: *Deixa de fantasias! Ele não te dá bola.* **4** mentira: *As notícias de jornais têm muita fantasia.* **5** traje carnavalesco que imita tipos. **6** joia falsa ou de pouco valor: *Nos dedos, só usava fantasias.*

fan.ta.si.ar *v.t.* **1** idealizar; inventar: *Os escritores vivem fantasiando a realidade.* • *pron.* **2** imaginar: *Fantasiou como se tivesse assistido à cena.* **3** vestir-se com fantasia: *O folião fantasiou-se de pirata.*

fan.ta.si.o.so (ô) *adj.* **1** inverídico; falso; irreal: *promessas fantasiosas.* **2** que só existe na imaginação. **3** de fantasia; fictício; imaginado: *relato fantasioso.*

fan.ta.sis.ta *s.2g.* **1** pessoa dada a fantasias: *Sonhadores geralmente são grandes fantasistas.* • *adj.2g.* **2** afeito a fantasias; sonhador.

fan.tas.ma *s.m.* **1** segundo a crença, alma penada que aparece sob forma indefinida e esvoaçante; entidade fantástica. **2** o que assusta ou apavora; espectro: *O governo anda preocupado com o fantasma da dívida externa.* // Associado a um substantivo, é invariável e significa: (i) falso; fictício: *funcionário fantasma.* (ii) mal-assombrado: *castelo fantasma.*

fan.tas.ma.go.ri.a *s.f.* paisagem ou cenário fantástico.

fan.tas.ma.gó.ri.co *adj.* sobrenatural; fantástico.

fan.tás.ti.co *adj.* **1** extraordinário; fantasioso: *histórias fantásticas de fadas.* **2** sobrenatural: *Ficou olhando as figuras de anjos e animais fantásticos.* **3** maravilhoso: *Eu ouvia calado as receitas dos pratos fantásticos.* **4** muito bonito: *Do alto do morro, tem-se uma vista fantástica da enseada.*

fantoche

fan.to.che (ó) *s.m.* **1** boneco que se faz mover por fios, ou com as mãos; marionete: *teatro escolar de fantoches*. **2** (Fig.) quem é comandado por outrem: *Era um fantoche nas mãos da mulher*.

fan.zi.ne *s.m.* publicação alternativa, feita de forma simples, que trata de assuntos ligados geralmente à música popular.

fa.quei.ro *s.m.* jogo de talheres do mesmo material e marca.

fa.quir *s.m.* **1** mendicante hindu, geralmente muçulmano, que vive em rigoroso ascetismo. **2** quem se exibe suportando fome e/ou dor sem dar sinais de sofrimento ou sensibilidade.

fa.rân.do.la *s.f.* dança movimentada; ciranda.

fa.ra.ó *s.m.* rei do antigo Egito.

fa.ra.ô.ni.co *adj.* **1** de ou relativo aos faraós ou a sua época. **2** monumental, grandioso: *Onde conseguir recursos para tão faraônico projeto?* **3** desmedido; enorme: *a faraônica ambição dos bandeirantes*.

far.da *s.f.* **1** traje que identifica uma classe de indivíduos; uniforme. **2** uniforme militar. **3** (Fig.) a profissão militar: *Não quis ofender o colega de farda*. **4** militar: *Meliantes têm horror de farda*.

far.da.men.to *s.m.* vestimenta militar; farda.

far.dão *s.m.* (Bras.) **1** uniforme de gala dos militares. **2** veste dos membros da Academia Brasileira de Letras.

far.do *s.m.* **1** embrulho ou pacote grande e pesado. **2** carga; peso: *O homem carregava o fardo de sua tristeza*.

fa.re.ja.dor (ô) *s.m.* **1** quem procura ou rastreia pista: *Sua beleza foi observada por um farejador de modelos*. • *adj.* **2** que procura ou rastreia pista: *cães farejadores*. **3** que vive à procura de: *Temos uma vizinha farejadora de novidades*.

fa.re.jar *v.t.* **1** usar o faro; cheirar. **2** buscar, usando a intuição: *Precisamos farejar novas pistas*. **3** examinar: *A polícia farejou todos os becos*.

fa.re.len.to *adj.* que produz farelo; farinhento: *pão farelento*.

fa.re.lo (é) *s.m.* **1** resíduos grosseiros dos cereais moídos: *farelo de soja*. **2** serragem: *O chão estava forrado de farelo de peroba*. **3** migalha; pedaço pequeno: *farelos de bolo*.

far.fa.lhan.te *adj.2g.* que faz ruído de folhas se agitando.

far.fa.lhar *v.t.* **1** fazer mover-se provocando ruído: *O vento farfalhava os ramos*. • *int.* **2** mover-se e fazer ruído leve: *Ouviu o mato farfalhar, virou-se rápido*.

fa.ri.ná.ceo *s.m.* **1** alimento da natureza da farinha. • *adj.* **2** que tem farinha: *alimentos farináceos*.

fa.rin.ge *s.f.* (Anat.) órgão membranoso ligeiramente afunilado que se comunica com a boca.

fa.rín.geo *adj.* relacionado ou próximo à faringe: *infecção na região faríngea*.

fa.rin.gi.te *s.f.* (Otor.) inflamação da faringe.

fa.ri.nha *s.f.* **1** pó comestível que se obtém pela trituração de cereais, sementes ou raízes: *farinha de mandioca*. **2** qualquer substância moída usada no fabrico de rações: *farinha de soja*. • **farinha do mesmo saco** (Deprec.) gente da mesma espécie; do mesmo grupo ou laia: *Os compasras eram farinha do mesmo saco*.

fa.ri.nhei.ra *s.f.* vasilha para farinha.

fa.ri.sai.co *adj.* **1** relativo a fariseu. **2** (Fig.) hipócrita; falso; fingido: *Esse moralismo farisaico de quem diz uma coisa e faz outra*.

fa.ri.sa.ís.mo *s.m.* **1** caráter dos fariseus. **2** (Fig.) hipocrisia; fingimento: *O farisaísmo de quem prega e não crê é desprezível*.

fa.ri.seu *s.m.* **1** membro de antiga seita judaica, observante dos ritos da lei de Moisés. **2** pessoa fingida; hipócrita: *O pequeno óbolo vale mais aos olhos de Deus do que a grande soma dada pelo fariseu*.

far.ma.cêu.ti.co *s.m.* **1** especialista em Farmácia. • *adj.* **2** que produz medicamentos. **3** medicinal: *produtos farmacêuticos*. **4** de ou relativo a medicamentos: *incentivo à pesquisa farmacêutica*.

far.má.cia *s.f.* **1** estabelecimento onde se preparam ou vendem remédios. **2** parte da Farmacologia que estuda o modo de preparar, caracterizar e conservar os medicamentos: *cursos da área de Farmácia*. **3** preparo e venda de medicamentos: *É muito bem-sucedido na atividade de farmácia*.

fár.ma.co *s.m.* remédio; medicamento.

far.ma.co.lo.gi.a *s.f.* conjunto de conhecimentos sobre o valor ou o uso terapêutico das drogas medicamentosas.

far.ma.co.ló.gi.co *adj.* **1** referente à Farmacologia. **2** medicinal; medicamentoso.

far.ma.có.lo.go *s.m.* especialista em Farmacologia.

far.ma.co.pei.a (éi) *s.f.* catálogo de fórmulas de medicamentos.

far.ma.co.téc.ni.ca *s.f.* preparação de medicamentos.

far.nel *s.m.* saco para provisões de jornada.

fa.ro *s.m.* **1** olfato dos animais. **2** (Fig.) percepção aguçada; sensibilidade para perceber; intuição: *A moça possuía bom faro, sempre descobria boas liquidações*.

fa.ro.es.te (é) *s.m.* filme sobre a conquista do Oeste norte-americano; bangue-bangue.

fa.ro.fa (ó) *s.f.* (Bras.) farinha de mandioca ou de milho refogada no óleo ou manteiga, temperada e acrescida ou não de outros ingredientes.

fa.ro.fei.ro *s.m.* (Deprec.) pessoa que passa o dia na praia e traz a refeição de casa: *Os farofeiros invadiram a praia*.

fa.rol *s.m.* **1** torre encimada por sinaleiro luminoso, usado para orientar os navegantes. **2** (Bras. SP) aparelho para dar sinais luminosos reguladores do trânsito; semáforo. **3** projetor de luz: *Um farol do carro não estava acendendo*. **4** (Bras. Coloq.) gabolice; prosa: *Todos sabiam que ele estava apenas fazendo farol com aquelas ameaças*. **5** norte; rumo: *Era o mestre, o farol dos estudantes*. **6** anel com brilhante muito grande.

fa.ro.lei.ro *s.m.* **1** quem opera o farol: *A história do acidente foi contada por um dos faroleiros*. **2** (Bras. Coloq.) quem conta vantagem; gabola: *um faroleiro irrecuperável*.

fa.ro.le.te (ê) *s.m.* **1** pequeno farol sobre os para-lamas dianteiro e traseiro dos automóveis. **2** farol portátil; lanterna.

far.pa *s.f.* **1** ponta metálica penetrante e aguda. **2** lasca de madeira. **3** (Fig.) crítica aguda; ataque: *Foi desagradável perceber que aquelas farpas eram dirigidas a mim*.

faturamento

far.pa.do *adj.* provido de farpas: *arame farpado*.

far.ra *s.f.* (Bras.) **1** folia; baderna: *Com certeza passou a noite na farra!* **2** festa: *Havia violas, tocadores, a farra ia quente*.

far.ra.po *s.m.* **1** pedaço de pano rasgado ou muito usado; trapo. **2** pedaço; tira: *farrapos de papel pelo chão*. **3** pessoa muito maltratada, velha ou cansada: *Já estava um farrapo*.

far.re.ar *v.int.* (Bras.) fazer farra; entregar-se à pândega: *O turista pretende farrear no Carnaval*.

far.ris.ta *s.2g.* **1** quem toma parte em farras. • *adj.2g.* **2** brincalhão; pândego.

far.rou.pi.lha *adj.2g.* **1** da Guerra dos Farrapos (em 1835, no RS): *Era um tenente farroupilha*. **2** sulista: *Todos traziam nos olhos uma centelha de orgulho farroupilha*.

far.sa *s.f.* **1** (Teatr.) peça cômica irreverente de um só ato, curto enredo e poucos atores. **2** logro; trapaça; engano: *Soube-se que a eleição fora uma farsa*. **3** fingimento: *Pediu para acabar logo com a farsa e contar tudo*.

far.san.te *s.2g.* quem faz trapaças; impostor; mentiroso.

far.tar *v.t.* **1** saciar; satisfazer: *Havia comida para fartar um batalhão*. • *pron.* **2** enfastiar-se; cansar-se: *Já se fartara das birras da mulher*. **3** saciar-se; satisfazer-se: *Comeu até fartar-se*.

far.to *adj.* **1** abundante; generoso: *almoço farto*. **2** gordo; bem nutrido: *A matrona tinha um farto colo*. **3** aberto; franco; generoso: *sorriso farto*. **4** cheio; repleto: *vacas com úberes fartos de leite*. **5** cansado: *Já estou farto de suas lamúrias*.

far.tum *s.m.* mau cheiro; odor nauseabundo: *Do esgoto, vinha um desagradável fartum*.

far.tu.ra *s.f.* quantidade mais do que suficiente; abundância; abastança: *As chuvas trouxeram fartura aos agricultores*.

fas.cí.cu.lo *s.m.* (Edit.) cada um dos folhetos publicados sucessiva e periodicamente que, reunidos, compõem uma obra.

fas.ci.na.ção *s.f.* **1** atração irresistível; fascínio. **2** deslumbramento; encanto, enlevo.

fas.ci.nan.te *adj.2g.* **1** que chama a atenção por seus encantos; sedutor: *É uma garota fascinante*. **2** que prende a atenção por sua excelência; magnífico: *É um romance fascinante*.

fas.ci.nar *v.t.* seduzir; encantar; hipnotizar: *As novelas policiais sempre fascinam os jovens*.

fas.cí.nio *s.m.* fascinação; atração; encantamento; encanto; sedução: *Estava entregue ao fascínio das garotas que passavam*.

fas.cis.mo *s.m.* **1** sistema político, originado na Itália com Benito Mussolini, em que o Estado controla a atividade industrial, encorajando o nacionalismo e proibindo a oposição política. **2** sistema político ditatorial. **3** autoritarismo: *Seu modo de comandar a empresa pautava-se por um verdadeiro fascismo*.

fas.cis.ta *s.2g.* **1** quem é partidário do fascismo: *Lutaram contra os fascistas*. • *adj.2g.* **2** partidário do fascismo. **3** que adota o sistema do fascismo. **4** autoritário.

fa.se *s.f.* **1** estágio de evolução ou de crescimento. **2** etapa. **3** época ou período com características definidas:

Suas primeiras obras pertencem à fase romântica. **4** (Astr.) cada um dos diferentes aspectos da Lua ou de alguns planetas ao desenvolver sua órbita: *a Lua na fase minguante*. **5** (Eletr.) cada uma das tensões de um sistema trifásico.

fast-food *fést-fud* (Ingl.) *s.m.* restaurante ou lanchonete onde se preparam refeições padronizadas para serem servidas rapidamente.

fas.ti.di.o.so (ô) *adj.* cansativo; tedioso; enfadonho.

fas.tí.gio *s.m.* (Fig.) apogeu; grau mais alto: *A persistência o levou ao fastígio do poder*.

fas.ti.o *s.m.* **1** falta de apetite: *Empurrou o prato, num gesto de fastio*. **2** aborrecimento; tédio: *O que de mim restava era um morno fastio*.

fa.tal *adj.2g.* **1** inevitável: *A extinção de espécies é consequência fatal do desmatamento*. **2** que leva à morte; mortal: *acidente fatal*. **3** desastroso; trágico: *Sofri cedo a perda fatal de meus pais*. **4** perigosamente sedutor: *A moça tem um andar gracioso e olhar fatal*.

fa.ta.li.da.de *s.f.* **1** aquilo que é fixado pelo destino; aquilo que é inevitável: *O homem aceita a fatalidade da vida, sem reação*. **2** infortúnio; desgraça: *A guerra, a fome, a doença são fatalidades*.

fa.ta.lis.mo *s.m.* (Filos.) crença em que todos os acontecimentos estão predeterminados ou fixados irrevogavelmente.

fa.ta.lis.ta *adj.2g.* **1** que acredita no caráter predeterminado e irrevogável dos acontecimentos. **2** negativista: *Essa resignação fatalista não é sadia*.

fa.ti.a *s.f.* **1** pedaço cortado em forma de lâmina. **2** segmento; porção; parte: *Os vinhos brasileiros vêm conquistando grande fatia do mercado*.

fa.ti.ar *v.t.* cortar em fatias.

fa.tí.di.co *adj.* **1** ameaçador: *O desemprego ronda, fatídico*. **2** que traz desgraça: *notícia fatídica*. **3** trágico; fatal: *Que fatídico acidente!*

fa.ti.gan.te *adj.2g.* que provoca fadiga; cansativo.

fa.ti.gar *v.t.* **1** cansar; aborrecer: *O mau orador fatiga os ouvintes*. • *pron.* **2** cansar-se: *Os jovens não se fatigam facilmente*.

fa.to *s.m.* **1** acontecimento; evento. **2** verdade; realidade: *A melhoria das estradas estaduais é um fato*. **3** circunstância. ♦ **de fato** realmente; verdadeiramente; mesmo; real: *De fato, estivemos lá àquela hora*.

fa.tor (ô) *s.m.* **1** elemento integrante de um todo: *O fator rigidez seria exercido pelos ligamentos, músculos e articulações*. **2** elemento que contribui para um resultado: *A ordem é fator muito importante para o progresso*. **3** em Matemática, cada elemento submetido à operação de multiplicação: *Multiplicando entre si dois fatores iguais formamos o quadrado de uma quantidade*.

fa.to.ra.ção *s.f.* (Arit.) decomposição de um número em seus fatores primos.

fa.tu.al *adj.2g.* factual.

fá.tuo *adj.* **1** vaidoso; pretensioso; petulante: *O crítico chamou o escritor de mentiroso e fátuo*. **2** passageiro; transitório: *Oh, fátuos dias da infância, que saudade!*

fa.tu.ra *s.f.* lista de especificações que acompanha uma remessa de mercadorias.

fa.tu.ra.men.to *s.m.* **1** emissão de fatura: *Vende mercadorias sem o faturamento*. **2** montante das transações financeiras: *O faturamento mensal da empresa é alto*.

faturar

fa.tu.rar *v.t.* **1** registrar em fatura: *faturar produtos abaixo dos preços*. **2** obter como rendimento; auferir; receber: *Vamos faturar um milhão de reais*. **3** ganhar: *Faturou um carro na rifa*. **4** conseguir; obter: *A novela desse horário sempre fatura expressiva audiência*.

fau.na *s.f.* **1** conjunto dos animais de uma região. **2** (Deprec.) conjunto; grupo: *No recinto, havia uma fauna de repórteres curiosos*.

fau.no *s.m.* na mitologia grega, semideus campestre, cabeludo, com chifres e pés de cabra: *Os faunos viviam nos bosques e seduziam as ninfas*. **2** homem libidinoso.

faus.to *s.m.* luxo; pompa: *Turistas boquiabertos com o fausto das escolas de samba*.

faus.to.so (ô) *adj.* luxuoso; pomposo.

fa.va *s.f.* **1** hortaliça de pequeno porte, de caule aéreo e vagem grande. **2** fruto com aspecto de bainha: *as favas do ingá*. ♦ **favas contadas** coisa certa; infalível: *Fique tranquilo, o dinheiro vem, são favas contadas*. **ir/mandar às favas** ir embora para deixar de incomodar.

fa.ve.la (é) *s.f.* (Bras.) conglomerado de habitações rudimentares, construídas pelos próprios moradores com diversos tipos de materiais, em terrenos urbanos, mas geralmente desprovidos de saneamento básico e infraestrutura.

fa.ve.la.do *s.m.* **1** quem mora nas favelas. ● *adj.* **2** que mora em favela: *menino favelado*.

fa.vo *s.m.* alvéolo onde as abelhas depositam o mel.

fa.vor (ô) *s.m.* **1** obséquio; mercê: *Por favor, tenha um pouco de paciência*. **2** ajuda; auxílio: *Queria lhe pedir um favor*. ♦ **a favor** favorável a. **de favor** de graça; gratuitamente. **em favor** em benefício.

fa.vo.rá.vel *adj.2g.* a favor de.

fa.vo.re.cer *v.t.* **1** beneficiar; ajudar. **2** trazer benefícios: *É loucura a derrubada das matas só para favorecer indústrias madeireiras*. **3** facilitar: *Faz o sangue correr mais depressa para favorecer a cura*.

fa.vo.re.ci.do *s.m.* **1** os quem têm dinheiro; quem é rico ou abastado. ● *adj.* **2** privilegiado; beneficiado: *Naquela situação eu me considerava favorecido*. **3** estimulado: *Um surto de gripe favorecido pelo mau tempo*. **4** facilitado; subsidiado: *empréstimos favorecidos para comprar casa*. **5** rico; abastado: *O projeto é destinado às classes mais favorecidas*.

fa.vo.re.ci.men.to *s.m.* benefícios especiais; privilégio; proteção.

fa.vo.ri.tis.mo *s.m.* **1** preferência: *Não foi por sorte ou favoritismo que ele ganhou uma bolsa de estudos*. **2** proteção com parcialidade: *Na empresa, todos ficaram contra o favoritismo*.

fa.vo.ri.to *s.m.* **1** aquele que tem mais probabilidade de vencer; o mais cotado: *O cavalo argentino é o favorito do páreo de domingo*. ● *adj.* **2** preferido; predileto: *Os dois irmãos eram meus companheiros favoritos de brincadeiras*. **3** que tem maior probabilidade de vencer; mais cotado: *Na última corrida, o vencedor não era o atleta favorito*.

fax /ks/ *s.m.2n.* **1** aparelho capaz de enviar e decodificar imagem impressa através do telefone. **2** documento transmitido pelo aparelho de fax.

fa.xi.na /ch/ *s.f.* **1** limpeza geral. **2** (Mil.) feixe de ramos com que se entopem fossos, em campanhas militares.

fa.xi.nei.ro /ch/ *s.m.* quem faz faxina.

faz de con.ta *s.m.2n.* **1** fingimento; simulação: *É uma gente que vive num mundo de faz de conta*. **2** brincadeira fantasiosa; imaginação: *Era um rei, um príncipe, mas de faz de conta*.

fa.ze.dor (ô) *s.m.* **1** quem faz, cria ou elabora. ● *adj.* **2** que prepara ou faz: *Uma avó fazedora de biscoitos para os netos*.

fa.zen.da *s.f.* **1** grande propriedade rural. **2** tecido; pano. **3** órgão público incumbido da administração patrimonial ou das finanças: *O aumento aos funcionários causou um rombo na Fazenda municipal*.

fa.zen.dá.rio *adj.* da fazenda pública: *Recebemos a visita das autoridades fazendárias*.

fa.zen.dei.ro *s.m.* quem possui fazenda.

fa.zer *v.t.* **1** dar existência ou forma a: *Deus fez o mundo em seis dias*. **2** fabricar; construir: *O pássaro fez o seu ninho na goiabeira*. **3** preparar: *fazer um prato de comida*. **4** compor; escrever: *Quando estudante, fazia versos*. **5** executar; obrar: *O alfaiate faz ternos*. **6** cortar; limpar: *fazer as unhas*. **7** produzir: *Vamos todos fazer farinha*. **8** pintar: *O artista fez o retrato da mãe*. **9** arranjar; dispor; preparar: *fazer as malas*. **10** raspar; cortar: *fazer a barba*. **11** gerar: *Eles só pensavam em fazer filhos*. **12** ter a forma de: *A rua fazia um zigue-zague*. **13** tomar (refeição): *fazer um lanche*. **14** realizar (compras): *fazer as despesas da casa*. **15** frequentar; cursar: *Meu filho fez duas faculdades*. **16** percorrer: *As capivaras fazem sempre o mesmo trilho*. **17** obter; conseguir: *Fez treze pontos na loteria esportiva*. **18** satisfazer: *Você acha que deve fazer a vontade dele?* **19** estabelecer; instituir: *fazer parceria*. **20** provocar; causar: *fazer medo*. **21** completar (aniversário): *Amanhã farei 15 anos*. **22** agir; comportar-se: *Faça como eu e não dê trabalho a ninguém*. **23** prestar (favor): *Ele nunca fez um favor a ninguém*. **24** estar situado em: *São Paulo faz divisa com o Paraná*. **25** influir, contribuir para: *O impulso fez o anzol quebrar*. **26** fingir; simular: *Ela fez que não ouviu*. **27** diligenciar; esforçar-se: *Faça tudo por merecer o carinho de seus pais*. **28** representar o papel de. **29** transformar em; tornar: *Fizeram a trouxa de travesseiro*. ● *pron.* **30** agir como; imitar intencionalmente: *Não se faça de tolo!* **31** tornar-se: *Fazia-se necessário rever a posição do Brasil*. **32** constituir-se; ocorrer: *Fez-se um terrível silêncio*. **33** formar-se; criar-se: *De repente, a luz se fez em torno de mim*. ♦ **fazer a vida** prostituir-se. **fazer as honras de** cumprir as obrigações atinentes a: *Na sala, fazia as honras da hospedagem uma dama de preto*. **fazer as vezes** ter a função de: *Voltava ao quarto que fazia as vezes de oficina*. **fazer alto** parar: *De repente, a tropa fez alto*. **fazer amor** ter relações sexuais; copular. **fazer bonito/feio** sair-se bem ou mal. **fazer cerimônia** ser formal; ter formalidades: *Não faça cerimônia!* **fazer das tripas coração** esforçar-se muito: *Fez das tripas coração para agradar o cliente*. **fazer de conta** fingir; imaginar. **fazer doce** fazer-se de difícil. **fazer e acontecer** comportar-se livremente. **fazer figa** torcer para que aconteça: *Não adianta fazer figa que o seu time não será campeão*. **fazer fita** fingir. **fazer gato e sapato de** tratar com desprezo. **fazer hora** gastar o tempo: *Ficavam ali, fazendo hora*. **fazer jus a** ser merecedor de: *Fez jus*

federal

ao tratamento diferenciado. **fazer média** procurar agradar; criar para si uma boa situação junto a alguém, visando tirar proveito: *Fez média com a moça.* **fazer necessidade(s)** defecar ou urinar. **fazer pouco** desprezar: *Não faça pouco dos mendigos.* **fazer sala** entreter as visitas: *Fiquei fazendo sala aos convidados.* **fazer-se de rogado** deixar que lhe peçam algo com insistência: *Não se fez de rogado e executou um trecho do chorinho com bastante sensibilidade.* **fazer sombra** ofuscar; obscurecer: *Ninguém consegue fazer sombra ao campeão.* **fazer uma vaquinha** cotizar-se: *Fizemos uma vaquinha para a festa.* **não fazer por menos** agir resolutamente: *Depois do insulto, não fez por menos: demitiu o funcionário.*

fé *s.f.* **1** crença religiosa: *a fé em Deus.* **2** confiança; crédito: *E tinha fé na força de seus músculos.* ◆ **dar fé** garantir a autenticidade; perceber.

fe.al.da.de *s.f.* feiura.

fe.bo *s.m.* na mitologia greco-romana, o deus do Sol; o Sol.

fe.bre (é) *s.f.* **1** (Med.) estado de doença caracterizado pelo aumento da temperatura do corpo e aceleração do pulso. **2** (Fig.) exaltação; ânsia ou grande desejo: *Uma febre de consumo tomou conta da população.* **3** mania; moda: *Não havia surgido ainda a febre dos edifícios altos.*

fe.brí.cu.la *s.f.* febre ligeira.

fe.bril *adj.2g.* **1** em estado de febre; com febre. **2** de febre: *acessos febris.* **3** (Fig.) exaltado; apaixonado.

fe.cal *adj.2g.* relacionado com fezes.

fe.cha.da *s.f.* no trânsito ou em corridas de carro, obstrução da passagem do carro que vem atrás: *Uma dura fechada tirou o piloto da corrida.*

fe.cha.do *adj.* **1** que não está aberto; cerrado: *portas e janelas fechadas.* **2** que não desabrochou: *botões de rosa ainda fechados.* **3** cercado: *O pasto era fechado com arame farpado.* **4** que veda a passagem de automóveis: *Foi multado porque passou com o sinal fechado.* **5** trancado: *baú fechado a sete chaves.* **6** com as atividades interrompidas; inativo: *Os bancos estão fechados por causa do feriado.* **7** com sinal para poucos receptores: *televisão em circuito fechado.* **8** ajustado; acertado: *um bom negócio fechado.* **9** com os bordos unidos; cicatrizado: *As feridas já estavam fechadas.* **10** carrancudo: *homem de cara fechada.* **11** denso; compacto: *um capão de mato fechado.* **12** protegido contra sortilégios ou agressões: *Ele crê que tem corpo fechado.* **13** nublado; carregado: *O tempo continua fechado.* **14** retraído; reservado: *Meu pai era um homem muito fechado.* **15** pesado; intenso: *luto fechado.* **16** escuro: *Era noite fechada.* **17** interditado; vedado: *A rodovia está fechada ao trânsito normal.*

fe.cha.du.ra *s.f.* peça de metal que, por meio de uma lingueta acionada por chave, fecha portas e gavetas.

fe.cha.men.to *s.m.* **1** ato ou efeito de fechar. **2** encerramento do expediente: *Até o fechamento da edição, nada se sabia sobre os desaparecidos.* **3** encerramento das atividades: *O fechamento das microempresas era inevitável.* **4** acerto; acordo; ajustamento: *fechamento de contratos.* **5** cicatrização: *O fechamento das escaras leva mais tempo em casos de diabetes.*

fe.char *v.t.* **1** cerrar: *Feche a janela.* **2** constituir obstáculo; obstruir: *Montes de pneus e sacos de areia fechavam a rua.* **3** desligar: *Fechou a luz.* **4** impedir ou suspender o funcionamento: *A polícia fechou o bar.* **5** estreitar; apertar: *Os soldados fechavam o cerco cada vez mais.* **6** impedir: *O guarda fechou o trânsito para passagem do enterro.* **7** ajustar: *Fechamos um belo negócio.* **8** pôr-se a favor ou em acordo com: *O partido ainda não fechou com ninguém.* **9** encerrar--se: *O mercado de ações fechou em alta.* **10** prender; encerrar ◆ *pron.* **11** trancar-se: *Fechou-se no banheiro e ali ficou por longo tempo.* ◆ *int.* **12** cerrar-se: *O portão fechou devagar.* **13** encerrar atividades: *Sua fábrica fechou em agosto.* **14** estreitar-se; comprimir-se: *Naquele ponto, a estrada fechava, invadida pelo capim.* **15** cicatrizar: *Tem uma ferida que não fecha.* ◆ **de fechar o comércio** extraordinário: *Ela estava de fechar o comércio com aquele vestido de seda.* **fechar as portas a/para** deixar de atender; abrir mão de: *Não devemos fechar as portas ao socorro que vem de fora.* **fechar questão** tornar-se intransigente numa discussão: *O pai fechou questão a respeito da festa em casa.* **fechar o tempo** haver briga: *De repente, gritos, confusão, e o tempo fechou na maior pancadaria.*

fe.cho (ê) *s.m.* **1** tranca; fechadura. (Fig.) **2** zíper. **3** acabamento; conclusão: *Usava citações latinas como fecho de cada capítulo.*

fé.cu.la *s.f.* substância com aparência de farinha ou de pó de certas sementes e tubérculos: *fécula de mandioca.*

fe.cun.da.ção *s.f.* **1** (Biol.) fertilização; reprodução sexuada. **2** iniciação do processo reprodutivo; fertilização; ato ou efeito de fecundar ou de ser fecundado.

fe.cun.dar *v.t.* **1** tornar fecundo; fazer produzir: *A chuva fecunda a terra.* **2** tornar prenhe; engravidar: *O macho mais forte fecunda fêmea.* **3** fazer desenvolver: *Grandes mestres fecundaram as artes.*

fe.cun.di.da.de *s.f.* **1** capacidade de reprodução; fertilidade. **2** (Fig.) criatividade; inventividade: *É incrível a fecundidade dos novelistas de televisão.*

fe.cun.do *adj.* **1** fértil; produtivo: *trabalho fecundo.* **2** inventivo; criativo: *espírito fecundo.* **3** rico; generoso: *O bem é mais fecundo do que o mal.* **4** que produz muito: *romancista fecundo.*

fe.de.go.so (ô) *s.m.* arbusto medicinal, com flores amarelas e frutos em forma de vagem.

fe.de.lho (ê) *s.m.* (Deprec.) criança ou jovem de pouca idade: *Um fedelho e já pensa que pode enfrentar o mundo.*

fe.den.ti.na *s.f.* mau cheiro; fedor.

fe.der *v.int.* **1** ter mau cheiro. **2** complicar; embaraçar: *Esta história vai feder.* ◆ **nem feder nem cheirar** ser insignificante; não ter importância: *Essa garota, para mim, nem fede nem cheira.*

fe.de.ra.ção *s.f.* **1** associação política de estados num Estado coletivo, conservando cada membro a autonomia nos assuntos locais: *O Brasil é uma federação.* **2** associação; liga: *Ao time, só faltou registrar o atacante na federação.*

fe.de.ral *adj.2g.* **1** que pertence à federação; da federação: *capital federal.* **2** que representa os interesses dos estados na federação: *deputado federal.* **3** da federação: *intervenção federal.* **4** do governo da federação: *Entrar nas aldeias, só com permissão federal.* **5**

federalismo

para a federação: *contribuições federais*. **6** que provém da federação: *projeto de preservação ambiental com recursos federais*.
fe.de.ra.lis.mo *s.m*. sistema político em que vários estados se associam numa federação.
fe.de.ra.lis.ta *s.2g*. **1** quem é partidário do federalismo. • *adj.2g*. **2** partidário do federalismo.
fe.de.ra.li.za.ção *s.f*. **1** formação de uma associação para a defesa de objetivos comuns: *A federalização poderá solucionar as sucessivas crises por que tem passado a economia do cacau*. **2** passagem para o estatuto de federal: *Conseguiram a federalização de algumas questões ambientais*. **3** passagem para o controle federal: *A lei autoriza a federalização da dívida*.
fe.de.ra.li.zar *v.t*. passar para o controle federal: *Queriam federalizar o banco?*
fe.de.ra.ti.vo *adj*. **1** que pertence a uma federação. **2** de federação: *A Constituição de 1891 consagrou o princípio federativo*.
fe.di.do *adj*. (Bras.) fétido; fedorento.
fe.dor (ô) *s.m*. mau cheiro: *O fedor dos esgotos*.
fe.do.ren.to *adj*. que tem mau cheiro; fedido.
feedback (fidbék) (Ingl.) *s.m*. realimentação; retorno: *Aguardavam um feedback da empresa*.
fe.é.ri.co *adj*. **1** profusamente iluminado; luminoso: *As pessoas viam a cidade iluminada, feérica*. **2** deslumbrante; esplêndido: *Ela vivia um momento mágico e feérico de alegria*.
fei.ção *s.f*. **1** aparência: *É um país de feição agrícola*. **2** modo; maneira; jeito: *estatuetas feitas à feição antiga*. **3** fisionomia própria: *O treinador procura dar feição ao time*. **4** conjunto de traços fisionômicos; rosto: *Já tem gentil feição de mocinha*.
fei.jão *s.m*. **1** planta trepadeira, com frutos em forma de vagem; feijoeiro. **2** a semente do feijão: *Os feijões pulavam dentro do caldeirão*. **3** comida preparada com sementes de feijão, cozidas e temperadas: *Comemos feijão com arroz*. **4** o alimento; o pão de cada dia: *Na vida, nunca lhe faltou o feijão*.
fei.jo.a.da *s.f*. prato típico brasileiro preparado com feijão-preto, toucinho, carne-seca, linguiça, paio, carne e miúdos de porco, que se serve acompanhado de couve e farinha de mandioca.
fei.o *s.m*. **1** feiura; disformidade: *Quem pinta o Belo, pinta o Feio também*. **2** quem ou aquilo que é oposto à beleza: *Quem ama o feio, bonito lhe parece*. • *adj*. **3** desagradável à vista ou ao ouvido; disforme. **4** difícil; preocupante: *O negócio está feio, hein?* **5** embaraçoso; humilhante: *Não choraria, porque era feio chorar diante de tanta gente*. **6** zangado; ameaçador: *Ela espera que eu faça cara feia*. **7** obsceno; indecoroso: *Não diga nomes feios*. **8** fechado; escuro; chuvoso: *O tempo está feio hoje*. **9** de grandes ou graves proporções; sério: *uma guerra feia*. • *adv*. **10** de modo desagradável, desagradador: *Ele olhou feio para o pobre rapaz*. **11** muito: *Desta vez você errou feio*.
fei.o.so (ô) *adj*. um tanto feio.
fei.ra *s.f*. **1** lugar público onde se expõem e se vendem mercadorias. **2** lugar de exposição e venda temporária de produtos: *Visitei a feira de bordados e malhas*. **3** compras que se fazem na feira livre. • **feira livre** lugar público onde se vendem sobretudo legumes, frutas e hortaliças.

fei.ran.te *s.2g*. quem vende produtos nas feiras livres.
fei.ta *s.f*. vez; ocasião: *Dessa feita, ele merece ser aprovado*.
fei.ti.ça.ri.a *s.f*. obra de feiticeiro; bruxaria; feitiço.
fei.ti.cei.ro *s.m*. **1** quem faz feitiço; bruxo. **2** curandeiro; pajé.
fei.ti.ço *s.m*. **1** feitiçaria; bruxaria. **2** sortilégio; encantamento: *Puseram feitiço em Orfeu*. **3** (Fig.) poder de encantamento; encanto; fascínio: *Conhecia bem o feitiço das moças do lugar*.
fei.ti.o *s.m*. **1** desenho; modelo: *um carro de feitio aerodinâmico*. **2** corte; talhe: *Veste bem roupa de qualquer feitio*. **3** formato; figura: *Bandeiras de vários feitios e cores enfeitavam o salão*. **4** modo de ser; caráter; personalidade: *Como é de seu feitio, ocupa espaço na imprensa para exigir privilégios*.
fei.to *s.m*. **1** façanha; realização: *Na área externa, o governo reuniu seus maiores feitos*. • *adj*. **2** realizado: *trabalho feito às pressas*. **3** concedido; dado: *uma longa entrevista feita aos repórteres*. **4** ajustado; acertado: *contrato feito com a prefeitura*. **5** avançado; alto: *Era noite feita*. **6** amadurecido fisicamente; adulto: *Já é homem feito*. **7** preparado; pronto: *Refeições de prato feito são servidas*. **8** pronto para ser usado: *Compro sempre roupa feita*. • *conj*. **9** (Coloq.) como: *É um sujeito que fuma feito um condenado*. • **benfeito** (Coloq.) usada para indicar aprovação a um castigo ou infortúnio sofrido por outrem; ótimo: *Benfeito, quem mandou sair daqui?*
fei.tor (ô) *s.m*. superintendente de trabalhadores; capataz: *Era feitor de fazenda*.
fei.to.ri.a *s.f*. (Bras.) **1** entreposto comercial do início da colonização portuguesa. **2** espaço roçado e limpo de mato, onde o pessoal empregado em qualquer trabalho pernoita e guarda seus pertences: *Havia feitorias pelos caminhos entre as fazendas*.
fei.tu.ra *s.f*. **1** processo de fazer; execução; elaboração: *A feitura das balas de coco requer cuidado e rapidez*. **2** realização: *Devemos iniciar o tratamento logo após a feitura do pulmão lombar*.
fei.u.ra *s.f*. (Bras.) característica do que é feio; fealdade.
fei.xe /ch/ *s.m*. **1** braçada; molho: *Não foi fácil conseguir um feixe de capim*. **2** conjunto de elementos reunidos ou interligados: *feixe de cabelos*. **3** facho; faixa: *O sensor ótico emite um feixe de luz infravermelha*. **4** conjunto. • **em feixe** unidos; juntos; paralelos: *Recolhe as esteiras já amarradas em feixe*.
fel *s.m*. **1** bílis; bile. **2** (Fig.) amargura: *Não aguento mais o fel que transpira de suas opiniões*. // Pl.: féis e feles.
felds.pa.to *s.m*. (Min.) mineral duro, composto principalmente de sílica e alumínio, e que entra como principal elemento na composição de muitas rochas.
fe.li.ci.da.de *s.f*. **1** qualidade de feliz; ventura; bem-estar. **2** bom êxito; sucesso: *Você ainda vai encontrar a felicidade*.
fe.li.ci.ta.ção *s.f*. **1** ato ou efeito de felicitar. • *pl*. **2** parabéns; congratulações: *Renovo as minhas felicitações aos formandos*.
fe.li.ci.tar *v.t*. cumprimentar pelo mérito ou por um evento feliz.
fe.li.no *s.m*. **1** nome genérico para os mamíferos carnívoros de cauda longa, pelo macio, unhas afiladas

ferimento

e retráteis. **2** próprio ou característico do gato ou dos felídeos. • *adj.* **3** típico de gato: *A garota anda com charme felino.* **4** (Fig.) traiçoeiro; fingido. **5** ágil; desenvolto.

fe.liz *adj.2g.* **1** satisfeito; contente; alegre. **2** favorecido pela sorte; afortunado; venturoso. **3** bem-sucedido: *As empresas de suco não foram tão felizes este ano.* **4** apropriado; adequado: *Esse texto não é dos mais felizes.*

fe.li.zar.do *s.m.* pessoa de muita sorte; sortudo: *Quem será o felizardo que ganhou o prêmio?*

fe.lo.ni.a *s.f.* perfídia; deslealdade: *A felonia era quase regra na política partidária.*

fel.pu.do *adj.* **1** de pelos compridos e abundantes: *peito felpudo.* **2** que tem penugem ou pelos salientes e macios: *Vestia um roupão felpudo.* **3** que tem lanugem ou penugem: *Da varanda da casa, podíamos ver o capim felpudo.*

fel.tro (ê) *s.m.* estofo de lã ou pelos, emaranhados por pressão. • **de feltro** macio como feltro: *Acariciei suas mãozinhas de feltro.*

fê.mea *s.f.* **1** animal do sexo feminino: *O macho identifica a fêmea pelo olfato.* • *adj.* **2** do sexo feminino: *As vespas fêmeas não têm asas.*

fê.meo *adj.* **1** que não é macho; feminino. **2** próprio de fêmea.

fe.mi.nil *adj.2g.* **1** próprio do sexo feminino: *graça feminil.* **2** efeminado: *trejeitos feminis.*

fe.mi.ni.li.da.de *s.f.* conjunto de qualidades ou características próprias da mulher.

fe.mi.ni.no *s.m.* **1** feminilidade: *A delicadeza está associada ao feminino.* • *adj.* **2** das mulheres: *O coração feminino é mais benevolente.* **3** para mulheres: *roupas femininas.* **4** de mulheres: *A equipe feminina de basquete foi campeã com louvores.* **5** em Gramática, que se opõe ao masculino por uma forma própria: *gênero feminino.* **6** típico de mulheres: *Todo homem tem seu lado feminino.*

fe.mi.nis.mo *s.m.* movimento pela equiparação dos direitos de ambos os sexos: *O feminismo se desenvolveu a partir de 1970.*

fe.mi.nis.ta *s.2g.* **1** quem é partidário do feminismo. • *adj.2g.* **2** que é partidário do feminismo: *militantes feministas.*

fe.mi.ni.za.ção *s.f.* processo pelo qual alguma coisa se torna feminina.

fe.mo.ral *adj.2g.* **1** pertencente ao ou localizado no fêmur; na coxa: *artéria femoral.* **2** do fêmur: *prótese femoral.*

fê.mur *s.m.* (Anat.) osso da coxa dos vertebrados.

fen.da *s.f.* **1** abertura; orifício; rachadura: *Algumas fendas na parede lembravam o terremoto.* **2** abertura estreita que se apresenta nas rochas. **3** (Anat.)orifício localizado na faringe: *fenda branquial.* **4** divisão; separação: *Esse episódio abre uma fenda em nossas relações.*

fen.der *v.t.* **1** cortar; dividir; separar: *O barco fendia as águas numa velocidade incrível.* **2** ferir: *A lança fendeu o peito do herói.* **3** conseguir atravessar; ultrapassar: *A mulher fendeu as dificuldades da vida com dignidade.* • *int.* **4** dividir-se; rachar-se: *As paredes fenderam quando houve o tremor de terra.*

fe.ne.cer *v.int.* murchar; extinguir-se; desaparecer: *As plantas iam fenecendo aos poucos.*

fe.ní.cio *s.m.* **1** natural ou habitante da antiga Fenícia (região litorânea da Síria). *adj.* **2** relativo à Fenícia.

fê.nix /ks ou s/ *s.f.* ave mitológica que, segundo a crença antiga, vivia muitos séculos e por fim se queimava para depois ressurgir de suas próprias cinzas.

fe.no *s.m.* erva ceifada e seca para alimentação de animais.

fe.nol *s.m.* (Quím.) composto cristalino, veneno cáustico, presente no alcatrão de hulha ou de madeira.

fe.no.me.nal *adj.2g.* **1** fora do comum; extraordinário: *A peça alcançou sucesso fenomenal.* **2** de beleza surpreendente; admirável: *corpo fenomenal.* **3** que tem a natureza do fenômeno; fenomênico.

fe.no.mê.ni.co *adj.* que se pode perceber ou é apreensível pelos sentidos; de fenômeno: *Pesquisaram as relações nas suas formas fenomênicas iniciais.*

fe.nô.me.no *s.m.* **1** qualquer modificação operada nos corpos pela ação dos agentes físicos ou químicos; ocorrência ou aspecto passível de observação: *El Niño é o fenômeno meteorológico que causou a mais longa seca da Austrália.* **2** acontecimento: *O desemprego é um fenômeno mundial.* **3** acontecimento extraordinário: *A cantora é um fenômeno de vendas.* **4** fato: *Vitórias eleitorais de pequenos partidos não são um fenômeno novo.* **5** (Fig.) pessoa que se distingue por algum talento extraordinário: *O novo campeão de nado livre é um fenômeno.*

fe.no.me.no.lo.gi.a *s.f.* (Filos.) **1** conjunto de conhecimentos sobre descrição e classificação de fenômenos. **2** conjunto dos fenômenos. **3** conjunto de sintomas: *O psiquiatra esclareceu definitivamente a terminologia e a fenomenologia da angústia.*

fe.no.me.no.ló.gi.co *adj.* relativo a fenomenologia ou aos fenômenos.

fe.nó.ti.po *s.m.* (Genét.) característica determinada pelo conjunto de genes de um indivíduo e pelas condições ambientais.

fe.ra (é) *s.f.* **1** animal selvagem, carnívoro e agressivo. **2** pessoa irascível. **3** pessoa que se distingue numa atividade; muito competente: *A palestrante é a maior fera do meio acadêmico brasileiro.* • *adj.* **4** feroz. • **(ficar/estar) uma fera** (ficar/estar) extremamente enraivecido; descontrolado: *Cuidado, ela está uma fera.*

fé.re.tro *s.m.* caixão mortuário; esquife.

fé.ria *s.f.* **1** produto das vendas diárias; receita: *Uma féria para mais de um milhão, pelo trabalho de um dia!* • *pl.* **2** período destinado a descanso após certo tempo de trabalho: *tirar férias.* **3** período de recesso: *férias escolares.*

fe.ri.a.do *s.m.* tempo de descanso, em geral de um dia.

fe.ri.da *s.f.* **1** chaga; úlcera. **2** (Fig.) sofrimento; mágoa: *Cada um sabe de suas feridas.*

fe.ri.do *s.m.* **1** pessoa que recebeu ferimentos ou que se machucou. • *adj.* **2** violado: *A crise política iria buscar soluções na Constituição novamente ferida.* **3** que recebeu ferimentos; machucado. **4** danificado: *As paredes feridas mostram a força da explosão.*

fe.ri.men.to *s.m.* **1** ação de ferir; contusão: *Ele causou ferimento na própria perna.* **2** ferida; chaga: *Tinha um leve ferimento na cabeça.*

ferino

fe.ri.no *adj.* fortemente irônico; mordaz: *Ele é um crítico ferino à burocracia e ao poder da polícia.*

fe.rir *v.t.* **1** provocar chagas ou contusão: *Um tiroteio durante o jogo feriu torcedores.* **2** provocar ranhuras ou marcas: *Feria a casca das melancias com a ponta da faca.* **3** tocar; tanger: *Suas unhas esmaltadas feriam levemente as cordas do violão.* **4** magoar; irritar: *O excesso de luz chega a ferir os olhos.* **5** contrariar; violar: *O regimento será rejeitado por ferir preceitos constitucionais.* • *pron.* **6** machucar-se *Ao transpor a cerca, feriu-se.*

fer.men.ta.ção *s.f.* **1** transformação química que produz efervescência. **2** (Fig.) agitação; movimentação: *O país vive momentos complicados, incapaz de conter a fermentação da oposição.*

fer.men.ta.do *s.m.* **1** bebida fermentada: *Ninguém espere por fermentados que prometam abalar a enologia.* • *adj.* **2** que produz efervescência gasosa; levedado: *Iogurte é leite fermentado.* **3** decomposto pela fermentação: *restos de comida fermentados.* **4** cheio de energia: *Ele é um roqueiro bem fermentado.*

fer.men.tar *v.t.* **1** fazer passar pelo processo de fermentação biológica, para crescimento: *Use levedo para fermentar a massa.* **2** fazer crescer ou desenvolver-se; incitivar: *Para ele, há algo no casamento que azeda o amor e fermenta o ódio.* • *int.* **3** sofrer o processo de fermentação: *Este pão não fermenta.* **4** tomar corpo; crescer: *O romance estava fermentando há anos.*

fer.men.to *s.m.* **1** massa de levedura capaz de produzir efervescência gasosa; levedo. **2** estímulo; germe: *As Bolsas serviam como um fermento para o desenvolvimento do país.*

fe.ro.ci.da.de *s.f.* **1** ação feroz ou cruel; crueza; desumanidade: *Combateu os invasores com ferocidade.* **2** ar ameaçador; braveza: *Tinha a ferocidade de um leão.*

fe.roz (ó) *adj.2g.* **1** que tem natureza de fera; bravo. **2** perverso; cruel; sanguinário: *Foi um ditador feroz.* **3** ferrenho; inflexível: *oposicionista feroz do stalinismo.* **4** violento; impetuoso: *Teve um acesso feroz de inveja, ao vê-la no vestido novo.* **5** ameaçador: *olhar feroz.* **6** arrojado; destemido: *guerreiro feroz.*

fer.ra.do *adj.* **1** picado; ferroado: *Estava com os braços e pernas ferrados por insetos.* **2** guarnecido de ferradura: *um alazão de patas ferradas.* **3** (Fig.) em apuros; em má situação: *Se minha mãe chegasse naquela hora, eu estava ferrado.* **4** cravado; preso: *O cão rosnava, com os dentes ferrados num pedaço de carne.* **5** imerso; mergulhado: *Estava num sono ferrado.*

fer.ra.dor (ô) *s.m.* pessoa que ferra cavalgaduras.

fer.ra.du.ra *s.f.* **1** peça de ferro que se aplica ao casco das cavalgaduras para protegê-las. **2** semicírculo: *Soldados acomodados em ferradura.*

fer.ra.gem *s.f.* peça ou objeto de ferro ou outro metal.

fer.ra.men.ta *s.f.* **1** utensílio empregado em trabalho manual. **2** instrumento: *Minhas ferramentas são as mãos.* **3** recurso; meio; instrumento: *A abertura do mercado é a grande ferramenta para o desenvolvimento.*

fer.ra.men.tei.ro *s.m.* mecânico que fabrica ferramentas.

fer.rão *s.m.* **1** ponta de ferro; aguilhão: *Os jagunços estavam armados de porretes, facas, foices e ferrões.* **2** vara com ponta de ferro. **3** (Zool.) órgão picador de certos insetos; aguilhão: *Algumas espécies de abelhas não têm ferrão.* **4** (Fig.) estímulo; incentivo: *Viera até ali espicaçado pelo ferrão da curiosidade.*

fer.rar *v.t.* **1** pôr ferradura nos cascos: *Ferrar cavalos é função de ferreiro.* **2** marcar a ferro quente: *É preciso ferrar o gado.* **3** fincar: *Ela ferrou as unhas na cara do bandido.* (Coloq.) **4** prejudicar: *O invejoso, em vez de se esforçar, procura ferrar quem faz as coisas direito.* **5** entrar; entregar-se a: *O compadre chegou e ferrou na prosa.* **6** aplicar; dar: *A mula ferrou um coice no coronel.* • *pron.* **7** (Coloq.) levar a pior: *Quem é precipitado se ferra.*

fer.rei.ro *s.m.* quem faz, vende ou conserta objetos de ferro.

fer.re.nho *adj.* **1** inflexível; intransigente: *Ele era inimigo ferrenho da monarquia.* **2** pertinaz; obstinado: *seguidor ferrenho da moda.*

fér.reo *adj.* **1** feito de ferro: *via férrea.* **2** intransigente; inflexível: *Conhecemos o pulso férreo do general.*

fer.re.te (ê) *s.m.* **1** instrumento com que se marcavam escravos e prisioneiros, e com que se marca o gado. **2** marca vergonhosa; mancha; estigma: *Trazia na fronte o ferrete do martírio.*

fer.rí.fe.ro *adj.* que contém e produz ferro: *Vem região ferrífera de Minas.*

fer.ro (é) *s.m.* **1** (Quím.) metal cinza, duro, maleável, facilmente oxidável, que forma ligas de importantes aplicações. **2** objeto feito desse metal. **3** elemento de composição da hemoglobina e cuja falta leva à anemia: *O ferro e as proteínas são reaproveitados pelo organismo.* **4** instrumento para passar roupas: *ferro de engomar.* **5** instrumento para marcar animais. **6** arma branca: *Cravou o ferro afiado no lenho da árvore .* • *pl.* **7** conjunto de âncoras: *O gaiola lançou ferros e apitou.* ✦ **a ferro e fogo** (Coloq.) com violência; por quaisquer meios: *Também o rei não impunha a ferro e fogo a sua ordem.* **de ferro** (i) pesado; rigoroso: *Dirigia a escola com mão de ferro.* (ii) muito bom: *Tem saúde de ferro.* // Símb.: Fe; N. Atôm.: 26.

fer.ro.a.da *s.f.* **1** picada com ferrão: *Um maribondo deu-lhe uma ferroada.* **2** (Fig.) censura mordaz ou severa: *O parlamentar não suportou as ferroadas do jornalista.* **3** pontada; dor aguda: *Sentia umas ferroadas nas virilhas.*

fer.ro.ar *v.t.* **1** fincar o ferrão em; picar: *Uma vespa ferroou o garoto.* **2** dar ferroadas: *O mosquito fêmea não ferroa de dia.* **3** incomodar como se fosse um ferrão: *Um mau presságio ferroava a pobre mulher.*

fer.ro-gu.sa *s.m.* ferro que se obtém diretamente de um alto-forno, mas não purificado. // Pl.: ferros-gusas e ferros-gusa.

fer.ro.lho (ô) *s.m.* pequena tranca de ferro corrediça com que se fecham portas e janelas.

fer.ro.so (ô) *adj.* que contém ferro: *sulfatos ferrosos.*

fer.ro-ve.lho *s.m.* **1** tudo que é usado e de pouco valor; sucata. **2** estabelecimento que negocia com sucata: *Ele trabalhava num ferro-velho.* // Pl.: ferros-velhos.

fer.ro.vi.a *s.f.* **1** estrada de ferro; via férrea. **2** empresa de transporte sobre trilhos.

fer.ro.vi.á.rio *s.m.* **1** quem trabalha em estrada de ferro. • *adj.* **2** de trem: *estações ferroviárias.* **3** por ferrovia: *transportes ferroviários.*

fiada

fer.ru.gem s.f. **1** óxido que se forma sobre superfícies de ferro e de outros metais expostos à umidade. **2** poeira vermelha ou ferruginosa: *A ferrugem tomava conta do céu*. **3** (Bot.) doença das plantas, produzida por fungos: *A ferrugem dos laranjais está sendo combatida*.

fer.ru.gi.no.so (ô) *adj.* **1** que tem a cor da ferrugem. **2** que contém ferrugem: *preparado ferruginoso*.

fér.til *adj.2g.* **1** próprio para o cultivo; fecundo: *terras férteis*. **2** capaz de procriar; não estéril; fecundo. **3** criativo; inventivo; fecundo: *escritor de imaginação fértil*. **4** propício; que dá bons resultados: *Ele encontrou na Medicina campo fértil para as investigações*. // Ant.: estéril.

fer.ti.li.da.de s.f. **1** capacidade de produzir muito; produtividade. **2** capacidade de inventar ou criar; criatividade. **3** capacidade de procriar; fecundidade.

fer.ti.li.za.ção s.f. ação de fertilizar; adição de substâncias próprias para fertilizar ou restaurar os solos; adubação.

fer.ti.li.zan.te s.m. **1** substância própria para aumentar ou restaurar a fertilidade dos solos; adubo. • *adj.2g.* **2** que aumenta ou restaura a fertilidade dos solos: *O material também é rico em propriedades fertilizantes*.

fer.ti.li.zar v.t. **1** tornar fértil; tornar produtivo. **2** fecundar. • *int.* **3** tornar-se fértil ou produtivo: *O solo fertiliza quando há adição de corretivos*.

fer.ven.te *adj.2g.* **1** que ferve; que está com ebulição. **2** que se revolve como a água a ferver: *Cachoeiras juntam suas águas esmagadas, ferventes, num atropelo de espumas*.

fer.ver v.t. **1** fazer entrar em ebulição: *ferver a água*. **2** esterilizar por ebulição da água: *Manicures fervem os alicates antes de usá-los*. **3** fazer esquentar demais: *Está um sol de ferver os miolos*. **4** estar repleto; abrigar em profusão: *A cozinha fervia de mosquitos*. • *int.* **5** entrar em ebulição: *A água fervia*. **6** atingir temperatura de ebulição da água; esquentar demais: *O motor do carro ferveu*. **7** tornar-se irritado: *Os nervos do gerente ferviam*. **8** existir em grande quantidade; fervilhar: *Os boatos ferviam*.

fer.vi.lhan.te *adj.2g.* abundante; pululante: *um enxame fervilhante de abelhas*.

fer.vi.lhar v.t. **1** estar ou existir em grande quantidade; abrigar em grande quantidade: *A feira fervilha de donas de casa*. • *int.* **2** agitar-se em grande número: *Abriu o cesto em que as formigas fervilhavam*. **3** passar por agitação ou excitação intensa: *Chegou o Carnaval. A cidade fervilha!*

fer.vor (ô) s.m. **1** zelo; ardor: *A mulher acompanhava a procissão com fervor*. **2** veemência; entusiasmo: *A menina fala, com fervor, de suas aventuras na montanha*.

fer.vo.ro.so (ô) *adj.* **1** caloroso; ardoroso: *Somos defensores fervorosos duma sociedade austera*. **2** zeloso; dedicado: *Quanto mais nos perseguem, mais numerosos, unidos e fervorosos nos tornamos*.

fer.vu.ra s.f. **1** ebulição: *Quando a água atingir o ponto de fervura, tire o recipiente do fogo*. **2** alvoroço; exaltação: *A praça, apinhada de gente, vibrava em fervura*.

fes.ce.ni.no *adj.* obsceno; licencioso: *Bocage foi um poeta português que escrevia versos fesceninos*.

fes.ta (é) s.f. **1** reunião para divertimento. **2** cerimônia com que se celebra uma data ou evento. **3** solenidade festiva. **4** alegria; júbilo; prazer. **5** quantidade diversificada de coisas: *Parecia enfeitiçada, diante daquela festa de miniaturas e gravuras*. • *pl.* **6** o dia de Natal e Ano-Novo: *Acabadas as festas, retornou ao trabalho*.

fes.tan.ça s.f. festa ruidosa.

fes.tei.ro s.m. (Bras.) **1** quem patrocina solenidades ou festas religiosas: *Meus avós sempre eram festeiros do Divino*. • *adj.* **2** que gosta de festas: *Somos um casal muito festeiro*.

fes.te.jar v.t. **1** honrar com festa: *Tudo pronto para festejar São João e São Pedro*. **2** saudar. **3** fazer festa para comemorar.

fes.te.jo (ê) s.m. festa; comemoração.

fes.tim s.m. **1** festa. **2** banquete. **3** cartucho sem projétil, usado em tiro simulado: *Nos exercícios só usavam balas de festim*.

fes.ti.val s.m. **1** espetáculo artístico realizado periodicamente, muitas vezes com premiação; recital. **2** grande quantidade: *A banda abria alas, num festival de cores e sons*.

fes.ti.vi.da.de s.f. **1** festa; comemoração. **2** cerimônia; solenidade.

fes.ti.vo *adj.* **1** de, ou relativo a, ou próprio de festa. **2** alegre; festeiro. **3** animado; divertido: *Juntaram-se os vizinhos para uma festiva sessão cinematográfica*.

fe.tal *adj.2g.* **1** do ou relativo ao feto: *sangue fetal*. **2** semelhante ao feto no útero: *Encolheu-se, quase em posição fetal*.

fe.ti.che s.m. **1** objeto a que se atribui poder sobrenatural. **2** coisa cultuada por algum povo. **3** poder mágico; poder de sedução: *Confessa o teu fetiche*.

fe.ti.chis.mo s.m. **1** culto de magia. **2** poder mágico que provoca atração ou veneração; valor mágico: *O fetichismo das bolsas de valores atrai aqueles que sonham com o enriquecimento fácil*.

fe.ti.chis.ta s.2g. **1** pessoa que se excita com a visão de objetos. • *adj.2g.* **2** relativo ao fetichismo.

fé.ti.do *adj.* que exala mau cheiro; pútrido: *uma fétida lata de lixo*.

fe.to[1] (é) s.m. (Biol.) produto da fecundação, depois que apresenta a forma da espécie.

fe.to[2] (é) s.m. (Bot.) planta sem flor da família das samambaias e avencas.

feu.dal *adj.2g.* pertencente, ou relativo a, ou próprio de feudo, ou do feudalismo.

feu.da.lis.mo s.m. sistema que une autoridade e propriedade de terra, estabelecendo entre os senhores da terra e os ocupantes uma relação de dependência.

feu.do s.m. **1** área de posse exclusiva. **2** zona de influência predominante: *Este bairro é um feudo eleitoral daquele político*.

fe.ve.rei.ro s.m. segundo mês do ano nos calendários gregoriano e juliano. Em ambos, nos anos bissextos, fevereiro tem 29 dias e, nos anos comuns, 28.

fe.zes (é) s.f. pl. resíduos não digeridos de alimentos que os seres vivos lançam periodicamente para o exterior; excrementos.

fe.zi.nha s.f. (Coloq.) pequena aposta em jogos de azar: *Induzia a mãe a fazer sua fezinha*.

fi.a.ção s.f. **1** trabalho de redução a fios; trama: *fiação da seda*. **2** fábrica onde se fia ou tece qualquer matéria têxtil.

fi.a.da s.f. enfiada; fileira: *Chegou do rio com uma fiada de lambaris*.

fiado

fi.a.do *s.m.* **1** venda a crédito. • *adj.* **2** que tem confiança; confiado **3** que se fiou: *O algodão fiado era utilizado nos ornamentos.* • *adv.* **4** a crédito; em confiança: *O verdureiro não vendia fiado.* **5** sem compromisso; sem seriedade: *Passava as tardes no clube, conversando fiado.*

fi.a.dor (ô) *s.m.* **1** quem se responsabiliza pelo cumprimento de uma obrigação (de outrem); abonador. **2** quem garante a realização, efetivação ou pagamento de uma obrigação. **3** quem reduz a fio ou trama: *Era apenas um fiador de algodão.*

fi.am.bre *s.m.* carne ou presunto preparado para ser comido frio.

fi.an.ça *s.f.* quantia paga por réu para poder defender-se em liberdade.

fi.an.dei.ra *s.f.* mulher que trabalha em fiação.

fi.a.po *s.m.* fio tênue; fiozinho.

fi.ar *v.t.* **1** preparar o fio: *Há dez anos, fiavam algodão para fazer tecido.* **2** vender a crédito; financiar: *O governo fia sementes aos lavradores.* **3** ter confiança; confiar: *O rapaz fiava pouco nos novos amigos.* • *pron.* **4** acreditar: *Não se fie em conversa.*

fi.as.co *s.m.* malogro vexatório; fracasso: *A estreia da peça foi um fiasco.*

fi.bra *s.f.* **1** estrutura alongada que constitui o tecido vegetal, animal ou mineral: *fibra de carbono.* **2** qualquer filamento ou fio: *roupas feitas com fibras de cânhamo.* **3** firmeza de caráter; energia; valor moral: *É uma pessoa de muita fibra.* ♦ **fibra óptica** cabo fino, de material transparente, próprio para a transmissão de sinais ópticos.

fi.bri.la *s.f.* (Histol.) cada uma das estruturas resultantes da divisão horizontal de um músculo estriado.

fi.bro.ma *s.m.* (Patol.) tumor benigno de tecido fibroso.

fi.bro.se (ó) *s.f.* (Patol.) aumento da formação de tecido fibroso em fendas que se formam em qualquer órgão ou parte do corpo.

fi.bro.so (ô) *adj.* que contém ou é composto de fibras: *tecido fibroso.*

fí.bu.la *s.f.* (Anat.) osso da perna, situado ao lado da tíbia; perônio.

fi.car *v.t.* **1** comprar; adquirir: *Ficou com o sítio do compadre.* **2** combinar; dispor-se a: *Ficaram de estofar de novo a poltrona.* **3** passar para a guarda de: *Quando eu morrer, quero que ela fique com você.* **4** passar a estar: *Ele ficou com meu livro até o fim das férias.* **5** destinar-se a: *Só dois alqueires ficaram para o plantio de soja.* **6** transferir-se; ser adiado; passar: *A reunião ficou para a semana que vem.* **7** passar a pertencer: *A fazenda de café ficou para os herdeiros.* ♦ *int.* **8** durar; permanecer: *Parece que a crise política veio para ficar.* • *lig.* **9** tornar-se: *A menina ficou pálida.* **10** assentar; ajustar-se: *Vestido vermelho fica bem em você.* **11** contrair; ser acometido de: *O garoto ficou com febre.* **12** passar a ter: *Fiquei com saudade de você.* **13** passar para um estado ou uma posição e permanecer neles: *Ficou a sós com a noiva.* **14** permanecer por algum tempo: *Ficou de prosa com a vizinha.* **15** limitar-se a: *As promessas dele ficaram só na conversa.* **16** estar situado; localizar-se: *A mansão do prefeito ficava na esquina.* **17** estar orçado em; custar: *O vestido ficou em quase dois mil reais.*

fic.ção *s.f.* **1** produto da imaginação; fantasia. **2** qualquer obra que resulta basicamente da imaginação.

fic.cio.nal *adj.2g.* relativo ou pertencente à ficção: *obra ficcional.*

fic.cio.nis.ta *s.2g.* quem escreve obras de ficção.

fi.cha *s.f.* **1** peça, geralmente redonda, que substitui dinheiro nas bancas de jogo; peça de metal ou papel que permite acionar determinada máquina. **2** senha que se recebe indicando pagamento adiantado ou dando direito a determinado bem ou serviço: *Não consegui ficha no posto de saúde para me consultar.* **3** cartão ou folha em que se anotam dados: *preencher a ficha do hotel.* **4** conjunto de informações sobre alguém: *Sei quem é você, tenho sua ficha.*

fi.char *v.t.* registrar em ficha; catalogar; fazer resumo de: *Ele ficha todos os livros que lê.*

fi.chá.rio *s.m.* **1** coleção de fichas de anotações; arquivo com fichas. **2** móvel onde se guardam fichas. **3** caderno escolar onde se prendem folhas avulsas.

fi.chi.nha *sm.* **1** diminutivo de ficha. **2** (Coloq.) pessoa ou coisa de pouca importância.

fic.tí.cio *adj.* **1** falso: *Este relatório é fictício.* **2** inventado; ficcional: *Vendiam cotas de clube de férias fictícias.* **3** ilusório; irreal: *O Carnaval cria um clima fictício.* **4** simulado; fingido: *um amor fictício.*

fí.cus *s.m.* planta ornamental, que produz látex, com flores pequenas.

fi.dal.go *s.m.* **1** quem pertence à nobreza. • *adj.* **2** nobre; aristocrático. **3** requintado; elegante: *homem de maneiras fidalgas.*

fi.dal.gui.a *s.f.* **1** nobreza. **2** generosidade; magnanimidade: *Apreciamos muito a fidalguia de seu gesto.*

fi.de.dig.no *adj.* digno de fé; confiável: *Quem acabou lhe dando a informação fidedigna foi um repórter.*

fi.de.li.da.de *s.f.* **1** qualidade de fiel; lealdade: *fidelidade partidária.* **2** observância rigorosa da verdade: *fidelidade aos fatos.* **3** constância, firmeza, nas afeições, nos sentimentos: *fidelidade conjugal.*

fi.du.ci.á.rio *adj.* dependente de confiança: *É uma moeda fiduciária, ou seja, baseada unicamente na confiança da autoridade emissora.*

fi.ei.ra *s.f.* **1** fio; fiada: *Colocou os peixes numa fieira de arame.* **2** fila; grupo: *Uma fieira de torcedores esperavam o juiz na esquina.*

fi.el *s.2g.* **1** quem pratica uma religião: *Os fiéis rezavam a noite toda.* • *adj.2g.* **2** constante: *Sou leitor fiel do jornal.* **3** rigoroso: *cumpridor fiel de seus deveres.* **4** leal; dedicado: *pessoa fiel aos amigos.* **5** que guarda fidelidade; que não trai: *Ele é fiel à esposa.* **6** que está de acordo: *Sempre foi fiel à moda.*

fi.ga *s.f.* **1** amuleto contra malefícios, em forma de mão fechada com o polegar entre o indicador e o médio. **2** sinal em forma de figa para afastar malefícios; esconjuro.

fi.ga.dal *adj.2g.* **1** próprio do fígado; hepático. **2** (Fig.) íntimo; muito profundo; intenso; encarniçado: *ódio figadal.*

fí.ga.do *s.m.* **1** (Anat.) víscera glandular volumosa que segrega a bílis. **2** prato preparado com o fígado de boi, de porco ou de frango.

fi.go *s.m.* infrutescência doce, com casca arroxeada e polpa vermelha quando madura, estreita perto do cabo e arredondada na parte inferior.

filmar

fi.guei.ra s.f. árvore de folhas alternadas e flores invisíveis encerradas nos figos.

fi.gu.ra s.f. **1** forma exterior: *Eu observava a majestade da figura feminina nos espelhos do salão.* **2** aparência; aspecto: *um rapaz inteligente, de boa figura.* **3** representação; forma: *Aquele homem é o diabo em figura de gente.* **4** representação por imagem; desenho; gravura; foto: *O cartão mostra a figura de uma cobra de Eas.* **5** vulto: *Na escuridão, mal se percebiam três figuras encapuzadas.* **6** pessoa: *A figura do bispo era venerada.* **7** pessoa de destaque; vulto: *Glauber Rocha é grande figura do cinema brasileiro.* **8** (Gram.) alteração na forma das palavras (metaplasmo), na construção da frase (figuras de sintaxe), ou na significação das palavras (metáfora, metonímia): *Com as figuras se embeleza a expressão das ideias.*

fi.gu.ra.ção s.f. **1** encenação; simulação; fingimento: *Não era para ser tudo figuração?* **2** representação por meio de figuras; caracterizações: *Em Michelangelo, as figurações de Cristo, dos santos e do próprio Criador são robustas e muito bonitas.* **3** aparência; aspecto; figura: *Com dois meses de bom trato, o pobre rapaz tomou outra figuração.* • *pl.* **4** passos de dança; ginga; meneios: *No terreiro dançam os novos moçambiqueiros, passos ágeis, com algumas figurações.*

fi.gu.ra.do *adj.* (Gram.) não literal; metafórico: *Usava palavras em sentido figurado.*

fi.gu.ran.te s.2g. **1** em cinema ou teatro; personagem secundário, que aparece sem falar. **2** quem faz parte ou figura; participante: *O espetáculo contava com cinco figurantes.*

fi.gu.rar v.t. **1** representar como figura, pelo pensamento ou pela imaginação: *figurar uma ideia.* **2** ser a figura ou a imagem de: *O quadro figurava um lago calmo.* **3** estar; fazer parte; constar: *Na ordem do dia, figuram os acontecimentos importantes da escola.* **4** aparecer: *Seu nome deveria figurar em algum texto literário.*

fi.gu.ra.ti.vis.mo s.m. manifestação artística que, ao contrário do abstracionismo, se preocupa com a representação da realidade sensível das formas acabadas da natureza.

fi.gu.ra.ti.vo *adj.* **1** adepto do figurativismo: *pintora figurativa.* **2** de representação das figuras: *trabalho figurativo.* **3** que representa o figurativismo: *arte figurativa.*

fi.gu.ri.nha s.f. **1** diminutivo de figura. **2** estampa com gravura seriada, para preencher álbuns, formando uma história ou completando uma coleção: *álbum de figurinhas.*

fi.gu.ri.nis.ta s.2g. quem desenha modelos de roupas.

fi.gu.ri.no s.m. **1** revista de modas. **2** vestuário criado para cinema ou teatro: *Era o primeiro ensaio com o figurino completo.* **3** modelo; exemplo: *Ele preenchia bem o figurino tradicional de coronel do interior.*

fi.la[1] s.f. **1** série de pessoas ou coisas dispostas lado a lado ou uma atrás da outra; fileira. **2** lista de espera.

fi.la[2] s.m. cão de guarda, de pelo curto amarelo-escuro, cauda longa, focinho saliente e grandes orelhas.

fi.la.men.to s.m. **1** fio muito delgado e flexível. **2** fio muito fino semelhante a pelo. **3** prolongamento em forma de pelo fino.

fi.lan.tro.pi.a s.f. **1** ato de dar aos outros aquilo de que necessitam; atitude de assistência aos necessitados. **2** caridade.

fi.lan.tró.pi.co *adj.* relativo à filantropia: *Limitou-se a um papel filantrópico e assistencialista.*

fi.lan.tro.po (ô) s.m. quem se dedica à filantropia; quem é caridoso. // Ant.: misantropo.

fi.lão s.m. **1** (Min.) massa de minério em forma de tubo que enche uma fenda de rocha, onde é comumente depositada por soluções de água subterrânea; veio. **2** (Fig.) fonte de exploração: *A criação de avestruzes é um filão que se inicia entre nós.*

fi.lar v.t. (Bras.) pegar para si sem pagamento: *Vivia no mundo da malandragem, filando comida e trocados.*

fi.lar.mô.ni.ca s.f. **1** sociedade musical. **2** orquestra sinfônica.

fi.la.te.li.a s.f. estudo e coleção metódica de selos postais dos diversos países.

fi.la.té.li.co *adj.* relativo à filatelia: *comunidade filatélica.*

fi.la.te.lis.ta s.2g. quem estuda e coleciona selos postais.

fi.lé s.m. **1** músculo carnoso e tenro que se localiza ao longo da espinha dorsal de alguns animais. **2** (Bras.) bife de filé: *Ele adora filé.* **3** fatia fina da carne de peixe cortada ao comprido.

fi.lei.ra s.f. **1** fila; série. **2** carreira; linha. • *pl.* **3** conjunto dos membros; grupamento: *Percorreu as fileiras de sua tropa formada.*

fi.le.te (ê) s.m. **1** fio pequeno; tênue. **2** ramificação terminal de um nervo.

fi.lho s.m. **1** descendente em primeiro grau de uma pessoa. **2** pessoa natural ou originária de algum lugar: *Aquele rapaz é filho da cidade grande.* **3** expressão de carinho.

fi.lho.te (ó) s.m. **1** cria de animal. **2** expressão de carinho.

fi.lia.ção s.f. **1** relação de parentesco entre pais e filhos, considerada na pessoa destes últimos. **2** associação; vinculação: *filiação partidária.*

fi.li.al s.f. **1** estabelecimento comercial dependente de outro; sucursal. **2** qualquer lugar dependente ou relacionado com outro: *Aquele recinto parece uma filial do inferno.* • *adj.2g.* **3** próprio de filho.

fi.li.ar v.t. **1** adotar como filho; perfilhar: *filiar uma criança.* **2** atribuir relação; ligar: *Os antropólogos filiam os tupis aos guaranis.* • *pron.* **3** entrar nas fileiras de; passar a fazer parte de: *Não pode filiar-se a esta corporação quem estiver cumprindo pena.* **4** estar relacionado; ter ligação: *Filiava-se à corrente moderada do partido.*

fi.li.for.me (ó) *adj.2g.* que tem forma de fio.

fi.li.gra.na s.f. **1** marca em forma de trama deixada pelo rolo impressor no papel. **2** trabalho em forma de fina renda, tecida com fios de ouro ou prata. **3** detalhe sem importância: *as filigranas da burocracia oficial.*

fi.li.pi.no s.m. **1** natural ou habitante das ilhas Filipinas. • *adj.* **2** relativo às ilhas Filipinas.

fi.lis.teu s.m. **1** quem nasceu na Filisteia, Palestina Antiga. **2** pessoa que se mostra inculta e cujos interesses são exclusivamente materiais, vulgares, convencionais. **3** pessoa desprovida de imaginação artística ou intelectual.

fil.ma.do.ra (ô) s.f. máquina de filmar.

fil.ma.gem s.f. elaboração de um filme (especialmente as gravações de cenas).

fil.mar v.t. registrar em filme.

filme

fil.me *s.m.* **1** (Fot. Cin.) rolo de película de celuloide que, tecnicamente preparado, se utiliza para captar imagens fotográficas. **2** (Cin. Telev.) película de celuloide, ou alumínio, coberta de uma substância sensível à luz, que capta cinematograficamente as diversas fases de um movimento, sendo, além disso, provida de uma faixa sonora.

fil.mo.te.ca (é) *s.f.* coleção de filmes.

fi.ló *s.m.* tecido fino e transparente, usado sobretudo para véus, cortinados e saiotes.

fi.lo.lo.gi.a *s.f.* estudo ou preparo de crítica de textos escritos para, através deles, chegar ao conhecimento das civilizações passadas.

fi.lo.ló.gi.co *adj.* relativo à Filologia.

fi.ló.lo.go *s.m.* especialista em Filologia.

fi.lo.so.far *v.t.* **1** pensar; refletir sobre a vida e o mundo: *Lá estava ele, olhando o mar, filosofando tudo*. **2** argumentar; discutir: *Ficou filosofando com os amigos até tarde*. • *int.* **3** raciocinar acerca de assuntos filosóficos: *Aqui jantou e filosofou*.

fi.lo.so.fi.a *s.f.* **1** conjunto de conhecimentos sobre a natureza das coisas e suas relações, valores, sentido e princípios gerais da existência, a conduta e destino do homem. **2** doutrina particular de um filósofo, de uma época etc.: *filosofia grega*. **3** pensamento; tendência: *Com sua voz mansa e tranquila, expunha essa filosofia quando surgiam dúvidas e discussões*. **4** modo particular de ver as coisas; ponto de vista: *A morte é a grande verdade contra a qual não prevalece nenhuma filosofia do homem*.

fi.lo.só.fi.co *adj.* **1** referente à Filosofia. **2** sobre Filosofia: *os diálogos filosóficos de Platão*. **3** racional; lógico; fundamental: *Estão em debate os princípios filosóficos da economia de mercado*.

fi.ló.so.fo *s.m.* **1** quem cultiva a Filosofia. **2** pessoa que formula teorias, sem pensar na realização concreta delas: *Essa frase deve ser de algum filósofo*. • *adj.* **3** que cultiva a Filosofia.

fil.trar *v.t.* **1** fazer passar por filtro, tela ou grade para purificar: *filtrar a água*. **2** reter as impurezas de. **3** deixar passar, moderando a intensidade: *As cortinas filtram a claridade da manhã*. **4** fazer passar por controle, crivo ou censura; não deixar passar sem exame; selecionar: *Os jornais têm de filtrar as informações*. • *pron.* **5** escoar por alguma abertura: *O sol filtrava-se pela copa das árvores*.

fil.tro *s.m.* **1** utensílio para reter impureza e toxinas. **2** utensílio de louça ou de barro, munido de velas para purificar a água. **3** material poroso que retém impurezas ou toxinas: *cigarro de filtro*. **4** poção medicinal que se acreditava fazer despertar o amor: *Existiriam, de fato, os filtros de amor?*

fim *s.m.* **1** extremidade; limite de extensão, espaço ou tempo. **2** conclusão; término; morte. **3** finalidade; objetivo: *Os fins justificam os meios?* ♦ **a fim de** com intenção de; para: *Vamos tirar o mato e sulcar o terreno, a fim de plantar*. **a fim de que** para que: *Pôs à minha disposição o dinheiro necessário a fim de que eu me inscrevesse nos exames*.

fím.bria *s.f.* orla: *Nuvens escuras pendiam da fímbria do horizonte, escurecendo a serra*.

fi.mo.se (ó) *s.f.* (Urol.) estreitamento da abertura do prepúcio, que impossibilita descobrir a cabeça do pênis.

fi.na.do *s.m.* **1** quem já morreu; falecido: *Ele não queria dormir no quarto do finado*. • *adj.* **2** falecido; morto. **3** extinto; acabado: *Ninguém tem saudade da finada inflação*.

fi.nal *s.m.* **1** fim; término; conclusão: *Nem esperamos o final do filme*. **2** limite; ponta; extremidade: *Há um batuque aceso no final da praia*. • *s.f.* **3** disputa que encerra um campeonato ou concurso: *A final do campeonato será no Maracanã*. • *adj.2g.* **4** de remate; de fechamento: *As joias dão um toque final no traje*. **5** último; derradeiro: *A decisão final do jogo será no domingo*. **6** definitivo: *Não perdoaria o triunfo final do adversário* **7** do fim; terminal: *O projeto está em fase final*.

fi.na.li.da.de *s.f.* alvo que se pretende atingir; objetivo.

fi.na.lís.si.ma *s.f.* prova ou partida decisiva em um campeonato.

fi.na.lis.ta *s.2g.* **1** quem chega à decisão final numa disputa. • *adj.2g.* **2** que disputa a prova ou partida final.

fi.na.li.za.ção *s.f.* conclusão; término; encerramento.

fi.na.li.zar *v.t.* **1** pôr fim; encerrar; terminar: *Pouco falta para finalizar a obra*. • *pron.* **2** chegar ao fim: *Com a emoção que a cena produz, finalizam-se o terceiro e último ato da peça*.

fi.nan.ças *s.f. pl.* **1** controle do dinheiro, economia, negócios. **2** situação financeira: *Ele não anda bem das finanças*. **3** dinheiro devido pelo governo; débito público; contas: *O banco terá suas finanças saneadas e, depois, será vendido*. **4** reservas monetárias; tesouro: *as finanças do Estado*.

fi.nan.cei.ra *s.f.* (Bras.) empresa de crédito e financiamento.

fi.nan.cei.ro *adj.* **1** da natureza das finanças; que envolve finanças: *mercado financeiro*. **2** que administra as finanças públicas: *as autoridades financeiras do país*. **3** de finanças: *centro financeiro*. **4** lucrativo: *Apliquei em investimentos que têm retorno financeiro a curto prazo*. **5** que controla ou empresta grandes quantidades de dinheiro: *instituições financeiras*. **6** de despesas; de gastos: *encargos financeiros*.

fi.nan.cia.men.to *s.m.* **1** importância levantada junto a uma agência para o pagamento de algo, cuja soma será restituída em parcelas e de acordo com a atualização monetária vigente. **2** provimento das despesas de algum projeto em desenvolvimento; ato de custear um projeto.

fi.nan.ci.ar *v.t.* **1** sustentar financeiramente; custear; bancar. **2** dar para custear um empreendimento.

fi.nan.cis.ta *s.2g.* quem é especialista em finanças; analista financeiro.

fi.nar *v.pron.* morrer: *Onde é que já se viu uma pessoa se finar assim?*

fin.ca-pé *s.m.* **1** ato de fincar o pé. **2** (Fig.) firmeza de atitude. // Pl.: finca-pés.

fin.car *v.t.* **1** cravar; enterrar; enfiar: *Chegava até a fincar paus nas margens do rio para marcar o curso das águas*. **2** fixar: *Tinha um modo esquisito de fincar os olhos nas pessoas*. • *pron.* **3** tornar-se fixado; encravar-se: *A flecha fincou-se no mamoeiro*.

fin.dar *v.t.* **1** chegar ao fim; terminar: *Somente pela madrugada ele findou essa primeira lição*. • *int.* **2** chegar ao fim; esgotar; acabar: *A conversa logo findou*. // Pp.: findado; findo.

fisiatria

fi.ne.za (ê) s.f. **1** favor; obséquio: *O compadre gosta de receber finezas de seus amigos.* **2** amabilidade; delicadeza: *fazer uma fineza.*

fin.gi.do s.m. **1** pessoa falsa, dissimulada ou mentirosa: *Aquela fingida continuava tentando enganar o pobre coitado.* • adj. **2** dissimulado; hipócrita; falso.

fin.gi.men.to s.m. **1** embuste; mentira. **2** simulação: *O público não distingue entre o que é fingimento de ator e o que é a realidade de suas próprias vidas.*

fin.gir v.t. **1** simular: *Fingia arrumar uns papéis sobre a mesa.* • int. **2** agir de modo dissimulado, escondendo os sentimentos: *Certamente ela fingia.*

fi.ni.to adj. **1** que tem fim; limitado: *Nosso tempo é finito.* **2** que não é eterno; transitório: *A morte prova que o mundo é finito.* **3** em Gramática, que se flexiona em tempo e pessoa: *verbos nos modos finitos.*

fi.ni.tu.de s.f. **1** característica do que tem fim; transitoriedade: *a finitude da vida.* **2** limitação: *O sentimento de religiosidade brota da angústia da finitude humana diante de um ser superior.*

fin.lan.dês s.m. **1** natural ou habitante da Finlândia. • adj. **2** relativo à Finlândia: *industriais finlandeses.*

fi.no adj. **1** de grossura reduzida; delgado. **2** alongado: *um rosto fino.* **3** de boa qualidade; excelente: *Só usa roupas finas.* **4** estreito: *ilha fina e comprida.* **5** cortante; penetrante: *o gume fino da navalha.* **6** estridente; agudo: *uma vozinha fina.* **7** apurado; aguçado: *pessoa de ouvido fino.* **8** apurado; aperfeiçoado: *homem de fina educação.* **9** educado; cortês: *Só trato com gente fina.*

fi.nó.rio s.m. **1** quem é manhoso; ladino: *Até os finórios já participaram da diretoria do clube.* • adj. **2** manhoso; astuto: *O comerciante, finório e audacioso, enriquecia rapidamente.*

fin.ta s.f. **1** calote; logro. **2** (Esport.) golpe para desnortear o adversário, em esgrima e futebol; drible.

fi.nu.ra s.f. **1** qualidade do que é fino; **2** dito amável; gentileza: *As amigas trocavam finuras.* **3** delicadeza; elegância: *O presidente discursava com sua conhecida finura.* **4** agudeza de entendimento: *A finura de sentimentos do poeta era muito apurada.*

fi.o s.m. **1** linha ou fibra torcida. **2** condutor elétrico, geralmente protegido por capa plástica. **3** extensão de metal fina e flexível, de diâmetro muito reduzido em relação ao comprimento: *fios de arame.* **4** qualquer porção de matéria comprida e flexível, de diâmetro reduzido: *fio de cabelo.* **5** fina corrente de líquido: *fio de sangue.* **6** parte cortante; gume: *o fio da navalha.* **7** alinhamento: *Escovava bem o fio do lombo do animal.* **8** encadeamento: *O amor infeliz conduz o fio da narrativa.* **9** resto: *um fio de voz.* ✦ **a fio** ininterrupto; seguido: *Vê televisão horas a fio.* **de fio a pavio** do começo ao fim. **por um fio** prestes a terminar; por um triz: *Nossa amizade estava por um fio.* **fio dental** fio de náilon esterilizado para limpar os dentes.

fi.o-den.tal s.m. (Bras.) traje de banho em duas peças, de tamanho reduzido, que deixa as nádegas à mostra: *garotas de fio-dental.* // Pl.: fios-dentais.

fi.or.de (ó) s.m. (Geogr.) golfo estreito e profundo, entre montanhas.

firewall (fáiaruôl) (Ingl.) (Inf.) s.m. conjunto formado por *hardware* e *software* cuja função é erguer uma "barreira eletrônica" contra intrusos externos.

fir.ma s.f. **1** empresa: *firma sul-americana.* **2** assinatura: *Todos os documentos já contavam com firma reconhecida.*

fir.ma.men.to s.m. hemisfério celeste visível; céu.

fir.mar v.t. **1** tornar firme; fixar: *Reclina o corpo para firmar o trinco de uma veneziana.* **2** dirigir fixamente: *Firmou a vista para ver melhor quem vinha chegando.* **3** apoiar: *Antes de se levantar, firmou as mãos na mesa.* **4** estabelecer; assentar: *O Brasil firmou com a Alemanha um acordo sobre os combustíveis.* • pron. **5** tornar-se uma referência; tornar-se conhecido: *Ele já se firmou como grande tenista.* **6** consolidar-se: *Nossa autoconfiança se firmou, graças a Deus.*

fir.me adj.2g. **1** seguro; fixo: *emprego firme.* **2** bem pregado; fixo: *O quadro na parede não está bem firme.* **3** aprumado; ereto: *Tinha um andar firme, apesar da idade.* **4** diz-se da cor que não desbota: *tecidos de cores firmes.* **5** constante; inalterável: *A pressão do doente mantém-se firme.* • adv. **6** com firmeza; com determinação: *Saiu pisando firme.*

fir.me.za (ê) s.f. **1** qualidade do que é firme; sólido. **2** estabilidade: *A economia apresenta sinais de firmeza.* **3** equilíbrio: *Levantou-se devagar, sem firmeza nenhuma.* **4** constância; persistência: *Falta a firmeza necessária no combate à corrupção.* **5** decisão; resolução: *O atleta não sente firmeza no técnico.* **6** força; vigor: *Não tem firmeza nas pernas para andar.*

fi.ru.la s.f. **1** (Fut.) volteio; viravolta: *O zagueiro quase jogou tudo fora, ao fazer uma firula.* **2** (Gír.) floreio; rodeio: *Seu falar é cheio de firulas.*

fis.cal s.2g. **1** quem controla o cumprimento de normas; quem fiscaliza. • adj.2g. **2** de impostos; tributário: *incentivo fiscal.* **3** sobre impostos. **4** de fiscalização; fiscalizador: *comissão fiscal.* **5** calculado a partir dos impostos pagos: *valor fiscal.* **6** que exerce fiscalização; que controla ou censura: *A escola mandou chamar o rapaz fiscal da merenda.*

fis.ca.li.za.ção s.f. **1** vigilância quanto ao cumprimento de obrigações; controle: *fiscalização de impostos.* **2** controle da qualidade: *Os restaurantes necessitam de cuidadosa fiscalização.*

fis.ca.li.zar v.t. exercer vigilância; verificar o cumprimento de obrigações.

fis.co s.m. conjunto de órgãos públicos destinados à fiscalização e arrecadação de impostos; fazenda.

fis.ga s.f. **1** arpão com a forma de garfo grande de pontas farpadas e cabo longo. **2** farpa: *O pescador ajeitou a isca na fisga do anzol.*

fis.ga.da s.f. **1** ação de prender com fisga: *O peixe não escapou da fisgada do pescador.* **2** dor aguda e súbita; pontada: *O tenista sentiu uma fisgada na coxa direita.*

fis.gar v.t. **1** apanhar com anzol; pescar. **2** conquistar amorosamente: *A garota fisgou um ator coadjuvante.* **3** apanhar em busca policial; agarrar; prender: *Os policiais fisgaram o malandro.*

fi.si.a.tra s.2g. médico especialista em fisiatria: *O fisiatra é capaz de planejar e organizar os processos de reabilitação física.*

fi.si.a.tri.a s.f. (Med.) especialidade médica que promove a saúde física por meio de prevenção, avaliação e reabilitação de indivíduos incapacitados por dor, doença ou lesão e do tratamento por medidas fisioterápicas, em lugar de clínicas cirúrgicas ou radiológicas. // Cp.: Fisioterapia.

física

fí.si.ca s.f. **1** ciência que estuda as propriedades gerais da matéria e as leis que tendem a modificar-lhe o estado e o movimento sem que se altere sua estrutura. **2** a disciplina escolar de Física.

fí.si.co s.m. **1** especialista em Física. **2** corpo: *atleta de físico avantajado*. • *adj*. **3** singular; individual: *Pago imposto de renda como pessoa física*. **4** da Física: *as leis físicas*. **5** do corpo; corporal: *traços físicos*. **6** que atinge o corpo: *Sofreu violência física?*

fi.si.cul.tor s.m. quem cultua o físico.

fi.si.cul.tu.ra s.f. conjunto de exercícios visando ao bom estado físico; modelagem física.

fi.sio.lo.gi.a s.f. **1** parte da Biologia que investiga as funções orgânicas, processos ou atividades vitais como o crescimento, a nutrição, a respiração etc. **2** tratado ou compêndio de Fisiologia.

fi.sio.ló.gi.co adj. **1** das funções vitais; orgânico. **2** diz-se do soro que contém cloreto de sódio. **3** que reverte em benefício próprio: *É verdade que certa classe de indivíduos tinha interesse fisiológico na venda?*

fi.sio.lo.gis.mo s.m. política exercida em proveito próprio: *É uma elite que pratica o fisiologismo, o nepotismo e a corrupção para agregar privilégios*.

fi.sio.lo.gis.ta s.2g. especialista em Fisiologia.

fi.sio.no.mi.a s.f. **1** rosto; feição; semblante. **2** conjunto de características distintivas: *O governante acreditou em poder transformar a fisionomia do país*. **3** aspecto; aparência: *Cada bairro tem a sua fisionomia própria*.

fi.sio.nô.mi.co adj. relativo à fisionomia ou ao rosto.

fi.sio.no.mis.ta s.2g. **1** quem memoriza fisionomias facilmente. **2** quem julga a natureza ou o caráter de uma pessoa por sua fisionomia.

fi.sio.te.ra.peu.ta s.2g. especialista em Fisioterapia.

fi.si.o.te.ra.pi.a s.f. (Terap.) **1** aplicação de agentes físicos e mecânicos no tratamento de doenças. **2** curso de Fisioterapia.

fis.são s.f. (Fís.) ruptura de um núcleo atômico acompanhada da liberação de grande quantidade de energia.

fis.su.ra s.f. **1** sulco; fenda; rachadura. **2** (Coloq.) ansiedade; sofreguidão: *Voltamos àquela fissura de ter jogo todos os dias*.

fis.su.ra.do adj. (Coloq.) muito ligado; sôfrego: *O músico estava fissurado para voltar a tocar*.

fís.tu.la s.f. (Patol.) úlcera profunda e larga interiormente.

fi.ta s.f. **1** tira de tecido mais ou menos estreita e comprida que serve para prender ou enfeitar. **2** tira estreita e delgada de material flexível. **3** filme: *fita de cinema*. **4** simulação; fingimento: *Ora, deixe de fita, venha comigo para o clube*.

fi.tar v.t. fixar os olhos; olhar atentamente.

fi.to s.m. **1** intento; objetivo; fim: *O estudante tinha o fito de obter bons resultados nas provas*. • *adj*. **2** fixo; cravado: *O empresário não para de conspirar, olhos fitos nos lucros*.

fi.to.ge.né.ti.co adj. relativo à produção vegetal: *recursos fitogenéticos*.

fi.to.ge.o.gra.fi.a s.f. ramo da Geografia que trata da distribuição das plantas pelas diversas regiões do globo.

fi.to.tec.ni.a s.f. conjunto de conhecimentos relacionados às técnicas de cultivo de plantas.

fi.to.te.ra.peu.ta s.2g. técnico em Fitoterapia.

fi.to.te.ra.pi.a s.f. (Terap.) tratamento da saúde mediante o uso de plantas.

fi.ú.za s.f. confiança; segurança.

fi.ve.la (é) s.f. prendedor geralmente metálico para objetos de couro ou material sintético.

fi.xa.ção /ks/ s.f. **1** ato de fixar-se; acomodação **2** estabelecimento: *A educação não é só fixação de hábitos*. **3** retenção. **4** obsessão; apego ou atração exagerada.

fi.xa.dor /ks/ (ô) s.m. **1** lugar de fixação: *Os fixadores das plantas foram bem escolhidos*. **2** substância que serve para fixar. • *adj*. **3** de união; estabilizador. **4** que evita a rejeição: *Apesar de, na Medicina, existirem antibióticos fixadores, alguns transplantes não são bem-sucedidos*.

fi.xar /ks/ v.t. **1** prender; reter: *O terreno seco não fixa o adubo na terra*. **2** gravar; reter: *A leitura da Bíblia ia fixando em seu espírito a mensagem de paz*. **3** assentar: *Há um programa do governo para fixar os sem-terra à lavoura*. • *pron*. **4** aplicar toda a atenção; prender-se: *O conferencista não se fixou em detalhes*. **5** estabelecer residência: *Fixei-me nesta cidade há trinta anos*. **6** tornar-se fixo, parado num ponto determinado: *Os seus olhos azuis se fixaram nos olhos do pai*.

fi.xi.dez /ks/ s.f. **1** imutabilidade; rigidez: *fixidez da taxa de câmbio*. **2** imobilidade: *A fixidez do olhar da cobra causava medo*.

fi.xo /ks/ s.m. **1** salário constante: *Meu fixo só chega no fim do mês*. • *adj*. **2** não temporário; estável; constante; invariável: *emprego fixo*. **3** imóvel; parado. **4** preso; seguro; fincado: *O lenço estava bem fixo em sua cabeça*. • *adv*. **5** de modo constante, fixo, direto: *Ele olha fixo para seus pulsos*.

fla.ci.dez s.f. **1** amolecimento; perda da rigidez. **2** falta de elasticidade; frouxidão: *combate às rugas e à flacidez*.

flá.ci.do adj. **1** sem elasticidade; mole.

fla.ge.la.ção s.f. golpe com açoite; mortificação; tortura: *No filme, os cristãos foram executados com requintes de sadismo, como a flagelação e o esquartejamento*.

fla.ge.la.do¹ s.m. **1** pessoa atingida por flagelo: *Os flagelados da seca foram acolhidos em um abrigo*. • *adj*. **2** duramente atingido pela miséria ou por sinistros.

fla.ge.la.do² s.m. (Biol.) organismo de flagelo: *Os flagelados são protozoários dotados de flagelos*.

fla.ge.lar v.t. **1** atormentar: *O inconveniente vivia de flagelar seus companheiros*. **2** açoitar; chicotear: *Os feitores flagelavam os escravos*.

fla.ge.lo¹ (é) s.m. **1** desgraça; adversidade: *O flagelo das drogas tende a permanecer na ilegalidade*. **2** calamidade: *As enchentes nas grandes áreas metropolitanas são um flagelo anual*. **3** tortura; castigo; suplício: *As mãos amarradas eram o flagelo do prisioneiro*.

fla.ge.lo² (é) s.m. (Citol.) filamento móvel que constitui o órgão locomotor de numerosos organismos animais e vegetais.

fla.gra s.m. (Bras. Coloq.) flagrante: *Pegaram-na no flagra*.

fla.gran.te s.m. **1** comprovação ou documentação de um delito no ato de sua prática. **2** cena: *A novela retrata flagrantes do dia a dia*. **3** fotos: *Os flagrantes mostravam cenas de um dia comum*. • *adj.2g*. **4**

flexionar

visível; evidente; patente: *O guerrilheiro não cometeu nenhum erro flagrante.* **5** ardente; rubro: *flagrante irradiação de luz.*

fla.grar *v.t.* (Bras.) **1** apanhar em flagrante; surpreender: *Rondas noturnas tentam flagrar os ladrões.* **2** fazer o flagrante de; comprovar: *A polícia utiliza uma filmadora para flagrar ações de assaltantes.* • *int.* **3** arder; inflamar-se.

fla.ma *s.f.* **1** chama; labareda: *As flamas do incêndio eram enormes.* **2** ardor; energia: *A flama do amor ardia em seu peito.*

flam.bar *v.t.* (Cul.) entornar certa quantidade de bebida alcoólica sobre alimento, ateando-lhe fogo em seguida.

flam.bo.aiã *s.m.* do francês *flamboyant*, árvore alta de galhos pendentes, com flores grandes de pétalas de um vermelho vivo ou amarelas.

flame (flêime) (Ingl.) (Inf.) *s.m.* termo que significa o ataque abusivo ou pessoal contra o remetente de uma mensagem que fere as regras estabelecidas.

fla.me.jan.te *adj.2g.* **1** que flameja; resplandescente. **2** em chamas: *Seu peito queimava como se tivesse recebido um dardo flamejante.*

fla.me.jar *int.* **1** brilhar; fulgurar: *O sol flamejava.* **2** lançar flamas ou labaredas; lançar raios luminosos: *As faíscas de fogo flamejavam.* **3** arder; queimar: *Os olhos do rapaz flamejavam de raiva.*

fla.men.co *s.m.* dança popular espanhola, de origem cigana.

fla.men.go *s.m.* **1** natural ou habitante de Flandres. • *adj.* **2** relativo a Flandres.

fla.min.go *s.m.* (Zool.) ave pernalta, de plumagem rosada, com penas pretas nos ombros e vermelhas na ponta das asas.

flâ.mu.la *s.f.* **1** bandeirola estreita e comprida, terminada em bico ou farpada, usada como distintivo ou como adorno. **2** bandeirola triangular usada como divisa de clube, escola ou outra associação.

fla.nar *v.int.* passear sem pressa e sem preocupação; vaguear: *Os veranistas flanam, aproveitando o sol da tarde.*

flan.co *s.m.* **1** parte lateral; lado: *O projeto era atacado por todos os flancos.* **2** sopé; aba: *O terreno se estende até o flanco do morro.* **3** (Anat.) região lateral do tronco: *dores nos flancos.* **4** (Zool.) lado do corpo dos animais entre as costelas e a anca: *Um mosquito picou um dos flancos da égua.* **5** ponto ou parte vulnerável: *O jogador conseguiu atingir o flanco de seu adversário.*

fla.ne.la (ê) *s.f.* tecido macio de lã ou de algodão, pouco encorpado e felpudo.

fla.ne.li.nha *s.2g.* (Coloq.) guardador de automóveis, que se encontra especialmente nas ruas das grandes cidades.

fla.pe *s.m.* (Aer.) dispositivo localizado na parte inferior da asa de um avião, que ajuda a controlar a aterrissagem.

flash (fléch) (Ingl.) *s.m.* **1** lâmpada de luminosidade intensa que possibilita fotografias ou filmagens em locais com iluminação insuficiente. **2** instantâneo; fotografia. **3** (Jorn.) notícia breve, resumida: *Os flashes durante os comerciais indicavam que o filme seria bom.*

flashback (flechbék) (Ingl.) *s.m.* recurso narrativo em que, partindo do presente, se apresenta algo já ocorrido.

flat (flét) (Ingl.) *s.m.* apartamento compacto, composto geralmente de quarto, cozinha e banheiro, com serviço de hotelaria.

fla.to *s.m.* flatulência.

fla.tu.lên.cia *s.f.* (Med.) acúmulo de gases no tubo digestivo; flato.

flau.ta *s.f.* instrumento de sopro, constituído de tubo cilíndrico e oco, sobre o qual se localizam orifícios ou chaves.

flau.tis.ta *s.2g.* pessoa que toca flauta.

flé.bil *adj.2g.* **1** fraco; frágil: *A flébil mão da moça acariciava o rosto do bebê.* **2** leve; flutuante; flexível: *Os tecidos eram bonitos e flébeis, porém caros.*

fle.bi.te *s.f.* (Med.) inflamação da membrana interna das veias.

fle.cha (é) *s.f.* **1** haste fina e comprida, de madeira ou de metal, com uma extremidade pontiaguda; seta. **2** extremidade piramidal ou cônica duma torre: *Andorinhas pousavam na flecha da igreja.*

fle.cha.da *s.f.* arremesso de flecha.

fle.char *v.t.* **1** ferir com flecha. **2** atingir como que com flecha: *O amor veio com violência e flechou meu coração.*

fleg.ma (ê) *s.f.* fleuma.

fler.tar *v.t.* lançar olhares amorosos; manifestar interesse ou simpatia.

fler.te (ê) *s.m.* namoro passageiro; namorico.

fle.tir *v.t.* dobrar: *Em sinal de respeito, os fiéis costumam fletir os joelhos.*

fleu.ma *s.f.* **1** na Medicina antiga, um dos quatro humores corporais que, supunha-se, causava indolência e apatia. **2** (Fig.) frieza; impassibilidade; serenidade: *O rapaz abandonou sua fleuma habitual.* **3** falta de interesse; lentidão; impassível; pachorra: *Jovens não suportam a fleuma e o conservadorismo.*

fleu.má.ti.co *adj.* **1** que tem fleuma; calmo: *Os britânicos têm fama de serem fleumáticos.* **2** lento; pachorrento: *dia monótono, fleumático.*

fle.xão /ks/ *s.f.* **1** movimento de dobradura (dos músculos que fletem). **2** (Gram.) variação mórfica de uma palavra para expressar categorias e funções gramaticais: *flexão verbal.* • *pl.* **3** (Esport.) conjunto de exercícios que envolvem os músculos que fletem ou dobram: *Faça flexões toda manhã.*

fle.xi.bi.li.da.de /ks/ *s.f.* **1** possibilidade de variação; variabilidade: *Vai haver maior flexibilidade nos horários.* **2** possibilidade de ser dobrado sem enrijecer ou quebrar; elasticidade: *O material com o qual você vai trabalhar deve ter flexibilidade.* **3** capacidade de adaptação; adaptabilidade: *Os bancos não têm flexibilidade, não se adaptam às necessidades dos clientes.*

fle.xi.bi.li.za.ção /ks/ *s.f.* transformação em algo flexível.

fle.xi.bi.li.zar /ks/ *v.t.* **1** tornar flexível ou maleável. • *pron.* **2** tornar-se maleável; tolerar: *A velha poupança se flexibilizou.*

fle.xio.nar /ks/ *v.t.* **1** fazer dobrar: *Deitado, flexione as pernas.* • *pron.* **2** sofrer flexão gramatical: *O verbo se flexiona em tempo, modo, número e pessoa.* • *int.* **3** dobrar-se: *Seu corpo flexionou levemente.* **4** tornar-se flexível; alterar-se: *As sutilezas jurídicas acabam flexionando, em benefício dos réus.*

425

flexível

fle.xí.vel /ks/ *adj.2g.* **1** que se dobra com facilidade; maleável: *malha flexível.* **2** que se movimenta com elegância; ágil. **3** dócil: *Sua esposa é bonita, trabalhadora e flexível.* **4** passível de se adaptar a mudanças; maleável. **5** variável: *horário flexível.*

fli.pe.ra.ma *s.m.* **1** máquina de jogos eletrônicos. **2** local onde há fliperama: *Queremos jovens para trabalhar no fliperama.*

flo.co (ó) *s.m.* **1** conjunto de felpas ou filamentos. **2** partícula leve e macia: *flocos de neve.*

flor (ô) *s.f.* **1** órgão reprodutor das plantas, externamente constituído de um cálice e uma corola com pétalas em diversas cores e que geralmente tem perfume. **2** qualquer ornato que representa uma flor. (Coloq.)**3** pessoa afável e muito educada: *É uma flor de menina.* **4** forma carinhosa de dirigir-se a mulher ou, principalmente, a criança: *Cuidado, minha flor, não vá cair do balanço!*

flo.ra (ó) *s.f.* (Bot.) **1** conjunto de vegetais; o reino vegetal. **2** conjunto da vegetação de um país ou de uma região. **3** (Bacter.) conjunto de micro-organismos que se localizam em certas regiões do organismo humano ou dos animais: *As bactérias fazem parte da flora bucal do adulto.*

flo.ra.ção *s.f.* **1** desenvolvimento de flor; florada. **2** desenvolvimento; surgimento.

flo.ra.da *s.f.* floração.

flo.ral *s.m.* **1** essência de flores: *É melhor uma água de colônia, um floral leve ou uma lavanda.* **2** essência de flores diluídas em conhaque a que se atribui propriedades terapêuticas. • *adj.2g.* **3** de/com flores: *Arranjos florais espalhados pela igreja.* **4** extraído de flor: *essências florais.*

flo.rar *v.int.* deitar flores; florir: *Um mamoeiro florava atrás da cerca de varas.*

flor-de-lis *s.f.* planta de bulbo, de flores grandes, geralmente solitárias, quase sempre vermelho-escuras. // Pl.: flores-de-lis.

flo.re.ar *v.t.* **1** enfeitar; adornar: *Poetas gostam de florear a linguagem.* **2** agitar como a um florete: *O comediante floreava a bengala para cima e para baixo.*

flo.rei.o *s.m.* **1** movimento ou gesto gracioso: *Os floreios da jovem encantavam o rapaz.* **2** variação musical em que o executante adiciona elementos sonoros ao trecho que interpreta: *A guitarra fazia floreios.* **3** expressão linguística trabalhada: *Os floreios dos poetas românticos nos encantam.*

flo.rei.ra *s.f.* vaso para flores.

flo.ren.ti.no *s.m.* **1** natural ou habitante de Florença: *O florentino Trosi cultivava uma arte milenar.* • *adj.* **2** relativo à Florença (Itália).

flo.res.cên.cia *s.f.* florescimento.

flo.res.cen.te *adj.2g.* em franco desenvolvimento; próspero: *cidade florescente.*

flo.res.cer *v.int.* **1** cobrir-se de flores: *A área destinada às plantas começava a florescer.* **2** abrir-se: *As rosas floresciam.* **3** desenvolver-se como uma flor; tornar-se viçoso: *Fundamental é fazer florescer o talento humano!*

flo.res.ci.men.to *s.m.* **1** surgimento de flor; floração. **2** desenvolvimento; surgimento.

flo.res.ta (ê) *s.f.* **1** conjunto de árvores próximas umas das outras; mata. **2** extensão de terra coberta de vegetação.

flo.res.tal *adj.2g.* **1** que cuida ou trata de florestas: *polícia florestal.* **2** de florestas: *A exploração florestal caminha para a extinção das florestas nativas.*

flo.res.ta.men.to *s.m.* criação de florestas; plantação de árvores.

flo.re.te (ê) *s.m.* arma branca, usada na esgrima, composta de cabo e duma haste metálica, prismática e pontiaguda.

flo.ri.cul.tor (ô) *s.m.* **1** pessoa que se dedica à floricultura. • *adj.* **2** relativo à floricultura.

flo.ri.cul.tu.ra *s.f.* **1** conjunto de conhecimentos sobre cultivo de flores. **2** lugar onde se vendem flores.

flo.ri.do *adj.* **1** coberto de flores; com flores. **2** com desenhos de flores: *vestido florido.*

flo.rí.fe.ro *adj.* que produz flores: *Essas são árvores floríferas.*

flo.rim *s.m.* unidade monetária da Holanda e da Hungria.

flo.rir *v.t.* **1** enfeitar com flores: *Vamos florir São Paulo!* • *int.* **2** abrir em flor; desabrochar: *Algumas rosas de meu jardim vão florir logo.* **3** cobrir-se de flores; tornar-se florido: *O ipê está florindo.* **4** desabrochar como uma flor: *O estudante sentia sua inteligência florir.*

flo.ris.ta *s.2g.* pessoa que vende flores.

flo.ti.lha *s.f.* **1** pequena frota; esquadrilha. **2** grupo; bando: *flotilha de pássaros.*

flu.ên.cia *s.f.* **1** curso: *Havia livre fluência de manifestações políticas.* **2** clareza; limpidez: *O texto não apresentava a fluência desejada.* **3** espontaneidade; naturalidade: *O candidato discursava com fluência.*

flu.en.te *adj.2g.* **1** que flui com facilidade; corrente; fluido: *sangue fluente de suas veias.* **2** espontâneo; natural: *Após morar por dois anos nos Estados Unidos, seu inglês era fluente.*

flu.i.dez (ê) *s.f.* **1** falta de adesão das moléculas entre si: *Alguns produtos químicos são de boa fluidez.* **2** possibilidade de mudança; variabilidade: *A inflação brasileira apresenta como característica a fluidez.* **3** maciez; suavidade: *A fluidez da voz da cantora acalmava.* **4** falta de solidez; instabilidade. **5** espontaneidade; facilidade; fluência: *Os diálogos entre as duas amigas eram de uma fluidez extraordinária!*

flui.do /úi/ *s.m.* **1** substância líquida ou gasosa: *importação de graxas e fluidos.* **2** veículo da comunicação espiritual, invisível, mas que a fotografia reproduz: *Segundo os espíritas, com a luz normal, os fluidos se dispersam ou se queimam.* **3** energia: *São jogadores que têm fluidos vitais indispensáveis para combater o adversário.* • *adj.* **4** que tem mobilidade; maleável: *O vestido era de renda fluida, fina.* **5** instável; sem solidez. **6** indefinido; impreciso: *A noção de federalismo será sempre inevitavelmente fluida.* **7** inconstante; volúvel.

flu.ir *v.t.* **1** escorrer; manar: *O sangue fluía da testa do acidentado.* **2** encaminhar-se: *O capital brasileiro flui para o mercado estrangeiro.* • *int.* **3** correr como um líquido; passar: *Suas palavras fluíam facilmente.* **4** transcorrer: *O tempo flui muito rapidamente.* **5** nascer e ter curso: *Emoções fluem sempre.*

flu.mi.nen.se *s.2g.* **1** natural ou habitante do estado do Rio de Janeiro. • *adj.2g.* **2** relativo ao estado do Rio de Janeiro: *municípios fluminenses.*

flú.or *s.m.* (Quím.) elemento químico pertencente aos halogênios. // Símb.: F; N. Atôm.: 9.

flu.o.res.cên.cia *s.f.* luminosidade causada pela incidência de raios ultravioleta, de rádio e de raios catódicos sobre determinados corpos.

flu.o.res.cen.te *adj.2g.* **1** que produz luz branca e intensa: *lâmpadas fluorescentes.* **2** de brilho intenso: *A pedra preciosa era fluorescente.* **3** que emite radiação secundária, quando submetido aos raios ultravioleta: *Há impressão fluorescente em alguns cartões magnéticos.*

flu.o.re.ta.ção *s.f.* adição de flúor.

flu.o.re.to (ê) *s.m.* (Quím.) composto binário de flúor com outro elemento.

flu.tu.a.bi.li.da.de *s.f.* possibilidade de flutuação.

flu.tu.a.ção *s.f.* **1** variação; mudança; oscilação: *A pressão arterial pode sofrer flutuações.* **2** conservação na superfície: *O menino observava a flutuação das plantinhas na água.* **3** estabilidade na superfície: *A flutuação é uma forma de tranquilidade para o nadador cansado.*

flu.tu.an.te *adj.2g.* **1** que flutua; que paira sobre as águas. **2** leve: *Antes do desmaio, a pessoa sente-se flutuante.* **3** que paira no ar: *nuvens flutuantes.* **4** que oscila; variável: *O Brasil tem inflação flutuante.*

flu.tu.ar *v.int.* **1** boiar: *O nadador flutuava em águas calmas.* **2** mover-se em suspensão: *O astronauta queria sentir a sensação de flutuar no espaço.* **3** movimentar-se ao sabor do vento ou de outra força que impulsiona: *Um pedaço de papel flutuava sobre sua cabeça.* **4** afastar-se da realidade; divagar.

flu.tu.á.vel *adj.2g.* **1** que pode flutuar. **2** em que se pode navegar; navegável.

flu.vi.al *adj.2g.* relativo a rio; de rio: *transporte fluvial.*

flu.xo /ks/ *s.m.* **1** passagem; movimento; escoamento; trânsito: *fluxo do tempo.* **2** curso; sucessão; desenvolvimento: *A criança interrompeu o fluxo da narrativa.* **3** corrente; vazão: *fluxo sanguíneo.* ♦ **fluxo de caixa** diferença entre a entrada e saída de dinheiro; lucro: *Havia algo errado com o fluxo de caixa da empresa.*

fo.bi.a *s.f.* (Psiq.) **1** medo mórbido; pavor. **2** aversão: *A fobia das mudanças é comum aos comodistas.*

fo.ca (ó) *s.f.* **1** mamífero marinho de cor escura brilhante, focinho alongado e membros achatados, providos de garras, próprios para nadar. ● *s.2g.* **2** (Deprec.) quem é inexperiente ou novato na profissão, sobretudo em jornalismo: *Ele é o foca da redação do jornal.*

fo.cal *adj.2g.* **1** de convergência da luz; de foco: *lentes focais.* **2** central: *A discussão foi improdutiva, pois o ponto focal foi ignorado.*

fo.ca.li.za.ção *s.f.* **1** ajuste para a formação de imagens nítidas. **2** colocação em foco ou evidência; enfoque; abordagem.

fo.ca.li.zar *v.t.* **1** concentrar a atenção em: *Por coincidência, intensificavam-se as notícias focalizando o artista.* **2** enquadrar no foco visual ou no foco de uma câmara; ajustar ou enquadrar o foco: *Põe-se a olhar, focalizando a casa.* **3** dirigir com precisão; fazer incidir: *O caçador focaliza a lanterna bem no olho do jacaré.*

fo.car *v.t.* focalizar.

fo.ci.nhar *v.int.* **1** escavar com focinho; fuçar. **2** cair de focinho: *Com a pancada na nuca, a novilha deu um berro e focinhou.*

fo.ci.nhei.ra *s.f.* **1** correia pertencente à cabeçada e que fica por cima das ventas do animal. **2** focinho de porco: *O que os açougueiros fazem com a focinheira do porco?*

fo.ci.nho *s.m.* **1** (Zool.) parte frontal e alongada da face dos mamíferos, com a boca e as narinas na extremidade. **2** (Deprec.) cara: *Não enxerga? O livro está aí bem no seu focinho!*

fo.co (ó) *s.m.* **1** facho: *foco de luz.* **2** (Fot.) ponto em que se forma a imagem mais nítida através de uma lente fotográfica. **3** (Fís.) ponto interior de algumas curvas de onde saem os raios, vetores ou linhas que determinam as figuras por eles formadas: *A elipse tem dois focos.* **4** local de reprodução ou propagação: *A região é, hoje, o maior foco de doenças contagiosas.* **5** âmbito; alcance: *A discussão sobre a educação precisa alargar seu foco de interesses.* **6** centro; ponto de convergência: *Os filhos problemáticos são sempre o foco de interesses das famílias.* ♦ **em foco** focalizado: *Temas polêmicos estão sempre em foco.*

fo.fo (ô) *s.m.* **1** terreno que cede facilmente à pressão; parte cheia ou macia: *Os saltos da moça afundavam no fofo do chão.* ● *adj.* **2** macio; leve: *Comi um bolo muito fofo.* **3** que cede facilmente à pressão: *Depois de uma breve chuva a terra fica fofa.* **4** cheio; tufado: *A roupa tinha mangas fofas e volumosas.* **5** suave: *A voz da locutora era fofa e agradável.* **6** (Fig.) bonito; gracioso: *Minha namorada é a coisinha mais fofa.*

fo.fo.ca (ó) *s.f.* (Bras.) mexerico; boato; falatório.

fo.fo.car *v.int.* (Bras.) fazer fofoca; mexericar; bisbilhotar.

fo.fo.quei.ro *s.m.* **1** quem faz fofoca; intrigante; mexeriqueiro. ● *adj.* **2** que faz fofoca; mexeriqueiro.

fo.fu.ra *s.f.* **1** qualidade de fofo; maciez. **2** graciosidade; graça.

fog (fógui) (Ingl.) *s.m.* nevoeiro espesso.

fo.ga.cho *s.m.* **1** labareda pequena. **2** (Fig.) sensação de calor na face, decorrente de emoção ou estado mórbido.

fo.gão *s.m.* construção de alvenaria ou aparelho de metal onde se faz fogo para cozinhar.

fo.ga.rei.ro *s.m.* pequeno fogão portátil.

fo.ga.réu *s.m.* fogueira; lume: *O incêndio provocou um fogaréu enorme.*

fo.go (ô) *s.m.* **1** calor e luz que se desenvolvem simultaneamente como produto de combustão. **2** tocha; chama. **3** fogueira. **4** descarga de tiros; tiroteio. **5** ataque; crítica: *O grupo despejava fogo contra a emissora que fez a reportagem.* **6** animação; excitação; ardor.

fo.go-a.pa.gou *s.f.* (Bras.) ave da família dos pombos, de cor pardo-cinzenta, com penas orladas de preto formando desenhos semelhantes a escamas.

fo.go-fá.tuo *s.m.* inflamação espontânea de gases que emanam de pântanos ou sepulturas. // Pl.: fogos-fátuos.

fo.go-sel.va.gem *s.m.* (Patol.) doença da pele que se caracteriza pelo aparecimento de bolhas que se sucedem e, ao serem absorvidas, deixam manchas fragmentadas. // Pl.: fogos-selvagens.

fo.go.so (ô) *adj.* **1** ardoroso; impetuoso; arrebatado. **2** que tem ardor sexual. **3** que denota ardor ou ímpeto: *temperamento fogoso.*

fo.gue.ar *v.t.* **1** fazer queimar; fazer arder; aquecer muito: *Uma onda de calor fogueou seu rosto.* ● *int.* **2** queimar como fogo; arder: *O local onde a bala entrara fogueava.*

fogueira

fo.guei.ra *s.f.* **1** pilha de material combustível à qual se lança fogo. **2** fogo; matéria em combustão. **3** apuro; sufoco; dificuldade: *Você até parece que gosta de ver a gente na fogueira!*

fo.gue.te (ê) *s.m.* **1** cartucho de papelão ou gomo de bambu com carga de combustível e pólvora que estoura no ar; rojão. **2** (Mil.) elemento motor usado em projéteis, mísseis, espaçonaves. **3** em astronáutica, veículo espacial propelido a jato.

fo.gue.tei.ro *s.m.* **1** pessoa que trabalha com fogos ou que gosta de soltá-los. • *adj.* **2** (Fig.) agitado; sapeca.

fo.gue.tó.rio *s.m.* queima de fogos de artifício.

fo.guis.ta *s.2g.* encarregado das fornalhas nas máquinas a vapor.

foi.ça.da *s.f.* golpe de foice.

foi.ce *s.f.* ferramenta com lâmina curva, usada para ceifar.

fo.jo (ó) *s.m.* armadilha para caça que consiste numa cova funda cuja abertura é disfarçada com ramos e folhas.

fol.clo.re (ó) *s.m.* **1** conjunto de tradições, conhecimentos ou crenças populares. **2** conjunto de fatos curiosos ou jocosos a respeito de uma pessoa; anedotário: *Montavam ao redor da atriz um verdadeiro folclore*. **3** conjunto de canções populares de uma época ou região: *O historiador estudava melodias do folclore africano*.

fol.cló.ri.co *s.m.* **1** tudo o que tem por base o folclore: *O folclórico tem espaço garantido em livros regionais.* • *adj.* **2** do ou relativo ao folclore. **3** que tem por tema o folclore.

fol.clo.ris.ta *s.2g.* especialista em folclore.

folder (fôldâr) (Ingl.) *s.m.* impresso geralmente constituído de uma folha solta com duas ou mais dobras.

fo.le (ó) *s.m.* **1** utensílio composto de bolsa de lona com dois cabos na parte superior e ponta furada, destinado a produzir vento: *O sitiante usava um fole para pulverizar as plantas*. (Mús.) **2** parte dobrável e extensível de instrumento musical: *o fole do acordeão*. **3** sanfona. **4** peça opaca em forma de sanfona flexível em certas câmeras fotográficas que permite afastar ou aproximar a objetiva e a chapa.

fô.le.go *s.m.* **1** ar inspirado e expirado. **2** (Fig.) ânimo; força: *Voltou ao trabalho com novo fôlego*. **3** duração; persistência: *Empreenderam uma marcha de curto fôlego*. **4** poder; capacidade: *Ele não tem fôlego para maiores ousadias*. • **de fôlego** (i) importante; relevante: *Fazia tempo que não me empenhava em trabalho de maior fôlego*. (ii) forte; resistente: *Era um homem de fôlego*.

fol.ga (ó) *s.f.* **1** trégua: *Os jornalistas não dão folga ao acusado*. **2** descanso: *Hoje, quero liberdade, folga, quero me divertir!* **3** período de descanso: *A folga do vigia não é fixa*. **4** espaço livre; frouxidão: *anel com folga*. **5** intervalo; pausa.

fol.ga.do *s.m.* (Bras.) **1** quem se esquiva a obrigações ou deveres; atrevido; preguiçoso; negligente: *O folgado nunca aparece na hora certa para trabalhar*. • *adj.* **2** largo; confortável: *Ele só usa roupas folgadas*. **3** que deixa folga ou sobra: *A pulseira dava duas voltas folgadas em seu braço*. **4** amplo; extenso: *Na corrida, o atleta tinha uma vantagem folgada sobre seu adversário*. **5** sossegado; confortável: *O homem tem uma vida folgada*. **6** preguiçoso; descuidado: *Eram filhas folgadas, que não se preocupavam com as tarefas domésticas*. • *adv.* **7** com folga; com sobra: *Ele chegou folgado na hora certa*.

fol.gan.ça *s.f.* **1** brincadeira; divertimento; lazer. **2** período de descanso; folga.

fol.gar *v.t.* **1** dar folga; dar descanso: *Tirou os sapatos para folgar os pés*. **2** brincar; divertir-se: *Passava as tardes folgando com as primas*. **3** zombar de; escarnecer: *Assim você aprende a não folgar com os outros*. **4** aliviar-se; alegrar-se. • *int.* **5** tirar folga no serviço; deixar de trabalhar um período: *O rapaz nunca folga*.

fol.ga.zão *s.m.* **1** quem gosta de brincar; brincalhão: *Com o folgazão não tem tempo ruim, tudo é festa*. • *adj.* **2** que gosta de brincar; alegre; brincalhão: *O velho era divertido e folgazão*.

fol.gue.do (ê) *s.m.* **1** brincadeira; diversão; folgança. **2** festividade; festa; celebração.

fo.lha (ô) *s.f.* **1** parte da planta constituída de uma lâmina sustentada por uma haste. **2** lâmina ou chapa delgada e chata: *Cobriu o casebre com folhas de zinco*. **3** pedaço de papel de forma quadrada ou retangular. **4** lâmina dos instrumentos e armas cortantes: *a folha do canivete*. **5** parte móvel da porta ou da janela: *A janela só tinha uma folha aberta*. **6** relação ou lista de salários: *folha de pagamento*. **7** registro de atividades: *Não se preocupe. Nosso homem tem uma folha invejável*.

fo.lha de flan.dres *s.f.* ferro laminado passado por um banho de estanho, empregado no fabrico de utensílios. // Pl.: folhas de flandres.

fo.lha.do *adj.* **1** que tem folhas ou muitas folhas; folhudo; folhoso. **2** (Cul.) formado de inumeras lâminas finas de massa de farinha de trigo: *torta de massa folhada*. **3** folheado: *anel folhado de ouro*.

fo.lha.gem *s.f.* conjunto das folhas de uma planta.

fo.lhe.a.do *adj.* **1** usado; gasto: *O livro que me emprestou já está muito folheado*. **2** revestido de lâmina de metal: *A noiva ganhou uma aliança folheada a ouro*.

fo.lhe.ar *v.t.* virar as folhas; percorrer a um a um ou folha por folha: *folhear um livro*.

fo.lhe.tim *s.m.* **1** folheto: *O moleque distribuía folhetins pelas ruas*. **2** história romântica e ingênua publicada em fascículos em jornais ou em revistas do gênero: *As histórias dos folhetins eram banais e ingênuas*.

fo.lhe.ti.nes.co (ê) *adj.* que tem caráter de folhetim: *O escritor se gabava de ter produzido uma narrativa folhetinesca*.

fo.lhe.to (ê) *s.m.* **1** texto de poucas folhas, em brochura. **2** anúncio em folha avulsa; volante. **3** panfleto.

fo.lhi.nha *s.f.* calendário em folhas que se arrancam diária ou mensalmente.

fo.li.a *s.f.* **1** brincadeira ruidosa; farra; festa: *O Carnaval é uma grande folia*. **2** apresentações folclóricas de grupos que cantam acompanhados de instrumentos musicais, enquanto pedem donativos para as festas religiosas do Divino ou de Reis: *A folia de Reis é conhecida em todo o Brasil*. **3** música cantada pelos membros de uma folia do Divino ou de Reis. **4** grupo de pessoas que tomam parte da folia do Divino e de Reis: *Depois de dias de caminhada, a folia descansa na casa de um dos festeiros*.

fo.li.á.ceo *adj.* de ou relativo a folha.

forçar

fo.li.ão *s.m.* **1** quem dança no Carnaval; carnavalesco: *O folião continuava dançando, mesmo cansado.* **2** participante da folia de Reis ou do Divino: *O fazendeiro se preparava para receber os foliões do Divino Pai Eterno.*

fo.li.ar *v.int.* **1** fazer folia; divertir-se: *Moças e rapazes foliavam.* • *adj.2g.* **2** em forma de folha; foliáceo.

fo.li.cu.lar *adj.2g.* dos ou nos folículos.

fo.lí.cu.lo *s.m.* **1** (Anat.) pequena bolsa do ovário que contém um óvulo. **2** fruto seco, com muitas sementes. **3** (Anat.) órgão da camada de pele que segrega o pelo ou fio de cabelo: *folículos capilares.*

fó.lio *s.m.* **1** livro comercial numerado por folhas. **2** as duas páginas de uma folha. (Edit.) **3** número que indica a página de uma publicação. **4** folha de impressão de quatro páginas dobrada no meio. **5** livro impresso nesse formato.

fo.me *s.f.* **1** sensação causada pela necessidade de comer. **2** miséria; penúria: *A fome do povo é manchete nos principais jornais do país.* **3** carência alimentar; subnutrição. **4** (Fig.) ambição; ganância: *Era notória sua fome por dinheiro.*

fo.men.tar *v.t.* estimular; promover.

fo.men.to *s.m.* incentivo; estimulação: *O fomento governamental interessava ao administrador.*

fo.mi.nha *s.2g.* (Coloq.) **1** pessoa apressada que quer sempre passar à frente dos outros: *Ninguém gosta de fominhas.* • *adj.2g.* (Fut.) **2** diz-se do jogador que tenta a jogada individual, em vez de passar a bola para companheiro do mesmo time que está em condições mais favoráveis de concluir a jogada: *O jogador fominha não passsava a bola para ninguém.*

fo.na.ção *s.f.* produção de sons pelo aparelho fonador humano.

fondue (Fr.) (fõdi) *s.m.* (Cul.) prato típico suíço, que consiste de queijos fundidos com vinho branco servidos numa panela aquecida num fogareiro.

fo.ne *s.m.* **1** parte do aparelho telefônico que se leva ao ouvido. **2** transmissor de som: *O garoto ficou com um par de fones no ouvido durante toda a viagem.*

fo.ne.ma (ê) *s.m.* (E. Ling.) som que cumpre uma função distintiva na língua; unidade fônica distintiva.

fo.nê.mi.ca *s.f.* Fonologia.

fo.nê.mi.co *adj.* **1** fonológico. **2** relativo aos fonemas.

fo.né.ti.ca *s.f.* (E. Ling.) estudo dos sons que podem ser produzidos pelo aparelho fonador humano e de sua percepção acústica.

fo.ne.ti.cis.ta *s.2g.* especialista em Fonética.

fo.né.ti.co *adj.* **1** relativo aos sons; sonoro; fônico. **2** que representa sons de uma língua: *Nossa escrita é um sistema fonético.* **3** dos sons de uma língua: *análise fonética.*

fô.ni.co *adj.* fonético.

fo.no.au.dio.lo.gi.a *s.f.* conjunto de conhecimentos sobre a fonação e a audição, de seus distúrbios e meios de corrigi-los.

fo.no.au.di.ó.lo.go *s.m.* especialista em Fonoaudiologia.

fo.no.grá.fi.co *adj.* relativo a discos: *O mercado fonográfico arrecada milhões todo ano.*

fo.nó.gra.fo *s.m.* toca-discos.

fo.no.lo.gi.a *s.f.* ramo da Linguística que se ocupa dos fonemas.

fo.no.ló.gi.co *adj.* relativo à Fonologia.

fon.ta.ne.la (é) *s.f.* (Anat.) moleira: *a ossificação da fontanela.*

fon.te *s.f.* **1** nascente: *Avistamos uma fonte de água cristalina no meio da selva.* **2** construção de alvenaria, com uma ou mais bicas por onde corre água; chafariz. **3** pia: *fonte batismal.* **4** (Fís.) circuito de eletricidade: *A fonte é uma peça que engloba o transformador de voltagem.* **5** (Anat.) cada um dos lados da cabeça que formam a região temporal. **6** (Edit.) conjunto de caracteres tipográficos da mesma família. **7** local ou ponto de proveniência; origem: *Desacordos costumam ser uma fonte de rebeliões.* **8** pessoa que transmite informações a repórteres: *A fonte de informações do repórter estava doente.*

footing (fútin) (Ingl.) *s.m.* passeio a pé: *Adora fazer footing na praça.*

fo.ra (ó) *s.m.* **1** gafe: *Viu o fora que eu dei?* **2** ação de romper um relacionamento amoroso: *Levou um fora do namorado.* • *adv.* **3** no lado externo; exteriormente: *Fora, ventava muito.* **4** em lugar diferente daquele em que se mora ou se trabalha: *Esteve fora, em viagem, por vários meses.* **5** no chão ou no lixo: *Jogue essa porcaria fora.* **6** em lugar afastado; em outro lugar: *Foi carregado para fora do campo.* **7** antes ou depois: *A criança nascera fora de tempo.* • *prep.* **8** exceto; afora: *Fora o velho, todos partiram.* • *interj.* **9** usada para expulsar pessoa ou animal; sai!: *Fora! Pode ir sumindo daqui.*

fo.ra da lei *s.2g.2n.* **1** marginal; criminoso. • *adj.2g.2n.* **2** diz-se de pessoa que vive à margem da lei.

fo.ra.gi.do *s.m.* **1** quem foge ou se esconde de perseguição: *Os foragidos conseguiram asilo político.* • *adj.* **2** fugido; escondido: *O bandido foragido foi capturado.*

fo.ras.tei.ro *s.m.* **1** quem vem de outro local; estranho. • *adj.* **2** que vem de outro país; estrangeiro: *Princípios forasteiros não serão aceitos na discussão.* **3** que passa por algum local em viagem; viageiro: *A boiada forasteira era conduzida pacificamente.*

for.ca (ô) *s.f.* **1** instrumento que mata pelo estrangulamento; cadafalso. **2** execução por enforcamento.

for.ca.do *s.m.* instrumento agrícola em forma de garfo grande com dois ou três dentes.

for.ça (ô) *s.f.* **1** esforço: *Fiz força para não rir.* **2** pressão: *Cerrei os punhos com força.* **3** estímulo; apoio: *Logo percebeu que o filho precisava de uma força.* **4** impulso: *A árvore caiu pela força do vento.* **5** vigor; robustez: *Eu tinha fé na força destes músculos.* **6** resistência; fôlego: *Não teve força para continuar a frase.* **7** poder; influência: *O dinheiro tem muita força.* **8** intensidade; energia: *E como que renasciam, tocados por aquela força estranha, que os comovia.* **9** potência; causa que gera movimento: *força centrífuga.* **10** energia elétrica: *caixa de força.* **11** grupo de pessoas treinadas para determinadas tarefas, especialmente militares: *O episódio mostra a dificuldade de as Forças das Nações Unidas fiscalizarem a paz mundial.*

for.çar *v.t.* **1** fazer ceder pela força; arrombar: *Forçou a porta para entrar.* **2** comprimir; apertar: *Forçava minha cabeça entre suas mãos enormes.* **3** esboçar; fingir: *A custo forcei um sorriso.* **4** conseguir ou obter à força: *Podia deixar de falar, de forçar a explicação?*

forcejar

5 pressionar: *A oferta força a baixa dos preços*. **6** exigir esforço de: *Ler na penumbra força a vista*. **7** coagir; obrigar.

for.ce.jar *v.t.* **1** fazer funcionar forçadamente: *Sempre forcejava o motor do carro*. **2** fazer força; fazer pressão: *De tanto forcejar para abrir passagem, o segurança sentiu-se mal*. **3** fazer esforço; empenhar-se: *Ele forcejava por não demonstrar sua insegurança*.

fór.ceps *s.m.* (Cir.) instrumento usado para extrair a criança do útero.

for.ço.so (ô) *adj.* **1** necessário; obrigatório: *É forçoso que os jogadores tenham mais amor à camisa*. **2** que não se pode impedir; inevitável; fatal: *Ninguém deu atenção à forçosa mudança de direção da empresa*.

for.çu.do *adj.* que tem muita força; forte; vigoroso.

fo.ren.se *adj.2g.* **1** que diz respeito à lei; judicial; judiciário. **2** do direito; jurídico: *linguagem forense*. **3** do fórum: *O promotor finalmente tirou férias forenses*.

for.ja (ó) *s.f.* **1** fornalha: *A forja da fazenda estava abandonada há muito tempo*. **2** oficina; escola: *Criam-se, no Brasil, poucas forjas de atores*. **3** elaboração; concepção; invenção: *O poeta sofria com a forja de sua próxima obra*.

for.ja.do *adj.* **1** fabricado ou trabalhado na forja: *O metal forjado era exportado*. **2** falsificado; fraudado; adulterado: *documentos forjados*. **3** criado; originado: *nova modalidade esportiva, forjada nos rios europeus*. **4** inventado; falseado: *A acusação forjada não foi levada a sério*. **5** elaborado; formado; gerado: *O patriota cultiva forjados sentimentos pela terra natal*.

for.jar *v.t.* **1** elaborar; inventar: *Criança inteligente forja histórias fantásticas*. **2** elaborar; compor: *Ele forjava letras e músicas dignas de Verdi*. **3** moldar; criar; produzir: *O ser humano pode forjar seu próprio destino*. **4** falsear; fingir: *forjar um texto*.

for.ma (ó) *s.f.* **1** aspecto exterior dos corpos materiais; configuração: *bombons em forma de coração*. **2** alinhamento; fila. **3** modo; maneira; jeito. **4** estado físico: *Aos 80 anos, ainda estava em boa forma*.

fôr.ma *s.f.* **1** modelo oco no qual se coloca o material em estado plástico que, solidificando-se, terá a forma do modelo; molde: *uma fôrma de fazer tijolos*. **2** vasilha rasa para assar: *Coloque os pães numa fôrma refratária bem untada*. **3** peça de madeira que imita o pé, usada na fabricação de calçados: *Uma fôrma especial deixa o calçado seco e perfeito*.

for.ma.ção *s.f.* **1** ação de formar. **2** ação de conferir formatura: *a formação de bons profissionais*. **3** constituição; aparecimento. **4** conjunto de estudos especiais: *Químico de formação, Pasteur entrou também na área biológica estudando cristais*. **5** educação: *Confiava na formação recebida no colégio*.

for.mal *s.m.* **1** elemento formal; forma: *A apresentação da moça considerou o formal e o funcional no texto técnico*. • *adj.2g* **2** relativo à forma: *As características formais nos levavam a concluir que os versos eram de um poeta barroco*. **3** cerimonioso; convencional: *roupas formais*. **4** de acordo com as leis ou normas: *A vítima apresentou queixa formal contra seu agressor*. **5** próprio; preciso; genuíno: *Conseguiu palavras formais para a ocasião*.

for.mal.de.í.do *s.m.* (Quím.) gás tóxico, cáustico, incolor, o mais simples e o mais reativo dos aldeídos.

for.ma.li.da.de *s.f.* **1** procedimento formal na execução de certos atos civis, judiciários, comerciais: *O cargo foi transferido com a formalidade que a ocasião merecia*. **2** requisito previsto em lei para que um ato jurídico seja válido: *O legislador dependia de certas formalidades para que sua proposta fosse aceita*. **3** cumprimento de exigência burocrática; rotina: *O interrogatório fazia parte da formalidade*. **4** cerimônia; etiqueta: *A formalidade da ocasião exigia trajes adequados*.

for.ma.lis.mo *s.m.* **1** preocupação com a forma externa ou configuração: *O trabalho vai ser sem aquele formalismo da TV*. **2** apego à forma ou a formalidades: *Menor formalismo significa em princípio mais rapidez*. **3** formalidade; etiqueta: *A noiva preferia receber seus convidados sem grandes formalismos*.

for.ma.li.za.ção *s.f.* **1** redução a estruturas formais: *Há quem proponha a formalização da economia*. **2** instituição formal; oficialização: *Com a formalização do Departamento de Ciências, o curso vai melhorar muito*.

for.ma.li.zar *v.t.* **1** tornar formal; oficializar: *O Senado decide formalizar algumas medidas econômicas*. **2** dar forma específica: *O projeto formalizou as características urbanísticas da praça*. • *pron.* **3** assumir ares cerimoniosos: *A entrevistada se formalizou diante do ar sério da apresentadora*. **4** realizar-se segundo certas formalidades; oficializar-se: *Formalizou-se em 1995 esse decreto*.

for.man.do *s.m.* (Bras.) quem está recebendo diploma em algum grau de estudo.

for.mão *s.m.* ferramenta com uma extremidade chata e cortante e outra embutida em um cabo, própria para talhar madeira.

for.mar *v.t.* **1** produzir; fazer: *O carro passou, formando aquela nuvem de poeira*. **2** constituir; compor; criar; fundar: *Os trabalhadores se unem para formar as cooperativas*. **3** fundar, criar: *Os bandeirantes iam formando povoações pelo interior do país*. **4** diplomar: *Todos os anos as faculdades formam centenas de profissionais*. **5** desenvolver; cultivar: *O trabalho e o estudo contínuos formaram minha personalidade*. **6** tomar a forma de; virar: *Uma nuvem cinza formando a tromba de um elefante*. • *pron.* **7** reunir-se; agrupar-se: *Formou-se uma aglomeração de curiosos*. **8** instalar-se; desenvolver-se: *Novas cidades iam se formando*. **9** adquirir grau acadêmico: *Não fosse a insistência da mãe, jamais se formaria*.

for.ma.ta.ção *s.f.* **1** ato ou efeito de formatar.

for.ma.tar *v.t.* **1** (Inf.) num arquivo ou registro, estabelecer a disposição dos dados indicando sua ordem, capacidade e normas de codificação: *formatar o disquete*. **2** dar um determinado formato ou acabamento: *O pintor formatou a tela de acordo com o gosto da cliente*. **3** dar uma determinada estrutura; organizar: *O técnico formatou a equipe para não sofrer derrota*.

for.ma.to *s.m.* **1** dimensões; tamanho: *O texto foi impresso em papel com o formato inferior ao desejado*. **2** feitio; forma; configuração. **3** modalidade; tipo; gênero: *O formato da comédia é diferente do da tragédia*.

for.ma.tu.ra *s.f.* **1** conjunto de pessoas dispostas em linha. **2** cerimônia de diplomação; solenidade de colação de grau: *Recordava com saudades de sua formatura*.

fór.mi.ca s.f. laminado plástico usado como isolante ou como revestimento.

for.mi.ci.da s.m. veneno para matar formigas.

fór.mi.co adj. (Quím.) diz-se de ácido segregado pelas formigas e obtido por síntese.

for.mi.dá.vel adj.2g. **1** colossal; descomunal: *O carro tinha uma potência formidável*. **2** medonho; pavoroso: *Os olhos, a expressão e o berro do animal eram formidáveis*. **3** excelente; extraordinário: *Minha amiga é formidável*. **4** muito bonito: *Ela tem uma formidável cabeleira loura*.

for.mi.ga s.f. **1** (Zool.) pequeno inseto social, terrestre, de corpo esguio e alongado, tripartido e com três pares de patas articuladas e antenas na cabeça, que vive em colônias altamente organizadas. **2** (Fig.) pessoa econômica e trabalhadora. **3** (Coloq.) pessoa que gosta de doces.

for.mi.ga.men.to s.m. **1** comichão; coceira: *O menino estava com um formigamento no pé*. **2** entorpecimento; insensibilidade: *Uma leve sensação de formigamento me incomodava*.

for.mi.guei.ro s.m. **1** toca de formigas; grande quantidade de formigas. **2** grande quantidade de gente reunida. **3** formigamento; comichão: *Com um formigueiro nas pernas, mal podia andar*.

for.mol s.m. (Quím.) solução antisséptica e bactericida.

for.mo.so (ô) adj. **1** de formas perfeitas; belo. **2** aprazível; agradável: *Aquele ambiente formoso era um convite ao descanso*. **3** gentil; primoroso.

for.mo.su.ra s.f. qualidade do que é formoso; beleza.

fór.mu.la s.f. **1** expressão composta de letras, símbolos e números, usada para resolver problemas. **2** conjunto de palavras ou sinais usados com um fim especial: *fórmulas mágicas*. **3** composição; receita: *O farmacêutico preparou uma fórmula*. **4** modo de proceder para alcançar determinado fim: *Preciso encontrar uma fórmula para deixar de sofrer*. **5** (Autom.) categoria de corrida automobilística, definida de acordo com certas características dos carros: *Todo piloto aspira à Fórmula 1*.

for.mu.la.ção s.f. **1** expressão por meio de fórmulas; explicitação: *Comumente as leis da Física têm formulação matemática*. **2** emissão; enunciação: *Para o coordenador, houve erro na formulação do teste*. **3** elaboração; formação: *formulação da nova estratégia de ventilação artificial*.

for.mu.lar v.t. **1** apresentar; propor: *O ministro formulava uma estratégia para a crise*. **2** explicitar; expressar: *O novo funcionário gostava de formular suas ideias*. **3** pronunciar: *Ele não foi capaz de formular uma palavra*. • pron. **4** manifestar-se; formar-se; surgir: *Promessas de emprego se formulavam na fala do candidato*.

for.mu.lá.rio s.m. **1** impresso com fórmulas de pedidos, requerimentos, questionários. **2** conjunto de fórmulas: *Era necessário pensar em um formulário para as questões*.

for.na.da s.f. **1** conjunto dos pães que se cozem de cada vez no mesmo forno. (Fig.) **2** coisas que se fazem juntas de uma vez. **3** nomeação simultânea de muitas pessoas para certos cargos. **4** nascimento simultâneo de muitos animais, especialmente cães e gatos; ninhada.

forro

for.na.lha s.f. **1** forno grande. **2** (Fig.) lugar muito quente: *A gruta estava muito quente, uma fornalha*.

for.ne.ce.dor (ô) s.m. **1** aquele que fornece; produtor. • adj. **2** que fornece.

for.ne.cer v.t. **1** produzir; gerar: *As quedas-d'água fornecem energia elétrica*. **2** apresentar: *O ministro forneceu detalhes importantes do caso*. **3** prover; abastecer: *O município fornece merenda escolar para as escolas*. **4** proporcionar; oferecer; dar: *Empresas devem fornecer equipamentos gratuitos para os funcionários*.

for.ne.ci.men.to s.m. **1** ato ou efeito de fornecer. **2** abastecimento; provimento. **3** entrega: *O acidente de trânsito atrasou o fornecimento de alimentos*. **4** administração; aplicação. **5** venda de provisões cujo valor é descontado posteriormente em pagamento.

for.nei.ro s.m. **1** quem controla forno industrial **2** funcionário que controla as pizzas no forno: *O pizzaiolo e o forneiro são peças-chave para garantir a qualidade e o sabor da pizza*.

for.ni.ca.ção s.f. cópula; coito.

for.ni.car v.int. praticar o coito; copular.

for.ni.do adj. **1** robusto. **2** provido; dotado: *As pessoas contratadas pareciam fornidas de grande capacidade*. **3** abastecido; cheio; repleto: *O bufê de frios é bem fornido*.

for.no (ô) s.m. **1** construção abobadada, com portinhola, para assar alimentos ou cozer louça. **2** construção onde se torra a massa de mandioca no fabrico da farinha. **3** parte do fogão onde se fazem os assados. **4** conjunto de pães que se cozem de uma vez; fornada: *Um forno inteiro de pães se queimou*. **5** (Fig.) lugar muito quente; fornalha: *De tão quente, as ruas naquele dia eram um forno*.

fo.ro (ô) s.m. **1** fórum; edifício onde funcionam os tribunais e acontecem os julgamentos. **2** centro de debates: *A universidade é um grande foro*. **3** jurisdição; vara: *Ele é advogado do foro trabalhista*. **4** privilégio; direito: *Com a aprovação do projeto, os deputados conseguiram foros incríveis*. **5** grau; posição; nível: *O crime atingiu foros de crueldade*. **6** deliberação; julgamento: *O dever é um caso de foro pessoal*.

for.qui.lha s.f. **1** pequeno forcado de madeira. **2** parte interna dos dedos polegar e indicador: *É preciso higienizar bem as forquilhas dos dedos*. **3** lugar de encontro de dois rios.

for.ra (ó) s.f. (Coloq.) desforra; vingança.

for.ra.ção s.f. **1** tecido para forrar. **2** forro; revestimento. **3** ação de forrar: *O menino aprendeu forração com o pai*.

for.ra.gem s.f. conjunto de plantas ou folhas colhidas para servir de alimento ao gado.

for.rar v.t. **1** cobrir com forro: *Forrou as paredes com papel colorido*. **2** cobrir; proteger: *Usou cobertores para forrar o chão*. **3** cobrir com forragem: *O fazendeiro usa capim para forrar a terra*. **4** camuflar; suavizar: *Forrava a voz com uma falsa doçura*. • pron. **5** armar-se: *Em horas de apuros, nós nos forramos de coragem*.

for.ro (ô) s.m. **1** revestimento de cadeiras ou sofás. **2** revestimento interno do teto. **3** revestimento interno de roupas ou calçados. **4** escravo liberto; alforriado: *Os forros muitas vezes trabalhavam gratuitamente*. • adj. **5** alforriado; liberto: *Os escravos forros passaram a viver um pouco melhor*.

forró

for.ró *s.m.* (Bras. Coloq.) **1** baile popular; forrobodó. **2** dança característica do Nordeste.

for.ro.bo.dó *s.m.* (Bras. Coloq.) **1** forró muito popular nos bailes nordestinos. **2** desordem; confusão: *Marido e mulher brigando, crianças chorando. Foi um grande forrobodó.*

for.ro.zei.ro *s.m.* dançador ou frequentador de forrós.

for.ta.le.cer *v.t.* **1** tornar forte ou vigoroso, robustecer: *Ela dá óleo de fígado de peixe às crianças para fortalecer seus ossos e dentes.* **2** aumentar: *Tal política fortaleceu o poder de compra do trabalhador.* • *pron.* **3** tornar-se forte ou vigoroso: *A América irá se fortalecer.*

for.ta.le.ci.men.to *s.m.* **1** crescimento; aumento. **2** robustecimento; aquisição de força ou vigor; fortalecimento dos músculos. **3** aumento da capacidade de ataque e defesa; fortificação.

for.ta.le.za (ê) *s.f.* **1** edificação usada para defesa militar em ponto estratégico; fortificação. **2** abrigo; refúgio seguro; proteção: *Sua consciência era a fortaleza mais confiável contra más ideias.* **3** algo que possui força; vigor; segurança: *O amor é uma fortaleza, mas não é capaz de destruir a força do tempo.*

for.te (ó) *s.m.* **1** construção militar para proteger um lugar estratégico; fortaleza. **2** pessoa de ânimo e coragem: *Ele tem a postura dos fortes.* **3** algo em que a pessoa se destaca; especialidade: *Jejum não é meu forte.* • *adj.2g* **4** consistente; rijo. **5** intenso: *Ao meio-dia o sol é forte.* **6** eficaz: *remédio forte para gripe.* **7** de alto teor alcoólico: *um licor muito forte.* **8** robusto; vigoroso: *um moreno alto e forte.* **9** poderoso: *O general foi um dos homens fortes da ditadura.* **10** enérgico; valente: *Vou exigir que me dê mão forte contra aquele detrator.* **11** de peso; com possibilidade de ganhar: *Ele parece um forte candidato à Presidência.* **12** marcante; saliente: *Ela tem forte personalidade.* **13** respeitado no comércio e na indústria: *O aço brasileiro está cada vez mais forte no mercado.* • *adv.* **14** com violência: *A chuva batia forte na vidraça.* **15** vigorosamente: *Ela me abraçou forte.*

for.ti.fi.ca.ção *s.f.* construção adequada para oferecer defesa; fortaleza

for.ti.fi.can.te *s.m.* **1** revigorante; tônico: *A sopa de agrião é considerada um fortificante.* • *adj.2g.* **2** que fortifica; que revigora.

for.ti.fi.car *v.t.* **1** tornar forte; dar mais força a: *Sabe como fortificar a unha?* • *pron.* **2** tornar-se forte; fortalecer-se: *A aliança governista fortificou-se com novas adesões.*

for.tim *s.m.* pequeno forte.

for.tui.to *adj.* **1** casual; acidental; inesperado: *encontro fortuito.* **2** furtivo; oculto: *Nasce o fruto de um namoro fortuito.*

for.tu.na *s.f.* **1** destino; fado; sorte: *A moça queria mudar sua triste fortuna.* **2** boa sorte; ventura: *Ganhou na loteria. É um moço de fortuna.* **3** conjunto de bens; riqueza; grande quantidade de dinheiro: *O homem acumulou uma fortuna.*

fó.rum *s.m.* foro.

fos.co (ô) *adj.* **1** sem brilho. **2** embaçado; opaco. **3** escuro: *O tecido do vestido é de um verde quase fosco.* **4** rouco: *O palestrante tinha a voz fosca.*

fos.fa.to *s.m.* (Quím.) qualquer sal do ácido fosfórico.

fos.fo.res.cên.cia *s.f.* **1** brilho; luminosidade: *Em uma noite sem lua, você consegue ver a fosforescência das estrelas.* **2** combustão espontânea de gases emanados de sepulturas e pântanos; fogo-fátuo. **3** luminosidade causada pela exposição a raios de luz.

fos.fo.res.cen.te *adj.2g.* **1** que brilha no escuro. **2** que emite radiação secundária, quando submetido a raios ultravioleta.

fos.fó.ri.co *adj.* (Quím.) que contém fósforo: *ácido fosfórico.*

fós.fo.ro *s.m.* **1** (Quím.) elemento químico não metálico e multivalente que ocorre em forma combinada, especialmente de fosfatos (quando puro é luminoso na obscuridade e arde em contato com o ar). **2** palito provido de uma cabeça composta de um preparado que se inflama quando atritado com uma superfície áspera. // Símb.: P; N. Atôm.: 15.

fos.sa (ó) *s.f.* **1** cova; buraco. **2** lugar de profundidade extrema no relevo submarino. **3** cavidade subterrânea para o despejo de excrementos. **4** (Anat.) cavidade no organismo animal que apresenta abertura mais larga que o fundo: *fossas nasais.* **5** (Coloq.) depressão; abatimento moral: *A esposa o abandonou, agora ele está curtindo uma fossa.*

fós.sil *s.m.* **1** vestígios ou restos petrificados de seres vivos. **2** (Fig.) pessoa antiquada, retrógrada ou conservadora: *Seu tio é um fóssil! Nem TV aceita em casa!* • *adj.2g.* **3** proveniente de fósseis: *combustível fóssil.* **4** fossilizado; petrificado: *Foi reconstituído um hominídeo fóssil de andar bípede e pequena estatura.*

fos.si.li.za.ção *s.f.* formação de fóssil.

fos.si.li.zar *v.pron.* **1** tornar-se fóssil: *Eram bancos de corais que se fossilizaram através dos séculos.* **2** tornar-se antiquado ou fora de moda: *Aquele professor fossilizou-se e ensina coisas ultrapassadas.*

fos.so (ô) *s.m.* **1** buraco; cavidade. **2** cavidade em volta de fortificação, cheia de água. **3** grande distância ou diferença; abismo; vão: *Há um fosso entre a elite e a massa da população.*

fo.to (ó) *s.f.* fotografia.

fo.to.có.pia *s.f.* reprodução fotográfica de documentos; xerocópia; xerox.

fo.to.co.pia.do.ra (ô) *s.f.* **1** máquina que faz fotocópias. • *adj.* **2** que faz fotocópias: *máquina fotocopiadora.*

fo.to.co.pi.ar *v.t.* fazer fotocópia de.

fo.to.cro.má.ti.co *adj.* que muda de cor conforme a intensidade da luz: *óculos de lentes fotocromáticas.*

fo.to.fo.bi.a *s.f.* (Oftalm.) extrema sensibilidade à luz, que faz com que o indivíduo a evite.

fo.to.ge.ni.a *s.f.* característica daqueles que saem com boa aparência em fotografias, filmes ou televisão: *A cantora construiu a reputação mais na fotogenia do que na voz.*

fo.to.gê.ni.co *adj.* **1** que fica bem representado em fotografias; que fotografa bem. **2** próprio para fotografias: *A qualidade fotogênica é buscada pelos fotógrafos.*

fo.to.gra.far *v.t.* **1** reproduzir uma imagem pela fotografia. (Fig.) **2** representar com exatidão, em imagem ou em palavras: *Um poeta é capaz de fotografar a alma humana.* **3** registrar: *A fofoqueira fotografava todos os acontecimentos do bairro.* **4** observar atentamente, focalizando: *Os olhos atentos fotografavam tudo o que viam.*

fo.to.gra.fi.a *s.f.* **1** imagem, geralmente em papel, obtida através de uma câmera e filme sensível à luz; foto. **2**

franciscano

reprodução de imagens obtidas mediante uma câmara escura, pela ação da luz: *O texto escrito pelo aluno era sobre fotografia*. **3** (Fig.) descrição fiel; representação: *O trabalho feito era uma fotografia do cotidiano*.

fo.to.grá.fi.co *adj.* referente a fotografia: *repórter fotográfico*.

fo.tó.gra.fo *s.m.* quem faz ou tira fotografias, como profissional ou amador.

fo.to.li.to *s.m.* (Edit.) filme fotográfico negativo para impressão: *Novas impressoras dispensam fotolito*.

fó.ton *s.m.* (Fís.) partícula elementar com carga nula, massa nula, associada ao campo eletromagnético.

fo.to.no.ve.la (é) *s.f.* **1** narrativa em quadrinhos com imagens fotográficas. **2** revista de fotonovela.

fo.tos.fe.ra *s.f.* (Astr.) superfície solar que se enxerga da Terra e que emite a maioria de suas radiações de luz e calor.

fo.tos.sín.te.se *s.f.* (Bot.) formação de carboidratos nas células clorofiladas das plantas verdes sob a ação da luz solar, com desprendimento de oxigênio.

fo.to.te.ra.pi.a *s.f.* terapia por meio de raios luminosos; banho de luz.

foz (ó) *s.f.* ponto onde um rio desemboca em outro rio ou no mar; embocadura.

fra.ção *s.f.* **1** parte (de um todo). **2** pequena parte; parcela mínima; fragmento: *Não podemos renunciar uma fração que seja de nossa soberania*. (Arit.) **3** número que representa uma ou mais partes da unidade que foi dividida em partes iguais; número fracionário. **4** na expressão decimal de um número, os algarismos à direita da vírgula.

fra.cas.sar *v.int.* **1** ter fracasso; ser malsucedido: *Eu tinha medo de fracassar*. **2** não ter bom desenvolvimento ou sucesso; malograr: *O processo de paz vai fracassar se todos não se empenharem*.

fra.cas.so *s.m.* falta de êxito; insucesso; derrota.

fra.cio.na.men.to *s.m.* divisão; fragmentação.

fra.cio.nar *v.t.* **1** dividir em frações ou partes; fragmentar: *Fracionar um imposto em dez parcelas*. **2** provocar desunião; provocar dissensões: *O governo não deseja fracionar os partidos aliados*. • *pron.* **3** dividir-se em frações ou partes; fragmentar-se: *Para obter mais lucro, companhia de petróleo fraciona-se*. **4** separar-se; desunir-se: *Após o assalto, o bando fracionou-se*.

fra.cio.ná.rio *adj.* **1** em que há fração. **2** (Arit.) diz-se de numeral expresso por fração. // Cp.: numeral.

fra.co *s.m.* **1** pessoa sem força de vontade ou sem vigor: *Só os fracos desistem*. **2** preferência; inclinação: *E tinha um fraco por antiguidades*. **3** o ponto vulnerável: *Descobriu qual era seu fraco*. • *adj.* **4** sem força; sem vigor. **5** pouco sadio; doentio: *As crias são fracas por causa da aftosa*. **6** ralo: *café fraco*. **7** sem intensidade; apagado: *cores fracas*. **8** sem autoridade: *um chefe fraco*. **9** sem importância; inexpressivo: *desempenho econômico muito fraco*. • *adv.* **10** de modo brando, suave: *vento soprando fraco*.

fra.co.te (ó) *adj.* (Coloq.) fraco; frouxo; débil; de pouca repercussão.

frac.tal *s.m.* (Mat.) forma geométrica que pode ser subdividida indefinidamente, mas as partes conservam semelhança com o todo: *O matemático escreveu uma tese sobre os fractais*. • *adj.2g.* **2** relativo ou próximo de fractal.

fra.de *s.m.* membro de comunidade religiosa isolada do trato comum, que prega a religião e faz obras de caridade // Fem.: freira.

fra.ga.ta *s.f.* **1** (Mar.) antigo navio (de guerra), à vela, de três mastros. **2** ave semelhante ao pelicano, das costas atlântica e pacífica da América tropical e subtropical.

frá.gil *adj.2g* **1** pouco sólido; inseguro: *Era novo, bonito, mas parecia frágil*. **2** que se pode romper ou quebrar: *O caminhão de mudanças transporta muitas peças frágeis*. **3** fraco; débil.

fra.gi.li.da.de *s.f.* estado daquilo ou daquele que é frágil.

fra.gi.li.zar *v.t.* **1** tornar frágil; enfraquecer: *Adversários tentam fragilizar o vereador*. • *pron.* **2** tornar-se frágil; enfraquecer-se: *O mercado acionário nacional não pode se fragilizar*.

frag.men.ta.ção *s.f.* **1** redução a fragmentos; fracionamento. **2** divisão; desunião.

frag.men.tar *v.t.* **1** reduzir a fragmentos; fracionar; despedaçar: *fragmentar rochas*. **2** acabar com a unidade: *É um erro fragmentar a educação*. • *pron.* **3** reduzir-se a fragmentos: *Icebergs fragmentam-se*. **4** ter a unidade desfeita; desmembrar-se: *A Ásia Oriental estaria prestes a se fragmentar*.

frag.men.tá.rio *adj.* sem unidade; sem coesão; composto de fragmentos.

frag.men.to *s.m.* **1** cada um dos pedaços de uma coisa partida ou quebrada; parte; fração. **2** trecho; parte. **3** trecho extraído de uma obra escrita: *fragmentos do livro*.

fra.gor (ô) *s.m.* grande barulho; estrondo: *O fragor das águas da cachoeira*.

fra.go.ro.so (ô) *adj.* **1** muito barulhento; rumoroso: *fragorosa banda de metais*. **2** que tem forte repercussão: *o fragoroso caso do navio naufragado*.

fra.grân.cia *s.f.* aroma; perfume.

fra.jo.la (ó) *adj.2g.* **1** faceiro; alegre; risonho. **2** elegante.

fral.da *s.f.* **1** peça de tecido de algodão macio ou material sintético que envolve o ventre e as nádegas, especialmente dos bebês. **2** parte inferior da camisa: *A fralda da camisa não tinha sido engomada*.

fral.dá.rio *s.m.* local destinado à troca de fraldas, alimentação e guarda de bebês.

fral.di.nha *s.f.* **1** ceroula: *O senhor levantou-se às pressas e nem percebeu que estava de fraldinha*. **2** porção de carne bovina localizada na parte média do traseiro, entre o filé *mignon* e a ponta de agulha.

fram.bo.e.sa (ê) *s.f.* fruta comestível muito apreciada, constituída de pequenas drupas vermelhas.

fran.ças *s.f.pl.* conjunto de ramificações da copa das árvores: *A geada queimou as franças das árvores*.

fran.cês *s.m.* **1** natural ou habitante da França. **2** a língua românica originária da França. • *adj.* **3** relativo à França (Europa).

fran.cis.ca.no *s.m.* **1** frade da ordem de São Francisco. • *adj.* **2** pertencente à ordem de São Francisco, fundada por São Francisco de Assis (1182-1226). **3** sem limites; até exagerado: *Para esse trabalho, precisamos ter paciência franciscana*. **4** devotado como um franciscano: *As vítimas da guerra foram cuidadas com carinho franciscano*. **5** do rio São Francisco: *A barragem estuda os limites franciscanos*.

franco

fran.co *s.m.* **1** habitante da antiga Germânia, atual sul da Alemanha. **2** unidade monetária da França e de outros países: *franco suíço*. • *adj.* **3** sincero; verdadeiro. **4** alegre; feliz: *Chegou com um sorriso franco*. **5** evidente; manifesto: *A empresa estava em franca decadência*. **6** livre; sem restrições: *O curso do São Francisco garante a navegação franca em qualquer época do ano*. **7** diz-se de entrada livre; gratuita: *entrada franca*. **8** diz-se de zona livre de impostos aduaneiros: *Comprou uma filmadora na zona franca de Manaus*. • *adv.* **9** francamente; sinceramente.

fran.có.fi.lo *s.m.* **1** pessoa simpatizante da França ou dos franceses: *O francófilo não discutiu, pegou suas coisas e foi embora*. • *adj.* **2** simpatizante da França ou dos franceses.

fran.ga.lho *s.m.* **1** trapo; farrapo. **2** resto; fiapo: *frangalhos de tecido*. **3** quem tem o aspecto envelhecido ou maltratado: *Estava mais velha, um frangalho!*

fran.go *s.m.* **1** filhote da galinha, já quase adulto. **2** a carne do frango. **3** (Fut. Coloq.) gol que teria sido fácil de defender pelo goleiro.

fran.go.te (ó) *s.m.* (Coloq.) garoto; rapaz.

fran.guei.ro *s.m.* **1** local onde se guardam frangos: *O frangueiro já estava lotado*. • *adj.* **2** (Coloq.) no futebol, goleiro que deixa entrar bolas de fácil defesa.

fran.ja *s.f.* **1** remate dum tecido, de fios soltos ou enodoados segundo variados padrões em panos de mesa, toalhas e cortinas. **2** parte do cabelo que cai lisa sobre a testa. **3** aba; borda: *franja do horizonte*.

fran.que.a.men.to *s.m.* liberação; desimpedimento: *Houve o franqueamento dos rios para a pesca*.

fran.que.ar *v.t.* **1** abrir; liberar a passagem de: *O garçom franqueou a porta para os convidados*. **2** liberar; permitir; conceder: *Governo franqueia verba para a Saúde*. **3** tornar franco ou livre; pôr à disposição: *Candidatos foram obrigados a franquear suas contas bancárias*. **4** passar livremente por; transpor: *O caminhão franqueava o portão da casa*.

fran.que.za (ê) *s.f.* **1** sinceridade; honestidade; espontaneidade. **2** liberalidade.

fran.qui.a *s.f.* **1** liberação de taxas alfandegárias; abertura: *franquia dos portos*. **2** isenção de pagamentos: *Empresa consegue franquia por tempo indeterminado*. **3** privilégio; vantagem: *Multinacionais contam com franquias por parte do governo*. **4** liberdade: *Ampliaram-se as franquias da Constituição*. **5** direito de remessa ou transporte: *As mercadorias tinham franquia especial*.

fran.quis.mo *s.m.* regime político ditatorial instalado na Espanha, em 1936, pelo general Francisco Franco.

fran.zi.do *adj.* **1** que se franziu; contraído de modo a formar rugas: *cenho franzido*. **2** que formou babados ou pregas: *saia franzida*. **3** apertado: *Com os lábios franzidos, parecia que não sairia uma palavra de sua boca*.

fran.zi.no *adj.* delgado; frágil; pequeno: *garoto franzino*.

fran.zir *v.t.* **1** fazer enrugar; vincar: *A raiva é capaz de franzir nosso rosto*. **2** mover formando vincos ou rugas. **3** puxar a linha de uma costura para recolher o tecido, formando pregas ou babados. • *pron.* **4** enrugar-se; vincar-se: *Com aquelas declarações, muitas testas se franziram*.

fra.pê *s.m.* leite ou bebida batida ou resfriada em gelo.

fra.que *s.m.* traje masculino de cerimônia, bem ajustado ao tronco, curto na frente e com longas abas atrás.

fra.que.jar *v.int.* **1** perder as forças ou a vitalidade; bambear: *Estreias sempre fazem as pernas dos atores fraquejarem*. **2** enfraquecer: *Sem comer até agora, sinto-me fraquejar*. **3** perder o vigor; afrouxar: *Com o passar dos anos, a inteligência parece fraquejar*. **4** acovardar-se; intimidar-se: *Não vá fraquejar, enfrente o público*.

fra.que.za (ê) *s.f.* **1** característica de que é fraco; falta de vigor. **2** debilidade física: *Sente fraqueza e tremores*. **3** defeito; falha: *Quando a tolerância é interpretada como fraqueza, é preciso mostrar um certo rigor*. **4** fragilidade; limitação: *Conheço minhas fraquezas*. **5** covardia. **6** indecisão; vacilo: *Qualquer fraqueza pode ser fatal para a sua segurança*. **7** descontrole; perda do autodomínio. **8** ponto fraco de um caráter ou do modo de ser: *Minha fraqueza é gostar de doces*.

fra.sal *adj.2g.* da ou relativo à frase.

fras.co *s.m.* recipiente para guardar líquidos, cremes, pós etc.; vidro: *frasco de perfume*.

fra.se *s.f.* **1** (Gram.) unidade de discurso. **2** clichê; chavão. • **frase feita** frase ou expressão cristalizada, de sentido quase sempre figurado; expressão idiomática.

fra.seo.lo.gi.a *s.f.* conjunto de frases.

fras.quei.ra *s.f.* **1** lugar onde se guardam frascos. (Bras.) **2** bolsa feminina em forma de caixa para transporte de objetos de toalete e miudezas: *A moça levava muitas malas e uma frasqueira*. **3** acompanhante: *convite pessoal e intransferível, sem direito a frasqueira*.

fra.ter.nal *adj.2g* **1** amigável; afetuoso; fraterno. **2** próprio de irmãos; fraterno.

fra.ter.ni.da.de *s.f.* **1** parentesco entre irmãos; irmandade. **2** solidariedade entre irmãos; harmonia. **3** afeto a outros seres humanos; amor ao próximo; convivência harmoniosa: *Lutar pela fraternidade entre os homens*.

fra.ter.no (é) *adj.* **1** próprio de irmãos. **2** cordial; amigável; fraternal.

fra.tri.ci.da *s.2g.* **1** assassino de irmão e irmã. • *adj. 2g.* **2** que concorre para a morte de irmão, compatriota ou povo da mesma raça; que extermina irmãos: *Crimes do tipo fratricida são totalmente inaceitáveis*.

fra.tu.ra *s.f.* **1** quebra; rachadura; ruptura. **2** quebra de um osso. **3** fenda, separação que ocorre em qualquer direção e em planos irregulares.

fra.tu.rar *v.t.* **1** causar a fratura de; quebrar; partir: *O jogador fraturou a perna do adversário*. **2** sofrer fratura em: *Depois do acidente, o motorista fraturou partes do corpo*.

frau.da.dor (ô) *s.m.* quem pratica a fraude.

frau.dar *v.t.* **1** alterar por fraude; falsear. **2** obter alguma vantagem por meios ilícitos: *fraudar eleições*. **3** agir desonestamente para obter mais lucro: *Fraudou o cliente nos preços*.

frau.de *s.f.* **1** burla; dolo: *Polícia Federal apura fraude em vestibular*. **2** engano; charlatanismo.

frau.du.len.to *adj.* **1** em que há fraude; doloso: *uso fraudulento de telefonia*. **2** ilícito; falso: *Empresa quer acabar com medidas internas fraudulentas*.

fre.a.da s.f. **1** ação de fazer diminuir ou parar os movimentos de um veículo apertando os freios; brecada. **2** contenção: *Houve uma freada no crescimento econômico.*
fre.a.gem s.f. freada.
fre.ar v.t. **1** fazer parar ou tornar lenta a marcha: *Diante do obstáculo, freou o carro.* **2** diminuir o ímpeto, a atividade ou a iniciativa de: *É preciso frear os desejos.* **3** interromper o curso de; diminuir o fluxo ou o desenvolvimento de: *O mercado cambial quer frear a subida do dólar.*
fre.á.ti.co adj. relativo à corrente de água subterrânea que fica a pouca profundidade do solo: *lençol freático.*
free-lancer (frilâncer) (Ingl.) s.2g. **1** quem executa serviços profissionais sem vínculo empregatício; frila. • adj.2g **2** que trabalha sem vínculo empregatício: *É um jornalista free-lancer.*
freeware (friuér) (Ingl.) (Inf.) programa de computador gratuito.
freezer (frizêr) (Ingl.) s.m. **1** parte do refrigerador onde se guardam os alimentos a congelar; congelador. **2** eletrodoméstico próprio para congelar alimentos.
fre.ge (ê) s.m. (Coloq.) barulho; confusão; rolo: *Os badernerios aprontaram o maior frege no casamento.*
fre.guês s.m. **1** cliente. **2** comprador habitual. **3** usuário. **4** (Coloq.) pessoa; indivíduo: *Aquele freguês ali não tira os olhos de mim.*
fre.gue.si.a s.f. **1** povoação: *As freguesias ao longo do rio são bastante primitivas.* **2** paróquia: *A freguesia do vigário está fazendo uma campanha beneficente.* **3** conjunto de fregueses; clientela: *Algumas lojas mantêm uma freguesia fiel.* **4** (Coloq.) lugar: *O político resolveu tomar ares em outra freguesia.*
frei s.m. membro de ordem religiosa, sujeito ao celibato. // Fem.: soror.
frei.o s.m. **1** dispositivo para retardar ou parar o movimento de qualquer mecanismo ou veículo. **2** peça metálica presa às rédeas que, inserida na boca das cavalgaduras, serve para guiá-las. **3** (Fig.) controle; limitação; limite: *Os gastos da empresa precisam de um bom freio.* **4** obstáculo; impedimento: *O freio que impede o desenvolvimento do país chama-se atraso cultural.*
fre.men.te adj.2g **1** trêmulo; agitado: *O olhar fremente da moça denunciava seu nervosismo.* **2** arrebatado; exaltado: *discussão fremente.* **3** frenético; veemente; apaixonado: *Emoções frementes tomavam conta de seu ser.*
fre.mir v.t. **1** agitar; sacudir: *O vento fremia as folhas da laranjeira.* **2** vibrar; tremer: *O bravo guerreiro fremia de ódio.* • int. **3** vibrar; oscilar: *A voz da oradora fremia.* **4** bramir; rugir: *O mar agitado fremia.*
frê.mi.to s.m. **1** vibração: *frêmito de vida.* **2** movimentos de ondulação. **3** tremor; vibração; estremecimento: *Frêmitos e espasmos sacudiam o corpo da menina.* **4** rugido; bramido; estrondo: *Ouvia-se o frêmito da tempestade.*
fre.ne.si s.m. **1** agitação convulsiva; tremor: *Um frenesi de excitação percorria seu corpo.* **2** excitação; inquietação: *Os naturalistas problematizam o frenesi das cidades grandes.* **3** furor; entusiasmo: *Internet causa frenesi na Bolsa de Valores.* **4** delírio; desvario: *A banda provocou frenesis nas adolescentes.*

fre.né.ti.co adj. **1** acelerado; intenso; febril. **2** muito agitado; inquieto: *Frenético, andava de um lado para o outro.* **3** exaltado; delirante; arrebatado: *O prazer perseguido pelos modernos é frenético, ansioso, descontrolado.*
fren.te s.f. **1** espaço ou parte dianteira: *Tomava sol na frente da casa.* **2** entrada: *Forçaram a fechadura da porta da frente.* **3** face oposta ao verso (da folha de papel): *A mensagem estava escrita na frente e no verso da folha.* **4** em meteorologia, massa de ar: *Uma frente fria que vem do Sul ficará parada dois dias sobre São Paulo.* **5** numa guerra ou batalha, onde se travam combates; extensão ou linha de território: *Soldados voltavam feridos das frentes de batalha.* **6** comando: *Tomou a frente das operações.* **7** área de atuação: *Atualmente trabalha em duas frentes: a pesquisa e a assistência social.* **8** no futebol, linha de ataque: *Os atacantes formam uma boa dupla de frente.* **9** oportunidade: *A industrialização veio abrir várias frentes de produção.* • **à frente** na dianteira; adiante: *Era um homem à frente do seu tempo.* **de frente** com coragem: *Poucos atacaram de frente nossas questões cruciais.* **em frente** (i) adiante; além: *Sem mais preocupações, seguimos em frente.* (ii) diante de: *O animal estacou em frente à porteira.* **frente a** situado defronte a: *um hotel frente ao mar.* **frente a frente** um de frente para o outro; face a face: *Os briguentos foram postos frente a frente.*
fren.tis.ta s.2g. empregado que atende ao público num posto de gasolina.
fre.quên.cia (qüên) s.f. **1** número de ocorrências: *Aquele dicionário é organizado pela frequência das palavras nos textos.* **2** número de ocorrências por unidade de tempo; ritmo: *frequência cardíaca.* **3** (Fís.) número de ciclos completos que um sistema com movimento periódico executa por segundo. **4** fato de frequentar; comparecimento regular: *A obrigatoriedade de frequência a esse nível de ensino consta de todas as planilhas.* **5** ida; visita: *Todos se alegraram com sua frequência na casa da noiva.* **6** pessoas que frequentam algum lugar; frequentadores: *Só de madrugada a frequência diminui na praça.* **7** onda; sinal: *frequências sonoras.*
fre.quen.ta.dor (qüen . . . ô) s.m. **1** quem frequenta ou vai com frequência. **2** indivíduo que visita um lugar público: *O cinema exigia que o frequentador estivesse de sapatos.* • adj. **3** que frequenta.
fre.quen.tar (qüen) v.t. **1** ir ou visitar com frequência. **2** cursar; fazer: *Seus rendimentos não lhe permitiam frequentar um curso de inglês.*
fre.quen.te (qüen) adj.2g. **1** comum; habitual. **2** amiudado; que se repete muitas vezes. **3** continuado; prolongado: *Tragédias frequentes fazem com que nos habituemos a elas.* **4** que ocorre ou aparece com frequência: *Pássaros são frequentes por aqui.*
fre.sa (ê) s.f. (Mec.) engrenagem motora constituída de um cortador giratório de ângulos diversos em movimento rotativo contínuo e que serve para desbastar ou cortar metais e outras peças.
fre.sa.do.ra (ô) s.f. (Mec.) máquina de fresagem; fresa.
fre.sa.gem s.f. desbaste com fresa.
fre.sar v.t. cortar ou desbastar com fresa.
fres.ca (ê) s.f. aragem noturna; brisa: *Saiu para tomar uma fresca.*

fresco

fres.co (ê) *s.m.* **1** umidade; frescor: *Samambaias só se desenvolvem no fresco.* **2** ar fresco; aragem: *Gosta de aproveitar o fresco da manhã.* **3** (Coloq.) indivíduo efeminado. • *adj.* **4** ligeiramente frio: *Sentia no rosto a brisa fresca da montanha.* **5** de temperatura agradável; próprio para beber: *água fresca.* **6** não exposto ao calor: *Conserve os queijos em lugar fresco.* **7** (Fig.) que acabou de ser feito ou colhido: *frutas frescas.* **8** (Fig.) recente: *Havia pegadas frescas na areia.* **9** sem febre: *A testa da criança está fresca.* **10** (Coloq.) leve; despreocupado: *Estou de cabeça fresca.*

fres.co.bol *s.m.* jogo para dois parceiros, praticado especialmente nas praias, no qual se utilizam bola de borracha e raquetes de madeira.

fres.cor (ô) *s.m.* **1** refrescamento; temperatura amena: *Os copos suavam e a bebida gelada dava uma sensação de frescor.* **2** viço; verdor; vigor: *o frescor dos campos.* **3** juventude; viço: *As jovens são formosas pela maciez e frescor da pele.*

fres.cu.ra *s.f.* **1** frescor: *Estirei-me onde havia frescura e sossego.* **2** limpidez; pureza: *A frescura da música a transportava para um mundo melhor.* (Coloq.) **3** comportamento abusado ou impudico: *fazer frescura.* **4** procedimento de quem se sente ofendido por fatos ou coisas de pouca importância.

fres.ta (ê) *s.f.* **1** pequena abertura; fenda: *Se deixar seu cão no carro, mantenha uma pequena fresta nos vidros.* **2** pequeno vão: *Formigas habitavam as frestas das portas.*

fre.ta.men.to *s.m.* ato de fretar; aluguel de meio de transporte.

fre.tar *v. t.* tomar ou ceder mediante pagamento ou cobrança de frete: *Fretou um ônibus.*

fre.te (ê) *s.m.* aquilo que se paga pelo transporte de algo; tarifa; alugar.

freu.di.a.no /frói/ *adj.* **1** adepto das teorias de Sigmund Freud, neuropsiquiatra austríaco. **2** de ou das teorias de Freud: *A única herdeira do ensinamento freudiano é a psicanálise.*

freu.dis.mo /frói/ *s.m.* doutrina psicanalítica de Freud (1856-1939), neuropsiquiatra austríaco.

fre.vo (ê) *s.m.* **1** música carnavalesca de origem africana, em compasso binário e andamento rápido, típica de Pernambuco. **2** dança ao som desta música, geralmente executada por passistas.

fri.a *s.f.* (Coloq.) situação desagradável e constrangedora; enrascada: *O jovem entrou numa fria.*

fri.a.gem *s.f.* temperatura fria e frequentemente acompanhada de umidade; frialdade.

fri.al.da.de *s.f.* baixa temperatura; friagem.

fri.ca.ti.va *s.f.* (E. Ling.) consoante para cuja produção ocorre a aproximação incompleta de dois órgãos, o que, com a passagem de ar pela fenda formada por eles, produz um ruído comparável a uma fricção: /f/, /v/, /s/, /z/.

fric.ção *s.f.* **1** ato de esfregar. **2** aderência entre duas superfícies em contato; atrito. **3** divergência; desentendimento: *A fricção entre os partidos impôs uma mudança de rota.*

fric.cio.nar *v.t.* **1** esfregar; massagear: *Friccionou as mãos para aquecê-las.* **2** untar; massagear: *friccionar o local dolorido com cânfora.* **3** esfregar com movimentos regulares; fazer fricção: *A criança friccionava pó de giz no papel.* **4** fazer mover-se com energia sobre uma superfície: *O cabeleireiro friccionava os dedos no couro cabeludo das clientes.* • *pron.* **5** esfregar-se; roçar-se: *Na caçamba do caminhão, o gado se friccionava.*

fri.co.te (ó) *s.m.* (Bras.) **1** manha; dengo. **2** ataque histérico; chilique. **3** jogada de efeito no futebol.

fri.co.tei.ro *adj.* que é dado a fricotes; manhoso; melindroso.

fri.ei.ra *s.f.* **1** inflamação causada pelo frio, acompanhada de prurido e inchação. **2** ulceração entre os dedos, principalmente os dos pés.

fri.e.za (ê) *s.f.* **1** baixa temperatura; ausência de calor. **2** ausência de emoção, de paixão: *A frieza nas decisões é característica da estratégia da empresa.* **3** indiferença; insensibilidade: *Reagiu com frieza à notícia.* **4** ausência de desejo ou prazer sexual; frigidez.

fri.gi.dei.ra *s.f.* panela rasa, usada para frigir.

fri.gi.dez *s.f.* ausência de desejo ou prazer sexual; frieza.

fri.gi.do *adj.* **1** muito frio; gelado. **2** que denota ou que transmite frio: *Um vapor frígido queimava nossa pele.* **3** que não experimenta prazer ou que não tem desejo sexual.

fri.gio *s.m.* **1** indivíduo dos frígios. • *pl.* **2** povo que habitou a Frígia, região da antiga Ásia Menor. • *adj.* **3** relativo à Frígia.

fri.gir *v.t.* **1** fritar: *A mulher frigia um ovo.* • *int.* **2** queimar-se; aquecer-se exageradamente: *Nessa temperatura, os ingredientes vão frigir.* **3** chiar: *O aparelho frigia sem parar.*

fri.go.bar *s.m.* geladeira pequena.

fri.go.rí.fi.co *s.m.* **1** estabelecimento para abater gado; matadouro; abatedouro. **2** estabelecimento com câmara para congelar carne. • *adj.* **3** que produz frio; congelador: *balcão frigorífico.*

fri.la *s.2g.* (Coloq.) free-lancer.

frin.cha *s.f.* **1** fresta; fenda; greta: *Pela frincha da janela, viu a criança dormindo.* **2** exceção; chance; brecha: *As últimas palavras do diretor eram a frincha que faltava.*

fri.o *s.m.* **1** temperatura muito baixa. **2** sensação produzida pela ausência de calor: *Sentiu um frio na espinha.* • *pl.* **3** conjunto de alimentos (presunto, salame, queijo etc.) servidos frios: *Foi servida uma mesa de frios.* • *adj.* **4** de baixa temperatura; sem calor: *o ar frio da noite.* **5** que perdeu o calor: *Não gosto de comida fria.* **6** isento de paixão; insensível: *um homem frio.* **7** impassível; indiferente. **8** desumano; cruel: *um assassino frio.* **9** (Fig.) que não experimenta prazer ou que não tem desejo sexual; frígido. **10** que denota insensibilidade ou ausência de emoção: *Precisava ter a cabeça fria.* **11** que denota rudeza ou crueza: *Sentiu que o invadia um ódio frio e lento.*

fri.o.ren.to *adj.* que sente muito frio.

fri.sa *s.f.* **1** (Teatr.) camarote quase no nível da plateia. **2** friso.

fri.sa.do *adj.* com pequenas ondas ou cachos; anelado.

fri.san.te *adj.2g.* **1** marcante; significativo; ilustrativo. **2** ligeiramente gasoso: *vinho frisante.*

fri.sar *v.t.* **1** fazer ficar arrepiado: *O adolescente frisava o cabelo.* **2** salientar; acentuar: *Frisou que não queria sair.*

fri.so *s.m.* **1** tira de metal, madeira, plástico ou borracha, para divisão ou ornamentação. **2** ornato pintado ou em baixo-relevo. **3** faixa estreita e longa, de tecido acetinado, que se coloca sobre as costuras laterais externas das calças.

frisson (frisson) (Fr.) *s.m.* frêmito; prazer; curtição: *Recebido com frisson, o cantor esbanjou sensibilidade e charme.*

fri.ta.da *s.f.* (Cul.) ovos batidos e cozidos na frigideira sobre carne picada, peixe ou frutos do mar.

fri.tar *v.t.* **1** cozer na manteiga, óleo ou azeite quente; frigir. **2** (Coloq.) demitir; dispensar: *Ele desconfia de que não vão fritá-lo.* • *int.* **3** cozer-se na manteiga, óleo ou azeite quentes; frigir: *O peixe está fritando.* **4** aquecer-se muito; sufocar: *Vamos fritar nesse calor de louco.*

fri.tas *s.f.pl.* batatas fritas.

fri.to *adj.* **1** que se fritou. **2** em má situação; em apuros: *Disse que, se reagissem, estariam fritos.*

fri.tu.ra *s.f.* comida frita em gordura ou óleo quente.

fri.vo.li.da.de *s.f.* **1** tudo o que é sem importância; ninharia. **2** futilidade; leviandade.

frí.vo.lo *adj.* **1** superficial; fútil. **2** vão; desnecessário; inútil. **3** leviano; irresponsável: *Ele é muito frívolo, não faz nada com seriedade.*

fron.de *s.f.* copa de árvores; folhagem; ramagem: *Eram árvores de grandes e verdes frondes.*

fron.do.so (ô) *adj.* **1** copado: *Erguia-se ali um cajueiro frondoso.* **2** abundante: *Sabemos de onde vieram as amoreiras com sombras frondosas.*

fro.nha (ô) *s.f.* capa de tecido em que se envolve e resguarda o travesseiro.

front (front) (Ingl.) *s.m.* lugar onde se dão as batalhas; frente de batalha.

fron.tal *s.m.* **1** (Anat.) osso situado na região anterior do crânio. • *adj.2g.* **2** na ou da frente: *As formigas contam com antenas frontais.* **3** aberto; declarado; franco: *Marido e mulher tiveram uma discussão frontal.* **4** de frente: *choque frontal de um caminhão com um ônibus.* **5** que está fronteiro, defronte.

fron.te *s.f.* (Anat.) porção anterior e superior da cabeça; testa.

fron.tei.ra *s.f.* **1** linha divisória entre dois países, estados, municípios, regiões; limite; confins; extrema. **2** espaço físico ou imaginário onde se dá a separação entre coisas, estados, realidades etc. diferentes: *a fronteira entre o certo e o errado.*

fron.tei.ro *adj.* **1** da frente. **2** que fica defronte: *O ladrão escondeu-se em uma casa fronteira à delegacia.* **3** de testa branca: *Sabiam apenas que o animal desaparecido era fronteiro.*

fron.tis.pí.cio *s.m.* **1** fachada ou parte anterior: *Havia ainda muitas pessoas paradas perto do frontispício da igreja.* **2** (Edit.) página de rosto: *frontispício do livro.*

fro.ta (ó) *s.f.* **1** conjunto de navios de guerra; armada. **2** conjunto de veículos de transporte.

fro.tis.ta *s.2g.* proprietário de frota de veículos.

frou.xi.dão *s.f.* **1** moleza; fraqueza: *Após o desmaio, a menina sentia uma frouxidão pelo corpo.* (Fig.) **2** falta de energia; falta de resolução: *frouxidão política.* **3** falta de rigor; falta de severidade.

frou.xo *s.m.* **1** pessoa covarde e medrosa. • *adj.* **2** que não está esticado. **3** não apertado; folgado. **4** brando; tênue: *um sol frouxo.* **5** medroso; covarde: *Mostrava-se frouxo para discussão.* **6** cansado; abatido: *Chegara frouxo e encharcado.* **7** débil; fraco: *um riso frouxo.* **8** sem energia; apático: *Estendi-lhe a bolsa num gesto frouxo.*

fru-fru *s.m.* (Bras.) **1** rumor produzido pelo roçar de folhas ou sedas. **2** prendedor de cabelos.

fru.gal *adj.2g* **1** que come coisas leves e com parcimônia; moderado. **2** leve; ligeiro; simples: *jantar frugal.* **3** que se alimenta de fruta: *pássaros frugais.*

fru.ga.li.da.de *s.f.* **1** moderação; sobriedade: *A frugalidade é uma característica dos educados.* **2** parcimônia: *Sou conhecida pela frugalidade em relação à comida.*

fru.gí.vo.ro *adj.* que se alimenta de frutos; frutívoro.

fru.i.ção *s.f.* experiência; gozo: *Os desenhos eram destinados à fruição de um prazer estético.*

fru.ir *v.t.* desfrutar; gozar: *O leitor poderá fruir de livros fantásticos.*

frus.tra.ção *s.f.* **1** negação de uma satisfação. **2** decepção: *Foi inegável a frustração causada pela derrota.* **3** malogro; insucesso: *Essa frustração das vendas em outubro soou como um sinal de alerta.*

frus.tra.do *s.m.* **1** quem não atingiu seu ideal ou não satisfez suas necessidades: *Aqui, frustrados não entram.* • *adj.* **2** que não conseguiu atingir seu ideal ou satisfazer suas necessidades. **3** decepcionado: *A aluna estava frustrada com seu rendimento escolar.* **4** malogrado; fracassado: *Um atentado frustrado foi notícia de jornal.*

frus.tran.te *adj.2g* que frustra; decepcionante.

frus.trar *v.t.* **1** fazer malograr; impedir; inutilizar: *Assim vamos frustrar o movimento de apoio ao nosso projeto.* • *pron.* **2** decepcionar-se: *Diante do "não", o menino frustrou-se.* **3** malograr; falhar: *Sua ambição frustrou-se.*

fru.ta *s.f.* designação genérica dos frutos comestíveis, geralmente adocicados.

fru.ta-de-con.de *s.f.* fruto de casca verde coberta de escamas carnosas, polpa branca, aquosa, mole, adocicada e de consistência granulosa junto à casca; pinha; ata; fruta-do-conde. // Pl.: frutas-de-conde.

fru.ta-pão *s.f.* árvore cujo fruto, esverdeado e coberto de pequenas pontas, polpa branca ou amarelada, esponjosa, apresenta depois de cozido sabor que lembra o do pão fresco. // Pl.: frutas-pães e frutas-pão.

fru.ta.ri.a *s.f.* loja que vende frutas.

fru.tei.ra *s.f.* prato ou cesto em que se colocam as frutas.

fru.tei.ro *s.m.* vendedor de frutas.

fru.ti.cul.tor (ô) *s.m.* pessoa que pratica a fruticultura.

fru.ti.cul.tu.ra *s.f.* cultura de árvores frutíferas com finalidade comercial.

fru.tí.fe.ro *adj.* **1** que dá frutos. **2** útil; proveitoso; produtivo: *O ano foi mesmo frutífero.*

fru.ti.fi.ca.ção *s.f.* **1** produção de frutos. **2** resultado; efeito: *Começamos a ver a frutificação do nosso trabalho.*

fru.ti.fi.car *v.int.* **1** produzir frutos. **2** desenvolver-se com bons resultados: *A reforma administrativa deve frutificar.*

fru.to *s.m.* **1** parte produtiva do vegetal, que sai da flor. **2** produto; resultado: *Tinha dois filhos, frutos de*

frutose

amores da juventude. **3** proveito; vantagem: *Estou agora colhendo os frutos de meu trabalho*. **4** resultado; consequência: *Esta tendência é fruto de erros acumulados durante décadas*. ♦ **frutos do mar** crustáceos e moluscos marinhos comestíveis, como ostra, marisco, polvo.
fru.to.se (ó) *s.f.* açúcar encontrado no mel e em numerosas frutas.
fru.tu.o.so (ô) *adj.* proveitoso; vantajoso; frutífero: *Dissertações e teses são geralmente estudos frutuosos*.
fu.bá *s.m.* **1** milho maduro socado ou moído, reduzido a farinha sem ser fermentado. **2** farinha feita com alguns outros cereais: *fubá de arroz*.
fu.be.ca.da *s.f.* (Coloq.) surra; sova: *Nosso time levou a maior fubecada*.
fu.ça *s.f.* (Deprec.) cara; rosto: *O homem recebeu um soco bem na fuça*.
fu.çar *v.t.* **1** intrometer-se em; xeretar; bisbilhotar: *Não gosto de gente que fica fuçando minha vida*. **2** dar busca; esquadrinhar; revistar: *Os homens fuçaram minha casa e nada encontraram*. ● *int.* **3** farejar ou remexer com o focinho: *Porcos fuçam o dia inteiro*.
fúc.sia *s.m.* planta vulgarmente chamada brinco-de-princesa, de cor rosa forte com tons roxos.
fu.ei.ro *s.m.* estaca para amparar a carga do carro de bois.
fu.ga¹ *s.f.* **1** ato de fugir; escapada; evasão; ida: *a fuga da prisão*. **2** ida para fora do país de algo necessário e precioso: *fuga de capitais*. **3** afastamento; distanciamento: *fuga à ordem religiosa*. **4** evasão; escapada: *Aquela proposta representava fuga a uma obrigação*.
fu.ga² (Mús.) peça musical polifônica, na qual se desenvolve um tema: *As fugas de Bach são difíceis de executar*.
fu.ga.ci.da.de *s.f.* qualidade daquilo que é fugaz.
fu.gaz *adj.2g.* de curta duração; rápido.
fu.gi.di.o *adj.* **1** que foge; arisco; tímido: *Olhar fugidio*. **2** passageiro; efêmero; que tem curta duração: *Os raios fugidios do sol entravam pela janela*.
fu.gir *v.t.* **1** afastar-se: *Diante do acontecido, o homem preferiu fugir do local*. **2** desviar-se: *Os que fogem à norma são criticados*. **3** furtar-se: *O homem fugia a definições*. **4** parecer instável: *Parecia que o chão fugia a seus pés*. ● *int.* **5** afastar-se; sumir: *A chuva ia fugindo vagarosamente*. **6** sair às ocultas; evadir-se: *O criminoso fugiu*. **7** passar rapidamente: *A vida foge*. **8** não ocorrer memória: *O nome da música fugiu-lhe no momento*.
fu.gi.ti.vo *s.m.* **1** quem fugiu ou foge: *O policial atirou nos fugitivos*. ● *adj.* **2** que fugiu; que desertou; fugidio.
fu.i.nha *s.f.* **1** pequeno carnívoro de focinho comprido e afunilado, pelo cinza, e que exala odor forte. **2** (Coloq.) mexeriqueiro; fofoqueiro.
fu.jão *s.m.* **1** quem foge: *O fujão já estava cansado de tanta perseguição*. ● *adj.* **2** que foge com frequência: *Os vaqueiros estavam novamente atrás de um novilho fujão*.
fu.la.no *s.m.* (Coloq.) **1** pessoa que não se pode ou não se quer nomear. **2** (Deprec.) pessoa; sujeito: *Não aceite presente de um fulano qualquer*.
ful.cro *s.m.* **1** ponto crucial; centro. **2** base; fundamento; alicerce.

fu.lei.ro *adj.* (Coloq.) sem valor; insignificante.
ful.gen.te *adj.2g.* brilhante; cintilante.
fúl.gi.do *adj.* **1** brilhante; fulgente. **2** radiante.
ful.gir *v.int.* **1** brilhar; cintilar: *Os astros giram e fulgem*. **2** sobressair; destacar-se.
ful.gor (ô) *s.m.* **1** cintilação; brilho intenso. **2** luz refletida de um corpo natural ou artificialmente brilhante. **3** viço; vigor; esplendor: *Ao envelhecermos, perdemos o fulgor da juventude*. **4** vigor; expressividade: *As frases eram dotadas de um maravilhoso fulgor*.
ful.gu.ra.ção *s.f.* **1** clarão rápido; cintilação. **2** evidência; fama; notoriedade: *Eram atores de fulguração internacional*.
ful.gu.ran.te *adj.2g.* **1** que fulgura; brilhante; resplandecente. **2** notável; brilhante: *talento fulgurante*. **3** ostensivo; patente: *O culpado foi desmascarado a partir de evidências fulgurantes*. **4** fascinante; magnífico: *Ela é dona de uma beleza fulgurante*.
ful.gu.rar *v.int.* **1** expedir luminosidade; brilhar com fulgor: *Luzes claras fulguravam de repente*. **2** brilhar; resplender: *Bem polido, o jarro de cobre fulgurava no meio da prataria*. **3** distinguir-se pelo esplendor; resplandecer: *Um imenso sorriso fulgurava em seu rosto*.
fu.li.gem *s.f.* substância preta e fina resultante de combustão.
fu.li.gi.no.so (ô) *adj.* coberto de fuligem; escurecido.
ful.mi.nan.te *adj.2g.* **1** avassalador; arrasador. **2** formulado com violência; categórico. **3** que sobrevém súbita e rapidamente: *O ator está em fulminante ascensão*.
ful.mi.nar *v.t.* **1** matar com violência. **2** destruir; aniquilar: *O deputado fulminou as propostas dos adversários*. **3** abater; arrasar: *O raio fulminou a velha paineira*. **4** atemorizar; desmoralizar: *O pai da moça fulminou o pretendente com o olhar*.
fu.lo *adj.* **1** (Coloq.) colérico; irritado; irado: *Papai fica fulo quando não lhe obedecemos*. **2** pálido; amarelo: *Ficou fula diante da situação*.
fu.ma.ça *s.f.* **1** gás produzido pela combustão, misturado com partículas sólidas; fumo. **2** fuligem. **3** vapor. **4** pista; rastro: *O bandido fugiu sem deixar fumaça*. ● *pl.* **5** vaidade; pretensão: *Fumaças ambiciosas rondavam minha cabeça*.
fu.ma.çar *v.t.* **1** encher de fumaça; esfumaçar: *O cigarro fumaçava a sala*. ● *int.* **2** expelir fumaça; fumegar: *Casebres destruídos ainda fumaçavam*.
fu.ma.cê *s.m.* **1** (Coloq.) fumaceiro: *Não suporta fumacê de cigarros e charutos*. **2** carro provido de aparelho que lança substância nos rios, para combater mosquitos que causam epidemias, especialmente o transmissor da dengue.
fu.ma.cei.ra *s.f.* nuvem de fumaça; grande quantidade de fumaça; fumaceiro: *O incêndio provocou uma fumaceira danada*.
fu.ma.cei.ro *s.m.* grande quantidade de fumaça; fumaceira.
fu.ma.cen.to *adj.* **1** que tem muita fumaça; enfumaçado: *O carro soltava um vapor fumacento*. **2** que solta muita fumaça: *Os fogões a lenha eram muito fumacentos*.
fu.man.te *s.2g.* quem fuma.
fu.mar *v.t.* **1** aspirar fumo: *O avô fuma seu charuto na varanda*. ● *int.* **2** aspirar fumo ou tabaco: *Ela deixava seu serviço a toda hora para fumar*.

fu.ma.ra.da s.f. fumaceiro.

fu.mê adj. que tem a cor puxando para o cinza-escuro: Os vidros do carro são fumês.

fu.me.gan.te adj.2g. que solta fumaça ou vapor: O menino chegava e abria as panelas fumegantes.

fu.me.gar v.t. 1 lançar de si; exalar: O cozido fumegava um cheiro delicioso. • int. 2 deitar fumaça: As chaminés fumegavam. 3 exalar vapores por ação do calor: A comida saída do forno fumegava. 4 soltar vapor pelas ventas: O touro fumegava, furioso.

fu.mei.ro s.m. espaço entre o fogão a lenha e o telhado, onde se põem as carnes para defumar: A linguiça está secando no fumeiro.

fu.mi.cul.tor (ô) s.m. aquele que se dedica à fumicultura.

fu.mi.cul.tu.ra s.f. cultura do fumo ou do tabaco.

fu.mi.ga.ção s.f. exposição à fumaça ou a vapores a fim de desinfetar-se: A fumigação de algumas frutas é necessária.

fu.mi.gar v.t. 1 desinfetar com fumaça: Mandou fumigar o quarto e a despensa. 2 aplicar desinfetantes ou inseticidas gasosos: Fumigou o jardim.

fu.mo s.m. 1 produto gasoso de matéria em combustão; fumaça: O homem soltava fumo como uma chaminé. 2 fuligem que entra na composição de tintas. 3 faixa de crepe preto: A viúva tinha apenas um fumo de luto na gola do vestido. 4 planta da qual se tira o tabaco. 5 tabaco para fumar: Ele carregava sempre o fumo de rolo no bolso. 6 maconha. 7 aspiração de tabaco de cigarro, charuto ou cachimbo: Tenho aversão ao fumo. • pl. 8 vaidade; pretensão: Seus fumos de grandeza foram por água abaixo.

fun.ção s.f. 1 atividade própria dum aparelho ou máquina. 2 cargo; serviço; ofício: Ele exercia a função de porteiro. 3 trabalho; serviço: Já terminou suas funções? 4 uso; serventia; utilidade: pessoa sem função na sociedade. 5 divertimento; festança: Logo depois da missa começou a função no largo da matriz. 6 papel que alguém desempenha sempre ou casualmente: Ele teve a função de apaziguar o conflito.

fun.cho s.m. erva-doce.

fun.cio.nal adj.2g. 1 que possibilita bom aproveitamento; prático: cozinha funcional. 2 relativo a funções típicas ou vitais: Essa conexão funcional entre os dois ouvidos se exerce por meio de fibras. 3 da função pertinente; de função: critério funcional. 4 relativo à função pública: Cada categoria funcional tem sua remuneração.

fun.cio.na.lis.mo s.m. 1 conjunto dos funcionários públicos: O funcionalismo luta por melhores salários. 2 profissão de funcionário público; o trabalho como funcionário público: Ele completou 25 anos de funcionalismo. 3 tendência da arquitetura que se baseia na subordinação da forma à função.

fun.cio.na.men.to s.m. 1 desempenho das funções; trabalho: Precisamos observar o funcionamento da nova gestão administrativa. 2 modo de funcionar; maneira de realizar as funções: Não entendo o funcionamento dessa fábrica. 3 movimentação regular; atividade: O instrutor pôs o motor em funcionamento. 4 subsistência; vigência: As empresas dependem de verba para seu funcionamento.

fun.cio.nar v.t. 1 exercer função: A moça funcionava como secretária. • int. 2 exercer uma atividade; traba-

fundar

lhar: Ponha esses operários para funcionar. 3 entrar em funcionamento: E com ela o telefone funcionou? 4 realizar bem as atividades para as quais foi criado: Tudo nessa cidade funciona. 5 ter êxito; dar bom resultado: O esquema tático do técnico funcionou.

fun.cio.ná.rio s.m. 1 quem tem emprego remunerado; empregado. 2 quem está a serviço; agente: Os funcionários da Vigilância Sanitária passaram por aqui. • **funcionário público** quem trabalha em repartições públicas.

fun.da.ção s.f. 1 parte que dá sustentação a um edifício; alicerce; base: Só nas fundações da obra, gastaram todo o dinheiro. 2 pessoa jurídica instituída por ato do governo ou por doação privada, destinada a fins de utilidade pública ou à beneficência: A empresa, através de sua Fundação, continua estimulando a pesquisa e o desenvolvimento da ciência. 3 criação; constituição; instituição: a fundação do Estado de Israel.

fun.da.dor (ô) s.m. 1 quem funda ou institui; criador: Os ingleses são os fundadores do futebol. 2 quem inicia; o primeiro membro: D. João VI é o fundador da dinastia de Avis.

fun.da.men.tal s.m. 1 aquilo que é essencial ou mais importante: O fundamental é viver. • adj.2g 1 primordial; essencial: O amor é fundamental. 3 muito importante; significativo: Empresários têm a fundamental tarefa de conceder patrocínios. 4 primordial; primeiro: A generosidade surge como sentimento fundamental. 5 que serve de base ou fundamento; básico: escola fundamental. 6 diz-se do ensino da 1ª a 8ª séries.

fun.da.men.ta.lis.mo s.m. observação rigorosa de doutrinas religiosas; interpretação literal de escritos considerados sagrados: fundamentalismo cristão.

fun.da.men.ta.lis.ta s.m. 1 quem é adepto do fundamentalismo. • adj.2g. 2 relativo ao fundamentalismo.

fun.da.men.tar v.t. 1 justificar; documentar: O advogado fundamentou o processo. 2 fornecer fundamento a: Acho que devo falar sobre os motivos que fundamentaram a minha recusa. 3 pôr os fundamentos em; basear; alicerçar: O sociólogo fundamenta sua discussão em uma proposta humanista. • pron. 4 tomar como fundamento; apoiar-se: O processo se fundamentava em falsas acusações. 5 ter como fundamento; basear-se: As grandes realizações fundamentam-se em trabalho e talento.

fun.da.men.to s.m. 1 sustentação; base: O respeito é o fundamento do casamento ideal. 2 motivo; razão: Existe fundamento para o que você fez? 3 pretexto; alegação: Os colegas delataram o amigo sob o fundamento de que ele é hipócrita. 4 princípios básicos: Os fundamentos do curso foram exibidos no primeiro dia de aula.

fun.dão s.m. 1 parte mais funda: O homem já estava no fundão da mina. 2 lugar ermo ou muito afastado: A história desconhece os fundões do Brasil.

fun.dar v.t. 1 constituir; criar: Os alunos fundaram um jornalzinho escolar. 2 firmar; apoiar; fundamentar: Políticos fundam suas ações em compromissos com o povo. • pron. 3 tomar como fundamento; apoiar-se: Essa tese se funda em teorias pouco convincentes. 4 ter fundamento ou base: Toda boa ação se funda em consciências bem resolvidas.

fundear

fun.de.ar *v.t.* **1** lançar âncora; aportar: *A embarcação fundeou em lugar seguro*. **2** ancorar: *Grandes petroleiros fundeiam no porto de Santos*.

fun.di.á.rio *adj.* **1** relativo a terrenos; agrário: *O patrimônio fundiário do Brasil é enorme*. **2** destinado ao acesso à terra: *Os arrendatários necessitam de crédito fundiário*. **3** oriundo de bens imóveis: *A renda fundiária será repassada aos donos da terra*.

fun.di.ção *s.f.* **1** ação de fundir: *O homem observava o forno para a fundição de ferro*. **2** fábrica de ferro fundido: *É funcionário de uma grande fundição*.

fun.di.lho *s.m.* **1** parte das calças e das cuecas correspondente ao assento. **2** (Coloq.) assento; nádegas.

fun.dir *v.t.* **1** derreter; liquefazer: *O homem fundia moedas para fazer outras peças*. **2** associar: *Um bom governo deve fundir trabalho e honestidade*. **3** incorporar; juntar: *O empresário fundiu várias empresas em uma grande*. • *pron.* **4** tornar-se uno: *As vozes se fundiam em um único som*.

fun.do *s.m.* **1** parte mais afastada da superfície: *o fundo do mar*. **2** parte que se opõe à boca ou abertura: *Havia lama no fundo do barril*. **3** plano de cor lisa sobre o qual se destacam desenhos ou relevos: *vestido florido em fundo branco*. **4** acompanhamento: *fundo musical*. **5** base; origem: *Tem uma tosse de fundo tipicamente emocional*. **6** (Econ.) reserva monetária: *O governo propõe a criação de um fundo para combate à seca no Nordeste*. • *adj.* **7** que não é raso; que tem profundidade: *prato fundo*. **8** encovado: *O homem tinha um jeito sinistro por causa do rosto fundo*. **9** intenso; forte; profundo: *Soltou um fundo suspiro*. • *adv.* **10** com intensidade; profundamente: *Respire fundo*.

fun.dos *s.m.pl.* (Econ.) provisão em dinheiro; suporte financeiro; capital: *cheques devolvidos por falta de fundos*. **2** parte de trás de um edifício: *O mecânico morava nos fundos da oficina*.

fun.du.ra *s.f.* **1** parte muito funda; profundeza: *O tubarão habitava as funduras do mar*. **2** lugar muito retirado ou ermo: *O bandido está escondido nas funduras daquele município*. **3** aquilo que é remoto ou distante; abismo: *As funduras do tempo são incalculáveis*.

fú.ne.bre *adj.2g.* **1** referente a óbito, a sepultamento: *Os anúncios fúnebres ocupam espaço generoso no jornal*. **2** de funerais; mortuário: *A carruagem fúnebre provoca olhares curiosos*. **3** que realiza funerais; funerário: *A empresa fúnebre da cidade enriquecia-se rapidamente*. **4** de morte; de execução: *O pelotão fúnebre foi implacável*. **5** sombrio; lúgubre; triste: *músicas fúnebres*.

fu.ne.ral *s.m.* **1** cerimônias de enterramento; enterro: *Em funerais só presenciamos choro e tristeza*. **2** procissão de acompanhamento de um enterro; cortejo fúnebre: *O funeral ia passando lentamente pelas ruas da cidade*.

fu.ne.rá.ria *s.f.* estabelecimento comercial que se encarrega de cerimônias fúnebres.

fu.ne.rá.rio *adj.* **1** fúnebre; em honra de um morto: *O discurso funerário comoveu a todos*. **2** que serve para depositar restos mortais: *urna funerária*. **3** que se encarrega comercialmente de cerimônias fúnebres: *agente funerário*.

fu.né.reo *adj.* **1** de funeral; fúnebre: *O cortejo funéreo chega finalmente ao seu destino*. **2** fúnebre: *O assassino tinha um olhar funéreo*. **3** lamentoso; sombrio; lúgubre: *As palavras pronunciadas possuíam um tom funéreo*.

fu.nes.tar *v.t.* tornar funesto; infeliz; infelicitar.

fu.nes.to (é) *adj.* **1** que prognostica ou causa desgraça: *A morte tem características funestas*. **2** mortal: *A carga funesta do caminhão foi apreendida*. **3** desventurado; infeliz: *destino funesto*. **4** danoso; desastroso; prejudicial: *medidas funestas*.

fun.ga.ção *s.f.* respiração difícil e ruidosa.

fun.gar *v.t.* **1** absorver ou respirar pelo nariz: *fungar rapé*. • *int.* **2** fazer movimentos de aspiração com as narinas, produzindo ruído: *O rapaz funga o tempo todo*.

fun.gi.ci.da *s.m.* **1** substância que destrói fungos. • *adj.2g.* **2** que destrói fungos: *Dizem que este produto tem alta potência fungicida*.

fun.go *s.m.* (Biol.) organismo vivo intermédio entre animais e plantas, sem clorofila, como bolores, fermentos, próprio de locais úmidos, corpo constituído de filamentos entrelaçados com enorme variedade de formas e cores, que se nutre de outros seres vivos ou de matéria orgânica morta.

fu.ni.cu.lar *s.m.* **1** veículo que se move num plano inclinado, acionado por meio de cabos de aço; teleférico. • *adj.2g.* **2** semelhante a ou que tem a forma de corda ou cordão.

fu.ní.cu.lo *s.m.* **1** cordão de fibras nervosas: *Pelo funículo posterior da medula passam diversas informações*. **2** (Anat.) pequeno cordão ou filamento que une o óvulo à placenta: *O funículo ajuda no reconhecimento dos batimentos cardíacos do feto*.

fu.nil *s.m.* **1** utensílio cônico, com um tubo na parte inferior, para transvasar líquidos. **2** cercado afunilado, onde o boi entra para o abate.

fu.ni.la.ri.a *s.f.* **1** loja ou oficina especializada em consertos da lataria dos veículos: *Ele trabalha em uma funilaria*. **2** conjunto das peças que compõem a lataria do veículo: *A funilaria do carro já estava velha e sem cor*.

fu.ni.lei.ro *s.m.* quem faz ou conserta objetos de lata.

funk (fânk) (Ingl.) *s.m.* gênero de música popular de origem norte-americana dançante, ligado ao *soul*.

fu.ra-bo.lo (ô) *s.m.* (Bras. Coloq.) dedo indicador.

fu.ra.cão *s.m.* **1** vendaval; ciclone; tufão. **2** (Fig.) tudo o que tem força destruidora: *Por muito tempo o Brasil sofreu as consequências do furacão inflacionário*.

fu.ra.dei.ra *s.f.* ferramenta ou máquina com broca para furar.

fu.ra.dor (ô) *s.m.* **1** quem faz furos ou escavações: *A empresa estava contratando furadores*. **2** utensílio para fazer furos: *O furador de gelo é um instrumento perigoso*.

fu.rão *s.m.* **1** (Zool.) mamífero de corpo alongado e pelos de cor parda em cima e negra no ventre. **2** (Coloq.) pessoa muito curiosa e bisbilhoteira.

fu.rar *v.t.* **1** abrir furo; perfurar; esburacar: *O golpe furou a camisa*. **2** espetar; vazar. **3** romper: *furar o bloqueio*. **4** interromper o andamento: *Ninguém furou a greve*. **5** passar por; abrir caminho em: *Furou a multidão, sempre olhando para a frente*. • *int.* **6** passar a ter furo; esburacar-se: *Os pneus do carro furaram*.

fur.dun.ço *s.m.* (Coloq.) confusão; algazarra; bagunça: *No final, a festa virou um furdunço*.

futurismo

fur.gão *s.m.* pequeno caminhão fechado, próprio para transportar bagagens ou pequenas cargas.

fú.ria *s.f.* **1** cólera; ira; raiva: *acesso de fúria*. **2** (Fig.) violência; impetuosidade: *A fúria do ciclone arrasou cidades*. **3** atividade intensa; diligência: *As investigações policiais continuavam numa fúria febril*.

fu.ri.bun.do *adj.* furioso; colérico; irado: *Após a briga, o homem saiu furibundo*.

fu.ri.o.so (ô) *adj.* **1** enfurecido; exasperado: *O rapaz, furioso, avançou contra o outro*. **2** louco; endoidecido: *Nas touradas, o animal fica furioso*. **3** forte; violento: *O vento furioso causou estragos na região*. **4** desordenado: *O coração apaixonado bate de modo furioso*.

fur.na *s.f.* toca; covil: *Os bichos se escondem em suas furnas*.

fu.ro *s.m.* **1** abertura; orifício: *No carro, havia furos de bala*. **2** canal de comunicação entre um rio e seu afluente: *As embarcações agora já podiam chegar a qualquer furo*. **3** (Jorn.) notícia em primeira mão: *um furo jornalístico*. **4** aquilo que falta; rombo: *A administração anterior deixou um grande furo nos cofres da prefeitura*.

fu.ror (ô) *s.m.* **1** raiva; ira; fúria: *Os bandidos atacaram com furor animal*. **2** exaltação de ânimo; entusiasmo: *No furor do momento, nem percebi que estava diante de um inimigo*. **3** grande sucesso. **4** violência; impetuosidade: *A frágil embarcação resistia ao furor das ondas*.

fur.re.ca *adj.2g.* **1** de pouco valor; insignificante; reles. **2** gasto pelo uso; velho: *louças furrecas*.

fur.ta-cor *adj.* que apresenta cor diversa; cor cambiante ou indefinida: *saia furta-cor*. // Pl.: furta-cores.

fur.tar *v.t.* **1** tirar sem autorização; subtrair fraudulentamente: *Garimpeiros furtaram pedras preciosas de seus sócios*. **2** tomar; privar: *Furtou uma joia*. • *pron.* **3** esquivar-se; negar-se: *Não consegui me furtar de um tom mais grosseiro*.

fur.ti.vo *adj.* **1** escondido; oculto; secreto: *relacionamento furtivo*. **2** que se faz às ocultas: *beijo furtivo*. **3** disfarçado; dissimulado: *De repente, em seus olhos aparece uma lágrima furtiva*.

fur.to *s.m.* roubo sem violência; subtração furtiva.

fu.rún.cu.lo *s.m.* (Derm.) pequena lesão cutânea, dura e purulenta, com inflamação e dor.

fu.run.cu.lo.se (ó) *s.f.* (Derm.) erupção de vários furúnculos simultâneos ou seguidos: *O jogador estava com furunculose*.

fu.sa *s.f.* figura musical que vale a metade da semicolcheia.

fu.são *s.f.* **1** ato ou efeito de fundir; derretimento pela ação do calor. **2** passagem do estado sólido para o líquido; liquefação: *ouro em estado de fusão*. **3** (Fís.) diz-se da formação de um núcleo pesado a partir de dois reagentes, mais leves, com grande liberação de energia: *Na fusão fria, um copo de água pesada é submetido a uma corrente elétrica*. **4** reunião; associação; junção: *fusão de bancos*. **5** conciliação; aliança: *fusão entre a esfera pública e a privada*. **6** mescla; mistura: *fusão de cozinhas de várias influências*. **7** miscigenação; cruzamento: *a fusão do elemento europeu com o africano*.

fus.co *adj.* escuro; pardo.

fuseau (fusô) (Fr.) *s.f.* calça justa, geralmente de malha, cujas pernas se prendem por alças que passam por baixo dos pés.

fu.se.la.gem *s.f.* o corpo principal do avião onde se acomodam os passageiros, a carga, a tripulação.

fu.sí.vel *s.m.* **1** fio de chumbo que, intercalado num circuito elétrico, se funde e interrompe corrente elétrica quando esta ultrapassa uma intensidade segura. • *adj.2g.* **2** que se pode fundir.

fu.so *s.m.* **1** instrumento de fiar em que se enrola o fio torcido à mão: *O barulho do fuso trabalhando interrompia o silêncio*. **2** parafuso de madeira ligado à prensa de mandioca: *Na prensa, existem dois fusos que ajudam a apertar a massa*.

fus.tão *s.m.* tecido geralmente de algodão, que apresenta o avesso liso e o direito em relevo, formando cordões ou desenhos de vários formatos: *O vestido da menina era de fustão branco*.

fus.ti.gar *v.t.* **1** maltratar; danificar; açoitar; vergastar: *Cordas grossas fustigavam o couro do animal*. **2** golpear como chicote: *As vagas fustigavam o casco do navio*. **3** (Fig.) incitar; estimular: *O pai fustigava o filho para que ele estudasse*.

fu.te.bol *s.m.* **1** jogo disputado por dois times, de onze jogadores cada, com uma bola de couro, num campo com um gol em cada uma das extremidades. **2** esse jogo, como esporte organizado: *O futebol brasileiro precisava de incentivos*. **3** cada partida desse jogo: *O futebol arrasta multidões para os estádios*. **4** modo de jogar futebol: *A federação discutia a supremacia do futebol brasileiro*.

fu.te.bo.lis.ta *s.2g.* quem joga futebol.

fu.te.bo.lís.ti.co *adj.* de ou relativo a futebol: *A conversa futebolística iria longe*.

fu.te.bol-so.çai.te *s.m.* variante do futebol, com regras próprias, praticado em um campo com dimensões menores, com equipes de 6 a 8 jogadores. // Pl.: futebóis-soçaite e futebóis-soçaites.

fu.te.vô.lei *s.m.* jogo geralmente praticado em quadra de areia, e que segue as regras do voleibol, mas no qual é vedado às equipes o uso das mãos.

fú.til *adj.2g.* **1** sem seriedade; frívolo; leviano: *Atitudes desse tipo são típicas de pessoas fúteis*. **2** insignificante: *O namoro da garota acabou por motivo fútil*.

fu.ti.li.da.de *s.f.* **1** coisa sem importância; leviandade; frivolidade: *Pessoas muito ocupadas não têm tempo para futilidades*. **2** coisa inútil; supérfluo: *mania de comprar futilidades*. **3** característica do que ou de quem é fútil: *Sua futilidade me desanima*.

fu.tri.ca *s.f.* (Coloq.) intriga; fuxico.

fu.tri.car *v.t.* (Coloq.) **1** arruinar; atrapalhar: *futricar um projeto*. **2** fazer intrigas; fuxicar: *Ela adora futricar*.

fu.tri.quei.ro *s.m.* (Coloq.) quem gosta de fazer futrica; fuxiqueiro.

fut.sal *s.m.* variante do futebol, com regras próprias, praticado em quadra com piso artificial, de dimensões menores, e cujas equipes contam com cinco jogadores; futebol de salão.

fu.tu.car *v.t.* **1** (Coloq.) tocar ligeiramente; cutucar: *O garoto futucava o chão com uma varinha*. **2** mexer; escarafunchar: *futucar uma ferida*.

fu.tu.ris.mo *s.m.* **1** movimento literário e artístico surgido na Itália em 1909, dirigido contra a tradição e o academismo e que propunha a renovação de todos os princípios artísticos para exprimir os valores do século XX, especialmente a produção de máquinas,

futurista

a velocidade, o progresso material. **2** modernismo; vanguarda: *A obra é de um futurismo moderado*. **3** movimento radical modernista nas artes: *O futurismo tem representantes no mundo inteiro*.

fu.tu.ris.ta *s.2g*. **1** quem segue os princípios do futurismo: *Os futuristas foram elogiados na mostra*. • *adj.2g*. **2** que segue os princípios do futurismo: *O artigo futurista foi muito elogiado*. **3** moderno; de vanguarda: *As construções do engenheiro possuem desenho futurista*.

fu.tu.ro *s.m*. **1** aquilo que ainda está por vir; posteridade: *O futuro é incerto*. **2** destino; sorte: *A guerra não parece ameaçar o futuro do país*. **3** aquilo que se planeja ou espera. **4** probabilidade de sucesso; êxito: *um negócio sem futuro*. • *adj*. **5** que está por vir; vindouro: *as gerações futuras*. **6** para o futuro: *Ele pôs fim a qualquer esperança futura*.

fu.tu.ro.lo.gi.a *s.f*. conjunto de conhecimentos sobre como prever o desenvolvimento futuro dos povos a partir de dados presentes.

fu.tu.ro.lo.gis.ta *s.2g*. futurólogo.

fu.tu.ró.lo.go *s.m*. quem pratica a futurologia.

fu.xi.car *v.t*. **1** revolver; remexer; bisbilhotar: *Gente sem ocupação fica fuxicando a vida dos outros*. **2** mexer muito em: *Fuxiquei as gavetas e não achei um lenço*. • *int*. **3** (Bras.) fazer fuxico: *Quem não tem o que fazer passa o tempo fuxicando*.

fu.xi.co *s.m*. **1** comentário que é espalhado com base em suposições; quase sempre desleal; futrica; intriga. **2** rodelas de tecido franzidas que são utilizadas em trabalhos manuais como bolsas, tapetes etc.

fu.zar.ca *s.f*. desordem; farra; bagunça: *A fuzarca chamava a atenção de quem passava por ali*.

fu.zil *s.m*. arma de fogo de cano comprido usada pela infantaria; carabina.

fu.zi.la.men.to *s.m*. execução de morte com arma de fogo.

fu.zi.lar *v.t*. **1** executar pena de morte contra alguém com arma de fogo. **2** matar com arma de fogo. **3** mostrar-se ameaçador(a); denotar rancor: *Ele fuzilava com o olhar o adversário*. **4** ter luminosidade ou brilho intenso: *Pedras preciosas fuzilavam luzes faiscantes*. • *int*. **5** produzirem-se relâmpagos; cintilar: *Vários relâmpagos fuzilaram no céu*.

fu.zi.la.ri.a *s.f*. **1** tiros simultâneos de fuzil ou de qualquer arma de fogo. **2** tiroteio entre inimigos.

fu.zi.lei.ro *s.m*. soldado armado de fuzil.

fu.zu.ê *s.m*. (Coloq.) baderna; conflito; bagunça.

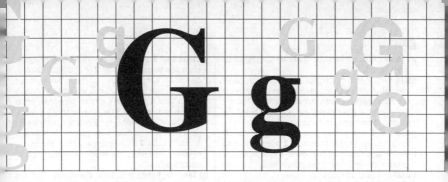

g *s.m.* **1** sétima letra do alfabeto português. **2** a figura dessa letra. • *num.* **3** sétimo numa série indicada por letras.

ga.bar *v.t.* **1** fazer elogio de; louvar: *Logo veio o vinho, e passaram a gabar suas virtudes.* • *pron.* **2** vangloriar-se; ufanar-se: *Nosso futebol gaba-se de ser o melhor do mundo.*

ga.bar.di.na *s.f.* **1** tecido resistente de algodão ou lã, com fios em diagonal: *Ele vestia terno de gabardina bege.* **2** capa de chuva feita com este tecido.

ga.bar.di.ne *s.f.* gabardina.

ga.ba.ri.ta.do *adj.* preparado; credenciado: *A suspeita não poderia vir de fonte mais gabaritada.*

ga.ba.ri.tar *v.t.* dar gabarito a.

ga.ba.ri.to *s.m.* **1** medida padrão a que se devem conformar obras em construção: *O gabarito permite a construção de altos prédios.* **2** categoria; nível; qualidade: *O exame é ridiculamente fácil, não verificando o gabarito profissional dos candidatos.* **3** tabela de respostas corretas às questões de uma prova, utilizada para correção: *Eu poderia ter passado alguma resposta errada para o gabarito.* **4** molde: *O corte das cavas das pernas é feito com estilete, usando um gabarito em cima da mesa.*

ga.bi.ne.te (ê) *s.m.* **1** sala destinada a trabalho; escritório ou laboratório: *Veio atender o telefone no seu gabinete.* **2** conjunto dos ministros de Estado; conjunto dos colaboradores imediatos de um governante; ministério: *É ex-ministro do Gabinete Civil.*

ga.bi.ro.ba *s.f.* (Bot.) fruto silvestre pequeno e de gosto forte: *sementinhas de gabiroba.*

ga.bi.ru *s.m.* (Bras.) **1** quem age com esperteza; malandro. **2** gaiato. **3** conquistador de mulheres. • *adj.* **4** que age com esperteza, malandragem.

ga.bo *s.m.* **1** elogio; lisonja; louvor: *Os meus gabos à ciência do doutor.* **2** jactância; arrogância.

ga.bo.la (ó) *adj.2g* (Coloq.) que se gaba muito; jactancioso: *um ator gabola.*

ga.bo.li.ce *s.f.* autoelogio; jactância; ostentação: *Trabalhe sério, sem gabolices.*

ga.da.nho *s.m.* **1** garra das aves de rapina. **2** instrumento agrícola com grandes dentes de ferro.

ga.de.lha (ê) *s.f.* guedelha.

gadget (gádjet) (Ingl.) *s.m.* artefato; dispositivo; invento: *O telefone celular tornou-se um gadget dispendioso.*

ga.do *s.m.* **1** conjunto de animais, especialmente bovinos, criados no campo para serviços agrícolas e consumo doméstico, ou para fins industriais ou comerciais; rebanho: *Alguns fazendeiros estão alimentando o gado com palma forrageira, um tipo de cacto cultivado.*

ga.é.li.co *s.m.* **1** língua celta falada na Irlanda e em parte da Escócia (Europa): *"Uísque" é palavra que vem do gaélico.* • *adj.* **2** originário ou típico da Irlanda: *esporte gaélico.*

ga.fa.nho.to (ô) *s.m.* inseto saltador, semelhante ao grilo, mas de maior porte e de antenas mais curtas que o corpo.

ga.fe *s.f.* ato impensado e desastrado; inconveniência social: *A gafe que ele cometeu é lembrada até hoje.*

ga.fei.ra *s.f.* sarna.

ga.fi.ei.ra *s.f.* (Bras.) **1** clube popular de dança: *Aprendi a dançar em gafieira.* **2** baile popular; arrasta-pé: *Noites de sábado, noites de gafieira.*

ga.fo.ri.nha *s.f.* **1** cabelo desalinhado. **2** cabelo levantado sobre a testa; topete.

ga.gá *s.m.2g* (Coloq.) **1** quem é caduco ou decrépito. • *adj.2g* **2** caduco; decrépito: *Age como se estivesse gagá.*

ga.go *s.m.* **1** pessoa que gagueja. • *adj.* **2** que gagueja.

ga.guei.ra *s.f.* **1** dificuldade de fala característica dos gagos. **2** repetição involuntária de sílabas ao falar.

ga.gue.jar *v.int.* falar com dificuldade, hesitando na pronúncia das palavras e repetindo as sílabas: *Sempre que está nervoso, gagueja.*

gai.a.ti.ce *s.f.* brincadeira: *É mais do que gaiatice, é deboche.*

gai.a.to *s.m.* **1** pessoa irresponsável ou inconsequente; palhaço; indivíduo alegre; brincalhão. • *adj.* **2** divertido; brincalhão: *Temos um lado gaiato que tem muito a ver com a irreverência.* **3** malicioso: *Ele deu um risinho gaiato.* **4** engraçado; cômico: *Ela salta e faz um gesto gaiato de agradecimento.*

gai.o.la (ó) *s.m.* **1** (Bras.) embarcação de navegação fluvial: *O gaiola fazia a travessia do rio cortando a corrente em diagonal.* • *s.f.* **2** espécie de casinhola gradeada onde se colocam aves ou outros animais domésticos: *Na gaiola pendurada à parede, o velho sabiá piou baixinho.* **3** armação gradeada onde se prendem animais perigosos. **4** (Fig.) qualquer habitação ou compartimento muito pequeno.

gai.ta *s.f.* **1** instrumento de sopro com orifícios, que se toca fazendo-o correr por entre os lábios; gaita de boca; harmônica. **2** (Coloq.) dinheiro: *Não tenho gaita para montar um negócio.*

gai.tei.ro *s.m.* **1** pessoa que toca gaita: *O empresário mandou buscar gaiteiros e violeiros.* • *adj.* **2** alegre; festeiro: *Sua risada gaiteira acompanhou-me até lá embaixo.* **3** (Bras.) assanhado; saliente: *Aquilo eram maneiras de mulher gaiteira.*

gai.vo.ta (ó) *s.f.* (Zool.) nome genérico de certas espécies de aves de plumagem branco-acinzentada que se encontram nas costas marítimas.

gajo

ga.jo s.m. (Coloq.) indivíduo qualquer; tipo: *Pegaram o gajo errado.*

ga.lã s.m. **1** ator que representa o principal papel masculino em produções de caráter romântico: *Surge um novo galã com um grande futuro.* **2** homem galanteador: *A graça estava em resistir às investidas do galã.* **3** homem belo e elegante.

ga.la[1] s.f. **1** traje próprio para ocasiões solenes: *Os formandos estão vestidos de gala.* **2** solenidade; festa grandiosa: *Eu vou a todas as galas.* **3** pompa; luxo: *O governo decretou feriado de grande gala.*

ga.la[2] s.f. mancha germinativa no ovo.

ga.lác.ti.co adj. **1** de galáxias: *aglomerados galácticos.* **2** localizado numa galáxia: *É a estrela mais próxima do centro galáctico.*

ga.la.lau s.m. (Bras.) homem de estatura elevada: *O meu irmão é um galalau de quase dois metros de altura.*

ga.lan.te s.2g. **1** pessoa gentil, elegante. • adj.2g. **2** gentil; fino: *O senhor é tão cavalheiro, tão galante!* **3** galanteador; namorador: *Homens galantes fazem mulheres suspirar.* **4** engraçado; malicioso. **5** (Bras.) de raça bovina do Mato Grosso: *Vê aquele boizinho galante?*

ga.lan.te.a.dor (ô) s.m. **1** homem cortejador: *A atriz recebeu o galanteador em seu camarim.* • adj. **2** que diz galanteios; que corteja as mulheres; namorador: *Ela não gosta de seu vizinho galanteador.*

ga.lan.te.ar v.t. fazer galanteios a; cortejar: *Os mais jovens galanteiam a atriz.*

ga.lan.tei.o s.m. **1** investida ou delicadeza amorosa; abordagem para cortejar: *A modelo recebe galanteios do jovem atleta.* **2** dito elegante; elogio: *Ela foi alvo de todos os galanteios.*

ga.lan.te.ri.a s.f. galanteio; gracejo.

ga.lão[1] s.m. **1** tira para ornamentar; enfeite: *Já sonhava com uma roupa com galões azuis.* **2** tira dourada usada como distintivo de patentes militares.

ga.lão[2] s.m. unidade de medida de capacidade equivalente a 4,546 litros na Inglaterra e 3,785 litros nos Estados Unidos.

ga.lar v.t. fecundar a fêmea (aplica-se aos galináceos).

ga.lar.dão s.m. **1** honraria; glória; distinção: *Foi sempre o primeiro aluno, galardão que o honra.* **2** recompensa por serviços valiosos; prêmio.

ga.lá.xia /ks/ s.f. sistema estelar isolado no espaço cósmico, constituído de milhões de estrelas, poeira e gás.

ga.lé s.m. **1** indivíduo sentenciado a remar acorrentado a uma galé. • s.f. **2** antiga embarcação de guerra, de baixo bordo, impelida basicamente por remos: *As toras de madeira que compõem a galé cruzam o espaço sem velas.* • pl. **3** trabalho forçado nessas embarcações, como remador: *Foi condenado às galés.*

ga.le.ão s.m. antigo navio de alto bordo, para guerra e para transporte de produtos.

ga.le.go (ê) s.m. **1** natural ou habitante da Galiza (norte da Espanha). • adj. **2** relativo à Galiza: *O jogador almoçou ontem na cidade galega.*

ga.le.ra[1] (é) s.f. antiga embarcação comprida e estreita, de vela e remos, com dois ou três mastros.

ga.le.ra[2] (é) s.f. (Coloq.) coletividade de adeptos de um clube esportivo; torcida: *A galera se divertiu até o amanhecer.*

ga.le.ri.a s.f. **1** estabelecimento que expõe e negocia obras de arte: *galeria de arte.* **2** (Fig.) coleção de obras de arte: *Em sua galeria havia raridades.* **3** conjunto de lojas; centro de compras: *As galerias estão decoradas para o Natal.* **4** passagem em forma de corredor: *Entrei na galeria do cinema.* **5** corredor ou canal escavado: *galerias de águas pluviais.* **6** assentos situados na parte mais alta dos teatros: *As galerias do Municipal ficaram lotadas.* **7** tribuna extensa, geralmente elevada, destinada ao público: *Se insistir, mandarei evacuar as galerias!*

ga.lês s.m. **1** natural ou habitante do País de Gales (Grã-Bretanha). • adj. **2** relativo ao País de Gales: *O filme galês teve sessões exclusivas.*

ga.le.to (ê) s.m. frango novo, assado no espeto.

gal.gar v.t. **1** pular a grandes passadas. **2** transpor; ultrapassar: *Galgou todos os obstáculos.* **3** subir; escalar. **4** atingir uma posição elevada.

gal.go s.m. (Zool.) cão de pernas finas e musculosas, abdome estreito e focinho fino e comprido.

ga.lha s.f. **1** galho; ramo: *a galha da jabuticabeira.* **2** primeira nadadeira dorsal dos peixes: *Um enorme tubarão esfregava-se no casco, com a galha para fora da água.* • pl. **3** chifres dos ruminantes; galhada: *as galhas do touro.*

ga.lha.da s.f. **1** ramagem de árvores; copa: *O fogo também fora implacável com a árvore; atingira-lhe a galhada.* **2** par de chifres dos ruminantes; galha.

ga.lhar.di.a s.f. **1** elegância; garbo. **2** generosidade; grandeza. **3** ânimo forte; bravura: *Ele enfrentara a doença com galhardia.*

ga.lhar.do adj. **1** que tem galhardia; garboso; elegante: *Os militares desfilam galhardos em seus uniformes.* **2** generoso.

ga.lha.ri.a s.f. conjunto de galhos: *A mata levantava uma galharia verde e selvagem.*

ga.lho s.m. **1** ramo de árvore. **2** (Coloq.) dificuldade; problema: *Resolve para mim este galho.*

ga.lho.fa (ó) s.f. zombaria; gracejo; gozação: *Foi uma brincadeira em tom de galhofa.*

ga.lho.fei.ro s.m. **1** quem é brincalhão ou folgazão. • adj. **2** brincalhão; folgazão: *turma galhofeira.* **3** irônico; jocoso; zombeteiro.

ga.li.cis.mo s.m. palavra ou expressão típica da língua francesa.

gá.li.co s.m. e adj. gaulês.

ga.li.leu s.m. **1** natural ou habitante da Galileia, região da Palestina. • adj. **2** referente à Galileia.

ga.li.ná.ceo s.m. **1** espécime dos galináceos. • pl. **2** classe de aves representadas pelas galinhas, perus, faisões etc. • adj. **3** relativo a galináceos.

ga.li.nha s.f. **1** (Zool.) ave doméstica, de pequeno porte, penas de várias cores, crista vermelha e pequena, bico levemente recurvado: *vender ovos de galinha.* **2** carne de galinha preparada para comer: *Ele comia arroz, batata frita e galinha.* • **dormir com as galinhas** dormir cedo, logo após o anoitecer. **galinha dos ovos de ouro** fonte inesgotável de riqueza.

ga.li.nha.da s.f. **1** grande quantidade de galinhas. **2** (Cul.) prato feito com galinha: *Fui convidado para comer uma galinhada.*

ga.li.nha-d'an.go.la (ó) s.f. (Zool.) ave doméstica de origem africana, de porte médio, dorso arqueado,

penas cinza com pintinhas brancas e, na cabeça, uma crista óssea. //Pl.: galinhas-d'angola.
ga.li.nha.gem *s.f.* (Gír.) modo de agir de pessoa muito namoradeira.
ga.li.nha-mor.ta *s.f.* (Bras.) **1** coisa de pouco valor; ninharia. **2** trabalho fácil. **3** negócio vantajoso; pechincha.//Pl.: galinhas-mortas.
ga.li.nhar *v.int.* (Gír.) manter vários casos amorosos ao mesmo tempo.
ga.li.nhei.ro *s.m.* lugar onde se guardam as galinhas.
gá.lio *s.m.* (Quím.) elemento químico, metálico, usado em algumas ligas.// Símb.: Ga; N. Atôm.: 31.
ga.lo *s.m.* **1** (Zool.) macho da galinha; ave galinácea, de crista carnuda e asas curtas e largas. **2** (Coloq.) pequeno inchaço na testa ou na cabeça, provocado por pancada.
ga.lo.cha (ó) *s.f.* calçado de borracha que se usa por cima dos sapatos para proteção contra umidade.
ga.lo.pan.te *adj.2g.* **1** que galopa. **2** acelerado; rápido: *o crescimento galopante da dívida*. **3** que aumenta ou se desenvolve aceleradamente: *A criminalidade galopante preocupa*.
ga.lo.par *v.int.* **1** cavalgar a galope ou cavalgar animal que corre: *Nosso herói saiu galopando*. **2** andar muito rápido; andar a galope; correr: *Dois belos cavalos galopam no pasto*. (Fig.) **3** disparar: *Meu coração galopava*. **4** desenvolver-se com rapidez: *Meu pensamento galopava!* **5** aumentar rapidamente: *Nós estávamos com a inflação galopando*.
ga.lo.pe (ó) *s.m.* **1** andadura rápida de alguns animais; corrida: *O cavalo seguia num galope feroz*. **2** (Fig.) aumento rápido; avanço: *O dinheiro era corroído pelo brutal galope da inflação*.
gal.pão *s.m.* **1** construção coberta, ampla, geralmente aberta em um dos lados, destinada a depósito ou a fins industriais. **2** construção para criação de animais. **3** (Reg. RS) construção onde se reúnem ou se abrigam os peões: *No galpão, a peonada cantava cantigas tristes*.
gal.va.ni.za.ção *s.f.* **1** ação de recobrir o ferro ou o aço com zinco ou outro metal para evitar corrosão: *A galvanização destina-se a dar maior resistência à peça*. **2** terapia com corrente elétrica: *galvanização cirúrgica*.
gal.va.ni.za.do *adj.* que foi recoberto por outro metal, para não sofrer corrosão: *parafusos galvanizados*.
gal.va.ni.zar *v.t.* **1** recobrir uma superfície metálica com outro metal, para evitar corrosão: *galvanizar parafusos*. (Fig.) **2** excitar; inflamar; eletrizar: *Ela, quando entra no palco, galvaniza a plateia*. **3** dar impulso a; dar movimento a; reanimar: *Uma descarga de energia galvanizou o público*.
ga.ma[1] *s.m.* a 3ª letra do alfabeto grego.
ga.ma[2] *s.f.* **1** espécie; nuança: *Esquecer, no sentido de perdoar, também adquire uma nova gama de valor*. **2** série de coisas classificadas por gradação natural; variedade: *Abre-se aqui uma ampla gama de possibilidades*.
ga.ma.do[1] *adj.* (Gír.) apaixonado: *Sou gamado por um amigo meu*.
ga.ma.do[2] *adj.* diz-se de cruz com os braços iguais e as extremidades prolongadas em ângulo reto, como a letra gama maiúscula do alfabeto grego: *cruz gamada*.
ga.mão *s.m.* jogo (de azar e cálculo), de tábua e dados, com 15 peças, entre dois parceiros.

gângster

ga.mar *v.t.* **1** (Gír.) apaixonar-se: *Eu gamei por ele*. **2** sentir-se atraído: *Ele gamou no carro vermelho*.
gam.bá *s.m.* e *f.* (Zool.) **1** mamífero marsupial, de pequeno porte, pelo macio e cinza, rabo fino, comprido e pelado. **2** (Coloq.) beberrão.
gam.bi.ar.ra *s.f.* **1** extensão elétrica com uma lâmpada na extremidade. (Coloq.) **2** extensão puxada ilegalmente para se obter energia elétrica; gato. **3** arranjo provisório.
gam.bi.to *s.m.* **1** lance, no jogo de xadrez, para derrotar o adversário. **2** (Coloq.) perna fina: *A saia deixava entrever os gambitos longos*.
game (guêime) (Ingl.) *s.m.* jogo eletrônico.
ga.me.la (é) *s.f.* **1** vasilha rasa de madeira ou barro. **2** (Bras.) mentira; invenção.
ga.me.lei.ra *s.f.* (Bot.) árvore comum nas matas úmidas, de folhas polidas e cujo látex tem propriedades vermicidas.
ga.me.ta (é ou ê) *s.m.* cada uma das células sexuais maduras.
ga.na *s.f.* **1** grande apetite; fome: *Tinha gana de comer um frango assado inteiro*. **2** desejo de vingança; birra; ódio: *Deito uma dose dupla de veneno em cada formigueiro, com uma gana que só eu sei*. **3** vontade; desejo agudo.
ga.nân.cia *s.f.* **1** ambição desmedida de ganho: *A ganância é pecado*. **2** desejo incontrolado: *ganância pelo poder*.
ga.nan.ci.o.so (ô) *s.m.* **1** quem tem ganância; quem é ambicioso: *O ganancioso é infeliz, não dorme bem*. • *adj.* **2** ambicioso: *Os homens gananciosos nunca estão satisfeitos com o que têm*. **3** que denota ou traduz ganância: *Quem venceu os índios foi a mesquinha e gananciosa política de conquista*.
gan.cho *s.m.* **1** instrumento curvo e pontiagudo para agarrar, suspender ou prender: *Uma lona é presa a ganchos adaptados na carroceria*. **2** suporte de peça de aparelho telefônico: *pôr o fone no gancho*. **3** relação entre assuntos ou episódios: *O comentário serviu de gancho para o prefeito explicar seu decreto*. **4** parte da calça em que se unem as duas pernas.
gan.dai.a *s.f.* (Coloq.) farra; vadiagem.
gan.du.la *s.m.* pessoa incumbida de buscar e devolver a bola que sai de campo durante jogo de futebol.
gan.ga[1] *s.f.* tecido forte e vulgar: *calça de ganga*.
gan.ga[2] *s.f.* resíduo ou impureza não aproveitável: *Queríamos limpar a ganga impura que cobria as coisas*.
gân.glio *s.m.* (Anat.) pequeno tumor cístico; nódulo.
gan.gli.o.nar *adj.* dos ou relativo aos gânglios: *tumores ganglionares*.
gan.gor.ra (ô) *s.f.* equipamento para diversão infantil que consta de uma trave, apoiada no meio por um espigão, e em cujos extremos as crianças cavalgam subindo e descendo.
gan.gre.na (ê) *s.f.* (Med.) **1** decomposição e apodrecimento de tecidos do organismo. **2** tecido necrosado.
gan.gre.na.do *adj.* **1** que está com gangrena. **2** (Fig.) corrompido; pervertido: *As instituições gangrenadas devem ser extintas*.
gan.gre.nar *v.t.* **1** provocar gangrena em. **2** (Fig.) perverter moralmente; corromper. • *int.* **3** (Fig.) perverter-se; corromper-se.
gângs.ter *s.m.* pessoa que faz parte de uma gangue;

gangue

bandido: *Ninguém vai querer fazer negócios com um gângster.* // Pl.: gângsteres.

gan.gue s.f. **1** grupo de desordeiros. **2** (Coloq.) grupo de pessoas com características próprias: *Todos os participantes da corrida envolveram-se numa briga com uma gangue de motoqueiros.*

ga.nha-pão s.m. atividade de que alguém tira sua subsistência: *Meu ganha-pão é vender doces.* // Pl.: ganha-pães.

ga.nhar v.t. **1** seduzir; conquistar: *Ganhei minha atual namorada com muita lábia.* **2** alcançar: *Os estudantes ganham a rua logo cedo.* **3** receber em pagamento de uma atividade: *Ele ganha doze salários mínimos por mês.* **4** obter; adquirir: *Aos poucos, seu rosto foi ganhando cor.* **5** receber por vitória em disputa; conquistar: *O filme ganhou dois prêmios.* **6** tornar-se vencedor de; vencer: *Banqueiro ganha competição de pesca.* **7** ser acrescido de; ter aumento de. **8** dar à luz: *A princesa vai ganhar um filho.* **9** tornar-se vencedor; derrotar: *Um time de garotos ganhou dos veteranos.* **10** crescer: *O campeonato também ganha em importância.* **11** receber como doação ou presente: *Ganhou um relógio do namorado.* **12** ser agraciado ou distinguido com; receber: *Certos funcionários, ao se aposentarem, ganham cargos de diretoria em bancos.* • *int.* **13** ser virtuoso, bem-sucedido em algum empreendimento: *Admirava os que sabem ganhar.* ♦ **ganhar corpo** avolumar-se; crescer: *A novela de TV vai ganhando corpo.* **ganhar o mundo** (i) sair sem destino; desaparecer. (ii) ter ampla circulação: *A série de origem americana ganhou o mundo.* **ganhar terreno** avançar; crescer: *Parece que ele começa a ganhar terreno na disputa.* // Ant.: perder. Pp.: ganho.

ga.nho s.m. **1** o que se ganhou; lucro; vantagem: *A desvalorização da moeda norte-americana diante do real reduziu os ganhos.* **2** remuneração; rendimento: *O prazo para declarar ganho anual acaba dia 30 de abril.* **3** obtenção; aquisição; aumento: *ganho de peso.* • *adj.* **4** que se ganhou: *Tínhamos o título praticamente ganho.* ♦ **ganho de causa** vitória em ação judicial: *A Justiça deu ganho de causa ao banco.* // Ant.: perda.

ga.ni.do s.m. som lamentoso emitido pelos cães: *Os vizinhos ouviram os ganidos de um cachorro.*

ga.nir v.int. **1** produzir (o cão) voz lamentosa: *Lá fora, o cachorro gania.* **2** (Fig.) gemer ou falar com voz lamentosa, semelhante à dos cães.

gan.so s.m. (Zool.) ave maior que o pato, de pescoço longo e bico mais curto que a cabeça.

gan.zá s.m. (Bras.) chocalho de folha de flandres, com grãos ou pedras soltas dentro.

ga.ra.gem s.f. **1** parte de um edifício onde se guardam os carros; abrigo de carros: *um sobrado branco, com três quartos e garagem.* **2** oficina de conserto de automóveis; oficina mecânica: *Trabalho de mecânico na garagem perto de casa.*

ga.ra.gis.ta s.2g. encarregado ou proprietário de garagem: *O garagista do meu estacionamento é cuidadoso.*

ga.ra.nhão s.m. **1** cavalo especialmente destinado à reprodução: *Eram dois potros velozes, filhos da mesma égua e do mesmo garanhão.* **2** (Coloq.) homem libidinoso, sensual e mulherengo.

ga.ran.ti.a s.f. **1** ato ou palavra que assegura (direitos, bens e benefícios): *Melhor seria então pedir garantia de vida.* **2** compromisso assumido por vendedor em relação a bom funcionamento e às boas condições do produto vendido: *Os sujeitos venderam-lhe o automóvel com garantia.* **3** segurança; proteção; amparo: *O seguro é uma garantia para a viúva.* **4** caução; bem penhorado: *Deu-lhe como garantia a casa e o terreno da esquina.* • *pl.* (Jur.) **5** prerrogativas; privilégios; direitos: *garantias individuais.*

ga.ran.tir v.t. **1** tornar seguro ou assegurado: *Os funcionários garantiram seus salários.* **2** proteger; defender: *Ora, a polícia é quem garante o prisioneiro!* **3** assegurar: *Um diploma pode garantir boa colocação ao funcionário.* **4** asseverar; afirmar: *Garantiram para mim que o terreno é bom.*

ga.ra.pa s.f. (Bras.) caldo de cana obtido por esmagamento.

ga.ra.tu.ja s.f. **1** desenho malfeito. **2** rabisco.

ga.ra.tu.jar v.t. rabiscar; escrever com garranchos: *Com dificuldade, garatujou o próprio nome num papel.*

gar.bo s.m. **1** elegância de modos, de gestos: *Com que garbo desfilam as modelos!*

gar.bo.so (ô) adj. **1** de porte elegante: *Desfilavam os potros mais garbosos.* **2** que denota elegância: *Ela tem um andar garboso.*

gar.ça s.f. (Zool.) ave de longas pernas, bico comprido, pescoço longo e delgado; alimenta-se de peixes.

gar.çom s.m. profissional que serve comida e bebida em restaurantes, bares, residências. // Fem.: garçonete.

gar.dê.nia s.f. (Bot.) planta ornamental e medicinal de flores alvas e aromáticas; jasmim-do-cabo.

ga.re s.f. parte das estações ferroviárias onde embarcam e desembarcam passageiros.

gar.fa.da s.f. **1** mexer ou revolver com garfo. **2** golpe com garfo: *A pequena deu uma garfada na carne de churrasco.* **3** porção de alimento que se leva à boca no garfo, de cada vez: *Levou à boca uma garfada de arroz.* **4** (Gír.) abuso; extorsão; roubo: *Levou uma tremenda garfada de um estelionatário.*

gar.far v.t. **1** espetar com garfo: *garfar pedaços de carne.* **2** (Gír.) roubar; usurpar: *Garfou a herança dos irmãos.*

gar.fo s.m. **1** utensílio de três ou quatro dentes que serve para levar o alimento à boca: *Com um garfo, amasse o queijo.* **2** (Bot.) haste nova ou pedaço de casca de vegetal, com um ou mais botões, que se transporta para outra planta: *A árvore apresentava garfos maduros.* **3** (Mec.) em veículos de duas rodas, forquilha que prende as rodas ao eixo: *O garfo é comprido na suspensão dianteira da moto.* **4** haste de três pontas usada na lavoura: *Garfo e pá são guardados no barracão.* **5** (Coloq.) pessoa que come bem; comilão: *O operário é um bom garfo.*

gar.ga.lha.da s.f. risada prolongada e sonora.

gar.ga.lhar v.int. rir em voz alta e prolongadamente: *Contaram uma piada e ele gargalhou.*

gar.ga.lo s.m. colo mais ou menos alongado de garrafa ou de outra vasilha que tenha entrada estreita.

gar.gan.ta s.f. (Anat.) **1** parte anterior do pescoço pela qual os alimentos passam da boca ao estômago. **2** órgão da voz; laringe: *O sujeito limpou a garganta.* **3** abertura ou passagem estreita: *as gargantas do abis-*

gasto

mo. **4** desfiladeiro; passagem estreita entre montanhas: *Cruzei de trem as gargantas rochosas entre morros.* **5** voz: *Em garganta sumida, o noivo deu os motivos da ausência da moça.*

gar.gan.ti.lha *s.f.* adorno usado rente e em volta do pescoço: *uma gargantilha de pérolas e brilhantes.*

gar.ga.re.jar *v.t.* **1** praticar o gargarejo. • *int.* **2** fazer gargarejos.

gar.ga.re.jo (ê) *s.m.* **1** agitação de líquido medicamentoso dentro da cavidade localizada no fundo da boca e em contato com a faringe: *Está tomando comprimidos antigripais e fazendo gargarejos.* **2** qualquer solução medicamentosa usada para gargarejar.

ga.ri *s.2g.* empregado da limpeza pública; varredor de rua.

ga.rim.pa.gem *s.f.* **1** (Bras.) ato ou efeito de garimpar; prática de garimpo; atividade de mineração: *A lei proíbe garimpagem em área indígena.* **2** (Fig.) busca; pesquisa; coleta: *A garimpagem do material para a exposição permitiu a descoberta de poemas inéditos.*

ga.rim.par *v.t.* **1** explorar como garimpeiro; pesquisar: *garimpar ouro.* **2** (Fig.) procurar com atenção: *O repórter queria garimpar informações.* • *int.* **3** trabalhar no garimpo; explorar ou buscar minério: *Foram acusados de garimpar em área de preservação ambiental.*

ga.rim.pei.ro *s.m.* pessoa que trabalha no garimpo.

ga.rim.po *s.m.* **1** mina de pedras ou metais preciosos; local onde se encontram essas minas: *O bloqueio impede a entrada de mercadorias para o garimpo.* **2** atividade de exploração de minas: *O garimpo funciona legalmente desde novembro.*

gar.ni.sé *s.m.* **1** galináceo de pequeno porte, originário da ilha de Guernsey, na Grã-Bretanha. • *adj.* **2** da raça garnisé: *um galinho garnisé.*

ga.ro.a (ô) *s.f.* chuva fina e miúda, geralmente persistente.

ga.ro.ar *v.int.* cair garoa; chuviscar: *Em São Paulo garoava.*

ga.ro.ta (ô) *s.f.* **1** criança; menina. **2** jovem; moça. **3** namorada jovem: *Ela é a garota da minha vida.*

ga.ro.ta.da *s.f.* grupo de garotos: *um bar frequentado por uma garotada simpática.*

ga.ro.tão *s.m.* **1** menino já crescido; jovem. **2** homem que cultiva a aparência de jovem.

ga.ro.to (ô) *s.m.* **1** criança; menino. **2** rapaz; jovem.

ga.ro.to-pro.pa.gan.da *s.m.* profissional que protagoniza propaganda comercial: *O ator recusou ser garoto-propaganda.* // Pl.: garotos-propagandas e garotos-propaganda.

ga.rou.pa *s.f.* (Zool.) peixe de fundo do mar, com até um metro de comprimento, de carne saborosa.

gar.ra *s.f.* **1** unha aguçada e curva de certos anfíbios, répteis, aves e feras. **2** tudo aquilo que serve para prender ou segurar: *garras usadas para cravar pedras preciosas nas joias.* (Fig.) **3** forte interesse; disposição: *A equipe enfrentou a empreitada com garra.* **4** tirania; opressão: *Esta moça não cairá nas suas garras.*

gar.ra.fa *s.f.* **1** vaso, especialmente de vidro, com gargalo estreito, para armazenar líquidos. **2** o conteúdo de uma garrafa: *Ele tinha direito a meia garrafa de champanhe.*

gar.ra.fa.da *s.f.* **1** beberagem administrada como remédio. **2** pancada com garrafa. *Levou uma garrafada na cabeça.*

gar.ra.fão *s.m.* **1** garrafa grande, normalmente revestida de palha: *Pegue na cozinha aquele garrafão empalhado.* **2** (Basq.) área da quadra de basquete, sob a tabela.

gar.ran.cho *s.m.* **1** arbusto ou ramo tortuoso: *Um grupo de bem-te-vis está empoleirado nos garranchos da paineira.* **2** letra tortuosa, malfeita, ininteligível: *Seria reprovado na pré-escola se apresentasse tais garranchos à professora.*

gar.ri.do *adj.* **1** elegante; gracioso: *menina garrida.* **2** muito enfeitado; vistoso; vivo: *roupas garridas.*

gar.ro.te[1] (ó) *s.m.* **1** pau curto para apertar a corda de enforcamento: *Os derrotados foram para a morte com o uso do garrote.* **2** angústia; tormento; opressão.

gar.ro.te[2] (ó) *s.m.* bezerro de dois a quatro anos de idade.

gar.ro.te.ar *v.t.* enforcar com garrote.

gar.ru.cha *s.f.* pistola grande, que se carrega pela boca.

ga.ru.pa *s.f.* anca dos equídeos: *As gaiolas estavam acomodadas na garupa do cavalo.* **2** parte traseira de uma condução em que se transporta alguém montado: *O homem estava na garupa da moto.*

gás *s.m.* **1** substância muito fluida e compressível, cujo volume é o do recipiente que a contém: *revólveres de gás lacrimejante.* **2** (Fig.) bravata; presunção. **3** (Coloq.) animação; entusiasmo: *Essas crianças têm muito gás.* • *pl.* **4** flatulência; mistura, no tubo digestivo, de ar deglutido e produtos voláteis oriundos de fermentação. ✧ **gás natural** mistura gasosa rica em hidrocarbonetos leves, especialmente metano, encontrada em depósitos naturais geológicos.

ga.se.i.fi.ca.ção *s.f.* passagem ao estado gasoso.

ga.so.du.to *s.m.* tubulação que conduz, a grandes distâncias, produtos gasosos, particularmente gases naturais e derivados de petróleo: *O gasoduto traria gás boliviano para o Brasil.*

ga.so.li.na *s.f.* líquido volátil e inflamável, obtido por destilação do petróleo bruto e empregado como combustível nos motores a explosão.

ga.sô.me.tro *s.m.* aparelho para medir gás.

ga.so.so (ô) *adj.* **1** em estado de gás nitrogênio gasoso. **2** cheio de gás; que contém matéria gasosa: *a bolsa gasosa das medusas.* **3** gaseificado; com gás: *água mineral gasosa.*

gas.ta.dor (ô) *s.m.* **1** pessoa que gasta além do que pode ou deve: *O filho continua não merecendo confiança, porque é um gastador inveterado.* • *adj.* **2** que gasta demais; esbanjador: *Era um monarca beberrão, gastador e vaidoso.* // Fem.: gastadeira. // Ant.: econômico.

gas.tan.ça *s.f.* gasto excessivo; desperdício: *É preciso acabar com a gastança de energia elétrica no país.*

gas.tão *s.m.* (Coloq.) **1** pessoa que gasta muito dinheiro em coisas supérfluas; gastador. • *adj.* **2** que esbanja muito dinheiro; pródigo.

gas.tar *v.t.* **1** consumir; despender: *Neste Natal, gastei muito dinheiro.* **2** utilizar; empregar: *Gastou a primeira página do seu diário descrevendo seus pais.* **3** acabar com; desgastar: *Gastei a sola do sapato procurando emprego.* • *pron.* **4** acabar-se; desgastar-se; consumir-se: *A sola do sapato gastou-se rapidamente.*

gas.to *s.m.* **1** uso; dispêndio; consumo: *O patrão deixou cinco quilos para o gasto da casa.*

gastrectomia

2 despesa: *Não posso calcular o meu gasto.* • *adj.* 3 que se gastou; que se despendeu: *Tanto dinheiro gasto!* 4 danificado; deteriorado: *Os degraus de cimento estão gastos.* (Fig.) 5 envelhecido; enfraquecido: *Tristeza de ver aquele corpo gasto sobre o colchão.* 6 repetido; desgastado: *A humanidade sempre repete gestos gastos.*

gas.trec.to.mi.a *s.f.* (Med.) cirurgia de retirada total ou parcial do estômago.

gás.tri.co *adj.* do estômago; estomacal: *úlcera gástrica.*

gas.trin.tes.ti.nal *adj.2g.* do ou relativo ao estômago e aos intestinos: *infecção gastrintestinal.*

gas.tri.te *s.f.* (Med.) inflamação do estômago: *Por causa do nervosismo, está com gastrite.*

gas.tro.en.te.ri.te *s.f.* (Med.) inflamação no estômago e no intestino, que provoca diarreia, vômitos, dores de cabeça e náuseas.

gas.tro.no.mi.a *s.f.* arte de cozinhar e bem preparar alimentos, ou de degustar alimentos: *São Paulo poderá ser a capital da gastronomia.*

gas.trô.no.mo *s.m.* pessoa dada à gastronomia.

gas.tró.po.de *s.m.* 1 espécime dos gastrópodes. • *pl.* 2 classe de molusco que inclui os caracóis, os caramujos e as lesmas, tendo sob o ventre um pé alargado, em forma de disco carnudo, sobre o qual se arrasta.

gas.tró.po.do *s.m.* gastrópode.

gas.tu.ra *s.f.* (Coloq.) irritação; aflição: *Por que a visita dessa moça te deixa numa gastura tão grande?*

ga.ti.lho *s.m.* 1 peça dos fechos da arma de fogo que, quando puxada, efetua o disparo: *Mirou e apertou o gatilho.* 2 qualquer peça para disparo ou ativação: *Alguns adeptos de games preferem apertar manualmente o gatilho.* 3 (Bras.) dispositivo de reajuste salarial, de aplicação automática, relacionado com a chegada da inflação a um dado patamar: *A prefeitura negociou com os servidores gatilhos para quando a inflação superasse 5%.* 4 (Fig.) aquilo que ativa ou impulsiona; estímulo: *O sucesso nas vendas é gatilho para novos investimentos na área.*

ga.ti.ma.nho *s.m.* 1 gesto ridículo; trejeito. 2 sinal feito com as mãos.

ga.ti.mo.nha *s.f.* gatimanho.

ga.ti.nhar *v.int.* engatinhar.

ga.to *s.m.* 1 (Zool.) animal doméstico, mamífero, carnívoro, de pequeno porte, orelhas triangulares, pelagem macia. 2 (Coloq.) pessoa jovem, atraente e sensual: *Ela me acha um gato.* 3 (Reg.) intermediário entre o trabalhador braçal e o dono do serviço; agenciador: *Os gatos já estão contratando boias-frias para a colheita de algodão.* 4 (Coloq.) ligação irregular feita para furtar energia elétrica; gambiarra. ♦ **gato escaldado** pessoa experiente. **vender gato por lebre** enganar o comprador.

ga.to-pin.ga.do *s.m.* 1 (Bras.) indivíduo pago para acompanhar enterro a pé. 2 (Coloq.) cada um dos poucos que participam de um agrupamento pequeno, de uma reunião ou espetáculo: *Na reunião de condôminos só foram uns seis gatos-pingados.* // Pl.: gatos-pingados.

ga.tu.na.gem *s.f.* ação de gatunos; roubalheira; ladroagem: *O funcionário foi demitido porque a empresa o pilhou num caso de gatunagem.*

ga.tu.no *s.m.* ladrão; larápio.

ga.u.cha.da *s.f.* 1 ação própria de gaúcho. 2 grupo de gaúchos: *Houve festa da gauchada.*

gauche (gôch) (Fr.) *s.m.* 1 quem não segue as convenções: *O poeta era visto como um gauche, um democrata radical.* • *adj.* 2 fora do convencional; marginal: *Drummond fala em seu anjo gauche.* 3 esquerdista: *a ala mais gauche do partido.*

ga.u.ches.co (ê) *adj.* típico de gaúcho: *a literatura gauchesca.*

ga.ú.cho *s.m.* 1 natural ou habitante do Rio Grande do Sul. • *adj.* 2 relativo ao Rio Grande do Sul: *Tenho colegas gaúchos.*

gáu.dio *s.m.* alegria; prazer; satisfação: *O morango foi plantado em Versalhes especialmente para o gáudio do rei.*

gau.lês *s.m.* 1 natural ou habitante da Gália. • *adj.* 2 referente à Gália: *O romano Júlio César venceu o líder gaulês.*

gá.vea *s.f.* cada um dos mastros suplementares que espigam logo acima do mastro grande.

ga.ve.ta (ê) *s.f.* 1 caixa corrediça, sem tampa, embutida em um móvel, e que se abre puxando para fora. 2 cada um dos compartimentos onde se depositam os cadáveres, nos túmulos: *Não deixei que na gaveta colocassem nenhuma fotografia sua.*

ga.ve.tei.ro *s.m.* móvel, ou parte de móvel, composto por várias gavetas.

ga.vi.ão[1] *s.m.* (Zool.) 1 nome genérico de um grande número de aves de rapina de hábitos diurnos, de bico adunco e garras afiadas. 2 (Coloq.) homem conquistador.

ga.vi.ão[2] *s.m.* 1 indivíduo dos gaviões. • *pl.* 2 indígenas dos grupos linguísticos jê e mondê • *adj.* 3 relativo a gavião.

gay (guei) (Ingl.) *s.m.* 1 indivíduo homossexual. • *adj.* 2 homossexual: *São publicações que se destinam ao público gay.*

ga.ze *s.f.* 1 tecido leve e transparente: *O vestido era de gaze.* 2 tecido de algodão, de malhas pouco cerradas, empregado em curativos: *Arrumou a gaze que enfaixava sua mão.*

ga.ze.la (é) *s.f.* (Zool.) antílope de pequena estatura.

ga.ze.ta (ê) *s.f.* 1 publicação periódica; jornal: *A associação dos advogados fazia circular, na cidade, uma gazeta de quatro páginas.* 2 ato ou efeito de gazetear.

ga.ze.te.ar *v.t.* deixar de comparecer a; faltar à aula ou ao trabalho para vadiar: *O rapazola queria gazetear uma aula.*

ga.zu.a *s.f.* ferro curvo usado para abrir fechaduras; chave falsa: *Os assaltantes arrombaram a porta com uma gazua.*

gê *s.m.* nome da letra g.

ge.a.da *s.f.* orvalho congelado que forma uma camada branca.

ge.ar *v.int.* cair geada: *Amanhã vai gear.*

gêi.ser *s.m.* fonte de água quente com erupções periódicas e que traz muitos minerais em dissolução. // Pl.: gêiseres.

gel *s.m.* 1 substância de consistência gelatinosa, resultante da coagulação de um líquido coloidal: *almofadas de gel.* 2 substância gelatinosa, geralmente perfumada, usada para fixação dos cabelos: *usar gel nos cabelos.*

gênero

ge.la.dei.ra *s.f.* **1** aparelho frigorífico em forma de grande caixa, cujo interior se mantém em baixa temperatura para a conservação de gêneros alimentícios; refrigerador: *Apanhou o leite na geladeira e foi para o quarto.* **2** (Pop.) prisão azulejada.

ge.la.do *s.m.* **1** qualquer bebida gelada. **2** sorvete. • *adj.* **3** muito frio; gélido: *Que dia gelado!* (Fig.) **4** indiferente; frio: *O atendente deu-nos um sorriso gelado.* **5** em estado de torpor; assustado: *Quando vi o revólver, fiquei gelada.* **6** com forte sensação de frio: *Um suor gelado descia-lhe pela espinha.*

ge.lar *v.t.* **1** tornar frio como gelo; esfriar muito: *Agora só falta gelar o champanhe.* (Fig.) **2** desanimar; tirar o entusiasmo de. **3** tornar gelado ou frio por medo ou susto: *Um silêncio macabro nos gelava até os ossos.* • *pron.* **4** (Coloq.) tornar-se entorpecido por medo, espanto ou susto; assustar-se; espantar-se: *Ela gelou-se, mas o pior já tinha passado.* **5** perder o entusiasmo, calor. • *int.* **6** tornar-se gelado: *O lago gelou.* **7** transformar-se em gelo; congelar.

ge.la.ti.na *s.f.* **1** colágeno extraído da pele e dos ossos de animais, e de certos vegetais. **2** preparado industrial para uso culinário.

ge.la.ti.no.so (ô) *adj.* **1** que tem a natureza ou o aspecto de gelatina: *a camada gelatinosa que existe no filme.* **2** pegajoso; viscoso; visguento: *O caldo, em vez de corrediço, ficava gelatinoso.* **3** mole como gelatina: *corpo gelatinoso.*

ge.lei.a *s.f.* **1** conserva preparada com frutas e açúcar, que se concentra em fogo forte e adquire consistência gelatinosa. **2** alimento preparado com o tutano do boi, ossos e espinhas de peixes etc.; mocotó.

ge.lei.ra *s.f.* vasta massa de gelo, passível de deslocamento, em regiões nas quais a queda de neve é superior ao degelo.

gé.li.do *adj.* **1** muito frio: *A manhã estava gélida.* (Fig.) **2** distante; indiferente; impassível: *Senti a gélida reprovação de minha avó.* **3** petrificado; paralisado: *gélido de pavor.* // Ant.: tórrido.

ge.lo (ê) *s.m.* **1** água em estado sólido: *A pista de patinação no gelo do Central Park é famosa.* **2** cubo de água em estado sólido: *Coloque a garrafa em um balde com gelo.* (Fig.) **3** frio intenso: *O quarto está um gelo.* **4** frieza; indiferença: *O indivíduo era um bloco de gelo, silencioso e indevassável.*

ge.lo-se.co *s.m.* anidrido carbônico sólido. // Pl.: gelos-secos.

ge.ma *s.f.* **1** parte amarela e globular do ovo: *O macarrão é feito com gemas de ovos.* **2** pedra preciosa: *Como a ametista, a maioria das gemas é mineral.* **3** parte do vegetal suscetível de reproduzi-lo: *Neste cereal, na região do nó, surge uma folha e uma gema.* • **da gema** puro; autêntico; genuíno: *Também sou paulista da gema.*

ge.ma.da *s.f.* preparado de gema de ovo, batida com açúcar, a que se pode juntar uma porção de líquido, como leite ou vinho.

gê.meo *s.m.* **1** cada um dos irmãos nascidos do mesmo parto. • *adj.* **2** que nasceu do mesmo parto: *Eu tinha um irmão gêmeo.* **3** unido a outro: *bananas gêmeas.* (Fig.) **4** que tem afinidade; afim: *Encontrei minha alma gêmea.* **5** que forma conjunto ou par com: *Aquele volume era gêmeo deste!*

gê.meos *s.m. pl.* **1** (Astr.) terceira constelação do Zodíaco. **2** (Astrol.) terceiro signo do Zodíaco (21/5 a 20/6).

ge.mer *v.t.* **1** dizer entre gemidos: *O doente gemeu qualquer coisa ininteligível.* • *int.* **2** soltar gemidos: *O paciente geme, coitado!* **3** emitir som parecido com gemido: *O vento geme.*

ge.mi.do *s.m.* **1** som lamentoso emitido em caso de dor física ou moral: *Gemidos de desespero exprimem a dor dos condenados.* **2** suspiro mais ou menos prolongado: *O vigário havia emitido algum gemido ou cantarolado alguma coisinha?* **3** lamento; queixa: *A frase viera-lhe sem querer, como um gemido de revolta.* **4** som musical lamentoso e triste: *O violoncelo solta um gemido.*

ge.mi.na.ção *s.f.* **1** disposição em pares. **2** grupamento de dois ou mais cristais.

ge.mi.na.do *adj.* ligado ou contíguo a outro da mesma espécie; que tem um lado ou face comum: *casas geminadas.*

ge.mi.ni.a.no *s.m.* **1** (Astrol.) pessoa nascida sob o signo de Gêmeos: *Ele é um geminiano.* • *adj.* **2** relativo a esse signo: *características geminianas.*

ge.ne (ê) *s.m.* (Biol.) partícula do cromossomo que controla caracteres hereditários; fator genético.

ge.ne.a.lo.gi.a *s.f.* **1** estudo de ascendência e de relações familiares: *os detalhes da genealogia do autor.* **2** estudo das origens e da evolução: *Fez uma genealogia da música brasileira.* **3** conjunto de descendentes de um indivíduo. **4** linhagem; origem.

ge.ne.a.ló.gi.co *adj.* relativo à genealogia: *árvore genealógica.*

ge.ne.ral *s.m.* **1** oficial que detém patente máxima no exército: *Podemos contar com todos os generais do Alto Comando.* **2** comandante; chefe; regente: *Zumbi, o grande general das armas.*

ge.ne.ra.la.to *s.m.* **1** exercício da função de general: *A Escola de Comando e Estado Maior do Exército é preparatória para o generalato.* **2** posto de general: *Ele chegou ao generalato em novembro de 1980.*

ge.ne.ra.li.da.de *s.f.* **1** qualidade do que é geral; abrangência muito grande. **2** quase totalidade; grande maioria: *O problema da poluição afeta a generalidade dos países industrializados.* **3** ideias gerais; princípios elementares: *O texto só trata de generalidades.* // Ant.: particularidade.

ge.ne.ra.li.za.ção *s.f.* **1** ato ou efeito de generalizar. **2** difusão; propagação: *a generalização do movimento grevista.* **3** extensão de um princípio ou de um conceito a todos os casos a que se possa aplicar: *A generalização a partir de um exemplo é injusta, mas acontece.*

ge.ne.ra.li.zar *v.t.* **1** tornar amplo ou geral; tornar genérico; estender. • *pron.* **2** tornar-se amplo, geral; espalhar-se: *Esses aumentos tendem a se generalizar porque decorrem da alta de matérias-primas.*

ge.né.ri.co *adj.* **1** do ou relativo ao gênero: *conceito genérico.* **2** não particularizado; geral: *O documento repassa, em termos genéricos, os principais temas da reunião.* **3** (Farm.) medicamento comercializado com o nome técnico.

gê.ne.ro *s.m.* **1** conjunto de seres ou objetos com as mesmas características. **2** (Biol.) grupo morfológico animal ou vegetal intermediário entre a família e a espécie: *formigas do gênero Atta.* **3** produto, sobretudo

generosidade

comestível, considerado quanto ao seu tipo. **4** tipo; categoria: *Lá não havia esse gênero de música*. **5** categoria de produção literária segundo sua natureza, suas características e seus fins. **6** (Gram.) categoria que divide os substantivos em duas ou três classes (masculino, feminino e neutro). • *pl.* **7** mercadoria; produtos para o consumo: *gêneros de primeira necessidade*.

ge.ne.ro.si.da.de *s.f.* **1** qualidade de generoso. **2** magnanimidade; prodigalidade; desprendimento: *A generosidade e a tolerância são a marca distintiva de nosso povo*. **3** condescendência; bondade: *O senador agiu com generosidade*.

ge.ne.ro.so (ô) *adj.* **1** que gosta de dar com largueza; desprendido: *Excessivamente generoso, o que mais usou foi o coração*. **2** que perdoa com facilidade. **3** amável; bondoso: *palavras generosas*. **4** que produz em abundância: *Havia ali centenárias oliveiras e generosas vinhas*. **5** abundante; farto: *Ela sorriu e bebeu um gole generoso do vinho*. **6** de qualidade excelente: *vinho generoso*.

gê.ne.se *s.m.* **1** em que está descrita a criação do mundo. • *s.f.* **2** origem e desenvolvimento dos seres. **3** geração; formação: *Fellini explica a gênese de cenas de seus filmes*.

ge.né.ti.ca *s.f.* (Biol.) ramo da Biologia que estuda os fenômenos da hereditariedade nos seres vivos e a estrutura dos genes.

ge.ne.ti.cis.ta *s.2g.* **1** quem é especialista em genética. • *adj. 2g.* **2** que é especialista em genética: *médicos geneticistas*.

ge.né.ti.co *adj.* **1** relativo aos genes ou à genética: *engenharia genética*.

gen.gi.bre *s.m.* (Bot.) **1** planta de folhas lanceoladas, flores amarelas e violeta e caule subterrâneo em forma de tubérculo: *O gengibre ornamental pode ser cultivado na região amazônica*. **2** o tubérculo dessa planta: *O molho é feito com gengibre e raiz-forte*. **3** produto extraído dessa planta: *Os especialistas atribuem ao gengibre um efeito analgésico e sedativo*.

gen.gi.va *s.f.* (Anat.) tecido que reveste as partes alveolares dos maxilares e a região onde estão os dentes.

gen.gi.vi.te *s.f.* (Med.) inflamação da gengiva.

ge.ni.al *adj.2g.* **1** que tem ou revela gênio; muito inteligente: *uma frase genial*. **2** de qualidade superior: *Este sabão é genial*.

ge.ni.a.li.da.de *s.f.* capacidade mental e criadora muito elevada; grande potencialidade intelectual: *Como é possível haver tanta genialidade em um cineasta?*

gê.ni.co *adj.* relativo a gene; genético.

gê.nio *s.m.* **1** indivíduo extremamente inteligente: *O maior dos gênios, Leonardo, desistiu de inventar o helicóptero*. **2** pessoa de grande capacidade criativa; pessoa muito talentosa: *Carlitos foi um gênio da comédia*. **3** espírito benéfico ou maléfico que, segundo os antigos, presidia ao destino de pessoas, ou lugares: *Jurupari é um gênio maléfico que habita os bosques*. **4** ser que, segundo a mitologia oriental, atende a todas as vontades de quem o liberta. **5** índole; temperamento; humor: *gênio explosivo*. **6** grande inteligência; capacidade: *O gênio do homem e do atleta fascinou-nos*. **7** grande inspiração; força inventiva: *a transformação do espaço em arte pelo gênio do pintor*. ✦ **gênio do mal** entidade maléfica; demônio; diabo.

ge.ni.o.so (ô) *adj.* que tem mau gênio; que se irrita com facilidade e não cede; intolerante: *O jovem genioso declarou que não mais jogaria*.

ge.ni.tal *adj.2g.* **1** relativo à geração. **2** que gera; fecundo: *órgãos genitais*.

ge.ni.tá.lia *s.f.* conjunto dos órgãos sexuais.

ge.ni.ti.vo *s.m.* **1** (Gram.) em línguas como o latim, indica geralmente a função sintática de adjunto adnominal (preposição *de* + substantivo), indicando posse. • *adj.* **2** referente ao genitivo.

ge.ni.tor (ô) *s.m.* aquele que gera: *A genitora do adolescente exigiu a liberação dele*.

ge.no.ci.da *s. 2g.* **1** pessoa que comete genocídio. • *adj. 2g.* **2** que provoca o extermínio de grupos humanos: *as misérias genocidas da guerra*.

ge.no.cí.dio *s.m.* crime contra a humanidade que consiste no extermínio ou desintegração de um grupo nacional, étnico ou religioso: *Trezentos índios foram mortos, episódio a ser lembrado como claro genocídio*.

ge.no.ma (ô) *s.m.* (Biol.) conjunto dos genes de uma espécie de ser vivo.

ge.nó.ti.po *s.m.* (Biol.) conjunto de genes de um indivíduo.

ge.no.vês *s.m.* **1** natural ou habitante de Gênova (Itália): *o genovês Cristóvão Colombo*. • *adj.* **2** relativo a Gênova: *um torcedor genovês*.

gen.ro *s.m.* marido da filha, em relação aos pais dela.

gen.ta.lha *s.f.* (Deprec.) conjunto de pessoas a que faltam qualidades intelectuais e/ou morais; gentinha; ralé.

gen.te *s.f.* **1** quantidade indeterminada de pessoas: *Havia muita gente no teatro*. **2** conjunto de pessoas que pertencem a um grupo determinado, que têm características em comum: *É gente trabalhadora*. **3** conjunto dos habitantes de uma região: *a gente do campo*. **4** o gênero humano; a humanidade: *Queria entender a gente*. **5** ser humano; homem; pessoa. **6** conjunto dos familiares ou empregados: *A minha gente é do interior*.

gen.til *adj.2g.* **1** nobre; generoso. **2** gracioso; mimoso: *a imagem gentil da caboclinha*. **3** amável; cortês; polido: *O dono veio nos receber, bastante gentil*. **4** elegante; esbelto: *Gentis trapezistas a distribuir beijinhos*.

gen.til-do.na *s.f.* mulher nobre, distinta; fidalga.

gen.ti.le.za (ê) *s.f.* **1** ato ou gesto que revela cortesia: *Trocaram gentilezas superficiais*. **2** característica de quem é gentil; amabilidade: *O senhor é a gentileza em pessoa*.

gen.til-ho.mem *s.m.* homem nobre, distinto; fidalgo: *Nos contos de Maupassant, aparecem gentis-homens e gentis-donas*./Pl.: gentis-homens.

gen.tí.li.co *s.m.* **1** nome designativo de naturalidade: *Polaco é um gentílico que qualifica os cidadãos da Polônia*. • *adj.* **2** que designa naturalidade. **3** relativo ou pertencente a gentio; pagão. **4** selvagem; bárbaro.

gen.ti.nha *s.f.* (Deprec.) gentalha.

gen.ti.o *s.m.* **1** homem não cristão; idólatra: *Paulo repreendeu a Pedro por não querer se assentar à mesa com os gentios*. **2** aquele que não é civilizado; selvagem: *Íamos à conquista do gentio bravo desse vastíssimo sertão*. **3** entre os hebreus, o estrangeiro • *adj.* **4** pagão.

gentleman (djentlman) (Ingl.) s.m. homem de boas maneiras; cavalheiro: *Ele era um gentleman.*

ge.nu.fle.xó.rio /ks/ s.m. estrado para ajoelhar e orar, com apoio para os braços: *Num canto da sala, há imagens, vela acesa, crucifixo e genuflexório.*

ge.nu.í.no adj. **1** verdadeiro; autêntico; legítimo: *um genuíno tapete persa.* **2** franco; sincero: *um genuíno sentimento coletivo.* **3** puro; sem mistura nem alteração: *A culinária era leve e genuína.*

ge.o.fí.si.ca s.f. ciência que estuda os fenômenos físicos que afetam a Terra.

ge.o.fí.si.co adj. **1** quem é especialista em geofísica: *Este geofísico realizou um estudo importante.* • adj. **2** relativo à geofísica; de geofísica: *argumentos geofísicos.* **3** dos fenômenos físicos que se produzem na Terra: *análise geofísica.*

ge.o.gra.fi.a s.f. **1** ciência que estuda a superfície da Terra, seus aspectos físicos e as relações entre o meio natural e o homem: *Eu já conhecia os rios da Europa através das aulas de Geografia.* **2** condições físicas naturais de uma região: *Dentro da própria cidade, havia geografias mais favoráveis e menos favoráveis.* **3** tratado relativo à ciência que estuda a Terra.

ge.o.grá.fi.co adj. **1** da ou relativo à Geografia: *mudanças geográficas e climáticas.* **2** territorial: *extensão geográfica.*

ge.ó.gra.fo s.m. especialista em Geografia.

ge.o.lo.gi.a s.f. ciência que estuda a origem, a constituição e as transformações da Terra: *Era hábil pesquisador no campo da Geologia.*

ge.ó.lo.go s.m. especialista em Geologia.

ge.o.me.tri.a s.f. parte da Matemática que estuda o espaço e as figuras que podem ocupá-lo.

ge.o.mé.tri.co s.m. **1** relativo à Geometria: *desenhos geométricos.* **2** próprio da Geometria: *abstração geométrica.* **3** definido pela Geometria: *proporção geométrica.*

ge.o.po.lí.ti.ca s.f. Geografia política.

ge.o.po.lí.ti.co s.m. **1** especialista em Geopolítica. • adj. **2** relativo à Geopolítica: *três entidades geopolíticas: Europa, África e Ásia.*

ge.ra.ção s.f. **1** ato ou efeito de gerar. **2** conjunto dos que descendem de uma mesma origem: *a geração de Abraão.* **3** cada grau de filiação; intervalo de tempo que separa esses graus de filiação: *Os costumes mudaram muito no espaço de apenas duas ou três gerações.* **4** conjunto dos que vivem numa mesma época ou que parecem ter aproximadamente a mesma idade: *a geração de 1970.* ♦ **geração espontânea** suposto modo de produção de organismos sem progenitores ou sem o concurso de um organismo gerador.

ge.ra.dor (ô) s.m. **1** máquina que produz energia: *O hospital tem um gerador próprio para casos de emergência.* **2** que gera; produtor: *fortalecimento de um polo gerador de tecnologia no país.*

ge.ra.do.ra (ô) s.f. emissora de televisão.

ge.ral adj.2g. **1** que se refere à totalidade dos casos ou dos indivíduos: *uma análise geral dos fatos.* **2** que abrange um todo: *O arquiteto acompanha a revisão geral em seu carro.* **3** que tende à universalidade: *cultura geral.* **4** que é hierarquicamente superior a pessoas com cargos semelhantes ao seu: *secretário-geral.* **5** que concentra as principais funções e poderes: *As empresas têm um escritório geral.* **6** que afeta todo o organismo: *anestesia geral.* ♦ **em geral** geralmente; como hábito; usualmente.

ge.râ.nio s.m. (Bot.) planta cultivada especialmente para ornamentação, de flores de cor rosa, branca, vermelha ou roxa.

ge.rar v.t. **1** produzir: *Precisamos de crescimento suficiente para gerar a riqueza e os empregos necessários ao país.* **2** dar origem a; causar: *A campanha serviu para gerar atenção sobre a cinemateca.* **3** dar existência a; procriar: *gerar filhos.*

ge.rên.cia s.f. **1** gerenciamento; administração; condução: *A moça passou a trabalhar na gerência da fábrica.* **2** poder de administrar (um negócio, interesses etc.): *Tem gerência sobre um caixa que ascende a mais de US$ 130 milhões.* **3** gerente ou conjunto de gerentes: *A gerência do hotel não permite a presença de animais.* **4** local de um estabelecimento em que se instala o posto de administração; gabinete do gerente: *Fui até a gerência para falar com o chefe.*

ge.ren.ci.al adj.2g. **1** referente à gerência ou ao gerenciamento: *Era alto funcionário, tinha ali papel gerencial.* **2** referente a gerente: *O quadro gerencial foi reduzido por economia.*

ge.ren.ci.ar v.t. atuar como gerente de; administrar; dirigir: *Cada regional terá a obrigação de gerenciar até sete delegacias locais.*

ge.ren.ci.á.vel adj.2g. que pode ser gerenciado.

ge.ren.te s.2g. **1** profissional que gerencia, dirige ou administra bens, negócios, interesses: *gerente de banco.* • adj.2g. **2** que administra; que dirige: *O engenheiro gerente da fábrica da Gávea.*

ger.ge.lim s.m. (Bot.) **1** pequeno arbusto, com folhas altas em forma de ponta de lança e folhas baixas mais largas, flores rosa, brancas ou violeta e fruto em forma de baga alongada, com pelugem e sementes bem pequenas, em tons de amarelo, marrom ou preto. **2** a semente dessa planta: *Há baguete simples ou com gergelim por cima.*

ge.ri.a.tra s.2g. **1** médico especialista em Geriatria: *O geriatra afirmou que os idosos são mais suscetíveis ao calor.* • adj.2g. **2** que é especialista em Geriatria: *médico geriatra.*

ge.ri.a.tri.a s.f. parte da Medicina que se ocupa das doenças e das condições gerais dos idosos.

ge.ri.á.tri.co adj. relativo à Geriatria.

ge.rin.gon.ça s.f. instrumento ou máquina de estrutura precária e que funciona mal: *Comprou um carro que mais parece uma geringonça.*

ge.rir v.t. gerenciar; conduzir; administrar: *É preciso gerir bem a escola.*

ger.mâ.ni.co s.m. **1** indivíduo dos povos germânicos, que habitavam a Europa Ocidental na época do Império Romano. **2** natural ou habitante da Alemanha (Europa): *A árvore de Natal tem origem entre os germânicos medievais.* • adj. **3** relativo à antiga Germânia; germano.

ger.ma.nis.ta s.2g. estudioso de tudo que se refere à Alemanha, ou à língua alemã.

ger.ma.no s.m. **1** cada um dos irmãos que procedem do mesmo pai e da mesma mãe. • adj. **2** diz-se de cada um dos irmãos que procedem do mesmo pai e da mesma mãe. **3** relativo ou pertencente à Germânia, antiga região da Europa.

germe

ger.me (é) *s.m.* **1** estágio inicial do desenvolvimento de um novo ser; embrião. **2** parte da semente de que se forma uma nova planta: *germe de trigo*. **3** micróbio: *Não há presença de germes no leite*. **4** princípio, origem de qualquer coisa. // Var.: gérmen.

ger.mi.ci.da *s.m.* **1** produto que mata germes: *Os lubrificantes podem proteger os vírus dos germicidas mais usados*. • *adj.2g.* **2** que mata germes: *O produto é feito com substância germicida*.

ger.mi.na.ção *s.f.* **1** ato de germinar **2** início do desenvolvimento, a partir do embrião da semente ou do esporo. **3** desenvolvimento; formação: *a germinação da violência*.

ger.mi.nal *adj.2g.* **1** relativo ao germe. **2** relativo à germinação: *processo germinal*.

ger.mi.nar *v.int.* **1** brotar; nascer: *As mandiocas germinaram*. **2** (Fig.) surgir; desenvolver-se: *Um debate nasceu e germinou*.

ger.mi.na.ti.vo *adj.* **1** de ou relativo à germinação. **2** destinado à germinação: *a célula germinativa*.

ge.ron.to.cra.ci.a *s.f.* poder ou governo exercido por anciãos.

ge.ron.to.lo.gi.a *s.f.* ramo das ciências biológicas que estuda o envelhecimento nos seus aspectos biológico, clínico, histórico, econômico e social: *especialistas em Geriatria e Gerontologia*.

ge.rún.dio *s.m.* (Gram.) uma das formas nominais do verbo, terminada em *-ndo*, e que tem quase sempre valor adverbial.

ges.so (ê) *s.m.* **1** massa calcária para moldagem: *A imagem da santa era feita de gesso*. **2** ornato ou objeto moldado em gesso: *cursos de gesso e cerâmica*. **3** em ortopedia, molde dessa massa com o qual se envolvem partes do corpo que precisam ser imobilizadas.

ges.ta *s.f.* **1** conjunto de feitos; façanhas: *a extraordinária gesta do general Rondon*. **2** canção que celebra feitos ou façanhas: *canções de gesta*.

ges.ta.ção *s.f.* **1** período de tempo em que se desenvolve o embrião no útero, desde a concepção até o nascimento; gravidez: *A mãe trabalhou durante toda a gestação*. (Fig.) **2** desenvolvimento; formação: *O Universo está em permanente gestação*. **3** elaboração: *Cada capítulo contém a gestação do próximo*.

ges.tan.te *s.f.* **1** mulher grávida: *assistência médica para gestantes*. • *adj.2g.* **2** em período de gestação; grávida: *As mulheres gestantes começaram, na semana passada, a receber cestas de alimentos*.

ges.tão *s.f.* **1** condução: *a gestão política do processo de reformas*. **2** administração: *O banco continuará participando da gestão da companhia*. **3** período de exercício em função administrativa: *Na minha gestão inicial, tivemos muita dificuldade financeira*.

gestapo (guestapo) (Al.) *s.f.* denominação dada à Polícia Secreta de Estado na Alemanha, na época do nazismo.

ges.tar *v.int.* **1** gerar; produzir: *A vaca receptora tem a função de gestar o embrião*. **2** (Fig.) criar; conceber; engendrar: *A oportunidade é de gestar uma nova sociedade*.

ges.ti.cu.la.ção *s.f.* ato ou efeito de gesticular: *Todos ali discutem com muita gesticulação*.

ges.ti.cu.lar *v.int.* fazer gestos; agitar os braços e as mãos enquanto fala: *Os personagens não falam, apenas gesticulam*.

ges.to (é) *s.m.* **1** movimento do corpo, principalmente das mãos, braços, cabeça e olhos, para expressão de algo: *Deixou-me sentar, com um gesto amistoso*. **2** movimento; ato: *Falou-se num gesto coletivo de protesto*. **3** sinal; mímica: *O jogador faz gesto obsceno para a torcida*. **4** atitude: *Foi um gesto para chamar a atenção internacional*.

ges.tor (ô) *s.m.* **1** gerente; administrador: *A prefeitura é a gestora do espaço econômico da cidade*. • *adj.* **2** que gere; administrativo: *conselho gestor*.

ges.tu.al *s.m.* **1** conjunto de gestos; gesticulação: *O gestual dos astros do rock é impressionante*. • *adj.2g.* **2** relativo a gestos: *linguagem gestual*. **3** por meio de gestos: *A comunicação com o público foi gestual*.

ge.tu.lis.mo *s.m.* conjunto de ideias e de práticas políticas do presidente Getúlio Vargas (1883-1954): *Temos um sistema trabalhista herdado do getulismo*.

gi.ár.dia *s.f.* (Zool.) protozoário que se aloja nos intestinos dos animais e do homem, provocando diarreia.

gi.ar.dí.a.se *s.f.* infecção intestinal causada por giárdia.

gi.bão[1] *s.m.* **1** casaco longo de couro, usado pelos vaqueiros nordestinos para se proteger dos espinhos das caatingas. **2** casaco curto semelhante ao colete.

gi.bão[2] *s.m.* (Zool.) macaco antropoide do sudeste da Ásia.

gi.bi *s.m.* **1** menino negro. **2** revista em quadrinhos.

gi.ga.bai.te *s.m.* (do ingl. *gigabyte*) (Infor.) unidade de medida de informação equivalente a mil megabaites.

gi.ga.bi.te *s.m.* (do ingl. *gigabit*) (Infor.) unidade de medida de informação equivalente a mil megabites.

gi.ga-hertz *s.m.* onda de rádio de altíssima frequência, correspondente a 1 bilhão de hertz.

gi.gan.te *s.m.* **1** ser fabuloso de estatura imensa. **2** homem de estatura fora do comum. **3** (Fig.) ser que alcançou grande desenvolvimento; prodígio; pessoa notável: *É um gigante na Matemática*. **4** empresa muito poderosa ou de grandes dimensões. • *adj.2g.* **5** de tamanho extraordinário; descomunal; gigantesco: *abóboras gigantes*. // Ant.: anão. Fem.: giganta.

gi.gan.tes.co (ê) *adj.* **1** de proporções extraordinárias; excessivamente grande; enorme: *Ondas gigantescas podem causar a destruição de vilas*. **2** descomunal; prodigioso; exagerado: *A fábrica exigira gastos gigantescos*. // Ant.: diminuto.

gi.gan.tis.mo *s.m.* **1** crescimento exagerado e anormal de um ser vivo: *Ele sofre de um tipo raro de gigantismo*. **2** desenvolvimento excessivo: *As cidades modernas sofrem com seu gigantismo*. **3** estatura ou tamanho gigantesco: *O gigantismo desses dinossauros provavelmente estaria ligado a condições ambientais*.

gi.go.lô *s.m.* **1** homem que vive à custa de prostitutas. **2** pessoa que vive à custa de outro.

gi.le.te (ê) *s.f.* lâmina de barbear: *Ele prefere fazer a barba com gilete*. // Vem de Gillette, marca registrada.

gim *s.m.* espécie de aguardente feita de cereais e zimbro.

gim.nos.per.ma *s.f.* (Bot.) grupo de vegetais que tem óvulos e sementes a descoberto.

glicídio

gi.ná.sio s.m. **1** recinto de um clube ou instituição afim em que se praticam exercícios de ginástica e que está aparelhado para a prática de diversas modalidades de competições esportivas. **2** antigo curso secundário, correspondente à segunda metade do ensino fundamental. **3** antigo estabelecimento de ensino secundário: *Queimaram o arquivo do ginásio*.

gi.nas.ta s.2g. pessoa que pratica ginástica com habilidade; profissional da ginástica.

gi.nás.ti.ca s.f. **1** conjunto de exercícios corporais sistemáticos, realizados com objetivos competitivos, artísticos ou terapêuticos. **2** (Fig.) conjunto de esforços, providências, expedientes para um dado fim: *Faz verdadeira ginástica para o dinheiro dar até o fim do mês*.

gin.ca.na s.f. competição entre equipes, na qual se cumprem tarefas predeterminadas em um período de tempo preestabelecido.

gi.ne.co.lo.gi.a s.f. ramo da Medicina que se ocupa das doenças do aparelho genital das mulheres, inclusive os seios.

gi.ne.co.lo.gis.ta s.2g. **1** médico especializado em Ginecologia: *A ginecologista queria que ela tivesse parto normal.* • *adj.2g.* **2** que é especialista em Ginecologia: *A mulher deve sempre consultar um médico ginecologista*.

gi.ne.te (ê) s.m. **1** cavalo de boa raça e bem adestrado: *Devo montar um bom ginete*. **2** cavaleiro: *Os animais do leilão estão sendo preparados por um ginete português*.

gin.ga s.f. **1** inclinação para um e outro lado, ao andar; balanço: *a ginga de capoeiristas*. **2** movimento bamboleante: *a ginga do jogador*.

gin.gar v.t. **1** balançar; bambolear. • *int.* **2** andar ou movimentar-se bamboleando, pendendo o corpo de um lado para outro.

gir s.m. **1** raça de boi originária da Índia, de grande porte, com chifres ou mocho, e de grande corcova: *A raça girolanda foi criada no Brasil a partir do cruzamento do gado holandês com o gir.* • *adj.* **2** que pertence a essa raça: *um tourinho gir*.

gi.ra s.2g. **1** pessoa louca: *O gira foi pego aborrecendo os passantes.* • *adj.2g.* **2** doido; maluco.

gi.ra.fa s.f. (Zool.) mamífero de grande porte, originário da África, de pernas longas e finas, pescoço comprido e dorso amarelado com grandes pintas pretas.

gi.rar v.t. **1** fazer mover em torno de um eixo; imprimir movimento de rotação a; virar: *A menina gira o corpo em uma dança*. **2** movimentar; fazer circular: *O narcotráfico gira centenas de bilhões de dólares ao ano*. **3** estar, ficar de forma aproximada: *O preço médio do produto gira em torno de quarenta dólares*. • *int.* **4** voltar-se; virar: *Girei para a esquerda, soltei o murro direto*. **5** mover-se circularmente; dar voltas: *A Terra gira em torno do Sol*. **6** centrar-se em: *O eixo do romance gira sobre a inveja*. **7** movimentar-se em torno de um eixo: *Os astros giram*. **8** fazer meia-volta: *Ele girou e afastou-se rápido*. **9** circular; ser negociado: *Os produtos que giraram foram os de baixo valor*.

gi.ras.sol s.m. (Bot.) planta ornamental de sementes oleaginosas, com grandes flores amarelas que se voltam para o sol: *Os girassóis destacam-se no vermelho do barranco*.

gi.ra.tó.rio adj. **1** que se movimenta em torno de eixo; que gira: *porta giratória*. **2** que possui mecanismo que faz girar quando acionado: *cilindros giratórios*. **3** em forma de círculo; circular: *o movimento giratório dos brinquedos*.

gí.ria s.f. **1** certo tipo de linguajar descontraído, constantemente inovado de acordo com a tendência da moda. **2** linguagem especial usada por certos grupos sociais: *Em pouco tempo, a mãe estava por dentro da gíria dos funkeiros*. **3** palavra ou expressão de linguagem especial: *"Piá" é uma gíria do sul para designar criança*.

gi.ri.no s.m. (Zool.) larva dos anfíbios anuros, como o sapo.

gi.ro s.m. **1** movimento circular em torno de um eixo: *O giro da manivela fazia rodar o cilindro*. **2** andança; pequeno percurso: *dar um giro pela Europa*. **3** volta em torno de outro corpo; movimentação numa abóbada: *o giro da Lua no céu*. **4** percurso em pista de corrida; volta. **5** rodeio de construção linguística; circunlóquio: *Os nossos falares exibem palavras e giros que vieram com os primeiros colonizadores*. **6** circulação de moedas ou de títulos de crédito.

giz s.m. **1** bastonete feito de carbonato ou sulfato de cálcio, destinado a escrever num quadro-negro. **2** peça feita à base de cálcio que se passa na ponta dos tacos de bilhar ou de sinuca para que, no contato com as bolas, aquele não resvale.

gla.cê s.m. cobertura de bolo feita com açúcar e outros ingredientes.

gla.ci.al adj.2g. **1** muito frio; gelado: *frio glacial*. **2** da era do gelo: *era glacial*. **3** pouco expansivo; reservado. **4** profundo; absoluto: *solidão glacial*. **5** que denota insensibilidade; impassível: *A artista, nas fotos, aparecia sempre com sua pose glacial*.

gla.di.a.dor (ô) s.m. **1** homem que, nos circos romanos, combatia outros homens ou feras para divertir o público: *Os gladiadores eram escolhidos entre os prisioneiros de guerra*. **2** lutador; duelista.

glamour (glamur) (Ingl.) s.m. encanto; magnetismo; charme.

glan.de s.f. **1** (Bot.) fruto do carvalho. (Anat.) **2** nome genérico de qualquer pequena massa arredondada em um órgão. **3** cabeça do pênis.

glân.du.la s.f. (Anat.) célula ou grupo de células produtoras de substâncias que controlam os processos fisiológicos do organismo: *glândulas salivares*.

glan.du.lar adj. relativo à glândula: *secreção glandular*.

glau.co.ma (ô) s.m. (Med.) doença caracterizada pelo enrijecimento do globo ocular, ocasionada pelo aumento da pressão intraocular que provoca progressiva diminuição da visão.

gle.ba (é) s.f. **1** terreno de cultura; porção de terra: *O tamanho das glebas nas regiões mais férteis pode ficar entre 10 e 15 hectares*. **2** terra feudal a que o servo estava ligado.

gli.ce.mi.a s.f. (Med.) taxa de açúcar no sangue.

gli.ce.ri.na s.f. (Quím.) substância líquida, viscosa e incolor, muito usada em produtos farmacêuticos.

gli.cí.dio s.m. (Quím.) designação genérica de substâncias que agrupam açúcares, carboidratos, sacarídeos e outras substâncias análogas.

glicose

gli.co.se (ó) *s.f.* (Quím.) açúcar cristalino e incolor encontrado no sangue e em diversas plantas.

glo.bal *adj.2g.* **1** por inteiro; total; que não é particularizante; geral: *Fez alusões globais a eles.* **2** relativo ao globo terrestre; da Terra: *O ser humano é responsável pelo aquecimento global.*

glo.ba.li.za.ção *s.f.* **1** ato ou efeito de globalização. **2** integralização; totalização. **3** internacionalização: *o novo modelo de globalização da economia.*

glo.ba.li.za.do *adj.* **1** tornado global; totalmente integrado: *Vivemos num mundo globalizado e informatizado.* **2** internacionalizado.

glo.ba.li.zan.te *adj.2g.* **1** que leva em conta o todo; abrangente: *O programa tem uma visão globalizante da pecuária comercial.* **2** integrador: *Vamos considerar as tendências globalizantes no campo da comunicação.* **3** que universaliza.

glo.ba.li.zar *v.t.* **1** tornar global; totalizar: *Esses países correm o risco de globalizar a pobreza, e não a riqueza.* • *pron.* **2** associar-se globalmente; integrar-se mundialmente: *O comércio também globaliza-se à medida que as vendas são realizadas através da Internet.*

glo.bo (ô) *s.m.* **1** corpo esférico; bola: *Um globo luminoso, com instantânea rapidez, descreveu uma curva.* **2** o planeta em que habitamos; a Terra: *as nações ricas do globo.* **3** representação esférica da Terra: *um globo terrestre de plástico.* **4** quebra-luz de vidro em forma esférica: *os globos de luz das esquinas.* • **globo ocular** órgão da visão; olho: *Ele tinha uma mancha vermelha no globo ocular esquerdo.* **globo terrestre** a Terra; o mundo.

glo.bo.so (ô) *adj.* redondo; esférico: *frutos globosos.*

glo.bu.lar *adj.* **1** em forma de globo: *lâmpadas globulares.* **2** de glóbulos sanguíneos: *Essa anemia inibe a produção globular.*

glo.bu.li.na *s.f.* (Quím.) proteína solúvel em soluções diluídas de sais neutros.

gló.bu.lo *s.m.* **1** pequeno globo ou esfera. **2** célula sanguínea: *glóbulos vermelhos.*

gló.ria *s.f.* **1** bem-aventurança: *a conquista da glória eterna.* **2** esplendor; magnificência: *Ah, que saudade da glória do passado!* **3** honra; orgulho: *Vai ser uma glória conquistar a taça.* **4** fama; renome; reputação: *O rapaz corria atrás da glória.* **5** excelência; glorificação: *cantos de glórias a Deus.* **6** alegria; satisfação: *aqueles anos de glórias juvenis.*

glo.ri.fi.ca.ção *s.f.* **1** ato ou efeito de glorificar(-se); elevação à glória eterna: *a glorificação de Cristo.* **2** exaltação: *Vivemos a glorificação da cultura popular.*

glo.ri.fi.car *v.t.* **1** homenagear; honrar: *glorificar os dons de Deus.* • *pron.* **2** adquirir glória: *Ao vencer a copa, o país glorificou-se.*

glo.ri.o.so (ô) *adj.* **1** que alcançou glória; famoso; renomado: *Esta vitória foi a oitava do glorioso tenista.* **2** elevado; divino: *temor ao nome glorioso do Senhor Deus.* **3** esplendoroso; extraordinário: *O amor nasce radiante e glorioso.*

glo.sa (ó) *s.f.* **1** nota explicativa sobre as palavras ou o sentido de um texto; comentário. **2** cancelamento ou recusa, parcial ou total, de um orçamento, conta, verba: *Um novo sistema de pagamento de contas dispensará o recurso da glosa.* **3** desenvolvimento ou desdobramento de tema expresso em um mote, organizado em versos: *Resolveu fazer glosa da história dos dois apaixonados.*

glo.sar *v.t.* **1** comentar; explicar: *O professor glosou para os alunos a passagem mais difícil do texto.* **2** criticar com ironia: *Martins Pena glosou personagens de sua época.* **3** anular ou recusar: *A Receita Federal glosou minha declaração de renda.* **4** desenvolver (um mote) em versos.

glos.sá.rio *s.m.* pequeno léxico agregado a uma obra, principalmente para esclarecer termos usados ou expressões de caráter regional ou de certa profissão ou ciência.

glo.te (ó) *s.f.* (Anat.) abertura triangular compreendida entre as cordas vocais.

glu.co.se *s.f.* glicose.

glu-glu *s.m* **1** som emitido pelo peru. **2** som de um líquido ao sair pelo gargalo estreito de vaso ou garrafa.

glu.tão *s.m.* quem come muito e com voracidade.

glú.ten *s.m.* substância extraída da parte interna das sementes dos cereais, especialmente do trigo. // Pl.: glutens e glútenes.

glú.teo *s.m.* **1** cada um dos três músculos da coxa. • *adj.* **2** referente às nádegas: *região glútea.*

gno.mo *s.m.* cada um dos espíritos de pequeno porte que, segundo os cabalistas, presidem a Terra e seus tesouros.

go.dê *adj.2g.* ondulação em um tecido cortado em viés, em forma de leque; que se abre na parte inferior: *saia godê.*

go.do (ô) *s.m.* **1** indivíduo dos godos. • *pl.* **2** povo que habitou a antiga Germânia (Europa). • *adj.* **3** relativo a esse povo.

go.e.la (é) *s.f.* **1** (Coloq.) garganta; pescoço. **2** tudo o que pode servir como entrada.

go.gó *s.m.* (Coloq.) **1** saliência da cartilagem tireóidea, no pescoço; pomo de adão. **2** pescoço. **3** garganta; órgão produtor da voz: *o gogó de ouro do cantor.*

goi.a.ba *s.f.* (Bot.) fruto arredondado, de sabor adocicado e casca rugosa, cuja cor varia do verde ao amarelo, e tem polpa branca ou avermelhada.

goi.a.ba.da *s.f.* doce de goiaba em pasta.

goi.a.bei.ra *s.f.* (Bot.) árvore de caule tortuoso, de muitos galhos, folhas elípticas e rugosas, flores brancas e aromáticas, que produz a goiaba.

goi.a.no *s.m.* **1** natural ou habitante do estado de Goiás. • *adj.* **2** relativo a Goiás.

goi.ta.cá *s.2g.* **1** indivíduo dos goitacás. *pl.* **2** grupo indígena que ocupou o litoral brasileiro na região entre o Espírito Santo e o rio Paraíba do Sul. • *adj.* **3** relativo aos goitacás. // Pl.: goitacás ou goitacases.

gol (ô) *s.m.* (Fut.) **1** linha que a bola deve transpor, para que se marque um ponto. **2** ponto que se consegue quando a bola transpõe a baliza do adversário. // Pl.: gols.

go.la (ó) *s.f.* parte do vestuário junto ao pescoço ou em volta dele.

go.le (ó) *s.m.* **1** porção de líquido que se engole de uma vez; trago. **2** porção muito pequena; quantidade mínima: *Havia um gole de conhaque no fundo da garrafa.* • **de um gole só** de uma só vez.

go.le.a.da *s.f.* vitória por larga margem de gols.

go.le.a.dor (ô) *s.m* **1** jogador de futebol, de futebol de salão ou de handebol que está constantemente marcando gols ou que faz o maior número de gols durante uma partida, campeonato ou torneio; artilheiro: *O meu*

gorjear

time sempre teve os maiores goleadores. **2** diz-se do time que vence de goleada ou faz maior número de gols em um campeonato. ◆ *adj.* **3** diz-se de jogadores ou time que faz muitos gols: *time goleador*.
go.le.ar *v.t.* marcar vários gols: *golear o adversário*.
go.lei.ro *s.m.* jogador de futebol, de futebol de salão ou de handebol que tem por função defender a baliza para que o adversário não marque gol.
gol.fa.da *s.f.* **1** ação de vomitar num jato. **2** aquilo que se vomita num jato.
gol.far *v.t.* expelir em golfada; jorrar.
gol.fe (ô) *s.m.* jogo esportivo que consiste em impelir, com tacos especiais, uma bola para dentro de buracos distribuídos e ordenados num parque gramado, a distâncias variadas.
gol.fi.nho *s.m.* **1** (Zool.) mamífero aquático, de dorso escuro e peito branco, nadadeiras bastante desenvolvidas, maxilas longas e afuniladas. **2** na natação, estilo caracterizado pelo movimento simultâneo das pernas e dos pés juntos como se fosse um golfinho.
gol.fis.ta *s.2g.* jogador de golfe.
gol.fo (ô) *s.m.* porção de mar que entra fundo pela terra e cuja abertura é muito larga: *golfo Pérsico*.
gol.pe (ó) *s.m.* **1** pancada com instrumento contundente ou cortante: *Deu um golpe na cabeça do bandido*. **2** pancada com a bola: *Levou um golpe do adversário e caiu na lona.* **3** corte; incisão: *Com certeiro golpe, o cirurgião atingiu o nódulo.* **4** interferência desastrosa; ataque: *Fazendeiros arruinaram-se com o golpe fatal da Abolição.* **5** (Coloq.) manobra enganadora, traiçoeira, com vistas a causar prejuízo: *Foi tudo golpe para ela não saber da verdade.* **6** movimento para tomar o poder: *Tenentes lideraram o golpe.* **7** bordoada moral; pancada: *A fuga da filha foi um golpe para ela.* ◆ **golpe de Estado** tomada do poder pela força. **golpe de mestre** lance de grande impacto e muito bem executado, que visa à obtenção de vantagem. **golpe de misericórdia** última ação para abreviar um desenlace. **golpe de vista** olhar rápido; tomada do panorama geral. **golpe do baú** casamento por interesse financeiro.
gol.pe.ar *v.t.* **1** dar golpes em: *golpear a bola de cima para baixo.* **2** ferir com golpes: *Tinha o costume de golpear adversários após a queda.* **3** atingir moralmente.
gol.pis.mo *s.m.* tendência para dar golpe de Estado; tendência de ação dos golpistas: *Isso de quererem impugnar minha candidatura é puro golpismo.*
gol.pis.ta *s.2g.* **1** pessoa que atua em manobra desleal, em golpe de Estado: *Partidos políticos foram extintos pelos golpistas.* ◆ *adj.2g.* **2** que visa a aplicar golpes: *A sua posse foi combatida por esquemas golpistas.*
go.ma (ô) *s.f.* **1** seiva viscosa ou resina adesiva proveniente de certas árvores: *O caule é frágil, as raízes, pouco desenvolvidas e há goma em quantidade mínima.* **2** amido: *Os biscoitos não ficaram bons, acho que a goma não é boa.* **3** amido diluído para encorpar tecidos: *roupa passada com goma.* ◆ **goma de mascar** confeito aromatizado, preparado com a seiva de certas plantas e que, devido a sua elasticidade, é usado para mastigação contínua, sem deglutição; chiclete.
goma-a.rá.bi.ca *s.f.* resina adesiva de origem vegetal. // Pl.: gomas-arábicas.

go.ma-la.ca *s.f.* resina vermelha extraída de várias plantas: *o verniz de goma-laca*. // Pl.: gomas-lacas e gomas-laca.
go.mo (ô) *s.m.* **1** intervalo entre dois nós do colmo: *O palmito é o gomo terminal das palmeiras.* **2** cada uma das partes em que se dividem certas frutas: *os gomos do limão.* **3** cada uma das partes concêntricas em que se divide uma cúpula: *um guarda-sol cônico de lona, com gomos amarelos, azuis e encarnados.* **4** cada um dos pedaços de tecido de formato triangular que se juntam para compor uma veste ampla na extremidade: *saia balão em gomos*.
gôn.do.la *s.f.* **1** embarcação comprida, a remo ou à vela, típica dos canais de Veneza. **2** armação em que se colocam mercadorias para exposição e venda: *as gôndolas do supermercado.*
gon.do.lei.ro *s.m.* condutor de gôndola.
gon.go *s.m.* **1** (Mús.) instrumento musical que consiste num disco metálico, suspenso, que se faz vibrar com uma baqueta: *Exibiu seu talento em diversos instrumentos: berimbau, gongo e chocalhos.* **2** qualquer aparelho emissor de um sinal que marca o início ou o fim de uma tarefa, de uma competição ou disputa: *O som do gongo anunciava o início da luta.* **3** o som emitido pelo gongo: *Ouviu o gongo ao longe.*
gon.gó.ri.co *adj.* relativo ao gongorismo.
gon.go.ris.mo *s.m.* **1** estilo de poesia precioso e rebuscado, rico de metáforas, antíteses e alusões clássicas, inaugurado por Luís de Góngora, poeta espanhol (1561-1627). **2** escola literária formada segundo essa estética.
go.no.co.co (ó) *s.m.* bactéria esférica causadora da gonorreia.
go.nor.rei.a (é) *s.f.* infecção bacteriana, purulenta, adquirida através de contato sexual, que geralmente infecta os aparelhos genital e urinário.
gon.zo *s.m.* dobradiça de porta ou janela.
go.rar *v.int.* **1** não se desenvolver; não gerar: *O ovo gorou.* **2** malograr; frustrar: *Minhas férias goraram.*
gor.do (ô) *s.m.* **1** pessoa gorda. **2** qualquer substância que contém gordura. ◆ *adj.* **3** que tem o tecido adiposo muito desenvolvido: *um rapazote gordo.* **4** roliço; adiposo: *coxas gordas.*
gor.du.ra *s.f.* **1** tecido que se forma sob a pele do homem e do animal. **2** material adiposo retirado de sob a pele de certos animais e usado na culinária e na indústria; banha: *Não se aconselha usar a gordura de porco na alimentação.* **3** característica daquele que é gordo.
gor.du.ro.so (ô) *adj.* **1** que contém muita gordura: *comida gordurosa.* **2** que tem a consistência da gordura: *tecido gorduroso.*
gor.go.le.jar *v.int.* produzir ou emitir som semelhante ao gargarejo.
gor.go.mi.lo *s.m.* garganta; goela.
gor.gon.zo.la *s.m.* queijo italiano macio e amanteigado, com cheiro forte e gosto picante, raiado de fungo.
go.ri.la *s.m.* **1** (Zool.) macaco de grande porte, sem cauda, com orelhas pequenas, olhos escondidos em supercílios grossos, braços maiores que as pernas. **2** (Coloq.) homem forte e peludo.
gor.je.ar *v.int.* **1** emitir som; cantar (aves cantoras): *O sabiá gorjeia.* **2** (Fig.) exprimir com voz maviosa: *A soprano gorjeava.*

gorjeio

gor.jei.o *s.m.* **1** canto de algumas aves; trinado. **2** canto melodioso.

gor.je.ta (ê) *s.f.* **1** gratificação correspondente a uma porcentagem do preço de um serviço: *O garçom sempre espera gorjeta.* **2** gratificação que se dá em troca de um favor ou concessão; propina: *Pagou gorjeta para que ficassem quietos.*

go.ro.ro.ba (ó) *s.f.* (Coloq.) comida malfeita ou de má qualidade; comida repugnante: *A gororoba já foi servida.*

gor.ro (ô) *s.m.* cobertura de tecido ou malha que se ajusta à cabeça; barrete.

gos.ma (ó) *s.f.* matéria viscosa que se expele pela boca; muco: *A seda não passa de uma espécie de gosma produzida por certas lagartas.*

gos.men.to *adj.* que tem gosma; viscoso.

gospel (góspel) (Ingl.) *s.m.* **1** canto característico dos cultos evangélicos da comunidade negra norte-americana, frequentemente influenciado pelo *blues* e pelo gênero folclórico daquela comunidade. **2** canto religioso dos negros africanos. • *adj.* **3** diz-se de qualquer tipo de música executada durante cultos evangélicos.

gos.tar *v.t.* **1** apreciar: *Gostamos da atitude tomada por ele.* **2** ter afeição, amizade, simpatia, carinho por: *gostar de criança.* **3** ter gosto ou prazer em; achar agradável: *gostar de viajar.* **4** pretender: *Ela gostaria de voltar para casa.*

gos.to (ô) *s.m.* **1** um dos sentidos pelo qual se percebe o sabor das substâncias; paladar: *O paladar ou gosto é um dos cinco sentidos.* **2** sabor: *A carne está com muito gosto de alho.* **3** faculdade de sentir e apreciar o belo e o bom: *Era um homem culto, talentoso, rico, de gostos refinados.* **4** prazer; satisfação: *Tenho muito gosto em ver vitrines.* **5** preferência; opinião: *Temos os mesmos gostos.* **6** inclinação; simpatia: *Já na infância demonstrou seu gosto pelo balé.* ✦ **a gosto** à vontade.

gos.to.so (ô) *adj.* **1** que tem sabor agradável; saboroso: *café gostoso.* **2** que produz sensação agradável; travesseiro gostoso. **3** alegre; contente; espontâneo: *gargalhada gostosa.* **4** prazeroso; delicioso: *É gostoso viajar.* **5** (Coloq.) sensual; atraente: *mulher gostosa.* • *adv.* **6** com prazer: *O casal dançava gostoso.*

gos.to.su.ra *s.f.* **1** qualidade do que é gostoso; delícia: *Doce de leite é uma gostosura!* **2** grande fruição; deleite: *Era uma gostosura nadar no lago.*

go.ta (ô) *s.f.* **1** porção mínima de um líquido; pingo: *Coloque uma gota de baunilha no manjar.* **2** pequena porção de um líquido: *Aceito uma gota de licor.* **3** (Fig.) um pouco: *Procuro passar a ela gotas de esperança.* **4** doença caracterizada pelo excesso de ácido úrico e pelos dolorosos ataques inflamatórios, sobretudo nas articulações. ✦ **até a última gota** até o fim. **gota a gota** pouco a pouco. **gota d'água** aquilo que passa da conta; tudo o que excede os limites.

go.tei.ra *s.f.* **1** calha: *Das goteiras jorra a água da chuva.* **2** fenda ou buraco no telhado por onde cai água dentro da casa quando chove: *Há uma goteira na sala.* **3** (Anat.) qualquer escavação anatômica onde se alojam mamíferos vasculares, nervos e músculos.

go.te.jan.te *adj.2g.* **1** em gotas: *Recolhia nas tigelinhas o leite gotejante da seringueira.* **2** em que há gotas: *Enxugou os cabelos gotejantes.*

go.te.jar *v.t.* **1** deixar cair ou fluir gota a gota; derramar: *Os olhos gotejam lágrimas.* • *int.* **2** cair gota a gota: *A água gotejava no jardim.*

gó.ti.co *s.m.* **1** língua gótica. **2** escrita gótica. **3** um estilo arquitetônico que predominou na Europa entre o século XII e o início do século XVI, especialmente na arquitetura das catedrais. • *adj.* **4** relativo aos godos, povo da Germânia que invadiu o império romano do oriente e do ocidente, do século III ao V: *instituições góticas.*

go.tí.cu.la *s.f.* gota muito pequena: *A transmissão do vírus dá-se através de gotículas de saliva.*

gourmet (gurmê) (Fr.) *s.m.* indivíduo que conhece e aprecia bebida e comida sofisticadas.

go.ver.na.bi.li.da.de *s.f.* estado ou qualidade do que é governável; condição de bom governo: *É necessário garantir a governabilidade do país.*

go.ver.na.dor (ô) *s.m.* aquele que tem o cargo ou a função de governar um estado.

go.ver.na.men.tal *adj.2g.* **1** do ou relativo ao governo: *A medida alivia o déficit governamental.* **2** que compete ao governo: *Economizam-se novos investimentos governamentais.*

go.ver.nan.ta *s.f.* mulher que administra a casa de outrem; preceptora: *A governanta ficou encarregada da educação das crianças.*

go.ver.nan.te *s.2g.* aquele que governa.

go.ver.nar *v.t.* **1** exercer o governo de; dirigir; administrar: *Getúlio governou o país duas vezes.* • *pron.* **2** regular(-se): *É difícil governar-se pela conduta dos outros.*

go.ver.ná.vel *adj.2g.* **1** passível de governo: *A obediência à Constituição é a única maneira de tornar o país governável.* **2** que pode ser controlável: *É preciso calma para tornar esta situação governável.*

go.ver.nis.ta *s.2g.* **1** pessoa adepta do governo instituído: *Os governistas criticaram o projeto.* • *adj.2g.* **2** partidário do governo instituído: *O deputado pertence ao partido governista.*

go.ver.no (ê) *s.m.* **1** ato ou efeitode governar(-se). **2** domínio; controle: *É preciso ter o governo de si mesmo!* **3** comando. **4** administração; gestão. **5** sistema político pelo qual se rege um Estado; regime: *Normas de governo devem ser respeitadas.* **6** direção; rumo: *Minha vida anda agora sem governo.* **7** período de tempo durante o qual alguém governa ou governou: *Durante seu governo reinaram a paz e o desenvolvimento.* **8** a administração superior; o Ministério; o Poder Executivo. ✦ **pra seu governo** fique sabendo; saiba: *Pra seu governo, estou indo embora.*

go.za.ção *s.f.* caçoada; zombaria; pilhéria: *Cansado das gozações sobre o seu nome, o jornalista decidiu mudar de nome.*

go.za.dor (ô) *s.m.* **1** pessoa dada à vida confortável e sem preocupações: *um grande gozador da vida.* **2** pessoa dada a caçoadas e brincadeiras: *Ele é um grande gozador, brinca com tudo e todos.* • *adj.* **3** que faz troça: *Os irmãos eram gozadores.* **4** que lembra ou revela caçoada ou zombaria: *Olhou-me com um ar gozador.*

go.zar *v.t.* **1** ironizar; caçoar de; debochar de: *Ele gozava de todos os colegas.* **2** tirar prazer ou proveito de: *Gozava o sol da praia naquele dia de verão.* **3** usufruir: *gozar da companhia de amigos.* • *int.* **4** (Bras.) atingir o orgasmo.

go.zo (ô) *s.m.* **1** gozação; caçoada; troça: *Ridicularizava o cabelo do amigo com ar de gozo.* **2** emoção agradá-

grafismo

vel; prazer: *Na maturidade, foi caminhando em direção ao abandono do material e ao gozo do espiritual*. **3** (Bras.) orgasmo. **4** posse ou uso de alguma coisa de que advém satisfação ou vantagem: *Estou no gozo de todas as minhas faculdades*.

go.zo.so (ô) *adj*. cheio de gozo: *abrir-se num riso gozoso*.

gra.al *s.m*. vaso sagrado que, segundo a tradição corrente nos romances de cavalaria, serviu a Cristo na última ceia e no qual José de Arimateia recolheu o sangue que jorrou do corpo de Cristo quando o centurião o feriu com a lança.

gra.ça *s.f*. **1** favor; mercê: *Faça-me a graça de chamar seu pai*. **2** chiste; galantaria; pilhéria: *Aqui não é lugar para fazer graça*. **3** dom gratuito de Deus: *A salvação do homem vem pela graça de Deus*. **4** dom; privilégio: *Tive a graça de conhecer pessoa tão especial*. **5** graciosidade; encanto: *Seu sorriso era cheio de graça*. **6** nome de batismo; nome de registro: *Qual é a sua graça?* ♦ **de graça** gratuitamente; sem paga: *Não se trabalha de graça*. **ficar sem graça** ficar envergonhado: *ficar sem graça diante da autoridade*. **uma graça** muito gracioso: *Este vestido está uma graça em você*.

gra.ce.jar *v.int*. expressar-se em tom espirituoso; fazer gracejo: *Os amigos gracejam, dizendo que o pão-duro tem um escorpião no bolso*.

gra.ce.jo (ê) *s.m*. **1** dito espirituoso; graça: *Vive fazendo gracejos na aula*. **2** dito ofensivo; zombaria.

grá.cil *adj*. gracioso; delicado: *Ela fez um gesto grácil*.

gra.ci.o.so (ô) *adj*. **1** que tem graça; delicado: *O traço de seu pincel era leve, gracioso*. **2** chistoso; engraçado: *Nele eram comuns esses ditos graciosos*. **3** airoso; elegante; agradável de ver: *moça bonita e graciosa*. **4** dado ou feito de graça; gratuito: *Aos domingos, faz trabalho gracioso no centro comunitário*.

gra.da.ção *s.f*. passagem ou transição em graus: *O pintor explora as gradações das cores*.

gra.da.ti.vo *adj*. em que há gradação; gradual: *Qualquer processo de mudança, se for gradativo, é mais fácil de ser implementado*.

gra.de *s.f*. **1** armação composta de barras paralelas, com intervalos: *As janelas são protegidas por grades*. **2** instrumento com que se rasga a terra depois de lavrada: *A grade é um dos implementos mais usados no preparo da terra para o plantio*. **3** amurada em forma de grade; beiral: *O carro quebrou a grade da ponte e caiu no rio*. • *pl*. **4** prisão; cadeia: *Vamos colocar esses vadios nas grades*.

gra.de.a.do *s.m*. **1** divisória em forma de grade: *As portas blindadas possuem no seu interior duas chapas de aço e um gradeado*. • *adj*. **2** provido de grades: *Há um corredor com teto gradeado, entre as celas, onde presos tomam sol*.

gra.de.ar *v.t*. **1** prover de grade: *gradear as janelas*. **2** cercar com grade: *gradear o jardim*. **3** aplanar usando grade: *gradear o terreno antes do plantio*.

gra.dil *s.m*. grade ornamental de proteção, geralmente feita de barras verticais paralelas: *A casa era protegida por um alto gradil de ferro*.

gra.do[1] *s.m*. vontade; desejo. ♦ **de bom grado** com prazer: *Eu recebo de bom grado as críticas*. **de mau grado** com má vontade: *De mau grado, convidou-os para entrar*.

gra.do[2] *adj*. graduado; importante; notável: *Estiveram na posse os homens grados da cidade*.

gra.du.a.ção *s.f*. **1** obtenção de grau escolar: *graduação de nova turma de alunos*. **2** divisão ou classificação em graus: *O refrigerador tem graduação própria para carnes e verduras*. **3** gradação; escala: *graduação perfeita das cores*. **4** posição hierárquica na carreira militar: *Como segunda pessoa em graduação, o sargento abstinha-se de entrar na conversa*. **5** terceiro grau do ensino brasileiro, no qual são admitidos os egressos do Ensino Médio: *A universidade ampliou seus cursos de graduação*.

gra.du.a.do *s.m*. **1** pessoa que concluiu curso de graduação; licenciado: *A faculdade oferece cursos de especialização para graduados*. • *adj*. **2** dividido ou disposto em graus: *usar régua graduada*. **3** disposto em graus de sucessão: *O curso se desenvolve em etapas graduadas*. **4** que ocupa grau elevado na carreira; eminente: *Era funcionário graduado no Ministério*. **5** que ocupa determinado posto considerado superior na hierarquia militar: *militar graduado do exército*. **6** que concluiu curso de graduação; diplomado: *professor graduado em Letras*.

gra.du.al *adj.2g*. que se processa por graus; gradativo: *aumento gradual da temperatura*.

gra.du.an.do *s.m*. quem está prestes a concluir curso de graduação em faculdade: *Ele é economista e graduando em Ciências Sociais*.

gra.du.ar *v.t*. **1** dividir em graus: *graduar a proveta*. **2** regular: *A bióloga gradua o microscópio*. **3** determinar a gradação de: *Todo professor gradua a matéria*. **4** conferir grau acadêmico: *graduar médicos*. • *pron*. **5** receber grau acadêmico: *graduar-se em Medicina*.

gra.far *v.t*. dar forma escrita a; escrever: *Grafemos corretamente os vocábulos*.

gra.fi.a *s.f*. **1** forma escrita; escrita: *Tive que utilizar o dicionário para consultar sobre a grafia correta desta palavra*. **2** técnica do uso da linguagem como comunicação escrita; técnica da escrita: *A redação tem muitos erros de acentuação e grafia*.

grá.fi.ca *s.f*. estabelecimento que faz serviços de impressão de textos e imagens em papel.

grá.fi.co *s.m*. **1** representação de dados estatísticos por meio de imagem: *A prefeitura tem gráficos do crescimento urbano*. **2** traçado obtido em aparelhos para estudo de fenômenos físicos ou biológicos: *gráfico do encefalograma*. **3** pessoa que trabalha em gráfica: *Casou-se com um gráfico*. • *adj*. **4** relativo ao processamento de texto e imagens para impressão em papel: *O jornal melhorou muito sua impressão gráfica*. **5** diz-se de artes que se manifestam pela representação de figuras, ornatos e letras em superfície plana: *As artes gráficas vêm evoluindo*. **6** que trabalha com artes gráficas: *Era bom artista gráfico*.

grã-fi.no *s.m*. (Bras.) (Deprec.) **1** pessoa rica e requintada: *Deu cinco shows para grã-finos no hotel*. • *adj*. **2** que tem hábitos requintados e transita na alta sociedade: *Eu me sentia mal no meio de toda aquela gente grã-fina*. **3** próprio de grã-fino: *hotel grã-fino*. // Pl.: grã-finos.

gra.fis.mo *s.m*. forma de representação gráfica; modo de grafar ou desenhar: *O carro apresenta novo grafismo no painel*.

457

grafitagem

gra.fi.ta.gem s.f. ação de grafitar: *O grupo faz grafitagem pela madrugada.*
gra.fi.tar v.t. colocar grafitos em; desenhar ou escrever sobre: *grafitar muros.*
gra.fi.te s.m. **1** rabisco, figura ou desenho feitos nas paredes, muros etc.; grafito. • s.f. **2** variedade de carbono cor de chumbo que faz parte do lápis: *A ponta de seu lápis é de grafite, um material feito a partir do carbono.* // Cp.: grafito.
gra.fi.tei.ro s.m. pessoa que faz grafitagem: *Raros prédios foram poupados dos ataques de gangues de grafiteiros.*
gra.fi.to s.m. inscrição ou desenho feito sobre rochas etc. em épocas antigas: *paredes e muros cobertos de grafitos.* // Cp.: grafite.
gra.fo.lo.gi.a s.f. **1** estudo dos sistemas de escrita. **2** análise da personalidade de um indivíduo a partir de sua escrita, materialmente considerada.
gra.fó.lo.go s.m. especialista em Grafologia: *O grafólogo analisou a letra do candidato.*
gra.lha s.f. **1** (Zool.) ave de cor escura e brilhante, da família dos corvos, cuja voz é um grasnido forte: *Vê duas gralhas no céu?* **2** (Deprec.) quem fala muito; pessoa tagarela: *Aquela vendedora é uma gralha.* **3** Erro tipográfico que consiste em usar uma letra por outra, usá-la fora de seu lugar ou em posição invertida.
gra.ma[1] s.f. (Bot.) gramínea cultivada em jardins, em áreas urbanas ou em pastagens: *Cavalos mansos comiam a grama crescida.*
gra.ma[2] s.m. unidade de medida de peso equivalente a 0,001 kg.
gra.ma.do s.m. **1** campo de futebol: *Jogadores entraram no gramado sob fogos e gritos.* • adj. **2** forrado de grama: *Crianças brincam no jardim gramado.*
gra.mar v.t. **1** andar; trilhar: *Tivemos que gramar todo o trecho a pé.* **2** (Coloq.) aguentar; suportar: *Até alcançar o posto atual, teve de gramar muito desaforo.* **3** plantar grama em terreno: *Gramou o campo de futebol.*
gra.má.ti.ca s.f. **1** conjunto de princípios que governam o funcionamento de uma língua: *O professor preocupa-se mais com a gramática normativa.* **2** conjunto de princípios que regem um ramo do conhecimento ou uma obra de criação: *Aprendeu sobre a vida pela gramática do catolicismo.* **3** compêndio em que se expõe o conjunto de princípios que regem o funcionamento de uma língua: *O aluno não achou a gramática nas livrarias.*
gra.ma.ti.cal adj.2g. da ou relativo à gramática: *os preceitos gramaticais.*
gra.má.ti.co s.m. especialista em gramática: *O conceito de palavra sempre constituiu um problema para os gramáticos.*
gra.mí.nea s.f. (Bot.) **1** espécime das gramíneas. • pl. **2** família de plantas que engloba vegetais de pequeno porte com caule oco e nós salientes, bainha enrolada em redor do caule, conhecidos vulgarmente como capins e bambus.
gra.mo.fo.ne s.m. antigo aparelho destinado a reproduzir sons gravados em cilindros ou discos metálicos.
gram.pe.a.do adj. **1** preso com grampo: *documentos grampeados.* **2** (Coloq.) que sofreu interferência para permitir escuta das mensagens (telefone): *A Polícia Federal descreveu as conversas telefônicas grampeadas.*
gram.pe.a.dor (ô) s.m. **1** pequeno aparelho manual para prender papéis: *O grampeador fica normalmente sobre sua mesa.* **2** profissional gráfico que trabalha grampeando folhas: *Ele é o grampeador da gráfica do Ministério.*
gram.pe.ar v.t. **1** prender com grampos: *grampear papéis.* (Coloq.) **2** colocar aparelhagem de escuta em: *Grampeamos o telefone do secretário.* **3** registrar conversa telefônica (de alguém) por meio de grampo: *Grampearam o antigo secretário.*
gram.po s.m. **1** gancho de metal com que as mulheres prendem os cabelos: *Ela tem cabelos compridos, mas não usa grampo.* **2** peça de arame fino com que se prendem, por meio de um grampeador, folhas de papel. **3** peça de metal com que os alpinistas se prendem às montanhas para a escalada: *Nas montanhas mais conhecidas já existem grampos fixos na rocha.* **4** dispositivo que, colocado em telefone, permite a escuta das ligações: *Há pelo menos trezentos grampos irregulares naquele prédio.*
gra.na s.f. (Coloq.) dinheiro.
gra.na.da s.f. **1** artefato bélico, com uma carga interna, que geralmente se lança com a mão: *Os ladrões fugiram lançando granadas.* **2** mineral composto de sílica, óxido de ferro e albumina, cuja coloração vermelho-escura ou branco-esverdeada depende da composição; pedra lapidada desse mineral: *A granada pode se confundir com o rubi.*
gran.de s.m. **1** pessoa poderosa: *Antes disso, fez uns servicinhos para um grande de Alagoas.* **2** pessoa adulta. **3** indivíduo mais velho em relação a outro. // Ant.: pequeno. // • adj.2g. **4** de tamanho considerável; volumoso: *uma grande caixa de chapéu.* **5** comprido; longo: *a grande estrada para o mar.* **6** folgado; frouxo: *A camisa era grande para ele.* **7** de excelente qualidade: *um grande vinho tinto.* **8** de amplo alcance; de distribuição ampla: *É um dos grandes jornais do país.* **9** importante; notável; famoso: *Rosa é um dos grandes escritores de língua portuguesa.* **10** que engloba a região periférica e as cidades-satélites: *a grande São Paulo.* **11** crescido; desenvolvido: *É um menino grande para a idade.* **12** imponente; majestoso: *O casamento foi uma grande cerimônia.* **13** bondoso; generoso: *Ele é uma grande alma.* **14** alto: *um grande edifício.* **15** preferido na estima; dileto; querido: *um grande amigo.* **16** eficiente: *um grande professor.* **17** numeroso: *Cantou para grande público.* **18** talentoso: *uma grande artista.* **19** soberbo; grandioso: *Esperamos colaborar para o grande Brasil de amanhã.* **20** grave; sério: *Temos pela frente um grande problema.* **21** marcante: *homem de grande personalidade.* **22** fundamental; essencial: *A grande regra a seguir é o entendimento.*
gran.de.za (ê) s.f. **1** tamanho; profundidade: *a grandeza de sua responsabilidade.* **2** grande porte ou volume: *a grandeza do rio Amazonas.* **3** ostentação: *Ele tem mania de grandeza.* **4** importância; valor: *poeta da grandeza de Drummond.* **5** imponência: *a grandeza das catedrais italianas.* **6** magnanimidade; dignidade: *A grandeza de seu coração de pastor é infinita.*
gran.di.lo.quên.cia (qüen) s.f. qualidade do estilo elevado, grandioso e eloquente: *Esse tipo de grandiloquência era eficaz para empolgar as massas.*
gran.di.lo.quen.te (qüen) adj.2g. **1** que tem

linguagem nobre; muito eloquente: *O orador foi grandiloquente no seu discurso.* **2** nobre; pomposo: *um discurso grandiloquente.*

gran.di.o.si.da.de *s.f.* qualidade de grandioso; magnificência: *a grandiosidade pura da natureza.*

gran.di.o.so (ô) *adj.* **1** nobre; elevado: *Louvamos sua grandiosa obra em favor dos pequeninos.* **2** pomposo; aparatoso: *uma grandiosa festa para 500 convidados.* **3** de grandes proporções: *Realizou batalhas grandiosas.*

gra.nel *s.m.* **1** tulha; celeiro. **2** carga transportada no porão de navios, sem embalagens (cereais, carvão, petróleo etc.). ✦ **a granel** (i) sem empacotamento prévio ou em quantidades variáveis: *venda de feijão a granel.* (ii) em grande quantidade.

gra.ni.to *s.m.* (Geol.) rocha granular e cristalina, formada de feldspato, quartzo e mica em cristais: *Havia sete arcos sustentados por pares de colunas de granito.*

gra.ni.zo *s.m.* precipitação atmosférica na qual as gotas de água se congelam ao atravessar uma camada de ar frio, caindo sob a forma de pedras de gelo; chuva de pedra.

gran.ja *s.f.* pequena propriedade rural onde se criam animais (vacas, suínos, galinhas etc.), com fins lucrativos.

gran.je.ar *v.t.* conseguir, obter com trabalho e esforço: *Granjeou bons negócios para a empresa.*

gran.jei.ro *s.m.* indivíduo que cultiva uma granja: *Os cento e vinte e um granjeiros da cidade têm 7,5 milhões de aves.*

gra.nu.la.ção *s.f.* presença de grãos: *a granulação fina dos flocos de neve.*

gra.nu.la.do *s.m.* **1** substância ou preparado que se apresenta sob a forma de grânulos. ● *adj.* **2** em grânulos ou em grãos: *As rações para gatos são granuladas.* **3** que apresenta granulações: *Fotos granuladas mostravam com pouca nitidez os amigos do autor.*

gra.nu.lar *adj.* **1** em forma de grãos ou de grânulos: *Neve granular, de cor opaca, caiu por meia hora na manhã de ontem.* **2** de grãos ou grânulos: *No papel pergaminho, há formações granulares.*

grâ.nu.lo *s.m.* **1** pequeno grão: *rocha constituída de grânulos de quartzo.* **2** (Fig.) quantidade muito pequena: *A nova diretora não tem um grânulo de simpatia.*

gra.nu.lo.so (ô) *adj.* **1** formado de granulações: *a superfície granulosa do papel.* **2** próprio daquilo que é formado por grãos ou grânulos: *farofa de consistência granulosa.* **3** que se manifesta por granulações: *conjuntive granulosa.*

grão *s.m.* **1** fruto ou semente das gramíneas e de alguns legumes: *grãos de milho.* **2** cada partícula de uma substância em forma de pó ou reduzida a pó: *grãos de areia.* **3** (Fig.) pequena quantidade: *Pede-lhe, por caridade, grãos de paciência para ouvi-lo.*

grão-de-bi.co *s.m.* semente alimentícia, amarela e de formato esférico de uma leguminosa. // Pl.: grãos-de-bico.

grão-du.que *s.m.* **1** príncipe da família imperial russa e da austríaca. **2** título dado a alguns príncipes soberanos: *O noivo é o príncipe Guilherme, filho do grão-duque de Luxemburgo.* // Pl.: grão-duques. Fem.: grã-duquesa.

grão-mes.tre *s.m.* **1** chefe supremo de antiga ordem religiosa ou de cavalaria. **2** chefe de loja maçônica. // Pl.: grão-mestres. Fem.: grã-mestre.

grão-vi.zir *s.m.* o primeiro-ministro do Império Otomano. // Pl.: grão-vizires. Fem: grã-vizir.

gras.nar *v.int.* **1** emitir som (pato, marreco, gaivota, gralha, corvo, abutre etc.): *Os patos grasnam.* **2** falar ou gritar com voz desagradável como a da gralha: *Ela é tão desagradável, não fala, grasna.*

gras.ni.do *s.m.* ato ou efeito de grasnar: *Ouviu-se um ensurdecedor alarme de grasnidos e de bater de asas.*

gras.sar *v.int.* **1** espalhar-se; difundir-se: *O otimismo grassa pelo país.* **2** propagar-se por contágio: *A dengue grassa pelo estado.*

gra.ti.dão *s.f.* sentimento de quem é grato; reconhecimento por benefícios recebidos: *Tenho muita gratidão pelos meus professores.*

gra.ti.fi.ca.ção *s.f.* **1** ato ou efeito de gratificar. **2** aquilo com que se gratifica alguém: *As enfermeiras recebiam gratificações dos pacientes.* **3** remuneração periódica acima da regular; remuneração extraordinária em paga de alguma função ou serviço: *Recebeu a gratificação adicional, o que possibilitou pagar contas antigas.* **4** satisfação íntima pela obtenção de reconhecimento de serviços: *Trabalha para a comunidade sem recompensa material, só recebe gratificação pessoal.*

gra.ti.fi.can.te *adj.2g.* que gratifica; que faz alguém sentir-se recompensado: *atividade gratificante.*

gra.ti.fi.car *v.t.* **1** trazer satisfação; recompensar: *O serviço é cansativo, mas gratifica os voluntários.* **2** dar gratificação ou gorjeta: *Gratificou bem ao garçom que o serviu.* **3** pagar pelo serviço extraordinário; remunerar: *Gratificou os operários que permaneceram no trabalho.*

gra.ti.nar *v.t.* **1** fazer tostar, no forno, alimento polvilhado com queijo ralado, farinha de rosca etc., para que se forme, na superfície, uma crosta tostada: *Gratinou a lasanha.* ● *int.* **2** tostar: *Deixou o frango no forno para gratinar.*

grá.tis *adj.2g.* e *2n.* **1** gratuito: *amostras grátis do remédio.* ● *adv.* **2** de graça; sem pagar nada: *Comer, beber e dançar grátis é o máximo!*

gra.to *adj.* que tem gratidão; agradecido: *Sou grato a você pela paciência com que me escuta.*

gra.tu.i.da.de *s.f.* **1** qualidade do que é gratuito, do que não exige pagamento: *A gratuidade dos serviços tornava-os nobres.* **2** falta de propósito, de justificativa ou de necessidade: *O homem é incapaz de compreender a gratuidade e a ausência de sentido do sofrimento.*

gra.tui.to *adj.* **1** feito ou dado de graça; gracioso: *passes de ônibus gratuitos para os idosos.* **2** sem fundamento; sem motivo: *ofensa gratuita.*

grau *s.m.* **1** cada um dos pontos ou estágios sucessivos de uma progressão: *o grau de umidade do ar.* **2** escala; gradação: *Sei que temos preconceitos, mas em menor grau do que qualquer outro país.* **3** ponto; nível: *Quero saber a que grau vai sua irresponsabilidade.* **4** distância e número de gerações que separam os parentes até o tronco comum: *primo em terceiro grau.* **5** nível de ensino: *aluno do segundo grau.* **6** (Gram.) categoria que, nos substantivos, indica o aumento *(aumentativo)* ou a diminuição *(diminutivo)* de um

graúdo

ser; e, nos adjetivos e advérbios, a igualdade entre a qualidade de dois seres *(comparativo de igualdade)*; a qualidade superior *(comparativo de superioridade)*, ou a qualidade inferior num dos seres *(comparativo de inferioridade)*. A qualidade de um ser também pode, sem comparação a outro, ser elevada a um grau fora do normal, o superlativo. **7** unidade de medida de temperatura: *Está com quase 38 graus de temperatura.* **8** unidade de medida entre os paralelos e meridianos terrestres: *O Parque Nacional do Xingu fica entre 10 e 12 graus de latitude Sul e 53 e 54 de longitude Oeste.* **9** cada uma das 360 partes iguais em que se divide a circunferência do círculo: *ângulo de 90 graus.* **10** unidade de medida de concentração de uma solução: *álcool a 60 graus.*

gra.ú.do *s.m.* **1** pessoa poderosa, rica ou importante: *Tome cuidado, ele é um graúdo na prefeitura.* ● *adj.* **2** pessoa de estatura elevada. **3** de grande porte: *Escolheu o boi mais graúdo de todos.* **4** de bom tamanho; grande: *Escolheu tomates bem graúdos.* **5** crescido; desenvolvido: *É um menino graúdo para a idade.* **6** considerável; vultoso; volumoso: *Só fazia roubos graúdos.* **7** poderoso; rico; importante: *Conselheiro Santos foi graúdo no Império.* // Ant.: miúdo.

gra.ú.na *s.f.* **1** (Zool.) pássaro de coloração geralmente preta, com brilho violáceo ou azulado, que se alimenta de grãos, causando prejuízos nos arrozais: *A gaiola da graúna balança num galho de cajazeira.* **2** espécie de madeira muito escura.

gra.va.ção *s.f.* **1** registro de som em disco ou fita por meio de processos mecânicos ou magnéticos: *gravação em CD do novo samba.* **2** registro de imagem em filme ou em videoteipe: *gravação de cenas externas.* **3** material gravado em disco ou fita; registro sonoro: *Uma delicada voz de mulher dizia que era uma gravação.*

gra.va.dor (ô) *s.m.* **1** aparelho de gravação e reprodução sonora por processos magnéticos: *Ela usa gravador em suas aulas de inglês.* **2** pessoa que grava em madeira, metal ou pedra: *É um excelente gravador, suas gravuras são consideradas obras-primas.*

gra.va.do.ra (ô) *s.f.* estabelecimento industrial destinado a fazer gravações sonoras.

gra.va.me *s.m.* **1** ato de gravar, de molestar. **2** ofensa grave; agravo. **3** prejuízo causado por um dano. **4** imposto pesado. **5** (Jur.) ônus; encargo que incide sobre um bem.

gra.var¹ *v.t.* **1** fazer fixar a voz ou o som de: *gravar um samba.* **2** fixar imagem ou som para posterior reprodução: *gravar um comercial.* **3** reter (na memória): *Preciso gravar a aula de história.* **4** imprimir; estampar: *gravar suas impressões na tela.* ● *pron.* **5** ficar retido; fixar-se: *Seu olhar triste gravou-se na minha memória.*

gra.var² *v.t.* **1** causar opressão, dano ou prejuízo a; onerar; oprimir; molestar. **2** sobrecarregar com tributos ou taxas: *Em vários países, é comum gravar as bebidas alcoólicas e o fumo com impostos adicionais.* **3** sujeitar bens imóveis a limitações, encargos ou ônus (penhor, hipoteca etc.).

gra.va.ta *s.f.* **1** peça do vestuário masculino que consiste numa tira comprida amarrada à volta do pescoço em nó ou laço na parte da frente: *dar o nó na gravata.* **2** (Bras.) golpe que consiste em passar o braço no pescoço da vítima, tolhendo-lhe os movimentos: *Ele me deu uma gravata que poderia ter me matado.*

gra.va.tá *s.m.* (Bot.) caraguatá; bromélia: *Saiu por ali à procura de uma coroa de gravatás para enfeitar a mesa.*

gra.ve *adj.2g.* **1** sério; relevante: *Estamos atravessando um momento muito grave.* **2** que comporta risco de vida: *Ele está internado em estado grave.* **3** austero; circunspecto: *A cerimônia transcorreu em tom grave e solene.* **4** (Mús.) diz-se das notas situadas no registro inferior de certos instrumentos ou da voz de um cantor: *imprimir um acento grave na voz.* **5** produzido por ondas de baixa frequência: *Entre 20 e 200 hertz, o som é sentido como grave.*

gra.ve.to (ê) *s.m.* pedaço de ramo seco; pedaço de lenha miúda com que se acende o fogo.

gra.vi.da.de *s.f.* **1** seriedade; circunspecção: *Transmitiu a notícia num tom de extrema gravidade.* **2** importância; intensidade: *Sabe bem a gravidade da sua revelação?* **3** qualidade do que é de difícil resolução; complexidade: *A gravidade do problema preocupa a família.* **4** seriedade (do ponto de vista médico): *a gravidade da infecção.* **5** (Fís.) força de atração da massa terrestre; atração do campo gravitacional de um planeta ou de um corpo celeste.

gra.vi.dez (ê) *s.f.* estado do organismo feminino durante a gestação; prenhez.

grá.vi.do *adj.* **1** em estado de gravidez; prenhe: *mulher grávida.* **2** repleto; carregado: *Estamos falando de um país grávido de ódios e ressentimentos.*

gra.vi.o.la (ó) *s.f.* (Bot.) fruto grande e pesado, em formato de coração, de casca verde com espinhos compridos e moles nas pontas, polpa branca, aquosa e aromática.

gra.vi.ta.ção *s.f.* **1** ato de gravitar. **2** (Fís.) força universal pela qual os corpos se atraem reciprocamente, na razão direta das massas e na razão inversa do quadrado das distâncias: *A principal realização científica de Newton foi a teoria da gravitação universal.*

gra.vi.ta.cio.nal *adj.2g.* relativo à gravitação: *campo gravitacional da Terra.*

gra.vi.tar *v.i.* **1** mover-se em órbita por efeito da gravitação: *Os planetas gravitam ao redor do Sol.* ● *int.* **2** descrever uma trajetória em torno de um ponto central; orbitar.

gra.vu.ra *s.f.* **1** ato, efeito ou arte de gravar. **2** técnica de entalhar em superfície dura: *fazer gravura.* **3** gravação artística em material duro. **4** figura estampada ou desenhada: *A gravura representava uma família de retirantes.*

gra.xa /ch/ *s.f.* **1** mistura usada para conservar o couro e dar-lhe brilho: *passar graxa nos sapatos.* **2** emulsão em óleo para lubrificar maquinismos: *O carro estava sujo de graxa.* **3** substância gordurosa: *um rato nojento, sujo da graxa dos esgotos.*

gra.xo /ch/ *adj.* diz-se de ácido gorduroso; oleoso: *O sabonete é feito de sal de sódio de ácidos graxos.*

gre.co.ro.ma.no *adj.* da ou relativo à Grécia e a Roma: *mitologia greco-romana.* // Pl.: greco-romanos.

gre.ga (ê) *s.f.* cercadura composta de linhas retas artisticamente entrelaçadas.

gre.gá.rio *adj.* que, por natureza, vive em sociedade; social: *O ser humano é gregário e, como tal, interage com seus semelhantes.*

gre.go (ê) *s.m.* **1** natural ou habitante da Grécia (Europa): *A barba era habitual entre os gregos.* • *adj.* **2** relativo à Grécia: *povo grego.*

gre.go.ri.a.no *adj.* **1** diz-se do canto litúrgico (canto-chão) da Igreja Católica, recolhido e incentivado pelo papa Gregório (540-604). **2** diz-se do calendário reformado por Gregório XIII, em 1582: *calendário gregoriano.*

grei *s.f.* **1** conjunto de animais miúdos: *Saiu logo cedo para alimentar a grei.* **2** conjunto de paroquianos ou diocesanos; congregação: *Lá estava o pároco, a cuidar de sua grei.* **3** estirpe; linhagem: *Sua grei é nobre.*

gre.lha (é) *s.f.* grade de metal sobre a qual se assam alimentos.

gre.lha.do *adj.* assado ou torrado na grelha: *Pediu um bife grelhado.*

gre.lhar *v.t.* assar ou torrar na grelha: *grelhar a carne.*

grê.mio *s.m.* **1** seio; regaço; comunidade: *grêmio familiar.* **2** corporação profissional: *Fizera a sua estreia vitoriosa num grêmio de cantores amadores da sua terra.* **3** agremiação estudantil: *Vocês, do grêmio, têm direito de sair das aulas durante toda esta manhã.* **4** bloco, conjunto de pessoas com a mesma filiação ideológica: *As vidraças do prédio do Grêmio Republicano foram partidas.*

gre.ná *adj.2g.* e *2n.* que tem a cor vermelho-escura da romã: *chinelos de pompom grená.*

gre.ta (ê) *s.f.* **1** fenda ou rachadura no solo: *as gretas do asfalto.* **2** fenda ou sulco numa superfície: *Um vento frio soprava através das gretas da janela.*

gre.ve (é) *s.f.* estado declarado por um indivíduo ou uma classe que consiste na recusa ao trabalho para obter uma reivindicação: *Os motoristas estão em greve.*

gre.vis.ta *s.2g.* **1** pessoa que promove uma greve ou dela participa: *Os grevistas não vão receber pelos dias parados.* • *adj.2g.* **2** relativo à greve: *movimento grevista.*

grid (grid) (Ingl.) *s.m.* parte de uma pista de corridas automobilísticas, na qual um conjunto de marcas no chão indica a posição de largada de cada um dos competidores.

gri.far *v.t.* **1** sublinhar: *grifar os erros cometidos na redação.* **2** pôr em relevo; acentuar; realçar: *Quero grifar a minha ideia sobre o assunto.*

gri.fe *s.f.* marca de uma linha de produtos, geralmente vinculada à assinatura do fabricante ou do criador: *o sucesso da nova grife de perfumes.*

gri.fo *s.m.* itálico.

gri.la.gem *s.f.* (Bras.) atividade ou procedimento de grileiros: *Há uma obstinada resistência dos possesiros contra a grilagem de suas terras.*

gri.lar *v.t.* **1** (Gír.) incomodar; preocupar: *O problema vem grilando sua cabeça.* **2** criar título falso de propriedade fundiária.

gri.lei.ro *s.m.* (Bras.) pessoa que se apossa de terras alheias, geralmente usando documentos falsos de propriedade: *Os sem-terra já tiveram, pelo menos, dois conflitos com grileiros e policiais.*

gri.lhão *s.m.* **1** cadeia de ferros, terminada por duas argolas largas, com que se prendiam pelas pernas os condenados: *O escravo conheceu o grilhão na própria carne.* **2** cadeia de ferros que aprisiona: *Pinel tirou os grilhões que acorrentavam os loucos.* **3** aquilo que aprisiona; jugo: *O jogador teme o grilhão do passe.*

grosso

gri.lo *s.m.* **1** (Zool.) inseto de coloração parda, que tem antena mais longa que o corpo, e cujo macho salta produzindo um som emitido por um órgão situado na asa anterior: *o cri-cri monótono e interminável dos grilos.* **2** (Pop.) ruído das engrenagens de veículos velhos ou mal-ajustados: *Enquanto dirigia, percebeu uns grilos na carroceria.* **3** (Coloq.) cisma; preocupação: *Haja cérebro para aguentar tantos grilos nessa fase da vida!*

gri.nal.da *s.f.* coroa de flores naturais ou artificiais, ramos, pérolas ou pedrarias, usada sobretudo pelas noivas na cerimônia do casamento.

grin.go *s.m.* (Deprec.) estrangeiro: *Os gringos ficam admirados com a cidade.*

gri.pe *s.f.* (Med.) doença infecciosa, virótica e contagiosa, acompanhada de febre, mal-estar, congestionamento nasal e inflamação da garganta.

gris *adj.2g.* cinzento-azulado. // Pl.: gris e grises.

gri.sa.lho *adj.* **1** acinzentado; mesclado de fios brancos (cabelo, barba ou bigode): *bigode grisalho.* **2** (Fig.) pardo; pardacento; gris: *um céu grisalho e triste.*

gri.ta *s.f.* gritaria de protesto: *A grita dos operários deixou o patrão nervoso.*

gri.tan.te *adj.2g.* **1** que emite sons agudos e fortes; que grita: *pássaros coloridos e gritantes.* **2** muito vivo; chamativo; berrante: *cabelos de cores gritantes.* **3** clamoroso; evidente: *São gritantes os problemas da maior parte das estradas nacionais.*

gri.tar *v.t.* **1** bradar expressando um sentimento; falar em voz alta; berrar: *Gritou o nome do amigo.* **2** chamar a atenção ou advertir em voz alta: *gritar com os filhos.* **3** reclamar; protestar: *Os torcedores gritam contra o técnico.* • *int.* **4** produzir ruído em voz alta: *Os paturis gritavam.*

gri.ta.ri.a *s.f.* **1** grita; vozeria: *Ouvi uma gritaria doida depois da explosão.* **2** som produzido por muitas pessoas falando; alarido: *Nunca admiti essa gritaria dos meus alunos em sala de aula.* **3** grande protesto; revolta; clamor: *Quando os alemães destruíram Guernica, houve uma gritaria geral contra a atitude bárbara.*

gri.to *s.m.* **1** voz, geralmente aguda e elevada, de modo que se possa ouvir ao longe; brado: *um grito de aviso.* **2** voz emitida pelos animais e que varia de acordo com a espécie: *o grito dos pássaros.* **3** grita: *Os gritos da multidão abafavam suas palavras.* ♦ **no grito** à força: *Ele quer ganhar no grito.*

gro.gue (ó) *adj.2g.* (Coloq.) tonto; zonzo: *Ele ficou sentado ali mesmo, já meio grogue, com a fala enrolada.*

gro.sa¹ (ó) *s.f.* doze dúzias.

gro.sa² (ó) *s.f.* **1** lima grossa usada para desbastar a madeira ou para aparelhar o casco das cavalgaduras. **2** faca sem corte, usada para retirar pele.

gro.se.lha (ê) *s.f.* **1** fruto de baga vermelha ou branco-rósea, aromática, doce. **2** suco ou xarope de groselha: *sagu com groselha.*

gros.sei.ro *adj.* **1** de má-qualidade; ordinário: *um pano grosseiro.* **2** mal-educado; rude: *Que vendedor grosseiro!* **3** obsceno. **4** primário; elementar: *Ele cometeu erro grosseiro.*

gros.se.ri.a *s.f.* **1** descortesia; indelicadeza: *Não vou continuar um segundo que seja ouvindo suas grosserias.* **2** maus modos: *Desculpe a grosseria de meu filho.* // Ant.: amabilidade; afabilidade.

gros.so (ô) *adj.* **1** roliço: *pernas grossas.* **2** espesso;

grossura

encorpado: *O creme ficou grosso demais*. **3** grande; volumoso: *um livro grosso*. **4** de diâmetro largo: *Era arma de grosso calibre*. **5** mal-educado; indelicado; grosseiro: *Você foi grosso com o vizinho*. **6** grave: *voz grossa*. • *adv*. **7** com intensidade; com força: *falou grosso com o filho*. // Ant.: fino.

gros.su.ra *s.f.* **1** espessura: *madeira de grossura muito irregular*. **2** diâmetro: *vermes da grossura de um dedo*. **3** grosseria: *Ele respondeu com grossura à brincadeira*. // Ant.: finura.

gro.ta (ó) *s.f.* **1** depressão de terreno; vale: *Lá embaixo, na grota, a água mina*. **2** abertura produzida pelas enchentes na ribanceira ou na margem de um rio: *Expliquei que o fosso era grota de enxurrada*.

gro.tes.co (ê) *s.m.* **1** qualidade daquilo que é ridículo: *O grotesco às vezes é cômico*. • *adj.* **2** ridículo: *A sua reação explosiva foi grotesca*. **3** cômico; caricato.

grou *s.m.* (Zool.) ave aquática de longas pernas. // Fem.: grua.

gru.a *s.f.* **1** fêmea do grou. **2** máquina para introduzir água nas locomotivas.

gru.dar *v.t.* **1** fazer aderir com grude; colar: *Vou grudar o selo na carta*. **2** fixar: *grudar o ouvido na conversa*. **3** agarrar-se: *Grudei no corrimão para não cair*. **4** aderir; colar-se: *O chiclete grudou no sapato dela*. • *pron.* **5** abraçar-se; apegar-se: *Ela grudou-se ao pai*.

gru.de *s.m.* **1** cola; goma adesiva: *Fechou o envelope com grude*. **2** (Coloq.) comida ruim e de má aparência: *Comi um grude no bar da esquina*.

gru.den.to *adj.* que gruda; pegajoso: *O pó tem coloração esbranquiçada e é grudento*.

gru.gu.le.jar *v.int.* onomatopeia do som produzido pelo peru.

gru.nhi.do *s.m.* **1** onomatopeia do som produzido pelo porco. **2** resmungo: *O velho respondeu com um grunhido*.

gru.nhir *v.t.* **1** dizer com voz semelhante a grunhido; resmungar: *Ele grunhia monossílabos*. • *int.* **2** soltar grunhidos: *Os porcos grunhiam baixinho*. **3** emitir som semelhante ao grunhido. *Ele só grunhia*.

gru.pal *adj.2g.* **1** de ou relativo a grupo: *uma lei para defender interesses grupais*. **2** pertencente a ou próprio de grupo; feito em grupo: *Para as leoas, uma das atividades grupais mais importantes é a defesa do território*.

gru.pa.men.to *s.m.* **1** agrupamento. **2** reunião de duas ou mais unidades militares que junta elementos de comando e de combate: *grupamento de cavalaria*.

gru.pe.lho (ê) *s.m.* (Deprec.) grupo pequeno e sem importância; facção insignificante.

gru.po *s.m.* **1** certo número de pessoas reunidas: *Um grupo de homens espera o ônibus*. **2** conjunto de pessoas que se reúnem para um fim: *um grupo de ecologistas*. **3** conjunto de pessoas que têm os mesmos sentimentos, representações, juízos de valor, e que apresentam tipo similar de comportamento: *grupo de estudantes*. **4** conjunto de empresas sob direção centralizada. **5** agrupamento de seres ou elementos segundo características similares: *o grupo de artrópodes*. **6** no jogo do bicho, conjunto dos quatro números que correspondem a cada um dos animais: *A borboleta pertence ao grupo quatro*. **7** tipo (sanguíneo): *Observe o grupo sanguíneo antes de qualquer procedimento*. • **grupo escolar** escola onde é ministrado o ensino fundamental.

gru.ta *s.f.* **1** caverna natural ou artificial: *Pinturas que teriam 30 mil anos foram descobertas em gruta no Piauí*. **2** subterrâneo: *as grutas do Vaticano*.

gua.che *s.m.* **1** preparação usada em pintura, feita com substâncias corantes trituradas, dissolvidas em água e misturadas com goma e mel. **2** quadro pintado com guache.

guai.a.ca *s.f.* (Bras.) cinturão largo de couro com bolsos usados para guardar dinheiro ou objetos pessoais e para o porte de armas.

guam.po *s.m.* copo ou vasilha feito de chifre.

gua.po *adj.* **1** elegante; garboso; belo. **2** ousado; valente.

gua.rá *s.m.* (Zool.) **1** ave de longas pernas, de plumagem vermelha e de bico longo e meio curvo. **2** canídeo de hábitos noturnos. // Flexão de gênero: o guará macho; o guará fêmea.

gua.ra.ná *s.m.* **1** (Bot.) arbusto ou cipó lenhoso, com ramos sulcados, pequenas flores brancas e fruto do tipo cápsula, com sementes pretas: *O guaraná era muito conhecido entre algumas tribos amazônicas*. **2** refrigerante fabricado com a semente do guaraná: *Nossa empresa lidera a venda de guaraná*.

gua.ra.ni *s.m.* (Bras.) **1** língua da família linguística tupi-guarani, falada pelos guaranis. **2** unidade monetária do Paraguai. **3** grupo indígena do sul do Brasil e do Paraguai. • *s.2g.* **4** indivíduo dos guaranis. • *adj.2g.* **5** relativo ou pertencente aos guaranis: *tribo guarani*.

gua.râ.nia *s.f.* balada de andamento lento, geralmente em tom menor; música típica do Paraguai.

guar.da *s.2g.* **1** pessoa encarregada de guardar ou vigiar alguma coisa; sentinela: *Sempre há guardas diante do palácio*. • *s.f.* **2** ato ou efeito de guardar; proteção; amparo: *Deus o tenha em santa guarda!* **3** responsabilidade legal: *Os filhos ficarão sob a guarda da mãe*. **4** vigilância: *Policiais fazem a guarda do palácio*. **5** corpo de tropa que faz o serviço de vigia: *chefe da guarda pessoal da rainha*. • **guarda civil** corporação policial não pertencente às forças militares. **em guarda** em posição de defesa: *O governo do país está precavido, em guarda*. **de guarda** em função de vigia: *Ele ficou de guarda*.

guar.da-chu.va *s.m.* objeto portátil que consiste em uma armação de varetas, revestida com tecido impermeável, usada para proteção contra chuva ou sol. // Pl.: guarda-chuvas.

guar.da-cos.tas *s.m.2n.* pessoa que tem por incumbência proteger outra pessoa, defendendo-a de atentados: *O empresário tem guarda-costas*.

guar.da.dor (ô) *s.m.* **1** quem vigia propriedades: *guardadores de carro*. • *adj.* **2** que guarda ou protege: *um funcionário guardador de arquivos*.

guar.da-li.vros *s.2g.* e *2n.* pessoa que faz a escrituração de uma empresa: *Meu pai era guarda-livros da estrada de ferro*.

guar.da.na.po *s.m.* peça de pano ou papel, geralmente quadrada, para, à mesa, proteger as roupas ou limpar os lábios e as mãos.

guar.da-pó *s.m.* capa em tecido leve, usada sobre a roupa para resguardá-la de poeira. // Pl.: guarda-pós.

guar.dar *v.t.* **1** garantir a segurança; proteger: *Cercas eletrificadas guardam a casa*. **2** conservar; preservar: *guardar a castidade até o casamento*. **3** observar fielmente; respeitar: *Devemos guardar a Constituição*.

guidão

4 pôr-se ao lado, em vigília; velar: *guardar o corpo do amigo*. **5** manter; apresentar: *Os fatos guardam semelhanças*. **6** pôr em segurança; esconder: *guardar as joias no cofre*. • *pron.* **7** proteger-se: *guardar-se contra o frio* ♦ **guardar silêncio** não se manifestar; ficar quieto.

guar.da-rou.pa *s.m.* **1** armário onde se guardam roupas: *Abre o guarda-roupa para escolher o que vestir*. **2** conjunto das roupas de uma pessoa ou dos componentes de um grupo: *Seu guarda-roupa foi comprado nas melhores butiques*. // Pl.: guarda-roupas.

guar.da-sol *s.m.* **1** guarda-chuva: *A viúva não saía sem seu guarda-sol preto*. **2** grande guarda-chuva que se fixa no solo ou numa armação especial e que serve para proteção contra o sol: *Comprou um guarda-sol colorido para ser visto da água*. Pl.: guarda-sóis.

guar.di.ão *s.m.* **1** quem guarda ou protege: *Um guardião ficava em frente ao palácio*. **2** superior de algumas comunidades religiosas: *Frei João do Espírito Santo era guardião do convento*.

guard-rail (gárdrêil) (Ingl.) barreira de proteção usada nas estradas e pistas de competição.

gua.ri.da *s.f.* refúgio; abrigo: *Encontrou guarida no Brasil graças ao consulado*.

gua.ri.ro.ba *s.f.* (Bot.) espécie de palmeira, também chamada coqueiro amargoso.

gua.ri.ta *s.f.* torre, nos ângulos das antigas fortificações, para abrigo dos sentinelas; cabina geralmente à entrada de propriedades e estabelecimentos militares, onde ficam os sentinelas: *Há uma guarita à entrada da empresa*.

guar.ne.cer *v.t.* **1** pôr enfeite; enfeitar; embelezar: *A costureira guarneceu a blusa com rendas*. **2** aparelhar; munir. **3** dispor forças militares em; fortificar: *guarnecer o portão do presídio*. **4** colocar defesas: *Uma grade guarnece a casa*.

guar.ni.ção *s.f.* **1** tudo o que guarnece uma peça; enfeite: *a bem polida guarnição do cano da espingarda*. **2** moldura que cobre a junta formada no encontro do marco de uma porta ou janela com a parede: *Foi necessário trocar todas as guarnições de portas e janelas por causa de cupim*. **3** ornato que guarnece uma peça de vestuário; orla decorativa: *As mulheres já usavam, então, guarnições de peles em suas indumentárias*. **4** acompanhamento de um prato principal: *O filé vem cercado por uma guarnição de legumes*. **5** tropa destacada para servir em determinada praça e defendê-la: *Ele está preso na guarnição militar de Campo de Marte*.

guas.ca *s.f.* (Bras.) **1** correia ou tira de couro cru. • *s.2g.* **2** rio-grandense-do-sul: *Guasca velho, tu não tens nada para falar?* • *adj.2g.* **3** que é natural ou relativo ao rio-grandense-do-sul: *Vestia uma indumentária guasca*.

gua.te.mal.te.co (ê) *s.m.* **1** quem nasceu ou habita na Guatemala. • *adj.* **2** relativo à Guatemala (América Central).

gua.xi.nim /ch/ *s.m.* (Bras.) pequeno mamífero de cor cinzento-amarelada, salpicada de preto, e que se alimenta de peixes. // Flexão de gênero: o guaxinim macho; o guaxinim fêmea.

gu.de *s.m.* **1** jogo infantil com bolinhas de vidro ou outro material. **2** cada uma dessas bolinhas: *bolinhas de gude*.

gue.de.lha (ê) *s.f.* cabelos longos e desgrenhados: *a guedelha grisalha do mendigo*.

gue.de.lhu.do *s.m.* **1** pessoa cabeluda. • *adj.* **2** com guedelha.

guei.xa /ch/ *s.f.* no Japão, jovem cantora e dançarina, educada para representar, segundo os japoneses, o ideal humano da feminilidade.

guel.ra *s.f.* órgão respiratório dos peixes; brânquia.

guer.ra (é) *s.f.* **1** luta armada entre nações ou entre facções dentro de uma nação; conflito militar: *a guerra do Vietnã*. **2** hostilização; desavença: *Os irmãos vivem em constante guerra*. **3** disputa; luta: *guerra pelo poder*. **4** combate a qualquer coisa a que se atribua um valor nocivo: *guerra contra a dengue*. ♦ **guerra fria** estado de tensão entre inimigos que buscam prejudicar-se mutuamente por meio de quaisquer atos que não impliquem diretamente declaração de guerra. **guerra santa** guerra por motivos religiosos. // Ant.: paz.

guer.re.ar *v.t.* **1** fazer guerra contra: *Índios guerreiam contra as outras tribos*. **2** combater; hostilizar: *Um partido normalmente guerreia com o outro*. **3** lutar; brigar: *Os grevistas acabaram guerreando com a polícia*.

guer.rei.ro *s.m.* **1** quem participa de guerra. **2** pessoa de ânimo belicoso; pessoa determinada: *Tantos problemas, mas ele não desiste; é um guerreiro*. • *adj.* **3** relativo a guerra: *ação guerreira*. **4** que incita à guerra; sobre a guerra: *ação guerreira*.

guer.ri.lha *s.f.* luta armada de voluntários não disciplinados militarmente, que em geral atacam o inimigo pela retaguarda com o objetivo de importuná-lo, interromper suas linhas de comunicação e destruir seus suprimentos.

guer.ri.lhei.ro *s.m.* **1** quem combate numa guerrilha. • *adj.* **2** de ou relativo a guerrilha: *As atividades guerrilheiras estavam no auge*.

gue.to (ê) *s.m.* **1** bairro onde os judeus eram forçados a morar, em certas cidades europeias: *gueto de Varsóvia*. **2** bairro, em qualquer cidade, onde são confinadas certas minorias por imposições econômicas ou raciais.

gui.a *s.m.* **1** publicação de instruções ou orientação sobre algum assunto particular ou algum serviço: *Foi publicado um guia para orientar o consumidor*. **2** publicação destinada a orientar visitantes de um local ou instituição; roteiro: *guia turístico*. • *s.f.* **3** condução; direção: *Vivo sob a guia de Deus e do Espírito Santo*. **4** orientação: *As estrelas serviam de guia para os navegantes*. **5** formulário que, em repartições, instrui pagamento de importâncias devidas: *guia de recolhimento de IPVA*. **6** autorização; permissão: *guia para internação de doentes*. **7** correia comprida com que a pessoa segue o animal para adestrá-lo. • *s.2g.* **8** acompanhante que fornece informações de interesse a visitantes e turistas: *A guia falava sobre o Rio, entremeando as explicações com histórias curiosas*. **9** pessoa que guia, orienta decisões, aconselha: *Um padre é seu guia espiritual*.

gui.ar *v.t.* **1** levar, mostrando o caminho; conduzir: *As pegadas no chão guiam o caçador*. **2** dar proteção a; amparar. **3** controlar uma ferramenta, um mecanismo, um movimento. **4** dar uma direção moral ou intelectual; orientar: *É dever dos pais guiar os filhos para o bem*. • *pron.* **5** encaminhar-se. • *int.* **6** levar; ir ter a.

gui.chê *s.m.* janelinha pela qual os funcionários de repartições, casas bancárias e bilheterias atendem ao público.

gui.dão *s.m.* barra de metal, movimentada manual-

463

guilhotina

mente, que comanda a roda da frente de bicicletas e motocicletas. // Var.: guidom.

gui.lho.ti.na s.f. **1** instrumento que decepa a cabeça, mediante uma lâmina que cai de certa altura sobre o pescoço da vítima: *Muitos reis e duques morreram na guilhotina.* **2** máquina provida de uma lâmina para cortar papel ou folha fina: *Aparou a resma de papel na guilhotina.*

gui.lho.ti.nar v.t. matar por meio de guilhotina: *O povo francês guilhotinou Luís XVI.*

guim.ba s.f. (Coloq.) a parte que resta do cigarro depois de fumado.

gui.na.da s.f. **1** desvio brusco de direção: *A moto imprimira tal velocidade que já não admitia guinada ou freio.* **2** desvio súbito numa situação; mudança; alteração: *Os bancos dão uma guinada nos rumos da política de financiamento.*

gui.nar v.t. **1** fazer mudar de direção inesperadamente: *Guinou o burrico para a direita.* **2** voltar-se; desviar-se propositadamente ou não: *O país tem guinado para a esquerda.* • *int.* **3** oscilar; desviar a embarcação: *O saveiro guinou em alto-mar.*

guin.cha.men.to s.m. ação de guinchar: *guinchamento de veículos.*

guin.char[1] v.int. **1** soltar guinchos: *Os macacos guincham nas árvores.* **2** emitir; produzir som semelhante a um guincho: *Fez a curva com tanta velocidade que os pneus guincharam.*

guin.char[2] v.t. transportar; içar; puxar: *guinchar veículos com documentação irregular.*

guin.cho[1] s.m. **1** grito agudo: *Na mata, ouvem-se guinchos, urros, pios, silvos.* **2** som alto e agudo: *Da cozinha, ouvi o guincho do freio.*

guin.cho[2] s.m. **1** mecanismo para levantar ou puxar pesos; guindaste: *Os cabos de aço são lançados ao mar, com o auxílio de guinchos especiais.* **2** veículo dotado com pequeno guindaste: *Chamamos um guincho para remover o veículo.*

guin.dar v.t. **1** elevar; içar: *O estivador guindava sacos de café.* **2** promover: *O povo guindou o deputado a governador.*

guin.das.te s.m. aparelho para levantar e transportar grandes pesos.

gui.né s.f. **1** galinha-d'angola: *As guinés ciscavam no terreiro.* **2** planta própria de países quentes à qual a crença popular atribui poder de conjurar desgraças.

guir.lan.da s.f. **1** cordão ornamental; festão: *Enfeitou a árvore com guirlandas e bolas.* **2** coroa de flores; grinalda: *A noiva entrou de branco, com guirlanda de flores nos cabelos.*

gui.sa s.f. maneira; modo. • **à guisa de** a título de: *Começou o depoimento com declaração à guisa de advertência.*

gui.sa.do s.m. **1** picadinho de carne; ensopado. • *adj.* **2** prato que se prepara refogando: *No jantar, comeu legumes guisados.*

gui.tar.ra s.f. instrumento de cordas dedilháveis, com caixa de ressonância e braço longo.

gui.tar.ris.ta s.2g. pessoa que toca guitarra: *guitarrista da banda.*

gui.zo s.m. **1** chocalho: *o guizo da cascavel.* **2** pequeno globo metálico que, por conter bolinhas maciças em seu interior, produz ruído ao ser agitado: *Havia guizos amarrados nos pés da dançarina.*

gu.la s.f. **1** desejo excessivo de comer; avidez de comida e bebida: *A beleza dos pratos desperta a gula.* **2** um dos sete pecados capitais, que consiste em cometer excessos na comida e na bebida: *Estávamos entregues ao pecado da gula.* **3** desejo incontrolado; sofreguidão.

gu.lo.di.ce s.f. **1** gula: *O aroma vindo da cozinha despertou sua gulodice.* **2** guloseima; iguaria; coisa gostosa: *comer gulodices.*

gu.lo.sei.ma s.f. iguaria muito apetitosa; gulodice.

gu.lo.so (ô) s.m. **1** que tem compulsão para comer: *O guloso não aprecia o sabor dos alimentos.* • *adj.* **2** que tem gula; que tem compulsão por comer: *menino guloso.* **3** ávido; cobiçoso.

gu.me s.m. **1** lado afiado de uma lâmina ou instrumento cortante: *uma espada de dois gumes.* **2** (Coloq.) agudeza de espírito; perspicácia.

gu.ri s.m. criança; menino.

gu.ru s.2g. **1** no hinduísmo, mestre da vida interior; guia espiritual. **2** orientador; conselheiro: *Ele tornou-se o guru dos jovens na escola.*

gu.sa s.m. ferro-gusa.

gus.pa.ra.da s.f. (Coloq.) cusparada.

gus.ta.ção s.f. **1** ato ou efeito de provar. **2** percepção do sabor: *A gustação é um dos cinco órgãos dos sentidos.*

gus.ta.ti.vo adj. que se refere ao sentido do gosto: *a sensibilidade gustativa.*

gu.tu.ral adj. **1** da garganta: *Um galo cantava longe, num doloroso espasmo gutural.* **2** diz-se do som ou fonema produzido na garganta.

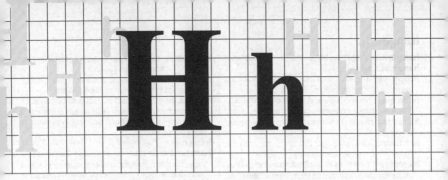

h s.m. 1 oitava letra do alfabeto português. 2 a figura dessa letra. 3 abreviatura de horas. • *num.* 4 oitavo numa série indicada por letras.

há.bil *adj.2g.* 1 que trata as questões com habilidade ou sagacidade; astucioso: *A firma contratou advogados hábeis.* 2 que está dentro das imposições legais ou de exigências preestabelecidas: *Há documentação hábil para entrar com mandado de segurança.* 3 que tem aptidão ou habilidade.

ha.bi.li.da.de *s.f.* capacidade; destreza; jeito: *Ele tem muita habilidade para os trabalhos manuais.*

ha.bi.li.do.so (ô) *adj.* 1 que tem muita habilidade; jeitoso: *mecânico habilidoso.* 2 engenhoso; astucioso: *É pessoa habilidosa, não se pode confiar nela.*

ha.bi.li.ta.ção *s.f.* capacitação; aquisição de conhecimentos precisos e específicos para algum fim: *Fez exame de habilitação para o ensino médio.*

ha.bi.li.tar *v.t.* 1 tornar hábil; capacitar; preparar: *O curso habilita o funcionário para um exercício mais consciente de suas funções.* • *pron.* 2 apresentar-se como hábil ou capaz; pôr-se à disposição para fazer algo: *O rapaz habilitou-se para a função de laboratorista.*

ha.bi.ta.bi.li.da.de *s.f.* estado ou condição do que é habitado: *É preciso melhorar a habitabilidade das casas populares.*

ha.bi.ta.ção *s.f.* 1 ocupação de residência: *aumento dos gastos com habitação.* 2 lugar onde se habita; residência: *A antiga habitação do fazendeiro foi demolida.*

ha.bi.ta.ci.o.nal *adj.2g.* de ou relativo a habitação: *O governo deve gastar milhões com a expansão habitacional.*

ha.bi.tá.cu.lo *s.m.* habitação pequena e modesta.

ha.bi.tan.te *s.2g.* morador; residente: *habitantes da cidade.*

ha.bi.tar *v.t.* 1 residir em; morar em: *Dez pessoas habitam a casa.* 2 desenvolver-se: *Plantas que habitam o cerrado.* 3 ocupar; povoar: *Colonos vieram habitar aquelas regiões inóspitas.*

há.bi.tat *s.m.* (Ecol.) lugar ou meio em que cresce ou vive, em condições favoráveis, o ser humano ou determinada espécie animal ou vegetal; ambiente natural: *O hábitat dos índios vem se desvirtuando desde a colonização.*

ha.bi.tá.vel *adj.2g.* que se pode habitar; próprio para ser habitado: *Até o porão é habitável.*

ha.bi.te-se *s.m.* documento do poder municipal que autoriza a ocupação de um imóvel construído.

há.bi.to *s.m.* 1 disposição adquirida pela repetição contínua de um determinado ato; costume: *Fumar é um mau hábito.* 2 comportamento usual; modo de procedimento: *Tem o hábito de levantar-se muito cedo.* 3 (Rel.) vestimenta de religiosos que consiste numa túnica longa: *A freira vestia seu hábito branco sempre bem passado.*

ha.bi.tu.al *adj.2g.* 1 que acontece ou se faz por hábito; costumeiro; usual: *O almoço foi servido na hora habitual.* 2 frequente; comum: *Sou frequentador habitual de cinemas.*

ha.bi.tu.ar *v.t.* 1 acostumar: *Procurava habituar o corpo aos exercícios.* • *pron.* 2 acostumar-se: *O homem habituara-se desde cedo ao trabalho.*

hacker (ráker) (Ingl.) *s.2g.* (Inf.) pessoa com grande habilidade para burlar os mecanismos de segurança e acessar de modo ilegal sistemas de computação.

ha.gi.o.gra.fi.a *s.f.* biografia de santo; obra escrita sobre santo.

hai.cai *s.m.* (Lit.) poema japonês constituído de três versos, sendo o segundo de sete sílabas e os outros dois, de cinco.

hai.ti.a.no *s.m.* 1 natural ou habitante do Haiti. • *adj.* 2 relativo ao Haiti (América Central).

há.li.to *s.m.* 1 odor da boca: *ácidos causadores do mau hálito.* 2 exalação; cheiro: *Vinha dos baús um hálito de mofo.* 3 aragem: *Respirava o hálito fresco da manhã.*

hall (róll) (Ingl.) *s.m.* pequena sala de entrada de um edifício; vestíbulo: *Esperava-me no hall do hotel.*

ha.lo *s.m.* 1 círculo ou anéis luminosos em torno do Sol ou da Lua: *Havia um halo leitoso em torno da Lua.* 2 qualquer círculo difusamente iluminado que rodeia um objeto ou um espaço: *um halo escuro em redor do ferimento.* 3 auréola; fulgor: *Havia um halo envolvendo-lhe o rosto.*

hal.te.re (é) *s.m.* (Esport.) instrumento para ginástica formado por duas esferas de ferro ligadas por uma haste do mesmo material, que é segura pela mão do ginasta; peso.

hal.te.ro.fi.lis.mo *s.m.* (Esport.) prática de ginástica com halteres.

hal.te.ro.fi.lis.ta *s.2g.* pessoa que pratica o halterofilismo.

ham.búr.guer *s.m.* bife de formato arredondado, feito de carne moída temperada.

hamster (râmster) (Ingl.) *s.m.* mamífero roedor semelhante ao rato, mas de cauda curta, e dotado de bolsas faciais muito grandes, onde armazena alimento.

han.de.bol *s.m.* (Esport.) jogo correspondente ao futebol de salão, mas jogado com as mãos.

handicap (randicap) (Ingl.) *s.m.* 1 pontuação que uma comissão atribui a um jogador ou a um time por causa do seu desempenho; classificação: *No campeonato de polo, ele tinha handicap quatro.* 2 desvantagem: *Os candidatos não são personagens populares, o que é um handicap negativo em campanhas eleitorais.*

465

hangar

han.gar *s.m.* abrigo para aeronaves ou embarcações.
han.se.ní.a.se *s.f.* lepra.
happy end (répiend) (Ingl.) *s.m.* final feliz de algum evento ou empreendimento.
ha.ra.qui.ri *s.m.* modalidade japonesa de suicídio, que consiste em rasgar o ventre com faca ou sabre.
ha.ras *s.m.* campo ou fazenda de criação de cavalos de corrida.
hardware (rárduer) (Ingl.) *s.m.* (Inf.) conjunto de componentes de um computador.
ha.rém *s.m.* **1** parte da casa muçulmana destinada às mulheres; parte do palácio do sultão muçulmano onde ficam as odaliscas: *O sultão tinha em seu harém as mulheres mais lindas.* **2** conjunto das odaliscas de um harém. **3** conjunto de fêmeas que um animal consegue cobrir.
har.mo.ni.a *s.f.* **1** disposição bem ordenada entre as partes de um todo: *Móveis, tapetes e cortinas compunham a harmonia da sala.* **2** ordem; tranquilidade: *O guia transmitia aos turistas uma imagem de harmonia.* **3** (Mús.) conjunto de princípios em que se baseia o emprego de sons simultâneos. **4** acordo; conformidade: *harmonia entre os seres da natureza.*
har.mô.ni.ca *s.f.* (Mús.) **1** instrumento musical semelhante ao acordeão. **2** gaita de boca.
har.mô.ni.co *adj.* em que há harmonia; bem proporcionado; equilibrado: *Sonhamos com o crescimento rápido e harmônico de nosso país.*
har.mo.ni.o.so (ô) *adj.* **1** que se desenvolve com harmonia; bem proporcionado: *No museu, vimos esculturas de formas harmoniosas.* **2** em que há acordo; sem arestas ou desavenças: *convívio harmonioso da família.* **3** agradável ao ouvido: *O menino cantava uma balada harmoniosa.*
har.mo.ni.za.ção *s.f.* **1** harmonia: *O pintor procura a harmonização das cores.* **2** conciliação; compatibilização: *harmonização entre os fatos e a teoria.*
har.mo.ni.zar *v.t.* **1** compatibilizar: *Todos buscam harmonizar globalmente suas políticas fiscais.* **2** combinar; conciliar: *harmonizar a música com os movimentos do corpo.* • *pron.* **3** estar em harmonia; não destoar de: *As metas harmonizam-se com os imperativos da segurança nacional.* **4** entrar em harmonia; compatibilizar-se; conciliar-se: *Os efeitos plásticos se harmonizam.*
har.pa *s.f.* instrumento de forma triangular, de cordas que são dedilhadas.
har.pi.a *s.f.* **1** (Mit.) monstro alado, com rosto de mulher e corpo de abutre. **2** mulher má; megera. **3** pessoa ávida, exploradora: *Assanhadas e agressivas, as harpias atacam novamente os cofres públicos.* **4** (Zool.) grande ave da família dos falcões da América, um dos maiores gaviões brasileiros: *O aviário do zoo de São Paulo vai expor dez harpias.*
has.te *s.f.* **1** vara de material duro: *A placa de ferro terminava numa haste.* **2** parte do vegetal que se eleva do solo e serve de suporte aos ramos, às folhas e às flores; caule: *A haste da rosa tem espinhos.* **3** parte longa e levantada de um objeto ou de uma figura: *haste dos óculos.* **4** parte mais longa de certas letras. **5** mastro da bandeira.
has.te.a.men.to *s.m.* ação de hastear: *Assistimos ao hasteamento da bandeira.*

has.te.ar *v.t.* colocar no alto da haste; desfraldar: *Hasteiam a bandeira só nos feriados.*
hau.rir *v.t.* **1** sorver; aspirar. **2** colher; extrair: *Hauria aquelas informações nos manuais antigos.*
ha.vai.a.no *s.m.* **1** natural ou habitante do Havaí: *Os havaianos recebem muito bem os turistas.* • *adj.* **2** relativo ao Havaí, arquipélago da Polinésia pertencente aos Estados Unidos.
ha.va.na *s.m.* charuto proveniente de Havana (Cuba).
ha.ver *v.t.* **1** existir: *Havia ratos no porão.* **2** ter decorrido; fazer: *Ele não me telefonava havia duas semanas.* **3** indica tempo futuro: *Como hei de saber?* **4** acontecer; ocorrer; realizar-se: *Haverá reunião sindical.* **5** indica dever, suposição ou possibilidade: *Por que é que havíamos de levar o rapaz?* **6** entrar em acerto; medir forças; arranjar-se: *Não é comigo, mas com o povo que você vai se haver um dia.* **7** ter, possuir: *Havia um apartamento de herança.* **8** alcançar, conseguir: *Não houve seu objetivo.* **9** sentir: *Eles houveram medo de se envolver na briga.* • *pron.* **10** comportar-se: *Era de ver como se houveram as crianças durante a festa.* • *s.m. pl.* **11** bens: *A avó lhe deixou muitos haveres.*
ha.xi.xe *s.m.* **1** resina extraída do cânhamo (*Cannabis sativa*). **2** droga preparada com essa resina, usada como entorpecente.
heavy metal (révimétal) (Ingl.) *s.m.* tipo de *rock* de batidas violentas e sonoridade por meios eletrônicos.
heb.do.ma.dá.rio *s.m.* **1** publicação periódica semanal: *Leio um hebdomadário de pouca divulgação.* • *adj.* **2** semanal: *jornalismo hebdomadário.*
he.brai.co *s.m.* **1** língua semítica em que foi escrito o Velho Testamento, hoje língua oficial do Estado de Israel; a língua dos hebreus. • *adj.* **2** relativo aos hebreus: *cultura hebraica.*
he.breu *s.m.* **1** indivíduo dos hebreus: *Os hebreus acompanharam Moisés na travessia do mar Vermelho.* • *adj.* **2** pertencente, relativo ou descendente de um grupo de tribos semíticas localizadas, durante o segundo milênio a.C., na Palestina, e constituindo-se, mais tarde, em unidade nacional (política e religiosa); hebraico: *Moisés foi o grande legislador hebreu.* // Fem.: hebreia (éi).
he.ca.tom.be *s.f.* sacrifício de um grande número de vítimas; matança humana: *A bomba atômica causou uma hecatombe em Hiroshima.*
hec.ta.re *s.m.* unidade de medida de área, equivalente a cem ares ou dez mil metros quadrados.
hec.tô.me.tro *s.m.* unidade de medida de comprimento, equivalente a cem metros.
HD (do inglês *hard disk*) *s.m.* (Inf.) disco rígido.
he.di.on.dez *s.f.* qualidade do que é hediondo: *a hediondez do crime.*
he.di.on.do *adj.* **1** horrendo; repulsivo: *crime hediondo.* **2** pavoroso; medonho: *De onde viria aquele grito hediondo?* **3** cheio de vícios ou defeitos; vicioso: *Não se fazia entender com seu inglês hediondo.*
he.do.nis.mo *s.m.* (Ét.) **1** doutrina ética que considera o prazer individual como o único bem da vida, seu princípio e seu fim. **2** conjunto de princípios de vida baseados na busca do prazer.
he.ge.mo.ni.a *s.f.* **1** preponderância de um povo ou de uma classe social sobre outra: *Na época de Jesus, a hegemonia dos romanos era grande.* **2** supremacia; posição destacada; superioridade.

hera

he.ge.mô.ni.co *adj.* relativo a hegemonia; dominante; preponderante.

he.lan.ca *s.f.* malha flexível que adere ao corpo: *calça de helanca*.

he.lê.ni.co *s.m.* **1** natural ou habitante da Grécia Antiga. • *adj.* **2** relativo à Grécia Antiga: *A mitologia helênica é muito rica*.

he.le.nis.mo *s.m.* conjunto das ideias e costumes da Grécia Antiga: *A sedução do helenismo sempre foi grande entre nós*.

he.le.nís.ti.co *adj.* **1** diz-se do período histórico que vai desde a conquista do Oriente por Alexandre até a conquista da Grécia pelos romanos: *O período helenístico assistiu à decadência da religião clássica*. **2** relativo ou próprio desse período: *literatura helenística*.

he.le.no *s.m.* **1** grego: *Conhecemos a supremacia dos helenos sobre os bárbaros.* • *adj.* **2** relativo à Grécia e aos gregos.

hé.li.ce *s.f.* **1** curva espiralada. **2** (Constr. Nav.) peça propulsora de navio, que substitui as rodas: *o ruído das grandes hélices da embarcação*. // nesta acepção, a marinha brasileira considera a palavra masculina: *O hélice do navio*. // **3** (Aer.) peça propulsora de aviões e helicópteros. **4** peça giratória de máquina: *as hélices dos ventiladores*.

he.li.coi.dal *adj.2g.* em forma de hélice: *molas helicoidais*.

he.li.cóp.te.ro *s.m.* aparelho de aviação capaz de elevar-se verticalmente e sustentar-se por meio de hélices horizontais.

hé.lio *s.m.* (Quím.) um dos gases raros da natureza. // Símb.: He; N. Atôm.: 2.

he.li.o.cen.tris.mo *s.m.* (Astr.) doutrina que concebe o sistema solar com o Sol como centro: *Muitos astrônomos foram perseguidos na Idade Média por serem adeptos do heliocentrismo*.

he.li.ó.fi.to *s.m.* planta que se desenvolve ao sol por requerer luz intensa para viver.

he.li.o.gra.fi.a *s.f.* **1** (Astr.) estudo descritivo do Sol. **2** decalque fotográfico de desenhos a traço, plantas, mapas etc., processo ainda usado em fotogravura.

he.li.o.grá.fi.co *adj.* relativo à heliografia e à heliogravura.

he.li.o.gra.vu.ra *s.f.* **1** processo de fotogravura a entalhe que utiliza a luz solar. **2** gravura obtida por esse processo.

he.li.por.to (ô) *s.m.* campo ou área destinada ao pouso e à partida de helicópteros.

hel.min.tí.a.se *s.f.* (Med.) infecção produzida por helminto, verme intestinal.

hel.mín.ti.co *adj.* relativo à helmintíase: *As crianças estão mais sujeitas à contaminação helmíntica*.

hel.min.to *s.m.* (Zool.) verme intestinal.

he.má.cia *s.f.* (Histol.) glóbulo vermelho do sangue.

he.má.ti.co *adj.* relativo ao sangue: *a perda hemática sofrida pelo organismo*.

he.ma.ti.ta *s.f.* (Min.) mineral de ferro muito importante; jacutinga.

he.ma.tó.fa.go *adj.* que se alimenta de sangue: *Os insetos hematófagos são mais agressivos*.

he.ma.to.lo.gi.a *s.f.* especialidade médica que estuda a fisiologia e a patologia do sangue.

he.ma.to.ló.gi.co *adj.* relativo a hematologia: *Fizeram-se vários exames hematológicos*.

he.ma.to.lo.gis.ta *s.2g.* especialista em hematologia.

he.ma.to.ma *s.m.* (Med.) acúmulo de sangue localizado, resultante de contusão ou de ruptura de veias: *Procurou ervas para curar os hematomas*.

he.ma.to.se (ó) *s.f.* (Fisiol.) transformação, nos pulmões, do sangue venoso em arterial, ao contato do ar aspirado.

he.mis.fé.ri.co *adj.* **1** que tem a forma de meia esfera: *árvore de copa hemisférica*. **2** relativo a um dos hemisférios da Terra: *a realização de uma conferência hemisférica no Rio de Janeiro*.

he.mis.fé.rio *s.m.* cada uma das duas metades em que a Terra é imaginariamente dividida pela linha do Equador: *o hemisfério norte*.

he.mo.di.á.li.se *s.f.* (Nefr.) processo terapêutico em que o sangue, mediante o uso de equipamento especial, é depurado de diversas substâncias nocivas.

he.mo.di.nâ.mi.ca *s.f.* parte da fisiologia que trata dos fenômenos mecânicos da circulação sanguínea.

he.mo.di.nâ.mi.co *adj.* relativo à circulação do sangue e dos fatores que nela intervêm: *A alteração hemodinâmica determinou uma aceleração na evolução da moléstia*.

he.mo.fi.li.a *s.f.* (Hemat.) doença hereditária, transmitida da mãe para o filho, caracterizada por deficiência no mecanismo de coagulação do sangue.

he.mo.fí.li.co *s.m.* **1** pessoa que sofre de hemofilia. • *adj.* **2** relativo à hemofilia: *anemia hemofílica*. **3** que sofre de hemofilia: *O farmacêutico era hemofílico*.

he.mó.fi.lo *s.m.* bactéria que pode provocar sinusite, bronquite, meningite e pneumonia, entre outras doenças.

he.mo.glo.bi.na *s.f.* (Fisiol.) pigmento existente na hemácia que funciona no transporte do oxigênio dos pulmões para os tecidos do corpo.

he.mo.gra.ma *s.m.* exame laboratorial de sangue que fornece dados sobre seus componentes, constituindo valioso auxiliar no diagnóstico e no acompanhamento da evolução de doenças.

he.mo.pa.ti.a *s.f.* doença do sangue.

he.mop.ti.se *s.f.* (Pneum.) expectoração de sangue proveniente dos pulmões, traqueia e brônquios.

he.mor.ra.gi.a *s.f.* (Med.) derramamento abundante de sangue para fora dos vasos sanguíneos.

he.mor.rá.gi.co *adj.* **1** de hemorragia: *Teve um acidente hemorrágico*. **2** que apresenta hemorragia: *O paciente teve vômito hemorrágico*.

he.mor.roi.da *s.f.* (Proct.) dilatação das veias do ânus e da parte inferior do reto. // Mais usado no plural.

he.mo.te.ra.pi.a *s.f.* emprego de sangue ou de produtos do sangue, como o plasma sanguíneo, no tratamento de certas enfermidades.

he.na *s.f.* arbusto originário do norte da África, de flores brancas, casca e folhas de que se obtém corante, usado em cosmética.

he.pa.ri.na *s.f.* (Quím.) substância anticoagulante presente especialmente no fígado.

he.pá.ti.co *adj.* relativo ao fígado: *cirrose hepática*.

he.pa.ti.te *s.f.* (Patol.) inflamação aguda ou crônica do fígado, geralmente causada por vírus ou, às vezes, por agentes tóxicos.

hep.ta.e.dro (é) *s.m.* (Geom.) poliedro de sete faces.

hep.tá.go.no *s.m.* (Geom.) polígono de sete lados.

he.ra (é) *s.f.* planta trepadeira e rastejante, cujo caule se

heráldica

agarra em paredes e em troncos de árvore por meio de raízes aéreas: *O pavilhão abandonado cobria-se de hera.* // Cp.: era.

he.rál.di.ca *s.f.* arte ou ciência dos brasões.

he.ran.ça *s.f.* **1** bem transmitido por sucessão ou por disposição testamentária; bem herdado: *Recebemos uma casa como herança*. **2** conjunto de características, físicas ou não, que se transmitem por hereditariedade: *Seus olhos azuis são herança inglesa do sangue materno.* **3** aquilo que se recebeu das gerações anteriores; legado: *A bruxaria é uma herança medieval.*

her.bá.ceo *adj.* **1** relativo a erva. **2** que tem as características da erva, cujos ramos e hastes não são lenhosos e morrem depois da frutificação: *O melhor crescimento foi o do algodão herbáceo.*

her.bi.ci.da *s.m.* substância empregada para a destruição de ervas daninhas.

her.bí.vo.ro *s.m.* **1** animal herbívoro. • *adj.* **2** que se alimenta de ervas ou de outros vegetais: *As capivaras são herbívoras.*

her.cú.leo *adj.* **1** descomunal: *tarefa hercúlea.* **2** muito forte e robusto: *O carroceiro era alto, hercúleo e de barba cerrada.*

her.da.de *s.f.* propriedade rural com terra de semeadura, casa de moradia e demais benfeitorias.

her.dar *v.t.* **1** receber como herança; obter por legado: *O filho do coronel herdou duas fazendas.* **2** receber em transmissão: *A Renascença herdou da Antiguidade uma série de crenças.* **3** adquirir por hereditariedade: *Herdou do pai os pelos do corpo.*

her.dei.ro *s.m.* **1** pessoa que herda bens após a morte do proprietário: *A velha senhora tinha muitos herdeiros.* **2** portador de certas particularidades físicas ou psicológicas. • *adj.* **3** que herda: *o príncipe herdeiro.* **4** que conserva características de vida e de cultura próprias de antecessores: *Somos herdeiros da melancolia portuguesa.*

he.re.di.ta.ri.e.da.de *s.f.* **1** transmissão dos caracteres físicos ou morais de uma pessoa a seus descendentes: *A hereditariedade representa fator importante no aparecimento de certas doenças.* **2** transmissão de bens ou de prerrogativas.

he.re.di.tá.rio *adj.* **1** que se transmite por herança de pais a filhos ou de ascendentes a descendentes: *A hemofilia é doença hereditária.* **2** que se transmite por herança: *capitanias hereditárias.* **3** que recebe cargo, função ou dignidade por herança: *um príncipe hereditário.*

he.re.ge (é) *s.2g.* **1** pessoa que se afasta de uma doutrina religiosa ou que a ela se opõe: *a condenação dos hereges.* • *adj.2g.* **2** que se afasta de uma doutrina religiosa ou que a ela se opõe: *um povo herege.* **3** não religioso; ímpio: *Considerado herege, o livro foi proibido pela Igreja.*

he.re.si.a *s.f.* **1** doutrina contrária ao que foi estabelecido pela Igreja em matéria de fé. **2** contrassenso; tolice: *Foi um discurso recheado de heresias.*

he.ré.ti.co *s.m.* **1** pessoa herege: *As autoridades perseguiam os heréticos.* • *adj.* **2** que contém heresia: *Cuidado com pensamentos heréticos.* **3** que se afasta de doutrina religiosa ou a ela se opõe; herege: *um rei herético.*

her.ma.fro.di.ta *s.m.* (Biol.) **1** animal ou planta que possui órgãos reprodutores dos dois sexos. • *adj.* **2** que possui órgãos reprodutores dos dois sexos; andrógino: *A minhoca é hermafrodita.*

her.ma.fro.di.tis.mo *s.m.* qualidade de hermafrodita; androginia.

her.me.neu.ta *s.2g.* especialista em hermenêutica; intérprete.

her.me.nêu.ti.ca *s.f.* interpretação dos textos, especialmente os sagrados: *Ele era uma pessoa interessada em hermenêutica bíblica.*

her.mé.ti.co *adj.* **1** impermeável ao ar. **2** fechado totalmente. **3** de difícil compreensão; obscuro: *um filme clássico, um pouco hermético.*

her.me.tis.mo *s.m.* dificuldade de compreensão; complexidade; obscuridade: *A magia é sempre dotada de algum hermetismo.*

hér.nia *s.f.* **1** (Cir.) deslocamento total ou parcial de um órgão através de abertura, natural ou adquirida, da parede da cavidade que o contém: *O menino precisou retirar uma hérnia dos testículos.* **2** inchaço sob a pele, provocado por esse deslocamento.

he.rói *s.m.* **1** quem se distingue por sua coragem extraordinária numa guerra ou diante de outro perigo qualquer: *os heróis da Guerra do Paraguai.* **2** protagonista de qualquer aventura, feito ou evento. **3** pessoa notável por seus feitos ou por sua coragem: *um herói da guerra contra os traficantes.* **4** personagem principal de uma obra de ficção: *o herói da novela.* // Fem.: heroína.

he.roi.co (ói) *adj.* **1** relativo a herói; que se comporta como herói; corajoso: *nosso heroico e sofrido povo.* **2** que canta os feitos de um herói; épico: *poema heroico.*

he.ro.í.na *s.f.* narcótico cristalino, branco, amargo, produzido de morfina, porém mais poderoso que ela.

he.ro.ís.mo *s.m.* coragem; bravura: *Essas explosões de bombas são atos de falso heroísmo.*

her.pes (é) *s.m.* (Derm.) afecção inflamatória na pele e na mucosa, caracterizada pela formação, em grupos, de pequenas vesículas que, ao se romperem, provocam dor.

her.pe.to.lo.gi.a *s.f.* parte da Zoologia que trata dos répteis e também dos anfíbios.

hertz (é) *s.m.* (Fís.) unidade de medida de frequência, equivalente a um ciclo por segundo. // Simb.: Hz.

he.si.ta.ção *s.f.* vacilação; indecisão: *Teve um ligeiro instante de hesitação.*

he.si.tan.te *adj.2g.* **1** que hesita; indeciso: *A menina parou um pouco, hesitante.* **2** inseguro; vacilante.

he.si.tar *v.int.* deter-se indeciso; não tomar resolução; vacilar: *Depois de hesitar um segundo, apertou a mão do detetive.*

he.te.ro.do.xi.a /ks/ *s.f.* oposição à ortodoxia: *Ela aceita a heterodoxia da mistura de raças, religiões e culturas.*

he.te.ro.do.xo /ks/ *s.m.* **1** pessoa não ortodoxa; que é contra normas e princípios vigentes: *Os heterodoxos achavam que a inflação não cresceria.* • *adj.* **2** não-ortodoxo: *doutrina heterodoxa.*

he.te.ro.fô.ni.co *adj.* (Gram.) diz-se de cada um dos vocábulos que têm a mesma forma escrita, mas pronúncia diferente.

he.te.ro.ge.nei.da.de *s.f.* **1** qualidade de heterogêneo; variedade: *Ele deve muito à heterogeneidade das influências musicais.* **2** qualidade de uma população cujos integrantes possuem características acentuadamente diferentes: *A heterogeneidade nacional resulta da mistura racial e cultural.*

he.te.ro.gê.neo *adj.* de natureza diferente: *Os problemas cotidianos são muito heterogêneos.*

he.te.rô.ni.mo *s.m.* nome alternativo com que um autor assina certas obras suas: *Fernando Pessoa usou vários heterônimos.*

he.te.ros.se.xu.al /ks/ *s.2g.* 1 pessoa cuja orientação sexual é a heterossexualidade. • *adj.* 2 cuja orientação sexual é a heterossexualidade: *casais heterossexuais.*

he.te.ros.se.xu.a.li.da.de /ks/ *s.f.* orientação sexual caracterizada por atração sexual entre pessoas de sexos diferentes.

he.te.ros.se.xu.a.lis.mo /ks/ *s.m.* heterossexualidade.

heu.re.ca (é) *interj.* que expressa triunfo diante da resolução de problema difícil.

heu.rís.ti.ca *s.f.* conjunto de regras e métodos que levam à descoberta de verdades científicas.

heu.rís.ti.co *adj.* relativo à heurística.

he.xa.go.nal /ks/ ou /z/ *s.m.* 1 torneio esportivo com seis equipes participantes. • *adj. 2g.* 2 que tem seis ângulos: *bandeja hexagonal.*

he.xá.go.no /ks/ ou /z/ *s.m.* (Geom.) polígono de seis lados e seis ângulos.

hi.a.to *s.m.* 1 (Gram.) conjunto de duas vogais contíguas, cada uma delas numa sílaba diferente. 2 fenda ou abertura no corpo humano: *hérnia de hiato.* 3 suspensão; parada: *Aproveitou o hiato na conversa e entrou na discussão.*

hi.ber.na.ção *s.f.* 1 sono profundo de certos animais e estado de repouso de certos vegetais, durante o inverno: *Os ursos sobrevivem ao inverno em estado de hibernação.* 2 amortecimento; inércia: *Na Idade Média, houve uma hibernação da cultura clássica.*

hi.ber.nar *v.int.* 1 falando-se de animais, entrar em estado de sono profundo no inverno: *Os ursos-brancos hibernam vários meses.* 2 falando-se de vegetais, permanecer em estado de repouso, sem medrar: *Há plantas que hibernam nos períodos de seca.*

hi.bis.co *s.m.* arbusto de flores vistosas, de cores variadas.

hi.bri.dis.mo *s.m.* (Gram.) palavra formada de elementos provindos de línguas diferentes.

hí.bri.do *adj.* 1 animal ou vegetal originário do cruzamento de espécies diferentes: *milho híbrido.* 2 diz-se da palavra formada por elementos de línguas diferentes. 3 misturado; misto: *estilo híbrido.*

hi.dran.te *s.m.* boca de cano de água, com válvula, em via pública, com conexão para mangueira, cuja finalidade é extinguir incêndios.

hi.dra.ta.ção *s.f.* 1 tratamento por hidratos ou água; reposição do nível adequado de hidratos: *Hidratação do organismo com muito líquido.* 2 reposição da umidade: *A hidratação da pele ajuda a evitar as rugas.*

hi.dra.ta.do *adj.* 1 que foi tratado pela água: *cal hidratada.* 2 que contém água combinada ou misturada: *álcool hidratado.* 3 que tem um grau de umidade normal; que não está ressecado: *A moça mantém a pele hidratada.* 4 provido de quantidade normal de água no organismo: *No verão, as crianças precisam ficar bem hidratadas.*

hi.dra.tan.te *s.m.* 1 produto que hidrata a pele: *Ela cuida da pele com hidratantes.* • *adj.2g.* 2 que hidrata; que dá umidade: *cremes hidratantes.* 3 que hidrata o organismo, compensando perdas: *O melão e a melancia são hidratantes.*

hi.dra.tar *v.t.* 1 repor hidratos de; repor água, compensando perda: *hidratar o organismo.* 2 devolver a umidade de; restabelecer o grau adequado de umidade de: *Ela usa cremes para hidratar a pele.* 3 combinar com água (o álcool): *hidratar o álcool.*

hi.dra.to *s.m.* (Quím.) composto de uma substância com moléculas de água: *Os hidratos de carbono são indispensáveis à alimentação.*

hi.dráu.li.ca *s.f.* (Fís.) 1 parte da hidrodinâmica que estuda o escoamento de fluidos, especialmente a água, e as aplicações tecnológicas de alguns escoamentos. 2 sistema hidráulico.

hi.dráu.li.co *adj.* 1 relativo à hidráulica. 2 que funciona pela resistência oferecida pela água ou óleo, forçado através de um orifício pequeno: *carro com direção hidráulica.* 3 que funciona por ação do movimento de um líquido; movido pela força da água: *Hoje há cadeiras de cabeleireiro com equipamento hidráulico.*

hi.dre.lé.tri.ca *s.f.* usina de energia elétrica.

hi.dre.lé.tri.co *adj.* relativo à produção de corrente elétrica por meio de força hidráulica: *As usinas hidrelétricas são caras.*

hi.dre.to (ê) *s.m.* (Quím.) composto binário de hidrogênio e outro elemento eletropositivo.

hí.dri.co *adj.* relativo à água: *Temos abundantes recursos hídricos.*

hi.dro.a.vi.ão *s.m.* avião dotado de flutuadores para pousar na água.

hi.dro.car.bo.ne.to (ê) *s.m.* (Quím.) composto poluente formado por átomos de carbono e de hidrogênio.

hi.dro.ce.fa.li.a *s.f.* (Neur.) acúmulo anormal de líquido no crânio, acompanhado de aumento da cabeça: *Na hidrocefalia a face é pequena, em contraste com o crânio volumoso.*

hi.dro.fo.bi.a *s.f.* (Med.) doença infecciosa provocada por um vírus que ataca especialmente os cães e cujo sintoma principal é a impossibilidade de deglutir, devida a espasmo da laringe; raiva.

hi.dro.ge.na.do *adj.* que contém hidrogênio.

hi.dro.gê.nio *s.m.* (Quím.) elemento químico gasoso, altamente inflamável e incolor, usado como combustível e na fabricação de produtos industriais. // Símb.: H; N. Atôm.: 1.

hi.dro.gi.nás.ti.ca *s.f.* ginástica praticada dentro da água.

hi.dro.gra.fi.a *s.f.* 1 conjunto das águas correntes ou estáveis de uma região: *Na hidrografia da região Norte sobressai o rio Amazonas.* 2 ciência e técnica de descrição dos mares, lagos, rios etc., com referência especial ao seu uso para fins de navegação e comércio: *Marinheiros recebem lições de hidrografia.*

hi.dró.li.se *s.f.* decomposição de uma substância pela ação da água.

hi.dro.lo.gi.a *s.f.* ciência que estuda a água, suas propriedades, fenômenos relacionados e sua distribuição na superfície ou debaixo da Terra.

hi.dro.mas.sa.gem *s.f.* massagem feita por meio de jatos de água: *Comprei uma banheira redonda para hidromassagem.*

hi.drô.me.tro *s.m.* aparelho com que se mede a quantidade de água consumida em um imóvel.

hidroponia

hi.dro.po.ni.a *s.f.* hidropônica.
hi.dro.pô.ni.ca *s.f.* técnica de cultura de plantas em solução nutriente.
hi.dros.fe.ra (é) *s.f.* conjunto das águas da Terra: *equipamentos para estudo da hidrosfera*.
hi.dros.tá.ti.ca *s.f.* parte da hidrodinâmica que estuda a pressão e o equilíbrio dos líquidos e gases sob a ação da gravidade.
hi.dros.tá.ti.co *adj.* que diz respeito à hidrostática.
hi.dro.te.ra.pi.a *s.f.* tratamento por meio da água em aplicações externas (banhos, duchas, aspersões).
hi.dro.vi.a *s.f.* via líquida usada para navegação e transporte.
hi.dro.vi.á.rio *adj.* relativo a hidrovia: *Os terminais hidroviários das duas cidades também foram remodelados*.
hi.dró.xi.do /ks/ *s.m.* (Quím.) substância que apresenta em sua composição molecular uma oxidrila.
hi.e.na (ê) *s.f.* (Zool.) mamífero carnívoro do tamanho aproximado de um lobo, mas com o dorso fortemente decaído, cabeça grande, pescoço grosso e mandíbulas fortes.
hi.e.rar.qui.a *s.f.* **1** ordem ou graduação existente em uma corporação militar ou policial: *o rigor da hierarquia militar*. **2** escalonamento segundo o grau de importância e comando em uma organização por camadas: *Na instituição não havia hierarquia entre os pesquisadores*. **3** graduação segundo uma escala de abrangência: *O homem ocupa o primeiro lugar na hierarquia zoológica*.
hi.e.rár.qui.co *adj.* relativo à hierarquia: *Respeitemos nossos superiores hierárquicos*.
hi.e.rar.qui.za.ção *s.f.* ato ou efeito de organizar em hierarquia; seriação de graus ou escalões: *a hierarquização das funções em uma empresa*.
hi.e.rar.qui.zar *v.t.* organizar segundo uma hierarquia; estratificar: *hierarquizar todas as funções, dentro de cada setor da empresa*.
hi.e.ro.glí.fi.co *adj.* **1** de ou relativo a hieróglifo: *o sistema hieroglífico dos egípcios*. **2** difícil de decifrar ou entender; enigmático: *poema visual hieroglífico*.
hi.e.ró.gli.fo *s.m.* **1** ideograma que constitui uma unidade da escrita do antigo Egito: *Foi um francês que decifrou os hieróglifos egípcios*. **2** (Coloq.) escrita ilegível, enigmática. // Var.: hieroglifo.
hí.fen *s.m.* (E. Ling.) sinal gráfico que marca a união de elementos numa palavra composta, ou entre verbo e um pronome átono, ou ainda a partição de sílabas; traço de união. // Pl.: hifens.
hi.gi.dez (ê) *s.m.* saúde: *Vamos nos preocupar com a higidez da terceira-idade*.
hí.gi.do *adj.* **1** relativo à saúde; sadio; são: *Tem todos os dentes em estado hígido*. **2** que diz respeito à saúde; salutar.
hi.gi.e.ne (ê) *s.f.* **1** parte da medicina que visa a promover e preservar a saúde. **2** (Fig.) boas condições de assepsia; asseio; limpeza: *É precária a fiscalização da higiene dos bares da cidade*.
hi.gi.ê.ni.co *adj.* relativo à higiene.
hi.gi.e.ni.za.ção *s.f.* promoção da higiene; limpeza: *higienização constante dos dentes*.
hi.gi.e.ni.zar *v.t.* **1** tornar higiênico, limpo ou saudável: *Depois da feira, a prefeitura manda um carro-pipa para higienizar a rua*. • *pron.* **2** praticar os princípios de higiene: *Higienizaram-se, trocaram de roupa e desceram rapidamente*.
hi.la.ri.an.te *adj.2g.* que provoca hilaridade; riso; engraçado: *um texto hilariante*.
hi.la.ri.da.de *s.f.* vontade de rir; explosão de risos: *O ator provocava hilaridade com sua fala e seus gestos*.
hi.lá.rio *adj.* hilariante; engraçado.
hí.men *s.m.* (Anat.) dobra da membrana que fecha em parte a entrada da vagina.
hin.du *adj.* **1** indiano. **2** hinduísta.
hin.du.ís.mo *s.m.* religião e sistema social da maior parte da população da Índia.
hin.du.ís.ta *adj.* relativo ao hinduísmo.
hi.no *s.m.* **1** poema ou cântico sacro de louvor e veneração: *Os crentes entoam seus hinos*. **2** canto solene em exaltação a alguém ou algo: *hino à bandeira*. **3** louvor; elogio: *Este poema é um hino à vida*.
hi.pe.ra.ti.vi.da.de *s.f.* atividade excessiva: *a hiperatividade da tireoide*.
hi.pe.ra.ti.vo *adj.* excessivamente ativo: *criança hiperativa*.
hi.pér.bo.le *s.f.* **1** figura de linguagem que consiste em expressar a realidade com exagero, para que se cause maior impressão. **2** (Geom.) curva em que cada um dos pontos equidista de dois pontos fixos chamados focos.
hi.per.bó.li.co *adj.* **1** em que há hipérbole: *Os profetas bíblicos tinham uma linguagem hiperbólica*. **2** (Coloq.) exagerado.
hi.per.gli.ce.mi.a *s.f.* (Med.) taxa de glicose no sangue acima da normal.
hi.per.in.fla.ção *s.f.* inflação exagerada.
hi.per.link *s.m.* (Inf.) em um hipertexto, conexão, por meio de palavra, expressão, símbolo ou imagem, com outro hipertexto.
hi.per.mer.ca.do *s.m.* supermercado de grandes proporções que oferece, além dos produtos comuns à venda em supermercados, outras mercadorias de porte, como eletrodomésticos e móveis.
hi.per.me.tro.pi.a *s.f.* (Oftalm.) defeito de refração em que as imagens se formam em um ponto além da retina.
hi.per.sen.si.bi.li.da.de *s.f.* sensibilidade em excesso: *hipersensibilidade a ruídos*.
hi.per.ten.são *s.f.* (Med.) pressão arterial superior à normal.
hi.per.ten.si.vo *adj.* relativo à hipertensão.
hi.per.ten.so *s.m.* **1** pessoa que tem hipertensão: *Hipertensos fazem caminhada*. • *adj.* **2** que tem hipertensão: *paciente hipertensa*.
hi.per.tex.to (ês) *s.f.* (Inf.) conjunto de blocos mais ou menos homogêneos de texto, apresentados em meio eletrônico, em que há remissões a outros elementos ou hipertexto.
hi.per.tro.fi.a *s.f.* (Fisiol. Med.) **1** desenvolvimento excessivo de um órgão, devido ao aumento de tamanho das células: *hipertrofia dos músculos*. **2** desenvolvimento excessivo: *A hipertrofia das cidades começou na segunda metade do século XX*.
hi.per.tro.fi.ar *v.t.* **1** produzir hipertrofia; provocar crescimento ou aumento exagerado de: *Muito exercício hipertrofia os músculos*. • *pron.* **2** ter crescimento ou aumento exagerado; desenvolver-se fora do normal: *Um dos dedos da criança se hipertrofiou*.

história

hí.pi.co *adj.* relativo ao hipismo: *Apreciar o esporte hípico.*

hi.pis.mo *s.m.* (Esport.) **1** corrida de cavalos; turfe. **2** conjunto de esportes praticados a cavalo, como corrida e polo.

hip.no.se (ó) *s.f.* **1** (Psiq.) estado semelhante ao do sono, induzido pelas sugestões do hipnotizador. **2** fascínio, magnetismo.

hip.nó.ti.co *adj.* **1** relativo a hipnose: *sono hipnótico.* **2** que fascina; sedutor: *romancista de fraseado hipnótico.*

hip.no.tis.mo *s.m.* conjunto de fenômenos físicos e psíquicos que constituem a hipnose; conhecimento sobre os processos físicos e psíquicos utilizados para produzir a hipnose.

hip.no.ti.za.do *adj.* **1** levado a sono hipnótico. **2** magnetizado; fascinado.

hip.no.ti.za.dor (ô) *s.m.* pessoa que hipnotiza.

hip.no.ti.zar *v.t.* **1** provocar sono hipnótico; fazer cair em estado de sono artificialmente provocado. **2** fascinar; magnetizar: *A beleza da atriz hipnotizava a plateia.*

hi.po.clo.ri.to *s.m.* (Quím.) sal ou éster de ácido obtido em solução com ácido cloridrico.

hi.po.con.dri.a *s.f.* (Psiq.) preocupação mórbida com a própria saúde, muitas vezes associada a uma doença imaginária.

hi.po.con.drí.a.co *s.m.* **1** pessoa que sofre de hipocondria: *É grande a lista de hipocondríacos famosos.* • *adj.* **2** em permanente estado depressivo; muito melancólico: *A moça é hipocondríaca.* **3** que sofre de hipocondria: *Darwin era hipocondríaco.* **4** causado por hipocondria: *a chamada neurose hipocondríaca.*

hi.po.cri.si.a *s.f.* **1** manifestação fingida de virtudes, devoção religiosa e bons sentimentos: *a hipocrisia das beatas.* **2** falsidade; simulação; impostura: *Ela usava a máscara da hipocrisia.*

hi.pó.cri.ta *s.2g.* **1** pessoa fingida; dissimulada: *Detesto os hipócritas.* • *adj.2g.* **2** que age com hipocrisia; falso; enganador: *pessoa hipócrita.* **3** em que há hipocrisia; que disfarça a verdade: *Vamos combater a moralidade hipócrita.*

hi.po.der.me (é) *s.f.* nos vertebrados, zona imediatamente abaixo da epiderme.

hi.po.dér.mi.co *adj.* subcutâneo: *agulhas e seringas hipodérmicas.*

hi.pó.dro.mo *s.m.* pista para corrida de cavalos, com arquibancadas para espectadores.

hi.pó.fi.se *s.f.* (Anat.) glândula de secreção interna situada no crânio e cujas alterações de desenvolvimento produzem mudanças no crescimento, bem como perturbações no funcionamento de outras glândulas.

hi.po.gás.tri.co *adj.* relativo ao hipogástrio: *Teve ferimentos na região hipogástrica.*

hi.po.gás.tri.o *s.m.* (Anat.) parte inferior do abdome, abaixo do umbigo e acima do púbis.

hi.po.gli.ce.mi.a *s.f.* (Med.) condição anormal caracterizada pela quantidade diminuída de glicose no sangue.

hi.po.tá.la.mo *s.m.* (Anat.) região do cérebro, abaixo do tálamo, e centro regulador de várias funções orgânicas.

hi.po.te.ca (é) *s.f.* sujeição ao pagamento de uma dívida, com garantia de transferência de posse de um bem empenhado, no caso de não se efetuar o resgate daquela obrigação.

hi.po.te.car *v.t.* **1** sujeitar à hipoteca: *O dono do bar teve de hipotecar a própria casa.* **2** oferecer; garantir: *Hipotecou solidariedade ao amigo em apuros.*

hi.po.te.cá.rio *adj.* **1** relativo a hipoteca: *empréstimos hipotecários.* **2** resultante de hipoteca: *operação hipotecária.*

hi.po.ten.são *s.f.* (Med.) tensão arterial abaixo do normal.

hi.po.te.nu.sa *s.f.* (Geom.) no triângulo retângulo, lado oposto ao ângulo reto.

hi.po.ter.mi.a *s.f.* (Med.) temperatura corporal abaixo do normal.

hi.pó.te.se *s.f.* **1** suposição de alguma coisa como possível ou não, da qual se tiram consequências a verificar: *Para explicar este caso, posso formular duas hipóteses.* **2** pressuposição; conjectura: *Admitamos, por hipótese, que ele tivesse sido abandonado pela esposa.* **3** possibilidade: *Concordamos não só em perdoar a você, mas em aceitar a hipótese de sua volta.*

hi.po.té.ti.co *adj.* **1** fundado em hipótese. **2** que é objeto de suposição; possível: *Afastemos hipotéticas ameaças.* **3** duvidoso; incerto: *Falava de uma hipotética viagem à China.*

hi.po.ti.re.oi.dis.mo *s.m.* (Endocr.) condição em que se verifica atividade insuficiente da glândula tireoide; nível muito baixo dos hormônios da tireoide.

hi.po.tro.fi.a *s.f.* crescimento ou desenvolvimento subnormal de qualquer coisa.

hippie (rípi) (Ingl.) *s.2g.* **1** membro de um grupo não conformista, caracterizado pelo rompimento com a sociedade tradicional especialmente quanto à aparência pessoal e aos hábitos de vida. • *adj.2g.* **2** de ou próprio de *hippie*: *influência hippie.*

hir.su.to *adj.* de pelos longos, duros e espessos; peludo: *O peão tinha barba hirsuta.*

hir.to *adj.* **1** teso; retesado: *O corpo amanheceu hirto.* **2** parado; imóvel: *E ali ficou, vários minutos, hirto e ereto.*

his.pâ.ni.co *s.m.* **1** natural ou habitante da Espanha ou América Latina. • *adj.* **2** relativo à Espanha ou à América Latina.

his.te.ri.a *s.f.* (Psiq.) **1** neurose que se caracteriza pela falta de controle de atos e emoções: *A mulher apresentava vários sinais de histeria.* **2** descontrole emocional; desequilíbrio: *a histeria dos torcedores na final do campeonato.*

his.té.ri.co *s.m.* **1** pessoa que sofre de histeria. • *adj.* **2** de histeria: *Luana teve uma crise histérica.* **3** muito nervoso; exaltado: *professor histérico.* **4** descontrolado; desequilibrado: *Os torcedores eram de um fanatismo histérico.*

his.te.ris.mo *s.m.* **1** (Psiq.) reação anormal caracterizada por falta de controle sobre atos e emoções: *O histerismo da gestante pode afetar o feto.* **2** nervosismo excessivo; descontrole emocional: *o histerismo dos investidores.*

his.to.lo.gi.a *s.f.* ramo da Biologia que estuda a estrutura microscópica normal de tecidos e órgãos.

his.tó.ria *s.f.* **1** conjunto de conhecimentos relacionados com o registro, a apreciação e a explicação de fatos do passado da humanidade. **2** relato de fatos ligados à origem e desenvolvimento de uma nação ou povo: *a*

historiador

história do povo americano. **3** registro cronológico de fatos ligados a um determinado objeto ou atividade: *história da imprensa.* **4** narração ordenada de acontecimentos e atividades humanas ocorridas: *O homem desfiou sua história.* **5** questão; caso: *Meu pai andava meio preocupado com essa história do processo.* **6** conversa fiada; mentira: *Inventaram essa história de que o petróleo vai acabar para preparar o mercado.*

his.to.ri.a.dor (ô) *s.f.* pessoa que se dedica a escrever a História.

his.to.ri.ar *v.t.* **1** fazer um relato histórico. **2** relatar; contar: *O repórter historiou o episódio com detalhes.*

his.to.ri.ci.da.de *s.m.* qualidade ou condição do que é histórico: *a historicidade do homem.*

his.to.ri.cis.mo *s.m.* **1** historicidade. **2** conjunto de doutrinas filosóficas que consideram a História como determinante dos fenômenos sociais e culturais.

his.to.ri.ci.zar *v.t.* colocar em perspectiva histórica: *Para bem compreender o Modernismo, é preciso historicizá-lo.*

his.tó.ri.co *s.m.* **1** história; relato: *Um psiquiatra fez um histórico da vida de seu cliente.* • *adj.* **2** relativo à História: *fato histórico.* **3** que, por sua importância ou significado, figura na História: *o histórico suicídio de Getúlio Vargas.* **4** digno de ser lembrado. **5** cujo tema foi extraído da História: *romance histórico.*

his.to.ri.e.ta (ê) *s.f.* história curta; narração de fato breve e pouco importante.

his.to.ri.o.gra.fi.a *s.f.* conjunto de estudos críticos sobre a História.

his.tri.ão *s.m.* comediante; cômico; palhaço.

his.tri.o.ni.ce *s.f.* qualidade ou procedimento de histrião: *A garotada ria das histrionices do mágico no palco.*

his.tri.ô.ni.co *adj.* relativo ou próprio de histrião: *talento histriônico.*

his.tri.o.nis.mo *s.m.* histrionice: *Aí estão eles tentando entrar para a história à custa de histrionismo.*

hobby (róbi) (Ingl.) *s.m.* atividade ou ocupação praticada por alguém em suas horas de lazer.

ho.di.er.no (é) *adj.* relativo aos dias de hoje; atual: *as tendências hodiernas da música pop.*

ho.dô.me.tro *s.m.* aparelho para medir distâncias percorridas durante determinado tempo.

ho.je (ô) *adv.* **1** no dia em que se está: *Hoje é sábado.* **2** na época que corre; atualmente: *O que hoje tenho devo a meu próprio esforço.* ♦ **não ser de hoje** fazer muito tempo: *Conheço essa cantiga não é de hoje.* **hoje em dia** nos tempos atuais; atualmente: *Hoje em dia é impossível viver sem telefone.*

ho.lan.dês. *s.m.* **1** o natural ou habitante da Holanda ou Países Baixos: *Um holandês que hoje vive no Brasil.* **2** o idioma holandês. • *adj.* **3** de ou pertencente a esse país.

holding (rôldim) (Ingl.) *s.f.* empresa que não tem atividade produtora própria, mas detém número suficiente de ações de outras empresas, o que lhe permite controlar as habilitações comerciais delas: *O governo congregou as empresas estatizadas numa holding.*

ho.le.ri.te *s.m.* comprovante de pagamento de salário; contracheque.

ho.lis.mo *s.m.* (Filos.) qualquer doutrina que sublinhe a importância do todo e a interdependência de suas partes.

ho.lís.ti.co *s.m.* relativo ao holismo: *um conceito holístico do corpo humano.*

ho.lo.caus.to *s.m.* **1** sacrifício entre os antigos hebreus no qual a vítima era totalmente queimada. **2** extermínio em massa dos judeus pelos nazistas durante a Segunda Guerra Mundial: *as imagens do Holocausto nazista.* // Nessa acepção escreve-se com inicial maiúscula. // **3** sacrifício; imolação: *Os privatistas oferecem, em holocausto e execração pública, o funcionário público.*

ho.lo.fo.te (ó) *s.m.* aparelho que, mediante lentes e refletores, projeta ao longe poderoso feixe de luz.

ho.lo.gra.fi.a *s.f.* técnica de obtenção de hologramas.

ho.lo.grá.fi.co *adj.* obtido ou feito por holografia: *uma blusa com estampado holográfico.*

ho.lo.gra.ma *s.m.* registro fotográfico tridimensional obtido por raio *laser.*

hom.bri.da.de *s.f.* nobreza de caráter; dignidade: *o senso de hombridade do rapaz.*

ho.mem *s.m.* **1** ser humano em geral; indivíduo da espécie humana: *a origem do homem na face da Terra.* **2** a humanidade: *monumentos que testemunham a grandeza do homem.* **3** ser humano do sexo masculino: *o convívio do homem e da mulher.* **4** o ser humano do sexo masculino em idade adulta; homem feito: *Só então reparou que o filho já era um homem.* **5** marido ou amante: *Ela ainda não sabia o que tinha acontecido a seu homem.* **6** aquele que executa com absoluta fidelidade as ordens de alguém: *Os encapuzados eram homens do coronel.* // Aum.: homenzarrão; Dim.: homenzinho; homúnculo; (Deprec.) hominho.

ho.me.na.ge.ar *v.t.* prestar homenagem a; fazer manifestação de reconhecimento aos méritos de: *homenagear os campeões.*

ho.me.na.gem *s.f.* demonstração de respeito; admiração e apreço por alguém: *O Rio presta homenagem a Tom Jobim.*

ho.men.zi.nho *s.m.* **1** (Coloq.) homem insignificante; homem sem importância; joão-ninguém. **2** adolescente que vai adquirindo modos de homem feito: *O adolescente já é um homenzinho.*

ho.me.o.pa.ta *s.2g.* **1** médico especializado em Homeopatia: *Consultou um homeopata.* • *adj.* **2** que pratica homeopatia: *médico homeopata.*

ho.me.o.pa.ti.a *s.f.* sistema terapêutico que consiste no tratamento das doenças com doses muito pequenas de preparados específicos, capazes de produzir efeitos análogos aos das doenças que se pretende combater. // Ant.: alopatia.

ho.me.o.pá.ti.co *adj.* **1** relativo à Homeopatia: *produtos homeopáticos.* **2** em pequena quantidade: *doses homeopáticas.*

ho.me.os.ta.se *s.f.* (Fisiol. Med.) processo pelo qual o organismo regula e mantém constante o seu equilíbrio fisiológico.

home page (hôumpeidge) (Ingl.) *s.f.* (Inf.) página de apresentação de um *site*; página inicial de um *site.*

ho.mé.ri.co *adj.* **1** relativo ao poeta grego Homero (±700 a.C.): *Ulisses é um consagrado herói homérico.* **2** grandioso; soberbo: *projeto homérico, mas incompleto.* **3** muito grande; descomunal: *Há um equívoco homérico nas declarações do rapaz.*

ho.mes.sa *interj.* expressa contrariedade; ora essa!; essa não!: – *Ora, não queira me fazer de bobo, homessa!*

ho.mi.ci.da *s.2g.* **1** pessoa que pratica o homicídio: *julgamento do homicida.* • *adj.* **2** que pratica o homicídio; que mata: *máquinas homicidas.* **3** destrutivo: *competição homicida.*

ho.mi.cí.dio *s.m.* ação de matar uma pessoa; assassínio: *homicídio culposo ou doloso.*

ho.mi.li.a *s.f.* pregação em estilo simples sobre o Evangelho: *O padre proferiu a homilia.*

ho.mi.ní.deo *s.m.* espécime da família de primatas antropoides que compreende o homem e seus ancestrais: *Foi descoberto fóssil de uma forma primitiva de hominídeo.*

ho.mi.zi.ar *v.t.* **1** dar abrigo ou refúgio; esconder da ação policial: *Muitos fazendeiros homiziavam os cangaceiros.* • *pron.* **2** esconder-se da ação policial; refugiar-se: *Os perseguidos foram obrigados a se homiziar.*

ho.mo.fo.bi.a *s.f.* aversão ao homossexualismo ou aos homossexuais.

ho.mó.fo.bo *s.m.* e *adj.* aquele que, ou que tem homofobia: *Nas grandes cidades há gangues homófobas.*

ho.mó.fo.no *s.m.* **1** cada uma de duas ou mais palavras com a mesma pronúncia, mas com a grafia e o significado diferentes. • *adj.* **2** (Gram.) diz-se de duas ou mais palavras que têm a mesma pronúncia, mas significado e grafia diferentes: *Aço e asso são palavras homófonas.*

ho.mo.ge.nei.da.de *s.f.* igualdade de partes ou de elementos.

ho.mo.ge.nei.za.ção *s.f.* transformação de elementos não homogêneos em homogêneos; igualação: *A concorrência provoca a homogeneização dos preços.*

ho.mo.gê.neo *adj.* **1** cujas partes ou elementos componentes são da mesma natureza: *um composto homogêneo.* **2** sem diferenças internas: *uma equipe competitiva e homogênea.*

ho.mó.gra.fo *s.m.* **1** cada uma de duas ou mais palavras com a mesma grafia e pronúncia, mas significado diferente. • *adj.* **2** (Gram.) diz-se de duas ou mais palavras que têm a mesma grafia e pronúncia, mas significados diferentes.

ho.mo.lo.ga.ção *s.f.* confirmação por sentença ou autoridade judicial ou administrativa; aprovação: *a homologação do acordo.*

ho.mo.lo.gar *v.t.* confirmar por sentença ou autoridade judicial ou administrativa; aprovar: *O governo homologou a demarcação das terras indígenas.*

ho.mo.lo.ga.tó.rio *adj.* que homologa; que confirma: *Saiu a decisão homologatória da partilha.*

ho.mó.lo.go *adj.* **1** que preenche as mesmas funções e sofre as mesmas transformações: *Há paraplegia quando dois membros homólogos estão comprometidos.* **2** correspondente: *Vamos comparar os lucros deste bimestre com o do período homólogo do ano passado.*

ho.mô.ni.mo *s.m.* **1** (Gram.) vocábulo que se pronuncia da mesma forma que outro, mas que tem sentido diferente. Podem os homônimos ser *homógrafos* (iguais também na escrita: *cedo*, adv., e *cedo*, do verbo *ceder*), ou *heterógrafos* (de pronúncia igual, mas de grafia diferente: *acento* e *assento*, *cesta* e *sexta*). Não há homonímia quando a vogal tônica é aberta num dos vocábulos e fechada no outro, como em *pode* e *pôde.* • *adj.* **2** que tem o mesmo nome: *O filme Lolita é baseado no romance homônimo de Nobokov.* **3** pessoa que tem o mesmo nome de outra: *É meu avô e meu homônimo.* // Cp.: parônimo.

ho.mos.se.xu.al /ks/ *s.2g.* **1** pessoa cuja orientação sexual é a homossexualidade: *casamento entre homossexuais.* • *adj.* **2** cuja orientação sexual é a homossexualidade: *pessoa homossexual.*

ho.mos.se.xu.a.li.da.de /ks/*s.f.* condição de homossexual; preferência por relacionamento sexual com pessoas do mesmo sexo.

ho.mos.se.xu.a.lis.mo /ks/*s.m.* homossexualidade.

hon.du.re.nho *s.m.* **1** natural ou habitante de Honduras. • *adj.* **2** relativo a Honduras (América Central).

ho.nes.ti.da.de *s.f.* **1** qualidade de honesto; honradez; dignidade: *Sobrevivo pela minha honestidade.* **2** decência; decoro. **3** castidade; pureza: *Disse que punha a mão no fogo pela honestidade da filha.* **4** franqueza.

ho.nes.to (é) *adj.* **1** honrado; decente; escrupuloso: *Felizmente há muita gente honesta ainda.* **2** diz-se de mulher virtuosa e casta: *Era uma dama, solteira e honesta.* **3** sério; digno de confiança: *fé sincera e honesta.*

ho.no.ra.bi.li.da.de *s.f.* qualidade do que é honorável; respeitabilidade; honradez: *Não pairam dúvidas quanto à honorabilidade do senador.*

ho.no.rá.rio *s.m.* **1** salário; vencimentos: *pagar honorários ao advogado.* // Mais usado no plural. // • *adj.* **2** de honra: *vice-presidente honorário do Conselho Mundial de Boxe.*

ho.no.rá.vel *adj.2g.* digno de ser honrado; que merece consideração e respeito: *o honorável presidente da Associação de Medicina.*

ho.no.rí.fi.co *adj.* que confere honra; que distingue: *Ocupava um cargo honorífico sem funções administrativas.*

hon.ra *s.f.* **1** sentimento de dignidade própria que leva a pessoa a procurar merecer a consideração geral: *Parece que a minha honra, o meu nome, a minha carreira, nada disso o comove.* **2** brio; decoro: *O velho morreu por uma questão de honra.* **3** grandeza; glória: *Naquele período, ser preso político era até honra.* **4** graça; mercê: *É uma honra tê-lo conosco, senador.* **5** castidade; pureza: *Morreu defendendo a honra da irmã.* **6** manifestação de respeito e homenagem; distinção: *Os jogadores da Copa foram recebidos com honras de heróis.* **7** título ou cargo honorífico: *as honras de chanceler.* // Nas duas últimas acepções, usa-se o plural.

hon.ra.dez (ê) *s.f.* **1** qualidade de quem é honrado; honestidade; probidade: *Meu pai é meu modelo de honradez.* **2** virtude; castidade.

hon.ra.do *adj.* **1** honesto; digno: *um homem honrado.* **2** dignificado: *Sentimo-nos honrados em recebê-lo, senhor deputado.* **3** virtuoso; casto: *uma honrada donzela.*

hon.rar *v.t.* **1** cobrir de honra; dignificar; enaltecer: *Ele honrou-me com a proposta de sociedade na firma.* **2** exaltar; venerar; respeitar: *honrar pai e mãe.* **3** respeitar; cumprir: *honrar os compromissos assumidos.*

hon.ra.ri.a *s.f.* **1** mercê honorífica; distinção: *Estava feliz e lisonjeado com a honraria que o governo lhe conferira.* • *pl.* **2** honras: *Prometeu-lhe tudo: riquezas e honrarias.*

hon.ro.so (ô) *adj.* **1** que confere honra: *Cumpria feliz aquele honroso dever.* **2** respeitoso: *O magistrado foi*

hooligan

objeto de uma acolhida honrosa. **3** digno de honra: *Conserva seu nome honroso.*
hooligan (rúligan) (Ingl.) *s.m.* torcedor violento e desordeiro em competições esportivas.
hó.quei *s.m.* jogo esportivo em que duas equipes tentam introduzir em arcos opostos uma pequena bola maciça, empurrando-a ou batendo-a com um bastão recurvado em uma das extremidades.
ho.ra (ó) *s.f.* **1** unidade de medida de tempo, equivalente a um vinte e quatro avos do dia: *O avião chega dentro de duas horas.* // Abrev.: h. // **2** ponto no tempo; instante; momento: *Foram orações dele que abriram seus olhos nessa hora decisiva.* **3** momento aprazado; horário: *Ela chegou bem na hora.*
ho.rá.rio *s.m.* **1** período de tempo: *horário de trabalho.* **2** hora normal, prefixada, de chegada ou partida de um meio de transporte; hora: *Os horários do ônibus para São Paulo foram alterados.* • *adj.* **3** relativo a hora: *Há diferença horária de uma região para outra da Terra.* **4** percorrido numa hora: *Carro de corrida que faz 300 km horários.*
hor.da (ó) *s.f.* bando indisciplinado; turba: *uma horda de desordeiros.*
ho.ris.ta *s.2g.* pessoa que é paga por hora de trabalho.
ho.ri.zon.tal *s.f.* **1** linha paralela à linha do horizonte. • *adj.2g.* **2** paralelo ao horizonte: *Os ginastas estavam deitados em posição horizontal.* **3** no sentido da linha do horizonte: *Fez um gesto horizontal com a mão.*
ho.ri.zon.ta.li.da.de *s.f.* qualidade ou estado do que é horizontal.
ho.ri.zon.te *s.m.* **1** linha circular onde termina a vista do observador e na qual parece que o céu se encontra com a terra; extensão ou espaço que a vista alcança: *A Lua cheia aparece alaranjada no horizonte.* **2** âmbito; limite; ambiente: *Sua vida se limitava ao horizonte familiar.* **3** perspectiva ou probabilidade de desenvolvimento, de progresso, de melhoria: *a tristeza de uma infância sem horizontes.*
hor.mo.nal *adj.2g.* relativo a hormônio: *reposição hormonal.*
hor.mô.nio *s.m.* (Biol.) substância química produzida no organismo e que tem efeito específico sobre a atividade de certo órgão ou estrutura.
ho.rós.co.po *s.m.* pretenso prognóstico da vida de uma pessoa feito pelos astrólogos, com base na posição exata dos astros no momento e lugar preciso do seu nascimento.
hor.ren.do *adj.* **1** que horroriza; que inspira medo: *O diabo-marinho é um peixe horrendo.* **2** muito feio; horrível: *uma horrenda cicatriz.*
hor.ri.pi.lan.te *adj.2g.* que causa horror; horrendo; horrível: *A TV mostrava imagens de um crime horripilante.*
hor.rí.vel *adj.2g.* **1** que causa horror; pavoroso: *Nessa noite tive um pesadelo horrível.* **2** que causa muito sofrimento: *uma horrível dor de dente.* **3** insuportável: *O calor era horrível.* **4** muito feio: *casaco de lã comprido e horrível.* **5** cheio de defeitos; de muito má qualidade: *O bilhete estava escrito num português horrível.*
hor.ror (ô) *s.m.* **1** atrocidade; barbaridade: *enfrentar o horror da guerra e da miséria.* **2** que causa pavor: *Gosto de filmes de horror.* **3** grande medo; pavor: *Ele tem horror a multidões.* **4** repulsa; aversão: *Tinha horror de escovar os dentes.* **5** (Coloq.) grande quantidade: *despesas com livros, um horror de dinheiro.*
hor.ro.ri.zar *v.t.* **1** causar horror ou pânico: *O bárbaro crime horrorizou a população inteira.* **2** encher-se de horror: *Ela horrorizou-se diante da cena.*
hor.ro.ro.so (ô) *adj.* **1** péssimo; deplorável: *Assistimos a um longo e horroroso drama de dor e de emoção.* **2** pavoroso; horrível: *Aquele personagem horroroso da última novela.* **3** medonho; muito feio: *Ele usava uma gravata horrorosa.*
hor.ta (ó) *s.f.* terreno em que se cultivam plantas alimentares.
hor.ta.li.ça *s.f.* nome genérico dos vegetais alimentares geralmente cultivados em horta.
hor.te.lã *s.f.* planta de folhas pequenas, muito verdes e aromáticas.
hor.te.lão *s.m.* aquele que cultiva hortas.
hor.tên.sia *s.f.* planta ornamental de folhas grandes e flores brancas, azuladas e rosadas dispostas em cachos.
hor.to (ô) *s.m.* terreno com viveiros de plantas para venda ou distribuição gratuita de mudas e para estudos de silvicultura.
ho.sa.na *s.f.* **1** saudação; aclamação; louvor: *Ergueram-se hosanas ao novo governador da ilha.* • *interj.* **2** salve!
hos.pe.da.gem *s.f.* alojamento; abrigo; hospedaria: *despesas com a hospedagem dos jogadores.*
hos.pe.dar *v.t.* **1** acolher como hóspede; dar pouso ou pensão: *Um chalé que só hospeda viúvas.* • *pron.* **2** instalar-se como hóspede; alojar-se; abrigar-se: *No ano passado, um americano hospedou-se em minha casa.*
hos.pe.da.ri.a *s.f.* casa onde se recebem hóspedes, geralmente mediante remuneração; estalagem; hospedagem.
hós.pe.de *s.2g.* **1** pessoa que se recebe, mediante pagamento, em hospedaria: *Chegou novo hóspede à pensão.* **2** pessoa que é recebida, por algum tempo, em casa alheia: *A mulher e seus hóspedes estão à mesa.* **3** pessoa que é recebida com honras em uma comunidade, por algum tempo: *Por três dias, o imperador foi hóspede de Franca, cidade paulista.*
hos.pe.dei.ro *s.m.* **1** aquele que dá hospedagem: *O homem era meu ilustre hospedeiro.* **2** organismo no qual vive outro: *O hospedeiro intermediário da tênia é o porco.* • *adj.* **3** hospitaleiro; afável: *gente hospedeira.* **4** que abriga ou nutre outro organismo: *a multiplicação dos vírus no organismo hospedeiro.*
hos.pí.cio *s.m.* hospital para tratamento de doentes mentais; manicômio.
hos.pi.tal *s.m.* estabelecimento onde se recebem e se tratam doentes.
hos.pi.ta.lar *adj.* relativo ou próprio de hospital: *camas hospitalares.*
hos.pi.ta.lei.ro *adj.* que acolhe os hóspedes com satisfação; que dá hospitalidade de boa vontade: *Somos um povo hospitaleiro.*
hos.pi.ta.li.da.de *s.f.* **1** ato de hospedar; hospedagem: *o dever de hospitalidade.* **2** acolhimento afetuoso; boa acolhida: *Foi recebido com carinho e hospitalidade.*
hos.pi.ta.li.za.ção *s.f.* internação em hospital.
hos.pi.ta.li.zar *v.t.* internar em hospital.
host (hôust) (Ingl.) (Inf.) computador principal de um

sistema de computadores ou terminais interligados entre si.

hos.te (ó) *s.f.* **1** tropa: *combate entre duas hostes inimigas*. **2** bando: *uma hoste mafiosa*. **3** grupo: *Há descontentamento entre as hostes do próprio governo*.

hós.tia *s.f.* lâmina circular de massa de trigo sem fermento que o sacerdote católico consagra, oferece a Deus e dá em comunhão durante a missa.

hos.til *adj.2g.* **1** agressivo; ameaçador: *Não consigo trabalhar em ambiente hostil*. **2** que manifesta inimizade: *Os bandeirantes enfrentaram índios hostis*. **3** contrário; adverso: *Há muitos setores hostis a esse candidato*.

hos.ti.li.da.de *s.f.* **1** qualidade do que é hostil. **2** ação ou efeito de hostilizar(-se). **3** ato hostil ou bélico. // Nesta acepção é mais usado no plural.

hos.ti.li.zar *v.t.* tratar com hostilidade: *Não há motivos para hostilizar os adversários*.

hot-dog (rótdóg) (Ingl.) *s.m.* cachorro-quente.

ho.tel *s.m.* estabelecimento cujos quartos e apartamentos são ocupados mediante pagamento de diárias.

ho.te.la.ri.a *s.f.* **1** técnica de dirigir ou administrar hotéis: *Estudou hotelaria na Suíça*. **2** o conjunto dos hotéis de uma região, um país etc.: *Vinte brasileiros foram para o Japão trabalhar em hotelaria*.

ho.te.lei.ro *s.m.* **1** dono ou administrador de hotel. • *adj.* **2** referente a hotel: *uma rede hoteleira de boa categoria*.

hu.lha *s.f.* carvão de pedra; carvão mineral.

hu.ma.ni.da.de *s.f.* **1** o conjunto dos seres humanos; o gênero humano: *A humanidade precisa de guias*. **2** atributo ou característica própria da natureza humana: *A lei talvez seja a maior manifestação de humanidade*. **3** benevolência; clemência: *Precisava de um simples gesto de humanidade*. • *pl.* **4** as letras clássicas (grego e latim): *Estudei Humanidades e não Direito*. // Nesta acepção escreve-se com inicial maiúscula.

hu.ma.nis.mo *s.m.* **1** estudo de quaisquer atividades relacionadas com as Humanidades: *O humanismo é a fonte das grandes ideias*. **2** doutrina e movimento cultural da Renascença caracterizados pelo culto das línguas e literaturas greco-latinas: *Ele é admirador do humanismo italiano*. **3** atitude de interesse pelos seres humanos: *Os espectadores se encantaram com o humanismo do filme*.

hu.ma.nis.ta *s.2g.* **1** pessoa versada em Humanidades: *O padre é um humanista*. • *adj.2g.* **2** voltado para a natureza e a condição do homem: *o ideal humanista de educação*.

hu.ma.nís.ti.co *adj.* **1** relativo ao humanismo: *Ele tem uma formação humanística*. **2** humano: *Conviver com a diferença é importante para o enriquecimento pessoal e humanístico*.

hu.ma.ni.tá.rio *adj.* **1** que diz respeito à humanidade: *Os países chamados democráticos têm interesses humanitários*. **2** ligado ao interesse e ao bem-estar da humanidade: *Devemos defender sempre os princípios humanitários*. **3** caritativo: *Era um homem duro, incapaz de um gesto humanitário*.

hurra

hu.ma.ni.za.ção *s.f.* ato ou efeito de humanizar (-se); atribuição de condições propícias à humanidade: *É preciso defender sempre a humanização do trabalho*.

hu.ma.ni.zar *v.t.* **1** tornar mais humano ou benévolo; dar condições mais compatíveis com as necessidades humanas: *Há necessidade de humanizar o trabalho*. • *pron.* **2** tornar-se mais humano ou benévolo: *Ele humanizou-se com o convívio social*.

hu.ma.no *adj.* **1** pertencente, relativo ou próprio do homem: *direitos humanos*. **2** bondoso; humanitário: *O novo diretor parece muito humano*.

hu.mil.da.de *s.f.* **1** virtude decorrente da consciência das próprias limitações: *Dificuldades são enfrentadas com coragem e humildade*. **2** modéstia; simplicidade; pobreza: *Vivia com humildade*. **3** respeito; reverência.

hu.mil.de *adj.2g.* **1** modesto: *atividade profissional humilde*. **2** respeitoso; submisso: *Mantinha-se humilde diante da autoridade*. **3** simples; pobre: *uma casa humilde*.

hu.mi.lha.ção *s.f.* **1** ato ou efeito de humilhar (-se); submissão; abatimento: *Estou cansada dessa humilhação de morar na rua*. **2** rebaixamento; vexame: *A vitória compensou a humilhação dos títulos perdidos*.

hu.mi.lhan.te *adj.2g.* que humilha; vergonhoso: *uma derrota humilhante*.

hu.mi.lhar *v.t.* **1** submeter à humilhação; abater; oprimir: *Aquela cena humilhou a pobre mulher*. • *pron.* **2** submeter-se voluntariamente a humilhação; colocar-se em atitude humilde: *Nunca se humilhou diante dos poderosos*.

hu.mo *s.m.* húmus.

hu.mor (ô) *s.m.* **1** na Antiguidade, designação de qualquer líquido do organismo. **2** disposição de ânimo: *De repente o humor da moça mudou*. **3** veia cômica; graça; espírito: *Aprecia textos de humor fino e de ironia*.

hu.mo.ral *adj.2g.* que se refere aos humores do organismo.

hu.mo.ris.mo *s.m.* qualidade ou carácter do humorista ou dos escritos humorísticos.

hu.mo.ris.ta *s.2g.* pessoa que faz humor profissionalmente.

hu.mo.rís.ti.co *adj.* **1** relativo a humor ou a humorista: *um programa humorístico*. **2** que revela humor; em que há humor.

hú.mus *s.m.* matéria orgânica em decomposição que fertiliza a terra; terra vegetal.

hún.ga.ro *s.m.* **1** natural ou habitante da Hungria. • *adj.* **2** relativo à Hungria (Europa).

hu.no *s.m.* **1** indivíduo dos hunos. • *pl.* **2** povo bárbaro da Ásia Central que invadiu a Europa, sob a chefia de Átila, em meados do século V.

hur.ra *s.m.* **1** exclamação de saudação ou entusiasmo, sobretudo em comemorações: *Convém deixar os hurras para depois, quando a vitória estiver garantida*. • *interj.* **2** expressa entusiasmo: *Quando nos encontrarmos novamente, já estaremos em Paris. Hurra!*

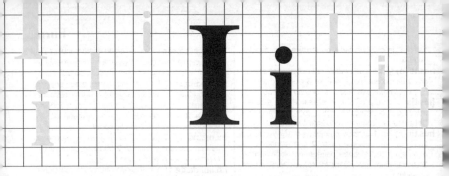

i s.m. **1** nona letra do alfabeto português. **2** a figura dessa letra. **3** o nome dessa letra. • num. **4** nono, numa série indicada por letras.

ia.iá s.f. (Bras.) denominação dada a meninas e moças brancas, muito usada no tempo da escravidão.

i.a.lo.ri.xá /ch/ s.f. mãe de santo.

i.a.no.mâ.mi s.2g. (Bras. Rel.) indivíduo pertencente aos ianomâmis, povo indígena numeroso que habita a região entre Roraima e Amazonas.

i.an.que s.2g. **1** natural ou habitante dos EUA. • adj. **2** relativo aos EUA: soldados ianques.

i.a.ra s.f. (Bras.) na mitologia indígena brasileira, ente fantástico, espécie de sereia de rios e lagos; mãe-d'água.

i.a.te s.m. embarcação a vela ou a motor, destinada a recreio ou a regata.

i.a.tis.mo s.m. **1** arte de navegar em iate. **2** esporte de corridas de iate.

i.a.tis.ta s.2g. pessoa que pratica o iatismo.

i.bé.ri.co s.m. **1** natural ou habitante da península Ibérica. • adj. **2** relativo à península Ibérica.

i.be.ro (é) s.m. ibérico.

i.be.ro-a.me.ri.ca.no s.m. **1** natural ou habitante da América Latina colonizada por espanhóis e portugueses. • adj. **2** latino-americano.

ibidem (ibidem) (Lat.) aí mesmo; no mesmo lugar (usado em citações de obras).

i.çá s.f. (Bras.) fêmea alada da formiga saúva, no período da procriação; tanajura.

i.ça.men.to s.m. ato de içar; levantamento.

i.çar v.t. **1** alçar; erguer; levantamento: içar a bandeira nacional. **2** levar a uma posição mais alta; elevar; promover: A competência o içou ao cargo.

iceberg (áicebérg) (Ingl.) s.m. **1** grande bloco de gelo que, desprendendo-se das geleiras polares, flutua impelido pelas correntes marítimas. **2** problema ou perigo escondido: A notícia era só a ponta do iceberg.

í.co.ne s.m. **1** imagem que apresenta relação de semelhança com um objeto; símbolo: Mapas, fotos, esculturas são ícones. **2** pessoa ou coisa representativa de um grupo, de uma época etc.: A crítica transformou o escritor em um ícone. **3** representação de uma imagem religiosa, própria da Igreja Bizantina: um pintor de ícones eslavos. **4** (Inf.) pequena imagem gráfica exibida na tela de um computador que permite ao usuário determinadas ações.

i.co.no.clas.ta s.2g. **1** quem destrói imagens ou ídolos. **2** quem quebra tradições, desrespeita valores instituídos: A situação política instável favorecia a ação dos iconoclastas. • adj.2g. **3** que destrói imagens, quebra tradições, desrespeita valores instituídos: As imagens barrocas não podem cair em mãos iconoclastas.

ic.te.rí.cia s.f. (Med.) afecção do sistema biliar caracterizada por cor amarelada da pele e das conjuntivas oculares.

i.da s.f. **1** ação ou movimento de ir. **2** jornada desenvolvida por alguém: A viagem de ida parecia mais demorada. **3** bilhete de viagem só para ir: Tinha dinheiro só para a ida. • **idas e vindas** atividades repetidas de ir e vir de um lugar para outro: Tantas idas e vindas desgastariam a vida do casal.

i.da.de s.f. **1** tempo de vida ou de existência. **2** velhice. **3** época; período: Já está na idade de trabalhar. **4** período historicamente determinado: Idade da Pedra.

i.de.al s.m. **1** aquilo que é objeto da mais alta aspiração; aquilo que alguém deseja muito: O ideal do jovem modelo é ser ator. **2** aquilo que é melhor, mais conveniente, mais adequado: À jovem o ideal seria fazer três refeições ao dia. **3** o máximo da qualidade; a perfeição: O homem luta para perseguir o ideal. **4** ambição; ânsia: A jovem tem o ideal de ser famosa. • adj. **5** relativo a ideia; que só existe no pensamento: uma vida ideal. **6** maximamente adequado, apropriado ou indicado; perfeito: momento ideal para viajar.

i.de.a.lis.mo s.m. **1** propensão do espírito para o ideal; valorização dos ideais: O idealismo do grupo contagia a todos. **2** devaneio; sonho; fantasia: O idealismo dos líderes impedia projetos viáveis. **3** doutrina estética segundo a qual a finalidade da arte é a representação de algo mais satisfatório para o espírito do que a realidade.

i.de.a.lis.ta s.2g. **1** pessoa partidária da doutrina do idealismo. **2** pessoa que persegue seus ideais; devaneador; sonhador; idealizador. • adj. **3** que valoriza seus ideais; não materialista: Personagens idealistas, movidos pela vontade de mudar o mundo.

i.de.a.li.za.ção s.f. **1** ação de idealizar; planejamento; projeto. **2** dar caráter ideal: O Indianismo faz uma idealização romântica do índio.

i.de.a.li.zar v.t. **1** criar na ideia; imaginar: Nem posso idealizar a vida sem eletricidade. **2** planejar; programar; projetar: Idealizei umas férias no Havaí. **3** sonhar: Idealizava uma casa cheia de netos.

i.de.ar v.t. **1** idealizar. **2** pensar; imaginar: Ficou horas ideando um modo de sair daquela situação.

i.dei.a (éi) s.f. **1** representação mental de uma coisa concreta ou abstrata: A criança não faz ideia do perigo. **2** pensamento; plano: Pedimos para ele expor sua ideia. **3** conceito; noção: A ideia de riqueza não existe nessas tribos. **4** cálculo; suposição: O menino não faz ideia do preço do tênis. **5** ideal: Combatemos a ideia de monarquia. **6** mente: Tinha na ideia não voltar mais.

igual

idem (idem) (Lat.) *pron.* **1** a mesma coisa. **2** o mesmo autor. **3** da mesma forma. // Usado para evitar repetições. Abrev.: id.

i.dên.ti.co *adj.* perfeitamente igual: *O tipo de sangue deve ser idêntico ao do receptor.*

i.den.ti.da.de *s.f.* **1** caracterização que identifica: *identidade cultural.* **2** em Jurisprudência, conjunto de caracteres próprios de uma pessoa e que são considerados identificadores dela: *A identidade da vítima ainda é desconhecida.* **3** qualidade daquilo que é idêntico; igualdade: *Há identidade de opiniões entre os dois amigos.* **4** cédula de identidade: *O policial pediu minha identidade.*

i.den.ti.fi.ca.ção *s.f.* **1** determinação da identidade de uma pessoa. **2** determinação das características identificadoras de um ser, uma substância, um elemento, uma qualidade. **3** ajustamento; conformação: *Não havia identificação dos candidatos.*

i.den.ti.fi.car *v.t.* **1** estabelecer a identidade de: *Os botânicos identificaram novas orquídeas.* **2** distinguir os traços identificadores ou característicos de; reconhecer: *O bebê já identifica a mãe.* • *pron.* **3** declarar e provar a própria identidade: *Para visitar a reserva, todos deviam se identificar.* **4** tornar-se ou sentir-se idêntico ou da mesma natureza: *Os jovens se identificam com o grupo de amigos da mesma idade.* **5** conformar-se; ajustar-se: *Chegou e logo se identificou com a família.* **6** ser idêntico; ser igual: *O trabalho feito com prazer identifica-se com a diversão.* **7** explicitar a própria identidade: *Chegou à portaria e identificou-se como vendedor de ventiladores.*

i.de.o.grá.fi.co *adj.* sistema de escrita que representa graficamente as ideias e não os sons ou sílabas isoladamente.

i.de.o.gra.ma *s.m.* **1** sinal de notações das escritas ideográficas. **2** sinal gráfico que representa diretamente uma ideia: *Os algarismos são ideogramas.*

i.de.o.lo.gi.a *s.f.* **1** sistema filosófico que considera as ideias humanas percepções do mundo exterior. **2** conjunto das convicções filosóficas, políticas, econômicas etc. de um grupo social, um partido, um governo ou um indivíduo, e que inspira suas ações: *ideologia burguesa.*

i.de.o.ló.gi.co *adj.* relativo à ideologia.

i.dí.li.co *adj.* que lembra um idílio; poético.

i.dí.lio *s.m.* **1** composição poética de caráter pastoril. **2** sonho; fantasia; devaneio: *O idílio alimentava seus dias.* **3** entretenimento amoroso: *O parque convidava ao idílio.* **4** amor poético e suave: *Emocionou-se com o famoso idílio de Romeu e Julieta.*

i.di.o.ma *s.m.* língua falada por uma nação ou povo.

i.di.o.má.ti.co *adj.* relativo a um determinado idioma.

i.di.os.sin.cra.si.a *s.m.* **1** conjunto de características próprias de um indivíduo ou de um grupo. **2** maneira de ver, sentir, reagir, própria de cada pessoa.

i.di.o.ta (ó) *s.2g.* **1** imbecil; tolo. **2** (Psiq.) pessoa doente de idiotia: *Há quem considere que os idiotas devem viver internados.* • *adj.* **3** pouco inteligente; estúpido; imbecil. **4** tolo; ingênuo: *Fui idiota de comprar uma roupa tão cara.*

i.di.o.ti.a *s.f.* (Psiq.) retardo mental grave.

i.dó.la.tra *s.2g.* **1** pessoa que adora ídolos ou presta culto exagerado a qualquer entidade: *O idólatra distribuía santinhos na porta da igreja.* • *adj.* **2** que presta culto ou adoração a ídolos. **3** que presta ou revela culto exagerado a uma pessoa ou ideologia: *Fãs idólatras julgam aquela música perfeita.*

i.do.la.trar *v.t.* **1** praticar idolatria; adorar ídolos: *O povo idolatra a imagem do padre Cícero.* **2** amar cegamente; adorar; venerar: *Idolatrava a figura materna.*

i.do.la.tri.a *s.f.* **1** adoração de ídolos ou imagens. **2** prestação de culto a criaturas ou entidades: *Incentivaram a idolatria da pátria.* **3** adoração; amor exagerado.

í.do.lo *s.m.* **1** estátua, imagem ou figura que representa uma divindade e é objeto de adoração. **2** pessoa a quem se dedica veneração.

i.do.nei.da.de *s.f.* qualidade do que ou de quem é idôneo; lisura; honestidade.

i.dô.neo *adj.* **1** adequado; conveniente: *Forneceu informações sobre aplicação idônea e eficiente das verbas.* **2** apto; capaz: *A empresa é dirigida por pessoas idôneas.* **3** honesto; sério: *A pessoa que seleciona os candidatos deve ser idônea.*

i.dos *s.m. pl.* tempos passados; dias decorridos; época anterior: *Naqueles idos, a tuberculose matava.*

i.do.so (ô) *s.m.* **1** pessoa de idade avançada. • *adj.* **2** de bastante idade.

i.e.ne *s.m.* unidade monetária e moeda do Japão.

i.ga.pó *s.m.* (Bras.) trecho de floresta invadido por enchente, após inundação de rio; pântano dentro da mata.

i.ga.ra.pé *s.m.* (Bras.) na Amazônia, canal estreito que só dá passagem a pequenos barcos.

ig.na.ro *adj.* ignorante; bronco.

íg.neo *adj.* **1** relativo ao fogo. **2** da natureza ou da cor do fogo.

ig.ni.ção *s.f.* queima de combustível a fim de gerar energia para o motor: *velas de ignição.*

ig.nó.bil *adj.* desprezível; indigno; vil; torpe: *O secretário revelou-se grosseiro e ignóbil.*

ig.no.mí.nia *s.f.* afronta pública; injúria; infâmia: *A declaração era uma ignomínia imperdoável.*

ig.no.rân.cia *s.f.* **1** falta de instrução; falta de saber. **2** desconhecimento: *Você não pode alegar ignorância do problema.*

ig.no.ran.te *s.2g.* **1** pessoa sem instrução ou inculta: *Só um ignorante pode afirmar isso.* • *adj.2g.* **2** que não tem instrução; inculto. **3** sem inteligência; imbecil. **4** que ignora; que desconhece: *Ignorante do acordo anterior, impôs novas regras.*

ig.no.rar *v.t.* **1** não saber; desconhecer: *Eu ignorava que ele ia chegar.* **2** não tomar conhecimento por desprezo ou indiferença: *As crianças ignoraram as recomendações da mãe.* **3** relevar; desculpar; deixar de lado: *Ignorou as ofensas.*

ig.no.to (ô ou ó) *adj.* ignorado; desconhecido: *leis ignotas.*

i.gre.ja (ê) *s.f.* **1** templo dedicado a culto cristão. **2** instituição religiosa; religião: *Pede ajuda em nome da Igreja.* **3** a Igreja Católica: *A Igreja tinha poderes sobre o Estado.* **4** comunidade de fiéis ligados pela mesma fé: *Passou a se dedicar às coisas da Igreja.* // Nas duas últimas acepções, geralmente se usa a inicial maiúscula.

i.gual *adj.* **1** que não sofre alteração; que não muda. **2** que tem a mesma aparência, estrutura ou proporção. **3** que tem a mesma grandeza, valor, quantidade,

igualar

quantia ou número; equivalente. **4** que está na mesma situação ou posição: *Os homens são iguais em direitos.* • *adv.* **5** de modo igual; do mesmo modo: *Falava igual ao pai.*

i.gua.lar *v.t.* **1** tornar igual; colocar no mesmo nível: *A esperança iguala todos nós.* **2** pôr em pé de igualdade: *Só na primeira semana igualamos a despesa do mês passado.* **3** atingir a mesma situação ou posição que: *Ninguém iguala o padre em paciência.* • *pron.* **4** ser igual; tornar-se igual; nivelar-se: *Os times do campeonato se igualam.* **5** estar na mesma situação ou posição: *As duas famílias se igualam nos problemas.*

i.gua.li.tá.rio *adj.* **1** dentro do qual todos são iguais; que se destina igualmente a todos. **2** que é partidário do igualitarismo; que prega ou preconiza a igualdade entre todos.

i.gua.li.ta.ris.mo *s.m.* sistema que proclama e defende a igualdade social: *O objetivo dos princípios de Marx é o igualitarismo.*

i.gua.na *s.f.* grande lagarto de cor escura, com crista dorsal serrilhada, encontrado na América tropical, e cuja carne é usada na alimentação.

i.gua.ri.a *s.f.* comida fina; petisco delicado: *Importava iguarias italianas.*

i.í.di.che *s.m.* ídiche.

i.la.ção *s.f.* inferência; dedução: *Não faça ilações apressadas a meu respeito.*

i.le.gal *adj.2g.* contrário à lei; ilícito: *corte ilegal de palmitos.*

i.le.ga.li.da.de *s.f.* **1** não conformidade com a lei; ilegitimidade: *Alguns imigrantes ainda vivem na ilegalidade.* **2** falta de juridicidade: *decretação da ilegalidade da greve.*

i.le.gi.ti.mi.da.de *s.f.* falta de legitimidade; desrespeito às leis.

i.le.gí.ti.mo *adj.* **1** que não satisfaz às condições legais; sem legalidade: *um governo ilegítimo.* **2** injusto; injustificado.

i.le.gí.vel *adj.* que não é legível; que não se pode ler.

í.leo *s.m.* (Anat.) **1** última parte do intestino delgado. **2** oclusão intestinal.

i.le.so (ê *ou* é) *adj.* **1** são e salvo; incólume: *Por milagre, saiu ileso do acidente.* **2** não afetado: *Poucas empresas saíram ilesas da fiscalização.*

i.le.tra.do *s.m.* **1** pessoa que não é letrada; pessoa analfabeta. • *adj.* **2** que não é letrado; analfabeto.

i.lha *s.f.* **1** porção de terra, menos extensa que os continentes, cercada de água por todos os lados. **2** o que, por ser o único, é visto como algo isolado ou raro: *Em um ano, não houve uma única ocorrência policial nessa ilha de paz.*

i.lha.do *adj.* **1** isolado geograficamente; difícil de atingir: *A ponte caiu e a cidade ficou ilhada.* **2** isolado como uma ilha: *sobreviventes ilhados no teto da casa.*

i.lhar.ga *s.f.* **1** lado do corpo humano desde os quadris até os ombros; flanco. **2** cada uma das partes laterais abaixo do lombo de muitos animais: *Castiga as ilhargas do cavalo.*

i.lhéu *s.m.* **1** ilha pequena; ilhota. **2** rochedo no meio do mar. **3** natural ou habitante de ilha. • *adj.* **4** relativo a ilha ou a seus habitantes: *costumes ilhéus.* // Fem.: ilhoa.

i.lhós *s.m.* **1** orifício circular que serve de passadeira a fitas ou cordões: *Passou o barbante pelos ilhoses e deu um nó.* **2** aro de metal ou plástico que debrua esse orifício: *Aplicava ilhoses nas jaquetas que a vizinha costurava.*

i.lho.ta (ó) *s.f.* pequena ilha, ilhéu.

i.lí.a.co *s.m.* (Anat.) **1** osso par que ocupa as partes laterais da bacia e se articula posteriormente com o sacro; osso do quadril. • *adj.* **2** relativo ao osso do quadril.

i.li.ba.do *adj.* sem mancha; incorrupto; puro: *funcionários de conduta ilibada.*

i.li.bar *v.t.* **1** tornar puro; isentar de mancha ou culpa. **2** reabilitar; justificar.

i.lí.ci.to *s.m.* **1** ato fora da lei: *O réu confessou ter cometido o ilícito.* • *adj.* **2** que não é lícito; proibido por lei; ilegítimo: *A lei define as ações ilícitas.*

i.ló.gi.co *s.m.* **1** aquilo que não tem lógica: *Ele via o ilógico em coisas nitidamente lógicas.* • *adj.* **2** que não tem explicação lógica; incoerente: *Esse procedimento é ilógico.* **3** que procede de modo contrário à lógica; que age de modo incoerente: *Sei bem que sou ilógico.*

i.lu.dir *v.t.* **1** causar ilusão; enganar; lograr: *A fama nunca iludiu a atriz.* **2** usar subterfúgios; burlar: *Fingiu dormir para iludir a vigilância da enfermeira.* • *pron.* **3** incorrer em erro; enganar-se: *O povo não se ilude mais.*

i.lu.mi.na.ção *s.f.* **1** conjunto de técnicas e ações para irradiar luz sobre um recinto ou um objeto. **2** em cinema, teatro ou televisão, técnica de iluminar cenas. **3** lance de compreensão ou entendimento de um fato ou situação: *Numa iluminação repentina, compreendi a intenção do autor.* **4** efeito de claridade obtido com a luz irradiada sobre um campo; luminosidade: *A iluminação era muito fraca.*

i.lu.mi.na.do *s.m.* **1** pessoa inspirada; visionário: *O charlatão recebeu tratamento de um iluminado.* • *adj.* **2** que recebe bastante luz; que tem iluminação. **3** cheio de inspiração divina: *Fazia o sermão com um ar iluminado.* **4** que irradia felicidade: *Mostrou o diploma para a mãe com o rosto iluminado.*

i.lu.mi.na.dor (ô) *s.m.* **1** em teatro, cinema, fotografia e televisão, pessoa encarregada de fazer a iluminação. **2** produto cosmético que dá luminosidade à pele. • *adj.* **3** que ilumina; que lança luz: *soluções simples e iluminadoras.*

i.lu.mi.nar *v.t.* **1** derramar, espalhar ou difundir luz sobre: *Um relâmpago iluminou a sala.* **2** colocar iluminação em: *O prefeito conseguiu iluminar mais de mil ruas.* **3** dar luz interior; gratificar: *Pedimos a Deus que nos ilumine.* **4** ilustrar; esclarecer: *As palavras do mestre iluminam os alunos.* **5** tornar radioso, feliz: *A chegada dos sobrinhos iluminou a família.* • *pron.* **6** encher-se de luz: *Quando a sala se iluminou, o coral começou a cantar.* **7** tornar-se radioso, feliz: *A vida do jovem iluminou-se com a mudança.* **8** ficar claro, compreensível, explicado: *Depois da aula, tudo se iluminou dentro de mim.* **9** ficar brilhante: *Os olhos do pai se iluminaram.*

i.lu.mi.nis.mo *s.m.* movimento filosófico do século XVIII, caracterizado pela confiança no progresso e na razão e pela oposição aos dogmas políticos e religiosos então vigentes.

i.lu.mi.nis.ta *s.2g.* **1** adepto do iluminismo. • *adj.2g.* **2** do ou relativo ao Iluminismo.

i.lu.mi.nu.ra s.f. pintura em cores que, em livros e outros manuscritos da Idade Média, representava figuras, flores e ornatos em miniatura.

i.lu.são s.f. **1** engano dos sentidos ou da mente que faz que se tome uma coisa por outra ou que se interprete erroneamente um fato ou uma sensação. **2** sonho; devaneio: *O brasileiro cultiva ilusões*. **3** logro; burla; engano: *Tinha a ilusão de que o dinheiro crescia*.

i.lu.si.o.nis.mo s.m. **1** arte de criar ilusão por meio de truques e artifícios; prestidigitação; mágica: *Assistimos a um espetáculo de ilusionismo*. **2** ilusão; aparência.

i.lu.si.o.nis.ta s.2g. **1** pessoa que cria ilusão; prestidigitador; mágico: *O ilusionista fez meu relógio desaparecer.* • adj.2g. **2** que cria ilusão: *O discurso ilusionista cria figuras para enganar o ouvinte*.

i.lu.só.rio adj. que ilude; enganoso; falso.

i.lus.tra.ção s.f. **1** qualidade do que é ilustre; renome. **2** esclarecimento; elucidação: *O caso vale como ilustração*. **3** saber; conhecimento: *Esquecia a falta de ilustração da mãe para lembrar-se do seu carinho*. **4** desenho alusivo; desenho, gravura ou imagem que acompanha texto, para ilustrá-lo.

i.lus.tra.do adj. **1** que tem ilustrações, gravuras, desenhos. **2** que tem ilustração; instruído: *Conviveu com a elite ilustrada paulista*.

i.lus.tra.dor (ô) s.m. pessoa que faz ilustrações; desenhista de ilustrações.

i.lus.trar v.t. **1** ornar de figuras: *As fotos que ilustram a reportagem são de dois especialistas no assunto*. **2** tornar mais claro; elucidar: *O depoimento de um ex-combatente ilustrou a tese*. **3** tornar culto; instruir: *A intenção do projeto é ilustrar as camadas menos favorecidas*. **4** tornar ilustre; dignificar; glorificar: *Heróis da santidade ilustraram a Igreja*. • pron. **5** adquirir conhecimento; instruir-se: *Dava conselho para que nos ilustrássemos por meio da leitura*.

i.lus.tra.ti.vo adj. **1** que ilustra; que constitui amostra ou exemplo. **2** que constitui esclarecimento ou elucidação: *O jornal publicou uma reportagem ilustrativa sobre a guerra do Vietnã*.

i.lus.tre adj. **1** que se distingue por qualidades admiráveis; eminente. **2** fidalgo, nobre. **3** célebre; notável.

í.mã s.m. (Fís.) peça de aço magnetizada, que tem a propriedade de atrair o ferro e alguns outros metais; magneto.

i.ma.cu.la.do adj. **1** sem mácula ou mancha de pecado. **2** moralmente puro; impecável. **3** limpo; higienizado: *Toalhas imaculadas cobriam as mesas*.

i.ma.gem s.f. **1** reflexo de um corpo em superfície que espelha. **2** escultura ou estampa que representa personagem santificada, que se expõe à veneração dos fiéis: *Reverenciavam a imagem de Nossa Senhora*. **3** representação mental de qualquer forma; impressão de um objeto no espírito: *A imagem da festa não me saía da cabeça*. **4** representação dinâmica, cinematográfica ou televisionada: *A imagem está rodando*. **5** metáfora: *Só fala por imagens*. **6** conjunto de traços ou marcas representativas de uma pessoa ou coisa: *A barba por fazer e o cabelo desgrenhado lhe davam a imagem de um louco*.

i.ma.gé.ti.co adj. **1** que encerra imagem; metafórico: *poesia intensamente imagética*. **2** que revela imaginação.

imbecil

i.ma.gi.na.ção s.f. **1** faculdade de imaginar, conceber e criar imagens. **2** criação imaginária; fantasia: *fantasmas alimentados na imaginação*.

i.ma.gi.nar v.t. **1** dar largas à imaginação; devanear: *Imaginava sair da igreja de carruagem*. **2** criar na imaginação; conceber; idear: *Imaginava como a festa deveria ser bonita*. **3** supor; julgar: *Nunca me imaginei dependente dos filhos*.

i.ma.gi.ná.rio s.m. **1** aquilo que não tem existência real; ficção; fábula: *Cria o imaginário e vive nesse mundo*. **2** conjunto das imagens concebidas por um indivíduo ou uma coletividade: *o imaginário popular*. • adj. **3** que só existe na imaginação; irreal; fictício: *Culpava-se por atos reais ou imaginários*.

i.ma.gi.na.ti.vo adj. **1** que tem muita imaginação; imaginoso: *As crianças são muito imaginativas*. **2** que se deixa levar pela imaginação; sonhador.

i.ma.gi.no.so (ô) s.m. **1** pessoa de imaginação viva; pessoa criativa: *Os imaginosos nem sempre põem seu planos em prática*. • adj. **2** dotado de imaginação muito viva; inventivo; imaginativo. **3** produzido com imaginação: *Riu com a comparação imaginosa do caboclo*.

i.ma.gís.ti.ca s.f. **1** poder de imaginação, de invenção. **2** conjunto de imagens usadas por um autor em sua obra literária ou artística.

i.ma.gís.ti.co adj. relativo a imagística.

i.ma.go s.f. inseto em seu estágio final, adulto, sexualmente maduro, comumente alado.

i.ma.nên.cia s.f. qualidade de imanente.

i.ma.nen.te adj.2g. que está contido na natureza de um ser; próprio; inseparável; inerente: *Todos temos uma contradição imanente*.

i.man.ta.ção s.f. ação de imantar; magnetização; atração.

i.man.tar v.t. **1** dar propriedade de ímã; magnetizar: *Conseguiu imantar uma haste de ferro*. **2** atrair; prender a atenção; fascinar: *Os trapezistas pareciam imantar a criançada*.

i.ma.te.ri.al adj.2g. que não tem a consistência material; que não é da natureza da matéria.

i.ma.tu.ri.da.de s.f. **1** falta de maturidade: *O sinal de imaturidade é visível em suas atitudes*. **2** incompletude da formação ou do desenvolvimento: *O bebê ficou internado em razão da imaturidade dos pulmões*.

i.ma.tu.ro s.m. **1** pessoa que não age com maturidade: *Os imaturos são mais supersticiosos*. • adj. **2** que não chegou à maturidade: *Os embriões fisiologicamente imaturos não dão boas mudas*. **3** que não está com o desenvolvimento psicológico ou emocional da idade madura: *Acho seu irmão imaturo*.

im.ba.tí.vel adj.2g. **1** que não se pode bater, derrotar; invencível: *O Brasil era imbatível no futebol*. **2** que não pode ser ultrapassado em desempenho ou qualidade: *Com um motor imbatível é fácil ser campeão*.

im.bé s.m. (Bras.) designação comum às plantas trepadeiras de folhas enormes, flores mínimas agrupadas em espigas, e cujo caule tem raízes aéreas que fornecem fibras para um tipo de barbante ou corda.

im.be.cil s.2g. **1** pessoa imbecil; tolo. **2** idiota; néscio. • adj.2g. **3** próprio de pessoa imbecil; tolo; bobo: *Envergonhavam-me suas perguntas imbecis*.

imbecilidade

im.be.ci.li.da.de s.f. 1 ato ou dito imbecil. 2 qualidade de imbecil; idiotice; parvoíce. 3 (Psiq.) retardo mental acentuado, caracterizado por incapacidade intelectual: *O menino parece próximo da imbecilidade.*
im.be.ci.li.zar v.t. tornar imbecil: *Acusou a televisão de imbecilizar o telespectador.*
im.ber.be (é) adj. 1 sem barba: *Os indígenas brasileiros são imberbes.* 2 novo; jovem; moço.
im.bri.ca.ção s.f. disposição com superposição parcial, como as telhas de um telhado ou as escamas dos peixes; imbricamento.
im.bri.ca.men.to s.m. imbricação.
im.bri.car v.t. 1 mesclar-se; superpor-se parcialmente a: *Construiu a peça com arte, de tal forma que uma parte imbricava a outra.* • pron. 2 enroscar-se; entrelaçar-se: *Um ramo se imbricava noutro.*
imbroglio (imbrólhio) (It.) s.m. confusão; mixórdia; trapalhada: *Estava envolvido em novo imbroglio.*
im.bu s.m. (Bras.) umbu.
im.bu.ia s.f. (Bras.) árvore de tronco grosso e curto que fornece excelente madeira parda com veios, fruto em forma de baga e flores muito pequenas.
im.bu.ir v.t. 1 embeber; impregnar. • pron. 2 impregnar-se: *Esperávamos que os políticos se imbuíssem de princípios democráticos.*
im.bu.ra.na s.f. (Bras.) umburana.
im.bu.zei.ro s.m. (Bras.) umbuzeiro.
i.me.dia.ção s.f. 1 ato de ser ou estar próximo; contiguidade; proximidade. • pl. 2 arredores; cercanias; redondezas: *Apareceram onças nas imediações da fazenda.*
i.me.dia.tis.mo s.m. 1 maneira de atuar dispensando mediações ou rodeios: *Optou pelo imediatismo da comunicação publicitária.* 2 modo de ser ou maneira de agir daqueles que priorizam vantagem imediata: *O imediatismo me levou a procurar preço baixo, mas comprei um produto ruim.*
i.me.dia.tis.ta s.2g. 1 pessoa que só vive o momento presente e só pensa nos resultados imediatos: *Confessou-se um imediatista por medo do futuro.* • adj.2g. 2 relativo ao imediatismo: *Procurou uma solução imediatista para o caso.* • adj. 3 que só cuida do que dá resultados imediatos: *torcida volúvel e imediatista.*
i.me.di.a.to s.m. 1 (Mar.) no comando de um navio, oficial que se segue ao comandante: *O imediato do navio é responsável pela condução da máquina.* • adj. 2 que não tem nada de permeio; contíguo: *Argentina é um vizinho imediato do Brasil.* 3 que não tarda; temporalmente muito próximo: *Suas respostas são imediatas.* • **de imediato** sem demora; imediatamente: *Aceitamos o convite de imediato.*
i.me.mo.rá.vel adj. de que não há memória; não memorável; imemorial.
i.me.mo.ri.al adj. de que não há memória; cuja memória se perdeu no tempo; imemorável: *Essas trilhas existem desde tempos imemoriais.*
i.men.si.da.de s.f. imensidão.
i.men.si.dão s.f. 1 extensão desmedida; imensidade: *Espantei-me com a imensidão das florestas.* 2 quantidade ilimitada: *imensidão de recursos naturais.*
i.men.so adj. 1 que não se pode medir; ilimitado: *o imenso azul do mar.* 2 muito grande; enorme; vasto. 3 incontável; numeroso: *Passou por imensas dificuldades.* 4 profundo; intenso: *imenso grito de dor.*

i.men.su.rá.vel adj. que não pode ser medido; não mensurável; incomensurável: *Declarou sua imensurável admiração pelos professores.*
i.mer.gir v.t. 1 fazer afundar; mergulhar: *Pedro imergiu o colega na piscina.* • int. 2 afundar; mergulhar. • 3 entrar; penetrar: *A sala imerge na escuridão.* // Cp.: emergir. Pp.: imergido/imerso.
i.mer.são s.f. 1 ato de imergir; submersão; afundamento: *Fez a imersão das peças em solução de formol.* 2 estudo abrangente e em profundidade; penetração; entrada: *imersão na obra do artista.* // Cp.: emerso.
i.mer.so (é) adj. 1 mergulhado em líquido; submerso: *Deixou o pernil imerso em vinho.* 2 situado no interior: *Dormiram em uma cabana imersa na floresta.* 3 tomado; mergulhado: *cidade imersa num mar de fumaça.* 4 profundamente concentrado; abismado: *O rapaz permaneceu imerso em tristeza.* // Cp.: emerso.
i.mi.gra.ção s.f. 1 entrada num país estrangeiro para viver nele. 2 conjunto de imigrantes: *A festa reúne toda a imigração alemã.* // Cp.: emigração.
i.mi.gran.te s.2g. 1 pessoa que imigra: *O imigrante pobre sofre mais.* • adj.2g. 2 que imigra: *A mulher imigrante trabalhou no campo com o marido.*
i.mi.grar v.t. entrar num país estrangeiro para estabelecer-se nele. // Cp.: emigrar.
i.mi.gra.tó.rio adj. 1 referente a ou de imigração: *fluxo imigratório.* 2 relativo a imigrante: *assistência imigratória.* // Cp.: emigratório.
i.mi.nên.cia s.f. qualidade do que é iminente, do que está em via de ocorrer: *iminência da erupção de um vulcão.* // Cp.: eminência.
i.mi.nen.te adj.2g. que ameaça ocorrer breve; que está em via de efetivação imediata: *Perceberam a iminente revolta dos mineiros.* // Cp.: eminente.
i.mis.cu.ir v.t. (pron.) tomar parte em; envolver-se; intrometer-se; ingerir-se: *Imiscuíam-se em tudo alegando que estavam ali para proteger a comunidade.*
i.mi.ta.ção s.f. 1 ato de imitar; reprodução, a mais exata possível, de algo. 2 representação de um ato ou cena com intenção imitativa. 3 cópia; arremedo: *Vendeu-me uma imitação por preço de peça verdadeira.*
i.mi.tar v.t. 1 fazer ou reproduzir procurando igualar; reproduzir tomando por modelo: *imitar os movimentos de um animal.* 2 grafar no lugar de outra pessoa, falsificando; adulterar: *Conseguiu imitar a assinatura do pai.* 3 fazer as vezes de; copiar: *As crianças imitam os adultos.* 4 ser semelhante a; aparentar: *O material imita couro.*
i.mo.bi.li.á.ria s.f. firma que administra transação de imóveis.
i.mo.bi.li.á.rio adj. 1 de ou relativo a imóveis ou edificações: *mercado imobiliário.* 2 constituído de imóveis: *bens imobiliários.*
i.mo.bi.li.da.de s.f. 1 ausência ou impossibilidade de movimento. 2 inércia; imobilismo; conservadorismo.
i.mo.bi.lis.mo s.m. 1 estabilidade; comodismo: *É difícil tirar o telespectador de seu imobilismo.* 2 oposição sistemática ao progresso ou inovação; imobilidade; conservadorismo: *O ideal do partido era romper o imobilismo dos velhos políticos.*
i.mo.bi.li.za.ção s.f. 1 impedimento de movimentos; paralisação. 2 fixação. 3 retenção: *imobilização do capital.*

imperar

i.mo.bi.li.zar v.t. 1 tornar imóvel; impedir os movimentos de. 2 estabilizar; fixar: *O pedreiro imobilizou a antena da televisão.* • pron. 3 parar de movimentar-se; ficar parado: *O búfalo imobilizou-se diante da porteira.*

i.mo.dés.tia s.f. falta de modéstia; vaidade; orgulho: *A imprensa criticava a imodéstia absoluta do artista.*

i.mo.la.ção s.f. 1 ato ou efeito de imolar. 2 sacrifício cruento.

i.mo.lar v.t. 1 oferecer em sacrifício; sacrificar: *Abraão aceitou imolar Isaque.* 2 matar; massacrar: *O nazismo imolou milhões de pessoas.* • pron. 3 sacrificar-se. 4 consumir-se; matar-se.

i.mo.ral s.2g. 1 aquele ou aquilo que é imoral: *O imoral é tratado com desprezo.* • adj. 2 contrário à moral ou aos bons costumes. 3 sem moral; devasso; libertino: *Era uma criatura imoral.*

i.mo.ra.li.da.de s.f. 1 falta de moralidade; ausência de conduta regular e honesta: *Não se conforma com a imoralidade da administração.* 2 libertinagem; indecência.

i.mor.re.dou.ro adj. 1 que não acaba; perpétuo. 2 indelével; que não cai no esquecimento.

i.mor.tal s.2g. 1 membro da Academia Brasileira de Letras: *Filmou a reunião dos imortais.* • adj.2g. 2 que não cai no esquecimento; inesquecível: *É autor de imortais poemas.* 3 que não morre; eterno; imorredouro: *Ninguém é imortal.*

i.mor.ta.li.da.de s.f. 1 condição de imortal. 2 perenidade; perpetuidade: *a imortalidade do mito de Cinderela.* 3 a vida depois da morte; a vida eterna: *Os parentes já foram para a imortalidade.*

i.mor.ta.li.zar v.t. 1 tornar imortal, pela fama: *Seu primeiro livro já o imortalizou.* • pron. 2 tornar-se imortal; perenizar-se: *Alguns personagens se imortalizaram.*

i.mo.ti.va.do adj. sem motivo; infundado: *Sentia uma tristeza imotivada.*

i.mó.vel s.m. 1 bem não suscetível de mobilidade, como terrenos, casas, apartamentos etc.; propriedade: *Adquiriu um imóvel na praia.* • adj. 2 sem movimento; parado; sem reação. 3 que não é suscetível de mobilidade e que não pode ser deslocado sem alteração de forma.

im.pa.ci.ên.cia s.f. falta de paciência; irritação; nervosismo.

im.pa.ci.en.tar v.t. 1 fazer perder a paciência; irritar. • pron. 2 perder a paciência; irritar-se: *O rapaz impacientou-se e saiu.*

im.pa.ci.en.te adj. 1 que não tem ou não está com paciência; ansioso. 2 inquieto; apressado: *Mostrava-se impaciente para voltar.*

im.pac.tar v.t. 1 causar impacto; abalar: *O fim do imposto vai impactar na arrecadação dos estados.* 2 chocar-se; colidir; bater: *A bala impactou o alvo.*

im.pac.to s.m. 1 colisão de dois ou mais corpos: *Com o impacto, a porta se abriu.* 2 impressão forte e profunda: *imagens de impacto jornalístico.* 3 investida; ataque: *resistir ao impacto do exército inimigo.* 4 abalo moral; susto; choque: *O impacto uniu a família.* • **de impacto** de efeito: *Usa frases de impacto.*

im.pa.gá.vel adj.2g. 1 que não se pode ou não se deve pagar. 2 cômico; ridículo; hilariante.

im.pa.lu.dis.mo s.m. malária; paludismo; maleita.

ím.par s.m. 1 (Mat.) número que não é divisível por dois. • adj.2g. 2 diz-se de número que não é divisível por dois. 3 que não é par; díspar. 4 sem igual; único; extraordinário: *uma oportunidade ímpar para homenagear os heróis.*

im.par.ci.al adj. 1 que não é parcial; em que há justiça: *O objetivo foi tornar o julgamento mais imparcial.* 2 que julga sem parcialidade; justo: *Como juiz, eu sou imparcial.*

im.par.cia.li.da.de s.f. qualidade de imparcial.

im.pas.se s.m. situação de que parece difícil sair; dificuldade; embaraço: *As reuniões levaram a um novo impasse.*

im.pas.sí.vel adj. 1 sem reação; indiferente; sereno: *Ouvia impassível as piores ofensas.* 2 que não registra alteração; imperturbável: *fisionomia impassível.*

im.pá.vi.do adj. 1 que não tem medo; destemido; corajoso. 2 indomável; inabalável: *O rochedo resiste impávido à violência das ondas.*

impeachment (impítchment) (Ingl.) s.m. processo que se instaura contra autoridade do governo com o fim de destituí-la do cargo, por crime de responsabilidade: *o impeachment do presidente.*

im.pe.cá.vel adj.2g. 1 incapaz de pecar; não sujeito ao pecado. 2 sem defeito; correto; perfeito: *Esforça-se por dar formação moral impecável a seus filhos.* 3 em que não há falha ou incorreção: *um filme impecável.* 4 bem arrumado e limpo; irrepreensível: *A casa vivia impecável.*

im.pe.di.do adj. 1 a quem se impediu algo; privado; tolhido: *Eu estava impedido de trabalhar.* 2 em impedimento, no jogo de futebol: *Não acho que o jogador estava impedido.*

im.pe.di.men.to s.m. 1 tudo o que pode impedir uma realização; obstáculo; empecilho. 2 no futebol, posição irregular de um jogador ao receber a bola de um companheiro.

im.pe.dir v.t. 1 tornar impossível ou difícil; dificultar: *A chuva impediu o jogo.* 2 bloquear: *O caminhão impediu minha passagem.* 3 evitar: *Os vizinhos impediram uma tragédia.* 4 proibir: *Queriam impedir a exibição do filme.*

im.pe.lir v.t. 1 impulsionar; empurrar: *O vento impelia o barco.* 2 estimular; incitar: *A revolta impele o povo a reivindicar seus direitos.* 3 coagir; obrigar: *Foi impelido a renunciar.*

im.pe.ne.trá.vel adj.2g. 1 que não pode ser penetrado; impermeável. 2 que não pode ser atravessado; que não permite acesso: *Sobrevoou quilômetros de floresta impenetrável.* 3 que não admite decifração ou codificação; incompreensível: *Usava uma linguagem impenetrável.* 4 com impossibilidade de rompimento: *É diamante de impenetrável dureza.* 5 que não permite desvendarem-se os pensamentos ou desejos: *um rosto impenetrável.*

im.pen.sa.do adj. que não foi bem pensado; irrefletido: *Isso é fruto de certos atos impensados.*

im.pen.sá.vel adj.2g. impossível de se pensar; inaceitável; inconcebível: *Tornou-se impensável um aumento de preço na atual conjuntura.*

im.pe.ra.dor (ô) s.m. 1 soberano que rege um império. 2 chefe supremo; governante déspota.

im.pe.rar v.t. 1 exercer autoridade suprema; reinar. 2 dominar; prevalecer: *A disciplina precisa imperar na nossa delegação.* 3 vigorar: *No dia das eleições, a lei seca impera em todo o território nacional.*

imperativo

im.pe.ra.ti.vo s.m. **1** necessidade imperiosa; imposição; ditame: *O diálogo tornou-se um imperativo dos novos tempos*. **2** (Gram.) modo verbal que expressa ordem, pedido ou súplica. • adj. **3** que tem caráter de ordem: *Assegurar os direitos sociais é dever imperativo do Estado*. **4** autoritário; arrogante: *um aviso imperativo*. **5** absolutamente necessário: *É imperativo salvaguardar o cidadão*.

im.per.cep.tí.vel adj.2g. que não é perceptível; que não se pode distinguir pelos sentidos; que escapa à atenção; que não se pode captar: *Sua fina ironia era quase imperceptível*.

im.per.fei.ção s.f. falta de perfeição; defeito; falha.

im.per.fei.to s.m. **1** (Gram.) tempo verbal que exprime uma ação passada, mas não concluída. • adj. **2** que não atinge a perfeição. **3** malfeito; incompleto; sem primor.

im.pe.ri.al adj.2g. **1** cujo sistema de governo é o império. **2** pertencente ou relativo ao império. **3** próprio do imperador: *Desenganos da sua condição imperial*. **4** relativo ao imperialismo; dominador: *A aventura imperial no Vietnã foi desperdício de vidas*.

im.pe.ria.lis.mo s.m. **1** forma de governo em que a nação é um império: *imperialismo de Roma*. **2** política de expansão e domínio territorial ou econômico de uma nação sobre outras.

im.pe.ria.lis.ta adj.2g. **1** do ou relativo ao imperialismo. **2** expansionista; dominador.

im.pe.rí.cia s.f. falta de perícia; inabilidade.

im.pé.rio s.m. **1** monarquia cujo soberano tem o título de imperador ou imperatriz. **2** influência dominadora; predomínio: *No império da mentira, a verdade assusta*. **3** território de um Estado monárquico governado por um imperador: *Expandiu o seu império até as proximidades da Índia*.

im.pe.ri.o.so (ô) adj. que se impõe forçosamente; forçoso; inevitável: *Salvar vidas é um dever imperioso do médico*.

im.per.me.a.bi.li.da.de s.f. **1** qualidade do que é impermeável; impenetrabilidade: *a impermeabilidade do solo*. **2** insensibilidade: *a impermeabilidade humana*.

im.per.me.a.bi.li.za.ção s.f. ação pela qual um corpo se torna impermeável.

im.per.me.a.bi.li.zar v.t. tornar impermeável: *Uma camada de lã de vidro impermeabiliza as paredes*.

im.per.me.á.vel s.m. **1** vestuário feito de material impermeabilizado: *Vestiu um impermeável antes de sair*. • adj.2g. **2** que não se deixa penetrar por água ou outros líquidos: *roupa impermeável*. **3** que não se deixa penetrar ou que não se submete; refratário: *É uma cultura impermeável aos valores do civismo*.

im.per.ti.nên.cia s.f. **1** intervenção descabida; despropósito. **2** inconveniência; insolência; irreverência: *Olhava com impertinência para o decote da garota*. **3** rabugice; mau humor: *Era a única que aguentara a impertinência da patroa*.

im.per.ti.nen.te adj.2g. **1** que não vem a propósito; inoportuno; descabido: *Talvez seja até impertinente pedir desculpas*. **2** incômodo; molesto: *É um mosquito que zune, impertinente*. **3** insolente; atrevido; irreverente. **4** sem paciência; rabugento: *Aos poucos tornou-se impertinente com suas netas*.

im.pes.so.al adj.2g. **1** que não se pode atribuir a uma determinada pessoa: *um toque impessoal*. **2** objetivo: *É meu modo impessoal de encarar o assunto*. **3** (Gram.) diz-se do verbo que não tem sujeito.

im.pes.soa.li.da.de s.f. **1** qualidade do que é impessoal; desvinculação de qualquer pessoa em particular. **2** (Gram.) ausência de sujeito na frase.

ím.pe.to s.m. **1** força intensa; vigor. **2** precipitação; arrebatamento: *Afagou-lhe o rosto com tal ímpeto que lhe caiu a barba postiça*. **3** impulso descontrolado; desejo forte: *Teve ímpeto de se confessar*.

im.pe.tra.ção s.f. ato de impetrar ou de requerer: *A única exceção à dispensa do advogado é a impetração de habeas corpus*.

im.pe.tran.te adj.2g. **1** que impetra. **2** que roga ou suplica; suplicante: *Os doces olhos impetrantes de menina amoleceram meu coração*.

im.pe.trar v.t. **1** interpor (recurso): *Contratou advogados para impetrar mandado de segurança*. **2** solicitar; rogar: *Vou lhes impetrar um parecer de natureza íntima*.

im.pe.tuo.si.da.de s.f. **1** ímpeto; força; arrebatamento: *Reprimia sua impetuosidade para mendigar o seu amor*. **2** fúria; violência: *impetuosidade de um temporal*.

im.pe.tu.o.so (ô) adj. **1** que se move com ímpeto. **2** arrebatado; impulsivo; agitado; veemente: *Os impetuosos rapazes ficaram na retaguarda*.

im.pi.e.do.so (ô) adj. **1** que não tem compaixão; desumano; insensível. **2** que não faz concessões; implacável: *Manteve-se impiedoso na defesa de uma ideia que considerava justa*. **3** duro de suportar: *Perdera-se, fugindo do sol impiedoso*.

im.pin.gir v.t. **1** fazer aceitar; impor: *Essas informações impingem falsas ideias aos governados*. **2** indicar veementemente; propor; inculcar: *Uma necessidade enorme de impingir que não era culpado*.

ím.pio s.m. **1** quem não tem fé ou crença; ateu; herege: *Eu não passava de um ímpio disfarçado*. • adj. **2** que não tem fé; incrédulo; ateu: *Meus pais me acusam de ímpio*.

im.pla.ca.bi.li.da.de s.f. qualidade de implacável; inexorabilidade; rigidez.

im.pla.cá.vel adj.2g. **1** que não se pode aplacar ou abrandar; inexorável. **2** que não perdoa; que não faz concessões; intransigente: *O espírito crítico o converteu num analista implacável*. **3** castigante: *As feridas pareciam atravessá-lo como um punhal implacável*.

im.plan.ta.ção s.f. estabelecimento; implementação; implante: *Avalia-se o custo de implantação do projeto*.

im.plan.tar v.t. **1** fixar; inserir; introduzir: *Deseja implantar uma infraestrutura moderna na região*. **2** plantar: *A prefeitura implantou um minibosque na praça*.

im.plan.te s.m. **1** implantação; introdução; estabelecimento. **2** inserção de matéria, orgânica ou inorgânica.

im.ple.men.ta.ção s.m. estabelecimento de providências concretas para execução.

im.ple.men.tar v.t. dar execução a; levar à prática (plano, projeto etc.); implantar: *Continuou o trabalho de implementar as reformas*.

impostação

im.ple.men.to *s.m.* **1** aquilo que é necessário para a execução de alguma coisa; recurso: *Injeta no turismo da região um implemento satisfatório.* **2** acessório; complemento: *Investiu na compra de implementos agrícolas.*

im.pli.ca.ção *s.f.* **1** consequência; encadeamento. **2** envolvimento; enredamento: *atitude de forte implicação religiosa.*

im.pli.cân.cia *s.f.* má vontade; birra.

im.pli.can.te *s.2g.* **1** pessoa que implica muito: *Reclama como qualquer implicante.* • *adj.2g.* **2** que demonstra implicância; desagradável: *Ouvia-se a voz implicante do colega.* **3** que implica muito; maldisposto contra tudo.

im.pli.car *v.t.* **1** comprometer; envolver: *Implicou seus funcionários em negócios fraudulentos.* **2** ter como implicação; pressupor; abranger. **3** ter como consequência; ser causa de; provocar: *Seu transporte implica danificação das embalagens.* **4** agir com antipatia ou impaciência; embirrar: *A avó implicava com o cachimbo.*

im.plí.ci.to *adj.* que está implicado, mas não claramente expresso; tácito; subentendido.

im.plo.dir *v.t.* **1** fazer desmoronar; destruir: *Vão implodir o já saturado sistema viário do bairro.* **2** demolir por implosão: *Foram usados sessenta e oito quilos de dinamite para implodir o edifício.* • *int.* **3** ser demolido por implosão: *O conjunto habitacional implodiu.* **4** perder a unidade; dividir-se; fragmentar-se: *Daquele jeito, o partido ia implodir.*

im.plo.rar *v.t.* pedir com insistência; suplicar; rogar: *Os náufragos imploravam por socorro.*

im.plo.são *s.f.* **1** série de explosões sucessivas nas quais a pressão é maior no exterior do que no interior. **2** dissolução; pulverização: *Isso não significa a implosão do projeto.*

im.po.lu.to *adj.* **1** sem mancha; puro; virtuoso. **2** honesto; digno: *governante impoluto e patriota.*

im.pon.de.rá.vel *s.m.* **1** aquilo que não se pode avaliar ou calcular. • *adj.2g.* **2** que não se pode pesar; difícil de avaliar: *Por algum motivo imponderável, ela não simpatizava comigo.*

im.po.nên.cia *s.f.* **1** aquilo que impõe admiração ou que é majestoso: *Tinha a imponência requerida pelo personagem.* **2** arrogância; altivez: *figurões demasiado ocupados com a própria imponência.*

im.po.nen.te *adj.2g.* **1** que tem imponência; de aspecto admirável; grandioso: *Imponente nos seus verdores, a serra dava uma ideia de abastança.* **2** que impõe respeito; altivo: *Ficaram impressionadas com sua figura de imponente dignidade.*

im.pon.tu.al *adj.2g.* que não é pontual; que não cumpre horários.

im.po.pu.lar *adj.* que não é do gosto do povo; que não é bem recebido; que não tem aprovação popular: *políticos impopulares.*

im.por *v.t.* **1** fazer aceitar ou admitir, exercendo pressão ou coação. **2** incutir; inspirar: *Seus cabelos brancos impunham respeito.* **3** impingir; determinar: *Impus silêncio à balbúrdia.* • *pron.* **4** fazer-se aceitar (por suas qualidades, pela força etc.): *No trabalho, acabou se impondo.*

im.por.ta.ção *s.f.* introdução, em país, estado ou município, de mercadorias procedentes de outro.

im.por.ta.dor (ô) *s.m.* **1** quem faz importações. • *adj.* **2** que importa.

im.por.tân.cia *s.f.* **1** valor; interesse: *Não vamos dar maior importância ao incidente.* **2** autoridade; prestígio; influência: *Para alguns, a importância de alguém se mede pela qualidade de bens que possua.* **3** atenção: *Brinca com o neto sem dar muita importância à filha.* **4** quantia em dinheiro: *As importâncias efetivamente gastas poderiam ser deduzidas do imposto.*

im.por.tan.te *s.m.* **1** aquilo que tem importância, é relevante ou determinante: *O importante é garantir a qualidade da matéria-prima.* • *adj.2g.* **2** que tem grande relevância; que é determinante; que desperta interesse: *É importante que as pessoas conheçam o trabalho que fazemos.* **3** que merece consideração ou apreço; renomado: *Esse hóspede é uma pessoa muito importante.*

im.por.tar *v.t.* **1** fazer vir de outro país ou região; trazer de outro lugar; introduzir. **2** implicar; pressupor; resultar: *A resolução importa em aumento salarial do judiciário.* **3** atingir, quando ao custo; montar: *Os pagamentos importaram em mil dólares.* • *pron.* **4** fazer caso; dar importância; levar em consideração: *A atriz não se importa em parecer antipática.* • *int.* **5** ter importância ou interesse; contar: *O resultado é o que menos importa.*

im.por.tu.na.ção *s.f.* ato de importunar alguém; amolação.

im.por.tu.nar *v.t.* **1** aborrecer; apoquentar; incomodar: *O barulho noturno importunava a vizinhança.* **2** quebrar a harmonia; perturbar: *Vieram importunar a paz da selva.* • *pron.* **3** aborrecer-se; apoquentar-se; incomodar-se: *Importunam-se com o banditismo que tomou conta da região.*

im.por.tu.no *s.m.* **1** pessoa que importuna; pessoa maçante, chata: *Naquele jantar, os importunos ficam de fora.* • *adj.* **2** que importuna; que não é oportuno; que incomoda: *voo importuno de uma mosca.* **3** maçante; molesto; aborrecido: *O hóspede importuno fez a conversa acabar.*

im.po.si.ção *s.f.* **1** determinação autoritária; ordem: *Não aceitaria imposições de ninguém.* **2** exigência; condicionamento; injunção: *O retorno à fazenda não era uma imposição do roteiro.*

im.po.si.ti.vo *adj.* **1** que tem o caráter de imposição: *A restrição salarial é impositiva.* **2** imposto sem consulta ou consentimento; estipulado; determinado: *Esse sistema fiscal impositivo ninguém qualificaria como bom.* **3** que se impõe; dominador: *O empresário é impositivo.*

im.pos.si.bi.li.da.de *s.f.* falta de possibilidade.

im.pos.si.bi.li.tar *v.t.* **1** tornar impossível; causar impossibilidade; impedir: *O barulho impossibilitava a concentração no estudo.* **2** tornar incapaz: *Um mal inesperado o impossibilitou de viajar.*

im.pos.sí.vel *s.m.* **1** tudo o que não pode ocorrer: *Fazem o possível e o impossível pelos clientes.* • *adj.2g.* **2** que não tem possibilidade de ocorrência; irrealizável; improvável. **3** não permitido; intolerável: *Por lei, é impossível demitir o acidentado.* **4** que não pode existir: *Vive sonhando com um mundo impossível.*

im.pos.ta.ção *s.f.* **1** colocação da voz de maneira correta: *Os atores têm lições de impostação de voz.*

impostar

2 afetação; pompa: *Usava a linguagem do cotidiano, sem impostações literárias.* // Cp.: empostação.

im.pos.tar *v.t.* emitir (a voz) correta e cuidadosamente: *Impostava a voz quando falava ao telefone.* // Cp.: empostar.

im.pos.to (ô) *s.m.* **1** contribuição monetária devida ao Estado; tributo. • *adj.* **2** que se impôs; que se obrigou a aceitar: *É um candidato imposto.*

im.pos.tor (ô) *s.m.* **1** pessoa que abusa da credulidade ou ignorância dos outros: *Uma impostora se fez passar por enfermeira.* • *adj.* **2** que abusa da credulidade ou ignorância dos outros; que passa pelo que não é; farsante: *Descobriram que era um advogado impostor.*

im.po.tên.cia *s.f.* **1** incapacidade de ação ou reação: *a impotência do pai diante da arrogância do filho.* **2** impossibilidade masculina para o coito.

im.po.ten.te *adj.2g.* **1** que não pode; sem força; fraco. **2** que sofre de impotência sexual.

im.pra.ti.cá.vel *adj.* **1** que não se pode praticar ou executar; irrealizável. **2** por onde não é possível passar; intransitável: *A estrada estava impraticável.*

im.pre.ca.ção *s.f.* **1** rogo ou súplica: *À moça, bastava apenas uma nova imprecação.* **2** maldição; praga: *Diziam imprecações aos gritos.*

im.pre.car *v.t.* **1** rogar; suplicar: *Imprecou aos céus o fim de seu sofrimento.* **2** praguejar: *O motorista costumava imprecar contra a lei.*

im.pre.ci.são *s.f.* falta de precisão ou rigor; inexatidão.

im.pre.ci.so *adj.* **1** a que falta precisão ou rigor: *O chefe dava ordens imprecisas.* **2** que não se distingue com precisão: *O fundo do cenário é impreciso como se fosse feito de nuvens.* **3** indefinido; vago: *Tinha um sorriso vago, impreciso.* **4** imperfeito; inexato: *Tenho receio de errar, de ser impreciso.*

im.preg.nar *v.t.* **1** fazer penetrar (um líquido) em um copo; embeber. **2** fazer ficar infiltrado: *O cheiro de fritura impregnou o apartamento.* **3** tomar conta; contaminar: *O humor sadio impregna estes dois livros.* • *pron.* **4** ficar embebido; infiltrado; afetado: *A criançada impregnou-se com o espírito de solidariedade.*

im.pren.sa *s.f.* **1** atividade de imprimir jornais ou revistas; arte de imprimir. **2** conjunto de jornalistas, escritores, redatores de jornais ou revistas: *Mobilizou toda a imprensa.* **3** conjunto de jornais ou revistas.

im.pren.sar *v.t.* **1** apertar contra uma superfície como na prensa. **2** (Coloq.) pressionar: *O promotor imprensou o réu, mas ele não confessou o delito.*

im.pres.cin.dí.vel *adj.2g.* indispensável.

im.pres.são *s.f.* **1** ato ou efeito de imprimir: *A impressão dos jornais melhorou muito.* **2** pressão de um corpo sólido sobre outro. **3** efeito da ação de objetos exteriores sobre os órgãos dos sentidos ou a mente: *Tenho a impressão de ter ouvido vozes.* **4** efeito da influência de alguém ou de um evento ou situação no ânimo, no moral ou no humor de alguém: *Há professores que deixam uma ótima impressão nos alunos.* **5** opinião mais ou menos vaga, sem maior fundamento: *Temos a impressão de que todas as ações não se concluem.*

im.pres.sio.nan.te *adj.2g.* que impressiona muito; que abala; que toca.

im.pres.sio.nar *v.t.* **1** produzir impressão moral em; abalar; comover: *A tranquilidade do preso impressionou o comissário.* **2** produzir impressão material em; sensibilizar: *As substâncias voláteis impressionaram as células olfativas.* • *pron.* **3** sentir-se abalado ou afetado; comover-se: *O turista se impressionou com o sol e a luz dos trópicos.*

im.pres.sio.nis.mo *s.m.* **1** escola de pintura surgida na França, nas últimas décadas do século XIX, e caracterizada pela preocupação em captar as variações da impressão produzida pela luz ao incidir sobre os objetos. **2** estilo dos escritores de ficção e de crítica, empenhados em exprimir, de forma mais ou menos sutil e sempre subjetiva, as impressões produzidas em seu espírito pelos objetos por eles descritos ou assinalados.

im.pres.sio.nis.ta *s.2g* **1** pintor, músico ou escritor adepto do impressionismo: *Os impressionistas Debussy e Ravel destacam-se entre os compositores franceses do século XX.* • *adj.2g.* **2** relativo ou próprio do impressionismo. **3** diz-se de pintor, músico ou escritor adepto do impressionismo: *Monet é um dos pintores impressionistas mais conhecidos.*

im.pres.so (é) *s.m.* **1** papel em que se imprimiu algo; formulário. • *adj.* **2** em que se imprimiu algo: *pedaço de papel impresso.* **3** que foi registrado numa superfície: *O Brasil emitiu seu primeiro selo impresso em verde e amarelo.* **4** gravado; fixado: *O sofrimento estava impresso em tudo.*

im.pres.sor (ô) *s.m.* **1** pessoa que imprime ou trabalha com o prelo; profissional de tipografia. • *adj.* **2** que imprime; que serve para impressão.

im.pres.so.ra (ô) *s.f.* máquina que imprime.

im.pres.tá.vel *adj.2g.* **1** que não tem serventia; inútil; sem energia; cansado; incapaz de agir. **2** que não é prestimoso; que não sabe atuar: *indivíduo imprestável.*

im.pre.te.rí.vel *adj.2g.* que não se pode preterir ou deixar de fazer; inadiável.

im.pre.vi.den.te *adj.2g.* **1** que não age de modo previdente; que não mede as consequências de seus atos. **2** que não está dentro das normas da previdência; imprudente; descuidado: *A desertificação é um dos efeitos da utilização imprevidente dos recursos naturais.*

im.pre.vi.si.bi.li.da.de *s.f.* impossibilidade de previsão ou prognóstico.

im.pre.vi.sí.vel *s.m.* **1** aquilo que não se pode prever; o que constitui surpresa: *Preocupa-se com o imprevisível.* • *adj.2g.* **2** que não se pode prever; inesperado. **3** de conduta ou atitudes pouco previsíveis: *O gato é um bicho imprevisível.*

im.pre.vis.to *s.m.* **1** aquilo que ocorre sem previsão: *enfrentar qualquer imprevisto da natureza.* • *adj.* **2** que não é previsto; inspirado; inesperado.

im.pri.mir *v.t.* **1** fazer a impressão gráfica de; publicar. **2** fixar (marca, sinal etc.) por meio de pressão; gravar; estampar: *Os gregos antigos imprimiam nas moedas desenhos bem elaborados.* **3** dar feição; incutir: *A política realista imprimiu novos rumos às importações.* **4** produzir; causar: *A pintora imprimiu um aspecto de ruína ao casarão.* **5** fazer desenvolver; conferir: *Ele imprimiu tal velocidade à moto que foi impossível evitar o acidente.* // Pp.: imprimido/impresso.

imundo

im.pro.ba.bi.li.da.de s.f. qualidade de improvável; falta de probabilidade de ocorrência.

im.pro.bi.da.de s.f. falta de probidade; desonestidade: *Vários membros da diretoria do clube foram acusados de improbidade.*

im.pro.ce.dên.cia s.f. qualidade de improcedente; falta de justificativa: *Ficou provada a improcedência das acusações.*

im.pro.ce.den.te adj.2g. 1 sem fundamento; que não se justifica; ilógico: *denúncias improcedentes.* 2 em jurisprudência, que não procede; infundado: *Diante disso, o tribunal julgou improcedente o pedido.*

im.pro.du.ti.vi.da.de s.f. falta de produtividade; incapacidade de produção.

im.pro.du.ti.vo adj. 1 que não é produtivo; que não dá resultados; inútil. 2 que não dá frutos: *um pomar improdutivo.* 3 que não tem boa produção; que não rende: *Acabou com o latifúndio improdutivo.*

im.pro.pé.rio s.m. dito afrontoso; censura injuriosa.

im.pro.pri.e.da.de s.f. 1 ato ou gesto impróprio; inconveniência: *Devo ter cometido alguma impropriedade.* 2 inadequação; desajustamento: *A impropriedade de algumas leis é responsável pela morosidade da Justiça.* 3 inexatidão: *Vamos questionar a impropriedade desses cálculos.*

im.pró.prio adj. 1 inoportuno; inconveniente: *Será impróprio insistir nesses temas.* 2 mal escolhido; inadequado: *Ninguém me viu nestes trajes impróprios.* 3 que transgride os bons costumes; indecoroso; indecente: *filme impróprio para menores.* 4 que não serve; inadequado: *café impróprio para exportação.*

im.pro.vá.vel adj.2g. que não é provável ou certo; que não está dentro das previsões; duvidoso: *Torciam por uma improvável vitória do seu time.*

im.pro.vi.sa.ção s.f. ato de improvisar; criação artística de improviso.

im.pro.vi.sar v.t. 1 fazer ou arranjar de improviso; inventar; elaborar ou preparar de momento ou às pressas: *Recolhe sucata e, num relance, improvisa um carrinho.* 2 tocar (um instrumento) sem seguir partitura, floreando ou inventando: *Pegou o saxofone e começou a improvisar um chorinho.* 3 dizer de repente, de improviso ou sem pensar: *O homem improvisou uma saudação.* • pron. 4 desempenhar a função de; arvorar-se em: *Tornou-se célebre como bailarino e até improvisando-se em músico.*

im.pro.vi.so s.m. 1 produto intelectual feito sem preparo ou premeditação: *Acharam excelente o improviso do rapaz.* 2 improvisação: *O ator sempre se servia do improviso para cativar a plateia.* ◆ **de improviso** seu preparo prévio, imprevistamente: *Discursou de improviso.*

im.pru.dên.cia s.f. ato contrário à prudência; falta de cautela ou precaução.

im.pru.den.te adj.2g. 1 que não é prudente; descuidado; descomedido. 2 em que não há prudência; inconveniente; despropositado.

im.pú.be.re s.2g. 1 pessoa que não chegou à puberdade. • adj.2g. 2 que ainda não chegou à puberdade.

im.pu.bli.cá.vel adj.2g. que não pode ou não deve ser publicado; que está fora dos padrões comumente aceitáveis: *Soltou um palavrão impublicável.*

im.pu.dên.cia s.f. falta de pudor; descaramento; impudor.

im.pu.di.co adj. despudorado; lascivo; sensual: *Só falavam de coisas impudicas e contrárias à natureza.*

im.pu.dor (ô) s.m. falta de pudor; descaramento; lascívia.

im.pug.na.ção s.f. contestação; refutação: *Subestimou a possibilidade de impugnação.*

im.pug.nar v.t. tornar sem efeito ou eficácia; vetar.

im.pul.são s.f. 1 ato de impelir ou impulsionar; impulso. 2 ímpeto: *Tentou conter a impulsão do time baiano.* 3 força, vigor: *O poeta já não exibia a impulsão de seus primeiros trabalhos.*

im.pul.sio.nar v.t. 1 dar impulso ou movimento a; impelir. 2 dar incentivo a; estimular: *Tal política impulsionará a economia.*

im.pul.si.vi.da.de adj. qualidade do que é impulsivo; irreflexão: *Sua impulsividade ameaçava dominá-lo.*

im.pul.si.vo s.m. 1 pessoa que age por impulso: *Os impulsivos agem sem pensar.* ◆ adj. 2 que dá impulso ou que impele. 3 irrefletido; impetuoso: *O talento impulsivo e o ardente idealismo precipitaram uma guerra.* 4 que obedece ao impulso do momento; que age irrefletidamente: *O jovem era muito impulsivo.*

im.pul.so s.m. 1 incitação ao desenvolvimento; estímulo: *O comércio tem seu maior impulso em dezembro.* 2 (Med.) em Neurologia, corrente elétrica que passa pelo neurônio. 3 movimentação interior para agir; ímpeto: *Acariciou a cabeça do menino, num impulso de proteção.* 4 ato de impelir um corpo; empurrão: *Deu um impulso à rede e deixou-se embalar.*

im.pu.ne adj.2g. que escapou à punição; que não foi reprimido: *A corrupção é fruto dessa impune mania de tirar vantagem.*

im.pu.ni.da.de s.f. falta de punição.

im.pu.re.za (ê) s.f. 1 estado ou qualidade de impuro; imperfeição. 2 mistura com outra substância; contaminação: *a impureza do cobre.* 3 aquilo que altera a pureza de qualquer substância: *Veja quantas impurezas continham nessa água.*

im.pu.ro adj. 1 que não é puro; que foi alterado ou adulterado: *água impura.* 2 que tem mistura: *cachaça impura.* 3 que contém impurezas: *metal impuro.* 4 impudico; indecente; imoral: *obra impura.* 5 resultante de cruzamento com etnia ou raça considerada inferior: *As aves nobres não poderiam ser cruzadas com galos impuros.*

im.pu.ta.bi.li.da.de s.f. (Jur.) qualidade de imputável; responsabilidade penal: *a imputabilidade penal dos índios.*

im.pu.ta.ção s.f. incriminação.

im.pu.tar v.t. 1 fazer que seja passível de punição; declarar portador de culpa: *Sugeriu alterar o estatuto para imputar penalmente jovens de quatorze anos.* 2 atribuir a alguém responsabilidade por algo censurável: *Imputavam o delito aos mais pobres.*

im.pu.tá.vel adj. 1 (Jur.) suscetível de ser imputado; sobre quem pode recair a imputação de um crime. 2 atribuível: *Aumentou o índice de mortalidade imputável às doenças internas combinadas com a gestação.*

i.mun.dí.cie s.f. 1 porcaria; lixo. 2 sujeira; podridão.

i.mun.do adj. 1 muito sujo; emporcalhado. 2 moralmente baixo; sórdido; indecente: *Sentia-se imundo.* 3 imoral; obsceno.

imune

i.mu.ne *adj.2g.* que não se deixa atingir; que tem imunidade; não afetado; livre de: *Com a vacina, ficou imune ao vírus da gripe.*

i.mu.ni.da.de *s.f.* **1** (Imun.) estado do organismo que resiste a infecções; resistência imunológica. **2** direitos, privilégios ou vantagens pessoais de que uma pessoa desfruta, por causa do cargo: *Sua demissão foi ilegal porque tinha imunidade sindical.*

i.mu.ni.za.ção *s.f.* ação de tornar imune; ação de isentar.

i.mu.ni.zar *v.t.* tornar imune, refratário: *Os idosos foram imunizados contra a gripe.*

i.mu.no.de.fi.ci.ên.cia *s.f.* (Imun.) deficiência de imunidade de um organismo.

i.mu.no.lo.gi.a *s.f.* conjunto de conhecimentos sobre a imunidade de um organismo, sua patologia e os meios artificiais de a provocar ou reforçar.

i.mu.no.ló.gi.co *s.m.* **1** produto que imuniza. • *adj.* **2** da ou relativo à imunologia: *pesquisas imunológicas.* **3** que torna imune: *medicamento com poder imunológico.*

i.mu.no.te.ra.pi.a *s.f.* tratamento com substâncias que podem estimular a formação de anticorpos para imunização de um organismo animal.

i.mu.tá.vel *adj.2g.* não sujeito a mudança; que não sofre modificação.

i.na.ba.lá.vel *adj.2g.* **1** que não perde a solidez nem a firmeza; que não pode ser convulsionado, subvertido, destruído: *prestígio inabalável.* **2** que não se deixa abalar; que não se impressiona: *Tinha uma fé inabalável.*

i.ná.bil *adj.2g.* que não tem habilidade; inepto; incompetente.

i.na.bi.li.da.de *s.f.* falta de habilidade; inaptidão.

i.na.bi.li.tar *v.t.* **1** tornar jurídica ou moralmente inábil: *O processo inabilitou-o para exercer cargos públicos.* **2** incapacitar: *A depressão inabilita o paciente para certos trabalhos.*

i.na.ca.ba.do *s.m.* **1** tudo o que não chega ao término: *O inacabado deixa uma sensação de vazio.* • *adj.* **2** cuja feitura não se concluiu; que não se completa.

i.na.ca.bá.vel *adj.2g.* que não se pode acabar; interminável.

i.na.cei.tá.vel *adj.2g.* que não é aceitável; inadmissível.

i.na.ces.sí.vel *adj.2g.* **1** de difícil acesso; a que não se pode chegar; inatingível. **2** que não se pode obter: *Sonha com produtos inacessíveis.* **3** inabordável; intratável: *O doutor era um homem inacessível.* **4** isento; imune; refratário.

i.na.cre.di.tá.vel *adj.2g.* em que é difícil acreditar; incrível; inconcebível.

i.na.de.qua.ção *s.f.* falta de adequação; desajuste.

i.na.de.qua.do *adj.* **1** que não é adequado; impróprio. **2** inoportuno; inconveniente: *Passamos por um momento inadequado para receber visitas.* **3** inadaptado; não-ajustado: *Ele se sentiu inadequado naquele setor.*

i.na.di.á.vel *adj.2g.* que não se pode adiar; impreterível.

i.na.dim.plên.cia *s.f.* falta de cumprimento de um contrato ou de alguma de suas condições.

i.na.dim.plen.te *adj.* **1** que não cumpre as condições de um contrato. **2** que não salda dívidas contratuais: *O mutuário inadimplente renegociava as prestações.*

i.nad.mis.sí.vel *s.m.* **1** aquilo que não se pode ou não se deve admitir: *O inadmissível é errar cinco vezes.* • *adj.2g.* **2** que não pode ou não deve ser admitido.

i.nad.ver.ti.do *adj.* **1** descuidado; negligente: *A empresa alegou uso inadvertido de água.* **2** de que não se dá conta; irrefletido: *gesto inadvertido.* **3** que não está atento; desavisado; distraído: *Ele, inadvertido, chamou o colega pelo apelido.*

i.na.fi.an.çá.vel *adj.2g.* diz-se do crime pelo qual não se aceita pagamento de fiança: *crime inafiançável.*

i.na.la.ção *s.f.* **1** ato de inalar; absorção. **2** absorção de vapores para fins terapêuticos.

i.na.la.dor (ô) *s.m.* aparelho que serve para fazer inalação.

i.na.lar *v.t.* absorver com o hálito; aspirar.

i.na.lie.ná.vel *adj.2g.* **1** cuja posse não pode ser alienada; que não pode ser vendido, cedido ou transferido: *bens inalienáveis.* **2** que não pode ser alienado; que não se pode tirar: *O indígena tem o direito inalienável de manter seus costumes.* **3** de que não se pode escapar: *Queriam fugir de uma obrigação certa e inalienável.* **4** que não pode ser retirado; próprio: *O homem tem o impulso inalienável de desenvolvimento.*

i.nal.te.ra.do *adj.* sem alteração; sem mudança.

i.na.ne *adj.2g.* **1** vazio; oco: *matéria inane.* **2** fútil: *palavras inanes.*

i.na.ni.ção *s.f.* **1** estado ou condição de inane. **2** debilidade; fraqueza provocada pela falta de alimentação.

i.na.ni.ma.do *adj.* **1** que não tem alma. **2** sem sentidos; desfalecido: *Olhava o corpo inanimado sobre a cama.* **3** sem movimento; imóvel; inerte.

i.na.pe.lá.vel *adj.2g.* de que não se pode apelar; irrecorrível: *decisão inapelável.*

i.na.pe.tên.cia *s.f.* falta de apetite; fastio.

i.na.pro.pri.a.do *adj.* que não é apropriado; inadequado; impróprio.

i.na.pro.vei.tá.vel *adj.2g.* que não pode ser aproveitado; de que não se pode tirar proveito.

i.nap.ti.dão *s.f.* **1** falta de aptidão; falta de vocação. **2** inabilidade; incapacidade.

i.nap.to *adj.* **1** incapacitado; incapaz. **2** não apto; não habilitado ou não capacitado.

i.nar.re.dá.vel *adj.2g.* **1** que não pode ser arredado ou removido; inamovível; irremovível. **2** a que não se pode fugir; firme; inabalável: *Era inarredável em seus princípios.*

i.nar.ti.cu.la.do *adj.* **1** que não é articulado; desconexo: *Ilustrou a palestra com um material inarticulado e ninguém entendeu seus objetivos.* **2** que não se articula; que não se pronuncia distintamente: *Chorava e emitia sons inarticulados.*

i.na.ta.cá.vel *adj.2g.* **1** que não se pode atacar. **2** que não merece crítica; impecável.

i.na.tin.gí.vel *adj.2g.* que não pode ser atingido; inalcançável.

i.na.ti.vi.da.de *s.f.* **1** falta de atividade; inércia. **2** situação de funcionários ou servidores afastados do serviço ativo: *Recebeu o fundo de garantia em decorrência da inatividade.*

i.na.ti.vo *s.m.* **1** pessoa aposentada ou reformada: *direito dos inativos.* • *adj.* **2** sem atividade; sem ação: *Há períodos em que o germe fica inativo.* **3** sem

incidente

exercitar-se: *Crianças inativas podem se tornar obesas.* **4** que não age; inócuo: *O medicamento é inativo como tranquilizante.* **5** aposentado ou reformado: *Servidores ativos e inativos terão reajuste de salário.* **6** que já não se usa: *Pesquisou em arquivos inativos da biblioteca da universidade.*

i.na.to *adj.* que nasce com o indivíduo; congênito.

i.nau.di.to *adj.* de que nunca se ouviu falar; de que não há exemplos: *Passou por transes inauditos.*

i.nau.dí.vel *adj.2g.* não audível; que não pode ser ouvido.

i.nau.gu.ra.ção *s.f.* solenidade com que se inaugura estabelecimento, instituição, edifício etc.; implantação.

i.nau.gu.ral *adj.2g.* que constitui uma inauguração; inicial: *aula inaugural.*

i.nau.gu.rar *v.t.* **1** expor pela primeira vez à vista ou ao uso do público: *Prefeito inaugura escola.* **2** introduzir o uso ou funcionamento de; iniciar: *Supermercado inaugura vendas pela Internet.* • *pron.* **3** estabelecer-se pela primeira vez; ter início; estrear: *O jornalismo no Brasil inaugurou-se em Pernambuco.*

in.ca *s.2g.* **1** indivíduo dos astecas. • *pl.* **2** povo dos incas, pertencente à dinastia ou linhagem de reis e príncipes do Peru. • *adj.2g.* **3** relativo aos incas.

in.ca.bí.vel *adj.2g.* que não tem cabimento; não cabível; impróprio.

in.cai.co *adj.* inca: *arquitetura incaica.*

in.can.des.cên.cia *s.f.* **1** estado de um corpo aquecido até o ponto em que se torna luminoso. **2** luminosidade: *O vulcão jamais iria ter a mesma incandescência.*

in.can.des.cen.te *adj.2g.* **1** aquecido até a incandescência; em fogo; ardente; em brasa. **2** excessivamente quente: *Andava descalço na estrada incandescente.* **3** inflamado; abrasado; arrebatado: *um discurso incandescente.* **4** que ilumina pela incandescência de um filamento: *As lâmpadas incandescentes são desaconselhadas.*

in.can.des.cer *v.t.* **1** tornar candente; pôr em brasa: *É preciso incandescer a haste de aço para envergá-la.* **2** tornar vibrante; arrebatar; exaltar: *O novo rock incandesceu a plateia.* • *int.* **3** tornar-se candente; pôr-se em brasa: *A ferradura incandesceu.*

in.can.sá.vel *adj.2g.* **1** que não se cansa; que não mede esforços. **2** constante; incessante.

in.ca.pa.ci.da.de *s.f.* **1** falta de capacidade; inaptidão: *reconhecidamente de incapacidade ímpar.* **2** falta das qualidades requeridas para o exercício de certos direitos: *O juiz reconheceu a incapacidade civil do rapaz.* **3** falta de condições; impossibilidade: *incapacidade para ajudar os filhos.* **4** falta de capacidade orgânica: *incapacidade de digerir certas substâncias.*

in.ca.pa.ci.ta.ção *s.f.* ato pelo qual alguém ou algo fica incapacitado para alguma atividade ou função.

in.ca.pa.ci.tar *v.t.* **1** tornar incapaz ou inapto. **2** tirar a capacidade de produção ou desenvolvimento.

in.ca.paz *adj.2g.* **1** inábil; incompetente; inútil. **2** que não tem capacidade física. **3** sem capacidade; inabilitado; impossibilidade: *incapaz de continuar a escrever.* **4** que não se permite proceder de certa maneira: *incapaz de falar mal dos outros.*

in.cau.to *s.m.* **1** não acautelado; imprudente. • *adj.* **2** pessoa que não tem cautela.

in.cen.di.ar *v.t.* **1** atear fogo a; fazer queimar. **2** excitar; inflamar. • *pron.* **3** excitar-se; inflamar-se: *A plateia incendiava-se quando anunciava a presença do cantor.* • *int.* **4** pegar fogo; queimar-se; arder: *O prédio incendiou(-se) totalmente.*

in.cen.di.á.rio *s.m.* **1** pessoa que provoca incêndios: *O incendiário agia durante a noite.* • *adj.* **2** próprio para incendiar; que comunica fogo a algo. **3** que inflama ou excita ânimos.

in.cên.dio *s.m.* **1** fogo que lavra com intensidade. **2** excitação; abrasamento.

in.cen.sar *v.t.* **1** perfumar com incenso. **2** (Fig.) cumular de louvores; bajular; adular: *Deixe de incensar essa vaidade absurda.*

in.cen.sá.rio *s.m.* utensílio próprio para queimar incenso; turíbulo.

in.cen.so *s.m.* mistura de resinas e bálsamos que, ao queimar, exala fragrância aromática.

in.cen.ti.var *v.t.* dar incentivo a; estimular; incitar.

in.cen.ti.vo *s.m.* aquilo que incentiva; incitação; estímulo.

in.cer.te.za (ê) *s.f.* **1** falta de definição de uma situação; imprecisão. **2** dúvida; indecisão; hesitação.

in.cer.to (é) *adj.* **1** que não é certo; indefinido; impreciso: *resultado incerto.* **2** hesitante; indeciso; vacilante: *O andarilho passava incerto e só.* **3** não fixado; indeterminado: *Passou a viver em local incerto e ignorado.* **4** com que não se pode contar; duvidoso; hipotético: *Passou a viver com uma renda incerta.* **5** sem direção; variável: *Um morcego passou com voo incerto.* // Cp.: inserto.

in.ces.san.te *adj.2g.* **1** que não cessa; contínuo. **2** assíduo; constante; incansável.

in.ces.to (é) *s.m.* união sexual entre parentes.

in.ces.tu.o.so (ô) *s.m.* **1** pessoa que comete incesto. **2** relativo a ou que envolve incesto.

in.cha.ção *s.f.* **1** aumento de volume; dilatação; intumescimento. **2** crescimento anormal, descontrolado e indesejável: *As grandes cidades sofrem inchação da periferia.* **3** edema; inchaço: *Após a briga, o menino apareceu com uma inchação avermelhada no rosto.*

in.cha.ço *s.m.* inchação.

in.cha.do *s.m.* **1** que tem inchação; edematoso. **2** (Fig.) cheio de si; envaidecido: *Ficou inchado com o elogio.* **3** aumentado; acrescido.

in.char *v.t.* **1** aumentar o volume de; causar intumescimento de; intumescer. • *int.* **2** aumentar de volume ou de intensidade: *O peixe morto inchava.*

in.ci.dên.cia *s.f.* **1** ocorrência: *alta incidência de dengue.* **2** (Jur.) processo pelo qual uma tributação recai sobre um produto, ou um imposto recai sobre uma pessoa. **3** influência; peso: *Só aprovaram emendas que não têm incidência direta sobre as contas públicas.*

in.ci.den.tal *adj.2g.* **1** que tem caráter de incidente; superveniente: *O processo de criação é incidental e surpreendente.* **2** acidental; episódico; casual. **3** diz-se da música destinada a acompanhar certos momentos de uma peça teatral.

in.ci.den.te *s.m.* **1** episódio; circunstância acidental: *A secretária desconhecia o incidente.* • *adj.2g.* **2** que incide; que recai: *Há uma taxa incidente sobre a importação.*

487

incidir

in.ci.dir v.t. **1** cair sobre; refletir-se: *O raio de sol incidia no vaso de cristal.* **2** recair: *O imposto não deveria incidir sobre os proventos de aposentados e pensionistas.* **3** cair em; incorrer: *Procure não incidir nos mesmos erros.*
in.ci.ne.ra.ção s.f. ato de incinerar; redução a cinzas.
in.ci.ne.rar v.t. reduzir a cinzas; queimar completamente: *incinerar os trastes antigos.*
in.ci.pi.ên.cia s.f. estado de principiante: *Há que se tolerar a incipiência do estagiário.*
in.ci.pi.en.te adj.2g. que começa; principiante; inicial. // Cp.: insipiente.
in.ci.são s.f. **1** corte ou golpe com instrumento cortante. **2** em cirurgia, secção de um tecido feita com instrumento cirúrgico cortante.
in.ci.si.vo s.m. **1** dente que se situa entre os caninos. • adj. **2** que vai direto às coisas; enérgico; decisivo: *perguntas incisivas.*
in.ci.so s.m. subdivisão de um artigo de lei, decreto ou contrato; alínea: *Decoraram artigos e incisos do Código Penal.*
in.ci.ta.ção s.f. incitamento.
in.ci.ta.men.to s.m. ato ou efeito de incitar; estímulo; instigação.
in.ci.tar v.t. impelir; instigar: *Toda a classe incitava o colega a entrar no time da escola.*
in.ci.vil adj.2g. descortês; grosseiro: *comportamento incivil.*
in.ci.vi.li.da.de s.f. **1** qualidade de incivil; falta de civilidade: *Não cumprimentar as pessoas no elevador é uma incivilidade.* **2** ato incivil; descortesia; grosseria: *O pedestre deixou de tolerar a incivilidade do motorista.*
in.cle.mên.cia s.f. **1** impiedade. **2** rigor; severidade: *Preferem enfrentar a inclemência do inverno gaúcho.*
in.cle.men.te adj.2g. **1** que não tem clemência; que não perdoa; impiedoso: *O juiz foi inclemente com o réu.* **2** que não poupa; rigoroso; severo.
in.cli.nar v.t. **1** fazer pender; curvar. • pron. **2** pender o corpo: *Inclinou-se sobre a janela.* **3** pender; vergar-se: *A antena inclinou-se sobre as telhas.* **4** estar propenso; estar predisposto: *O líder inclinava-se a negociar com o governo.*
ín.cli.to adj. ilustre; egrégio; insigne: *Nosso ínclito convidado era um ministro.*
in.clu.ir v.t. **1** compreender; abranger: *Os sintomas incluem febre, náuseas e dor de cabeça.* **2** juntar a; inserir: *Ele próprio incluiu a sogra no passeio.* • pron. **3** colocar-se; inserir-se: *Você se inclui entre os intolerantes.* **4** estar incluído; pertencer a: *Na categoria de agrotóxicos, incluem-se os fertilizantes.* // Pp.: incluído/incluso.
in.clu.são s.f. **1** anexação; introdução: *A inclusão do acessório fez o carro ficar mais caro.* **2** colocação como incluso (em) ou pertencente (a); enquadramento; inserção: *Sugeriram a inclusão do jogador na lista dos convocados.*
in.clu.si.ve adv. **1** com inclusão: *Ao amistoso, compareceram todos os jogadores, inclusive os da reserva.* **2** até mesmo; também: *A mulher sacou do bolso um punhado de notas, dólares, inclusive.*
in.clu.so adj. inserido; anexado.
in.co.er.cí.vel adj.2g. que não se pode coibir; irreprimível.
in.co.e.rên.cia s.f. falta de coerência; incongruência.
in.co.e.ren.te adj.2g. **1** sem coerência; incongruente; desconexo; disparatado: *Começou a construir frases incoerentes.* **2** que não age com coerência.
in.cóg.ni.ta s.f. aquilo que está por determinar; aquilo que é desconhecido e se procura saber: *O atropelamento do cantor ainda é uma incógnita.*
in.cóg.ni.to adj. **1** que não se dá a conhecer; oculto: *O empresário, incógnito, frequenta forró.* **2** desconhecido; ignorado: *Ter pai incógnito pode provocar trauma.*
in.cog.nos.cí.vel adj.2g. que não pode ser conhecido: *O filósofo afirma que nada existe e, se algo existisse, seria incognoscível.*
in.co.lor (ô) adj. **1** que não tem cor. **2** sem interesse ou atrativo: *uma vida incolor, sem perspectivas.*
in.có.lu.me adj.2g. **1** sem ser destruído; são e salvo; ileso: *O passageiro saiu incólume da tragédia.* **2** sem alteração: *A banda passa incólume pela onda do pagode.* **3** livre de dano; conservado: *A lavoura passou incólume pelas geadas.*
in.co.men.su.rá.vel adj.2g. imensurável.
in.co.mo.dar v.t. **1** causa incômodo a; perturbar; molestar: *Nunca incomode os vizinhos.* • pron. **2** preocupar-se: *Não precisa se incomodar em guardar bolo para mim.* **3** irritar-se; aborrecer-se: *A tia se incomoda se ele liga o som.*
in.cô.mo.do s.m. **1** aquilo que incomoda; transtorno: *Não quero dar incômodo.* **2** sensação desagradável; mal-estar: *A massagem diminui o incômodo.* • adj. **3** que incomoda; desconfortável: *cheiro incômodo da fritura.* **4** embaraçoso; perturbador: *Faz perguntas incômodas.*
in.com.pa.rá.vel adj.2g. **1** que não se pode comparar; que não admite comparação. **2** a que nada pode ser comparado; extraordinário.
in.com.pa.ti.bi.li.da.de s.f. **1** impossibilidade de exercício (de cargos ou funções públicas) ao mesmo tempo. **2** impossibilidade de conciliação; falta de harmonia: *Não há incompatibilidade entre as medidas e a legislação.* **3** impossibilidade de combinação; rejeição mútua: *Não há incompatibilidade entre o antibiótico e o analgésico.*
in.com.pa.ti.bi.li.zar v.t. **1** tornar incompatível; inconciliável; indispor. • pron. **2** tornar-se incompatível; inconciliável; indispor-se definitivamente: *O missionário incompatibilizou-se com o rei.*
in.com.pa.tí.vel adj.2g. **1** que não é compatível; que não pode coexistir. **2** que não pode harmonizar-se ou conciliar-se.
in.com.pe.tên.cia s.f. **1** falta de competência; falta de aptidão ou de conhecimentos. **2** (Jur.) impedimento legal de um juiz, tribunal ou colegiado para julgar uma matéria: *Não julgou o caso, alegando incompetência do tribunal civil.*
in.com.pe.ten.te adj.2g. **1** que não tem competência; inábil. **2** que não tem poder para julgar determinadas questões (diz-se de autoridades judiciais).
in.com.ple.to (é) adj. **1** que não se completou; inconcluso. **2** em que falta algo; objetos ou elementos.
in.com.ple.tu.de s.f. qualidade do que é incompleto; imperfeição.

inconveniente

in.com.pre.en.di.do s.m. **1** aquele que não é compreendido: *O caçula sempre se considerou o incompreendido.* • adj. **2** que não é compreendido. **3** que não é bem apreciado ou julgado: *Aquele cineasta permanece incompreendido.*

in.com.pre.en.são s.f. falta de compreensão; insensibilidade para bem perceber.

in.com.pre.en.sí.vel adj.2g. que não pode ser compreendido; difícil de entender; indecifrável; enigmático: *texto incompreensível.*

in.com.pre.en.si.vo adj. que não é compreensivo; que não sabe ou não quer compreender, entender, perceber.

in.co.mum adj.2g. que não é comum; raro; extraordinário.

in.co.mu.ni.ca.bi.li.da.de s.f. incapacidade ou impossibilidade de comunicar-se.

in.co.mu.ni.cá.vel adj.2g. com que não pode haver comunicação.

in.con.ce.bí.vel adj.2g. que não se pode conceber ou aceitar; inacreditável; extraordinário: *O trapezista dava saltos inconcebíveis.*

in.con.clu.si.vo adj. que não chega a uma conclusão; que não traz conclusão: *Como prova, o laudo é ambíguo, inconclusivo.*

in.con.clu.so adj. que não está concluído; que não foi terminado; inacabado: *Deixou-nos um trabalho volumoso, infelizmente, inconcluso.*

in.con.di.cio.nal adj.2g. que não se sujeita a condições; absoluto: *Só o amor materno é incondicional.*

in.con.fes.sa.do adj. não confessado: *Mudou-se dali por motivos inconfessados.*

in.con.fes.sá.vel adj.2g. que não se pode ou se deve confessar, dizer, declarar: *pensamentos inconfessáveis.*

in.con.fes.so adj. inconfessado.

in.con.fi.dên.cia s.f. revelação de segredo confiado; indiscrição.

in.con.fi.den.te s.2g. **1** membro da Inconfidência Mineira; conjurado: *Visitamos o local de reunião dos inconfidentes.* • adj.2g. **2** que pratica inconfidência; indiscreto. **3** relativo à Inconfidência Mineira: *Tentaram abafar o movimento inconfidente.*

in.con.for.ma.do s.m. **1** pessoa inconformada; pessoa que não se ajusta, não se resigna: *É o manifesto dos inconformados.* • adj. **2** que não se conforma; não resignado: *Confessou-se um cineasta inconformado.*

in.con.fun.dí.vel adj.2g. que não pode ser confundido; distinto; muito diferente.

in.con.gru.ên.cia s.f. falta de congruência; incoerência; contradição: *Chorava as incongruências da vida na cidade grande.*

in.con.gru.en.te adj.2g. ilógico; impróprio; incoerente: *A história é tão incongruente que não merece crédito.*

in.cons.ci.ên.cia s.f. **1** ausência de consciência; estado de quem perdeu os sentidos: *Levou um tombo e teve um período de inconsciência.* **2** falta de senso moral ou de justiça. **3** falta de compreensão ou conhecimento.

in.cons.ci.en.te s.m. **1** (Psic.) estado psíquico que escapa à consciência do indivíduo: *Há coisas que o inconsciente nunca traz à tona.* • adj.2g. **2** sem sentidos: *Chegou inconsciente ao hospital.* **3** que não tem noção ou consciência; sem compreensão: *Isolou-se, inconsciente, dos riscos de tal atitude.*

in.con.se.quên.cia (qüên) s.f. **1** falta de lógica; incoerência; incongruência: *a inconsequência de suas palavras.* **2** falta de ponderação; irreflexão; precipitação.

in.con.se.quen.te (qüen) s.2g. **1** pessoa que não mede as consequências; insensato: *Os inconsequentes converteram-se em presa fácil para os poderosos.* • adj.2g. **2** em que há inconsequência; incoerente; contraditório: *O chefe dava ordens inconsequentes.* **3** que não mede as consequências; imprudente; precipitado: *Pagou pelos atos inconsequentes.*

in.con.sis.tên.cia s.f. falta de consistência, de firmeza, de estabilidade; fragilidade: *Votos nulos mostram a inconsistência do sistema eleitoral.*

in.con.sis.ten.te adj.2g. sem consistência, estabilidade ou firmeza.

in.con.so.lá.vel adj.2g. que não tem consolo; que não pode ser consolado.

in.cons.tân.cia s.f. **1** falta de constância; volubilidade: *Os adversários se aproveitam da inconstância de nossos partidários.* **2** falta de regularidade; instabilidade; imutabilidade: *inconstância dos preços.*

in.cons.tan.te adj.2g. **1** volúvel; leviano: *homens e mulheres inconstantes.* **2** instável; variável: *um inconstante, porém duradouro reinado.*

in.cons.ti.tu.cio.nal adj.2g. que fere ou que se opõe à Constituição do país.

in.con.sú.til adj.2g. que não tem costura; inteiriço: *Veste-se com uma túnica inconsútil.*

in.con.tes.ta.do adj. que não é contestado; que não se põe em dúvida; inconteste: *conhecimentos incontestados.*

in.con.tes.tá.vel adj.2g. que não se pode contestar; inegável.

in.con.tes.te (é) adj.2g. incontestado.

in.con.ti.nên.cia s.f. **1** falta de reserva; desregramento: *É muito séria essa incontinência com o dinheiro público.* **2** falta de moderação; descomedimento: *A sessão foi uma enxurrada de incontinência verbal.* **3** (Med.) dificuldade de retenção de excreções: *incontinência urinária.*

in.con.ti.nen.te adj.2g. em que não há continência, comedimento ou moderação (nos atos, gestos, palavras etc.); incontido.

in.con.ti.nen.ti adv. sem demora; imediatamente: *Atendeu incontinenti ao meu chamado.*

in.con.tor.ná.vel adj.2g. que não pode ser contornado; inevitável: *A pobreza geral torna-se incontornável.*

in.con.tro.lá.vel adj.2g. que é impossível controlar; irreprimível: *Ao viajar era acometida de incontrolável ansiedade.*

in.con.ve.ni.ên.cia s.f. **1** dito ou ato grosseiro: *diálogos marcados por inconveniências.* **2** estado ou qualidade do que é inconveniente; inadequação: *Tenta convencer o governo da inconveniência da medida.*

in.con.ve.ni.en.te s.m. **1** dificuldade; obstáculo; embaraço: *Enfrentei muitos inconvenientes na minha última viagem.* adj.2g. **2** que não convém: *Não é conveniente que viajemos à noite.* **3** que não age dentro das conveniências; que não respeita o decoro; impróprio: *Bebeu e tornou-se inconveniente.* **4** que traz risco, prejuízo ou desvantagem; inoportuno: *sujeito inconveniente.*

489

incorporação

in.cor.po.ra.ção *s.f.* **1** processo pelo qual alguma coisa se incorpora a outra; assimilação: *A incorporação de expressões inglesas não acontece só no francês.* **2** agregação; agrupamento; fusão: *A incorporação dos partidos fortaleceu a oposição.* **3** tomada do corpo do médium por um espírito; transe mediúnico.

in.cor.po.rar *v.t.* **1** unir como em um só corpo; assimilar; anexar: *São Tomás incorporou Aristóteles ao pensamento cristão.* **2** tomar em seu corpo; materializar: *A médium incorporou um médico famoso.* • *pron.* **3** aderir; integrar-se: *Fomos incapazes de nos incorporar à revolução.*

in.cor.pó.reo *adj.* que não tem corpo; imaterial.

in.cor.rer *v.t.* **1** estar sujeito a; incidir; cometer: *incorrer em erro.* **2** ficar incluído ou implicado: *Temiam incorrer no castigo divino.* // Pp.: incorrido/incurso.

in.cor.re.to (é) *adj.* **1** que não está correto; que não foi corrigido; errado. **2** cujo uso fere as convenções; inadequado: *Tinha medo de servir o vinho em taça incorreta.* **3** que não age com correção; censurável: *Cercou-se de criaturas incorretas.*

in.cor.ri.gí.vel *adj.2g.* **1** que não é capaz de corrigir-se; que reincide em erro: *Era um alcoólatra incorrigível.* **2** que não sofre correção; que não tem emenda: *As conversas eram cansativas em razão de seu incorrigível saudosismo.*

in.cor.rup.tí.vel *adj.2g.* **1** que não se altera ou deteriora: *A aroeira é madeira boa para postes por ser incorruptível.* **2** que não se deixa corromper; íntegro: *homem incorruptível.*

in.cre.du.li.da.de *s.f.* **1** falta de credulidade; dúvida; desconfiança. **2** falta de fé; descrença.

in.cré.du.lo *s.m.* **1** pessoa sem crença, sem fé; descrente. • *adj.* **2** que não é crédulo; que não acredita: *Seu olhar incrédulo me alertou.*

in.cre.men.tar *v.t.* **1** dar incremento a; fazer aumentar; desenvolver, tornar incremento: *A melhor maneira de crescer é incrementar a economia.* **2** acrescentar pormenores a; tornar mais complexo ou sofisticado: *Gastamos a poupança para incrementar a decoração da casa.* • *pron.* **3** aumentar; desenvolver-se: *A consciência política do povo se incrementa dia a dia.*

in.cre.men.to *s.m.* aumento; crescimento: *O Ministério promoveu o incremento da agricultura familiar.*

in.cri.mi.na.ção *s.f.* ato de incriminar; atribuição de crime a.

in.cri.mi.nar *v.t.* imputar crime ou contravenção a; atribuir culpa a: *A consciência não nos incrimina.*

in.cri.mi.na.tó.rio *adj.* que leva à incriminação; que denuncia: *provas incriminatórias.*

in.crí.vel *adj.2g.* **1** difícil de se acreditar: *Ouvimos histórias incríveis.* **2** admirável; extraordinário: *Constrói personagens com uma precisão incrível.*

in.crus.ta.ção *s.f.* peça incrustada; elemento embutido em um objeto, com efeito decorativo: *uma caixinha com incrustações de madrepérola.*

in.crus.tar *v.t.* **1** embutir; fixar (especialmente pedrarias): *incrustar esmeraldas no brinco de ouro.* **2** inserir: *Acabou incrustando aquelas palavras no seu linguajar do dia a dia.* • *pron.* **3** engajar-se; aderir a: *Admirável era a garra com que ele se incrustava no movimento contra a pobreza.*

in.cu.ba.ção *s.f.* **1** processo de desenvolvimento do embrião em ser vivo: *incubação dos ovos.* **2** (Med.) processo que se desenvolve desde a aquisição de uma doença até sua manifestação: *A incubação da coqueluche pode chegar a dezessete dias.* **3** período de desenvolvimento anterior à manifestação de um fenômeno; latência: *A fase de incubação de suas ideias se arrastou por todo o verão.*

in.cu.ba.dei.ra *s.f.* incubadora.

in.cu.ba.do.ra (ô) *s.f.* **1** (Biol.) aparelho para incubação artificial. **2** (Med.) aparelho destinado a manter criança prematura em ambiente de temperatura, oxigenação e umidade apropriadas; incubadeira.

in.cu.bar *v.t.* **1** chocar (ovos) natural ou artificialmente: *Só a fêmea da galinha incuba os ovos.* • *int.* **2** ficar em latência.

in.cul.car *v.t.* **1** fazer gravar; imprimir. **2** fazer aceitar; impingir: *A avó inculcava valores conservadores nos netos.*

in.cul.par *v.t.* acusar; culpar; incriminar.

in.cul.to *s.m.* **1** indivíduo sem cultura ou instrução. • *adj.* **2** sem cultura; sem instrução.

in.cum.bên.cia *s.f.* encargo; missão.

in.cum.bir *v.t.* **1** dar incumbência a; encarregar: *O bispo incumbiu-me de resolver a questão.* **2** ser da incumbência de; competir a: *Incumbe ao Estado criar e manter condições de vida digna.* • *pron.* **3** ter a incumbência de; encarregar-se: *Só o tempo se incumbirá de consolá-lo.*

in.cu.rá.vel *adj.2g.* **1** que não tem cura; irremediável. **2** incorrigível; insanável: *um incurável pessimista.*

in.cú.ria *s.f.* falta de cuidado; desleixo: *O cenário é montado com sucata para dar a impressão de incúria e pobreza.*

in.cur.são *s.f.* **1** invasão militar. **2** entrada, penetração: *Empreendeu longa incursão pela Amazônia.* **3** intromissão; investida: *Na juventude, tentou algumas incursões na filosofia.*

in.cur.sio.nar *v.t.* **1** penetrar; entrar. **2** infiltrar-se; introduzir-se: *O socialismo começou a incursionar pelos centros acadêmicos.*

in.cur.so *adj.* **1** incluído; implicado; envolvido: *A testemunha o citou como incurso nos trambiques do bicheiro.* **2** em Jurisprudência, que está sujeito às penalidades da lei: *Foi denunciado como incurso na Lei de Segurança Nacional.*

in.cu.tir *v.t.* **1** fazer penetrar; impor; inculcar: *Incutiram-me erroneamente a figura de um Deus vingativo.* **2** suscitar; infundir: *Os ensinamentos incutem na criança as noções de justiça social.*

in.da.ga.ção *s.f.* **1** pergunta; questão. **2** desejo de saber; inquietação. **3** inquirição; averiguação. **4** busca do conhecimento; investigação; questionamento: *Não deve cessar a indagação da realidade que nos cerca.*

in.da.gar *v.t.* **1** fazer perguntas; interrogar; perguntar: *Ao indagar pelos meninos, receberam respostas mentirosas.* **2** procurar saber; tentar descobrir; averiguar: *Fui indagar sobre a vida dos imigrantes.*

in.dé.bi.to *adj.* que não deve ocorrer; indevido; improcedente: *O vizinho não percebe que sua intromissão é indébita.*

indicativo

in.de.cên.cia s.f. 1 ato indecente; inconveniência; obscenidade. 2 falta de decência ou dignidade.

in.de.cen.te adj.2g. 1 sem decência; obsceno. 2 inconveniente; incorreto: *a indecente alta dos alimentos*.

in.de.ci.frá.vel adj.2g. 1 que não se pode decifrar; de significado obscuro. 2 difícil de interpretar, de reconhecer ou de entender; inexplicável; misterioso: *um nome indecifrável*.

in.de.ci.são s.f. 1 irresolução; hesitação. 2 indefinição; indeterminação; incerteza: *indecisão do resultado eleitoral*.

in.de.ci.so adj. 1 que não é decidido; hesitante: *homem indeciso*. 2 indeterminado; vago: *linhas indecisas no horizonte*.

in.de.cli.ná.vel adj.2g. que não se pode recusar; inevitável: *convite indeclinável*.

in.de.co.ro.so (ô) adj. 1 que não é decoroso; obsceno; despudorado: *propostas indecorosas*. 2 indigno; vergonhoso; vil: *Ganhava um salário indecoroso*.

in.de.fec.tí.vel adj. que não pode faltar; infalível: *Reconheci-a pelo indefectível sotaque*.

in.de.fen.sá.vel adj.2g. que não tem defesa; indesculpável: *Seu comportamento é indefensável*.

in.de.fe.ri.men.to s.m. 1 ato de indeferir. 2 despacho contrário; negação: *Opinou pelo indeferimento do pedido*.

in.de.fe.rir v.t. 1 não deferir. 2 dar despacho contrário a; negar.

in.de.fe.so (ê) adj. que não tem como defender-se; desprotegido; desarmado; fraco: *O aluno se viu indefeso*.

in.de.fi.ni.ção s.f. falta de definição ou demarcação; indeterminação.

in.de.fi.ni.do adj. 1 não definido; vago; incerto: *adiação por tempo indefinido*. 2 misterioso: *A moça mantinha um indefinido sorriso*. 3 (Gram.) diz-se do artigo (*um, uma* e flexões) ou do pronome (*alguém, algo, ninguém, nada, tudo, cada, qualquer, algum, nenhum, muito, pouco, outro, tal, todo, quanto* e *pouco mais*) que determina (ou substitui, no caso do pronome) um substantivo de forma vaga, geral.

in.de.lé.vel adj.2g. 1 que não se pode destruir; que não pode ser apagado: *Ela ostentava uma indelével tatuagem azul*. 2 que não se dissipa; que nunca acaba: *O internato deixou-lhe marcas indeléveis*.

in.de.li.ca.de.za (ê) s.f. dito ou ato de descortesia; falta de afabilidade; grosseria.

in.de.ni.za.ção s.f. reposição de perda; ressarcimento.

in.de.ni.zar v.t. 1 dar indenização ou reparação a; ressarcir: *Indenizou a companhia pelo naufrágio*. 2 compensar: *Tem que indenizar a ofensa moral*.

in.de.pen.dên.cia s.f. 1 liberdade; autonomia: *Quer ter independência, custe o que custar*. 2 isenção; imparcialidade: *Ele demonstra grande independência ao fazer críticas*. 3 autonomia política; que não tem relação de dependência: *A independência entre os Três Poderes garante a democracia*.

in.de.pen.den.te adj.2g. 1 que se caracteriza pela autonomia; que rejeita sujeição. 2 que tem vínculo empregatício; autônomo: *um profissional independente*. 3 exclusivo; particular: *Construiu uma entrada independente na casa para não incomodar os pais*. 4 que tem autonomia política; soberano: *uma nação independente*.

in.des.cri.tí.vel adj.2g. que não se pode descrever; extraordinário; espantoso: *alegria indescritível*.

in.de.se.já.vel adj.2g. que não é desejável; que se deseja evitar: *pessoas indesejáveis*.

in.des.tru.tí.vel adj.2g. 1 que não se pode destruir. 2 que não se pode aniquilar; inabalável: *força moral indestrutível*.

in.de.ter.mi.na.ção s.f. característica do que é difuso ou indefinido; indefinição.

in.de.ter.mi.na.do adj. 1 não determinado; indefinido: *prazo indeterminado*. 2 (Gram.) diz-se do sujeito de uma oração que não se pode, não se quer ou não interessa enunciar: *Devagar se vai ao longe*.

in.de.vas.sá.vel adj.2g. 1 que não se pode devassar: *cortina indevassável*. 2 que não se deixa transpor: *muralha indevassável*. 3 em que não se pode entrar; que não se escancara: *Vive num mundo indevassável*.

in.de.vi.do adj. 1 contrário ao estabelecido; ilegal; injustificado: *gastos indevidos do dinheiro público*. 2 que não deveria ocorrer; impróprio; inconveniente: *pronunciamentos indevidos*. 3 não merecido; injusto: *pena indevida*. 4 que não é devido; que não foi contraído: *débito indevido*.

ín.dex /ks/ s.m. 1 índice. 2 lista de livros que eram proibidos pela Igreja Católica. 3 catálogo de produtos vetados para o consumo: *O solvente clorado estava no índex dos produtos ecologicamente incorretos*.

in.de.xa.ção /ks/ s.f. 1 colocação em forma de índice para facilitar a localização: *indexação dos livros da biblioteca*. 2 (Econ.) atrelamento a um índice para determinação de sua variação: *indexação dos salários*.

in.de.xar /ks/ v.t. 1 organizar em forma de índice. 2 corrigir valores em dinheiro com base em índices oficiais do governo.

in.dia.nis.mo s.m. 1 conjunto de características referentes à cultura dos índios; indigenismo. 2 tendência literária do Romantismo que se inspira na vida e cultura dos índios.

in.dia.nis.ta s.2g. 1 especialista na cultura dos índios; indigenista: *os indianistas Vilas-Boas*. • adj.2g. 2 dos ou relativo aos índios: *política indianista*.

in.di.a.no s.m. 1 natural ou habitante da Índia. • adj. 2 relativo à Índia.

in.di.ca.ção s.f. 1 sinalização (geralmente com o dedo ou a mão): *O mateiro fez indicação da trilha*. 2 menção; citação: *O jornal dava indicação de negócios aconselháveis*. 3 prescrição: *Por indicação do médico, tornou um tranquilizante*. 4 seleção; designação: *Saiu a indicação do novo secretário*. 5 orientação; informação. 6 indício; pista: *uma indicação de seu paradeiro*.

in.di.ca.dor (ô) s.m. 1 (Anat.) segundo dedo da mão: *Cortou o indicador e o polegar*. 2 sinal que indica; indicativo: *O choro é um indicador de seu cansaço*. • adj. 3 que indica; indicativo; denotativo.

in.di.car v.t. 1 apontar com o dedo ou instrumento; mostrar: *Indicou as cidades no mapa*. 2 ser indício ou sinal de: *A cor de sua pele indicava doença*. 3 recomendar; designar: *Indicou um civil para o cargo*. 4 fazer a indicação de: *Os governistas querem indicar o candidato a prefeito*. 5 aconselhar o uso de; prescrever: *O médico indicou outro analgésico*.

in.di.ca.ti.vo s.m. 1 (Gram.) o modo verbal que apresenta uma ação ou um estado como fato real: *presente*

índice

do indicativo do verbo "amar". • *adj.* **2** sinal; indicador: *um quadro indicativo de melhoras.*

ín.di.ce *s.m.* **1** (Edit.) lista dos capítulos de um livro, com a indicação das páginas respectivas. **2** indício; sinal: *Isso é um índice de coragem.* **3** marca ou medida: *índice de produtividade.* **4** (Econ.) taxa para correção de um valor: *A conta precisa ser refeita porque o índice estava errado.*

in.di.ci.a.men.to *s.m.* em processo criminal, declaração de que há indícios de que o acusado seja criminoso; acusação; denúncia.

in.di.ci.ar *v.t.* **1** num processo criminal, declarar que há indícios de que o acusado seja criminoso; denunciar; acusar: *O delegado indiciou o criminoso.* **2** dar indícios de; evidenciar: *A irritação do público indiciava o descontentamento.*

in.dí.cio *s.m.* **1** vestígio; sinal. **2** sinalização; indicação.

in.di.fe.ren.ça *s.f.* **1** desinteresse; desdém: *Alimentava profunda indiferença pela cunhada.* **2** desatenção; negligência. **3** alheamento; apatia: *O rompimento do namoro a mergulhou numa indiferença sem fim.*

in.di.fe.ren.te *s.2g.* **1** pessoa que demonstra indiferença; pessoa desinteressada: *É preciso despertar os indiferentes.* • *adj.2g.* **2** que não se importa; apático; insensível. **3** que demonstra indiferença; desinteressado.

in.dí.ge.na *s.2g.* **1** índio: *Chegaram cinco indígenas do Xingu.* • *adj.2g.* **2** dos índios: *língua indígena.*

in.di.gên.cia *s.f.* **1** falta do mínimo indispensável à sobrevivência; extrema pobreza; penúria. **2** carência muito acentuada: *Ainda chama a atenção a indigência cultural de alguns setores.*

in.di.ge.nis.mo *s.m.* indianismo.

in.di.ge.nis.ta *s.2g.* **1** especialista que se dedica ao estudo dos índios. • *adj.2g.* **2** especializado no estudo dos índios.

in.di.gen.te *s.2g.* **1** pessoa extremamente pobre. • *adj.2g.* **2** muito pobre; miserável: *população indigente.*

in.di.ges.tão *s.f.* **1** (Med.) perturbação digestiva proveniente do excesso ou má qualidade dos alimentos. **2** estado de saturação ou excesso: *indigestão de leitura.*

in.di.ges.to (é) *adj.* **1** difícil de digerir: *alimentos indigestos.* **2** de difícil aceitação; insuportável: *um reajuste de preços politicamente indigesto.*

in.dig.na.ção *s.f.* cólera em face de uma ação desprezível; revolta.

in.dig.nar *v.t.* **1** causar indignação a; enfurecer; revoltar: *Indignou-o tanta covardia.* • *pron.* **2** ficar indignado; revoltar-se: *Os vizinhos se indignaram com o modo como tratavam a criança.*

in.dig.ni.da.de *s.f.* **1** ato indigno; ato indecoroso: *Foi uma indignidade invadir a intimidade de um indefeso.* **2** falta de dignidade; falta de brio; desonra: *Já nem falo na indignidade de morar na rua.*

in.dig.no *adj.* **1** sem dignidade; desprezível. **2** que não é digno; que não merece: *ato indigno de perdão.*

ín.dio *s.m.* **1** nome dos habitantes originários da América; aborígine americano. **2** (Quím.) metal branco, mole. // Simb.: In. // • *adj.* **3** de origem indígena.

in.di.re.to (é) *adj.* **1** que não é direto: *empregos indiretos.* **2** que não é pago diretamente, mas embutido no preço final dos produtos: *impostos indiretos.* **3** (Gram.) diz-se do complemento que se liga ao verbo por meio de preposição. **4** disfarçado; dissimulado; encoberto: *Publicidade indireta desrespeita o Código de Defesa do Consumidor.* **5** que não segue o caminho ou meio mais curto: *Os cientistas usam métodos indiretos para encontrar sistemas planetários.*

in.dis.ci.pli.na *s.f.* inobservância de princípios ou regras; insubordinação.

in.dis.cre.to (é) *s.m.* **1** pessoa que não tem discrição: *As grades a protegem de algum indiscreto.* • *adj.* **2** que não tem discrição; que quer saber demais. **3** que faz revelações não autorizadas; que faz confidências: *Indiscreta, a atriz conta o final da novela.* **4** inconveniente; imprudente: *Era uma pergunta indiscreta.*

in.dis.cri.ção *s.f.* qualidade de indiscreto; falta de discrição, falta de reserva.

in.dis.cri.mi.na.do *adj.* **1** que não se faz com discriminação; em que não há preocupação de distinção: *A notícia desencadeou a caça indiscriminada de culpados.* **2** em que não se fazem as discriminações necessárias; desordenado: *Uso indiscriminado de antibióticos.*

in.dis.cu.tí.vel *adj.2g.* **1** que não merece discussão; incontestável; óbvio: *O princípio do planejamento é indiscutível.* **2** que não admite discussão; que constitui prerrogativa: *Uma virtude indiscutível da lei é que ela aumenta o poder do juiz.*

in.dis.pen.sá.vel *adj.2g.* **1** que não se pode dispensar; obrigatório; necessário. **2** que tem de estar sempre presente; fundamental: *Era uma figura querida e indispensável no porto.*

in.dis.po.ní.vel *adj.2g.* de que não se pode dispor; que não está à disposição: *Seus bens ficaram indisponíveis por anos.*

in.dis.por (ô) *v.t.* **1** causar indisposição física em. **2** pôr em conflito: *Tentou indispor a telefonista com o chefe.* **3** tornar malquisto: *Seu egoísmo o indispõe com a comunidade ética.* **4** desabonar; desacreditar: *Seu passado o indispõe para suas atuais funções.* • *pron.* **5** tornar-se malquisto; inimizar-se: *Ele se indispôs com alguns familiares.*// Pp.: indisposto.

in.dis.po.si.ção *s.f.* **1** ligeira perturbação das funções orgânicas; incômodo. **2** conflito; zanga; inimizade: *Não é elegante haver indisposição entre os hóspedes.* **3** falta de disposição ou inclinação; falta de vontade de: *O técnico não esconde sua indisposição em comentar o jogo.*

in.dis.pos.to (ô) *adj.* **1** que sofre de indisposição ou mal-estar; incomodado. **2** sem disposição; não inclinado: *Achavam-me indisposto a conversar.*

in.dis.so.ci.á.vel *adj.2g.* que não pode ser dissociado: *Indústria e agricultura são indissociáveis.*

in.dis.so.lú.vel *adj.2g.* que não pode ser dissolvido ou separado: *Já não há casamento indissolúvel.*

in.dis.tin.to *adj.* **1** que não se distingue bem; pouco perceptível; vago; confuso: *Ouvia sons indistintos.* **2** que não são distinguidos entre si; que não se distinguem um do outro.

in.di.vi.du.al *adj.2g.* **1** próprio de um indivíduo; particular. **2** que tem origem no indivíduo: *A crença em Deus depende de uma decisão individual.* **3** sem par; original; único: *estilo individual.*

in.di.vi.dua.li.da.de *s.f.* **1** o que constitui o indivíduo: *Não queira uma vida melhor à custa de sua individualidade.* **2** aquilo que distingue uma pessoa ou coisa; singularidade: *O homem tornou-se consciente de sua individualidade.*

in.di.vi.dua.lis.mo *s.m.* **1** (Filos.) doutrina que prega o valor da pessoa e procura diminuir o papel da tradição e da autoridade como fatores determinantes do pensamento e da ação: *A América, naturalmente, tendia para o individualismo.* **2** posição de espírito oposta à solidariedade; egocentrismo: *O homem culto não se deixa levar pelo individualismo pernicioso.*

in.di.vi.dua.lis.ta *s.2g.* **1** pessoa sectária do individualismo. **2** pessoa egocêntrica, egoísta. • *adj.2g.* **3** referente ao individualismo. **4** que não tem espírito de solidariedade; egoísta: *É justamente a personalidade individualista a mais apta à sobrevivência no caos da guerra.*

in.di.vi.dua.li.zar *v.t.* **1** particularizar; destacar; distinguir: *É preciso individualizar a queixa.* • *pron.* **2** particularizar-se; destacar-se.

in.di.ví.duo *s.m.* **1** o ser humano. **2** qualquer pessoa. **3** membro de uma comunidade; cidadão. **4** sujeito; determinado homem: *Um indivíduo grandalhão pôs ordem na festa.* **5** (Deprec.) pessoa reles; desprezível: *Esse indivíduo não vai embora.*

in.di.vi.sí.vel *adj.2g.* que não pode ser dividido; inseparável; indecomponível.

in.di.vi.so *adj.* **1** não dividido; uno; inteiro: *vegetal de tronco indiviso.* **2** que não pode ser dividido ou desmembrado: *Questionou sua parte nos bens indivisos.*

in.di.zí.vel *adj.2g.* **1** que não se pode dizer; inexprimível: *Voltaram do banco com indizível desânimo.* **2** raro; extraordinário: *Cria uma sensação de bem-estar indizível.*

in.dó.cil *adj.2g.* **1** que não é dócil; indisciplinado; rebelde: *pessoas indóceis.* **2** irrequieto; sôfrego: *Sentia-se impaciente, indócil.* **3** indomável; insubmisso: *os grandes, raros e indóceis jaús.*

in.do-eu.ro.peu *s.m.* **1** língua pré-histórica da qual não se tem registro e da qual descende a maior parte das línguas faladas na Europa, nos países colonizados pelos europeus, na Índia e em algumas outras partes da Ásia. • *adj.2g.* **2** diz-se dos povos que falavam essa língua: *Os gregos e os hindus são indo-europeus.*

ín.do.le *s.f.* **1** caráter; feitio: *É homem de índole perversa.* **2** propensão natural; temperamento; disposição: *Os negros de Angola eram considerados de índole festiva.* **3** natureza; tipo: *A reunião tratará assuntos de índole eclesiástica.*

in.do.lên.cia *s.f.* **1** preguiça; apatia; inércia; ociosidade. **2** desleixo; negligência.

in.do.len.te *s.2g.* **1** pessoa preguiçosa ou apática: *Não somos um país de analfabetos e indolentes.* • *adj.2g.* **2** preguiçoso; apático.

in.do.lor (ô) *adj.2g.* **1** que não provoca dor; que não dói. **2** que ocorre sem grandes penas ou esforço.

in.do.ma.do *adj.* que não foi domado ou domesticado; indômito: *Mostram o confronto do homem com uma natureza indomada.*

in.do.má.vel *adj.2g.* **1** que não se pode domar; indomesticável. **2** irrefreável; incontrolável: *Sentem o indomável instinto de transmitir as novidades.* **3** que não se submete; que não cede.

in.dô.mi.to *adj.* **1** não domado; valente: *Fazendas abertas por indômitos boiadeiros.* **2** que não se freia; irrefreável: *vontade indômita de vencer na vida.*

in.do.né.sio *s.m.* **1** natural ou habitante da Indonésia. • *adj.* **2** relativo à Indonésia.

in.du.bi.tá.vel *adj.2g.* de que não se pode duvidar; que não pode ser posto em dúvida.

in.du.ção *s.f.* **1** raciocínio em que de fatos particulares se faz uma generalização: *Em Sócrates, a indução é um meio para se obter a definição.* **2** ato de induzir; instigação: *Foi preso acusado de indução ao homicídio.*

in.dul.gên.cia *s.f.* **1** remissão total ou parcial das penas relativas aos pecados. **2** clemência; tolerância: *No mundo de hoje, está faltando muita indulgência humana.*

in.dul.gen.te *adj.2g.* **1** pronto a perdoar; tolerante: *Seu coração indulgente se abriu e me recebeu como a um filho.* **2** complacente; condescendente: *Tinha sempre um manso riso indulgente.*

in.dul.tar *v.t.* **1** conceder indulto; perdoar; anistiar: *O presidente indultou o presidiário.* **2** absolver; livrar: *Isso pode ser verdade, mas não indulta o acusado do erro cometido.*

in.dul.to *s.m.* **1** (Jur.) redução ou comutação de pena. **2** em Jurisprudência, decreto que concede perdão ou comutação de pena: *Será concedido um indulto de Natal a presos com bom comportamento.*

in.du.men.tá.ria *s.f.* **1** conjunto dos vestuários em relação a certas épocas, povos ou grupos. **2** traje; vestimenta.

in.dús.tria *s.f.* **1** conjunto de técnicas de produção; atividade econômica de produção. **2** ofício de produzir; produção mecânica. **3** atividade lucrativa de exploração: *A indústria do turismo começa com a construção de boas estradas.* **4** fábrica; manufatura.

in.dus.tri.al *s.2g.* **1** dono de indústria: *Um industrial deu o maior lance do leilão.* • *adj.2g.* **2** da ou próprio da indústria: *produção em escala industrial.* **3** formado de indústrias: *complexo industrial.* **4** dirigido para a indústria: *política industrial.* **5** que provém da indústria: *produto industrial.* **6** que possui uma indústria.

in.dus.tri.a.li.za.ção *s.f.* **1** desenvolvimento do parque industrial. **2** instalação de parques industriais em. **3** produção em escala industrial: *A industrialização do brinquedo exerceu também influência no artesanato.* **4** aproveitamento como matéria-prima de indústria: *industrialização dos produtos agrícolas.*

in.dus.tri.a.li.zar *v.t.* **1** dar feição industrial. • *pron.* **2** tornar-se industrializado: *A própria agricultura se industrializou.*

in.dus.tri.á.rio *s.m.* pessoa que trabalha em indústria.

in.du.ti.vo *adj.* em que há indução; que vai do particular para o geral: *raciocínio indutivo.*

in.du.zir *v.t.* **1** inferir por indução; concluir. **2** fomentar; provocar; produzir: *O governo quer induzir a interiorização dos médicos.* **3** conduzir; levar: *Meus amigos me induziram a fazer poupança.* **4** influenciar; convencer: *Induzimos testemunhas a depor a seu favor.*

i.ne.bri.an.te *adj.2g.* que inebria ou embriaga; que encanta: *Ela usava um perfume inebriante.*

i.ne.bri.ar *v.t.* **1** arrebatar; extasiar: *O poder inebria as pessoas.* **2** embriagar; embebedar: *Os licores finos inebriaram os apreciadores.*

ineditismo

i.ne.di.tis.mo *s.m.* **1** qualidade daquilo que ainda não foi divulgado: *O ineditismo da obra impedia concorrer aos prêmios.* **2** qualidade do que é incomum; originalidade: *Aprimorou o conto confiante no ineditismo do tema.*

i.né.di.to *adj.* **1** nunca antes feito; novo. **2** ainda não publicado ou exibido. **3** cuja obra não foi publicada: *Ainda era um autor inédito.*

i.ne.fá.vel *s.m.* **1** aquilo que não pode ser traduzido em palavras: *As idiotices que dizia eram sempre interpretadas como misteriosas revelações do inefável.* • *adj.2g.* **2** que não se pode exprimir por palavras; indizível; indescritível: *Ignorava a existência inefável do sentimento amoroso.* **3** encantador: *É uma grande alma, uma criatura inefável.*

i.ne.fi.cá.cia *s.f.* qualidade do que é ineficaz; falta de eficácia.

i.ne.fi.caz *adj.* **1** que não é eficaz; ineficiente. **2** que não produz efeito: *remédio ineficaz.*

i.ne.fi.ci.ên.cia *s.f.* **1** falta de eficiência; incapacidade na ação. **2** falta de eficácia; incapacidade de produzir efeitos.

i.ne.fi.ci.en.te *adj.2g.* **1** não eficiente; ineficaz. **2** insuficiente; inócuo: *A legislação que proíbe as queimadas é ineficiente.*

i.ne.gá.vel *adj.2g.* que não se pode negar; incontestável; evidente: *É inegável que faltam áreas de lazer.*

i.ne.le.gi.bi.li.da.de *s.f.* impedimento de elegibilidade: *A emenda estende a inelegibilidade aos candidatos que não atenderam às exigências legais.*

i.ne.le.gí.vel *adj.2g.* que não é elegível; que está impedido de candidatar-se a cargo político.

i.ne.nar.rá.vel *adj.2g.* que não se pode narrar; indizível: *É um prazer inenarrável estar aqui.*

i.nép.cia *s.f.* falta de aptidão; inabilidade; inaptidão: *Não existe segurança pública se há inépcia da polícia.*

i.nep.to (é) *adj.* **1** que não é inteligente; idiota: *revolta intolerável, absurda e inepta.* **2** incapaz; ineficiente: *A indústria tinha uma administração inepta.* **3** sem aptidão ou preparação; sem jeito: *ineptos para a guerra.* // Cp.: inapto.

i.ne.quí.vo.co *adj.* **1** em que não há equívoco ou dúvida: *O impacto do racionamento se faz sentir de modo claro e inequívoco.* **2** inconfundível; evidente: *Mesmo de costas sua figura é inequívoca.*

i.nér.cia *s.f.* **1** em Física, resistência que os corpos materiais opõem à modificação do seu estado de movimento. **2** falta de movimento; falta de atividade. **3** falta de ação; falta de engajamento ou empenho.

i.ne.ren.te *adj.2g.* que é característica essencial de alguém ou algo; intrínseco: *O risco é inerente ao negócio.*

i.ner.me (é) *adj.2g.* desarmado; sem defesa: *Senti-me ofendida e inerme.*

i.ner.te (é) *adj.2g.* **1** que não é dotado de atividade; paralisado: *O seu corpo inerte despenca do alto da escada.* **2** sem ação; improdutivo. **3** (Fís.) que tem inércia.

i.nes.cru.pu.lo.so (ô) *s.m.* **1** pessoa inescrupulosa: *A falta de fiscalização encoraja o inescrupuloso a desmatar a serra.* • *adj.* **2** que não tem escrúpulos; que lança mão de meios desonestos e desleais.

i.nes.go.tá.vel *adj.2g.* que não se pode esgotar; inexaurível; muito abundante.

i.nes.pe.ra.do *adj.* que não é esperado; imprevisto; inopinado.

i.nes.que.cí.vel *adj.2g.* que não se pode esquecer; inolvidável.

i.nes.ti.má.vel *adj.2g.* cujo valor não se pode estimar ou avaliar; incalculável: *Os álbuns têm um valor inestimável para todo colecionador.*

i.ne.vi.tá.vel *s.m.* **1** aquilo que não se pode evitar; a fatalidade. • *adj.2g.* **2** que não se pode evitar; fatal: *A morte é inevitável.* **3** que não falha ou falta: *As madames chiques chegaram para o inevitável desfile de modas.*

i.ne.xa.to /z/ *adj.* que não é exato; impreciso; incerto.

i.ne.xau.rí.vel /z/ *adj.2g.* inesgotável.

i.ne.xe.quí.vel /z/ (qüí) *adj.2g.* que não pode ser executado ou obtido; de consecução impossível: *Tal projeto parecerá inexequível por vários motivos.*

i.ne.xis.tên.cia /z/ *s.f.* falta de existência; ausência.

i.ne.xis.ten.te /z/ *adj.2g.* que não existe.

i.ne.xis.tir /z/ *v.int.* não existir: *A preocupação inexiste na primeira infância.*

i.ne.xo.rá.vel /z/ *adj.2g.* **1** que não cede diante de réplicas; implacável; intransigente. **2** a que não se pode fugir; fatal: *Chegou o inexorável dia da demolição.*

i.nex.pe.ri.ên.cia *s.f.* falta de experiência; ingenuidade.

i.nex.pe.ri.en.te *s.2g.* **1** que não tem prática do mundo; ingênuo; simples: *Teve paciência com os dois inexperientes.* • *adj.2g.* **2** que não é experiente; que não é perito: *São árbitros inexperientes para um campeonato nacional.*

i.nex.pli.cá.vel *adj.2g.* que não pode ser explicado; obscuro.

i.nex.plo.ra.do *adj.* **1** que não foi explorado; novo: *Descobriu um mercado praticamente inexplorado.* **2** que não foi desbravado ou colonizado: *Pôs-se a caçar insetos em matas inexploradas.*

i.nex.pres.si.vo *adj.* que não é expressivo; que não significa nada: *Disfarçou a emoção num sorriso inexpressivo.*

i.nex.pug.ná.vel *adj.2g.* **1** invencível; inconquistável: *A mansão se tornou uma fortaleza inexpugnável.* **2** indestrutível; destemido; inabalável: *Sua mãe espera que a sua virtude seja inexpugnável.*

in.fac.tí.vel *adj.2g.* impraticável: *Ensinar religião de forma imparcial é simplesmente infactível.*

in.fa.lí.vel *adj.2g.* **1** que não falha; que não comete erros: *Ninguém é infalível.* **2** que atinge os objetivos: *Procura um meio infalível de vencer na vida.* **3** que não pode deixar de ocorrer; inevitável: *sucesso infalível.*

in.fa.me *s.2g.* **1** pessoa indigna; vil; desprezível: *O infame tentou incriminar um pobre-diabo.* • *adj.2g.* **2** que tem má fama; indigno; torpe; odioso.

in.fâ.mia *s.f.* **1** ato infame; torpeza; baixeza. **2** dito infame; calúnia: *Repudiamos a infâmia contra a atriz.*

in.fân.cia *s.f.* **1** período de crescimento, no ser humano, que vai do nascimento à puberdade; meninice. **2** o conjunto das crianças. **3** (Fig.) os primeiros passos; os primórdios: *Já não estamos na infância da informática.*

in.fan.ta.ri.a *s.f.* força militar que combate a pé.

in.fan.te *s.m.* **1** criança: *Foi um belo e saudável infante.* **2** filho dos reis de Portugal ou da Espanha; irmão de príncipe herdeiro: *o principezinho Afonso, infante de Portugal.*

infidelidade

in.fan.ti.cí.dio *s.m.* assassínio de criança: *Um menino índio foi salvo de infanticídio no Araguaia.*

in.fan.til *s.m.* **1** equipe desportiva constituída por crianças. • *adj.2g.* **2** relativo a criança. **3** ingênuo; tolo: *A irmã é muito infantil.* **4** ingênuo, puro como criança: *uma alegria quase infantil.*

in.fan.ti.li.da.de *s.m.* qualidade de quem é infantil ou atitude infantil.

in.fan.ti.lis.mo *s.m.* **1** persistência, no adulto, de caracteres físicos ou morais próprios de criança: *Era irritante o infantilismo da sua voz.* **2** ingenuidade; candura: *No filme, predomina a estética do infantilismo.*

in.fan.ti.li.zar *v.t.* fazer comportar-se como criança: *É uma publicação que infantiliza adultos e imbeciliza crianças.*

in.fan.to-ju.ve.nil *adj.2g.* da ou relativo à infância e à juventude: *livros infanto-juvenis.*

in.far.ta.do *adj.* que sofreu infarto; enfartado.

in.far.tar *v.int.* sofrer ou ter infarto; enfartar.

in.far.to *s.m.* (Card.) fenômeno patológico em que se produz zona de necrose consequente à hipoxia na maioria dos casos por trombo ou êmbolo; enfarto; enfarte.

in.fa.ti.gá.vel *adj.2g.* **1** que não se fadiga; incansável; zeloso: *Era um infatigável defensor dos oprimidos.* **2** que se faz incansavelmente; contínuo e cuidadoso: *Elogiou o resultado do infatigável trabalho dos missionários.*

in.faus.to *adj.* **1** infeliz; triste: *Esta casa soube do infausto acontecimento.* **2** desagradável: *Não trouxe à baila aquele infausto assunto.* **3** agourento; aziago; nefasto; sinistro: *A noite que o viajante escolhera não podia ser mais infausta.*

in.fec.ção *s.f.* (Patol.) **1** processo de infeccionar-se. **2** estado daquilo que está infeccionado; contaminação.

in.fec.ci.o.nar *v.t.* **1** causar infecção a; contaminar: *As unhas escondem micro-organismos que podem infeccionar a pele.* **2** (Fig.) perverter; corromper: *Uma superinflação infeccionou a vida brasileira por longos anos.* • *int.* **3** ficar com infecção; contaminar-se: *Ferimentos e arranhões descurados podem infeccionar rapidamente.*

in.fec.ci.o.so (ô) *adj.* **1** relativo a infecção. **2** que produz ou irradia infecção. **3** resultante de infecção: *moléstias infecciosas.*

in.fec.tar *v.t.* **1** atingir por infecção; contaminar. • *pron.* **2** corromper-se moralmente.

in.fec.to.lo.gi.a *s.f.* ramo da Medicina que se ocupa do estudo das doenças infecciosas.

in.fec.to.lo.gis.ta *s.2g.* especialista em infectologia.

in.fec.tu.o.so (ô) *adj.* resultante de infecção; infeccioso: *doenças infectuosas.*

in.fe.cun.do *adj.* **1** estéril; improdutivo; infértil. **2** que não produz efeito; infrutífero; inútil: *Abandonou a meditação infecunda.*

in.fe.li.ci.da.de *s.f.* desventura; desdita; infortúnio.

in.fe.li.ci.tar *v.t.* **1** tornar infeliz: *A ingratidão lhe infelicitara a vida.* **2** (Coloq.) desonrar: *Tive minhas aventuras, mas não infelicitei nenhuma moça.*

in.fe.liz *s.2g.* **1** pessoa que não alcança a felicidade; desgraçado; coitado: *O melhor é poupar o infeliz.* • *adj.2g.* **2** que não é ou não se sente feliz; desditoso: *Começou a ler um romance e sentiu-se menos infeliz.* **3** em que não há felicidade; desventurado. **4** desacertado; despropositado; desastroso: *Nem sabia por que arriscara aquele palpite infeliz.*

in.fen.so *adj.* contrário; adverso; hostil: *O mercado não é mais infenso a novidades.*

in.fe.rên.cia *s.f.* conclusão; indução: *A reportagem não permite a inferência de que o motorista seja o culpado.*

in.fe.ri.or (ô) *adj.* **1** indivíduo que trabalha sob as ordens de outro. **2** militar que se situa nas posições mais baixas na hierarquia de postos. **3** que ocupa lugar muito baixo, ou o mais baixo, nas escalas animal e vegetal: *forma de vida inferior.* **4** de mais baixa qualidade: *produto inferior.* **5** de menor valor: *taxa muito inferior à cobrada pelas locadoras.* **6** numericamente, que está em posição mais baixa: *A mulher tem pressão sanguínea inferior à do homem.* **7** de menor volume: *um animal de porte inferior ao chimpanzé.*

in.fe.rio.ri.da.de *s.f.* **1** estado ou qualidade do que é inferior; condição mais baixa numa escala. **2** posição mais baixa numa escala sociocultural; desvantagem: *Não havia razão para se sentir em inferioridade.* **3** posição mais baixa numa hierarquia de excelência: *Fica patente a inferioridade do novo produto.* **4** posição mais baixa numa escala numérica.

in.fe.rio.ri.zar *v.t.* **1** diminuir o valor de; rebaixar: *Essa afirmação inferioriza o homem.* • *pron.* **2** perder o valor ou a importância; rebaixar-se: *O melhor é agir sem se inferiorizar.*

in.fe.rir *v.t.* fazer inferência sobre; deduzir; concluir: *Pelo que pude inferir, há influência dos bantos nos candomblés.*

in.fer.nal *adj.2g.* **1** relativo a inferno. **2** insuportável; medonho: *Fazíamos um berreiro infernal.* **3** esquisito; estranho: *Topou com um bicho infernal.* **4** excepcional: *As moscas têm um faro infernal.*

in.fer.ni.zar *v.t.* atormentar; afligir: *A consciência pesada infernizava seu sono.*

in.fer.no (ê) *s.m.* **1** segundo a mitologia, lugar subterrâneo onde estão as almas dos mortos. **2** segundo o Cristianismo, lugar para onde vão as almas dos pecadores. **3** lugar onde há muito sofrimento. (Coloq.) **4** tormento; martírio: *Escapara de um verdadeiro inferno cotidiano.* **5** grande desordem; balbúrdia: *Isso aqui será um inferno de carros.*

in.fér.til *adj.2g.* que não é fértil; infecundo.

in.fer.ti.li.da.de *s.f.* esterilidade.

in.fes.ta.ção *s.f.* **1** alojamento ou penetração de parasitas macroscópicos no organismo humano: *infestação de germes.* **2** contaminação por contato com outro indivíduo infectado. **3** contaminação de plantações por insetos que causam prejuízos a seu cultivo ou as destroem: *Eliminando-se a larva, reduz-se a infestação.*

in.fes.tar *v.t.* **1** assolar; invadir: *Piratas ingleses infestavam os mares.* **2** ocupar em larga escala; tomar conta de: *As ervas daninhas infestam o jardim da casa.* **3** (Med.) causar infestação em; provocar infecções.

in.fi.de.li.da.de *s.f.* **1** rompimento da fidelidade; traição; deslealdade. **2** traição amorosa. **3** transgressão da fé matrimonial ou do dever de fidelidade entre os cônjuges: *Infidelidade foi a causa do rompimento do casal.*

infiel

in.fi.el *s.2g.* **1** pessoa que não tem a fé considerada verdadeira; pagão: *guerras contra os infiéis*. **2** pessoa que não tem fidelidade; pessoa que trai: *Não foi o único infiel ao acordo.* • *adj.* **3** que não tem fidelidade; traidor. **4** inexato; inverídico: *Fez uma tradução infiel da expressão russa*. **5** que pratica traição amorosa: *namorado infiel.* **6** desrespeitoso; desobediente: *Não seria infiel à lei que jurei respeitar.*

in.fil.tra.ção *s.f.* **1** ação ou efeito de infiltrar-se: *A Polícia Federal está atenta à infiltração de imigrantes ilegais no país*. **2** (Fig.) penetração lenta (de ideias ou crenças) no espírito de alguém; insinuação: *infiltração de doutrinas avessas à democracia*. **3** (Med.) administração de anestésico local ou de outras substâncias, injetando-se a droga abaixo da pele ou em maior profundidade: *A dor só melhorou com infiltração*. **4** passagem filtrada: *a infiltração da luz*. **5** penetração de um líquido através de superfície sólida: *Neste apartamento há infiltrações de água*.

in.fil.trar *v.t.* **1** fazer penetrar; introduzir; insinuar: *Pouco a pouco infiltram no grupo o veneno da discórdia*. **2** entrar; imiscuir-se: *infiltrar espiões no país*. • *pron.* **3** penetrar líquido, como em um filtro: *A água infiltra-se pelas fendas do piso*. **4** introduzir-se; disseminar-se: *Novas teorias se infiltram pelo interior do quartel*.

ín.fi.mo *adj.* **1** muito pequeno; diminuto. **2** pouco numeroso: *O público da peça tem sido ínfimo*. **3** inferior a tudo; de baixíssima qualidade: *Foi morar numa ínfima pensão da periferia*.

in.fin.dá.vel *adj.* **1** que não finda; permanente; eterno. **2** inumerável; infinito: *Juntou uma infindável coleção de chaveiros*. **3** interminável: *O político fez um discurso monótono, infindável*.

in.fin.do *adj.* que não tem limite final; infinito; ilimitado: *um amor infindo*.

in.fi.ni.da.de *s.f.* grande quantidade; enormidade: *disse uma infinidade de mentiras*.

in.fi.ni.te.si.mal *adj.2g.* infinitamente pequeno.

in.fi.ni.ti.vo *s.m.* (Gram.) forma nominal do verbo, que pode ter valor de substantivo: *Amar, comer e partir são infinitivos verbais*.

in.fi.ni.to *s.m.* **1** o que não tem limites; o absoluto. **2** (Gram.) infinitivo: *Ela já aprendeu a usar o infinito flexionado*. • *adj.* **3** que não tem limites; imenso: *O sol dá ao corpo um infinito prazer*. **4** cujos limites não podem ser vistos; enorme: *Era um parque infinito, ladeado de cascatas*. **5** que não chega ao fim; infindo: *sofrimento infinito*.

in.fla.ção *s.f.* (Econ.) fenômeno monetário que consiste no aumento persistente dos preços em geral, de que resulta uma contínua perda do poder aquisitivo da moeda: *A inflação deste ano foi baixa*. // Cp.: infração.

in.fla.cio.nar *v.t.* **1** provocar inflação em: *inflacionar o preço dos aluguéis*. **2** sobrecarregar: *O reajuste infláciona a folha de pagamento*. **3** aumentar; ampliar em exagero: *As medidas inflacionaram nossas atribuições*.

in.fla.cio.ná.rio *adj.* que causa inflação: *efeito inflacionário do aumento dos combustíveis*.

in.fla.ma.ção *s.f.* (Med.) reação protetora localizada, caracterizada por dor, rubor e calor, que ocorre em tecidos animais, produzida por algum tipo de agressão de agente externo.

in.fla.mar *v.t.* **1** pôr fogo em; incendiar: *O fogo inflama a floresta*. (Fig.) **2** encher de ardor: *A paixão me inflamou durante anos*. **3** entusiasmar: *O guitarrista inflamará o festival de jazz*. • *pron.* **4** (Fig.) encher-se de ardor; exaltar-se: *O paraninfo começou a se inflamar enquanto discursava*. • *int.* **5** pegar fogo; incendiar-se: *O algodão inflama facilmente*. **6** criar inflamação: *a garganta inflama*.

in.fla.má.vel *s.m.* **1** material que se inflama com facilidade: *transporte de inflamáveis*. • *adj.2g.* **2** que se pode inflamar; que pode pegar fogo: *Gasolina é altamente inflamável*.

in.flar *v.t.* **1** encher de ar; estufar: *Infla o peito antes de gritar*. **2** (Fig.) encher de vaidade; envaidecer: *O sucesso inflava sua enorme vaidade*. • *int.* **3** encher-se de ar; estufar: *trajes especiais que inflam, comprimindo o corpo*. **4** (Fig.) envaidecer-se: *Inflou-se com os elogios dos mestres*.

in.flá.vel *adj.2g.* que se pode inflar; que pode ser cheio de ar: *barco inflável*.

in.fle.xão /ks/ *s.f.* **1** desvio; inclinação; flexão: *Marca um ponto de inflexão rumo aos regimes democráticos*. **2** mudança de acento ou de tom na voz: *Pela inflexão da voz, percebi que mentiam*.

in.fle.xí.vel /ks/ *adj.2g.* **1** que não é flexível; que não se dobra: *Preciso de uma haste inflexível*. **2** rígido; severo: *Nos colégios tradicionais, as regras de disciplina eram inflexíveis*. **3** implacável; inexorável: *O juiz era inflexível*. **4** impassível; inabalável: *Mesmo diante da tragédia, sua fisionomia era inflexível*.

in.fli.gir *v.t.* **1** causar (algo desagradável): *A França infligiu amarga derrota ao Brasil no futebol*. **2** impor; aplicar pena; cominar: *infligir altas multas ao infrator*. // Cp.: infringir.

in.flo.res.cên.cia *s.f.* ramo florífero: *As umbelas apresentam inflorescências de até seis flores*.

in.flu.ên.cia *s.f.* **1** poder exercido de uma pessoa ou coisa sobre outra. **2** prestígio; crédito: *pessoas de influência*. **3** autoridade: *Não tinha nenhuma influência sobre os filhos*. **4** entusiasmo; admiração: *O procedimento dele era resultado de uma influência passageira*.

in.flu.en.ci.ar *v.t.* **1** exercer influência sobre; influir em: *A Filosofia influenciou sua atividade literária*. **2** fazer pressão: *O senhor o influenciou para entrar no exército*. • *pron.* **3** sofrer influência: *Não se deixe influenciar pela moda*. **4** deixar-se levar: *Ele não se influencia pelos hábitos da turma*.

in.flu.en.ci.á.vel *adj.2g.* suscetível de influência; sugestionável: *Criança é muito influenciável*.

in.flu.en.te *s.2g.* **1** pessoa que exerce influência; pessoa poderosa, com prestígio: *Os influentes conseguem benefícios mais facilmente*. • *adj.2g.* **2** que exerce influência: *um amigo influente*. **3** poderoso; prestigioso: *O senador é influente no seu estado*.

in.flu.ir *v.t.* **1** fazer fluir para dentro de. **2** exercer influência: *Tudo isso influi nas decisões*.

in.flu.xo /ks/ *s.m.* **1** ato ou efeito de influir: *O anestésico impede o influxo nervoso*. **2** pressão; influência: *Agira sob influxo da paixão*. **3** afluência; abundância: *Cresceu o influxo de capital estrangeiro no país*.

in.for.ma.ção *s.f.* **1** informe; comunicação. **2** comunicação ou notícia trazida ao conhecimento de

inglório

uma pessoa ou do público. **3** instrução; orientação. **4** conhecimento: *Seu nível de informação é alto.* **5** conjunto de dados, notícias e informes tratados e arquivados por processos eletrônicos. **6** conjunto de informes sigilosos de natureza política; investigação: *As estatais têm serviços de informação.* **7** opinião ou parecer sobre alguém: *Tive boas informações a seu respeito.* • **informação genética** conjunto de caracteres hereditários transmitidos por genes.

in.for.mal *adj.2g.* **1** que não observa formalidades; que não respeita etiquetas: *almoço informal.* **2** que não age em caráter oficial: *Foi porta-voz informal do general.* **3** que não se rege por regras oficialmente estabelecidas; não convencional: *O governador nos fez uma visita em caráter informal.*

in.for.ma.li.da.de *s.f.* **1** falta de formalidade: *A informalidade foi o melhor da festa.* **2** falta de legalização de atividade, trabalho, emprego, economia etc.: *A informalidade surgiu com o aumento do desemprego.*

in.for.mar *v.t.* **1** tornar bem informado; instruir: *Um mestre cujas aulas sempre informam bem os alunos.* **2** apor informação ou parecer em: *Nesse tempo eu informava processos de aposentadoria.* **3** transmitir informações; participar; comunicar: *Quem informou a você que eu havia ganhado na loteria?* • *pron.* **4** procurar ou tomar informação: *É bom você se informar sobre o dia do jantar.*

in.for.má.ti.ca *s.f.* ciência e técnica que se ocupa do tratamento automático da informação, ou seja, do emprego dos computadores eletrônicos no processamento da informação.

in.for.ma.ti.vo *s.m.* **1** boletim: *Passei a receber os informativos da entidade.* • *adj.* **2** destinado a informar: *O jornal tem grande poder informativo.*

in.for.ma.ti.za.ção *s.f.* **1** tratamento de fatos por meio da informática. **2** aquisição de meios informatizados.

in.for.ma.ti.zar *v.t.* **1** prover dos recursos da informática: *Informatizou a empresa.* • *pron.* **2** equipar-se com recursos de informática: *O Brasil cresceu, modernizou-se, informatizou-se.*

in.for.me *s.m.* **1** informação; esclarecimento; parecer: *A secretária organizou os informes para o chefe ler.* **2** sem forma definida: *corpo informe da água-viva.* **3** colossal e disforme: *Os vultos viravam monstros informes.* **4** indefinido: *Nunca interpretou aqueles apelos informes.*

in.for.tu.na.do *s.m.* **1** pessoa desgraçada; pessoa infeliz: *O infortunado morreu sem ver o filho.* • *adj.* **2** sem fortuna; infeliz; desventurado.

in.for.tú.nio *s.m.* infelicidade; desdita; desgraça: *Narciso teve o infortúnio de se apaixonar por si mesmo.*

in.fra.ção *s.f.* ato ou efeito de infringir; violação de uma lei, ordem, tratado: *cometeu uma infração às leis de trânsito.* // Cp.: inflação.

in.fra.es.tru.tu.ra *s.f.* **1** base material ou econômica de uma sociedade ou de uma organização. **2** sistema de serviços públicos de uma cidade. **3** (Filos.) conjunto das forças produtivas e das relações econômicas de uma sociedade que servem de base material à ideologia e à política: *a infraestrutura social.*

in.fra.tor (ô) *s.m.* **1** quem comete infração: *O infrator quis corromper o guarda de trânsito.* • *adj.* **2** que comete infração; transgressor: *O contribuinte infrator preparou sua defesa.*

in.fra.ver.me.lho *s.m.* **1** radiação eletromagnética com comprimento de onda superior ao da radiação visível e inferior ao das micro-ondas: *as lâmpadas de infravermelho.* • *adj.* **2** diz-se dessa radiação: *aplicações com raios infravermelhos.*

in.fre.ne *adj.2g.* sem freio; sem controle: *paixões infrenes.*

in.frin.gir *v.t.* desobedecer a; transgredir; desrespeitar; violar: *Os cartazes estavam infringindo a legislação eleitoral.* // Cp.: infligir.

in.fru.tes.cên.cia *s.f.* frutificação em massa de uma inflorescência, que resulta em um fruto composto e íntegro.

in.fru.tí.fe.ro *adj.* **1** que não produz frutos; estéril; infecundo. **2** (Fig.) que não dá resultados; inútil: *Os esforços foram infrutíferos.*

in.fun.da.do *adj.* **1** sem fundamento ou base: *Não acredite em conversas infundadas.* **2** sem razão de ser; sem motivo: *ciúmes infundados.*

in.fun.dir *v.t.* **1** incutir; transmitir: *O avô infunde respeito aos netos.* **2** introduzir; fazer entrar: *A deusa infundiu ânimo nas tropas troianas.* • *pron.* **3** introduzir-se; penetrar.

in.fu.são *s.f.* **1** transmissão; introdução: *Sentiu uma súbita infusão de alegria e tranquilidade.* **2** colocação, em água fervente, de uma substância, geralmente vegetal, para dela extrair o sabor ou propriedades medicinais: *Fez infusão de ervas medicinais.* **3** resultado de infusão: *Tomou aquela infusão por três dias.*

in.gá *s.m.* (Bot.) fruto tipo vagem, de coloração verde-cana, com sementes envolvidas por uma polpa branca, viscosa e adocicada.

in.ga.zei.ro *s.m.* (Bot.) árvore com folhas elípticas e brilhantes, de flores brancas e perfumadas, cujo fruto é o ingá.

in.gen.te *adj.2g* muito grande; desmedido: *Há tarefas ingentes a cumprir.*

in.ge.nui.da.de *s.f.* **1** incapacidade de elaboração mental; simplicidade extrema: *Era um texto de extrema ingenuidade.* **2** falta de malícia; singeleza; inocência: *Ele relembra a ingenuidade de seus 10 anos.* **3** dito ingênuo: *Disse ingenuidades que prejudicaram sua contratação.*

in.gê.nuo *s.m.* **1** pessoa sem malícia ou ignorante: *Sempre banca o ingênuo.* • *adj.* **2** sem malícia; inocente; simples. **3** que denota ou revela inocência ou ausência de malícia. **4** simples; comum; ordinário: *nacionalismo tolo e ingênuo.* **5** tolo; bobo: *perguntas ingênuas.* **6** simplista: *Seria ingênuo determinar metas de consumo.*

in.ge.rên.cia *s.f.* introdução; intervenção; intromissão: *A ingerência dominadora do espírito de competição não poupou nem as brincadeiras inocentes.*

in.ge.rir *v.t.* **1** meter ao estômago; engolir: *ingerir toda a comida* • *pron.* **2** intrometer-se; intervir: *As grandes potências costumam ingerir-se nos negócios internos dos países em desenvolvimento.*

in.ges.tão *s.f.* ato de ingerir; deglutição.

in.glês *s.m.* **1** natural ou habitante da Inglaterra. • *adj.* **2** relativo à Inglaterra. **3** próprio da língua dos ingleses: *entonação inglesa.*

in.gló.rio *adj.* **1** em que não há glória. **2** obscuro; modesto: *é o período mais inglório de sua biografia.*

ingovernável

in.go.ver.ná.vel *adj.2g.* que não se pode governar.
in.gra.ti.dão *s.f.* falta de gratidão: *Pagou o favor com gratidão.*
in.gra.to *s.m.* **1** pessoa que não tem gratidão: *Aquele ingrato não liga para ninguém.* • *adj.* **2** que não tem gratidão; mal-agradecido: *deu uma resposta ingrata ao padrinho generoso.* **3** hostil; pouco propício: *um clima ingrato.* **4** que não traz recompensas; que não dá bom retorno: *Os jurados têm um trabalho exaustivo e ingrato.* **5** molesto; infeliz: *O destino ingrato da tia me dava pena.*
in.gre.di.en.te *s.m.* **1** substância que entra na composição de medicamento ou de alimento. **2** componente; constituinte: *Respeito e afabilidade são ingredientes da boa convivência.*
ín.gre.me *adj.2g.* que tem forte declive; escarpado: *Desceu a serra íngreme.*
in.gres.sar *v.t.* **1** entrar: *É proibido ingressar no recinto em trajes de banho.* **2** passar a fazer parte de: *Ingressou na carreira diplomática.*
in.gres.so (é) *s.m.* **1** entrada: *Seu ingresso na carreira militar causou preocupação na família.* **2** participação: *Será demorado nosso ingresso no grupo dos países desenvolvidos.* **3** princípio; começo: *A indústria planeja o ingresso em um novo ciclo de investimentos.* **4** bilhete de entrada em teatro, cinema etc: *perdeu o ingresso do cinema.*
in.gui.nal *adj.2g.* relativo à virilha: *hérnia inguinal.*
in.gur.gi.tar *v.t.* **1** engolir; devorar; ingerir: *O guloso ingurgitava tudo sem mastigar.* **2** (Fig.) absorver: *Não consegui ingurgitar aquele pieguismo ingênuo.*
i.nham.bu *s.m.* (Zool.) ave de porte médio, plumagem pardo-escura, com cauda rudimentar e pernas curtas; nambu; nhambu.
i.nha.me *s.m.* **1** planta que produz tubérculos de casca escura e polpa branca: *fez uma lavoura de inhame no sítio.* **2** o tubérculo dessa folhagem: *sopa de inhame.*
i.ni.bi.ção *s.f.* **1** ação de inibir, impedir ou interromper: *O receio é que a inibição da atividade econômica provoque recessão.* **2** (Fisiol.) ação de diminuir ou suprimir a função de um órgão ou de parte dele: *Sua má digestão é fruto de inibição do fígado.* **3** estado natural ou condição de pessoa que se inibe com facilidade; timidez: *Chego e fico muda na minha inibição.* **4** (Quím.) capacidade que têm certas substâncias de reduzir reações químicas.
i.ni.bi.dor (ô) *s.m.* **1** causador de inibição: *Inibidores de apetite só devem ser usados sob prescrição médica.* • *adj.* **2** que inibe; inibitório: *Uma força inibidora não o deixava cantar.*
i.ni.bir *v.t.* **1** causar inibição a; constranger: *A falta de dinheiro nunca o inibia.* **2** bloquear; impedir: *Os juros altos inibiram o lançamento de novos produtos.* **3** impedir o funcionamento de: *inibir o sistema vascular.* • *pron.* **4** constranger-se; vexar-se; embaraçar-se: *Não se inibe em assumir o erro.*
i.ni.bi.tó.rio *adj.* inibidor.
i.ni.ci.a.ção *s.f.* **1** admissão dos jovens nos ritos, nas técnicas e tradições de uma comunidade de adultos: *Invocam a proteção dos antepassados na iniciação do jovem.* **2** obtenção das primeiras noções relativas a uma ciência, uma arte, uma prática: *bolsa de iniciação científica.* **3** introdução ao conhecimento de coisas misteriosas ou desconhecidas: *Foi longa sua iniciação à magia.*
i.ni.ci.a.do *s.m.* **1** pessoa que foi admitida à iniciação: *O iniciado devia galopar pela vizinhança empunhando uma lança.* • *adj.* **2** que já teve início; encetado. **3** que se iniciou; que foi admitido à iniciação: *Apareceu um rapaz iniciado em enfermagem e prestou socorro.*
i.ni.ci.al *s.f.* **1** letra inicial: *Marcava os livros com suas iniciais.* • *adj.2g.* **2** primeiro; primitivo: *O objetivo inicial foi modificado.* **3** que inicia.
i.ni.ci.an.te *s.2g.* **1** pessoa que se inicia; novato: *O iniciante precisa de incentivo.* • *adj. 2g.* **2** que inicia: *aula iniciante do curso.*
i.ni.ci.ar *v.t.* **1** dar início a; principiar; implementar: *O importante é iniciar a carreira.* **2** fazer aprender: *Os pais devem iniciar os filhos em uma profissão.* • *pron.* **3** entrar na posse das primeiras noções de: *Cedo iniciei-me na arte literária.*
i.ni.cia.ti.va *s.f.* **1** início de ação: *Tome a iniciativa de procurar estágio.* **2** atuação; atividade; resolução: *A iniciativa dos escritores permitiu a criação do suplemento literário.* **3** empreendimento: *Patrocinar a cultura não deve ser papel apenas da iniciativa privada.*
i.ní.cio *s.m.* **1** começo; princípio: *início do ano letivo.* **2** fase inicial. **3** abertura; inauguração; estreia: *Desfiles marcam o início da temporada de moda de verão.*
  • **de início** inicialmente: *Logo de início vou me desculpar pelo atraso.*
i.ni.do.nei.da.de *s.f.* falta de idoneidade.
i.ni.dô.neo *adj.* **1** sem idoneidade: *Comerciantes inidôneos vendem produtos piratas.* **2** ilegítimo; impróprio: *Fizeram-se representantes por meios inidôneos.*
i.ni.gua.lá.vel *adj.* que não pode ser igualado; insuperável; ímpar: *prestígio inigualável.*
i.ni.lu.dí.vel *adj.* que não admite dúvidas; evidente; inquestionável: *Não enfrentam a verdade iniludível: sonhos mortais.*
i.ni.mi.go *s.m.* **1** opositor: *os inimigos do governo.* **2** contrário a: *o inimigo da injustiça.* • *adj.* **3** hostil: *território inimigo.* **4** adversário: *times inimigos.* **5** de facção oposta; de militância contrária: *guerreiros inimigos.* **6** prejudicial a; nocivo a: *A pressa é inimiga da perfeição.*
i.ni.mi.za.de *s.f.* falta de amizade; malquerença.
i.nim.pu.tá.vel *adj.2g.* que não se pode imputar; a quem não se pode atribuir responsabilidade: *A criança e os adolescentes são penalmente inimputáveis.*
i.nin.te.li.gí.vel *adj.2g.* **1** difícil de entender; que escapa à compreensão. **2** difícil de interpretar; incompreensível: *texto ininteligível.* **3** confuso: *Emitiu um som ininteligível.* **4** irreconhecível: *Alguns médicos escrevem com letra ininteligível.*
i.nin.ter.rup.to *adj.* não interrompido; sem interrupção; contínuo; constante: *Meu sofrimento é diário, ininterrupto.*
i.ni.qui.da.de (qüi) *s.f.* **1** falta de equidade; parcialidade; injustiça: *Foram muitas as iniquidades praticadas contra o povo.* **2** ato malévolo.
i.ní.quo *adj.* **1** contrário à equidade; injusto. **2** perverso; malévolo.
in.je.ção *s.f.* **1** administração de medicamento, que consiste na introdução de líquido no interior do corpo por

inquérito

meio de seringa munida de agulha. **2** o líquido que se injeta por seringa. **3** (Fig.) aplicação; investimento: *A lavoura precisa de uma injeção de subsídios do governo.* **4** introdução sob pressão: *Os chips controlam a injeção de combustível no motor.* **5** transmissão: *uma injeção de autoconfiança nos alunos.* ♦ **injeção eletrônica** processo eletrônico de introdução de combustível no motor de um veículo automotivo.

in.je.tar *v.t.* **1** aplicar através de injeção: *Injetou insulina na hora determinada.* **2** (Fig.) aplicar; introduzir: *Se o governo não injetar recursos no mercado, haverá falências.* ● *pron.* **3** tornar-se vermelho, por causa do afluxo de sangue: *Seus olhos se injetaram de tanto pranto.*

in.je.tá.vel *adj.2g.* **1** próprio para ser injetado: *Precisou tomar um medicamento injetável.* **2** de injeção: *Alternar a via de aplicação, oral ou injetável, também é recomendável.*

in.je.tor (ô) *s.m.* **1** aparelho com que se injeta um fluido em algum órgão mecânico. ● *adj.* **2** que injeta fluidos: *agulha injetora.*

in.jun.ção *s.f.* **1** ordem; imposição; exigência: *Cedemos às injunções dos mais experientes.* **2** pressão das circunstâncias: *viam-se sujeitos às injunções da política local.*

in.jú.ria *s.f.* **1** ofensa à dignidade ou decoro de alguém: *A injúria é ação que soma calúnia e difamação.* **2** afronta; insulto: *Seria injúria dizermos isso da nossa vizinha.* **3** injustiça: *A injúria sofrida pelos vizinhos teve a reprovação de toda a vila.* **4** traumatismo produzido, em geral, por força externa: *Em construções de grande porte, são frequentes as injúrias físicas na mão de obra, causadas por quedas.*

in.ju.ri.ar *v.t.* **1** dirigir injúrias a; insultar: *Não tinha a intenção de injuriá-lo.* **2** desrespeitar; ofender: *Comete a vilania de injuriar a memória de um morto.*

in.ju.ri.o.so (ô) *adj.* em que há injúria; afrontoso; ofensivo: *fez uma declaração injuriosa.*

in.jus.ti.ça *s.f.* **1** falta de justiça. **2** resultado de uma ação injusta: *Havia uma injustiça a ser reparada.*

in.jus.ti.ça.do *s.m.* **1** pessoa que foi ou é objeto de injustiça: *São muitos os injustiçados numa sociedade desigual.* ● *adj.* **2** que foi alvo de injustiça: *Parecia um homem injustiçado.*

in.jus.ti.fi.cá.vel *adj.2g.* que não pode ser justificado ou explicado.

in.jus.to *s.m.* **1** o que ou quem não é justo: *O justo e o injusto são diferenciados pelos interesses de quem julga.* ● *adj.* **2** contrário à justiça; iníquo.

i.nob.ser.vân.cia *s.f.* falta de cumprimento; desobediência: *O problema não está na lei, mas na sua inobservância.*

i.no.cên.cia *s.f.* **1** ausência de culpa; inculpabilidade: *Surpreendeu a todos, alegando inocência.* **2** candura; ingenuidade; pureza: *Na inocência dos seus três anos, não entendeu as risadas.*

i.no.cen.tar *v.t.* eximir de culpa; absolver: *O júri inocentou o réu.*

i.no.cen.te *s.2g.* **1** pessoa que aparenta pureza ou ingenuidade: *Esse inocente vai ser engolido pelos invejosos.* ● *adj.2g.* **2** inofensivo; inócuo: *Eram leituras inocentes.* **3** sem culpa: *Ele é inocente até que se prove o contrário.* **4** isento de malícia: *Fez um comentário inocente.* **5** singelo; puro: *vivia de fazer inocentes lembrancinhas de casamento.*

i.no.cui.da.de *s.f.* ausência de qualidades prejudiciais ou ofensivas.

i.no.cu.la.ção *s.f.* introdução de um agente virulento ou tóxico no organismo: *inoculação do veneno.*

i.no.cu.lar *v.t.* **1** introduzir no organismo por inoculação; injetar: *Inoculou no animal germes da doença.* **2** (Fig.) transmitir em profundidade; infundir: *Você conseguiu inocular nos alunos o gosto pela leitura.*

i.nó.cuo *adj.* **1** que não é nocivo; inofensivo: *veneno inócuo ao homem.* **2** que não produz efeito; ineficaz: *Ministrou um remédio inócuo.* **3** cuja presença ou utilização não causa efeitos; inútil: *O ventilador girava, inócuo, já que o calor continuava nos sufocando.*

i.no.do.ro (ô) *adj.* que não tem odor; sem cheiro.

i.no.fen.si.vo *adj.* que não é nocivo; que não prejudica; que não faz mal.

i.nol.vi.dá.vel *adj.* que não pode ser olvidado; digno de ser lembrado; inesquecível.

i.no.mi.ná.vel *adj.2g.* **1** que não se pode atribuir nome: *Sua atitude inominável causou espanto.* **2** mesquinho; revoltante; vil: *Repudiá-la seria um ato inominável.*

i.no.pe.rân.cia *s.f.* qualidade de quem é inoperante; ineficiência: *Um teste analisou a inoperância da velha máquina.*

i.no.pe.ran.te *adj.2g.* **1** que não opera; que não produz efeito; inócuo: *Essa insistência em vir nos perturbar é inoperante.* **2** que não opera bem; ineficiente: *Criticam as resoluções inoperantes.*

i.no.pi.na.do *s.m.* **1** aquilo que é repentino, imprevisto: *O inopinado da situação me deixou inseguro.* ● *adj.* **2** que não é esperado; imprevisto; súbito: *desfecho inopinado.*

i.no.por.tu.no *s.m.* **1** pessoa inconveniente: *Na palestra, o importuno fez perguntas fora de hora.* ● *adj.* **2** não oportuno; inconveniente: *sua pergunta foi inoportuna.*

i.nor.gâ.ni.co *adj.* composto de matéria não orgânica; mineral.

i.nós.pi.to *adj.* que não tem condições para ser habitado; em que não se pode viver; rudeza; aspereza: *planeta inóspito.*

i.no.va.ção *s.f.* **1** introdução de novidade; alteração para tornar mais novo ou moderno: *A inovação tecnológica dos portos promoveu o desemprego.* **2** o resultado de uma alteração; novidade.

i.no.va.dor (ô) *s.m.* **1** pessoa que inova: *Aquele figurinista é um inovador.* ● *adj.* **2** que inova.

i.no.var *v.t.* fazer inovação; introduzir novidades; renovar; atualizar: *Ela inovou o seu guarda-roupa.*

i.nox /ks/ *s.m.* aço inoxidável.

i.no.xi.dá.vel /ks/ *adj.* que não se oxida.

input (ínput) (Ingl.) (Inf.) *s.m.* entrada.

in.que.bran.tá.vel *adj.2g.* **1** que não se pode quebrantar; sólido; inabalável. **2** que não se deixa abater ou vencer: *Tinha uma fé inquebrantável no amanhã.*

in.que.brá.vel *adj.* que não se pode quebrar.

in.qué.ri.to *s.m.* **1** inquirição; pesquisa feita por quesitos: *um inquérito sobre observação meteorológica.* **2** conjunto de atos e diligências com que se visa a apurar algum fato; investigação; sindicância: *Foi indiciado em inquérito.*

inquestionável

in.ques.tio.ná.vel *adj.* que não pode ser questionado; indiscutível.

in.qui.e.ta.ção *s.f.* **1** desassossego; nervosismo; perturbação: *Provocou inquietação na irmã.* **2** impaciência: *Ele escutou-me com inquietação.* **3** insegurança; ansiedade; aflição; preocupação: *A inquietação não a deixava dormir.* **4** agitação: *Sua ansiedade revelava-se na inquietação das mãos.*

in.qui.e.tan.te *adj.* que inquieta; que causa inquietação; que perturba: *Uma questão inquietante.*

in.qui.e.tar *v.t.* **1** desassossegar; preocupar; perturbar: *A demora para o início da cerimónia parecia inquietar os fiéis.* • *pron.* **2** tornar-se inquieto; preocupar-se: *Meu coração começou a inquietar-se com sua demora.*

in.qui.e.to (é) *s.m.* **1** pessoa inquieta; agitada: *O delegado pediu a remoção dos inquietos.* • *adj.* **2** desassossegado; desinquieto; ansioso; aflito: *O medo desaparecera do rostinho inquieto do menino.*

in.qui.e.tu.de *s.f.* **1** falta de quietude; inquietação: *vigiava a inquietude das crianças.* **2** agitação do espírito; inconformismo: *O novo professor é movido por uma profunda inquietude intelectual.*

in.qui.li.na.to *s.m.* condição de quem mora em casa alugada ou se estabelece em imóvel alugado; conjunto dos inquilinos: *lei do inquilinato.*

in.qui.li.no *s.m.* **1** pessoa que reside em casa alugada ou que se estabelece em imóvel alugado. **2** organismo que habita o corpo de outro sem causar-lhe dano.

in.qui.ri.ção *s.f.* **1** indagação: *A inquirição e o querer saber são inatos no homem.* **2** (Jur.) interrogatório judicial: *O processo de inquirição levou horas.*

in.qui.ri.dor (ô) *s.m.* **1** quem tem a tarefa de inquirir. • *adj.* **2** que inquire; indagador.

in.qui.rir *v.t.* **1** dirigir perguntas; indagar; interrogar: *inquirir o réu.* **2** esquadrinhar; perscrutar: *Nunca se deu ao trabalho de inquirir-lhe o semblante.*

in.qui.si.ção *s.f.* **1** inquirição; investigação. **2** antigo tribunal eclesiástico, instituído para punir os crimes contra a fé católica; Santo Ofício. // Nesta acepção, escreve-se com inicial maiúscula.

in.qui.si.dor (ô) *s.m.* **1** aquele que inquire; inquiridor. **2** membro do Tribunal da Inquisição. • *adj.* **3** interrogativo: *Seu olhar inquisidor me encabulava.*

in.qui.si.ti.vo *adj.* **1** que inquire; inquisidor. **2** que faz muitas perguntas: *A inquisitiva repórter perguntou sua idade.*

in.qui.si.to.ri.al *adj.2g.* **1** relativo à inquisição; inquisitivo. **2** relativo à Inquisição, ao Santo Ofício.

in.sa.ci.á.vel *adj.2g.* não saciável; voraz: *apetite insaciável.*

in.sa.lu.bre *adj.2g.* não salubre; que provoca doença: *As epidemias aparecem primeiro em lugares insalubres.*

in.sa.lu.bri.da.de *s.f.* qualidade daquilo que é insalubre.

in.sa.ná.vel *adj.2g.* **1** que não pode ser sanado; irremediável: *Não houve divergências insanáveis na viagem.* **2** que não pode ser curado; incurável: *uma lesão insanável.*

in.sa.ni.da.de *s.f.* **1** falta de senso: *A declaração de guerra foi uma insanidade sem precedentes.* **2** loucura.

in.sa.no *s.m.* **1** pessoa doida ou insensata. • *adj.* **2** demente; doido; louco: *Insano, vivia mergulhando em seu mundo interior.* **3** que age como louco; irresponsável, tresloucado; *aventureiros insanos.* **4** árduo; custoso: *Dedicam- se à insana tarefa de fazer tijolos.*

in.sa.tis.fa.ção *s.f.* falta de satisfação; descontentamento: *Havia uma insatisfação geral entre os grevistas.*

in.sa.tis.fa.tó.rio *adj.* **1** não satisfatório: *As condições continuavam insatisfatórias.* **2** insuficiente: *Suas notas escolares eram insatisfatórias.*

in.sa.tis.fei.to *s.m.* **1** pessoa que não está satisfeita. • *adj.* **2** descontente.

in.sa.tu.ra.do *s.m.* **1** composto orgânico de ligação dupla ou tripla: *Os insaturados causam menos problemas à saúde.* • *adj.* **2** diz-se dos compostos orgânicos que apresentam ao menos uma ligação química dupla ou tripla: *Os ácidos gordurosos são saturados e insaturados.*

ins.cre.ver *v.t.* **1** efetuar o registro de; fazer constar: *O colégio inscreveu trabalho sobre a defesa ecológica no concurso.* **2** registrar por escrito; gravar: *Só inscreveram seu prenome na placa do jazigo.* • *pron.* **3** fazer inscrição: *Três engenheiros se inscreveram em concurso para caixa de banco.* **4** incluir-se: *Este ato se inscreve em nosso esforço de consolidação da democracia.*

ins.cri.ção *s.f.* **1** inclusão; inserção: *É importante a inscrição destes princípios em nosso estatuto.* **2** registro ou matrícula em curso, concurso etc.: *inscrição para o vestibular.* **3** aquilo que está inscrito ou gravado: *Na porta havia uma inscrição para afugentar energias negativas.*

in.se.gu.ran.ça *s.f.* falta de segurança.

in.se.gu.ro *s.m.* **1** pessoa que não tem segurança: *Os inseguros evitavam o teste.* • *adj.* **2** não seguro; perigoso; arriscado: *uma estrada insegura.* **3** tímido; desprotegido. **4** irresoluto: *Olhou-nos com seu rostinho inseguro.*

in.se.mi.na.ção *s.f.* fecundação do óvulo.

in.se.mi.nar *v.t.* fazer inseminação em; fecundar.

in.sen.sa.tez *s.f.* falta de sensatez; imprudência; insanidade: *Não há paixão sem um pouco de insensatez.*

in.sen.sa.to *s.m.* **1** pessoa que não tem sensatez. • *adj.* **2** que não tem bom senso; imprudente; insano: *A coisa mais insensata do mundo é o ímpeto.*

in.sen.si.bi.li.da.de *s.f.* **1** falta de sensibilidade ou de sentimento; indiferença: *enfrentou a insensibilidade das autoridades.* **2** apatia; inação: *Ele refletia sua insensibilidade no olhar vago.* **3** perda da sensibilidade a estímulo físico: *A anestesia leva ao estado de insensibilidade e inconsciência.*

in.sen.si.bi.li.za.ção *s.f.* ato ou efeito de insensibilizar; anestesia.

in.sen.si.bi.li.zar *v.t.* **1** fazer perder a sensibilidade; anestesiar. • *pron.* **2** tornar-se insensível; perder a sensibilidade ou o sentimento: *Insensibilizou-se a ponto de não chorar quando perdeu o filho.*

in.sen.sí.vel *s.2g.* **1** pessoa sem sensibilidade. • *adj. 2g.* **2** sem sensibilidade física: *Depois do anestésico todo o pé ficou insensível.* **3** duro; impiedoso. **4** imperceptível; insignificante: *Sua melhora ainda é insensível.* **5** não sensível; indiferente: *Insensível, não se comovia com a aflição da amiga.*

in.se.pa.rá.vel *adj.2g.* não separável; que não se separa: *São amigas inseparáveis.*

insolvência

in.se.pul.to *adj.* não sepultado; descoberto: *Descobriram um cadáver insepulto.*

in.ser.ção *s.f.* **1** introdução; inclusão; colocação: *inserção de notícias no jornal.* **2** intercalação; interposição: *Na turma, fez-se a inserção de alunos novos ao lado dos antigos.*

in.se.rir *v.t.* **1** colocar dentro; introduzir: *Inserimos todas as informações nesta página.* **2** incluir; envolver: *A cidade grande insere o indivíduo numa trama de complicadas relações.* • *pron.* **3** introduzir-se; fixar-se: *O viaduto do Chá insere-se na paisagem do centro urbano de São Paulo.* // Pp.: inserido; inserto.

in.ser.to (é) *adj.* **1** que se inseriu; introduzido: *artigo inserto na lei.* **2** publicado no meio de outras coisas. **3** publicado. // Cp.: incerto.

in.ser.ví.vel *adj. 2g.* que não tem serventia; imprestável: *O leilão só pode vender bens inserviveis ao Estado.*

in.se.ti.ci.da *s.m.* **1** substância para matar inseto. • *adj.* **2** que destrói ou mata insetos.

in.se.tí.vo.ro *s.m.pl.* **1** (Zool.) animal mamífero, de pequeno porte, que se alimenta de insetos e vermes e tem boca em forma de focinho longo e afilado e dentes pontudos. • *adj.* **2** que se alimenta de insetos.

in.se.to (é) *s.m.* **1** (Zool.) animal artrópode, cujo corpo é dividido em cabeça, com um par de antenas, e tórax com três pares de patas, sem asas ou em número de duas ou de quatro. **2** (Fig.) pessoa insignificante, depreziível: *Acostumara-se a ser considerado um inseto.*

in.sí.dia *s.f.* **1** cilada; emboscada; traição; ardil: *Temia as insídias da mata fechada.* **2** intriga; trama: *O jornalismo de insídia tem vida curta.*

in.si.di.o.so (ô) *adj.* **1** que arma insídias; pérfido; traiçoeiro. **2** em que há instília: *Há um clima insidioso entre as pessoas do departamento.*

in.sig.ne *adj.* **1** muito distinto e respeitável; eminente; ilustre: *insigne cultor da boa leitura.* **2** notável; categorizado: *professores de insigne saber.*

in.síg.nia *s.f.* **1** sinal que identifica um objeto ou pessoa como parte de uma organização: *O soldado leva a boina azul e as insígnias da ONU.* **2** emblema; divisa: *Vestiu o macacão cheio de insígnias.*

in.sig.ni.fi.cân.cia *s.f.* coisa sem valor ou importância; ninharia: *pagou uma insignificância por um casaco no brechó.*

in.sig.ni.fi.can.te *adj. 2g.* **1** que tem pouco significado ou relevância; irrelevante: *Este assunto pode parecer insignificante.* **2** que não tem importância no seu contexto; medíocre: *É um sujeitinho meio insignificante.* **3** pequeno; diminuto: *A cidade possui uma insignificante faixa de litoral.*

in.sin.ce.ri.da.de *s.f.* falta de sinceridade; falsidade.

in.sin.ce.ro (é) *adj.* que não é sincero ou franco.

in.si.nu.a.ção *s.f.* **1** determinação sutil ou indireta; sugestão: *Acreditava ser uma insinuação de suborno.* **2** aquilo que constitui provocação ou advertência sutil: *A moça revoltou-se com as insinuações do rapaz.* **3** dito que insinua algo; remoque; indireta: *Cansou-se de ouvir tantas insinuações.*

in.si.nu.an.te *adj. 2g.* **1** que se insinua; que se introduz sutilmente: *Preferiu esconder sua insinuante prepotência.* **2** que penetra nos sentidos; que atrai: *A música insinuante dos ciganos.* **3** que sutilmente vai conquistando posição; convincente: *O insinuante político superou todas as pressões para chegar ao poder.* **4** cativante; sedutor; atraente: *uma mulher insinuante.*

in.si.nu.ar *v.t.* **1** dar a entender; sugerir: *Insinuou a existência de traição.* • *pron.* **2** introduzir-se com sutileza: *Com gentilezas, insinuou-se na família.* **3** tentar ser admitido; introduzir-se habilmente: *Jamais me insinuei em sua intimidade.* **4** surgir; aparecer; infiltrar-se: *Certas coisas se insinuam à nossa percepção.*

in.si.pi.dez *s.f.* **1** falta de sabor: *A insipidez daquela comida me enjoava.* **2** tédio; monotonia: *Ele se angustiava com a insipidez da fazenda.*

in.sí.pi.do *adj.* **1** que não tem sabor; insosso. **2** tedioso; monótono; sem graça; desenxabido: *As caras insípidas refletiam o tempo perdido na viagem.*

in.si.pi.en.te *adj. 2g.* **1** não sapiente; ignorante. **2** insensato; imprudente. // Cp.: incipiente.

in.sis.tên.cia *s.f.* ato de insistir; instância; teimosia; persistência.

in.sis.ten.te *adj. 2g.* que insiste; persistente; que perdura: *chuva insistente.*

in.sis.tir *v.t.* **1** persistir; perseverar: *Insiste em continuar os estudos.* **2** dizer com insistência; instar: *Insistiu para que eu falasse.* **3** repetir; reiterar: *Continuo a insistir no meu ponto de vista.* **4** dar atenção especial a; concentrar-se: *Ele insistia sobre seu novo método de ensino.*

in.so.ci.á.vel *adj. 2g.* que não é sociável; antissocial.

in.so.fis.má.vel *adj. 2g.* que não utiliza sofismas; que não pode ser desmentido com argumentos falsos; indiscutível: *Reforça a posição insofismável a favor da democracia.*

in.so.la.ção *s.f.* **1** ação do calor solar sobre os seres. **2** (Med.) afecção causada por exposição excessiva ao sol. **3** quantidade de calor solar comunicado à Terra.

in.so.lên.cia *s.f.* **1** desaforo; atrevimento; falta de respeito. **2** orgulho; arrogância; altivez: *Aos poucos, diminui a insolência entre os jurados.*

in.so.len.te *s.2g.* **1** pessoa atrevida: *Fuzilava o insolente com os olhos.* • *adj. 2g.* **2** atrevido; desaforado: *Você foi insolente demais.* **3** incomum; insólito: *Mostrava nos olhos uma luz insolente.*

in.só.li.to *s.m.* **1** aquilo que é extraordinário: *Os adolescentes costumam endeusar o insólito.* • *adj.* **2** contrário ao costume; inusitado; inabitável: *Tudo em seu comportamento era insólito.* **3** incomum; extraordinário: *um acontecimento de proporções insólitas.*

in.so.lu.bi.li.da.de *s.f.* **1** característica do que não tem solução ou solvência: *insolubilidade de uma dívida.* **2** qualidade de insolúvel; incapacidade de dissolução: *Uma outra desvantagem desse ácido é a insolubilidade na água.*

in.so.lu.cio.ná.vel *adj. 2g.* que não pode ser solucionado; impossível de resolver.

in.so.lú.vel *adj. 2g.* **1** que não pode ser solucionado. **2** que não pode ser saldado ou liquidado: *dívidas insolúveis.* **3** que não é solúvel: *Esmalte é insolúvel em água.*

in.sol.vên.cia *s.f.* **1** incapacidade de saldar dívidas; inadimplência: *A insolvência cresce em tempos de crise econômica.* **2** incapacidade de solucionar problemas: *Seu estado de insolvência dos problemas levou-o à depressão.*

insolvente

in.sol.ven.te *adj.2g.* **1** que não foi pago: *escrituravam as dívidas insolventes*. **2** que não paga o que deve: *Com a crise, os contribuintes tornaram-se insolventes*.

in.son.dá.vel *s.m.* **1** o que é impossível de perscrutar ou compreender: *A poesia é uma linguagem que busca penetrar o insondável*. • *adj.2g.* **2** que não pode ser sondado ou perscrutado; inexplicável; incompreensível. **3** que não se deixa sondar: *Tem um rosto insondável e ao mesmo tempo franco*.

in.so.ne (ô) *s.2g.* **1** pessoa que tem insônia; que dorme pouco: *Aconselhou o insone a contar carneirinhos.* • *adj.2g.* **2** que tem insônia; que não dorme. **3** de quem não consegue dormir: *olhos cansados e insones*. **4** durante o qual não se dorme: *O rosto cansado pela noite insone*.

in.sô.nia *s.f.* falta de sono; dificuldade em dormir.

in.sos.so (ô) *adj.* **1** sem o sal preciso ou sem tempero; sem gosto; insípido: *feijão e angu insossos*. **2** (Fig.) sem atrativos; desinteressante: *Repetir as mesmas frases curtas e insossas*.

ins.pe.ção *s.f.* verificação; exame; vistoria.

ins.pe.cio.nar *v.t.* **1** examinar ou fiscalizar como inspetor; vistoriar: *inspecionar as obras*. **2** olhar atentamente; examinar: *A mulher inspeciona os arremates do vestido*.

ins.pe.tor (ô) *s.m.* **1** pessoa que, por dever oficial, inspeciona serviços públicos. **2** pessoa encarregada de inspecionar alunos. **3** policial encarregado de inspeção.

ins.pe.to.ri.a *s.f.* repartição que tem a função de inspecionar serviços públicos.

ins.pi.ra.ção *s.f.* **1** (Fisiol.) introdução de ar nos pulmões: *Na inspiração, o diafragma se contrai*. **2** estímulo ao pensamento ou à atividade criadora: *O discurso saiu como inspiração do meu anjo da guarda*. **3** sugestão; influência; conselho: *Orientou seu destino sob a inspiração dos grandes pensadores*. **4** força inspiradora; veia poética: *Os bons poetas fogem da inspiração*.

ins.pi.ra.do *s.m.* **1** pessoa que tem inspiração; iluminado: *Ele fez um trabalho de inspirado.* • *adj.* **2** que está sob influência de inspiração mística ou poética; sensibilizado: *O orador sentiu-se inspirado para pregar*. **3** introduzido nos pulmões: *ar inspirado*. **4** que sofreu inspiração; que teve sugestão de: *Logo se vê que este é um pintor inspirado*.

ins.pi.ra.dor (ô) *s.m.* **1** pessoa ou coisa que traz inspiração: *Esse sentimento é o inspirador de minhas composições.* • *adj.* **2** que inspira; provocador: *O mar é inspirador de canções de amor*.

ins.pi.rar *v.t.* **1** fazer surgir; motivar; infundir: *Reprimi o ódio que me inspiram os mentirosos.* • *pron.* **2** receber inspiração; ser influenciado: *Como bom romântico, inspira-se na Idade Média.* • *int.* **3** (Fisiol.) introduzir ar nos pulmões; sorver o ar: *Inspira até lhe doerem os pulmões*.

ins.ta.bi.li.da.de *s.f.* **1** falta de estabilidade; mutabilidade de condições de vida. **2** falta de estabilidade num cargo ou emprego; falta de garantia de permanência. **3** falta de estabilidade emocional; falta de tranquilidade. **4** falta de constância ou permanência; estado de oscilação: *A instabilidade da energia avariou o computador*.

ins.ta.bi.li.zar *v.t.* tornar instável; desequilibrar: *Nova divergência pode instabilizar a administração*.

ins.ta.la.ção *s.f.* **1** colocação; montagem. **2** início; implantação; inauguração: *Comemorou-se a instalação dos cursos jurídicos no Brasil*. **3** exposição de artes plásticas de que o visitante participa, interage: *Para os adultos, se chama pintura, escultura ou instalação, para as crianças é uma divertida brincadeira dentro da Bienal.* • *pl.* **4** compartimentos com suas peças e objetos: *Inaugurou as instalações do hospital da cidade*. **5** conjunto de peças e aparelhos que cumprem determinada utilidade: *instalações sanitárias*.

ins.ta.la.dor (ô) *s.m.* pessoa que faz instalação de algum aparelho.

ins.ta.lar *v.t.* **1** pôr em funcionamento: *instalar o consultório*. **2** ligar à rede de distribuição: *instalar um telefone*. **3** assentar; montar: *É facílimo instalar o armário*. **4** colocar; estabelecer; dispor: *A Prefeitura instalou coletores de lixo no bairro.* • *pron.* **5** fixar-se; instituir-se: *A dúvida instalou-se na sua cabeça*. **6** alojar-se; ter domicílio: *Instalou-se por algum tempo na casa dos pais*.

ins.tân.cia *s.f.* (Jur.) **1** fase de um processo: *Teve o requerimento deferido em primeira instância*. **2** foro; alçada: *Os tribunais superiores são a instância máxima da Justiça.* ✦ **em última instância** em último caso; como último recurso: *Espero estreitar relações com alguns pesquisadores brasileiros e, em última instância, embarcar em colaboração científica*.

ins.tan.tâ.neo *s.m.* **1** fotografia com o tempo de exposição muito curto. **2** momento: *Carlos registrou instantâneos da nossa viagem ao Sul.* • *adj.* **3** que dura um instante; momentâneo; muito rápido: *Sua alegria foi instantânea*. **4** que se produz imediatamente: *Os telefonemas tiveram um efeito instantâneo*. **5** que se dilui rapidamente: *leite em pó instantâneo*.

ins.tan.te *s.m.* **1** espaço de tempo muito pequeno. **2** ponto no tempo; momento. ✦ **a todo instante** amiúde; muito frequentemente: *Telefona a todo instante para saber onde estou*. **num instante** rapidamente: *Volto num instante*.

ins.tar *v.t.* solicitar com insistência; insistir: *A mulher instava para que ele voltasse*.

ins.tau.ra.ção *s.f.* ato de instaurar; estabelecimento: *instauração de inquérito*.

ins.tau.rar *v.t.* **1** dar início a; instalar; promover: *A câmara instaurou inquérito para apurar o incidente*. **2** estabelecer; instituir: *A prefeitura instaurou uma guerra contra os camelôs*.

ins.tá.vel *adj.2g.* **1** não estável; mutável: *tempo instável*. **2** móvel; movediço: *Os sismólogos estudaram as áreas mais instáveis*. **3** que não está firme; não consolidado: *países de economia instável*. **4** pouco equilibrado; inconstante: *O instável candidato não compareceu ao debate*.

ins.ti.ga.ção *s.f.* incitação; insuflação: *Os grevistas gritam palavras de ordem por instigação dos líderes*.

ins.ti.ga.dor (ô) *s.m.* **1** pessoa que instiga; incitador: *Todos sabem quem foi o instigador da desordem.* • *adj.* **2** que instiga; provocador; instigante: *Fez um discurso instigador*.

ins.ti.gan.te *adj.2g.* instigador.

ins.ti.gar v.t. **1** estimular; incentivar: *A vontade de curar-se instigava-o a aceitar tudo.* **2** açular; incitar: *Corria o risco de instigar uma classe contra a outra.*

ins.ti.la.ção s.f. ato de instilar; introdução gota a gota.

ins.ti.lar v.t. **1** colocar gota a gota; introduzir lentamente: *instilar em cada olho duas gotas da solução.* **2** introduzir aos poucos ou lentamente; insinuar; insuflar: *Procuravam instilar a desesperança em nossas almas.*

ins.tin.ti.vo adj. **1** guiado pelo instinto; automático: *O gesto dele foi instintivo.* **2** impulsivo; irrefletido: *raiva instintiva.*

ins.tin.to s.m. **1** comportamento herdado próprio de uma espécie. **2** aptidão ou inclinação. **3** intuição: *Esqueci meu compromisso movido pelo instinto de repórter.*

ins.ti.tu.cio.nal adj.2g. relativo à instituição: *filme institucional.*

ins.ti.tu.cio.na.li.da.de s.f. estado do que é institucional.

ins.ti.tu.cio.na.lis.mo s.m. doutrina ligada à questão das instituições: *Institucionalismo é um dos rótulos que estão surgindo para definir as novas fronteiras.*

ins.ti.tu.cio.na.li.za.ção s.f. instituição oficial; implantação com caráter de instituição: *As políticas sociais tinham contribuído para a institucionalização da pobreza.*

ins.ti.tu.cio.na.li.zar v.t. **1** implantar com caráter de instituição: *institucionalizar costumes e festas regionais.* • *pron.* **2** adquirir caráter de instituição: *O preconceito racial se institucionalizou naquele país.*

ins.ti.tu.i.ção s.f. **1** ato de instituir; criação: *O maior feito em educação foi a instituição e o aumento de bibliotecas escolares.* **2** condição daquilo que está instituído: *No Rio de Janeiro, o Carnaval é uma verdadeira instituição.* **3** associação ou organização social; estabelecimento: *Você está numa instituição religiosa.* **4** estabelecimento de ensino e pesquisa; instituto: *O Ibope é a instituição de pesquisa que mede a audiência da TV aberta.*

ins.ti.tu.ir v.t. **1** estabelecer; criar: *Os homens instituíram leis para que a vida em sociedade fosse possível.* • *pron.* **2** constituir-se; estabelecer-se: *Ao adotar um modelo, o grupo de cientistas se institui como uma comunidade.*

ins.ti.tu.to s.m. **1** coisa instituída, estabelecida: *O usucapião é um instituto que permite adquirir a propriedade do imóvel depois de cinco anos de posse pacífica.* **2** (Jur.) entidade jurídica constituída e regulamentada por um conjunto orgânico de normas de direito positivo: *O instituto do colonato agrícola originou-se na Itália.* **3** designação comum a certos estabelecimentos de natureza diversa que têm um objetivo determinado: *instituto de pesquisas.*

ins.tru.ção s.f. **1** ensinamento; ensino. **2** lição: *O curso de patrulheiros inclui instrução de guerra.* **3** educação formal ministrada por estabelecimentos de ensino: *instrução escolar.* **4** esclarecimento; recomendação: *Recebeu a instrução de não tirar a venda dos olhos.* **5** saber; conhecimento adquirido: *um pobre homem sem muita instrução.*

ins.tru.ir v.t. **1** (Jur.) preparar para julgamento, coligindo documentos e cumprindo as formalidades legais: *Tem a função de instruir processos de cobrança de tributos.* **2** dar instruções a; ensinar como proceder: *Instruiu os eleitores.* • *pron.* **3** coletar informações; adquirir conhecimentos: *Deve instruir-se sobre os métodos de trabalho.* • *int.* **4** dar instrução; transmitir conhecimentos: *A função da escola é instruir e educar.*

ins.tru.men.ta.ção s.f. **1** fornecimento de instrumentos; municiamento; viabilização. **2** fornecimento dos instrumentos para o cirurgião durante a cirurgia. **3** interpretação de controles automáticos de processos industriais: *Exigem vivência em projetos de instrumentação.*

ins.tru.men.ta.dor (ô) s.m. pessoa que instrumenta durante cirurgias ou atendimento odontológico.

ins.tru.men.tal s.m. **1** o conjunto de instrumentos de uma orquestra, de uma banda, de um ofício mecânico, de uma arte, uma ciência etc.: *instrumental tecnológico.* • adj. 2g. **2** relacionado com instrumentos: *O maestro tem um conhecimento instrumental muito grande.* **3** (Mús.) diz-se da música composta apenas para ser tocada: *música instrumental.*

ins.tru.men.ta.li.za.ção s.f. ato de prover de instrumentos necessários: *É impossível alcançar a instrumentalização do instituto sem o recebimento de verba.*

ins.tru.men.ta.li.zar v.t. dotar de instrumentos ou meios para um bom funcionamento.

ins.tru.men.tar v.t. **1** passar às mãos de cirurgião os instrumentos para operar, à medida que vão sendo solicitados. **2** (Mús.) determinar os instrumentos para execução de peça musical e escrever as partes de cada instrumento nessa composição.

ins.tru.men.tis.ta s.2g. pessoa que toca um instrumento.

ins.tru.men.to s.m. **1** aparelho, objeto ou utensílio que serve para executar uma obra ou levar a efeito uma operação em um ofício, uma arte ou uma ciência; dispositivo; ferramentas. **2** aparelho destinado a produzir sons musicais. **3** meio de conseguir um fim, de chegar a um resultado: *A simpatia é o seu principal instrumento de persuasão.* **4** aquilo que está a serviço de algo: *usa a música como instrumento de paz.*

ins.tru.ti.vo adj. que instrui; próprio para instruir: *texto instrutivo.*

ins.tru.tor (ô) s.m. **1** pessoa que tem a incumbência de instruir, ensinar, adestrar: *Foi o meu instrutor no curso de sobrevivência no mar.* • adj. **2** que instrui, educa, adestra. **3** (Jur.) a quem cumpre instruir um processo: *O juiz instrutor procurou orientar-me.*

in.sub.mis.são s.f. **1** falta de submissão; insubordinação; rebeldia. **2** crime militar praticado por aquele que não se apresenta quando convocado para o serviço militar.

in.sub.mis.so s.m. **1** pessoa indócil; rebelde. • adj. **2** que não se sujeita a ordens; indócil; desobediente.

in.su.bor.di.na.ção s.f. **1** ato de indisciplina; sublevação: *evitou a insubordinação do exército.* **2** falta de subordinação; rebeldia: *Caracterizou-se pela insubordinação do gênio criador.*

in.su.bor.di.na.do s.m. **1** pessoa que não se subordina; rebelde: *Marcaram o julgamento dos insubordinados.* • adj. **2** que não se subordina a leis ou preceitos; indisciplinado: *Criou filhos insubordinados.*

in.su.bor.di.nar v.t. **1** tornar insubordinado; sublevar. • *pron.* **2** rebelar-se; sublevar-se.

insubsistente

in.sub.sis.ten.te *adj.2g.* que não se mantém; sem fundamento ou valor: *O juiz considerou o argumento insubsistente.*

in.subs.ti.tu.í.vel *adj.2g.* que não pode ser substituído; incomparável.

in.su.ces.so (é) *s.m.* falta de sucesso; mau êxito; fracasso.

in.su.fi.ci.ên.cia *s.f.* **1** falta de suficiência; deficiência. **2** inaptidão; incapacidade: *A insuficiência do nosso boxe não reside nos pugilistas.* **3** (Med.) incapacidade, maior ou menor, de um órgão para executar a função que lhe cabe; deficiência: *insuficiência respiratória.*

in.su.fi.ci.en.te *adj.2g.* **1** que não é suficiente; que não basta: *A sua atenção é insuficiente para mim.* **2** incompetente; incapaz: *É um aluno insuficiente.*

in.su.fla.ção *s.f.* **1** ato de insuflar. **2** incitamento; estímulo; açulamento: *Deve-se evitar a insuflação do medo nas crianças.*

in.su.flar *v.t.* **1** introduzir (ar ou outro gás) em; encher; inflar. **2** instigar; exaltar: *Temiam que um cartaz assim insuflasse os ânimos dos manifestantes.* **3** intensificar; fazer aumentar: *Vou escrever um poema que insufle a esperança por tempos mais solidários.*

in.su.lar[1] *adj.2g.* diz-se da terra que constitui uma ilha ou que se situa em uma ilha: *Grande parte do território da Grécia é insular.*

in.su.lar[2] *v.pron.* **1** ilhar-se; isolar-se. • *int.* **2** ilhar; isolar: *insular o infectado.*

in.su.li.na *s.f.* hormônio secretado pelo pâncreas, com importante função no metabolismo dos açúcares pelo organismo.

in.sul.tar *v.t.* lançar insultos; afrontar; desacatar.

in.sul.to *s.m.* **1** afronta; ofensa. **2** palavra ou frase ofensiva.

in.sul.tu.o.so (ô) *adj.* que faz insultos; afrontoso: *Foi recebida em seu país com críticas insultuosas.*

in.su.mo *s.m.* cada elemento (matéria-prima, equipamentos, capital, trabalho etc.) necessário à produção de mercadorias ou de serviços: *Insumos agrícolas, como tratores, são caros.*

in.su.pe.rá.vel *adj.2g.* **1** que não pode ser vencido ou dominado: *A dificuldade parece insuperável.* **2** que não pode ser excedido, ultrapassado: *Machado de Assis é insuperável.*

in.su.por.tá.vel *adj.2g.* **1** que se pode suportar; incômodo: *O animal exalava odor quase insuportável.* **2** difícil de tolerar; desagradável: *Esse homem é insuportável.*

in.sur.gên.cia *s.f.* insurreição; sublevação; rebelião: *A Igreja Anglicana nasceu da insurgência contra a Santa Sé.*

in.sur.gen.te *s.2g.* **1** pessoa que se insurgiu; revoltoso: *Houve acordo entre os insurgentes e a diretoria.* • *adj. 2g.* **2** que se insurge ou se insurgiu; rebelde: *Ninguém sabe o que querem os jovens insurgentes.*

in.sur.gir *v.t.* **1** sublevar; rebelar; revoltar: *A falta de ração insurgiu as tropas.* • *pron.* **2** rebelar-se; sublevar-se; revoltar-se: *O povo insurgiu-se contra os desmandos da corte.*

in.sur.rec.to (é) *s.m.* insurreto.

in.sur.rei.ção *s.f.* ato ou efeito de insurgir(-se); sublevação; rebelião: *Havia pena de morte para a insurreição dos escravos.*

in.sur.re.to (é) *s.m.* pessoa que se insurge; rebelde; rebelado: *Assumiu o comando dos insurretos.*

in.sus.ce.tí.vel *adj.2g.* incapaz; que não é suscetível; insuscetível: *Eram crimes inafiançáveis e insuscetíveis de anistia.*

in.sus.cep.tí.vel *adj.2g.* insuscetível.

in.sus.pei.ção *s.f.* imparcialidade; estado de insuspeito: *A insuspeição do juiz é a própria base da justiça.*

in.sus.pei.tá.vel *adj.2g.* que não desperta suspeitas; de que não se pode suspeitar: *tinha um álibi insuspeitável.*

in.sus.pei.to *adj.* de que não se suspeita; que merece confiança; confiável: *Vale a pena ouvir um crítico insuspeito.*

in.sus.ten.tá.vel *adj.* **1** que não se pode sustentar; que não pode ser mantido: *A situação tornava-se insustentável.* **2** sem fundamento; indefensável: *argumento insustentável.*

in.tac.to *adj.* **1** não tocado, intato: *A poeira da cômoda permanecia intacta.* **2** ileso: *O submarino jaz intacto no fundo do mar.* **3** puro; intocado: *Guardo intacta a lembrança dos momentos que partilhamos.*

in.tan.gi.bi.li.da.de *s.f.* qualidade do que é intangível.

in.tan.gí.vel *adj.2g.* **1** em que não se pode tocar ou pegar; intocável: *cifras intangíveis.* **2** inatingível: *Até mesmo dentro dos partidos, o consenso é uma meta intangível.* **3** inatacável: *Os dogmas são intangíveis para os que neles creem.*

in.ta.to *adj.* intacto.

in.te.gra.ção *s.f.* **1** incorporação. **2** interação. **3** constituição de um todo pela adição ou combinação de partes ou elementos: *A integração entre indústria e comércio deve ser completa.*

in.te.gral *adj.2g.* **1** total; inteiro; completo: *Preocupamo-nos com a educação integral dos alunos.* **2** diz-se de alimento que apresenta todos os seus componentes e propriedades originais: *leite integral.* **3** preparado com produto integral: *pão integral.*

in.te.gra.lis.mo *s.m.* movimento político brasileiro de extrema direita, baseado nos moldes fascistas, fundado em 1932 e extinto em 1937.

in.te.gra.lis.ta *s.2g.* **1** quem é adepto do integralismo. • *adj. 2g.* **2** relativo ao integralismo; adepto do integralismo.

in.te.gra.li.zar *v.t.* **1** tornar inteiro; completar: *Preciso de cem mil reais para integralizar meu capital.* **2** concluir o pagamento (de título ou ação).

in.te.gran.te *s.2g.* **1** pessoa que faz parte de um grupo, de uma equipe. **2** (Gram.) diz-se da conjução subordinativa (que, se) que introduz uma oração subordinada substantiva. • *adj. 2g.* **3** que integra; que faz parte de.

in.te.grar *v.t.* **1** formar um todo; incluir; incorporar; integralizar: *integrar os conhecimentos.* **2** ser parte constitutiva de; pertencer a: *Ela, em sua mocidade, integrou o balé russo.* **3** participar de; fazer entrar como membro: *A medida não integrou os argelinos na comunidade francesa.* • *pron.* **4** tornar-se inteiro: *A sociedade se integra pela progressiva coordenação das partes.* **5** tornar-se parte constitutiva; complementar-se: *Buscou que todas as partes do livro se integrassem ao tema central.*

in.te.gri.da.de *s.f.* **1** qualidade de inteiro; inteireza: *leu o livro em sua integridade.* **2** (Fig.) retidão; honestidade: *É moço de integridade profissional à prova de suborno.*

3 plenitude: *O desenho não reproduz a pessoa na integridade de seus traços físicos.*

in.te.gris.mo *s.m.* (Teol.) atitude de pessoas conservadoras com respeito a sua religião, que consiste no apego a fórmulas, e não à investigação e à solução dos problemas que se apresentam à fé: *O integrismo se baseia na interpretação literal dos textos sagrados.*

in.te.gris.ta *s.2g.* **1** pessoa que professa o integrismo. • *adj. 2g.* **2** que professa o integrismo.

in.te.gro *adj.* **1** inteiro; completo: *Sementes íntegras germinam mais rapidamente.* **2** de bom caráter; reto: *Era respeitado porque era íntegro e capaz.*

in.tei.rar *v.t.* **1** tornar inteiro; completar; perfazer: *Pediu dinheiro para inteirar a passagem.* **2** dar ciência a; pôr a par; informar: *Inteirava o filho sobre tudo que se passava com ela.* • *pron.* **3** tomar ciência; perceber: *Quando ele se inteirou da gravidade da situação, aceitou atendê-lo.*

in.tei.re.za (ê) *s.f.* **1** qualidade ou estado daquilo que é inteiro; integridade; completude. **2** integridade moral; retidão: *Conheceu o diretor, cuja inteireza de caráter era tão citada.*

in.tei.ri.ço *adj.* **1** de uma só peça: *A embarcação indígena é talhada num tronco inteiriço.* **2** sem rupturas ou falhas; rígido: *Ainda não tenho um programa de governo inteiriço e acabado.*

in.tei.ro *s.m.* **1** (Mat.) número em que não há frações: *dois inteiros.* • *adj.* **2** em toda a extensão: *Seu corpo inteiro estava coberto por urticária.* **3** na totalidade. **4** que tem todas as suas partes; completo; íntegro: *tem o quebra-cabeça ainda inteiro.* **5** que se constitui de uma peça; inteiriço: *maiô inteiriço.* **6** sem dano; perfeito: *Não havia uma só peça de louça inteira.* • **por inteiro** completamente; totalmente: *Certas coisas têm de ser assumidas por inteiro.*

in.te.lec.ção *s.f.* entendimento; compreensão.

in.te.lec.ti.vo *adj.* relativo ao intelecto; do entendimento: *Essa poesia só ganhava sentido com a ruminação intelectiva do leitor.*

in.te.lec.to (é) *s.m.* faculdade cognitiva; inteligência: *O intelecto sofre a influência das paixões.*

in.te.lec.tu.al *s.2g.* **1** pessoa que exerce atividades que exigem intelecto. **2** pessoa de muita cultura geral; erudito; estudioso. • *adj.2g.* **3** relativo a intelecto; de pessoas que têm atividade intelectual.

in.te.lec.tu.a.li.da.de *s.f.* **1** faculdade de compreender; inteligência; intelecto. **2** conjunto de intelectuais de uma sociedade: *O Maranhão teve a hegemonia da intelectualidade nacional.*

in.te.lec.tu.a.lis.mo *s.m.* **1** (Filos.) doutrina que sustenta que tudo no Universo se pode reduzir a elementos intelectuais. **2** predomínio dos elementos racionais, ou seja, da inteligência e da razão: *Por vezes, o excesso de intelectualismo resulta em filmes incompreensíveis.*

in.te.li.gên.cia *s.f.* **1** faculdade de apreender, aprender, entender, pensar ou raciocinar. **2** entendimento; compreensão: *Com o uso de gráficos economiza-se tempo, mas diminui a inteligência dos relatórios.* **3** capacidade intelectual. **4** capacidade de julgamento; capacidade de discernimento: *É um ato que a inteligência conhece como verdadeiro.* **5** pessoa inteligente: *Há grandes inteligências anônimas no Brasil.* • **inteligência artificial** projeto e desenvolvimento de programas de computador dotados da capacidade de simular a inteligência humana em suas funções de tomada de decisão, estabelecimento de relações, compreensão de significados, raciocínio etc.

in.te.li.gen.te *adj.2g.* que revela ter boa inteligência; sagaz; perspicaz; agudo.

in.te.li.gi.bi.li.da.de *s.f.* qualidade de inteligível; compreensibilidade: *Uma das qualidades que a redação de um texto deve ter é a inteligibilidade.*

in.te.li.gí.vel *s.m.* **1** tudo o que é apreendido pela inteligência: *Recusa a distinção entre o sensível e o inteligível.* • *adj.2g.* **2** que se entende bem. **3** de fácil compreensão: *A mestra procura dar textos inteligíveis.* **4** que só pode ser compreendido pela inteligência, não pelos sentidos: *Domina bem o mundo inteligível.* **5** que se faz entender: *O professor tenta ser inteligível.*

intelligentsia (intelidjência) (do russo: *intelligentsiya*, do latim: *intelligentia*). *s.f.* conjunto de intelectuais considerados elite artística, social ou política: *Escritores reconhecidos como patrimônio da* intelligentsia *brasileira.*

in.te.me.ra.to *adj.* íntegro; puro; não corrompido: *juventude intemerata.* // Cp.: intimorato.

in.tem.pe.ran.ça *s.f.* falta de temperança; descomedimento: *Sou contrário a aventuras e intemperanças.*

in.tem.pé.rie *s.f.* **1** fenômeno climático (chuva, vento, seca etc.) vigoroso. **2** mau tempo; tempestade. **3** (Fig.) perturbação; catástrofe; desgraça: *Vencida a intempérie, pôde reorganizar sua vida.*

in.tem.pes.ti.vo *adj.* **1** fora do tempo próprio; inoportuno: *Sabe dizer não a propostas intempestivas.* **2** súbito: *Sofre de um mau humor intempestivo.* **3** que ocorre de modo imprevisto; que irrompe subitamente: *O intempestivo anúncio causou danos a muitas empresas.*

in.tem.po.ral *adj.2g.* não temporal; pertencente a todos os tempos; perene; eterno: *A música de Bach é universal e intemporal.*

in.ten.ção *s.f.* intento; propósito: *A sua intenção foi a melhor possível.*

in.ten.cio.nal *adj.2g.* que revela intenção; proposital; deliberado: *O jogador fez uma falta intencional.*

in.ten.cio.na.li.da.de *s.f.* qualidade daquilo que é intencional; propósito: *Ninguém entendeu a intencionalidade dos seus atos.*

in.ten.dên.cia *s.f.* cargo ou função de intendente; administração.

in.ten.den.te *s.2g.* pessoa que administra alguma coisa.

in.ten.si.da.de *s.f.* **1** qualidade do que é intenso; força; vigor. **2** grau de força com que se produz o som: *Os sons de intensidade violenta traumatizam o ouvido interno.*

in.ten.si.fi.ca.ção *s.f.* aumento de intensidade ou profundidade; fortalecimento: *A obra ganhará intensificação dramática.*

in.ten.si.fi.car *v.t.* **1** tornar intenso: *O estado vai intensificar campanha de saneamento.* • *pron.* **2** tornar-se intenso: *A corrente imigratória se intensificou.*

in.ten.si.vo *adj.* **1** que tem intensidade; intenso. **2** que demanda esforço contínuo e em curto prazo: *trabalho intensivo.*

intenso

in.ten.so *adj.* **1** ativo; forte: *dias de intenso calor.* **2** árduo; penoso: *intenso dia de trabalho.* **3** muito ativo e frequente: *Nos feriados, há um movimento mais intenso nas estradas.* **4** em que há muita tensão; veemente; ardente: *À sua exposição seguiu-se um debate intenso.*

in.ten.tar *v.t.* **1** tencionar; planejar; projetar: *Intentou uma cena dramática para me comover.* **2** empreender; cometer. **3** propor em juízo: *Intentou uma ação contra os patrões.*

in.ten.to *s.f.* intenção; desígnio; plano: *O seu intento era me fazer feliz.*

in.ten.to.na *s.f.* tentativa de motim ou revolta; conspiração: *Foi lançado novo livro sobre a intentona de 1935.*

in.te.ra.ção. *s.f.* **1** ação mútua: *Interação de disciplinas.* **2** interlocução; diálogo: *A fita reproduz parte da interação entre uma empregada doméstica e uma pesquisadora.* **3** conjunto das relações entre os membros de um grupo ou entre grupos de uma comunidade. • **interação medicamentosa** alteração dos efeitos de um medicamento quando administrado com outro(s).

in.te.ra.gir *v.t.* **1** exercer interação; interatuar. **2** ter comunicação; diálogo; inter-relacionar-se: *Os pais deveriam interagir mais com os filhos.*

in.te.ra.me.ri.ca.no *adj.* relativo às Américas; que se dá entre as Américas.

in.te.ra.ti.vi.da.de *s.f.* qualidade de interativo; ação interativa: *A interatividade procura transformar o espectador em coautor das narrativas audiovisuais.*

in.te.ra.ti.vo *adj.* que interage; em que há ação mútua: *jogo interativo.*

in.ter.cam.bi.ar *v.t.* permutar; trocar; fazer ou praticar intercâmbio: *Os países podem intercambiar tecnologia.*

in.ter.câm.bio *s.m.* **1** troca; permuta: *Jovens se beneficiam do programa de intercâmbio.* **2** conjunto de relações bancárias, comerciais, intelectuais de país para país, ou de região para região. **3** relação de troca entre pessoas ou grupos que têm interesses ou atividades comuns: *Há um intercâmbio entre a realidade policial e os romances.* **4** (Genét.) transferência mútua de porções entre cromossomos.

in.ter.ce.der *v.t.* **1** pedir; rogar: *Tentou interceder em favor do réu.* **2** intervir: *Quando a polícia chegou, a mãe intercedeu em favor do filho.*

in.ter.ce.lu.lar *adj.2g.* (Citol.) localizado entre as células.

in.ter.cep.ta.ção *s.f.* ação de interceptar; captação.

in.ter.cep.ta.dor (ô) *s.m.* **1** aquilo que intercepta ou impede a passagem: *interceptadores de esgotos.* **2** receptor: *Prenderam o interceptador das mercadorias roubadas.*

in.ter.cep.tar *v.t.* **1** cortar os passos de; impedir a passagem de: *Ela interceptou-o para interrogá-lo.* **2** fazer parar; interromper o curso: *Não há como interceptar as mensagens.*

in.ter.ces.são *s.f.* ato de interceder em favor de algo ou alguém; intervenção benéfica: *fiéis curados pela intercessão do santo.* // Cp.: interseção.

in.ter.co.mu.ni.ca.ção *s.f.* **1** interlocução; interação: *A fala garante a intercomunicação social.* **2** troca de informações ou conhecimento: *Os homens se entenderam pela intercomunicação entre a Arquitetura e a Arte.* **3** comunicação mútua; acesso recíproco; interligação: *A ponte permitirá a intercomunicação entre os estados.*

in.ter.co.mu.ni.car *v.t.* **1** estabelecer ligação entre: *Um corredor intercomunica as duas empresas.* • *pron.* **2** comunicar-se um com o outro: *os órgãos oficiais precisam se intercomunicar melhor.*

in.ter.con.ti.nen.tal *adj.2g.* relativo a dois ou mais continentes: *mares intercontinentais.*

in.ter.cos.tal *adj.2g.* entre as costelas: *A bala alojou-se no quinto espaço intercostal.*

in.ter.cur.so *s.m.* comunicação; encontro: *O intercurso entre as duas culturas.*

in.ter.de.pen.dên.cia *s.f.* dependência recíproca; inter-relacionamento.

in.ter.de.pen.den.te *adj. 2g.* que interdepende; que tem dependência recíproca; inter-relacionado.

in.ter.de.pen.der *v.int.* depender um do outro; ter dependência recíproca: *Na aprendizagem, disciplina mental e atenção são fatores que interdependem.*

in.ter.di.ção *s.f.* **1** ato de interditar; vedar ou colher; proibição: *acordo sobre a interdição das armas atômicas.* **2** suspensão da utilização ou da ocupação, por representar algum perigo para os usuários: *Pediram a interdição do estádio.* **3** (Jur.) privação legal do gozo ou do exercício de certos direitos, no interesse da coletividade: *Pediu a interdição da mãe e a sua nomeação como curador dos bens.*

in.ter.dis.ci.pli.nar *adj.2g.* comum a duas ou mais disciplinas ou ramos do conhecimento: *práticas interdisciplinares.*

in.ter.dis.ci.pli.na.ri.da.de *s.f.* condição do que é interdisciplinar; interação entre diferentes ramos do conhecimento: *A interdisciplinaridade é o objetivo dos currículos escolares mais modernos.*

in.ter.di.tar *v.t.* **1** impedir a utilização de; suspender o funcionamento de: *interditar um prédio.* **2** interromper; paralisar: *A prefeitura interditou a construção do prédio.* **3** (Jur.) privar do direito de reger sua pessoa ou bens: *interditar um indivíduo juridicamente incapaz.* // Pp.: interditado; interdito.

in.ter.di.to *adj.* **1** interditado; que tem a entrada proibida: *Os quartos eram território interdito.* **2** proibido; vedado: *filme interdito a menores.*

in.te.res.sa.do *s.m.* **1** pessoa que tem o interesse despertado para algo: *O interessado encontra informações na secretaria.* • *adj.* **2** com interesse despertado para algo; envolvido: *São alunos muito interessados.* **3** que tem interesse de: *O produtor interessado em plantar tem orientação dos agrônomos.* **4** com disposição para estabelecer relações amorosas: *Fiquei sabendo que ele estava interessado em minha amiga.*

in.te.res.san.te *adj.2g.* **1** que desperta interesse; que tem relevância: *Achei interessante concordar com ele.* **2** estranho; curioso: *Observei uma cena interessante.* **3** que cativa; atraente: *pessoas interessantes.* **4** que prende a atenção: *Quando o livro é interessante, não consigo parar de ler.*

in.te.res.sar *v.t.* **1** fazer tomar interesse; provocar interesse: *As aulas práticas interessam mais ao aluno.* **2** ter interesse para; ser do interesse de; ter importância para: *O tema interessa a todos.* • *pron.* **3** ter o interesse voltado para: *Ele se interessa por teatro.*

interminável

in.te.res.se (ê) *s.m.* **1** conveniência: *Só age em favor de seus interesses.* **2** curiosidade: *Todos olhavam com muito interesse.* **3** vantagem; proveito; benefício: *A exigência da carteira assinada é interesse da classe trabalhadora.* **4** parte ou participação que alguém tem em alguma coisa: *Tem interesse na compra do imóvel.* **5** importância; relevância: *A firmeza dos pais tem interesse para a segurança dos filhos.* **6** empenho: *Tínhamos interesse em aprender.* **7** sentimento de zelo; simpatia: *Ela demonstrava interesse pelos pacientes.* **8** ambição: *movidos pelo interesse do poder.*

in.te.res.sei.ro *adj.* **1** que só visa ao próprio interesse; egoísta; egocêntrico: *colega interesseira.* **2** que só atende ao interesse próprio; baseado ou inspirado no interesse próprio: *relacionamento interesseiro.*

in.te.res.ta.du.al *adj.2g.* que diz respeito a mais de um estado da mesma união política.

in.te.res.te.lar *adj.* que existe ou que se dá entre estrelas.

in.ter.fa.ce *s.f.* **1** (Fís.) superfície plana ou não, que forma um limite comum de dois corpos ou espaços: *Um brilho pode surgir na interface entre o ar e o líquido.* **2** ponto comum a duas entidades: *No uso da palavra, Psicanálise e Literatura encontram uma interface.* **3** (Inf.) parte de um programa que permite a transferência de dados para outro programa.

in.ter.fe.rên.cia *s.f.* **1** intervenção no andamento de alguma ação: *O governo pediu a interferência diplomática para libertar os reféns.* **2** intervenção em exposição ou conversa de outra pessoa: *Irritou-se com a interferência da telefonista.* **3** intromissão: *Evitávamos a interferência na sua vida privada.* **4** ocorrência ou produção de reação: *interferência dos anestésicos sobre o cérebro.* **5** ruído: *houve interferência na transmissão do jogo.*

in.ter.fe.ren.te *adj.2g.* que interfere.

in.ter.fe.rir *v.t.* **1** produzir interferência; interagir: *As decisões penosas vão interferir nos interesses de vários indivíduos.* **2** influir: *Um incidente desagradável interferiu em sua decisão.* **3** envolver-se; intervir: *Manolo interferiu na briga e levou um soco.* **4** intrometer-se: *Não quero interferir na sua vida.*

in.ter.fo.ne *s.m.* aparelho para intercomunicação formado por um ou mais conjuntos de microfone e alto-falante.

in.ter.ga.lác.ti.co *adj.* que existe ou que se dá entre galáxias; intergalático.

in.ter.ga.lá.ti.co *adj.* intergaláctico.

ín.te.rim *s.m.* intervalo de tempo: *Viajará em março; nesse ínterim, estudará línguas.*

in.te.ri.ni.da.de *s.f.* condição de interino.

in.te.ri.no *s.m.* **1** pessoa que desempenha provisoriamente uma função ou não é vitalício no cargo: *Os interinos recebem ajuda de custo.* • *adj.* **2** que não é perene ou vitalício; provisório; temporário: *Vivia preocupado porque o emprego era interino.* **3** que exerce funções provisoriamente: *Passou dois meses como chefe interino.*

in.te.ri.or (ô) *s.m.* **1** parte interna: *interior das células.* **2** parte interna de um território, excluindo o litoral: *Sempre morei no interior.* • *adj.* **3** interno: *A energia interior tem de ser despendida.* **4** íntimo; particular; privado: *Ele não faz comentários sobre suas relações interiores.* **5** o seio; a parte interna: *comportamento das pessoas no interior da sociedade.*

in.te.ri.o.ra.no *s.m.* **1** pessoa residente ou radicada no interior: *Os interioranos têm a vida mais tranquila.* • *adj.* **2** do ou relativo ao interior do país: *A emissora de TV inaugurou programações interioranas.* **3** que reside ou que está radicado no interior do país: *O chefe de família interiorano mandou seu filho estudar na capital.*

in.te.ri.o.ri.za.ção *s.f.* **1** transferência para o interior do país: *Falou-se muito sobre a interiorização da Universidade.* **2** passagem para a parte mais íntima da pessoa: *Vivia atormentado por uma interiorização doentia.*

in.te.ri.o.ri.zar *v.t.* **1** levar para o interior de uma região; disseminar pelo interior: *O governo está disposto a interiorizar a Medicina.* **2** assimilar: *A criança interioriza as proibições dos pais.* • *pron.* **3** introduzir-se ou disseminar-se pelo interior: *Nossas fronteiras agrícolas se interiorizaram.*

in.ter.jei.ção *s.f.* (Gram.) palavra ou locução com que se exprime um sentimento.

in.ter.li.ga.ção *s.f.* ligação mútua.

in.ter.li.gar *v.t.* **1** constituir a ligação mútua de: *Muitas afinidades interligam os parentes.* **2** fazer a ligação mútua; relacionar: *O sistema interliga as agências ao Banco Central.* • *pron.* **3** unir-se; relacionar-se: *Os grupos se interligam, facilitando a troca de informações.*

in.ter.lo.cu.ção *s.f.* conversação; diálogo; interação verbal.

in.ter.lo.cu.tor (ô) *s.m.* quem participa de um ato de fala.

in.ter.me.di.a.ção *s.f.* intervenção; mediação; interposição; intermédio: *intermediação entre a loja e o consumidor.*

in.ter.me.di.a.dor (ô) *s.m.* pessoa que faz intermediação.

in.ter.me.di.ar *v.t.* agir como intermediário ou mediador; intervir para mediar questões: *Ele foi encarregado de intermediar os contratos.*

in.ter.me.di.á.rio *s.m.* **1** mediador; pessoa que faz a mediação: *Ele poderia ser o intermediário do acordo.* **2** agente de negócios; corretor. **3** negociante que exerce suas atividades colocando-se entre o produtor e o consumidor; atravessador: *A existência do intermediário aumenta o preço do produto.* • *adj.* **4** que está no meio; interposto: *O Brasil aparece no bloco intermediário em qualidade de vida.*

in.ter.mé.dio *s.m.* mediação; intervenção; intermediação: *A esposa dispensou o intermédio do marido.* ♦ **por intermédio** por meio de: *Conseguiu o emprego por intermédio de um deputado.*

intermezzo (intermédzo) (It.) *s.m.* **1** intervalo entre dois atos de uma ópera ou representação teatral. **2** trecho curto que liga duas divisões principais de uma obra musical: *O lindo intermezzo da ópera surge como um alívio.* **3** intervalo de tempo entre as atividades: *depois do intermezzo das férias, os estudantes voltaram cheios de novidades.*

in.ter.mi.ná.vel *adj.2g.* **1** que não tem termo; infinito: *interminável número de problemas.* **2** prolongado; demorado: *interminável discussão sobre o assunto.* **3** que parece não ter fim; enorme: *Esperamos a passagem de um interminável trem.*

interministerial

in.ter.mi.nis.te.ri.al *adj.2g.* **1** que se efetua entre ministérios ou ministros: *ações interministeriais.* **2** que é integrado por representantes dos diversos ministérios: *comitê interministerial de pesquisas.*

in.ter.mi.tên.cia *s.f.* **1** processo caracterizado por interrupções temporárias: *A intermitência das visitas do pai a deixa ansiosa.* **2** (Med.) manifestação de moléstia em acessos intervalados: *Registrei a intermitência da febre.*

in.ter.mi.ten.te *adj.2g.* **1** que se manifesta por acessos intervalados. **2** que se interrompe a espaços; não contínuo: *ruído intermitente.*

in.ter.mu.ni.ci.pal *adj.* que se efetua entre dois ou mais municípios, que serve a dois ou mais municípios: *ônibus intermunicipal.*

in.ter.mus.cu.lar *adj.2g.* que se opera entre diferentes músculos: *coordenação intermuscular.*

in.ter.na.ção *s.f.* colocação em hospital para tratamento; internamento.

in.ter.na.cio.nal *adj.2g.* **1** que se realiza entre nações; referente às relações entre as nações: *acordo internacional.* **2** que tem validade em todas as nações: *documento internacional.* **3** que opera nas diversas nações: *polícia internacional.*

in.ter.na.cio.na.li.za.ção *s.f.* **1** colocação no nível internacional: *Há defensores da internacionalização da economia brasileira.* **2** aquisição de características internacionais: *crescente internacionalização da música.*

in.ter.na.cio.na.li.zar *v.t.* **1** tornar internacional; tornar comum a várias nações: *O Brasil deve internacionalizar seus produtos.* • *pron.* **2** tornar-se internacional: *O jeans internacionalizou-se.*

in.ter.na.men.to *s.m.* internação.

in.ter.nar *v.t.* **1** colocar como interno: *Aos 10 anos me internaram no colégio de freiras.* **2** colocar em hospital para tratamento: *Internaram-no no hospital público.* **3** ir para o interior; embrenhar-se.

in.ter.na.to *s.m.* **1** escola que tem os alunos como residentes. **2** casa de saúde onde os pacientes se internam para tratamento. **3** regime pelo qual os estudantes residem no colégio em que estudam.

in.ter.nau.ta *s.2g.* (Inf.) usuário da Internet.

in.ter.no (é) *s.m.* **1** pessoa que está confinada em um cárcere ou outra instituição à qual se recolhem pessoas como forma de punição: *Os internos começaram a depredar tudo.* **2** pessoa que está internada em uma clínica ou hospital: *Atende os internos da Clínica São João.* • *adj.* **3** que está dentro de algo; interior: *área interna do prédio.* **4** que fica na parte menos periférica de um corpo ou elemento: *canto interno do olho.* **5** situado na face interior de um objeto ou órgão: *bolso interno do paletó.* **6** que está ou que se dá no interior de uma nação ou comunidade: *monopólio do mercado interno.* **7** que funciona no interior de um grupo ou local: *memorando interno.* **8** situado dentro de uma construção: *jardim interno.* **9** que reside no colégio em que estuda: *aluno interno em uma escola do interior.* **10** que admite estudantes residentes: *colégio interno.* **11** que regula o funcionamento e o serviço de órgãos, instituições, organizações: *regimento interno.*

in.ter.par.la.men.tar *adj.2g.* que se dá entre membros de dois ou mais parlamentos.

in.ter.par.ti.dá.rio *adj.* que se efetua entre dois ou mais partidos: *acordo interpartidário.*

in.ter.pe.la.ção *s.f.* questionamento vigoroso; demanda; intimação: *Com boas respostas, enfrentou as interpelações grosseiras.*

in.ter.pe.lar *v.t.* **1** dirigir-se a alguém para perguntar ou exigir explicações: *Um guarda interpelava as pessoas.* **2** fazer a interpelação judicial: *Os funcionários vão interpelar o governo.* **3** interrogar duramente; demandar explicações a: *A professora interpelou o aluno irrequieto.*

in.ter.pe.ne.trar-se *pron.* penetrar-se mutuamente; tornar-se misturado: *O estilo dos dois artistas tem características que se interpenetram.*

in.ter.pes.so.al *adj.2g.* que exibe ou se efetua entre duas ou mais pessoas: *Aprendeu técnicas de relacionamento interpessoal.*

in.ter.pla.ne.tá.rio *adj.* que se efetua entre planetas.

in.ter.po.la.ção *s.f.* numa cópia, inserção deliberada de elemento(s) não constantes dos originais: *A interpolação de palavras adulterou o sentido original do poema.*

in.ter.po.lar *v.t.* entremear; intercalar: *Podem-se interpolar produtos homeopáticos e chás caseiros.*

in.ter.por (ô) *v.t.* **1** pôr no meio; entrepor: *Teve desejo de interpor um oceano entre a mãe e o padrasto.* **2** levar a juízo: *A comissão interporá mandado de segurança contra a deliberação do tribunal.* • *pron.* **3** colocar-se de permeio; entremeter-se: *A professora se interpõe entre os briguentos.* **4** estar situado: *Os abismos se interpõem entre as diversas regiões brasileiras.*

in.ter.pre.ta.ção *s.f.* **1** explicação; comentário: *A Bíblia permite várias interpretações.* **2** desempenho; atuação: *O júri ficou impressionado com sua interpretação no filme.* **3** modo de entender ou de captar: *Espero sua interpretação do mistério.*

in.ter.pre.tar *v.t.* **1** tornar claro o sentido de; parafrasear: *o poder de interpretar as leis.* **2** extrair o significado de; ajuizar o sentido de: *tinha o objetivo de interpretar o mundo.* **3** representar: *Quem melhor interpretou Hamlet no teatro nacional?* **4** reputar; considerar; julgar: *interpretava os conselhos como ofensas.*

in.tér.pre.te *s.2g.* **1** pessoa que traduz para outrem, na língua em que esta fala, o que foi dito ou escrito por outra pessoa em língua diferente: *Se lá se fala grego, eu levaria o reitor como intérprete.* **2** pessoa que interpreta; representante: *Como líder, é o intérprete da posição de seu partido.* **3** pessoa que desempenha um papel num filme, peça de teatro ou novela em TV: *Seu erro foi ser, ao mesmo tempo, produtor, diretor e intérprete de seu espetáculo.* **4** pessoa que toca ou canta uma obra musical: *prêmios de melhor intérprete de bossa nova.* **5** comentarista; exegeta: *intérprete das profecias de Nostradamus.*

in.ter.reg.no (é) *s.m.* **1** intervalo de tempo entre dois eventos: *Houve um interregno de doze anos para a desapropriação ser paga.* **2** interrupção do exercício de autoridade ou da linha dinástica que a exercia: *A apatia marcou a eleição presidencial depois do interregno autoritário que durou dezesseis anos.*

in.ter-re.la.ção *s.f.* relação mútua: *Os textos estudados apresentam inter-relação com a Geografia.*

in.ter.ro.ga.ção *s.f.* **1** pergunta; questão: *A interrogação não parece difícil de responder.* **2** questionamento; pedido de esclarecimento: *Olha para cada uma com*

íntimo

insistente interrogação. **3** dúvida; mistério: *O desfecho de um casamento é sempre uma interrogação.*

in.ter.ro.gar *v.t.* inquirir; submeter a interrogatório: *Interroguei os alunos sobre a matéria.*

in.ter.ro.ga.ti.vo *adj.* **1** que interroga; que quer saber algo: *Virou-se com ar interrogativo.* **2** (Gram.) diz-se dos pronomes que se usam em proposições interrogativas: que, qual, quais, quanto, quantos, quanta, quantas, quem.

in.ter.ro.ga.tó.rio *s.m.* **1** conjunto de perguntas: *Mamãe reiniciou o interrogatório.* **2** conjunto de perguntas que o magistrado ou o policial dirige a um réu ou a um suspeito: *Ele irritou o responsável pelo interrogatório.*

in.ter.rom.per *v.t.* **1** parar a continuidade de; suspender: *Ele interrompeu seu passeio.* **2** cortar a palavra; fazer parar de agir: *Uma crise de choro a interrompeu quando discursava.* • *pron.* **3** suspender a própria ação; cessar (de fazer algo): *interrompeu-se na conversa ao telefone e foi atender à porta.*

in.ter.rup.ção *s.f.* ato de interromper; suspensão; parada: *a interrupção da partida.*

in.ter.rup.tor (ô) *s.m.* dispositivo para interromper ou ativar o fluxo de uma corrente elétrica; comutador.

in.ter.se.ção *s.f.* **1** intersecção; ponto de convergência; cruzamento: *ponto de interseção entre duas retas.* **2** lugar de cruzamento de vias: *As rotatórias nas interseções das vias aumentam a segurança.*

in.ter.sec.ção *s.f.* interseção.

in.ter.sin.di.cal *adj.2g.* que representa mais de um sindicato ou que se efetua entre sindicatos: *reunião intersindical.*

in.ters.ti.ci.al *adj.2g.* que ocupa o intervalo entre dois corpos: *A radioterapia alivia as dores porque reduz a pressão intersticial, isto é, entre os tecidos do tumor.*

in.ters.tí.cio *s.m.* **1** espaço intermediário: *Nasceu outra cidade no interstício entre os dois estados do Nordeste.* **2** buraco numa superfície; fenda: *Avencas brotaram nos interstícios das pedras.* **3** intervalo de tempo entre dois fatos: *O romancista criou nos interstícios dos fatos históricos.*

in.ter.tex.to *s.m.* texto preexistente a outro texto e recorrente nele: *O poeta modernista usou como intertexto uma oração católica.*

in.ter.tex.tu.al *adj.2g.* relativo a intertexto.

in.ter.tex.tu.a.li.da.de *s.f.* citação ou interveniência de um texto em outro: *A citação é uma forma de intertextualidade.*

in.te.rur.ba.no *s.m.* **1** telefonema feito de uma cidade a outra: *Gasta muito com interurbanos.* • *adj.* **2** que se efetua entre cidades: *telefonema interurbano.* **3** que liga duas ou mais cidades: *ônibus interurbanos.*

in.ter.va.lo *s.m.* **1** distância em tempo entre dois pontos de referência: *Tome o remédio a cada intervalo de oito horas.* **2** pausa entre os atos de um espetáculo: *A campainha anuncia o fim do intervalo.* **3** período de interrupção no andamento de um jogo: *O técnico deixou para orientar os jogadores no intervalo.*

in.ter.ven.ção *s.f.* **1** ato de intervir; interferência: *Na briga foi necessária a intervenção da polícia.* **2** intercessão; mediação: *pediu a intervenção de amigos.* **3** ação judicial direta do governo federal em um estado da Federação: *Reprovamos a intervenção federal em Minas.* **4** ação de um governo em uma instituição: *Pediu-se a intervenção do Estado no banco.*

in.ter.ven.cio.nis.mo *s.m.* doutrina ou política que preconiza a intervenção, seja do Estado nos negócios privados, seja de um país num conflito entre outros.

in.ter.ven.cio.nis.ta *adj.2g.* **1** que intervém em gestão política; partidário do intervencionismo: *O Estado intervencionista perdeu força e competitividade.* **2** que intervém em um processo: *A ação intervencionista cortou 20% da verba do time.*

in.ter.ve.ni.en.te *adj.2g.* que intervém.

in.ter.ven.tor (ô) *s.m.* pessoa que assume o governo como representante da Presidência da República: *Solicitou ao Banco do Brasil um interventor credenciado.*

in.ter.vir *v.t.* **1** atuar; interferir: *O homem intervém neste mundo e transforma-o.* **2** interpor a autoridade ou os bons ofícios: *A polícia era obrigada a intervir nos rodeios.* **3** fazer intervenção política: *O governo federal queria intervir na Paraíba.* // Pp.: intervindo.

in.ter.vo.cá.li.co *adj.* (Fon.) diz-se do fonema situado entre vogais.

in.tes.ti.nal *adj.2g.* relativo ou pertencente ao intestino.

in.tes.ti.no *s.m.* **1** (Anat.) parte do tubo digestivo que se estende do estômago ao ânus, dividida em duas partes: intestino delgado e intestino grosso. • *adj.* **2** (Fig.) interno; interior: *Os líderes do partido travaram lutas intestinas.*

in.ti.ma.ção *s.f.* (Jur.) **1** ato pelo qual se dá ciência a um interessado de um ato judicial; notificação judicial: *Ele examina a intimação do juiz.* **2** ordem; convocação: *Recebeu uma intimação da chefia para comparecer ao departamento pessoal.*

in.ti.mar *v.t.* **1** convocar; desafiar: *Vou intimá-lo a uma solução.* **2** ordenar: *intimar o morador a realizar o conserto.* **3** (Jur.) fazer notificação judicial; convocar: *O juiz intimou-o para a audiência.*

in.ti.mi.da.ção *s.f.* ação de intimidar; amedrontamento; temor: *usam a força como forma de intimidação.*

in.ti.mi.da.de *s.f.* **1** qualidade do que é íntimo; relação estreita: *grau de intimidade entre primos.* **2** comportamento atrevido; abuso: *Dispenso a intimidade.* **3** vida íntima; vida doméstica: *Gozo da intimidade acolhedora desta casa.* **4** vida interior; íntimo: *Respeito a intimidade dos outros.* **5** trato íntimo; afetuosidade: *Uma estranha intimidade se estabelecera entre eles.* **6** conhecimento íntimo; familiaridade: *Todos sabiam da minha intimidade com a informática.*

in.ti.mi.dar *v.t.* **1** amedrontar; aterrorizar: *Os latidos dos cães estavam intimidando as vacas.* **2** impedir: *intimidar a ação dos assaltantes.* **3** constranger; inibir: *A presença de estranhos sempre o intimida.* • *pron.* **4** amedrontar-se; aterrorizar-se: *A candidata se intimidou diante da banca.*

in.ti.mis.mo *s.m.* expressão artística dos mais íntimos sentimentos: *Aprecio o intimismo das canções da bossa nova.*

in.ti.mis.ta *adj.2g.* **1** que se liga ao íntimo das pessoas: *A prece cria um clima intimista entre o crente e o Criador.* **2** relativo ao intimismo: *desenvolveu um estilo intimista.*

ín.ti.mo *s.m.* **1** âmago; imo; fundo: *No íntimo, ficou satisfeito.* • *adj.* **2** pessoal; particular; privado: *Cartas íntimas.* **3** que diz respeito ao sâmago de uma pessoa:

intimorato

Elas registram nos diários seus íntimos segredos. **4** estreitamente ligado por afeição e confiança: *bateu no meu ombro, fazendo-se íntimo.*

in.ti.mo.ra.to *adj.* sem temor; corajoso; destemido: *Colombo foi um conquistador intimorato.* // Cp.: intemerato.

in.ti.tu.lar *v.t.* **1** dar título; denominar: *Intitulei a redação de* Autoanálise. • *pron.* **2** denominar-se: *Ele se intitulava líder da banda.*

in.to.cá.vel *s.2g.* **1** pessoa que tem garantia de impunidade: *impunidade garantida aos intocáveis do sistema.* • *adj.* **2** em que não se pode tocar. **3** que não pode ser mudado ou alterado: *As leis não são imutáveis nem intocáveis.* **4** inatacável; ilibado: *Sua conduta é intocável.*

in.to.le.rân.cia *s.f.* **1** falta de tolerância; intransigência: *A intolerância só dificulta as mudanças.* **2** (Med.) incapacidade que um organismo tem de ser submetido a um agente químico: *intolerância às penicilinas.*

in.to.le.ran.te *adj.2g.* que não é tolerante; intransigente; inflexível.

in.to.le.rá.vel *adj.2g.* que não pode ser tolerado; insuportável: *remédio de sabor intolerável.*

in.to.xi.ca.ção /ks/ *s.f.* ato ou efeito de intoxicar(-se): *sofreu intoxicação alimentar.*

in.to.xi.car /ks/ *v.t.* **1** envenenar com substância tóxica: *Fertilizantes intoxicam os alimentos.* **2** incomodar; irritar: *Aquela conversa sem fim me intoxicava.* • *pron.* **3** envenenar-se pela absorção de substância tóxica.

in.tra.du.zí.vel *adj.2g.* **1** que não pode ser traduzido em outra língua: *Guimarães Rosa usa vocábulos praticamente intraduzíveis.* **2** que não se pode exprimir; indizível: *Era uma sensação intraduzível.*

in.tra.fe.gá.vel *adj.2g.* intransitável: *As ruas da região ficaram intrafegáveis.*

in.tra.gá.vel *adj.2g.* **1** que não se pode comer ou beber; de gosto insuportável: *receitou um medicamento intragável.* **2** (Fig) difícil de suportar: *Engoli uma sucessão intragável de desaforos.*

in.tra.mus.cu.lar *adj.2g.* que se realiza ou se verifica no interior dos músculos: *injeção intramuscular.*

in.tran.qui.li.da.de (qüi) *s.f.* falta de tranquilidade; inquietação: *O terrorismo causou intranquilidade aos turistas.*

in.tran.qui.li.zar (qüi) *v.t.* deixar intranquilo; causar apreensão a; inquietar: *Intranquilizaram a população pacata e ordeira.*

in.tran.qui.lo (qüi) *adj.* que não está tranquilo; agitado; irrequieto; sem serenidade; preocupado.

in.trans.fe.rí.vel *adj.2g.* que não se pode transferir; inalienável.

in.tran.si.gên.cia *s.f.* inflexibilidade; intolerância: *A guerra foi consequência da intransigência entre líderes tribais.*

in.tran.si.gen.te *adj.2g.* que não transige; rigoroso nos princípios; intolerante: *Mamãe aceitava tudo, porém, às vezes, tornava-se intransigente.*

in.tran.si.tá.vel *adj.2g.* por onde não se pode passar: *Forte aguaceiro tornou a cidade intransitável.*

in.tran.si.ti.vi.da.de *s.f.* (Gram.) caráter de um verbo intransitivo.

in.tran.si.ti.vo *adj.* (Gram.) diz-se do verbo que pode conter em si toda a significação do predicado sem acréscimo de objeto: Nascer *é verbo intransitivo.*

in.trans.po.ní.vel *adj.2g.* **1** que não se pode transpor; por que não se passa: *A praça virou um matagal quase intransponível.* **2** que não pode ser superado; invencível: *A diferença entre elite e povo é praticamente intransponível.*

in.tra.tá.vel *adj.2g.* **1** que não é tratável: *doença intratável.* **2** de convivência difícil; não sociável: *era uma pessoa intratável.*

in.tra.ve.no.so (ô) *adj.* que se realiza ou se verifica no interior das veias: *injeção intravenosa.*

in.tre.pi.dez *s.f.* qualidade do que é intrépido; coragem: *A intrepidez é uma característica dos salva-vidas.*

in.tré.pi.do *adj.* **1** corajoso; destemido: *a chegada dos intrépidos lusitanos.* **2** impetuoso; arrebatado: *a regência do intrépido maestro.*

in.tri.car *v.t.* e *pron.* intrincar.

in.tri.ga *s.f.* **1** bisbilhotice; mexerico; fuxico: *Uma intriga acabou com uma amizade de longa data.* **2** maquinação; enredo para obter vantagem ou prejudicar alguém: *A intriga contra ele começa a dar frutos.*

in.tri.gan.te *adj.2g.* **1** que deixa as pessoas intrigadas; curioso; desafiador: *A resposta é intrigante.* **2** que faz intrigas; enredeiro: *Astuto e intrigante, fingia-se útil.*

in.tri.gar *v.t.* **1** excitar a curiosidade de; deixar desconfiado: *Você sempre me intrigou.* **2** tornar malquisto; criar inimizade: *Tentam intrigar-me com o pessoal da oposição.* • *pron.* **3** ficar curioso, desconfiado ou preocupado: *Ninguém se intrigou com a presença dos policiais.* • *int.* **4** fazer intrigas; mexericar: *Tanto intrigaram que Rosa foi tirar o caso a limpo.*

in.trin.car *v.t.* **1** tornar emaranhado; enredar; embaraçar: *intrincar os fios de lã.* **2** tornar confuso; complicar. • *pron.* **3** emaranhar-se; enredar-se. **4** tornar-se confuso; complicar-se: *A situação intrincou-se.*

in.trín.se.co *v.t.* **1** que faz parte de ou constitui uma coisa e lhe é próprio; inerente: *O poeta percebe a beleza e o sentido intrínseco das palavras.* **2** diz-se do valor que objetos possuem independentemente de qualquer convenção: *O valor intrínseco de uma obra de arte.*

in.tro.du.ção *s.f.* **1** ato de introduzir; inclusão; acréscimo: *O chefe propõe a introdução de novos ingredientes no prato.* **2** parte de um texto que introduz o assunto a ser tratado; parte inicial de uma obra; prefácio: *A introdução esclareceu os objetivos da pesquisa.*

in.tro.du.tor (ô) *s.m.* **1** aquele que introduz. **2** que introduz algo ou alguém.

in.tro.du.tó.rio *adj.* que serve de introdução; inicial: *capítulo introdutório.*

in.tro.du.zir *v.t.* **1** fazer entrar; levar para dentro: *Façam introduzir as visitas.* **2** enfiar; colocar dentro: *introduzir a sonda na terra.* **3** fazer desenvolver-se; instalar: *introduzir atividades artesanais nas ilhas.* **4** fazer adotar; criar; implantar: *introduzir o parlamentarismo no país.* **5** incluir; incorporar: *Nem sempre há necessidade de introduzir termos estrangeiros na língua.* **6** iniciar; fazer ficar versado: *introduzir a criança no mundo dos números.* • *pron.* **7** penetrar; entrar: *A água se introduzia nas rachaduras.*

in.troi.to (ói) *s.m.* **1** introdução; abertura. **2** oração com que o padre dá início à missa católica.

inválido

in.tro.je.ção *s.f.* **1** penetração; introdução: *É uma peça musical com profundas introjeções sonoras.* **2** (Sociol.) processo pelo qual uma pessoa incorpora, inconscientemente, atitudes, comportamentos e valores de outras pessoas.

in.tro.je.tar *v.t.* incorporar inconscientemente: *As pessoas já introjetaram a ideia de que morte violenta é natural.*

in.tro.me.ter *v.t.* **1** fazer entrar: *intrometeu sua opinião na conversa* • *pron.* **2** pôr-se no meio de: *Intrometeu-se na multidão.* **3** intervir; ingerir-se; imiscuir-se: *Lá vem o homem se intrometer em vida alheia.*

in.tro.me.ti.do *s.m.* **1** que se mete no que não lhe diz respeito; metido: *O vendedor foi meio intrometido.* • *adj.* **2** pessoa que se intromete no que não lhe diz respeito: *Quem é esse sujeito intrometido?*

in.tro.mis.são *s.f.* ato de intrometer-se; interferência indevida, indesejada ou incomum: *Fiquei aborrecida com a intromissão desses estranhos em minha casa.*

in.tros.pec.ção *s.f.* observação dos próprios processos mentais; descrição da própria experiência pessoal: *O melhor método para o autoconhecimento é a introspecção.*

in.tros.pec.ti.vo *adj.* **1** que se volta para seus próprios processos mentais: *tem índole introspectiva.* **2** em que há introspecção: *Escrevi uma crônica introspectiva.*

in.tro.ver.são *s.f.* **1** ato de voltar-se para dentro de si mesmo. **2** (Psic.) estado em que os interesses se dirigem sobretudo para as experiências íntimas da pessoa, suas ideias e sentimentos, mais do que para os fatos externos, objetos ou pessoas.

in.tro.ver.ti.do *s.m.* **1** pessoa voltada para si mesma, que não se abre ao mundo exterior: *chegava no seu passo curto de introvertido.* • *adj.* **2** voltado para si mesmo; absorto: *Ele é uma pessoa introvertida, de difícil diálogo.*

in.tru.jão *s.m.* pessoa que se imiscui com outras pessoas para explorá-las; trapaceiro: *Os intrujões enganaram os incautos.*

in.tru.so *s.m.* **1** elemento estranho: *Os animais percebem a presença de intrusos na floresta e fogem.* • *adj.* **2** que se introduz em um lugar, um cargo, sem qualidade para tal ou sem convite: *Expulsou as pessoas intrusas de sua festa.*

in.tu.i.ção *s.f.* **1** conhecimento imediato e claro, que não passa pelo raciocínio; sexto sentido: *Nem a intuição de alguém responderia a essa pergunta.* **2** conhecimento preliminar, prévio; pressentimento: *Tive a intuição de que uma coisa boa ia acontecer.*

in.tu.ir *v.t.* concluir por intuição; perceber: *É possível intuir o que acontecerá em seguida.*

in.tu.i.ti.vo *s.m.* **1** pessoa dotada de grande intuição: *Esse escritor é um intuitivo e saberá captar a personalidade do leitor.* • *adj.* **2** percebido, sentido ou fundado na intuição: *Foi movida por um pensamento intuitivo.* **3** dotado de intuição: *Ele é autodidata e é um cara intuitivo.* **4** percebido pela intuição; evidente; claro: *Penetra no significado intuitivo de cada termo.*

in.tui.to *s.m.* intento; objetivo: *Depôs com o intuito de inocentá-la.*

in.tu.mes.cer *v.int.* inchar; aumentar de volume: *Seu ventre começou a intumescer.*

in.tu.mes.ci.men.to *s.m.* intumescência; inchaço.

i.nu.ma.no *adj.* **1** alheio ao sentimento de humanidade; desumano; cruel: *trabalho inumano.* **2** desprovido desse sentimento: *As condições inumanas do trabalho na fazenda foram denunciadas.*

i.nu.me.rá.vel *adj.2g.* **1** que não se pode numerar ou contar; inúmero: *Uma inumerável quantidade de fãs esperava o cantor.* **2** muito numeroso; abundante: *Áreas já demarcadas sofrem inumeráveis invasões.*

i.nú.me.ro *adj.* que não se pode numerar ou contar; inumerável.

i.nun.da.ção *s.f.* **1** enchente; cheia; alagamento: *Haverá inundação parcial dos continentes.* **2** ocupação por um líquido: *inundação dos alvéolos pulmonares por líquido amniótico.* **3** afluência maciça de pessoas ou animais: *Há uma inundação de artistas em torno dos candidatos.*

i.nun.dar *v.t.* **1** fazer ficar alagado, coberto de água: *A água barrenta inundou a plantação.* **2** encher completamente; ocupar inteiramente: *Os turistas inundaram a ilha.* **3** molhar; ensopar: *O suor lhe inundava a camisa.* • *int.* transbordar: *Na última chuva, os rios inundaram.* • *pron.* **4** ensopar-se; ficar banhado: *Os olhos se inundavam de lágrimas.* **5** ficar cheio; povoado: *A fronteira inundou-se de gringos.* **6** espalhar-se; alastrar-se: *A sala inundou-se do cheiro de gordura.*

i.nu.si.ta.do *s.m.* **1** caráter inusitado que não é usual; estranheza; excentricidade: *O inusitado da situação desperta-lhe curiosidade.* • *adj.* **2** que não é usual; incomum: *A inusitada agressão assustou os moradores do prédio.* **3** diferente do comum; estranho; insólito: *Os mais inusitados personagens foram criados pelo ator.*

i.nú.til *s.2g.* **1** pessoa sem préstimo: *Ele virou um inútil.* • *adj.* **2** que não tem nenhuma utilidade; que não serve para nada: *O sistema não é de todo inútil.* **3** desnecessário; dispensável: *É inútil usar ingredientes importados em receita tão comum.* **4** vão; ineficaz: *Foi inútil toda minha paciência.* **5** sem préstimo; incapaz; improdutivo: *Não quero ficar inútil.*

i.nu.ti.li.da.de *s.f.* **1** falta de utilidade. **2** ineficácia: *Depressa percebeu a inutilidade do seu esforço.*

i.nu.ti.li.zar *v.t.* **1** danificar; destruir: *Uma mancha de tinta inutilizou todas as folhas do talão de cheques.* **2** tornar inútil; frustrar: *Esse ódio absurdo inutilizou seus planos.* **3** deixar inapto para a atividade; incapacitar: *A doença inutilizou o trabalhador.*

in.va.dir *v.t.* **1** apossar-se, por operação dirigida; promover a invasão; ocupar por ação organizada: *Os árabes invadiram a península Ibérica.* **2** cobrir; infestar: *O mato invadia os quintais.* **3** entrar intempestiva ou violentamente; penetrar: *Um ladrão poderia ter invadido nossa casa.* **4** apossar-se; dominar: *A paz invadirá sua alma.*

in.va.li.dar *v.t.* **1** tirar a validade de; tornar nulo; anular: *Isso não invalida minha afirmação.* **2** tornar inválido ou imprestável para o desempenho de uma atividade: *A moléstia invalidou-o.* • *pron.* **3** perder a validade; anular-se: *Invalidou-se ao ficar doente.*

in.va.li.dez *s.f.* estado de quem é inválido; incapacidade: *Não quer aposentar-se por invalidez.*

in.vá.li.do *s.m.* **1** pessoa que está incapacitada para o trabalho por alguma deficiência; paralítico: *Estendeu o direito de gratuidade nos ônibus aos inválidos.* • *adj.*

invariabilidade

2 que não vale nada; nulo: *É um documento inválido.* **3** impossibilitado de trabalhar por motivo de doença ou mutilação física: *O pedreiro ficou inválido.*

in.va.ri.a.bi.li.da.de *s.f.* imutabilidade.

in.va.ri.á.vel *adj.2g.* que não varia; imutável; constante.

in.va.são *s.f.* **1** ato de invadir; ocupação violenta: *Não houve invasão de domicílio.* **2** intromissão: *Não acho que conselho de irmã seja invasão.* **3** chegada ou entrada ininterrupta: *Está havendo uma invasão de carros importados.*

in.va.sor (ô) *s.m.* **1** aquele que invade ou conquista um território: *Olinda e Recife caíram nas mãos do invasor holandês.* • *adj.* **2** que invade um lugar; que vai ganhando espaço: *capina todo o mato invasor.*

in.vec.ti.va *s.f.* série de palavras ofensivas contra alguém ou algo; discurso violento: *Nem todos temiam novas invectivas dos candidatos opositores.*

in.vec.ti.var *v.t.* **1** lançar invectivas contra alguém ou algo; acusar; injuriar: *Ele descarregava sua cólera invectivando o empregado.* **2** lançar-se com censuras ou acusações: *Sua família invectivava contra a escravidão.*

in.ve.ja (é) *s.f.* **1** desgosto ou pesar pelo bem ou pela felicidade de outrem: *olhou a vizinha com inveja.* **2** desejo violento de possuir o bem alheio: *via inveja nos olhos dos amigos.*

in.ve.jar *v.t.* **1** ter inveja de: *Não falta quem nos inveje.* **2** ter desejo de possuir; desejar para si; cobiçar: *Eu invejava aqueles sapatos macios.*

in.ve.já.vel *adj.2g.* **1** que se pode invejar; digno de inveja: *O país é invejável pelo valor do seu povo.* **2** apreciável; valioso: *talento invejável.*

in.ve.jo.so (ô) *s.m.* **1** pessoa cheia de inveja: *Isso é invenção de invejosos.* • *adj.* **2** que tem muita inveja: *Fujo de colegas invejosos.*

in.ven.ção *s.f.* **1** ato de inventar; criação: *invenção do futebol moderno.* **2** coisa imaginada ou inventada com astúcia ou má-fé; maquinação: *Os escândalos eram invenção da imprensa.* **3** imaginação; fantasia: *Aquilo era invenção de criança.*

in.ven.ci.bi.li.da.de *s.f.* qualidade do que é invencível; estado de invicto: *A seleção de vôlei perdeu a invencibilidade.*

in.ven.ci.o.ni.ce *s.f.* ato inventado; embuste: *Com invencionices tolas não se chega ao que é importante.*

in.ven.cí.vel *adj.2g.* **1** que não pode ser vencido ou dominado: *Sua força é invencível.* **2** que não se pode eliminar ou fazer desaparecer: *O invencível fogo se alastrava.*

in.ven.tar *v.t.* **1** criar algo novo; descobrir; conhecer: *Einstein inventou a teoria da relatividade.* **2** imaginar; idealizar: *inventou uma viagem ao redor do mundo.* **3** dizer mentindo; forjar: *Ele inventou que era dono da loja.* **4** decidir; resolver: *inventou de trocar o piso.*

in.ven.ta.ri.an.te *s.2g.* **1** (Jur.) pessoa que, mediante compromisso legal, tomado por termo, procede ao inventário dos bens deixados por uma pessoa falecida: *Deixamos os documentos com o inventariante do banco.* **2** pessoa que arrola bens: *É a inventariante da declaração do espólio do marido.*

in.ven.ta.ri.ar *v.t.* fazer o inventário de; relacionar; arrolar: *Os pesquisadores estão inventariando a obra toda do genial músico.*

in.ven.tá.rio *s.m.* **1** relação de bens deixados por uma pessoa falecida: *O inventário só foi concluído anos depois de sua morte.* **2** listagem discriminada; registro: *Pessoas maçantes vivem fazendo inventário de seus infortúnios.*

in.ven.ti.va *s.f.* talento inventivo; inventividade; criatividade: *Mocinho cheio de inventivas.*

in.ven.ti.vi.da.de *s.f.* capacidade criativa; criatividade; inventiva.

in.ven.ti.vo *adj.* criativo; imaginoso: *um rapaz de gênio inventivo.*

in.ven.to *s.m.* coisa nova criada ou concebida no campo da ciência, da tecnologia ou das artes; invenção: *só falta a industrialização do seu invento.*

in.ven.tor (ô) *s.m.* **1** pessoa que faz invenção: *Santos Dumont foi o inventor do avião.* • *adj.* **2** que inventa: *As escolas técnicas incentivam o gênio inventor dos estudantes.*

in.ver.da.de *s.f.* falsidade; mentira.

in.ve.rí.di.co *adj.* não verídico; falso.

in.ver.na.da¹ *s.f.* inverno rigoroso; tempo invernoso: *Amyr Klink lançou um livro sobre sua invernada solitária na Antártica.*

in.ver.na.da² *s.f.* (Bras.) designação comum a certas pastagens rodeadas de obstáculos, onde se guarda o gado para descanso e engorda: *Aluguei a invernada para um fazendeiro.*

in.ver.nis.ta *s.2g.* pessoa que se dedica à engorda de animais para o talho: *Esses reprodutores são adquiridos pelos invernistas para melhorar a qualidade da carne.*

in.ver.no (é) *s.m.* **1** estação mais fria do ano, que se estende entre 21 de junho e 21 de setembro, no hemisfério sul, e 21 de dezembro e 20 de março, no hemisfério norte. **2** (Bras.) período das chuvas no Nordeste do Brasil.

in.ve.ros.si.mil *s.m.* **1** caráter do que é inverossímil; inverossimilhança; incredibilidade: *O inverossímil faz parte da vida dos personagens no Sítio do Picapau Amarelo.* • *adj.2g.* **2** que não é verossímil; que não parece verdade; inacreditável; improvável: *A documentação desse sequestro parece hoje inverossímil.*

in.ve.ros.si.mi.lhan.ça *s.f.* falta de verossimilhança; improbabilidade: *A inverossimilhança não impediu que a obra fosse apreciada.*

in.ver.são *s.f.* **1** disposição de elementos em sentido contrário; reversão: *Defender o "jeitinho brasileiro" é promover uma inversão de valores.* **2** investimento: *A inversão em bois de corte foi de milhares de dólares.*

• **inversão térmica** inversão no processo de circulação natural do ar, geralmente causada por agentes poluentes e caracterizada pela retenção do ar quente próximo da superfície.

in.ver.so (é) *s.m.* **1** aquilo que contraria; o oposto: *Faz o inverso do que a mãe pede.* **2** o lado avesso; reverso: *o inverso do tecido.* • *adj.* **3** invertido; contrário; oposto: *Pegamos o sentido inverso ao indicado.*

in.ver.te.bra.do *s.m.* **1** animal que não tem vértebras: *Alguns invertebrados entram na alimentação indígena.* • *adj.* **2** sem vértebras: *animais invertebrados.*

in.ver.ter *v.t.* **1** mudar (o sentido, a ordem ou a direção de); virar ao contrário: *É impossível inverter a tendência histórica.* **2** aplicar; investir: *O empresário rural inverte seu capital na compra de mais terras.* • *pron.* **3** mudar de sentido, ordem ou direção; virar ao contrário: *Até as 8 horas, as mãos de direção das ruas se invertem.* // Pp.: invertido; inverso.

in.vés s.m. o lado oposto; reverso. ♦ **ao invés** ao contrário: *Ao invés de se alegrar, ele entristeceu-se.*

in.ves.ti.da s.f. ataque; arremetida: *Estamos confiantes na investida contra a miséria.*

in.ves.ti.dor (ô) s.m. pessoa que faz investimentos; aplicador de recursos financeiros: *Quanto maior o ganho, maior o risco do investidor.*

in.ves.ti.du.ra s.f. processo pelo qual uma pessoa fica investida de um determinado cargo ou função; posse: *O policial é autoridade nos limites da sua investidura legal.*

in.ves.ti.ga.ção s.f. 1 pesquisa: *investigação sobre o inconsciente.* 2 indagação minuciosa; inquirição: *investigação do atentado.* 3 busca minuciosa; averiguação: *investigação na contabilidade da empresa.*

in.ves.ti.ga.dor (ô) s.m. 1 pessoa que tem, na polícia, a seu cargo investigar oficialmente fatos: *O investigador achou o carro usado pelos ladrões.* ● *adj.* 2 que investiga: *Criou-se uma comissão investigadora no Congresso.* 3 inquiridor; perscrutador: *um olhar investigador.*

in.ves.ti.gar v.t. 1 fazer investigação de; pesquisar: *Ninguém se deu ao trabalho de investigar o caso.* 2 examinar atentamente; analisar: *Investiguei atentamente cada arquivo.* 3 submeter a investigação; buscar informações sobre; inquirir: *O setor de pessoal investigou os candidatos.*

in.ves.ti.men.to s.m. emprego de capital; aplicação de recursos financeiros: *O investimento em caderneta de poupança rendeu pouco.*

in.ves.tir v.t. 1 dar encargo a; encarregar: *A farda investe os militares de defensores de nossas fronteiras.* 2 dar posse a; empossar: *Os que me investiram neste cargo prometeram apoio irrestrito.* 3 empregar para obter rendimento; aplicar: *Nenhum produtor vai investir dinheiro em trator.* 4 fazer investida; atacar: *O boi investiu contra a plateia.* ● *pron.* 5 tomar para si; encarregar-se: *Investiu-se das responsabilidades inerentes ao seu cargo.*

in.ve.te.ra.do adj. 1 muito antigo; de velha data: *É o maior fã desse sambista inveterado.* 2 arraigado; crônico: *É até hoje um inveterado boêmio.*

in.vi.a.bi.li.da.de s.f. impossibilidade de consecução ou realização: *O médico explicou a inviabilidade do procedimento cirúrgico.*

in.vi.a.bi.li.zar v.t. 1 tornar inviável; impossibilitar: *A proposta dos patrões inviabilizou o fim imediato da greve.* ● *pron.* 2 tornar-se inviável: *A execução da obra se inviabilizou.*

in.vi.á.vel adj.2g. que não é viável; inexequível: *Às vezes, acho que é inviável fazer teatro.*

in.vic.to adj. que nunca sofreu derrota: *O time ficou invicto por quarenta dias.*

in.vi.o.la.bi.li.da.de s.f. 1 impossibilidade de violação, transgressão ou infringência: *Defende com ardor a inviolabilidade de nossos direitos.* 2 (Jur.) prerrogativa pela qual um lugar ou uma pessoa ficam fora da ação da Justiça; imunidade.

in.vi.o.lá.vel adj.2g. 1 que não pode ou não deve ser violado: *Mala diplomática é um receptáculo inviolável da correspondência oficial.* 2 que deve ser resguardado: *O Papa pediu que seja inviolável a observância dos dias santos.* 3 (Jur.) que está legalmente protegido contra qualquer violência e acima de qualquer poder: *A propriedade privada é inviolável.*

ionização

in.vi.si.bi.li.da.de s.f. qualidade do que é invisível.

in.vi.sí.vel s.m. 1 caráter do que não é visível: *os mistérios do invisível.* ● *adj.2g.* 2 que não pode ser visto; não percebido pela visão: *A partícula é praticamente invisível ao microscópio óptico.* 3 que não é do domínio da visão: *Levado por uma força invisível, passei pelo seu portão.*

in.vo.ca.ção s.f. 1 ato de invocar; chamamento; apelo: *Vive da invocação nostálgica de tempos antigos.* 2 pedido de socorro e proteção: *Iniciamos com a invocação ao Espírito Santo.* 3 (Jur.) recurso; alegação: *O juiz não admitiu invocação de direito adquirido.* 4 na poesia épica, em geral, nos versos iniciais, rogo ou súplica às musas ou deusas.

in.vo.car v.t. 1 chamar em socorro; rogar: *Certamente invocaria as almas do purgatório.* 2 recorrer a: *Invocando a legislação em vigor, declarou não poder ajudar.*

in.vo.lu.ção s.f. processo regressivo; regressão: *deve usar o antibiótico para a involução das lesões.*

in.vó.lu.cro s.m. tudo aquilo que envolve ou cobre; envoltório; cobertura; revestimento: *O invólucro da maleta será de couro macio.*

in.vo.lu.ir v.int. sofrer involução; regredir: *As ferrovias involuíram.*

in.vo.lun.tá.rio adj. 1 que não é voluntário; independente da vontade; automático; espontâneo: *Fez um gesto involuntário e foi mal entendido.* 2 forçado; obrigado: *Foi testemunha involuntária do delito.*

in.vul.gar adj.2g. que não é vulgar; raro; diferente: *Tem beleza invulgar.*

in.vul.ne.ra.bi.li.da.de s.f. qualidade daquilo que é invulnerável; inatingibilidade: *As contradições do parecer aumentavam nossa invulnerabilidade.*

in.vul.ne.rá.vel adj.2g. 1 que não é vulnerável; inatacável: *Ele é dotado de uma personalidade invulnerável.* 2 que não pode ser ferido, destruído ou morto: *Foi apresentado como um acrobata invulnerável.*

i.o.do (ô) s.m. (Quím.) elemento químico pertencente aos halogênios, sólido, cristalino, violeta-escuro, que forma diversos compostos. // Símb.: I; N. Atom.: 53.

i.o.ga (ó ou ô) s.f. 1 sistema místico-filosófico originário da Índia, o qual procura, por meio de exercícios físicos e mentais, o domínio do espírito sobre a matéria e a união com a divindade. 2 prática desses exercícios: *As aulas de ioga ajudaram-na a desenvolver a concentração.*

i.o.gue (ó) s.m. 1 pessoa que pratica ioga: *Alfa é a frequên-cia preferida pelos iogues.* ● *adj.2g.* 2 relativo à ioga: *filosofia iogue.*

i.o.gur.te s.m. coalhada feita de leite fervido, obtida por meio de fermentos especiais.

io.iô s.m. brinquedo de mão constituído por uma peça cilíndrica em forma de disco que sobe e desce sucessivamente, pela ação de enrolar e desenrolar um cordão preso a ela.

í.on s.m. (Fís.) átomo ou grupo atômico que ganhou ou perdeu elétrons.

i.o.ni.za.ção s.f. (Fís.) processo por meio do qual um átomo perde ou ganha elétrons para formar íons.

ionizante

i.o.ni.zan.te *adj.2g.* que sofreu ionização; em que houve formação de íons: *Curso de segurança no trabalho para prevenir efeitos nocivos das radiações ionizantes.*

i.o.ni.zar *v.t.* (Fís.) formar íons em.

i.o.nos.fe.ra (é) *s.f.* camada grandemente ionizada da alta atmosfera.

i.o.ru.ba *s.2g.* **1** indivíduo dos iorubas. • *pl.* **2** povo negro sudanês que habita o sudoeste da Nigéria, especificamente em Benim e Togo. • *adj.2g.* **3** relativo ao ioruba; iorubano. //Var.: iorubá.

i.o.ru.ba.no *s.m.* ioruba.

i.pê *s.m.* (Bot.) designação comum a uma família de árvores de lenho resistente e ornamentais devido à floração belíssima; pau-d'arco.

íp.si.lon *s.m.* **1** vigésima letra do alfabeto grego. **2** nome da letra *y.*

i.que.ba.na *s.f.* **1** arte japonesa de fazer arranjos florais: *A iquebana surgiu como uma oferenda e hoje é sinal de respeito.* **2** arranjo feito com essa técnica: *No portal japonês há exposições de iquebana.*

ir *v.t.* **1** pôr-se na direção de; deslocar-se: *Vou à casa do compadre.* **2** fazer uso; recorrer: *Só ia ao pai em último recurso.* **3** iniciar; começar: *Vamos ao assunto.* **4** seguir; caminhar; andar: *Íamos pela calçada conversando.* **5** passar-se em; suceder em; ocorrer em: *A asma pode ser o resultado de tudo que vai pelo seu íntimo.* **6** atacar; investir: *Ir contra eles é perder tempo.* **7** assentar; combinar: *Essa blusa vai com muitas saias.* **8** vestir-se; caracterizar-se: *Você vai de freira e eu vou de pirata.* **9** haver; existir: *e não vai nisso nenhuma ofensa.* **10** chegar; atingir: *A revolta irá até a luta armada.* **11** passar gradualmente: *Exerceu a atividade jornalística, indo de revisor a redator-chefe.* **12** estar situado; estender-se: *Os varais vão desde a parede da copa até o muro da vizinha.* **13** estar próximo: *O mestre ia pelos 60 anos.* **14** ser; estar: *A medida vai contra a Constituição.* • *pron.* **15** perder-se; acabar-se: *Com a leitura vão-se as angústias.* **16** ir-se embora; afastar-se: *Ela ainda não se foi.* **17** morrer: *Quando eu me for, não quero que joguem fora meus livros.* • *pred.* **18** suceder; correr: *Tudo ia bem até que houve uma vítima.* **19** sair-se; dar-se: *O filho mais velho ia mal nos estudos.* **20** decorrer; transcorrer: *Os negócios vão mal.* • *int.* **21** movimentar-se; mover-se: *Seus olhos iam e voltavam.* • *lig.* **22** alcançar uma posição: *A conta vai alta.* • *aux.* **23** indica futuro: *Que mundo nossas filhas vão enfrentar?* **24** marca o início daquilo que o gerúndio expressa: *Ia entrando nos pormenores, quando chegou a comadre.* **25** marca o desenvolvimento daquilo que o gerúndio expressa: *Os filhos vão se afastando cada vez mais.* **26** indica ordem: *Vá buscar pão.* **27** indica negação enfática: *Vá a gente entender os artistas.* **28** indica suposição: *Vamos que ela tenha febre à noite.* **ir adiante** continuar; desenvolver-se: *O projeto não foi adiante.* **ir além de** ultrapassar: *A festa não vai além das oito horas.* **ir ao ar** ser transmitido pelo rádio ou TV: *Estas cenas vão ao ar a partir do sábado.* **ir atrás de** (i) dar ouvidos; acreditar em: *Não vá atrás de intrigas.* (ii) seguir: *O cachorro foi atrás de mim até a esquina.* **ir de mal a pior** piorar muito: *Na casa dele a coisa ia de mal a pior.* **ir longe** (i) referindo-se a pessoas, faz previsão de sucesso ou progresso: *É uma atriz que vai longe.* (ii) referindo-se a ações ou eventos, constata duração longa: *A crise vai longe.* **ir para o brejo** perder-se: *Se ficar defasada, a receita dos agricultores vai para o brejo.* **ir por alguém** seguir os conselhos ou modos de alguém: *É imatura e vai pelos amigos.* **ir tempo** demorar: *Até ele dar uma resposta, vai tempo.* **lá se vai** (Coloq.) expressa a facilidade com que se perde alguma coisa: *E lá se vai a promoção.*

i.ra *s.f.* **1** cólera; ódio; raiva; indignação: *Lágrimas de ira brotavam dos seus olhos.* **2** desejo de vingança: *Provocou a ira dos deuses e foi castigado.*

i.ra.ni.a.no *s.m.* **1** natural ou habitante do Irã. • *adj.* **2** relativo ao Irã (Ásia).

i.ra.qui.a.no *s.m.* **1** natural ou habitante do Iraque. • *adj.* **2** relativo ao Iraque (Ásia).

i.rar *v.t.* **1** encher de ira; encolerizar; enfurecer: *Aquele cachorro em cima do sofá irava o pai.* • *pron.* **2** ficar cheio de ira; encolerizar-se: *irou-se com o barulho.*

i.ras.cí.vel *adj.* irritável; irritadiço; encolerizado: *Aborrecia-se com o irascível interlocutor.*

í.ris *s.f.* (Anat.) **1** membrana circular, colorida, com orifício central ou pupila, situada entre a córnea e a face anterior do cristalino: *A iridologia faz diagnóstico através da íris do paciente.* **2** (Bot.) erva de folhas carnosas, flores com cálices brancos e pétalas de diversas cores; lírio florentino.

ir.lan.dês *s.m.* **1** natural ou habitante da Irlanda (Europa). • *adj.* **2** relativo à Irlanda.

ir.mã *s.f.* **1** feminino de irmão. **2** freira; religiosa: *Aquela irmã é a mais jovem da irmandade.*

ir.ma.nar *v.t.* **1** unir; ligar: *Regras de solidariedade irmanam os navios em alto-mar.* **2** unir por laços de fraternidade; tornar como irmãos: *A convivência irmanou o jovem impaciente com o avô ranzinza.* • *pron.* **3** unir-se; aliar-se: *Todos nos irmanamos contra o abuso do chefe.*

ir.man.da.de *s.f.* **1** associação; confraria: *Havia muitas irmandades secretas.* **2** (Coloq.) conjunto de irmãos: *Mamãe era a mais moça de sua irmandade.*

ir.mão *s.m.* **1** filho do mesmo pai e da mesma mãe. **2** frade; religioso: *O irmão franciscano acende a vela do altar.* **3** cada um dos membros de uma confraria ou irmandade: *irmãos maristas.* **4** compatriota; companheiro: *Colaboração ao país e aos meus irmãos brasileiros.* **5** aquele que participa dos mesmos ideais, crenças ou da mesma sorte: *Ouvia seus irmãos de raça tocarem os búzios chamando os ventos.* • *adj.* **6** que está nas mesmas condições; amigo: *dois casos irmãos.* **7** que tem a mesma origem: *Nasceram dois mamoeiros irmãos.* ♦ **irmãos de leite** crianças de mães diferentes, mas amamentadas pela mesma mulher.

i.ro.ni.a *s.f.* **1** modo de exprimir-se que consiste em dizer o contrário daquilo que se está pensando ou sentindo, por pudor em relação a si próprio ou com intenção depreciativa e sarcástica em relação a outrem. **2** contraste entre aquilo que é e o que deveria ser: *As ironias da vida pregam-nos peças.* **3** zombaria; sarcasmo: *A história é cheia de humor e mesmo de ironia.*

i.rô.ni.co *adj.* **1** cheio de ironia; debochado: *A criança não percebe o tom irônico da professora.* **2** que encerra escárnio; sarcástico; zombeteiro: *Ele era irônico, divertia-se com os alunos.*

i.ro.ni.zar *v.t.* referir-se com ironia ou depreciativamente; zombar de: *O crítico ironizou a atuação do elenco.*

ir.ra.cio.nal *s.m.* **1** animal não dotado de razão: *É um irracional; por mais que seja esperto.* • *adj.* **2** não racional; contrário à razão: *A cultura maia foi dizimada por um conjunto de medidas irracionais.* **3** não dotado de razão; que não raciocina: *animal irracional.*

ir.ra.cio.na.li.da.de *s.f.* qualidade do que é irracional; falta de razão ou raciocínio; insensatez: *paz ameaçada pela irracionalidade da violência.*

ir.ra.di.a.ção *s.f.* **1** transmissão por rádio: *A irradiação do comício foi suspensa.* **2** emissão de raios: *irradiação ultravioleta.* **3** propagação; difusão: *irradiação da luz.* **4** difusão a partir de um centro ou ponto: *Brasília seria o centro da irradiação de progresso por todo o Brasil.* **5** aplicação de raios X ou outra radiação, com fins terapêuticos.

ir.ra.di.an.te *adj.2g.* **1** que se propaga em várias direções: *luz irradiante.* **2** fulgurante; muito vivo: *Seus quadros têm composições cromáticas irradiantes.* **3** que irradia ou emana: *sol irradiante.*

ir.ra.di.ar *v.t.* **1** emitir; espargir: *Estrelas irradiam luz própria.* **2** transmitir; demonstrar: *O rapaz irradia simpatia.* **3** difundir ou transmitir por meio radiofônico ou televisivo: *Havia alto-falantes irradiando as sessões da Câmara.* • *pron.* **4** emanar: *A luz se irradia do lustre de cristal.* **5** dispor-se na forma de raios: *As avenidas se irradiam da praça central.* **6** espalhar-se; difundir-se: *A notícia se irradiava para o restante da cidade.*

ir.re.al *s.m.* **1** aquilo que não é real; ficção; imaginário; fantasia: *É difícil saber onde começa o irreal.* • *adj.2g.* **2** sem existência real; imaginário: *A luz parecia irreal.* **3** desvinculado da realidade; que não tem as características da realidade: *Vivem num mundo irreal.* **4** não adequado à realidade; inverossímil: *Os preços são irreais.*

ir.re.a.li.da.de *s.f.* caráter ou qualidade do que é irreal; ficção: *O jogo de luz acentua o clima de irrealidade do cenário.*

ir.re.a.lis.mo *s.m.* **1** estado do que é irreal. **2** distanciamento da realidade: *Seria irrealismo desconhecer os novos problemas.*

ir.re.a.lis.ta *adj.2g.* que falta com a realidade; distanciado do real: *políticas tarifárias irrealistas.*

ir.re.a.li.zá.vel *adj.2g.* que não pode ser realizado; impraticável: *plano irrealizável.*

ir.re.con.ci.li.á.vel *adj.2g.* **1** que não se pode reconciliar: *são inimigos irreconciliáveis.* **2** que não se pode conciliar, aliar: *um irreconciliável choque de opiniões e de objetivos.*

ir.re.co.nhe.cí.vel *adj.2g.* que não pode ser reconhecido, de tão alterado ou desfigurado: *A banda desafinou tanto que tornou quase irreconhecível o Hino Nacional.*

ir.re.cor.rí.vel *adj.2g.* de que não se pode recorrer; inapelável: *A decisão do juiz era irrecorrível.*

ir.re.cu.pe.rá.vel *adj.2g.* **1** que não se pode recuperar: *O país não merece viver num atraso irrecuperável.* **2** que já não pode trazer de novo à realidade: *Vive de um passado lendário e irrecuperável.*

ir.re.cu.sá.vel *ad.2g.* que não se pode recusar; incontestável: *Recebeu uma proposta irrecusável.*

irresponsável

ir.re.du.tí.vel *adj.2g.* **1** que não pode ser reduzido: *preço irredutível.* **2** que não altera uma decisão tomada; firme; inflexível: *O pai continuava irredutível.* **3** que não se pode decompor, dividir: *fração irredutível.*

ir.re.fu.tá.vel *adj.2g.* que não pode ser refutado; inquestionável; incontestável: *Eles apresentaram prova irrefutável da existência dos dinossauros.*

ir.re.gu.lar *adj.2g.* **1** sem simetria ou harmonia; desequilibrado: *Ao longo do ano, suas notas foram irregulares.* **2** que vai contra praxes e padrões: *Homem de vida irregular, deu muitos aborrecimentos.* **3** contrário às leis ou à justiça; ilegal: *Na busca policial, nada de irregular foi encontrado.* **4** de tamanho ou forma variável ou desigual: *calçamento irregular.* **5** (Gram.) verbo que não se pauta exatamente pelo paradigma de sua conjugação.

ir.re.gu.la.ri.da.de *s.f.* **1** ato contrário às regras; procedimento irregular: *prática de irregularidades.* **2** desigualdade; falta de regularidade: *No interior, a irregularidade do povoamento é maior.* **3** desigualdade na superfície ou na forma: *irregularidade de um terreno.*

ir.re.le.vân.cia *s.f.* falta de relevância; falta de importância; insignificância: *O debate tornou-se viciado por absurdos e irrelevâncias.*

ir.re.le.van.te *adj.2g.* sem relevo; de pouca importância; irrisório: *um problema irrelevante.*

ir.re.me.di.á.vel *adj.2g.* que não tem remédio; inevitável: *sofre de irremediável solidão.*

ir.re.mo.ví.vel *adj.2g.* que não pode ser removido: *Ele tem um tumor irremovível.*

ir.re.pa.rá.vel *adj.2g.* **1** que não se pode reparar; de que não é possível retratação: *Aquele acidente foi a irreparável culpa de sua vida.* **2** irrecuperável: *A demora poderia resultar em paralisação irreparável do processo de produção.*

ir.re.pre.en.sí.vel *adj.2g.* **1** que não se pode ou se deve repreender: *Sua conduta era irrepreensível.* **2** sem falha; perfeito; puro: *É necessário que a sua conduta seja irrepreensível.*

ir.re.pri.mí.vel *adj.2g.* que não se pode reprimir, dominar: *uma curiosidade irreprimível.*

ir.re.qui.e.to (é) *adj.* **1** que não para; agitado: *Essa raça de cachorro é mesmo irrequieta.* **2** agitado; desassossegado: *Os olhos irrequietos vasculhavam os detalhes do quadro.*

ir.re.sis.tí.vel *adj.2g.* **1** a que não se pode resistir: *doces de aparência irresistível.* **2** belo; atraente; sedutor: *rapaz irresistível.*

ir.re.so.lu.to *adj.* **1** não resoluto; desprovido de decisão; hesitante: *As dificuldades podem torná-lo irresoluto.* **2** que não se resolveu; sem solução: *problemas irresolutos.*

ir.res.pi.rá.vel *adj.2g.* **1** que não se pode respirar; que é impróprio para a respiração: *ar irrespirável que se levanta do lixo.* **2** (Coloq.) insuportável: *O ambiente da reunião ficou cada vez mais irrespirável.*

ir.res.pon.sa.bi.li.da.de *s.f.* falta de responsabilidade; leviandade: *Acho muita irresponsabilidade deixar a criança sozinha.*

ir.res.pon.sá.vel *s.2g.* **1** pessoa sem responsabilidade de seus atos: *Teve prejuízos porque contratou um irresponsável para dirigir a firma.* • *adj.2g.* **2** que não responde por seus atos; leviano: *Um pai de família*

irrestrito

não pode ser irresponsável. **3** que se pratica sem responsabilidade: *Sua política irresponsável expulsou do país inúmeros cidadãos.*

ir.res.tri.to *adj.* **1** não restrito; sem restrições ou condicionamentos: *apoio irrestrito.* **2** ilimitado: *um número irrestrito de pedidos.*

ir.re.to.cá.vel *adj.2g.* que não necessita de retoque; acabado; perfeito: *Criou um espetáculo irretocável.*

ir.re.tra.tá.vel *adj.2g.* **1** de que alguém não se pode retratar: *Ofendeu-o de modo irretratável.* **2** irrevogável; imutável: *O diretor renunciou em caráter irretratável.*

ir.re.ve.rên.cia *s.f.* falta de reverência; falta de respeito ou de cerimônia: *A irreverência e a indiscrição aproximam os alienados das crianças.*

ir.re.ve.ren.te *s.2g.* **1** quem não se porta com civilidade; desrespeitoso: *O padre expulsou da igreja os irreverentes.* • *adj.2g.* **2** em que não há reverência: *Tratava seus inimigos de forma irreverente.* **3** que não respeita etiquetas: *Você acha o brasileiro um povo irreverente?*

ir.re.ver.sí.vel *adj.2g.* que não pode ser revertido; sem volta: *A velhice chega com mudanças irreversíveis.*

ir.re.vo.gá.vel *adj.2g.* que não se pode revogar; impossível de anular: *decisão irrevogável.*

ir.ri.ga.ção *s.f.* **1** rega artificial: *irrigação do solo.* **2** fluxo: *irrigação sanguínea no tecido corpóreo.*

ir.ri.gar *v.t.* **1** molhar por meio de irrigação; regar: *investir para irrigar a lavoura.* **2** (Fig.) alimentar; proporcionar incentivo: *O investimento volta a irrigar a indústria.* **3** fazer receber sangue: *A circulação sanguínea que irriga o ouvido não se refaz com facilidade.*

ir.ri.só.rio *adj.* **1** que envolve ou provoca zombaria: *Irrisórios foram as afirmações de que o custo de vida abaixou.* **2** muito pequeno; insignificante: *Presenteava-me com bonequinhas de custo irrisório.*

ir.ri.ta.bi.li.da.de *s.f.* **1** qualidade do que é irritável; estado de agitação: *alternava apatia e irritabilidade.* **2** propensão para se irritar: *Chegou com a irritabilidade que lhe era comum.* **3** (Med.) propriedade de um tecido ou órgão de reagir direta ou indiretamente a um estímulo: *Já há medicamentos que controlam a irritabilidade dos músculos cardíacos.*

ir.ri.ta.ção *s.f.* **1** (Med.) reação patológica da pele ou da mucosa a um agente externo: *O creme provocou irritação na pele.* **2** exasperação: *A irritação cresce com o barulho.*

ir.ri.ta.di.ço *adj.* que se irrita facilmente; irascível: *Não quero que meu filho cresça irritadiço.*

ir.ri.tan.te *adj.2g.* **1** que causa irritação ou inflamação: *substância irritante.* **2** que tem determinadas características que irritam as pessoas: *voz irritante.* **3** que deixa alguém irritado; que exaspera: *Obriga-nos a uma leitura penosa e irritante.*

ir.ri.tar *v.t.* **1** causar irritação a; encolerizar: *O melhor é não irritar o bebê.* **2** produzir irritação em: *A loção irritou sua pele.* • *pron.* **3** encolerizar-se; agastar-se: *A moça irrita-se com facilidade.*

ir.rom.per *v.t.* **1** chegar repentinamente; apresentar-se abruptamente: *Ele irrompeu na sala desesperado.* **2** dar início repentinamente: *A multidão irrompia em gritos de vingança.* **3** manifestar-se repentinamente; surgir: *Uma vaga desconfiança irrompera entre as irmãs.*

is.ca *s.f.* **1** engodo que se põe no anzol para apanhar peixe: *Pesca com isca de minhoca.* **2** engodo com que se atraem animais: *A leoa está sendo atraída por uma nova isca.* **3** (Cul.) corte de carne em tiras: *isca de fígado.*

is.car *v.t.* **1** pôr isca em: *Ficou um tempão iscando as varas.* **2** (Fig.) atrair: *As lojas iscam sua clientela com promoções.*

i.sen.ção *s.f.* **1** dispensa; liberação: *isenção tributária para os produtos agrícolas.* **2** estado ou condição de quem é isento; imparcialidade: *Esperamos que tenham isenção para julgar.*

i.sen.tar *v.t.* **1** livrar de culpa; eximir; inocentar: *Assumiu a culpa, isentando seus auxiliares.* **2** dispensar; livrar: *O convênio isenta alunos pobres da taxa de inscrição.*

i.sen.to *adj.* **1** livre; poupado; eximido: *O uso de analgésicos não é isento de riscos.* **2** não comprometido; desembaraçado: *As leis devem ser confiadas a um órgão técnico, isento de comprometimento político.*

is.lã *s.m.* **1** conjunto de povos que professam o islamismo. **2** islamismo.

is.lâ.mi.co *adj.* **1** referente ao islamismo: *calendário islâmico.* **2** natural de um país que professa o islamismo: *profeta islâmico.*

is.la.mis.mo *s.m.* a religião muçulmana ou maometana, que acredita num Deus único, Alá.

is.lan.dês *s.m.* **1** natural ou habitante da Islândia. • *adj.* **2** relativo à Islândia.

i.so.la.dor (ô) *s.m.* **1** (Eletr.) peça formada por material isolante onde se prendem os condutores a fim de não tocarem uns nos outros, ou nos suportes: *Só restaram cacos da louça dos isoladores.* **2** peça que se usa para diminuir o atrito de duas superfícies: *As cadeiras têm isoladores de borracha nos pés.* • *adj.* **3** que isola; isolante: *suporte isolador.*

i.so.la.men.to *s.m.* **1** ato pelo qual uma nação recusa participação em um conjunto. **2** segregação em relação a uma comunidade: *É aconselhável o isolamento do doente.* **3** separação com identificação: *O isolamento do vírus permitirá a descoberta da cura.* **4** afastamento físico; segregação espacial: *As escolas rurais pretendem solucionar o problema do seu isolamento.*

i.so.lan.te *s.m.* **1** material que funciona para impedir a passagem de: *As paredes foram revestidas com isolantes termoacústicos.* • *adj.2g.* **2** que impede a passagem de; que afasta: *fita isolante.*

i.so.lar *v.t.* **1** cercar de modo a impedir o acesso: *A polícia isolou o prédio.* **2** aplicar isolante; vedar: *isolar os fios da instalação.* **3** deixar só; não conviver com: *Os colegas isolaram-no.*

i.so.no.mi.a *s.f.* igualdade perante a lei, assegurada por princípio constitucional: *Pelo princípio da isonomia, todos são iguais perante a lei.* **2** paridade; igualdade: *isonomia salarial.*

i.so.nô.mi.co *adj.* relativo à isonomia; governado pelas mesmas leis: *tratamento isonômico dos funcionários.*

i.so.por (ô) *s.m.* **1** espuma de poliestireno, utilizada como isolante térmico e para a confecção de muitos objetos. **2** objeto feito com esse material: *Levou os chocolates num isopor.*

i.só.to.po *s.m.* (Quím.) cada uma de duas espécies de átomos do mesmo elemento que têm o mesmo número atômico e ocupam a mesma posição na tabela periódica, mas diferem na massa atômica ou número de massa.

is.quei.ro s.m. pequeno aparelho que produz fogo para acender cigarro, charuto ou cachimbo.

is.que.mi.a s.f. (Patol.) suspensão ou deficiência de irrigação sanguínea: *A isquemia silenciosa ocorre quando um espasmo contrai uma das artérias coronárias.*

is.quê.mi.co adj. relativo à isquemia.

is.ra.e.len.se s.2g. **1** natural ou habitante de Israel. • adj.2g. **2** relativo a Israel (Oriente Médio).

is.ra.e.li.ta s.2g. **1** indivíduo israelita. • adj.2g. **2** relativo aos hebreus ou judeus; judaico.

is.so pron.dem. **1** substitui o nome de objeto próximo do ouvinte: *Traga isso para mim, filha, por favor* **2** refere-se a situação ou objeto mencionados imediatamente antes do momento em que está o falante: *A violência também é consequência do desemprego, e isso todos sabem.* **3** refere-se à frase dita imediatamente antes do momento em que está o falante: *Nem sei bem por que disse isso.* • interj. **4** expressa aprovação; assim: *Pegue o copo com cuidado. Isso!* • **é isso aí** (i) usada para concluir uma conversação: *Quem não quiser pular, a gente empurra, é isso aí.* (ii) usada para concordar com o que se disse antes: *Você está certo. É isso aí.*

ist.mo s.m. faixa estreita de terra que liga uma península a um continente ou duas porções de um continente.

is.to pron.dem. **1** substitui o nome do objeto próximo do falante: *Isto aqui é uma caneta.* **2** refere-se a situação, ou objeto, que será em seguida dita por quem fala: *Só conseguiu dizer isto: — Vá em paz.* **3** objeto ou situação ou fato mencionados imediatamente antes do momento em que está o falante: *Os gregos foram dominados pelos macedônicos, e isto ocorreu quando Filipe II tornou-se rei da Macedônia.* • **isto é** indica retificação ou explicação; ou seja; a saber: *A turma, isto é, a maior parte da turma vai à festa de formatura.*

i.ta s.m. (Bras.) embarcação que fazia o percurso entre o Norte e o Sul do país: *Tomou um ita no Norte.*

i.ta.li.a.no s.m. **1** natural ou habitante da Itália. • adj. **2** relativo à Itália (Europa).

i.tá.li.co s.m. **1** tipo gráfico de realce inclinado para a direita: *Os exemplos são escritos em itálico.* • adj. **2** referente à Itália: *Aprendemos a admirar o povo itálico.*

i.tem s.m. **1** cada um dos artigos ou argumentos de um documento escrito: *Valeram-se de um item do regulamento.* **2** nos computadores, ícone que representa um programa: *No item "ajuda" do Windows, você encontra a informação.*

i.ti.ne.ran.te adj.2g. **1** que se desloca; que viaja. **2** que se realiza em diferentes lugares: *agricultura itinerante.*

i.ti.ne.rá.rio s.m. caminho; roteiro; percurso: *Genebra está no nosso itinerário.*

i.u.gos.la.vo s.m. **1** natural ou habitante da Iugoslávia (Europa). • adj. **2** relativo à Iugoslávia.

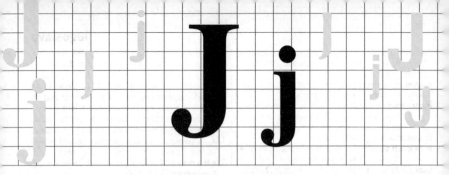

j s.m. **1** décima letra do alfabeto português. **2** a figura dessa letra. ♦ num. **3** décimo numa série indicada por letras.
já adv. **1** marca anterioridade; nesse ou naquele momento. **2** marca posterioridade; logo: *Isso aconteceu no dia 1º e, já no dia 3, a junta deixou de funcionar.* **3** imediatamente: *Vou falar com o chefe... e já!* **4** antecipadamente; previamente: *Tinha um manifesto já preparado.* **5** indica um período determinado do tempo: *Ela casou-se já madurona.* **6** mais: *Depois da saída de meu irmão, papai já não era o mesmo.* ♦ **já que** introduz oração subordinada adverbial causal; uma vez que: *Protestar era inútil, já que estava falando com pessoa intransigente.*
ja.bá[1] s.m. (Bras.) charque: *jabá com aipim cozido.*
ja.bá[2] s.m. (Bras. Gír.) redução de jabaculê.
ja.ba.cu.lê s.m. **1** (Bras. Gír.) dinheiro pago às rádios para que toquem músicas escolhidas pelas gravadoras: *Certas gravadoras não admitem jabaculê.* **2** gorjeta; propina.
ja.bo.ran.di s.m. (Bras.) arbusto de flores pequenas em cachos.
ja.bo.ta s.f. a fêmea do jabuti.
ja.bu.ru s.m. (Bras.) **1** grande ave de longo bico, corpo branco, cabeça e pescoço nus, cor preta ou avermelhada e que vive perto da água. **2** roleta com figuras de animais em vez de números.
ja.bu.ti s.m. (Bras.) tartaruga terrestre, de carapaça alta com escudos em forma de polígono.
ja.bu.ti.ca.ba s.f. (Bras.) **1** pequeno fruto tropical, redondo, de casca lisa, brilhante, preta, com polpa adocicada e de cor leitosa, e pequeno caroço. **2** jabuticabeira: *Ele vende mudas de jabuticaba.*
ja.bu.ti.ca.bal s.m. (Bras.) conjunto de jabuticabeiras.
ja.bu.ti.ca.bei.ra s.f. (Bras.) árvore de tronco liso, acinzentado, folhas pequenas e flores brancas e produz a jabuticaba, que brota sobre o tronco.
ja.ca s.f. (Bras.) **1** grande fruto ovalado, de casca verde cheia de saliências e com polpa de sabor adocicado. **2** jaqueira.
ja.cá s.m. (Bras.) cesto de cipó usado no transporte de cargas em lombos de animais.
ja.ça s.f. **1** matéria estranha dentro de uma pedra preciosa: *Esta joia foi feita com maravilhosas esmeraldas sem jaça.* **2** falha; mancha.
ja.ça.nã s.f. (Bras.) **1** ave de cor castanha, bico amarelo, comum em açudes e lagoas. **2** vitória-régia.
ja.ca.ran.dá s.m. (Bras.) **1** árvore da família das leguminosas. **2** madeira de lei usada especialmente na fabricação de móveis, portas, e em revestimentos: *portas e janelas de jacarandá.*

ja.ca.ré s.m. (Bras.) **1** grande réptil que vive em lagoas e rios. **2** árvore de folhas finas, casca grossa e cheia de rugas: *O caboclo entrava na mata para procurar aroeira e jacaré.* **3** carne de jacaré.
ja.cen.te adj. **1** estendido na posição horizontal. **2** imóvel. **3** que não tem herdeiros: *herança jacente.* **4** que jaz; que está situado: *As damas admiravam a preciosa joia jacente na mesa de jacarandá.*
ja.cin.to s.m. flor com corola azul, branca ou rósea, e muito perfumada.
ja.co.bi.no s.m. **1** membro de um clube político revolucionário fundado em Paris em 1789. ♦ adj. **2** avesso ao estrangeiro. **3** radical; intransigente.
jac.tân.cia s.f. arrogância; vanglória; ostentação: *Falava alto, com jactância e gestos exagerados.*
jac.tan.ci.o.so (ô) adj. que tem ou revela jactância; arrogante; fanfarrão.
ja.cu s.m. (Bras.) **1** ave galinácea que vive em árvores altas e se alimenta no chão. ♦ adj.2g. (Deprec.) **2** caipira.
ja.cu.la.tó.ria s.f. oração curta e fervorosa.
ja.cu.tin.ga s.f. (Bras.) **1** ave galinácea do Brasil, que habita as matas virgens. **2** hematita.
ja.de s.m. (Min.) designação comum a diversos minerais duros, compactos e esverdeados, geralmente empregados em objetos de adorno: *Essas velhas taças devem ser de jade.*
ja.ez (ê) s.m. **1** aparelho e adorno para cavalgaduras. **2** (Fig.) espécie; tipo: *Era de canalhas daquele jaez que o mundo estava cheio.*
ja.guar s.m. onça-pintada.
ja.gua.ti.ri.ca s.f. (Bras.) grande gato selvagem das matas da América; maracajá.
ja.gun.ça.da s.f. grupo de jagunços; capangada.
ja.gun.ço s.m. (Bras.) **1** homem violento que trabalha de guarda-costas de fazendeiros, políticos etc.; capanga: *O medo que o delegado tinha do jagunço traía-o na voz e na conversa hesitante.* **2** indivíduo do grupo de seguidores de Antônio Conselheiro (1828-1997), na Bahia.
ja.le.co (é) s.m. **1** casaco curto; jaqueta: *O vaqueiro voltou a usar gibão, jaleco e perneiras de couro.* **2** guarda-pó usado por professores, dentistas etc.
ja.mai.ca.no s.m. **1** natural ou habitante da Jamaica: *O jamaicano conseguiu chegar ao final do campeonato.* ♦ adj. **2** relativo à Jamaica (Antilhas, América Central).
ja.mais adv. **1** em tempo algum; nunca. **2** de maneira alguma: *Jamais permitiria uma liberdade daquelas na sua frente.* // Ant.: sempre.
ja.man.ta s.f. **1** veículo de grandes dimensões para transporte de carga pesada: *Monto e desmonto qualquer roda, desde velocípede até jamanta.* **2** arraia de grande porte. **3** (Coloq.) pessoa grandalhona e desengonçada.

jazida

jam.bei.ro s.m. árvore frutífera de folhas amplas e flores vermelhas, que produz o jambo.

jam.bo s.m. **1** fruto doce, arredondado, de casca fina, de cor que varia do rosa ao vermelho. • adj. **2** cuja cor lembra a desse fruto; bem moreno: *A maquiagem jambo do artista tentava caracterizar um tipo acaboclado.*

ja.me.gão s.m. (Coloq.) assinatura ou rubrica: *Já que está tudo acertado, peço que cada um bote o seu jamegão nos dois documentos.*

ja.me.lão s.m. **1** fruto ovalado e carnoso, de cor púrpura. **2** árvore que produz esse fruto.

jan.dai.a s.f. (Bras.) ave de bico recurvo, de coloração amarela, verde e azul, que vive especialmente nas regiões plantadas de carnaúbas.

ja.nei.ro s.m. primeiro mês do ano civil.

ja.ne.la (é) s.f. **1** abertura na parede, acima do solo, para ventilação e iluminação natural. **2** caixilho ou peça que fecha essa abertura: *O médico escancarou a janela do quarto do doente.* **3** qualquer abertura ou vão. **4** (Inf.) área retangular da tela do computador na qual podem ser exibidos documentos, arquivos, mensagens, imagens etc.

jan.ga.da s.f. (Bras.) embarcação rasa, espécie de plataforma composta de corpos flutuantes, geralmente madeira: *Os pescadores do Nordeste costumam usar jangadas.*

jan.ga.dei.ro s.m. (Bras.) pescador que se utiliza de jangada: *O jangadeiro e o caiçara são diferentes, mas os dois são pescadores das costas brasileiras.*

ja.no.ta (ó) s.m. **1** pessoa vestida com apuro excessivo: *o ponto de encontro dos janotas.* • adj. **2** vestido com apuro exagerado: *um advogado janota.*

jan.ta s.f. (Coloq.) jantar: *Os pobres comiam praticamente as mesmas coisas tanto no almoço como na janta.*

jan.tar v.t. **1** comer (algo) à noite: *Jantou uma sopa rala e foi dormir.* • int. **2** tomar a refeição da noite: *Resolveu deixar de jantar por problemas de saúde.* • s.m. **3** ação de fazer a refeição da noite: *Durante o jantar sempre gostava de conversar com os amigos.* **4** comida que constitui essa refeição: *O jantar do grupo estava na mesa da sala.*

ja.ó s.m. (Bras.) ave de porte médio, de cor escura com raias transversais negras, peito e ventre cinzento.

ja.po.na (ô) s.f. casaco esportivo, geralmente de lã.

ja.po.nês s.m. **1** natural ou habitante do Japão: *Os japoneses gostam de escrever com pincel.* **2** a língua do Japão. • adj. **3** relativo ao Japão.

ja.quei.ra s.f. grande árvore, de madeira amarela aproveitável e que produz a jaca.

ja.que.ta (ê) s.f. casaco curto, sem abas.

ja.que.tão s.m. **1** jaqueta larga, usada especialmente no inverno. **2** paletó transpassado.

ja.ra.guá s.m. (Bras.) capim que constitui uma das principais forragens para gado bovino no Brasil.

ja.ra.ra.ca s.f. (Bras.) **1** designação comum a várias cobras venenosas do Brasil. **2** (Coloq.) mulher considerada má ou de mau gênio.

ja.ra.ra.cu.çu s.f. (Bras.) cobra comum nas regiões baixas e alagadiças do Brasil.

jar.da s.f. unidade de medida inglesa de comprimento, equivalente a 0,914 do metro.

jar.dim s.m. pedaço de terreno em que há plantas ornamentais e flores.

jar.dim de in.fân.cia s.m. estabelecimento de educação pré-escolar. // Pl.: jardins de infância.

jar.dim de in.ver.no s.m. área de estar de uma casa, envidraçada e com fartura de luz, onde, em geral, se cultivam plantas e flores. // Pl.: jardins de inverno.

jar.di.na.gem s.f. técnica ou atividade de cultivar jardins: *A jardinagem pode restabelecer nossa sensibilidade perdida.*

jar.di.nei.ra s.f. **1** caixa onde se plantam flores ou outras plantas pequenas: *Ela tinha duas lindas jardineiras.* **2** (Bras.) veículo de transporte coletivo de passageiros, que se usou no interior do Brasil: *Terça-feira era dia de jardineira para a cidade vizinha.* **3** peça de vestuário, que pode ser um *short*, calça ou saia, com peitilho quadrado e alças que se cruzam na parte traseira.

jar.di.nei.ro s.m. pessoa que tem a incumbência de cuidar de jardim.

jar.gão s.m. linguajar específico de um grupo cultural ou profissional.

jar.ra s.f. **1** vaso para flores. **2** vaso, geralmente com asa, para transporte de líquidos: *jarra de laranjada.*

jar.re.te (ê) s.m. **1** (Anat.) parte da perna oposta ao joelho e por onde ele se dobra. **2** (Zool.) nervo ou tendão da perna dos bois e cavalos.

jar.ro s.m. vaso alto e bojudo, com asa e bico, próprio para conter líquido; jarra.

jas.mim s.m. **1** designação comum a várias espécies de arbustos ou trepadeiras cujas flores emitem forte perfume. **2** flor dessa planta: *Na cômoda tinham posto dois vasos de jasmim.*

jas.mim-do-ca.bo s.m. gardênia. // Pl.: jasmins-do-cabo.

jas.mi.nei.ro s.m. árvore que produz o jasmim.

ja.ta.í s.m. (Bras.) **1** árvore do norte do Brasil, de flores amarelas vistosas. **2** s.f. (Zool.) abelha muito pequena, de cor amarela, cujo mel é muito apreciado.

ja.to s.m. **1** saída impetuosa de qualquer matéria de um orifício ou local: *O jato de leite fazia espumar o conteúdo da cuia.* **2** avião que se locomove por impulso produzido por gases sob pressão. **3** feixe: *O jato de luz do flash tremia em frente ao veículo.* • **a jato** muito rapidamente: *Não sei cozinhar a jato.*

ja.ú s.m. (Bras.) peixe grande, de cor parda, que habita os rios da Bacia Amazônica.

jau.la s.f. gaiola de tamanho grande, com grades de ferro, para aprisionar animais ferozes: *O leão tinha escapado da jaula.*

ja.va.li s.m. **1** porco selvagem de grandes dentes e pelo que varia do cinza-claro ao negro. **2** a carne desse animal. • / Fem.: javalina.

ja.va.nês s.m. **1** natural ou habitante de Java. **2** língua falada em Java. • adj. **3** relativo à Java (Indonésia): *O rico colecionador possuía alguns móveis javaneses.*

ja.va.ri s.m. (Bras.) palmeira da Amazônia, cujas amêndoas, muito duras, fornecem um óleo comestível.

ja.zer v.t. **1** estar deitado; estar estirado e imóvel: *O doente jaz na cama há dois dias.* **2** estar sepultado: *Neste lugar jazem os restos mortais do escritor.* **3** estar sereno e quieto. **4** estar jogado ou colocado: *Sobre a mesa, jazia a velha máquina de escrever.*

ja.zi.da s.f. depósito natural de minério: *Seu sonho era encontrar uma jazida de ouro.*

519

jazigo

ja.zi.go s.m. pequena edificação, nos cemitérios, destinada ao sepultamento dos corpos; sepultura: *Muitas famílias compram jazigos perpétuos nos cemitérios.*

jazz (djéz) (Ingl.) s.m. música vocal ou instrumental própria dos negros norte-americanos.

jê s.m. (Bras.) **1** língua falada por grupos indígenas do Brasil Central. • adj.2g. **2** relativo a esses grupos.

jeans (djins) (Ingl.) s.m. **1** tecido de algodão grosseiro, geralmente azul, que desbota facilmente, especialmente utilizado na confecção de calças e jaquetas. **2** calça feita desse tecido: *Para ir à chácara, preferiu camisa xadrez e jeans.*

je.ca (é) s.2g. **1** pessoa caipira: *Não tinha coragem de caçoar dos jecas do interior.* • adj.2g. **2** caipira: *Está vendo como sou jeca?*

je.ca-ta.tu s.m. (Bras.) habitante pobre e humilde da zona rural; caipira típico. // Pl.: jecas-tatus.

je.gue (é) s.m. (Bras.) jumento: *O fazendeiro gostava muito do seu jegue.*

jei.tão s.m. (Coloq.) feição característica e original: *O jeitão de playboy não ficava bem para um diretor da empresa.*

jei.to s.m. **1** solução: *Essa menina não tem jeito mesmo.* **2** modo de proceder próprio de pessoas bem educadas ou habilidosas; modos. **3** modo; maneira: *O homem tinha um jeito especial de mexer com a cabeça.* **4** aparência; ar: *Ele não tinha jeito de pessoa ingênua.* **5** habilidade; propensão: *Ele tem muito jeito para fabricar bijuterias.*

jei.to.so (ô) adj. **1** habilidoso. **2** com jeito para o trato com outras pessoas. **3** confortável: *casinha jeitosa.* **4** apropriado; adequado; conveniente: *Soube dar ao caso uma solução jeitosa.*

je.je (ê) s.2g. **1** indivíduo pertencente aos jejes, ou guns, povo do sudeste da República do Benim. **2** nome dado, na Bahia, ao indivíduo não ioruba, originário da antiga Costa dos Escravos, seja fom, maí, gum ou qualquer outra nação. • adj. **3** pertencente ou relativo a jeje.

je.ju.ar v.int. deixar intencionalmente de alimentar-se: *Muitas pessoas jejuam por motivos religiosos.*

je.jum s.m. abstinência total ou parcial de alimentação em determinados dias por penitência, prescrição religiosa ou médica.

je.ju.no s.m. **1** (Anat.) parte do intestino delgado entre o duodeno e o íleo: *O cirurgião fez um corte na região do jejuno.* • adj. **2** que está em jejum. **3** que não tem conhecimentos: *Era jejuno em Teologia, mas dava palpites sobre religião.*

je.ni.pa.po s.m. (Bras.) fruto arredondado, de cor verde-acinzentada, polpa doce.

je.qui.ti.bá s.m. (Bras.) árvore de porte elevado, madeira resistente branca ou rosa.

je.ri.co s.m. **1** jumento: *Aquele jerico nunca tinha sido chicoteado.* **2** (Bras. Coloq.) indivíduo bronco ou curto de inteligência; imbecil: *São uns jericos que se comportam muito mal, lançando mão de livros inadequados.*

je.ri.mum s.m. (Bras. NE) abóbora.

jér.sei s.m. tecido de malha muito fina: *Ela comprou apenas o vestido de jérsei.*

je.su.í.ta s.m. religioso da Companhia de Jesus: *Os jesuítas dedicavam-se ao ensino e à catequese.*

je.su.í.ti.co adj. relativo aos jesuítas: *Na América do Sul, houve antigas missões jesuíticas.*

je.tom s.m. gratificação que se paga a cada um dos membros de uma corporação, especialmente uma câmara legislativa.

jet-ski (djét-ski) (Ingl.) s.m **1** veículo aquático que se desloca sobre esquis, com motor e guidão. **2** o esporte praticado com esse veículo.

ji.a s.f. rã.

ji.boi.a (ói) s.f. (Bras.) grande serpente não venenosa dos países quentes, amarelo-parda ou acinzentada, com grandes manchas no dorso.

jihad (jirrád) (Ar.) s.m. palavra árabe que significa esforço, luta, e que é traduzida no Ocidente como "Guerra Santa".

ji.ló s.m. (Bras.) **1** fruto pequeno, redondo ou comprido, casca fina, sabor amargo: *De vez em quando, como jiló frito.* **2** planta que produz o jiló: *O jiló é cultivado no Brasil.*

jingle (djingl) (Ingl.) s.m. anúncio musicado; composição musical curta composta e executada para fins de publicidade: *O fabricante não queria usar jingles para divulgar seus produtos.*

ji.pe s.m. automóvel pequeno, inicialmente fabricado para fins militares, destinado a manobrar em terrenos acidentados, possuindo, por isso, tração nas quatro rodas.

ji.rau s.m. (Bras.) **1** estrado sobre forquilhas usado para guardar objetos: *A mulher gostava de ter perto de si, na cozinha, o jirau com os temperos.* **2** cama de varas: *Acabou se acostumando a dormir no jirau.*

ji.ri.po.ca s.f. jurupoca.

jiu-jít.su s.m. sistema de luta corporal de origem japonesa, em que se procura imobilizar o adversário mediante golpes de destreza aplicados a pontos sensíveis do corpo: *O jiu-jítsu surgiu no Japão, na Idade Média.*

jo.a.lhei.ro s.m. pessoa que faz joias.

jo.a.lhe.ri.a s.f. estabelecimento onde se comercializam joias.

jo.a.ne.te (ê) s.m. (Ort.) deformação na articulação do dedo grande do pé.

jo.a.ni.nha s.f. (Bras.) **1** inseto de corpo oval ou em forma de meia esfera, geralmente vermelho, com pequenas pintas pretas, que vive nas plantas, alimentando-se de pulgões e cochonilhas. **2** (Reg. S) fusca azul e branco, e provido de sirena, usado pela polícia: *A delegacia só tinha uma joaninha e uns poucos policiais.*

jo.ão-nin.guém s.m. (Coloq.) pessoa insignificante; indivíduo sem posição: *Quem se considera um joão-ninguém dificilmente sobe na vida.* // Pl.: joões-ninguém.

jo.ça (ó) s.f. (Coloq.) coisa desagradável, sem valia, complicada.

jo.co.so (ô) adj. **1** que provoca riso; engraçado: *As peças de teatro têm, muitas vezes, um caráter jocoso e satírico.* **2** zombeteiro: *Tinha presença de espírito e costumava dar respostas jocosas.*

jo.e.lha.da s.f. pancada com o joelho.

jo.e.lhei.ra s.f. peça geralmente de tecido elástico para proteger os joelhos.

jo.e.lho (ê) s.m. (Anat.) articulação do osso da coxa com os dois ossos da perna.

jubilação

jo.ga.da *s.f.* **1** esquema de negócio, prévia e habilidosamente maquinado, visando a fins lucrativos ou vantajosos: *Ele enriqueceu com uma lucrativa jogada no mercado financeiro.* **2** manobra: *O senador conseguiu realizar uma grande jogada política.* **3** jogo; lance: *Seu ideal era conseguir fazer boas jogadas de linha de fundo.*

jo.gar *v.t.* **1** apostar: *Jogava sempre naquele número.* **2** utilizar-se de: *Era esperto e sabia jogar com as fraquezas humanas.* **3** lançar; atirar; arremessar. **4** instigar: *Vim lhe dizer que não deve jogar o povo contra nós.* **5** atribuir a: *Ela quis jogar a culpa na criada.* • *int.* **6** disputar uma partida: *Time que joga na retranca não ganha campeonato.* **7** balançar; oscilar: *O barco jogava um pouco e causava enjoo.*

jo.ga.ti.na *s.f.* (Deprec.) prática habitual de jogo, sobretudo o de azar: *A jogatina tem levado alguns homens a perder dinheiro.*

jo.go (ô) *s.m.* **1** atividade dependente de um sistema de regras que resulta em derrota ou vitória; disputa; partida: *O jogo não chegou a ser emocionante.* **2** atividade infantil pela qual a criança põe em prática suas habilidades: *Os jogos têm grande importância no desenvolvimento mental e físico da criança.* **3** brincadeira; folguedo: *Antigamente, os moços gostavam de jogos de salão.* **4** passatempo sujeito a regras e no qual se arrisca dinheiro; aposta: *É mais fácil perder do que ganhar nos jogos dos cassinos.* **5** disposição de cartas ou peças que cada jogador tem na mão: *Procurou impedir que o adversário visse o seu jogo.* **6** conjunto de cartas ou peças para brinquedo ou passatempo: *Aquele jogo era próprio para crianças de dez anos.* **7** conjunto ou série de peças da mesma espécie: *Ela comprou um lindo jogo de sala de jantar.* ♦ **jogo de cena** no teatro, o conjunto orgânico das marcações dos atores, diálogos, jogos de luz, divisões em cenas e atos: *O jogo de cena conseguiu provocar emoção na plateia.* **jogo de cintura** jeito especial para sair-se de situações complicadas; habilidade: *Para dirigir uma escola de samba, é preciso ter muito jogo de cintura.* **jogo de empurra** incumbência que uma pessoa passa a outra, esta a uma terceira, e assim por diante. **esconder o jogo** não mostrar as suas intenções.

jo.go da ve.lha *s.m.* jogo em que, num desenho de nove casas formadas pelo cruzamento de linhas paralelas, duas horizontais e duas verticais, cada um dos parceiros tenta preencher, antes do outro, com o mesmo sinal, três casas seguidas, na horizontal, na vertical ou na diagonal. // Pl.: jogos da velha.

jo.gral *s.m.* **1** Na Idade Média, trovador ou intérprete de poemas e canções épicas, românticas ou dramáticas. **2** coro que declama texto: *A estudante gostava de participar de apresentações de teatro e de jograis.* **3** texto declamado por esse coro.

jo.gue.te (ê) *s.m.* pessoa ou coisa com que se faz o que se quer: *Era um verdadeiro joguete nas mãos da família.*

joi.a (ó) *s.f.* **1** objeto de adorno de matéria preciosa: *Ela ganhou uma joia do noivo no dia de seu aniversário.* **2** coisa de grande valor: *Esse livro é uma joia raríssima.* **3** maravilha: *Machu Picchu é uma joia da arquitetura inca.*

joint venture (djóint ventchâr) (Ingl.) *s.f.* associação de empresas para exploração de determinado negócio, sem anulação da personalidade jurídica de cada uma delas.

jô.ni.co *adj.* relativo à antiga Jônia, conjunto de colônias da Grécia Antiga: *Um capitel dórico não combina com uma coluna jônica.*

jó.quei *s.m.* pessoa cuja profissão é montar cavalos nas corridas. ♦ **jóquei clube** clube com hipódromo onde são realizadas corridas de cavalos.

jor.na.da *s.f.* **1** viagem por terra; expedição: *Os hebreus começaram a jornada em direção à Terra Prometida.* **2** viagem; aventura. **3** trabalho diário, visto na sua duração: *Os operários reivindicavam uma redução das horas de jornada.*

jor.nal *s.m.* **1** periódico, geralmente de circulação diária. **2** noticiário, geralmente diário, apresentado no rádio, na televisão ou no cinema.

jor.na.le.co (é) *s.m.* (Deprec.) jornal de pouca repercussão, sem importância.

jor.na.lei.ro *s.m.* **1** vendedor ou entregador de jornais. **2** banca de jornais e revistas. **3** trabalhador diarista: *Não tinha carteira assinada, era um jornaleiro.*

jor.na.lis.mo *s.m.* **1** imprensa periódica: *O jornalismo brasileiro nem sempre foi imparcial.* **2** atividade de apurar, redigir e publicar notícias em jornais e outros periódicos: *Embora ganhasse pouco com o jornalismo, essa era a sua atividade predileta.*

jor.na.lis.ta *s.2g.* pessoa que exerce função ligada à produção de um jornal.

jor.na.lís.ti.co *adj.* relativo a ou próprio de jornal: *Nem todos os acontecimentos têm interesse jornalístico.*

jor.rar *v.t.* sair ou lançar-se com ímpeto; emanar; fluir: *Conseguiu fazer jorrar água das pedras.*

jor.ro (ô) *s.m.* **1** saída impetuosa de qualquer matéria de um orifício ou bocal; jato: *O jorro de água subia a dois metros de altura.* **2** feixe: *Os jorros de luz dos holofotes cortavam o céu escuro.*

jo.ta (ó) *s.m.* nome da letra J: *O jota maiúsculo não tem pingo.*

jo.vem (ó) *s.2g.* **1** pessoa moça: *O jovem procurava seu primeiro emprego.* • *adj.2g.* **2** que está na juventude; moço: *É um jovem poeta coroado de louros.* **3** próprio de quem está na juventude: *poder jovem.*

jo.vi.al *adj.* alegre; engraçado; espirituoso: *A voz de minha avó tinha um tom jovial.*

jo.vi.a.li.da.de *s.f.* bom humor; alegria: *Sua imperturbável jovialidade conquistou a simpatia da assistência.*

joystick (djóistik)(Ingl.) *s.m.* aparelho provido de botões usado em videogames e que, acoplado ao computador, permite mais movimentos que o teclado.

ju.á *s.m.* (Bras.) fruto esférico, amarelo, adocicado e ácido, de casca fina.

ju.a.zei.ro *s.m.* (Bras.) árvore ramificada desde a base, de casca cinzenta, que produz o juá.

ju.ba *s.f.* **1** crina de leão: *O leão ostentava aquela juba imponente.* **2** (Coloq.) cabelos longos e soltos: *Tinha testa curta sobre a qual se eriçava sua juba de artista.*

ju.bi.la.ção *s.f.* **1** júbilo. **2** desligamento de curso, em especial universitário, por falta de frequência regular às aulas ou por reprovações sucessivas. **3** aposentadoria. **4** aposentadoria honrosa de professor.

jubilar

ju.bi.lar[1] *v.t.* **1** encher de júbilo; causar grande alegria a: *A conquista do quinto título de campeões mundiais de futebol jubilou os brasileiros.* **2** conceder jubilação a; aposentar: *Foi publicado o decreto que jubilou o emérito professor.* **3** infligir, aplicar jubilação a: *O Conselho Universitário jubilou o aluno.* • *pron.* **4** ficar alegre com: *jubilou-se com o elogio e o reconhecimento de seus pares.* **5** Aposentar-se; conseguir a jubilação ou aposentadoria.

ju.bi.lar[2] *adj.* relativo a jubileu: *O último ano jubilar foi 2000.*

ju.bi.leu *s.m.* **1** entre os antigos hebreus, remissão de servidão, dívidas e culpas, de 50 em 50 anos: *Na antiga Lei de Moisés, a propriedade voltava aos antigos donos no ano do jubileu.* **2** indulgência plenária, solene e universal, concedida regularmente pelo Papa a cada quarto de século ou excepcionalmente em datas consideradas importantes. **3** comemoração do quinquagésimo aniversário: *O jubileu jurídico de Rui Barbosa foi em 1921.*

jú.bi.lo *s.m.* grande alegria ou contentamento; regozijo: *O júbilo tomou conta do rapaz.*

ju.bi.lo.so (ô) *adj.* cheio de júbilo; muito alegre: *Com o rosto jubiloso, dizia frases de louvor a Deus.*

ju.cá *s.m.* (Bras.) madeira duríssima da qual os índios faziam tacapes; pau-ferro.

ju.ça.ra (Bras.) *s.f.* palmeira delgada, alta, de folhas longas e segmentadas, flores em espigas, frutos pequeninos, e cujo gomo terminal, longo e macio, constitui o chamado palmito; açaí.

ju.dai.co *adj.* relativo aos judeus ou ao judaísmo: *Estes livros tratam de questões judaicas.*

ju.da.ís.mo *s.m.* religião dos judeus.

ju.das *s.m.* **1** amigo falso; traidor: *Na empresa havia um judas que fazia espionagem industrial.* **2** boneco que se costuma queimar no sábado de aleluia, simbolizando o castigo a Judas Iscariotes: *a malhação do judas.*

ju.deu *s.m.* **1** indivíduo que pertence ao povo que, segundo a Bíblia, descende de Abraão, Moisés e Davi, e que se localizou na Judeia, hoje Israel: *Em Hebron, ficam os túmulos dos patriarcas, local sagrado para os judeus.* // Fem.: judia. // • *adj.* **2** israelita: *Hilel foi um importante rabino judeu.* **3** que segue a religião ou a tradição judaica.

ju.di.a.ção *s.f.* (Coloq.) malvadeza; maus-tratos: *Olha só a judiação que fizeram com o cachorrinho.*

ju.di.ar *v.t.* (Coloq.) maltratar; atormentar: *Não devemos judiar dos animais.*

ju.di.ci.al *adj.* relativo a juízo ou o que se processa em juízo: *A separação judicial foi o último ato de uma série de brigas.*

ju.di.ci.á.rio *s.m.* **1** poder de juiz ou de tribunal: *A questão foi submetida à apreciação do judiciário.* • *adj.* **2** relativo à organização da justiça ou ao direito processual: *O Poder Judiciário deve revestir-se da maior dignidade.*

ju.di.ci.o.so (ô) *adj.* **1** que tem juízo e prudência; que procede com acerto: *Um governante judicioso não se deixa levar pelas emoções.* **2** feito com sensatez; que revela bom senso: *O político teceu comentários judiciosos sobre as raízes do mal.*

ju.dô *s.m.* esporte derivado do jiu-jítsu, caracterizado por embate entre dois lutadores que usam o próprio corpo como ponto de apoio: *O judô é uma modalidade olímpica.*

ju.do.ca (ó) *s.2g.* (Coloq.) lutador de judô: *Já temos judocas brasileiros na competição.*

ju.go *s.m.* **1** canga com que os bois puxam o arado: *Atrelou os bois no jugo.* **2** (Fig.) sujeição; opressão: *A Lei Áurea livrou os negros do jugo da escravidão.* **3** domínio: *Portugal se libertou do jugo espanhol em 1640.*

ju.gu.lar[1] *v.t.* **1** cortar o pescoço de; degolar. **2** interromper o desenvolvimento ou o curso; fazer parar: *Ele não pôde jugular a crise econômica da empresa.*

ju.gu.lar[2] *s.f.* (Anat.) cada uma das seis veias localizadas no pescoço

ju.iz *s.m.* **1** juiz que cuida apenas de casos simples que, com isso, se resolvem mais depressa. **2** aquele que tem o poder de julgar: *Você mesmo é que se colocou na posição de juiz.* **3** árbitro: *Aquele torcedor sempre implica com atuação dos juízes.*

ju.i.za.do *s.m.* **1** cargo de juiz: *Com pouco tempo de juizado, conseguiu cativar a amizade de todos.* **2** instância do Poder Judiciário dirigida por um juiz: *Os juizados de bairro seriam muito úteis.* **3** local onde o juiz exerce suas funções: *O negociante nunca tinha entrado num juizado.*

ju.í.zo *s.m.* **1** capacidade da inteligência que permite a comparação e o julgamento: *Em seu juízo perfeito, não teria se envolvido com aqueles baderneiros.* **2** julgamento: voto; parecer; opinião: *Um juízo apressado do patrão pode prejudicar o operário.* • **em juízo** julgamento perante o juiz: *O diretor teve de comparecer em juízo por causa das irregularidades que cometeu.*

ju.ju.ba *s.f.* bala de goma.

jul.ga.men.to *s.m.* **1** atividade de julgar: *O julgamento dos jogadores foi uma palhaçada.* **2** apreciação; exame: *O governo esperava o julgamento da liminar.*

jul.gar *v.t.* **1** fazer juízo crítico; avaliar: *Não tenho base segura para julgar o valor da mercadoria.* **2** decidir como juiz; sentenciar: *Julgar o próximo aumenta a nossa responsabilidade.* **3** supor; conjeturar: *O rapaz julgou que o aviso fosse uma brincadeira.* **4** considerar; reputar: *O conselho julgou-o digno de ocupar o cargo.* • *int.* **5** pensar: *Aquela atitude era uma ameaça às formas costumeiras de viver e de julgar.*

ju.lho *s.m.* sétimo mês do ano civil.

ju.li.a.no *adj.* resultante da reforma do calendário romano introduzida por Júlio César no ano de 45 a.C., no qual, em cada 4 anos, há um ano bissexto, de 366 dias: *O juiz não percebeu que a data da lei era do calendário juliano.*

ju.men.to *s.m.* **1** burro; asno: *O jumento não era tão manso como a sua aparência insinuava.* **2** (Deprec.) indivíduo pouco inteligente ou muito rude.

jun.ção *s.f.* **1** ligação; união: *A junção de um sufixo a um vocábulo pode criar uma palavra nova.* **2** união; associação: *O profissional tem de fazer a junção entre a agricultura e a tecnologia.* **3** ponto ou lugar em que duas ou mais coisas se juntam; junta.

jun.co *s.m.* planta delgada e flexível, própria de lugares úmidos, cujo caule se usa na fabricação de móveis e objetos.

justaposição

ju.nho s.m. sexto mês do ano civil.

ju.ni.no adj. do ou relativo ao mês de junho: *festas juninas*.

jú.ni.or s.m. **1** nos esportes, designação dada a competidores de uma categoria mais jovem. // Pl.: juniores; Ant.: sênior.// • adj. **2** que é mais jovem em relação a outro(s). **3** iniciante, principiante em alguma atividade ou profissão.

jun.ta s.f. **1** ponto de união de objetos contíguos; junção: *A junta fecha perfeitamente bem*. **2** (Anat.) lugar onde dois ossos se ligam; articulação. **3** parelha: *junta de bois*. **4** reunião de pessoas convocadas para determinado fim; comissão: *O sindicato se transforma numa verdadeira "Junta de Conciliação"*. **5** grupo de especialistas: *junta médica*.

jun.tar v.t. **1** acumular; amealhar: *Trabalhamos mais duas safras e juntamos dinheiro*. **2** misturar: *juntar todos os temperos*. **3** pôr junto; aproximar; misturar: *Junte os pimentões ao bacalhau*. • pron. **4** unir-se; ligar-se: *Os meninos juntam-se ao pai para acabar a construção do rancho*. **5** amasiar-se: *Juntou-se com o patrão*. **6** unir-se; mesclar-se; fundir-se: *Os capilares se reúnem em pequenas veias que se juntam na veia renal*.

jun.to adj. **1** unido: *Tinha as mãos juntas, em atitude de oração*. **2** muito próximo: *No frio, mantinham as redes bem juntas e as fogueiras acesas*. **3** em companhia de: *Vivíamos felizes juntos*. • adv. **4** juntamente: *Vendeu todos os animais de carga e de sela, junto com o gado*. **5** ao lado de; perto de: *Ela estava junto a uma janela olhando para as colinas*.

jú.pi.ter s.m. **1** (Astr.) quinto planeta do Sistema Solar, a partir do Sol, e o maior deles. **2** deus da mitologia romana, correspondente ao grego Zeus.

ju.ra s.f. juramento: *Onde ia ficar a jura prometida ao tio se nunca fui homem de quebrar a palavra?*

ju.ra.do s.m. **1** membro do tribunal do júri: *Os jurados foram escolhidos entre as pessoas importantes da cidade*. **2** pessoa que participa de comissão que julga participantes de qualquer tipo de competição; juiz: *O jurado conseguiu avaliar bem os calouros do programa de auditório*. • adj. **3** ameaçado: *O homem estava jurado de morte*. **4** declarado: *Era um sujeito inimigo jurado da modernidade*.

ju.ra.men.tar v.t. **1** conceder juramento a. **2** fazer jurar.

ju.ra.men.to s.m. **1** afirmação ou negação explícita de algo, tomando-se Deus por testemunha: *Eu fiz um juramento de não deixá-lo morrer com essa infâmia*.

ju.rar v.t. **1** declarar sob juramento: *A mãe obrigara-o a jurar que nunca mais mentiria*. **2** declarar; prometer: *Já jurei que não foi culpa minha*. **3** prometer solenemente: *Jurei a mim mesmo que nunca mais faria coisa assim*. • int. **4** proferir juramento: *Minha língua jurou, mas não minha mente*.

ju.rás.si.co adj. **1** (Geol.) que pertence à era geológica caracterizada pelo aparecimento dos animais de transição entre répteis e aves: *A primeira onda de gigantismo foi no período jurássico superior, há cerca de 140 milhões de anos*. **2** extremamente antiquado; pré-histórico: *Nenhum político deseja fazer parte de um partido jurássico*.

ju.re.ma s.f. (Bras.) **1** arbusto armado de espinhos, de ramos em zigue-zague e muito duros, flores esverdeadas. **2** beberagem feita com a raiz, a casca ou os frutos dessa planta, com propriedades alucinógenas.

jú.ri s.m. **1** julgamento por um tribunal judiciário presidido por um juiz: *É o segundo júri a que assisto*. **2** julgamento. **3** conjunto de indivíduos cuja tarefa é proceder a um julgamento: *O júri especial deu sua decisão*.

ju.rí.di.co s.m. **1** departamento ou seção que trata das questões da justiça ou do direito. • adj. **2** do ou relativo ao direito: *linguagem jurídica*. **3** que se faz por via da justiça: *O controle jurídico e político da nação é de extrema importância*. **4** que trata de questões da justiça ou do direito.

ju.ris.con.sul.to s.m. especialista em direito e que dá pareceres sobre questões jurídicas; jurista.

ju.ris.di.ção s.f. **1** poder atribuído a uma autoridade ou governo para fazer cumprir as leis; alçada; competência: *Os problemas dos trabalhadores avulsos não estão sob a jurisdição de juízes trabalhistas*. **2** faculdade concedida a um religioso para exercer as suas ordens numa determinada instância.

ju.ris.di.ci.o.nal adj.2g. **1** relacionado com jurisdição; de jurisdição: *É preciso evitar esta indevida intervenção na atividade jurisdicional*. **2** sob jurisdição: *O navio não podia, de modo nenhum, entrar em águas jurisdicionais soviéticas*.

ju.ris.pru.dên.cia s.f. (Dir.) **1** ciência do direito; doutrina assentada pelas decisões das autoridades competentes: *A jurisprudência foi criada pelos romanos*. **2** conjunto de decisões concernentes à interpretação repetida que os tribunais dão à lei, nos casos concretos submetidos a seu julgamento: *Essa atitude do tribunal firma jurisprudência sobre o assunto*.

ju.ris.ta s.2g. jurisconsulto: *Na avaliação do jurista, os dois vetos presidenciais acabarão por revelar-se inofensivos*.

ju.ri.ti s.f. (Bras.) ave de porte pequeno, com plumagem parda, de tons vermelhos e asas curtas.

ju.ro s.m. lucro cobrado sobre dinheiro emprestado ou capital empregado; rendimento: *No financiamento do computador, ele paga uma pequena taxa de juro*. • **pagar com juros** (Coloq.) pagar caro: *Você ainda vai pagar com juros sua inconsequência*.

ju.ru.be.ba (é) s.f. (Bras.) vegetal de propriedades medicinais, de folhas moles, flores vistosas e alvas.

ju.ru.po.ca s.f. (Bras.) peixe com ampla distribuição no Brasil, de coloração escura com manchas amarelas, comprimento de até 45 cm.

ju.ru.ru adj.2g. (Bras. Coloq.) triste; melancólico: *O torcedor ficou jururu com o resultado do seu time*.

jus s.m. **1** direito derivado da lei natural ou escrita. **2** direito, objetiva ou subjetivamente considerado • **fazer jus a** ser merecedor de algo: *Ela fazia jus ao título de mulher do ano*.

jus.ta.por (ô) v.t. **1** pôr juntos; aproximar: *A modelo justapôs duas camisetas coloridas*. • pron. **2** juntar-se: *Uma sociedade industrial moderna se justapõe a outra tradicional*.

jus.ta.po.si.ção s.f. **1** colocação lado a lado: *A justaposição de peças é um dos lances do jogo de dominó*. **2** (Gram.) reunião, em uma só palavra com significado independente, de palavras distintas que conservam sua integridade poética: *Arco-íris é uma palavra composta por justaposição*.

justeza

jus.te.za (ê) s.f. **1** precisão; exatidão: *Você consegue reconstituir com justeza o seu olhar?* **2** conveniência; propriedade: *Eu me sinto comovido pela justeza de suas sentenças.*

jus.ti.ça s.f. **1** reconhecimento dos direitos de alguém: *vitória da justiça e da liberdade.* **2** poder de decidir sobre os direitos de cada um, de premiar ou de punir: *Tinha sido seduzido pelos ideais de justiça social.* **3** reconhecimento das qualidades de alguém: *Devemos fazer justiça ao talento dos jovens artistas.* **4** virtude que consiste em deixar a cada um o que por direito lhe pertence: *Para a sobrevivência da sociedade, é indispensável que a justiça prevaleça.* **5** conformidade com o direito: *Estava inteiramente convencido da justiça da decisão do gerente.* **6** autoridade judicial.

jus.ti.çar v.t. punir, segundo a justiça: *O rei mandou justiçar o indivíduo que alegou ser seu parente.*

jus.ti.cei.ro s.m. **1** pessoa que faz justiça com as próprias mãos. • adj. **2** amante da justiça; rigoroso na aplicação da lei; imparcial: *O coronel era severo, mas justiceiro.*

jus.ti.fi.ca.ção s.f. **1** (Dir.) prova judicial de um fato alegado ou de um ato anterior delituoso: *Uma prova, uma justificação? Pois ali estava naquele diário.* **2** restituição à graça divina; salvação: *Justificação é o ato pelo qual Deus torna o homem justo.* **3** razão motivo: *Não havia justificação para o seu ato.*

jus.ti.fi.car v.t. **1** considerado justo; tornar justo; apresentar razões para: *A sua humilhação explica, mas não justifica a sua violência.* • pron. **2** apresentar justificativa de seus atos; argumentar pela legitimidade de seu procedimento: *Voltar atrás era impossível, a única saída era tentar justificar-se.* **3** ter justificativa ou legitimação: *Essa maldade gratuita não se justifica.*

jus.ti.fi.ca.ti.va s.f. **1** justificação; legitimação: *Não encontrava justificativa para a sua insegurança.* **2** razão; fundamento: *Esperava uma justificativa para a recusa ao convite.*

jus.to s.m. **1** pessoa íntegra e imparcial: *Os justos serão recompensados por seu caráter.* • adj. **2** de acordo com a justiça, a razão e o direito: *Estava mais interessado na derrota justa do que na vitória ilícita.* **3** exato. **4** merecido: *Os novos sargentos recebem o justo prêmio de seus esforços.* **5** apertado; estreito: *A casaca também era justa.* **6** reto; imparcial; íntegro: *Era o juiz mais justo do seu tempo.*

ju.ta s.f. erva originária da Índia e intensamente cultivada na Amazônia, que fornece valiosa fibra têxtil.

ju.ve.nil s.m. **1** equipe desportiva constituída por adolescentes: *Ele sempre quis participar do juvenil daquele time.* • s.2g. **2** integrante de equipe juvenil: *O rapaz entrou como um juvenil já com certa experiência.* • adj.2g. **3** de jovem; moço: *Apesar da idade, ainda conservava um físico juvenil.* **4** da categoria juvenil ou adolescente: *Ele sagrou-se campeão juvenil.*

ju.ven.tu.de s.f. **1** período da vida entre a infância e a idade adulta: *Era muito agradável curtir os sonhos e o frescor da juventude.* **2** qualidade ou estado característicos dos jovens: *O rapaz era cheio de energia e juventude.* **3** viço; frescor: *Sua vida moderada o ajudou a conservar a juventude.* **4** gente jovem; mocidade.

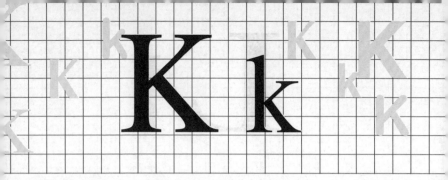

k *s.m.* **1** letra proveniente do alfabeto grego usada no português em casos especiais. **2** em maiúscula, símbolo do potássio. **3** abreviatura de quilate: *ouro 18 k.* • *num.* **4** undécimo, numa série indicada por letras: *Código Canônico, artigo 1627, parágrafo único, letra k.*

kabuki (cabúqui) (Jap.) *s.m.* espetáculo teatral tradicional do Japão, que usa cantos, danças e roupas de origem popular.

kar.de.cis.mo *s.m.* doutrina espiritualista fundada pelo escritor francês Allan Kardec (1803-1869).

kart (Ingl.) *s.m.* pequeno veículo automóvel; dotado de embreagem automática, sem carroceria, sem caixa de mudanças e sem suspensão, usado em competição; carte.

ketchup (kétchâp) (Ingl.) *s.m.* molho consistente de tomate em conserva, com condimentos.

kibutz (kibutz) (Hebr.) *s.m.* pequena fazenda coletiva, em Israel, cuja organização se baseia na cooperação voluntária de todos, havendo, em troca, garantia de subsistência: *Conheço um advogado judeu que já morou num kibutz.*

kilobit (quilobít) (Ingl.) *s.m.* em Informática, unidade de medida de informação equivalente a 1.024 *bits*. // Símb.: kb.

kilobyte (quilobáite)(Ingl.) *s.m.* em Informática, unidade de medida de informação equivalente a 1.024 *bytes*. // Símb.: kB.

kilt (kilt) (Ingl.) *s.m.* **1** saiote pregueado e trespassado que vai da cintura até os joelhos, de lã xadrez quadriculada, que faz parte do traje típico masculino escocês. **2** saia feminina semelhante ao *kilt*.

kit (kit) (Ingl.) *s.m.* **1** conjunto de itens ou de implementos destinados a um fim específico: *O folião precisa comprar um* kit, *que inclui camiseta, boné, lenço e uma pequena bolsa.* **2** forma reduzida de *kitchenette*, em português quitinete.

kitchenette (Ingl.) *s.f.* quitinete.

kitsch (kitch) (Al.) *s.m.* **1** material artístico ou literário de baixa qualidade, em geral produzido segundo o gosto popular marcado pelo sentimentalismo e pelo sensacionalismo. • *adj.2g.* **2** de mau gosto ou de gosto duvidoso: *O folião usava uma fantasia kitsch.*

kiwi (Chin.) *s.m.* quiuí.

klaxon (klakson) (Ingl.) *s.m.* buzina de automóvel. // Marca registrada.

know-how (nôu-ráu) (Ingl.) *s.m.* conjunto de conhecimentos técnicos para uma determinada atividade: *Ele tem know-how em fotografia.*

krill (Ingl.) *s.m.* designação comum a crustáceos marinhos semelhantes a pequenos camarões, que fazem parte do plâncton das águas frias.

ku.wai.ti.a.no *s.m.* **1** natural ou habitante do Kuwait (Golfo Pérsico).• *adj.* **2** relativo ao Kuwait.

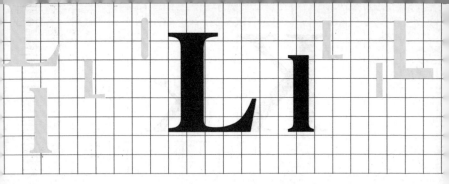

l *s.m.* **1** Décima primeira letra do alfabeto português. **2** a figura dessa letra. **3** abreviatura de leste. **4** abreviatura de litro(s). *num.* **5** décimo primeiro numa série indicada por letras.

lá¹ *adv.* **1** em lugar distante dos interlocutores: *Ele foi para o sítio e ficou lá por um ano.* **2** marca o início imediato de uma ação. // **3** Usado para chamar atenção depois de pronome demonstrativo: *Quem é aquela lá de flor no cabelo?* // ♦ **para lá** além: *um terreiro bem para lá do Meier.* **lá por/pelo** perto de: *Estaremos em sua casa lá pelas duas horas.* // Ant.: cá.

lá² *s.m.* sexta nota da escala musical do dó.

lã *s.f.* **1** pelo que cobre o corpo de certos animais, especialmente ovelhas e carneiros. **2** fio fabricado com esse pelo: *tecidos de lã.* **3** tecido fabricado com fio de lã: *calça de lã.* **lã de vidro** fibras de vidro semelhantes à lã e que são usadas como isolante térmico: *A porta do forno não tinha lã de vidro.*

la.ba.re.da (ê) *s.f.* **1** grande chama; língua de fogo: *as labaredas da fogueira.* **2** ardor; impetuosidade: *as labaredas das paixões.*

lá.ba.ro *s.m.* estandarte; bandeira: *"Brasil, de amor eterno seja símbolo/O lábaro que ostentas estrelado".*

la.béu *s.m.* mancha; desonra: *Carregava consigo o labéu de desonesto.*

lá.bia *s.f.* **1** fala envolvente para captar agrado ou favor: *O vendedor usou sua lábia com a cliente.* **2** esperteza; manha: *a lábia do malandro.*

la.bi.al *adj.* relativo aos lábios: *protetor labial.*

lá.bil *adj.* **1** que desliza com facilidade. **2** instável: *humor lábil.*

lá.bio *s.m.* (Anat.) cada uma das duas partes carnudas que limitam a abertura bucal; beiço.

la.bi.rin.ti.te *s.f.* (Patol.) inflamação do labirinto ou ouvido interno: *Uma crise de labirintite impediu-a de ir à festa.*

la.bi.rin.to *s.m.* **1** construção com divisões tão complicadas que se torna difícil achar a saída: *O pesquisador põe a comida no final do labirinto e observa a reação do animal.* **2** qualquer lugar com um emaranhado de passagens: *Passeava pelo labirinto de vielas da cidade histórica.* **3** (Anat.) parte do ouvido interno: *Labirinto ósseo e labirinto membranoso são partes distintas.* **4** embaraço; complicação; caos: *os labirintos da burocracia.*

la.bor (ô) *s.m.* trabalho intenso; faina; labuta: *O labor contínuo desgastou-o.*

la.bo.rar *v.t.* **1** trabalhar; cultivar; lavrar: *laborar a terra.* **2** cair; incorrer: *laborar em erro.* ● *int.* **3** exercer mister; fazer o seu ofício.

la.bo.ra.to.ri.al *adj.2g.* de laboratório: *O médico aguarda o resultado do exame laboratorial.*

la.bo.ra.tó.rio *s.m.* **1** local onde se realizam experiências, investigações científicas, análises e exames. **2** local para revelação, ampliação etc. de material fotográfico. **3** estudo de tudo que diz respeito a um personagem que o ator irá representar: *O ator fez laboratório num manicômio para a criação do personagem.*

la.bo.ri.o.so (ô) *adj.* **1** que trabalha muito; trabalhador: *laboriosa equipe de jornalistas.* **2** trabalhoso; difícil; penoso: *laborioso ciclo de estudos.* **3** diligente; ativo: *A exposição mostra a laboriosa vida de Niemeyer.*

la.bre.go (ê) *s.m.* **1** indivíduo grosseiro: *Os labregos brigavam até com os bois.* ● *adj.* **2** rústico.

la.bu.ta *s.f.* trabalho intenso; labor: *Só depois da meia-noite repousava da labuta diária.*

la.bu.tar *v.int.* **1** esforçar-se: *Labutou para terminar a prova a tempo.* **2** trabalhar muito; lutar no trabalho pesado: *Ele sempre labutou.*

la.ca *s.f.* **1** resina extraída de certas árvores: *Aquele verniz é uma imitação da laca.* **2** verniz usado na pintura de automóveis: *A laca ajuda a proteger o metal.*

la.ça.da *s.f.* **1** ponto de tricô ou de crochê: *Errava sempre na laçada.* **2** modo de atirar o laço: *O gaúcho tinha a melhor laçada do rodeio.* **3** laço que se desata facilmente; nó corredio.

la.caio *s.m.* **1** criado, geralmente trajado de libré, que acompanha seu amo: *Deixou o lacaio descansar.* **2** (Depreç.) pessoa subserviente: *Diziam que era lacaio do gerente.* **3** homem indigno: *Formou a comissão com lacaios.*

la.çar *v.t.* **1** prender com laço: *laçar um cavalo.* **2** prender; amarrar: *Orgulhou-se de laçar o valentão.* **3** conquistar; convencer: *A publicidade laçou mais clientes.*

la.ce.ra.ção *s.f.* **1** dilaceração: *a laceração de uma roupa.* **2** ferida; rasgão: *Curou a laceração das córneas.*

la.ce.rar *v.t.* **1** machucar; ferir: *Os espinhos laceraram suas pernas.* **2** reduzir a pedaços, dilacerar; despedaçar; estraçalhar. ● *pron.* **3** ferir-se; espedaçar-se: *Ele lacerou-se nas pedras.*

la.ço *s.m.* **1** nó corredio que se desata com facilidade: *laço da gravata.* **2** armadilha de caça: *A raposa caiu no laço.* **3** vínculo; ligação: *carente de laços familiares.* **4** compromisso; aliança: *Devemos fortalecer os laços com a comunidade europeia.*

la.cô.ni.co *adj.* conciso; breve: *A notícia chegou numa carta lacônica.* // Ant.: loquaz.

la.crai.a *s.f.* pequeno animal de corpo alongado, com número variável de segmentos, cada um com um par de patas, sendo o primeiro provido de apêndices para inoculação de veneno; centopeia.

lágrima

la.crar v.t. **1** fechar hermeticamente: *O funcionário lacrou a caixa.* **2** fechar com lacre: *Lacrou as cartas com o brasão da família.*

la.crau s.m. escorpião.

la.cre s.m. **1** resina colorida para fechar cartas, garrafas etc. **2** elemento que evidencia a não abertura de algo: *Registrou em ata a rasura no lacre da urna.*

la.cri.mal adj.2g. **1** por onde sai ou escorre a lágrima: *canais lacrimais.* **2** onde se localizam os canais lacrimais: *seio lacrimal.* **3** que produz lágrima: *glândulas lacrimais.*

la.cri.me.jan.te adj.2g. **1** que lacrimeja: *olhos lacrimejantes.* **2** que provoca lágrima; lacrimoso: *A cena era de pieguice lacrimejante e desnecessária.*

la.cri.me.jar v.int. **1** chorar: *O bebê lacrimejava no berçário.* **2** deitar lágrimas: *Os olhos do velhinho lacrimejavam no frio.*

la.cri.mo.so (ô) adj. **1** choroso: *Fazia um ar lacrimoso e consternado.* **2** com lágrimas; lacrimejante: *olhos lacrimosos.* **3** que provoca lágrimas: *novelas lacrimosas.*

lac.ta.ção s.f. **1** amamentação: *fase de lactação do bebê.* **2** período em que há formação e secreção de leite: *Doze cabras em lactação produzem mil litros por mês.*

lac.tan.te s.f. aquela que está amamentando: *A lactante perde cálcio no leite.*

lac.ta.se s.f. enzima intestinal que possibilita a digestão da lactose do leite.

lac.ten.te s2g. mamífero em período de amamentação: *É muito comum a cólica no lactente.*

lac.tes.cen.te adj.2g. com aparência de leite; leitoso: *Usava e recomendava os xampus lactescentes.*

lác.ti.co adj. do leite: *fermento láctico.*

lac.to.se s.f. açúcar presente no leite.

la.cu.na s.f. **1** falha; omissão: *escrito cheio de lacunas.* **2** espaço vazio: *O satélite não cobre toda a área, deixando lacunas no espaço aéreo.*

la.cu.nar adj. **1** que apresenta lacunas: *biblioteca lacunar.* **2** que apresenta omissão ou falha: *O histórico do neurótico é lacunar, pois os recalques impedem que ele se lembre de tudo.*

la.cus.tre adj.2g. **1** de ou relativo a lago: *A lama lacustre tinha propriedades medicinais.* **2** que vive à beira ou nas águas de um lago: *aves lacustres.* **3** que está sobre um lago: *habitações lacustres.*

la.da.i.nha s.f. **1** série de invocações a Deus, à Virgem ou aos santos. **2** discurso repetitivo: *Ouço sempre a mesma ladainha.*

la.de.ar v.t. **1** colocar-se ao lado de; acompanhar indo ao lado de: *O elenco de jogadores ladeava o presidente.* **2** estar situado ao lado: *Vales ladeiam a serra.* **3** não tratar diretamente do assunto; desviar-se de: *Ladeou a questão para não tratar do assunto.*

la.dei.ra s.f. **1** rua ou caminho mais ou menos íngreme: *As ladeiras de Ouro Preto são famosas.* **2** inclinação acentuada de um terreno; declive: *Não sabe estacionar o carro numa ladeira.*

la.di.no s.m. **1** pessoa manhosa e esperta: *Os ladinos conseguiram bons lugares.* **2** qualquer dos dialetos falados pelos judeus sefarditas. • adj. **3** astuto; manhoso; esperto: *Venceu na vida porque era ladino.* **4** dizia-se do escravo que falava bem o português.

la.do s.m. **1** região situada à direita ou à esquerda de um corpo, de um objeto, de um lugar: *saia aberta de um lado.* **2** parte oposta a outra: *os dois lados da rua.* **3** parte competidora: *Protegeu o lado vencedor.* **4** cada uma das partes de um sólido. **5** facção; grupo: *o lado dos conservadores.* **6** linha de parentesco: *tios do lado materno.* **7** aspecto; ângulo; feição: *A greve teve um lado bom.* **8** opinião; parecer: *ouvir o outro lado* • pl. **9** redondezas; proximidades: *Sondou os lados antes de entrar.* **10** direção: andar para todos os lados. **♦ ao lado** (i) vizinho; próximo: *no aposento ao lado.* (ii) juntamente com; além: *Ganhou uma úlcera ao lado de uma depressão.* (iii) em companhia: *Gostaria de viver ao seu lado.* **lado a lado** junto; próximo; ombro a ombro: *caminhar lado a lado.* **olhar de lado** olhar com desdém: *Olhou de lado a namorada do filho.*

la.drão s.m. **1** aquele que furta ou rouba; terápio; gatuno: *O ladrão não usou de violência contra a vítima.* **2** saída para escoamento do excesso de líquido de um recipiente: *O ladrão da caixa-d'água estava entupido.* • adj. **3** que rouba: *homem safado e ladrão.*

la.drar v.int. **1** latir: *É prudente ver por que os cães estão ladrando.* **2** onomatopeia do som produzido pelos cães.

la.dri.lhar v.t. **1** revestir com ladrilho; azulejar: *ladrilhar o banheiro.*

la.dri.lhei.ro s.m. que produz ou assenta ladrilhos.

la.dri.lho s.m. placa de barro cozido, de cerâmica, de cimento etc. empregada no revestimento de pisos e paredes: *Cresceu vendo o pai fabricar ladrilhos.*

la.dro.a.gem s.f. roubo; furto; ladroeira.

la.dro.ei.ra s.f. **1** prática de roubo, roubalheira, ladroagem. **2** exploração; extorsão permanente. **3** esconderijo de ladrões; covil.

lady (lêidi) (Ingl.) s.f. senhora de elevada posição social e/ou de maneiras refinadas: *Parece uma lady, e jeans esfarrapados não combinam com ela.*

la.gar.ta s.f. **1** larva de certos insetos. **2** primeira fase da vida das borboletas. **3** espécie de esteira metálica articulada que substitui as rodas em tanques de guerra ou tratores pesados: *As lagartas permitem que tratores se movam em terrenos inacessíveis.*

la.gar.ti.xa s.f. pequeno lagarto de cor cinza ou rajada, com cauda comprida e fina e patas com ventosas.

la.gar.to s.m. **1** réptil de quatro patas, corpo alongado, rabo comprido, língua fendida em duas partes e que se alonga para a frente: *Os lagartos gostam de tomar sol nas pedras.* **2** carne fibrosa localizada na coxa dos bovinos: *Lagarto não é uma carne gordurosa.*

la.go s.m. **1** grande porção de água represada natural ou artificialmente. **2** poça; grande porção de líquido acumulada numa superfície: *O desastre formou um lago de sangue.*

la.go.a (ô) s.f. **1** pequeno lago. **2** porção de água pantanosa; atoleiro; charco: *O aguapé se reproduz com facilidade em lagoas.*

la.gos.ta (ô) s.f. **1** crustáceo com carapaça espessa e espinhosa, longas antenas e dez pés. **2** carne de lagosta utilizada em culinária: *Serviu lagosta e vinho.*

lá.gri.ma s.f. **1** líquido segregado pelas glândulas dos olhos com a função de umidificar a conjuntiva: *A córnea depende do oxigênio da lágrima para respirar.* **2** gota ou pingo de um líquido: *Colocou uma lágrima de vinho no cálice.*

lagrimal

la.gri.mal *adj.2g.* lacrimal.

la.gu.na *s.f.* lago pouco profundo de água salgada: *A lagoa dos Patos e a lagoa de Araruama são exemplos de lagunas.*

lai.a *s.f.* (Deprec.) espécie; qualidade; feitio: *Eles se entendem porque são da mesma laia.*

lai.co *adj.* que não pertence ao clero ou a uma instituição religiosa; leigo; secular: *Prefeririam agir em instituições laicas.*

lai.vo *s.m.* **1** mancha; marca: *A fumaça deixou um laivo negro na parede.* • *pl.* **2** noções superficiais; rudimentos. **3** restos; vestígios.

la.je *s.f.* **1** placa de pedra de concreto, cimento, terracota, cerâmica etc., para revestir pisos, paredes ou cobrir tetos: *Pelo pátio revestido de lajes, caminhavam os seminaristas.* **2** placa contínua de cimento, concreto e outros materiais que serve de suporte ou cobertura: *As paredes era frágeis demais para suportar a laje.* **3** pedra lisa, de superfície mais ou menos plana: *As águas cristalinas correm pelas lajes.*

la.jo.ta (ó) *s.f.* pequena laje para revestimento de pisos.

la.ma¹ *s.f.* **1** mistura pastosa de terra, ou argila, e água: *Entrou na sala com os pés cheios de lama.* **2** lodo: *Enfiou os pés na lama do rio.* **3** mancha na reputação; desonra: *Sua vida financeira era uma lama só.*

la.ma² *s.m.* sacerdote ou monge budista tibetano ou mongol.

la.ma.çal *s.m.* **1** lugar onde há muita lama; lodaçal: *Com a chuva a rua virava um lamaçal.* **2** estado de corrupção ou degradação: *A roubalheira é apenas uma ponta do lamaçal.*

la.ma.cen.to *adj.* cheio de lama; em que há muita lama: *A rua estava lamacenta e esburacada.*

lam.ba.da *s.f.* **1** golpe; impacto: *Entrou no mar bravio e levou uma lambada de uma onda.* **2** golpe com chicote; chicotada: *Doía ouvir as lambadas nas costas do homem.* **3** dança com movimentos laterais e sinuosos dos quadris.

lam.bão *s.m.* **1** guloso: *O lambão já estava à espera do almoço.* **2** quem se lambuza quando come. **3** aquele que cumpre mal suas tarefas. • *adj.* **4** imperfeito: *Fez um conserto lambão na peça.*

lam.ba.ri *s.m.* (Bras.) pequeno peixe de água doce, de escamas prateadas.

lam.be-lam.be *s.m.* fotógrafo ambulante. // Pl.: lambe-lambes.

lam.ber *v.t.* **1** passar a língua: *lamber o dedo.* **2** lamber um alimento: *lamber o sorvete.* **3** adular; bajular: *Vive lambendo o chefe.* **4** destruir, arrasar: *As chamas lambiam o cafezal.* • *int. e pron.* **5** alegrar-se muito: *A criançada se lambia com a ida à praia.*

lam.bi.da *s.f.* movimento da língua sobre alguma coisa: *O camelo deu uma lambida inesquecível em seu rosto.*

lam.bi.de.la (é) *s.f.* **1** lambida: *A cachorrinha dava lambidelas agradecendo o osso.* **2** (Coloq.) gorjeta: *Uma boa lambidela é sempre esperada pelo empacotador.*

lam.bis.car *v.t.* **1** beber ou comer pouco; beliscar: *No jantar, só lambiscava a sobremesa.* • *int.* **2** comer pouco de cada vez, mas com frequência: *Nunca almoçava, mas lambiscava o dia inteiro.*

lam.bis.goi.a (ó) *s.f.* **1** mulher intrometida; mexeriqueira: *Todos conheciam a lambisgoia e fugiam dela.* **2** mulher magra, sem graça, antipática: *Aquela lambisgoia nunca vai arranjar namorado.* **3** mulher presunçosa: *A lambisgoia se acha a dona da verdade.*

lam.bre.ta (ê) *s.f.* motocicleta com rodas de raio menor, pneus mais largos e com assento mais amplo onde se senta com as pernas fechadas.

lam.bri *s.m.* revestimento de madeira, estuque ou mármore, nas paredes ou teto de uma sala.

lam.bu.ja *s.f.* **1** (Coloq.) lambujem; vantagem: *Deu lambuja de dez pontos.* **2** lucro em jogo, negócio ou aposta. **3** gorjeta: *viver de lambujas.*

lam.bu.jem *s.f.* **1** vantagem que o jogador oferece a seu adversário: *Eu lhe dou lambujem de dez metros.* **2** guloseima; gulodice. **3** resto que ficam no prato.

lam.bu.zar *v.t.* **1** sujar; emporcalhar: *Lambuzaram a toalha com o sorvete.* • *pron.* **2** sujar-se; emporcalhar-se: *O menino derrubou o tinteiro e lambuzou-se todo.*

la.mê *s.m.* tecido muito brilhante, usado em traje de gala ou fantasia.

la.mei.ro *s.m.* atoleiro; pântano; lamaçal: *atolar no lameiro.*

la.men.ta.ção *s.f.* **1** choro com queixumes; lamento; lamúria: *Não é hora de lamentações, é hora de assumir deveres.* **2** choro com gemido ou grito de dor: *A sirene se junta à lamentação dos feridos.* **3** manifestação de pesar, lástima: *São apenas lamentações piegas de quem trata o crime como estatística.* • *pl.* **4** no catolicismo, leituras e cânticos feitos na Semana Santa.

la.men.tar *v.t.* **1** manifestar descontentamento ou pesar; lastimar; deplorar: *O povo lamenta o fracasso da seleção de futebol.* **2** chorar; prantear: *A nação lamenta a morte de seus filhos.* • *pron.* **3** lastimar-se; queixar-se: *Nós nos lamentamos pelo acontecido ontem.*

la.men.tá.vel *adj.* **1** digno de compaixão; piedade, tristeza: *A pobreza daquela família é lamentável.* **2** desprezível, digno de censura: *A atitude dele é lamentável.* **3** em mau estado; deplorável: *O quarto da pousada estava lamentável.*

la.men.to *s.m.* **1** choro; pranto, queixume, lamentação: *O programa troca os lamentos por um papo animado.* **2** gemido: *As enfermeiras não ouviam seu lamento.* **3** manifestação de pesar face a um infortúnio: *Expressou seu lamento pela perda do marido.*

lâ.mi.na *s.f.* **1** instrumento cortante: *Tirou a lâmina da bainha.* **2** parte cortante de um instrumento. **3** instrumento de barbear; gilete: *Fez a barba com uma lâmina novinha.* **4** chapa delgada de metal, plástico, fórmica ou madeira: *mesas revestidas com uma lâmina de zinco.* **5** pequena placa de vidro usada em laboratórios: *Preparavam lâminas para o exame microscópico.* **6** qualquer material em forma achatada e delgada: *Palitos são fabricados a partir de lâminas de madeira.*

la.mi.na.ção *s.f.* redução a lâmina: *Trabalha no setor de laminação do alumínio.*

la.mi.na.do *s.m.* **1** madeira compensada composta de lâminas: *laminado de imbuia.* **2** lâmina ou material rígido em formato de lâmina: *parede forrada com laminado asfáltico.* • *adj.* **3** em forma de lâmina: *embalagens de plástico laminado.* **4** composto de lâminas ou camadas: *O para-brisa laminado é mais seguro.*

la.mi.nar *v.t.* reduzir a lâminas: *Laminaram barras de alumínio.*

lâm.pa.da *s.f.* objeto para obter luz artificial, destinado à iluminação: *trocar a lâmpada.*

lam.pa.dá.rio *s.m.* **1** peça suspensa destinada a iluminação ou ornamentação; lustre; candelabro: *O lampadário iluminava o altar.* **2** lâmpada forte para iluminação pública, instalada sobre um suporte vertical.

lam.pa.ri.na *s.f.* pequeno recipiente em que um pavio mergulhado em óleo, querosene ou álcool, quando aceso, fornece luz fraca.

lam.pei.ro *adj.* ágil; ligeiro: *Era um moleque lampeiro e prestativo.*

lam.pe.jar *v.t.* **1** emitir, irradiar: *A lua lampejava clarões azulados.* • *int.* **2** emitir brilho; faiscar: *Os seus olhos lampejam.*

lam.pe.jo (ê) *s.m.* **1** manifestação rápida de uma ideia ou sentimento: *lampejos de generosidade.* **2** clarão: *Os lampejos dos fogos de artifício.*

lam.pi.ão *s.m.* lanterna com lâmpada ou reservatório para combustível, portátil ou fixada em teto, parede ou esquina.

la.mú.ria *s.f.* lamentação; lamento: *Bebia e começava uma lamúria sem fim.*

la.mu.ri.ar *v.t.* **1** dizer em tom de lamúrias: *Ela lamuriava seus aborrecimentos.* • *pron.* **2** fazer lamúria; lamentar-se: *A mãe se lamuria o tempo todo.*

lan.ça *s.f.* **1** arma ofensiva de arremesso: *O soldado trazia uma lança na mão.* **2** haste terminada em lâmina pontiaguda: *grade com lanças.*

lan.ça.dei.ra *s.f.* **1** peça do tear que contém uma bobina em que se enrola o fio: *As lançadeiras fazem correr os fios da trama.* **2** peça análoga, na máquina de costura. **3** (Coloq.) pessoa irriquieta, agitada. **4** foguete espacial capaz de mandar uma carga útil para o espaço: *O primeiro satélite artificial foi colocado em órbita por uma lançadeira soviética.*

lan.ça.men.to *s.m.* **1** despejo: *lançamento do esgoto nos rios.* **2** envio de um engenho ao espaço por meio de um dispositivo de propulsão: *O lançamento do satélite foi adiado.* **3** colocação de uma embarcação nas águas: *O prefeito não foi ao lançamento do navio mercante.* **4** assentamento: *Marcou-se o lançamento da pedra fundamental do hospital.* **5** ato de expor, pela primeira vez, ao público; estreia: *lançamento de novos medicamentos.* **6** registro em livros de escrituração comercial: *Deve haver rigor no lançamento do que entra e sai do caixa.* **7** arremesso; lance: *lançamento de dardos.* **8** no futebol, passe a longa distância: *O zagueiro fez o lançamento para o atacante.* **9** produto novo no mercado: *Esse lançamento vai ser recorde de vendas.*

lan.ça-per.fu.me *s.m.* **1** bisnaga de vidro ou de metal contendo éter perfumado: *A venda do lança-perfume foi proibida no Brasil.* **2** o conteúdo do lança-perfume: *Cheirar lança-perfume pode provocar parada respiratória.* // Pl.: lança-perfumes.

lan.çar *v.t.* **1** promover algo ou alguém apregoando seus méritos: *Um radialista lançou aquele cantor.* **2** fazer estrear; expor ou apresentar; pôr em circulação: *A editora lançará nova edição dos clássicos portugueses.* **3** fazer ir ao espaço; ejetar: *O Brasil já começou a lançar seus próprios satélites.* **4** inaugurar: *A rede lançou novas lojas.* **5** fazer: *O professor tinha imenso prazer em lançar desafios.* **6** atirar; arremessar; jogar: *Lançou o vaso contra a parede.* **7** derramar; despejar: *O navio lançou óleo na baía.* **8** registrar: *lançar a receita e a despesa em formulários próprios.* **9** trazer (a); provocar: *Antigas mágoas lançavam o desentendimento no casal.* **10** apresentar como; indicar: *A cúpula já lançou candidato a líder na Câmara dos Deputados.* • *pron.* **11** atirar-se; arremessar-se: *Lançou-se no rio.* **12** aventurar-se; arrojar-se: *Os portugueses se lançaram à conquista dos mares.* **13** pôr-se a disposição para; propor-se: *Lançamo-nos a testemunhar em seu favor.* **14** projetar-se: *A casa lança-se sobre o penhasco.* • *int.* **15** (Coloq.) vomitar: *Parou o barco e lançou no lago.*

lan.ce *s.m.* **1** feito; façanha: *Orgulhava-se de seus lances.* **2** oferta de preço por bem apregoado em leilão: *Fez um lance muito alto.* **3** em esporte, intervenção difícil ou hábil numa partida; jogada: *O zagueiro nunca mais repetiu o lance que o consagrou.* **4** acontecimento; episódio: *Relatava cada lance da viagem.* **5** impulso; ímpeto: *Reconheci aquele lance repentino de generosidade.* **6** etapa; fase: *Planejo com cuidado cada lance do trabalho.* **7** ocasião; circunstância: *Em vários lances, mostrou boa vontade.* **8** conjunto de degraus de uma escada: *Teria que subir cinco lances.*

lan.cei.ro *s.m.* **1** soldado que combate com lança. **2** fabricante de lanças.

lan.ce.o.la.do *adj.* em forma de ponta de lança: *folha lanceolada.*

lan.cha *s.f.* pequena embarcação movida a motor.

lan.char *v.t.* **1** comer como lanche: *Lanchamos algumas frutas.* • *int.* **2** comer o lanche; fazer refeição ligeira: *Nunca jantamos, só lanchamos.*

lan.che *s.m.* **1** refeição rápida; merenda: *À noite, só faz um lanche.* **2** aquilo que se come nessa refeição: *Haveria distribuição de lanches e bandeirinhas.*

lan.chei.ra *s.f.* maleta usada para carregar lanche; merendeira.

lan.cho.ne.te (é) *s.f.* estabelecimento comercial que serve lanches.

lan.ci.nan.te *adj.2g.* **1** que dá a sensação de pontadas agudas: *dores lancinantes.* **2** que atormenta; cruciante: *Ela sentia uma saudade lancinante.*

lan.ci.nar *v.t.* **1** provocar dores intensas a: *A ferida lancinava-o.* **2** atormentar; afligir: *A doença da mãe lancina os filhos.* • *int.* **3** causar a sensação de pontadas agudas, picadas.

lan.ço *s.m.* **1** lançamento; arremesso. **2** oferta de preço em leilão; lance: *Entrou no lanço para arrematar um capacete do piloto.* **3** (Coloq.) vômito. **4** parte de uma escada compreendida entre dois patamares ou descansos: *É preciso subir um lanço para se chegar à livraria.* **5** estratagema. **6** extensão de um muro, parede, fachada etc. de um edifício entre duas referências, como duas pilastras ou dois patamares.

lan.gor (ô) *s.m.* languidez; moleza.

lan.go.ro.so (ô) *adj.* lânguido: *Olhares langorosos do jovem envolviam a filha do fazendeiro.*

lan.gui.dez *s.f.* **1** falta de forças; moleza: *Não conseguia vencer a languidez.* **2** desânimo; apatia. **3** doçura; brandura. **4** sensualidade. **5** apatia. **6** morbidez.

lân.gui.do *adj.* **1** sem forças; extenuado: *Jogou-se*

lanhar

no sofá, lânguida e triste. **2** sensual. **3** suave; terno. **4** mórbido; doentio: *Alguma psicose lhe dá este ar lânguido.*

la.nhar *v.t.* **1** dar golpes em; ferir; cortar: *Lanharam meu rosto.* **2** magoar; afligir; angustiar: *O dito grosseiro lanhou o interlocutor.* **3** chicotear: *Lanhou o animal, deixando-o cheio de vergões.* **4** deturpar; desvirtuar; alterar: *Ao interpretar o texto, lanhou a mensagem principal.* • *pron.* **5** ferir-se; cortar-se: *Ao pular a cerca, lanhou-se no arame farpado.* **6** magoar-se; afligir-se: *Ele lanhou-se com o fracasso que sofrera.*

la.nho *s.m.* **1** golpe com instrumento cortante: *Recebeu um lanho no braço.* **2** ferimento com instrumento cortante; talho: *corpo coberto de lanhos.* **3** marca de chicotadas. **4** pedaço de carne cortado em tiras.

lan house (lãrráuz) (Ing.) *s.f.* (Inf.) estabelecimento comercial onde se tem acesso, mediante pagamento a recursos de computadores, especificamente Internet, jogos *on-line*, salas de bate-papo etc.

la.ní.fe.ro *adj.* lanígero.

la.ni.fí.cio *s.m.* indústria de fabricação de tecidos de lã.

la.ní.ge.ro *s.m.* **1** gado que tem pelos semelhantes à lã. • *adj.* **2** coberto de lã ou de pelos semelhantes à lã: *Há não só animais, mas também plantas lanígeras.*

la.no.li.na *s.f.* substância gordurosa extraída da lã do carneiro: *xampu com lanolina.* (ô)

lan.te.jou.la *s.f.* pequena chapa de metal, madrepérola ou plástico, circular e furada, para enfeite de vestuário: *fantasia enfeitada de lantejoulas.*

lan.ter.na (é) *s.f.* **1** recipiente guarnecido de material transparente que abriga uma fonte de luz. **2** dispositivo portátil com lâmpada, geralmente alimentado por pilha: *Usou a lanterna para examinar o quadro.* **3** lâmpada fixa na dianteira ou traseira de veículo automotor: *Durante as viagens, mantenha acesas as lanternas de luz baixa.* **4** (Coloq.) em competições esportivas, o último colocado: *A equipe foi lanterna no Campeonato Paulista.*

lan.ter.na.gem *s.f.* (Bras. RJ) conserto da lataria de automóveis.

lan.ter.nei.ro *s.m.* **1** quem faz lanternas. **2** indivíduo que carrega lanternas em procissões. **3** (Bras.) quem faz lanternagem.

lan.ter.ni.nha *s.2g.* funcionário encarregado de acompanhar as pessoas a seus lugares em uma casa de espetáculos: *Ganhava a vida como lanterninha de cinema.*

la.pa *s.f.* cavidade em um rochedo; toca; caverna; gruta: *Com um pedaço de laje, tapou a entrada da lapa.*

la.pa.ros.co.pi.a *s.f.* (Med.) técnica que possibilita a visualização direta da cavidade abdominal, na qual é introduzido, através de um pequeno orifício na região do umbigo, um aparelho dotado de foco de luz e de sistema óptico: *Diversas cirurgias podem ser feitas através da laparoscopia.*

la.pe.la (é) *s.f.* parte da frente e superior de um paletó voltada para fora: *Usava flor na lapela.*

la.pi.da.ção *s.f.* **1** desbaste e polimento: *lapidação de pedras preciosas.* **2** (Fig.) aperfeiçoamento; aprimoramento: *Restava fazer um trabalho de lapidação nos jogadores.* **3** oficina em que se faz desbaste e polimento de pedra preciosa, cristais etc.: *Muitos moradores trabalham nas lapidações.*

la.pi.dar[1] *adj.2g.* **1** que se refere a lápides ou a pedras. **2** diz-se de inscrição gravada em pedra. **3** de qualidade superior; bem elaborado; primoroso: *O pintor fez um retrato lapidar do visconde.* **4** conciso como as inscrições feitas em pedras: *Fez um discurso lapidar.*

la.pi.dar[2] *v.t.* **1** matar ou atacar com pedras; apedrejar. **2** talhar e polir (pedra preciosa bruta): *lapidar o rubi.* **3** submeter (o cristal) ao processo de lapidação: *lapidar uma garrafa de cristal.* **4** (Fig.) aperfeiçoar ou aprimorar; educar: *Paris lapidou as maneiras do jovem.*

lá.pi.de *s.f.* **1** pedra com inscrição comemorativa. **2** lousa ou pedra de túmulo.

lá.pis *s.m. 2n.* estilete de grafite ou outro material colorido equivalente, envolvido em madeira, para escrever ou desenhar.

la.pi.sei.ra *s.f.* objeto de metal ou plástico onde se encaixa o grafite e que se usa como lápis.

lap.so *s.m.* **1** erro cometido por descuido ou distração; deslize: *Deu-lhe, por um lapso, o endereço errado.* **2** falta; privação; falha: *um lapso de memória.* **3** intervalo ou espaço de tempo: *Outros lazeres reduzem o lapso da leitura de jornal.*

laptop (léptóp) (Ingl.) *s.m.* microcomputador portátil.

la.quê *s.m.* substância, vaporizada para fixar os cabelos: *Usava tanto laquê que o penteado parecia um capacete.*

la.que.a.du.ra *s.f.* (Cir.) **1** ligamento definitivo ou temporário de estruturas ocas do corpo humano como artérias, veias etc. **2** ligadura das trompas com objetivo anticoncepcional.

la.que.ar[1] *v.t.* fazer laqueadura; ligar: *O plantonista laqueou prontamente os vasos para estancar a hemorragia.*

la.que.ar[2] *v.t.* **1** cobrir com laca. **2** pintar com tinta de esmalte: *Laqueou a cama de branco.*

lar *s.m.* **1** local, na cozinha, onde se acende o fogo. **2** casa de habitação: *Volta ao lar logo depois do trabalho.* **3** terra natal; pátria: *A anistia devolveu os exilados ao lar.* **4** família: *Vive para seu lar.*

la.ran.ja *s.m.* **1** (Coloq.) inocente útil; testa de ferro: *O laranja entregava a mercadoria no hotel.* • *s.f.* **2** fruto arredondado, de casca grossa, amarelo-avermelhada, polpa em gomos e suco ácido e adocicado. **3** laranjeira: *plantar laranja.*

la.ran.ja.da *s.f.* bebida feita com suco de laranja, açúcar e água.

la.ran.jal *s.m.* plantação ou pomar de laranjeiras.

la.ran.jei.ra *s.f.* árvore frutífera tropical, de caule espinhoso, flores brancas em cachos, que produz a laranja.

la.rá.pio *s.m.* ladrão: *O barulho da sirene fez o larápio pular o muro.*

la.rei.ra *s.f.* vão na parede de um aposento, na extremidade inferior de uma chaminé, onde se acende fogo destinado a aquecer o ambiente: *A poltrona diante da lareira convidava ao repouso.*

lar.ga.da *s.f.* **1** saída; início; partida: *largada da corrida.* **2** local de partida de uma competição: *Os fãs esperavam o atleta na largada.*

lar.ga.do *adj.* (Bras.) **1** abandonado: *Sentiu-se largado após a morte dos pais.* **2** desfalecido; desmaiado; iner-

lateral

te: *O menino ficou largado na calçada.* **3** desleixado; descuidado: *rapaz de aspecto largado.*

lar.gar *v.t.* **1** abandonar; deixar: *Largou os filhos e foi estudar no exterior.* **2** deixar em determinado lugar: *Largou a bicicleta no terraço.* **3** legar: *Ameaçava sempre não largar nada para os irmãos.* **4** desistir conscientemente de pessoa, ação ou objeto: *É um grande desafio largar o vício.* **5** deixar de segurar; soltar: *Ao ser assaltada, largou a bolsa e levantou os braços.* **6** sair depois de cumprir horário de trabalho: *Ele larga o serviço às seis horas.* **7** esquecer; abandonar: *Débora largou a pasta no táxi.* **8** deixar de estar na companhia de: *O namorado não largou sua garota durante toda a festa.* **9** ir embora; partir: *Larguei de minha cidade há dois anos.* **10** não prosseguir; parar: *Largue de ser tão ingênuo, rapaz!* • *int.* **11** ir embora; partir: *Já faz uma hora que o casal largou.* **12** dar o arranque, a partida: *O carro não largou bem.* **13** sair depois de cumprir horário de trabalho: *Larga sempre depois do chefe.* • *pron.* **14** ficar estendido; abandonar-se: *A menina largou-se no sofá.*

lar.go *s.m.* **1** pequena praça: *O largo estava abandonado.* • *adj.* **2** não apertado; folgado: *Ela usava vestidos largos.* **3** que tem grande extensão transversal: *O Amazonas é o mais largo dos rios.* **4** longo; demorado: *um largo silêncio.* **5** extenso; vasto; espaçoso: *Havia um largo jardim à frente da casa.* **6** amplo; aberto: *Abriu um largo sorriso de satisfação.* **7** alto; elevado: *O empresário exigia juros largos.* • *pl.* **8** muitos; vários: *Por largos anos, deu as cartas e as ordens.*

lar.gu.ra *s.f.* extensão tomada no sentido perpendicular ao comprimento e à altura: *A largura do móvel impedia sua entrada pela porta.*

la.rin.ge *s.f.* (Anat.) órgão cartilaginoso, que forma a parte terminal superior da traqueia, exercendo função essencial na fonação.

la.rin.gi.te *s.f.* (Patol.) inflamação da laringe.

lar.va *s.f.* fase inicial da vida de certos insetos, logo após a saída do ovo: *A larva presa ao galho era uma promessa de borboleta.*

lar.vi.ci.da *s.m.* **1** substância usada para destruir larvas: *O larvicida deve ser usado com critério.* • *adj.2g.* **2** que visa a destruir larvas: *A campanha larvicida diminuiu o mosquito da dengue.*

la.sa.nha *s.f.* prato preparado com camadas de macarrão em tiras largas intercaladas de molho, queijo e/ou carne.

las.ca *s.f.* estilhaço ou fragmento de vários materiais: *uma lasca de madeira.* **2** pequena fatia: *uma lasca do bacalhau.*

las.car *v.t.* **1** rachar ou quebrar em lascas: *Maria lascou o prato.* • *pron.* **2** rachar-se ou quebrar-se em lascas; partir-se: *A tora lascou-se pelo meio.* **3** (Coloq.) não ter sucesso; dar-se mal; arrebentar-se: *Eles se lascaram, porque mostraram que não tinham dinheiro.* • *int.* **4** partir-se em lascas; deixar sair lascas.

las.cí.via *s.f.* luxúria; sensualidade exagerada; lubricidade: *Não havia no livro nenhum indício de lascívia.*

las.ci.vo *adj.* **1** sensual; libidinoso: *É uma mulher lasciva e autoritária.* **2** que desperta lascívia ou luxúria: *dança lasciva.*

laser (lèiser) (Ingl.) *s.m.* feixe de luz muito condensado e luminoso, utilizado na indústria e em cirurgia médica para cortar e soldar.

las.si.dão *s.f.* **1** prostração; cansaço: *Era visível a lassidão da maratonista.* **2** tédio; enfastiamento: *Em completa lassidão, abandonou o romance que escrevia.*

las.so *adj.* **1** cansado; fatigado; prostrado: *jogador abatido e lasso.* **2** frouxo; bambo; distendido: *cadarços lassos.*

lás.ti.ma *s.f.* **1** tristeza: *Tinha um olhar de lástima.* **2** desgraça; infortúnio: *vida cheia de lástimas.* **3** compaixão; piedade; pena: *Sua pobreza causava lástima.*

las.ti.mar *v.t.* **1** deplorar; lamentar: *Lastimou não poder andar.* **2** compadecer-se de: *O motorista lastimou a vítima.* • *pron.* **3** queixar-se; lamentar-se: *O garoto se lastimava em demasia.*

las.ti.má.vel *adj.* deplorável; lamentável: *Foi lastimável a morte do trapezista.*

las.trar *v.t.* **1** pôr peso em embarcação, visando ao seu equilíbrio. • *int.* **2** alastrar; propagar: *O fogo lastrava no mato seco.*

las.tre.ar *v.t.* **1** garantir: *Antes de 1933, o Brasil era obrigado a lastrear sua moeda em ouro.* • *pron.* **2** estar fundamentado, baseado: *Seus conhecimentos se lastreavam em leituras atualizadas.*

las.tro *s.m.* **1** depósito em ouro que serve de garantia ao papel-moeda: *Emitiu papel-moeda sem o devido lastro.* **2** qualquer material que se coloca no porão de um navio para lhe dar estabilidade: *Com mais peso, o lastro seria suficiente para equilibrar o navio.* **3** qualquer peso que mantenha algo submerso. **4** garantia: *Sem o lastro das reformas, virão novas crises.* **5** (Fig.) base; fundamentação: *Ele tem o lastro de quem estudou com os jesuítas.*

la.ta *s.f.* **1** folha de ferro estanhado; folha de flandres: *canecas de lata.* **2** recipiente de folha de flandres que serve para conter substâncias industrializadas: *Guardei a lata de azeitonas no armário.*

la.ta.gão *s.m.* homem jovem, vigoroso e alto.

la.tão *s.m.* **1** metal constituído pela liga de cobre e zinco: *uma medalhinha de latão.* **2** vasilha, geralmente de zinco ou estanho, própria para conter líquidos: *Há latões de leite à margem da estrada.* **3** peça feita de latão: *Cobres, bronzes e latões brilhavam na exposição.*

la.ta.ri.a *s.f.* **1** grande quantidade de latas: *A lataria deve ficar emborcada para não reter a água.* **2** conjunto de latas de conserva. **3** estrutura de chapa metálica dos carros; carroceria: *Funileiros reparam a lataria.* **4** (Deprec.) carro velho e imprestável: *Tire essa lataria da frente.*

lá.te.go *s.m.* **1** açoite; chicote: *Desceu o látego no lombo do ladrão.* **2** castigo. **3** estímulo.

la.te.jar *v.int.* pulsar; palpitar: *Meu coração latejava no ritmo do relógio.*

la.tên.cia *s.f.* estado do que se encontra sem atividade: *Após um período de latência, a dor voltava mais forte.*

la.ten.te *adj.2g.* **1** não manifesto; subjacente; oculto: *A saudade, latente, era constante.* **2** disfarçado, subentendido. **3** diz-se de doença incubada.

la.te.ral *s.m.* **1** (Bras.) jogador que atua na linha: *É um excelente lateral.* • *s.f.* **2** (Bras. Esp.) linha que vai de lado a lado do comprimento do campo: *O treinador colocou o quarto zagueiro na lateral.* • *adj.2g.* **3** que está situado ao lado: *corredor lateral da casa.* **4** que

látex

se posiciona ao lado. **5** direcionado para o lado: *um passe lateral*.

lá.tex /ks/ *s.m. 2n.* suco leitoso de certas plantas, muito empregado na indústria.

la.ti.cí.nio *s.m.* produto feito com leite ou tendo o leite como principal elemento: *Os laticínios complementam a boa alimentação*.

lá.ti.co *adj.* láctico.

la.ti.do *s.m.* **1** ação de latir. **2** voz do cão.

la.ti.fun.di.á.rio *s.m.* **1** proprietário de latifúndio: *Os latifundiários exigem privilégios.* • *adj.* **2** relativo ao latifúndio: *produção latifundiária*.

la.ti.fún.dio *s.m.* grande propriedade rural especialmente aquela com extensões não cultivadas e explorada com técnicas de baixa produtividade.

la.tim *s.m.* língua indo-europeia do grupo itálico, falada na antiga região do Lácio (Itália).

la.ti.ni.da.de *s.f.* sentimento ou característica própria dos povos latinos: *A latinidade brasileira se acentua no charme das canções*.

la.ti.nis.mo *s.m.* palavra ou expressão própria da língua latina: *Expressões como* "ipsis litteris" *e* "sine qua non" *são latinismos do vocabulário ativo dos brasileiros*.

la.ti.nis.ta *s.2g.* estudioso da língua e da cultura latina.

la.ti.ni.zar *v.t.* **1** tornar latino; dar características latinas a: *Soldados romanos latinizaram a França.* **2** tornar característico da América Latina; dar feição latino-americana a: *O festival de Gramado latinizou a mostra de cinema.* • *pron.* **3** tornar-se característico da América Latina: *No futebol, o drible latinizou-se*.

la.ti.no *s.m.* **1** pessoa natural ou proveniente da América Latina: *Os latinos precisam se unir.* **2** pessoa natural da Roma antiga: *"No vinho, a verdade" — diziam os latinos.* • *adj.* **3** que herdou ou conservou aspectos da civilização difundida pelos romanos; românico: *A característica latina do brasileiro reflete-se na fraternidade.* **4** da antiga região do Lácio (Itália): *língua latina.* **5** em latim: *textos latinos.* **6** da ou relativo à Roma antiga: *Horácio e Cícero são autores latinos.* **7** próprio do povo colonizado pelos romanos; emotivo ou sensual: *Ela tem tipo nórdico e temperamento latino*.

la.ti.no-a.me.ri.ca.no *s.m.* **1** pessoa que nasce ou habita em um país localizado na América Latina. • *adj.* **2** que nasceu ou vive num dos países da América Latina: *Os povos latino-americanos lutam pela independência econômica.* **3** localizado na América Latina: *Os países latino-americanos foram representados pelo Brasil.* **4** relativo à América Latina: *O restaurante não é o único toque latino-americano em Nova Iorque*.

la.tir *v.int.* **1** dar latidos; ladrar: *Bambina late sempre que quer chamar a atenção de sua dona.* • *s.m.* **2** som produzido pelos cães.

la.ti.tu.de *s.f.* **1** distância da linha do Equador a um lugar da Terra, levando-se em conta o meridiano que passa por esse lugar: *A fumaça desce até a latitude de Buenos Aires.* **2** ponto da Terra entre os polos: *uma zona entre os paralelos de latitude 36 e 32.* // Ant.: longitude.

la.to *adj.* amplo; extenso: *Muitas palavras podem ser usadas em sentido lato e em sentido restrito.* // Ant.: restrito.

la.tri.na *s.f.* vaso sanitário; privada.

la.tro.cí.nio *s.m.* homicídio acompanhado de roubo.

lau.da *s.f.* página com determinado número de linhas: *A maioria dos revisores ganha por lauda corrigida*.

lau.da.tó.rio *adj.* que contém louvor; elogioso: *um discurso laudatório*.

lau.do *s.m.* peça escrita em que um perito ou um árbitro emite o seu parecer e responde a todos os quesitos que lhe foram propostos pelo juiz e pelas partes interessadas; arbítrio: *O laudo médico recomendava o afastamento do funcionário*.

láu.rea *s.f.* **1** coroa de flores. **2** (Fig.) prêmio; galardão: *Entrou na galeria dos ganhadores da láurea Homem de Visão*.

lau.re.ar *v.t.* **1** colocar coroa de flores. **2** (Fig.) premiar: *O comitê olímpico laureou os atletas campeões*.

lau.to *adj.* abundante; copioso: *um lauto jantar*.

la.va *s.f.* **1** material incandescente emitido por um vulcão em erupção. **2** essa matéria solidificada pelo resfriamento: *A estrada foi pavimentada com lavas*.

la.va.bo *s.m.* **1** lavatório pequeno, geralmente à entrada da casa; banheiro social. **2** pequena taça de água onde se lavam as pontas dos dedos, às refeições: *lavabo de prata com incrustações de madrepérola*.

la.va.dei.ra *s.f.* **1** mulher cujo ofício é lavar roupa: *As lavadeiras cantam, enquanto batem a roupa.* **2** pequena ave de cor preta e branca que vive à beira d'água ou perto dos rebanhos: *Uma revoada de lavadeiras apareceu sobre o riacho.* **3** máquina de lavar roupa; lavadora: *Quero uma lavadeira eletrônica*.

la.va.do.ra (ô) *s.f.* máquina para lavar roupa.

la.va.gem *s.f.* **1** ação de lavar: *lavagem das toalhas.* **2** irrigação para remoção de impurezas: *O médico procedeu a uma lavagem estomacal.* **3** resto de comida que se dá aos porcos: *Tratavam os porcos com lavagem*.

la.van.da *s.f.* **1** água-de-colônia: *O quarto cheirava a lavanda.* **2** água perfumada com que se lavam as pontas dos dedos, às refeições: *O chef ficou constrangido quando viu um cliente beber a lavanda.* **3** erva ou arbusto de folhas e flores aromáticas: *Em estudos com animais, a lavanda manifestou poder sedativo*.

la.van.de.ri.a *s.f.* **1** estabelecimento onde se lavam e passam roupas: *As lavanderias cobram caro.* **2** dependência de residência, hotel, quartel etc. onde a roupa é lavada e passada a ferro: *Na lavanderia, uma empregada dava conta de tudo*.

la.va-pés *s.m. 2n.* **1** cerimônia litúrgica da Quinta-feira Santa que relembra o fato de Jesus ter lavado os pés dos discípulos: *Figurões da política e da elite social participaram do lava-pés no Mosteiro de São Bento.* • *s.m.* **2** pequena formiga de ferroada muito dolorosa.

la.var *v.t.* **1** limpar; banhar: *Lavou o bebê para refrescá-lo antes do sono.* **2** expurgar; purificar: *Lutou para lavar o nome da família.* **3** vingar: *Prometeu lavar o orgulho ferido.* • *pron.* **4** banhar-se: *Lavou-se, fez a barba e mudou de roupa.* • *int.* **5** trabalhar como lavadeira: *Ela ganha a vida lavando e passando*.

la.va.tó.rio *s.m.* **1** recipiente de ferro ou louça próprio para lavar o rosto e as mãos. **2** pia. **3** banheiro com pia: *Os lavatórios dos aeroportos são limpos e perfumados*.

la.vá.vel *adj.* que pode ser lavado: *tinta lavável*.

legionário

la.vor (ô) *s.m.* **1** trabalho manual, intelectual ou artístico: *fazer um lavor de crivo*. **2** ornato: *O presente era um lavor em madeira de Bali*.

la.vou.ra *s.f.* **1** cultivo de terras; agricultura: *A lavoura exige dedicação e paciência*. **2** plantação; roça, propriedade cultivada: *A lavoura de cana cobre metade das terras*. **3** ambiente agrícola: *É nascido e criado na lavoura*.

la.vra *s.f.* **1** terreno de mineração; lugar de onde se extrai metal e pedras preciosas: *A colonização serviu para extinguir as lavras de ouro*. **2** lavoura; plantação. **3** elaboração; execução; autoria: *São quase todos exemplos de minha lavra*.

la.vra.do *s.m.* **1** terra lavrada ou cultivada. **2** região de onde se extraiu ouro ou diamante. • *adj.* **3** arado; cultivado: *campo lavrado*. **4** registrado: *assembleia lavrada em ata*.

la.vra.dor (ô) *s.m.* **1** pessoa que cultiva a terra; agricultor: *Orgulhava-se por ser filho de lavrador*. • *adj.* **2** que cultiva a terra: *Os italianos lavradores se instalaram na região de Jundiaí*.

la.vrar *v.t.* **1** arar, cultivar: *Começou a lavrar a terra*. **2** explorar: *Cedo, os homens começavam a lavrar a jazida*. **3** desbastar; aplainar; preparar: *O artista lavrava a madeira para fazer a escultura*. **4** redigir; registrar: *Lavrou a ata da última reunião*. • *int.* **5** alastrar-se, grassar: *A guerra entre os dois países lavra com fúria*.

la.vra.tu.ra *s.f.* ação de registrar por escrito; redação: *lavratura dos contratos*.

la.xan.te /ch/ *s.m.* **1** purgante de efeito brando; laxativo *adj.2g.* **2** que dilata; afrouxa. **3** que provoca evacuação: *Alimentos muito fibrosos têm poder laxante*.

la.xa.ti.vo /ch/ *s.m.* **1** produto laxante: *O médico prescreveu laxativo doze horas antes da radiografia*. • *adj.* **2** laxante: *Um chá laxativo acalmou a criança*.

layout (leiáut) (Ingl.) *s.m.* leiaute.

la.za.ren.to *s.m.* **1** pessoa leprosa. • *adj.* **2** leproso: *O velho lazarento se escondera numa cabana*.

lá.za.ro *s.m.* **1** pessoa atacada de lepra; leproso: *O Hospital Lauro de Sousa Lima atende os lázaros*. **2** aquele que tem feridas. • *adj.* **3** miserável, desgraçado.

la.zer (ê) *s.m.* ócio; descanso: *O trabalho com entusiasmo merece o lazer sem remorsos*.

le.al *adj.2g.* **1** franco; sincero: *Os amigos geralmente são leais*. **2** que segue as leis da retidão; honesto: *A empresa foi leal com os consumidores*. **3** fiel: *Quem foi totalmente leal aos ideais da democracia?*

le.al.da.de *s.f.* sinceridade; fidelidade; honestidade: *Lealdade e gratidão são qualidades belas e raras*.

le.ão *s.m.* **1** grande mamífero carnívoro predador, de pelo amarelo-laranja ou cinzento amarelado: *Os leões circenses vêm sendo recolhidos pelos zoológicos*. **2** (Coloq.) pessoa valente, corajosa ou ousada: *Quando perdia, virava um leão*. **3** (Astr.) quinta constelação do Zodíaco. **4** (Astrol.) quinto signo do Zodíaco (23/7 a 22/8). // Nas acepções 3 e 4, escreve-se com inicial maiúscula. // Fem.: leoa.

le.ão de chá.ca.ra *s.m.* segurança de casas de diversões: *O leão de chácara barrou a entrada do adolescente*. // Pl.: leões de chácara.

le.ão-ma.ri.nho *s.m.* mamífero, espécie de foca, carnívoro e com os pés em forma de barbatana. // Pl.: leões-marinhos.

leasing (lízin) (Ingl.) *s.m.* aluguel no qual o locatário tem a opção de comprar o bem no final do contrato.

le.bra.cho *s.m.* macho da lebre; lebrão.

le.brão *s.m.* lebracho.

le.bre (é) *s.f.* mamífero da família dos coelhos, com grandes patas posteriores, corpo alongado e pelo macio.

le.ci.o.nar *v.t.* **1** dar aulas de; ensinar: *O rapaz leciona Geografia no Ensino Fundamental*. • *int.* **2** exercer o magistério: *Lecionei durante dez anos*.

le.ci.ti.na *s.f.* substância viscosa derivada de tecidos animais e vegetais: *lecitina de soja*.

le.do (ê) *adj.* alegre; risonho: *A garota, leda e linda, precedia a noiva*.

le.ga.ção *s.m.* **1** representação diplomática de um Estado com hierarquia inferior à embaixada. **2** pessoal que compõe essa representação. **3** a sede dessa representação.

le.ga.ci.a *s.f.* cargo ou dignidade de legado.

le.ga.do *s.m.* **1** valor deixado como herança por meio de testamento: *Investiu o legado que o pai lhe deixara em cursos por toda a Europa*. **2** enviado de um governo ou de um chefe de Estado para representá-los em outro país: *Estagiários preparam a visita do legado papal no Brasil*. **3** herança; influência: *Os grandes economistas deixaram legados duradouros no pensamento econômico*.

le.gal *adj.* **1** prescrito pela lei; conforme a lei; lícito: *Os sindicatos trabalham em defesa dos seus direitos legais*. **2** (Bras. Coloq.) ótimo; perfeito: *A festa foi legal*. • *adv.* **3** (Bras. Coloq.) certo; em ordem: *No fim, tudo vai ficar legal*.

le.ga.li.za.ção *s.f.* **1** ação de tornar legal; legitimação: *a legalização de loteamentos clandestinos*. **2** autenticação por oficial público.

le.ga.li.zar *v.t.* **1** tornar legal, fazer enquadrar-se na lei: *O casal legalizou sua união*. • *pron.* **2** enquadrar-se na lei: *O partido só se legalizou em 1999*.

le.gen.da *s.f.* **1** pequeno texto que se coloca junto a um desenho, ilustração ou fotografia: *As fotos saíram com as legendas trocadas*. **2** tradução impressa nos filmes estrangeiros, reproduzindo as falas da língua de origem. **3** letreiro, dístico, rótulo: *A função das legendas é o esclarecimento aos usuários*. **4** partido político: *Os eleitores devem escolher bem a legenda em que votar*. **5** lenda; narrativa maravilhosa. **6** relato da vida dos santos.

le.gen.dá.rio *adj.* relativo à lenda; lendário: *Faleceu o legendário Didi Folha Seca*.

le.gi.ão *s.f.* **1** corpo ou divisão de exército: *Legião brasileira parte para missão de paz em alguns países*. **2** grande unidade do exército romano: *Marco Aurélio quase enfrentou uma rebelião em suas legiões*. **3** grande número; grande quantidade: *A esperança é que surjam legiões de voluntários*.

le.gi.bi.li.da.de *s.f.* qualidade do que é legível: *Exigia uma fonte maior para garantir a legibilidade dos textos*.

le.gi.o.ná.rio *s.m.* **1** pessoa que pertence a uma legião: *Os legionários eram repartidos em três linhas, segundo a idade e o armamento*. **2** membro de uma organização ou movimento que tem por objetivo um ideal comum: *Os legionários prestavam assistência à família do cidadão convocado para a guerra*. • *adj.* **3** relativo à legião.

legislação

le.gis.la.ção *s.f.* **1** conjunto das leis de um Estado: *O governo quer modernizar a legislação para agilizar a fiscalização.* **2** conjunto das leis específicas que regulam certa matéria: *Conhecem muito a legislação trabalhista.* **3** elaboração de leis: *Uma das prioridades é a legislação sobre a reforma agrária.*

le.gis.la.dor (ô) *s.m.* **1** aquele que legisla ou elabora as leis: *O legislador deve estabelecer normas, pensando no futuro.* **2** membro de um órgão legislativo: *Os legisladores ameaçam o direito de greve.* **3** pessoa que estabelece leis, normas de uma ciência, uma arte etc.

le.gis.lar *v.t.* **1** fazer ou decretar leis. *O Judiciário legislou a nova lei de condomínios.* • *int.* **2** estabelecer leis: *Os desembargadores apenas legislavam.*

le.gis.la.ti.vo *s.m.* **1** poder que elabora as leis: *O reajuste do funcionalismo depende do Legislativo.* • *adj.* **2** que elabora as leis; relativo ao poder de elaborar leis: *Os dois maiores partidos detêm o comando do processo legislativo.*

le.gis.la.tu.ra *s.f.* **1** período em que os membros de uma assembleia legislativa exercem seu mandato: *O deputado não apresenta bons projetos desde a legislatura anterior.* **2** sessão da Câmara ou do Senado: *Naquela tarde, o Senado funcionava em legislatura ordinária.*

le.gis.ta *s.2g.* **1** especialista em leis. **2** médico que pratica a medicina legal: *Segundo o legista, os tiros foram dados a curta distância.*

le.gi.ti.mar *v.t.* **1** dar direitos de filho legítimo: *legitimar o filho bastardo.* **2** tornar legítimo; legalizar. **3** reconhecer como autêntico: *legitimar o documento.* **4** justificar: *Várias provas legitimaram sua crença.* • *pron.* **5** receber o estatuto de; legalizar-se: *Pediu os documentos para legitimar-se como cidadão americano.*

le.gi.ti.mi.da.de *s.f.* autenticidade: *Os jornais dão legitimidade à democracia.*

le.gí.ti.mo *adj.* **1** baseado no direito ou fundamentado na razão: *O apelo do presidente foi legítimo.* **2** genuíno; autêntico; verdadeiro: *representante legítimo do povo brasileiro.* **3** que está amparado em lei; válido perante a lei: *O clube protestou contra a anulação de um gol legítimo.* **4** diz-se do filho nascido na vigência de um matrimônio: *Na Constituição, filhos legítimos e ilegítimos têm os mesmos direitos.*

le.gí.vel *adj.2g.* **1** fácil de ler; bem visível e distinto; nítido: *O jornal publicou uma tabela legível do imposto de renda.* **2** que merece ser lido: *Por ter uma boa trama, o livro é legível.*

lé.gua *s.f.* **1** medida de comprimento equivalente a 6.600 metros: *A fazenda ficava a duas léguas da cidade.* **2** (Coloq.) distância considerável: *O garoto reconhecia a mãe a léguas de distância.*

le.gu.me *s.m.* **1** denominação dada a vários vegetais comestíveis. **2** feijão; vagem.

le.gu.mi.no.sa (ó) *s.f.* **1** espécime das leguminosas: *A soja é uma leguminosa como o feijão.* • *pl.* **2** (Bot.) grande família de plantas caracterizada pela frutificação em vagens ou legumes e que engloba plantas herbáceas e grandes árvores.

lei *s.f.* **1** regra categórica que rege uma sociedade e que, não cumprida, implica sanções. **2** conjunto dessas regras elaboradas e votadas pelo Poder Legislativo. **3** conjunto de prescrições que regem uma determinada matéria: *as leis trabalhistas.* **4** conjunto de convenções estabelecidas pela consciência e impostas pela sociedade: *a lei da honra.* **5** domínio; mando: *a lei do mais forte.* **6** condição imposta pela circunstância, pela razão ou pela consciência: *a lei da natureza.* **7** norma; regra: *a lei ortográfica.* **8** expressão da relação: *a lei da Física.* **9** relação constante entre fenômenos ou fases de um mesmo fenômeno: *a lei da oferta e da procura.* **10** conjunto de regras e princípios que norteiam artes como a pintura, a literatura e a música: *as leis poéticas.* **11** prescrição religiosa: *as leis do Corão.* **12** proporção de metal mais valioso numa liga de metais: *Comprei um cinzeiro de prata de lei.* **13** aquilo que é de boa qualidade; excelente: *madeira de lei.*

lei.au.te *s.m.* esboço, projeto, planejamento ou esquema de uma obra: *O leiaute do anúncio estava pronto.*

lei.go *s.m.* **1** pessoa que não tem ordens sacras: *O leigo católico já pode ministrar a Eucaristia.* **2** pessoa que desconhece um assunto: *Leigos não devem mexer em instalações elétricas.* • *adj.* **3** que não tem ordens sacras; laico: *um catequista leigo* **4** estranho ou alheio a um assunto: *Só um leitor leigo não compreenderia o texto.* **5** não profissional; amador: *Os lavradores foram alfabetizados por professores leigos.*

lei.lão *s.m.* venda pública de um bem a quem oferecer maior lance.

leish.mâ.nia *s.f.* (Zool.) protozoário da mesma família dos tripanossomas, causador de leishmaniose.

leish.ma.ni.o.se (ó) *s.f.* (Med.) doença causada pela leishmânia: *A leishmaniose visceral provoca hipertrofia do fígado e baço.*

lei.tão *s.m.* **1** porco novo. **2** prato preparado com carne de leitão: *Aprecio muito o leitão à pururuca.*

lei.te *s.m.* **1** líquido branco, opaco, segregado pelas glândulas mamárias da mulher e da fêmea dos mamíferos: *leite de cabra.* **2** substância líquida, branca, produzida por alguns vegetais e frutos: *leite de mamão verde.*

lei.tei.ra *s.f.* **1** vasilha onde se coloca leite: *As leiteiras cheias já estavam no fogão.* **2** panela com alça em que se ferve o leite. **3** (Bot.) designação comum a numerosas espécies de arbustos de folhas estreitas e que produzem líquido leitoso: *Sentou-se à sombra da leiteira copada.*

lei.tei.ro *s.m.* **1** quem vende leite: *O leiteiro madrugava no seu trabalho de entrega.* • *adj.* **2** produtor de leite: *vaca leiteira.* **3** de leite: *Aumentou a produção leiteira.*

lei.te.ri.a *s.f.* **1** estabelecimento especializado no preparo de refeições ligeiras à base de leite e derivados: *Foi tomar um lanche na leiteria.* **2** lugar onde se vende leite: *Tinha saudade da leiteria do compadre.*

leitmotiv (laitmotif) (Al.) *s.m.* **1** motivo ou tema bastante característico que evoca, em uma obra musical,

lentilha

uma ideia, um sentimento, uma situação ou um personagem. **2** ideia, fórmula, frase que aparece reiteradamente. **3** tema ou motivo recorrente numa obra. **4** no cinema, imagem que é repetida periodicamente.

lei.to s.m. **1** armação de madeira ou de ferro onde se encaixa um colchão; cama. **2** depressão de terreno mais ou menos profunda sobre a qual corre um curso d'água: *o leito do Tietê*. **3** superfície aplainada sobre a qual se assenta uma rua, estrada ou ferrovia: *conserto do leito carroçável*. **4** casamento; núpcias: *Do primeiro leito, tinha três filhas*.

lei.tor (ô) s.m. **1** pessoa que lê, que tem o hábito da leitura. **2** aparelho que lê códigos, sinais, material microfilmado etc. **3** professor que ensina, em universidades estrangeiras, a língua e a literatura de seu país. • adj. **4** que lê: *público leitor*.

lei.to.so (ô) adj. que tem a cor do leite ou que se assemelha ao leite: *A água era leitosa e espumante*.

lei.tu.ra s.f. **1** arte de ler: *A leitura permite uma viagem no tempo e no espaço*. **2** aquilo que se lê: *Machado de Assis é uma leitura indispensável para os vestibulandos*. **3** hábito de ler: *A leitura de jornais contribui para a formação do senso crítico do adolescente*. **4** modo de compreender; interpretação: *Este poema oferece variadas alternativas de leitura*. **5** a soma dos textos lidos por um indivíduo: *Falta leitura ao rapaz*.

le.lé adj. (Coloq.) maluco; doido: *Na velhice, meu tio ficou lelé.* // Também se usa *lelé da cuca*.

le.ma s.m. norma de procedimento; preceito que resume um ideal, um objetivo etc.; divisa; emblema: *Nosso lema só pode ser "esperança"*.

lem.bran.ça s.f. **1** recordação; memória: *as lembranças da infância*. **2** ideia; inspiração: *Durante a viagem, teve a lembrança de me enviar um cartão*. **3** presente; brinde: *O quadro é uma lembrança de meu pai*. • pl. **4** recomendações, cumprimentos; saudações: *Dê lembranças a seu pai*.

lem.brar v.t. **1** fazer vir à lembrança; fazer recordar: *Vamos lembrar nossos momentos de felicidade*. **2** ser semelhante a; parecer: *Seu penteado lembrava um capacete*. **3** prevenir; advertir: *O funcionário lembrou ao patrão o cumprimento da lei*. **4** trazer à memória; recordar: *Lembrei ao meu irmão que o sapato era meu*. • pron. **5** fazer notar; recordar: *Lembre-se de que nós estamos às ordens*. **6** recordar-se; ter na memória: *Lembrei-me dos bons momentos*.

lem.bre.te (ê) s.m. **1** nota; advertência: *Vale o lembrete "antes tarde do que nunca"*. **2** anotação feita para lembrar coisas importantes: *Minha agenda ganha lembretes diários*.

le.me s.m. peça ou estrutura plana de madeira ou metal, adaptada à parte posterior de embarcações ou aviões para auxiliar na sua manobra ou direcionamento: *O leme do barco ficou preso na tarrafa*. **2** (Fig.) direção; governo: *Voltou ao leme da Prefeitura*.

lê.mu.re s.m. **1** animal mamífero, tipicamente noturno, de focinho pontudo, pelo denso e sedoso, cauda longa e dedos com unhas, menos o segundo, que é provido de garra. • pl. **2** Na antiga Roma, espectros de indivíduos mortos que atormentavam os vivos; fantasmas: *Ele tinha a consciência ameaçada por lêmures do passado*.

len.ço s.m. **1** pequeno pano ou papel quadrangular, utilizado na higiene pessoal. **2** pano quadrangular ou triangular, usado como adorno: *O lenço no pescoço é um belo acessório*.

len.çol s.m. **1** cada uma das peças de pano, que se usam para guarnecer a cama, sendo uma para forrar o colchão, e outra para servir de coberta: *lençol de casal*. **2** camada: *A ilha ficou coberta por um lençol de cinza vulcânica*. **3** grande extensão no subsolo, onde se encontra água, petróleo etc.: *lençol petrolífero*. **4** no futebol, bola passada sobre o adversário e depois recuperada; chapéu.

len.da s.f. **1** narrativa de caráter maravilhoso em que fatos ligados a heróis populares são deformados pela imaginação popular ou pela invenção poética. **2** história de tradição popular cuja autenticidade não é provada: *Diz-se a lenda que o saci faz trancinhas na crina do cavalo*. **3** mito popular: *Aquele político tornou-se uma lenda*. **4** fraude; engodo; mentira: *As obras que o prefeito diz ter realizado são pura lenda*.

len.dá.rio adj. **1** relativo a lenda; legendário: *O boto cor-de-rosa é uma figura lendária*. **2** famoso; célebre: *É lendária a inteligência de Rui Barbosa*.

lên.dea s.f. ovo de piolho que geralmente se prende à base dos pelos.

len.ga-len.ga s.f. conversa enfadonha; ladainha.

le.nha s.f. **1** porção de ramos ou fragmentos de troncos de árvores reservados que servem de combustível: *Recolhemos lenha para acender a lareira*. **2** (Coloq.) aquilo que é de difícil execução: *Fazer este orçamento é uma lenha*.

le.nha.dor (ô) s.m. **1** cortador de lenha. **2** aquele que colhe lenha.

le.nho s.m. **1** principal tecido de sustentação e condução das seivas das raízes até as folhas. **2** madeiro; tronco: *As escadas são feitas com lenhos de pinheiro*.

le.nho.so (ô) adj. que possui o aspecto ou a consistência da madeira: *A castanheira tem frutos lenhosos*.

le.ni.nis.mo s.m. doutrina social teórica e prática do marxismo criada por Vladimir Ilitch Ulianov (1870-1924), dito Lênin, estadista russo, que é baseada no caráter democrático do partido comunista e no estabelecimento do poder absoluto da classe operária como primeira etapa da construção do socialismo.

le.ni.ti.vo s.m. **1** aquilo que acalma, atenua, suaviza; alívio; consolo: *A música é um lenitivo*. • adj. **2** que acalma, atenua, suaviza. **3** que serve de alívio ou consolo.

le.no.cí.nio s.m. crime que consiste em explorar ou facilitar a prostituição ou a libidinagem: *Lenocínio é crime sujeito a processo judicial*.

len.te s.f. **1** (Ópt.) corpo de vidro ou de outra substância análoga, convexo ou côncavo, usado em instrumentos ópticos ou óculos, de maneira a alterar a direção dos raios luminosos, fazendo ver aumentadas ou diminuídas as dimensões dos objetos através dele observados: *lentes especiais para miopia*. • s.2g. (Obsol.) **2** professor de escola superior ou secundária. ✦ **lente de contato** lente que cobre a córnea, corrigindo defeitos da visão.

len.te.jou.la s.f. lantejoula.

len.ti.dão s.f. morosidade; demora: *Arrumava a casa com a lentidão de uma lesma*.

len.ti.lha s.f. semente comestível altamente nutritiva,

lento

pequena e em forma de disco, que se encontra em vagens da leguminosa de mesmo nome: *sopa de lentilhas.*

len.to *adj.* **1** que se move com vagar; vagaroso: *animal lento.* **2** que se prolonga; demorado; pausado: *leitura lenta e cansativa.* **3** brando: *fogo lento.* **4** sem agilidade física e mental: *ritmo lento.*

le.o.ni.no *s.m.* **1** (Astrol.) pessoa nascida sob o signo de Leão: *Os leoninos são regidos pelo Sol.* • *adj.* **2** de ou relativo ao leão: *rastros leoninos.* **3** em que há semelhança com leão: *O cabelo enorme o deixava com uma cabeça leonina.* **4** (Astrol.) nascido sob o signo de Leão: *Teve um namorado leonino.*

le.o.par.do *s.m.* animal carnívoro felino, de cabeça redonda, nariz pequeno, cauda fina e comprida e pelo amarelado, com manchas pretas.

le.pi.dez (ê) *s.f.* agilidade; ligeireza: *a lepidez do esquilo.*

lé.pi.do *adj.* **1** ligeiro; ágil: *Mãos lépidas apertavam vários botões ao mesmo tempo.* **2** jovial; alegre: *Dormia pouco, mas acordava lépida e bem-humorada.*

le.po.ri.no *adj.* **1** relativo a lebre. **2** (Patol.) diz-se de lábio fendido, como o da lebre: *Há cirurgias para correção de lábio leporino.*

le.pra (ê) *s.f.* **1** (Derm.) infecção crônica, causada por uma bactéria descrita por Hansen (1841-1912); hanseníase; morfeia: *O Brasil tenta erradicar a lepra.* **2** (Fig.) vício difícil de erradicar.

le.pro.sá.rio *s.m.* local onde os leprosos permanecem para tratamento.

le.pro.so (ô) *s.m.* **1** indivíduo que tem lepra; hanseniano; morfético: *Em 76, um decreto ordenou que se faça referência ao leproso como hanseniano.* **2** indivíduo nocivo, de convívio desagradável, perverso e ruim. • *adj.* **3** portador de lepra: *Um mendigo leproso foi recolhido ao leprosário.* **4** relativo a lepra. **5** (Coloq.) repulsivo; repugnante. **6** que faz mal; pernicioso; nocivo.

lep.tos.pi.ra *s.f.* (Bacter.) bactéria que vive em animais roedores, que a eliminam pela urina: *Fora do corpo dos animais, a leptospira pode viver várias semanas na água.*

lep.tos.pi.ro.se *s.f.* (Med.) doença provocada por leptospira: *Antibióticos tratam a leptospirose.*

le.que (ê) *s.m.* **1** abano que abre e fecha, com varetas cobertas de papel ou pano: *Disfarçou o riso por trás do leque.* **2** (Fig.) conjunto; gama; variedade: *A profissão é nova e lhe dá um leque de opções.*

ler *v.t.* **1** percorrer com a vista os sinais gráficos de uma língua, decifrando e interpretando, em silêncio ou em voz alta: *Leu todos os romances de Eça de Queirós.* **2** reconhecer e interpretar uma informação, decifrando códigos não linguísticos: *ler uma partitura musical.* **3** examinar em profundidade o conteúdo de um texto escrito; decifrar: *O professor leu Os lusíadas com a turma.* **4** interpretar (ideia, conceito, pensamento ou mensagem de um autor); compreender: *Leu a obra de Nélson Rodrigues a partir de teorias revolucionárias.* **5** reconhecer; perceber: *Leu alegria em seu sorriso.* **6** predizer; adivinhar: *Lia o futuro nas cartas.* • *int.* **7** ler: *Os cegos leem em braile.* **8** dedicar-se à leitura: *Dedica a maior parte de seu tempo a ler.*

ler.de.za (ê) *s.f.* lentidão de movimento; falta de agilidade.

ler.do (ê) *adj.* **1** que tem falta de agilidade e movimentos lentos; vagaroso: *carro lerdo.* **2** lento: *raciocínio lerdo.*

le.rei.a *s.f.* (Bras.) conversa mole; conversa fiada; lero-lero: *Ninguém aguenta mais aquela lereia sem fim.*

lé.ria *s.f.* (Bras.) **1** fala astuciosa; lábia: *Arranjava lérias para vender.* **2** conversa fiada: *Ouvia aquela léria de caçador loroteiro.*

le.ro *s.m.* (Bras. Coloq.) conversa: *Ele quer levar um lero com o sobrinho.*

le.ro-le.ro (é) *s.m.* (Bras. Coloq.) conversa fiada, inútil: *Meu amigo não tem tempo para lero-lero.*

le.são *s.f.* **1** ferimento; golpe; contusão: *O acidente causou lesão no joelho.* **2** dano; prejuízo; ofensa: *lesão ao direito de ir e vir.*

le.sar *v.t.* **1** ferir em direitos ou interesses; prejudicar: *A taxa de juros lesa o consumidor.* **2** provocar lesão; contundir: *A queda lesou seus músculos.*

les.bi.a.nis.mo *s.m.* homossexualismo feminino.

lés.bi.ca *s.f.* mulher homossexual.

le.sei.ra *s.f.* (Coloq.) preguiça; moleza: *O rapaz tinha uma leseira incontrolável.*

le.sio.nar *v.t.* **1** produzir lesão em: *O jogador não lesionou o adversário de propósito.* • *pron.* **2** sofrer lesão; machucar-se; contundir-se: *O joelho do jogador lesionou-se.*

le.si.vo *adj.* **1** prejudicial; que causa prejuízo: *O contrato era lesivo para o Estado.* **2** que causa lesão física ou moral: *Vetou o projeto, por julgá-lo lesivo ao meio ambiente.*

les.ma (ê) *s.f.* **1** molusco terrestre, de corpo mole e cabeça com tentáculos, que se desloca lentamente, segregando um líquido viscoso ao rastejar: *Muitas lesmas não têm conchas.* **2** (Deprec.) pessoa mole ou vagarosa.

le.so (ê) *adj.* **1** ferido; contundido. **2** ofendido. **3** idiota; tolo.

les.te (é) *s.m.* **1** ponto cardeal situado à direita do observador voltado para o norte; este; oriente; nascente: *Voou para leste.* **2** região situada na posição leste: *O leste brasileiro é banhado pelo Atlântico.* • *adj. 2g.* **3** que se situa à direita do observador voltado para o norte: *a zona leste da cidade.*

les.to *adj.* **1** ágil; lépido. **2** desembaraçado.

le.tal *adj. 2g.* **1** que causa morte; ou a ela se refere; mortífero; fatal: *Estricnina é uma substância letal.* **2** (Fig.) que prejudica irremediavelmente; muito perigoso: *A preguiça é uma arma letal contra o saber.*

le.tão *s.m.* **1** natural ou habitante da Letônia: *O letão ficou em terceiro lugar.* • *adj.* **2** relativo à Letônia, país da Europa: *imigrante letão.*

le.tar.gi.a *s.f.* **1** (Med.) estado observado em diversas doenças do sistema nervoso e caracterizado por inconsciência prolongada, equivalente ao sono profundo: *Intoxicações pelo chumbo podem causar letargia.* **2** sonolência; torpor: *Lutam contra a letargia com café bem forte.* **3** (Fig.) depressão; apatia; indiferença; desinteresse: *Um novo amor tirou-a da letargia.*

le.tár.gi.co *adj.* **1** que apresenta letargia: *Um animal letárgico é uma vítima fácil de um predador.* (Fig.) **2** próprio de letargia; desalentado; desanimado. **3** apático; depressivo; indiferente: *O paciente continua em estado letárgico.*

le.ti.vo *adj.* em que há lições ou aulas.

le.tra (ê) *s.f.* **1** cada um dos caracteres do alfabeto, representativos dos sons da linguagem articulada: *Há sons que são representados por duas letras*. **2** forma representativa dos sinais gráficos, conforme as diferentes espécies de escrita: *O título do livro vinha em letra gótica*. **3** texto de música, geralmente em verso: *letra da marchinha*. **4** documento que configura uma dívida proveniente de um empréstimo financeiro: *O negociante não conseguiu resgatar a letra*. **5** caligrafia: *Caprichava para fazer uma letra legível*. **6** sentido claramente expresso: *Só sabia julgar pela letra da lei*. ♦ **tirar de letra** sair-se bem; resolver com facilidade tarefa difícil: *Ela tirou de letra as doze questões da prova*.

le.tra.do *s.m.* **1** pessoa versada em letras. **2** pessoa erudita; culta: *Cabe aos letrados a tarefa de cultivar a linguagem.* ● *adj.* **3** culto; erudito. **4** profundo conhecedor de literatura: *indivíduo letrado*.

le.tras *s.f. pl.* **1** a literatura em geral: *Mário de Andrade tem grande importância nas letras brasileiras*. **2** curso superior de língua, literatura, linguística etc.: *estudante de letras*. **3** letrado; culto: *Era um sujeito de letras, mas muito grosseiro.* ♦ **com todas as letras** de modo claro: *Periódico que praticava jornalismo com todas as letras*. **de poucas letras** de instrução rudimentar: *antepassados de poucas letras e muito caráter* **primeiras letras** escolarização rudimentar: *homem de primeiras letras*.

le.trei.ro *s.m.* **1** inscrição em grandes letras com que se informa, faz-se propaganda etc.: *Um letreiro proibia a entrada de cães*. **2** qualquer texto que aparece em filmes, novelas etc. (títulos, créditos, legendas): *Mamãe lia os letreiros em voz alta*.

le.tris.ta *s.2g.* **1** (Bras.) pessoa que faz letra para músicas. **2** quem desenha ou pinta letras.

léu *s.m.* **1** falta de ação; ociosidade. **2** ensejo; oportunidade. ♦ **ao léu** (Coloq.) (i) à toa: *andar ao léu*. (ii) sem nada; logrado: *O banco deixou ao léu cerca de 1,2 milhão de correntistas*. **ao léu de** (Coloq.) ao capricho de: *ao léu da sorte*.

leu.ce.mi.a *s.f.* (Hemat.) disfunção cancerosa das células do sangue, caracterizada pela proliferação de glóbulos brancos.

leu.có.ci.to *s.m.* glóbulo branco do sangue: *Na leucemia, há aumento do número de leucócitos*.

le.va (é) *s.f.* certa quantidade de pessoas ou objetos; grupo: *leva de imigrantes*.

le.va.di.ço *adj.* que se levanta e abaixa com facilidade; móvel: *O diretor exigiu uma plataforma levadiça para compor o cenário*.

le.va.do *adj.* traquinas; travesso; irrequieto: *criança levada*.

le.va e traz *s.2g.2n.* pessoa mexeriqueira, intrigante, que gosta de fazer fofoca: *O vizinho é um leva e traz sem conserto*.

le.van.ta.men.to *s.m.* **1** ato de pôr de pé: *O guindaste fez o levantamento da estátua*. **2** edificação; construção: *Trabalhavam no levantamento de monumentos*. **3** erguimento do chão; suspensão: *prova de levantamento de peso*. **4** arrolamento; inventário: *levantamento socioeconômico da região*. **5** arrecadação: *levantamento de recursos para construção da creche*. **6** apuração; investigação: *O juiz autorizou o levantamento dos depósitos em nome do empreiteiro*. **7** no voleibol, ato de levantar a bola para o atacante efetuar a cortada.

levedo

le.van.tar *v.t.* **1** edificar; erigir; construir: *levantar paredes*. **2** erguer; alçar: *O vento levantou telhas do barraco*. **3** aumentar o volume; elevar: *levantar a voz*. **4** pôr em posição vertical; erguer: *Ele levantou a criança*. **5** arrolar; inventariar: *Fizemos a denúncia com base nos problemas que levantamos*. **6** arrecadar: *Levantaram capital para construir a escola*. **7** fazer rebelar-se; agitar; provocar levante: *A falta de alimentos levantou a tripulação do navio*. **8** fazer surgir: *levantar uma onda de protestos*. **9** sugerir; formular: *levantar uma hipótese*. **10** fazer recobrar; revigorar: *levantar as forças*. **11** aumentar; elevar: *levantar a audiência*. **12** fazer cessar; suspender: *A Justiça pode levantar o sigilo bancário*. **13** no voleibol, levantamento da bola para o atacante efetuar a cortada. ● *int.* e *pron.* **14** pôr-se de pé; erguer-se: *levantar-se da poltrona*. **15** sair da cama; acordar: *Os artistas levantam-se tarde*. **16** começar a surgir; raiar; nascer: *O Sol já se levantou*.

le.van.te *s.m.* **1** leste; oriente: *Já está o Sol no levante luminoso*. **2** vento forte do leste no Mediterrâneo: *O levante sopra com mais força*. **3** rebelião; insurreição: *dominar um levante armado*. **4** erva muito aromática, de folhas moles, verde-escuras e crenadas, flores azuladas e pequeníssimas, atualmente cultivadas no Brasil para a extração de mentol; hortelã.

le.var *v.t.* **1** passar: *Leva a vida cantando*. **2** durar; gastar: *A viagem leva duas horas*. **3** lucrar: *Em cada carro vendido, a concessionária leva 20%*. **4** conter: *Esse bolo não leva ovo*. **5** sofrer: *O cão só leva pancadas*. **6** adquirir; comprar: *Levou o casaco de lã por 50 reais*. **7** roubar: *Levaram minha samambaia*. **8** acompanhar; conduzir: *levar o cão para passear*. **9** transportar: *levar tijolos para a construção*. **10** mover em direção a; aproximar: *Levou a mão à cabeça*. **11** fazer chegar; estender: *levar asfalto à cidade próxima*. **12** encaminhar; direcionar: *Levava as coisas ao extremo*. **13** transpor; transferir: *levar um romance às telas*. **14** dar a conhecer: *Levou o problema aos chefes*. **15** ter; conservar: *levar as lembranças no coração*. **16** ser o caminho para; dar acesso: *A nova estrada leva às praias*. **17** passar a ter: *Levei a fama de vagabundo sem merecer*. ♦ **levar a cabo** concluir; terminar: *levar a cabo uma tarefa*. **levar em conta** considerar: *O professor levou em conta minhas desculpas*.

le.ve (ê) *s.m.* **1** boxeador de peso leve, com até 61,237 kilos: *disputa do título dos leves*. ● *adj.2g.* **2** de pouco peso: *uma cadeira leve*. **3** de pouca densidade: *nuvens leves*. **4** ágil; flexível: *sentir o corpo mais leve*. **5** de fácil digestão: *refeições leves*. **6** diz-se de tecido pouco espesso: *tecidos leves*. **7** pouco carregado; mal acentuado; esbatido: *traços leves*. **8** ameno; agradável: *espetáculo leve*. **9** quase imperceptível; suave: *leve cheiro de incenso*. **10** de pouca intensidade: *leves choques elétricos*. **11** sem importância; superficial: *tecer leves comentários*. **12** de fácil execução; que não é cansativo: *serviços leves*. **13** despreocupado; tranquilo: *sentir o espírito leve*. // Ant.: pesado.

le.ve.do (ê) *s.m.* (Bot.) designação genérica de certos fungos unicelulares agentes da fermentação: *O levedo de cerveja é rico em vitaminas B*.

levedura

le.ve.du.ra *s.f.* fungos que causam fermentação: *Algumas leveduras são destruídas pela pasteurização do leite.*

le.ve.za (ê) *s.f.* **1** peso reduzido; ausência quase total de peso: *sensação de leveza e bem-estar.* **2** delicadeza; suavidade: *leveza de uma sonata.* **3** tranquilidade.

le.vi.an.da.de *s.f.* falta de tino ou de reflexão; insensatez; irresponsabilidade: *Cometeu a leviandade de julgar sem conhecer detalhes.*

le.vi.a.no *s.m.* **1** pessoa não séria, de pouco siso: *Só os levianos aceitaram a demissão.* • *adj.* **2** insensato; irrefletido: *caráter fraco e leviano.*

le.vi.a.tã *s.m.* monstro marinho de que fala o Livro de Jó e cujo nome passou a designar qualquer coisa colossal, monstruosa ou ameaçadora: *É preciso eliminar o leviatã da guerra química.*

le.vi.ta *s.2g.* membro da tribo de Levi, no antigo Israel.

le.vi.ta.ção *s.f.* erguimento do solo de pessoa ou objeto, sem que nada o suspenda ou sustenha.

le.vi.tar *v.int.* erguer-se e pairar no espaço sem apoio visível.

le.xe.ma /ks/ *s.m.* (E. Ling.) **1** semantema; radical. **2** unidade do léxico de uma língua; item lexical; palavra.

le.xi.cal /ks/ *adj.* relativo a ou próprio do vocabulário; vocabular: *estudos de cunho lexical.*

lé.xi.co /ks/ *s.m.* (E. Ling.) **1** conjunto das palavras de uma língua; vocabulário. **2** dicionário abreviado; lista de palavras: *léxico de termos técnicos* • *adj.* **3** lexical: *formação de frases a partir de unidades léxicas.*

le.xi.co.gra.fi.a /ks/ *s.f.* técnica de organização de dicionários.

le.xi.co.grá.fi.co /ks/ *adj.* relativo a ou próprio da lexicografia.

le.xi.có.gra.fo /ks/ *s.m.* especialista em lexicografia; dicionarista.

le.xi.co.lo.gi.a /ks/ *s.f.* estudo das palavras, sua origem, formação e significação.

lha.ma *s.2g.* animal mamífero ruminante, da região dos Andes, de pescoço longo, corpo coberto de pelos compridos e patas fendidas.

lha.ne.za (ê) *s.f.* amabilidade; delicadeza: *A lhaneza no trato é indispensável para uma recepcionista.*

lha.no *adj.* **1** amável; delicado. **2** sincero; franco. **3** simples; singelo.

lhe *pron. pess.* **1** forma oblíqua da terceira pessoa do singular na função de objeto indireto, refere-se à pessoa a quem se fala ou de quem se fala; a você. **2** usado em lugar do possessivo correspondente *seu*; dele: *Doíam-lhe as pernas.*

lho *pron.* lhe + *art.* o: *Ele só se erguia dali quando a mulher lho consentia.*

li.a.me *s.m.* que liga ou prende; vínculo; relação: *Na arte, há um certo liame com a realidade.*

li.ba.ção *s.f.* **1** cerimônia religiosa da antiguidade greco-romana que consistia em encher a taça de vinho ou outra bebida, prová-la e em seguida derramá-la no chão, em homenagem a alguma divindade: *Sócrates verte o conteúdo da taça em libação aos deuses.* **2** ingestão de bebidas alcoólicas, para brindar: *Depois da primeira euforia das libações, ficava triste.*

li.ba.nês *s.m.* **1** natural ou habitante do Líbano. **2** relativo ao Líbano.

li.be.lo (é) *s.m.* texto ou acusação oral a alguém ou a uma ideia: *Sua obra é um libelo contra corruptos.*

li.bé.lu.la *s.f.* inseto de corpo estreito, olhos salientes e dois pares de asas longas e transparentes, que vive próximo às águas.

li.be.ra.ção *s.f.* **1** no comércio, cancelamento de restrições legais. **2** fim de proibição: *liberação dos costumes.* **3** fim de retenção: *liberação de recursos pelo Governo federal.* **4** autorização para o uso ou consumo: *a liberação do barco.* **5** desprender algo: *liberação de substâncias letais.* **6** dispensa: *liberação do jogador.* **7** ato ou efeito de libertar um prisioneiro, depois do cumprimento de pena.

li.be.ral *s.2g.* **1** adepto do liberalismo. • *adj.2g.* **2** de ideias progressistas: *sociedade liberal.* **3** generoso; tolerante: *postura liberal.* **4** livre: *Seria necessário promover um intercâmbio mais liberal.* **5** diz-se de profissional que atua com independência, como médicos, advogados etc.

li.be.ra.li.da.de *s.f.* **1** qualidade de liberal. **2** generosidade.

li.be.ra.lis.mo *s.m.* **1** doutrina baseada no pensamento de Locke (1632-1704), que defende a liberdade individual nos campos político, econômico, intelectual e religioso, contra os excessos do poder do Estado. **2** liberdade: *Ajuda os amigos com liberalismo.* **3** qualidade do que é liberal.

li.be.rar *v.t.* **1** tornar livre; libertar: *O trabalho libera o homem.* **2** dar alta: *O médico liberou o paciente.* **3** fazer desprender; produzir: *As células liberam uma enzima.* **4** permitir; autorizar o que estava proibido: *O filme pode ser liberado sem cortes.* **5** tirar os limites de: *Um decreto libera o preço do leite.* **6** dispensar: *O professor liberou o aluno da prova final.* **7** conceder; entregar o que estava retido: *Liberaram a verba para a contratação de novos professores.*

li.ber.da.de *s.f.* **1** faculdade que tem o cidadão de agir e excercer sua vontade, em uma sociedade organizada, dentro dos limites impostos por normas legais: *liberdade de religião.* **2** suspensão ou ausência de qualquer opressão física ou moral: *liberdade de pensamento.* **3** estado ou condição do que é livre; liberação; soltura: *Ele ansiou pela liberdade do amigo preso.* **4** não acanhamento; desembaraço: *Os convidados serviram-se com liberdade.* **5** facilidade; desembaraço *O uniforme tirava a liberdade do movimento dos jogadores.* **6** atitude que denota familiaridade, confiança, intimidade: *Tomei a liberdade de pegar um refrigerante na geladeira.* **7** licença; permissão: *As filhas não tinham liberdade para sair à noite.* **8** faculdade de fazer ou não fazer qualquer coisa, de escolher; autonomia; independência: *liberdade de tomar decisões.* • *pl.* **9** imunidades; franquias; direitos. **10** maneira audaciosa de agir, principalmente tratando-se de intimidades.

lí.be.ro *s.m.* **1** em futebol, jogador que atua na frente dos zagueiros, livre para marcar qualquer adversário. **2** em outros esportes coletivos, jogador que atua isolado.

li.ber.ta.ção *s.f.* ato de tornar livre.

li.ber.tar *v.t.* **1** tornar livre; dar liberdade: *libertar um prisioneiro.* **2** desprender; liberar; produzir: *As plantas* *libertam gás carbônico à noite.* **3** desobrigar: *A tia libertou o sobrinho da responsabilidade.* • *pron.* **4** sair; desprender-se; soltar-se: *As tartarugas libertam-se da água para a desova.* **5** livrar-se; desembaraçar-se: *As repartições precisam libertar-se da burocracia.* // Pp.: libertado/liberto.

li.ber.tá.rio *s.m.* **1** quem é partidário da liberdade absoluta: *Os conservadores acusam os libertários de inimigos da boa moral.* • *adj.* **2** que é partidário da liberdade absoluta. **3** anarquista.

li.ber.ti.na.gem *s.f.* qualidade do que é devasso; licenciosidade; devassidão.

li.ber.ti.no *s.m.* **1** pessoa dissoluta; depravado; devasso. • *adj.* **2** desregrado nos costumes; licencioso; devasso. **3** que prega o desregramento de costumes e a licenciosidade: *O filme foi considerado libertino demais.*

li.bi.di.na.gem *s.f.* sensualidade; lascívia; voluptuosidade.

li.bi.di.no.so (ô) *adj.* **1** relativo ao prazer ou apetite sexual: *encontros libidinosos.* **2** lascivo; sensual: *olhares libidinosos.*

li.bi.do *s.f.* instinto, apetite ou desejo sexual.

lí.bio *s.m.* **1** natural ou habitante da Líbia. • *adj.* **2** relativo à Líbia (África).

li.bra *s.f.* **1** unidade inglesa de pesos e medidas, equivalente a 453,592 gramas. **2** (Astr.) sétima constelação do Zodíaco. **3** (Astrol.) sétimo signo do Zodíaco (23/9 a 22/10).

li.bre.to (ê) *s.m.* **1** texto de uma ópera, uma cantada ou um oratório. **2** texto dramático para ser musicado.

li.bri.a.no *s.m.* **1** nativo do signo de Libra. • *adj.* **2** referente a ou do signo de Libra.

li.ção *s.f.* **1** repreensão; corretivo: *Quando chegar, vai receber uma lição.* **2** exemplo instrutivo: *A tolerância é uma lição de amor.* **3** conselho que serve de orientação; preceito: *Meu avô gostava de dar lições.* **4** tema, assunto apresentado por livros etc. e que deve ser estudado por aluno: *A lição de hoje está no décimo capítulo.* **5** unidade didática; aula: *Chegamos à última lição.* **6** trabalho escolar do aluno; tarefa: *Falta fazer a lição de Geografia.*

li.cen.ça *s.f.* **1** autorização; permissão. **2** autorização especial concedida pelas autoridades para exercer determinadas atividades. **3** autorização para se ausentar das atividades por um tempo determinado. **4** documento que contém uma autorização para uso: *Perdeu a licença do carro.*

li.cen.ci.a.men.to *s.m.* obtenção de licença para trafegar ou estabelecer-se no comércio: *licenciamento de veículos.*

li.cen.ci.ar *v.t.* **1** conseguir autorização para trafegar ou funcionar no comércio: *É momento de licenciar seu veículo.* **2** conceder licença; dispensar temporariamente das atividades: *O chefe licenciou o empregado por três dias.* • *pron.* **3** tirar licença; afastar-se: *licenciar-se do emprego.* **4** obter licenciatura: *Licenciou-se em Pedagogia.*

li.cen.ci.a.tu.ra *s.f.* grau universitário de professores do ensino médio.

li.cen.ci.o.si.da.de *s.f.* comportamento contrário aos bons costumes; desregramento; libidinagem.

li.cen.ci.o.so (ô) *adj.* **1** contrário aos bons costumes, ofensivo ao pudor, desregrado. **2** sensual; libidinoso.

li.ceu *s.m.* escola de instrução secundária ou profissional.

ligamento

li.ci.ta.ção *s.f.* **1** escolha de fornecedores de bens e serviços para órgão público, que deve recair sobre o que apresenta proposta mais vantajosa. **2** oferta; proposta; lance.

li.ci.tar *v.t.* **1** pôr em leilão ou concorrência pública. • *int.* **2** arrematar em leilão.

lí.ci.to *adj.* **1** conforme a lei; permitido pelo direito: *atividade lícita.* **2** justo; correto: *Creio ser lícito louvar a coragem do jornalista.*

li.cor (ô) *s.m.* bebida alcoólica adocicada, geralmente tomada ao fim de uma refeição; liquor.

li.co.ro.so (ô) *adj.* diz-se de bebida alcoólica muito doce e de consistência espessa.

li.da *s.f.* **1** faina; labuta; luta: *lida agrária.* **2** (Coloq.) leitura rápida e superficial: *Deu uma lida na lição.*

li.dar *v.t.* **1** ocupar-se de; trabalhar. **2** tratar; enfrentar: *Alguns lidam com o problema assim que ele aparece.* **3** combater; lutar: *Há anos, a mãe lida com o vício do filho.* • *int.* **4** trabalhar arduamente; labutar: *Ela lida desde criança para ajudar os pais.*

li.de *s.f.* **1** lida; labuta: *Dedica-se às lides sindicais.* **2** contenda; luta; combate. **3** questão forense; litígio: *No último capítulo, comenta os processos de lides coletivas.* • *s.m.* **4** em jornalismo, primeiro parágrafo da matéria, o qual tem a função de introduzir o leitor no texto e prender sua atenção, contendo as respostas às perguntas: quê? quem? quando? onde? por quê?

lí.der *s.2g.* **1** chefe; representante. **2** aquele que está em primeiro lugar numa competição. • *adj.2g.* **3** que se destaca: *emissora líder em audiência.*

li.de.ran.ça *s.f.* **1** função de líder; chefia: *assumir a liderança da empresa.* **2** capacidade de liderar; espírito de chefia: *pessoas de maior liderança.* **3** preferência; superioridade: *Brinquedos mantiveram a liderança de vendas.*

li.de.rar *v.t.* **1** dirigir como líder; chefiar; comandar: *Foi afastado porque liderava a greve.* **2** estar no topo; ser o primeiro: *Alimentação e vestuário lideraram a elevação do custo de vida.*

lí.di.mo *adj.* autêntico; genuíno; legítimo: *um lídimo representante do povo.*

li.ga *s.f.* **1** aliança ou união de pessoas que visam ao mesmo objetivo. **2** associação: *ligas de basquete.* **3** composto de metais: *liga de prata com cobre.* **4** fita elástica com a qual se prende a meia à perna: *Quando se abaixava, deixava ver as ligas.*

li.ga.ção *s.f.* **1** contato ou comunicação por telefone. **2** associação; relação. **3** união: *ligação entre os dois municípios.* **4** conexão: *ligação entre os aparelhos.* **5** associação; vínculo: *ligação entre partidos.* **6** relacionamento entre pessoas; laço. **7** ponto de conexão de uma rede particular à rede fornecedora de um serviço: *um vazamento na ligação de água.*

li.ga.du.ra *s.f.* **1** ação de ligar; ligamento. **2** junção, união de vias ou de órgãos; ligamento: *Em determinadas hemorragias, o médico faz ligadura dos vasos.* **3** fio ou linha usado para fazer ligaduras: *O organismo absorve as ligaduras.*

li.ga.men.to *s.m.* **1** (Anat.) conjunto de tecido fibroso que liga entre si ossos articulados ou mantém o osso em sua posição: *O exercício fortalece músculos, tendões, ligamentos e articulações.* **2** ação de ligar; de unir; ligadura: *fazer o ligamento de vasos.*

ligar

li.gar v.t. **1** pôr em funcionamento; acionar: *ligar o chuveiro.* **2** servir de ligação a: *Uma ponte liga as duas chácaras.* **3** unir; atar; prender: *ligar o varal à parede.* **4** relacionar: *Só mais tarde liguei sua tristeza à morte do pai.* **5** telefonar: *Tentei ligar para a escola.* **6** dar atenção; dar importância: *Teme que os filhos não liguem para ela na velhice.* • *pron.* **7** apegar-se; unir-se: *Ligou-se demais aos filhos.* **8** ter interesse, envolver-se: *O grupo se ligou à causa do desmatamento.* **9** ter relação; relacionar-se: *O surto de dengue se liga à proliferação de mosquitos.*

li.gei.re.za (ê) s.f. **1** rapidez; velocidade: *ligeireza de um coelho.* **2** agilidade; habilidade; desenvoltura: *Levantou-se e saiu com ligeireza.*

li.gei.ro s.m. **1** no boxe, lutador que pesa até 61,237 quilos: *Renunciou ao título de campeão mundial dos ligeiros.* • *adj.* **2** ágil; desenvolto: *um velhinho ligeiro.* **3** veloz; rápido: *cavalo ligeiro.* **4** pouco profundo; superficial: *uma ligeira irritação nos olhos.* **5** leve: *refeição ligeira.* **6** de pouca duração; breve: *comentário ligeiro.* • *adv.* **7** depressa; às pressas: *Respondeu mal e saiu ligeiro da sala.*

light (láit) (Ingl.) adj. **1** diz-se de alimento ou bebida de baixo valor calórico. **2** (Fig.) diz-se de bebida de baixo teor alcoólico. **3** simplificado: *A telenovela é uma versão light do romance que a inspirou.*

lig.ni.na s.f. (Bot.) substância que se deposita nas paredes das células vegetais e dá consistência à madeira.

li.lás s.m. **1** cor arroxeada; roxo muito claro: *O lilás está na moda.* • *adj.* **2** de cor lilás: *blusa lilás.*

li.li.á.cea s.f. (Bot.) **1** espécime das libáceas. • *pl.* **2** família de plantas ornamentais ou medicinais à qual pertence o lírio.

li.ma s.f. **1** instrumento de aço ou ferro para desbastar ou polir corpos duros. **2** (Bot.) fruto da limeira, redondo, de casca fina amarelo-esverdeada, polpa em gomos e suco doce levemente amargo.

li.ma-da-pér.sia s.f. (Bot.) lima. // Pl.: limas-da--pérsia

li.ma.lha s.f. pó ou partículas de metal limado: *A limalha adere ao imã.*

li.mão s.m. fruto do limoeiro, ovalado, casca grossa amarelo-esverdeada, polpa em gomos e suco muito azedo.

li.mar v.t. lixar ou polir com lima; desgastar: *limar a porta.*

lim.bo s.m. **1** orla; fímbria; rebordo. **2** segundo a teologia cristã, lugar para onde vão as almas que morrem sem o batismo. **3** estado de incerteza ou esquecimento.

li.mei.ra s.f. árvore do porte da laranjeira, cujo fruto é chamado de lima ou lima-da-pérsia.

li.mi.ar s.m. **1** soleira da porta: *limiar da porta principal.* **2** o primeiro momento; começo: *limiar do novo ano.*

li.mi.nar s.m. **1** limiar. • s.f. **2** (Jur.) diz-se de medida tomada antes do fim de um processo: *O tribunal concedeu uma liminar.* • *adj.* **3** posto à entrada, à frente ou no início.

li.mi.ta.ção s.f. **1** demarcação de limites. **2** deficiência: *reconhecer as próprias limitações.* **3** restrição; contenção; controle: *limitação de filhos.* **4** defeito; imperfeição; insuficiência: *limitações da televisão.*

li.mi.tar v.t. **1** determinar o limite; delimitar. **2** restringir: *A saúde limita suas atividades.* • *pron.* **3** restringir-se: *Limitou-se a olhar para o filho.* **4** resumir-se: *A cozinha brasileira não se limita à feijoada.* **5** ter como limite(s); fazer fronteira com: *O Ceará se limita com quatro estados.*

li.mi.te s.m. **1** ponto máximo de qualquer coisa: *Os candidatos ultrapassaram o limite da boa educação.* **2** restrição: *limite de idade.* **3** divisa; fronteira: *Fotografamos o limite de São Paulo com o Paraná.*

li.mí.tro.fe adj.2g. próximo à fronteira; fronteiriço; contíguo: *áreas limítrofes.*

li.mo s.m. **1** algas verde-escuras que cobrem a superfície de águas estagnadas e de lugares úmidos. **2** lodo.

li.mo.ei.ro s.m. árvore de caule rugoso, ramos cheios de espinhos, folhas ovais verdes ou amareladas, flores brancas por dentro e ligeiramente vermelho-violáceas por fora, que produz o limão.

li.mo.na.da s.f. refresco de suco de limão, água e açúcar.

lim.par v.t. **1** tornar limpo ou asseado. **2** tornar livre de impurezas: *Cloro limpa a água.* **3** enxugar: *Limpou o suor da testa.* **4** esvaziar: *limpar o prato.* **5** eliminar elementos estranhos de; escolher: *limpar o feijão.* **6** purificar; livrar de manchas morais: *limpar o coração.* **7** higienizar: *limpar o ferimento.* **8** (Coloq.) roubar tudo de: *Limpou o caixa da loja.* • *pron.* **9** retirar sujeira de si próprio: *Limpou-se da graxa com um removedor.* **10** purificar-se: *limpar-se de seus delitos fazendo penitências.* • *int.* **11** tornar-se límpido ou claro: *Esperei que o céu limpasse.* // Pp.: limpo.

lim.pe.za (ê) s.f. **1** ação de limpar. **2** estado do que está limpo; asseio.

lim.pi.dez (ê) s.f. **1** nitidez; transparência: *límpidez das águas.* **2** (Fig.) ingenuidade; pureza: *limpidez de intenções.*

lím.pi.do adj. **1** claro; transparente; muito limpo. **2** (Fig.) puro: *pensamentos límpidos.* **3** lúcido; claro: *texto límpido.*

lim.po adj. **1** que passou por processo de limpeza; que não está sujo. **2** puro: *fonte de água limpa.* **3** (Fig.) sem mácula; honesto: *homem limpo.* **4** (Bras.) sem antecedentes criminais: *É necessário ter ficha limpa.* **5** correto; apurado: *Estava limpo o estilo do livro.* **6** benfeito; caprichado: *Cobra caro mas sua costura é limpa.* **7** sem nuvens; límpido; claro: *O dia amanheceu limpo.* **8** (Bras. Coloq.) sem armas, drogas etc.: *Depois de revistar o suspeito, o policial verificou que estava limpo.* **9** sem nada ilegal ou ilícito: *Antes de comprar a empresa, verificou se estava limpa.*

li.mu.si.ne s.f. automóvel de passeio inteiramente fechado, luxuoso e muito espaçoso.

lin.ce s.m. mamífero carnívoro, forte e ágil, de orelhas pontudas terminadas por um pincel de pelos e de vista muito penetrante.

lin.cha.men.to s.m. execução de alguém apontado como criminoso.

lin.char v.t. executar sumariamente, sem julgamento e por decisão coletiva.

lin.de s.m. limite; fronteira; divisa: *região correspondente aos lindes de um município.*

lin.de.za (ê) s.f. **1** beleza; formosura. **2** primor; perfeição: *Seu texto é uma lindeza.* **3** pessoa ou coisa dotada de grande beleza.

lin.do adj. **1** belo; muito bonito; formoso. **2** agradável:

liquefazer

tempo lindo. **3** esmerado; bem cuidado: *fala um lindo francês*. **4** puro; sincero: *uma linda amizade*.

li.ne.ar *adj.2g.* **1** relativo ou próprio da linha. **2** semelhante à linha. **3** que se estende em linha ou em comprimento: *Os tecidos são vendidos por metro linear*. **4** sem desvio ou complexidade; simples: *narrativas lineares*.

li.ne.a.ri.da.de *s.f.* **1** caráter do que é linear. **2** clareza; simplicidade: *Os filmes didáticos exigem uma linearidade que é dispensável nos filmes de arte*.

lin.fa *s.f.* **1** (Histol.) líquido que circula nos vasos linfáticos, rico em proteínas e em linfócitos. **2** a água.

lin.fá.ti.co *adj.* **1** que contém linfa: *vasos linfáticos*. **2** relativo a ou da linfa: *circulação linfática*. **3** (Fig.) sem vida; sem energia; apático.

lin.fó.ci.to *s.m.* (Histol.) variedade de glóbulos brancos sanguíneos.

lin.foi.de (ói) *adj.* relativo à linfa ou aos gânglios linfáticos: *órgãos linfoides*.

lin.fo.ma *s.m.* (Med.) tumor que ataca os gânglios linfáticos.

lingerie (langerri) (Fr.) *s.f.* roupa feminina, íntima ou de dormir.

lin.go.te (ó) *s.m.* barra de metal fundido.

lín.gua *s.f.* **1** (Anat.) órgão muscular alongado, móvel, situado na cavidade bucal de homens e animais, preso na parte inferior e posterior desta pela base, e que serve para a degustação e a ingestão de alimentos, para auxiliar na mastigação e na deglutição e, nos seres humanos, para a articulação dos sons da fala. (E. Ling.) **2** sistema de signos orais que permite a comunicação entre os membros de uma comunidade. **3** variedade de uso da língua; estilo; registro; linguagem: *Expressão própria da língua formal*.

lin.gua.do *s.m.* **1** peixe marinho achatado e de carne muito apreciada. **2** prato preparado com a carne do linguado.

lin.gua.gem *s.f.* **1** faculdade que tem o ser humano de associar uma imagem acústica e um som vocal a um conceito, e de utilizar o resultado para exteriorização do pensamento e interação social. **2** capacidade de falar: *Depois do derrame, apresentou problemas de linguagem*. **3** modo de falar; linguajar: *linguagem informal*. **4** sistema de comunicação: *Ao acasalar, as abelhas revelam sua linguagem*. **5** comunicação por meio de sinais ou símbolos previamente convencionados: *Todos aprenderam a linguagem dos mudos*. **6** (Inf.) conjunto de símbolos e regras que servem para dar instruções a um computador.

lin.gua.jar *s.m.* **1** maneira de falar própria de uma região ou grupo social; fala; linguagem: *linguajar nordestino*. **2** modo de falar: *Todos criticavam seu linguajar descuidado*.

lin.gual *adj.2g.* **1** da ou relativo à língua. **2** produzido com o auxílio da língua: *consoantes linguais*.

lin.gua.ru.do *s.m.* e *adj.* pessoa faladora; mexeriqueiro; indiscreto: *O linguarudo espalhou o boato pelo bairro todo*.

lin.gue.ta (üê) *s.f.* **1** parte móvel das fechaduras, que entra num orifício quando movida pela chave. **2** peça móvel, semelhante a de fechadura, para reter ou travar qualquer coisa. **3** qualquer objeto com a forma semelhante a uma língua.

lin.gui.ça (ü) *s.f.* carne picada ou moída, temperada e embutida em tripa.

lin.guis.ta (ü) *s.2g.* especialista em línguas ou em linguística.

lin.guís.ti.ca (ü) *s.f.* ciência que estuda a natureza da linguagem humana bem como a estrutura e o funcionamento das línguas naturais.

li.nha *s.f.* **1** fio torcido de fibras de linho, de algodão, de seda ou sintético usado em costura, bordado, renda etc.: *carretel de linha*. **2** traço contínuo. **3** itinerário: *Os motoristas não gostam de mudar de linha*. **4** série de palavras escritas de lado a lado em uma página ou coluna: *Cada linha de um classificado é cobrada*. **5** cordel para pesca, geralmente de náilon, com anzol na extremidade. **6** conjunto de duas barras de ferro de formato especial colocadas paralelas sobre dormentes e que guiam as rodas dos trens; trilho: *Os vagões estavam em outra linha*. **7** série ou tipos de produtos que mantêm alguma relação entre si: *nova linha de eletrodomésticos*. **8** contorno: *Não passe batom fora da linha da boca*. **9** conjunto de fios ou cabos que conduzem energia elétrica ou permitem comunicação telefônica ou telegráfica: *linhas telefônicas*. **10** traço convencional e imaginário que divide a Terra: *linha do Equador*. **11** em futebol, a posição de ataque ou o conjunto de jogadores atacantes: *Dodô jogava na linha*. **12** direção; orientação: *Concordo com a linha do jornal*. **13** serviço regular de transporte entre dois pontos: *Trabalhava na linha Rio–Paris*. **14** compostura; dignidade: *Mantém a linha mesmo quando não gosta do que ouve*.

li.nha.ça *s.f.* semente de linho: *óleo de linhaça*.

li.nha.gem *s.f.* **1** linha de parentesco; estirpe: *linhagem aristocrática*. **2** condição social: *cidadãos de alta linhagem*. **3** raça: *animais de linhagem nobre*. **4** série de produtos; linha: *lançamento de uma linhagem de motos possantes*. **5** tecido de linho grosseiro: *saco de linhagem*.

li.nho *s.m.* **1** planta ereta com folhas lineares e flores azuis, cultivada por suas fibras e por suas sementes, que têm aplicações industrial e medicinal. **2** tecido feito com os fios do linho: *calça de linho*.

li.ni.men.to *s.m.* **1** medicamento oleoso usado para fricções que aliviam a dor: *O quarto cheirava a linimento*. **2** aquilo que acalma; consolo: *A visita do pai era um linimento para suas tristezas*.

link (link) (Ingl.) *s.m.* (Inf.) ligação entre hipertextos em páginas da Internet.

li.no.ti.po *s.f.* (Tip.) máquina de composição tipográfica e de fundição de caracteres por blocos.

li.pí.dio *s.m.* (Quím.) substância orgânica do grupo das gorduras, cuja função é armazenar energia; lipídeo; lípide.

li.po *s.f.* (Coloq.) lipoaspiração.

li.po.as.pi.ra.ção *s.f.* (Cir.) operação que consiste na aspiração de gordura subcutânea por sucção ou ultrassom.

li.po.ma *s.m.* (Patol.) tumor benigno formado por células gordurosas.

li.que.fa.ção *s.f.* (Fís.) passagem de um gás ou sólido ao estado líquido.

li.que.fa.zer (que *ou* qüe) *v.t.* **1** fazer passar do estado gasoso ou sólido ao líquido. • *pron.* **2** tornar-se líquido: *O gelo liquefaz-se ao sol*.

liquefeito

li.que.fei.to (que ou qüe) adj. tornado líquido: *gás liquefeito*.

lí.quen s.m. vegetal formado pela íntima associação de uma alga verde ou azul com um fungo superior. // No plural, sem acento: *liquens*.

li.qui.da.ção (que ou qüe) s.f. **1** encerramento: *A loja está à beira da liquidação*. **2** extermínio; destruição; aniquilação: *liquidação de um povo*. **3** pagamento; quitação: *liquidação de uma dívida*. **4** ato judicial que visa a determinar o valor, espécie e quantidade de coisas que a parte vencida tem a pagar: *O juiz determinou a liquidação da empresa*. **5** venda de sortimento de mercadorias a preços reduzidos: *liquidação de meias e sapatos*.

li.qui.dan.te (qui ou qüi) s.2g. pessoa (física ou jurídica) encarregada da liquidação de uma sociedade.

li.qui.dar (qui ou qüi) v.t. **1** vender barato para acabar logo com o estoque ou para encerrar um negócio. **2** pagar uma conta; resgatar algo: *Os filhos liquidaram as dívidas do pai*. **3** encerrar: *liquidar a empresa*. **4** exterminar; assassinar: *O sequestrador liquidou o refém*. **5** acabar; pôr fim; destruir: *As cobras liquidaram com o jardim*. • pron. **6** destruir-se; matar-se: *Ao saber que perdera tudo, liquidou-se*.

li.qui.dez (qui ou qüi) s.f. **1** qualidade daquilo que é líquido. **2** possibilidade de ser transformado em dinheiro a qualquer momento: *Por sua localização, esta casa tem boa liquidez*. **3** disponibilidade em caixa: *títulos com a liquidez garantida*. **4** viabilidade: *A adoção deste método garante a liquidez do projeto*.

li.qui.di.fi.ca.dor (qui ou qüi... ô) s.m. aparelho eletrodoméstico para triturar, liquefazer ou misturar alimentos, por meio de lâminas rotativas.

lí.qui.do (qui ou qüi) s.m. **1** substância fluida sem forma própria. **2** alimento líquido; bebida: *Faz bem ingerir bastante líquido*. • adj. **3** diz-se do estado da matéria que flui ou corre. **4** livre de descontos e de encargos sociais: *A renda líquida do comerciante é expressiva*. **5** garantido; indiscutível: *lucros líquidos*.

li.quor (ô) s.m. **1** líquido da medula espinhal. **2** designação dada a vários produtos químicos ou farmacêuticos, nos quais entra o álcool; licor.

li.ra s.f. **1** instrumento musical de cordas dedilháveis, muito difundido na Antiguidade, composto por uma caixa com duas hastes em forma de U, sustentada por uma barra transversal. **2** (Fig.) a poesia lírica; a inspiração e arte poéticas: *a lira de Camões*. **3** no século XVIII, designação dada a uma composição poética de cunho lírico, composta em estrofes e metros de vária espécie: *liras de Marília de Dirceu*. **4** unidade monetária da Itália, antes do euro.

lí.ri.ca s.f. **1** gênero de poesia fundamentado na expressão de emoções e sentimentos íntimos. **2** poesia lírica. **3** coleção de poesias líricas: *A lírica de Castro Alves alimenta muitas paixões*.

lí.ri.co s.m. **1** poeta que centra sua obra na expressão de suas emoções e sentimentos íntimos: *Amor e morte são temas comuns aos líricos*. • adj. **2** diz-se do gênero poético ou musical que expressa exaltação dos sentimentos pessoais: *poema lírico*. **3** relativo à ópera ou opereta: *temporada lírica*. **4** diz-se de cantor de óperas ou operetas: *Callas foi uma das maiores cantoras líricas de nosso tempo*. **5** diz-se de poeta que cultiva o gênero lírico: *Camões foi um gênio lírico e épico*. **6** sentimental; emotivo: *Meu avô era um lírico por excelência*.

lí.rio s.m. flor ornamental em forma de campânula, de cores variadas, considerada símbolo de pureza e inocência.

li.ris.mo s.m. **1** qualidade do que é lírico. **2** caráter subjetivo da arte em geral: *o lirismo de Noturno de Chopin*. **3** tendência literária que referencia os sentimentos pessoais do autor, deixando vir à tona seu estado de alma: *A prosa de Clarice Lispector é permeada de profundo lirismo*. **4** o conjunto da poesia lírica: *o lirismo português*. **5** exaltação dos sentimentos pessoais; entusiasmo; paixão: *O pianista toca os Noturnos com limpidez e lirismo*.

lis.bo.e.ta (ê) s.2g. **1** habitante ou natural de Lisboa: *O lisboeta é agradável e simpático*. • adj.2g. **2** relativo à Lisboa (capital de Portugal).

li.sér.gi.co adj. (Quím.) diz-se do ácido alucinógeno que é produto da hidrólise de certos alcaloides.

li.so s.m. **1** (Coloq.) pessoa sem dinheiro: *Os lisos procuram fazer programas baratos*. • adj. **2** que tem a superfície plana e sem aspereza: *mármore liso*. **3** suave ao tato; macio: *pele lisa*. **4** diz-se do cabelo sem ondas; escorrido: *cabelos lisos*. **5** (Coloq.) sem dinheiro: *Ando meio liso*. **6** íntegro: *O rapaz era liso nos negócios*.

li.son.ja s.f. **1** bajulação: *Considere meus elogios não como lisonja, mas como apreço*. **2** elogio: *Foi alvo de merecidas lisonjas*.

li.son.je.ar v.t. **1** elogiar excessivamente. **2** adular para obter favores: *Passou a lisonjear os adversários em campanhas demagógicas*. **3** causar satisfação a; orgulhar: *O trabalho paciente e perfeito deve sempre lisonjear o homem*. • pron. **4** sentir-se orgulhoso: *O imperador se lisonjeava muito com a amizade dos intelectuais*.

li.son.jei.ro adj. **1** que lisonjeia; que envaidece; elogioso: *Falou da visita em termos lisonjeiros*. **2** satisfatório; promissor: *Os resultados dos exames são lisonjeiros*.

lis.ta s.f. **1** relação de nomes de pessoas ou coisas; rol. **2** faixa; listra: *camisa de listas azuis*. • **lista negra** lista de pessoas ou coisas consideradas prejudiciais.

lis.ta.do s.m. **1** pessoa que consta de lista: *Os listados pela Receita têm restituição de imposto*. • adj. **2** que possui listas; listrado: *algodão listado*. **3** cujo tecido possui listas; listrado: *camisa listada*. **4** relacionado; arrolado: *As obras estão listadas na seção*.

lis.ta.gem s.f. **1** ato de relacionar nomes de pessoas ou de coisas: *Ele trabalha na listagem dos devedores*. **2** lista; rol. **3** lista contínua em computadores.

lis.tar v.t. pôr nomes de pessoas ou coisas numa lista; arrolar; relacionar.

lis.tra s.f. **1** traço em uma superfície. **2** risca de cor diferente num tecido: *gravata de listras diagonais*.

lis.tra.do s.m. **1** tecido que contém listras: *estampas de mil e uma noites combinando com listrados*. • adj. **2** que contém listras; listado. **3** cujo tecido contém listras; listado.

lis.trar v.t. entremear ou ornar com listras.

li.su.ra s.f. **1** qualidade do que é liso; maciez: *Gosto da lisura do pelo de minha vira-lata*. **2** honradez; honestidade: *O inquérito foi conduzido com lisura*.

lixeira

li.tei.ra *s.f.* cadeirinha coberta, sustentada por dois longos varais e conduzida por dois homens ou bestas: *A marquesa viajava de liteira.*

li.te.ral *adj.2g.* **1** que reproduz um texto, palavra por palavra; tomado ao pé da letra: *tradução literal.* **2** exato; estrito; rigoroso: *A linguagem figurada nasce da linguagem literal.* **3** claro; expresso: *A explicação foi literal.*

li.te.rá.rio *adj.* relativo às letras, à literatura, ou à cultura relacionada com a arte da palavra: *crítica literária.*

li.te.ra.ti.ce *s.f.* (Deprec.) literatura ruim, pretensiosa ou ridícula.

li.te.ra.to *s.m.* **1** pessoa que é versada em assuntos literários; pessoa inclinada às letras; escritor. • *adj.* **2** versado em assuntos literários; letrado.

li.te.ra.tu.ra *s.f.* **1** arte de compor ou escrever trabalhos em prosa ou verso com o objetivo de atingir a sensibilidade ou a emoção do leitor ou do ouvinte. **2** atividade literária: *Jorge Amado comprovou que se pode viver de literatura.* **3** conjunto das obras literárias de um país, de uma época etc. **4** conjunto de obras escritas sobre determinado assunto: *A literatura sobre informática é muito grande.* **5** disciplina escolar que consta de estudos literários: *aula de Literatura.* **6** (Deprec.) discurso superficial; palavreado vazio.

lí.ti.co *adj.* **1** de ou relativo a pedra. **2** relativo ao lítio: *desenvolvimento das indústrias líticas.* **3** que contém lítio: *drogas líticas contra a depressão.*

li.tí.gio *s.m.* **1** ação ou controvérsia judicial a respeito do direito a algo que tem início com a constatação da demanda. **2** disputa; contenda; pendência: *Não podem demarcar terras que estão em litígio.*

li.ti.gi.o.so (ô) *adj.* **1** que envolve litígio: *divórcio litigioso.* **2** em que há litígio: *As terras tidas como litigiosas eram intocáveis.*

lí.tio *s.m.* **1** (Quím.) metal alcalino, branco-prateado, muito reativo, o mais leve dos corpos sólidos. **2** medicamento antidepressivo à base desse metal. // Símb.: Li; N. Atôm.: 3.

li.to.gra.fi.a *s.f.* **1** processo de impressão que consiste em desenhar ou escrever com tinta graxenta sobre uma placa de pedra calcária, para posterior reprodução em papel. **2** desenho ou escrito reproduzido por esse processo litográfico; litogravura. **3** oficina onde se produzem litogravuras.

li.tó.gra.fo *s.m.* quem produz litografias.

li.to.gra.vu.ra *s.f.* litografia.

li.to.ral *s.m.* **1** região costeira; terra banhada pelo mar.

li.to.râ.neo *adj.* **1** relativo ao ou do litoral. **2** situado no litoral: *florestas litorâneas.* **3** que habita o litoral: *No século XVI, havia muitas tribos litorâneas.*

li.tos.fe.ra (é) *s.f.* (Geofís.) camada externa solidificada da Terra; crosta terrestre.

li.tro *s.m.* **1** unidade de medida de capacidade, equivalente a um decímetro cúbico. **2** garrafa de um litro: *A criançada trocava litros vazios por sorvete.*

li.tu.a.no *s.m.* **1** habitante ou natural da Lituânia. • *adj.* **2** relativo à Lituânia (Europa).

li.tur.gi.a *s.f.* **1** conjunto dos elementos ou práticas de culto público e oficial instituído por uma igreja. **2** cerimonial particular desse culto; ritual: *liturgia do matrimônio.* **3** disciplina que trata das cerimônias e ritos da Igreja Católica: *A Sagrada Congregação dos Ritos é responsável pelas normas sobre a liturgia.*

li.túr.gi.co *adj.* relativo a ou da liturgia.

li.vi.dez (ê) *s.f.* palidez extrema.

lí.vi.do *adj.* extremamente pálido; muito descorado.

living (livin) (Ingl.) *s.m.* sala de estar.

li.vra.lha.da *s.f.* (Coloq.) grande quantidade de livros.

li.vrar *v.t.* **1** pôr em liberdade; soltar; liberar: *O delegado livrou o preso.* **2** tornar livre; liberar algo: *livrar a linha.* **3** desvencilhar de algo ou alguém perigoso; pôr a salvo: *Livrou a filha de influências nocivas.* • *pron.* **4** pôr-se em liberdade: *O assaltante foi pego, mas logo se livrou.* **5** desembaraçar-se de algo ou alguém perigoso, constrangedor etc.: *O clube livrou-se do jogador temperamental.* **6** desobrigar-se de: *Livrou-se do plantão aos domingos.* // Pp.: livrado/livre.

li.vra.ri.a *s.f.* **1** estabelecimento onde se vendem livros. **2** reunião de livros dispostos ordenadamente; biblioteca.

li.vre *adj.* **1** com poder de decidir; independente. **2** franqueado; desimpedido: *Tinha entrada livre na Assembleia.* **3** natural; espontâneo: *Dança com movimentos livres, mas conjugados.* **4** garantido por lei: *eleições livres e democráticas.* **5** disponível; liberado: *aproveitar o dia livre.* **6** que não fica confinado: *festa ao ar livre.* **7** absolvido: *Saiu livre no julgamento.* **8** diz-se dos versos sem métrica: *poema em versos livres.* **9** desembaraçado; desobrigado: *Ele ainda não estava livre das promissórias.* **10** que não segue literalmente o original: *tradução livre.* **11** isento: *livre de impostos.*

li.vre-ar.bí.trio *s.m.* poder de escolha. // Pl.: livres- -arbítrios.

li.vre-do.cên.cia *s.f.* **1** título universitário obtido após o doutorado, mediante concurso, ou por mérito. **2** concurso para a obtenção desse título. // Pl.: livres- -docências.

li.vre-do.cen.te *s.2g.* **1** professor universitário aprovado em concurso de livre-docência. • *adj.2g.* **2** que obteve o título de livre-docência: *Aposentou-se como professor livre-docente.* // Pl.: livres-docentes.

li.vrei.ro *s.m.* **1** comerciante de livros. • *adj.* **2** relativo a ou de livros: *mercado livreiro.*

li.vres.co (ê) *adj.* **1** relativo a ou de livros; livreiro: *mercado livresco.* **2** conhecimento, saber etc., obtido através da leitura de livros e não da vivência. **3** diz-se de leitor obsessivo ou muito influenciado por leituras. **4** (Deprec.) pedante; artificial.

li.vre.to (ê) *s.m.* livro pequeno.

li.vro *s.m.* **1** publicação impressa não periódica, com folhas costuradas ou coladas. **2** obra escrita literária ou científica. **3** subdivisão de uma obra escrita de grande volume. **4** caderno de capa dura para certos tipos de registros: *livro de ponto.*

li.xa /ch/ *s.f.* papel coberto com material abrasivo, usado para polir: *lixa de madeira.*

li.xão /ch/ *s.m.* local, a céu aberto, onde é depositado o lixo urbano.

li.xar /ch/ *v.t.* **1** polir ou desgastar com lixa ou com objeto áspero: *Seu pai lixava uma tábua.* • *pron.* **2** (Coloq.) não dar importância a, não se incomodar com: *Lixava- -se para a crítica.*

li.xei.ra /ch/ *s.f.* **1** recipiente ou local onde é depositado o lixo. **2** lugar muito sujo, cheio de detritos: *Rua vira*

lixeiro

lixeira de hospital em São Paulo. **3** árvore do cerrado, de folhas grossas como lixa.
li.xei.ro /ch/ s.m. profissional que recolhe o lixo de residências e logradouros; gari.
li.xí.via /ch/ s.f. (Quím.) solução alcalina à base de soda e carbonato de sódio, usada em limpeza pesada.
li.xo /ch/ s.m. **1** tudo o que não tem serventia e que se joga fora; restos. **2** lixeira. **3** tudo aquilo a que não se dá valor: *Guardava todo tipo de lixo nos armários.* **4** algo malfeito; ordinário; imprestável: *A equipe considerou seu trabalho um lixo.*
lo (ô) pron. pess. forma oblíqua da 3ª pessoa do singular equivalente a *o*, usado depois de formas verbais terminadas em -r, -s ou -z: *Desculpe, não quis ofendê-lo.*
lo.a (ô) s.f. **1** qualquer discurso elogioso; apologia: *Festejaram o centenário do escritor com loas muito apreciadas.* **2** cantiga popular em louvor aos santos, a Deus ou à Virgem: *Os fiéis cantavam loas a São Benedito.*
lobby (lóbi) (Ingl.) s.m. **1** atividade de um grupo de interesses organizado, que procura exercer pressão e influenciar decisões de políticos e de poderes políticos: *O grupo fez lobby para que o deputado defendesse seus interesses.* **2** grupo que exerce tal atividade: *lobby de empresários.* **3** grande salão localizado na entrada de hotéis, teatros etc.
lo.bi.nho s.m. **1** aprendiz de escoteiro com menos de 10 anos: *Seu sonho era ser lobinho.* **2** (Coloq.) cisto sebáceo subcutâneo; calombo: *Tinha um lobinho saliente no antebraço.*
lo.bi.so.mem s.m. (Folcl.) homem que, segundo a crendice popular, se transforma em lobo e vagueia nas noites de sexta-feira, assustando as pessoas, até encontrar quem, ferindo-o com bala de prata, o desencante.
lo.bis.ta s.2g. **1** pessoa que participa de *lobby*. • adj.2g. **2** feito por essa pessoa: *Estaremos atentos a cada investida lobista.*
lo.bo[1] (ô) s.m. (Anat.) projeção mais ou menos arredondada de um órgão ou parte de um órgão, demarcada por fissura ou sulco na sua superfície: *lobo frontal esquerdo do cérebro.*
lo.bo[2] (ô) s.m. **1** mamífero selvagem, carnívoro, da mesma família dos cães. **2** (Fig.) homem cruel, sanguinário, perverso.
lo.bo do mar (ô) s.m. marinheiro velho e experiente. // Pl.: lobos do mar.
lo.bo.to.mi.a s.f. cirurgia no cérebro que extirpa fibras nervosas.
lô.bre.go adj. escuro; sombrio; funesto.
lo.bri.gar v.t. **1** ver com dificuldade; entrever; vislumbrar: *Lobrigou a casa, apesar da bruma.* **2** entender; perceber; notar: *Lobriguei o interesse do empresário.* **3** avistar casualmente: *Lobrigou-o no centro da cidade.*
ló.bu.lo s.m. (Anat.) **1** pequeno lobo: *lóbulos pulmonares.* **2** parte macia e arredondada da orelha, onde se costuma prender brincos.
lo.ca.ção s.f. **1** aluguel. **2** local de filmagem fora de estúdio: *A novela é pobre em locações e cenários.*
lo.ca.dor (ô) s.m. proprietário do bem dado em aluguel.
lo.ca.do.ra (ô) s.f. firma comercial que cede algo mediante aluguel.
lo.cal s.m. **1** região; localidade; lugar. **2** ponto num determinado corpo: *sensação de ardência no local da injeção.* • adj.2g. **3** relativo a determinado lugar: *população local.* **4** circunscrito a um ponto: *anestesia local.*
lo.ca.li.da.de s.f. **1** lugar determinado: *Foi conhecer a localidade do acidente.* **2** povoação; vila; cidade: *A mulher ia a uma localidade vizinha visitar a irmã.* **3** local; região: *Relações conflituosas marcaram a vida da localidade.*
lo.ca.li.za.ção s.f. **1** determinação do local onde algo ou alguém se encontra. **2** fixação numa área; estabelecimento: *A localização dos buritis exige que haja abundância de água na região.* **3** situação; posição: *A localização do meu apartamento é ótima.*
lo.ca.li.zar v.t. **1** determinar o local onde se acha algo ou alguém; encontrar; descobrir: *Não consigo localizar o teatro.* **2** fixar; assentar: *O empresário achou por bem localizar a sede da empresa no centro da cidade.* **3** situar ou circunscrever a determinado local ou época: *O diretor localizou o filme na Inglaterra do século XIX.* **4** identificar; detectar: *Os bombeiros localizaram o foco de incêndio.* • pron. **5** colocar-se em determinado local; posicionar-se: *No estádio, tenta localizar-se perto da torcida de seu time.* **6** situar-se; ficar; estar: *O ambulatório se localiza no subsolo.*
lo.ção s.f. (Farm.) preparado líquido medicinal ou cosmético para pele e cabelos.
lo.car v.t. **1** tomar em aluguel; alugar. **2** dar em aluguel; alugar: *A empresa loca equipamentos para pequenos agricultores.* **3** determinar o local de; situar.
lo.ca.tá.rio s.m. pessoa que toma um bem em locação; inquilino; arrendatário.
lo.ca.ti.vo adj. relativo a aluguel ou arrendamento.
lo.cau.te s.m. fechamento temporário de uma empresa por seu dono, durante uma disputa com a mão de obra.
lo.co.mo.ção s.f. **1** ação de locomover-se; deslocar-se de um lugar a outro. **2** transporte: *O metrô é um moderno sistema de locomoção.*
lo.co.mo.ti.va s.f. **1** máquina a vapor, elétrica, com motor de combustão etc., que corre sobre trilhos e opera a tração de vagões de passageiros ou de carga nas vias férreas. **2** carro-chefe: *A indústria é uma das locomotivas da nossa economia.*
lo.co.mo.ti.vi.da.de s.f. capacidade de locomover (-se): *O derrame afetou sua locomotividade.*
lo.co.mo.ti.vo adj. relativo a locomoção; locomotor.
lo.co.mo.tor (ô) adj. **1** relativo a locomoção; locomotivo. **2** que opera a locomoção. // Fem.: locomotora; locomotriz.
lo.co.mo.ver v.pron. deslocar-se de um lugar a outro: *A minhoca se locomove através de cerdas.*
lo.cu.ção s.f. **1** linguagem articulada; dicção; fala; modo de falar: *Faz exercícios para melhorar a locução.* **2** E. Ling. grupo de palavras que equivale a um vocábulo único por seu significado e por sua função sintática na frase; sintagma. **3** grupo de palavras estável na língua, com significado próprio; expressão idiomática.
lo.cu.ple.tar v.t. **1** tornar rico; enriquecer. **2** abarrotar; fartar. • pron. **3** enriquecer-se; tornar-se rico. **4** fartar-se; saciar-se: *Se os desonestos se locupletam, a culpa é da legislação vigente.*
lo.cu.tor (ô) s.m. profissional de rádio e televisão

longitude

en.car.re.ga.do de ler textos ou apresentar programas ao microfone.

lo.cu.tó.rio *s.m.* compartimento, geralmente separado por grades, que permite a comunicação entre pessoas recolhidas em conventos, prisões etc. com visitantes de fora: *Falava com a filha separada por um locutório*.

lo.da.çal *s.m.* **1** lugar em que há muito lodo ou lama; lamaçal. **2** (Coloq.) situação ou estado de solidez, devassidão e desregramento.

lo.do (ô) *s.m.* **1** argila muito mole que contém matéria orgânica. **2** (Coloq.) baixeza; degradação: *A mãe ajudou-o a livrar-se do lodo dos vícios*.

lo.do.so (ô) *adj.* **1** cheio de lodo: *chão lodoso*. **2** sujo; emporcalhado.

lo.ga.rit.mo *s.m.* (Mat.) expoente a que um dado número deve ser elevado para se obter outro.

ló.gi.ca *s.f.* **1** (Filos.) parte que se ocupa dos processos intelectuais condizentes com a determinação da verdade: *Ensina Lógica no início do curso*. **2** coerência de raciocínio; relação coerente entre as ideias: *É necessário manter a lógica para não cair em contradição*. **3** maneira de raciocinar característica de uma pessoa ou grupo: *Esta é a lógica da sociedade preocupada com a sobrevivência*.

ló.gi.co *s.m.* **1** pessoa versada em lógica: *Não consigo entender muito bem os lógicos*. • *adj.* **2** relativo a lógica: *aspectos lógicos e psicológicos de um problema*. **3** conforme as regras da lógica: *A defesa analisou o fundamento lógico das acusações*. **4** coerente; racional: *O amor não é lógico*.

log in (loguim) (Ingl.) *s.m.* **1** (Inf.) operação ou processo inicial de uma sessão de conexão no computador, em que o usuário se identifica. **2** nome que identifica um usuário em um sistema de computadores; *log on*.

lo.gís.ti.ca *s.f.* **1** conjunto de atividades e operações planejadas para assegurar às forças armadas combater em condições eficazes. **2** planejamento e gerência de uma operação: *Esse profissional se encarrega da logística de recebimento e controle de estoques*.

lo.gís.ti.co *adj.* relativo à logística.

lo.go (ó) *adv.* **1** imediatamente, no tempo e no espaço; rapidamente. **2** por conseguinte; portanto: *"Penso logo existo"*. ✦ **logo que** assim que; tão logo: *Logo que entrou no quarto, foi para a janela*. **tão logo** logo que: *Interromperam a conversa tão logo entrei*.

log off (logóf) (Ingl.) *s.m.* (Inf.) encerramento de sessão de conexão.

lo.go.mar.ca *s.f.* símbolo gráfico e visual padronizado que identifica uma empresa, uma marca ou uma linha de produtos; logotipo.

log on (logon) (Ingl.) *s.m.* (Inf.) *log in*.

log out (logáut) (Ingl.) *s.m.* (Inf.) *log off*.

lo.go.ti.po *s.m.* **1** tipo gráfico: *impresso em logotipos góticos*. **2** logomarca.

lo.gra.dou.ro *s.m.* espaço livre, destinado à circulação de veículos ou pedestres.

lo.grar *v.t.* **1** enganar; burlar: *Ele logrou a própria mãe*. **2** conseguir; obter; desfrutar: *Logrou fama, riqueza e respeito*. • *pron.* **3** aproveitar-se; gozar. • *int.* **4** produzir o efeito esperado.

lo.gro (ô) *s.m.* **1** manobra ardilosa; engano propositado: *A cliente foi vítima do logro do vendedor*. **2** usufruto; fruição; gozo.

loi.ro *s.m.* e *adj.* louro.

lo.ja (ó) *s.f.* **1** estabelecimento para a venda de mercadorias ao público. **2** (Bot.) cavidade do órgão reprodutor da flor, onde se localizam os grãos de pólen: *Cada loja contém uma semente*.

lo.jis.ta *s.2g.* **1** pessoa que tem loja. • *adj.2g.* **2** relativo a lojas: *mercado lojista*.

lom.ba.da *s.f.* **1** crista arredondada de colina, serra ou monte: *O cafezal sobe pelas encostas até a lombada*. **2** dorso, especialmente de rês bovina. **3** (Edit.) dorso de livro ou parte da encadernação que cobre o dorso do livro e segura as capas: *Os livros tinham lombada de couro e impressão dourada*. **4** elevação feita nas estradas ou ruas para que o motorista reduza a velocidade; quebra-molas: *Brecou bruscamente quando viu a lombada*.

lom.bal.gi.a *s.f.* dor na região lombar.

lom.bar *adj.2g.* (Anat.) relativo à parte do dorso situada entre o tórax e a bacia.

lom.bar.do *s.m.* **1** natural ou habitante da região da Lombardia. • *adj.* **2** relativo à Lombardia (Itália).

lom.bei.ra *s.f.* (Bras.) moleza; preguiça: *Depois do almoço, bate lombeira na equipe toda*.

lom.bo *s.m.* **1** costas; dorso: *O burro voltou com o lombo machucado*. **2** superfície arredondada: *Bateu na pedra com o lombo do facão*. **3** carne tirada da região ao lado da espinha dorsal do animal. **4** prato feito com essa carne: *No jantar, serviram lombo com arroz*.

lom.bri.ga *s.f.* (Zool.) verme de corpo cilíndrico e comprido, parasita dos intestinos.

lo.na *s.f.* **1** tecido grosso e forte de que se fazem toldos, sapatos, velas de navios. **2** tecido que, depois de sofrer tratamento à base de látex, é utilizado na fabricação de pneus e freios. **3** tenda: *A lona do circo pegou fogo*.

lon.dri.no *s.m.* **1** natural ou habitante de Londres (Inglaterra): *Os estádios ficaram cheios de londrinos*. • *adj.* **2** relativo a Londres.

lon.ga *s.m.* longa-metragem.

lon.ga-me.tra.gem *s.m.* filme com duração mínima de setenta minutos; longa. // Pl.: longas-metragens.

lon.ge *s.m.* **1** recanto afastado: *Todos correm para os lados, para os longes da cidade*. • *adj.2g.* **2** distante: *Ainda longe, mas certeiros avisos de mais e muita chuva*. • *adv.* **3** a grande distância no espaço ou no tempo: *Àquela hora, ele já estaria longe*. ✦ **ao longe** a distância: *A Terra vai ficando ao longe*. **de longe** de há muito: *Uma amizade que vem de longe*. **de longe em longe** de tempos em tempos; às vezes: *Eu só a via de longe em longe*. **estar longe de** nega um estado ou ação: *Apenas estava longe de imaginar semelhante possibilidade*.

lon.ge.vi.da.de *s.f.* qualidade daquilo que tem vida longa.

lon.ge.vo (é) *adj.* **1** duradouro: *senador de longeva carreira*. **2** de idade avançada; idoso.

lon.gi.lí.neo *adj.* alongado e delgado.

lon.gín.quo *adj.* **1** distante no espaço ou no tempo; afastado; remoto. **2** vago; pouco perceptível: *As vozes eram longínquas, surdas, mal audíveis*. **3** alheado; absorto: *Longínqua, distraída, talvez pensasse no passado*.

lon.gi.tu.de *s.f.* (Geogr.) distância em graus que medeia entre o meridiano de Greenwich e o meridiano de determinado lugar.

longitudinal

lon.gi.tu.di.nal *adj.2g.* **1** relativo à longitude: *graus longitudinais*. **2** dirigido no sentido do comprimento ou do eixo principal de um corpo: *Cortou o peixe no sentido longitudinal*.

lon.go *s.m.* **1** vestido comprido, até os tornozelos: *Ela vestia um longo preto*. • *adj.* **2** extenso no sentido do comprimento; comprido: *estrada longa*. **3** duradouro; demorado: *tempo longo*. **4** que vem de muito tempo: *amigas de longa data*. **5** abrangente; vasto: *uma pesquisa de longo alcance*. **6** diz-se de som que, em relação a outros sons da mesma língua, tem maior duração: *O sentido muda se a vogal* i *é longa ou breve*. ♦ **ao longo de** (i) que acompanha em sentido longitudinal: *braços caídos ao longo das pernas*. (ii) ao lado; junto: *A hera crescia ao longo do corredor*.

lon.ju.ra *s.f.* grande distância.

lon.tra *s.f.* mamífero aquático de pelo comprido e macio, marrom-escuro, cauda longa e focinho curto com bigodes.

loop (lúp) (Ingl.) *s.m.* **1** (Inf.) trecho de programa executado repetidamente num número definido de vezes, ou até que uma condição seja satisfeita. **2** execução repetida dessas instruções.

looping (lúpim) (Ingl.) *s.m.* **1** brinquedo de parque de diversão composto de linha férrea, que permite a um carro descrever um círculo em plano vertical. **2** acrobacia aérea, na qual se descreve um círculo em plano vertical: *A esquadrilha da fumaça faz* loopings *perfeitos*.

lo.qua.ci.da.de *s.f.* **1** fluência no falar; eloquência. **2** (Deprec.) verborragia.

lo.quaz *adj.2g.* **1** fluente no falar; eloquente: *orador loquaz*. **2** que fala com facilidade; falador; verboso. // Ant.: lacônico.

lor.de (ó) *s.m.* **1** título honorífico inglês e de alguns altos funcionários. **2** membro da Câmara Alta do Parlamento inglês. **3** (Coloq.) indivíduo rico, que vive com ostentação: *Virou um lorde à custa da herança do sogro*.

lor.do.se (ó) *s.f.* (Med.) curvatura anormal, com convexidade para diante, da coluna vertebral.

lo.ro.ta (ó) *s.f.* (Coloq.) conversa fiada; mentira.

lo.san.go *s.m.* (Geom.) quadrilátero regular com dois ângulos agudos e dois obtusos.

los.na (ó) *s.f.* arbusto que se forma em moitas, com folhas de cor verde-acinzentada e esbranquiçadas na face inferior, de sabor amargo e flores amarelas em cacho; absinto.

lo.ta.ção *s.m.* **1** veículo que transporta passageiros num percurso determinado. • *s.f.* **2** capacidade de um veículo, de uma sala de espetáculos ou de um compartimento: *Há excesso de lotação em todas as celas*. **3** serviço de corrida com passageiro em determinado percurso, com tarifa fixa: *Fazia lotação com o táxi*.

lo.tar *v.t.* **1** encher; completar a lotação de: *O público lotou o teatro*. **2** colocar um funcionário em determinado setor: *Lotou-o na contadoria*. • *int.* **3** ficar cheio; completar a lotação: *O estádio lotou*.

lo.te (ó) *s.m.* **1** cada uma das partes, medidas e separadas, de uma área de terra. **2** porção de objetos ou animais de igual natureza: *O lote de mulas foi vendido*. **3** grupo de produtos fabricados conjuntamente: *O lote de remédios já foi vendido*.

lo.te.a.men.to *s.m.* **1** área loteada; área dividida em lotes de terra. **2** divisão de algo em lotes, em parcelamento: *O loteamento dos recursos deixa todo mundo com pouco*.

lo.te.ar *v.t.* **1** dividir em lotes. **2** dividir em partes: *Foi dele a ideia de lotear as ações da empresa*.

lo.te.ca (é) *s.f.* (Coloq.) loteria.

lo.te.ri.a *s.f.* **1** jogo de azar que dá prêmios em dinheiro quando correspondem os números do bilhete comprado e os números sorteados. **2** jogo de azar em que o ganhador marca números em um volante que coincidem com os números sorteados posteriormente. **3** o que depende do acaso: *O concurso de beleza transformou-se numa loteria*. **4** lotérica: *Toda sexta-feira vou à loteria fazer as minhas apostas*.

lo.té.ri.ca *s.f.* casa comercial onde se vendem bilhetes de loteria e são feitas apostas.

lo.té.ri.co *adj.* relativo a loteria.

lo.to (ó) *s.f.* espécie de loteria oficial jogada com cem dezenas, das quais se sorteiam cinco, dando prêmio a quem acertar três, quatro ou cinco delas.

ló.tus *s.m.2n.* **1** designação de diversas plantas aquáticas. **2** flor muito grande e vistosa dessas plantas, de cores branca, rosa e vermelha.

lou.ça *s.f.* **1** produto de cerâmica de pasta porosa e esmaltada: *pia de louça*. **2** artefato de porcelana, faiança etc., destinado especialmente ao serviço de mesa: *prato de louça*. **3** conjunto desses artefatos; aparelho; serviço: *Ela guarda sua louça no armário da sala de jantar*. **4** o próprio material de que são feitos esses artefatos: *Ganhei um aparelho de louça inglesa*.

lou.ção *adj.* **1** enfeitado. **2** (Deprec.) elegante em excesso; janota. **3** agradável à vista; formoso; belo. **4** de aparência saudável; viçoso; fresco: *legume loução*. // Fem.: louçã.

lou.co *s.m.* **1** indivíduo demente: *O louco precisa de compreensão*. • *adj.* **2** que perdeu a razão; doido; alienado; demente. **3** fora de controle; fora de si: *O som alto o deixava louco*. **4** (Coloq.) imprudente; insensato: *Ninguém é louco de usar joias na rua*. **5** acometido de hidrofobia; hidrófobo: *Agosto é mês de cachorro louco*. **6** sem coerência; caótico: *Nem sei o que pensar deste mundo louco*. **7** (Coloq.) fora do comum; extraordinário: *O cantor fez um sucesso louco*. **8** imoderado; incontrolável: *Ele vive numa ânsia louca*. **9** ansioso; desejoso: *Ela é louca por chocolate*. **10** apaixonado: *louco por filmes*.

lou.cu.ra *s.f.* **1** estado ou condição de louco; insanidade mental; demência. **2** ato próprio de louco; desatino: *fazer uma loucura*. **3** imprudência; temeridade: *É loucura sair nessa chuva torrencial*. **4** confusão; tumulto: *O trânsito estava uma loucura*. **5** desespero; aflição: *Para loucura de sua mãe, saiu de moto*. **6** irreflexão; extravagância; insensatez: *Só fazia loucuras com o dinheiro*. **7** forte desejo; paixão; arrebatamento: *Tenho loucura por conhecer a Europa*.

lou.rei.ro *s.m.* árvore originária do Mediterrâneo cujas folhas são aromáticas e usadas como condimento.

lou.ro[1] *s.m.* **1** loureiro. **2** a folha dessa árvore, em geral usada como condimento: *Louro dá um gostinho bom no feijão*. **3** a cor loura; loiro: *Adoro o louro de seus cabelos*. **4** pessoa que tem os cabelos dessa cor: *Um louro de ombros largos desceu do ônibus*. • *pl.* **5** galardão; glória; honraria: *Uns trabalharam, outros*

receberam os louros. • *adj.* **6** que tem a cor entre o dourado e o castanho-claro: *cabelos louros*.
lou.ro² *s.m.* papagaio.
lou.sa *s.f.* **1** lâmina de ardósia ou outro material pintado na cor da pedra e enquadrado, que se usa para escrever; quadro-negro. **2** pedra tumular.
lou.va-a-deus *s.m.2n.* inseto predador cujas patas anteriores servem de garras.
lou.va.ção *s.f.* **1** ato ou efeito de louvar; louvor. **2** canção popular em louvor aos santos: *Era sempre ela quem cantava a louvação*.
lou.var *v.t.* **1** dirigir louvores a; elogiar: *Para conquistá-la, começou por louvar-lhe a beleza*. **2** aprovar; aplaudir: *Louvo sua iniciativa*. **3** exaltar; glorificar; bendizer: *louvar a Deus*. • *pron.* **4** elogiar-se; gabar-se; vangloriar-se: *Louvava-se pelo sucesso literário*. **5** aceitar ou aprovar o parecer de: *Louvou-se nas conclusões do perito*.
lou.vá.vel *adj.2g.* que deve ser louvado; digno de louvor, elogios.
lou.vor (ô) *s.m.* **1** louvação; elogio. **2** homenagem; honraria. **3** glorificação. ✦ **com louvor** com distinção: *Foi aprovado com louvor*.
lu.a *s.f.* **1** satélite da Terra. **2** satélite de qualquer planeta: *Titã é uma das luas de Saturno*. **3** luar: *noites de lua*. **4** duração de um mês: *Daqui a três luas, o menino vai nascer*. **5** fase da lua: *Levava em conta a lua para cortar os cabelos*. // Na primeira acepção, usa-se inicial maiúscula.
lu.a de mel *s.f.* **1** os primeiros tempos da vida conjugal. **2** viagem de núpcias. **3** situação nova e agradável; período de paz, de satisfação: *Ela está em lua de mel com sua faculdade*. // Pl.: luas de mel.
lu.ar *s.m.* claridade que a Lua espalha sobre a Terra.
lu.bri.fi.can.te *s.m.* **1** substância utilizada para lubrificar. • *adj.2g.* **2** que desempenha a função de lubrificar: *óleo lubrificante*.
lu.bri.fi.car *v.t.* aplicar óleo ou graxa a engrenagem de máquinas para reduzir o atrito.
lu.ci.dez (ê) *s.f.* **1** qualidade ou estado do que é lúcido. **2** pleno funcionamento das faculdades mentais. **3** clareza de inteligência e de ideias; perspicácia: *Aplaudo a lucidez do seu artigo*. **4** claridade; brilho; transparência.
lú.ci.do *adj.* **1** de posse de suas faculdades mentais; consciente: *Perto da morte, ele ainda estava lúcido*. **2** que mostra bom uso da razão e da inteligência; brilhante: *cérebro lúcido e privilegiado*. **3** claro; preciso: *fazer uma apreciação lúcida do filme*. **4** diáfano; translúcido; brilhante.
lu.crar *v.t.* **1** obter ou auferir lucro. **2** levar vantagem; ganhar; beneficiar-se.
lu.cra.ti.vo *adj.* que traz lucro ou vantagem; proveitoso.
lu.cro *s.m.* **1** ganho ou rendimento que se obtém de uma atividade econômica. **2** proveito; benefício; vantagem: *Investir no empregado traz lucro*.
lu.di.bri.ar *v.t.* enganar; iludir; tapear.
lú.di.co *adj.* relativo ou pertencente a jogo, brinquedo ou divertimento.
lu.do *s.m.* **1** jogo de tabuleiro em que se movimentam pedras segundo o número de casas indicado pelos dados. **2** qualquer jogo ou brinquedo.
lu.do.te.ra.pi.a *s.f.* terapia em que se utilizam jogos e brinquedos.

lúpulo

lu.fa.da *s.f.* **1** rajada de vento; ventania. **2** exalação (de ar, de fumo etc.); bafo; baforada.
lu.fa-lu.fa *s.f.* trabalho; agitação; corre-corre. // Pl.: lufa-lufas.
lu.gar *s.m.* **1** local; sítio. **2** povoação; localidade: *Mostrou-me no mapa a posição do lugar onde morava*. **3** ponto fixo e determinado; espaço físico: *Banhava-se no lugar mais raso do rio*. **4** posição: *Cada soldado tem seu lugar no pelotão*. **5** espaço; vaga: *Há lugar para três carros*. **6** assento: *Não havia lugar vago no ônibus*. **7** passagem de uma obra; trecho: *Em vários lugares do livro, mencionou a beleza da moça*. **8** emprego; função; cargo: *Sonhava com um lugar de secretária*. **9** situação; circunstância: *No lugar dela, eu pediria demissão*. **10** ocasião; oportunidade; vez: *Não há mais lugar para pessoas ingênuas*. **11** posição numa série; colocação: *Ficou em quinto lugar*. **12** importância ou valor junto a outra(s) pessoa(s): *Ninguém ocupará o seu lugar no coração da mãe*. ✦ **em lugar de** em vez de: *Em lugar de palmadas, ganhou um beijo*.
lu.gar-co.mum *s.m.* fórmula, argumento ou ideia repisada; clichê; chavão. //Pl.: lugares-comuns.
lu.ga.re.jo (ê) *s.m.* pequena povoação; povoado.
lu.gar-te.nen.te *s.m.* pessoa que temporariamente substitui outra em suas funções; substituto. // Pl.: lugar-tenentes.
lú.gu.bre *adj.2g.* **1** funesto; fúnebre. **2** sombrio; triste: *Com o rumor do vento, o casarão se tornava mais lúgubre*. // Ant.: festivo.
lu.la *s.f.* molusco comestível, de corpo mole e mucoso com nadadeiras triangulares do lado oposto à cabeça, provido de dez tentáculos com ventosas.
lu.me *s.m.* **1** luz; clarão: *Seus cabelos brilhavam ao lume da fogueira*. **2** fogo: *Reativou o lume da lareira*. **3** brilho; fulgor.
lu.mi.ná.ria *s.f.* **1** aquilo que ilumina. **2** lâmpada. **3** qualquer ponto de iluminação elétrica (abajur, aplique, lustre etc.). • *pl.* **4** iluminação pública por ocasião de festas ou eventos.
lu.mi.no.si.da.de *s.f.* **1** iluminação ou claridade emitida por um corpo celeste; luz. **2** fonte de luz. **3** brilho; fulgor.
lu.mi.no.so (ô) *s.m.* **1** letreiro iluminado; anúncio luminoso. • *adj.* **2** que irradia luz própria; brilhante. **3** que reflete luz; brilhante. **4** claro; iluminado. **5** (Fig.) fascinante; cativante: *Sua figura luminosa encanta a todos*. **6** ilustre; talentoso: *Só um gênio luminoso podia criar tal personagem*. **7** esclarecedor; evidente; claro: *uma luminosa prova de audácia e coragem*.
lu.nar *adj.2g.* referente a ou próprio da Lua: *rochas lunares*.
lu.ná.ti.co *s.m.* **1** pessoa que vive desligada; visionário. • *adj.* **2** diz-se do indivíduo visionário; maníaco; aluado: *criatura estranha e lunática*.
lun.du *s.m.* (Etnogr.) ritual de origem africana, acompanhado de canto e dança.
lu.ne.ta (ê) *s.f.* (Ópt.) **1** instrumento com lente de aumento para ver a distância. **2** tipo de telescópio astronômico cuja objetiva é constituída por uma lente ou um conjunto de lentes. **3** óculos.
lu.pa *s.f.* lente de aumento, convergente, biconvexa, para observação de pequenos objetos.
lú.pu.lo *s.m.* **1** planta trepadeira, cujo fruto é usado

lúpus

na fabricação de cerveja. **2** pó ou pasta feita do fruto maduro e seco dessa planta: *O lúpulo dá o amargo da cerveja*.
lú.pus *s.m.* (Med.) dermatose que se manifesta por úlceras e que atinge principalmente o rosto.
lus.co-fus.co *s.m.* **1** a hora do anoitecer ou amanhecer; crepúsculo. **2** meia-claridade; meia-luz. // Pl.: lusco-fuscos.
lu.si.ta.no *s.m. e adj.* português; luso.
lu.so *s.m.* **1** natural ou habitante de Portugal: *O luso instalou-se na capital.* • *adj.* **2** relativo a Portugal; português: *povo luso*.
lu.so-bra.si.lei.ro *s.m.* **1** o que é do Brasil e de Portugal: *Os luso-brasileiros tinham passaporte português.* • *adj.* **2** relativo a Portugal e ao Brasil ou a seus povos: *acordo luso-brasileiro*. // Pl.: luso-brasileiros.
lus.trar *v.t.* dar lustro ou brilho; tornar polido: *lustrar os sapatos*.
lus.tre *s.m.* **1** brilho; polimento. **2** fama; honra; glória: *Almejava o lustre das grandes conquistas*. **3** conhecimento; saber: *Era um homem de grande lustre*. **4** luminária, geralmente com vários braços, suspensa do teto.
lus.tro *s.m.* **1** período de cinco anos; quinquênio. **2** brilho; polimento; lustre: *dar lustro nos sapatos*. **3** brilhantismo; expressividade: *Só grandes cantoras podem dar um novo lustro a essas músicas*. **4** brilho; luminosidade: *Os cabelos conservam o lustro e o viço da infância*.
lu.ta *s.f.* **1** trabalho árduo e empenho para superar dificuldade: *Depois de lutas e duros esforços, viu o primeiro resultado*. **2** combate corpo a corpo entre atletas. **3** peleja; enfrentamento. **4** batalha; guerra. **5** oposição; antagonismo; conflito: *a eterna luta entre o bem e o mal*.
lu.ta.dor (ô) *s.m.* **1** aquele que luta. • *adj.* **2** que luta. **3** (Fig.) esforçado; trabalhador.
lu.tar *v.t.* **1** pelejar; combater. **2** esforçar-se; empenhar-se: *Lutemos para melhorar a vida dos necessitados*. **3** defender: *Lutar pela família*.
lu.te.ra.nis.mo *s.m.* doutrina religiosa fundada pelo teólogo alemão Martinho Lutero (1483-1546).
lu.te.ra.no *s.m.* **1** quem é adepto do luteranismo: *Os luteranos chegaram com a imigração alemã.* • *adj.* **2** relativo a Lutero ou ao luteranismo: *reforma luterana*.
lu.to *s.m.* **1** sentimento de pesar ou dor pela morte de alguém. **2** dor profunda; tristeza: *uma entonação de luto na voz*. **3** tempo socialmente determinado durante o qual se pranteia um morto: *O luto adiou o casamento*. **4** conjunto de sinais externos que denotam o luto, em especial o traje preto: *Nunca tirou o luto*.
lu.va *s.f.* **1** peça de vestuário que serve para cobrir as mãos como adorno, agasalho, proteção ou higiene. • *pl.* **2** quantia extra que se dá ou recebe como recompensa pela preferência concedida na celebração de um contrato: *No futebol, são altas as luvas recebidas na transferência de jogadores*.
lu.xa.ção /ch/ *s.f.* (Med.) **1** deslocamento de dois ou mais ossos com relação a seu ponto de articulação. **2** deslocamento de certos órgãos: *A catarata pode provocar luxação do cristalino*.
lu.xar¹ /ch/ *v.t.* sofrer luxação em; deslocar; desarticular: *Quando jogou o pé, recorreu a um ortopedista*.
lu.xar² /ch/ *v.int.* ostentar luxo: *Há quem goste de luxar*.
lu.xo /ch/ *s.m.* **1** fausto; ostentação; pompa. **2** capricho; extravagância. **3** esplendor: *o luxo das joias*. **4** conforto: *Oferecem entregas em domicílio e muitos outros luxos*. **5** apuro; requinte: *edição de luxo*.
lu.xu.o.so /ch/ (ô) *adj.* em que há luxo; requintado.
lu.xú.ria /ch/ *s.f.* **1** lascívia; sensualidade: *O filme explorava a luxúria*. **2** licenciosidade; libertinagem. **3** exuberância; vitalidade; viço (de plantas): *a luxúria das plantas e flores*.
lu.xu.ri.an.te /ch/ *adj.2g.* diz-se de vegetação que se desenvolve com abundância e vigor; exuberante; viçoso.
luz *s.f.* **1** (Fís.) energia radiante que, transmitida de um corpo luminoso ao olho, age sobre os órgãos da visão. **2** iluminação ou claridade emitida por um corpo celeste: *O Sol é a luz por excelência*. **3** iluminação ou claridade provinda de uma fonte particular. **4** a própria fonte de claridade, quando acesa: *Apague a luz*. **5** controle de luminosidade numa foto: *Aperfeiçoou-se na técnica de luz e sombra*. **6** evidência; verdade: *Da conversa nasceu a luz*. **7** ponto de referência; guia: *Luz para ver o caminho da verdade*. **8** (Fig.) inteligência; ciência; saber: *Preciso de uma luz para entender o problema*.
 • **à luz de** sob o ponto de vista de: *Interpretou o fato à luz da ciência*.
lu.zi.di.o *adj.* luzente; brilhante.
lu.zir *v.int.* **1** emitir luz; brilhar. **2** tornar-se brilhante; cintilar; reluzir: *Os olhos do jacaré luziram na noite escura*.
lycra (láicra) (Ingl.) *s.f.* tecido sintético elástico, com que se fazem roupas.

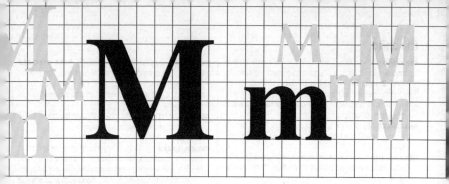

m s.m. **1** décima terceira letra do alfabeto português. **2** a figura dessa letra. **3** abreviatura de metro(s). • num. **4** décimo terceiro numa série indicada por letras do alfabeto português.

ma.ca s.f. padiola para conduzir doentes ou acidentados.

ma.çã s.f. (Bot.) fruto redondo de casca fina vermelha, amarela ou verde, e polpa branca e suculenta. ✦ **maçã do rosto** a região malar; pômulo.

ma.ca.bro adj. **1** que lembra a morte; que leva à morte: *ritual macabro*. **2** sombrio; sinistro; lúgubre: *história de lances macabros*.

ma.ca.ca.da s.f. **1** bando de macacos. **2** (Coloq.) conjunto de pessoas; turma: *E aí, macacada, prontos para subir a rampa?*

ma.ca.cão s.m. calça e blusa inteiriças, usado originalmente como roupa de trabalho: *Todos os funcionários foram obrigados a usar macacão azul-marinho.*

ma.ca.co s.m. **1** (Zool.) mamífero selvagem de pelos pretos ou marrons, cauda longa e vista frontal. **2** (Deprec.) indivíduo que imita ou arremeda o comportamento de outros; imitador. **3** instrumento para levantar pesos: *O maçarico do borracheiro não conseguiu erguer o carro.* ✦ **macaco velho não mete a mão em cumbuca** pessoa vivida não se deixa apanhar facilmente. **macacos me mordam** usada para atestar a veracidade do que se diz: *Macacos me mordam se eu estiver errado.* **cada macaco no seu galho** usada para lembrar que cada um deve opinar apenas sobre o que entende, ou que cada um deve agir de acordo com sua competência.

ma.ca.co.a (ó) s.f. doença sem gravidade; indisposição: *Ele nem ligou para a macacoa que o atingiu.*

ma.ça.da s.f. situação embaraçosa, maçante. ✦ **que maçada** que enrascada; que chateação: *Que maçada! Por que não se desviou da sua prima para ficar um pouco comigo?*

ma.cam.bi.ra s.f. (Bot.) planta encontrada nas caatingas, com folhas fibrosas e bordos espinhosos, raízes horizontais muito ramificadas que conservam água, usada para extração de fibras, para ração ou até mesmo como alimento.

ma.cam.bú.zio adj. tristonho; carrancudo; taciturno: *Meu amigo anda macambúzio.*

ma.ça.ne.ta (ê) s.f. peça que serve de alavanca para fazer funcionar o trinco de portas e janelas.

ma.çan.te adj.2g. que causa tédio; enfadonho: *Seria maçante prolongarmos aquele jogo.*

ma.ca.que.ar v.t. (Coloq.) **1** imitar de modo grotesco ou ridículo: *Não queremos macaquear modelos estrangeiros.* • int. **2** fazer trejeitos de macaco: *E saí da estação macaqueando, me coçando todo.*

ma.ca.qui.ce s.f. (Coloq.) **1** momice; gracejo; brincadeira: *Ele costumava fazer macaquices com a gente.* **2** imitação: *Sua obra não passa de um rol de macaquices.*

ma.ça.ri.co s.m. aparelho portátil que, por combustão, produz chama pequena, porém com temperatura muito elevada: *Usaram maçarico para abrir o cofre.*

ma.ça.ro.ca (ó) s.f. **1** feixe ou emaranhado de objetos em desordem: *Dentro da bolsa havia uma maçaroca de dinheiro.* **2** (Fig.) mistura; confusão: *Aquele partido é uma maçaroca de interesses personalistas.*

ma.car.rão s.m. massa alimentícia feita de farinha de trigo, em diversas formas.

ma.car.ro.na.da s.f. prato feito com macarrão e molho: *macarronada com frango.*

ma.car.rô.ni.co adj. diz-se da língua mal escrita ou mal falada; cheia de erros: *Encerrei a conversa em meu inglês macarrônico.*

ma.ca.ú.ba s.f. (Bot.) palmeira, muito comum no Brasil, que produz cachos de coco comestível e de aroma agradável.

ma.ca.xei.ra s.f. (Reg. NE) mandioca.

ma.ce.ga (é) s.f. (Bot.) **1** erva daninha que se desenvolve nos campos; capim rasteiro e fibroso que dificulta o andar. **2** campo com capim seco, baixo e ramoso: *Lá estava ela caminhando na macega.*

ma.ce.la (é) s.f. (Bot.) erva aromática campestre, de pequenas flores amarelas, usada para chás medicamentosos e para encher travesseiros.

ma.ce.ra.ção s.f. processo que consiste em amassar, esmagar ou deixar em líquido algum elemento para amolecê-lo ou obter seu suco: *O vinho era feito pela maceração das uvas com os pés.*

ma.ce.rar v.t. **1** amolecer pela ação de um líquido ou por meio de golpes: *Usava leite de mamão para macerar a carne.* • pron. **2** (Fig.) mortificar (o corpo) por penitência; torturar-se: *Macerou-se para se redimir de suas culpas.* • int. **3** tornar-se mole pela ação de um líquido: *As sementes ficavam macerando durante quinze dias.*

ma.ce.te (ê) s.m. **1** martelo grande de madeira dura, preso a um cabo. **2** (Coloq.) recurso engenhoso ou astucioso; artifício; truque: *O vendedor tem macetes para convencer o comprador.*

ma.cha.di.a.no adj. relativo a Machado de Assis (1839-1908), escritor brasileiro, ou a sua obra: *os contos machadianos.*

ma.cha.do s.m. instrumento cortante com pesada lâmina metálica e cabo de madeira.

machão

ma.chão *s.m.* **1** (Bras.) homem que faz alarde de sua masculinidade: *Os machões sempre caem no ridículo.* • *adj.* **2** valentão: *Apareceu no bar um cara muito machão, desafiando todo mundo.* **3** que faz alarde de sua masculinidade: *Fazia questão de aparentar um sujeito machão.*

ma.che.za (ê) *s.f.* (Coloq.) atributo de macho ou de um machão; masculinidade; virilidade: *Vivia alardeando sua macheza.*

ma.chis.mo *s.m.* atitude de quem não aceita a igualdade de direitos entre o homem e a mulher: *O machismo dele é evidente.*

ma.chis.ta *s.2g.* **1** pessoa que demonstra machismo: *era um machista convicto.* • *adj.2g.* **2** que manifesta machismo: *atitude machista.*

ma.cho *s.m.* **1** animal do sexo masculino. **2** homem viril: *Gabava-se de seu marido ser uma bela figura de macho.* **3** homem: *Meu avô não se conformava de ver machos com brincos.* **4** indivíduo valente: *Será que há algum macho disposto a enfrentar-me?* • *adj.* **5** do sexo masculino: *Queria um filho macho.* **6** que possui protuberância destinada a encaixar-se na parte oca de outra peça: *colchete macho.* **7** usa-se para distinguir os animais de sexo masculino: *jacaré macho.* **8** cujas flores só têm estames: *palmeira macho.* **9** viril; másculo: *Aquele, sim, era um jogador macho.* **10** valente; decidido: *Homem macho não tem medo de nada.* // Ant.: fêmea.

ma.chu.car *v.t.* **1** provocar ferimentos; contundir: *Ele machucou o rosto.* **2** (Fig.) melindrar; magoar: *Era uma inexplicável sensação a machucar-lhe o peito.* **3** esmagar; amassar: *Evitava machucar as frutas para não ter prejuízo.* **4** ferir-se; contundir-se: *Mais de cinco jogadores machucaram-se naquela partida.* • *pron.* **5** (Fig.) magoar-se: *Quem se mete com amor proibido acaba se machucando.*

ma.ci.ço *s.m.* **1** grande massa: *O gelo formava um maciço capaz de encalhar um barco.* **2** conjunto de montanhas: *O maciço montanhês foi oriundo de matéria ígnea.* **3** que não é oco; denso: *madeira maciça.* **4** cerrado; compacto: *ataque maciço.* **5** grande; forte: *Admirava o corpo maciço do irmão.* **6** em grande quantidade; numeroso; intenso: *investimentos maciços.* **7** irrestrito; completo; total: *apoio maciço.*

ma.ci.ei.ra *s.f.* (Bot.) árvore de folhas verdes ovais e serrilhadas, flores brancas ou rosadas, que produz a maçã.

ma.ci.ez (ê) *s.f.* **1** qualidade do que é suave ao tato; brandura: *maciez da pele feminina.* **2** consistência mole: *a maciez da carne.* **3** delicadeza; serenidade; suavidade: *A maciez da voz materna acalentava o filho.*

ma.ci.len.to *adj.* magro; sem viço; pálido; abatido: *faces macilentas.*

ma.ci.o *s.m.* **1** aquilo que apresenta maciez ou brandura: *Queria ficar ali, sentindo o macio de sua pele.* • *adj.* **2** suave ao tato; brando: *O travesseiro feito com pena de ganso é mais macio.* **3** tenro; mole: *O filé de cordeiro é macio.* **4** agradável aos ouvidos; manso: *O técnico tinha fala macia.* **5** suave: *Os pneus grandes ajudam a manter o rodar macio.* **6** tênue; pálido: *A luz macia da lua nos embalava.* • *adv.* **7** mansamente; devagar: *Ele chega falando macio, como quem não quer nada.*

ma.ci.o.ta (ó) *s.f.* maciez; suavidade. ♦ **na maciota** (Coloq.) (i) com delicadeza; calmamente; no macio: *tratar os parentes na maciota.* (ii) sem esforço ou trabalho: *Os que especulam continuam ganhando na maciota.*

ma.ço *s.m.* conjunto de objetos contidos no mesmo invólucro; pacote: *maço de cigarros.*

ma.çom *s.m.* membro da maçonaria.

ma.ço.na.ri.a *s.f.* sociedade parcialmente secreta, que tem por objetivo a fraternidade e a filantropia e cujos filiados, somente do sexo masculino, se reconhecem por sinais e emblemas: *A maçonaria está presente na política brasileira desde D. Pedro I.*

ma.co.nha *s.f.* (Bot.) erva de origem asiática com folhas recortadas em segmentos lineares, flores com pelos granulosos e caule fibroso, usada como droga psicotrópica.

ma.co.nhei.ro *s.m.* pessoa que fuma ou vende maconha. • *adj.* **2** fumante ou vendedor de maconha.

ma.cô.ni.co *adj.* relacionado com a maçonaria: *entidades maçônicas.*

má-cri.a.ção *s.f.* **1** grosseria; indelicadeza: *Vive fazendo má-criações.* **2** desobediência; teima; zanga (nas crianças). // Pl.: má-criações e más-criações.

ma.cro *s.2g.* (Inf.) conjunto de comandos ou instruções gravados com um nome específico.

ma.cró.bio *s.m.* pessoa que viveu muito; pessoa idosa; ancião: *sábio macróbio.*

ma.cro.bi.ó.ti.ca *s.f.* **1** conjunto de regras de alimentação e higiene que têm por objetivo prolongar a vida e torná-la mais saudável: *A macrobiótica tem origem em antigas prescrições japonesas.* **2** dieta baseada em alimentos naturais como cereais integrais, legumes e frutas: *Entrei agora na macrobiótica.*

ma.cro.bi.ó.ti.co *s.m.* **1** pessoa adepta da macrobiótica. • *adj.* **2** relativo à macrobiótica: *alimentação macrobiótica.*

ma.cro.ce.fa.li.a *s.f.* (Antropom.) aumento de volume do crânio: *A macrocefalia pode ser observada no raquitismo.*

ma.cro.cos.mo (ó) *s.m.* o Universo como um todo orgânico, em oposição ao microcosmo que é o homem; cosmo: *O homem é um microcosmo dentro do macrocosmo universal.*

ma.cro.e.co.no.mi.a *s.f.* ramo da ciência econômica que estuda os aspectos globais de uma economia: *A macroeconomia procura descrever a formação e a distribuição da riqueza.*

ma.cro.e.co.nô.mi.co *adj.* relativo a macroeconomia: *regulação macroeconômica.*

ma.cro-jê *s.m.* (Bras.) tronco linguístico ao qual pertencem indígenas das famílias bororo, jê, botocudo, maxacali, entre outros.

ma.cror.re.gi.ão *s.f.* grande região em que há predomínio de certas características sociais, econômicas e culturais: *planejar o desenvolvimento por micro e macrorregião.*

ma.cros.có.pi.co *adj.* que pode ser observado a olho nu, sem o auxílio de um microscópio: *exame macroscópico.*

ma.cu.co *s.m.* (Zool.) (Bras.) ave de pequeno porte, desprovida de cauda.

má.cu.la *s.f.* **1** marca infamante; estigma; desonra: *Pro-*

mãe-benta

curo manter sem mácula a minha honra. **2** mancha; nódoa: *Máculas escuras surgiram em sua face.*

ma.cu.lar *v.t.* **1** infamar; desonrar: *Preferia morrer a macular sua reputação.* **2** manchar; sujar: *A mancha maculou o papel.* • *pron.* **3** sujar-se; desonrar-se: *Maculou-me por causa de meus erros do passado.*

ma.cum.ba *s.f.* (Bras.) **1** sincretismo religioso, derivado de elementos de várias religiões africanas, indígenas brasileiras e cristãs. **2** magia negra; feitiçaria: *Minha cunhada anda envolvida com macumba.* **3** oferenda; despacho: *tropecei numa macumba onde havia tocos de vela e restos de galinha preta.*

ma.cum.bei.ro *s.m.* **1** pessoa que pratica macumba ou que crê nela. • *adj.* **2** que pratica macumba ou que crê nela: *jovem macumbeira.*

ma.da.le.na *s.f.* pecadora arrependida: *As madalenas têm um beijo para os solitários e um carinho para os mendigos.*

ma.da.me *s.f.* **1** mulher adulta; senhora; dama: *Madame Araújo viajou para compras em São Paulo.* **2** (Deprec.) mulher rica e elegante; grã-fina fútil: *Nunca tive a pretensão de levar vida de madame.* **3** (Pop.) tratamento dado às senhoras, de modo geral, muitas vezes com sentido irônico: *Será que a madame poderia esperar um pouco?*

ma.dei.ra *s.f.* **1** parte lenhosa do caule, raiz ou ramos: *A madeira dessa árvore é utilizada no fabrico de móveis.* **2** essa parte do caule como substância ou como produto comercial: *Os cupins não atacam plástico, só madeira.* **3** tronco de árvore; toras: *O transporte da madeira é feito pelas águas do rio.* ✦ **madeira de lei** madeira dura, própria para construções e para ficar exposta às intempéries: *Está proibido o corte indiscriminado de madeira de lei.*

ma.dei.ra.me *s.m.* **1** quantidade de madeira usada para uma construção: *Todo o madeirame do prédio veio do Norte.* **2** estrutura feita de madeira; arcabouço; madeiramento: *A enxurrada passava rente, bem debaixo do madeirame da ponte.*

ma.dei.ra.men.to *s.m.* armação de madeira; madeirame: *Atacado por cupins, o madeiramento da estação está apodrecendo.*

ma.dei.rei.ro *s.m.* **1** pessoa que trabalha na derrubada de árvores ou em obras de madeira: *Ali estava o madeireiro mencionado por nós.* • *adj.* **2** que trabalha com madeira: *indústria madeireira.* **3** que produz madeira: *Estão sendo devastadas as regiões madeireiras do Sul.*

ma.dei.ro *s.m.* **1** peça grossa de madeira; lenho. **2** cruz: *Um oratório onde se vê Jesus pregado no madeiro.*

ma.dei.xa /ch/ *s.f.* porção de cabelo da cabeça; mecha: *Ela sentiu suas madeixas balançarem ao vento.*

ma.do.na *s.f.* (Rel.) Nossa Senhora, mãe de Cristo; imagem ou pintura de Nossa Senhora: *as madonas de Rafael.*

ma.dras.ta *s.f.* **1** mulher em relação aos filhos do marido com a ex-cônjuge: *As madrastas não são cruéis como nos contos.* • *adj.* **2** (Fig.) que traz aborrecimento e tristeza: *A vida sempre lhe fora madastra.*

ma.dre *s.f.* **1** religiosa; freira: *A madre Tereza de Calcutá mandou uma mensagem condenando o aborto.* **2** diretora de colégio regido por freiras: *madre superiora.* **3** mãe; genitora: *Madre de Deus.* // Nesta locução, usa-se com iniciais maiúsculas.

ma.dre.pé.ro.la *s.f.* substância calcária e brilhante que se encontra na superfície interna das conchas de alguns moluscos: *botões de madrepérola.*

ma.dres.sil.va *s.f.* (Bot.) trepadeira de flores bonitas e perfumadas, folhas pequenas e numerosas.

ma.dri.gal *s.m.* **1** pequena composição poética, delicada e terna, de cunho galanteador: *Quando jovem era dado a escrever madrigais.* **2** galanteio dirigido a damas: *Seus madrigais conquistavam as jovens do bairro.* **3** composição poético-musical escrita para uma ou mais vozes e com acompanhamento instrumental, que no século XVI constituiu gênero importante da música profana italiana: *um madrigal de Monteverdi.*

ma.dri.le.nho *s.m.* **1** natural ou habitante de Madri. (Espanha) • *adj.* **2** relativo a Madri.

ma.dri.nha *s.f.* **1** mulher escolhida para servir como testemunha em cerimônias religiosas e oficiais: *madrinha de batismo.* **2** mulher cooperadora ou benfeitora: *Ela foi madrinha de muitos cantores iniciantes.* **3** mulher que dá nome, patrocina ou inaugura: *O transatlântico terá como madrinha a primeira-dama.* **4** mulher escolhida para representar (entidade, corporação etc.): *A madrinha da bateria da escola de samba foi escolhida no voto.*

ma.dru.ga.da *s.f.* **1** alvorecer: *Quando chegava a madrugada, íamos embora, cansados e sonolentos.* **2** período de tempo entre a meia-noite e o amanhecer: *A madrugada transcorreu tranquila, sem incidentes.* **3** (Fig.) início; princípio: *prefácio de uma nova era, na madrugada de um mundo melhor.* ✦ **de madrugada** muito cedo, pela manhã: *Ela sai de madrugada para o trabalho.*

ma.dru.ga.dor (ô) *s.m.* **1** quem madruga: *Os madrugadores aproveitam mais o dia.* • *adj.* **2** muito cedo; antes do tempo: *visita madrugadora.*

ma.dru.gar *v.int.* **1** acordar ou levantar-se bem cedo: *Vamos dormir que amanhã madrugaremos.* **2** chegar muito cedo a: *Ela madruga na feira.*

ma.du.rar *v.t.* **1** tornar maduro: *As jabuticabeiras estavam madurando as frutas.* • *int.* **2** amadurecer; maturar: *No calor, as bananas maduram rapidamente.* **3** (Fig.) adquirir maturidade: *Essa menina só criará juízo quando madurar.*

ma.du.re.za (ê) *s.f.* **1** qualidade ou estado do que é maduro; maturação. **2** (Fig.) desenvolvimento psíquico; amadurecimento; sensatez: *A moça agiu com madureza na sua decisão.*

ma.du.ro *adj.* **1** que chegou à maturação; amadurecido; sazonado: *O abacaxi está maduro.* (Fig.) **2** que já não é moço; adulto; de meia-idade: *apesar de já ser um homem maduro, age como criança.* **3** plenamente desenvolvido: *Nossa democracia, embora jovem, já está satisfatoriamente madura.* **4** ponderado; prudente: *uma atitude madura.*

mãe *s.f.* **1** mulher, em relação aos filhos; genitora: *Mãe sempre perdoa.* **2** fêmea, em relação aos filhotes: *Os pintinhos só andam atrás da mãe.* **3** protetora; defensora; dedicada: *A senhora tem sido uma mãe para mim.* **4** (Fig.) origem; causa: *A língua, meu senhor, é a mãe de todas as desavenças.*

mãe-ben.ta *s.f.* (Bras.) pequeno bolo, assado em forminhas, feito de farinha de arroz e coco ralado. // Pl.: mães-bentas.

mãe-d'água

mãe-d'á.gua s.f. (Bras.) na mitologia indígena, sereia de rios e lagos; iara. // Pl.: mães-d'água.

mãe de san.to s.f. (Bras.) (Rel.) sacerdotisa dos cultos afro-brasileiros: *Aquela mãe de santo todo ano acerta pelo menos uma previsão.* // Pl.: mães de santo.

ma.es.tri.a s.f. **1** sabedoria; conhecimento; mestria: *Que maestria, que arte, que força!* **2** habilidade; perícia; cuidado: *Não era do regulamento desfazer da maestria de um colega de farda.*

ma.es.tro (é) s.m. regente de orquestra, coro: *O maestro contou mentalmente o tempo para iniciar o primeiro acorde.* // Fem.: maestrina.

má-fé s.f. propósito de prejudicar o outro; intenção dolosa; deslealdade: *Todos sabemos que o senhor agiu de má-fé.* // Pl.: más-fés.

má.fia s.f. **1** sociedade secreta fundada na Sicília (Itália), na primeira metade do século XIX, para garantir a segurança pública, e, posteriormente, acusada de participação em numerosos crimes: *Essa guerra de grupos até lembra as famosas guerras entre elementos da máfia.* **2** grupo criminoso bem organizado: *as máfias de narcotraficantes.*

ma.fi.o.so (ô) s.m. **1** membro da máfia: *Cem mil italianos na marcha contra os mafiosos.* **2** criminoso pertencente a grupo organizado: *Foi preso em São Paulo um mafioso internacional.* • adj. **3** que pertence à máfia ou ao crime organizado: *o chefão mafioso.* **4** inescrupuloso; criminoso: *uma concepção mafiosa do poder.*

má-for.ma.ção s.f. (Med.) formação irregular, anômala: *A criança nasceu com má-formação.*

ma.fu.á s.m. (Reg. SE) feira ou parque de diversões com barracas, jogos, carrosséis: *Depois a gente vai se divertir lá naquele mafuá.*

ma.ga.não s.m. **1** pessoa que usa de expedientes para enganar; ardiloso: *Esse rapaz é um maganão, vive tapeando as pessoas.* • adj. **2** trapaceiro; velhaco; fraudador: *De políticos maganões já estou farto.*

ma.ga.zi.ne s.f. **1** casa comercial onde se vendem numerosos tipos de artigos: *No magazine se encontrava de tudo, de anzol a bicicleta.* **2** casa comercial onde se vendem artigos de moda: *Ela comprava suas roupas nos magazines mais chiques do Rio.* **3** revista: *Eu recebia magazines da França.*

ma.gen.ta s.f. **1** cor vermelha arroxeada, semelhante ao carmim. • adj. **2** que apresenta essa cor: *cor magenta.*

ma.gi.a s.f. **1** conjunto de práticas ocultas, por meio das quais se pretende atuar sobre leis da natureza, pessoas, instituições ou realizar feitos extraordinários; feitiçaria: *Através da magia conseguia reunir os casais.* **2** aquilo que parece inexplicável; sobrenatural. **3** magia: *truque de magia.* **4** (Fig.) provocação de sentimento extraordinário; fascinação; encanto: *A magia daquela canção me paralisava.*

má.gi.ca s.f. prática de ilusionismo ou prestidigitação por meio de truques e artifícios; magia: *números de mágica.*

má.gi.co s.m. **1** pessoa que pratica a magia; mago; feiticeiro: *O mágico da tribo evocava os espíritos.* **2** quem faz truques ou mágicas; prestidigitador: *O mágico colocava um lenço na cartola e tirava um coelho.* • adj. **3** que tem a natureza da magia, dos feitiços: *poderes mágicos.* **4** dotado de poder sobrenatural; extraordinário; inexplicável: *um mundo mágico e sensitivo.* **5** encantador; sedutor: *Seu olhar mágico me conquistou.*

ma.gis.té.rio s.m. **1** exercício do cargo de professor; ensino: *Dediquei-me ao magistério durante 35 anos.* **2** a classe dos professores; professorado: *O magistério entrará em greve.*

ma.gis.tra.do s.m. pessoa investida de cargo público responsável por solucionar litígios e distribuir justiça; juiz: *A carreira de magistrado é o sonho de todo bacharel em direito.*

ma.gis.tral adj.2g. **1** relativo a ou próprio de mestre. **2** digno de mestre; perfeito; exemplar: *uma obra magistral.*

ma.gis.tra.tu.ra s.f. cargo ou condição de magistrado: *Tão logo concluiu o curso de direito, ingressou na magistratura.*

mag.ma s.m. **1** matéria pastosa, espessa, localizada no interior da crosta terrestre, chegando à superfície através de vulcões, cuja consolidação dá origem às rochas ígneas ou magmáticas. **2** mistura de matéria mineral ou orgânica em estado de pasta fina: *Um espesso magma se formava naquele trecho, dificultando o trânsito por ali.*

mag.nâ.ni.mo adj. que tem grandeza de alma; generoso: *O juiz foi mais que discreto: foi magnânimo.*

mag.na.ta s.m. grande empresário, rico, poderoso e influente: *magnatas do café.*

mag.né.sia s.f. (Quím.) substância alcalina que consiste em óxido de magnésio branco e cristalino, usada em refratários, isolantes, fertilizantes e, na medicina, como antiácido e laxativo: *leite de magnésia.*

mag.né.sio s.m. (Quím.) elemento químico metálico, branco, leve, maleável, usado em metalurgia, química e fotografia. // Símb.: Mg; N. Atôm.: 12.

mag.ne.tis.mo s.m. **1** (Fís.) propriedade que têm certos corpos metálicos de atrair outros metais; imantação: *Entre os séculos XV e XVIII, foram aperfeiçoados os conhecimentos sobre o magnetismo da Terra.* **2** (Fig.) propriedade de atrair ou seduzir; fascínio: *O seu magnetismo fascinava as pessoas.*

mag.ne.ti.zar v.t. **1** transmitir magnetismo (a um corpo). **2** (Fig.) atrair; encantar; fascinar: *É uma atriz cuja mera aparição no palco magnetiza a todos.*

mag.ne.to (é) s.m. (Fís.) ímã.

mag.ni.fi.cên.cia s.f. **1** qualidade do que é magnífico ou magnificente; imponência; grandiosidade: *a magnificência da natureza.* **2** generosidade; liberalidade: *Só foi perdoado por magnificência do imperador.*

mag.ní.fi.co adj. **1** muito bonito; deslumbrante: *O mar é magnífico.* **2** muito luxuoso; suntuoso: *palácio magnífico.* **3** de boa qualidade: *O time deles é magnífico.* **4** imponente; exemplar: *O diretor de nossa escola é um homem magnífico.* **5** excelente; muito bom:: *Fizemos um magnífico negócio.* **6** diz-se de reitor de universidade.

mag.ni.tu.de s.f. **1** grandeza; importância: *Um projeto de tal magnitude deveria ter sido discutido de forma mais abrangente.* **2** (Fig.) gravidade; profundidade: *O governador visitante ficou impressionado com a magnitude dos problemas.* **3** dignidade: *A grandeza de sua pessoa se reflete na magnitude dos seus* *atos*. **4** intensidade (de um terremoto): *terremotos de magnitude superior a 8.0 na escala Richter*.

mag.no *adj*. **1** de grande importância: *acontecimento magno*. **2** título de personagens célebres: *Carlos Magno*.

ma.go *s.m*. **1** pessoa que presume possuir poderes mágicos; feiticeiro; bruxo: *Algo me dizia que o velho mago estava mentindo*. **2** ilusionista; mágico: *O mago do circo fez truques interessantes*.

má.goa *s.f.* **1** desgosto; pesar; tristeza: *Uma imensa mágoa abafou suas palavras*. **2** descontentamento; ressentimento: *Não guardo mágoa das pessoas que me prejudicaram*.

ma.go.ar *v.t*. **1** causar mágoa; desgostar; melindrar: *Nunca magoei minha mãe*. **2** ferir; machucar: *As pedrinhas magoam os pés das crianças*. • *pron*. **3** ficar ofendido; melindrar-se: *Todos se magoaram e é claro que eu me sinto culpada*. **4** comover-se; condoer-se: *Magoou-se com a extrema miséria dos retirantes*. **5** ferir-se; machucar-se: *Os meninos magoaram-se no jogo*.

ma.go.te (ó) *s.m*. ajuntamento (de pessoas ou coisas); grande quantidade: *Um magote de desocupados ronda a cadeia*.

ma.gre.lo (ó) *s.m*. (Bras.) **1** pessoa muito magra. • *adj*. **2** muito magro; magricela: *era um garoto magrelo*.

ma.gre.za (ê) *s.f.* qualidade do que é: *O corpo do preso era de uma magreza horrível*.

ma.gri.ce.la (é) *s.2g*. **1** pessoa muito magra: *Ela sempre foi a magricela da turma*. • *adj.2g*. **2** magrelo: *Ele era magricela, olhos enormes, cabelos muito pretos*.

ma.gro *adj*. **1** que tem pouca gordura; descarnado: *rosto magro*. **2** sem gordura: *O médico recomendava carnes magras*. **3** (Fig.) insignificante; reles; reduzido: *A seleção conseguiu um magro resultado de um a zero*.

mai.a *s.2g*. **1** indivíduo dos maias. • *s.m. pl*. **2** povo indígena da América Central. • *adj*. **3** relativo aos maias: *civilização maia*.

mai.o *s.m*. quinto mês do ano.

mai.ô *s.m*. roupa feminina de banho, inteiriça, geralmente de tecido elástico.

mai.o.ne.se (é) *s.f.* **1** molho frio feito com gema de ovo, azeite e vinagre ou limão. **2** prato frio feito com legumes e tubérculos cozidos temperados com esse molho: *A maionese sempre vinha como entrada*.

mai.or (ó) *s.2g*. **1** pessoa mais velha que outra: *As crianças recebiam refrigerantes, os maiores podiam escolher a bebida*. • *adj.2g*. **2** que excede outro em tamanho, número, duração, extensão ou intensidade: *Nossos problemas hoje são bem maiores*. **3** mais importante: *Castro Alves foi o maior poeta do nosso Romantismo*. **4** melhor: *Ele hoje é o maior tenista do Brasil*. **5** de mais idade; mais velho: *Sempre respeitei meus irmãos maiores*. **6** que atingiu a maioridade: *Enquanto você não for maior, não poderá tirar carta de motorista*. **7** em poesia, diz-se da redondilha de sete sílabas: *redondilha maior*. **8** que tem mais que determinada idade: *O filme foi liberado para as crianças maiores de quatorze anos*. ✦ **na maior** sem impedimento; numa boa; tranquilamente: *Ficamos ali conversando até tarde, na maior*. // Ant.: menor.

mai.o.ral *s.m*. **1** (Bras.) chefe; líder; cabeça: *O maioral do bando ditava as regras*. **2** aquele que se distingue pela sua superioridade: *Houve uma época em que o meu time era indiscutivelmente o maioral*.

mai.o.ri.a *s.f.* **1** a maior parte ou o maior número: *A maioria das pessoas daquela festa vestia roupa preta*. **2** parte ou partido mais numeroso numa corporação ou assembleia: *A maioria parlamentar do governo deve aprovar grande parte das propostas*. **3** grupo de pessoas que, por características físicas, origem ou ideias semelhantes, constituem mais de 50% e formam uma classe dentro de uma instituição, sociedade ou país: *Ele defendeu ferozmente as maiorias desfavorecidas*. ✦ **maioria absoluta** número correspondente a mais de 50% de uma totalidade: *A maioria absoluta (77%) atribui ao governo nota superior a cinco*. **maioria relativa** número que corresponde a um número de votos superior ao dos outros concorrentes, mas inferior à maioria absoluta: *De toda forma, a maioria relativa (42%) prefere qualificar de regular o comportamento dos congressistas*. // Ant.: minoria.

mai.o.ri.da.de *s.f.* **1** idade legal em que a pessoa entra no gozo dos direitos e deveres civis: *O rapaz completou a maioridade*. **2** completo desenvolvimento de sociedade ou instituição: *Há a esperança de que o país conquiste a maioridade econômica*.

mais *adv*. **1** exprime grau superior de quantidade ou intensidade; muito: *Aquela voz irritava até as pessoas mais calmas*. **2** emprega-se no comparativo de superioridade: *Ele é mais alto do que o irmão*. **3** emprega-se no superlativo relativo: *A rosa é a mais bela das flores*. **4** depois: *Disse que não me esperasse, que eu iria logo mais*. **5** ainda: *Temos mais trinta dias para a festa*. **6** em oração negativa, indica fim de uma ação ou estado de coisas; já: *Depois da saída de meu irmão, papai não era mais o mesmo*. **7** além disso; também: *Aliás, que mais se disse que seja essencial registrar?* • *pron. indef*. **8** em maior quantidade; em maior número: *Olha aqui, mais amor e menos confiança*. • *prep*. (Coloq.) **9** em companhia de; com: *Vivia mais a mãe num pequeno apartamento*. • *conj*. **10** e: *A comadre mais o compadre não vieram ontem, não é?* ✦ **a mais** em excesso: *O motorista do táxi cobrou a mais*. **de mais a mais** além disso: *De mais a mais, ele, ultimamente, debatia-se em problemas econômicos*. **mais ou menos** aproximadamente: *Já sei mais ou menos tudo o que devo dizer*. **mais que tudo** principalmente: *Aí estávamos, descontraídos, confiantes e, mais que tudo, trocando afeto e admiração*. **sem mais nem menos** (i) sem razão ou justificativa: *Sem mais nem menos deu-lhe um empurrão*. (ii) de repente; inesperadamente: *Sem mais nem menos, levantou-se e abandonou o debate*. // Ant.: menos.

mai.se.na *s.f.* amido de milho em pó.

mai.ús.cu.la *s.f.* letra de formato peculiar e maior que as outras, usada geralmente em início de período, nome próprio ou em palavra que se quer destacar.

mai.ús.cu.lo *s.m*. **1** letra maiúscula: *O título da obra vinha em maiúsculo*. • *adj*. **2** diz-se das letras com que se inicia um período, nome próprio ou palavra que se quer destacar. **3** (Fig.) grande; excelente; superior: *O governo deve ao país um plano maiúsculo*.

ma.jes.ta.de *s.f.* **1** grandeza; superioridade; magnificência: *a majestade divina*. **2** aparência de nobreza; altivez: *a majestade da figura feminina*. **3** grandio-

major

sidade; imponência: *a majestade das Cataratas do Iguaçu.* • *pron.* **4** usado para dirigir-se diretamente aos soberanos (Vossa) Majestade ou que se refere a eles (Sua Majestade). // Nesta acepção usa-se com inicial maiúscula.

ma.jor (ó) *s.m.* oficial do Exército que, na hierarquia militar, ocupa o posto imediatamente superior ao de capitão.

ma.jo.ra.ção *s.f.* aumento; elevação; crescimento: *majoração das tarifas.*

ma.jo.rar *v.t.* tornar maior; aumentar; elevar: *comprometeu-se a majorar a verba do Ministério.* // Ant.: minorar.

ma.jo.ri.tá.rio *adj.* (Bras.) **1** relativo à maioria; predominante: *A opinião majoritária era de que o senador renunciasse.* **2** que pertence à maioria num grupo: *acionista majoritário.* **3** diz-se da eleição por maioria de votos (em contraposição à eleição proporcional): *eleição majoritária* **4** que conta com a maioria dos eleitores ou com o maior número de bancadas no Congresso: *partido majoritário.* // Ant.: minoritário.

mal *s.m.* **1** maldade: *Dizem que ele trazia o mal dentro de si.* **2** desgraça; infelicidade; sofrimento: *Precisava abrir os olhos dele para o mal que causou.* **3** problema; dificuldade: *O seu mal é não querer entender as coisas.* **4** imperfeição; desacerto; erro: *O casamento não é um mal.* **5** moléstia; doença: *uma erva que cura todos os males.* • *adv.* **6** de modo incorreto; erradamente: *Ele aplica mal seus recursos.* **7** insatisfatoriamente: *Vocês servem mal, mas a comida é ótima!* **8** dificilmente; a custo: *Eu mal conseguia conter as lágrimas.* **9** escassamente; pouco: *Muita coisa de que eu mal suspeitava contribuiu para me condenar.* **10** grosseiramente; rudemente: *Ele trata mal os empregados.* **11** desagradavelmente: *A ferida cheirava mal.* **12** em situação difícil: *Assim você me deixa mal diante de meus amigos.* • *conj.* **13** logo que; assim que: *Mal saiu da faculdade, o jovem médico trocou o consultório pelo laboratório.* ✦ **de mal** de relações cortadas: *Estou de mal com o vizinho.* **há males que vêm para o bem** usada para justificar ou aceitar as desgraças da vida. **mal de Chagas** doença de Chagas: *O mal de Chagas é uma doença que ataca o coração.* // Ant.: bem.

ma.la *s.f.* **1** saco ou caixa de couro, plástico ou lona, com alça, próprio para transporte de objetos em viagem: *Ele esqueceu as malas na rodoviária.* **2** conteúdo desse saco ou caixa: *mala de roupas usadas.* **3** porta-malas: *Havia um presente na mala do carro.* **4** bagagem: *Levava na mala todos os seus projetos de pesquisa.* **5** grande quantidade: *trouxe uma mala de vinhos.* **6** conjunto; pacote: *Os trabalhadores estão apresentando uma mala de reivindicações.* • *s.2g.* (Coloq.) **7** pessoa de companhia indesejável; enfadonha: *Ah, como gostaria de me livrar desse mala!* ✦ **de mala e cuia** com todos os seus pertences; definitivamente: *mudou-se de mala e cuia.*

ma.la.bar *s.m.* instrumento com que se faz malabarismo: *Aprendeu a lidar com o malabar no circo.*

ma.la.ba.ris.mo *s.m.* **1** arte circense de movimentar e equilibrar objetos. **2** habilidade de movimentos; destreza: *Passou por entre os convidados fazendo um verdadeiro malabarismo.* **3** habilidade de pensamento e ação: *Depois de alguns malabarismos mentais, resolvemos a charada.* **4** artifício; artimanha; manobra: *fazer malabarismos para sobreviver.*

ma.la.ba.ris.ta *s.2g.* **1** quem faz malabarismo; equilibrista: *malabaristas de circo.* **2** (Fig.) pessoa habilidosa ou jeitosa: *Ele é velho malabarista e sobrevivente de muitas crises.* • *adj.2g.* **3** que faz malabarismo: *ator malabarista.*

mal-a.ca.ba.do *adj.* malfeito; tosco: *O material pareceu algo mal-acabado.* // Pl.: mal-acabados.

ma.la.ca.che.ta (ê) *s.f.* (Min.) mineral do grupo das micas, dos silicatos de alumínio e de metais alcalinos, aos quais frequentemente se associam magnésio e ferro.

mal-a.cos.tu.ma.do *adj.* que se acostumou mal: *Nas férias, ele ficou mal-acostumado.* // Pl.: mal-acostumados.

ma.la-di.re.ta *s.f.* correspondência, geralmente comercial, enviada a uma lista de destinatários previamente cadastrados. // Pl.: malas-diretas.

mal-a.gra.de.ci.do *s.m.* **1** pessoa ingrata: *Não receberei esses mal-agradecidos.* • *adj.* **2** ingrato: *Acusava o filho de mal-agradecido.* // Pl.: mal-agradecidos.

ma.la.gue.ta (ê) *s.f.* (Bot.) pimenta muito ardida, originária da África.

ma.lai.o *s.m.* **1** natural ou habitante da Malásia (Ásia). • *adj.* **2** relativo à Malásia.

mal-a.ma.do *s.m.* **1** pessoa não correspondida por quem ama ou naquilo que lhe é caro: *Ele sempre se considerou um mal-amado.* • *adj.* **2** não correspondido por quem ama ou no que lhe é caro: *se sente esposa mal-amada.* // Pl.:mal-amados.

ma.lan.dra.gem *s.f.* **1** esperteza; astúcia; manha: *A malandragem dele era imitada por muitos.* (Coloq.) **2** ociosidade; vadiagem. **3** grupo de malandros; corja: *A malandragem compareceu em peso à festa.*

ma.lan.dro *s.m.* **1** indivíduo que não quer trabalhar; velhaco: *Dizia meu pai que o malandro sempre se dá mal.* • *adj.* **2** esperto; velhaco: *vendedor malandro.* **3** que denota velhacaria ou patifaria; safado: *O rapaz esboçou um sorrisinho malandro e saiu.*

ma.lar *s.m.* (Anat.) osso da face que constitui a parte proeminente chamada maçã do rosto.

ma.lá.ria *s.f.* (Med.) doença transmitida pela mordida de um mosquito, que se caracteriza por febre e calafrios intermitentes; maleita.

mal-as.som.bra.do *adj.* **1** (Bras.) onde, segundo a crença popular, aparecem assombrações ou fantasmas: *lugar mal-assombrado.* **2** fantasmagórico; enfeitiçado: *Dizem que noite de lua cheia é mal-assombrada.* // Pl.: mal-assombrados.

mal.ba.ra.tar *v.t.* **1** empregar ou aplicar indevidamente: *Ele malbaratava a renda que apurava.* **2** dissipar; desperdiçar: *Os amigos malbarataram a possibilidade de viajar.*

mal.cri.a.do *s.m.* **1** pessoa indelicada ou grosseira: *Quem foi o malcriado que me chamou de caduco?* • *adj.* **2** indelicado; grosseiro; mal-educado: *Eu era malcriado.*

mal.da.de *s.f.* **1** ação má ou injusta; malvadeza; crueldade: *As insinuações sobre ela eram pura maldade.* **2** (Coloq.) travessura: *Só por maldade enchia de*

malhação

papel os sapatos do pai. **3** propensão a praticar o mal ou prejudicar alguém; perversidade: *O rei tinha o coração cheio de maldade*. **4** malícia: *Abracei a moça demoradamente, sem nenhuma maldade*.

mal.dar *v.t.* **1** fazer mau juízo; suspeitar; maliciar: *Muitas vezes maldei de Joana*. • *int.* **2** formar mau juízo; levantar suspeita; maldizer: *Basta chegar mais tarde em casa que as pessoas já começam a maldar*.

mal.di.ção *s.f.* **1** imprecação; praga; execração: *Até parece "coisa feita", uma maldição qualquer*. **2** infortúnio; desgraça; calamidade: *O terremoto foi é uma maldição*. **3** incômodo; aborrecimento: *É uma verdadeira maldição ouvir esses discursos enganosos*. • *interj.* **4** expressa grande contrariedade ou irritação: *Maldição! Acho que quebrei o pé!*

mal.di.to *s.m.* **1** pessoa amaldiçoada, cruel: *Morrem os inocentes e ficam os malditos*. • *adj.* **2** sobre o qual se lançou maldição; amaldiçoado: *Era um povo maldito, fadado às desgraças*. **3** que exerce influência nefasta; maligno: *doença maldita*. **4** que incomoda muito; molesto: *Ninguém dorme com esse barulho maldito*. **5** enfadonho; aborrecido: *Ele vinha sempre com aquela maldita conversa sobre futebol*. **6** malfadado; infeliz: *Naquele maldito dia sofremos um lamentável acidente*.

mal.di.zer *v.t.* **1** falar mal; maldar: *vive maldizendo os parentes*. **2** praguejar; amaldiçoar: *Voltávamos de cabeça baixa, maldizendo o juiz*. • *int.* **3** blasfemar; praguejar: *Ela nunca está satisfeita, vive maldizendo*.

mal.do.so (ô) *s.m.* **1** quem tem má índole: *Os maldosos diziam que ele era preguiçoso*. • *adj.* **2** malicioso; travesso: *sorriso maldoso*. **3** que toma em mau sentido as palavras e as ações dos outros: *A pessoa maldosa vê maldade em tudo*. **4** que denota maldade; malvado; perverso: *inventou uma mentira maldosa para prejudicar-me*.

ma.le.a.bi.li.da.de *s.f.* **1** propriedade que têm os metais e outros corpos de se estenderem; flexibilidade: *O alumínio possui grande maleabilidade*. **2** (Fig.) flexibilidade; predisposição para adaptar-se: *Ele tem essa maleabilidade de adaptar-se aos ambientes*.

ma.le.á.vel *adj.2g.* **1** flexível; dobrável: *corpo maleável*. **2** (Fig.) suscetível de se adaptar às circunstâncias; de caráter dócil: *Todos sabem que sou maleável, não sou radical*. // Ant.: inflexível.

ma.le.di.cên.cia *s.f.* **1** difamação: *É preciso enfrentar a maledicência dos desocupados*. **2** comentário maldoso; falatório; intriga: *Bastava Eulália chegar tarde em casa, já começavam as maledicências*.

ma.le.di.cen.te *s.2g.* **1** quem costuma falar mal dos outros: *Os maledicentes estão falando que a moça não gosta do marido*. • *adj.2g.* **2** que gosta de falar mal dos outros: *Nunca me adaptei a essa vizinhança maledicente*.

mal-e.du.ca.do *adj.* malcriado: *Não suporto criança mal-educada*. // Pl.: mal-educados.

ma.le.fí.cio *s.m.* **1** dano; mal; prejuízo: *As enchentes têm trazido malefícios à cidade*. **2** maldade: *Nunca lhe fiz qualquer malefício*. **3** feitiçaria; bruxaria: *A mulher ia aos terreiros encomendar um malefício contra sua comadre*. // Ant.: benefício.

ma.lé.fi.co *adj.* **1** que tem má índole; disposto para o mal; malvado: *Convivíamos com gente maléfica*.

2 que causa malefício ou dano; prejudicial: *efeitos maléficos da poluição*.

ma.lei.ro *s.m.* **1** (Bras.) aquele que carrega malas: *Não havia maleiros na rodoviária*. **2** lugar onde se guardam malas: *O guarda-roupa não tinha maleiro*. **3** fabricante ou vendedor de malas.

ma.lei.ta *s.f.* malária.

mal-en.ten.di.do *s.m.* **1** engano; equívoco; confusão: *Os esclarecimentos do mestre puseram fim ao mal-entendido*. **2** desentendimento; conflito; briga: *Tive um mal-entendido com o chefe*. // Pl.: mal-entendidos.

mal-es.tar *s.m.* **1** alteração na saúde; indisposição física: *O remédio causava mal-estar e até vômitos*. **2** perturbação de espírito; ansiedade mal definida: *sensação de mal-estar*. **3** situação embaraçosa; constrangimento: *A presença de certas pessoas me causava grande mal-estar*.

ma.le.ta (ê) *s.f.* pequena mala.

ma.le.vo.lên.cia *s.f.* **1** qualidade do que é malévolo; maleficência; malignidade. **2** má vontade; malquerença; hostilidade: *tratava as pessoas com malevolência*. // Ant.: benevolência.

ma.lé.vo.lo *adj.* **1** que faz o mal; que causa malefício; malvado; mau: *uma pessoa malévola*. **2** mal-intencionado; maldoso: *ideias malévolas*.

mal.fa.da.do *adj.* de má sorte; infeliz: *Naquele malfadado dia, o casal foi preso*.

mal.fa.dar *v.t.* **1** profetizar má sorte: *malfadou o destino do inimigo*. **2** desgraçar; infelicitar.

mal.fa.ze.jo (ê) *adj.* que provoca o mal; prejudicial; maléfico: *É preciso evitar repercussões financeiras malfazejas sobre o país*.

mal.fei.to *s.m.* **1** má ação: *Venho, humildemente, pedir perdão pelos meus malfeitos contra o senhor*. **2** sortilégio; feitiçaria; bruxaria: *Quem tem medo de malfeitos?* • *adj.* **3** mal executado; imperfeito; incorreto: *obra malfeita*. **4** defeituoso; disforme: *corpo malfeito*. // Ant.: benfeito.

mal.fei.tor (ô) *s.m.* **1** pessoa que comete atos condenáveis: *O patrão agia como um malfeitor*. **2** bandido; criminoso: *Os malfeitores estão soltos pelas ruas*.

mal.for.ma.ção *s.f.* má-formação.

mal.gra.do *prep.* apesar de; não obstante: *Malgrado seus esforços, não conseguiu a vitória almejada*.

ma.lha *s.f.* **1** tecido feito à mão ou à máquina cujos fios se ligam formando carreiras sucessivas: *blusa de malha*. **2** (Reg. SP) abrigo; agasalho; casaquinho ou suéter: *Quando fomos para o Sul, levamos uma mala só de malhas*. **3** roupa colante usada por bailarinos, ginastas ou acrobatas: *O bailarino vestia uma malha preta*. **4** disco metálico ou objeto similar para arremesso a distância contra marco ou estacas: *jogo de malha*. **5** espaço aberto entre os nós ou laços de uma rede ou similar: *A rede tinha malhas muito largas*. **6** qualquer conjunto ou estrutura que, por sua disposição, lembre um sistema de fios entrecruzados: *malha viária*. **7** (Fig.) enleio; trama: *Meteu nas malhas da lei e o comércio todo da cidade*.

ma.lha.ção *s.f.* **1** surra; espancamento: *malhação do Judas*. (Coloq.) **2** crítica severa; maledicência: *É sempre vítima da malhação dos vizinhos*. **3** prática constante de exercícios físicos: *A atriz passa duas horas por dia na malhação*.

malhado

ma.lha.do[1] *adj.* que tem manchas: *cavalo malhado*.

ma.lha.do[2] *adj.* **1** batido com malho ou martelo. **2** (Coloq.) bem torneado em razão de exercício físico: *corpo malhado*.

ma.lhar *v.t.* **1** bater com malho ou martelo: *É preciso malhar o ferro enquanto está quente*. **2** (Coloq.) criticar severamente; censurar: *Alguns críticos estão malhando o filme*. **3** espancar; surrar: *vivia malhando os filhos*. • *int.* **4** praticar intensamente determinada atividade; trabalhar: *malhava duro o dia todo*. **5** (Coloq.) praticar exercícios físicos; fazer ginástica: *Ele adora malhar*.

ma.lha.ri.a *s.f.* **1** indústria de malhas. **2** loja de tecidos ou roupas de malha.

ma.lho *s.m.* grande martelo de ferro ou madeira: *Ouve-se a batida de um malho sobre a bigorna*.

mal-hu.mo.ra.do *adj.* que tem ou está de mau humor; aborrecido; irritado: *O professor hoje chegou mal-humorado*. // Pl.: mal-humorados.

ma.lí.cia *s.f.* **1** interpretação maldosa ou mordaz; mau juízo: *Eu não punha malícia em coisa nenhuma*. **2** velhacaria; fraude; má-fé: *O relator havia alterado números e usado de malícia*. **3** propensão para o mal; maldade: *Ele é de uma malícia diabólica*. **4** esperteza, astúcia: *O time ainda carece de malícia para enfrentar as equipes brasileiras*. **5** brejeirice: *olhar cheio de malícia*.

ma.li.ci.ar *v.t.* atribuir malícia a; tomar em mau sentido: *maliciava tudo o que a gente dizia*.

ma.li.ci.o.so (ô) *adj.* **1** que revela malícia: *Trazia sempre um riso malicioso*. **2** brejeiro; maroto: *olhou-me de um jeito malicioso*. **3** que revela esperteza; sagacidade: *O técnico usaria de uma tática bastante maliciosa*. **4** picante: *A moça enrubesceu quando ouviu aquelas palavras maliciosas*.

ma.lig.ni.da.de *s.f.* **1** caráter grave de algumas enfermidades: *A doença de meu tio não apresentava malignidade*. **2** qualidade do que é maligno; malvadez; maldade: *Seu olhar traía a malignidade que lhe ia no coração*.

ma.lig.no *s.m.* **1** o diabo: *Ele tinha feito um pacto com o maligno*. • *adj.* **2** propenso ao mal; malévolo; maléfico: *estava tomado por um espírito maligno*. **3** funesto; prejudicial: *atitudes malignas*. **4** (Med.) diz-se de doença de caráter grave e pernicioso: *tumor maligno*.

mal-in.ten.ci.o.na.do *adj.* que tem mau propósito: *O forasteiro parecia mal-intencionado*. // Pl.: mal-intencionados. Ant.: bem-intencionado.

mal.me.quer (é) *s.m.* (Bot.) **1** erva que produz flores amarelas. **2** a flor dessa erva: *Uma rapariga de preto desmanchava um malmequer, jogando no passeio as pétalas rotas*. // Pl.: malmequeres.

ma.lo.ca (ó) *s.f.* (Bras.) **1** cabana toscamente construída, coberta com folhas de palmeira e que serve de habitação aos índios da América. **2** (Deprec.) casa de condições precárias; choupana: *Na sua frente sorria um caboclo simpático, que saíra de uma maloca à direita do terreiro*. **3** (Coloq.) esconderijo: *Os foragidos escondiam a mercadoria roubada em uma maloca*.

ma.lo.grar *v.t.* **1** fazer fracassar; frustrar: *A polícia malogrou a manifestação dos estudantes*. • *int.* **2** fracassar; não ir avante: *O plano de compra da casa própria malogrou*. • *pron.* **3** frustrar-se: *Malograram-se os esforços para que a greve terminasse hoje*.

ma.lo.gro (ô) *s.m.* **1** falta de êxito; insucesso; fracasso: *A seleção não contava com tantos malogros*. **2** perda; dano; revés: *empreitadas sujeitas a malogros*.

ma.lo.te (ó) *s.m.* **1** saco de lona ou couro usado para o transporte de correspondência: *As cartas estavam num malote transportado pelo carteiro*. **2** pequena mala ou sacola de viagem: *O andarilho trazia nas costas um malote cheio de roupas velhas*. **3** (Bras.) serviço de entrega.

mal.que.ren.ça *s.f.* inimizade; hostilidade; aversão: *Ele não podia disfarçar sua malquerença pelos vizinhos*.

mal.que.rer *v.t.* **1** querer mal a; detestar: *Ele parecia malquerer todos os amigos*. • *s.m.* **2** inimizade; aversão. // Ant.: bem-querer.

mal.são *adj.* **1** nocivo à saúde; insalubre; doentio: *um vento malsão*. **2** mórbido; maléfico; perverso: *mente malsã*.

mal.si.na.ção *s.f.* ato ou efeito de malsinar; denúncia; acusação.

mal.si.nar *v.t.* **1** delatar; denunciar; acusar. **2** censurar; condenar: *Ele malsinava a ganância de muitos*.

mal.su.ce.di.do *adj.* malogrado; fracassado; frustrado: *O rapaz viveu uma malsucedida tentativa de assalto*.

mal.ta *s.f.* (Deprec.) grupo de pessoas de má fama; bando; corja: *malta de vagabundos*.

mal.ta.do *adj.* que contém malte: *leite maltado*.

mal.te *s.m.* produto derivado da semente de cevada, utilizado no fabrico da cerveja, do uísque e outros produtos.

mal.tra.pi.lho *s.m.* **1** pessoa de vestes esfarrapadas; mendigo: *Alguns maltrapilhos se reuniam na porta da igreja*. • *adj.* **2** malvestido; com as roupas rotas e sujas: *Caiu no chão um corpo maltrapilho*.

mal.tra.ta.do *adj.* **1** ferido física ou moralmente; machucado: *crianças maltratadas pela miséria*. **2** que não foi tratado com os cuidados devidos: *cabelos maltratados*. **3** ultrajado; ofendido: *Nunca em minha vida fui tão maltratado*.

mal.tra.tar *v.t.* **1** lesar fisicamente; ferir; machucar: *maltratar o animal*. **2** danificar; estragar: *A seca maltrata as plantações*. **3** tratar mal; vexar; ofender: *Fomos com boas intenções falar com o feitor e ele nos maltratou*.

ma.lu.co *s.m.* **1** indivíduo demente; doido: *Só mesmo um maluco me devolveria as moedas*. **2** indivíduo leviano, imprudente: *Esse maluco ainda vai acabar entrando em fria*. • *adj.* **3** que sofre de distúrbios mentais; doido; louco: *Dois homens malucos escaparam do sanatório*. **4** que age como quem perdeu o juízo: *Para me casar com você, só se estivesse maluco*. **5** extravagante; excêntrico: *Ela usa umas roupas malucas*. **6** sem sentido; estranho: *sonho maluco*. **7** transtornado; desnorteado: *ficou maluca quando soube do acidente com os pais*. **8** imprudente: *Esses motoristas malucos acabam provocando a morte de pessoas inocentes*. **9** que sente muita atração: *Sou maluco por essa mulher*.

mal.va *s.f.* (Bot.) planta lenhosa, de folhas recortadas e flores de cor rosa-arroxeada, que são usadas em medicina.

mal.va.dez (ê) *s.f.* malvadeza.

mal.va.de.za (ê) *s.f.* crueldade; maldade: *Ele levantou a voz contra a malvadeza do padrinho*.

manchete

mal.va.do s.m. 1 pessoa má: *Um detetive localizou o malvado numa fazenda.* • adj. 2 perverso; cruel; mau. 3 maldoso; malicioso: *Você foi um tanto malvado ao fazer esses comentários sobre sua sogra.* // Ant.: bondoso.

mal.ver.sa.ção s.f. 1 mau uso; dilapidação; desperdício: *malversação do dinheiro público.* 2 apropriação indébita (de fundos, valores) no exercício de cargo público ou privado.

mal.vis.to adj. que não é apreciado ou aceito: *Só porque era exigente, passou a ser malvisto.*

ma.ma s.f. (Anat.) órgão glandular para secreção do leite, na mulher e na fêmea dos mamíferos: *cancêr de mama.*

ma.ma.da s.f. ato de mamar: *a primeira mamada do bebê.*

ma.ma.dei.ra s.f. pequena garrafa, com tampa de borracha em forma de bico com um orifício central, para ministrar líquidos para bebês.

ma.mãe s.f. mãe, na linguagem infantil e familiar.

ma.mão s.m. (Bot.) 1 fruto grande, oblongo, de casca fina e amarela quando maduro, polpa espessa amarelo-avermelhada. 2 mamoeiro: *Em nossa chácara, havia uma plantação de mamões.*

ma.mar v.t. 1 sugar ou chupar (líquido): *Segundo minha mãe, eu nunca me contentei em mamar pouco.* 2 (Coloq.) apropriar-se de algo indevidamente; tirar proveito; extorquir. • int. 3 amamentar-se: *O bebê já mamou.*

ma.má.rio adj. referente à mama: *tecido mamário.*

ma.ma.ta s.f. 1 (Coloq.) empresa ou negócio em que se auferem lucros ilícitos; trapaça; negociata: *a mamata de empréstimos a determinados segmentos com juros de pai para filho.* 2 vida fácil e folgada: *Ele vive na mamata.*

mam.bem.be s.m. 1 ator, grupo teatral amador ou circo volante: *começou como um mambembe, hoje é astro de cinema.* 2 caráter circense: *O velho seriado tirava do mambembe boa parte de seu encanto.* • adj. 3 que trabalha em circo ou em teatro amador: *artista mambembe.* 4 (Fig.) medíocre; ordinário: *O demagogo tentou repetir sua oratória mambembe.*

mam.bo s.m. música e dança de ritmo vivo, originárias da América Central: *mambo caribenho.*

ma.me.lu.co s.m. (Bras.) pessoa mestiça, filha de índio com branco.

ma.mí.fe.ro s.m. (Zool.) classe de vertebrados, na qual se incluem o homem e outros animais, que alimentam sua prole com leite, têm pele recoberta de pelos e glândulas mamárias.

ma.mi.lo s.m. bico do peito.

ma.mi.nha s.f. 1 mamilo. 2 peito; mama. 3 parte mais macia da alcatra: *Os açougueiros vendem a maminha por um preço mais elevado.*

ma.mo.ei.ro s.m. (Bot.) árvore de médio porte, caule ereto e leitoso, verde ou acinzentado, com folhas grandes e recortadas, que produz o mamão.

ma.mo.gra.fi.a s.f. exame radiográfico da mama: *Toda mulher acima dos trinta deve fazer mamografias periódicas.*

ma.mo.na (ó) s.f. (Bot.) 1 cápsula arredondada e espinhosa de cor verde-clara, que contém três sementes rajadas, altamente tóxicas, das quais se extrai o óleo de rícino. 2 arbusto que produz essa cápsula: *As mamonas tomavam conta do terreno.*

ma.mu.len.go s.m. 1 boneco do teatro folclórico nordestino; marionete. 2 espetáculo de marionetes, de conteúdo crítico ou satírico.

ma.mu.te s.m. (Zool.) grande elefante peludo que viveu nas regiões da Europa e da Ásia no período quaternário.

ma.ná s.m. 1 alimento que, segundo a Bíblia, foi fornecido por Deus aos hebreus durante a travessia do deserto. 2 graça divina; consolo: *Esperavam a democracia como um maná.*

ma.na.cá s.m. (Bot.) arbusto ornamental com folhas verde-escuras, em forma de lança, e flores roxas e brancas, perfumadas.

ma.na.da s.f. 1 rebanho de animais de grande porte, muitas vezes selvagens: *manada de elefantes.* 2 (Deprec.) grupo de pessoas ou entidades que se aglomeram.

manager (ménadjer) (Ingl.) s.m. gerente; administrador; empresário: *O cantor contratou um novo manager.*

ma.nan.ci.al s.m. 1 fonte de água; nascente: *A água do manancial está em condições de ser fornecida à população.* 2 conjunto das águas: *Devemos proteger o manancial constituído pelas cabeceiras do rio.* 3 fonte abundante (de algo): *Possuímos um manancial de talentos.*

man.ca.da s.f. (Coloq.) engano cometido inadvertidamente; ação inoportuna: *Ela deu mancada, não aparecendo no tribunal, conforme estava previsto.*

man.cal s.m. peça sobre a qual descansa cada extremidade de um eixo horizontal e que lhe permite o movimento com um mínimo de atrito: *A peça gira sobre a superfície dessa ponta como um mancal.*

man.car v.t. pron. 1 (Coloq.) dar-se conta de que se está sendo importuno, inconveniente ou de que se está cometendo um erro: *Ele até agora não se mancou.* • int. 2 andar como manco; capengar: *Com apenas cinco minutos de jogo, o zagueiro já estava mancando.*

man.ce.bi.a s.f. concubinato.

man.ce.bo (ê) s.m. 1 homem jovem; rapaz: *O mancebo havia feito o trabalho escolar com base num resumo do romance.* 2 cabide com três ou quatro pés, de haste torneada, para suporte de chapéus, capas e copetes.

man.cha s.f. 1 nódoa; marca; sinal: *Havia manchas de gordura na toalha.* 2 cada toque na distribuição de tinta de um quadro; pincelada: *Essa tela tem manchas irregulares.* 3 desonra; mácula; imperfeição: *Ele se gabava de ter um passado sem manchas.*

man.char v.t. 1 sujar com mancha ou nódoa; enodoar: *Querosene pode manchar a pintura.* 2 desonrar; denegrir; macular: *Ninguém terá forças para manchar minha reputação.* • pron. 3 sujar-se; enodoar-se: *Aos poucos as cortinas vão se manchando devido à fuligem.* 4 ficar desonrado ou difamado; denegrir-se: *Nossa honra manchou-se e isso é irreversível.*

man.chei.a s.f. porção de coisas ou quantidade de uma coisa que a mão pode abranger; punhado: *uma mancheia de terra.* ✦ **a mancheias** à farta; em abundância: *O diretor distribuía benefícios à mancheia.*

man.che.te (é) s.f. título principal em uma edição de

557

manco

jornal, impresso em caracteres grandes: *Ontem o jornal estampou em manchete o fim da guerra.*

man.co *s.m.* **1** quem manca. • *adj.* **2** a que falta algum membro ou o tem defeituoso; coxo; capenga: *cavalo manco.*

man.da.ca.ru *s.m.* (Bot.) grande cacto, de tronco em forma de coluna e ramificado, com espinhos amarelos e flores brancas, fruto oval, de casca grossa e vermelha, polpa branca e suculenta, com numerosas sementes pequenas e pretas: *O mandacaru é uma espécie típica da caatinga.*

man.dachu.va *s.2g.* (Bras.) chefe; cabeça; líder: *O velho político era o mandachuva da cidade.*

man.da.do *s.m.* **1** (Jur.) ordem escrita vinda de autoridade judicial ou administrativa: *mandado de busca.* **2** determinação; ordem: *Os guardas ficaram aguardando um mandado dos superiores.* ✦ **a mandado** a mando; por ordem: *Tentam apurar quem é o criminoso que, a mandado de alguém, atirou no respeitável ancião.* **mandado de segurança** (Jur.) garantia constitucional para proteção de direito individual líquido e certo contra ilegalidade ou abusos de poder, seja qual for a autoridade que os cometa. // Cp.: mandato.

man.da.la *s.f.* no hinduísmo e no budismo, diagrama composto de círculos concêntricos e quadrados que constitui a imagem do mundo e que serve para a meditação.

man.da.men.to *s.m.* **1** (Rel.) no judaísmo e no cristianismo, cada um dos preceitos da Lei de Deus: *Os dez mandamentos.* **2** prescrição; preceito: *Meu pai dizia que os seus mandamentos não eram uma ordem, mas sim um conselho.* **3** ordem contida num mandado ou preceito legal: *mandamento constitucional.*

man.dan.te *s.2g.* **1** pessoa que outorga mandatos: *O poder de revogar o mandato é um direito e uma garantia do mandante.* **2** pessoa que rege, dirige ou governa: *O mandante deve ser o primeiro a dar exemplo de obediência.* **3** pessoa que paga a outra para cometer um ato ilegal ou criminoso: *O mandante sentou-se no banco dos réus.*

man.dão *s.m.* **1** pessoa que manda com arrogância ou que procede como dono do que não lhe pertence: *Os mandões são sempre escolhidos para os cargos de chefia.* • *adj.* **2** autoritário; déspota: *Meu avô sempre foi mandão.*

man.dar *v.t.* **1** dar ordens; autorizar: *A professora mandou o aluno fazer a tarefa.* **2** prescrever; preceituar; determinar: *A lei manda que os editais de praça sejam publicados pela imprensa.* **3** governar; dominar: *Ninguém manda em mim.* **4** enviar: *Mandamos várias cartas a papai.* **5** (Coloq.) aplicar; dar; desferir: *Acuado, mandava socos e pontapés para todos os lados.* • *pron.* **6** (Coloq.) ir-se embora; partir: *O coronel se mandou para Minas.* • *int.* **7** ter poder; ter prioridade: *Ele não pede, manda.* ✦ **mandar ver** (Coloq.) agir com firmeza ou veemência: *A prefeita tomou posse e mandou ver.* **mandar embora** despedir: *A fábrica de meias mandou embora vinte operários de uma vez.*

man.da.rim *s.m.* **1** alto funcionário público, na antiga China. **2** (Coloq.) maioral; mandachuva: *Meu tio já foi um dos mandarins da política.* **3** dialeto chinês: *O vídeo era falado em mandarim.* **4** (Zool.) pequeno pássaro de plumagem em tons de marrom: *As fêmeas do mandarim recusam o macho antes do fim do período fértil.*

man.da.tá.rio *s.m.* pessoa que recebe mandato: *O mandatário elencou uma série de providências que pretende adotar.*

man.da.to *s.f.* **1** autorização que alguém confere a outrem para praticar em seu nome certos atos; procuração; delegação: *recebi um mandato para falar em seu nome.* **2** poder político outorgado pelo povo a um cidadão, por meio do voto: *o mandato do Presidente da República.* **3** período de exercício de um corpo eleitoral: *Os senadores são eleitos para um mandato de oito anos.* // Cp.: mandado.

man.dí.bu.la *s.f.* **1** (Anat.) osso que constitui a queixada inferior do homem e de outros animais, e onde se implantam os dentes inferiores: *O osso temporal articula-se com a mandíbula, permitindo a mastigação.* **2** cada uma das duas peças móveis e duras que ladeiam a boca de certos insetos. **3** peça ou ferramenta cuja ação é semelhante à de um maxilar.

man.din.ga *s.f.* **1** (Coloq.) ação maléfica atribuída a bruxos e magos; bruxaria; feitiçaria: *Ela acreditava no poder da mandinga.* **2** (Coloq.) maldição: *Era como se uma terrível mandinga tivesse caído sobre a família.* **3** nação de negros do grupo sudanês, tidos como mágicos e feiticeiros. • *adj.* **4** de ou relativo a essa nação: *No século XIII, o guerreiro Keita unificou o império mandinga.*

man.di.o.ca (ó) *s.f.* **1** (Bot.) arbusto tropical de caule fino, folhas em hastes e em forma de dedos, flores pequenas e amarelas, de raiz comestível e muito nutritiva. **2** a raiz dessa planta: *Hoje temos mandioca frita no lanche.*

man.di.o.qui.nha *s.f.* (Bot.) raiz tuberosa amarela, utilizada na alimentação humana; batata-baroa.

man.do *s.m.* **1** o poder de mandar: *o mando do governo.* **2** comando; direção; governo: *Alguns políticos já nascem predestinados para o mando.* **3** (Fut.) direito de jogar no próprio campo: *O Cruzeiro tem o mando do primeiro jogo.* ✦ **a mando de** por ordem: *O crime foi praticado a mando de traficantes.*

man.drá.go.ra *s.f.* (Bot.) planta herbácea, da família das solanáceas, usada antigamente em rituais de magia.

man.dril *s.m.* **1** peça especialmente usada para retificar e calibrar furos: *Em geral, introduz-se o mandril na peça com o auxílio de um malho.* **2** (Zool.) grande macaco da costa da Guiné, África.

ma.nei.ra *s.f.* **1** forma particular de proceder ou de agir; modo: *Encontre uma maneira de sairmos daqui.* **2** característica; qualidade; variedade. • *pl.* **3** modo de comportar-se; hábitos: *boas maneiras.* **4** situação especial; circunstância; condição: *Pessoas embriagadas não devem dirigir de maneira nenhuma.* ✦ **à maneira de** a modo; à feição: *Quero ser feliz à minha maneira.* **de maneira a** com o objetivo de: *Os jogadores se posicionaram, de maneira a deixar os adversários em posição de impedimento.* **de toda maneira** em todo caso; de qualquer forma: *Já reservei as passagens; de toda maneira, é melhor confirmar as datas.*

ma.nei.rar *v.t.* (Coloq.) **1** contornar; acalmar; controlar: *Esse político maneirou seu discurso crítico.* **2** agir com moderação: *Maneire na quantidade de café.*

manifestar

ma.nei.ris.mo *s.m.* **1** estilo literário e artístico europeu do século XVI em que há predominância de refinamento e de extravagância. **2** (Deprec.) afetação; artificialismo: *O cantor era cheio de maneirismos.*

ma.nei.ro *adj.* (Coloq.) **1** fácil; cômodo; prático: *um trabalho maneiro.* **2** hábil; capaz; jeitoso: *O jogador era baixinho e maneiro.* **3** que tem atributos (físicos ou morais) positivos: *uma casa maneira.*

ma.ne.jar *v.t.* **1** mover ou executar com as mãos; manobrar: *O artesão maneja seu próprio instrumento.* **2** (Fig.) administrar; dirigir; controlar: *manejar os eleitores.* **3** exercer; praticar; desempenhar: *manejar uma técnica.*

ma.ne.jo (ê) *s.m.* **1** manuseio; uso; emprego: *manejo de armas.* **2** gerência; administração: *O governo continua cauteloso no manejo das taxas de juros.* **3** tratamento; controle: *A ideia é repassar aos agricultores técnicas de manejo do solo.* **4** condução (de veículo); direção: *O instrutor ensinava-lhe pacientemente o manejo do carro.* **5** manobra; artimanha: *Devemos nos preparar contra os manejos dos inimigos.*

ma.ne.quim *s.m.* **1** boneco que representa o corpo humano e é usado para estudos científicos ou artísticos, trabalhos de costura ou exposição de roupas em vitrines: *manequim de vitrine.* **2** (Deprec.) pessoa que se deixa governar, sem opinião própria; autômato: *Ele não passa de um manequim nas mãos do patrão.* **3** pessoa que desfila ou posa para fotografia: *Eu daria um ótimo manequim.* **4** medida para roupas feitas: *manequim 42.*

ma.ne.ta (ê) *s.m.* **1** pessoa a quem falta um braço ou uma mão. • *adj.* **2** que só tem um braço ou uma mão.

man.ga¹ *s.f.* **1** (Bot.) fruto ovalado, de casca grossa, verde e amarela, polpa suculenta, fibrosa e amarelo-forte, e caroço grande. **2** mangueira: *Em seu pomar só não havia manga.*

man.ga² *s.f.* **1** parte do vestuário que cobre o braço, cingindo-o: *manga do paletó.* **2** peça bojuda de vidro que protege a lâmpada ou a chama: *manga do lampião.* • **em mangas de camisa** sem paletó: *O diretor chegou em mangas de camisa para dirigir a sessão.*

man.ga³ *s.f.* **1** chiqueiro grande: *Separava os porcos machos das fêmeas em duas mangas distintas.* **2** grupo; ajuntamento; bando: *Uma manga de homens chegava, a cavalo, naquele momento.*

man.ga.ba *s.f.* (Bot.) fruto arredondado, de polpa amarelada e doce.

man.ga.bei.ra *s.f.* (Bot.) árvore de flores grandes e alvas, de que se extrai látex e cujo fruto é a mangaba.

man.ga.nês *s.m.* (Quím.) elemento químico, metálico, cinzento, mole e denso. // Símb.: Mn; N. Atôm.: 25.

man.gar *v.t.* (Coloq.) caçoar; zombar: *Negócio de mangar de morto não é comigo.*

man.gue *s.m.* **1** (Bot.) vegetação de raízes aéreas, típica das regiões tropicais e subtropicais, formada em ambientes salinos inundados pela maré e com muitas espécies marinhas: *Os pescadores enterram-se no mangue até os joelhos na caça ao caranguejo.* **2** (Bras.) terreno pantanoso à margem de lagoas, rios e do mar: *Ficou olhando as luzes da cidade refletindo-se nas águas do mangue.*

man.guei.ra¹ *s.f.* (Bot.) árvore frutífera de grande porte que produz a manga e possui casca e raízes com propriedades medicinais.

man.guei.ra² *s.f.* tubo de lona ou borracha que serve para condução de água ou ar: *Encontrei-o com uma mangueira, lavando o seu carro.*

man.guei.ra³ *s.f.* (Bras.) grande curral para gado: *ouviu o barulho do pessoal a lidar com os bois que entravam pela mangueira.*

man.gue.zal *s.m.* **1** terreno pantanoso das margens de lagoas, rios, onde em geral vegeta o mangue: *Seus olhos se postaram sobre a vastidão hirta do manguezal.* **2** floresta de mangues.

ma.nha *s.f.* **1** (Coloq.) choro sem motivo; birra: *era um garoto cheio de manhas.* **2** arte; habilidade; jeito: *Era preciso ser dotado de muita manha para convencer o diretor.* **3** finura; lábia; astúcia: *Ela era toda cheia de manha.*

ma.nhã *s.f.* **1** período entre o amanhecer e o meio-dia: *Pela manhã, ele fazia as compras de supermercado.* **2** madrugada: *Ficamos conversando até as três da manhã.*

ma.nho.so (ô) *adj.* **1** que faz manha ou birra; chorão: *criança manhosa.* **2** ardiloso; astuto: *Era manhoso, sabia se esconder da polícia como ninguém.* **3** que tem manhas ou manias: *uma jovem manhosa.*

ma.ni.a *s.f.* **1** excentricidade; extravagância; esquisitice: *Meu avô tinha a mania de tomar sopa na tigela.* **2** desequilíbrio mental: *mania de perseguição.* **3** hábito prejudicial; vício: *Você ainda vai se dar mal com essa mania de mentir.* **4** hábito incontrolável: *Ela não perde a mania de ficar passando a mão pelos cabelos.* **5** ideia fixa; obsessão: *Minha amiga tem mania de doença.*

ma.ní.a.co *s.m.* **1** pessoa psicótica; louco: *Um maníaco está aterrorizando o bairro.* **2** aquele que tem mania, que gosta muito de: *Os maníacos por Internet estão comemorando a novidade.* • *adj.* **3** obcecado; obstinado: *Era um espectador maníaco por filmes de terror.* **4** que tem paixão por; obsessivo: *José é maníaco por política.*

ma.ni.cô.mio *s.m.* hospital para doentes mentais; hospício.

ma.ni.cu.re *s.f.* profissional que cuida das unhas das pessoas: *A minha manicure é excelente.*

ma.ni.e.tar *v.t.* **1** atar as mãos de: *O indivíduo o manietara por detrás.* **2** impedir o movimento de; imobilizar. **3** privar da liberdade; subjugar: *Não manietem o trabalho dos representantes.*

ma.ni.fes.ta.ção *s.f.* **1** ato ou efeito de manifestar-se; expressão pública e coletiva de uma opinião ou sentimento: *O povo reagiu com manifestações favoráveis às medidas do governo.* **2** demonstração; reação: *houve manifestações desfavoráveis por parte da imprensa.* **3** revelação: *A manifestação da força da natureza estava patente na fúria do vulcão.* **4** sintoma (de doença ou afecção): *manifestações alérgicas.*

ma.ni.fes.tan.te *s.2g.* aquele que participa de manifestação: *Os manifestantes foram dispersos pela polícia.*

ma.ni.fes.tar *v.t.* **1** tornar manifesto, público ou notório; mostrar: *Nem sempre o povo tem oportunidade de manifestar sua revolta.* **2** revelar; demonstrar: *O me-*

manifesto

nino abriu um largo sorriso, manifestando sua alegria. **3** apresentar; declarar; exprimir: *Gostaria de manifestar a Vossa Senhoria a minha estima e consideração.* • *pron.* **4** revelar-se; mostrar-se: *É uma doença que, quando se manifesta, já não há mais remédio.*

ma.ni.fes.to (é) *s.m.* **1** declaração pública ou solene das razões que justificam certos atos ou em que se fundamentam certos direitos: *Os professores fizeram um manifesto chamando a atenção das autoridades para o descaso com o ensino.* **2** documento que contém um programa político, religioso ou estético: *O líder sindicalista fez questão de entregar pessoalmente o manifesto.* • *adj.* **3** claro; evidente; notório: *Trata-se de um engano manifesto.* **4** expresso: *As ansiedades não manifestas nos causam a depressão.*

ma.ni.lha *s.f.* **1** tubo, geralmente de cerâmica ou concreto, usado em canalização de água ou esgoto: *A manilha não suportou o volume da água.* **2** argola: *O barco estava preso ao rebocador por uma manilha frágil.*

ma.ni.pu.la.ção *s.f.* **1** ação de manipular; manuseio: *A manipulação dos agrotóxicos deve observar cuidados especiais.* **2** preparação manual de medicamentos: *medicamentos produzidos por meio de manipulação.* **3** controle; domínio: *A manipulação de eleitores é feita por quem tem poder.* **4** ação de forjar ou fraudar: *manipulação dos dados.*

ma.ni.pu.la.dor (ô) *s.m.* **1** pessoa que manipula ou que manuseia: *manipulador de remédios.* **2** quem comete fraudes: *Essa entidade de pesquisa não passa de uma manipuladora de dados.* **3** aparelho que transmite sinais telegráficos; transmissor: *manipulador telegráfico.* • *adj.* **4** controlador; dominador: *É um diretor tipicamente manipulador das emoções dos atores.*

ma.ni.pu.lar *v.t.* **1** preparar, manuseando; dar forma ou feitio com as mãos: *Ela é exímia na arte de manipular a massa do quibe.* **2** preparar manualmente: *Manipulava medicamentos numa drogaria.* **3** fazer funcionar; acionar: *manipulava bem as máquinas.* **4** alterar; forjar; fraudar: *manipular o resultado das eleições.* **5** movimentar: *Os grandes investidores manipulam somas fabulosas diariamente.* **6** manobrar; dirigir; dominar: *A televisão manipula com facilidade a opinião pública.*

ma.ni.ve.la (é) *s.f.* peça que, acionada pela mão ou sujeita a uma força motriz, põe em movimento determinada máquina ou engenho: *motor acionado por manivela.*

man.ja.do *adj.* (Coloq.) **1** visado: *O bandido já estava manjado.* **2** muito conhecido; muito corriqueiro; banal: *vestido manjado.*

man.jar¹ *v.t.* (Coloq.) **1** observar; espionar: *O turista ficava só manjando as garotas de biquíni.* **2** perceber; entender: *O goleiro já manjara a manha do batedor de pênaltis.* **3** conhecer: *Ele não manja do assunto.*

man.jar² *s.m.* prato delicado e apetitoso; iguaria: *manjar de amêndoa.*

man.je.dou.ra *s.f.* cocho onde se serve comida para animais: *As manjedouras eram submetidas a lavagens regulares para evitar o mau cheiro.*

man.je.ri.cão *s.m.* (Bot.) **1** arbusto de pequeno porte, hastes com folhas pequenas, pontudas e dentadas, perfumadas e de sabor levemente picante. **2** a folha desse arbusto, comumente usada como tempero: *Enfeitávamos os pratos com manjericão.*

man.je.ro.na (ô) *s.f.* (Bot.) **1** arbusto de pequeno porte que forma touceiras, de ramos finos, folhas pequenas e ovaladas, flores em buquê de tons rosa, branco ou lilás. **2** a folha desse arbusto, comumente usada como tempero: *salsichas temperadas com manjerona.*

man.ju.ba *s.f.* (Zool.) designação comum a várias espécies de pequenos peixes teleósteos, de grande importância econômica.

ma.no.bra (ó) *s.f.* **1** ação de fazer funcionar à mão (mecanismo, máquina etc.): *O bombeiro executava com perícia as manobras do aparelhagem contra incêndio.* **2** conjunto de ações ou movimentos (para alcançar um fim); ardil: *Trata-se de mais uma manobra do advogado para atrasar o traslado de seu cliente.* **3** movimento de tropas em campanha: *Oficiais experientes comandavam a manobra das tropas de elite.* **4** movimentos de vaivém executados pelo motorista para colocar um veículo no local desejado: *Em vinte aulas de autoescola, não aprendeu sequer a fazer uma manobra.* **5** atividade motora ou mental engenhosa ou habilidosa: *Patinadores fazem manobras radicais na pista.*

ma.no.brar *v.t.* **1** fazer funcionar; acionar: *Não sei como consegui manobrar aquele carro velho.* **2** praticar uma ação visando à conquista de um objetivo; tramar: *O presidente do partido manobrou a máquina partidária para impedir uma aliança com a oposição.* **3** realizar qualquer exercício; executar movimento; mover: *O mais difícil é manobrar o carro com o reboque.* **4** manipular com habilidade; controlar: *O ator manobrava a plateia.* • *int.* **5** servir-se de artifícios; tramar. **6** realizar manobra: *O motorista do caminhão estava manobrando na pista.* **7** pôr-se em movimento: *O petroleiro começou a manobrar em direção ao porto.* **8** praticar exercícios militares ou náuticos: *Tropas militares manobravam a cada quinze dias.*

ma.no.bris.ta *s.2g.* pessoa que manobra veículos em estacionamentos e garagens: *Não tinha dinheiro trocado para dar ao manobrista.*

ma.nô.me.tro *s. 2g.* instrumento para medir a pressão de fluidos.

ma.no.pla (ó) *s.f.* **1** mão proporcionalmente grande: *O goleiro agarrou a bola com uma só de suas manoplas.* **2** peça de borracha ou plástico que envolve a extremidade do guidão de bicicletas, motos e outros: *A ausência de manoplas no guidão da moto provocou lesões em suas mãos.*

man.qui.to.lar *v.int.* mancar; capengar: *Saiu manquitolando pelo portão.*

man.são *s.f.* residência de grandes dimensões e luxo requintado: *Seu sonho era morar numa mansão.*

man.sar.da *s.f.* **1** último andar de um edifício, com telhado formado por duas inclinações, sendo a inferior quase vertical e a superior, quase horizontal: *os andares e mansardas, sob os telhados de ardósia.* **2** casa miserável: *Era estudante pobre e sempre morou em mansardas coletivas.*

man.si.dão *s.f.* **1** serenidade; tranquilidade; calmaria: *Na mansidão da noite alta eu fazia poemas para minha amada.* **2** índole pacífica; ternura; meiguice: *A sua mansidão me acalmava.*

mão-aberta

man.so *s.m.* **1** pessoa que tem mansidão. • *adj.* **2** brando; leve; ameno: *Um vento manso afagava nossos rostos.* **3** (Coloq.) sem sobressaltos; tranquilo; calmo: *Todo malandro tem vida mansa.* **4** meigo; suave; delicado: *Tinha uma voz mansa.* **5** domesticado: *cavalo manso.* • *adv.* **6** sem exaltação; devagar: *Sebastião fala manso.*

man.ta *s.f.* **1** faixa de lã ou algodão que se usa como agasalho. **2** cobertor de cama: *Apenas uma manta cobria o corpo da donzela.* **3** grande pedaço (de carne): *uma manta de carne-seca.* **4** manto; capa: *O sacristão dispôs-se a consertar a manta da imagem da Virgem.* **5** (Coloq.) logro; dano; prejuízo: *O homem era direito, não passava manta em ninguém.*

man.tei.ga *s.f.* **1** substância amarelada, gordurosa e alimentícia que se extrai da nata do leite. **2** substância gordurosa extraída de vegetais ou de certos animais: *manteiga de cacau.* ♦ **manteiga derretida** (Fig.) pessoa muito emotiva; chorona: *sempre foi uma manteiga derretida, chorava por qualquer coisa.*

man.te.ne.dor (ô) *s.m.* **1** quem mantém ou sustenta: *mantenedor da família.* **2** defensor; protetor: *O delegado era o mantenedor da ordem e da justiça.* • *adj.* **3** que mantém, defende: *Como o número de colaboradores cresceu, criou-se o órgão mantenedor da instituição.*

man.ter *v.t.* **1** prover do necessário à subsistência; sustentar: *Para manter a família, tinha dois empregos.* **2** sustentar; cumprir: *manter a palavra.* **3** fazer respeitar; defender: *manter a ordem.* **4** conservar; preservar: *Mesmo depois de famoso, manteve a modéstia.* **5** fazer permanecer; reter: *Mantenha o seu primo em sua casa até segunda-feira.* **6** sustentar em alguma posição ou no gozo de um direito: *O presidente manteve todos os ministros.* • *pron.* **7** permanecer; conservar-se: *O dia se manteve quente.*

man.ti.lha *s.f.* **1** véu largo e comprido com que as mulheres cobrem a cabeça: *Ela não dispensava a mantilha durante toda a missa.* **2** manto de seda, renda ou lã, usado pelas mulheres.

man.ti.men.to *s.m.* conjunto de gêneros alimentícios; alimento: *Toda semana, ele compra mantimentos para a casa.*

man.to *s.m.* **1** grande agasalho largo e sem mangas: *Vendo a criança a tremer de frio, uma senhora tirou o manto e a cobriu.* **2** capa com que se vestem imagens de santos: *O manto de Nossa Senhora deve ser sempre azul.* **3** capa com grande cauda, que se prende nos ombros, usada pela realeza em cerimônias solenes: *Admirava-me ver a imagem dos reis com aqueles mantos riquíssimos.* **4** (Geol.) camada que fica logo abaixo da crosta terrestre: *o manto da terra.* **5** (Fig.) tudo o que envolve ou oculta: *o manto da impunidade.*

man.tô *s.m.* casaco feminino comprido e largo, usado sobre as vestes: *Senhoras de mantôs invadem a festa.*

ma.nu.al *s.m.* **1** livro pequeno contendo o resumo de alguma ciência, arte ou assunto: *Compramos um manual de análise sintática.* • *adj.* **2** feito à mão: *trabalhos manuais.* **3** manobrado ou acionado à mão: *máquinas manuais.* **4** que requer o emprego das mãos: *As profissões manuais estão desaparecendo.*

ma.nu.fa.tu.ra *s.f.* **1** feitura; fabricação: *manufatura de tecidos.* **2** empresa industrial que produz por meio do trabalho manual: *Instalou-se na cidade uma grande manufatura de brinquedos.* **3** produto manufaturado: *Por algum tempo foi proibida a venda de manufaturas importadas.*

ma.nu.fa.tu.rar *v.t.* produzir manualmente: *A empresa manufatura sandálias femininas.*

ma.nus.cri.to *s.m.* **1** obra escrita à mão. **2** originais de uma obra: *Em sua biblioteca podemos encontrar manuscritos de autores brasileiros do século passado.* • *adj.* **3** escrito à mão: *O documento tinha 50 páginas manuscritas.*

ma.nu.se.ar *v.t.* **1** pegar ou mover com as mãos; manejar: *Não se deve manusear inseticidas sem o uso de luvas.* **2** folhear: *Eu passava horas manuseando a Bíblia.*

ma.nu.sei.o *s.m.* ato ou efeito de manusear; manejo: *produtos de fácil manuseio.*

ma.nu.ten.ção *s.f.* **1** preservação; conservação: *manutenção das estradas.* **2** vigência; permanência de: *A manutenção da ordem é obrigação do Estado.* **3** sustento; custeio: *Gastava todo o salário na manutenção da casa.* **4** cuidados periódicos, geralmente feitos por profissionais: *manutenção odontológica.*

mão *s.f.* **1** (Anat.) extremidade de cada membro superior do homem, dotada de grande mobilidade e sensibilidade: *Lave as mãos antes das refeições.* **2** extremidade dos membros dos animais: *O macaco tem quatro mãos.* **3** peça longa com extremidade arredondada com que se socam alimentos ou outras substâncias: *mão de pilão.* **4** camada de tinta ou de cal sobre uma superfície; demão: *Recomenda-se dar três mãos de tinta nas paredes.* **5** (Bras.) cada uma das direções do trânsito nas ruas e estradas: *rua de mão única.* **6** jogada; partida: *Jogamos apenas algumas mãos.* **7** ajuda; auxílio: *Dê-me uma mão para empurrar este carro!* **8** força; poder; interferência: *Se não houvesse a mão de Deus, teríamos morrido no acidente.* ♦ **à mão** (i) próximo; perto: *Ao redigir, tenha sempre um bom dicionário à mão.* (ii) com a mão; manualmente: *Prefiria escrever seus versos à mão.* **com as mãos abanando** sem nada: *Saiu do emprego com as mãos abanando.* **com mão de ferro** com energia; com pulso firme: *A polícia deve tratar essas quadrilhas com mão de ferro.* **com mão de gato** com recursos alheios: *É muito fácil tirar a sardinha da brasa com mão de gato.* **com quatro pedras na mão** de modo agressivo; com brutalidade: *responder com quatro pedras na mão.* **de mão beijada** de graça: *O sogro deu tudo ao genro de mão beijada.* **de mão cheia** muito bom; de classe; excelente: *Ele é um médico de mão cheia.* **de segunda mão** usada para referir-se a algo que não é original ou a coisas usadas: *móveis de segunda mão.* **em mão(s)** (i) sob controle: *O governo tem o Congresso em suas mãos.* (ii) disponível: *Dei ao assaltante todo o dinheiro que tinha em mão.* **na mão** sem nada; desprovido: *O pai vendeu todos os bens e os filhos ficaram na mão.* **uma mão lava a outra** usada para atestar ou exortar a ajuda mútua: *Não pense que vai perder me ajudando; uma mão lava a outra.*

mão-a.ber.ta *s.2g.* pessoa generosa; gastadora: *É um mão-aberta com a família.* // Pl.: mãos-abertas.

mão de obra

mão de o.bra s.f. **1** conjunto de trabalhadores: *A empresa só contrata mão de obra qualificada.* **2** despesa com o trabalho: *Na construção da casa, a mão de obra custou o dobro do material.* **3** (Coloq.) trabalheira; complicação: *O sumiço do garoto nos deu uma tremenda mão de obra.* // Pl.: mãos de obra.

ma.o.me.ta.no s.m. **1** seguidor do islamismo, religião fundada pelo profeta Maomé (570-632). • adj. **2** relativo a Maomé ou à religião por ele fundada; islâmico; muçulmano.

ma.pa s.m. **1** representação plana e reduzida de um setor da superfície terrestre: *o mapa do Brasil.* **2** carta celeste: *mapa astrológico.* **3** lista; relação: *O diretor queria o mapa dos funcionários.* **4** roteiro; guia: *o mapa do tesouro.* **5** esquema; quadro: *O governo quer alterar o mapa da miséria em nosso país.* ✦ **mapa da mina** segredo do sucesso.

ma.pe.a.men.to s.m. ato ou efeito de mapear: *Pelo mapeamento cerebral já se pode distinguir um cérebro esquizofrênico.*

ma.pe.ar v.t. **1** (Bras.) fazer o mapa de: *mapear o país.* **2** fazer a relação de: *Cientistas estão mapeando os genes vegetais.*

ma.po.te.ca (é) s.f. coleção de mapas e cartas geográficas.

ma.que.te (é) s.f. esboço ou modelo reduzido, em três dimensões, de edifício, cenário, escultura: *a maquete do Memorial Zumbi.*

ma.qui.a.dor (ô) s.m. profissional que maquia; maquilador.

ma.qui.a.gem s.f. **1** (Bras.) pintura facial; maquilagem: *A maquiagem estava muito carregada.* **2** conjunto dos produtos cosméticos usados para maquiar: *Levava a maquiagem na bolsa.* **3** ato de maquiar: *A maquiagem é sobretudo uma arte.* **4** (Fig.) disfarce.

ma.qui.ar v.t. **1** (Bras.) aplicar cosméticos para embelezar: *As meninas gostam de maquiar suas bonecas.* **2** (Fig.) alterar para disfarçar erros; mascarar; disfarçar: *Não adianta maquiar a realidade.*

ma.qui.a.vé.li.co adj. **1** relativo ou próprio do maquiavelismo: *plano maquiavélico.* **2** de má-fé; astuto; ardiloso: *É um filme de suspense recheado com maquiavélicos espiões.*

ma.qui.a.ve.lis.mo s.m. **1** sistema político exposto por Maquiavel (1469-1527), escritor e estadista florentino, em sua obra *O Príncipe*, e caracterizado pelo princípio de que os fins justificam os meios.

ma.qui.la.dor (ô) s.m. maquilador.
ma.qui.la.gem s.f. maquiagem.
ma.qui.lar v.t. maquiar.

má.qui.na s.f. **1** instrumento, utensílio ou aparelho: *máquina de escrever.* **2** veículo locomotor: *Vinha a 150 por hora em sua máquina importada.* **3** mecanismo: *Nunca me dei bem com máquinas.* **4** qualquer estrutura orgânica e harmônica: *a máquina humana.* **5** (Fig.) entidade ou organismo complexo que funciona segundo as leis e tem atividades regulares: *a máquina do Estado.*

ma.qui.na.ção s.f. conluio; trama: *O governador da capitania foi instrumento de uma maquinação para o extermínio dos nativos.*

ma.qui.nar v.t. fazer maquinação contra; urdir; tramar: *Os alunos estão maquinando alguma coisa.*

ma.qui.na.ri.a s.f. **1** conjunto de máquinas: *A maquinaria estava inteiramente parada.* **2** estrutura; aparato.

ma.qui.ná.rio s.m. maquinaria.

ma.qui.nis.mo s.m. **1** conjunto das peças de uma máquina: *Todo maquinismo só funciona bem quando lubrificado.* **2** conjunto de máquinas; maquinaria: *Esse maquinismo complicado exigiu meses de estudos para a sua montagem.*

ma.qui.nis.ta s.m. **1** pessoa que controla máquinas. **2** profissional que controla e dirige locomotiva: *O maquinista da locomotiva foi negligente.*

mar s.m. **1** grande massa de água salgada da Terra; oceano: *Como o mar estava agitado, os surfistas aproveitavam as ondas.* **2** grande massa de água salgada situada no interior de um continente: *mar Negro.* **3** (Fig.) grande quantidade; imensidão: *Um mar de sonhos povoava seu pensamento.* ✦ **mar de rosas** tranquilidade; felicidade: *A infância pode ser divertida, mesmo sem ser um mar de rosas.* **o mar não está para peixe** a situação está perigosa, delicada: *Vamos economizar energia, que o mar não está para peixe.* **nem tanto ao mar nem tanto à terra** no meio termo.

ma.ra.cá s.m. (Bras.) **1** chocalho originalmente usado pelos indígenas nos festejos, nos rituais de feitiçaria e na guerra. **2** instrumento rítmico usado no acompanhamento de certas músicas e danças.

ma.ra.ca.já s.m. (Bras.) **1** (Zool.) designação comum para os gatos-do-mato, especialmente a jaguatirica: *Deparamos com um maracajá da mais bela espécie.* • adj. **2** que pertence a essa espécie.

ma.ra.ca.tu s.m. (Bras.) (Folcl.) dança de origem africana com acompanhamento de canto e instrumentos de percussão: *O maracatu, quase africano puro, começou a ser tocado nos canaviais.*

ma.ra.cu.já s.m. (Bot.) **1** fruto comestível e de propriedade calmante, esférico ou ovalado, de casca dura, amarela, avermelhada ou roxo-esverdeada, com sementes numerosas, envolvidas por polpa aquosa, aromática e de sabor ácido. **2** o arbusto que produz esse fruto: *Tomamos chá de folha de maracujá.*

ma.ra.cu.tai.a s.f. (Coloq.) trapaça; falcatrua: *Houve maracutaia, por isso nosso time perdeu.*

ma.ra.fo.na (ô) s.f. (Coloq.) meretriz; prostituta.

ma.ra.ga.to s.m. (Reg. RS) participante da Revolução Federalista de 1893 ou adepto desse movimento.

ma.ra.já s.m. **1** título dos príncipes da Índia: *Seu marido era o marajá de Rashipur.* **2** (Deprec.) funcionário público que trabalha pouco, mas ganha muito bem.

ma.ra.jo.a.ra s.2g. **1** natural ou habitante de Marajó: *Os marajoaras têm orgulho de sua arte.* • adj. **2** relativo à ilha de Marajó, localizada na foz do rio Amazonas: *cerâmica marajoara.*

ma.ra.nhen.se s.2g. **1** natural ou habitante do Maranhão. • adj. **2** relativo ao Maranhão: *litoral maranhense.*

ma.ras.mo s.m. **1** apatia; indiferença, estagnação: *Era preciso tirar o doente do marasmo.* **2** tristeza profunda; melancolia; desânimo: *Um profundo marasmo se apossou da equipe.*

ma.ra.to.na (ô) s.f. **1** corrida pedestre de longo percurso: *O atleta é o recordista sul-americano da maratona.* **2** qualquer competição de longa duração e de resistência: *maratona de dança*. **3** (Fig.) atividade muito intensa: *Nessa maratona, ele vai acabar adoecendo*.

ma.ra.vi.lha *s.f.* **1** aquilo que provoca admiração; fascínio; encanto: *É uma maravilha presenciar o pôr do sol no outono*. **2** grande prazer; deleite: *O passeio de barco foi uma maravilha*. **3** perfeição; excelência: *Se não houvesse violência, o mundo seria uma maravilha*. **4** aquilo que é prodigioso ou extraordinário; fenômeno: *O Farol de Alexandria é considerado uma das sete maravilhas do Mundo Antigo*.

ma.ra.vi.lhar *v.t.* **1** provocar admiração ou assombro em; pasmar: *Seus dribles sensacionais maravilhavam a torcida*. • *pron.* **2** encher-se de admiração; assombrar-se: *A turista maravilhou-se com a paisagem de Vila Velha*.

ma.ra.vi.lho.so (ô) *adj.* **1** admirável; surpreendente; espantoso: *O futebol é um esporte maravilhoso*. **2** primoroso; magnífico; sublime: *voz maravilhosa*. **3** fora do comum; extraordinário; prodigioso: *fez uma jogada tão maravilhosa que foi aplaudido pelos adversários*. **4** muito eficiente; excelente: *Vencemos a batalha graças aos nossos maravilhosos soldados*. **5** de grande encanto e beleza: *cidade maravilhosa*.

mar.ca *s.f.* **1** sinal de nascença: *Os três filhos tinham uma marca nas costas*. **2** sinal impresso a fogo no corpo de um animal: *Os ladrões roubavam as reses e colocavam a sua marca*. **3** sinal ou vestígio deixado na pele, em uma superfície: *A marca de seus pés permaneceu na areia*. **4** nome ou símbolo que serve para indicar as mercadorias ou serviços de uma empresa: *Ao comprar um produto verifique se a marca está legível*. **5** (Fig.) cunho; caráter; categoria: *Não faço negócios com gente da sua marca*. **6** nota; lembrança; impressão: *De nossos encontros, só me restaram as marcas da saudade*. ♦ **de marca maior** (Deprec.) da pior espécie: *é um trapalhão de marca maior*. **marca d'água** imagem impressa em papel, geralmente papel-moeda ou selo, visível somente contra a luz: *A marca d'água é um dispositivo de segurança das cédulas*.

mar.ca.ção *s.f.* **1** realização; execução: *Estava difícil para o time a marcação do primeiro gol*. **2** fixação; determinação: *O ex-namorado tentava impedir a marcação da data de seu casamento*. **3** (Esport.) atuação junto ao adversário, para impedir que ele jogue livremente: *O técnico queria marcação homem a homem*. **4** fixação de marca com ferro em brasa: *marcação de bezerros*. **5** demarcação do ritmo ou compassos da música: *Os músicos fazem a marcação com os pés*. ♦ **de marcação** (Coloq.) fazer alguém de alvo; implicar; perseguir: *Não se esqueça de que tem gente de marcação com você*.

mar.ca-d'á.gua *s.f.* imagem impressa em papel, geralmente papel-moeda ou selo, visível somente contra a luz: *A marca-d'água é um dispositivo de segurança das cédulas*.

mar.ca.dor (ô) *s.m.* **1** instrumento para marcar quantidade, volume, graduação, peso ou extensão: *O marcador de gasolina estava quebrado*. (Esport.) **2** jogador encarregado de impedir os lances do adversário. **3** jogador que faz pontos. **4** tabuleta onde se marcam os pontos conquistados; placar: *O marcador indicava cinco a zero para o meu time*.

marcial

mar.can.te *adj.2g.* **1** que marca; relevante; importante: *O casamento é um acontecimento marcante*. **2** que sobressai; predominante: *Uma característica marcante da região é a diversificação agrícola*.

mar.car *v.t.* **1** assinalar por meio de marca ou sinal; pôr marca ou sinal em; indicar: *As meninas marcavam as páginas dos livros com pétalas de rosa*. **2** produzir marca ou sinal em: *As espinhas marcaram o meu rosto*. **3** causar marca ou impressão; afetar: *Um trauma de infância pode nos marcar por toda a vida*. **4** fixar; estabelecer; agendar: *O juiz marcou a audiência para as 14 horas*. **5** reservar: *Detesto marcar lugar no cinema*. **6** executar; realizar. **7** anotar; apontar: *O juiz marcou o pênalti já nos descontos*. **8** (Mús.) indicar o andamento ou execução de: *O regente marcava o compasso com movimentos da batuta*. **9** indicar; registrar: *O relógio marcava 23 horas*. **10** ser marca de; indicar: *Uma salva de fogos marcou a nossa chegada*. **11** combinar; aprazar: *Ele marcava encontros com a namorada no cinema*.

mar.ce.na.ri.a *s.f.* **1** oficina de marceneiro: *Encomendei metade de meus móveis numa marcenaria*. **2** obra de madeira: *Meu avô fazia marcenaria para cenários de teatro*.

mar.ce.nei.ro *s.m.* profissional que faz ou repara móveis de madeira: *Com habilidade, o marceneiro aplaina uma tábua*.

mar.cha *s.f.* **1** jornada a pé; caminhada: *Após o café, retomamos nossa marcha rumo à praia*. **2** passo cadenciado: *Cortando a marcha do nosso trote, surgiu à frente um bando arisco de cabritos selvagens*. **3** passeata: *marcha contra a violência*. **4** andadura; passo: *Nada mais agradável do que a marcha de uma égua de raça*. **5** movimento ou curso regular; andamento: *a marcha do tempo*. **6** velocidade: *Ao avistar um vulto na pista, diminui a marcha do carro*. **7** cada uma das posições da caixa de câmbio que permite imprimir velocidades diferentes ao carro: *Os carros modernos já têm a sexta marcha*. **8** (Mús.) composição musical em compasso binário ou quaternário, com os tempos fortes bem acentuados e andamentos variados: *marcha carnavalesca*.

mar.cha.dor (ô) *s.m.* **1** atleta que pratica marcha; caminhada: *Os marchadores faziam o percurso de trinta quilômetros em três horas*. • *adj.* **2** de passo largo e compassado: *um cavalo marchador*.

marchand (marchã) (Fr.) *s.m.* comerciante de objetos de arte.

mar.char *v.t.* **1** ir andando; caminhar: *Toda manhã marchávamos até o Jardim Botânico*. **2** investir sobre; avançar: *Apanhou a bengala e marchou para cima do desafeto*. **3** evoluir; progredir: *Tudo parece marchar para um final feliz*. **4** invadir: *As tropas rebeldes marcham sobre a capital*. • *int.* **5** caminhar a passo cadenciado, em cadência militar: *Os alunos eram obrigados a marchar nos desfiles comemorativos*.

mar.che.ta.ri.a *s.f.* técnica de incrustar, embutir ou aplicar peças recortadas de madeira, marfim, tartaruga ou bronze, em obra de marcenaria, formando desenhos.

mar.ci.al *adj.2g.* **1** relativo à guerra; guerreiro; bélico: *artes marciais*. **2** belicoso; aguerrido: *O comandante não perdia a postura marcial*. **3** relativo a militares: *O soldado deve ser levado a uma corte marcial em janeiro*.

563

marciano

mar.ci.a.no *s.m.* **1** suposto habitante de Marte: • *adj.* **2** relativo a Marte: *solo marciano.*

mar.co¹ *s.m.* **1** sinal indicativo de limite territorial: *Os marcos que delimitavam o terreno foram removidos pela prefeitura.* **2** elemento natural que funciona como sinal de demarcação: *Um pequeno rio era o marco da divisa das duas fazendas.* **3** elemento distintivo; marca: *As impressões digitais são o marco de cada pessoa.* **4** elemento demarcador; registro: *A queda do muro de Berlim foi um marco histórico.* **5** limite; objetivo: *Ser artista de cinema era o marco de suas aspirações.*

mar.co² *s.m.* antiga unidade monetária da Alemanha.

mar.ço *s.m.* terceiro mês do ano.

ma.ré *s.f.* **1** fluxo e refluxo das águas do mar que, duas vezes ao dia, se elevam e se abaixam alternadamente: *A inundação agravou-se porque havia maré alta.* **2** (Fig.) conjuntura; ocasião; fase: *Ontem o mercado se viu novamente afetado pela maré de incertezas.* **3** (Fig.) tendência; onda: *Enquanto não passar essa maré, os preços não se estabilizarão.*

ma.re.ar *v.t.* **1** provocar enjoo em: *O balanço do barco me mareou.* **2** tirar o lustro de; embaçar: *marear os objetos de prata.* • *int.* **3** ficar enjoado: *Meu consolo é que o comandante também mareava.*

ma.re.chal *s.m.* **1** o mais alto posto na hierarquia do Exército: *Tive um tio que foi marechal.* **2** oficial nesse posto.

ma.re.jar *v.int.* **1** sair em gotas; gotejar. **2** porejar; suar: *A testa marejava sem parar.* **3** encher-se de lágrimas: *Naquele instante meus olhos marejavam.*

ma.re.mo.to (ó) *s.m.* grande agitação do mar, provocada pelo movimento do interior da Terra: *A população temia a ocorrência de um maremoto sobre a cidade litorânea.*

ma.re.si.a *s.f.* **1** cheiro característico proveniente do mar na vazante. **2** ação oxidante da água do mar ou de sua evaporação: *A maresia estraga os carros.*

mar.fim *s.m.* **1** substância fina, lisa e resistente, branco-leitosa, de que são constituídas as presas do elefante e de outros mamíferos. **2** obra ou objeto feito de marfim: *A artista posa ao lado de sua coleção de marfins orientais.*

mar.ga.ri.da *s.f.* (Bot.) planta da família das compostas, com flores de miolo amarelo e pétalas brancas.

mar.ga.ri.na *s.f.* produto alimentício, de consistência pastosa e gordurosa, semelhante à manteiga, feita de óleos vegetais.

mar.ge.ar *v.t.* **1** seguir pela margem de; caminhar ladeando: *Seguimos margeando o rio até encontrarmos uma cabana.* **2** estar ao longo de; ladear: *O mato que margeia a estrada dificulta a visão dos motoristas.*

mar.gem *s.f.* **1** terreno que ladeia (rio, lago): *Os turistas armaram barracas às margens do lago.* **2** praia; litoral; costa: *O barco chegará na margem ao amanhecer.* **3** parte mais externa da folha; bordo: *As folhas dessa planta têm as margens recortadas.* **4** espaço sem letras de cada um dos lados de obra escrita ou impressa: *Os parágrafos devem iniciar-se a três centímetros da margem.* **5** grau de diferença; medida; quantidade: *O time visitante venceu o primeiro jogo por pequena margem.* **6** ensejo; possibilidade; oportunidade: *Os exames vestibulares fornecem várias estatísticas, que dão margem a muita especulação.* • **à margem** à parte; isolado; excluído: *O povo ficou à margem das discussões sobre o seu próprio destino.*

mar.gi.nal *s.2g.* **1** pessoa que vive à margem da sociedade ou da lei; vagabundo; delinquente: *O marginal feriu-se e se encontra desaparecido.* • *s.f.* **2** via que segue ao lado da margem de um rio: *A marginal do Tietê está hoje intransitável.* • *adj.2g.* **3** que se encontra à margem do problema, do convencional ou do ético: *soluções marginais.* **4** que segue a margem de um rio: *As avenidas marginais ficam congestionadas quando chove.*

mar.gi.ná.lia *s.f.* (Coloq.) conjunto de pessoas que está à margem da sociedade: *Vez ou outra, há uma festa, mas aparece somente a escória, a marginália.*

mar.gi.na.li.da.de *s.f.* condição do que ou de quem é marginal: *Milhões de brasileiros estão vivendo na marginalidade.*

mar.gi.na.li.za.ção *s.f.* colocação à margem; separação; segregação: *A decisão do político se deve à sua marginalização dentro do partido.*

mar.gi.na.li.zar *v.t.* pôr à margem da sociedade ou de um grupo; excluir; segregar: *O desemprego marginaliza as pessoas.*

mar.gi.nar *v.t.* **1** seguir pela margem de; margear; caminhar ladeando: *Fomos marginando o ribeirão à procura de um lugar bom para pescar.* **2** estar situado ao longo de; ladear: *Era um caminho de areia, marginando a relva.*

ma.ri.a-chi.qui.nha *s.f.* penteado feminino que divide os cabelos ao meio, do alto até a nuca e os prende em duas madeixas laterais. // Pl.: marias-chiquinhas.

ma.ri.a-fu.ma.ça *s.f.* locomotiva a vapor: *A estação ferroviária irá reativar o passeio de maria-fumaça.*

ma.ri.a.no *adj.* relativo à Virgem Maria: *culto mariano.*

ma.ri.cas *s.m.2n.* (Deprec.) **1** homem efeminado. • *adj.2n.* **2** (Coloq.) medroso; covarde.

ma.ri.do *s.m.* esposo.

ma.rim.ba *s.f.* (Mús.) instrumento de percussão tocado com duas baquetas, que consta de lâminas de madeira ou metal graduadas no comprimento para formar escalas, dispostas sobre cabaças ou tubos de metal que funcionam como caixas de ressonância.

ma.rim.bon.do *s.m.* (Zool.) inseto provido de ferrão; vespa.

ma.ri.na *s.f.* conjunto de instalações necessárias, em um porto, para embarcações, sobretudo de esportes e lazer; cais: *Esse hotel fica cercado por uma das marinas mais bonitas que já vi.*

marine (mérín) (Ingl.) *s.m.* fuzileiro naval dos Estados Unidos.

ma.ri.nha *s.f.* **1** órgão das Forças Armadas que se destina à defesa da Nação, em ação isolada ou simultânea com o Exército e a Força Aérea: *Ministério da Marinha.* // Nesta acepção escreve-se com inicial maiúscula. // **2** conjunto de navios; frota: *Um moderno submarino veio incorporar-se à Marinha brasileira.* **3** tripulação de um navio: *Fomos salvos pela marinha de um navio inglês.* **4** conjunto de funcionários administrativos e oficiais da Marinha: *A Marinha compareceu em peso ao baile de gala.* **5** desenho ou pintura que representa motivos marítimos: *É um renomado pintor de marinhas.*

ma.ri.nhei.ro *s.m.* **1** homem do mar, que sabe dirigir uma embarcação: *O marinheiro deu a volta no barco*

marreteiro

e remou em direção à terra. **2** pessoa que serve na Marinha: *O sonho do garoto era seguir a carreira de marinheiro.* ♦ **marinheiro de primeira viagem** pessoa que faz uma coisa pela primeira vez, pessoa inexperiente.

ma.ri.nho *adj.* **1** do ou relativo ao mar: *A brisa marinha nos inspirava a fazer poemas.* **2** que habita o mar ou dele provém: *animais marinhos.* **3** de tom azul-escuro: *Vestia uma saia marinho para ir à escola.*

ma.ri.o.la (ó) *s.f.* doce de banana ou goiaba em pedaços: *Ela lhe servia mariolas.*

ma.ri.o.ne.te (ê) *s.f.* **1** boneco articulado, geralmente de madeira, controlado por meio de fios que o ligam a uma cruzeta que o artista manipula atrás de uma tela, fora da vista dos espectadores: *teatro de marionetes.* **2** (Fig.) pessoa sem personalidade, manipulável: *O secretário era um mero marionete do prefeito.*

ma.ri.po.sa (ô) *s.f.* **1** (Zool.) inseto noturno, de asas finas e grandes: *As mariposas voejavam em torno do lampião.* **2** (Deprec.) meretriz; prostituta.

ma.ris.car *v.t.* **1** catar insetos no chão; ciscar: *A galinha não tardou a mariscar o chão com a sua ninhada.* • *int.* **2** colher ou apanhar marisco: *Havia pássaros mariscando.*

ma.ris.co *s.m.* (Zool.) designação comum aos invertebrados marinhos comestíveis, especialmente moluscos e crustáceos.

ma.ris.ta *s.m.* **1** religioso da ordem fundada na França, em 1817, sob o nome de Pequenos Irmãos de Maria, que se dedica à educação de crianças. • *adj.* **2** relativo à ordem dos maristas: *Estudei num colégio marista.*

ma.ri.ta.ca *s.f.* (Zool.) ave trepadora um pouco menor que o papagaio, de cor verde e bico recurvo, que voa em bandos, fazendo ruído semelhante à voz humana: *As maritacas nos acordavam com sua algazarra.*

ma.rí.ti.mo *s.m.* **1** marinheiro; marujo: *queria seguir a carreira de marítimo.* **2** pessoa que trabalha na marinha mercante ou na estiva: *Os marítimos apresentam hoje suas reivindicações.* • *adj.* **3** relativo à marinha; naval: *forças marítimas.* **4** relativo à marinha mercante: *os trabalhadores marítimos.* **5** que vive ou se desenvolve no mar: *a flora marítima.* **6** que abrange o mar: *nosso território marítimo.* **7** do mar: *uma carta marítima.* **8** à beira-mar: *Percorríamos toda manhã as avenidas marítimas.* **9** que se faz pelo mar: *o transporte marítimo.* **10** que ocorre ou se realiza no mar: *posto de salvamento marítimo.*

marketing (márketin) (Ingl.) *s.m.* estratégia de negócios para tornar um produto ou uma pessoa conhecidos do público: *O objetivo do departamento de marketing é acertar três grandes contratos publicitários.*

mar.man.jo *s.m.* **1** homem feito; adulto: *Tamanho marmanjo e ainda tem medo de escuro!* **2** indivíduo de mau-caráter; velhaco; tratante.

mar.me.la.da *s.f.* **1** doce de marmelo em pasta: *Serviram-nos no hotel marmelada com queijo.* **2** (Coloq.) roubalheira; trapaça; conluio: *O resultado do jogo foi fruto de pura marmelada.*

mar.me.lei.ro *s.m.* (Bot.) árvore de ramos em forma de longas varas, com folhas compostas, que produz o marmelo.

mar.me.lo (é) *s.m.* **1** (Bot.) fruto grande, carnoso e ácido, próprio para doces: *Em vez de marmelo, usavam chuchu para fabricar marmelada.* **2** marmeleiro: *Apanhava com vara de marmelo.*

mar.mi.ta *s.f.* **1** recipiente para transportar refeições: *O operário almoçava de marmita.* **2** comida armazenada nesse recipiente: *A mulher do boia-fria levanta-se às três da manhã para lhe fazer a marmita.*

mar.mi.tei.ro *s.m.* **1** entregador de marmitas. **2** quem come de marmita.

mar.mo.ra.ri.a *s.f.* **1** estabelecimento ou oficina onde se trabalha com mármore: *As marmorarias cortam e preparam as chapas de acordo com a finalidade desejada.* **2** conjunto de artefatos de mármore: *A marmoraria nacional vem se impondo no mercado exterior.*

már.mo.re *s.m.* rocha calcárea, dura, suscetível de polimento, empregada em estatuária e arquitetura.

mar.mó.reo *adj.* **1** de mármore: *objetos marmóreos.* **2** semelhante ao mármore: *O piso da cozinha tinha um aspecto marmóreo.* **3** muito branco; claro: *tez marmórea.* **4** (Fig.) insensível; duro; imutável: *Era um homem implacável, de frieza marmórea.*

mar.mo.ta (ó) *s.f.* **1** (Zool.) quadrúpede roedor, de corpo robusto, pernas curtas e cauda peluda. **2** (Coloq.) pessoa desengonçada ou mal-arrumada.

ma.ro.la (ó) *s.f.* **1** ondulação das águas do mar: *Cuidado com a marola, ela pode virar o seu barco.* **2** alvoroço; agitação: *O melhor conselho a dar neste momento é não fazer muita marola.*

ma.ro.to (ô) *s.m.* **1** pessoa esperta, viva, brejeira: *criança marota.* **2** tratante; velhaco: *Vive de golpes e trapaças o grande maroto.*

mar.quês *s.m.* **1** título de nobreza entre o de duque e o de conde. **2** aquele que possui esse título: *o Marquês de Pombal.*

mar.que.sa *s.f.* **1** feminino de marquês. **2** canapé largo, com encosto e braços e com assento de palhinha: *uma marquesa e duas cadeiras do século XIX compõem a sala.*

mar.que.tei.ro *s.m.* **1** (Coloq.) profissional de *marketing*; publicitário: *O marqueteiro teve papel importante nesta eleição.* • *adj.* **2** (Coloq.) que gosta de publicidade; que visa à publicidade: *cantor marqueteiro.*

mar.qui.se *s.f.* cobertura que se projeta para a calçada na parte externa de um edifício, destinada a servir de abrigo: *Das marquises, o povo aplaudia o governador.*

mar.ra *s.f.* marreta. ♦ **na marra** com emprego de violência; à força: *Na marra, ultrapassou o cordão de isolamento.*

mar.ra.da *s.f.* arremesso e pancada com a cabeça ou com os cornos; cabeçada: *A cabeça fora feita para pensar, não para dar marradas.*

mar.re.co (é) *s.m.* (Zool.) pequeno pato: *Ele se dedica à criação de marrecos.*

mar.re.ta (ê) *s.f.* **1** grande martelo de ferro e de cabo comprido com que se quebram pedras: *Os ladrões usaram de uma marreta para abrir a porta.* • *adj.2g.* **2** (Coloq.) de procedimento ardiloso e condenável; picareta: *fez um trabalho marreta.*

mar.re.tar *v.t.* **1** bater, partir com marreta. **2** (Coloq.) falar mal; criticar: *Não é novidade ele marretar os projetos dos concorrentes.*

mar.re.tei.ro *s.m.* (Reg. SP) vendedor ambulante; camelô.

565

marrom

mar.rom s.m. 1 castanho: *A cor de seu terno estava entre o vinho e o marrom.* • adj. 2 que tem a cor castanha. 3 (Bras.) diz-se de imprensa que explora o sensacionalismo, dando larga cobertura a crimes, fatos escabrosos e anomalias sociais: *jornalismo marrom.*

mar.ro.qui.no s.m. 1 natural ou habitante de Marrocos. • adj. 2 relativo a Marrocos: *imigrante marroquino.*

mar.ru.á s.m. 1 novilho não domesticado. 2 touro bravio: *O bichão chega a uivar de raiva, arremessa-se na passagem que nem um marruá.*

mar.su.pi.al s.m. 1 (Zool.) mamífero cuja fêmea tem uma bolsa, situada sobre o abdome, destinada a receber as crias depois do nascimento: *O canguru é um marsupial.* • adj. 2 relativo a ou próprio dessa ordem de mamíferos.

mar.ta s.f. (Zool.) pequeno mamífero carnívoro de pelagem longa e sedosa.

mar.te s.m. 1 (Astr.) quarto planeta do Sistema Solar, a partir do Sol: *Marte é chamado de planeta vermelho.* 2 (Mitol.) deus da guerra entre os romanos, correspondente ao grego Ares. // Em ambas as acepções grafa-se com inicial maiúscula.

mar.te.lar v.t. 1 bater com martelo: *martelar o prego.* 2 (Fig.) insistir em: *Por isso no meu discurso eu martelei tanto esse ponto.* • int. 3 (Fig.) latejar; doer: *Tinha febre, a cabeça martelava.*

mar.te.lo (é) s.m. 1 ferramenta de ferro, com cabo de madeira destinado a bater, pregar ou quebrar. 2 peça (do piano) destinada a percutir as cordas: *Os martelos do piano já não funcionavam.* 3 (Anat.) um dos ossos do ouvido: *A contração isolada do músculo do martelo provoca a distensão do tímpano.* 4 certo golpe nas lutas de capoeira: *O capoeirista era perito em martelos.*

mar.tim-pes.ca.dor s.m. (Zool.) ave aquática da região do Pantanal (MS): *O martim-pescador dá seus contínuos mergulhos.* // Pl.: martins-pescadores.

már.tir s.2g. 1 pessoa que sofre tormentos ou morte por sua fé, crenças ou opiniões: *Pensava nela e me preparava para morrer, igual a um mártir na fogueira.* 2 pessoa sofredora.

mar.tí.rio s.m. 1 suplício ou morte de mártir. 2 grande sofrimento físico ou tormento emocional: *Aquela dor na coluna era um martírio.*

mar.ti.ri.zar v.t. 1 infligir martírio a; torturar: *Os soldados do rei martirizaram os sacerdotes.* 2 afligir; atormentar: *Essa questão vive me martirizando.* • pron. 3 afligir-se; mortificar-se: *Não se martirize com tão pouca coisa.*

ma.ru.ja.da s.f. 1 conjunto de marujos; tripulação de um navio: *A marujada era toda inglesa.* 2 (Folcl.) representação que se realiza pela festas do Natal e que consiste em peleja entre mouros e cristãos dentro de barcos.

ma.ru.jo s.m. marinheiro.

ma.ru.lhar v.int. 1 agitar-se formando ondas: *As águas marulhavam, produzindo um som característico.* 2 produzir ruído característico das ondas do mar: *À luz das estrelas selamos a nossa separação, com as ondas marulhando.*

ma.ru.lho s.m. 1 movimento ou agitação das águas do mar, acompanhado de ruído peculiar: *o marulho das ondas.* 2 ruído que, pela sua regularidade, lembra o barulho das ondas: *O marulho da chuva de vento sobre os telhados era impressionante.*

mar.xis.mo /ks/ s.m. conjunto de conceitos elaborados por Karl Marx e Friedrich Engels, a partir de 1845, centrado na crítica à economia política burguesa e no estudo científico do modo de produção capitalista.

mar.xis.ta /ks/ s.2g. 1 partidário do marxismo: *É a primeira vez no mundo que um marxista chega ao poder através de eleições livres.* • adj.2g. 2 relativo ao marxismo: *filófoso marxista.*

mar.zi.pã s.m. massa preparada com amêndoas e açúcar.

mas conj. exprime contraste, oposição, restrição; porém; contudo; no entanto: *Outros suspeitos têm sido acusados, mas faltam provas.*

mas.car v.t. 1 mastigar sem engolir: *mascar chiclete.* 2 movimentar a boca como se estivesse mastigando; mordiscar: *mascar um cigarro de palha.*

más.ca.ra s.f. 1 objeto de material consistente, que representa uma cara ou parte dela, destinado a cobrir o rosto para escondê-lo ou disfarçá-lo: *máscara de vampiro.* 2 dispositivo usado por profissionais para proteger o rosto: *Quem trabalha com elementos corrosivos deve usar máscara.* 3 nas atividades cirúrgicas ou nos ambientes hospitalares, peça que se coloca sobre o nariz e a boca para auxiliar a respiração do paciente ou para proteger as pessoas envolvidas contra possíveis contaminações: *Os médicos são obrigados a usar máscaras em cirurgias.* 4 camada de cosméticos ou outra substância que se aplica ao rosto para tratamento da pele: *As mulheres usam clara de ovo nas máscaras de tratamento da pele.* 5 expressão facial do ator em sua representação ou caracterização. 6 (Fig.) dissimulação; disfarce: *O rapaz deixou cair a máscara e se revelou um grande pilantra.*

mas.ca.rar v.t. 1 disfarçar; encobrir; camuflar: *Os bons resultados iniciais mascararam os problemas entre o jogador e o técnico.* 2 alterar; deturpar: *A inclusão de dados falsos mascara os resultados da pesquisa.* • pron. 3 fingir(-se); dissimular(-se): *Ele se mascarava de durão.*

mas.ca.te s.m. (Bras.) vendedor ambulante que percorre ruas e estradas a vender objetos manufaturados: *Os mascates vendiam bugigangas pelas fazendas.*

mas.ca.te.ar v.t. 1 vender pelas ruas ou na zona rural, de porta em porta: *Meu pai ganhava a vida mascateando roupas feitas e calçados.* • int. 2 exercer a profissão de mascate.

mas.ca.vo adj. diz-se do açúcar não refinado.

mas.co.te (ó) s.f. pessoa, animal ou coisa que, segundo a crença, traz sorte ou felicidade; amuleto: *A cantora tinha um ursinho de pelúcia como mascote.*

mas.cu.li.ni.da.de s.f. presença de caracteres físicos e mentais próprios do homem; virilidade.

mas.cu.li.no s.m. 1 gênero gramatical que se caracteriza pela anteposição do artigo *o*: *A palavra caixa, empregada no masculino, tem outro significado.* • adj. 2 do ou relativo ao sexo dos homens ou animais machos: *O coronel só queria filhos do sexo masculino.* 3 próprio do homem; viril. 4 destinado ou feito para o homem: *trajes masculinos.* 5 dos homens: *ala masculina do acampamento.* 6 designativo de seres do sexo masculino: *Juraci requereu a troca do nome por julgá-lo masculino.* // Ant.: feminino.

más.cu.lo adj. 1 varonil; vigoroso; viril. 2 próprio de homem: *ombros másculos.*

mata-piolho

mas.mor.ra (ô) *s.f.* cárcere subterrâneo: *Na mesma masmorra, o inocente suspeito e o criminoso convicto.*

ma.so.quis.mo *s.m.* **1** prática sexual em que a pessoa só tem prazer ao ser maltratada física ou moralmente. **2** prazer que se sente com o próprio sofrimento: *O seu gosto pela autodestruição tem uma dose de masoquismo.*

ma.so.quis.ta *s.m.* **1** quem é dado à prática do masoquismo. • *adj.* **2** que é dado à prática do masoquismo.

mas.sa *s.f.* **1** aglomerado de elementos que formam um conjunto, em geral da mesma natureza: *massa muscular.* **2** qualquer iguaria feita com farinha de cereais: *O médico me aconselhou a não comer massas.* **3** quantidade de matéria que forma um corpo: *A massa da Terra é várias vezes menor que a de Júpiter.* **4** totalidade ou maioria: *A grande massa da população aprovou os novos projetos.* **5** substância mole e pastosa; pasta: *Faça uma massa com folhas de malva e coloque sobre a contusão.* **6** turba; multidão: *A massa, de pé, aplaudia o cantor.* **7** aquilo que nossos sentidos apreendem como um todo: *a massa de informações.* • **de massa** diz-se dos meios de comunicação que visam a atingir a grande maioria ou a totalidade da população; referente ao povo. **em massa** em conjunto; na totalidade: *A torcida apareceu em massa.*

mas.sa.crar *v.t.* **1** matar cruelmente; chacinar: *As tropas rebeldes massacraram um grupo de civis.* **2** pôr em situação embaraçosa, penosa ou humilhante; oprimir: *Algumas empresas se aproveitam da crise para massacrar os trabalhadores.* **3** castigar; atormentar: *A seca massacra o povo nordestino.*

mas.sa.cre *s.m.* morticínio cruel; matança; carnificina: *Começou o julgamento dos responsáveis pelo massacre.*

mas.sa.ge.ar *v.t.* **1** fazer massagem em: *O fisioterapeuta massageava as costas do atleta.* **2** (Fig.) estimular: *massagear o ego.*

mas.sa.gem *s.f.* fricção ou compressão no corpo ou em parte dele, com fins terapêuticos: *Faço sessões de massagem duas vezes por semana.*

mas.sa.gis.ta *s.2g.* profissional especializado em massagens.

mas.sa.pê *s.m.* terra argilosa, preta, muito boa para a cultura: *A chuva transformara o massapé em lamaçal.* // Var: massapé.

mas.si.fi.ca.ção *s.f.* transformação do pensamento e da conduta individuais pelos meios de comunicação de massa, para aceitação de valores padronizados pela sociedade: *Vivemos uma época de massificação da informação.*

mas.si.fi.car *v.t.* **1** fazer aumentar o consumo de ou a adesão a; popularizar: *O time iniciou um projeto para massificar o vôlei na cidade.* **2** transformar o pensamento e a conduta individuais com a utilização dos meios de comunicação de massa, para aceitação de valores padronizados pela sociedade; nivelar; uniformizar: *massificar comportamentos.*

mas.si.vo *adj.* **1** em grande quantidade; maciço; total. **2** referente ao povo; de massa: *meios de comunicação massiva.*

mas.su.do *adj.* **1** forte; musculoso; corpulento: *indivíduo massudo.* **2** de grande porte; volumoso: *Acabei de ler um livro massudo.* **3** com muita massa: *Os pães estão ficando menos massudos.*

mas.ti.ga.ção *s.f.* trituração feita com os dentes: *A prótese ajuda a corrigir distorções da mastigação.*

mas.ti.gar *v.t.* **1** triturar com os dentes: *Quem mastiga bem os alimentos tem boa digestão.* **2** apertar com os dentes: *O cavalo não para de mastigar o freio.* **3** (Fig.) ponderar; examinar detidamente: *Fiquei mastigando aquela ideia durante vários dias.* • *int.* **4** praticar a mastigação: *Faz parte da boa educação mastigar de boca fechada.*

mas.tim *s.m.* (Zool.) **1** grande cão usado para guardar gado. **2** qualquer cão de grande porte.

mas.ti.te *s.f.* (Patol.) inflamação das glândulas mamárias, geralmente por infecção.

mas.to.don.te *s.m.* **1** (Paleont.) animal fóssil corpulento, da mesma ordem que os elefantes: *Um inverno muito mais frio do que o normal acabou com os mastodontes.* **2** (Deprec.) pessoa muito corpulenta.

mas.tro *s.m.* **1** pau comprido, roliço e vertical em que se hasteia bandeira. **2** tronco comprido e vertical, que serve para sustentar as velas do navio: *Um bando de gaivotas sobrevoava o mastro.* **3** tronco comprido e vertical colocado no centro do circo e que sustenta toda a estrutura e a lona que o cobre: *O palhaço sobe pelo mastro, sua calça cai e a criançada delira.* **4** pau comprido e enfeitado em ocasião festiva: *Ao lado da fogueira se erguiam mastros enfeitados.*

mas.tru.ço *s.m.* (Bot.) pequena erva cujas folhas têm propriedades medicinais.

mas.tur.ba.ção *s.f.* ato ou efeito de masturbar(-se).

mas.tur.bar *v.t.* manipular ou estimular os próprios órgãos genitais ou de outrem para alcançar o orgasmo ou fazer alguém alcançá-lo.

ma.ta *s.f.* **1** extenso terreno coberto de árvores silvestres; bosque; selva. **2** zona geográfica entre a praia e o sertão, caracterizada pela fertilidade do solo e pelo grande porte da vegetação. **3** grande quantidade de árvores da mesma espécie: *mata de eucaliptos.*

ma.ta-bor.rão *s.m.* papel que serve para absorver tinta ou líquidos: *Ainda sou do tempo em que se usavam mata-borrões na escola.* // Pl.: mata-borrões.

ma.ta-ca.chor.ro *s.m.* (Bras.) **1** soldado de polícia: *Aquelas pessoas estavam ali corridas dos mata-cachorros.* **2** pessoa que, nos circos, prepara o picadeiro para o espetáculo: *Leões e tigres, colocados sobre pranchas com rodas, eram puxadas pelos mata-cachorros.* **3** (Bot.) pequena árvore da Amazônia, de bonitas flores, que produz frutos venenosos e, por isso, empregada em raticidas. //Pl.: mata-cachorros.

ma.ta.dor *s.m.* **1** pessoa que mata; assassino. • *adj.* **2** que mata; mortífero.

ma.ta.dou.ro *s.m.* local destinado à matança de reses para o consumo.

ma.ta.gal *s.m.* **1** bosque espesso; brenha: *O matagal desdobrava-se numa massa de troncos e cipós.* **2** terreno coberto de plantas bravas; mato.

ma.tan.ça *s.f.* **1** assassinato simultâneo de várias pessoas; massacre. **2** abate (de animal) por esporte ou para consumo: *A sequência mais terrível do filme mostra como é feita a matança de animais, para comercialização.*

ma.ta-pi.o.lho *s.m.* (Coloq.) o dedo polegar. // Pl.: mata-piolhos.

matar

ma.tar *v.t.* **1** privar da vida; assassinar. **2** causar a morte de: *A fome está matando crianças inocentes.* **3** abater: *Mataram quatro novilhas para a festa.* **4** destruir: *A geada matou todo o cafezal.* **5** fazer desaparecer: *matar as últimas esperanças.* **6** saciar; satisfazer: *matar a fome.* **7** afligir; mortificar: *Essa saudade está me matando.* **8** (Coloq.) decifrar; adivinhar: *Matei a charada na hora.* **9** (Fut.) amortecer o impacto de: *Quem é craque mata a bola no bico da chuteira.* **10** (Coloq.) deixar de comparecer à aula; gazetear: *matar a aula.* **11** fazer experimentar em grau muito intenso: *matar de inveja os concorrentes.* • *pron.* **12** expressa intensidade; estafar-se; acabar-se: *Estou me matando de trabalhar.* **13** dar a morte a si mesmo, suicidar-se. **14** sacrificar-se. • *int.* **15** tirar a vida: *Não mate, não morra, dirija com cuidado* ♦ **de matar** (Coloq.) muito intenso; terrível: *Fazia um calor de matar.*

ma.te *s.m.* **1** planta de cujas folhas se faz chá ou as folhas dessa planta. **2** chá resultante da infusão das folhas secas dessa planta: *Serviu um delicioso mate gelado.* **3** lance decisivo no jogo de xadrez; xeque-mate.

ma.tei.ro *s.m.* **1** nativo que trabalha como guia na selva: *Os outros mateiros retornaram ao igarapé para levar as canoas de volta.* **2** abridor de estradas na mata. **3** veado que vive na mata: *Estava proibida a caça aos mateiros.*

ma.te.las.sê *s.m.* tecido acolchoado com pespontos que formam desenhos em relevo: *colchas de matelassê.*

ma.te.má.ti.ca *s.f.* ciência que trata das medidas, propriedades e relações de quantidades e grandezas, e inclui Aritmética, Álgebra, Geometria etc.

ma.te.má.ti.co *s.m.* **1** pessoa versada em Matemática: *Einstein, embora fluente no uso da matemática, nunca foi um grande matemático.* • *adj.* **2** de ou relativo à Matemática: *Sempre tive um bom raciocínio matemático.* **3** que tem a precisão rigorosa da Matemática: *Temos de planejar esse trabalho com um rigor matemático.*

ma.té.ri.a *s.f.* **1** substância que ocupa espaço, afeta os sentidos e tem massa e peso: *os estados da matéria.* **2** parte material de um ser animado; corpo: *A morte nada mais é do que o divórcio entre o espírito e a matéria.* **3** (Jorn.) reportagem ou notícia de jornal ou revista: *A revista publicou uma matéria interessante.* **4** motivo; pretexto; causa: *A presença de seres extraterrestres aqui é matéria para reflexão.* **5** disciplina escolar: *Este ano teremos duas matérias novas: Filosofia e Ecologia.* **6** conteúdo sobre o que versa uma disciplina: *O professor ainda não passou a matéria da prova de Português.* **7** assunto ou objeto de um discurso: *Essa nossa conversa tem matéria suficiente para escrever um livro.*

ma.te.ri.al *s.m.* **1** objetos utilizados em uma construção: *Só de material gastei uma fortuna na construção da casa.* **2** substância de que é feito um objeto: *Minha bicicleta é feita de um material leve e resistente.* **3** conjunto de elementos usados em uma determinada atividade; apetrechos; utensílios: *A falta de material nos hospitais públicos está prejudicando o bom atendimento.* **4** conjunto de elementos que entram na estrutura de um todo. **5** substância separada para exame, estudo ou pesquisa; amostra: *O analista colheu o material para exame.* **6** notas para a composição de uma obra intelectual: *Já temos o material necessário para escrever a peça.* **7** conjunto dos objetos e mobiliário de uma escola ou outro estabelecimento. **8** o homem como elemento de produção: *O nosso sistema de ensino tem material humano de ótima qualidade.* **9** matéria; assunto; conteúdo: *Revistas com material impróprio para crianças são vendidas abertamente.* **10** armamento: *material bélico.* • *adj.2g.* **2** feito de matéria, próprio dela: *aspectos materiais do filme.* **12** relativo à matéria ou a objetos físicos: *Não podemos viver em função das coisas materiais.*

ma.te.ri.a.lis.mo *s.m.* **1** tendência para os gozos e bens materiais. **2** (Filos.) doutrina segundo a qual no universo tudo é matéria, não havendo substância imaterial, espiritual.

ma.te.ri.a.lis.ta *s.m.* **1** pessoa partidária do materialismo. • *adj.2g.* **2** relacionado ao materialismo: *estilo de vida materialista.* **3** que se preocupa apenas com as coisas materiais.

ma.te.ri.a.li.za.ção *s.f.* **1** transformação em matéria; corporificação: *materialização do espírito.* **2** concretização: *materialização do plano de governo.*

ma.te.ri.a.li.zar *v.t.* **1** considerar como material o que é imaterial. **2** fazer manifestar-se sob forma material: *Naquela sessão tentaram materializar um espírito rebelde.* **3** tornar possível; realizar. • *pron.* **4** manifestar-se sob forma material; tornar-se corpóreo; corporificar-se: *À noite, todos aqueles seres de sua imaginação se materializavam.* **5** tornar-se realidade; concretizar-se: *Certas promessas nem sempre se materializam.*

ma.té.ria-pri.ma *s.f.* produto tal como se encontra antes de ser usado industrial ou artisticamente. // Pl.: matérias-primas.

ma.ter.nal *s.m.* **1** escola para crianças até três anos. • *adj.2g.* **2** próprio de mãe; afetuoso; protetor: *A enfermeira me dispensava um carinho maternal.* **3** aconchegante; agradável: *Uma brisa maternal nos envolvia.*

ma.ter.ni.da.de *s.f.* **1** condição da mulher de ser mãe: *O privilégio da maternidade faz da mulher um ser sublime e respeitável.* **2** relação de parentesco que liga a mãe a seu filho. **3** estabelecimento ou ala hospitalar para parturientes: *A mulher foi levada às pressas para a maternidade mais próxima.*

ma.ter.no (é) *adj.* **1** pertencente à mãe: *ventre materno.* **2** procedente da mãe: *Guardo com muito carinho os primeiros ensinamentos maternos.* **3** de mãe: *amor materno.* **4** por parte de mãe: *Só pude conhecer o meu avô materno.* **5** afetuoso; protetor; maternal: *A professora dispensa aos alunos um tratamento materno.*

ma.ti.lha *s.f.* **1** grupo de cães de caça. **2** (Fig.) grupo de malandros: *Uma matilha de desocupados seguia em algazarra pelas ruas.*

ma.ti.nal *adj.2g.* da ou relativo à manhã; matutino: *Após o treino matinal, o dirigente se reuniu com os jogadores.*

ma.ti.nê *s.f.* espetáculo, festa, sessão de cinema ou teatro realizada à tarde; vesperal: *Como recompensa, todos alunos foram à matinê.*

ma.tiz *s.m.* **1** nuança de cor; tom: *zonas azuis de di-*

maus-tratos

ferentes matizes. **2** gradação de cor. **3** diferença sutil dentro de uma mesma corrente de pensamento: *O filme tem um leve matiz existencialista.* **4** sinal; traço: *Suas palavras tinham um matiz de tristeza.*

ma.ti.zar *v.t.* **1** dar diferentes gradações a; variar. **2** dar diferentes gradações de cores: *O pôr do sol matizava o céu de um multicolorido deslumbrante.* • *pron.* **3** tornar-se colorido: *De repente, o céu se matizou.*

ma.to *s.m.* **1** terreno inculto coberto de grandes árvores; floresta: *Os cães embrenharam-se no mato.* **2** terreno onde nascem plantas agrestes de pequenas dimensões. **3** campo, por oposição à cidade: *O garoto vivia no mato, não conhecia nada da cidade.* **4** grande quantidade de plantas agrestes de pequenas dimensões: *A prefeitura resolveu tirar o mato das calçadas.*

ma.to-gros.sen.se *s.2g.* **1** natural ou habitante de Mato Grosso: *Os mato-grossenses são alegres e brincalhões.* • *adj.2g.* **2** relativo ao Estado de Mato Grosso. // Pl.: mato-grossenses.

ma.to-gros.sen.se-do-sul *s.2g.* **1** natural ou habitante de Mato Grosso do Sul. • *adj.2g.* **2** relativo ao Estado de Mato Grosso do Sul. // Pl.: mato-grossenses-do-sul.

ma.tra.ca *s.f.* **1** instrumento formado por tábuas ou argolas que, agitadas, percutem a pranchета onde estão presas, usado na igreja na quinta e na sexta-feira da Semana Santa. **2** (Coloq.) pessoa que fala muito: *É uma matraca, fala pelos cotovelos.*

ma.tra.que.ar *v.t.* **1** transmitir experiência a; ensinar: *Matraqueava o ofício ao aprendiz.* • *int.* **2** tocar matraca. **3** produzir som semelhante ao da matraca: *Toda noite uma moto fica matraqueando embaixo de minha janela.*

ma.trei.ro *adj.* **1** esperto; experiente; astuto. **2** esquivo, arisco: *animal matreiro.*

ma.tri.ar.ca *s.f.* mulher considerada base ou chefe de família: *A matriarca deixou metade de seus bens para as duas filhas.*

ma.tri.ar.ca.do *s.m.* (Antrop.) organização social e política em que a mulher é a base da família e exerce nela autoridade preponderante.

ma.tri.ar.cal *adj.2g.* de ou relativo ao matriarcado ou à matriarca.

ma.tri.ci.da *s.2g.* indivíduo que assassinou a própria mãe.

ma.trí.cu.la *s.f.* **1** lista ou relação de pessoas sujeitas a certos serviços ou encargos. **2** ato ou efeito de matricular-se. **3** inscrição para alguma atividade em órgão público, para legalizar o exercício de certas funções: *Esse concurso exige matrícula no curso superior.*

ma.tri.cu.lar *v.t.* **1** inscrever nos registros de matrícula: *Matriculei meu filho numa escola de ótimo nível.* • *pron.* **2** Alistar; inscrever-se.

ma.tri.mo.ni.al *adj.2g.* de ou relativo ao matrimônio; conjugal: *Nossa vida matrimonial vai às mil maravilhas.*

ma.tri.mô.nio *s.m.* casamento: *Há pessoas que não têm vocação para o matrimônio.*

ma.triz *s.f.* **1** órgão das fêmeas dos mamíferos onde se gera o feto; útero. **2** estabelecimento principal de uma instituição ou empresa e do qual dependem outros, as sucursais. **3** fonte; origem; nascente. **4** fêmea reprodutora: *O fazendeiro alugava suas matrizes da raça zebu.* **5** ramo ou galho reprodutor; enxerto: *Faltaram matrizes para os enxertos das plantas.* **6** para os católicos, igreja principal, que tem jurisdição sobre as outras: *Assistíamos a missas dominicais na matriz de São Sebastião.* **7** molde para fundição de tipos. • *adj.2g.* **8** que é fonte ou origem; básico: *A ideia matriz desse meu plano nasceu de um sonho.* **9** principal: *loja matriz.*

ma.tro.na *s.f.* **1** mulher respeitável, idosa. **2** mulher de meia-idade. **3** a mulher casada, entre os antigos romanos.

ma.tu.ra.ção *s.f.* **1** desenvolvimento para a maturidade; amadurecimento: *Com a maturação, o indivíduo cria novas concepções sobre a vida.* **2** desenvolvimento; aperfeiçoamento: *Já estou vivendo o processo de maturação do próximo filme.* **3** amadurecimento: *Os frutos apresentam maturação uniforme, são firmes e bem avermelhados.* **4** processo de amaciamento da carne: *A carne se torna macia também pela maturação.*

ma.tu.rar *v.t.* **1** amadurecer; curtir: *É necessário maturar o sorvete por três ou quatro horas.* • *int.* **2** tornar-se maduro; sazonar-se: *No calor, as frutas maturam mais depressa.*

ma.tu.ri.da.de *s.f.* **1** idade madura: *Não há necessidade de se chegar à maturidade para se ter juízo.* **2** desenvolvimento pleno: *maturidade da classe política.* **3** firmeza; decisão: *Precisamos enfrentar os problemas com maturidade.*

ma.tu.tar *v.t.* **1** planejar; intentar: *Fiquei matutando um modo de ganhar dinheiro.* **2** pensar; cismar: *Não é bom ficarmos matutando coisas impossíveis.* • *int.* **3** pensar; meditar: *O velho pescador mascava o palito e matutava.*

ma.tu.ti.no *s.m.* **1** jornal que circula pela manhã: *Leio três ou quatro matutinos e não vejo diferenças marcantes.* • *adj.* **2** que se realiza ou acontece pela manhã: *Sempre faço minhas caminhadas matutinas.* **3** da manhã: *jornal matutino.* // Ant.: vespertino.

ma.tu.to *s.m.* **1** pessoa caipira: *Um matuto pode ser mais sábio que um doutor.* • *adj.* **2** caipira.

mau *s.m.* **1** indivíduo de índole ruim; malvado: *Os maus nem sempre são castigados como merecem.* • *adj.* **2** malvado; maldoso: *Ele era um homem mau, desumano.* **3** desonesto: *Os comerciantes querem eliminar os maus pagadores.* **4** inferior; imprestável: *produto de má qualidade.* **5** inconveniente; inoportuno; inadequado: *Você teve uma má ideia de pescar em lugar proibido.* **6** imperfeito; ruim: *Quando a mãe tem carência de cálcio, o filho terá má dentição.* **7** que causa prejuízo; lesivo: *Esse realmente é um mau negócio.* **8** difícil: *Passamos por maus momentos na época do racionamento.*

mau-o.lha.do *s.m.* quebranto que a crendice popular atribui ao olhar de certas pessoas; feitiço. // Pl.: maus-olhados.

mau.ri.ci.nho *s.m.* (Coloq.) rapaz que se veste com apuro e frequenta lugares da moda: *Os mauricinhos estão vibrando com a temporada dos musicais.*

mau.so.léu *s.m.* sepultura suntuosa: *A principal atração de Xian é o mausoléu do primeiro imperador da China.*

maus-tra.tos *s.m.p.l.* submissão a trabalhos excessivos

mavioso

ou inadequados, a correção ou disciplina abusivas, a privação de alimentos ou de cuidados indispensáveis.
ma.vi.o.so (ô) *adj.* suave; brando; melodioso: *Ela é encantadora e tem uma voz maviosa.*
ma.xi.la /ks/ *s.f.* (Anat.) cada um dos ossos, superior e inferior, em que se implantam os dentes: *O dentista fura a maxila com uma pequena broca para fixar os pinos de titânio.*
ma.xi.lar /ks/ *s.m.* (Anat.) **1** cada um dos dois ossos em que se implantam os dentes: *O pugilista fraturou os dois maxilares.* • *adj.2g.* **2** da ou relativo a um desses ossos: *osso maxilar.*
má.xi.ma /ss ou ks/ *s.f.* norma admitida como princípio; sentença moral; axioma: *Vale lembrar uma máxima de Sêneca: "Será que não ousamos porque as coisas são difíceis ou será que elas são difíceis porque não ousamos?"*
má.xi.me /ks/ *adv.* principalmente; especialmente: *Nas ações de todos os homens, máxime dos príncipes, o que importa é o êxito.*
ma.xi.mi.zar /ss ou ks/ *v.t.* elevar ao máximo.
má.xi.mo /ss ou ks/ *s.m.* **1** o último grau possível; o grau pleno; o mais alto ou mais intenso; o limite extremo: *O tintureiro o escuta com o máximo de atenção.* • *adj.* **2** maior de todos; mais alto ou mais intenso; absoluto: *Segundo as autoridades, a gasolina ainda não atingiu o seu preço máximo.*
ma.xi.xe /ch...ch/ *s.m.* **1** dança popular, cheia de movimentos requebrados e volteios: *Aquele idoso ainda dança maxixe.* **2** música de desenhos melódicos ondulantes e ritmos quebrados em que se combinam elementos da polca e do lundu. **3** fruto roliço e alongado, liso ou com espinhos, amarelado quando maduro, carnoso.
ma.ze.la (é) *s.f.* **1** chaga; ferida. **2** enfermidade; doença. **3** aflição; problema: *A pirataria tem sido a mazela persistente a minar o desenvolvimento de determinadas indústrias nacionais.* **4** (Fig.) defeito moral; mancha na honra.
ma.zur.ca *s.f.* música ou dança popular polonesa, misto de valsa e polca: *Meu avô me ensinava a dançar polcas e mazurcas.*
me *pron. pess.* **1** refere-se ao falante e funciona como complemento verbal (a mim): *É um assunto que me interessa muito.* **2** é usado no lugar do possessivo correspondente (meu): *Levaram-me o relógio.*
me.a.da *s.f.* **1** porção de fios dobrados: *Comprei algumas meadas de lã e mandei fazer um pulôver branco.* **2** (Fig.) enigma; segredo: *Havia em sua vida uma enorme meada a ser desfeita.*
me.a.do *s.m.* a parte média; o meio: *Já estamos no meado do mês de julho.*
me.an.dro *s.m.* **1** caminho sinuoso: *A enxurrada vai descendo pelos meandros da mata.* **2** (Fig.) dificuldade; complicação: **3** (Coloq.) intriga, confusão: *os meandros da oposição.* // Emprega-se geralmente no plural.
me.a.to *s.m.* **1** (Anat.) orifício externo de canal: *meato urinário.* **2** pequeno intervalo cheio de ar entre as células vegetais.
me.câ.ni.ca *s.f.* **1** atividade relacionada com máquinas, motores, mecanismos: *Vivia desmontando motores, dizia que nascera para a mecânica.* **2** conjunto de conhecimentos sobre as leis do movimento e do equilíbrio, bem como da sua aplicação à construção e emprego de máquinas: *Estudou mecânica e eletricidade.* **3** estrutura e funcionamento; mecanismo: *Não é fácil entender a complexa mecânica do mundo contemporâneo.* **4** conjunto de peças; estrutura de um mecanismo com o fim de transmitir movimento: *Esse tipo de carro tem uma excelente mecânica.*
me.ca.ni.cis.mo *s.m.* (Filos.) doutrina segundo a qual toda a natureza pode ser explicada por um sistema de leis mecânicas.
me.ca.ni.cis.ta *s.m.* **1** pessoa adepta do mecanicismo: *Para os mecanicistas, todos os fenômenos que se manifestam nos seres vivos são de natureza físico-química.* • *adj.2g.* **2** próprio do mecanicismo: *Na concepção mecanicista, os seres vivos têm o mesmo funcionamento de uma máquina.*
me.câ.ni.co *s.m.* **1** pessoa que constrói, conserva ou conserta uma máquina: *Ao comprar um carro usado, consulte antes um mecânico.* • *adj.* **2** da ou relativo à mecânica: *sistemas mecânicos.* **3** que não age quimicamente, mas segundo as leis do movimento. **4** que faz uso de máquina: *O uso de meios mecânicos na perfuração de poços veio aliviar o serviço braçal.* **5** maquinal; reflexo; automático: *Num movimento mecânico, ele levava a mão à cintura, como se fosse sacar de uma arma.*
me.ca.nis.mo *s.m.* **1** conjunto de peças que constituem uma estrutura: *Era um mecanismo muito pesado para ser transportado nas costas.* **2** conjunto de processos que regem um sistema: *O mecanismo de proteção aos trabalhadores não foi definido.*
me.ca.ni.za.ção *s.f.* **1** emprego de máquinas; emprego de meios mecânicos: *A mecanização da agricultura veio aumentar a produção.* **2** substituição de trabalho humano por máquinas: *A mecanização traz o desemprego.*
me.ca.ni.zar *v.t.* **1** prover de meios mecânicos: *Conseguiu mecanizar a fábrica.* **2** executar por meio de máquinas: *As usinas terão que mecanizar a colheita.* **3** tornar mecânico ou automático: *Você aplicou-se em mecanizar sua memória.* • *pron.* **4** prover-se de meios ou conceitos mecânicos: *A Química se mecanizou e assentou seus fundamentos de ciência.* **5** tornar-se maquinal; automatizar: *Seus movimentos se mecanizaram.*
me.ce.nas *s.m.2n.* protetor e financiador de artistas e intelectuais; patrocinador.
me.cha (é) *s.f.* **1** pavio ou torcida de vela, lampião ou balão: *Ao acender a mecha, o lampião explodiu.* **2** feixe ou torcida de fios ou filamentos. **3** madeixa: *Estava em exposição uma mecha de cabelo do imperador.* **4** madeixa de cabelo mais claro que o restante, natural ou tingido: *mechas no cabelo.*
me.da.lha *s.f.* **1** peça de metal, geralmente redonda, que se usa como pingente e adorno. **2** peça que se confere aos que se distinguem em qualquer ramo das ciências, artes, esportes. **3** insígnia de ordem militar; condecoração: *O soldado recebeu medalha de bravura.*
me.da.lhão *s.m.* **1** retrato ou quadro com moldura oval ou circular: *Meus olhos se voltam para o medalhão vazio.* **2** prato à base de carne ou peixe em forma circular: *medalhão recheado com presunto e queijo.* **3** (Coloq.) pessoa famosa; figurão.

médio

mé.dia s.f. **1** (Estat.) quociente da divisão de uma soma pelo número das parcelas: *Meus irmãos têm 5, 9 e 10 anos, respectivamente, logo a média de idade deles é de 8 anos.* **2** valor médio; padrão: *Os salários dos funcionários da prefeitura estão abaixo da média do funcionalismo público em geral.* **3** avaliação ou nota final que é a média das notas obtidas durante o ano. **4** (Coloq.) tentativa de agradar com o intuito de tirar proveito: *Essa história de o chefe oferecer cafezinho aos funcionários é pura média.* **5** (Bras.) xícara de café com leite: *Tomo todas as manhãs uma média com pão e manteiga.*

me.di.a.ção s.f. **1** intermediação; negociação: *O flerte é uma espécie de mediação entre o simples afeto e a manifestação concreta do amor.* **2** interferência junto às partes para resolver pacificamente uma questão em litígio: *No caso de separação do casal, o advogado normalmente faz a mediação entre as partes.*

me.di.a.dor (ô) s.m. **1** quem intercede; intermediário; *mediador de um debate.* • adj. **2** que intercede, faz a mediação: *O bom senso é um elo mediador entre a raiva e a agressão.*

me.di.al adj.2g. **1** que passa pelo meio: *A bola, nos pés de nossos jogadores, não passava da linha medial do campo.* **2** central; que está no meio.

me.di.a.no adj. **1** entre dois extremos; médio: *O assaltante foi descrito como loiro, de estatura mediana.* **2** que está em meio termo; nem bom nem mau; médio: *O quiromante tinha conhecimento mediano sobre astrologia.*

me.di.an.te prep. **1** por meio de: *A dívida só seria saldada mediante a venda das estatais.* **2** com intervenção de; através de: *Mediante um pedido do deputado, consegui este emprego.*

me.di.ar v.t. **1** intervir como árbitro ou mediador: *O Brasil mediará as negociações entre os dois países vizinhos.* **2** estar no meio de: *Um vale de três quilômetros mediava as terras dos Freitas e dos Martins.*

me.di.a.to adj. que está mais distante; indireto: *Viajar é um dos nossos objetivos mediatos, pois os imediatos são comprar uma casa e um carro.*

me.di.ca.ção s.f. **1** prescrição de remédio; terapêutica: *Até agora estou contente com a medicação.* **2** remédio; medicamento: *Tivemos de importar toda a medicação.*

me.di.ca.men.to s.m. substância para curar; remédio.

me.di.ca.men.to.so (ô) adj. **1** relativo a medicamento: *incompatibilidade medicamentosa.* **2** que age ou pode agir como medicamento: *substância medicamentosa.* **3** que emprega medicamentos: *tratamento medicamentoso.*

me.di.ção s.f. **1** ato de medir; medida: *a medição nacional de audiência.* **2** cálculo de quantidades de serviços ou materiais: *Os moradores do bairro não confiam na medição dos gastos de energia elétrica.* **3** confronto: *Hoje é dia de medição de forças entre as duas equipes.*

me.di.car v.t. **1** dar medicamentos para tratar de uma doença: *O número de pacientes em macas era tão grande que não havia como medicar todos.* • pron. **2** tomar remédio para curar-se: *As pessoas não devem se medicar, sob pena de se envenenarem.* • int. **3** receitar medicamentos como profissional habilitado: *O psicólogo não pode medicar.*

me.di.ci.na s.f. **1** conhecimento de um conjunto de procedimentos para curar ou prevenir doenças: *Os avanços da Medicina têm prolongado a vida de muita gente.* **2** cada um desses procedimentos: *A Medicina homeopática ganhou o respeito da academia.* **3** profissão de médico: *Ele exerce a Medicina há 30 anos.* **4** curso universitário que forma médicos: *estudar Medicina.*

me.di.ci.nal adj.2g. **1** relativo à Medicina; médico: *um compêndio medicinal.* **2** que serve de medicamento; curativo: *plantas medicinais.*

mé.di.co s.m. **1** profissional que exerce legalmente a Medicina: *Cada família tem um médico de sua confiança.* • adj. **2** relativo a médico: *competência médica.* **3** relativo à Medicina; medicinal: *ciências médicas.*

me.di.da s.f. **1** medição. **2** extensão: *Ninguém sabe com exatidão a medida da nova ponte.* **3** grandeza calculável; dimensão; tamanho: *O alfaiate virá tomar as minhas medidas para o terno de formatura.* **4** intensidade; grau: *A justiça deve ser aplicada na medida certa.* **5** limite: *Suas ambições não têm medida.* **6** dose; porção: *Tome duas medidas do xarope duas vezes ao dia.* **7** ordem; norma: *O diretor baixou uma portaria estabelecendo medidas de disciplina.* **8** decisão concreta que se toma para enfrentar um problema ou executar algo; ação; procedimento; providência: *O governo disse que tomará medidas contra a violência.* **9** quantidade proporcional; parte: *A receita do bolo manda acrescentar duas medidas de farinha para uma de açúcar.* ♦ **à medida que** (i) introduz oração subordinada adverbial proporcional; à proporção que; conforme: *À medida que chovia, a enxurrada aumentava.* (ii) introduz oração subordinada adverbial temporal; enquanto: *À medida que jantava, ia contando como foi o seu dia.* **na medida** conforme; consoante: *Cada um gasta na medida de suas posses.* **por medida** para efeito de; com finalidade de: *Colocaram um guarda na porta da escola por medida de segurança.* **sob medida** (i) sob medição prévia: *roupa feita sob medida* (ii) de acordo com as necessidades ou circunstâncias: *Trata-se de um projeto feito sob medida para beneficiar alguns empresários.*

me.di.dor (ô) s.m. **1** instrumento destinado a medir: *O miliamperímetro é um medidor que serve para medir a corrente em miliampères.* **2** indivíduo encarregado de medir algo. • adj. **3** que mede; avaliador: *O Goniômetro de Vernier é um instrumento medidor de ângulos, de precisão e feito em geral de aço inoxidável.*

me.di.e.val adj.2g. **1** próprio da Idade Média: *os costumes medievais.* **2** construído ou feito na Idade Média: *castelos medievais.* **3** retrógrado; atrasado: *Subestimar a capacidade da mulher é conceito medieval.*

mé.dio s.m. **1** (Anat.) o dedo médio: *O goleiro fraturou o indicador e o médio da mão direita.* **2** no futebol, jogador que se coloca na linha entre os atacantes e os zagueiros. • adj. **3** que está no meio entre valores ou grandezas; mediano: *classe média.* **4** medieval: *Idade Média.* // Nesta acepção, escreve-se com inicial maiúscula. // **5** relativo ao nível de ensino que se segue ao fundamental: *Está havendo maior procura pelo ensino público médio.* **6** que não é bom nem ruim, grande ou pequeno, bonito ou feio etc.: *pessoa de altura média.*

571

medíocre

me.dí.o.cre *s.m.* **1** pessoa de pouco talento ou merecimento: *A crítica política é ato impessoal, que só os medíocres carregam para o terreno das futricas.* • *adj.2g.* **2** pequeno; insignificante: *salário medíocre.* **3** de pouco talento ou capacidade; inexpressivo. **4** que está entre o bom e o mau ou entre o pequeno e o grande; mediano: *Os frutos são pequenos, de cor amarela, de sabor medíocre.*

me.di.o.cri.da.de *s.f.* característica do que é medíocre; falta de talento: *A mediocridade impede as pessoas de progredirem.*

me.di.o.cri.zar *v.t.* tornar medíocre.

me.dir *v.t.* **1** determinar ou verificar, com base em escala fixa, uma extensão, medida ou grandeza; mensurar: *O trote obrigava os calouros a medirem o pátio com palito de fósforo.* **2** avaliar; considerar; ponderar: *É bom que o senhor meça bem as suas palavras.* **3** poupar: *O governador não medirá esforços para melhorar a segurança pública.* **4** olhar; encarar: *Um sujeito mal-encarado mediu-me de alto a baixo.* **5** ter uma medida: *A cobra devia medir uns dez metros.*

me.di.ta.ção *s.f.* **1** concentração da mente; reflexão: *Aquela era a hora em que o professor entrava em profunda meditação.* **2** oração mental; contemplação religiosa: *Todas as noites faço minhas meditações ao pé da imagem de São Sebastião.* **3** estudo; ponderação; reflexão: *Esse é um trabalho que exige meditação.*

me.di.tar *v.t.* **1** submeter a um exame interior; ponderar; pensar; refletir: *Precisamos meditar no que nossa mãe nos falou.* • *int.* **2** concentrar-se em seus próprios pensamentos: *O rapaz costumava recolher-se ao seu gabinete para meditar.*

me.di.ta.ti.vo *adj.* **1** pensativo: *O rapaz estava sentado em pose meditativa.* **2** ponderado; reflexivo: *Deve-se fazer uma leitura meditativa, para não tirar conclusões erradas.*

me.di.ter.râ.neo *s.m.* **1** natural ou habitante do Mediterrâneo. • *adj.* **2** relativo ao Mediterrâneo: *povo mediterrâneo.*

mé.dium *s.2g.* no espiritismo, pessoa que tem o dom de estabelecer relações entre o mundo visível e invisível; intermediador entre os vivos e os espíritos dos mortos.

me.di.ú.ni.co *adj.* de ou relativo a médium: *O rapaz tinha poder mediúnico.*

me.di.u.ni.da.de *s.f.* no espiritismo, dom de comunicação entre espíritos encarnados e desencarnados.

me.do[1] (ê) *s.m.* **1** perturbação ou sensação de insegurança resultante da ideia ou da presença de um perigo; receio; temor: *Hoje muitos têm medo de sair à noite sozinhos.* **2** sentimento ou sensação vaga de ameaça, que inibe o comportamento natural: *Tive medo de que você me entendesse mal.* • **a medo** timidamente: *beijo roubado a medo.*

me.do[2] (é) *s.m.* **1** indivíduo dos medos • *pl.* **2** povo que habitou a antiga Média, região que faz parte do Irã: *Os medos foram talvez o primeiro povo a domesticar o cavalo.*

me.do.nho *adj.* **1** que causa grande medo; horrível; assustador: *Era uma noite medonha, as bruxas estavam soltas.* **2** muito grande: *Fizemos um esforço medonho para arrastar o corpo do cavalo morto.*

me.drar *v.t.* **1** fazer desenvolver-se; fazer crescer: *Um solo árido não pode medrar uma semente sensível.* **2** desenvolver-se: *Nos cérebros desocupados é que medram as más ideias.* • *int.* **3** surgir; brotar; nascer: *Árvores pequenas medravam e resistiam em locais abrigados.*

me.dro.so (ô) *adj.* **1** que tem medo; receoso: *Não sou medroso no que diz respeito à morte e aos mortos.* **2** tímido; hesitante: *O velho correu os olhos pelo povo que espiava medroso.*

me.du.la *s.f.* **1** (Anat.) parte do sistema nervoso central dos vertebrados, alojada no canal da coluna vertebral: *medula espinhal.* **2** substância que enche o interior dos ossos longos: *medula óssea.* **3** (Bot.) substância mole que constitui o eixo cilíndrico do caule e das raízes e que desaparece nos caules ocos: *Ao sol, os feixes do lenho formam um grosso anel em torno da medula.* **4** parte essencial; ponto central: *Acho que chegamos à medula da questão.*

me.du.lar *adj.2g.* **1** que pertence ou se refere à medula. **2** essencial; fundamental: *Ganhar dinheiro era para nós uma questão medular.*

me.du.sa *s.f.* **1** animal aquático de corpo gelatinoso e transparente em formato de sino e provido de tentáculos. **2** na mitologia grega, mulher com cabelos de serpentes que petrificava as pessoas com seu olhar.

me.ei.ro *s.m.* **1** agricultor que planta em terreno alheio, dividindo a produção com o dono da terra: *O fazendeiro andava contente: a família do meeiro trabalhava bem, a colheita ia ser farta.* • *adj.* **2** que trabalha à meia: *trabalhador meeiro.*

megabit (megabit) (Ingl.) *s.m.* (Inf.) múltiplo do *bit*, equivalente a 1.048.576 *bits.*

megabyte (megabáit) (Ingl.) *s.m.* (Inf.) unidade de medida de armazenamento de informação equivalente a 1.048.576 *bytes.*

me.ga.fo.ne *s.m.* aparelho portátil destinado a amplificar o som emitido.

me.ga.hertz *s.m.* (Fís.) unidade de medida de frequência, equivalente a um milhão de hertz por segundo. // Abrev.: MHz.

me.ga.lo.ma.ni.a *s.f.* **1** desejo patológico de poder, riqueza ou prestígio. **2** superestima distorcida de si mesmo, das próprias qualidades. **3** mania de grandeza.

me.ga.lo.ma.ní.a.co *s.m.* **1** pessoa que tem mania de riqueza ou poder. • *adj.* **2** que sofre dessa: *Um governante megalomaníaco sempre acaba decepcionando o povo.*

me.ga.lô.ma.no *s.m.* **1** pessoa megalomaníaca: *O livro retrata um homem solitário e paranoico, um megalômano convencido de sua própria grandeza.* • *adj.* **2** megalomaníaco: *Sou tudo menos um diretor megalômano.*

me.ga.ló.po.le *s.f.* **1** grande metrópole: *Los Angeles é uma megalópole.* **2** grande aglomeração populacional que tem mais de um núcleo, constituída pela reunião articulada de várias áreas metropolitanas: *a megalópole da Grande São Paulo.*

me.ga.nha *s.m.* (Deprec.) soldado da polícia.

megastore (megastór) (Ingl.) *s.f.* loja com grandes dimensões e com diversos produtos.

me.ga.té.rio *s.m.* animal pré-histórico semelhante às atuais preguiças, porém muito maior, cujos fósseis são encontrados nos terrenos terciários e quaternários da América.

me.ga.ton *s.m.* (Fís.) unidade de medida da energia liberada em uma explosão nuclear, correspondente a aproximadamente 1015 calorias.

megawatt (mégavat) (Ingl.) *s.m.* (Fís.) unidade de medida de potência, equivalente a um milhão de watts. // Símb.: MW.

me.ge.ra (é) *s.f.* **1** mulher de mau gênio. **2** mulher perversa, má.

mei.a *s.m.* **1** no futebol, jogador que atua no meio de campo entre a defesa e o ataque. • *s.f.* **2** peça de malha que cobre o pé e parte da perna: *Fundou uma pequena fábrica de meias femininas.* **3** tecido de malha de algodão, fino e mais ou menos elástico; malha: *Era gordo, vestia uma camisa de meia branca, que punha em destaque seus grossos braços.*

mei.a-es.ta.ção *s.f.* período do ano em que os dias não são muito quentes nem muito frios; outono; primavera. // Pl.: meias-estações.

mei.a-i.da.de *s.f.* período de vida entre os trinta e cinco anos e os cinquenta e cinco anos: *Era um homem de meia-idade, baixinho, meio obeso.* // Pl.: meias-idades.

mei.a-luz *s.f.* penumbra; meia-escuridão: *Bons tempos em que se dançavam tangos à meia-luz.* // Pl.: meias-luzes.

mei.go *adj.* **1** amável; bondoso; manso: *um animal muito meigo.* **2** que manifesta meiguice: *Tinha um sorriso meigo.*

mei.gui.ce *s.f.* **1** brandura; suavidade: *Sua meiguice chorosa ganhou os telespectadores da novela das sete.* **2** ternura; carinho: *Abraçou-me com meiguice.*

mei.o *s.m.* **1** conjunto de circunstâncias, ou pessoas que estão à volta: *A criança que nasce num meio hostil assimila os seus males.* **2** lugar onde se vive: *Vivo nesse meio há mais de vinte anos.* **3** ambiente físico: *Essa é uma substância que se dissolve em qualquer meio líquido.* **4** veículo da mídia: *meio de comunicação.* **5** metade: *No meio do discurso, o orador fez uma pausa.* **6** conjunto de recursos para alcançar um objetivo; maneira; forma: *Não consigo um meio de sair desta situação.* • *adj.* **7** parcial. • *num.* **8** fração de um todo dividido em duas partes iguais: *Seu café da manhã era meia xícara de leite, meia maçã e meio pão francês.* • *adv.* **9** um pouco; mais ou menos: *Os dois chegaram em casa meio alcoolizados.*

mei.o-fi.o *s.m.* fileira de pedras que serve de remate à calçada. // Pl.: meios-fios.

mei.o.se (ó) *s.f.* (Citol.) processo de divisão celular pelo qual as células-filhas têm metade dos cromossomos da célula-mãe.

mei.ri.nho *s.m.* antigo magistrado nomeado pelo rei que governava uma comarca ou território.

mel *s.m.* **1** substância doce e pastosa, produzida pelas abelhas. **2** calda viscosa, de cor escura, formada pelo resíduo da produção de açúcar; melado: *mel de engenho.* **3** (Fig.) doçura; ternura: *Ainda guardo na lembrança o mel de seus beijos.*

me.la.ço *s.m.* líquido viscoso, de cor escura, formado pelo resíduo da produção de açúcar.

me.la.do *s.m.* **1** (Bras.) calda grossa escura e doce, feita de rapadura ou de cana-de-açúcar. **2** líquido grosso e viscoso: *Corria da árvore um melado escuro.* • *adj.* **3** lambuzado: *Seu cabelo estava todo melado de brilhantina.* **4** meloso: *Detesto declarações de amor muito meladas.* **5** muito doce: *Detesto café melado.*

me.lan.ci.a *s.f.* **1** fruto grande, redondo ou oblongo, de casca dura e verde, polpa vermelha, sementes pretas, suco doce e aquoso. **2** planta de ramagem rasteira, que produz esse fruto.

me.lan.co.li.a *s.f.* **1** estado duradouro do desalento; tristeza; desgosto: *A melancolia pode levar à depressão.* **2** tristeza; saudade; languidez: *O canto daqueles pássaros era cheio de melancolia.*

me.lan.có.li.co *adj.* **1** que sofre de melancolia; tristonho; deprimido. **2** que inspira melancolia; triste; depressivo.

me.la.ni.na *s.f.* (Fisiol.) substância escura, do marrom ao negro, que dá coloração às células pigmentares.

me.la.no.ma *s.m.* (Patol.) tumor desenvolvido em células pela acumulação anormal de pigmento.

me.lão *s.m.* **1** fruto comestível do meloeiro. **2** planta que produz esse fruto.

me.lar *v.t.* (Coloq.) **1** causar doença nos vegetais: *A praga do amarelinho melou toda a plantação.* **2** causar dano a; estragar; frustrar: *Eu, se fosse você, melava esse jogo!* **3** converter em melado: *O forte calor melava o açúcar.* **4** lambuzar: *O excesso de cosmético melava o rosto da bailarina.* • *int.* **5** adquirir doença: *Todo o cacau melou este ano.* **6** perder-se; frustrar-se: *Nosso esforço melou.* **7** ficar melado; lambuzar-se: *A moça chorava e seu rosto ia melando.*

me.le.ca *s.f.* (Bras. Coloq.) **1** secreção nasal endurecida. **2** coisa que pela sua viscosidade lembra a secreção nasal: *A sopa virou uma meleca.* **3** coisa ruim, de má qualidade: *O filme é uma meleca.* **4** coisa confusa, misturada, desorganizada: *Temos que entregar o trabalho amanhã e ele está uma meleca.*

me.lhor (ó) *s.m.* **1** aquilo que é superior a tudo em qualidade ou classe: *Os melhores nem sempre são os escolhidos.* • *adj.2g.* **2** comparativo de superioridade de bom: *Você é a melhor mãe do mundo.* • *adv.* **3** comparativo de bem: *Pensei melhor e resolvi não comprar o carro.* **ou melhor** isto é; quero dizer: *Seu pai, ou melhor, seu tio esteve aqui.* **tanto melhor** antes assim; melhor assim: *Ela não quer ir? Tanto melhor, daremos o lugar ao filho.*

me.lho.ra (ó) *s.f.* mudança para estado ou condição melhor: *Nossa vida teve uma grande melhora.*

me.lho.ra.men.to *s.m.* **1** benfeitoria; melhoria: *O governante entregou à população alguns melhoramentos prometidos.* **2** mudança para melhor; melhora; melhoria: *O povo espera por um melhoramento nas condições de vida.* **3** aperfeiçoamento: *No programa de melhoramento genético, os cientistas tentam cruzar uvas com características diferentes.*

me.lho.rar *v.t.* **1** tornar melhor ou superior: *O governo melhorou o sistema de saúde.* **2** fazer prosperar; aumentar: *A tecnologia melhorou a produção agrícola.* **3** reparar; reformar: *Com este dinheiro quero melhorar a minha casa.* **4** corrigir; aperfeiçoar: *Ele melhorou muito sua caligrafia.* • *int.* **5** tornar-se melhor ou superior; adquirir melhores condições: *A nossa esperança era que a situação melhorasse.* **6** prosperar: *Nossa vida melhorou.* **7** ficar melhor quanto à saúde:

melhoria

Parece que o doente está melhorando. **8** diminuir de intensidade; tornar-se mais brando: *Vamos esperar a chuva melhorar.*

me.lho.ri.a *s.f.* **1** mudança para melhor; melhoramento. **2** benfeitoria; melhoramento: *Andei fazendo umas melhorias no meu sítio.*

me.li.an.te *s.m.* mau elemento; malandro; vadio: *A polícia acabou prendendo dois meliantes.*

me.lí.fe.ro *adj.* que produz mel: *abelhas melíferas.*

me.lí.flu.o *adj.* doce; suave; brando: *estilo vocal melífluo.*

me.lin.drar *v.t.* **1** ofender; magoar: *O comerciante não melindrava o freguês.* • *pron.* **2** ofender-se; magoar-se: *Por qualquer coisinha o funcionário se melindrava.*

me.lin.dre *s.m.* **1** delicadeza no trato; amabilidade: *Deixemos de melindres e falemos francamente.* **2** afetação; empáfia; pedantismo: *Era um rapaz cheio de melindres.* **3** disposição para se magoar ou se ofender com facilidade; suscetibilidade: *Cada um de nós tem o seu grau de melindre oculto.*

me.lin.dro.so (ô) *adj.* **1** débil; sensível; suscetível. **2** difícil; arriscado: *Trata-se de uma cirurgia bastante melindrosa.* **3** complicado; problemático: *A adolescência é a fase mais melindrosa do indivíduo.*

me.lis.sa *s.f.* tipo de erva-cidreira.

me.lo.di.a *s.f.* **1** (Mús.) sucessão rítmica, ascendente ou descendente, de sons simples, a intervalos diferentes, que encerra certo sentido musical: *Podia ouvir, ao longe, a melodia de que tanto gostava.* **2** (Mús.) composição de cunho popular constituída por um conjunto de frases musicais, embora associadas a elementos de outra natureza, como palavras versos, ritmo etc.: *Rearranjei a melodia, você notou?* **3** musicalidade; sonoridade: *Gosta de ficar apenas ouvindo a melodia da natureza.*

me.ló.di.co *adj.* **1** relativo à melodia: *Assobiou uma pequena frase melódica.* **2** melodioso.

me.lo.di.o.so (ô) *adj.* em que há melodia: *Ela cantava com voz fraca, mas melodiosa.*

me.lo.dra.ma *s.m.* **1** (Lit.) drama popular que tem por objetivo comover o espectador pelo acúmulo de situações violentas, sentimentais e imprevistas e pelo tom e gestos exagerados dos atores. **2** (Deprec.) situação que, pelo sentimentalismo e lances exagerados, se assemelha ao melodrama: *Todo esse melodrama só por causa de um vestido?*

me.lo.dra.má.ti.co *adj.* **1** relativo ao melodrama: *É uma história melodramática meio boba.* **2** que é exagerado nos gestos, nas palavras e nas emoções: *Você está sendo melodramático ao dizer isto.*

me.lo.ei.ro *s.m.* planta hortense cujo fruto é o melão.

me.lo.so (ô) *adj.* **1** muito doce; melado: *Este café está meloso!* **2** doce; melífluo; maneiroso: *A mãe respondeu com voz melosa.* **3** (Deprec.) muito sentimental; piegas: *O filme é meloso demais.*

mel.ro (é) *s.m.* pássaro de plumagem negra, bico amarelo e canto melodioso.

mem.bra.na *s.f.* **1** em anatomia vegetal ou animal, tecido delgado e flexível que recobre uma superfície ou envolve certos órgãos e cuja função é absorver, segregar ou expelir fluidos: *A pleura é a membrana que envolve os pulmões.* **2** pele; película: *Houve ruptura das membranas que envolvem o feto.*

mem.bra.no.so (ô) *adj.* que tem membrana ou que é semelhante a membrana: *A parte interna do coração possui um revestimento membranoso.*

mem.bro *s.m.* **1** (Anat.) cada um dos quatro apêndices do tronco do homem e dos animais que serve para o exercício dos movimentos. **2** elemento de um conjunto: *membro do time de futebol.* **3** membro genital; pênis. **4** pessoa pertencente a uma corporação: *Recebeu um telefonema de um membro do Estado-Maior.*

me.mo.ran.do *s.m.* **1** participação, aviso ou exposição sumária de uma questão feita por escrito: *Receberam um memorando informando que estão excluídos de seus planos de saúde.* **2** nota diplomática de uma nação para outra, sobre o estado de uma questão: *A União Europeia e o Mercosul assinaram um memorando de entendimentos.*

me.mo.rá.vel *adj.2g.* **1** que fica retido na memória; inesquecível: *Passou dias memoráveis no acampamento.* **2** célebre: *a memorável Batalha do Riachuelo.*

me.mó.ria *s.f.* **1** faculdade de reter ideias, impressões, imagens ou conhecimentos adquiridos anteriormente: *Retinha na memória fórmulas matemáticas.* **2** consciência; lembrança: *Este fato volta sempre à minha memória.* **3** o passado histórico, que deve ser retido por alguma forma de documentação: *Alguns museus guardam a memória da colonização.* **4** (Inf.) espaço de armazenamento de dados e instruções num sistema de computador: *Basta deixar as opções na memória do computador da rede.* • *pl.* **5** relato em que alguém conta sua própria vida ou fatos que vivenciou ou presenciou: *O poeta deixou suas memórias por escrito.* ♦ **de memória** de cor; decorado: *Recitou o poema de memória.* **em memória** dedicado à lembrança de: *Escreveu um poema em memória do avô.*

me.mo.ri.al *s.m.* **1** sinal de coisas ou fatos que devem ser lembrados: *Aquele casarão deveria ser preservado como memorial de uma época.* **2** petição escrita. **3** escrito que relata fatos memoráveis: *O notável historiador escreveu um memorial sobre Dom Pedro I.* **4** lugar, edifício ou monumento construído para homenagear algo ou alguém importantes: *Memorial da América Latina, em São Paulo.*

me.mo.ri.za.ção *s.f.* **1** retenção na memória: *Deve-se estimular a criança a fazer exercícios de memorização.* **2** dispositivo de armazenamento de informações: *televisor provido de memorização do último canal sintonizado.*

me.mo.ri.zar *v.t.* **1** reter na memória; decorar: *memorizar poesias.* **2** gravar; registrar.

me.nar.ca *s.f.* primeira menstruação.

men.ção *s.f.* **1** referência; citação: *Houve menção de seu nome nos depoimentos.* **2** sinal ou manifestação da intenção de que se vai praticar algum ato; gesto: *Ela fez menção de responder, mas conteve-se.* **3** nota; registro: *O trabalho do autor merece menção especial.* **menção honrosa** prêmio honorífico que se concede a uma obra não premiada, mas merecedora de distinção.

men.cio.nar *v.t.* **1** fazer referência a; fazer menção a; citar: *Não mencionaram os nomes dos prováveis auxiliares.* **2** assinalar; declarar: *Já se mencionou que o mestre foi colaborador de semanários.*

menstrual

men.di.cân.cia s.f. 1 ação de mendigar. 2 estado ou condição daquele que vive de mendigar. 3 a classe dos mendigos.

men.di.gar v.t. 1 pedir como esmola; esmolar. 2 solicitar com humildade; suplicar: *Os olhos da criança mendigavam carinho.*

men.di.go s.m. pessoa que pede esmola; mendicante; pedinte.

me.ne.ar v.t. movimentar de um lado para outro; balançar; sacudir: *O outro não cedia assim tão facilmente e voltava a menear a cabeça.*

me.nei.o s.m. 1 oscilação; movimento. 2 movimento (de corpo); gesto: *O homem confirmou com um leve meneio de cabeça.*

me.nes.trel s.m. 1 cantor, músico e poeta ambulante da Idade Média: *A cultura foi transportada para o resto da Europa por intermédio dos menestréis e trovadores.* 2 artista que compõe e canta no estilo dos antigos menestréis.

me.ni.na s.f. 1 criança do sexo feminino; garota; guria. 2 moça; mulher nova. 3 filha: *A minha menina já vai chegar.*

me.ni.na.da s.f. bando de meninos ou meninas: *Lá, monitores acompanham a meninada o dia inteiro.*

me.ni.na dos o.lhos s.f. 1 (Coloq.) pupila: *Percebo quando você está triste pela sua menina dos olhos.* 2 (Fig.) aquilo ou aquele que é muito querido de alguém. // Pl.: meninas dos olhos.

me.nin.ge s.f. (Anat.) cada uma das três membranas que envolvem o aparelho cérebro-espinhal.

me.nin.gi.te (Neur.) s.f. doença caracterizada pela inflamação das meninges, causada por micro-organismos.

me.ni.ni.ce s.f. 1 período da vida que vai do nascimento à puberdade; infância: *lembranças da meninice.* 2 infantilidade; criancice: *As meninices são desculpáveis só em crianças.*

me.ni.no s.m. 1 criança do sexo masculino; garoto; guri: *Este menino precisa estudar!* 2 (Coloq.) jovem: *Eu me formei muito menino.* 3 filho: *Traga também seu menino para receber Papai Noel.*

me.nis.co s.m. (Anat.) cartilagem em formato de semicírculo existente entre superfícies articulares.

me.no.pau.sa s.f. (Gin.) período da vida da mulher em que há diminuição dos hormônios femininos e começam a rarear até cessarem por completo as menstruações.

me.nor (ó) s.2g. 1 indivíduo com idade inferior a dezoito anos: *O acidente aconteceu com um menor ao volante.* • adj.2g. 2 mais pequeno: *Nossa casa era menor do que as outras.* 3 o mais pequeno; mínimo; ínfimo: *Implicava com ele nas menores coisas.* 4 mais novo; de pouca idade: *Tínhamos que ajudar a cuidar dos irmãos menores.* 5 de idade inferior a dezoito anos; menor de idade: *O jovem menor não pode ter carteira de motorista.* 6 de segundo plano ou categoria; secundário. 7 na intimidade; íntimos: *Ambos estavam em trajes menores quando a visita chegou.*

me.no.ri.da.de s.f. condição da pessoa que não possui a idade estipulada pela lei para responder por seus atos e dirigir seus bens: *No Brasil, ficou o filho de D. Pedro, cuja menoridade não lhe permitia assumir o governo.*

me.nos s.m. 1 aquilo que tem importância mínima ou que não tem importância: *Estava tão arrasado que, naquelas alturas, recuperar o prejuízo era o menos.* 2 o mínimo: *O filme é tendencioso. Isso para dizer o menos.* • pron.indef. 3 quantidade ou intensidade inferiores: *Parece que agora enfrentamos menos dificuldades.* • prep. 4 exceto: *Traga a nota de tudo, menos desse uísque.* • adv. 5 em menor intensidade ou grau: *O cansaço parecia menos pesado com a certeza da vitória.* 6 exprime o comparativo de inferioridade: *O filho mais velho era menos habilidoso do que o caçula.* 7 introduz o superlativo relativo: *Na visita ao museu, ele era o menos interessado de todos.* 8 aquém: *Nesse ano as chuvas apresentaram um índice de 700 mm, que caiu para menos de 500 mm em algumas regiões.* ♦ **a menos que** introduz oração subordinada adverbial condicional; salvo se; exceto se: *Nenhuma mulher era elegante a menos que o declarasse em sua coluna semanal.* **de menos** sem importância: *Felicidade é coisa de menos, neste momento.* **ao/pelo menos** no mínimo: *Não indo, pelo/ao menos, pouparia ao seu amor-próprio aquele último vexame.*

me.nos.ca.bar v.t. depreciar; menosprezar; fazer pouco de: *Alguns críticos têm o prazer de menoscabar adversários.*

me.nos.pre.zar v.t. 1 subestimar desprezar; desdenhar; fazer pouco de: *O técnico garantiu que os jogadores não vão menosprezar os adversários.* 2 dar pouca importância a: *Não menospreze o item segurança.*

me.nos.pre.zo (ê) s.m. desconsideração; desdém: *O estudioso tece declarações agressivas e de menosprezo ao jornal.*

men.sa.gei.ro s.m. 1 aquele que leva e traz mensagens: *Hermes, na mitologia grega, era o intérprete e mensageiro dos deuses.* 2 aquele que anuncia; manifestador: *Ela ouve o mensageiro divino, que anuncia a luz que vem da fé.* 3 intermediador: *Os anjos são mensageiros entre o céu e a terra.* • adj. 4 que leva ou traz mensagem: *A jovem namorou um criador de pombos mensageiros.*

men.sa.gem s.f. 1 comunicação ou recado verbal: *O artista deixou uma mensagem para os brasileiros.* 2 comunicação oficial entre os poderes do Estado: *Os senadores assinaram a mensagem ao Presidente.* 3 sinal que encerra uma comunicação: *O náufrago acende fogueiras como mensagem a prováveis aviões.* 4 significado principal e profundo de uma obra literária, de uma filosofia, religião etc.: *O romance passa sua mensagem a todas as mulheres do mundo.*

men.sal adj.2g. 1 que se realiza todos os meses: *O viajante faz sua visita mensal ao consultório.* 2 correspondente a um mês: *O consumo mensal de água vem aumentando.* 3 que circula ou que sai uma vez por mês: *revista mensal.*

men.sa.li.da.de s.f. quantia que se paga por mês a uma instituição que presta determinado serviço: *Já não suportava pagar a mensalidade do colégio dos filhos.*

mens.tru.a.ção s.f. (Fisiol. Gin.) 1 hemorragia periódica de origem uterina, natural nas mulheres e algumas fêmeas de animal durante o período de reprodução. 2 período de menstruação.

mens.tru.al adj.2g. relativo à menstruação: *os primeiros ciclos menstruais.*

menstruar

mens.tru.ar v.int. expelir fluxo menstrual ou menstruação: *Mulheres que fazem exercício físico em excesso podem deixar de menstruar.*

mêns.tru.o s.m. menstruação.

men.su.ra.ção s.f. medição; medida: *As médias de erros em todas as mensurações físicas e em todos os testes psicológicos aumentam.*

men.su.rar v.t. medir: *mensurar a extraordinária distância percorrida.*

men.su.rá.vel adj.2g. que pode ser medido: *A saudade não é mensurável.*

men.ta s.f. hortelã: *bala de menta.*

men.tal adj.2g. **1** relativo à mente; intelectual: *Minhas faculdades mentais são perfeitas.* **2** da ou com a mente: *exercícios mentais.* **3** relativo ao psiquismo: *doença mental.*

men.ta.li.da.de s.f. **1** capacidade intelectual: *Essa doutrina nega que a mentalidade se desenvolva no vazio.* **2** modo de pensar e ou agir: *O cientista personifica a nova mentalidade sanitária surgida no século XIX.*

men.ta.li.za.ção s.f. **1** ato de vivenciar mentalmente imagens, sensações, ações, emoções etc.: *Assisti a uma palestra sobre mentalização positiva.* **2** ato de criar com a mente; elaboração mental: *mentalização de um plano.*

men.ta.li.zar v.t. **1** representar mentalmente. **2** conceber na mente: *Vive mentalizando a casa que pretende construir.*

men.te s.f. **1** faculdade de conhecer; intelecto; entendimento: *Procurou ocupar a mente com outros pensamentos.* **2** pensamento; consciência: *O remorso não me sai da mente.* **3** imaginação; fantasia: *Na sua mente, os filhos eram ainda pequenos, todos à sua volta.* **4** a parte imaterial do indivíduo; espírito; intelecto; psique.

men.te.cap.to s.m. **1** pessoa louca ou insensata. • adj. **2** néscio; louco; imbecil.

men.tir v.t. **1** ocultar: *mentir a idade.* **2** dizer mentiras; fazer afirmação falsa ou contrária à verdade: *Sempre mentia para os pais.* **3** iludir; enganar: *Não minta para si mesmo.*

men.ti.ra s.f. **1** afirmação contrária à verdade, falsidade: *Não me venha com mentiras.* **2** ficção. **3** engano; ilusão: *Ela não sabe que seu lar está fundado em mentiras.*

men.ti.ro.so (ô) s.m. **1** pessoa que mente: *Ele cobriu-se de vergonha, sentindo-se um mentiroso.* • adj. **2** que tem o hábito de contar mentiras: *Talvez o chofer seja tão mentiroso quanto o passageiro.* **3** falso; enganoso; que não é verdadeiro.

men.to (Anat.) s.m. queixo.

men.tol (Quím.) s.m. substância extraída da essência da menta, usada no preparo de produtos farmacêuticos e de perfumaria.

men.to.la.do adj. com mentol: *talco mentolado.*

men.tor (ô) s.m. **1** guia; orientador; conselheiro: *os mentores da pesquisa.* **2** idealizador; estimulador; incentivador; inspirador.

me.nu s.m. **1** lista dos pratos servidos (com os respectivos preços) num bar, num restaurante etc., cardápio: *Você sempre pede o que há de mais caro no menu?* **2** (Inf.) lista exibida na tela do computador que permite ao usuário executar diversos comandos à sua escolha.

mer.ca.de.jar v.t. negociar; vender; comerciar: *mercadejar peixes.*

mer.ca.do s.m. **1** lugar geralmente amplo onde se negociam gêneros alimentícios e outras mercadorias: *Foi ao mercado comprar frutas.* **2** permuta ou troca de produtos ou valores; comércio: *mercado mundial de matérias-primas.* (Econ.) **3** o conjunto dos possíveis compradores. **4** conjunto das transações comerciais e dos agentes aí envolvidos.

mer.ca.dor (ô) s.m. negociante; comerciante: *Os mercadores com suas encomendas deslocavam-se de feira para feira.*

mer.ca.do.ri.a s.f. tudo que é objeto de compra e venda: *Ordena que tudo esteja pronto ainda hoje, toda a mercadoria encaixotada.*

mer.can.te adj.2g. que se ocupa do comércio; comercial: *marinha mercante.*

mer.can.til adj.2g. **1** relativo a mercadores ou mercadorias: *Um grupo mercantil foi atacado por um bando de salteadores na estrada.* **2** relativo ao comércio; comercial: *comércio internacional de alguns produtos tropicais de alto valor mercantil.* **3** (Deprec.) que tem a riqueza e o lucro como objetivo maior; cobiçoso; interesseiro: *imigrantes de espírito mercantil.*

mer.can.ti.lis.mo s.m. **1** predomínio do espírito mercantil; interesse comercial; lucros excessivos. **2** (Econ.) sistema econômico que vigorou na Europa a partir do fim do feudalismo, que se caracterizou por acúmulo de metais preciosos pelo Estado monárquico, exploração dos recursos das colônias, barreiras protecionistas no comércio exterior e início do desenvolvimento industrial nas metrópoles.

mer.can.ti.lis.ta s.2g. **1** adepto ou praticante do mercantilismo: *Uma região rica, a ponto de despertar a cobiça dos mercantilistas holandeses.* • adj.2g. **2** relativo ao mercantilismo.

mer.cê s.f. **1** graça; favor: *Vou agradecer mais uma mercê recebida por parte do coronel.* **2** concessão de título honorífico: *Mostrarei as minas depois que me deres as mercês que o rei me prometeu.* • **à mercê** na dependência; ao sabor de; entregue a.

mer.ce.a.ri.a s.f. estabelecimento comercial onde se vendem alimentos e bebidas.

mer.ce.ná.rio s.m. **1** pessoa interesseira, que trabalha visando apenas ao lucro: *A sociedade capitalista é um sistema de escravos e mercenários.* **2** soldado que trabalha por dinheiro, sob qualquer bandeira: *Preparava-se um ataque de mercenários asiáticos ao país.* • adj. **3** interesseiro: *Suas razões eram apenas mercenárias.* **4** que trabalha pelo dinheiro.

merchandising (mertchandáizin) (Ingl.) s.m. propaganda de produto não explícita, serviço ou marca feita durante um programa de televisão, filme ou espetáculo teatral.

mer.cú.rio s.m. **1** (Quím.) metal líquido, pesado e tóxico, branco prata e de grande emprego medicinal e industrial. // Simb.: Hg; N. Atôm.: 80.// **2** (Astr.) planeta do Sistema Solar que fica mais próximo do Sol. **3** (Mit.) deus do comércio, da eloquência e dos ladrões, e mensageiro dos deuses entre os romanos, correspondente ao grego Hermes.

mer.cu.ro.cro.mo s.m. composto de mercúrio, de aplicação tópica como antisséptico e germicida.

mer.da (é) s.f. (Ch.) **1** fezes; excremento. **2** (Coloq.) algo sem valor, desprezível, insignificante. • interj. **3**

mesocarpo

indica impaciência, indignação.

me.re.ce.dor (ô) s.m. **1** pessoa que, por seus méritos, é digna de recompensa ou repreensão, ou castigo. • adj. **2** que é digno de alguma coisa: *Já realizou trabalhos merecedores de muitos elogios.*

me.re.cer v.t. **1** ter méritos suficientes para ser digno de algo: *O personagem merecia ser feliz.* **2** ter direito a; fazer jus a: *Ele merece o prêmio recebido.* **3** precisar de: *Ladrão merece cadeia.*

me.re.ci.men.to s.m. **1** qualidade ou característica pela qual alguém é digno de alguma coisa; mérito; capacidade; talento: *Ele foi promovido por merecimento.* **2** motivo pelo qual alguém recebe algo negativo. **3** valor; importância: *É pessoa de alto merecimento na cidade.*

me.ren.da s.f. **1** refeição leve; lanche: *fazer uma merenda.* **2** aquilo que se come na merenda; lanche: *Nunca me faltava a merenda na escola.*

me.ren.dar v.int. comer a merenda: *Crianças merendavam sentadas no chão.*

me.ren.gue s.m. **1** doce feito com claras de ovos batidas e açúcar; suspiro: *O bolo era coberto por merengue.* **2** glacê feito de açúcar e clara batida. **3** dança popular nos países caribenhos, muito viva e alegre. **4** a música e o ritmo que acompanham essa dança, de compasso bem marcado.

me.re.trí.cio s.m. prostituição: *O lugar, por muitos anos, foi uma zona de meretrício.*

me.re.triz s.f. prostituta.

mer.gu.lha.dor (ô) s.m. aquele que mergulha em rio ou mar, por esporte ou profissão: *Ao longo da costa, mergulhadores exploram os recifes de corais.*

mer.gu.lhão s.m. ave aquática de bico comprido e avermelhado, asas de tamanho mediano e cauda curta.

mer.gu.lhar v.t. **1** fazer afundar ou penetrar: *mergulhar o gato no tanque.* **2** entrar; imergir: *Mergulhei nas águas claras da lagoa.* **3** embrenhar-se: *O explorador mergulhou no deserto.* **4** concentrar-se; entranhar-se: *mergulhar na leitura dos jornais.* **5** cair; entrar: *mergulhar no sono.*

mer.gu.lho s.m. **1** salto para dentro da água: *Deu um mergulho na piscina.* **2** voo em queda vertical ou quase vertical: *O paraquedista deu um mergulho no ar.* **3** salto violento para o solo. **4** esporte aquático que consiste em saltar dentro d'água de diferentes alturas.

me.ri.di.a.no s.m. **1** grande círculo imaginário que passa pelos dois polos e corta o Equador em ângulo reto. • adj. **2** do meio-dia: *casas batidas pelo sol meridiano.* **3** evidente: *Suas explicações são de uma clareza meridiana.*

me.ri.dio.nal adj. relativo ou situado ao sul; austral: *A tainha habita a costa meridional do Brasil.* // Ant.: setentrional.

mé.ri.to s.m. **1** qualidade; valor. **2** talento; aptidão: *É um pintor de grande mérito.* **3** em jurisprudência, questão que constitui o principal objeto de litígio: *Está previsto para hoje o julgamento do mérito da liminar.* **4** merecimento; cumprimento do dever: *honra ao mérito.*

me.ri.tó.rio adj. que é digno de mérito; louvável: *Voltou atrás ao constatar os meritórios serviços que eles já prestaram à polícia.*

mer.lu.za s.f. peixe do mar semelhante ao bacalhau e que atinge até 60 centímetros de comprimento.

me.ro¹ (é) s.m. grande peixe marinho que vive na região tropical do Atlântico.

me.ro² (é) adj. **1** simples; sem importância: *Começou na empresa como mero auxiliar.* **2** simples; puro: *Os prefeitos temem que o projeto passe na Assembleia por mera questão de números.* // Usado sempre antes do substantivo.

mês s.m. **1** cada um dos doze períodos de aproximadamente trinta dias compreendidos em um ano. **2** período que decorre desde uma data qualquer de um mês até a data correspondente do mês seguinte: *Deve fazer mamografia de seis em seis meses.*

me.sa (ê) s.f. **1** móvel que consta de uma superfície apoiada em quatro pernas e que se usa para comer ou trabalhar. **2** conjunto de pessoas que são convidadas a se sentar de frente para uma reunião solene, concurso etc.: *É um dos jurados que compõem a mesa julgadora.* **3** conjunto de presidente e secretários de uma assembleia: *Ele conseguiu formar toda a mesa da Câmara, sem maiores problemas.* **4** (Fig.) alimentação; comida; refeição: *O minguado salário não tem dado nem para a mesa.*

me.sa.da s.f. **1** quantia que se recebe ou se dá mensalmente a alguém para despesas ordinárias; mensalidade. **2** importância que os filhos recebem dos pais, mensalmente, para os próprios gastos.

me.sa de ca.be.cei.ra s.f. pequeno móvel que se coloca ao lado da cabeceira da cama; criado-mudo. // Pl.: mesas de cabeceira.

me.sa-re.don.da s.f. reunião de um grupo para discussão de tema estabelecido previamente; debate: *Lembro-me de um programa na tevê, uma mesa-redonda patrocinada por certa marca de cigarro.* // Pl.: mesas-redondas.

me.sá.rio s.m. membro de mesa de trabalhos: *presidentes e mesários das seções eleitorais.*

mes.cla (é) s.f. **1** tecido em que os fios da trama e da urdidura são de cores diversas ou compostos de várias fibras. **2** mistura de coisas diferentes: *Sua cozinha é uma mescla de temperos e ingredientes de origem indígena.*

mes.clar v.t. **1** misturar; juntar; reunir: *mesclar as duas ações.* **2** misturar; amalgamar; unir: *A pesquisa servirá para mesclar o policiamento da região com ações sociais.* • pron. **3** misturar-se; confundir-se; unir-se: *No Brasil, a raça negra mesclou-se à raça branca.*

mes.mi.ce s.f. ausência de variação ou de progresso; monotonia; uniformidade: *Diante de tanta mesmice, era preciso inovar em alguma coisa.*

mes.mo (ê) pron.dem. **1** pessoa ou coisa já mencionada; aquele; este. **2** coisa idêntica a outra mencionada ou observada; igual. **3** aquilo que não sofreu ou não sofre alteração. **4** localiza alguma coisa no tempo; próprio: *A transportadora coleta a mercadoria no mesmo dia.* • adv. **5** ainda; até. **6** realmente; de fato: *Quando ele diz que faz, faz mesmo.* **7** de fato; realmente: – *Você está mesmo disposto a levar este caso para frente?* ✦ **mesmo que** inicia oração subordinada adverbial concessiva; ainda que; embora.

me.so.car.po s.m. (Bot.) zona mediana de um fruto, entre a epiderme e o núcleo ou as sementes, carnuda e açucarada nos frutos comestíveis.

mesóclise

me.só.cli.se *s.f.* (Gram.) colocação de um pronome pessoal oblíquo átono, no meio de um verbo, nas formas do futuro do presente e futuro do pretérito do modo indicativo.

me.so.po.tâ.mi.co *s.m.* **1** natural ou habitante da Mesopotâmia. ● *adj.* **2** relativo à Mesopotâmia, região da Ásia localizada entre os rios Tigre e Eufrates, hoje Iraque.

me.so.zoi.co (ói) *s.m.* (Geol.) era geológica que durou 150 milhões de anos e em que, na fauna, certos répteis, os dinossauros, atingem grandes dimensões; é nela que se dá a transição para anfíbios e pássaros e, no final da mesma, aparecem os primeiros mamíferos e os marsupiais; já na flora, ocorre o grande desenvolvimento das gimnospermas, ao passo que no reino mineral surge nas rochas em grande quantidade o carvão de pedra.

mes.qui.nha.ri.a *s.f.* **1** mesquinhez; baixeza: *Por que um ato de grandeza haveria de trazer no seu bojo um toque de mesquinharia?* **2** sovinice; avareza.

mes.qui.nhez (ê) *s.f.* **1** insignificância; pequenez: *É um homem infeliz, nocivo pela mesquinhez do espírito.* **2** sovinice; avareza: *A mesquinhez do velho não lhe permitia abrir mão de nada.*

mes.qui.nho *adj.* **1** avaro; pão-duro; sovina. **2** medíocre; insignificante; apagado: *Pequeno e mesquinho é o homem, em confronto com a grandiosidade pura da natureza.* **3** escasso; parco; reduzido: *ordenado mesquinho.* **4** de aparência acanhada; pobre: *Essa gente pobre, o bairro triste, o casario mesquinho.*

mes.sa.li.na *s.f.* **1** mulher lasciva e dissoluta em excesso. **2** meretriz.

mes.se *s.f.* **1** seara pronta para ser colhida; colheita. **2** o produto da colheita.

mes.si.â.ni.co *adj.* relativo ao Messias, a um messias ou ao messianismo: *líder messiânico.*

mes.sia.nis.mo *s.m.* crença na vinda de um salvador que proporcionaria a felicidade social e individual.

mes.si.as *s.m.* (Rel.) **1** segundo a crença judaica, indivíduo que Deus teria prometido enviar ao povo judeu para redimi-los de seus pecados e instaurar uma nova ordem social de justiça e liberdade. **2** para os cristãos, Jesus Cristo, que seria esse indivíduo. **3** aquele que se espera para resgatar um povo; líder carismático: *Só a vitória de um messias guerreiro daria a salvação dos excluídos.*

mes.ti.ça.gem *s.f.* cruzamento de raças ou espécies diferentes; miscigenação: *A mestiçagem faz parte de nossa cultura.*

mes.ti.ço *s.m.* **1** pessoa proveniente de pais de etnias diferentes. ● *adj.* **2** proveniente de pais de etnias diferentes.

mes.tra.do *s.m.* curso de pós-graduação que confere o direito de exercer magistério superior e que dá ao professor o título de mestre: *Fiz questão de fazer mestrado em literatura.*

mes.tre (ê) *s.m.* **1** quem ensina; professor: *mestre de Matemática.* **2** pessoa de largo saber; homem douto: *Sábio, era um daqueles a quem chamamos grandes mestres.* **3** perito; especialista. **4** pessoa que tem título de mestrado. **5** chefe; encarregado de obra: *Na obra, o mestre vivia implicando com o pobre pedreiro.* **6** título dado, em sinal de respeito, a um artista, escritor ou cientista: *Esculturas de Mestre Vitalino ganham mostra.* // Nesta acepção, escreve-se com inicial maiúscula. // **7** pessoa que dirige um conjunto musical, bateria de escola de samba etc.: *mestre da banda.* ● *adj.* **8** mais importante; fundamental: *viga mestra.*

mes.tre-cu.ca *s.m.* cozinheiro. // Pl.: mestres-cucas.

mes.tre de ce.ri.mô.nias *s.m.* **1** pessoa que dirige o cerimonial em atos solenes ou festas. **2** animador; apresentador. // Pl.: mestres de cerimônias.

mes.tre-sa.la (Bras.) *s.m.* **1** pessoa que, nos desfiles de escola de samba, acompanha a porta-bandeira: *Para ser mestre-sala, precisa ter talento e saber dançar bem.* **2** mestre de cerimônias. **3** diretor de um baile ou festividade pública. // Pl.: mestres-salas.

mes.tri.a *s.f.* maestria.

me.su.ra *s.f.* **1** reverência; cumprimento: *Tirou o chapéu, cheio de mesuras e respeitos.* **2** demonstração afetada e exagerada de polidez e cortesia; salamaleque.

me.ta (é) *s.f.* **1** ponto de chegada: *A meta da corrida ficava além do pasto, na porteira da fazenda.* **2** (Fut.) gol: *Deu um chute forte, mas a bola bateu no poste direito da meta.* **3** objetivo que se pretende alcançar: *A forte campanha contra D. Pedro I tinha como meta o controle do Estado pelos latifundiários.*

me.ta.bó.li.co *adj.* relativo ao metabolismo: *Para avaliar o estado metabólico dos doentes, são necessários exames.*

me.ta.bo.lis.mo *s.m.* (Bioquím.) conjunto de transformações físicas, químicas e biológicas que sofrem as substâncias introduzidas ou formadas nos organismos vivos.

me.ta.bo.li.zar *v.t.* **1** efetuar o metabolismo: *metabolizar os alimentos.* ● *pron.* **2** transformar-se por metabolismo.

me.ta.car.po (Anat.) *s.m.* parte da mão entre o carpo e os dedos, formada por cinco ossos.

me.ta.de *s.f.* cada uma das duas partes iguais em que se divide um todo: *Cortou a laranja em duas metades.* ◆ **na metade** em lugar equidistante dos extremos: *estar na metade do caminho.* **pela metade** inacabado; incompleto: *O trabalho ficou pela metade.*

me.ta.fí.si.ca *s.f.* **1** parte da Filosofia que tem por objetivo o conhecimento do Absoluto, as causas do Universo e o próprio conhecimento. **2** na tradição filosófica cristã, investigação teórica sobre a divindade, considerado o ser mais perfeito e causa de todos os outros seres; teologia.

me.ta.fí.si.co *s.m.* **1** pessoa versada em Metafísica. **2** escritor que sofre influência da Metafísica nas suas obras e se preocupa em buscar a essência das coisas: *As discussões entre metafísicos costumam ser intermináveis.* ● *adj.* **3** relativo à Metafísica: *estudos de natureza metafísica.* **4** sublime; transcendente: *Há uma força metafísica que impele o homem para a perfeição.*

me.tá.fo.ra *s.f.* **1** (E. Ling.) recurso que consiste em transferir o sentido de uma palavra para outra, como resultado de uma associação por semelhança: *Quando digo "João é um banana", estou usando uma metáfora.* **2** sentido figurado; indireta: *Nas músicas, falo por metáforas para escapar da censura.*

me.tal *s.m.* **1** todo elemento químico simples, com brilho característico, bom condutor de eletricidade e de calor e maleável, podendo fundir-se: *O ouro é um*

metodologia

metal precioso. **2** liga em que entram dois ou mais metais: *A jarra tem aplicações de metal dourado.* **3** (Fig.) dinheiro: *Infelizmente, só é importante quem tem o metal.* (Mús.) **4** conjunto de instrumentos musicais de latão: *Os conjuntos de hoje usam muitos metais.* **5** o som desses instrumentos: *Os metais da orquestra são ouvidos fora, no hall.*

me.ta.lei.ro *s.m.* **1** cantor ou músico de *rock* pesado: *Alto-falantes tocavam em volume máximo bandas de metaleiros.* **2** operário do setor metalúrgico: *a casa do metaleiro da Força Sindical.* • *adj.* **3** que é adepto do *rock* pesado: *adolescentes metaleiros.* **4** próprio do *rock* pesado: *a imagem metaleira da banda.*

me.tá.li.co *adj.* **1** de metal; que contém metal: *Ao identificar um objeto metálico, o detector emite um som.* **2** semelhante ao metal; próprio do metal: *Existem gemas de minerais de brilho metálico, por exemplo, a marcassita, a hematita.*

me.ta.lin.gua.gem *s.f.* (E. Ling.) o uso da língua para falar dela própria, como as regras de gramática, as definições de um dicionário etc.

me.ta.lin.guís.ti.ca (güí) *s.f.* (E. Ling.) estudo das relações entre fatos linguísticos e fatos culturais não-linguísticos.

me.ta.lur.gi.a *s.f.* ciência e técnica de extrair, purificar e trabalhar metais.

me.ta.lúr.gi.co *s.m.* **1** pessoa que trabalha em metalurgia. • *adj.* **2** relativo à metalurgia: *Está negociando com os empresários do setor metalúrgico.*

me.ta.mor.fo.se (ó) *s.f.* **1** mudança de uma coisa para outra. **2** mudança de forma ou estrutura: *As jovens vespas sofrem metamorfose.* **3** transformação; modificação: *O tempo produz metamorfose nas pessoas.*

me.ta.mor.fo.se.ar *v.t.* **1** mudar ou alterar a natureza; transformar: *O tempo metamorfoseou o jovem inconsequente em senhor respeitável.* • *pron.* **2** transformar-se: *A acidez do poeta se metamorfoseará em humor.* **3** sofrer mudança; alterar-se: *A atmosfera da Terra se metamorfoseia.*

me.ta.no *s.m.* (Quím.) primeiro hidrocarboneto da série dos alcanos existente no carvão, no gás natural etc., formado na destilação da madeira e usado como solvente.

me.ta.nol *s.m.* (Quím.) álcool metílico resultante da destilação da madeira e usado como solvente.

me.tás.ta.se *s.f.* (Med.) manifestação de um foco secundário no curso da evolução de um tumor maligno ou processo inflamatório: *A doença se espalhou em metástase.*

me.ta.tar.so *s.m.* (Anat.) região do esqueleto do pé, entre o tarso e os dedos.

me.tem.psi.co.se (ó) *s.f.* (Filos.) doutrina que crê na transmigração da alma de um corpo para outro após a morte; reencarnação.

me.te.ó.ri.co *adj.* **1** de meteoros. **2** que tem ascensão rápida e brilhante: *O sucesso da cantora foi meteórico.*

me.te.o.ri.to *s.m.* (Astr.) meteoroide que cai na superfície da Terra.

me.te.o.ro (ó) *s.m.* **1** qualquer fenômeno atmosférico. **2** mastro luminoso provocado pela entrada de um meteoroide na atmosfera.

me.te.o.roi.de *s.m.* (Astr.) fragmento cósmico, de peso e tamanho variados, que adentra a atmosfera terrestre, incendiando-se.

me.te.o.ro.lo.gi.a *s.f.* ciência que estuda os fenômenos atmosféricos que determinam as condições climáticas.

me.te.o.ro.ló.gi.co *adj.* **1** relativo aos fenômenos atmosféricos; climático: *previsão meteorológica.* **2** destinado a obter informações sobre os fenômenos atmosféricos: *radares meteorológicos.* **3** relativo a ou pertencente a meteorologia: *autoridade meteorológica.*

me.ter *v.t.* **1** fazer entrar; introduzir; enfiar: *meter a mão no bolso.* **2** causar: *A tempestade metia medo nas crianças.* **3** aplicar com violência: *Nervoso, meteu a mão na mesa.* **4** pôr; fazer: *Preciso meter meu cérebro a trabalhar.* • *pron.* **5** dirigir-se; enveredar-se: *meter-se pela mata.* **6** entrar; ir: *meter-se em lugares escusos.* **7** intrometer-se: *meter-se na vida dos outros.* **8** envolver-se: *meter-se com malandros.* **9** pretender ser; agir como: *meter-se a entendido no assunto.* **10** aventurar-se: *meter-se a escalar montanhas.*

me.ti.cu.lo.so (ô) *adj.* minucioso; cuidadoso: *Vamos fazer um trabalho lento e meticuloso, que vai mostrar no final a verdade sobre essa história.* // Ant.: negligente.

me.ti.do *s.m.* **1** (Coloq.) pessoa intrometida; abelhudo. **2** pessoa orgulhosa: *É um metido que pensa que dinheiro é tudo.* • *adj.* **3** (Coloq.) orgulhoso; convencido: *Anda muito metida desde que ganhou aquele concurso.* **4** introduzido; fechado; enclausurado: *Passou anos metidos na cadeia.* **5** admitido no convívio; incluído; envolvido. **6** audacioso.

me.ti.la *s.m.* (Quím.) radical alcoólico monovalente (CH3-) derivado de metano pela remoção de um átomo de hidrogênio.

me.ti.le.no *s.m.* (Quím.) radical bivalente (CH2) hidrocarbonado, derivado do metano.

me.tí.li.co *adj.* relativo ou que contém o radical metila.

me.tó.di.co *adj.* em que há método; ordenado; regrado: *aplicação metódica e objetiva de princípios científicos.* // Ant.: desorganizado.

me.to.dis.mo *s.m.* **1** movimento religioso protestante criado no século XVIII, na Inglaterra, por John Wesley. **2** religião protestante evangélica proveniente desse movimento. **3** conjunto do pensamento e das práticas religiosas desta religião.

me.to.dis.ta *s.2g.* **1** pessoa adepta do metodismo, seita religiosa anglicana que orienta seus adeptos a viver rigorosamente dentro dos preceitos bíblicos: *Os metodistas chegaram no Brasil há muito tempo.* • *adj.2g.* **2** relativo ao metodismo: *igreja metodista.*

me.to.di.zar *v.t.* tornar metódico; regularizar: *metodizar o trabalho.*

mé.to.do *s.m.* **1** conjunto de meios e procedimentos dispostos convenientemente para alcançar um objetivo, especialmente um conhecimento científico: *O grande problema do pensamento hoje é a questão de método, e não só de conteúdo.* **2** maneira de proceder ou de agir: *Aquele era um método cruel de matar baleias.* **3** técnica; procedimento: *Os químicos conhecem bem o método de adição de nitratos.* **4** ordem: *Não consegue raciocinar com método.*

me.to.do.lo.gi.a *s.f.* **1** disciplina que se ocupa dos métodos: *Fez um bom curso de metodologia da educação.* **2** método ou conjunto de métodos.

metodológico

me.to.do.ló.gi.co *adj.* relativo à metodologia ou a método: *Afirmou no artigo que não houve rigor metodológico nas pesquisas.*

me.to.ní.mia *s.f.* (Gram.) alteração do sentido natural das palavras pelo emprego da causa pelo efeito, de continente pelo conteúdo, lugar e produto, matéria e objeto, autor e obra, a parte pelo todo etc.

me.tra.gem *s.f.* **1** medida em metros: *Toldos e mesas na calçada são permitidos quando a metragem da calçada deixa espaço livre para os transeuntes.* **2** duração de um filme cinematográfico.

me.tra.lha.do.ra (ó) *s.f.* arma de fogo de cano longo caracterizada pelo automatismo do carregamento e do disparo.

me.tra.lhar *v.t.* **1** ferir com tiros de metralhadora. **2** abrir fogo contra.

mé.tri.ca *s.f.* **1** (Poét.) quantidade de sílabas e ritmo de um verso. **2** (Poét.) arte de compor versos com quantidade fixa de sílabas e ritmo. **3** alternância de tempos fortes e fracos, na música.

mé.tri.co *adj.* **1** de ou relativo a metro ou metrificação: *fita métrica.* **2** relativo à métrica. **3** diz-se do sistema de pesos e medidas que tem por base o metro.

me.tri.fi.ca.ção *s.f.* (Poét.) arte ou atividade de compor versos com número certo de sílabas e com ritmo; versificação.

me.tro (é) *s.m.* **1** unidade de comprimento, equivalente à décima milionésima parte de um quarto do meridiano terrestre: *Ele estava a um metro da beira do tanque.* **2** objeto para medir que tenha o comprimento de um metro. **3** (Poét.) quantidade de sílaba de um verso: *Seus versos eram escritos sem qualquer preocupação de forma e de metro.* • **metro cúbico** unidade de medida de volume que equivale ao volume de um cubo de um metro de aresta. **metro quadrado** unidade de medida de superfície, correspondente a um quadrado de um metro de lado.

me.trô *s.m.* sistema de transporte urbano de passageiros por via exclusiva subterrânea, elevada ou na superfície; metropolitano: *O metrô é um dos mais eficientes meios de locomoção urbana.*

me.tró.po.le *s.f.* **1** cidade principal; capital: *São Paulo, a metrópole bandeirante.* **2** cidade de grandes dimensões ou importante centro comercial, industrial ou cultural: *Paris é metrópole famosa pelas suas instituições culturais.* **3** uma nação em relação a suas colônias: *O Brasil colonial se submetia aos caprichos da metrópole portuguesa.*

me.tro.po.li.ta.no *s.m.* **1** metrô: *construção do metropolitano na capital.* • *adj.* **2** de ou relativo à metrópole: *crescimento da pobreza nas áreas metropolitanas.* **3** da metrópole.

me.tro.vi.á.rio *s.m.* trabalhador do metrô: *Os metroviários estão em greve.*

meu *pron.poss.* **1** sempre se refere a algo que um falante possua. **2** pertencente a mim ou me diz respeito: *Onde está meu caderno?* **3** que me é habitual: *Levantei-me, tomei meu café e saí.* **4** usado para dirigir-se a alguém com intimidade: *Boa noite, meu chapa!* **5** associado à nome próprio de pessoa denota afetividade (refere-se à pessoa muito querida do falante): *Não posso esquecer o que você fez ao meu Otávio.* **6** antes de nome precedido por numeral referente à fração do tempo, indica aproximação numérica: *Quando o acidente aconteceu, eu era criança, tinha meus seis ou sete anos.* **7** em frase exclamativa, posposto ao nome e precedido do artigo: *Que sorte a minha!* **8** usado para referir-se aos parentes, aos amigos ou correligionários: *Vieram apoiar os colonizadores espanhóis ajudar os meus.* // Fem.: minha.

me.xer *v.t.* **1** movimentar; mover: *A cabra só mexia a cabeça.* **2** misturar, revolvendo: *mexer os ingredientes da receita.* **3** tocar; bulir; abordar: *Não gosto que mexam nas minhas coisas.* **4** ocupar-se; dedicar-se: *mexer com política.* **5** importunar; provocar: *Ele vive mexendo com as pessoas que passam.* **6** causar alteração; afetar: *A música mexe com a alma.* • *pron.* **7** empenhar-se; mobilizar-se: *O pai mexeu-se para arrumar-lhe um emprego.* **8** mover-se; agitar-se: *As folhas nem se mexiam.*

me.xe.ri.ca *s.f.* (Bras.) tangerina.

me.xe.ri.car *v.t.* **1** contar algo com a finalidade de maldizer alguém. • *int.* **2** fazer mexericos; fofocar: *As amigas mexericavam.*

me.xe.ri.co *s.m.* boato; bisbilhotice; fofoca: *Não ostentava luxos, andava a pé, evitava mexericos.*

me.xe.ri.quei.ro *s.m.* (Coloq.) quem faz mexericos, intrigas: *O mexeriqueiro dizia ser inocente.* • *adj.* **2** que mexerica; bisbilhoteiro: *Era o casal mais mexeriqueiro do lugar.*

me.xi.ca.no *s.m.* **1** natural ou habitante do México (América Central). **2** relativo ao México: *o peso mexicano.*

me.xi.lhão *s.m.* (Zool.) molusco com duas conchas ovais ou triangulares.

me.za.ni.no *s.m.* **1** andar intermediário entre dois pavimentos, em geral entre o térreo e o primeiro andar. **2** andar parcial introduzido no pé direito alto de um recinto; jirau.

me.zi.nha *s.f.* (Coloq.) remédio caseiro; poção.

MHz símbolo de mega-hertz.

mi *s.m.* **1** (Mús.) terceira nota da escala musical. **2** sinal que representa essa nota na pauta. **3** décima segunda letra do alfabeto grego, correspondente ao nosso *m.*

mi.a.do *s.m.* voz característica dos mamíferos felinos como gato, leão, tigre e onça: *o miado da onça.*

mi.ar *v.int.* soltar miados: *A gata miou, pedindo leite.*

mi.ca *s.f.* (Quím.) nome dado a vários silicatos de alumínio, ferro, potássio ou magnésio, transparentes ou semitransparentes, que podem ser separados em placas ou folhas usadas como isolantes.

mi.ca.do *s.m.* **1** título do imperador do Japão. **2** antigo título da suprema autoridade religiosa japonesa.

mi.ca.gem *s.f.* macaquice; trejeito: *O garoto fazia micagens na classe.*

mi.çan.ga *s.f.* pequena conta de vidro de cores variadas com que se fazem enfeites: *um longo de veludo negro bordado de miçangas.*

mi.car *v.int.* **1** levar prejuízo; fracassar: *Na hora de pagar, todos sumiram e eu acabei micando.* **2** ficar com título de difícil aceitação ou que perdeu o valor no mercado.

mi.ca.re.ta (ê) *s.f.* (Bras.) festa carnavalesca fora de sua época.

mic.ção *s.f.* ato de urinar: *Tinha a sensação de que a bexiga não foi totalmente esvaziada após a micção.*

milha

mi.chê s.m. 1 rapaz que pratica sexo mediante pagamento; garoto de programa; prostituto. 2 quantia paga a quem se prostitui.

mi.co s.m. 1 pequeno macaco; sagui. 2 (Bras.Coloq.) situação embaraçosa; vexame.

mi.co-le.ão s.m. (Bras.) pequeno macaco de pelagem dourada juba avermelhada, característico do litoral da mata Atlântica tropical, ameaçado de extinção. // Pl.: micos-leões e micos-leão.

mi.co.se (ó) s.f. (Med.) doença produzida por fungos.

mi.crei.ro s.m. (Bras. Coloq.) usuário fanático de microcomputadores muito experiente e conhecedor de detalhes técnicos.

mi.cro.bi.a.no adj. 1 relativo a micróbio: *vida microbiana.* 2 causado por micróbios.

mi.cró.bio s.m. (Biol.) 1 organismo unicelular de dimensões microscópicas que pode ser bactéria, protozoário ou fungo. 2 (Coloq.) qualquer organismo microscópico capaz de causar doença; germe.

mi.cro.com.pu.ta.dor (ô) s.m. (Inf.) computador de pequeno porte em que toda unidade aritmética e lógica está presente num único circuito integrado.

mi.cro.cos.mo (ó) s.m. 1 universo restrito; resumo do universo: *O homem não passa de um microcosmo dentro do universo.* 2 (Fig.) sociedade restrita, limitada.

mi.cro.em.pre.sa (ê) s.f. (Econ.) pequena ou média empresa com número limitado de empregados.

mi.cro.fi.bra s.f. fibra têxtil sintética extremamente fina de que se fazem tecidos.

mi.cro.fil.me s.m. reprodução reduzida para registro de imagens e sequência de dados de documentos ou livros em filmes.

mi.cro.fo.ne s.m. aparelho que capta um som e o transforma em sinal elétrico que, por sua vez, vai servir para a reprodução do som ampliado, para gravação ou para transmissão por rádio.

mi.cro-on.da s.f. (Fís.) radiação eletromagnética compreendida entre 1 mm e 1 m de comprimento, cuja frequência oscila entre 300 e 300.000 mega-hertz; onda ultracurta.

mi.cro-on.das s.m. forno que funciona por meio de radiação eletromagnética capaz de aquecer, cozer, assar ou degelar alimentos rapidamente: *Assei um pudim no micro-ondas.*

mi.cro.ô.ni.bus s.m. (Bras.) pequeno veículo de transporte coletivo com capacidade para 15 a 20 passageiros.

mi.cro.pro.ces.sa.dor s.m. (Inf.) unidade central de processamento de um microcomputador.

mi.cror.ga.nis.mo s.m. (Biol.) organismo, animal ou vegetal, de dimensões microscópicas: *Os vírus são microrganismos*

mi.cros.co.pi.a s.f. observação, por meio de microscópio, de objetos de dimensões muito reduzidas.

mi.cros.có.pi.co adj. 1 por meio de microscópio: *exame microscópico.* 2 que só pode ser visto por meio de microscópio. 3 minúsculo; pequeníssimo: *O brinquedo, cheio de peças microscópicas, é inadequado para crianças pequenas.*

mi.cros.có.pio s.m. aparelho óptico que amplia muitas vezes a imagem de objetos minúsculos, permitindo sua observação.

mic.tó.rio s.m. (Bras.) lugar próprio para urinar; banheiro.

mí.dia s.f. 1 conjunto dos meios de comunicação: *Estamos falando de algo com grande valor público e de mídia.* 2 departamento responsável pela colocação de um produto ou serviço nos meios de comunicação: *carta aos executivos de mídia.*

mi.ga.lha s.f. 1 fragmento de pão, biscoito, bolo etc.: *Havia migalhas de biscoito pelo chão.* 2 quantidade muito pequena de alguma coisa. 3 (Coloq.) ajuda pouco generosa; esmola.

mi.gra.ção s.f. 1 mudança intencional de uma localidade para outra: *A migração rural-urbana contribuiu para o desemprego.* 2 viagem periódica de uma região para outra: *Época da migração dos patos selvagens.* 3 passagem para outras terras através da reprodução vegetal: *O clima marca o limite da migração das plantas.*

mi.gran.te s.2g. 1 pessoa que migra: *O trabalhador rural é sempre um migrante em potencial.* • adj.2g. 2 que migra: *As andorinhas são aves migrantes.*

mi.grar v.t. 1 mudar periodicamente ou em levas de uma localidade para outra: *Migrou da Europa para o Novo Mundo.* 2 transferir-se: *migrar do ensino privado para o estatal.* • int. 3 passar de uma região para outra. 4 animal que se muda de um hábitat para outro.

mi.gra.tó.rio adj. 1 relativo à migração: *um novo fluxo migratório em direção a Rondônia.* 2 que migra: *ave migratória.*

mi.jar v.t. (Coloq.) 1 expelir urina; urinar. • pron. 2 (Fig.) urinar-se por medo ou excitação: *Ele mijou-se de medo.*

mil num. 1 dez vezes cem. 2 número correspondente a essa quantidade. • s.m. 3 representação gráfica em algarismo arábico, 1.000; em algarismo romano, M.

mi.la.gre s.m. 1 acontecimento que se atribui a uma causa sobrenatural; fenômeno; graça: *Sua cura foi um milagre da fé.* 2 (Fig.) algo difícil, insólito e admirável: *A eleição dele será um verdadeiro milagre.*

mi.la.grei.ro s.m. 1 pessoa a quem se atribui a realização de milagres: *Não queremos milagreiros.* • adj. 2 que faz milagres ou se diz capaz de os praticar: *Santo Antônio é santo milagreiro.*

mi.la.gro.so (ô) adj. a que se atribui a realização de milagres; miraculoso: *poção milagrosa.*

mi.le.nar adj. 1 que tem mil anos ou mais: *Aprecia árvores milenares, como as sequoias.* 2 muito antigo: *As seitas orientais são milenares.*

mi.le.ná.rio s.m. 1 espaço de mil anos; milênio. • adj. 2 milenar.

mi.le.na.ris.mo s.m. movimento político e/ou religioso que acredita na salvação coletiva do mundo: *Adeptos do milenarismo acreditavam que Cristo voltaria à Terra no ano 1000.*

mi.lê.nio s.m. período que compreende mil anos: *O terceiro milênio já começou.*

mi.lé.si.mo num. 1 que ocupa a posição do número mil: *Pelé, ao marcar seu milésimo gol, pediu atenção às crianças do Brasil.* 2 que corresponde a uma fração de um todo dividido em mil partes iguais: *Dividindo a unidade em 1.000, vamos ter um milésimo.* • adj. 3 que se repete muito: *Vou lembrar pela milésima vez: a festa de premiação acontecerá dia dezenove.*

mi.lha s.f. 1 antiga medida terrestre variável conforme o país; no Brasil, equivalia a 1.000 braças ou 2.200

milhão

metros. **2** nos países de língua inglesa, equivalente a 1.609 metros. **3** a milha aérea e marítima internacional equivalente a 1.852 m; milha náutica internacional.

mi.lhão *num.* **1** mil milhares. • *s.m.* **2** representação gráfica em algarismo arábico, 1.000.000. **3** grande quantidade; número grande.

mi.lhar *num.* **1** quantidade que abrange dez centenas ou mil unidades. • *s.m.* **2** final de quatro algarismos nas diversas modalidades de loteria: *Acertar no milhar é muito difícil.* **3** grande número, porém indeterminado: *Enchentes deixaram milhares de desabrigados em dezembro.* **4** casa imediata à das centenas.

mi.lha.ral *s.m.* plantação de milho.

mi.lhei.ro *num.* milhar; mil.

mi.lho *s.m.* **1** planta tropical, anual, de folhas longas e finas, de cor verde-clara, com um pendão amarelo claro e cujas sementes amarelas se reúnem em espigas: *pé de milho.* **2** grãos ou sementes dessa planta: *Colheu 50 sacas de milho.* **3** milharal: *O milho está crescendo bem com as chuvas.*

mi.lí.cia *s.f.* **1** corporação militar de um país: *Foi maestro militar, capitão e tenente-coronel da milícia.* **2** qualquer corporação com disciplina e geralmente armada.

mi.li.ci.a.no *s.m.* **1** soldado. **2** membro de milícia. • *adj.* **3** relativo à milícia: *regimento miliciano.*

mi.li.co *s.m.* (Coloq.) militar; soldado.

mi.li.gra.ma *s.m.* unidade de medida de peso equivalente à milésima parte do grama.

mi.li.li.tro *s.m.* unidade de medida de capacidade equivalente à milésima parte do litro.

mi.lí.me.tro *s.m.* unidade de medida de comprimento equivalente à milésima parte do metro. ♦ **milímetro cúbico** unidade de medida de capacidade, equivalente à milésima parte do metro cúbico.

mi.li.o.ná.rio *s.m.* **1** pessoa que possui milhões; pessoa muito rica: *Todas querem casar-se com milionário.* • *adj.* **2** que é muito rico. **3** que custa muito caro: *Aquele homem era um industrial milionário.*

mi.li.o.né.si.mo *num.* **1** que ocupa a posição do número de um milhão: *O milionésimo comprador ganhou uma viagem a Paris.* **2** número que corresponde a uma fração de um todo dividido em um milhão de partes iguais: *Um milionésimo de um grama de plutônio pode provocar câncer.*

mi.li.tân.cia *s.f.* ação de militante, exercício; atuação: *Há estudantes que só se ocupam da militância política.*

mi.li.tan.te *s.2g.* **1** pessoa que milita, que luta por alguma causa: *A moça é uma ativa militante em prol dos direitos humanos.* • *adj.2g.* **2** que milita; combatente; participante: *A facção militante ascendeu ao poder.* **3** em exercício; atuante: *É advogado militante no foro trabalhista.*

mi.li.tar¹ *v.t.* **1** lutar; bater-se; pugnar: *Militemos contra forças opressoras.* **2** atuar politicamente: *militar no Partido Socialista.* **3** participar; atuar: *Meu pai sempre militou na área da educação.* • *int.* **4** seguir a carreira das armas; servir no exército. **5** fazer guerra, combater.

mi.li.tar² • *s.2g.* **1** pessoa que pertence ao exército ou que segue a carreira das armas: *militares da Escola Superior de Guerra.* • *adj.2g.* **2** relativo à força de guerra, de milícia ou de tropas: *A pressão militar dos americanos.* **3** levado a efeito por membros do exército: *Houve um golpe militar comandado pelos ministros.*

mi.li.ta.ris.mo *s.m.* **1** sistema político em que preponderam os militares: *A bomba atômica marca o apogeu do militarismo.* **2** tendência ou sistema de fortalecimento dos exércitos para a decisão de conflitos pelas armas; propensão para a guerra: *O militarismo é prejudicial à paz.*

mi.li.ta.ri.zar *v.t.* **1** dar caráter militar a: *O diretor militarizou a disciplina na escola.* **2** preparar militarmente; armas: *Hittler militarizou a Alemanha.* • *pron.* **3** adquirir caráter militar: *A política regional da Amazônia militarizou-se.*

milk shake (milk-xeik) (Ingl.) *s.m.* leite batido com sorvete.

mil-réis *s.m.* **1** unidade monetária vigente, até 1942, no Brasil. **2** (Obsol.) nota ou moeda de mil-réis.

mim *pron. pess.* refere-se à pessoa que fala: *Este livro é para mim? //* Sempre vem antecedido de uma preposição, exceto a preposição *com* (cp. *comigo*).

mi.ma.do *adj.* tratado com excesso de carinho e condescendência: *menino mimado.*

mi.mar *v.t.* tratar com mimo; agradar; amimar; afagar: *mimar os filhos.*

mi.me.o.gra.far *v.t.* reproduzir textos por meio de mimeógrafo: *mimeografar panfletos.*

mi.me.ó.gra.fo *s.m.* máquina para reprodução de cópias a partir de uma matriz feita em papel especial.

mi.me.tis.mo *s.m.* capacidade que certos animais possuem de se camuflarem pela forma e pela cor no ambiente em que estão e, assim, não serem percebidos por seus predadores ou vítimas.

mi.me.ti.zar *v.t.* camuflar copiando a cor e/ou a forma do ambiente: *O camaleão mimetiza a cor do ambiente.*

mí.mi.ca *s.f.* **1** expressão do pensamento por meio de gestos ou de trejeitos faciais; pantomima: *Fez-se entender por mímica.* **2** gesticulação: *As figuras que se movimentavam em cena faziam muita mímica.*

mí.mi.co *s.m.* **1** pessoa que faz mímicas: *O mímico fez performances como estátua viva.* • *adj.* **2** de mímica; gestual: *Os chimpanzés têm linguagem mímica bastante rica.*

mi.mo *s.m.* **1** coisa ou pessoa que encanta por ser bonita, delicada etc.: *Ganhou uma caixinha de música que é um mimo.* **2** presente delicado; oferta: *Empresas costumam ofertar mimos aos clientes pelo Natal.* **3** carinho; manifestação de ternura: *É criança educada com mimo.* **4** arbusto ornamental, tipo de hibisco, com flores vermelhas e cultivado em jardins.

mi.mo.sa *s.f.* arbusto ornamental, espécie de acácia de folhas pequenas e verde-claras e flores amarelas dispostas em cachos.

mi.mo.se.ar *v.t.* tratar com mimos; agradar; presentear: *Um marido atencioso sempre mimoseia a esposa com flores.*

mi.mo.so (ô) *s.m.* **1** muito querido; amado; preferido. • *adj.* **2** capim-mimoso. **3** campo de capim-mimoso, propício para o gado: *O mimoso estava apinhado de gado.* **4** gracioso; delicado; frágil: *flores mimosas.* **5** meigo; suave; terno: *canto mimoso.*

mi.na¹ *s.m.* **1** natural ou habitante de Togo e Bênim, na África. • *adj.* **2** relativo ao Togo e Bênim, regiões da África.

mi.na² *s.f.* **1** cavidade ou veio natural no interior da terra, de onde se extraem água ou minérios: *Mais de 20* *trabalham na mina de estanho.* **2** engenho de guerra que contém material explosivo e que explode quando é tocado ou quando algo dele se aproxima: *explosão de uma mina deixada pelo inimigo na última guerra.* **3** nascente: *beber água da mina.* **4** (Fig.) fonte de riquezas ou de lucros: *O negócio de pedágio é uma mina.* **5** (Fig.) fonte; manancial: *Achamos uma mina de textos únicos, um tesouro.* **6** (Bras. Coloq.) menina; moça: *Era ainda uma mina bem nova.*

mi.nar *v.t.* **1** abrir mina; cavar; escavar: *Os tatus minam o solo.* **2** consumir; solapar: *A doença minava seu organismo.* **3** prejudicar: *Esse tempo na prisão minou o seu raciocínio.* **4** abalar as bases, os fundamentos de; solapar: *Chuvas frequentes vêm minando as obras de contenção do asfalto.* **5** brotar; fluir; manar: *A água minava das pedras.*

mi.na.re.te (ê) *s.m.* torre de uma mesquita, de cujos balcões é anunciada a hora de oração.

min.di.nho *s.m.* (Coloq.) **1** dedo mínimo da mão. • *adj.* **2** relativo a esse dedo: *As unhas dos dedos mindinhos do homem eram enormes.*

mi.nei.ro¹ *s.m.* **1** natural ou habitante de Minas Gerais. • *adj.* **2** relativo às Minas Gerais.

mi.nei.ro² *s.m.* **1** minerador. • *adj.* **2** relativo à mineração.

mi.ne.ra.ção *s.f.* trabalho de extração ou purificação de minérios.

mi.ne.ra.dor (ô) *s.m.* **1** pessoa que trabalha na mineração. *adj.* **2** de ou relativo à mineração.

mi.ne.ral *s.m.* **1** todo corpo ou substância inorgânicos que formam a crosta terrestre: *A bauxita é um mineral raro.* **2** qualquer corpo ou substância, mesmo não terrestre, que apresente estrutura química semelhante aos minerais: *Fizeram a análise do meteorito em seus minerais constitutivos.* • *adj.2g.* **3** relativo aos minerais; que contém mineral: *sais minerais.*

mi.ne.ra.lo.gi.a *s.f.* conjunto de conhecimentos sobre a estrutura e a natureza dos minerais.

mi.né.rio *s.m.* mineral tal como é encontrado na natureza e que pode ser explorado economicamente: *Uma vez consumidos, os minérios se exaurem.*

min.gau *s.m.* **1** (Bras.) prato de consistência pastosa, feito com leite, açúcar e cereal: *Pegou o colherão de pau e mexeu o mingau na panela.* **2** (Fig.) algo sem sustentação; mole que cai à toa: *Apanhou tanto que se sente um mingau.* **3** (Reg. SP) (Coloq.) situação fácil de vencer; barbada: *O serviço vai ser um mingau.*

mín.gua *s.f.* escassez; falta; carência: *A criança morreu por míngua de recursos.* ♦ **à míngua** na penúria; na miséria: *Não vai deixar um pobre velho morrer à míngua.*

min.guan.te *s.m.* **1** fase da Lua em que o disco lunar diminui progressivamente até desaparecer; quarto minguante. • *s.f.* **2** período de tempo correspondente à fase minguante da Lua: *Apenas por precaução, não abriria um negócio na minguante.* • *adj.* **3** que míngua; que diminui: *O minguante mar interior já teve uma extensão de 67. 600 km2.*

min.guar *v.int.* **1** tornar-se menor; diminuir; reduzir-se: *A raiva foi minguando aos poucos.* **2** definhar: *O doente minguava a olhos vistos.* **3** faltar; escassear; rarear: *As onças mínguam nas matas.* **4** tornar-se minguante: *A Lua minguava no céu.*

minoria

mi.nho.ca (ó) *s.f.* animal de corpo fino e alongado, segmentado em anéis, de cor marrom e que vive embaixo da terra.

mi.nho.cu.çu *s.m.* animal de corpo fino e alongado, segmentado em anéis e que pode atingir até quase 2 m de comprimento, vive, em geral, em baixadas de solo fértil e é usado como isca.

mi.ni.a.tu.ra *s.f.* **1** obra de arte de tamanho reduzido, trabalhada com delicadeza: *miniaturas de marfim.* **2** qualquer objeto em tamanho reduzido: *Ele recebeu de presente a miniatura de um avião.* **3** resumo: *O que acontece naquele estado é uma miniatura do que ocorre no país.*

mi.ni.mi.za.ção *s.f.* redução ao mínimo possível.

mi.ni.mi.zar *v.t.* **1** reduzir ao mínimo ou a proporções mínimas: *A soja deve ser cortada a alguns centímetros do solo, visando a minimizar as perdas no recolhimento.* **2** fazer pouco; subestimar.

mí.ni.mo *s.m.* **1** limite inferior: *A água da represa está abaixo de um mínimo crítico.* **2** o mais pequeno; o menor: *Nunca tinha feito o mínimo de seus gostos.* • *adj.* **3** muito pequeno: *Detalhes mínimos foram observados.* **4** menor que o mais baixo possível: *A temperatura mínima registrada foi de um grau centígrado.* **5** a menor quantidade possível: *Tinha na cozinha mínimos apetrechos.* **6** que é o menor de um conjunto: *dedo mínimo.*

mi.nis.sai.a *s.f.* saia muito curta.

mi.nis.sé.rie *s.f.* estória televisionada e de curta duração, apresentada em capítulos: *As minisséries são um sucesso de público.*

mi.nis.te.ri.al *adj.* relativo a ministro ou ministério: *reforma ministerial.*

mi.nis.té.rio *s.m.* **1** conjunto dos ministros de Estado que constituem um gabinete do governo: *O ministério é escolhido pelo Presidente.* **2** parte da administração dos negócios de Estado atribuída a cada ministro: *Aceitou com muita honra o ministério.* **3** edifício ou repartição onde funciona esse serviço público: *Ao sair do ministério, uma legião de repórteres o esperava.* **4** incumbência; mister; missão: *Jesus Cristo buscou companheiros para o seu ministério.* 5 trabalho ou missão de um sacerdote: *Preparou-se para o ministério religioso.*

mi.nis.trar *v.t.* **1** dar; fornecer: *ministrar informações aos turistas.* **2** transmitir; ensi-nar: *ministrar a matéria aos alunos.* **3** fazer tomar: *ministrar o remédio ao doente.* **4** celebrar; efetuar: *ministrar o batismo.*

mi.nis.tro *s.m.* **1** membro de um ministério; secretário de Estado. **2** nome dado aos juízes de qualquer corte suprema do país. **3** pastor protestante: *O ministro, durante o culto, fez um sermão retumbante.* **4** sacerdote católico.

mi.no.rar *v.t.* **1** abrandar; suavizar; atenuar: *minorar o sofrimento dos feridos.* **2** tornar menor; diminuir; reduzir: *minorar os gastos supérfluos.*

mi.no.ri.a *s.f.* **1** (Antrop.) grupo de pessoas que, por características físicas, origem ou ideias semelhantes, constituem um grupo de pessoas em número menor dentro de uma instituição, sociedade ou país: *As minorias não devem ter tratamento desigual.* **2** a parte

583

minoritário

ou o partido menos numeroso numa corporação ou assembleia e que sustenta ideias contrárias à maioria: *O adiamento da votação foi proposto pelo líder da minoria.*

mi.no.ri.tá.rio *adj.* **1** da ou relativo à minoria. **2** que detém menos de 50% do capital de uma empresa: *Ele é sócio minoritário dessas empresas.*

mi.nu.a.no *s.m.* (Bras. RS) vento frio e seco que sopra do sudoeste: *Devido ao minuano, a sensação térmica em alguns pontos era de sete graus abaixo de zero.*

mi.nú.cia *s.f.* **1** pormenor; detalhe: *Vasculhou tudo, não deixando passar nenhuma minúcia.* **2** meticulosidade: *Prepara com minúcia a mesa do jantar.*

mi.nu.ci.o.so (ô) *adj.* **1** feito com atenção; cuidadoso: *um minucioso trabalho de restauração.* **2** rico em detalhes; pormenorizado: *um relatório minucioso.*

mi.nu.e.to (ê) *s.m.* **1** música de compasso ternário e andamento vagaroso: *Beethoven escreveu minuetos.* **2** antiga dança francesa de movimentos lentos e graciosos, em que os pares se reverenciavam, dançada ao som de música do mesmo nome.

mi.nús.cu.la *s.f.* letra minúscula.

mi.nús.cu.lo *adj.* **1** pequeno; não maiúsculo: *letra minúscula.* **2** de pequena dimensão; miúdo: *Ocupava um minúsculo apartamento num décimo andar.* **3** de pouco valor; insignificante; medíocre: *a vida minúscula de todos os dias.*

mi.nu.ta *s.f.* **1** primeira redação de um documento, sujeita à modificação: *Apresentou uma minuta do contrato de revisão.* **2** (Bras.) prato preparado na hora, dentre as alternativas do cardápio: *Temos pratos feitos e minutas.*

mi.nu.to *s.m.* **1** unidade de medida de tempo, equivalente à sexagésima parte da hora: *viver cada minuto com intensidade.* **2** (Geom.) unidade de medida do ângulo, equivalente à sexagésima parte do grau: *O minuto se divide em sessenta segundos de ângulo.* **3** (Coloq.) pequeno intervalo de tempo; instante: *Aguarde apenas um minutinho, o chefe já vem.* • *adj.* **4** muito pequeno; diminuto: *O amendoim tem flores minutas.*

mi.o.cár.dio *s.m.* (Anat.) o músculo do coração.

mi.o.lo (ô) *s.m.* **1** medula dos ossos. **2** (Coloq.) o cérebro: *O sol está derretendo nossos miolos.* // Nesta acepção, usado geralmente no plural. // **3** inteligência; esperteza: *Esse rapaz vai longe.* **4** parte interior, geralmente mais macia, de algo: *miolo de pão.* **5** o centro; a parte nevrálgica ou palpitante: *Esta rua fica no miolo do Rio.*

mi.o.ma *s.m.* (Patol.) tumor constituído de elementos musculares.

mí.o.pe *s.2g.* **1** pessoa que tem miopia: *Usava grossos óculos de míope.* • *adj.* **2** afetado por miopia. **3** (Fig.) sem perspicácia ou visão; obtuso: *Essa é uma argumentação no mínimo míope.*

mi.o.pi.a *s.f.* **1** (Oftalm.) anormalidade visual que só permite ver com nitidez os objetos a pequena distância do olho; vista curta. **2** (Fig.) falta de inteligência ou perspicácia: *Ele responsabilizou a miopia daquelas pessoas pela atual situação.*

mi.ra *s.f.* **1** apêndice, no cano de armas de fogo ou outro instrumento, para guiar a visão na pontaria ou observação: *mira da espingarda.* **2** alvo: *Quase todas as balas atingiram o centro da mira.* **3** pontaria: *Fez mira e atirou bem no alvo.* **4** (Fig.) objetivo; intenção: *Tem em mira um cargo de gerência.*

mi.ra.bo.lan.te *adj.2g.* **1** ostensivo; espetacular: *Alguns políticos preocupam-se com obras mirabolantes.* **2** surpreendente; espantoso; fantástico: *Gosta de contar estórias mirabolantes.* **3** de grande valor monetário; elevado: *salários mirabolantes.* **4** ridiculamente vistoso; espalhafatoso: *coleção de modelos mirabolantes.*

mi.ra.cu.lo.so (ô) *adj.* milagroso: *Não existe nenhum tratamento miraculoso ou remédio mágico que você possa tomar.*

mi.ra.da *s.f.* olhada; olhar: *Deu uma mirada saudosa naqueles bancos vazios.*

mi.ra.gem *s.f.* **1** fenômeno óptico que cria uma visão enganosa, irreal: *A caravana avistou lá longe uma miragem.* **2** ilusão sedutora; sonho: *miragem amorosa.*

mi.ran.te *s.m.* **1** lugar elevado, de onde se descortina vasto horizonte: *A comitiva parou em um dos mirantes para que o general admirasse as praias.* **2** pequeno pavilhão, no alto de edifícios, de onde se tem larga vista dos arredores: *Os velhos sobrados, seus mirantes, suas sacadas de ferro embelezam a paisagem.*

mi.rar *v.t.* **1** fitar; encarar; observar: *Mirar os filhos que brincam.* **2** olhar, visando; tomar como alvo: *Mirou o gol ao chutar a bola.* **3** ter em vista; ter como objetivo: *Mirar um futuro mais ameno.* • *pron.* **4** olhar-se; examinar-se: *mirar-se no espelho.*

mi.rí.a.de *s.f.* grande quantidade indeterminada: *miríade de estrelas.*

mi.rim *s.2g.* **1** atleta de até oito anos: *O mirim compete até atingir a classe infantil.* • *adj.2g.* **2** pequeno; curto; reduzido: *construção de uma cidade mirim para aprender sobre trânsito.* **3** infantil: *Trabalhar com atores mirins também não é fácil.*

mir.ra *s.f.* essência vegetal, com a qual se faz incenso, perfumes e unguentos.

mir.ra.do *adj.* **1** sem carnes; seco; magro: *crianças mirradas.* **2** parco; medíocre: *Recebe um salário bem mirrado.* **3** pobre; estéril: *terra mirrada.* **4** pouco desenvolvido; ressequido; murcho: *Plantas mirradas produzem pouco.*

mi.san.tro.po (ô) *s.m.* **1** pessoa que tem aversão a pessoas e à sociedade: *O misantropo vive só.* • *adj.* **2** que tem aversão à sociedade; solitário: *Era um juiz misantropo cheio de rabugices.*

mis.ce.lâ.nea *s.f.* **1** coletânea de textos de autores variados, ou do mesmo autor sobre assuntos variados. **2** mistura de coisas diferentes.

mis.ci.ge.na.ção *s.f.* reprodução oriunda de indivíduos de etnias diferentes: *miscigenação entre raças diversas.*

mis.cí.vel *adj.2g.* que pode se misturar: *dois líquidos miscíveis.*

mi.se.rá.vel *s.2g.* **1** pessoa muito pobre; desgraçado: *Ele queria saber o número exato de miseráveis no país.* **2** pessoa odiosa; canalha: *Nunca mais quero ver esse miserável.* • *adj.2g.* **3** sem recursos; mísero: *gente miserável da periferia.* **4** de pouco valor; mesquinho: *um ordenado miserável.* **5** avaro; sovina: *Miserável como é, o rapaz não dá nem bom-dia.* **6** lastimável: *Depois do quebra-quebra, a rua ficou em estado miserável.* **7** desconfortável; penoso: *Fiz uma viagem miserável.*

misturar

mi.sé.ria s.f. **1** pobreza extrema; penúria: *O pintor morreu na miséria.* **2** desgraça; infelicidade: *Os filhos estão doentes, nossa miséria não tem fim.* **3** mesquinharia; avareza: *Até o alimento dos filhos era servido com miséria.* **4** ninharia: *Ganhava uma miséria.* **5** pequenez; indignidade: *Desdenhar quem está caído é demonstração de miséria moral.* **6** fragilidade; enfermidade: *Sua função era minorar as misérias do corpo.*

mi.se.ri.cór.dia s.f. **1** pena; compaixão: *ter misericórdia de pobres e doentes.* **2** perdão; graça: *A misericórdia de Deus.*

mi.se.ri.cor.di.o.so (ô) s.m. **1** pessoa misericordiosa; caridosa: *Por sorte apareceu um misericordioso que o conduziu ao hospital.* ● adj. **2** que tem pena, compaixão. **3** clemente; compassivo: *o amor misericordioso de Deus.*

mí.se.ro adj. **1** pobre; miserável: *míseras favelas.* **2** reles, simples: *um mísero trabalhador braçal.* **3** de pouca monta; parco: *mísero ordenado.* **4** único: *sem um mísero real no bolso.*

miss (mis) (Ingl.) s.f. moça que disputa concurso de beleza.

mis.sa s.f. **1** (Rel.) na Igreja Católica, celebração eucarística em que se comemora o sacrifício de Cristo pela humanidade. **2** (Mús.) peça musical que acompanha essa celebração: *uma missa de Bach.*

mis.sal s.m. livro com orações da missa.

mis.são s.f. **1** realização de um compromisso assumido perante outra pessoa; encargo: *Minha missão era proteger o deputado.* **2** realização de uma obrigação moral; dever a cumprir: *A missão dos pais é educar os filhos.* **3** função especial que um governo confere a uma pessoa ou grupo de pessoas para tratar de determinado assunto: *missão diplomática.* **4** pregação de missionários; evangelização: *As missões continuam sendo feitas pelos redentoristas.* **5** objetivo; finalidade: *A missão de nossa empresa é vender.* **6** estabelecimento de missionários para evangelização: *Na época da guerra, alguns alemães conseguiram abrigo nas missões religiosas.*

mís.sil s.m. engenho com propulsão própria, lançado para alcançar um alvo, percorrendo uma trajetória entre dois pontos.

mis.si.o.ná.rio s.m. **1** religioso pregador de missão: *O missionário foi mandado para a Amazônia.* ● adj. **2** relativo à missão: *trabalho missionário.*

mis.si.va s.f. carta; bilhete: *A moça desdobrou outra vez a missiva.*

mis.si.vis.ta s.2g. pessoa que escreve missiva: *A atriz responde a todos os missivistas.*

mis.ter (é) s.m. **1** ofício; profissão; trabalho: *ganhar a vida num mister honesto.* **2** tarefa; incumbência: *A mãe cumpre pacientemente seu mister de lavar a roupa.* ♦ **ser mister** ser indispensável; tarefa; fazer-se necessário: *É mister enviar alguém à capital.*

mis.té.rio s.m. **1** culto secreto: *entendido nos mistérios do ocultismo.* **2** dogma ou objeto de fé religiosa: *mistério eucarístico do pão e do vinho.* **3** tudo que a inteligência não consegue compreender; enigma: *o grande mistério da vida e da morte.* **4** tudo o que é obscuro, desconcertante ou estranho: *O mistério da morte dos adolescentes não foi desvendado.* **5** tudo o que é oculto; segredo; reserva: *O negócio está sendo feito no maior mistério.* **6** (Rel.) no cristianismo, cada um dos grupos de dez ave-marias e um pai-nosso que compõem o rosário: *Às segundas, rezam-se os mistérios gozosos.*

mis.te.ri.o.so (ô) adj. **1** que a razão não consegue explicar; inexplicável: *A corrente misteriosa da vida e da morte.* **2** que é difícil de interpretar; enigmático: *Costuma ter pressentimentos vagos e misteriosos.* **3** que não se conhece; desconhecido: *Um homem misterioso envia flores para a moça.* **4** que não se vê; oculto: *misterioso trabalho das raízes.* **5** que não foi explicado: *A morte aconteceu em circunstâncias misteriosas.*

mís.ti.ca s.f. **1** doutrina das coisas divinas e espirituais: *livros de teologia e mística.* **2** conjunto de crenças e de teses que se forma em torno de uma instituição, de uma ideia ou princípio, de uma pessoa ou de um objeto ao qual o indivíduo ou um grupo deles adere de modo passional ou fanático: *A mística do consumismo reflete um forte apego do homem contemporâneo aos valores materiais em detrimento dos espirituais.*

mis.ti.cis.mo s.m. **1** atitude religiosa ou filosófica de quem acredita na possibilidade de um conhecimento perfeito de Deus ou de outro ser por meio da contemplação e do êxtase: *Como dizia o filósofo francês Victor Cousin, "o misticismo é a pretensão de conhecer Deus sem intermediário, face a face".* **2** devoção de caráter místico; sentimentalismo religioso; fé cega. **3** maneira de compreender e de realizar a experiência mística: *O misticismo de São João de la Cruz se expressa em sua obra poética.* **4** doutrina que confere ao sentimento e à intuição a primazia sobre a razão e a experiência.

mís.ti.co s.m. **1** pessoa dada à vida contemplativa ou religiosa: *Os pagãos e os positivistas estão em oposição aos bárbaros e místicos.* ● adj. **2** relativo à vida espiritual: *preocupações de ordem mística.* **3** de místicos; religioso: *encontros místicos.* **4** devoto; religioso: *O brasileiro em geral é místico.*

mis.ti.fi.ca.ção s.f. ato praticado com o intuito de enganar, iludir, ludibriar alguém; logro; burla; engano: *Basta de impunidades, de mistificações, de pouco-caso com as leis.*

mis.ti.fi.car v.t. **1** abusar da credulidade; ludibriar; iludir: *mistificar o povo trabalhador.* **2** falsear: *mistificar a verdade.*

mis.to s.m. **1** mistura: *Sente por ele um misto de piedade e irritação.* **2** sanduíche (quente ou frio) com presunto e queijo. ● adj. **3** que é resultante da mistura de elementos diversos: *perfume misto de cravo e canela.* **4** em que há pessoas de ambos os sexos: *Nossa escola só tem classes mistas.*

mis.tu.ra s.f. **1** conjunto, composto ou produto resultante da associação de duas ou mais coisas: *mistura de areia com cal.* **2** amálgama; mescla: *a mistura de preconceito antigo com preconceito novo.* **3** produto de cruzamento: *O boi era uma mistura de raça europeia com raça indiana.* **4** reunião; aproximação: *Nos templos há mistura de gente rica e gente pobre.* ♦ **sem mistura** puro; genuíno.

mis.tu.rar v.t. **1** associar, combinar: *misturar os ingredientes.* **2** mesclar; unir: *misturar sonho e realidade.* **3** colocar; dissolver: *O menino mistura açúcar ao leite.* **4** juntar; mesclar; unir: *O poeta mistura sonho com realidade.* **5** confundir: *Na prova, o aluno misturou*

mítico

escritores clássicos com românticos. • *pron.* **6** mesclar-se; amalgamar-se: *As palavras e as vaias misturaram-se.* **7** juntar-se; unir-se: *As palavras do candidato misturaram-se com as vaias da plateia.*

mí.ti.co *adj.* **1** relativo a ou próprio de mito: *herói mítico.* **2** irreal; fantástico: *Vivia num mundo mítico que ele mesmo criara.*

mi.ti.fi.car *v.t.* enaltecer exageradamente alguém ou algo; tornar mito: *Os fãs mitificam seus ídolos.*

mi.ti.gar *v.t.* **1** aliviar; atenuar: *mitigar a sede.* **2** abrandar; suavizar: *mitigar a repreensão.* • *pron.* **3** abrandar-se; suavizar-se: *A severa repreensão esperada mitigou-se.* // Ant.: exacerbar.

mi.to *s.m.* **1** fábula sobre os deuses e heróis da Antiguidade pagã que constitui uma interpretação do mundo e do homem. **2** pessoa cujas qualidades ou ações são enaltecidas; herói: *Pelé tornou-se um mito.* **3** ideia falsa; crendice: *Há um mito popular de que manga com leite faz mal.* **4** crença em uma ideia que, aplicada, traria a felicidade para a humanidade; utopia.

mi.to.lo.gi.a *s.f.* conjunto de conhecimentos a respeito dos mitos.

mi.to.ló.gi.co *adj.* relativo à Mitologia: *O herói mitológico Héracles vestido com uma pele de leão.*

mi.to.se *s.f.* (Citol.) divisão celular complexa, comum a todas as células vegetais ou animais, que produz duas células geneticamente iguais.

mi.tra *s.f.* cobertura para a cabeça que indica dignidade do bispo, arcebispo ou cardeal da Igreja Católica, usada em determinadas cerimônias religiosas.

mi.tral *s.f.* **1** (Anat.) válvula que fecha o orifício aurículo-ventricular esquerdo. • *adj.* **2** relativo a essa válvula: *Ele teve uma insuficiência mitral.*

mi.u.de.za (ê) *s.f.* **1** pequenez; delicadeza. **2** coisa ínfima, sem importância; detalhe. **3** coisa miúda e de pouco valor; bagatela: *Vendia utensílios de cozinha, produtos de limpeza e miudezas várias.*

mi.ú.do *s.m.* **1** (Reg. RS) menino; garoto: *A fila de miúdos segue em silêncio para a classe.* **2** vísceras de animais de corte: *miúdos de frango.* • *adj.* **3** de pequeno porte; muito pequeno: *A mulher era miúda, mas valente.* **4** sem importância: *Fazia trabalhos miúdos.* **5** curto, mas frequente: *passos miúdos.* • *adv.* **6** sem interrupção: *O pau comeu miúdo.* • **a miúdo** com frequência. **por miúdo** com minúcias. **trocar em miúdos** explicar melhor, de maneira compreensível.

mi.xa *s.f.* (Bras. Coloq.) **1** chave falsa; gazua: *A mixa faz o papel de uma chave comum e consegue abrir a trava.* • *adj.* **2** insignificante; mixuruca: *Mas que carrinho mixa o dele!*

mi.xa.gem /ks/ *s.f.* combinação de sons vindos de fontes distintas; superposição de sons: *Toda a mixagem foi feita durante a gravação.*

mi.xar[1] /ks/ *v.t.* (Son.) combinar sons; fazer mixagem: *nova linha de som automotivo, capaz de mixar sons da natureza às músicas.*

mi.xar[2] /ch/ *v.t.* (Coloq.) **1** fazer frustrar; fazer parar: *Se você não gosta, mixa a brincadeira e pronto.* • *int.* **2** não dar o resultado esperado; gorar; falhar: *O plano mixou.* **3** acabar; findar: *A grana mixou.*

mi.xa.ri.a /ch/ *s.f.* (Coloq.) pequena quantia de dinheiro; bagatela: *Nunca pensei te ver chorar por causa de mixaria.*

mi.xo /ch/ *adj.* (Bras.) sem valor; insignificante; mixa: *salários mixos.*

mi.xór.dia /ch/ *s.f.* **1** (Coloq.) desordem; desarrumação: *Arrume seu quarto, está uma mixórdia.* **2** confusão: *E que mixórdia era aquela que eles estavam fazendo?*

mi.xu.ru.ca /ch/ *s.2g.* (Bras. Coloq.) **1** pessoa insignificante; medíocre. • *adj.* **2** pequeno; pobre: *Ele era só um ladrãozinho mixuruca.* **3** mixo; insignificante: *Ganha um salário mixuruca.*

mne.mô.ni.co *adj.* **1** relativo à memória. **2** que ajuda na memorização: *recurso mnemônico para decorar um texto.*

mó *s.f.* pedra de moinho, geralmente circular.

mo.a.gem *s.f.* ação de moer; redução a pequenos fragmentos ou a pó: *moagem de grãos e especiarias.*

mó.bil *s.m.* **1** causa; razão: *A primeira coisa que aprendemos na polícia é saber o móbil do crime.* • *adj.* **2** que se move; móvel: *um elemento móbil, como uma bola de borracha.*

mó.bi.le *s.m.* dobradura ou escultura móvel, feita de material leve, suspensa no espaço por arames ou fios de modo equilibrado e harmonioso: *A gaiola oscilava e girava como um móbile gigantesco.*

mo.bí.lia *s.f.* conjunto de móveis com que se guarnece ou adorna o interior de uma casa ou escritório.

mo.bi.li.ar *v.t.* (Bras.) guarnecer de mobília: *mobiliar a casa.*

mo.bi.li.á.rio *s.m.* conjunto dos móveis de uma casa ou escritório; mobília.

mo.bi.li.da.de *s.f.* **1** capacidade de mover-se ou ser movido. **2** facilidade de movimentação; agilidade: *a extraordinária mobilidade da bailarina.* **3** facilidade com que se passa de um estado a outro; inconstância: *a extrema mobilidade de seus sentimentos e reações.*

mo.bi.li.za.ção *s.f.* **1** ação de reunir ou associar pessoas com objetivo político ou reivindicatório: *mobilização de caminhoneiros nos pedágios.* **2** arregimentação comandada de pessoas com um objetivo específico; operação governamental ou militar: *mobilização de tropas para a fronteira.* **3** utilização: *mobilização de fontes alternativas de energia.*

mo.bi.li.zar *v.t.* **1** fazer passar do estado de paz para o estado de guerra; pôr em pé de guerra: *mobilizar as Forças Armadas.* **2** utilizar; ativar: *Mobilizou alguns operários para desobstruir a estrada.* **3** destinar; investir: *mobilizar recursos para a área da saúde.* **4** estimular; animar: *mobilizar os alunos para o estudo.* • *pron.* **5** tornar-se ativo; organizar-se: *O povo se mobiliza e ajuda a salvar os feridos.*

mo.ça (ô) *s.f.* mulher jovem ou solteira: *Uma das moças convidou-nos a ver a horta.*

mo.ça.da *s.f.* (Coloq.) grupo de moços; rapaziada: *Ali é ponto de encontro da moçada.*

mo.çam.bi.ca.no *s.m.* **1** natural ou habitante de Moçambique. • *adj.* **2** relativo a Moçambique (África).

mo.cam.bo *s.m.* **1** (Bras. NE.) favela: *Senhor, protegei sobretudo os meninos pobres dos morros e dos mocambos.* **2** choupana; casebre. **3** quilombo.

mo.ção *s.f.* assunto ou proposta para ser discutida e votada em assembleia: *leitura de sete moções contra o recente projeto de anistia do governo.*

mo.cas.sim *s.m.* sapato esportivo unissex sem salto, feito de couro macio.

mo.chi.la *s.f.* **1** saco para roupas e outros objetos que se

modernidade

leva às costas com duas alças passadas pelos ombros: *Apareceu em casa de mochila às costas*. **2** saco em que se dá ração aos animais: *Preparou as mochilas de milho para os burros*.

mo.cho (ô) *s.m.* **1** animal sem chifres ou de chifres cortados: *o confinamento dos mochos do rebanho leiteiro*. **2** coruja que tem a região auricular grande, maior que o olho e sem tufos na cabeça. • *adj.* **3** sem chifres ou de chifres cortados: *o nelore mocho, raça originária do Brasil*.

mo.ci.da.de *s.f.* **1** fase da vida entre a adolescência e a maturidade; juventude: *A vida de médico do interior havia-lhe consumido a mocidade*. **2** conjunto das pessoas jovens: *É preciso dar à mocidade oportunidade para aproveitar a vida*. **3** determinado grupo de pessoas jovens: *A mocidade dançava*.

mo.ci.nho *s.m.* **1** moço; jovem: *Ainda mocinho, teve de assumir responsabilidades*. **2** herói de histórias de aventura: *brincar de mocinho e bandido*.

mo.ço (ô) *s.m.* **1** jovem; mancebo: *Os moços e moças que tomaram parte no bloco foram censurados*. • *adj.* **2** de pouca idade, jovem: *Era um homem magro e muito moço*. **3** que possui o frescor, verdor ou energia próprios da mocidade: *riso moço e brejeiro*.

mo.có *s.m.* **1** (Coloq.) esconderijo ou moradia de marginais; casa de prostituição: *Arrumei esse mocó para morar*. **2** (Reg. NE) arbusto que produz uma variedade de algodão de fibras longas e sedosas: *O mocó é produtivo de dez a quinze anos*. **3** (Bras.) roedor um pouco maior que o preá, de cor cinzenta, com mistura de pelos pretos e amarelos e que vive em tocas: *Mocó é o bicho mais velhaco que eu já vi*.

mo.co.tó *s.m.* **1** (Bras.) extremidade dos membros dos bovinos, excetuando-se o casco; pata de boi: *geleia feita de mocotó*. **2** prato confeccionado com mocotó de boi, cozido com feijão-branco e temperos.

mo.da (ó) *s.f.* **1** uso adotado pela sociedade e que varia segundo as ocasiões: *Vestia-se discretamente, sem se importar com a moda*. **2** maneira particular de agir ou pensar; jeito: *Que moda é essa de não cumprimentar as pessoas?* **3** história: *Não ligue, ele está inventando modas*. **4** (Mús.) tipo tradicional de canção portuguesa e brasileira; modinha: *O Calunga vai cantar uma moda de viola*. **5** artigo de vestuário, calçado ou acessório que reflete o estilo atual aceito pela sociedade: *A moda atual é bonita e prática*. • **em moda** muito divulgado; em voga. **à moda** ao estilo, feição; jeito.

mo.dal *adj.* **1** (E. Ling.) relativo ao modo verbal. **2** relativo a modalidade: *ampliação modal do transporte fluvial*. **3** (Mús.) que tem número de notas determinado: *um som baseado em escalas modais*.

mo.da.li.da.de *s.f.* **1** modo de apresentar-se peculiar de uma pessoa: *Cada pessoa tem uma modalidade no falar, no vestir-se*. **2** cada um dos aspectos ou feições diversas de um todo: *Pratica natação, especialmente a modalidade borboleta*. **3** em lógica, caráter do juízo conforme o valor da afirmação: *diferentes espécies de juízo, segundo a sua quantidade, qualidade e modalidade*.

mo.de.la.dor (ô) *s.m.* **1** quem faz modelos ou moldes: *É preciso contratar um modelador*. **2** roupa íntima feminina, feita de tecido elástico, que vai do busto à virilha ou às coxas e que dá forma ao corpo, comprimindo a cintura e o ventre. • *adj.* **3** que modela: *A família é encarada por alguns como uma instituição modeladora*.

mo.de.la.gem *s.f.* **1** criação de um objeto, manipulando uma substância que pode ser moldada: *modelagem de figuras em barro*. **2** delineamento: *modelagem do corpo*. **3** produto acabado, resultado de uma modelagem: *A modelagem seca fora do forno*. **4** criação e execução de um modelo em tamanho reduzido de algo, ou de um esquema que represente um fenômeno ou um conjunto de fenômenos físicos.

mo.de.lar *v.t.* **1** fazer o modelo ou molde de: *modelar vestidos de noiva*. **2** ajustar; contornar: *O vestido justo modelava seu corpo*. **3** dar forma: *modelar bichinhos com massa plástica*. **4** delinear; conformar: *modelar o caráter dos filhos*. • *adj.2g.* **5** exemplar; que serve como modelo ou exemplo: *Os serviços privados, em geral, são considerados modelares*.

mo.de.lis.mo *s.m.* técnica de fabricar modelos de avião, navio, carro etc. em miniatura: *Um grupo de modelismo faz uma exposição de aviões em miniatura*.

mo.de.lis.ta *s.2g.* modista: *o emprego de modelista em uma confecção*.

mo.de.lo (ê) *s.m.* **1** representação em pequena escala do que se pretende executar; amostra: *modelo de submarino*. **2** determinado feitio de roupa, calçado ou acessório: *O modelo escolhido é ideal para senhoras altas e magras*. **3** molde com o qual se executam trabalhos em série: *Recortou vários modelos vazados para usar em pinturas*. **4** artigo feito em série com características específicas: *Angola importou o modelo mais recente do carro esporte*. • *s.2g.* **5** pessoa que posa ou desfila; manequim: *A passarela em Milão é o sonho das modelos*. **6** aquilo que serve de exemplo ou norma: *Este trabalho servirá de modelo para que cada um faça o seu*.

modem (môudem) (Ingl.) *s.m.* (Inf.) aparelho utilizado para estabelecer a comunicação entre o microcomputador e o computador central através da rede telefônica pública.

mo.de.ra.ção *s.f.* característica do que não comete excesso; comedimento; prudência: *Todas as pessoas devem ter moderação na ingestão de bebidas alcoólicas*.

mo.de.ra.do *s.m.* **1** pessoa que não assume posições radicais. • *adj.* **2** sem extremismos; prudente; comedido: *O chefe usou um tom bastante moderado e construtivo*. **3** médio; mediano: *ventos moderados*. **4** temperado; razoável; não exagerado: *Recomendamos o uso moderado de estimulantes como café*.

mo.de.ra.dor (ô) *s.m.* **1** aquele ou aquilo que atenua, regula ou modera. • *adj.* **2** que modera ou atenua a intensidade: *pílulas moderadoras do apetite*.

mo.de.rar *v.t.* **1** pôr no meio-termo; controlar: *É preciso moderar o uso de calmantes*. **2** diminuir; abrandar: *moderar as críticas ao projeto*. **3** acalmar: *moderar os ânimos*. • *pron.* **4** mostrar-se comedido; controlar-se: *Falava abertamente, mas, quando viu o pai, moderou-se*.

mo.der.ni.da.de *s.f.* caráter daquilo que é moderno; atualidade: *A nova versão da comédia fascina pela modernidade*.

modernismo

mo.der.nis.mo *s.m.* **1** gosto pelo que é novo; moderno. **2** movimento artístico do início do século XX, que trouxe novas tendências nas artes. *A Semana de Arte Moderna, que ocorreu em São Paulo em 1922, deu início ao Modernismo no Brasil.*

mo.der.nis.ta *s.2g.* **1** pessoa adepta do movimento modernista: *Ele compreendia os modernistas em sua diferença.* • *adj.2g.* **2** relativo ao modernismo: *É uma história sistematizada do movimento modernista.*

mo.der.ni.za.ção *s.f.* mudança ou adaptação com intuito de tornar moderno: *A indústria brasileira continua em seu processo de modernização.*

mo.der.ni.zar *v.t.* **1** adaptar aos usos ou necessidades modernas; atualizar: *A intenção do governo é modernizar a legislação.* • *pron.* **2** acomodar-se aos hábitos ou às necessidades modernas; atualizar-se: *O país modernizou-se.*

mo.der.no (é) *adj.* **1** dos tempos atuais; relativo aos nossos dias: *um homem moderno.* **2** que possui características progressistas ou utiliza técnicas avançadas: *construção de moderna rodoviária.* **3** relativo ou pertencente ao movimento modernista: *pintura moderna.* **4** que está na moda; de acordo com o gosto atual: *modernos modelos de tênis.* **5** liberal; avançado: *Ela é o que chamam de moça moderna.*

mo.dés.tia *s.f.* **1** ausência de vaidade; simplicidade: *A singeleza do vestido revelava sua modéstia.* **2** pudor; reserva: *Diante da cantada, a moça calou-se, rubra de modéstia.* **3** ausência de riqueza e luxo: *Vive com modéstia.*

mo.des.to (é) *adj.* **1** moderado nas aspirações, nos desejos: *O setor foi muito modesto no pedido de verbas, solicitando pouca coisa.* **2** pudico; recatado: *A moça baixava, modesta, os olhos.* **3** sem importância: *um modesto guarda-livros.* **4** parco; escasso: *um ordenado bem modesto.* **5** sem luxo; simples: *um quarto modesto, mas decente.*

mó.di.co *adj.* reduzido; moderado: *pagamento em módicas prestações.*

mo.di.fi.ca.ção *s.f.* alteração; mudança: *O plano inicial sofreu grande modificação.*

mo.di.fi.ca.dor (ô) *adj.* que modifica ou altera: *Poderão agir como elementos modificadores da sociedade.*

mo.di.fi.car *v.t.* **1** dar nova forma ou novo modo de ser; transformar: *Não sou eu quem vai modificar o mundo.* • *pron.* **2** sofrer modificação; transformar-se: *Este século viu o mundo modificar-se.*

mo.di.nha *s.f.* (Bras.) cantiga popular urbana acompanhada por violão.

mo.dis.mo *s.m.* **1** modo de falar muito divulgado e imitado numa determinada época. **2** aquilo que está ou esteve na moda.

mo.dis.ta *s.f.* **1** costureira que possui clientela de alto nível. • *s.2g.* **2** profissional que cria modelos de roupas, calçados, acessórios etc. e coordena a execução desses modelos; modelista: *Revistas dedicadas exclusivamente à moda, para um público de costureiras e modistas.*

mo.do (ó) *s.m.* **1** qualquer das diferentes maneiras de ação ou de existência de uma mesma substância: *Conhecemos a substância através dos modos como ela se apresenta.* **2** (Gram.) categoria verbal que expressa a atitude do falante em relação ao que ele vai dizer: *modo subjuntivo.* **3** forma particular de proceder ou de agir; maneira; jeito: *Este é meu modo de pensar.* • *pl.* **4** maneira de comportar-se; comportamento: *Seus modos revelam sua educação.* **5** compostura; comportamento que revela boa educação: *Tenha modos, menino.* ♦ **de modo que** de maneira que; de forma que **de qualquer modo** quaisquer que sejam as circunstâncias.

mo.dor.ra (ô) *s.f.* **1** sonolência; preguiça; moleza: *Veio depois a sesta, com a modorra da tarde.* **2** indiferença; apatia: *O assunto exerce sobre ele uma modorra letal.*

mo.du.la.ção *s.f.* **1** variação de altura na emissão de sons; entonação: *A indiferença e a voz sem modulação machucavam-me.* **2** em música, mudança de tom ou modo: *Uma pausa destinada a permitir uma modulação para a retomada da melodia.* **3** (Fís.) variação de amplitude, frequência etc. de onda condutora de um sinal: *geração de som sintetizado por modulação em frequência modulada.*

mo.du.lar[1] *v.t.* **1** cantar com harmonia; entoar: *modular uma canção.* **2** variar; regular: *O professor modulava o tom de voz.* **3** aplicar o processo de modulação a: *modular a amplitude da onda.*

mo.du.lar[2] *s.m.* **1** objeto formado por módulos: *Os radiogravadores disputam com os modulares.* • *adj.2g.* **2** formado por módulos; modulado: *estante modular.*

mó.du.lo *s.m.* **1** fase; etapa; bloco: *A matéria será aprofundada a cada módulo do curso.* **2** parâmetro; modelo: *É um módulo fundamental para se analisar a rentabilidade de qualquer projeto.* **3** unidade planejada destinada a ajustar-se a outras, de modo a formar um todo homogêneo e funcional: *As estantes são feitas em módulos que se encaixam.* **4** unidade destacável de um veículo espacial: *O módulo lunar pousa suavemente na Lua.*

mo.e.da (é) *s.f.* **1** peça, geralmente de metal e redonda, cunhada por autoridade e que representa o valor dos objetos que por ela se trocam. **2** dinheiro que tem curso legal no país: *A moeda da Europa agora é o euro.*

mo.e.dor (ô) *s.m.* instrumento para moer: *moedor de café.*

mo.e.la (é) *s.f.* segundo estômago das aves, de paredes musculares grossas e rígidas, destinadas à trituração dos alimentos.

mo.en.da *s.f.* **1** ação de moer; trituração: *Trabalha na moenda da cana.* **2** aparelho para moer ou espremer; triturador; espremedor: *Passou a cana na moenda e fez um delicioso caldo.*

mo.er *v.t.* **1** reduzir a pequenos fragmentos ou a pó; triturar: *moer o trigo.* **2** (Coloq.) espancar; surrar. **3** magoar; aborrecer: *Aquela desavença entre irmãos moía seu coração de mãe.*

mo.fa (ó) *s.f.* zombaria; caçoada: *Exibiu um sorriso de mofa.*

mo.far *v.t.* **1** cobrir ou encher de mofo: *A umidade mofou o milho.* • *v.t.* e *pron.* **2** zombar; troçar; escarnecer: *Ela ria, mofando(-se) do irmão.* • *int.* **3** (Coloq.) permanecer confinado em determinado local em má situação, sem que esta se modifique:

moleza

Há dois anos ele mofa na prisão. **4** criar mofo; embolorar: *O queijo mofou.*

mo.fi.no *s.m.* **1** pessoa infeliz. **2** pessoa mesquinha. • *adj.* **3** desditoso; desaventurado; infeliz; desgraçado: *Uma sorte mofina o persegue.* **4** mesquinho; porco; avaro. **5** astuto; finório; velhaco. **6** acanalhado; pequeno. **7** turbulento, rebelde. **8** covarde.

mo.fo (ó) *s.m.* fungo de cor verde, branca ou azul que se desenvolve em lugares úmidos; bolor: *O armário cheira a mofo.*

mog.no (ó) *s.m.* **1** árvore da América tropical de lenho marrom-avermelhado e duro, muito usado em marcenaria: *uma floresta de mognos.* **2** a madeira do mogno: *armários de mogno.*

mo.í.do *adj.* **1** triturado; esmagado: *café moído.* **2** (Fig.) dolorido; machucado: *Estou com o corpo moído.*

mo.i.nho *s.m.* **1** máquina que serve para triturar; moenda; triturador: *moinho caseiro de café.* **2** engenho com duas mós sobrepostas e giratória, movidas a vento, água, tração animal ou motor, para moer cereais: *Em 1900, Matarazzo montou o primeiro moinho de trigo do país.*

moi.ta *s.f.* agrupamento espesso de plantas de pouca altura ♦ **na moita** (Bras. Coloq.) às escondidas; às ocultas.

mo.la (ó) *s.f.* **1** peça elástica de metal destinada a dar movimento ou resistência a uma outra peça ou a amortecer golpes e trepidações: *mola de suspensão de caminhões.* **2** (Fig.) impulso; incentivo: *O medo é a mola que faz mover o despotismo.*

mo.lam.bo *s.m.* (Bras. Coloq.) **1** roupa velha; trapo: *Ela não jogava molambo fora, por mais velho que estivesse.* **2** (Fig.) pessoa sem firmeza de caráter; pessoa covarde: *Ele se transformou em um molambo por circunstâncias da vida.*

mo.lar *s.m.* (Anat.) dente de superfície larga, localizado atrás do canino e próprio para triturar alimentos.

mol.dar *v.t.* **1** dar forma ou contorno; modelar: *moldar uma figura humana.* **2** construir; elaborar: *O ator soube moldar com perfeição a personagem.* **3** acomodar; ajustar: *moldar a vida às exigências da sociedade.* • *pron.* **4** acomodar-se; ajustar-se: *moldar-se às circunstâncias.* **5** formar-se; plasmar-se; configurar-se: *As crianças se moldam no exemplo dos pais.*

mol.de (ó) *s.m.* **1** peça que serve de matriz para cópias: *fazer um molde de chave.* **2** marca ou impressão deixada sobre um material que cede à compressão: *O molde do pé ficou impresso na areia fina.* **3** objeto com uma parte oca na qual se coloca o material derretido que formará a peça que se quer reproduzir: *jogar o metal fundido no molde.* **4** tudo aquilo que pode servir de guia ou norma: *educação escolar ajustada aos moldes governamentais.*

mol.du.ra *s.f.* **1** caixilho; cercadura: *um quadro com moldura dourada.* **2** contorno: *A fisionomia se abranda na moldura dos cabelos claros.*

mo.le[1] (ó) *s.f.* volume enorme; massa informe.

mo.le[2] (ó) *adj.2g.* **1** que cede à compressão; macio: *A cabeça do recém-nascido tem umas partes moles, chamadas moleiras.* **2** pastoso: *A massa do bolo deve ficar mole.* **3** sem energia; fraco: *A má alimentação deixa o homem mole, fraco.* **4** (Fig.) preguiçoso; indolente: *Deixou-se estar, mole, na poltrona.* **5** lento; vagaroso: *O garoto caminha com passos moles e sem pressa.* (Coloq.) **6** fácil: *Essa tarefa não é mole, não.* **7** fácil de comover: *Tem coração mole.* • *adv.* **8** de modo brando; vagaroso: *Era calmo, falava mole.* **9** (Coloq.) sem dificuldade; facilmente: *Ganhou mole a eleição.* ♦ **no mole** sem dificuldade; sem problemas: *viver no mole.*

mo.le.ca.da *s.f.* **1** grupo de moleques: *A molecada joga bola na rua.* **2** grupo de quaisquer crianças: *Chame a molecada para lanchar.* **3** molecagem: *Nem queira saber a molecada que ele fez comigo.*

mo.le.ca.gem *s.f.* **1** (Bras.) travessura: *As crianças se juntam para fazer molecagem.*

mo.lé.cu.la *s.f.* **1** grupamento estável de dois ou mais átomos, que caracteriza quimicamente uma substância. **2** a representação bidimensional ou tridimensional de uma molécula.

mo.le.cu.lar *adj.* **1** relativo a molécula: *estrutura molecular.* **2** que estuda um fenômeno no nível da molécula: *física molecular.*

mo.lei.ra *s.f.* **1** (Anat.) espaço membranoso ainda não ossificado do crânio do recém-nascido, na junção entre os ossos da cabeça; fontanela. **2** (Coloq.) cabeça: *Levou uma pancada na moleira?*

mo.le.jo (ê) *s.m.* **1** jogo de molas: *O molejo do colchão é demasiado mole.* **2** (Coloq.) jeito; espontaneidade: *A menina perdeu o molejo com a gracinha.* 3 mobilidade do corpo; ginga: *Ele não tem molejo para sambar.*

mo.len.ga *s.2g.* **1** pessoa lerda ou indolente: *O marido e a mulher são dois molengas.* • *adj.2g.* **2** (Coloq.) muito lento; vagaroso; lerdo: *Deixa de ser molenga, rapaz, vamos embora.* **3** indolente.

mo.le.que (ê) *s.m.* (Bras.) **1** menino de pouca idade: *Os moleques jogam bola.* **2** patife; velhaco; malandro: *Não pensa no que diz, é um moleque sem-vergonha.* • *adj.* **3** menino que vive solto na rua. **4** malandro; esperto; velhaco: *um olhar moleque.*

mo.les.ta.ção *s.f.* ação de molestar; assédio: *Molestação sexual é crime.*

mo.les.tar *v.t.* **1** atacar: *Não se assuste, o cão não vai molestar as crianças.* **2** maltratar; machucar: *As pedras molestavam seus pés.* **3** incomodar; aborrecer: *O barulho molestava minha tia.* **4** estragar; causar danos ou prejuízos: *O vendaval molestou o trigo.* • *pron.* **5** magoar-se; aborrecer-se: *Eu me molestei.* **6** apoquentar-se; incomodar-se.

mo.lés.tia *s.f.* doença; enfermidade: *especialista em moléstias tropicais.*

mo.les.to (é) *adj.* incômodo; penoso: *Podem surgir dores ou sensação molesta de peso no local.*

mo.le.tom *s.m.* **1** tecido de malha de algodão ou lã, quente e macio, às vezes felpudo no lado do avesso: *O blusão de moletom baixou de preço.* **2** roupa feita com moletom: *Vestia calça jeans e moletom.*

mo.le.za (ê) *s.f.* **1** preguiça; desânimo: *Afaste a moleza do corpo e venha malhar.* **2** languidez; relaxamento. **3** brandura; suavidade: *Ele contava com a moleza de coração do avô.* **4** (Coloq.) coisa fácil: *O vestibular para ela foi moleza.* **5** estilo de vida tranquila, sem grande esforço ou trabalho: *O filho não trabalha, só quer moleza.* ♦ **na moleza** sem esforço; sem muito trabalho: *Ele conseguiu comprar o apartamento na moleza com a ajuda dos pais.*

molhado

mo.lha.do *s.m.* **1** lugar umedecido ou coberto por água ou outro líquido: *Não pise no molhado.* ♦ *adj.* **2** umedecido; ensopado: *piso molhado.* **3** com roupa encharcada: *As meninas chegaram todas molhadas por causa da chuva.*

mo.lhar *v.t.* **1** regar: *molhar as plantas.* **2** cobrir de líquido: *molhar as mãos.* **3** urinar: *molhar a cama.* **4** embeber: *molhar o pão no leite.* ♦ *pron.* **5** apanhar chuva: *Saiu sem guarda-chuva, molhou-se toda.* **6** urinar sobre si mesmo: *O bebê molhou-se.*

mo.lhe (ó) *s.m.* paredão construído à entrada de um porto, para quebrar as ondas e proteger os navios.

mo.lho[1] (ô) *s.m.* **1** pequeno feixe: *molho de verduras.* **2** quantidade de objetos reunidos: *molho de chaves.*

mo.lho[2] (ô) *s.m.* **1** caldo que se forma ao cozinhar alimentos ou em que eles são refogados. **2** líquido ou pasta geralmente condimentado que serve para acompanhar um prato: *Ela manchou a blusa com molho de tomate.* ♦ **de molho** (i) imerso em líquido por determinado tempo: *deixar a roupa de molho.* (ii) acamado; inativo: *Está de molho, com gripe.*

mo.li.ne.te (ê) *s.m.* peça com carretel e manivela que se adapta à vara de pescar, para soltar ou recolher a linha do anzol.

mo.lus.co *s.m.* classe de animais que têm o corpo mole e mucoso, geralmente protegido por uma concha calcária.

mo.men.tâ.neo *adj.* **1** do momento; atual: *discutir problemas momentâneos.* **2** que dura um momento; rápido: *Sentiu uma irritação momentânea.* **3** efêmero; passageiro: *amores momentâneos.*

mo.men.to *s.m.* **1** pequeno espaço indeterminado de tempo; instante: *Espere um momento, por favor.* **2** instante preciso: *Naquele momento não podia atender.* **3** época; período: *Naquele momento de sua vida, ele morava em outra cidade.* **4** oportunidade; ocasião: *O imposto deve ser recolhido sobre o valor remetido no momento do evento.* **5** circunstância; situação: *Está passando por um momento difícil.* ♦ **a qualquer momento** de repente. **a todo momento** a todo instante; toda hora: *O filho o interrompia a todo momento.*

mo.mes.co (ê) *adj.* **1** próprio de Momo, deus da zombaria: *sorriso momesco.* **2** relativo ao rei Momo; carnavalesco: *festas momescas.*

mo.mo (ô) *s.m.* personagem símbolo dos festejos carnavalescos que usa manto, coroa e cetro de rei e comanda a folia.

mo.na.cal *adj.2g.* monástico; próprio de um mosteiro: *Havia no lugar um silêncio monacal.*

mo.nar.ca *s.m.* governante supremo de uma monarquia; soberano: *Os monarcas britânicos são coroados na abadia.*

mo.nar.qui.a *s.f.* **1** forma de governo em que o poder supremo é exercido por um monarca, cujo poder é vitalício e hereditário: *restauração da monarquia portuguesa.* **2** Estado governado por um monarca: *Deram o exemplo das prósperas monarquias nórdicas.*

mo.nár.qui.co *adj.* relativo à monarquia: *Denunciou os abusos do regime monárquico.*

mo.nar.quis.ta *s.2g.* **1** quem é partidário da monarquia. ♦ *adj.* **2** relativo à monarquia: *ideias monarquistas.*

mo.nas.té.rio *s.m.* mosteiro: *A visita ao monastério deve ser feita ao entardecer.*

mo.nás.ti.co *adj.* relativo a monge: *Orações marcam os rituais da vida monástica.*

mon.ção *s.f.* **1** época ou vento favorável à navegação: *aproveitar a monção para navegar.* **2** vento periódico cuja direção média varia ou mesmo se inverte nas estações extremas: *As monções de inverno já sopravam.* **3** (Bras.) incursão pelos rios de São Paulo e Mato Grosso em busca de ouro no Brasil Colonial; expedição fluvial.

mo.ne.gas.co *s.m.* **1** natural ou habitante de Mônaco: *Dizem que os monegascos são ricos.* ♦ *adj.* **2** relativo a Mônaco, principado que fica no Sul da França: *O nobre italiano namorou uma princesa monegasca.*

mo.ne.tá.rio *adj.* relativo a moeda ou a dinheiro: *sistema monetário.*

mo.ne.ta.ris.mo *s.m.* (Econ.) teoria segundo a qual medidas monetárias, tais como aumento ou diminuição da taxa de juros, contenção de gastos públicos, confisco do dinheiro etc., são suficientes para manter a estabilidade econômica.

mo.ne.ta.ris.ta *s.2g.* **1** adepto do monetarismo. ♦ *adj.2g.* **2** relativo ao monetarismo: *política monetarista.*

mon.ge *s.m.* religioso que vive em mosteiro.

mon.gol (ó) *s.2g.* **1** natural ou habitante da Mongólia. ♦ *adj.2g.* **2** relativo à Mongólia (Ásia); mongólico.

mon.gó.li.co *s.m.* e *adj.* mongol.

mon.go.lis.mo *s.m.* síndrome de Down.

mon.go.loi.de (ói) *s.2g.* **1** (Med.) quem tem mongolismo: *Os mongoloides têm características evidentes.* ♦ *adj.2g.* **2** que tem traços físicos semelhantes aos dos mongóis ou dos asiáticos, de maneira geral; mongólico: *A ocupação humana na América teria se dado a partir de populações mongoloides.* **3** que tem mongolismo: *Aquela moça trabalha com crianças mongoloides.*

mo.ni.tor (ô) *s.m.* **1** funcionário ou aluno que auxilia o professor no ensino de uma matéria: *Nossos monitores têm trabalhado bastante.* **2** aquele que acompanha o desenvolvimento de algo: *monitores da dívida externa.* **3** guia: *O monitor guia os meninos montanha acima.* **4** aparelho receptor de TV em circuito fechado: *monitor de TV.* **5** (Inf.) aparelho que contém a tela de um computador. **6** qualquer aparelho que controla o funcionamento de um sistema.

mo.ni.to.ra.ção *s.f.* **1** controle de dados fornecidos por aparelhagem técnica; monitoramento; monitorização: *monitoração das reservas indígenas e florestais.* **2** observação e controle feitos com aparelhagem ou não.

mo.ni.to.ra.men.to *s.m.* monitoração: *O monitoramento da Amazônia é um dos projetos mais urgentes para o país.*

mo.ni.to.rar *v.t.* **1** observar e controlar mediante monitorização: *monitorar o espaço aéreo amazônico.* **2** estar atento a; vigiar: *A mãe monitora a filha pelo celular.* **3** rastrear; medir; analisar: *monitorar informações meteorológicas.* **4** exercer função de monitor (o que auxilia o professor): *Ele está monitorando as aulas práticas.*

mon.jo.lo (ô ou ó) *s.m.* (Bras.) engenho tosco, movido a água, usado para pilar milho e, primitivamente, para descascar café.

mo.no *s.m.* macaco.

montanhês

mo.no.blo.co (ó) s.m. parte de uma máquina ou de um instrumento fundida numa só peça metálica.
mo.no.cór.di.co adj. monocórdio.
mo.no.cór.dio s.m. **1** instrumento musical de uma caixa de ressonância sobre a qual se estende uma corda que se apoia sobre dois cavaletes móveis que serve para medir e demonstrar as relações matemáticas dos tons musicais. • **2** adj. que só tem uma corda. **3** monótono; enfadonho: *Ouviu o zumbido de abelhas e o monocórdio canto dos grilos.*
mo.nó.cu.lo s.m. lente fixada pelos músculos da cavidade orbitária, usada geralmente para fins corretivos de um olho apenas.
mo.no.cul.tu.ra s.f. cultura de uma única especialidade agrícola: *Ilhéus tenta se recuperar das crises da monocultura do cacau.*
mo.no.fô.ni.co adj. que diz respeito a gravação, reprodução ou transmissão feitas por um único canal: *Não adianta ter vídeo estéreo se a TV for monofônica.*
mo.no.ga.mi.a s.f. tipo de casamento em que o homem desposa uma única mulher e a mulher, um único marido: *Acentua-se o fato da predominância clara da monogamia hoje.*
mo.no.gâ.mi.co adj. **1** em monogamia: *casamento monogâmico.* **2** em que vigora a monogamia: *sociedades monogâmicas.*
mo.no.gra.fi.a s.f. trabalho escrito tão pormenorizado quanto possível sobre um tema particular.
mo.no.gra.ma s.m. desenho de uma letra ou de letras entrelaçadas: *A mulher vivia de bordar monogramas.*
mo.no.lí.ti.co adj. **1** feito de um único bloco de pedra: *estátua monolítica.* **2** composto de uma só massa contínua de material: *camada de concreto monolítica.* **3** que forma um só bloco; íntegro; compacto: *A Reforma Protestante rompeu o domínio monolítico até então exercido pela Igreja Católica.*
mo.no.li.to s.m. monólito.
mo.nó.li.to s.m. pedra de grandes dimensões.
mo.no.lo.gar v.t. **1** recitar: *monologar orações.* • int. **2** falar sozinho: *Andava pelas ruas a monologar.*
mo.nó.lo.go s.m. **1** conversa consigo mesmo. **2** em teatro, peça ou cena em que um só ator representa, interpretando um personagem que fala ao público ou consigo mesmo: *É muito conhecido o monólogo "ser ou não ser" da tragédia Hamlet, de Shakespeare.*
mo.no.pó.lio s.m. posse, direito ou privilégio exclusivos sobre a exploração, produção, distribuição ou venda de determinado produto; apropriação: *O rei de Portugal tinha o monopólio sobre o ouro e os diamantes.*
mo.no.po.li.zar v.t. **1** fazer ou ter o monopólio. **2** explorar de maneira abusiva, vendendo sem concorrente: *O latifúndio continua a monopolizar a produção destinada à exportação.* **3** (Fig.) desfrutar em caráter exclusivo; tomar exclusivamente para si; açambarcar: *monopolizar a atenção dos presentes.*
mo.nos.sí.la.bo s.m. **1** vocábulo ou verso formado de uma só sílaba. • adj. **2** monossilábico; que tem uma só sílaba.
mo.no.te.ís.mo s.m. crença em um só Deus.
mo.no.te.ís.ta s.2g. **1** seguidor do monoteísmo. • adj.2g. **2** que admite um só Deus: *religião monoteísta.*

mo.no.to.ni.a s.f. **1** falta de variedade: *A monotonia das estradas pode constituir perigo para os motoristas.* **2** insipidez; enfado; chatice: *A vida da moça passou a ser de uma dolorosa monotonia.*
mo.nó.to.no adj. **1** de um só tom; uniforme: *O monótono canto dos grilos.* **2** sem variação: *Tudo o que vejo nesta sala é monótono.* **3** enfadonho; fastidioso; chato: *o monótono trabalho no cartório local.*
mo.nó.xi.do /ks/ s.m. (Quím.) óxido com um só átomo de oxigênio por molécula.
mons.tren.go s.m. (Coloq.) qualquer coisa disforme, sem proporção, feia, ruim; coisa sem serventia; trambolho: *Não troco as minhas cadeiras de palha trançada por aqueles monstrengos.*
mons.tro s.m. **1** entidade fantástica de aspectos e comportamento aterrorizantes: *os monstros da mitologia grega.* **2** pessoa, animal ou coisa muito grande ou disforme: *Os estranhos miravam o corcunda como a um monstro.* **3** ser imaginário; assombração; fantasma: *Os monstros da infância que as tias de antigamente inculcavam nas crianças.* **4** prodígio; portento; colosso: *a biografia de Garrincha, um monstro do futebol.* **5** (Coloq.) pessoa cruel, desnaturada, ou horrenda: *Você é muito mau, um monstro.*
mons.tru.o.si.da.de s.f. **1** ação própria de monstro; crueldade: *Ele deve pagar pela monstruosidade que cometeu.* **2** coisa muito feia, disforme, horrenda: *É essa monstruosidade que chamam de arte?* **3** quantidade muito grande: *Teve de desembolsar uma monstruosidade de dinheiro pelo carro.*
mons.tru.o.so (ô) adj. **1** que tem a conformação de monstro: *No filme, há um monstruoso ser vindo de outra galáxia.* **2** enorme; extraordinário: *Devido ao acervo monstruoso da loja, dificilmente o consumidor vai sair de mãos vazias.* **3** que excede em perversidade, em maldade: *Mostrou-se monstruoso no assassinato do antigo rei.* **4** feio em demasia: *um ser feio, monstruoso, mas de uma bondade imensa.*
mon.ta.dor (ô) s.m. **1** cavaleiro profissional: *O montador caiu do cavalo.* **2** especialista em montar máquinas: *Os montadores entraram em greve.*
mon.ta.gem s.f. **1** ação de dispor todas as partes de um conjunto de tal modo que possa cumprir sua finalidade: *montagem da barraca.* **2** instalação: *montagem de equipamentos.* **3** criação; organização: *montagem de um banco de dados.* **4** em cinema e televisão, seleção e combinação dos materiais filmados ou gravados, para que se tenha uma sequência com o conteúdo final desejado; edição: *Elementos que possibilitam a organização da montagem de um filme.* **5** encenação: *montagem de uma peça teatral.* **6** arranjo; composição: *montagem fotográfica.*
mon.ta.nha s.f. **1** grande elevação natural de terra ou pedra que ocupa vasta área: *Do alto de uma montanha, eles veem os sinais de fumaça.* **2** série de montes: *O céu azulado derramava-se pelas montanhas.* // Neste caso, usado no plural. // **3** grande quantidade; grande amontoado: *uma montanha de papéis.* **4** grande volume: *Tenho enfrentado uma montanha de problemas.*
mon.ta.nhês s.m. **1** aquele que vive nas montanhas: *Um montanhês tem grande resistência ao frio.* • adj. **2** que habita as montanhas; montês: *animais*

montanhismo

montanheses. 3 relativo ou próprio de montanha: *cenário montanhês.*
mon.ta.nhis.mo *s.m.* modalidade esportiva praticada nas montanhas; alpinismo: *O montanhismo é esporte perigoso.*
mon.ta.nhis.ta *s.2g.* alpinista: *O bom montanhista confia mais em sua técnica do que no equipamento.*
mon.ta.nho.so (ô) *adj.* que tem muitas montanhas: *região montanhosa.*
mon.tan.te *s.m.* **1** soma; importância: *O montante da dívida será pago em dez anos.* **2** parte mais alta: *a previsão de uma grande cidade erguida nos montantes do Planalto Central.*
mon.tar *v.t.* **1** cavalgar: *A moça montava um alazão.* **2** reunir as peças para fazer funcionar: *montar o telescópio.* **3** encenar: *Montar uma peça é tarefa complicada.* **4** organizar; estruturar: *montar um curso.* **5** abrir; estabelecer: *montar uma loja de bijuterias.* **6** subir de pernas abertas; escanchar-se: *montar no cavalo.* **7** atingir (determinada soma): *Sua poupança monta a quase cem mil reais.*
mon.te *s.m.* **1** grande elevação de terreno acima do solo que a cerca; serra: *O guia apontou um clarão além dos montes.* **2** grande quantidade: *um monte de livros.* ♦ **aos montes** em grande quantidade; com abundância.
mon.têx *adj.* dos montes; montanhês: *cabritos monteses.*
mon.tu.ro *s.m.* monte de coisas velhas, lixo ou esterco: *Catava o lixo de um monturo.*
mo.nu.men.tal *adj.2g.* **1** relativo a monumento. **2** enorme; extraordinário: *um submarino monumental.* **3** grandioso; esplêndido; magnífico: *festas monumentais.*
mo.nu.men.to *s.m.* **1** obra de escultura ou construção que se destina a transmitir à posteridade a memória de fato ou pessoa notável: *Em São Paulo, há um monumento aos Bandeirantes.* **2** qualquer obra notável: *visitação de monumentos, como a Estação da Luz.*
mo.que.ar *v.t.* (Bras.) assar no moquém; tostar: *moquear o peixe.*
mo.que.ca (é) *s.f.* (Bras.) guisado de peixe ou frutos do mar, temperado com azeite de dendê, pimenta e, normalmente, leite de coco.
mo.quém *s.m.* (Bras.) grelha de varas para assar ou secar carne ou peixe.
mor (ó) *adj.* (Obsol.) maior. // Pode ligar-se por hífen a alguns nomes de profissão, indicando grau hierárquico superior: *capitão-mor*, de onde vem o uso coloquial atual significando "maior", "principal": *Ele é encrenqueiro-mor da repartição.*
mo.ra *s.f.* **1** prorrogação de prazo de pagamento. **2** acréscimo que se paga por efetuar um pagamento: *juros de mora.* **3** em música, aumento de duração de uma nota.
mo.ra.da *s.f.* **1** lugar onde se mora. **2** abrigo; refúgio: *Para fugir à tempestade, procurou morada numa toca entre pedras.*
mo.ra.di.a *s.f.* **1** habitação; residência: *O barracão que lhe servia de moradia achava-se desocupado.* **2** lugar onde se mora; morada: *construção de moradias para famílias de baixa renda.*
mo.ra.dor (ô) *s.m.* **1** quem mora; habitante: *É o novo morador do condomínio.* ♦ *adj.* **2** que mora; que habita: *As vítimas são mulheres moradoras do bairro.*
mo.ral *s.m.* **1** ânimo; coragem: *O moral do inimigo não se abatia.* ♦ *s.f.* **2** conjunto de valores sociais e de regras de conduta consideradas válidas, quer de modo absoluto para qualquer tempo ou lugar, quer para grupo ou pessoa determinada: *crime contra a moral e os bons costumes.* **3** conclusão que se tira de uma obra ou de um fato: *A moral é simples: a própria industrialização criou o mercado de que necessitava para sua expansão.* **4** brio; vergonha: *Ela é fiel não por moral, mas por orgulho.* **5** (Filos.) disciplina que estuda o comportamento humano e as regras de conduta; ética: *A moral é uma ciência prática, cujo objeto é o estudo e a direção dos atos humanos.* ♦ *adj.2g.* **6** relativo a moral: *tradições morais da família.*
mo.ra.li.da.de *s.f.* **1** caráter de que é moral: *A moralidade não se aplica ao comportamento animal que é instintivo e irracional.* **2** conformidade com os preceitos da moral sã: *disseminar noções de moralidade na sociedade.* **3** conceito ou intuito moral de fábulas e narrativas; moral; conclusão. **4** comportamento e costumes num local e momento específicos: *a moralidade da época do Império.*
mo.ra.lis.mo *s.m.* **1** posição filosófica ou religiosa que considera os valores morais acima de quaisquer outros valores: *O individualismo e o moralismo são características do início do Romantismo na literatura.* **2** atitude daqueles que se preocupam acima de tudo com a perfeição moral, própria e alheia.
mo.ra.lis.ta *s.2g.* **1** pessoa que escreve, fala sobre moral e bons costumes; pessoa que valoriza a moral. **2** indivíduo que gosta ou tem hábito de corrigir o comportamento alheio: *Nem estou aqui para bancar o moralista.* ♦ *adj.2g.* **3** que valoriza a moral; que visa ensinar as pessoas a proceder bem. **4** (Deprec.) rígido, intransigente e conservador na maneira de encarar os valores morais e de julgar o comportamento alheio: *pessoa jovem e nem um pouco moralista.*
mo.ra.li.za.ção *s.f.* pregação de moral ou correção de costumes: *a necessária moralização dos costumes públicos.*
mo.ra.li.zar *v.t.* **1** tornar conforme aos princípios de uma determinada moral: *moralizar o pleito e pôr fim às manobras eleitorais.* **2** tornar decente e honesto: *moralizar os leitores de suas obras.* **3** infundir ideias sadias; corrigir: *moralizar os costumes.*
mo.ran.ga *s.f.* certa espécie de abóbora.
mo.ran.go *s.m.* fruto pequeno, de forma cônica, vermelho, suculento e de sabor característico agridoce, cujas sementes muito pequenas se inserem na superfície da casca.
mo.rar *v.t.* **1** residir: *morar na casa dos pais.* **2** ficar; permanecer: *morar mais no emprego do que em casa.* **3** estar localizado; instalar-se: *A esperança ainda mora no meu peito.* **4** (Coloq.) entender; compreender: *Já morei na sua conversa, sei o que você quer.* **5** viver junto; coabitar: *Os filhos foram morar com a avó.* **6** viver maritalmente: *Depois de dois anos de namoro, decidiram morar juntos.*
mo.ra.tó.ria *s.f.* **1** dilatação do prazo para saldar uma dívida: *A firma não teve outra saída senão pedir moratória até recuperar-se financeiramente.* **2** suspensão

dos pagamentos devidos a credores externos, por parte do governo de um país que está atravessando uma crise econômica. **3** adiamento: *A moratória na instalação de incineradores foi decretada pelo governo sueco.*

mor.bi.da.de *s.f.* **1** relação entre o número de habitantes e o número de casos com determinada doença, em dado período e localidade: *A morbidade infantil vem diminuindo.* **2** doença: *controle da mortalidade e morbidade senil.* **3** capacidade de produzir doença: *Esse vírus é de grande morbidade.*

mor.bi.dez *s.f.* **1** abatimento; desânimo: *A morbidez era a tônica dos poetas românticos.* **2** estado mental doentio; depressão: *A morte do pai levou-o a um estado de morbidez.*

mór.bi.do *adj.* **1** relativo a doença; por doença: *Aquele rapaz é obeso mórbido.* **2** que revela curiosidade ou preferência anormal pelo doentio, perverso ou ligado à morte: *É um prazer mórbido que ela tem em me azucrinar.*

mor.ce.go (ê) *s.m.* mamífero voador noturno, de asas membranosas e cabeça parecida com a do rato.

mor.da.ça *s.f.* **1** pedaço de pano ou outro objeto com que se tapa a boca de alguém para que não fale nem grite. **2** (Fig.)qualquer impedimento violento da fala ou da expressão de alguém.

mor.da.ci.da.de *s.f.* ironia; sarcasmo: *A sua mordacidade granjeava-lhe inimigos.*

mor.daz *adj.2g.* irônico; maldoso: *Ela fazia observações mordazes sobre as saídas noturnas dele.*

mor.de.dor (ô) *s.m.* **1** anel de borracha ou similar que se dá aos bebês na época da dentição para que mordam e, assim, aliviem a sensação desagradável. **2** (Coloq.) indivíduo que costuma pedir dinheiro emprestado. • *adj.* **3** que morde: *animais mordedores.*

mor.der *v.t.* **1** cravar os dentes em; dar dentadas em: *O cãozinho mordeu o dono.* **2** comprimir ou apertar com os dentes: *morder os lábios.* **3** (Fig.) atormentar; afligir: *O ódio mordia sua alma.* **4** fazer doer: *O frio mordia as pernas.* **5** (Bras. Coloq.) pedir emprestado ou tomar dinheiro a alguém: *O ladrão mordeu seus últimos reais.* • *pron.* **6** (Fig.) desesperar-se; enfurecer-se: *Ele se mordia quando alguém lembrava seu apelido.*

mor.di.da *s.f.* **1** ação de morder; mordedura: *mordida de cachorro.* **2** (Coloq.) pedaço retirado com os dentes: *Quer uma mordida do meu sanduíche?* **3** (Coloq.) dinheiro que se pediu emprestado; facada.

mor.di.do *adj.* **1** que sofreu mordida: *Deixou o sanduíche meio mordido sobre a mesa.* **2** (Coloq.) irritado; zangado: *Ficou mordido com a má resposta.* **3** aborrecido; aflito: *Ela está mordida de ciúmes.*

mor.dis.car *v.t.* dar pequenas mordidas: *mordiscar um salgadinho.*

mor.do.mi.a *s.f.* **1** ofício de mordomo. **2** (Bras. Coloq.) benefícios extrassalariais, especialmente para funcionários públicos.

mor.do.mo *s.m.* **1** criado encarregado da administração da casa: *Era um mordomo da melhor categoria.* **2** pessoa que administra os bens de uma instituição de caráter assistencial: *A eleição do mordomo foi bastante concorrida.*

mo.rei.a (éi) *s.f.* (Zool.) nome comum de vários peixes marinhos, alguns agressivos, desprovidos de escamas e com o corpo em forma de serpente.

morrer

mo.re.no *s.m.* **1** pessoa de cor morena: *O moreno apresentou-se como vizinho.* **2** a cor morena: *Depois da praia, sua pele ficou de um moreno lindo.* • *adj.* **3** que tem a cor trigueira; pardo; amorenado: *um homem moreno.* **4** indivíduo claro de cabelos castanhos ou pretos.

mor.fei.a (éi) *s.f.* (Derm.) hanseníase; lepra.

mor.fe.ma *s.m.* (E. Ling.) unidade significativa mínima de uma língua: *O sufixo é um tipo de morfema. Em casinha, "-inha" é um sufixo.*

mor.fé.ti.co *s.m.* **1** pessoa que contraiu morfeia; leproso; hanseniano: *Os morféticos afastavam-se da cidade.* • *adj.* **2** que contraiu morfeia.

mór.fi.co *adj.* relacionado com morfologia.

mor.fi.na *s.f.* (Quím.) principal alcaloide do ópio, de propriedades analgésicas e soporíferas.

mor.fo.gê.ne.se *s.f.* origem e desenvolvimento da forma dos seres ou coisas: *morfogênese vegetal.*

mor.fo.ge.né.ti.co *adj.* relativo à morfogênese: *ação morfogenética da radiação solar.*

mor.fo.lo.gi.a *s.f.* **1** conjunto de conhecimentos sobre as formas que a matéria pode apresentar: *morfologia vegetal.* **2** em Gramática, estudo da constituição das palavras, dos elementos que as formam (morfemas) e suas regras derivacionais e flexionais, bem como das classes em que elas se dividem, de acordo com sua função.

mor.fo.ló.gi.co *adj.* **1** relativo à morfologia: *O que diferencia um ser humano do outro, de imediato, é o tipo físico, o aspecto morfológico.* **2** (Gram.) referente aos morfemas de uma língua: *análise morfológica.*

mor.ga.do *s.m.* filho primogênito, herdeiro de bens vinculados que não se podem dividir ou alienar: *Era o morgado da família.*

mo.ri.bun.do *s.m.* **1** pessoa que está à beira da morte: *últimas pulsações de um moribundo.* • *adj.* **2** prestes a morrer; agonizante: *homem moribundo.* **3** que está se extinguindo: *descoberta de um possível cometa moribundo.*

mo.ri.ge.ra.do *adj.* comedido; moderado: *conduta morigerada.*

mo.rim *s.m.* tecido branco e fino de algodão, geralmente usado para forro ou roupa de baixo: *fraldas de morim.*

mo.rin.ga *s.f.* vaso de barro, bojudo e de gargalo estreito, usado para guardar e refrescar água.

mor.ma.ço *s.m.* calor contínuo e abafado: *o mormaço da caatinga.*

mor.no (ô) *adj.* **1** pouco quente; tépido: *leite morno.* **2** insípido; monótono: *conversinha morna.*

mo.ro.si.da.de *s.f.* lentidão; vagareza: *A morosidade do trânsito aumenta no fim da tarde.*

mo.ro.so (ô) *adj.* lento; demorado: *Isso torna o trabalho um pouco mais moroso.*

mor.rer • *int.* **1** cessar de viver; finar-se: *O cãozinho morreu.* **2** perder o vigor; fenecer: *As flores morriam no vaso.* **3** (Bras.) parar de funcionar: *O carro morreu.* **4** cair no esquecimento: *E o caso tão escandaloso morreu.* **5** experimentar em grau muito intenso: *morrer de medo.* **6** ter grande afeição: *Ela morre de amores por você.* **7** perder o brilho: *a luz morrendo no fim do dia.* **8** acabar; terminar: *A semana já está morrendo.*

morrinha

mor.ri.nha s.f. **1** doença epidêmica do gado. **2** (Coloq.) enfermidade passageira ou indisposição física: *Ficou na cama, esperando a morrinha passar.* **3** (Bras.) fedor exalado por pessoa ou animal; catinga; bodum. **4** passidão; prostração. **5** melancolia; tristeza. • *adj.2g.* **6** enfadonho; que aborrece. **7** avaro; pão-duro; sovina. **8** preguiçoso; lento; lerdo.

mor.ro (ô) s.m. **1** monte pouco alto; outeiro; colina: *Estão muito habituados à paisagem de morros e campos altos.* **2** (Bras.) favela situada em morro.

mor.sa (ó) s.f. **1** grande mamífero marinho especialmente da regiões árticas, que possui duas presas superiores que servem para pegar moluscos e crustáceos. **2** dispositivo para fixação à bancada de peças que devem ser trabalhadas: *A morsa universal permite a fixação da peça em posições inclinadas.*

mor.ta.de.la (é) s.f. embutido de carne e toucinho, de formato redondo e grosso.

mor.tal s.2g. **1** ser vivo; ser humano: *Os deuses não têm tempo de ajudar os mortais.* • *adj.2g.* **2** sujeito à morte: *O homem é mortal.* **3** que leva à morte; letal: *ferimento mortal.* **4** muito grave; capital: *pecado mortal.* **5** molesto ao extremo; insuportável: *aborrecimento mortal.* **6** encarniçado; profundo: *ódio mortal.*

mor.ta.lha s.f. veste ou lençol com que se envolve o defunto para ser sepultado.

mor.ta.li.da.de s.f. **1** possibilidade de morrer: *Vacinas reduzem a mortalidade infantil.* **2** condição de quem é mortal: *Eles refletem sobre mortalidade, têm noção das oportunidades perdidas.* **3** número de óbitos por habitante num determinado lugar e em certo período de tempo: *Com o saneamento, diminui a mortalidade.*

mor.tan.da.de s.f. **1** carnificina; matança. **2** grande número de mortes: *Falta de oxigênio causa mortandade de peixes na lagoa.*

mor.te (ó) s.f. **1** fim da vida animal ou vegetal: *morte do gado.* **2** fim; término: *Quando ele saiu de casa, houve a morte da alegria.* **3** destruição; ruína: *morte de células.* **4** extinção; desaparecimento: *morte das liberdades individuais.* ♦ **de morte** (i) intenso; insuportável: *O barulho está de morte.* (ii) demais; de modo profundo: *odiar de morte.* **à morte** agonizante; moribundo.

mor.tei.ro s.m. **1** canhão de cano curto e boca larga: *tiro de morteiro.* **2** foguete pirotécnico feito de um tubo de papelão reforçado cheio de pólvora, que lança para o ar pequenas bombas; rojão.

mor.ti.cí.nio s.m. **1** chacina; carnificina: *Os soldados se precipitaram sobre a ala esquerda, fazendo grande morticínio.* **2** extermínio; matança: *morticínio de jacarés.*

mor.ti.ço adj. **1** sem brilho; embaçado: *olhar mortiço.* **2** prestes a apagar-se; fraco: *a chama mortiça da vela.*

mor.tí.fe.ro adj. que produz a morte; letal: *picada mortífera.*

mor.ti.fi.ca.ção s.f. **1** penitência; flagelação: *Penitentes praticam mortificação do corpo.* **2** sofrimento; tormento.

mor.ti.fi.car v.t. **1** flagelar; torturar: *mortificar o corpo e fazer penitência.* **2** afligir; atormentar: *As aulas de piano mortificavam a menina.* • *pron.* **3** afligir-se; atormentar-se; inquietar-se: *Não ia mais se mortificar.* **4** castigar a si mesmo; praticar a autoflagelação como penitência.

mor.to (ô) s.m. **1** aquele que morreu; defunto: *sonhar com mortos.* **2** cadáver; corpo: *O morto estava sendo velado.* • *adj.* **3** que morreu; falecido; finado: *gado morto no curral.* **4** exausto; extenuado: *Chega morto do trabalho.* **5** murcho; seco: *galhos mortos.* **6** necrosado: *células mortas.* **7** sem atividade ou movimento: *ruas mortas.* **8** que perdeu a sensibilidade, a vontade ou a ação; indiferente: *Depois de tantas tristezas, sentia-se morta.* **9** desaparecido: *civilizações mortas.* **10** sem brilho; embaçado: *um olhar morto.* **11** poluído ou estagnado: *Hoje é um rio morto.* **12** possuído por; cheio: *morto de medo.* ♦ **nem morto** de modo nenhum; sob nenhuma hipótese.

mor.tu.á.rio adj. de ou relativo à morte ou morto; funerário: *O corpo estava no seu leito mortuário.*

mo.sai.co s.m. **1** desenho feito de pequenas peças multicores de mármore, vidro, porcelana, cerâmica, pedras preciosas ou semipreciosas, justapostas e incrustadas em cimento ou argamassa: *Um fragmento de mosaico foi encontrado em Pela, cidade natal de Alexandre.* **2** pavimento feito de mosaico ou de fragmentos de ladrilhos: *Pisava o mosaico com cuidado, evitando barulho.* **3** reunião de pessoas ou coisas diferentes; miscelânea: *Quero reunir aqui um mosaico de artistas do mundo inteiro.*

mos.ca (ô) s.f. **1** pequeno inseto de duas asas: *Moscas voavam pela cozinha.* **2** pessoa importuna; impertinente. **3** ponto central, negro, do alvo empregado em exercício de tiro: *acertar na mosca.* ♦ **às moscas** vazio: *O salão estava às moscas.* **como moscas** em grande quantidade: *Havia pessoas como moscas no show.* **comer mosca** (Coloq.) não perceber algo; deixar passar; ser enganado.

mos.ca.va.re.jei.ra s.f. mosca que deposita os ovos nos tecidos vivos ou mortos de vertebrados ou em substâncias orgânicas em decomposição. // Pl.: moscas-varejeiras.

mos.co.vi.ta s.2g. **1** natural ou habitante de Moscou. • *adj.2g.* **2** relativo a Moscou.

mos.que.te (ê) s.m. arma de fogo antiga com feitio de espingarda, mas muito mais pesada.

mos.que.tei.ro s.m. soldado que maneja mosquete: *Os três mosqueteiros.*

mos.qui.tei.ro s.m. cortinado ou rede para proteger contra os mosquitos.

mos.qui.to s.m. inseto de porte pequeno, com pernas muito longas, corpo e asas revestidos de escamas e antenas longas e finas.

mos.sa (ó) s.f. vestígio de pancada ou de pressão; marca.

mos.tar.da s.f. **1** erva de folhas comestíveis, de sabor picante e de cuja semente se retira um pó amarelo, usado como condimento: *As mostardas brotam do chão.* **2** pasta de grão de mostarda: *um cachorro-quente com mostarda.*

mos.tei.ro s.m. casa, geralmente em local retirado, onde vivem, em comunidade, monges ou monjas; monastério.

mos.to (ô) s.m. **1** suco de uva que ainda não completou a fermentação: *O mosto resultante é levado para fermentação.* • *adj.* **2** que não completou a fermentação: *vinho mosto.*

mos.tra (ó) s.f. **1** exibição de obras de arte; exposição: *mostra de cerâmica indígena.* **2** manifestação; sinal: *Depois de brincar muito, a criança começava a dar*

mover

mostra de cansaço. **3** exemplar; espécime: *Pegou a mostra de aracnídeo para examinar.* ♦ **à mostra** à vista de todos; aparente: *pernas à mostra.*

mos.tra.dor (ô) *s.m.* **1** parte do relógio onde se indicam as horas, os minutos e os segundos: *o velho mostrador amarelecido.* **2** qualquer quadrante ou painel que serve como marcador ou indicador: *O mostrador indicava os pontos da partida.*

mos.trar *v.t.* **1** expor à vista; exibir. **2** demonstrar; manifestar; expressar: *mostrar interesse.* **3** ter: *As mudas transplantadas mostram bom crescimento.* **4** fazer ver; expor à vista; apresentar: *mostrar as fotos.* **5** demonstrar; provar: *mostrar o resultado da experiência.* **6** indicar: *mostrar o caminho.* **7** manifestar-se; revelar-se; apresentar-se: *mostrar-se triste.* **8** aparecer: *mostrar-se na televisão.*

mos.tru.á.rio *s.m.* **1** móvel ou seção de um estabelecimento comercial em que se expõem mercadorias à venda: *mostruário de tecidos.* **2** pasta ou mala em que se expõem amostras de mercadorias à venda: *mostruário de anéis.* **3** conjunto de amostras de mercadorias. **4** exibição: *O filme é também um mostruário de temas a que o cineasta retornaria.*

mo.te (ó) *s.m.* **1** estrofe ou frase que um poeta toma como tema ou ponto de partida para um poema. **2** dito ou sentença, geralmente de cunho satírico; motejo. **3** lema; divisa.

mo.te.jo (ê) *s.m.* gracejo; caçoada.

mo.tel *s.m.* **1** hotel com estacionamento para quem viaja de automóvel. **2** (Bras.) hotel destinado a encontros amorosos.

mo.tim *s.m.* rebelião; revolta; desordem de modo geral contra pessoa ou órgão superior: *Houve um motim entre os presos.*

mo.ti.va.ção *s.f.* **1** causa; móbil; razão: *A única motivação possível para as ações era a busca de fortuna.* **2** vontade de fazer algo; interesse; empenho.

mo.ti.va.dor (ô) *adj.* que motiva; causador: *O tema central, motivador desta reunião, é a falta de peças de reposição.*

mo.ti.var *v.t.* **1** despertar o interesse ou a curiosidade de: *motivar o gosto pela leitura.* **2** despertar o interesse; estimular para uma atividade: *Usava jogos para motivar os alunos nas aulas de Matemática.* **3** causar; determinar: *Desentendimentos motivaram a separação do casal.* **4** induzir; incitar; estimular: *A ambição motiva o rapaz para o trabalho.* ● *pron.* **5** interessar-se: *Seria bom se o próprio aluno se motivasse a estudar.*

mo.ti.vo *s.m.* **1** causa; razão: *O motivo da briga foi o ciúme.* **2** motivação; intuito; objetivo; estímulo: *Falta-me motivo para viver.* **3** tema, assunto de uma obra: *O motivo da história é o velho e sempre novo amor.* **4** (Mús.) fragmento melódico que predomina numa composição musical: *A orquestra retoma os motivos do prelúdio.* **5** ornato central ou repetido em uma decoração ou pintura: *o motivo geométrico do tapete.*

mo.to[1] (ó) *s.m.* movimento; giro: *máquina em moto contínuo.*

mo.to[2] (ó) *s.f.* (Coloq.) motocicleta: *andar de moto.*

motoboy (móto-bói) (Ingl.) *s.m.* entregador que usa motocicleta para fazer suas entregas.

mo.to.ci.cle.ta *s.f.* veículo de duas rodas, movido a motor de explosão, para transporte de um ou dois passageiros.

mo.to.ci.clis.mo *s.m.* **1** transporte feito por motocicleta. **2** esporte de corridas de motocicleta.

mo.to.ci.clis.ta *s.2g.* (Bras.) pessoa que dirige motocicleta: *A motociclista está sempre de capacete.*

motocross (mótocróss) (Ingl.) *s.m.* corrida de moto em pista com obstáculos: *Motocross é esporte radical.*

mo.to.ni.ve.la.do.ra (ô) *s.f.* máquina niveladora com motor próprio.

mo.to.quei.ro *s.m.* (Coloq.) motociclista: *Os motoqueiros devem sempre usar capacetes.*

mo.tor (ô) *s.m.* **1** maquinismo que dá impulso ou imprime movimento: *motores de caminhão.* **2** determinante; motivo: *A ambição é o motor do desenvolvimento.* ● *adj.* **3** de ou relativo a movimento: *exercícios de coordenação motora.* **4** que se movimenta por meio de motor: *veículos motores.* **5** determinante; motivador: *A força motora dos pais são os filhos.*

mo.to.ris.ta *s.2g.* condutor de veículos; chofer.

mo.to.ri.za.do *adj.* **1** movido por motor: *veículos motorizados.* **2** que tem ou que se utiliza de veículo a motor: *entregadores motorizados.*

mo.tos.ser.ra (é) *s.f.* serra elétrica: *Motosserras acabam com nossas florestas.*

mo.tri.ci.da.de *s.f.* capacidade de contração muscular de certas células nervosas: *motricidade dos músculos da face.*

mo.triz *s.f.* **1** aquilo que fornece ou cria ação, movimento; motor: *A ambição é a eterna motriz das atividades humanas.* ● *adj.* **2** aquilo que fornece movimento.

mou.co *s.m.* **1** pessoa surda: *Mesmo um mouco ouviria seus berros.* ● *adj.* **2** surdo: *O velho mouco colocava as mãos em concha atrás das orelhas, tentando ouvir.*

mou.rão *s.m.* (Bras.) estaca grossa que se finca no solo para fazer cercas, prender o gado ou atar canoas à beira dos rios. // Var.: moirão.

mou.re.jar *v.int.* trabalhar muito, sem descanso: *O rapaz mourejava, preparando o futuro.*

mou.ris.co *adj.* próprio de ou relativo aos mouros: *varandas mouriscas.*

mou.ro *s.m.* **1** habitante do noroeste da África, resultante de cruzamento de árabes conquistadores com a população berbere local: *Os mouros estiveram na Península Ibérica por séculos.* ● *adj.* **2** relativo ou próprio de mouro: *costumes mouros.*

mouse (mauz) (Ingl.) (Inf.) *s.m.* dispositivo que, com a pressão do dedo, aponta e seleciona as opções na tela do computador.

mo.ve.di.ço *adj.* **1** que se move: *ramos movediços das árvores.* **2** sem firmeza ou estabilidade: *areias movediças.* **3** inconstante; volúvel: *Sentimentos movediços e estranhos assaltavam-na.*

mó.vel *s.m.* **1** peça de mobiliário: *Os móveis da casa eram poucos.* **2** causa; motivo: *O móvel do crime foi ódio antigo.* ● *adj.2g.* **3** que se move: *Os ramos móveis do salgueiro caíam sobre o rio.* **4** que pode ser movido: *palco móvel.* **5** que pode variar; inconstante; variável: *A taxa de crescimento é móvel.*

mo.ver *v.t.* **1** fazer sair do lugar; remover: *mover as cadeiras para limpar o chão.* **2** pôr em movimento; fazer funcionar; acionar: *mover os motores.* **3** sensibilizar; afetar: *As palavras moveram o coração da mulher.* **4** fazer mexer; movimentar: *mover os braços.* **5** dar início;

595

movimentação

levar a efeito: *mover um processo contra o vizinho.* **6** induzir; impulsionar. • *pron.* **7** sair do lugar; deslocar-se: *O rio move-se para o mar.* **8** mexer-se; agitar-se: *Enquanto falava, as mãos se moviam sem parar.*

mo.vi.men.ta.ção *s.f.* **1** movimento; circulação: *movimentação de pessoas nas ruas.* **2** transporte: *movimentação da carga para o navio.* **3** grande concentração de eventos ou fatos acontecendo ao mesmo tempo: *a movimentação das festas de fim de ano.* **4** levantamento; aplicação: *movimentação de recursos para as obras emergenciais.*

mo.vi.men.tar *v.t.* **1** levar de um lado para outro; deslocar: *movimentar as peças do jogo.* **2** pôr em funcionamento; acionar: *movimentar o veículo.* **3** tornar frequentado; entusiasmar; animar: *movimentar a festa.* **4** fazer ter movimento; fazer mexer: *movimentar as pernas.* **5** pôr em circulação: *A empresa movimenta milhões de dólares por ano.* **6** ativar; fazer desenvolver: *movimentar os negócios.* • *pron.* **7** tomar providências; empenhar-se: *A mãe movimenta-se, preparando a festa.* **8** deslocar-se; andar: *A procissão movimenta-se.* **9** agitar-se: *Enquanto discute, as mãos movimentam-se nervosamente.*

mo.vi.men.to *s.m.* **1** deslocamento de um corpo, ou de parte dele, no espaço: *veículo em movimento.* **2** série de atividades organizadas com um fim comum; mobilização: *movimento organizado dos sem-terra.* **3** animação; agitação: *O novo shopping está com muito movimento.* **4** atividade; ação: *O movimento na cozinha do restaurante começa cedo.* **5** locomoção: *O indivíduo necessita de movimento, de ar puro, de boa alimentação.* **6** circulação de pessoas ou veículos: *o movimento da rua.* **7** marcha real ou aparente dos corpos celestes: *o movimento do Sol.* **8** mudança do modo de vida e pensamento: *movimento de ascensão social.* **9** agrupamento de pessoas em torno de uma ideia, um objetivo ou uma tendência artística, filosófica etc.: *movimento modernista de 1922.* **10** impulso: *O primeiro movimento foi mandar o irmão plantar batatas.*

mo.za.re.la (é) (It.) *s.f.* queijo de sabor suave, macio e esbranquiçado, que derrete ao calor, muito usado na culinária: *pizza de mozarela.*

mu.am.ba *s.f.* (Bras. Coloq.) mercadoria originária de roubo ou contrabando: *Foi pego com muamba no aeroporto.*

mu.am.bar *v.t.* (Bras. Coloq.) comprar mercadorias para vender sem pagamento de impostos: *Ele muambava aparelhos eletrônicos no Paraguai.*

mu.am.bei.ro *s.m.* (Bras. Coloq.) pessoa que negocia muamba; contrabandista: *O muambeiro viaja todas as semanas para abastecer-se.*

mu.ar *s.m.* **1** mula ou mulo: *criação de muares.* • *adj.2g.* **2** da raça do mulo: *bestas muares.*

mu.ca.ma *s.f.* (Bras. Obsol.) escrava que fazia serviços caseiros ou servia de ama de leite.

mu.ça.re.la *s.f.* mozarela.

mu.co *s.m.* (Bioquím.) secreção viscosa de membrana mucosa; mucosidade: *Há uma camada de muco que protege a parede do intestino.*

mu.co.sa (ó) *s.f.* (Anat.) membrana que forra certas cavidades do corpo e que segrega muco: *a mucosa do estômago.*

mu.co.si.da.de *s.f.* muco.

mu.co.so (ô) *adj.* **1** de ou relativo a muco: *secreção mucosa.* **2** de ou relativo à mucosa: *tecido mucoso.*

mu.çul.ma.no *s.m.* **1** pessoa que segue a religião maometana. • *adj.* **2** que segue o islamismo, religião pregada por Maomé; maometano; islâmico: *povo muçulmano.* **3** próprio ou característico dos maometanos.

mu.çum *s.m.* (Bras.) peixe de água doce desprovido de escamas, com nadadeiras peitorais e bexiga, natatória, usado como isca pelos pescadores de peixes grandes.

mu.cu.na *s.f.* mucunã.

mu.cu.nã *s.f.* (Bot.) gênero de plantas herbáceas e trepadeiras lenhosas tropicais da família das leguminosas.

mu.da *s.f.* **1** mudança. **2** renovação de pelos, penas, pele ou casca de certos animais. **3** (Bot.) planta retirada de viveiro para plantio definitivo: *Tinha a muda preparada, com antecedência, em sacos de plástico.* **4** roupa para troca; peça de vestuário: *Colocou na mala duas mudas de roupa.* **5** galho retirado de uma planta para ser plantado. **6** animal descansado que substitui o animal cansado: *Alguns cavalos serviam de muda na viagem.*

mu.dan.ça *s.f.* **1** substituição; troca: *mudança de uniforme por traje de passeio.* **2** transferência: *mudança da casa antiga para a nova.* **3** alteração; modificação: *mudança nas regras do jogo.* **4** variação: *mudança da temperatura.* **5** troca; muda: *mudança das penas.* **6** conjunto dos móveis e pertences das pessoas que se mudam: *colocar a mudança no caminhão.*

mu.dar *v.t.* **1** substituir; trocar: *mudar a roupa.* **2** alterar; trocar: *mudar o lugar da poltrona.* **3** dar outra direção a; modificar: *Ninguém muda a cabeça dele.* **4** ir habitar ou estabelecer-se em outro lugar: *Mudou para outro bairro.* **5** passar; ir: *mudar de um assunto para outro.* **6** remover; deslocar: *mudar o televisor para outra sala.* **7** transplantar; trasladar: *mudar as alfaces para os canteiros.* **8** transformar; fazer apresentar-se sob outro aspecto: *mudar água em vinho.* **9** trocar: *mudar de roupa.* • *pron.* **10** ir morar em outro lugar: *A família mudou-se.* **11** transformar-se: *A menina mudou-se em moça.*

mu.dez (ê) *s.f.* **1** característica do que é mudo. **2** privação da fala; silêncio: *Quando percebeu a mudez da plateia, mudou de tom.* **3** quietude; serenidade: *A mudez da natureza a sua volta.*

mu.do *adj.* **1** impossibilitado de falar por deficiência orgânica: *Um acidente na infância deixou-o mudo.* **2** sem fala, por inibição, medo ou susto: *Ficou mudo com a cena que viu.* **3** que se recusa a falar; calado: *Ele insistiu, mas ela permaneceu muda.*

mu.gi.do *s.m.* voz dos bovinos.

mu.gir *v.int.* soltar mugidos; berrar: *As vacas mugiam no pasto.*

mui.to *s.m.* **1** grande quantidade de coisas: *Já contei o muito que devo a ele.* • *pron. indef.* **2** em grande número; em abundância: *Tenho muitos amigos.* **3** bastante: *Era preciso prestar muita atenção.* **4** em grande intensidade: *Fazia muito calor.* • *adv.* **5** com excesso; abundantemente: *Ele fala muito.* **6** em alto grau; intensamente: *O velho anda muito triste.* **7** frequentemente: *Ele vai muito ao cinema.* ◆ **de (há)**

múmia

muito desde muito tempo: *De há muito sabia do segredo do rapaz.* **quando muito** no máximo; se tanto: *E na pequena sala havia, quando muito, umas oito pessoas.* // Ant.: pouco.

mujahedin (mujarredin) (Ár.) *s.m.* guerrilheiro muçulmano.

mu.la *s.f.* **1** fêmea do mulo. **2** nome popular de doença venérea que consiste em inflamação da virilha. **3** (Coloq.) indivíduo estúpido; ignorante. • **picar a mula** (Coloq.) ir embora. **lerdo como uma mula** pessoa vagarosa.

mu.la sem ca.be.ça *s.f.* personagem de lendas populares que lança fogo e sai pela noite amedrontando os supersticiosos. // Pl.: mulas sem cabeça.

mu.la.to *s.m.* **1** mestiço de branco com negro. • *adj.* **2** de cor escura: *Um rostinho mulato sorria para ele.*

mu.le.ta (ê) *s.f.* **1** bastão com encosto côncavo numa das pontas que se encaixa na axila e serve de apoio às pessoas para manterem-se de pé ou para caminharem: *Apoiar-se em muletas.* **2** (Coloq.) apoio; amparo: *Sua muleta é o dinheiro do pai.*

mu.lher (é) *s.f.* **1** ser humano do sexo feminino. **2** a mulher na idade adulta: *A menina transformou-se em mulher.* **3** esposa: *Apresento-lhes minha mulher.* **4** mulher que não é mais virgem.

mu.lhe.ra.ça *s.f.* (Coloq.) mulher de corpo bem proporcionado, bonita, que chama a atenção por sua aparência.

mu.lhe.ra.da *s.f.* (Coloq.) mulherio: *A mulherada reunida fazia fofocas.*

mu.lhe.ren.go *s.m.* **1** homem que é dado a cortejar o sexo feminino. • *adj.* (Deprec.) **2** que é dado a cortejar ou a procurar mulheres: *Aquele homem foi muito mulherengo.*

mu.lhe.ri.o *s.m.* (Coloq.) **1** grupo de mulheres: *O mulherio conversava na cozinha.* **2** o conjunto das mulheres em geral.

mu.lo *s.m.* animal híbrido e estéril, originário de cruzamento de jumento com égua ou jumenta e cavalo; mu; besta.

mul.ta *s.f.* pena que obriga a pagamento em dinheiro: *Pagou multa por impostos atrasados.*

mul.tar *v.t.* impor ou aplicar multa a: *multar motoristas.*

mul.ti.ce.lu.lar *adj.2g.* (Biol.) que tem muitas células; pluricelular: *seres multicelulares.*

mul.ti.co.lo.ri.do *adj.* tem muitas cores: *painéis de propaganda multicoloridos.*

mul.ti.cor (ô) *adj.* multicolorido: *cadernos com capas multicores.*

mul.ti.dão *s.f.* **1** grande número de pessoas juntas: *A multidão seguiu para o palácio.* **2** grande quantidade: *uma multidão de exercícios por fazer.*

mul.ti.dis.ci.pli.nar *adj.2g.* referente a, ou que abrange muitas disciplinas.

mul.ti.fa.ce.ta.do *adj.* **1** que tem muitas faces: *diamante multifacetado.* **2** que apresenta muitos aspectos ou características diferentes: *personalidade multifacetada.*

mul.ti.for.me (ó) *adj.2g.* que se apresenta de várias formas: *uma variedade multiforme de insetos.*

mul.ti.la.te.ral *adj.2g.* **1** que tem muitos lados. **2** relativo a várias pessoas, instituições ou países: *Contava com a colaboração de organismos multilaterais.* **3** que apresenta vários pontos de vista diferentes: *uma abordagem multilateral do problema.*

mul.ti.mí.dia *s.f.* (Comun. Inf.) **1** conjunto de meios diferentes de divulgação: *O turismo descobriu que a multimídia é um bom negócio para o setor.* **2** aparelhagem eletrônica que engloba som e imagem: *aparelho de imagem e multimídia.* • *adj.2g.* **3** que utiliza ou contém os recursos da multimídia.

mul.ti.mo.dal *adj.2g.* que é realizado por vários meios: *transporte multimodal.*

mul.ti.na.ci.o.nal *s.f.* **1** organização ou empresa que tem sede em um país e atua em outros: *As multinacionais investiram US$ 3 bilhões no Brasil em 1995.* • *adj.2g.* **2** de vários países: *laboratórios multinacionais.*

mul.ti.pli.ca.ção *s.f.* **1** operação aritmética envolvendo dois fatores e que consiste em repetir um fator tantas vezes quantas são as unidades do outro, encontrando-se assim um terceiro fator que é o produto dos dois. **2** aumento do número: *a multiplicação de pobres no mundo.* **3** proliferação; reprodução: *multiplicação das bactérias.*

mul.ti.pli.ca.dor (ô) *s.m.* **1** (Arit.) o fator que indica quantas vezes se há de tomar o outro para efetuar uma multiplicação: *Usaremos os nomes aritméticos de cada termo, tais como subtraendo e multiplicador.* • *adj.* **2** aquele ou aquilo que contribui para divulgar uma ideia, um conhecimento etc.: *Todos devem atuar como multiplicadores no combate à dengue.* **3** que torna mais numeroso; que propaga.

mul.ti.pli.can.do *s.m.* na multiplicação, o fator que se há de tomar tantas vezes quantas são as unidades do multiplicador.

mul.ti.pli.car *v.t.* **1** aumentar em número; tornar mais numeroso; avultar: *multiplicar os pães.* **2** intensificar: *multiplicar o barulho.* **3** aumentar: *multiplicar as chances de sucesso.* **4** realizar uma multiplicação: *multiplicar vinte por três.* • *pron.* **5** desdobrar-se: *multiplicar-se em atenções.* **6** crescer em número; aumentar. **7** propagar-se; reproduzir-se: *As células cancerosas multiplicam-se.* **8** intensificar-se: *O barulho multiplicou-se.*

mul.ti.pli.ca.ti.vo *adj.* **1** que serve para multiplicar. **2** diz-se do numeral que exprime um múltiplo: dobro, triplo etc.

mul.ti.pli.ci.da.de *s.f.* **1** diversidade; variedade: *O concurso acolheu enorme multiplicidade de estilos.* **2** superabundância: *Há uma multiplicidade de lojas onde achar o produto.*

múl.ti.plo *s.m.* **1** (Mat.) o número que contém exatamente outro, duas ou mais vezes: *O nove é um múltiplo de três.* • *adj.* **2** em quantidade: *Apareceram bolhas múltiplas no rosto.* **3** que possui várias formas; complexo: *um problema múltiplo.* **4** em vários campos: *um múltiplo relacionamento entre os países.*

mul.ti.po.lar *adj.2g.* **1** que apresenta mais de dois polos. **2** em que há mais de dois centros de poder.

mu.lun.gu *s.m.* (Bras.) árvore leguminosa com flores vermelhas e vagens com sementes pequenas que fornece madeira clara, leve e porosa.

mú.mia *s.f.* **1** cadáver embalsamado, envolto em faixas de linho: *Foram encontradas múmias egípcias de até 3.000 anos antes de Cristo.* **2** qualquer orga-

mumificar

nismo animal que escapa à decomposição, seja por tratamento especial, seja por condições favoráveis do solo, do ar etc. **3** (Fig.) pessoa sem energia ou muito magra: *O homem contestou a acusação de ser uma múmia de gravata.*

mu.mi.fi.car *v.t.* **1** transformar em múmia. • *pron.* **2** converter-se em múmia. **3** estacionar; parar de crescer; tornar-se antiquado: *O trabalho mumificou-se.*

mun.da.no *s.m.* **1** pessoa dada aos prazeres materiais. • *adj.* **2** referente à vida na alta sociedade: *prazeres mundanos.* **3** que é dado aos prazeres materiais: *homem mundano.* **4** relativo ou pertencente ao mundo no que concerne aos seus aspectos materiais: *Ele vive mergulhado em preocupações mundanas.* **5** que dá muita importância às etiquetas e convenções sociais.

mun.dão *s.m.* (Bras. Coloq.) **1** grande extensão de terra: *Sua propriedade vai além do rio, um mundão que não acaba mais.* **2** lugar distante: *Vivia sozinho naquele mundão.* **3** grande quantidade; mundaréu: *Comprou um mundão de presentes para o neto.*

mun.da.réu *s.m.* (Coloq.) **1** lugar distante; mundão: *Vou fugir por esse mundaréu de meu Deus.* **2** grande quantidade de gente: *Um mundaréu está na fila esperando a vez.* **3** grande quantidade: *um mundaréu de pratos para lavar.*

mun.déu *s.m.* armadilha de caça que consiste num buraco fundo aberto no trilho da caça cuja boca é disfarçada com varas finas e folhagens, para que o animal nele caia ao passar.

mun.di.al *s.m.* **1** campeonato que envolve as melhores seleções ou atletas de vários países: *Começa o mundial de vôlei.* • *adj.2g.* **2** do ou relativo ao mundo; ao planeta Terra: *um clima mundial.* **3** Relativo a todos os países ou a uma grande parte deles.

mun.di.a.li.za.ção *s.f.* processo pelo qual alguma coisa se torna mundial; generalização: *A mundialização da cultura é um fenômeno moderno.*

mun.do *s.m.* **1** universo: *Deus fez o mundo em seis dias.* **2** corpo celeste: *Haverá outros mundos habitados?* **3** o globo terrestre, o planeta Terra: *Visitou quase todos os países do mundo.* **4** espaço na terra que abriga homens que têm algo em comum: *o mundo latino-americano.* **5** tudo que existe na terra: *Amigo, olha o mundo, vê as coisas.* **6** a humanidade; os homens em geral: *Este mundo está cada vez mais egoísta.* **7** realidade: *Sua visão do mundo é estreita demais.* **8** domínio; área: *o mundo espiritual.* **9** classe social ou profissão: *o mundo artístico.* **10** grande quantidade; grande número: *Tenho um mundo de coisas por fazer.* • **mundos e fundos** quantidade exagerada: *Ela gasta mundos e fundos com a filha mimada.* **meio mundo** grande quantidade de pessoas: *Pediu dinheiro emprestado a meio mundo.* **desde que o mundo é mundo** desde os tempos mais remotos. **no mundo da lua** distraído, alheio. **prometer mundos e fundos** fazer promessas inatingíveis.

mun.gir *v.t.* tirar leite de; ordenhar: *mungir as cabras.*

mu.nhe.ca (é) *s.f.* **1** pulso: *Jogou mesmo com uma contusão na munheca esquerda.* • *adj.2g.* **2** (Coloq.) sovina; pão-duro: *um homem munheca.*

mu.ni.ção *s.f.* **1** conjunto de cartuchos ou projéteis: *Gastou caixas de munição e não trouxe caça.* **2** conjunto de petrechos ou armas de guerra necessários a um exército: *É acusado de vender munições aos grupos rebeldes.* **3** tudo aquilo que serve como arma ou argumento de ataque ou defesa: *Esse caso mal-esclarecido vai ser munição para os oposicionistas.*

mu.ni.ci.ar *v.t.* **1** prover de munição: *municiar a tropa.* **2** munir; locupletar; abastecer: *municiar os cofres públicos.*

mu.ni.ci.pal *s.m.* **1** teatro pertencente à municipalidade: *o corpo de baile do Municipal.* // Nesta acepção escreve-se com inicial maiúscula. // • *adj.2g.* **2** do município: *governo municipal.* **3** pertencente ao município: *estradas municipais.* **4** sob a responsabilidade da administração do município: *ensino municipal.*

mu.ni.ci.pa.li.da.de *s.f.* **1** conjunto de pessoas que administram o município: *A municipalidade de São Paulo decidiu acordar para o problema.* **2** município: *A paralisação dos serviços causará prejuízos à municipalidade.*

mu.ni.ci.pa.lis.mo *s.m.* **1** sistema político que procura a autonomia para os municípios: *O senador é defensor do municipalismo.* **2** descentralização da administração pública em favor dos municípios.

mu.ni.ci.pa.li.za.ção *s.f.* transferência da administração para o município: *A municipalização da saúde acabou com as internações desnecessárias.*

mu.ni.ci.pa.li.zar *v.t.* **1** transformar em município. **2** transferir para o controle ou a responsabilidade do município: *O Governo federal quer municipalizar todos os serviços.*

mu.ní.ci.pe *s.2g.* cidadão do município: *O munícipe deve procurar a prefeitura para negociar a forma de pagamento.*

mu.ni.cí.pio *s.m.* **1** circunscrição territorial administrada por um prefeito que executa as leis feitas por uma câmara de vereadores: *Ele é candidato a prefeito do município.* **2** os que detêm o poder no município: *O município pode usar o dinheiro da forma que achar mais adequada.*

mu.nir *v.t.* e *pron.* **1** dotar-se de: *munir-se de preparo adequado.* **2** prover-se; abastecer-se: *munir-se do material necessário.* **3** armar-se: *munir-se de armamento pesado.*

mu.que *s.m.* (Bras. Coloq.) **1** bíceps do braço: *os braços cruzados, o muque arrochando as mangas da camisa.* **2** força muscular: *É preciso de muque para levantar os sacos.* • **a muque** à força; com violência.

mu.qui.ra.na *s.2g.* (Bras. Coloq.) **1** avaro; mesquinho, sovina. **2** pão-duro.

mu.ral *s.m.* **1** pintura feita diretamente na parede: *restauração das pinturas e murais do artista romeno Marcier.* **2** composição gráfica que se fixa à parede: *Fiz um mural com os cartões postais.* • *adj.2g.* **3** que se faz sobre muro ou parede: *jornal mural da escola.*

mu.ra.lha *s.f.* **1** muro defensivo, espesso e alto: *O rei construiu quatro muralhas ao redor de seu palácio.* **2** tudo aquilo que representa um obstáculo físico: *a muralha de cimento dos edifícios.* **3** (Fig.) tudo aquilo que representa um obstáculo não físico: *Como romper a muralha de incompreensão que existia entre eles?*

mu.rar *v.t.* **1** servir de muro: *A serra mura o lado oeste da cidade.* **2** cercar com muro: *murar o pátio da escola.*

mur.ça *s.f.* **1** lima triangular: *Amole a faca com a murça.* **2** vestimenta externa de cônegos.

mutilação

mur.char *v.t.* **1** tornar murcho. **2** privar do frescor ou do viço; secar: *O calor murchou as flores.* **3** contrair; deixar prender: *murchar as orelhas.* • *int.* **4** perder o viço, o frescor: *As flores murcharam.* **5** (Fig.) diminuir ou aniquilar-se: *O interesse murchou.* **6** ficar murcho; perder o ar: *Os pneus murcharam.*

mur.cho *adj.* **1** que perdeu a rigidez: *O corpo era seco e murcho.* **2** triste; abatido: *A notícia deixou o rapaz murcho, cabisbaixo.* **3** sem viço; seco: *flores murchas.* **4** frouxo; caído: *orelhas murchas.* **5** sem força ou sem ânimo: *No fim do dia, voltava murcha, morta.* **6** sem brilho; embaçado: *luz amarelada e murcha.*

mu.re.ta (ê) *s.f.* muro baixo que serve de anteparo.

mu.ri.ci *s.m.* (Bras.) pequeno fruto redondo, de casca delgada, com polpa amarelada e mole.

mu.ri.ço.ca (ó) *s.f.* (Bras.) mosquito.

mur.mu.rar *v.t.* **1** emitir ruído (a água ou as ondas): *Ouvia a fonte murmurar.* **2** dizer em voz baixa: *murmurar uma reza.* **3** dizer à boca pequena; segredar: *Murmuravam que ele tinha outra.* **4** criticar ou protestar em voz baixa ou às ocultas: *murmurar contra a atitude do governo.* // Ant.: gritar.

mur.mu.ri.nho *s.m.* sussurro de vozes simultâneas; som confuso; burburinho.

mur.mú.rio *s.m.* **1** rumor indistinto de água jorrando ou correndo, ou das ondas batendo. **2** som confuso de muitas vozes juntas. **3** queixa; lamento: *"Você não pode fazer isso comigo", disse num murmúrio.* **4** palavras ditas em voz baixa; sussurro; resmungo: *Ouviu um murmúrio irritado vindo da outra sala.* **5** rumor; boato: *Ouviu murmúrios sobre a honestidade dela.* **6** ruído produzido pela água ou pelo vento: *murmúrio do vento nos galhos.*

mu.ro *s.m.* **1** parede forte que circunda um recinto ou separa um lugar de outro. **2** (Fig.) elemento de separação: *Entre nós havia um muro de incompreensão.*

mur.ro *s.m.* pancada com a mão fechada; soco: *dar um murro na mesa.*

mu.sa *s.f.* **1** na mitologia grega, cada uma das nove divindades que inspiravam e presidiam as artes. **2** (Fig.) mulher inspiradora: *Beatriz era a musa de Dante.*

mus.cu.la.ção *s.f.* exercício de ginástica destinado a desenvolver e fortalecer os músculos: *Ele faz musculação e alongamento.*

mus.cu.lar *adj.* **1** do ou relativo ao músculo: *exercícios musculares.*

mus.cu.la.tu.ra *s.f.* **1** conjunto de músculos: *A musculatura do peito era visível sob a camisa.* **2** sistema muscular desenvolvido por meio de exercícios: *atletas de grande musculatura.*

mús.cu.lo *s.m.* (Anat.) órgão formado de massa de fibras destinado a operar de acordo com movimentos corporais.

mus.cu.lo.so (ô) *adj.* que tem músculos desenvolvidos: *pernas musculosas.*

mu.se.o.lo.gi.a *s.f.* conjunto de conhecimentos que visam à conservação e à apresentação das obras nos museus.

mu.se.ó.lo.go *s.m.* especialista em museologia: *O museólogo cuida do acervo de fósseis.*

mu.seu *s.m.* instituição onde se reúnem, para conservação, e se expõem obras de arte, objetos de interesse histórico ou científico.

mus.go *s.m.* gênero de vegetal diminuto, desprovido de caule e folhas, que normalmente cresce sobre pedras ou troncos.

mú.si.ca *s.f.* **1** arte de combinar harmonicamente uma sequência de sons de modo agradável ao ouvido: *Assobiava uma música alegre.* **2** arte de exprimir por meio de sons de acordo com regras variáveis segundo épocas e civilizações. **3** composição musical: *músicas de Pixinguinha.* **4** aquilo que é agradável de se ouvir: *Suas palavras são música para meus ouvidos.*

mu.si.cal *s.m.* **1** espetáculo ou filme baseado num roteiro musical, inteiramente musicado ou entremeado de números de conto ou dança: *Meu pai adora musicais.* • *adj.2g.* **2** de ou relativo a música: *conjunto musical.* **3** que tem música; acompanhado de música: *espetáculos musicais.* **4** que tem harmonia, melodia ou ritmo; agradável: *versos musicais.*

mu.si.ca.li.da.de *s.f.* **1** qualidade do que é musical; sonoridade: *a musicalidade dos versos de Castro Alves.* **2** tendência para a música; ouvido para música e senso de ritmo.

mu.si.car *v.t.* **1** pôr música em: *musicar um filme.* **2** soar em tom musical: *O relógio musicava doze badaladas.* **3** compor melodia para um poema, uma letra: *Renato Russo musicou um soneto de Camões.* • *int.* **4** cantar; gorjear: *O canário musicava na gaiola.*

mu.si.cis.ta *s.2g.* (Bras.) músico; apreciador ou especialista em música.

mú.si.co *s.m.* **1** pessoa que tem na música sua profissão, como compositor ou instrumentista: *um tributo ao músico e maestro Tom Jobim.* • *adj.* **2** que compõe a música ou toca algum instrumento: *um homem músico.*

mu.si.co.lo.gi.a *s.f.* ciência que tem por objeto os diversos aspectos da música, tais como teoria, estética, história, criação e crítica, bem como as relações da música com outros ramos artísticos e científicos.

mu.si.có.lo.go *s.m.* especialista em musicologia: *O musicólogo Duprat iniciou suas pesquisas nos anos de 1960.*

mu.si.co.te.ra.pi.a *s.f.* tratamento que consiste em cuidar de certas doenças mentais através de música.

mus.se *s.f.* prato doce ou salgado, de consistência cremosa e leve, geralmente feito com claras batidas, gelatina e um ingrediente básico: *musse de maracujá.*

mus.se.li.na *s.f.* tecido muito fino, leve e transparente: *um vestido comprido de tecido leve como a musselina.*

mu.ta.ção *s.f.* **1** alteração; mudança. **2** transformação; mudança: *Com tantas mutações, o lugar estava irreconhecível.* **3** (Genét.) modificação na informação genética, causando alterações que podem ser passadas aos descendentes.

mu.tan.te *s.2g.* **1** ser animal ou vegetal que apresenta características distintas de seus ascendentes: *O mutante pode gerar híbridos.* • *adj.2g.* **2** que se modifica; cambiante: *manchas cada vez maiores, em tons mutantes de verde.* **3** que apresenta mutação: *gafanhotos mutantes.*

mu.tá.vel *adj.2g.* sujeito a mudança ou transformação: *As regras são mutáveis sempre que o interesse nacional entra em jogo.*

mu.ti.la.ção *s.f.* **1** corte ou destruição física: *Mutilações causadas por ataques de tubarão são frequentes.* **2**

mutilar

truncamento; corte; omissão de parte importante: *A antiga censura fazia multilações em filmes.*
mu.ti.lar *v.t.* **1** privar de algum membro: *Tubarões mutilam surfistas.* **2** cortar; truncar; frustrar: *mutilar o ideal de melhores dias.* **3** depreciar; desfigurar: *mutilar a imagem de nossos heróis.* **4** destruir parcialmente: *Vândalos mutilam monumentos públicos.*
mu.ti.rão *s.m.* (Bras.) trabalho coletivo gratuito efetuado para auxiliar uma pessoa ou uma comunidade: *Os moradores fizeram um mutirão para limpar a lama depois da enchente.*
mu.tis.mo *s.m.* **1** mudez. **2** recusa em falar: *Os sequestros se multiplicaram com o mutismo das testemunhas.* **3** estado ou condição de mudo.
mu.tre.ta (ê) *s.f.* (Bras. Coloq.) trapaça; logro: *A maior mutreta na ilha era o contrabando.*
mu.tu.ar *s.f.* **1** trocar entre si; permutar. **2** dar ou tomar de empréstimo.

mu.tu.á.rio *s.m.* **1** quem compra imóvel por meio de sistema de financiamento. **2** quem toma empréstimo: *conceder crédito ao mutuário durante o período de formação das suas lavouras.*
mu.tu.ca *s.f.* (Bras.) mosca cuja picada é muito dolorosa.
mu.tum *s.m.* (Bras.) ave negra semelhante à galinha com pequeno penacho e que vive nas matas.
mú.tuo *s.m.* **1** permutação; troca. **2** empréstimo oneroso, não gratuito. • *adj.* **3** que se permuta entre duas ou mais pessoas; recíproco: *direitos e deveres mútuos dos cidadãos.*
mu.xi.ba *s.f.* (Bras. Coloq.) **1** carne dura, cheia de nervos e pelancas. **2** pele flácida, cheia de pregas.
mu.xo.xo /chôch/ *s.m.* (Bras.) estalo com a língua para indicar desdém, contrariedade ou indiferença: *fazer um muxoxo.*

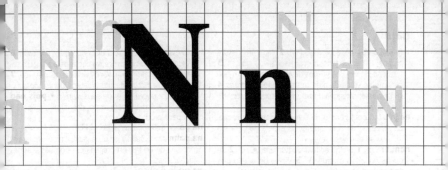

n s.m. **1** décima quarta letra do alfabeto português. **2** a figura dessa letra. **3** abreviatura de número. **4** abreviatura de Norte. // Neste caso, usado com maiúscula. // • num. **5** décimo quarto numa série indicada por letras.

na.ba.bes.co (ê) adj. **1** relativo ou próprio de nababo: salários nababescos. **2** luxuoso; pomposo: Só alguns podem ter vida nababesca.

na.ba.bo s.m. pessoa muito rica, que vive cercada de luxo: O governo da Índia comprou o tesouro de um nababo.

na.bo s.m. (Bot.) hortaliça de raiz suculenta, comprida ou redonda, branca ou amarela, folhas recortadas cobertas por uma pelugem, flores amarelas.

na.ção s.f. **1** agrupamento humano, cujos membros, em geral numerosos e fixados num território, são ligados por laços históricos, culturais, econômicos e linguísticos: a nação brasileira. **2** povo ou tribo indígena: Aquele homem é o chefe da nação Carajá. **3** país. **4** pessoa jurídica formada pelo conjunto dos indivíduos; Estado: Esse é um projeto caríssimo, para uma nação carregada de carências sociais.

ná.car s.m. substância branca, brilhante, encontrável no interior das conchas: A ostra, como uma resposta de defesa, começa a produzir o nácar.

na.ci.o.nal adj. **1** pertencente à nação; pátrio: O renascimento do cinema nacional. **2** que abrange toda a nação: A discussão de um plano nacional é importante. **3** criado ou desenvolvido no país: o carro nacional.

na.ci.o.na.li.da.de s.f. **1** conjunto de características que distinguem uma nação: nacionalidade brasileira. **2** vinculação a uma nação; naturalidade: Ele nunca mais poderá obter a nacionalidade francesa. **3** procedência: Companhias de qualquer nacionalidade podem controlar jornais e revistas na Grã-Bretanha.

na.ci.o.na.lis.mo s.m. **1** apego a tudo o que é próprio da nação a que se pertence. **2** defesa dos interesses e dos valores nacionais; patriotismo. **3** ambição de poder originária do exagerado sentimento nacional e cujo fim é conseguir a independência de uma nação ou estender sobre outras o seu domínio.

na.ci.o.na.lis.ta s.2g. **1** pessoa que defende sua nação, sua pátria; patriota: Eu sou nacionalista convicto, amo a minha terra. **2** relativo ao nacionalismo. **3** partidário do nacionalismo.

na.ci.o.na.li.za.ção s.f. **1** estatização: Alguns defendem a nacionalização de todas as empresas radicadas no Brasil. **2** naturalização.

na.ci.o.na.li.zar v.t. **1** tornar nacional; dar caráter nacional a: Perón nacionalizou companhias estrangeiras. **2** transferir para o controle do Estado; estatizar. • pron. **3** tornar-se cidadão de país estrangeiro; naturalizar-se: Meu professor alemão nacionalizou-se brasileiro.

na.co s.m. pedaço: um naco de carne.

na.da s.m. **1** coisa sem importância; ninharia: O que conseguiram foi um nada, perto do que precisavam. **2** vácuo; vazio: um mergulho para o nada. • adv. **3** nem um pouco: Mas quem não está nada satisfeito com isto sou eu! • pron. indef. **4** nenhuma coisa; coisa alguma: Os homens não sabem nada! ♦ **de nada** (i) muito pequeno; insignificante; sem importância: uma coisinha de nada. (ii) não há de quê: – Ora, muito agradecido, Teo. / – De nada. **nada de nada** coisa nenhuma: De resto, isto não me afeta nada de nada.

na.da.dei.ra s.f. (Zool.) órgão locomotor dos peixes, constituído por um prolongamento em forma de lâmina, sustentado por um esqueleto ósseo ou cartilaginoso.

na.da.dor (ô) s.m. quem pratica natação como esporte competitivo.

na.dar v.t. (Fig.) **1** estar ou ficar envolto: A praça nadava em escuridão. **2** ter em abundância: Há quem nade em dinheiro. • int. **3** sustentar-se e mover-se sobre a água por impulso próprio: Eu não sei nadar.

ná.de.ga s.f. (Anat.) cada uma das partes carnudas e globosas que formam a porção superior e posterior das coxas.

na.do s.m. ação de nadar: Eu costumava fazer nado de peito.

naf.ta s.f. (Quím.) derivado do petróleo, constituído por hidrocarbonetos de baixo ponto de ebulição.

naf.ta.li.na s.f. (Quím.) repelente de insetos extraído de alcatrão de hulha, que tem a forma de pequenas bolas brancas odoríferas: As camisas que tenho no armário estão com cheiro de naftalina.

na.gô s.m. **1** negro escravizado que falava o iorubá. **2** a língua iorubá. • adj. **3** relativo a esse grupo ou a essa língua.

naïf (naíf)(Fr.) s.2g. **1** artista, em geral autodidata, que pratica o naïf: um dos mais talentosos naïfs brasileiros. • s.m. **2** arte que, desvinculada da tradição erudita convencional e de vanguarda, espontânea e popularesca na forma, sempre figurativa, vale-se de cores vivas e simbologia ingênua. • adj.2g. **3** diz-se de quem pratica ou do que é próprio desta arte: pintor naïf.

nái.lon s.m. **1** fibra sintética derivada de resina poliamida, extremamente resistente à tração: fios de náilon. **2** tecido ou outro material fabricado com essa fibra: É melhor comprar uma jaqueta de náilon.

nai.pe s.m. **1** sinal gráfico pelo qual se distingue cada um dos quatro grupos de cartas de um baralho

naja

(paus, ouros, copas e espadas). **2** cada um desses grupos: *O jogador insistia com seus dois naipes.* **3** (Mús.) cada um dos grupos de instrumentos em que geralmente se divide a orquestra: *naipe de cordas.* **4** (Fig.) classe; categoria: *Eram atores coadjuvantes do melhor naipe.*

na.ja *s.f.* (Zool.) gênero de serpente muito venenosa, da África ou da Ásia, que dilata a pele do pescoço quando se enraivece.

nam.bi *s.m.* **1** orelha animal ou humana. • *adj.* **2** de orelha cortada ou atrofiada. **3** diz-se do cavalo que tem as orelhas caídas.

nam.bi.qua.ra *s.2g.* (Bras.) **1** indivíduo dos nambiquaras. • *pl.* **2** povo indígena da família linguística nambiquara, que habita o oeste do Mato Grosso e o sul de Rondônia. • *adj.2g.* relativo ou pertencente aos nambiquaras.

nam.bu *s.m.* (Zool.) inhambu.

na.mo.ra.do *s.m.* **1** quem namora alguém: *Ela e o namorado viajaram.* **2** (Zool.) peixe de coloração violácea-escura com pintas brancas, nadadeira dorsal contínua, com até um metro de comprimento e carne muito apreciada.

na.mo.ra.dor (ô) *s.m.* **1** quem namora muito: *Separado há nove anos, é um conhecido namorador.* • *adj.* **2** que gosta de namorar ou que namora muito.

na.mo.rar *v.t.* **1** manter relação de namoro: *Ela começou a namorá-lo há pouco tempo.* **2** (Fig.) observar com interesse; desejar ardentemente: *Faz tempo que estou namorando uma roupa lá no shopping.* • *int.* **3** estar de namoro: *Eles namoravam na varanda.*

na.mo.ri.car *v.int.* namorar por pouco tempo: *Gostava de coisas leves, como conversar fiado e namoricar.*

na.mo.ri.co *s.m.* namoro passageiro: *Só que com ele não tem essa de namorico.*

na.mo.ro (ô) *s.m.* **1** relacionamento amoroso antes do noivado: *O namoro entre eles começou duas semanas antes.* **2** (Fig.) admiração (por): *O namoro dela pelo carro era antigo.*

na.nar *v.int.* (Colóq.) dormir: *A mãe colocou a filhinha para nanar.*

na.ni.co *s.m.* **1** o que tem a aparência ou a estatura de anão. **2** pessoa de estatura reduzida: *O nanico até que jogava bem basquete.* • *adj.* **3** de baixa estatura; pequeno de corpo. **4** de porte pequeno: *possuía armas nanicas.* **5** acanhado; insignificante.

na.nis.mo *s.m.* **1** (Med.) interrupção prematura do desenvolvimento físico, atribuível a causas diversas e que pode ou não apresentar desproporcionalidade entre as várias porções constituintes do corpo. **2** (Bot.) crescimento deficiente de uma planta ou órgão vegetal: *As plantas estão com nanismo.*

na.nô.me.tro *s.m.* unidade de medida equivalente a um milionésimo de milímetro.

nan.quim *s.m.* tinta preta especial para desenho, que antigamente era importada da China: *A exposição coletiva terá obras em nanquim.*

não *s.m.* **1** recusa: *Já tinha ouvido muito não na vida.* • *adv.* **2** nega aquilo que o verbo expressa: *Não falta mais nada?* **3** antecipa uma oração negativa: *Não, não dissera aquilo.* **4** usado em interrogativa direta para a qual se espera uma resposta afirmativa: — *Você não é o professor?* **5** usado em interrogativa direta para expressar polidez: *A senhorita não quer um café?* **6** usado no final de interrogativa direta, para a qual se espera resposta afirmativa: *Vocês já se conhecem, não?* **7** reforça um advérbio de intensidade: *Quanto não daria para estar agora junto de seus filhos...* • **pois não** fórmula de cortesia para responder afirmativamente a um pedido ou desejo.

na.pa *s.f.* pelica muito fina e macia.

na.palm *s.m.* (Quím.) gasolina gelificante e espessada por sais de ácidos, empregada em bombas e armas incendiárias.

na.po.le.ô.ni.co *adj.* **1** relativo ou pertencente ao imperador francês Napoleão Bonaparte (1769-1821): *A nova legislação substitui o Código Napoleônico.* **2** característico de Napoleão ou de seu sistema político: *estilo napoleônico.*

na.po.li.ta.no *s.m.* **1** natural ou habitante de Nápoles: *Dizia que se casaria com um napolitano.* **2** dialeto italiano falado em Nápoles: *Ela sabia letra e música de cor em napolitano.* • *adj.* **3** relativo à Nápoles (Itália).

na.que.le (ê) *prep.* em + *pron. demonstr.* aquele: *Havia uma certa magia naquelas palavras estranhas.*

na.qui.lo *prep.* em + *pron. demonstr.* aquilo: *Eles ficaram pensando naquilo que havia ocorrido.*

nar.ci.sis.mo *s.m.* admiração exagerada por si mesmo: *O seu narcisismo atrapalhava seus relacionamentos.*

nar.ci.sis.ta *s.2g.* **1** pessoa que admira muito a si mesma: *O objeto predileto do narcisista é o espelho.* • *adj.2g.* **2** admirador de si mesmo; vaidoso em exagero. **3** que revela narcisismo: *caráter narcisista.*

nar.ci.so *s.m.* **1** homem muito vaidoso, enamorado de si mesmo: *O professor era tido como um típico narciso.* **2** (Bot.) gênero de ervas bulbosas, de folhas longas e estreitas, flores grandes, alvas e perfumadas: *Uma flor de narciso enfeitava o ambiente.*

nar.co.lep.si.a *s.f.* (Neur.) sono súbito e incontrolável, aparentemente sem motivo, que ocorre várias vezes ao dia.

nar.co.se (ó) *s.f.* (Med.) estado de inconsciência provocado por medicamento: *O médico logo percebeu os sintomas de narcose.*

nar.có.ti.co *s.m.* **1** substância que produz narcose. **2** entorpecente; droga. • *adj.* **3** que entorpece ou que faz adormecer: *medicamento narcótico.*

nar.co.trá.fi.co *s.m.* tráfico de narcóticos.

nar.do *s.m.* (Bot.) planta herbácea originária da Ásia e cujo rizoma, aromático, é usado em perfumaria.

nar.gui.lé *s.m.* cachimbo turco provido de um tubo longo e um vaso de água perfumada pelo qual o fumo atravessa antes de chegar à boca.

na.ri.gu.do *s.m.* **1** pessoa de nariz comprido. • *adj.* **2** que tem nariz comprido: *Ele era um rapaz narigudo.*

na.ri.na *s.f.* (Anat.) cada um dos dois orifícios do nariz.

na.riz *s.m.* **1** (Anat.) parte saliente do rosto, entre a testa e a boca, que é o orgão do olfato: *É comum aparecerem espinhas no nariz do adolescente.* **2** narinas; ventas: *tinha sangramento pelo nariz.* **3** olfato: *Tenho um bom nariz para perfumes.* **4** (Fig.) bico; extremidade de uma aeronave: *O piloto tentou ganhar altitude posicionando o nariz do avião para cima.*

naturalismo

nar.ra.ção s.f. exposição oral ou escrita de acontecimentos sequenciados; relato; narrativa: *Mas esse problema não atrapalha a eficácia da narração.*

nar.ra.dor (ô) s.m. quem relata ou conta um fato ou uma história: *O narrador começa a história com a má notícia da morte do herói.*

nar.rar v.t. **1** expor por meio de uma narração: *narrar uma experiência.* **2** expor as particularidades de um ou mais fatos; contar: *Ele começa a narrar uma história imaginária a seus amigos.*

nar.ra.ti.va s.f. **1** relato; narração: *O escritor conta que baseou sua narrativa em reportagens.* **2** modo de narrar ou encadear os lances de um episódio ou uma história: *Na narrativa deste romance é que está a originalidade do autor.*

nar.ra.ti.vo adj. **1** de narrativa; com as características da narrativa: *Este livro é mais dissertativo do que narrativo.* **2** em forma narrativa: *poema narrativo.*

na.sal adj. **1** pertencente ao nariz: *mucosa nasal.* **2** do ou relativo ao nariz: *obstrução nasal.* **3** pelo nariz: *secreção nasal.* **4** (Fon.) diz-se do fonema em cuja emissão a corrente de ar sai em parte pela boca, em parte pelas fossas nasais.

na.sa.la.do adj. que se produz com parte do ar expirado saindo pelo nariz: *Tinha um jeito de cantar meio nasalado.*

nas.ce.dou.ro s.m. **1** lugar onde alguma coisa começa; origem: *Há um critério para determinar o nascedouro do cinema.* **2** momento ou ocasião em que alguma coisa começa; origem: *É hora de desmontar essa farsa no nascedouro.*

nas.cen.ça s.f. nascimento: *Sou carioca de nascença.*

nas.cen.te s.m. **1** lado onde nasce o sol; leste: *Avistamos um clarão dos lados do nascente.* • s.f. **2** fonte; cabeceira: *A nascente do rio Jordão fica nas montanhas.* • adj. **3** que se inicia: *a ordem burguesa nascente.* **4** recente; instituído há pouco: *Os empresários investiam no nascente mercado asiático.* **5** que surge no horizonte: *o sol nascente.*

nas.cer v.int. **1** vir à luz: *450 mil filhotes de tartaruga devem nascer este ano.* **2** brotar; rebentar: *O feijão começava a nascer.* **3** surgir; despontar: *Sairemos assim que o sol nascer.* **4** instituir-se; começar a existir: *Um novo romance acabou de nascer.* **5** manifestar-se; surgir: *No final dos anos 50 do século XX vimos nascer a bossa nova.* **6** aparecer: *Os pelos começaram a nascer espontaneamente.*

nas.ci.men.to s.m. **1** ato de nascer; nascença: *Natal é a festa cristã que celebra o nascimento de Jesus Cristo.* **2** procedência pelo sangue; estirpe: *Laços de nascimento os uniam.* **3** aparecimento: *o nascimento de uma nova era.*

nas.ci.tu.ro s.m. ser que está por nascer: *O nascituro tem direito à vida, por isso sou contra o aborto.*

na.ta s.f. **1** camada gordurosa que se forma à superfície do leite. **2** a melhor parte de qualquer coisa; o melhor. **3** (Fig.) camada de maior poder em uma comunidade; elite: *A nata da sociedade estava ali.*

na.ta.ção s.f. **1** ato de nadar: *Haverá três etapas no campeonato: uma de natação, outra de ciclismo e uma de corrida a pé.* **2** competição esportiva que consiste em nadar uma certa extensão em determinado estilo: *A natação brasileira é muito diferente da norte-americana?*

na.tal s.m. **1** o dia do nascimento de Jesus Cristo, 25 de dezembro: *As famílias se reúnem na noite de Natal.* **2** festa realizada nessa ocasião. // Nestas duas acepções, escreve-se com inicial maiúscula. // • adj. **3** onde se nasceu: *cidade natal.* **4** diz-se da língua materna: *Sua língua natal era o chinês.*

na.ta.lí.cio s.m. **1** dia do nascimento; aniversário: *Compartilhamos da alegria de seu natalício.* • adj. **2** referente ao nascimento: *Festejavam o aniversário natalício da empresa.*

na.ta.li.da.de s.f. conjunto de nascimentos relativos a uma época ou a determinado lugar: *O índice de natalidade está crescendo no país.*

na.ta.li.no adj. (Bras.) de ou relativo ao Natal: *Mesmo atrasado, este é um presente natalino.*

na.ti.mor.to (ô) s.m. **1** bebê que nasce morto: *Tem diminuído o número de natimortos.* • adj. **2** que nasceu morto; que não se desenvolveu.

na.ti.vi.da.de s.f. **1** dia de nascimento, em especial o de Jesus Cristo e o dos santos: *Visitamos o lugar da natividade de Jesus.* **2** a festa do Natal.

na.ti.vis.mo s.m. apego às coisas da terra onde se nasceu: *O nativismo nos une à pátria.*

na.ti.vis.ta s.2g. (Obsol.) **1** pessoa que detesta estrangeiros; defensor do nativismo. • adj.2g. **2** ligado ao sentimento de apego à terra nativa: *É preciso falar do orgulho nativista do escritor.*

na.ti.vo s.m. **1** quem é natural de um país ou região; aborígene: *Pode acontecer de você ser abordado por um nativo.* • adj. **2** natural: *Até hoje há a exploração de pau-brasil nativo.*

na.to adj. **1** nascido; legítimo. **2** com que se nasce; congênito: *As características natas são reveladoras.* **3** inerente à natureza ou funções do próprio cargo: *Tinha uma visão de estadista nato.*

na.tu.ral s.m. **1** pessoa que nasce em um lugar; nativo: *Os naturais do Nordeste costumam ser pessoas calmas.* **2** modo de ser característico; caráter: *Não me aborreça, que saio do meu natural.* • adj. **3** relativo à natureza: *O projeto visa a preservar as belezas naturais do país.* **4** tal como se encontra na natureza: *gás natural.* **5** em que não há intervenção humana: *O esconderijo era uma fortaleza natural.* **6** próprio; peculiar: *Combinam especialmente com o perfume e o gosto natural do faisão.* **7** conforme o original: *Exigia uma estátua em tamanho natural.* **8** de nascença: *Ela tinha defeitos físicos naturais, que foram corrigidos com a cirurgia plástica.* **9** (Mat.) diz-se dos números inteiros e positivos: *números naturais.* **10** nascido fora do casamento civil ou religioso: *Ele tem um filho natural.* **11** espontâneo; sem artifícios: *O canoeiro tentava dar às palavras um tom natural.* **12** normal; regular: *Após um dia cheio de trabalho, é natural que eu esteja cansada.* ◆ **ao natural** diz-se de alimento consumido tal como foi colhido; sem alteração ou processamento: *Morangos deveriam ser comidos ao natural.*

na.tu.ra.li.da.de s.f. **1** simplicidade; singeleza; espontaneidade: *Sua beleza está na sua naturalidade.* **2** caráter daquilo que é conforme à natureza. **3** lugar de nascimento: *Ninguém sabia qual era a sua naturalidade.*

na.tu.ra.lis.mo s.m. **1** tendência literária contrária a qualquer idealização da realidade: *Há escritores que se*

naturalista

identificam com o naturalismo de Aluísio de Azevedo. **2** nas artes cênicas, apresentação da realidade de forma simples, natural e sem rodeios: *O naturalismo do cinema brasileiro já atinge a televisão.* **3** valorização dos agentes naturais como métodos terapêuticos: *O médico oriental defendia a inclusão do naturalismo na prática medicinal.*

na.tu.ra.lis.ta *s.2g.* **1** especialista em ciências naturais. • *adj.2g.* **2** que valoriza a natureza e seus produtos: *Manter uma alimentação naturalista não é muito fácil.* **3** que reproduz fielmente a realidade física: *A peça exposta no museu era naturalista.* **4** relativo ao naturalismo literário: *O romance está repleto de personagens naturalistas.*

na.tu.ra.li.za.ção *s.f.* ato pelo qual se conferem à pessoa estrangeira direitos reconhecidos às pessoas nacionais: *O cubano tentava obter a naturalização brasileira.*

na.tu.ra.li.zar *v.t.* **1** adotar como legítimo; legitimar: *O clube está estudando a possibilidade de naturalizar dois jogadores paraguaios.* • *pron.* **2** tornar-se cidadão de um país estrangeiro; nacionalizar-se: *Ele conseguiu naturalizar-se brasileiro.*

na.tu.re.ba (é) *s.2g.* (Deprec.) diz-se de ou indivíduo que se alimenta, essencialmente, de frutas, vegetais, grãos e cereais integrais.

na.tu.re.za (ê) *s.f.* **1** conjunto de todas as coisas criadas; o universo: *A natureza confabula para que sejamos felizes.* **2** conjunto das coisas visíveis; o ambiente em que o homem vive; o mundo físico: *A redação do menino descrevia a natureza.* **3** conjunto de propriedades e de características que definem um ser ou uma coisa: *Dizem que todas as mulheres têm a mesma natureza.* **4** traço característico; característica: *a natureza mirrada do homenzinho.* **5** temperamento: *Devido à natureza explosiva do comerciante, o negócio foi desfeito.* **6** modo de ser: *Aceite se quiser; minha natureza é essa mesma.* **7** espécie; tipo: *O bar possuía bebida alcoólica de qualquer natureza.* **8** condição própria dos seres e das coisas; essência: *a natureza humana.*

na.tu.re.za-mor.ta *s.f.* gênero de pintura em que se representam coisas ou seres inanimados. // Pl.: naturezas-mortas.

nau *s.f.* antigo navio de grande porte.

nau.fra.gar *v.int.* **1** ir ao fundo: *Um navio naufragou na costa brasileira.* **2** (Fig.) falhar; fracassar; malograr: *A mudança constitucional vai naufragar, caso entre agora em votação.*

nau.frá.gio *s.m.* **1** perda de embarcação que submerge por acidente ou ataque inimigo: *Um homem morreu e nove desapareceram no naufrágio.* **2** (Fig.) decadência; miséria; ruína: *A má administração da empresa provocou seu naufrágio.*

náu.sea *s.f.* **1** (Med.) sensação desagradável e imprecisa, experimentada especialmente no estômago, seguida ou não de vômito: *Depois da anestesia o doente sentiu náusea.* **2** (Fig.) repulsa; nojo: *A ferida provocava náusea.*

nau.se.a.bun.do *adj.* nauseante: *cheiro nauseabundo.*

nau.se.an.te *adj.2g.* **1** que causa náusea; nauseabundo: *um odor nauseante.* **2** (Fig.) que repugna; repugnante; repulsivo: *um anúncio nauseante.*

nau.se.ar *v.t.* causar náusea a; enjoar: *O perfume forte nauseava a mulher grávida.*

nau.ta *s.m.* navegante; marujo: *Os nautas não desistiam do caminho para a felicidade.*

náu.ti.ca *s.f.* arte e ciência de navegar pelos mares; navegação.

náu.ti.co *s.m.* **1** profissional que conduz embarcação no mar. • *adj.* **2** relacionado à navegação marítima: *No meio náutico chamam isso de "cemitério de navios".* **3** dedicado a esportes aquáticos: *parque náutico.* **4** relativo a nauta, a marinheiro. **5** marinho: *Ainda lhe restava uma cortina com motivos náuticos.*

na.va.jo *s.m.* **1** indivíduo dos navajos. • *pl.* **2** povo indígena do Novo México e Arizona. • *adj.* **3** relativo ou pertencente aos navajos.

na.val *adj.* **1** referente a navios ou a navegação: *indústria naval.* **2** relativo à Marinha de Guerra: *Cultivava um sonho: ser cadete da academia naval.* **3** que se dá no mar, entre navios: *batalha naval.*

na.va.lha *s.f.* **1** instrumento de lâmina de aço cortante, a qual se articula com o cabo e nele se encaixa. • *s.2g.* **2** (Coloq.) motorista inábil; barbeiro: *O certo é que o motorista da empresa era um navalha.*

na.ve *s.f.* **1** navio: *Os tripulantes da nave desapareceram em naufrágio.* **2** aeronave: *O mapeamento foi feito pelos radares da nave do projeto espacial.* **3** parte inferior da igreja, desde a entrada até o santuário.

na.ve.ga.ção *s.f.* **1** ato ou efeito de navegar. **2** viagem marítima: *grandes navegações.* **3** percurso habitual que faz uma embarcação ou uma aeronave: *Os navios mais modernos são capazes de fazer uma navegação mais rápida.* **4** (Inform.) obtenção de informação de um banco de dados pela Internet.

na.ve.ga.dor (ô) *s.m.* **1** pessoa que navega; marinheiro: *O programa terá a presença do navegador bicampeão.* **2** perito encarregado dos cálculos de navegação: *O tenente era o navegador do avião abatido.* **3** (Inform.) programa para conexão e acesso a servidores da rede mundial de computadores.

na.ve.gan.te *s.2g.* **1** navegador; nauta; marinheiro. • *adj.2g.* **2** próprio de navegador: *Com essa viagem, fechamos o círculo navegante.* **3** (Inform.) aquele que busca informações na Internet.

na.ve.gar *v.t.* **1** cruzar em embarcação: *Sonhava em navegar o rio Amazonas inteiro.* **2** (Coloq.) exercer suas atividades; transitar: *Navegava por muitas áreas de conhecimento com facilidade.* **3** (Inf.) buscar informações, comunicar-se com pessoas a distância através do computador (via Internet): *navegar pela Internet.* • *int.* **4** viajar em embarcação: *Tinha de navegar muito para chegar a Parati.*

na.vi.o *s.m.* embarcação de grandes dimensões para transporte de passageiros ou carga.

na.za.re.no (ê) *s.m.* **1** natural ou habitante de Nazaré, cidade antiga da Galileia. **2** (Rel.) epíteto de Jesus Cristo. • *adj.* **3** relativo a Nazaré.

na.zi *s.m.* **1** indivíduo nazista. • *adj.2g.* **2** (Coloq.) nazista.

na.zis.mo *s.m.* movimento de extrema direita alemão, cuja doutrina consiste numa mistura de dogmas e conceitos a respeito da pretensa superioridade da raça ariana.

na.zis.ta *s.2g.* **1** pessoa adepta do nazismo: *Na Segun-*

negativa

da Guerra Mundial, os nazistas invadiram a Polônia. • adj.2g. **2** relativo ao nazismo.

ne.bli.na s.f. névoa densa e rasteira; nevoeiro: *O trabalho foi interrompido devido à neblina.*

ne.bli.nar v.int. cair neblina ou névoa: *Fazia frio e neblinava um pouco.*

ne.bu.lo.sa (ó) s.f. (Astr.) **1** corpo celeste que se apresenta como uma grande mancha esbranquiçada e difusa. **2** massa estelar ainda em via de condensação. **3** (Coloq.) enigma; mistério: *Para muitos, a Matemática é uma grande nebulosa.*

ne.bu.lo.si.da.de s.f. **1** nuvem; névoa: *Para o litoral, a previsão é de nebulosidade e chuva.* **2** obscuridade; sombreado: *Ainda conseguia enxergar em meio a tanta nebulosidade.*

ne.bu.lo.so (ô) adj. **1** coberto de nuvens ou névoa; nublado: *Era uma tarde fria e nebulosa.* **2** sem transparência; obscuro: *Defendia com unhas e dentes o nebuloso projeto.* **3** sombrio; triste: *As pessoas deprimidas vivem em um mundo nebuloso.* **4** pouco definido; indistinto; confuso: *a atmosfera nebulosa dos sonhos.* **5** misterioso; enigmático: *futuro distante e nebuloso.*

nécessaire (necessér) (Fr.) s.m. bolsa ou estojo com os utensílios necessários à toalete.

ne.ces.sá.rio adj. **1** que se requer; preciso: *É necessário agir rápido.* **2** que é de absoluta necessidade; indispensável; imprescindível: *Encontre os equipamentos necessários para o acampamento.* **3** que deve ser cumprido; obrigatório: *Caso a produção necessária não seja atingida, muitos serão demitidos.* **4** adequado; conveniente: *Quando precisamos, não encontramos as palavras necessárias.*

ne.ces.si.da.de s.f. **1** privação; apuro: *Desempregado, ele está passando necessidade.* **2** carência; urgência; precisão: *Não tenho necessidade de pedir favores a ninguém.* **3** imposição; obrigação: *Estudar deveria ser uma necessidade.* **4** falta: *As plantas, no verão, sentem mais necessidade de água.* **5** vontade; desejo. **6** emergência; carência: *Procure entender as minhas necessidades.*

ne.ces.si.ta.do s.m. **1** pessoa carente: *Há necessitados em todas as partes por onde a gente vai.* • adj. **2** com necessidade: *Estamos necessitados de um salário melhor.* **3** que padece necessidade; miserável: *Um país necessitado é um futuro devedor.*

ne.ces.si.tar v.t. ter necessidade; precisar: *As usinas vão necessitar de investimentos.*

ne.cró.fa.go s.m. **1** animal que se alimenta de animais mortos ou de matéria em decomposição. • adj. **2** que se alimenta de animais mortos ou de matéria em decomposição: *o ataque dos animais necrófagos.*

ne.cro.fi.li.a s.f. (Psiq.) atração sexual por cadáveres.

ne.cró.fi.lo s.m. (Psiq.) **1** aquele que sofre de necrofilia. • adj. **2** que sofre de necrofilia.

ne.cro.ló.gio s.m. **1** relação de óbitos. **2** elogio, oral ou escrito, a respeito de alguém falecido: *Ela tinha o hábito de ler os necrológios dos jornais.*

ne.cró.po.le s.f. cemitério: *A necrópole contém restos de cerca de vinte monumentos funerários e cem tumbas.*

ne.crop.si.a s.f. (Patol.) exame médico das partes de um cadáver; autópsia.

ne.cróp.sia s.f. necropsia.

ne.cro.sar v.int. tornar-se necrosado ou morto: *O dedo do alpinista necrosou.*

ne.cro.se (ó) s.f. (Patol.) morte de célula ou de um tecido orgânico: *Os médicos constataram necrose nas artérias renais.*

ne.cro.té.rio s.m. lugar onde se expõem os cadáveres para autópsia ou para identificação, antes do sepultamento.

néc.tar s.m. **1** (Mit.) bebida dos deuses. **2** líquido açucarado segregado pelas plantas: *Pelas flores, as abelhas obtêm o néctar necessário à produção do mel.*

nec.ta.ri.na s.f. (Bot.) variedade de pêssego de casca amarela, com grandes manchas vermelhas e polpa macia.

né.dio adj. **1** de pele lustrosa; luzidio: *um senhor nédio e saudável.* **2** de pelo lustroso; luzidio; brilhante: *O animal era nédio e muito bonito.*

ne.fan.do adj. indigno de ser nomeado; abominável: *crime nefando.*

ne.fas.to adj. **1** que causa desgraça; funesto; agourento: *É um sinal nefasto.* **2** que pode causar dano; prejudicial: *As obras inacabadas trazem um efeito nefasto para as contas públicas.* **3** destrutivo; calamitoso: *O nazismo é um regime nefasto que matou 50 milhões de pessoas.*

ne.fe.li.ba.ta s.2g. **1** pessoa sonhadora, que vive nas nuvens: *Se pensa que um dia ele irá cair de amores a seus pés, você é uma nefelibata.* • adj. **2** que vive nas nuvens; sonhador.

ne.fri.te s.f. (Med.) inflamação dos rins.

ne.fro.lo.gi.a s.f. ramo da Medicina que se ocupa das doenças renais.

né.fron s.m. (Fisiol.) unidade funcional e elementar do rim.

ne.fro.se (ó) s.f. (Med.) afecção renal degenerativa, não inflamatória: *Somente um bom médico pode curar essa sua nefrose.*

ne.ga.ça s.f. **1** falsa promessa; ilusão; engano. **2** recusa ou negação fingida: *Rindo da situação, a menina fazia negaça.* **3** atrativo; isca; chamariz.

ne.ga.ção s.f. **1** ato de negar: *Isso é a negação do que acontece em praticamente todo o mundo.* **2** rejeição; recusa. **3** fracasso; nulidade: *Sou uma negação em termos de culinária.*

ne.ga.ce.ar v.t. **1** negar; não admitir: *O candidato negaceou sua candidatura até meados de abril.* **2** seduzir; provocar. **3** enganar; iludir.

ne.gar v.t. **1** declarar não crer numa verdade ou não reconhecê-la. **2** não admitir; dizer que não é verdadeiro: *O réu negou a participação no crime.* **3** dizer que não: *Nega que tenha faltado com a verdade.* **4** deixar de revelar; ocultar. **5** não reconhecer como verdadeiro; repudiar: *negar a verdade cristã.* **6** não conceder; recusar: *Ela nega comida aos andarilhos.* **7** não permitir; proibir: *Não se deve negar o direito de voz à imprensa.* • pron. **8** não se prestar; recusar-se: *Há aqueles que se negam a ajudar o próximo.* ✦ **negar fogo** falhar; esmorecer; fraquejar.

ne.ga.ti.va s.f. **1** ato ou efeito de negar; negação. **2** ato ou efeito de recusar; recusa; rejeição: *Ninguém aceitou sua negativa.* **3** palavra, frase ou gesto com que se nega algo: *A negativa foi veemente.*

negativismo

ne.ga.ti.vis.mo s.m. tendência sistemática a dizer não; atitude negativa; pessimismo.

ne.ga.ti.vo s.m. **1** imagem fotográfica na qual os tons claros ou escuros do objeto aparecem invertidos: *Também quero um negativo dessa foto.* • adj. **2** que encerra ou exprime negação. **3** nulo; sem efeito. **4** contrário ao que se esperava; contraproducente: *O aumento do salário teve um resultado negativo.* **5** (Mat.) menor que zero: *números negativos.* • adv. **6** (Coloq.) não: – *Você tem vinte reais aí, pra me emprestar? / – Negativo.*

ne.gli.gên.cia s.f. **1** falta de atenção; descuido: *Abriu um processo para ver se houve negligência da companhia aérea.* **2** preguiça; indolência: *A funcionária foi demitida por negligência, pois não trabalhava direito.*

ne.gli.gen.ci.ar v.t. tratar com negligência; descuidar; desleixar: *É um absurdo gritante negligenciar a própria vida.*

ne.gli.gen.te adj. descuidado; desatento: *uma dona de casa negligente.*

ne.go (ê) s.m. (Coloq.) **1** negro. **2** pessoa; indivíduo: *Tem nego de todas as partes do mundo na competição.* **3** amigo; companheiro; camarada.

ne.go.ci.a.ção s.f. **1** transação de compra e venda: *A negociação de jogadores de futebol envolve muito dinheiro.* **2** discussão de assunto de interesse comum entre agentes autorizados de duas ou mais nações: *Síria e Israel encerram a primeira fase de negociação.* **3** discussão visando a acordo entre partes que têm interesse comum.

ne.go.ci.a.dor (ô) s.m. **1** quem faz negócios: *Um negociador de imóveis precisa ser atencioso.* **2** quem faz negociações: *Ele mostrou que não é um negociador modesto.* • adj. **3** que faz negociação ou negócio.

ne.go.ci.an.te s.2g. **1** pessoa que faz comércio; comerciante: *Era um negociante de joias.* • adj.2g. **2** hábil em negócios: *é um homem negociante.*

ne.go.ci.ar v.t. **1** comprar ou vender; comerciar: *O time negociou oito jogadores.* **2** ajustar; combinar; agenciar: *O fazendeiro queria negociar uma desocupação da área.*

ne.go.ci.a.ta s.f. transação fraudulenta, em que há logro ou trapaça: *O embarque clandestino de mercadorias era uma grande negociata.*

ne.go.ci.á.vel adj.2g. **1** que pode ser negociado; passível de negociação: *Tudo é negociável.* **2** em que pode haver transação comercial: *A dívida pública seria negociável em dólares?*

ne.gó.cio s.m. **1** comércio: *Conseguiu inaugurar seu negócio antes do final do ano.* **2** transação comercial: *Queria fazer negócio com o dono do carro preto.* **3** atividade; ocupação: *Ser caminhoneiro não é negócio para qualquer um.* **4** comércio; produção: *O negócio dos peixes está indo bem.* **5** contrato; ajuste; trato: *Com pessoas desonestas, ninguém quer negócio.* **6** loja de comércio: *Recebeu de herança dos pais um negócio de parafusos.* **7** armazém: *Comprava sempre a prazo no negócio de "seu" Joaquim.* (Coloq.) **8** qualquer coisa cujo nome não se conhece ou não ocorre no momento da fala; troço: *O negócio que você comprou é muito caro.* **9** interesse: *O negócio dele é* grana. **10** solução: *Para conseguir um bom emprego, o negócio é se aperfeiçoar.* **11** caso; problema: *Podia ter conseguido o prêmio, o negócio é que eu não sabia o que fazer.*

ne.grei.ro s.m. **1** traficante de escravos. • adj. **2** diz-se de embarcação que transportava negros escravos: *Havia uma réplica de um navio negreiro na exposição.*

ne.gre.jar v.t. tornar negro; escurecer: *Nuvens carregadas negrejam o céu.*

ne.gri.to s.m. em tipografia, tipo mais grosso e mais escuro que o comum: *É importante que o texto não esteja em negrito.*

ne.gri.tu.de s.f. **1** condição daquele que é negro. **2** conjunto dos valores característicos das culturas dos povos negros.

ne.gro (ê) s.m. **1** pessoa da etnia negra. **2** (Coloq.) forma carinhosa de dirigir-se a alguém; nego: *E aí, meu negro!* **3** a cor preta; negror: *O negro de seus olhos impressionava.* • adj. **4** da cor negra. **5** diz-se dessa cor. **6** (Fig.) muito triste; lúgubre: *Tinha tudo para ser inesquecível, mas foi o dia mais negro de sua vida.* **7** da ou relativo à raça negra: *cultura negra.*

ne.groi.de (ói) s.2g. **1** que tem características da raça negra. • adj.2g. **2** da raça negra ou característico dela. **3** que tem alguns traços ou características da raça negra: *um grupo pré-histórico negroide.*

ne.gror (ô) s.m. **1** a cor negra: *O negror de sua pele era incomum.* **2** escuridão densa; negrume: *Notava-se contraste entre a alvura dos mármores e o negror da procissão do Sepulcro.*

ne.gru.me s.m. escuridão densa; negror: *o negrume das cavernas.*

ne.lo.re (ó) s.m. gado zebu originário da Índia, de pelo róseo ou avermelhado.

nem adv. **1** não: *Gritei, acenei e ela nem ligou.* **2** sequer: *Não lembrava nem do título do filme que vira no dia anterior.* • conj. **3** e não; também não: *Não falou nem deixou que os outros falassem.* **4** e sem: *Bateu no cachorrinho sem dó nem piedade.* • **nem que** introduz oração subordinada adverbial concessiva; ainda que; mesmo que: *Daqui não saio nem que me obriguem.* **nem de longe** mesmo remotamente: *Bateu com força a porta, como se nem de longe lhe passasse a ideia de que eu pudesse reagir.*

ne.ma.toi.de (ói) s.m. (Zool.) verme de corpo fino e alongado: *Esse nematoide ataca as raízes da soja.*

ne.nê s.2g. (Bras.) criancinha; bebê: *Se o nenê chorar é só dar-lhe a mamadeira que ele dorme.*

ne.ném s.2g. nenê.

ne.nhum pron. indef. **1** nem um só: *é duro ter de partir e não ter nenhum caminho diante de si.* **2** qualquer: *Ele não me deu tempo de formular nenhum pedido de explicação.* **3** nulo; inexistente: *palavras de nenhum efeito.* • **a nenhum** sem dinheiro: *Ele bem sabia que eu estava a nenhum.*

ne.nú.far s.m. (Bot.) planta aquática de grandes folhas redondas emergentes, longos pecíolos e flores brancas, amarelas ou rosadas.

ne.o.clas.si.cis.mo s.m. tendência artística do século XVIII que se caracteriza pelo retorno aos padrões grecolatinos de sobriedade e equilíbrio, contrapondo-se à exuberância barroca.

ne.o.clás.si.co s.m. **1** artista adepto do neoclassicis-

neutro

mo. • *adj.* **2** relativo ao neoclassicismo; adepto do neoclassicismo: *Um poeta neoclássico é contra o sentimentalismo.*

ne.o.la.ti.no *adj.* **1** derivado do latim; românico: *curso de línguas neolatinas.* **2** de origem na cultura propagada pelos romanos.

ne.o.li.be.ral *s.2g.* **1** pessoa que é adepta do neoliberalismo: *Dizia não ser um neoliberal, mas suas atitudes o contrariavam.* • *adj.2g.* **2** adepto do neoliberalismo. **3** relativo ou próprio do neoliberalismo: *política neoliberal.*

ne.o.li.be.ra.lis.mo *s.m.* corpo de doutrinas socioeconômicas cujo objetivo mais geral é manter a liberdade de mercado e restringir a intervenção do Estado sobre a economia.

ne.o.lí.ti.co *s.m.* **1** período da Idade da Pedra que se caracteriza pela presença de artefatos de pedra polida e pelo aparecimento da agricultura. • *adj.* **2** relativo ou pertencente a esse período: *Os fósseis neolíticos estavam em exposição.*

ne.o.lo.gis.mo *s.m.* palavra ou expressão nova que entra em circulação na língua.

ne.on *s.m.* **1** (Quím.) gás nobre, que se encontra no ar em ínfima porção. **2** tubo luminoso com esse gás: *O espelho refletia o neon vermelho da padaria.*

né.on *s.m.* neon.

ne.o.na.tal *adj.2g.* do ou relativo ao recém-nascido: *O tétano neonatal vem apresentando queda constante.*

ne.o.pla.si.a *s.f.* (Patol.) qualquer tumor benigno ou maligno; neoplasma.

ne.o.plá.si.co *adj.* que apresenta neoplasia: *O tecido neoplásico estava sendo examinado.*

ne.o.plas.ma *s.m.* (Patol.) nome dado a qualquer tumor, seja ele maligno ou benigno; neoplasia.

ne.po.tis.mo *s.m.* **1** prática dos administradores públicos que consiste na nomeação de parentes: *Estão sendo investigados novos casos de nepotismo na atual administração.* **2** favoritismo; proteção.

ner.vo (ê) *s.m.* **1** (Anat.) cada um dos filamentos cilíndricos e esbranquiçados que conduz impulsos de uma parte do corpo a outra. (Fig.) **2** parte essencial ou mais vigorosa: *foi direto ao nervo da questão.* **3** energia; vigor físico.

ner.vo.sis.mo *s.m.* **1** estado mal definido de susetibilidade nervosa, acompanhado de perturbações diversas: *Irritabilidade e nervosismo são comuns em pessoas ansiosas.* **2** excitação: *O nervosismo dos atores era normal antes do espetáculo.* **3** irritabilidade: *Mostrava um certo nervosismo à espera do atendimento solicitado.*

ner.vo.so (ô) *adj.* **1** relativo aos nervos: *O jovem teve uma doença no sistema nervoso.* **2** irritado: *Saía da tribuna sempre que ficava nervoso demais.* **3** em estado de descontrole; exaltado: *Fiquei nervoso e tive um problema estomacal.* **4** que revela nervosismo: *O olhar dele era nervoso, tenso e inquieto.*

ner.vu.ra *s.f.* **1** (Bot.) veio saliente na superfície das folhas e pétalas: *Algumas folhas têm nervura saliente.* **2** prega finíssima e costurada que forma desenho ou lista em relevo: *Viam-se pequenas nervuras no tecido.*

nés.cio *s.m.* **1** pessoa tola: *Alguns néscios pensam que existe solução para tudo.* • *adj.* **2** ignorante.

nes.ga (ê) *s.f.* **1** pedaço de pano; retalho. **2** abertura estreita; fresta. **3** pequeno terreno entre terrenos extensos.

nes.se (ê) *prep.* em + *pron. demonstr.* esse: *Nesse instante, ele interveio.*

nes.te (ê) *prep.* em + *pron. demonstr.* este: *Vou me divertir neste verão.*

ne.to (é) *s.m.* **1** filho de filho ou filha em relação aos pais destes. • *pl.* **2** descendentes: *Futuramente, nossos netos transformarão o Brasil em um lugar melhor.*

ne.tu.no *s.m.* **1** (Astro.) oitavo planeta do Sistema Solar a partir do Sol. **2** (Mit.) deus do mar, entre os romanos, correspondente ao grego Posêidon. // Grafa-se com inicial maiúscula.

network (nétwârk) (Ingl.) *s.f.* (Inf.) sistema que contém qualquer combinação de computadores ligados entre si, por meio de equipamentos ou cabos de telecomunicações.

neu.ral *adj.2g.* do ou relativo ao nervo: *Cientistas usaram um modelo conhecido como rede neural.*

neu.ras.te.ni.a *s.f.* **1** (Psiq.) esgotamento nervoso: *A agitação da vida moderna pode levar você à neurastenia.* **2** (Coloq.) mau humor, com irritabilidade fácil.

neu.ras.tê.ni.co *s.m.* **1** (Psiq.) pessoa que sofre de neurastenia: *Hoje os neurastênicos têm maiores chances de cura.* • *adj.* **2** relativo a neurastenia: *Os sintomas neurastênicos são de difícil diagnóstico?* Coloq. **3** mal-humorado; irritaçido: *Ele está sempre neurastênico.* **4** nervoso: *Era um tímido e neurastênico.*

neu.ri.te *s.f.* (Med.) inflamação de um nervo: *Alguns vírus provocam a neurite.*

neu.ro.lin.guís.ti.ca (güf) *s.f.* **1** ramo da Psicolinguística que trata dos distúrbios da fala relacionados com o sistema nervoso. **2** (Psic.) prática terapêutica que procura mudar o comportamento das pessoas por aconselhamento e sugestionamento.

neu.ro.lo.gi.a *s.f.* ramo da Medicina que se dedica ao estudo e tratamento das doenças do sistema nervoso.

neu.ro.ló.gi.co *adj.* **1** causado pelo sistema nervoso: *Ele foi internado ontem com um problema neurológico.* **2** do ou relativo ao sistema nervoso: *Foi transferido para onde pudesse ter um tratamento neurológico adequado.*

neu.ro.lo.gis.ta *s.2g.* especialista em Neurologia.

neu.rô.nio *s.m.* (Histol.) célula nervosa com seus prolongamentos.

neu.ro.se (ó) *s.f.* (Psiq.) afecção mental em que há uma consciência clara de um conflito psíquico e uma leve alteração da personalidade.

neu.ró.ti.co *s.m.* (Psiq.) **1** pessoa que sofre de neurose: *Os neuróticos precisam de terapia.* • *adj.* **2** que sofre de neurose: *paciente neurótico.*

neu.tra.li.da.de *s.f.* **1** imparcialidade; objetividade: *a neutralidade da justiça.* **2** não envolvimento; distanciamento: *Ele reafirmou sua neutralidade na disputa.*

neu.tra.li.za.ção *s.f.* ato ou efeito de neutralizar(-se).

neu.tra.li.zar *v.t.* **1** tornar neutro ou sem efeito; anular: *Tentava neutralizar os pensamentos negativos.* • *pron.* **2** tornar-se neutro; anular-se: *Os covardes se neutralizam diante das graves decisões.*

neu.tro *s.m.* **1** (Eletrôn.) num circuito de corrente alternada, condutor com potencial zero. • *adj.* **2** que

nêutron

julga sem paixão; imparcial: *Todos os juízes devem ser neutros.* **3** indefinido; indeterminado; vago: *Com um olhar neutro, fitava a obra de arte.* **4** que não toma partido em um litígio, discussão ou contenda. **5** não distintamente marcado: *tom de voz neutro.* **6** diz-se da cor sem vivacidade ou definição: *As cores cinza e branco são neutras.* **7** (Quím.) nem ácido nem alcalino: *Pele sensível deve ser lavada com sabonete neutro.* **8** que se mostra indiferente; insensível.

nêu.tron *s.m.* (Fís.) partícula elementar, não carregada, que constitui o núcleo atômico juntamente com o próton. // Símb.: n.

ne.var *v.int.* cair neve: *Deve voltar a nevar no Sul.*

ne.vas.ca *s.f.* tempestade de neve: *Nevasca bloqueia estradas no sul do país.*

ne.ve *s.f.* **1** água da chuva congelada que cai em flocos brancos: *As tempestades de neve atingiram a região nordeste da Europa.* **2** camada de flocos congelados depositada no solo ou noutra superfície: *Meninos brincam com neve nas ruas de São Joaquim.*

né.voa *s.f.* **1** vapor aquoso e denso que sobe para a atmosfera: *Pegar uma estrada coberta de névoa é perigoso.* **2** (Fig.) qualquer leve estorvo à visão: *Não vejo muito bem, existe uma névoa em meus olhos.* **3** (Coloq.) falta de clareza; obscuridade.

ne.vo.ei.ro *s.m.* conjunto de nuvens que se formam próximas à superfície terrestre; névoa densa: *Nevoeiros atrasam voos da ponte aérea.*

ne.vo.en.to *adj.* nebuloso: *O tempo tem estado nevoento na cidade.*

ne.vral.gi.a *s.f.* (Med.) dor que se manifesta no trajeto de um nervo e de suas ramificações, sem alteração aparente das partes doloridas: *nevralgia facial.*

ne.vrál.gi.co *adj.* **1** relativo a nevralgia: *O médico procurava soluções para as dores nevrálgicas do paciente.* **2** (Fig.) problemático; delicado: *Era a oportunidade de pinçar o ponto nevrálgico das questões que abordava.*

ne.xo (é) /ks/ *s.m.* **1** ligação entre fatos ou ideias: *Contou uma história sem nexo.* **2** conexão; relação: *O pesquisador examina o nexo entre direitos e cidadania.*

nha.ca *s.f.* **1** (Coloq.) mau cheiro; fedor. **2** coisa ruim; porcaria. **3** má sorte; azar.

nham.bu *s.m.* inhambu.

nhan.du *s.m.* (Zool.) ema dos cerrados.

nhem-nhem-nhem *s.m.* (Bras.) **1** ruído contínuo e monótono: *O nhem-nhem-nhem do carro de boi ecoava pelos caminhos da fazenda.* **2** falatório interminável; resmungo: *Esse seu nhem-nhem-nhem já está me incomodando.*

nhô *s.m.* (Coloq.) sinhô.

nho.que (ó) *s.m.* massa alimentícia preparada com batata, farinha, ovos e manteiga, cortada em pequenos cilindros.

ni.cho *s.m.* **1** cavidade aberta na parede para colocação de imagem: *A santa foi retirada de seu nicho.* **2** divisão em estante ou armário: *Pediu ao projetista uma estante com poucos nichos.* **3** espaço delimitado onde se encaixa alguma coisa: *O quadro foi colocado no nicho da parede.* **4** em linguagem comercial, segmento de mercado ainda não atendido e que geralmente oferece novas oportunidades: *As cooperativas enxergaram aí um novo nicho de mercado.* **5** (Ecol.) área específica onde existem condições especiais de ambiente: *Os mangues são um nicho ecológico muito rico para os pesquisadores.*

ni.co.ti.na *s.f.* (Quím.) alcaloide tóxico, líquido e incolor existente nas folhas de tabaco: *A nicotina é uma droga que vicia.*

ni.di.fi.car *v.int.* fazer ninho; aninhar: *Os pássaros nidificam em lugares adequados.*

ni.ge.ri.a.no *s.m.* **1** natural ou habitante da Nigéria. • *adj.* **2** relativo à Nigéria.

nightclub (náit clâb) (Ingl.) *s.m.* clube noturno: *A festa de casamento será oferecida em um nightclub.*

ni.i.lis.mo *s.m.* **1** (Filos.) doutrina segundo a qual não há verdade moral nem hierarquia de valores: *O roqueiro integra uma tribo que cultua o niilismo.* **2** descrença absoluta; cetismo: *As declarações impressionavam pelo niilismo.* **3** redução ao nada; aniquilamento: *É uma obra marcada por um niilismo radical.*

nim.bar *v.t.* **1** aureolar; rodear: *Folhas de laranjeira nimbavam sua coroa.* **2** enaltecer; sublimar.

nim.bo *s.m.* (Met.) nuvem densa e escura, que se desfaz em chuva ou neve.

ni.nar *v.t.* acalentar; embalar: *A mãe ninava sua filhinha.*

nin.fa *s.f.* **1** nas mitologias grega e latina, divindade que habitava os rios, bosques e montes. **2** (Fig.) mulher bela e jovem: *Aquela atriz era uma ninfa.* **3** (Biol.) forma intermediária entre a larva e o inseto adulto.

nin.fe.ta (ê) *s.f.* menina adolescente muito bonita e sensual.

nin.guém *s.2g.* **1** pessoa sem importância: *O homem que morreu era um ninguém, sem eira nem beira.* • *pron. indef.* **2** nenhuma pessoa: *Ninguém acredita em mim.*

ni.nha.da *s.f.* **1** grupo de filhotes que nascem de uma só vez: *Nossa cadela teve uma ninhada de nove filhotes.* **2** (Coloq.) conjunto de filhos; filharada: *Ela cuidava muito bem de sua ninhada.* **3** grande quantidade; uma porção: *uma ninhada de pássaros.*

ni.nha.ri.a *s.f.* **1** coisa sem valor; insignificância: *Pensava que a peça roubada fosse boa, mas era uma ninharia.* **2** pouco dinheiro; pouca coisa; bagatela: *A revista queria pagar uma ninharia pelas fotos.*

ni.nho *s.m.* **1** habitação feita por aves, insetos ou peixes para postura dos ovos e criação dos filhotes, e também para abrigo e proteção própria. **2** lugar onde os animais se recolhem e dormem; toca: *Protegida em seu ninho, a ave não padecia de ataques dos predadores.* (Fig.) **3** lugar de aconchego; refúgio: *A velha casa era o ninho de amor do casal.* **4** lar; a casa de habitação. **5** esconderijo: *Lugares abandonados são os ninhos preferidos dos delinquentes.*

nin.ja *s.2g.* pessoa que luta ninjútsu: *O ninja se vingou de assaltantes.*

nin.jú.tsu *s.m.* arte marcial oriental, em que se usam disfarces e movimentos rápidos.

ni.pô.ni.co *adj.* japonês: *Seu mestre de lutas marciais era nipônico.*

ní.quel *s.m.* **1** (Quím.) elemento metálico usado em ligas, de cor branco-prateada: *moeda de níquel.* **2** (Coloq.) dinheiro miúdo: *O banco está sem um níquel.* **3** (Bras.) moeda feita desse material: *Queria muito mais do que simplesmente um níquel.* Símb.: Ni; N. Atôm.: 28.

ni.que.la.do *adj.* **1** recoberto com uma fina camada de níquel. **2** que contém níquel: *Esculpe pequenos automóveis em metal niquelado.*

nir.va.na *s.m.* **1** (Filos.) no hinduísmo e no budismo, estágio de paz e quietude perpétua; estado de sabedoria e de pureza: *A pirâmide representa os estágios meditativos necessários para a ascensão ao nirvana.* **2** (Fig.) lugar de paz e tranquilidade: *O nirvana escolhido ficava no sul do Brasil.*

nis.sei *s.2g.* **1** filho de japonês, nascido no Brasil. • *adj.2g.* **2** que é filho de japonês, nascido no Brasil.

nis.so *prep.* em + *pron. demonstr.* isso: *O que tem de engraçado nisso?*

nis.to *prep.* em + *pron.* isto: *Tome, dê um fim nisto.*

ni.ti.dez (ê) *s.f.* **1** brilho; luminosidade: *A nitidez da foto impressionava.* **2** clareza; inteligibilidade: *Ele tinha muita nitidez em seu raciocínio.* **3** limpidez; transparência.

ní.ti.do *adj.* **1** luminoso; brilhante: *O céu era de um azul muito nítido.* **2** em que há clareza; que se vê em detalhe: *Dali se tinha uma vista nítida da área a ser explorada.*

ni.tra.to *s.m.* (Quím.) qualquer sal ou éster derivado do ácido nítrico: *O explosivo é uma mistura de nitrato de amônio e óleo diesel.*

ni.tri.to *s.m.* (Quím.) sal ou éster derivado do ácido nitroso: *Bactérias convertem ureia em nitrito.*

ni.tro.gê.nio *s.m.* (Quím.) elemento gasoso, incolor, inodoro e pouco ativo, existente na atmosfera. // Símb.: N; N. Atôm.: 7.

ni.tro.gli.ce.ri.na *s.f.* (Quím.) substância explosiva usada na fabricação de dinamite.

ni.tro.so (ô) *adj.* (Quím.) diz-se de ácido que forma sais nitritos.

ní.vel *s.m.* **1** superfície paralela ao plano do horizonte. **2** elevação relativa de uma linha ou de um plano horizontal: *O nível da água fica mais baixo na época da seca.* **3** altura; posição: *O quadro foi dependurado no mesmo nível da porta.* **4** qualidade; padrão: *Com um trabalho bem remunerado, o nível de vida aumenta.* **5** estágio (de ensino): *A secretaria distribuirá dicionários para os alunos em nível fundamental de ensino.* **6** posição social: *O namoro não deu certo porque eles pertenciam a níveis sociais muito diferentes.* **7** posição relativa em uma escala de valores: *Para um jornalista, seu nível de conhecimento deixava muito a desejar.*

ni.ve.la.men.to *s.m.* processo ou ato de nivelar: *A prefeitura realizou o trabalho de nivelamento do terreno anexo à favela.*

ni.ve.lar *v.t.* **1** tornar horizontal ou plano; pôr no mesmo nível: *Não há tratores para nivelar o terreno.* **2** colocar no mesmo nível; equiparar: *A reunião permitirá nivelar as informações sobre a reforma.* • *pron.* **3** equiparar-se; pôr-se no mesmo nível: *Os preços tendem a nivelar-se.*

no[1] *prep.* em + *art. def.* o: *Já estamos no verão.*

no[2] *pron. pess.* usado depois de formas verbais terminadas em som nasal: *De manhã, encontraram-no já sem vida.*

nó *s.m.* **1** entrelaçamento feito em cordas, linhas ou fios, a fim de encurtá-los, marcá-los ou uni-los: *Para prendê-lo com uma corda, o nó deve ser bem firme.* **2** parte mais dura da madeira: *Fazia cachimbos de nó de pinho.* **3** articulação das falanges dos dedos: *os nós dos dedos estavam inchados.* **4** laçada: *Não sabia dar nó em gravatas.* (Fig.) **5** sensação de constrição, causada por um abalo emocional; aperto: *Quando o choro vem, vem também um nó na garganta.* **6** ponto crítico ou essencial: *O nó do problema ainda não foi identificado.* **7** (Náut.) unidade de medida de velocidade, equivalente a uma milha náutica por hora.

no.bi.li.ár.qui.co *adj.* da ou relacionado com a nobreza: *linhagem nobiliárquica.*

no.bi.li.tar *v.t.* **1** tornar nobre; dignificar; engrandecer: *A principal função do novo diretor era nobilitar o colégio.* • *pron.* **2** tornar-se nobre; engrandecer-se.

no.bre (ó) *s.2g.* **1** pessoa de origem ilustre; bem-nascido. **2** pessoa que tem títulos de nobreza; fidalgo: *Seria o único herdeiro de um rico e velho nobre.* • *adj.2g.* **3** de origem ilustre: *Trabalhava em casa de família nobre.* **4** que tem títulos nobiliárquicos; fidalgo: *Fazia parte da árvore genealógica mais nobre de toda a França.* **5** próprio da nobreza: *A esgrima é considerada esporte nobre.* **6** destinado a atos solenes: *A palestra aconteceu no salão nobre da universidade.* **7** que eleva moralmente; de elevada estatura moral: *um ofício nobre.* **8** importante; diferenciado: *Mora em um bairro nobre da capital paulista.* **9** muito apreciável; de excelente qualidade: *Serviu a bebida mais nobre de sua adega.*

nobreak (nobrêik) (Ingl.) *s.m.* (Eletrôn.) dispositivo alimentado a bateria, capaz de fornecer energia elétrica a um sistema por um certo tempo em situações de emergência.

no.bre.za (ê) *s.f.* **1** qualidade ou caráter daquele que é nobre: *Ele não tinha cargo oficial nem título de nobreza.* **2** distinção; requinte: *O boxe era mostrado com uma certa nobreza.* **3** generosidade; magnanimidade: *Quem poderia desconhecer a nobreza desses argumentos?* **4** excelência; pureza de qualidade: *Pediu partes da obra em madeira de pura nobreza.* **5** o conjunto dos nobres: *a nobreza europeia.*

no.ção *s.f.* **1** conceito; concepção: *Agindo assim, perde-se a noção do conjunto.* **2** ideia; consciência: *noção de cidadania.* **3** conhecimento elementar: *Para o emprego, é importante ter noções de informática.*

no.cau.te *s.m.* no boxe, incidente no qual um lutador, jogado ao solo pelo adversário, não consegue levantar-se em dez segundos: *Ele ganhou por nocaute.*

no.cau.te.ar *v.t.* no boxe, vencer por nocaute: *Ele tentou nocautear o adversário.*

no.ci.o.nal *adj.* relativo a noção: *Essa sua ideia não possui a mesma carga nocional daquela apresentada ontem.*

no.ci.vo *adj.* **1** que causa dano; prejudicial: *Esse gás é nocivo ao ambiente porque destrói a camada de ozônio.* **2** pernicioso; mau: *era um sujeito nocivo.*

nó.doa *s.f.* **1** sinal ou marca de um corpo; mancha: *Tinha uma nódoa de caqui na camisa.* **2** (Fig.) mácula: *Queria acabar de vez com a nódoa do racismo.*

no.do.so (ô) *adj.* que tem nós ou saliências: *tronco nodoso.*

nó.du.lo *s.m.* **1** pequeno nó. **2** (Histol.) pequena protuberância; gânglio: *Ela fez uma cirurgia para retirar um nódulo do seio.*

nogueira

no.guei.ra s.f. (Bot.) árvore europeia, de flores dispostas em longas espigas pendentes, com madeira boa para móveis e que produz nozes.

noi.ta.da s.f. divertimento que dura a noite toda ou boa parte dela: *Voltou tarde da noitada com as amigas.*

noi.te s.f. **1** período de tempo compreendido entre o final da tarde e o começo da madrugada: *dormiu a noite toda.* **2** escuridão; trevas: *Bandidos se esconderam na noite.* **3** noitada: *A noite havia sido muito boa.* ♦ **da noite para o dia** sem se esperar; de repente: *Conseguiu que a reforma fosse feita da noite para o dia.*

noi.ti.nha s.f. início da noite; crepúsculo vespertino: *Sentia-se desprotegida quando chegava a noitinha.*

noi.va.do s.m. compromisso de casamento entre futuros esposos.

noi.var v. int. assumir o compromisso do noivado; namorar na condição de noivo: *Eles noivaram durante anos.*

noi.vo s.m. **1** pessoa que tem compromisso de casamento. ● adj. **2** em período de noivado: *O moço mais bonito da cidade está noivo.*

no.jei.ra s.f. aquilo que, pelo mau aspecto, causa repugnância.

no.jen.to adj. **1** que causa nojo; repulsivo: *Aquela comida tinha um aspecto nojento.* **2** muito desagradável: *exalava um hálito nojento.*

no.jo (ô) s.m. **1** repugnância; repulsa; asco. **2** enjoo; náusea: *Aquele cheiro me provocou nojo.* **3** luto: *O funcionário teve três dias de nojo pela morte da sogra.* ♦ **estar de nojo** estar de luto.

nô.ma.de s.2g. **1** pessoa que não tem residência fixa. ● adj.2g. **2** que não tem residência fixa; errante: *Os ciganos estão abandonando a vida nômade e se fixando nas cidades.*

no.ma.dis.mo s.m. sistema nômade de vida: *Alguns povos ainda mantêm o nomadismo.*

no.me s.m. **1** palavra com que se designa ou se distingue qualquer pessoa, animal ou coisa: *Não conseguia dar um nome para aquele objeto.* **2** (Gram.) substantivo. **3** prenome: *Júlia era o nome da moça.* **4** nome de família; sobrenome: *Carvalho e Cunha são nomes tradicionais na região.* **5** prenome mais sobrenome; nome completo. **6** importância; fama; reputação: *Não posso fazer isso; tenho um nome a zelar.* ♦ **dizer nomes** falar nomes feios; xingar.

no.me.a.ção s.f. **1** ato de nomear; atribuição de nome: *A família escolhia uma nomeação para o brasão.* **2** ato formal pelo qual o poder público atribui um cargo ou comissão: *A nomeação do chefe de gabinete transcorreu normalmente.* **3** indicação para cargo ou função privada: *Houve festa para comemorar a nomeação do novo advogado da firma.*

no.me.a.da s.f. fama; reputação; renome.

no.me.a.do adj. **1** designado pelo nome; denominado: *Na lista, ele foi o primeiro nomeado.* **2** que recebeu nomeação: *O secretário nomeado é espanhol.*

no.me.ar v.t. **1** dar nome; denominar: *O rapaz conseguiu nomear todas as peças do jogo.* **2** instituir; designar: *O presidente nomeou uma comissão para investigar a corrupção no país.* **3** assinalar; apontar: *Nomeando os pontos positivos, consigo prender as atenções.* **4** indicar para ocupar um cargo: *O chefe nomeou o assistente para o cargo de gerente.* ●

pron. **5** denominar-se: *Nomeei-me rei das anedotas.* **6** designar-se para um cargo: *Nomeou-se meu advogado.*

no.men.cla.tu.ra s.f. conjunto de termos peculiares a uma arte ou ciência: *O livro uniformiza a nomenclatura de todas as doenças conhecidas.*

no.mi.nal adj. **1** indicado pelo nome: *A eleição será por meio de voto nominal.* **2** por indivíduo, ou por cabeça: *O valor nominal do leilão não foi revelado.* **3** que registra nomes; que se faz nomeando: *O gerente examinava a relação nominal dos funcionários do hotel.* **4** em que se declara o nome do portador ou possuidor: *O empresário preencheu um cheque nominal.* (Gram.) **5** que funciona como nome ou substantivo: *Estamos estudando a forma nominal de alguns verbos.* **6** que é representado por um nome ou cujo núcleo é um nome ou substantivo: *A frase apresenta só um item nominal obrigatório.*

no.mi.na.ti.vo s.m. **1** (Gram.) caso gramatical que, em línguas como o latim, indica a função sintática do sujeito ou predicativo do sujeito. ● adj. **2** relativo a nome. **3** que traz o nome do proprietário ou do favorecido: *cheque nominativo.*

no.no num. **1** que, numa série, ocupa a posição do número nove: *O escritório da nossa firma fica no nono andar.* **2** que corresponde a uma fração de um todo dividido por nove partes iguais: *Gasto exatamente um nono do meu salário com aluguel.*

nonsense (nonsense) (Ingl.) s.m. palavra ou ato que aparentemente não faz sentido, porque contraria a lógica: *O clima da viagem ao circo de horrores é uma mistura entre pavor, humor e nonsense puros.*

non-stop (nan stap) (Ingl.) adj. contínuo, sem interrupção: *concertos non-stop de música.*

no.ra (ó) s.f. a esposa do filho.

nor.des.te s.m. (Geogr.) **1** ponto do horizonte, situado entre o norte e o leste, a 45º de cada um desses pontos: *São José dos Campos fica 97 km a nordeste de São Paulo.* **2** região do Brasil constituída pelos estados situados no nordeste do país: *Passagens de ônibus para capitais do Nordeste estão esgotadas.* // Nesta acepção se escreve com inicial maiúscula. ● adj.2g. do ou relativo ao nordeste. //Abrev.: N.E.

nor.des.ti.no s.m. (Bras.) **1** natural ou habitante do Nordeste: *O nordestino tem um jeito todo especial de ser.* ● adj. **2** relativo ao Nordeste brasileiro: *Na viagem fiquei hospedada na casa de um amigo nordestino.*

nór.di.co s.m. **1** natural ou habitante da Escandinávia: *As nórdicas têm uma beleza diferente.* ● adj. **2** relativo aos países escandinavos (norte da Europa).

nor.ma (ó) s.f. **1** preceito; lei; regra: *As normas impostas pela empresa foram aceitas sem problemas.* **2** procedimento usual; costume: *A norma em casa é que todos almocem juntos.* **3** modelo; exemplo; padrão: *A religião é a norma de conduta para muitos fiéis.*

nor.mal s.m. **1** diz-se de curso ou escola de formação de professores para as primeiras séries do ensino fundamental. ● adj. **2** conforme a norma; regular: *A casa parece ter retomado hoje o seu ritmo normal.* **3** dentro dos padrões regulares da espécie: *O médico constatou que o bebê era normal.* **4** que tem os índices previstos como compatíveis com padrões de regularidade e sanidade: *O hemograma da mulher apresentava índices normais da substância.*

nor.ma.li.da.de *s.f.* **1** qualidade ou estado de normal; regularidade: *Depois da crise, o país volta à normalidade.* **2** sanidade física ou mental.

nor.ma.li.za.ção *s.f.* volta ao estado normal; regularização: *O anúncio da normalização das relações diplomáticas foi aplaudido por empresários.*

nor.ma.li.zar *v.t.* tornar normal; regularizar: *O presidente decidiu normalizar as relações comerciais.*

nor.man.do *s.m.* **1** natural ou habitante da Normandia (França): *Os normandos estiveram em guerra com a Inglaterra durante muito tempo.* ◆ *adj.* **2** relativo à Normandia.

nor.ma.ti.vo *adj.* **1** que tem força de norma: *o poder normativo da Justiça do Trabalho.* **2** que estabelece normas, padrões, modelos: *gramática normativa.*

nor.ma.ti.zar *v.t.* estabelecer normas para: *Os estados têm poder de normatizar e fiscalizar o comércio.*

no.ro.es.te (é) *s.m.* **1** ponto situado entre o norte e o oeste, a 45° de cada um desses pontos. ◆ *adj.2g.* **2** do ou relativo ao noroeste: *vento noroeste.* //Abrev.: N.O. ou N.W.

nor.te (ó) *s.m.* **1** ponto cardeal que se opõe diretamente ao sul e que fica à esquerda do observador voltado para o leste: *O nômade rumava para o norte.* **2** região do Brasil constituída pelos estados situados no norte do país: *Nesta época do ano chove mais nos estados do Norte.* // Nesta acepção se escreve com inicial maiúscula. // **3** (Fig.) rumo; direção: *o chefe da campanha estava sem norte.* ◆ *adj.2g.* **4** que fica ao norte: *O passeio seria pela orla norte da praia.* //Abrev.: N.

nor.te.a.dor *adj.* que norteia; orientador.

nor.te-a.me.ri.ca.no *s.m.* **1** pessoa que nasce ou reside nos Estados Unidos da América (EUA): *Um norte-americano é o dono de toda esta extensão de terra.* ◆ *adj.* **2** natural ou habitante dos Estados Unidos da América: *Um estudante norte-americano pediu a palavra.* **3** originário dos Estados Unidos da América: *O sistema de eleições se baseava no modelo norte-americano.* // Pl.: norte-americanos.

nor.te.ar *v.t.* **1** guiar; orientar: *As estrelas norteavam o viajante solitário.* **2** dirigir ou orientar em determinado sentido: *Os ensinamentos divinos norteiam-me para seguir o caminho certo.*

nor.tis.ta *s.2g.* **1** natural ou habitante da região Norte do Brasil: *Um nortista bravo e com cara de poucos amigos apareceu.* ◆ *adj.2g.* **2** relativo ao Norte do Brasil: *A moça nortista estava muito alegre.* **3** próprio do norte: *A animada música nortista tocou a noite toda.*

no.ru.e.guês *s.m.* **1** natural ou habitante da Noruega (Europa): *Um norueguês é o vencedor do prêmio de literatura.* **2** língua indo-europeia, do ramo germânico, falada na Noruega: *Não entendo uma palavra de norueguês.* ◆ *adj.* **3** relativo à Noruega: *Tripulantes noruegueses chegam cansados ao porto.*

nos *pron. pess.* **1** forma oblíqua do pronome pessoal nós, que funciona como objeto direto ou indireto: *Ele não nos viu.* **2** expressa relação de reciprocidade; um ao outro: *Eu e ela nos entreolhamos.* **3** usado como o possessivo correspondente nosso: *Intensa luz fere-nos os olhos.*

nós *pron. pess.* **1** *pron. pess.* da 1ª *pes.* do pl. do caso reto: *E ali estávamos nós, aflitos, em expectativa.* **2** usado pelo singular, em vez de *eu*, como plural de modéstia: *Nós estaremos trilhando o caminho do poder definitivo.* // É a forma usada depois de preposição: *A notícia chegou até nós.*

nos.sa *interj.* expressa espanto: – *Nossa! Que gente curiosa!*

nos.so *pron. poss.* **1** pertencente a nós: *Invadem nossas casas, levam nossos bens.* **2** que desfrutamos como se nos pertencesse: *nosso cantinho no jardim.* **3** que nos cabe ou nos toca: *A bilheteria fechou justamente na nossa vez.* **4** preferido por nós; de nossa predileção: *Arroz com lentilha era o nosso prato.* **5** entre nós: *preferiu retirar-se depois de nossa discussão.* **6** onde trabalhamos ou exercemos atividade: *Na empresa, nossa sala não era muito ampla.* **7** que faz parte inalienável de nós: *a chuva molhava nosso rosto.* **8** em que estamos ou em que vivemos: *É uma história do nosso tempo.* **9** indica relação de parentesco, de amizade ou de dependência: *Tivemos dinheiro para tratar de nossa mãe.*

nos.tal.gi.a *s.f.* **1** melancolia causada por saudades da pátria: *O crepúsculo é a hora da nostalgia.* **2** saudade; saudosismo: *Há também aquelas pessoas que se apegam à nostalgia dos velhos tempos.*

nos.tál.gi.co *adj.* **1** que sofre de nostalgia: *Lembranças familiares deixam-me nostálgico.* **2** em que há nostalgia: *O locutor falava com sua voz suave e nostálgica.* **3** de que se tem nostalgia: *A jovem recordava com saudade os antigos e nostálgicos festivais de música.*

no.ta (ó) *s.f.* **1** comentário ou explicação: *O texto veio com uma nota à margem.* **2** exposição sucinta; pequena notícia: *A nota era sobre as diferenças sociais entre dois países da Europa.* **3** pequeno escrito em que se faz indicação, observação ou reparo: *A nota oficial do governo foi clara e sucinta.* **4** nota fiscal: *As mercadorias foram vendidas sem nota.* **5** papel que representa moeda: *A nota de cem reais estava toda amassada.* **6** expressão numérica ou alfabética de um julgamento, marcando valor em uma escala: *O aluno foi reprovado: sua nota não foi suficiente.* **7** (Mús.) sinal representativo de um som musical e de sua duração: *O músico ia desenhando as notas musicais, com a maior facilidade.* **8** marca; característica: *A ingenuidade era uma nota interessante em uma personalidade tão forte.* ◆ **uma nota** (Coloq.) muito dinheiro: *Esse carro custa uma nota.*

no.ta.bi.li.zar *v.t.* **1** tornar famoso; notável: *A academia notabilizou algumas personagens brasileiras.* ◆ *pron.* **2** tornar-se notável, famoso; sobressair-se; distinguir-se: *Alguns povos antigos se notabilizaram por suas conquistas.*

no.ta.ção *s.f.* representação por sinais convencionais: *As notações serão abreviadas.*

no.tar *v.t.* **1** anotar; tomar nota de: *O aluno notou as lições.* **2** prestar atenção; observar: *Quando a vizinha chegou, logo notamos seu abatimento.*

no.tá.rio *s.m.* escrivão público; tabelião: *O notário conservava aquele ar de preocupação.*

no.tá.vel *adj.2g.* **1** digno de nota: *O desempenho do nadador foi notável.* **2** que se nota com facilidade; considerável; extraordinário: *Os trabalhadores empenhavam-se com notável boa vontade.* **3** eminente; importante: *Os artistas ocupam posição notável em nossa sociedade.*

notebook

notebook (nôutbuk) (Ingl.) *s.m.* (Inf.) computador portátil: *O negociador carregava seu notebook por onde ia.*

no.tí.cia *s.f.* **1** informação; notificação: *Ainda não temos notícias do desaparecido.* **2** observação; apontamento; nota: *A notícia revela que a situação no país não é nada animadora.* **3** novidade; nova: *A notícia que você trouxe é muito boa.* **4** conhecimento; lembrança: *Ele foi o mais perfeito cidadão de que já se teve notícia.* **5** escrito ou exposição sucinta de um assunto qualquer: *O executivo lia as notícias antes de sair para o trabalho.*

no.ti.ci.ar *v.t.* **1** dar notícia; comunicar; divulgar: *O governo se apressou em noticiar os fatos.* **2** relatar; informar: *O jornal noticia os acontecimentos com imparcialidade.*

no.ti.ci.á.rio *s.m.* **1** seção de órgão de comunicação destinada à divulgação de notícias: *Ele trabalha no noticiário de um grande jornal.* **2** conjunto de notícias: *O noticiário maldoso repercutiu como uma bomba.*

no.ti.ci.o.so (ô) *s.m.* **1** veículo de comunicações cuja função básica é a transmissão de notícias: *No noticioso atual, você fica sabendo de tudo primeiro.* • *adj.* **2** que contém notícias; que dá notícias: *O chefe das agências noticiosas internacionais está hospedado aqui.* **3** em que há notícias: *O jornal fará uma cobertura noticiosa dos fatos.*

no.ti.fi.ca.ção *s.f.* **1** comunicação; participação: *A Secretaria da Educação recebeu uma notificação sobre casos irregulares de aprovação no vestibular.* **2** (Jur.) intimação: *O moço percebeu logo que o guarda de trânsito tinha nas mãos uma notificação de multa.*

no.ti.fi.car *v.t.* **1** dar ciência; comunicar: *A escola notificou alunos e professores sobre a reunião do dia seguinte.* **2** (Jur.) comunicar (fato judicial) a: *O oficial de justiça notificou a testemunha sobre a audiência.*

no.to.ri.e.da.de *s.f.* estado daquilo ou daquele que é notório; notabilidade; fama: *A notoriedade dela incomodava os colegas.*

no.tó.rio *adj.* **1** sabido de todos; público: *É notório o grande desenvolvimento da economia neste caso.* **2** claro; patente: *A discussão relacionava-se a um fato notório.*

no.tur.no *s.m.* **1** (Mús.) composição para piano, de gênero romântico, de caráter melancólico e andamento lento: *Os noturnos de Chopin são famosos.* • *adj.* **2** que se realiza durante a noite: *Encontros noturnos estavam proibidos naquele local.* **3** que funciona à noite: *Ele não quer estudar em um colégio noturno.* **4** da noite: *O cenário noturno estava lindo.* **5** que realiza tarefas ou atua durante a noite: *Um vigia noturno foi baleado ontem à noite.* **6** de hábitos ou características mais observáveis à noite: *O pesquisador estudava as aves noturnas.* // Ant.: diurno.

no.va-i.or.qui.no *s.m.* **1** natural ou habitante de Nova Iorque (EUA): *Hoje é dia de descanso para os nova--iorquinos.* • *adj.* **2** relativo a Nova Iorque: *A sociedade nova-iorquina está menos preconceituosa.*

no.va.to *s.m.* **1** pessoa inexperiente: *Nem sempre um novato diz coisas pertinentes.* **2** principiante: *O espetáculo contava com um novato de talento.* **3** pessoa nova no lugar: *Os dois novatos iam colhendo informações por onde passavam.* • *adj.* **4** inexperiente: *Os pacientes desconfiavam do médico novato.* **5** chegado há pouco; novo: *Nada entendia da confusão, porque era novato na cidade.* **6** principiante: *Os estudantes novatos foram vítimas de brincadeiras.*

no.ve (ó) *num.* **1** número que representa oito mais um: *As chuvas começaram há nove dias.* **2** nono: *O valor recebido em doação deve ser incluído no quadro três, linha nove, do formulário.* • *s.m.* **3** nota de avaliação: *O professor deu nove para o aluno.*

no.ve.cen.tis.ta *adj.2g.* relativo ao século XX: *Há muita diferença entre a obra de Alencar e os romances novecentistas.*

no.ve.cen.tos *num.* **1** nove vezes cem: *Novecentas pessoas aplaudiram de pé o governador.* • *s.m.* **2** o século XX: *O melhor do design de cada década se reúne para o espetáculo decorativo do final dos novecentos.*

no.ve-ho.ras *s.f. pl.* (Coloq.) **1** melindres; frescuras. **2** adornos; enfeites: *O cliente quis um projeto mais cheio de nove-horas.*

no.vel *adj.2g.* **1** que tem poucos anos de existência; novo: *A novel empresa exigia funcionários qualificados.* **2** novato; inexperiente: *O novel frei não convencia os fiéis com seus sermões.*

no.ve.la (é) *s.f.* **1** narrativa fictícia, usualmente menor que o romance e maior que o conto: *A obra desse artista é um romance ou uma novela?* **2** narrativa fictícia dividida em capítulos mais ou menos curtos, transmitida em forma teatralizada pela TV ou pelo rádio: *Não queria perder o último capítulo de sua novela favorita.* **3** (Coloq.) coisa muito demorada e complicada: *A questão da reforma agrária virou uma novela interminável.*

no.ve.lei.ro *s.m.* **1** (Deprec.) autor de novelas de qualidade duvidosa. **2** quem gosta de acompanhar novelas de TV ou de rádio: *É uma noveleira notória, gosta de todos os tipos de novela.*

no.ve.les.co (ê) *adj.* **1** próprio de novela; romanesco: *O assunto em pauta apresentava episódios novelescos.* **2** que tem características de novela: *A obra foi classificada como "narrativa novelesca".*

no.ve.lo (ê) *s.m.* **1** bola feita de fio enrolado: *Na loja havia novelos de lã de todas as cores.* **2** (Fig.) coisa enrolada ou enredada: *A discussão transformou-se em um novelo cada vez mais enrolado.*

no.vem.bro *s.m.* décimo primeiro mês do ano.

no.ve.na (ê) *s.f.* conjunto de atos religiosos ou rezas feitos durante nove dias, consecutivos ou não: *A mulher fazia uma novena para Nossa Senhora.*

no.ven.ta *num.* **1** número ou algarismo que representa oitenta e nove mais um. **2** nove vezes dez: *As lojas estão aceitando cheques para noventa dias.* **3** que, numa série, ocupa a posição de noventa: *A novela já está no capítulo noventa e ainda não se definiu.* • *s.m.* **4** período compreendido entre 1991 e 2000: *A década de noventa foi de preparação para a chegada do novo milênio.*

no.vi.ci.a.do *s.m.* **1** tempo de preparação nos conventos para as pessoas que vão professar uma ordem religiosa: *O noviciado foi muito útil ao jovem padre.* **2** aprendizagem a que se submetem os que entram numa ordem religiosa: *Naquele tempo fazíamos o noviciado das primeiras leituras.*

num

no.vi.ço s.m. **1** quem se prepara para professar uma ordem religiosa: *O noviço chegou à cidade com ar de desconfiança.* • adj. **2** (Fig.) novato; principiante: *O advogado noviço agia com cautela.*

no.vi.da.de s.f. **1** qualidade ou caráter de novo: *A novidade na cidade era o chafariz da praça.* **2** aquilo que é novo; inovação: *Novidades são sempre bem-vindas.* **3** acontecimento inesperado; imprevisto: *Eu não gosto de novidades.* **4** notícia; nova: *Quais são as novidades de hoje?* **5** particularidade; singularidade: *A visita transcorreu sem novidade.* **6** coisa que não se conhecia antes: *O turista levou algumas novidades típicas do Brasil.* **7** produto ou artigo lançado recentemente ou a ser lançado no mercado: *Uma das novidades da feira de ciências do colégio era um minirrobô.*

no.vi.da.dei.ro s.m. **1** pessoa bisbilhoteira: *Um novidadeiro nunca perde a chance de espionar a vida das pessoas.* • adj. **2** (Coloq.) que gosta de contar novidades; bisbilhoteiro: *É uma mulher novidadeira.*

no.vi.lho s.m. filhote de boi; bezerro; vitelo: *O compadre vendeu 140 novilhos.*

no.vo (ô) s.m. **1** o que é recente: *O novo traz insegurança e inquietação.* • adj. **2** que tem pouco tempo de existência: *Essa é uma construção nova.* **3** de pouca idade; jovem: *moça nova.* **4** renovado: *Depois de toda aquela massagem, era um homem novo.* **5** de pouco tempo; recente: *Não gostava de contar segredos aos novos amigos.* **6** estranho; desconhecido: *Aprender um novo idioma é sempre enriquecedor.* **7** recém-descoberto: *Um mundo novo se abria diante de meus olhos.*

no.vo-ri.co s.m. pessoa que enriqueceu subitamente: *O novo-rico é um deslumbrado com o dinheiro.* // Pl.: novos-ricos.

noz (ó) s.f. (Bot.) **1** fruto seco da nogueira, pequeno e arredondado, com casca duríssima, de aparência rugosa e semente ondulada de cor creme, envolta por uma fina película marrom-clara. **2** qualquer fruto seco, com uma só semente: *O fruto daquela árvore é uma noz muito saborosa.*

noz-mos.ca.da s.f. (Bot.) **1** semente aromática de uma planta nativa da Indonésia que tem o formato de uma pequena noz. **2** essa semente em pó, usada como especiaria: *A receita leva manteiga, ovos, açúcar e noz-moscada.* // Pl.: nozes-moscadas.

nu s.m. **1** quem não tem roupa: *Precisamos vestir os nus.* **2** obra de arte com figuras humanas em estado de nudez: *Os nus do pintor estão sendo muito elogiados.* **3** nudez: *Emissora de TV proíbe a exploração do nu.* • adj. **4** sem roupa; despido: *O homem nu procurava esconder-se dos olhares curiosos.* **5** descoberto; sem proteção. **6** sem nada; liso: *O escultor trabalhava uma tábua nua.* **7** sem vegetação: *A colina era uma área totalmente nua.* **8** sem disfarce: *O relato caracteriza-se pela objetividade nua.* ♦ **a nu** às claras: *O advogado botou a nu todas as fraudes do réu.* **nu e cru** tal como é; sem disfarce; sem dissimulação: *O programa exibia a realidade nua e crua das prisões.*

nu.an.ça s.f. **1** cada uma das gradações de uma cor; matiz cambiante: *Adoro o vermelho e suas nuanças.* **2** pequena diferença; matiz: *O especialista apontou uma nuança da questão esquecida durante o debate.*

nu.ben.te s.2g. pessoa que está prestes a casar-se: *Os nubentes estavam muito felizes.*

nu.blar v.t. **1** cobrir de nuvens; anuviar. **2** (Fig.) turvar; obscurecer: *O egoísmo nublou a visão desses profissionais.* • int. **3** ficar coberto de nuvens: *De repente, o céu nublou.* • pron. **4** (Fig.) tornar-se triste: *Os olhos expressivos do jovem nublaram-se de repente.*

nu.ca s.f. (Anat.) parte posterior do pescoço, sobre a vértebra chamada atlas: *O paciente queixava-se de dores na nuca.*

nu.cle.ar adj.2g. **1** referente a ou próprio de núcleo. **2** central; fundamental: *A parte nuclear do relatório está sublinhada.* **3** (Fís.) referente ou pertencente ao núcleo do átomo: *A fusão nuclear é um tipo de energia.* **4** (Biol.) pertencente ao núcleo da célula: *O material nuclear de certos organismos está mergulhado no citoplasma.* **5** que utiliza a energia nuclear: *Uma bomba nuclear pode acabar com o planeta.* **6** da ou relativo à energia nuclear: *ciência nuclear.* **7** que produz energia nuclear: *usina nuclear.* **8** (Fís.) e (Quím.) estudo das propriedades do núcleo atômico e das partículas elementares, as forças nucleares e as interações entre as partículas, as reações nucleares e os fenômenos de desintegração e fissão: *física nuclear.*

nú.cleo s.m. **1** parte central de um objeto; centro: *O núcleo da calota é colorido.* **2** (Astr.) globo opaco que forma o Sol e é rodeado de duas atmosferas concêntricas: *O astro passa por transformações em seu núcleo.* **3** (Biol.) massa esferoide complexa, essencial à vida da célula: *Alguns seres possuem células sem núcleo individualizado.* **4** lugar de referência: *A fazenda era o núcleo dos acampamentos.* **5** lugar de concentração ou central: *Os departamentos são núcleos de trabalho.* **6** ponto principal; fundamento: *O núcleo das discussões é o desacordo.* ♦ **núcleo atômico** (Fís.) centro do átomo em que se concentra a maior parte de sua massa.

nu.cle.o.tí.deo s.m. (Citol.) unidade que forma o ácido desoxirribonucleico (DNA) ou ácido ribonucleico (RNA).

nu.dez (ê) s.f. **1** estado de quem está nu. **2** ausência de roupa: *A nudez é frequente no Carnaval brasileiro.* **3** estado do que está descoberto: *Não se queixava da nudez de seus braços naquele frio.* **4** ausência de ornatos; simplicidade: *Era uma casa que se caracterizava por sua nudez.*

nu.dis.mo s.m. prática de vida ao ar livre em completa nudez: *O nudismo era praticado pelo grupo na praia.*

nu.dis.ta s.2g. **1** quem é adepto do nudismo: *Os nudistas curtiam as praias brasileiras.* • adj.2g. **2** que é adepto do nudismo: *O grupo nudista defendia um mundo livre das incômodas roupas.*

nu.li.da.de s.f. **1** característica do que é nulo: *A nulidade é uma das características dos incompetentes.* **2** falta de valor, de talento. **3** indivíduo sem competência: *Ele é uma nulidade no trabalho.*

nu.lo adj. **1** igual a zero; inexistente: *O desenvolvimento do país naquele ano foi quase nulo.* **2** sem validade; sem efeito ou valor: *voto nulo.* **3** incapaz; inepto: *raciocínio nulo.*

num prep. em + art. indef. um: *Num canto da sala havia um pote.*

numeração

nu.me.ra.ção *s.f.* **1** ato de numerar: *O programa faz a numeração das páginas automaticamente.* **2** modo de enumerar: *fez a numeração na ordem decrescente.* **3** sistema de numeração: *A professora procura ensinar a numeração decimal.* **4** número: *O mecânico conferiu a numeração do motor do carro.* **5** série de números: *Os capítulos do livro tinham numeração em forma de desenhos.*

nu.me.ra.dor (ô) *s.m.* (Mat.) numa fração ordinária, o elemento que indica quantas partes se tirou do todo e que se coloca acima do traço de fração.

nu.me.ral *s.m.* **1** (Gram.) classe de palavras que se refere ao número de seres (cardinais): *um, dois, quatro, cem etc.;* ao número de ordem dos seres (ordinais): *centésimo dia;* que indicam aumento proporcional (multiplicativo): *duplo, dobro, triplo etc.;* diminuição proporcional, expressa por uma fração (fracionários): *meio, terço etc.* • *adj.2g.* **2** relativo a número.

nu.me.rar *v.t.* **1** pôr número em; indicar por números: *O autor esqueceu-se de numerar as páginas de seu artigo.* **2** dispor em ordem numérica. **3** enumerar.

nu.me.rá.rio *s.m.* dinheiro efetivo: *A falta de numerário estava comprometendo o lazer da família.*

nu.mé.ri.co *adj.* **1** relacionado com números: *Os argumentos numéricos foram os mais criticados.* **2** expresso por número: *O comando da moderna aeronave era numérico.* **3** quantitativo: *Os resultados tanto numéricos como qualitativos são relevantes.*

nú.me.ro *s.m.* **1** quórum: *Não houve número suficiente de deputados para a votação do projeto.* **2** quantidade: *Cresce o número de alunos matriculados nas escolas públicas.* **3** quantidade ou conta certa: *Precisamos saber o número de exportações dos produtos nacionais.* **4** sinal gráfico que representa cada membro do sistema usado para contar e medir; expressão gráfica da quantidade. **5** cada edição ou exemplar de publicação periódica: *O próximo número da revista deve vir com um prêmio para o leitor.* **6** cada um dos quadros ou cenas de um espetáculo teatral de variedades: *O número de malabarismo do jovem artista agradou ao público.* **7** (Gram.) categoria gramatical que indica singular e plural.

nu.me.ro.lo.gi.a *s.f.* conjunto de conhecimentos sobre o significado oculto dos números e sua influência: *Ele confiava no tarô e na numerologia.*

nu.me.ro.so (ô) *adj.* que compreende grande número de elementos; abundante: *Um numeroso bando de malfeitores aproxima-se da cidade.*

nu.mis.má.ti.ca *s.f.* ciência que estuda moedas e medalhas.

nun.ca *adv.* em tempo algum; nenhuma vez: *Nunca estive na China.*

nun.ci.a.tu.ra *s.f.* **1** tribunal eclesiástico sujeito ao núncio: *Nunciatura Católica.* **2** lugar onde fica a sede desse tribunal: *A senhora servia à nunciatura apostólica da Europa há muito tempo.* **3** atividade do núncio: *A nunciatura no Brasil é muito forte e importante.*

nún.cio *s.m.* embaixador do Papa junto a um governo estrangeiro; delegado apostólico: *O núncio foi recebido pelos fiéis com muita festa.*

nup.ci.al *adj.2g.* de ou relativo a núpcias: *cerimônia nupcial.*

núp.cias *s.f. pl.* casamento: *A viagem de núpcias foi cuidadosamente planejada.*

nu.tri.ção *s.f.* **1** ato ou efeito de nutrir(-se); alimentação: *Verduras fazem parte de uma boa nutrição.* **2** conjunto de fenômenos biológicos pelos quais o organismo digere e absorve alimentos ingeridos: *Os técnicos em nutrição podem nos ajudar na escolha do cardápio.*

nu.tri.ci.o.nal *adj.2g.* relativo à nutrição; nutritivo; alimentar: *deficiência nutricional.*

nu.tri.ci.o.nis.mo *s.m.* conjunto de conhecimentos sobre nutrição: *Ele fez um curso de nutricionismo em uma universidade paulista.*

nu.tri.ci.o.nis.ta *s.2g.* **1** especialista em nutrição: *Um nutricionista famoso dará uma palestra para nós.* • *adj.2g.* **2** que é especialista em nutrição: *médico nutricionista.*

nu.tri.en.te *s.m.* **1** substância que nutre, que alimenta: *Os adubos possuem nutrientes em sua fórmula.* • *adj.2g.* **2** nutritivo: *Devemos consumir alimentos nutrientes.*

nu.trir *v.t.* **1** alimentar; sustentar: *O menino nutria o animal com carinho.* **2** guardar; manter intimamente: *O garoto nutria uma louca paixão por animais.* **3** possuir; ter: *A palestrante não nutria dúvidas sobre o que era exposto.* • *pron.* **4** alimentar-se: *Alguns insetos nutrem-se do sangue de outros animais.* **5** manter-se; sustentar-se: *Coração generoso nutre-se de boas ações.*

nu.tri.ti.vo *adj.* **1** que nutre; que alimenta; nutriente: *O leite é uma bebida nutritiva.* **2** relativo à nutrição: *O pesquisador explicava os problemas causados pelos distúrbios nutritivos.*

nu.triz *s.f.* **1** ama de leite: *Estavam selecionando mães saudáveis e nutrizes.* • *adj.* **2** que nutre; que alimenta.

nu.vem *s.f.* **1** (Met.) conjunto visível de partículas de água ou de gelo em suspensão na atmosfera: *A menina observava as nuvens escuras que cobriam o céu.* **2** mancha; mácula: *O oftalmologista examinava uma nuvem no olho da paciente.* **3** conjunto de partículas em suspensão: *Os passantes estavam envoltos numa nuvem de fumaça.* **4** grande quantidade: *Uma nuvem de gafanhotos passou por aqui.* **5** (Fig.) tristeza; pesar: *O rapaz enganado estava envolvido em uma nuvem que parecia não passar.* **6** aura; sopro: *Uma nuvem de mistério envolvia o assassinato.* ♦ **em brancas nuvens** sem que se note ou que se festeje: *a punição do criminoso passou em brancas nuvens.*

nylon (náilon) (Ingl.) *s.m.* náilon.

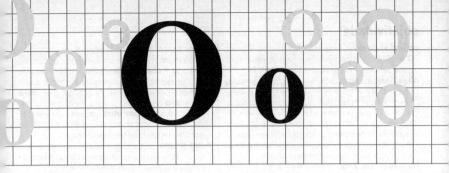

o¹ (ó) *s.m.* **1** décima quinta letra do alfabeto português. **2** a figura dessa letra. **3** abreviatura de Oeste. // Neste caso escreve-se com maiúscula. // **4** décimo quinto numa série indicada por letras. **5** em maiúscula símbolo químico do oxigênio.
o² (ô) *art.* **1** antepõe-se ao substantivo como adjunto adnominal: *Como o delegado estava doente, o suplente fez o interrogatório.* **2** associado a parte do corpo, a nomes de peças do vestuário ou de objetos de uso pessoal, ou a nomes que indicam parentesco, tem valor possessivo: *Machuquei o braço.* **3** associado a nome próprio indica familiaridade ou intimidade: *Ontem encontrei o César na rua.* **4** restringe o alcance significativo antes de nome de cidade associado a um modificador: *O filme mostrava cenas passadas no Recife do século passado.* **5** usado para compor o apelido de pessoas famosas: *D. Manuel, o Venturoso.* **6** usado antes de um qualificador para nominalizá-lo e intensificá-lo: *O comer e o coçar estão no começar.* **7** usado obrigatoriamente antes do superlativo relativo: *Salvar vidas é o mais nobre dos atos.* **8** usado para identificar uma família: *Os Andradas.*
o³ *pron.* forma oblíqua átona que corresponde ao pronome reto de 3ª pessoa: *Não o vejo há dias.*
ó *interj.* (Bras.) Expressa chamamento ou interpolação: *Ó pátria amada.*
ô *interj.* (Bras.) ó.
o.á.sis *s.m.* **1** área fértil e coberta de vegetação no interior dos desertos: *Atravessou o deserto à procura de um oásis.* **2** (Fig.) lugar aprazível, em contraste com a aridez dos arredores: *Essa estação de esqui é um oásis.*
o.ba (ô) *interj.* exprime alegria; viva: *Oba!, que beleza!*
o.bá *s.m.* **1** título honorífico de cada um dos doze homens que têm assento junto ao chefe de terreiro. • *s.f.* **2** (Bras.) (Rel.) orixá feminino, a terceira e mais velha das mulheres de Xangô. **3** rio de mesmo nome na Nigéria.
o.ba-o.ba *s.m.* (Coloq.) **1** festa; comemoração; badalação: *Estava sempre presente nos oba-obas da noite na cidade.* **2** euforia; entusiasmo: *Não há motivo para oba-oba antes do resultado das eleições.* // Pl.: oba-obas.
ob.ce.car *v.t.* turvar o entendimento de; perturbar: *A ideia do mando e do poder obceca os homens.*
o.be.de.cer (ê) *v.t.* **1** submeter-se à vontade ou à autoridade de: *Obedecia sempre às ordens do chefe.* **2** cumprir; observar; acatar: *O financiamento obedecerá às normas estabelecidas pelo banco.* **3** não resistir; ceder: *obedeceu à vontade dos pais.* **4** estar submetido; estar sujeito a uma força natural: *O clima parece não obedecer mais às estações do ano.*
o.be.di.ên.cia *s.f.* **1** disposição para obedecer; docilidade: *A obediência tática da equipe vai ser decisiva nas próximas partidas.* **2** submissão; sujeição: *a obediência ao poder temporal dos reis.* **3** observância; atenção: *obediência às regras.* **4** aceitação de uma autoridade legítima: *Os católicos devem prestar obediência ao Papa.* **5** respeito; consideração: *obediência aos mais velhos.*
o.be.di.en.te *adj.2g.* **1** dócil: *É um menino bem obediente.* **2** submisso; observante: *O mundo nos quer cada vez mais obedientes.* **3** que obedece; submisso: *aluno obediente.*
o.be.lis.co *s.m.* monumento quadrangular, em forma de agulha, feito em geral de uma só pedra sobre um pedestal: *O avião contornou o obelisco do Parque Ibirapuera.*
o.be.si.da.de *s.f.* (Med.) acúmulo excessivo de gordura no corpo: *regime contra a obesidade.*
o.be.so (é ou ê) *adj.* que tem excesso de peso; muito gordo: *homem obeso.*
ó.bi.ce *s.m.* impedimento; obstáculo; empecilho: *A falta de espaços públicos é um óbice à prática de exercícios.*
ó.bi.to *s.m.* morte; falecimento: *atestado de óbito.*
o.bi.tu.á.rio *s.m.* **1** mortalidade: *O obituário materno pode ocorrer devido a complicações pós-parto.* **2** anúncio de óbito publicado em periódicos: *os obituários do jornal.*
ob.je.ção *s.f.* **1** contestação; alegação contrária: *Em função da objeção do ministro, o processo de privatização foi retirado.* **2** contraposição; argumento contrário: *O diretor retirou sua objeção ao empréstimo.* **3** obstáculo; óbice: *Há objeções contra o conceito de que os cometas sejam mistura de gelo, rocha e poeira.*
ob.je.tar *v.t.* **1** fazer objeção a; apresentar óbice ou impedimento: *Ninguém objetou a sua promoção.* **2** contrapor: *O crítico objetava a atitude de separar a arte de qualquer conteúdo específico.*
ob.je.ti.va *s.f.* lente de instrumento óptico voltada para o objeto que se quer observar: *A nova câmera tem tampa frontal que protege a objetiva.*
ob.je.ti.var *v.t.* **1** tornar objetivo; concretizar: *Quando a gente quer objetivar a paixão, escreve um poema ou um romance.* **2** ter como objetivo; pretender: *As minhas críticas sempre objetivaram a melhoria do sistema tributário.* • *pron.* **3** concretizar-se: *Todos esperam que o projeto objetive-se.*

objetividade

ob.je.ti.vi.da.de s.f. **1** condição daquilo que é objetivo. **2** tendência a julgar pelos fatos sem se deixar levar pelos sentimentos, prevenções ou preferências.

ob.je.ti.vo s.m. **1** finalidade; fim; meta: *Seu objetivo era revelar toda a verdade sobre a corrupção.* • adj. **2** prático; positivo: *A reunião com os professores foi bastante objetiva.* **3** que se refere ao mundo dos objetos ou exterior; que se fundamenta na observação e estudo de fenômenos e na experiência (por oposição a subjetivo). **4** livre de influência; exato; isento; imparcial: *Manifesta sempre opiniões objetivas em seus artigos.*

ob.je.to (é) s.m. **1** coisa material; peça; artigo: *os objetos do armário.* **2** tudo que é perceptível pelos sentidos: *Está numa espécie de inquietação, embora vaga, sem objeto certo.* **3** matéria; assunto: *um objeto de pesquisa.* **4** motivo; causa: *Quando a verdade é incômoda, quem a proclama se torna objeto de ódio.* **5** fim; meta; objetivo: *O objeto de seus sonhos era a carreira diplomática.* **6** (Gram.) complemento de um verbo transitivo; diz-se direto se o verbo é transitivo direto, sem preposição obrigatória; diz-se indireto se o verbo é transitivo indireto, com preposição obrigatória.

o.bla.ção s.f. ato de fazer uma oferenda em um ritual religioso: *A oblação é uma prática de muitas religiões.*

o.bla.to[1] s.m. leigo que faz votos, cumpre deveres e se põe a serviço de uma ordem religiosa: *Aquele escritor é um oblato que foi viver em um mosteiro.*

o.bla.to[2] adj. achatado nos polos: *esfera oblata.*

o.blí.quo adj. **1** inclinado: *Seu golpe foi oblíquo, quase horizontal, e certeiro.* **2** torto; tortuoso; enviesado: *O pugilista lançou um olhar oblíquo para o adversário.* **3** (Fig.) fingido; dissimulado: *Diante da situação, se comportou de modo oblíquo.* **4** (Gram.) pronome pessoal que desempenha a função de complemento.

o.bli.te.ra.ção s.f. **1** fechamento; obstrução: *Ficou surdo por obliteração do conduto auditivo.* **2** apagamento; obscurecimento: *obliteração dos originais.*

o.bli.te.rar v.t. **1** fechar; obstruir: *O acúmulo de gordura oblitera as artérias.* **2** fazer desaparecer; suprimir: *A avidez do homem é tão grande que oblitera o bom senso.* • pron. **3** baralhar-se; obscurecer-se: *Meu pensamento se obliterou, suponho que delirei.*

o.blon.go adj. mais comprido que largo; alongado; oval: *um fruto oblongo.*

ob.nu.bi.la.ção s.f. (Med.) estado de perturbação da consciência, caracterizado por obscurecimento e lentidão do pensamento.

ob.nu.bi.lar v.t. **1** causar obnubilação em. **2** tornar obscuro; obscurecer: *As boas notícias não devem obnubilar a visão da realidade.* **3** disfarçar; esconder: *Essas considerações não devem obnubilar o fato de que o indiciado ainda deve muitas explicações.*

o.bo.é s.m. (Mús.) instrumento de sopro, feito de madeira, de palheta dupla.

o.bo.ís.ta s.2g. (Mús.) quem toca oboé.

ó.bo.lo s.m. donativo; esmola: *doar óbolo para os pobres.*

o.bra (ó) s.f. **1** objeto feito ou produzido por alguém: *Recebeu uma recomendação solene para devolver pontualmente a obra.* **2** edifício em construção: *O arquiteto foi visitar a obra.* **3** produção total de um escritor, artista ou cientista: *A obra de Machado de Assis é vasta.* **4** ação; feito: *Despachar os trabalhadores foi obra do novo proprietário.* **5** ardil; artimanha: *Todos desconfiavam que aquilo só podia ser obra do demônio.* ♦ **obra de arte** artefato produzido segundo critérios estéticos de originalidade e perfeição; objeto primoroso; de grande qualidade e de bom gosto. **obra do acaso** casualidade: *O nosso fracasso social não é obra do acaso.* **por obra** por causa de; graças a: *A ideia, porém, era de que tudo se tinha conseguido por obra exclusiva de seu maior inimigo.*

o.bra-pri.ma s.f. a melhor produção de uma pessoa, de um estilo ou de uma época: *ler as obras-primas da literatura brasileira.* // Pl.: obras-primas.

o.brar v.t. **1** fazer; realizar; executar: *O religioso disse que as imagens não obram milagres.* • int. **2** proceder; atuar; agir: *No jantar, os convidados obravam discretamente.*

o.brei.ro s.m. **1** operário. • adj. **2** que executa, realiza.

o.bri.ga.ção s.f. **1** serviço; tarefa. **2** (Rel.) ritual do candomblé: *Os pescadores costumam fazer obrigações para Iemanjá.* **3** necessidade moral de praticar ou não certos atos; preceito: *É obrigação da população não descansar um só instante na luta contra a corrupção.* **4** benefício; favor: *dever obrigação aos amigos.* **5** compromisso; dever; encargo: *Os pais têm a obrigação de proporcionar amor e carinho a seus filhos.*

o.bri.ga.do s.m. **1** agradecimento: *Mesmo a contragosto estendeu as mãos e disse um obrigado de viés.* • adj. **2** forçado; impelido; compelido: *Fui obrigado a acompanhar.* **3** agradecido: *Fico muito obrigado a todos os que colaboraram para que o hospital fosse construído.* • interj. **4** usada para agradecer.

o.bri.gar v.t. **1** forçar; impelir: *O pai obrigava seu filho a ir à igreja.* **2** apresentar como obrigação ou dever; determinar; impor: *A ética obriga o profissional a agir com responsabilidade.* **3** sujeitar; constranger: *A falta de gasolina obrigou-o a empurrar o carro.*

o.bri.ga.to.ri.e.da.de s.f. exigência; imposição: *A obrigatoriedade do uso da gravata é comum em repartições públicas.*

o.bri.ga.tó.rio adj. **1** forçoso; inevitável: *um caminho obrigatório para os que vão à praia.* **2** imposto; forçado: *o uso obrigatório de uniformes.* **3** indispensável: *A distribuição de renda é obrigatória para diminuir a pobreza.* // Ant.: facultativo.

obs.ce.ni.da.de s.f. **1** caráter do que é obsceno; falta de pudor ou decoro; imoralidade; vulgaridade: *A obscenidade no filme chocou-nos.* **2** palavra obscena: *dizer obscenidades em público.*

obs.ce.no adj. **1** contrário ao pudor; indecente: *um filme obsceno.* **2** que denota obscenidade: *Lançava-lhe olhares obscenos.* **3** que choca pela torpeza ou crueldade: *A guerra é a coisa mais obscena que existe.*

obs.cu.ran.tis.mo s.m. falta de luz; de instrução; ignorância; atitude ou política contrária à divulgação e transmissão do conhecimento.

obs.cu.ran.tis.ta adj.2g. relativo ao obscurantismo: *Um dito obscurantista afirmava que o artista seria mais criativo em épocas de crise.*

obs.cu.re.cer v.t. **1** fazer perder o brilho ou a claridade; escurecer: *A fumaça do incêndio obscureceu o céu.* **2** tornar pouco compreensível ou obscuro: *A crise não pode obscurecer o sucesso que o país tem obtido*

obstar

com a sua política habitacional. **3** tornar incapaz de perceber claramente: *Os últimos acontecimentos lhe obscureciam o espírito.* **4** trazer desdouro; desonrar; deslustrar: *O passado político lhe obscurece a carreira.* **5** esconder; mascarar: *Não se deve obscurecer os problemas da cidade.* **6** tirar o lugar de destaque; fazer sombra; destronar: *Nada irá obscurecer a sua presença.*

obs.cu.ri.da.de *s.f.* **1** falta de clareza ou esclarecimento: *As causas do acidente permanecem mergulhadas na obscuridade.* **2** condição ou origem humilde: *passar a existência na obscuridade.* **3** esquecimento: *O que sucedeu depois permaneceu na obscuridade.* **4** ausência de fama ou notoriedade; anonimato: *Os verdadeiros sábios escolhem a obscuridade.* **5** ausência de luz; escuridão: *O fundo do oceano é uma zona de obscuridade total.*

obs.cu.ro *adj.* **1** escuro; sem luz; sem claridade: *um quarto obscuro..* **2** sombrio; tenebroso: *um canto obscuro do parque.* **3** desconhecido; inexpressivo: *A propaganda tornou conhecido o obscuro candidato.* **4** secreto; oculto; encoberto: *Há algum motivo obscuro para a renúncia do candidato.* **5** sem clareza; enigmático: *um texto obscuro.* **6** humilde; modesto: *Os retirantes abandonaram o obscuro trabalho na roça.*

ob.se.dan.te *adj.2g.* **1** que produz obsessão; obsessivo. **2** que causa preocupação constante; perturbador: *Ela tem um comportamento obsedante.*

ob.se.dar *v.t.* **1** importunar; molestar. **2** promover obsessão em; obcecar.

ob.se.qui.ar /z/ *v.t.* **1** fazer obséquios ou favores. **2** presentear: *Os índios obsequiaram o visitante com ouro e prata.* **3** tratar com delicadeza e agrado; prestar serviço: *Todos eles obsequiavam ao novo herói nacional.*

ob.sé.quio /z/ *s.m.* **1** serviço prestado de boa vontade: *Não se deve fazer obséquio a quem desconhece a virtude da gratidão.* **2** favor; gentileza; fineza: *Pediu-lhe o obséquio de falar mais baixo.*

ob.se.qui.o.so /z/ (ô) *adj.* **1** que faz obséquios ou favores: *Não havia ninguém mais obsequioso que ele naquela instituição.* **2** cheio de obséquios; de gentilezas: *Obsequioso, o rapaz combinou a viagem com a amiga.*

ob.ser.va.ção *s.f.* **1** contemplação; reparo: *Nada de interessante se lhe oferecia à observação naquele instante.* **2** nota; comentário explicativo: *Observação: espere o bolo esfriar para tirá-lo da fôrma.* **3** atenção; vigilância: *No pós-operatório, o paciente é mantido sob constante observação.* **4** ponderação: *O filho ignorou a observação da mãe e foi pescar.* **5** análise; estudo; investigação: *Para provar sua tese, entregou-se à observação de fenômenos celestes.* **6** respeito; observância: *Fugir da seca requer a observação rigorosa da época do plantio em cada região.*

ob.ser.va.dor (ô) *s.m.* **1** quem tem o hábito de observar: *um observador atento.* **2** quem se aplica a observar ou a estudar certos fenômenos ou fatos: *O observador busca sempre elementos que nortear o seu trabalho.* **3** crítico; censor. **4** quem comparece a uma reunião internacional para conhecer das discussões, sem direito de palavra nem voto: *Foi enviado um general de quatro estrelas na função de observador militar.* • *adj.* **5** que presta atenção a; que observa: *um homem muito observador.*

ob.ser.vân.cia *s.f.* execução ou cumprimento fiel (de uma lei, regra, costume etc.): *A manutenção da qualidade da água é uma questão de observância de uma série de regras.*

ob.ser.var *v.t.* **1** cumprir; respeitar; obedecer: *observar as regras de trânsito.* **2** examinar; estudar: *O professor observa o comportamento dos alunos.* **3** prestar atenção em; notar: *Nunca observei bem essas coisas.* **4** olhar; espiar: *Pela janela, ela observa os filhos na calçada.* **5** olhar com atenção; verificar: *observar o canto direito inferior do afresco.* **6** constatar; verificar: *Ele observou que as provisões já estavam no fim.* • *pron.* **7** fixar os olhos em si mesmo; vigiar-se: *Procuro observar-me para não ser incoerente.*

ob.ser.va.tó.rio *s.m.* **1** lugar de onde se observa: *Ela estava em seu observatório quando viu a queda do avião.* **2** mirante: *Uma das atrações do parque é o observatório localizado no alto do morro.* **3** edifício onde se fazem observações astronômicas e meteorológicas: *O governo liberou verba para a construção de três novos observatórios.*

ob.ser.vá.vel *adj.2g.* que pode ser observado; perceptível: *A rotação de um astro é um fenômeno celeste que pode ser diretamente observável.*

ob.ses.são *s.f.* **1** apego exagerado a um sentimento ou pensamento; ideia fixa; mania: *Aquilo não era amor, mas sim obsessão.* **2** (Psic.) neurose obsessivo-compulsiva que se caracteriza por pensamentos ou impulsos recorrentes e involuntários, às vezes associados a ideias de perseguição.

ob.ses.si.vo *adj.* em que há obsessão; obsedante: *A cantora parece ter um apego obsessivo à notoriedade.*

ob.ses.si.vo-com.pul.si.vo *adj.* que se caracteriza pela obsessão compulsiva. // Pl.: obsessivo-compulsivos.

ob.ses.sor *s.m.* **1** o que causa obsessão. • *adj.* **2** que causa obsessão.

ob.so.les.cên.cia *s.f.* **1** desuso: *Nem toda invenção está sujeita à obsolescência.* **2** decadência; declínio: *a obsolescência de nossos portos.*

ob.so.le.to (é ou ê) *adj.* **1** em desuso: *Manter a casa aberta à rua é um hábito obsoleto nas grandes cidades.* **2** retrógrado; conservador: *Alguns britânicos consideram a monarquia um regime obsoleto.* **3** superado por conhecimento ou tecnologia mais recente; ultrapassado: *um sistema ferroviário obsoleto.*

obs.ta.cu.li.zar *v.t.* (Bras.) criar obstáculos; dificultar: *O sigilo bancário obstaculiza a ação fiscal.*

obs.tá.cu.lo *s.m.* **1** barreira; resistência: *A família impôs obstáculos ao casamento.* **2** impedimento; embaraço; estorvo: *A corrupção é um obstáculo ao progresso.* **3** objeto que impede ou dificulta a circulação, o movimento; barreira: *colocar obstáculos nas ruas para bloquear o trânsito.*

obs.tan.te *adj.2g.* que obsta; que impede. • **não obstante** apesar de: *Não obstante a chuva, a festa foi um sucesso.*

obs.tar *v.t.* **1** constituir obstáculo ou impedimento a: *Nada obsta a que o estrangeiro adquira aquele terreno.* **2** barrar; impedir: *Era necessário obstar o comportamento marginal do indivíduo.*

obstetra

obs.te.tra (é) *s.2g.* médico especialista em obstetrícia: *O parto foi feito pelo famoso obstetra.*

obs.te.trí.cia *s.f.* ramo da Medicina que se ocupa da gravidez e do parto: *Ela fazia residência em obstetrícia.*

obs.té.tri.co *adj.* **1** relativo à obstetrícia, ao acompanhamento da gravidez ou realização de parto: *Muitas regras obstétricas já foram revisadas para proporcionar mais segurança às mães e aos bebês.* **2** que exerce a obstetrícia: *Uma enfermeira obstétrica.*

obs.ti.na.ção *s.f.* **1** persistência; tenacidade: *perseverar com paciência e obstinação.* **2** teima; teimosia: *A obstinação o impediu de mudar sua atitude.*

obs.ti.na.do *adj.* **1** pertinaz; persistente; perseverante: *Uma de suas características é o modo obstinado como conduz seu trabalho.* **2** inflexível; irredutível: *Seguiu até o fim a decisão obstinada de não se entregar à doença.*

obs.ti.nar *v.t.* **1** tornar obstinado. • *pron.* **2** teimar; insistir: *Os pais se obstinam em ver no adolescente a criança de ontem.*

obs.ti.pa.ção *s.f.* (Med.) constipação; prisão de ventre: *Pessoas que sofrem de obstipação devem introduzir no cardápio alimentos ricos em fibras.*

obs.tru.ção *s.f.* **1** entupimento; fechamento: *obstrução das tubulações de esgoto.* **2** (Patol.) impedimento à passagem ou à circulação nos vasos ou canais de um corpo animado: *obstrução das veias coronárias.* **3** (Fig.) embaraço intencional: *A empresa foi multada por obstrução de perícia.* **4** prática política de criar empecilhos durante votações: *Os partidos cooperaram para obstrução dos trabalhos, pois não queriam votar a medida provisória.*

obs.tru.ir *v.t.* **1** causar obstrução a; colocar obstáculos em: *O acidente parou o trânsito, obstruindo a rua.* **2** impedir a realização de; estorvar: *obstruir a votação.*

obs.tru.ti.vo *adj.* que causa obstrução ou fechamento: *doenças obstrutivas do pulmão.*

ob.tem.pe.rar *v.t.* **1** ponderar; dizer moderadamente em resposta: *O cliente obtemperou que confiava nos funcionários, mas não no caixa eletrônico.* **2** dizer modestamente algo em resposta a alguém: *O filho obtemperou à mãe que não cometera tal erro.* • *int.* **3** obedecer; aquiescer; submeter-se: *Ela obtemperou silenciosamente.*

ob.ten.ção *s.f.* **1** consecução: *Há muitas dificuldades para a obtenção do visto permanente naquele país.* **2** aquisição; conquista: *Para muitas pessoas é importante a obtenção de prestígio pessoal no ambiente de trabalho.*

ob.ter *v.t.* **1** ter êxito em; conseguir; atingir: *Um brasileiro obteve o segundo lugar na São Silvestre.* **2** adquirir; comprar: *Não pude obter o livro que queria.* **3** vir a ter: *Os holandeses deixaram para os senhores de engenho a tarefa de obter o açúcar.* **4** receber: *A campanha obteve o apoio de toda a sociedade.*

ob.tu.ra.ção *s.f.* fechamento de cavidade, especialmente nos dentes, pela inserção de material sólido: *fazer a obturação no dente canino.*

ob.tu.ra.dor (ô) *s.m.* **1** objeto que serve para obturar. **2** dispositivo da câmara fotográfica que regula a duração da exposição: *O fotógrafo pressionou o botão do obturador de sua máquina.* **3** (Anat.) que aciona os músculos dos quadris: *nervos obturadores.*

ob.tu.rar *v.t.* fechar uma cavidade; tapar; entupir: *O dentista obturou os três dentes da menina.*

ob.tu.si.da.de *s.f.* qualidade, condição ou estado do que é, está ou ficou obtuso.

ob.tu.so *adj.* **1** que não é agudo; que não é bicudo: *Uma faca de ponta obtusa.* **2** (Fig.) estúpido; ignorante. **3** (Geom.) que tem mais de 90 e menos de 180 graus: *Os túneis formarão ângulos obtusos.*

o.bus *s.m.* **1** projétil de artilharia, em geral de forma cilíndrico-cônica, normalmente oco e cheio de material explosivo ou incendiário. **2** obuseiro.

o.bu.sei.ro *s.m.* **1** boca de fogo que lança obuses. • *adj.* **2** munido de obuses.

ob.vi.ar *v.t.* **1** prevenir; remediar; atalhar: *medidas para obviar a inflação.* **2** opor-se a; enfrentar: *Para obviar os riscos, o ministro propôs uma nova emenda.* **3** evitar: *obviar os prejuízos da transação.*

ob.vi.e.da.de *s.f.* **1** aquilo que é óbvio. **2** lugar comum; banalidade: *Eu queria muito fugir das obviedades.*

ób.vio *s.m.* **1** aquilo que é evidente: *Limitou-se a repetir o óbvio.* • *adj.* **2** evidente; claro: *É óbvio que haverá mais guerra pelo comércio exterior.* **3** que salta à vista; manifesto: *O combate ao narcotráfico é o alvo óbvio da política externa do governo.*

o.ca (ó) *s.f.* (Bras.) cabana ou palhoça de índio.

o.ca.si.ão *s.f.* **1** momento; instante: *O importante é que o solo esteja compactado na ocasião do plantio.* **2** oportunidade; chance: *Tive ocasião de ouvir o próprio compositor ao piano.* ♦ **de ocasião** muito vantajoso: *perfumosas flores do campo a preço de ocasião.* **por ocasião** quando de; na época; no momento: *Convidaram-me a ficar como orador por ocasião da cerimônia.*

o.ca.si.o.nal *adj.2g.* **1** eventual; casual. **2** inesperado: *superar uma dificuldade ocasional.* **3** fortuito; acidental: *A banda teve de driblar a desafinação ocasional do vocalista.*

o.ca.si.o.nar *v.t.* causar; dar origem a; provocar; acarretar: *A queda da inflação ocasionou um sensível aumento nas vendas.*

o.ca.so *s.m.* **1** ponto a oeste, onde um astro se põe; poente; oeste. **2** (Fig.) decadência; ruína: *o ocaso do nazismo.*

oc.ci.pi.tal *s.m.* **1** (Anat.) osso que forma a parede posterior e inferior da cabeça. • *adj.2g.* **2** da parte posterior e inferior da cabeça: *O achatamento occipital foi causado por acidente.*

o.ce.â.ni.co *adj.* **1** do oceano: *material basáltico formado do assoalho oceânico.* **2** que habita o interior do oceano: *animais oceânicos.* **3** banhado pelo oceano: *moradores da zona oceânica da cidade.* **4** relativo ao oceano: *uma competição oceânica.* **5** diz-se de praia banhada por mar alto: *As praias oceânicas são as mais perigosas.* **6** (Fig.) exorbitante; muito grande.

o.ce.a.no *s.m.* **1** extensão de água salgada que rodeia os continentes e cobre a maior parte da Terra; mar: *as frentes frias vindas do oceano.* **2** cada uma das grandes porções em que estão divididas as águas do globo terrestre: *o aquecimento das águas do oceano Pacífico.* **3** (Fig.) grande quantidade. **4** imensidade; vastidão: *O vulcão transformou a paisagem em um oceano de fogo e de lava.* **5** meio em que há perigos ou perturbações: *esse oceano de dores e sofrimentos.*

ocultar

o.ce.a.no.gra.fi.a *s.f.* estudo dos oceanos e das características físicas e biológicas do meio marinho.

o.ce.a.no.grá.fi.co *adj.* **1** relativo ou pertencente à oceanografia: *as pesquisas oceanográficas*. **2** que realiza pesquisa em oceanografia: *um navio oceanográfico*.

o.ce.a.nó.gra.fo *s.m.* especialista em oceanografia.

o.ce.lo *s.m.* pequeno olho; olhinho.

o.ci.den.tal *s.2g.* **1** pessoa natural do Ocidente: *O arroz tem na China valor semelhante ao do pão para os ocidentais*. • *adj.2g.* **2** relativo ou pertencente ao Ocidente: *a civilização ocidental*. **3** próprio do Ocidente ou do homem ocidental: *o estilo de vida ocidental*. **4** localizado no Ocidente: *os países ocidentais*.

o.ci.den.ta.li.za.ção *s.f.* aquisição de características próprias do Ocidente: *A ocidentalização da Ásia vai se completando e atingindo a própria China*.

o.ci.den.ta.li.zar *v.t.* **1** fazer adquirir características próprias do Ocidente: *Os invasores queriam modernizar e ocidentalizar o país*. • *pron.* **2** adquirir características próprias do Ocidente: *está há pouco tempo aqui mas já se ocidentalizou*.

o.ci.den.te *s.m.* **1** parte do globo terrestre ou região que fica para o lado onde o Sol se põe: *Portugal fica no ocidente*. **2** a parte do hemisfério terrestre que se situa a oeste. // Nesse caso se escreve com inicial maiúscula.

ó.cio *s.m.* **1** folga; descanso; repouso: *ter direito ao ócio no domingo*. **2** indolência; preguiça: *viver uma vida de ócio*. **3** lazer; divertimento: *Pompeia era o local de ócio dos romanos ricos*.

o.ci.o.si.da.de *s.f.* **1** condição de ocioso; inatividade; ócio: *A ociosidade é a mãe de todos os vícios, diz a sabedoria popular*. **2** falta de disposição; indolência; preguiça: *Passa a maior parte do tempo na ociosidade*.

o.ci.o.so (ô) *s.m.* **1** pessoa sem trabalho: *A praça estava cheia de ociosos*. • *adj.* **2** sem trabalho; inativo: *O fechamento de agências deixará pessoal ocioso*. **3** improdutivo; inaproveitado: *um espaço ocioso no terreno da escola*. **4** supérfluo; desnecessário: *É ocioso insistir na necessidade de incentivos para investimentos e exportações*. **5** indolente; preguiçoso; vadio: *Aqui não há lugar para funcionários ociosos*.

o.clu.são *s.f.* **1** cerramento; fechamento: *A criança apresenta má oclusão do maxilar*. **2** (Med.) fechamento de canal ou de orifício no interior de um órgão; obstrução: *O exame constatou oclusão aguda da coronária direita do paciente*. **3** (Fon.) fechamento momentâneo em algum ponto do aparelho fonador durante a articulação das consoantes oclusivas.

o.clu.si.va *s.f.* (Fon.) consoante produzida pela oclusão total, seguida de separação de dois órgãos do aparelho fonador: b, d e g são oclusivas sonoras.

o.clu.si.vo *adj.* **1** que causa oclusão ou obstrução: *um coágulo oclusivo*. **2** protetor; que cobre uma superfície: *Após este processo faz-se o curativo oclusivo*. **3** (Fon.) produzido pelo fechamento completo e momentâneo em algum ponto do aparelho fonador: *consoantes oclusivas*.

o.clu.so *adj.* **1** em que há oclusão; fechado; cerrado. **2** coberto; protegido: *escaras oclusas com curativos*.

o.co (ô) *s.m.* **1** cavidade: *Escondeu a muamba no oco de um mourão de cerca*. • *adj.* **2** esvaziado; que tem um espaço vazio no seu interior: *um queijo oco*. **3** vazio: *Sentia o estômago oco*. **4** cavo; abafado: *Tem uma voz oca*. **5** (Fig.) fútil; tolo: *pensamento oco*. **6** sem sentido; sem valor: *palavra oca*.

o.cor.rên.cia *s.f.* **1** acontecimento: *A ocorrência de novas explosões no avião dificultou o socorro das vítimas*. **2** incidência: *Pneus carecas favorecem a ocorrência de derrapagens*. **3** existência: *Os altos níveis de colesterol podem estar ligados à ocorrência de doenças no coração*.

o.cor.ren.te *adj.2g.* **1** que ocorre: *enfermidades ocorrentes no paciente*. **2** que acontece.

o.cor.rer *v.t.* **1** vir à mente (de); vir à memória (de): *Um estranho pressentimento ocorreu ao homem*. • *int.* **2** acontecer; suceder: *O crime ocorreu numa estrada deserta*. **3** surgir; sobrevir: *A novidade ocorreu como um relâmpago*. **4** existir: *Dos elementos que ocorrem na natureza, o urânio é o que tem maior número atômico*.

o.cor.ri.do *s.m.* **1** ocorrência; acontecimento: *E aqui estou eu, registrando o ocorrido*. • *adj.* **2** que ocorreu; acontecido: *a análise dos fatos ocorridos*.

o.cre (ó) *s.m.* cor de tonalidade semelhante à da argila colorida: *As casas estão sendo pintadas de ocre*. • *adj.* que tem essa cor: *a vegetação ocre do cerrado*.

oc.ta.e.dro (é) *s.m.* (Geom.) poliedro de oito faces: *uma pedra preciosa em forma de octaedro*.

oc.ta.na *s.f.* (Quím.) **1** hidrocarboneto presente no petróleo, incolor e inodoro; octano. **2** unidade em que se mede a octanagem de um combustível.

oc.ta.na.gem *s.f.* (Quím.) índice de octanos para a medida de qualidade da gasolina.

oc.to.ge.ná.rio *s.m.* **1** quem já completou oitenta anos. • *adj.* **2** que já completou oitenta anos: *O ator octogenário brilha no papel de um velho solitário*.

oc.to.go.nal *s.m.* **1** torneio entre oito equipes esportivas que se enfrentam aos pares, eliminando-se, sucessivamente, os grupos perdedores a cada turno da disputa: *O time disputou o octogonal do Campeonato Paulista*. • *adj.2g.* **2** (Geom.) que tem oito ângulos: *A torre octogonal de Bruges, na Bélgica, foi construída ao longo de séculos*.

o.cu.lar[1] *adj.2g.* relativo aos olhos, à vista: *O vizinho fora testemunha ocular do crime*.

o.cu.lar[2] *s.f.* lente de um instrumento óptico destinada a aumentar o ângulo de observação da imagem formada pela objetiva.

o.cu.lis.ta *s.2g.* **1** oftalmologista: *Não vou ao oculista porque não tenho dinheiro para fazer os óculos*. **2** fabricante e/ou vendedor de óculos. • *adj.2g.* **3** que é especialista em oftalmologia: *Um dos filhos é médico oculista*.

ó.cu.los *s.m. pl.* lentes para correção ou proteção visual, usadas em frente dos olhos, providas ou não de aro, encaixadas em armação munida de hastes que as prendem ao pavilhão da orelha.

o.cul.ta.ção *s.f.* encobrimento; ocultamento: *É crime a ocultação de cadáver*.

o.cul.tar *v.t.* **1** não deixar ver; encobrir; esconder: *Havia mais de um motivo para ocultar o manuscrito*. **2** deixar de revelar; calar: *A mãe ocultava dos filhos a grave doença do pai*. • *pron.* **3** pôr-se em lugar em que não seja visto; esconder-se: *A lagartixa se oculta debaixo*

ocultismo

da pedra. **4** encobrir-se; desaparecer: *De repente, a lua se ocultou.*
o.cul.tis.mo *s.m.* estudo de fenômenos que não se explicam pelas leis da natureza e estudo ou prática de artes divinatórias.
o.cul.tis.ta *s.2g.* **1** pessoa adepta do ocultismo ou que o pratica: *O ocultista estuda tarôs.* • *adj.2g.* **2** relativo ao ocultismo.
o.cul.to *adj.* **1** que envolve mistério; sobrenatural: *ciências ocultas.* **2** escondido; encoberto: *um tesouro oculto.* **3** que não foi devassado; inexplorado: *Aquelas palavras me conduziram para um mundo oculto.* **4** não manifesto; recôndito: *desejos ocultos.*
o.cu.pa.ção *s.f.* **1** trabalho; serviço; tarefa: *Sempre tentou obter uma ocupação digna e válida.* **2** preenchimento de lugar disponível: *Com preços mais em conta, os hotéis garantem maior ocupação.* **3** ofício ou função remunerada: *Qual é mesmo sua ocupação?* **4** ação de ocupar ou tomar posse; conquista: *a ocupação de Pernambuco pelos holandeses.* **5** tomada (de uma propriedade); invasão: *Participou da ocupação de engenhos em Pernambuco.*
o.cu.pa.ci.o.nal *adj.2g.* relativo a ocupação, trabalho: *doenças ocupacionais.*
o.cu.pa.do *adj.* **1** com trabalho; ativo: *O importante é a gente se manter ocupado.* **2** atarefado: *É pessoa muito ocupada.* **3** com a atenção voltada (para); absorvido por: *Passou a manhã toda ocupado com as gaiolas dos canários.* **4** habitado: *Todas as casas da vila estão ocupadas.* **5** invadido: *os possdeiros se recusavam a deixar as terras ocupadas.* **6** que está sendo usado: *telefone ocupado.*
o.cu.pan.te *s.2g.* **1** frequentador: *Os ocupantes do albergue aguardavam a hora do café.* **2** habitante; morador: *Os ocupantes desse apartamento são estrangeiros.* **3** quem exerce; detentor: *ocupante do cargo.* **4** usuário: *diminuição das salas de hemodiálise com os ocupantes habituais.* **5** passageiro: *um carro para dois ocupantes.*
o.cu.par *v.t.* **1** preencher ou cobrir o espaço de; tomar: *Os torcedores ocupavam todos os lugares do estádio.* **2** tomar posse por meio de invasão: *Diversas famílias ocuparam um terreno baldio ao lado do estádio municipal.* **3** dar trabalho, ocupação: *Engordar gado dá menos trabalho e não ocupa gente.* **4** estar ou ficar de posse de espaço; exercer: *Ele ocupava o cargo de cobrador da empresa.* **5** ter: *A figura da esposa ocupa o primeiro lugar em seus sonhos.* **6** ter por residência; residir em: *O turista ocupava uma cobertura em Ipanema.* **7** utilizar; usar: *Quem está ocupando o telefone?* **8** consumir tempo; levar; tomar: *A reunião ocupou a manhã e a tarde.* • *pron.* **9** aplicar a atenção em; tratar: *Na empresa, ocupava-se de tarefas diversas.* **10** dedicar grande parte do tempo a; responsabilizar-se por: *Ela ocupa-se com a casa.*
o.da.lis.ca *s.f.* **1** outrora, escrava a serviço das mulheres de um sultão na Turquia. **2** mulher do harém de um sultão: *a sensualidade das belas odaliscas.*
o.de (ó) *s.f.* **1** na Grécia Antiga, composição poética de gênero lírico para ser cantada. **2** poema lírico de estrofes simétricas, para celebrar, em tom entusiástico, grandes sentimentos, pessoas ou eventos.
o.di.ar *v.t.* ter ódio; detestar; abominar: *Odiava a injustiça social.*

o.di.en.to *adj.* que revela ódio: *um ditador odiento.*
ó.dio *s.m.* **1** rancor profundo; raiva; ira: *palavras de ódio.* **2** aversão; repugnância; repulsa: *Sempre teve ódio de viver naquele lugar.*
o.di.o.so (ô) *adj.* **1** que desperta ou envolve ódio; odiento; detestável: *um homem odioso.* **2** condenável; reprovável: *Os contrários à reforma agora estão na desconfortável posição de defensores de odiosos privilégios.* **3** desprezível; repulsivo: *O feminismo libertou as mulheres de obrigações odiosas.*
o.dis.sei.a (éi) *s.f.* **1** poema épico grego atribuído a Homero, que narra as aventuras de Ulisses, herói da Guerra de Troia, em seu retorno à terra natal, Ítaca. **2** (Fig.) aventura ou série de acontecimentos extraordinários e surpreendentes: *Minha volta para casa foi uma verdadeira odisseia.*
o.don.to.lo.gi.a *s.f.* **1** ramo da Medicina que se ocupa do tratamento e profilaxia dos dentes. **2** curso para o exercício da profissão de cirurgião dentista.
o.don.to.ló.gi.co *adj.* **1** dos dentes: *um tratamento odontológico.* **2** próprio para a prática da odontologia: *o gabinete odontológico.*
o.don.tó.lo.go *s.m.* dentista.
o.dor (ô) *s.m.* cheiro; aroma; fragrância: *o odor de rosas.*
o.do.rí.fe.ro *adj.* que exala cheiro agradável: *Para disfarçar o cheiro de charuto, borrifa o ar com sprays odoríferos.*
o.dre (ô) *s.m.* saco de couro destinado ao transporte de líquidos: *Ao abrir o odre, surgiu aquele cheiro forte.*
o.es.te (é) *s.m.* **1** ponto cardeal que fica à esquerda do observador que tem o norte à sua frente; poente; ocidente: *Dois mirantes, um posicionado para o leste e outro para o oeste, proporcionam uma visão da área de 360 graus.* **2** região situada nessa direção: *A conquista do Oeste.* // Nessa acepção, escreve-se com inicial maiúscula.
o.fe.gan.te *adj.2g.* **1** que respira com dificuldade; arquejante: *Ele estava ofegante.* **2** ansioso: *O público se apertava com uma curiosidade ofegante à entrada do teatro.* **3** que demonstra exaustão: *Sem localizar o endereço do amigo, estava perdido e ofegante.*
o.fe.gar *v.int.* **1** respirar ruidosamente, com dificuldade; arquejar; arfar: *O jogador ofegava.* **2** (Fig) produzir som semelhante ao do ofego: *A locomotiva entrou na estação ofegando.*
o.fe.go (ê) *s.m.* respiração acelerada e ruidosa; arquejo.
o.fen.der *v.t.* **1** fazer ofensa a; injuriar; ultrajar: *A vizinha ofendeu minha mãe com insultos pesados.* **2** causar ferimento ou lesão; ferir: *O tiro ofendeu a coluna vertebral.* **3** causar dano a; danificar: *As ervas daninhas ofendem as plantações.* **4** chocar: *O descaramento daquela dupla ofendia nossa sensibilidade.* **5** desagradar: *Você me ofende se não aceitar o café.* • *pron.* **6** sentir-se ofendido; melindrar-se: *Ela se ofendia por qualquer coisa.*
o.fen.di.do *s.m.* **1** quem recebeu ou sofreu ofensa ou dano; vítima: *A lei deve punir o ofensor e recompensar o ofendido pelo agravo sofrido.* • *adj.* **2** que recebeu ou sofreu ofensa; magoado: *O rapaz se sentiu ofendido com o convite.*
o.fen.sa *s.f.* **1** injúria; agravo; afronta: *ofensa a um símbolo religioso.* **2** lesão; dano: *A lei estabelece punição a*

ofício

qualquer ofensa física contra crianças e adolescentes. **3** desacato; desconsideração: *Comparar aquelas obras às telas do grande artista chega a ser ofensa.* **4** violação de regras: *O comportamento de certos deputados é uma ofensa ao decoro parlamentar.*

o.fen.si.va *s.f.* **1** iniciativa de ataque: *Fomos nós que passamos à ofensiva.* **2** ataque; agressão; investida: *Ele começou a ofensiva contra mim.*

o.fen.si.vo *adj.* **1** que ofende. **2** que agride; agressivo: *O técnico colocou atletas ofensivos para tentar diminuir o prejuízo.* **3** que é próprio da ofensiva ou do ataque: *As manobras do exército têm objetivos ofensivos.* **4** prejudicial; danoso; lesivo: *A quebra do sigilo bancário é particularmente ofensiva à privacidade do cidadão.* // Ant.: defensivo.

o.fen.sor (ô) *s.m.* quem ofende, injuria ou agride: *Terminada a batalha, o ofensor se retratou e a paz voltou a reinar.*

o.fe.re.cer (ê) *v.t.* **1** apresentar como presente ou agrado; dar; ofertar: *O desconhecido ofereceu uma rosa à moça.* **2** pôr à disposição de; franquear: *O banqueiro ofereceu a casa aos amigos.* **3** dedicar: *Esta composição ofereço às minhas primas.* **4** proporcionar: *O entrevistado ofereceu aos espectadores um belo depoimento.* **5** propor; apresentar: *O banco não ofereceu nenhuma alternativa ao setor privado.* **6** propor (em troca): *O compadre me ofereceu dois carros de milho pela minha mula.* **7** ser propício a; apresentar em si; conter: *É um clima que oferece boas condições para o cultivo de soja.* **8** dar-se; entregar-se. ● *pron.* **9** apresentar-se: *Ela ofereceu-se para cuidar do menino.*

o.fe.re.ci.men.to *s.m.* **1** oferta: *Honrou-me com o oferecimento de um cargo na embaixada.* **2** doação: *fazer oferecimento de gêneros alimentícios para uma creche.*

o.fe.ren.da *s.f.* **1** oferta piedosa; oblação: *fazer oferendas a Iemanjá.* **2** aquilo que se oferece a alguém; presente; dádiva; oferta: *Ele fazia muitas oferendas aos pobres.*

o.fer.ta (é) *s.f.* **1** ação de oferecer(-se); oferecimento: *Ele estava em má situação financeira, mas recusou minha oferta.* **2** proposta: *A oferta de empregos diminuiu neste semestre.* **3** apresentação de produto no mercado: *Neste semestre a oferta de grãos aumentou.* **4** apresentação de uma mercadoria a preços reduzidos: *Os supermercados fazem sempre ofertas de alguns produtos da estação.* **5** oferecimento: *oferta de cargos aos assessores.* **6** oferenda: *Romeiros se aproximavam cansados, trazendo suas ofertas.* **7** presente; dádiva.

o.fer.tan.te *s.2g.* **1** quem oferece; candidato: *a condição de ofertantes no mercado de trabalho.* ● *adj.* **2** que oferece: *conferir os preços de numerosos fornecedores ofertantes de gêneros alimentícios.*

o.fer.tar *v.t.* **1** dar como oferta; oferecer: *Ofertei um livro a ele.* **2** fazer oferta; oferecer: *ofertar aos compradores imóveis prontos.*

o.fer.tó.rio *s.m.* (Rel.) **1** parte da missa em que acontece a oferta de pão e vinho: *saber de cor as orações do ofertório.* **2** oração para ser dita ou cantada durante esta cerimônia: *O pesquisador conseguiu reunir e restaurar as partituras de 14 ofertórios.*

off (óf) (Ingl.) *adv.* fora; desligado. ● **em off** ausente do palco ou vídeo; fora de cena: *A cena tinha um narrador em off.*

office-boy (ófice-bói) (Ingl.) *s.m.* jovem que trabalha na rua a serviço de uma firma ou empresa: *A agência de publicidade precisa de office-boy.*

off-line (óf-lain) (Ingl.) *adv.* (Inf.) termo que designa o computador que não está conectado a outro ou à Internet, no momento.

off-set (óf-set) (Ingl.) *s.m.* processo de impressão em que a imagem é gravada por processo fotomecânico em uma chapa metálica e a seguir transferida para um cilindro revestido de borracha, e a partir deste para o papel ou outro suporte (tecido, plástico, papelão etc.): *O jornal foi o primeiro de grande circulação no mundo a adotar o uso de off-set.*

o.fi.ci.al *s.2g.* **1** militar das Forças Armadas ou da Polícia Militar hierarquicamente acima do aspirante ou de guarda-marinha: *O noivo dela é oficial da Aeronáutica.* ● *adj.2g.* **2** proposto por autoridade ou dela originado: *O estabelecimento foi fechado por decisão oficial.* **3** pertencente ou relativo ao governo: *um carro oficial.* **4** que recebeu poder ou aprovação de autoridade competente: *disputa de campeonatos oficiais.* ● **oficial de justiça** serventuário, encarregado pelo juiz de efetuar citações, intimações etc.

o.fi.ci.a.la.to *s.m.* condição ou dignidade de oficial militar: *Mulheres podem chegar ao oficialato na Academia Militar.*

o.fi.ci.a.li.da.de *s.f.* conjunto de oficiais de uma força armada ou de uma de suas unidades: *A oficialidade compareceu em peso à solenidade.*

o.fi.ci.a.lis.mo *s.m.* conjunto de funcionários públicos: *É uma emissora que está sempre a favor do oficialismo.*

o.fi.ci.a.li.za.ção *s.f.* ato de tornar oficial, de acordo com as normas do Estado: *Após a oficialização da medida, o governo abrirá negociações formais com os países do Mercosul.*

o.fi.ci.a.li.zar *v.t.* tornar oficial; dar caráter oficial: *As medidas oficializaram o que vinha sendo praticado.*

o.fi.ci.an.te *s.m.* **1** quem oficia ou preside ao ofício divino; celebrante: *O oficiante foi o padre mais idoso da congregação.* ● *adj.2g.* **2** que oficia, que celebra: *o sacerdote oficiante.*

o.fi.ci.ar *v.t.* **1** endereçar um ofício a uma autoridade: *oficiar ao secretário.* ● *int.* **2** celebrar um ofício religioso, particularmente a missa: *Aos domingos, o cardeal oficia às dez horas.*

o.fi.ci.na *s.f.* **1** lugar onde é exercido um ofício: *uma oficina de costura.* **2** lugar onde se consertam veículos: *levar o carro à oficina.* **3** dependência de igreja ou mosteiro usada como cozinha, refeitório ou despensa: *O prédio do século XVI possuía, além dos aposentos, cozinha e oficinas das antigas freiras.* **4** escola para aprendizes de ofício ou arte: *Acabei conhecendo atores e entrando para uma oficina de teatro.* **5** seção de ensinamento ou aprendizagem; aula: *O ateliê organizou uma oficina para quem quer aprender a fazer serigrafia.*

o.fí.cio *s.m.* **1** cargo; função: *os deveres de ofício.* **2** trabalho; tarefa; ocupação: *O jornalista cumpre seu ofício de informar e opinar.* **3** profissão: *o ofício de escrever.* **4** documento formal que estabelece a

oficioso

comunicação entre autoridades ou entre funcionários a seus superiores hierárquicos: *No ofício, o ministro informa a resolução tomada.* **5** tabelionato; cartório: *Nem mesmo um escrivão de ofício seria capaz de fazer tão bem o trabalho.*

o.fi.ci.o.so (ô) *adj.* **1** que costuma seguir aos outros; obsequioso. **2** que não tem caráter oficial: *informação oficiosa*. **3** diz-se de publicação que, embora sem caráter oficial, tem respaldo oficial: *uma espécie de órgão oficioso do governo.*

o.fí.di.co *adj.* relativo a ou próprio de cobra: *envenenamento ofídico.*

o.fí.dio *s.m.* (Zool.) subordem de répteis escamados, com mandíbulas presas por ligamento, olhos imóveis cobertos por uma escama transparente; serpente; cobra: *O desmatamento afastou da região os predadores naturais dos ofídios.*

o.fi.dis.mo *s.m.* estudo do veneno das cobras: *Antes de se embrenhar na mata, o sertanista comprou um manual de ofidismo.*

of.tal.mi.a *s.f.* (Oftalm.) nome genérico das doenças do globo ocular: *A oftalmia do recém-nascido será combatida imediatamente.*

of.tál.mi.co *adj.* **1** relativo a oftalmologia: *uma rara doença oftálmica.* **2** diz-se de medicamentos ou instrumentos para correção da visão: *lentes oftálmicas descartáveis.*

of.tal.mo.lo.gi.a *s.f.* ramo da Medicina que estuda os olhos e suas doenças.

of.tal.mo.ló.gi.co *adj.* relativo à oftalmologia: *Passar por um exame oftalmológico.*

of.tal.mo.lo.gis.ta *s.2g.* especialista em oftalmologia: *O oftalmologista propõe um trabalho de divulgação e valorização do Banco de Olhos.*

o.fus.ca.men.to *s.m.* **1** perturbação visual: *o ofuscamento provocado pelas luzes dos carros.* **2** ato ou efeito de ofuscar.

o.fus.can.te *adj.2g.* que ofusca, que impede que se veja com nitidez: *O branco ofuscante do dia cede lugar à coloração dourada do pôr do sol.*

o.fus.car *v.t.* **1** impedir a vista de; encobrir; ocultar: *Nuvens ofuscam o brilho do sol.* **2** suplantar; empanar: *Nenhum detalhe poderá ofuscar a elegância e beleza da linha geral do edifício.* **3** perturbar (a visão): *Os faróis em sentido contrário ofuscaram a visão do motorista.* • *pron.* **4** perder o brilho ou valor; apagar-se: *O porte do rei ofuscou-se diante da beleza da rainha.*

o.gi.va *s.f.* **1** (Arquit.) figura formada pelo cruzamento de dois arcos iguais que se cortam na parte superior, formando um ângulo agudo: *sobrados com suas portas altas, algumas em forma de ogiva.* **2** parte frontal afilada de um projétil, foguete ou veículo espacial, e que geralmente carrega a carga útil: *uma ogiva nuclear.*

o.gro (ó) *s.m.* ente fantástico que se menciona para intimidar as crianças; papão.

o.gum *s.m.* (Bras.) orixá masculino que se manifesta guerreiro, deus da guerra: *Ogum é o senhor do ferro e da ferramenta, cujo nome é a própria guerra.*

oh (ó) *interj.* (Bras.) expressa uma gama variada de impressões vivas e súbitas, como surpresa, admiração, alegria, tristeza, dor, lástima etc.

ohm *s.m.* (Fís.) unidade de medida de resistência elétrica no Sistema Internacional.

oi *interj.* (Bras.) **1** usada para chamamento. **2** usada como cumprimento.

oi.tão *s.m.* outão.

oi.ta.vo *num.* **1** que ocupa a posição do número oito: *A polícia encontrou a oitava vítima.* **2** que corresponde a uma fração de um todo dividido por oito partes iguais: • *s.m.* **3** fração de um todo dividido por oito partes iguais: *Ganhava um oitavo do salário em abono.*

oi.ten.ta *num.* **1** oito vezes dez. **2** representação gráfica do número 80. **3** diz-se do octogésimo elemento de uma série: *página oitenta*. • *s.m.* **4** período compreendido entre 1981 e 1990: *Entrei para o magistério na década de oitenta.*

oi.ti *s.m.* **1** (Bras.) fruto do oitizeiro: *O oiti amadurece em março.* **2** oitizeiro: *alameda ladeada de oitis.*

oi.ti.ci.ca *s.f.* (Bras.) árvore muito alta do sertão brasileiro, de cerne vermelho-claro e linhas brancas.

oi.ti.va *s.f.* audição: *Começa na quarta-feira a oitiva das testemunhas.* • **de oitiva** que dá informação por ter ouvido dizer: *Não se dá crédito a críticos de oitiva.*

oi.ti.zei.ro *s.m.* (Bras.) árvore de pequenas folhas e cujos frutos, de cor amarela, aroma e sabor intensos, são carnosos e comestíveis.

oi.to *num.* **1** sete mais um: *Ela se gabava de ter uma casa com oito quartos.* **2** diz-se do oitavo elemento de uma série: *Na linha oito, da primeira página, havia três erros.* • *s.m.* **3** nota de avaliação: *Nunca tirei um oito em português.* **4** algarismo que representa sete mais um: *Foi reprovado no teste porque não consegui fazer um oito com a moto.*

oi.to.cen.tis.ta *adj.2g.* do século dezenove: *o escritor oitocentista Camilo Castelo Branco.*

oi.to.cen.tos *num.* **1** diz-se de oito vezes cem: *Oitocentos cavaleiros desfilaram ontem na parada militar.* **2** representação gráfica do número 800.

o.je.ri.za *s.f.* aversão; antipatia: *Tinha ojeriza de violência.*

o.lá *interj.* usada como saudação.

o.la.ri.a *s.f.* indústria de produtos de cerâmica.

o.lé *s.m.* **1** em futebol, série de dribles ou passes envolvendo os jogadores adversários: *A seleção deu um olé no final da partida.* • *interj.* **2** expressa entusiasmo: *Olé! Gritava a torcida entusiasmada.*

o.le.a.do *s.m.* **1** lona ou pano impermeabilizado por uma camada de verniz, usado na confecção de tapetes, capas de chuva, chapéus: *O garoto arrastava uma panela em cima do oleado da sala.* • *adj.* **2** untado de óleo: *Ela entrou na água com o corpo todo oleado.*

o.le.a.gi.no.so (ô) *adj.* que contém óleo; que é da natureza do óleo: *sementes oleaginosas.*

o.lei.ro *s.m.* **1** quem faz ou vende objetos de cerâmica: *O oleiro molda o barro.* **2** quem possui ou trabalha em olaria: *O oleiro mais bem-sucedido do país trabalhou como empregado até os quinze anos.* • *adj.* **3** de cerâmica; ceramista: *a arte oleira.*

ó.leo *s.m.* **1** substância espessa, gordurosa, líquida à temperatura ambiente, de origem vegetal ou animal: *óleo de semente de algodão.* **2** produto mais ou menos viscoso de origem mineral: *óleo de xisto refinado.* **3** petróleo: *A bacia de Campos é a maior produtora de óleo do país.* **4** (Art. Plást.)

oligofrênico

pintura feita com tinta a óleo: *Na parede havia um óleo representando a figura de uma moça.*

o.le.o.du.to *s.m.* tubulação com bombas para condução de petróleo e seus derivados.

o.le.o.si.da.de *s.f.* qualidade do que é oleoso: *a oleosidade dos cabelos.*

o.le.o.so (ô) *adj.* **1** que contém óleo. **2** gorduroso: *cabelos oleosos.*

o.le.ri.cul.tu.ra *s.f.* cultura de legumes: *Os adubos irão para a fruticultura e olericultura.*

ol.fa.ção *s.f.* o sentido do olfato; ação de cheirar: *Ambientes com ar-condicionado ressecam a mucosa e dificultam a olfação.*

ol.fa.ti.vo *adj.* relacionado ao olfato: *testar a capacidade olfativa da pessoa.*

ol.fa.to *s.m.* sentido pelo qual se percebem os odores: *O olfato é tão poderoso que exerce um papel central na sobrevivência.*

o.lha.da *s.f.* lance de olhos; espiada: *dar uma olhada pela janela.*

o.lha.de.la *s.f.* olhada rápida, espiadela: *dar uma rápida olhadela na vitrina.*

o.lha.do *s.m.* mau-olhado; feitiço.

o.lha.du.ra *s.f.* **1** ação de olhar; olhar: *Tem feições compridas e olhadura feia.* **2** olho; orifício: *Internamente observam-se olhaduras grandes e irregulares na massa do queijo.*

o.lhar *v.t.* **1** ver; mirar; contemplar: *Deitado de costas, ele olhava o céu.* **2** verificar; averiguar: *Ela foi olhar se o padrinho já tinha chegado.* **3** fitar; mirar; examinar atentamente: *O diretor me olhou fixamente.* **4** cuidar; tomar conta de: *Trabalha em casa de família olhando criança.* **5** dirigir a vista: *Ele olhou para mim e sorriu.* **6** dirigir a atenção; interessar-se (por): *O rapaz olhava para as garotas da sua rua.* **7** velar; zelar: *Que o Senhor nos acompanhe e que olhe por nós.* **8** ver-se mutuamente: *Olhavam-se com desconfiança.* • *s.m.* **9** movimento dos olhos para ver: *Lembravam-se de olhares carregados de desconfiança.* **10** modo de olhar: *No banco da frente estava um rapaz franzino de olhar inquieto.*

o.lhei.ra *s.f.* círculo arroxeado ao redor dos olhos, indicando carência de sono, alimentação ou de descanso: *Ele tinha olheiras profundas.* // É mais comum o uso no plural.

o.lhei.ro *s.m.* (Bras.) **1** pessoa, geralmente paga, que é, ao mesmo tempo, observador e informante; vigia: *O rapaz era olheiro do industrial.* **2** no esporte, pessoa encarregada de observar o adversário para colher informações antes do jogo ou de descobrir talentos: *Serei o olheiro e quero virar treinador no futuro.* **3** pequeno orifício do formigueiro: *colocar veneno nos olheiros do pomar.*

o.lho (ô) *s.m.* **1** órgão da visão, formado pelos globos oculares: *Ela tem olhos negros.* **2** olhar; vista: *Dirigiu os olhos para o céu.* **3** poro ou buraco; orifício: *os olhos do queijo fresco.* **4** broto: *Os periquitos roíam o olho dos buritis.* • *pl.* **5** cuidado; atenção: *O homem agora só tem olhos para a netinha.* **6** cuidado; vigilância: *A casa suspeita está sob os olhos da polícia.* ✦ **a olho** sem precisão: *fazer um bolo a olho.* **a olhos vistos** de forma clara; visivelmente: *Ele se transformava a olhos vistos.* **aos olhos** na opinião; no modo de ver. **de olho** atento: *Tome cuidado, garoto. Estou de olho em você.* **olho clínico** olhar perspicaz; capacidade para diagnosticar: *Tenho olho clínico e notei que uma moça na plateia não era minha fã.* **olho-d'água** nascente que brota do solo; fonte natural perene: *As escravas costumavam lavar roupa no olho-d'água.* **olho da rua** (Coloq.) lugar indeterminado para onde se manda alguém que se está expulsando: *O proprietário já botou no olho da rua muito inquilino sem teto.* **olho gordo** (Coloq.) desejo de possuir alguma coisa de outrem; cobiça; inveja; olho grande. **olho grande** (Coloq.) olho gordo: *A forasteira fez olho grande no meu anel.* **olho mecânico** dispositivo eletrônico que, em uma corrida de cavalos, fotografa a ordem de chegada dos concorrentes: *Só resta saber se a vitória será no olho mecânico.* **olho por olho** usada para prometer desforra proporcional à ofensa recebida. **olho vivo** (i) perspicácia; sagacidade: *Tem olho vivo para questões intrincadas.* (ii) cuidado; cautela; atenção: *Na atual conjuntura é preciso muito olho vivo.*

o.lho de boi *s.m.* **1** abertura envidraçada em um telhado para permitir a entrada de luz. **2** primeiro selo emitido pelo correio brasileiro, cujo desenho lembrava um olho. **3** peixe de dorso violáceo ou azul metálico e abdome branco: *As correntes marítimas que chegam à ilha trazem espécies como o atum e o olho de boi.* // Pl.: olhos de boi.

o.lho de ga.to *s.m.* **1** variedade amarelo-avermelhada do mineral crisoberilo. **2** (Bras. Pop.) pequeno refletor, normalmente usado nas estradas e colocado de modo a refletir a luz de faróis de automóvel: *Reboques com mais de nove metros precisam de olho de gato e lanternas laterais.* // Pl.: olhos de gato.

o.lho de pei.xe *s.m.* **1** (Coloq.) calosidade em forma de pequeno olho, na planta do pé. **2** lente fotográfica, objetiva grande-angular com alto poder de captação de imagem: *Você pode olhar o píer com um olho de peixe.* // Pl.: olhos de peixe.

o.lho de so.gra *s.m.* (Bras.) doce feito com ameixa ou tâmara coberta de calda caramelada e/ou recheada. // Pl.: olhos de sogra.

o.lho-má.gi.co *s.m.* orifício nas portas, provido de lente de aumento, que permite a quem está do lado de dentro identificar quem está do lado de fora. // Pl.: olhos-mágicos.

o.li.gar.ca *s.2g.* membro ou partidário de uma oligarquia.

o.li.gar.qui.a *s.f.* **1** forma de governo em que o poder é exercido por um pequeno grupo de pessoas de um mesmo partido, classe ou família. **2** (Fig.) predomínio de um pequeno grupo em determinada sociedade: *Com apoio da oligarquia cafeeira, a revolta estourou no dia 9 de julho de 1932.* **3** grupo representante dessa oligarquia; grupo de oligarcas.

o.li.gár.qui.co *adj.* relativo à oligarquia: *um regime oligárquico.*

o.li.go.fre.ni.a *s.f.* (Genét.) deficiência no desenvolvimento das faculdades mentais, que pode ter causas diversas, hereditárias ou adquiridas; deficiência mental.

o.li.go.frê.ni.co *s.m.* **1** pessoa que sofre de oligofrenia: *O apresentador entrevistou oligofrênicos.* • *adj.* **2** que apresenta oligofrenia.

oligopólio

o.li.go.pó.lio *s.m.* (Econ.) sistema de mercado caracterizado pelo número reduzido de produtores ou vendedores que controlam o preço e a quantidade da oferta: *impedir a formação de oligopólios*.

o.li.go.po.lis.ta *adj.2g.* relativo a oligopólio: *um mercado oligopolista*.

o.lim.pí.a.da *s.f.* **1** jogos realizados em Olímpia, na antiga Grécia, e que deram origem aos atuais: *Na Grécia antiga, as olimpíadas eram sinônimo de espírito esportivo.* **2** conjunto de competições atléticas mundiais que se realizam de quatro em quatro anos: *A atleta já participou de duas Olimpíadas*.

o.lím.pi.co *adj.* **1** referente ao monte Olimpo e aos deuses que nele habitavam, segundo a mitologia grega. **2** que é inatingível; soberbo: *Olhava os jurados com o mais olímpico desprezo.* **3** relativo às Olimpíadas: *a supremacia olímpica.* **4** (Fig.) grandioso; nobre: *Possuía uma personalidade olímpica, capaz de grandes realizações*.

o.lim.po *s.m.* **1** (Mit.) monte da Grécia, mitológica morada dos deuses. // Nesta acepção, com inicial maiúscula. // (Poét.) **2** lugar das delícias; céu; paraíso: *Há um olimpo reservado para os artistas*.

o.li.va *s.f.* **1** azeitona: *óleo de oliva*. **2** oliveira: *o cultivo de olivas.* // Associado a um nome de cor, indica tonalidade: *Os caminhões verde-oliva participaram do resgate das vítimas do acidente*.

o.li.val *s.m.* bosque ou terreno plantado de oliveiras: *Canaã é terra de vinhas e de olivais*.

o.li.vei.ra *s.f.* árvore originária da região mediterrânea, de pequenas folhas acinzentadas, frutos (azeitonas) oleaginosos que servem na alimentação humana em espécie e sob a forma de azeite deles extraído; oliva.

ol.mo (ô) *s.m.* árvore de grande altura, de folhas simples e dentadas e de flores hermafroditas, usada na arborização ornamental.

o.lor (ô) *s.m.* cheiro agradável; aroma; perfume; fragrância: *o olor de um delicioso vinho*.

o.lo.ro.so (ô) *adj.* cheiroso; perfumado: *flores amarelas vistosas e olorosas*.

ol.vi.dar *v.t.* perder a memória de; esquecer: *Não olvidemos o drama daqueles que, sem emprego, se privam dos meios de subsistência*.

ol.vi.do *s.m.* esquecimento: *cair no olvido*.

om.bre.ar *v.t.* **1** estar ao lado de, em condições de igualdade; misturar-se: *sopeiras ordinárias ombreando com louça da Índia.* • *pron.* **2** equiparar-se; igualar-se: *Nosso judô consegue ombrear-se com competidores internacionais.* **3** competir; rivalizar: *Os dois corredores ombreiam-se na disputa do primeiro lugar*.

om.brei.ra *s.f.* **1** parte do vestuário correspondente ao ombro: *as ombreiras do casaco de veludo.* **2** peça de uniforme militar de oficiais aplicada nos ombros, na qual são fixadas as insígnias correspondentes à posição hierárquica: *Nas ombreiras, as três estrelas indicavam-me que meu interlocutor era coronel.* **3** estofo de couro, feltro etc. usado para proteção do ombro no transporte de pesos: *Carregavam toda a mercadoria sem sequer utilizar uma ombreira.* **4** cada uma das duas peças verticais nas laterais de portas e janelas que servem de sustentação; umbral.

om.bro *s.m.* **1** (Anat.) parte do corpo entre a extremidade superior do braço e o pescoço: *Ele me bateu no ombro.* **2** parte do vestuário que recobre esta região do corpo; ombreira: *O terno apresentava defeitos no ombro.* **3** apoio; amparo; abrigo: *Não há nada que um ombro amigo não ajude a curar.* • **ombro a ombro** (i) lado a lado: *No banco traseiro assentavam-se ombro a ombro os dois amigos.* (ii) no mesmo plano, grau ou nível: *Tinha condições de enfrentar ombro a ombro a concorrência*.

ombudsman (ombudsman) (Sueco) *s.m.* profissional contratado para representar os interesses e defender os direitos do público junto a empresas públicas ou privadas.

o.me.le.te (é) *s.f.* prato feito de ovos batidos fritos.

o.mi.no.so (ô) *adj.* **1** que traz mau agouro; agourento; nefasto. **2** detestável; abominável: *A mãe logo notou a influência ominosa do transeunte*.

o.mis.são *s.f.* **1** falta; lacuna: *Publicaram a lista de convocados, sem qualquer falha ou omissão.* **2** falta de atenção ou de cuidado; descuido; esquecimento; negligência: *Perdoa-me a omissão involuntária*.

o.mis.so *s.m.* **1** quem não cumpre suas obrigações ou que é negligente. • *adj.* **2** descuidado; negligente: *Aquele banco foi omisso, conivente e fez vistas grossas para crimes financeiros.* **3** lacunoso; incompleto: *O regulamento do campeonato é omisso quanto a critérios de desempate*.

o.mi.tir *v.t.* **1** deixar de mencionar ou citar: *Em seu depoimento, não omitiu sua origem humilde.* **2** deixar de agir ou de manifestar-se ou, quando necessário, não atuar: *Vamos também nos omitir diante do furto e do roubo nas cidades?* // Pp.: omitido/omisso.

o.mo.pla.ta *s.f.* (Anat.) osso largo e triangular situado na parte posterior do ombro, atualmente chamado de escápula: *uma fratura na omoplata*.

o.na.gro *s.m.* jumento selvagem.

o.na.nis.mo *s.m.* **1** masturbação. **2** no conceito bíblico, coito interrompido.

o.na.nis.ta *s.2g.* **1** quem pratica onanismo. • *adj.2g.* **2** que pratica o onanismo.

on.ça¹ *s.f.* felino predador de grande porte e pelo macio, amarelo, com pintas pretas.

on.ça² *s.f.* **1** antiga unidade de medida de peso. **2** unidade de medida de peso inglesa equivalente a 28,349 gramas.

on.ça-pin.ta.da *s.f.* (Bras.) carnívoro selvagem de pelo amarelo pintado de negro, cauda alongada e dorso largo: *A onça é uma espécie ameaçada de extinção.* // Pl.: onças-pintadas.

on.cei.ro *s.m.* **1** cachorro treinado para caçar onças: *O felino caíra sobre o onceiro e estrebuchava.* • *adj.* **2** que caça onças: *cachorro onceiro*.

on.co.ge.ne *s.m.* (Genét.) gene responsável pelo desenvolvimento do câncer.

on.co.lo.gi.a *s.f.* ramo da Medicina que se dedica ao estudo e tratamento do câncer.

on.co.ló.gi.co *adj.* de ou relativo à oncologia.

on.co.lo.gis.ta *s.2g.* especialista em oncologia.

on.da *s.f.* **1** porção de água de mar ou rio que se desloca e se eleva; vaga: *Nas praias do Nordeste as ondas são fracas.* **2** objeto sinuoso; ondeado: *as ondas loiras dos cabelos da moça.* **3** grande quantidade: *Tinha a camisa ensopada por ondas de suor.* **4** grande afluência ou

opala

movimentação: *Ondas de militantes chegavam para o comício.* **5** movimento ondulatório: *um campo de trigo fazendo ondas ao vento.* **6** (Fig.) manifestação súbita e viva de sentimentos ou sensações: *Uma onda de rubor atingiu-lhe a face.* **7** (Coloq.) tumulto; confusão, agitação: *A torcida rival armou uma grande onda no estádio.* **8** moda: *A Internet foi a onda do ano.* **9** sequência; série; torrente: *O governo enfrenta uma onda de protestos.*

on.de *pron.* **1** em que: *A casa onde nasci já foi demolida.* **2** (Coloq.) aonde: *Eu vou onde você quiser, disse ela.* **3** que; o qual: *Tomou a dianteira do policial alumiando o caminho por onde ele acabava de enveredar.* • *adv.* **4** em que lugar: *Onde você esteve?* **5** que ou qual lugar: *De onde vinham aqueles gritos?*

on.de.ar *v.int.* **1** mover-se em ondas; ondular. **2** mover-se em curva; separar. **3** tremular; agitar: *As bandeiras ondeavam ao vento.* **4** formar onda: *Seus cabelos ondeavam pelos ombros.*

on.du.la.ção *s.f.* **1** formação ou movimento de ondas. **2** movimento de altos e baixos semelhante ao das ondas: *coreografia rica de ondulações de braços.* **3** formato semelhante ao das ondas: *as ondulações do gramado.* **4** frisagem (dos cabelos): *Fez uma ondulação permanente.*

on.du.lan.te *adj.2g.* **1** que tem forma ou movimento semelhante ao das ondas: *Acompanha o ritmo com gestos ondulantes.* **2** que apresenta curvas em sentidos diversos; sinuoso: *uma pista ondulante.* **3** diz-se da febre ou temperatura que se elevam ou abaixam alternadamente.

on.du.lar *v.t.* **1** tornar ondulado; fazer ondear: *A brisa ondula a superfície do lago.* **2** frisar; melar; encrespar (o cabelo). • *int.* **3** mover-se em ondas; ondear: *O trigal ondulava.*

on.du.la.tó.rio *adj.* **1** que tem ou forma ondulação: *Os átomos têm comportamento ondulatório.* **2** que se propaga em ondas: *movimento ondulatório da luz.*

o.ne.rar *v.t.* **1** sujeitar a ônus; impor gastos mais pesados a: *Os pacotes tributários dos últimos anos oneraram mais a classe média.* **2** aumentar o ônus de; tornar mais dispendioso ou mais caro: *Os aumentos salariais oneraram a folha de pagamento.*

o.ne.ro.so (ô) *adj.* **1** que envolve ou impõe ônus; que sobrecarrega; pesado: *um imposto oneroso.* **2** dispendioso; caro: *uma festa onerosa.*

ô.ni.bus *s.m.* veículo grande para transporte coletivo.

o.ni.po.tên.cia *s.f.* poder ilimitado; poder absoluto: *o sentimento de onipotência das torcidas violentas.*

o.ni.po.ten.te *s.m.* **1** Deus: *fazer uma prece ao Onipotente.* // Nesta acepção escreve-se com maiúscula. • *adj.2g.* **2** que tem poder ilimitado: *um rei onipotente.*

o.ni.pre.sen.ça *s.f.* presença constante em toda parte: *a onipresença do cinema americano.*

o.ni.pre.sen.te *adj.2g.* que está em toda parte: *os onipresentes carrinhos de cachorro-quente.*

o.ní.ri.co *adj.* de ou relativo a sonho: *uma viagem onírica.*

o.nis.ci.ên.cia *s.f.* qualidade do onisciente; sabedoria absoluta: *a pretensa onisciência dos cientistas.*

o.nis.ci.en.te *adj.2g.* detentor de saber ilimitado: *Nos seus romances, o narrador é onisciente.*

o.ní.vo.ro *adj.* que se alimenta de substâncias animais e vegetais; que come de tudo: *As baratas são onívoras.*

ô.nix /ks/ *s.m.2n.* ágata semitransparente que apresenta camadas paralelas de cores diferentes: *joias de ouro e ônix.*

on-line (on-láin) (Ingl.) *adj.* (Inf.) **1** que se refere à possibilidade de o usuário desenvolver uma ação recíproca, ou interação com o computador: *O banco oferece aos clientes serviços de atendimento on-line.* **2** diretamente conectado às linhas de comunicação de uma rede: *O sistema on-line da agência estava fora do ar.*

o.no.ma.to.pei.a (éi) *s.f.* vocábulo cuja pronúncia lembra o som da coisa ou a voz do animal que designa.

on.tem *adv.* **1** no dia imediatamente anterior ao de hoje: *Ele chegou ontem.* **2** em tempo que passou; em tempo anterior: *Ontem, grandes amores, hoje solidão.*

on.to.gê.ne.se *s.f.* (Biol.) série de transformações por que passa um ser até o seu completo desenvolvimento; evolução individual.

on.to.ge.né.ti.co *adj.* de ou relativo à série de transformações por que passa o ser até o seu completo desenvolvimento: *É uma teoria elevada ao nível de uma categoria ontogenética.*

on.to.lo.gi.a *s.f.* parte da Filosofia que trata do ser em geral e de suas propriedades.

on.to.ló.gi.co *adj.* **1** relativo à ontologia: *um conjunto de conceitos lógicos e ontológicos.* **2** que trata do ser humano em geral: *A obra ontológica do autor retrata fielmente a vida do sertanejo.*

ô.nus *s.m.* encargo; obrigação; dever: *pagar o ônus da dívida externa.*

on.ze *num.* **1** dez mais um: *Os onze jogadores estavam de luto.* • *s.m.* **2** algarismo que representa dez mais um: *O onze vem depois do dez.* **3** décimo primeiro: *O documento encontrado era do século onze.*

o.os.fe.ra *s.f.* (Bot.) gameta feminino dos vegetais.

o.pa[1] (ó) *interj.* **1** expressa espanto, admiração; indignação: *Opa, você de novo?* **2** usada informalmente como saudação: *Opa, tudo bem?*

o.pa[2] (ó) *s.f.* capa sem mangas, usada em solenidades pelas confrarias religiosas: *um religioso vestido de opa e capuz.*

o.pa.ci.da.de *s.f.* **1** qualidade do que é opaco; falta de transparência: *A opacidade da córnea prejudica a visão.* **2** mediocridade; vulgaridade: *a opacidade dos assuntos tratados.* **3** inexpressividade; apatia: *a opacidade estampada nos rostos daquelas mães sofridas.* // Ant.: brilho; transparência.

o.pa.ci.fi.ca.ção *s.f.* ato ou efeito de tornar opaco; opacificar: *A opacificação do cristalino é uma doença dos olhos só resolvida por cirurgia.*

o.pa.ci.fi.car *v.t.* tornar(-se) opaco.

o.pa.co *adj.* **1** que não deixa atravessar a luz; denso: *papel branco e opaco.* **2** embaciado; toldado: *os olhos opacos.* **3** denso; intenso: *O silêncio opaco tornava o ambiente tenebroso.* **4** sem forma definida; sem importância: *a existência opaca das mulheres de antigamente.*

o.pa.la *s.f.* **1** (Min.) pedra de cor azulada e leitosa que, conforme a incidência da luz, apresenta cores variadas. **2** tecido de algodão muito fino, quase transparente, usado na confecção de peças íntimas femininas.

opalescente

o.pa.les.cen.te *adj.2g.* de cor leitosa e azulada; opalino: *um líquido viscoso e opalescente.*

o.pa.li.na *s.f.* vidro fosco, porém translúcido, usado na fabricação de objetos de decoração: *um lustre de opalina.*

o.pa.li.no *adj.* opalescente: *No vaso havia flores de tom opalino.*

op.ção *s.f.* ato de optar; escolha: *a opção de ficar calado foi ruim.* **2** coisa ou pessoa pelas quais se pode optar: *Como sobremesa, você escolherá uma dentre as três opções: maçã, laranja ou banana.*

op.ci.o.nal *adj.2g.* pelo qual se pode optar: *O usuário pode comprar um kit opcional.*

open market (ôupn market) (Ingl.) *s.m.* mercado aberto de compra e venda de títulos pelo governo ou por instituições financeiras oficiais: *O Banco Central está retirando dinheiro via open market.*

ó.pe.ra *s.f.* **1** (Mús.) obra dramática na qual as palavras são cantadas e acompanhadas por instrumentos musicais: *Perguntei-lhe se era capaz de cantar um trecho de ópera.* **2** teatro onde se encena essa obra: *A cidade possui restaurantes de luxo e uma ópera.*

o.pe.ra.ção *s.f.* **1** funcionamento; atividade: *A nova linha do metrô já entrou em operação.* **2** série de movimentos ou ações para a consecução de um resultado; trabalho: *Então, começamos uma operação de despistamento.* **3** (Med.) intervenção cirúrgica: *A operação foi um sucesso.* **4** transação comercial: *Saiu-se bem na operação de venda de seus imóveis.* **5** manobra ou combate militar: *operação de guerra.* **6** (Arit.) cálculo matemático: *Ele estava espiando a operação de aritmética que eu fazia.*

o.pe.ra.ci.o.nal *adj.2g.* **1** relativo à operação: *Com inflação muito baixa, esse "imposto" representa um custo operacional alto.* **2** prático; viável.

o.pe.ra.ci.o.na.li.zar *v.t.* pôr em operação; tornar operacional: *Empresas de turismo operacionalizarão os roteiros do parque ecológico.*

o.pe.ra.do *s.m.* **1** quem sofreu operação cirúrgica: *os prontuários dos operados.* • *adj.* **2** que sofreu operação cirúrgica: *os doentes operados.*

o.pe.ra.dor (ô) *s.m.* **1** cirurgião: *O operador deve estar alerta para que o paciente não se mova durante a operação.* **2** trabalhador que opera equipamentos ou máquinas: *O operador puxou a alavanca da máquina.* **3** (Anál. Mat.) símbolo de operação matemática, como +.

o.pe.ra.do.ra (ô) *s.f.* empresa que torna viável um serviço: *uma operadora privada de telefonia.*

o.pe.ran.te *adj.2g.* que opera; operativo; produtivo; operoso: *ampliação da frota de veículos operante.*

o.pe.rar *v.t.* **1** submeter à intervenção cirúrgica: *operar o menisco.* **2** realizar intervenções cirúrgicas: *Foram dois médicos que operaram o jogador.* **3** produzir; determinar: *A chegada da mãe operou um verdadeiro milagre no menino.* **4** trabalhar; manipular: *Hoje as linhas aéreas internacionais só operam com jatos.* • *pron.* **5** submeter-se a intervenção cirúrgica: *Criou coragem e operou-se do estômago.* **6** ocorrer; realizar-se; produzir-se: *Uma verdadeira revolução se operou em minha casa.* • *int.* **7** estar em atividade ou funcionamento: *A companhia só operava na rota Rio-Toronto.*

o.pe.ra.ri.a.do *s.m.* classe dos operários: *o operariado industrial.*

o.pe.rá.rio *s.m.* **1** trabalhador, especialmente na indústria, que exerce atividades manuais ou mecânicas mediante salário: *Meus irmãos são operários.* • *adj.* **2** do ou relativo aos operários: *movimento operário.*

o.pe.ra.ti.vo *adj.* operante.

o.pe.ra.tó.rio *adj.* **1** relativo à operação cirúrgica: *novas técnicas operatórias.* **2** produzido por operação: *uma incisão operatória.* **3** próprio para operação cirúrgica: *a mesa operatória.* **4** operante; produtivo: *um esquema operatório.*

o.pér.cu.lo *s.m.* **1** (Zool.) substância calcária que fecha a abertura de conchas. **2** substância óssea que protege as brânquias de certos peixes. **3** (Bot.) órgão vegetal que fecha uma cavidade e que pode se abrir na maturidade como ocorre com os frutos do jequitibá. **4** tampa que fecha o turíbulo.

o.pe.re.ta (ê) *s.f.* **1** peça musical de assunto cômico ou sentimental, em que as estrofes são ora cantadas, ora faladas. **2** (Deprec.) ação ridícula; farsa: *A revolução se transformou numa opereta.*

o.pe.rís.ti.co *adj.* **1** relativo à ópera: *Construiu teatros para grandes companhias operísticas.* **2** de ou próprio de ópera: *teatro operístico.*

o.pe.ro.so (ô) *adj.* **1** que opera; trabalhador; produtivo: *um industrial operoso.* **2** trabalhoso; laborioso; difícil.

o.pi.á.ceo *s.m.* **1** substância que contém ópio; opioide. • *adj.* **2** preparado com ópio; que contém ópio. **3** entorpecedor; embotador: *Ficaram debatendo o papel opiáceo de certas doutrinas.*

o.pi.nar *v.t.* manifestar opinião; dar seu parecer: *Os adolescentes opinaram sobre a criação dos quadros do programa.*

o.pi.na.ti.vo *adj.* **1** que consiste em dar opinião: *a função opinativa da imprensa.* **2** que contém opiniões: *A campanha publicitária tem cunho opinativo.*

o.pi.ni.ão *s.f.* **1** modo pessoal de ver as coisas; parecer: *ter opinião formada sobre um assunto.* **2** juízo; avaliação; apreciação: *Qual sua opinião sobre a greve?* **3** (Bras.) teimosia; capricho: *rapaz de opinião.* • **opinião pública** (Sociol.) juízo coletivo resultante de um consenso entre as opiniões de diversos grupos: *A opinião pública condenou o réu.*

ó.pio *s.m.* **1** substância que se extrai do fruto da papoula e é usada como narcótico. **2** tudo aquilo que causa torpor, indiferença ou inércia moral.

o.pi.oi.de (ói) *s.m.* **1** substituto sintético da morfina. • *adj.2g.* **2** diz-se de qualquer substituto sintético da morfina: *analgésicos opioides.*

o.po.nen.te *s.2g.* **1** adversário; opositor; rival: *um homem admirado até mesmo por seus oponentes.* • *adj.2g.* **2** que se opõe; opositor; adversário: *O jogador provocou a torcida oponente.*

o.por *v.t.* **1** apresentar como obstáculo: *A ordem estabelecida opõe barreiras ao direito justo.* **2** colocar em contrário; contrapor: *O velho opõe o peito magro ao para-choque do ônibus.* • *pron.* **3** ser contrastante; contrapor-se: *São dois princípios que se opõem.* **4** manifestar-se contrário: *Você não se opõe ao que está errado?* **5** ser obstáculo ou impedimento: *O egoísmo se opõe à felicidade total.*

o.por.tu.ni.da.de *s.f.* ocasião favorável; momento propício: *uma oportunidade de ser feliz.*

oração

o.por.tu.nis.mo *s.m.* **1** tendência para deixar de lado princípios e aproveitar-se de situações para atingir o objetivo desejado: *o oportunismo dos parentes herdeiros da fortuna.* **2** habilidade para aproveitar oportunidade de bons lances no esporte: *Nem o oportunismo dos jogadores conseguiu dar a vitória ao Brasil.*

o.por.tu.nis.ta *s.2g.* **1** quem se aproveita das circunstâncias, deixando de lado os princípios: *A corrupção incentiva os oportunistas.* • *adj.2g.* **2** que se aproveita de oportunidade: *O mundo é feito de muita gente oportunista.* **3** (Med.) agente patogênico presente no organismo e que se manifesta quando há condições propícias, como debilitação orgânica ou ação de medicamentos: *doenças oportunistas.*

o.por.tu.no *adj.* **1** apropriado; conveniente: *perguntas objetivas e oportunas.* **2** favorável: *o momento oportuno.* **3** que aproveita a oportunidade: *Um jogador habilidoso sabe dar passes oportunos.* **4** que vem a tempo: *Sua chegada foi mesmo oportuna.*

o.po.si.ção *s.f.* **1** objeção; resistência: *a oposição dos médicos ao novo medicamento.* **2** contestação. **3** antagonismo: *Sempre haverá oposição entre o justo e o injusto.* **4** diferenciação; contraste: *oposição de sentidos entre as palavras.* **5** grupo de pessoas que integram os partidos políticos adversários de um governo: *A oposição venceu as eleições.*

o.po.si.ci.o.nis.ta *s.2g.* **1** pessoa que se opõe; opositor; adversário: *Os oposicionistas também devem entrar com uma ação na Justiça.* • *adj.2g.* **2** de oposição; opositor: *o ímpeto oposicionista do deputado.* **3** adversário político: *Seu único oposicionista não compareceu para votar.*

o.po.si.tor (ô) *s.m.* **1** pessoa que se opõe; adversário; oposicionista: *Aquele político era um ferrenho opositor do outro.* • *adj.* **2** que se opõe; contrário; oposicionista: *Essas empresas são as principais forças opositoras à modernização da indústria brasileira.*

o.pos.to (ô) *s.m.* **1** o contrário; o inverso: *Ele fez exatamente o oposto do que eu esperava.* • *adj.* **2** em oposição; contrário: *O namoro não deu certo porque eles pertenciam a mundos opostos.* **3** que está em frente; fronteiro: *No lado oposto ao cinema ficava a igreja.*

o.pres.são *s.f.* **1** dominação; tirania: *Revoltava-se contra qualquer forma de opressão.* **2** imposição; repressão: *Não se deve usar com os filhos nenhuma opressão.* **3** sufocação; angústia: *Ela afastou-se sentindo forte opressão no peito.*

o.pres.si.vo *adj.* opressor.

o.pres.so *adj.* que foi oprimido; que sofreu ou sofre opressão; oprimido: *A respiração opressa denunciava ansiedade.*

o.pres.sor (ô) *s.m.* **1** quem oprime; tirano: *Os vencidos tiveram de adotar a língua do opressor.* • *adj.* **2** que causa opressão ou que serve para isso; opressivo.

o.pri.mir *v.t.* **1** exercer pressão; comprimir: *A terrível crise que o país vive oprimiu pesadamente o sistema político.* **2** dominar; tiranizar: *oprimir os mais fracos.* **3** afligir; angustiar; molestar: *A desigualdade nos oprime.*

o.pró.brio *s.m.* **1** vergonha profunda; desonra extrema; ignomínia; injúria. **2** estado de abjeção.

op.tan.te *s.2g.* **1** pessoa que faz opção: *No Plano Econômico, todos os contratos de optantes tiveram uma conversão.* • *adj.2g.* **2** que faz opção: *fundos recolhidos por empresas optantes pelo novo sistema educacional.*

op.tar *v.t.* **1** escolher: *O fazendeiro poderá optar entre o telefone celular fixo e móvel.* **2** manifestar preferência; preferir: *optar por pagamento à vista.*

op.ta.ti.vo *adj.* **1** que permite escolha: *uma disciplina optativa.* **2** que envolve opção: *A Constituição definirá a manutenção de uma aposentadoria complementar optativa.*

óp.ti.ca *s.f.* **1** (Bras.) estabelecimento onde se vendem ou fabricam óculos: *Poderemos montar uma óptica em cada consultório.* **2** parte da Física que estuda a luz e os fenômenos da visão: *O professor usa brincadeiras com bolas para mostrar conceitos de óptica, gravidade e velocidade.* **3** ponto de vista; ângulo; perspectiva: *O livro conta a história sob a óptica de um policial.*

óp.ti.co *adj.* **1** de ou relativo à visão; ocular: *sensores ópticos.* **2** do ou relativo ao olho; ocular: *uma doença chamada atrofia óptica.* **3** que leva as informações visuais ao cérebro: *O acidente atingiu o nervo óptico.* **4** que facilita a visibilidade. **5** feito de material transparente, normalmente vidro, de espessura equivalente a três fios de cabelo, que é capaz de transmitir informações digitais sem perdas: *rede de fibra óptica.*

o.pu.lên.cia *s.f.* **1** riqueza; abastança: *É uma cidade onde a opulência contrasta com a miséria.* **2** exuberância: *a opulência dos cabelos negros da moça.* **3** abundância: *a opulência dos rebanhos do fazendeiro.* **4** corpulência: *Era invejável a opulência da arquitetura gótica.*

o.pu.len.to *adj.* **1** que vive na opulência; rico: *um opulento príncipe árabe.* **2** luxuoso: *O guarda-roupas da princesa era opulento.* **3** avantajado; desenvolvido: *um corpo opulento.* **4** magnífico; soberbo: *Ela ainda exibia a opulenta cabeleira negra.*

opus (ópus) (Lat.) *s.m.* (Mús.) obra musical classificada e numerada: *A sonata opus 101 de Beethoven é uma obra de transição.*

o.pús.cu.lo *s.m.* **1** pequena obra sobre determinado assunto: *O opúsculo se dedicava aos migrantes no Brasil.* **2** folheto: *O opúsculo é excelente para quem deseja conhecer mais a cultura oriental.*

o.ra (ó) *adv.* **1** neste momento; agora: *Denunciou a conspiração ora em curso contra ele.* **2** Expressa uma transição de pensamento, em continuação ao discurso anterior; demais; além disso: *Ele acusou o golpe. Ora, sei bem, golpes assim poucos suportariam sem perder a calma.* • *conj.* **3** ou... ou; já... já; quer... quer: *O guia falava sobre o rio, ora em português, ora num claudicante inglês.* • *interj.* **4** expressa impaciência: *O senhor leva a menina de volta pra casa dela? Ora, isto nem precisava dizer.* **5** expressa irritação: *Quem não gosta de animais, ora!* **6** expressa dúvida: *Vá mentir para os tolos, para mim, não. Ora, trinta e oito! Esta eu vou espalhar.* **7** expressa contraposição polida ou delicada: *– Aceita um cafezinho? – Ora, não se incomode.*

o.ra.ção *s.f.* **1** prece: *Fez uma oração diante da imagem de Nossa Senhora.* **2** discurso; fala: *O Papa pronunciou inesperada oração des-*

oracular

culpando-se dos atos da Igreja no passado. **3** (E. Ling.) estrutura sintática formada por um sujeito e um predicado ou apenas por um predicado: *Conforme seu papel dentro do período, a oração pode ser absoluta, coordenada ou subordinada.* **4** texto para ser rezado: *Mandei ao jogador uma oração para proteger o time.*

o.ra.cu.lar *adj.2g.* relativo ou próprio de oráculo: *Faziam uma poesia de tom profético, oracular.*

o.rá.cu.lo *s.m.* **1** na Grécia Antiga, resposta dada pelos deuses a quem os consultasse. **2** a própria divindade consultada. **3** lugar onde se faziam essas consultas: *No Epiro, encontrava-se o segundo oráculo da Grécia Antiga, consagrado a Zeus.* **4** palavra profética: *Ouço ao longe o oráculo de Elênsis.* **5** método de fazer prognósticos sobre o futuro: *Consultava o oráculo chinês.* **6** (Fig.) pessoa de grande conselho e autoridade em determinado assunto: *O economista é um oráculo da inflação.*

o.ra.dor (ô) *s.m.* **1** pessoa que faz discurso ou está discursando: *Foi o orador da turma.* **2** pessoa que tem o dom da oratória; pessoa eloquente.

o.ral *adj.2g.* **1** da boca; bucal: *cavidade oral.* **2** realizado pela fala; verbal: *uma declaração oral do chefe.* **3** transmitido pela fala, sem registro escrito: *narrativas orais.* **4** por meio de combinação de sons: *construções próprias da língua oral.* **5** diz-se de fonema em cuja emissão a corrente de ar sai exclusivamente pela boca.

o.ra.li.da.de *s.f.* qualidade do oral; verbalismo: *a oralidade da poesia popular.*

o.ran.go.tan.go *s.m.* grande macaco de braços muito longos e corpo revestido de pelos avermelhados.

o.rar *v.int.* **1** discursar em público; falar em tom oratório. **2** dirigir oração a Deus e aos santos; rezar.

o.ra.tó.ria *s.f.* **1** atributo de orador; eloquência: *Com sua oratória conseguiu convencer todo o povo.* **2** conjunto de preceitos que constituem a arte da eloquência; retórica.

o.ra.tó.rio *s.m.* **1** armário onde são colocadas imagens de santos: *Acendeu uma vela no oratório da sala.* **2** capela doméstica: *A porta do oratório abriu, rangendo.* **3** (Mús.) drama musical de tema religioso, com orquestra e cantores: *Ouvimos um belo oratório de Bach.* • *adj.* **4** relativo a ou próprio de oratória: *os chavões oratórios.*

or.be (ô) *s.m.* **1** corpo esférico em toda sua extensão; esfera; globo. **2** região, linha ou movimento circular; círculo, circunferência; volta. **3** âmbito; mundo: *Resistiu a um dos públicos mais indomáveis do orbe terráqueo.* **4** corpo celeste: *Alguns orbes estelares são atraídos para um buraco negro.*

or.bi.cu.lar *adj.2g.* **1** esférico: *folhas arredondadas e folíolo orbicular.* **2** relativo ou pertencente à órbita ocular.

ór.bi.ta *s.f.* **1** (Astr.) trajetória de um corpo em movimento ao redor de outro. **2** (Fig.) esfera; área: *A concentração de poder continuava a processar-se na órbita estadual.* **3** (Anat.) cavidade óssea em que se assenta o globo ocular: *os olhos arregalados, saltando das órbitas.* ♦ **fora de órbita** distante da realidade: *De manhã, com a cabeça ainda fora de órbita, tentava reconstruir a mirabolante noitada.*

or.bi.tal *adj.2g.* **1** relativo ou pertencente à órbita do olho: *Os ossos do crânio formam as cavidades orbitais,* bucal e nasal. **2** relativo à órbita; em círculo fechado: *Quanto menor a profundidade, mais se altera o movimento orbital das ondas.* **3** localizado numa órbita: *Os elétrons orbitais movimentam-se de um lado para outro.* **4** que navega em órbita no espaço: *Cientistas lançaram ao espaço o telescópio orbital Hubble.*

or.bi.tar *v.t.* **1** movimentar-se em torno de um corpo. **2** circundar em órbita: *O planeta leva quatro dias para orbitar a estrela.* • *int.* **3** movimentar-se em círculo, compondo uma órbita: *Cometas costumam orbitar em torno do Sol.*

or.bi.tá.rio *adj.* da órbita ocular; orbital: *hematomas orbitários.*

or.ca (ó) *s.f.* (Zool.) grande cetáceo carnívoro, muito agressivo, dotado de barbatana dorsal triangular, dentes agudos e cauda muito forte, encontrado especialmente nos mares frios: *Uma orca tira metade do corpo fora da água para atacar um grupo de focas.*

or.ça.men.tá.rio *adj.* relativo ao orçamento: *o déficit orçamentário.*

or.ça.men.to *s.m.* **1** cálculo prévio de receitas e despesas: *votação do orçamento para o próximo ano.* **2** cálculo prévio de gastos para a realização de uma obra: *o orçamento das obras de ampliação do hospital.* **3** demonstrativo de despesas para a realização de uma obra: *O fiscal levava o orçamento no bolso.*

or.çar *v.t.* **1** fazer o cálculo de; calcular o preço de; fazer orçamento de: *A estabilidade econômica já permite às escolas orçar as despesas de seus serviços.* **2** estipular o custo: *A empresa orçou a obra em quinhentos mil reais.* **3** corresponder ao montante de; atingir: *Os gastos com decoração orçaram em dois mil reais.*

or.dei.ro *s.m.* **1** pessoa pacífica: *Sempre estava disposto a defender os ordeiros e a lhes dar razão.* • *adj.* **2** obediente às regras e leis estabelecidas; pacífico; conciliador: *cidadão honesto, trabalhador e ordeiro.* **3** que transcorre em paz; pacato; pacífico: *Os grevistas fizeram uma manifestação ordeira.*

or.dem (ô) *s.f.* **1** comando; mando: *atender uma ordem.* **2** boa disposição das coisas; bom arranjo: *pôr as coisas em ordem.* **3** distribuição; disposição: *a ordem dos constituintes da frase.* **4** sequência: *observar a ordem dos exercícios físicos.* **5** tranquilidade que resulta da disciplina e da submissão às leis: *Custe o que custar manteremos a ordem na cidade.* **6** caráter; cunho; natureza: *As razões de ordem moral ficaram ainda num plano secundário.* **7** lei geral imposta pelo uso ou pela natureza: *Há uma ordem natural previsível.* **8** (Zool.) subdivisão de classes que reúne famílias afins: *A onça é um felino pertencente à ordem dos carnívoros.* **9** (Rel.) congregação de religiosos que fazem votos solenes: *São Francisco de Assis fundou a ordem dos Irmãos Menores.* **10** associação de pessoas que exercem a mesma profissão e que estão legalmente sujeitas a certas regras: *Ordem dos Advogados do Brasil.* **11** prescrição escrita: *Em todos os aeroportos havia uma ordem de busca ao fugitivo.* ♦ **às ordens** à disposição: *Estamos às ordens para lhe atender.* **da ordem** mais ou menos; aproximadamente: *Chegaremos a um total arrecadado da ordem de quase trinta e sete mil reais.* **em ordem** (i) correto; completo: *O processo estava em ordem.* (ii) ordenado; encadeado: *Tentava*

organismo

colocar meus pensamentos em ordem. **na ordem do dia** em destaque; na moda: *Os programas infames de rádio estão na ordem do dia.*

or.de.na.ção *s.f.* **1** ação de ordenar; colocação em ordem: *O objetivo dessa ordenação é facilitar as compras dos clientes.* **2** ato de conferir ou receber ordens eclesiásticas. **3** classificação: *A ordenação das rochas sob critério cronológico é algo relativamente recente.* **4** arranjo; disposição: *A lei disporá sobre a ordenação dos transportes aéreo, aquático e terrestre.* **5** determinações de autoridade; prescrições.

or.de.na.da *s.f.* (Geom. Anal.) distância entre um plano e uma reta ou um plano, medida paralelamente a uma dada direção.

or.de.na.do *s.m.* **1** salário: *Esse funcionário recebe um bom ordenado.* ● *adj.* **2** posto em ordem; organizado: *Levava uma vida sadia e bem ordenada.* **3** que tomou ordens sacras: *A Igreja Anglicana do Brasil já tem onze mulheres ordenadas.*

or.de.na.dor (ô) *s.m.* **1** quem autoriza: *O prefeito era o ordenador de despesas da prefeitura.* ● *adj.* **2** que ordena; que põe em ordem: *esforço ordenador das relações interamericanas.*

or.de.na.men.to *s.m.* **1** ação de ordenar; organização: *as ações da prefeitura de disciplinamento e ordenamento urbano.* **2** estado de ordem; estrutura: *O país precisa de modificações profundas em seu ordenamento jurídico.*

or.de.nan.ça *s.m.* **1** soldado às ordens de um superior: *Bem, cabo, você há de ser o meu ordenança de confiança.* ● *s.f.* **2** corpo de tropa; exército: *À frente de uma ordenança armada vinha o bandeirante a cavalo.*

or.de.nar *v.t.* **1** pôr em ordem; dispor; organizar: *ordenar os pensamentos.* **2** conferir o sacramento da ordem: *A Igreja ordenou muitos sacerdotes.* **3** dar ordem a: *Ordenou ao fumante que apague o cigarro.* ● *pron.* **4** tomar ordens sacras: *O rapaz ordenou-se sacerdote.*

or.de.nha *s.f.* ação de ordenhar; ordenhamento: *Após a ordenha, o leite é resfriado e segue para a desnatadeira.*

or.de.nha.dor (ô) *s.m.* pessoa que faz ordenha: *A vaca fugia do ordenhador.*

or.de.nhar *v.t.* espremer a teta de vaca, cabra etc. para obter leite; tirar o leite: *ordenhar as vacas no curral.*

or.di.nal *adj.2g.* diz-se do numeral que designa a posição em uma série numérica: *As séries escolares são designadas por um numeral ordinal.*

or.di.na.ri.ce *s.f.* qualidade de ordinária; patifaria: *Vai ser investigado o uso de truques e ordinarices só agora descobertos.*

or.di.ná.rio *s.m.* **1** (Bras.) sem caráter: *Além de me roubar no peso, o ordinário ainda teve a coragem de me insultar.* ● *adj.* **2** habitual: *Seria esta uma forma ordinária de convívio social.* **3** de má qualidade: *Usava uma jaqueta de tecido ordinário.* **4** comum; frequente: *O diretor do filme sabe como divertir e transformar personagens ordinários em entes queridos.* **5** (Mat.) diz-se de fração cujo denominador não é dez ou potência de dez: *Ele já sabe somar frações ordinárias.* ● *interj.* **6** expressa voz de comando para que a tropa marche a passo regular: *Ouvia-se a voz do sargento: — Esquerda, volver! Ordinário, marche!* ◆ **de ordinário** via de regra; comumente: *Costumo receber cartas da capital. De ordinário sem importância nenhuma.*

o.ré.ga.no *s.m.* erva aromática, de hastes em forma de tufos com folhas ovaladas e pontudas, cobertas de pelugem na parte inferior, com flores de cores variadas.

o.re.lha (ê) *s.f.* **1** (Anat.) órgão da audição: *As orelhas grandes teimavam em aparecer por entre o cabelo.* **2** (Edit.) cada uma das duas extremidades da sobrecapa ou capa de um livro, dobradas para dentro, e que contêm informação ou apreciação da obra: *As notas básicas da vida do escritor estão na segunda orelha do romance.* ◆ **de orelha em pé** desconfiado; de sobreaviso: *O estranho ruído deixa o rapaz de orelha em pé.*

o.re.lha.da *s.f.* **1** orelhão. **2** comida preparada com orelha, em geral de porco ◆ **de orelhada** (Bras.) (Coloq.) (i) de ouvido; por ouvir dizer: *Citou um verso de orelhada.* (ii) amador; leigo: *um mecânico de orelhada.*

o.re.lhão *s.m.* **1** orelha grande. **2** puxão de orelhas. **3** que tem orelhas grandes. **4** caxumba. **5** (Coloq.) cabina de telefone público que consiste numa peça em forma de concha, em cujo interior está o aparelho: *Falava de um orelhão com a namorada.*

o.re.lhu.do *s.m.* **1** diz-se de pessoa que demonstra pouca inteligência; burro; estúpido. **2** (Coloq.) bisbilhoteiro: *Encontraram-se no feriado, fora do alcance de qualquer orelhudo.* ● *adj.* **3** que tem orelhas grandes: *animal orelhudo.*

or.fa.na.to *s.m.* estabelecimento onde se abrigam os órfãos.

or.fan.da.de *s.f.* **1** estado de órfão: *As irmãs ficaram na orfandade.* **2** abandono; desamparo: *sentimento de orfandade.* **3** conjunto dos órfãos: *casas de amparo à orfandade.*

ór.fão *s.m.* **1** quem perdeu os pais ou um deles: *O órfão tornou-se a esperança dos pais adotivos.* ● *adj.* **2** que perdeu os pais ou um deles: *Meu pai ficou órfão aos 15 anos.* **3** abandonado; desamparado: *O técnico deixou sua equipe órfã.* // Pl.: órfãos. Fem.: órfã(s).

ór.fi.co *adj.* relativo a Orfeu, herói da mitologia grega e protetor da música e seus mistérios.

or.gan.di *s.m.* tecido de algodão muito leve e transparente, porém encorpado.

or.ga.ni.ci.da.de *s.f.* qualidade, propriedade, caráter do que é orgânico.

or.gâ.ni.co *adj.* **1** relativo ou próprio dos compostos de carbono: *O exame detectou presença de matéria orgânica nas águas da baía.* **2** relativo ao organismo: *distúrbios orgânicos.* **3** relativo ou próprio de órgãos: *transplantes orgânicos.* **4** diz-se de lei que serve de fundamento a uma instituição: *as leis orgânicas dos municípios.* **5** organizado: *O atual governo conseguiu dar uma existência orgânica e produtiva à prefeitura.*

or.ga.nis.mo *s.m.* **1** qualquer ser organizado que tem existência independente: *A unidade básica do organismo é a célula.* **2** conjunto dos órgãos dos seres vivos. **3** qualquer sistema ou estrutura organizada; órgão: *Qualquer empresa pode ser vista como um organismo que gera riqueza.* **4** entidade que exerce função de caráter social, político, administrativo; organização: *O organismo que o homem dirige processou vários falsos despachantes.*

organista

or.ga.nis.ta s.2g. pessoa que toca órgão: *A inauguração contou com concerto do organista.*

or.ga.ni.za.ção s.f. **1** ação de organizar; coordenação; preparação: *Ela contratou uma firma para a organização do evento.* **2** colocação em ordem; ordenação: *Durante a semana, ele se ocupou da organização do material do curso que daria.* **3** associação ou entidade com objetivos definidos: *atuar em organizações de direitos humanos.*

or.ga.ni.za.ci.o.nal adj.2g. relativo à organização; organizativo: *um gerente com visão empresarial e capacidade organizacional.*

or.ga.ni.za.dor (ô) s.m. **1** pessoa que organiza: *o organizador do torneio.* • adj. **2** que organiza ou concorre para a organização; ordenador: *as entidades civis organizadoras da feira agropecuária.*

or.ga.ni.zar v.t. **1** constituir dentro de uma certa ordem: *organizar uma festa.* **2** pôr em ordem; ordenar: *organizar os documentos.* • pron. **3** pôr-se dentro de uma ordem estabelecida e coerente.

or.ga.no.clo.ra.do s.m. (Quím.) **1** composto orgânico combinado com cloro: *Em ação direta, os organoclorados atacam o sistema nervoso.* • adj. **2** que contém composto orgânico combinado com cloro: *contaminação do solo por resíduos organoclorados.*

or.ga.no.fos.fo.ra.do s.m. (Quím.) **1** composto orgânico combinado com fósforo: *Os organofosforados foram usados como arma química durante a Segunda Guerra Mundial.* • adj. **2** que contém composto orgânico combinado com fósforo: *agrotóxicos organofosforados.*

or.ga.no.gra.ma s.m. gráfico ou quadro descritivo de uma organização ou serviço: *Analisou o organograma da empresa para verificar a possibilidade de contratação de mais funcionários.*

or.gan.za s.f. tecido muito leve, fino e transparente: *saias de organza.*

ór.gão s.m. **1** (Anat.) parte do corpo que desempenha uma ou mais funções especiais: *O baço é um órgão que destrói as células sanguíneas mais velhas.* **2** (Mús.) instrumento de sopro com tubos alimentados por um sistema de foles, e acionados por meio de teclado(s) e pedaleira(s): *Reformaram o órgão da matriz.* **3** veículo de divulgação: *O Diário Oficial é um órgão do governo.* **4** entidade de caráter político, religioso ou social; organismo: *um órgão de auxílio à pesquisa.* // Pl.: órgãos.

or.gas.mo s.m. clímax da excitação sexual.

or.gi.a s.f. **1** Ritual festivo, em geral noturno, em honra a Dionísio (entre os gregos) ou Baco (entre os romanos); bacanal. **2** festa licenciosa: *A festa terminou em orgia.* **3** alegria; entusiasmo: *a orgia consumista do Natal.* (Fig.) **4** loucura; desordem: *A orgia começou após um fã invadir o palco.* **5** profusão; excesso: *Essa verdadeira orgia de túneis que se está fazendo.*

or.gi.ás.ti.co adj. de ou relativo a orgia: *banquetes orgiásticos de mais de vinte pratos.*

or.gu.lhar v.t. **1** encher de orgulho; causar orgulho: *Os sucessos dos filhos orgulham os pais.* • pron. **2** sentir orgulho; ufanar-se: *Nós nos orgulhamos de nosso país.*

or.gu.lho s.m. **1** amor-próprio; brio: *Suas palavras feriram meu orgulho.* **2** honra; ufania: *Sentira orgulho de ser brasileiro.* **3** soberba; vaidade: *Viam o mundo com o seu orgulho de civilização superior.*

or.gu.lho.so (ô) s.m. **1** pessoa orgulhosa: *Os orgulhosos de si mesmos costumam acabar seus dias na solidão.* • adj. **2** vaidoso; altivo: *Você ainda era jovem, muito mais belo e orgulhoso.* **3** soberbo; presunçoso: *Era casada com um homem orgulhoso que não cumprimentava ninguém.*

o.ri.en.ta.ção s.f. **1** ação de orientar; supervisão: *Estuda sob orientação do padre.* **2** sentido de direção; guia: *Há pássaros que possuem um incrível senso de orientação.* **3** tendência; inclinação: *A orientação da escola pública está mudando.* **4** indicação de posição: *Radares são os responsáveis pela orientação dos aviões.*

o.ri.en.ta.dor (ô) s.m. **1** pessoa que orienta, aconselha ou dirige: *Marquei encontro com o meu orientador de tese.* • adj. **2** que orienta; que norteia: *os valores orientadores de nossas vidas.*

o.ri.en.tal s.2g. **1** natural ou habitante do Oriente: *O Brasil sempre recebeu muitos orientais.* **2** natural ou habitante do Uruguai. • adj.2g. **3** relativo ao Oriente: *Chineses e japoneses são povos orientais.*

o.ri.en.ta.lis.mo s.m. **1** qualidade ou caráter do que é oriental. **2** conjunto das ciências humanas relativas aos costumes, ideias, tradições e cultura dos povos orientais.

o.ri.en.ta.lis.ta s.2g. **1** pessoa estudiosa dos costumes, língua ou civilização dos povos orientais. • adj.2g. **2** próprio dos povos orientais: *incluir cerâmicas orientalistas na decoração da casa.* **3** de tendência oriental: *As molduras pintadas são orientalistas.*

o.ri.en.ta.li.za.ção s.f. aquisição de feição oriental: *a orientalização do paladar europeu.*

o.ri.en.tan.do s.m. estudante de pós-graduação que recebe orientação de um professor: *O orientando só é aceito se estiver disposto a executar algum plano de pesquisa.*

o.ri.en.tar v.t. **1** imprimir rumo; nortear: *Ia na frente para melhor orientar a tropa.* **2** pôr em direção; dirigir: *Orientamos os garotos para o campinho.* • pron. **3** localizar-se: *Estava perdido na mata e não sabia orientar-se.* **4** desenvolver-se; encaminhar-se: *As negociações se orientam para a paz.*

o.ri.en.te s.m. **1** conjunto de países ou regiões da Ásia: *Chegou uma embaixada do Oriente.* // Neste sentido escreve-se com inicial maiúscula. // **2** o lado leste de uma região: *Uma ferrovia ligava o oriente ao ocidente do país.*

o.ri.fí.cio s.m. **1** pequeno buraco circular; pequena entrada: *o orifício esquerdo do nariz.* **2** abertura de um tubo ou cavidade: *o orifício de entrada do tubo digestivo.*

o.ri.gâ.mi s.m. **1** técnica oriental de dobradura em papel: *Na escola japonesa, além da língua, a criança aprende música, origâmi e desenho.* **2** trabalho feito com essa técnica: *O meu origâmi preferido é o sapo.*

o.ri.gem s.f. **1** princípio; começo: *a origem da vida.* **2** procedência: *Não sabia a origem daqueles alimentos.* **3** naturalidade: *bailarina de origem espanhola.* **4** causa: *Não sabemos qual foi a origem dos desentendimentos do casal.*

ortodoxo

o.ri.gi.nal *s.m.* **1** forma primeira de um texto ou de um desenho: *Folheava devagar o original para ver se encontrava erros.* • *pl.* **2** texto primitivo, do qual poderão ser feitas cópias: *Entregou os originais do romance ao diretor editorial.* • *adj.2g.* **3** originário: *danças muito bonitas em sua forma original.* **4** primitivo; inicial: *Na construção original, a fachada era de mármore.* **5** feito pela primeira vez; inédito: *Certas passagens do texto original são páginas muito bem escritas.* **6** singular; diferente: *Uma ideia é genial quando é original.*

o.ri.gi.na.li.da.de *s.f.* **1** novidade; ineditismo: *O filme deixa a desejar em termos de originalidade.* **2** individualidade; singularidade; peculiaridade: *Quero defender a originalidade de meu ponto de vista.*

o.ri.gi.nar *v.t.* **1** dar origem; fazer surgir: *As águas barrentas originam várzeas muito férteis.* • *pron.* **2** ser proveniente; ser originário: *Os primeiros imigrantes no Brasil originavam-se da Itália.* **3** ter origem; surgir: *O bumba meu boi originou-se no final do século XVIII.*

o.ri.gi.ná.rio *adj.* **1** proveniente: *as línguas originárias do latim.* **2** oriundo: *imigrantes originários de países com economias estatizadas.*

o.ri.un.do *adj.* **1** originário. **2** descendente: *um homem oriundo de família humilde.* **3** proveniente: *dinheiro oriundo da arrecadação da igreja.*

o.ri.xá /ch/ *s.m.* divindade africana das religiões afro-brasileiras; guia: *Usou os conhecimentos que tinha sobre os orixás para escrever o livro.*

or.la (ó) *s.f.* **1** margem; beira: *A queimada chegou até à orla da mata.* **2** cercania; arredores: *Morava na orla de uma grande cidade.* **3** praia: *jogar peteca na orla.* **4** contorno: *A febre desenhou-lhe uma orla azulada nos olhos.* **5** barra; borda: *guardanapos com orla de pano estampado.* **6** beirada; rebordo: *orla das moedas.*

or.lar *v.t.* estar em volta de; circundar: *Jardins floridos e campinas extensas com flores silvestres orlam o lago.*

or.na.men.ta.ção *s.f.* **1** decoração: *A ornamentação da casa é muito rebuscada.* **2** enfeite; adorno; ornamento: *As velhas construções são desprovidas de qualquer ornamentação.*

or.na.men.tal *adj.2g.* usado como ornamento; de enfeite: *A samambaia é planta ornamental.*

or.na.men.tar *v.t.* guarnecer com ornamentos; adornar; enfeitar: *Trouxeram flores para ornamentar a mesa.*

or.na.men.to *s.m.* enfeite; adorno: *O colorido exuberante e o excesso de ornamentos dão ao prédio um ar exagerado.*

or.nar *v.t.* **1** enfeitar; decorar: *A barba branca ornava-lhe o rosto severo.* **2** ilustrar; honrar: *A modéstia orna o espírito.*

or.na.to *s.m.* ornamento; enfeite: *Os cabelos são o seu mais belo ornato.*

or.ni.to.lo.gi.a *s.f.* parte da Zoologia que estuda as aves.

or.ni.to.ló.gi.co *adj.* **1** relativo à ornitologia: *Centro de Estudos Ornitológicos.* **2** de ou relativo a pássaros: *plantas vítimas de ataques ornitológicos.*

or.ni.tó.lo.go *s.m.* especialista em ornitologia: *o ornitólogo do zoológico.*

or.ni.tor.rin.co *s.m.* animal anfíbio natural da Austrália e Tasmânia, que é uma forma entre mamífero e réptil, tem bico semelhante ao do pato e põe ovos.

o.ro.gra.fi.a *s.f.* parte da Geografia que estuda as montanhas: *Ele é especialista em orografia.* **2** aspecto montanhoso de um terreno: *um trajeto difícil devido às correntes de água e à orografia hostil.*

o.ro.grá.fi.co *adj.* relativo a montanha: *o sistema orográfico brasileiro.*

or.ques.tra (é) *s.f.* **1** (Mús.) conjunto de instrumentistas, geralmente dirigidos por um regente, que executam peças escritas para vários instrumentos: *A orquestra toca baixo e permite que o cantor não force muito a voz.* **2** espaço destinado aos músicos em um teatro, baile. **3** conjunto de sons ou ruídos compassados: *Os garotos se comunicavam por ruídos: era uma verdadeira orquestra de apitos.*

or.ques.tra.ção *s.f.* **1** (Mús.) organização de uma partitura orquestral; instrumentação. **2** ação conjunta: *a orquestração da imprensa pela cassação do senador.* **3** ajuste de partes à primeira vista inconciliáveis.

or.ques.tra.dor (ô) *s.m.* quem realiza a orquestração de uma peça musical: *O samba-canção, entregue aos orquestradores, foi progressivamente mudando o ritmo.*

or.ques.tral *adj.2g.* **1** próprio de orquestra: *Na regravação, essa música recebeu tratamento orquestral.* **2** que tem características de orquestra: *Na música clássica indiana não há conjuntos orquestrais.*

or.ques.trar *v.t.* **1** realizar a orquestração de: *Ele se incumbiu de orquestrar a segunda música do CD.* **2** (Fig.) combinar; harmonizar: *orquestrar sons heterogêneos.*

or.qui.dá.rio *s.m.* (Bras.) viveiro de orquídeas: *O orquidário é um dos pontos turísticos mais visitados na cidade.*

or.quí.dea *s.f.* **1** planta trepadeira, de caule bulboso, flores de cores brilhantes e variadas, com três pétalas, uma delas mais desenvolvida e modificada. **2** a flor dessa planta: *Uma orquídea enfeitava-lhe o peito.*

or.qui.dó.fi.lo *s.m.* **1** pessoa que cultiva orquídeas: *Orquidófilos participam de exposição.* • *adj.* **2** relativo à cultura de orquídeas: *manual sobre técnicas orquidófilas.*

or.to.don.ti.a *s.f.* parte da Odontologia que se ocupa das técnicas para correção do posicionamento dos dentes e das arcadas dentárias.

or.to.dôn.ti.co *adj.* relativo à Ortodontia: *aparelhos ortodônticos.*

or.to.don.tis.ta *s.2g.* especialista em Ortodontia: *O ortodontista corrige defeitos da arcada dentária.*

or.to.do.xi.a /ks/ *s.f.* **1** doutrina considerada como verdadeira: *Seguidora fiel da ortodoxia cigana, acredita que a filha só deve casar com cigano.* **2** conformidade de uma opinião com uma doutrina declarada verdadeira: *Neste mundo mole como o nosso, é importante mantermos nossa ortodoxia.*

or.to.do.xo (ó) /ks/ *s.m.* **1** pessoa que segue a ortodoxia: *Sempre fui socialista, mas não sou um ortodoxo.* • *adj.* **2** que segue rigorosamente uma doutrina religiosa considerada como verdadeira: *um judeu ortodoxo.* **3** que segue rigidamente qualquer doutrina estabelecida: *Não sou um nacionalista ortodoxo.* **4** tradicional: *A diversidade dos exemplos é exigida pelo método pouco ortodoxo do livro.* **5** radical; inflexível: *um partido comunista ortodoxo.* **6** cristão da Igreja

ortoepia

Grega: *O noivo disse que só casava com a presença de um padre ortodoxo.*

or.to.e.pi.a *s.f.* parte da Gramática que trata da correta pronúncia dos fonemas que formam as palavras; ortoépia.

or.to.é.pia *s.f.* ortoepia.

or.to.gra.fi.a *s.f.* conjunto de normas para a grafia das palavras de uma língua.

or.to.grá.fi.co *adj.* relativo à ortografia: *erros ortográficos.*

or.to.mo.le.cu.lar *adj.2g.* (Med.) **1** que busca restabelecer o equilíbrio orgânico combatendo, com substâncias antioxidantes, os radicais livres: *a medicina ortomolecular.* **2** relativo à medicina ortomolecular: *o tratamento ortomolecular.*

or.to.pe.di.a *s.f.* ramo da Medicina que se ocupa do tratamento de doenças ou traumas relacionados aos ossos do corpo e a outras formações a eles associadas.

or.to.pé.di.co *adj.* de ou relativo à Ortopedia: *palmilhas ortopédicas.*

or.to.pe.dis.ta *s.2g.* **1** especialista em Ortopedia. • *adj.2g.* **2** especializado em Ortopedia.

or.tóp.ti.ca *s.f.* ramo da Oftalmologia que se ocupa da correção da obliquidade de um ou ambos os olhos: *O profissional de ortóptica diagnostica e cuida do estrabismo.*

or.va.lhar *v.t.* molhar ou umedecer; espargir gotículas sobre: *No alto da serra, a neblina orvalhava a copa das árvores.*

or.va.lho *s.m.* **1** conjunto de pequenas gotas que, por condensação do vapor de água, se depositam na superfície dos objetos e da vegetação, geralmente à noite ou de madrugada, quando o ar se resfria. **2** sereno: *Usava chapéu para proteger-se do orvalho da noite.*

os.ci.la.ção *s.f.* **1** incerteza; hesitação: *a oscilação do jogo político.* **2** vibração: *a oscilação interna da Terra.* **3** variação; instabilidade: *a oscilação de preços de um mesmo produto em diferentes lojas.*

os.ci.lan.te *adj.2g.* **1** que oscila como pêndulo; móvel: *Possui centenas de móbiles oscilantes no teto.* **2** que não oferece segurança; instável: *Ganhar ou perder são os frutos naturais do crescimento oscilante, prolongado e difícil.* **3** hesitante; vacilante: *pessoa oscilante entre sentimentos opostos.*

os.ci.lar *v.t.* **1** fazer mover-se: *O vento oscila os cinamomos.* **2** variar: *Nos dias mais quentes, a temperatura oscila entre 40 e 45 graus.* **3** vacilar; hesitar: *No início, as crianças bilíngues oscilavam entre as duas línguas.* **4** mover-se alternadamente de um lado para outro; balançar-se: *Vendo oscilar o lustre, saiu de casa temendo um novo tremor de terra.* • *int.* **5** tornar-se irregular: *Após a doença, sua mão tremia e a letra oscilava.*

os.ci.la.tó.rio *adj.* oscilante: *movimento oscilatório.*

os.cu.lar *v.t.* beijar: *Reverentemente osculou o anel do bispo.*

ós.cu.lo *s.m.* beijo: *O insensato teve o desplante de pedir-me um ósculo.*

os.mo.se (ó) *s.f.* (Fís.-Quím.) fenômeno bioquímico em que um líquido de menor concentração flui para outro de maior concentração através de uma membrana semipermeável.

os.mó.ti.co *adj.* que se dá por osmose: *Vários mecanismos mantêm nos animais o equilíbrio osmótico entre as células e os líquidos fisiológicos.*

os.sa.da *s.f.* conjunto de ossos de um cadáver; restos mortais: *Não havia nenhum vestígio de roupas onde a ossada foi encontrada.*

os.sá.rio *s.m.* local em cemitério onde são colocados os ossos humanos.

os.sa.tu.ra *s.f.* constituição óssea: *a delicada ossatura da mão.*

ós.seo *adj.* **1** relativo ao osso: *A técnica do enxerto ósseo foi criada na década de 1940.* **2** do osso: *tecido ósseo.* **3** formado por ossos: *a bacia óssea.* **4** que apresenta esqueleto ósseo: *peixes ósseos.*

os.sí.cu.lo *s.m.* **1** osso pequeno. **2** (Bot.) caroço dos frutos, pequeno e não divisível em duas válvulas.• *pl.* **3** (Anat.) grupo de pequenos ossos articulados entre si e localizados na orelha média.

os.si.fi.ca.ção *s.f.* (Histol.) calcificação; endurecimento: *A ossificação da moleira só ocorre à medida que se processa o crescimento do crânio.*

os.so (ô) *s.m.* **1** (Anat. Histol.) cada um dos elementos sólidos e calcificados que formam o esqueleto dos vertebrados: *Na fratura um dos ossos estava exposto.* • *pl.* **2** ossada: *Os ossos do garimpeiro não foram localizados.* **3** dificuldade: *Ele tem provas de sua inocência, mas vai ser um osso defender isso.* ✦ **no osso** (i) em péssimo estado ou mal financeiramente: *O aumento dos impostos deixou o povo no osso.* (ii) no fim; quase esgotado: *A gasolina do carro estava no osso.* **osso duro de roer** pessoa, coisa ou situação difícil de suportar. **ossos do ofício** dificuldade inerente a determinado encargo.

os.so.bu.co *s.m.* prato feito de rodelas de osso e carne de vitela: *Saboreava um perfumado ossobuco com polenta.*

os.su.do *adj.* que tem ossos grandes ou salientes.

os.ten.si.vo *adj.* **1** feito para se ver e mostrar, cujo destino é ser exibido. **2** voltado para o ataque: *policiamento ostensivo.* **3** evidente: *As polícias rodoviárias estadual e federal farão policiamento ostensivo.*

os.ten.só.rio *s.m.* custódia onde se coloca a hóstia consagrada.

os.ten.ta.ção *s.f.* **1** exibição: *Ele usa arma sem ostentação.* **2** pompa; magnificência: *um ambiente de ostentação, com ar refrigerado e música suave.*

os.ten.tar *v.t.* **1** mostrar exibindo-se; exibir: *A garota ostentava ainda os brincos que ganhou do namorado.* **2** apresentar com destaque; ter em lugar proeminente: *O ator continua ostentando seu diploma da faculdade de Direito.* • *pron.* **3** mostrar-se com exibição: *O bando de Lampião ostentava-se pelas ruas de Juazeiro.*

os.ten.ta.tó.rio *adj.* de ostentação; ostensivo: *a riqueza e a força ostentatórias dos ativistas.*

os.ten.to.so (ô) *adj.* luxuoso: *um estilo de vida glamouroso, ostentoso.*

os.te.o.po.ro.se (ó) *s.f.* (Histol.) doença caracterizada pela diminuição da massa óssea: *A osteoporose debilita a estrutura óssea.*

os.tra (ô) *s.f.* (Zool.) molusco revestido por duas conchas, que pode produzir a pérola.

os.tra.cis.mo *s.m.* **1** exílio; expatriação; degredo: *O ostracismo do escritor foi decretado por volta de*

1550. **2** afastamento; exílio: *Voltou ontem à cena política, depois de um período de quatro anos de ostracismo.* **3** (Fig.) situação de esquecimento; desprezo: *Cantores de música pop amargam longos períodos de ostracismo.*

o.tá.rio *s.m.* (Gír.) **1** pessoa simplória, fácil de ser enganada; bobo: *Eles não passavam de uns otários.* • *adj.* **2** tolo; trouxa: *Consumidores otários que pagam ágio.*

ó.ti.ca *s.f.* (Bras.) óptica.

ó.ti.co[1] *adj.* relativo ou pertinente ao ouvido: *As palavras ótica e otite têm origem comum.*

ó.ti.co[2] *adj.* óptico.

o.ti.mis.mo *s.m.* visão favorável das coisas e situações: *A nação demonstrou otimismo com a perspectiva de retomar as negociações de paz.*

o.ti.mis.ta *s.2g.* **1** pessoa que tem otimismo: *Os pessimistas tendem a ficar doentes mais vezes do que os otimistas.* • *adj.2g.* **2** em que há otimismo: *No fim de ano, o presidente deve passar uma impressão otimista.*

o.ti.mi.za.ção *s.f.* melhoria visando ao grau ótimo de eficácia: *A otimização dos torneios ainda vai fazer o valor dos prêmios subir mais.*

o.ti.mi.zar *v.t.* tornar ótimo; dar ótimas condições a algo ou alguém.

ó.ti.mo *adj.* **1** muito bom; boníssimo: *Foi ótimo que tudo se esclarecesse.* **2** muito competente, eficiente: *Ele é um ótimo dentista.* **3** muito afável no trato; atencioso: *Ela é uma pessoa ótima.* **4** de boa aparência: – *A senhora está ótima!* **5** de excelente qualidade: *A comida deste restaurante é ótima.* **6** muito favorável; conveniente: *Aqui você tem condições ótimas de trabalho.* • *interj.* **7** expressa aprovação. // Ant.: péssimo.

o.ti.te *s.f.* (Patol.) inflamação do ouvido.

o.to.ma.no *adj.* relativo ou próprio do Império Romano (séc. XIII-XX); turco: *O príncipe Drácula era o terror dos invasores otomanos no século XV.*

o.tor.ri.no.la.rin.go.lo.gi.a *s.f.* parte da Medicina que se ocupa das doenças relativas ao ouvido, nariz e garganta.

o.tor.ri.no.la.rin.go.lo.gis.ta *s.2g.* **1** médico especialista em otorrinolaringologia: *Marcou consulta com um otorrinolaringologista.* • *adj.2g.* **2** que se especializou em Otorrinolaringologia: *O médico otorrinolaringologista só atende duas vezes por semana.*

ou *conj.* associa orações matizando-as de valor alternativo que exprime a equivalência ou a exclusão: *Com esse dinheiro só dá para ir ao cinema ou ao teatro.* • **ou seja/ou melhor** indica explicação ou retificação; isto é, a saber: *Queremos ter o direito de opinar, ou seja, queremos democracia.*

ou.re.la (é) *s.f.* orla; arremate de uma peça de tecido: *As especificações técnicas do tecido em questão exigiam a largura mínima de 1,50 m, excluídas as ourelas.*

ou.ri.çar *v.t.* (Coloq.) **1** inquietar; agitar: *As fusões ouriçaram o mercado financeiro e o setor de cheque-refeição.* • *pron.* **2** inquietar-se; agitar-se: *Com aquela disputa crescente, os partidos da área de influência governista se ouriçaram.*

ou.ri.ço *s.m.* **1** animal mamífero que tem o corpo coberto de espinhos: *Os ouriços esconderam-se nos ocos das árvores.* **2** invólucro externo espinhoso de certos frutos: *As castanhas caíam em ouriços do alto das*

outono

árvores e eram abertas a facão. **3** (Coloq.) agitação; movimento; excitação: *Os clientes famosos provocam o maior ouriço nas tardes de sábado.*

ou.ri.ço-do-mar *s.m.* animal marinho de carapaça rígida e coberta de espinhos em sua superfície. // Pl.: ouriços-do-mar.

ou.ri.cu.ri *s.m.* palmeira de frutos comestíveis e sementes que fornecem óleo usado na alimentação: *As palhas do ouricuri são finas.*

ou.ri.ves *s.2g.* profissional fabricante de artefatos de ouro.

ou.ri.ve.sa.ri.a *s.f.* **1** técnica de trabalhar o ouro: *As joias se somam a um acervo raro de ourivesaria romana.* **2** oficina ou loja de ourives: *Aprendeu a fazer embalagens artesanais na ourivesaria de seu pai.*

ou.ro *s.m.* **1** (Quím.) elemento químico metálico, amarelo e brilhante, denso, maleável e dútil, bom condutor de eletricidade: *O ouro é um metal nobre.* **2** cor amarela: *O ouro de seu cabelo faiscava ao sol.* **3** dinheiro: *Só seria libertado a peso de muito ouro.* **4** joia: *Os ladrões levaram todos os seus ouros.* **5** medalha de ouro correspondente ao primeiro lugar em uma competição: *Na última olimpíada quem levou mais ouro foram os russos.* **6** (Fig.) tudo o que tem muito valor: *A amizade é ouro.* **7** naipe do baralho em forma de losango vermelho: *Descartou o nove de ouros.* ✦ **de ouro** (i) boníssimo: *Ele tem coração de ouro.* (ii) dourado: *Acariciava aqueles cabelos de ouro.* (iii) de grande valor; precioso; excelente: *Aquela é uma oportunidade de ouro.* **ouro branco** liga de ouro, níquel, cobre e zinco: *um anel de ouro branco.* **ouro negro** petróleo: *A companhia já identificou o filão do ouro negro nacional.* // Símb.: Au; N. Atôm.: 79.

ou.ro.pel *s.m.* **1** liga metálica de cobre amarelo ou latão e zinco, que imita o ouro: *As peças do altar principal eram de fino ouropel.* **2** (Fig.) Falso brilho; aparência enganosa. **3** estilo pomposo que encobre a pobreza ou falta de ideias.

ou.sa.di.a *s.f.* **1** coragem; destemor; arrojo: *pessoa de ousadia admirável.* **2** temeridade, imprudência: *Teve a ousadia de enfrentar o chefe.* **3** petulância; atrevimento: *Os pistoleiros agem com a ousadia de quem se sabe impune.*

ou.sa.do *s.m.* **1** pessoa audaciosa: *A fortuna favorece os ousados.* • *adj.* **2** arrojado; audacioso: *Partiu para algo mais ousado e criou uma coleção de cores cítricas.* **3** atrevido: *O crime se torna mais organizado e ousado.* **4** corajoso: *Os ousados bandeirantes partiram com escravaria de pretos e índios rumo ao desconhecido.*

ou.sar *v.t.* **1** atrever-se a: *Quem ousar ultrapassar as barreiras, será preso.* • *int.* **2** arriscar-se: *É tempo de endurecer e ousar.*

ou.tão *s.m.* espaço lateral de uma casa.

outdoor (áutdór) (Ingl.) *s.m.* grande cartaz de propaganda.

ou.tei.ro *s.m.* colina: *A igreja matriz foi construída em cima de um outeiro.*

ou.to.nal *adj.2g.* **1** de outono: *uma tarde outonal.* **2** melancólico: *O filme começa num tom deprimido e outonal.*

ou.to.no *s.m.* **1** período do ano compreendido entre 21 de março e 20 de junho, no hemisfério sul, e entre

outorga

22 de setembro e 20 de dezembro, no hemisfério norte: *as frutas do outono.* **2** decadência; ocaso: *o outono da vida.*

ou.tor.ga *s.f.* **1** ato ou efeito de conceder por direito: *A outorga da Constituição de 1824 pelo imperador.* **2** autorização; permissão: *a outorga de concessões de telefonia celular a investidores privados.*

ou.tor.gar *v.t.* **1** dar por direito; conceder legalmente: *O prefeito irá outorgar ao goleiro uma medalha de ouro.* **2** atribuir; conceder: *A universidade outorgou ao presidente o título de doutor honoris causa.*

output (áutput) (Ingl.) (Inf.) saída.

ou.trem *pron. indef.* outra pessoa: *E a minha voz explodiu, clara, como de outrem, sem assustar-me.*

ou.tro *pron. indef.* **1** diferente daquilo ou daquele que se supõe: *E não me ocorreu outro recurso.* **2** o segundo, em relação a um primeiro especificado: *Das duas laranjas, chupou uma e deixou a outra para depois do café.* **3** diferente; diverso: *Vocês vão me desculpar, mas não tenho coragem de ler o que se segue de outra maneira!* **4** seguinte; ulterior: *Os meus tênis tinham que durar até o outro ano.* **5** anterior; passado: *A ponte está velha: talvez não aguente. Na outra semana, vi uma tábua podre.* **6** oposto: *Vi alguém acenando do outro lado do rio.* ♦ *pl.* **7** demais; restantes: *A ideia de contemplar as outras belezas da mansão.* **8** as demais pessoas: *Uma criatura que atraía a desgraça para si e para os outros.* ♦ **outro mundo** o além-túmulo: *o enigma do outro mundo.* **do outro mundo** extraordinário; excepcional: *Essas sobremesas de chocolate são do outro mundo!*

ou.tro.ra *adv.* em outro tempo; antigamente: *Organizou um baile de carnaval como os de outrora.*

ou.tros.sim *adv.* da mesma forma; também.

ou.tu.bro *s.m.* décimo mês do ano civil.

ou.vi.do *s.m.* **1** (Anat.) órgão da audição; orelha. **2** audição: *Era preciso amestrar os ouvidos, dizia o professor.* **3** acuidade para captar e discriminar sons: *Quem tem bom ouvido aprende a cantar com facilidade.* **4** atenção: *Não demos ouvido ao que ele disse.* ♦ **de ouvido** por mero teórico; sem recorrer à notação musical: *tocar música de ouvido.*

ou.vi.dor (ô) *s.m.* (Bras.) magistrado que exerce as funções de juiz; juiz.

ou.vi.do.ri.a *s.f.* **1** cargo de ouvidor: *Lá estava o presidente para oficializar a ouvidoria.* **2** A instituição que oferecia os serviços de ouvidor. **3** local onde o ouvidor exerce suas funções.

ou.vin.te *s.2g.* **1** pessoa que assiste a uma conferência, preleção, ouve programa de rádio etc.: *A gente trata o ouvinte de modo especial.* **2** pessoa que ouve outra: *A receptividade dos ouvintes é espantosa.* ♦ *adj.2g.* **3** que ouve; que está ouvindo: *Ligando agora o amigo ouvinte ganha um ingresso para o show.*

ou.vir *v.t.* **1** escutar; perceber (os sons) pelo ouvido: *Ouvia a música do compositor polonês.* **2** receber o depoimento: *As autoridades ouviram duas testemunhas.* **3** escutar; atender: *Meu Deus, por que não ouvi mamãe?* **4** ficar sabendo: *Ouvi que as eleições serão adiadas.* ♦ *int.* **5** perceber e entender os sons pelo sentido da audição; escutar: *Minha tia não ouve bem.*

o.va (ó) *s.f.* ovário de peixe: *A culinária regional serve caldo de mocotó e ova de peixe ao coco.*

o.va.ção *s.f.* aplauso entusiástico; aclamação: *Os músicos foram recebidos com ovação.*

o.va.ci.o.nar *v.t.* receber com ovação; aplaudir intensamente: *Com a vitória, passaram a ovacionar o treinador.*

o.val *s.m.* **1** pista com circuito de forma oval: *Será uma prova muito difícil por causa do tráfego, constante nos ovais pequenos.* **2** (Geom.) linha fechada em forma elíptica: *O desenho é contornado pelo oval em azul.* ♦ *adj.2g.* **3** em forma de ovo; com curva fechada e alongada: *mesa oval.*

o.va.la.do *adj.* de forma oval: *Ele está empenhado na construção de um circuito ovalado.*

o.va.ri.a.no *adj.* do ou pertencente ao ovário: *tumores ovarianos.*

o.vá.rio *s.m.* **1** (Anat.) cada um dos dois corpos situados de cada lado do útero: *A mulher tem dois ovários.* **2** (Zool.) órgão que contém e onde se formam os ovos ou óvulos nas fêmeas das aves e noutros animais ovíparos: *A doença fica incubada no ovário de galinhas.* **3** (Bot.) pequeno órgão da flor, que encerra os óvulos, dentro dos quais se acha a célula reprodutiva feminina: *O ovário da flor expele um óvulo para ser fecundado.*

o.vei.ro *s.m.* (Coloq.) ovário.

o.ve.lha (ê) *s.f.* **1** fêmea do carneiro: *cobertor de lã de ovelha.* **2** nome genérico para ovelha ou carneiro: *A ovelha nordestina adequou-se ao calor do sertão e perdeu a lã.* **3** (Fig.) paroquiano ou diocesano em relação a seu pastor espiritual: *uma fiel e submissa ovelha do rebanho de Cristo.*

o.ve.lha ne.gra *s.f.* pessoa dissoluta; mau elemento: *a ovelha negra da família.* // Pl.: ovelhas negras.

o.ver.lo.que *s.m.* peça de máquina de costura própria para coser as bordas do tecido: *Uma overloque semi-industrial não custa caro.*

overnight (ôuvernáit) (Ingl.) *s.m.* negócio por um dia no mercado aberto de ações: *as extraordinárias remunerações do overnight.*

o.vi.no *s.m.* *pl.* **1** nome genérico para ovelha, carneiro ou cordeiro. ♦ *adj.* **2** de ovelha, carneiro ou cordeiro: *a criação de rebanho ovino.*

o.vi.pa.ri.da.de *s.f.* (Zool.) reprodução por meio de ovos, que são incubados fora do organismo.

o.ví.pa.ro *s.m.* (Zool.) **1** animal que se reproduz por meio de ovos. ♦ *adj.* **2** que se reproduz por oviparidade: *As lesmas e os caracóis são ovíparos.*

o.vo (ô) *s.m.* (Embr.) **1** célula resultante da fecundação de um núcleo feminino por um masculino: *Fecundação é a fusão de gametas, formando um ovo ou zigoto.* **2** célula reprodutora feminina das aves. **3** célula reprodutora feminina dos animais ovíparos: *ovo de tartaruga.* ♦ *pl.* **4** (Coloq.) testículos. ♦ **ovo de Colombo** coisa fácil de realizar, mas na qual não se pensou antes que outrem a realizasse: *Não é por ser um ovo de Colombo que a iniciativa deixa de ter méritos.* **ovo de Páscoa** bombom oco em forma de ovo, recheado com balas e/ou bombons pequenos, que se vende na época da Páscoa.

o.voi.de (ói) *adj.* em forma de ovo; oval: *um tumor ovoide.*

o.vo.vi.ví.pa.ro *s.m.* (Biol.) **1** animal cujo ovo é incubado no organismo materno. • *adj.* **2** que se reproduz por ovo incubado no interior do organismo materno: *Certos lagartos são ovovivíparos.*

o.vu.la.ção *s.f.* (Biol.) saída do óvulo do ovário para o útero.

o.vu.lar *v.int.* passar por ovulação; ter ovulação.

o.vu.la.tó.rio *adj.* de ou relativo à ovulação.

ó.vu.lo *s.m.* (Biol.) célula sexual feminina da qual deriva o embrião depois de fecundado: *O sucesso reprodutivo é medido pelo número de óvulos que o macho consegue fecundar.*

o.xa.lá /ch/ *s.m.* **1** nas religiões afro-brasileiras, orixá da criação e procriação, sincretizado com Jesus Cristo; divindade suprema desses cultos, apenas abaixo de Olorum (criador do mundo; firmamento). • *interj.* **2** expressa desejo; tomara; queira Deus: *Oxalá o Congresso Nacional se apresse em transformar todas essas medidas em leis modernizantes.*

o.xa.la.to /ks/ *s.m.* (Quím.) sal do ácido oxálico.

o.xá.li.co /ks/ *adj.* diz-se de um ácido encontrado na planta chamada azedinha.

o.xi.da.ção /ks/ *s.f.* (Quím.) **1** conversão em óxido; combinação com oxigênio. **2** ferrugem: *a oxidação da lata.*

o.xi.dan.te /ks/ *s.m.* (Quím.) **1** substância que causa oxidação: *O oxidante destrói as algas, mas preserva os peixes.* • *adj.2g.* **2** que causa oxidação: *sais oxidantes.*

o.xi.dar /ks/ *v.t.* **1** converter em óxido. • *pron.* **2** enferrujar: *Outra vítima é o disco rígido, que pode oxidar(-se).*

ó.xi.do /ks/ *s.m.* (Quím.) composto binário de oxigênio e outro elemento: *óxido de magnésio.*

o.xi.dri.la /ks/ *s.f.* (Quím.) radical formado por um átomo de oxigênio e um de hidrogênio: *a presença da oxidrila no carbono.*

o.xi.ge.na.ção /ks/ *s.f.* distribuição do oxigênio: *Quatro a seis minutos é o tempo em que o cérebro consegue resistir sem oxigenação.*

o.xi.ge.nar /ks/ *v.t.* **1** introduzir oxigênio em; fazer ficar oxigenado: *oxigenar o cérebro.* **2** (Pop.) descolorir por aplicação de água oxigenada: *oxigenar os cabelos.* **3** fortalecer; revigorar: *oxigenar os conceitos enferrujados.*

o.xi.gê.nio /ks/ *s.m.* (Quím.) elemento não-metálico, gasoso na temperatura ambiente, incolor, inodoro, insípido, comburente, mas não combustível, com atividade química bastante grande, indispensável à vida. // Símb.: O; N. Atôm: 8.

o.xí.me.tro /ks/ *s.m.* instrumento usado para avaliar a quantidade de oxigênio no sangue: *O paciente usava no pulso um oxímetro.*

o.xí.mo.ro /ks/ (ó) *s.m.* (E. Ling.) engenhosa combinação de palavras ou frases contraditórias ou incongruentes. *"Silêncio clamoroso" é um oxímoro.*

o.xí.to.no /ks/ *s.m.* (E. Ling.) **1** palavra que tem tônica a última sílaba: *Os oxítonos terminados em a, e, o são acentuados.* • *adj.* **2** cuja sílaba tônica é a última: *Os vocábulos café, botequim, avô e angu são oxítonos.*

o.xi.u.rí.a.se *s.f.* (Med.) infecção causada por oxiúro.

o.xi.ú.ro /ks/ *s.m.* (Zool.) verme que penetra no organismo por via oral, por contato com areia ou água contaminada, e se aloja no intestino, provocando forte coceira no ânus.

o.zô.nio *s.m.* (Quím.) gás azul-pálido, muito oxidante e reativo, constituído por três átomos de oxigênio, e que se desenvolve sob a influência de descargas elétricas: *Detectaram um buraco na camada de ozônio.*

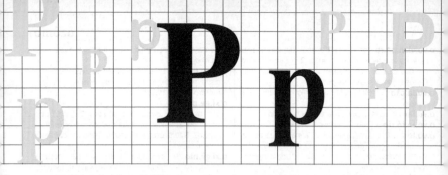

p s.m. 1 décima sexta letra do alfabeto português. 2 a figura dessa letra. 3 abreviatura de página. • num. 4 décimo sexto numa série indicada por letras do alfabeto português.

pá s.f. 1 instrumento largo e chato de madeira, ferro ou plástico, com um cabo, usado sobretudo para cavar, carregar material de construção ou recolher lixo. 2 qualquer objeto largo e chato que tenha um cabo ou uma haste: *uma pá de ventilador*. 3 a parte mais larga e carnuda das pernas dianteiras dos bovinos: *a pá do boi*. 4 (Coloq.) grande quantidade: *Vivia atribulado com uma pá de dificuldades*. • interj. 5 exprime o som do choque ou de queda de um corpo. ♦ **da pá virada** de comportamento difícil, impetuoso ou violento; fora das normas: *Ela é uma garota da pá virada*.

pa.bu.lar v.int. fazer alarde; gabar-se: *Num instante correu laço, laçou, derrubou o garrote e amarrou-o sem pabular*.

pa.ca¹ s.f. mamífero roedor de médio porte, com pelos grossos e brilhantes, dorso escuro, ventre branco e pequena cauda.

pa.ca² adv. (Bras. Ch.) à beça; muito; demais: *Sou feliz paca!* // também se usa o plural *pacas*.

pa.ca.to adj. amigo da paz; tranquilo: *Meu avô era um homem pacato*.

pa.cho.la (ó) s.m. 1 homem vaidoso, malandro e mulherengo: *Uns pacholas de chapéu à banda, alisando aqueles fiapos de bigode*. • adj. (Coloq.) 2 gabola; pedante; convencido: *O locutor, levemente pachola, caprichava na escolha das palavras*. 3 divertido; engraçado: *Ele se afasta com o andar pachola*.

pa.chor.ra (ô) s.f. 1 falta de pressa ou afobação; fleuma: *Com toda a pachorra, o paisano respondeu que não sairia dali*. 2 paciência; perseverança: *Poucas são as pessoas que têm a pachorra de ler o calhamaço orçamentário*.

pa.ci.ên.cia s.f. 1 perseverança; constância: *Os homens esqueceram que Cristo os aconselhou a ter paciência, muita paciência*. 2 virtude que consiste em suportar aborrecimentos, incômodos, dores, sem queixas; tolerância: *Era preciso ter grande dose de paciência e habilidade para suportar aquele contato diário*. 3 jogo de baralho para uma só pessoa: *A mulher reiniciou seu jogo de paciência*. • interj. 4 exorta à resignação, à conformação; responde a objeções prematuras; assinala o caráter inevitável do infortúnio: *Se ele não quiser me esperar, paciência!*

pa.ci.en.te s.2g. 1 pessoa que está sob tratamento médico, psicológico ou odontológico; doente: *É um médico muito atencioso com seus pacientes*. • adj.2g.

2 que tem paciência: *Aquela enfermeira não é muito paciente*. 3 que suporta os defeitos, os erros ou as objeções, críticas e provocações dos outros; tolerante: *um professor muito paciente com seus alunos*. 4 que se faz com paciência; que exige paciência: *Chegou a um bom resultado, após anos e anos de paciente pesquisa*. 5 que tem ou manifesta paciência; sereno: *Ela sempre me tratara com paciente atenção*.

pa.ci.fi.ca.ção s.f. 1 promoção, estabelecimento ou restituição da paz em quaisquer disputas; apaziguamento: *Um dos principais pontos da campanha foi o da pacificação dos ânimos dos contribuintes*. 2 restabelecimento da paz.

pa.ci.fi.car v.t. 1 tornar pacífico; apaziguar: *O objetivo é tentar pacificar o partido*. • pron. 2 tranquilizar-se: *Talvez a região já estivesse se pacificando*.

pa.ci.fi.co adj. 1 amigo da paz; tranquilo: *Eram pacíficos pescadores*. 2 aceito sem contestação: *É ponto pacífico que o futebol brasileiro possui uma escola técnica diferente da europeia*. 3 sem finalidade bélica: *experiências nucleares com propósitos pacíficos*.

pa.ci.fis.mo s.m. doutrina dos que lutam pela paz universal: *Desde a Primeira Guerra Mundial os meios intelectuais desfraldavam a bandeira do pacifismo*.

pa.ci.fis.ta s.2g. 1 partidário do pacifismo: *uma peregrinação de pacifistas ao museu de Hiroshima*. • adj.2g. 2 relativo a pacifismo ou que é partidário de; a favor do pacifismo: *Ela amava um soldado pacifista*. 3 amante da paz: *o espírito pacifista do povo egípcio*.

pa.ço s.m. 1 palácio real ou episcopal: *O povo invadiu o paço da Ribeira para exigir a abdicação do rei*. 2 edifício que é sede do governo ou das câmaras, assembleias e conselhos legislativos, sobretudo do governo municipal: *A reunião dos grevistas será em frente ao paço municipal*.

pa.ço.ca (ó) s.f. (Bras.) 1 prato da cozinha brasileira feito de carne-seca ou de carne assada, frita ou cozida, desfiada e socada com farinha de mandioca ou de milho. 2 doce feito com amendoim socado e rapadura ou açúcar.

pa.co.te (ó) s.m. 1 pequeno maço; embrulho. 2 série ou conjunto de decretos-leis ou medidas administrativas, expedidos de uma só vez: *Foi em março o último pacote econômico*. 3 (Coloq.) embuste.

pac.to s.m. 1 convenção; ajuste: *Os jogadores fazem um pacto de silêncio sobre o esquema tático do time*. 2 cláusula especial de um contrato: *Com esse contrato estamos assinando um pacto, uma aliança com os EUA*. 3 acordo: *A festa de Natal é a memória do pacto de Deus com os homens*.

pac.tu.ar v.t. 1 transformar em pacto: *pactuar salários e preços*. 2 fazer pacto; associar-se: *pactuar com lideranças políticas da oposição*.

636

pa.cu s.m. (Bras.) peixe de água doce, de corpo ovalado ou arredondado, que se alimenta de frutas principalmente.

pa.da.ri.a s.f. estabelecimento comercial onde se fazem e se vendem pães, biscoitos e bolos.

pa.de.cer v.t. **1** aguentar; suportar: *A garçonete padecia um regime para emagrecer.* **2** estar acometido: *A nossa sociedade padece de diversos males.* • int. **3** sofrer: *Devemos confortar os que padecem.*

pa.de.ci.men.to s.m. **1** ato ou efeito de padecer. **2** sofrimento; tormenta: *Quem poderia compreender meus padecimentos?*

pa.dei.ro s.m. profissional que faz pão ou quem é dono de padaria.

pa.di.o.la (ó) s.f. cama de lona, portátil e desmontável, para transporte de doentes e feridos; maca.

pa.drão s.m. **1** tipo; espécie: *O imposto varia de um imóvel para outro, dependendo de seu padrão e da sua localização.* **2** (Fig.) modelo; protótipo: *Naquele tempo o padrão linguístico da elite brasileira ainda era o de Coimbra ou Lisboa.* **3** nível: *apartamentos de padrão médio.*

pa.dras.to s.m. indivíduo em relação aos filhos que sua esposa teve em casamento ou relação anterior; indivíduo que ocupa o lugar do pai.

pa.dre s.m. sacerdote; ministro de uma religião, principalmente da Igreja Católica. // Fem.: madre.

pa.dre-nos.so s.m. pai-nosso. // Pl.: padres-nossos e padre-nossos.

pa.dri.nho s.m. **1** testemunha de batismo, crisma, casamento ou duelo. **2** protetor; patrono; defensor: *Não preciso de padrinho nenhum para arrumar emprego.* **3** patrão; chefe político ou chefe de jagunços no sistema de coronelato: *O padrinho já estava contando os votos.* **4** paraninfo: *Ela recebeu seu diploma levada pelo braço do padrinho.* // Fem.: madrinha.

pa.dro.ei.ro s.m. **1** divindade protetora: *São Judas Tadeu, o padroeiro das causas impossíveis.* • adj. **2** defensor; protetor: *O usineiro era uma espécie de padroeiro do baronato paulista infiltrado no governo.* **3** protetor; defensor; patrono: *São Cristóvão é o santo padroeiro dos motoristas e dos viajantes.*

pa.dro.na.gem s.f. estampa de tecido: *tecido de superior qualidade, em bonitas padronagens exclusivas.*

pa.dro.ni.za.ção s.f. redução a um mesmo padrão; uniformização: *padronização de salários.*

pa.dro.ni.zar v.t. promover a padronização; uniformizar: *padronizar os estilos.*

pa.e.tê s.m. **1** lantejoula: *as plumas e paetês das bailarinas.* **2** tecido bordado com lantejoulas: *vestido de paetê vermelho.*

pa.ga s.f. pagamento; recompensa: *Como fica, na transição, a paga do trabalhador?*

pa.ga.dor (ô) s.m. **1** quem salda as suas dívidas ou compromissos: *Certamente não emprestaria dinheiro a um mau pagador.* **2** pessoa que faz pagamentos. • adj. **3** que transporta pagamento; que paga: *os assaltantes do trem pagador.*

pa.ga.men.to s.m. compensação financeira por serviço prestado ou por bem adquirido: *Os pagamentos não estão sendo feitos às cegas.*

pa.ga.nis.mo s.m. **1** conjunto das religiões politeístas da Grécia e de Roma antes do cristianismo: *uma época de transição, dividida entre o paganismo e o cristianismo.* **2** o conjunto dos que não foram batizados: *A Igreja Cristã travava uma guerra contra o paganismo.*

pa.gan.te s.2g. **1** quem efetua pagamento: *Sonegadores usufruem dos serviços prestados pelo Estado da mesma forma que os pagantes.* • adj.2g. **2** que efetua pagamento: *público pagante.*

pa.gão s.m. **1** quem não é batizado: *Padre Manuel batizou os pagãos.* • adj. **2** que não é batizado: *homem pagão.* **3** que segue os princípios do paganismo: *os rituais pagãos.* **4** diz-se do feijão cozido, sem ter sido amassado ou temperado: *Hoje jantaremos arroz com feijão pagão.* // Pl.: pagãos.

pa.gar v.t. **1** cumprir: *pagar promessa.* **2** compensar por serviços prestados; remunerar: *pagar valores excessivos aos executivos.* **3** saldar dívida; restituir valor devido; reembolsar: *O banco foi condenado a pagar ao correntista alta quantia.* **4** compensar por bem adquirido ou por serviço prestado: *O time vai pagar pelo empréstimo do craque chileno.* **5** retribuir: *Pague as injúrias com seu silêncio.* **6** sofrer as consequências de; expiar: *Ele está pagando pelos erros cometidos.*
• **pagar mico** dar vexame. **pagar para ver** fazer questão de verificar. **pagar o pato** ser inculpado por algo que não fez. // Pp.: pagado; pago.

pa.gá.vel adj.2g. que pode ser pago: *um cheque pagável em São Paulo.*

pager (pêidjer) (Ingl.) s.m. pequeno aparelho receptor de mensagens transmitidas por uma central de radiotransmissão.

pá.gi.na s.f. **1** cada um dos lados das folhas de um livro, jornal, revista ou documento. **2** o que está escrito em cada um desses lados; trecho; passagem. • **página virada** pessoa ou coisa que já não tem importância.

pa.gi.nar v.t. **1** dispor harmoniosamente os elementos gráficos de uma obra para formar as páginas. **2** numerar por ordem as páginas de; diagramar: *O texto entra no computador da editoria de arte, que já o pagina eletronicamente.*

pa.go¹ adj. **1** que recebeu ou está recebendo pagamento: *Empregado bem pago produz mais.* **2** que se pagou: *Viajou com despesas pagas.* **3** que se paga; que é ou deve ser objeto de pagamento: *ensino pago.*

pa.go² s.m. (Bras.) pequena povoação; região; campo: *Belém fica a três mil quilômetros de distância dos pagos mineiros.*

pa.go.de (ó) s.m. **1** templo asiático: *A única parede onde não havia reproduções de ideogramas e pagodes chineses estava coberta por um espelho.* (Bras.) **2** divertimento; pândega: *Lá vai o velho para o pagode.* **3** certa variedade de samba, cantado ou tocado, surgida no Rio de Janeiro na década de 1970: *A rádio deixou de lado gêneros musicais populares, como o sertanejo e o pagode.*

pa.go.dei.ro s.m. (Bras.) **1** quem é adepto ou dançarino de pagode: *O silêncio da área só foi quebrado por um grupo de pagodeiros.* • adj. **2** que é adepto ou dançador de pagode.

pai s.m. **1** homem que gerou um ou mais filhos; genitor. **2** benfeitor; protetor: *O coronel era conhecido como o pai dos pobres.* **3** chefe: *É casado e pai de família.* **4** criador; fundador: *Hipócrates é considerado o pai da Medicina.* **5** forma afetuosa ou respeitosa de tratamen-

pai de santo

to dada a escravos idosos: *O lavrador foi aconselhar-se com pai João*. **6** (Coloq.) tratamento que os filhos dão ao pai; papai: *Sua bênção, pai.* • *pl.* **7** o pai e a mãe: *Não dava desgosto aos pais.*

pai de san.to *s.m.* (Bras. Rel.) sacerdote do culto fetichista afro-brasileiro que, na umbanda e candomblé, se dirige à divindade da qual supostamente recebe instruções que transmite aos crentes. // Pl.: pais de santo. Fem.: mãe de santo.

pai de to.dos *s.m.* (Coloq.) o dedo médio da mão: *Exibia um grande anel no pai de todos.* // Pl.: pais de todos.

pai.na (ãi) *s.f.* conjunto de fibras sedosas, semelhantes às do algodão, que envolvem as sementes de certas plantas, formando uma cápsula, e que têm grande uso industrial.

pai.nei.ra *s.f.* árvore de grande porte, tronco grosso e espinhoso, enormes flores cor-de-rosa, que produz a paina.

pai.nel *s.m.* **1** obra artística ou decorativa que recobre totalmente ou em parte uma parede: *No largo painel estavam esculpidas as Armas Reais.* **2** quadro de anúncio ou de espetáculos, exposições, cursos; cartaz: *Localize primeiro o painel e verifique se o espetáculo está programado para este mês.* **3** quadro ou mostrador com instrumentos de controle ou de verificação de um aparelho ou de um motor: *Eram duas e trinta no painel do veículo.* **4** visão geral; panorama; quadro: *O professor apresentou um painel da poesia brasileira do século XX.*

pai-nos.so *s.m.* oração cristã que principia por essas palavras. // Pl.: pais-nossos e pai-nossos.

pai.o *s.m.* linguiça de carne de porco, acondicionada em tripa de intestino grosso.

pai.ol *s.m.* (Bras.) **1** local onde se guardam produtos da lavoura: *Toda a colheita de milho estava guardada em dois paióis.* **2** depósito de armas ou munições: *Havia metralhadoras em paióis escondidos na mata.*

pai.rar *v.t.* **1** estar iminente; ameaçar: *Paira uma ameaça de corrupção.* • *int.* **2** adejar sem sair do lugar: *O pássaro deu um impulso maior, pairou no ar antes de começar a cair.* **3** ficar suspenso no ar: *Um cheiro de mofo e de urina pairava na parte baixa do edifício.* **4** hesitar; estar indeciso.

pa.ís *s.m.* **1** território habitado por um povo que constitui uma nação. **2** terra; lugar: *Aqui é o país do Carnaval.* **3** pátria.

pai.sa.gem *s.f.* **1** espaço de terreno que se abrange num lance de vista: *As paisagens exóticas brasileiras inspiraram pintores e desenhistas europeus.* **2** pintura, desenho ou gravura que representa espaço rural ou urbano: *Pode pintar suas paisagens plantando-se ao ar livre.*

pai.sa.gis.mo *s.m.* **1** arte de representar as paisagens pela pintura ou desenho: *Suas fotografias apresentam semelhanças com o paisagismo romântico.* **2** estudo dos processos de planejamento da paisagem como complemento da arquitetura: *Mais de 80% das plantas usadas no paisagismo em todo o país têm origem na floresta litorânea.*

pai.sa.gis.ta *s.2g.* **1** quem pinta ou desenha paisagens: *Paisagistas europeus que permaneciam tardes a fio diante da mesma montanha.* **2** quem projeta paisagens: *um deslumbrante jardim projetado pelo paisagista Burle Marx.*

pai.xão *s.f.* **1** sentimento exacerbado; arrebatamento: *Um grande homem, uma grande paixão.* **2** atração forte de uma pessoa por outra; amor intenso: *a paixão de um homem por uma mulher.* **3** inclinação cega, obsessiva e contrária à razão. **4** (Rel.) o martírio de Jesus Cristo na cruz. // Nesta última acepção escreve-se com inicial maiúscula.

pa.jé *s.m.* (Bras. Antrop.) chefe espiritual dos indígenas, misto de sacerdote, profeta e médico-feiticeiro.

pa.je.lan.ça *s.f.* (Bras. Rel.) prática de curandeirismo; bruxaria: *Recorrria a magias e pajelanças para recuperar a saúde.*

pa.jem *s.m.* **1** na Idade Média, rapaz de nobre estirpe a serviço de um membro da nobreza. **2** menino que integra o cortejo de casamento. • *s.f.* **3** (Bras.) pessoa que cuida especialmente de crianças; ama: *Cacula, foi o único dos filhos a ter pajem.*

pa.la[1] *s.f.* **1** anteparo para proteger os olhos contra a claridade excessiva e incômoda. **2** anteparo móvel para proteger os olhos contra a luz ou claridade, que se coloca na parte superior interna do para-brisa dos automóveis: *A pala de sol é obrigatória.* **3** peça lisa, recortada, que se coloca como adereço geralmente em peça de roupa feminina: *Ela comprou uma camisola com pala de renda.*

pa.la[2] *s.m.* (Bras.) poncho leve, com as pontas franjadas.

pa.la.ce.te (ê) *s.m.* pequeno palácio; casa suntuosa: *Casas e palacetes eram decorados com azulejos de Portugal.*

pa.la.ci.a.no *s.m.* **1** cortesão; áulico. • *adj.* **2** relativo a palácio: *as intrigas palacianas.* **3** referente à corte ou ao palácio: *frequentar os meios nobres e palacianos.*

pa.lá.cio *s.m.* **1** residência de chefe de governo, de monarca ou de alto dignitário eclesiástico; sede de governo, de reinado, de administração pública ou eclesiástica: *palácio do governo.* **2** residência grande; edifício suntuoso: *O casario ainda modesto, mal alinhado, guardava lugar para os palácios do futuro.*

pa.la.dar *s.m.* **1** percepção dos objetos pelo gosto; gustação: *Salvador tem prazeres para a vista, ouvidos e paladar.* **2** sentido do gosto: *paladar apurado.*

pa.la.di.no *s.m.* **1** cada um dos principais cavaleiros que acompanhavam o imperador Carlos Magno; cavaleiro andante. **2** defensor fervoroso: *Sou um paladino das liberdades.*

pa.la.fi.ta *s.f.* **1** estacaria que sustenta as habitações sobre a água: *uma favela sobre palafitas espetadas em um vasto mangue.* **2** habitação sustentada por palafita: *Ele entrava nas palafitas para conversar com os conhecidos.*

pa.lan.que *s.m.* estrado com degraus, utilizado para espectadores de festas ao ar livre ou para realização de discursos de natureza política: *O candidato subiu ao palanque e falou para a comunidade.*

pa.la.tá.vel *adj.2g.* **1** grato ao paladar, pelo sabor que apresenta. **2** que agrada; aceitável: *O novo imposto é pouco palatável ao contribuinte.*

pa.la.ti.no *adj.* que se refere ao palato: *véu palatino.*

pa.la.to *s.m.* (Anat.) abóbada que separa a cavidade bucal das fossas nasais, dividida numa porção óssea

palito-francês

superior, que é o palato duro, e numa porção móvel, entre a boca e a faringe nasal, que é o palato mole: *A criança nasceu com deformações no palato.*

pa.la.vra *s.f.* **1** unidade léxica constituída por forma livre mínima, ou seja, forma que não admite subdivisões em outras formas livres, com organização fônica estável e com um conteúdo significativo único ou amalgamado; termo; vocábulo: *Não disse uma palavra.* **2** comunicação verbal; conversa: *É um homem tranquilo, de palavra macia.* **3** fala; discurso: *O presidente da mesa passou a palavra ao conferencista.* **4** promessa verbal: *Não há por que não crer na palavra de um homem de bem.* **5** doutrina; ensinamento: *Acreditava nas palavras do Evangelho.* • *interj.* **6** expressa exclamação ou afirmação categórica: *– Onde está o dinheiro? – Eu perdi, pai. Palavra!*

pa.la.vrão *s.m.* palavra obscena ou grosseira; xingamento: *Não diga palavrão.*

pa.la.vre.a.do *s.m.* **1** conjunto das palavras de um discurso: *Esse palavreado diz respeito à recessão e ao desemprego.* **2** conjunto de palavras sem muito nexo: *Esse palavreado dele é de beira de praia.*

pa.la.vró.rio *s.m.* palavreado: *O palavrório já não exerce sobre o eleitor o mesmo efeito de cinco anos atrás.*

pal.co *s.m.* **1** tablado ou estrado destinado a apresentações públicas: *Haverá shows em três palcos.* **2** local onde se desenrola algum acontecimento: *Os ecossistemas não podem mais ser considerados como palcos para a livre experimentação.* **3** atividade teatral: *A parceria agradou tanto que vai se estender aos palcos.*

pa.le.on.to.lo.gi.a *s.f.* ciência que estuda animais e vegetais fósseis: *A Paleontologia só se estabeleceu como ciência no século XIX.*

pa.le.o.zoi.co (ói) *adj.* diz-se da era geológica que se caracteriza pelo surgimento dos animais de organização celular rudimentar, pelo desenvolvimento dos invertebrados e pelo aparecimento de vermes, insetos, peixes, batráquios e répteis: *Foram identificadas rochas sedimentares formadas pela ação de geleiras na era paleozoica.*

pa.ler.ma *s.2g.* **1** pessoa tola; imbecil: • *adj.2g.* **2** tolo; imbecil; abobalhado: *dois homens palermas.*

pa.les.ti.no *s.m.* **1** natural ou habitante da Palestina. • *adj.* **2** relativo à Palestina (Oriente Médio).

pa.les.tra (ê) *s.f.* **1** apresentação oral de tema cultural ou científico; conferência: *A palestra entusiasmou a plateia.* **2** conversa: *Manteve comigo longa palestra sobre coisas da nossa infância.*

pa.les.tran.te *s.2g.* quem profere palestra: *Esses dados poderão ser esmiuçados, dependendo da importância do palestrante.*

pa.les.trar *v.int.* proferir palestra; conversar: *O procurador da República foi convidado a palestrar.*

pa.le.ta (ê) *s.f.* **1** omoplata ou espádua: *A novilha tinha um ferimento na paleta.* **2** placa oval ou retangular, que tem um orifício onde se enfia o polegar, e sobre a qual os pintores dispõem e misturam as tintas: *o pintor com uma paleta na mão e o pincel na outra.* **3** (Inf.) dispositivo que define cores e formas. **4** (Bras.) carne de animal originária da omoplata: *A paleta é menos gorda que o pernil.*

pa.le.tó *s.m.* casaco com bolsos internos e externos, cujo comprimento vai até a altura dos quadris e que se veste por cima do colete ou da camisa.

pa.lha *s.f.* **1** haste seca das gramíneas. **2** parte maleável que cobre as espigas dos cereais. **3** folha seca de palmeira com que se cobrem cabanas. **4** tira seca e flexível de junco, vime ou de outra planta com que se tecem ou armam diversos objetos: *tapetes de palha.*

pa.lha.ça.da *s.f.* **1** ato burlesco, ridículo ou divertido: *Ele ficava na frente fazendo palhaçadas para nos provocar.* **2** (Deprec.) comportamento inadequado, inconveniente: *Os rapazes só faziam palhaçadas.*

pa.lha.ço *s.m.* **1** artista que, especialmente em espetáculos circenses, se veste de maneira grotesca e faz pilhérias e graças para divertir o público: *uma fantasia de palhaço.* **2** (Fig.) pessoa que só diz tolices ou faz papel ridículo: *Não o levo a sério: é um palhaço.*

pa.lhei.ro *s.m.* **1** lugar onde se guarda palha: *Quando falei em casamento foi como acender um fósforo no palheiro.* **2** cigarro de palha: *De madrugada, em volta do fogo do galpão, tomando o chimarrão, fumando um palheiro.*

pa.lhe.ta[1] (ê) *s.f.* **1** cada uma das tábuas que formam as venezianas e permitem a ventilação: *A veneziana está com uma palheta quebrada.* **2** pá de ventilador ou de objeto semelhante: *ventilador de três palhetas.* **3** (Mús.) lâmina em formato de unha com que se tangem os instrumentos de corda. **4** (Mús.) peça delgada, feita de materiais diversos, usada na embocadura de vários instrumentos de sopro ou nos jogos de lingueta do órgão, cujas vibrações produzem um som tanto mais agudo quanto mais frequentes forem as batidas. **5** lâmina de ouro: *garimpeiros à cata de pequenas palhetas de ouro.* **6** aquilo que tem forma de pá ou de remo: *palhetas natatórias dos cetáceos.* **7** nos programas de editoração eletrônica, campo com um conjunto de cores: *Na nova versão, as palhetas ganharam um desenho que facilita seu uso.*

pa.lhe.ta[2] (ê) *s.f.* chapéu de palha: *As cadeiras de algodão usam palhetas para se protegerem do sol.*

pa.lho.ça (ó) *s.f.* choupana; choça; casebre.

pa.li.ça.da *s.f.* **1** conjunto de estacas fincadas na terra: *uma cerca de oito palmos, toda feita de mourões grossos, como paliçada, em aldeia de índio.* **2** obstáculo feito para defesa militar: *Fizeram uma grande paliçada de defesa da capital.*

pa.li.dez *s.f.* ausência de cor: *Ele foi tomado de grande palidez e angústia.*

pá.li.do *adj.* **1** que tem a pele descorada ou amarelada: *garoto raquítico e pálido.* **2** inexpressivo: *a pálida vitória do time.*

pá.lio *s.m.* cobertura portátil, com varas, que se conduz em cortejos ou procissões, caminhando debaixo dela a pessoa festejada ou o sacerdote que leva a hóstia consagrada dentro de uma custódia: *Numa onda de incenso, debaixo de pálio, vinha surgindo o padre, com o rosto sereno.*

pa.li.tar *v.t.* limpar com palito.

pa.li.to *s.m.* **1** haste pontiaguda, para limpar os dentes. **2** haste fina de madeira. **3** (Coloq.) pessoa muito magra.

pa.li.to-fran.cês *s.m.* biscoito feito de massa de pão de ló, assado sobre papel e coberto de açúcar, usado no preparo de doces e tortas. // Pl.: palitos-franceses.

palma

pal.ma *s.f.* **1** folha de palmeira: *casebre coberto de palmas*. **2** (Anat.) porção da face anterior da mão compreendida entre o punho e os dedos: *a palma das mãos*. **3** som produzido quando se aplaude: *Bateram palmas na porta da frente*.

pal.ma.da *s.f.* golpe (pancada) com a palma da mão: *Deu-lhe uma palmada leve no rostinho corado*.

pal.mar *s.m.* **1** conjunto de palmeiras: *Passearam nos palmares da beira da praia*. **2** (Anat.) pequeno músculo quadrilátero situado na palma da mão: *o palmar longo*. • *adj.2g* **3** da palma da mão: *a superfície palmar de ambas as mãos*. **4** evidente: *Como não lhe ocorrera aquela ideia palmar?*

pal.ma.tó.ria *s.f.* pequena peça circular de madeira com orifícios e provida de cabo, que se usava nas escolas para castigar as crianças, batendo-lhes com ela na palma da mão.

pal.mei.ra *s.f.* planta de longo tronco rugoso com copa coberta de folhas longas e recortadas, as palmas.

pal.mi.lha *s.f.* revestimento interno da sola do sapato.

pal.mi.lhar *v.t.* **1** percorrer a pé; trilhar: *Eram dois caminhantes palmilhando estradas poeirentas*. **2** seguir; caminhar calcando com os pés.

pal.mi.to *s.m.* miolo da parte terminal do caule das palmeiras, comestível em algumas espécies.

pal.mo *s.m.* unidade de medida de comprimento, equivalente a 22 centímetros.

pal.par *v.t.* apalpar.

pal.pá.vel *adj.2g.* **1** que pode ser tocado com as mãos; tangível; perceptível pelo tato: *A laringe é visível e facilmente palpável*. **2** evidente; patente; manifesto: *A anatomia lida com conhecimentos evidentes, palpáveis e úteis*.

pál.pe.bra *s.f.* (Anat.) prega móvel, dotada de cílios, que protege a superfície anterior de cada globo ocular: *Ele se submeteu a uma cirurgia plástica corretiva na pálpebra do olho direito*.

pal.pi.ta.ção *s.f.* **1** movimento desordenado; palpite: *a palpitação do mundo*. **2** (Card.) batimentos fortes do coração, perceptíveis espontaneamente pelo indivíduo: *sentir palpitações e dores no peito*.

pal.pi.tan.te *adj.2g.* **1** animado; vibrante: *aqueles olhos palpitantes de vida*. **2** (Fig.) de grande interesse; estimulante; atual e emocionante: *O assunto era palpitante*. **3** em grande agitação: *a praça palpitante de gente*.

pal.pi.tar[1] *v.t.* **1** vibrar; emocionar-se: *Seu melancólico lamento fazia palpitar o mais frio dos corações*. • *int.* **2** agitar-se convulsivamente: *O veterinário colocou-o sobre a mesa, onde o animalzinho ficou a palpitar*.

pal.pi.tar[2] *v.int.* dar palpite; opinar: *Não aguento mais tanta gente palpitando*.

pal.pi.te *s.m.* **1** opinião; sugestão: *Eu tenho um palpite: o tal retrato da biblioteca pode conter informações decisivas*. **2** intuição de ganho: *Estou com um palpite... Aposto na borboleta!*

pal.rar *v.int.* **1** articular sons sem sentido: *um velho papagaio a palrar desordenadamente*. **2** tagarelar. **3** conversar.

pa.mo.nha *s.f.* (Bras.) **1** bolo de milho verde, cozido em saquinho feito com a palha do próprio milho. • *s.2g.* **2** (Coloq.) pessoa sem iniciativa, mole e preguiçosa: *E agora estou aqui como um pamonha a remoer o passado*.

pam.pa *s.m.* grandes planícies em que predomina a vegetação rasteira, na região meridional da América do Sul: *O gado pastando pelos pampas domina a paisagem*. ✧ **às pampas** em grande quantidade; intensamente: *Na festa do peão me diverti às pampas!*

pa.na.cei.a (éi) *s.f.* **1** preparado medicinal, suposto remédio para todos os males: *Para certas moléstias são inúteis as panaceias caseiras*. **2** recurso empregado para remediar dificuldades ou solucionar problemas em geral: *Em época de eleição os candidatos apresentam ao eleitorado panaceias salvadoras do mundo*.

pa.na.má *s.m.* chapéu de palha masculino, de copa e abas flexíveis: *Entrou no bar um homem elegante, de panamá branco*.

pa.na.me.nho *s.m.* **1** natural ou habitante do Panamá: *Entre os poucos que quiseram dar opinião, estava o panamenho*. • *adj.* **2** relativo ao Panamá (América Central).

pan-a.me.ri.ca.no *adj.* que se refere a todas as nações da América ou que as congrega: *Essa área foi uma famosa base aérea marinha do hidroavião transatlântico pan-americano*. // Pl.: pan-americanos.

pan.ca *s.f.* (Bras. Coloq.) pose; postura: *Deixa de panca! Covardia por quê?*

pan.ça *s.f.* (Coloq.) barriga volumosa.

pan.ca.da *s.f.* **1** batida: *Com o choque, levou uma pancada na testa*. **2** golpe desferido com a mão ou arma. **3** som produzido por sino ou relógio. **4** som de um corpo ao cair ou bater em outro. • *s.2g.* **5** (Coloq.) pessoa amalucada: *Logo vi! Os pancadas*. • *adj.2g.* **6** (Coloq.) maluco; aloucado: *Meio pancada, é verdade, mas você sabe que ele vai se dar bem*. ✧ **pancada de chuva** chuva forte e de pouca duração.

pan.ca.da.ri.a *s.f.* tumulto em que há pancada; desordem: *É difícil identificar exatamente quem começou a pancadaria*.

pân.creas *s.m.* (Anat.) glândula digestiva de secreção interna e externa, situada atrás do estômago.

pan.cre.á.ti.co *adj.* **1** do pâncreas: *células pancreáticas*. **2** que se produz no pâncreas: *suco pancreático*.

pan.çu.do *adj.* (Coloq.) que tem a barriga grande; barrigudo: *homem pançudo*.

pan.da *s.m.* urso originário da China e Vietnã: *A criança ficou fascinada pelos pandas brincalhões do zoo*.

pân.de.ga *s.f.* **1** farra; brincadeira ruidosa. **2** extravagância.

pân.de.go *s.m.* **1** quem faz brincadeiras; quem é adepto de pândega: *O marido era um pândego*. • *adj.* **2** cômico; brincalhão; engraçado.

pan.dei.ro *s.m.* instrumento musical de percussão constituído de um aro de madeira, com soalhas ou guizos, tendo uma pele de animal esticada na parte central.

pan.de.mô.nio *s.m.* balbúrdia; confusão; tumulto: *Se todos resolverem colocar seus nomes nos muros e viadutos da cidade, vai ser um pandemônio*.

pa.ne *s.f.* **1** cessação do funcionamento de um mecanismo ou motor, devido a falha ou defeito: *Caso o radiador esteja com acúmulo de sujeira, uma limpeza ajuda a evitar panes*. **2** (Coloq.) esquecimento momentâneo; branco.

pa.ne.gí.ri.co *s.m.* discurso laudatório; elogio; louvor: *Escreveu um panegírico ao poeta*.

pa.ne.la (é) *s.f.* **1** vasilha de barro ou de metal destinada à cocção de alimentos. **2** (Coloq.) panelinha:

papão

Fazia parte da panela dos assessores do deputado. **3** cavidade subterrânea onde as formigas depositam as suas larvas: *O coitado parecia estar sentado em panela de formigas.* **4** cárie dentária muito grande.

pa.ne.li.nha *s.f.* **1** panela pequena. **2** (Coloq.) grupo fechado que defende interesses comuns: *As quatro mulheres da turma formavam uma panelinha.*

pa.ne.to.ne *s.m.* bolo de massa fermentada, feito de farinha de trigo, ovos, leite, manteiga, açúcar, frutas cristalizadas e passas.

pan.fle.ta.gem *s.f.* (Bras.) distribuição de panfletos: *A panfletagem faz parte da campanha pela eliminação do trabalho infantil.*

pan.fle.tá.rio *s.m.* **1** quem faz panfletos: *O panfletário foi detido.* • *adj.* **2** que tem características de panfleto: *um discurso panfletário.*

pan.fle.to (ê) *s.m.* folheto com texto de caráter violento, crítico ou satírico, ou de cunho propagandista.

pan.ga.ré *s.m.* **1** equídeo ou muar com pelo de tom amarelado, mais claro no focinho e nalgumas partes do corpo: *O rapaz chegou ao churrasco montado no seu pangaré.* **2** (Bras.) cavalo de pouco valor.

pâ.ni.co *s.m.* **1** pavor repentino; medo incontrolável; desespero: *Qualquer episódio acaba sendo motivo para pânicos.* • *adj.* **2** que foge a um controle racional: *um medo pânico.*

pa.ni.fi.ca.ção *s.f.* **1** fabricação de pão: *O supermercado teve interditados os setores de panificação e de hortifrutigranjeiros.* **2** padaria: *dono de uma panificação.*

pa.ni.fi.ca.do.ra (ô) *s.f.* (Bras.) padaria.

pa.no *s.m.* **1** tecido; fazenda: *sacola de pano.* **2** roupa; vestimenta: *A moça se veste com belos panos.* **3** peça de tecido utilizada como guarnição: *As beatas tinham por tarefa lavar os panos do altar principal.* **4** vela de embarcação: *A barca ia veloz, os panos inchados pelo vento.* • **a todo pano** com a máxima velocidade: *Estamos desenvolvendo a todo pano a indústria siderúrgica.* **pano verde** mesa de jogo.

pa.no.ra.ma *s.m.* **1** toda a extensão de uma paisagem abrangida pelo horizonte circundante que a visão de um observador possa alcançar; paisagem: *Pela janela do trem apreciava o panorama.* **2** visão ou observação de um assunto em toda a sua amplitude: *O livro apresenta um panorama da literatura brasileira moderna.*

pa.no.râ.mi.co *adj.* **1** que permite uma visão ampla da paisagem circundante; panorama: *As duas aeronaves faziam voos panorâmicos.* **2** amplo; total: *O enorme para-brisa permite visão panorâmica da estrada.*

pan.que.ca *s.f.* massa leve de farinha, leite e ovos que, depois de frita, adquire forma aproximadamente circular e que, em geral, se enrola com recheio doce ou salgado.

pan.se.xu.a.lis.mo *s.m.* teoria que considera toda a atividade psíquica proveniente do instinto sexual.

pan.ta.lo.nas *s.f. pl.* calças compridas e de boca larga, que caem sobre os pés.

pan.ta.nal *s.m.* **1** grande pântano: *Ali existem extensos pantanais salgados.* **2** (Bras.) zona geofísica de Mato Grosso e Mato Grosso do Sul, na baixada do rio Paraguai: *As pastagens do Pantanal Mato-grossense são úmidas.*

pan.ta.nei.ro *s.m.* (Bras.) **1** quem cria gado no pantanal do Mato Grosso (Brasil): *O pantaneiro, assim como o sertanejo, realiza uma pecuária extensiva ao ritmo do clima.* • *adj.* **2** que é natural ou relativo ao pantanal, especialmente o mato-grossense: *É proibido caçar onça pantaneira.*

pân.ta.no *s.m.* terreno baixo e alagadiço.

pan.ta.no.so (ô) *adj.* que tem pântanos; alagadiço: *um terreno pantanoso.*

pan.te.ão *s.m.* **1** monumento destinado a perpetuar a memória de heróis, pessoas ilustres ou a cultuar entidades sagradas: *O panteão permanece como um exemplo de arquitetura, por sua capacidade de atravessar os séculos.* **2** lugar de destaque; lugar sagrado: *Madre Teresa está no panteão das principais personalidades que viveram exclusivamente em função da ajuda humanitária.*

pan.te.ra (é) *s.f.* carnívoro felino de pelo negro ou amarelado com manchas escuras e de corpo esguio e alongado.

pan.to.mi.ma *s.f.* **1** arte ou ato de expressão por meio de gestos: *O show é uma mistura de acrobacia, dança e pantomima.* **2** ato cômico; palhaçada: *A pantomima vai recomeçar!*

pan.tu.fa *s.f.* chinelo confortável, adequado para interiores.

pan.tur.ri.lha *s.f.* (Anat.) parte posterior da perna, formada pelos músculos gêmeos; barriga da perna.

pão *s.m.* **1** alimento feito de massa de farinha de trigo ou outros cereais, com água e fermento, em geral de forma arredondada ou alongada, e que é assado ao forno. **2** (Fig.) meio de subsistência; sustento: *Trabalham de sol a sol para ganhar o pão.* • **a pão e água** com parcos recursos; quase na miséria: *Aqui vocês vão viver a pão e água.* **pão, pão, queijo, queijo** sem rodeios ou subterfúgios; às claras; com franqueza. // Pl.: pães.

pão-du.ro *s.2g.* **1** pessoa avara; sovina: *Meu vizinho é um pão-duro.* • *adj.* **2** avaro; sovina: *aquela mulher pão-duro.* // Pl.: pães-duros.

pa.pa[1] *s.f.* **1** farinha cozida em água ou leite; mingau. **2** qualquer sólido reduzido a consistência pastosa: *O arroz ficou uma papa.*

pa.pa[2] *s.m.* **1** chefe da Igreja Católica Apostólica Romana. **2** profissional ou teórico de grande prestígio, considerado autoridade máxima em seu campo de atuação: *Sabe quem é o papa da computação?*

pa.pa.da *s.f.* grande acúmulo de gordura na parte inferior da face e na parte anterior do pescoço.

pa.pa.gai.o *s.m.* **1** ave trepadora de médio porte e com penas coloridas, predominantemente verdes, de bico escuro e recurvado, capaz de imitar a fala humana. **2** pipa: *empinar papagaios na praia.* **3** (Coloq.) documento comprobatório de nota promissória: *No banco conseguiria um papagaio.* **4** (Fig.) indivíduo tagarela.

pa.pa.gue.ar *v.t.* **1** repetir: *O pilantra ia em frente papagueando sua fala tosca.* **2** conversar; tagarelar: *Depois do café, gostava de papaguear meia hora com o capitão.*

pa.pai *s.m.* forma familiar de pai.

pa.pai.a *s.f.* mamão pequeno e de forma ovalada.

pa.pal *adj.2g.* relativo ao papa: *mensagem papal.*

pa.pão *s.m.* (Folcl.) bicho-papão.

papar

pa.par v.t. (Coloq.) **1** comer; ingerir: *O gambá papou um pequeno fruto*. **2** apoderar-se de. **3** conquistar: *Valendo-se de tramoias, papavam polpudos prêmios da loteria*.

pa.pa.ri.car v.t. tratar com mimos e cuidados excessivos; bajular; adular: *A mãe paparica muito a filha*.

pa.pe.ar v.t. **1** conversar: *Ela gosta de papear com o garoto*. • int. **2** falar muito; tagarelar: *Estávamos ali papeando quando, de repente, ele caiu na risada*.

pa.pel s.m. **1** produto da celulose de várias plantas, reduzido a folhas secas e finas, destina-se principalmente à escrita, à impressão gráfica em geral, à confecção de embrulhos: *escrever em papel de pão*. **2** atribuição; responsabilidade; função. **3** nas artes cênicas, a representação de uma personagem: *Ela tingiu os cabelos para fazer o papel principal na novela das 8*. • pl. **4** (Econ.) documentos: *No escritório, papai assinava papéis*.

pa.pe.la.da s.f. **1** conjunto de documentos: *Há três meses tento, sem sucesso, obter cópia da papelada*. **2** amontoado de papéis; porção: *Tirou os óculos e depositou-os na mesa. Juntou a papelada. Fichas e mais fichas*.

pa.pe.lão s.m. **1** papel grosso e resistente. **2** (Bras.) conduta vergonhosa ou ridícula; fiasco; gafe: *Ele dá a dica para fugir desse papelão*.

pa.pe.la.ri.a s.f. estabelecimento onde se vende papel e outros artigos de escritório.

pa.pe.le.ta (ê) s.f. **1** documento oficial, redigido em papel avulso, contendo ordem de serviço ou outras anotações: *Sem a papeleta, não deixo passar na ponte*. **2** em hospital, folha de papel que contém informações sobre o doente: *A UTI tem apenas o carimbo nas papeletas*. **3** qualquer folha de papel avulso com anotações: *Nome de deputado foi impresso em papeletas de apostas do bicho*.

pa.pel-mo.e.da s.f. (Econ.) **1** papel que, nominalmente, representa certa quantia, certo valor pelo qual o Tesouro do Estado se responsabiliza: *O papel-moeda em poder do público cresceu muito*. **2** dinheiro em circulação estampado em papel. // Pl.: papéis-moedas e papéis-moeda.

pa.pe.ló.rio s.m. papelada, geralmente sem serventia: *Tinha uma escrivaninha perto da cama, amontoada de papelório inútil*.

pa.pe.lo.te (ó) s.m. **1** pedaço de papel em que se enrolam, para frisar ou encrespar, as mechas do cabelo. **2** (Coloq.) pequeno embrulho contendo drogas: *Ele dá qualquer coisa para obter um papelote*.

pa.pi.la s.f. (Ant.) pequena saliência encontrada em diversos órgãos, como, por exemplo, a língua: *as papilas gustativas*.

pa.pi.lo.ma s.m. (Patol.) tumor que se desenvolve na pele e nas mucosas em forma de papila, geralmente benigno.

pa.pi.ro s.m. **1** planta herbácea, de caule triangular, terminado por ramos flexíveis que formam um tufo semelhante a uma cabeleira: *Esse junco lembra o papiro, nasce nas áreas rasas do lago*. **2** folha para escrever feita das hastes dessa planta: *papiros egípcios*.

pa.po s.m. **1** (Zool.) bolsa existente nas aves e insetos, formada por uma dilatação do esôfago e onde os alimentos ficam temporariamente armazenados. **2** (Coloq.) bócio: *A mulher, ainda nova, exibia um papo volumoso*. **3** estômago; barriga: *Ao meio-dia, ele ainda estava de papo vazio*. **4** protuberância em forma de papo; prega: *O paletó formava um papo do lado esquerdo*. **5** (Coloq.) conversa: *Fica o dia inteiro no bar, batendo papo*. **6** (Deprec.) gabolice; jactância; conversa mole: *Estou cansado deste seu papo de sempre*. ♦ **de papo para o ar** desocupado, sem trabalho. **no papo** usada para mostrar que uma situação difícil está superada. **papo furado** conversa fiada.

pa.pou.la s.f. **1** planta herbácea de grandes flores coloridas, cultivada em jardins como ornamental. **2** planta herbácea da qual se obtém o ópio.

pá.pri.ca s.f. tempero em pó, feito com pimentão vermelho.

pa.pu.do s.m. **1** pessoa que tem papo ou bócio: *No caminho encontrou um papudo que queria saber onde ficava a venda*. • adj. **2** que tem papo: *pelicano papudo*. **3** que gosta de contar vantagens; gabola: *Ele é um contumaz papudo*.

pa.que.ra (ê) s.f. (Bras.) **1** namoro; galanteio: *noite de paquera*. • s.2g. **2** pessoa que paquera.

pa.que.rar v.t. (Bras. Coloq.) buscar namoro ou aventura amorosa: *O rapaz se dedicava a paquerar atrizes*.

pa.qui.der.me (ê) s.m. (Zool.) espécime dos paquidermes, ordem de mamíferos de grande porte, de pele grossa e resistente: *A África é rica em paquidermes*.

par s.m. **1** conjunto de dois objetos semelhantes, um dos quais não se usa sem o outro: *um par de botas*. **2** conjunto de dois membros ou órgãos semelhantes do corpo: *um belo par de olhos azuis*. **3** conjunto formado por dois namorados ou cônjuges; companheiro; parceiro: *Nos bancos do jardim, os pares se beijavam*. **4** quem, numa profissão ou atividade coletiva, exerce a mesma função de seus companheiros: *O primeiro violinista consulta seus pares com um olhar discreto*. **5** na dança, o cavalheiro ou a dama; o conjunto das duas pessoas que dançam: *No salão iluminado os pares rodopiavam*. • adj.2g. **6** (Arit.) divisível por dois: *os números pares*. **7** representado por um número divisível por dois: *Nos dias pares os carros param do lado par*. ♦ **a par** informado; inteirado. **ao par** que está em igualdade de valor cambial. **sem par** incomum; incomparável; raro. **de par** ao lado de; paralelo a. **de par em par** totalmente.

pa.ra prep. **1** Relaciona dois termos da oração indicando direção: *Ela foi para a cama*. **2** lugar; em: *A filha sempre triste e amuada, para os cantos da casa*. **3** destinação ou finalidade: *escola para todos*. **4** delimitação; do ponto de vista de: *Para os médicos, a velhice consiste numa mudança*. **5** relação direta: *O cotovelo está para o braço como o joelho está para a perna*. **6** tendência: *Bananeiras são-tomé de um vermelho que se inclinava para o roxo*. **7** tempo aproximado: *Já vai para dois anos que voltei da Europa*. **8** tempo antes de: *Faltam dez para as duas*. **9** precedendo oração infinitiva, expressa relação de natureza adverbial final: *Trabalhamos para viver*. ♦ **para que** a fim de que.

pa.ra.be.ni.zar v.t. dar parabéns a; congratular-se com; felicitar: *Parabenizou o ministro pelo trabalho que vem fazendo em seu ministério*.

pa.ra.béns s.m. pl. congratulações; felicitações: *Vocês merecem parabéns*.

pa.rá.bo.la s.f. **1** (Geom.) linha curva cujos pontos são todos equidistantes de um ponto fixo e de uma reta fixa:

paralisia

A bola vai para o alto em direção à quadra adversária, descrevendo uma parábola. **2** narrativa simbólica na qual o conjunto de elementos evoca, por comparação, outras realidades de ordem superior, geralmente de fundo moral: *Estava querendo transmitir ao filho uma parábola sobre a juventude perdida.*

pa.ra.bó.li.co *adj.* que tem a forma semelhante a uma parábola: *microfones parabólicos de televisão.*

pa.ra-bri.sa *s.m.* vidro fixo colocado na parte dianteira dos veículos e que assegura visibilidade ao motorista e o protege contra o vento, a chuva e a poeira. // Pl.: para-brisas.

pa.ra-cho.que *s.m.* nos veículos, dispositivo destinado a amortecer o choque. // Pl.: para-choques.

pa.ra.da *s.f.* **1** cessação do movimento: *Depois de duas horas de caminhada, fizemos uma parada.* **2** reunião ou passagem das tropas para revista: *O presidente participou da parada de Sete de Setembro.* **3** (Coloq.) lance; jogada; desafio: *Havemos de ganhar esta parada.* **4** (Fig.) pessoa ou coisa muito atraente. **5** lugar onde os veículos de transporte coletivo param para receber ou deixar passageiros; ponto: *parada de ônibus.* ◆ **parada de sucessos** relação das músicas de maior sucesso de público ou mais vendidas num determinado período. **parada cardíaca** (Card.) interrupção súbita do funcionamento do coração.

pa.ra.dei.ro *s.m.* ponto ou lugar onde uma pessoa ou coisa está ou vai parar: *Só queremos que nos informe sobre o paradeiro desse colega.*

pa.ra.dig.ma *s.m.* padrão; modelo: *Nosso líder foi o meu paradigma de honradez e dignidade.*

pa.ra.di.sí.a.co *adj.* semelhante às coisas do paraíso; agradável; aprazível: *lugar paradisíaco.*

pa.ra.do.xal /ks/ *adj.* incoerente; contraditório: *um discurso atrapalhado e paradoxal.*

pa.ra.do.xo (ó) /ks/ *s.m.* aquilo que é ou parece ser contrário ao comum; contradição: *Diante de certas situações, não há como fugir do paradoxo expresso no provérbio popular segundo o qual "há males que vêm para bem".*

pa.ra.en.se *s.2g.* **1** natural ou habitante do Pará. ◆ *adj.2g.* **2** relativo ao Pará.

pa.ra.fer.ná.lia *s.f.* **1** conjunto de pertences ou objetos destinados a uma determinada atividade: *Um escritório de advocacia não progride sem toda a parafernália de equipamentos eletrônicos.* **2** conjunto de coisas velhas ou usadas; tralha.

pa.ra.fi.na *s.f.* (Quím.) material sólido, branco, translúcido, proveniente da destilação do petróleo ou do alcatrão de madeira: *velas de parafina.*

pa.rá.fra.se *s.f.* reprodução ou imitação de um texto, conservando a mesma ideia, porém usando outras palavras: *Para mim, tradução poética sempre implica paráfrase.*

pa.ra.fra.se.ar *v.t.* imitar ou reproduzir mediante paráfrase: *Ele parafraseou as palavras da noiva.*

pa.ra.fu.sar *v.t.* fixar com parafuso; aparafusar: *Já parafusei a grade do portão.*

pa.ra.fu.so *s.m.* cilindro ou prego sulcado em hélice, que se destina a ser introduzido, por meio de movimento giratório, em porca ou orifício sulcados do mesmo modo, mas nos quais os sulcos correspondem às saliências do cilindro ou prego; ou que, tendo cabeça fendida, se fixa em madeira, por meio de uma chave de fenda em movimento giratório ◆ **entrar em parafuso** ficar desorientado. **ter um parafuso de menos** ser um tanto aluado.

pa.ra.gem *s.f.* local; lugar; sítio: *As perspectivas oferecidas noutras paragens se apresentavam mais justas e atraentes.*

pa.rá.gra.fo *s.m.* **1** em texto escrito, seção ou parte que encerra uma mesma ideia e que tradicionalmente se constrói com mudança de linha e entrada à esquerda: *Outros parágrafos contarão exatamente o que aconteceu.* **2** seção de um artigo de lei, decreto ou documento e que geralmente se representa pelo sinal §; alínea.

pa.ra.guai.o *s.m.* **1** natural ou habitante do Paraguai (América do Sul). ◆ *adj.* **2** relativo ao Paraguai.

pa.ra.i.ba.no *s.m.* **1** natural ou habitante da Paraíba. ◆ *adj.* **2** relativo à Paraíba.

pa.ra.í.so *s.m.* **1** lugar das delícias onde, segundo a Bíblia, Deus colocou Adão e Eva: *Os bandeirantes perseguiam o Paraíso terrestre.* **2** lugar muito aprazível: *A Suécia, para alguns, é um verdadeiro paraíso.*

pa.ra-la.ma *s.f.* anteparo curvo ou parte recurvada da carroçaria dos veículos, que se situa por cima das rodas para proteger dos respingos de lama, água ou detritos. // Pl.: para-lamas.

pa.ra.le.la (é) *s.f.* (Geom.) reta que, em relação a uma outra, se situa no mesmo plano e não tem com essa outro ponto em comum: *As paralelas só se encontram no infinito.*

pa.ra.le.le.pí.pe.do *s.m.* **1** (Geom.) prisma de seis lados cujas bases são paralelogramos. **2** (Fig.) pedra com essa forma utilizada para calçamento de vias públicas.

pa.ra.le.lis.mo *s.m.* **1** posição paralela de um objeto em relação a outro: *O alinhamento devolve o paralelismo às rodas.* **2** (Fig.) correspondência ou simetria entre duas ou mais coisas: *O paralelismo que estabelece entre pintura e poesia lembra o dos antigos.*

pa.ra.le.lo (é) *s.m.* **1** (Geom.) diz-se de cada uma de duas retas que não se interceptam. ◆ *adj.* **2** que existe ou que se realiza ao mesmo tempo: *São duas histórias paralelas.* **3** diz-se do mercado alternativo, não convencional: *O governo combate o mercado paralelo.* **4** (Geogr.) cada um dos círculos imaginários que dividem o globo terrestre num plano paralelo ao equador. **5** (Fig.) comparação; confronto: *Conto esses dois casos porque pretendo fazer um paralelo com o Brasil.* ◆ **sem paralelo** sem comparação: *Um confronto entre democratas e republicanos provavelmente sem paralelo na história política norte-americana.*

pa.ra.le.lo.gra.mo *s.m.* (Geom.) quadrilátero plano cujos lados são paralelos dois a dois.

pa.ra.li.sa.ção *s.f.* **1** ato ou efeito de paralisar(-se). **2** interrupção das atividades: *a paralisação temporária dos trens.*

pa.ra.li.san.te *adj.2g.* que paralisa: *gás paralisante.*

pa.ra.li.sar *v.t.* **1** deixar sem ação; imobilizar: *O terror paralisa as pessoas.* **2** fazer cessar as atividades de: *Os estivadores paralisaram o porto.* ◆ *pron.* **3** tornar-se paralítico. ◆ *int.* **4** estacionar.

pa.ra.li.si.a *s.f.* **1** (Med.) perda de função motora em determinada parte do corpo; perda de função sensorial:

paralítico

Ele sofreu uma paralisia cerebral. **2** (Fig.) falta de ação; imobilidade; marasmo: *Depois de muito tempo de paralisia, o governo voltou a se mexer.*

pa.ra.lí.ti.co *s.m.* **1** portador de paralisia: *escritor paralítico.* • *adj.* **2** de ou relativo a paralisia.

pa.ra.me.di.ci.na *s.f.* conjunto de atividades complementares à Medicina.

pa.ra.mé.di.co *s.m.* **1** profissional que exerce atividade auxiliar da Medicina: *Agora ele é um paramédico.* • *adj.* **2** que exerce atividade auxiliar da Medicina: *funcionários médicos e paramédicos.*

pa.ra.men.tar *v.t.* **1** adornar; enfeitar. • *pron.* **2** vestir-se com paramentos.

pa.ra.men.to *s.m.* **1** cada uma das vestes litúrgicas: *Todos os paramentos do bispo vinham dos costureiros do Vaticano.* **2** adorno; enfeite; ornamento: *Os paramentos impedem que o folião mova a cabeça com desenvoltura.*

pa.râ.me.tro *s.m.* dado ou elemento que serve de base comparativa; modelo: *A liberdade de acusar não atende a parâmetros de limitação.*

pá.ra.mo *s.m.* **1** planície deserta: *Dois cavaleiros atravessavam o páramo.* **2** a abóbada celeste; o firmamento: *Os locutores fizeram aquela cara de quem atingiu o páramo.*

pa.ra.na.en.se *s.2g* **1** natural ou habitante do Paraná. • *adj.2g.* **2** relativo ao Paraná.

pa.ra.nin.fo *s.m.* em certas solenidades, pessoa a quem se presta homenagem; padrinho.

pa.ra.noi.a (ói) *s.f.* (Psiq.) estado psicótico caracterizado pelo aparecimento de ideias sistematizadas, que evoluem para o delírio; demência; loucura: *Apesar de tudo, resisto à paranoia.*

pa.ra.noi.co (ói) *s.m.* **1** quem sofre de paranoia; demente; louco: *Ele era um paranoico.* • *adj.* **2** relativo à paranoia.

pa.ra.nor.mal *s.2g.* **1** pessoa dotada de poderes que fogem aos limites da experiência normal ou que não se explicam cientificamente: *assistir a uma palestra de um paranormal.* • *adj.2g.* **2** que está fora dos limites da experiência normal ou dos fenômenos explicados cientificamente: *fenômenos paranormais.*

pa.ra.pei.to *s.m.* muro, parede ou anteparo, mais ou menos à altura do peito, à borda de terraços, portas, janelas etc., para proteção.

pa.ra.ple.gi.a *s.f.* paralisia das pernas e da parte inferior do corpo.

pa.ra.plé.gi.co *s.m.* **1** portador de paraplegia: • *adj.* **2** relativo a paraplegia: *O ator caiu do cavalo e ficou paraplégico.*

pa.ra.psi.co.lo.gi.a *s.f.* ciência que estuda certos fenômenos psíquicos ditos ocultos.

pa.ra.que.das *s.m. 2n.* artefato que serve para reduzir a velocidade de queda dos corpos no ar.

pa.ra.que.dis.mo *s.m.* (Bras.) técnica do salto de paraquedas com finalidades militares ou esportivas. // Pl.: paraquedismos.

pa.ra.que.dis.ta *s.2g.* **1** quem se dedica ao paraquedismo ou é especialista em salto de paraquedas: *Um paraquedista deixou os seguranças apavorados quando começou a planar sobre o prédio.* **2** militar que pertence ao grupo especializado em paraquedismo. • *adj.2g.* **3** que se dedica ao paraquedismo ou que é especialista em salto de paraquedas. // Pl.: paraquedistas.

pa.rar *v.t.* **1** impedir de andar; fazer cessar o movimento; deter; interromper: *Um grave acidente parou o trânsito.* **2** fixar-se em um determinado ponto; estacionar: *A inflação parou na casa de 2% ao mês.* **3** ser encaminhado para: *O produto do desfalque foi parar em paraísos fiscais.* • *int.* **4** não ter prosseguimento; não continuar; cessar: *A música parou de repente.* **5** deixar de funcionar: *O relógio parou.*

pa.ra-rai.os *s.m. 2n.* aparelho formado principalmente de uma haste metálica, destinado a atrair e conduzir à terra as descargas elétricas da atmosfera: *O segredo do para-raios está no aterramento.*

pa.ra.si.ta *s.f.* **1** animal que vive nos intestinos do homem ou dos animais; verme: *crianças mal alimentadas e cheias de parasitas.* • *s.2g.* **2** (Fig.) indivíduo que não trabalha, habituado a viver à custa alheia: *É um parasita que ainda vive à custa da mãe viúva.* **3** animal que vive da seiva de vegetais: *Um parasita desconhecido atacou os pinheiros.* • *s.f.* **4** vegetal que se nutre da seiva do outro: *Tem uma gruta, lá atrás, cheia de samambaia e parasita roxa.* • *adj.2g.* **5** que vive à custa alheia: *a imagem distorcida, junto ao público, do servidor como um ente parasita.* **6** que vive em outros corpos, mortos ou vivos.

pa.ra.si.tar *v.t.* viver como parasito (animal ou planta): *Alguns vermes parasitam as crianças.*

pa.ra.si.tá.rio *adj.* que possui propriedades de parasito; que age como parasito: *Boa parte das empresas é marcada por um corporativismo parasitário.*

pa.ra.si.tis.mo *s.m.* qualidade de parasito; exploração; dependência: *o parasitismo da burocracia.*

pa.ra.si.to.se *s.f.* (Patol.) infecção provocada por parasito.

par.cei.ro *s.m.* **1** quem faz parte de parceria; companheiro de trabalho; sócio: *O Brasil é um bom parceiro político.* **2** pessoa com quem se vive ou com quem se mantém relações sexuais; cônjuge: *A maioria dos jovens tem um parceiro sexual.* **3** companheiro de jogo: *São parceiros de jogos de bilhar e tênis.*

par.ce.la (é) *s.f.* **1** pedaço; parte; fração: *entrevista com uma parcela dos paulistanos.* **2** (Mat.) cada um dos números que entram numa operação aritmética.

par.ce.lar *v.t.* dividir em parcelas: *A loja parcelou em um ano a compra que fiz.*

par.ce.ri.a *s.f.* **1** reunião de pessoas para um fim de interesse comum; sociedade: *A parceria com os estrangeiros vai permitir que os bancos nacionais continuem investindo.* **2** produto resultante da união de duas ou mais pessoas na realização de atividade artística ou técnica: *Essa parceria ocupa seis das onze faixas do disco.*

par.ci.al *adj.2g.* **1** que corresponde a uma parte do todo: *Houve um desabamento parcial de residências com as chuvas.* **2** que se realiza por partes: *Ele trabalha a distância, em tempo parcial ou por projeto.* **3** que se manifesta favorável a uma das partes, num processo de julgamento; que não julga ou não opina com isenção: *A arbitragem foi parcial.*

par.ci.mô.nia *s.f.* qualidade de parco; economia: *Trabalha com parcimônia nas linhas, formas e volumes.*

par.ci.mo.ni.o.so (ô) *adj.* **1** poupado; comedido: *alternativas mais ecológicas e economicamente mais* *parcimoniosas.* **2** sem exagero; modesto: *hotel de preços abusivos e serviços parcimoniosos.*

par.co *adj.* **1** minguado; escasso: *Só contavam com recursos parcos.* **2** moderado; sóbrio: *Ele foi parco no responder ao desconhecido.* **3** restrito; limitado; reduzido: *Os trabalhadores brasileiros devem ir às ruas para exigir a garantia de seus poucos e parcos direitos.*

par.da.cen.to *adj.* tirante a pardo: *uma parede velha e pardacenta.*

par.dal *s.m.* pássaro de plumagem de cor parda no dorso, riscada de preto, cabeça cinzenta, bico preto e mancha branca atrás do olho, que faz ninhos em beiral de telhados e muros. // Fem.: pardaloca; pardoca.

par.di.ei.ro *s.m.* casa ou edifício velho ou já em ruínas.

par.do *s.m.* **1** a cor parda. **2** mulato: *Por afro-mestiços entendem-se os pretos e os pardos.* • *adj.* **3** de cor entre o branco e o preto: *folhas de papel pardo.*

pa.re.cen.ça *s.f.* **1** semelhança; similitude. **2** conformidade de traços fisionômicos: *Pela parecença se percebe que são irmãos.*

pa.re.cer *v.lig.* **1** ter semelhança com. **2** ter aparência de: *Os noivos pareciam felizes.* • *pron.* **3** assemelhar-se; dar ares de. • *int.* **4** probabilidade; ser provável: *Parece que o inverno será intenso.* • *s.m.* **5** opinião: *Chegou, sorriu e deu seu parecer abalizado.* **6** opinião fundamentada sobre determinado assunto, emitida por especialista; relatório: *Ainda não me mandaram cópia do parecer negando meu pedido.*

pa.re.dão *s.m.* **1** muro alto; muralha: *Os presos permaneciam encostados no paredão.* **2** encosta abrupta de serra. *São dez metros de paredão até o topo da serra.*

pa.re.de (ê) *s.f.* **1** obra de tijolo ou argamassa com que se fecham externamente os edifícios ou que dividem internamente seus espaços. **2** muro; obstáculo para proteção: *O bolo de gente se fechou formando compacta parede.* **3** tudo o que fecha ou delimita um espaço: *A parede divisória é retirada, dando lugar a uma cozinha americana.* **4** denominação genérica da parte que delimita um órgão ou cavidade: *a parede do estômago.* **5** greve: *Se o patrão não concordasse com a proposta, fariam parede.*

pa.re.lha (ê) *s.f.* **1** conjunto de dois indivíduos que têm as mesmas funções; par de colegas ou companheiros: *a parelha de cantores sertanejos.* **2** conjunto de dois animais utilizados em serviço: *uma parelha de bois.*

pa.ren.te *s.2g.* **1** pessoa que, em relação a outras, pertence à mesma família, quer pelo sangue, quer pelo casamento. • *adj.2g.* **2** que pertence à mesma família ou espécie: *Fetos são parentes das samambaias.*

pa.ren.te.la (ê) *s.f.* conjunto dos parentes.

pa.ren.tes.co (ês) *s.m.* **1** laços de sangue em linha direta: *Ele nega que o parentesco com o chefe tenha sido decisivo para sua nomeação.* **2** relação de semelhança: *O escritor americano Henry James tem um parentesco artístico notório com Machado de Assis.* **3** traços comuns; analogia.

pa.rên.te.se *s.m.* **1** (Gram.) palavra ou frase interposta num período e que possui sentido à parte. **2** (Gram.) cada um dos sinais ( ) que encerram essa palavra ou frase: *entre parênteses.* **3** desvio de assunto; ressalva; digressão: *Abro aqui um parêntese para lembrar que me refiro ao governo anterior.*

parodiar

pá.reo *s.m.* **1** no turfe, cada uma das disputas das reuniões de corridas de cavalos: *Os páreos hoje estão muito equilibrados.* **2** disputa; competição: *mais candidatos no páreo por uma vaga nas Olimpíadas deste ano.* • *adj.* **3** (Coloq.) qualidade de quem está em condições de disputar em igualdade de condições: *Eles não são páreo para o nosso futebol.*

pa.re.si.a *s.f.* (Neur.) paralisia parcial.

pá.ria *s.m.* **1** na Índia, indivíduo pertencente às castas mais baixas, sem direitos sociais ou políticos. **2** pessoa excluída da sociedade: *É duro sentir-se o pária do mundo.*

pa.ri.da *s.f.* mulher ou outra fêmea que pariu recentemente.

pa.ri.da.de *s.f.* **1** qualidade do que é par ou semelhante. **2** estado de câmbio ao par. **3** igualdade; semelhança.

pa.ri.e.tal *s.m.* (Anat.) cada um dos ossos que contribuem para formar as paredes laterais superiores do crânio.

pa.rir *v.t.* expelir do útero; dar à luz: *Nossa cabra pariu três cabritinhos.*

pa.ri.si.en.se *s.2g.* **1** natural ou habitante de Paris, capital da França. • *adj.2g.* **2** relativo a Paris.

pa.ri.tá.rio *adj.* **1** constituído por número par ("igual") de elementos a fim de estabelecer igualdade: *Representação sindical paritária.* **2** que tem, para cada segmento, igual número de representantes.

par.la.men.tar *s.2g.* **1** membro do Parlamento: *Os parlamentares retomaram o debate sobre as reformas constitucionais.* • *adj.2g.* **2** relativo ou próprio de parlamento: *discurso parlamentar.* • *v.t.* **3** conversar; discutir: *Uma comissão de grevistas foi parlamentar com o dono da metalúrgica.*

par.la.men.ta.ris.mo *s.m.* regime político em que os ministros de Estado (que compõem o gabinete, chefiado por um primeiro-ministro) são responsáveis perante ao parlamento, que através deles governa a nação e faz cumprir a Constituição do país.

par.la.men.ta.ris.ta *s.2g.* **1** quem é adepto ou seguidor do parlamentarismo. • *adj.2g.* **2** relativo ao parlamentarismo: *um regime parlamentarista.*

par.la.men.to *s.m.* **1** conjunto das assembleias ou câmaras legislativas, nos países constitucionalistas. **2** Congresso Nacional, formado pela Câmara e Senado federais.

par.la.tó.rio *s.m.* lugar de onde se fala; tribuna.

par.me.são *adj.* diz-se de um queijo a princípio originário de Parma, na Itália, de massa dura, própria para ser ralada. // Pl.: parmesãos. Fem.: parmesã.

par.na.si.a.nis.mo *s.m.* movimento literário surgido na França no século XIX, especialmente poético, que dava importância particular à forma, ou seja, à construção perfeita do verso.

par.na.si.a.no *adj.* relativo ao parnasianismo.

pá.ro.co *s.m.* sacerdote encarregado de uma paróquia.

pa.ró.dia *s.f.* **1** imitação cômica de uma composição literária ou musical. **2** aquilo que se apresenta como imitação ou arremedo: *Nós usamos muito as paródias na nossa programação.*

pa.ro.di.ar *v.t.* imitar; arremedar.

parônimo

pa.rô.ni.mo *adj.* (E. Ling.) diz-se das palavras que têm som semelhante ao de outras, mas sentido diferente, como *descrição* e *discrição*.

pa.ró.quia *s.f.* divisão territorial de uma diocese sobre a qual o pároco tem jurisdição ordinária.

pa.ro.qui.al *adj.2g.* relativo à paróquia; paroquiano: *salão paroquial*.

pa.ro.qui.a.no *s.m.* **1** quem pertence a uma paróquia: *Os paroquianos vão organizar uma quermesse.* • *adj.* **2** relativo a uma paróquia; paroquial: *Os padres reuniram-se para discutir assuntos de interesse paroquiano*.

pa.ró.ti.da *s.f.* (Anat.) glândula salivar situada adiante e abaixo de cada orelha.

pa.ro.ti.di.te *s.f.* (Patol.) inflamação da parótida; caxumba.

pa.ro.xis.mo /ks/ *s.m.* **1** (Med.) período de uma doença em que os sintomas atingem sua intensidade máxima. **2** (Fig.) exaltação máxima de uma sensação ou de um sentimento: *É perigoso quando coletividades suprimem a censura e se deixam tomar por verdadeiros paroxismos.* **3** (Fig.) o ponto máximo; o cúmulo: *A crise não atingiu o paroxismo da hiperinflação*.

pa.ro.xí.to.no /ks/ *s.m.* (E. Ling.) **1** palavra cuja sílaba tônica é a penúltima: *Os paroxítonos são maioria em nossa língua.* • *adj.* **2** cuja sílaba tônica é a penúltima.

par.que *s.m.* **1** bosque cercado onde vivem animais: *Dezenas de animais silvestres foram transferidos para o parque municipal.* **2** extensão de terreno arborizado e cercado que circunda um imóvel ou a ele está anexo. **3** jardim público arborizado: *Bom seria que houvesse mais parques em nossa cidade.* • **parque gráfico** conjunto de estabelecimentos gráficos de determinada instituição ou área geográfica: *parque gráfico da editora*. **parque industrial** conjunto das indústrias de determinada área geográfica: *parque industrial de São Paulo*.

par.quí.me.tro *s.m.* aparelho para medir o tempo durante o qual os automóveis ficam estacionados em via pública.

par.ri.ci.da *s.2g.* pessoa que comete parricídio.

par.ri.cí.dio *s.m.* homicídio contra o próprio pai, mãe ou outro ascendente.

par.rei.ra *s.f.* planta trepadeira de folhas recortadas e revestidas de pelos, flores pequenas em cachos, que produz a uva; videira.

par.ru.do *adj.* **1** baixo, forte e musculoso: *dois soldados parrudos*. **2** gordo; resistente: *árvores parrudas com raízes robustas*.

par.te *s.f.* **1** porção de um todo dividido; pedaço: *Vendeu uma parte de sua chácara.* **2** lugar; localidade: *Chove em qualquer parte do país.* **3** lado; face; banda: *a parte da frente da casa.* **4** cada uma das pessoas que celebram um contrato: *as partes contratantes.* **5** cada uma das pessoas que se opõem num litígio: *Nenhuma das partes ficou satisfeita com a sentença do juiz.* **6** fração: *Este bolo leva duas partes de fubá e uma de farinha.* **7** cada uma das seções de uma obra. • **à parte** (i) particular: *Os conflitos políticos requeriam reflexões à parte.* (ii) em separado: *Os oficiais tinham prerrogativas, dormiam à parte e em camas melhores.* **de parte a parte** de ambos os lados; em reciprocidade: *Os dois trocam um olhar um tanto demorado e interessado de parte a parte*.

par.tei.ro *s.m.* **1** profissional prático que faz partos. • *adj.* **2** que faz partos: *O marido dela era médico parteiro*.

par.ti.ção *s.f.* **1** divisão: *Foi decidida pelo juiz a partição das terras entre os herdeiros.* **2** separação para efeito de classificação: *A partição evidente entre bons e maus é mais complicada do que se pensa*.

par.ti.ci.pa.ção *s.f.* **1** comunicação: *Deixou para o dia seguinte a participação de sua viagem aos sócios.* **2** atuação: *Foi declarada a participação do deputado no projeto.* **3** direito a fazer parte como sócio ou beneficiário de: *tem participação na sociedade*.

par.ti.ci.pan.te *s.2g.* **1** quem participa de algum evento: *Entre os participantes, havia adultos e crianças.* • *adj.2g.* **2** que participa; integrante; atuante: *Não sabíamos quais eram os times participantes do campeonato*.

par.ti.ci.par *v.t.* **1** dar ciência; comunicar: *O diretor participou aos professores sua decisão de deixar o cargo.* **2** atuar como membro ou fazer parte: *Os pequenos produtores também participam no processo de produção.* **3** ser beneficiário: *participar dos lucros da empresa*.

par.ti.cí.pio *s.m.* (E. Ling.) forma nominal do verbo que se refere normalmente ao passado, permitindo a formação dos tempos compostos ou locuções verbais e que pode ser empregada como adjetivo.

par.tí.cu.la *s.f.* **1** corpo muito pequeno: *partículas de poluentes.* **2** (Gram.) qualquer palavra invariável, especialmente se monossilábica.

par.ti.cu.lar *s.m.* **1** uma pessoa qualquer: *Não empresto dinheiro a particulares.* **2** conversa reservada: *Chamei-o porque precisava ter um particular com ele.* • *adj.2g.* **3** próprio de cada pessoa: *Não admito que se metam na minha vida particular.* **4** peculiar; exclusivo: *O empresário tem seu secretário particular.* **5** que não é público; privado: *Estudou em escolas particulares.* **6** reservado, íntimo. • **em particular** (i) individualmente: *O processo de apoio à cultura em geral e ao teatro em particular era feito segundo um programa anual.* (ii) a sós: *Ela tinha achado jeito de uma prosa em particular com o mascate*.

par.ti.cu.la.ri.da.de *s.f.* **1** detalhe; pormenor: *as particularidades de cada praia carioca.* **2** caráter específico; característica: *Cada um na sua, com suas crenças e suas particularidades*.

par.ti.cu.la.ri.zar *v.t.* **1** especificar; individualizar: *A partir de 1935, o regime chegou a particularizar sua política demográfica.* • *pron.* **2** revelar caráter específico; distinguir-se: *É uma atleta que se particulariza pela técnica*.

par.ti.da *s.f.* **1** ato ou efeito de sair; saída: *Aguardava a partida do trem.* **2** num veículo automóvel, acionamento da ignição, o que dá movimento a um motor: *Os ladrões tentaram dar a partida através de uma ligação direta.* **3** (Esport.) competição delimitada por um determinado tempo; jogo: *Demorava-me no salão a observar uma partida de damas entre dois passageiros.* **4** saída; ida: *Sentimos muito a partida do menino para a companhia do pai e da madrasta.* **5** início de um jogo, competição: *Estava dada a partida para uma corrida de tartarugas.* **6** grupo de gente armada: *Uma partida de guascas montava a cavalo*.

7 quantidade de mercadorias destinadas ao comércio; remessa: *Embarcaram uma partida de café.* **8** peça; logro: *pregar uma partida.*

par.ti.dá.rio *s.m.* **1** quem é membro ou simpatizante de um partido ou ideologia: *Os partidários de D. Pedro festejavam.* • *adj.* **2** relativo a partido político: *Eles não têm espírito partidário.*

par.ti.do *s.m.* **1** organização cujos membros programam e realizam uma ação comum com fins políticos e sociais; facção: *O prefeito só foi eleito por causa da coligação de partidos.* • *adj.* **2** posição favorável a uma das partes: *A imprensa tomara o partido do primeiro-ministro.* **3** quebrado; rompido: *Ao lado estava o pote partido em mil pedaços.* **4** pessoa considerada como ideal para cônjuge.

par.ti.lha *s.f.* **1** divisão dos bens de uma herança: *Os móveis lhe couberam na partilha feita pela Justiça.* **2** quinhão; parte de um todo que cabe a cada uma das pessoas por quem se divide.

par.ti.lhar *v.t.* **1** ter a posse em comum: *Em geral os rendeiros partilham pequenas áreas.* **2** dividir; repartir. **3** compartilhar: *O adolescente partilhava do sofrimento do pai.*

par.tir *v.t.* **1** dividir em partes; repartir: *Não esperou que partissem o bolo.* **2** quebrar; romper: *Ela partiu o coco.* **3** ter origem em; vir: *Um grito de angústia partia do rancho grande.* **4** investir contra; desencadear: *Se for o caso, partimos para a greve.* • *pron.* **5** quebrar-se; fender; romper-se: *A tampa da terrina partiu(-se).* • **a partir de** a começar de: *A partir dos seus pés havia um rasto de sangue.* • *int.* **6** sair; dirigir-se; encaminhar-se: *A comitiva já partiu.* **7** morrer: *Ao partir, deixou a família desamparada.*

par.ti.tu.ra *s.f.* (Mús.) disposição gráfica, por extenso ou reduzida, de todas as partes vocais e instrumentais de uma composição musical, de modo que permita a sua leitura simultânea.

par.to *s.m.* processo de parir ou dar à luz.

par.tu.ri.ção *s.f.* parto.

par.tu.ri.en.te *s.f.* **1** mulher prestes a dar à luz. **2** mulher que acaba de dar à luz.

par.vo *s.m.* **1** pessoa de capacidade mental limitada; tolo; idiota: *ele é um parvo arrogante.* • *adj.* **2** de capacidade mental limitada; tolo.

par.vo.í.ce *s.f.* ação ou dito de parvo; idiotice; besteira: *Ia dizer-lhe uma parvoíce qualquer, mas conteve-se.*

pas.cal *adj.2g.* relativo à Páscoa: *feriado pascal.*

pás.coa *s.f.* **1** festa solene que os judeus celebram em memória da sua saída do Egito. **2** festa anual dos cristãos, que comemora a ressurreição de Cristo.

pas.ma.cei.ra *s.f.* apatia; indolência: *Corria o risco de voltar atrás e recair na pasmaceira.*

pas.mar *v.t.* causar pasmo ou admiração; espantar: *A coragem do garoto pasmou os avós.* • *pron.* **2** admirar-se profundamente. • *int.* **3** ficar perplexo; espantar-se: *Com o susto, o pobre homem pasmou.*

pas.mo *s.m.* **1** assombro; espanto: *Ele tomou-se de um pasmo súbito e sincero.* • *adj.* **2** pasmado: *Ficamos pasmos diante daquela cena.*

pas.pa.lhão *s.m.* tolo; parvo; imbecil: *Desde crianças fora um paspalhão.*

pas.pa.lho *s.m.* paspalhão.

passar

pas.quim *s.m.* **1** jornal ou panfleto difamador: *Parece charge de pasquim acadêmico.* **2** sátira afixada em lugar público.

pas.sa *s.f.* fruta seca, principalmente a uva.

pas.sa.da *s.f.* **1** passo: *Ouvimos umas passadas no corredor.* **2** ação de passar, mover. **3** ato de passar por um determinado lugar: *No feriado darei uma passada na casa de mamãe.*

pas.sa.dei.ra *s.f.* **1** mulher que passa roupa a ferro. **2** tapete longo e estreito.

pas.sa.di.ço *s.m.* **1** parte superior do navio, onde está o comando quando se navega; ponte de comando: *Encaminhei-me para a proa e vi, de um dos corredores laterais, o passadiço cheio de gente.* **2** passagem externa: *Atravessou o passadiço entre a casa-grande e o telheiro do tanque.*

pas.sa.di.o *s.m.* alimentação diária: *Tem-se uma ideia melancólica do passadio de nossos antepassados.*

pas.sa.dis.mo *s.m.* culto ao passado: *O novo partido congrega uma dúbia herança modernista e um passadismo renitente.*

pas.sa.do *s.m.* **1** tempo que já se passou: *apego ao passado.* **2** história; tradição: *uma cidadezinha esquecida, praticamente sem passado.* • *adj.* **3** que passou; decorrido: *acontecimentos diversos, alegrias e dores passadas.* **4** que acaba de passar; anterior; findo: *na semana passada.* **5** velho; envelhecido: *Ele é um sujeito já meio passado.* **6** alisado a ferro: *camisas brancas bem passadas.* **7** assado; tostado: *bife bem-passado.* **8** (Fig.) atordoado; ressentido: *Ela ficou passada com o que lhe contei.* // Ant.: futuro.

pas.sa.dor (ô) *s.m.* **1** quem faz circular de maneira ilícita: *O produto do roubo é entregue aos passadores.* **2** presilha por onde passa o cinto: *Ao passar a cinta, sempre esqueço algum passador.* **3** coador; filtro. **4** pregador usado para prender o cabelo. **5** emitente: *É um passador de cheques sem fundos.* • *adj.* **6** que passa ou faz passar.

pas.sa.gei.ro *s.m.* **1** pessoa que viaja num veículo; viajante. • *adj.* **2** de pouca duração; efêmero; transitório: *chuva passageira.*

pas.sa.gem *s.f.* **1** ato de passar; trânsito: *Dois rapazes entram no elevador, depois de gentilmente cederem a passagem a um jovem casal.* **2** mudança; transição: *Essa foi a melhor passagem de ano de sua vida.* **3** estada transitória: *Pelo menos a sua passagem por este mundo não terá sido inútil.* **4** local por onde se passa: *No quarto havia uma passagem secreta.* **5** trecho de uma obra ou de um texto: *ler uma passagem da Bíblia.* **6** bilhete que dá direito a viagem: *passagem aérea.*

pas.sa.men.to *s.m.* morte; falecimento: *Só ontem soube do passamento de sua tia.*

pas.sa.por.te (ó) *s.m.* documento oficial que permite que um cidadão transite entre o seu país e um outro estrangeiro.

pas.sar *v.t.* **1** percorrer (distância); atravessar; transpor: *O caminhão passou rapidamente por aquela rua.* **2** fazer atravessar filtro ou peneira para separar sólido de líquido; filtrar; coar: *passar um café.* **3** virar: *Ela passava distraidamente as páginas da revista.* **4** grelhar; fritar: *Mamãe passava os bifes e punha um em cada prato.* **5** alisar com ferro: *passar as camisas.* **6** sofrer; suportar: *É triste ver crianças passando fome.* **7** fazer atravessar: *O ladrão passou a mercadoria por um buraco na*

passarada

cerca. **8** fazer deslizar: *O velho passou a mão pela barba e pigarreou.* **9** percorrer: *Antes de sair passou os olhos pelo jornal.* **10** esfregar: *Amolava a navalha, passando-a numa correia de couro esticada.* **11** espalhar: *Lentamente ela passou a geleia no pão.* **12** dar volta para fechar: *Entrou depressa e passou a chave na fechadura.* **13** dar; entregar: *Ele passou a chave do carro à mulher.* **14** transmitir: *Sem saber, passou a doença à esposa.* **15** ceder: *Passou a palavra ao nobre deputado.* **16** enviar; remeter; transmitir: *Passei aos formandos um telegrama de congratulações.* **17** prescrever; receitar: *O doutor passou um antibiótico ao doente.* **18** lavrar; firmar: *Antes de viajar, ele passou uma procuração ao filho.* **19** transferir: *O regente sentiu-se mal e passou o comando da orquestra ao primeiro violino.* **20** permanecer (em determinado estado ou condição): *Passei o dia confuso.* **21** mudar de atitude, posição ou condição: *Passa de um partido para outro com a maior facilidade.* **22** ir de um lugar para outro: *O sangue passa do ventrículo direito para o esquerdo.* **23** variar: *O pãozinho francês passou de dez centavos para doze.* **24** mudar ou transferir-se de dono ou de domínio, por herança ou não: *A fazenda passara do avô para seu pai e deste para ele.* **25** alimentar-se: *Ela passa a verduras e legumes por causa do regime.* **26** juntar-se; bandear: *O homem já tinha passado para a oposição.* **27** ultrapassar; ir além: *Ele passou por nós e nem notou.* **28** ir; dirigir-se: *Ele passou pelo bar para o encontro marcado.* **29** sofrer: *O consultório estava passando por uma reforma.* **30** ser considerado; ser tomado: *O larápio passou por inocente.* **31** exceder: *Agora você já está passando dos limites.* **32** sobreviver a: *O médico avisou à família que o doente não passa de uma semana.* **33** ser aprovado: *Ele não passou no vestibular.* **34** deslocar-se em movimento contínuo: *A barata passou correndo, tonta.* **35** transcorrer; decorrer: *Como o tempo passa!* **36** perecer: *Nesta vida tudo passa.* • *pron.* **37** ocorrer; acontecer: *Virou-se para ver o que se passava.* ♦ **passar a limpo** reescrever, corrigindo os erros e eliminando os rabiscos: *Não teve tempo de passar o texto a limpo.* **passar carão** sofrer vexame: *Será que vou passar carão diante da garota?* **passar da conta** exceder; extrapolar: *Ela mesma percebeu que tinha passado da conta.* **passar/em brancas nuvens/em branco** não ser notado; não receber atenção: *Mas não vai deixar uma coisa como esta passar em brancas nuvens.* **passar a mão em** furtar; pegar: *O gatuno passou a mão nos cobres e se mandou.* **passar a noite em claro** não dormir. **passar no papo/nos peitos** comer: *O cachorro passou as salsichas no papo.* **passar para trás** preterir; enganar: *Ele não admitia ser passado para trás.* **não passar de** não ser mais que; não ser senão: *Você não passa de um mentiroso.*
pas.sa.ra.da *s.f.* bando de pássaros.
pas.sa.re.la (é) *s.f.* **1** ponte para pedestres, em geral estreita, construída sobre ruas ou estradas: *Uma criança quase caiu da passarela sobre a rodovia.* **2** caminho elevado, longo, às vezes sinuoso, sobre o qual desfilam modelos e candidatos em concursos de beleza: *Chorou depois de desfilar elegantemente na passarela vazia.* **3** lugar preparado para a passagem de autoridades: *Na sua visita, o Papa percorreu uma passarela de quase trinta metros.* **4** desfile: *Ela não voltará mais às passarelas.*
pas.sa.ri.nho *s.m.* pássaro pequeno; pássaro.
pás.sa.ro *s.m.* ave pertencente à ordem dos passeriformes; passarinho.
pas.sa.tem.po *s.m.* divertimento; diversão; entretenimento.
pas.se *s.m.* **1** bilhete de trânsito: *passes de ônibus.* **2** trânsito; passagem: *Só amigos têm passe livre para transitar em minha vida pessoal.* **3** no espiritismo, movimento das mãos sobre uma pessoa, acompanhada da evocação de entidades espirituais, com o fim de curar ou exorcizar: *Ele foi ao centro espírita para receber passes.* **4** no futebol, ato de passar a bola a um companheiro de equipe. **5** vínculo contratual do atleta profissional a um clube que o contrata: *O ministro defendeu a adoção do passe livre para os jogadores de futebol.*
pas.se.ar *v.t.* **1** conduzir a algum lugar para que se entretenha: *A babá foi passear com o garoto.* **2** fazer percorrer: *Ela passeia os dedos pelo teclado do piano.* **3** caminhar com o fim de entreter-se: *Dois casais estão passeando na praça já meio às escuras.* **4** andar; percorrer: *Um escorpião passeia pelo assoalho.* • *int.* **5** sair para divertir-se ou distrair-se: *As velhinhas vivem passeando.*
pas.se.a.ta *s.f.* (Bras.) marcha coletiva realizada em sinal de regozijo, reivindicação ou protesto.
pas.sei.o *s.m.* **1** percurso de certa extensão, feito por entretenimento ou exercício: *Ao visitante são oferecidos passeios a cavalo por extensas regiões.* **2** calçada: *Estava no jardim, caminhando no passeio de saibro.*
pas.se.ri.for.me *s.m. pl.* (Zool.) ordem das aves de pequeno porte; passarinho.
pas.si.o.nal *adj.2g.* **1** que se deixa levar pela paixão ou pela emoção: *Dizem que as mulheres são mais passionais que os homens.* **2** causado ou movido pela paixão: *um caso de crime passional.*
pas.sis.ta *s.2g.* (Bras.) **1** dançarino de frevo. **2** pessoa que dança com graça e agilidade, destacando-se nas escolas de samba.
pas.sí.vel *adj.2g.* sujeito a penas e sanções: *réu passível de condenação.*
pas.si.vo *s.m.* **1** conjunto de obrigações financeiras que uma pessoa jurídica deve satisfazer: *Simplesmente antecipou o pagamento de um passivo trabalhista.* • *adj.* **2** que apenas recebe uma ação ou impressão sem reagir: *Devemos trabalhar para não aceitar essa imagem da mulher passiva.* **3** que recebe energia: *sistema passivo de captação de energia solar.* **4** (Gram.) diz-se da voz de um verbo em que o sujeito sofre ou recebe ação. // Ant.: ativo.
pas.so *s.m.* **1** ato de deslocar o ponto de apoio do corpo de um pé para o outro, por meio de movimentos para a frente, para trás ou para os lados: *Deu dois passos e caiu.* **2** etapa: *O passo seguinte era avisar os pais do aluno.* **3** (Bras.) movimento corporal característico que, na dança, constitui uma unidade, ou um modelo capaz de ser repetido: *Ele aprendeu alguns passos de tango.* **4** espaço compreendido em cada um desses movimentos. **5** caso; passagem; episódio: *O pregador confundiu-se na citação de um passo do Velho Testamento.* **6** ruído produzido pelo caminhar: *Ouvi*

patela

passos no saguão. **7** local de passagem de um rio ou regato: *Marcaram um encontro no passo do Igapó.* • **passo a passo** (i) vagarosamente: *Mantinha-se sério, andando passo a passo pela avenida.* (ii) etapa por etapa: *Acompanhou-a passo a passo em seu aprendizado de alemão.*

pas.ta *s.f.* **1** porção de matéria sólida aglutinada por substância líquida ou viscosa: *pasta de amendoim.* **2** bolsa chata de couro, plástico ou cartolina destinada a transportar livros ou papéis: *Perdeu sua pasta cheia de documentos.* **3** substância com que se fabrica o papel: *O pinheiro fornece pasta para papel.* **4** (Fig.) cargo de ministro ou secretário de Estado. **5** pomada, creme. **6** (Inf.) diretório representado pelo ícone de uma pasta.

pas.ta.gem *s.f.* erva própria para o gado pastar; pasto.

pas.tar *v.t.* **1** fazer (os animais) comerem erva não ceifada: *Ao longe, um pastor pastava seu gado.* **2** (os animais) alimentar-se de erva não ceifada; nutrir-se em pasto: *Bois gordos pastam capim.* • *int.* **3** (Fig.) lutar com dificuldade; padecer: *Parece que meu destino é pastar mesmo.* **4** comer erva (os animais): *Cavalos luzidios pastam.*

pas.tel¹ *s.m.* iguaria feita com massa de farinha de trigo, dobrada em forma de meia-lua ou quadrado e recheada com alimento salgado ou doce, que pode ser frita, cozida ou assada.

pas.tel² *s.m.* **1** (Art. Plást.) técnica de pintura em que se usam bastões de pigmentos de muitas cores, que conferem à obra aspecto aveludado, de iluminação clara: *uma exposição de desenhos em pastel.* **2** quadro, desenho ou pintura feitos com essa técnica: *Roubaram um pastel do pintor francês.*

pas.te.lão *s.m.* **1** situação cômica; espalhafato: *O cinema mudo é pródigo no pastelão.* **2** torta salgada de massa fina.

pas.te.la.ri.a *s.f.* estabelecimento que prepara e vende pastel.

pas.teu.ri.za.ção *s.f.* (Hig.) processo pelo qual o leite ou outro líquido é aquecido a uma temperatura entre 50 e 70 ºC por tempo relativamente prolongado e, em seguida, submetido a resfriamento súbito, obtendo-se assim a eliminação apenas dos germes patogênicos.

pas.teu.ri.zar *v.t.* submeter ao processo de pasteurização: *pasteurizar o leite.*

pas.ti.che *s.m.* imitação de má qualidade de obra literária ou artística.

pas.ti.lha *s.f.* **1** pasta de açúcar de forma circular, elíptica ou retangular que contém substância medicamentosa. **2** bala; guloseima. **3** pequeno ladrilho de terracota usado no revestimento de pisos e paredes. **4** (Mec.) dispositivo metálico do sistema de freios dos veículos automotores.

pas.ti.nha *s.f.* (Bras.) penteado em que os cabelos caem sobre a testa, formando uma onda.

pas.to *s.m.* **1** terreno onde há ervas para alimento dos animais. **2** comida; alimento: *Deu pasto de graça para todos.* **3** regozijo; satisfação: *A boa pintura é um pasto para os olhos.*

pas.tor (ô) *s.m.* **1** guardador de rebanho. **2** guardião ou mentor espiritual: *pastor de almas.* **3** sacerdote protestante. **4** cão que guarda ou que é capaz de guardar rebanhos: *Um pastor negro vigia o rebanho.*

pas.to.ral *s.f.* **1** circular de cunho doutrinário emitida pelo Papa ou por um bispo para a orientação do clero e dos fiéis. **2** nome dado a certos movimentos de assistência espiritual ou social patrocinados pela Igreja Católica: *pastoral da criança.* **3** composição poética, em verso ou prosa, sobre tema pastoril; idílio; écloga: *as pastorais de Teócrito e de Longus.* **4** música instrumental ou vocal de temática campestre ou pastoril: *Sinfonia Pastoral de Beethoven.* • *adj.2g.* **5** relativo a pastor; pastoril.

pas.to.rar *v.t.* **1** pastorear. **2** vigiar; espreitar; observar (alguém) ocultamente. **3** ficar no aguardo; esperar (alguém).

pas.to.re.ar *v.t.* **1** conduzir, guardar (o gado) no pasto. **2** governar de maneira eclesiástica. **3** dirigir como chefe de governo. • *int.* **4** guiar ao pasto.

pas.to.rei.o *s.m.* **1** atividade ou indústria pastoril, relacionado com o gado: *o pastoreio predatório.* **2** guarda espiritual.

pas.to.ril *s.m.* **1** (Bras.) brincadeira popular dramática que se representa num tablado ao ar livre e em que há uma personagem masculina, o velho, que conta anedotas e vende prendas, entre cantos e danças de uma meia dúzia de personagens femininas, as pastoras ou pastorinhas. • *adj.2g.* **2** voltado para a atividade do campo: *uma região de vocação pastoril.* **3** campestre; bucólico: *ambiente pastoril.*

pas.to.ri.nha *s.f.* personagem do pastoril.

pas.to.so (ô) *adj.* **1** que tem a consistência de pasta ou creme. **2** arrastado e pouco claro: *voz pastosa.*

pa.ta *s.f.* **1** a fêmea do pato; pé de animal ou de inseto. **2** (Deprec.) pé: *Vamos, tire as patas de cima do tapete.*

pa.ta.ca *s.f.* **1** (Bras.) antiga moeda brasileira de prata, de trezentos e vinte réis. **2** unidade monetária e moeda de Macau e Timor, dividida em cem avos.

pa.ta.da *s.f.* **1** golpe com as patas ou com a planta do pé: *Ela foi atingida na cabeça por uma patada da onça.* **2** (Fig.) resposta hostil, grosseira: *Quando resolve falar comigo, só sabe dar patadas.*

pa.ta.mar *s.m.* **1** espaço mais ou menos largo no alto de uma escada ou de uma elevação de terreno, ou entre dois lanços de escadas ou no terreno: *o patamar superior de uma construção de dois andares.* **2** nível elevado; grau: *A situação tende a se manter nesse patamar nos próximos meses.*

pa.ta.ti.va *s.f.* (Bras.) ave considerada boa cantora, de coloração geral cinzenta, asas e cauda pretas, com manchas brancas.

pa.ta.vi.na *pron. indef.* coisa nenhuma; nada: *Não sei patavina de computador.*

pa.ta.xó *s.m.* (Bras. Etnol.) **1** indivíduo dos pataxós. • *pl.* **2** povo indígena cujos remanescentes vivem nas terras do posto indígena Paraguaçu, município de Itabuna (BA), e que outrora habitava as matas entre os rios Jequitinhonha, Mucuri e Araçuaí.

pa.tê *s.m.* preparado culinário de consistência pastosa, feito com carnes, peixes etc.

pa.te.ar *v.int.* **1** bater as patas repetidamente: *Cavalos pateavam na água.* **2** bater os pés repetidamente em sinal de protesto ou desaprovação: *A multidão zurra e pateia furiosa.*

pa.te.la (é) *s.f.* (Anat.) designação atual da rótula.

patente

pa.ten.te *s.f.* **1** título oficial de uma concessão ou privilégio; posto militar: *Deu baixa do serviço militar com a patente de major.* **2** registro de um invento ou descoberta; atestado de propriedade intelectual: *um invento recente, ainda sem patente.* • *adj.2g.* **3** claro; evidente; manifesto: *É patente o descaso da população pelas questões ecológicas.*

pa.ten.te.ar *v.t.* **1** proceder ao registro de propriedade sobre um bem ou invento: *Marconi patenteou um instrumento apropriado à transmissão a distância, com ou sem fios.* **2** ser a demonstração ou a evidência: *Aquela resposta confusa veio patentear a fraqueza da proposta do deputado.* • *pron.* **3** tornar-se manifesto; evidenciar-se: *A ação do calor se patenteia pela dilatação dos vasos sanguíneos.*

pa.ter.nal *adj.2g.* típico de pai; afetuoso e protetor; paterno: *abraço paternal.*

pa.ter.na.lis.mo *s.m.* (Deprec.) **1** sistema de relações entre o chefe e seus subordinados segundo uma concepção patriarcal ou paternal de autoridade: *A era Vargas acabou, e com ela o paternalismo, o compadrio.* **2** tendência a dissimular o excesso de autoridade sob a forma de proteção; protecionismo: *O Estado francês é conhecido pelo gosto da autoridade e por fortes tendências de paternalismo.*

pa.ter.ni.da.de *s.f.* **1** condição de pai: *assumir a paternidade, o sustento da criança.* **2** condição de inventor, criador ou descobridor: *Deve-se a Tom Jobim a paternidade da bossa nova.*

pa.ter.no (é) *adj.* **1** relativo ao pai: *orgulho paterno.* **2** afetuoso e protetor; paternal.

pa.te.ta (é) *s.2g.* **1** indivíduo tolo ou imbecil. • *adj.2g.* **2** tolo: *O garoto tinha uns trejeitos patetas.*

pa.té.ti.co *s.m.* **1** fato trágico, sinistro, emotivo ou triste: *O filme explora o patético.* • *adj.* **2** comovente; tocante; emotivo: *uma cena patética de despedida.*

pa.tí.bu.lo *s.m.* cadafalso: *No alto de um morro ficavam um patíbulo para enforcamentos e um cemitério.*

pa.ti.fa.ri.a *s.f.* velhacaria: *candidato vítima de patifarias e traição.*

pa.ti.fe *s.m.* **1** indivíduo sem caráter, desavergonhado, insolente: *Eles interpretam dois patifes convictos.* • *adj.2g.* **2** que não tem caráter; desavergonhado; insolente: *um namorado patife.*

pa.tim *s.m.* calçado cuja sola é dotada de uma lâmina vertical, para deslizar no gelo, ou peça munida de quatro rodinhas que se adapta ao sapato, para rolar sobre pavimento liso.

pá.ti.na *s.f.* **1** nas pinturas, camada resultante da oxidação das tintas ou do verniz pela ação do tempo e sua gradual transformação pela ação da luz: *A pátina recobre o quadro por igual.* **2** camada de cor esverdeada que se forma no cobre ou no bronze depois de longa exposição à umidade atmosférica: *Os colecionadores apreciam a pátina das moedas antigas.*

pa.ti.nar *v.int.* **1** deslizar sobre patins: *Ela não sabe patinar.* **2** girar ou pisar em falso, por falta de aderência; escorregar: *Na lama, o carro patina.* **3** não progredir; não avançar.

pa.ti.nhar *v.int.* **1** agitar a água à maneira dos patos. **2** girar em falso por falta de aderência (falando-se das rodas de um veículo automotor).

pá.tio *s.m.* **1** espaço descoberto fechado por muro ou por outro tipo de construção, anexo a um edifício: *Crianças brincam no pátio.* **2** recinto junto às estações ferroviárias onde as locomotivas manobram: *Via-se um extenso pátio de manobra das locomotivas.*

pa.to *s.m.* **1** ave doméstica, de porte médio, palmípede, de bico chato. **2** carne de pato: *Degustava um pedaço de pato assado.* **3** (Coloq.) mau jogador: *Estava sem dinheiro. Precisava encontrar um pato para o pôquer.*

pa.to.ge.ni.a *s.f.* (Patol.) conjunto de fatores em virtude dos quais se desenvolvem as moléstias.

pa.to.gê.ni.co *adj.* **1** relativo à patogenia. **2** capaz de produzir doença: *micro-organismos patogênicos.*

pa.to.lo.gi.a *s.f.* **1** ramo da Medicina que se ocupa da natureza e das modificações estruturais ou funcionais produzidas pela doença no organismo: *pesquisas em patologia animal.* **2** doença: *Essas mortes não foram causadas pela patologia que motivou a internação.*

pa.to.ló.gi.co *s.m.* **1** estado mórbido ou doentio: *Era a voz da ciência nos explicando raros fenômenos à beira do patológico.* • *adj.* **2** relativo à doença: *O filme analisa a paixão como um estado patológico.* **3** que tem caráter mórbido, doentio: *Não via possibilidade de redução do patológico déficit fiscal italiano.*

pa.to.lo.gis.ta *s.2g.* especialista em Patologia.

pa.to.ta (ó) *s.f.* (Bras. Coloq.) grupo; bando.

pa.trão *s.m.* dono de empresa, indústria ou propriedade rural em relação aos empregados; empregador; chefe.

pá.tria *s.f.* **1** país onde se nasceu; torrão natal. **2** lugar considerado como sede de determinada coisa.

pa.tri.ar.ca *s.m.* **1** chefe de família entre os povos antigos, especialmente os do Antigo Testamento: *O patriarca Abraão ofereceu seu filho Isaac em sacrifício.* **2** homem idoso, que tem prole numerosa; chefe de família: *Os três dos sete filhos do patriarca que atuam na empresa dividem as responsabilidades.* **3** igreja ortodoxa, título dos líderes das diferentes igrejas nacionais. **4** título honorífico de certos bispos católicos: *o patriarca de Lisboa.* **5** a pessoa mais velha: *José dos Santos, 86, é o patriarca da comunidade Boa Vista.*

pa.tri.ar.ca.do *s.m.* **1** tipo de organização social em que prevalece a autoridade paterna. **2** circunscrição eclesiástica sob a jurisdição de um patriarca: *o patriarcado de Alexandria.* **3** dignidade de patriarca: *Antes de tornar-se Papa, João XXIII recebeu o patriarcado de Veneza.*

pa.tri.ar.cal *adj.2g.* **1** relativo a patriarca: *Países em que a religião impõe a dominação patriarcal.* **2** relativo a patriarcado: *relações patriarcais em nossa sociedade.* **3** respeitável; venerando: *um chefe patriarcal criador de mitos.* **4** em que o patriarca tem autoridade absoluta: *sociedade patriarcal.*

pa.tri.ci.nha *s.f.* (Bras. Coloq.) moça que se veste com apuro e frequenta os lugares da moda.

pa.trí.cio *s.m.* **1** indivíduo pertencente à classe dos nobres, entre os romanos: *A cidade era um balneário de luxo dos patrícios romanos.* **2** quem é conterrâneo ou compatriota: *Sou diferente de minhas patrícias.* • *adj.* **3** entre os romanos, nobre, aristocrata: *O Senado procurou eleger um general patrício.* **4** pessoas que têm a mesma origem; conterrâneo; compatriota: *os políticos patrícios.*

pa.tri.mo.ni.al *adj.2g.* **1** relativo ao patrimônio: *O banco tinha um desfalque patrimonial de bilhões de reais.* **2** que se baseia na propriedade: *Estarão dispensados da declaração de bens os títulos patrimoniais de clubes.*

pa.tri.mô.nio *s.m.* **1** conjunto de bens materiais ou não, direitos, ações, posses e tudo o mais que pertença a uma pessoa ou empresa e tenha valor econômico: *Em quinze anos erguera um fabuloso patrimônio.* **2** herança paterna; bens de família: *Ele aumentou fortemente o patrimônio que herdou.* **3** quantidade de material disponível: *Dilapidaram o patrimônio da riqueza.* **4** (Fig.) riqueza ou bem: *A juventude é o maior patrimônio moral de um povo.*

pá.trio *adj.* **1** relativo à pátria: *símbolos pátrios.* **2** patriótico: *verdadeiro sentimento pátrio.* **3** que se refere a continente, país, região, estado, cidade: *adjetivos pátrios.* • **pátrio poder** dos pais em relação aos filhos menores.

pa.tri.o.ta (ó) *s.2g.* **1** quem ama sua pátria: *Além de mulher, revelou-se uma patriota.* • *adj.2g.* **2** que ama sua pátria e procura servi-la: *Procura-se uma pessoa patriota.*

pa.tri.ó.ti.co *adj.* **1** de amor à pátria: *canções patrióticas.* **2** patriota: *Alguns povos são extremamente patrióticos.*

pa.tri.o.tis.mo *s.m.* amor pela pátria: *O Brasil conta com o patriotismo.*

pa.trís.ti.ca *s.f.* **1** disciplina que se ocupa das doutrinas, escritos e biografias dos padres da Igreja, teólogos que viveram e ensinaram entre os séculos I e VI da era cristã. • *adj.2g.* **2** relativo aos padres da Igreja: *A teologia patrística tentou realizar a síntese da sabedoria antiga e da revelação cristã.*

pa.tro.a (ô) *s.f.* **1** feminino de patrão. **2** (Coloq.) esposa.

pa.tro.ci.na.dor (ô) *s.m.* **1** quem financia a realização de uma atividade social, cultural, artística ou industrial: *Estou procurando um possível patrocinador para meu livro.* **2** quem estimula ou promove; incentivador: *Ele teve seu nome citado por pacientes como o patrocinador das ligaduras de trompas.* • *adj.* **3** que financia ou custeia: *o clube patrocinador da festa.*

pa.tro.ci.nar *v.t.* **1** custear as despesas de; financiar; bancar: *A família patrocinou toda a carreira do automobilista.* **2** defender; incentivar; estimular: *O grupo patrocinou um acordo de paz e um cessar-fogo.*

pa.tro.cí.nio *s.m.* **1** custeio; financiamento: *A fundação ajudará atletas sem patrocínio.* **2** proteção; ajuda; incentivo: *Ele nasceu sob o patrocínio de uma legião de santos.*

pa.tro.lo.gi.a *s.f.* **1** coleção das obras dos padres da Igreja: *O abade Migne foi o grande editor da Patrologia Grega e Latina.* **2** o mesmo que patrística.

pa.tro.nal *s.f.* **1** entidade que defende os interesses dos patrões: *Os sindicatos e as patronais negociam.* • *adj.2g.* **2** relativo a patrão: *proposta patronal.* **3** empresarial: *agricultura familiar e patronal.*

pa.tro.na.to *s.m.* **1** patrocínio; proteção: *o patronato de São Francisco.* **2** agrupamento de patrões em entidade própria: *Hoje, ele se reúne com líderes do patronato francês.* **3** a classe dos empresários; empresariado: *Os operários unidos em seu sindicato colocam-se de alguma maneira em pé de igualdade com o patronato.* **4** instituição destinada a abrigar e instruir menores sem recursos.

pa.tro.no *s.m.* **1** padrinho; paraninfo: *Ele era o patrono da escola de samba carioca.* **2** protetor; incentivador: *Lourenço, o Magnífico, foi um patrono das artes.* **3** pessoa a quem se homenageia pelos serviços prestados; fundador. **4** padroeiro: *Santo Antônio é o patrono das noivas.* **5** pessoa célebre, já falecida, cujo nome está nas diversas cadeiras, nas academias e instituições congêneres: *Tomou posse na cadeira cujo patrono é o poeta Cláudio Manuel da Costa.*

pa.tru.lha *s.f.* **1** ronda com a finalidade de manter a ordem ou evitar infrações: *O terceiro-sargento e o soldado estavam em patrulha.* **2** (Coloq.) patrulhamento: *Os programadores de televisão têm medo da patrulha da conduta.* **3** policial ou grupo de policiais encarregados da prevenção e repressão das infrações. **4** grupo de escoteiros: *Quatro a oito escoteiros formam uma patrulha.*

pa.tru.lhar *v.t.* **1** realizar ronda com a finalidade de manter a ordem ou evitar infrações: *Policiais patrulham as praias durante o verão.* **2** (Coloq.) vigiar; controlar: *O chefe da delegação patrulha os atletas durante as competições.*

pa.tru.lhei.ro *s.m.* **1** quem faz patrulha. **2** (Coloq.) quem vigia ou fiscaliza; quem controla: *A nutricionista tinha vocação de patrulheira de cardápios.* • *adj.* **3** que faz patrulha: *Foi enviado barco patrulheiro para acompanhar navio de guerra.* **4** que fiscaliza; fiscalizador; controlador: *Aquele homem repete a mesma lenga-lenga patrulheira.*

pa.tu.á *s.m.* (Bras.) amuleto; bentinho.

pa.tu.lei.a (éi) *s.f.* (Coloq.) corja; bando; ralé.

pau *s.m.* **1** pedaço de madeira. **2** cacete; bastão. **3** árvore: *Só se deve encostar em pau que dá sombra.* **4** madeira: *Avistou logo a cerca de pau do curral.* **5** lenha: *trazer grandes pedaços de pau para a fogueira.* **6** surra: *Levou um pau que deu dó.* **7** (Bras.) reprovação em exame: *Levei pau no vestibular.*

pau a pi.que *s.m.* construção cujas paredes são feitas de toros ou varas amarradas com cipó e, eventualmente, ligadas com barro amassado com palha. // Pl.: paus a pique.

pau de a.ra.ra *s.m.* **1** instrumento de tortura constituído de um pau roliço que, depois de ser passado entre ambos os joelhos e cotovelos flexionados, é suspenso em dois suportes, ficando a vítima de cabeça para baixo e como que de cócoras: *Foi encapuzado e pendurado no pau de arara.* **2** caminhão coberto, com varas longitudinais na carroceria, às quais os passageiros se agarram, e usado principalmente no transporte de pessoas no Nordeste. // Pl.: paus de arara.

pau de fo.go *s.m.* (Bras. Gír.) arma de fogo. // Pl.: paus de fogo.

pau de se.bo *s.m.* mastro de madeira ou metal untado, escorregadio, destinado a competições e brincadeiras em que o competidor deve atingir o seu topo. // Pl.: paus de sebo.

pau-fer.ro *s.m.* (Bras.) árvore de madeira muito dura, tronco esbranquiçado e folhas miúdas; jucá. // Pl.: paus-ferros e paus-ferro.

pa.ul (a-úl) *s.m.* pântano.

paulada

pau.la.da s.f. 1 golpe com pedaço de pau; cacetada. 2 (Coloq.) golpe; ataque: *A cada dia os empresários recebem uma paulada.* 3 multa de valor alto: *Quem lesa o consumidor leva pauladas de milhões de dólares.*

pau.la.ti.no adj. feito aos poucos; lento; vagaroso: *A mudança dos prédios será paulatina.*

pau.lis.ta s.2g. 1 natural ou habitante do estado de São Paulo: *paulistas do interior.* • adj.2g. 2 relativo ao estado de São Paulo. ♦ **à paulista** à moda do estado de São Paulo: *virado à paulista.*

pau.lis.ta.no s.m. 1 natural ou habitante da cidade de São Paulo. • adj. 2 relativo à cidade de São Paulo.

pau.pe.ris.mo s.m. pobreza; miséria: *Algumas nações dificilmente se erguerão, do estado de pauperismo em que se encontram.*

pau.sa s.f. interrupção temporária.

pau.sa.do adj. lento; vagaroso: *O rei discursou por onze minutos, num inglês pausado.*

pau.ta s.f. 1 conjunto de linhas horizontais e paralelas produzidas no papel: *Minha mãe começou a escrever, semeando entre as pautas negras uma caligrafia dançante.* 2 (Mús.) conjunto de cinco linhas horizontais, sobre as quais e entre as quais se escrevem as notas musicais: *um homem capaz de transportar qualquer sentimento para a pauta musical.* 3 lista; relação; rol: *vários itens da pauta de importações.* 4 relação de atividades a serem realizadas: *A solução de assuntos importantes de sua pauta exige gasto de dinheiro público.* 5 ordem do dia: *Os outros projetos foram retirados de pauta.* 6 na redação dos jornais, roteiro dos fatos que devem ser pautados pela reportagem e que apresentam um resumo do assunto: *Profissionais da comunicação com a capacidade de identificar o que pode constituir uma boa pauta.* ♦ **em pauta** em evidência; em foco: *Portugal está em pauta no Brasil.*

pau.tar v.t. 1 orientar; ajustar; regular: *A pessoa resolveu pautar seu comportamento por uma tal opção.* • pron. 2 agir de acordo com: *pautar-se por uma regra.* 3 ter como base ou modelo; estar de acordo com: *Uma empresa dessa natureza deve pautar-se sempre na busca da máxima eficiência.*

pa.vão s.m. 1 ave de grande porte, plumagem verde-azulada com reflexos metálicos, com um pequeno tufo de plumas na cabeça, cujo macho é capaz de abrir um grande leque vertical composto de centenas de plumas ornadas por manchas circulares. 2 pessoa muito vaidosa: *Aquele homem é um verdadeiro pavão.*

pa.vê s.m. prato feito à base de biscoitos, gemas e manteiga.

pa.vi.lhão s.m. 1 construção isolada que faz parte de um conjunto de edifícios ou é independente dele: *Construíram um pavilhão no centro.* 2 parte de um edifício construída como anexo ao seu corpo principal: *As estrangeiras mais jovens moram no primeiro pavilhão.* 3 edifício, geralmente provisório, destinado a exposições: *O pavilhão de exposições não tem vagas para novas promoções.* 4 (Anat.) parte exterior do canal auditivo (ouvido): *O pavilhão auricular poderá apresentar deformações.* 5 símbolo de uma nacionalidade ou de uma entidade; bandeira: *O pavilhão nacional tem quatro cores.*

pa.vi.men.ta.ção s.f. 1 ato de pavimentar; revestimento de superfícies de trânsito: *O tijolo personalizado será utilizado na pavimentação do calçadão.* 2 matéria com que se revestem superfícies de trânsito: *Aumenta a superfície do solo impermeabilizada por pavimentações.*

pa.vi.men.tar v.t. 1 revestir com material de calçamento: *Prefeitura usa resíduo para pavimentar rua.* 2 consolidar; fortalecer: *Conversas preliminares a fim de pavimentar o caminho para negociações.*

pa.vi.men.to s.m. 1 superfície revestida para trânsito de pedestres ou de veículos: *obras no pavimento da rodovia.* 2 conjunto das dependências de um edifício num mesmo nível; andar; piso: *O bloco A tem vinte pavimentos.*

pa.vi.o s.m. mecha embebida em elemento combustível que se mantém acesa nas velas ou candeeiros ou que conduz a chama nos explosivos. ♦ **pavio curto** qualidade de impulsivo; arrebatado; explosivo: *Sou uma pessoa de pavio curto com a incompetência.*

pa.vo.ne.ar v.t. 1 mostrar ostensivamente; exibir: *Os pilotos pavoneavam seus físicos nos vestiários.* • pron. 2 mostrar-se ostensivamente; exibir-se: *Pouco importa o evento, desde que ofereça oportunidade de que as pessoas possam pavonear-se.* 3 orgulhar-se; gabar-se: *Ela pode se pavonear de seu filho.*

pa.vor (ô) s.m. 1 medo; terror: *pavor do exame oral.* 2 coisa ou pessoa muito feia: *As galochas, sapatos e as saias de veludo são um pavor.* 3 aquilo que causa medo.

pa.vo.ro.so (ô) adj. 1 que causa pavor; horrível; terrível: *doença pavorosa.* 2 muito feio; medonho: *cortinados de pavoroso chitão.* 3 muito intenso; severo; forte: *intoxicação pavorosa.*

paz s.f. 1 ausência de guerra ou de conflito. 2 sossego; tranquilidade; silêncio: *Amo a paz deste campo.* 3 descanso; tranquilidade: *a paz de Deus.* 4 harmonia; concórdia: *Suas músicas pregam a transcendência espiritual, a paz e o amor.* • pl. 5 reconciliação: *O casal fez as pazes.* ♦ **de (boa) paz** pacífico; tranquilo: *Ela interveio com um sorriso de (boa) paz.* **em paz** sem ser incomodado; com tranquilidade: *Se entrarmos agora, poderemos almoçar em paz.*

pé s.m. 1 (Anat.) cada um dos dois membros inferiores que se articula com a extremidade inferior das pernas dos seres humanos. 2 (Zool.) órgão locomotor de diversos seres vivos; pata. 3 cada uma das unidades do calçado: *Ele pescou um pé de tênis.* 4 tudo o que serve como base de sustentação, suporte: *os pés do banco.* 5 parte inferior; base: *Está escrito no caderno de notas, ao pé da notícia ali colada.* 6 fralda; sopé: *O passeio termina no pé de um monte.* 7 (Bot.) planta: *pés de jasmim.* 8 parte da cama oposta à cabeceira: *o pé do leito.* 9 medida inglesa de comprimento equivalente a 30,48 cm: *caixões de madeira de doze por catorze pés.* 10 (Coloq.) ponto; jeito: *Ainda estávamos nesse pé de relações.* ♦ **a pé** andando: *É pertinho! Vamos a pé.* **ao pé de** junto de; perto de: *prolongados silêncios, ao pé da viúva.* **ao pé da letra** literalmente: *Preciso traduzir o texto ao pé da letra.* **de/em pé** (i) em posição vertical; erguido: *Sempre de pé, abaixou os olhos e nada respondeu.* (ii) (Coloq.) em vigor; válido: *Nosso trato ainda continua de pé.* (iii) acordado: *Às seis horas, já estava de pé.* **com o pé direito** com sorte: *Ele começa o ano com o pé*

pedagogia

direito. **com o pé esquerdo** com falta de sorte: *A rede varejista americana entrou com o pé esquerdo no México.* **com um pé nas costas** muito facilmente: *A seleção vai ganhar o jogo com um pé nas costas.* **com o/um pé na cova** à morte; no fim: *Bancos sadios adquirem bancos com um pé na cova.* **de pé atrás** com prevenção; desconfiado: *Era constante, em mim, uma reação de pé atrás.* **em pé de igualdade** nas mesmas condições: *Muitos alunos da rede pública estão em pé de igualdade com os da rede particular.* **sem pé nem cabeça** despropositado; disparatado: *Eram elogios sem pé nem cabeça, pois a cadelinha era uma vira-lata.*

pe.ão *s.m.* **1** peça do jogo do xadrez de movimento limitado, a qual se desloca só para a frente, de casa em casa, à exceção do seu primeiro movimento, no qual pode deslocar-se uma ou duas casas. **2** amansador de cavalos, burros e bestas; participante de torneios de montaria: *Depois da laçada, o peão salta sobre o bezerro.* **3** (Reg. RS) serviçal de estância: *Pela primeira vez, um peão da estância lhe falava assim rudemente.* **4** (Bras.) trabalhador rural ou mão de obra não qualificada: *Era peão da fazenda.* **5** condutor de tropa: *Quatro peões conduziam um lote de bois.* // Pl.: peões e peães. Fem.: peona e peoa.

pe.bo.lim *s.m.* jogo de futebol de mesa em que os dois times são representados por bonecos alinhados em varetas de metal, nas posições convencionais dentro do campo.

pe.ça (é) *s.f.* **1** cada uma das partes ou elementos de um conjunto ou coleção: *Vi uma peça de cristal que era muito bonita.* **2** componente; acessório: *O que gera lucros à concessionária é a venda de peças.* **3** unidade de artilharia; peça de artilharia: *Um cruzador pesado tinha peças de oito polegadas.* **4** figura ou pedra, em jogo de tabuleiro: *as peças de xadrez.* **5** texto ou representação teatral: *Tinha dezenove anos quando encenei a primeira peça.* **6** componente do vestuário: *As duas peças, camiseta e short, são caras.* **7** porção de fazenda tecida de uma vez: *uma peça de puro algodão.* **8** compartimento ou divisão; cômodo: *É inegável a procura por um conceito de sofisticação em cada pequena peça do hotel.* **9** documento que faz parte de processo: *O documento é mais uma peça para ser analisada pelo Senado.* **10** pessoa ou objeto muito especial: *Aquela garota é uma peça rara.* **11** (Fig.) embuste; logro: *O diretor e ator quis pregar uma peça no público.*

pe.ca.do *s.m.* **1** transgressão de regra religiosa; falta erro: *pecado original.* **2** maldade; crueldade: *O repórter analisa os pecados antiecológicos num campo específico, a Amazônia.* **3** pena; lástima. **4** defeito; falha: *O restaurante tem um pecado: cores excessivamente claras.*

pe.ca.dor (ô) *s.m.* **1** quem comete pecado. • *adj.* **2** que comete pecado: *uma vítima ao mesmo tempo pecadora e inocente.*

pe.ca.mi.no.so (ô) *adj.* **1** que está em pecado; pecador. **2** em que há pecado: *a natureza pecaminosa do homem.*

pe.car *v.t.* **1** desobedecer; contrariar; faltar (a): *Não pecar contra a castidade é um dos mandamentos.* • *int.* **2** transgredir lei ou preceito religioso ou moral: *Ele pecou, mas arrependeu-se.* **3** cometer erro ou falta. **4** apresentar falha ou defeito; ser censurável: *Nossas "reformas" hoje pecam por excesso de prudência.*

pe.cha (é) *s.f.* defeito, falha ou imperfeição atribuídos a alguém: *Não posso aceitar a pecha de ser um juiz que não julga.*

pe.chin.cha *s.f.* **1** tentativa de obter preço mais baixo; regateio no preço: *A pechincha representa a oportunidade de buscar mais lucro.* **2** pequeno custo; vantagem no preço: *O mercado imobiliário também tem suas pechinchas.* **3** mercadoria de baixo custo: *As verdadeiras pechinchas são encontradas no final das feiras livres.*

pe.chin.char *v.t.* tentar diminuir ou depreciar para obter desconto; regatear: *É importante aprender a pechinchar (no) preço.*

pe.ço.nha *s.f.* **1** secreção venenosa de alguns animais; veneno: *peçonha de cobra.* (Fig.) **2** maldade: *Ela lançou um desaforo carregado de peçonha.* **3** maledicência; difamação: *envenenados pela peçonha do outro.*

pe.ço.nhen.to *adj.* **1** venenoso: *cobras peçonhentas.* **2** maldoso; intrigante; pérfido: *Desafivelada a máscara, ele não passava de mais um peçonhento rato palaciano.*

pe.cu.á.ria *s.f.* conjunto das atividades relativas ao tratamento e criação de gado.

pe.cu.a.ris.ta *s.2g.* (Bras.) **1** quem se dedica à criação de gado: *O grande fazendeiro é pecuarista por tradição.* • *adj.2g.* **2** que se dedica à criação de gado: *Ele é fazendeiro pecuarista.* **3** em que há criação de gado: *Sempre circulou com desembaraço no setor empresarial e pecuarista.*

pe.cu.la.to *s.m.* desvio de dinheiro, valor ou qualquer bem sob a sua guarda, praticado por funcionário público, em proveito próprio ou alheio.

pe.cu.li.ar *adj.2g.* **1** que foge aos padrões comuns; especial; singular: *Ele era um general muito peculiar.* **2** que é atributo particular de uma pessoa ou coisa; característico: *dificuldades objetivas e peculiares ao país.*

pe.cu.li.a.ri.da.de *s.f.* particularidade; propriedade; característica: *O centro do Rio de Janeiro tem uma peculiaridade única entre as cidades brasileiras.*

pe.cú.lio *s.m.* dinheiro acumulado por trabalho ou economia; espécie de poupança constituída pela contribuição do aposentado que volta ao trabalho.

pe.cu.ni.á.rio *adj.* **1** referente a dinheiro: *Por interesse pecuniário o reino preservou a unidade nacional.* **2** que deve ser pago em dinheiro: *O projeto substitui a pena privativa da liberdade por penas pecuniárias.*

pe.da.ço *s.m.* **1** quantidade, separada ou não, de uma substância sólida, de um todo; porção; fragmento: *pedaço de bolo.* **2** trecho; passo; passagem: *Ele atravessou um bom pedaço de terra.* **3** espaço de tempo: *Ela esperou o irmão por um bom pedaço.*

pe.dá.gio *s.m.* **1** tributo cobrado pelo direito de passagem de veículos por uma via de transporte terrestre: *Em cada etapa, cobra-se um pedágio.* **2** posto fiscal encarregado de cobrar a taxa de passagem de veículos.

pe.da.go.gi.a *s.f.* **1** teoria e ciência da educação e do ensino; disciplina que ministra essa teoria. **2** técnica de ensinar: *a pedagogia das Ciências Exatas.* **3** conjunto de doutrinas, princípios e métodos de educação e

pedagógico

instrução que tendem a um objetivo prático: *Dedicaram-se à Pedagogia há muitos anos.*
pe.da.gó.gi.co *adj.* **1** referente à educação e ao ensino; de ensino: *as mais modernas concepções pedagógicas.* **2** que visa ao ensino de: *laboratório pedagógico.* **3** que cuida das coisas referentes ao ensino: *coordenadora pedagógica.* **4** para o ensino: *cursos de capacitação pedagógica.*
pe.da.go.go (ô) *s.m.* quem aplica a Pedagogia; professor; mestre: *Os deficientes têm tratamento com pedagogo, psicólogo, clínico-geral e assistente social.*
pe.dal *s.m.* peça mecânica, em forma de alavanca, de comando ou de transmissão, acionada com o pé.
pe.da.la.da *s.f.* **1** acionamento do pedal: *Um helicóptero japonês movido a pedaladas levantou voo.* **2** passeio de bicicleta: *O shopping center está promovendo uma pedalada noturna.*
pe.da.lar *v.t.* **1** fazer mover-se ou funcionar acionando os pedais: *Ele pedalava sua bicicleta pelas alamedas.* • *int.* **2** andar de bicicleta: *Ciclista conta como é pedalar entre leões e girafas na savana da África.* **3** acionar pedais: *Os pés pequenos voltavam a pedalar descansados.*
pe.da.lei.ra *s.f.* conjunto de pedais.
pe.da.li.nho *s.m.* pequeno barco movido a pedais.
pe.dan.te *s.2g.* **1** pessoa pretensiosa: *Depois viemos nós, os novos pedantes da cultura especializada.* • *adj.2g.* **2** vaidoso; pretensioso: *sujeito pedante e pernóstico.* **3** que ostenta erudição; afetado: *vocabulário pedante.*
pe.dan.tis.mo *s.m.* característica de quem é pedante.
pé de ca.bra *s.m.* instrumento de ferro com extremidade bifurcada que serve para arrombar portas ou abrir caixas. // Pl.: pés de cabra.
pé de chi.ne.lo *s.m.* (Bras. Gír.) **1** indivíduo sem qualidade; vagabundo: *Se é quem estou pensando, não é nenhum pé de chinelo.* **2** pessoa pobre: *Não era mais coisa de pé de chinelo.* • *adj.* **3** pobre; inábil: *ladrão pé de chinelo.* // Pl.: pés de chinelo.
pé de ga.li.nha *s.m.* conjunto de rugas no canto externo dos olhos. // Pl.: pés de galinha.
pé-de-mei.a *s.m.* economias; reservas: *fazer um pé-de-meia.* // Pl.: pés-de-meia.
pé de mo.le.que *s.m.* (Bras.) doce de consistência sólida feito com açúcar ou rapadura e fragmentos de amendoim torrado. // Pl.: pés de moleque.
pe.de.ras.ta *s.m.* homem que pratica ato sexual com outro homem; homossexual.
pe.de.ras.ti.a *s.f.* homossexualismo masculino.
pe.der.nei.ra *s.f.* **1** pedra que produz faíscas quando atritada; pedra de isqueiro. **2** arma de fogo que utiliza essa pedra.
pe.des.tal *s.m.* **1** peça que sustenta uma estátua, uma coluna ou um objeto; base. **2** posição de destaque: *Colocou a mãe num pedestal.*
pe.des.tre (é) *s.2g.* **1** pessoa que anda ou está andando a pé; transeunte. • *adj.2g.* **2** modesto; humilde; popular: *Para as crianças, havia sessão de cinema, não a sessão pedestre com vela e pano molhado.*
pé de val.sa *s.2g.* (Bras.) pessoa que dança bem. // Pl.: pés de valsa.
pé de ven.to *s.m.* vento forte; furacão; tufão. // Pl.: pés de vento.

pe.di.a.tra *s.2g.* **1** médico especialista em Pediatria. • *adj.2g.* **2** que é especialista em Pediatria: *médica pediatra.*
pe.di.a.tri.a *s.f.* **1** ramo da Medicina que se ocupa da saúde das crianças em todos os seus aspectos. **2** pavilhão de hospital destinado ao atendimento de crianças: *O garoto continua internado na Pediatria.*
pe.di.á.tri.co *adj.* **1** que atende aos casos de doença infantil: *A criança foi levada para a UTI pediátrica.* **2** de pediatria: *O nenê foi considerado "perfeitamente normal" pelos testes pediátricos.* **3** relativo a crianças; para crianças; infantil: *clínica pediátrica.* **4** pediatra: *Ele é cirurgião pediátrico.*
pe.di.cu.re *s.2g.* profissional que se dedica ao tratamento e embelezamento dos pés.
pe.di.do *s.m.* **1** solicitação; rogo: *A fundação também entrou com pedido de protocolo de pesquisa ao Ministério da Saúde.* **2** encomenda (de compras): *Por enquanto, a empresa não fez os pedidos a nenhum fornecedor.* **3** aquilo que se encomendou: *Os franqueados ainda não receberam os pedidos.*
pedigree (pedigri) (Ingl.) *s.m.* registro de uma linha de ancestrais de animais, principalmente de cachorros e cavalos; linhagem: *O gato da menina não tem pedigree.*
pe.din.te *s.2g.* **1** quem pede esmola; mendigo: *Deu um pouco de feijão a um pedinte na porta.* • *adj.2g.* **2** que mendiga: *a passagem do moço pedinte pelas fazendas.*
pe.dir *v.t.* **1** solicitar em juízo; requerer: *A família pediu a responsabilização do médico.* **2** exigir; requisitar; necessitar: *As roseiras pediam poda.* **3** solicitar; reivindicar: *O autor da biografia não pediu autorização para escrevê-la.* **4** rogar; implorar; suplicar: *Peço a Deus proteção.* **5** demandar; pôr como preço: *Os clubes europeus pedem uma fortuna por jogadores brasileiros.*
pe.do.fi.li.a *s.f.* atração forte, fantasia ou desejo sexual por crianças.
pe.dó.fi.lo *s.m.* **1** quem sente atração sexual por crianças. • *adj.* **2** diz-se daquele que sente atração por crianças.
pe.dra *s.f.* **1** mineral duro e sólido, da natureza das rochas: *blocos de pedra da parede.* **2** rocha; rochedo: *O mar lança-se contra as pedras.* **3** fragmento de mineral usado como joia: *vestido de veludo azul, cor da pedra do seu único anel.* **4** granizo: *chuva de pedra.* **5** fragmento de rocha: *sapos gigantes nas pedras do jardim.* **6** quadro-negro; lousa: *Quando eu ia à pedra, saía da carteira ostentando no peito um enorme laço tricolor.* **7** lápide: *pedra tumular.* **8** mó: *A pedra de moer era demasiado primitiva.* **9** ara: *pedra de altar.* **10** pedaço de qualquer substância dura e sólida: *A menina usava pequenas pedras de giz.* **11** cubo de gelo: *No balde de gelo aberto, algumas pedras meio derretidas.* **12** peça de jogo de tabuleiro: *as pedras do jogo de damas.* ♦ **de pedra** (i) impassível; insensível: *um velho de face de pedra.* (ii) inflexível: *Qualquer outro, que não tivesse o seu caráter de pedra, logo virava a cabeça.* (iii) profundo: *Fora um sono de pedra, à prova de bombardeio.* (iv) muito duro: *No meu pescoço agarraram-se suas mãos de pedra.* (v) difícil: *o caminho de pedras do campo*

de batalha. **pedra sobre pedra** locução usada para referir-se à destruição ou modificação total de algo: *A inovadora novela não deixou pedra sobre pedra nem na parte musical.* **uma pedra no sapato** tudo o que incomoda: *A pedra no nosso sapato, na verdade, são aquelas equipes.* **com quatro pedras na mão** com agressividade; com rispidez: *Eu jamais respondi com quatro pedras na mão.*

pe.dra.da *s.f.* **1** arremesso de pedra: *Ele levou uma pedrada.* **2** ataque verbal; crítica: *O ex-ministro me distinguiu com algumas pedradas em declarações aos jornais.*

pe.dra.ri.a *s.f.* conjunto de pedras preciosas, ou de imitações de pedras preciosas: *joias e acessórios esculpidos em ouro, prata e pedrarias.*

pe.dre.go.so (ô) *adj.* cheio de pedras: *Ele subiu a colina pedregosa.*

pe.dre.gu.lho *s.m.* **1** pedra miúda, lisa e arredondada. **2** pedaço de pedra.

pe.drei.ro *s.m.* profissional que executa trabalhos em alvenaria e materiais de revestimento.

pe.drês *s.m.* **1** cavalo ou burro salpicado de preto e branco: *Em cima do pedrês, de carabina no ombro, um cachorro orgulhoso.* • *adj.2g.* **2** carijó: *a rolinha pedrês.* **3** salpicado de preto e branco: *um burrinho pedrês.*

pe.dún.cu.lo *s.m.* **1** (Bot.) haste de sustentação da flor ou do fruto: *O fruto do cajueiro apresenta um pedúnculo carnoso.* **2** (Zool.) haste de fixação de diversos órgãos.

pé-fri.o *s.2g* (Bras. Coloq.) pessoa azarada que traz má sorte. // Pl.: pés-frios.

pe.ga¹ (ê) *s.f.* gralha.

pe.ga² (é) *s.m.* **1** (Bras.) corrida (clandestina) de automóvel; racha: *Não há rachas com hora e local marcados. Os pegas são informais.* **2** (Fig.) briga; luta: *Os jornais ainda estão se ocupando do pega.* • *s.f.* **3** ato de aprisionar; captura: *Só tinham prática de pega à unha.* **4** caça: *companheiros na pega de passarinho.* **5** brotação: *O índice de pega da acerola caiu muito.* **6** fenômeno pelo qual a cal ou o cimento aderem aos elementos a que servem de aglomerantes: *A pega da cal hidráulica é muito lenta.*

pe.ga.ção *s.f.* (Gír.) **1** agarração; esfregação. **2** relação sexual.

pe.ga.da¹ *s.f.* **1** ato de pegar: *Imitavam a pegada de mão deles.* **2** soco forte: *O adversário nunca teve pegada de peso pesado.* **3** (Fut.) lance em que o goleiro pega a bola com as duas mãos impedindo o gol. **4** (Fut.) combate ao adversário com determinação: *O meio-campo tem quatro jogadores de pegada.*

pe.ga.da² *s.f.* rastro deixado no solo pelos pés ou pelas patas; vestígio: *A cidade possui pegadas de dinossauros.*

pe.ga.di.nha *s.f.* (Coloq.) engodo; armadilha.

pe.ga.dor (ô) *s.m.* **1** instrumento para pegar objetos: *Ele inventou um pegador de alimentos fatiados.* **2** (Fut.) goleiro que pega a bola com eficiência: *Não sou um grande pegador.* **3** pugilista que tem soco forte: *O meu adversário era um forte pegador.* **4** no jogo de tênis, quem pega as bolas para serem devolvidas ao jogo; gandula: *O pegador de bola corre pelas gerais.* **5** pega-pega: *brincar de pegador.* • *adj.* **6** (Fut.) que dá combate com determinação: *Fomos mais pegadores no segundo tempo.* **7** (Gír.) namorador: *rapaz pegador.*

pe.ga.jo.so (ô) *adj.* **1** que pega ou adere com facilidade; viscoso; grudento: *a pegajosa brilhantina.* **2** (Fig.) excessivamente romântico: *melodias pegajosas.* **3** maçante; inconveniente: *Ela é pegajosa, vai logo beijando todo mundo.*

pe.ga-pe.ga *s.m.* (Bras.) brincadeira em que um tenta pegar o outro; pique. // Pl.: pega-pegas e pegas-pegas.

pe.ga pra ca.par (Coloq.) *s.m.2n.* briga; tumulto; desavença: *A turma chegou ao baile e foi um pega pra capar.*

pe.gar *v.t.* **1** prender; capturar: *Pegaram aqueles ladrões.* **2** fazer cair em armadilha ou brincadeira; fazer ficar embaraçado: *Ela sempre pega uns bobos como eles.* **3** aprisionar; caçar; pescar. **4** surpreender: *Imaginou se meu pai nos pegasse?* **5** encontrar; achar: *Quase você não me pega aqui.* **6** recolher: *Já que é assim, pega tua trouxa.* **7** ir de encontro a; abalroar: *Ao sair da pista, o carro pegou uma bicicleta.* **8** fazer uso de; tomar como base ou fonte: *Suas coleções de moda sempre pegam os quadrinhos como inspiração.* **9** conseguir; obter: *Ele pega muito serviço por fora.* **10** assumir a responsabilidade por: *O analista pegara um caso mais difícil.* **11** abordar ou reter para conversar: *Quando ela me pega, são no mínimo duas horas no telefone!* **12** enfrentar: *Esse lutador só pegava os grandões.* **13** no esporte, não deixar passar; defender: *Eles pegam todas as bolas altas.* **14** tomar condução; embarcar: *pegar o ônibus das seis.* **15** tomar (caminho ou direção): *Ele atravessou o milharal e depois pegou a pinguela.* **16** ir para desfrutar: *Vou ver se pego um cineminha hoje à noite.* **17** abranger; englobar: *Muitas contas pegam períodos do mês distintos.* **18** perceber; captar: *Ele não pegou muito bem o que eu disse.* **19** alcançar: *Corre que você ainda pega o pirão na casa dela.* **20** ser condenado; sofrer penalidade: *Ele pegou trinta anos de cadeia.* **21** contrair: *pegou um resfriado.* **22** passar por uma situação; experimentar: *Pegamos congestionamento intenso naquela rua.* **23** sofrer o impacto de; apanhar: *rosto que não pega sol.* **24** captar imagem ou som de: *Lá em casa, a TV ainda não pegava o novo canal.* **25** ter contato com: *Quando minha turma pegou o excelente mestre, ele devia ter seus sessenta anos.* **26** adquirir; receber: *Se você pegar fama de cantora, dará autógrafos.* **27** contaminar: *Essa doença pode pegar nos outros.* **28** atingir: *A arma descarregou sem parar, mas não pegou o ladrão.* **29** tomar nas mãos; segurar; agarrar: *O rapaz pegou um facão.* **30** apoderar-se de; tomar: *Pegou o dinheiro e fugiu.* **31** tocar; apalpar: *Ela pega nas folhas e acha-as bonitas.* **32** grudar; colar: *O limo pegava nas sapatas de concreto.* • *pron.* **33** valer-se de; recorrer a: *Com que santo ele se pega?.* **34** atracar-se: *Ela se pegou com a amiga e as duas rolaram no chão.* **35** ter aceitação; estabelecer-se: *Essa música ainda vai pegar no Carnaval.* **36** funcionar: *O carro não queria pegar.* **37** vingar: *Esta planta pegou.* **38** surtir efeito; ser eficaz: *Chilique não pega.* ✦ **pegar mal** não ser bem recebido (gesto ou atitude): *Se vem um freguês e flagra a bagunça, pega mal.* **pegar bem** ser bem recebido (gesto ou atitude): *não pega bem sair vestido desse jeito.* **pegar as coisas no ar** perceber rapida-

peia

mente; compreender: *A turma do Leblon pega essas coisas no ar.* **pegar leve** agir sem agressividade: *A professora pegou leve: deu uma prova fácil.* **pegar (a) estrada** ir embora; viajar: *Pegou a estrada e nunca mais deu notícias.* **pegar fogo** agitar-se intensamente; inflamar-se: *Papai pega fogo quando o time não faz gol.* **pegar no pé** atormentar; perseguir: *É para se vingar que você pega no pé da gente.* **pegar no pesado** trabalhar em serviço difícil: *De vez em quando, ele pega também no pesado.* **pegar no pulo** surpreender: *Pegaram o menino no pulo, roubando.* **pegar no sono** adormecer: *Os personagens pegam no sono e são acordados por uma mosca imaginária.* **pegar ou largar** fazer opção: *Era questão de pegar ou largar e eu nem vacilei, assinei o contrato.* **pegar onda** surfar: *Muitas vezes, dois surfistas pegam ondas ao mesmo tempo.*

pei.a *s.f.* **1** prisão de corda ou de ferro que segura os pés dos animais: *a peia desamarrada dos pés dianteiros da égua.* **2** (Fig.) embaraço; empecilho: *Quando penso em viajar, sempre aparece uma peia.*

pei.dar *v.int.* (Ch.) expelir ventosidade pelo ânus.

pei.do *s.m.* (Ch.) gases expelidos pelo ânus.

pei.tar *v.t.* **1** subornar: *Não quis peitar ninguém.* **2** (Coloq.) enfrentar: *Ele peitou um a um com coragem.*

pei.to *s.m.* **1** (Anat.) parte do tronco que contém os pulmões e o coração; tórax: *De seu peito saía um ronco entremeado de gemidos.* **2** parte anterior e externa do tórax: *Retirei a bolsa, apertando-a contra o peito, sem saber o que fazer.* **3** pulmão: *estava com dores no peito.* **4** seio feminino. **5** parte anterior do tórax das aves ou dos animais de talho: *O peito do faisão, durante o cozimento, facilmente resseca.* **6** região dorsal; dorso: *peito do pé.* **7** (Fig.) alma; coração: *Seu peito ia enchendo-se de tristezas.* **8** parte anterior da camisa de homem: *camisas de peito duro.* **9** (Fig.) coragem; ânimo: *Não sei se dá, nem tenho peito de perguntar.* • **levar a peito** dedicar-se a algo com vivo interesse, com empenho: *Não espero que o Congresso leve a peito a transformação desejável.* **do peito** muito querido: *O senhor é amigo do peito do doutor?* **de peito aberto** (i) de modo corajoso e franco; com determinação: *arrojou-se na luta, de peito aberto, destemido e altivo.* (ii) com franqueza; com sinceridade: *Ele assume de peito aberto a ternura e a malvadeza.*

pei.to.ral *s.m.* **1** peça que protege o peito: *Duas pedras estavam presas no centro do peitoral.* **2** correia que cinge o peito do cavalo. • *adj.* **3** que se situa em cada metade da parede anterior do tórax: *Levantou o peito, contraindo levemente o músculo peitoral.*

pei.to.ril *s.m.* parapeito.

pei.xa.ri.a *s.f.* lugar onde se vendem peixes.

pei.xe *s.m.* **1** (Zool.) animal vertebrado que nasce e vive na água, respira por brânquias e se locomove por meio de barbatanas. • *pl.* **2** (Astr.) a décima segunda constelação do Zodíaco. **3** (Astrol.) o décimo signo do Zodíaco (19/2 a 20/3). // Nesta acepção grafa-se com inicial maiúscula. // • **vender o seu peixe** expor o seu ponto de vista; tratar do seu interesse: *Tentou vender seu peixe para a plateia, mas não conseguiu.*

pei.xei.ra *s.f.* (Bras.) faca comprida e fina.

pei.xei.ro *s.m.* vendedor de peixes.

pe.jar *v.t.* **1** encher: *Pejaram os armários com mantimento.* • *pron.* **2** envergonhar-se: *A geração romântica nunca se pejou de declarar-se em público.* • *int.* **3** ficar prenhe, grávida; engravidar: *A vizinha pejou.*

pe.jo (ê) *s.m.* pudor; vergonha: *Tinha pejo de ter caído na armadilha.*

pe.jo.ra.ti.vo *adj.* torpe; depreciativo: *Com o tempo, a palavra "sofista" ganhou sentido pejorativo.*

pe.la (é) *s.f.* **1** bola, especialmente de borracha, usada para jogar ou brincar. **2** jogo antigo, que consistia em atirar a bola de um lado para o outro, com o auxílio de um instrumento como raquete, pandeiro etc.

pe.la.da¹ *s.f.* jogo de futebol, em geral entre amadores, em campo improvisado.

pe.la.da² *s.f.* (Patol.) afecção das regiões pilosas, especialmente o couro cabeludo, que se manifesta em forma de placas sem cabelos (ou pelos), arredondadas ou ovais.

pe.la.do *adj.* **1** com a pele à mostra, sem cabelos, pelos ou penas: *nuca pelada.* **2** sem casca; descascado: *uma lata de tomates pelados.* **3** sem roupa; nu; despido: *não queria que a namorada fotografasse pelada.* **4** (Fig.) despojado; privado: *Sua casa era pelada de móveis.*

pe.la.gem *s.f.* pelo de animais: *O puma tinha focinho branco e pelagem bege.*

pe.la.gra *s.f.* (Patol.) falta de vitaminas, caracterizada por rubor congestivo da pele nas partes descobertas e por perturbações digestivas, nervosas e mentais.

pe.lan.ca *s.f.* pele flácida e pendente; carne magra e enrugada.

pe.lar *v.t.* **1** tirar o pelo, a casca ou a pele de: *pelar porco.* **2** furtar todos os objetos de: *Os vândalos pelaram a igreja.* • *pron.* (Fig.) **3** sentir com muita intensidade: *Ele pela-se de raiva do vizinho.* **4** gostar ou desejar muito: *Ela pela-se por um bom filme.* • *int.* **5** (Bras.) atingir temperatura altíssima; estar muito quente; arder: *A xícara de café está pelando.*

pe.le (é) *s.f.* **1** (Anat.) órgão mais ou menos espesso que reveste exteriormente o corpo humano, bem como o de alguns animais; derme; couro. **2** couro industrializado: *mantas de pele de porco.* **3** superfície do corpo; epiderme: *o prazer de sentir sobre a pele a maciez da seda.* **4** cútis; tez: *pele muito bronzeada.* • **pele e osso** magreza extrema: *Muito fraco, reduzido a pele e osso.*

pe.le.go (ê) *s.m.* **1** pele do carneiro com a lã, geralmente usada sobre a montaria para amaciar o assento: *O homenzinho deitou-se no divã coberto com um pelego.* **2** tapete: *deitou no pelego.* **3** (Bras.) trabalhador que, disfarçadamente e dentro do sindicato da categoria, age contra os interesses da classe trabalhadora.

pe.le.ja (ê) *s.f.* **1** ato ou efeito de pelejar. **2** competição esportiva; jogo; luta. **3** luta; conflito: *peleja entre traficantes.* **4** labuta; lida: *a peleja do fazendeiro com os animais que criava.* **5** luta de boxe; combate: *Os espetáculos constavam de seis pelejas de quatro assaltos cada.*

pe.le.jar *v.t.* **1** combater; lutar: *Pelejaram contra os inimigos.* **2** lidar; labutar: *Vou pelejando com a vidinha de sempre.* **3** esforçar-se por conseguir; tentar; insistir: *Nós pelajamos para esquecer e não teve jeito.*

pe.li.ca.no *s.m.* (Zool.) grande ave palmípede marinha, com bico muito grande e bolsa membranosa por baixo

pendular

da mandíbula inferior, onde são postos os peixes de que se alimenta.

pe.lí.cu.la s.f. 1 pele ou membrana muito fina. 2 camada muito fina, delgada. 3 fita ou filme cinematográfico: *A película estreia amanhã.*

pe.lo prep. per + art. arc. lo: *pelos caminhos do mundo.*

pe.lo s.m. 1 (Anat.) prolongamento fino como um fio que cresce na pele dos homens e de certos animais. 2 (Bot.) filamento, em geral curto, que recobre variadas partes de numerosas plantas: *Algumas folhas apresentam pelos.* 3 (Fig.) lombo; costas; dorso: *Ninguém monta no meu pelo.* ♦ **em pelo** (i) sem roupas; nu: *a famosa cena do chuveiro – os dois em pelo.* (ii) sem o uso de sela: *Ele só cavalga em pelo.*

pe.lo.ta (ó) s.f. 1 bola; esfera; pela. 2 bola de futebol: *Realizou o terceiro gol, com a pelota dominada.* 3 (Fig.) atenção; importância: *Ele não deu a menor pelota para a menina.*

pe.lo.tão s.m. 1 cada uma das partes em que se divide uma companhia de soldados: *O pelotão é comandado por um tenente.* 2 (Fig.) grande quantidade: *Um pelotão de fotógrafos plantou-se na porta da casa do presidente eleito.*

pe.lou.ri.nho s.m. coluna de pedra ou de madeira, em praça ou lugar público, junto da qual se expunham e castigavam criminosos e escravos.

pe.lú.cia s.f. tecido de lã, seda, algodão, fibra sintética etc., com um lado felpudo e outro liso, e que apresenta pelos mais longos e mais ralos que os do veludo.

pe.lu.do adj. que tem muito pelo.

pel.ve (é) s.f. (Anat.) porção inferior do esqueleto do tronco; bacia; pélvis.

pél.vi.co adj. relativo à pelve: *nervos pélvicos.*

pél.vis s.f. (Anat.) pelve.

pe.na¹ s.f. 1 revestimento do corpo das aves; pluma. 2 pequena peça de metal, em forma de bico, adaptada a uma caneta, e que serve para escrever ou desenhar.

pe.na² s.f. 1 lástima; infortúnio: *É uma pena que ele não possa ouvir a música.* 2 castigo; punição: *Os advogados pedem para que ele passe a cumprir pena em regime aberto.* 3 aflição; sofrimento: *Nunca soube avaliar suas penas.* 4 compaixão; dó; piedade: *Tinha pena de ambos.* ♦ **a duras penas** com muita dificuldade: *Construiu sua casa a duras penas.* **sob pena de** expondo-se às consequências de: *Exigiu, sob pena de demissão, que parassem de trabalhar.*

pe.na.cho s.m. 1 conjunto de penas para adorno de chapéus, capacetes ou arreios. 2 crista. 3 massa gasosa mais ou menos densa; rolo: *as chaminés com penachos de fumo.* 4 (Fig.) postura ereta; orgulho: *Ninguém me quebra o penacho.*

pe.na.da s.f. 1 traço da pena: *O governo não pode resolver a situação com uma penada.* ♦ adj. 2 que tem forma de pena de ave: *folhas penadas.*

pe.nal s.m. 1 abreviatura de pênalti: *cobrar o penal.* ♦ adj.2g. 2 relativo a penas judiciais: *Dá uma olhada na folha penal dele.* 3 onde se cumpre pena. 4 que define os crimes e determina as penas e medidas de segurança aplicáveis aos delinquentes: *direito penal.*

pe.na.li.da.de s.f. pena; castigo; punição: *A penalidade para quem não respeita esse limite é a apreensão do veículo.* ♦ **penalidade máxima** em futebol, falta máxima; pênalti; penal.

pe.na.li.za.ção s.f. 1 ato ou efeito de penalizar. 2 punição por descumprimento de regra ou lei: *Há penalização rigorosa para quem dirige embriagado.* 3 castigo; prejuízo: *Não recebeu penalização por ter faltado à aula.*

pe.na.li.zar v.t. 1 causar pena ou dó: *Sua viuvez penalizava a todos.* 2 impingir penalidade; punir; prejudicar: *O juiz arranjou uma forma ainda mais dura de penalizar as três mulheres.*

pê.nal.ti s.m. (Fut.) falta máxima, dentro da grande área, cometida por jogador que defende, e que é punida por um tiro direto, sem barreira, a onze metros do gol; penal.

pe.nar v.t. 1 penalizar; impor pena: *penalizar os infratores.* 2 expiar; purgar: *penar seus pecados.* ♦ int. 3 sofrer; padecer: *Na separação dos pais, são os filhos que mais penam.* 4 purgar os pecados: *Sua alma penava nas trevas do outro mundo.* ♦ s.m. 5 padecimento; dor; sofrimento: *Quem melhor do que ele poderia compreendê-la no seu penar?*

pen.ca s.f. 1 conjunto de frutos: *penca de bananas.* 2 (Fig.) grande quantidade: *Temos novamente uma penca de craques com fome de bola.* 3 (Reg. RS) corrida na qual tomam parte muitos cavalos: *Sua única distração consiste nas pencas dominicais.* ♦ **em penca** em grande quantidade: *Seus comícios têm gente em penca.*

pen.dão s.m. 1 bandeira: *o amado auriverde pendão de nossa pátria.* 2 emblema ou símbolo: *um uso respeitoso do pendão.*

pen.dên.cia s.f. 1 briga; litígio; conflito: *uma pendência entre as duas empresas.* 2 situação pendente; dependência: *bens em pendência de entrega.* 3 (Jur.) tempo durante o qual uma causa ou um recurso está pendente ou correndo: *Alguns casos estavam em pendência desde a metade da década passada.*

pen.den.ga s.f. (Bras.) contenda; conflito; pendência: *O resultado desta pendenga pôde ser visto na edição dessa revista.*

pen.den.te adj.2g. 1 que ainda não foi resolvido: *temas pendentes na área dos direitos humanos.* 2 que ainda não foi pago: *dívidas pendentes.* 3 pendurado; suspenso: *as enormes peças vermelhas pendentes.* 4 inclinado; descaído: *Ele parecia desmaiado, com a cabeça pendente para o lado esquerdo.* 5 subordinado; dependente: *A reforma ainda está pendente da aprovação de outros países.*

pen.der v.t. 1 fazer inclinar-se; voltar: *Ele pendeu a cabeça para o lado.* 2 deixar cair: *Encolheu-se e pendeu molemente os braços.* 3 ser, estar ou ficar favorável; propender: *O Brasil pende também para um possível acordo.* 4 ter tendência; aproximar-se de: *A decisão pende cada vez mais para o terreno político.* ♦ int. 5 estar dependurado; estar suspenso: *A luminária apagada pende do teto.* 6 descair: *a mão direita erguida para o céu, a esquerda pendendo cansada no regaço.* 7 estar inclinado: *A parede pendia para a esquerda.* // Pp.: pendido; penso.

pen.dor (ô) s.m. propensão; inclinação: *De Portugal herdamos o pendor para a conciliação.*

pen.du.lar v.int. 1 balançar, oscilar como pêndulo: *Os ponteiros do relógio pendulam em ritmo fixo.* ♦ adj.2g. 2 que se processa num movimento de vaivém,

pêndulo

semelhante ao de um pêndulo; oscilante: *movimentos pendulares*.

pên.du.lo *s.m.* corpo pesado, suspenso no extremo inferior de um fio ou de uma vara metálica, que oscila sob a ação do próprio peso.

pen.du.ra *s.f.* (Coloq.) conta ou dívida que se deixa para pagar depois. ◆ **na pendura** sem dinheiro; endividado: *Está sempre na maior pendura*.

pen.du.rar *v.t.* **1** fixar a certa altura do chão; suspender: *pendurar a roupa no varal*. **2** fixar; apor: *Penduraram um rótulo nas suas costas*. **3** (Coloq.) pôr na conta; comprar fiado: *Garçom, pendura a minha conta*. ◆ *pron.* **4** fixar-se em lugar alto. **5** agarrar-se a; grudar: *Uma mulher pendurou-se no cantor*.

pen.du.ri.ca.lho *s.m.* coisa pendente, para ornato: *Pôs uma infinidade de penduricalhos na jaqueta jeans*.

pe.ne.do (ê) *s.m.* grande rocha; rochedo.

pe.nei.ra *s.f.* **1** objeto com aro de madeira ou metal, fundo formado de fios entrelaçados, usado para reduzir uma substância a fragmentos ou para separar substâncias maiores das menores. **2** (Fig.) procedimento que visa a selecionar: *Os treinos classificatórios são a primeira peneira*.

pe.nei.rar *v.t.* **1** separar com peneira: *Só falta peneirar a farinha*. **2** (Fig.) escolher os melhores; selecionar: *O melhor seria peneirar os candidatos*. ◆ *int.* (Bras.) **3** pairar no voo, batendo asas: *O gavião peneirou boa parte da tarde*. **4** cair em chuvisco: *Uma garoa fina peneirava*.

pe.ne.tra (é) *s.2g.* pessoa que vai a algum lugar sem ser convidada.

pe.ne.tra.ção *s.f.* **1** alcance; percepção; sagacidade: *Nunca o seu olhar teve uma penetração tão acentuada*. **2** introdução do pênis para a cópula. **3** incursão; entrada; invasão: *As penetrações na Amazônia foram-se tornando mais frequentes*. **4** aceitação; influência: *o poder de penetração do teatro no espírito público*.

pe.ne.tran.te *adj.2g.* **1** que penetra. (Fig.) **2** muito intenso: *O rapaz soltou um grito penetrante*. **3** muito vivo ou perspicaz; arguto; sagaz: *A arte não teme o olhar penetrante do crítico*.

pe.ne.trar *v.t.* **1** entrar (em): *Ele penetrou na festa pela porta dos fundos*. **2** introduzir-se: *A salmonela contamina a casca e acaba penetrando na gema e na clara do ovo*. **3** transpassar: *uma frequência de micro-ondas capaz de penetrar seis milímetros do tecido*. **4** chegar à compreensão de; decifrar: *Seu rosto exprimia esforço por penetrar naquelas palavras*. **5** alcançar; impregnar-se em: *Talvez o problema tenha começado a penetrar a consciência mundial*. **6** estender-se até: *As grandes vias penetram mais o Amazonas*. **7** intrometer-se; colocar-se: *O atacante penetrou por entre os dois zagueiros e chutou*.

pe.nhas.co *s.m.* grande pedra; rochedo escarpado e extenso.

pe.nho.ar *s.m.* peça do vestuário feminino, de corte confortável, em geral aberta na frente, usada sobre a roupa de dormir ou a roupa de baixo.

pe.nhor (ô) *s.m.* direito real que vincula um bem a uma dívida, como garantia do pagamento desta: *Há pequenos comerciantes que fazem do penhor uma fonte de capital de giro*.

pe.nho.ra (ó) *s.f.* apreensão judicial de bens, valores, dinheiro, direitos etc.: *Esse instituto jurídico não permite a penhora por dívida da casa própria*.

pe.nho.rar *v.t.* **1** dar em garantia ou penhor; empenhar: *penhorou as joias de sua família*. **2** efetuar a penhora de: *A Justiça vai penhorar os bens dos envolvidos*.

pe.ni.a.no *adj.* relativo ao pênis: *implantes penianos*.

pe.ni.ci.li.na *s.f.* (Quím.) substância medicamentosa formada no crescimento de certos fungos, com acentuada ação antibiótica.

pe.ni.co *s.m.* (Coloq.) recipiente usado para urinar; urinol.

pe.nín.su.la *s.f.* porção de terra cercada de água por todos os lados, menos um, pelo qual se liga ao continente.

pe.nin.su.lar *s.2g.* **1** natural ou habitante da Itália: *Os peninsulares impuseram aos paulistas a sua cozinha*. ◆ *adj.2g.* **2** relativo a península: *povos peninsulares*. **3** originário da Itália.

pê.nis *s.m.* (Anat.) órgão copulador do macho.

pe.ni.tên.cia *s.f.* **1** arrependimento ou pesar por falta cometida: *Errei e aceito a minha penitência*. **2** (Rel.) ato que visa à expiação de pecados: *Cresci cumprindo penitências severas por maus pensamentos*. **3** sacrifício; tormento: *O trabalho converte-se em penitência*. **4** (Rel.) virtude cristã que leva ao arrependimento pelos próprios pecados: *A penitência está na dor pelo pecado cometido*.

pe.ni.ten.ci.á.ria *s.f.* estabelecimento oficial a que se recolhem os condenados pela Justiça à pena de reclusão.

pe.ni.ten.ci.ar *v.t.* **1** impor penitência a: *O juiz penitenciou o réu*. ◆ *pron.* **2** castigar-se por falta cometida, declarando-se arrependido: *Ele penitencia-se do erro*.

pe.ni.ten.te *s.2g.* **1** quem faz penitência ou se arrepende de faltas ou pecados cometidos; peregrino ou devoto em ato de penitência: *O penitente precisa reparar a falta*. ◆ *adj.2g.* **2** arrependido: *Com ar penitente, passou a expor todas as suas fraquezas em público*. **3** que tem caráter de penitência; altamente empenhado: *Fez um ato penitente*.

pe.no.so (ô) *adj.* difícil; complicado; doloroso: *um trabalho penoso*.

pen.sa.dor (ô) *s.m.* **1** aquele que pensa. **2** filósofo.

pen.sa.men.to *s.m.* **1** processo mental que se concentra na elaboração de ideias: *A função da linguagem é expressar o pensamento*. **2** fantasia; sonho; imaginação: *mulheres absortas em pensamentos*. **3** mente; espírito: *Vieram-me ao pensamento muitas recordações*. **4** solicitude; preocupação: *Nossos pensamentos estão com ele*. **5** expectativa; pressentimento: *Nosso pensamento é que vamos ganhar o título*. **6** ponto de vista; ideia: *Esse é também o pensamento do nosso presidente*. **7** produto intelectual de um determinado indivíduo, grupo, país ou época: *a influência do pensamento oriental*. **8** frase que encerra um conceito moral ou tema que dá matéria para reflexão; conteúdo de uma ideia: *Ela publicará um livro com pensamentos seus*.

pen.san.te *adj.2g.* **1** que é capaz de pensar; racional: *ser pensante*. **2** que elabora pensamento lógico e coerente.

pen.são *s.f.* **1** pequeno hotel de caráter familiar. **2** renda anual ou mensal paga a alguém: *Com a pensão de*

perceber

viúva, pagava estudo para um filho. **3** encargo; obrigação: *A Justiça costuma ser implacável com quem não paga pensão alimentícia aos filhos.*

pen.sar[1] *v.t.* **1** considerar do ponto de vista crítico ou analítico; analisar: *Nós pensamos nos seres humanos como animais superiores.* **2** imaginar; conceber; meditar: *Sempre pensamos algo negativo.* **3** raciocinar; refletir: *Pensara muito sobre todas as alternativas.* **4** dirigir o pensamento: *Jamais pensara em outra coisa senão em si mesma.* **5** cogitar; tencionar: *Pensara em comprar uma casa.* **6** lembrar-se: *Por que não pensara antes nisso?* **7** achar; julgar; considerar: *Penso que você tem razão.* **8** ter opinião: *Certos alunos não pensam boa coisa dos professores.* • *s.m.* **9** pensamento; consideração; julgamento: *O meu pensar é este: a vida vale a pena.*

pen.sar[2] *v.t.* fazer curativo em: *Ele pensou as feridas do soldado.*

pen.sa.ti.vo *adj.* **1** absorto em pensamentos; meditativo. **2** próprio de quem está absorto em pensamentos: *O paciente observa o semblante pensativo do médico.*

pen.si.o.na.to *s.m.* **1** internato. **2** lugar onde as pessoas moram pagando uma determinada quantia mensal.

pen.si.o.nis.ta *s.2g.* **1** pessoa que recebe pensão, especialmente do Estado. **2** pessoa que mora em pensão.

pen.ta.cam.pe.ão *s.m.* campeão pela quinta vez.

pen.tá.go.no *s.m.* (Geom.) polígono de cinco lados.

pen.te *s.m.* **1** objeto com dentes muito próximos, presos a uma barra, e que serve para alisar, desembaraçar, ajeitar, prender ou limpar os cabelos. **2** peça onde se encaixam as balas das armas automáticas: *O pente de balas está vazio.* **3** peça dentada utilizada nas máquinas industriais. **4** (Inf.) placa na qual se inserem *chips* de memória.

pen.te.a.dei.ra *s.f.* pequena mesa com espelho e gavetas.

pen.te.a.do *s.m.* **1** arranjo especial do cabelo. • *adj.* **2** composto e alinhado com o pente: *cabelo penteado.*

pen.te.ar *v.t.* alisar, compor, limpar o cabelo com um pente. ♦ **ir pentear macaco** ir às favas: *Ele que vá pentear macaco!*

pen.te.cos.tal *s.2g.* **1** quem é adepto do pentecostalismo. • *adj.2g.* **2** relativo ao adepto do pentecostalismo: *um crente pentecostal.*

pen.te.cos.ta.lis.mo *s.m.* movimento religioso desenvolvido no seio do protestantismo e centrado na união com o Espírito Santo: *O centro do pentecostalismo é o batismo no Espírito Santo.*

pen.te.lho (ê) *s.m.* **1** (Ch.) pelo que cobre a porção anterior da pelve. **2** (Coloq.) indivíduo maçante; inconveniente; chato: *Esse vendedor é um pentelho.*

pe.nu.gem *s.f.* conjunto de penas, pelos ou cabelos que nascem primeiro.

pe.núl.ti.mo *adj.* que antecede imediatamente o último.

pe.num.bra *s.f.* **1** pouca luminosidade; quase sombra: *Seus olhos demoraram para acostumar-se com a penumbra.* **2** obscuridade: *a mesma penumbra entre mito e verdade.* **3** quase esquecimento: *Pessoas que há algum tempo eram famosas agora estão na penumbra.*

pe.nú.ria *s.f.* pobreza extrema; miséria; sofrimento: *É preciso diminuir a penúria no país.*

pe.o.na.da *s.f.* grupo de peões.

pe.pi.no *s.m.* **5** (Bot.) **1** fruto alongado, verde ou rajado de verde, casca lisa ou com pequenas saliências, que se come em salada ou em conserva. **2** (Coloq.) dificuldade; problema: *É o primeiro grande pepino na reforma administrativa.*

pe.pi.ta *s.f.* grão ou palheta de metal, especialmente o ouro.

pe.que.nez (ê) *s.f.* **1** caráter do que é pequeno; tamanho pequeno: *A pequenez da televisão no canto contrasta com a imensidão da parede.* **2** insignificância; modéstia: *Você talvez fique decepcionado com a pequenez da minha angústia.* **3** falta de grandeza; mesquinharia: *um gesto de insigne pequenez.*

pe.que.no *s.m.* **1** criança em tenra idade; garoto: *Os pequenos brincavam o dia todo.* **2** pessoa de pequenas posses: *Os pequenos não conseguem competir com os grandes.* • *adj.* **3** de tamanho ou dimensões reduzidas. **4** curto: *pequenas histórias.* **5** (Coloq.) diz-se das letras minúsculas: *No computador, use as letras pequenas.* **6** de circulação reduzida: *Surgiu um pequeno jornal independente.* **7** em tenra idade; muito jovem: *Era pequeno e já gostava de música.* **8** de posses escassas; modesto: *Por que não ofereceu financiamento barato para pequenos empresários?* **9** de baixa estatura: *A menina era pequena.* **10** limitado; reduzido: *muita música para uma plateia tão pequena.* **11** de curta duração: *O homem do cachimbo fez uma pequena pausa.* **12** insuficiente: *A miséria é muito grande e o programa de ajuda é pequeno.* **13** simples: *Está se recuperando de uma pequena cirurgia.*

pé-quen.te *s.2g* **1** pessoa de muita sorte: *Ele é o pé-quente da torcida brasileira.* • *adj.* **2** de muita sorte: *banda pé-quente.* // Pl.: pés-quentes.

pe.qui *s.m.* (Bot.)**1** árvore muito grossa e própria dos cerrados, de flores grandes com muitos estames compridos, frutos amarelos, oleaginosos e aromáticos; pequizeiro. **2** fruto dessa árvore.

pe.qui.zei.ro *s.m.* pequi.

pe.ra (ê) *s.f.* **1** (Bot.) fruto bojudo na parte inferior e estreito na parte superior, amarelo ou avermelhado quando maduro, de polpa doce, carnosa e esbranquiçada. **2** pequena porção de barba que se deixa crescer no queixo. **3** interruptor ovalado e alongado, com um botão na parte inferior.

pe.ral.ta *s.2g.* **1** indivíduo afetado nas maneiras ou no vestir; janota: *Era um peralta dado a conquistas.* • *adj.2g.* **2** travesso; traquinas: *Ele sorriu um sorriso meio peralta.*

pe.ral.ti.ce *s.f.* travessura; traquinagem: *Por vezes fazia peraltices para irritar a mãe.*

pe.ram.bu.lar *v.t.* passear a pé; vaguear; vagar: *perambular pela cidade.*

pe.ran.te *prep.* diante de; na presença de; ante: *Todos são iguais perante a lei.*

per.cal.ço *s.m.* problema; dificuldade; transtorno: *travessia cheia de percalços.*

per.ce.ber *v.t.* **1** distinguir pela visão; ver; divisar: *Percebi lágrimas nos olhos da criança.* **2** distinguir pela audição; ouvir: *perceber a voz do marido.* **3** entender; compreender; apreender: *Percebera que não era benquisto ali.* **4** notar; observar: *Percebi maldade em*

percentagem

seu rosto. **5** sentir: *perceber uma dorzinha de dente.* **6** pressentir: *Percebia que algo de ruim iria acontecer.* **7** receber: *perceber vencimentos ao fim do mês.*

per.cen.ta.gem *s.f.* porcentagem.

per.cen.tu.al *s.m.* **1** porcentagem; proporção: *O percentual de mortalidade infantil é menor no Sul.* **2** taxa de juros ou comissão: *Seu percentual nas vendas é pequeno.* • *adj.2g.* **3** relativo a porcentagem; de percentagem: *taxa percentual.*

per.cep.ção *s.f.* **1** apreensão pelos sentidos: *A maconha produz alteração na percepção de espaço.* **2** tomada de conhecimento; conscientização: *Tenho percepção de que a vida está se tornando cada vez mais complexa.* **3** capacidade de compreensão; inteligência: *Falta percepção a alguns dos nossos colegas.*

per.cep.tí.vel *adj.2g.* que se pode perceber, compreender ou notar: *defeitos perceptíveis.*

per.ce.ve.jo (ê) *s.m.* **1** (Zool.) inseto de asas curtas e aparelho bucal sugador, sendo algumas espécies parasitas. **2** tachinha de afixar papel em painéis.

per.cor.rer *v.t.* **1** andar por; correr por; mover-se por: *percorrer a cidade.* **2** examinar; passar a vista ou a mão sobre; passar em exame: *Percorri o mapa com os olhos.* **3** perfazer: *percorrer três quilômetros.* **4** espalhar-se por: *Uma camada de poeira percorreu a rua.* **5** irradiar-se por; perpassar: *Um arrepio percorreu sua espinha.*

per.cur.so *s.m.* **1** viagem; corrida; caminho: *Fez de carro o percurso entre as cidades.* **2** trajeto: *O animal conhece o percurso tantas vezes feito.* **3** progressão; desenvolvimento; evolução: *O trabalho seguia seu percurso de modo lento.* **5** movimento; deslocamento: *o percurso do rio.*

per.cus.são *s.f.* **1** batida forte; pancada; golpe: *a percussão de atabaques.* **2** na engenharia de construção, batida com golpes de martelo em tubos de revestimento. **3** transmissão: *percussão do som pelo rádio.* **4** instrumento ou conjunto de instrumentos musicais de percussão.

per.cus.si.o.nis.ta *s.2g.* quem toca instrumentos de percussão.

per.cu.tir *v.t.* **1** bater ou tocar com força pelo método de percussão: *O médico percutiu as costas da paciente.* **2** produzir som por meio de batida em instrumento de percussão: *Percutia o tambor com muita força.* • *int* **3** repercutir; ressoar: *O som dos atabaques percute no ar.*

per.da (ê) *s.f.* **1** privação de algo que se possuía. **2** mau resultado; malogro: *A saída do técnico foi uma perda para o time.* **3** morte; baixa: *A doença causou perda de cerca de mil cabeças de gado.* **4** desperdício: *Faça tudo sem perda de tempo.* **5** desaparecimento; destruição: *a perda de documentos históricos.* **6** decréscimo; diminuição: *Ele luta pela perda de peso.* **7** estrago; ruína: *A falta de chuva vai acarretar perda da colheita.* **8** cessação de posse ou domínio; privação: *perda da visão.* **9** derrota em disputa: *perda da Copa.*

per.dão *s.m.* **1** remissão de pena, de ofensa, ou de dívida: *um gesto de perdão.* **2** absolvição: *o perdão dos pecados.* **3** desculpa; justificativa: *um crime sem perdão.* **4** capacidade de perdoar: *A religião exalta o bem, o amor, o perdão.*

per.de.dor (ô) *s.m.* **1** quem sofre dano ou prejuízo: *Os perdedores recorreram à Justiça.* **2** aquele que perde; aquele que é derrotado: *O perdedor irritou-se e lançou longe a raquete.* **3** quem não obtém êxito; fracassado: *No bar, os bêbados e os perdedores afogavam-se em lamúrias.* • *adj.* **4** que sofre dano ou prejuízo; prejudicado: *O ônus cabe sempre ao povo perdedor.* **5** que perde ou é derrotado: *time perdedor.*

per.der *v.t.* **1** não aproveitar; gastar sem proveito; desperdiçar: *perder tempo.* **2** abortar: *Estava no terceiro mês e perdeu o bebê.* **3** ser privado de (alguém) pela morte: *Perdeu o marido num acidente.* **4** deixar de viajar (por não chegar na hora aprazada ao ponto de partida): *perder o ônibus.* **5** deixar de presenciar, ver, escutar; deixar de participar de: *perder o espetáculo.* **6** cessar de ter; ficar privado de: *Parece que você está perdendo o prestígio.* **7** não poder mais utilizar: *perder as roupas.* **8** deixar de vencer: *Nosso time perdeu os dois últimos jogos.* • *pron.* **9** ficar desorientado; não acertar em: *A menina se perdeu na floresta escura.* **10** arruinar-se (moralmente); desgraçar-se: *A falta da mãe fez a menina perder-se.* **11** ficar confuso ou indeciso; atrapalhar-se: *O jogador ficou nervoso e perdeu-se no final.* • *int* **12** sofrer perda, dano ou prejuízo: *O lavrador perdeu muito com as chuvas.* ♦ **perder as estribeiras** descontrolar-se: *O pai perdeu as estribeiras e pôs os filhos de castigo.*

per.di.ção *s.f.* **1** ruína ou desgraça moral; desonra: *Aquele lugar era um antro de perdição.* **2** estrago; ruína; desastre: *Nunca se viu tanta perdição após o temporal.* **3** aquilo a que não se pode resistir; tentação: *Os doces são minha perdição.*

per.di.do *s.m.* **1** quem é devasso ou imoral; pervertido: *Era um perdido.* • *adj.* **2** extraviado; desencaminhado: *A garota foi atingida por uma bala perdida.* **3** deixado fora de lugar; esquecido: *Havia muitos objetos perdidos sobre os bancos da praça.* **4** que se perdeu; de que se foi privado: *recuperar o sono perdido.* **5** sumido; desaparecido: *objetos de arte perdidos durante a guerra.* **6** distante; longínquo: *uma terra perdida no interior.* **7** destruído; arruinado: *Tivemos muito prejuízo com as plantações perdidas.* **8** gasto inutilmente; desperdiçado: *os anos da juventude perdidos.* **9** desgraçado moralmente; prostituído: *mulheres perdidas.* **10** condenado; sem salvação: *Sem religião, estamos perdidos!* **11** desorientado; sem rumo: *turista perdido numa cidade estranha.* **12** embaraçado; atrapalhado: *Sentiu-se meio perdido entre estranhos.* **13** sem possibilidade de vitória: *A luta já estava perdida.* **14** absorto; concentrado: *leitor perdido na leitura do livro.*

per.di.gão *s.m.* (Zool.) o macho da perdiz.

per.di.go.to (ô) *s.m.* **1** filhote de perdiz. **2** (Pop.) salpico de saliva que alguém lança quando fala.

per.di.guei.ro *s.m.* (Zool.) **1** cão de caça (especialmente de perdizes) de focinho curto, cauda alongada e orelhas longas e pendentes. • *adj.* **2** que caça (perdizes): *um cão perdigueiro.*

per.diz *s.f.* (Zool.) ave de pequeno porte, coloração avermelhada, com manchas amareladas e penas dorsais listradas de preto.

per.do.ar *v.t.* **1** conceder perdão; absolver: *Deus perdoa o pecado ao pecador.* **2** poupar: *O patrão não perdoava o novo empregado.* **3** desculpar: *Perdoe a meu filho o aborrecimento.* **4** relevar: *Perdoe a rudeza do caminhoneiro.*

pérgula

per.do.á.vel *adj.2g.* que se pode perdoar; desculpável: *um pequeno erro perdoável.*

per.du.lá.rio *s.m.* **1** quem gasta demais; esbanjador: *Os perdulários arrependem-se muito tarde.* • *adj.* **2** que gasta demais: *pessoa perdulária.*

per.du.rar *v.int.* durar muito; continuar a existir: *Os obstáculos perduram.*

pe.re.ba (é) *s.f.* (Bras.) pequena ferida; furúnculo.

pe.re.cer (ê) *v.int.* **1** morrer; sucumbir (especialmente de morte prematura ou violenta): *Os mártires não pereceram em vão.* **2** deixar de existir; acabar; fenecer: *A democracia está perecendo.*

pe.re.cí.vel *adj.2g.* que está sujeito a perecer, a deteriorar-se, a extinguir-se: *carga perecível.*

pe.re.gri.na.ção *s.f.* **1** viagem a pontos longínquos ou a diferentes partes: *O andarilho retoma sua peregrinação.* **2** visita a lugares de devoção; romaria: *Os devotos vão em peregrinação aos lugares sagrados.*

pe.re.gri.nar *v.int.* **1** viajar ou andar por terras distantes: *O casal gostava de peregrinar por países distantes.* **2** percorrer; passar: *Saiu peregrinando por consultórios de especialistas.* **3** ir em romaria: *peregrinar pelos lugares santos.*

pe.re.gri.no *s.m.* **1** quem faz peregrinação ou romaria; romeiro: *Milhares de peregrinos visitam Aparecida.* • *adj.* **2** que faz peregrinação ou romaria; romeiro: *monges peregrinos.* **3** incomum; raro; excepcional: *moça de beleza peregrina.*

pe.rei.ra *s.f.* (Bot.) árvore de médio porte, com flores brancas e miúdas, cultivada para a obtenção dos frutos (as peras).

pe.remp.tó.rio *adj.* decisivo; categórico; terminante: *A resposta foi um não peremptório.*

pe.re.ne (ê) *adj.2g.* **1** perpétuo; imperecível; eterno: *o perene brilho das estrelas.* **2** contínuo; incessante: *No seu rosto, lá estava o perene sorriso triste.* **3** (Bot.) que vive mais de dois anos: *ervas perenes.* **4** que flui o ano todo: *rios perenes.*

pe.re.ni.zar *v.t.* **1** tornar perene: *não deixar perenizar uma crise entre os dois.* • *pron.* **2** ficar para sempre; eternizar-se: *A democracia deve perenizar-se.*

pe.re.re.ca (é) *s.f.* **1** (Zool.) anfíbio anuro e arborícola que possui ventosas nos dedos; rã. **2** (Ch.) vulva.

per.fa.zer *v.t.* **1** completar; totalizar: *Colocou mais duas laranjas para perfazer duas dúzias.* **2** fazer; executar: *perfazer piruetas no ar.*

per.fec.ci.o.nis.mo *s.m.* mania de perfeição: *A bailarina já era conhecida por seu perfeccionismo.*

per.fec.ci.o.nis.ta *s.2g.* **1** quem tem mania de perfeição: *Era um perfeccionista de marca maior.* • *adj.2g.* **2** que tem mania de perfeição: *um cozinheiro perfeccionista.* **3** que visa à perfeição: *Fustigava os colegas com exigências perfeccionistas.*

per.fei.ção *s.f.* **1** conjunto de todas as qualidades; ausência de defeitos: *a perfeição divina.* **2** mestria; perícia: *A colunável sabe receber com perfeição.* **3** caráter perfeito; pureza; virtude: *Queremos dos filhos uma perfeição que nós mesmos não temos.* **4** ausência de falhas na execução: *a perfeição dos exercícios da ginasta.* **5** precisão; exatidão: *Os módulos se encaixaram com perfeição.* ◆ **à perfeição** de modo excelente: *Ele copiava à perfeição seus gestos.*

per.fei.to *adj.* **1** que não tem defeitos; que reúne todas as qualidades: *Para os pais, os filhos são perfeitos.* **2** que corresponde a um padrão ideal: *Encontramos o tecido perfeito para o modelo de vestido.* **3** ótimo; excelente; irrepreensível: *Fala um português perfeito.* **4** completo; total; acabado: *Seu relato foi perfeito.* **5** exato; preciso: *uma cópia perfeita.* **6** (Gram.) que expressa ação, estado ou evento com todas as fases completadas: *pretérito perfeito do indicativo.* • *interj.* **7** expressa aprovação ou concordância; certo; correto: *Perfeito, disse o diretor aos atores.*

per.fí.dia *s.f.* **1** qualidade de pérfido; traição; mentira; deslealdade: *um jogo baseado na perfídia.* **2** má-fé: *Na ingenuidade do seu coração, não percebia a perfídia da pergunta.*

pér.fi.do *s.m.* **1** quem trai ou mente; quem é desleal: *Não discuta com os pérfidos.* • *adj.* **2** enganador; traiçoeiro; desleal: *pessoa pérfida.*

per.fil *s.m.* **1** contorno do rosto de uma pessoa visto de lado: *um homem de perfil árabe.* **2** contorno; silhueta; desenho: *o perfil das torres da matriz.* **3** descrição; retrato em traços rápidos: *Fez ao amigo um perfil do novo chefe.* **4** conjunto de traços de caráter; personalidade: *O autor traça o perfil da mulher apaixonada.* ◆ **de perfil** de lado: *Ficou ali junto ao espelho, observando-se de perfil.*

per.fi.lar *v.t.* **1** alinhar; pôr em linha; aprumar: *O general perfilou a tropa.* • *pron.* **2** aprumar-se; endireitar-se: *O oficial perfila-se.*

per.fi.lhar *v.t.* **1** receber legalmente como filho: *Casou-se com a viúva e perfilhou seus dois filhos.* **2** adotar; abraçar; defender: *perfilhar a filosofia do socialismo.*

performance (perfórmânç) (Ingl.) *s.f.* **1** representação; atuação; interpretação: *Ela possuía uma incrível performance no palco.* **2** desempenho; resultado: *Acertar três em quatro questões é uma* performance *razoável.*

per.fu.mar *v.t.* **1** pôr perfume; tornar aromático; aromatizar: *perfumar a roupa de cama. pron.* **2** aromatizar-se: *Perfumou-se para receber o marido.*

per.fu.ma.ri.a *s.f.* **1** fábrica ou loja de perfumes ou produtos de higiene pessoal. **2** (Coloq.) perfumes e produtos de higiene pessoal: *Aspirava o cheiro das perfumarias na loja.* **3** confecção de perfumes: *a mágica arte da perfumaria.* **4** (Fig.) bagatela; ninharia; coisa sem importância; futilidade: *Não fale sobre perfumarias.*

per.fu.me *s.m.* **1** odor; aroma; cheiro: *o perfume suave das rosas.* **2** líquido aromático usado no corpo ou roupas: *frasco de perfume francês.*

per.fu.ra.ção *s.f.* **1** escavação: *Fizeram perfuração do solo em busca de petróleo.* **2** abertura de furo em: *perfuração do lóbulo da orelha.* **3** rompimento: *perfuração do tímpano.* **4** furo: *As balas fizeram várias perfurações nas pernas do ladrão.*

per.fu.rar *v.t.* **1** furar; fazer furo em: *perfurar o solo.* • *pron.* **2** romper-se: *Se não for tratada em tempo, a córnea pode perfurar-se.*

per.ga.mi.nho *s.m.* **1** pele de animal tratada e usada como material de escrita e encadernação. **2** manuscrito em pele tratada: *decifrar pergaminhos encontrados pelos arqueólogos.* **3** papel que tem aspecto e resistência do pergaminho; papel pergaminho: *As luminárias têm revestimento costurado de pergaminho.*

pér.gu.la *s.f.* abrigo ou caramanchão, em jardins, feito de duas séries de colunas paralelas, com barrotes, que geralmente serve de suporte a trepadeiras.

pergunta

per.gun.ta *s.f.* **1** questão; indagação: *fazer uma pergunta*. **2** dúvida: *As perguntas ficaram no ar*. **3** frase com que se interroga; interrogação: *um formulário com doze perguntas*.

per.gun.tar *v.t.* **1** indagar; interrogar: *Perguntou as horas para um desconhecido*. **2** pedir informações sobre; procurar saber de: *perguntar ao médico sobre o estado do paciente*.

pe.rí.cia *s.f.* **1** vistoria ou exame técnico: *fazer a perícia das fitas gravadas*. **2** habilidade; conhecimento: *Trabalhava com a perícia de um profissional*. **3** conjunto de peritos que fazem vistoria: *A perícia examinou o local*.

pe.ri.ci.ar *v.t.* fazer perícia; investigar com minúcia e cuidado: *O departamento vai periciar o avião*.

pe.ri.cli.tar *v.int.* estar em perigo: *Seu negócio estava periclitando*.

pe.ri.cu.lo.si.da.de *s.f.* **1** qualidade do que é perigoso: *O bairro tem uma alta taxa de periculosidade*. **2** grau de perigo: *Não sabemos qual é a periculosidade desse vírus*. **3** risco, probabilidade de dano: *Voo livre é esporte de alta periculosidade*.

pe.ri.fe.ri.a *s.f.* **1** região mais afastada de um centro urbano. **2** parte mais externa; extremidade: *sal acumulado na periferia do queijo*. **3** o conjunto dos países subdesenvolvidos, em contraste com os desenvolvidos, vistos como o *centro* do sistema econômico mundial: *Quando sairá o Brasil da periferia?*

pe.ri.fé.ri.co *adj.* **1** que se situa na periferia; de periferia: *bairros periféricos*. **2** que não é central: *sistema nervoso periférico*. **3** secundário: *Outros itens periféricos também serão examinados com cuidado*. **4** (Inf.) equipamento de comunicação do computador com o meio externo: *fabricantes de equipamentos periféricos para computadores pessoais*. **5** situado nas extremidades: *partes periféricas do corpo*.

pe.ri.gar *v.int.* estar em perigo; correr perigo; periclitar: *O casamento deles está perigando*.

pe.ri.go *s.m.* **1** risco de dano, perda ou ferimento: *Com toda essa chuva, o lavrador sente-se em perigo*. **2** tudo o que provoca risco; ameaça: *os perigos da Aids*. **3** situação que inspira cuidado; gravidade: *A situação não é de perigo*. ✦ **a perigo** sem dinheiro; em má situação: *Sem emprego, ele andava a perigo*.

pe.ri.go.so (ô) *adj.* **1** que pode causar dificuldade ou dano: *A neblina é perigosa para o trânsito*. **2** que representa ameaça ou perigo: *Prenderam um bandido perigoso*. **3** que envolve risco; arriscado: *esportes perigosos*. **4** que pode causar a morte; grave: *ferimentos perigosos*. **5** provocante; tentador; sedutor: *É mulher fascinante e perigosa*.

pe.ri.me.tral *adj.2g.* que circunda uma área ou região: *Uma via perimetral vai facilitar a ligação entre os bairros da zona Leste*.

pe.rí.me.tro *s.m.* **1** (Geom.) contorno de uma figura: *o perímetro de um polígono*. **2** linha que limita uma determinada área: *perímetro urbano*. **3** medida do contorno: *medir o perímetro do crânio*. **4** no jogo de basquetebol, área mais afastada das tabelas: *apertar a marcação no perímetro*.

pe.rí.neo *s.m.* (Anat.) espaço entre o ânus e os órgãos sexuais.

pe.ri.o.di.ci.da.de *s.f.* **1** qualidade do que é periódico: *a periodicidade das secas nordestinas*. **2** intervalo regular; ciclo: *a periodicidade do reajuste salarial*.

pe.ri.ó.di.co *s.m.* **1** jornal ou revista publicado regularmente: *Os periódicos têm dado bastante destaque ao filme*. ● *adj.* **2** próprio do que se repete ou é executado a intervalos regulares: *Já fiz minha visita periódica ao dentista*. **3** que ocorre a intervalos regulares: *chuvas periódicas no Sul*. **4** publicado regularmente: *Publica artigos em revistas periódicas*. **5** (Mat.) em cuja representação um algarismo ou uma sequência de algarismos se repete em uma determinada ordem: *dízima periódica*.

pe.rí.o.do *s.m.* **1** intervalo de tempo marcado por certas características gerais: *período colonial brasileiro*. **2** intervalo de tempo: *As luzes apagaram-se por breve período*. **3** época; fase: *O casal vivia um período de muito amor*. **4** estação: *período das chuvas*. **5** (Gram.) oração ou grupo de orações que termina por um ponto, ponto de exclamação, ponto de interrogação ou reticência e que em geral tem sentido completo: *O abuso de períodos curtos pode ser cansativo*. **6** cada uma das divisões do horário de trabalho ou estudo; turno: *período diurno*. **7** (Mat.) conjunto de algarismos: *períodos de dois algarismos*. **8** (Fís.) tempo necessário para a realização de um ciclo: *O período pode ser expresso também como o inverso da frequência*. **9** subdivisão de cada uma das eras de evolução da Terra: *Período Quaternário*.

pe.ri.pé.cia *s.f.* **1** acontecimento imprevisto; incidente: *Ele contava entusiasmado as peripécias da viagem*. **2** em peças teatrais, filmes, nas obras de ficção etc., lance que altera o rumo dos eventos: *A morte da heroína é a peripécia da novela*.

pé.ri.plo *s.m.* viagem de circum-navegação.

pe.ri.qui.to *s.m.* (Zool.) ave de pequeno porte, de coloração geralmente verde e bico recurvado.

pe.ris.có.pio *s.m.* instrumento óptico que permite ver por cima de um obstáculo, usado especialmente em submarinos.

pe.ri.to *s.m.* **1** quem faz perícia: *Os peritos examinaram o local do crime*. **2** quem é especialista: *um perito em computação*. ● *adj.* **3** destro; hábil: *Com mão perita, fez um laço no vestido da freguesa*. **4** especialista; experimentado: *Ele é perito em explosivos*.

pe.ri.tô.nio *s.m.* (Anat.) membrana que reveste internamente as cavidades abdominal e pélvica e os órgãos nelas contidos.

pe.ri.to.ni.te *s.f.* (Patol.) inflamação do peritônio.

per.jú.rio *s.m.* juramento falso.

per.lar *v.t.* **1** dar a algo a forma ou a aparência de pérola. **2** dar a aparência de revestimento de pérolas: *O calor perlava-lhe a fronte de suor*.

per.lon.gar *v.t.* **1** caminhar ao longo de: *perlongar o rio*. **2** estar situado ao longo de: *Bancos perlongam a praia*.

per.lus.trar *v.t.* **1** percorrer com os olhos, observando: *perlustrar a paisagem*. **2** andar por; percorrer: *Longes terras perlustrei*.

per.ma.ne.cer *v.t.* **1** demorar-se; ficar; continuar: *Os hóspedes permaneceram na casa três meses*. ● *int.* **2** subsistir; durar: *A música de Bach permanece*. ● *lig.* **3** continuar a ser ou a estar; conservar-se: *A mãe permanece calada*.

perônio

per.ma.nên.cia *s.f.* **1** ato de permanecer. **2** característica do que é permanente ou estável; perenidade: *Não quero a permanência desta saudade.* **3** persistência; prosseguimento: *Infelizmente havia a permanência da dúvida.* **4** demora; estada: *Gostaria de prolongar minha permanência naquelas terras.* **5** continuidade; manutenção: *Para garantir a sua permanência no emprego, o executivo precisará ser um agente de mudanças.* **6** presença constante: *Atualmente, exige-se a permanência de um farmacêutico nas farmácias.*

per.ma.nen.te *s.f.* **1** (Bras.) ondulado artificial dos cabelos: *cabelo bonito, com permanente.* • *s.m.* **2** (Bras.) cartão que permite ingresso gratuito: *permanente para assistir aos jogos da Copa.* • *adj.2g.* **3** que permanece; que mantém suas características originais; que não muda; duradouro: *As tatuagens são permanentes.* **4** contínuo; ininterrupto; constante: *A algazarra das crianças no pátio é permanente.* **5** definitivo: *Aguardamos uma solução permanente para o problema.* **6** estável; fixo: *A utilização das instalações das fábricas é permanente desde julho.* **7** que não cai antes de surgirem as novas folhas: *árvores de folhagem permanente.* **8** da segunda dentição: *dentes permanentes.* **9** cujo fluxo não cessa; que nunca seca; perene: *rios permanentes.*

per.me.ar *v.t.* **1** estar ou existir no meio de: *A energia permeia qualquer atividade humana.* **2** colocar no meio de; entremear: *permear com molho as camadas de massa.*

per.me.á.vel *adj.2g.* **1** que se pode traspassar; que deixa passar (líquidos ou gases); poroso: *As brânquias possuem inúmeros filamentos permeáveis aos gases.* (Fig.) **2** que se deixa penetrar: *Os campos férteis do cerrado tornaram-se permeáveis a pés aventureiros.* **3** que se deixa influenciar: *As religiões dos bantos foram mais permeáveis às influências de outros cultos.*

per.mei.o *adv.* em meio. ♦ **de permeio** (i) no meio: *O telegrafista, com o rio de permeio, namorava de longe a moça.* (ii) enquanto isso; neste ínterim: *O cantor pulava de um show para outro e, de permeio, fazia filmes.* (iii) junto: *De permeio com as lembranças da noite anterior, ocorriam-lhe também estranhos sonhos.*

per.mis.são *s.f.* **1** consentimento; autorização; licença: *Os trabalhadores não tinham permissão para fazer o serviço.* **2** documento com autorização: *O secretário trouxe uma permissão especial do governador.*

per.mis.si.o.ná.ria *s.f.* empresa ou órgão que presta serviço mediante permissão ou licença especial: *As permissionárias já estão reclamando aumento dos preços das passagens.*

per.mis.si.o.ná.rio *adj.* que recebeu permissão especial; licenciado: *As empresas permissionárias de transporte coletivo deverão substituir os ônibus.*

per.mis.si.vo *adj.* **1** excessivamente liberal; devasso: *um estilo de vida sexualmente permissivo.* **2** indulgente; tolerante: *Mostrou o caráter permissivo do projeto.*

per.mi.tir *v.t.* **1** dar licença para; consentir em; deixar: *permitir a entrada do aluno atrasado.* **2** conceder; ensejar: *A lei permite o voto aos menores de dezoito anos.* **3** admitir; tolerar: *não permitir aos filhos que respondam aos pais.* **4** tornar possível; fazer que seja possível: *O esforço e o estudo permitiram-lhe uma bolsa de estudos.* • *pron.* **5** dar-se o direito de; conceder-se: *Depois do trabalho, permitia-se um copo de vinho.*

per.mu.ta *s.f.* **1** troca; câmbio: *permuta de uma casa por um apartamento* **2** substituição: *permuta de um vestido leve por outro mais quente.* **3** intercâmbio: *permuta de aulas de Matemática por lições de Língua Portuguesa.*

per.mu.tar *v.t.* trocar: *A modelo permutou um vestido longo por um conjunto de lã.*

per.na (é) *s.f.* **1** (Anat.) cada um dos membros locomotores dos seres vivos: *O rapaz tinha pernas fortes de atleta.* **2** peça que suporta algo: *as pernas do armário.* **3** parte da roupa que veste a perna: *As pernas das calças estão rasgadas.* ♦ **pernas, para que te quero!** ato de sair em fuga diante de um perigo: *Aproveitei a confusão e pernas para que te quero!* // Neste caso há um erro de concordância: *te* em vez de *vos*. // **de pernas para o ar** em confusão; desarrumado: *As crianças deixaram a casa de pernas para o ar.*

per.na.da *s.f.* **1** passada larga: *Mediu o espaço para o galpão com pernadas iguais.* **2** caminhada longa e fatigante: *Da fazenda à cidade era uma pernada.* **3** golpe de pernas; rasteira: *Uma pernada derrubou-o.* **4** movimento das pernas na natação: *Os nadadores caracterizam-se pela pouca profundidade da pernada.*

per.nam.bu.ca.no *s.m.* **1** natural ou habitante de Pernambuco. • *adj.* **2** relativo a Pernambuco.

per.ne.ta (ê) *s.2g.* pessoa que só tem uma perna ou com uma perna defeituosa.

per.ni.ci.o.so (ô) *adj.* nocivo; prejudicial; danoso: *O álcool é pernicioso à saúde.*

per.nil *s.m.* **1** parte da perna traseira do animal, compreendendo o osso correspondente ao fêmur e toda a carne que o envolve: *um pernil de porco.* **2** o pernil temperado e assado: *No Natal, comíamos pernil.*

per.ni.lon.go *s.m.* (Zool.) pequeno inseto de pernas longas, corpo e asas revestidas de escamas, que suga o sangue de pessoas e animais; mosquito.

per.noi.tar *v.t.* pousar; passar a noite em: *Pernoitamos num hotel no centro da cidade.*

per.noi.te *s.m.* **1** passagem de uma noite; pousada: *Providenciamos camas para o pernoite dos amigos em casa.* **2** cada noite de estada em hotel; diária: *O pacote turístico oferece três pernoites.*

per.nós.ti.co *adj.* pretensioso; petulante; pedante: *um sujeito pernóstico.*

pe.ro.ba (ó) *s.f.* (Bot.) **1** árvore grande, de caule com casca grossa e acinzentada, madeira amarela e resistente. **2** madeira dessa árvore: *móveis de peroba.*

pé.ro.la *s.f.* **1** glóbulo duro, brilhante e nacarado, que se forma nas conchas de alguns moluscos bivalves: *A pérola é formada dentro de conchas.* **2** conta feita de pérola ou produzida artificialmente, usada na confecção de objetos de adorno: *um colar de pérolas.* **3** (Fig.) raridade; preciosidade: *O prêmio foi dado a uma pérola de escultura.* ♦ **dar pérolas aos porcos** dar algo a alguém que não merece.

pe.ro.lar *v.t.* perlar.

pe.rô.nio *s.m.* (Anat.) osso da perna, situado lateralmente ao lado da tíbia; fíbula.

peróxido

pe.ró.xi.do /ks/ s.m. (Quím.) qualquer óxido que encerra mais oxigênio do que o óxido normal.

per.pas.sar v.t. **1** percorrer; passar: *Um arrepio perpassa seu corpo.* **2** movimentar; virar: *perpassar as páginas da revista.* **3** estar presente ao longo de: *Um desencanto pelo homem perpassa as crônicas do autor.* **4** fazer passar ou correr: *perpassar o olhar pela sala.* **5** roçar: *Ele perpassa a mão pelos cabelos da namorada.* **6** deslocar-se no tempo ou no espaço; vagar: *Nuvens perpassam pelo céu.* **7** existir por um momento; passar: *Um sorriso perpassa por seu semblante.*

per.pen.di.cu.lar s.f. **1** (Geom.) linha que forma ângulo reto com outra; linha perpendicular: *Se for escolhida a reta AC como base, então a perpendicular cairá fora do triângulo.* • adj.2g. **2** em ângulo de 90° em relação a uma linha ou superfície; que forma ângulo reto: *uma linha perpendicular ao chão.* **3** que atravessa; que cruza: *A rua é perpendicular à avenida.*

per.pe.trar v.t. cometer, praticar (ato condenável): *perpetrar atos ilícitos.*

per.pé.tua s.f. (Bot.) planta ornamental da família das compostas, de folhas em forma de lança e flores de pétalas duras, arroxeadas ou amarelas.

per.pe.tu.a.ção s.f. **1** duração para sempre; eternização: *O desejável é a perpetuação do bem sobre o mal.* **2** transmissão de geração a geração para que permaneça: *a perpetuação da raça.* **3** manutenção por tempo indeterminado: *Foi terrível a perpetuação do ditador no poder.*

per.pe.tu.ar v.t. **1** tornar perpétuo; fazer existir ou durar muito: *Isso ajuda a perpetuar a enorme disparidade da distribuição de renda.* **2** manter por muito tempo: *Políticos desejam perpetuar o presidente no cargo.* • pron. **3** tornar-se perpétuo; eternizar-se: *Esperamos que essa situação não se perpetue.*

per.pé.tuo adj. **1** incessante; ininterrupto: *um perpétuo conflito.* **2** que dura para sempre; eterno: *um jazigo perpétuo.* **3** vitalício: *Assumiu o cargo perpétuo de conselheiro do Tribunal de Contas.*

per.ple.xi.da.de /ks/ s.f. **1** indecisão; dúvida; hesitação: *Sentia grande perplexidade, sem saber que rumo tomar.* **2** espanto; admiração; assombro: *a perplexidade do povo diante de atos cada vez mais violentos.*

per.ple.xo (é) /ks/ adj. **1** espantado; assombrado; atônito: *Ele ia recuando, perplexo, quase paralisado de pavor.* **2** em dúvida; hesitante; indeciso: *Ela ficou um instante perplexa, sem saber o que fazer.*

per.qui.rir v.t. **1** investigar: *perquirir as causas do acidente.* **2** observar com atenção: *Inspetores andam em torno, perquirindo o ambiente.* **3** interrogar; indagar de forma minuciosa: *Policiais perquiriram todas as testemunhas.*

per.ren.gue adj.2g. **1** fraco; covarde; frouxo: *Não gostava de homem perrengue.* **2** adoentado; indisposto: *A mulher anda sempre perrengue.*

per.sa (é) s.2g. **1** natural ou habitante da Pérsia. • adj. **2** relativo à Pérsia.

pers.cru.tar v.t. **1** investigar; perquirir: *perscrutar as razões da mudança.* **2** observar atentamente: *Perscrutei o horizonte em busca de um sinal de chuva.*

per.se.cu.tó.rio adj. relativo a perseguição; perseguidor: *alucinações persecutórias.*

per.se.gui.ção s.f. **1** ato ou efeito de perseguir; importunação: *A perseguição do rapaz estava se tornando insuportável.* **2** procura com o intuito de aprisionar, castigar ou prejudicar; caça: *perseguição a escravos fugitivos.* **3** tentativa de atingir ou obter; busca; procura: *perseguição dos objetivos de autorrealização.*

per.se.gui.dor (ô) s.m. **1** quem persegue, aflige ou importuna: *perseguidor de adversários no governo.* **2** quem procura vencer, em competição. • adj. **3** que persegue; caçador: *um cão perseguidor de perdizes.* **4** que aflige ou atormenta: *um funcionário de espírito perseguidor.*

per.se.guir v.t. **1** caçar; acossar: *Os caçadores perseguiam a onça.* **2** ir no encalço de: *A polícia persegue bandidos.* **3** torturar; afligir; punir: *perseguir pessoas contrárias ao regime.* **4** incomodar; importunar: *perseguir os colegas de classe.* **5** buscar; tentar conseguir: *perseguir seu ideal de infância.*

per.se.ve.ran.ça s.f. constância; persistência; determinação: *Ela descobre que, com perseverança, conquistam-se muitas coisas.*

per.se.ve.ran.te adj.2g. que tem firmeza; constante; persistente: *As equipes são perseverantes.*

per.se.ve.rar v.t. conservar-se firme; persistir; insistir: *perseverar na busca de seus objetivos.*

per.si.a.na s.f. cortina feita de lâminas delgadas e móveis, de plástico, metal ou tecido, fixadas por cordões, de modo que podem ser levantadas, baixadas ou correr na horizontal.

per.sig.nar-se v.pron. benzer-se fazendo o sinal da cruz em: *Ao entrar na igreja, os dois persignaram-se.*

per.sis.tên.cia s.f. **1** constância; firmeza; tenacidade: *Prepara-se para os jogos com toda persistência.* **2** permanência; continuidade: *A persistência da situação de recessão é prejudicial ao país.* **3** insistência: *persistência no erro.*

per.sis.ten.te adj.2g. **1** que persiste; insistente: *Conseguiu seu objetivo após persistente busca.* **2** que se mantém; que permanece; contínuo: *Uma dor persistente nas costas levou-me ao médico.* **3** recorrente; frequente: *O vento naquelas paragens era persistente.*

per.sis.tir v.t. **1** obstinar-se; insistir; perseverar: *Ele persiste no erro.* **2** continuar; permanecer: *Os soldados persistiam em seus postos.* • int. **3** continuar a existir; perdurar: *A dúvida persiste.*

per.so.na.gem s.m. e f. **1** figura de ficção: *Os personagens de seus livros são pessoas simples.* **2** pessoa: *Foi ao berçário conhecer a mais nova personagem da família.* **3** pessoa famosa, eminente; personalidade: *No encontro, havia grandes personagens do mundo das artes.*

per.so.na.li.da.de s.f. **1** característica do que é pessoal ou original: *Ele conseguiu dar personalidade à organização.* **2** aquilo que determina a individualidade de uma pessoa; caráter: *Os pais e a escola procuraram formar sua personalidade.* **3** traços típicos; individualidade: *Sua caligrafia era cheia de personalidade.* **4** aptidão legal para exercer direitos e contrair obrigações: *instituição com personalidade jurídica.* **5** pessoa famosa, notável ou eminente: *O restaurante é ponto de encontro de personalidades políticas.*

per.so.na.lis.mo s.m. **1** característica do que é pessoal; individualismo: *Hoje não é mais possível haver*

perverso

personalismo nas empresas. **2** comportamento do indivíduo que tudo refere a si, como se fora o eixo dos acontecimentos que têm lugar a sua volta.

per.so.na.li.za.ção *s.f.* **1** atribuição de caráter pessoal a: *personalização do poder*. **2** produção de acordo com o gosto do consumidor: *personalização de produtos*.

per.so.na.li.zar *v.t.* **1** atribuir caráter pessoal; individualizar: *Acessórios para micros permitem ao usuário personalizar seus equipamentos.* • *pron.* **2** adquirir caráter pessoal; individualizar-se: *A embalagem daquela distribuidora personalizou-se.*

per.so.ni.fi.ca.ção *s.f.* **1** atribuição de características de (determinada) pessoa a: *personificação dos bonecos que saem às ruas no Carnaval*. **2** representação humana (de algo abstrato ou não animado); expressão; modelo: *Ela é a personificação de uma escultura grega*. **3** transformação em pessoa; aquisição de características humanas: *As personificações nas fábulas são muitas*.

per.so.ni.fi.car *v.t.* **1** dar vida a; fazer o papel de; interpretar: *O ator personifica com perfeição o prefeito da novela*. **2** adquirir ou atribuir características humanas: *As fábulas personificam animais e coisas*. **3** representar: *Medeia personifica a paixão*.

pers.pec.ti.va *s.f.* **1** panorama; vista a distância: *As lavouras mostram, em agradáveis perspectivas, o verde dos cafezais*. **2** representação de objetos sobre um plano tais como se apresentam à vista: *Na Renascença consideravam a perspectiva como a única maneira correta de desenhar*. **3** expectativa; esperança; probabilidade: *A perspectiva de fazer uma viagem de estudos entusiasmou-a*.

pers.pi.cá.cia *s.f.* agudeza de espírito; sagacidade: *Sorri contente com minha perspicácia de observador*.

pers.pi.caz *adj.2g.* que revela agudeza de espírito; sagaz: *Nada passava em branco diante dos seus olhos perspicazes*.

per.su.a.dir *v.t.* **1** convencer; induzir: *persuadir os amigos a participar da brincadeira.* • *pron.* **2** convencer-se: *Persuadiu-se de que fez julgamento precipitado*.

per.su.a.são *s.f.* ato ou efeito de persuadir; convencimento: *O respeito de seus companheiros é assegurado*.

per.su.a.si.vo *adj.* **1** que convence; que leva a uma convicção: *Procurou ser persuasivo no seu pronunciamento*. **2** relativo à persuasão: *A propaganda tem força persuasiva*.

per.ten.ce *s.m.* **1** tudo o que pertence a uma pessoa; aquilo que é propriedade de alguém: *Não mexa em pertence alheio.* • *pl.* **2** conjunto de coisas pertencentes a alguém: *Trouxe seus pertences de barba*.

per.ten.cen.te *adj.2g.* **1** que pertence; que é propriedade de: *Um novilho malhado pertencente ao novo fazendeiro*. **2** que faz parte; membro.

per.ten.cer *v.t.* **1** ser propriedade ou estar sob o domínio de: *Todas aquelas terras pertenciam a sua tia*. **2** ser atributo de; ser peculiar a: *A inocência pertence às crianças*. **3** ser da competência ou da obrigação; incumbir ou caber por dever a: *Esta questão pertence agora ao tribunal*. **4** estar destinado ou reservado: *Seu tempo pertencia inteiramente aos filhos*. **5** ser ou fazer parte de; integrar: *O livro pertence à coleção de meu pai*.

per.ti.ná.cia *s.f.* constância; firmeza; obstinação: *É de admirar a prodigiosa pertinácia de nossa gente na luta pela vida*.

per.ti.naz *adj. 2g.* que revela pertinácia; constante; firme; obstinado.

per.ti.nên.cia *s.f.* **1** propriedade; adequação: *Louvo a pertinência de suas palavras nesse momento*. **2** relevância; importância: *Esses cuidados adquirem maior pertinência nesse caso*. **3** vinculação; relação: *Não há pertinência entre o que ele diz e o que faz*.

per.ti.nen.te *adj.2g.* **1** relacionado; vinculado; pertencente: *problemas pertinentes à reciclagem dos produtos orgânicos*. **2** apropriado; adequado: *soluções pertinentes para a resolução de problemas sociais*.

per.to (ê) *adv.* **1** a pequena distância: *O povoado ficava bem perto*. **2** nas vizinhanças; nas proximidades: *Minha mãe não estava perto*. **3** próximo a: *Moro perto da praça*. **4** aproximadamente; mais ou menos: *Sempre me levanto perto de nove horas*. **5** em comparação com; comparativamente a: *Perto do tamanho da capital, esta vila é uma mosca*. • **de perto** a pequena distância: *Queria ver de perto o desastre*. **por perto** pela vizinhança; por ali: *Felizmente não passava ninguém por perto*.

per.tur.ba.ção *s.f.* **1** ação ou efeito de perturbar; atrapalhação; inquietação; agitação. **2** perplexidade; embaraço; confusão: *Apanhado em flagrante, procurou disfarçar sua perturbação*. **3** distúrbio: *perturbação do ritmo cardíaco*. **4** dificuldade; incômodo: *O atraso no frete iria trazer sérias perturbações para a empresa*.

per.tur.ba.dor (ô) *adj.* que perturba; desorientador.

per.tur.bar *v.t.* **1** incomodar; atrapalhar: *Os ruídos vindos da rua perturbavam sua concentração*. **2** desorientar; confundir: *A quantidade de listas e preços perturbava o secretário*. **3** interromper: *perturbar o sono do bebê*. **4** abalar-se; agitar-se: *Perturbou-se com a chegada da ex-noiva*. **5** atrapalhar-se; incomodar-se: *Ele não se perturba com o barulho*.

pe.ru *s.m.* **1** (Zool.) ave doméstica, grande, de penas abundantes e escuras, pescoço pelado e pequena carne vermelha pendente do bico. **2** (Fig.) indivíduo que, no jogo de cartas principalmente, fica por trás do jogador, observando; bisbilhoteiro. **3** (Ch.) pênis.

pe.ru.a *s.f.* **1** a fêmea do peru. **2** camioneta ou jardineira pequena. **3** (Deprec.) mulher muito enfeitada; que se maquia e se veste de modo muito chamativo.

pe.ru.a.no *s.m.* **1** natural ou habitante do Peru. • *adj.* **2** relativo ao Peru.

pe.ru.ca *s.f.* cabeleira postiça.

pe.ru.ei.ro *s.m.* (Reg. SP) profissional que presta serviço de transporte com perua.

per.va.gar *v.t.* **1** mover a esmo, sem fixar num determinado ponto: *pervagar o olhar pela rua*. **2** pairar: *Um sorriso pervagava pelo seu rosto*. **3** estar presente de modo difuso; perpassar: *Um clima de horror pervaga pelo livro.* • *int.* andar a esmo; vagar; percorrer: *pervagar no jardim*.

per.ver.são *s.f.* **1** ação ou efeito de perverter-se; desvio de normalidade; desvirtuamento: *Ela apresentava perversão de comportamento*. **2** depravação; corrupção.

per.ver.si.da.de *s.f.* maldade; crueldade: *As pessoas não viram perversidade em seu comportamento*.

per.ver.so (ê) *s.m.* **1** pessoa muito má; facínora: *Os perversos não têm fronteiras.* • *adj.* **2** que revela

perverter

perversidade; muito mau; sanguinário: *bandidos perversos*. **3** terrível; cruel: *O reflexo natural e perverso da guerra será o mais miséria*.

per.ver.ter *v.t.* **1** corromper; desmoralizar; desvirtuar: *O gosto pelo dinheiro perverteu seu coração*. **2** alterar; desnaturar; modificar: *Medidas autoritárias vêm pervertendo a democracia.* • *pron.* **3** corromper-se; desmoralizar-se: *Ela pervertera-se*.

per.ver.ti.do *s.m.* **1** pessoa que se perverteu: *um bar frequentado por pervertidos.* • *adj.* **2** que se perverteu; depravado; desvirtuado: *rapaz pervertido*.

pe.sa.da *s.f.* **1** aquilo que se pesa de cada vez em balança. **2** pesagem. • **da pesada** (Coloq.) (i) que topa qualquer parada. (ii) que infunde respeito ou receio.

pe.sa.de.lo (ê) *s.m.* **1** sonho aflitivo e angustiante. **2** (Fig.) situação difícil, desagradável, aflitiva: *Fazer o vestibular é um pesadelo para alguns*.

pe.sa.do *s.m.* **1**(Coloq.) trabalho que exige esforço: *Ele pega também no pesado.* • *adj.* **2** que tem muito peso: *uma pesada viga de ferro*. **3** com muita massa em relação ao volume; denso: *nuvens negras e pesadas*. **4** grosso; espesso: *pesados tecidos para estofo*. **5** tenso; carregado: *Senti o ambiente pesado*. **6** profundo; intenso: *um sono pesado*. **7** indelicado; grosseiro; ofensivo: *acusações pesadas*. **8** copioso; torrencial: *chuva pesada*. **9** que envolve muito dinheiro: *Fazia apostas pesadas*. **10** com grande poder de destruição: *armas pesadas*. **11** de difícil digestão: *comida pesada*. **12** azarado: *Era um sujeito pesado, tudo dava errado para ele*. **13** diz-se do rock de batida mais agressiva, forte e rápida e de som distorcido de guitarra: *rock pesado*.

pe.sa.gem *s.f.* ação ou efeito de pesar; pesada.

pê.sa.mes *s.m. pl.* condolências por morte ou desgraça.

pe.sar *v.t.* **1** avaliar o peso: *pesar o arroz*. **2** ter o peso de: *A carne pesava exatamente três quilos*. **3** causar mágoa, desgosto ou arrependimento: *Pesa-lhe ver uma criança abandonada*. **4** incomodar: *A solidão da viuvez já não pesava a ela*. **5** constituir ônus; ser pesado: *O avô tinha renda, não pesava a ninguém*. **6** causar mal; afligir: *O barulho pesava sobre sua cabeça*. **7** ter influência; influenciar: *As acusações pesaram sobre o julgamento*. **8** estar colocado como se fosse um peso: *Um grande cansaço pesa sobre seus ombros.* • *pron.* **9** verificar o próprio peso: *Ele pesou-se na farmácia.* • *int.* **10** fazer peso: *Esta cadeira não pesa.* • *s.m.* **11** desgosto; tristeza: *Foi com pesar que assisti à despedida dos dois*.

pe.sa.ro.so (ô) *adj.* que denota pesar; desgostoso; aborrecido: *está com semblante pesaroso*.

pes.ca (é) *s.f.* ação ou efeito de pescar; ação de retirar das águas; pescaria.

pes.ca.da *s.f.* (Zool.) peixe marinho da costa brasileira, de coloração prateada.

pes.ca.do *s.m.* **1** peixe ou outro animal que se pesca: *O preço do pescado sobe na Semana Santa*. **2** prato feito com peixe: *Restaurantes na beira da praia servem pescados.* • *adj.* que se pesca: *sardinha pescada*.

pes.ca.dor (ô) *s.m.* **1** pessoa que pesca. **2** (Fig.) quem colhe ou consegue algo: *Os pescadores de votos ficam próximos aos locais de votação.* • *adj.* **3** que pesca: *Os atobás são aves pescadoras*.

pes.car *v.t.* **1** apanhar peixe na água; ocupar-se da pesca: *pescar lambaris*. **2** (Fig.) conquistar: *Nas férias, tentou pescar uma garota*. **3** retirar da água; içar: *Com dificuldade, pescou a carteira que caíra na água.* (Fig.) **4** pegar; agarrar: *Policiais conseguiram pescar o ladrão*. **5** captar: *Fiquei por perto, tentando pescar o que diziam*. **6** perceber; surpreender: *pescou um olhar de cumplicidade entre os dois*.

pes.ca.ri.a *s.f.* ação ou efeito de pescar; pesca.

pes.co.ço (ô) *s.m.* (Anat.) **1** parte do corpo que une a cabeça ao tronco. **2** garganta; colo: *Colocou no pescoço um colar de pérolas*.

pe.se.ta (ê) *s.f.* antiga unidade monetária, e moeda, da Espanha.

pe.so (ê) *s.m.* **1** (Fís.) produto da massa de um corpo pela aceleração da gravidade: *O peso da Terra teria aumentado?* **2** pressão exercida por um corpo sobre um obstáculo que se opõe diretamente à sua queda: *O carro cedeu ao peso do seu corpo*. **3** qualidade daquilo que é pesado: *o peso da pedra*. (Fig.) **4** carga; opressão: *Curvou-se ao peso das acusações*. **5** valor; importância: *O peso do que foi dito não pode ser ignorado*. **6** indisposição; desconforto: *O peso no estômago atormentava-me*. **7** (Coloq.) azar: *Ele tem um peso desgraçado!* **8** medida do peso em unidades determinadas: *Avaliei por alto o peso da boiada*. **9** objeto de ferro ou outro metal que serve de padrão nas balanças: *Colocou um peso de meio quilo num dos pratos da balança*. **10** objeto de material pesado usado para segurar objetos leves: *um peso para papéis*. **11** objeto de metal pesado usado em várias modalidades de esporte: *Conquistou a medalha de lançamento de peso*. **12** unidade monetária, e moeda, da Argentina, Bolívia, Chile, México, Colômbia, Cuba, República Dominicana, Uruguai, Filipinas e Guiné Bissau. • **de peso** importante; considerável: *um empreiteiro de peso*.

pes.pe.gar *v.t.* **1** aplicar com violência; desferir: *pespegar um soco no adversário*. **2** aplicar ou colocar (algo): *pespegar um remendo à camisa*. **3** dirigir de surpresa; impingir: *pespegar uma pergunta ao aluno*.

pes.pon.tar *v.t.* coser com pespontos.

pes.pon.to *s.m.* **1** ação ou efeito de pespontar: *Mulheres fazem o trabalho de pesponto*. **2** ponto de costura, a mão ou máquina, muito unido, de forma que a linha passa duas vezes pelo mesmo orifício.

pes.quei.ro *s.m.* **1** local na água onde há peixe; lugar onde se pesca: *Ele sabia onde ficavam os melhores pesqueiros.* • *adj.* **2** relativo à pesca: *barco pesqueiro*.

pes.qui.sa *s.f.* **1** ação ou efeito de pesquisar; busca; investigação: *O desenvolvimento da pesquisa farmacêutica resultou na síntese de novos analgésicos*. **2** trabalho científico que divulga os resultados de uma investigação.

pes.qui.sa.dor (ô) *s.m.* **1** pessoa que pesquisa. • *adj.* **2** que realiza pesquisa: *Marie Curie foi pesquisadora da radioatividade*.

pes.qui.sar *v.t.* **1** fazer pesquisas; dedicar-se a investigações: *pesquisar as tradições do nosso teatro musical*. **2** procurar; vasculhar: *Ela pesquisou o fundo do baú para achar uma fantasia*. **3** averiguar; investigar: *Vamos pesquisar se a história contada é verdadeira*. **4** procurar com diligência: *pesquisar petróleo em São Paulo*.

piada

pês.se.go s.m. fruto esférico de casca aveludada amarela ou alaranjada quando maduro, polpa carnosa, adocicada, e caroço arredondado.

pes.se.guei.ro s.m. (Bot.) árvore rosácea de folhas em forma de lança, com flores rosadas e miúdas, que floresce sem folhas e produz o pêssego.

pes.si.mis.mo s.m. 1 teoria ou filosofia que não crê no progresso material, moral ou social. 2 tendência para observar os fatos pelo lado desfavorável: *Não penso que a situação está tão ruim; é pessimismo da senhora!*

pes.si.mis.ta s.2g. 1 pessoa que apresenta pessimismo: *Ele é um pessimista incurável.* • adj. 2g. 2 relativo ao pessimismo: *ideias pessimistas.* 3 que apresenta pessimismo: *pessoa pessimista.*

pés.si.mo adj. muito mau; muito ruim: *Suas notas estão péssimas.*

pes.so.a (ô) s.f. 1 criatura humana. 2 figura dramática de uma peça ou filme; personagem: *O escritor seria a pessoa principal da história que está escrevendo.* 3 (Gram.) cada uma das formas que o verbo assume na sua conjugação para expressar quem fala: *Usou terceira pessoa, mas falava de si mesmo.* 4 individualidade; personalidade: *Essas roupas e complementos não se coadunam com a pessoa dele.* ✦ **em pessoa** (i) personificado: *Ele era a bondade em pessoa.* (ii) pessoalmente: *O prefeito em pessoa foi conhecer o local.*

pes.so.al s.m. 1 grupo de pessoas que trabalham em um mesmo serviço ou local: *A empresa decidiu reduzir o pessoal.* 2 grupo de amigos; turma; família: *O pessoal convidou-me para um churrasco.* 3 gente; povo: *O pessoal da cidade é hospitaleiro.* • adj. 4 próprio de ou relativo a pessoa: *higiene pessoal.* 5 próprio de ou relativo a uma só pessoa; individual: *emoções pessoais.* 6 íntimo; reservado: *assuntos pessoais.* 7 (Gram.) diz-se do pronome que se refere a uma das três pessoas do discurso.

pes.ta.na s.f. (Anat.) cabelo que guarnece a borda das pálpebras; cílio.

pes.ta.ne.jar v.t. 1(Fig.) hesitar; vacilar: *O professor não pestaneja em aplicar prova de improviso.* • int. 2 mover as pestanas; piscar: *Ele pestaneja quando a luz incomoda.*

pes.te (é) s.2g. 1 (Fig.) pessoa má; rabugento: *Era difícil aguentar aquele peste!* • s.f. 2 (Med.) epidemia de doença contagiosa, que traz grande mortandade. 3 tudo que é muito danoso, física ou moralmente: *A fome é uma peste que atinge muitas pessoas.* ✦ **da peste** que é muito ruim ou difícil de suportar: *Fazia um frio da peste!*

pes.ti.ci.da s.m. produto usado no combate às pragas.

pes.ti.len.to s.m. 1 pessoa acometida de peste: *Para a gruta, corriam cegos, aleijados e pestilentos.* • adj. 2 que tem caráter de peste; degradante: *antro pestilento.* 3 fétido: *Eram córregos pestilentos que não davam peixe.*

pe.ta (ê) s.f. mentira; embuste: *Até nos jornais se lê cada peta!*

pé.ta.la s.f. (Bot.) cada uma das partes distintas da corola das flores.

pe.tar.do s.m. 1 engenho explosivo; bomba: *Explodiu um petardo na entrada do edifício.* 2 (Fut.) chute violento: *O petardo do atacante estourou a rede adversária.*

pe.te.ca (é) s.f. (Bras.) brinquedo que consta de uma base feita de couro, palha etc., guarnecido de um feixe de penas, que se lança ao ar e se rebate com a palma das mãos.

pe.te.le.co (é) s.m. (Bras.) pancada dada com a ponta dos dedos: *Por brincadeira, deu um peteleco no chapéu do tio.*

pe.ti.ção s.f. 1 ato ou efeito de pedir; pedido; solicitação: *Não gosta de atender a petições de amigos.* 2 requerimento dirigido a uma autoridade: *O advogado digitou uma petição ao juiz.* ✦ **em petição de miséria** em estado lastimável: *A casa estava em petição de miséria.*

pe.tis.car v.t. comer pouco, provando ou saboreando; beliscar: *petiscar camarões na praia.*

pe.tis.co s.m. iguaria muito saborosa; guloseima: *Adora os petiscos da sogra.*

pe.tiz s.m. garoto; menino: *A professora elogia o trabalho dos petizes.*

pe.ti.za.da s.f. criançada.

pe.tri.fi.car v.t. 1 tornar pedra; endurecer como pedra: *O sol petrifica o solo.* 2 tornar insensível; empedernir: *O sofrimento petrificou seu coração.* 3 imobilizar: *A cena petrificou os presentes.* • pron. 4 converter-se em pedra; endurecer-se: *A madeira petrificou-se.* 5 tornar-se imutável; imobilizar-se: *A situação de miséria petrificou-se.*

pe.tro.lei.ro s.m. 1 navio que transporta petróleo. 2 operário de refinaria de petróleo. • adj. 3 relativo a petróleo, a refinaria petrolífera ou a trabalhadores desse ramo.

pe.tró.leo s.m. substância mineral líquida e combustível constituída quase só de hidrocarbonetos e que se encontra nos poros das rochas sedimentares, onde se formam extensos depósitos.

pe.tro.lí.fe.ro adj. 1 relativo ao petróleo: *empresas petrolíferas.* 2 que produz petróleo: *regiões petrolíferas.*

pe.tro.quí.mi.ca s.f. 1 ciência, técnica ou indústria relacionadas a produtos químicos derivados do petróleo: *Vários agentes do governo têm acompanhado os rumos da petroquímica brasileira.* 2 indústria de produtos químicos: *Ele trabalha numa petroquímica.*

pe.tu.lân.cia s.f. insolência; atrevimento: *O aluno teve a petulância de responder até ao diretor.*

pe.tu.lan.te adj.2g. que apresenta ou denota petulância; atrevido; ousado.

pi.á s.m. (Bras.) índio jovem; menino.

pi.a s.f. bacia de louça ou metal fixada junto à parede, com água encanada e escoamento, para o serviço de cozinha ou para lavar as mãos.

pi.a.ba s.f. (Zool.) peixe de rio, de boca pequena e dentição forte.

pi.a.ça.ba s.f. (Bot.) 1 palmeira cuja fibra é usada em cestaria, vassouras, cordas etc.; piaçava. 2 fibra dessa palmeira: *vassoura de piaçaba.*

pi.a.ça.va s.f. piaçaba.

pi.a.da s.f. 1 dito engraçado e espirituoso; pilhéria; anedota. 2 brincadeira de mau gosto: *Não é hora de fazer piadas.* 3 coisa em que não se deve crer: *A banca de advogado não passava de uma piada.*

piadista

pi.a.dis.ta s.2g. 1 pessoa que faz ou diz piadas. • adj.2g. 2 que diz ou faz piadas.
pi.a.do s.m. pio.
pi.a.nis.ta s.2g. pessoa que toca piano.
pi.a.no s.m. instrumento composto de uma grande caixa sonora, com um sistema especial de cordas percutidas por martelinhos acionados pelo toque das teclas.
pi.ão s.m. brinquedo infantil em forma de pera que se enrola com uma fieira para desenrolar rapidamente e fazê-lo girar.
pi.ar v.int. 1 dar pios: *A ave piava na gaiola.* 2 (Gír.) no jogo de cartas, dar palpites sobre o jogo próprio ou dos parceiros.
pi.au s.m. (Zool.) piaba grande.
pi.au.i.en.se s.2g. 1 natural ou habitante do Piauí. • adj.2g. 2 relativo ao Piauí.
pi.ca.da s.f. 1 ação ou efeito de picar; mordedura feita por animal: *picada de cobra*. 2 perfuração causada por objeto pontiagudo: *picada de injeção*. 3 contração rápida; pontada: *Uma picada no peito preocupou-me.* 4 ferida causada por mordedura de animal ou perfuração: *Passei creme antialérgico nas picadas.* 5 (Bras.) passagem estreita aberta no mato: *Seguiu pela picada na mata, atrás dos tatus.*
pi.ca.dei.ro s.m. área circular e central nos circos, onde se exibem os artistas; arena.
pi.ca.di.nho s.m. (Bras.) prato feito com carne cortada em cubos miúdos.
pi.ca.nha s.f. parte posterior da região lombar da rês.
pi.can.te adj.2g. 1 que pica; que produz ardor: *uma dor picante no calcanhar.* 2 que excita o paladar; de sabor forte: *molho picante.* 3 (Fig.) malicioso; mordaz: *ditos picantes.*
pi.ca-pau s.m. (Zool.) ave trepadora, com dois dedos para a frente e dois para trás, bico forte que lhe permite perfurar a madeira para retirar larvas. // Pl.: pica-paus.
pi.ca.pe s.f. veículo utilitário, leve, com carroceria aberta.
pi.car v.t. 1 morder ou ferir com ferrão ou presa: *O pernilongo picou-me as pernas.* 2 cortar; reduzir a pedacinhos: *A cozinheira pica os legumes.* 3 rachar: *picar lenha.* 4 ferir; machucar: *picar o dedo com agulha.* 5 aborrecer; pungir: *A falta da noiva pica o caboclo.* 6 tornar rápido; apressar: *picar o passo.* 7 estimular; excitar: *A curiosidade picava-a.* 8 arder: *Molho de pimenta pica a língua.* • int. 9 bater no chão e saltar para cima: *A bola, quando pica, pode ir para qualquer lado.* • pron. 10 irritar-se; ofender-se: *Por qualquer coisinha, ele se pica.* 11 sofrer uma picada: *Branca de Neve picou-se na roca.* ✦ **picar a mula** (Coloq.) ir embora depressa; fugir: *O cliente picou a mula sem dar gorjeta.*
pi.car.di.a s.f. 1 desfeita; acinte: *Os adversários sorriam com picardia e superioridade.* 2 logro; fraude: *Percebi que havia picardia nos seus argumentos.* 3 valentia; ousadia.
pi.ca.res.co (ê) adj. burlesco, ridículo: *romance picaresco.*
pi.ca.re.ta (ê) s.f. 1 ferramenta constituída de uma peça de ferro com duas pontas e um cabo. • s.2g. 2 pessoa inescrupulosa; malandro; charlatão: *Não faltam picaretas e corruptos no mundo.* • adj.2g. 3 malandro; inescrupuloso.

pi.ca.re.ta.gem s.f. ação própria de picareta; charlatanismo; malandragem: *É preciso mostrar à sociedade que a picaretagem não vale a pena.*
pí.ca.ro s.m. 1 ardiloso; picareta: *A trapaça seria o único meio possível de ascensão social do pícaro.* • adj. 2 que apresenta picardia; malandro: *O sujeito pícaro vivia, na Itália, uma série de aventuras.*
pi.cha.ção s.f. 1 ação ou efeito de pichar; pintura com piche ou outra tinta: *pichação de muros.* 2 ação de falar mal; crítica: *Faziam pichações dos nossos programas.*
pi.cha.dor (ô) s.m. 1 pessoa que picha; grafiteiro. • adj. 2 relativo à pichação; grafiteiro.
pi.char v.t. 1 (Bras.) escrever ou desenhar em muros, paredes, monumentos etc.: *pichar monumentos.* 2 (Coloq.) falar mal de: *A moda atual é pichar o técnico do time.*
pi.che s.m. substância preta e viscosa, obtida da destilação do alcatrão ou terebentina.
pi.cles s.m. pl. pedaços de legumes conservados em vinagre.
pi.co s.m. 1 ponta aguda de um monte; cimo; cume. 2 ponto extremo em uma representação gráfica: *distância entre dois picos positivos ou negativos.* 3 (Pop.) pequena quantidade; fração: *Era negócio de dois contos e pico.* 4 ponto mais alto: *o pico dos arranha-céus.* 5 (Bras.) ponto alto de incidência de uma ação, sentimento etc.: *Nas horas de pico, o trânsito é uma calamidade.*
pi.co.lé s.m. (Bras.) sorvete solidificado, ao qual se fixou um palito que lhe serve de cabo.
pi.co.tar v.t. 1 fazer um recorte denteado: *Usou tesoura própria para picotar o papel.* 2 perfurar: *picotar as fichas para arquivar.* 3 desmembrar; separar: *Picotaram o jornal.* 4 (Coloq.) cortar; interromper: *A TV picotou demais a programação.*
pi.co.te (ó) s.m. 1 recorte denteado dos selos postais, talões etc. 2 sequência de pequenos furos próximos uns aos outros feitos em papel para facilitar seu corte manual.
pic.tó.ri.co adj. relativo ou pertencente à pintura.
pi.cu.i.nha s.f. provocação; pirraça: *Vivia de picuinha com todo mundo.*
pi.cu.mã s.f. (Bras.) fuligem.
pi.e.da.de s.f. 1 religiosidade; devoção: *Respeito a casa de Deus, lugar de recolhimento e piedade.* 2 compaixão; comiseração; dó: *É preciso ter piedade pelos que sofrem.*
pi.e.do.so (ô) adj. 1 que tem ou denota religiosidade; devoto: *um homem muito piedoso.* 2 que tem ou denota compaixão: *Houve o rateio apressado e piedoso para enterrar a morta.*
pi.e.gas (é) adj. que apresenta ou denota pieguice.
pi.e.gui.ce s.f. sentimentalismo ridículo: *um programa de TV que abusa da pieguice.*
piercing (pírcin) (Ingl.) s.m. 1 perfuração do corpo para incrustação de objetos como adorno: *fazer um piercing entre as sobrancelhas.* 2 adorno de metal colocado no corpo por perfuração.
pi.er.rô s.m. 1 fantasia de Carnaval ornada de pompons e constituída de grande gola franzida, casaco e calça muito amplos. 2 homem vestido com essa fantasia: *Passei a noite dançando com um Pierrô.*

pincel

pí.fa.no *s.m.* flautim com seis orifícios, de sons agudos e estridentes.

pi.far *v.int.* (Coloq.) **1** deixar de funcionar: *O motor pifou.* **2** acabar: *O dinheiro pifou antes do fim do mês.* **3** gorar; falhar: *O noivado pifou.* **4** perder as forças; debilitar-se: *Por qualquer coisinha ela já pifa.*

pí.fio *adj.* reles; ordinário: *É lastimável o pífio desempenho de alguns jogadores.*

pi.gar.re.ar *v.int.* tossir com pigarro: *A cada quatro ou cinco palavras, pigarreava.*

pi.gar.ro *s.m.* movimento muscular seguido de ruído característico, produzido para aliviar mal-estar na garganta causado por mucosidade: *Entre um pigarro e outro, ele dirigiu a celebração.*

pig.men.ta.ção *s.f.* **1** formação normal ou patológica de pigmento em tecidos, órgãos ou organismos: *observar a pigmentação da pele.* **2** coloração: *As tintas são fabricadas por processo de pigmentação.* **3** colorido; cor: *A pigmentação dos quadros danificados foi retocada.*

pig.men.to *s.m.* **1** substância que dá coloração aos líquidos, células e tecidos animais ou vegetais: *A cor da pele depende da quantidade de pigmentos aí existentes.* **2** substância corante que dá cor: *pigmento azul à base de sulfeto de cobre.*

pig.meu *s.m.* **1** pessoa pertencente a certa etnia africana caracterizada por estatura muito baixa. **2** (Fig.) pessoa sem grandeza; pessoa imoral. • *adj.* **3** pertencente àquela etnia. **4** (Fig.) de estatura muito baixa. // Fem.: pigmeia.

pi.ja.ma *s.m.* roupa para dormir, composta de casaco e calças folgadas.

pi.lan.tra *s.2g.* **1** pessoa que gosta de apresentar-se bem; janota: *um pilantra de jaquetão abotoado.* **2** pessoa desonesta; malandro: *Fuja desse pilantra.* • *adj.2g.* **3** desonesto; malandro.

pi.lão *s.m.* recipiente de madeira rija, para descascar ou triturar alimentos.

pi.lar¹ *s.m.* **1** coluna de sustentação. **2** (Fig.) arrimo; sustentáculo; apoio: *Ela se tornou um dos pilares do poder.*

pi.lar² *v.t.* **1** descascar no pilão. *Minha avó pilava o arroz.* **2** moer; esmagar: *Ela foi pilar o milho para dar comida aos bichos.*

pi.las.tra *s.f.* **1** pilar decorativo, geralmente adaptado a uma fachada ou parede. **2** suporte de seção quadrada ou circular: *as pilastras da ponte.*

pi.le.que (é) *s.m.* (Coloq.) embriaguez; porre: *Seus longos dias de pileque findaram.* ◆ **de pileque** bêbado; embriagado: *estar de pileque.*

pi.lha¹ *s.f.* objeto geralmente cilíndrico que produz energia para o funcionamento de aparelhos elétricos sem fio. ◆ **uma pilha** muito nervoso: *Seu amigo está uma pilha.*

pi.lha² *s.f.* porção de coisas dispostas umas sobre as outras; monte: *pilha de roupa para passar.*

pi.lha.gem *s.f.* ação ou efeito de pilhar; apropriação indevida; roubo: *Expunham à população os despojos das últimas pilhagens.*

pi.lhar *v.t.* **1** furtar; subtrair por meio de fraudes: *Aquele sujeito ardiloso pilhou até o irmão.* **2** roubar por meio de violência; saquear: *Um bando armado pilha caminhões com alimentos.* **3** pegar em flagrante; surpreender: *Os dois safados não se deixaram pilhar com os pacotes nas mãos.* • *pron.* **4** ver-se, achar-se em determinada circunstância: *Assim que se pilhava sozinho, morria de medo.*

pi.lhé.ria *s.f.* piada; brincadeira; galhofa: *Os colegas redobravam a pilhéria no fim do expediente.*

pi.lhe.ri.ar *v.t.* **1** dizer em tom de pilhéria ou caçoada: *Ele vivia pilheriando com todos.* **2** caçoar de: *Você deve estar pilheriando comigo.* • *int.* **3** fazer pilhéria; galhofar: *Eles riam e pilheriavam o tempo todo.*

pi.lo.so (ô) *adj.* **1** relativo aos pelos: *sistema piloso.* **2** que apresenta pelos: *regiões pilosas da pele.*

pi.lo.tar *v.t.* **1** agir como piloto; guiar; dirigir: *Meu sobrinho pilota aeronaves.* **2** (Fig.) dirigir; coordenar: *Ele pilota as empresas do pai.*

pi.lo.tei.ro *s.m.* prático que conduz embarcação por rio: *Contratamos um piloteiro que conhece bem o rio.*

pi.lo.tis *s.m. pl.* colunas que sustentam uma edificação, deixando livre o pavimento inferior: *Houve protesto de estudantes entre os pilotis do museu.*

pi.lo.to (ô) *s.m.* **1** profissional que dirige aeronave, carro, navio etc.: *piloto de Fórmula 1.* **2** (Fig.) dirigente: *piloto de campanha publicitária.* **3** nos aquecedores, bico de gás que permanece aceso: *Verifique se o piloto do aquecedor está apagado.*

pí.lu.la *s.f.* **1** fórmula farmacêutica sólida para uso oral: *pílulas antiácidas.* **2** pílula anticoncepcional: *Desde muito jovem toma pílula.*

pim.ba *interj.* denota acontecimento inesperado ou conclusão de ação: *Escorregou no molhado e pimba!*

pi.men.ta *s.f.* (Bot.) **1** fruto da pimenteira, de várias formas, tamanhos e cores e sabor ardido. **2** pimenteira: *plantio de pimenta no quintal.*

pi.men.tão *s.m.* (Bot.) **1** arbusto de poucos ramos, folhas pontudas, flores brancas isoladas, fruto de formato cônico e alongado, oco, recoberto por película brilhante, de cor verde, vermelha ou amarela quando maduro: *regar o canteiro de pimentões.* **2** o fruto do pimentão: *Os pimentões podem ser colhidos ainda verdes.*

pi.men.tei.ra *s.f.* (Bot.) nome dado aos arbustos que produzem toda a gama de pimentas e pimentões; pimenta.

pim.pão *adj.* vaidoso: *Lá vai o pai todo pimpão, levando a filha ao altar.*

pim.po.lho (ô) *s.m.* (Coloq.) criança pequena; bebê.

pi.na.co.te.ca (é) *s.f.* **1** coleção de quadros de pintura: *O empresário possui pinacoteca particular com quadros de pintores nacionais.* **2** museu de pintura.

pin.ça *s.f.* **1** pequena tenaz usada para segurar, apertar ou arrancar: *pinça de sobrancelha.* **2** (Zool.) órgão formado de dois ramos que os artrópodes apresentam para prender a presa: *Essas pinças são usadas pelos machos como armas nas lutas.*

pin.çar *v.t.* **1** apanhar com pinça: *O cirurgião pinça com habilidade a parte lesada.* **2** pegar com o indicador e o polegar: *O cabeleireiro pinça os anéis de cabelos e os enrola num coque.* **3** (Bras.) destacar; salientar; selecionar: *Observando a mostra, é possível pinçar algumas tendências internacionais.*

pín.ca.ro *s.m.* **1** ponto mais elevado; cume; cimo: *A serra apresentava elevados píncaros.* **2** (Fig.) grau mais alto; auge: *A sua criatividade vai alcançando píncaros antes inimagináveis.*

pin.cel *s.m.* objeto caracterizado por um tufo de pelos fortemente presos a um cabo e usado para variados fins: *pincel de barba.*

pincelar

pin.ce.lar *v.t.* **1** pintar com pincel: *pincelar o quadro com cores suaves*. **2** friccionar com um medicamento líquido: *pincelar feridas inflamadas*. **3** espalhar com pincel: *Pincele a torta com ovo batido*.

pin.char *v.t.* **1** atirar com ímpeto; arremessar: *Pinchar uma pedra no telhado do vizinho*. • *pron.* **2** lançar-se com ímpeto; atirar-se: *As capivaras pincharam-se no rio*.

pin.da.í.ba *s.f.* (Bot.) árvore de região úmida. ✦ **na pindaíba** (Coloq.) sem dinheiro; na miséria: *Muita gente vive na pindaíba*.

pi.ne.al *adj.2g.* **1** que tem forma de pinha. **2** (Anat.) diz-se de uma glândula endócrina situada no cérebro.

pi.nel *s.2g.* **1** (Coloq.) pessoa amalucada: *Compadre, nessa cidade só dá pinel!* • *adj.2g.* **2** (Coloq.) maluco; doido: *Ele está pinel*.

pin.ga *s.f.* (Bras.) aguardente de cana; cachaça.

pin.ga.do *s.m.* **1** copo de leite com pouco café. • *adj.* **2** (Coloq.) que vem aos poucos; parco: *Vivendo de biscates, recebe um ordenado pingado*.

pin.gar *v.t.* **1** depositar; colocar em pequenas quantidades: *Pingar remédio no nariz*. **2** (Fig.) dar um pouco: *Quem sabe alguém pingasse algum trocado em sua caixa*. **3** cair ou escorrer aos pingos; gotejar: *Das árvores, caía pingavam gotas de chuva*. • *int.* **4** deixar escorrer líquido em gotas: *O suor pingava do rosto já cansado*. **5** cair: *Gotas pingavam no chão*.

pin.gen.te *s.m.* **1** pequeno objeto pendente em forma de pingo: *corrente com pingente*. **2** brinco: *pingentes para as orelhas*.

pin.go *s.m.* **1** gota: *um pingo de suor*. **2** mancha pequena: *A camisa dele apresentava pingos escuros*. **3** ponto sobre letra: *A letra i leva pingo*. **4** (Fig.) porção mínima: *um pingo de dinheiro*.

pin.gue.la (é) *s.f.* tronco sobre um rio; ponte tosca.

pin.gue-pon.gue *s.m.* esporte praticado por dois jogadores ou duas duplas, em mesa dividida ao meio por uma rede baixa, munidos de raquetes de madeira e uma pequena bola; tênis de mesa. // Pl.: pingue-pongues.

pin.guim (güi) *s.m.* (Zool.) ave de grande porte que habita as regiões frias do hemisfério Sul.

pi.nha *s.f.* (Bot.) **1** fruto do pinheiro e de outras coníferas: *Na época, as pinhas abrem-se e os pinhões caem*. **2** fruta-do-conde: *comprei uma caixa de pinha*.

pi.nhão *s.m.* **1** (Bot.) cada uma das sementes contidas na pinha, de forma alongada e cor esbranquiçada, recoberta por uma casca marrom-avermelhada. **2** (Bras.) engrenagem com reduzido número de dentes.

pi.nhei.ro *s.m.* (Bot.) grande árvore de tronco ereto, com casca espessa e folhas verdes.

pi.nho *s.m.* **1** madeira de pinheiro: *móveis de pinho*. **2** (Fig.) violão: *Olhei se o pinho estava com todas as cordas*.

pi.ni.car *v.t.* **1** produzir comichão ou ardor em; importunar: *O capim pinica suas pernas*. **2** bicar: *Pássaros vêm pinicar o arroz que cai da peneira*. **3** beliscar; cutucar: *Ela não para de pinicar a irmã*. **4** tocar; fazer soar: *pinicar uma viola*. (Bras.) **5** esporear: *pinicar o cavalo*. **6** bicar; ferir com o bico ou ferrão: *As abelhas pinicaram-no*.

pi.no *s.m.* **1** pequeno cilindro alongado que serve para ligar ou articular peças: *Precisou colocar um pino no joelho*. **2** ponto mais alto; cume: *Via o sol nascer no pino da serra*. **3** (Fig.) grau mais alto; auge: *A sua carreira estava no pino*. ✦ **a pino** no ponto mais alto: *O sol a pino faz o colorido do céu*.

pi.noi.a (ói) *s.f.* (Pop.) **1** coisa sem valor, reles. **2** chateação; aborrecimento: *Que pinoia! Que eu vim fazer aqui?* ✦ **uma pinoia** expressa repulsa a uma ação ou afirmação: *Uma pinoia que eu vou te levar junto!*

pi.no.te (ó) *s.m.* salto; pirueta; pulo: *O moleque dá pinotes de alegria*. ✦ **aos pinotes** (i) aos pulos: *Um burrico corre aos pinotes*. (ii) em sobressalto: *O coração estava aos pinotes*.

pi.no.te.ar *v.int.* **1** dar pinotes; pular escoiceando: *Cavalos pinoteavam no pasto*. (Fig.) **2** andar aos saltos; saltar: *As crianças brincavam, corriam, pinoteavam*. **3** pulsar descompassado: *O meu coração pinoteava*.

pin.ta *s.f.* **1** pequena mancha: *A doença acarreta pintas escuras nas folhas*. **2** pequeno sinal escuro na pele; mancha; marca: *A moça tinha uma pequena pinta no rosto*. **3** (Coloq.) aparência; aspecto: *O homem tinha pinta de bravo*.

pin.ta.do *s.m.* **1** (Zool.) surubim-pintado. • *adj.* **2** coberto de tinta: *muro pintado*.

pin.tal.gar *v.t.* pintar ou colorir com cores variadas: *pintalgar flores no tecido.*.

pin.tar *v.t.* **1** representar por traços ou cores; figurar num quadro ou tela: *pintar paisagens*. **2** colorir; cobrir de cor: *Ela não pinta as unhas*. **3** colorir para enfeitar; maquilar: *pintar os lábios*. **4** descrever; contar. **5** cobrir de figuras: *Antigamente as meninas pintavam flores nos cadernos de escola*. **6** (Coloq.) descrever ou apresentar: *A moça pinta sua madrasta como uma bruxa*. • *int.* **7** fazer ou exercitar pintura: *Ele gosta de pintar*. **8** (Coloq.) manifestar-se; tornar-se realidade; chegar: *Uma nova moda de saias está pintando*. • *pron.* **9** maquiar-se: *Ela pinta-se diante do espelho*. ✦ **pintar o caneco/o sete/o diabo** (i) fazer estripulias ou travessuras; farrear em exagero: *Pintei o sete no carnaval*. (ii) fazer de tudo: *Pintei o diabo para subir na vida*. **pintar e bordar**: farrear; aprontar: *Na escola, pintava e bordava*.

pin.tas.sil.go *s.m.* (Zool.) pássaro de cor verde-oliva e amarela, muito apreciado pelo seu canto.

pin.to *s.m.* **1** (Zool.) filhote da galinha ainda novo; franguinho. **2** (Ch.) pênis.

pin.tor (ô) *s.m.* **1** pessoa que pinta quadros. **2** pessoa que pinta paredes.

pin.tu.ra *s.f.* **1** revestimento com camada de tinta: *pintura de paredes*. **2** representação num quadro: *fazer a pintura de uma paisagem*. **3** exercício da arte de pintar: *aulas de pintura*. **4** maquilagem: *A noiva capricha na pintura do rosto*. **5** tingimento: *pintura dos cabelos*. **6** profissão de pintor: *É raro alguém viver de pintura*. **7** (Fig.) descrição minuciosa, escrita ou verbal: *Fazer uma pintura do que aconteceu naquela noite*. **8** colorido; cor: *A pintura da casa está desbotada*. **9** quadro: *Várias pinturas desapareceram do museu*. **10** conjunto de quadros: *exposição de pintura*. **11** o conjunto de obras de arte de uma dada época, país etc.: *pintura medieval*. **12** (Fig.) pessoa ou coisa bonita: *Que criança linda! uma pintura!*.

pi.o¹ *s.m.* **1** voz de certas aves; piado: *pios de passarinhos*. **2** (Coloq.) opinião ou palavra: *Não dar um pio*.

pi.o² *adj.* **1** devoto; piedoso: *cantar hinos pios*. **2** de caridade; caritativo: *fazer obras pias*.

pi.o.lho (ô) *s.m.* (Zool.) inseto parasito hematófago.

pi.o.nei.ris.mo *s.m.* caráter ou qualidade de pioneiro, de precursor: *pioneirismo tecnológico*.

pi.o.nei.ro *s.m.* **1** o primeiro que abre ou descobre caminho através de região mal conhecida: *Os bandeirantes foram os pioneiros que alargaram nossas terras*. **2** precursor: *A capital francesa homenageia hoje os pioneiros do automobilismo*. • *adj.* **3** que se antecipa ou abre caminho: *trabalho pioneiro*.

pi.or (ó) *s.m.* **1** aquilo que, sob certo aspecto, é muito ruim: *O pior ainda estava por vir*. • *adj.2g.* **2** comparativo de superioridade de mau; mais ruim: *pior o gosto do que o cheiro*. **3** superlativo relativo de mau; o mais ruim: *Para mim, é o pior jogador de todos*. • *adv.* **4** comparativo de superioridade de mal; mais mal: *Na escola, estava pior que os colegas*. ✦ **na pior** (Coloq.) em situação muito difícil: *Perdeu o emprego, está na pior*.

pi.o.rar *v.t.* **1** tornar pior; agravar: *A indelicadeza poderá piorar a situação*. • *int.* **2** tornar-se pior: *Com a neblina, a situação na estrada piorou*.

pi.pa *s.f.* **1** armação de madeira leve coberta de papel, de formatos variados, que se equilibra no ar, atada a uma linha; papagaio de papel: *empinar pipa*. **2** vasilha bojuda de madeira para guardar líquidos; barril: *uma pipa de vinho*.

pi.pa.ro.te *s.m.* pancada com a ponta do dedo médio dobrado e apoiado contra a face interna do polegar: *Deu um piparote no chapéu do tio*.

pi.pi *s.m.* (Coloq.) na linguagem infantil, urina. ✦ **fazer pipi** urinar.

pi.pi.lar *v.int.* **1** piar: *Um pássaro pipila na gaiola*. • *s.m.* **2** pio; piado: *o pipilar dos pássaros*.

pi.po.ca (ó) *s.f.* **1** grão de milho rebentado ao calor do fogo. **2** (Coloq.) acne: *um adolescente com pipocas no rosto*. • *interj.* **3** (Fut.) expressa impaciência: *Há meia hora que espero, ora pipocas!*

pi.po.car *v.int.* (Bras.) **1** arrebentar; estourar; estalar como pipoca: *Foguetes pipocam no ar*. **2** surgir; aparecer; tornar-se conhecido: *A cada dia, pipocam novos cantores*. **3** (Fut.) sentir medo: *Na hora do pênalti, o jogador pipocou*.

pi.po.que.ar *v.int.* (Bras.) estourar repetidamente: *Tiros pipoquearam*.

pi.po.quei.ro *s.m.* (Bras.) pessoa que faz e vende pipocas.

pi.que *s.m.* **1** corrida de arrancada rápida: *O atleta treina piques de 100 metros*. **2** pequeno corte: *dar um pique no tecido*. **3** jogo infantil em que uma criança deve pegar uma das outras antes de chegar a um ponto previamente marcado: *A garotada brincava de pique*. **4** lugar em que os participantes do jogo de pique estão a salvo. **5** entusiasmo; disposição: *Não posso perder o pique*. **6** ritmo: *não acompanhar o pique dos outros corredores*. ✦ **a pique** (i) na vertical: *rochas talhadas a pique*. (ii) a ponto; prestes a: *Estava a pique de chorar*.

pi.que.ni.que *s.m.* refeição de caráter festivo, feita ao ar livre, convescote.

pi.que.te (ê) *s.m.* **1** grupo de pessoas que se posta à entrada de estabelecimentos para impedir a entrada de outras, por ocasião de uma greve: *Os grevistas fizeram piquetes nas portas das fábricas*. **2** pequena estaca, de madeira ou metálica, que se crava no terreno para marcar com exatidão um ponto importante em trabalho topográfico: *Os piquetes fincados foram cobertos por mato*.

pi.ra.ção *s.f.* (Gír.) loucura: *Uma cortesã foi a responsável pela piração do rei*.

pi.ra.ce.ma *s.f.* subida do rio, em direção à nascente, feita pelos peixes na época da desova: *Não se pesca na piracema*.

pi.ra.do *adj.* (Gír.) doido; louco: *Ele ficou pirado*.

pi.ra.mi.dal *s.m.* **1** músculo piramidal: *descolamento das camadas subjacentes, com exposição dos piramidais*. • *adj.2g.* **2** em forma de pirâmide: *um monumento piramidal*. **3** diz-se dos músculos de forma triangular. **4** (Fig.) colossal; extraordinário: *Tomava doses piramidais de refrigerante*.

pi.râ.mi.de *s.f.* **1** (Geom.) poliedro em que uma das faces é um polígono qualquer e as outras são triângulos com um vértice comum: *as pirâmides do Egito*. **2** estrutura hierarquizada: *pirâmide social*.

pi.ra.nha *s.f.* **1** (Zool.) peixe carnívoro, das regiões tropicais, de maxilar projetado para a frente e dentes em forma de agulha. **2** (Ch.) mulher de vida licenciosa; prostituta.

pi.rão *s.m.* papa grossa de farinha de mandioca escaldada.

pi.rar *v.int.* (Coloq.) **1** fugir; retirar-se disfarçadamente; esgueirar-se: *Isto vai dar briga, vamos pirar*. **2** perder contato com a realidade; enlouquecer: *Ela não diz coisa com coisa, pirou*.

pi.ra.ru.cu *s.m.* (Zool.) o maior peixe de escamas do Brasil, da bacia Amazônica, cuja língua, óssea e de numerosíssimos dentículos muito duros, é usada para ralar o guaraná.

pi.ra.ta *s.m.* **1** indivíduo que pratica pirataria; ladrão do mar: *ataque de piratas ingleses*. **2** (Fig.) indivíduo conquistador; sedutor: *O cantor é um verdadeiro pirata*. • *adj.2g.* **3** diz-se daquilo que é realizado com plágio ou cópia de obra anterior, com infração deliberada à legislação que protege a propriedade artística ou intelectual: *CD pirata*. **4** diz-se de estação de rádio ou TV que transmite clandestinamente.

pi.ra.ta.ri.a *s.f.* **1** roubo de cargas e pilhagem de navios. **2** atividade em que se faz uma cópia do original, que é vendida por um preço mais acessível; falsificação: *A indústria fonográfica perde muito dinheiro com a pirataria*.

pi.ra.te.ar *v.t.* copiar sem autorização; falsificar: *Um laboratório é acusado de piratear fórmulas de remédios estrangeiros*.

pi.res *s.m.* prato pequeno, sobre o qual se coloca a xícara.

pi.rex (é)/ks/ *s.m.* **1** vidro muito resistente a altas temperaturas: *pratos de pirex*. **2** utensílio de cozinha feito com esse vidro: *Coloque a torta num pirex*.

pi.ri.lam.po *s.m.* (Zool.) vagalume.

pi.ro.téc.ni.co *adj.* **1** referente a fogos de artifício: *espetáculo pirotécnico*. **2** (Fig.) espantoso; espalhafatoso: *ideias pirotécnicas*.

pir.ra.ça *s.f.* acinte; desfeita; picuinha.

pir.ra.lho *s.m.* menino pequeno; criança.

pi.ru.e.ta (ê) *s.f.* **1** rodopio: *Os artistas davam piruetas no ar*. **2** (Fig.) artimanha; manobra estratégica: *A atriz fazia piruetas para se manter em foco*.

pirulito

pi.ru.li.to s.m. doce feito de calda de açúcar queimado solidificada, preso na extremidade de um palito.
pi.sa s.f. surra: *levar uma pisa.*
pi.sa.da s.f. 1 ação de pisar: *as pisadas leves de mamãe.* 2 andadura de cavalo; marcha: *a pisada do burrico.* 3 ato de pisar no acelerador ou no freio: *O freio respondeu rápido à pisada.*
pi.sa.du.ra s.f. 1 ferida no lombo das cavalgaduras, produzida pelo roçar do arreio. 2 lesão resultante de golpe ou impacto, sem laceração.
pi.san.te s.m. (Coloq.) sapato.
pi.são s.m. pisada: *as unhas escurecidas e quebradas pelos repetidos pisões em quadra.*
pi.sar v.t. 1 andar sobre: *pisar a terra batida do quintal.* 2 amassar com os pés: *A raposa pisa levemente as folhas secas.* 3 esmagar: *pisar as uvas.* 4 humilhar: *Não pise os mais fracos.* 5 desrespeitar; desprezar: *pisar sobre as convenções sociais.* 6 machucar; ferir: *A pancada pisou seu rosto.* • int. 7 andar: *pisar com cautela.* 8 pôr os pés; entrar; ir a: *A equipe acaba de pisar no gramado.*
pis.ca.da s.f. piscadela: *dar uma piscada.*
pis.ca.de.la (é) s.f. ato de piscar ligeiramente os olhos: *A criança dava piscadelas por causa da luz.*
pis.ca-pis.ca s.m. 1 luz indicadora da direção que o veículo tomará numa manobra. 2 o piscar intermitente de luzes: *lâmpadas de várias cores, num pisca-pisca incessante.* // Pl.: pisca-piscas e piscas-piscas.
pis.car v.t. 1 fechar e abrir rapidamente (os olhos): *piscar os olhos.* 2 apagar e acender: *piscar os faróis de neblina.* • int. 3 fechar-se e abrir-se rapidamente (os olhos): *Os olhos piscam.* 4 apagar e acender: *A lanterna pisca três vezes.* 5 ter faíscações intermitentes; cintilar: *As estrelas piscam no céu.* • **num piscar de olhos** de modo rápido: *Fazia o serviço num piscar de olhos.*
pis.ci.a.no s.m. 1 (Astrol.) nativo do signo de Peixes. • adj. 2 relativo a esse signo.
pis.ci.cul.tu.ra s.f. criação de peixes.
pis.ci.na s.f. 1 grande tanque para natação ou para prática de outros esportes aquáticos. 2 viveiro de peixes: *grandes piscinas para a criação de peixes.* 3 grande reservatório de águas onde se conservam animais marinhos para exibição: *Era um circo marinho com grandes piscinas.*
pis.co.so (ô) adj. em que há muito peixe: *as águas piscosas do lago.*
pi.so s.m. 1 revestimento onde se pisa: *O piso da casa é de madeira.* 2 andar; pavimento: *casa de dois pisos.*
pi.so.te.ar v.t. 1 esmagar com os pés; calcar; pisar: *Eram as moças que pisoteavam as uvas.* 2 pisar machucando: *No tumulto, pisotearam algumas pessoas.* 3 menosprezar; desrespeitar: *pisotear a justiça.* 4 rebaixar moralmente; humilhar; espezinhar: *Aquela mulher vem pisoteando o marido há tempo.*
pis.ta s.f. 1 rastro; vestígio: *Procura pista feita por algum animal.* 2 recinto dentro do qual os cavalos correm. 3 faixa de rodagem nos aeroportos, para pouso e decolagem de aviões: *O avião, já na pista, aguarda sua vez de decolar.* 4 faixa de rodagem das estradas: *Ele dirige numa pista molhada.* 5 faixa asfaltada e delimitada para corridas. 6 estrado ou parte de salão reservado a danças: *Inicia-se a música, a pista enche-se de casais.* 7 faixa delimitada e circular para a prática de esportes ou atletismo: *A maratonista corria na pista.* 8 encalço; procura: *A polícia está na pista dos assaltantes.* 9 indício; orientação: *Procuram alguma pista sobre a morte daquela senhora.*
pis.ta.che s.m. (Bot.) fruto da pistácia, de sabor delicado, usado como condimento em cozinha e confeitaria, especialmente no preparo de sorvetes e doces.
pis.tá.cia s.f. (Bot.) gênero de árvores dotadas de folhas simples, flores apétalas, cujo fruto é uma noz.
pis.tão s.m. 1 disco ou cilindro móvel das seringas; êmbolo: *o pistão do motor.* 2 válvula usada em certos instrumentos de sopro para diferenciar as notas e garantir a justeza da afinação. 3 trompete de pistões: *A banda era formada por um pistão, um trombone, um banjo e uma tuba.*
pis.to.la (ó) s.f. 1 arma de fogo portátil, leve, de cano muito curto, que se maneja com uma só mão. 2 máquina que atira algo com pressão: *A pistola de construção é usada para perfurar concreto.* 3 instrumento que, mediante jatos de tinta lançados por pressão de ar, permite pintar objetos, automóveis etc.
pis.to.lei.ro s.m. assassino profissional; capanga.
pi.ta.da s.f. pequena porção de alguma coisa: *uma pitada de sal.*
pi.tan.ga s.f. (Bot.) pequeno fruto arredondado, com sulcos longitudinais, casca alaranjada ou vermelha, polpa rosada, aquosa, aromática e de sabor agridoce, envolvendo uma ou duas sementes.
pi.tan.guei.ra s.f. (Bot.) arbusto ou árvore de folhas cuja cor varia do róseo ao verde-escuro, flores brancas perfumadas e que produz a pitanga.
pi.tar v.t. (Bras.) aspirar o fumo; fumar: *pitar cigarros de palha.*
pi.tei.ra s.f. suporte onde se põe o cigarro ou o charuto para fumar.
pi.ti s.m. (Coloq.) ter ataque com muita histeria: *A atriz só dá piti diante dos jornalistas.*
pi.to s.m. (Bras.) 1 cachimbo: *Em 1830, o Rio de Janeiro proibiu a venda e o uso do pito.* 2 reprimenda; bronca: *A avó passou um pito no neto.*
pi.tom.ba s.f. (Bot.) fruto da pitombeira, que consiste de uma baga com sementes cobertas, de parte carnosa e comestível.
pi.tom.bei.ra s.f. (Bot.) árvore grande de folhas compostas e flores brancas, que produz a pitomba.
pi.to.res.co (ê) adj. 1 que chama a atenção; encantador: *cidades pitorescas à beira do mar.* 2 que desperta interesse; interessante: *Contou fatos pitorescos da viagem.* 3 graciosamente original: *a linguagem pitoresca do nordestino.*
pi.tu s.m. (Zool.) crustáceo de água doce, de coloração esbranquiçada e carne saborosa.
pi.ve.te (é) s.m. 1 certa substância aromática que é queimada para perfumar o ambiente. 2 criança esperta. 3 (Gír.) menino que rouba.
pi.vô s.m. 1 haste metálica destinada a fixar coroa artificial à raiz de um dente; pino: *Seus dentes eram perfeitos, exceção de um pivô.* 2 pequeno eixo; pino: *Sobre esse conjunto, estende-se uma armadura presa por um pivô.* 3 em alguns esportes, jogador que tem a missão de ir à frente e passar a bola a um companheiro para o arremesso final: *O pivô fez o passe.*

plantão

4 (Fig.) ponto principal; núcleo: *O petróleo pode se transformar no pivô de uma crise internacional.*

pi.xa.im (Bras.) *s.m.* **1** cabelo crespo e lanoso, característico da etnia negra; carapinha: *O pixaim sobrando do boné posto de banda.* • *adj. 2g.* **2** crespo e lanoso: *cabelo pixaim.*

pi.xo.te (ó) *s.m.* **1** pessoa inexperiente e intrometida: *um pixote metido a besta.* **2** menino; criança.

pizza (pítsa) (It.) *s.f.* prato italiano feito com massa de pão, de forma em geral arredondada e achatada, sobre a qual se dispõe uma camada de queijo, ou uma combinação de variados ingredientes.

pla.ca *s.f.* **1** chapa ou lâmina de material resistente: *placa de mármore.* **2** tabuleta ou chapa com alguma indicação inscrita: *Ganhou uma placa em homenagem ao seu trabalho.* **3** chapa metálica com o número de licença de um veículo; chapa: *A placa era de São Paulo.* **4** broche em forma de chapa: *No vestido, uma placa de brilhantes.* **5** concha: *as placas calcáreas de uma ostra.* **6** área ou zona de tecido orgânico que difere do resto de uma superfície, ordinariamente pela cor: *Apresentava umas placas róseas no pescoço.*

pla.car *s.m.* **1** resultado de um jogo: *Não sei qual foi o placar do jogo.* **2** aparelho que registra o resultado de um jogo: *O placar indicava 3 a 1.*

pla.ce.bo (ê) *s.m.* (Med.) preparado farmacêutico que não tem nenhuma ação ou efeito, usado com o intuito de determinar a eficácia de outras substâncias medicinais.

pla.cen.ta *s.f.* (Anat.) órgão que liga o feto ao útero materno, durante a gestação.

pla.ci.dez (ê) *s.f.* tranquilidade; calma: *A placidez do ambiente lhe adoçava a alma.*

plá.ci.do *adj.* sereno; tranquilo; calmo: *um olhar plácido.*

pla.ga *s.f.* lugar; região; país: *Resolveu viver em outras plagas.*

pla.gi.ar *v.t.* assinar ou apresentar como seu trabalho artístico ou científico de outrem; imitar dolosamente a criação alheia.

plá.gio *s.m.* assinatura ou apresentação como seu de trabalho artístico ou científico de outrem; imitação dolosa de criação alheia.

pla.na.dor (ô) *s.m.* avião ou aeromodelo desprovido de aparelhos de propulsão.

pla.nal.to *s.m.* extensão de terreno plano ou pouco ondulado, elevado, cortado por vales.

pla.nar *v.int.* **1** sustentar-se no ar sem mover ou sem parecer movimentar as asas; pairar: *Urubus planam sobre as copas das árvores.* **2** voar, sustentado apenas pela ação das asas, sem interferência do motor: *A maioria das aeronaves consegue aterrissar planando.*

plânc.ton *s.m.* (Biol.) organismo que vive em suspensão nas águas dos rios, lagos ou mares: *Usavam um grande coador para caçar o plâncton.*

pla.ne.ja.men.to *s.m.* trabalho de preparação para qualquer empreendimento, segundo roteiro e métodos determinados: *planejamento de um curso para jovens.*

pla.ne.jar *v.t.* **1** fazer o plano ou a planta; projetar: *planejar uma casa.* **2** estabelecer o planejamento; planejar: *planejar a fuga da prisão.* **3** tencionar: *O casal planejava viajar.*

pla.ne.ta (ê) *s.m.* (Astr.) **1** astro sem luz própria, e que gravita em torno de uma estrela: *Mercúrio é o planeta mais próximo do Sol.* **2** a Terra.

pla.ne.tá.rio *s.m.* **1** anfiteatro em cúpula, dotado de mecanismo mediante o qual se transmitem imagens da situação e do movimento dos corpos celestes. • *adj.* **2** de ou relativo ao planeta Terra: *comércio planetário.* **3** de ou relativo ao conjunto dos planetas: *Nosso sistema planetário não é único.*

plan.gen.te *adj.2g.* choroso; lastimoso: *palavras plangentes.*

pla.ní.cie *s.f.* grande porção de terreno plano.

pla.ni.fi.car *v.t.* **1** projetar num plano; fazer o plano ou a planta de: *planificar o novo bairro residencial.* **2** estabelecer o planejamento; organizar segundo um plano; planejar: *planificar procedimentos para combater interesses comerciais na saúde.*

pla.ni.lha *s.f.* **1** folha impressa, padronizada, em cujas colunas se registram dados ou cálculos: *O interessado deve preencher uma planilha de inscrição.* **2** documento oficial onde se registram custos de produtos ou serviços: *Na planilha de custos está justificado o aumento das mensalidades.* **3** (Inf.) programa de computador que permite a execução de cálculos em várias colunas de números, podendo conter equações: *planilha eletrônica.*

pla.nis.fé.rio *s.m.* mapa que representa toda a superfície terrestre ou celeste em um plano.

pla.no *s.m.* **1** propósito; objetivo: *O plano é sair bem cedo e almoçar lá.* **2** conjunto de métodos e medidas para a execução de um empreendimento; projeto; planejamento: *O plano de pesquisa já está elaborado.* **3** posição; categoria: *Os alunos são tratados em plano de igualdade.* **4** (Gram.) superfície que contém inteiramente qualquer reta que une dois de seus pontos: *Qualquer ponto de um plano pode ser indicado por duas coordenadas.* **5** numa atividade de filmagem, trecho filmado ou focalizado numa única tomada, e em que a posição da câmara determina a aproximação ou o afastamento da imagem: *um plano único com a câmara parada.* **6** planilha ou mapa descritivo da rota de navegação aérea: *O plano de voo põe o jato numa subida de 45°.* • *adj.* **7** sem desigualdades; liso ou nivelado: *um terreno plano.*

plan.ta *s.f.* **1** (Bot.) organismo vivo do reino vegetal; vegetal: *remédios preparados à base de plantas.* **2** parte que assenta no chão: *Empurra para longe o cão, com as enormes plantas dos pés.* **3** representação gráfica da projeção horizontal de edifício, de cidade etc.: *planta da casa.*

plan.ta.ção *s.f.* ato ou efeito de plantar; plantio: *a abertura das covas para a plantação dos caroços.* **2** conjunto de vegetais cultivados; lavoura: *Ao longe viu um rancho, entre plantações de milho e de mandioca.*

plan.ta.dor (ô) *s.m.* agricultor.

plan.tão *s.m.* **1** serviço por tempo determinado em farmácias, hospitais, redações de jornais etc.: *Fazia plantão à noite.* **2** horário de serviço escalado para determinado profissional. **3** profissional em serviço por tempo determinado. ✦ **de plantão** (i) de serviço: *Neste sábado, estará de plantão no emprego.* (ii) de vigia; à espreita: *ficar de plantão em ponto estratégico, vigiando.*

plantar

plan.tar v.t. **1** fixar na terra, para aí enraizar: *plantar uma árvore*. **2** semear: *plantar feijão*. **3** fazer entrar na terra; fincar: *Cabral plantou uma cruz assim que chegou*. **4** construir; erigir: *O governador plantou escolas e hospitais*. **5** pôr; introduzir: *Plantou uma carta de amor na caixa*. **6** (Coloq.) aplicar; desferir: *Plantei a mão na cara dele!* • pron. **7** estacionar; deixar-se ficar por longo tempo em determinado lugar: *O guarda plantou-se diante da porta*.

plan.tel s.m. **1** grupo de animais de raça fina, selecionada: *Criadores buscaram a melhora genética de seus plantéis*. **2** grupo de atletas, de artistas ou de profissionais que se destacam: *O time venceu o melhor plantel do Brasil*.

plan.ti.o s.m. ato de plantar: *Ele trabalha no plantio de árvores frutíferas*.

plan.to.nis.ta s.2g. **1** quem faz plantão: *No momento do acidente, só havia um plantonista no local*. • adj.2g. **2** que faz plantão: *médicos plantonistas*.

pla.nu.ra s.f. planície; planalto.

pla.que.ta (ê) s.f. **1** livro de poucas páginas e aspecto gráfico apurado: *Fez uma plaqueta publicada em 1951*. **2** pequena placa: *Todos têm plaqueta de identificação*. **3** (Histol.) corpúsculo do sangue: *contagem de leucócitos e de plaquetas*.

plas.ma s.m. (Histol.) parte líquida coagulável do sangue, onde se acham, em suspensão, as células deste.

plas.mar v.t. **1** estabelecer a forma de; conformar: *plasmar o futuro*. **2** modelar: *plasmar o barro*. • pron. **3** tomar determinada forma; modelar-se: *A sociedade moderna procura plasmar-se segundo princípios capitalistas*.

plás.ti.ca s.f. **1** cirurgia reparadora com fins estéticos: *A plástica rejuvenesceu a cantora*. **2** conformação geral do corpo humano: *fazer exercícios para corrigir a plástica*.

plas.ti.ci.da.de s.f. maleabilidade: *A argila é matéria-prima com bastante plasticidade*.

plás.ti.co s.m. **1** composto sintético ou natural que contém como ingrediente principal substância orgânica de elevado peso molecular, bastante maleável e facilmente transformável; qualquer objeto feito com esse composto: *copos de plástico*. • adj. **2** feito de matéria sintética maleável: *jarros plásticos*. **3** dotado de sensibilidade e leveza: *Escreve crônicas plásticas e sempre atuais*. **4** com fins estéticos; reparador: *Ela fez uma cirurgia plástica*. **5** que se manifestam por meio de elementos visuais e táteis, como linhas, cores, volumes etc.: *artes plásticas*. **6** que trabalha com artes plásticas: *artista plástico*.

plas.ti.fi.car v.t. revestir com plástico: *plastificar os documentos*.

pla.ta.for.ma (ó) s.f. **1** área plana horizontal e elevada: *Subiu a uma daquelas plataformas*. **2** área à altura do piso de vagões ou veículos, para facilitar o embarque e desembarque de passageiros ou carga: *Eles aguardavam o trem na plataforma*. **3** rampa de onde se lançam foguetes ou outros projéteis: *plataformas de mísseis*. **4** programa administrativo, de trabalho ou reivindicatório: *Partidos que têm uma ideologia não trocam de plataformas*. ♦ **plataforma continental** zona do relevo submarino próxima ao litoral, cuja profundidade oscila em torno dos 200 metros; o mesmo que **plataforma submarina**: *A plataforma submarina de Campos é rica em petróleo*.

plá.ta.no (Bot.) s.m. árvore de grandes folhas em forma de palma, flores unissexuais reunidas em inflorescências compactas.

pla.tei.a (éi) s.f. **1** espaço destinado aos espectadores em um teatro, cinema ou auditório: *Quando chegamos, a plateia estava quase vazia*. **2** conjunto de assistentes; público: *A plateia aplaudiu de pé*.

pla.ti.ban.da s.f. mureta de alvenaria construída no topo das paredes externas de uma edificação.

pla.ti.na s.f. metal branco-prateado, denso, dúctil e maleável, muito nobre, usado em ligas preciosas e com aplicações científicas. // Símb.: Pt; N. Atôm.: 78.

pla.ti.no s.m. **1** natural ou habitante dos países da região do rio da Prata. • adj. **2** relativo à região do rio da Prata.

pla.tô s.m. **1** lugar elevado e plano; planalto: *O rio é abastecido pelo derretimento da neve no platô da montanha*. **2** na embreagem de discos de fricção, o disco dotado de molas compressoras sob cuja ação ele transmite a força do motor às rodas de tração: *Saiba quando trocar platô, rolamento e disco de fricção*.

pla.tô.ni.co adj. **1** de ou relativo a Platão, filósofo grego (429-347 a.C.), ou próprio dele: *pensamento platônico*. **2** destituído de interesses ou gozos materiais; ideal: *Vivera um namoro platônico*.

plau.sí.vel adj.2g. razoável; admissível: *explicação plausível*.

playback (pleibéc) (Ingl.) s.m. reprodução de sequências de imagens ou de músicas gravadas previamente: *A cantora usou* playback *na última apresentação*.

playboy (pleibói) (Ingl.) s.m. homem, em geral jovem, rico, de atitudes extravagantes, que se dedica a uma vida social intensa, ao convívio de belas mulheres e aos jogos e esportes.

playground (pleigraund) (Ingl.) s.m. local destinado à recreação infantil, aparelhado com brinquedos ou equipamentos de ginástica.

ple.be (é) s.f. **1** entre os romanos, a classe popular, por oposição aos patrícios: *Roma sustentava a plebe com "pão e circo"*. **2** o povo, por oposição aos aristocratas; massa: *Era um esnobe; não se misturava à plebe*.

ple.beu s.m. **1** membro da plebe. **2** homem do povo, por oposição a nobre: *A princesa viveu uma paixão proibida por um plebeu sedutor*. • adj. **3** vulgar; comum. // Fem.: plebeia.

ple.bis.ci.to s.m. resolução submetida à apreciação do povo: *Um plebiscito referendou sua política de Estado*.

plêi.a.de s.f. **1** grupo de sete pessoas ilustres. **2** grupo de pessoas notáveis: *uma plêiade de cientistas*.

plei.te.ar v.t. **1** demandar em juízo: *pleitear a rescisão do contrato*. **2** defender: *O povo pleiteia uma sociedade mais justa*. **3** empenhar-se por conseguir; disputar: *O vereador pleiteia a prefeitura*. **4** reivindicar: *pleitear favores*.

plei.to s.m. **1** demanda; litígio. **2** votação: *O pleito transcorreu em ordem*.

ple.ná.ria s.f. sessão plena: *A plenária deve decidir pela greve*.

ple.ná.rio s.m. **1** qualquer assembleia ou tribunal que reúne em sessão os seus membros: *A proposta será*

pobre

submetida à aprovação pelo plenário da Câmara. **2** local onde se realizam assembleias: *Entrou no plenário, sentou-se em seu lugar.* • *adj.* **3** em que tomam parte todos os membros do conjunto: *A assembleia reuniu-se em sessão plenária.* **4** pleno; completo: *indulgência plenária.*

ple.ni.tu.de *s.f.* **1** qualidade de pleno: *viver a vida com plenitude.* **2** totalidade: *A fábrica funcionava em sua plenitude.*

ple.no *adj.* **1** total; absoluto: *Tinha plena convicção do que dizia.* **2** perfeito; acabado: *A casa estava em plenas condições de moradia.* **3** no auge de: *estar em plena juventude.* **4** no meio de: *estar em plena selva.* **5** cheio; repleto: *o peito pleno de mágoa.*

ple.o.nas.mo *s.m.* (Gram.) figura de sintaxe que consiste na repetição, por expressividade, de conceito já enunciado: *Chorou lágrimas amargas.* // O pleonasmo é vicioso quando não tem qualquer valor expressivo: *entrar para dentro.*

ple.to.ra (ó) *s.f.* **1** (Med.) aumento do volume sanguíneo, que provoca distensão anormal dos vasos: *Combatia-se a pletora purgando e sangrando.* **2** superabundância; excesso: *uma pletora de auxiliares de ensino.*

pleu.ra *s.f.* (Anat.) membrana que envolve externamente os pulmões e internamente a cavidade torácica.

pleu.ral *adj.2g.* da ou relativo à pleura: *líquido pleural.*

ple.xo /ks/ *s.m.* (Anat.) **1** região peitoral: *o plexo acompanha o movimento do braço.* **2** rede formada pelo entrelaçamento de muitas ramificações de nervos ou de quaisquer vasos sanguíneos: *vasos do plexo venoso.*

plis.sa.do *adj.* pregueado: *saia plissada.*

plo.ta.gem *s.f.* efeito ou ato de plotar.

plo.tar *v.t.* **1** localizar em carta náutica a posição de objetos, tais como navios, aeronaves etc. **2** (Inform.) diagramar, mapear textos ou desenhos no computador e depois transferir para o papel.

plu.gar *v.t.* **1** ligar: *plugar o telefone na tomada.* **2** (Inform.) conectar equipamentos a um computador ou rede de computadores. **3** pôr em funcionamento: *No sono, o cérebro pluga os neurônios que vão zelar pelo organismo.* **4** pôr em contato com: *O telespectador pode plugar seu televisor em dezenas de canais.*

plu.gue *s.m.* peça com um ou mais pinos, que se conecta na tomada, estabelecendo a ligação elétrica.

plu.ma *s.f.* **1** pena de ave. **2** enfeite ou adorno feito de certas penas de ave: *chapéu de plumas.*

plu.ma.gem *s.f.* (Zool.) conjunto de penas de uma ave: *Num dia de frio, as aves costumam encolher as pernas junto à plumagem do corpo.*

plúm.beo *adj.* da cor do chumbo; cinzento: *nuvens plúmbeas no céu.*

plu.ral *s.m.* **1** (Gram.) flexão nominal ou verbal que indica referência a mais de um: *O verbo deve estar no plural, concordando com o sujeito.* • *adj.* **2** múltiplo; multiforme: *Aquele momento rico de nossas histórias plurais.*

plu.ra.li.da.de *s.f.* multiplicidade; variedade: *Há uma pluralidade de partidos que apoiam o governo.*

plu.ra.lis.mo *s.m.* **1** doutrina filosófica que admite a coexistência de mais de um princípio ou substância que explique o universo: *O pluralismo de cunho espiritualista.* **2** doutrina política que aceita a coexistência de uma pluralidade de partidos políticos, todos com os mesmos direitos para exercer o poder público. **3** multiplicidade; variedade; diversidade: *A universidade é caracterizada pelo pluralismo de ideias.*

plu.ri.a.nu.al *adj.2g.* relativo a vários anos: *plano plurianual.*

plu.ri.ce.lu.lar *s.m.* **1** (Biol.) organismo que tem muitas células: *Os pluricelulares apresentam células especializadas para cada função.* • *adj.2g.* **2** que tem muitas células: *animais de organização pluricelular.*

plu.ri.lín.gue (güe) *adj.2g.* **1** relativo a diversas línguas. **2** que fala diversas línguas; poliglota.

plu.ri.par.ti.da.ris.mo *s.m.* existência, num país, de vários partidos políticos.

plu.tão *s.m.* **1** (Astr.) nono planeta do Sistema Solar a partir do Sol. **2** (Mitol.) deus dos infernos, entre os romanos. // Nestas acepções escreve-se com inicial maiúscula.

plu.tô.nio *s.m.* (Quím.) elemento químico artificial, radioativo, metálico e que pode sofrer divisão nuclear. // Símb.: Pu; N. Atôm.: 94.

plu.vi.al *adj.2g.* **1** da chuva: *água pluvial.* **2** da água da chuva: *escoamento pluvial.* **3** onde chove muito: *floresta pluvial.*

plu.vi.o.me.tri.a *s.f.* registro e avaliação da distribuição das chuvas em diferentes regiões e épocas.

plu.vi.o.si.da.de *s.f.* quantidade de chuva que cai numa região: *As zonas de baixa pluviosidade correspondem às regiões secas.*

pneu *s.m.* **1** pneumático. **2** (Coloq.) faixa de tecido adiposo no abdome ou no dorso.

pneu.má.ti.co *s.m.* **1** aro de borracha, inflado por ar comprimido, com que se revestem rodas de veículos; pneu. • *adj.* **2** relativo ao ar. **3** que funciona graças à energia proporcionada pelo ar comprimido: *freios pneumáticos.* **4** diz-se do osso que possui em seu interior cavidades de ar: *ossos pneumáticos.*

pneu.mo.lo.gi.a *s.f.* ramo da Medicina que tem por objeto as doenças do sistema respiratório.

pneu.mo.lo.gis.ta *s.2g.* médico especialista em pneumologia.

pneu.mo.ni.a *s.f.* (Med.) infecção pulmonar aguda produzida por micro-organismos e manifestada pela congestão e exsudação pulmonar.

pneu.mô.ni.co *adj.* de pneumonia: *O exame revela um processo pneumônico.*

pó *s.m.* **1** conjunto de minúsculas partículas de terra seca, ou de qualquer outra substância, que cobrem o solo, se depositam nos aposentos ou se elevam na atmosfera; poeira: *O pó penetra pela casa adentro.* **2** terra; chão: *As crianças brigam, rolando no pó.* **3** qualquer substância reduzida a pó: *pó de café.* **4** (Gír.) cocaína.
♦ **em pó** (i) reduzido a pó; pulverizado: *pimenta em pó.* (ii) desidratado: *leite em pó.*

po.bre (ó) *s.2g.* **1** pessoa de poucos recursos: *A morte não distingue pobres e ricos.* **2** mendigo: *uma esmola para os pobres.* **3** pessoa digna de compaixão; coitado: *A pobre está com muita febre.* • *adj.2g.* **4** desprovido ou mal provido do necessário à subsistência; de baixa renda. **5** humilde; acanhado: *Ele tem ambições pobres.* **6** sem fertilidade; pouco produtivo: *terra pobre.*

pobreza

7 elementar; não sofisticado: *linguagem pobre*. 8 sem fundamento; frágil: *conclusão pobre*. 9 infeliz: *O pobre moço estava desesperado*. 10 escasso; parco: *A despensa está pobre de alimentos*. 11 que tem baixo índice de: *dieta pobre em ferro*.

po.bre.za (ê) *s.f.* 1 estado ou qualidade de pobre. 2 falta ou escassez de posses ou recursos; penúria: *viver na pobreza*. 3 escassez; falta; precariedade: *pobreza de fé*. 4 simplicidade: *A pobreza da casa me emocionava*. 5 ausência de nutrientes; infertilidade: *O agricultor combate a pobreza do solo*. 6 conjunto das pessoas pobres.

po.ça (ô ou ó) *s.f.* 1 pequena massa de água que fica retida em depressão natural de terreno: *uma poça d'água*. 2 grande quantidade de líquido estagnado: *uma poça de sangue*.

po.ção *s.f.* 1 preparado farmacêutico em que se dissolve o medicamento em água: *Tenho confiança na poção que o doutor receitou*. 2 qualquer tipo de bebida.

po.ço (ô) *s.m.* 1 cavidade funda, cilíndrica, aberta na terra, até uma profundidade suficiente para atingir o lençol de água mais próximo da superfície: *Um menino tirava água do poço*. 2 grande buraco, geralmente circular, cavado na terra, para acumular água: *Fizeram um poço no lugar mais baixo do pasto*. 3 a parte mais funda de um rio, lago etc.: *Jogou o anzol no poço mais piscoso*. 4 espaço no qual circula o elevador: *O pobre moço caiu no poço do elevador*. 5 no teatro, espaço situado adiante e em nível inferior ao do palco e que se destina à orquestra: *o poço da orquestra*. ♦ **poço artesiano** poço que capta água de lençóis subterrâneos em que a água é impelida naturalmente até a superfície, sem necessidade de bombeamento.

po.da (ó) *s.f.* ato ou efeito de podar; corte de ramos das plantas: *poda de árvores*.

po.dar *v.t.* 1 cortar os ramos de; desbastar: *A prefeitura mandou podar as árvores das praças*. 2 (Gír.) ultrapassar: *Podar carros na estrada requer prudência*. (Fig.) 3 impedir de fazer alguma coisa; conter: *É preciso podar a bisbilhotice dessa menina*. 4 cortar; desbastar: *podar o cabelo*.

po.der *v.t.* 1 ter força: *O demônio nada poderá contra o homem correto*. 2 aguentar; suportar: *O guarda não podia com o ladrão*. 3 ter capacidade para: *Não pude esconder minha surpresa*. 4 ser possível; ter possibilidade de: *Sempre que podia escapar, ele desaparecia na mata*. 5 ter permissão para: *Podem entrar*. 6 dever: *Não se pode buzinar perto de hospitais*. 7 ter ocasião ou oportunidade de: *Foi em Londres que pudemos conhecer um dos maiores violinistas do mundo*. 8 ter meios para; conseguir: *poder sobreviver*. 9 usado para fazer uma solicitação: *O senhor bem que podia nos dar uma segunda chance*. 10 indica probabilidade: *Amanhã poderá chover*. ● *int.* 11 ter poder: *Este mundo é de quem pode*. ● *s.m.* 12 direito de deliberar, agir e mandar: *Antigamente os reis tinham poder de vida e de morte sobre seus súditos*. 13 capacidade: *A paixão tem poder mortífero*. 14 domínio; influência; força: *Quem tem ouro tem poder*. 15 efeito; virtude: *Há plantas com poderes de cura*. 16 autoridade. 17 governo de um Estado: *Devia manter-se na oposição aos que estão no poder*.

po.de.ri.o *s.m.* 1 grande poder: *o poderio das grandes nações*. 2 fortuna; império: *O poderio das grandes empresas ajuda a construir um país*. 3 força: *Nosso partido tem poderio eleitoral e político*.

po.de.ro.so (ô) *adj.* 1 forte; vigoroso: *O leão é o animal mais poderoso*. 2 sólido; inabalável: *Sempre fui protegido pela mais poderosa fé*. 3 privilegiado: *inteligência poderosa*. 4 que produz grande efeito; eficaz: *um poderoso antiácido*. 5 intenso; forte: *um poderoso desejo de vingança*. 6 capaz de exercer efeito considerável; influente: *Existem fatores poderosos para a sua demissão*.

po.de.ro.sos *s.m. pl.* pessoa de grande poder ou influência, com base na riqueza ou na posição social: *Um dos poderosos do governo instalou-se na região*.

pó.dio *s.m.* 1 estrado onde se posta o regente da orquestra. 2 nos estádios, plataforma onde se consagram os concorrentes classificados nos primeiros lugares: *O campeão subiu ao degrau mais alto do pódio*.

po.dre (ô) *s.m.* 1 defeito; mácula: *Conheço os podres daquela família*. ● *adj.2g.* 2 em decomposição; deteriorado: *fruta podre*. 3 fétido; malcheiroso: *cheiro podre do rio*. 4 (Fig.) pervertido; devasso: *vivia num ambiente podre*.

po.dri.dão *s.f.* 1 apodrecimento; deterioração: *a podridão dos frutos*. 2 (Fig.) corrupção; devassidão: *A podridão imperava naquela sociedade*. 3 (Fig.) sordidez; torpeza: *um cara cheio de podridão e miséria*. 4 pestilência; imundície: *a podridão do rio*. 5 matéria em decomposição; lixo: *um cheiro de podridão*.

po.e.dei.ra *s.f.* 1 ave que põe ovos, principalmente a galinha: *As poedeiras são separadas das demais aves*. ● *adj.* 2 que põe ovos: *galinhas poedeiras*.

po.ei.ra *s.f.* 1 terra seca pulverizada; pó: *uma nuvem de poeira*. 2 solo; chão: *Os dois rolaram na poeira*. 3 matéria pulverizada: *poeira de farinha*.

po.ei.ren.to *adj.* coberto de pó; empoeirado: *cobertor poeirento*.

po.e.ma *s.m.* 1 obra em verso: *escrever poemas rimados*. 2 diz-se daquele ou daquilo que contém poesia: *O artigo do jornalista é um verdadeiro poema*.

po.en.te *s.m.* 1 pôr do sol; ocaso: *admirar o poente*. 2 o horizonte no lado oeste: *Cavaleiro e cavalo somem no poente*. ● *adj.2g.* 3 que se põe: *o sol poente*.

po.e.si.a *s.f.* 1 arte de compor versos. 2 entusiasmo criador; inspiração: *frase iluminada por uma centelha de poesia*. 3 qualidade que desperta sentimento do belo: *Pode haver poesia na prosa*. 4 caráter elevado ou comovente: *a poesia tranquila do horizonte*. 5 composição poética: *Gosto de ler as poesias de Carlos Drummond de Andrade*.

po.e.ta (é) *s.m.* 1 aquele que faz versos, especialmente aquele que tem faculdades poéticas e se dedica à poesia. 2 pessoa que devaneia ou é idealista: *É um poeta, vive nas nuvens*.

po.e.tar *v.t.* 1 cantar, dizer em versos: *Cecília Meireles poetou as desventuras dos inconfidentes*. ● *int.* 2 fazer versos; versejar: *Vinícius poetava*.

po.é.ti.ca *s.f.* conjunto de características próprias do modo de expressão linguística de um artista ou de uma corrente estética: *A poética de Olavo Bilac é chamada parnasiana*.

po.é.ti.co *adj.* 1 relativo à poesia. 2 que tem poesia. 3 que inspira.

po.e.ti.sa *s.f.* mulher que faz poesias.

po.e.ti.zar v.t. **1** tornar poético: *O artista poetiza o cotidiano.* **2** cantar ou celebrar em versos: *poetizar a mulher amada.* • *int.* **3** fazer versos; poetar: *Muitos escritores começam poetizando.*

pois *conj.* **1** porque; visto que: *Ele deve estar doente, pois não veio à reunião.* **2** portanto: *O tempo urge; é necessário, pois, que nos decidamos.* **3** porque: *Não enxergávamos a estrada, pois a luz dos faróis estava muito fraca.* • **pois bem** conclui o que se disse antes introduzindo um argumento em oposição: *Pois bem: ele e seus companheiros fariam o trajeto São Paulo –Santos.* **pois não** fórmula de cortesia para responder afirmativamente a um pedido ou desejo. **pois que** uma vez que; já que: *Não sabia dizer se era hora do almoço ou do jantar, pois que o dia estava muito escuro.*

po.la.co s.m. **1** aquele que nasceu na Polônia; polonês. • *adj.* **2** de ou relativo à Polônia; polonês.

po.lai.na s.f. peça usada por cima do calçado, que protege a parte inferior da perna e a superior do pé.

po.lar adj.2g. **1** dos polos: *regiões polares.* **2** da região polar: *oceanos polares.* **3** do polo norte: *Os ursos polares são brancos.* **4** (Eletr.) do polo de eletricidade: *Quando a corrente direta atravessa uma solução eletrolítica, determina efeitos polares, negativos e positivos.*

po.la.ri.da.de s.f. (Eletr.) estado particular, positivo ou negativo, de um corpo em relação a um circuito elétrico: *Cada terminal tem uma polaridade: um é positivo, o outro é negativo.*

po.la.ri.za.ção s.f. **1** (Fís.) fenômeno apresentado por uma radiação eletromagnética em que o plano de vibração permanece constante: *polarização da luz solar.* **2** oposição; antagonismo: *Na polarização entre esquerda e direita.* **3** concentração: *O ideal seria a polarização de todas as forças políticas nacionais.*

po.la.ri.zar v.t. **1** sujeitar à polarização. **2** reunir em um ponto; concentrar: *O tema polarizou a atenção de todos.*

pol.ca (ó) s.f. dança em compasso binário, originária da Boêmia muito em voga nos meados do século XIX.

po.le.ga.da s.f. medida inglesa de comprimento equivalente a 25,4 mm no sistema métrico decimal.

po.le.gar s.m. (Anat.) dedo da mão mais curto e mais grosso, que possui apenas duas falanges.

po.lei.ro s.m. **1** vara horizontal onde as aves pousam e dormem: *Quando anoitece, as aves vão subindo nos poleiros.* **2** (Coloq.) lugar elevado em circos e salas de espetáculo; galeria: *Comprou ingresso para o poleiro.*

po.lê.mi.ca s.f. discussão; controvérsia; debate.

po.lê.mi.co adj. **1** que suscita polêmica; discutível; controvertido: *assunto polêmico.* **2** que gosta de polemizar; amante de polêmica: *jornalista de espírito polêmico.*

po.le.mi.zar v.t. travar polêmica; questionar: *polemizar com os oposicionistas.*

pó.len s.m. (Bot.) conjunto de minúsculos grãos, que representam as células sexuais masculinas das flores, e são produzidos no interior das anteras.

po.len.ta s.f. angu de farinha de milho ou fubá com água e sal, escaldada ao fogo, à qual se pode adicionar manteiga e queijo.

polietileno

pole position (pôul pâzíxân) (Ing.) s.f. a primeira posição na ordem de largada de uma corrida de automóveis ou motos.

po.li.a s.f. roda de ferro ou madeira, lisa ou sulcada em sua periferia, fixa num eixo rotatório e acionada por uma correia.

po.li.car.po adj. que tem muitos frutos.

po.li.chi.ne.lo (é) s.m. no teatro, personagem caracterizada pelo nariz longo, corcunda, barriga grande, barrete e roupas multicoloridas, e pela fala tremida e esganiçada.

po.lí.cia s.f. **1** atividade policial: *Tenho trinta anos de polícia.* **2** policiamento; fiscalização: *Sem polícia nas ruas, o povo não tem segurança.* **3** órgão auxiliar da Justiça, incumbido de fazer respeitar as leis e de reprimir e perseguir o crime: *Seu caso é de polícia.* **4** delegacia: *ir à polícia prestar declarações.* • *s.2g.* **5** policial; guarda: *Veio polícia aqui e revirou a casa toda.*

po.li.ci.al s.2g. **1** indivíduo pertencente a uma corporação de polícia: *Um policial guarda a frente do banco.* **2** romance ou filme policial: *Escreveu um policial de grande sucesso.* **3** pastor alemão: *O policial que guardava a casa teve a pata ferida.* • *adj.2g.* **4** que serve aos objetivos da polícia: *Ele responde a inquérito policial.* **5** da polícia: *autorização policial.* **6** de ocorrências criminosas e do desvendamento de crimes: *romance policial.*

po.li.ci.a.men.to s.m. **1** vigilância; fiscalização: *policiamento das ruas.* **2** guarda; corporação: *O chefe do policiamento dá instruções aos comandados.*

po.li.ci.ar v.t. **1** proteger com policiamento; zelar pela segurança de: *Viaturas especiais policiam as ruas.* **2** moderar; conter; reprimir: *Vamos policiar um pouco nossa linguagem.* **3** controlar; fiscalizar: *policiar o trabalho da empregada.* • *pron.* **4** dominar-se; conter-se: *Ele se policiava para não rir durante a cerimônia.*

po.li.clí.ni.ca s.f. **1** hospital aparelhado para o tratamento de doenças de todos os tipos. **2** estabelecimento onde vários médicos especializados dão consulta.

po.li.dez (ê) s.f. delicadeza; cortesia; civilidade: *A secretária recebeu o cliente com polidez.*

po.li.do adj. **1** lustroso; luzidio: *Os sapatos estavam bem polidos.* **2** delicado; atencioso: *A servente era polida com os pais de alunos.*

po.li.e.dro (é) s.m. (Geom.) sólido limitado por polígonos planos.

po.li.es.por.ti.vo s.m. **1** ginásio destinado à prática de várias modalidades de esportes: *O poliesportivo ficou lotado ontem à noite.* • *adj.* **2** de várias modalidades de esportes: *competição poliesportiva.* **3** próprio para a prática de várias modalidades de esportes: *conjunto poliesportivo.*

po.li.és.ter s.m. **1** (Quím.) éster complexo formado por polimerização ou por condensação: usado na fabricação de fibras, resinas e plásticos: *um plástico duro à base de poliéster.* **2** tecido de poliéster: *O poliéster, um tecido que imita o algodão.*

po.li.e.ti.le.no s.m. (Quím.) substância termoplástica, translúcida e flexível, obtida pela polimerização do etileno.

polifonia

po.li.fo.ni.a *s.f.* (Mús.) composição musical a várias vozes simultâneas: *Bach acrescenta a polifonia alemã à simplicidade de Vivaldi.*

po.li.ga.mi.a *s.f.* união conjugal de um indivíduo com mais de um cônjuge simultaneamente: *A poligamia não é permitida na grande maioria dos países.*

po.li.glo.ta (ó) *s.2g.* **1** pessoa que fala muitas línguas: *Era um poliglota, lia e falava italiano, francês e inglês com fluência.* • *adj.2g.* **2** que fala muitas línguas: *um professor poliglota.*

po.lí.go.no *s.m.* **1** (Geom.) figura plana formada por vários ângulos: *O polígono é figura geométrica.* **2** região de superfície poligonal ou quase poligonal: *Minas pediu a inclusão do Vale do Jequetinhonha no Polígono das Secas.*

po.lí.gra.fo *s.m.* **1** aquele que escreve sobre vários assuntos. **2** detector de mentiras.

po.li.men.to *s.m.* **1** ato ou efeito de polir. **2** desbaste: *polimento da peça de madeira.* **3** lustração: *polimento de calçados.* **4** aprimoramento; aperfeiçoamento: *Aulas de etiqueta dão polimento à educação das meninas.*

po.li.me.ri.za.ção *s.f.* combinação de várias moléculas para formar uma estrutura molecular mais complexa.

po.lí.me.ro *s.m.* (Quím.) grupo de compostos químicos formados por polimerização.

po.li.né.sio *s.m.* **1** natural ou habitante da Polinésia. • *adj.* **2** relativo à Polinésia.

po.li.ni.za.ção *s.f.* (Bot.) transporte do grão de pólen da antera para o interior do estigma, realizado através da água, do vento, dos pássaros e dos insetos: *A polinização é a primeira fase da fecundação das plantas.*

po.lio.mi.e.li.te *s.f.* (Patol.) inflamação da substância cinzenta da medula espinhal; paralisia infantil.

pó.li.po *s.m.* **1** (Patol.) tumor benigno que surge em membranas mucosas: *O uso de vitaminas não previne a formação de novos pólipos.* • *pl.* **2** (Zool.) grupo de animais celenterados em forma de tubo, com boca rodeada de tentáculos: *Os recifes de coral são produzidos por pequenos animais marinhos chamados pólipos.*

po.li.po.di.á.cea *s.f.* **1** (Bot.) espécime de polipodiáceas • *pl.* **2** família de plantas sem flores à qual pertencem as avencas e as samambaias.

po.lir *v.t.* **1** dar polimento a; tornar lustroso e liso; lustrar: *polir os sapatos.* **2** tornar-se perfeito; primorar-se: *Guimarães Rosa costumava polir seus textos.* **3** tornar cortês; tornar refinado; educar: *cursos de etiqueta procuram polir as moças.*

po.lis.sa.ca.rí.deo *s.m.* (Quím.) grupo de hidratos de carbono que contêm mais de três moléculas de açúcar simples.

po.lis.se.mi.a *s.f.* o fato de uma palavra ter muitas significações.

po.lis.sí.la.bo (Gram.) *adj.* o vocábulo que tem mais de três sílabas.

po.lis.sín.de.to (Gram.) *s.m.* figura que consiste na repetição expressiva de uma conjunção coordenativa: *E ria, e adorava, e gargalhava.*

po.li.te.a.ma *s.m.* casa de espetáculos para diversos gêneros de representação.

po.li.téc.ni.co *adj.* que abrange várias artes ou ciências.

po.li.te.ís.mo *s.m.* crença na existência de muitos deuses.

po.li.te.ís.ta *s.2g.* **1** quem acredita em vários deuses: *Os politeístas prestavam culto a vários deuses.* • *adj.2g.* **2** que admite vários deuses: *A religião grega era politeísta.*

po.lí.ti.ca *s.f.* **1** arte de governar os Estados e regular as relações que existem entre eles: *Meu avô dedicou-se à política durante sua vida toda.* **2** atividade exercida na disputa dos cargos de governo ou no proselitismo partidário: *Quando jovem, não me interessava por política.* **3** maneira de agir e tratar com habilidade: *Possuia uma política incrível para lidar com o público.*

po.li.ti.ca.gem *s.f.* (Deprec.) política interesseira, mesquinha e ordinária.

po.lí.ti.co *s.m.* **1** pessoa que trata ou se ocupa de política: *Os políticos bem poderiam ser mais nacionalistas.* • *adj.* **2** que trata de política ou dos negócios públicos; relacionado com política: *assuntos políticos.* **3** relativo à política partidária. **4** da atividade política de uma nação: *exilado político.* **5** interesseiro: *Aquele vereador poderia ser mais útil à cidade e menos político.*

po.li.ti.quei.ro *s.m.* **1** (Deprec.) pessoa que se ocupa exclusivamente de política partidária: *A casa é um reduto de politiqueiros.* • *adj.* (Deprec.) **2** relacionado com política partidária: *pessoa politiqueira.*

po.li.ti.zar *v.t.* **1** formar consciência de direitos e deveres políticos: *politizar a população.* • *pron.* **2** tornar-se politicamente consciente: *Mal ou bem, os brasileiros politizam-se.*

po.li.u.re.ta.no *s.m.* (Quím.) matéria plástica usada na preparação de vernizes, adesivos e plásticos.

po.li.va.lên.cia *s.f.* valor múltiplo; versatilidade; diversificação.

po.li.va.len.te *adj.2g.* **1** que é eficaz em vários casos diferentes; versátil: *O polivalente descascador de batata ou cenoura agrada a donas de casa.* **2** diversificado: *centros de ensino polivalente.* **3** de formação diversificada: *Empresas procuram profissional polivalente.*

po.lo (ó) *s.m.* **1** cada uma das duas extremidades do eixo imaginário sobre o qual a Terra executa o seu movimento de rotação. **2** cada uma das duas extremidades de qualquer eixo ou linha; extremidade: *Correu a rua de um polo a outro e nada encontrou.* **3** (Eletr.) cada um dos dois terminais de uma pilha ou bateria ou de um dínamo: *polo negativo.* **4** centro (de irradiação ou de difusão): *São Paulo é polo de difusão de cultura.* **5** face ou aspecto oposto a outro: *capitalismo e socialismo como polos mutuamente excludentes.*

po.lo.nês *s.m.* **1** natural ou habitante da Polônia. • *adj.* **2** relativo à Polônia.

pol.pa (ô) *s.f.* **1** substância carnosa e macia dos frutos e raízes: *a polpa adocicada da pera.* **2** parte carnosa, sem ossos nem gorduras: *a polpa dos dedos.* **3** massa úmida e macia a que se reduzem certas substâncias no fabrico do papel: *polpa ou pasta da madeira.* **4** (Anat.) estrutura nervosa e com vasos que se encontra no interior do dente: *O comprometimento da polpa dentária pode causar infecção.*

pol.pu.do *adj.* **1** carnudo: *lábios polpudos.* **2** grosso; volumoso: *livros polpudos.* **3** considerável; vultoso: *lucros polpudos.*

pol.tro.na *s.f.* grande cadeira de braços, geralmente estofada.

ponteiro

po.lu.en.te s.m. **1** substância que polui: *redução de emissão de poluentes*. • adj.2g. **2** que polui: *Resíduos químicos são muito poluentes*.

po.lu.i.ção s.f. **1** degradação do meio ambiente por agentes químicos, detritos etc.; condição daquilo que está poluído: *programa de controle da poluição*. **2** resíduo que polui: *A poluição do ar faz arder seus olhos*.

po.lu.í.do adj. em que houve ou há poluição.

po.lu.i.dor (ô) adj. que polui: *fábrica poluidora*.

po.lu.ir v.t. **1** sujar tornando prejudicial à saúde; deteriorar; contaminar: *poluir o meio ambiente*. • pron. **2** perverter-se; corromper-se: *O ambiente ajuda o jovem a poluir-se*. • int. **3** causar poluição: *O automóvel polui*.

pol.vi.lhar v.t. tornar recoberto de; salpicar: *polvilhar farinha sobre a mesa*.

pol.vi.lho s.m. farinha de amido, muito branca e fina, que se obtém da mandioca.

pol.vo (ô) s.m. (Zool.) molusco sem concha, com o corpo formado por um saco oval e oito tentáculos, cheios de ventosas que circundam a boca.

pól.vo.ra s.f. mistura ou composto químico explosivo, utilizado como carga em projéteis, bombas e minas.

pol.vo.ro.sa (ó) s.f. grande atividade; rebuliço. ✦ **em polvorosa** tomado de grande agitação: *As pessoas estavam em polvorosa*.

po.ma.da s.f. (Farm.) preparado farmacêutico para uso externo à base de uma matéria gorda como banha, lanolina, vaselina com uma ou mais substâncias aromáticas ou medicinais.

po.mar s.m. terreno plantado de árvores frutíferas.

pom.ba s.f. **1** fêmea do pombo. **2** (Ch.) vulva. ✦ **pomba sem fel** pessoa ingênua; sem maldade.

pom.bal s.m. abrigo para pombos: *A foto mostra um pombal com rio ao fundo*.

pom.bo s.m. ave columbiforme de plumagem entre o branco, o cinza e o negro, de bico pequeno, papo e peito desenvolvidos, patas curtas e cauda em forma de leque.

po.mo s.m. **1** fruto carnoso de formato esférico: *Exemplos de pomo são a maçã, a pera*. **2** (Anat.) osso da maçã do rosto; zigoma: *a figura esguia e forte, o rosto de pomos salientes*. ✦ **pomo da discórdia** coisa ou pessoa que origina discórdia.

po.mo de a.dão s.m. (Anat.) nome que se dá à saliência formada pela cartilagem tireoide, na parte anterior do pescoço do homem; gogó. // Pl.: pomos de adão.

pom.pa s.f. **1** grande luxo: *a pompa das grandes catedrais*. **2** ostentação; exibição: *Estava constrangida entre tanta pompa de lustres e tapeçarias*. • pl. **3** cerimônias: *pompas fúnebres*.

pom.po.so (ô) adj. **1** cheio de pompa; magnífico: *Nunca celebrou casamento tão pomposo e concorrido*. **2** grandiloquente; solene.

pon.cã s.f. espécie de tangerina originária do Japão, de casca muito frouxa.

pon.che s.m. bebida preparada com vinho, aguardente ou rum, açúcar, sumo de limão, chá ou água.

pon.cho s.m. (Bras.) capa grossa e arredondada com uma abertura no centro, por onde se enfia a cabeça.

pon.de.ra.ção s.f. **1** ato de ponderar. **2** consideração; reflexão. **3** prudência; cautela: *É preciso ponderação em momento tão delicado*.

pon.de.rar v.t. **1** examinar com atenção e minúcia; considerar; pesar: *ponderar suas reais chances de vitória*. **2** pesar; equilibrar: *Pondere sempre suas palavras*. **3** chamar a atenção para um fato; alegar: *O pai ponderou ao filho que o momento não era propício*.

pon.de.rá.vel adj.2g. que se deve considerar; plausível: *É um argumento ponderável*.

pô.nei s.m. cavalo muito pequeno, ágil e fino, de várias raças.

pon.ta s.f. **1** parte em que alguma coisa termina; extremidade: *a ponta do pé*. **2** toco; resto: *as pontas de cigarro*. **3** em futebol, a parte lateral do campo em relação ao ataque: *Escalou o time com dois atacantes nas pontas*. **4** pedaço de terra que avança pelo mar; cabo pequeno: *os rochedos da ponta de Santo Antônio*. **5** pequena participação: *Começou fazendo uma ponta num faroeste*. **6** pequena dose; pequena quantidade: *Na voz havia uma ponta de ironia*. **7** primeiro lugar numa corrida: *Ele saiu na ponta*. • s.m. jogador que ocupa as pontas. ✦ **de ponta a ponta** do princípio ao fim: *Correu a praça de ponta a ponta*. **na ponta da língua** sabido ou decorado de modo perfeito: *Sabia a lição na ponta da língua*.

pon.ta.da s.f. dor aguda e rápida; ferroada: *Sentia uma pontada no peito*.

pon.ta de es.to.que s.f. sobra de material, últimas peças (tecidos, calçados, móveis etc.) em estoque. // Pl.: pontas de estoque.

pon.tal s.m. ponta de terra que penetra um pouco no mar ou no rio: *Deixou o barco num pontal de areia*.

pon.ta.pé s.m. golpe com a ponta do pé; chute.

pon.ta.ri.a s.f. **1** ato de apontar; mira: *fazer pontaria*. **2** habilidade de acertar num alvo; mira: *ter péssima pontaria*.

pon.te s.f. **1** construção destinada a pôr em comunicação dois lugares separados por curso d'água ou depressão de terreno ou estrada: *uma ponte sobre o rio*. **2** (Odont.) conjunto de dentes artificiais que se prendem por uma placa a dois ou mais dentes naturais: *Precisou fazer uma ponte dentária*. **3** ligação; contato; comunicação entre pessoas ou coisas: *uma ponte entre o professor e os alunos*. ✦ **ponte de safena** (Cir.) implante, constituído de segmentos da veia safena, colocado entre a artéria aorta e artéria(s) coronária(s). **ponte pênsil** ou **suspensa** ponte constituída por um tabuleiro, firmado em pilares só pelas extremidades e suspenso por cabos de aço.

pon.te.ar v.t. **1** marcar com pontos; assinalar: *pontear as palavras*. **2** constituir marcas ou sinais: *Placas com a quilometragem ponteiam a estrada*. **3** acentuar com ponteios; tocar: *pontear a viola*. **4** estar ou permanecer em primeiro lugar em uma competição: *A égua ponteava a prova*.

pon.tei.o s.m. som produzido beliscando-se a corda do instrumento com a ponta dos dedos: *o ponteio da viola*.

pon.tei.ro s.m. **1** agulha de metal que indica, nos quadrantes dos relógios, as horas, minutos e segundos. **2** qualquer agulha ou haste móvel, terminada em ponta, que percorre o mostrador dum aparelho para fornecer indicação: *o ponteiro do velocímetro*. **3** ramo fino que cresce na ponta da planta: *Fazer a poda dos ponteiros*. **4** no futebol, atacante lateral: *O ponteiro recebe a bola e corre com ela*.

pontiagudo

pon.ti.a.gu.do *adj.* que termina em ponta aguçada; pontudo: *a torre pontiaguda da igreja*.

pon.ti.fi.car *v.t.* **1** dizer em tom categórico e com ênfase: *O diretor pontificava suas decisões para os subordinados.* • *int.* **2** oficiar na qualidade de pontífice: *O bispo pontifica na catedral*.

pon.tí.fi.ce *s.m.* **1** dignitário eclesiástico investido de jurisdição sobre uma diocese; bispo. **2** sumo pontífice; o Papa: *O pontífice visitou Belo Horizonte quando esteve no Brasil.* **3** sacerdote da religião romana.

pon.ti.lha.do *s.m.* **1** conjunto de pontinhos: *um piso de cor amarelada, com pontilhado vermelho-vivo.* • *adj.* **2** marcado com pontos: *um rosto pontilhado de sardas*. **3** marcado: *a conversa pontilhada de risadas*.

pon.ti.lhão *s.m.* ponte pequena.

pon.ti.lhar *v.t.* **1** marcar com pontinhos: *Sardas pontilhavam seu rosto*. **2** marcar; assinalar: *Pontilhava sua fala com fina ironia*.

pon.to *s.m.* **1** marca ou sinal redondo e pequeno: *Percebeu pontos escuros na pele*. **2** (Gram.) sinal gráfico que encerra período; ponto final. **3** o mesmo sinal usado em abreviaturas ou em separação de itens: *O pedágio subiu nove ponto oito*. **4** sinal: *Comunicava-se com o navio por pontos luminosos*. **5** livro, cartão, folha, onde se registra a entrada e saída diária do trabalho: *assinar o ponto*. **6** lugar, nas vias públicas, onde param veículos coletivos para apanhar passageiros; parada: *O ônibus parou no ponto*. **7** lugar fixo e determinado: *A igreja é o ponto central da cidade*. **8** lugar indeterminado: *um ponto qualquer no espaço*. **9** lugar; local: *Os guardas indicam o ponto para estacionar*. **10** lugar nos passeios públicos onde os ambulantes vendem suas mercadorias ou fazem seus negócios: *O ambulante vendeu seu ponto*. **11** anotação de aula: *estudar os pontos marcados para prova*. **12** local de reunião: *O bar é um ponto de estudantes*. **13** porção de linha que fica entre os dois furos da agulha ao coser ou bordar: *Os pontos da bordadeira são perfeitos*. **14** laçada com fio especial, que compõe uma sutura: *Foi à clínica tirar os pontos da cirurgia*. **15** assunto; problema: *Tem receio de tocar num ponto tão delicado*. **16** tento: *O time venceu por muitos pontos de diferença*. **17** unidade que, nas bolsas de valores, exprime a variação dos índices: *O Índice da Bolsa caiu um ponto*. **18** grau de merecimento numa avaliação: *Seu discurso valeu pontos para a vitória nas urnas*. **19** aspecto: *Chamar a atenção para um ponto da questão*. **20** nível; altura; grau: *Até que ponto o álcool pode prejudicar uma pessoa?* **21** estado; condição: *Bata a massa até atingir o ponto ideal*. **22** tamanho; escala: *É o pai em ponto menor*. **23** perspectiva: *Procurou um ponto de visão favorável*. **24** grau de adiantamento; altura em que se acha alguma ação, evento ou estado: *Em que ponto estamos do nosso trabalho?* **25** momento; lance: *Nesse ponto da história fui interrompido*. • **ponto de exclamação** sinal de pontuação (!) usado após uma frases exclamativa ou após uma interjeição. **ponto de interrogação** sinal de pontuação (?) usado na interrogação direta. **em ponto de bala** (Coloq.) estar preparado ou adestrado para exame, competição. **entregar os pontos** desistir. **não dar ponto sem nó** ser interesseiro; visar a algum interesse. **pôr os pontos nos is** explicar-se de maneira clara e minuciosa. **a ponto** prestes; próximo a: *Estava a ponto de chorar*. **em ponto** exatamente: *cinco horas em ponto*.

pon.to de ven.da *s.m.* local onde o consumidor pode adquirir produtos ou serviços. // Pl.: pontos de vendas.

pon.to e vír.gu.la *s.m.* sinal de pontuação (;) que indica pausa mais forte que a da vírgula e menos que a do ponto.

pon.tu.a.ção *s.f.* **1** ato ou efeito de pontuar. **2** conjunto de sinais gráficos que indica, na escrita, os diversos tipos de pausas que ocorrem no discurso: *sinais de pontuação*. **3** conjunto de pontos obtidos numa avaliação; marca: *usar truques para obter maiores pontuações*.

pon.tu.al *adj.2g.* **1** que chega à hora marcada: *Ele é aluno pontual*. **2** habitual: *um freguês pontual*. **3** que se dá em momento preciso ou no prazo combinado: *entrega pontual da mercadoria solicitada*.

pon.tu.ar *v.t.* **1** marcar com sinais de pontuação: *pontuar um texto*. **2** assinalar; marcar: *pontuar a fala com gestos e exclamações*.

pon.tu.do *adj.* **1** que termina em ponta: *nariz pontudo*. **2** de ponta fina: *sapatos com bico pontudo*.

pool (pul) (Ing.) *s.m.* associação de empresas do mesmo ramo com o propósito de eliminar a concorrência, fixar preços e repartir os lucros.

pop (póp) (Ing.) *adj.* **1** que apresenta elementos do gosto popular. **2** diz-se de um tipo de música popular, originalmente norte-americana, em que se usam a guitarra e outros instrumentos com amplificação elétrica.

pop art (póp art) (Ing.) *s.m.* movimento surgido após a Segunda Guerra Mundial, a partir de investigações a cerca da cultura popular urbana, que se valeu de produtos de consumo e de imagens retiradas da mídia como meio de expressão.

po.pa (ô) *s.f.* extremidade posterior da embarcação. • **ir de vento em popa** ser favorecido pelas circunstâncias.

po.pe.li.na *s.f.* tecido fino e brilhante, de algodão, utilizado na confecção de vestes femininas, camisas masculinas etc.

po.pu.la.ção *s.f.* **1** conjunto de habitantes de um território, de um país, de uma região, de uma cidade etc.: *A população brasileira é alegre e paciente*. **2** conjunto das pessoas pertencentes a uma determinada categoria num total de habitantes: *a população solteira do país*. **3** conjunto contínuo de organismos da mesma espécie que se concentram em determinadas áreas: *a população de insetos dos mangues*.

po.pu.la.cho *s.m.* ralé; vulgo; as classes inferiores da sociedade.

po.pu.la.ci.o.nal *adj.2g.* da ou relacionado com a população: *os dados populacionais do instituto*.

po.pu.lar *s.m. pl.* **1** pessoas do povo: *Populares socorreram as vítimas*. • *adj.2g.* **2** pertencente ou relativo ao povo: *cultura popular da região*. **3** comum; barato: *restaurante popular*. **4** conhecido: *um personagem popular*. **5** comum; convencional: *caixa de formato popular*. **6** em jurisprudência, a que qualquer cidadão tem direito: *ação popular*. **7** cuja autoridade está nas mãos do povo; democrático: *governo popular*

po.pu.la.res.co *adj.* de cunho popular.

porém

po.pu.la.ri.da.de *s.f.* **1** aceitação popular: *a popularidade dos celulares.* **2** estima geral: *a popularidade do prefeito.*

po.pu.la.ris.mo *s.m.* emprego de formas populares em poesia ou na literatura em geral.

po.pu.la.ri.za.ção *s.f.* processo pelo qual alguma coisa se torna popular ou de aceitação geral: *A popularização dos computadores alterou de vez as profissões da informática.*

po.pu.la.ri.zar *v.t.* **1** promover a popularização de; tornar popular: *Mary Quant popularizou a minissaia.* • *pron.* **2** tornar-se aceito popularmente: *O reggae se popularizou no Brasil com Bob Marley.*

po.pu.lis.mo *s.m.* política fundada no aliciamento das classes sociais de menor poder aquisitivo por meio da adoção do modo de comportar-se dessas classes.

po.pu.lis.ta *s.2g.* **1** político que adota o populismo. • *adj.2g.* **2** que segue o populismo: *candidato populista.*

po.pu.lo.so (ô) *adj.* muito povoado; abundante em população: *bairros populosos.*

pô.quer *s.m.* jogo de cartas para dois ou mais parceiros, em que estes apostam sobre o valor real ou fictício das cartas que recebem.

por *prep.* relaciona dois termos da oração indicando **1** percurso; através de: *andar por várias cidades.* **2** limite espacial; até: *Ele chegou por aqui.* **3** distribuição no espaço: *roupas e sapatos espalhados por todo quarto.* **4** sucessão no espaço: *O fiscal visitou casa por casa.* **5** localização indeterminada no espaço: *Ela agora vive lá por Maringá.* **6** duração no tempo; durante: *Morei em Paris por quatro anos.* **7** tempo aproximado; por volta de: *A última vez que a vi foi ali por 1995 ou 96.* **8** periodicidade: *Toda novela passa um capítulo por dia.* **9** causalidade; por causa de: *Por qualquer coisa ela se irrita.* **10** estado ou condição: *Ele faz questão de passar por milionário.* **11** meio: *Mandou o pedido de demissão por correio.* **12** em troca de: *Deu o anel por um maço de cigarros.* **13** em lugar de: *Não gosto que decidam por mim.* **14** a favor: *Apesar de tudo, sempre fui por eleições diretas.* **15** em nome de: *Jurava por tudo quanto é santo.* **16** destinação ou finalidade; para: *Reze por mim.*

pôr *v.t.* **1** vestir ou calçar: *pôr a camisa.* **2** preparar; dispor: *A filha mais velha punha a mesa.* **3** fazer tocar: *Ela pôs um disco na vitrola.* **4** botar; expelir: *As aves põem ovos.* **5** dispensar: *pôr cuidado no que faz.* **6** instalar; montar: *Ele pôs uma loja de calçados.* **7** colocar; acrescentar: *Não ponha muito sal no feijão.* **8** fazer entrar; enfiar: *pôr o dedo na boca.* **9** deitar; reclinar: *pôr as crianças na cama.* **10** fitar: *pôr os olhos no colega novo.* **11** apor: *pôr um carimbo no documento.* **12** levar: *pôr a mão na cabeça.* **13** causar: *A escuridão põe medo nas crianças.* **14** expor; propor: *O professor punha questões para os alunos.* **15** impor: *pôr condições para aceitar o trabalho.* **16** obrigar: *pôr o vendedor para correr.* **17** fazer ficar; tornar: *Esse menino põe a mãe doida.* • *pron.* **18** colocar-se: *Não conseguia pôr-se de pé.* **19** esconder-se; desaparecer no ocaso: *O sol se põe.* • *lig.* **20** ficar; tornar-se: *O menino pôs-se envergonhado.* ✦ **pôr abaixo** derrubar: *Pôs abaixo a velha casa.*

pôr a barba de molho prevenir-se; acautelar-se.

pôr a boca no mundo gritar; denunciar; reclamar. **pôr a carapuça** julgar-se atingido; ofender-se. **pôr a nu** denunciar; esclarecer: *O caso foi posto a nu nos jornais.* **pôr a par** informar: *pôr o filho a par da situação.* **pôr as cartas na mesa** falar com franqueza; esclarecer. **pôr em relevo** destacar. **pôr o carro adiante dos bois** inverter a ordem hierárquica ou lógica; precipitar-se. **pôr no olho da rua** expulsar; demitir. **pôr no papel** escrever. **pôr o dedo na ferida** abordar um assunto delicado. **pôr os bofes/o coração/as tripas pela boca** cansar-se.

po.rão *s.m.* **1** parte inferior do navio, destinada a carga e provisão. **2** parte de uma casa entre o chão e o primeiro pavimento.

por.ca (ó) *s.f.* **1** (Zool.) fêmea do porco. **2** pequena peça de ferro com um furo em espiral que se atarraxa ao parafuso.

por.ção *s.f.* **1** parcela; fração: *Do assunto, só conhece a porção relativa aos motores.* **2** grande quantidade: *Inventam uma porção de desculpas para não trabalhar.* **3** quantidade limitada de alguma coisa; dose: *Recebiam uma porção de arroz, batatas e sopa por dia.*

por.ca.ri.a *s.f.* **1** ação ou estado do que é porco ou de quem é sujo. **2** besteira; bobagem. **3** coisa malfeita ou ruim: *Seu trabalho é uma porcaria.* **4** obscenidade; palavrão: *É grosseiro, fala um monte de porcarias.*

por.ce.la.na *s.f.* **1** variedade de cerâmica dura, branca e translúcida, mais ou menos fina, preparada com caulim, podendo ser ou não vitrificada: *jogos de porcelana.* **2** objeto feito com esse produto: *Ganhou porcelanas de presente.*

por.cen.ta.gem *s.f.* **1** parte proporcional calculada sobre uma quantidade de cem unidades; porcentagem: *Neste ano, a porcentagem de sapatos exportados caiu para cinquenta e cinco por cento.* **2** comissão: *Sua porcentagem nas vendas é quinze por cento.*

por.co (ô) *s.m.* **1** (Zool.) quadrúpede doméstico de porte médio, pele grossa com poucos pelos, rabo fino e enrolado. **2** carne do porco: *Serviram porco com abacaxi.* • *adj.* **3** sujo; imundo: *Que sujeito porco!* **4** que faz as coisas sem apuro; malfeita; tosca: *serviço porco.* **5** indecente; obsceno: *histórias porcas.*

por.co-do-ma.to *s.m.* (Zool.) quadrúpede selvagem, de porte médio, cauda atrofiada, pelos longos e rijos; caititu. // Pl.: porcos-do-mato.

por.co-es.pi.nho *s.m.* (Zool.) mamífero roedor, selvagem, que tem o corpo coberto de espinhos. // Pl.: porcos-espinhos.

pôr do sol *s.m.* crepúsculo da tarde; ocaso. // Pl.: pores do sol.

po.re.jar *v.t.* **1** deixar transparecer; mostrar: *Seu corpo porejava energia.* **2** surgir; brotar: *O suor poreja da testa.* • *int.* **3** estar cheio de suor: *Minha testa poreja.*

po.rém *conj.* **1** expressa uma contraposição entre dois elementos de uma mesma oração ou entre duas orações de mesmo gênero, representando o segundo constituinte um desvio em relação ao que se esperaria; mas; contudo; todavia: *O homem é um animal racional, porém nada mais que um animal.* • *s.m.* **2** empecilho; obstáculo: *— Seu delegado, neste nosso caso existe um porém.* **3** lado mau; inconveniente: *Em tudo há um porém.*

porfia

por.fi.a s.f. **1** disputa; contenda: *Há uma porfia entre Legislativo e Executivo.* **2** pertinácia; obstinação: *A porfia do historiador é só uma das facetas do fato.*

por.fi.ar v.t. **1** discutir; debater; altercar: *O deputado porfiou com os eleitores.* **2** trabalhar com obstinação; insistir: *porfiar em conseguir vida melhor.*

por.me.nor (ó) s.m. particularidade; minúcia; detalhe: *o esquecimento dos pormenores.*

por.no.gra.fi.a s.f. **1** material (fotos, filmes, revistas, livros etc.) que trata de coisas ou assuntos obscenos ou licenciosos, capazes de explorar os apetites sexuais das pessoas: *livrarias especializadas em pornografia.* **2** licenciosidade; obscenidade: *É importante fazer distinção entre erotismo e pornografia.*

por.no.grá.fi.co adj. relacionado ou pertencente à pornografia: *revistas pornográficas.*

po.ro (ó) s.m. **1** (Anat.) cada um dos pequenos orifícios de que está crivada a pele: *Cremes fecham os poros e impedem a pele de respirar.* **2** cada um dos numerosos e diminutos orifícios existentes nas membranas animais e, às vezes, vegetais: *As esponjas possuem minúsculos poros.*

po.ron.go s.m. **1** cuia: *Derramou água fervente no porongo até quase a borda.* **2** pinga; cachaça.

po.ro.ro.ca (ó) s.f. (Bras.) grande onda de maré alta que, com estrondo e ímpeto, sobe rio acima, principalmente no Amazonas, apresentando uma frente de considerável altura, perigosa à navegação, e que depois de sua passagem forma ondas menores.

po.ro.so (ô) adj. **1** cheio de poros: *As lentes são feitas de material poroso.* **2** permeável: *solo poroso.*

por.quan.to conj. porque; pois: *Conviver com o avô não era difícil, porquanto, ele permanecia calado todo o tempo.*

por.que conj. **1** introduz uma oração que apresenta a causa do que se expressa na oração anterior: *Você comprou a impressora porque ficou impressionado com seus recursos.* **2** apresenta a razão ou o motivo do que se constatou na oração anterior; pois: *Não entre, porque o chão está molhado.*

por.quê s.m. causa; motivo: *Explicaram-me o porquê da conversa.*

por.ra.da s.f. (Coloq.) **1** pancadaria; briga: *Bebia um pouco e saía na porrada.* **2** cacetada; pancada: *levar porrada na cabeça.* **3** (Coloq.) grande quantidade: *Tenho uma porrada de coisas para fazer.*

por.re (ó) s.m. (Coloq.) pileque; embriaguez.

por.re.ta (ê) adj.2g. **1** muito bom; excelente: *um amigo porreta.* **2** lindo: *móveis porretas.*

por.re.te (ê) s.m. **1** cacete com uma das extremidades arredondada. **2** coisa eficaz para determinadas circunstâncias; remédio decisivo: *Boldo é um porrete contra males do fígado.*

por.ta (ó) s.f. **1** abertura na parede de um edifício, no nível do piso, para dar entrada ou saída. **2** peça que gira sobre dobradiças e que fecha essa abertura: *Saiu, batendo a porta.* **3** peça que fecha qualquer tipo de vão ou abertura: *abrir a porta da geladeira.* **4** possibilidade de saída duma dificuldade; solução. **5** meio de acesso: *O livro é uma porta para o conhecimento.*

por.ta-ban.dei.ra s.m. **1** oficial que leva a bandeira do regimento. s.2g. **2** pessoa que conduz a bandeira em solenidade ou desfile. **3** porta-estandarte. //Pl.: porta-bandeiras.

por.ta.dor (ô) s.m. **1** aquele que porta ou conduz: *Todos os anos era um dos portadores da imagem na procissão.* **2** aquele que, em nome de outrem, leva a qualquer destino carta, encomenda etc.: *Chamou da varanda um portador para o bilhete.* **3** quem está infectado por germes de doença: *É um portador do vírus da hepatite.* **4** possuidor: *portadores de títulos conquistados em concursos oficiais.* • adj. **5** que porta ou traz consigo: *militares portadores de medalhas.*

por.ta-es.tan.dar.te s.2g. **1** aquele que, nos desfiles, leva o estandarte ou bandeira: *Os porta-estandartes vão à frente.* **2** mulher que nos desfiles de escola de samba conduz o estandarte; porta-bandeira. // Pl.: porta-estandartes.

por.ta-joi.as s.m.2n. estojo onde se guardam joias.

por.tal s.m. **1** porta principal, de um edifício nobre, ou de templo, em geral artisticamente ornamentada; pórtico: *O portal desta igreja é uma obra de arte.* **2** porta larga: *Um portal ligava o salão com a saleta.* **3** parte fixa da porta. **4** (Inf.) site da Internet que oferece diversos serviços, como correio eletrônico, grupos de discussão, dispositivos de busca, comércio eletrônico etc. • adj.2g. **5** relativo à veia porta: *Experiências em animais demonstraram os efeitos do desvio do sangue portal.*

por.tan.to conj. por conseguinte; por isso: *Às vinte horas se iniciam os aperitivos; portanto, cheguem antes.*

por.tão s.m. **1** porta, em geral de ferro, que dá acesso ao jardim de uma casa. **2** porta de entrada ou local de acesso: *o portão da via férrea.*

por.tar v.t. **1** carregar consigo; levar: *Não saía de casa sem portar a carteira.* **2** estar vestido com; usar. • pron. **3** agir de determinada maneira; comportar-se: *Ele portou-se de modo conveniente com o repórter.*

por.ta.ri.a s.f. **1** vestíbulo de edifício, de estabelecimento ou de repartição onde há, de ordinário, um porteiro ou pessoa encarregada de prestar informações, receber correspondência etc.: *Pegou a correspondência na portaria do edifício.* **2** documento de ato administrativo de qualquer autoridade pública, que contém instruções ou determinações de várias ordens: *Guardou a portaria que o nomeara.*

por.tá.til adj.2g. de fácil transporte por ter pequeno peso e não ser fixo: *cadeiras portáteis para pesca.*

por.ta-voz s.2g. pessoa que fala, não raro oficialmente, em nome de outrem. // Pl.: porta-vozes.

por.te (ó) s.m. **1** ato de conduzir ou trazer consigo; transporte: *Foi enquadrado por porte de arma.* **2** compleição física; postura: *animais de grande porte.* **3** comportamento; aparência: *O avô tinha porte autoritário.* **4** importância; vulto: *Trata-se de uma usina de porte* **5** preço de transporte ou franquia de correspondência: *O porte é pago em função do peso da correspondência.*

por.tei.ra s.f. portão de entrada em propriedades rurais ou de entrada num cercado como pasto, curral etc.

por.tei.ro s.m. homem que guarda porta ou portaria.

por.te.nho s.m. **1** natural ou habitante de Buenos Aires: *Os portenhos têm orgulho de sua cidade.* • adj. **2** relativo a Buenos Aires: *clubes portenhos.*

por.ten.to.so (ô) adj. **1** prodigioso; extraordinário: *pessoa de memória portentosa.* **2** majestoso; imponente: *edifício portentoso.*

pór.ti.co *s.m.* **1** portal. **2** átrio amplo, com o teto sustentado por colunas ou pilares; construído na entrada de um edifício: *O andarilho abrigou-se sob o pórtico do prédio.*

por.to (ô) *s.m.* **1** lugar de abrigo e ancoradouro para embarcações, que lhes permite comunicação com a terra. **2** cidades dotadas de porto marítimo, pluvial ou lacustre.

por.to-a.le.gren.se *s.m.* **1** natural ou habitante de Porto Alegre (Rio Grande do Sul) • *adj.* **2** relativo a Porto Alegre (RS). // Pl.: porto-alegrenses.

por.tu.á.rio *s.m.* **1** pessoa que trabalha no porto: *Nova greve dos portuários está a caminho.* • *adj.* **2** relativo a portos: *trabalho portuário.*

por.tu.guês *s.m.* **1** natural ou habitante de Portugal: *Há muitos portugueses no Brasil.* • *adj.* **2** relativo a Portugal: *Fernando Pessoa, o grande poeta português.*

por.ven.tu.ra *adv.* por acaso; talvez: *Estaremos porventura numa nova Inquisição?*

por.vir *s.m.* tempo que há de vir; futuro: *Trabalho pensando no porvir dos filhos.*

po.sar *v.t.* **1** fazer pose; assumir postura corporal adequada para fotografia ou pintura: *posar para publicidade.* • *int.* **2** manter atitude para ser notado; ser posudo.

po.se (ô) *s.f.* **1** ato de servir de modelo a um fotógrafo, pintor ou escultor: *fazer pose para um retrato.* **2** postura do corpo; maneira; posição: *Apesar da gafe, o convidado não perdeu a pose.* **3** postura estudada, artificial: *Deixa de pose, fala logo.*

pós-es.cri.to *s.m.* aquilo que se escreve no final duma carta depois de assinada, e que não ocorrera ou não convinha juntar com o assunto principal: *Abriu a carta já assinada para escrever um pós-escrito contando a surpresa da visita.*

pos.fá.cio *s.m.* advertência ou explicação posta no final de um livro.

pós-gra.du.a.ção *s.f.* grau de ensino superior para aqueles que já concluíram a graduação: *curso de pós-graduação.*

pós-gra.du.ar *v.t.* conferir grau acadêmico de pós-graduação: *A universidade pós-graduou três engenheiros.*

pós-guer.ra *s.m.* período que se seguiu à guerra de 1939-45: *divas do pós-guerra como Maureen O'Hara e Ava Gardner.*

po.si.ção *s.f.* **1** lugar onde uma pessoa ou coisa está colocada. **2** disposição; arranjo: *Não gostou da posição dos móveis.* **3** postura do corpo: *A perna começou a formigar, mudou de posição.* **4** condição social, hierárquica, funcional, econômica etc.: *Ele chegou a ocupar posição de chefia.*

po.si.ci.o.na.men.to *s.m.* tomada de posição.

po.si.ci.o.nar *v.t.* **1** colocar em posições determinadas: *posicionar as pedras no tabuleiro.* • *pron.* **2** assumir uma atitude ou posicionamento; situar-se: *Todos terão de se posicionar, ou contra, ou a favor!*

po.si.ti.var *v.t.* **1** tornar positivo; confirmar: *positivar a versão do réu.* • *pron.* **2** confirmar-se; tornar-se real ou positivo: *Suas intenções positivaram-se.*

po.si.ti.vis.mo *s.m.* (Filos.) conjunto de doutrinas de Augusto Comte, filósofo francês (1798-1857), que atribui grande importância aos conhecimentos científicos no pensamento filosófico.

possuir

po.si.ti.vo *s.m.* **1** aquilo que é certo; real; útil: *Com discussões não vamos conseguir nada de positivo.* **2** pessoa encarregada de determinada missão. **3** cópia fotográfica em que as luzes e as sombras são iguais às do original. • *adj.* **4** que não admite dúvida; indiscutível; evidente: *O fato positivo é que não suporto mais este ambiente.* **5** sem rodeios; direto; objetivo: *É pessoa franca e positiva.* **6** confiante; otimista: *muito incenso e pensamento positivo para purificar o ambiente.* **7** que exprime grandeza superior a zero: *As contas do governo tiveram resultado positivo.*

po.so.lo.gi.a *s.f.* indicação da dosagem dos medicamentos: *A Medicina pressupõe o conhecimento das substâncias medicamentosas e sua posologia.*

pos.san.te *adj.2g.* **1** que tem força; vigoroso; poderoso: *voz possante.* **2** grandioso, majestoso.

pos.se *s.f.* **1** ato ou efeito de possuir. **2** solenidade da investidura em cargo público: *Na sua posse, usava um discreto terno escuro.* **3** detenção de uma coisa com o objetivo de tirar dela qualquer utilidade econômica: *A prefeitura recuperou a posse do terreno.* • *pl.* **4** bens; riqueza: *um homem de muitas posses.*

pos.sei.ro *s.m.* pessoa que toma posse de terra devoluta ou abandonada: *Os fazendeiros da região são, em sua maioria, considerados posseiros.*

pos.ses.são *s.f.* **1** coisa que se possui; propriedade: *Eles foram expulsos de suas possessões.* **2** país, território ou região sob a dominação de um Estado, colônia: *Prometeu utilizar sua esquadra para manter a ordem nas possessões inglesas.* **3** fenômeno que, segundo algumas religiões, se observa em certos indivíduos que são possuídos e inteiramente dirigidos por entidades sobrenaturais: *o fenômeno da possessão.*

pos.ses.si.vo **1** pessoa que tem exagerado sentimento de posse. • *adj.* **2** que ou relativo a essa pessoa: *Cria forças para libertar-se do amor possessivo e dominador dos pais.* **3** (Gram.) pronome que, além de indicar as pessoas do discurso, acrescenta uma ideia de posse ou pertinência.

pos.ses.so (é) *adj.* **1** que ou aquele que está fora de si; enlouquecido; ensandecido: *O homem se levantou possesso.* **2** que ou aquele que se crê possuído pelo demônio: *Vamos deixar de lado os casos de possessos ou anticristos.*

pos.si.bi.li.da.de *s.f.* qualidade de possível: *Tem pouca possibilidade de escapar.*

pos.si.bi.li.tar *v.t.* tornar possível: *recursos capazes de possibilitar o desenvolvimento.*

pos.sí.vel **1** o que pode ser, acontecer ou praticar-se: • *adj.* **2** que pode ser ou ocorrer: *É a única solução possível.* **2** que ou o que pode ou não ocorrer: *Faltará água hoje? É possível.*

pos.su.í.do *adj.* de que se tem a posse: *O número de escravos possuídos era grande.* **2** dominado: *Estaria ela possuída de um espírito maligno?*

pos.su.i.dor (ô) *s.m.* **1** que ou aquele que possui: • *adj.* **2** que tem posse ou possui. *Era possuidor de grande fortuna.*

pos.su.ir *v.t.* **1** ser dono; ter a posse: *Possuíam uma casa no bairro.* **2** ser dotado de; portar: *A moça possui um grande fascínio.* **3** tomar conta; dominar; envolver: *Uma alegria intensa a possuiu.* • *pron.* **4** deixar-se convencer; imbuir-se de.

P

posta

pos.ta[1] (ó) s.f. **1** pedaço de peixe: *uma posta de pintado*. **2** pedaço: *uma posta de carne*.

pos.ta[2] (ó) s.f. repartição pública para o transporte de cartas; correio.

pos.ta.gem s.f. ato ou efeito de postar: *As postagem de correspondências*.

pos.tal s.m. **1** cartão postal: *Ela enviou-me um postal de Recife*. • adj. **2** que se refere ao correio: *código postal*.

pos.tar v.t. **1** pôr ou colocar: *Postou cães no quintal da casa*. **2** pôr no correio: *postar as cartas*. • int. **3** pôr-se; colocar-se: *Postou-se na entrada, ao lado do portão principal*.

pos.te (ó) s.m. **1** pau preso verticalmente no chão: *Levantaram um poste para a festa de São João*. **2** haste de ferro, cimento ou madeira, cravada verticalmente no solo, para servir de suporte a isoladores ou acumuladores sobre os quais se apoiam cabos de eletricidade, fios telegráficos etc., ou de suporte, nas cidades, as luzes para iluminação urbana: *Há um poste de luz diante da casa*. **3** trave do gol: *O goleiro desviou a bola que bateu no poste e saiu pela linha de fundo*.

pôs.ter s.m. **1** cartaz de tamanho reduzido que se usa com fins decorativos: *Tem em casa reproduções das obras do pintor em pôster*. **2** reprodução fotográfica ampliada: *Ganhei pôster de meu ator preferido*.

pos.ter.ga.ção s.f. ampliação de prazo; adiamento; protelação: *Preciso da linha telefônica e não posso mais ouvir postergações*.

pos.ter.gar v.t. **1** deixar para trás; preterir: *Depois de eleito, postergou os amigos*. **2** desdenhar; desprezar: *postergar regras e normas estabelecidas*. **3** adiar: *Deputados postergam a votação*.

pos.te.ri.da.de s.f. o tempo futuro; as gerações futuras: *Eles tiram fotos para a posteridade*.

pos.te.ri.or (ô) adj.2g. **1** que vem ou está depois; ulterior: *Os detalhes serão concluídos em reuniões posteriores*. **2** que fica atrás; situado atrás: *As janelas da direita davam para a parte posterior do edifício*.

pos.ti.ço adj. **1** que se pode pôr e tirar: *dentes postiços*. **2** que não é natural; pouco espontâneo: *Colocou um riso postiço no rosto*. **3** que se acrescentou depois de pronta a obra.

pos.ti.go s.m. **1** abertura, com portinhola de vidro ou madeira, em portas ou janelas: *o postigo da janela*. **2** janela pequena, sem vidraças, fechada apenas com uma folha de madeira: *Olhou a rua pelo postigo*.

pos.to[1] (ô) adj. **1** colocado: *O balde de água estava posto no chão*. **2** preparado: *A mesa estava posta*. **3** fixo: *os olhos postos no dinheiro sobre a mesa*. **4** relativo ao sol, desaparecido no horizonte: *Voltou com o sol posto*. **5** relativo a mãos, com as palmas juntas, em frente ao peito, em atitude de prece ou de súplica: *as mãos postas*. • **posto que** introduz oração subordinada adverbial concessiva; embora; ainda que: *Ajudei-o posto que ele não sabia como fazer o trabalho*.

pos.to[2] (ô) s.m. **1** lugar onde se acha colocada uma pessoa ou uma coisa: *No escritório, cada coisa tinha seu posto*. **2** lugar onde uma pessoa costuma ficar para exercer suas funções: *O guarda estava no seu posto*. **3** estabelecimento equipado para a venda de gasolina, álcool, óleos, lubrificantes etc.: *Encheu o tanque no posto para viajar*. **4** estação ou alojamento de tropas ou guardas policiais: *A mulher procurou um posto policial*. **5** agência de serviço público ou particular: *Trabalhava num posto de saúde*. **6** posição na hierarquia militar: *Chegara ao posto de cabo*. **7** posição que cada pessoa ocupa no desempenho de suas funções: *Tinha na empresa um posto de chefia*. **8** cargo ou função; vaga: *O prefeito criou oitenta postos de trabalho*. • **a postos** (i) preparado para resistir a um perigo ou tomar a ofensiva: *Os oficiais estão a postos*. (ii) pronto para iniciar uma atividade: *Os vestibulandos já estão nas salas, a postos*.

pos.tô.ni.co adj. (Gram.) diz-se do fonema ou da sílaba que se segue ao tônico ou à tônica de uma palavra.

pos.tu.la.do s.m. **1** proposição que se admite ser tomada por evidente e axiomática. • adj. **2** que se postula; defendido: *O raciocínio postulado é questionável*.

pos.tu.lan.te s.2g. que pleiteia; pretendente: *Ele apresentou sua credencial de postulante à presidência da república*.

pos.tu.lar v.t. **1** pedir; requerer: *O advogado postulou a soltura do réu*. **2** pleitear; pretender: *O senador não deverá postular qualquer cargo no diretório*.

pós.tu.mo adj. **1** posterior à morte de alguém: *Ela foi alvo de homenagens póstumas*. **2** publicado após a morte do autor: *contos póstumos do consagrado escritor*.

pos.tu.ra s.f. **1** posição do corpo ou de uma parte dele: *Macacos adotam a mesma postura que o homem*. **2** maneira de manter o corpo ou de compor os movimentos dele; atitude: *Ela era alta e elegante de postura*. **3** ponto de vista; maneira de pensar e agir; atitude: *Minha postura em relação ao fato continua a mesma*. **4** ato de pôr ovos: *A galinha mudava o lugar da postura*.

po.su.do adj. que faz ou tem pose; cheio de si: *Não gosto de mulheres posudas*.

po.tás.sio s.m. (Quím.) elemento químico pertencente aos metais alcalinos, branco-prateado, pouco denso e muito mole. // Símb.: K; N. Atôm.: 19.

po.te (ó) s.m. **1** vaso grande de barro para líquidos. **2** vasilha de barro, louça, vidro ou metal com diferentes formas e/ou dimensões.

po.tên.cia s.f. **1** força: *Os automóveis antigos tinham menos potência do que os de hoje*. **2** eficácia; poder: *A penicilina foi um dos primeiros antibióticos de real potência na cura da tuberculose*. **3** capacidade de produção de energia: *Construíram-se no Brasil usinas hidrelétricas de grande potência*. **4** vigor ou capacidade sexual: *Com a idade, é natural que o homem vá perdendo a potência*. **5** força aplicada à realização de certo efeito: *A potência do chute do jogador assustava os goleiros*. **6** (Mat.) produto de fatores iguais: *Dez elevado à terceira potência é igual a mil*. **7** nação soberana dotada de poderio: *O Brasil ainda será uma das grandes potências mundiais*.

po.ten.ci.al s.m. **1** disponibilidade; possibilidade; virtualidade: *É inesgotável o potencial de amor de um coração de mãe*. **2** capacidade; poder; força. **3** capacidade de produção: *O governo pretende aumentar o potencial da indústria de álcool*. • adj.2g. **4** virtual; possível: *A multidão enchia as ruas, representando um perigo potencial*.

po.ten.ci.a.li.zar v.t. tornar potente; reforçar: *potencializar os recursos.*

po.ten.ci.ar v.t. **1** (Mat.) elevar um número a determinada potência. **2** reforçar; potencializar: *A solução é potenciar a solidariedade.*

po.ten.ta.do s.m. **1** soberano de grande autoridade ou poder material: *O embaixador conviveu com potentados e aristocratas, perdeu a noção da realidade brasileira.* **2** pessoa muito influente ou poderosa.

po.ten.te adj.2g. **1** forte; enérgico: *a voz potente.* **2** ativo; poderoso: *A cortisona é um potente anti-inflamatório.* **3** possante: *motor potente.* **4** de muita capacidade; de largo alcance: *Precisamos de uma luneta bem potente para vermos o eclipse.*

po.tes.ta.de s.f. **1** poder; potência. **2** divindade. • pl. **3** uma das nove categorias de anjos.

po.ti.guar s.2g. **1** natural ou habitante do Estado do Rio Grande do Norte. • adj.2g. **2** relativo ao Rio Grande do Norte: *Recebemos com muito carinho os cantores potiguares.* // Usa-se também rio-grandense-do-norte ou norte-rio-grandense.

po.ti.gua.ra s.2g. **1** indivíduo dos potiguaras. • pl. **2** povo pertencente à nação indígena tupi que habita as margens do rio Paraíba do Norte. • adj.2g. **3** relativo a esse povo: *os índios potiguaras.*

po.tran.ca s.f. **1** égua com menos de três anos de idade. **2** (Ch.) mulher nova e sensual.

po.tro (ô) s.m. **1** cavalo novo, até três anos de idade aproximadamente. **2** cavalo não domado; cavalo selvagem.

pou.ca-ver.go.nha s.f. falta de vergonha; sem-vergonhice; patifaria. // Pl.: poucas-vergonhas.

pou.co s.m. **1** pequena quantidade de alguma coisa: *um pouco de óleo vazando.* **2** pequena quantidade de dinheiro; bagatela: *Gastou no bar o pouco que recebeu pela venda da porca.* • adj. **3** em pequena quantidade; escasso; reduzido. • pron. **4** escasso; reduzido; insuficiente: *Vesti-me em poucos minutos.* **5** alguns: *Garantiram que em poucos dias a novidade passaria.* • adv. **6** não muito; insuficientemente: *O bebê até que chorou pouco.* **7** um tanto; algo: *A mocinha é um pouco tímida.* ♦ **aos poucos** (i) em pequenas porções: *Junta-se água quente, aos poucos, até o cozimento completo.* (ii) lentamente; devagar: *Aos poucos, fui bandeando roupas e sapatos para debaixo da cama.* **pouco a/e pouco** com breves intervalos; paulatinamente; aos poucos; lentamente: *Os espectadores foram, pouco a pouco, se dispersando.*

pou.co-ca.so s.m. desprezo; desdém. // Pl.: poucos--casos.

pou.pa.dor (ô) s.m. **1** pessoa que poupa: *O poupador vai pagar pouco imposto.* • adj. **2** que poupa: *tecnologias poupadoras de água.*

pou.pan.ça s.f. **1** economia; parcimônia: *Lá em casa, só minha esposa faz poupança.* **2** a parte da renda pessoal ou da renda nacional que não é gasta em consumo. **3** caderneta de poupança: *Todo o meu dinheiro está na poupança.*

pou.par v.t. **1** despender moderadamente; gastar com parcimônia ou deixar de gastar; economizar: *Estamos aprendendo a poupar energia elétrica.* **2** não matar; não exterminar: *Os caçadores estão poupando os animais em extinção.* **3** evitar: *Agir com cautela poupa futuros dissabores.* **4** deixar de lado: *A crise da energia não poupa nem os ricos.* **5** evitar danos; conservar: *Preciso poupar minhas pernas para a corrida de São Silvestre.* **6** desobrigar; livrar: *Pouparemos nossos leitores do desgaste da repetição.* • pron. **7** não passar por; livrar-se: *Poupei-me de um vexame ficando calado.* • int. **8** deixar de fazer esforço; não gastar as próprias energias. **9** economizar, viver com economia.

pou.sa.da s.f. **1** ação de pousar; pernoite: *Quando vamos a Araguaína, fazemos pousada em Goiânia.* **2** hospedaria; albergue: *Hospedamo-nos numa rica pousada perto de Salvador.* **3** lugar onde pousar; pouso: *Era hora das aves buscarem as suas pousadas.*

pou.sar v.t. **1** dormir; pernoitar: *Hoje vamos pousar em casa de amigos.* **2** descer; assentar-se. **3** pôr; colocar: *Papai pousou a mão sobre meu ombro.* **4** fixar ou dirigir para: *A moça pousou em mim seus olhos piedosos.* • int. **5** aterrissar: *Depois de vários contratempos, a nave pousou mansamente.* **6** pernoitar; hospedar. **7** parar para descansar: *Viajamos muito e depois pousamos.*

pou.so s.m. **1** local onde alguém pousa ou se aloja para descansar: *Já passava de meia-noite quando encontramos um pouso.* **2** ato de pousar: *O avião fez um pouso forçado.*

po.vão s.m. **1** multidão: *Aquele povão todo à beira da estrada me assustou.* **2** povo; plebe: *O povão gosta é de música popular.*

po.vo (ô) s.m. **1** conjunto de indivíduos que falam a mesma língua, têm costumes e hábitos idênticos, afinidade de interesses, uma história e tradições comuns; nação: *O povo brasileiro se une ao povo português pelas mais caras tradições.* **2** os habitantes de uma localidade ou região: *O povo desta cidade é honesto e trabalhador.* **3** grupo de pessoas; gente: *Todo o povo que estava na festa aplaudiu de pé o cantor.* **4** o conjunto das pessoas pertencentes às classes menos favorecidas; plebe. **5** família: *Seu povo nunca aceitou que ela fosse atriz.* **6** seguidores.

po.vo.a.ção s.f. **1** ocupação; povoamento: *A povoação dessas ilhas começou no século XIX.* **2** pequena aglomeração urbana; povoado; aldeia: *As famílias flageladas foram reunidas em pequenas povoações.*

po.vo.a.do s.m. **1** lugarejo; vila; povoação: *O ônibus parou no povoado para os passageiros lancharem.* • adj. **2** ocupado; repleto: *trabalho povoado de ritmos, ideias e música popular brasileira.*

po.vo.a.dor (ô) s.m. **1** aquele que povoa: *Os primeiros povoadores destes campos foram paulistas descendentes de portugueses.* • adj. **2** que povoa.

po.vo.ar v.t. **1** tornar habitado; prover de habitantes: *povoar uma região.* **2** tornar repleto; encher: *Algumas ideias absurdas povoavam os meus planos.* • pron. **3** tornar-se habitado: *Dada a sua riqueza, a região povoou-se rapidamente.* **4** tornar-se repleto; encher-se: *De repente, o terreiro povoou-se de urubus.*

po.xa interj. (Coloq.) exprime espanto, surpresa, impaciência, desapontamento, zanga etc.

pra.ça s.m. **1** soldado: *Os que vêm lá são um cabo e um praça.* • s.f. **2** local público usado para lazer ou encontro de pessoas: *Haverá um baile popular na praça.* **3** conjunto das instituições comerciais e financeiras de uma cidade: *O rapaz estava com o nome sujo na*

pracinha

praça. **4** cidade; vila: *Naquela praça, só havia gente humilde.* **5** pessoa; indivíduo: *Ele é boa praça.* **6** leilão: *Perdeu tudo no jogo e sua fazenda foi à praça.*
pra.ci.nha *s.m.* soldado da Força Expedicionária Brasileira, na Segunda Guerra Mundial (1939-1945).
pra.da.ri.a *s.f.* **1** série de prados. **2** cobertura vegetal formada de gramíneas com plantas rasteiras, de arbustos e árvores raras, e que é comum nas áreas temperadas.
pra.do *s.m.* **1** campo coberto de plantas herbáceas que servem para pastagem; pasto. **2** hipódromo: *Havia ali um grande prado de corridas de cavalos.*
pra.ga *s.f.* **1** grande quantidade de insetos que atacam as plantas: *Uma praga de gafanhotos invadiu a lavoura.* **2** erva daninha: *O jardineiro arrancou as pragas.* **3** imprecação de males contra alguém: *O bêbado começou a rogar praga em voz alta.* **4** grande quantidade de coisas nocivas e desagradáveis: *Uma praga de males começou a se abater sobre a família do fazendeiro.*
prag.má.ti.co *s.m.* **1** pessoa partidária do pragmatismo: *O pragmático executou a ação sem questionar.* • *adj.* **2** voltado para aplicações práticas: *Benjamin Franklin foi um modelo do homem pragmático e progressista do século XVIII.* **3** que se refere ao ramo da Linguística que se interessa especificamente pela relação entre a língua e seu usuário.
prag.ma.tis.mo *s.m.* **1** doutrina filosófica segundo a qual a ação vale por si mesma, não sendo critério absoluto de verdade: *Dado o seu extremo pragmatismo, meu pai dizia que nossos atos valiam pelos resultados.* **2** consideração dos fatos sociais de um ponto de vista prático e não teórico: *O pragmatismo recomenda que o governo negocie nomeações com os partidos.*
pra.gue.jar *v.t.* **1** imprecar; xingar; amaldiçoar: *O povo está praguejando contra a alta de preços.* • *int.* **2** proferir pragas: *O homem vivia resmungando e praguejando.*
prai.a *s.f.* **1** orla da terra, em declive suave, geralmente coberta de areia, e que se limita com o mar. **2** extensão do leito dos rios que forma coroas ou ilhas rasas, as quais ficam a descoberto quando as águas baixam muito. **3** (Coloq.) ramo de conhecimento: *Não discuto economia, pois essa não é a minha praia.*
prai.a.no *s.m.* **1** pessoa habitante de praia ou do litoral: *Nem todo praiano curte pescaria.* **2** quem é adepto das praias: *O Nordeste do Brasil é a melhor opção para os praianos.* • *adj.* **3** que se refere a praia: *turismo praiano.* **4** situado em praia; litorâneo: *cidade praiana preferida pelos turistas europeus.* **5** próprio da praia: *A brisa praiana nos dava outro alento.*
pran.cha *s.f.* **1** tábua grossa e larga: *Salvou-se do naufrágio agarrado a uma prancha.* **2** ponte, geralmente de madeira, posta entre embarcações e cais, ou entre duas embarcações atracadas uma na outra, para trânsito de pessoal. **3** vagão ferroviário aberto de todos os lados, destinado ao transporte de automóveis, caminhões e cargas volumosas indivisíveis: *Viajamos numa prancha entre cargas e carrocerias.* **4** peça chata e alongada de madeira ou de outro material flutuante, de feitio arredondado numa das extremidades e pontudo na outra, e que se destina à natação ou ao surfe: *Pegou a prancha e foi surfar.* **5** embarcação à vela: *Ele nos levou para um passeio de prancha ao longo do rio.*
pran.che.ta (ê) *s.f.* **1** tábua ou mesa própria para desenhar: *Na prancheta do arquiteto.* **2** pequena prancha usada como suporte para escrever: *O técnico passa o tempo todo anotando dados na sua prancheta.*
pran.to *s.m.* **1** choro: *A viúva interrompeu o pranto para receber os cumprimentos do senador.* **2** lamentação; queixa.
pra.ta *s.f.* **1** (Quím.) elemento químico metálico, branco e brilhante, denso, maleável e bom condutor de eletricidade: *A prata é usada na confecção de objetos de adorno.* // Símb.: Ag; N. Atôm.: 47. // **2** objeto desse metal: *O ladrão levou toda a prata da condessa.* **3** cor prateada: *Respeitem a prata de meus cabelos.* • *pl.* **4** (Coloq.) dinheiro; moeda: *Paguei mil pratas por uma bicicleta.*
pra.ta.ri.a *s.f.* **1** conjunto de vasos ou utensílios de prata: *Ela oferecia jantares para exibir sua prataria.* **2** porção de pratos: *Estava difícil escolher um prato dentre aquela prataria.*
pra.te.a.do *adj.* **1** da cor da prata: *Sob o luar, a água da lagoa ficava prateada.* **2** branco e brilhante como prata: *Depois, sobe ao pequeno palco uma cantora de vestido prateado.*
pra.te.ar *v.t.* dar cor de prata a; branquear: *O algodoal prateava o campo como um imenso lençol.*
pra.te.lei.ra *s.f.* **1** divisória horizontal dentro de um móvel: *as prateleiras do armário.* **2** tábua fixa horizontalmente a uma parede, para apoio de objetos: *Fixei algumas prateleiras na parede.*
prá.ti.ca *s.f.* **1** realização de qualquer ideia ou projeto: *Vamos agora pôr em prática o nosso projeto.* **2** sermão; pregação: *Hoje na missa, durante a sua prática, o padre recomendou que orássemos pelo Papa.* **3** exercício de qualquer ocupação ou profissão: *A prática de esportes prolonga a vida.* **4** experiência: *Não tenho muita prática de digitação.* **5** rotina; hábito: *a prática de escovar os dentes após as refeições.* **6** aplicação de conhecimento.
pra.ti.can.te *s.2g.* **1** pessoa que pratica ou que se vai exercitando em alguma atividade: *Sou uma fanática praticante de golfe há dez anos.* • *adj.2g.* **2** que segue à risca os preceitos da religião: *Sou católico praticante.*
pra.ti.car *v.t.* **1** realizar; executar. **2** treinar; exercer; dedicar-se a: *Ele pratica jiu-jítsu.* **3** cometer: *Esse indivíduo já praticou vários crimes.*
pra.ti.cá.vel *s.m.* **1** em teatro, elemento cenográfico sólido utilizado para nele se apoiar, caminhar e evoluir como em um plano cênico firme. • *adj.2g.* **2** que se pode praticar ou pôr em prática: *O xadrez é um esporte praticável.* **3** que pode dar passagem; transitável: *Este é o único trecho praticável da estrada.*
pra.ti.ci.da.de *s.f.* qualidade do que é prático; viabilidade: *Graças à praticidade, o aparelho fez sucesso.*
prá.ti.co *s.m.* **1** útil; proveitoso: *Leve na mala o bom, o bonito e o prático.* **2** pessoa que exerce profissão liberal sem ser diplomada: *O curativo foi feito por um prático, sem curso de enfermagem.* • *adj.* **3** que se refere à prática ou à ação: *O único resultado prático daquele órgão foi reduzir os recursos destinados ao Nordeste.* **4** que exerce profissão liberal sem ser

precipitação

diplomado: *Na minha cidade, havia muitos dentistas e farmacêuticos práticos.* **5** inclinado às atividades úteis: *É um homem prático.* **6** experimentado: *Não sou muito prático em dirigir motocicleta.* **7** funcional: *O metrô é muito prático.*

pra.to *s.m.* **1** vasilha de louça ou de metal comumente circular, rasa, em que se serve a comida. **2** cada uma das iguarias de que se compõe uma refeição; comida: *O prato escolhido por meu tio foi lasanha.* **3** concha de balança: *Num dos pratos da balança, o comerciante colocava uma moeda.* • *pl.* **4** (Mús.) instrumento de percussão, formado por duas peças circulares de metal, que se percutem uma na outra: *Os pratos do instrumento musical brilhavam.*

pra.xe /ch/ *s.f.* prática habitual; rotina: *A praxe nesses casos é recorrer a empréstimos externos.* ✦ **de praxe** habitual; conforme a norma: *Em vez das três entrevistas de praxe, cada programa terá somente um convidado.*

pra.zen.tei.ro *adj.* que revela prazer; jovial; alegre.

prá.xis /ks/ *s.f.* segundo o marxismo, conjunto das atividades humanas que promovem a transformação da organização social.

pra.zer *v.t.* **1** ser do agrado de: *Praz-se convidá-lo para meu aniversário.* • *s.m.* **2** sensação ou sentimento agradável; alegria, contentamento: *Foi com muito prazer que recebemos a notícia da chegada do bebê.* **3** disposição; agrado; satisfação: *É com prazer que receberemos a figura ilustre.* **4** distração; divertimento; diversão: *As crianças ali viviam numa imensidão de prazeres.* **5** deleite sexual.

pra.ze.ro.so *adj.* que causa prazer; agradável; gostoso: *Levamos aqui uma vida prazerosa.*

pra.zo *s.m.* espaço de tempo durante o qual deve realizar-se alguma coisa: *Deram-nos o prazo de três meses para entregar o trabalho.* ✦ **a prazo** para pagamento em prestações, dentro de um período fixado: *O brasileiro tem o terrível hábito de comprar a prazo.*

pre.á *s.m.* (Bras. Zool.) pequeno roedor de pelos curtos e grossos, desprovido de cauda, com orelhas pequenas e arredondadas.

pre.âm.bu.lo *s.m.* **1** prefácio: *No preâmbulo deste trabalho, explico as razões por que não cito autores estrangeiros.* **2** parte preliminar de uma lei, decreto ou diploma na qual se anuncia a sua promulgação: *preâmbulo à Constituição americana.* • *pl.* **3** rodeios: *Foi falando direto sem preâmbulos.*

pre.cá.rio *adj.* **1** escasso; insuficiente: *Meus recursos financeiros estão bastante precários.* **2** incerto; inconsistente: *A nossa economia vive uma situação precária.* **3** ruim: *As ruas de meu bairro se encontram num estado precário.*

pre.ca.tar *v.t.* **1** pôr de sobreaviso ou despertar a atenção; prevenir: *Os resultados de pesquisas anteriores precataram o governo contra uma possível crise.* • *pron.* **2** prevenir-se; precaver-se: *As donas de casa estão se precatando contra o corte de energia.*

pre.ca.tó.ria *s.f.* **1** dívida do setor público determinada por ordem judicial: *O governador disse que tem buscado honrar o pagamento dos precatórios.* • *adj.* **2** diz-se da carta pela qual um órgão judicial solicita a outro que tome o depoimento de alguém fora de sua área de competência: *Por morarem em São Paulo, os três serão ouvidos por carta precatória.*

pre.ca.tó.rio *s.m.* **1** precatória. • *adj.* **2** que solicita algo: *documento precatório.*

pre.cau.ção *s.f.* **1** disposição ou medida antecipada que visa a prevenir um mal; prevenção: *Antes de entrarmos na gruta, tomamos todas as precauções.* **2** cautela; cuidado: *Tomei a precaução de guardar dinheiro.*

pre.ca.ver *v.t.* **1** pôr de sobreaviso; prevenir; precatar: *A mãe o precavia contra todas as más companhias.* • *pron.* **2** prevenir-se; acautelar-se: *Precaver-se contra os acidentes é um dever de todos.*

pre.ce (é) *s.f.* súplica; rogo; oração: *Deus ouviu as minhas preces.*

pre.ce.dên.cia *s.f.* **1** qualidade de precedente; antecedência: *Alguns dizem que historicamente a magia tem precedência com relação à religião.* **2** preferência; primazia: *Às mulheres sempre se deve dar precedência em quaisquer circunstâncias.*

pre.ce.den.te *s.m.* **1** resultado de deliberação ou procedimento que serve de critério ou pretexto a práticas posteriores semelhantes: *Se abrirmos um precedente, temos de vender fiado a todo mundo.* **2** fato ou circunstância considerados iguais ou semelhantes a outros já ocorridos: *Esse acontecimento não tem precedente na História do Brasil.* • *adj.2g.* **3** que precede; antecedente: *Já vimos esta explicação no texto precedente.*

pre.ce.der *v.t.* **1** ocorrer antes de; vir antes de; anteceder: *O descobrimento da América precedeu o descobrimento do Brasil.* **2** existir antes: *Muitas vezes a música precede a letra.*

pre.cei.to *s.m.* **1** regra de proceder; norma: *preceito constitucional.* **2** regra; doutrina: *Não começar frase com pronome oblíquo é um preceito gramatical.* **3** ensinamento; determinação: *Meu avô era rigoroso em relação aos preceitos religiosos.*

pre.cei.tu.ar *v.t.* estabelecer como norma ou preceito; determinar: *A Constituição preceitua que tais providências serão regulamentadas por lei estadual.*

pre.cep.tor (ô) *s.m.* **1** pessoa que ministra preceitos ou instruções; mestre: *Ele também trabalha como preceptor dos médicos residentes.* **2** professor encarregado da educação de crianças no lar: *Ele é o preceptor da princesa.*

pre.ci.o.si.da.de *s.f.* **1** qualidade de precioso; raridade: *A preciosidade de um sonho que tive me fazia suspirar pelos cantos.* **2** coisa rara ou de muito valor: *Compramos algumas preciosidades numa loja japonesa.*

pre.ci.o.sis.mo *s.m.* delicadeza e afetação no falar ou no escrever.

pre.ci.o.sis.ta *adj.2g.* que é adepto ou admirador do preciosismo; que adora a perfeição.

pre.ci.o.so (ô) *adj.* **1** de alto preço; caro; valioso: *Ana ganhou uma joia preciosa.* **2** a que se dá muito apreço; de grande importância; valoroso: *Cada minuto da vida é muito precioso.*

pre.ci.pí.cio *s.m.* **1** abismo: *O ônibus caiu num precipício de cinquenta metros.* **2** grande perigo; perdição: *A bebida conduz a um precipício sem volta.*

pre.ci.pi.ta.ção *s.f.* **1** ação de atirar-se de: *precipitação do alto da montanha.* **2** pressa irrefletida: *Quem age com precipitação corre o risco de arrepender-se.* **3** (Quím.) processo pelo qual se forma um sólido insolúvel numa solução: *A albumina pode apresentar alterações de cor e precipitações dentro do frasco.* **4**

precipitado

quantidade de água, neve, granizo, que se precipita da atmosfera para o solo, em determinado período: *Brasília registrou-se ontem a precipitação de 7 mm de chuva.*

pre.ci.pi.ta.do *s.m.* **1** indivíduo que procede sem refletir. **2** (Quím.) substância dissolvida que se separou do líquido dissolvente e se suspendeu nele ou se depositou no fundo do vaso; sedimento. • *adj.* **3** apressado: *Não seja um aluno precipitado.* **4** imprudente; temerário: *Num gesto precipitado, pôs tudo a perder.* **5** relativo à chuva que caiu: *O volume precipitado não chegou a 30 mm.* **6** antecipado; provocado: *um parto precipitado.*

pre.ci.pi.tar *v.t.* **1** provocar a antecipação de; apressar: *Não necessitamos precipitar nosso regresso ao Brasil.* • *pron.* **2** dirigir-se rapidamente: *Ele precipitara-se para a rua.* **3** lançar-se; atirar-se de cima para baixo: *Do alto do trampolim, a menina precipitou-se à piscina.* **4** lançar-se; avançar: *Ele precipitou-se sobre o adversário.* **5** (Quím.) provocar a precipitação de uma substância química; passar pela precipitação: *Partículas escuras se precipitam no fundo do copo.* **6** fazer alguma coisa irrefletidamente; apressar-se: *Hoje, estou convencido de que me precipitei.* **7** acelerar-se; antecipar-se: *Os acontecimentos se precipitaram.* • *int.* **8** cair: *Uma chuva ácida iria precipitar.*

pre.cí.puo *adj.* **1** essencial; principal: *Meu objetivo precípuo é me formar.* **2** específico, próprio.

pre.ci.são *s.f.* **1** regularidade no funcionamento; eficiência; exatidão: *relógio de precisão.* **2** adequação ou propriedade de linguagem: *O bom texto deve apresentar precisão de vocabulário.* **3** necessidade; urgência: *O diretor quer resolver os problemas de mais precisão.*

pre.ci.sar *v.t.* **1** indicar com precisão; explicitar; determinar: *Eu não conseguia precisar o dia em que comprei meu carro.* **2** necessitar; ter necessidade de; carecer; necessitar: *Quem não precisa de dinheiro?* • *int.* **3** ser pobre, passar necessidade: *Trabalha cedo e estuda à tarde, pois precisa.* **4** ter necessidade: *Endividou-se sem precisar.*

pre.ci.so *adj.* **1** necessário; urgente: *É preciso ter paciência.* **2** exato; definido: *A polícia não ter números precisos dos casos.* **3** claro; categórico, terminante. **4** rigorosamente dentro das especificações.

pre.cla.ro *adj.* ilustre; notável; brilhante: *O preclaro eleitorado confirmará o meu nome nas urnas.*

pre.ço (ê) *s.m.* **1** custo unitário de alguma coisa posta à venda: *O preço do pão francês subiu 20%.* **2** valor; importância: *Cada homem tem o seu preço.* **3** valor pecuniário a ser pago pelo comprador, no contrato de compra e venda: *O preço final das prestações da casa própria será bem menor do que o inicial.* **4** castigo; punição: *Você pagará um preço muito alto por este ato de vandalismo.* • **a preço de banana** muito barato.

pre.co.ce (ó) *adj.2g.* **1** antecipado; prematuro; temporão: *aposentadoria precoce.* **2** em estágio pouco avançado: *Está proibido o trabalho de crianças em idade precoce.* **3** que tem certas faculdades prematuramente desenvolvidas: *criança precoce.*

pre.con.cei.to *s.m.* conceito ou opinião formados antecipadamente, sem maior ponderação ou conhecimento dos fatos; ideia preconcebida; intolerância com relação a raças, credos, minorias etc.: *preconceito racial.*

pre.con.cei.tu.o.so *adj.* que tem preconceito: *Comentário preconceituoso gera condenação por racismo.*

pre.co.ni.zar *v.t.* apregoar; recomendar: *Eu me coloco na contracorrente dos que preconizam o voto distrital.*

pre.cur.sor (ô) *s.m.* **1** aquilo que precedeu alguma outra coisa: *O sistema de capitalização foi o precursor da poupança.* **2** aquele que veio antes de outrem; introdutor: *Itiberê foi o precursor da música erudita nacional.* • *adj.* **3** que prenuncia ou faz prever: *É louvável a sensibilidade precursora de Monteiro Lobato.*

pre.da.dor (ô) *s.m.* **1** aquele que destrói ou abate: *O desmatamento afastou da região os predadores naturais das cobras.* • *adj.* **2** que destrói ou abate: *A raposa é um animal predador.*

pre.dar *v.t.* **1** abater: *predar animais.* **2** destruir; arruinar. **3** furtar: *Predávamos as frutas do quintal vizinho.*

pre.da.tó.rio *adj.* **1** que abate ou destrói: *Houve protestos contra o corte predatório de árvores.* **2** que se refere a alguma apropriação indébita: *A ação predatória de altos funcionários da empresa preocupa a diretoria.*

pre.de.ces.sor (ô) *s.m.* antecessor: *O ragtime é o estilo predecessor do jazz.* // Ant.: sucessor.

pre.des.ti.na.ção *s.f.* **1** fato que já está previamente determinado a acontecer. **2** crença em que o destino de cada um já está predeterminado: *Os primeiros protestantes acreditavam na predestinação.*

pre.des.ti.na.do *s.m.* **1** pessoa que é destinada de antemão a cumprir determinado objetivo: *Apesar dessa extensa galeria de conquistas, ele não se considera um predestinado.* • *adj.* **2** escolhido ou determinado pelo destino: *Para ser campeão, você tem que ser predestinado.* **3** destinado de antemão; fadado: *Nossa caravana estava predestinada a ficar encravada neste lugar.*

pre.de.ter.mi.nar *v.t.* determinar com antecedência: *predeterminar a causa mais provável da morte.*

pre.di.al *adj.2g.* que se refere a prédios: *imposto predial.*

pre.di.ca.ção *s.f.* **1** atribuição de propriedades: *Na frase "alguns políticos são liberais", somente uma parte dos "políticos" é alvo de predicação.* **2** (Gram.) modo pelo qual o verbo forma o predicado: *Os verbos podem ter predicação completa ou incompleta.*

pre.di.ca.do *s.m.* **1** qualidade característica; atributo; virtude: *Ele é um rapaz de bons predicados: não bebe, não fuma e não mente.* **2** (Gram.) aquilo que, em uma oração de dois termos, se declara do sujeito. **3** (Gram.) nas orações sem sujeito, é a enunciação pura de um fato.

pre.di.le.ção *s.f.* preferência: *Algumas mulheres têm predileção por saias.*

pre.di.le.to (é) *s.m.* **1** pessoa preferida: *Das atrizes, Maria Fernanda é a minha predileta.* • *adj.* **2** preferido: *Meu esporte predileto é o vôlei.*

pré.dio *s.m.* **1** edificação; imóvel; casa: *O prédio da escola necessita de reformas urgentes.* **2** edifício de vários andares: *Estão construindo um prédio de 30 andares no quarteirão de minha casa.*

pre.dis.por *v.t.* **1** tornar apto ou disposto; despertar a vontade ou interesse de: *Esses fatores predispõem*

as pessoas a sofrerem de doença das coronárias. **2** criar condições propícias a: *A falta de luz exige maior esforço visual e predispõe à fadiga visual.* • *pron.* **3** mostrar-se predisposto: *O gerente se predispôs a autorizar o empréstimo.*
pre.dis.po.si.ção *s.f.* **1** aptidão; inclinação; tendência: *Os alunos têm mais predisposição para trabalhar em grupo.* **2** disposição prévia de espírito: *Havia uma predisposição da arbitragem contra o time do interior.*
pre.dis.pos.to (ô) *adj.* **1** que tem predisposição: *Estou sempre predisposto para o trabalho.* **2** que tem intenção prévia: *O juiz já estava predisposto contra o nosso time.*
pre.di.zer *v.t.* **1** profetizar; adivinhar: *Um vidente predisse a morte do governador.* **2** prever; determinar: *Um exame superficial não permite predizer o tipo de doença do paciente.*
pre.do.mi.nân.cia *s.f.* predomínio; preponderância: *A predominância das cores era preto e branco.*
pre.do.mi.nan.te *adj.2g.* **1** que predomina: *A cor predominante de seu vestido é o azul.* **2** que se destaca; preponderante.
pre.do.mi.nar *v.t.* ter predominância: prevalecer: *No ensino básico predominam as mulheres.*
pre.e.mi.nên.cia *s.f.* **1** primazia; superioridade: *O Brasil caiu de sua posição de preeminência em desenvolvimento.* **2** grandeza; excelência: *A preeminência do ensino nas universidades públicas se deve à qualificação do pessoal docente.*
pre.e.mi.nen.te *adj.2g.* **1** que ocupa lugar mais elevado: *O povo já não confia nas figuras mais preeminentes que ocupam o poder.* **2** nobre; distinto: *O advogado é tão preeminente quanto o seu irmão.*
pre.en.cher *v.t.* **1** ocupar: *O aposentado joga dama para preencher o tempo.* **2** escrever em, complementando os dados: *Ele já sabe preencher um cheque.* **3** estar em conformidade com; satisfazer: *preencher todas as condições exigidas.*
pre.en.chi.men.to *s.m.* ato ou efeito de preencher: *Para o preenchimento de uma vaga de servente, exigia-se curso médio.*
pré-es.co.la *s.f.* curso que prepara crianças de três a seis anos para o currículo escolar.
pré-es.co.lar *s.m.* **1** curso que prepara para o aprendizado do currículo escolar, destinado a crianças de três a seis anos. • *adj.2g.* **2** anterior ao período escolar: *O serviço atende até interessados em cursos pré-escolares.*
pre.e.xis.tên.cia /z/ *s.f.* existência anterior: *a preexistência de doenças.*
pre.e.xis.ten.te /z/ *adj.2g.* já existente: *O plano de saúde não cobria doenças preexistentes.*
pre.fa.ci.ar *v.t.* fazer o prefácio ou apresentação: *Álvaro Lins prefaciou o livro* Vidas Secas, *de Graciliano Ramos.*
pre.fá.cio *s.m.* **1** texto breve, que antecede uma obra escrita, e que serve para apresentá-la ao leitor: *Devemos sempre ler o prefácio de qualquer obra.* **2** parte da missa católica que precede imediatamente a celebração central.
pre.fei.to *s.m.* chefe do Executivo de uma prefeitura municipal.
pre.fei.tu.ra *s.f.* **1** divisão administrativa municipal; cargo de prefeito: *O candidato à prefeitura da capital promete acabar com as enchentes.* **2** prédio onde funcionam os órgãos da administração municipal: *Os manifestantes amanheceram na porta da prefeitura.*
pre.fe.rên.cia *s.f.* **1** predileção: *Este é o doce de minha preferência.* **2** prioridade; primazia: *O Exército dá preferência aos alunos provenientes de colégios militares.* • **de preferência** preferencialmente: *O remédio deve ser tomado de preferência em jejum.*
pre.fe.ren.ci.al *s.f.* **1** via pública na qual os veículos têm preferência de passagem com relação aos que procedem das vias confluentes: *O motoqueiro estava na sua preferencial quando houve a colisão.* • *adj.2g.* **2** que tem preferência: *As gestantes têm tratamento preferencial nas repartições públicas.*
pre.fe.ri.do *s.m.* **1** quem ou aquilo que é escolhido; eleito: *Era o preferido entre os netos.* • *adj.* **2** a que se dá preferência; escolhido: *Todos nós temos um lugar preferido para sentar quando viajamos.* **3** eleito; predileto: *Ela se gabava de ser a filhinha preferida do papai.*
pre.fe.rir *v.t.* **1** achar melhor: *O rapaz preferiu não revelar o nome.* **2** gostar mais; querer antes: *Prefiro cinema a teatro.*
pre.fe.rí.vel *adj.2g.* que pode ou deve ser preferido: *O caminho da paz é preferível ao caminho da guerra.*
pre.fi.gu.rar *v.t.* **1** figurar ou representar o que está por vir; representar de antemão: *Julio Verne prefigurou muita tecnologia moderna.* **2** imaginar; pressupor: *Ao passar pela praça, sempre prefiguro que vou ser assaltado.*
pre.fi.xa.ção /ks/ *s.f.* **1** ato de colocar prefixo: *O poeta gera imagens novas com prefixações de palavras.* **2** fixar o valor antes com antecedência: *prefixação do câmbio.*
pre.fi.xar /ks/ *v.t.* fixar ou determinar a taxa ou o valor com antecedência: *prefixar a inflação.*
pre.fi.xo /ks/ *s.m.* **1** (Gram.) na morfologia lexical de uma língua, elemento que se coloca antes do radical ou da raiz para formar nova palavra. **2** conjunto de letras ou números com que se identificam estações de rádio, aeronaves, embarcações, localização de telefones etc.: *O prefixo do bimotor era PT-KXH.* **3** frase, trecho musical ou ruído empregado como característica de programa de rádio ou de televisão, e que sempre se faz ouvir no início e/ou no fim do programa: *A Voz do Brasil tinha como prefixo os acordes iniciais de* O Guarani.
pre.ga (é) *s.f.* **1** parte de tecido, papel ou outro material propositadamente dobrada sobre si mesma: *saia de pregas.* **2** ruga: *A atriz maldizia as pregas que surgiam em seu rosto.*
pre.ga.ção *s.f.* **1** discurso religioso; sermão: *Ele sempre cochilava durante a pregação do bispo.* **2** ato de pregar: *pregação do Evangelho.*
pre.ga.do *adj.* **1** fitado; fixo: *O garoto, assustado, tinha os olhos pregados no teto do quarto.* **2** (Coloq.) cansado: *Hoje estou pregado, redigi mais de 30 páginas.*
pre.ga.dor (ô) *s.m.* **1** aquele que faz pregações; orador sacro: *O pregador começou a falar junto ao coreto.* **2** aquele que apregoa; que defende ou que difunde uma ideia: *Ele era um pregador da filosofia marxista.* **3** aquilo que prende ou abotoa: *Colocou um pregador na camisa.*
pre.gão *s.m.* **1** pregação ou anúncio em favor de alguma coisa: *Concretizando o pregão dos correligionários, o prefeito lançou-se candidato a deputado.* **2** leilão:

pregar

Durante a festa do rodeio vai haver pregão de gado holandês. **3** divulgação de ofertas e propostas de negócios feitas pelos corretores da Bolsa de Valores: *Houve muita oscilação das bolsas durante o pregão de ontem.* **4** voz ou pequena melodia de ritmo livre, próxima do recitativo musical, com a qual os vendedores ambulantes anunciam suas mercadorias: *O pregão dele era: "Dona Maria, traz a bacia e leva a mercadoria!".*

pre.gar¹ *v.t.* **1** fixar; grudar: *Chegadas as eleições, o rapaz ganhava dinheiro pregando cartazes nos postes.* **2** aplicar; dar: *Pregamos um susto no diretor.* • *pron.* **3** grudar: *O chiclete pregou-se em meus cabelos.* **4** fixar-se: *Os olhos da mocinha pregaram-se em mim, assustados.* • **não pregar o olho** passar a noite em claro; não dormir: *Naquela noite não preguei o olho.* **pregar peça** enganar: *Ele resolveu pregar uma peça no menino.*

pre.gar² *v.t.* **1** propagar; difundir; defender: *Tancredo Neves pregava a liberdade.* • *int.* **2** fazer pregação; pronunciar sermões ou discursos religiosos: *Ela conheceu o bispo quando ele pregava em um cinema no Rio.* • **pregar no deserto** falar inutilmente: *Não julgo que ele esteja pregando no deserto.*

pre.go (ê) *s.m.* **1** haste de metal, pontiaguda de um lado e com cabeça achatada de outro, destinada a cravar-se em um ponto ou objeto que se quer segurar ou fixar. **2** penhor: *Você vende o anel ou bota no prego.* • **no prego** muito cansado: *O trabalho fora estafante. Todos estavam no prego.*

pre.go.ei.ro *s.m.* **1** leiloeiro: *O pregoeiro tentava obter um lance maior.* **2** aquele que apregoa; divulgador: *os pregoeiros da nova ideia.*

pre.gue.ar *v.t.* **1** fazer dobras, rugas ou pregas em: *A moça mandou preguear a saia.* • *pron.* **2** enrugar-se, franzir-se: *Sua testa pregueou-se em sinal de zanga.*

pre.gui.ça *s.f.* **1** aversão ao trabalho, indolência: *Quem tem preguiça não progride.* **2** relaxamento: *Uma preguiça gostosa tomou conta de meu corpo.* **3** falta de vontade, de ânimo: *Minha mãe não tinha preguiça de levantar cedo.* **4** (Zool.) mamífero desdentado que vive pendurado nos galhos de árvore, de pelagem densa e longa, membros muito desenvolvidos e cauda rudimentar, que se movimenta muito lentamente.

pre.gui.çar *v.int.* fazer as coisas com preguiça; fazer corpo mole: *Os moradores preguiçavam nas janelas e nas portas da rua.*

pre.gui.ço.so (ô) *s.m.* **1** quem tem preguiça; pessoa indolente: *Os preguiçosos sempre contam com a sorte.* • *adj.* **2** que tem preguiça; indolente: *Será que o brasileiro é preguiçoso como se fala?* **3** lento; demorado: *O capitão veio se aproximando com seu passo preguiçoso.* **4** calmo; suave: *Uma chuvinha preguiçosa caía no telhado.* **5** que funciona mal; lento: *Tinha o intestino preguiçoso.*

prei.to *s.m.* **1** testemunho de veneração, respeito ou acatamento: *Queremos reiterar a Vossa Senhoria nosso preito de admiração.* **2** tributo; homenagem: *A escolha desse candidato será um preito a um trabalhador.*

pre.ju.di.car *v.t.* **1** causar danos a; lesar: *A decisão prejudica maioria dos trabalhadores.* **2** causar transtornos a; atrapalhar: *Seu temperamento acaba prejudicando sua carreira.* • *pron.* **3** sofrer danos ou prejuízos: *A seleção brasileira se prejudicou por errar passes em demasia.*

pre.ju.di.ci.al *adj.2g.* que prejudica; nocivo: *O fumo e o álcool são prejudiciais à saúde.*

pre.ju.í.zo *s.m.* **1** perda de lucro que se deixou de obter: *A falta de compradores para a safra causará prejuízo aos agricultores.* **2** dano; perda: *Com a enchente, as lojas inundadas tiveram muito prejuízo.*

pre.jul.ga.men.to *s.m.* julgamento antecipado: *Não faça prejulgamentos.*

pre.jul.gar *v.t.* **1** fazer julgamento prévio: *Você está prejulgando o meu trabalho.* **2** presumir; pressupor: *Prejulgamos que não iria chover erramos.*

pre.la.do *s.m.* pessoa que tem título honorífico de elevado cargo eclesiástico.

pre.le.ção *s.f.* **1** discurso ou conferência didática: *Em nossas reuniões, ele fazia preleções que duravam horas.* **2** discurso em tom de aula ou orientação que o técnico faz aos jogadores: *O treinador fez uma curta preleção para os jogadores, pedindo empenho.*

pre.li.mi.nar *s.f.* **1** preâmbulo; introdução: *O conferencista fez uma rápida preliminar sobre a história da cidade.* **2** luta ou jogo que se realizam antes dos eventos principais: *Dois pugilistas da Paraíba farão a preliminar da luta principal.* **3** condição prévia; precedente: *Há uma preliminar decisiva em tudo isso: nunca houve Reforma Agrária no país.* • *adj.2g.* **4** que antecede o assunto ou objeto principal e serve para esclarecê-lo; introdutório; prévio: *O que está no papel é uma anotação preliminar para chegar a um roteiro.*

pré.lio *s.m.* disputa; desafio: *No departamento do futebol, também se aguarda um prélio acirradíssimo.*

pre.lo (ê) *s.m.* **1** máquina tipográfica de impressão; prensa. **2** impressão; publicação: *Vai para o prelo mais um best-seller.* • **no prelo** que está para ser publicado: *O autor tinha dois livros no prelo.*

pre.lú.dio *s.m.* **1** ato ou exercício prévio; preparação: *prelúdio para o sono.* **2** aquilo que precede ou anuncia alguma coisa; prenúncio: *A obra de Santo Agostinho é um prelúdio da Idade Média.* **3** (Mús.) introdução instrumental ou orquestral de uma obra musical; preâmbulo: *A orquestra tocou o prelúdio.*

pre.ma.tu.ro *s.m.* **1** criança nascida antes do tempo normal da gestação: *A baixa resistência dos prematuros teria provocado a infecção.* • *adj.* **2** que se manifesta ou sucede antes do tempo; precoce: *A pele não tratada pode ter um envelhecimento prematuro.* **3** que nasceu antes do tempo normal da gestação: *criança prematura.*

pre.me.di.ta.ção *s.f.* ato de premeditar: *Os árbitros devem apitar direito, sem nenhuma premeditação.*

pre.me.di.tar *v.t.* **1** resolver ou deliberar com antecedência; planejar: *Tudo indica que o assassino premeditou o crime.* • *int.* **2** pensar antes de decidir: *Quem é precavido premedita antes de agir.*

pre.mên.cia *s.f.* qualidade de premente; urgência: *Realizar a reforma não prejudica a premência de promover outro debate.*

pre.men.te *adj.2g.* que não permite demora; urgente: *Torna-se premente uma reforma estrutural brasileira.*

pre.mi.a.ção *s.f.* atribuição de prêmio: *A CBF realizou ontem sua festa de premiação.*

preponderar

pre.mi.ar *v.t.* **1** conceder prêmios ou láureas a: *premiar os melhores filmes.* **2** recompensar: *Sol e praia vazia premiam os otimistas.*

pre.mi.ê *s.m.* primeiro-ministro: *Premiê diz que Portugal deve "redescobrir" o Brasil.*

prê.mio *s.m.* **1** recompensa: *A aposentadoria para os brasileiros deixou de ser um prêmio.* **2** bem material ou moral recebido por um serviço prestado, por um trabalho executado, ou por méritos especiais: *Foi merecido o prêmio recebido pelo cientista.* **3** brinde: *Cada freguês que gasta acima de 200 reais está recebendo, como prêmio, um par de sapatos.* **4** dinheiro ou valor que se atribui ao resultado de sorteio de loteria, rifa ou jogo do bicho.

pre.mis.sa *s.f.* **1** (Lóg.) cada uma das duas primeiras proposições de um silogismo, que servem de base à conclusão: *Primeira premissa: todo ser humano é inteligente. Segunda premissa: eu sou um ser humano. Conclusão: logo, sou inteligente.* **2** fato ou princípio que serve de base a um raciocínio: *Ele fixou uma premissa: a imprensa passa das medidas na vigilância sobre o governo.*

pre.mo.ni.ção *s.f.* **1** sensação antecipada do que vai acontecer; pressentimento: *Tinha uma premonição sobre seu próprio futuro.* **2** circunstância ou fato que deve ser tomado como aviso; presságio: *Aquele sonho que tive era uma premonição.*

pre.mo.ni.tó.rio *adj.* **1** em que há premonição: *Quando atendi ao telefone, senti um arrepio premonitório.* **2** que adverte, ou como que adverte com antecipação; que se deve tomar como aviso: *Sempre tenho sonhos premonitórios.*

pré-na.tal *adj.2g.* que se refere ao período anterior ao nascimento da criança: *exames pré-natais.*

pren.da *s.f.* **1** presente: *No aniversário da namorada ele lhe comprou uma prenda cara.* **2** objeto dado como prêmio em sorteios de quermesse: *Arrematei duas prendas no leilão da quermesse.* **3** habilidade, aptidão: *Entre outras prendas, a moça sabe bordar e costurar.* • **prendas domésticas** serviços que a mulher executa no lar, sem remuneração: *garota afeita a prenda doméstica.*

pren.da.do *adj.* que possui qualidades apreciáveis: *moça prendada.*

pren.de.dor (ô) *s.m.* aquilo que prende: *prendedor de gravata.*

pren.der *v.t.* **1** encarcerar: *Polícia do Pará prende suspeito de assassinato.* **2** aprisionar ou amarrar: *Os ladrões conseguiram prender os cães.* **3** segurar: *Prendia a criança pelos braços.* **4** fixar: *Prendi uma das pontas da corda no poste.* **5** reter; segurar: *Um resfriado à toa me prendeu em casa por uma semana.* • *pron.* **6** fixar-se; ligar-se: *O poeta não se prende a coisas materiais.* **7** relacionar-se; vincular-se: *O caso atual prende-se a dois decretos de proteção à Mata Atlântica.* **8** fixar-se: // Pp.: prendido; preso.

pre.nhe *adj.* **1** grávida: *A égua estava prenhe.* **2** pleno; repleto; cheio: *A história está prenhe de insurreições violentas.*

pre.nhez (ê) *s.f.* gravidez: *A prenhez é o milagre que a natureza reservou para as fêmeas.*

pre.no.me *s.m.* nome que antecede ao de família; nome de batismo: *Era um indivíduo de prenome Ricardo.*

pren.sa *s.f.* **1** máquina composta essencialmente de duas peças das quais uma se move contra a outra para comprimir, achatar ou espremer aquilo que entre elas se coloque. **2** máquina impressora; impressora; prelo. **3** (Reg. NE) nas casas de farinha, trave de madeira, grossa e larga, colocada horizontalmente ao espremedor da massa: *A massa da farinha é espremida na prensa.*

pren.sa.gem *s.f.* operação de prensar.

pren.sar *v.t.* **1** comprimir; apertar; amassar: *Ele trabalhava prensando uvas.* **2** (Coloq.) coagir; pressionar moralmente. **3** comprimir: *O carro prensou o rapaz contra o muro.*

pre.nún.cio *s.m.* sinal ou anúncio antecipado de que algo está para acontecer; prognóstico: *Apesar do prenúncio de mau tempo, fomos pescar.*

pre.o.cu.pa.ção *s.f.* **1** ideia fixa e antecipada que perturba o espírito a ponto de produzir sofrimento moral; apreensão de coisa futura. **2** pensamento dominante, que se sobrepõe a qualquer outro: *Esse é um livro que tem uma nítida preocupação pedagógica.* **3** inquietação; cuidado: *Toda mãe tem preocupação com o filho.*

pre.o.cu.par *v.t.* **1** causar inquietação a; ocupar exclusivamente o espírito ou a atenção de: *A demora na publicação dos resultados preocupa os candidatos.* • *pron.* **2** ter preocupação; inquietar-se: *Ele se preocupa com a preparação do time.*

pre.pa.ra.ção *s.f.* **1** ação de aprontar qualquer coisa para uso, consumo ou serviço; preparo; confecção. **2** planejamento: *preparação da festa.* **3** tratamento mecânico ou industrial; condicionamento: *preparação dos carros.* **4** treinamento; treino; instrução: *A preparação da equipe leva alguns meses.*

pre.pa.ra.do *s.m.* **1** produto químico ou farmacêutico. • *adj.* **2** arranjado com antecedência. **3** que tem preparo; culto; erudito.

pre.pa.ra.dor (ô) *s.m.* **1** pessoa que prepara: *preparador físico da seleção.* • *adj.* **2** que prepara.

pre.pa.rar *v.t.* **1** elaborar; fazer: *preparar a feijoada.* **2** armar: *A cobra preparava o bote.* **3** providenciar: *preparar o banho.* **4** planejar: *Preparou-se uma recepção para o deputado.* **5** apront ar; arrumar: *preparar a noiva.* **6** arrear: *Os peões prepararam os cavalos para a partida.* **7** aviar: *preparar a receita.* **8** predispor: *Prepararei meu espírito para o acontecimento.* **9** fornecer conhecimentos; instruir: *preparar alunos para o vestibular.* • *pron.* **10** aprontar-se: *preparar-se para o baile.* **11** pôr-se em condições de enfrentar: *preparar-se para a disputa.* **12** dispor-se a; prevenir-se: *preparar-se para o que aconteça.*

pre.pa.ra.ti.vo *s.m.* **1** arranjo preliminar; preparação: *Arrumamos os últimos preparativos do Natal.* **2** atividade preparatória: *O jogo-treino foi um preparativo para a decisão.* • *adj.* **3** que prepara; preparatório.

pre.pa.ro *s.m.* **1** preparação: *O preparo de um peixe assado exige técnica.* **2** condicionamento: *preparo físico.* **3** instrução; competência. **4** condição; aptidão: *Falta-me preparo para enfrentar situações difíceis.*

pre.pon.de.rân.cia *s.f.* supremacia; predominância.

pre.pon.de.ran.te *adj.* que prepondera ou predomina.

pre.pon.de.rar *v.int.* **1** ser numericamente maior: *Preponderaram, durante o ano, livros sobre dieta.* **2** ter

preposição

maior peso ou valor; predominar: *Em qualquer decisão política, o povo deve sempre preponderar.*

pre.po.si.ção *s.f.* (Gram.) palavra invariável que liga vocábulos ou orações reduzidas de infinitivo ou de gerúndio, subordinando o elemento que introduz.

pre.pos.to (ô) *s.m.* aquele que dirige um serviço, um negócio, por delegação da pessoa competente; representante; delegado.

pre.po.tên.cia *s.f.* 1 abuso do poder ou da autoridade; despotismo; tirania. 2 empáfia: *Querer resolver todos os problemas é prepotência.* 3 dominação: *Cada vez mais diminui a prepotência masculina.*

pre.po.ten.te *s.2g.* 1 pessoa que abusa do poder ou da autoridade; déspotico; tirano: *No mundo moderno, há cada vez menos lugar para os prepotentes.* • *adj.2g.* 2 muito poderoso ou influente; opressor. 3 que revela prepotência: *discurso prepotente.*

pre.pú.cio *s.m.* (Anat.) pele que cobre a glande do pênis.

prer.ro.ga.ti.va *s.f.* 1 concessão ou vantagem com que se distingue uma pessoa ou um grupo; regalia: *Naquela época, os militares tinham muito mais prerrogativas.* 2 faculdade ou vantagem de que desfrutam os seres de um determinado grupo ou espécie; privilégio: *À mulher foi concedida a prerrogativa da gestação.*

pre.sa (ê) *s.f.* 1 aquilo que se apreendeu ao inimigo; espólio, despojo. 2 animal ou pessoa arrebatados ou apreendidos com violência: *A fera segurava sua presa e nos olhava com ferocidade.* 3 dente canino: *duas presas com cárie.*

pres.bi.te.ri.a.no *s.m.* 1 indivíduo pertencente aos protestantes que não aceitam a hierarquia superior a presbítero • *adj.* 2 pertencente aos presbíteros; indivíduo dos protestantes.

pres.bí.te.ro *s.m.* 1 sacerdote; padre. 2 superintendente da Igreja Protestante.

pres.cin.dir *v.t.* não ter necessidade de; dispensar: *Alguns livros sobre saúde dão ao leitor a sensação de que podem prescindir de um médico.*

pres.cre.ver *v.t.* 1 ordenar ou recomendar expressamente. 2 indicar; receitar: *prescrever remédios.* 3 determinar; fixar: *A Constituição prescrevia as atribuições do presidente.* • *int.* 4 ficar sem efeito por ter decorrido certo prazo legal: *O crime já prescreveu.* // Pp.: prescrito.

pres.cri.ção *s.f.* 1 indicação exata; determinação formal: *comprar remédio sem prescrição médica.* 2 perda da oportunidade de aplicação punitiva por decurso de prazo: *prescrição da pena.* 3 norma; preceito; regra: *A prescrição das regras gramaticais deve obedecer à evolução da língua.* 4 determinação; disposição: *violar as prescrições legais.*

pre.sen.ça *s.f.* 1 comparecimento de alguém a determinado lugar. 2 participação num empreendimento, numa atividade: *A presença de um engenheiro no projeto lhe dá mais credibilidade.* 3 estar num lugar determinado num momento determinado: *Senti naquela hora a presença divina.* 4 existência: *O teste registra a presença de anticorpos.* ♦ **em presença de** à vista de; diante de: *Falamos no negócio em presença de testemunhas idôneas.*

pre.sen.ci.ar *v.t.* estar presente a; assistir a: *presenciar um crime.*

pre.sen.te *s.m.* 1 período de maior ou menor duração, compreendido entre o passado e o futuro; o tempo atual: *Os jovens querem viver o presente.* 2 aquilo que se oferece com o intento de agradar, retribuir ou fazer-se lembrado; lembrança; mimo: *O empresário deu à secretária um presente muito valioso.* 3 (Gram.) tempo verbal que exprime o momento em que se fala. • *pl.* 4 conjunto de pessoas reunidas num lugar: *Entre os presentes estava o secretário da Educação.* • *adj.2g.* 5 que está no local de um acontecimento. 6 que existe ou acontece no momento em que se fala; atual. 7 patente; evidente; perceptível: *O fantasma da inflação ainda está muito presente.* 8 de que trata ou se fala no momento: *No presente caso, a lei não prevê punição.*

pre.sen.te.ar *v.t.* 1 dar presente a. 2 brindar: *A seleção de vôlei nos presenteou com essa bela conquista.*

pre.sé.pio *s.m.* 1 curral; estábulo. 2 representação, na tradição do Natal, do estábulo de Belém e das figuras que participaram, segundo o Evangelho, do nascimento de Cristo e das cenas que a ele se seguiram.

pre.ser.va.ção *s.f.* proteção; conservação: *preservação da natureza.*

pre.ser.var *v.t.* 1 evitar a destruição de; conservar; proteger: *Muitas pessoas não preservam os objetos antigos.* 2 amparar; defender; proteger: *O plano é preservar as reservas indígenas.*

pre.ser.va.ti.vo *s.m.* 1 camisinha; envoltório de látex que recobre o pênis, usado por ocasião da cópula. • *adj.* 2 adequado para preservar: *tratamento preservativo para evitar cupins.*

pre.si.dên.cia *s.f.* 1 ato de presidir. 2 cargo ou função de presidente. 3 tempo de exercício das funções de presidente: *Durante a sua Presidência, Jânio Quadros proibiu o biquíni e as brigas de galo.* 4 o presidente: *A Presidência decretou luto oficial.*

pre.si.den.ci.a.lis.mo *s.m.* sistema de governo cuja chefia cabe ao presidente da República, que escolhe seus ministros, havendo independência e harmonia dos poderes Executivo, Legislativo e Judiciário.

pre.si.den.te *s.2g.* 1 chefe do Poder Executivo e comandante oficial das Forças Armadas de um país. 2 quem preside ou dirige uma entidade. 3 quem preside comissão, assembleia, ato, concurso, defesa de tese etc.

pre.si.di.á.rio *s.m.* 1 detento condenado a cumprir pena ou a trabalhar num presídio. • *adj.* 2 relativo a presídio: *sistema presidiário.*

pre.sí.dio *s.m.* estabelecimento público destinado a receber presos; penitenciária; cadeia; prisão.

pre.si.dir *v.t.* 1 dirigir como presidente: *presidir a reunião.* 2 guiar; orientar: *Os princípios cristãos presidem minha vida.* 3 dirigir com honra: *Sentado na cabeceira da mesa, o patriarca presidia ao almoço.* 4 reger: *Um anjo da guarda presidiu ao meu nascimento.*

pre.si.lha *s.f.* 1 cordão ou tira que serve para apertar, amarrar ou prender. 2 peça dotada de fecho apropriado para prender o cabelo: *Ela só usa presilha de tartaruga no cabelo.*

pre.so (ê) *s.m.* 1 pessoa encarcerada; prisioneiro. 2 detido: *O preso será transferido.* • *adj.* 3 metido em prisão; encarcerado: *Ele está preso há mais de sete anos.* 4 imobilizado: *ficou preso na catraca.*

presunto

5 que não funciona: *Tinha os intestinos presos.* **6** impedido de agir ou de mover-se livremente: *Senti-me preso no sofá sem coragem de me levantar.* **7** ligado afetivamente: *Eu estava preso àquela mulher.* **8** pregado; grudado: *O quadro preso na parede resistiu aos abalos sísmicos.* **9** amarrado; atado: *Ela traz o cão sempre preso à coleira.*

pres.sa (é) *s.f.* **1** velocidade; ligeireza; rapidez. **2** premência; urgência: *Tínhamos pressa em terminar a prova para irmos ao jogo.* **3** precipitação; irreflexão: *A pressa é inimiga da perfeição.* **4** impaciência: *Aquele rapaz parece estar sempre com pressa.* ♦ **às pressas** com rapidez: *Barbeou-se às pressas, pôs o paletó e saiu.*

pres.sa.gi.ar *v.t.* **1** prever; pressentir: *O rapaz pressagiou a desgraça.* **2** ser sinal de: *A moça, grávida, começa a sentir as dores que pressagiam a vinda do bebê.* **3** anunciar por presságio ou agouro: *Uma cigana tinha pressagiado a morte do coronel.*

pres.sá.gio *s.m.* fato ou sinal que prenuncia o futuro; agouro: *Dizem os supersticiosos que o canto da coruja é presságio de morte.*

pres.são *s.f.* **1** ação de comprimir ou apertar; compressão; aperto: *Fiz uma leve pressão com os dedos e a tampa se abriu.* **2** (Fig.) influência coercitiva; coação: *O bandido teve de ceder à pressão da polícia.* **3** força exercida por um corpo sólido, líquido ou gasoso, sobre uma superfície. **4** (Fisiol. Med.) força que o sangue exerce sobre as paredes das artérias ou veias: *pressão arterial.*

pres.sen.ti.men.to *s.m.* **1** ato ou efeito de pressentir. **2** intuição; palpite; presságio: *Estou com o pressentimento de que ela voltará.*

pres.sen.tir *v.t.* sentir antecipadamente; prever: *pressentiu que faria o gol na cobrança de falta.*

pres.si.o.nar *v.t.* **1** exercer influência: *A alta dos combustíveis pressiona a inflação.* **2** fazer pressão sobre; comprimir: *O massagista pressiona a ponta dos dedos no corpo do cliente.* **3** exercer coação sobre: *A empresa está pressionando os trabalhadores para suspenderem a greve.*

pres.su.por *v.t.* **1** supor antecipadamente; presumir: *Pressupus que seria advertido, mas me enganei.* **2** ter como pressuposição; subentender: *Democracia pressupõe paciência e permanente discussão.*

pres.su.po.si.ção *s.f.* conjetura antecipada; pressuposto.

pres.su.pos.to (ô) *s.m.* **1** pressuposição; conjetura: *O pressuposto básico do capitalismo é o livre mercado.* ● *adj.* **2** que se pressupõe.

pres.su.ri.za.ção *s.f.* manutenção por processos mecânicos da pressão aproximadamente normal dentro de um espaço hermeticamente fechado.

pres.su.ri.zar *v.t.* manter, por processos mecânicos, a pressão aproximadamente normal, em espaço hermeticamente fechado: *A segunda turbina pressuriza o ar fresco para dentro do motor.*

pres.su.ro.so (ô) *adj.* **1** cheio de pressa; apressado: *Atendi pressuroso ao telefone.* **2** muito zeloso e diligente: *A sempre pressurosa secretária correu a atender o chefe.* **3** impaciente por: *Estava pressuroso por saber o conteúdo da carta.*

pres.ta.ção *s.f.* **1** cada uma das parcelas que se deve pagar do valor de um objeto comprado a prazo. **2** cumprimento: *A prestação do serviço militar é obrigatória.* **3** oferecimento: *A prestação de assistência médica é obrigação da empresa.* ♦ **à prestação** a prazo: *Já nos habituamos a comprar à prestação.*

pres.tar *v.t.* **1** ser útil; ter serventia: *Era um indivíduo que só dormia, não prestava para nada.* **2** fazer; dar: *O deputado deve prestar declarações ao Ministério Público.* **3** dar (atenção; apoio; assistência): *O clube presta todo o seu apoio ao jogador.* **4** exercer: *Durante muito tempo prestei serviços para políticos.* ● *pron.* **5** servir a: *A reunião se presta, como as anteriores, a um debate.* dar oportunidade a: *Sua obra presta-se a várias interpretações simbólicas.* **6** servir de. ● *int.* **7** ter boa qualidade: *A mercadoria não presta. De todas as figuras a ironia é a que menos se presta como instrumento de dominação.*

pres.ta.ti.vo *adj.* prestante; obsequioso.

pres.tes *adv.* na iminência de; quase: *Meu filho está prestes a se formar.*

pres.te.za (ê) *s.f.* **1** rapidez; prontidão: *A presteza com que o caso foi explicado o torna no mínimo suspeito.* **2** eficiência.

pres.ti.di.gi.ta.ção *s.f.* técnica de prestidigitador; ilusionismo.

pres.ti.di.gi.ta.dor (ô) *s.m.* indivíduo hábil em provocar, pela rapidez das mãos, ilusões tais como o desaparecimento ou o surgimento de objetos; mágico: *Nos camarins do cassino, fui apresentado ao prestidigitador.*

pres.ti.gi.ar *v.t.* **1** conferir prestígio ou importância a; tornar prestigioso: *A maioria dos políticos prestigia a feira rural.* **2** apoiar: *Gostaria de presentear o público que me prestigia.*

pres.tí.gio *s.m.* **1** grande influência; importância social: *revista de prestígio.* **2** importância; admiração: *O cantor está no auge de seu prestígio.*

pres.ti.gi.o.so (ô) *adj.* que goza de prestígio.

prés.ti.mo *s.f.* **1** utilidade: *Era um capote sem préstimo por carência de botão.* **2** obséquio; favor; serviço: *Venho, respeitosamente, oferecer os meus préstimos a Vossa Excelência.* **3** ajuda; auxílio: *Hoje em dia, todos nós recorremos aos préstimos da Internet.* // Nestas duas últimas acepções emprega-se comumente no plural.

pres.ti.mo.so (ô) *adj.* que tem préstimo; obsequioso: *advogado prestimoso.*

prés.ti.to *s.m.* agrupamento de numerosas pessoas em marcha; cortejo; procissão: *O préstito descia em passo acelerado a rua do Ouvidor.*

pre.su.mir *v.t.* **1** julgar segundo certas probabilidades; conjeturar; pressupor: *Presumir adultério sem provas não faz sentido.* ● *pron.* **2** ter presunção; pretender-se; supor-se: *Ele presume-se sábio.*

pre.su.mí.vel *adj.2g.* que se pode presumir, supor, ou suspeitar; provável.

pre.sun.ção *s.f.* **1** conjetura; suposição. **2** vaidade; orgulho; pretensão: *Surpreendeu-nos ver o tema tratado com tamanha presunção.*

pre.sun.ço.so (ô) *adj.* que tem ou denota presunção; pretensioso: *O livro ostenta um título bastante presunçoso.*

pre.sun.to *s.m.* **1** perna ou espádua de porco salgada e defumada. **2** (Coloq.) cadáver; defunto.

pretejar

pre.te.jar *v.t.* **1** existir em abundância: *Os pastos pretejavam de reses.* • *int.* **2** tornar-se preto; enegrecer: *O céu pretejou de repente e começou a ventar.*

pre.ten.den.te *s.m.* **1** aquele que aspira à mão de uma mulher. • *s.2g.* **2** pessoa que pretende; aspirante; candidato. • *adj.2g.* **3** que pretende: *candidatos pretendentes à vaga de economista.*

pre.ten.der *v.t.* **1** ter intenção de; tencionar; querer: *Não pretendo nada além do que mereço.* **2** aspirar a: *Meu filho pretende fazer o curso de Medicina.* • *pron.* **3** ter-se na conta de; julgar-se: *Ele pretende-se o dono da verdade.*

pre.ten.são *s.f.* **1** vaidade exagerada; presunção: *É pretensão sua comparar-se a Graciliano Ramos.* **2** ambição: *Era um moço modesto, sem altas pretensões.* **3** intenção; desejo: *A minha pretensão é realizar um trabalho simples, porém honesto.*

pre.ten.si.o.so (ô) *s.m.* **1** pessoa vaidosa ou orgulhosa. • *adj.* **2** presumido; presunçoso; convencido: *rapaz pretensioso.* **3** em que há ou que denota pretensão; ambicioso: *Fazer esta enciclopédia é um trabalho altamente pretensioso.* **4** que denota orgulho ou vaidade: *O orador fez um discurso pretensioso.*

pre.ten.so *adj.* **1** que se pretende ou se supõe: *Conheço pessoas que, em nome de um pretenso realismo, aceitam ordens absurdas.* **2** suposto; fictício.

pre.te.rir *v.t.* deixar de lado; desprezar; rejeitar: *A competição faz as empresas preterirem os leigos em informática.*

pre.té.ri.to *s.m.* **1** (Gram.) tempo verbal que expressa o passado. • *adj.* **2** que se deu no passado; que já passou: *Não devemos nos preocupar com os acontecimentos pretéritos.*

pre.tex.tar (ês) *v.t.* dar como pretexto; alegar: *Pretextando dor de cabeça, ele deixou de fazer a prova.*

pre.tex.to (ês) *s.m.* razão aparente que se alega para dissimular o motivo real de uma ação ou omissão; desculpa: *Você não pode alegar falta de tempo como pretexto para não ir à igreja.* ◆ **a pretexto** sob alegação de: *Não se pode permitir, a pretexto de esvaziar os presídios, a consagração da impunidade.*

pre.to (ê) *s.m.* **1** diz-se do indivíduo que pertence à raça negra. **2** roupa de cor preta: *Uma mulher vestida de preto desperta a nossa atenção.* **3** a cor preta: *Para certos tipos de carro, o preto fica muito melhor.* • *adj.* **4** da cor do carvão; negro: *cabelos pretos.* **5** de cor escura: *uma fumaça preta.* **6** diz-se do café sem mistura, sem leite: *uma xícara de café preto.*

pre.tô.ni.co *adj.* (Gram.) diz-se do fonema ou da sílaba imediatamente anterior ao tônico ou à tônica.

pre.va.le.cer *v.t.* predominar; preponderar: *Se prevalecer sua ideia, ninguém irá viajar.* **2** ter mais valor ou importância: *A intenção do legislador não pode jamais prevalecer contra o ditado objetivo da lei.* **3** colocar-se acima de: *A legislação estadual prevalece sobre a municipal.* • *pron.* **4** aproveitar-se de; tirar partido: *O deputado se prevaleceu de sua imunidade parlamentar.*

pre.va.lên.cia *s.f.* **1** predominância. **2** supremacia: *A Constituição tem prevalência sobre leis ordinárias.*

pre.va.len.te *adj.2g.* que prevalece.

pre.va.ri.ca.ção *s.f.* **1** ato de prevaricar. **2** (Jur.) crime perpetrado por funcionário público, em que, para proveito próprio, por interesse ou má-fé, procede contrariamente aos deveres de seu cargo, ofício ou ministério. **3** adultério.

pre.va.ri.car *v.int.* **1** deixar (funcionário público) de cumprir função pública, ou retardar seu cumprimento, sem razão aparente: *Se o senador não denunciar irregularidades, estará prevaricando.* **2** incorrer em falta; proceder mal: *Prevaricando desse jeito, você vai acabar sendo demitido.* **3** cometer adultério.

pre.ven.ção *s.f.* **1** preparação para evitar qualquer mal: *A prevenção contra incêndio é obrigação de toda empresa.* **2** disposição ou preparo antecipado e preventivo: *A prevenção evitou que o novo plano econômico o pegasse de surpresa.* **3** modo de ver ou juízo antecipado; preconceito: *Este novo produto é recebido com prevenção, pois temem-se os seus efeitos.* **4** precaução; cautela.

pre.ve.nir *v.t.* **1** impedir; evitar: *A amamentação previne alergias.* **2** informar com antecedência; avisar: *O líder do partido preveniu seus companheiros de que podiam surgir novos problemas.* • *pron.* **3** acautelar-se; defender-se.

pre.ven.ti.vo *s.m.* **1** aquilo que previne, que evita. • *adj.* **2** feito por prevenção, como medida de segurança: *policiamento preventivo.* **3** que previne; próprio para prevenir ou evitar: *cuidados preventivos.*

pre.ver *v.t.* **1** calcular; conjeturar: *As novas regras preveem também rodízio na semana.* **2** predizer; supor; prognosticar; pressentir: *Os sócios preveem um bom retorno, mas a longo prazo.* **3** estabelecer; determinar: *Os projetos que preveem corte de benefícios receberão restrições.* // Pp.: previsto.

pré.via *s.f.* **1** tomada de intenção de voto para conhecer a tendência do eleitorado: *prévias eleitorais.* **2** divulgação antecipada e não definitiva dos dados que compõem uma pesquisa; previsão: *A prévia divulgada ontem é o resultado da pesquisa de preços feita pelo instituto.* **3** divulgação antecipada dos elementos que constituem um conjunto: *as prévias de coleções de moda.*

pre.vi.dên.cia *s.f.* **1** qualidade do que é previdente. **2** previsão do futuro; conjetura. **3** faculdade de ver antecipadamente; presciência ◆ **Previdência Social** conjunto de instituições que visam a assegurar aos seus beneficiários meios indispensáveis de manutenção por motivo de incapacidade, desemprego involuntário, idade avançada, tempo de serviço, encargos familiares e prisão ou morte daquele de quem dependiam economicamente.

pre.vi.den.ci.á.rio *s.m.* **1** funcionário de instituto de previdência. • *adj.* **2** de ou relativo à Previdência Social: *reforma previdenciária.* **3** vinculado à Previdência Social: *fundos previdenciários.*

pré.vio *adj.* **1** que se faz ou diz antes de outra coisa: *Saiu do emprego sem aviso prévio.* **2** dito ou feito de antemão; antecipado: *Penalizaram o cliente sem fazer um contato prévio.* **3** que antecede; anterior. **4** preliminar: *Terrenos acidentados exigem trabalhos prévios de terraplenagem.*

pre.vi.são *s.f.* **1** ato de prever. **2** estudo ou exame feito com antecedência para determinar certo estado de coisas; prognóstico: *previsão do tempo.* **3** profecia; presságio: *A previsão da cigana deixou-o preocupado.*

pre.vi.sí.vel *adj.2g.* que se pode prever.
pre.zar *v.t.* **1** ter em alto preço; estimar: *Mesmo que o nosso negócio não dê certo, eu continuo prezando a tua amizade.* **2** respeitar; ter em consideração: *A coisa que eu mais prezo no mundo é a minha liberdade.* • *pron.* **3** ter valor ou importância: *Pessoa que se preza respeita os outros.*
pri.mar *v.t.* mostrar-se notável; distinguir-se: *As empresas devem primar pela qualidade no atendimento ao cliente.*
pri.má.rio *s.m.* **1** curso ou ensino básico. • *adj.* **2** que antecede outro; primeiro. **3** que está em primeiro lugar; principal: *O biólogo via na célula a sede primária da patologia.* **4** de nível elementar; no primeiro nível de escolarização: *curso primário.* **5** que leciona no curso primário: *professora primária.* **6** que cometeu o primeiro crime ou contravenção: *O réu primário tem o direito de responder ao processo em liberdade.* **7** que está em seu primeiro estágio; de primeiro grau: *grupos sociais primários.* **8** limitado; acanhado; estreito: *gente rude e primária.*
pri.ma.ris.mo *s.m.* **1** qualidade ou caráter daquilo que é primário, elementar ou rudimentar. **2** simplificação; limitação: *Sua visão da realidade é de um primarismo assustador.*
pri.ma.ta *s.m.* (Zool.) **1** espécime dos primatas. • *pl.* **2** grupo de mamíferos peludos, de visão frontal, membros muito desenvolvidos, polegares opostos, cinco dedos em cada membro, em geral com unhas achatadas, e duas tetas na região peitoral. • *adj.* **3** relativo aos primatas.
pri.ma.ve.ra (ê) *s.f.* **1** período do ano compreendido entre 22 de setembro e 21 de dezembro, no hemisfério Sul, e 21 de março e 21 de junho, no hemisfério Norte. **2** ano de idade: *Hoje, estou completando mais uma primavera.* **3** planta trepadeira ornamental, com espinho, que dá cachos de flores em cores variadas.
pri.ma.ve.ril *adj.2g.* **1** da ou relativo à primavera: *tarde primaveril.* **2** jovial; alegre: *época primaveril de nossa vida.*
pri.maz *s.m.* **1** prelado que ocupa uma posição superior à dos bispos e arcebispos na hierarquia da Igreja Católica. • *adj.* **2** que ocupa o primeiro lugar.
pri.ma.zi.a *s.f.* **1** prioridade; preferência: *A marca alemã disputa a primazia em carros importados.* **2** superioridade; excelência: *Usava a primazia em benefício dos próprios companheiros.*
pri.mei.ro *num.* **1** numa série, aquilo ou aquele que ocupa a posição do número um: *Seu primeiro filho foi padre.* **2** quem se destaca dos demais; melhor: *Ele é o primeiro da classe.* **3** aquele que procede os demais: *Como sempre, ele foi o primeiro a chegar na festa.* • **4** *adj.* elementar; básico: *primeiros socorros.* **5** que ocupa os lugares inferiores: *primeiro andar.* • *adv.* **6** antes de outros; na frente: *Abriu a porta, deixou que ela entrasse primeiro.* ◆ **de primeiro** (Coloq.) em época anterior; antigamente: *De primeiro, a gente tinha água de graça em casa.* **de primeira linha** bom; excelente: *produtos de primeira linha.*
pri.mei.ro-mi.nis.tro *s.m.* chefe de governo no regime parlamentarista. // Pl.: primeiros-ministros.
pri.mi.ti.vis.mo *s.m.* **1** condição de primitivo. **2** falta de educação; grosseria; precariedade; ignorância: *O primitivismo dessa gente à mesa me deixa perplexo.* **3** tendência artística de valorização dos procedimentos típicos dos chamados povos primitivos, que se caracterizam por audácia e simplificação, distorção e imediatismo.
pri.mi.ti.vis.ta *s.2g.* **1** quem é adepto do primitivismo, enquanto arte: *Ele foi o primitivista de sua época.* • *adj.2g.* **2** próprio do primitivismo: *motivos primitivistas.* **3** adepto do primitivismo; primitivo: *pintor primitivista.*
pri.mi.ti.vo *s.m.* **1** pessoa de povo primitivo: *A má-fé não habitava o coração dos primitivos.* **2** pessoa rude e grosseira: *Esses primitivos deixaram a praia toda suja.* **3** arte ou artista primitivos. • *adj.* **4** que foi o primeiro a existir; original; inicial: *O mais primitivo dos exercícios não sabemos praticá-lo bem: andar!* **5** dos primeiros tempos; primeiro: *rituais primitivos com função de cura.* **6** que está entre os primeiros habitantes da Terra. **7** grosseiro; tosco.
pri.mo *s.m.* **1** indivíduo em relação aos filhos dos tios. • *adj.* **2** (Mat.) diz-se do número que só é divisível por si mesmo e por um: *Cinco é um número primo.*
pri.mo.gê.ni.to *s.m.* primeiro filho; filho mais velho.
pri.mor (ô) *s.m.* o que é de qualidade superior; que denota perfeição, excelência: *Um primor, o último livro do poeta.*
pri.mor.di.al *s.m.* **1** aquilo que é mais importante; fundamento: *O primordial, no esporte coletivo, é competir.* • *adj.2g.* **2** que está ou que vem em primeiro lugar; primeiro: *Festejar o Natal é reconhecer e acolher o dom primordial da vida.* **3** fundamental; básico: *Refletir o homem é a função primordial da Literatura.*
pri.mór.dio *s.m.* **1** origem; início; princípio: *O jornal é um instrumento clássico da democracia desde o seu primórdio.* • *pl.* **2** primeiros tempos; começo: *A associação entre religião e cura remonta aos primórdios das mais antigas religiões.*
pri.mo.ro.so (ô) *adj.* **1** perfeito; excelente: *interpretação primorosa.* **2** notável; importante: *Ela vestia-se de maneira primorosa.*
prin.ce.sa (ê) *s.f.* **1** mulher do príncipe. **2** filha de rei ou imperador. ◆ **de princesa** (i) refinado; requintado: *Comprou um vestido de princesa para a filha ir ao baile.* (ii) delicado: *mãos de princesa.*
prin.ci.pa.do *s.m.* **1** território ou Estado cujo soberano é um príncipe ou uma princesa: *Principado de Mônaco.* • *pl.* **2** o sétimo coro de anjos na hierarquia de seres celestiais.
prin.ci.pal *s.m.* **1** aquilo que é o mais importante: *O principal do convite é que ele me adiantará o dinheiro.* **2** capital de uma dívida: *o principal da dívida.* **3** que está em primeiro lugar. • *adj.2g.* **4** mais importante; mais relevante: *porta principal.* **5** que é o mais notável. **6** (Gram.) diz-se da oração à qual se liga uma subordinada.
prín.ci.pe *s.m.* **1** filho ou membro de família reinante ou filho primogênito do rei ou da rainha. **2** chefe de principado. **3** consorte da rainha, em alguns Estados. **4** o primeiro numa atividade: *Alberto de Oliveira foi o príncipe dos poetas brasileiros.* **5** alto dignatário: *Considerados os príncipes da Igreja, os cardeais são os responsáveis pela escolha do Papa.* ◆ **príncipe encantado** homem ideal, perfeito para um casamento.

principesco

prin.ci.pes.co (ê) *adj.* **1** relativo a ou próprio de príncipe ou princesa: *família principesca.* **2** opulento; ostentoso: *Seu iate é um principesco.*

prin.ci.pi.an.te *s.2g.* **1** pessoa que principia a exercitar-se ou a aprender alguma coisa: *O principiante sempre comete alguns erros.* • *adj.2g.* **2** que principia; que está no começo: *conhecimentos principiantes.*

prin.ci.pi.ar *v.t.* **1** dar início a; começar: *principiar uma conversa.* **2** ter ou estabelecer como primeira coisa (em uma série): *A pesquisa deve principiar pela coleta dos dados.* • *int.* **3** começar; ter início: *O campeonato principia hoje.*

prin.cí.pio *s.m.* **1** início; começo. **2** elemento predominante na constituição de um corpo orgânico: *princípio ativo.* **3** base; fundamento: *princípios físico-mecânicos do organismo.* **4** ponto de vista; postura: *Não chega nem a ser uma questão de princípio, é questão de inteligência.* **5** regra; lei: *Pelo princípio da atração universal, os corpos celestes influenciam-se mutuamente.* • *pl.* **6** valor moral; civilidade: *Não devo contrariar meus princípios seja qual for a situação.* **• a princípio** inicialmente: *A princípio, ele não reconheceu, depois me telefonou.* **em princípio** de modo geral; em tese: *Como a ação é pública, vale, em princípio, para todos.*

pri.or (ô) *s.m.* pároco de certas freguesias ou vilas.

pri.o.ri.da.de *s.f.* **1** precedência; importância maior; primazia: *O interesse do povo parece não ter prioridade na agenda dessas organizações.* **2** tratamento privilegiado; preferência: *O programa passaria a dar prioridade aos pobres.* **3** objetivo principal: *O comércio é importante para os povos indígenas, mas não é sua prioridade.* • *pl.* **4** lista de coisas a serem feitas: *O mais importante, na ordem das prioridades, era montar a biblioteca escolar.*

pri.o.ri.tá.rio *adj.* que tem prioridade; principal.

pri.o.ri.zar *v.t.* tornar prioritário; colocar em posição preferencial; dar primazia a.

pri.são *s.f.* **1** restrição da liberdade. **2** aquilo que tolhe alguém. **3** cadeia. **4** recinto fechado; clausura: *Não via a hora de sair da prisão daquele escritório.*

pri.si.o.nal *adj.2g.* relativo à prisão.

pri.si.o.nei.ro *s.m.* **1** indivíduo privado da liberdade; preso. **2** aquele que foi capturado pelo exército inimigo numa guerra: *Os exércitos trocaram os prisioneiros.* • *adj.* **3** que está preso. **4** aprisionado; cativo: *Sentindo-me prisioneira, distraía-me olhando pela janela.*

pris.ma *s.m.* **1** (Geom.) sólido geométrico, em que duas faces são polígonos paralelos e congruentes, e as outras são paralelogramos. **2** objeto de cristal ou vidro, com a forma de prisma, capaz de dispersar, refratar ou refletir luz: *Os prismas desviam a luz da lua.* **3** ponto de vista; perspectiva: *O prisma mais interessante para apreciar este ensaio é o literário.*

pri.va.ção *s.f.* **1** ação de privar; impedimento; destituição. **2** falta, carência de elementos necessários ao bem-estar; sofrimento: *O bom humor dos soldados é uma das maneiras de suportar as privações.*

pri.va.ci.da.de *s.f.* tudo o que pertence à vida particular; intimidade.

pri.va.da *s.f.* **1** vaso sanitário. **2** recinto da casa com o vaso sanitário; latrina; banheiros.

pri.va.do *adj.* **1** que não é público; particular: *Caberia à iniciativa privada assumir vários encargos sociais.* **2** individual; íntimo: *vida privada.* **3** desprovido; despojado: *Há pessoal qualificado privado de oportunidades.*

pri.var *v.t.* **1** levar à privação; deixar sem: *O presidente da empresa privou os acionistas da informação.* **2** livrar; libertar: *A globalização privou os Estados dos controles efetivos.* **3** impedir a convivência: *A mudança privou-a dos amigos de infância.* • *pron.* **4** estar em convivência íntima com alguém: *Privou-se da intimidade do prefeito.* **5** despojar-se: *O presidente privou-se de um de seus secretários particulares.*

pri.va.ti.vo *adj.* **1** exclusivo; peculiar; próprio: *São muitos os organismos privativos dos mares.* **2** particular; especial: *Reservei uma sala privativa.*

pri.va.ti.za.ção *s.f.* incorporação de empresa estatal em empresa privada ou particular; aquisição de empresa estatal por empresa particular.

pri.va.ti.zar *v.t.* tornar privado ou particular: *O governo promete privatizar todas as estatais.*

pri.vi.le.gi.a.do *s.m.* **1** quem goza de algum privilégio. • *adj.* **2** que goza de privilégio; favorecido. **3** singular; único; especial: *Estávamos diante da obra de uma mente privilegiada.* **4** não sujeito a regras ou penalidades usuais; protegido por leis ou costumes da ordem estabelecida: *Naquela época, eles constituíam a minoria privilegiada.*

pri.vi.le.gi.ar *v.t.* **1** considerar mais relevante; dar maior importância a: *Não se deve só privilegiar o econômico e desprezar o social.* **2** conceder privilégio a; favorecer: *Esse projeto do governo privilegia alguns setores.*

pri.vi.lé.gio *s.m.* **1** vantagem; regalia. **2** permissão especial. **3** honra: *Ainda não tive o privilégio de conhecer a França.* **4** condição peculiar: *O que era privilégio das representações políticas hoje também é dos meios de comunicação.*

pro.a (ô) *s.f.* **1** extremidade dianteira de uma embarcação. **2** frente de qualquer coisa; dianteira. **• de proa** que ocupa posição importante; prestigiada: *Informações denigrem nomes de proa da administração.*

pro.ba.bi.li.da.de *s.f.* **1** possibilidade de realização de um acontecimento entre outros possíveis. **2** indício: *A probabilidade de esse custo ser repassado aos preços não parece pequena.* • *pl.* **3** perspectiva de sucesso: *Nossas probabilidades neste torneio são muito boas.*

pro.ba.tó.rio *adj.* **1** que serve de prova; experimental. **2** de prova; que constitui prova: *A pasta continha os documentos probatórios da irregularidade.*

pro.bi.da.de *s.f.* integridade de caráter; honradez; honestidade: *A diretoria atual levanta uma dúvida sobre a probidade da administração anterior.*

pro.ble.ma *s.m.* **1** questão matemática cuja solução depende de cálculos. **2** qualquer assunto que envolve dúvida ou incerteza; dificuldade; questão: *Um dos maiores problemas do assentamento é a falta de dinheiro para comprar insumos agrícolas.* **3** tema que pode ser objeto de discussão e cuja solução requer considerável reflexão ou habilidade: *problemas ambientais.* **4** dificuldade: *Meu problema no emprego nunca foi salário.*

pro.ble.má.ti.ca *s.f.* conjunto de problemas interligados: *Os geógrafos passaram a ter preocupação maior com a problemática social.*

prodígio

pro.ce.dên.cia s.f. **1** proveniência; origem: *O restaurante serve comida de várias procedências.* **2** fundamento; razão: *A acusação do vereador não tem procedência.*

pro.ce.der v.t. **1** ter origem em; provir: *Com o número de registro, tem-se a garantia de que a carne procede de um frigorífico fiscalizado.* **2** descender: *Ele procede de uma família antiga do Sul.* **3** efetuar; realizar: *O curandeiro procede ao ritual da cura.* **4** comportar-se; agir: *Você procedeu mal ao deixá-la partir.* • int. **5** ter fundamento: *O presidente disse que os boatos sobre a volta da inflação não procedem.*

pro.ce.di.men.to s.m. **1** ato ou efeito de proceder. **2** modo de proceder; conduta; comportamento: *Seu procedimento entre os colegas é irrepreensível.* **3** método; técnica: *O procedimento médico foi aceito na Inglaterra.*

pró.cer s.m. homem importante em uma nação, classe, partido etc.: *À falta do que elogiar, os dois próceres louvaram o inglês presidencial.*

pro.ces.sa.dor (ô) s.m. **1** (Inf.) dispositivo capaz de receber dados, tratá-los e fornecer resultados, operações que realiza sob o controle do programa armazenado. **2** aparelho elétrico para preparar alimentos a serem utilizados na cozinha. • adj. **3** que processa; que prepara ou manipula: *A fábrica processadora de soja foi inaugurada ontem.*

pro.ces.sar v.t. **1** instaurar o processo judicial contra: *Uma democracia plena demite e processa políticos corruptos.* **2** preparar: *A água destruiu estufas usadas pelos agricultores para processar o fumo.* **3** realizar: *É necessária a existência de um órgão regulador capaz de processar as mudanças.* • pron. **4** desenvolver-se; desenrolar-se; ocorrer: *A abertura comercial vem se processando de forma gradual.*

pro.ces.so (é) s.m. **1** ação continuada; curso; decurso: *processo de aprender a ler.* **2** pleito judicial; litígio; ação ou demanda: *Também ele batalhava pela revisão do processo.* **3** procedimento; técnica: *processo industrial.* **4** sucessão de eventos, etapas ou fases: *processo eleitoral.* **5** sucessão sistemática de mudanças numa direção definida: *O processo de desenvolvimento de um país tem repousado na paz.* **6** conjunto de fenômenos: *processo de esterilização.* **7** série de procedimentos tendo em vista um resultado: *O ensino da aritmética já não se faz pelo processo de adivinhação e de tabuada.* **8** conjunto de papéis e documentos, geralmente protegido por uma capa com especificação, número de ordem etc., que tramita numa repartição pública, num tribunal ou noutro órgão e que trata de alguma questão específica: *O funcionário pôs o carimbo "confidencial" no processo.*

pro.ces.su.al adj.2g. relativo a processo (pleito judicial): *instrução processual penal.*

pro.cis.são s.f. **1** cerimônia religiosa em que um grupo de pessoas caminha, entoando preces e levando expostas imagens ou relíquias dignas de veneração. **2** qualquer acompanhamento ou cortejo; comitiva: *Ela acompanhou a procissão de moradores em direção ao morro.* **3** grupo que segue em uma direção determinada: *procissão de formigas.*

pro.cla.ma.ção s.f. **1** declaração pública e solene de ato ou fato político: *Proclamação da República.* **2** ordem feita por escrito: *O rei elaborou uma proclamação insuflando o povo a defendê-lo.*

pro.cla.mar v.t. **1** tornar público ou reconhecer solenemente, por ato oficial ou não: *proclamar a independência.* **2** promulgar; decretar: *A própria Constituição de 1937 proclamava a origem popular da soberania.* **3** declarar ou anunciar em voz alta; afirmar: *Ela despreza os que proclamam a infelicidade.*

pro.cla.mas s.m. pl. pregões de casamento lidos na igreja: *Os proclamas correram normalmente, mas ela não quis se casar no tempo previsto.*

pró.cli.se (Gram.) s.f. **1** emprego de um vocábulo átono subordinado ao acento tônico do vocábulo seguinte. **2** colocação de um pronome átono antes do verbo.

pro.cras.ti.na.ção s.f. adiamento; prorrogação: *Com tantas emendas, só poderá haver procrastinação da votação do orçamento.*

pro.cras.ti.nar v.t. transferir para outra ocasião; adiar: *O tribunal procrastinou a decisão sobre o direito de resposta.*

pro.cri.a.ção s.f. geração ou concepção de filhos.

pro.cri.ar v.t. **1** promover a multiplicação de: *É um ambiente que procria corruptos com incrível fecundidade.* • int. **2** gerar ou conceber filhos; ter filhos: *Homens e animais procriam desde que o mundo é mundo.*

pro.cu.ra s.f. **1** busca: *Todos se empenharam na procura pelo anel.* **2** demanda: *A procura por alarmes residenciais dobra nos meses de férias.* ♦ **à procura de** em busca de: *Saiu à procura de trabalho.*

pro.cu.ra.ção s.f. **1** documento em que se consigna legalmente a incumbência ou autorização dada a outrem por alguém para tratar de negócio(s) em seu nome: *assinar uma procuração.* **2** autorização dada a alguém para falar em seu nome: *Não tenho procuração para defender o jornal.*

pro.cu.ra.dor (ô) s.m. **1** aquele que tem procuração para tratar dos negócios de outrem; administrador; mandatário: *Ele era procurador dos compradores.* **2** na Administração Pública, advogado encarregado de representar o Estado em todas as questões judiciais de interesse do estatal.

pro.cu.ra.do.ri.a s.f. departamento público chefiado por um procurador (representante do Estado): *A medida provisória está sendo examinada pelas procuradorias jurídicas.*

pro.cu.rar v.t. **1** esforçar-se para achar; buscar: *Empresas já procuram profissionais na Internet.* **2** contratar: *Preciso procurar um advogado para cuidar dos meus interesses.* **3** escolher: *Procurava o caminho que tivesse menos buracos.* **4** tentar obter. *Todos procuravam a paz.* **5** esforçar-se por; tentar: *As pessoas estão abaladas com o que aconteceu, mas procuram manter a calma.*

pro.di.ga.li.da.de s.f. **1** esbanjamento; desperdício; dissipação: *A prodigalidade no uso de recursos públicos é um escândalo.* **2** generosidade; liberalidade: *Foi acusado de distribuir concessões de rádio e de televisão com uma prodigalidade natalina.* **3** profusão; abundância: *Jamais chegaríamos à prodigalidade dos elogios.*

pro.di.ga.li.zar v.t. dissipar; distribuir em excesso; esbanjar: *O filme prodigaliza ações violentas.*

pro.dí.gio s.m. **1** pessoa de talento extraordinário: *É um prodígio em língua estrangeira.* **2** coisa extraordinária:

prodigioso

É um ator capaz de prodígios. **3** primor: *O texto é um prodígio de descontração.*
pro.di.gi.o.so (ô) *adj.* maravilhoso; admirável; extraordinário: *memória prodigiosa.*
pró.di.go *adj.* **1** que gasta com excesso; esbanjador: *Ele é o filho pródigo que regressa para a casa do seu pai.* **2** generoso; liberal: *Ela era pródiga com os filhos.* **3** abundante: *O bairro não era pródigo em farmácias.*
pro.du.ção *s.f.* **1** ato de produzir através do plantio: *produção de soja.* **2** fabricação: *produção de manteiga.* **3** elaboração; criação; obra: *A doença fê-lo diminuir sua produção literária.* **4** aquilo que se produziu: *Neste ano não vendemos toda a produção.* **5** pessoal encarregado de produzir: *A produção era composta dos melhores profissionais de cinema.* **6** filme de cinema ou televisão, disco ou peça de teatro: *Em algumas produções, os próprios personagens principais são escritores.*
pro.du.cen.te *adj.2g.* **1** que produz. **2** lógico, concludente.
pro.du.ti.vi.da.de *s.f.* capacidade de produção; rendimento: *elevar a produtividade do arroz.*
pro.du.ti.vo *adj.* **1** que produz bem ou muito: *funcionários produtivos.* **2** fértil: *animal produtivo.* **3** que gera renda: *atividade produtiva.* **4** proveitoso; eficiente: *Tivemos uma reunião muito produtiva.* **5** de ou relativo à produção: *capacidade produtiva.*
pro.du.to *s.m.* **1** resultado; consequência: *Um dogma é sempre o produto de um sistema de poder autoritário.* **2** aquilo que se produziu; resultado de produção; artigo. **3** material de uso doméstico: *produtos de limpeza.* **4** cosmético: *produtos de beleza.* **5** quantia apurada: *Vendeu um sítio e com o produto da venda comprou apólices da dívida pública.* **6** substância resultante de outra: *A manteiga é um produto derivado do leite.* **7** (Arit.) resultado de uma multiplicação: *Se o produto de dois números é igual a zero, então pelo menos um deles deve ser zero.*
pro.du.tor (ô) *s.m.* **1** quem produz bens para o consumo: *Essa decisão do governo prejudica os pequenos produtores.* **2** aquele que financia e supervisiona uma produção artística: *Ele ainda guarda alguns filmes realizados por produtores independentes.* **3** país ou região especializado em determinada produção agrícola: *O Brasil ainda é um grande produtor de café.* • *adj.* **4** que produz: *empresa produtora de energia.*
pro.du.zir *v.t.* **1** fazer nascer ou surgir; criar: *Nossa escola produz médicos, advogados, técnicos agrícolas etc.* **2** fabricar: *Da mandioca se produz farinha e inúmeros outros alimentos.* **3** causar; ocasionar: *Alimentação deficiente na infância produz adultos mais baixos.* • *pron.* **4** ocorrer; acontecer: *De repente produziu-se um silêncio.* **5** (Coloq.) arrumar-se; enfeitar-se: *Ela se produziu toda para a festa.* • *int.* **6** dar frutos ou grãos.
pro.e.mi.nen.te *adj.2g.* **1** saliente: *Alguns homens têm a barriga proeminente.* **2** relevante; importante: *A Comunidade Europeia ocupa um lugar muito proeminente em nossa lista de parceiros comerciais.* **3** destacado; importante: *político proeminente.*
pro.e.za (ê) *s.f.* **1** façanha; aventura. **2** ação tão estúpida que chega a ser inacreditável: *Ele conseguiu a proeza de perder o dinheiro do aluguel no jogo.*

pro.fa.na.ção *s.f.* **1** ação desrespeitosa para com objetos considerados sagrados: *Pichar altares é uma profanação.* **2** desrespeito; irreverência.
pro.fa.nar *v.t.* **1** tratar com irreverência; violar a santidade de: *Deus me guarde de profanar as coisas sagradas.* **2** desrespeitar: *Um grupo de vândalos profanou um cemitério.*
pro.fa.no *s.m.* **1** aquilo que não pertence à religião: *Trata-se de um mundo no qual o profano, a magia e a religião se confundem.* • *adj.* **2** não relacionado com a religião: *música profana.* **3** contrário ao respeito devido às coisas sagradas.
pro.fe.ci.a *s.f.* **1** anúncio de fatos que ainda não ocorreram, feito por algumas pessoas que se crê receberam revelações diretamente da divindade (profetas, adivinhos, oráculos etc.): *A Bíblia está cheia de profecias.* **2** predição do futuro; vaticínio; presságio: *Não se cumpriu a profecia de Lumière de que o cinema era um invento sem futuro.*
pro.fe.rir *v.t.* **1** enunciar; pronunciar; dizer: *Ela proferiu palestra no Sesc.* **2** sentenciar: *O juiz proferiu a sentença logo após a audiência.*
pro.fes.sar *v.t.* **1** reconhecer publicamente; confessar; declarar: *Professava que um homem de bem não podia se afastar da austeridade.* **2** adotar; seguir: *O rapaz professa a religião de seus pais.* **3** apregoar.
pro.fes.sor (ô) *s.m.* **1** aquele que ensina uma ciência, uma arte, uma técnica, uma disciplina; mestre. **2** indivíduo muito versado ou perito em alguma coisa: *Em futebol, não há melhor professor.* **3** indivíduo que tem diploma de professor.
pro.fes.so.ra.do *s.m.* **1** a classe dos professores: *O governador intimou o professorado a encerrar a greve.* **2** cargo ou função do professor: *Exerceu o professorado até o ano de 2003.*
pro.fe.ta (é) *s.m.* **1** entre os hebreus, aquele que anunciava e interpretava os propósitos divinos e ocasionalmente predizia o futuro por inspiração divina: *Deus encarregou o profeta Moisés de guiar o seu povo.* **2** indivíduo que prediz o futuro; adivinho: *Os falsos profetas vivem anunciando o fim do mundo.*
pro.fé.ti.co *adj.* **1** de ou relativo à profecia: *Seu discurso teve um caráter profético.* **2** que se cumpre, se realiza, à maneira de profecia: *Na época, ninguém deu importância àquelas palavras proféticas.* **3** de ou típico de profeta: *Usava barba longa, num visual profético.*
pro.fe.ti.zar *v.t.* **1** prever; predizer, como profeta: *Jonas profetizou a destruição de Nínive.* **2** adivinhar por pressentimento ou por conjectura e anunciar; predizer; vaticinar: *Abraçado ao deputado, ele profetizava que a posse não aconteceria.*
pro.fí.cuo *adj.* **1** útil; proveitoso: *trabalho profícuo.* **2** que apresenta resultados positivos: *carreira profícua.* **3** cheio de: *O show foi profícuo em homenagens.*
pro.fi.lá.ti.co *adj.* relativo à profilaxia; preventivo: *medidas profiláticas.*
pro.fi.la.xi.a /ks/ *s.f.* **1** (Med.) emprego de meios para evitar ou combater doenças: *Ao obstetra, cabe a profilaxia da maior parte das doenças ginecológicas.* **2** tratamento preventivo de qualquer problema: *O governo prefere a profilaxia quando se trata de combater a inflação.*
pro.fis.são *s.f.* **1** atividade ou ocupação especializada, que supõe determinado preparo; ofício: *Existem filhos*

que seguem as profissões dos pais. **2** atividade; ocupação: *A profissão de espião perdeu o charme, mas não a sua utilidade.*

pro.fis.si.o.nal *s.2g.* **1** pessoa que exerce uma atividade por profissão: *Os bons profissionais devem ser bem pagos.* **2** especialista; perito: *Não sou profissional dessa área.* • *adj.* **3** de ou relativo a uma profissão: *A necessidade profissional fez do jornalista um caçador de informação.* **4** que prepara para certas profissões: *cursos de formação profissional.* **5** que não é amador para quem a atividade constitui trabalho ou ganha-pão: *campeonato profissional.* **6** que faz algo com tanta frequência ou tão bem que parece estar exercendo uma profissão: *É profissional em enganar os outros.* **7** próprio de entendido: *O especialista em tatuagem estudava alternadamente a cobra e o braço, com olhar profissional.*

pro.fis.si.o.na.lis.mo *s.m.* **1** condição de quem é profissional: *Ele fez vários treinamentos e estágios até atingir o profissionalismo.* **2** atitude própria de profissional; ausência de amadorismo: *O profissionalismo marcou toda a produção.* **3** conjunto de qualidades que caracterizam o bom profissional, como competência, preparo, pontualidade, seriedade.

pro.fis.si.o.na.li.zan.te *adj.2g.* destinado a formar técnicos em determinados ofícios ou profissões: *Em minha cidade, há vários cursos profissionalizantes.*

pro.fis.si.o.na.li.zar *v.t.* **1** dar uma profissão; tornar profissional: *Conheço uma escola que trata, reabilita e profissionaliza deficientes físicos.* **2** dar caráter profissional a: *Aquela fundação profissionaliza microempresas informais.* • *pron.* **3** tornar-se profissional: *A uva pode gerar uma boa renda, desde que o produtor se profissionalize.*

pro.fli.gar *v.t.* **1** destruir; destroçar: *Tentaram profligar a denúncia e desqualificá-la.* **2** atacar ou combater com palavras; reprovar energicamente; verberar: *Recentemente, o embaixador profligou a atuação dessas organizações.* **3** bater-se: *Ele profligava por uma arte fundada na realidade brasileira.*

pro.fun.de.za (ê) *s.f.* **1** qualidade do que é profundo. **2** íntimo; âmago; parte mais difícil de se atingir: *A agressividade tem raízes nas profundezas da mente.* **3** lugar muito afastado: *Atravessou toda a imensidão da Ásia até as profundezas da Sibéria.* **4** lugar muito profundo.

pro.fun.di.da.de *s.f.* **1** característica do que é profundo: *Este armário tem boa profundidade.* **2** dimensão vertical considerada de cima para baixo: *Cavou um buraco quadrado com 40 cm de profundidade para plantar a árvore.* **3** extensão para o fundo. **4** impressão de um espaço tridimensional num desenho ou pintura: *Com a descoberta das leis da perspectiva, os quadros passaram a ter profundidade.* **5** intensidade; grandeza: *Um amor que não tem silêncio é um amor sem profundidade.* • **em/com profundidade** de modo aprofundado: *Esse assunto deve ser tratado com profundidade.*

pro.fun.do *adj.* **1** que se estende muito para baixo ou abaixo da superfície: *Os vales do Peru são profundos.* **2** muito fundo: *Ele sofreu um corte profundo na perna.* **3** grave: *Cantores conseguem, dar à voz um tom rico e profundo.* **4** bem marcado; acentuado: *depressão profunda.* **5** intimamente arraigada: *Um apóstolo possui uma fé tão profunda, que ela não se apoia no que diz.* **6** intenso; forte: *Ele fez um profundo exame de consciência.* **7** grande; enorme; de grande consequência: *O país passa por profundas transformações econômicas.*

pro.fu.são *s.f.* grande porção ou abundância; exuberância: *profusão de cores.* • **em profusão** abundantemente, aos montes: *Pequenos crustáceos viveram em profusão nesses lagos.*

pro.gê.nie *s.f.* **1** origem; ascendência: *progênie africana.* **2** prole; descendência: *Deixou progênie ilustre.*

pro.ge.ni.tor (ô) *s.m.* aquele que gera; pai; genitor.

pro.ges.te.ro.na *s.f.* (Quím.) hormônio do ovário que desempenha papel importante na gestação.

prog.nos.ti.car *v.t.* **1** (Quím.) fazer prognóstico com base em indícios ou sintomas: *Uma pesquisa prognosticou uma melhoria na economia mundial.* **2** predizer; pressagiar; anunciar: *O médico prognosticou que ele teria de um a dois anos de vida.*

prog.nós.ti.co *s.m.* **1** juízo médico, baseado no diagnóstico e nas possibilidades terapêuticas, acerca da duração, evolução e termo de uma doença: *Quando a leucemia linfoide aguda alcança adultos, o prognóstico é pior.* **2** previsão: *Segundo os prognósticos meteorológicos, amanhã choverá.* **3** previsão; conjetura sobre o desenvolvimento de um negócio, de uma situação: *Não são otimistas os prognósticos sobre o mercado financeiro.*

pro.gra.ma *s.m.* **1** apresentação, sistemática ou não, de audições radiofônicas ou espetáculos televisionados: *programa de entrevistas.* **2** diversão ou recreação previamente planejadas: *A garotada que estiver de férias tem a chance de fazer um programa diferente.* **3** plano: *programa especial de financiamento.* **4** escrito ou publicação em que se anunciam ou descrevem os pormenores de um espetáculo, festa ou cerimônia, das condições dum concurso etc.: *O programa da peça tinha muitas fotos e informações sobre os atores.* **5** lista da(s) matéria(s) para estudar num curso ou para um concurso: *Ele conhecia todo o programa do concurso.* **6** (Coloq.) encontro amoroso por dinheiro. **7** (Inf.) sequência de instruções, codificadas segundo determinada linguagem de programação, que se insere no computador, habilitando-o a executar um ciclo completo de operações: *Apesar de instalado corretamente, o programa não rodava de jeito nenhum.*

pro.gra.ma.ção *s.f.* **1** estabelecimento de um programa de atividades: *Os shoppings prepararam programações especiais para as crianças.* **2** conjunto de programas para um dia, uma semana, um mês etc.: *A programação da TV anda cada vez mais apelativa.* **3** plano a ser seguido: *Deveria seguir uma rígida programação alimentar se quisesse emagrecer.* **4** listagem de atividades: *Como cheguei mais tarde, não consegui pegar a programação.*

pro.gra.ma.dor (ô) *s.m.* **1** profissional que prepara programas: *programador cultural.* **2** (Inf.) profissional que se dedica a projetar, escrever e testar programas de computador: *O programador se nega a nos fornecer uma cópia do programa.* **3** planejador; projetista.

pro.gra.mar *v.t.* **1** incluir em programação; projetar; planejar: *programar as férias.* **2** (Inf.) preparar um progra-

programático

ma (de computação): *Os pesquisadores programaram um computador para reconhecer as características dos dois autores.* **3** preparar as etapas de operação de um aparelho eletrônico: *programar o rádio-relógio.* • *pron.* **4** preparar à maneira de um computador; condicionar: *Vou me programar para as seletivas de abril e maio.* **5** planejar as próprias atividades; preparar-se: *Ele se programou antecipadamente.*

pro.gra.má.ti.co *adj.* relativo ou pertencente a programa: *o conteúdo programático da disciplina.*

pro.gra.má.vel *adj.2g.* que se pode programar: *O horário em que as luzes se apagam é programável a distância.*

pro.gre.dir *v.int.* **1** caminhar para a frente; avançar: *O cortejo progredia em direção ao cemitério.* **2** ir aumentando; aumentar; expandir-se: *Um delta progride cada vez mais em direção ao mar.* **3** evoluir; desenvolver-se: *O professor é um homem que precisa progredir sempre.* **4** tornar-se mais eficiente; aperfeiçoar-se: *As empresas conservadoras poderão perder oportunidades de progredir.* **5** ter sucesso: *Progrediu na vida à custa de muito esforço.* **6** evoluir para pior; piorar. **7** tornar-se mais moderno, rico; crescer; modernizar-se: *A cidade progrediu muito.*

pro.gres.são *s.f.* **1** avanço: *A droga não conseguiu retardar a progressão da doença.* **2** sucessão ininterrupta e constante dos diversos estágios de um processo; progressividade; marcha: *O público assistia tenso à progressão das negociações para libertação dos reféns.* **3** acesso a cargos mais elevados e com melhor remuneração no serviço público: *Os juízes terão de fazer cursos de atualização jurídica como condição de sua progressão na carreira.* • **progressão aritmética** (Mat.) série que cresce (ou decresce) de uma quantidade constante. **progressão geométrica** (Mat.) série em que o quociente entre dois termos é constante.

pro.gres.sis.ta *s.2g.* **1** pessoa que defende o progresso: *Contrariando a previsão dos progressistas, ao golpe conservador seguiu-se um poderoso surto industrial.* • *adj.2g.* **2** que se preocupa com o progresso social e político; voltado para o progresso: *um jornal independente e progressista.* **3** respeitante ao progresso: *Justiça social, igualdade e liberdade ainda são temas progressistas.* **4** que é adepto ou partidário do progresso político, social ou econômico: *Era possível ser progressista em ecologia e reacionário em religião.* **5** que é favorável a mudanças; contrário à tradição: *O bispo pertence à ala progressista da Igreja.*

pro.gres.si.vo *adj.* **1** que se vai realizando gradualmente; em progressão: *a progressiva incorporação da mulher ao mundo trabalhista.* **2** que mostra tendência para o aumento ou a piora: *O doente sofre de perda progressiva de memória.* **3** que emprega ritmos complexos e harmonias dissonantes: *Aquela banda tem influência do rock progressivo.*

pro.gres.so (é) *s.m.* **1** desenvolvimento ou alteração em sentido favorável; melhoria: *As cidades em volta de Brasília também tiveram o progresso.* **2** acumulação de bens e de conhecimentos que podem transformar a vida social para conferir ao homem mais bem-estar: *Não adianta pensar em progresso sem pensar em civilização.* **3** conjunto das mudanças ocorridas no curso do tempo; evolução: *Combinação entre ser humano e aparelho será, num provável futuro, contribuição importante ao progresso.* **4** bom encaminhamento; avanço: *As duas partes disseram ter feito progressos nas negociações.*

pro.i.bi.ção *s.f.* interdição; impedimento: *O rapaz desrespeitou a proibição de fumar.*

pro.i.bi.do *s.m.* **1** aquilo que não pode ser feito, tocado, visto: *Sinto um prazer com o proibido.* • *adj.* **2** que se proibiu; interditado: *Era uma rua cheia de árvores e com circulação de automóveis proibida.* **3** sem permissão: *Os exemplares de séculos passados eram guardados quase como amores proibidos.*

pro.i.bir *v.t.* **1** tornar interdito; interditar; impedir: *O letreiro proibia a entrada de cães.* **2** não permitir; desautorizar: *O pai proibiu a filha de ir ao baile.* **3** tornar ilegal: *proibir a exibição de propaganda de cigarro.*

pro.i.bi.ti.vo *adj.* **1** que encerra proibição ou restrição: *projeto de lei proibitivo do tráfico de escravos.* **2** muito elevado (falando-se de preços): *Uma distância tão grande tornava proibitivo o custo de cabos submarinos.*

pro.je.ção *s.f.* **1** estimativa; previsão: *Ao analisar a rentabilidade de um projeto, são feitas projeções de resultados.* **2** lançamento; arremesso: *A projeção do tronco para frente e para trás em oposição à perna se faz obrigatória.* **3** apresentação de imagens numa tela com auxílio de projetor: *A sala de projeção ainda estava clara.* **4** importância; destaque: *Ele é um pesquisador de projeção nacional.* **5** imagem projetada numa superfície: *A má projeção da maioria dos nossos cinemas é capaz de causar danos à vista.*

pro.je.tar *v.t.* **1** fazer o projeto de; criar: *projetar uma casa.* **2** estabelecer um plano para: *projetar uma viagem.* **3** calcular, com base em dados parciais, uma situação futura: *As empresas projetam números inacreditáveis para o mercado no Brasil.* **4** atirar longe; arremessar; lançar: *Uma freada brusca pode projetar, para fora do carro, uma pessoa.* **5** fazer incidir; transferir para: *Costumamos projetar nos outros os nossos próprios defeitos.* **6** reproduzir a imagem de; produzir: *A lamparina a querosene projeta sombras na parede.* **7** exibir por projeção: *projetar imagens em movimento numa tela.* • *pron.* **8** tornar-se conhecido ou célebre; ganhar projeção: *O artista plástico foi para o Rio com o objetivo de se projetar na carreira de pintor.* **9** prolongar-se em sentido horizontal ou oblíquo, em direção a: *O terreno era um declive muito íngreme que se projetava para um vale sombrio.*

pro.je.til *s.m.* projétil.

pro.jé.til *s.m.* **1** qualquer objeto que é lançado e se move pela força da impulsão. **2** corpo arremessado por arma de fogo; bala; granada: *Em condições normais, junto com o projétil sai uma certa quantidade de pólvora.*

pro.je.tis.ta *s.2g.* aquele que faz projetos para indústria ou construção; especialista em projetos: *Os projetistas de construção naval esforçaram-se para aperfeiçoar sistemas propulsores.*

pro.je.to (é) *s.m.* **1** ideia de executar ou realizar algo, no futuro; intento; desígnio: *projeto de criar alternativas ao consumo de combustíveis fósseis.* **2** empreendimento a ser realizado dentro de determinado esquema: *Deveria apresentar um pequeno projeto de pesquisa.*

3 plano geral de edificação, criação, fabricação etc.: *Encontro-o discutindo detalhes do acabamento com o arquiteto que fez o projeto.* **4** esboço; plano; minuta: *Já tracei um projeto do artigo que pretendo escrever.*

pro.je.tor (ô) *s.m.* **1** aparelho usado para projetar imagens: *Eu vou pegar o projetor e os slides.* **2** aparelho usado para projetar feixes luminosos a grandes distâncias; refletor; holofote: *Se não houver projetor, uma lâmpada pode ser usada.*

prol (ó) *s.m.* lucro; proveito; vantagem. ♦ **de prol** destacado; notável; importante: *homens de prol.* **em prol** em favor de: *fazer algo em prol das minorias.*

pro.le (ó) *s.f.* **1** descendência: *Tem variado a opinião dos legisladores no tocante aos prazos aceitos para a legitimação da prole.* **2** conjunto dos filhos: *Ao casal cabe cuidar da educação da prole.*

pro.le.ta.ri.a.do *s.m.* classe social formada pelos proletários; classe trabalhadora: *É preciso prevalecer os interesses comuns do proletariado.*

pro.le.tá.rio *s.m.* **1** pessoa que garante o sustento próprio e da família através do salário, normalmente baixo, recebido no trabalho; operário; trabalhador: *Os proletários são sempre sacrificados.* • *adj.* **2** da classe assalariada; da classe operária: *consciência proletária.*

pro.li.fe.ra.ção *s.f.* **1** reprodução rápida e em quantidade: *Tumores são constituídos pela proliferação excessiva de tecido inflamatório.* **2** crescimento em número; multiplicação: *A introdução das máquinas implica também uma proliferação de funções administrativas.* **3** surgimento abundante: *A proliferação dos novos cursos é inevitável.*

pro.li.fe.rar *v.int.* **1** surgir em grande quantidade: *Os filmes de ação proliferam.* **2** reproduzir-se rapidamente e em quantidade: *Epidemias proliferavam sem controle.* **3** crescer em número; multiplicar-se: *As academias de educação física proliferam pelo país.*

pro.lí.fi.co *adj.* **1** que gera prole. **2** que produz muito; produtivo: *uma prolífica indústria de adesivos.*

pro.li.xi.da.de /ks/ *s.f.* caráter do que é prolixo; falta de concisão: *Concisão e brevidade são mais expressivas que a prolixidade.*

pro.li.xo /ks/ *adj.* **1** muito longo, redundante; difuso: *linguagem prolixa.* **2** muito falante; loquaz: *homem prolixo.*

pró.lo.go *s.m.* **1** parte introdutória; início: *Sua luta foi o prólogo de uma campanha.* **2** no teatro ou no cinema, cena inicial, que apresenta de modo condensado o tema. **3** discurso introdutório; introdução: *Tudo veio à sua cabeça por causa do prólogo do amigo.*

pro.lon.ga.men.to *s.m.* **1** extensão: *A dança é um prolongamento natural dos gestos da vida.* **2** continuação de uma coisa na mesma direção: *Para o prolongamento da avenida, a prefeitura gastou cerca de cem milhões.* **3** ampliação; aumento no sentido longitudinal: *prolongamento das linhas do metrô.*

pro.lon.gar *v.t.* **1** tornar mais longo, mais comprido; alongar: *Não quis prolongar o tema.* **2** aumentar a extensão ou a duração de; dilatar: *O colégio prolongará o período de matrículas até fevereiro.* • *pron.* **3** tornar-se longo; alongar-se. **4** continuar: *Alguns povos acreditavam que a vida se prolongava na morte.* **5** durar: *Iniciaram um caso de amor que se prolongou por muitos anos.* **6** demorar-se; estender-se: *Fez um programa que se prolongou pelo dia todo.*

pro.ma.nar *v.t.* provir; derivar: *Todo o bem promana da cabeça e beneficia todo o corpo.*

promover

pro.mes.sa (é) *s.f.* **1** ato de prometer: *O povo não se deixou levar pelas promessas do candidato.* **2** compromisso: *O estelionatário aplicava golpes com a promessa de liberar empréstimos em bancos americanos.* **3** voto; juramento: *Ela fez promessa a Santo Antônio para ver se conseguia casar.*

pro.me.ter *v.t.* **1** garantir previamente; assumir o compromisso de: *Prometeu que tomaria as providências necessárias.* **2** fazer voto: *Prometeu fazer uma faixa a Santo Expedito se conseguisse a graça.* **3** pressagiar; anunciar: *As nuvens prometem uma tempestade.* • *int.* **4** apresentar indícios de que alguma coisa boa pode acontecer: *Com todos esses preparativos, vejo que a noite de hoje promete.*

pro.mis.cu.i.da.de *s.f.* **1** mistura desordenada e confusa; confusão. **2** relação sexual com muitos parceiros: *A promiscuidade eleva o risco de contrair doenças venéreas.* **3** relacionamento confuso e não regulado por normas.

pro.mís.cuo *adj.* **1** misturado, indistinto. **2** que é imoral, escuso: *Relações promíscuas entre o setor público e a área privada serão investigadas.* **3** que se caracteriza por relacionamentos passageiros com uma grande quantidade de parceiros.

pro.mis.sor (ô) *adj.* **1** próspero: *O casal tem uma vida feliz e promissora.* **2** que promete ser bom; que tem futuro: *As oportunidades parecem promissoras, mas nem por isso deixam de provocar inquietação.*

pro.mis.só.ria *s.f.* título de crédito formal que expressa promessa pura e simples de pagar uma quantia determinada a alguém: *Vive pendurado nos bancos, com promissórias vencendo todas as semanas.*

pro.mo.ção (ô) *s.f.* **1** elevação ou acesso a cargo ou categoria superior; ascensão: *Funcionário exemplar e eficiente fora aos poucos alcançando boas promoções.* **2** campanha de propaganda em que se vendem produtos por preço mais baixo que o normal: *folhetos com promoções para o Dia dos Pais.* **3** impulso; fomento; incentivo: *Ao professor interessa a pesquisa no âmbito da linguagem.*

pro.mo.ci.o.nal *adj.2g.* **1** relativo a, ou que tem caráter de promoção: *Com o auxílio de investimentos promocionais, as grandes indústrias de jogos organizam campeonatos.* **2** publicitário: *material promocional.* **3** mais barato que o normal: *tarifas promocionais.*

pro.mon.tó.rio *s.m.* (Geogr.) cabo formado de rochas elevadas.

promoter (promôutâr) (Ingl.) *s.2g.* organizador de eventos, festas, recepções, seminários etc.

pro.mo.tor *s.m.* pessoa que promove, fomenta ou determina; promovedor: *promotora de vendas.* ♦ **promotor público** (Jur.) representante da Promotoria Pública, encarregado de promover os atos judiciais de interesse da sociedade e de servir de acusador nos processos criminais.

pro.mo.to.ri.a *s.f.* (Jur.) órgão do Ministério Público junto aos juízes de direito, do cível e do crime, representado pelo promotor público.

pro.mo.ver *v.t.* **1** dar impulso a; provocar; fomentar: *promover o progresso da nação.* **2** fazer; realizar:

promulgação

Nosso clube promoveu um baile à fantasia. **3** providenciar; levar adiante: *promover uma investigação.* **4** fazer propaganda das qualidades de: *A editora está promovendo um novo dicionário.* **5** elevar a: *promover o funcionário a gerente.* • *pron.* **6** fazer promoção de si próprio: *promover-se à custa dos outros.*

pro.mul.ga.ção *s.f.* publicação; divulgação: *promulgação da lei.*

pro.mul.gar *v.t.* ordenar a publicação; tornar público; publicar oficialmente: *promulgar lei.*

pro.no.me *s.m.* (Gram.) palavra que substitui o substantivo, designando pessoa ou coisa (pronome absoluto ou substantivo) ou o acompanha para esclarecer-lhe o significado (pronome adjunto ou adjetivo).

pro.no.mi.nal *adj.2g.* **1** relativo ao pronome: *questões pronominais.* **2** dos pronomes: *colocação pronominal.* **3** diz-se do verbo que sempre se conjuga com pronome reflexivo, como abster-se, queixar-se.

pron.ti.dão *s.m.* **1** soldado de serviço numa delegacia de polícia: *O prontidão atendeu o telefone.* • *s.f.* **2** presteza; agilidade; rapidez: *a prontidão do médico em socorrer o paciente.* **3** estado de alerta: *soldados em prontidão permanente.* • **de prontidão** alerta e prestes ou pronto a entrar em ação: *Assaltantes estavam de prontidão na rodovia à espera do carro-forte.*

pron.ti.fi.car *v.t.* **1** apresentar pronto; aprontar; oferecer. • *pron.* **2** declarar-se pronto para fazer algo; oferecer-se; dispor-se: *Ele prontificou-se a comprar um número de rifa.* **3** apresentar-se; oferecer-se: *prontificar-se para o cargo.*

pron.to *adj.* **1** imediato; rápido: *homem inteligente, de raciocínio pronto.* **2** concluído; terminado; acabado: *tarefa pronta.* **3** (Bras.; Coloq.) sem dinheiro; duro: *Ele não paga suas contas, pois está sempre pronto.* **4** arrumado; vestido para sair: *Crianças prontas para irem à escola.* **5** que se compra já preparado: *alimento pronto para cães.* **6** disposto: *Amigo pronto a pedir desculpas.* • *adv.* **7** com prontidão; prontamente: *O noivo respondeu pronto que queria casar-se.* • *interj.* **8** usada em discurso direto para atender a um chamado: *— Pronto!, diz ela ao atender a porta.* **9** usada para expressar alguma coisa que ocorre instantaneamente: *Telefono para a livraria e pronto, o livro é entregue em meia hora.* **10** usada para pôr fim a uma conversa: *Não quero sair... pronto.* • **de pronto** prontamente; imediatamente; num instante: *conquistar de pronto a atenção do público.*

pron.to-so.cor.ro *s.m.* hospital ou dependência em hospital para atendimento de casos de urgência. // Pl.: prontos-socorros.

pron.tu.á.rio *s.m.* **1** ficha com os dados referentes a uma pessoa: *prontuário médico.* **2** manual de informações úteis: *prontuário de agricultura.*

pro.nún.cia *s.f.* **1** ato ou efeito de pronunciar; prolação. **2** modo de pronunciar; sotaque: *O carteiro tem pronúncia caipira.* **3** (Jur.) decisão judicial que determina que se registre a culpa ao réu, remetendo-o ao julgamento final no tribunal do júri: *De acordo com a pronúncia do juiz, o réu deverá ficar recluso por dez anos.*

pro.nun.ci.a.men.to *s.m.* **1** expressão de opinião pessoal: *pronunciamento do presidente.* **2** decisão; tomada de posição: *o pronunciamento do diretor sobre a atitude do aluno.* **3** decisão judicial: *o pronunciamento da Justiça sobre o pedido de liberdade condicional.*

pro.nun.ci.ar *v.t.* **1** proferir; dizer: *pronunciar um palavrão.* **2** articular os sons correspondentes às letras: *pronunciar a palavra inteira.* • *pron.* **3** acentuar-se; salientar-se: *O estado depressivo do rapaz se pronunciou.* **4** manifestar opinião; manifestar-se: *pronunciar-se contra a greve.*

pro.pa.ga.ção *s.f.* **1** divulgação; difusão: *A propagação do cristianismo foi lenta e gradual.* **2** expansão: *propagação do fogo.* **3** desenvolvimento; proliferação: *propagação de doenças contagiosas.*

pro.pa.gan.da *s.f.* **1** propaganda de princípios, ideias, conhecimentos ou teorias: *a propaganda evangélica.* **2** publicidade: *A propaganda do novo sabão exagera suas qualidades.*

pro.pa.gan.de.ar *v.t.* **1** fazer propaganda de; anunciar; divulgar; promover: *propagandear o novo refrigerante.* **2** fazer proselitismo de; doutrinar.

pro.pa.gan.dis.ta *s.2g.* **1** pessoa que faz propaganda: *A cantora virou propagandista do Rio de Janeiro.* **2** representante: *propagandista de laboratórios.* • *adj.2g.* **3** que se envolve com propaganda: *jornalismo propagandista.*

pro.pa.gar *v.t.* **1** difundir; espalhar: *propagar o cristianismo.* • *pron.* **2** alastrar-se; espalhar-se: *O som propaga-se no ar.*

pro.pa.la.dor (ô) *s.m.* pessoa que faz divulgação: *propalador de mentiras.*

pro.pa.lar *v.t.* **1** tornar público; divulgar; propagar: *propalar uma opinião.* • *pron.* **2** espalhar-se; difundir-se: *A boa notícia logo se propalou.*

pro.pa.no *s.m.* (Quím.) hidrocarboneto gasoso da série dos metanos, obtido de gás natural ou como produto secundário na refinação do petróleo, muito usado como combustível doméstico.

pro.pa.ro.xí.to.no /ks/ *s.m.* **1** (Gram.) vocábulo acentuado na antepenúltima sílaba: palavra proparoxítona: *acentuar os proparoxítonos.* • *adj.* **2** que tem o acento tônico na antepenúltima sílaba: *Todas as palavras proparoxítonas têm acento.*

pro.pen.são *s.f.* tendência; inclinação: *propensão para a música.*

pro.pen.so *adj.* **1** inclinado; disposto; tendente. **2** predisposto: *área propensa a terremotos.*

pro.pi.ciar *v.t.* tornar propício; favorecer; proporcionar: *propiciar atendimento de emergência.*

pro.pí.cio *adj.* adequado; apropriado; favorável: *momento propício para o plantio.*

pro.pi.na *s.f.* gratificação pela prestação ilegal de favores: *Funcionários cobram propinas para liberar mercadorias apreendidas.*

pró.po.lis *s.f.* substância resinosa que as abelhas segregam e com que tapam as fendas do próprio cortiço e supostamente de propriedades antibióticas.

pro.po.nen.te *s.2g.* quem propõe: *os proponentes do acordo.*

pro.por *v.t.* **1** apresentar; colocar ou designar como candidato: *propor um nome à vereança.* **2** colocar diante de; apresentar como proposta: *propor casamento à viúva.* **3** prometer; fazer o propósito de: *O rapaz propôs ao pai parar de fumar.* • *pron.* **4** comprometer-se a:

prospecção

propor-se a pagar a dívida. **5** mostrar-se disposto; dispor-se: *O ricaço propunha-se a ajudar os pobres*.

pro.por.ção *s.f.* **1** dimensão; extensão: *avaliar a proporção dos prejuízos causados pela enchente*. **2** quantidade: *controle da proporção de cloro na água*. **3** harmonia; simetria: *Ela decorou a sala com senso de proporção*. **4** relação das partes de um todo entre si ou entre cada uma delas e o todo, com relação ao tamanho, quantidade ou grau; fração: *diluir a tinta na proporção de uma parte para três de água*. ♦ **à proporção que** introduz oração subordinada adverbial proporcional; à medida que: *À proporção que os dias iam passando, o dinheiro ia acabando*.

pro.por.ci.o.nal *adj.2g.* **1** cujas partes guardam proporção ou harmonia entre si: *as medidas proporcionais do corpo da atriz*. **2** que corresponde a outra coisa em tamanho, grau ou intensidade: *férias proporcionais ao tempo de serviço*. **3** relativo à proporção matemática: *grandeza proporcional*.

pro.por.ci.o.nar *v.t.* **1** pôr em proporção; tornar proporcional; harmonizar: *proporcionar possibilidades com os desejos*. **2** dar; oferecer: *proporcionar conforto aos filhos*.

pro.po.si.ção *s.f.* **1** ato de propor; proposta: *Aceitamos a proposição das regras do jogo*. **2** em Gramática, oração: *interpretar proposições sem verbos*. **3** em lógica, expressão em que se afirma ou se nega alguma coisa de um sujeito: *"Todo homem é mortal" é uma proposição*. **4** proposta a ser discutida e aprovada: *votar a proposição contra o encerramento da greve*.

pro.po.si.tal *adj.2g.* planejado; calculado; de propósito: *destruição proposital das reservas florestais*.

pro.pó.si.to *s.m.* **1** objetivo: *pesquisa sem propósito definido*. **2** intenção: *Ele falava alto com o propósito de chamar a atenção*. ♦ **a propósito** por falar nisso: *A propósito, você já comprou os ingressos do baile?* **a propósito de** com respeito a: *Não se manifestou a propósito dos escândalos atribuídos a ele*. **de propósito** intencionalmente: *ofender de propósito*. **fora de propósito** sem cabimento; despropositado: *Ela fez um comentário fora de propósito*.

pro.po.si.tu.ra *s.f.* **1** ato de propor; proposta: *Fez propositura de lei visando fixar indenizações aos indígenas*. **2** (Jur.) ato de propor uma ação judicial: *a propositura do habeas corpus*.

pro.pos.ta (ó) *s.f.* **1** plano ou projeto proposto: *a proposta de reforma do sistema previdenciário*. **2** oferecimento; oferta: *aceitar uma proposta de emprego*.

pro.pri.e.da.de *s.f.* **1** qualidade inerente: *Propagar-se no espaço é propriedade do som*. **2** adequação: *O jurista discorria com propriedade sobre a pena de morte*. ● *pl.* **3** conjunto de características: *as propriedades do diamante*. **4** virtudes: *as propriedades das plantas medicinais*. **5** aquilo sobre que se tem posse; coisa possuída; bem: *O coronel vendeu algumas de suas propriedades*.

pro.pri.e.tá.rio *s.m.* pessoa que possui bens; dono.

pró.prio *adj.* **1** apropriado; adequado: *Com um movimento próprio do laço apanhou a rês pelos chifres*. **2** peculiar; típico. **3** oportuno; conveniente. **4** em Gramática, que designa particularmente uma pessoa, um lugar ou um grupo de animais ou plantas: *Pedro é nome próprio*. ● *pron. dem.* **5** chama a atenção para objeto, situação, pessoa ou animal já mencionados; mesmo:

Não somos capazes de conhecer nem mesmo a nós próprios. **6** da pessoa em questão: *Seria capaz de decidir o próprio destino*.

pro.pug.nar *v.t.* **1** defender, combatendo ou disputando: *propugnar a cassação do político corrupto*. **2** ter como ponto que deve ser defendido; ter como ponto de honra: *O candidato propugna elevar a renda dos mais pobres*. **3** sustentar luta moral ou física; lutar: *Propugnemos por uma economia mundial mais justa*.

pro.pul.são *s.f.* **1** impulsão; impulso: *mecanismo de propulsão de um foguete*. **2** incitamento; instigação: *O compositor serviu de propulsão para outros músicos*.

pro.pul.si.o.nar *v.t.* **1** propulsar; estimular; dar impulso a. **2** dar impulsão a: *A tecnologia de fibra de carbono é usada para propulsionar foguetes*.

pro.pul.sor (ô) *s.m.* **1** qualquer mecanismo ou engenho que transmite movimento a um maquinismo: *navio com dois propulsores*. ● *adj.* **2** que impele: *Os aluguéis são o item propulsor da inflação*.

pror.ro.ga.ção *s.f.* **1** adiamento de prazo ou de tempo: *Não haverá prorrogação de matrículas*. **2** no futebol e no basquetebol, tempo de jogo acrescentado ao tempo regulamentar: *O único gol foi marcado no último minuto da prorrogação*.

pror.ro.gar *v.t.* prolongar; adiar; dilatar: *prorrogar o prazo de pagamento*.

pror.rom.per *v.t.* irromper de repente: *prorromper em choro*.

pro.sa (ó) *s.f.* **1** maneira de escrever, sem métrica, por oposição ao verso: *Prefiro texto de teatro em prosa*. **2** (Coloq.) vantagem: *contar prosa*. **3** conversa: *Ela não era de muita prosa*. ● *adj.* **4** conversador; tagarela: *pessoa muito prosa*. **5** contente; satisfeito: *O rapaz chegou todo prosa, contando que havia arranjado uma namorada*.

pro.sa.dor (ô) *s.m.* **1** quem escreve em prosa: *a moderna geração de prosadores*. ● *adj.* **2** que escreve em prosa: *Prefiro Machado de Assis prosador*.

pro.sai.co *s.m.* **1** aquilo que é comum: *Um jogo entre o prosaico e o patético animou a torcida*. ● *adj.* **2** sem grandeza ou elevação; comum; vulgar: *um caso prosaico; o prosaico ato de comer*.

pros.cê.nio *s.m.* a parte anterior do palco, junto à ribalta; frente do palco.

pros.cre.ver *v.t.* **1** condenar ao degredo por voto escrito; desterrar: *proscrever os traidores da pátria*. **2** condenar; proibir formalmente: *proscrever propagandas de cigarros*. **3** eliminar; afastar: *Proscrevamos os palavrões do dicionário*.

pros.cri.ção *s.f.* ação de proscrever: *a proscrição de testes nucleares*.

pros.cri.to *s.m.* **1** pessoa que foi desterrada; exilado: *a anistia dos proscritos*. ● *adj.* **2** proibido formalmente: *o proscrito partido*.

pro.se.ar *v.t.* (Coloq.) bater papo; conversar; papear: *prosear com os vizinhos*.

pro.só.dia *s.f.* pronúncia correta das palavras, especialmente quanto à localização da sílaba tônica.

pro.só.di.co *adj.* relativo ou referente à prosódia: *O poema tinha uma complicada estrutura prosódica*.

pros.pec.ção *s.f.* **1** sondagem: *Bancos investiram na prospecção de novos clientes*. **2** método ou técnica

prospectar

empregada para localizar e calcular o valor econômico das jazidas minerais: *prospecção de petróleo*.
pros.pec.tar *v.t.* **1** fazer prospecção; explorar (uma região) à procura de jazidas minerais: *prospectar novos depósitos e jazidas minerais*. **2** sondar: *prospectar possibilidades de negócios para empresas*.
pros.pec.ti.vo *adj.* **1** que faz ver adiante ou ao longe: *Fizeram perguntas de caráter prospectivo*. **2** concernente ao futuro: *uma visão prospectiva do país*.
pros.pec.to (é) *s.m.* **1** impresso pequeno, em geral com ilustrações e estampado em folha única, no qual se anuncia ou se faz propaganda de qualquer coisa ou que acompanha um aparelho ou produto, com instruções a respeito do uso: *o prospecto do pacote turístico*. **2** previsão: *Não vejo prospecto de uma solução política*.
pros.pe.rar *v.int.* **1** tornar-se próspero ou afortunado; enriquecer: *Empresas de cosméticos prosperam*. **2** desenvolver-se com êxito; dar bons resultados: *A ação judicial do sindicato não vai prosperar*.
pros.pe.ri.da.de *s.f.* **1** progresso; desenvolvimento: *A prosperidade da agricultura depende de empréstimos bancários*. **2** felicidade; ventura: *a prosperidade de uma família*.
prós.pe.ro *adj.* **1** bem-sucedido; afortunado: *um próspero corretor de imóveis*. **2** favorável: *período próspero para as vendas*. **3** em progresso; em franco desenvolvimento: *A Grande São Paulo é uma região próspera*.
pros.se.gui.men.to *s.m.* continuidade: *Não houve prosseguimento das investigações*.
pros.se.guir *v.t.* **1** dar seguimento a; levar adiante: *Os metalúrgicos prosseguiram* (com) *a greve*. **2** ir adiante; seguir avante: *O grupo resolveu prosseguir* (no) *passeio por conta própria*. • *int.* **3** ter continuidade; continuar: *As chuvas devem prosseguir*.
prós.ta.ta *s.f.* (Anat.) glândula própria do sexo masculino, que circunda o colo vesical e parte da uretra.
pros.ter.nar *v.int. e pron.* curvar-se até o chão, em atitude de respeito; ajoelhar-se: *prosternar-se diante do altar*.
pros.tí.bu.lo *s.m.* lugar de prostituição; bordel.
pros.ti.tu.i.ção *s.f.* **1** comércio habitual ou profissional da atividade sexual: *casas de prostituição*. **2** aviltamento: *a prostituição dos talentos*.
pros.ti.tu.ir *v.t.* **1** forçar ou levar à prostituição. **2** degradar; corromper; aviltar: *Alguns clubes estão prostituindo o futebol*. • *pron.* **3** entregar-se à prostituição: *prostituir-se para sobreviver*. **4** degradar-se; corromper-se.
pros.ti.tu.ta *s.f.* meretriz.
pros.ti.tu.to *s.m.* **1** quem pratica sexo mediante pagamento; garoto de programa; michê. • *adj.* **2** que se prostituiu; desonrado; aviltado.
pros.tra.ção *s.f.* grande debilidade, resultante de doença ou cansaço; enfraquecimento; abatimento: *A febre amarela causa prostração*.
pros.trar *v.t.* **1** lançar por terra; abater: *Assaltantes prostraram o motorista do ônibus*. **2** cansar muito; extenuar: *Os imprevistos prostraram a noiva*. • *pron.* **3** ajoelhar-se: *prostrar-se diante do altar*.
pro.ta.go.nis.ta *s.2g.* **1** personagem principal de uma obra de ficção: *O nome da protagonista do romance é Sara*. **2** ator que representa o papel principal: *Ele é*

protagonista do filme vencedor do prêmio. **3** pessoa que desempenha ou ocupa o primeiro lugar num acontecimento: *O goleiro foi o protagonista do jogo*.
pro.ta.go.ni.zar *v.t.* **1** interpretar o papel principal em: *protagonizar um filme*. **2** ser a personagem principal de: *Um burrinho protagoniza a narrativa*. **3** tomar parte em; atuar em: *protagonizar cenas de violência*. **4** encarnar: *protagonizar reis e rainhas*. **5** ser o principal responsável ou representante: *O empresário protagonizava a negociata*.
pro.te.ção *s.f.* **1** dedicação pessoal; amparo: *proteção aos animais*. **2** abrigo; socorro: *proteção dos menores abandonados*. **3** privilégio ou favor concedido ao exercício de certas atividades: *vencer na vida sem proteção de ninguém*. **4** apetrecho ou dispositivo que protege: *trabalhar com solda elétrica, com proteção adequada nos olhos*.
pro.te.ci.o.nis.mo *s.m.* em Economia, sistema que consiste em preservar a agricultura, o comércio e/ou a indústria de um país contra a concorrência estrangeira por meio de um conjunto de medidas inibidoras ou restritivas aos negócios estrangeiros.
pro.te.ci.o.nis.ta *adj.2g.* adepto do protecionismo: *legislação protecionista*.
pro.te.ger *v.t.* **1** beneficiar; favorecer: *Leis que protegem a classe dominante*. **2** esconder: *proteger o culpado*. **3** dar proteção a; defender; amparar: *proteger o corpo contra os micro-organismos*. **4** preservar: *proteger os bens familiares*. **5** abrigar: *Proteja a cabeça do vento gelado*.
pro.tei.co (é) *adj.* **1** relativo à proteína: *deficiência proteica*. **2** que contém proteína: *um alimento proteico*.
pro.te.í.na *s.f.* (Quím.) classe de compostos orgânicos de carbono, nitrogênio, oxigênio e hidrogênio, que constituem o principal componente dos organismos vivos.
pro.te.la.ção *s.f.* ato de protelar; adiamento: *a protelação de uma cirurgia por dois meses*.
pro.te.lar *v.t.* adiar; prorrogar; procrastinar: *Protelei por algum tempo a viagem*.
pró.te.se *s.f.* (Cir.) peça artificial com que se substitui um órgão ou parte do corpo: *próteses ortopédicas e dentárias*.
pro.tes.tan.te *s.2g.* **1** pessoa que professa o protestantismo: *Os protestantes reuniram-se para orar pela paz mundial*. • *adj.2g.* **2** que professa o protestantismo: *religião protestante*. **3** dos protestantes ou do protestantismo: *pastor protestante*.
pro.tes.tan.tis.mo *s.m.* conjunto de doutrinas e instituições cristãs dissidentes do catolicismo e procedentes da Reforma Religiosa do século XVI.
pro.tes.tar *v.t.* **1** mandar a protesto por falta de aceite ou pagamento: *protestar títulos vencidos*. **2** declarar formalmente a sua oposição: *protestar contra o adiamento do espetáculo*. **3** alegar: *Em vão protestei inocência*.
pro.tes.to (é) *s.m.* **1** declaração; propósito: *protestos de consideração e apreço*. **2** manifestação de oposição a: *o protesto da população contra o aumento dos impostos*. **3** documento pelo qual se protesta contra alguma coisa: *anexar as provas ao protesto*. **4** (Jur.) ato jurídico que declara o pagamento de um título comercial: *protesto da promissória*.

pro.té.ti.co s.m. 1 pessoa que fabrica prótese dentária. ◆ adj.2 de ou para prótese: *reconstruções protéticas*.

pro.te.tor (ô) s.m. 1 quem protege: *os protetores dos animais*. 2 padroeiro: *São Cristóvão é o protetor dos motoristas*. 3 aquilo que protege: *usar protetor contra o sol*. ◆ adj. 4 que protege: *filtro protetor contra os raios ultravioleta do Sol*.

pro.te.to.ra.do s.m. 1 apoio dado por um país a outro menos poderoso. 2 estado sujeito à proteção de outro; dominação: *Entre 1903 e 1960, a Mauritânia foi um protetorado francês*.

pro.teu s.m. pessoa que muda facilmente de opinião.

pro.to.co.lar v.t. 1 entregar (um documento), mediante recibo, em seção competente ou em uma instituição: *protocolar um requerimento*. ◆ adj.2g. 2 exigido por protocolo: *respeitar as normas protocolares*. 3 convencional: *saudações protocolares*.

pro.to.co.lo (ó) s.m. 1 registro de atos públicos: *Os países firmam protocolo de cooperação comercial*. 2 formalidade; etiqueta; cerimonial: *quebra de protocolos diplomáticos*. 3 setor de registro da correspondência de uma firma, repartição pública etc.: *Encaminhe o requerimento ao protocolo*.

pro.to-his.tó.ria s.f. história primitiva; primeiros tempos históricos, compreendidos entre a Pré-história e a História. // Pl.: proto-histórias.

pró.ton s.m. (Fís.) partícula elementar do núcleo do átomo, dotada de carga elétrica positiva.

pro.to.plas.ma s.m. (Biol.) substância granulosa que constitui a matéria-prima dos organismos vivos.

pro.tó.ti.po s.m. primeiro tipo ou exemplar; original; modelo: *A feira mostrou o protótipo do carro movido a energia solar*.

pro.to.zo.á.rio s.m. (Biol.) 1 espécime dos protozoários: *Malária é doença causada por um protozoário*. ◆ pl. 2 grupo de seres constituídos de uma única célula: *Nos protozoários, uma única célula realiza as funções elementares da vida*.

pro.tu.be.rân.cia s.f. parte saliente; saliência.

pro.tu.be.ran.te adj.2g. que tem protuberância; saliente: *barriga protuberante*.

pro.va (ó) s.f. 1 aquilo que atesta a veracidade ou a autenticidade de alguma coisa; demonstração evidente: *O detetive ainda não conseguiu nenhuma prova do crime*. 2 demonstração: *receber provas de amizade*. 3 competição: *as provas de atletismo*. 4 avaliação para verificar aprendizado ou habilidade: *Fui bem na prova de Matemática*. 5 experiência; ensaio: *resultados obtidos em provas de laboratório*. 6 teste pelo qual se verifica a exatidão de um cálculo: *tirar a prova dos nove*. 7 experimentação para verificar se uma roupa que está sendo feita se ajusta bem ao corpo: *A costureira usa alfinetes em suas provas*. 8 material em que se respondem questões para avaliação: *A mestra corrige provas com caneta vermelha*. 9 (Edit.) papel impresso para correção de erros e falhas: *as provas do novo livro*. ◆ **à prova de** resistente a: *vidros à prova de bala*. **a toda prova** incontestável; indiscutível : *amor a toda prova*.

pro.va.ção s.f. 1 ato ou efeito de provar. 2 situação aflitiva ou penosa: *passar por terríveis provações*. 3 que passou por provas; experimentado: *A primeira provação do novo prefeito foi a greve dos lixeiros*.

providência

pro.va.dor (ô) s.m. 1 pessoa que prova; degustador: *um provador de vinhos*. 2 espaço apropriado para provar roupas: *fechar a cortina do provador*.

pro.var v.t. 1 dar prova irrefutável de; tornar evidente; comprovar: *provar inocência*. 2 submeter a prova; testar: *provar o candidato*. 3 experimentar; vivenciar; sentir: *provar as dores do parto*. 4 experimentar, vestindo ou calçando: *Provei uma blusa e dois tênis*. ◆ pron. 5 mostrar-se; revelar-se: *Após as aulas de culinária, a garota se provou excelente cozinheira*.

pro.vá.vel adj.2g. 1 que apresenta probabilidades de acontecer: *o provável aumento salarial*. 2 que tem aparências de verdadeiro; verossímil: *os prováveis motivos do acidente*.

pro.vec.to (é) adj. 1 adiantado; que leva grande dianteira; que tem feito progresso: *provecto nos estudos*. 2 de idade avançada; velho. 3 experimentado; vivido: *profissionais provectos*. 4 sabedor; abalizado.

pro.ve.dor (ô) s.m. 1 o encarregado de prover alguma coisa; fornecedor; dirigente: *Ele é um provedor de várias instituições beneméritas*. 2 (Inf.) empresa que dá acesso à Internet; provedor de acesso.

pro.vei.to s.m. 1 ganho; lucro; interesse: *tirar proveito comercial da exposição*. 2 utilidade; vantagem; benefício: *discussões sem proveito algum*.

pro.ven.çal s.2g. 1 natural ou habitante da Provença. ◆ adj.2g. 2 relativo à Provença: *armários provençais*.

pro.ve.ni.ên.cia s.f. 1 lugar de onde alguma coisa provém: procedência: *a proveniência das aves migratórias*. 2 fonte; origem: *a proveniência do dinheiro*.

pro.ve.ni.en.te adj.2g. que provém; oriundo; procedente.

pro.ven.to s.m. 1 proveito, rendimento, lucro: *proventos gerados pela venda do terreno*. ◆ pl. 2 honorários: *receber mensalmente proventos miseráveis*.

pro.ver v.t. 1 tomar providência a respeito de; ordenar; dispor. 2 preencher por nomeação ou despacho: *O governo proverá os cargos públicos*. 3 providenciar; garantir: *prover o necessário para capturar os criminosos*. 4 fornecer: *prover segurança para os cidadãos*. 5 abastecer; munir: *Ajudemos a prover as pessoas de comida, abrigo e roupas*. ◆ pron. 6 munir-se; abastecer-se: *prover-se de alimentos*.

pro.ver.bi.al adj.2g. 1 relativo a provérbio: *ser um gato escaldado proverbial*. 2 que tem a natureza de provérbio: *frases proverbiais*. 3 famoso; notório; conhecido: *presença de espírito proverbial*.

pro.vér.bio s.m. sentença de caráter prático e popular, expressa em forma sucinta e geralmente rica em imagens; adágio; ditado: *Diz o provérbio que "quem não tem cão caça com gato"*.

pro.ve.ta (ê) s.f. 1 tubo de vidro onde se fazem ensaios de pequenas quantidades de substâncias: *A bancada do laboratório estava cheia de provetas*. 2 recipiente cilíndrico, ou cônico, graduado, para medição de líquidos ou recolhimento de gases: *as provetas pluviométricas*. ◆ **de proveta** (i) que não se formou naturalmente; artificial: *soluções de proveta*. (ii) nascido de fertilização *in vitro*: *bebês de proveta*.

pro.vi.dên.cia s.f. 1 conjunto de disposições ou medidas prévias para alcançar um fim, remediar qualquer necessidade ou regularizar certos serviços; prevenção: *Solicitamos providências para a reforma do hospital*.

providencial

2 a suprema sabedoria com que Deus conduz todas as coisas: *confiar na Divina Providência.* **3** Deus: *os altos desígnios da Providência.*

pro.vi.den.ci.al *adj.2g.* **1** que vem a propósito; muito oportuno; feliz: *um encontro providencial.* **2** que toma providências; providente. **3** determinado ou inspirado pela Providência: *o país providencial do terceiro milênio.*

pro.vi.den.ci.ar *v.t.* **1** dar ou tomar providências para conseguir: *providenciar cadeiras para as visitas.* **2** dar ou tomar providências para; acudir com medidas adequadas para: *providenciar o casamento da filha.*

pro.vi.men.to *s.m.* **1** fornecimento; instalação: *Não foi suficiente o provimento de escolas públicas nas favelas.* **2** providência: *Dependemos do provimento divino.* **3** preenchimento por nomeação, promoção, transferência, readmissão etc.: *Esperamos o provimento de cargos públicos.* **4** (Jur.) acolhida, por parte de autoridade judiciária, de recurso proveniente de tribunal de instância inferior: *negar provimento ao recurso.*

pro.vín.cia *s.f.* **1** divisão regional e/ou administrativa de muitos países, em geral sob a autoridade de um delegado do poder central: *Conheço alguns italianos da província de Treviso.* **2** no Segundo Reinado, cada uma das grandes divisões administrativas, a qual tinha por chefe um presidente. **3** entre os antigos romanos, região conquistada fora da Itália e administrada por um governador patrício: *Hordas bárbaras invadiram as províncias ocidentais do Império Romano.* **4** região: *viajar por uma província distante.* ◆ **de província** interiorano; caipira: *costumes de província.*

pro.vin.ci.al *s.m.* **1** superior de uma ordem religiosa num país: *O Padre Manuel da Nóbrega foi nomeado provincial da Companhia do Brasil.* ● *adj.2g.* **2** pertencente a uma província: *cidades provinciais da Argentina.* **3** da província: *São Luís era uma acanhada capital provincial.* **4** próprio de província: *o perfil provincial de São Luís.* **5** provinciano; interiorano: *mentalidade provincial.*

pro.vin.ci.a.nis.mo *s.m.* conjunto de costumes, modos e/ou mentalidade acanhados ou mesmo atrasados, se comparados com os dos grandes centros urbanos: *Sempre ouvimos críticas ao provincianismo do interior brasileiro.*

pro.vin.ci.a.no *s.m.* **1** indivíduo natural ou habitante de província: *provincianos famintos de status.* ● *adj.* **2** da, relativo ou próprio da província: *Conhecemos as elites provincianas.* **3** típico de província: *As cidades-museus são necessariamente provincianas.* **4** de província; do interior do Estado: *Ela educou-se em ambiente provinciano.*

pro.vir *v.t.* **1** ter origem; derivar; proceder: *O ruído provinha do armário da cozinha.* **2** ser consequência ou resultado; advir: *A vitória do time proveio do espírito de solidariedade entre os jogadores.* **3** ser descendente; proceder por geração: *A família provinha de imigrantes italianos.* // Pp.: provindo.

pro.vi.são *s.f.* **1** abastecimento; provimento: *angariar provisão de alimentos.* **2** fornecimento; sustento: *Construíram o hospital, mas não garantiram provisão de recursos para seu funcionamento.* **3** sortimento: *A provisão das prateleiras estimula as compras.* **4** reserva em dinheiro ou em valores: *ter provisão para gastos de emergência.* **5** mantimentos; víveres; provimento: *armário abarrotado de provisões.* // Esta acepção só se usa no plural.

pro.vi.si.o.nar *v.t.* **1** conceder provisão a (alguém) para exercer como prático, certas profissões: *O governo provisionou os jornalistas sem diploma com mais de cinco anos na profissão.* **2** aprovisionar.

pro.vi.sor (ô) *s.m.* aquele que faz provisões.

pro.vi.só.rio *adj.* **1** de emergência; temporário: *O cãozinho recebeu um nome provisório.* **2** interino: *o gerente provisório da firma.* **3** de transição; transitório: *um governo provisório.* **4** condicional: *estar em liberdade provisória.* **5** improvisado: *Os retirantes moraram em instalações provisórias.*

pro.vo.ca.ção *s.f.* **1** ação de provocar ou causar; indução: *a provocação da briga.* **2** sedução; tentação. **3** insulto; afronta; ofensa: *O filme é uma espécie de provocação a meus sentimentos íntimos.*

pro.vo.ca.dor (ô) *s.m.* **1** que provoca: *O artilheiro é um provocador.* ● *adj.* **2** que provoca; que causa; causador: *agentes provocadores de doenças.* **3** que provoca; desafiante: *Ele tem um jeito provocador.*

pro.vo.can.te *adj.2g.* **1** que provoca; estimula: *o aroma provocante do tempero.* **2** em desafio; desafiante: *saltos provocantes do atleta na piscina.* **3** que provoca desejo sexual; sedutor: *andar provocante.*

pro.vo.car *v.t.* **1** chamar ao desafio; desafiar: *provocar o bêbado.* **2** causar desejo, apetite sexual. **3** causar; produzir; gerar: *O sol provoca queimaduras nos banhistas.* ● **4** *int.* dirigir provocação ou desafio: *Não dê trela a quem provoca.*

pro.xi.mi.da.de /s/ *s.f.* **1** estado de próximo; contiguidade: *casa valorizada por sua proximidade com o mar.* **2** imediação; iminência: *a proximidade do Natal.* **3** familiaridade; convívio: *amizade entre os irmãos.*

pró.xi.mo /s/ *s.m.* **1** pessoa, ser humano, considerado como um semelhante; semelhante: *amor ao próximo.* ● *adj.* **2** que está perto, a pouca distância; vizinho. **3** seguinte ao atual; imediatamente seguinte; imediato: *a próxima semana.* **4** que está prestes a chegar, a acontecer: *Tudo ficará bem num futuro próximo.* **5** ocorrido há muito tempo: *um passado ainda próximo.* **6** diz-se de pessoa que tem com outra ou de pessoas que têm entre si relação próxima de parentesco. **7** muito chegado; muito ligado; íntimo: *amigos próximos.* **8** que é pouco diferente; um tanto análogo; aproximado: *Seu vestido tinha uma tonalidade próxima ao laranja.*

pru.dên.cia *s.f.* **1** moderação; comedimento: *gastar dinheiro com prudência.* **2** cautela; precaução: *fechar a boca por prudência.* **3** circunspecção; ponderação; sensatez: *Um bom governo demonstra prudência no trato da coisa pública.*

pru.den.te *adj.2g.* **1** moderado; comedido: *gastos prudentes.* **2** cauteloso; precavido: *O toureiro mantinha uma distância prudente.* **3** circunspecto; sensato; ponderado: *Tinha fama de chefe prudente.*

pru.mo *s.m.* **1** instrumento constituído de uma peça de metal ou de pedra, suspensa por um fio, e utilizado para determinar a direção vertical: *O pedreiro usa prumo no assentamento de tijolos.* **2** tino; juízo: *beber com moderação para não perder o prumo.* **3** elegância: *o prumo do terno do noivo.* **4** equilíbrio: *perder o prumo no alto da escada.* ◆ **a prumo** verticalmente,

perpendicularmente: *O luar caía a prumo no centro da praça.*
pru.ri.do *s.m.* **1** sensação peculiar causada por enfermidade ou agente irritante, que leva o indivíduo a coçar-se: *prurido de natureza alérgica.* **2** desejo veemente; tentação: *sentir prurido de revelar segredos.* • *pl.* **3** sentimento exacerbado: *movido por pruridos de vaidade pessoal.*
pru.rir *v.t.* **1** causar prurido ou comichão a; comichar. **2** incitar; estimular: *Os campeonatos interioranos prurem os atletas amadores.* • *int.* **3** comichar; arder: *Na pele do velho animal, as sarnas pruriam.*
prus.si.a.no *s.m.* **1** natural ou habitante da Prússia. • *adj.* **2** relativo à Prússia.
pseu.dô.ni.mo *s.m.* nome falso ou suposto, em geral adotado por um escritor, artista etc.
psi *s.m.* vigésima terceira letra do alfabeto grego, que corresponde ao nosso grupo *ps*.
psi.ca.ná.li.se *s.f.* **1** método de tratamento criado por Sigmund Freud, psiquiatra e neurologista austríaco (1856-1939), para tratamento das desordens mentais e emocionais que constituem a estrutura das neuroses e psicoses. **2** qualquer terapia por esse método.
psi.ca.na.lis.ta *s.2g.* quem é especialista em Psicanálise.
psi.ca.na.lí.ti.co *adj.* **1** que se faz ou que se desenvolve por meio de Psicanálise: *tratamento psicanalítico.* **2** relativo à Psicanálise: *método psicanalítico.*
psi.co.dé.li.co *adj.* **1** que provoca alucinações: *produto psicodélico.* **2** diz-se das sensações provocadas por drogas alucinógenas: *alucinação psicodélica.* **3** relativo ao uso dessas drogas: *movimento psicodélico.* **4** muito extravagante: *estilo psicodélico*
psi.co.dra.ma *s.m.* psicoterapia em grupo que, utilizando a livre improvisação dramática, visa à catarse e ao desenvolvimento da espontaneidade do indivíduo.
psi.co.gra.far *v.t.* escrever o que é ditado por um espírito: *Médiuns psicografam mensagens de falecidos.*
psi.co.gra.fi.a *s.f.* **1** história ou descrição da alma ou das suas faculdades. **2** escrita dos espíritos pela mão do médium.
psi.co.lo.gia *s.f.* **1** a ciência dos fenômenos psíquicos e do comportamento. **2** conhecimento dos estados ou sentimentos de outrem; aptidão para prever ou compreender comportamentos alheios: *ter psicologia para lidar com crianças.* **3** conjunto de estados, de ideias e disposições psíquicas de um indivíduo ou de um grupo de indivíduos: *psicologia feminina.*
psi.co.ló.gi.co *adj.* **1** relativo ou pertencente à Psicologia: *as novas teorias psicológicas.* **2** concernente aos fatos psíquicos, à mente, ao comportamento: *reações psicológicas.*
psi.có.lo.go *s.m.* quem é especialista em Psicologia.
psi.co.mo.tor *adj.* **1** relativo aos movimentos corporais determinados diretamente pela mente. **2** atividade mental que controla e coordena os movimentos corporais.
psi.co.pa.ta *s.2g.* **1** quem sofre de psicopatia: *O réu era um psicopata.* • *adj.2g* **2** que sofre de psicopatia: *um réu psicopata.* **3** que diz respeito à psicopatia: *comportamentos psicopatas.*
psi.co.pa.ti.a *s.f.* estado mental patológico caracterizado por desvios que acarretam comportamentos antissociais.

psi.co.pa.to.lo.gi.a *s.f.* estudo das doenças mentais no tocante à sua descrição, classificação, mecanismos de produção e evolução.
psi.co.pe.da.go.gi.a *s.f.* aplicação pedagógica dos princípios da atividade psíquica da criança, para regular a ação educativa.
psi.co.se (ó) *s.f.* doença mental; psicopatia.
psi.cos.so.ci.al *adj.2g.* relacionado com os aspectos psicológicos conjuntamente com os aspectos sociais: *o perfil psicossocial do trabalhador assalariado.*
psi.cos.so.má.ti.co *adj.* **1** pertencente ou relativo, simultaneamente, aos domínios orgânico e psíquico: *doenças psicossomáticas.* **2** que cuida dos distúrbios orgânicos relacionados com os psíquicos: *medicamentos psicossomáticos.* **3** diz-se das perturbações ou lesões orgânicas produzidas por influências psíquicas (emoções, desejos, medos): *reações psicossomáticas.*
psi.co.téc.ni.co *adj.* que permite determinar as reações psicológicas e fisiológicas dos indivíduos: *exames psicotécnicos.*
psi.co.te.ra.peu.ta *s.2g.* quem é especialista em psicoterapia.
psi.co.te.ra.pi.a *s.f.* aplicação metódica de técnicas psicológicas determinadas para restabelecer o equilíbrio emocional perturbado de um indivíduo.
psi.có.ti.co *s.m.* **1** quem sofre de psicose: *proporcionar tratamento ao psicótico.* • *adj.* **2** que sofre de psicose: *doente psicótico.* **3** referente à psicose: *um surto psicótico.*
psi.co.tró.pi.co *s.m.* **1** substância medicamentosa que age sobre o psiquismo, como calmante ou como estimulante, ou que provoca perturbações psíquicas: *receitou um psicotrópico para o paciente.* • *adj.* **2** que possui as propriedades dessas substâncias: *plantas psicotrópicas.*
psi.que *s.f.* **1** a alma; o espírito; a mente: *Há romances que exploram a psique humana.* **2** psiquismo.
psi.qui.a.tri.a *s.f.* parte da Medicina que trata do estudo e tratamento das doenças mentais.
psi.qui.á.tri.co *adj.* **1** relativo à Psiquiatria: *médico de formação psiquiátrica.* **2** que se realiza por meio da Psiquiatria: *um tratamento psiquiátrico.* **3** referente aos distúrbios mentais: *um distúrbio psiquiátrico.* **4** especializado no tratamento das doenças mentais: *um hospital psiquiátrico.*
psí.qui.co *adj.* relativo ou pertencente à psique, à alma ou ao psiquismo; anímico.
psi.quis.mo *s.m.* o conjunto dos fenômenos ou dos processos mentais conscientes ou inconscientes de um indivíduo ou de um grupo de indivíduos; psique: *compreender o psiquismo do adolescente.*
psi.ta.cí.deo *s.m.* (Zool.) **1** espécime dos psitacídeos. • *pl.* **2** família das aves que inclui os papagaios, as araras, as jandaias e os periquitos.
psi.ta.cis.mo *s.m.* ideias apreendidas de cor e repetidas, sem a menor intervenção da inteligência, à maneira dos papagaios.
psiu *interj.* usada para chamar ou advertir alguém.
pso.rí.a.se *s.f.* (Med.) doença da pele que se caracteriza por placas escamosas secas.
pu.a *s.f.* instrumento para furar; broca.

puberdade

pu.ber.da.de *s.f.* **1** conjunto das transformações, sejam psíquicas ou fisiológicas, ligadas à maturação sexual, que traduzem a passagem progressiva da infância para a adolescência. **2** estado ou qualidade de púbere.

pú.be.re *s.2g.* **1** indivíduo que chegou à puberdade: *estudos sobre o psiquismo dos púberes.* • *adj.2g.* **2** que chegou à puberdade. **3** relativo à puberdade: *a fase púbere.*

pu.bi.a.no *adj.* relativo ou pertencente ao púbis: *os pelos pubianos.*

pú.bi.co *adj.* pubiano.

pú.bis *s.m.* parte inferior e mediana da região hipogástrica, que forma uma eminência triangular e se cobre de pelos na puberdade: *uma contusão no púbis.*

pu.bli.ca.ção *s.f.* **1** ato ou efeito de publicar: *a publicação de livros.* **2** obra publicada; folheto: *Papai assina algumas publicações especializadas.*

pu.bli.car *v.t.* **1** tornar público; divulgar: *publicar os resultados da pesquisa.* **2** divulgar pela imprensa; noticiar: *Vários jornais publicaram o escândalo.* **3** levar ao conhecimento público: *publicar edital de concorrência.* **4** editar: *publicar um livro.* • *pron.* **5** fazer-se conhecer; declarar-se: *O bandido publicou-se como o autor do crime.*

pu.bli.ci.da.de *s.f.* **1** propaganda; divulgação por meio de anúncios, entrevistas, cartazes etc.: *a campanha de publicidade do filme.* **2** qualidade ou caráter do que é feito em público: *publicidade do sorteio da loteria.* **3** arte de exercer uma ação psicológica sobre o público com fins comerciais: *Os candidatos contratam agências de publicidade.* • **publicidade abusiva** propaganda que incita à violência, explora o medo, a superstição ou induz o consumidor a comportar-se de modo prejudicial à sua saúde ou à sua segurança. **publicidade enganosa** informação total ou parcialmente falsa, que induz o consumidor ao erro com respeito ao produto ou ao serviço anunciado.

pu.bli.ci.tá.rio *s.m.* **1** quem trabalha com publicidade: *encontro de publicitários.* • *adj.* **2** relativo à publicidade: *foto publicitária.*

pú.bli.co *s.m.* **1** o povo em geral: *a aceitação do jornal junto ao público.* • *adj.* **2** pertencente ou relativo à coletividade; que é do uso de todos; comum: *a praça pública.* **3** relativo ou pertencente ao governo de um país; próprio do Estado: *serviço público.* **4** que presta serviço no âmbito municipal, estadual ou federal: *funcionário público.* **5** conhecido de todos; manifesto; notório: *fato do conhecimento público.* **6** que se realiza em presença de testemunhas; não secreto: *confissão pública.* **7** conjunto de pessoas que se dedicam a determinada atividade ou que se interessam por determinado tema específico: *o público do samba.* **8** conjunto de pessoas que assistem efetivamente a um espetáculo, a uma reunião, a uma manifestação; auditório; assistência: *O público invadiu o campo.* • **em público** na presença de numerosas pessoas; de maneira não secreta; abertamente: *Não fica bem discutir questões pessoais em público.*

pu.den.do *adj.* **1** que não se deve expor; envergonhado; pudico. **2** que deve ser alvo de recato, de vergonha: *partes pudendas.* **3** relativo aos órgãos genitais externos: *nervo pudendo.*

pu.di.bun.do *adj.* que tem pudor; que se envergonha.

pu.di.co *adj.* **1** recatado; tímido; envergonhado: *Ela é uma mocinha pudica.* **2** que revela pudor; recatado: *gestos pudicos.* **3** casto; puro: *seu mundo religioso e pudico.*

pu.dim *s.m.* iguaria de consistência cremosa e composição variada, assada em banho-maria, e em geral servida com uma calda.

pu.dor (ô) *s.m.* **1** sentimento de vergonha ou de mal-estar gerado pelo que pode ferir a decência, a honestidade ou a modéstia; pejo; acanhamento. **2** consciência do sentimento de vergonha: *cobrir o corpo por pudor.*

pu.e.rí.cia *s.f.* período da vida humana entre a infância e a adolescência.

pu.e.ri.cul.tu.ra *s.f.* conjunto de técnicas empregadas para assegurar o perfeito desenvolvimento físico, mental e moral da criança, desde o período da gestação: *palestras sobre puericultura.*

pu.e.ril *adj.2g.* **1** próprio de crianças; infantil: *uma alegria pueril.* **2** ingênuo; fútil; frívolo: *uma explicação pueril.*

pu.er.pé.rio *s.m.* período que se segue ao parto até que os órgãos genitais e o estado geral da mulher retornem à normalidade: *os cuidados profiláticos do puerpério.*

pu.fe *s.m.* assento acolchoado, circular e baixo, sem braços e sem espaldar: *descansou os pés no pufe.*

pu.gi.la.to *s.m.* luta em que se usam os punhos; luta a socos: *Aquela discussão acabou virando pugilato.*

pu.gi.lis.mo *s.m.* **1** o esporte do pugilato; boxe: *a prática do pugilismo.* **2** hábitos de pugilista.

pu.gi.lis.ta *s.2g.* lutador de boxe; boxeador.

pug.na *s.f.* **1** ato de pugnar. **2** luta; batalha: *Os guerreiros estavam motivados para vencer a pugna.*

pug.nar *v.t.* **1** tomar parte em (luta; peleja): *pugnar a batalha por melhores salários.* • *int.* **2** combater; brigar; lutar: *Eles pugnaram sozinhos.*

pu.í.do *adj.* **1** desgastado pelo roçar, pela fricção: *fronhas puídas.* **2** polido, alisado, mediante o roçar: *calçamento puído.* **3** (Fig.) gasto; muito explorado: *usar expressões puídas.*

pu.ir *v.t.* desgastar; desfazer aos poucos, friccionando ou roçando: *mordiscando, puiu a corda que o prendia.*

pu.jan.ça *s.f.* **1** qualidade de pujante. **2** robustez; força; vigor: *a pujança do jogador.* **3** grandeza; poderio; magnificência: *a pujança da nação.*

pu.jan.te *adj.2g.* **1** vigoroso; animado: *a pujante torcida brasileira.* **2** que tem poderio; grandioso; magnífico: *o pujante carnaval carioca.*

pu.lar *v.t.* **1** transpor de um pulo; saltar: *pular a cerca.* **2** omitir: *Contou a história, mas pulou a parte que o comprometia.* **3** deslocar-se de, saltando: *pular de um quintal para o outro.* **4** mudar constantemente; passar: *pular de um assunto para outro.* **5** aumentar rapidamente: *Sua fortuna pulou de milhões para bilhões em poucos anos.* **6** não levar em conta; ignorar: *pular sobre a autoridade dos pais.* • *int.* **7** saltar; saltitar: *A criança pulava de alegria.* **8** pulsar; palpitar fortemente: *O coração pulava de contentamento.* • **pular fora** abandonar uma atividade ou situação.

pu.le *s.f.* bilhete simples de aposta em corridas de cavalos.

pul.ga *s.f.* (Zool.) designação comum aos insetos com pernas muito desenvolvidas, apropriadas para o salto, e

punir

que se alimentam de sangue das aves e dos mamíferos. ◆ **com a pulga atrás da orelha** com desconfiança, suspeita, dúvidas, de alguém ou de algo.

pul.gão s.m. (Zool.) inseto minúsculo de corpo oval, que se nutre de vegetais, aos quais pode transmitir doenças.

pu.lha s.m. 1 indivíduo sem caráter, sem brio; patife: *os pulhas da sociedade.* ● adj. 2 vil; desprezível; acanalhado: *homens pulhas.*

pul.mão s.m. (Anat.) cada um dos dois órgãos respiratórios, envolvidos pela pleura e contidos no tórax, sobre o diafragma. ◆ **a plenos pulmões** em voz muito alta: *cantar a plenos pulmões.*

pul.mo.nar adj.2g. 1 do pulmão: *a capacidade pulmonar.* 2 pertencente ao pulmão: *artéria pulmonar.* 3 que se realiza pelo pulmão: *respiração pulmonar.*

pu.lo s.m. 1 ação de pular; salto: *O pulo do gato.* 2 ida rápida a algum lugar: *Darei um pulo na faculdade.* ◆ **dar um pulo** prosperar grandemente; melhorar de vida. **em dois pulos** em pouco tempo; rapidamente: *Vou e em dois pulos estou de volta.*

pu.lo do ga.to s.m. 1 recurso que consiste em fugir com destreza a uma situação desvantajosa. 2 segredo: *Em sua receita de bolo, havia um pulo do gato guardado a sete chaves.* // Pl.: pulos do gato.

pu.lô.ver s.m. agasalho de lã ou de outro tecido, que se veste enfiando pela cabeça; suéter: *Vestiu o pulôver e saiu.*

púl.pi.to s.m. tribuna para pregadores: *O padre pregava no púlpito.*

pul.sa.ção s.f. 1 ato ou efeito de pulsar. 2 (Med.) movimento de contração e dilatação do coração e das artérias: *a pulsação fraca do doente.* 3 palpitação; agitação: *captar a pulsação de uma cidade.*

pul.san.te adj.2g. que pulsa: *o pulsante setor industrial.*

pul.sar v.int. 1 repercutir, soando ou ressoando: *Os gritos de socorro pulsaram no fundo do velho poço desmoronado.* 2 manifestar-se; repercutir: *A esperança pulsa em meu coração.* 3 bater; palpitar; latejar: *A cidade pulsa num ritmo alucinante.* ● s.m. 4 (Astr.) corpo denso que sobra após a explosão de uma estrela e que tem como característica a emissão, de maneira constante, de sinais de rádio.

pul.sei.ra s.f. bracelete.

pul.so s.m. 1 punho: *colocar o relógio no pulso.* 2 (Med.) batida arterial que se faz sentir em várias partes do corpo, especialmente na região do punho: *O médico examinou-lhe o pulso.* 3 autoridade; domínio: *ter o pulso da situação.* 4 impulso; cada um dos impulsos de ondas eletromagnéticas que o radar e outros aparelhos eletrônicos emitem em intervalos de tempo predeterminados: *texto e imagem transformados em pulsos de luz e transmitidos a longas distâncias.*

pu.lu.lar v.int. 1 lançar rebentos (a planta): *Pululam os girassóis sob o sol escaldante.* 2 existir em grande número; abundar: *Há duas décadas pululavam fábricas naquela região.* 3 estar cheio; borbulhar; fervilhar: *rebeliões pululavam por todo o país.*

pul.ve.ri.za.ção s.f. 1 aspersão ou borrifação com pesticidas ou fertilizantes: *a pulverização dos pomares.* 2 redução a partículas ou grãos; fragmentação: *a pulverização da rocha.* 3 dispersão: *a pulverização dos movimentos de protesto contra o governo.*

pul.ve.ri.zar v.t. 1 reduzir a pó ou a pequenos fragmentos: *pulverizar rochas.* 2 espalhar; espargir; borrifar adubo ou agrotóxico em: *O agricultor pulveriza seus pomares.* 3 borrifar; difundir substância líquida em: *Pulverizou óleo anticorrosivo no motor.* 4 (Fig.) desbaratar; destruir: *pulverizar as gangues.* ● pron. 5 converter-se em pó ou em pequenos pedaços; esmigalhar-se: *O vidro da porta se pulverizou.* 6 (Fig.) desmanchar-se; diluir-se: *Com o tempo, a dor da saudade se pulveriza.*

pum s.m. 1 (Coloq.) peido; traque. ● interj. 2 designa estrondo ou detonação.

pu.ma s.m. suçuarana.

pun.ção s.f. 1 ato ou efeito de pungir ou puncionar. 2 (Med.) operação que consiste em introduzir uma agulha em partes do corpo para extrair algum líquido ou matéria purulenta: *Retira-se parte da medula do doador através de uma punção no osso do quadril.*

pun.çar v.t. abrir com punção; puncionar.

pun.do.nor s.m. sentimento de dignidade; brio; honra.

pun.gên.cia s.f. qualidade de pungente.

pun.gen.te adj.2g. 1 que punge: *Feriu-se com um corte pungente na perna.* 2 comovente; doloroso: *Fez um apelo pungente.*

pun.gir v.t. 1 ferir ou furar com objeto pontiagudo, ou dar a impressão de que o faz; picar; espicaçar: *pungiu o inimigo.* 2 causar estímulo ou incentivo a; incentivar; estimular; incitar. 3 causar grande dor moral a; afligir; atormentar: *A fome punge nosso coração.* ● int. 4 começar; despontar (a bater) em: *Os primeiros pelos pungiam em sua face.*

pun.guis.ta s.2g. batedor de carteira.

pu.nha.do s.m. pequena porção: *um punhado de dinheiro.*

pu.nhal s.m. arma pequena de lâmina curta e penetrante.

pu.nha.la.da s.f. 1 golpe de punhal: *levar uma punhalada.* 2 (Fig.) golpe moral: *levar uma punhalada traiçoeira dos falsos amigos.*

pu.nho s.m. 1 (Anat.) segmento de membro superior, situado entre antebraço e mão; pulso: *abrir os ossos do punho.* 2 mão: *cerrar os punhos com força.* 3 tira de tecido adaptada às extremidades das mangas das vestes, e que cinge o pulso: *esfregar bem os punhos da camisa.* 4 corda tecida em forma de elo, a qual segura a rede nos ganchos ou armadores: *o punho da rede.* 5 parte por onde se empunham certos instrumentos, utensílios ou armas: *as belas espadas com seus punhos cravejados* ◆ **em punho** na mão: *Calculadora em punho, ela fazia as contas.* **de próprio punho** da própria mão: *Em um velho caderno do meu avô encontrou apontamentos de próprio punho.*

pu.ni.ção s.f. 1 ato ou efeito de punir: *O time não acredita na punição do goleiro.* 2 pena; castigo: *recebeu punição imposta pelo juiz.*

pu.nir v.t. 1 infligir pena a; castigar: *punir criminosos.* 2 aplicar correção a; reprimir: *punir os filhos.* ● pron. 3 punir-se, castigar-se a si próprio: *puniu-se pelo erro cometido.*

punitivo

pu.ni.ti.vo *adj.* **1** que pune: *agir de modo punitivo.* **2** de pena; de castigo: *uma advertência verbal, sem efeito punitivo.*

punk (pânk) (Ingl.) *s.m.* **1** movimento cultural cuja característica principal é o completo desprezo pelos valores estabelecidos pela sociedade: *os adeptos do* punk. • *s.2g.* **2** pessoa adepta do movimento *punk.* • *adj.2g.* **3** relativo ao movimento *punk*: *estilo* punk.

pu.pi.la *s.f.* (Anat.) orifício situado no centro da íris e pelo qual passam os raios luminosos.

pu.pi.lar *adj.2g.* que se refere à pupila: *a abertura pupilar.*

pu.pi.lo *s.m.* aprendiz.

pu.pu.nhei.ra *s.f.* (Bot.) palmeira existente na Floresta Amazônica, que produz frutos amarelos, com polpa fibrosa e palmito muito saboroso, chamado pupunha: *Em Belém, é fácil avistar pupunheiras nos quintais.*

pu.rê *s.m.* alimento de consistência pastosa, feito de legumes, de batatas ou de frutas, espremidos ou passados em peneira ou em liquidificador.

pu.re.za (ê) *s.f.* **1** qualidade de puro ou sem mistura: *testar a pureza do azeite.* **2** limpidez; transparência: *a pureza das águas do rio.* **3** singeleza; inocência: *A pureza das crianças é comovente.* **4** virgindade; castidade. **5** qualidade do que mantém a identidade, sem corromper-se: *É difícil conservar a pureza do idioma.*

pur.ga.ção *s.f.* ato ou efeito de purgar(-se); purificação.

pur.gan.te *s.m.* **1** remédio que causa forte evacuação intestinal. **2** (Coloq.) coisa ou pessoa enfadonha: *Seu chefe é um purgante, vive reclamando.*

pur.gar *v.t.* **1** limpar; purificar: *purgar as impurezas do corpo.* **2** tratar por meio de purgante: *Purguei o intestino com óleo de rícino.* **3** expiar; remir-se de: *A garota agora purgava sua leviandade.* **4** livrar; desembaraçar; purificar: *purgar os fiéis dos pecados.* • *int.* **5** expelir pus ou maus humores: *Os olhos do cão purgavam.*

pur.ga.ti.vo *s.m.* **1** purgante: *Nem sempre toma purgativos.* • *adj.* **2** que age como purgante: *uma colher de limonada purgativa.* **3** expiatório: *sofrimentos purgativos.*

pur.ga.tó.rio *s.m.* **1** (Teol.) lugar de purificação das almas dos justos antes de admitidas na bem-aventurança: *Nem todas as almas vão para o purgatório.* **2** padecimento; sofrimento.

pu.ri.fi.ca.ção *s.f.* **1** ato ou efeito de purificar. **2** conjunto de ritos religiosos purificadores: *um ritual de purificação do espírito.*

pu.ri.fi.ca.dor (ô) *s.m.* **1** aparelho para purificar: *Compramos um purificador de ar.* • *adj.* **2** que purifica; purificante: *filtros purificadores de água.*

pu.ri.fi.car *v.t.* **1** tornar puro; livrar de substância que altera, turva ou corrompe: *purificar a água potável.* **2** tornar puro moralmente; livrar de sentimento de culpa: *Vamos purificar nossos corações.* • *pron.* **3** tornar-se (mais) apurado ou refinado: *As explicações científicas purificam-se com novas experiências.* **4** tornar-se puro; livrar-se de sentimento de culpa: *Nossas almas se purificaram após a penitência.*

pu.ris.mo *s.m.* preocupação excessiva de observar a pureza da linguagem, a correção gramatical em relação à escrita ou à fala: *Ainda há alguns defensores de um purismo na linguagem.*

pu.ris.ta *s.2g.* partidário do purismo: *Os puristas rejeitam estrangeirismos na língua.*

pu.ri.ta.nis.mo *s.m.* **1** doutrina, estado de espírito, comportamento dos puritanos. **2** rigor exagerado nos princípios: *o puritanismo das beatas.*

pu.ri.ta.no *s.m.* **1** membro de uma seita de presbiterianos mais rigorosa que as demais, e que pretendia interpretar melhor o sentido literal das Escrituras. • *adj.* **2** rigoroso na aplicação de princípios morais; austero; moralista: *um sentimento puritano.*

pu.ro *adj.* **1** sem mistura nem alteração: *camisa de puro linho.* **2** sem impurezas; não contaminado: *ar puro.* **3** límpido; claro; transparente: *água pura.* **4** genuíno; legítimo: *Cultivemos os valores mais puros.* **5** casto; virtuoso: *a nudez pura do corpo humano.* **6** imaculado; virginal: *moça pura.* **7** correto; castiço: *sintaxe pura.* **8** completo; inteiro; cabal: *a pura verdade.* **9** simples; mero: *puro acaso.* ♦ **puro e simples** mero; simples; genuíno: *Desejo demonstrar afeto puro e simples.*

pu.ro-san.gue *s.2g.* **1** animal equídeo de raça pura, sem cruzamento com outra: *Tinha um puro-sangue na fazenda.* • *adj.2g.* **2** diz-se desse animal: *cavalo puro-sangue.* // Pl.: puros-sangues.

púr.pu.ra *s.f.* **1** substância corante vermelho-escura: *seda tingida de púrpura.* **2** cor vermelha: *o entardecer no tom de púrpura.* **3** tecido dessa cor: *Ela fez sucesso com seu vestido de púrpura.* **4** veste feita de tecido purpurino, símbolo de alta dignidade social ou eclesiástica: *a púrpura dos cardeais.* **5** (Med.) doença representada por erupção de manchas na pele, de forma e extensão variáveis, resultantes de extravasamento sanguíneo dos capilares. • *adj.2g.* **6** vermelho-escuro: *Usava um vestido púrpura.*

pur.pú.reo *adj.* que tem a cor da púrpura: *o manto purpúreo.*

pur.pu.ri.na *s.f.* **1** pó metálico colorido, utilizado em maquiagem, em impressão, em roupas, objetos etc. **2** metais reduzidos a pó e empregados em tipografia para as impressões em ouro e prata.

pu.ru.len.to *adj.* que contém pus.

pu.ru.ru.ca *s.f.* couro de porco frito e bem tostado: *servir um leitão à pururuca.*

pus *s.m.* líquido mais ou menos espesso, resultante de inflamação aguda ou crônica.

pu.si.lâ.ni.me *adj.2g.* que tem fraqueza de ânimo, de energia; desanimado: *atitude pusilânime.*

pús.tu.la *s.f.* **1** ferida; chaga. (Fig.) **2** corrupção; perversão; depravação. **3** sujeito infame, de péssimo caráter: *aquele pústula não merecia o nosso cumprimento.*

pu.ta.ti.vo *adj.* que aparenta ser verdadeiro, legal e certo, sem o ser; suposto: *casamento putativo.*

pu.tre.fa.ção *s.f.* **1** decomposição das matérias orgânicas pela ação das enzimas microbianas: *salgar a carne para evitar a putrefação.* **2** estado de putrefato; podridão; corrupção: *putrefação moral.*

pu.tre.fa.to *adj.* **1** que apodreceu; podre: *cadáveres putrefatos.* **2** corrupto.

pú.tri.do *adj.* **1** podre; putrefato. **2** pestilento; infetuoso: *cheiro pútrido.*

pu.xa.da *s.f.* **1** ação ou efeito de puxar; puxão: *dar uma puxada na corda.* (Bras.) **2** viagem longa e cansativa: *Da cidade ao convento é uma puxada.* **3** arrancada: *A puxada de preços foi forte.* **4** mordida da isca pelo peixe: *O pescador sentiu a puxada forte*. **5** puxado: *A cozinha era uma puxada coberta de zinco*.

pu.xa.do *s.m.* **1** construção adicional, que prolonga o corpo central da casa; puxada: *reunir os amigos no puxado*. • *adj.* **2** que se puxou; retesado; esticado: *usava os cabelos puxados e presos em coque*. **3** (Bras.) cansativo; fatigante: *um exame puxado*: **4** diz-se de olhos amendoados: *mocinha de olhos puxados*. (Bras.) **5** semelhante: *filho puxado ao pai*. **6** próximo de: *nova versão da música num estilo puxado para o samba*.

pu.xa.dor (ô) *s.m.* **1** cantor de samba-enredo nos desfiles e ensaios das escolas de samba: *A escola se emocionou quando o puxador deu o grito de guerra na avenida*. **2** pessoa responsável por iniciar alguma ação: *o puxador dos contra-ataques*. **3** pessoa que garante o bom desempenho de um grupo: *ser o principal puxador de votos do partido*. **4** (Gír.) ladrão de automóveis: *a máfia dos puxadores de carros*. **5** peça de madeira, metal etc., por onde se puxa para abrir portas, gavetas etc. ou onde se segura para fazer algum movimento: *trocar os puxadores dos armários*. • *adj.* **6** que puxa: *um solitário andarilho puxador de carrocinha*.

pu.xão *s.m.* puxada forte.

pu.xa-pu.xa *s.m.* doce ou bala de consistência elástica e grudenta. // Pl.: puxa-puxas e puxas-puxas.

pu.xar *v.t.* **1** arrastar: *puxar a cadeira*. **2** conduzir: *puxar a criança pela mão*. **3** esticar; retesar: *A garota puxava a corda do poço*. **4** transportar: *puxar lenha*. **5** tirar e empunhar; sacar: *O peão puxou o revólver*. **6** dar início; encetar: *puxar uma salva de palmas*. **7** ir na frente; comandar: *puxar procissão*. **8** pender para: *O carro puxava para a direita*. **9** ser semelhante; tender para: *blusa de tonalidade puxando para o lilás*. **10** ser semelhante a; ter traços de: *O cantor puxou ao avô nas esquisitices*.

pu.xa-sa.co *s.2g.* (Gír.) **1** pessoa que é bajuladora. • *adj.2g.* **2** adulador; bajulador.

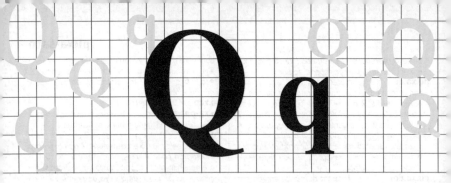

q *s.m.* **1** décima sétima letra do nosso alfabeto. **2** a figura dessa letra. • *num.* **3** décimo sétimo numa série indicada por letras.

Q.I. *s.m.* **1** sigla de quociente de inteligência. **2** número indicativo da inteligência de uma pessoa, determinado pela divisão de sua idade mental pela cronológica e multiplicação do resultado por 100.

qua.dra *s.f.* **1** quarteirão ou área fechada por quatro ruas: *O colégio ocupa toda uma quadra*. **2** distância entre duas esquinas, no mesmo lado da rua; quarteirão: *moro na última quadra da rua*. **3** campo de esportes: *uma quadra para vôlei*. **4** estrofe de quatro versos: *A garota já decorou várias quadras*. **5** época; período geralmente correspondente a um trimestre: *Aqui faz muito calor nesta quadra do ano*.

qua.dra.do *s.m.* (Geom.) **1** quadrilátero de lados iguais e ângulos retos: *As cartas formavam um quadrado com cinco fileiras*. • *adj.* **2** que tem os lados iguais e os ângulos retos: *uma janela quadrada*. **3** (Mat.) que, multiplicado por si mesmo, constitui medida de área: *metro quadrado*. **4** (Coloq.) conservador; retrógrado: *Certos filhos acham que os pais são quadrados*.

qua.dra.gé.si.mo *num.* que ocupa a posição do número quarenta: *Comemoramos o quadragésimo aniversário da cidade*.

qua.dran.gu.lar *adj.2g.* **1** (Geom.) que tem quatro ângulos: *O rato é colocado numa caixa quadrangular*. **2** que tem quatro participantes: *torneios quadrangulares*.

qua.dran.te *s.m.* **1** (Geom.) quarta parte da esfera. **2** mostrador de relógio solar. **3** região: *Em qualquer quadrante, sempre há alguém que semeia o amor*.

qua.drar *v.t.* **1** dar forma quadrada a: *O carpinteiro quadrou as traves*. **2** (Bras.) dar certa postura (ao corpo), que consiste em distender o tórax e os ombros: *Diante do inimigo quadrou o corpo, como que para intimidá-lo*. **3** ser conveniente; agradar; convir: *Não lhe quadrava aquele corte de cabelo*. **4** adaptar-se; ajustar-se; amoldar-se: *A música que tocava quadrava com momento de descontração*. • *int.* **5** ser satisfatório, conveniente; convir: *Direi sim, se tudo quadrar*. • *pron.* **6** perfilar-se: *O soldado quadrou-se no pavilhão*.

qua.dra.tu.ra *s.f.* (Astr.) configuração de dois astros quando a diferença de suas longitudes celestes é de 90 graus.

qua.dri.ci.clo *s.m.* veículo leve, montado sobre quatro rodas: *Os turistas passeiam de quadriciclo nas calçadas*.

qua.dri.co.lor *adj.2g.* que tem quatro cores: *bandeira quadricolor*.

qua.drí.cu.la *s.f.* pequeno quadrado ou retângulo: *Entreguei o formulário com quadrículas não preenchidas*.

qua.dri.cu.la.do *adj.* pautado em pequenos quadrados: *papel quadriculado*.

qua.dri.cu.lar *v.t.* dividir em pequenos quadrados: *O mestre quadriculou a folha para o aluno desenhar*.

qua.dri.e.nal *adj.2g.* **1** que dura quatro anos: *um plano quadrienal de governo*. **2** que se realiza a cada quatro anos: *As eleições para presidente são quadrienais*.

qua.dri.ê.nio *s.m.* período de quatro anos: *Ao encerrar seu quadriênio, o prefeito havia realizado grandes obras*.

qua.dri.gê.meo *adj.* referente a cada um dos quatro irmãos gêmeos.

qua.dril *s.m.* (Anat.) região lateral do corpo humano entre a cintura e a coxa; anca.

qua.dri.lá.te.ro *s.m.* **1** (Geom.) polígono de quatro lados: *Desenhei um quadrilátero*. • *adj.* **2** que tem quatro lados: *terreno quadrilátero*.

qua.dri.lha *s.f.* **1** contradança de salão: *as quadrilhas das festas de São João*. **2** bando de ladrões: *Uma quadrilha perigosa está agindo na cidade*.

qua.dri.mes.tral *adj.2g.* **1** relativo a quadrimestre: *inspeções quadrimestrais*. **2** que se realiza ou sucede de quatro em quatro meses: *contratos com reajustes quadrimestrais*.

qua.dri.mes.tre (é) *s.m.* período de quatro meses: *No primeiro quadrimestre, as vendas foram surpreendentes*.

qua.dri.mo.tor *s.m.* aeronave de quatro motores.

qua.dri.nha *s.f.* trova popular cuja letra é formada por quatro versos: *O repentista fazia quadrinhas divertidas e criativas*.

qua.dri.nho *s.m.* **1** unidade gráfica das tiras de uma história contada por desenhos dentro de pequenos quadrados: *Gosto de ler histórias em quadrinhos*. **2** história em quadrinhos: *gostava de ler os quadrinhos dos jornais*.

qua.dri.nis.ta *s.2g.* desenhista de histórias em quadrinhos.

qua.dro *s.m.* **1** obra de pintura executada sobre superfície plana como tela ou madeira: *um quadro de Picasso*. **2** quadro-negro: *A professora escreveu seu nome no quadro*. **3** superfície na qual se expõem informações, gráficos, listagens, etc.; painel: *Os avisos estavam afixados no quadro do corredor*. **4** caixilho; moldura: *A silhueta da moça apareceu no quadro da porta*. **5** figura ou ilustração utilizada para apresentação esquemática de informações; tabela: *Para entender melhor, veja a coluna sete do quadro I*. **6** total dos empregados de uma empresa, dos associados de um clube etc.: *Nossos quadros de funcionários já estão* completos. **7** subdivisão de ato de uma peça; esquete: *Houve mesmo uma temporada em que atuei no quadro humorístico.* **8** o conjunto dos sintomas de uma doença: *Ele veio a morrer com um quadro de insuficiência renal.*

qua.dro-ne.gro *s.m.* peça plana aplicada em uma das paredes das salas de aula para que o professor e os alunos escrevam. // Pl.: quadros-negros.

qua.drú.pe.de *s.m.* **1** animal provido de quatro patas. • *adj.2g.* **2** que tem quatro patas: *animal quadrúpede.*

qua.dru.pli.car *v.t.* **1** multiplicar por quatro; reduplicar; redobrar: *Quadruplicaram a estrada federal recentemente.* • *int.* **2** multiplicar-se por quatro: *Nestes quatro anos o número de alunos quadruplicou.*

quá.dru.plo *adj.* **1** com quatro partes ou constituintes: *Fechaduras e travas quádruplas, que têm quatro pontos de engate da chave.* • *num.* **2** quantidade que representa quatro vezes uma outra.

qual *pron. inter.* **1** que: *Qual a providência que ele poderia tomar?* **2** introduz uma pergunta de caráter seletivo: *O oráculo sabia, por acaso, qual dos exércitos venceria?* • *pron. rel.* **3** usado quando se quer identificar o gênero do antecedente; que: *É um balcão de madeira trabalhada sobre o qual havia inúmeras garrafas.* • *conj.* **4** do mesmo modo que; como: *Agiu qual uma fera ameaçada.* • *interj.* **5** expressa reação negativa ✦ **qual nada** expressa negação enfática. **qual o quê** de jeito nenhum. **qual seja** ou seja; isto é: *Ele veio só por um motivo, qual seja, estava com saudades.*

qua.li.da.de *s.f.* **1** propriedade, atributo ou condição natural distintivos de um ser ou coisa; caráter: *É preciso melhorar a qualidade dos serviços sociais do poder público.* **2** virtude; talento; dom: *um homem de raras qualidades.* **3** condição; posição; função: *O prefeito falou da saúde com conhecimento de causa, na qualidade de médico que é.* **4** tipo; categoria; espécie: *Na mesa farta, havia várias qualidades de sobremesas.* ✦ **de qualidade** muito bom: *É realmente uma obra de qualidade.*

qua.li.fi.ca.ção *s.f.* **1** atribuição de qualificativo a alguém ou algo: *exame de qualificação.* **2** nos julgamentos, introdução em que se estabelece a identidade pormenorizada do acusado e das testemunhas: *O magistrado estranhou quando foi lida a qualificação de uma das testemunhas.* **3** capacidade adquirida por formação técnica; habilitação; capacitação: *atestados de qualificação técnica.*

qua.li.fi.ca.do *adj.* **1** habilitado: *funcionário qualificado.* **2** (Jur.) diz-se do crime especialmente agravado, em razão de circunstâncias objetivas ou subjetivas expressas em lei: *homicídio qualificado.*

qua.li.fi.car *v.t.* **1** considerar apto, habilitado: *A banca qualificou o doutorando.* **2** avaliar; apreciar. **3** caracterizar: *Especialistas qualificaram as obras de arte em exposição.*

qua.li.fi.ca.ti.vo *s.m.* **1** atributo: *O sujeito tinha fama de velhaco e fingido, mas ele não se importava com esses qualificativos.* • *adj.* **2** que qualifica. **3** de ou relativo a qualidade: *Os computadores tiveram um salto qualificativo na década passada.*

qua.li.ta.ti.vo *adj.* **1** que determina a(s) qualidade(s): *Os educadores devem usar critérios rigorosamente qualitativos.* **2** relativo a qualidade: *Um estudo qualitativo permitiria conhecer os desejos do consumidor.*

qual.quer (é) *pron. indef.* **1** usado para referir-se indeterminadamente a pessoa ou coisa, não importa qual: *Aquela máquina já passou por mais testes do que qualquer outra.* **2** todo; cada: *Qualquer homem pode se regenerar.* **3** nenhum: *O número de internamentos poderá ser reduzido de 60 a 70%, sem qualquer prejuízo para os beneficiários.* **4** algum; um: *Qualquer dia desses irei à praia.* // Pl.: quaisquer.

quan.do *pron. rel.* **1** em que: *Isso ocorreu naquele tempo quando os coronéis brigavam para vencer nas eleições.* • *conj.* **2** ainda que: *Ofereceu-me doces quando soube que eu sou diabético!* **3** na ocasião em que; enquanto: *Quando lia um texto mais extenso, acompanhava a leitura com o corpo.* **4** no momento em que; assim que; logo que: *Quando o médico voltou, encontrou o homenzinho já sem casaco.* **5** desde que; uma vez que; se: *A criança é considerada curada quando não apresenta sinais de leucemia nos cinco anos seguintes.* • *adv.* **6** em que momento ou ocasião: *Quando você volta?* ✦ **de quando em quando** com certo intervalo de tempo; de vez em quando: *De quando em quando, apenas, Júlio ouvia uma ou duas frases sobre os perigos da cidade.* **quando de** por ocasião de: *Quando da visita presidencial, toda a segurança foi reforçada.*

quan.ti.a *s.f.* **1** quantidade: *Calculou a quantia exata de tinta para pintar a sala.* **2** soma; porção ou quantidade de dinheiro; importância: *Deposito todos os meses a mesma quantia na poupança.*

quân.ti.co *adj.* (Fís.) relativo aos *quanta*, quantidades elementares em que se devem considerar certas grandezas como contínuas, de acordo com a teoria de Max Planck (1858-1947).

quan.ti.da.de *s.f.* **1** propriedade do que pode ser contado: *O tratamento visa a diminuir a quantidade de células anormais.* **2** grandeza que se pode medir; porção: *Não sabia a quantidade de água do reservatório.* **3** grande porção; grande número: *Os alunos compareceram em quantidade.* **4** porção ou número total: *O problema era a pouca quantidade de computadores.*

quan.ti.fi.ca.ção *s.f.* determinação da quantidade: *quantificação de dados da pesquisa.*

quan.ti.fi.car *v.t.* indicar a quantidade: *Um exame quantifica a carga de vírus que infecta as células.*

quan.ti.fi.ca.ti.vo *adj.* relativo a, ou indicativo de quantidade: *A pesquisa, no Brasil, vem conseguindo expressivo crescimento quantitativo e qualitativo.*

quan.to *pron. indef.* **1** que quantidade ou intensidade de: *Nossa, quanto carro!* • *pron. inter.* **2** que quantidade de; que número de: *Quantos ovos vocês vão querer?* **3** que preço: *Quanto é o quiabo?* • *pron. rel.* **4** que: *Esta moeda vale quanto pesa.* • *adv.* **5** quão intensamente: *Veja quanto brilha a Estrela-d'Alva.* • *conj.* **6** relacionado a tão/tanto compõe o segundo termo de uma comparação de igualdade: *Há 16 anos transportamos passageiros tão exigentes quanto você.* ✦ **quanto a** a respeito de; relativamente a: *Tratou de afastar qualquer apreensão quanto às atitudes da filha.* **a quantas** como: *Vim aqui me inteirar a quantas anda a investigação da polícia.*

quantum (Lat.) *s.m.* **1** quantia indeterminada: *determinar o quantum devido numa indenização.* **2** (Fís.) quantidade indivisível de energia eletromagnética: *O fóton é um quantum do campo eletromagnético.*

quão

quão *adv.* quanto: *Via, assim, quão inútil fora aquele esforço.*

quá-quá-quá *interj.* som produzido por gargalhada.

qua.ren.ta *s.m.* **1** representação gráfica do número 40. • *num.* **2** quatro vezes dez: *Estamos a quarenta graus à sombra.*

qua.ren.tão *s.m.* **1** quem está na casa dos 40 anos: *Um quarentão deveria se sentir maduro.* • *adj.* **2** que está na casa dos 40 anos: *homem quarentão.*

qua.ren.te.na *s.f.* **1** isolamento imposto a portadores ou supostos portadores de doenças contagiosas: *Pessoas que tiveram contato com o paciente estão de quarentena.* **2** período em que o ex-detentor de um cargo público estratégico fica impedido de trabalhar na iniciativa privada.

qua.res.ma (é) *s.f.* (Rel.) período de quarenta dias, compreendido entre a quarta-feira de cinzas e o domingo de Páscoa.

qua.res.mei.ra *s.f.* (Bot.) árvore de folhas verde-escuras em forma de lança, com flores miúdas em cacho, nas cores branca, rosa e violácea.

quar.ta *s.f.* **1** cada uma das quatro partes em que se pode dividir um todo; um quarto. **2** marcha de velocidade de automóveis.

quar.ta-fei.ra *s.f.* quarto dia da semana. // Pl.: quartas-feiras.

quar.tei.rão *s.m.* grupo de casas que formam um quadrado, sendo que cada lado dá para uma rua; quadra.

quar.tel[1] *s.m.* quarta parte de um todo; quarto: *primeiro quartel do século XX.*

quar.tel[2] *s.m.* **1** edifício onde está alojado um regimento, batalhão ou destacamento. **2** abrigo; refúgio.

quar.te.la.da *s.f.* (Bras.) (Pej.) rebelião ou motim suscitado por militares com o fito de tomar o poder.

quar.te.to (ê) *s.m.* **1** estrofe de quatro versos; quadra. **2** (Mús.) peça de música para quatro vozes ou para quatro instrumentos: *Mozart compôs sonatas e quartetos.* **3** qualquer grupo formado por quatro elementos: *quarteto de dança.*

quar.ti.nha *s.f.* (Bras.) moringa; garrafão ou bilha de barro ou porcelana para aparar, conter e refrescar a água.

quar.to *s.m.* **1** dependência da casa que serve de dormitório: *um apartamento de três quartos.* **2** mão e perna da rês até a metade do lombo, na altura, e até metade da barriga, na largura: *Comprei um quarto de novilho para o churrasco.* • *pl.* **3** (Coloq.) ancas; quadris: *Ela queixava-se de dores nos quartos.* • *num.* **4** que ocupa a posição do número quatro: *Caiu muita chuva no quarto dia.* **5** (Mat.) que corresponde a uma fração de um todo dividido por quatro: *Mais de um quarto da força produtiva está desempregada.*

quar.tzo *s.m.* (Min.) sílica natural que entra na composição de muitas rochas.

qua.rup *s.m.2n.* cerimônia religiosa de celebração dos mortos entre os indígenas da região do alto Xingu (MT).

qua.sar *s.m.* (Astr.) sistema aparentemente estelar, a grandíssima distância da Terra, que é potente fonte de ondas de rádio.

qua.se *adv.* **1** a pouca distância de; proximamente a: *Parou o carro quase no final da rua.* **2** aproximadamente: *Havia quase duzentas pessoas na festa.* **3** um pouco: *Ele respondeu quase agressivo.* **4** por pouco que não: *Um carro quase me pegou.*

qua.ter.ná.rio *s.m.* **1** período geológico iniciado há 1,6 milhão de anos e que se estende até os nossos dias, caracterizado pela formação das grandes geleiras que afetaram a América e a Europa, por mudanças no nível do mar e pelo aparecimento do homem. // Neste sentido, escreve-se com inicial maiúscula. // • *adj.* **2** composto de quatro unidades ou elementos. **3** (Mús.) que tem quatro tempos: *compasso quaternário.*

qua.ti *s.m.* (Zool.) mamífero da América, de tamanho médio, pelos de cores escura e clara intercalados em anéis, rabo felpudo e comprido, focinho comprido.

qua.tor.ze *s.m.* **1** representação gráfica do número 14. • *num.* **2** dez mais quatro: *Minha neta está completando quatorze anos.*

qua.tri.ê.nio *s.m.* quadriênio.

qua.tro *s.m.* **1** representação gráfica do número 4. • *num.* **2** três mais um: *Já são quatro horas da tarde.*

qua.tro.cen.tão *adj.* (Coloq.) que tem quatrocentos anos: *São Paulo quatrocentão.*

qua.tro.cen.tos *s.m.* **1** representação gráfica do número 400. • *num.* **2** quatro vezes cem.

que *pron. rel.* **1** introduz uma oração de valor adjetivo: *Não era aquela a explicação que ele desejava.* • *pron. inter.* **2** que coisa: *Que posso fazer por você?* • *pron. excel.* **3** introduz oração que expressa desejo ou ordem: *Que a justiça sobreviva!* • *prep.* **4** equivale a de e só se usa com o verbo ter: *Tenho que estudar.* **5** exceto: *Não trouxe outra coisa que duas maçãs.* • *conj.* **6** introduz uma oração de valor substantivo: *Não convinha que a história se espalhasse.* **7** introduz o segundo termo da comparação: *O calor incomoda menos que o frio.* **8** em correlação com tão, tanto, tal e tamanho, introduz uma oração que expressa o efeito ou a consequência daquilo que se apresenta na oração principal: *Ficou tão envergonhada que desmaiou.* **9** apresenta a razão ou o motivo do que se constatou na oração anterior; porque: *Pode ficar tranquila, que não vou sair mais.*

quê *s.m.* **1** alguma coisa; qualquer coisa: *Conta essa história, que parece ter um quê de misticismo.* **2** dificuldade; complicação: *Todo trabalho tem seus quês.*

que.bra (é) *s.f.* **1** fragmentação; desagregação: *A prensagem provoca a quebra dos cocos.* **2** rompimento; interrupção: *a quebra do sigilo bancário.* **3** diminuição; desfalque: *Neste ano houve quebra da safra de algodão.* **4** falência: *A abertura das importações poderá provocar a quebra da indústria nacional.* **5** infração; transgressão: *A quebra de protocolo causou confusão.* **6** fratura; rompimento: *a quebra do fêmur.* • **de quebra** a mais; de graça: *Comprou uma colônia e recebeu um sabonete de quebra.*

que.bra-ca.be.ça *s.m.* **1** jogo composto de várias peças que, ao serem juntadas, representam uma figura: *Os quebra-cabeças formavam o mapa do Brasil.* **2** problema difícil; questão complicada: *Não vou me preocupar com esse quebra-cabeça.* // Pl.: quebra-cabeças.

que.bra.dei.ra *s.f.* (Coloq.) **1** falência em massa: *a quebradeira de 1929.* **2** prostração; fadiga: *Esqueceu a quebradeira que lhe abatia o moral.*

que.bra.di.ço *adj.* que se quebra com facilidade: *planta de talos quebradiços.*

que.bra.do s.m. pl. **1** (Coloq.) dinheiro miúdo; trocados; níqueis: *Só tinha no bolso uns quebrados para o ônibus.* • adj. **2** partido; rachado: *Havia pratos quebrados pelo chão.* **3** sem condições de funcionar; enguiçado: *um relógio quebrado.* **4** fraturado: *braço quebrado.* **5** (Coloq.) falido: *A empresa estava praticamente quebrada.* **6** interrompido; rompido: *silêncio quebrado pelo barulho.* **7** cansado: *Chego em casa quebrado.*
que.bra-luz s.m. abajur. // Pl.: quebra-luzes.
que.bra-mo.las s.m.2n. obstáculo alongado, de pequena altura, em relevo, construído transversalmente nas ruas e estradas para fazer com que se reduza a velocidade dos veículos; redutor.
que.bra-no.zes s.m.2n. instrumento metálico para partir nozes.
que.bran.te s.m. quebranto.
que.bran.to s.m. (Coloq.) suposto estado de doença produzido pelo mau-olhado de alguém: *Dizem que os banhos de arruda tiram quebranto.*
que.bra-pau s.m. (Coloq.) briga; altercação; quebra-quebra. // Pl.: quebra-paus.
que.bra-que.bra s.m. (Coloq.) arruaça; tumulto. // Pl.: quebra-quebras.
que.brar v.t. **1** reduzir a pedaços; partir: *Quebrou pratos e tigelas.* **2** fazer entortar-se ou curvar-se: *O contorcionista quebrava o corpo.* **3** interromper: *Um estalo forte quebrou o meu encantamento.* **4** violar; desrespeitar: *O país quebrou o tratado.* **5** vencer; afrouxar: *A festa quebrou a timidez dos calouros.* **6** arruinar: *A má gerenciação quebrou a empresa.* **7** ultrapassar; vencer: *As vendas estão quebrando todos os recordes.* **8** fazer diminuir: *Fazia piada para quebrar a tensão.* **9** virar; contornar: *Quebramos logo a esquina antes que nos vissem.* **10** perder a intensidade de: *Só saía à tarde quando o sol quebrava a ardência.* **11** sofrer fratura: *Quebrou duas costelas no tombo.* • int. **12** fender-se; fragmentar-se: *Vaso ruim não quebra.* **13** danificar-se; encrencar; enguiçar: *O carro quebrou na subida.* **14** romper-se; fraturar: *A perna do bezerro quebrou.* **15** falir: *O banco quebrou no dia seguinte.* ♦ **quebrar a cabeça** esforçar-se em reflexões; pensar muito: *A gente só resolve esse problema quebrando a cabeça.* **quebrar o galho** ajudar a remediar situações. **quebrar o pau** haver briga ou baderna: *Ontem quebrou o pau na boate.*
que.da (é) s.f. **1** caída; tombo: *Sofreu uma queda do cavalo.* **2** diminuição; baixa: *a queda dos preços.* (Fig.) **3** decadência; declínio; ruína: *a queda do império romano.* **4** perda do cargo ou poder: *a queda do ministro da Fazenda.* **5** perda: *a queda dos cabelos.* **6** desvalorização: *a queda do dólar.* **7** atração física: *Tinha uma queda especial por moços bonitos.* **8** inclinação natural; tendência; pendor: *O rapaz tinha queda para o comércio.*
que.da de bra.ço s.f. braço-de-ferro. // Pl.: quedas de braço.
que.dar v.pron. **1** permanecer; ficar: *Todos quedaram-se perplexos.* • int. **2** deter-se; ficar parado: *Quedaram longo tempo diante do arranha-céu em construção.*
quei.jei.ro s.m. pessoa que fabrica e/ou vende queijos.
quei.jo s.m. alimento que se obtém pela coagulação e fermentação do leite de vaca: *queijo prato.*
quei.ma s.f. **1** combustão: *queima de gasolina.* (Bras.) **2** queimada: *a queima dos pastos.* **3** curativo em ferida de animal, feito com ferro em brasa: *Faça logo a queima, senão o bicho morre.* **4** incineração: *Procedeu logo à queima dos documentos comprometedores.* (Fig.) **5** liquidação: *Janeiro é mês de queima nas lojas.* **6** gasto indevido; esbanjamento: *É lastimável a queima de dinheiro público.* **7** processo de consumir; gasto: *queima de caloria.*
quei.ma.ção s.f. **1** queima; queimadura. **2** ardência: *uma queimação no estômago.*
quei.ma.da s.f. **1** queima de mato, de vegetação seca ou verde, em geral com o fim de preparar o terreno para semear ou plantar: *A prefeitura proibiu a queimada de cana.* **2** parte de floresta ou de campo que se incendeia casualmente ou de propósito: *O fogo de alguma queimada projetava os seus clarões dentro da noite.* **3** jogo que consiste em atirar uma bola de tênis no adversário que se defende com as mãos, sem deixar que ela lhe toque qualquer parte do corpo: *Em vez de vôlei, os alunos jogaram queimada.*
quei.ma.do s.m. **1** pessoa que sofreu queimadura: *hospital só para queimados.* **2** coisa queimada: *cheiro forte de queimado.* • adj. **3** carbonizado: *corpos queimados.* **4** que queimou; esturricado: *feijão queimado.* **5** que sofreu queimadura: *Tinham as mãos queimadas.* **6** devastado pelo fogo: *matas queimadas.* **7** bronzeado; tostado: *corpo queimado pelo sol de verão.* **8** (Coloq.) com o prestígio anulado ou abalado; desprestigiado: *Nosso candidato já está queimado.* **9** queimada (3): *Jogou queimada no recreio.*
quei.ma.dor (ô) s.m. **1** parte do fogão onde se acende o gás: *fogão com queimadores.* **2** indivíduo que queima ou que incinera: *O rapaz trabalha como queimador de lixo.* • adj. **3** que queima.
quei.ma.du.ra s.f. **1** ardência: *queimadura causada por água-viva.* **2** ferimento ou lesão causada pelo fogo ou pelo calor: *Vi a queimadura no braço dela.*
quei.mar v.t. **1** provocar queimaduras em: *O bafo da chaleira queimou a mão da cozinheira.* **2** tostar; ressecar: *O sol do meio-dia me queimava o rosto.* **3** produzir ardência ou irritação semelhante a queimadura: *Uma ânsia de vômito subia, queimando-lhe o peito.* **4** fazer morrer ao fogo; sacrificar: *Queimaram Joana d'Arc numa fogueira.* **5** consumir: *Ando muito para queimar calorias.* **6** (Coloq.) vender por preço muito baixo: *queimar os estoques.* **7** (Coloq.) esbanjar: *Queimou toda a fortuna dos pais.* **8** sofrer queimaduras em: *Ele queimou a mão.* • pron. **9** sofrer queimaduras: *Ele queimou-se.* **10** bronzear-se: *Garotas queimam-se na praia.* **11** (Coloq.) perder o prestígio; ter as pretensões anuladas: *Estava tentando ser candidato e não queria se queimar.* • int. **12** danificar-se; estragar-se: *A lâmpada da cozinha queimou.* **13** consumir-se pelo fogo: *A lenha queima no fogão.* **14** ficar torrado demais: *A omelete queimou.*
quei.xa /ch/ s.f. **1** ação ou efeito de queixar-se. **2** manifestação de descontentamento; reclamação; protesto: *A queixa dos jogadores chega a ser ridícula.* **3** exposição de sofrimentos; queixume: *Já não suportava as queixas da mulher.* **4** relato de sintomas pelo doente: *O médico ouve calado a queixa do paciente.* **5** exposição de agravos ou injúrias a uma autoridade competente: *Apresentou queixa contra a guarda civil.*
quei.xa.da /ch/ s.m. **1** (Zool.) porco-do-mato que tem uma faixa de pelos brancos ao longo da queixada, a

queixar-se

pelagem das costas muito longa e os lábios brancos. • *s.f.* **2** queixo grande e saliente. **3** mandíbula: *Caiu e deslocou sua queixada.*

quei.xar-se /ch/ *v. pron.* reclamar; lamentar-se; manifestar descontentamento: *Queixou-se de mim ao mestre de obras.*

quei.xo /ch/ *s.m.* **1** maxilar dos animais vertebrados: *Agarrei o pangaré pelo queixo.* **2** parte inferior do rosto, abaixo dos lábios: *Ela sorriu e empinou o queixo fingindo arrogância.*

quei.xo.so /ch/ (ô) *s.m.* **1** aquele que se queixa: *Que dizer aos queixosos?* • *adj.* **2** que traduz queixa: *gemido queixoso.* **3** que reclama; que se queixa: *A iniciativa do governo tranquiliza o empresariado queixoso.*

quei.xu.me /ch/ *s.m.* queixa; lamentação.

que.lô.nio *s.m.* (Zool.) **1** espécime dos quelônios. • *pl.* **2** ordem de répteis que se caracterizam por ter parte do tronco encerrada em conchas de placas ósseas: *Tartarugas são quelônios.*

quem *pron. inter.* **1** refere-se à pessoa da qual se fala: *Quem veio atender à porta?* • *rel.* ou *indef.* **2** aquele que: *Quem canta, seus males espanta.* • *indef.* **3** alguém que: *Levou a mão à boca como quem tenta conter o que disse.* • *rel.* **4** o qual; os quais: *Revoltavam-se contra aqueles a quem deviam gratidão.*

quen.tão *s.m.* bebida quente, preparada com gengibre, cachaça, água e açúcar.

quen.te *s.m.* **1** (Coloq.) aquilo que há de mais incrementado ou que está na moda: *O quente mesmo, em matéria de prevenção do câncer, será pesquisar os genes de um paciente.* **2** aconchego: *saudade do quente do colo da mãe.* • *adj.2g.* **3** de temperatura elevada; cálido: *regiões de clima quente.* **4** aquecido; queimante: *cabelo alisado a ferro quente.* **5** que transmite calor; que aquece: *sol muito quente.* **6** recém-preparado: *comida quente.* **7** na temperatura ambiente: *Não gosto de suco quente.* **8** que mostra cenas sensuais ou eróticas: *O filme apresenta várias cenas muito quentes.* **9** pertencente ao espectro das cores que compreende o amarelo, o alaranjado e o vermelho: *O vermelho é cor quente.* **10** recente: *Aqui você tem as notícias mais quentes.* **11** (Coloq.) importante: *Esta é a etapa mais quente do torneio.* **12** febril: *Estou quente, mãe, acho que é gripe.*

quen.tu.ra *s.f.* **1** estado daquilo que é quente; calor: *O Sol continua quente, mas de uma quentura gostosa.* **2** amorosidade; proteção: *Aconchegava o filho na quentura do seu seio.*

que.pe (é) *s.m.* boné de aba dura, de tipo militar: *O carteiro tirou o quepe.*

quer *conj.* une elementos da mesma espécie, indicando alternativa; ou... ou; seja... seja: *O governo deve ser o principal agente financiador da pesquisa, quer nos institutos oficiais, quer nas empresas privadas.*

que.re.la *s.f.* **1** discussão; pendência: *A mãe nunca imaginou a querela que iria dividir as filhas.* **2** queixa levada a juízo: *O advogado ouviu os interessados na querela dos latifundiários.*

que.re.lar *v.t.* **1** apresentar queixa em juízo. **2** ter pequena questão. **3** discutir.

que.rên.cia *s.f.* **1** (Reg. RS e MG) lugar onde o gado habitualmente pasta ou onde foi criado. **2** (RS) lugar onde uma pessoa mora; cantinho; rincão.

que.rer *v.t.* **1** ter vontade de alcançar; desejar: *Quero liberdade.* **2** pretender obter; desejar ter: *Ela queria um sapato novo.* **3** exigir: *Quero que me diga a verdade.* **4** procurar; pretender: *Querem a condenação do pobre homem.* **5** ter o desejo de que algo aconteça: *Queria a filha sempre perto dele.* **6** permitir: *Não quero sujeira nesta sala.* **7** desejar que seja ou esteja: *Quero você bem disposta na festa.* **8** ter afeição; gostar; estimar: *Queria a você realmente como a uma filha.* **9** ter alguma intenção; pretender: *Não quero nada com você.* **10** pedir ou pretender como preço: *O artista queria dez mil reais pelo quadro.* • *pron.* **11** desejar sentimental ou sexualmente: *Eles se querem para sempre.* ♦ **como quem não quer nada** disfarçadamente: *Veio se enfiando como quem não quer nada, e já está dona da casa.* **Deus queira** oxalá; tomara: *Deus queira que este ano o preço do arroz não suba.* **sem querer** involuntariamente: *Sem querer, ele bateu a porta de casa e não pôde entrar.* **quer dizer** isto é; ou seja: *Sempre que posso vou ao teatro, quer dizer, sempre que sobra algum dinheiro.* **quer ver que** indica probabilidade, quase certeza: *Quer ver que a gente vai ter que sair daqui hoje mesmo?*

que.ri.do *s.m.* **1** pessoa amada ou estimada: *Todas as noites visitava minha querida.* **2** tratamento usado para dirigir-se familiarmente à pessoa muito querida ou estimada: *Veja se não demora, querida.* • *adj.* **3** amado; estimado: *meu querido amigo.* **4** apreciado: *São personagens muito queridos do público.* **5** desejado; bem-vindo: *Ela não era querida na cidade.*

quer.mes.se (é) *s.f.* bazar ou feira beneficente, em geral com leilão de prendas.

que.ro.se.ne *s.m.* (Quím.) líquido resultante da destilação do petróleo, usado como combustível, como solvente e como base de certos inseticidas.

que.ru.bim *s.m.* **1** anjo pertencente à primeira hierarquia dos anjos bons. **2** sua representação pictórica, geralmente um rosto de criança com duas asas. **3** (Fig.) pessoa de beleza angelical: *As filhas do coronel são três querubins.*

que.si.to *s.m.* **1** ponto ou questão sobre que se pede resposta, opinião, juízo ou esclarecimento. **2** requisito; exigência: *Saber inglês é um dos quesitos exigidos para o candidato ao cargo.* **3** objeto de julgamento; item: *Nos quesitos simpatia e expressão, a moça levaria vantagem.*

ques.tão *s.f.* **1** pergunta geralmente feita para testar conhecimento em prova, concurso etc.: *As questões foram elaboradas por uma comissão.* **2** assunto ou tema sujeito a discussão, estudo etc.: *Foi discutida a questão da dívida.* **3** desavença; demanda: *A questão entre patrão e empregado foi resolvida na justiça.* **4** ponto para ser resolvido; problema; dificuldade.

ques.ti.o.na.men.to *s.m.* **1** contestação: *questionamentos existencialistas.* **2** pergunta; questão: *Os conservadores evitaram certos questionamentos liberais.*

ques.ti.o.nar *v.t.* **1** levantar questões sobre; discutir: *questionar o mecanismo da dominação.* **2** entrar em questão; discutir: *Ninguém a viu chorando, nem questionando com pessoa nenhuma.* **3** fazer perguntas; interrogar: *Questionavam sobre muitos enigmas.*

quinina

ques.ti.o.ná.rio s.m. **1** série de questões ou perguntas: *questionário com dez perguntas.* **2** interrogatório: *As doentes respondem ao questionário em voz arrastada.*

ques.ti.ún.cu.la s.f. problema ou discussão sem importância: *Ocupa-se apenas de questiúnculas.*

qui.a.bo s.m. legume pequeno, comprido e cônico, verde, de sementes brancas: *O caruru é um prato afro-brasileiro feito com quiabo.*

qui.be s.m. prato da culinária árabe, feito de carne moída e trigo integral, e temperado com hortelã, pimenta e outros condimentos, podendo ser comido cru, frito ou assado.

qui.be.be (é *ou* ê) s.m. (Bras.) abóbora madura refogada ou em papa.

qui.çá adv. talvez; porventura.

qui.car v.t. **1** fazer a bola pular, atirando-a no chão: *No basquete, é proibido correr com a bola sem quicá-la.* • int. **2** bater numa superfície dura, geralmente o chão, e pular; saltar.

quí.chua s.m. **1** idioma falado em algumas regiões da América do Sul, usado outrora no império inca. • s.2g. **2** indivíduo dos quíchuas. • pl. **3** povo indígena que habitou grande parte do Peru (América do Sul). • adj.2g. **4** relativo a quíchua.

qui.e.to (é) adj. **1** que não se mexe; parado; imóvel: *As palmas dos coqueiros estão quietas.* **2** silencioso; sem ruído: *A criançada estava quieta diante da TV.* **3** dócil; pacífico: *homem de natureza quieta.* **4** (Coloq.) sem ou quase sem ondas: *Observava as águas quietas da lagoa.*

qui.e.tu.de s.f. **1** sossego; paz; tranquilidade suave: *Gosto da quietude do campo.* **2** silêncio: *Sons abafados de um piano romperam a quietude da casa.*

qui.la.te s.m. **1** proporção do elemento ouro contido numa liga desse metal, expressa em 24 avos de massa total: *ouro de dezoito quilates.* **2** unidades de medida de peso para diamantes, pedras preciosas e pérolas. **3** (Coloq.) intensidade: *Não se esperava um frio desse quilate.* **4** (Fig.) qualidade; excelência: *rapaz de quilate.*

qui.lha s.f. **1** (Constr. Nav.) peça básica do casco de uma embarcação, situada na parte mais baixa em quase todo o seu comprimento, e à qual se prendem as peças verticais. **2** qualquer estrutura parecida com a quilha: *a quilha do tórax.*

qui.lo s.m. quilograma: *Comprou dois quilos e quinhentos gramas de batatas.*

qui.lo.gra.ma s.m. unidade de medida de peso, equivalente a mil gramas.

qui.lo-hertz s.m. unidade de medida de frequência equivalente a mil hertz.

qui.lom.bo s.m. (Bras.) refúgio de escravos fugidos em lugar de difícil acesso, onde por vezes se formavam povoações fortificadas: *o quilombo dos Palmares.*

qui.lo.me.tra.gem s.f. **1** determinação de uma distância em quilômetros. **2** número de quilômetros por hora: *Não há marcação de quilometragem permitida em boa parte da rodovia.* **3** número de quilômetros percorridos: *Comprei um carro usado, mas com baixa quilometragem.*

qui.lo.mé.tri.co adj. **1** relativo a quilômetro: *a marcação quilométrica da estrada.* **2** muito longo: *A paisagem da região é dominada pelos canteiros quilométricos de flores.*

qui.lô.me.tro s.m. **1** unidade de medida de comprimento, equivalente a mil metros: *Caminhou um quilômetro na esteira ergométrica.* **2** marco ou ponto de referência da quilometragem de uma estrada: *Mais um acidente no quilômetro vinte e oito da estrada.*

qui.lo.watt s.m. unidade de medida de potência ativa em circuitos elétricos de corrente alternada, equivalente a mil watts: *O valor do quilowatt/hora sobe continuamente.*

quim.ban.da s.2g. (Bras.) **1** curandeiro; sacerdote; exorcista: *Ela era quimbanda de renome.* • s.f. **2** o ritual desse culto proveniente dos bantos. **3** o conjunto de adeptos que mantêm a tradição banta e misturam elementos do catolicismo, do espiritismo e cultuam entidades como os Exus.

qui.me.ra (é) s.f. **1** monstro da mitologia grega, com cabeça de leão, corpo de cabra e cauda de dragão. **2** fantasia; ilusão: *A quimera nos torna avessos à realidade.*

qui.mé.ri.co adj. irreal; fantástico: *Ele se tornou realista e desistiu dos antigos planos quiméricos.*

quí.mi.ca s.f. **1** ciência que estuda as propriedades das substâncias e as leis que regem suas combinações e decomposições. **2** combinação de elementos: *O carbono forma a base da química de todos os seres vivos.* **3** capacidade de dois ou mais indivíduos interagirem; simpatia; sintonia; combinação: *A química entre eles não funcionou e eles se separaram.* **4** qualquer substância artificial usada na agricultura ou na indústria de alimentos: *frutas sem química.*

quí.mi.co s.m. **1** pessoa especialista em química: *A indústria contratou vários químicos.* • adj. **2** referente à química: *conhecimentos químicos.* **3** que se realiza por meio de combinação ou reação entre as substâncias: *processos químicos.* **4** que é especialista em química: *engenheiro químico.*

qui.mi.o.te.ra.pi.a s.f. tratamento por meio de agentes químicos: *Foram descobertas novas drogas para a quimioterapia do câncer.*

qui.mi.o.te.rá.pi.co s.m. **1** substância utilizada na quimioterapia: *Com os antibióticos e quimioterápicos, a cura pode ser rápida.* • adj. **2** referente à quimioterapia: *tratamento com drogas quimioterápicas.*

qui.mo.no (ô) s.m. túnica longa, cruzada na frente, de mangas largas e sem costura na cava, muito usada no Japão.

qui.na s.f. **1** saliência angulosa; canto; aresta: *Cortou o supercílio batendo numa quina da mesa.* **2** grupo de cinco números: *Nunca acertei a quina da loto.* **3** (Bot.) nome dado a várias plantas sul-americanas de cuja casca se extrai a quinina: *Usam a quina para curar a maleita.*

quin.dim s.m. **1** (Bras.) doce feito de gema de ovo, coco e açúcar. **2** graça, encanto. **3** indivíduo muito querido, predileto.

qui.nhão s.m. **1** a parte de um todo que cabe a cada um dos indivíduos pelos quais se divide; parte; cota: *Recebi o meu quinhão da herança paterna.* **2** aquilo que toca a cada um experimentar na vida: *quinhão de felicidade.*

qui.nhen.tos num. **1** cinco vezes cem: *Juntei quinhentos selos na minha coleção.* • s.m. **2** representação gráfica do número 500.

qui.ni.na s.f. (Quím.) alcaloide da quina e de outras plantas semelhantes, usado para combater a malária e a febre.

quinino

qui.ni.no *s.m.* (Quím.) **1** sulfato de quinina: *um frasco de comprimidos de quinino*. **2** quinina.

quin.qua.gé.si.mo (qüin) *num.* que, numa série, ocupa a posição do número cinquenta: *Estamos no quinquagésimo andar*.

quin.que.nal (qüinqüê) *adj.2g.* **1** que dura cinco anos: *Elaborou-se um plano quinquenal para a recuperação das áreas desmatadas*. **2** que se realiza a cada cinco anos: *campeonatos quinquenais*.

quin.quê.nio (qüinqüê) *s.m.* **1** período de cinco anos; lustro: *Alguns presidentes governam por um quinquênio*. **2** acréscimo ao salário de um servidor ao cabo de cada período de cinco anos de serviço.

quin.qui.lha.ri.a *s.f.* **1** objeto de pequeno valor. **2** conjunto de miudezas de pouco valor; bugiganga: *Vendiam quinquilharias no mercado*. **3** coisa sem importância; bagatela; ninharia: *Não percamos tempo com quinquilharias*. // As duas últimas acepções só se usam no plural.

quin.ta *s.f.* **1** grande propriedade no campo, com habitação. **2** cada uma das cinco partes em que se pode dividir um todo; um quinto.

quin.ta-es.sên.cia *s.f.* quintessência. // Pl.: quinta-essências.

quin.ta-fei.ra *s.f.* o quinto dia da semana. // Pl.: quintas-feiras.

quin.tal *s.m.* pequeno terreno, muitas vezes com jardim ou com horta, nos fundos da casa.

quin.tes.sên.cia *s.f.* **1** para os alquimistas, extrato de uma substância levado ao último grau de apuramento: *Buscava a quintessência do extrato de jasmim*. **2** o que há de principal, de melhor ou de mais puro; o essencial: *A cidade concentrou a quintessência do charme e do estilo*. **3** o mais alto grau; requinte; auge: *Uma comédia que é a quintessência do esculacho*.

quin.te.to (ê) *s.m.* **1** estrofe de cinco versos: *um quinteto com versos de dez sílabas*. **2** (Mús.) conjunto de cinco vozes ou de cinco instrumentos: *Esse quinteto, à base de guitarras, baixo elétrico e teclados, provocou entusiasmo no público*. **3** grupo de cinco pessoas.

quin.to *s.m.* **1** na era colonial, imposto pago ao tesouro português, correspondente a 20% sobre os metais preciosos extraídos no Brasil: *O quinto era o pesadelo dos mineiros*. • *num.* **2** que ocupa a posição do número cinco: *Alguns lotes já estão nas mãos do quinto ou sexto dono*. **3** fração de um todo dividido em cinco partes iguais: *Pouco mais de dois quintos da dívida foram pagos*. • *pl.* **4** (Coloq.) profundezas: *Ela entrou nos quintos do inferno*.

quin.tu.pli.car *v.t.* **1** multiplicar por cinco: *Os empresários quintuplicaram o número de restaurantes*. • *int.* **2** tornar-se cinco vezes maior: *O volume de vendas quintuplicou neste semestre*.

quin.ze *num.* **1** dez mais cinco: *Éramos quinze irmãos*. • *s.m.* **2** representação gráfica do número 15.

quin.ze.na *s.f.* **1** período de tempo que compreende quinze dias. **2** grupo de quinze: *entidade composta de uma quinzena de nações*.

quin.ze.nal *adj.2g.* **1** que circula a cada quinze dias: *revista quinzenal*. **2** que se realiza a cada quinze dias: *O grupo tem um jantar quinzenal*.

qui.os.que (ó) *s.m.* **1** pequena construção aberta, para abrigo, ornamentação ou lazer: *Nosso clube náutico tem vários quiosques à beira do lago*. **2** construção semelhante em praias, parques etc., onde são vendidos sanduíches, bebidas etc. **3** em lugar público, de madeira, alumínio etc., pavilhão no qual se vendem jornais, revistas, cigarros etc.: *Para sobreviver, foi trabalhar num quiosque*.

qui.pro.quó (qüi) *s.m.* **1** mal-entendido; equívoco: *O quiproquó já foi esclarecido*. **2** (Coloq.) confusão; desordem.

qui.re.ra *s.f.* (Bras.) **1** milho quebrado ou moído que serve de alimentos a pintos e pássaros. **2** farelo grosso que não passa por peneira depois de moído.

qui.ro.man.ci.a *s.f.* adivinhação, pelo exame das formas e das linhas da mão, da personalidade do indivíduo.

qui.ro.man.te *s.2g.* pessoa que pratica quiromancia.

quis.to *s.m.* **1** (Patol.) espécie de tumor formado pelo acúmulo de secreções; cisto: *um quisto nas costas*. **2** elemento ou conjunto de elementos discordantes ou incompatíveis, inseridos num todo.

qui.ta.ção *s.f.* pagamento total de uma dívida: *quitação de multa*.

qui.tan.da *s.f.* **1** pequeno estabelecimento onde se vendem frutas, legumes, ovos, cereais etc.; pequena mercearia: *Ele foi à quitanda comprar ovos*. **2** lojinha ambulante; tenda; barraca: *O fruteiro já armou a sua quitanda*. **3** qualquer tipo de biscoitos ou bolos caseiros: *Servia café com quitandas*.

qui.tar *v.t.* tornar quite; pagar totalmente; saldar: *Ele ainda não quitou o apartamento onde mora*.

qui.te *adj.2g.* **1** pago; saldado: *A fatura está quite*. **2** em igualdade de condições; igualado: *Não ficamos quites desde então?* **3** livre de dívida; desobrigado: *O empresário está quite com o fisco*.

qui.ti.ne.te (ê) *s.f.* apartamento pequeno constituído de um quarto, banheiro e pequena cozinha; conjugado.

qui.tu.te *s.m.* petisco.

quiu.í *s.m.* quivi.

qui.vi *s.m.* fruto ovalado, de casca aveludada marrom, polpa verde e suculenta: *O quivi é rico em vitamina C*.

qui.xo.tes.co (ê) *adj.* **1** relativo a D. Quixote, personagem de Cervantes. **2** generoso e idealista, mas ingênuo e fora da realidade, como D. Quixote; sonhador; romântico: *O herói da peça é anacrônico e quixotesco*. **3** tristemente ridículo: *Sua tentativa de justificar o ato de corrupção foi quixotesco*.

qui.zi.la *s.f.* **1** aversão supersticiosa a certas coisas, especialmente alimentos; tabu. **2** antipatia ou aversão a pessoas: *Ela criou quizila a corretores de imóveis*. **3** aborrecimento; impaciência. **4** briga; rixa; desentendimento: *Tinha uma velha quizila com o vizinho*.

qui.zí.lia *s.f.* quizila.

quo.ci.en.te *s.m.* **1** quantidade resultante da divisão de uma quantidade por outra: *Os partidos querem o quociente eleitoral para ter direito a cadeira na Câmara ou na Assembleia*. **2** grau de desenvolvimento em algumas áreas (de inteligência, de aprendizado etc.): *criança com um quociente superior ao normal*.

quó.rum *s.m.* número mínimo de pessoas presentes exigido por lei ou estatuto para que um órgão coletivo funcione: *A câmara dos vereadores não teve sessão por falta de quórum*.

quo.ta *s.f.* cota.

quo.ti.di.a.no *s.m.* cotidiano.

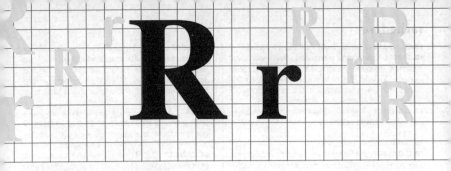

r s.m. **1** décima oitava letra do alfabeto português. **2** a figura dessa letra. **3** décimo oitavo numa série indicada por letras.
rã s.f. pequeno anfíbio de pele lisa verde-azeitona ou parda, e com longas patas posteriores.
ra.ba.da s.f. **1** prato preparado com rabo de bovinos ou suínos. **2** golpe aplicado com o rabo: *O jacaré acertou uma rabada no pescador.*
ra.ba.na.da¹ s.f. **1** movimento brusco: *Dando uma rabanada, ela saiu louca da vida.* **2** rajada; lufada: *as rabanadas do vento.*
ra.ba.na.da² s.f. fatia de pão que se frita depois de embebida em leite ou água com açúcar e passada em ovos batidos.
ra.ba.ne.te (ê) s.m. **1** planta de pequeno porte, tufo de folhas ovaladas, com raiz curta e carnuda: *o cultivo do rabanete.* **2** tubérculo do rabanete, suculento, com casca vermelha, branca ou mesclada de vermelho e branco: *Comi salada de rabanetes.*
ra.be.ca (é) s.f. violino com quatro cordas de tripa e sonoridade fanhosa.
ra.be.cão s.m. veículo para transporte de cadáveres.
ra.bei.ra s.f. **1** parte posterior; traseira: *O avião caiu na rabeira da pista.* **2** último lugar ou colocação: *O clube ocupa a rabeira de seu grupo.* ✦ **na rabeira** atrás: *No desfile, o carro alegórico veio na rabeira.*
ra.bi.cho s.m. **1** correia dos arreios que se prende à cauda da cavalgadura. **2** cabelo trançado a partir da nuca: *Toureiros usam rabicho.* **3** pequeno fio ou cabo que prende o anzol à linha de pescar: *No anzol, havia um rabicho de aço.* **4** amor intenso; paixão: *Não escondia o rabicho pelo namorado.*
ra.bi.có adj.2g. animal de rabo curto ou sem rabo: *cachorro rabicó.*
ra.bi.na.to s.m. congregação de rabinos: *Foi escolhido há quatro anos para chefiar o rabinato israelense.*
ra.bi.no s.m. sacerdote do culto judaico.
ra.bis.car v.t. **1** riscar; encher de rabiscos: *O irmãozinho rabiscava seus cadernos.* **2** representar graficamente de maneira displicente ou rudimentar palavras ou figuras: *Às vezes, rabiscava um modelinho para as irmãs.* **3** escrever às pressas: *Rabiscava um bilhetinho antes de sair.*
ra.bis.co s.m. **1** traços ou linhas sem sentido num papel ou superfície; garatuja. **2** traçado inicial de um desenho; esboço: *Leiloaram os rabiscos do famoso arquiteto.* **3** escrito malfeito ou feito às pressas: *rabiscos de versos rimados.* **4** escrita incipiente; garatuja: *Sua anotação parecia rabiscos de criança.*
ra.bo s.m. **1** prolongamento da extremidade inferior da coluna vertebral em muitos animais; cauda: *o rabo do gato.* **2** extremidade do corpo oposta à cabeça nos peixes, répteis, insetos: *O rabo do jacaré bateu na canoa.* **3** tufo de penas logo acima do ânus das aves; cauda. **4** (Ch.) as nádegas; o traseiro; o assento: *Não tira o rabo da cadeira.* **5** parte posterior: *rabo de cometa.* **6** canto: *Olhava os alunos com o rabo do olho.* ✦ **de cabo a rabo** do começo ao fim. **rabo de foguete** situação de difícil solução: *O caso é um verdadeiro rabo de foguete.*
ra.bo de ca.va.lo s.m. (Bras.) penteado em que se atam os cabelos na parte posterior da cabeça, deixando-os cair como a cauda de um cavalo. // Pl.: rabos de cavalo.
ra.bo de pa.lha s.m. (Bras.) mácula na reputação; defeito ou falha moral pelos quais se pode ser censurado: *Você também tem rabo de palha.* // Pl.: rabos de palha.
ra.bo de pei.xe s.m. tipo de automóvel de luxo da década de 1950, que tinha a traseira levantada, lembrando a cauda de certos peixes. // Pl.: rabos de peixe.
ra.bo de ta.tu s.m. chicote de couro cru trançado. // Pl.: rabos de tatu.
ra.bo de sai.a s.m. (Bras. Coloq.) mulher: *O garoto não pode ver um rabo de saia.* // Pl.: rabos de saia.
ra.bu.gen.to adj. mal-humorado; ranheta; ranzinza: *esposo rabugento.*
ra.bu.gi.ce s.f. mau-humor; impertinência: *Ter que suportar a rabugice do avô é demais!*
rá.bu.la s.2g. **1** indivíduo que advoga sem ter diploma: *Iniciou a carreira como rábula.* **2** (Deprec.) advogado de preparo limitado: *Era um advogado de porta de cadeia, um rábula.*
ra.ça s.f. **1** conjunto de caracteres físicos semelhantes dos indivíduos, transmitidos por hereditariedade: *características próprias da raça amarela.* **2** conjunto dos indivíduos que apresentam esses caracteres: *Comprei um belo exemplar dessa raça canina.* **3** (Fig.) vigor; determinação: *Ele venceu porque tem muita raça.* **4** (Deprec.) espécie; laia. ✦ **de raça** que não é mestiço; com *pedigree*: *Esta é uma égua de raça.*
ra.ção s.f. **1** alimento próprio para animal. **2** conjunto de alimentos que compõem uma refeição: *Dois soldados presos ficaram sem a ração do dia.*
ra.cha¹ s.m. **1** jogo de futebol amistoso: *Começou a jogar em rachas com os amigos.* **2** corrida ilegal disputada em carro de passeio, feita em ruas sem autorização e geralmente à noite; pega: *Uma pista de corridas evitaria os rachas.* **3** divisão; cisão: *O racha enfraqueceu o partido.*
ra.cha² s.f. rachadura; fenda; greta: *Estas rachas atestam terremotos.*

rachadura

ra.cha.du.ra *s.f.* fenda; greta: *rachadura na parede*.
ra.char *v.t.* **1** partir; separar no sentido do comprimento: *Rachava lenha todos os dias*. **2** abrir fenda: *O frio racha os pés*. **3** dividir: *Eles racham as despesas de restaurante*. • *int.* **4** partir; fender-se: *O cimento rachou*. **5** desmembrar-se; separar-se: *A diretoria rachou*.
ra.ci.al *adj.2g.* **1** de raça: *Temos uma grande mistura racial*. **2** com relação à raça: *sofrer discriminação racial*.
ra.ci.mo *s.m.* pequeno cacho.
ra.ci.o.ci.nar *v.t.* **1** formular um juízo; refletir: *Só depois raciocinei sobre a discussão*. • *int.* **2** fazer uso da razão; pensar: *Erra porque faz o exercício sem raciocinar*. **3** refletir; meditar: *Enquanto raciocinava, ocorreu-me uma ideia brilhante*.
ra.ci.o.cí.nio *s.m.* **1** forma de pensamento que permite tirar conclusões a partir de dados mais simples: *A matemática ajuda a desenvolver o raciocínio*. **2** encadeamento, aparentemente lógico, de juízos ou pensamentos: *O barulho impedia qualquer raciocínio*.
ra.ci.o.nal *adj.2g.* **1** capaz de usar a razão; capaz de raciocinar: *Age assim porque não é um ser racional*. **2** de acordo com a lógica e o bom senso: *Será mais racional instalar um aquecimento solar*.
ra.ci.o.na.lis.mo *s.m.* (Filos.) método de observar as coisas com base apenas no raciocínio lógico; crença na razão e na evidência das demonstrações: *defensor da ciência e do racionalismo*.
ra.ci.o.na.li.za.ção *s.f.* **1** ato de racionalizar, de buscar razões lógicas para alguma coisa. **2** série de medidas ou ações. **3** sistema que visa ao funcionamento adequado, eficiente e econômico: *racionalização do setor público*.
ra.ci.o.na.li.zar *v.t.* **1** organizar para tornar mais eficiente; tornar racional: *O agricultor racionaliza o cultivo de hortaliças*. **2** buscar explicações lógicas para alguma coisa. • *pron.* **3** tornar-se racional; tornar-se mais eficiente: *Suas atitudes se racionalizaram*.
ra.ci.o.na.men.to *s.m.* controle, limitação da venda ou distribuição: *Às vezes, é necessário o racionamento de água*.
ra.ci.o.nar *v.t.* **1** distribuir ou usar com parcimônia: *Devido à seca, racionavam o consumo de energia elétrica*. **2** limitar ou controlar a venda: *O governo racionou a energia elétrica*.
ra.cis.mo *s.m.* **1** convicção de que há raças superiores e raças inferiores; aversão por determinadas raças: *O racismo, embora latente, ainda existe no país*. **2** regime social em que uma parcela da população considera-se superior, devido a características raciais, e oprime as demais parcelas: *combate ao racismo no mundo*.
ra.cis.ta *s.2g.* **1** pessoa que discrimina determinadas raças: *Os racistas não podem ficar impunes*. • *adj.2g.* **2** que contém racismo; que discrimina determinadas raças: *Foram votadas medidas punitivas contra ações racistas*.
ra.dar *s.m.* instrumento destinado a localizar objetos, móveis ou estacionários, detectando-lhes as formas e velocidade pela emissão de pulsos de micro-ondas.
ra.di.a.ção *s.f.* (Fís.) **1** propagação de energia por meio de ondas ou de partículas: *Foi atingido por radiação atômica*. **2** feixe de partículas energéticas subatômicas: *A filmagem é feita com radiação infravermelha*.

ra.di.a.dor (ô) *s.m.* **1** aparelho usado para refrigerar certos motores ou máquinas: *Radiadores dos carros recebem um aditivo químico para não congelar a água*. **2** aparelho usado para aquecer ambientes: *Outro tipo de calefação usa radiadores com água quente instalados na parede*.
ra.di.al *s.f.* **1** rua ou avenida que vai do centro para a periferia urbana: *o trânsito da Radial Leste*. • *adj.2g.* **2** que tem a forma de raio de círculo: *A concha do molusco tem um lado ornamentado com pregas radiais*.
ra.di.a.lis.ta *s.2g.* **1** profissional que trabalha em emissora de rádio: *Ele iniciou-se como radialista numa emissora interiorana*. • *adj.2g.* **2** que diz respeito à radiodifusão: *regulamentar as atividades radialistas*.
ra.di.an.te *adj.2g.* **1** que emana em forma de raio: *O sol tem calor radiante*. **2** brilhante; cintilante: *O sol nasceu radiante*. **3** cheio de alegria; efusivo: *olhar radiante*.
ra.di.a.ti.vi.da.de *s.f* radioatividade.
ra.di.a.ti.vo *adj.* radioativo.
ra.di.cal *s.m.* **1** pessoa que não faz concessões às suas ideias extremistas; adepto do radicalismo: *O partido lançou a candidatura de um radical à presidência da Câmara*. **2** (Quím.) átomo ou grupo de átomos capazes de, numa molécula, guardar a sua individualidade em determinadas reações: *Esses radicais seriam os responsáveis pela degeneração das células nervosas*. **3** (Mat.) base de potência fracionária duma expressão qualquer: *O número 36 foi escrito diretamente sob o radical*. **4** (Quím.) corpo simples ou composto que entra na formação de um ácido ou de uma base. • *adj.2g.* **5** extremista; inflexível: *Ela é uma feminista radical*. **6** total: *mudanças radicais*. ✦ **radical livre** (Quím.) radical muito ativo, por ter perdido algumas terminações, e que reage fortemente com moléculas de carga contrária.
ra.di.ca.lis.mo *s.m.* extremismo: *Os jovens não se caracterizam pelo radicalismo*.
ra.di.ca.li.za.ção *s.f.* adoção de postura inflexível e extremada na defesa de um princípio ou de uma posição sem fazer concessões: *radicalização do movimento operário*.
ra.di.ca.li.zar *v.t.* **1** tornar radical, inflexível: *Após dois meses de greve, a categoria decidiu radicalizar suas posições*. • *pron.* **2** tornar-se radical e inflexível: *A postura dos trabalhadores radicalizou-se diante da inflexibilidade dos patrões*. • *int.* **3** agir de modo radical e inflexível: *A oposição radicalizou*.
ra.di.car *v.t.* **1** fazer fixar-se: *Nada fizemos para radicar o homem no campo*. • *pron.* **2** fixar residência em: *O cantor inglês radicou-se no Brasil*. **3** fixar-se; deter-se: *As novas instituições não se radicam no princípio da solidariedade*.
rá.dio[1] *s.m.* (Quím.) elemento metálico branco, radioativo. // Símb.: Ra; N. Atôm.: 88.
rá.dio[2] *s.m.* **1** aparelho emissor ou receptor de telefonia sem fio. **2** aparelho que emite e recebe mensagens em navios, radiotáxis, aeronaves etc. **3** aparelho receptor de sons transmitidos por ondas eletromagnéticas. **4** modalidade de difusão cultural, artística e jornalística por meio de ondas sonoras: *Nunca trabalhei em rádio*.
rá.dio[3] *s.f.* emissora de rádio: *Lutamos para implantar a rádio universitária*.
rá.dio[4] *s.m.* (Anat.) um dos ossos do antebraço.

ra.di.o.a.ma.dor (ô) *s.m.* **1** pessoa que opera com estação particular de rádio, sem finalidade lucrativa: *A notícia foi dada por um radioamador*. **2** aparelho utilizado nas transmissões de rádio de estação particular, que não visa a lucro: *Compramos um radioamador para suprir a falta de telefone*. • *adj.* **3** que opera com radioamador: *estação radioamadora*.

ra.di.o.a.ti.vi.da.de *s.f.* (Fís. Nucl.) propriedade que certos elementos ou substâncias têm de emitir espontaneamente partículas ou radiação eletromagnética: *A radioatividade contaminou as águas*.

ra.di.o.a.ti.vo *adj.* que possui radioatividade: *lixo radioativo*.

ra.di.o.co.mu.ni.ca.ção *s.f.* comunicação de sinais, sons ou imagens por meio de ondas eletromagnéticas: *sistema de radiocomunicação da Polícia Militar*.

ra.di.o.di.fu.são *s.f.* emissão e transmissão de notícias ou de programas por meio da radiofonia.

ra.di.o.fo.ni.a *s.f.* transmissão de sons por meio de aparelho de rádio: *ligar-se ao mundo por radiofonia*.

ra.di.o.fô.ni.co *adj.* **1** que se realiza através de aparelho de rádio: *Ouço noticiários radiofônicos*. **2** que é próprio para o rádio: *linguagem radiofônica*. **3** que capta as transmissões de aparelho de rádio: *O aparelho podia funcionar também como um receptor radiofônico*.

ra.di.o.gra.far *v.t.* **1** observar ou reproduzir por meio de radiografia: *Foi preciso radiografar a coluna do atleta*. **2** descrever de modo minucioso: *A comissão radiografou a vida do candidato*.

ra.di.o.gra.fi.a *s.f.* **1** registro, por meio de raio X, das partes internas do organismo: *O médico pediu uma radiografia da perna*. **2** observação e análise minuciosa de uma situação ou fato: *O gerente traçou uma radiografia da administração da empresa*.

ra.di.o.gra.va.dor (ô) *s.m.* aparelho de rádio que contém, na mesma caixa, um gravador.

ra.di.o.lo.gi.a *s.f.* **1** (Fís.) conjunto de conhecimentos sobre os raios luminosos, principalmente os raios X. **2** (Med.) aplicação dos raios X no diagnóstico e no tratamento de doenças: *A radiologia evidencia erros de diagnóstico*.

ra.di.o.ló.gi.co *adj.* referente à radiologia: *exame radiológico*.

ra.di.o.lo.gis.ta *s.2g.* **1** especialista em radiologia: *O radiologista expediu o laudo*. • *adj.2g.* **2** especializado em radiologia: *médico radiologista*.

ra.di.o.pa.tru.lha *s.f.* **1** serviço da polícia militar composta de um controle central que transmite ordens pelo rádio aos subordinados equipados de veículo motorizado, radiotransmissor e receptor. **2** viatura que atua nesse serviço: *A radiopatrulha passava devagar*.

rá.di.or.re.ló.gio *s.m.* aparelho que é rádio e relógio ao mesmo tempo.

ra.di.os.co.pi.a *s.f.* (Radiol.) exame de órgão interno realizado em uma tela fluorescente, mediante o emprego de radiografia: *A radioscopia é uma espécie de raio X visto por uma tela de TV*.

ra.di.o.tá.xi /ks/ *s.m.* táxi provido de aparelho transmissor e receptor, que é informado sobre onde ir buscar os passageiros por meio de uma estação central.

ra.di.o.te.les.có.pio *s.m.* aparelho que capta ondas radioelétricas emitidas por corpos celestes.

ra.di.o.te.ra.peu.ta *s.2g.* especialista que usa raios X ou outra forma de energia radioativa em terapias.

ra.di.o.te.ra.pi.a *s.f.* tratamento realizado por meio de raios X: *os efeitos colaterais da radioterapia*.

ra.di.o.trans.mis.são *s.f.* transmissão sonora por meio da radiofonia: *Roquete Pinto foi o fundador da primeira estação de radiotransmissão brasileira*.

ra.di.o.trans.mis.sor (ô) *s.m.* aparelho que transmite, sem fios, ondas eletromagnéticas em frequência de ondas de rádio: *Os sinais são processados por um radiotransmissor que funciona bem*.

rá.fi.a *s.f.* fio feito a partir da fibra de palmeiras africanas e americanas.

rai.a *s.f.* **1** risca; traço: *Ao passar a unha na pele, surgiam raias vermelhas*. **2** pista de corrida de cavalos: *Corria próximo à linha interna de sua raia*. **3** (Esport.) espaço de cada nadador ou corredor, em uma competição: *Ele nadou na raia dois*. ♦ **às raias** aos limites extremos; ao exagero: *A plateia chegou às raias da loucura quando o ídolo subiu ao palco*.

rai.ar[1] *v.int.* nascer; surgir; chegar: *O dia já vem raiando*.

rai.ar[2] *v.t.* **1** traçar raias ou riscar: *O sol, através da persiana, raiava o assoalho*. **2** aproximar-se de; beirar; estar no limite de: *Este trabalho raia pela mediocridade*.

ra.i.nha *s.f.* **1** esposa ou viúva do rei. **2** soberana que rege ou governa um reino. **3** fêmea fértil dos insetos sociais: *Na colmeia de vidro, pode-se ver a rainha cercada pelas operárias*. **4** no jogo de xadrez, a peça mais poderosa, que pode mover-se em todas as direções, por quantas casas desimpedidas houver. **5** moça ou mulher que domina as atenções ou se destaca: *Era a rainha das festas*. **6** quem foi eleita a melhor ou mais representativa entre um grupo de concorrentes a um título: *Rainha dos estudantes*. **7** (Coloq.) aquele que possui certa característica em alto grau: *Ela é a rainha da fofoca*.

rai.o *s.m.* **1** feixe de luz que emana de um foco luminoso, propagando-se em linha reta: *Um raio de sol entra pela janela*. **2** (Fís.) descarga elétrica entre uma nuvem e o solo: *O cão foi fulminado por um raio*. **3** (Geom.) segmento de reta que vai de uma circunferência, ou de uma superfície esférica, ao seu centro: *A copa da árvore tem um raio de dois metros*. ♦ **raio X** (i) radiação eletromagnética de pequeno comprimento de onda, capaz de penetrar quase todos os sólidos, para fazer radiografia: *O hospital era equipado com aparelhos de Raio X*. (ii) setor de um hospital onde se realizam serviços de radiologia: *O hospital reformou o Raio X*. (iii) realização de exame por meio de ondas eletromagnéticas: *O médico pediu um Raio X de pulmão*. (iv) análise ou exame minucioso: *O censo fez um Raio X das famílias brasileiras*.

rai.va *s.f.* **1** ódio; aversão: *Ficou com raiva do ex-namorado*. **2** cólera; ira: *Eu reprimia a raiva*. **3** (Neur.) doença infecciosa causada por vírus que acomete o sistema nervoso central dos mamíferos; hidrofobia: *Vacine o cão para prevenir a raiva*.

rai.vo.so (ô) *adj.* **1** cheio de raiva; colérico; irado: *Meu temperamento raivoso me prejudicava*. **2** atacado de raiva: *Observe se o animal está raivoso*.

ra.iz *s.f.* **1** parte da planta que cresce para baixo, em geral dentro do solo, e cuja função fundamental é fixar a planta e retirar os nutrientes e a água necessários

raiz-forte

à vida vegetal: *Foi difícil arrancar a grossa raiz da paineira*. **2** no organismo animal, parte cravada ou implantada num tecido: *raiz do cabelo; raiz dos dentes*. **3** (Gram.) forma mínima que contém o significado básico de uma palavra ou de uma família de palavras: *livr* é a raiz de *livro, livreiro, livraria*. **4** (Mat.) número que, multiplicado por si mesmo determinado número de vezes, dá como resultado outro número: *Sabe calcular a raiz cúbica?* **5** ascendência; origem: *Ele é muito orgulhoso de suas raízes aristocráticas*. **6** origem cultural: *É um compositor fiel às suas raízes*. ♦ **de raiz** autêntico: *Noel Rosa compunha samba de raiz*. **raiz quadrada** (Mat.) número que, elevado ao quadrado, reproduz o número dado: *Minha calculadora faz raiz quadrada*.

ra.iz-for.te *s.f.* planta de raízes branco-amareladas, carnosas, de sabor picante, usadas como condimento, especialmente na culinária oriental e da Europa Central e Oriental. // Pl.: raízes-fortes.

ra.ja.da *s.f.* **1** vento repentino, forte e passageiro; lufada: *A previsão é de chuva com rajadas fortes*. **2** descarga ininterrupta de tiros: *uma rajada de balas*. **3** grande quantidade: *O avô soltava rajadas de impropérios*.

ra.la.dor (ô) *s.m.* **1** utensílio de cozinha provido de uma lâmina metálica com orifícios de rebordos ásperos próprios para ralar: *O ralador de queijo está amassado*. **2** (Coloq.) indivíduo que se esforça, que trabalha muito.

ra.lar *v.t.* **1** reduzir uma substância sólida a pequenos fragmentos pela fricção em ralador: *Minha mãe ralava o milho para fazer bolo*. **2** ferir levemente; esfolar: *Ralei os braços na parede áspera*. ● *pron.* **3** atormentar-se; consumir-se: *ralar-se de ciúmes*. ● *int.* **4** (Coloq.) dedicar-se com afinco; esforçar-se; trabalhar muito: *Preciso ralar muito para pagar os estudos*.

ra.lé *s.f.* escória social; plebe: *a ralé pisoteada pela pobreza e o desemprego*.

ra.lhar *v.t.* repreender com dureza: *A mãe ralhava com as crianças*.

ra.li *s.m.* competição de carros, motos ou caminhões, destinada a comprovar a habilidade do piloto em percursos difíceis de vencer: *Uma dupla brasileira disputou o rali Paris-Dacar*.

ra.lo[1] *adj.* **1** pouco espesso ou pouco denso: *cabelo ralo*. **2** não concentrado; fraco: *café ralo*. // Ant.: basto; denso.

ra.lo[2] *s.m.* **1** peça com orifício em pias, tanques ou pisos frios para escoamento de água: *O brinco caiu no ralo*. **2** fundo da peneira; crivo: *O garimpeiro passou o cascalho no ralo*.

ra.ma *s.f.* conjunto de ramos de uma planta; ramada; ramagem: *rama do limoeiro*.

ra.ma.da *s.f.* conjunto de ramos.

ra.ma.dã *s.m.* nono mês lunar do ano muçulmano, considerado sagrado, e durante o qual a lei de Maomé prescreve o jejum durante as horas de luz do dia: *Festividades marcam o fim do Ramadã*.

ra.ma.gem *s.f.* **1** ramada: *ramagem de um abacateiro*. **2** desenho de folhas e flores sobre uma superfície: *Forrei o sofá com um tecido de ramagem*.

ra.mal *s.m.* **1** estrada subsidiária de rodovia ou ferrovia: *Desativaram os ramais da zona norte*. **2** cada uma das ramificações internas de uma rede telegráfica ou telefônica: *Instalaram ramais em todos os departamentos*. **3** ramificação: *Um dos ramais da conspiração rompeu o pacto*.

ra.ma.lhe.te (ê) *s.m.* **1** feixe de flores artificiais ou naturais colhidas pelas hastes; buquê: *um ramalhete de margaridas*. **2** pequeno ramo: *Colhi um ramalhete*.

ra.mei.ra *s.f.* meretriz; prostituta.

ra.me.la *s.f.* secreção amarelada ou esbranquiçada que em geral se aglomera nos pontos lacrimais ou nos bordos da conjuntiva.

ra.mer.rão *s.m.* **1** repetição monótona e enfadonha; rotina: *Suas sugestões não modificam o ramerrão diário*. **2** monotonia: *O maestro fez arranjos que quebraram o ramerrão da valsa tradicional*.

ra.mi *s.m.* arbusto de caule longo e folhas grandes, que fornece uma fibra longa e resistente, usada para fazer tecidos para cortinas, estofados etc.

ra.mi.fi.ca.ção *s.f.* **1** ramo ou conjunto dos ramos em que se subdivide o caule: *À sombra, algumas plantas têm ramificações raras e pequenas*. **2** encruzilhada; desvio: *Havia tantas ramificações que o andarilho se perdeu na estrada*. **3** ramificação com subdivisões na extremidade; ramo: *A traqueia tem ramificações finíssimas*. **4** subdivisão: *A polícia descobriu uma nova ramificação do crime organizado*.

ra.mi.fi.car *v.t.* **1** dividir em ramos ou ramais: *A empresa ramificou suas atividades*. ● *pron.* **2** aumentar; proliferar: *A família ramificou-se muito*. **3** dividir-se em partes; subdividir-se; espalhar-se: *As tubulações se ramificam pelos bairros*.

ra.mo *s.m.* **1** subdivisão do caule das plantas; galho: *O macaco pendurava-se nos ramos da árvore*. **2** ramificação: *ramos do coral*. **3** ramo de atividade; setor: *Na cidade, havia empresas do ramo de calçados*. **4** subdivisão; parte; seção: *ramos da Psicologia*. **5** grupo familiar descendente de um mesmo tronco: *Temos o mesmo sobrenome, mas pertencemos a ramos diferentes*. **6** buquê: *Na despedida, deram-lhe um ramo de flores*.

ram.pa *s.f.* **1** plano inclinado: *descer ou subir uma rampa*. **2** ladeira: *O museu fica no alto da rampa*. **3** acesso à calçada ou a prédios, sem degraus, para usuários de cadeiras de rodas.

ran.chei.ra[1] *s.f.* calça de brim e em modelo semelhante ao das calças usadas pelos caubóis americanos, de tecido semelhante ao jeans.

ran.chei.ra[2] *s.f.* dança popular, de compasso ternário, originária da Argentina e comum no Rio Grande do Sul.

ran.chei.ro *s.m.* **1** proprietário, administrador ou morador de rancho. **2** encarregado de rancho (refeição). **3** participante de rancho carnavalesco.

ran.cho *s.m.* **1** habitação rústica e pobre; casebre: *Morava num rancho à beira do rio*. **2** acampamento de trabalhadores temporários. **3** fazenda de criação nos Estados Unidos. **4** acampamento militar: *Depois da licença, voltaram ao rancho*. **5** grupo de foliões que sai pelas ruas dançando e cantando as músicas mais populares do Carnaval: *Esperei o desfile dos ranchos*. **6** pouso; pernoite: *Ele pede rancho nas casas*. **7** refeição; almoço ou jantar, especialmente em acampamentos ou quartéis: *Saiu sem esperar o rancho*.

raquítico

ran.ço *s.m.* **1** alteração que sofrem as substâncias gordurosas em contato com o ar, apresentando um cheiro característico e mau sabor: *Senti cheiro de ranço na manteiga.* **2** traço obsoleto ou discutível: *O partido tem sido acusado de ter ranços conservadores.*

ran.cor (ô) *s.m.* **1** ódio oculto e profundo: *Consegui falar sobre o rancor que sentia havia dias.* **2** ressentimento: *Nesse filme, todos se perdoam, ninguém guarda rancores.*

ran.co.ro.so (ô) *adj.* que tem ou que guarda rancor: *Nunca pensei que você fosse tão rancorosa.*

ran.ger *v.t.* **1** fazer produzir som áspero devido a atrito: *O vento rangia a porteira.* ♦ *int.* **2** emitir som áspero produzido por atrito: *A porta rangia e o cachorro latiu.*

ran.gi.do *s.m.* ruído áspero de atrito; chiado: *O rangido do portão está me deixando louca.*

ran.go *s.m.* (Coloq.) refeição; comida: *Ainda não serviram o rango?*

ra.nhe.ta (ê) *adj.2g.* impertinente; ranzinza: *Se reclamo, dizem que sou velho ranheta.*

ra.nhu.ra *s.f.* **1** sulco escavado em uma superfície plana; estria; reentrância: *as ranhuras dos pneus.* **2** reentrância na qual se encaixa uma peça saliente: *a ranhura da cabeça do parafuso.*

ranking (ránkin) (Ingl.) *s.m.* lista em ordem decrescente; classificação: *É o segundo maior no ranking dos bancos privados.*

ran.zin.za *adj.2g.* mal-humorado; zangado; impertinente: *Tornou-se um vizinho ranzinza.*

rap (rép) (Ingl.) *s.m.* espécie de recitação ritmada, com perfil melódico muito simples, acompanhada de movimentos corporais e gestuais próprios, geralmente contendo crítica social: *O rap faz muito sucesso entre os adolescentes brasileiros.*

ra.pa *s.m.* **1** (Coloq.) viatura oficial com fiscais cujo objetivo é apreender mercadorias vendidas por ambulantes sem licença: *O rapa passa duas vezes por dia.* ♦ *s.f.* **2** resíduo de alimentos que grudam no fundo da panela: *rapa de arroz.* **3** (Deprec.) aquilo ou aquele que vem em último lugar; restolho: *Há três mundos de trabalhadores: os setores organizados, os desempregados em setores organizados e a rapa dos subempregados.*

ra.pa.do *adj.* que teve os pelos ou cabelos cortados rentes; raspado: *Cabeça rapada virou moda entre os atletas.*

ra.pa.du.ra *s.f.* (Bras.) açúcar mascavo em pequenos tijolos.

ra.pa.pé *s.m.* bajulação; adulação: *Constrangia-se com todas aquelas mesuras e rapapés.*

ra.par *v.t.* **1** cortar rente; raspar: *Rapou o bigode e ficou parecendo mais jovem.* **2** limpar; retirar a sujeira: *Só faltava rapar o chão da cozinha.* **3** (Coloq.) subtrair; furtar; surrupiar: *O moleque rapou o dinheiro de minha bolsa.*

ra.pa.ri.ga *s.f.* **1** moça: *O rapaz e a rapariga saíram de mãos dadas.* **2** prostituta.

ra.paz *s.m.* homem jovem; moço.

ra.pa.zi.a.da *s.f.* **1** grupo de rapazes: *A rapaziada se esforça bastante.* **2** grupo de rapazes ou homens que trabalham ou praticam alguma atividade juntos.

ra.pé *s.m.* tabaco em pó próprio para cheirar.

ra.pel *s.m.* (Esport.) método de descida de um desfiladeiro em que o praticante fica pendurado por uma corda, tendo, nas próprias mãos, o controle da descida.

ra.pi.dez (ê) *s.f.* **1** ligeireza; velocidade: *Sentou-se à mesa com rapidez de faminto.* **2** pouca duração; brevidade: *Pedi rapidez na explicação.*

rá.pi.do *s.m.* **1** trem que transporta passageiros e tem longo percurso: *Ontem, o rápido atrasou dez minutos.* ♦ *adj.* **2** que transpõe distâncias em pouco tempo; ligeiro; veloz: *O metrô é rápido.* **3** que dura pouco; breve: *Deu um beijo rápido na mãe e saiu.* **4** esperto para fazer algo, ágil; célere: *Esta faxineira é muito rápida.* **5** que não demora: *entrega rápida de encomendas.* ♦ *adv.* **6** com rapidez: *Desculpou-se rápido e entrou.*

ra.pi.na *s.f.* **1** furto; roubo violento: *Sua fortuna era o fruto das rapinas do pai.* **2** plágio; imitação; cópia: *A rapina musical cresce a cada dia.* ♦ **de rapina** que se alimenta de outros animais; predador: *Os gaviões são aves de rapina.*

ra.pi.na.gem *s.f.* **1** saque; roubo: *Há pouco descobriu-se a rapinagem dos cofres públicos.* **2** comportamento desonesto, visando ao lucro pessoal em competição esportiva; roubo: *A rapinagem se manifestou também nos juízes de futebol.* **3** apropriação indevida; cópia; plágio: *Para as gravadoras, a rapinagem de pequenos trechos não chega a ser problema.*

ra.pi.nar *v.t.* **1** tomar com violência; roubar; tirar: *Derrubou o velho e rapinou o dinheiro dele.* **2** subtrair ardilosamente; surrupiar: *Rapinavam o dinheiro da Previdência.*

ra.po.sa *s.f.* (ô) **1** animal de pequeno porte, veloz e arisco, carnívoro, de pelo farto e cor que varia do castanho-avermelhado ao prata, com focinho alongado, orelhas pontiagudas e cauda longa. **2** pessoa astuciosa, manhosa, matreira: *Ao pressentir a derrota eleitoral, a velha raposa encolheu-se.*

rapper (répar) (Ingl.) *s.2g.* **1** cantor ou compositor de raps: *Ele é o melhor rapper do país.* ♦ *adj.2g.* **2** que canta raps: *O grupo rapper vestia-se igual.*

rap.só.dia *s.f.* **1** trecho dos livros de Homero: *Iam de cidade em cidade declamar trechos das rapsódias.* **2** obra épica: *Macunaíma é a rapsódia brasileira.* **3** (Mús.) composição instrumental que utiliza temas tirados de canções folclóricas: *Liszt escreveu para piano as notáveis rapsódias húngaras.*

rap.tar *v.t.* **1** levar, por meio de violência ou sedução, uma pessoa para outro lugar: *O rapaz resolveu o impasse e raptou a noiva.* **2** apoderar-se, levando para outro lugar; sequestrar: *Raptou o filho do comerciante.* **3** retirar; roubar: *Alguém raptou o disco rígido do computador.*

rap.to *s.m.* **1** roubo por violência ou sedução; sequestro: *O rapto do menino comoveu o país.* **2** roubo; furto: *A polícia promete agir contra o rapto de carros.* **3** (Fig.) êxtase; arrebatamento: *Ouvindo aquela música, entrou num rapto.*

ra.que.ta (ê) *s.f.* raquete.

ra.que.te (é) *s.f.* instrumento utilizado para impelir a bola no jogo de tênis ou outros jogos semelhantes.

ra.quí.ti.co *s.m.* **1** pessoa atacada de raquitismo: *Os raquíticos são carentes de vitamina D.* ♦ *adj.* **2** pouco desenvolvido; franzino: *Os grandes chifres pesavam para*

raquitismo

os búfalos raquíticos. **3** frágil; débil: *Um grito raquítico alertou a mãe.* **4** que não se desenvolveu: *Cortaram os eucaliptos raquíticos para ganhar espaço.* **5** pequeno; insignificante: *Trabalhava por um salário raquítico.* **6** que tem pouco valor ou pouca representatividade: *Uma comissão raquítica estuda o processo.*

ra.qui.tis.mo *s.m.* (Med.) doença da infância produzida pela carência de vitamina D e que provoca alterações e deformidades do esqueleto: *Nos países desenvolvidos, o raquitismo é moléstia rara.*

ra.re.ar *v.int.* **1** tornar-se raro: *Os cabelos do rapaz foram rareando.* **2** tornar-se pouco frequente: *As oportunidades de viagem rareavam.* **3** tornar-se pouco numeroso: *Os pretendentes iam rareando.*

ra.re.fa.ção *s.f.* **1** pouca densidade: *A rarefação do ar é dos maiores inimigos do alpinismo.* **2** espessura pouco densa: *Na osteoporose, dá-se a rarefação anormal dos ossos.* **3** diminuição da quantidade: *A rarefação dos cabelos é melhor que a calvície.*

ra.re.fei.to *adj.* **1** que tem pouca densidade; pouco espesso: *O ar rarefeito da montanha provocou tonturas nos oriundos da planície.* **2** pouco intenso; diluído: *A ventania transformou-se numa brisa rarefeita.* **3** reduzido; raro: *O número rarefeito de prêmios esvaziou os auditórios da TV.*

ra.ri.da.de *s.f.* **1** objeto raro, pouco comum: *Descobri uma raridade na feirinha de antiguidades.* **2** pequena ocorrência: *A raridade dos bons leva-nos a aceitar os medíocres.* **3** fato que acontece pouco: *Ele vir à minha casa é uma raridade.*

ra.ro *adj.* **1** difícil de ser encontrado; pouco comum: *Era uma flor rara, misto de bromélia e orquídea.* **2** de difícil ocorrência: *É raro nascer mais de um potro em cada parto.* **3** que está em extinção: *As araras-azuis são raras.* **4** que existe em pequena quantidade; pouco numeroso: *A biblioteca possui um exemplar raro desse livro.* **5** invulgar: *Tenho amigos de rara sinceridade.* ◆ *adv.* **6** de vez em quando; raramente: *Era muito religiosa, mas só raro ia à igreja.*

ra.san.te *s.m.* **1** voo que se realiza rente ao solo: *O rasante na praia assustou os banhistas.* ◆ *adj.2g.* **2** que se realiza rente ao solo: *Dois caças deram um voo rasante sobre o Ministério.*

ras.can.te *adj.2g.* **1** diz-se do vinho que deixa certo travo na garganta. **2** diz-se do som áspero, que parece arranhar: *Embebeu o desencanto em melodia e guitarras rascantes.*

ras.cu.nhar *v.t.* fazer um esboço; fazer uma primeira redação de um texto ou a primeira versão de um desenho: *Rascunhou o modelo do vestido de noiva.*

ras.cu.nho *s.m.* primeira redação de um texto ou desenho; esboço: *O rascunho do conto estava feito.*

ras.gão *s.m.* lugar que foi rasgado; buraco; rasgo: *O tênis tinha cheiro e rasgões que atestavam o quanto correu seu dono.*

ras.gar *v.t.* **1** romper; despedaçar: *Rasgou a carta do namorado.* **2** abrir sulcos em: *O trator rasgava os campos para o plantio.* **3** furar; lancetar: *O médico rasga um tumor.* **4** penetrar; atravessar: *O relâmpago rasgou as nuvens e apagou-se.* **5** cruzar; atravessar: *Ferrovias deveriam rasgar o país em todas as direções.* **6** revelar; apresentar: *A Informática rasga novas oportunidades para a juventude.* ◆ *int.* **7** despedaçar-se; dilacerar-se; partir-se: *Criaram uma meia que não rasga à toa.* ◆ **rasgar o verbo** dizer tudo o que precisa ser dito: *Era respeitada porque costumava rasgar o verbo.*

ras.go *s.m.* **1** ruptura; corte; vinco: *O rasgo da gengiva corrigiu-se com dois pontos.* **2** lembrança repentina; repente: *Um rasgo de memória ajudou-o a reconhecê-la.* **3** arroubo; impulso; ímpeto: *Num rasgo de entusiasmo, beijei-o.*

ra.so *s.m.* **1** ponto em que a água tem pouca profundidade: *Só fico confiante no raso.* ◆ *adj.* **2** que tem pouca profundidade: *A piscina era rasa.* **3** que tem a superfície plana: *As folhas se espalharam pelo chão raso.* **4** cortado rente; rasteiro: *O cavalo não gosta de capim raso.* **5** que não possui graduação: *soldado raso.* **6** reles; simples: *Apresentou uma proposta rasa.* **7** sem decimais: *Ele quebrou o recorde dos 100 metros rasos.*

ras.pa *s.f.* pequeno fragmento, lasca ou apara retirada de um objeto por meio de raspagem: *Esse bolo só fica perfeito com raspas de limão.*

ras.pa.dei.ra *s.f.* **1** pente de ferro usado para raspar o pelo dos animais. **2** utensílio para raspar assoalhos, madeira etc., constituído por uma lâmina de aço afiada, com ou sem cabo.

ras.pa.di.nha *s.f.* **1** cartão que se presta a um jogo de azar cujo prêmio se descobre raspando-lhe a superfície: *Amassou a raspadinha e jogou no lixo.* **2** gelado preparado com gelo moído e xarope de frutas: *Pedia sempre raspadinha de menta ou licor.*

ras.pa.gem *s.f.* retirada de resíduos de uma superfície por meio de um instrumento com borda cortante, ou com palha de aço ou lixa grossa: *raspagem do assoalho.* **2** curetagem: *O médico fez a raspagem e a paciente foi liberada.* **3** corte bem rente: *A barba exigia segunda raspagem ao fim do dia.*

ras.pão *s.m.* **1** pequena trombada que causa um leve atrito; arranhão: *O raspão no trinco arranhou meu cotovelo.* **2** machucado leve; arranhão: *Por sorte, só teve um raspão na perna ao cair da moto.* **3** atrito que produz um som áspero: *Acordei com os raspões na porta.* ◆ **de raspão** (i) de leve; de modo superficial: *As pedras só pegavam de raspão nas mangas.* (ii) de repente: *De raspão, veio-me a ideia de uma longa viagem.*

ras.par *v.t.* **1** cortar rente; rapar: *A vizinha não raspa os pelos das pernas.* **2** limpar esfregando a borda cortante de um utensílio na superfície onde há acúmulo de resíduo, tinta, cera etc.: *Estava encarregado de raspar o chão do barco.* **3** tirar parte da superfície, desbastar: *Uma lâmina de aço raspa a madeira.* **4** ralar: *A índia raspava mandioca.* **5** (Coloq.) retirar todo o dinheiro: *Rasparam todo meu salário.* **6** tocar de leve: *O avião passou quase raspando o pico dos morros.* **7** ser aprovado com a nota mínima: *Nunca foi bom aluno e sempre passava raspando.* ◆ *pron.* **8** sumir; desaparecer: *Diante da fúria do fruteiro, os garotos rasparam-se.* ◆ *int.* **9** produzir som estridente, áspero e surdo: *O velho ventilador raspava.*

ras.ta.fá.ri *s.2g.* **1** adepto do movimento místico, cultural e político dos negros da Jamaica e das Antilhas de fala inglesa, que acreditam ser uma das tribos perdidas de Israel e a Jamaica, a Terra Prometida. ◆ *adj.2g.* **2**

relativo a rastafári. **3** diz-se de penteado formado de pequenas tranças em toda a cabeça, introduzido pelos rastafáris: *Usa cabelo rastafári.*
ras.ta.que.ra (qüe) *s.2g.* **1** pessoa que enriqueceu recentemente e ostenta sua condição de rico: *Livrou-se do mau gosto dos rastaqueras.* • *adj.2g.* **2** próprio de rastaquera: *Tem atitudes rastaqueras.* **3** (Coloq.) ignorante; rude: *Que sujeito mais rastaquera!*
ras.tei.ra *s.f.* **1** movimento rápido e brusco, que consiste em meter o pé ou a perna entre as pernas de outra pessoa, derrubando-a: *Uma rasteira derrubou o adversário.* **2** ato de colocar o pé ou a perna no caminho de uma pessoa para que ela tropece e caia. **3** tapeação; logro: *Conquistou-o e depois lhe aplicou uma rasteira.*
ras.tei.ro *adj.* **1** que não cresceu muito; que está rente ao solo: *O mato rasteiro misturava-se às violetas floridas.* **2** que se arrasta; rastejante: *No quintal, havia só animais rasteiros.* **3** que se eleva a pouca altura; raso: *O helicóptero fazia voos rasteiros.* **4** vil; desprezível; ordinário: *atitudes rasteiras.*
ras.te.jan.te *adj.2g.* **1** que rasteja: *animais rastejantes, como as cobras.* **2** rasteiro: *as trepadeiras e as plantas rastejantes.* **3** (Fig.) humilhante; aviltante: *Diante da ameaça, teve uma atitude rastejante.*
ras.te.jar *v.t.* **1** (Fig.) perseguir de maneira humilhante: *A moça rastejava atrás do rapaz que não a amava.* • *int.* **2** andar arrastando o ventre pelo chão: *Os atores rastejaram pelo palco.*
ras.ti.lho *s.m.* **1** fio embebido em pólvora ou outra substância combustível, para comunicar fogo a alguma coisa: *A fama de sua fortuna espalhou-se como fogo em um rastilho.* **2** rasto; vestígio: *Ele deixou atrás de si um rastilho de mentira e prepotência.*
ras.to *s.m.* rastro.
ras.tre.a.men.to *s.m.* **1** busca de pista ou rastro; investigação; pesquisa: *Precisa haver sistemas de rastreamento de fraudes em celulares.* **2** acompanhamento por meio de radar, rádio ou fotografia: *Os novos satélites fazem também rastreamento do solo.*
ras.tre.ar *v.t.* **1** seguir o rastro ou a pista: *O cachorro era mestre em rastrear uma caça.* **2** buscar; procurar: *O garoto vivia rastreando gabirobas no mato.* **3** acompanhar: *A diretora rastreou o desempenho dos professores nos últimos anos.* **4** investigar: *A polícia rastreou as informações.*
ras.tro *s.m.* **1** marca deixada pelos pés, patas ou rodas; rasto: *O rastro dos gatinhos tinha até odor.* **2** traço: *Dos trens só me lembra o rastro de fumaça.* **3** indício; vestígio: *Em todo artesanato, há rastros de antiguidade.* • **no rastro** à procura; atrás de: *A polícia está no rastro dos bandidos.* **de rastros** rastejando; arrastando-se: *Passos de rastros sob a cerca.*
ra.su.ra *s.f.* lugar riscado, raspado ou apagado em um texto: *Encontraram-se rasuras na certidão de nascimento do noivo.*
ra.su.rar *v.t.* alterar riscando ou apagando: *Não se pode rasurar um documento.*
ra.ta *s.f.* **1** gafe; fiasco: *Enviou um buquê de rosas à viúva e cometeu a maior rata de sua vida.* **2** defeito; erro: *Encontrou ratas no texto já publicado.*
ra.ta.za.na *s.f.* **1** fêmea do rato. **2** ladrão; ladra: *A ratazana recolheu todo o dinheiro e sumiu.*

ré

ra.te.ar¹ *v.t.* dividir de modo proporcional: *Eles pretendiam ratear as despesas.*
ra.te.ar² *v.int.* (Coloq.) ter mau funcionamento; falhar: *Este carro está rateando.*
ra.tei.o *s.m.* divisão em partes iguais: *O convidado propôs o rateio da despesa entre os presentes.*
ra.ti.ci.da *s.m.* veneno para matar rato.
ra.ti.fi.ca.ção *s.f.* confirmação: *A loja fez a ratificação do pedido por fax.* // Cp.: retificação.
ra.ti.fi.car *v.t.* **1** confirmar: *O caçula ratificou a promessa de não tomar banho.* **2** ser a confirmação; comprovar: *Os acontecimentos ratificaram nossa suposição.* **3** conter dispositivo legal que confirma um fato: *A resolução ratifica os direitos dos trabalhadores rurais.* // Cp.: retificar.
ra.to *s.m.* **1** pequeno mamífero roedor, de pelo rígido, focinho alongado e cauda longa e fina. **2** ladrão que rouba em lugares abertos ou públicos; gatuno. **3** quem é desonesto; tratante; canalha: *Ele tinha a má fama de ser um rato nos negócios.* **4** agente (de polícia ou militar): *Um rato da polícia descobriu o esconderijo dos bandidos.* **5** frequentador assíduo: *Rato de locadoras sempre tem alguns filmes à disposição.*
ra.to.ei.ra *s.f.* **1** armadilha para capturar ratos. **2** prisão: *O sítio era a ratoeira onde o marido a deixava.* **3** ardil; cilada: *Fazia suas trapaças sem cair nas ratoeiras.*
ra.vi.na *s.f.* **1** enxurrada que cai de lugar elevado: *No Oeste americano, as ravinas têm densidades muito elevadas.* **2** escavação provocada pela enxurrada: *Na profunda ravina, descia um pequeno curso d'água.*
ra.vi.ó.li *s.m.* pequeno pastel cozido com recheio de queijo, carne ou outro preparado.
ray-ban (rêi-ban) (Ingl.) *s.m.* **1** tipo de vidro de alta qualidade e cor geralmente esverdeada, que filtra raios solares ou de luz nocivos à visão, usado em óculos, janelas etc. **2** • *adj.2g.* feito com esse vidro: *cano com vidros ray-ban.*
ra.zão *s.f.* **1** raciocínio; juízo; saúde mental: *Bateu a cabeça e perdeu a razão.* **2** raciocínio correto, digno de crédito: *O advogado estava com a razão.* **3** motivo: *Ela não tinha razão para perder a paciência.* **4** fundamento; justificação: *Sua doutrina ensinou-lhe as razões de muita coisa.* • **à razão** ao preço; à taxa; à proporção: *Dava aulas à razão de 50 reais por hora.* **em razão** por causa de: *Tudo isso só foi possível em razão de um trabalho disciplinado.*
ra.zo.á.vel *adj.2g.* **1** justificável; admissível; plausível: *Considerou razoáveis as colocações do filho.* **2** sensato; ponderado: *Com palavras razoáveis, conseguiu acalmá-lo.* **3** aceitável; passível: *Conseguiu uma desculpa razoável para sua ausência.* **4** que está dentro de limites aceitáveis; mediano: *O aluno teve aproveitamento razoável.* **5** de inteligência mediana, acima do medíocre: *Nunca passou de aluno razoável.* **6** de qualidade mediana: *O asfalto de nossa rua é razoável.*
ré¹ *s.f.* feminino de réu.
ré² *s.f.* **1** parte traseira da embarcação, que fica entre o mastro grande e a popa: *Preferimos ficar na ré do barco.* **2** marcha que faz o carro recuar: *Engatou ré para sair do estacionamento.* • **a ré** para trás: *Quis dar marcha a ré quando a polícia chegou.* **de ré** para trás: *Não querendo perder a cena, saiu andando de ré.*

ré

ré³ s.m. (Mús.) segunda nota da escala musical de dó: *acorde em ré maior*.

re.a.bas.te.cer v.t. **1** repor o conteúdo; prover novamente: *Reabasteci meu carro*. • pron. **2** encher-se novamente: *A represa reabasteceu-se após as chuvas*.

re.a.bas.te.ci.men.to s.m. reposição de combustível ou víveres: *Fomos ao supermercado fazer o reabastecimento de nossa despensa*.

re.a.ber.tu.ra s.f. **1** ato de reabrir: *reabertura do Mediterrâneo à navegação europeia*. **2** volta ao funcionamento: *Na reabertura do Congresso, os parlamentares pareciam dispostos a trabalhar*. **3** nova democratização: *reabertura política de um país*. **4** nova inauguração, após reforma: *reabertura do teatro*.

re.a.bi.li.ta.ção s.f. **1** recuperação da saúde física ou mental: *A reabilitação da criança foi rápida*. **2** recuperação de funções neurológicas e/ou motoras após lesão ou enfermidade. **3** tratamento para se conseguir essa recuperação. **4** recuperação moral: *Difícil fazer a reabilitação de um prisioneiro*. **5** retorno: *O que se vê é a reabilitação do comodismo*. **6** recuperação do prestígio ou do moral: *A reabilitação dos cassados é impossível*.

re.a.bi.li.tar v.t. **1** fazer recuperar-se de enfermidade ou lesão: *O tratamento adequado reabilitou o paciente*. **2** recuperar para a sociedade; ressocializar; reformar: *Reabilitar aquele menor era nosso objetivo*. **3** ser fator ou motivo de recuperação: *O empréstimo dos amigos reabilitou o comerciante falido*. • pron. **4** reconquistar uma vida digna; recuperar-se: *Os delinquentes se reabilitaram com ajuda do programa assistencial*. **5** recuperar o prestígio: *Não é fácil um acusado de corrupção reabilitar-se*.

re.a.brir v.t. **1** abrir novamente: *O comércio reabriu as portas*. **2** recomeçar: *A assembleia reabriu as discussões sobre as reformas*. **3** pôr de novo em funcionamento: *Meu tio reabriu sua casa de carnes*. • pron. **4** reiniciar-se: *Novas discussões se reabriram*. • int. **5** ficar aberto: *A farmácia agora só reabre na segunda-feira*.

re.ab.sor.ção s.f. **1** nova absorção de uma substância, geralmente líquida: *As frutas desidratadas ficaram de molho para reabsorção da água*. **2** reaproveitamento: *O sindicato lutou pela reabsorção dos metalúrgicos demitidos*.

re.ab.sor.ver v.t. tornar a absorver: *O solo já não conseguia reabsorver a água*.

re.a.ção s.f. **1** resposta a um estímulo: *A vacina pode causar uma leve reação sem consequências*. **2** resposta a uma provocação, ameaça ou estímulo: *O organismo inicia uma reação contra os antibióticos*. **3** (Quím.) processo pelo qual duas ou mais substâncias postas em contato sofrem modificações profundas, transformando-se em novas substâncias diferentes: *reação química*. **4** parcela de população ou do poder que encarna os ideais e os pontos de vista dos reacionários: *É o jornal preferido da reação*. ◆ **reação em cadeia** fenômenos que se sucedem numa relação de causa e efeito: *A violência pode gerar uma reação em cadeia que talvez não pare no nosso vizinho*.

re.a.ci.o.ná.rio s.m. **1** aquele que é aferrado à autoridade constituída ou contrário a novas ideias: *O reacionário votou contra as eleições diretas*. • adj. **2** afeiçoado à autoridade constituída: *homem reacionário*. **3** contrário a novas ideias; conservador: *imprensa reacionária*. **4** próprio de quem é reacionário.

re.a.dap.ta.ção s.f. **1** nova adaptação: *Ele cuidava da readaptação da peça teatral*. **2** reajuste: *readaptação do sistema bancário*. **3** reintegração: *A psicóloga estudava a readaptação do jovem à sociedade*.

re.a.dap.tar v.t. **1** fazer adaptar-se de novo: *O casal precisa readaptar sua vida às novas situações*. • pron. **2** adaptar-se novamente: *Depois das férias, é difícil readaptar-se à rotina do trabalho*.

re.ad.qui.rir v.t. adquirir de novo; reaver; recobrar: *Ele conseguiu readquirir a antiga casa*.

re.a.gen.te s.m. **1** (Quím.) substância química que provoca reação: *A acetona é um reagente*. • adj.2g. **2** que provoca reação química: *As fitas reagentes ao sangue dos diabéticos permitem o controle da doença*.

re.a.gir v.t. **1** responder a uma provocação; enfrentar: *Reagiu à provocação com um sorriso*. **2** lutar; resistir: *Reagiu ao cansaço e continuou trabalhando*. **3** combinar quimicamente. • int. **4** apresentar sinais de melhora durante uma doença, um estado traumático etc.: *Depois de uma semana em coma, o acidentado começou a reagir*.

re.a.jus.tar v.t. **1** ajustar novamente: *Agora que emagreceu, mandou reajustar as roupas*. **2** aumentar de acordo com a elevação do custo de vida: *A padaria reajustou o pão francês*. **3** ajeitar de novo; recolocar em posição correta: *Ele reajustou o cinto de segurança*. **4** adaptar de novo; tornar novamente adequado: *O Ministério da Educação reajustou os programas de ensino fundamental às necessidades regionais*. • pron. **5** reequilibrar-se: *O rapaz teve um susto, mas reajustou-se novamente*.

re.a.jus.te s.m. **1** reformulação; mudança; alteração: *Será oportuno o reajuste de nossos objetivos*. **2** nova adaptação; acerto: *O dentista fez o reajuste da prótese do cliente*. **3** aumento; correção: *Todos precisamos de um reajuste salarial*.

re.al¹ s.f. **1** (Coloq.) realidade: *Cair na real*. • adj.2g. **2** que existe ou acontece de fato; verdadeiro: *As histórias eram reais*. **3** possível; realizável: *O socialismo real morreu naturalmente*. **4** que não é virtual: *A Internet já permite receber a informação em tempo real*. **5** que não é apenas nominal; efetivo: *O salário real está muito aquém das necessidades dos trabalhadores*. **6** aquilo que é efetivo ou verdadeiro: *Vivíamos entre o real e o sonho*.

re.al² s.m. **1** unidade monetária do Brasil desde julho de 1994. **2** (Obsol.) antiga unidade monetária de Portugal e do Brasil. //Nesta acepção o plural é réis. // • adj.2g. **3** relativo ao rei ou à realeza; régio: *o poder real; a residência real*. **4** digno do próprio de rei: *fausto real*. **5** soberbo; magnífico: *o porte real das araucárias*.

re.al.çar v.t. **1** dar realce a; destacar: *Os historiadores clássicos realçam feitos e batalhas*. **2** pôr em evidência; salientar: *Procurou realçar com maquilagem a cor das faces*. **3** dizer, salientando: *O professor realçou os objetivos do curso*. • int. e pron. **4** destacar-se; salientar-se; sobressair: *Achava que a filha (se) realçaria entre os alunos*.

re.al.ce s.m. **1** fator que realçou; destaque; distinção: *O realce de sua beleza é o sorriso*. **2** superioridade;

rebaixar

destaque; importância. **3** aquilo que realça ou se destaca: *O realce no traje do publicitário eram as gravatas italianas.*

re.a.le.jo (ê) *s.m.* antigo instrumento popular, espécie de órgão mecânico portátil, cujo fole e teclado são acionados por um cilindro dentado movido à manivela.

re.a.le.za (ê) *s.f.* **1** monarquia: *Parece que a realeza vai perpetuar-se na Inglaterra.* **2** dignidade de rei ou rainha. **3** condição de rei ou rainha: *A realeza da rosa também será eterna.* **4** a classe social de reis, rainhas, príncipes, princesas.

re.a.li.da.de *s.f.* **1** aquilo que existe; verdade: *A realidade se veste de quimeras e sonhos.* **2** conjunto particular de eventos; situação específica: *Ninguém se preocupa com as novas realidades sociais.* ♦ **na realidade** na verdade: *Na realidade, o meio do ano está aí.*

re.a.li.men.ta.ção *s.f.* **1** reabastecimento: *A manutenção e realimentação das máquinas serão feitas por funcionários.* **2** revigoramento: *É preciso evitar a realimentação da inflação.*

re.a.li.men.tar *v.t.* **1** reabastecer: *A adutora realimenta a cidade.* **2** reforçar; revigorar: *O trabalho realimenta nosso ideal de ser útil.* **3** estimular: *A bicicleta realimenta a disposição à prática de esportes.*

re.a.lis.mo *s.m.* **1** verossimilhança: *Falta realismo a algumas cenas do filme.* **2** adequação ao real; discernimento: *Pensar que todos contribuirão é falta de realismo.* **3** atitude de quem se prende fielmente ao que é real, de maneira prática, objetiva: *Chocou-me o realismo com que aceitou a doença da mãe.* **4** doutrina segundo a qual a arte deve expressar somente a realidade: *Sua pintura caracteriza-se pelo realismo.* **5** teoria ou orientação teatral ou cinematográfica que objetiva a representação fiel dos relacionamentos humanos: *É uma obra de duro realismo sobre a vida dos pescadores.* **6** movimento literário que, em meados do séc. XIX, surgiu como uma reação aos excessos do lirismo e da imaginação prezados pelo Romantismo: *O Modernismo foi precedido do Realismo regionalista.*

re.a.lis.ta *s.2g.* **1** pessoa que fundamenta sua visão de mundo nos dados da realidade: *Orgulha-se de ser um realista.* ♦ *adj.2g.* **2** copiado da realidade: *O filme apresenta um cenário realista.* **3** em conformidade com o real, com a realidade: *política realista.* **4** não idealizado: *Tem uma ideia realista acerca do casamento.* **5** avesso a ilusões; prático: *O médico, realista e experiente, já demonstrou seu pessimismo.* **6** racional; sensato: *Uma análise mais realista da situação vai levá-la a fazer economia.* **7** representante do Realismo: *O diretor de cinema baseou-se num escritor realista.*

re.a.li.za.ção *s.f.* **1** ato ou efeito de realizar: *Tinham em vista a realização dos objetivos prioritários.* **2** processo de tornar-se real; concretização: *Nada impede a realização de sua promessa.* **3** ação que visa tornar realidade desejos, expectativas, emoções etc.; satisfação: *As férias foram a realização de um antigo desejo.* **4** condição de quem atingiu a meta em alguma atividade; satisfação: *Além da maternidade, é imprescindível a realização profissional.* ♦ *pl.* **5** trabalhos; feitos: *O pintor expôs suas melhores realizações.*

re.a.li.za.dor (ô) *s.m.* **1** que realiza; que faz: *Barreto foi o realizador de um filme muito especial.* **2** pessoa que realiza grandes obras: *Era um realizador incansável.* ♦ *adj.* **3** que realiza alguma coisa de importância; empreendedor: *O partido confia no espírito realizador de seus membros.*

re.a.li.zar *v.t.* **1** executar; levar a cabo; fazer: *Realizamos o projeto para a defesa dos animais em extinção.* **2** promover; organizar: *Realizamos um ato público contra a guerra.* **3** concretizar: *Realizou esse antigo sonho.* **4** satisfazer os anseios; levar a alcançar os objetivos: *Este trabalho me realiza e me orgulha.* ♦ *pron.* **5** acontecer; concretizar-se: *Certo dia, a fuga se realizou.*

re.a.ni.ma.ção *s.f.* atividade destinada à recuperação das funções vitais ou da consciência: *O acidentado precisou de reanimação.*

re.a.ni.mar *v.t.* **1** fazer voltar à consciência e restaurar as funções vitais: *O enfermeiro tentava reanimar o acidentado.* **2** fazer voltarem as forças; revigorar: *Tentou reanimar a planta com adubo.* **3** avivar de novo: *O índio reanimava o fogo.* **4** fazer viver de novo: *As fotos reanimam fatos da vida passada.* ♦ *pron.* **5** recuperar os sentidos: *O acidentado reanimou-se.*

re.a.pa.re.cer *v.int.* aparecer de novo; ressurgir: *Na primavera, as flores reaparecem.*

re.a.pa.re.ci.men.to *s.m.* processo ou resultado de aparecer de novo; ressurgimento: *reaparecimento da doença.*

re.a.tar *v.t.* **1** atar de novo: *reatar o nó que foi desatado.* **2** retomar: *Estou apenas tentando reatar uma velha amizade.*

re.a.ti.va.ção *s.f.* retorno às atividades; revitalização: *medidas para a reativação do setor industrial.*

re.a.ti.var *v.t.* **1** pôr novamente em atividade; revigorar: *A nova moda reativou o comércio de calçados.* ♦ *pron.* **2** tornar-se ativo de novo: *O mercado internacional reativa-se.*

re.a.ti.vo *s.m.* **1** substância que provoca reação química; reagente. ♦ *adj.* **2** capaz de reação química: *O gás nitrogênio é menos reativo do que o oxigênio.* **3** que responde positivamente a uma condição adversa: *A capacidade reativa de nossa economia é grande.*

re.a.tor (ô) *s.m.* **1** (Fís.-Quím.) dispositivo ou aparelho em que se realizam reações químicas. **2** em Aeronáutica, motor a reação; motor a jato; motor propulsor: *O acidente ocorreu devido a falhas no reator do avião.* **3** dispositivo em cujo interior se produzem reações de fissão de um combustível radioativo: *Urânio e plutônio são os combustíveis mais empregados nos reatores nucleares.* **4** uma das peças que compõem a instalação de lâmpadas fluorescentes.

re.a.ver *v.t.* adquirir de novo; recuperar; reconquistar: *Ela tentava reaver seus direitos comuns.*

re.bai.xa.men.to *s.m.* **1** diminuição da altura ou do nível: *O rebaixamento do teto tornou a casa mais acolhedora.* **2** aviltamento; degradação: *Na arquibancada, o torcedor libera os recalques, os rebaixamentos, as humilhações.* **3** passagem para uma categoria inferior: *O rebaixamento da escola de samba entristeceu a porta-bandeira.* **4** diminuição do valor ou do preço: *Está havendo rebaixamento de salários.*

re.bai.xar /ch/ *v.t.* **1** fazer baixar de nível: *Antes de construir, rebaixaram o terreno.* **2** fazer baixar de valor: *Rebaixaram o preço da cebola.* **3** diminuir; desprezar: *Depois que enriqueceu, rebaixa os amigos.* **4** transferir

rebanho

para categoria inferior: *Viu-se obrigado a rebaixar a secretária ao cargo de recepcionista.* • *pron.* **5** humilhar-se; aviltar-se: *A necessidade levou-o a se rebaixar e pedir emprego ao antigo patrão.*

re.ba.nho *s.m.* **1** conjunto de animais que se criam principalmente para corte: *Alimentava o rebanho suíno com ração.* **2** conjunto de animais guardados por um pastor: *Ao cair da tarde, o pastor recolhia o rebanho.* **3** (Fig.) conjunto de fiéis em relação a seu pastor: *Deus protege seu rebanho.*

re.bar.ba *s.f.* **1** saliência; aresta; quina: *O marceneiro tirou todas as rebarbas da tábua.* **2** aspereza ou resto de material, de qualquer natureza, que precisa ser retirado de uma peça para se dar o acabamento final. **3** resto; pendência: *Educou-o com esmero, mas ainda havia rebarbas a remover.* **4** trabalho que ainda resta por fazer ou por concluir: *O pedreiro vai embora cedo e sempre deixa rebarbas para o ajudante.*

re.bar.ba.ti.vo *adj.* **1** rude; antipático: *Além de sujo, tinha um semblante rebarbativo.* **2** difícil; enfadonho: *Era uma leitura rebarbativa.* **3** que causa estranheza.

re.ba.te *s.m.* **1** ataque imprevisto. **2** desconto; abatimento: *Os rebates que a empresa ganhou foram um grande incentivo.* **3** retorno; resposta: *Não deu rebate às acusações.* **4** anúncio; aviso: *Era outro rebate falso.*

re.ba.ter *v.t.* **1** afastar com violência; rechaçar: *Os soldados rebateram o avanço das tropas inimigas.* **2** contestar; responder; refutar: *O acusado rebateu as acusações com outras injúrias.* **3** refletir: *O espelho rebateu o sol.* **4** repelir: *Com uma risada rebati a insinuação do velho.* **5** dobrar batendo; arrebitar: *Passava o dia rebatendo chapas de latão.* **6** combater os efeitos; debelar: *Uma dose de conhaque vai rebater o frio.* **7** revidar: *Rebateu os socos com fúria.* **8** golpear em outra direção uma bola ou similar: *Feriu um companheiro com o bastão de beisebol ao rebater uma bola.* • *int.* **9** contestar; refutar; desmentir: *O advogado rebateu, alegando que as acusações eram falsas.*

re.be.lar *v.t.* **1** incitar à rebeldia: *Aquelas medidas rebelaram os operários contra a direção da fábrica.* **2** revoltar-se: *O povo vai acabar se rebelando contra o aumento de taxas.*

re.bel.de (é) *s.2g.* **1** pessoa que se rebela contra o poder constituído, contra a autoridade ou contra um estado de coisas: *Os rebeldes tomaram a prefeitura e o prédio dos correios.* • *adj.2g.* **2** que se rebela; dissidente: *É um seminarista rebelde.* **3** indisciplinado; teimoso: *O treinador tirou do time o jogador rebelde.* **4** indomável; bravo: *Conseguiu domar o potro rebelde.* **5** de difícil trato: *temperamento rebelde.* **6** que não se deixa dominar; agitado; inquieto: *Ele era respondão, um pouco rebelde.*

re.bel.di.a *s.f.* indisciplina; insubordinação; revolta: *É difícil lidar com a rebeldia infantil.*

re.be.li.ão *s.f.* revolta; levante; oposição a autoridade ou poder dominantes, geralmente com manifestação armada: *Nos presídios, há sempre a ameaça implícita de rebelião.*

re.ben.ta.ção *s.f.* arrebentação.

re.ben.tar *v.int.* arrebentar.

re.ben.to *s.m.* **1** filho; descendente: *Sou madrinha do rebento de um casal muito querido.* **2** broto no início do desenvolvimento: *Os rebentos prometem novas orquídeas.*

re.bi.te *s.m.* **1** pequeno cilindro de metal que une peças ou chapas metálicas: *Prendeu a porta do box com rebites.*

re.bo.ar *v.int.* ecoar; ressoar: *Os trovões reboavam no vale.*

re.bo.ca.dor (ô) *s.m.* embarcação que conduz outra a reboque.

re.bo.car[1] *v.t.* **1** cobrir com reboco: *O pedreiro rebocou a parede.* • *pron.* **2** lambuzar-se: *Com tanto produto de maquilagem, rebocou-se toda.*

re.bo.car[2] *v.t.* **1** conduzir por meio de reboque; arrastar: *A polícia rebocou o carro mal estacionado.* **2** arrastar; puxar: *Um trator rebocou o carro atolado.*

re.bo.co (ô) *s.m.* **1** argamassa de cal e areia ou cimento e areia com que se revestem paredes. **2** camada de argamassa que cobre uma parede, um muro etc.; revestimento: *Passavam tinta diretamente sobre o reboco.*

re.bo.jo (ô) *s.m.* redemoinho causado pela sinuosidade do rio ou pelos acidentes de seu leito ou de suas margens: *A violência do rebojo virou a canoa.*

re.bo.lar *v.t.* **1** requebrar; remexer; bambolear: *A cantora rebolava os quadris.* • *int.* **2** rolar; remexer-se; saracotear: *As crianças rebolam na terra.* **3** (Coloq.) enfrentar dificuldades; trabalhar duro: *O pai rebola para sustentar os filhos.*

re.bo.li.ço *s.m.* rebuliço.

re.bo.que (ó) *s.m.* **1** ato de rebocar: *O reboque do carro ficou por conta da seguradora.* **2** carro-guincho; guincho: *O reboque chegou e o carro foi guinchado até a oficina.* **3** veículo que se engata na traseira de outro, que o puxa.

re.bor.do (ô) *s.m.* **1** borda revirada; borda; margem: *Alguns vasos indígenas têm dois buracos no rebordo superior por onde passa um cordel.* **2** qualquer ressalto na borda de alguma coisa: *O rebordo do tabuleiro de xadrez.*

re.bor.do.sa (ó) *s.f.* **1** situação difícil, dura ou desagradável: *Estudar e trabalhar é uma rebordosa familiar aos brasileiros.* (Bras.) **2** enfermidade grave: *A pior rebordosa foi que o prenderu à cama.* **3** repreensão; advertência: *Humilhado, ouviu a rebordosa do chefe.*

re.bo.ta.lho *s.m.* **1** refugo; resto; coisa inútil, sem valor. **2** pedaço; migalha. **3** escória; ralé.

re.bo.te (ó) *s.m.* (Esport.) volta da bola que, lançada, não se converte em ponto em certos esportes.

re.bri.lhan.te *adj.2g.* resplandecente; brilhante: *O produto novo deixa os metais rebrilhantes.*

re.bri.lhar *v.int.* cintilar continuamente; brilhar muito: *À luz dos refletores, os trajes dos trapezistas rebrilhavam.*

re.bu *s.m.*(Coloq.) agitação; confusão; rebuliço: *Houve um rebu à saída da escola.*

re.bu.ço *s.m.* disfarce; dissimulação: *Diz as verdades sem rebuços.*

re.bu.li.ço *s.m.* **1** confusão; agitação: *A reunião foi um rebuliço generalizado.* **2** ruído de muitas pessoas falando e se movendo; algazarra.

re.bus.ca.do *s.m.* **1** rebuscamento: *O rebuscado das cortinas contrastava com a simplicidade do escritório.*

recente

• *adj.* **2** muito enfeitado; requintado: *A decoração da casa era muito rebuscada.*
re.bus.ca.men.to *s.m.* esmero excessivo; requinte; rebuscado: *O rebuscamento do texto não se adaptava ao teatro contemporâneo.*
re.bus.car *v.t.* **1** buscar, procurar ou examinar de novo: *Rebusquei na memória uma lembrança alegre.* **2** enfeitar com exagero: *Tente melhorar seu texto, sem rebuscar muito.*
re.ca.do *s.m.* **1** comunicação; mensagem: *Mandei-lhe um recado convidando-o para o almoço.* **2** aviso; advertência: *O técnico deveria ser mais sensível ao recado dos torcedores.*
re.ca.í.da *s.f.* **1** retorno do quadro clínico de uma doença, ainda na convalescença; recidiva: *O enfermo recebeu alta, mas teve uma recaída.* **2** volta à condição de inferioridade: *A recaída da audiência se deve ao apresentador.* **3** declínio; queda: *A popularidade do governador teve a maior recaída dos últimos meses.*
re.ca.ir *v.t.* **1** voltar; reincidir: *Recaiu em tristeza.* **2** voltar a: *A conversa recaiu no tema do momento.* **3** incidir: *A tuberculose recai em pessoas malnutridas.* **4** dirigir-se: *Seu olhar recai sobre o retrato do bisneto.* **5** trocava; caber a: *Recaiu sobre o filho mais velho a responsabilidade de gerir os negócios da família.* **6** ser imputado a; cair sobre: *Ela confessou o crime porque não queria que a culpa recaísse sobre o filho.* • *int.* **7** tornar a adoecer da mesma moléstia, quando ainda em convalescença: *Quando parecia curado, recaiu.* **8** voltar a ocorrer: *A chuva recaiu à noite.*
re.cal.ca.do *adj.* **1** que foi muito comprimido; calcado novamente: *A terra muito recalcada não deixa as raízes respirarem.* **2** não libertado; que sofre de recalque; reprimido; contido: *Não me parecia ser um aluno recalcado.* **3** refreado: *Deu vazão aos instintos recalcados.* **4** excluído do campo da consciência; que se tornou inconsciente: *desejos recalcados.*
re.cal.car *v.t.* reprimir; conter; refrear: *Ele recalca o desejo de adquirir mais um novo carro.*
re.cal.que *s.m.* (Psic.) **1** exclusão, do campo da consciência, de certas ideias, sentimentos ou desejos; anseio reprimido. **2** sentimento ou complexo de inferioridade, real ou imaginário.
re.cam.bi.ar *v.t.* fazer retornar ao lugar de origem; devolver: *A chefia recambiou os funcionários sem concurso.*
re.can.to *s.m.* **1** lugar solitário, isolado: *Era um recanto longínquo, mas com todo conforto.* **2** lugar aprazível e agradável: *Nosso recanto preferido é a estância de meu filho.* **3** lugar; canto: *Não há um recanto para se ficar.*
re.ca.pe.a.men.to *s.m.* colocação de nova camada externa; revestimento: *É urgente o recapeamento das ruas.*
re.ca.pe.ar *v.t.* colocar novo revestimento: *Estão recapeando as estradas.*
re.ca.pi.tu.la.ção *s.f.* ato de recapitular: *É o momento da recapitulação das metas prometidas.*
re.ca.pi.tu.lar *v.t.* **1** recordar; rememorar: *Devemos sempre recapitular os bons momentos da vida.* **2** repassar; repetir desde o início: *Vamos recapitular todas as instruções.*

re.cap.tu.rar *v.t.* prender novamente: *O delegado fez buscas nas imediações, mas não conseguiu recapturar os fugitivos.*
re.ca.ta.do *adj.* **1** comportado; pudico; discreto: *Exigiam uma funcionária recatada.* **2** não provocante; discreto: *vestida com um recatado conjunto cinza.*
re.ca.to *s.m.* pudor; decência; discrição: *A mãe lhe recomendava recato.*
re.cau.chu.ta.gem *s.f.* **1** colocação de nova camada de borracha em pneus: *A recauchutagem não é 100% segura e afeta o balanceamento dos pneus.* **2** restauração: *Uma recauchutagem deixaria a pintura perfeita.* **3** (Coloq.) recuperação dos aspectos estéticos: *Numa cirurgia plástica, as mulheres passam por recauchutagem ora completa, ora parcial.*
re.cau.chu.tar *v.t.* **1** recapear: *Acho perigoso recauchutar pneus.* **2** (Coloq.) melhorar (a imagem ou a aparência): *É impossível recauchutar a imagem daquela administração falida.*
re.ce.ar *v.t.* **1** ter medo de; temer: *Receio que as crianças percam a hora.* **2** mostrar-se apreensivo; preocupar-se: *Receava pela segurança dos filhos.*
re.ce.ber *v.t.* **1** acolher; recepcionar: *Todos me receberam com muito carinho.* **2** passar a ter como dádiva, presente ou oferta; ganhar: *Gostaria de receber um presente.* **3** passar a ter como paga ou recompensa: *Recebe o aluguel da casa da praia.* **4** ser o destinatário de: *Recebi um sorriso de simpatia.* **5** ser atingido por: *A janela recebe o sol de manhã.*
re.ce.bi.men.to *s.m.* ato de receber; recepção: *confirmar o recebimento de dinheiro.*
re.cei.o *s.m.* medo; temor: *A pequena tinha receio de ir ao quintal sozinha.*
re.cei.ta *s.f.* **1** (Econ.) conjunto dos rendimentos; quantia recebida ou arrecadada: *A receita pública deveria ser mais bem administrada.* **2** conjunto de sugestões ou fórmula para se resolver um problema: *Não há receita fácil para se incentivar o turismo no Brasil.* **3** (Med. Farm.) prescrição de medicamento feita por um médico: *O farmacêutico pediu a receita.* **4** (Cul.) fórmula para a preparação de um prato ou qualquer produto culinário: *Ensinava sempre uma nova receita de massa.* **5** órgão público encarregado da arrecadação de impostos: *A arrecadação superou as previsões da Receita Federal.*
re.cei.tar *v.t.* **1** prescrever; indicar: *O médico receitou ao paciente vitaminas e muita tranquilidade.* **2** sugerir; aconselhar; recomendar: *Receitaram-lhe cautela e paciência.*
re.cei.tu.á.rio *s.m.* **1** conjunto de receitas: *O receituário agronômico controla o uso de agrotóxicos.* **2** formulário médico para redigir receita: *Deixa o receituário assinado no cofre.*
re.cém *adv.* usado como prefixo associado a um particípio; recentemente; há pouco: *recém-chegado.*
re.cen.der *v.t.* **1** desprender-se; exalar: *Um suave aroma recendia das flores.* **2** exalar o cheiro de; cheirar a: *O ar recendia a jasmim.*
re.cen.se.a.men.to *s.m.* determinação do número de pessoas em dada região, discriminando sexo, idade, naturalidade, estado civil, profissão etc.
re.cen.se.ar *v.t.* fazer o recenseamento de: *recensear a população favelada.*
re.cen.te *adj.2g.* **1** que ocorreu há pouco tempo: *A decisão saiu numa recente reunião de diretoria.* **2**

receoso

que existe há pouco tempo; novo: *Era um amigo recente, mas confiável.*
re.ce.o.so (ô) *adj.* temeroso; cauteloso: *Receoso de alguma tocaia, voltou.*
re.cep.ção *s.f.* **1** cerimônia ou festejo destinado a receber alguém com homenagem: *Organizou a recepção da comitiva.* **2** ato de receber; recebimento: *qualidade da recepção sonora.* **3** local onde se recebem ou se atendem as pessoas: *Marcamos encontro na recepção do hotel.*
re.cep.ci.o.nar *v.t.* receber com cordialidade; receber com festa: *recepcionar os amigos.*
re.cep.ci.o.nis.ta *s.2g.* pessoa que trabalha na recepção: *Contratou duas recepcionistas.*
re.cep.ta.ção *s.f.* ato de receptar; compra, ocultação ou recebimento de produto de crime: *Desconfiam que os produtos sejam fruto de receptação.*
re.cep.tá.cu.lo *s.m.* **1** local destinado a receber objetos ou substâncias; recipiente: *O lago virou um receptáculo de detritos.* **2** (Bot.) porção superior, alargada, da haste que sustenta a flor: *O receptáculo da alcachofra é comestível.*
re.cep.ta.dor (ô) *s.m.* pessoa que recepta.
re.cep.tar *v.t.* adquirir, receber ou ocultar algo de procedência criminosa: *Cumpriu pena por receptar joias roubadas.*
re.cep.ti.vi.da.de *s.f.* **1** tendência para receber bem: *A receptividade do público surpreendeu os cantores.* **2** aceitação: *O aumento das tarifas de energia não teve boa receptividade.*
re.cep.ti.vo *adj.* **1** que tem predisposição para receber: *Os índios são receptivos ao vírus da gripe.* **2** que recebe de bom grado: *Nunca foi receptivo a mudanças.* **3** que tem comportamento acolhedor; compreensivo: *O brasileiro costuma ser receptivo, tolerante.*
re.cep.tor (ô) *s.m.* **1** (E. Ling.) destinatário de uma mensagem; ouvinte; leitor: *O falante deve estar sintonizado com o receptor.* **2** pessoa que recebe órgão em transplante: *O doador deve ser do mesmo grupo sanguíneo do receptor.* **3** aparelho destinado a receber som e/ou imagem por meio de ondas eletromagnéticas: *Os satélites enviarão sinais diretamente ao receptor de cada casa.* • *adj.* **4** que recebe: *Uma vaca pode ser receptora de embrião.* **5** que recebe som e/ou imagem por meio de ondas eletromagnéticas: *aparelho receptor.*
re.ces.são *s.f.* **1** retrocesso; recuo: *A guerra provocou recessão da agricultura.* **2** período de atividade econômica reduzida.
re.ces.si.vo *adj.* **1** em que há recessão: *Foi um ano recessivo para o setor agrícola.* **2** em Genética, o que não se manifesta, oculto pelo caráter dominante.
re.ces.so (é) *s.m.* **1** período de suspensão das atividades: *As fábricas entraram em recesso.* **2** lugar ermo e tranquilo: *Uma estrada de terra leva ao recesso da floresta.* **3** a parte mais íntima: *Ele gosta de descansar no recesso do lar.*
re.cha.çar *v.t.* **1** recusar o recebimento de: *O governo rechaça imigrantes ilegais.* **2** combater: *Os colonizadores rechaçaram os ataques piratas.* **3** rebater; contestar: *O autor rechaça os argumentos a favor da pena de morte.*

re.cha.ço *s.m.* repúdio; recusa: *Surgiu uma voz para o rechaço das ideias fascistas.*
re.che.ar *v.t.* **1** introduzir recheio: *Recheou o pastel com bananas.* **2** encher: *Talos de babaçu servem para rechear paredes.*
re.chei.o *s.m.* **1** preparado culinário para rechear carnes, legumes, massas doces ou salgadas: *bolo de batata com recheio de carne moída.* **2** material utilizado para dar volume a partes das peças de roupas ou objetos: *O alfaiate põe um recheio de algodão nos ombros.*
re.chon.chu.do *adj.* de formas arredondadas; cheio; gorducho; gordo: *bebê rechonchudo.*
re.ci.bo *s.m.* declaração escrita de recebimento: *Cheques nominais valem como recibo.*
re.ci.cla.gem *s.f.* **1** ato ou técnica de reciclar; recuperação; transformação: *Já se faz a reciclagem de latas.* **2** atualização: *A firma incentiva a reciclagem dos funcionários.*
re.ci.clar *v.t.* **1** aproveitar algo já usado como matéria-prima para a fabricação do mesmo produto ou de outra coisa: *Conservamos árvores reciclando papéis.* **2** promover a atualização: *Escolas reciclam seus docentes.* • *pron.* **3** atualizar-se: *As empresas se reciclam em busca de produtividade.*
re.ci.di.va *s.f.* **1** reincidência; recaída: *Circularam boatos de uma recidiva do jogador no consumo de drogas.* **2** em Medicina, reaparecimento: *Pegando peso, haverá recidiva da hérnia.* **3** retorno; reincidência: *A novela provocou a recidiva do movimento hippie.*
re.ci.fe *s.m.* rochedo ou conjunto de rochedos situados dentro da água, com os cumes aparentes ou não, próximos à costa.
re.ci.fen.se *s.2g.* **1** natural ou habitante de Recife: *Os recifenses são alegres e receptivos.* • *adj.2g.* **2** relativo a Recife: *litoral recifense.*
re.cin.to *s.m.* **1** espaço fechado ou determinado. **2** sala; aposento: *Quando entrou no recinto, todos o aplaudiram de pé.*
re.ci.pi.en.te *s.m.* receptáculo que pode conter líquidos ou sólidos.
re.cí.pro.ca *s.f.* **1** o contrário; o inverso: *Ela confia nele, mas a recíproca não é verdadeira.* **2** reciprocidade: *Trata-nos com consideração e exige a recíproca.*
re.ci.pro.ci.da.de *s.f.* **1** qualidade do que é recíproco. **2** correspondência mútua.
re.cí.pro.co *adj.* em que há reciprocidade; mútuo: *Ele a ama, mas o sentimento não é recíproco.*
ré.ci.ta *s.f.* **1** representação teatral. **2** espetáculo de declamação: *A récita da poetisa teve casa lotada.* **3** recital.
re.ci.ta.ção *s.f.* **1** reza: *Toda noite havia recitação do rosário.* **2** declamação: *Preferia a recitação de versos com rima.*
re.ci.tal *s.m.* apresentação em que um ou mais artistas recitam poemas ou executam números musicais, vocais e/ou instrumentais: *Aos nove anos Chopin já dava recitais.*
re.ci.tar *v.t.* dizer em voz alta, com sentimento, um texto geralmente em versos; declamar: *Recitava poemas de Castro Alves.*
re.cla.ma.ção *s.f.* **1** queixa; protesto: *Houve muita reclamação contra o juiz.* (Jur.) **2** reivindicação legal: *O advogado entrou com uma reclamação trabalhista.* **3**

recôndito

manifestação oral ou escrita de insatisfação em relação a um serviço, situação etc.: *A empresa de alimentos foi campeã de reclamações.*

re.cla.man.te *s.2g.* **1** pessoa que reclama, em processo judicial: *As ações são arquivadas ou o reclamante desiste.* **2** quem reivindica; reclamador: *Providências na quadra onde reside o reclamante.*

re.cla.mar *v.t.* **1** exigir; reivindicar: *Aprenda a reclamar seus direitos.* **2** exigir; necessitar: *Um livro didático reclama explicações fáceis.* **3** queixar-se; lamentar-se: *A anciã reclama de dores nas pernas.* **4** protestar contra: *reclamar do tempo.* • *int.* **5** queixar-se: *Aceitava as humilhações sem reclamar.*

re.cla.me *s.m.* texto ou imagem que veicula propaganda; reclamo; anúncio.

re.cla.mo *s.m.* **1** reclamação; reivindicação: *Não atendem aos reclamos dos servidores.* **2** exigência; necessidade: *um antigo reclamo da nação.* **3** anúncio publicitário; reclame.

re.cli.na.ção *s.f.* posição que não é vertical nem horizontal; inclinação: *Esta cadeira tem reclinação perfeita.*

re.cli.nar *v.t.* **1** fazer deitar-se ou recostar-se: *Reclinou a cabeça no travesseiro.* **2** colocar na posição inclinada: *Reclinou o encosto da poltrona.* • *pron.* **3** curvar-se; encostar-se: *Reclinou-se e dormiu.*

re.clu.são *s.f.* **1** recolhimento; isolamento: *Para se concentrar, precisava de completa reclusão.* **2** prisão; privação da liberdade mais rígida do que a detenção: *Foram condenados a dez anos de reclusão.*

re.clu.so *s.m.* **1** pessoa que cumpre pena de reclusão: *A prisão afastou o recluso da família.* • *adj.* **2** que se refugia; que se recolhe: *Ela vivia como monja reclusa.* **3** que cumpre pena de prisão.

re.co.brar *v.t.* **1** recuperar: *O descanso fará você recobrar as energias.* • *pron.* **2** recuperar a disposição; reanimar-se: *Recobrou-se do susto.*

re.co.brir *v.t.* **1** esconder; encobrir: *Puseram quadros para recobrir os buracos da parede.* **2** ser a cobertura; cobrir: *Palha de arroz recobre as sementes recém-plantadas.* **3** cobrir totalmente; abranger; abarcar: *Essa explicação não recobre a realidade.* **4** inchar; impregnar: *O silêncio recobre de paz o casal.*

re.co.lher *v.t.* **1** pegar; apanhar; catar: *Recolhi o lixo do quintal.* **2** tirar para guardar; retirar: *Recolhia a roupa do varal.* **3** fazer voltar à posição inicial: *Recolha a perna.* **4** arrecadar: *recolher impostos.* **5** pôr em abrigo: *Corria para recolher os animais.* **6** pagar: *A família recolhe um salário ao sistema de saúde.* • *pron.* **7** ir para dentro; abrigar-se; retirar-se: *Todos se recolheram antes da chuva.* **8** deitar-se para dormir: *O sitiante recolhia-se cedo.*

re.co.lhi.do *adj.* **1** captado; coletado: *Analisa o material recolhido.* **2** reprimido; contido: *Sofria de paixão recolhida.* **3** que se encontra em seus aposentos, dormindo ou preparando-se para dormir: *Já estava recolhido quando a visita chegou.* **4** que se encontra no interior de um recinto: *Recolhido no escritório, lia os jornais.* **5** retraído; ensimesmado: *recolhido no silêncio.* **6** preso: *O bandido foi recolhido no Instituto Penal.*

re.co.lhi.men.to *s.m.* **1** concentração; refúgio espiritual; meditação: *No cantinho solitário, gozava de momentos de recolhimento.* **2** pagamento: *É mês de recolhimento dos impostos aos cofres públicos.* **3** prisão: *O recolhimento do menino ao reformatório foi necessário.* **4** acolhida; amparo: *recolhimento das crianças ao albergue.* **5** captação; coleta: *Passamos uma lista para recolhimento dos donativos.* **6** lugar de refúgio; retiro; abrigo: *Inaugurou um recolhimento para idosos.*

re.co.lo.ca.ção *s.f.* **1** ato de abordar uma questão novamente ou de abordá-la sob outro ponto de vista; retomada: *Impõe-se uma recolocação do problema.* **2** ato de colocar novamente; reposição: *Providenciei a recolocação dos pisos danificados.* **3** ato ou efeito de conseguir novo emprego: *recolocação de aposentados no mercado de trabalho.*

re.co.lo.car *v.t.* **1** trazer novamente à discussão: *A professora recolocou o problema.* **2** colocar no lugar de origem: *Recolocou o livro no armário.* **3** pôr novamente: *recolocar o rádio em condições de funcionar.*

re.co.men.da.ção *s.f.* **1** declaração que afirma as boas qualidades de alguém, geralmente de um candidato a emprego; referências: *Com aquela carta de recomendação, seria fácil arranjar outro emprego.* **2** conselho; aviso: *recomendação para não fumar.* • *pl.* **3** cumprimentos; saudações: *Transmita minhas recomendações a seu pai.*

re.co.men.dar *v.t.* **1** indicar, pedindo a atenção ou benevolência: *O professor recomendou a aluna ao departamento.* **2** aconselhar: *Recomendamos cautela ao motorista.* **3** indicar como bom: *Recomendou um bom livro sobre literatura brasileira.* **4** transmitir recomendação; cumprimentar.

re.com.pen.sa *s.f.* retribuição: *Ofereceu uma recompensa a quem lhe devolvesse os documentos.*

re.com.pen.sar *v.t.* retribuir; gratificar; compensar.

re.com.por *v.t.* **1** remontar; refazer: *O restaurador recompôs a imagem do quadro.* **2** tornar a arrumar; consertar: *Recompôs o nó da gravata.* • *pron.* **3** acalmar-se; refazer-se: *Logo se recompôs do susto.* **4** reconciliar-se: *Queria recompor-se com a irmã.* **5** voltar à normalidade; endireitar-se: *Levou alguns minutos para se recompor e começou o discurso.*

re.com.po.si.ção *s.f.* **1** reconstituição; reorganização; reconstrução: *recomposição dos estoques.* **2** ato ou efeito de compor de novo; reorganização: *O técnico está pensando em uma recomposição do time este ano.* **3** reconciliação.

re.côn.ca.vo *s.m.* **1** pequena baía; enseada. **2** cavidade; gruta: *Uma traíra feroz se abriga no recôncavo escuro.*

re.con.ci.li.a.ção *s.f.* restabelecimento da paz e das boas relações. *A reconciliação entre o homem e a natureza pode decidir o futuro da humanidade.*

re.con.ci.li.ar *v.t.* **1** restabelecer a paz ou harmonia: *reconciliar o marido com sua mulher.* • *pron.* **2** fazer as pazes; voltar às boas: *Reconciliou-se com o vizinho.*

re.con.di.ci.o.na.men.to *s.m.* recuperação de aparelho ou peça usada: *recondicionamento de motores.*

re.con.di.ci.o.nar *v.t.* concertar algo com defeito; fazer voltar à condição original; recuperar: *Ele é um mecânico que recondiciona motores.*

re.côn.di.to *s.m.* **1** aquilo que há de mais profundo; o íntimo; âmago: *Quem poderia chegar aos recônditos*

reconduzir

da alma? • *adj.* **2** escondido; encoberto: *Parece que o ator tinha vícios recônditos.* **3** íntimo; profundo: *desejos recônditos.*

re.con.du.zir *v.t.* **1** conduzir novamente: *Após a dança, reconduziu a moça a seu lugar.* **2** nomear ou eleger novamente alguém para o mesmo cargo: *O povo reconduziu o presidente ao poder.*

re.con.for.tar *v.t.* **1** fazer tomar novo alento; revigorar: *A sopa quente reconfortou o peregrino.* • *pron.* **2** confortar-se; consolar-se. **3** revigorar-se: *Reconfortei-me com um banho quente.*

re.co.nhe.cer *v.t.* **1** fazer o reconhecimento ou a identificação de: *A moradora reconheceu o antigo vizinho.* **2** admitir; aceitar: *Reconhecemos que somos seres fracos.* **3** confirmar; ratificar: *O tribunal reconheceu a inocência do réu.* **4** declarar como legítimo; legitimar: *Portugal reconheceu a Independência do Brasil.* **5** fazer certificar por escrito o que é autêntico e verdadeiro: *Preciso reconhecer a firma do diretor.* **6** identificar; distinguir: *O cão reconhece o dono.* **7** mostrar-se grato por; ter gratidão por: *Estou certo de que ele reconhece os favores recebidos.* **8** aceitar como filho carnal; admitir a paternidade em relação a alguém: *Ele reconheceu o menino como seu filho.* **9** outorgar; conceder; assegurar: *reconhecer aos cidadãos o direito de opinar.* **10** declarar; afirmar: *reconhecer como brasileiras as águas territoriais.* • *pron.* **11** considerar-se; confessar-se: *O réu reconheceu-se o único culpado.*

re.co.nhe.ci.men.to *s.m.* **1** estabelecimento de identidade; identificação: *O delegado providenciou o reconhecimento do corpo da vítima.* **2** primeira tomada de contato; levantamento prévio: *Os batedores fizeram o reconhecimento do terreno antes da chegada das tropas.* **3** atestado de autenticidade: *reconhecimento da firma.* **4** declaração de legalidade: *reconhecimento do direito às terras.* **5** tomada de consciência; aceitação: *Só há o reconhecimento de que as coisas não vão bem entre nós.* **6** gratidão: *Receba esta lembrança em reconhecimento pelo que o senhor fez por nós.*

re.con.quis.tar *v.t.* **1** apossar-se de novo: *Os índios jamais reconquistarão o território que lhes pertencia.* **2** conquistar de novo o amor ou a simpatia: *Ele quer reconquistar a namorada.* **3** conseguir ou obter de novo: *reconquistar o título de campeão.*

re.con.si.de.ra.ção *s.f.* tomada de nova resolução; revisão da atitude tomada: *reconsideração da política salarial.*

re.con.si.de.rar *v.t.* voltar atrás; rever; repensar: *Reconsiderei meu erro.*

re.cons.ti.tu.i.ção *s.f.* **1** recomposição; restauração: *Fizemos campanha pela reconstituição da ordem democrática.* **2** encenação de um fato tal qual se deu da primeira vez: *reconstituição do crime.*

re.cons.ti.tu.ir *v.t.* **1** fazer retornar à forma anterior; refazer: *O instituto reconstitui monumentos históricos.* **2** encenar um fato tal como se passou. • *pron.* **3** restabelecer-se; recompor-se: *A floresta reconstitui-se aos poucos.*

re.con.tra.tar *v.t.* contratar de novo; reajustar: *A indústria recontratou os empregados demitidos.*

re.cor.da.ção *s.f.* **1** reminiscência; lembrança: *recordação de momentos felizes.* **2** presente; brinde; lembrança; algo que recorde uma pessoa, uma época, um lugar: *Trouxe uma recordação de Belém.* **3** memória: *Busca na recordação a fisionomia da mãe.*

re.cor.dar *v.t.* **1** fazer lembrar: *A sirene lhe recordava o acidente.* **2** repetir; repassar: *O professor recorda a lição.* **3** lembrar: *Ela recorda a infância.* **4** mencionar um fato passado: *A placa recorda o sacrifício dos heróis.* • *pron.* **5** lembrar-se: *Recorda-se de ter conhecido o escritor.*

re.cor.de (ó) *s.m.* **1** feito que supera em quantidade outros do mesmo gênero: *Superamos o recorde de vendas.* **2** feito esportivo que supera em número ou rapidez outros do mesmo gênero já realizados: *Quebrou o recorde do salto triplo.* • *adj.2g.* **3** que supera as marcas de número, tempo ou velocidade já registrados: *colher uma safra recorde.*

re.cor.dis.ta *s.2g.* **1** pessoa que conquista um recorde: *O recordista de natação contundiu-se.* • *adj.2g.* **2** que bateu um recorde: *atleta recordista.*

re.cor.rên.cia *s.f.* **1** repetição; nova ocorrência; retorno. **2** reaparecimento dos sintomas; reincidência: *evitar a recorrência da doença.* **3** repetição; reiteração: *a eterna recorrência da seca.* **4** apelo: *Tornou-se necessária a recorrência à justiça.*

re.cor.ren.te *s.2g.* **1** pessoa que interpõe recurso à Justiça: *A recorrente afirma que as terras lhe pertencem.* • *adj.2g.* **2** repetitivo; reincidente: *Está tratando uma tendinite recorrente.* **3** que reaparece de tempos em tempos: *tema recorrente na literatura internacional.*

re.cor.rer *v.t.* **1** dirigir-se, solicitando ajuda: *Precisou recorrer aos amigos.* **2** lançar mão; utilizar-se: *Os escoteiros recorreram às frutas silvestres para matar a fome.* **3** interpor agravo ou recurso: *O condenado recorreu da decisão ao Supremo.*

re.cor.tar *v.t.* **1** separar uma parte do todo, cortando: *Recortava a foto dos artistas.* **2** fragmentar-se: *O nervosismo recortava sua fala.* **3** cobrir a extensão; atravessar: *Largas estradas recortam o país.* **4** delinear; acentuar: *A Lua recorta a silhueta das casas.* • *pron.* **5** destacar-se em contornos nítidos: *O prédio recorta-se contra o céu.*

re.cor.te (ó) *s.m.* **1** parte retirada de jornal ou revista: *Guardava recortes das principais notícias.* **2** vão; abertura. **3** pedaço de tecido inserido numa peça de roupa como adorno ou como ajuste do molde: *Comprou um conjunto com belos recortes no casaco.*

re.cos.tar *v.t.* **1** apoiar; encostar: *Recostou o queixo no muro.* • *pron.* **2** apoiar-se em; reclinar-se: *Recostei-me na cadeira.*

re.cre.a.ção *s.f.* **1** divertimento; distração: *área de recreação.* **2** atividade esportiva ou artística e ao mesmo tempo lúdica: *Ela dá recreação para as crianças do orfanato.*

re.cre.ar *v.t.* divertir; distrair: *Teatro recreia o olhar e o espírito.*

re.cre.a.ti.vo *s.m.* **1** em esporte, treino que visa a distensão e o relaxamento psíquico e muscular: *O técnico desmarcou o recreativo de hoje.* • *adj.* **2** que tem como objetivo a recreação: *O projeto é cultural e recreativo.* **3** que tem efeito agradável:

redigir

A corrida tem efeito recreativo. **4** que oferece lazer, recreação: *entidade recreativa*.

re.crei.o *s.m.* **1** intervalo entre as aulas de uma escola, em que os alunos brincam e tomam lanche: *Os meninos jogam futebol no recreio.* **2** lugar de lazer; clube. **3** recreação: *A música, para ele, além de ganha-pão, é um recreio.*

re.cri.mi.na.ção *s.f.* censura; crítica; repreensão: *Seu discurso tinha um tom de recriminação.*

re.cri.mi.nar *v.t.* repreender; admoestar; censurar: *Recriminou o filho por ter se sujado.*

re.cru.des.cer *v.t.* **1** tornar-se mais intenso; aumentar: *Os rebeldes recrudesceram a guerrilha na fronteira.* • *int.* **2** tornar-se mais intenso; aumentar: *Os ataques recrudesceram.*

re.cru.des.ci.men.to *s.m.* aumento; agravamento; exacerbação: *Presenciou o recrudescimento da intolerância religiosa.*

re.cru.ta *s.2g.* **1** soldado que entrou para o exército ou que assentou praça recentemente: *Qualquer infração cortava a saída do recruta na folga habitual.* **2** novato: *Depois do primeiro trabalho, deixou de ser considerado recruta.*

re.cru.ta.men.to *s.m.* **1** convocação dos jovens em idade de servir ao exército. **2** seleção e contratação para prestação de serviço: *recrutamento de trabalhadores rurais.*

re.cru.tar *v.t.* **1** convocar para o serviço militar. **2** contratar para prestação de serviço: *Saiu para recrutar mão de obra.*

ré.cua *s.f.* **1** conjunto de cavalgaduras: *Uma récua de mulas velhas trouxe a carga.* **2** grupo de pessoas de má conduta; corja: *Um mar de lama envolvia toda a récua.*

re.cu.ar *v.t.* **1** fazer retroceder: *O motorista recuou o ônibus e esperou a manifestação passar.* **2** estar afastado da linha demarcatória: *As casas recuavam alguns metros das ruas.* **3** voltar atrás; desistir: *Não recuarei em minhas decisões.* • *int.* **4** andar para trás; voltar: *Os soldados recuaram.* **5** voltar à situação anterior; retroceder: *Os preços recuaram.*

re.cu.o *s.m.* **1** espaço afastado, em relação a um ponto de referência: *O recuo pode virar um jardim.* **2** volta; retorno: *O comandante ordenou o recuo das tropas.* **3** diminuição; rebaixamento: *recuo da inflação.*

re.cu.pe.ra.ção *s.f.* **1** ação de recuperar; restabelecimento das características perdidas: *A prefeitura providencia a recuperação do meio ambiente.* **2** reativação: *recuperação do interesse pelo samba.* **3** restauração: *Finalizaram a recuperação do prédio do museu.* **4** restabelecimento da saúde física ou mental: *A recuperação do paciente é lenta.*

re.cu.pe.rar *v.t.* **1** ter novamente algo que estava perdido: *recuperar a saúde.* **2** restaurar: *É preciso recuperar a lavoura do país.* **3** reconquistar: *O país imperialista quer recuperar suas colônias.* **4** fazer voltar ao convívio social sadio: *Aprovamos projetos para recuperar o menor delinquente.* **5** restabelecer a saúde física ou mental: *Manicômio dificilmente recupera alguém.* • *pron.* **6** refazer-se: *Recuperei-me bem da desagradável experiência.* **7** restabelecer-se de enfermidade física ou mental.

re.cur.so *s.m.* **1** alternativa; solução: *Só teve um recurso, pagar novamente a conta.* **2** condição financeira: *Viu-se doente e sem recursos.* **3** ato de lançar mão; procura: *Foi proibido o recurso a elementos eletrônicos em carros de corrida.* **4** (Jur.) ato que visa a reformar ou a modificar uma sentença judicial: *Cabe recurso ao Supremo Tribunal Federal.*

re.cur.va.do *adj.* muito curvado; recurvo: *O chapéu do vaqueiro tem aba curta e recurvada.*

re.cur.vo *adj.* recurvado: *Os dedos recurvos do rastelo causavam medo.*

re.cu.sa *s.f.* negativa; não aceitação: *recusa ao convite.*

re.cu.sar *v.t.* **1** não aceitar; rejeitar: *recusar uma ideia.* **2** negar: *O pai não recusará apoio ao filho.* • *pron.* **3** negar-se: *Não se recusou a falar do assunto.*

re.da.ção *s.f.* **1** ato de redigir; trabalho de escrever: *redação de cartas.* **2** o resultado desse trabalho: *Ela precisa melhorar a redação.* **3** na imprensa, local onde se redigem as matérias: *Limpou a redação do jornal.* **4** texto escrito: *A redação foi entregue na última hora.*

re.da.ci.o.nal *adj.2g.* relativo a redação: *curso de técnica redacional.*

re.dar.guir (güi) *v.int.* responder argumentando; retrucar: *Essa prática tira do acusado o direito de redarguir.*

re.da.tor (ô) *s.m.* **1** pessoa encarregada da redação de um jornal: *Foi o primeiro redator a me confiar um texto.* **2** profissional que redige textos: *Ele é um redator experiente.*

re.de (ê) *s.f.* **1** entrelaçamento de fios com aberturas regulares fixadas por malhas: *O gol é bola na rede.* **2** dispositivo feito de linhas trançadas para apanhar peixe: *Os pescadores puxaram a rede.* **3** espécie de leito confeccionado de tecido forte, preso pelas extremidades: *Passava a tarde espichado na rede.* **4** (Fig.) conjunto inter-relacionado de estabelecimentos, pessoas, terminais de computador etc.: *rede de lojas.* **5** entrelaçamento de: *rede de equívocos.*

ré.dea *s.f.* **1** correia para guiar as cavalgaduras; brida: *Puxou a rédea para o burrico parar.* **2** direção; controle: *Cedo tomou as rédeas da casa.* • **à/de rédea solta** com muita rapidez: *Os três cavaleiros passaram à/de rédea solta.* **com rédea curta** com rigor: *Educou os filhos com rédea curta.*

re.de.moi.nho *s.m.* **1** movimento em espiral da água; sorvedouro; voragem: *O redemoinho fez o barco virar.* **2** rajada de vento que se movimenta em círculo: *O redemoinho fazia subir colunas de terra.* **3** porção de cabelo que cresce para várias direções, formando uma espiral. **4** agitação; turbilhão: *Irritou-se com o redemoinho de comissões de inquérito.*

re.den.ção *s.f.* libertação; salvação: *redenção dos pecados.*

re.den.tor (ô) *s.m.* **1** salvador: *O vereador apresentava-se como o redentor dos pobres.* **2** epíteto que os cristãos dão a Jesus Cristo: *O Redentor veio para salvar.* // Nesta acepção, escreve-se com inicial maiúscula. // • *adj.* **3** que redime ou salva: *O presidente era tido como o redentor da moeda nacional.*

re.di.gir *v.t.* **1** produzir texto por escrito; escrever: *Havia presidentes que redigiam seus discursos.* • *int.* **2** expressar-se por meio da escrita; escrever: *Minha filha redige bem.*

redil

re.dil *s.m.* **1** curral, sobretudo para ovelhas e cabras; aprisco: *O rapaz foi até o redil para tosquiar as ovelhas.* **2** rebanho de cabras ou ovelhas: *Recolheu o redil antes da chuva.*

re.di.mir *v.t.* **1** isentar; livrar; remir: *A morte não redime o ditador da responsabilidade pela criação do caos.* • *pron.* **2** isentar-se; reabilitar-se: *Há governos injustos que um dia se redimem.*

re.din.go.te *s.m.* (Bras.) casaco inteiriço, que se ajusta na cintura e se alarga para baixo.

re.di.vi.vo *adj.* **1** que reviveu; ressuscitado. **2** rejuvenescido; remoçado: *Ele voltou das férias redivivo e bem-humorado.* **3** que tornou a se manifestar; renovado.

re.do.bra.men.to *s.m.* intensificação: *Há um redobramento das expectativas em relação ao trabalho do novo diretor.*

re.do.brar *v.t.* **1** aumentar muito; multiplicar; intensificar: *Políticos vão redobrar a segurança.* • *pron.* **2** aumentar consideravelmente; tornar-se mais intenso: *Os esforços devem redobrar-se.*

re.do.ma *s.f.* peça de vidro em forma de uma calota esférica, própria para proteger objetos e alimentos contra o pó ou impurezas do ar.

re.don.de.za (ê) *s.f.* **1** atributo do que é redondo ou esférico. **2** conjunto de lugares circunvizinhos; vizinhança: *Convidou para o churrasco toda gente da redondeza.* • *pl.* **3** lugares próximos; proximidades; cercanias: *Procurou o produto em todo o comércio das redondezas.*

re.don.di.lha *s.f.* (Poét.) verso de cinco ou de sete sílabas.

re.don.do *s.m.* **1** lugar ou espaço em forma circular: *De longe vimos o redondo do lago.* • *adj.* **2** que tem forma da circunferência; circular. **3** esférico. **4** exato: *Consegui poupar cinco mil redondos.* **5** cuja forma lembra um círculo; arredondado: *rosto redondo.* **6** cuja forma lembra uma esfera. **7** curvo: *linhas redondas.* **8** gordo; rechonchudo. **9** completo; total: *redondo fracasso da revolução.* **10** (Coloq.) bem acabado; perfeito: *O trabalho saiu redondo.* • *adv.* **11** (Coloq.) bem: *Este conhaque desceu redondo.* **12** diz-se de vinho equilibrado, macio, não agressivo. **13** contundente; sonoro: *Disse-lhe um redondo "não".*

re.dor (ô) *s.m.* lugar em volta; contorno; volta: *Punha o adubo no redor das árvores.* ✦ **ao/em redor de** (i) em volta de; perto: *Os gatos andavam ao/em redor das pessoas.* (ii) por volta de; perto de: *Vende em redor de quarenta aparelhos por mês.*

re.du.ção *s.f.* **1** diminuição: *redução das taxas.* **2** passagem de uma marcha de carro para uma mais lenta: *Ele não fez a redução antes de virar a esquina.* **3** cópia em tamanho menor: *Fiz redução dos documentos.* **4** abatimento; desconto: *redução no preço.* **5** pequena peça que une um cano de diâmetro menor a outro de diâmetro maior. **6** forma escrita reduzida de uma palavra numa locução: *Pneu é redução de pneumático.*

re.du.ci.o.nis.mo *s.m.* simplificação: *Classificar as pessoas em boas ou más é reducionismo.*

re.dun.dân.cia *s.f.* emprego repetido de palavras ou de ideias expressas anteriormente; repetição desnecessária: *"Subir para cima" é uma redundância.*

re.dun.dar *v.t.* **1** convergir; converter-se: *A colaboração redunda em proveito dos mais pobres.* **2** ser resultado ou proveniente: *O gol redundou do passe do exímio jogador.*

re.du.pli.car *v.t.* **1** fazer aumentar muito; redobrar: *As chuvas reduplicaram a produção da lavoura.* • *int.* **2** aumentar muito; redobrar; duplicar: *Os trabalhos reduplicaram.*

re.du.to *s.m.* **1** lugar de refúgio ou resistência: *Para conversar com ele, precisaria ir até seu reduto.* **2** lugar de concentração: *O centro acadêmico era o reduto dos poetas.*

re.du.tor (ô) *s.m.* **1** elemento que promove a redução: *redutor de velocidade.* • *adj.* **2** que reduz: *O excesso de impostos é um redutor do nosso poder de compra.*

re.du.zi.da *adj.* (Gram.) **1** diz-se da oração subordinada que se apresenta com o verbo em uma de suas formas nominais (infinitivo, gerúndio ou particípio). **2** diz-se da vogal átona em que se reduz, e mesmo se anula, a diferença de timbre (abertas e fechadas): *Vênus rima com menos e jure com júri.*

re.du.zir *v.t.* **1** fazer diminuir em valor, quantidade ou intensidade: *reduzir as atividades físicas.* **2** transformar: *O incêndio reduziu tudo a cinzas.* • *pron.* **3** transformar-se: *A cidade reduziu-se a ruínas.* **4** diminuir em quantidade, intensidade ou valor: *A gratificação se reduziu à metade.* **5** limitar-se: *A divulgação reduziu-se ao mínimo.*

re.em.bol.sar *v.t.* restituir o dinheiro gasto; compensar o valor desembolsado: *Não há possibilidade de reembolsar a moça.*

re.em.bol.so (ô) *s.m.* ressarcimento por quantia desembolsada: *Requereu o reembolso das despesas com hospital.* ✦ **reembolso postal** sistema de vendas em que a mercadoria chega à mão do comprador pelo correio, por intermédio do qual é feito o pagamento: *O livro era vendido apenas por reembolso postal.*

re.en.car.na.ção *s.f.* **1** em algumas religiões, retorno da alma à vida terrena, com outro corpo, após a morte: *Os espíritas acreditam na reencarnação.* **2** pessoa que lembra muito outra que já morreu. **3** ressurgimento de algo sob nova roupagem.

re.en.car.nar *v.int.* encarnar de novo; assumir de novo a forma material.

re.en.ge.nha.ri.a *s.f.* **1** reestruturação de uma empresa, reduzindo o número de departamentos ou de níveis hierárquicos, com possível dispensa de funcionários: *A reengenharia pode localizar onde a empresa está perdendo dinheiro.* **2** reorganização: *reengenharia do futebol brasileiro.*

re.en.trân.cia *s.f.* ângulo ou curva para dentro; cavidade: *Abrigaram-se nas reentrâncias da rocha.*

re.es.tru.tu.ra.ção *s.f.* nova estruturação; reorganização: *reestruturação do plano econômico.*

re.es.tru.tu.rar *v.t.* **1** dar nova estruturação; refazer; reorganizar: *reestruturar os planos de estudo.* • *pron.* **2** ter nova estruturação; reorganizar-se: *O futebol precisa reestruturar-se.*

re.fa.zer *v.t.* **1** fazer de novo: *Ela refez o artigo sobre Machado de Assis.* **2** renovar: *A moça refaz o guarda-roupa todo ano.* **3** recriar; reproduzir: *O espetáculo refaz a bossa nova.* **4** reabilitar; reconstituir: *Um cálice*

refogar

de vinho refez-lhe a alegria. **5** restabelecer: *Refez os laços com a família.* **6** modificar; alterar; corrigir: *A secretária refez a lista de convocados.* **7** percorrer novamente: *O navio refaz a rota de Cabral.* • *pron.* **8** restaurar-se; recuperar-se.

re.fei.ção *s.f.* **1** ingestão de alimento que geralmente inclui pelo menos um prato quente. **2** alimentação feita em hora certa; almoço ou jantar: *Até as refeições são feitas no seu quarto.* **3** alimento; comida: *Como a mesma refeição dos patrões.*

re.fei.tó.rio *s.m.* sala para refeições em comum em empresas ou instituições.

re.fém *s.2g.* pessoa aprisionada ou retida como garantia ou como forma de chantagem: *A refém foi libertada pela polícia.*

re.fe.rên.cia *s.f.* **1** ato de referir-se; alusão: *Ninguém fez referência ao seu estado de saúde.* **2** indicação: *Fomos a locais sem nenhuma referência.* **3** algo que serve para alguém orientar-se, situar-se, ou como termo de comparação: *Tomou como ponto de referência a igreja da praça* ♦ **com referência** com relação: *Descobrimos novos fatos com referência ao jornalista.*

re.fe.ren.ci.al *s.m.* **1** ponto de referência: *Busca-se referencial para se discutir a nova legislação trabalhista.* • *adj.2g.* **2** que serve como referência: *Tem o índio como ponto referencial de novas pesquisas.*

re.fe.ren.ci.ar *v.t.* ser ponto de referência para: *O dólar referenciava os contratos.*

re.fe.ren.dar *v.t.* ratificar; confirmar: *O diretor apenas referenda os acordos.*

re.fe.ren.do *s.m.* **1** mensagem que o corpo diplomático manda ao governo do país de origem, pedindo instruções. **2** (Polít.) manifestação do povo, pelo voto, sobre questões de interesse geral; ratificação: *Alguns países preveem o referendo popular para diversas decisões parlamentares.*

referendum *s.m.* (Lat.) referendo.

re.fe.ren.te *s.m.* **1** referencial: *As crianças precisam de um referente da beleza negra.* **2** (E. Ling.) referimento do mundo real ao qual a língua se refere. • *adj.2g* **3** que se refere; que diz respeito; concernente: *artigo referente ao crime de estelionato.*

re.fe.rir *v.t.* **1** fazer referência; citar: *Referia a desumanidade dos dirigentes.* **2** relatar; narrar. • *pron.* **3** aludir: *O prefeito refere-se a dois casos do noticiário.* **4** ser referente: *Um artigo refere-se a produção e exportação de vinho.* ♦ **no que se refere** no que diz respeito: *O raciocínio do técnico é perfeito no que se refere ao ataque.*

re.fes.te.la.do *adj.* instalado de modo cômodo: *Viu o major refestelado na cama.*

re.fes.te.lar-se *v. pron.* **1** divertir-se; usufruir: *Queriam se refestelar com a viagem.* **2** instalar-se de modo cômodo: *Refestelava-se na espreguiçadeira.*

re.fil *s.m.* produto destinado a substituir, na mesma embalagem, aquele que já foi gasto.

re.fi.na.ção *s.f.* refinamento; refino: *refinação de açúcar.*

re.fi.na.men.to *s.m.* **1** primor; requinte; perfeição: *Em seu estilo convivem o refinamento e o bom humor.* **2** depuração; refinação; refino: *refinamento do petróleo.*

re.fi.nar *v.t.* **1** preparar para o consumo; depurar; purificar: *Refinamos petróleo.* **2** requintar; depurar: *Procuraram refinar os argumentos.* • *pron.* **3** requintar-se; depurar-se: *Seu gosto pela leitura ainda pode refinar-se.*

re.fi.na.ri.a *s.f.* indústria que processa o refinamento.

re.fi.no *s.m.* **1** refinamento; refinação; purificação: *refino de petróleo.* **2** refinamento; requinte: *A sofisticação condiz com o refino dos intelectuais.*

re.fle.tir *v.t.* **1** ser o reflexo de: *O documento reflete a vontade de todos.* **2** pensar: *O poeta reflete sobre a miséria do mundo.* • *pron.* **3** estar reproduzido; estar presente: *O nacionalismo basco reflete-se na manutenção de sua língua.* • *int.* **4** meditar: *Antes de dar uma resposta, ele refletiu bastante.*

re.fle.tor (ô) *s.m.* **1** aparelho capaz de produzir luz muito intensa: *Os cabelos refulgiam sob a luz dos refletores.* **2** dispositivo capaz de refletir a luz: *A bicicleta era equipada com refletor traseiro.* • *adj.* **3** que reflete a luz: *faixas refletoras.*

re.fle.xão /ks/ *s.f.* **1** meditação; ponderação; observação: *O caso mereceu a reflexão dos estudiosos.* **2** movimento de volta para trás: *Se a luz passar pelo disco, não há reflexão do laser.*

re.fle.xi.va /ks/ *adj.* (Gram.) diz-se da voz de um verbo transitivo direto em que o sujeito é ao mesmo tempo agente e paciente; na frase *Narciso contemplava-se na água* há voz reflexiva.

re.fle.xi.vo /ks/ *adj.* **1** em que há reflexão: *análise reflexiva sobre a vida.* **2** que reflete; ponderado: *Meu pai era um caboclo reflexivo.* **3** (Gram.) diz-se do pronome oblíquo que faz cair a ação verbal sobre o mesmo sujeito que a pratica. **4** (Gram.) diz-se do verbo pronominal que exprime ação praticada e ao mesmo tempo recebida pelo sujeito, como *ajoelhar-se.*

re.fle.xo (é) /ks/ *s.m.* **1** reflexão dos raios luminosos: *O reflexo do sol na vidraça me incomodava.* **2** imagem reproduzida: *reflexo no espelho.* **3** consequência: *A gastrite era reflexo de sua gula.* **4** atitude diante de uma situação; capacidade de reação; decisão: *O motorista bateu porque perdeu os reflexos.* **5** imagem; reprodução: *A biblioteca é o reflexo da escola.* • *adj.* **6** que constitui resposta a um estímulo: *A tosse é um ato reflexo.*

re.flo.res.ta.men.to *s.m.* novo plantio de árvores: *reflorestamento da reserva.*

re.flo.res.tar *v.t.* replantar árvores: *É possível reflorestar o parque.*

re.flu.ir *v.t.* **1** voltar; retornar: *A sobra de caixa não refluía para o Tesouro.* • *int.* **2** ir para trás; retroceder: *A água pode refluir quando a galeria externa estiver muito cheia.* **3** retroceder; diminuir: *A angústia flui e reflui como as marés.*

re.flu.xo /ks/ *s.m.* **1** movimento para trás (de líquido; maré etc.); volta: *As válvulas estancam o refluxo do sangue.* **2** inversão do movimento; retrocesso. **3** devolução de alimento ingerido em excesso; regurgitação: *É comum o refluxo em bebês.*

re.fo.gar *v.t.* **1** dourar os temperos em óleo ou gordura: *Refogue a cebola antes de pôr o arroz.* **2** passar por processo de fervura em óleo ou gordura: *refogar a carne.*

reforçamento

re.for.ça.men.to *s.m.* reforço: *ordem de reforçamento das tropas.*

re.for.çar *v.t.* **1** tornar mais numeroso, mais poderoso: *Reforçou a guarda do palácio.* **2** tornar mais forte, mais resistente: *Reforçou a grade do berço.*

re.for.ço (ô) *s.m.* **1** aumento da resistência; fortalecimento: *obras de reforço da ponte.* **2** aumento: *Pedi reforço de funcionários.* **3** ajuda que permite o fortalecimento: *Contava com o reforço da direção.* **4** tropa auxiliar para fortalecer uma ação militar: *O reforço chegou tarde à fronteira.* **5** parte que se acrescenta para aumentar resistência de: *Costurei um reforço na lateral da manga.*

re.for.ma (ó) *s.f.* **1** conserto; restauração; modificação: *reforma do prédio.* **2** mudança; atualização: *reforma do guarda-roupa.* **3** renovação: *reforma do contrato.* **4** (Rel.) movimento religioso do começo do século XVI, que rompeu com a Igreja Católica Romana, originando numerosas igrejas cristãs dissidentes. // Nesta acepção, escreve-se com inicial maiúscula. // **5** aposentadoria de militar: *O general pediu sua reforma.* ♦ **reforma agrária** revisão da estrutura agrária de um país com vista a uma divisão equilibrada da terra e dos lucros daí advindos.

re.for.mar *v.t.* **1** restaurar; renovar: *Reformaram o banheiro.* **2** modificar; melhorar; consertar: *O país precisa reformar o sistema político.* **3** (Jur.) anular: *Reformou o despacho do juiz de Segunda Vara.* • *pron.* **4** regenerar-se: *Com muita luta, o menino reformou-se totalmente.*

re.for.ma.tó.rio *s.m.* estabelecimento público que abriga menores delinquentes ou desajustados, para correção ou tratamento.

re.for.mis.mo *s.m.* teoria dos socialistas que pretendem alcançar o poder mediante reformas sucessivas e graduais, repudiando a violência como forma de ação: *O movimento não conseguiu ir além do reformismo.*

re.for.mu.la.ção *s.f.* modificação; revisão: *A indústria do disco passou por grande reformulação.*

re.for.mu.lar *v.t.* **1** reformar; melhorar: *reformular o currículo.* **2** dar nova fórmula; refazer: *Temos de reformular nossas ideias.* • *pron.* **3** adquirir nova estrutura, nova fórmula: *A escola está se reformulando.*

re.fra.ção *s.f.* **1** (Fís.) divisão do raio luminoso refletido por um cristal: *O aparelho mede a refração das pedras preciosas.* **2** desvio da direção: *refração atmosférica.*

re.frão *s.m.* fórmula verbal ou instrumental que se repete numa composição; estribilho.

re.fra.tar *v.t.* **1** tomar nova direção; desviar: *Meios transparentes refratam a luz para a retina.* • *pron.* **2** desviar-se; refletir-se: *Os raios do sol refratam-se através da chuva.*

re.fra.tá.rio *s.m.* **1** pessoa conservadora; reacionário: *A oposição recebeu o contra-ataque dos refratários.* • *adj.* **2** indivíduo que não atende à convocação (do exército, de uma seleção esportiva). **3** resistente ao calor: *travessa refratária.* **4** contrário; resistente: *povo refratário a mudanças.*

re.fre.ar *v.t.* **1** segurar pelo freio, impedindo ou moderando o movimento: *Refreei o cavalo.* **2** impedir ou diminuir o ímpeto ou a intensidade: *Tentei refrear o espanto.*

re.fre.ga (é) *s.f.* luta; combate: *O fazendeiro morreu numa refrega contra os jagunços.*

re.fres.car *v.t.* **1** tornar menos quente; fazer baixar a temperatura: *O ventilador refresca o ambiente.* **2** provocar sensação agradável: *A loção refresca a pele.*

re.fres.co (ê) *s.m.* mistura de suco de fruta, água e um adoçante, servido gelado.

re.fri.ge.ra.ção *s.f.* **1** resfriamento: *máquinas para refrigeração do leite.* **2** estado do que está resfriado: *Apesar da refrigeração, o leite azedou.*

re.fri.ge.ra.dor *s.m.* aparelho que serve para resfriar, gelar ou congelar; geladeira.

re.fri.ge.ran.te *s.m.* **1** bebida não alcoólica, doce e gasosa, com sabores variados. • *adj.2g.* **2** que refrigera: *Usam ar comprimido como fluido refrigerante.*

re.fri.ge.rar *v.t.* resfriar.

re.fri.gé.rio *s.m.* alívio; bem-estar: *A pescaria lhe serviu de refrigério.*

re.fu.gar *v.t.* **1** rejeitar; recusar: *O bebê refuga a mamadeira.* • *int.* **2** (falando-se de animal) negar-se a seguir, recuando: *O rapaz perdeu a medalha porque o cavalo refugou.*

re.fu.gi.ar-se *v.pron.* **1** abrigar-se: *Queria refugiar-se em nossa casa.* **2** retirar-se: *Refugiou-se em seu quarto para ler a carta.* **3** procurar proteção; esconder-se: *Refugiou-se numa caverna.* **4** asilar-se: *Refugiou-se em Portugal.*

re.fú.gio *s.m.* **1** ato de refugiar-se: *A única saída foi o refúgio no Paraguai.* **2** amparo; proteção: *Procurava refúgio contra as maldades alheias.* **3** alívio; lenitivo: *A leitura era o refúgio das suas angústias.* **4** local para onde alguém foge a fim de estar em segurança; asilo; abrigo: *A chácara é um refúgio agradável.*

re.fu.go *s.m.* **1** não aceitação; recusa: *Tentou um gesto de refugo, mas se arrependeu.* **2** resto; rebotalho: *Faz adubo com o refugo da cana.*

re.ful.gen.te *adj.2g.* que refulge ou resplandece: *carreira diplomática refulgente.*

re.ful.gir *v.int.* **1** tornar-se muito brilhante; brilhar intensamente: *Os cabelos refulgiram depois do tratamento.* **2** destacar-se: *O nome do cientista refulge na história do país.*

re.fun.dir *v.t.* **1** fundir novamente: *Os ladrões refundiram a taça do tricampeonato.* **2** tornar a reunir, reformulando: *A nova seita procura refundir seus dogmas.*

re.fu.ta.ção *s.f.* contestação: *Nenhuma refutação da lei me faria desistir do processo.*

re.fu.tar *v.t.* **1** contestar; repelir: *A defesa refutou os argumentos da acusação.* **2** negar: *Às vezes, a prática refuta a teoria.*

re.ga *s.f.* ação de regar: *Esperava o sol abaixar para fazer a rega.*

re.ga-bo.fe *s.m.* (Coloq.) festa com fartura de comida e bebida: *A formatura merece um rega-bofe.* // Pl.: rega-bofes.

re.ga.ço *s.m.* **1** colo: *Ela entrelaçou as mãos no regaço.* **2** abrigo; proteção; aconchego: *Estava carente e foi à procura de um regaço.*

re.ga.dor (ô) *s.m.* recipiente munido de um bico, no qual se encaixa uma espécie de ralo, e que serve, sobretudo, para regar plantas.

re.ga.lar *v.t.* **1** proporcionar satisfação; alegrar: *Os netos regalam minha vida.* **2** oferecer como regalo;

registrar

presentear: *Vovó regalou a neta preferida com seus brincos.* • pron. **3** deliciar-se; alegrar-se: *Ganhava bem e podia regalar-se em restaurantes caros.*

re.ga.li.a s.f. privilégio; vantagem: *Os funcionários devem ter as mesmas regalias.*

re.ga.lo s.m. **1** mimo; presente: *Todos saíram da festa com um regalo.* **2** (Obsol.) agasalho para as mãos: *No frio, usavam regalos.* **3** prazer; alegria; contentamento: *Tratava o marido com regalo.*

re.gar v.t. **1** molhar; irrigar: *Preciso regar o jardim.* **2** banhar; aspergir: *Regue a salada com bastante azeite.* **3** fomentar: *Regaram as pesquisas com capital americano.*

re.ga.ta[1] s.f. competição aquática entre duas ou mais embarcações de pequeno porte, que disputam o prêmio de velocidade: *O Brasil venceu a regata sul-americana.*

re.ga.ta[2] s.f. camiseta decotada e sem mangas: *Basta jogar uma jaqueta em cima da regata.*

re.ga.tão s.m. balsa de madeira.

re.ga.te.ar v.t. **1** pechinchar: *Não consigo regatear o preço de verduras.* **2** negar: *O chefe não regateou um elogio.*

re.ga.tei.o s.m. depreciação; pechincha: *Os ambulantes já contam com o regateio.*

re.ga.to s.m. curso de água estreito, pouco profundo e pouco extenso.

re.gên.cia s.f. **1** comando; direção: *Assisti a uma apresentação da orquestra sob a regência de um maestro brasileiro.* **2** (Gram.) relação de dependência entre os constituintes da oração: *erros de regência verbal.* **3** (Bras.) período em que o Brasil esteve sob o governo de um regente (1831 a 1840): *Existiam na época da Regência três grupos políticos em luta.* // Nesta acepção, escreve-se com inicial maiúscula.

re.ge.ne.ra.ção s.f. **1** restabelecimento das propriedades ou das qualidades: *Comprei um aparelho para regeneração do ar.* **2** nova formação; revitalização: *regeneração das células nervosas.* **3** correção da conduta; recuperação: *Tomaram-se medidas para a regeneração da delinquência.* // Ant.: degeneração.

re.ge.ne.rar v.t. **1** restituir estruturas ou partes destruídas ou danificadas; restaurar: *Elaboramos uma substância sintética capaz de regenerar ossos.* **2** fazer voltar a viver segundo os princípios da moral e dos bons costumes; recuperar: *Esforça-se para regenerar o menor adotado.* • pron. **3** readquirir boas qualidades; voltar a viver segundo os princípios da moral e dos bons costumes: *Os delinquentes se regeneram quando tratados com amor.* **4** readquirir vida; restaurar-se: *O rabo da lagartixa se regenera.*

re.gen.te s.2g. **1** quem comanda, administra ou governa: *O regente não escondia suas preferências pelo Brasil.* **2** dirigente de orquestra ou grupo de cantores: *o regente da orquestra municipal.* • adj.2g. **3** que governa; que comanda: *Júpiter é meu planeta regente.* **4** (Gram.) que rege ou subordina: *Os verbos são núcleos regentes.*

re.ger v.t. **1** comandar; dirigir: *Louco, regia uma banda imaginária.* **2** (Gram.) pedir; exigir: *O verbo "obedecer" rege a preposição a.*

reggae (réguei) (Ingl.) s.m. estilo musical originário da Jamaica, vivo e de ritmo bem marcado: *São Luís tem fama de ser a capital brasileira do reggae.*

re.gi.ão s.f. **1** cada uma das partes delimitadas de um território: *previsão de chuvas para a região Sudeste.* **2** porção de um território; redondeza: *A notícia espalhou-se pela região.* **3** parte do corpo humano: *região lombar.* **4** superfície delimitada; local: *Mudou-se para uma região metalúrgica.*

re.gi.ci.da s.2g. pessoa que assassina um rei ou rainha: *Os regicidas sérvios não tiveram perdão.*

re.gi.cí.dio s.m. assassinato de rei.

re.gi.me s.m. **1** dieta: *Entrei em sério regime alimentar.* **2** modo de agir; procedimento: *O regime do internato era bastante liberal.* **3** conjunto de normas que regem o funcionamento e os atos de uma empresa: *Instituiu-se o regime de economia mista nos portos.* **4** sistema político pelo qual é regido um país: *regime militar.* **5** conjunto de normas que regem o contrato matrimonial: *Casaram em regime de comunhão de bens.* **6** conjunto das variações na forma de precipitação de um líquido: *regime das chuvas.*

re.gi.men.tal adj.2g. que está de acordo com o regimento: *Agi de acordo com as normas regimentais.*

re.gi.men.to s.m. **1** corpo de tropas sob o comando de um coronel: *Eles foram colegas de regimento.* **2** grande quantidade: *Um regimento de repórteres estava no aeroporto.* **3** conjunto de normas; regulamento.

ré.gio adj. **1** do rei: *O povo se cansou do poder régio.* **2** digno de rei; vultoso; intenso: *A decoração é de um luxo régio.*

re.gi.o.nal s.f. **1** subsede de uma instituição que atende a uma dada região: *A empresa criou novas regionais.* • adj.2g. **2** que é próprio de uma região; local: *O livro descreve todos os dialetos regionais do país.* **3** que serve a determinada região: *delegado regional.*

re.gi.o.na.lis.mo s.m. **1** doutrina que defende e fomenta os interesses regionais: *O político luta para manter o regionalismo do país.* **2** apego excessivo à região: *Não se mudam de lá por puro regionalismo.* **3** caráter da obra artística que se baseia em costumes e tradições regionais: *Analisou as marcas do regionalismo nos romances de José Lins do Rego.* **4** traço linguístico próprio de uma região: *O dicionário não omitiu os regionalismos.*

re.gi.o.na.lis.ta s.2g. **1** pessoa adepta ou seguidora do regionalismo: *Os regionalistas se distinguem sobretudo no romance.* • adj.2g. **2** que defende os interesses de uma região: *Um movimento regionalista pressionou o governo.* **3** que trata dos costumes e tradições de uma região: *romance regionalista.*

re.gi.o.na.li.zar v.t. **1** dar caráter ou feição regional a; tornar regional: *Medida Provisória em estudo regionaliza o sistema de telecomunicações.* • pron. **2** tornar-se regional: *O comércio está se regionalizando.*

re.gis.trar v.t. **1** transcrever; anotar: *Registra todos seus gastos num caderninho.* **2** denunciar para que fique documentado: *registrar em ata.* **3** inscrever oficialmente para que possa participar de eleição ou de competição: *O partido registrou os candidatos por outras legendas.* **4** fazer constar o nascimento em cartório: *Registrou o filho um ano após o nascimento.* **5** documentar: *Nero iniciou o governo mais dissoluto e criminoso que a História registra.*

registro

re.gis.tro s.m. **1** transcrição; anotação. **2** inscrição oficial para efeitos legais; cadastro: *Fiz o registro de meu terreno*. **3** (Bras. Fam.) ato de fazer constar em cartório o nascimento de alguém: *Fez o registro do filho assim que saiu da maternidade*. **4** assentamento; anotação: *Ela fez o registro das vendas*. **5** (E. Ling.) nível de uso: *A língua nacional abriga pelo menos dois registros de linguagem: o formal e o coloquial*. **6** dispositivo destinado a controlar a passagem da água pelas tubulações: *Feche o registro para consertar o cano*.

re.go (ê) s.m. **1** sulco estreito por onde escoam as águas: *O rego umedecia todo o canteiro*. **2** brecha; sulco: *Abriu regos para jogar as sementes*.

re.go.zi.jar-se v. pron. **1** alegrar-se muito; ficar muito feliz com: *regozijar-se com as vitórias*. **2** alegrar-se; congratular-se: *Mandou-me um vinho para eu me regozijar com meus amigos*.

re.go.zi.jo s.m. grande satisfação; vivo contentamento ou prazer: *Não escondeu o regozijo daquele encontro*.

re.gra (ê) s.f. **1** norma; princípio: *Não queria regras me controlando*. **2** regulamento de um jogo ou brincadeira: *as regras do futebol*. **3** preceito legal: *Uma das regras para concessão de emissoras é a apresentação de bons programas*. **4** preceito; orientação: *Adoto a regra de não falar da vida alheia*. • *pl.* **5** (Coloq.) menstruação. ♦ **em regra** de maneira intensa ou efetiva; para valer: *Quero fazer uma faxina em regra*.
regra de três (Mat.) princípio matemático que permite, com três quantidades conhecidas, procurar uma quarta quantidade incógnita que complete uma proporção geométrica: *Resolvi os problemas aplicando regra de três*.

re.gra.do adj. **1** ponderado; parcimonioso: *Esperava que o filho fosse regrado como o pai*. **2** metódico: *Levo uma vida regrada*.

re.grar v.t. **1** submeter a regras; dirigir: *São coronéis porque regram a política local*. **2** conter; controlar; moderar: *Agora é tarde para regrar as despesas*.

re.gra-três s.2g. (Bras. Fut.) substituto; suplente; reserva: *Uma comissão indicará o regra-três do time*. // Pl.: regras-três.

re.gre.dir v.t. **1** retroceder; voltar: *A arte regrediu ao seu estado mais rudimentar*. • *int.* **2** diminuir: *A inflamação começou a regredir*.

re.gres.são s.f. **1** retrocesso: *O tumor não apresentou regressão*. **2** em Psicologia, volta no tempo, quando a pessoa age como se tivesse uma idade inferior à que tem: *O paciente passou por uma tragédia e teve uma regressão de comportamento*.

re.gres.sar v.t. voltar; retornar: *O time regressou da Austrália sem nenhuma vitória*.

re.gres.si.vo adj. **1** que volta no tempo; em que há retrocesso: *Iniciou um processo regressivo, fixando-se na infância*. **2** que diminui de maneira sistemática, numa progressão negativa: *O prefeito impõe taxas regressivas à população*. **3** que vai diminuindo de uma em uma unidade até atingir o zero: *A contagem regressiva já começou*.

re.gres.so (é) s.m. volta; retorno: *Esperei ansiosamente seu regresso*.

ré.gua s.f. peça longa de madeira, plástico, metal, de faces retangulares, superfície plana e arestas retilíneas, dividida em unidades de medida, que serve para traçar linhas retas ou curvas, bem como para calcular.

re.gu.la.gem s.f. ajustagem: *A regulagem da máquina permite separar os grãos maiores*.

re.gu.la.men.ta.ção s.f. **1** sujeição a leis ou normas: *regulamentação de uma profissão*. **2** complementação minuciosa de uma lei por determinação executiva: *regulamentação dos impostos municipais*. **3** conjunto de normas; regulamento: *Não existe nenhuma regulamentação contra queimadas*.

re.gu.la.men.tar v.t. **1** estabelecer normas; sujeitar a regulamento; regularizar: *Começaram a regulamentar o salário em função do lucro*. • *adj.2g.* **2** que está de acordo com o regulamento: *Fiz a prova dentro do tempo regulamentar*. **3** que regulamenta; que regula: *Analisamos os princípios regulamentares*. **4** regular; normal: *São exigências regulamentares de idade, saúde e escolaridade*.

re.gu.la.men.to s.m. **1** regulagem: *tentativa de regulamento de preços*. **2** conjunto de regras ou normas; estatuto: *O regulamento do prédio é claro quanto ao uso da piscina*.

re.gu.lar v.t. **1** regulamentar; controlar: *Quer regular o comportamento da namorada*. **2** fazer a regulagem: *Preciso regular os freios*. **3** (Coloq.) ter aproximadamente a mesma idade: *Ela regulava com meu irmão*. • *adj.2g.* **4** que está de acordo com o regulamento; que está dentro das normas legais: *comércio regular*. **5** que ocorre a tempos determinados; pontual: *entrega regular de gás*. **6** sem variação; constante: *O melhor exercício é a marcha regular*. **7** que tem funcionamento normal ou correto: *funcionamento regular do intestino*. **8** mediano; medíocre: *Fui um aluno regular*. **9** (Gram.) que, ao ser conjugado, não sofre variações em face do seu paradigma: *É mais fácil empregar um verbo regular*. ♦ **não regular (bem)** não ter um comportamento normal.

re.gu.la.ri.za.ção s.f. **1** regulamentação; legalização: *O banco pediu regularização do fundo de garantia*. **2** normalização: *Alimentos fibrosos ajudam a regularização dos intestinos*.

re.gu.la.ri.zar v.t. **1** sujeitar a regulamento: *O rapaz regularizou sua situação de imigrante*. **2** tornar regular ou correto: *Esse medicamento regulariza as funções do coração*. **3** colocar em dia: *Pediram que o inquilino regularizasse seus pagamentos*. • *pron.* **4** tornar-se regular: *Felizmente a situação se regularizou*.

re.gur.gi.ta.ção s.f. ato ou efeito de regurgitar.

re.gur.gi.tar v.t. **1** vomitar. **2** estar muito cheio, repleto: *A praça regurgitava de gente*.

rei s.m. **1** soberano; monarca: *rei da Suécia*. **2** quem detém o poder absoluto: *O leão é o rei da selva*. **3** quem se distingue entre os demais; o primeiro; o mais importante: *o rei do rock*. **4** uma das cartas do baralho: *o rei de copas*. **5** a peça mais importante do jogo de xadrez. ♦ **com o rei na barriga** presunçoso, pretensioso: *O clube era frequentado por gente com o rei na barriga*.
rei momo personagem mitológico, em geral obeso e associado ao Carnaval.

re.i.fi.ca.ção s.f. transformação em coisa; coisificação: *A reificação do homem leva-o à alienação*.

re.i.fi.car *v.t.* considerar como coisa: *O historiador condena a atividade que reifica o índio na colonização do Brasil.*

rei.na.ção *s.f.* traquinagem; travessura: *Lembraram as reinações no sítio do avô.*

rei.na.do *s.m.* **1** período em que um rei fica no poder: *construção do tempo do reinado de D. Pedro I.* **2** supremacia; predomínio: *É tempo do reinado das imagens.*

rei.nar *v.int.* **1** exercer o poder monárquico: *D. Pedro II reinou por um longo tempo.* **2** existir de maneira soberana; predominar: *A paz reinaria entre os homens.* **3** fazer travessuras: *A menina passava a tarde reinando no quintal.*

re.in.ci.dên.cia *s.f.* reiteração do mesmo erro ou crime: *Na reincidência de ato criminoso, o réu deixa de ser primário.*

re.in.ci.den.te *s.2g.* **1** quem reincide no mesmo erro ou crime: *O reincidente tem a pena aumentada.* • *adj.2g.* **2** que reincide no mesmo erro ou crime: *ladrão reincidente.*

re.in.ci.dir *v.t.* tornar a praticar; repetir um ato: *Firmei o propósito de não reincidir no mesmo erro.*

rei.no *s.m.* **1** território governado por um rei, rainha ou regente: *Cruzou sozinho o misterioso reino do Butão.* **2** Portugal, em relação ao Brasil colonial e a outras colônias: *azulejos vindos do Reino.* // Nesta acepção, escreve-se com inicial maiúscula. // **3** cada uma das três grandes divisões em que se agrupam os seres da natureza: *reinos animal, mineral e vegetal.* **4** âmbito; domínio; esfera: *Há novidades no reino dos computadores.*

rei.nol *s.2g.* **1** pessoa originária do reino de Portugal. • *adj.2g.* **2** do reino: *Os mineiros rebelaram-se contra o poder reinol.*

re.in.te.gra.ção *s.f.* **1** nova admissão: *Comentou-se a reintegração dos demitidos.* **2** retomada: *Ganhei a ação de reintegração de posse do sítio.* **3** readaptação: *reintegração do animal ao ambiente natural.*

réis *s.m.* (Obsol.) plural de real (antiga moeda de Portugal e do Brasil): *Devia trinta mil-réis.*

rei.sa.do *s.m.* (Folcl.) dança popular com que se festejam a véspera e o Dia de Reis.

re.i.te.ra.ção *s.f.* repetição: *Há no folheto uma reiteração das belezas da Grécia.*

re.i.te.rar *v.t.* **1** reafirmar; confirmar: *A testemunha reitera a vontade de se manter no anonimato.* **2** ser a confirmação: *Esses depoimentos reiteram a culpa do réu.*

rei.tor (ô) *s.m.* dirigente de universidade ou de colégio religioso.

rei.to.ri.a *s.f.* **1** cargo ou dignidade de reitor: *candidato à reitoria.* **2** prédio onde se localiza a administração central da universidade: *Houve uma concentração de manifestantes em frente à reitoria.*

rei.vin.di.ca.ção *s.f.* pedido; reclamação: *A reivindicação dos trabalhadores é justa.*

rei.vin.di.car *v.t.* reclamar; pedir: *O cantor reivindica a autoria da letra da canção.*

re.jei.ção *s.f.* **1** não aceitação; recusa: *O candidato chocou-se com seus índices de rejeição.* **2** fenômeno pelo qual o organismo repele um órgão enxertado: *Transplante de córnea não apresenta problema de rejeição.*

re.jei.tar *v.t.* não aceitar; recusar; preterir: *Rejeitamos as teorias falsas.*

re.jei.to *s.m.* resto; restolho: *O incinerador elimina rejeitos.*

re.ju.bi.lar-se *v. pron.* encher-se de júbilo; regozijar-se: *Devemos rejubilar-nos com a vitória.*

re.ju.ve.nes.cer *v.t.* **1** tornar mais jovem; remoçar; renovar: *Vitaminas hidratam e rejuvenescem a pele.* • *int.* **2** tornar-se mais jovem; remoçar: *As pacientes rejuvenesceram.*

re.ju.ve.nes.ci.do *adj.* **1** que recuperou seu vigor; revigorado: *Ele voltou das férias rejuvenescido.* **2** modernizado; atualizado: *A versão do novo automóvel chega rejuvenescida e elegante.*

re.ju.ve.nes.ci.men.to *s.m.* **1** recuperação do vigor; revitalização: *Buscou o rejuvenescimento por vaidade.* **2** revitalização; renovação: *Há um rejuvenescimento nos quadros das orquestras brasileiras.*

re.la.ção *s.f.* **1** listagem; arrolamento: *As alunas faziam a relação dos livros.* **2** ligação; afinidade: *A Inconfidência Mineira teve relação direta com a sociedade regional.* **3** interação social; convivência: *Eram cordiais suas relações com os subordinados.* **4** semelhança; analogia: *Há relação entre esses fatos.* • **com relação** relativamente: *preconceito com relação aos jovens.*

re.la.cio.na.men.to *s.m.* **1** estabelecimento de laços de amizade; convivência: *o relacionamento com os funcionários.* **2** ligação; vínculo.

re.la.ci.o.nar *v.t.* **1** arrolar; enumerar; citar: *Relaciono as empresas que a família possui.* **2** estabelecer relação ou analogia: *É impossível relacionar as causas com os efeitos.* • *pron.* **3** travar relações de amizade; conviver; comunicar-se: *O novo aluno se relaciona bem com os colegas.* **4** estar em relação: *O perigo se relaciona com a poluição.*

re.la.ções-pú.bli.cas *s.2g.* pessoa encarregada de estabelecer relações de boa convivência com o público: *O relações-públicas trabalhou para melhorar a imagem da instituição.*

re.lâm.pa.go *s.m.* luz intensa e rápida produzida pela descarga elétrica entre duas nuvens: *O céu se iluminou com um relâmpago.* • **num relâmpago** rapidamente: *Num relâmpago, já estava no ônibus.*

re.lam.pe.ar *v.int.* relampejar.

re.lam.pe.jan.te *adj.2g.* que brilha; que cintila: *Falou com os olhos relampejantes.*

re.lam.pe.jar *v.t.* **1** direcionar com a rapidez do relâmpago: *relampejar um olhar de agradecimento.* • *int.* **2** ocorrer com a rapidez do relâmpago: *Uma ideia salvadora relampejou.* **3** produzir-se um conjunto de relâmpagos: *Relampejava, trovoava e chovia sem parar.* **4** brilhar.

re.lan.çar *v.t.* **1** lançar de novo: *O jogador relançou a bola recebida.* **2** trazer novamente à cena; tornar a publicar: *A editora relança seus maiores sucessos.* **3** lançar novamente no mercado: *Sonha relançar os dirigíveis no Brasil.*

re.lan.ce *s.m.* movimento rápido: *Num relance, a bola foi parar nos pés do artilheiro.* • **de relance** de modo passageiro: *Só pude vê-lo de relance.*

re.lap.so *adj.* **1** reincidente; obstinado: *devedor relapso.* **2** que não cumpre os deveres; negligente: *Esse pessoal anda muito relapso.*

relar

re.lar *v.t.* tocar de leve; roçar: *Relou a mão no meu rosto.*
re.la.tar *v.t.* **1** fazer o relatório: *Relatarei o projeto como presidente da comissão.* **2** narrar; descrever; expor: *Relatou a história das experiências a outras pessoas.*
re.la.ti.vi.da.de *s.f.* qualidade ou condição do que é relativo.
re.la.ti.vis.mo *s.m.* teoria filosófica que se baseia na relatividade do conhecimento: *Diz-se que o relativismo do autor o teria levado a não ter um juízo crítico sobre a ditadura.*
re.la.ti.vi.zar *v.t.* **1** tornar relativo ou não-absoluto: *A arte do século relativizou as leis estéticas clássicas.* **2** diminuir a autoridade de: *Os cartazes servem para relativizar os mestres consagrados.* • *pron.* **3** tornar-se relativo ou pouco importante.
re.la.ti.vo *adj.* **1** que depende de certas circunstâncias ou de certos parâmetros; que não é absoluto: *O conceito de bom é relativo.* **2** razoável; satisfatório: *A Medicina tem usado drogas com relativo sucesso.* // **3** (Gram.) diz-se do pronome que introduz oração subordinada adjetiva; **4** que se refere; que tem relação: *Não se conhecem registros relativos ao período.*
re.la.to *s.m.* descrição; notícia; informação: *relato da viagem à Antártida.*
re.la.tor (ô) *s.m.* **1** pessoa que faz relatório ou que dá parecer: *O desembargador foi o relator do processo.* • *adj.* **2** que faz relatório ou que dá parecer: *O ministro relator amparou sua decisão no Código Civil.*
re.la.tó.rio *s.m.* **1** descrição minuciosa de fatos ou atividades; relato: *Registrava o relatório do passado de cada cliente.* **2** documento contendo um relatório: *Encaminhe o relatório da nossa pesquisa.*
re.lax (riléx) (Ingl.) *s.m.* descontração; relaxamento: *Esta é a minha hora de relax.*
re.la.xa.do *s.m.* **1** pessoa negligente; displicente: *O relaxado nunca pendura a toalha.* • *adj.* **2** negligente; desleixado: *pessoa relaxada.* **3** descontraído; despreocupado: *Sonha com horas relaxadas à beira de um riacho.* **4** frouxo; lasso: *Com as rédeas relaxadas, deixava-se conduzir pelo animal.*
re.la.xa.men.to *s.m.* **1** descontração: *Música suave ajuda no relaxamento.* **2** negligência; desleixo: *O editor não admitia relaxamentos.* **3** liberação; afrouxamento: *O juiz não deu ordem de relaxamento da prisão.* **4** distensão; descontração: *Essa droga promove o relaxamento dos vasos sanguíneos.* **5** distensão; lassidão: *O creme previne o relaxamento da pele.* **6** alisamento: *relaxamento dos cachos do cabelo.*
re.la.xar *v.t.* **1** distender; descontrair: *Podemos também relaxar a mente.* **2** alisar. **3** liberar; afrouxar; atenuar: *Diante desse comportamento é possível relaxar a prisão deles.* • *int.* **4** tornar-se negligente: *Se o estudante relaxa, perde o ano.* **5** descontrair-se; desprender-se: *Os músculos relaxaram de vez.*
re.lé *s.m.* dispositivo por meio do qual um circuito é controlado por variações elétricas nele mesmo ou noutro circuito: *telefones controlados por um relé.*
release (rilíz) *s.m.*(Ingl.) texto informativo enviado à imprensa para publicação gratuita.

re.le.gar *v.t.* **1** afastar com desdém: *Ocuparam a casa e relegaram o próprio tio.* **2** colocar em plano secundário; desprezar. **3** protelar: *Releguei a decisão para o fim de semana.*
re.lei.tu.ra *s.f.* **1** nova leitura: *Deslumbrei-me com a releitura de Dom Quixote.* **2** nova interpretação: *O músico faz uma releitura de alguns clássicos populares.*
re.lem.brar *v.t.* **1** fazer lembrar novamente: *Esta canção me relembra Marina.* **2** lembrar novamente: *Ele relembrava os momentos de ternura.*
re.len.to *s.m.* **1** umidade atmosférica da noite; sereno. **2** cheiro; odor; bafio: *Sentia um vago relento de rança e manteiga.* ✦ **ao relento** na rua; sem abrigo: *Foi deixado sozinho ao relento.*
re.les *adj.2g.* e *2n.* **1** sem valor; insignificante: *Esta anistia se resume numa reles manobra.* **2** desprezível; vil: *Foi desmascarado como reles farsante.*
re.le.vân.cia *s.f.* importância; destaque: *São obras de relevância para a cultura brasileira.*
re.le.van.te *adj.2g.* que tem relevância; que se destaca; importante: *Leu apenas os trechos relevantes da carta.*
re.le.var *v.t.* não levar em conta; atenuar; desculpar: *Relevei sua atitude porque todo homem erra uma vez.*
re.le.vo (ê) *s.m.* **1** elevação, saliência de uma superfície: *pneus com letras brancas em relevo.* **2** conjunto das diferenças de nível de uma superfície terrestre: *O relevo acidentado da região dificulta o acampamento.* **3** destaque; relevância.
re.lho (ê) *s.m* **1** chicote de couro torcido. **2** relhada: *O cavalo vinha tocado a espora e relho.*
re.li.cá.rio *s.m.* **1** recipiente no qual se guardam objetos de valor: *cartas guardadas em relicários.* **2** coisa preciosa, de grande valor: *A Bíblia seria encadernada como um relicário.* **3** conjunto de bens e valores de grande estima: *Há cinquenta anos, essa paisagem era o nosso relicário.*
re.li.gi.ão *s.f.* **1** crença na existência de uma força ou forças sobrenaturais consideradas criadoras do Universo, a quem se deve adoração e obediência: *É próprio do homem ter uma religião.* **2** sistema específico de pensamento ou crença que envolve uma posição filosófica, ética, metafísica, doutrinária: *Não fico comentando qual é minha verdadeira religião.*
re.li.gi.o.si.da.de *s.f.* crença religiosa: *O teatro grego se baseava na religiosidade do povo.*
re.li.gi.o.so (ô) *s.m.* **1** pessoa que professa uma religião ou que fez votos monásticos: *Até os religiosos estão mobilizados na campanha.* **2** cerimonial do casamento realizado na Igreja: *O casamento vai ser no civil e no religioso.* • *adj.* **3** que tem religião: *Sou um homem religioso.* **4** rigoroso: *Fazia religiosa economia de cada centavo.* **5** que prega ou que atesta a religião: *culto religioso.* **6** referente à religião. *Defende sua visão religiosa.* **7** que segue os princípios de uma religião: *Leva uma vida religiosa.* **8** que se realiza de acordo com os preceitos da religião: *casamento religioso.*
re.lin.char *v.int.* falando-se do cavalo, emitir voz: *Os animais, com olhos vendados, relinchavam.*
re.lin.cho *s.m.* a voz do cavalo.
re.lí.quia *s.f.* **1** parte do corpo de um santo ou qualquer objeto que a ele pertenceu e que se considera sagrado:

reminiscência

Anualmente, a relíquia percorre a cidade em procissão. **2** objeto de grande valor, estima e respeito: *Essa relíquia está exposta no Museu Imperial.* **3** raridade.

re.ló.gio *s.m.* **1** instrumento ou mecanismo destinado a medir intervalos de tempo. **2** aparelho para registrar o consumo de eletricidade, água ou gás; registro: *O relógio acusava um consumo exagerado de água.* • **relógio biológico** sensibilidade do organismo para detectar as variações climáticas: *O horário de verão afeta seu relógio biológico.*

re.lo.jo.a.ri.a *s.f.* **1** loja que vende, conserta ou fabrica relógio. **2** arte ou estilo da fabricação de relógio: *as mais belas obras da relojoaria moderna.*

re.lo.jo.ei.ro *s.m.* pessoa que fabrica ou conserta relógio.

re.lu.tân.cia *s.f.* teimosia; resistência; oposição: *Apontou sua relutância em encarar a crise.*

re.lu.tar *v.t.* opor-se; resistir; teimar: *Os pacientes relutam em mudar de medicamentos.*

re.lu.zen.te *adj.2g.* que reluz; brilhante; lustroso: *Sirius é a mais reluzente estrela do céu.*

re.lu.zir *v.int.* **1** brilhar; luzir; cintilar: *A flauta reluzia.* **2** surgir; aparecer de repente: *Logo reluz o vocábulo exato.*

rel.va *s.f.* vegetação formada de erva rala e rasteira.

rel.va.do *s.m.* **1** relva: *As crianças brincavam no relvado.* • *adj.* **2** coberto por relva: *campo relvado.*

re.ma.da *s.f.* movimento que se faz com o remo, para impulsionar a embarcação: *As remadas eram insuficientes para levar o barco rio acima.*

re.ma.dor (ô) *s.m.* pessoa que rema.

re.ma.ne.ja.men.to *s.m.* ato ou efeito de remanejar; transferência.

re.ma.ne.jar *v.t.* transferir: *remanejar recursos de um ministério para outro.*

re.ma.nes.cen.te *s.2g.* **1** quem resta: *Os remanescentes do quilombo começam a ser tratados como cidadãos brasileiros.* • *adj.2g.* **2** que resta.

re.ma.nes.cer *v.int.* sobrar; restar: *Apenas umas poucas figuras de adorno remanesciam.*

re.man.so *s.m.* **1** pausa; repouso; tranquilidade: *E os dias passavam em plácido remanso.* **2** trecho em que o rio se alarga, diminuindo o ímpeto da correnteza: *Os animais bebiam nos remansos.*

re.mar *v.* **1** *int.* mover os remos, para dar impulso a um barco: *Estava remando desde cedo.* **2** competir em prova de remos; disputar regata: *Meu pai remava pelo São Cristóvão.* • **remar contra a maré/corrente** esforçar-se à toa: *Ele saiu de lá sem disposição para remar contra a corrente.*

re.mar.ca.ção *s.f.* **1** realização de nova demarcação: *Destacou dezoito homens para garantir a remarcação das terras.* **2** colocação de nova marca: *Fez a remarcação do campo de futebol.* **3** correção ou atualização: *remarcação de preços.*

re.mar.car *v.t.* **1** tornar a marcar o preço de; alterar: *O comércio remarca os preços na época do Natal.* **2** pôr nova marca.

re.mas.te.ri.za.ção *s.f.* passagem de gravações antigas para o sistema digital: *A qualidade das remasterizações é boa.*

re.mas.te.ri.zar *v.t.* atualizar gravações antigas, passando-as para o sistema digital: *Os artistas remasterizam seus discos no exterior.*

re.ma.tar *v.t.* **1** completar; terminar: *A aprendiz deu mais um ponto rematando o crochê.* **2** terminar; findar: *No fim do passeio, remata o dia com um banquete.*

re.ma.te *s.m.* **1** arremate; conclusão; desfecho: *Fiz o remate na conclusão do texto.* **2** em futebol, lançamento para o gol, em finalização de uma jogada: *Os atacantes falharam muito nos remates.* **3** compra ou venda em leilão: *as melhores médias de remate de gado holandês.*

re.me.di.a.do *s.m.* **1** pessoa que possui algum bem, que não é pobre nem rica: *Os remediados ainda conseguiram saldar suas dívidas.* • *adj.* **2** contornado; concertado: *O que não tem remédio já nasce remediado.* **3** que possui algum bem; que não é pobre nem rico: *A noiva era de família remediada.*

re.me.di.ar *v.t.* **1** corrigir; sanear: *Procurou remediar o desemprego com um trabalho temporário.* • *pron.* **2** arranjar-se; abastecer-se: *Remediava-se com a cesta básica que a vizinha lhe cedia.*

re.mé.dio *s.m.* **1** composto químico para combater doenças; medicamento. **2** recurso; expediente; solução: *Não tiveram outro remédio senão resignar-se.*

re.me.la (é) *s.f.* ramela.

re.me.mo.ra.ção *s.f.* **1** recordação: *Não é nostálgica a rememoração da infância.* **2** comemoração: *eventos em rememoração dos 300 anos da morte de Zumbi.*

re.me.mo.rar *v.t.* **1** relembrar-se de: *Tentou rememorar o início do discurso.* **2** ser a lembrança, a reiteração ou a comemoração de: *O Ano Litúrgico rememora o Divino Redentor.*

re.men.dar *v.t.* **1** colocar remendo em: *Remendou a coberta.* **2** corrigir: *Tratou de remendar a situação.*

re.men.do *s.m.* **1** ação de remendar: *Não é aconselhável o remendo dos pneus.* **2** emenda ou acréscimo de última hora: *O projeto de reforma acabou sendo apenas um remendo.* **3** retificação; correção: *Ajeitei a crônica com uns remendos.* **4** conserto malfeito: *A barra da direção rachou no local em que havia um remendo.* **5** pedaço de pano costurado em peça de roupa para consertar uma parte danificada: *O lençol era cheio de remendos.* **6** pedaço de couro, plástico ou metal usado em conserto ou recuperação de objetos danificados: *O pneu da bicicleta tinha remendos.*

re.mes.sa (é) *s.f.* **1** envio; encaminhamento: *Cuidava da remessa de lucros para o exterior.* **2** ataque; investida: *Pulou com uma remessa de desafios.* **3** mercadoria enviada: *A primeira remessa pode chegar amanhã.*

re.me.ten.te *s.2g.* pessoa que envia uma correspondência ou um objeto.

re.me.ter *v.t.* **1** enviar; mandar: *Remeteu uma centena de cartões aos amigos.* **2** fazer reportar-se; encaminhar: *Esse jogo remete a criança ao estudo.*

re.me.xer /ch/ *v.t.* **1** mexer várias vezes; revolver: *Ele mesmo remexe a terra.* **2** fazer rebolar: *O som da dupla remexia a plateia.* • *pron.* **3** rebolar: *O calouro canta e se remexe.*

re.mi.nis.cên.cia *s.f.* lembrança; vestígio: *O interior da casa desabitada traz reminiscências ao artista.*

remir

re.mir v.t. libertar: *Lutar para remir os cativos.*

re.mis.são s.f. **1** alívio; cura: *São várias as moléstias de remissão espontânea.* **2** perdão; compensação: *Os presos tinham direito a remissão de pena.* **3** ato de remeter ou de fazer referência: *O artigo faz remissão às leis anteriores.*

re.mis.si.vo adj. que remete a um determinado ponto ou referência: *Índice remissivo.*

re.mi.xa.gem (ks) s.f. nova mixagem; remasterização: *O reprocessamento digital recupera o som da matriz original através de remixagem.*

re.mi.xar (ks) v.t. mixar novamente.

re.mo s.m. **1** instrumento semelhante a uma pá, que serve para impulsionar pequenas embarcações: *barco a remo.* **2** competição esportiva realizada com embarcações movidas a remo: *Ele é campeão paulista de remo.*

re.mo.ção s.f. **1** eliminação; retirada: *remoção da barreira.* **2** retirada e encaminhamento; transferência: *Fez-se a remoção de favelados dos morros para áreas planas mais distantes.* **3** no funcionalismo público, transferência de cargo, função ou local de trabalho: *O jornal publicou a remoção da professora para o interior.*

re.mo.çar v.t. **1** tornar mais moço; rejuvenescer: *Tirar a barba remoça os homens.* • int. **2** tornar-se mais moço: *Parece que você remoça a cada dia!*

re.mo.de.la.ção s.f. restauração; renovação: *O carro passou por completa remodelação.*

re.mo.de.la.gem s.f. remodelação; restauração: *cirurgia para remodelagem de artéria.*

re.mo.de.lar v.t. modificar, melhorando; renovar: *A costureira remodelou o vestido.*

re.mo.er v.t. **1** mastigar várias vezes; morder repetidamente: *A mula saiu remoendo o freio.* **2** preocupar-se com: *Perderemos tempo remoendo o problema.* **3** amofinar-se com; afligir-se com: *Ficou só para remoer seus remorsos.* • pron. **4** preocupar-se; amofinar-se: *Ela remoeu-se a noite toda.*

re.mo.i.nho s.m. **1** redemoinho: *A jangada rodopiou um pouco no remoinho.* **2** agitação; redemoinho: *Não conseguiu encontrar o amigo no remoinho de gente.*

re.mon.tar v.t. **1** montar de novo; reconstruir: *Os vencedores da guerra remontam o mapa da Europa.* **2** refazer; reorganizar: *O presidente está remontando sua equipe.* **3** voltar às origens: *Suas histórias remontam à infância.* **4** buscar: *Procurava remontar às causas pela dedução.*

re.mo.que (ó) s.m. picuinha: *Atiravam setas envenenadas de zombaria e remoque.*

re.mor.so (ó) s.m. sentimento de culpa; arrependimento: *O remorso tornava sua vida um martírio.*

re.mo.to (ó) adj. distante; longínquo: *O pensamento me impelia para um passado remoto.*

re.mo.ve.dor (ô) s.m. **1** produto próprio para remover algo: *removedor de tintas.* • adj. **2** que faz desaparecer; que elimina: *creme removedor.*

re.mo.ver v.t. **1** retirar do lugar: *Removi as telhas danificadas.* **2** eliminar; extinguir: *A célula remove material tóxico.* **3** transferir: *Queriam remover os sem-teto do centro para a periferia.*

re.mu.ne.ra.ção s.f. **1** atualização monetária; compensação financeira: *O dinheiro parado ficava sem remuneração.* **2** pagamento: *Fez o trabalho, mas não recebeu remuneração.*

re.mu.ne.rar v.t. pagar; compensar: *Fixou os preços a fim de remunerar bem os vendedores.*

re.na s.f. animal mamífero, ruminante, de porte médio, semelhante ao veado, originário das regiões frias.

re.nal adj.2g. **1** referente aos rins: *Sofro de problemas renais.* **2** que sofre de males nos rins: *Trabalho em uma clínica para doentes renais.* **3** que passa pelos rins: *artérias renais.* **4** dos rins: *insuficiência renal.* **5** que se produz nos rins: *cálculos renais.*

re.nas.cen.ça s.f. **1** renascimento: *A Escolástica apresentou uma ligeira renascença na Espanha.* **2** Renascimento: *Da Renascença para cá, as ciências se libertaram.* // Nesta acepção, escreve-se com inicial maiúscula.

re.nas.cen.tis.ta s.2g. **1** quem é adepto ou seguidor da arte ou dos movimentos científicos do Renascimento: *Os renascentistas buscavam a conciliação do espiritualismo medieval com o humanismo.* • adj.2g. **2** que é adepto ou seguidor da arte ou dos movimentos científicos do Renascimento: *Aretino é um poeta renascentista.* **3** que pertence ao Renascimento ou que é dessa época: *Estudo a arte renascentista.*

re.nas.cer v.t. **1** nascer de novo; reviver: *A fênix, ave mitológica, renasce de suas próprias cinzas.* • int. **2** ressurgir; reaparecer: *Novas esperanças renasceram em sua mente.* **3** voltar com novas forças; revigorar-se: *O comércio não renasceu.* **4** formar-se novamente: *O pasto começava a renascer.*

re.nas.ci.men.to s.m. **1** ressurgimento; revitalização: *O futuro do esporte está no renascimento dos Jogos Olímpicos.* **2** movimento artístico e científico dos séculos XV e XVI, que pretendia ser um retorno à Antiguidade Clássica: *Vespúcio era um homem do Renascimento.* // Nesta acepção, escreve-se com inicial maiúscula.

ren.da[1] s.f. **1** rendimento: *Ajudamos na renda familiar.* **2** totalidade dos rendimentos que entram num cofre geral: *Projeto corta renda de estados ricos.* **3** receita: *Foi grande a renda do jogo.* **4** lucro; ganho: *Adotaram o lazer como fonte de renda.* **5** quantia: *Sua renda é pequena para manutenção da família.* **6** pensão: *O marido lhe deixou uma renda mensal polpuda.*

• **renda *per capita*** (Econ.) índice econômico que se calcula em relação a um país, ou parte de um país, dividindo o produto bruto pelo número de habitantes; renda por habitante: *O Brasil precisa elevar a atual renda per capita.*

ren.da[2] s.f. tecido de malhas abertas, executado com entrelaçamento de fios formando desenhos variados, usado para adornar roupas.

ren.dei.ra s.f. **1** mulher que fabrica ou vende rendas. **2** uirapuru: *Consegui gravar o canto das rendeiras.* • adj. **3** que faz rendas: *Suas mãos tinham a habilidade de mulher rendeira.*

ren.der v.t. **1** dominar; subjugar: *Mascarados renderam o motorista.* **2** ser fonte de rendimento financeiro: *O depósito já está rendendo juros.* **3** dar; produzir: *Quatro litros de leite rendem um queijo pequeno.* • pron. **4** subjugar-se; sujeitar-se: *O avô rendeu-se aos encantos da neta.* • int. **5** aumentar: *Ele bebeu devagar como se quisesse fazer o chá render.* **6** ser produtivo; ter bom rendimento: *Esse serviço não rende.*

repasto

ren.di.ção s.f. capitulação: *Preferiu a morte à rendição.*

ren.di.men.to s.m. **1** total das importâncias recebidas por pessoa física ou jurídica, durante certo período, como remuneração de trabalho ou de prestação de serviços ou como lucro de transações comerciais ou financeiras de investimentos de capital; lucro; ganho: *O rendimento da poupança é baixo.* **2** eficiência relativa no desempenho de determinada função ou tarefa: *Ruídos diminuem o rendimento profissional.* **3** bom emprego ou aplicação; aproveitamento: *Injeção eletrônica aumenta o rendimento do combustível.* **4** boa qualidade; excelência: *leite em pó com o máximo em rendimento e sabor.* **5** capacidade de produção; produtividade: *A prática aumenta o rendimento do milharal.*

ren.do.so (ô) adj. que rende muito; lucrativo: *São investimentos seguros e rendosos.*

re.ne.ga.do s.m. **1** quem abandona sua religião ou seus princípios; apóstata. • adj. **2** que abandona sua religião: *Deu abrigo ao padre renegado.* **3** abandonado; desgarrado: *O lobo renegado uivava para a lua.*

re.ne.gar v.t. repelir; rejeitar: *Não renego minhas raízes.*

re.ne.go.ci.ar v.t. negociar em novas bases: *As empresas renegociaram suas dívidas.*

re.nhi.do adj. disputado; pelejado: *vitória renhida no GP do Brasil.*

re.ni.ten.te s.2g. **1** pessoa teimosa: *Sempre haverá os renitentes querendo manter a estrutura do crime organizado.* • adj.2g. **2** difícil de controlar; persistente: *Busca a cura de uma gripe renitente.* **3** teimoso: *crianças curiosas e remitentes.*

re.no.ma.do adj. que tem renome; famoso; célebre: *o mais renomado pesquisador brasileiro.*

re.no.me s.m. boa reputação; crédito; fama: *Desfruta de renome literário.*

re.no.va.ção s.f. **1** substituição por coisa nova; atualização; restauração: *renovação das lideranças políticas.* **2** revalidação: *A crise tornou impossível a renovação das linhas de crédito.* **3** substituição por coisa nova; revitalização.

re.no.var v.t. **1** substituir por coisa nova; atualizar: *Insiste em renovar o guarda-roupa.* **2** revitalizar; revigorar: *Escritos que renovaram o conto moderno.* **3** reiterar; confirmar: *O rapaz renovou a promessa à namorada.* **4** reiniciar um compromisso; revalidar: *A França queria renovar o acordo com o Brasil.* • pron. **5** sofrer substituição; mudar: *O elenco vai se renovando a cada ano.* **6** tornar-se novo; revitalizar-se: *Os conhecimentos se renovam sempre.*

ren.ta.bi.li.da.de s.f. qualidade do que é rentável: *Foram investimentos de baixa rentabilidade.*

ren.tá.vel adj.2g. capaz de produzir rendimento; rendoso: *A indústria açucareira era suficientemente rentável.*

ren.te adj.2g. **1** muito curto: *Usava bigode rente.* **2** próximo; junto: *rancho rente à mata.* • adv. **3** perto de: *Chutou rente à trave.*

re.nún.cia s.f. desistência; abdicação: *renúncia do vice-presidente.*

re.nun.ci.ar v.t. **1** abrir mão; desistir; abdicar de: *Teima em renunciar à fazenda.* **2** deixar de cumprir: *Em represália, o país renunciou ao Acordo Militar com os Estados Unidos.*

re.or.de.nar v.t. **1** ordenar novamente: *Tentava reordenar os destinos da nação.* • pron. **2** colocar-se em nova ordem; reorganizar: *O setor precisa reordenar-se e enxugar custos.*

re.or.ga.ni.za.ção s.f. nova organização; reestruturação: *soluções para a reorganização das cidades contemporâneas.*

re.or.ga.ni.zar v.t. **1** dar nova organização; reestruturar: *Os trabalhadores reorganizaram seus sindicatos.* • pron. **2** sofrer nova organização; reestruturar-se: *Com a saída do chefe, a empresa reorganizou-se.*

re.pa.gi.na.ção s.f. **1** ato ou efeito de numerar novamente as páginas. **2** remodelação: *A construtora deve sofrer profunda repaginação.*

re.pa.gi.nar v.t. **1** numerar novamente as páginas: *Repaginei quase todo o livro.* **2** dar novo aspecto; remodelar: *Ela trouxe tecido do Líbano para repaginar a decoração do restaurante.*

re.pa.ra.ção s.f. **1** conserto; restauração: *É mestre na reparação de computadores.* **2** correção: *A reparação da cicatriz não traz riscos.* **3** indenização: *Pediu reparação por danos morais.*

re.pa.rar v.t. **1** consertar; restaurar: *O técnico repara aparelhos de várias marcas.* **2** corrigir; compensar: *É tempo de reparar os danos.* **3** prestar atenção; observar: *Repare no cabelo deles.* **4** implicar; criticar: *A xereta reparava em tudo.* **5** notar; perceber: *Ninguém repara nela.*

re.pa.ro s.m. **1** restauração; conserto: *reparo de obras de arte.* **2** observação; ressalva; comentário: *Todo mundo pôs reparo no comportamento do noivo.* **3** (Coloq.) peça substituta em consertos mecânicos.

re.par.te s.m. **1** cada bloco de jornais ou revistas destinado à distribuição: *As bancas recebem um reparte de cinco mil exemplares.* **2** quantidade de mercadoria a ser distribuída aos revendedores. **3** divisão: *Faz reparte do cabelo no lado direito.*

re.par.ti.ção s.f. **1** local onde funciona uma seção de administração pública: *Chega à repartição na hora certa.* **2** divisão; distribuição: *repartição de lucros.*

re.par.tir v.t. **1** dividir; distribuir: *O rapaz repartia o lanche com a namorada.* **2** separar; dividir: *Repartiu a reserva em dezenove lotes.* • pron. **3** atender a um e outro; distribuir as atenções: *Ela não sabia como se repartir entre os filhos.* **4** estar dividido ou distribuído em classe ou categoria: *Os pesquisadores se repartem entre as áreas de conhecimento.* **5** alternar-se: *A fisionomia repartiu-se entre seriedade e zombaria.* **6** dividir-se; desmembrar-se: *O cristianismo se repartiu em várias seitas.*

re.pas.sar v.t. **1** reler para decorar: *Precisava repassar o texto a ser gravado.* **2** transferir; retransmitir. **3** fazer rodar novamente: *Repassa a fita para analisar o cenário.* **4** esfregar novamente: *Passa e repassa um lenço no rosto.*

re.pas.se s.m. **1** transferência: *repasse de verbas para os municípios.* **2** ligeira cavalgada com a intenção de experimentar ou adestrar o animal: *Deu um repasse na égua.*

re.pas.to s.m. refeição; banquete: *Providenciou farto repasto.*

743

repatriação

re.pa.tri.a.ção s.f. encaminhamento ou transferência para o país de origem; repatriamento: *Providenciam a repatriação dos latinos.*

re.pa.tri.ar v.t. encaminhar ou transferir para o país de origem: *A França repatria muitos árabes.*

re.pe.lão s.m. **1** puxão forte: *Um repelão na corda o jogou no chão.* **2** impulso forte; ímpeto: *Saiu num repelão e a deixou falando sozinha.*

re.pe.len.te s.m. **1** produto que, passado na pele, afasta os insetos: *Enchem o corpo com repelentes.* ♦ adj.2g. **2** que causa repugnância; asqueroso; desprezível: *indivíduo repelente.*

re.pe.lir v.t. **1** rejeitar; rechaçar; resistir a: *Repeliu a ofensa aos berros.* ♦ pron. **2** ser antagônico; ser incompatível: *Dois polos magnéticos iguais se repelem.* // Pp.: repelido; repulso.

re.pen.te s.m. **1** ímpeto; impulso: *Tive um repente muito próprio de meu temperamento.* **2** canto, dito ou verso feitos de improviso: *O senador é entusiasta dos repentes nordestinos.* ♦ **de repente** de modo súbito: *De repente, paramos de falar.*

re.pen.ti.no adj. súbito; inesperado: *Teve um ciúme repentino.*

re.pen.tis.ta s.2g. **1** pessoa que faz repentes: *Os repentistas se reúnem na praça.* ♦ adj.2g. **2** que faz repentes: *Assisti a uma apresentação de cantadores repentistas.*

re.per.cus.são s.f. **1** consequência; ressonância: *um caso de enorme repercussão.* **2** bom êxito pela qualidade ou pela influência exercida: *A repercussão do livro confirma as teses que expõe.*

re.per.cu.tir v.t. **1** reproduzir: *O soalho repercutia os passos.* **2** ecoar; ressoar; repetir-se: *As palavras do moço repercutiam em meus ouvidos.* **3** ter consequência; produzir efeito: *A terapia poderá repercutir em suas relações sociais.* ♦ int. **4** propagar-se: *A denúncia repercutiu na Europa.*

re.per.tó.rio s.m. **1** conjunto de composições musicais, peças ou espetáculos teatrais pertencentes a um artista ou executados por um cantor ou artista: *O repertório dos músicos foi renovado.* **2** conjunto; compilação: *Seu repertório de brincadeiras parecia inesgotável.*

re.pes.ca.gem s.f. (Esport.) realização de uma competição esportiva especial, para seleção de participantes que não tenham obtido classificação durante o período normal de competição: *Dois times foram eliminados na repescagem.*

re.pe.tên.cia s.f. repetição do ano escolar por reprovação: *O índice de repetência baixou.*

re.pe.ten.te s.2g. **1** aluno que repete o ano escolar: *A matrícula de repetentes começa hoje.* ♦ adj.2g. **2** que repete a classe já cursada; que repete o ano escolar: *aluno repetente.*

re.pe.ti.ção s.f. **1** reprodução; duplicação: *truques de repetição de imagens por meio de espelhos.* **2** reincidência; reiteração: *Evitemos a repetição dos mesmos erros.* **3** nova ocorrência; reiteração: *O governo impediu a repetição de conflitos no campo.*

re.pe.tir v.t. **1** tornar a fazer; realizar novamente: *Repetimos a cena do noivado.* **2** ser a reprodução: *Os prédios repetiam os esquemas das residências.* **3** tornar a dizer: *Repetiu-lhe que voltasse logo.* ♦ pron. **4** tornar a acontecer; reiterar-se: *A sorte nunca se repete.*

re.pe.ti.ti.vo adj. que se repete; que não apresenta variação: *Seu estilo é enfadonho, repetitivo.*

re.pi.car s.m. **1** toque festivo; repique: *o repicar de sinos.* ♦ v.t. **2** picar novamente em pequenos pedaços; recortar: *Repicou a carta.* **3** fazer produzir sons agudos e repetidos: *O menino repicava o sino com muita força.* **4** dobrar a aposta: *Saberemos repicar o jogo.* ♦ int. **5** produzir sons agudos e repetidos: *A sineta repicava o retorno à classe.*

re.pi.que s.m. **1** repetição com mais intensidade: *A estiagem terá um repique em julho.* **2** réplica; resposta; rebate. **3** instrumento de percussão para produzir sons ritmados, rápidos e repetidos: *Ele toca repique de mão.* **4** toque festivo dos sinos: *O sino, num repique claro e sonoro, anunciava a missa.*

re.pi.sar v.t. repetir; reiterar: *Ele repisa as histórias para a irmã.*

replay (riplêi) (Ingl.) s.m. **1** repetição; reprodução: *A emissora passou inúmeras vezes o replay do gol.* **2** repetição; nova versão: *A semana chuvosa parecia um replay do dilúvio.*

re.ple.to adj. muito cheio; pleno: *dormitório repleto de beliches.*

ré.pli.ca s.f. **1** resposta; refutação: *O presidente fez uma réplica aos pessimistas.* **2** reprodução idêntica; cópia: *O quarto era réplica de uma nave espacial.*

re.pli.ca.ção s.f. duplicação: *O vírus tem um período de replicação.*

re.pli.can.te s.2g. **1** androide feito de pele e órgãos humanos: *Os replicantes são personagens do filme Blade Runner.* ♦ adj.2g. **2** que imita ou que é cópia idêntica: *Os atores aceitaram virar replicantes de astronautas.*

re.pli.car v.t. responder contestando; refutar: *Os monges replicaram que os fiéis iam morrer de fome.*

re.po.lho (ô) s.m. hortaliça de folhas imbricadas, lisas ou crespas e tenras, de cor verde embranquiçada ou roxa, que se sobrepõem umas às outras em uma formação globosa.

re.por v.t. **1** prover novamente: *mercadoria para repor o estoque.* **2** substituir: *Não tem como repor jogadores exaustos.* **3** restituir; ressarcir: *Exigiu que o rapaz repusesse o valor roubado.* **4** colocar novamente: *Repôs o jarro na mesa.* **5** fazer reintegrar-se: *Uma reforma repôs o país no terreno democrático.* ♦ pron. **6** restabelecer-se: *Nossas energias se repuseram com a dieta alimentar.*

re.por.ta.gem s.f. (Jorn.) **1** pesquisa sobre determinado assunto ou entrevista feita para publicação ou transmissão pela imprensa, rádio ou televisão: *O jornalista estava ansioso como se fosse sua primeira reportagem.* **2** conjunto dos repórteres que pesquisam e elaboram a matéria para noticiário: *A reportagem fotografou a passeata.*

re.por.tar v.t. **1** noticiar por meio de reportagem: *A imprensa reporta a situação do mundo.* **2** narrar; relatar: *O piloto do avião reportou falhas mecânicas.* ♦ pron. **3** referir-se; aludir: *O professor reportou-se a situações novas.* **4** ser pertencente ou referente: *Estas cifras se reportam a casos conhecidos.*

re.pór.ter s.2g. (Jorn.) profissional que divulga notícias em periódicos, no rádio e na televisão: *A obrigação do repórter é ser verdadeiro.*

re.po.si.ção s.f. **1** compensação: *reposição de perdas salariais*. **2** recolocação; retorno: *reposição de peças no estoque*.

re.po.si.ci.o.nar v.t. **1** colocar em nova posição: *Reposicionaram o quadro*. **2** rever a posição ou os limites: *A mulher passa a reposicionar as fronteiras da idade*. • *pron*. **3** adquirir nova posição: *Os depósitos bancários se reposicionaram no interior do sistema*.

re.po.si.tor (ô) s.m. **1** funcionário que trabalha no setor de reposição de mercadorias ao estoque: *Fui registrado como repositor*. • *adj*. **2** que repõe ou restabelece: *produtos repositores de sais minerais*.

re.po.si.tó.rio s.m. lugar onde se guarda ou se conserva alguma coisa: *As línguas são repositório de velhos costumes*.

re.pos.tei.ro s.m. **1** cortina ou peça de estofo pendente das portas interiores da casa: *O vento balançou o reposteiro*. **2** pessoa responsável pelos móveis e adornos da corte: *Trabalhou no paço real como reposteiro*.

re.pou.sar v.t. **1** pôr em repouso; colocar: *Repousou a fruteira sobre a mesa*. **2** estar dirigido; incidir: *Minha atenção repousava sobre os convidados*. **3** apoiar para descanso; fazer descansar: *Repousa a cabeça sobre o colo da mãe*. • *int*. **4** descansar: *Você precisa repousar*.

re.pou.so s.m. descanso; inatividade: *O solo é deixado em repouso no inverno*.

re.po.vo.ar v.t. **1** repor os elementos retirados de uma área; povoar novamente: *Os zoólogos pretendem repovoar as matas*. • *pron*. **2** tornar-se povoado novamente: *O rio repovoou-se das antigas espécies*.

re.pre.en.der v.t. recriminar; advertir; admoestar: *Não tinha jeito para repreender os dois filhos*.

re.pre.en.são s.f. admoestação; advertência: *O funcionário não gostou da repreensão*.

re.pre.sa (ê) s.f. obra destinada a acumulação de água; reservatório.

re.pre.sá.lia s.f. desforra violenta; retaliação: *represália das facções mais exaltadas*.

re.pre.sa.men.to s.m. retenção do curso natural de um rio: *o represamento do rio Grande*.

re.pre.sar v.t. **1** reter o curso d' água, formando represa: *barragem para represar o rio*. (Fig.) **2** conter: *Ele consegue represar suas emoções*. **3** impedir o progresso; reter: *A repetência represa milhares de alunos na 1ª série*. • *pron*. **4** ficar retido, formando represa: *O olho-d'água se represava na curva*.

re.pre.sen.ta.ção s.f. **1** reprodução do pensamento, de objetos e seres, por meio da palavra ou de imagens: *As línguas permitem a representação da realidade*. **2** encenação teatral; interpretação: *Assisti a uma representação de Romeu e Julieta*. **3** poder delegado por meio de voto: *O voto assegura a representação do povo no governo*. **4** habilitação para ser o representante comercial de uma firma: *A agência ganhou a representação da multinacional*. **5** imagem: *Para ele, carro é a representação de poder*. **6** (Jur.) apresentação de queixa ou pedido em juízo: *Acolheu representação contra o juiz auditor*. **7** conjunto de representantes: *A representação da ONU não recebeu a comunicação*.

re.pre.sen.tar v.t. **1** interpretar: *Elas representarão uma peça de Nelson Rodrigues*. **2** ser representante em razão de eleição: *Aquele deputado federal representa o Amazonas*. **3** estar autorizado a falar ou a agir em nome de: *representava a Associação Comercial*. **4** ser a imagem; simbolizar: *Para os chineses, a soberania sobre Hong Kong representa a dignidade nacional*. **5** apresentar queixa na Justiça: *A Câmara não vai mais representar contra a empresa*. **6** ser; constituir; significar: *A sua saída representará um alívio para todos*.

re.pre.sen.ta.ti.vo adj. **1** que representa; que simboliza: *um homem representativo da cultura brasileira*. **2** em que há representação popular pelo voto: *O voto produz o regime representativo*. **3** importante; significativo: *O elemento cultural é pouco representativo na obra pesquisada*.

re.pres.são s.f. **1** ato para impedir uma ação ou manifestação; cerceamento da liberdade: *Formaram-se grupos de repressão contra os nazistas*. **2** providência para impedir a proliferação: *Descobriram-se novas estratégias de repressão às células doentes*.

re.pri.men.da s.f. repreensão; pena; castigo.

re.pri.mir v.t. **1** impedir a manifestação; refrear; conter: *Os senhores da ordem reprimiram as greves*. **2** repreender: *A madre reprimia as internas*.

re.pri.sar v.t. tornar a apresentar; repetir: *Sempre reprisam esse filme*.

re.pri.se s.f. nova apresentação; repetição: *Escreveram pedindo a reprise do espetáculo*.

ré.pro.bo s.m. **1** pessoa perversa: *A ala de confinamento dos réprobos é uma cadeia dentro da cadeia*. • *adj*. **2** condenado; perverso; malvado.

re.pro.ces.sa.men.to s.m. novo processamento de material já submetido a processo industrial: *reprocessamento das aparas e perdas*.

re.pro.ces.sar v.t. processar de novo: *A Coreia do Norte comprometeu-se a não reprocessar combustível nuclear*.

re.pro.du.ção s.f. **1** duplicação; multiplicação; cópia: *reprodução de células*. **2** repetição: *O encarte trazia uma reprodução da reportagem*. **3** projeção: *Aparelhos que permitem a reprodução de imagens na tela*. **4** geração sucessiva dos seres vivos: *reprodução da espécie*. **5** imagem; cópia: *A reprodução deste quadro foi doada a todos os museus*.

re.pro.du.zir v.t. **1** produzir novamente; repetir: *Não me seria possível reproduzir o diálogo*. **2** executar novamente: *O CD reproduz uma valsa de Strauss*. **3** ser a repetição ou a imagem de: *O filme reproduz uma dura realidade*. • *pron*. **4** multiplicar-se: *Os ácaros se reproduzem com rapidez*. **5** procriar: *A arara não se reproduz em cativeiro*.

re.pro.va.ção s.f. **1** ação de reprovar: *A reprovação não contribui para educar melhor*. **2** repetência do ano letivo: *Diminuiu o índice de reprovação nas escolas municipais*. **3** censura; recusa: *Ela fez um sinal de reprovação à conversa maldosa*.

re.pro.var[1] v.t. **1** fazer repetir o ano letivo; não permitir a aprovação em exame: *A redação reprovou o candidato*. **2** considerar inadequado ou impresтável: *Não havia motivo para reprovar a conduta do rapaz*.

re.pro.var[2] v.t. sentir de novo o gosto; provar de novo: *Ele provou, reprovou e aprovou os licores*.

rép.til s.m. **1** animal vertebrado que pertence à classe dos répteis: *Os dentes desse réptil são frágeis*. • *pl*.

repto

2 classe de vertebrados que têm o corpo coberto de escamas, placas córneas ou escudos ósseos, com ou sem pernas: *Jacarés, cobras, lagartos e tartarugas são répteis.*

rep.to *s.m.* desafio: *O secretário da Educação lançou um repto aos educadores.*

re.pú.bli.ca *s.f.* **1** sistema de governo em que um ou mais indivíduos eleitos pelo povo exercem o poder supremo por tempo determinado: *O Brasil é uma República.* **2** país que adota esse sistema de governo: *Cada uma das Repúblicas americanas tem características próprias.* **3** a nação, como Estado soberano, que adota esse sistema de governo: *O presidente da República vai viajar.* **4** casa onde vive um grupo de estudantes: *A peça nasceu da convivência com o pessoal da república.*

re.pu.bli.ca.nis.mo *s.m.* doutrina política partidária da República: *teóricos do republicanismo.*

re.pu.di.ar *v.t.* **1** rejeitar (o cônjuge) legalmente. **2** rejeitar; repelir; recusar: *repudiar o aumento das tarifas.*

re.pú.dio *s.m.* rejeição; recusa: *exemplo de repúdio ao consumismo exagerado.*

re.pug.nân.cia *s.f.* **1** repulsa; asco; nojo: *repugnância de botar ostra na boca.* **2** resistência; relutância: *Votaram nele por repugnância ao gesto do adversário.*

re.pug.nar *v.t.* **1** causar aversão ou nojo: *A falta de asseio dos banheiros repugnava os hóspedes.* **2** causar nojo ou aversão: *Suas maneiras nos repugnam.* **3** ter nojo ou aversão a: *Como toda a sociedade, repugnamos os atos desonestos.* **4** ser repugnante a; ser incompatível com: *A proposta ilegal repugnava a boa formação do rapaz.*

re.pul.sa *s.f.* **1** aversão; rejeição: *O povo manifestou sua repulsa pela corrupção.* **2** repugnância; nojo: *Sentia repulsa pela comida do orfanato.*

re.pu.ta.ção *s.f.* fama; celebridade; renome: *Sua reputação como escritor está estabelecida.*

re.pu.tar *v.t.* julgar; considerar: *Reputo oportuno conferir os dados.*

re.pu.xar *v.t.* **1** esticar muito; contrair; franzir: *Depois da moléstia, o riso lhe repuxava o rosto.* • *pron.* **2** contrair-se: *O animal se repuxava de dor.*

re.pu.xo *s.m.* **1** movimento brusco, rápido: *De repente, senti um repuxo na perna.* **2** situação difícil: *Não ia aguentar o repuxo.* **3** chafariz: *Projetou fontes e repuxos.*

re.que.bra.do *s.m.* movimento ritmado; requebro: *O olhar do poeta no requebrado da passista.*

re.que.brar *v.t.* **1** movimentar-se de modo ritmado; rebolar: *A plateia requebra as cadeiras quando a escola de samba passa.* • *int.* **2** movimentar o corpo de modo sinuoso e ritmado; rebolar: *Morenas esculturais requebravam, equilibrando fruteiras na cabeça.*

re.que.bro (ê) *s.m.* requebrado.

re.quei.jão *s.m.* queijo de preparação caseira ou industrial de consistência pastosa, geralmente feito com creme do leite coagulado sob a ação do calor.

re.quen.tar *v.t.* **1** levar ao fogo novamente; tornar a esquentar: *Ele requentava a comida.* **2** (Deprec.) apresentar novamente um fato já conhecido.

re.que.rer *v.t.* **1** ter necessidade; exigir: *O trabalho requer dedicação.* **2** solicitar; pleitear; exigir: *O advogado requereu o relaxamento das penas ao juiz.*

re.que.ri.men.to *s.m.* **1** solicitação que se faz por escrito; petição: *Fez um requerimento de isenção à Receita Federal.* **2** documento em que se faz uma solicitação: *Assinou o requerimento.*

ré.qui.em *s.m.* **1** na liturgia católica, missa pelos mortos. **2** música para missa de finados.

re.quin.tar *v.t.* **1** elevar ao mais alto grau; aprimorar: *Ele preocupa-se em requintar suas apresentações.* **2** agir com esmero ou rigor; caprichar: *Requintava na maldade de aguçar-lhe a curiosidade.*

re.quin.te *s.m.* posição em grau elevado; esmero; primor: *Ofereceu jantar com pompa e requinte.*

re.qui.si.ção *s.f.* **1** exigência ou pedido legal. **2** documento em que se faz um pedido: *O médico preencheu a requisição de exames.*

re.qui.si.tar *v.t.* **1** exigir ou pedir legalmente; pedir; requerer: *O Senado pode requisitar informações às autoridades públicas.* **2** solicitar para uso no serviço público: *Requisitou mais papel ao almoxarifado.* **3** convocar: *Requisitaram o dentista para trabalhar na campanha de vacinação.*

re.qui.si.to *s.m.* condição necessária; exigência: *Preencher os requisitos legais para candidatar-se à vaga.*

rês *s.f.* (Zool.) quadrúpede, normalmente bovino, usado na alimentação humana; cabeça de gado: *Comprou setenta reses, contando vacas e bois.*

res.cal.do *s.m.* **1** restos de uma queimada; cinza com brasas: *Ainda encontraram rescaldo do fogo perto do paiol.* **2** conjunto de procedimentos para evitar que se inflamem de novo os restos de um incêndio: *O coronel coordenou pessoalmente os trabalhos de rescaldo.*

res.cin.dir *v.t.* desfazer um compromisso; anular; invalidar: *rescindir um contrato.*

res.ci.são *s.f.* anulação: *Rescisão do contrato.*

rés do chão *s.m.* **2n.** pavimento de uma casa ao nível do solo ou da rua; lugar rente ao solo: *A entrada da casa estava no rés do chão.*

re.se.nha *s.f.* **1** análise crítica ou informativa detalhada; relato minucioso: *Ele precisa fazer a resenha crítica dos programas de TV.* **2** texto que contém resenha; recensão: *O jornal publicava um caderno de resenhas.*

re.se.nhar *v.t.* fazer resenha de: *Passei a tarde resenhando um romance realista.*

re.ser.va (é) *s.f.* **1** poupança; economia: *Salda as dívidas e faz uma reserva para o futuro.* **2** pedido antecipado: *É preciso fazer a reserva de vagas.* **3** restrição; ressalva: *Muitos receberam as medidas com reserva.* **4** na carreira militar, condição de quem é aposentado: *O coronel já está na reserva.* **5** bem que ainda se conserva: *Dedico parte das minhas reservas físicas ao vôlei de praia.* **6** quantidade de um produto que se retém para uma emergência: *A gasolina estava na reserva.* **7** conjunto de bens ou riquezas. **8** quantidade de riquezas naturais ou industriais de um país: *reserva de petróleo.* **9** quantidade de moeda que constitui o lastro monetário de um país: *A importação excessiva ameaça a reserva de dólares.* **10** parque florestal administrado pelo Estado e destinado à preservação das espécies vegetais e animais: *reserva florestal.* **11** região que o Estado destina a populações específicas: *reserva dos índios gaviões.* **12** quem espera a vez para substituir o titular; suplente: *Foi convocado como segundo reserva do zagueiro.*

resolução

re.ser.var v.t. **1** fazer reserva com antecedência; marcar: *Reservaram para o prefeito um lugar na frente.* **2** guardar; conservar: *Reservei aos netos as cobertas mais quentinhas.* **3** limitar; restringir: *O teatro reservou ingressos para idosos.* **4** atribuir; conceder: *Eu me reservo o direito de calar.*

re.ser.va.tó.rio s.m. lugar apropriado para reserva; depósito.

re.ser.vis.ta s.m. **1** cidadão que, havendo cumprido o serviço militar, fica à disposição para eventual convocação: *Alguns reservistas foram liberados.* • adj.2g. **2** que cumpriu o serviço militar, estando à disposição para eventual convocação.

res.fo.le.gar s.m. **1** respiração ruidosa e difícil: *Ouvimos um estranho resfolegar.* **2** ruído semelhante a uma respiração difícil: *O resfolegar da locomotiva me trazia lembranças da infância.* • int. **3** respirar com dificuldade ou com ruído, devido ao cansaço: *A tropa faminta resfolegava.*

res.fri.a.do s.m. **1** (Med.) congestão das mucosas das vias respiratórias; gripe; constipação: *A inalação de vapor não ajuda a combater o resfriado comum.* • adj. **2** que sofreu processo de resfriamento: *O frango resfriado ficou mais barato.* **3** gripado: *Chegou com três crianças resfriadas.*

res.fri.a.men.to s.m. abaixamento da temperatura; refrigeração: *O laticínio usa biogás para resfriamento de leite.*

res.fri.ar v.t. **1** tornar frio ou menos quente; fazer baixar a temperatura: *resfriar o recheio antes de usar.* **2** diminuir o ímpeto; arrefecer: *O boato resfriou a economia e irritou o presidente.* • pron. **3** tornar-se frio ou menos quente; ter a temperatura abaixada: *O Universo resfriou-se em milhões de anos.* **4** contrair resfriado: *Cuide-se para não se resfriar.*

res.ga.tar v.t. **1** retirar de onde está aplicado; sacar: *A qualquer momento você resgata o seu dinheiro.* **2** saldar; pagar: *Resgatei as promissórias.* **3** compensar; eximir: *Resgatam a falta cometida com trabalhos de filantropia.* **4** retomar; recuperar: *Queria resgatar a história de sua cidade natal.* **5** salvar; libertar: *Foram resgatar soldados americanos nas selvas do Vietnã.*

res.ga.te s.m. **1** compensação; pagamento: *Devemos assumir o resgate de nossas faltas.* **2** retirada; saque: *Assim que pude, fiz o resgate do fundo de garantia.* **3** salvamento: *Houve o resgate de todos os náufragos.* **4** recuperação; retomada: *Vamos começar um trabalho de resgate da cidadania por meio do ensino.* **5** quantia em dinheiro paga a sequestrador: *A família do sequestrado não revelou o valor do resgate.*

res.guar.dar v.t. **1** ser a proteção de: *São moléculas que resguardam as características hereditárias das células.* **2** ser refúgio ou guarida para: *Casas humildes resguardam moradores felizes.* **3** proteger; defender: *É preciso resguardar os disquetes contra o calor excessivo.* **4** colocar a salvo; livrar: *Raspou a cara, resguardando o bigode.* • pron. **5** colocar-se a salvo; proteger-se: *Ela soube resguardar-se dos falatórios de bairro.*

res.guar.do s.m. **1** precaução; repouso: *O médico recomendou resguardo.* **2** proteção; defesa: *O boné é o resguardo de sua calvície contra os raios de sol.* **3** período após o parto em que a mulher fica de repouso ou dieta: *Ela usava meias enquanto durasse o resguardo.*

re.si.dên.cia s.f. **1** casa; habitação; moradia: *As residências do centro se transformaram em casas comerciais.* **2** endereço; domicílio: *Pediram nome e residência do escritor.* **3** estágio supervisionado de médico recém-formado em hospital credenciado: *Fez a residência em hospital do município.*

re.si.den.ci.al adj.2g. **1** que se destina a residência: *prédio residencial.* **2** em que há residências: *bairro residencial.*

re.si.den.te s.2g. **1** médico recém-formado que faz residência médica: *Fui atendida por um residente da cardiologia.* **2** morador: *Um entre cada doze residentes não é cidadão do país.* • adj.2g. **3** que reside; morador: *A instituição abriga também alunos residentes.*

re.si.dir v.t. **1** morar: *Muitos residem no acampamento.* **2** estar; consistir: *O seu interesse reside em estudos teóricos.*

re.si.du.al adj.2g. que permanece em forma de resíduo: *Usinas produzem álcool a partir do melado residual da fabricação do açúcar.*

re.sí.duo s.m. **1** substância que sobra de uma transformação industrial ou de uma reação química; resto: *O vinhoto é um resíduo da produção do álcool.* **2** resto: *Seu gesto é um resíduo da infância.*

re.sig.na.ção s.f. aceitação paciente; renúncia: *A carta tirou-o de sua resignação passiva.*

re.sig.nar-se v. pron. aceitar; conformar-se com: *Resignaram-se ao fato de que têm que trabalhar e estudar.*

re.si.na s.f. secreção viscosa que emana de certas plantas e que assume um aspecto vítreo.

re.sis.tên.cia s.f. **1** oposição: *Criam-se resistências contra a reforma.* **2** propriedade de impedir a ação de um agente externo: *A madeira aglomerada oferece razoável resistência ao fogo.* **3** capacidade de sobrevivência de um organismo: *O jumento é conhecido por sua resistência à sede.* **4** peça que compõe um aparelho de aquecimento elétrico: *A resistência do chuveiro queimou.*

re.sis.ten.te adj. **1** teimoso; obstinado: *Como é resistente sua vocação para o sofrimento!* **2** sólido; durável: *O polietileno é um tipo de plástico muito resistente.* **3** cuja rigidez opõe resistência a alguma força: *A blindagem é feita com material resistente a tiros de fuzil.* **4** que resiste ou reage a: *Tuberculose resistente aos medicamentos existentes.*

re.sis.tir v.t. **1** opor resistência; não ceder: *Ele resiste a qualquer proposta.* **2** reagir à atração: *Não resistiu aos encantos da bela sereia.* **3** sobreviver: *Não resistiu aos ferimentos.* **4** perecer: *O tubo resiste à chuva.* **5** suportar: *O discurso não resiste a qualquer análise séria.* • int. **6** durar; persistir: *A força de vontade resiste além do imaginável.*

res.ma (ê) s.f. quinhentas folhas de papel: *Levava toda semana uma resma de papéis para a secretaria.*

res.mun.gar v.t. **1** dizer em voz baixa, entre dentes: *Ele resmunga ameaças.* • int. **2** reclamar: *O empresário era sonegador e ainda resmungava.*

res.mun.go s.m. comentário em voz baixa; reclamação: *Ela evita os resmungos na hora de acordar cedo.*

re.so.lu.ção s.f. **1** ato de resolver, de dar solução: *Procurava a resolução dos conflitos.* **2** decisão; delibe-

resoluto

ração: *Não posso tomar outra resolução.* **3** (Eletrôn.) capacidade de desempenho gráfico: *É o monitor com a melhor resolução do mercado.* **4** aquilo que foi objeto de deliberação oficial: *O Diário Oficial vai publicar a resolução.*

re.so.lu.to *adj.* decidido; corajoso: *Os estudantes protestaram, resolutos.*

re.sol.ver *v.t.* **1** solucionar: *A decisão não resolve o problema dos trabalhadores.* **2** decidir: *O patrão resolveu vender o sítio.* **3** tomar decisão; deliberar: *Ao presidente compete resolver sobre os assuntos do governo nacional.* • *pron.* **4** tomar uma decisão; decidir-se: *Resolveu-se a ir à festa e levou a filha.* **5** optar; decidir-se: *Ele se resolveu pela venda do cartório.* **6** ter solução: *Enfim tudo se resolveu.* • *int.* **7** ser (boa) solução; adiantar: *Ficar esperando não resolve.*

res.pal.dar *v.t.* **1** apoiar; ratificar: *As Forças Armadas respaldam seu comandante.* **2** resguardar: *A intenção é respaldar o patrimônio dos poupadores.* • *pron.* **3** estar apoiado: *Este privilégio não se respalda em qualquer justificativa.*

res.pal.do *s.m.* **1** apoio: *Com o respaldo popular, os partidos ficaram mais à vontade.* **2** encosto das cadeiras: *cadeira de respaldo alto.*

res.pec.ti.vo *adj.* **1** devido; próprio: *O catálogo apresentava o produto e seu respectivo preço.* **2** pertencente a cada um, particularmente, dentre vários: *Os dois saíram em seus respectivos carros.*

res.pei.ta.bi.li.da.de *s.f.* qualidade do que é respeitável: *Estava ameaçado de perder a respeitabilidade.*

res.pei.tar *v.t.* **1** dispensar tratamento respeitoso a; acatar: *Respeita os direitos do trabalhador.* **2** obedecer: *Não respeitam horários.* **3** tratar com apreço; reverenciar: *Respeitam os pais.* **4** honrar: *Só a Suécia respeitou o acordo.* **5** referir-se: *Houve uma mudança de padrões, no que respeita ao direito de resposta.*

res.pei.to *s.m.* **1** reverência; consideração: *Tira o chapéu em sinal de respeito pelas senhoras.* **2** obediência: *Não se admite confundir respeito às leis com prepotência.* • *pl.* **3** cumprimentos; saudações: *Meus respeitos a seus pais.* ✦ **com respeito a / a respeito de** sobre.

res.pin.gar *v.t.* **1** borrifar; espargir: *Ela respinga água na roupa antes de passá-la.* **2** atingir de leve: *O resultado das investigações respinga no presidente socialista.*

res.pin.go *s.m.* pequeno pingo; borrifo: *Respingos de gordura sujaram o tapete.*

res.pi.ra.ção *s.f.* **1** processo de entrada e saída do ar nos pulmões, pelo qual os organismos vivos absorvem oxigênio e expelem gás carbônico: *A respiração é a função mais importante do corpo humano.* • *adj.* **2** ar que sai dos pulmões; hálito: *No frio, nossa respiração forma nuvenzinhas de vapor.*

res.pi.ra.dor (ô) *s.m.* **1** aparelho que ajuda os pulmões a funcionar: *O paciente está ligado a um respirador artificial.* • *adj.* **2** que serve para respirar.

res.pi.ra.dou.ro *s.m.* abertura que serve para entrada e saída do ar: *Instalou um respiradouro em forma de chaminé.*

res.pi.rar *v.t.* **1** sorver; aspirar: *Respira fundo o ar puro da noite.* • *int.* **2** sorver o ar para os pulmões e expelir em seguida: *O ancião respira com dificuldade.* **3** sorver e expelir (o ar). **4** (Fig.) sentir alívio: *Acabei o trabalho e já posso respirar.*

res.pi.ra.tó.rio *adj.* da ou relacionado com a respiração: *O paciente teve uma parada respiratória.*

res.pi.ro *s.m.* **1** respiração: *Chorando, a criança perdeu o respiro.* **2** descanso; folga: *O consumidor ganha um respiro em dezembro.* **3** respiradouro: *É preciso desentupir as válvulas e respiros.*

res.plan.de.cen.te *adj.2g.* **1** brilhante; luzente: *A lua traz um halo leitoso e resplandecente.* **2** cheio de luz interior; iluminado: *O religioso baixou sobre a multidão sua face resplandecente.*

res.plan.de.cer *v.t.* **1** tornar resplandecente; iluminar: *A maternidade resplandeceu Maria.* • *int.* **2** brilhar; luzir: *O céu de abril resplandece.* **3** manifestar-se com brilhantismo; sobressair: *Os direitos humanos resplandecerão de novo no mundo.* **4** entusiasmar-se; vibrar: *Ela resplandece com a chegada dos filhos.*

res.plen.dor (ô) *s.m.* brilho intenso; fulgor: *olhos cheios de resplendor.*

res.pon.der *v.t.* **1** dar resposta; atender: *Estou respondendo a um questionário.* **2** retrucar; revidar: *Não respondemos às provocações.* **3** retribuir; corresponder: *Só um homem respondeu à saudação.* **4** retrucar de modo áspero, descortês e malcriado: *Um escoteiro não responde aos pais.* **5** estar de acordo; corresponder: *A realidade não responde às expectativas.* **6** responsabilizar-se: *Respondo pelos meus atos.*

res.pon.sa.bi.li.da.de *s.f.* **1** condição daquele que tem consciência e assume seus deveres e obrigações: *Ela desde cedo mostrou muita responsabilidade.* **2** culpa: *Devemos assumir a responsabilidade de nossos erros.* **3** atribuição; dever; obrigação: *Assumir sua responsabilidade.*

res.pon.sa.bi.li.za.ção *s.f.* **1** atribuição de responsabilidade; incriminação: *responsabilização dos dirigentes pelas dívidas contraídas.* **2** responsabilidade: *A empresa assumiu a responsabilidade pela pesquisa de mercado.*

res.pon.sa.bi.li.zar *v.t.* **1** atribuir responsabilidade; acusar: *Responsabilizou o vizinho pelo acidente.* • *pron.* **2** assumir a responsabilidade: *O grupo responsabilizou-se pelo atentado.*

res.pon.sá.vel *s.2g.* **1** quem tem a incumbência ou atribuição: *O responsável pelos menores deve acompanhá-los.* **2** quem tem a guarda: *Serão punidos os responsáveis pelos menores infratores.* • *adj.2g.* **3** que assume e cumpre os seus deveres; que tem responsabilidade: *Ele é muito responsável.* **4** que tem sob sua guarda ou proteção: *A moça é a professora responsável pelos alunos menores.* **5** incumbido de: *Os serventes são responsáveis pela limpeza da escola.* **6** culpado: *Confessou-se responsável pelo acidente.* **7** causador: *Chama-se* Aedes aegypti *o mosquito responsável pela dengue.*

res.pon.so *s.m.* reza; oração: *Dizia o responso de Santo Antônio sempre que perdia alguma coisa.*

res.pos.ta (ó) *s.f.* **1** reação: *A atividade física provoca uma resposta do organismo.* **2** ato de responder a uma pergunta, a uma inquirição ou a uma correspondência: *Já dei minha resposta ao vendedor.* **3** refutação;

réplica: *O discurso foi uma resposta ao deputado.* **4** revide: *Em resposta ao bombardeio, atacaram um quartel.* **5** solução: *Vamos dar uma resposta ao desemprego.* **6** satisfação; explicação: *A Justiça deve uma resposta ao país.*

res.quí.cio *s.m.* **1** vestígio: *É bom eliminar os resquícios da ditadura.* **2** resto; sobra: *Havia resquícios de pólvora nas mãos do suspeito.*

res.sa.bi.a.do *adj.* desconfiado: *A garota sempre me olha meio ressabiada.*

res.sa.ca *s.f.* **1** encontro de uma vaga com outra que avança para a praia: *Os surfistas aproveitaram a ressaca.* **2** indisposição após bebedeira ou noite sem dormir: *Os músicos estão de ressaca.*

res.sai.bo *s.m.* **1** vestígio desagradável; ressentimento: *Ficou em mim um ressaibo destrutivo.* **2** sabor desagradável; ranço: *O peixe deixou um ressaibo amargo.*

res.sal.tar *v.t.* **1** colocar em relevo; realçar: *Tintas brilhantes ressaltam o reflexo do rio.* **2** dizer de forma enfática; realçar: *O padre ressaltou a importância da solidariedade.* • *int.* **3** destacar-se: *A voz do pai ressaltava no grupo.* **4** estar em destaque; sobressair: *Na escuridão ressaltavam-se apenas os olhos dos jacarés.*

res.sal.va *s.f.* **1** observação: *Faço a ressalva para evitar confusões.* **2** exceção; restrição: *Valeu-se das ressalvas da lei.*

res.sal.var *v.t.* **1** resguardar; proteger: *O juiz ressalva os direitos das partes em separação.* **2** advertir; prevenir; observar: *Ele faz questão de ressalvar que está casado.*

res.sar.ci.men.to *s.m.* indenização; compensação: *o ressarcimento dos prejuízos às vítimas.*

res.sar.cir *v.t.* **1** recuperar: *O lazer permite ao trabalhador ressarcir suas energias.* **2** indenizar; compensar; pagar: *A empreiteira deve ressarcir os usuários pela avaria dos equipamentos.* • *pron.* **3** ter os gastos ou prejuízos compensados: *A gravadora poderá ressarcir-se do prejuízo.*

res.se.car *v.t.* **1** tornar seco; desidratar: *O frio resseca a pele.* • *int.* **2** tornar-se muito seco: *No inverno, o pasto resseca e desaparece.*

res.sen.ti.men.to *s.m.* mágoa de uma ofensa recebida: *Alimentava seu ressentimento contra jornalistas.*

res.sen.tir(-se) *v.pron.* **1** sentir novamente; abalar-se com: *Ressentia-se da traição do amigo.* **2** sentir os efeitos de: *Ela ainda se ressentia da viagem.* **3** ter necessidade; carecer: *A comunidade se ressente de atividades culturais.* **4** sofrer as consequências: *A lavoura se ressentirá da falta de trabalhadores.*

res.so.ar *v.i.* ecoar: *Suas gargalhadas ainda ressoam pelos corredores.*

res.so.nân.cia *s.f.* **1** vibração sonora; reprodução do som: *caixa de ressonância.* **2** repercussão; consequência: *Seu apelo não encontra ressonância no Senado.*

res.so.nar *s.m.* **1** som ruidoso da respiração de quem dorme: *Ouvia-se o ressonar pesado da babá.* • *v.i.* **2** respirar com ruído, enquanto dorme: *Ele ressona tranquilo.*

res.sur.gi.men.to *s.m.* reaparecimento: *Há um ressurgimento de desabrigados e mendigos.*

res.sur.gir *v.t.* **1** surgir novamente; reaparecer: *O movimento estudantil ressurge das cinzas.* **2** ressuscitar: *Segundo a Bíblia, Jesus ressurgiu dos mortos.*

restituir

res.sur.rei.ção *s.f.* **1** restabelecimento; reativação: *Devemos ao poeta a ressurreição dessa palavra.* **2** retorno à vida: *Ele acredita na ressurreição dos mortos.* **3** segundo a crença católica, retorno à vida de todos os mortos: *dia da Ressurreição.* // Nesse sentido escreve-se com inicial maiúscula.

res.sur.re.to *s.m.* **1** aquele que ressurgiu ou ressuscitou. **2** *adj.* renascido: *Ele se sentia leve, quase ressurreto de todas as dores.*

res.sus.ci.ta.ção *s.f.* **1** ação de ressuscitar: *O médico de plantão tentou uma ressuscitação cardíaca.* **2** renovação; restabelecimento: *ressuscitação do imposto.*

res.sus.ci.tar *v.t.* **1** fazer voltar à vida: *Com choques, ressuscitaram o enfartado.* • *int.* **2** voltar à vida.

res.ta.be.le.cer *v.t.* **1** fazer voltar à condição ou estado anterior; reativar: *A fisioterapia poderá restabelecer a circulação das pernas.* **2** restaurar: *restabelecer a força dos trabalhadores.* • *pron.* **3** voltar ao estado anterior; estabelecer-se de novo: *O silêncio foi se restabelecendo aos poucos.* **4** recuperar a saúde; convalescer: *Ela se restabelecia no campo.*

res.ta.be.le.ci.men.to *s.m.* **1** restauração; recuperação: *Os delegados promoveram o restabelecimento da ordem.* **2** restauração: *Participamos do restabelecimento das eleições diretas.* **3** recuperação da saúde ou das energias: *restabelecimento do paciente.*

res.tar *v.t.* **1** sobrar; subsistir como resto. **2** subsistir como opção: *Agora a mim só resta voltar atrás.* • *int.* **3** haver; existir: *Os tempos mudaram, não restam dúvidas.* **4** faltar: *Resta saber se resistiremos.*

res.tau.ra.ção *s.f.* **1** recuperação; conserto: *Trabalho com restauração de móveis.* **2** restabelecimento; reativação: *Defendemos a restauração das eleições diretas.* **3** volta a um estado ou condição anterior; restabelecimento: *restauração da monarquia.* **4** aquilo que foi restaurado ou recomposto: *Trocou as restaurações dentárias.*

res.tau.ran.te *s.m.* estabelecimento comercial onde se fazem e se servem refeições.

res.tau.rar *v.t.* **1** pôr em bom estado; recuperar: *Ajudei a restaurar a igreja.* **2** revigorar: *vitamina B-1 restaura a energia vital.* • *pron.* **3** voltar ao estado anterior; restabelecer-se: *Deixe que a vegetação natural se restaure.*

res.tau.ro *s.m.* restauração; recuperação: *obras de restauro do salão nobre.*

rés.tia *s.f.* **1** corda de palha ou de hastes entrelaçadas: *réstia de cebola.* **2** feixe de luz que passa por abertura estreita: *Entrava no quarto uma réstia de sol.*

res.tin.ga *s.f.* **1** terreno arenoso e salino recoberto de plantas herbáceas e arbustos característicos: *plantas cultivadas em areia da restinga.* **2** faixa de areia ou de pedra que, partindo do litoral, se prolonga para o mar: *Essa restinga tem a forma de cauda de cometa.* **3** porção de terra arenosa entre uma lagoa e o mar. **4** faixa de mato à beira dos rios: *Desceu pela restinga que beirava o córrego.*

res.ti.tu.i.ção *s.f.* devolução; ressarcimento: *receber a restituição do Imposto de Renda.*

res.ti.tu.ir *v.t.* **1** devolver; pagar; indenizar; ressarcir: *O juiz manda restituir as propriedades invadidas ao verdadeiro dono.* **2** fazer voltar ao estado ou condição anterior; dar novamente; restabelecer: *A derrota*

resto

eleitoral restituiu Vargas Llosa à literatura. **3** enviar novamente ao local de origem: *A Marinha restituiu o náufrago a Lisboa*.

res.to (é) *s.m.* **1** aquilo que sobra de um todo: *um resto de vinho*. **2** quantidade que falta para completar um todo: *O resto do corpo ficou descoberto*. **3** resquício: *Lutaremos enquanto houver um resto de liberdade de imprensa*. • *pl*. **4** destroços; ruínas: *Ela chorou quando viu os restos da fazenda*. ♦ **de resto** (i) quanto ao mais: *De resto, em nada posso ajudar*. (ii) afinal de contas; aliás: *Minhas propostas, de resto, sempre foram levadas em conta*.

res.to.lho (ô) *s.m.* resto; refugo: *Enfureceu-se quando viu o restolho de frutas que lhe venderam*.

res.tri.ção *s.f.* **1** limitação; seleção: *O médico recomendou-lhe restrição de bebidas às refeições*. **2** delimitação; reserva: *Nunca houve restrição ao capital americano*.

res.trin.gir *v.t.* **1** limitar; diminuir: *D. Pedro tentou restringir a autoridade dos senhores de engenho*. **2** ser restritivo; delimitar: *Essa legislação restringe o exercício do jornalismo aos diplomados*. **3** condicionar; delimitar: *A polícia quer restringir as investigações*. • *pron.* **4** limitar-se: *Não queremos nos restringir a esboços*. **5** ficar limitado; diminuir: *A modernização não se restringe ao uso de novos materiais nas escolas de comunicação*.

res.tri.ti.vo *adj.* que restringe ou limita: *Os Estados têm o direito de votar leis restritivas ao aborto*.

res.tri.to *adj.* **1** diminuto; estreito; delimitado: *As contribuições têm importância muito restrita*. **2** particular; específico: *Falamos de diplomatas no sentido restrito*. **3** limitado; circunscrito: *A publicidade não precisa estar restrita aos comerciais de tevê*. // Ant.: lato.

re.sul.ta.do *s.m.* **1** efeito; consequência: *Certamente conseguirão bons resultados*. **2** proveito; sucesso: *Era o primeiro resultado dos esforços*. **3** desfecho; termo; conclusão: *O resultado do inquérito foi noticiado por toda a imprensa*. **4** ganho; lucro: *Aplicou logo o resultado do leilão*. **5** produto de uma operação matemática: *O resultado da soma deve ser dividido por dez*.

re.sul.tar *v.t.* **1** redundar; ter como consequência: *A colisão resultou no incêndio do veículo*. **2** ser consequência; ter origem: *A satisfação do soldado resulta do dever cumprido*.

re.su.mir *v.t.* **1** ser a síntese: *A seca nordestina resume o descaso dos governantes*. **2** sintetizar; condensar: *Resumindo em poucas palavras: estamos abandonados*. • *pron.* **3** estar restrito: *Quer evitar que tudo se resuma à frieza dos números*. // Ant.: ampliar.

re.su.mo *s.m.* **1** relato condensado em poucas palavras; síntese; condensação: *A secretária fez um resumo da reunião*. **2** texto que constitui a síntese de outro: *Entregamos o resumo do livro*.

res.va.lar *v.t.* **1** fazer escorregar ou cair; fazer incidir; lançar. **2** tocar; roçar: *resvalou na quina do móvel*. **3** cair ou descer escorregando; deslizar: *A chuva resvala na vidraça*. **4** cair, incorrer: *Devido à afoiteza, resvalou em alguns erros*. **5** correr; deslizar; passar ligeiramente: *O surfista agilmente resvalava pelas ondas*. **6** tornar-se; virar; transformar-se. • *int.* **7** cair por um declive; escorregar; rolar: *Pisou em falso e resvalou ribanceira abaixo*. **8** escapar; fugir: *Não deixe resvalar a ocasião*. **9** passar imperceptivelmente: *As horas resvalam*. **10** perder a eficácia ou a energia: *Sua imagem de austeridade resvalou depois do escândalo*.

re.ta (é) *s.f.* linha, traço ou risco que segue sempre a mesma direção.

re.tá.bu.lo *s.m.* trabalho, geralmente de madeira entalhada, que fica na parte posterior do altar e no qual são representados motivos religiosos: *O retábulo pertence ao estilo barroco*.

re.ta.guar.da *s.f.* **1** conjunto dos soldados que, em campanha, posicionam-se na parte traseira da tropa; a parte traseira, em relação à dianteira: *O ataque estratégico seria justamente pela retaguarda*. **2** no futebol, o conjunto de jogadores de defesa: *A retaguarda era o ponto fraco do time*. **3** respaldo; apoio: *O zoológico funciona com a retaguarda dos ecologistas*.

re.ta.lhar *v.t.* **1** cortar várias vezes; recortar: *Os predadores retalham a caça*. **2** fazer pequenos sulcos; lacerar: *As conchas de sururus retalharam os pés de quase todos*. // Cp.: retaliar.

re.ta.lho *s.m.* **1** pedaço de tecido que é sobra de costura ou de peça: *Ela pediu retalhos para fazer uma colcha*. **2** parte de um todo; tira: *Guarda até retalhos de papel*.

re.ta.li.a.ção *s.f.* represália; revide: *retaliações contra o ataque terrorista*.

re.ta.li.ar *v.t.* **1** pagar na mesma moeda; revidar: *Os rebeldes retaliaram os ataques com bombardeios à capital*. **2** agir em represália; retrucar: *Os Estados Unidos retaliaram a Rússia, expulsando seu diplomata*. // Cp.: retalhar.

re.tan.gu.lar *adj.2g.* **1** que tem a forma de retângulo: *bolo retangular*. **2** que lembra um retângulo: *O garçom tinha um rosto retangular*.

re.tân.gu.lo *s.m.* **1** quadrilátero cujos ângulos são retos. • *adj.* **2** que tem ângulos retos.

re.tar.da.do *adj.* **1** que se retardou; atrasado; adiado: *O gerente aborreceu-se com a inauguração retardada*. **2** que tem ação duradoura: *medicamentos de ação retardada*. **3** cujo desenvolvimento mental é inferior ao estipulado para a sua idade: *O pedinte retardado passava sempre no mesmo horário*.

re.tar.da.men.to *s.f.* **1** atraso; adiamento: *Recebeu cartão amarelo por retardamento do jogo*. **2** atraso; morosidade: *A restituição sofreu retardamento*. **3** deficiência mental: *Constatou-se retardamento entre os retirantes*.

re.tar.dar *v.t.* **1** causar o atraso; adiar: *O juiz retardou o término do jogo*. **2** diminuir a velocidade: *Retardou o passo para não encontrar o desafeto*. • *int.* **3** atrasar; demorar: *A solução não pode retardar*. // Ant.: apressar.

re.tar.da.tá.rio *s.m.* **1** quem chega tarde ou fica para trás: *Os retardatários chegaram horas depois do vencedor da corrida*. • *adj.* **2** que chega tarde ou que fica para trás: *O garçom não serviu o hóspede retardatário*.

re.tar.do *s.m.* **1** retardamento; morosidade: *O retardo na entrega estragou os produtos*. **2** retardamento mental: *Ele cuida de crianças com algum retardo*.

re.tem.pe.rar *v.t.* **1** dar novo ânimo; revigorar: *As férias retemperam as forças*. **2** atribuir novo caráter; recompor a fim de que se adapte às circunstâncias: *A*

retórico

família vai ter que retemperar seus princípios. • *pron.* **3** revigorar-se: *Ela se retempera no chuveiro.*
re.ten.ção *s.f.* **1** ato de reter, segurar: *incentivos para a retenção do homem no campo.* **2** acúmulo no organismo de substâncias que devem ser expelidas: *A infecção foi causada pela retenção de urina.*
re.ten.tor (ô) *s.m.* **1** peça que impede vazamentos: *A empresa fabrica retentores há 50 anos.* • *adj.* **2** que impede a saída; que retém: *material retentor de calor.*
re.ter *v.t.* **1** não deixar escapar; impedir a saída; segurar; deter: *Retive o cachorro pela coleira.* **2** manter em seu poder; guardar: *A viúva do escritor reteve os manuscritos.* **3** manter; conservar: *Os médicos lutaram para reter a pressão arterial do paciente.* **4** ser capaz de conservar ou absorver: *Há papéis que não retêm mensagens de fax.* **5** reprimir; conter: *A bailarina retém o passo à espera da orquestra.* **6** ter guardado na memória; ter de cor: *Tinha dificuldade em reter a tabuada.*
re.te.sar *v.t.* **1** tornar rijo, tenso: *Retesava o arco, mas não tinha coragem de soltar a flecha.* • *pron.* **2** endireitar o corpo com rigidez; esticar; enrijecer: *O campeão se retesou e aplicou o golpe final no adversário.* **3** tornar-se tenso: *Ao contrário do esperado, as tensões se retesavam.* // Ant.: afrouxar.
re.ti.cên.cia *s.f.* **1** omissão do que se devia ou podia dizer: *A reticência do irmão indicava que alguma coisa ia mal.* • *pl.* **2** série de três pontos sucessivos (...) que, na escrita, indicam omissão, interrupção de sentido; alegria, tristeza, ironia etc.
re.ti.cen.te *adj.2g.* que se mostra omisso; reservado; cauteloso: *Comportou-se de modo reticente no interrogatório.*
re.ti.dão *s.f.* inteireza de caráter: *Acredito na retidão desses rapazes.*
re.ti.fi.ca *s.f.* **1** conserto; revisão: *Pretendo fazer uma retífica do motor.* **2** oficina especializada em revisão de motores: *Levou o veículo na retífica.*
re.ti.fi.ca.ção *s.f.* **1** correção; revisão: *Os amigos exigiram a retificação das notícias.* **2** conserto (de mecanismo): *Trabalhamos com retificação de motores.* // Cp.: ratificação.
re.ti.fi.car *v.t.* **1** tornar reto; alinhar: *As dragas retificaram o traçado dos rios.* **2** corrigir o que se disse: *Ele próprio deve retificar suas afirmações.* // Cp.: ratificar.
re.ti.lí.neo *adj.* **1** em linha reta; reto: *nariz retilíneo.* **2** que tem ou denota retidão; austero; honesto; reto: *simplicidade retilínea.*
re.ti.na *s.f.* (Anat.) membrana do fundo do olho sensível aos estímulos luminosos.
re.ti.nir *v.t.* **1** fazer ressoar: *Ela retine no corredor os saltos de madeira.* • *int.* **2** soar fortemente: *A campainha retiniu.* • *pron.* **3** som ressonante: *Até o retinir de uma araponga serviria para quebrar aquele silêncio triste.*
re.ti.noi.co (ói) *adj.* (Quím.) diz-se de ácidos derivados do retinol, usado especialmente em Dermatologia.
re.ti.nol *s.m.* (Quím.) vitamina A.
re.tin.to *adj.* que tem cor escura e carregada: *Tingiu os cabelos de negro retinto.*
re.ti.ra.da *s.f.* **1** ato de retirar; remoção; extração: *Plásticos e vidros apareceram com a retirada do mato.* **2** eliminação: *retirada do apoio financeiro aos países pobres.* **3** saída: *A retirada do prefeito foi notada por todos.* **4** fuga; recuo: *As tropas tocaram em retirada.* **5** quantia limitada que o membro de uma firma retira em períodos regulares: *Não combinaram a retirada mensal de cada sócio.*
re.ti.ran.te *s.2g.* **1** pessoa que emigra especialmente das regiões Norte ou Nordeste fugindo da seca: *Ela disse não ser apenas mais uma retirante.* • *adj.2g.* **2** que emigra para fugir da seca: *trajeto incerto dos retirantes nordestinos.*
re.ti.rar *v.t.* **1** tirar de onde está; fazer sair; remover: *A faxineira retirou todas as roupas do armário.* **2** sacar: *Retirei dinheiro do banco.* **3** tirar do corpo: *Retirou o casaco grosso.* • *pron.* **4** afastar-se: *Ela retirou-se da janela.* **5** sair; ir: *Ainda adolescente, retira-se para o campo.*
re.ti.ro *s.m.* **1** lugar de descanso ou de recolhimento: *Costumava ir para um retiro no período da quaresma.* **2** local afastado da sede, onde se solta o gado para engorda ou onde se faz a ordenha: *Só tínhamos dois camaradas trabalhando no retiro.* **3** afastamento da vida cotidiana; descanso; recolhimento: *Embarcou com a mulher para um retiro na Europa.*
re.to (é) *s.m.* **1** (Anat.) porção terminal do intestino grosso que se estende até o canal anal: *Na primeira infância, mede-se a temperatura no reto.* • *adj.* **2** que não apresenta curvatura, sinuosidade; que segue sempre a mesma direção: *tronco reto.* **3** correto; honesto; justo: *caráter reto.* **4** diz-se do ângulo de noventa graus: *ângulo reto.* • *adv.* **5** diretamente: *O professor olhava reto nos meus olhos.* **6** sem parar: *O carro se desintegrou no muro de concreto depois de passar reto numa curva.*
re.to.car *v.t.* **1** fazer soar de novo; executar de novo. **2** dar novo acabamento; acabar de arrumar: *A moça retocava o penteado no retrovisor.*
re.to.ma.da *s.f.* **1** nova tomada de posse: *Índios lutam pela retomada de suas terras.* **2** reinício de uma atividade: *A França anunciou a retomada dos testes nucleares.* **3** retorno: *Assusta-nos a retomada das ideias nazistas.*
re.to.mar *v.t.* **1** pegar ou tomar novamente: *Retomamos a caminhada pela trilha.* **2** adquirir novamente; reassumir: *Volte e retome seu lugar.* **3** reiniciar: *Retomamos as aulas de piano.* **4** tratar novamente: *Os cineastas retomaram os temas clássicos.* **5** cultivar novamente; reatar: *Ele perdoou e retomamos nossa amizade.*
re.to.que (ó) *s.m.* conserto; arrumação: *A obra precisa de alguns retoques.*
re.tor.cer *v.t.* **1** torcer várias vezes: *Nervosa, retorcia o lenço de seda.* **2** desviar; virar: *Retorcia a cabeça quando o via.* • *pron.* **3** contorcer-se: *Retorcia-se toda ao rir.* **4** tornar-se retorcido: *Os ferros retorceram-se com o fogo.*
re.tó.ri.ca *s.f.* **1** teoria e técnica de elaboração do discurso persuasivo; a arte da eloquência: *Especializaram-se em Retórica.* **2** discurso que visa a convencer; eloquência.
re.tó.ri.co *s.m.* **1** pessoa adepta ou praticante dos princípios da retórica; orador eloquente. **2** que segue os princípios da retórica; eloquente: *As perguntas*

retornar

podem ser um recurso retórico. • *adj.* **3** (Deprec.) que fala muito, mas de modo superficial; que discursa de maneira afetada: *Os jurados envolveram-se pelos retóricos advogados.*

re.tor.nar *v.t.* **1** voltar; regressar: *Ele retornou à casa dos pais.* **2** dedicar-se de novo; voltar a fazer: *De volta ao Brasil, retornou à sua antiga profissão.* • *int.* **3** restabelecer-se: *O silêncio retornou.* **4** surgir novamente: *Quando a luz retorna, a voltagem oscila.*

re.tor.no (ô) *s.m.* **1** volta; regresso. **2** volta às atividades; retomada: *Negociou o retorno dos demitidos.* **3** conversão que se faz no trânsito para voltar: *O táxi fez o retorno em local proibido.* **4** recuperação; compensação: *O retorno de lucro é imediato.* **5** volta; restabelecimento: *retorno do Brasil à democracia.*

re.tor.quir (qüir) *v.t.* contestar; retrucar.

re.tor.ta *s.f.* vaso de vidro ou de louça com o gargalo recurvo, voltado para baixo, utilizado para operações químicas, sobretudo destilação.

re.tra.ção *s.f.* **1** contração: *O laser não provoca hemorragias, nem causa retração dos tecidos.* **2** retraimento; recuo: *Teme-se uma retração do mercado.*

re.tra.í.do *adj.* **1** puxado para trás; recuado: *lábios retraídos.* **2** sem movimentação: *mercado retraído pela pouca procura.* **3** reservado; discreto; tímido; acanhado: *Ela sofria por ser retraída.*

re.tra.i.men.to *s.m.* **1** recuo: *A violência aumentou após o retraimento do Exército.* **2** perda do vigor; arrefecimento: *O período não é de simples retraimento econômico.* **3** diminuição do volume; retração: *A cinta provocou um retraimento artificial da cintura.* **4** recuo; afastamento: *retraimento da mandíbula.* **5** acanhamento; timidez: *Ela é a causa do retraimento do pai.*

re.tra.ir *v.t.* **1** puxar para trás; recolher: *O gato retrai suas unhas.* **2** encolher: *Sentindo-se acuado, retraiu o corpo.* **3** intimidar: *A insegurança retrai os investidores.* • *pron.* **4** tornar-se retraído, reservado: *Ele retraiu-se com a chegada das visitas.* **5** diminuir de intensidade; arrefecer: *O consumo se retrai no começo do ano.* **6** diminuir de volume; contrair-se.

re.tran.ca *s.f.* **1** viga com que se trancam janelas e portas; tranca: *Ele esqueceu-se de pôr a retranca na cozinha.* **2** correia que prende a sela à cauda dos animais: *Os sinais da retranca marcavam os pelos da égua.* **3** no futebol, tática de se jogar na defensiva: *O time atuou na retranca.*

re.trans.mis.sor (ô) *s.m.* **1** aparelho de telecomunicação que retransmite os sinais recebidos. • *adj.* **2** diz-se desse aparelho.

re.trans.mis.so.ra (ô) *s.f.* (Eletrôn.) estação que recebe e retransmite ondas radioelétricas.

re.trans.mi.tir *v.t.* transmitir de novo.

re.tra.sa.do *adj.* imediatamente anterior a outro, igualmente passado: *sábado retrasado.*

re.tra.ta.ção *s.f.* confissão do erro e pedido de desculpa: *Uma retratação da Justiça seria uma atitude decente.*

re.tra.tar[1] *v.t.* **1** corrigir o que disse; desmentir: *Não precisei retratar uma só palavra.* • *pron.* **2** admitir o erro, corrigindo o que disse; desculpar-se: *O ofensor se retratou e a paz reina novamente.*

re.tra.tar[2] *v.t.* **1** fazer a descrição; reproduzir as características: *O próprio presidente retratou a conjuntura política.* **2** fazer o retrato por meio de pintura, desenho ou fotografia: *Artistas habilidosos retrataram os imperadores.* **3** ser a descrição ou o retrato: *A moda daqueles anos retrata o espírito alegre da época.*

re.trá.til *adj.2g.* que se retrai ou encolhe: *O carro vem com capota retrátil.*

re.tra.tis.ta *s.2g.* **1** pessoa que se especializou em pintar figuras humanas. **2** (Obsol.) fotógrafo.

re.tra.to *s.m.* **1** imagem reproduzida por meio de pintura ou fotografia: *Contemplei o retrato de minha mãe.* **2** descrição: *O documentário fazia o retrato dessa religião.* **3** (Fig.) exemplo; modelo: *Ela é o retrato da mulher decidida.* ♦ **retrato falado** desenho que reconstitui os traços fisionômicos e rosto de uma pessoa a partir da descrição de testemunhas, geralmente para facilitar a identificação pela polícia.

re.tre.ta (ê) *s.f.* (Bras.) concerto popular de banda em praça pública: *Vai ter retreta e fogos de artifício.*

re.tri.bu.i.ção *s.f.* **1** ato de cortesia ou de reconhecimento com que se corresponde a uma atenção ou favor recebido. **2** remuneração; pagamento: *Reclamaram da má retribuição pelo trabalho.*

re.tri.bu.ir *v.t.* compensar uma cortesia, bem ou favor recebidos; corresponder: *Retribuiu os votos de Boas Festas.*

re.tro.a.ção *s.f.* ato de retroagir; movimento para trás; retroatividade.

re.tro.a.gir *v.t.* **1** voltar: *Retroagi ao meu velho conceito sobre Arte.* **2** passar a ter validade no passado: *A lei não pode retroagir em prejuízo do réu.* **3** ter efeito retroativo.

re.tro.a.li.men.ta.ção *s.f.* processo pelo qual se produzem modificações em sistema, comportamento ou programa, por efeito de resposta; realimentação.

re.tro.a.ti.vo *adj.* que tem efeito sobre fatos passados: *O texto do projeto previa efeitos retroativos.*

re.tro.ce.der *v.t.* **1** afastar-se; recuar; movimentar-se para trás: *Ele retrocedeu um passo.* **2** fazer voltar, retroagir. **3** voltar atrás no que disse: *Ele jamais retrocede do que afirma.*

re.tro.ces.so (é) *s.m.* retorno a estágio ou condição anterior; volta: *Evitamos o retrocesso a uma situação tenebrosa.* // Ant.: progresso.

re.tró.gra.do *adj.* **1** que está em regressão: *As ferrovias nacionais são velhas e retrógradas.* **2** atrasado: *Num reino retrógrado, chegou Marco Polo trazendo novidades.* **3** reacionário: *Era o discurso contra o poder retrógrado.*

re.tro.pro.je.tor (ô) *s.m.* aparelho óptico destinado à projeção de textos, gráficos, desenhos etc., escritos ou impressos em transparência, que são colocados num suporte horizontal sob um feixe luminoso, o que permite a reprodução de sua imagem ampliada numa tela ou parede.

re.trós *s.m.* cilindro, geralmente de plástico, em que se enrolam fios torcidos, preparados para costura.

re.tros.pec.ção *s.f.* ato de olhar para trás; visão do passado: *O filme faz uma retrospecção irônica sobre a vida.*

re.tros.pec.ti.va *s.f.* balanço ou relato de fatos e acontecimentos passados; visão do passado: *retrospectiva das notícias mais importantes do ano passado.*

re.tros.pec.to (é) *s.m.* retrospectiva.

reverter

re.tro.ví.rus *s.m.* (Biol.) vírus que possui RNA como material genético, que se multiplica com o auxílio de enzima transcriptase reversa: *O HIV é um retrovírus*.

re.tro.vi.sor (ô) *s.m.* espelho colocado nos veículos para permitir a visibilidade traseira.

re.tru.car *v.t.* contestar; redarguir: *Ela retrucou que a velhice não é doença*.

re.tum.ban.te *adj.2g.* **1** que ressoa com grande estrondo: *uma risada retumbante*. **2** que tem grande repercussão; extraordinário: *sucesso retumbante*.

re.tum.bar *v.int.* refletir com estrondo; ecoar; ressoar.

re.tur.no *s.m.* segundo turno de um torneio esportivo: *O time foi campeão do returno*.

réu *s.m.* pessoa contra quem se instaurou ação civil ou penal: *Os réus foram absolvidos*. // Fem.: ré.

reu.má.ti.co *s.m.* **1** quem sofre de reumatismo: *Os reumáticos sentem dores nas articulações*. • *adj.* **2** de reumatismo: *problemas reumáticos*.

reu.ma.tis.mo *s.m.* (Med.) afecção acompanhada de dores nos músculos, nas articulações e nos tendões.

reu.ma.toi.de *adj.* que tem origem no reumatismo: *artrite reumatoide*.

reu.ma.to.lo.gi.a *s.f.* parte da Medicina que trata das doenças reumáticas.

reu.ma.to.lo.gis.ta *s.2g.* **1** médico especialista em reumatologia: *O reumatologista fez seu diagnóstico*. • *adj.* **2** que é especialista em reumatologia: *médico reumatologista*.

re.u.ni.ão *s.f.* **1** agrupamento de pessoas num determinado lugar para tratar de algum assunto: *A pauta da reunião era enorme*. **2** junção: *Seu último CD é a reunião das melhores músicas*.

re.u.nir *v.t.* **1** juntar; agrupar: *Reuniu material para redigir o trabalho*. **2** conter; ter: *A equipe reúne as condições exigidas*. **3** aliar; associar: *O mestre reunia carinho à autoridade*. • *pron.* **4** agrupar-se: *As águas se reuniram em várias correntes*.

re.u.ti.li.za.ção *s.f.* nova utilização; reaproveitamento.

re.u.ti.li.zar *v.t.* utilizar de novo.

re.va.li.da.ção *s.f.* restauração ou renovação da validade: *Pedi a revalidação do contrato*.

re.va.li.dar *v.t.* tornar novamente válido; legitimar novamente.

re.van.che *s.f.* desforra; vingança: *Foi uma revanche da decisão da temporada passada*.

re.van.chis.mo *s.m.* **1** ato de vingança: *Voltaram as brutais cenas de revanchismo*. **2** sentimento de vingança: *clima de insurreição e revanchismo*.

réveillon (reveion) (Fr.) *s.m.* comemoração para festejar a chegada do Ano-Novo.

re.ve.la.ção *s.f.* **1** em algumas religiões, ação divina que comunica aos homens os desígnios de Deus por meio dos livros sagrados: *Era uma forma de interpretar o mundo baseada unicamente na Revelação*. // Nesta acepção, escreve-se com inicial minúscula. // **2** informação sobre um fato: *O documento faz revelações de detalhes estratégicos*. **3** em fotografia, técnica pela qual se torna visível a imagem latente de uma chapa fotográfica. **4** qualidade atribuída a artista pouco conhecido, que se destaca num determinado momento: *A cantora ganhou o prêmio de revelação do ano*.

re.ve.la.dor (ô) *s.m.* **1** equipamento para revelação fotográfica: *O minilaboratório compreende um revelador, um ampliador e duas impressoras*. **2** substância química empregada no processo de revelação fotográfica: *tirar o filme do revelador*. • *adj.* **3** que manifesta, denuncia ou indica: *elemento revelador da escassez de terras*.

re.ve.lar *v.t.* **1** confessar; contar: *Vejo que não quer me revelar o seu segredo*. **2** dar a conhecer; mostrar: *Fotos aéreas revelaram enormes desmatamentos*. **3** fazer aparecer a imagem: *A aluna mandou revelar as fotos da viagem*. **4** ser a indicação: *O olho vermelho revela o choro*. **5** demonstrar que é portador; mostrar: *A moça revelava sinais de perturbação*. • *pron.* **6** mostrar-se como realmente é: *O artista revelou-se*. **7** deixar-se perceber: *Sua ansiedade revelava-se no olhar*.

re.ve.li.a *s.f.* rebeldia; desobediência. • **à revelia** (i) sem que o acusado apresente defesa: *Condenado à revelia, foi preso sete anos depois*. (ii) sem o conhecimento ou consentimento de: *Cortou os cabelos do neto à revelia da mãe*.

re.ven.der *v.t.* vender o que se comprou: *Revende mercadorias com pouco lucro*.

re.ver *v.t.* **1** analisar novamente; reconsiderar: *Ele precisa rever o orçamento*. **2** fazer a revisão de; corrigir: *É necessário rever conceitos arcaicos*. **3** ver novamente: *Quero rever minha prima*.

re.ver.be.ra.ção *s.f.* **1** reflexão intensa da luz: *reverberação dos raios solares*. **2** ressonância; eco: *O material evita a reverberação do som*. **3** grande repercussão: *A eleição terá reverberação internacional*.

re.ver.be.rar *v.t.* **1** afirmar com veemência: *Ele reverberava que não podia perdoar a ofensa*. **2** refletir luz, som ou calor: *Os lustres acesos reverberavam seu brilho na prataria*. **3** repercutir: *O timbre do tenor reverbera seu esplendor na alma*. • *int.* **4** brilhar intensamente; refulgir: *À luz do sol, o paredão reverbera após a chuva*. **5** ter repercussão: *A violência no jogo da semana passada reverbera até hoje*.

re.ve.rên.cia *s.f.* **1** gesto de saudação respeitosa: *O prefeito me saudou com gentil reverência*. **2** veneração; respeito: *prova de reverência ao símbolo nacional*.

re.ve.ren.ci.ar *v.t.* tratar ou saudar com respeito; homenagear; venerar: *Ao chegar, eu reverenciava vovó, beijando-lhe a mão*.

re.ve.ren.do *s.m.* **1** padre ou pastor; ministro religioso: *O reverendo mudou de paróquia*. • *adj.* **2** que merece reverência: *Saúda a reverenda gente*.

re.ver.são *s.f.* **1** volta ao estado primitivo; retorno: *Buscam a reversão do quadro injusto*. **2** mudança de sentido; retorno: *Aconteceu uma reversão das expectativas*.

re.ver.sí.vel *adj.2g.* **1** passível de retornar ao estado primitivo: *O processo inflamatório é reversível*. **2** que pode mudar de sentido ou direção: *A Engenharia de Tráfego libera hoje uma faixa reversível na ponte*.

re.ver.so (é) *s.m.* **1** face ou lado contrário ao que se tem como principal: *Utilize o reverso da folha*. **2** o contrário; outro lado: *A automação vem como reverso dessa humanização*. // Ant.: anverso.

re.ver.ter *v.t.* **1** fazer tomar rumo ou sentido contrários; inverter: *Estamos revertendo o curso dos dois rios mais poluídos*. **2** converter-se: *As obras reverterão em lucro*. **3** voltar-se: *O programa reverte contra os interesses do setor*. **4** voltar; retornar: *A concessão reverte para*

revés

o governo. **5** destinar-se: *O dinheiro reverterá para crianças de rua.* • *pron.* **6** tomar rumo contrário ao esperado: *A tendência de alta se reverte.*
re.vés *s.m.* golpe desfavorável; desgraça; infortúnio: *Um homem público está sujeito a reveses.*
re.ves.ti.men.to *s.m.* **1** ato de revestir; cobertura: *revestimento de gesso.* **2** parte que reveste ou cobre uma superfície: *sala com revestimento de madeira.*
re.ves.tir *v.t.* **1** colocar camada de revestimento; cobrir: *meio econômico de revestir paredes.* **2** proteger: *Revestiu os pés com meias de lã.* **3** caracterizar: *As contradições revestem a atuação do Estado.* • *pron.* **4** assumir postura; cobrir-se: *O presidente da República revestiu-se de humildade.* **5** cobrir-se: *O canteiro reveste-se de flores.* **6** ter; conter; ostentar: *O pronunciamento deverá revestir-se de cautela.*
re.ve.za.men.to *s.m.* troca de posição; alternância: *Corre o revezamento 4×100.*
re.ve.zar *v.t.* **1** substituir alternando: *Os técnicos são revezados mensalmente.* **2** trocar; permutar, de modo alternado: *O ator revezava seu papel com o colega.* • *pron.* **3** assumir de modo alternado a responsabilidade de realizar uma tarefa: *Os moradores se revezavam na vigília.* **4** mudar; alternar-se: *A direção do vento já se revezou.*
re.vi.dar *v.t.* **1** responder a uma ofensa física ou moral com outra ofensa: *Não vamos revidar provocações.* **2** contestar; retrucar: *Ela revida qualquer argumento que não seja do seu agrado.*
re.vi.de *s.m.* **1** compensação: *Em revide, ele me presenteou com um cachecol.* **2** vingança; contestação: *A reforma do estatuto poderá se transformar num revide dos derrotados.* **3** resposta: *O jornalista usou ironia no revide às críticas reacionárias.*
re.vi.go.ra.men.to *s.m.* **1** ato de imprimir novo vigor ou alento; reativação: *A aprovação da nova lei será importante para o revigoramento do setor.* **2** aquisição de novas forças, novo vigor; reativação: *A instituição passou por um súbito revigoramento.*
re.vi.go.rar *v.t.* **1** fazer recuperar a saúde; reanimar: *O tônico revigora o paciente.* **2** dar novo vigor; fortalecer; reativar: *A massagem revigora os tecidos.* • *pron.* **3** readquirir forças; fortalecer-se: *Revigorou-se com um coquetel de vitaminas.* **4** reativar-se: *O campo revigora-se.*
re.vi.rar *v.t.* **1** virar de um lado para outro; tornar a virar: *O cunhado revirava a cabeça, negando tudo.* **2** vasculhar; investigar: *A polícia revirou a casa toda.* • *pron.* **3** virar-se de um lado para outro: *A criança se revira muito na cama.* **4** virar em vários sentidos; revolver-se: *Os olhos do menino reviravam-se diante da vitrina.*
re.vi.ra.vol.ta (ó) *s.f.* **1** giro sobre si mesmo: *Alguém lhe dá uma reviravolta brusca no corpo.* **2** mudança brusca; guinada: *O país deu a reviravolta que faltava.*
re.vi.são *s.f.* **1** inspeção para execução de possíveis reparos: *O carro estava lá para revisão geral.* **2** (Edit.) leitura com a finalidade de corrigir possíveis erros: *Pedi que ela faça a revisão do texto.* **3** novo exame, com o objetivo de corrigir distorções ou de aperfeiçoar: *Vamos conseguir fazer a revisão no estatuto.* **4** ato de rever ou relembrar: *Gosta de fazer uma revisão no passado.*

re.vi.sar *v.t.* **1** reexaminar com o objetivo de corrigir possíveis distorções: *A empresa terá de revisar diversos contratos.* **2** reler com o objetivo de corrigir possíveis erros: *Consegui um emprego para revisar artigos médicos.* **3** examinar com o objetivo de executar os reparos necessários: *Mandei revisar o automóvel.*
re.vi.si.o.nis.mo *s.m.* movimento que prega revisão dos valores tidos como certos, nas mais diferentes áreas: *O revisionismo não nega os fatos, mas quer estudá-los sob um novo ponto de vista.*
re.vi.si.o.nis.ta *s.2g.* **1** pessoa adepta do revisionismo. • *adj.2g.* **2** adepto do revisionismo. **3** relacionado com o revisionismo: *critérios revisionistas.*
re.vi.si.tar *v.t.* tornar a procurar; rever: *Revendo suas fotografias, revisitou o passado.*
re.vi.sor (ô) *s.m.* **1** (Edit.) profissional que corrige textos: *A professora de Português trabalha como revisora.* • *adj.* **2** que faz revisão.
re.vis.ta *s.f.* **1** inspeção: *Faz revista em cada pessoa que entra.* **2** (Edit.) publicação periódica em que se divulgam artigos e reportagens: *O conto foi publicado numa revista.*
re.vis.tar *v.t.* **1** inspecionar; examinar: *Os agentes revistam carros atrás de armas.* **2** vasculhar: *revistar as gavetas.*
re.vi.ta.li.za.ção *s.f.* revigoramento: *Encaminhamos um projeto de revitalização do esporte.*
re.vi.ta.li.zar *v.t.* **1** dar novo ânimo a: *Parece que o sofrimento revitaliza o rapaz.* **2** reativar: *O autor revitaliza velhos temas com pitadas de humor.* • *pron.* **3** ganhar vida; reavivar-se: *O capitalismo globalizado revitaliza-se.*
revival (riváival) (Ingl.) *s.m.* retomada de conceitos, estilos, comportamentos já passados.
re.vi.ver *v.t.* **1** fazer voltar à vida; ressuscitar: *Queria fazer reviver cadáveres.* **2** fazer ressurgir; reativar: *Esses filmes revivem os agentes secretos.* **3** voltar a sentir; relembrar: *Não gostamos de reviver essas mágoas.* • *int.* **4** voltar à vida; ressuscitar: *Cristo reviveu.*
re.vi.ves.cên.cia *s.f.* ressurgimento; revigoramento.
re.vo.a.da *s.f.* **1** voo simultâneo: *uma revoada de maritacas.* **2** intensa movimentação; agitação: *Seguia a revoada das crianças.*
re.vo.ar *v.int.* voar em bando, normalmente em movimento circular: *Bandos de andorinhas revoavam ao entardecer.*
re.vo.ga.ção *s.f.* anulação; extinção; invalidação.
re.vo.gar *v.t.* tornar sem efeito; anular: *O presidente revogou o projeto.*
re.vol.ta (ó) *s.f.* **1** manifestação contra alguém ou um estado de coisas: *Fizemos uma revolta contra a sua prepotência.* **2** grande indignação ou repulsa: *Sentia uma profunda revolta contra a rotina.*
re.vol.tar *v.t.* **1** causar revolta; indignar: *A calamidade revoltou a comunidade.* **2** rebelar; amotinar. • *pron.* **3** indignar-se: *Ela revoltou-se contra as injustiças.* **4** amotinar-se; insurgir-se; rebelar-se: *Estudantes se revoltaram contra o reitor.*
re.vol.to (ô) *adj.* **1** remexido; revolvido: *terreno revolto.* **2** que está em desalinho; desarrumado: *A velha chegou com cabelos revoltos.* **3** em que ocorrem revoltas com frequência; tumultuoso; irritado; irado;

furioso: *a turba revolta.* **4** agitado; turbulento: *rio de águas revoltas.*

re.vol.to.so (ô) *s.m.* **1** quem se revolta; quem é contrário a um determinado estado de coisas: *Os revoltosos acabaram presos.* • *adj.* **2** que adere a um golpe de Estado; rebelde: *militares revoltosos.*

re.vo.lu.ção *s.f.* **1** mudança brusca, geralmente pela força das armas, de uma forma de governo: *A Revolução de 1930 pôs fim à República Velha.* **2** mudança brusca; transformação radical: *revolução tecnológica.* **3** volta; giro; rotação: *A Terra faz revoluções em torno do Sol.*

re.vo.lu.ci.o.nar *v.t.* **1** provocar mudança ou transformação radicais: *Os japoneses revolucionaram a eletrônica.* • *pron.* **2** sofrer mudança ou transformação radicais: *O tratamento das infecções revolucionou-se com os antibióticos.*

re.vo.lu.ci.o.ná.rio *s.m.* **1** quem toma parte em revolução: *Membros da família imperial da Rússia foram fuzilados por revolucionários.* • *adj.* **2** que prega revolução ou que é partidário dela: *Apaixonou-se por um líder revolucionário.* **3** que provoca mudança ou transformação radical: *Inventei um revolucionário método para lavar louças.*

re.vol.ver *v.t.* **1** remexer; revirar: *Revolveu a terra para fazer uma horta.* **2** vasculhar: *revolver armários.* **3** trazer à lembrança novamente: *Não me force a revolver velhos sofrimentos.* • *int. e pron.* **4** virar(-se); mexer(-se): *A criança revolveu(-se) na cama.*

re.vól.ver *s.m.* arma de fogo portátil, de cano curto, dotada de tambor ou cilindro giratório, com várias culatras onde são colocados os cartuchos.

re.za (ê) *s.f.* **1** oração; prece: *Não decorou as rezas da mãe.* **2** terço; rosário: *Vamos marcar missa ou reza.*

re.zar *v.t.* **1** recitar oração ou conjunto de orações; fazer prece; orar: *Prometemos rezar o terço.* **2** celebrar: *Já começou a rezar missa.* **3** benzer: *Chamou a mulher para rezar o filho de quebranto.* **4** determinar; preceituar: *Tome o remédio conforme reza a bula.* • *int.* **5** fazer orações: *A menina já sabe rezar.*

ri.a.cho *s.m.* rio pequeno; ribeiro.

ri.bal.ta *s.f.* **1** em teatro, série de lâmpadas, situadas no ponto extremo do palco e que se destinam a iluminar os primeiros planos: *Um conjunto de cadeiras seguia a linha da ribalta.* **2** palco: *a cortina da ribalta.* **3** atividade teatral: *O divórcio não a afastou da ribalta.*

ri.ban.cei.ra *s.f.* margem elevada de rio ou lago.

ri.bei.ra *s.f.* **1** riacho; córrego. **2** terreno banhado por um rio: *sabiá da ribeira.*

ri.bei.rão *s.m.* curso d'água menor que um rio e maior que um riacho.

ri.bei.ri.nho *adj.* **1** que vive ou que se localiza às margens de rio: *Sou de um povoado ribeirinho.* **2** próprio de rio ou de suas margens: *vegetação ribeirinha.*

ri.bom.bar *v.int.* soar fortemente; retumbar: *Um trovão ribombou longe.*

ri.ca.ço *s.m.* **1** (Deprec.) quem é muito rico; milionário: *Isso é resultado da ganância de algum ricaço.* • *adj.* **2** que é muito rico; milionário: *jovem ricaço.*

rí.ci.no *s.m.* planta de cujas sementes se extrai o óleo de rícino; mamona.

ri.co *s.m.* **1** quem possui muitos bens ou coisas de valor: *Os ricos ganham cada vez mais.* • *adj.* **2** que possui muitos bens ou coisas de valor: *O pai era homem rico.* **3** que contém riqueza; opulento: *O Brasil tem um subsolo rico.* **4** muito valioso; pomposo: *Os móveis da sala eram ricos.* **5** repleto de pontos ou elementos positivos e valiosos: *O livro apresenta uma rica abordagem do problema das drogas.* **6** diz-se de rima feita com palavras pertencentes a classes gramaticais diferentes: *rima rica.* **7** abundante: *O mel é rico em proteínas e sais minerais.*

ri.co.che.te (ê) *s.m.* golpe produzido por um objeto após resvalar em um obstáculo e desviar o seu curso.

ri.co.che.te.ar *v.int.* mudar de direção após resvalar em um obstáculo: *A bola ricocheteou na tabela da mesa.*

ri.co.ta (ó) *s.f.* queijo que se prepara retirando-se o soro do leite fervido e coalhado.

ric.to *s.m.* contração labial ou facial: *Apertou a boca num ricto doloroso.*

ri.di.cu.la.ri.zar *v.t.* **1** pôr em ridículo; depreciar; desmoralizar: *Certos membros do grêmio ridicularizaram os trabalhos.* • *pron.* **2** cair em ridículo; desmoralizar-se: *A autoridade ridicularizou-se.*

ri.dí.cu.lo *s.m.* **1** fato grotesco, risível: *Não percebe o ridículo da situação.* • *adj.* **2** que provoca o riso; grotesco: *A figura se tornou ridícula com o bigode postiço.* **3** mesquinho; desprezível: *jeito estúpido e ridículo.* **4** irrisório: *Os salários são ridículos.*

ri.fa *s.f.* sorteio de algo, geralmente por meio de bilhetes numerados.

ri.far *v.t.* **1** sortear por meio de rifa: *Rifou a filmadora.* **2** (Coloq.) descartar: *O partido rifou o ex-governador.*

ri.fle *s.m.* espingarda de repetição.

ri.gi.dez (ê) *s.f.* **1** vigor; resistência: *Os exercícios proporcionaram rigidez muscular.* **2** rigor: *rigidez dos princípios.*

rí.gi.do *adj.* **1** que não se verga; rijo; resistente: *É uma planta de caule curto, grosso e rígido.* **2** austero; severo; rigoroso: *Seu pai era rígido e moralista.*

ri.gor (ô) *s.m.* **1** austeridade; severidade: *Agia sempre com o máximo rigor.* **2** alto grau de intensidade: *rigor do inverno.* **3** precisão; exatidão; clareza: *Controla o rigor da medida.*

ri.go.ro.so (ô) *adj.* **1** que age com rigor; austero; severo. **2** cruel; desumano. **3** muito cuidadoso; minucioso.

ri.jo *adj.* **1** robusto; vigoroso: *bailarinas esbeltas e rijas.* **2** resistente; forte: *O animal tem uma queixada rija.* **3** duro; rígido: *músculos rijos.* **4** inflexível; enérgico: *Meu temperamento é tão rijo quanto o seu.* **5** endurecido: *Talvez seu coração não seja tão rijo como parece.*

ri.lhar *v.t.* ranger; trincar: *Ele rilhou os dentes.*

rim *s.m.* **1** (Anat.) cada um dos dois órgãos produtores de urina, situados um de cada lado da coluna vertebral, na região lombar: *O paciente espera a doação de rim.* **2** o rim de certos animais usado como alimento.

ri.ma *s.f.* repetição de sons no interior ou no final dos versos de um poema: *poema sem rimas.*

ri.mar *v.t.* **1** pôr em harmonia ou identidade sonora: *Tem mania de rimar infinitivos.* **2** escrever em forma de verso: *Oswald de Andrade rima a angústia urbana.* **3** dizer fazendo rima. **4** ser compatível; combinar: *As bobagens do estrangeiro não rimam com a gente.*

rímel

rí.mel *s.m.* cosmético utilizado para colorir e dar volume aos cílios e supercílios.

rin.cão *s.m.* lugar retirado ou oculto; recanto: *os habitantes dos rincões mais afastados do país.*

rin.char *v.int.* **1** (Coloq.) relinchar: *Os cavalos rinchavam.* **2** ranger: *A bota de couro rinchava a cada passo.*

rin.gir *v.int.* produzir som áspero e rascante; ranger: *A porta ringia sem parar.*

rin.gue *s.m.* **1** estrado quadrado, alto e cercado de cordas, próprio para lutas: *O boxeador entrou no ringue sob aclamações.* **2** prática do boxe: *O ringue era tudo na vida do lutador.*

ri.nha *s.f.* lugar onde se promovem brigas de galo.

ri.ni.te *s.f.* (Otor.) inflamação da mucosa do nariz.

ri.no.ce.ron.te *s.m.* grande quadrúpede selvagem, de pele espessa e dura, com um ou dois chifres no focinho.

rin.que *s.m.* pista de patinação.

rin.se *adj.* amaciante de cabelo.

ri.o *s.m.* **1** curso natural de água doce. • *pl.* **2** (Fig.) grande quantidade: *Ela chorou rios de lágrimas.*

ri.o-gran.den.se-do-nor.te *s.2g.* **1** natural ou habitante do Rio Grande do Norte; potiguar: *Os rio-grandenses-do-norte são muito comunicativos.* • *adj.2g.* **2** que é natural ou habitante do Rio Grande do Norte; potiguar.

ri.o-gran.den.se-do-sul *s.2g.* **1** natural ou habitante do Rio Grande do Sul; gaúcho: *Os rio-grandenses-do-sul adoram churrasco.* • *adj.2g.* **2** relativo ao Rio Grande do Sul; gaúcho.

ri.pa *s.f.* pedaço de madeira comprido e estreito, empregado em estruturas de sustentação; sarrafo.

ri.que.za (ê) *s.f.* **1** condição de quem é rico: *O empresário não ostentava a riqueza.* **2** abundância: *riqueza de informação.* **3** acúmulo de boas qualidades: *Cultivo a riqueza interior.* **4** produto de grande valor; conjunto de bens: *É mentira que estamos mandando riquezas minerais para fora.*

rir *v.t.* **1** emitir riso; manifestar alegria: *Ela ria de felicidade.* **2** zombar; motejar: *Teriam motivo para rir de nós?* • *int.* **3** encontrar graça em tudo e todos; gracejar: *Quando estamos juntos, rimos o tempo todo.* ♦ **rir amarelo** rir de modo forçado: *Por educação, ele concordava, rindo amarelo.*

ri.sa.da *s.f.* riso franco e ruidoso.

ris.ca *s.f.* **1** listra; risco: *blusa de riscas azuis e brancas.* **2** linha demarcatória: *Chutou a bola na risca da pequena área.* **3** abertura longitudinal; sulco: *cabelos divididos por uma risca impecável* ♦ **à risca** de modo rigoroso: *Ele seguia à risca os conselhos do pai.*

ris.ca.do *s.m.* **1** risco; traço: *Percebia-se o riscado do lápis nas sobrancelhas.* **2** (Coloq.) tema; assunto: *Ela entende do riscado.* • *adj.* **3** que apresenta riscas ou listras: *céu riscado de ouro.*

ris.car *v.t.* **1** fazer riscas ou traços; arranhar: *riscar a toalha com o garfo.* **2** delinear; traçar: *Risquei um jardim oval.* **3** friccionar para acender: *Ele riscou o fósforo.* **4** eliminar com risco: *Pegue um lápis e risque os itens que já estudamos.* **5** (Fig.) eliminar; suprimir: *Risque o cigarro de sua vida.* • *int.* **6** ser resistente a risco: *Os cabos de louça não riscam.*

ris.co[1] *s.m.* **1** listra; traço; marca: *risco de giz.* **2** sulco: *Tinha no peito um risco de navalha.* **3** linha demarcatória: *A bola ultrapassa o risco do gol.* **4** traçado: *Fez uma estrela de cinco pontas num risco só.*

ris.co[2] *s.m.* possibilidade de perigo: *Estes produtos apresentam risco à população.* ♦ **de risco** em que há perigo; arriscado: *Evitaram a situação de risco.*

ri.sí.vel *adj.2g.* provoca riso; ridículo: *Espantei-me com sua risível sinceridade.*

ri.so *s.m.* **1** som produzido por quem ri: *Não pude deixar de soltar um riso breve.* **2** zombaria: *Assistiu à reunião com ar de riso.*

ri.so.nho *adj.* **1** sorridente: *Era um bebê risonho.* **2** alegre: *olhos risonhos.* **3** agradável; deleitoso: *Vivi uma mocidade risonha.*

ri.so.to (ô) *s.m.* prato de origem italiana preparado com arroz, ervilha, queijo ralado, a que se adicionam carne de frango desfiada (risoto de frango), camarão cozido (risoto de camarão) etc.

ris.pi.dez (ê) *s.f.* **1** aspereza no trato; indelicadeza: *Entristeceu-se com a rispidez do colega.* **2** dureza; rigor: *Agiu com a rispidez que seu posto exige.*

rís.pi.do *adj.* **1** rude no trato; grosseiro: *Ele era enérgico e às vezes até ríspido.* **2** áspero; enérgico; severo: *Houve um diálogo ríspido entre nós.* **3** áspero; estridente: *toque ríspido do sino.*

ris.te *s.m.* peça metálica em que os cavaleiros antigos apoiavam a lança para investir contra o adversário. ♦ **em riste** voltado para cima: *Com o dedo em riste, ele me repreendeu.*

rit.mar *v.t.* **1** dar ritmo; cadenciar: *Os capoeiras ritmavam seus volteios.* **2** acompanhar o ritmo de: *Com o violão, ele ritmava a voz da mulher.*

rít.mi.co *adj.* que possui ritmo; cadenciado: *tremor involuntário, rítmico, dos globos oculares.*

rit.mo *s.m.* **1** som ou movimento cadenciado e harmônico que se repete a intervalos regulares: *Fazia os movimentos com ritmo.* **2** no texto poético, distribuição regular e cadenciada dos acentos: *Ensaiaram a dança sob o ritmo da poesia.* **3** marcação de tempo própria de cada forma musical: *introdução em ritmo de samba.* **4** variação periódica, regular ou não, do movimento de uma atividade ou processo: *Aumentou o ritmo do trabalho dos funcionários.*

ri.to *s.m.* **1** conjunto de regras e cerimônias que se devem observar na prática de uma religião; culto: *Realizam solenidades e ritos significativos.* **2** qualquer cerimônia de caráter sacro ou simbólico que segue preceitos estabelecidos. **3** exercício; prática; praxe: *Seu café da manhã segue um rito especial.*

ri.tu.al *s.m.* **1** rito: *Assisti a um ritual indígena.* **2** prática habitual; praxe: *O ritual do cafezinho no bar era infalível.* • *adj.2g.* **3** referente a rito: *o sistema ritual religioso.*

ri.val *s.2g.* **1** concorrente; competidor: *Os rivais se enfrentariam no domingo.* **2** quem explora o mesmo ramo de negócios ou cultiva as mesmas aspirações que outrem; concorrente. **3** pessoa que compete com outra em suas pretensões amorosas: *Cego de ciúme, desafiou o rival.* • *adj.2g.* **4** concorrente: *empresas rivais.*

ri.va.li.da.de *s.f.* disputa; competição; concorrência: *Queria que ela compreendesse que não havia rivalidade nem competição.*

roda-viva

ri.va.li.zar *v.t.* **1** pretender mostrar-se igual ou superior; competir. **2** ser rival; estar nas mesmas condições ou em nível superior: *As esculturas rivalizam com as perfeições da natureza.*

ri.xa /ch/ *s.f.* **1** briga; contenda: *Nem sabe como começou essa rixa.* **2** desordem; motim: *Havia rixas tremendas nos jogos.* **3** desavença; disputa; discórdia: *As rixas passam e a amizade perdura.*

ri.zo.ma *s.m.* (Bot.) caule em forma de raiz, subterrâneo no todo ou em parte, com escamas e gemas, de crescimento horizontal: *A bananeira se multiplica a partir do rizoma.*

ri.zo.tô.ni.co *adj.* (Gram.) diz-se da forma verbal com acento tônico no radical.

ro.ba.lo *s.m.* peixe marinho cor de chumbo, com laterais e barriga brancas e carne considerada de primeira qualidade na culinária.

ro.be *s.m.* roupão.

ro.bô *s.m.* **1** autômato, geralmente de metal, de aspecto semelhante ao humano. **2** mecanismo automático programado para realizar trabalhos próprios do ser humano.

ro.bó.ti.ca *s.f.* ramo de conhecimento que trata dos princípios de criação e construção de robôs.

ro.bus.te.cer *v.t.* **1** revigorar; fortalecer: *Uma estranha energia robustecia os meus nervos.* **2** dar forma volumosa; colocar em destaque: *Um enchimento robustece os ombros.* • *int. e pron.* **3** adquirir consistência; fortalecer(-se); firmar(-se): *O raciocínio se robustecia e ele ficava mais seguro.* • *int.* **4** crescer; aumentar: *Robusteceram os rumores sobre a renúncia do presidente.*

ro.bus.tez (ê) *s.f.* **1** vigor; força: *A bebida acabara com a robustez do velho.* **2** potência. **3** resistência.

ro.bus.to *adj.* **1** que tem boa saúde; forte; resistente: *Era um jovem alto e robusto.* **2** consistente; poderoso; influente: *Temos um sistema bancário bastante robusto.* **3** que é digno de nota pelo porte, tamanho ou solidez: *erva robusta de um metro de altura.* **4** potente: *As baterias centrais são mais robustas.*

ro.ca (ó) *s.f.* instrumento para transformar linho, lã, algodão ou outra fibra têxtil em fio para tecelagem: *A aldeã fiava na roca.*

ro.ça (ó) *s.f.* **1** zona rural: *Gosto de morar na roça.* **2** plantação; área cultivada: *roça de milho.*

ro.ça.do *s.m.* **1** pequena propriedade rural: *Dentro em pouco, o roçado vira sítio.* **2** roça; plantação: *Voltei do roçado só para falar contigo.* • *adj.* **3** que sofreu corte; derrubado: *mato roçado.*

ro.cam.bo.le (ó) *s.m.* bolo doce ou salgado, assado em placa para ser enrolado com recheio.

ro.cam.bo.les.co (ê) *adj.* complicado; enredado: *aventura rocambolesca.*

ro.çar *v.t.* **1** cortar (mato) com foice ou similar: *Mandou roçar o matagal.* **2** trabalhar em roça ou plantação: *Passou a adolescência roçando as terras do tio.* **3** esfregar: *O jeito é roçar o arame no cimento até parti-lo.* **4** tocar de leve; raspar: *Batia o pé no degrau e a mão apenas roçava o corrimão.* *s.m.* **5** toque leve: *A bandeira dançava com o roçar do vento.*

ro.cei.ro *s.m.* **1** caipira; matuto: *Ao lado do pastor estava um roceiro.* • *adj.* **2** da roça; caipira: *A menina da roceira matriculou-se na cidade.*

ro.cha (ó) *s.f.* **1** penedo; penhasco: *O rancho ficava encostado a uma rocha.* **2** material natural, duro e compacto, da crosta terrestre; pedra: *O mármore é uma rocha.* **3** firmeza; resistência: *Ela era a rocha da família.*

ro.che.do (ê) *s.m.* **1** rocha volumosa: *É uma briga entre o mar e o rochedo.* **2** símbolo de resistência: *A mãe foi um rochedo exemplar.*

rock (rók) (Ingl.) *s.m.* roque.

ro.co.có *s.m.* **1** estilo decorativo surgido na França durante o reinado de Luís XV (1710-1774): *O rococó acentuava ainda mais as curvas.* **2** enfeite extravagante: *Eliminamos as cores e rococós da década de 1970.* • *adj.2g.* **3** diz-se desse estilo decorativo. **4** muito enfeitado; de mau gosto: *Apesar do detalhe rococó, o abajur agradou.* **5** antiquado: *penteado rococó.*

ro.da (ó) *s.f.* **1** peça de formato circular que gira em torno de um eixo ou de seu centro e serve para movimentar um maquinismo: *A roda da máquina de costura se põe a gemer.* **2** círculo: *A gente fazia uma roda, a noiva ficava no meio.* **3** grupo de pessoas que se dedicam às mesmas atividades; agrupamento: *Ele era temido na roda da malandragem.* **4** rodada: *Corre uma roda de chimarrão.* **5** brincadeira em que se forma uma roda (2) de crianças, em geral de mãos dadas, cantando e movimentando-se.

ro.da-gi.gan.te *s.f.* aparelho de parque de diversões, constante de duas rodas paralelas que giram em torno de um eixo comum e sustentam bancos oscilantes sobre os quais se sentam as pessoas. // Pl.: rodas-gigantes.

ro.da.da *s.f.* **1** movimento circular; giro: *O bailarino dá uma rodada muito charmosa.* **2** cada um dos grupos de jogos em que se divide um campeonato desportivo: *A rodada teve jogos no sábado e no domingo.* **3** cada uma das etapas de um evento: *Terminou mais uma rodada de negociações.* **4** cada uma das vezes em que se serve bebida ou refeição: *Tomamos uma rodada de aperitivo antes de comer.* **5** pescaria com a canoa ao sabor das ondas, com o motor desligado.

ro.da.gem *s.f.* **1** produção; impressão: *rodagem de um jornal em cores.* **2** produção; filmagem: *A rodagem do filme deve durar sete semanas.* **3** rotação sobre uma superfície: *As malhas de aço permitem a rodagem mesmo com pneus danificados.*

ro.da.moi.nho *s.m.* redemoinho.

ro.da.pé *s.m.* **1** barra estreita de madeira ou outro material que rodeia a parte inferior das paredes • **2** parte inferior da página (livro, revista): *notas de rodapé.*

ro.dar *v.t.* **1** fazer girar: *Meus dedos rodavam o copo.* **2** registrar em filme; filmar: *O estúdio rodava um filme histórico.* **3** (Inf.) executar; acessar: *Meu micro trava quando roda um CD.* **4** viajar em veículo autônomo; percorrer: *Rodamos muitos quilômetros até achar um posto.* **5** rodear; caminhar ao redor de. • *int.* **6** rodopiar: *Os bailarinos rodavam.* **7** girar: *A chave rodou na fechadura.*

ro.da-vi.va *s.f.* rotina muito ativa; azáfama; corre-corre: *A artista arrastou o parceiro para a roda-viva de viagens e shows.* // Pl.: rodas-vivas.

rodear

ro.de.ar *v.t.* **1** envolver: *Rodeou o corpo dela, num abraço de reconciliação.* **2** colocar adornos em volta de: *Rodeamos a torta com castanhas.* **3** andar em volta; circundar: *Rodeamos o edifício até a porta dos fundos.* **4** posicionar-se em volta; cercar: *O povo chegava e ia rodeando o palanque.* **5** aproximar-se, com a intenção de se apoderar: *Uma porção de urubus rodeava a herança.* **6** deixar de ir direto ao assunto; sondar: *Comecei a rodear suas preferências.*

ro.dei.o *s.m.* **1** movimento em círculo; giro: *Fez um rodeio pelo mato e sumiu.* **2** fuga do assunto principal: *Não faça rodeios e diga logo o que você quer.* **3** (Bras.) modalidade esportiva que consiste em montar animais não domesticados: *Escolha aquele animal para participar do rodeio.*

ro.de.la (é) *s.f.* pequeno objeto ou figura de forma circular.

ro.di.lha *s.f.* **1** pano enrolado como rosca, usado na cabeça, sobre o qual se assenta a carga a ser transportada: *Com suas rodilhas e cuias de lata de queijo, algumas mulheres apanhavam água.* **2** aquilo que está enrolado em forma de espiral: *Bate com a enxada na rodilha de uma jararaca.*

ro.dí.zio *s.m.* **1** rodinha afixada aos pés de alguns móveis, para que possam ser facilmente deslocados. **2** sistema de alimentação em que se oferecem suas especialidades para livre escolha do freguês: *Aos domingos, preferimos almoçar em um rodízio.* **3** revezamento; alternância: *Os moradores fazem rodízio de carros.*

ro.do (ô) *s.m.* **1** utensílio de madeira com que se juntam cereais: *Ele pegou um rodo e pôs-se a esparramar o café.* **2** utensílio de madeira dotado de uma guarnição de borracha em sua base e que serve para puxar água dos pavimentos molhados ♦ **a rodo** em grande quantidade; à beça: *O compositor vende CDs a rodo.*

ro.do.pi.ar *v.t.* **1** fazer girar; rodar de modo constante: *Seguiram pela avenida rodopiando bandeiras.* ● *int.* **2** rodar em torno de si mesmo; girar: *A menina rodopia pela sala, mostrando a roda do vestido.* **3** dançar rodando constantemente: *O casal rodopia pelo salão.*

ro.do.pi.o *s.m.* giro; volteio: *O cachorro caiu após rodopio incontrolável.*

ro.do.vi.a *s.f.* via destinada ao tráfego de veículos que se deslocam sobre rodas; estrada de rodagem.

ro.do.vi.á.ria *s.f.* estação de embarque e desembarque de passageiros de ônibus.

ro.do.vi.á.rio *adj.* **1** que exerce a fiscalização policial nas rodovias: *policial rodoviário.* **2** que se destina ao embarque e desembarque de passageiros de ônibus: *terminal rodoviário.* **3** que se realiza por rodovia: *O país investiu em transporte rodoviário.* **4** que se compõe de rodovias: *rede rodoviária.*

ro.e.dor (ô) *s.m.* (Zool.) **1** espécime dos roedores: *O crânio parece o de um roedor.* ● *pl.* **2** ordem de mamíferos que se caracterizam por ter um só par de incisivos e ausência de caninos: *Insetos e roedores desenvolvem-se em ambientes variados.* ● *adj.* **3** que pertence à ordem dos roedores: *animal roedor.*

ro.er *v.t.* **1** cortar ou triturar: *Os periquitos roíam os coquinhos.* **2** destruir; corroer: *A ferrugem roía a ponte.* **3** (Fig.) atormentar; angustiar: *A culpa roía o presidiário.* **4** (Fig.) sofrer; angustiar-se: *Ainda se roía de saudades.* ● *pron. int.* **5** devorar ou destruir aos poucos: *Pegou o queijo e passou minutos roendo.*

ro.gar *v.t.* pedir com insistência; suplicar; implorar: *A mãe rogou ao juiz pela liberdade do filho.*

ro.go (ô) *s.m.* **1** pedido; solicitação; súplica: *Depois de muito rogo, o menino tomou o remédio.* **2** necessidade; exigência: *Agora vou atender aos rogos do sono.*

ro.jão *s.m.* **1** foguete pirotécnico. **2** (Bras.) (Fig.) ritmo intenso de vida; trabalho árduo: *Ela está muito cansada para aguentar o rojão.*

rol *s.m.* **1** lista; relação: *O tintureiro fez o rol das roupas lavadas.* **2** grande quantidade; número elevado: *rol de necessidades.* // Pl.: róis.

ro.la (ô) *s.f.* pomba de cor marrom-avermelhada; rolinha.

ro.la.gem *s.f.* dilatação do prazo para pagamento de uma dívida: *Estão pedindo a rolagem de suas dívidas.*

ro.la.men.to *s.m.* **1** fluxo de tráfego: *O túnel tem duas faixas de rolamento.* **2** conjunto de pequenas esferas ou peças cilíndricas de aço que evitam o atrito e facilitam o movimento de rotação de certos mecanismos: *Os meninos faziam carrinhos com rodas de rolamento.*

ro.lar *v.t.* **1** fazer rodar ou girar: *O ator rola o corpo pelo piso do palco.* **2** fazer deslizar por uma superfície em declive girando sobre si mesmo: *Ele rolou o barril de chope.* **3** prorrogar o prazo para pagamento: *rolar a dívida.* **4** atracar-se ou engalfinhar-se: *A menina rola com a irmã sem o menor motivo.* ● *int.* **5** (Coloq.) circular; espalhar-se: *A sua reputação rola por aí.* **6** virar várias vezes; revolver-se: *A moça rolava na cama.* **7** (Coloq.) desenrolar-se; acontecer: *A corrupção rolava solta entre os comerciantes.*

rol.da.na *s.f.* maquinismo formado por um disco que gira sobre um eixo de borda canelada, por onde passa uma correia cujas extremidades se fixam uma à força e a outra à resistência; polia: *O teto solar se movimenta por um sistema de roldanas.*

rol.dão *s.m.* barafunda; confusão: *Um roldão de pensamentos lhe atropelava a cabeça.* ♦ **de roldão** de maneira estabanada; bruscamente.

ro.le.ta (ê) *s.f.* **1** jogo de azar em que o número sorteado é indicado pela parada de uma bolinha numa das 37 casas numeradas de uma roda giratória. **2** catraca destinada a fazer a contagem das pessoas que passam por ela: *Retiraram a roleta do cinema.*

ro.lha (ô) *s.f.* **1** peça geralmente cilíndrica para tapar gargalo de garrafas ou outros frascos: *A melhor rolha é a de cortiça.* **2** aquilo que obstrui ou tapa: *Uma rolha de cerume ensurdeceu-o.*

ro.li.ço *adj.* **1** circular; redondo. **2** redondo; arredondado; esférico: *pedra roliça.* **3** rechonchudo; cheio; gordo: *cachorro roliço.*

ro.li.mã *s.f.* **1** pequeno rolamento cilíndrico: *carrinhos de rolimã.* **2** carrinho feito com esse rolamento: *Fazia rolimãs para os irmãos menores.*

ro.li.nha *s.f.* rola.

ro.lo (ô) *s.m.* **1** embrulho, pacote de forma cilíndrica: *Ela apertava o rolo debaixo do braço.* **2** material em forma de fios, fitas ou lâminas, enrolado: *rolo de*

rondó

corda. **3** objeto cilíndrico: *Ela estende a massa com um rolo*. **4** massa gasosa mais ou menos densa: *Um rolo de fumaça saía da chaminé*. (Coloq.) **5** confusão; conflito: *Não venha botar a minha mãe nesse rolo*. **6** transação comercial que envolve dinheiro e outros objetos; negócio confuso ou ilícito: *Ele vive se metendo em rolo*.

ro.mã *s.f.* fruto arredondado, de casca lisa e brilhante, amarela ou avermelhada, com manchas escuras, sementes angulosas, de cor rosa ou carmim, de sabor doce e adstringente.

ro.man.ce *s.m.* **1** obra narrativa de ficção, que consiste em descrição longa de ações e sentimentos das personagens, cuja história, desenrolada num determinado tempo e espaço, constitui a transposição da vida real para o plano artístico: *Pretendia escrever um romance sobre suas aventuras*. **2** livro que contém essa narrativa: *Procurei seu romance em duas livrarias*. **3** envolvimento amoroso; namoro: *romance entre a moça e o vizinho*.

ro.man.ce.ar *v.t.* dar a forma de romance; narrar de forma fantasiosa: *romancear um pouco a sua própria biografia*.

ro.man.cis.ta *s.2g.* quem escreve romances.

ro.ma.nes.co (ê) *adj.* de natureza romântica: *Ela viveu um caso romanesco que a abalou muito*.

ro.mâ.ni.co *adj.* **1** diz-se do estilo arquitetônico que floresceu na Europa Ocidental, entre os séculos XI e XII, que se caracteriza sobretudo pelo emprego do arco pleno e de arestas. **2** relativo especialmente à Roma antiga. **3** diz-se de língua derivada do latim vulgar desenvolvida no vasto Império Romano, que abrangeu quase toda a Europa Ocidental e pequena parte da Oriental: *O português é uma das línguas românicas*.

ro.ma.no *s.m.* **1** natural ou habitante de Roma: *Os romanos são alegres e brincalhões*. • *adj.* **2** relativo a Roma, Itália: *gladiadores romanos*. **3** relativo à antiga Roma: *arquitetura romana*. **4** que pertence à Igreja Católica, com sede em Roma: *Sou católico apostólico romano*.

ro.mân.ti.co *s.m.* **1** quem age de modo apaixonado, com lirismo: *Sou um romântico*. **2** quem é adepto, seguidor ou pertencente ao Romantismo. • *adj.* **3** que age de modo apaixonado, com lirismo: *Você está romântico hoje*. **4** que inspira amor, paixão, lirismo: *lugar romântico*. **5** que tem por tema o amor ou a paixão: *canção romântica*. **6** que diz respeito ao Romantismo ou que é próprio dessa escola: *Castro Alves foi poeta romântico*.

ro.man.tis.mo *s.m.* movimento que surgiu nas artes, no século XVIII, em reação ao Classicismo e que, na Literatura, se caracteriza pelo individualismo, lirismo e predomínio do sentimento sobre a razão.

ro.man.ti.zar *v.t.* **1** dar caráter romântico; fantasiar: *Eles romantizam os índios para divulgar seu próprio trabalho*. **2** dramatizar: *Ela romantiza tudo*.

ro.ma.ri.a *s.f.* **1** peregrinação a local religioso: *Romarias se sucediam em Juazeiro do Norte*. **2** visita feita por um grupo de pessoas: *Parlamentares apareceram no palácio em romaria*. **3** (Fig.) grande quantidade; multidão: *Uma romaria de adolescentes vinha à loja*.

ro.mã.zei.ra *s.f.* árvore que produz romãs.

rom.bo[1] *s.m.* **1** buraco de grandes proporções; abertura: *Tapou o rombo com três caminhões de entulho*. **2** desfalque: *A Previdência está com novo rombo*.

rom.bo[2] *adj.* rombudo; que não tem ponta aguçada.

rom.bu.do *adj.* **1** que tem a ponta muito grossa: *martelo de pedra rombuda*. **2** mal aguçado: *agulha rombuda*. **3** de grande vulto: *Foi uma rombuda fraude de um milhão*. **4** grosseiro; pouco inteligente.

ro.mei.ro *s.m.* quem participa de romaria; peregrino.

ro.me.no (ê) *s.m.* **1** natural ou habitante da Romênia: *Os romenos temiam o tirano*. • *adj.* **2** relativo ou pertencente à Romênia (Europa): *médica romena*.

rom.pan.te *s.m.* **1** arrogância; altivez. **2** manifestação súbita e violenta; ímpeto: *Foi pai sem rompantes coléricos*.

rom.per *v.t.* **1** arrebentar; despedaçar; partir: *O cavalo empinava quase rompendo o cabresto*. **2** vencer; superar: *romper o boicote*. **3** penetrar: *O punhal rompeu as entranhas*. **4** tornar sem efeito; desfazer: *Ela rompeu o noivado*. **5** atravessar: *O sol vai rompendo as nuvens*. **6** quebrar; interromper: *Sons de um piano romperam a quietude*. **7** livrar-se; agir em oposição a: *Não é fácil romper com uma tradição*. **8** cortar relações: *Ele rompeu com a família*. **9** começar a manifestar subitamente; disparar; desatar: *A plateia rompeu em aplausos*. • *pron.* **10** arrebentar; partir-se: *Células aumentam de volume até se romperem*. **11** rasgar; dilacerar: *O véu rompeu-se*. **12** acabar; desfazer-se: *Os vínculos de dependência não se romperam*. • *int.* **13** ter início; nascer; despontar; surgir: *O sol rompeu radiante*. **14** manifestar-se de repente; irromper: *Rompeu o riso na plateia*.

rom.pi.men.to *s.m.* **1** quebra de compromisso; violação: *rompimento do contrato*. **2** quebra; ruptura: *Houve o rompimento da tubulação*. **3** corte ou suspensão de relações: *rompimento das relações diplomáticas*.

ron.car *v.int.* **1** rosnar: *Quando a fera parou à sua frente, roncou forte*. **2** respirar com ruído durante o sono: *Ele sempre roncava quando dormia*. **3** produzir ruído grave semelhante ao ronco: *O avião roncava na pista*. **4** produzir barulho indicador de fome: *Seu estômago começou a roncar*.

ron.co *s.m.* **1** som grave e barulhento da respiração de quem dorme: *Não conseguia dormir com o ronco do marido*. **2** som forte e áspero. **3** som produzido por alguns animais.

ron.da *s.f.* **1** inspeção ou diligência: *A polícia fazia a ronda do bairro*. **2** patrulha policial.

ron.dar *v.t.* **1** inspecionar; fiscalizar: *A polícia rondava a praça*. **2** aproximar-se; rodear: *Moscas rondavam as mesas*. **3** vigiar, com a intenção de atacar: *Uma onça rondava o acampamento*. **4** estar próximo de: *O perigo ronda a fazenda*. **5** perambular; andar a esmo; vagar: *A primeira classe matava o tempo rondando pelo convés*.

ron.dó *s.m.* **1** composição poética com estribilho constante. **2** forma musical em que há um episódio que volta periodicamente, alternado com outros episódios: *Ouvia um rondó de Mozart*.

rondoniense

ron.do.ni.en.se s.2g. **1** natural ou habitante do estado de Rondônia. • adj.2g. **2** relativo ao estado de Rondônia: *crianças rondonienses*.

ron.ro.nar s.m. **1** rumor produzido pela traqueia do gato. • int. **2** falando-se de gato, emitir rumor característico produzido na sua traqueia: *O gato ronrona aos pés do dono*. **3** produzir ruído semelhante ao gerado pelo gato; roncar: *O motor ronrona*.

ro.que s.m. música de ritmo rápido e ruidoso de origem norte-americana, que se popularizou na segunda metade do século XX.

ro.quei.ro s.m. **1** quem é adepto ou praticante de roque: *A roqueira se apresenta aos sábados*. • adj. **2** que é adepto ou praticante de roque: *Procurava divertir o público roqueiro*. **3** relativo a roque: *movimento roqueiro*.

ro.rai.men.se s.2g. **1** o natural ou habitante do estado de roraima. • adj.2g. **2** de ou relativo ao mesmo estado: *produto roraimense*.

ro.re.jar v.t. **1** molhar com gostas; borrifar. **2** Fazer cair como orvalho. • int. **3** transpirar.

ro.sa (ó) s.f. **1** flor de corola de muitas pétalas, em várias cores, de aspecto delicado e perfume suave. **2** roseira: *Plantei rosas e margaridas*. • s.m. **3** cor-de-rosa: *Desbotou um pouco o rosa do tecido*. • adj.2g. **4** dessa cor: *chinelo rosa*.

ro.sá.cea s.f. ornato arquitetônico em forma de rosa: *A catedral tem uma rosácea central*.

ro.sa.do adj. cor-de-rosa-claro; róseo: *faces rosadas*.

ro.sa-dos-ven.tos s.f. mostrador com 32 raios que dividem a circunferência do horizonte e que representam outras tantas direções ou ventos. // Pl.: rosas-dos-ventos.

ro.sá.rio s.m. **1** enfiada de 165 contas correspondentes ao número de quinze dezenas de ave-marias e quinze padre-nossos, para serem rezados como prática religiosa. **2** reza feita com essa enfiada. **3** sucessão; série; enfiada: *Desfiava um rosário de desculpas*.

ros.bi.fe s.m. fatia de carne bovina semicrua internamente: *Os outros participantes fartaram-se de camarão, rosbife e pudim de leite*.

ros.ca (ô) s.f. **1** espiral de parafuso ou de outro objeto qualquer. **2** pão, bolo ou biscoito retorcido ou em forma de argola.

rosé (rosê) (Fr.) adj. cor-de-rosa; rosado: *vinho rosé*.

ro.sei.ra s.f. arbusto ou trepadeira lenhosa, muito cultivada pela beleza das flores (as rosas).

ro.sei.ral s.m. plantação de roseiras.

ró.seo adj. **1** rosado: *Apareceu um bolor róseo no pão*. **2** perfumado como a rosa: *ambiente róseo e alegre*. **3** relativo a rosa.

ro.sé.o.la s.f. qualquer tipo de erupções cutâneas de cor rosa.

ro.se.ta (ê) s.f. **1** pequena peça circular e dentada das esporas: *Tive que domar o animal com pontadas de roseta*. **2** placa circular contendo pregos com as pontas expostas: *Achamos rosetas usadas para furar pneus*.

ros.na.do s.m. som surdo e ameaçador emitido entre os dentes pelos canídeos: *O som que ouviu parecia um rosnado*.

ros.nar v.int. emitir (cão, lobo etc.) som surdo, gutural e rascante, geralmente em sinal de ameaça, arreganhando os dentes: *A cachorrinha rosnou de modo ameaçador*.

ros.que.ar v.t. apertar com rosca: *Para instalar, basta rosquear a ducha no cano e ligar os fios*.

ros.to (ô) s.m. **1** (Anat.) parte anterior da cabeça; face; cara; semblante: *Enxugou o rosto às pressas*. **2** conjunto dos caracteres faciais que identificam uma pessoa; fisionomia: *Procurou identificar o rosto do suspeito*.

ros.tro (ô) s.m. bico das aves.

ro.ta (ó) s.f. percurso; caminho.

ro.ta.ção s.f. **1** movimento giratório em torno do próprio eixo: *Os discos antigos giravam a 78 rotações por minuto*. **2** rodízio: *Costumam fazer a rotação do arroz com outras culturas*. **3** movimentação; desenvolvimento: *As exportações continuam em alta rotação*.

ro.ta.ti.va s.f. (Edit.) máquina de impressão composta de cilindros giratórios.

ro.ta.ti.vi.da.de s.f. **1** qualidade de rotativo. **2** rodízio. **3** intensidade de rotação: *rotatividade de empregados*.

ro.ta.ti.vo adj. **1** giratório: *O material é lavado num cilindro metálico rotativo*. **2** que muda muito; que se alterna: *clientela bastante*.

ro.ta.tó.ria s.f. obra de engenharia de estradas, circular, para facilitar o trânsito em cruzamentos de duas ou mais rodovias.

ro.ta.tó.rio adj. **1** giratório: *Faça movimentos rotatórios com o tronco*. **2** que se alterna; rotativo: *O posto diplomático deve ser rotatório*.

ro.tei.ri.zar v.t. escrever o roteiro: *Assinou contrato para roteirizar e dirigir um filme*.

ro.tei.ro s.m. **1** percurso; itinerário: *Não queria alterar o roteiro da viagem*. **2** relação de tópicos a serem abordados ou de atividades a serem executadas; guia: *Redigi um novo roteiro de entrevista*. **3** texto, baseado no argumento, das cenas, sequências, diálogos e indicações técnicas de um filme ou peça teatral: *Escreveram primeiro o roteiro para o cinema*.

ro.ti.na s.f. **1** fato que se repete periódica e regularmente; hábito: *A rotina é um dos grandes males da vida*. **2** dia a dia: *O fato mudou a rotina do hospital*.

ro.ti.nei.ro adj. **1** que age sempre da mesma maneira: *O padre era calmo, rotineiro*. **2** comum; usual: *A Igreja abriu a Quaresma com a rotineira campanha*.

ro.tis.se.ri.a s.f. casa que vende, fabrica ou serve produtos alimentícios, principalmente massas, queijos, frios e carnes.

ro.to (ô) s.m. **1** maltrapilho; esfarrapado: *O roto fala do rasgado*. • adj. **2** que tem as vestes rasgadas; maltrapilho: *Voltou roto, doente, envelhecido*. **3** esfarrapado; rasgado: *Sentou-se na poltrona rota e ficou quieta*.

ro.tor (ô) s.m. **1** parte giratória de certas máquinas e motores, especialmente elétricas. **2** mecanismo rotatório dos helicópteros, com as respectivas pás.

ró.tu.la s.f. **1** (Anat.) osso situado entre a tíbia e o fêmur, na parte anterior do joelho. // Nesta acepção, é atualmente denominada patela. // **2** veneziana: *Espiando pela rótula da janela, viu a chegada do filho*.

ro.tu.lar v.t. **1** pôr rótulo em; etiquetar: *A cozinheira rotulou os potinhos de tempero*. **2** atribuir qualidade ou atributo; classificar de modo simplista: *Rotular a tragédia como acidente é uma explicação cômoda*.

ró.tu.lo s.m. **1** pequeno impresso que se coloca em embalagens e recipientes para indicar-lhes o conteúdo;

rude

etiqueta: *Debaixo da cama havia uma garrafa sem rótulo*. **2** denominação ou qualificação simplista: *A banda rejeita o rótulo de renovadores do Rock*.

ro.tun.da *s.f.* **1** construção circular, que termina em cúpula: *O enorme palco abrigava uma rotunda*. **2** praça, largo ou espaço circular: *Entrei em uma espécie de rotunda*. **3** no teatro, pano de fundo, geralmente disposto em semicírculo no palco: *O cenário é muito simples, completado por uma rotunda*.

ro.tun.do *adj.* **1** redondo; roliço: *entrevistador rotundo*. **2** rigoroso; categórico: *Disse-lhe um rotundo "não"*.

ro.tu.ra *s.f.* ruptura; rompimento: *rotura vascular*.

rou.ba.da *s.f.* **1** ação de roubar: *O primeiro gol teve início com uma roubada de bola*. **2** (Coloq.) situação difícil ou embaraçosa: *Estou numa roubada de marca maior*.

rou.bar *v.t.* **1** subtrair coisas alheias; apoderar-se indevidamente de; furtar: *Tolentino roubava gado do capitão*. **2** privar ou destituir; tomar: *A preocupação rouba o sono da mãe*. **3** tomar por meio de conquista; raptar.

rou.bo *s.m.* **1** subtração fraudulenta de coisas alheias; apropriação indébita: *Fiz seguro contra roubo de carro*. **2** abuso no preço; extorsão: *Tudo no shopping center é um roubo*. **3** objeto que é fruto de apropriação indébita: *Os compradores do roubo foram denunciados*.

rou.co *adj.* **1** que tem a voz áspera e cava: *Minha voz fica cada vez mais rouca*. **2** próprio desse som.

rou.fe.nho (ê) *adj.* fanhoso; rouco: *Tocava um velho clarim roufenho*.

round (ráund) (Ingl.) *s.m.* **1** no boxe, um dos tempos de uma competição: *Foram quatro quedas em seis rounds*. **2** (Fig) etapa: *O segundo round do julgamento começa na próxima sexta-feira*.

rou.pa *s.f.* **1** indumentária; traje: *Trajava uma roupa elegantíssima*. **2** peça do vestuário ou o conjunto dessas peças: *Ela vende roupas numa loja do calçadão*. **3** peças de tecido de uso doméstico, para cama, mesa ou banho: *A roupa de cama cheirava a alfazema*.

rou.pa.gem *s.f.* **1** roupa; veste: *A bizarra roupagem caía-lhe como asas de besouro*. **2** revestimento: *Os sofás receberam roupagem nova*. **3** aparência; aspecto: *Campinas está ganhando roupagem de capital*.

rou.pão *s.m.* roupa do vestuário para ser usada sobre pijama ou após o banho.

rou.pa.ri.a *s.f.* local onde se guardam roupas: *A rouparia do hospital abrigava grande quantidade de lençóis, toalhas e pijamas*.

rou.que.jar *v.t.* falar com voz rouca: *O bêbado rouquejava palavrões*.

rou.que.nho (ê) *adj.* rouco: *cantor de voz rouquenha*.

rou.qui.dão *s.f.* alteração na voz, tornando-a rouca, difícil de ser entendida: *O presidente alegou rouquidão para não dar entrevista*.

rou.xi.nol (ó) *s.m.* ave de coloração parda com tons ruivos, que vive em toda a Europa e numa parte da Ásia central e meridional.

ro.xo (ô) *s.m.* **1** a cor entre o rubro e o violáceo: *Vi chegar o roxo das quaresmeiras*. ● *adj.* **2** que tem essa cor: *berinjela roxa*. **3** (Coloq.) fanático; apaixonado. **4** (Coloq.) exasperado; transtornado: *A reclamação deixou o gerente roxo*. **5** com a pele escura: *Volta estropiado, roxo de frio*. (Coloq.) ansioso; desejoso: *Andavam roxas por largar o emprego de doméstica*.

ru.a *s.f.* **1** via pública para circulação urbana: *Quase todas as ruas da cidade são asfaltadas*. **2** espaço entre as fileiras de qualquer plantação: *Subiam as ruas do cafezal*.

ru.an.dês *s.m.* **1** natural ou habitante de Ruanda: *Dois milhões de ruandeses fogem da guerra civil*. ● *adj.* **2** relativo a Ruanda (África Central): *refugiado ruandês*.

ru.bé.o.la *s.f.* (Med.) infecção por vírus, que ocorre principalmente na infância: *A rubéola é perigosa no início da gravidez*.

ru.bi *s.m.* pedra preciosa de cor vermelha muito viva. ● *adj.2g.* que tem essa cor: *Vestia uma finíssima blusa rubi*. Associado a um nome de cor, indica tonalidade: *um colorido vermelho-rubi*.

ru.bi.á.cea *s.f.* (Bot.) **1** espécime das rubiáceas; café: *O cultivo da rubiácea contribuiu para o desenvolvimento brasileiro*. **2** grupo de plantas de folhas opostas, flores brancas geralmente pequenas e frutos variados, em geral em forma de cápsula, dentre os quais está o café.

ru.bi.cun.do *adj.* muito corado; de cor avermelhada: *O rosto do padre era normalmente rubicundo*.

ru.blo *s.m.* unidade monetária da Rússia.

ru.bor (ô) *s.m.* **1** vermelhidão da face; cor avermelhada: *O rubor da mucosa bucal contrasta com a palidez da pele*. **2** vergonha; acanhamento; pudor: *Seu rosto franco, sem rubores e sem máscaras, notabilizou-se*.

ru.bo.ri.zar *v.t.* **1** fazer ficar com as faces vermelhas por timidez ou vergonha: *Aquele assunto ruborizava a menina*. ● *pron.* **2** corar-se, por timidez ou vergonha: *O rapaz se ruboriza facilmente*.

ru.bri.ca *s.f.* **1** firma ou assinatura abreviada: *Cada página leva a rubrica do requerente*. **2** título de um tópico, assunto ou categoria: *Discutiram assuntos compreendidos sob a rubrica ecológica*. **3** indicação escrita, nota ou lembrete, para determinar a maneira de proceder nas atividades cênicas: *Outra rubrica importante no diálogo é a pausa*.

ru.bri.car *v.t.* **1** apor firma ou assinatura abreviada em: *Exige-se que o inquilino rubrique as páginas do contrato*. **2** firmar; assinar: *Representantes do governo devem rubricar o acordo de paz*.

ru.bro *s.m.* **1** cor vermelha muito intensa: *Contemplava o rubro dos cafezais*. ● *adj.* **2** de vermelho muito vivo; escarlate: *Tinha olhos negros e lábios rubros*. **3** muito corado; afogueado: *Meu rosto está rubro de calor*.

ru.ço *s.m.* **1** pessoa que tem cabelos ou pelos castanho-claros: *Vou buscar meu ruço no berçário*. ● *adj.* **2** pardacento; mais ou menos pardo: *égua ruça*. **3** desbotado pelo uso; surrado: *O velho guarda-chuva já estava ruço*. **4** que tem cabelos ou pelos castanho-claros: *bigodes ruços*. // Cp.: russo.

rú.cu.la *s.f.* planta hortense, usada geralmente para salada.

ru.de *adj.2g.* **1** sem instrução; ignorante: *Era um rude camponês*. **2** descortês; grosseiro: *Eu me exaltei e fui rude*. **3** áspero; rugoso: *A pele de suas mãos é morena e rude*. **4** severo; forte: *O genro levou um rude golpe*. **5** primário; desajeitado, tosco. **6** duro; difícil: *vida rude*. // Ant.: polido.

rudeza

ru.de.za (ê) *s.f.* **1** rusticidade; primitivismo; grosseria: *A graça da juventude escondia certa rudeza de comportamento.* **2** aspereza; dificuldade: *Enfrentou a rudeza da luta.*

ru.di.men.tar *adj.2g.* **1** rústico; primitivo: *Construiu um rudimentar fogão de lenha.* **2** não evoluído; primário; elementar: *Não basta ter corpo de modelo e noções rudimentares de interpretação.* **3** básico; essencial: *Aquela gente carecia das necessidades mais rudimentares.*

ru.di.men.to *s.m.* **1** elemento inicial; princípio; esboço: *Nessas formas de comunicação, há um rudimento de interação.* • *pl.* **2** conjunto de noções básicas: *Ele aprendeu os rudimentos da Matemática com o pai.*

ru.e.la (é) *s.f.* pequena rua; viela.

ru.far *s.m. v.t.* **1** fazer produzir sons repetidos e sucessivos: *Suas mãos rufavam o tambor.* **2** executar um ritmo ou som com batidas rápidas e sucessivas: *O violeiro começou a rufar uma valsa.* • *int.* **3** emitir rufos: *Rufam os tambores.*

ru.fi.ão *s.m.* **1** indivíduo que vive a expensas de prostituta. **2** aquele que provoca brigas por causa de mulheres.

ru.flar *v.t.* **1** fazer tremular; agitar: *Os torcedores deixaram o campo ruflando as bandeiras.* • *int.* **2** agitar-se com rumor análogo da ave que esvoaça: *Asas ruflam.* **3** produzir som rascante pelo atrito com o ar: *O avião passa ruflando, rumo ao norte.*

ru.fo[1] *s.m.* som rápido e sucessivo: *De repente, cessa o rufo do tambor.*

ru.fo[2] *s.m.* **1** tira de pano franzida ou pregada que se usa nos vestidos. **2** cada uma das pregas ou franzidos desse enfeite.

ru.fo[3] *adj.* (Poét.) ruivo; vermelho.

ru.ga *s.f.* prega ou dobra na pele ou em qualquer superfície; vinco.

rúg.bi *s.m.* esporte inventado na Inglaterra, em 1823, praticado por duas equipes de 15 jogadores.

ru.ge *s.m.* cosmético em pó ou em pasta, de coloração que varia entre o róseo e o vermelho, usado para colorir as maçãs do rosto.

ru.gi.do *s.m.* **1** urro; bramido: *Os tigres se comunicam com rugidos.* **2** ronco: *rugido do motor.*

ru.gir *v.int.* **1** emitir a voz; urrar; bramir: *O tigre rugiu, hesitou, mas obedeceu ao domador.* **2** dizer em tom de rugido; bradar: *Rugíamos de indignação e fome de liberdade.* **3** produzir som semelhante a rugido.

ru.í.do *s.m.* **1** barulho: *Saiu sem ruído para não acordar a criança.* **2** som indesejável produzido pela má qualidade de uma operação eletrônica: *É um disco antigo, mas sem nenhum ruído.* **3** alarde: *Resolvia tudo sem muito ruído.* **4** (Fig.) perturbação: *Nenhuma transformação se faz sem ruído social.*

ru.i.do.so (ô) *adj.* **1** barulhento; estrondoso: *Os estudantes saíam em grupos ruidosos.* **2** rumoroso; entusiasmado: *A ideia alcançou ruidoso sucesso.*

ru.im *adj.2g.* **1** de má qualidade: *Os poemas eram ruins.* **2** que causa mal-estar; desagradável: *Essa bebida tem gosto ruim.* **3** mau; perverso. **4** impróprio; inadequado: *A claridade está ruim para fotos.* **5** difícil; desfavorável: *O comércio em geral está muito ruim.* **6** que está mal de saúde; muito doente. // Ant.: bom.

ru.í.na *s.f.* **1** construção parcialmente desmoronada: *Fomos conhecer as ruínas do colégio dos jesuítas.* **2** decadência; destruição; miséria: *Ela trabalhava muito para evitar a ruína.* **3** decadência completa; aniquilamento.

ru.in.da.de *s.f.* **1** má índole; maldade: *O que ele tem é ruindade no coração.* **2** má qualidade: *A ruindade do filme é assombrosa.* // Ant.: bondade.

ru.ir *v.int.* **1** cair com ruído; desabar: *Não há risco de o edifício ruir.* **2** deixar de existir; desaparecer: *Finalmente a ditadura ruiu.*

rui.vo *s.m.* **1** cor amarelo-avermelhada: *Sua cabeleira era de cor indefinida entre o castanho e o ruivo.* • *adj.* **2** pessoa de cabelo amarelo-avermelhado. **3** de cor amarelo-avermelhada: *homem ruivo.*

rum *s.m.* aguardente obtida pela fermentação e destilação do melaço de cana-de-açúcar.

ru.mar *v.t.* dirigir-se; ir: *Rumaria no final do mês para Moscou.*

rum.ba *s.f.* dança popular afro-cubana, em compasso binário, ritmo sincopado e muito variado.

ru.mi.na.ção *s.f.* **1** nova mastigação, pelo animal, dos alimentos que voltam do estômago: *A cana aumenta o volume de fibras para a ruminação.* **2** (Fig.) reflexão: *ruminação de um problema.*

ru.mi.nan.te *s.m.* (Zool.) **1** espécime da subordem dos ruminantes. • *adj.2g.* **2** subordem de mamíferos herbívoros caracterizados pela presença de estômago duplo, com quatro cavidades e que digerem os alimentos em duas fases. • *pl.* **3** que pertence à ordem dos ruminantes: *O boi classifica-se entre os ruminantes.*

ru.mi.nar *v.t.* **1** tornar a mastigar; remoer alimentos que retornam do estômago à boca: *As cabras ruminavam as dálias do canteiro.* **2** (Fig.) refletir; pensar: *Desci o morro ruminando minha preocupação.*

ru.mo *s.m.* **1** rota: *O piloto mudou de rumo para evitar o temporal.* **2** orientação; destino: *A moça encontrou seu rumo.* **3** orientação; roteiro: *A pesquisa tomou um rumo definido.* **4** direção: *Tomei o rumo da sala.* • **rumo a** em direção a/de.

ru.mor (ô) *s.m.* **1** barulho; ruído: *Só se ouvia o rumor do vento nas árvores.* **2** boato: *Escutaram rumores maldosos.*

ru.pes.tre (é) *adj.2g.* **1** feito nas rochas das cavernas: *pinturas rupestres.* **2** que se faz nas rochas: *Os ciganos faziam construções rupestres.*

rú.pia *s.f.* unidade monetária da Índia, Nepal, Paquistão, Indonésia, Sri Lanka e Seichelles.

rup.tu.ra *s.f.* **1** rompimento: *ruptura da córnea.* **2** fim de relação; rompimento.

ru.ral *adj.2g.* **1** do campo; campestre: *realidade rural.* **2** que vive no campo ou a ele pertence: *trabalhador rural.* **3** que trata de assuntos ligados às atividades do campo: *O banco abrirá crédito rural.* **4** produzido no campo: *artesanato rural.*

ru.ra.lis.mo *s.m.* **1** mundo rural com seus hábitos, costumes, tradições e modismos: *marcas fundamentais do ruralismo.* **2** predomínio do campo, da agricultura, em relação à cidade, à indústria: *São restos de um ruralismo que não existe mais.* **3** conjunto de ruralistas: *A mentalidade do ruralismo brasileiro atrapalha nosso desenvolvimento.*

rútilo

ru.ra.lis.ta *s.2g.* **1** quem representa ou defende as questões e os interesses dos donos de terras: *Os ruralistas defendem a redução das taxas de juros.* • *adj.2g.* **2** que defende ou que representa os interesses dos donos de terras: *bancada ruralista.* **3** que possui características do meio rural: *A tendência ruralista influenciou o programa de construção das casas populares.* **4** do campo; do meio rural: *O fazendeiro não representa todo o universo ruralista.*

ru.rí.co.la *s.2g.* **1** quem vive na zona rural; camponês; lavrador: *Nossa proposta respeita a condição do rurícola.* • *adj.2g.* **2** que vive na zona rural; camponês; lavrador: *É necessário dar assistência ao homem rurícola.*

rus.ga *s.f.* pequena briga ou desavença; desentendimento: *Os compadres dividem o mesmo teto sem nenhuma rusga.*

rush (râch) (Ingl.) *s.m.* intenso movimento de veículos; aglomeração: *Saímos do trabalho na hora do* rush.

rus.so *s.m.* **1** natural ou habitante de Rússia: *Os russos iniciaram a aproximação com o Ocidente.* • *adj.* **2** relativo à Rússia, Europa: *bailarina russa.* // Cp.: ruço.

rus.ti.ci.da.de *s.f.* qualidade do que é rústico: *Monte Verde tem a rusticidade das ruas de terra batida.*

rús.ti.co *s.m.* **1** quem é rude, primitivo. • *adj.* **2** rude; grosseiro; primitivo: *Morou numa vila humilde e rústica.* **3** campestre: *gosto rústico.*

ru.ti.lan.te *adj.2g.* muito brilhante; resplandecente: *anel belo e rutilante.*

ru.ti.lar *v.int.* brilhar muito: *Suas pupilas rutilavam.*

rú.ti.lo *adj.* rutilante; resplandecente: *céu limpo e rútilo.*

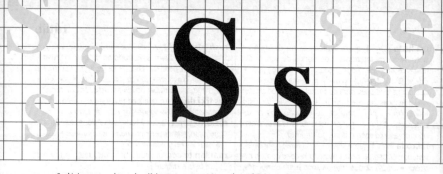

s *s.m.* **1** décima nona letra do alfabeto português. **2** a figura dessa letra. **3** abreviatura de sul. • *num.* **4** décimo nono numa série indicada por letras.

sa.bá *s.m.* **1** sábado judaico, dia de descanso que vai da tarde de sexta-feira até a tarde do sábado: *Os judeus devem descansar no sabá.*

sá.ba.do *s.m.* sétimo dia da semana.

sa.bão *s.m.* **1** produto de limpeza preparado com sais extraídos de gorduras: *pedaços de sabão de coco.* **2** (Coloq.) descompostura; repreenda: *Com voz severa, passou um sabão nos moleques.*

sa.bá.ti.co *adj.* **1** relativo a ou próprio de sábado. **2** relativo ao sabá.

sa.ba.ti.na *s.f.* prova ou teste escolar: *Às vésperas de sabatina mensal, os alunos sentiam medo.*

sa.ba.ti.nar *v.t.* submeter à sabatina ou a interrogatório; arguir: *Os deputados sabatinaram o ministro da Economia.*

sa.be.dor (ô) *adj.* informado; ciente; conhecedor: *O grupo era experiente e sabedor de que tudo na vida tem um preço.*

sa.be.do.ri.a *s.f.* **1** qualidade de sábio. **2** alto grau de conhecimento; erudição: *O jovem aluno admirava a sabedoria do velho professor.* **3** previdência, cautela, precaução: *Tinha a sabedoria de resolver problemas antes que eles ficassem grandes demais.* **4** conjunto dos conhecimentos adquiridos; ciência. // Ant.: ignorância.

sa.ber *v.t.* **1** ser versado ou instruído em; ter conhecimentos específicos de: *O cientista tem de saber matemática.* **2** reter na memória; trazer de cor: *A vovó sabia os números dos telefones de toda a família.* **3** poder explicar; compreender: *Não sei o que acontece comigo, ando meio distraído.* **4** prever; pressentir: *Sei que amanhã vai chover.* **5** ter capacidade para: *A investigadora tinha carro, mas não sabia dirigir.* **6** fazer jus a: *O chefe de polícia sempre soube ser digno do cargo que ocupava.* **7** ter muito conhecimento ou ciência; ser erudito: *Aquele homem simples sabe muito mais do que imaginamos.* **8** ocupar-se; preocupar-se com: *Não trabalhava, não estudava, só queria saber de namorar.* **9** receber informação: *O aluno quis saber se a sua redação estava boa.* **10** ficar ciente; tomar ciência: *O gerente da loja fez saber que os fregueses estavam satisfeitos.* • *s.m.* **11** conhecimento: *As universidades têm contribuído para o desenvolvimento do saber.* **12** conhecimento acumulado; ciência: *O saber de certas pessoas é admirável.*

sa.be.tu.do *s.2g.2n* (Coloq.) sabichão.

sa.bi.á *s.m.* pássaro de cor parda, olhos grandes, bico longo e encurvado.

sa.bi.chão *s.m.* **1** (Coloq.) pessoa que alardeia sabedoria: *Não adiantava explicar nada ao sabichão – ele nunca mudava de ideia.* • *adj.* **2** (Coloq.) que alardeia sabedoria.

sa.bi.do *s.m.* **1** indivíduo que tem saber; erudito. **2** (Deprec.) pessoa espertalhona; velhaco: *O sabido ficou anos sem pagar impostos.* • *adj.* **3** que sabe muitas coisas; bem informado: *Era uma velha muito sabida.* **4** astuto; esperto; vivo: *Ele se considera sabido e ladino, mas estava sendo roubado.* **5** perito; versado: *Eta moço sabido em Matemática!* **6** conhecido: *É sabido que uma lei rigorosa demais acaba sendo ineficiente.*

sá.bio *s.m.* **1** pessoa de conhecimentos vastos e variados: *Sófocles era um sábio grego.* • *adj.* **2** que transmite sabedoria; instrutivo: *Entregamo-nos, sem resistência, ao sábio ensino daquele livro.* **3** que condensa sabedoria: *Os sábios provérbios trazem muita experiência.*

sa.bo.ne.te (ê) *s.m.* sabão perfumado feito de substâncias gordurosas e soda, próprio para lavagem do corpo.

sa.bo.ne.tei.ra *s.f.* recipiente para guardar sabonete.

sa.bor (ô) *s.m.* **1** propriedade que têm as substâncias de impressionar o paladar; gosto: *A água do pote novo tinha sabor de barro.* **2** impressão que as substâncias que têm gosto produzem na língua: *Os temperos servem para dar sabor à comida.* **3** tom; caráter: *As suas maneiras têm um sabor aristocrático.* **4** graça, bom humor: *Eu me delicio com o sabor da linguagem daquele artista.*

sa.bo.re.ar *v.t.* **1** comer ou beber devagar, provando o gosto: *saborear um delicioso risoto de camarão.* **2** apreciar; sentir prazer intenso em: *Vamos saborear esses textos.*

sa.bo.ro.so (ô) *adj.* **1** que tem bom sabor ou gosto; gostoso: *Os pêssegos em calda são muito saborosos!* **2** (Fig.) que proporciona prazer; agradável; delicioso: *Li uma saborosa crônica de Raquel de Queirós.* // Ant.: insípido.

sa.bo.ta.dor (ô) *s.m.* **1** pessoa que danifica ou prejudica clandestinamente uma atividade: *O líder era um sabotador das mudanças que os donos queriam implantar na empresa.* • *adj.* **2** que pratica sabotagem: *Havia sabotadores naquele projeto.*

sa.bo.ta.gem *s.f.* **1** ação ou efeito de sabotar. **2** destruição, danificação ou interrupção proposital de serviços: *Houve sabotagem na manutenção, e o avião caiu.*

sa.bo.tar *v.t.* **1** prejudicar de propósito o funcionamento de: *A ameaça de sabotar aviões e helicópteros parece*

sacrilégio

coisa de filme. **2** prejudicar clandestinamente; dificultar a realização de: *Sabotava o noticiário de um político.*
sa.bre *s.m.* **1** arma branca, reta ou curva, de um só fio. **2** espada curta.
sa.bu.go *s.m.* **1** espiga de milho sem grão, debulhada. **2** parte dos dedos onde a unha se encrava.
sa.bu.guei.ro *s.m.* arbusto de folhas ovais, flores brancas e cheirosas.
sa.ca *s.f.* saco largo e comprido: *Comprei duas sacas de arroz.*
sa.ca.da *s.f.* **1** ato ou efeito de sacar. **2** balcão de janela, externo ao alinhamento da parede.
sa.ca.do 1 extraído; • *adj.* tirado: *Eram personagens sacadas da vida cotidiana de Minas Gerais.* **2** de que se fez saque; abatido de conta bancária: *cheque sacado.*
sa.ca.dor (ô) *s.m.* em certos esportes, como vôlei e tênis, jogador que dá o saque.
sa.ca.na *s.m.* (Bras.) **1** (Ch.) pessoa sem caráter; libertino. **2** (Coloq.) trocista; brincalhão: *O sacana escondia sapos no guarda-roupa da moça.* • *adj.* **3** malandro; matreiro. **4** (Coloq.) zombeteiro; trocista: *Vinha sempre com aquela risada sacana.*
sa.ca.na.gem *s.f.* (Ch.) **1** devassidão; libertinagem. **2** brincadeira de mau gosto; troça. **3** maldade; vingança.
sa.ca.ne.ar *v.t.* (Ch.) **1** trair; enganar: *Não convém sacanear um amigo.* **2** agir como espertalhão, devasso ou trocista; prejudicar: *A firma me sacaneou e não pagou meus salários.*
sa.car *v.t.* **1** fazer abater de conta bancária; retirar: *sacar dinheiro no caixa eletrônico.* **2** puxar (arma) em ameaça: *O bandido sacou o revólver, mas não atirou.* **3** (Coloq.) compreender; entender; captar: *É preciso estar sempre atento para sacar as mudanças.* **4** fazer sair; tirar: *Os mágicos sacaram da cartola pombas e outras coisas.* • *int.* **5** em certos esportes como vôlei, tênis etc., dar o saque.
sa.ça.ri.car *v.int.* (Bras.) (Coloq.) **1** dançar ou andar balançando o corpo. **2** divertir-se muito: *Saçaricou a noite toda.*
sa.ca.ri.na *s.f.* (Quím.) substância sintética usada como adoçante.
sa.ca-ro.lha *s.m.* instrumento para tirar rolhas de garrafas, constituído de uma haste metálica em espiral terminada em ponta e provida de cabo. // Mais usado no plural: *saca-rolhas.*
sa.ca.ro.se (ó) *s.f.* açúcar da cana e da beterraba, cristalino, incolor, de largo emprego na alimentação humana.
sa.cer.dó.cio *s.m.* **1** exercício da função de sacerdote: *Padre Melo já tem 40 anos de sacerdócio.* **2** função de caráter nobre, da qual se espera dedicação respeitosa: *A medicina deve ser um sacerdócio.*
sa.cer.do.te (ó) *s.m.* padre católico; clérigo. // Fem.: sacerdotisa.
sa.chê *s.m.* **1** saquinho de pano contendo substâncias aromáticas para perfumar roupas. **2** saquinho de filtro de papel que contém porção de chá suficiente para uma dose.
sa.ci *s.m.* (Bras.) entidade fantástica, maléfica ou zombeteira, concebida como negrinho de uma perna só, com cachimbo e gorro vermelho; saci-pererê.
sa.ci.ar *v.t.* **1** extinguir (a fome e a sede). • *pron.* **2** satisfazer-se: *Saciou-se com o néctar das flores.*

sa.ci-pe.re.rê *s.m.* entidade fantástica; saci. // Pl.: sacis-pererês.
sa.co *s.m.* **1** peça de pano, papel grosso, plástico, em geral retangular, dobrada e fechada por três lados, ficando um aberto para servir de boca: *saco de batatas.* **2** (Coloq.) paciência: *Não estava com saco para conversar.* **3** (Coloq.) chateação; chatice; enfado: *Esperar ônibus na chuva é um saco.* ✦ **saco de pancada** pessoa que apanha muito: *O moço tinha virado saco de pancada do irmão mais velho.* **saco sem fundo** (i) aquilo que é muito dispendioso: *Essa empresa é um saco sem fundo, não há dinheiro que chegue.* (ii) pessoa que come demais.
sa.co.la (ó) *s.f.* saco largo, de alças, usado para carregar objetos.
sa.co.lão *s.m.* mercado popular de frutas, legumes e verduras vendidos a peso por preço único: *Há boas promoções no sacolão de frutas e legumes.*
sa.co.lei.ro *s.m.* pessoa que compra produtos no exterior ou em outra cidade para revendê-los.
sa.co.le.jar *v.t.* **1** sacudir; agitar. **2** mexer o corpo, rebolar.
sa.co.le.jo (ê) *s.m.* **1** rebolado; saracoteio: **2** balanço; solavanco: *Não conseguia cochilar com o sacolejo do ônibus.*
sa.cra.li.za.ção *s.f.* ato ou efeito de sacralizar.
sa.cra.li.zar *v.t.* **1** tornar sagrado. **2** considerar como sagrado: *As adolescentes sacralizam os seus ídolos.*
sa.cra.men.tar *v.t.* **1** ministrar os sacramentos a: *O padre já tinha sacramentado o doente.* **2** legalizar; oficializar; tornar sagrado: *Não foi possível sacramentar o nosso trato.*
sa.cra.men.to *s.m.* **1** segundo a Igreja Católica, cada um dos sete sinais sagrados instituídos por Jesus Cristo (batismo, crisma, eucaristia, confissão, ordem, matrimônio e extrema-unção) para a salvação de quem os recebe e os professa. **2** cerimônia em que se ministra cada um desses sinais. **3** norma revestida de caráter sagrado: *Para mim, descansar no domingo é um verdadeiro sacramento.* **4** hóstia consagrada: *O Sacramento ficou exposto o dia todo.* // Nessa acepção, escreve-se com inicial maiúscula.
sa.crá.rio *s.m.* pequeno armário sobre o altar onde se conserva a hóstia consagrada.
sa.cri.fi.car *v.t.* **1** oferecer em sacrifício; imolar: *Abraão prontificou-se a sacrificar Isaque.* **2** abrir mão de; renunciar a: *Tiradentes sacrificou a própria vida em prol da liberdade.* **3** matar (animal) para abreviar o sofrimento: *Fora obrigado a sacrificar um dos cavalos.* • *pron.* **4** fazer sacrifícios; arriscar-se: *Muitos se sacrificaram para que pudéssemos viver um pouco melhor.*
sa.cri.fí.cio *s.m.* **1** imolação a uma divindade, em ritual: *Em algumas religiões, há sacrifícios de galos, bodes e pombos.* **2** exploração; aviltamento: *O sacrifício dos trabalhadores foi realizado em nome do lucro dos ricos.* **3** renúncia voluntária (a bem ou direito): *O militar deve manter e defender a Constituição com o sacrifício da própria vida.* **4** privação financeira; penúria: *Foi com muito sacrifício que pagamos o estudo dos nossos filhos.* **5** dificuldade; esforço: *Foi um sacrifício conseguir vestir aquelas calças.*
sa.cri.lé.gio *s.m.* **1** pecado contra a religião ou sacramentos: *Confessei e comunguei em pleno pecado*

sacrílego

mortal. *Foi um sacrilégio.* **2** ato condenável: *Danificar os móveis da escola é um sacrilégio.*
sa.crí.le.go *adj.* **1** em que há sacrilégio; ímpio: *Destruir túmulos é um ato sacrílego.* **2** que cometeu sacrilégio. // Ant.: pio.
sa.cri.pan.ta *s.2g.* pessoa desprezível: *Alguns sacripantas destruíram os orelhões.*
sa.cris.tão *s.m.* pessoa encarregada do arranjo e guarda da igreja, especialmente da sacristia: *Quando o último crente saiu, o sacristão começou a apagar as luzes.* // Pl.: sacristãos; sacristães.
sa.cris.ti.a *s.f.* dependência da igreja onde se guardam os paramentos sacerdotais e onde os sacerdotes se vestem.
sa.cro *s.m.* **1** o osso sacro, o que resulta da fusão das cinco vértebras sacrais: *Numa queda de mau jeito, ele fraturou o sacro.* • *adj.* **2** relativo a osso sacro: *Sente dores na região sacra.* **3** sagrado: *A Igreja Nossa Senhora do Rosário é um antigo monumento sacro.* // Ant.: profano.
sa.cros.san.to *adj.* **1** inviolável; sagrado: *Meu destino é aqui mesmo, no meu sacrossanto lar.* **2** reconhecido como santo e sagrado; sacralizado: *sacrossanto manto.*
sa.cu.di.do *adj.* **1** (Bras.) forte; robusto; saudável: *Um rapagão sacudido veio me atender.* **2** agitado: *Ele dispara pela rua afora, numa correria sacudida e desengonçada.*
sa.cu.dir *v.t.* **1** agitar fortemente e repetidas vezes; fazer mover-se; balançar: *Gina para no meio da sala e sacode os cabelos.* **2** fazer tremer; abalar: *O impacto da explosão sacudiu os móveis da casa.* **3** balançar; menear: *Tia Helga repetidamente sacode a cabeça, negando.* **4** (Fig.) causar comoção: *A morte do atleta sacudiu o mundo todo.* **5** livrar; tirar: *Mariana sacudia do avental as migalhas de pão.* • *int.* **6** sacolejar; balançar: *O ônibus sacode muito.* • *pron.* **7** agitar-se: *Dina se sacode toda quando ri.*
sá.di.co *s.m.* **1** pessoa dada à prática do sadismo: *O sádico se delicia com a desgraça alheia.* • *adj.* **2** que revela sadismo; cruel: *o desfrute sádico da desgraça alheia.*
sa.di.o *adj.* **1** que tem boa saúde; saudável: *O objetivo é garantir a geração de crianças sadias.* **2** que dá saúde; saudável: *A culinária da Califórnia é das mais interessantes e sadias.* **3** não deteriorado; saudável: *As células sadias não foram afetadas.* **4** que revela saúde: *o aspecto sadio da criança.*
sa.dis.mo *s.m.* **1** prazer com o sofrimento alheio; crueldade. **2** perversão sexual em que o prazer erótico advém de atos de violência ou de crueldade infligidos ao parceiro.
sa.do.ma.so.quis.mo *s.m.* perversão sexual em que se associam o sadismo e o masoquismo.
sa.do.ma.so.quis.ta *s.m.* pessoa que pratica o sadomasoquismo. • *adj.* que revela sadomasoquismo.
sa.fa.de.za (ê) *s.f.* **1** ato desprezível, desonesto. **2** libertinagem. **3** (Coloq.) brincadeira; troça: *Aquela brincadeira era uma safadeza dos colegas com o noivo.* **4** esperteza; manha: *as safadezas dos maus pagadores.*
sa.fa.do *s.m.* **1** indivíduo desavergonhado: *Os safados queriam entrar no estádio sem pagar ingresso.* • *adj.* **2** (Coloq.) malandro; patife; velhaco: *Aquele zagueiro safado que sempre me acerta o tornozelo.* **3** (Bras.) obsceno, devasso, imoral. **4** esperto; manhoso; vivo: *negociante duvidoso, sujeito safado, ardiloso.*
sa.fa.não *s.m.* **1** bofetada; sopapo: *Deu um safanão no bêbado.* **2** puxão: *O moleque roubou a bolsa da velhinha com um safanão.* **3** empurrão; repelão: *Joel foi rudemente rejeitado pela namorada com um safanão.*
sa.far *v.t.* **1** tirar; extrair. **2** salvar; livrar: *O advogado safou o empresário da prisão.* • *pron.* **3** escapar; livrar-se: *O meu time se safou da derrota no último minuto.*
sa.fá.ri *s.m.* **1** expedição de caça, sobretudo na selva africana. **2** qualquer expedição aventureira: *os safáris no Pantanal.*
sa.fe.na *s.f.* qualquer das veias superficiais que drenam o sangue dos membros inferiores para o coração.
sa.fi.ra *s.f.* pedra preciosa muito dura e em geral de coloração azul: *um anel de safira.*
sa.fra *s.f.* **1** produção agrícola de um ano: *Muitos agricultores não conseguiram financiar a safra.* **2** época de colheita: *Está próxima a safra de cana.* **3** (Coloq.) grupo de uma mesma época: *a nova safra de treinadores do país.*
sa.ga *s.f.* **1** narrativa em prosa, histórica ou lendária, composta na Idade Média, acerca de eventos ou figuras notáveis: *As sagas escandinavas foram perpetuadas em forma poética.* **2** canção popular baseada em algumas dessas narrativas. **3** sequência de aventuras: *a saga do navegador.* **4** narrativa rica em incidentes: *a saga do herói.*
sa.ga.ci.da.de *s.f.* **1** argúcia; perspicácia: *agir com sagacidade e cautela.* **2** astúcia; malícia: *O soldado usa de sagacidade para prender o bandido.*
sa.gaz *adj.* **1** que tem agudeza de espírito; perspicaz: *um detetive sagaz.* **2** astuto; astucioso; manhoso: *um canoeiro sagaz que domina a correnteza.* **3** que traduz argúcia ou sutileza: *um humor fino e sagaz.*
sa.gi.ta.ri.a.no *s.m.* **1** (Astrol.) quem é nascido sob o signo de Sagitário. • *adj.* **2** relativo ao signo de Sagitário.
sa.gi.tá.rio *s.m.* **1** (Astr.) nona constelação do Zodíaco. **2** (Astrol.) signo do Zodíaco (22/11 a 21/12). // Nas acepções 1 e 2, usa-se com inicial maiúscula.
sa.gra.ção *s.f.* **1** cerimônia de investimento de dignidade religiosa: *a sagração do bispo.* **2** ato de conferir caráter sagrado; consagração: *Foi muito bonita a cerimônia de sagração da nova igreja.*
sa.gra.do *adj.* **1** relativo ou pertencente às coisas divinas, à religião, aos ritos ou ao culto; sacro; santo: *textos sagrados.* **2** digno de respeito ou veneração; sacrossanto: *a Sagrada Família.* **3** que se considera de valor; respeitável: *o sagrado direito de educar os filhos.*
sa.grar *v.t.* **1** dedicar a Deus. **2** benzer; santificar: *sagrar a alma.* **3** tornar venerado ou respeitado: *A História sagrou o nome de Betinho.* **4** investir dignidade; conferir título de: *O Papa sagrou Napoleão I imperador dos franceses.*
sa.gu *s.m.* **1** amido extraído do miolo de diversas palmeiras. **2** doce preparado com amido granulado cozido em vinho ou em suco de frutas: *Esse vinho só serve para fazer sagu.*

salgado

sa.guão *s.m.* sala de entrada; vestíbulo: *o saguão do hotel.*

sa.gui (güi) *s.m.* macaco pequeno, crânio arredondado, membros anteriores mais curtos que os posteriores, cauda e orelhas nuas.

sai.a *s.f.* **1** peça do vestuário feminino, ajustada na cintura e pendente sobre as pernas. **2** parte inferior do vestido: *um vestido de saia até os joelhos.* **3** conjunto dos ramos inferiores de uma planta, especialmente o café: *a saia verde do pé de café.* **4** (Coloq.) mulher. ◆ **saia justa** *s.f.* (Coloq.) situação embaraçosa.

sai.ão *s.m.* arbusto suculento, tronco grosso e tortuoso, folhas reunidas em rosetas densas nas extremidades dos ramos, flores de pétalas amarelo-douradas.

sai.bro *s.m.* mistura de areia, argila e pedregulho: *uma estrada de saibro.*

sa.í.da *s.f.* **1** o ato ou efeito de sair: *Aguardava a saída das crianças da escola.* **2** desligamento profissional; demissão: *A saída de funcionários provocou atraso no serviço do escritório.* **3** passeio: *combinar uma saída com os amigos.* **4** partida: *a saída do navio.* **5** o início ou reinício (de competição, jogo etc.): *Foi dada a saída.* **6** justificativa; explicação: *Arrumou uma saída para o não pagamento do aluguel.* **7** aceitação no mercado: *Essas roupas não têm saída.* **8** lugar por onde se sai: *a porta da saída.*

sa.i.dei.ra *s.f.* (Coloq.) última dose de bebida que se consome, antes de ir embora: *tomar a saideira.*

sai.o.te (ó) *s.m.* **1** saia curta: *o saiote dos escoceses.* **2** saia curta usada sob outra saia.

sa.ir *v.t.* **1** passar do interior para o exterior; ir para fora: *sair do edifício.* **2** abandonar: *sair do país.* **3** deixar: *Hoje sairemos mais cedo do trabalho.* **4** partir; afastar-se: *O avião sai do aeroporto às 9 horas.* **5** desligar-se; demitir-se: *Saí do emprego.* **6** desviar; fugir: *Ao compor a redação, procure não sair do tema proposto.* **7** desaparecer; sumir: *A televisão saiu do ar.* **8** ter origem em; provir: *O jogador saíra de uma família muito pobre.* **9** livrar-se; desembaraçar-se: *Como você vai sair dessa encrenca?* **10** ir: *Marina ainda não saiu para o colégio.* **11** caber por sorte; ser resultado de sorteio: *O primeiro prêmio da loteria saiu para São Paulo.* **12** ser parecido; puxar a: *O filho saiu ao pai.* **13** ir em passeio; passear: *Ele saiu com a namorada.* **14** dizer ou manifestar-se inesperadamente: *Você me sai com cada uma que me deixa constrangido.* **15** pôr-se; colocar-se: *Saiu em defesa do filho.* **16** participar de: *Vou sair num bloco de carnaval.* **17** ter por preço; custar: *Na promoção, a televisão sai pela metade do preço.* **18** mudar; passar: *O empresário falido saiu da riqueza para a miséria.* **19** resultar: *Essa pintura saiu péssima.* **20** escapar: *Joana saiu ilesa do acidente.* ◆ *pron.* **21** ter como resultado: *Você se saiu muito bem nessa prova.* ◆ *int.* **22** aparecer; surgir: *O sol já saiu.* **23** acontecer; advir: *Saiu o aumento da gasolina.* **24** ser divulgado: *A lista dos aprovados no vestibular sairá amanhã.*

sal *s.m.* **1** composto cristalino de sódio encontrado em estado natural em alguns terrenos ou diluído na água do mar: *o sal marinho.* **2** (Quím.) composto derivado da interação de um ácido e uma base: *sal de sódio.* **3** (Fig.) sabor; graça: *Essa moça é tão sem-sal.* ◆ *pl.* **4** substâncias voláteis que, aspiradas por pessoas desfalecidas, provocam a volta dos sentidos.

sa.la *s.f.* **1** numa residência, compartimento maior que os outros, destinado ao uso social: *a sala de estar.* **2** dependência ampla destinada a funções especiais: *a sala de cirurgia; a sala das máquinas do navio; as salas da diretoria.* **3** recinto amplo e preparado para espetáculos ou exibições: *O filme foi lançado em 20 salas de São Paulo.*

sa.lá *s.f.* orações públicas entre os muçulmanos: *Os muçulmanos fazem cinco salás por dia.*

sa.la.da *s.f.* **1** prato frio preparado com um ou mais tipos de verduras e legumes crus ou cozidos, temperados com azeite, sal, molhos: *salada de legumes.* **2** (Coloq.) mistura desordenada; confusão: *O protesto de ontem foi uma salada de opiniões.*

sa.la.dei.ra *s.f.* recipiente em que se prepara salada.

sa.la.frá.rio *s.m.* pessoa vil, de mau caráter: *O salafrário não me pagou a dívida.*

sa.la.ma.le.que (é) *s.m.* **1** cumprimento afetado: *O mocinho fazia salamaleques para o juiz.* **2** gentileza: *Desdobrar-se em salamaleques para as visitas.*

sa.la.man.dra *s.f.* pequeno anfíbio de pele macia e viscosa, provido de cauda na fase adulta, com um ou dois pares de patas, podendo apresentar brânquias.

sa.la.me *s.m.* alimento em forma de um tubo alongado, feito de carne de porco picada e condimentada com pimenta.

sa.lão *s.m.* **1** sala grande própria para recepções, bailes: *o salão de conferências.* **2** estabelecimento comercial aberto ao público: *salão de barbeiro.* **3** exposição periódica de obras de arte, livros ou lançamentos industriais: *Visitamos a exposição no Salão Nacional de Arte Moderna.* **salão de beleza** estabelecimento comercial especializado em cuidados com o cabelo, unhas e pele.

sa.la.ri.al *adj.* relativo a salário.

sa.lá.rio *s.m.* **1** remuneração devida ao empregado pelo empregador em retribuição a serviço prestado. **2** salário mínimo: *A patroa só queria pagar meio salário.*

sa.la.za.ris.mo *s.m.* **1** pensamento do político português Antônio de Oliveira Salazar (1889-1970), ditatorial e de linha fascista. **2** regime político implantado em Portugal por esse político.

sal.dar *v.t.* **1** pagar o saldo; liquidar: *saldar dívidas.* **2** dar conta; cumprir: *saldar os compromissos.*

sal.do *s.m.* **1** quantia que resta a pagar ou a receber: *pagar o saldo da compra.* **2** resto do estoque de certa mercadoria, vendido com desconto pelos negociantes: *A loja montou uma banca de saldos de retalhos.* **3** consequência; resultado: *O Carnaval deixou o saldo de oito mortes violentas.*

sa.lei.ro *s.m.* recipiente para guardar ou servir sal.

sa.le.si.a.no *s.m.* **1** pessoa pertencente à Sociedade de São Francisco de Sales, fundada por São João Bosco em Turim (Itália), em 1859. ◆ *adj.* **2** relativo aos salesianos.

sa.le.ta (ê) *s.f.* pequena sala; salinha.

sal.ga *s.f.* administração de sal para conservar alimento; salmoura: *Antigamente era comum fazer-se a salga do toucinho.*

sal.ga.di.nho *s.m.* iguaria miúda, que leva sal.

sal.ga.do *s.m.* **1** iguaria que leva sal; salgadinho: *Vendia salgados na porta do colégio.* **2** prato salgado: *Gosto*

salgar

de cozinhar salgados. • *adj.* **3** que tem sal. **4** conservado em sal: *peixes salgados*. **5** (Fig.) malicioso; picante: *uma piada salgada*. **6** (Coloq.) diz-se do preço acima do normal; elevado: *Este preço é um pouco salgado*. // Ant.: insosso.
sal.gar *v.t.* **1** temperar com sal: *salgar a carne*. **2** colocar muito sal: *Vovó salgou a comida*. **3** impregnar de sal: *A água do mar salga a pele dos banhistas*.
sal-ge.ma *s.m.* cloreto de sódio natural que ocorre em forma de massas sólidas como rochas, geralmente coloridas por ferro.
sa.li.cí.li.co *adj.* diz-se de ácido aromático, incolor, cristalino, bactericida e fungicida, existente em certos vegetais.
sa.li.ên.cia *s.f.* **1** destaque: *O colar dava saliência ao belo colo da mocinha*. **2** intimidade: *pessoa dada a saliências com estranhos*. **3** parte elevada de uma superfície; ressalto: *saliência na pista*.
sa.li.en.tar *v.t.* **1** tornar saliente: *O vestido salientava sua esbelta silhueta*. **2** tornar evidente; mostrar; enfatizar: *salientar o bom rendimento dos alunos*. • *pron.* **3** tornar-se saliente ou notável: *A modelo salientava-se no coquetel*.
sa.li.en.te *adj.* **1** proeminente; protuberante: *barriga saliente*. **2** em relevo: *Zeca apalpava os desenhos salientes da moeda*. **3** nítido; visível: *É saliente o efeito do novo sabão em pó*. **4** assanhado: *uma menina saliente*.
sa.li.na *s.f.* **1** praia extensa e plana ou terreno exposto ao vento, onde se represa água do mar para se extrair, por evaporação, o sal marinho. **2** mina de sal-gema: *as salinas do rio São Francisco*.
sa.li.ni.zar *v.t.* tornar salino.
sa.li.no *adj.* **1** à base de sal: *um purgante salino*. **2** de sal: *a concentração salina no sangue*. **3** que contém sal: *águas salinas*.
sa.li.tre *s.m.* nitrato de potássio.
sa.li.va *s.f.* fluido transparente, levemente alcalino, segregado por glândulas, que facilita a ingestão e digestão dos alimentos.
sa.li.var[1] *v.t.* **1** umedecer com saliva: *salivar os lábios*. • *int.* **2** secretar saliva: *O cão salivava bastante*.
sa.li.var[2] *adj.* relativo à ou que produz saliva: *glândulas salivares*.
sal.mão *s.m.* **1** grande peixe marinho, de carne rosada, corpo alongado, dorso azul-escuro, flancos acinzentados, ventre branco-prateado. **2** a carne desse peixe: *Comemos patê de salmão*.
sal.mo *s.m.* **1** cada um dos cânticos bíblicos na maioria atribuídos a Davi e reunidos no Livro dos Salmos. **2** cântico de louvor a Deus: *os salmos dominicais*.
sal.mo.ne.la (é) *s.f.* gênero de bactérias entéricas do homem e dos animais.
sal.mou.ra *s.f.* água saturada de sal: *peixe imerso em salmoura*.
sa.lo.bre (ô) *adj.* que contém sais em dissolução; salobro: *água salobre*.
sa.lo.bro (ô) *adj.* salobre.
sa.lo.mô.ni.co *adj.* **1** relativo a Salomão, terceiro rei dos judeus. **2** sábio; conciliatório: *uma decisão salomônica*.

sal.pi.cão *s.m.* prato frio à base de carne de galinha desfiada, acompanhada de legumes picados e molho de maionese.
sal.pi.car *v.t.* **1** manchar; pontilhar: *O sangue escorre do braço e salpica a saia da garota*. **2** temperar espalhando gotas ou pedacinhos; polvilhar: *salpicar com queijo*. **3** colocar a espaços; entremear: *Salpicaram o texto com palavras inglesas*. **4** borrifar: *Salpiquei água de cheiro nas camisas*. • *pron.* **5** refletir matizes: *Sua cabeleira salpicou-se de luz*.
sal.pi.co *s.m.* respingo: *salpicos de água na cara*.
sal.sa[1] *s.f.* **1** erva de folhas triangulares, dentadas, flores miúdas branco-esverdeadas, sementes miúdas e redondas. **2** folhas e talos dessa erva usados como tempero na culinária; salsinha.
sal.sa[2] *s.f.* ritmo de dança originário de Cuba.
sal.são *s.m.* aipo.
sal.si.cha *s.f.* tripa delgada de animal, enchida com pasta de carne de porco condimentada.
sal.si.nha *s.f.* salsa.
sal.ta.dor (ô) *s.m.* **1** no atletismo, atleta especializado em saltos. **2** na natação, atleta que dá saltos ornamentais. • *adj.* **3** que salta; que dá saltos; que pula: *rã saltadora*.
sal.tar *v.t.* **1** transpor, pulando; pular por cima de: *José saltou a poça d'água*. **2** omitir: *Saltava frases inteiras*. **3** ir para dentro, num salto; atirar-se: *A moça salta no lago*. **4** sair ou descer com ímpeto: *Saltou do ônibus*. **5** desprender-se com ímpeto; soltar-se; escapar: *Os olhos do rapaz quase saltaram das órbitas*. **6** dirigir-se; ir aos saltos: *Saltei do camarote para a plateia*. **7** mudar ou passar bruscamente: *Ele salta de um tema a outro*. **8** alterar-se para mais; subir rapidamente: *a produtividade saltou de nove para vinte por cento*. • *int.* **9** dar saltos; pular: *A mulinha saltava que saltava*. **10** movimentar-se com ímpeto; dar solavancos: *O carro saltava e trepidava*. **11** deslocar-se bruscamente: *O impacto da gota faz as partículas saltarem com força*. **12** ser ou tornar-se saliente; mostrar-se: *Era um sujeito magérrimo, costelas saltando*. • **saltar aos olhos/à vista** sobressair; destacar-se: *A beleza da moça salta aos olhos*.
sal.te.a.dor (ô) *s.m.* ladrão de estrada.
sal.te.ar *v.t.* **1** atacar ou acometer de súbito para roubar ou matar; assaltar. **2** saquear; roubar. **3** surpreender; tomar de assalto; atacar: *Os soldados saltearam o reduto alemão*. **4** acometer ou apanhar de improviso; assaltar; surpreender: *Uma tempestade salteou-os na estrada*.
sal.té.rio *s.m.* instrumento de cordas medieval, parecido com a cítara, com que se acompanhava o canto dos salmos.
sal.tim.ban.co *s.m.* artista popular itinerante que, em geral, se exibe em circos, feiras ou praças públicas.
sal.ti.tan.te *adj.* **1** que saltita. **2** irriquieto; buliçoso; vibrante.
sal.ti.tar *v.int.* dar pequenos saltos: *O garoto saiu saltitando*.
sal.to *s.m.* **1** movimento com que um homem ou um animal se eleva do solo ou do lugar onde se encontra, para ultrapassar um espaço ou obstáculo; pulo: *O centro tem pistas para salto e treinamento de cavalos*. **2** investida; arremetida: *Deu um salto duplo sobre a mala, derrapando*. **3** movimento de objeto inanimado

sanduíche

por efeito de queda, ou impulso: *Estes saltos do avião não podem ser normais.* **4** queda-d'água: *O rio enche muito, mas é do salto para baixo.* **5** parte saliente acrescentada à sola dum calçado, no calcanhar: *As adolescentes passaram a usar salto alto.*

sa.lu.bre *adj.* saudável; sadio.

sa.lu.bri.da.de *s.f.* **1** característica do que é salubre. **2** conjunto de condições favoráveis à saúde pública.

sa.lu.tar *adj.* **1** bom para a saúde; salubre. **2** edificante; moralizador; construtivo: *É salutar dizer a verdade.*

sal.va *s.f.* **1** série de tiros dados simultaneamente, ou em rápida sucessão. **2** série de ruídos, sons etc.: *Uma salva de palmas irrompeu subitamente.*

sal.va.ção *s.f.* **1** ação de livrar de perigo, morte, ruína etc. **2** proteção; salvaguarda; preservação: *a salvação da agricultura.* **3** processo de salvar-se; remissão.

sal.va.dor (ô) *s.m.* **1** aquele que salva. **2** epíteto dado a Jesus Cristo. // Nessa acepção, grafa-se em maiúsculo. // ◆ *adj.* **3** que salva.

sal.va.guar.da *s.f.* **1** proteção; defesa; preservação. **2** medida de proteção e garantia prévia tomada por autoridade ou instituição.

sal.va.guar.dar *v.t.* proteger; defender; pôr a salvo: *Precisamos salvaguardar nossa imagem.*

sal.va.men.to *s.m.* **1** ação ou operação para salvar; resgate. **2** gravação em disco: *salvamento de arquivos.* **3** salvação; recuperação: *O plano de salvamento da empresa já estava em adiantado.*

sal.var *v.t.* **1** livrar da morte: *O navio afundava e ele salvava pessoas.* **2** livrar das penas do inferno: *Como salvar a alma?* **3** (Inf.) gravar na memória do disco. **4** evitar que se destrua ou que se perca; salvaguardar; preservar: *Um acordo de paz salvou o país da destruição.* ◆ *int.* **5** dar descarga de artilharia como saudação militar: *cada milícia salvou em separado.* ◆ *pron.* **6** escapar ou livrar-se (de perigo, ruína, destruição, morte): *Três pessoas se salvaram.* // Pp.: salvado, salvo.

sal.va-vi.das *s.m.* **1** embarcação, boia ou equipamento próprio para salvamento. ◆ *s.2g.* **2** aquele cuja função é socorrer pessoas em perigo de afogamento. ◆ *adj.* **3** próprio para o salvamento de náufragos.

sál.via *s.f.* pequeno arbusto de flores azuis agrupadas em cachos alongados e folhas verde-pardacentas, aromáticas, usadas como condimento.

sal.vo *adj.* **1** que se salvou. **2** fora de perigo: *Sentiam-se salvos na caverna.* **3** preservado; resguardado: *Conseguia sair do escândalo com a honra salva.* ◆ *prep.* **4** exceto: *Ele era altivo e exigente, salvo em momentos raros.* ◆ **a salvo** ao abrigo; protegido: *O sistema de transportes ficaria a salvo dos bombardeios.*

sal.vo-con.du.to *s.m.* **1** licença escrita para alguém viajar ou transitar livremente; passaporte. **2** privilégio; prerrogativa; imunidade: *Ele tinha salvo-conduto para fazer o que quisesse.*

sa.mam.bai.a *s.f.* planta que se desenvolve em local úmido e fresco, de pequeno caule eriçado, parcialmente subterrâneo, do qual brotam raízes, folhas completas e inteiras ou divididas de várias formas.

sam.ba *s.m.* **1** dança de origem africana, de compasso binário e sincopado. **2** música composta em ritmo de compasso binário e sincopado, marcado por instrumentos de percussão. **3** baile em que se executa e se dança esse ritmo. ◆ (Coloq.) **samba do crioulo doido** mistura incoerente de coisas que não combinam; situação confusa: *Aquele departamento era um samba do crioulo doido.* **samba de breque** composição musical em ritmo de samba, em que o cantor interrompe a linha rítmico-melódica para encaixar frases faladas de caráter humorístico, sem quebra da unidade.

sam.ba-can.ção *s.m.* **1** composição musical em ritmo de samba, com predominância do caráter melódico sobre o sincopado e com letra romântica. ◆ *adj.* **2** diz-se da cueca larga, que cobre parte das coxas.

sam.ba-en.re.do *s.m.* composição musical em ritmo de samba que conta em versos uma história escolhida como tema de desfile carnavalesco.

sam.ba.qui *s.m.* depósito de conchas e ossos pré-históricos situados no litoral, feito por indígenas em épocas pré-históricas.

sam.bar *v.int.* **1** dançar com passos de samba. **2** (Coloq.) agitar-se; movimentar-se em várias direções: *A salsicha sambava dentro do pão.*

sam.bis.ta *s.2g.* **1** quem canta, compõe ou toca samba. **2** passista de escola de samba. ◆ *adj.* **3** que compõe ou canta samba.

sam.bó.dro.mo *s.m.* local para desfile de escola de samba.

sam.bu.rá *s.m.* cesto de cipó ou de taquara, pequeno, bojudo, de boca estreita e com alça usado, sobretudo, para o transporte de pescados.

sam.ple.a.dor *s.m.* equipamento eletrônico que reconstrói música pelo sistema de gravação e digitação de timbres.

sam.ple.ar *v.t.* **1** reproduzir por meio de sampleador: *Não basta samplear uns sons exóticos para ter um disco genial.* ◆ *int.* **2** compor música por meio de sampleador: *Toni só sabe samplear.*

sa.mu.rai *s.m.* membro da classe dos guerreiros no Japão feudal, vassalo de um príncipe.

sa.nar *v.t.* **1** curar; sarar: *sanar uma doença.* **2** desfazer; eliminar; resolver: *sanar um problema.* **3** reabilitar; revitalizar: *sanar as finanças públicas.*

sa.na.tó.rio *s.m.* casa de saúde para repouso e recuperação de doentes.

san.ção *s.f.* **1** aprovação dada a uma lei pelo chefe de Estado; ratificação: *O uso do desconto depende ainda da sanção presidencial à lei aprovada no Congresso.* **2** consequência prevista em caso de violação da lei: *Existem diversas sanções para este tipo de crime.* **3** aprovação; confirmação: *As boas ações têm sempre a sanção popular.*

san.ci.o.nar *v.t.* **1** dar sanção a; aprovar: *O presidente sancionou lei de anistia.* **2** ratificar; confirmar; aprovar: *Como poderia sancionar a validade daqueles absurdos?*

san.dá.lia *s.f.* calçado que consiste em uma sola e tiras que a prendem ao pé.

sân.da.lo *s.m.* árvore originária da Índia que fornece madeira resistente e aromática, da qual se extrai um óleo usado em perfumaria.

san.di.ce *s.f.* insensatez; tolice: *O filme é um amontoado de sandices sem pé nem cabeça.*

san.du.í.che *s.m.* alimento que consiste de duas ou mais fatias de pão intercaladas de recheio.

sanduicheira

san.du.i.chei.ra *s.f.* chapa elétrica própria para o preparo de sanduíches quentes.

sa.ne.a.men.to *s.m.* **1** rede de água e esgoto. **2** instalação de redes de água e esgoto: *obras de saneamento básico*. **3** conjunto de medidas para manter saudável o meio ambiente: *saneamento ambiental*. **4** eliminação de problemas de ordem econômica; revitalização: *o saneamento das contas públicas*.

sa.ne.ar *v.t.* **1** fazer o saneamento de; livrar de focos de infecção: *Oswaldo Cruz lutou para vencer a febre amarela e sanear a capital federal*. **2** eliminar os problemas de ordem econômica; revitalizar; sanar: *Nosso objetivo é sanear as finanças*. **3** pôr fim a; eliminar; sanar: *Estamos saneando a corrupção nos departamentos*.

sa.ne.fa (é) *s.f.* faixa transversal que recobre a parte superior das cortinas; cortina.

san.fo.na *s.f.* **1** instrumento portátil que contém um teclado e um fole; acordeão. **2** aquilo que tem forma ou estrutura de um fole que se comprime ou se distende.

san.fo.na.do *adj.* que tem forma de fole de sanfona: *uma porta sanfonada*.

san.fo.nei.ro *s.m.* quem toca sanfona.

san.gra.men.to *s.m.* **1** ferimento que verte sangue. **2** perda de sangue: *O atleta apresentava sangramentos pelo nariz e pela boca*.

san.grar *v.t.* **1** tirar sangue de, abrindo uma veia: *sangrar uma galinha*. **2** provocar ferimento que verte sangue: *O boxeador acabou sangrando o adversário*. **3** extrair a seiva de: *sangrar as seringueiras*. **4** extrair líquido de; esvaziar: *Sangre o sistema de combustível e limpe o filtro*. • *int.* **5** verter ou perder sangue: *O ferimento sangrava*. **6** vazar; transbordar: *O açude sangrou para dentro da caatinga*. (Coloq.) **7** afligir-se; desesperar-se: *Meu coração sangra todas as vezes que vejo você*.

san.gren.to *adj.* **1** em que há derramamento de sangue; cruento. **2** em que ocorrem conflitos cruentos: *os capítulos mais sangrentos da história do racismo*. **3** que verte sangue: *As espadas abrem lanhos sangrentos nas cabeças*. **4** sanguinário; cruel; violento: *Ele tinha um ódio sangrento*.

san.gri.a *s.f.* **1** ato ou efeito de sangrar. **2** corte de veia: *É como tratar um doente fazendo sangrias*. **3** extração de líquido: *a sangria do rio São Francisco*. **4** extração da seiva, por um corte praticado no tronco: *sangria de seringueiras em Indiana*. **5** bebida típica espanhola, preparada com vinho, água e frutas cítricas. ✦ **sangria desatada** aquilo que exige resolução urgente.

san.gue *s.m.* **1** líquido vermelho que transita pelo sistema vascular distribuindo oxigênio e substâncias nutritivas pelas células do organismo. **2** a vida; a existência: *Dar o sangue pela pátria*. **3** seiva; sumo. **4** linhagem; raça: *cavalos de sangue árabe*. **5** herança genética: *Ela traz no sangue o hábito de nunca ficar sem trabalhar*. **sangue azul** nobreza; fidalguia: *Alguns chegavam a insinuar até vagos antepassados de sangue azul*.

san.gue-fri.o *s.m.* frieza; calma; serenidade. // Pl.: sangues-frios.

san.guei.ra *s.f.* **1** grande quantidade de sangue derramado. **2** escorrimento de sangue: *a sangueira estancou*.

san.gues.su.ga *s.f.* **1** verme sugador de sangue. **2** (Deprec.) pessoa que vive explorando o próximo; parasita.

san.gui.ná.rio (güi *ou* gui) *s.m.* **1** quem gosta de matar; quem é cruel ou desumano. • *adj.* **2** que derrama sangue; cruento: *a sanguinária guerra civil*. **3** cruel; desumano; feroz.

san.guí.neo (güi *ou* gui) *adj.* **1** de sangue: *transfusões sanguíneas*. **2** do sangue: *pressão sanguínea*. **3** por meio da corrente sanguínea: *transmissões sanguíneas do vírus*. **4** de parentesco: *vínculos sanguíneos*. **5** que conduz sangue: *vasos sanguíneos*. **6** da cor do sangue; avermelhado, ruborizado: *o sanguíneo sol do poente*; *olhos sanguíneos*.

san.gui.no.len.to (güi *ou* gui) *adj.* **1** sangrento. **2** sanguinário. **3** manchado de sangue: *as jubas sanguinolentas dos leões*. **4** mesclado com sangue: *vômitos sanguinolentos*. **5** avermelhado: *espuma sanguinolenta*.

sa.nha *s.f.* **1** desejo violento de atacar; fúria: *A sanha daquele cão deixava os vizinhos alarmados*. **2** ânsia; furor: *Era incontrolável a sanha gastadora do rapaz*.

sa.nha.ço *s.m.* passarinho com penas de muitas cores, com predominância de verde e azul.

sa.ni.da.de *s.f.* **1** qualidade ou estado de são. **2** normalidade física ou psíquica; saúde.

sa.ni.tá.rio *s.m.* **1** banheiro. • *adj.* **2** relativo à saúde pública ou individual; higiênico. **3** relativo a banheiro: *louças sanitárias*.

sa.ni.ta.ris.ta *s.2g.* **1** quem é especialista em saúde pública. • *adj.* **2** especializado em saúde pública.

sâns.cri.to *s.m.* **1** língua da Índia antiga. • *adj.* **2** dessa língua: *um termo sânscrito*.

san.sei *s.2g.* **1** neto de emigrantes japoneses criado na América. • *adj.* **2** que é neto de japoneses que emigraram para a América: *mãe sansei*.

san.tar.rão *s.m.* **1** pessoa que finge santidade ou austeridade; hipócrita: *Todos posam de santarrões*. • *adj.* **2** que tem aspecto de santo: *Aquele homem é calado, meio santarrão*.

san.tei.ro *s.m.* **1** quem entalha estátuas de santo. • *adj.* **2** que entalha estátua de santo.

san.ti.da.de *s.f.* **1** condição de santo. **2** bem-aventurança: *É de santidade este brilho em seu olhar*.

san.ti.fi.car *v.t.* **1** tornar santo; tornar bem-aventurado; canonizar: *O papa santificou Madre Paulina*. **2** venerar como santo; glorificar; cultuar: *Santificaram-no depois da morte*. **3** celebrar conforme os ritos religiosos: *santificar o Dia do Senhor*.

san.ti.nho *s.m.* **1** pequena imagem de santo impressa: *distribuir santinhos*. **2** (Bras.) (Coloq.) retângulo de papel com a fotografia e informações impressas de candidato político.

san.tis.ta *s.2g.* **1** habitante ou natural de Santos. **2** relativo à cidade de Santos.

san.to *s.m.* **1** quem foi canonizado ou santificado pela Igreja Católica. **2** pessoa virtuosa. • *adj.* **3** que está puro, isento de mancha ou imperfeições ou culpas; que serve de modelo religioso. **4** segundo a Teologia, eleito, bem-aventurado, que obteve no céu a recompensa prometida aos que observam a lei religiosa: *os santos* *apóstolos*. **5** canonizado pela Igreja Católica: *Santo Antônio*. **6** virtuoso; respeitável; que vive conforme a lei de Deus; bondoso: *Trata-se de um santo homem*. **7** que tem caráter religioso: *uma obra santa*. **8** que se refere à religião ou ao rito sagrado: *santos mistérios; a santa Bíblia*. **9** digno de respeito e que não pode ser violado sem que se cometa uma profanação: *a santa liberdade*. **10** (Coloq.) útil e benéfico: *um santo remédio esse que me receitastes*. ◆ **santo do pau oco** pessoa fingida, que aparenta calma.

san.tu.á.rio *s.m.* **1** lugar sagrado; templo; igreja. **2** lugar onde há objetos dignos de veneração. **3** altar: *Improvisaram um santuário na mesa da sala e ali rezaram o terço*. **4** (Ecol.) área geográfica protegida de exploração e de depredação: *o santuário dos recursos naturais*.

são[1] *s.m.* **1** indivíduo que tem saúde: *Os sãos não procuram os médicos*. ● *adj.* **2** que tem saúde; livre de doença ou defeito físico; sadio. **3** que recobrou a saúde; restabelecido; curado: *Papai voltou do Rio completamente são*. **4** que demonstra uso da razão; lúcido. **5** que não apodreceu ou se estragou: *O balcão frigorífico conserva os frutos sãos por vários dias*.

são[2] santo: *São Sebastião pertence ao grupo dos mártires*.

sa.pa.ri.a *s.f.* conjunto de sapos.

sa.pa.ta *s.f.* **1** parte mais larga do alicerce, apoiada sobre a fundação e sobre a qual se levantam as paredes de uma construção; base: *A sapata do edifício era de concreto*. **2** nos veículos automotores, peça metálica que é comprimida contra os tambores das rodas, provocando a freagem.

sa.pa.ta.ri.a *s.f.* **1** oficina de consertos ou fabricação de calçados. **2** loja que vende sapatos.

sa.pa.te.a.do *s.m.* **1** dança executada com sapatos especiais para produzir ruído característico. ● *adj.* **2** que se executa sapateando: *Aprendemos lá no Sul uma dança sapateada*.

sa.pa.te.ar *v.int.* **1** bater com os pés no chão em movimentos rápidos: *A filha sapateia até conseguir o que quer*. **2** dançar sapateado.

sa.pa.tei.ro *s.m.* pessoa que conserta, vende ou fabrica sapatos.

sa.pa.ti.lha *s.f.* **1** sapato de bailarinos, leve e flexível. **2** calçado feminino, macio e de sola fina.

sa.pa.to *s.m.* calçado em geral de sola dura, que cobre o pé.

sa.pê *s.m.* sapé.

sa.pé *s.m.* planta gramínea, de folhas muito finas e compridas, cujos caules secos são usados como cobertura de construções rústicas.

sa.pi.ên.cia *s.f.* sabedoria; conhecimento; cultura.

sa.pi.nho *s.m.* inflamação da mucosa especialmente da boca, caracterizada por aftas ou placas brancas cremosas.

sa.po.ti *s.m.* fruto redondo ou ovoide, pardo, de polpa suculenta e comestível.

sa.pu.cai.a *s.f.* árvore grande e frondosa, de madeira resistente, folhas grandes e flores em pequenos grupos, que produz amêndoas comestíveis.

sa.quê *s.m.* bebida alcoólica japonesa obtida da fermentação do arroz.

sa.que[1] *s.m.* **1** ação de sacar; retirada de dinheiro. **2** em certos jogos, jogada inicial; serviço.

sa.que[2] *s.m.* ação de saquear; pilhagem. *Os piratas fizeram o saque do navio*.

sa.que.a.dor (ô) *s.m.* indivíduo que saqueia; assaltante; ladrão.

sa.que.ar *v.t.* **1** despojar de bens ou provisões com violência; devastar; assolar: *Manifestantes saquearam a cidade*. **2** despojar de pertences valiosos; roubar: *Três homens armados saquearam os passageiros*.

sa.ra.ban.da *s.f.* dança popular espanhola.

sa.ra.ba.ta.na *s.f.* arma indígena que consiste num tubo comprido pelo qual se lançam, assoprando-se, flechas, pedrinhas ou grãos; zarabatana.

sa.ra.co.te.ar *v.t.* **1** menear com desenvoltura; rebolar; requebrar: *saracotear o corpo*. ● *int.* **2** andar ou dançar rebolando. **3** vaguear por um lugar e por outro: *Saracotearam pelo centro da cidade a tarde toda*.

sa.rai.va *s.f.* granizo.

sa.rai.va.da *s.f.* **1** grande quantidade de coisas que sobrevêm como saraiva ou descarga. **2** ação repetida muitas vezes e rapidamente: *O pugilista recebeu uma saraivada de golpes baixos*.

sa.ram.po *s.m.* doença contagiosa, comum na infância, caracterizada por manchas vermelhas na pele.

sa.ra.pa.tel *s.m.* prato preparado com sangue, fígado, rim, bofe e coração de porco ou de carneiro.

sa.rar *v.t.* **1** debelar a doença; curar. **2** restabelecer-se de: *Joaquina já sarou da paixão*. **3** curar-se de: *Seus dedos não saravam daquela micose*. ● *int.* **4** recobrar a saúde; recuperar-se de doença: *Se a pessoa não faz repouso, não sara*. **5** desaparecer: *Extinguir-se: essa é uma dor que não sara*.

sa.ra.rá *s.2g.* **1** indivíduo mulato de cabelos crespos alourados. ● *adj.* **2** que é mulato e tem cabelos crespos alourados: *um mulato sarará*.

sa.rau *s.m.* **1** festa noturna, em casa particular, clube ou teatro. **2** concerto musical ou festa literária noturnos: *Fomos ao sarau do pianista alemão*.

sa.ra.vá *interj.* usada como saudação nos cultos afro-brasileiros: *Salve!*

sar.ça *s.f.* **1** espinheiro. **2** mata densa; matagal.

sar.cas.mo *s.m.* ironia; zombaria.

sar.cás.ti.co *adj.* que tem ou denota sarcasmo; escarnecedor; sardônico.

sar.có.fa.go *s.m.* **1** ataúde feito de pedra calcária, em que os antigos colocavam as múmias. **2** túmulo; tumba.

sar.co.ma *s.m.* tumor de natureza cancerosa.

sar.da *s.f.* mancha acastanhada que surge na pele, sobretudo do rosto: *Tinha o nariz coberto de sardas*.

sar.den.to *adj.* que tem sardas.

sar.di.nha *s.f.* pequeno peixe comestível, azulado no dorso e prateado nos flancos, com pequena mancha próxima às guelras.

sar.dô.ni.co *adj.* que apresenta escárnio ou desdém; sarcástico.

sar.ga.ço *s.m.* alga marinha flutuante, de cor castanha, com talos ramificados.

sar.gen.to *s.m.* posto de praça graduado de qualquer corporação militar com graduação hierárquica acima de cabo.

sa.ri.lho *s.m.* **1** cilindro no qual se enrola corda, cabo ou corrente de um aparelho de levantar pesos. **2** haste com braços em cruz que serve de encosto ou descanso

sarja

de armas: *Os soldados depositaram as armas no sarilho.* **3** pau em torno do qual se enrola o fumo de rolo: *O capataz trazia um sarilho de fumo para o patrão.* **4** (Coloq.) confusão; briga; rolo: *Quando os filhos de minha tia estão presentes, armam-se sarilhos.*
sar.ja *s.f.* tecido de algodão entrançado.
sar.je.ta (ê) *s.f.* **1** escoadouro de água, junto ao meio-fio da rua. **2** (Fig.) condição desonrosa, degradante. **3** (Fig.) situação de penúria; miséria.
sar.na *s.f.* **1** ácaro minúsculo, arredondado e achatado. **2** em animais, afecção cutânea provocada por esse ácaro que causa coceira intensa. **3** em vegetais, doença provocada por bactérias ou parasitas, caracterizada por tubérculos no caule e nos ramos: *a sarna das macieiras.* **4** (Fig.) (Coloq.) pessoa inoportuna; maçante. ♦ **sarna para se coçar** motivo de aborrecimento, de sofrimento: *Com a compra do carro velho, arranjou sarna para se coçar.*
sar.nen.to *adj.* que tem sarna: *um cão sarnento.*
sa.ron.gue *s.m.* traje típico da Oceania, usado sobretudo por mulheres.
sar.ra.ce.no *s.m.* **1** indivíduo dos sarracenos. ● *pl.* **2** povo nômade pré-islamita que habitava os desertos entre a Síria e a Arábia. ● *adj.* **3** de origem árabe.
sar.ra.fo *s.m.* **1** tira comprida e estreita de madeira. **2** pedaço de pau; cacete.
sar.ro *s.m.* **1** borra que os líquidos deixam no fundo das jarras. **2** resíduo de nicotina que se forma no fundo de cachimbos e charutos. **3** (Coloq.) crosta que se forma em dentes mal escovados. **4** (Coloq.) pessoa ou situação divertida; gozação.
sashimi (saximi) (Jap.) *s.m.* prato composto de fatias finas de peixe cru com temperos e ervas.
sas.sa.frás *s.m.* gênero de árvores aromáticas, de madeira macia e amarela e de flores amarelas.
sa.tã *s.m.* satanás; demônio; diabo. // usado com maiúscula.
sa.ta.nás *s.m.* gênio do mal; diabo. // usado com maiúscula.
sa.ta.nis.mo *s.m.* **1** culto ao diabo. **2** caráter satânico.
sa.té.li.te *s.m.* **1** corpo celeste que gravita em torno de um planeta: *Pudemos ver Júpiter e seus satélites.* **2** veículo colocado em órbita com a finalidade de enviar à Terra informações.
sá.ti.ra *s.f.* **1** composição poética que visa a censurar, em estilo irônico ou mordaz, os costumes, as instituições e as ideias vigentes numa época. **2** qualquer escrito ou discurso picante ou crítico: *Hoje se tornou banal a publicação de sátiras políticas.* **3** censura jocosa; troça; ironia: *Filme faz sátira à monarquia britânica.*
sa.tí.ri.co *s.m.* **1** quem é dado a sátiras. ● *adj.* **2** que escreve sátira. **3** que tem o caráter de sátira.
sá.ti.ro *s.m.* **1** na mitologia greco-latina, divindade lasciva das florestas, dotada de chifres e pernas de bode. **2** homem libidinoso; devasso.
sa.tis.fa.ção *s.f.* **1** ação de satisfazer: *Para satisfação de sua curiosidade, vou lhe contar o filme.* **2** realização; cumprimento: *Às vezes buscamos nos filhos a satisfação de nossos ideais.* **3** explicação, justificativa: *Tinha que dar satisfação ao chefe das tarefas do dia.* **4** contentamento; alegria: *Devo dizer que sua visita não me dá nenhuma satisfação!*

sa.tis.fa.tó.rio *adj.* **1** que corresponde à necessidade; adequado; apropriado: *Especialistas avaliaram que o acordo não foi satisfatório.* **2** que causa satisfação; positivo: *Os médicos consideraram o estado de saúde de meu pai bastante satisfatório.* **3** aceitável; convincente: *O governo não deu uma resposta satisfatória aos operários.*
sa.tis.fa.zer *v.t.* **1** agradar; contentar: *A mudança de apartamento a satisfez.* **2** realizar; cumprir; atender: *A mãe procura satisfazer todos os desejos da filha.* **3** preencher; suprir: *Esta empresa não pode satisfazer suas necessidades.* **4** convencer; persuadir: *As explicações do aluno não satisfizeram o professor.* ● *pron.* **5** contentar-se; saciar-se: *Não me satisfaço com migalhas.* **6** convencer-se: *A aluna se satisfez com as minhas explicações.* // Pp.: satisfeito.
sá.tra.pa *s.m.* **1** governador de província no antigo império da Pérsia. **2** homem poderoso; déspota.
sa.tu.ra.ção *s.f.* **1** processo pelo qual uma substância se associa, na maior quantidade possível, a outra: *saturação da água do balde com areia e cal.* **2** estado em que o ar contém todo o vapor de água que é possível, na sua temperatura e pressão: *Naquele dia o ar estava com a saturação máxima.* **3** aborrecimento; intolerância: *A repetição daquela música provocou a saturação da plateia.*
sa.tu.rar *v.t.* **1** impregnar: *Um perfume de alfazema saturava a sala.* **2** esgotar; aborrecer demais: *A violência urbana já está saturando nossa capacidade de tolerância; Nossa paciência já saturou.* **3** fartar; encher: *Meus médicos saturaram-me de remédios.* ● *pron.* **4** fartar-se: *As crianças se saturaram de hambúrgueres.* ● *int.* **5** atingir o ponto máximo de saturação: *A solução de água com açúcar saturou.*
sa.tur.no *s.m.* **1** sétimo planeta do Sistema Solar. **2** o tempo, na mitologia romana (correspondente ao deus grego Cronos).
sa.tur.nis.mo *s.m.* envenenamento por chumbo.
sau.da.ção *s.f.* **1** gesto de cumprimento: *Tânia respondeu a minha saudação com um sorriso.* **2** manifestação ou discurso de homenagem: *Milhares de trabalhadores participaram da saudação ao prefeito eleito.* **3** brinde: *Ergamos nossa saudação ao Ano-Novo!*
sau.da.de *s.f.* lembrança levemente pesarosa de pessoa ou coisa ausente ou de vivência passada.
sau.dar *v.t.* **1** cumprimentar. **2** dar mostras de alegria à vista de; aclamar: *Saudamos com fogos a chegada da primavera.* **3** dar boas-vindas a; aclamar; homenagear: *Uma multidão foi ao aeroporto saudar os campeões do vôlei.* **4** dar testemunho exterior de aprovação ou respeito a; louvar: *O povo desta cidade saúda a iniciativa do deputado.*
sau.dá.vel *adj.* **1** propício à saúde; benéfico; salutar: *Respirar o ar puro da manhã é um hábito saudável.* **2** que tem ou revela saúde; sadio: *As candidatas eram esbeltas, inteligentes e saudáveis.* **3** proveitoso; profícuo: *O processo da eleição é saudável sob todos os pontos de vista.*
sa.ú.de *s.f.* **1** bom estado do organismo. **2** robustez; vigor; disposição: *Que força, que saúde tem esse moleque!* ● *interj.* **3** usada para saudar alguém com quem se bebe: *Saúde! Bebamos ao seu sucesso!* // Ant.: doença.

sau.do.sis.mo *s.m.* apego ao passado.

sau.do.sis.ta *s.2g.* **1** pessoa apegada ao passado: *Paulinho é considerado um saudosista, mas ele rejeita.* • *adj.* **2** que denota saudosismo: *O discurso foi saudosista, falando do Brasil antigo.* **3** apegado ao passado: *Não sou saudosista, não vivo com o pé no passado.*

sau.do.so (ô) *adj.* **1** que causa saudade: *Os saudosos programas de auditório.* **2** com saudade: *Vera, saudosa, relembrou nossos tempos de colégio.*

sau.na *s.f.* **1** banho a vapor, à temperatura de 60 a 80°C. **2** equipamento ou recinto apropriado para esse banho.

sa.ú.va *s.f.* formiga tropical de corpo avermelhado, que vive em imensas colônias subterrâneas.

sa.va.na *s.f.* extensa pradaria de regiões tropicais ou subtropicais de longa estação seca, com vegetação característica.

sa.vei.ro *s.m.* barco estreito e comprido, próprio para travessia de grandes rios e para pesca à linha.

sax *s.m.* saxofone.

sa.xão /ks/ *s.m.* **1** membro de um antigo povo germânico. **2** habitante ou natural do atual estado alemão da Saxônia. **3** inglês.

sa.xo.fo.ne /ks/ *s.m.* instrumento de sopro, que consiste em um tubo cônico de metal, provido de chaves e bocal; sax.

sa.xo.fo.nis.ta /ks/ *s.2g.* pessoa que toca saxofone.

sa.zo.nal *adj.* **1** próprio de ou que ocorre em uma estação: *frutas sazonais.* **2** que ocorre periodicamente.

scanner (skaner) (Ingl.) *s.m.* (Inf.) equipamento que possibilita a leitura de um documento e seu armazenamento em um microcomputador.

script (skript) (Ingl.) *s.m.* texto dos diálogos e das indicações cênicas de filme, peça teatral, novela de rádio ou televisão.

se¹ *pron. pess.* forma pronominal oblíqua de terceira pessoa do singular e do plural usado **1** como objeto direto, ou objeto indireto: *Olharam-se curiosos; Feriu-se no dedo.* **2** como indicador de voz passiva: *Vendem-se imóveis.* **3** como índice de indeterminação do sujeito: *Precisa-se de professor.* **4** com verbos pronominais, como parte integrante do verbo: *Queixa-se de tudo.*

se² *conj.* **1** no caso de: *Se conseguisse ouvi-lo, poderia ajudá-lo.* **2** quando: *Se conversa, não trabalha.* **3** uma vez que: *Se tem guarda-chuva, por que não o usa?* **4** se por acaso: *Não sei se ele vem.*

se.a.ra *s.f.* **1** extensão de terra cultivada. **2** (Fig.) campo de atividade: *A política nunca foi a minha seara.*

se.bá.ceo *adj.* de sebo; seboso; gorduroso.

se.bas.ti.a.nis.mo *s.m.* **1** crença no retorno de D. Sebastião, jovem rei português. **2** crença no aparecimento de uma figura salvadora que conduza a nação à glória.

se.be (é) *s.f.* fila de arbustos que serve de cerca: *Uma linda sebe margeia o gramado.*

se.bo (ê) *s.m.* **1** gordura da cavidade abdominal dos ruminantes. **2** produto secretado pelas glândulas sebáceas. **3** (Bras.) loja de livros ou discos usados: *Quando estudante comprava muito livro nos sebos.*

se.bor.rei.a (éi) *s.f.* secreção excessiva das glândulas sebáceas: *A causa da queda dos cabelos era a seborreia.*

secretar

se.bo.so (ô) *adj.* **1** ensebado pelo uso: *Usava uma jaqueta sebosa e fedorenta.* **2** (Fig.) cheio de empáfia; pedante: *Aquele vendedor era uma pessoa sebosa.*

se.ca (ê) *s.f.* ausência ou carência de chuvas; falta de chuva; estiagem.

se.ca.dor (ô) *s.m.* máquina ou aparelho destinado a enxugar: *secador de cabelo.*

se.ca.gem *s.f.* **1** enxugamento: *A secagem da roupa leva menos de meia hora.* **2** desidratação: *Pela secagem, a mandioca fica menos tóxica.*

se.can.te¹ *s.f.* (Geom.) linha ou superfície plana que corta outra.

se.can.te² *adj.* que seca: *óleo secante.*

se.ção *s.f.* **1** ação de secionar; corte. **2** parte de um todo; segmento. **3** divisão ou subdivisão de obra, tratado, estudo, jornal. **4** divisões ou subdivisões de uma repartição pública ou de um estabelecimento qualquer. **5** subdivisões de uma loja comercial. // Cp.: sessão e cessão.

se.car *v.t.* **1** tirar a umidade; tornar seco; enxugar: *É preciso secar o chão.* **2** absorver; estancar: *Não quero que venha secar meu pranto.* **3** fazer desaparecer: *A ração estava secando o leite das vacas.* **4** desidratar: *O sol secou a fruta.* **5** (Bras.) (Coloq.) agourar: *O vizinho, além de nada fazer, ficava ali secando o meu trabalho.* • *int.* **6** perder a umidade; enxugar: *Minhas roupas secaram no corpo.* **7** extinguir-se; evaporar: *As águas dos riachos secaram de vez.* **8** desaparecer: *O leite da mãe secou.* **9** esgotar-se; extinguir-se: *A fonte da ambição jamais secará.* **10** murchar, fenecer: *A grama secou por falta de chuva.* **11** cicatrizar-se: *Suas feridas da alma secaram.*

sec.ção *s.f.* seção.

sec.cio.nar *v.t.* separar; cortar; dividir: *O cirurgião seccionou vários nervos.*

se.ces.são *s.f.* desligamento; separação: *guerra de secessão.*

se.cio.nar *v.t.* seccionar.

se.co (ê) *s.m.* **1** lugar ou terreno sem umidade, enxuto: *trabalhar no seco.* • *adj.* **2** desprovido de umidade, ou de líquido; enxuto. **3** sem umidade atmosférica: *lugares de clima seco.* **4** árido: *Era impossível plantar naquela terra seca.* **5** de que se extraiu a umidade, para melhor conservação; desidratado: *Chegado o Natal, sobem os preços das frutas secas.* **6** sem açúcar: *vinho seco.* **7** sem oleosidade: *pele ou cabelos secos.* **8** (Fig.) sério; indelicado: *O chefe respondeu-me seco e mal-humorado.* **9** sem eco; sem ressonância: *Escutamos um baque seco.* **10** (Fig.) sem rodeios; direto: *Recebemos uma resposta seca e objetiva.* **11** (Bras.) (Coloq.) cheio de desejo: *Estou seco por um bife malpassado.* ♦ **a seco** (i) sem acompanhamento; puro: *Levantou-se cedo, comeu seu pãozinho a seco e foi trabalhar.* (ii) sem imersão em água e sabão: *Essa roupa deve ser lavada a seco.* ♦ **secos e molhados** conjunto de alimentos sólidos e líquidos postos à venda: *comércio de secos e molhados.*

se.cre.ção *s.f.* **1** produção de substâncias pelas glândulas do corpo. **2** substância secretada: *Resfriada, a pessoa fica com muita secreção no nariz.*

se.cre.tar *v.t.* segregar; produzir (secreção); expelir: *Nosso organismo secreta líquidos.*

secretaria

se.cre.ta.ri.a s.f. **1** departamento ou repartição onde se faz o expediente relativo a qualquer empresa, associação ou serviço público. **2** conjunto de repartições públicas; ministério.

se.cre.tá.ria s.f. **1** mulher que exerce as funções de secretário. **2** móvel usado como mesa de trabalho e onde se guardam valores etc. ♦ **secretária eletrônica** gravador eletronicamente acionável que, acoplado a um aparelho telefônico, registra mensagens de telefonemas dados.

se.cre.ta.ri.a.do s.m. **1** conjunto dos secretários. **2** tempo que dura tal função.

se.cre.tá.rio s.m. **1** funcionário que trata de negócios particulares de pessoa ou empresa. **2** pessoa que no governo de um Estado exerce funções equivalentes à de ministro.

se.cre.to (ê) adj. **1** escondido; oculto. **2** que deve ser conhecido apenas de um número limitado de pessoas; confidencial. **3** íntimo; particular: *Minha esposa conhece meus sentimentos mais secretos.*

sec.tá.rio s.m. **1** aquele que segue rigorosamente uma doutrina, sistema, líder; seguidor; adepto. ● adj. **2** intolerante; intransigente: *Este governo não é sectário, é democrático.* **3** seguidor; adepto: *Sou sectário do cristianismo.*

sec.ta.ris.mo s.m. espírito de intolerância.

se.cu.lar adj. **1** que tem pelo menos um século; muito antigo. **2** profano; que participa da vida civil: *padres seculares.*

se.cu.la.ri.zar v.t. desvincular da Igreja; sujeitar à lei civil.

sé.cu.lo s.m. **1** período de cem anos: *Poucos de nós terão o prazer de completar um século de vida.* **2** período de cem anos, numerados de um a cem, por exemplo 101 a 200. **3** (Coloq.) espaço de tempo muito longo: *Há um século aguardo em vão a sua resposta.*

se.cun.dá.rio s.m. **1** antigo curso intermediário entre o primário e o superior, atualmente ensino médio: *Fez a faculdade sem concluir o secundário.* ● adj. **2** de menor importância em relação a outro; insignificante; inferior. **3** que lecionava no curso secundário: *professor secundário.* **4** que constitui uma ramificação do principal: *estrada secundária.* **5** diz-se da Era Mesozoica.

se.cu.ra s.f. **1** falta de umidade; ressecamento. **2** (Fig.) falta de afabilidade; frieza: *O pai dela era de uma secura irritante.*

se.da (ê) s.f. **1** substância filamentosa e brilhante segregada pelo bicho-da-seda. **2** tecido feito com essa substância. **3** pessoa extremamente dócil: *Depois que conversou com o delegado, o rapaz virou uma seda.*

se.dã s.m. automóvel de passeio, que acomoda quatro ou cinco pessoas.

se.dar v.t. **1** acalmar; serenar: *sedar a dor.* **2** anestesiar levemente.

se.de (é) s.f. **1** lugar onde se fixa o principal estabelecimento de uma instituição; matriz. **2** lugar onde sucede um acontecimento: *Pequim será a sede dos Jogos Olímpicos.* // Cp.: sede (ê).

se.de (ê) s.f. **1** sensação produzida pela necessidade de beber; secura. **2** (Fig.) desejo veemente; ânsia: *sede de amar.* // Cp.: sede (é).

se.den.tá.rio s.m. **1** quem anda pouco ou faz pouco exercício. ● adj. **2** que anda ou se exercita pouco.

se.den.to adj. **1** com muita sede; sequioso. **2** (Fig.) muito desejoso; ávido: *Era um jovem sedento de vitória.*

se.di.ar v.t. **1** ser sede de; abrigar: *Barcelona já sediou os Jogos Olímpicos.* ● pron. **2** ter sede; estar instalado. **3** localizar-se: *Parece que seus sentimentos sediam-se no estômago.*

se.di.ção s.f. insurreição contra as autoridades constituídas; rebelião; revolta.

se.di.ci.o.so (ô) s.m. **1** pessoa que participa de sedição; revoltoso: *Os sediciosos seriam condenados à prisão perpétua.* ● adj. **2** que participa de sedição; revoltoso. **3** que provoca sedição.

se.di.men.ta.ção s.f. **1** processo pelo qual substâncias minerais, rochosas ou de origem orgânica se depositam em ambiente aquoso ou aéreo. **2** (Fig.) fortalecimento: *a sedimentação de uma amizade.*

se.di.men.tar[1] v.t. **1** dar firmeza a; consolidar: *sedimentar a paz.* ● pron. **2** passar a constituir sedimento; formar depósito. ● int. (pron.) **3** constituir-se em sedimento. **4** (Fig.) fixar-se; consolidar-se.

se.di.men.tar[2] adj. que é produto de sedimentação: *rocha sedimentar.*

se.di.men.to s.m. depósito que se forma num líquido em que há substâncias dissolvidas ou suspensas.

se.do.so (ô) adj. **1** semelhante à seda; macio. **2** suave; delicado.

se.du.ção s.f. **1** ação de seduzir. **2** encanto; fascínio.

se.du.tor (ô) s.m. **1** pessoa que seduz. **2** atraente: *empreendimento muito sedutor.*

se.du.zir v.t. **1** encantar; fascinar; deslumbrar. **2** atrair. **3** fazer inclinar para o mal ou erro. **4** levar à prática de atos libidinosos; desonrar.

se.far.di.ta s.2g. **1** diz-se do judeu cujos ancestrais são provenientes da Península Ibérica. ● adj. **2** relativo aos sefarditas: *Assisti a um recital de canções sefarditas.*

se.gar v.t. ceifar; cortar: *segar o campo.* // Cp.: cegar.

seg.men.ta.ção s.f. **1** divisão em segmentos. **2** divisão em grupos formados por pessoas com o mesmo perfil socioeconômico.

seg.men.tar[1] v.t. **1** classificar em segmentos sociais: *segmentar o público.* **2** dividir em segmentos.

seg.men.tar[2] adj. relativo a segmento; em segmentos: *divisão segmentar do fígado humano.*

seg.men.to s.m. **1** porção de um todo; parte; seção. **2** porção cortada de figura ou sólido, por uma linha ou plano: *segmento de círculo.* **3** porção limitada de uma reta: *segmento de reta.*

se.gre.dar v.t. transmitir em segredo; cochichar: *A menina segredava seus desejos ao ouvido da avó.*

se.gre.do (ê) s.m. **1** aquilo que não pode ser revelado; sigilo. **2** mistério; enigma. **3** razão misteriosa; causa secreta. **4** combinação de números, sentido e quantidade de voltas com fórmula para abrir uma fechadura: *Não consegue abrir o cofre porque perdeu o segredo.*

se.gre.ga.ção s.f. ato ou efeito de segregar ou o estado de estar segregado; isolamento. ♦ **segregação racial** política que visa separar numa sociedade as minorias raciais.

se.gre.ga.ci.o.nis.ta s.2g. **1** indivíduo partidário da segregação racial. ● adj. **2** que propõe ou que pratica segregação racial.

se.gre.gar v.t. **1** separar com objetivo de isolar; renegar; marginalizar: *A sociedade segrega as prostitutas de seu*

convívio. • *pron.* **2** separar-se, apartar-se: *Segregou-se do grupo e ficou só.*
se.guin.te *s.m.* **1** aquilo que (se) segue, que se diz ou cita depois: *Quero comunicar-lhes o seguinte: venham preparados para a prova amanhã .* • *adj.* **2** que (se) segue; que vem logo após; imediato; subsequente: *Voltamos à praia no dia seguinte.*
se.guir *v.t.* **1** continuar: *Seguimos a caminhada por mais uma hora.* **2** ir atrás de: *Acho que há alguém me seguindo.* **3** ir no encalço de; perseguir: *Siga aquele carro!* **4** acompanhar moral, espiritual ou intelectualmente: *Sigo meu pai em tudo que ele faz.* **5** agir ou estar em consonância com; atender; obedecer: *Estamos seguindo as tradições.* **6** exercer: *Sempre quis seguir a carreira de advogado.* • *int.* **7** tomar certa direção; prosseguir; partir: *Seguimos rumo à rodoviária.* **8** transcorrer: *E a vida vai seguindo.* • *pron.* **9** ser consequência de; suceder-se: *À traição segue-se a decepção.*
se.gun.da *s.f.* **1** segunda-feira. **2** marcha do motor de veículos, menos potente que a primeira. ♦ **de segunda** de má qualidade; ruim: *Assistimos a um espetáculo de segunda.*
se.gun.da-fei.ra *s.f.* segundo dia da semana.
se.gun.do[1] *s.m.* **1** unidade de medida de tempo equivalente à sexagésima parte do minuto. **2** o que ocupa a segunda posição: *A segunda a chegar foi a noiva.* • *adj.* **3** cuja existência é posterior à de outra coisa. **4** que está abaixo; inferior; secundário: *viagem de segunda classe.* • *num.* **5** que ocupa a posição do número dois em uma série.
se.gun.do[2] *conj.* **1** como, conforme: *Segundo dizem, você foi promovida.* **2** de acordo ou em harmonia com; conforme; consoante: *Vestir-se de branco segundo os costumes.*
se.gu.ra.do *s.m.* **1** pessoa que paga o prêmio de um seguro. **2** quem contribui para um instituto de previdência social: *os segurados do INSS.* • *adj.* **3** que está no seguro; que tem seguro: *Não se preocupava com furtos, pois tinha o carro e a casa segurados.*
se.gu.ra.dor (ô) *s.m.* **1** aquele que, num seguro, se obriga ao pagamento de uma indenização, de acordo com o contrato. • *adj.* **2** que se obriga, num contrato de seguro, a indenizar eventuais danos ou perdas. **3** que diz respeito a seguro: *empresas seguradoras.*
se.gu.ran.ça *s.2g.* **1** pessoa encarregada da proteção de alguém, de empresa etc. • *s.f.* **2** ação de proteger; salvaguarda; proteção. **3** estado, qualidade ou condição do que é seguro. **4** firmeza; convicção: *O guia afirmou sem muita segurança que conhecia o local.* **5** confiança em si mesmo; autoconfiança: *Minha mãe faz tudo com muita segurança.*
se.gu.rar *v.t.* **1** amparar, impedindo que caia; agarrar; prender; reter: *Sandra segurou com força a minha mão.* **2** impedir a evolução; conter; refrear: *Naquele momento, tive de segurar as lágrimas.* **3** garantir, através de contrato, os prejuízos da perda: *Segurei todos os objetos de minha casa, desde móveis até computadores.* • *pron.* **4** apoiar-se: *Um senhor segurava-se ao poste para não cair.*
se.gu.ro *s.m.* **1** contrato pelo qual uma das partes se obriga, mediante cobrança de prêmio, a indenizar outra de um perigo ou prejuízo eventual. **2** documento em que esse contrato está registrado. • *adj.* **3** livre de perigo ou de risco; protegido; garantido: *Não me sinto seguro num avião.* **4** que não hesita; firme; confiante: *passos seguros.* **5** eficaz: *Tenho um método seguro para resolver essas questões.* **6** prudente; garantido: *É mais seguro viajar durante o dia.* **7** certo; convencido; convicto: *Você está seguro de que o governador nos atenderá?*

seletor

sei.o *s.m.* **1** parte do corpo humano onde se situam as glândulas mamárias; peito. **2** cada uma das glândulas mamárias femininas, e a camada de gordura e pele que as recobre; mama, peito. **3** centro; interior: *No seio da Terra, não há substância sólida.* **4** cavidade de conteúdo aéreo, encontrada em certos ossos do crânio e da face: *os seios da face.* **5** parte íntima; âmago: *Minha imaginação se perde no seio de tantos mistérios.* **6** meio; ambiente: *seio da família.*
seis *num.* **1** cinco mais um. • *s.m.* **2** representação gráfica do número 6.
seis.cen.tis.ta *s.2g.* **1** artista do século XVII. • *adj.* **2** pertencente ou relativo ao século XVII.
seis.cen.tos *num.* **1** seis vezes cem: *A obra tinha mais de seiscentas páginas. s.m.* **2** representação gráfica do número 600.
sei.ta *s.f.* **1** grupo religioso, político, filosófico criado em oposição a ideias e práticas dominantes. **2** partido, facção. **3** grupo de pessoas que seguem a mesma doutrina.
sei.va *s.f.* **1** líquido complexo que circula no organismo vegetal. **2** vigor; força; energia: *É necessário que circule em nós a seiva divina do amor.*
sei.xo /ch/ *s.m.* fragmento de rocha dura; pedras pequenas.
se.ja *conj.* ou; quer: *Seja hoje, seja amanhã, vou estudar.*
se.la (é) *s.f.* arreio da cavalgadura sobre o qual se assenta o cavaleiro. // Cp.: cela.
se.la.gem *s.f.* colocação de selos.
se.lar[1] *v.t.* **1** pôr selo, estampilha. **2** fechar hermeticamente. **3** concluir: *Esse episódio selou o nosso destino.* **4** tornar válido; confirmar: *Países selam acordo de paz.*
se.lar[2] *v.t.* pôr sela ou selim em: *selar os animais.*
se.la.ri.a *s.f.* **1** estabelecimento de fabricação e consertode selas e arreios. **2** local onde se guardam selas e arreios.
se.le.ção *s.f.* **1** ato ou efeito de selecionar; escolha. **2** coleção de peças literárias, musicais etc., selecionadas; antologia. **3** equipe constituída pelos melhores atletas: *seleção de vôlei.*
se.le.cio.nar *v.t.* **1** fazer seleção, escolher. **2** escolher e separar: *Vovó seleciona bem as frutas.*
se.lê.nio (Quím.) *s.m.* elemento químico não metálico. // Símb.: Se; N. Atôm.: 34.
se.le.ta (é) *s.f.* conjunto de trechos literários ou científicos selecionados; antologia.
se.le.ti.vo *adj.* relativo a ou que envolve seleção.
se.le.to (é) *adj.* **1** escolhido, selecionado. **2** especial; excelente.
se.le.tor *s.m.* **1** dispositivo que efetua uma operação de seleção: *O câmbio automático tem seletor eletrônico na alavanca.* • *adj.* **2** que seleciona.

self-service

self-service (self sârvis) (Ingl.) *s.m.* sistema de atendimento comercial em que o consumidor se serve sozinho.

se.lim *s.m.* **1** pequena sela **2** assento de bicicleta ou motocicleta.

se.lo (ê) *s.m.* **1** lacre; fecho (ê). **2** carimbo, marca ou símbolo de autoridade posto em documento para validá-lo. **3** estampilha adesiva usada pelo correio. **4** marca, emblema, monograma etc. usado para identificar uma organização. **5** traço distintivo; marca: *Ninguém traz na testa o selo da honestidade.* **6** ratificação; confirmação: *Que este ato seja o selo de nossa amizade.*

sel.va (é) *s.f.* lugar naturalmente arborizado; bosque; floresta.

sel.va.gem *s.2g.* **1** índio; silvícola. **2** quem é grosseiro, rude, bruto: *Esses selvagens não deveriam ocupar cargos públicos!* • *adj.* **3** relativo a ou próprio da selva; silvestre: *frutas selvagens.* **4** que habita a selva: *animal selvagem.* **5** grosseiro; agressivo; impiedoso. **6** que ainda não foi domado, amansado, ou que é difícil de o ser: *potros selvagens.* **7** sem civilização; primitivo; bárbaro: *Os homens selvagens também tinham suas religiões.*

sel.va.ge.ri.a *s.f.* **1** qualidade do que é selvagem, da selva. **2** rusticidade; grosseria; violência.

sem *prep.* indicação de falta, privação, exclusão, condição.

se.má.fo.ro *s.m.* poste de sinalização urbana destinado a orientar o tráfego por meio de mudança da cor de luzes.

se.ma.na *s.f.* **1** período de sete dias consecutivos contados a partir de domingo. **2** espaço de sete dias quaisquer, seguidos. • **semana santa** a última semana da Quaresma, contada desde o domingo de Ramos até o de Páscoa. // Nessa acepção, usam-se iniciais maiúsculas.

se.ma.na.da *s.f.* **1** quantia que se paga ou se dá semanalmente. **2** o que se faz durante uma semana.

se.ma.nal *adj.* **1** que se realiza todas as semanas. **2** por semana; de cada semana: *folga semanal.* **3** que circula ou que se publica toda semana; semanário: *jornal semanal.*

se.ma.ná.rio *s.m.* **1** publicação semanal. • *adj.* **2** semanal.

se.man.col *s.m.* (Coloq. Bras.) faculdade ou sensibilidade para perceber que se está sendo inoportuno, inconveniente.

se.mân.ti.ca *s.f.* **1** ramo da linguística que estuda a significação das palavras. **2** significado: *O texto tinha uma sintaxe razoável, mas uma semântica ambígua.*

se.mân.ti.co *adj.* relativo à significação ou ao significado.

sem.blan.te *s.m.* **1** rosto; face. **2** aparência; aspecto; fisionomia: *semblante preocupado.*

se.me.a.dor (ô) *s.m.* **1** lavrador que faz a semeadura. **2** quem espalha, dissemina ou promove: *semeador de discórdias.* • *adj.* **3** que semeia; sementeiro. **4** que fomenta ou dissemina.

se.me.a.du.ra *s.f.* **1** plantio de sementes. **2** lavoura semeada.

se.me.ar *v.t.* **1** lançar ao solo, para germinar as sementes. **2** promover; disseminar; espalhar: *semear ideias.* • *int.* **3** exercer o ato de plantar: *Fez questão de ensinar o filho a semear.*

se.me.lhan.ça *s.f.* **1** relação entre seres, coisas ou ideias que apresentam características parecidas; analogia. **2** confronto; comparação; paralelo. • **à semelhança** da mesma maneira: *Escreve à semelhança dos românticos.*

se.me.lhan.te *s.m.* **1** ser humano em relação aos outros; próximo: *Quem não ama seu semelhante, não ama a si mesmo.* • *adj.2g.* **2** parecido; similar. • *pron.* **3** tal; este; aquele: *Não pude acreditar em semelhante absurdo.*

sê.men *s.m.* esperma.

se.men.te *s.f.* **1** grão ou parte do fruto próprio para a reprodução. **2** princípio gerador; origem.

se.men.tei.ra *s.f.* **1** viveiro onde sementes germinam para posterior plantio. • *adj.* **2** produtora de sementes: *plantas sementeiras.*

se.men.tei.ro *s.m.* **1** o que lança a semente; semeador. • *adj.* **2** que semeia: semeador.

se.mes.tral *adj.* **1** que se realiza a cada seis meses. **2** do semestre. **3** que circula ou que se publica uma vez por semestre: *revista semestral.*

se.mes.tra.li.da.de *s.f.* **1** quantia que se paga em um semestre: *o valor da semestralidade.* **2** condição do que é semestral.

se.mes.tre (é) *s.m.* período de seis meses consecutivos.

se.mi.á.ri.do *s.m.* **1** local um tanto seco. • *adj.* **2** relativamente seco: *o clima semiárido do sertão.*

se.mi.nal *adj.* **1** relativo ou pertencente a semente ou a sêmen: *O líquido seminal é produzido pelos testículos.* **2** produtivo; fértil: *Suas palavras eram seminais.*

se.mi.ná.rio *s.m.* **1** casa de formação de sacerdotes. **2** encontro científico; colóquio: *A decisão foi tomada em seminário de dois dias.* **3** exposição de grupo de estudo em sala de aula: *O professor de literatura prefere seminário.*

se.mi.na.ris.ta *s.m.* **1** quem estuda em seminário. • *adj.* relativo à seminário.

se.mi.o.lo.gi.a *s.f.* **1** ciência geral dos signos, que estuda todos os fenômenos culturais como se fossem sistemas de significação; semiótica. **2** ramo da medicina que analisa os sintomas das enfermidades.

se.mi.ó.lo.go *s.m.* especialista em semiologia.

se.mi.ó.ti.ca *s.f.* semiologia.

se.mi.ó.ti.co *adj.* pertencente ou relativo à semiótica.

se.mi.ta *s.2g.* **1** membro do povo semita: *os semitas.* • *pl.* **2** família etnográfica e linguística originária do sudoeste da Ásia, hoje representada pelos hebreus, árabes e etíopes e, em tempos antigos, também pelos babilônios, assírios: *o povo semita.* **3** judeu. • *adj.* **4** relativo ao judeu.

se.mí.ti.co *adj.* **1** relativo ou pertencente aos semitas. **2** relativo ou pertencente aos judeus.

se.mi.tis.mo *s.m.* **1** conjunto das características próprias dos semitas, sua civilização, sua influência. **2** conjunto das características próprias dos judeus, sua civilização, sua influência.

se.mi.vo.gal *s.f.* vogal átona proferida juntamente com uma vogal, constituindo parte de ditongos e tritongos.

se.mo.li.na *s.f.* fécula de farinha de arroz.

sem-par *adj.* incomparável; único.

sem.pre *adv.* **1** a toda hora; em todo momento; continuamente; constantemente: *Ele corre sempre o risco*

sensibilidade

de ser descoberto. Anda sempre cercado de crianças. **2** habitualmente; comumente: *Sempre evito tomar partido nas brigas que presencio.* **3** afinal; enfim: *É sempre um dinheirinho que ajuda, não?* **4** com probabilidade; em todo caso: *De um modo ou de outro, sempre surge algum trabalho.* ◆ **para/por todo o sempre** indefinidamente; eternamente: *E, então, se juntaram e foram felizes para sempre.* **sempre que** todas as vezes que: *Freitas perdia o controle sempre que bebia um pouco.*

sem-sal *adj.* **1** sem sal, insosso. **2** sem graça: *Era um cantor sem-sal.*

sem-ver.go.nha *s.2g.* **1** pessoa desonesta, descarada ou impudente. ● *adj.* **2** desavergonhado; despudorado; descarado. **3** muito ruim; reles: *Foi um joguinho sem-vergonha.*

sem-ver.go.nhi.ce *s.f.* (Bras.) falta de vergonha; descaramento: *O rapaz diz que acha isso um absurdo, sem-vergonhice.*

se.na.do *s.m.* **1** divisão superior do legislativo federal; câmara alta, nos países onde existem duas assembleias legislativas: *O projeto será votado no Senado.* **2** o conjunto dos membros dessa câmara: *O Senado se reunirá na segunda-feira.* **3** local onde a câmara alta se reúne: *Era um político assíduo, permanecia o dia todo no Senado.* **4** na Roma Antiga, assembleia de patrícios: *O Senado Romano se encantava com os discursos de Cícero.* // Em qualquer das acepções, escreve-se comumente com inicial maiúscula.

se.na.dor (ô) *s.m.* membro do Senado.

se.não *s.m.* **1** defeito; mácula; falta leve: *Você cometeu uns pequenos senões, apenas.* ● *prep.* **2** exceto; fora; a não ser: *Não falou senão com você.* ● *conj.* **3** de outro modo, do contrário: *Responda direitinho, senão será pior para você.* **4** mas, porém: *Não vieram, senão mandaram representante.*

sen.da *s.f.* **1** caminho; trilha: *senda estreita e escorregadia.* **2** direção; rumo: *Esses menores estão se dirigindo para a senda do crime.*

se.ne.ga.lês *s.m.* **1** natural ou habitante do Senegal. ● *adj.* **2** relativo ao Senegal, África.

se.nha *s.f.* **1** aceno, gesto, palavra ou sinal sigilosos combinados entre pessoas: *Buzinar três vezes era a senha para que Mariazinha saísse à janela.* **2** série de números ou palavra do conhecimento exclusivo de quem deve acessar um sistema de computador ou usar um cartão bancário magnético. **3** documento que atesta um protocolo de inscrição para participação num evento ou para retirada de documentos.

se.nhor (ô) *s.m.* **1** homem de meia-idade ou mais: *Foi recebido por um senhor de barba branca.* **2** Deus: *O Senhor é meu pastor e nada me faltará.* // Nessa acepção, escreve-se com inicial maiúscula. // **3** amo; patrão. **4** proprietário; dono. **5** quem tem domínio, controle ou influência; dono; soberano: *A razão lhe obedece. É de novo senhor dos seus atos.* ● *adj.* **6** (Coloq.) excepcional: *Quando íamos sair, caiu um senhor pé-d'água.* ● *pron.* **7** usado para dirigir-se a pessoa mais velha, com íntima ou de cerimônia, com relação ao falante: *Meu senhor, é só um minutinho do seu precioso tempo!* ◆ **senhor de si** que demonstra segurança no que faz. // Abrev.: Sr.

se.nho.ri.al *adj.* **1** relativo a senhor. **2** aristocrático: *casa senhorial.* **3** imponente; respeitoso: *atitude muito senhorial.*

se.nho.ri.a *s.f.* **1** autoridade ou qualidade de senhor ou senhora. **2** proprietária de bens imóveis; senhora; dona: *A senhoria telefonou para avisar que a mensalidade do aluguel vence amanhã.* **3** na Idade Média, domínio, direitos feudais sobre uma terra. **4** terra que estava sob esse domínio. ◆ **vossa senhoria** forma de tratamento cerimoniosa usada em correspondência comercial para oficiais e funcionários graduados: *Vossa senhoria, major Ávila, queira sentir-se à vontade.*

se.nho.ri.o *s.m.* **1** senhor. **2** proprietário de imóvel alugado ou arrendado: *O senhorio fez questão de fazer o contrato do aluguel em real.*

se.nho.ri.ta *s.f.* **1** mulher solteira; moça. ● *pron.* **2** usado para dirigir-se polidamente a uma moça solteira: *Senhorita, à sua saúde.* // Abrev.: Sr.ta ou srta.

se.nil *adj.* **1** muito velho; próprio da velhice. **2** decrépito; caduco; próprio de pessoa decrépita: *Totalmente senil, meu avô discutia com adversários invisíveis.*

se.ni.li.da.de *s.f.* decrepitude; velhice.

sê.nior *s.m.* **1** desportista pertencente à categoria imediatamente acima dos juniores: *Os seniores perderam para os juniores.* ● *adj.* **2** em esporte, imediatamente acima dos juniores: *categoria sênior.* **3** que ocupa o cargo máximo na função: *engenheiro sênior.* // Ant.: júnior.

se.no *s.m.* função de um ângulo, definida pela razão do cateto oposto ao ângulo de um triângulo retângulo e a hipotenusa.

sen.sa.ção *s.f.* **1** impressão física ou emocional causada por estímulo externo; percepção sensorial: *Tive uma sensação de alívio.* **2** surpresa ou grande impressão devida a um acontecimento raro, incomum: *Minha contratação causou sensação entre os jogadores.* **3** comoção moral; emoção; sentimento: *sensação de culpa.*

sen.sa.ci.o.nal *adj.* que desperta viva admiração ou entusiasmo; espetacular; formidável.

sen.sa.ci.o.na.lis.mo *s.m.* tom espalhafatoso com que se divulga e explora matéria capaz de emocionar ou escandalizar: *A violência urbana tem sido tratada com sensacionalismo pela imprensa.*

sen.sa.ci.o.na.lis.ta *adj.* **1** em que há sensacionalismo. **2** que explora o sensacionalismo: *Esse jornal é extremamente sensacionalista.*

sen.sa.tez (ê) *s.f.* **1** bom senso; ponderação: *No governo, a ousadia deve conviver com a sensatez.* **2** cautela; prudência.

sen.sa.to *adj.* **1** que tem bom senso; judicioso: *O homem sensato se adapta ao mundo.* **2** previdente; cauteloso; prudente. **3** discreto; reservado; circunspecto.

sen.si.bi.li.da.de *s.f.* **1** capacidade para compreender ou entender: *A profissão de médico exige muita sensibilidade.* **2** faculdade de intuir ou perceber: *O professor deve ter sensibilidade para compreender as limitações de cada aluno.* **3** disposição para ofender-se ou melindrar-se; suscetibilidade; emotividade: *Uma palavra mais áspera era o suficiente para ferir a sensibilidade de Ana.* **4** propriedade do organismo de perceber as modificações do meio externo ou interno e de reagir a elas: *sensibilidade auditiva.* **5** capacidade de resposta de um instrumento: *microfone de alta sensibilidade.*

sensibilização

sen.si.bi.li.za.ção *s.f.* **1** em medicina e biologia, processo pelo qual um organismo torna-se mais sensível a uma dada estimulação (física, química ou biológica). **2** ação ou fato de suscitar o interesse ou a curiosidade: *sensibilização da opinião pública*.
sen.si.bi.li.zar *v.t.* **1** impressionar vivamente; comover: *O espetáculo sensibilizou a plateia, que aplaudiu de pé*. **2** tocar a sensibilidade; fazer compreender: *Parece que a miséria não sensibiliza os governantes*. **3** tornar sensível à ação de agentes externos: *A substância sensibilizou a pele*. • *pron.* **4** ficar sensibilizado: *Espero que eles se sensibilizem com a beleza da música*.
sen.si.ti.vo *s.m.* **1** indivíduo muito sensível, que se impressiona facilmente: *Os sensitivos não devem assistir a essa peça*. **2** pessoa com poderes paranormais: *Apareceu na cidade um sensitivo que previu a morte do delegado*. • *adj.* **3** que recebe ou transmite as sensações: *nervos sensitivos*. **4** relativo aos sentidos ou às sensações: *capacidades sensitivas*. **5** que possui poderes paranormais.
sen.sí.vel *adj.* **1** que reage facilmente aos estímulos: *A criança tem a pele muito sensível*. **2** que se deixa impressionar, comover: *Era um rapaz muito sensível que se comovia com o sorriso de uma criança*. **3** de certa importância; considerável: *O preço da cesta básica teve um sensível aumento*. **4** delicado: *Este é um dos pontos sensíveis da questão*. **5** claro; evidente; manifesto: *Há dez anos já era sensível a crise energética do país*. **6** percebido pelos sentidos: *Os sons produzidos por certos insetos não são sensíveis aos nossos ouvidos*. **7** que tem aptidão para entender as pessoas e seus problemas: *O governador é sensível às necessidades dos menos favorecidos*.
sen.so *s.m.* **1** faculdade de apreciar, de julgar; entendimento; discernimento: *Era dotada de um admirável senso crítico*. **2** juízo, siso: *Esses contratempos são de fazer a gente perder o senso*. **3** faculdade de sentir ou apreciar; sentido: *A moça tinha senso de humor*. // Cp.: censo.
sen.sor (ô) *s.m.* dispositivo por meio do qual se captam vibrações externas, se medem fenômenos e se pressentem ou se localizam alvos, etc.
sen.so.ri.al *adj.* sensório.
sen.só.rio *s.m.* **1** região do cérebro que relaciona e combina as impressões transmitidas aos centros sensoriais individuais. **2** as partes do cérebro relacionadas com a recepção e a interpretação de estímulos sensoriais. • *adj.* **3** relativo à sensibilidade.
sen.su.al *adj.* **1** relativo aos sentidos e aos órgãos dos sentidos. **2** relativo à sensualidade, ao erotismo, ao desejo sexual: *requebros sensuais*. **3** que evoca sensualidade: *uma voz sensual*. **4** que desperta a sensualidade de outrem por seu modo de ser, sua aparência: *um homem sensual*.
sen.su.a.li.da.de *s.f.* **1** caráter do que é sensual. **2** inclinação pelos prazeres dos sentidos; luxúria; sensualismo.
sen.su.a.lis.mo *s.m.* **1** doutrina filosófica segundo a qual todo conhecimento provém das sensações. **2** sensualidade; lascívia.
sen.tar *v.t.* **1** pôr sobre um assento: *Sentaram-no na cabeceira*. **2** assentar; ajustar-se. • *int. (pron.)* **3** tomar assento; assentar(-se): *Assim que cheguei, sentei(-me)*.

sen.ten.ça *s.f.* **1** frase que expressa um princípio de verdade, de moral; máxima; provérbio. **2** julgamento proferido pelo juiz ou tribunal. **3** despacho; decisão.
sen.ten.ci.ar *v.t.* **1** condenar por meio de sentença: *O juiz sentenciou o réu a dez anos de prisão*. **2** julgar por sentença; decidir: *sentenciar uma disputa*. • *int.* **3** emitir ou pronunciar sentença; emitir sua opinião: *Ele nunca sentencia sem prova*.
sen.ti.do *s.m.* **1** cada uma das formas de receber sensações, segundo os órgãos destas: *sentido da audição*. **2** propósito; objetivo: *atitude destruída de sentido*. **3** acepção; significado: *Qual o sentido desta palavra?* **4** lado; face; aspecto: *Examinou todos os sentidos da proposta*. **5** direção; rumo: *Prossiga no sentido do sul*. **6** razão de ser; lógica: *Não tem sentido o que você está fazendo*. • *adj.* **7** melindrado; ressentido: *Ela ficou sentida com você*. **8** triste; choroso: *Depois que enviuvou, está sempre sentido, pouco expansivo*.
sen.ti.men.tal *s.2g.* **1** quem é sensível, romântico: *Ficou comovido, pois é um sentimental*. • *adj.* **2** que nutre afeto; amoroso: *Eu atravessei uma experiência sentimental muito confusa*. **3** que apela aos sentimentos: *cantor sentimental*. **4** sensível ao extremo: *Às vezes fico sentimental, choro à toa*.
sen.ti.men.ta.lis.mo *s.m.* afetação de sentimento; romantismo: *Política não se mistura com sentimentalismos*.
sen.ti.men.ta.lis.ta *s.2g.* **1** quem é dotado de sentimentalismo. • *adj.* **2** dotado de sentimentalismo.
sen.ti.men.to *s.m.* **1** capacidade para sentir; sensibilidade: *Foi tomado de um sentimento profundo*. **2** faculdade de perceber ou apreciar; percepção; senso: *Ela tem o sentimento de sua fraqueza*. **3** disposição afetiva em relação a coisas de ordem moral ou intelectual: *É hora de estimular o sentimento de indignação*. **4** pesar; tristeza: *Receba meus sentimentos pela morte de seu pai*. // Nessa acepção, usa-se comumente no plural. // **5** afeto; afeição; amor: *Ele tem um grande sentimento por todos esses mortos*.
sen.ti.ne.la (é) *s.f.* **1** soldado armado que guarda um posto. **2** vigia. **3** ato de guardar, vigiar.
sen.tir *v.t.* **1** perceber pelos órgãos dos sentidos: *Senti que minha face ficou vermelha*. **2** experimentar sensação física: *Não tenho mais o cansaço que sentia antes*. **3** experimentar sensação moral ou afetiva; ser afetado por: *Todo mundo pode sentir tédio em algum momento da vida*. **4** pressentir: *Senti que ele ia me bater e gritei*. **5** ter a impressão; supor: *Depois que eu comecei a trabalhar, senti que sou mais respeitada*. • *int.* **6** lamentar: *Sinto muito, mas nada posso fazer*. • *pron.* **7** achar-se na qualidade ou no estado de: *Na casa de meus pais, sinto-me mais protegido*.
sen.za.la *s.f.* alojamento destinado a escravos.
sé.pa.la *s.f.* cada uma das peças que formam o cálice da flor.
se.pa.ra.ção *s.f.* **1** afastamento; apartamento. **2** distinção: *Separar as crianças por faixas etárias é uma exigência*. **3** rompimento do matrimônio ou do relacionamento entre casais. **4** partição: *O cientista dirigiu um grupo que desenvolveu processo de separação do urânio*.
se.pa.rar *v.t.* **1** selecionar: *Difícil separar todos os elementos*. **2** desunir; isolar; apartar: *Separou a lã dos*

serelepe

botões. **3** considerar à parte; distinguir: *O presidente decidiu separar a questão dos direitos humanos dos demais.* **4** distanciar; afastar: *Separei-os para não brigarem.* **5** pôr de lado; reservar: *Não é possível separar 30% das vagas.* ◆ *pron.* **6** afastar-se de: *O governo muçulmano da Bósnia decidiu se separar da Iugoslávia.* **7** desfazer a união conjugal: *Minha filha separou-se do marido.* **8** ser distinto de: *A arquitetura não se separa do urbanismo.*

se.pa.ra.ta *s.f.* publicação em volume ou opúsculo, de artigo já saído em jornal ou em revista, empregando-se a mesma composição.

se.pa.ra.tis.mo *s.m.* **1** movimento de uma parte do território de um Estado para tornar-se independente. **2** doutrina política ou religiosa baseada na separação ou independência.

se.pa.ra.tis.ta *s.m.* **1** pessoa favorável ao separatismo: *Alguns paulistas são separatistas.* ◆ *adj.* **2** que tende a tornar-se independente. **3** adepto do separatismo: *um partido separatista.*

sé.pia *s.f.* **1** molusco com dez tentáculos, provido de uma glândula que segrega um fluido castanho-escuro, com que o animal turva a água. **2** nome dado à tinta que se extrai desse molusco. ◆ *adj.2g.2n.* **3** de tonalidade castanho-escura: *Seu tom é o mais puro e reluzente sépia.*

sep.ti.ce.mi.a *s.f.* infecção generalizada em que os microrganismos virulentos se multiplicam no sangue.

sép.ti.co *adj.* que provoca infecção.

sep.to (é) *s.m.* cartilagem ou membrana que separa em duas partes uma cavidade: *desvio do septo nasal.*

sep.tu.a.ge.ná.rio *s.m.* setuagenário.

sep.tu.a.gé.si.mo *num.* setuagésimo.

se.pul.cral *adj.* **1** próprio de sepulcro ou de morte. **2** profundo; grave: *O silêncio, então, foi sepulcral.*

se.pul.cro *s.m.* túmulo; tumba.

se.pul.ta.men.to *s.m.* **1** enterro. **2** aniquilamento; destruição.

se.pul.tar *v.t.* **1** enterrar; dar sepultamento a. **2** soterrar: *Pompeia foi sepultada pelas cinzas vulcânicas.* **3** pôr fim a; fazer desaparecer: *O jogador diz que vai sepultar a fama de medroso.*

se.pul.tu.ra *s.f.* cova onde se colocam os cadáveres; campa.

se.quaz *s.m.* **1** quem é partidário de; seguidor: *O ditador e seus sequazes tentaram outro golpe.* ◆ *adj.* **2** que é partidário de; seguidor.

se.que.la (qüé) *s.f.* lesão anatômica ou funcional que permanece depois de uma doença.

se.quên.cia (qüên) *s.f.* **1** número de coisas que se sucedem; série; sucessão. **2** grupo de coisas situadas em fila: *Uma sequência de carros batidos estava abandonada na estrada.* **3** em carteado, série de cartas com valores consecutivos. ◆ **na sequência** em seguida: *Na sequência, assistimos a um filme de guerra.*

se.quen.ci.al (qüen) *adj.* em que há uma sequência: *O câmbio de certos carros é sequencial.*

se.quer *adv.* **1** pelo menos; ao menos; nem mesmo: *Jamais deram sequer uma olhadinha nos livros do poeta inglês.*

se.ques.tra.dor (qüe . . . ô) *s.m.* indivíduo que pratica sequestro.

se.ques.trar (qüe) *v.t.* **1** levar e reter à força: *Mulher é presa acusada de sequestrar criança.* **2** desviar da rota por meio de violência: *Sequestram um avião.* **3** (Jur.) fazer apreensão judicial de: *sequestrar bens.*

se.ques.tro (qüé) *s.m.* **1** crime que consiste em reter ilegalmente alguém, privando-o de sua liberdade. **2** apreensão judicial de bem litigioso; arresto: *O juiz determinou o sequestro dos bens do comerciante.*

se.qui.lho *s.m.* biscoito geralmente feito com ovos, açúcar e polvilho.

se.qui.o.so (ô) *s.m.* **1** indivíduo ansioso. ◆ *adj.* **2** sem água; muito seco. **3** que tem sede; sedento. **4** cheio de ansiedade; ansioso; sôfrego: *O pretendente estava sequioso para ouvir a resposta da moça.*

sé.qui.to *s.m.* conjunto de pessoas que acompanham outra por obrigação, cortesia ou admiração; cortejo.

ser *v.t.* **1** realizar-se; dar-se: *A reunião será na quarta-feira.* **2** pertencer a: *O canivete era de Bento.* **3** estar colocado entre; situar-se entre: *O doutor era dos meus.* **4** ter propensão ou inclinação para: *Não sou de contar vantagens.* **5** provir: *A costureira era de Minas.* **6** estar relacionado; dizer respeito a: *Permaneceu impassível como se nada daquilo fosse com ele.* **7** mostrar-se favorável; ter opinião favorável: *Todos éramos pelas eleições diretas.* ◆ *int.* **8** existir; haver: *Se tu não fosses, como eu viveria?* **9** indica hora: *Agora são nove horas.* **10** indica período determinado de tempo: *Era primavera; Hoje é sábado.* // Como verbo substituto é usado (i) em discurso direto, para responder afirmativamente; sim: *Onde foi o encontro? Perto da porteira? / – É.* (ii) para substituir o verbo de uma oração: *Dino roubava, mas não era só peixe.* [era = roubava]. (iii) no lugar de uma oração toda: *Você chora porque aconteceu isto? É só por isto?* [é = você chora]. // **11** indica voz passiva: *Seus gritos foram ouvidos por todos na sala.* **12** dever: *Então, com todo esse estardalhaço, não era para as coisas estarem melhor?* ◆ *v.lig.* **13** indica que o predicativo se refere ao sujeito atribuindo-lhe um estado ou uma qualidade: *Carlos é alfaiate.* **14** equivaler: *Querer é poder.* **15** tornar-se: *Danilo quer ser padre.* **16** localizar-se; ficar; estar: *A igreja é perto daqui.* ◆ *s.m.* **17** ente vivo: *Queria gerar um ser humano com um destino.* **18** criatura: *Os seres vivos.* **19** criatura fantástica: *Não cria em seres alados com olhos de fogo.* ◆ **era uma vez** fórmula usada para início de narrativas fantásticas. **não é de hoje** que muito tempo: *Não é de hoje que cobiça uma corrente de ouro.* **seja como for** de qualquer modo: *Bem, seja como for, já estamos aqui.* **seja o que Deus quiser** usada antes de arriscar-se: *Vamos meter a cara e seja o que Deus quiser.*

se.ra.fim *s.m.* **1** anjo da hierarquia mais elevada. **2** representação plástica ou pictórica de anjo. **3** pessoa de extraordinária beleza.

se.rão *s.m.* **1** trabalho noturno, após o expediente normal: *O serão de quem ficou só acabou duas horas depois.* **2** sarau: *Era comum haver serão musical na casa do avô.* **3** intervalo de tempo entre o jantar e a hora de dormir: *Era durante o serão que surgiam as fofocas.*

se.rei.a *s.f.* ser mítico, híbrido, que é mulher da cintura para cima e peixe da cintura para baixo.

se.re.le.pe (é) *s.m.* **1** esquilo brasileiro; caxinguelê. **2** pessoa irrequieta: *um serelepe com a bola nos pés.* ◆ *adj.* **3** vivaz; esperto: *garoto serelepe.*

serenar

se.re.nar v.t. 1 tornar sereno; tranquilizar; sossegar: *serenar os ânimos*. • int. 2 abrandar-se; suavizar-se: *Estava escuro já de todo, quando o dilúvio serenou*. 3 cair sereno: *Esta noite serenou*.

se.re.na.ta s.f. 1 peça instrumental ou vocal, de caráter simples e melodioso, de estilo leve e comunicativo. 2 concerto de vozes ou de instrumentos executados à noite, em geral sob a janela de alguém; seresta.

se.re.ni.da.de s.f. suavidade; paz; tranquilidade.

se.re.no s.m. 1 vapor atmosférico noturno; relento: *O sereno cai durante a noite*. • adj. 2 tranquilo; calmo; sossegado: *Essa música fala de uma São Paulo calma e serena*. 3 que deixa transparecer tranquilidade de espírito: *A calma e o ar sereno do pai são suas últimas impressões*. 4 suave: *A atriz tinha uma beleza serena*.

se.res.ta (é) s.f. 1 serenata: *shows com serestas e cantigas mineiras*. 2 evento noturno, festivo, animado por seresteiros.

se.res.tei.ro s.m. cantador ou compositor de serestas.

ser.gi.pa.no s.m. 1 natural ou habitante de Sergipe. • adj. 2 relativo a Sergipe.

se.ri.a.ção s.f. disposição em série; seriado: *A formação escolar obedecerá a uma seriação mais lógica*.

se.ri.a.do s.m. 1 filme transmitido em episódios seriados: *Os seriados da TV*. • adj. 2 disposto em série: *Eram peças seriadas utilizadas nas indústrias automobilísticas*. 3 que se realiza em série: *publicação seriada*. 4 que se exibe por partes, formando uma série: *filme seriado*.

se.ri.al adj. 1 disposto em série; seriado. 2 que forma série.

serial killer (sériǎl kilǎr) (Ingl.) s.m. alguém que mata várias pessoas, seguidamente, sempre da mesma maneira.

se.ri.dó s.m. variedade de algodão de fibra longa, cultivado em certas zonas nordestinas.

sé.rie s.f. 1 grau escolar; ano; classe: *Há cinco anos estava na mesma série*. 2 em cinema ou televisão, obra, geralmente de aventuras e com o mesmo elenco, dividida em episódios; seriado. 3 cada uma das divisões ou subdivisões de uma classificação; classe; categoria. 4 quantidade considerável: *Examinamos uma série de leis*. 5 conjunto em que há relação de semelhança: *Os relatos por escrito e oral são baseados na série de obras artísticas produzidas*. 6 sucessão ininterrupta: *Os estudiosos têm posto em prática uma série de experimentos*. ✦ **em série** em grande escala e segundo um mesmo padrão: *fabricação em série*. **fora de série** fora do comum; excepcional: *Ele tinha uma intuição fora de série*.

se.ri.e.da.de s.f. 1 coisa séria: *Esta matéria inspira seriedade*. 2 atitude própria de pessoa séria; gravidade: *Ante a seriedade do patriarca todos se contiveram*. 3 inteireza de caráter; retidão: *Age sempre com seriedade nos negócios*.

se.ri.gra.fi.a s.f. 1 sistema de impressão direta de desenhos sobre tecido, papel ou outro material. 2 tela produzida por esse sistema: *Suas serigrafias costumam misturar fotos históricas e lixo urbano*. 3 oficina que faz impressão por esse sistema.

se.rin.ga s.f. bomba portátil para aplicação de injeções ou para retirar líquidos do organismo.

se.rin.gal s.m. plantação de seringueiras: *Os seringais já não produzem muito*.

se.rin.ga.lis.ta s.m. proprietário de seringal.

se.rin.guei.ra s.f. árvore tropical, de grande porte, da qual se extrai látex, importante na produção da borracha; seringa.

se.rin.guei.ro s.m. pessoa que extrai látex da seringueira.

sé.rio adj. 1 que merece atenção, cuidado ou consideração; importante: *Esse prejuízo significava uma ameaça aos planos de investimentos da montadora*. 2 que tem valor, mérito, importância: *Tinha uma meta: formar um novo jornal sério que desse audiência e faturasse*. 3 feito com cuidado e diligência: *trabalho sério*. 4 real; verdadeiro; sincero: *envolvimento sério*. 5 grave; perigoso: *Sofreu um acidente sério*. 6 que cuida de suas funções ou obrigações com pontualidade, método e correção: *Ele é um funcionário competente, um homem sério*. 7 que age com honradez; honrado; honesto: *Quando a pessoa é séria nada a corrompe*. 8 que não ri; sisudo; severo. *O poeta era fechado e sério*. • adv. 9 realmente; de fato: *Olhe, sério mesmo, tem muita gente legal na indústria cinematográfica*.
✦ **a sério** com seriedade; seriamente: *Levavam o trabalho a sério*.

ser.mão s.m. 1 discurso religioso; pregação. 2 admoestação com o objetivo de moralizar: *Passou a tarde ouvindo um sermão do delegado*.

ser.pen.tá.rio s.m. viveiro de cobras para estudos e extração de veneno para o preparo de soro antiofídico.

ser.pen.te s.f. designação geral dos ofídios, sobretudo das espécies peçonhentas; cobra.

ser.pen.ti.na s.f. 1 fita estreita e fina de papel colorido, enrolada sobre si mesma, usada nos festejos do Carnaval. 2 conduto metálico espiralado, dentro do qual circula líquido que opera trocas de calor com o meio ambiente: *O tanque se enche com água fria, através das serpentinas*.

ser.ra (é) s.f. 1 instrumento cortante, que tem como peça principal uma lâmina ou um disco dentado de aço. 2 cadeia de montanhas com muitos picos: *Ele gostava da descida da serra*.

ser.ra.gem s.f. pó de finas partículas que sai da madeira quando serrada.

ser.ra.lhei.ro s.m. artífice de serralheria.

ser.ra.lhe.ri.a s.f. 1 oficina onde se fabricam ou se consertam artefatos de ferro batido ou forjado: *produtos fabricados em uma serralheria*. 2 arte de trabalhar o ferro: *trabalhos de serralheria*.

ser.ra.no s.m. 1 natural ou habitante da serra: *Pelo menos cem lavradores e pequenos comerciantes serranos integram os grupos*. • adj. 2 relativo a serra: *região serrana*.

ser.rar v.t. dividir, com serra ou serrote; cortar; separar: *Os presos serraram as grades da cela*.

ser.ri.lha s.f. 1 ornato em forma de dentes de serra. 2 bordo dentado de uma ferramenta.

ser.ri.lha.do adj. que tem borda denteada; que tem serrilha.

ser.ro (ê) s.m. aresta de monte. // Cp.: cerro.

ser.ro.te (ó) s.m. instrumento de lâmina larga e dentada, presa a um cabo de madeira na extremidade mais larga.

sétimo

ser.ta.ne.jo (ê) *s.m.* **1** natural ou habitante do sertão. **2** música típica do sertão: *A rádio deixou de lado gêneros musicais populares, como o sertanejo e o pagode.* • *adj.* **3** relativo ao sertão: *município sertanejo.* **4** típico da zona rural: *Gosto de música sertaneja.* **5** que se dedica a cantar músicas com características da zona rural: *dupla sertaneja.*

ser.ta.nis.ta *s.m.* especialista em assuntos do sertão.

ser.tão *s.m.* **1** região afastada da costa e das povoações ou das terras cultivadas: *O sertão do Ceará tornou-se uma nova zona de investimentos.* **2** região mais extensa do Nordeste, com clima tropical semiárido, coberta, quase totalmente, por caatinga.

ser.ven.te *s.2g.* **1** operário que auxilia o oficial, sobretudo o pedreiro; ajudante. **2** serviçal. • *adj.* **3** que desempenha função de serviçal.

ser.ven.ti.a *s.f.* **1** atividade proveitosa; ocupação útil: *Considerava as aulas de piano de pouca serventia.* **2** serviço; uso. **3** utilidade; préstimo: *artigos sem serventia.*

ser.ven.tu.á.rio *s.m.* funcionário auxiliar da Justiça.

ser.vi.çal *s.2g.* **1** empregado que presta serviços em geral; criado. • *adj.* **2** prestativo; servidor.

ser.vi.ço *s.m.* **1** trabalho; ação; atuação; atividade. **2** cumprimento de tarefa encomendada: *A empresa disse que não poderia executar o serviço.* **3** percentagem de uma conta de hotel, de restaurante, destinada à gratificação do pessoal: *Os 10% do serviço elevam a conta.* **4** jogo de baixelas ou outros utensílios de mesa; aparelho: *Finalmente conseguira comprar seu tão sonhado serviço de prata.* **5** período durante o qual se exerce uma atividade: *Apesar de trabalhar num restaurante, não pode comer durante o serviço.* **6** casa que presta uma atividade específica: *São Paulo tem mais um serviço de bufê.* • **de serviço** escalado para plantão: *Estarei de serviço na noite de Natal.*

ser.vi.dão *s.f.* **1** passagem, para uso do público, por um terreno que é propriedade particular: *A passagem de servidão é pelo imóvel vizinho.* **2** encargo imposto num prédio em proveito de outros, de proprietário diferente. **3** condição de servo ou de escravo; escravidão. **4** sujeição; dependência: *Continua existindo a servidão dos humildes.*

ser.vi.dor (ô) *s.m.* **1** funcionário público; empregado: *Os servidores municipais entraram em greve.* **2** pessoa que serve: *os servidores do rei.* **3** computador interligado à Internet, grande fornecedor e gerenciador de informações e programas: *O telefone e o fax são conectados a servidores responsáveis por todas as operações.*

ser.vil *adj.* **1** relativo a servo. **2** que segue com excessivo rigor um modelo ou original: *Suas obras são cópia servil do modelo importado.* **3** adulador; subserviente.

ser.vi.lis.mo *s.m.* qualidade do que é servil.

sér.vio *s.m.* **1** natural ou habitante da Sérvia. • *adj.* **2** relativo à Sérvia.

ser.vir *v.t.* **1** trabalhar para; prestar serviços a: *Se eleito, servirá os pobres.* **2** oferecer (alimento) a: *A casa serve um delicioso chá aos visitantes.* **3** prestar serviços: *servir à pátria.* **4** ser empregado de: *Serve àquela família há cinquenta anos.* **5** ter serventia para: *O metrô serve apenas a uma pequena parte da população.* **6** ser adequado a; prestar; convir: *Esta colher lhe serve ou quer outra?* **7** ajustar-se em; caber: *Esta camisa não serve em mim.* **8** estar no lugar de; fazer as vezes de: *Você fica aqui servindo de vigia.* • *int.* **9** viver ou trabalhar como servo: *Nasceu para servir.* **10** exercer as funções de criado: *Serviu naquela casa durante anos.* • *pron.* **11** tomar para si (alimento): *Serviu-se de bolinhos.* **12** fazer uso de; utilizar-se: *Serviu-se do martelo para arrombar o cadeado.* **13** aproveitar-se de alguém; contar com os serviços de alguém: *Serviram-se de um guia turístico para mostrar-lhes a cidade.*

ser.vo (ê) *s.m.* **1** na época feudal, indivíduo cujo serviço estava vinculado à gleba do senhor e se transferia com ela, embora não fosse escravo. **2** aquele que não tem direitos, que não é livre. **3** criado; servidor; serviçal: *Serei servo incondicional na execução das tuas ordens.*

ser.vo-cro.a.ta *s.m.* **1** língua eslávica dos sérvios e dos croatas. **2** pessoa cuja língua materna é o servo-croata. • *adj.* **3** relativo aos sérvios e aos croatas; relativo a sua língua.

ses.ma.ri.a *s.f.* terra sem cultivo que os reis de Portugal entregavam a sesmeiros, para que a cultivassem.

ses.mei.ro *s.m.* aquele que recebia uma sesmaria.

ses.qui.cen.te.ná.rio *s.m.* transcurso do centésimo quinquagésimo aniversário (150 anos).

ses.são *s.f.* **1** espaço de tempo que dura a reunião de um corpo deliberativo, consultivo como um congresso, uma junta etc.: *Vereadores conversam após sessão de votação do projeto.* **2** espaço de tempo durante o qual se realiza um trabalho ou parte dele: *As sessões de musculação vão ser na academia.* **3** nos teatros e cinemas, duração dos espetáculos: *segunda sessão do cinema.* // Cp.: seção e cessão.

ses.sen.ta *num.* **1** seis vezes dez: *Completei ontem 60 anos.* // • *s.m.* **2** algarismo que representa 60.

ses.ta (é) *s.f.* repouso ou soneca após o almoço: *Depois desse banquete, uma sesta de três horas.*

ses.tro (ê) *s.m.* **1** hábito; mania; vício: *Seu Camilo me contava coisas de sua vida, conhecia-lhe todos os sestros.* **2** gesto desagradável: *Tinha o sestro de piscar os olhos e franzir o nariz.* **3** predicado; dote; atributo. **4** destino; sorte; fado; sina. • *adj.* **5** que está à esquerda; esquerdo. **6** agourento; sinistro.

se.te (é) *num.* **1** seis mais um: *Mário tem pouco mais do que sete anos.* • *s.m.* **2** algarismo que representa 7: *Bebeto vai receber também uma camisa da seleção com o número sete.*

se.te.cen.tis.ta *s.m.* **1** escritor ou artista do século XVIII. • *adj.* **2** relativo ao movimento artístico típico do século XVIII: *obra setecentista.*

se.te.cen.tos *num.* **1** sete vezes cem. • *s.m.* **2** número ou algarismo que representa 700.

se.tem.bro *s.m.* nono mês do ano civil: *Os lançamentos de primavera-verão são em setembro.*

se.ten.ta *num.* **1** sete vezes dez: *Setenta carros tentavam chegar à praia ao mesmo tempo.* • *s.m.* **2** representação gráfica do número 70.

se.ten.tri.o.nal *adj.* **1** situado ao norte: *países setentrionais.* **2** que habita a parte norte de uma região: *povos setentrionais.* // Ant.: meridional.

sé.ti.mo *num.* que ocupa a posição do número sete, em uma série.

setor

se.tor (ô) *s.m.* **1** subdivisão de uma região, zona ou distrito: *Há uma linha de ônibus para cada setor.* **2** divisões ou subdivisões de uma repartição pública ou de um estabelecimento qualquer; seção: *Abriram um novo setor de telecomunicações.* **3** espaço delimitado; área: *Alguns setores da periferia se valorizaram muito.* **4** esfera ou ramo de atividade; campo de ação; âmbito: *Os juros continuam impraticáveis para o setor privado.*

se.to.ri.al *adj.* referente a um setor.

se.tu.a.ge.ná.rio *s.m.* **1** quem tem 70 anos; septuagenário. • *adj.* **2** que tem 70 anos.

se.tu.a.gé.si.mo *num.* que ocupa a posição do número setenta; septuagésimo.

seu[1] *pron.* **1** relativo ou pertencente a pessoa de quem se fala; dele(s); dela(s): *Procurei o seu nome na lista dos aprovados.* **2** relativo ou pertencente a pessoa com quem se fala (você, senhor, senhora): *E você, qual é o seu nome?* **3** que ele desfruta ou goza: *Disse que pretendia passar sozinho seu feriado.*

seu[2] *s.m.* equivalente a senhor: *Seu João, por favor, pode entrar.*

se.ve.ri.da.de *s.f.* **1** tendência a optar pelo julgamento mais rigoroso; rigor: *Sua severidade era conhecida entre os familiares.* **2** sobriedade; seriedade: *Entraram a medo, constrangidos pela severidade do ambiente.* **3** gravidade: *O nível do imposto dependeria do grau de severidade da poluição.*

se.ve.ro (é) *adj.* **1** rígido; rigoroso: *Certas normas regulam de forma severa a política econômica.* **2** grave; circunspecto; sério: *Ele me escreveu uma carta amistosa, mas severa.* **3** que demanda circunspecção; importante: *Era uma figura sinuosa, severa, malhumorada.* **4** duro; implacável: *A escritora se dizia muito severa consigo mesma.*

se.ví.cia *s.f.* **1** tortura ou ofensa física; maus-tratos. **2** abuso sexual.

se.vi.ci.ar *v.t.* torturar: *Depois de seviciarem a pobre, jogaram-na num matagal.*

se.vi.lha.no *s.m.* **1** natural ou habitante de Sevilha, Espanha. • *adj.* **2** relativo a Sevilha.

se.xa.ge.ná.rio /ks/ *s.m.* quem está na casa dos 60 anos de idade.

se.xa.gé.si.mo /ks/ *num.* que ocupa a posição do número sessenta.

sex-appeal (sekç apil) (Ingl.) *s.m.* encanto físico que provoca desejo sexual; atração.

se.xis.mo /ks/ *s.m.* **1** tendência para considerar tudo do ponto de vista do sexo. **2** discriminação pelo sexo: *É nas esferas do poder que o sexismo apresenta os piores índices de mudança.*

se.xis.ta /ks/ *adj.* de discriminação pelo sexo: *uma sociedade racista, imperialista e sexista.*

se.xo (é) /ks/ *s.m.* **1** conjunto de caracteres segundo os quais um ser vivo é classificado como macho ou como fêmea: *Os gêmeos idênticos têm o mesmo sexo e características físicas idênticas.* **2** (Bras.) órgãos sexuais externos; genitália. ♦ **fazer sexo** manter relações sexuais.

se.xo.lo.gi.a /ks/ *s.f.* ciência que estuda os assuntos concernentes à sexualidade.

se.xó.lo.go /ks/ *s.m.* especialista em sexologia.

sex-shop (seks xóp) (Ingl.) *s.m.* loja que vende produtos eróticos.

sex-symbol (seks simbol) (Ingl.) *s.m.* símbolo sexual: *Esse ator era o sex symbol da geração anterior.*

sex.ta-fei.ra (ês) *s.f.* sexto dia da semana.

sex.ta.va.do (ês) *adj.* que tem seis lados: *O cubo é um poliedro sextavado.*

sex.te.to (êstê) *s.m.* **1** conjunto musical formado por seis instrumentistas ou seis cantores. **2** grupo de seis pessoas.

sex.ti.lha (ês) *s.f.* estrofe de seis versos de sete sílabas.

sex.to (ês) *num.* que ocupa a posição do número seis em uma série. ♦ **sexto sentido** intuição forte, como se fosse mais um dos sentidos humanos: *Seu sexto sentido lhe dizia que algo de terrível aconteceria.*

se.xu.a.do /ks/ *adj.* **1** que possui células sexuais diferenciadas para a reprodução: *ser sexuado.* **2** realizado por meio de células sexuais diferenciadas: *reprodução sexuada.* **3** marcado por características de sexo.

se.xu.al /ks/ *adj.* **1** relativo ao sexo: *minorias sexuais.* **2** de contato entre os sexos; de cópula: *relação sexual.*

se.xu.a.li.da.de /ks/ *s.f.* **1** atividade sexual: *Segundo o autor, a sexualidade seria um meio de conhecimento.* **2** preferência ou tendência sexual: *Ele quis viver sua sexualidade plenamente.* **3** sensualidade; volúpia; lubricidade.

sexy (seksi) (Ingl.) *adj.* sensual: *roupa sexy.*

se.zão *s.f.* **1** febre não contínua ou periódica: *A cada dois dias a criança era atacada pela sezão.* **2** malária.

sha.kes.pe.a.ri.a.no *adj.* relativo a ou próprio de William Shakespeare (1564-1616), dramaturgo e poeta inglês: *dramaturgia shakespeariana.*

sheik (xêik) (Ingl.) *s.m.* xeque.

shopping (xópin) (Ingl.) *s.m. shopping center.*

shopping center (xópin sêntar) (Ingl.) *s.m.* conjunto arquitetônico que reúne lojas comerciais, serviços de utilidade pública, casas de espetáculo etc.

short (xórt) (Ingl.) *s.m.* calça curta.

show (xôu) (Ingl.) *s.m.* **1** espetáculo público destinado à diversão. **2** espetáculo; apresentação.

showroom (xôurrum) (Ingl.) *s.m.* sala para exibição ou inspeção de mercadorias.

shoyu (xoiú) (Jap.) *s.m.* molho à base de soja, milho, sal e caramelo.

si[1] *pron. pess.* forma oblíqua tônica do pronome pessoal reto das terceiras pessoas do singular e do plural; refere-se ao sujeito da oração de que faz parte e é sempre regida de preposição: *Os bebês querem as mães só para si.* // Cp.: consigo.

si[2] *s.m.* nota correspondente ao sétimo grau da escala musical.

si.á *s.f.* sinhá.

si.a.mês *s.m.* **1** natural do Sião, atual Tailândia: *Dois siameses viajavam clandestinamente.* • *adj.* **2** relativo ao Sião: *Dois atletas siameses participaram da corrida.* **3** que nasceu ligado (ao outro) por uma parte do corpo; xifópago: *irmãos siameses.* **4** raça de felinos: *gato siamês.*

si.bi.la *s.f.* **1** entre os antigos, mulher que tem o dom da profecia; profetisa. **2** (Coloq.) feiticeira; bruxa.

si.bi.lan.te *adj.* **1** que sibila: *Fez um som sibilante com a língua entre os dentes.* **2** que provoca ruído semelhante ao assobio: *um vento sibilante.*

si.bi.lar *v.int.* produzir sibilo ou assobio; assobiar; silvar; zumbir: *As balas sibilavam traçando o céu negro.*

silicato

si.bi.lo *s.m.* som agudo e prolongado; silvo; assobio; zumbido: *o sibilo das cobras; o sibilo do vento.*

si.bi.pi.ru.na *s.f.* árvore ornamental da família das leguminosas, de folhas miúdas, e flores amarelas e vistosas.

si.cá.rio *s.m.* assassino contratado para cometer toda a sorte de crimes; matador; facínora.

si.ci.li.a.no *s.m.* **1** natural ou habitante da Sicília, ilha do sul da Itália. • *adj.* **2** relativo à Sicília.

si.cra.no *s.m.* usado para referir-se de modo indeterminado a uma terceira pessoa, se a primeira é *fulano* e a segunda, *beltrano: Qualquer que seja a diferença entre fulano, beltrano e sicrano, ela não autoriza discriminações.*

si.de.ral *adj.* **1** que tem os astros como referência: *A Terra tem um período sideral de 365 dias.* **2** referente ou próprio do céu; celeste: *o espaço sideral.*

si.de.rar *v.t.* **1** deixar sem ação; paralisar; fulminar: *O pânico siderou-a.* **2** causar espanto ou admiração: *As cenas do filme sideraram o público.*

si.de.rur.gi.a *s.f.* metalurgia do ferro e do aço.

si.de.rúr.gi.ca *s.f.* usina ou empresa de siderurgia.

si.de.rúr.gi.co *adj.* que diz respeito à siderurgia: *o setor siderúrgico.*

si.fão *s.m.* **1** órgão alongado de certos moluscos, por meio do qual se estabelece comunicação entre a cavidade respiratória e o exterior. **2** garrafa dotada de dispositivo que faz jorrar o líquido interno sob pressão. **3** tubo torcido em forma de "S" adaptado em saídas de pias para impedir a exalação do mau cheiro.

si.fi.lis *s.f.* doença infecciosa e contagiosa, transmitida geralmente por contato sexual.

si.gi.lo *s.m.* segredo: *O sigilo da correspondência é inviolável.*

si.gi.lo.so (ô) *adj.* que envolve sigilo; secreto.

si.gla *s.f.* abreviatura da denominação de entidades ou instituições, formada pelas letras ou sílabas iniciais de cada nome, às vezes com adaptações: *IBGE é sigla de Instituto Brasileiro de Geografia e Estatística.*

sig.na.tá.rio *s.m.* aquele que assina ou subscreve um documento: *Os signatários do abaixo-assinado eram todos advogados.*

sig.ni.fi.ca.ção *s.f.* **1** sentido; acepção; significado: *Interpretar um texto é detectar a sua significação.* **2** valor; importância; relevância: *O casamento é a área de maior significação na vida dele.*

sig.ni.fi.ca.do *s.m.* **1** acepção; sentido; conceito; conteúdo. **2** significação. **3** valor simbólico: *Questionei meu guia sobre o significado das cores.* **4** importância; alcance; significância: *Esse acordo tem significado econômico relevante.*

sig.ni.fi.can.te *s.m.* **1** (Ling.) imagem acústica do signo linguístico. • *adj.* **2** significativo: *A avó tem participação significante na educação do neto.*

sig.ni.fi.car *v.t.* **1** ter o significado ou o sentido de; querer dizer: *O que significam as siglas CV e CVE?* **2** ser sinal de; denotar; indicar: *O pranto nem sempre significa tristeza.* **3** exprimir; expressar: *Os novos investimentos não significam o fim da crise.* **4** constituir o símbolo de: *O coração significa a sede da vida, do amor.* **5** ter importância ou o valor: *Hoje esses filmes não significam para mim o que significavam há vinte anos.*

sig.ni.fi.ca.ti.vo *adj.* **1** que expressa com clareza; significante: *dados significativos.* **2** que tem um significado especial; revelador. **3** importante; expressivo: *uma queda significativa.*

sig.no *s.m.* (E. Ling.) **1** unidade constituída pela união entre significado e significante. **2** sinal; símbolo: *Trazia desenhado no peito o signo de seu clube.* **3** cada uma das 12 constelações localizadas em cada uma das partes em que se divide o Zodíaco: *Sou do signo de Peixes.* **4** influência: *Nasceu sob o signo da rebeldia.*

sí.la.ba *s.f.* **1** (Fon.) vogal ou grupo de fonemas pronunciados numa só emissão de voz. **2** qualquer som articulado: *Não quero perder uma sílaba da palestra.*

si.lá.bi.co *adj.* relativo a sílaba: *A separação silábica obedece a um critério fonético.*

si.la.gem *s.f.* **1** armazenamento de forragem em silos: *Apenas 10% dos criadores se interessam em fazer silagem.* **2** forragem tirada dos silos para alimentar os animais: *Os cavalos se alimentam também de silagem.*

si.len.ci.a.dor (ô) *s.m.* dispositivo que reduz ruído: *Os dois tubos de escape têm silenciadores.*

si.len.ci.ar *v.t.* **1** impor silêncio a; fazer calar-se: *O professor não conseguia silenciar a classe.* **2** interromper o som de: *A bola passou entre a trave e o goleiro, silenciando o estádio.* **3** calar-se (a respeito de); guardar silêncio (sobre): *O jogador argentino silencia sobre sua vinda para o Brasil.* • *int.* **4** fazer silêncio: *No momento do blecaute, a plateia silenciou.* **5** deixar de informar; omitir: *Ao ser questionada, ela silenciou.* **6** entrar em silêncio; deixar de soar: *Os sinos silenciaram de repente.*

si.lên.cio *s.m.* **1** estado de quem se cala; mudez: *O convite foi recebido com desconcertante silêncio.* **2** ausência ou cessação de ruídos: *Havia no recinto um silêncio sepulcral.* **3** sossego; calma; paz: *No silêncio profundo, ouvia-se o apito do guarda-noturno.* **4** sigilo; segredo: *O protocolo impõe ao visitante que guarde silêncio.* • *interj.* **5** usada para mandar calar ou impor sossego: *Silêncio! O bebê está dormindo.*

si.len.ci.o.so (ô) *s.m.* **1** autopeça cilíndrica que se destina a reduzir ruído; silenciador. • *adj.* **2** que está em silêncio; mudo; calado. **3** realizado em silêncio: *Haviam participado de uma passeata silenciosa.* **4** que não produz som: *O carro fica mais silencioso e confortável com a capota.* **5** sossegado; calmo: *Moro numa rua silenciosa.* **6** que não se manifesta: *A hipertensão é uma inimiga silenciosa.*

si.lep.se (é) *s.f.* figura de sintaxe em que um dos elementos de concordância não se acha expresso, mas é mentalmente subentendido.

sí.lex /ks/ *s.m.* variedade de quartzo, rocha muito dura que produz faíscas no atrito com peças de metal, especialmente o ferro.

si.lhu.e.ta (ê) *s.f.* **1** desenho representativo do perfil de uma pessoa, segundo os contornos que a sua sombra projeta: *silhueta de um rosto de mulher.* **2** figura; vulto; corpo: *Dois anos longe das quadras modificaram sua silhueta.*

sí.li.ca *s.f.* (Quím.) dióxido de silício, cristalino, abundante na crosta terrestre; componente da areia e das rochas: *pó de sílica.*

si.li.ca.to *s.m.* (Quím.) grupo de substâncias minerais constituídas pela combinação da sílica com água e

silício

um ou mais óxidos metálicos, que representam fração importante das rochas da crosta terrestre.

si.lí.cio *s.m.* (Quím.) elemento de estado sólido, não metálico, cinzento, leve, duro, abundante na crosta terrestre, semicondutor muito utilizado em eletrônica. // Símb.: Si; N. Atôm.: 14. // Cp.: cilício.

si.li.co.ne (ô) *s.m.* designação genérica dos polímeros que contêm átomos de silício e oxigênio, com largo uso industrial e em dermatologia e cosmética.

silk-screen (silk scrin) (Ingl.) *s.m.* 1 técnica de reprodução de imagens e letreiros sobre superfícies de papel, pano, vidro, metal etc.; serigrafia. 2 estampa obtida por essa técnica.

si.lo *s.m.* 1 tulha subterrânea: *Construíram dois silos tipo trincheira.* 2 depósito de armazenamento, em geral dotado de aparelhamento para carga e descarga: *Os silos para recepção do trigo estão sendo ampliados.*

si.lo.gis.mo *s.m.* em lógica, dedução formal tal que, postas duas proposições, chamadas premissas, delas se tira uma terceira, chamada conclusão.

sil.ves.tre (é) *adj.* 1 relativo ou próprio da selva: *animais silvestres.* 2 que se desenvolve naturalmente, sem ser cultivado: *plantas silvestres.*

sil.ví.co.la *s.2g.* habitante da selva; indígena.

sil.vi.cul.tu.ra *s.f.* ciência que estuda as espécies florestais e os métodos de cultura e regeneração das florestas.

sil.vo *s.m.* 1 som agudo e prolongado; assobio; sibilo: *o silvo de cobra.* 2 apito: *o silvo da sirena.*

sim *s.m. adv.* 1 expressa aprovação, concordância ou consentimento: *Sim, você tem razão.* 2 usado como resposta afirmativa a uma pergunta: — *Você escreve para teatro? / — Sim.* // Ant.: não.

sim.bi.o.se (ó) *s.f.* 1 associação de dois organismos vivos, que traz benefícios a ambos: *As algas vivem em simbiose nos líquens.* 2 associação; cooperação natural: *Há simbiose entre os laboratórios que trabalham com esse medicamento.* 3 fusão: *simbiose entre inteligência e sentimento.*

sim.bó.li.co *adj.* 1 que tem caráter de símbolo; alegórico: *A atleta entrou no estádio levando o fogo simbólico.* 2 de símbolos; que utiliza símbolos: *A linguagem é um sistema simbólico.* 3 que simboliza ou representa: *A figura apresenta o gráfico simbólico do sistema.*

sim.bo.lis.mo *s.m.* 1 símbolo. 2 representação através de símbolos: *o simbolismo dos adornos de plumas.* 3 movimento literário e artístico originado na França, no fim do século XIX, que se caracterizava por uma visão subjetiva, simbólica e espiritual do mundo.

sim.bo.lis.ta *s.2g.* 1 quem é adepto do simbolismo. • *adj.* 2 relativo ao simbolismo: *a estética simbolista.*

sim.bo.li.zar *v.t.* servir como símbolo; representar ou expressar por meio de símbolo(s): *Escolheram o branco para simbolizar a pureza.*

sím.bo.lo *s.m.* 1 aquilo que, por analogia, representa, sugere ou substitui algo. 2 objeto material que serve para representar qualquer coisa imaterial: *A pomba é o símbolo da paz.* 3 figura convencional elaborada para representar uma coisa; emblema, insígnia: *O símbolo escolhido é uma roda dentada.* 4 representação gráfica convencional; signo; sinal: *Para escrever abreviadamente metro quadrado, usa-se o símbolo m².*

si.me.tri.a *s.f.* 1 correspondência de partes situadas em lados opostos de uma linha ou plano médio, ou, ainda, que se acham distribuídas em volta de um centro ou eixo: *O corpo dos animais apresenta simetria bilateral.* 2 harmonia resultante de certas combinações e proporções regulares: *Quadros e gravuras compõem com a mesa de entrada a simetria da saleta.* 3 correspondência; concordância: *Pretende-se a simetria nas relações entre índios e brancos.*

si.mé.tri.co *adj.* 1 que tem simetria; igual: *Os dois lados do nosso rosto são simétricos.* 2 regular; harmônico: *As estrofes do poema eram simétricas, sempre com o mesmo número de versos.*

si.mi.es.co (ê) *adj.* 1 relativo a macaco: *um crânio simiesco.* 2 parecido com macaco: *um rosto meio simiesco.*

si.mi.lar *adj.* que se assemelha a outro(s); semelhante; parecido: *Muitos produtos nacionais são similares aos importados.*

sí.mi.le *s.m.* 1 comparação de coisas que tenham semelhança entre si: *É preciso compreender as experiências mediante símiles.* • *adj.* 2 que se assemelha; semelhante; análogo.

sí.mio *s.m.* macaco.

sim.pa.ti.a *s.f.* 1 tendência ou inclinação que aproxima duas pessoas: *Sente simpatia por Ana.* 2 atração (por ideia); interesse; atenção: *ter simpatia pelas artes.* 3 (Bras.) ritual popular para curar doenças, evitar algo desagradável ou realizar desejos: *fazer simpatia para arrumar namorado.* 4 pessoa agradável, amável: *A vendedora era uma simpatia.*

sim.pá.ti.co *s.m.* 1 parte do sistema nervoso autônomo: *O frio ambiente gera impulsos ao encéfalo e estimula as fibras do simpático.* • *adj.* 2 que inspira simpatia; amável; agradável: *uma senhora simpática.* 3 que provém da simpatia: *uma atitude simpática.* 4 do sistema nervoso que regula a vida vegetativa: *nervo simpático.* 5 que tem simpatia; simpatizante: *Era simpático ao regime político do país.*

sim.pa.ti.zan.te *s.2g.* 1 quem simpatiza (com): *aumenta o número de simpatizantes de apartamento.* 2 quem, sem pertencer a um partido ou agremiação, adota suas tendências ou aprova sua política: *Os simpatizantes do partido pedem clareza de propósitos.* • *adj.* 3 que tem simpatia por; que aprecia ou aprova.

sim.pa.ti.zar *v.t.* 1 ter ou sentir simpatia por: *simpatizar com a vizinha.* 2 ter boa vontade para com; aceitar: *Simpatizo com as ideias de Sócrates.* 3 gostar; apreciar: *Simpatizei com a nova casa.*

sim.ples *s.2g.* 1 pessoa humilde: *Deus ama os simples.* // Nessa acepção, é mais usado no plural. // • *adj.* 2 que não é duplo, múltiplo, ou desdobrado em partes: *um copo simples de leite.* 3 que não tem ornatos; despojado: *A fachada da casa é simples.* 4 formado de poucos elementos, e, portanto, de fácil utilização ou compreensão: *uma linguagem simples.* 5 fácil: *problema simples.* 6 comum; ordinário: *uma caneta simples.* 7 sem luxo, aparato ou ostentação; modesto: *uma casa simples.* 8 modesto; humilde: *um homem simples.* 9 sem importância: *Tudo isso por um simples telefonema?* 10 só; único: *Nunca teve uma simples briga com os colegas de escola.*

sindical

sim.pli.ci.da.de s.f. **1** característica do que é simples; ausência de rebuscamento ou sofisticação; despojamento: *A casa é de grande simplicidade.* **2** naturalidade; espontaneidade: *Maria aceitou ser a mãe do Salvador com simplicidade.* **3** modéstia: *Vestia-se com simplicidade.* **4** ausência de dificuldade ou complexidade; facilidade: *Esta primeira prova é de extrema simplicidade.*

sim.pli.fi.car v.t. **1** tornar (mais) simples, fácil ou claro: *Isso vai simplificar a fiscalização.* **2** reduzir: *simplificar os custos operacionais.*

sim.plis.mo s.m. emprego de meios por demais simples.

sim.plis.ta adj. que utiliza processos ou raciocínios muito simples: *É uma forma simplista de resumir a questão.*

sim.pló.rio s.m. **1** pessoa ingênua ou muito simples. • adj. **2** ingênuo; tolo; crédulo: *um homem simplório.*

sim.pó.sio s.m. reunião científica ou técnica para discutir determinado tema.

si.mu.la.ção s.f. **1** disfarce; dissimulação; fingimento. **2** reprodução experimental (de uma situação real): *simulação de explosões nucleares.* **3** encenação; fraude: *O que houve foi a simulação de incêndio.*

si.mu.la.cro s.m. **1** cópia ou reprodução imperfeita ou grosseira; arremedo: *Ele é apenas um simulacro do pai.* **2** falsificação; imitação: *Estas peças são simulacros de joias verdadeiras.* **3** ação simulada para exercício ou experiência; ensaio; teste: *Foi feito no boneco um simulacro de respiração artificial.*

si.mu.la.dor (ô) s.m. **1** aquele que simula; impostor; mentiroso: *Ninguém imaginava que ele fosse um simulador.* **2** aparelho em que se reproduzem situações reais, usado para treinamento ou lazer: *Pesquisadores franceses conseguiram projetar um simulador de vulcões.* • adj. **3** falso; fingido; dissimulado: *É um homem perigoso, simulador.* **4** que reproduz situações reais: *aparelho simulador de acidentes.*

si.mu.lar v.t. **1** representar com semelhança; dar aparência de realidade: *O cenário vai simular uma redação de telejornal.* **2** aparentar; fingir; dissimular: *O pai simula irritação.* **3** reproduzir (da forma mais exata) uma situação ou um processo. • int. **4** proceder com simulação; fingir: *Todos acham que ela está simulando.*

si.mul.ta.nei.da.de s.f. característica do que é simultâneo; coincidência no tempo: *Não é bom que haja simultaneidade na apresentação dos filmes.*

si.mul.tâ.neo adj. que se faz ou se realiza ao mesmo tempo; concomitantemente: *O livro teve lançamento simultâneo.*

si.na s.f. sorte; destino; fado: *Triste sina a minha.*

si.na.go.ga (ó) s.f. templo israelita.

si.nal s.m. **1** marca; traço; rastro: *No chão havia sinais de lesmas.* **2** mancha ou pinta na pele: *Ela tem um charmoso sinal na perna.* **3** representação gráfica com sentido convencional: *sinais de pontuação.* **4** símbolo de operações matemáticas: *Preste atenção no sinal de mais e faça a conta.* **5** ruído produzido por aparelho de telecomunicação: *O telefone deu sinal de ocupado.* **6** expediente para transmissão de ordens ou avisos, a distância, por meios auditivos ou visuais: *O aluno não ouviu o sinal de entrada às aulas.* **7** semáforo; sinaleira: *O motorista ignorou o sinal.* **8** demonstração: *Imprensa livre é sinal de vitalidade.* **9** aviso; advertência: *Os antigos acreditavam que fenômenos celestes eram sinais de tragédias.* ✦ **dar sinal de vida** fazer ato de presença. **por sinal** a propósito; aliás.

si.na.lei.ra s.f. sinal de trânsito; semáforo: *A recomendação foi virar na primeira sinaleira.*

si.na.lei.ro s.m. **1** encarregado da sinalização em diversos meios de transporte: *o sinaleiro da pista de pouso.* **2** semáforo; sinaleira.

si.na.li.za.ção s.f. **1** ato ou efeito de sinalizar. **2** conjunto de sinais usados como meio de comunicação: *As expressões do rosto são uma forma de sinalização visual.* **3** sistema de sinais de tráfego (aéreo, ferroviário etc.): *Nas cidades pequenas, não há sinalização nas ruas.*

si.na.li.za.dor (ô) s.m. **1** indício; sinal: *Não há sinalizadores de risco até agora.* **2** artifício que emite sinal luminoso ou sonoro: *painel de controle com sinalizadores visuais.* • adj. **3** que serve para transmitir aviso ou sinal: *O barco é munido de foguetes sinalizadores.*

si.na.li.zar v.t. **1** pôr sinais ou sinalização em: *sinalizar as estradas.* **2** marcar; demarcar; assinalar: *O diminutivo também sinaliza uma linguagem afetiva.* • int. **3** exercer as funções de sinaleiro: *O semáforo sinalizava ininterruptamente.*

sin.ce.ri.da.de s.f. característica de quem é sincero; autenticidade; franqueza: *A amizade deve ser baseada na sinceridade.*

sin.ce.ro (é) adj. **1** que se expressa sem artifício nem intenção de enganar. **2** cordial; afetuoso: *um sincero abraço.*

sín.co.pe s.f. **1** perda repentina da consciência com suspensão (aparente) da respiração e circulação; desmaio: *Teve uma síncope, branqueou e desabou no chão.* **2** (Gram.) supressão de fonema(s) no interior da palavra. **3** (Mús.) acentuação do som no contratempo: *O compositor misturou a síncope brasileira com polcas.*

sin.cré.ti.co adj. em que há sincretismo: *A umbanda é uma religião sincrética.*

sin.cre.tis.mo s.m. **1** amálgama de doutrinas ou concepções heterogêneas: *sincretismo religioso.* **2** fusão de elementos culturais diferentes, ou até antagônicos: *sincretismo entre as culturas árabe e ibérica.*

sin.cro.ni.a s.f. ocorrência simultânea; simultaneidade: *a sincronia dos estoques com o ritmo da produção.*

sin.cro.ni.ci.da.de s.f. qualidade do que é sincrônico.

sin.crô.ni.co adj. **1** relativo a sincronia. **2** que ocorre ao mesmo tempo (que); simultâneo: *movimentos articulares sincrônicos.*

sin.cro.nis.mo s.m. **1** coincidência no tempo: *Um lavava, o outro enxugava, tudo em perfeito sincronismo.* **2** coordenação; ajuste: *o sincronismo da troca das marchas do carro.* **3** harmonia; entrosamento: *sincronismo entre os setores.*

sin.cro.ni.za.ção s.f. **1** ato ou efeito de sincronizar. **2** em cinema e televisão, ajuste entre o som e as imagens exibidas na tela; sincronismo.

sin.cro.ni.zar v.t. **1** pôr em sincronia: *sincronizar a bateria com o canto dos sambistas.* • int. **2** pôr-se em sincronia com: *Nos filmes dublados, nem sempre os movimentos da boca e a voz sincronizam.*

sin.di.cal adj. relativo a sindicato ou a sindicalismo: *movimentos sindicais organizados.*

sindicalismo

sin.di.ca.lis.mo s.m. movimento que preconiza a associação de profissionais em sindicatos para a defesa dos interesses comuns.

sin.di.ca.lis.ta s.2g. 1 quem faz parte de sindicato: *Os sindicalistas estão preparando nova greve.* • adj. 2 relativo a sindicatos ou ao sindicalismo: *assuntos sindicalistas.*

sin.di.ca.li.zar v.t. 1 reunir em sindicato; filiar a sindicato: *esforço para sindicalizar todos os trabalhadores.* • pron. 2 filiar-se a um sindicato: *Todos os metalúrgicos sindicalizaram-se.*

sin.di.cân.cia s.f. inquérito; investigação: *abrir sindicância para apurar o caso.*

sin.di.ca.to s.m. associação que defende e coordena interesses de profissionais que exercem atividades semelhantes: *sindicato dos metalúrgicos.*

sín.di.co s.m. 1 pessoa escolhida pelos condôminos para tratar dos interesses e da administração de imóvel: *Ser síndico é tarefa ingrata.* 2 administrador de falência, sob direção do juiz, escolhido de preferência entre os credores: *Andrade é síndico da massa falida do hotel.*

sín.dro.me s.f. (Med.) estado mórbido caracterizado por um conjunto de sinais e sintomas, e que pode ser produzido por mais de uma causa.

si.ne.cu.ra s.f. emprego ou cargo rendoso, que não obriga ou quase não obriga a trabalho.

si.ner.gi.a s.f. 1 trabalho coordenado de vários órgãos na realização de função fisiológica: *Existe uma sinergia entre a função do fígado e a do rim.* 2 atividade coordenada e simultânea que contribui para um objetivo comum: *Quando faltam planejamento e sinergia, a probabilidade de erro é maior.*

si.nes.te.si.a s.f. relação de uma percepção com outra pertencente a um sentido diferente.

si.nes.té.si.co adj. relativo à sinestesia.

si.ne.ta (ê) s.f. sino pequeno.

sin.fo.ni.a s.f. (Mús.) 1 composição musical para orquestra, em forma de sonata: *Sempre ouço as sinfonias de Beethoven.* 2 combinação agradável de sons ou vozes: *a sinfonia matinal dos pássaros.*

sin.fô.ni.co adj. 1 que tem caráter ou apresentado em forma de sinfonia: *concerto sinfônico.* 2 que executa sinfonias ou peças para diversos instrumentos: *orquestra sinfônica.*

sin.ge.le.za (ê) s.f. 1 simplicidade: *Estava dormindo na singeleza daquele barracão.* 2 ingenuidade; pureza: *Admirava a singeleza de caráter do amigo.*

sin.ge.lo (é) adj. 1 que não é duplo nem composto; simples. 2 de fácil compreensão: *uma singela explicação.* 3 sem luxo; modesto: *vestido singelo.* 4 puro; ingênuo: *amor singelo.*

sin.grar v.t. 1 navegar; percorrer ou atravessar navegando: *As caravelas singram os mares.* 2 atravessar; cruzar: *O satélite singrou o espaço.*

sin.gu.lar s.m. 1 (Gram.) o número que designa uma só pessoa ou coisa. • adj. 2 sem igual; único; particular: *Cada pessoa é um ser singular.* 3 que não é vulgar; especial; raro: *possuidor de uma voz bela e singular.* 4 notável; extraordinário: *mulher de singular beleza.* 5 diferente; inusitado; incomum: *Tinha hábitos singulares.*

sin.gu.la.ri.da.de s.f. 1 qualidade que é singular: *a singularidade dos acontecimentos históricos.* 2 extravagância: *Admiravam a singularidade dos seus hábitos.* 3 característica distintiva; particularidade; originalidade: *a singularidade dos versos do poeta.*

sin.gu.la.ri.zar v.t. 1 tornar singular, particular ou específico: *Características específicas singularizam a terra e o povo.* • pron. 2 distinguir-se: *Entre os pigmeus, os altos se singularizam.*

si.nhá s.f. (Coloq.) forma de tratamento dada pelos escravos a sua senhora; siá.

si.nhô s.m. (Coloq.) forma de tratamento dada pelos escravos ao seu senhor.

si.nis.tro s.m. 1 desastre que acarreta grandes perdas materiais: *Os bombeiros chegaram rápido ao local do sinistro.* • adj. 2 agourento; funesto: *uma sorte sinistra.* 3 perigoso; pernicioso; danoso: *sinistras armas brancas.* 4 assustador; ameaçador; temível: *o bando sinistro de meliantes.*

si.no s.m. instrumento de metal, de forma cônica, cuja sonoridade pode ser percutida na superfície interna por um badalo ou na externa por um martelo: *o sino da capela.*

sí.no.do s.m. 1 assembleia regular de padres convocada pelo bispo local: *O bispo convocou os padres de sua diocese para um sínodo.* 2 assembleia de bispos do mundo inteiro, sob a presidência do Papa. 3 grupo de bispos reunidos em sínodo.

si.no.ní.mia s.f. equivalência de sentido entre as palavras.

si.nô.ni.mo s.m. 1 palavra ou expressão que equivale a outra quanto ao significado. • adj. 2 de sentido equivalente.

si.nop.se (ó) s.f. resumo; sumário; síntese: *O orador fez, no final, uma sinopse de seu discurso.*

sin.tag.ma s.m. (E. Ling.) unidade sintática composta de um núcleo (um nome, um verbo etc.) e de outros termos que com ele formam uma locução.

sin.tá.ti.co adj. relativo ou pertencente à sintaxe: *estruturas sintáticas.*

sin.ta.xe (ss) s.f. 1 parte da gramática que trata da relação e disposição das palavras na oração e das orações no período. 2 aplicação dessas regras no uso da língua: *erros de sintaxe.* 3 organização; estruturação: *a sintaxe da língua portuguesa.*

sín.te.se s.f. 1 visão concisa; resumo: *O artigo é uma breve síntese da educação nos anos 60.* 2 reunião de elementos em um todo; fusão, composição: *síntese entre as culturas no Brasil.* 3 preparação de composto a partir das substâncias elementares que o constituem ou de substâncias compostas mais simples: *A síntese de diamantes se dá em câmaras especiais.* 4 operação química por meio da qual as células vivas fabricam as várias substâncias de que necessita o organismo a que pertencem: *síntese de proteínas.*

sin.té.ti.co s.m. 1 produto obtido, em laboratório, por síntese química: *um poderoso sintético químico.* • adj. 2 relativo a ou que opera síntese: *método sintético.* 3 elaborado ou produzido de modo artificial, por síntese química: *um diamante sintético.* 4 posto em síntese; resumido: *uma informação sintética.*

sin.te.ti.za.dor (ô) s.m. 1 instrumento eletrônico acionado por teclado, capaz de produzir sons, ruídos e timbres, e de imitar outros instrumentos. 2 pessoa que realiza síntese ou fusão: *Esse autor é o grande sitetizador das influências literais de hoje.* • *adj.* **3** que sintetiza: *vegetais sintetizadores de oxigênio.* **4** que resume: *Fez um texto sintetizador da aula dada.*

sin.te.ti.zar *v.t.* **1** tornar sintético; resumir; condensar: *sintetizar o pensamento do educador.* **2** produzir em laboratório: *O laboratório conseguiu sintetizar vários ácidos.* **3** dizer de modo sintético; dizer concluindo: *O pai sintetizou suas ideias.*

sin.to.ma *s.m.* **1** (Med.) qualquer reação no organismo provocada por uma doença, cujo diagnóstico ajuda a estabelecer. **2** sinal; marca; indício: *O desmoronamento da família é um sintoma de decadência.*

sin.to.má.ti.co *adj.* **1** relativo a sintoma: *febre sintomática.* **2** que constitui sintoma: *O presidente deu uma declaração bastante sintomática.* **3** que é revelador; significativo.

sin.to.ni.a *s.f.* **1** (Eletrôn.) condição de um circuito cuja frequência de oscilação é igual à de um outro. **2** conformidade; harmonia: *Os professores estão em sintonia com a direção.*

sin.to.ni.za.dor (ô) *s.m.* **1** componente ou conjunto de componentes que podem ser ajustados para que o circuito entre em sintonia com um sinal. • *adj.* **2** que sintoniza: *placa sintonizadora da televisão.*

sin.to.ni.zar *v.t.* **1** ajustar (aparelho de rádio) ao comprimento de onda da estação emissora: *Sintonizei as ondas curtas do rádio.* **2** harmonizar; ajustar; pôr em sintonia: *Preciso sintonizar minhas ideias à realidade.* **3** (Fig.) entrosar-se; combinar-se; afinar-se; ajustar-se: *A esposa não sintonizava com os amigos do marido.*

si.nu.ca *s.f.* **1** variedade de bilhar que se joga em mesa de seis caçapas, normalmente com oito bolas. **2** mesa ou estabelecimento onde se pratica esse jogo. **3** (Coloq.) situação difícil ou embaraçosa: *Saiu e me deixou na maior sinuca, sem um tostão!* **4** (Coloq.) situação difícil ou embaraçosa: *Saiu e me deixou na maior sinuca, sem um tostão!*

si.nu.o.si.da.de *s.f.* **1** estado daquilo que é curvo. **2** ondulação: *a sinuosidade de seu andar.* **3** rodeio; tergiversação: *A sinuosidade de seus argumentos confundia os interlocutores.*

si.nu.o.so (ô) *adj.* **1** que descreve curvas; ondeante: *o sinuoso caminho até o alto da colina.* **2** curvilíneo: *o corpo sinuoso e elegante da bailarina.* **3** dissimulado; tortura: *Com frases sinuosas e reticentes, respondia mal às perguntas.*

si.nu.si.te *s.f.* (Med.) inflamação dos seios da face.

si.o.nis.mo *s.m.* movimento político e religioso judaico, iniciado no século XIX, que visava ao restabelecimento de um Estado judaico.

si.o.nis.ta *s.2g.* **1** integrante do sionismo. • *adj.* **2** favorável ao sionismo: *movimento sionista.* **3** israelense: *Estado sionista.*

si.re.ne *s.f.* aparelho que produz som estridente, usado para dar aviso.

si.ri *s.m.* crustáceo marinho, semelhante ao caranguejo, de carne saborosa.

si.ri.gai.ta *s.f.* **1** mulher buliçosa e leviana. • *adj.* **2** espevitada; leviana.

sí.rio *s.m.* **1** natural ou habitante da Síria, Ásia. • *adj.* **2** relativo à Síria.

sítio

si.sal *s.m.* **1** planta de folhas carnosas e ricas em fibras longas e sedosas, com flores em haste amarelo-esverdeadas. **2** a fibra têxtil dessa planta: *cestos de sisal.*

sís.mi.co *adj.* **1** resultante de tremor de terra: *abalos sísmicos.* **2** relativo a tremor de terra: *pesquisas sísmicas.*

sis.mo *s.m.* terremoto; tremor de terra: *Sismos abalaram a região.*

sis.mó.gra.fo *s.m.* instrumento que detecta e mede o movimento do solo antes e após a ocorrência de terremotos ou de explosões.

sis.mo.lo.gi.a *s.f.* conjunto de conhecimentos sobre sismos e seus efeitos sobre a Terra.

si.so *s.m.* **1** bom senso; juízo: *um homem de siso.* **2** o último dos dentes molares que nasce na idade adulta: *Precisou extrair o siso.*

sis.te.ma *s.m.* **1** inter-relação das partes ou dos elementos de um todo que funcionam como estrutura organizada: *sistema viário.* **2** reunião de elementos naturais da mesma espécie, que constituem um conjunto intimamente relacionado: *o sistema fluvial amazônico.* **3** conjunto das instituições, bem como dos métodos por elas adotados: *O sistema bipartidário nos tem sobrevivido em alguns países.* **4** conjunto ordenado de expedientes com vistas a um resultado; plano; método: *o sistema de promoção de alunos.* **5** conjunto de órgãos compostos dos mesmos tecidos e que desempenham uma mesma função vital: *sistema circulatório.* **6** modo; forma: *o sistema de vida dos brasileiros.* •**sistema operacional** (Inf.) programa responsável pelo gerenciamento de recursos de um computador: *O novo sistema operacional permite que o usuário execute várias tarefas ao mesmo tempo.*

sis.te.má.ti.co *adj.* **1** relativo a ou próprio de um sistema: *Seu método jamais recebeu tratamento sistemático.* **2** organizado; ordenado; metódico: *A empresa passou a operar de modo mais sistemático.* **3** meticuloso; metódico ao extremo: *pessoa sistemática.*

sis.te.ma.ti.zar *v.t.* **1** organizar em sistema: *Aristóteles foi o primeiro a sistematizar o saber.* **2** definir como programa de ação: *Devemos sistematizar quais atividades deverão ser desenvolvidas.* **3** tornar sistemático; tornar regular: *sistematizar encontros para discutir problemas comuns.*

sis.tê.mi.co *adj.* **1** relativo a sistema. **2** ordenado; metódico; sistemático. **3** (Med.) que afeta todo ou quase todo o organismo: *Houve resposta sistêmica à infecção.*

sís.to.le *s.f.* (Med.) contração espontânea das fibras musculares do coração.

si.su.dez (ê) *s.f.* qualidade ou caráter de sisudo; severidade; circunspecção: *A sisudez aparente do grupo se desfez durante o espetáculo.*

si.su.do *s.m.* **1** indivíduo circunspecto: *Os sisudos não são bem-vindos no clube.* • *adj.* **2** que tem siso. **3** sério; circunspecto; grave.

site (sait) (Ingl.) *s.m.* (Inf.) qualquer endereço na Internet que disponibiliza informações sobre instituições, empresas etc.

si.ti.an.te *s.2g.* proprietário ou morador de sítio.

si.ti.ar *v.t.* **1** fazer o cerco de: *Os rebeldes sitiaram a fortaleza.* **2** assediar; cercar: *Desejos inconfessáveis sitiam o homem por toda a parte.*

sí.tio *s.m.* **1** espaço de terra; área; terreno: *Os índios procuravam outros sítios para se estabelecerem.* **2**

situação

estabelecimento agrícola de pequena lavoura: *Abriu a cancela do sítio e entrou.* **3** cerco: *Policiais fizeram sítio aos traficantes.*

si.tua.ção *s.f.* **1** ato ou efeito de situar(-se) ou localizar(-se); posição; localização: *O piloto informou à torre a situação de sua aeronave.* **2** condição social ou econômica, afetiva ou emocional, em que alguém se acha: *Todos procuram melhorar sua situação.* **3** conjunto de circunstâncias; conjuntura: *Com dez homens, a situação não era boa para o time.* **4** oportunidade: *Aproveitou a situação e fugiu.* **5** dificuldade; problema: *Vamos resolver a situação.* **6** condição; estado: *O corretor foi verificar a situação da casa.* **7** conjunto de pessoas que detêm forças de caráter político ou social e que se encontram no poder: *Situação e oposição entraram num acordo.*

si.tua.ci.o.nis.ta *s.2g.* **1** pessoa pertencente ao partido político que está no poder: *Os oposicionistas convidam os situacionistas para um debate.* ● *adj.* **2** comprometido com o partido político que está no poder: *deputado situacionista.*

si.tu.ar *v.t.* **1** determinar lugar certo; estabelecer: *Situar os tipos de erro para poder corrigi-los.* **2** mostrar ou indicar a posição: *Copérnico situou o homem no sistema.* **3** localizar; identificar: *Historiadores situam o dilúvio num lugar remoto da Ásia.* **4** classificar; considerar: *O orador situa o seu colega deputado como liberal.*

skate (skêit) (Ingl.) *s.m.* **1** prancha de madeira com quatro rodinhas, na qual o esportista se equilibra em pé, impulsionando-a com os próprios pés. **2** esporte praticado sobre o *skate*: *Sempre pratiquei skate.*

sketch (skétx) (Ingl.) *s.m.* esquete; esboço.

slide (sláid) (Ingl.) *s.m.* dispositivo para projeção de imagens; diapositivo: *O professor usa slides para ilustrar as aulas.*

slogan (slogã) (Ingl.) *s.m.* **1** frase publicitária, concisa e clara. **2** lema ou divisa política.

smoking (smôukin) (Ingl.) *s.m.* roupa masculina usada como traje de cerimônia à noite: *Alugou um smoking para o baile de formatura.*

só *adj.* **1** sem companhia; desacompanhado; sozinho: *Morava só numa casinha do bairro.* **2** afastado da sociedade; solitário: *Viviam sós naquele fim de mundo.* **3** apenas um; único: *um só Deus.* ● *adv.* **4** apenas; somente: *Disse que só ia até a esquina.* **5** unicamente: *Só vou se você for comigo.* ✦ **a sós** sem mais companhia: *Os dois ficaram a sós.*

so.a.lha *s.f.* cada uma das chapas metálicas circulares do pandeiro.

so.a.lho *s.m.* assoalho.

so.an.te *adj.* que soa.

so.ar *v.t.* **1** produzir (som); fazer vibrar: *O rapaz soou a campainha com insistência.* **2** ter características de: *as palavras soaram como reprimenda.* ● *int.* **3** ressoar; vibrar; ecoar: *Um tiro soou ao longe.* **4** produzir um som: *Uma voz soou no salão.* **5** anunciar por meio de um som particular: *O relógio soa duas horas.* ✦ **soar bem** causar boa impressão; impressionar: *O título soa bem aos seus ouvidos.* **soar mal** não causar boa impressão; cair mal: *O discurso soou muito mal.* // Cp.: suar.

sob (ô) *prep.* **1** embaixo de: *chinelas sob a cama.* **2** debaixo de; por baixo de: *passear sob um sol ardente.* **3** no tempo de: *guerra que se deu sob Napoleão III.* **4** sujeito a: *Nasceu sob o signo de capricórnio; estar sob juramento.* **5** com base em; por: *liberto sob fiança.* **6** de acordo com: *roupa sob medida.* **7** em inferioridade hierárquica: *Serviu muito tempo sob as ordens do ministro.*

so.be.jar *v.t.* **1** ter em excesso; exceder: *A festa sobeja sofisticação.* **2** sobrar: *Sobejava-lhe tempo para o almoço e uma caminhada.* ● *int.* **3** ter de sobejo; superabundar: *Sobejam insetos nesta área.*

so.be.jo (ê) *s.m.* **1** sobra; resto; excesso: *Jogou no lixo o sobejo do prato.* ● *adj.* **2** demasiado; excessivo: *Tinha sobejas razões para estar zangado.*

so.be.ra.ni.a *s.f.* **1** propriedade que tem um Estado de ser uma ordem suprema que não deve a sua validade a nenhuma outra ordem superior: *soberania nacional.* **2** primazia; prioridade: *Vivemos a época da soberania do dinheiro.* **3** autoridade moral, tida como suprema; poder supremo: *O governo está atento à soberania popular.*

so.be.ra.no *s.m.* **1** chefe de estado monárquico; monarca. ● *adj.* **2** que é autoridade máxima; que tem o poder supremo: *um país soberano.* **3** dominador; poderoso: *Era um homem rico, influente, soberano.* **4** que tem autonomia: *O professor é soberano na sala de aula.* **5** predominante; preponderante: *Em nossa região, a cana é soberana.* **6** supremo; absoluto: *O pintor continua soberano em sua arte.* **7** altivo; nobre: *O duque entrou no salão com andar soberano.* **8** aquele que tem influência ou poder: *Na democracia, o povo é o verdadeiro soberano.*

so.ber.ba (ê) *s.f.* orgulho; arrogância; presunção: *O homem foi iludido por sua própria soberba.*

so.ber.bo (ê) *adj.* **1** muito orgulhoso; altivo; arrogante; presunçoso: *um homem rico e soberbo.* **2** sublime; magnífico: *O artista esteve soberbo no papel de policial.* **3** luxuoso; grandioso; esplêndido: *um palacete soberbo.*

so.bra (ó) *s.f.* **1** parte remanescente; resto: *A mãe dá as sobras às galinhas.* **2** abundância; excesso; fartura: *Existe sobra de energia na região sul.* ✦ **de sobra** muito; demasiado: *Não se apressem, há churrasco de sobra.*

so.bra.çar *v.t.* **1** colocar debaixo do braço; segurar entre o braço e o tórax: *Vai à escola sobraçando seus livros.* **2** levar em braços; sustentar; amparar: *Sobraçou a senhora idosa ao atravessar a rua.* ● *pron.* **3** andar de braço dado com alguém.

so.bra.do *s.m.* **1** edifício de mais de um pavimento. **2** pavimento superior ao térreo.

so.bran.cei.ro *adj.* **1** que está em condição ou posição superior; elevado; proeminente: *uma torre sobranceira sobre o casario.* **2** orgulhoso; arrogante: *Sebastião era forte e sobranceiro, senhor de si.* **3** corajoso; ousado: *Num gesto sobranceiro, defendeu-me.*

so.bran.ce.lha (ê) *s.f.* pelos dispostos acima da órbita ocular; supercílio.

so.brar *v.t.* **1** haver em excesso: *Sobraram-lhe cinco bombons.* ● *v.int.* **2** ficar; restar: *Sobraram alguns centavos.* **3** (Coloq.) não receber atenção; não ter utilidade: *A irmã percebeu que estava sobrando ali na sala. Ficou sem graça, as mãos sobrando.* **4** haver em

sobreviver

excesso; sobejar: *Na cozinha, sobravam mosquitos.* **5** ser em demasia, em excesso: *A roupa ficava sobrando no seu corpo magro.*

so.bre (ô) *prep.* **1** acima de: *Era noite sobre a cidade.* **2** por cima de; em cima de: *a ponte sobre o rio.* **3** em posição superior: *Deus reina sobre todas as coisas.* **4** em direção ao; para: *Avançou de faca sobre o inimigo.* **5** cobrado por; à conta de: *imposto sobre serviços prestados.* **6** a respeito de: *um livro sobre química.* **7** de preferência a; acima de: *amar a Deus sobre todas as coisas.*

so.bre.a.vi.so *s.m.* aviso prévio; precaução; cautela. ♦ **de sobreaviso** à espera; alerta: *Ele está de sobreaviso, pronto para atender a qualquer chamado.*

so.bre.car.ga *s.f.* carga excessiva: *Ele está com sobrecarga de trabalho.*

so.bre.car.re.gar *v.t.* **1** pôr sobrecarga em: *sobrecarregar os caminhões.* **2** impor esforço excessivo; forçar: *sobrecarregar um determinado músculo.* **3** aumentar; por encargos: *sobrecarregar o trabalho dos operários.* • *pron.* **4** assumir encargos excessivos: *Sobrecarregar-se de serviços.*

so.bre.ca.sa.ca *s.f.* casaco masculino atualmente em desuso, de comprimento até a altura dos joelhos.

so.bre.ce.nho *s.m.* as sobrancelhas.

so.bre.cí.lio *s.m.* sobrancelha.

so.bre.co.mum *adj.* (Gram.) diz-se do substantivo usado para pessoas com uma só forma para o feminino ou masculino.

so.bre.co.xa (ô) *s.f.* (Coloq.) coxa das aves.

so.bre.hu.ma.no *adj.* **1** que supera as forças humanas ou a natureza do homem: *esforço sobre-humano.* **2** sublime; excelso: *amor sobre-humano.*

so.bre.lo.ja (ó) *s.f.* **1** pavimento situado entre o térreo e o primeiro andar. **2** cada uma das lojas situadas nesse pavimento.

so.bre.ma.nei.ra *adv.* muito; bastante; por demais; especialmente: *O preço da energia elétrica agrava sobremaneira a economia doméstica.*

so.bre.me.sa (ê) *s.f.* doce ou fruta com que se termina uma refeição.

so.bre.mo.do (ó) *adv.* sobremaneira: *O pai preocupava-se sobremodo com os riscos que seu filho corria.*

so.bre.na.tu.ral *s.m.* **1** aquilo que é inexplicável pelas leis da natureza: *Não acredito nessas coisas do sobrenatural.* • *adj.* **2** que ultrapassa o natural: *É verdade que ele tem poderes sobrenaturais?* **3** extraordinário; muito grande; sobre-humano: *Parecia dotado de uma força sobrenatural.* **4** transcendental; espiritual; que não pertence ao mundo real: *É da natureza do homem preocupar-se com os aspectos sobrenaturais da vida.*

so.bre.no.me *s.m.* nome que vem após o prenome; nome de família.

so.bre.pai.rar *v.t.* pairar mais alto; estar acima: *A Constituição sobrepaira a todas as leis.*

so.bre.pas.sar *v.t.* sobrepuja; ultrapassar.

so.bre.por (ô) *v.t.* **1** pôr em cima; colocar sobre: *Tirou a mesa sobrepondo os pratos.* **2** pôr acima; antepor: *sobrepor interesses pessoais ao bem nacional.* **3** acrescentar; acumular: *sobrepor mais uma nota baixa às muitas que já tem.* • *pron.* **4** pôr-se acima: *Não poderia sobrepor-se às leis de Deus.* **5** colocar-se em cima ou por cima de: *Sua voz sobrepondo-se à música.* **6** vir depois; suceder; sobrevir: *A felicidade se sobrepôs ao infortúnio.*

so.bre.po.si.ção *s.f.* **1** colocação por cima; superposição: *É bonita a sobreposição de cores nesta tela.* **2** acréscimo; acúmulo; junção: *A sobreposição do roubo ao crime intensifica a pena.*

so.bre.pu.jar *v.t.* **1** superar; ultrapassar; vencer: *O lutador conseguiu sobrepujar os adversários.* **2** suplantar: *Sua voz sobrepuja as demais.*

so.bres.sa.ir *v.t.* **1** mostrar-se com evidência; salientar-se: *Os cabelos longos e ruivos sobressaem dos outros.* • *int.* **2** chamar a atenção; distinguir-se; realçar-se: *A beleza a fazia sobressair aonde quer que fosse.*

so.bres.sa.len.te *s.m.* **1** peça de reserva, reposição • *adj.* **2** diz-se de peça ou acessório destinado a substituir o que está gasto pelo uso ou avariado: *pneus sobressalentes.* **3** que sobressai, que tem destaque: *O baterista ocupa lugar sobressalente na banda.*

so.bres.sal.tar *v.t.* **1** tomar de assalto ou de improviso; acometer; surpreender: *O pânico sobressaltou Marília.* **2** assustar; atemorizar; inquietar: *A fuga de presos sobressaltou os moradores.* • *pron.* **3** ficar apreensivo; assustar-se: *Vera sobressalta-se à toa.*

so.bres.sal.to *s.m.* **1** movimento brusco e involuntário provocado por emoção repentina e violenta: *O estampido fez Luís ter um sobressalto.* **2** inquietação; temor: *Viajantes têm vida de sobressalto.*

so.bre.ta.xa /ch/ *s.f.* taxa adicional ou suplementar sobre serviços ou tributos: *Decreto libera sobretaxa para importados.*

so.bre.ta.xar *v.t.* impor sobretaxa: *sobretaxar produtos importados.*

so.bre.tu.do *s.m.* **1** casacão usado pelos homens sobre a roupa, como proteção contra o frio e a chuva: *Nas ruas de Paris, eles sempre usavam lindos sobretudos.* • *adv.* **2** em particular; principalmente: *É preciso preocupar-se sobretudo com as provas.*

so.bre.va.lo.ri.zar *v.t.* supervalorizar: *sobrevalorizar a moeda.*

so.bre.vi.da *s.f.* prolongamento da vida além de determinado prazo: *A medicina pode aumentar a sobrevida do doente.*

so.bre.vir *v.t.* **1** acontecer em seguida ou depois: *Sobreveio novamente àquele país uma grande fome.* • *int.* **2** vir ou acontecer em seguida: *Devido à falta de cuidados mecânicos, o desastre sobreveio.* **3** acontecer de repente: *Na noite tranquila, sobreveio a tempestade.* // Pp.: sobrevindo.

so.bre.vi.vên.cia *s.f.* **1** manutenção ou continuidade da existência; preservação da vida: *Fizemos um curso de sobrevivência na selva.* **2** existência: *Quem tem sobrevivência complicada precisa ter umas regras de vida claras.* **3** preservação; conservação; tempo de vida: *sobrevivência da pesquisa, sobrevivência das florestas.* **4** subsistência: *Milho e feijão são essenciais à sobrevivência.*

so.bre.vi.ven.te *s.2g.* **1** quem sobrevive ou sobreviveu. • *adj.* **2** que sobrevive após situação de risco: *os passageiros sobreviventes do acidente aéreo.*

so.bre.vi.ver *v.t.* **1** continuar a existir depois do fim de: *Algumas companhias sobreviveram à crise.* **2** continuar a viver após; resistir; escapar: *O garoto sobreviveu*

sobrevoar

ao desabamento. **3** subsistir; permanecer: *Velhas tradições sobreviveram no interior.* ●*int.* **4** continuar a viver depois de determinada situação de risco: *O homem agradeceu aos céus por sobreviver.* **5** continuar a existir: *Para sobreviver, o projeto precisa de mais dinheiro.* **6** manter-se; subsistir: *Apesar de viúva e sem recursos, ela sobreviveu.*

so.bre.vo.ar *v.t.* **1** voar ou deslocar-se voando por cima de; pairar sobre: *O avião sobrevoava a cidade.* ● *int.* **2** voar por cima: *As aves, em bando, sobrevoam na calma da tarde.*

so.bre.vo.o *s.m.* voo sobre (determinado local): *Estava previsto o sobrevoo da Ilha de Marajó.*

so.bri.e.da.de *s.f.* **1** moderado no comer e no beber. **2** que não está sob o efeito de bebida alcoólica. **3** simplicidade; discrição: *Ele equilibra a sobriedade com uma gravata mais saliente.* **4** recato; pudor; seriedade: *Seus gestos primam pela sobriedade.* **5** moderação; contenção: *sobriedade de gastos.*

so.bri.nho *s.m.* filho de irmão ou irmã.

só.brio *adj.* **1** moderado no comer ou no beber. **2** que não está sob o efeito de bebida alcoólica. **3** sem luxo ou extravagância; simples; discreto: *camisas sóbrias.* **4** sem ornamentos; simples: *estilo de linguagem sóbrio.* **5** contido; controlado; reservado; equilibrado: *Em todas as ocasiões, é sempre um homem sóbrio.*

so.bro.lho (ô) *s.m.* sobrancelha.

so.çai.te *s.m.* (Coloq.) a alta sociedade; a grã-finagem.

so.ca.pa *s.f.* disfarce ♦ **à socapa** disfarçadamente; furtivamente: *Três figuras de preto riam à socapa.*

so.car *v.t.* **1** dar socos em; esmurrar: *O campeão socou o ar experimentando os músculos.* **2** dar surra em; surrar; espancar: *O bandido socou a cara do comparsa.* **3** moer: *socar os grãos de café.* **4** amassar; sovar. **5** (Coloq.) colocar de modo descuidado e em excesso: *presos socados nas celas.* ● *pron.* **6** (Coloq.) trocar socos; esmurrar-se: *Socaram-se em plena rua, à vista de todos.* **7** pôr-se; enfiar-se: *Na enchente, o cidadão socava-se dentro de casa.*

soccer (sókâr) (Ingl.) *s.m.* futebol: *Cresce o interesse do público norte-americano pelo soccer.*

so.ci.a.bi.li.da.de *s.f.* **1** qualidade do que é sociável. **2** tendência para a vida em sociedade: *A violência põe em xeque a sociabilidade nas grandes metrópoles.* **3** convivência; civilidade; urbanidade: *O trabalho é a forma mais importante da sociabilidade.*

so.ci.al *adj.* **1** que tende à vida em sociedade; sociável: *O homem é um ser social.* **2** relativo à vida do homem em sociedade: *Estávamos atentos para os problemas sociais.* **3** que se usa em festas ou solenidades: *camisa social.* **4** para uso apenas de empregados/fornecedores: *elevador social.*

so.ci.al-de.mo.cra.ci.a *s.f.* doutrina e sistema político que reúne os princípios da democracia com os do socialismo e defende reformas sociais num regime representativo.

so.ci.a.lis.mo *s.m.* **1** conjunto de doutrinas que têm por fim a reforma radical da organização das sociedades humanas e a promoção do bem comum pela transformação das relações de propriedade. **2** sistema político que adota essas doutrinas.

socialite (souxalait) (Ingl.) *s.2g.* pessoa de destaque nas camadas mais altas da sociedade.

so.ci.a.li.za.ção *s.f.* **1** integração mais intensa dos indivíduos num grupo social: *a socialização pelo trabalho.* **2** extensão de serviços, por meio de leis e decretos, à sociedade inteira: *a socialização da medicina preventiva.*

so.ci.a.li.zar *v.t.* **1** suscitar ou desenvolver a sociabilidade em: *Os meios de comunicação eletrônica hoje socializam a massa.* **2** tornar social; distribuir entre todos; repartir: *socializar os recursos.* ● *int.* (*pron.*) **3** tornar-se social; promover a socialização: *O povo se socializa.* **4** desenvolver a sociabilidade: *As crianças se socializam.*

so.ci.á.vel *adj.* **1** tendente à vida em sociedade. **2** que se relaciona facilmente com as pessoas; comunicativo; amigável: *No Brasil, as pessoas são abertas e sociáveis.* **3** que é dado à vida social; educado; civilizado: *Os rapazes tornaram-se mais sociáveis, adquirindo maneiras mais polidas.*

so.ci.e.da.de *s.f.* **1** conjunto de pessoas que vivem, seguindo normas e padrões culturais comuns, que são unidas pelo sentimento de consciência do grupo; coletividade; comunidade: *sociedade brasileira.* **2** grupo de pessoas que se associam a fim de exercer uma atividade comum ou defender interesses comuns; associação; agremiação: *A Sociedade Brasileira para o Progresso da Ciência (SBPC) foi fundada em 1949.* **3** grêmio; clube: *a Sociedade dos Ginastas.* **4** grupo de animais que apresenta alto grau de hierarquia e divisão de trabalho; comunidade; colônia: *as sociedades permanentes de formigas.* **5** parceria; associação: *A sociedade entre a indústria de cosméticos e os cabeleireiros foi desfeita.*

society (soçaite) (Ingl.) *s.m.* alta sociedade.

só.cio *s.m.* **1** membro de uma sociedade, associação ou clube; associado: *Será hoje a assembleia dos sócios do Clube Náutico.* **2** aquele que se associa com outro numa empresa: *A empresa distribuía dividendos entre os sócios.* **3** companheiro; parceiro: *Éramos sócios nas brincadeiras juvenis.*

so.ci.o.lo.gi.a *s.f.* ciência que estuda as relações entre pessoas que vivem num grupo social, ou entre grupos sociais que vivem em uma sociedade mais ampla.

so.ci.o.ló.gi.co *adj.* relativo ou pertencente à sociologia: *aspectos sociológicos da educação.*

so.co (ô) *s.m.* pancada com a mão fechada; murro.

so.có *s.m.* ave noturna, semelhante à garça, de pescoço grosso e plumagem amarelo-ferrugem com listas marrons.

so.ço.brar *v.int.* **1** naufragar; afundar: *A velha embarcação cruza os mares, sem soçobrar.* **2** reduzir a nada; aniquilar-se; perder-se: *Muitas empresas poderão soçobrar nos próximos meses.*

so.co-in.glês *s.m.* peça de metal, com quatro furos para enfiar os dedos, usada como arma para desfechar socos com maior contundência.

so.cor.rer *v.t.* **1** defender; proteger: *socorrer os desvalidos.* **2** prestar ajuda a alguém em perigo ou em dificuldade; acudir; salvar. **3** prestar atendimento médico; prestar socorro. ● *pron.* **4** recorrer a; valer-se; utilizar-se: *Ao longo da pesquisa, Sílvia se socorre de três textos.*

so.cor.ro (ô) *s.m.* **1** atendimento que se dá a uma pessoa acidentada ou acometida de mal súbito: *O*

solar

acidentado recebe ali mesmo os primeiros socorros. **2** ajuda; auxílio; ajuda material: *socorro aos desabrigados.* **3** amparo; apoio: *o socorro de um sorriso.* • *interj.* **4** usada para pedir auxílio ou proteção: *Ajudem-me, socorro!*

so.crá.ti.co *adj.* **1** relativo a Sócrates (470-399 a.C.), filósofo grego, ou a sua filosofia. **2** partidário das ideias de Sócrates.

so.da (ó) *s.f.* água artificialmente gaseificada com gás carbônico, usada com bebidas alcoólicas ou para preparar refrigerantes. • **soda cáustica** substância química corrosiva (hidróxido de sódio) usada em produtos de limpeza e na fabricação de sabão.

só.dio *s.m.* (Quím.) elemento usado em ligas, lâmpadas, motores de avião, reatores nucleares etc., pertencente ao grupo dos metais alcalinos // Símb.: Na; N. Atôm.: 11.

so.do.mi.a *s.f.* relação sexual anal.

so.do.mi.ta *s.2g.* **1** quem pratica a sodomia. **2** relativo a Sodoma (cidade da Antiguidade, na região do Mar Morto) ou a seu natural ou habitante.

so.er.guer *v.t.* **1** levantar a uma pequena altura; erguer um pouco: *Samuel soerguera o corpo na cadeira.* **2** elevar; reerguer. • *pron.* **3** erguer-se levemente; levantar-se um tanto: *Vi o ferido, num grande esforço, soerguer-se do divã.* **4** reerguer-se; revitalizar-se: *Não desanimou com a má fase e tratou de soerguer-se.*

so.er.gui.men.to *s.m.* **1** ato de soerguer. **2** levantamento; reerguimento; revitalização.

so.fá *s.m.* móvel, estofado ou não, geralmente com braços e encosto, onde podem sentar-se duas ou mais pessoas.

so.fis.ma *s.m.* **1** argumento aparentemente válido, mas que tem intenção de enganar. **2** argumento falso formulado de propósito para induzir outrem a erro: *O povo não se deixa contentar com sofismas, por parte de seus governantes.*

so.fis.ta *s.2g.* **1** cada um dos filósofos gregos contemporâneos de Sócrates, mestres da retórica e da eloquência. **2** pessoa que argumenta por meio de sofismas.

so.fis.ti.ca.ção *s.f.* **1** estado do que é sofisticado; aprimoramento; elaboração: *a sofisticação das redes de computador.* **2** requinte; refinamento: *Gostava de luxo e sofisticação em suas festas.* **3** falta de naturalidade; afetação.

so.fis.ti.ca.do *adj.* **1** aprimorado; elaborado; complexo: *sistemas de segurança sofisticados.* **2** refinado; requintado: *restaurante sofisticado.* **3** artificial; afetado; rebuscado: *emprega palavras sofisticadas.*

so.fis.ti.car *v.t.* **1** tornar mais refinado ou requintado: *Ervas finas podem sofisticar o sabor dos pratos.* **2** tornar mais complexo ou elaborado: *Os laboratórios estão sofisticando seus processos de análise.* • *pron.* **3** tornar-se mais refinado ou requintado: *A modelo foi-se sofisticando aos poucos.* **4** tornar-se cada vez mais aprimorado; aperfeiçoar-se: *Os serviços do aeroporto se sofisticaram.*

so.fre.dor (ô) *s.m.* **1** pessoa que sofre: *Os torcedores desse time são uns eternos sofredores.* • *adj.* **2** que sofre: *povo sofredor.*

sô.fre.go *adj.* **1** apressado no comer ou no beber; ávido; voraz: *apetite sôfrego.* **2** impaciente; inquieto: *Seu olhar corria sôfrego pelos arredores.* **3** ansioso; ávido; desejoso: *O povo brasileiro está sôfrego por justiça social.*

so.fre.gui.dão *s.f.* **1** característica do que é sôfrego: *O rapaz bebia com sofreguidão.* **2** impaciência; pressa: *Bebia o vinho com sofreguidão.* **3** desejo veemente; avidez: *Na sofreguidão de vencer a corrida, acabou acidentando-se.*

so.frer *v.t.* **1** suportar; aguentar; tolerar: *O campeão sofreu ataques da plateia.* **2** receber; levar: *O time sofreu quatro gols.* **3** passar por; experimentar: *O resultado sofreu poucas alterações durante o ano.* **4** ter dano ou prejuízo; perder: *O Nordeste sofre com as secas.* **5** estar acometido (de doença); padecer: *Mais e mais crianças sofrem de asma.* • *int.* **6** suportar sofrimento; sentir dor física ou moral: *Sua fisionomia era de quem estava sofrendo.*

so.fri.do *adj.* **1** que já sofreu ou que sofre muito; sofredor. **2** que revela sofrimento: *Tinha uma fisionomia sofrida.* **3** difícil; árduo; trabalhoso: *vitória sofrida.*

so.fri.men.to *s.m.* **1** dor física; padecimento: *Dava pena ver o seu sofrimento.* **2** dor moral; angústia; aflição; amargura: *A espera foi um sofrimento.*

so.frí.vel *adj.* **1** que se pode sofrer; suportável; tolerável: *dor sofrível.* **2** quase suficiente; razoável.

software (softuér) (Ingl.) *s.m.* (Inf.) programa ou conjunto de programas para computador.

so.gro (ô) *s.m.* pai do marido, em relação à mulher, ou da mulher, em relação ao marido.

so.ja (ó) *s.f.* **1** arbusto de folhas alongadas, flores brancas ou violáceas, vagens pequenas com sementes ricas em proteínas de que são feitos alimentos e óleo de cozinha. **2** semente desse arbusto: *Esse fazendeiro colheu mil sacas de soja.*

sol[1] *s.m.* **1** (Astr.) estrela que é o centro do nosso sistema planetário: *A luz do Sol é a sonda de seus milhões de raios.* **2** luz e calor desse astro. **3** lugar iluminado pelo Sol: *Você prefere sentar no lado do sol ou no lado da sombra?* **4** período do dia: *Tinham partido de sua aldeia havia oito sóis.* **5** luz; brilho; esplendor: *o sol da liberdade.*

sol[2] *s.m.* **1** nota correspondente ao quinto grau da escala musical. **2** sinal que representa essa nota na pauta.

so.la (ó) *s.f.* **1** couro curtido de boi, para calçado, bolsas e outras aplicações: *rédeas largas de boa sola.* **2** parte inferior do calçado, que assenta no chão; solado. **3** planta (do pé): *Aprenda a esquiar com a sola dos pés.*

so.la.do *s.m.* parte inferior externa do calçado; sola.

so.la.pa.men.to *s.m.* **1** ato ou efeito de solapar; escavação: *O excesso de águas provocou um solapamento da superfície.* **2** desgaste; ruína; destruição: *o solapamento do autoritarismo.*

so.la.par *v.t.* **1** fazer cova em; escavar. **2** abalar os fundamentos; minar; abalar: *A chuva incessante ameaçava solapar as construções ribeirinhas.* **3** demolir; arruinar; destruir: *O presidente culpava-o por solapar o acordo de paz.*

so.lar *s.m.* **1** residência de família nobre. **2** casa de aspecto imponente; mansão. • *adj.* **3** relativo ou próprio do Sol: *sistema solar; luz solar.* **4** que utiliza a energia do Sol: *relógio solar.* **5** que tem o forma ou a cor do Sol: *plexo solar.* **6** brilhante; luminoso: *um espírito solar.*

791

solário

so.lá.rio *s.m.* terraço ou outro local onde se pode tomar banho de sol.
so.la.van.co *s.m.* **1** balanço imprevisto ou violento de veículo: *O carro começou a dar solavancos.* **2** abalo brusco; sacudidela; tranco. **3** instabilidade; oscilação: *A economia enfrenta solavancos.* ◆ **aos solavancos** com dificuldade; sem firmeza.
sol.da (ó) *s.f.* **1** substância usada para ligar peças metálicas. **2** soldagem.
sol.da.des.ca (ê) *s.f.* a classe militar; tropa.
sol.da.do *s.m.* **1** indivíduo alistado nas fileiras do exército ou nas forças policiais estaduais. **2** qualquer militar. **3** aquele que luta por uma causa; defensor; paladino: *Serei mais um soldado na luta pela democracia.* ◆ *adj.* **4** colado; feito ou unido com solda.
sol.da.gem *s.f.* união por meio de solda.
sol.dar *v.t.* **1** unir, colar ou fechar por meio de solda: *Os bombeiros estão soldando a estrutura do prédio.* **2** ligar com solda: *Os engenheiros soldaram barras de ferro à ponte.* ◆ *pron.* **3** pegar-se; colar-se; emendar-se: *Um osso se solda ao outro.*
sol.do (ô) *s.m.* salário dos militares: *A maioria dos atletas africanos recebe soldo como militar.*
so.le.cis.mo *s.m.* (Gram.) erro de sintaxe, como *O povo chegaram* (por *chegou*), *Vou* na *escola* (por *à* escola), *direi-te* (por *dir-te-ei*): *Misturar as formas de tratamento é solecismo.*
so.lei.ra *s.f.* **1** peça de madeira ou de pedra que forma a parte inferior do vão da porta, no mesmo nível do piso; limiar da porta: *Sentou-se na soleira da porta de sua casa.* **2** piso de tijolos refratários de certos tipos de fornos: *o revestimento da soleira do forno.* **3** calor do sol; soalheira: *Caminhamos sem descanso debaixo daquela soleira.*
so.le.ne *adj.* **1** que se celebra ou se realiza com pompa e aparato; com formalidade: *cerimônia solene.* **2** de aparência nobre; imponente; majestoso: *Nosso diretor era sempre solene.* **3** enfático; sentencioso: *O usuário recebeu uma recomendação solene para devolver pontualmente a obra.*
so.le.ni.da.de *s.f.* **1** cerimônia; festividade solene: *A solenidade comemorou os trezentos anos da morte de Zumbi.* **2** seriedade; gravidade: *Havia um clima de solenidade e expectativa.* **3** formalidade: *O professor falava com solenidade.* **4** pompa; majestade: *Para dar solenidade ao ato, estiveram presentes os diretores.*
so.ler.te *adj.* ardiloso; manhoso; velhaco: *uma solerte guerra comercial.*
so.le.trar *v.t.* **1** pronunciar separadamente as letras de: *Soletre esta palavrinha.* ◆ *int.* **2** ler palavras letra por letra: *Pedrinho já sabe soletrar.*
sol.fe.jar *v.int.* ler ou entoar as notas de um trecho musical.
sol.fe.jo (ê) *s.m.* leitura ou entoação das notas de um trecho musical.
so.li.ci.ta.ção *s.f.* **1** ato de solicitar; pedido: *a solicitação do material ao banco.* **2** exigência; pretensão: *alma e espírito, plenos de anseios e solicitações.* **3** exigência: *novas solicitações econômicas.* **4** apelo; atração; tentação: *Ele resistia perfeitamente bem às solicitações da bebida.*
so.li.ci.tar *v.t.* **1** induzir a; estimular: *Alguns textos solicitam discussão.* **2** pedir; rogar: *Solicitei ao diretor a minha dispensa da primeira aula.* **3** exigir; requerer; demandar: *Os pais solicitaram a planilha de custos à escola.* **4** procurar; buscar; ir atrás de: *O candidato solicitou apoio a suas propostas.*
so.lí.ci.to *adj.* **1** que revela solicitude; atencioso; prestimoso: *um amigo solícito.* **2** cuidadoso; zeloso.
so.li.ci.tu.de *s.f.* **1** desejo de atender a alguma solicitação da melhor forma possível; boa vontade: *A secretária nos atendeu com muita solicitude.* **2** zelo em prestar assistência; desvelo; dedicação: *O médico atendia à clientela, com solicitude.*
so.li.dão *s.f.* **1** estado do que se encontra só; isolamento: *a solidão do seu gabinete.* **2** situação ou sensação de quem vive só: *Lá estavam aqueles homens encolhidos pelo frio e devorados de solidão.* **3** lugar ermo: *O mato reinava sobre aquela solidão.*
so.li.da.ri.e.da.de *s.f.* **1** união e apoio recíprocos: *O simples fato de ser gente implica certa dose de solidariedade.* **2** adesão; apoio: *Todos os países emprestavam a sua solidariedade à nação ofendida.* **3** identidade de sentimentos, de ideias, de princípios: *Manifestava sempre solidariedade às decisões de seu grupo.*
so.li.dá.rio *adj.* **1** que tem responsabilidade recíproca e/ou interesse comum: *uma comunidade solidária nas questões sociais.* **2** que sente do mesmo modo; que adere; que apoia: *Estava solidário com as reivindicações dos funcionários.* **3** que se irmana; que partilha; que compartilha: *Mostrava-se sempre solidária aos problemas dos amigos.*
so.li.da.ri.zar *v.t.* tornar solidário: *O manifesto serviu para solidarizar as pessoas com o sofrimento dos meninos de rua.* ◆ *pron.* **2** demonstrar solidariedade: *Todos se solidarizaram com a campanha da fome.*
so.li.déu *s.m.* pequeno chapéu de tecido flexível, usado por bispos, padres e judeus.
so.li.dez (ê) *s.f.* **1** condição ou estado do que é sólido; duro; compacto. **2** característica do que tem firmeza de ânimo; força de vontade: *a solidez de um caráter.* **3** estabilidade; segurança: *O magistério era a atividade que trazia mais prestígio e solidez.* **4** resistência; durabilidade: *a solidez dos castelos medievais.*
so.li.di.fi.ca.ção *s.f.* **1** passagem do estado líquido ao estado sólido. **2** estabilização; consolidação: *solidificação do movimento ambientalista.*
so.li.di.fi.car *v.t.* **1** tornar sólido; fazer passar a sólido: *Certos plásticos podem ser aquecidos, remoldados e solidificados novamente.* **2** tornar estável; estabilizar; consolidar: *Com esses produtos, solidificamos nossa marca.* ◆ *pron.* **3** tornar-se sólido; passar para o estado sólido: *A lava do vulcão se solidificou.*
só.li.do *s.m.* **1** qualquer coisa que tem consistência, podendo ser mais ou menos espessa ou encorpada: *Ao invés de sólidos, é necessário dar líquidos à criança.* **2** figura geométrica que tem três dimensões e é limitada por superfícies fechadas: *Desenhou cubos e outros sólidos.* ◆ *adj.* **3** que tem consistência dura; que não é líquido nem gasoso; maciço: *resíduos poluentes sólidos.* **4** firme; resistente; estável: *As pessoas devem construir uma amizade sólida.* **5** bem fundamentado; coerente; consistente: *argumentação sólida.*
so.li.ló.quio *s.m.* fala de alguém consigo mesmo; monólogo: *Alta noite, eu me entregava a longos solilóquios.*

somar

so.lis.ta *s.2g.* **1** pessoa que executa um solo vocal, instrumental, ou de dança: *Havia um solista alemão no piano.* **2** artista que se distingue nos solos musicais: *Estão aí os principais solistas de choro.* • *adj.* **3** que executa solo. **4** próprio para solo: *um grupo de instrumentos solistas.*

so.li.tá.ria *s.f.* **1** tênia; parasita do intestino. **2** cela de presídio na qual se isola o sentenciado.

so.li.tá.rio *s.m.* **1** pessoa que vive só: *dicas para os solitários.* **2** anacoreta; eremita; monge que vive isolado do mundo; ermitão. **3** anel ou joia em que só há um diamante engastado: *A joalheria promete dar nova luz aos solitários.* • *adj.* **4** que está só; sozinho: *A filha de um faroleiro vive solitária numa ilha.* **5** não-compartilhado; isolado: *Foi uma atuação solitária do deputado.* **6** único; ímpar: *É um espetáculo à parte, solitário.* **7** que se passa na solidão: *A vida de caminhoneiro é solitária.* **8** situado em lugar remoto ou deserto: *Fiquei neste recanto solitário do mundo.*

so.li.tu.de *s.f.* solidão.

so.lo¹ (ó) *s.m.* **1** porção da superfície terrestre onde se anda, se constrói etc.; terra; chão. **2** terra considerada nas suas qualidades produtivas; terreno: *O solo é bem ruim, por isso a safra não está bem.* **3** ponto da Terra ou região geograficamente delimitada: *o solo de Angola.* **4** região ou lugar onde se nasceu ou se mora: *Nasci em solo brasileiro.*

so.lo² (ó) *s.m.* **1** trecho musical ou de bailado executado por uma só pessoa: *O guitarrista consegue criar solos diversificados.* • *adj.* **2** diz-se do instrumento musical ou do cantor que se apresenta sozinho; solista: *flauta solo; barítono solo.* **3** realizado ou desempenhado por uma só pessoa: *disco solo; voo solo.*

sols.tí.cio *s.m.* (Astr.) época do ano em que o Sol está mais afastado, ao norte ou ao sul, do Equador.

sol.tar *v.t.* **1** restituir à liberdade; pôr em liberdade: *Você soltou aquele sujeito preso para averiguações?* **2** desprender aquilo que se segura; largar: *A mãe não soltava a mão da criança.* **3** desligar; desatar; desamarrar: *João soltou as amarras do barco.* **4** deixar andar à solta: *Seu Eulálio já soltou as vacas.* **5** lançar a distância; disparar: *soltar foguetes.* **6** dar livre curso a; liberar: *Solte suas fantasias.* **7** proferir mais ou menos bruscamente: *O rapaz zangado soltou palavrões.* **8** fazer funcionar; regularizar: *remédios que soltam o intestino.* **9** deixar escapar; emitir: *Soltando fumaça, o ônibus sumiu na curva.* **10** deixar sair involuntariamente; perder: *O gato preto andava soltando pelos por ali.* • *pron.* **11** libertar-se; desvencilhar-se: *Soltei-me de minha mãe e fugi para o jardim.* **12** tornar-se solto; desprender-se: *Fique ali esperando as folhas se soltarem da alcachofra.* **13** perder a timidez: *Com o tempo, vou me soltando.* **14** escapar; sair: *A trava do cinto de segurança se soltou.*

sol.tei.rão *s.m.* **1** homem maduro ou velho que ainda não se casou. • *adj.* **2** que ainda não se casou; celibatário.

sol.tei.ro *s.m.* **1** aquele que ainda não se casou. • *adj.* **2** que não é casado. **3** sem parceiro; sozinho; desacompanhado: *Ana está solteira e cheia de projetos.* **4** solitário; isolado: *ilha solteira.*

sol.to (ô) *adj.* **1** que não está aderido; desagregado; desprendido: *Dona Clara ia arrancando os tijolos meio soltos.* **2** frouxo; folgado: *As rédeas iam soltas por entre as mãos cruzadas.* **3** desligado; dissociado: *Frases soltas adquiriam sentido.* **4** em liberdade: *O assassino continua solto até hoje.*

sol.tu.ra *s.f.* **1** ato ou efeito de soltar(-se): *a soltura acidental de alguma conexão.* **2** liberdade concedida a quem estava preso; liberação.

so.lu.bi.li.da.de *s.f.* propriedade de solúvel: *O açúcar tem alto grau de solubilidade na água.*

so.lu.ção *s.f.* **1** ato ou efeito de solver; solvência. **2** tomada de posição; decisão: *Irmos embora foi a melhor solução.* **3** meio ou possibilidade de resolver uma dificuldade, um problema; saída; resolução: *Há problema? Então há solução.* **4** decifração: *a solução da charada.* **5** líquido que contém outra substância dissolvida: *soluções químicas.*

so.lu.çar *v.int.* **1** soltar soluços: *De tão bêbado, ele soluçava.* **2** chorar entre soluços: *A criança soluçava de forma convulsiva.* **3** emitir som parecido com o soluço: *o vento a soluçar.*

so.lu.cio.nar *v.t.* **1** dar solução a; resolver: *Os árbitros solucionaram a questão.* **2** resolver; decidir: *Um novo emprego solucionaria sua vida profissional.* **3** desvendar; decifrar: *solucionar charadas.* **4** pôr fim a; acabar com: *Não solucionaram o barulho das rodas.*

so.lu.ço *s.m.* **1** contração espasmódica do diafragma, que faz sair com certo ruído a porção de ar que entrou nos pulmões. **2** lamento ou choro entrecortado.

so.lú.vel *adj.* **1** que se dissolve ou é dissolvido. **2** que pode ser resolvido; solucionável: *A poluição deste rio é um problema solúvel.*

sol.ven.te *s.m.* **1** líquido capaz de dissolver uma substância: *O quadro é restaurado com solvente e álcool.* • *adj.* **2** capaz de dissolver-se: *farelo solvente no leite.* **3** que paga ou pode pagar suas dívidas: *uma firma solvente.*

sol.ver *v.t.* **1** dar solução a; resolver: *Alguns governos mascaram a realidade, sem solver os problemas.* **2** pagar; quitar (as dívidas de): *A empresa não conseguia solver seus compromissos financeiros.* **3** fazer uma solução de; dissolver: *solver comprimidos.* // Cp.: sorver.

som *s.m.* **1** (Fís.) fenômeno acústico que consiste na propagação de ondas sonoras produzidas por um corpo que vibra num meio elástico (especialmente o ar) capaz de ser captado pelo sistema auditivo humano: *Ouvíamos de longe o som dos tamborins.* **2** (Coloq.) música: *Não vou curtir meu som na calçada.* **3** emissão de voz: *Embora os lábios se movessem, não saiu som algum.* **4** equipamento sonoro: *Comprou um som novo.*

so.ma¹ *s.f.* **1** (Mat.) operação aritmética que junta quantidades homogêneas para obter um total; adição. **2** o resultado dessa operação. **3** totalidade; conjunto; somatório: *soma das riquezas produzidas pelo país.* **4** quantidade em dinheiro.

so.ma² *s.m.* **1** conjunto das células de um organismo, com exceção dos gametas. **2** o organismo considerado fisicamente, em oposição a suas funções psíquicas.

so.ma.li *s.2g.* **1** natural ou habitante da Somália. • *adj.* **2** relativo à Somália.

so.mar *v.t.* **1** ter ou apresentar como soma; constituir-se em; totalizar: *Com as novas lojas, a rede soma vinte*

somático

franqueados no país. **2** reunir; juntar: *Durante toda a vida não conseguiu somar vinte mil reais.* **3** juntar-se; aliar-se: *As forças do Sul somarão com as nossas.* **4** fazer a soma de; adicionar: *Some a sua experiência à minha inteligência.* **5** reunir; acrescentar; aliar: *Os cozinheiros somam as funções de chefe com as de proprietários de restaurantes.* • *int.* **6** fazer a operação de soma: *Dolores toma nota dos gastos, faz as contas, multiplica, soma.* • *pron.* **7** adicionar-se; juntar-se: *Milhares de atletas se somaram na abertura dos jogos olímpicos.*

so.má.ti.co *adj.* que se refere ao organismo considerado fisicamente: *doenças somáticas de fundo psicológico.*

so.ma.ti.zar *v.t.* apresentar doença orgânica provocada por causas psíquicas: *O senhor sempre somatizou os problemas.*

so.ma.tó.rio *s.m.* **1** soma: *Inventos são frutos do somatório de descobertas e avanços técnicos.* **2** resultado de uma soma: *A carga tributária global é o somatório de todos os tributos existentes.* **3** conjunto de itens que compõe uma soma. • *adj.* **4** relativo a soma: *operações somatórias.*

som.bra *s.f.* **1** espaço sem luz ou escurecido: *Não cresce nada à sombra das árvores grandes.* **2** figura escura projetada numa superfície mais clara por um corpo que está bloqueando a luz: *Alguns jogadores chegam a driblar a própria sombra.* **3** escuridão; treva: *O vampiro surge na sombra da noite.* **4** lugar abrigado da luz solar: *Gosto de andar na rua pelo lado da sombra.* **5** cosmético para colorir ou acentuar certas partes do rosto, especialmente os olhos: *passar sombra nos olhos.* **6** obscuridade: *Muitos detalhes desse crime permanecem ainda na sombra.* **7** indício; sinal: *Surgia a primeira sombra de dúvida a respeito dos milagres do santo.* ♦ **sombra e água fresca** (Coloq.) situação cômoda e confortável; ociosidade, despreocupação. **à sombra** sob a proteção de; ao abrigo de. **nem por sombra** de modo nenhum; absolutamente não.

som.bre.a.do *s.m.* **1** sombra: *Ela retocou o sombreado das pálpebras.* • *adj.* **2** em que há sombra: *repousar em um recanto sombreado.*

som.bre.ar *v.t.* **1** fazer sombra em; proteger com sombra: *O velho chapéu sombreava o rosto do lavrador.* **2** tornar sombrio: *Não é preciso sombrear em demasia o futuro do país.* **3** dar sombreado: *Os pintores sombreiam os objetos para simular seus volumes.* **4** macular; manchar: *A denúncia sombreou a idoneidade do funcionário.*

som.brei.ro *s.m.* grande chapéu de aba larga.

som.bri.nha *s.f.* guarda-chuva usado por mulheres para se protegerem da chuva ou do sol.

som.bri.o *adj.* **1** cheio de sombras; escuro: *os recantos sombrios da cidade colonial.* **2** triste; lúgubre: *o prédio sombrio do presídio.* **3** melancólico: *os sentimentos sombrios da criança abandonada.*

so.me.nos *s.m.* **1** coisa de pouca monta; ninharia: *Homem de negócio não pode perder tempo com somenos.* • *adj.* **2** menor; inferior: *um assunto de somenos importância.*

so.men.te *adv.* só; apenas; unicamente.

sommelier (someliê) (Fr.) *s.m.* profissional de restaurante responsável pelo serviço de vinhos.

so.nam.bú.li.co *adj.* de ou próprio de sonâmbulo.

so.nâm.bu.lo *s.m.* quem anda, fala ou faz movimentos dormindo, como se estivesse acordado: *Ele anda pela casa à noite como um sonâmbulo.*

so.nan.te *adj.* **1** que soa; que produz som; soante: *as cordas sonantes do violão.* **2** em circulação; corrente; em espécie: *Ele quer receber o pagamento em moeda sonante.*

so.nar *s.m.* **1** equipamento para detectar objetos imersos em água e determinar-lhes a posição e a velocidade, utilizando a emissão de pulsos de ultrassons e a recepção e identificação do eco. **2** sistema de orientação de que são dotados certos animais, baseado na emissão de impulsos sonoros: *o sonar dos morcegos.*

so.na.ta *s.f.* (Mús.) peça musical para um ou mais instrumentos, geralmente composta de três ou quatro movimentos distintos.

son.da *s.f.* **1** qualquer instrumento com que se fazem sondagens. **2** (Med.) tubo que se introduz no organismo, com o objetivo de extrair ou introduzir algum tipo de substância: *O paciente se alimentava por sonda.*

son.da.gem *s.f.* **1** exploração local e metódica por meio de aparelhos e processos técnicos especiais: *sondagem do fundo do oceano.* **2** pesquisa preliminar; investigação: *a sondagem das preferências do consumidor.*

son.dar *v.t.* **1** examinar algo com sonda: *sondar o fundo do lago.* **2** pesquisar; investigar: *sondar os mistérios da natureza.* **3** observar discretamente; investigar ou interrogar com cautela: *sondar o ambiente.* **4** perguntar; inquirir: *O professor sondou a classe sobre as preferências pelas matérias.*

so.ne.ca (é) *s.f.* (Coloq.) pequeno período de sono.

so.ne.ga.ção *s.f.* **1** recusa de transferir a outrem o que lhe é devido. **2** recusa de pagamento: *sonegação de impostos.* **3** recusa de fornecimento: *Está havendo sonegação de informações pela secretaria.*

so.ne.ga.dor (ô) *s.m.* **1** quem deixa de pagar: *sonegador de impostos.* **2** quem deixa de fornecer: *os sonegadores de gasolina.* • *adj.* **3** que sonega: *comerciantes sonegadores.*

so.ne.gar *v.t.* **1** deixar deliberadamente de pagar: *sonegar impostos.* **2** recusar-se a: *sonegar dados informativos.* **3** não revelar; ocultar; esconder: *sonegar informação à polícia.* **4** furtar de; surrupiar de; tirar de: *sonegar ao empregado as férias devidas.*

so.ne.to (ê) *s.m.* composição poética de quatorze versos geralmente de dez sílabas.

so.nha.dor (ô) *s.m.* **1** aquele que sonha; aquele que devaneia: *O poeta era um sonhador.* **2** quem deseja ardentemente coisas difíceis ou impossíveis; idealista; romântico: *Os sonhadores alimentam ilusões.* • *adj.* **3** que sonha; que devaneia: *Sou um jovem sonhador.* **4** próprio de quem devaneia: *Maria tem um jeito sonhador.*

so.nhar *v.t.* **1** ver em sonho: *Sonhou que estava voando.* **2** ver algo ou alguém em sonho: *Sonhou com os pais.* **3** imaginar; idealizar: *Ela realizou a viagem com que sempre sonhou.* **4** desejar muito: *sonhar com a vitória do time.* • *int.* **5** ter diversas imagens mentais durante o sono: *Esse rapaz vive sonhando.*

so.ní.fe.ro *s.m.* **1** medicamento ou substância que provoca sono. **2** qualquer coisa que provoca sono. • *adj.* **3** que dá ou provoca sono: *música sonífera.*

sorrateiro

so.no *s.m.* **1** estado de repouso que se caracteriza especialmente pela suspensão temporária da consciência e diminuição do metabolismo: *ter um sono tranquilo*. **2** vontade de dormir: *Estou com sono*.

so.no.lên.cia *s.f.* **1** vontade de dormir: *Maracujá dá sonolência*. **2** torpor; entorpecimento: *Cansaço provoca sonolência*. **3** transição entre o sono e a vigília; modorra: *Uma sonolência nos acomete depois do almoço*.

so.no.len.to *adj.* **1** que tem sonolência. **2** com aparência de quem tem sono; molenga: *Atendeu-nos um moço sonolento*. **3** que denota sonolência: *o olhar sonolento*. **4** que provoca sono: *o programa sonolento*.

so.no.plas.ti.a *s.f.* conjunto de efeitos sonoros empregados no rádio, no teatro, no cinema e na televisão para conferir mais realismo e vivacidade ao que se apresenta.

so.no.ri.da.de *s.f.* **1** propriedade de emitir sons: *a sonoridade da taça de cristal*. **2** qualidade (timbre, altura, intensidade) do som musical: *Os pianos se distinguem pela sonoridade*. **3** efeito sonoro. **4** trilha sonora.

so.no.ri.za.ção *s.f.* **1** produção, transmissão ou ampliação de sons: *amplificadores para sonorização automotiva*. **2** colocação de equipamento sonoro; provimento de som: *a sonorização dos desfiles de escolas de samba*. **3** gravação de trilha sonora num filme cinematográfico: *filme em fase de sonorização*.

so.no.ri.zar *v.t.* **1** tornar sonoro; prover de trilha sonora: *A companhia gastará uma fortuna para sonorizar o filme*. **2** encher de som: *sonorizar a festa*. **3** prover da aparelhagem sonora: *sonorizar uma igreja*.

so.no.ro (ó) *adj.* **1** que produz som. **2** que produz ruído; ruidoso: *Deu-lhe um sonoro beijo*. **3** que reproduz o som: *equipamento sonoro*. **4** de ou relativo ao som: *a trilha sonora do filme*. **5** agradável ao ouvido; melodioso: *Lilico é um apelido sonoro*. **6** (Gram.) diz-se do fonema em cuja produção as cordas vocais vibram, como /b/, /d/, /g/, /j/, /z/ e as vogais.

so.no.te.ra.pi.a *s.f.* tratamento empregado em certos estados patológicos ou estafa, estresse etc., que consiste em manter, por um certo período, o sono artificial em um paciente, mediante o uso de medicamentos e sob rígido controle.

son.so *s.m.* **1** pessoa ingênua. **2** pessoa dissimulada. • *adj.* **3** ingênuo; tolo. **4** que se faz de bobo ou ingênuo; dissimulado; fingido: *O sonso do comerciante vivia enganando os fregueses*.

so.pa (ô) *s.f.* **1** caldo com carne, legumes, massas ou outra substância sólida. **2** (Reg. N e NE) ônibus; jardineira: *Vamos tomar a sopa estacionada em frente à igreja*. **3** coisa fácil de fazer, resolver ou vencer; moleza: *Vencer o time interiorano vai ser sopa!* • *adj.* **4** fácil de lidar: *A gente obedecia porque nosso pai não era sopa*. ◆ **sopa no mel** situação ideal: *Dia ensolarado, sem aula, e eu com dinheiro no bolso, isso é sopa no mel!*

so.pa.po *s.m.* **1** soco debaixo do queixo; murro; **2** bofetão; tapa; tabefe. **3** coice: *O potro deu um sopapo para trás*.

so.pé *s.m.* parte inferior; base: *o sopé da montanha*.

so.pe.sar *v.t.* **1** levantar e sustentar um instante na mão, para calcular o peso aproximado: *Sopesei o pacote e vi que estava vazio*. **2** avaliar: *sopesar a situação*.

so.po.rí.fe.ro *adj.* **1** que causa sono: *remédio soporífero*. **2** enfadonho; tedioso; maçante: *discurso soporífero*.

so.pra.no *s.m.* **1** timbre de voz mais agudo de mulher: *os sopranos do coral*. • *s.f.* **2** cantora com esse registro de voz. • *adj.* **3** próprio de soprano. **4** de timbre agudo: *o sax soprano*.

so.prar *v.t.* **1** dirigir o sopro sobre ou para: *Soprou as velhinhas*. **2** encher com ar provido dos pulmões; inflar: *Soprou a bexiga colorida*. **3** expelir: *Ele soprou a fumaça do cigarro*. **4** dizer em voz baixa; sussurrar: *Soprou a resposta da questão ao colega do lado*. • *int.* **5** respirar; bufar: *O animal soprava de cansado*. **6** deslocar-se com certa força: *Durante a noite soprou um vento forte*. // Var.: assoprar.

so.pro (ô) *s.m.* **1** expulsão forte de ar pela boca: *apagar o fogo com um sopro*. **2** ato de expelir com alguma força o ar aspirado: *Ouvíamos o sopro surdo dos zebus*. **3** suspiro: *A moça deu um sopro de alívio*. **4** movimento; agitação do ar: *o sopro do vento*. **5** som produzido por instrumento de sopro: *o sopro agudo da flauta*. **6** ruído anormal que se verifica pela auscultação e pode localizar-se em diversos órgãos: *O médico disse que ela tem um sopro em meu coração*.

so.que.te¹ (ê) *s.m.* **1** mão de pilão. **2** dispositivo colocado na extremidade do fio e em que se atarraxa a lâmpada; pera. **3** abertura ou peça oca, geralmente com rosca, que suporta ou que se liga a outra. **4** ferramenta para colocar ou extrair porcas em cavidades profundas: *soquetes específicos para troca de velas de motor de carros*.

so.que.te² (ê) *s.f.* meia curta, que chega apenas à altura do tornozelo.

sor.di.dez (ê) *s.f.* baixeza; torpeza; indignidade: *a sordidez da traição*.

sór.di.do *adj.* **1** que usa meios degradantes para conseguir alguma coisa: *um negociante sórdido*. **2** ignóbil; torpe: *um crime sórdido*. **3** imundo; repugnante; nojento: *um boteco sórdido*. **4** indecoroso; indecente; obsceno: *Tiveram um comportamento sórdido*.

sor.go *s.m.* **1** gramínea que fornece cereal usado na alimentação; milho-zaburro. **2** grão da espiga dessa planta.

so.ro (ô) *s.m.* **1** porção amarela e não coagulável do sangue. **2** soro sanguíneo de animais em que se inocularam bactérias ou toxinas, e que é utilizado com fins profiláticos ou terapêuticos: *o soro antiofídico*. **3** solução de substância mineral ou orgânica usada para hidratação ou alimentação de pacientes, ou para veiculação de medicamentos: *tratamento com soro caseiro*. **4** líquido transparente, amarelo-pálido, que aparece no leite coalhado: *soro de leite*.

so.ro.lo.gi.a *s.f.* análise do soro sanguíneo para conhecer suas propriedades e aplicação.

so.ro.ló.gi.co *adj.* **1** relativo à sorologia: *o perfil sorológico do sangue*. **2** do soro: *o exame sorológico*.

so.ro.po.si.ti.vo *s.m.* **1** indivíduo que possui no soro sanguíneo anticorpos para algum vírus. **2** pessoa portadora do vírus da Aids. • *adj.* **3** que se refere à pessoa que é portadora do vírus da Aids.

só.ror *s.f.* freira; irmã.

sor.ra.tei.ro *adj.* dissimulado; ardiloso; manhoso: *um caçador sorrateiro*.

sorridente

sor.ri.den.te *adj.* **1** que sorri; risonho: *um menino sorridente*. **2** alegre; prazenteiro: *uma infância sorridente*. **3** que promete coisas boas; promissor.
sor.rir *v.t.* **1** endereçar um sorriso: *sorrir para as pessoas*. **2** ser agradável, conveniente ou favorável: *A vida sorri para nós*. • *int.* **3** fazer uma expressão risonha ou irônica por um leve movimento da boca e dos olhos: *O garçom sorriu*. **4** ter um ar radioso: *Os olhos da criança sorriam*.
sor.ri.so *s.m.* **1** ação de sorrir: *Entrou sem dar um sorriso*. **2** movimento e expressão de um rosto que sorri: *O rosto ilumina-se num sorriso*. ♦ **sorriso amarelo** aquele que é forçado, para disfarçar uma decepção.
sor.te (ó) *s.f.* **1** poder que parece comandar a vida de uma pessoa; destino: *Não está satisfeito com sua sorte*. **2** fim; termo: *Dos dois navios, um naufragou, o outro teve melhor sorte*. **3** o fato de se conseguir o que se quer; felicidade: *Numa noite de sorte, ganhou uma fortuna no jogo*. **4** circunstância feliz, favorável: *Teve sorte e pegou o último trem da noite*. **5** sorteio: *Na partilha da herança, a casa coube-lhe por sorte*. **6** classe; tipo; gênero: *Entre os comerciantes há gente de toda sorte*.
sor.te.ar *v.t.* eleger ou tirar por sorte; distribuir por sorte: *O programa de TV sorteia um carro por dia*.
sor.tei.o *s.m.* ação de sortear.
sor.ti.do *s.m.* **1** nos restaurantes populares, prato servido com vários tipos de alimentos; prato feito: *almoçar um sortido*. • *adj.* **2** abastecido; bem provido: *supermercado sortido*. **3** variado: *Ganhei uma caixa de biscoitos sortidos*.
sor.ti.lé.gio *s.m.* **1** feitiçaria; bruxaria: *Isso vai muito além de mera coincidência, é quase um sortilégio*. **2** energia mágica; poder sobrenatural; magia: *O time enfrenta exatamente o sortilégio de ser bicampeão*. **3** sedução ou fascinação exercida por dotes naturais ou por artifícios: *sortilégios femininos*.
sor.ti.men.to *s.m.* provisão de mercadorias; estoque: *o sortimento de produtos alimentícios*.
sor.tu.do *s.m.* **1** (Coloq.) pessoa que tem muita sorte; felizardo: *A sortuda que ganhar o concurso passará uma semana em Paris*. • *adj.* **2** (Coloq.) que tem muita sorte, que obtém boas coisas com facilidade: *uma criatura sortuda*.
so.rum.bá.ti.co *adj.* **1** sombrio; tristonho; macambúzio: *As visitas estavam sorumbáticas*. **2** que desperta tristeza; triste: *uma música sorumbática*.
sor.ve.dou.ro *s.m.* **1** remoinho de água no mar ou nos rios; voragem: *O animal foi tragado pelo sorvedouro*. **2** turbilhão; voragem; abismo: *As estrelas deslizam, espiralando, para dentro do sorvedouro cósmico*. **3** aquilo que sorve ou absorve.
sor.ver *v.t.* **1** engolir aspirando; beber com ruído: *Sorvia goles de chá*. **2** ingerir; engolir gole a gole: *Sorve calmamente o alimento*. **3** atrair para os pulmões; engolir; inspirar: *sorver o ar puro da serra*. **4** aspirar pelo nariz para sentir o cheiro de: *sorver o perfume da flor*. **5** absorver; recolher; colher: *sorver da revista algumas sugestões*. // Cp.: solver.
sor.ve.te (ê) *s.m.* iguaria doce feita de frutas, ou leite, ovos, creme, aos quais se acrescentam sabores, amêndoas etc., congelada e de consistência cremosa: *Tomar sorvete no verão*.

sor.ve.tei.ro *s.m.* vendedor ou produtor de sorvetes.
sor.ve.te.ri.a *s.f.* lugar onde se produzem ou se vendem sorvetes.
sor.vo (ô) *s.m.* **1** gole: *tomar um sorvo quente de chimarrão*. **2** quantidade de ar que se aspira: *Inalava o ar fresco a grandes sorvas*.
só.sia *s.2g.* pessoa muito parecida com outra.
sos.lai.o *s.m.* esguelha ♦ **de soslaio** de lado; com o canto do olho; de viés: *olhar de soslaio*.
sos.se.gar *v.t.* **1** tornar calmo; tranquilizar; serenar: *A notícia sossegou os parentes do doente*. **2** fazer diminuir: *sossegar a pressa*. • *int.* **3** parar de movimentar-se ou de fazer alguma coisa; ter sossego: *A criança não sossegava*. **4** acalmar-se; tranquilizar-se: *A família só sossegou quando o filho entrou em casa são e salvo*. **5** diminuir quanto à intensidade ou quanto à força; serenar: *O vento sossegou*.
sos.se.go (ê) *s.m.* **1** tranquilidade; paz: *Não tivemos um minuto de sossego*. **2** descanso; parada: *lutar sem sossego*. **3** ausência de agitação: *Minha vida era um sossego*.
so.tai.na *s.f.* batina de sacerdote católico.
só.tão *s.m.* pavimento ou compartimento logo abaixo do telhado de uma casa: *O cenário recria a atmosfera de um sótão abandonado*. // Pl.: sótãos.
so.ta.que *s.m.* **1** pronúncia peculiar a um indivíduo ou a uma região: *sotaque nordestino*. **2** pronúncia imperfeita de uma língua estrangeira por influência da língua materna do falante: *Seu namorado francês fala português bem, mas com sotaque*.
so.te.ro.po.li.ta.no *adj.* **1** natural ou habitante de Salvador, capital da Bahia. **2** relativo a Salvador: *a prefeitura soteropolitana*.
so.ter.ra.men.to *s.m.* processo pelo qual alguma coisa ou algum ser vivo fica soterrado: *o soterramento dos barracos*.
so.ter.rar *v.t.* **1** cobrir de terra ou semelhante; enterrar: *soterrar casas*. **2** esconder; encobrir: *Como soterrar nossas dores?*
so.tur.no *adj.* **1** triste; melancólico; taciturno: *o velho era arredio e soturno*. **2** medonho; funesto: *um murmúrio soturno*. **3** sombrio; escuro; sinistro: *o bojo soturno da floresta de árvores gigantes*.
so.va (ó) *s.f.* surra: *levar uma sova na rua*.
so.va.co *s.m.* (Coloq.) axila.
so.va.do *adj.* **1** que levou sova; surrado: *Tinha um olhar de cachorro sovado*. **2** bem amassado; bem batido: *pão sovado*. **3** muito usado; desgastado: *um terno sovado*.
so.vi.e.te *s.m.* cada um dos conselhos de deputados que constituíam o poder deliberativo na antiga União Soviética, nos diversos níveis (distrital, municipal, regional, republicano, da União etc.).
so.vi.é.ti.co *s.m.* **1** quem nasceu ou habitou a União Soviética • *adj.* **2** relativo a soviete ou à União Soviética.
so.vi.na *s.2g.* **1** pão-duro; avarento: *O sovina não dá gorjeta*. • *adj.* **2** que não gosta de gastar dinheiro ou repartir o que é seu: *uma pessoa sovina*. **3** insignificante; miserável: *Fizemos uma aposta sovina de cinco reais*.
so.vi.ni.ce *s.f.* característica do sovina; avareza.
so.zi.nho (ó) *adj.* **1** sem companhia; completamente só: *Às vezes, fico sozinho em casa*. **2**

subdesenvolvimento

isolado; solitário: *uma árvore sozinha*. **3** sem ajuda: *Fiz sozinho o trabalho*. **4** desamparado; desprotegido: *deixar filhos sozinhos no mundo*. • *adv*. **5** consigo mesmo: *falar sozinho*.

spot (spót) (Ingl.) *s.m.* **1** anúncio veiculado por rádio, com texto falado, podendo ou não ter um fundo musical. **2** refletor que esconde parcialmente uma lâmpada e projeta a luz para determinado ponto.

spray (sprei) (Ingl.) *s.m.* **1** aerossol ou líquido em forma gasosa que se espalha como névoa, ou que é aplicado sobre uma superfície: *inseticida em spray*. **2** recipiente fechado provido de dispositivo capaz de emitir o *spray* por jato.

staff (staf) (Ingl.) *s.m.* conjunto de pessoas qualificadas para determinada atividade: *pessoas ligadas ao staff da empresa*.

sta.li.nis.mo *s.m.* **1** o período em que Josef Stalin governou a antiga União Soviética. **2** conjunto de métodos e práticas do seu governo.

sta.li.nis.ta *s.2g.* **1** seguidor de Stalin. • *adj.* **2** adepto de Stalin ou de sua política.

standard (stândar) (Ingl.) *adj.* **1** sem nenhuma característica especial; comum: *diária de hotel em apartamento standard*. **2** padrão: *um carro modelo standard*.

status (státus)(Lat.) *s.m.2n.* **1** posição; situação; condição social: *pessoas de status elevado*. **2** posição social privilegiada; prestígio: *Consegui um certo status graças ao meu trabalho*.

step (stép) (Ingl.) *s.m.* ginástica que consiste em subir e descer de uma miniplataforma, segundo uma sequência ritmada: *fazer aula de step*.

strass (strás) (Fr.) *s.m.* fragmento de vidro que imita pedra preciosa.

stress (stréz)(Ingl.) *s.m.* estresse.

strip-tease (striptiz) (Ingl.) *s.m.* ato de se despir lentamente em público, ao som de música e com dança e/ou movimentos eróticos.

su.ã *s.m.* (Bras.) coluna vertebral do porco e a carne aí aderente.

su.a.dei.ra *s.f.* **1** (Coloq.) produção excessiva de suor: *Trabalhar na lavoura dá suadeira*. **2** qualquer coisa que faça suar muito.

su.a.dor *s.m.* **1** qualquer coisa que faça suar em abundância. **2** (Coloq.) qualquer atividade que exija muito esforço: *Foi um suador fazer o carro pegar*.

su.a.dou.ro *s.m.* **1** produção de suor. **2** exercitação física; malhação: *aderir ao suadouro*. **3** situação ou trabalho desgastante.

su.ar *v.int.* **1** verter suor pelos poros; transpirar: *Os atletas começaram a suar*. **2** esforçar-se muito; trabalhar muito: *Amanhã é dia de suar na roça*. **3** cobrir-se de umidade: *O copo suava com a cerveja gelada*. // Cp.: soar.

su.a.ren.to *adj.* **1** coberto de suor; suado: *um trabalhador suarento*. **2** que cheira a suor: *os arreios suarentos*. **3** que provoca suor; calorento: *noite abafada e suarenta*.

su.ás.ti.ca *s.f.* símbolo em forma de cruz, com as hastes prolongadas em ângulos retos, voltadas para a direita, adotado como emblema oficial do partido nazista.

su.a.ve *adj.* **1** meigo; terno: *um rosto suave*. **2** agradável aos sentidos; delicado: *um perfume suave*. **3** macio: *cabelos suaves*. **4** ameno; aprazível: *clima suave*. **5** tranquilo; calmo: *um ambiente suave*. **6** pouco acentuado; brando: *curvas suaves*. **7** não exagerado; moderado; módico: *pagar em suaves prestações*.

su.a.vi.da.de *s.f.* **1** qualidade daquilo que proporciona aos sentidos um prazer brando e delicado: *a suavidade do clima*. **2** delicadeza; finura; doçura: *Mamãe era a suavidade em pessoa*. **3** serenidade: *a suavidade dos olhos da menina*. **4** maciez: *a suavidade da seda*.

su.a.vi.zar *v.t.* **1** tornar (mais) suave; diminuir a intensidade; abrandar: *As mulheres lutam para, pelo menos, suavizar a discriminação contra elas*. **2** tornar menos marcado ou acentuado: *Passa um creme para suavizar as rugas*. **3** tornar menos agressivo, duro ou severo: *O jornal suavizou suas críticas ao candidato*. • *pron.* **4** tornar-se (mais) suave; abrandar-se: *Com a idade, os gestos suavizaram-se*.

su.bal.ter.no *s.m.* **1** funcionário que cumpre ordens. **2** militar de hierarquia inferior à de oficial. • *adj.* **3** inferior; sem prestígio: *Tinha posição subalterna na firma*. **4** humilde; submisso: *Quincas tinha voz e modos subalternos*.

su.ba.quá.ti.co *adj.* **1** existente no fundo do mar, lago, rio etc.: *filmes sobre a vida subaquática*. **2** praticado embaixo da água: *mergulho turístico subaquático*.

sub.ca.te.go.ri.a *s.f.* divisão de uma categoria: *Os grupos de discussões são separados em categorias e subcategorias*.

sub.che.fe (é) *s.2g.* funcionário em cargo imediatamente inferior ao do chefe ou substituto dele.

sub.clas.se *s.f.* **1** divisão de uma classe. **2** (Zool.) categoria entre a classe e a ordem: *O réptil faz parte da subclasse dos arcossauros, em que se incluem os dinossauros*.

sub.co.man.da.nte *s.2g.* oficial imediatamente subordinado ao comandante ou substituto dele.

sub.co.mis.são *s.f.* parte de uma comissão que foi subdividida.

sub.con.jun.to *s.m.* divisão de um conjunto: *O conjunto dos números tem o subconjunto dos números pares*.

sub.cons.ci.en.te *s.m.* (Psicol.) processos e fatos psíquicos que estão fora do campo da consciência, entre esta e o inconsciente.

sub.con.ti.nen.te *s.m.* vasta região de um continente, do qual ela se destaca por alguma particularidade geográfica: *o subcontinente sul-americano*.

sub.con.tra.tar *v.t.* negociar com um terceiro a execução de um contrato que se assumiu previamente: *Fabricantes preferem subcontratar serviços com terceiros*.

sub.cul.tu.ra *s.f.* **1** conjunto de valores e comportamentos característico de um grupo social no interior de uma comunidade. **2** cultura derivada de uma outra.

sub.cu.tâ.neo *adj.* **1** que ocorre sob a pele; hipodérmico: *O garoto apresentava uma pequena hemorragia subcutânea*. **2** aplicado sob a superfície da pele: *injeção subcutânea*.

sub.de.sen.vol.vi.do *adj.* **1** que se encontra em estado de subdesenvolvimento; atrasado: *um país subdesenvolvido*. **2** de visão estreita.

sub.de.sen.vol.vi.men.to *s.m.* condição de atraso social e econômico em que se encontra uma comu-

subdiretor

nidade: *A fome é uma característica do subdesenvolvimento.*
sub.di.re.tor (ô) *s.m.* funcionário em cargo imediatamente inferior ao do diretor ou substituto dele.
sub.dis.tri.to *s.m.* parte de um distrito que se dividiu.
sub.di.vi.dir *v.t.* **1** dividir mais de uma vez: *Foi preciso subdividir as mudas nos canteiros, já que eram insuficientes.* **2** fazer subdivisões: *Resolveram subdividir o departamento em dois setores.* • *pron.* **3** ter subdivisões: *Para a psicologia, o inconsciente se subdivide em dois níveis.*
sub.di.vi.são *s.f.* **1** divisão: *subdivisão das grandes organizações em unidades de negócio menores.* **2** repartição subordinada a uma divisão; setor.
su.bem.pre.go (ê) *s.m.* emprego não qualificado, de baixa remuneração e frequentemente sem vínculo empregatício formal.
su.ben.ten.der *v.t.* entender o que não foi dito claramente, que foi apenas insinuado; pressupor; supor: *O autor deixa o leitor subentender que a história se passa no mar.*
su.ben.ten.di.do *s.m.* **1** aquilo que está na mente, mas não foi expresso; aquilo que é pressuposto: *Machado de Assis, mestre do subentendido.* • *adj.* **2** que se subentende; implícito; pressuposto: *Não custa nada deixar algumas cenas subentendidas.*
su.bes.pé.cie *s.f.* **1** agrupamento de indivíduos de uma espécie, com área geográfica própria e um conjunto de genes específicos: *O mapa mostra as espécies e subespécies da fauna brasileira ameaçadas.* **2** variedade: *As subespécies de verde descansam a vista.*
su.bes.ta.ção *s.f.* numa rede elétrica, estação secundária que transforma a corrente de uma central, distribuindo-a pelas linhas acessórias dela dependentes.
su.bes.ti.ma.ção *s.f.* **1** desconsideração do real valor: *Houve subestimação de sua capacidade.* **2** cálculo a menos: *Ocorreu subestimação de gastos com a obra.*
su.bes.ti.mar *v.t.* **1** deixar de dar o devido apreço ou valor; desdenhar; menosprezar: *O filme subestima a inteligência do público.* **2** calcular a menos: *A polícia subestimou a quantidade de manifestantes que compareceu à praça.*
sub.fa.tu.rar *v.t.* registrar em fatura uma venda por valor inferior ao efetivado, como forma de pagar menos imposto.
sub.ge.ren.te *s.2g.* funcionário em cargo imediatamente inferior ao do gerente ou substituto dele.
sub.gru.po *s.m.* divisão de um grupo.
su.bi.da *s.f.* **1** ação de subir: *A subida da ladeira deixou a idosa esfalfada.* **2** elevação; aumento: *O relatório prevê a subida do nível dos oceanos.* **3** terreno inclinado; ladeira; aclive: *A subida da serra é o local de maior índice de acidentes.*
su.bir *v.t.* **1** levantar; elevar; levar para um lugar mais alto; elevar: *Subiram o piano pela escada.* **2** tornar mais intenso: *subir o tom de voz.* **3** mudar o valor, elevando-o: *Subiu o preço dos combustíveis.* **4** ir de baixo para cima; galgar: *subir a escada.* **5** trepar: *subir no muro.* **6** entrar em veículo: *subir no ônibus.* **7** elevar-se; transpor-se a lugar mais alto: *Subiu quarenta degraus.* **8** atingir; chegar: *A temperatura subiu ao máximo.* **9** vir de baixo para cima; provir: *O ruído subia do porão.* **10** obter promoção; passar: *subir de subdiretor a diretor.* • *int.* **11** aumentar: *O preço da gasolina subiu.* **12** tornar-se mais caro: *O custo de vida subiu.* **13** elevar-se; erguer-se: *A fumaça subia.*
sú.bi.to *adj.* **1** que ocorre ou surge de repente; repentino; inesperado: *um mal súbito.* • *adv.* **2** de modo repentino ou inesperado; de repente: *Súbito, ele se vira e a vê ali de pé, na sua frente.*
sub.ja.cen.te *adj.* **1** que está sob: *A camada subjacente ao solo é argilosa.* **2** implícito; subentendido: *Na proposta vem, subjacente, um toque de malícia.*
sub.je.ti.va.ção *s.f.* ato de tratar alguma coisa de um ponto de vista subjetivo: *a subjetivação de preceitos religiosos.*
sub.je.ti.vis.mo *s.m.* **1** subjetividade. **2** tendência para ser subjetivo, para avaliar os fatos de um ponto de vista pessoal ou de acordo com os próprios sentimentos: *Sua poesia é cheia de subjetivismo.*
sub.je.ti.vo *adj.* **1** relativo ao sujeito: *ponto de vista subjetivo.* **2** considerado do ponto de vista do sujeito: *interpretações subjetivas da Bíblia.* **3** pessoal; particular: *A dor é fenômeno subjetivo.*
sub.ju.ga.ção *s.f.* **1** ação de subjugar; dominação: *a subjugação dos povos africanos.* **2** sujeição; submissão: *a subjugação do interesse particular ao interesse público.*
sub.ju.gar *v.t.* **1** submeter pela força ou habilidade; dominar: *subjugar o adversário.* **2** dominar; prostrar: *Forte cansaço subjugou a professora.* **3** dominar; conter: *subjugar os maus instintos.* **4** submeter; sujeitar: *subjugar as decisões aos dirigentes.* • *pron.* **5** sujeitar-se ou submeter-se a: *subjugar-se aos pais.*
sub.jun.ti.vo *s.m.* (Gram.) **1** o modo subjuntivo. • *adj.* **2** diz-se do modo verbal que exprime probabilidade, dúvida, hipótese, desejo, eventualidade.
sub.le.va.ção *s.f.* rebelião; revolta.
sub.le.var *v.t.* **1** incitar à revolta: *Lideranças sublevaram os estudantes.* • *pron.* **2** revoltar-se; rebelar-se: *Alguns escravos sublevavam-se contra os seus senhores.*
su.bli.ma.ção *s.f.* **1** (Fís.) transição do estado sólido para o de vapor: *sublimação da cânfora.* **2** (Psic.) mecanismo de defesa emocional pelo qual tendências ou sentimentos que se julgam inferiores ou reprováveis se transformam em outros tidos como positivos: *Ela conseguiu a sublimação do sentimento de abandono que a acompanhou na infância.*
su.bli.mar *v.t.* **1** tornar sublime; elevar a grande altura; engrandecer: *Aquele compositor sublimou a música popular brasileira.* **2** enaltecer; exaltar: *Camões sublimou as navegações portuguesas.* **3** ultrapassar; transpor: *Se conseguir sublimar seus sentimentos negativos, viverá melhor.* • *int. (pron.)* **4** apurar-se; purificar-se: *As guerras cessarão se o ódio entre as nações sublimar-se.*
su.bli.me *adj.* **1** que apresenta um grau muito elevado de perfeição moral, intelectual ou estética; quase perfeito: *a sublime poesia de Drummond.* **2** maravilhoso; esplêndido; magnífico: *O pôr do sol é um espetáculo sublime.* **3** nobre; elevado: *o sublime ideal de liberdade.*
sub.li.mi.nar *adj.* que é entendido nas entrelinhas: *propaganda subliminar.*

subsistir

sub.li.nhar v.t. **1** destacar passando um traço embaixo; grifar: *sublinhar os erros da redação*. **2** pôr em destaque; acentuar: *A aula serviu para sublinhar alguns aspectos importantes de análise sintática*. **3** afirmar de modo enfático: *Foi uma ação conjunta do Exército, da Marinha e da Aeronáutica, sublinhou o repórter*.

sub.ma.ri.no s.m. **1** navio que opera sob as águas do mar. • *adj.* **2** do fundo do mar: *exploração submarina*. **3** praticado no fundo do mar: *esporte submarino*. **4** que vive no fundo do mar: *animais submarinos*.

sub.mer.gir v.t. **1** cobrir de água; fazer sumir completamente na água: *A represa vai submergir uma floresta inteira*. **2** introduzir; mergulhar: *Era necessário submergir o paciente em uma banheira com água e sais*. • *int.* **3** ir ao fundo das águas: *O submarino submergiu*. **4** desaparecer; sumir: *Aquela vida de tranquilidade e alegria submergiu com a morte do pai*. // Pp.: submergido; submerso.

sub.mer.são s.f. processo de submergir.

sub.mer.so (é) *adj.* **1** coberto de água; afundado; mergulhado: *tesouros submersos*. **2** escondido; envolto; perdido: *O documento estava submerso sob uma montanha de papéis*.

sub.me.ter v.t. **1** obrigar o mais fraco à obediência; sujeitar; subjugar: *Os portugueses tentaram submeter os índios aos costumes europeus*. **2** expor a; oferecer à apreciação: *O professor submeteu a questão à apreciação da classe*. **3** tornar objeto de exame ou prova: *Submeter os jogadores a uma bateria de exames*. • *pron.* **4** aceitar; sujeitar-se: *E que vergonha, submeter-se a tais vexames!* **5** passar por: *Terei de submeter-me a uma cirurgia*. // Pp.: submetido, submisso.

sub.mis.são s.f. **1** ação de submeter; sujeição; obediência; subserviência: *submissão ao regime da escola*. **2** característica daquele que se submete.

sub.mis.so *adj.* **1** obediência sem retrucar; com ar submisso; em que há ou que envolve submissão: *A moça dedicava afeto submisso a tudo quanto a irmã fazia*. **2** subordinado; obediente; dócil: *Ele, quando criança, viveu submisso aos pais*.

sub.nu.tri.ção s.f. estado de quem não se alimenta o suficiente ou corretamente, que não ingere proteínas, vitaminas, sais minerais etc., em quantidade adequada; desnutrição.

sub.nu.tri.do s.m. **1** pessoa em estado de subnutrição: *Um país de subnutridos não pode progredir*. • *adj.* **2** em estado de subnutrição: *Está cheio de vermes e muito subnutrido*.

su.bor.di.na.ção s.f. **1** condição do que é subordinado. **2** (Gram.) procedimento sintático pelo qual uma construção se associa a outra por relação de dependência: *período composto por subordinação*. **3** relação de dependência: *subordinação aos pais*. **4** submissão; sujeição: *a subordinação dos oprimidos aos opressores*.

su.bor.di.na.do s.m. **1** aquele que está sob as ordens de outro; subalterno: *O major mandou um subordinado limpar a sua arma*. • *adj.* **2** (Gram.) diz-se da oração que funciona como sujeito ou como complemento de outra, chamada principal. **3** dependente; subalterno.

su.bor.di.nar v.t. **1** pôr sob a dependência de; sujeitar; subjugar: *A lei subordinava o empregado ao patrão*. **2** associar pelo processo de subordinação: *Pode-se subordinar a uma oração principal duas orações condicionais*. • *pron.* **3** submeter-se; sujeitar-se: *Todos os cidadãos devem subordinar-se às leis vigentes*.

su.bor.di.na.ti.vo *adj.* **1** que promove a subordinação. **2** (Gram.) diz-se da conjunção que liga uma oração subordinada à principal, em oposição à conjunção coordenativa.

su.bor.nar v.t. dar ou prometer recompensa a alguém para se obter alguma coisa ilegal ou algum privilégio; corromper; comprar.

su.bor.no (ô) s.m. **1** ato de subornar: *À custa de suborno e corrupção de juízes, tentava ganhar os jogos*. **2** aquilo que se paga ao se subornar alguém: *Foi acusado de receber um polpudo suborno*.

sub-ro.gar v.t. pôr no lugar de alguém; substituir.

subs.cre.ver v.t. **1** assinar em baixo: *subscrever um documento*. **2** aprovar; ratificar: *O partidário subscreveu o pensamento da comissão*. **3** dar como colaboração: *Subscrevi cem reais para ajudar os desabrigados*. • *pron.* **4** despedir-se assinando o nome: *Subscrevo-me com a afirmação de minha amizade*. // Pp.: subscrito.

subs.cri.ção s.f. **1** assinatura no final de carta ou documento. **2** contribuição para obra meritória ou beneficente. **3** parcela com que se ingressa em uma sociedade acionária.

subs.cri.tor (ô) s.m. **1** quem assina embaixo de um documento: *A carta não tem subscritor*. **2** comprador ou detentor de ações: *A secretária é subscritora de parte das ações da empresa*.

sub.se.quen.te *adj.* que se segue; seguinte; sucessivo: *Ele apareceu nas semanas subsequentes*.

sub.ser.vi.ên.cia s.f. condição; característica ou procedimento do que é subserviente; submissão.

sub.ser.vi.en.te *adj.* que se submete e aceita ser tratado como inferior; submisso; servil.

sub.si.di.ar /si/ v.t. **1** fornecer contribuição, auxílio, informações etc., que ajudem no trabalho de alguém: *O museu subsidia a pesquisa antropológica*. **2** custear uma parte do preço de determinado produto a fim de barateá-lo; subvencionar: *O pãozinho subiu porque o governo deixou de subsidiar o trigo*.

sub.si.di.á.ria /si/ s.f. empresa controlada por outra, que possui a maioria ou a totalidade de suas ações.

sub.si.di.á.rio /si/ *adj.* **1** complementar; secundário; acessório: *Deixamos para depois os detalhes subsidiários*. **2** que vem em reforço ou apoio a algo: *exames subsidiários*.

sub.sí.dio /si/ s.m. **1** contribuição pecuniária ou de outra ordem que se dá a qualquer empresa ou a particular; auxílio; ajuda. **2** quantia que o Estado arbitra ou subscreve para obras de interesse público; subvenção: *subsídios mantidos pela União*. **3** salário dos membros do Poder Legislativo federal, estadual ou municipal.

sub.sis.tên.cia /si ou zi/ s.f. **1** manutenção da vida: *Trabalho duro para a minha própria subsistência*. **2** conjunto do que é necessário para sustentar a vida; sustento: *Sua subsistência vem da agricultura*. **3** permanência; estabilidade: *A subsistência do regime democrático depende de todos nós*. ◆ **de subsistência** que só é suficiente para o próprio consumo: *agricultura de subsistência*.

sub.sis.tir /si ou zi/ v.t. **1** conservar a vida; manter-se; resistir: *Alguns seres vivos podem subsistir a tempe-*

799

subsolo

raturas muito baixas. • *int.* **2** estar em vigor; vigorar: *Este decreto subsiste ainda.* **3** continuar a existir: *Sem exportação os países não podem subsistir.*

sub.so.lo (ó) *s.m.* **1** camada profunda do solo logo abaixo da parte arável: *A riqueza do subsolo pertence ao Estado.* **2** parte do edifício que fica abaixo do nível da rua. *O subsolo da loja oferece uma seção de brinquedos incríveis.*

subs.tân.cia *s.f.* **1** qualquer matéria com suas propriedades específicas: *substância sólida.* **2** aquilo que constitui a base dos seres materiais ou espirituais; essência: *Sentimentos de amor e ódio fazem parte da substância humana.* **3** o que é necessário à vida; alimento: *A alimentação do operário tem de ter substância.* **4** aquilo que é importante, que independe das aparências; conteúdo: *O discurso foi muito bonito, mas sem substância.* **5** base; fundamento: *Ao sair desta escola, o jovem tem substância para enfrentar a vida.*

subs.tan.ci.al *s.m.* **1** aquilo que é fundamental; o principal: *O substancial é que nos entendamos.* • *adj.* **2** nutritivo; alimentício: *Sua comida era gostosa e substancial.* **3** importante; fundamental; básico: *reforma substancial.* **4** grande; expressivo: *aumento substancial.*

subs.tan.ci.o.so (ô) *adj.* **1** de conteúdo importante; substancial: *discurso substancioso.* **2** que nutre; que dá força; energia: *A sopa cremosa é substanciosa.*

subs.tan.ti.vo *s.m.* **1** (Gram.) palavra com que se nomeiam os seres, atos ou conceitos; nome: *um substantivo feminino.* • *adj.* **2** que tem substância; rico em conteúdo: *O encontro teve resultados substantivos.*

subs.ti.tu.i.ção *s.f.* **1** ato de substituir: *substituição das lâmpadas.* **2** colocação de pessoa no lugar de outra; troca; permutação: *Houve substituição do técnico por um jogador veterano.* **3** troca: *Solicito a substituição deste veículo por outro novo.*

subs.ti.tu.ir *v.t.* **1** ficar no lugar de: *O jogador reserva substituirá o titular.* **2** ter o mesmo valor ou a mesma função; equivaler: *O plástico vem substituindo quase todas as matérias-primas.* **3** colocar no lugar de; trocar: *substituir carne vermelha por peixe ou frango.*

subs.ti.tu.í.vel *adj.* que pode ser substituído: *Qualquer ferramenta é substituível.*

subs.ti.tu.ti.vo *s.m.* **1** aquilo que é proposto para substituir: *No plenário haverá confronto entre os dois substitutivos.* • *adj.* **2** que substitui outro: *projetos substitutivos.*

subs.ti.tu.to *s.m.* **1** pessoa que substitui outra temporária ou permanentemente. • *adj.* **2** que substitui: *professores substitutos.*

subs.tra.to *s.m.* **1** aquilo que constitui a parte essencial do ser; essência; fundamento: *Seu substrato moral.* **2** camada de rocha ou terra sob o solo superficial: *Substratos ricos são essenciais à agricultura caseira.*

sub.ter.fú.gio *s.m.* **1** ardil empregado para se esquivar a dificuldades; evasiva: *Fingir-se de morto é um subterfúgio de alguns animais para escapar dos predadores.* **2** esperteza; estratagema: *O garoto sempre se utilizava de subterfúgios para justificar suas faltas.*

sub.ter.râ.neo *s.m.* **1** passagem, galeria ou compartimento construído no subsolo de uma edificação. • *adj.* **2** que fica abaixo do nível do solo; no subsolo; debaixo da terra: *garagem subterrânea; rios subterrâneos.* **3** o que acontece de maneira oculta; o que não é divulgado: *Hoje já se sabe mais do que ocorria nos subterrâneos da ditadura.*

sub.tô.ni.ca *s.f.* (Gram.) **1** vogal ou sílaba subtônica. • *adj.* **2** que recebe o acento secundário numa palavra derivada ou composta (como a sílaba *fe* em *cafezinho*).

sub.tra.ir *v.t. ep.* **1** tomar ou retirar às escondidas ou com fraude; furtar; sonegar: *O menino subtraía doces do armário.* **2** proceder a uma operação de subtração: *subtrair a entrada do valor total a ser pago.* • *pron.* **3** isentar-se ou livrar-se de; fugir a: *O homem não pode subtrair-se às normas da lei divina.*

su.bur.ba.no *s.m.* **1** pessoa que mora em subúrbio. **2** que serve o subúrbio; do subúrbio: *trens suburbanos.* **3** que mora no subúrbio: *povo suburbano.*

su.búr.bio *s.m.* região situada em torno de uma cidade ou de outra povoação.

sub.va.lo.ri.za.do *adj.* com o valor diminuído: *Carro usado é subvalorizado na venda.*

sub.ven.ção *s.f.* auxílio pecuniário, via de regra concedido pelos poderes públicos; subsídio: *A Constituição Federal proíbe subvenção a igrejas.*

sub.ven.ci.o.nar *v.t.* dar subvenção a; estipular ou manter um subsídio a: *O Tesouro pode subvencionar a agricultura.*

sub.ver.são *s.f.* **1** tentativa ou ato de transformar a ordem política, social e econômica estabelecida; revolução: *Em uma ditadura, tudo é considerado subversão.* **2** insubordinação às leis ou às autoridades constituídas; revolta contra elas: *Foi preso acusado de subversão.* **3** mudança radical; transformação: *Já está havendo subversão dos padrões de beleza?*

sub.ver.si.vo *s.m.* **1** aquele que pretende subverter a ordem política, social e econômica vigente: *Os subversivos de ontem são os bem-comportados senhores de agora.* • *adj.* **2** que pretende destruir ou transformar a ordem política, social e econômica estabelecida; revolucionário: *um estudante subversivo.*

sub.ver.ter *v.t.* **1** pretender destruir ou transformar a ordem política, social e econômica estabelecida; revolucionar: *Tentaram subverter o regime.* **2** corromper: *Nenhuma promessa conseguiu subverter sua intenção de voto.* **3** alterar; transformar: *subverter modelos tradicionais.*

su.ca.ta *s.f.* **1** qualquer objeto metálico inutilizado; ferro-velho. **2** qualquer coisa tornada imprestável.

su.ca.te.a.men.to *s.m.* **1** transformação em sucata. **2** transformação em coisa imprestável; deterioração: *O bom administrador evita o sucateamento dos bens públicos.*

su.ca.te.ar *v.t.* **1** transformar em sucata. **2** tornar imprestável; estragar: *Não se pode sucatear o patrimônio público.*

suc.ção *s.f.* ato de sugar; aspiração: *Uma bomba de sucção retira do rio Negro a água destinada ao consumo.*

su.ce.dâ.neo *s.m.* qualquer coisa capaz de substituir outra; substituto: *Laboratórios descobriram sucedâneos sintéticos da morfina.*

su.ce.der *v.t.* **1** substituir por sucessão; vir em seguida: *O filho sucedeu o pai nos negócios.*

- **int. 2** acontecer; dar-se; ocorrer: *Se continuasse ali, podia suceder uma desgraça.* • **pron. 3** vir um após o outro; substituir-se: *Folhas novas sucedem-se às velhas.*

su.ce.di.do *s.m.* aquilo que sucedeu; fato; acontecido: *Teve vergonha de contar o sucedido a estranhos.*

su.ces.são *s.f.* **1** transmissão de direitos ou encargos segundo certas normas: *a sucessão de bens entre a família.* **2** posição em série; sequência: *As casas aparecem em sucessão pela ladeira abaixo.* **3** série em que há uma relação temporal; repetição: *Só se decidiu após uma sucessão de encontros.*

su.ces.si.vo *adj.* que se sucede: *Teve várias faltas sucessivas no trabalho.*

su.ces.so (é) *s.m.* **1** acontecimento: *A polícia foi examinar o local do sucesso.* **2** ótimo resultado; êxito: *O filme foi um sucesso de bilheteria.*

su.ces.sor (ô) *s.m.* **1** pessoa que substitui outra: *o sucessor do presidente.* **2** aquele que herda; herdeiro.

su.ces.só.rio *adj.* que se refere à sucessão: *processo sucessório.*

sú.cia *s.f.* grupo de pessoas de má índole; bando; corja: *Uma súcia de desordeiros invadiu a praia num arrastão.*

su.cin.to *adj.* expresso com poucas palavras; breve; conciso: *Resumiu o que aconteceu no circo de maneira bastante sucinta.*

su.co *s.m.* **1** líquido com propriedades nutritivas extraído de substâncias animais ou vegetais: *Pediu um suco de laranja no restaurante.* **2** qualquer líquido orgânico segregado por glândula ou mucosa: *A secreção do suco gástrico é estimulada por mecanismos nervosos.*

su.çu.a.ra.na *s.f.* (Bras.) mamífero carnívoro, felino, de cor amarelo-avermelhada, mais escura no dorso e amarelo-claro no ventre; onça parda.

su.cu.len.to *adj.* **1** rico em suco; sumarento. **2** com muita substância; nutritivo. **3** que desperta o apetite; gostoso; apetitoso. **4** diz-se de planta que acumula água.

su.cum.bir *v.t.* **1** não resistir: *sucumbir ao desejo.* **2** cair sob o peso de; dobrar-se: *sucumbir aos golpes.* **int. 3** morrer: *Os homens lutaram bravamente, para não sucumbir.* **4** desaparecer: *Se isso ocorrer, todo aquele riquíssimo ambiente poderá sucumbir.* **5** acabar; perder-se; esmorecer: *O entusiasmo pelo namoro sucumbiu muito cedo.*

su.cu.pi.ra *s.f.* (Bras.) **1** árvore de porte médio, tronco torcido, madeira resistente, flores azul-escuras. **2** madeira dessa árvore.

su.cu.ri *s.f.* (Bras.) enorme cobra não venenosa, de pele de cor pardo-azeitona, e com extraordinária força muscular que lhe permite enroscar-se na presa e quebrar-lhe os ossos.

su.cur.sal *s.f.* **1** estabelecimento comercial, financeiro, editorial, jornalístico etc., dependente da matriz. **2** filial.

su.da.ção *s.f.* processo de suar.

su.da.nês *s.m.* **1** natural ou habitante do Sudão. • *adj.* **2** relativo ao Sudão.

su.des.te (é) *s.m.* **1** ponto do horizonte entre o sul e o leste. • *adj.* **2** região do Brasil: *estados do Sudeste.* **3** que se refere ao sudeste ou dele procede: *vento sudeste.*

sugerir

sú.di.to *s.m.* pessoa submetida à vontade de um rei, imperador, sultão etc.; vassalo: *um rei absoluto, cercado de súditos.*

su.do.es.te (é) *s.m.* **1** ponto do horizonte situado entre o sul e o oeste. **2** região de um território que fica entre o sul e o oeste. • *adj.* **3** que se refere ao sudoeste ou dele procede: *vento sudoeste.*

su.do.rí.pa.ro *adj.* que produz suor: *glândula sudorípara.*

su.fi.ci.ên.cia *s.f.* **1** quantidade capaz de suprir alguma necessidade: *suficiência em petróleo.* **2** aptidão; habilidade; capacidade: *Motoristas fazem exames de suficiência.*

su.fi.ci.en.te *adj.* que satisfaz; bastante: *Havia farinha suficiente para fazer os pães.*

su.fi.xo /ks/ *s.m.* afixo que, colocado depois do radical dos vocábulos, gera formas flexionadas ou derivadas: *O elemento -dade em felicidade é um sufixo.*

su.flê *s.m.* iguaria de origem francesa preparada com creme de leite, farinha de trigo e outros ingredientes que, ligados com gema de ovo e claras batidas em neve, vão ao forno.

su.fo.ca.ção *s.f.* **1** suspensão da respiração; asfixia: *O vigia morreu por sufocação.* **2** falta de ar; abafamento: *Sentia sufocação naquele elevador lotado.* **3** sensação de opressão: *Para suavizar aquela sufocação, contou uma piada.*

su.fo.can.te *adj.* que sufoca: *a sufocante poluição da megalópole.*

su.fo.car *v.t.* **1** matar por asfixia; asfixiar. **2** impedir de manifestar-se; reprimir: *Autoridade em demasia sufoca os filhos.* • **pron. 3** ser impedido de respirar: *sufocou-se na fumaça.* • **int. 4** sentir sensação de asfixia; asfixiar-se: *A gente sufoca nesta sala.*

su.fo.co (ô) *s.m.* **1** inquietação; ansiedade; angústia: *Ficou no corredor do hospital, andando para aliviar o sufoco.* **2** (Coloq.) aperto; dificuldade: *Com o salário que ganhava, a família vivia num sufoco.* **3** muito trabalho; pressa; correria: *Vai chegando o Natal e começa o sufoco.*

su.fra.gar *v.t.* **1** escolher por meio de voto. **2** eleger: *Sufragaram o nome de um empresário para presidente do banco.*

su.frá.gio *s.m.* **1** voto: *A lei proíbe o sufrágio dos eleitores em trânsito.* **2** salvação: *Reze pelo sufrágio de minha alma.* • **sufrágio universal** sistema de votação em que votam todos os cidadãos com capacidade legal para tal.

su.ga.dor (ô) *s.f.* **1** instrumento que serve para sugar líquidos. • *adj.* **2** que suga: *morcegos sugadores de sangue.* **3** usado para sugar: *peças sugadoras de saliva.*

su.gar *v.t.* **1** sorver por sucção; chupar: *Os percevejos sugam o sangue de animais.* **2** inspirar: *O paciente sugava o ar com dificuldade.* **3** apropriar-se abusivamente dos bens de; extorquir; exaurir: *Alguns grupos passaram a vida sugando o Estado.*

su.ge.rir *v.t.* **1** fazer lembrar; dar ideia de: *Ele é magro, mas o seu corpo não sugere fraqueza.* **2** recomendar; propor: *Os relatores sugeriram mudanças na lei.* **3** lançar uma ideia; aventar: *O tio sugeriu que batizassem a menina.* **4** dar a entender; insinuar: *O pano remendado no chão do palco sugere a lona de circo.*

sugestão

su.ges.tão s.f. 1 ato de sugerir ideia; conselho; proposta: *Os jogadores gostaram da sugestão de um treino coletivo.* 2 sensação, ideia: *As dores contínuas davam a desagradável sugestão de erro médico.* 3 influência; estímulo; instigação: *Ele age mal por sugestão dos colegas.*

su.ges.ti.o.nar v.t. influenciar; persuadir: *O médico sugestionou o paciente sobre a doença.*

su.ges.ti.vo adj. que contém, aberta ou veladamente, uma sugestão; insinuante; atraente: *Depois de cem anos de sua invenção, o cinema continua sugestivo.*

su.í.ças s.f. pl. pelos da barba que se deixam crescer nas partes laterais da face; costeletas.

su.i.ci.da s.2g. 1 pessoa que matou (ou pensa em matar) a si própria: *Os suicidas são pessoas no auge do desespero.* • adj. 2 que serve ou serviu para suicídio: *arma suicida.* 3 que apresenta enorme perigo de se perder a vida: *esporte suicida.* 4 que provoca dano ou ruína certa: *atentado suicida.* 5 que se mata em prol de uma causa: *piloto suicida.*

su.i.ci.dar pron. dar a morte a si próprio: *O cantor suicidou-se.*

su.i.cí.dio s.m. 1 ato de suicidar-se: *A polícia levantou a hipótese de suicídio para a morte do cantor.* 2 desgraça ou ruína procurada de livre vontade ou por falta de discernimento: *O estúdio corre o risco de suicídio financeiro.*

su.í.ço s.m. 1 natural ou habitante da Suíça. • adj. 2 relativo à Suíça (Europa).

su.in.gue s.m. estilo de *jazz*, de andamento moderado, ritmo insistente e vivaz, geralmente apresentado por grandes conjuntos instrumentais.

su.í.no s.m. 1 porco: *Era um suíno roliço e carnudo.* • pl. 2 nome genérico para o porco: *criadores de suínos.* • adj. 3 típico ou próprio de porco: *peste suína.* 4 da raça dos porcos: *um reprodutor suíno.*

su.i.no.cul.tu.ra s.f. criação de porcos.

su.í.te s.f. (Mús.) 1 composição musical instrumental que compreende vários movimentos inteiramente livres quanto ao número e ao caráter melódico: *Foi como se escutasse uma suíte de Bach.* 2 acomodação constituída de quarto e banheiro exclusivo.

su.jar v.t. 1 tornar sujo; manchar: *O pintor suja os dedos de tinta.* 2 macular; difamar; desmoralizar: *A moça sujou o nome da amiga.* • pron. 3 perder o prestígio: *Não vou me sujar com o chefe por causa de meia hora de serviço.* • int. 4 (Coloq.) complicar-se: *A situação sujou, vamos embora.* 5 defecar; evacuar: *cachorro sujou no meio da praça.*

su.jei.ção s.f. dependência; submissão; obediência.

su.jei.ra s.f. 1 mancha; nódoa: *sujeira no colarinho.* 2 imundície; porcaria: *Montanhas de sujeira se avolumam nas ruas.* 3 desonestidade; patifaria; bandalheira: *Era um negócio de muita sujeira.*

su.jei.tar v.t. 1 tornar submisso; submeter: *O cangaceiro sujeitou toda a cidade.* 2 mobilizar; subjugar; dominar: *O assaltante sujeitou o vendedor pelos pulsos.* 3 obrigar; constranger; forçar: *Sujeitou a mulher a um vexame público.* • pron. 4 conformar-se; submeter-se: *Não quer mais sujeitar-se a conviver com cachorro dentro de casa.*

su.jei.to s.m. 1 indivíduo indeterminado cujo nome não se sabe ou indivíduo que não se quer nomear: *O sujeito parecia conhecido.* 2 indivíduo; pessoa: *Era um sujeito prático e moderno.* 3 (Gram.) termo da oração a que se atribui um predicado: *O verbo concorda em número e pessoa com o sujeito.* 4 elemento central; ator, agente: *O educando é o sujeito da própria educação.* • adj. 5 impossibilitado de mover-se; preso; imobilizado: *Trouxe o assaltante sujeito pelos braços.* 6 submetido: *crianças sujeitas a condições desumanas.* 7 predisposto; exposto: *Era homem sujeito a doenças.* 8 subordinado: *um equilíbrio sujeito às leis da natureza.*

su.jo s.m. 1 pessoa indigna e desonesta: *Os sujos ficaram sem defesa.* • adj. 2 sem limpeza; emporcalhado; imundo: *Chegou da roça suado e sujo.* 3 manchado: *toalha suja de tinta.* 4 indecente; obsceno: *mente suja.* 5 indigno; torpe; canalha: *indivíduos sujos e mentirosos.* 6 que tem fama de mau pagador: *nome sujo na praça.*

sul s.m. 1 ponto no horizonte que se opõe diretamente ao norte: *As nuvens se deslocam para o sul.* 2 região ou conjunto de regiões situadas ao Sul: *O animal foi despachado para o sul de Minas.* 3 região do Brasil: *Concordava ficar no Sul se pudesse trabalhar.* • adj. 4 que se situa no sul: *latitude sul; litoral sul.* 5 que vem do sul: *o vento sul.*

sul-a.fri.ca.no s.m. 1 natural ou habitante da África do Sul. • adj. 2 relativo à África do Sul. // Pl.: sul-africanos.

sul-a.me.ri.ca.no s.m. 1 natural ou habitante da América do Sul. • adj. 2 relativo à América do Sul. // Pl.: sul-americanos.

sul.car v.t. 1 fazer sulcos ou regos; cavar: *A máquina sulca a terra.* 2 marcar: *As lágrimas ainda lhe sulcavam o rosto.* 3 atravessar; percorrer: *Um enorme trem sulca o deserto.*

sul.co s.m. 1 rego aberto na terra, pelo arado ou pela ação do tempo: *Cuidadosamente joga as sementes nos sulcos.* 2 ruga; prega; dobra: *A cirurgia plástica injetou-lhe gordura nos sulcos da face.* 3 cavidade estreita e comprida em algum material; fenda.

sul.fa s.f. medicamento antibacteriano.

sul.fa.to s.m. (Quím.) qualquer sal do ácido sulfúrico.

sul.fe.to s.m. (Quím.) composto binário de enxofre e um elemento ou grupamento positivo; sulfureto.

sul.fi.te s.m. papel obtido da pasta de madeira tratada por sulfito.

sul.fi.to s.m. (Quím.) designação dos sais e ésteres do ácido sulfuroso.

sul.fú.ri.co adj. (Quím.) 1 formado por hidrogênio, enxofre e oxigênio: *ácido sulfúrico.* 2 diz-se de qualquer composto químico à base de enxofre.

sul.fu.ro.so (ô) adj. (Quím.) que é formado à base de dióxido de enxofre (SO_2) ou que o contém.

su.li.no adj. 1 referente a/ou que pertence ao Sul. 2 pertencente à região Sul do Brasil: *geadas nos estados sulinos.* 3 pertencente ao estado do Rio Grande do Sul.

su.lis.ta s.2g. 1 natural ou habitante do sul de uma região ou país; sulino: *O sulista acolhe bem o nortista.* • adj. 2 relativo ao sul de um país ou de um país situado no sul; sulino. 3 pertencente à região Sul.

sul.tão s.m. 1 antigo título do imperador da Turquia. 2 príncipe maometano: *os sultões das arábias.* 3

superior

pessoa de grande poder. **4** homem que tem muitas mulheres.

su.ma.ri.ar *v.t.* fazer sumário; resumir: *Sumariou suas aventuras.*

su.má.rio *s.m.* **1** síntese; resumo: *O jornal se abre com o sumário das notícias nacionais.* **2** parte de uma obra ou documento que faz uma síntese do seu conteúdo, enumerando os tópicos dos assuntos tratados. • *adj.* **3** resumido; sintético: *Fizeram um relato sumário da excursão.* **4** formulado sem formalidades; conciso: *O inquérito é secreto e sumário.* **5** simples; preliminar: *diagnóstico sumário.* **6** pequeno, que cobre pouco: *trajes sumários.*

su.ma.ú.ma *s.f.* (Bras.) grande árvore amazônica, das florestas inundáveis, de tronco imenso, raízes tubulares e de flores alvas e vistosas.

su.mé.rio *s.m.* **1** indivíduo dos sumérios. • *adj.* **2** que é natural ou relativo a essa região. • *pl.* **3** povo que habitou o vale do Tigre e do Eufrates, atual Iraque.

su.mi.ço *s.m.* desaparecimento: *Só hoje soube do sumiço do cachorrinho.*

su.mi.da.de *s.f.* pessoa que se sobressai por seus talentos ou saber: *Os novatos intimidaram-se no meio de tantas sumidades.*

su.mi.dou.ro *s.m.* **1** abertura por onde um líquido se escoa; escoadouro: *Do lado da escarpa se abria um sumidouro.* **2** lugar onde somem as coisas: *Com a chegada das crianças, a casa vira um sumidouro.* **3** coisa ou lugar em que se desperdiça muito: *O cassino é um sumidouro de dinheiro.*

su.mir *v.t.* **1** fazer desaparecer: *O mágico sumiu com o coelho.* • *int.* **2** desaparecer: *A imagem da televisão sumiu.* **3** sair e não retornar; desaparecer: *O gato sumiu de casa há duas semanas.* **4** desaparecer; extinguir-se: *Carro médio some do mercado.*

su.mo *s.m.* **1** suco. • *adj.* **2** máximo; extremado; supremo: *registro de suma importância.* **3** o mais alto na hierarquia; o mais importante: *O Papa é o sumo sacerdote da Igreja Católica.*

su.mô *s.m.* luta japonesa, corpo a corpo, na qual perde o lutador que é expulso do ringue ou que deixa alguma parte do seu corpo, que não os pés, tocar o chão.

sú.mu.la *s.f.* **1** breve resumo; sinopse: *a súmula das atividades.* **2** ficha de uma partida oficial de alguns esportes como o futebol, em que se registram todos os dados relativos a ela.

sun.ga *s.f.* calção de banho masculino.

sun.tu.o.si.da.de *s.f.* grande luxo; magnificência; pompa: *A suntuosidade dos palácios é um espetáculo.*

sun.tu.o.so (ô) *adj.* que ostenta pompa; luxuoso: *vida suntuosa; aposentos suntuosos.*

su.or (ó) *s.m.* **1** líquido aquoso incolor, de odor particular, segregado pelas glândulas sudoríparas e eliminado através dos poros da pele: *a camisa empapada de suor.* **2** trabalho árduo: *Conseguiu tudo na vida a custa de muito suor.*

su.pe.ra.ção *s.f.* ato de superar, de vencer; de solucionar uma dificuldade: *Consegui a superação de alguns conflitos com colegas de classe.*

su.pe.rar *v.t.* **1** deixar para trás; ultrapassar; vencer: *O jogador superou uma séria contusão no tornozelo.* **2** exceder; ultrapassar: *O charme das mulheres de hoje supera o das antigas.* **3** estar além; ultrapassar: *A acerola supera as frutas cítricas em vitamina C.*

su.pe.ra.va.li.a.ção *s.f* avaliação acima do real.

su.pe.rá.vel *adj.* que pode ser superado; solucionável: *São problemas facilmente superáveis.*

superavit (superávit) (Lat.) *s.m.* em orçamentos, superior à despesa

su.per.cí.lio *s.m.* sobrancelha.

su.pe.res.ti.ma.ção *s.f.* cálculo exagerado.

su.pe.res.ti.mar *v.t.* **1** exagerar na avaliação ou no cálculo: *O perito superestimou as terras.* **2** dar exagerado apreço ou valor: *Ele superestima sua função na família.* • *pron.* **3** ter-se em conta: *Não aceita críticas porque se superestima.*

su.pe.res.ti.ma.ti.va *s.f.* estimativa exagerada; cálculo a mais: *O erro causou a superestimativa da receita agrícola.*

su.per.es.tru.tu.ra *s.f.* **1** estrutura maior que abarca ou contém outras menores. **2** conjunto de ideias, valores, instituições e manifestações culturais de uma sociedade, que reflete a sua infraestrutura econômica. **3** qualquer construção situada acima do convés de um navio.

su.per.fa.tu.ra.men.to *s.m.* lançamento, em fatura, de um valor acima do vigente no mercado.

su.per.fa.tu.rar *v.t.* lançar com superfaturamento: *O empresário foi preso porque superfaturou os medicamentos.*

su.per.fi.ci.al *adj.* **1** que se situa na superfície; pouco profundo: *Felizmente a lesão foi superficial.* **2** sem importância; pouco consistente: *crítica superficial.*

su.per.fi.ci.a.li.da.de *s.f.* **1** falta de profundidade ou solidez: *Os desentendimentos constantes mostram a superficialidade das relações.* **2** falta de seriedade; leviandade: *A superficialidade dessas revistas já está cansando.*

su.per.fí.cie *s.f.* **1** extensão de uma área limitada: *A fazenda tem uma superfície de cem hectares.* **2** face superior externa; lado de cima: *Os galhos tocam a superfície da água.* **3** parte externa de um corpo; face.

su.pér.fluo *s.m.* **1** aquilo que é desnecessário: *Por causa do supérfluo, o homem perde a paz.* • *adj.* **2** inútil; desnecessário: *gasto supérfluo.* **3** que não faz falta; dispensável; demasiado.

su.per-ho.mem *s.m.* homem de faculdades ou capacidades extraordinárias: *Vender livros é tarefa para super-homem.* // Pl.: super-homens.

su.pe.rin.ten.dên.cia *s.f.* **1** administração superior de um órgão público ou de uma empresa: *Para resolver o problema, devia consultar a superintendência da empresa.* **2** lugar onde funciona a superintendência: *Documentos foram transferidos para a Superintendência da Polícia Federal.*

su.pe.rin.ten.den.te *s.2g.* **1** quem ocupa função na administração superior; supervisor. • *adj.* **2** que supervisiona.

su.pe.ri.or (ô) *s.2g.* **1** pessoa que exerce autoridade sobre outra: *Seu superior tomará conhecimento dos fatos.* • *s.m.* **2** aquele que dirige um convento, abade. // Fem.: superiora • *adj.* **3** que se situa em lugar mais alto; que está acima: *pavimento superior.* **4** que corresponde à parte de cima: *dentes superiores.* **5** que emana de autoridade mais elevada: *ordens superiores.*

superioridade

6 que dirige um convento: *irmã superiora*. 7 em que se ministra instrução de nível universitário: *ensino superior*. 8 que ostenta supremacia; altivo: *Chega ao escritório com ar superior*. 9 de preço mais elevado: *O custo da mão de obra é superior a quatro mil*. 10 melhor; maior em quantidade ou tamanho: *qualidade superior; altura superior*.

su.pe.ri.o.ri.da.de *s.f.* 1 melhor qualidade; primazia; excelência: *Sua superioridade intelectual e moral é conhecida*. 2 altivez: *O coronel olhou-nos com superioridade*.

su.per.la.ti.vo *s.m.* 1 (Gram.) grau do adjetivo ou do advérbio que indica uma intensificação do significado destes. • *adj.* 2 que exprime uma qualidade em grau muito alto ou no mais alto grau. 3 muito elevado; exagerado: *Se você quer aperfeiçoar, faça sempre uma autocrítica superlativa*.

su.per.lo.ta.ção *s.f.* lotação excessiva: *As doenças respiratórias estão provocando a superlotação dos hospitais*.

su.per.lo.tar *v.t.* 1 lotar excessivamente: *Os roqueiros superlotaram o estádio*. 2 ocupar todos os espaços: *Milhares de automóveis importados superlotam o porto*. • *int.* 3 encher-se demasiadamente: *Com tanta chuva, os shoppings superlotam*.

su.per.mer.ca.do *s.m.* loja de autosserviço, com grande variedade de mercadorias.

su.per.po.pu.la.ção *s.f.* excesso de população.

su.per.po.pu.lo.so *adj.* com população muito grande ou demasiada para o território: *capital superpopuloso*.

su.per.por (ô) *v.t.* 1 pôr sobre; sobrepor: *Malu superpôs miçangas na renda da blusa*. 2 acrescentar; juntar; sobrepor: *Superpôs uma grosseria a todas as outras já cometidas*. • *pron.* 3 coexistir; sobrepor-se: *A vida social e a profissional se superpõem pacificamente*. 4 suceder; sobrepor-se: *Os planos se superpõem aos programas do governo anterior*.

su.per.po.si.ção *s.f.* 1 colocação sobre: *a superposição das imagens*. 2 deposição sobre; acumulação: *superposição de funções*.

su.per.pos.to *adj.* que está acima de; sobreposto: *A vontade de Deus estava superposta ao desejo de Salomão*.

su.per.po.tên.cia *s.f.* país econômica e militarmente muito superior às demais nações.

su.per.sô.ni.co *s.m.* 1 avião supersônico. • *adj.* 2 que tem a velocidade maior que a do som: *voo supersônico*.

su.pers.ti.ção *s.f.* sentimento religioso baseado no temor ou na ignorância, e que leva ao conhecimento de falsos deveres, ao receio de coisas fantásticas e à confiança em coisas ineficazes; crendice.

su.pers.ti.ci.o.so (ô) *s.m.* 1 quem tem superstição: *Os supersticiosos se apegam a vários rituais de proteção*. • *adj.* 2 que tem superstição: *Ele era um homem muito supersticioso*. 3 que é fruto de superstição: *tomado de um medo supersticioso*.

su.per.va.lo.ri.za.do *adj.* que foi excessivamente valorizado: *Tomaram empréstimos, dando como garantia imóveis supervalorizados*.

su.per.va.lo.ri.zar *v.t.* 1 atribuir um preço ou valor exageradamente alto a alguma coisa; superestimar; sobrevalorizar: *Supervalorizou a casa e até agora não conseguiu vendê-la*. 2 aumentar o valor de; encarecer: *A notícia da construção do metrô supervalorizou as casas da região*. • *pron.* 3 atribuir-se demasiado valor; julgar-se possuidor de méritos e qualidades injustificáveis: *O hábito de supervalorizar-se afasta-o dos amigos*.

su.per.ve.ni.en.te *adj.* que vem depois; subsequente: *Fatores supervenientes obrigaram o governo a rever o racionamento de energia*.

su.per.vi.são *s.f.* ato de supervisionar; orientação; fiscalização.

su.per.vi.si.o.nar *v.t.* orientar ou inspecionar em plano superior; avaliar os resultados e a eficiência de um trabalho; fiscalizar; dirigir: *O engenheiro supervisiona as obras diariamente*.

su.per.vi.sor (ô) *s.m.* quem supervisiona; chefe.

su.pim.pa *adj.* (Bras. Coloq.) muito bom; ótimo; excelente: *A festa estava supimpa*.

su.plan.tar *v.t.* 1 tornar-se mais ou maior que; exceder, ultrapassar; estar acima de: *Os interesses econômicos não devem suplantar o respeito pela vida*. 2 tornar-se melhor que: *O discípulo suplantou o mestre*.

su.ple.men.tar *adj.* que amplia, adiciona; que serve de complemento; adicional; extra: *Preciso de uma verba suplementar*.

su.ple.men.to *s.m.* 1 suprimento; complemento; acréscimo: *O esterco de coelhos pode ser usado como suplemento na ração de peixes*. 2 caderno com matéria específica de um jornal: *Sempre li o suplemento agrícola do jornal*.

su.plên.cia *s.f.* 1 cargo de suplente; substituto: *São sete vagas para titulares e quatro suplências*. 2 curso que visa a reduzir a duração normal do período escolar; supletivo.

su.plen.te *s.2g.* pessoa que pode ser chamada a exercer certas funções, na falta daquela a quem elas cabiam efetivamente; substituto do titular: *O suplente tomou posse logo após a renúncia do deputado*.

su.ple.ti.vo *s.m.* 1 curso que se destina a completar ou substituir a escolarização regular de quem não a tenha concluído na idade própria, com duração menor que a do ensino regular: *dar aulas no supletivo; fazer o supletivo*. • *adj.* 2 que supre; que se destina a suprir; complementar: *exigência de documentos supletivos*. 3 referente ao supletivo (curso): *exame supletivo*.

sú.pli.ca *s.f.* pedido insistente e humilde; rogo; prece.

su.pli.can.te *s.2g.* 1 pessoa que suplica: *O suplicante se humilhou para conseguir migalhas*. 2 quem requer em juízo; impetrante: *A suplicante abre mão de sua pensão alimentícia*. • *adj.2g.* 3 que expressa súplica: *olhar suplicante*.

su.pli.car *v.t.* pedir com insistência e humildade; rogar; implorar: *Suplico pelo seu amor*.

sú.pli.ce *adj.* que pede humildemente; suplicante: *O mendigo estendeu as mãos súplices*.

su.plí.cio *s.m.* 1 dura punição corporal imposta por sentença: *O escravo não suportou o suplício*. 2 dor muito intensa: *Esta dor de dente é um suplício*. 3 o que aflige muito; sofrimento; tortura: *Fazer compras para casa é um verdadeiro suplício*.

su.por (ô) *v.t.* 1 imaginar; admitir: *Sempre haverá quem suponha que tudo não passou de boato*. 2

surra

presumir; conjecturar: *Supondo que a filha houvesse adormecido, a mãe voltou à leitura.* **3** considerar: *O inquérito supôs todas as hipóteses.*

su.por.tar *v.t.* **1** sustentar; aguentar (o peso de): *Só dois homens não suportam o piano.* **2** aturar: *Não suporto o latido dos cães.* **3** aceitar: *Ela não suporta o sucesso do amigo.* **4** resistir; aguentar: *O jovem ultrapassou a dose de bebida que podia suportar.*

su.por.tá.vel *adj.* que se pode suportar: *Uma dívida desse tamanho só é suportável para países ricos.*

su.por.te (ó) *s.m.* **1** apoio; base: *A boa memória acaba sendo suporte à atividade intelectual.* **2** aquilo que suporta ou sustenta alguma coisa: *Colocou um suporte de ferro para segurar o muro.* **3** material que serve de base para a aplicação de tinta, esmalte, verniz etc.: *O suporte mais adequado à pátina é a tinta látex.*

su.po.si.ção *s.f.* **1** conjetura; pressuposição. **2** teoria ainda não confirmada; hipótese; ideia: *Seria interessante encontrar fatos que confirmassem essa suposição.*

su.pos.to (ô) *s.m.* **1** aquilo que se pressupõe; pressuposto: *O cientista partia do suposto que a igualdade é impossível.* • *adj.* **2** provável; hipotético: *Encontraram os supostos restos do sequestrado.* **3** dado ou tido como: *O suposto morto estava vivo.* **4** presumido; pretenso: *O delegado investigava um suposto roubo de gado.*

su.pra.ci.ta.do *adj.* citado, mencionado ou dito acima ou antes; supradito: *No parágrafo supracitado.*

su.pra.na.ci.o.nal *adj.* que se refere àquilo que vai além do conceito de nação: *Hoje se esboça uma nova ordem mundial, de caráter supranacional.*

su.pra.par.ti.dá.rio *adj.* **1** referente a algo situado acima dos partidos políticos: *interesses suprapartidários.* **2** que reúne vários partidos em pé de igualdade: *Um bloco suprapartidário deverá surgir na região Norte.*

su.prarre.nal *s.m.* (Anat.) **1** cada uma das glândulas situadas acima dos rins: *As suprarrenais produzem adrenalina.* • *adj.* **2** que se refere a essas glândulas: *sistema suprarrenal.*

su.prassu.mo *s.m.* o mais alto grau; auge; requinte: *Ela se considera o suprassumo da beleza feminina.* // Pl.: *suprassumos.*

su.pre.ma.ci.a *s.f.* **1** superioridade; preeminência; hegemonia: *Meu time perdeu a supremacia no futebol paulista.* **2** poder supremo: *O Judiciário tem a supremacia dos três poderes.*

su.pre.mo *s.m.* **1** o mais elevado tribunal federal: *Há dois anos o processo está no Supremo.* • *adj.* **2** mais importante; extremo: *Garantem o respeito aos valores supremos da liberdade.* **3** último; derradeiro: *Naquele instante supremo, pediu perdão.* **4** máximo; maior: *Encontrara a solidão como a dádiva suprema.* **5** do mais alto grau ou posição: *Centraliza o poder porque se julga o comandante supremo.*

su.pres.são *s.f.* ato de suprimir; eliminação; extinção: *supressão de postos de trabalho.*

su.pres.sor (ô) *adj.* que suprime; elimina; eliminador: *Tenho um rádio equipado com sistema supressor de ruídos.*

su.pri.dor (ô) *s.m.* aquele que supre.

su.pri.men.to *s.m.* **1** provisão de alimentos, armas, munição etc.: *Os rebeldes precisavam de dinheiro e de suprimentos.* **2** ato de suprir; abastecimento: *O corpo definha sem suprimento de proteínas.*

su.pri.mir *v.t.* **1** agir no sentido de eliminar; extinguir: *Não conseguimos suprimir a fome.* **2** tirar; cortar: *Suprimiu as citações do texto.* **3** extirpar: *Foi inútil tentar suprimir a religião.* // Pp.: *suprimido; supresso.*

su.prir *v.t.* **1** prover do necessário para o funcionamento ou a existência de; abastecer: *A usina deve suprir a cidade de energia.* **2** prover a subsistência de: *dinheiro necessário para suprir as famílias.* **3** substituir; preencher: *O afeto da avó supria a ausência da mãe.*

sur.dez (ê) *s.f.* condição do que é surdo: *A surdez não impedia a lucidez nem a precisão de suas ideias.*

sur.di.na *s.f.* **1** dispositivo para abafar o som de certos instrumentos musicais. **2** som, canto ou voz num volume baixo.

sur.do *s.m.* **1** indivíduo surdo: *educação dos surdos.* • *adj.* **2** que não ouve ou quase não ouve: *O cachorrinho era surdo.* **3** de som cavo; cavernoso; grave: *um rumor surdo.* **4** indiferente; insensível: *Ela continuava surda ao choro da filha.* **5** feito às escondidas, em segredo: *Foi objeto de uma campanha surda de difamação.* **6** (Gram.) diz-se do fonema em cuja produção as cordas vocais não vibram, como /p/, /t/, /k/, /x/, /s/.

sur.do-mu.do *s.m.* **1** pessoa que não ouve nem fala. • *adj.* **2** que não ouve nem fala. // Pl.: *surdos-mudos.*

sur.far *v.int.* praticar surfe: *Passava as férias surfando.*

sur.fe *s.m.* esporte em que a pessoa, de pé numa prancha, desliza sobre as ondas.

sur.fis.ta *s.2g.* pessoa que pratica o surfe.

sur.gi.men.to *s.m.* ato ou efeito de surgir; aparecimento.

sur.gir *v.int.* **1** aparecer; nascer; despontar: *E a Lua surgiu esplêndida.* **2** aparecer de repente; chegar: *Dez artistas vão surgir para o festival.* **3** aparecer; manifestar-se; emergir: *Problemas já começam a surgir.*

sur.pre.en.den.te *adj.* **1** que surpreende; inusitado; inesperado: *Era surpreendente o estado de conservação do local.* **2** fantástico; maravilhoso; admirável: *A decoração dos pratos fez um efeito surpreendente.*

sur.pre.en.der *v.t.* **1** apanhar em flagrante; deparar de súbito: *Apesar do regime, ela surpreendeu o filho assaltando a geladeira.* **2** ver de repente; perceber: *Surpreendeu, no olhar triste, as marcas da solidão.* • *pron.* **3** espantar-se: *O presidente pareceu surpreender-se com a crise.* **4** deparar-se; ver-se: *Morando sozinho, ele se surpreendeu saudoso.* • *adj.* **5** causar surpresa, admiração ou abalo: *Nada surpreende um escritor.*

sur.pre.sa (ê) *s.f.* **1** sensação de pasmo; admiração; estranheza; espanto: *Para minha surpresa, ela telefonou-me no Natal.* **2** acontecimento que sobrevém de repente: *Sua chegada foi uma surpresa preocupante.*
♦ **de surpresa** inesperadamente; sem aviso: *Os parentes chegaram de surpresa.*

sur.pre.so (ê) *adj.* **1** admirado; espantado: *Marília me olhou surpresa.* **2** espantado; perplexo: *O amigo, surpreso, nem sabe como recebê-lo.* **3** apanhado inesperadamente: *Os países, surpresos, mudaram os planos.*

sur.ra *s.f.* **1** sova; coça: *Levou uma surra do garoto.* **2** derrota expressiva. **3** derrota; esfrega.

surrado

sur.ra.do *adj.* **1** espancado, sovado: *Era humilde como um cão surrado.* **2** gasto pelo uso: *camisa surrada.* **3** pisado; batido: *O filme explora os surrados temas da adolescência.*

sur.rão *s.m.* **1** sacola grande de couro. **2** roupa suja ou gasta.

sur.rar *v.t.* **1** bater em; espancar: *Surrar crianças é crime.* **2** derrotar de maneira humilhante: *O time surrou o adversário com uma enxurrada de gols.*

sur.re.al *adj.* **1** surrealista. **2** fantástico; inacreditável.

sur.re.a.lis.mo *s.m.* **1** tendência artística que se caracteriza pela expressão inspirada no inconsciente e no irracional, no sonho e nos estados mórbidos. **2** associação inesperada de coisas aparentemente desconexas: *Um pouco de surrealismo vai bem neste começo de século.*

sur.re.a.lis.ta *s.2g.* **1** artista que adota o surrealismo. • *adj.* **2** relativo ao surrealismo. **3** fantástico; incrível; inverossímil: *O clima de violência nas grandes cidades é surrealista.*

sur.ru.pi.ar *v.t.* furtar; subtrair: *Era uma tentativa aberta de surrupiar-lhe a carteira.*

sursis (sursi) (Fr.) *s.m.* (Jur.) suspensão condicional da pena: *Só os réus primários são beneficiados pelo sursis.*

sur.tir *v.t.* alcançar; produzir: *Dificilmente a gritaria surte efeito.*

su.ru.bim *s.m.* (Bras.) peixe de água doce, muito grande, de corpo em geral amarelado com pintas ou faixas escuras e cabeça grande e achatada.

su.ru.cu.cu *s.f.* (Bras.) espécie de cobra; jararacuçu.

su.ru.ru *s.m.* **1** molusco comestível que vive na lama das lagoas. **2** (Coloq.) confusão; tumulto; rixa: *Se o sururu se tornava mais sério, a polícia entrava em cena.*

sus.ce.ti.bi.li.da.de *s.f.* **1** disposição para se ressentir com facilidade; melindre: *O embaixador não queria ferir a suscetibilidade do governo estrangeiro.* **2** sensibilidade: *O recém-nascido tem maior suscetibilidade a certos vírus.* // Var.: susceptibilidade.

sus.ce.tí.vel *adj.* **1** que se ofende com facilidade; melindroso: *É um homem culto, mas temperamental e suscetível.* **2** passível: *Arrolaram os problemas suscetíveis de formulação científica.* **3** sensível: *A criança é menos suscetível à fadiga.*

sus.ci.tar *v.t.* fazer aparecer; produzir; provocar; causar: *A novidade suscitou polêmica.*

sushi (suxi) (Jap.) *s.m.* prato típico japonês que consiste numa fatia de peixe cru sobre um bolinho de arroz cozido.

sus.pei.ção *s.f.* desconfiança; dúvida; suspeita: *Não falava com ninguém, aumentando o clima de suspeição.*

sus.pei.ta *s.f.* desconfiança, suposição ou opinião baseada em indícios: *A minha suspeita se confirmou.*

sus.pei.tar *v.t.* **1** julgar com alguma base; supor dados mais ou menos seguros a partir de: *Ficaram de plantão, suspeitando de uma nova invasão.* **2** pressupor; desconfiar: *Foi ao médico, suspeitando de uma nova gravidez.* **3** crer na possibilidade de que certa pessoa seja culpada: *A polícia suspeita do caseiro.* **4** fazer mau juízo de; desconfiar: *Ela suspeita de todo mundo.*

sus.pei.to *s.m.* **1** indivíduo sobre o qual recaem suspeitas: *Dois suspeitos aguardam julgamento.* • *adj.* **2** que pede cuidados: *barulho suspeito; cheiro suspeito.* **3** interessado no assunto em questão; parcial: *Como toda mãe, é suspeita quando fala do filho.* **4** que é alvo de dúvida: *Achou suspeito o súbito interesse dele no projeto.*

sus.pen.der *v.t.* **1** levantar; erguer: *Tiveram de suspender o automóvel para desatolá-lo.* **2** puxar ou empurrar para cima; levantar; içar: *suspender a persiana.* **3** fazer cessar; sustar; interromper: *Sem dinheiro, teve que suspender o tratamento.* **4** aplicar a pena administrativa de suspensão: *A direção suspendeu-o por causa da indisciplina.* • *pron.* **5** cessar; sustar-se: *Com a chegada dos caçadores, suspende-se a calma na floresta.*

sus.pen.são *s.f.* **1** ato de suspender; cessação; parada: *suspensão do remédio.* **2** interrupção: *suspensão do fornecimento.* **3** pena disciplinar infligida a funcionário público, empregado, aluno etc., em caso de falta grave ou de reincidência, e que consiste no afastamento das atividades. **4** presença; num meio fluido, de partículas sólidas que não se dissolvem: *Agite bem o vidro para misturar os elementos em suspensão.* **5** conjunto de molas e outras peças que suporta o quadro do chassi sobre os eixos e atenua ou suprime as trepidações resultantes do movimento do veículo.

sus.pen.se *s.m.* momento de tensão forte no enredo de filme, peça de teatro ou romance, ou na vida real: *Os seriados param sempre na hora de maior suspense.*

sus.pen.si.vo *adj.* de ou relativo a suspensão.

sus.pen.so *adj.* **1** levantado; erguido. **2** parado; sustado: *respiração suspensa.* **3** cessado temporariamente; interrompido: *espetáculo suspenso.* **4** proibido de exercer: *suspenso de suas funções.*

sus.pen.só.rio *s.m.* par de tiras, muitas vezes elásticas, que seguram as calças ou a saia pelo cós.

sus.pi.caz *adj.* **1** que provoca suspeita. **2** desconfiado; que tem suspeitas.

sus.pi.rar *v.t.* **1** desejar ardentemente; almejar: *Mas você não é o único a suspirar por um carro importado.* • *int.* **2** emitir uma ou várias expirações longas e profundas: *A moça suspira ofegante.* **3** demonstrar tristeza, inconformismo, saudade etc., por meio de suspiros: *Ela vive suspirando por causas dos filhos.*

sus.pi.ro *s.m.* **1** expiração profunda e mais ou menos demorada: *Deu um suspiro de alívio e sorriu.* **2** orifício ou abertura em poço, túnel, mina, canalização etc., para escapamento de gás ou ar em excesso. **3** doce de clara de ovo batida com açúcar.

sus.pi.ro.so (ô) *adj.* **1** que contém ou se assemelha a suspiro: *respiração suspirosa; o ruído suspiroso da chaleira no fogo.* **2** lamentoso; triste: *Agora só vive suspirosa, sem sair de casa.*

sus.sur.ran.te *adj.* **1** sussurrado: *Helena tem voz sussurrante.* **2** que sussurra.

sus.sur.rar *v.int.* **1** falar baixo; cochichar; murmurar: *Sussurrava aos ouvidos da namorada.* **2** produzir ruído fraco e indistinto, como murmúrio; rumorejar: *O rio sussurra sob a ponte.*

sus.sur.ro *s.m.* **1** fala em voz muito baixa; murmúrio: *A voz fatigada era apenas um sussurro.* **2** ruído leve; rumor: *sussurro de folhas da palmeira.* **3** manifestação ainda débil: *O sussurro de liberdade ganha novas vozes.*

sus.ta.ção *s.f.* ato de sustar; suspensão: *O juiz determinou a sustação do processo de despejo.*

sus.tan.ça s.f. (Coloq.) **1** sustento; nutrição; alimento muito nutritivo, forte: *A criança está crescendo e precisa de comida com sustança.* **2** vigor; força: *É um molengo, sem sustança.*

sus.tar v.t. **1** fazer parar; impedir de continuar: *O proprietário sustou a venda do apartamento.* **2** suspender o pagamento: *Mandei sustar o cheque.*

sus.te.ni.do s.m. **1** (Mús.) sinal que eleva de um semitom o som da nota que está à sua direita. • *adj.* **2** refere-se à nota musical elevada meio tom.

sus.ten.ta.bi.li.da.de s.f. possibilidade de se sustentar; resistência: *O Estado vai passar pelo primeiro grande teste de sustentabilidade administrativa.*

sus.ten.ta.ção s.f. **1** ato de sustentar. **2** conservação; manutenção. // Pl.: sustentações

sus.ten.tá.cu.lo s.m. **1** base; suporte: *sustentáculo do prédio.* **2** apoio; defesa: *Ele foi o sustentáculo da família.*

sus.ten.ta.do adj. **1** amparado; apoiado; seguro: *O sofá sustentado por tijolos.* **2** alimentado; nutrido: *crianças sustentadas pelo leite materno.* **3** baseado; assentado: *Queremos uma associação sustentada em bases populares.* **4** mantido; financiado: *sustentado pela iniciativa privada.*

sus.ten.tar v.t. **1** suportar o peso de; suster; segurar: *Seu braço não aguentaria sustentar uma sombrinha.* **2** prover a vida a; manter vivo: *O húmus sustenta a floresta.* **3** fornecer o necessário para a sobrevivência: *Sustenta a família toda.* **4** alimentar: *Ajuda a sustentar cinco meninos do orfanato.* **5** assegurar o desenvolvimento, a existência ou permanência de: *Não tinha dinheiro para sustentar seu vício.* **6** dizer com convicção; afirmar: *Sustentou que o médico não conhecia anatomia.* **7** servir de apoio a: *Uma estrutura de aço sustenta as lajes.* **8** matar a fome: *Essa fruta não sustenta.* • *pron.* **9** manter-se; perdurar: *A revista não se sustenta com a tiragem de dois mil exemplares.*

sus.ten.to s.m. **1** sustentação; manutenção: *O ordenado mal chega para o sustento de sua família.* **2** alimento: *Tira da terra o sustento dos filhos.* **3** amparo; arrimo: *O filho mais velho é o sustento da família.*

sus.ter v.t. **1** amparar; sustentar: *Com paciência sustinha o braço na tipoia.* **2** impedir o movimento; segurar: *Susteve a porta com o pé.* **3** deter; frear: *Susteve o cavalo e respirou fundo.* **4** conter; refrear: *Naquele momento, ninguém susteve o riso.* **5** servir de base; sustentar: *É esse princípio que sustém o budismo.* **6** manter; conservar: *A força de vontade sustinha o revisor acordado.* • *pron.* **7** manter-se; conservar-se: *A pergunta se sustém no ar até hoje.* **8** conter-se; moderar-se: *Ele quis revidar, mas susteve-se.*

sus.to s.m. choque ou medo causado por algo inesperado e ameaçador; sobressalto; abalo: *Estava todo suado e trêmulo de susto.*

su.ta.che s.f. cadarço, galão ou trança estreita, de seda, lã ou algodão, que se usa para ornamentar peças de vestuário.

su.ti.ã s.m. peça íntima feminina destinada a sustentar ou modelar os seios.

su.til adj. **1** tênue; fino; delicado: *Usa uma sutil camada de maquiagem.* **2** agudo; penetrante: *O colunista é especialista na crítica social sutil.* **3** quase imperceptível: *gesto sutil.* **4** que exige prudência; difícil; delicado; complexo: *O xadrez é um jogo sutil.*

su.ti.le.za (ê) s.f. **1** característica do que é sutil. **2** demonstração de finura, de inteligência, de espírito: *Seu texto delicia pelas sutilezas.* **3** algo que diverte ou embaraça, mas que é dito em linguagem velada ou apenas insinuado: *Não aguento mais as suas sutilezas.* **4** suavidade; delicadeza: *Reconheci-a pela sutileza do andar.* **5** diplomacia; inteligência: *O doutor contornou a difícil situação com muita sutileza.*

su.tra s.m. nos textos sânscritos, frase ou expressão que encerra um ensinamento; aforismo.

su.tu.ra s.f. **1** costura com que se ligam as partes de um objeto; juntura. **2** local suturado: *A sutura bloqueava o intestino do rapaz.*

su.tu.rar v.t. fazer sutura em; costurar; juntar: *O cirurgião suturou a incisão.*

su.ve.nir s.m. objeto característico de um determinado lugar, vendido como lembrança principalmente a turistas.

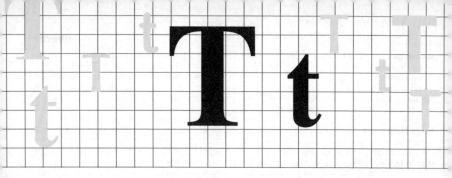

t s.m. **1** vigésima letra do alfabeto português. **2** a figura dessa letra. **3** abreviatura de tonelada(s). ♦ num. **4** vigésimo numa série indicada por letras.

ta.ba s.f. aldeia de ameríndios: *Uma fogueira ardia no meio da taba.*

ta.ba.ca.ri.a s.f. loja onde se vendem principalmente produtos para fumantes: *Procurou uma tabacaria que ficasse aberta durante a madrugada.*

ta.ba.co s.m. **1** grande erva com folhas amplas, macias e pontiagudas, e flores róseas: *uma plantação de tabaco.* **2** a folha dessecada dessa erva; fumo: *Todos na tribo mascavam tabaco.* **3** o produto tabaco: *taxar a importação de tabaco.*

ta.ba.gis.mo s.m. toxicomania caracterizada pelo uso compulsivo de tabaco, fumado ou mascado: *Campanha de combate ao tabagismo.*

ta.ba.réu s.m. (Bras.) caipira; matuto: *No final das contas, o tabaréu acabou enganando o vigarista.*

ta.bas.co s.m. molho muito condimentado feito com um tipo de pimenta: *Misturo o arroz com o feijão e ponho duas gotas de tabasco.*

ta.be.fe (é) s.m. tapa; soco: *A discussão quase acabou em tabefes.*

ta.be.la (é) s.f. **1** lista que estabelece o valor máximo a ser cobrado por determinado produto: *Hoje, a dona de casa vai ao supermercado com uma tabela de preços na mão.* **2** registro de cálculos preestabelecido: *a tabela do Imposto de Renda retido na fonte.* **3** relação de classificação dos times que participam de uma competição: *Classificaram-se os quatro primeiros colocados na tabela.* **4** relação de todos os jogos que compõem determinado torneio ou campeonato: *A tabela do campeonato só foi divulgada com um dia de antecedência.* **5** tabelinha: *Ficaram famosas as tabelas entre Pelé e Coutinho.* **6** suporte retangular da cesta de basquete: *A bola bateu na tabela, rodopiou no aro e entrou na cesta.* ♦ **por tabela** indiretamente: *A correção do câmbio, por tabela, acabou reduzindo a taxa de juros.*

ta.be.la.men.to s.m. controle oficial de preços por meio de tabela: *o tabelamento do preço do arroz e do feijão.*

ta.be.lar v.t. estabelecer o valor máximo: *Seria bom que se tabelasse o preço da gasolina.*

ta.be.li.ão s.m. oficial público a quem compete lavrar ou autenticar documentos; notário: *As leis fazem um sem-número de exigências que todo tabelião tem de cumprir.* // Pl.: tabeliães.

ta.be.li.nha s.f. (Coloq.) **1** no futebol, jogada na qual dois ou mais jogadores, na corrida, trocam passes entre si: *Da tabelinha entre os atacantes saiu o gol mais bonito da partida.* **2** método anticoncepcional que consiste na delimitação dos dias férteis da mulher: *A tabelinha é o método anticoncepcional menos eficiente.*

ta.be.li.o.na.to s.m. **1** ofício de tabelião: *Com quase trinta anos de tabelionato, reconhecia as firmas sem olhar as fichas.* **2** cartório de tabelião: *O atendimento nesse tabelionato é muito bom.*

ta.ber.na (é) s.f. **1** estabelecimento em que se vendem bebidas alcoólicas: *Frequentava a taberna regularmente.* **2** casa de refeição simples: *Ele comia numa taberna perto de casa.*

ta.ber.ná.cu.lo s.m. **1** templo religioso; santuário: *Se ele pudesse, construiria um tabernáculo na cidade.* **2** pequeno armário no qual, nas igrejas católicas, se guardam as hóstias consagradas.

ta.ber.nei.ro s.m. indivíduo que possui ou trabalha em taberna; taverneiro.

ta.bi.que s.m. **1** parede pouco espessa, feita geralmente de tábuas, que serve para dividir os quartos nas casas. **2** membrana que divide uma cavidade; septo: *tabiques interglandulares.*

ta.bla.do s.m. **1** parte assoalhada do teatro onde os atores representam; palco: *Subiu ao tablado e atuou como nunca.* **2** qualquer estrado de madeira: *Estavam em cima do tablado no qual se limpam os peixes.*

ta.ble.te (é) s.m. pequena placa retangular de medicamento ou alimento sofisticado; lingote: *tablete de chocolate, tablete de fermento.*

ta.bloi.de (ói) s.m. **1** jornal de formato pequeno: *Leu a notícia num tabloide nova-iorquino.* **2** jornal de segunda categoria, jornaleco: *O fato foi um prato cheio para os tabloides.*

ta.bo.ca s.f. taquara: *Cortou a taboca e improvisou uma vara de pescar.*

ta.bu s.m. **1** proibição convencional imposta por tradição ou costume: *O tabu do incesto existe em todas as sociedades humanas conhecidas.* **2** aquilo que é objeto dessa proibição: *A nudez ainda é um tabu.* **3** aquilo que a sociedade considera como tradição intocável ou imutável: *Hoje a virgindade não é mais um tabu.* **4** crença: *A boa repercussão do programa está quebrando um velho tabu: o de que cultura na televisão não dá ibope.* **5** nos esportes, situação que permanece inalterada por um tempo mais ou menos longo: *O time estava há onze anos sem ganhar do campeão, quando o tabu foi quebrado.*

tá.bua s.f. **1** peça lisa de madeira com que se reveste o chão: *Era um piso de tábuas grossas e largas.* **2** cada um dos lados (do pescoço do cavalo): *Bateu com a*

mão espalmada na tábua do pescoço do alazão e partiu a galope. **3** lista, índice; tabela: *O time está mal colocado na tábua de classificação.* **4** (Mat.) quadro de cálculos: *tábua de logaritmos*. ✦ **ser uma tábua** não ter nádegas e seios salientes. **fazer tábua rasa de** desprezar o que já existe para substituí-lo por coisas novas; faz a tábua rasa. // Var.: fazer tábua rasa de. **tábua de salvação** último recurso para uma situação problemática: *A reforma tributária passou a ser a tábua de salvação nacional.*
ta.bu.a.da *s.f.* quadro das quatro operações elementares feitas com os números de um a dez: *Sabia a tabuada de cor.*
tá.bu.la *s.f.* pequena peça redonda usada em muitos jogos.
ta.bu.la.ção *s.f.* colocação de dados numéricos em tabelas: *Houve demora na tabulação dos resultados.* // Pl.: tabulações.
ta.bu.lar *v.t.* **1** dispor em tabela; agrupar em classes segundo os valores: *tabular os dados.* • *adj.* **2** em forma de tábua; achatado: *O terreno tinha uma superfície tabular.*
ta.bu.lei.ro *s.m.* **1** peça semelhante a uma bandeja com bordas elevadas, usada para transportar ou exibir objetos: *A baiana vende cocada no tabuleiro.* **2** quadrado, geralmente feito de madeira, subdividido em 64 casas, usado para jogar xadrez ou damas; qualquer outra peça similar para jogos: *Dispôs as peças sobre o tabuleiro e esperou o início da partida.* **3** parte plana de uma ponte ou viaduto.
ta.bu.le.ta (ê) *s.f.* tábua de madeira, metal, plástico etc., com letreiro, que se coloca à porta de estabelecimentos ou edifícios: *O nome da loja já estava quase apagado na tabuleta.*
ta.ça *s.f.* **1** copo para beber, raso, de boca larga e provido de pé: *Encheu a taça de vinho e foi beber no jardim.* **2** conteúdo de uma taça: *Bebeu a taça toda de um só gole.* **3** troféu que se dá ao ganhador de uma disputa ou concurso: *A campeã levantou a taça e chorou.*
ta.ca.cá (Reg. N) *s.m.* prato típico da cozinha amazonense que consiste num caldo feito com tucupi, goma de tapioca, camarão e outros temperos.
ta.ca.da *s.f.* **1** impulsão da bola branca com o taco no jogo de bilhar ou de sinuca: *Matei duas bolas com uma tacada só.* **2** golpe de sorte; acontecimento inesperado; lance: *Essa campanha foi uma tacada de sorte.*
ta.ca.nho *adj.* **1** manhoso; sagaz: *Aquele comerciante é tacanho, não se deixa enganar.* **2** curto de ideias; estúpido: *Era um homem reacionário, tacanho e sem imaginação.* **3** acanhado; inexpressivo; pequeno: *cidade tacanha e provinciana.*
ta.cão *s.m.* **1** salto do calçado: *Bateu com o tacão no assoalho.* **2** jugo; subordinação: *A arte brasileira estava sob o tacão da ditadura.* // Pl.: tacões.
ta.ca.pe *s.m.* arma dos índios, espécie de clava de madeira.
ta.car *v.t.* **1** jogar com o taco: *Pegou o taco, passou giz e tacou a bola com displicência.* **2** atirar; jogar: *O insolente tacou uma pedra no homem que ia passando.* **3** desferir; agredir com: *Taquei-lhe um tapa na cara.* **4** atear (fogo): *Tacou fogo nos casebres e fugiu.*
ta.cha[1] *s.f.* **1** defeito moral; mácula: *A tacha de mau pagador o acompanhava.* **2** acusação, pecha. // Cp.: taxa.

talante

ta.cha[2] *s.f.* tacho grande: *Pôs a roupa pra ferver na tacha.*
ta.cha[3] *s.f.* pequeno prego de cabeça larga e chata; brocha: *Prendeu o papel na porta com quatro tachas.*
ta.char *v.t.* pôr tacha ou defeito; acusar: *Certamente vão tachar o sujeito de idiota.* // Cp.: taxar.
ta.cho *s.m.* recipiente de metal ou de barro, largo e raso, em geral com alças: *A água fervia no tacho.*
tá.ci.to *adj.* **1** silencioso; calado: *Aquela tácita companhia começava a me incomodar.* **2** em que não há rumor; silencioso: *uma tácita homenagem.* **3** que não se exprime por palavras; implícito: *um acordo tácito.* // Ant.: explícito; expresso.
ta.ci.tur.no *adj.* **1** que fala pouco; silencioso; calado: *homem taciturno.* **2** triste; tristonho: *alma taciturna.*
ta.co *s.m.* **1** haste de madeira, roliça e afilada, com que se toca a bola em diversos jogos: *taco de bilhar.* **2** (Coloq.) pessoa habilidosa: *Ela era um taco para passar roupa.*
ta.fe.tá *s.m.* tecido de seda de fios lustrosos e retilíneos: *uma saia de tafetá.*
ta.ga.re.la (é) *s.2g.* **1** quem fala demais: *Algum tagarela revelou o segredo.* • *adj.* **2** que fala demais; falador: *sujeito tagarela.*
ta.ga.re.lar *v. int.* falar muito; matraquear: *Ele não parava de tagarelar.*
ta.ga.re.li.ce *s.f.* atributo de quem fala muito: *Aquela tagarelice já estava me amolando.*
tai.fei.ro *s.m.* serviçal de navio mercante.
tailleur (tai-iêr) (Fr.) *s.m.* veste feminina composta de casaco e saia justa.
ta.i.nha (a-í) *s.f.* nome dado a vários peixes comuns no Atlântico tropical, de valor comercial e de carne apreciada.
tai.o.ba (ó) *s.f.* **1** (Bras.) folhagem rústica de grande porte, caule subterrâneo, folhas grandes e fendidas até o centro, tubérculos mais ou menos ovalados de casca escura. **2** o tubérculo dessa folhagem.
tai.pa *s.f.* barro ou cal e areia socados entre armações de tábuas para construção de muros ou paredes: *rancho de taipa.*
tal *pron.* **1** esse: *Nunca lhe perdoarei tal desaforo.* **2** o referido: *De tanta insistência, fui encontrar tal garota.* **3** tão grande ou intenso: *O barulho foi tal que a vizinha acordou.* • *s.2g.* **4** pessoa notável; pessoa que sobressai: *Ele era o tal entre as garotas.* • *adv.* **5** assim; desse modo: *Tal era a situação da empresa.* ✦ **Tal (e) qual** exatamente como: *A menina nada tal qual um golfinho.*
ta.la *s.f.* **1** peça de madeira, papelão ou outro material, plana e delgada, que se ata em parte fraturada do corpo para torná-la imóvel: *Uma tala de madeira foi atada ao braço quebrado.* **2** chicote feito de uma só tira de couro: **3** parte externa do pneu que fica em contato com o solo.
ta.la.ga.da *s.f.* gole (de bebida alcoólica); trago.
tá.la.mo *s.m.* **1** leito conjugal. **2** (Anat.) cada um dos núcleos de substância cinzenta localizados sobre os pedúnculos cerebrais: *O tálamo também desempenha um papel importante no fenômeno da consciência.*
ta.lan.te *s.m.* vontade; arbítrio: *O programa foi modificado ao talante das conveniências.* ✦ **a seu talante** de modo arbitrário; a seu bel-prazer: *Não é aceitável que ele administre a firma a seu talante.*

talão

ta.lão *s.m.* **1** conjunto formado pela parte descartável e não destacável de blocos de notas: *talão de cheques*. **2** parte posterior do pé. **3** parte inferior do arco do violino e demais instrumentos da família, no interior do qual se encontra o parafuso que regula a tensão das crinas. // Pl.: talões.

ta.lar[1] *adj.* que desce até os calcanhares; comprido: *vestes talares dos sacerdotes*.

ta.lar[2] *v.t.* **1** abrir valas em: *O camponês talou o campo para facilitar o escoamento de água*. **2** assolar, devastar: *O inimigo talou a terra. Nada mais brotou*.

tal.co *s.m.* **1** mineral constituído de sílica, magnésio e alumínio, que se mostra em lâminas transparentes e delgadas. **2** produto feito desse mineral pulverizado: *Após o banho, passe talco no bebê*.

ta.len.to *s.m.* **1** peso e moeda da Antiguidade grega e romana: *O senhor entregou cinco talentos ao servo*. **2** pessoa talentosa: *dar oportunidade aos novos talentos*. **3** aptidão natural ou habilidade adquirida: *o talento do homem na cozinha*. **4** inteligência excepcional; engenho: *Só você, com seu talento, poderá fazer isso*. **5** pulso; vigor: *Meu pai tinha talento para lidar com os empregados*.

ta.lha *s.f.* **1** recipiente geralmente de barro ou de louça, provido de uma pequena torneira, próprio para se colocar água potável. **2** corte ou sulco artisticamente feito na superfície da madeira: *Era uma escultura em talha dourada*.

ta.lhão *s.m.* terreno com qualquer plantação: *talhão de laranja*. // Pl.: talhões.

ta.lhar *v.t.* **1** fazer um talho em, cortar: *Talhou a melancia*. **2** fazer incisão; cortar: *Talhou o pé num caco de vidro*. **3** trabalhar com um instrumento cortante, para modelar: *Passou a talhar suas esculturas na pedra*. **4** moldar: *O político costuma talhar suas posições de acordo com o sentimento popular*. **5** predestinar; traçar: *A natureza talhou o homem para grandes coisas*. • *int.* **6** (Coloq.) coagular, coalhar: *O leite talhou*.

ta.lha.rim *s.m.* massa alimentícia cortada em tiras com a qual se fazem pratos à base de molhos: *talharim a bolonhesa*.

ta.lhe *s.m.* **1** feitio ou feição do corpo ou de um objeto: *mulher de talhe elegante*. **2** modo como se talhou ou cortou um traje; talho: *Essas roupas têm um belo talhe*.

ta.lher (é) *s.m.* **1** conjunto de garfo, faca e colher: *Chegado recentemente da roça, ainda não sabia usar os talheres*. **2** qualquer dos elementos desse conjunto: *Pôs um talher de cada lado do prato*.

ta.lho *s.m.* **1** forma; feição: *Tinha um extraordinário talho de letra*. **2** maneira de talhar a roupa; corte: *O talho da roupa está como eu queria*. **3** corte profundo: *O caco de vidro fez um talho no pé do menino*. **4** corte de carne no açougue.

ta.lis.mã *s.m.* **1** objeto a que se atribuem poderes extraordinários de magia ativa, possibilitando a realização de aspirações ou desejos; amuleto: *Trazia sempre um talismã no bolso esquerdo*. **2** encantamento; encanto: *Ela foi um talismã para os teus dias de desespero*.

talk show (tólk-xôu) (Ingl.) *s.m.* programa radiofônico ou televisivo de entrevistas: *Os talk shows tomaram conta da programação das tevês brasileiras*.

ta.lo *s.m.* **1** corpo vegetativo de certas plantas sem diferenciação de caule, folhas e raiz. **2** nervura grossa das folhas da planta, de onde partem as ramificações: *Retire o talo da couve*.

ta.lo.ná.rio *s.m.* bloco ou livro com folhas em forma de talão: *talonário de cheques*.

ta.lu.de *s.m.* terreno inclinado; escarpa; rampa: *Todo o dia desce e sobe o talude*.

ta.lu.do *adj.* (Coloq.) desenvolvido; robusto: *menino taludo*.

tal.vez (ê) *adv.* expressa hesitação em relação ao que se diz; provavelmente; possivelmente: *Noutra vida terei, talvez, o repouso que me falta*.

ta.man.co *s.m.* calçado com sola de madeira.

ta.man.du.á *s.m.* (Bras.) mamífero desdentado que se alimenta basicamente de cupins.

ta.ma.nho *s.m.* **1** dimensão; grandeza, volume. **2** estatura; altura: *O tamanho dos jogadores de basquete chega a impressionar*. • *adj.* **3** tão grande: *Não há motivo para tamanha tristeza*. **4** muito notável ou meritório: *São tantas e tamanhas estrelas nesse filme que não entendemos a razão de seu fracasso*.

tâ.ma.ra *s.f.* **1** pequeno fruto alongado, de cor marrom, polpa doce e contendo um caroço também alongado: *O Brasil produz tâmara de boa qualidade*. **2** tamareira; plantação de tâmara.

ta.ma.rei.ra *s.f.* palmeira alta, originária da África e Ásia, com grandes folhas pendentes em forma de penas e que produz a tâmara.

ta.ma.rin.dei.ro *s.m.* árvore tropical de folhas com formato de pequenas penas e flores amarelas, que produz o tamarindo. // Var.: tamarineiro; tamarineira; tamarindeira; tamarinheiro.

ta.ma.rin.do *s.m.* **1** fruto seco e alongado, casca cor marrom-acinzentada, polpa ácida e sementes marrom-escuras em forma de botões: *o pé de tamarindo*. **2** tamarindeiro: *Sentamos à sombra do tamarindo*.

tam.ba.qui *s.m.* (Bras.) grande peixe da região amazônica de coloração cinza com laivos dourados no dorso e abdome amarelado.

tam.bém *adv.* **1** igualmente: *Você tem cabelos bonitos. Sua irmã também*. **2** junto; juntamente: *Vou à farmácia*. – *Espere que vou também*.

tam.bor (ô) *s.m.* **1** instrumento de percussão que consiste numa armação, geralmente cilíndrica, com uma membrana ou pele esticada sobre uma ou ambas as extremidades, tocado com as mãos ou com baquetas: *Passava o dia todo tocando tambor*. **2** recipiente cilíndrico, de metal, em que se acondicionam líquidos: *No pátio havia alguns tambores de suco de laranja*. **3** peça cilíndrica do revólver, rotatória, com orifícios onde se colocam as balas: *Retirou todas as balas do tambor*.

tam.bo.re.te (ê) *s.m.* assento sem braços e sem encosto: *Sentou-se num tamborete*.

tam.bo.ril[1] *s.m.* árvore da Mata Atlântica, de madeira avermelhada, fácil de trabalhar, duradoura, especialmente usada para confeccionar canoas de tronco inteiro.

tam.bo.ril[2] *s.m.* **1** instrumento musical semelhante a uma cítara de seis cordas percutíveis com uma baqueta. **2** dança provençal acompanhada por esse instrumento.

tam.bo.ri.lar *v.t.* **1** bater repetidamente com os dedos numa superfície, como se fosse um tambor: *Quando*

fico ansiosa, começo a tamborilar na mesa. **2** produzir som semelhante ao rufo do tambor: *A chuvinha teimosa tamborilava no telhado.* **3** insistir: *Chega de tamborilar no mesmo assunto.*
tam.bo.rim *s.m.* tambor pequeno.
ta.moi.o *s.m.* **1** (Bras.) indivíduo dos tamoios. • *pl.* **2** povo indígena tupi que habitava a costa brasileira, do norte do atual estado de São Paulo até Cabo Frio, no Rio de Janeiro. • *adj.* **3** relativo aos tamoios.
tam.pa *s.f.* **1** peça removível para fechar um recipiente ou um objeto: *tampa da lata; tampa da caneta.* **2** parte de cima de um móvel; tampo: *a tampa da mesa.*
tam.pão *s.m.* chumaço de algodão ou gaze usado para estancar uma hemorragia ou absorver secreções: *Pôs um tampão de algodão no nariz, que sangrava.* // Pl.: tampões.
tam.par *v.t.* tapar.
tam.pi.nha *s.f.* **1** tampa metálica de garrafa: *Colecionava tampinhas de refrigerante.* • *s.2g.* **2** (Coloq.) pessoa de baixa estatura.
tam.po *s.m.* **1** a parte de cima de um móvel; tampa: *escrivaninha com tampo de vidro.* **2** parte superior da caixa de ressonância dos instrumentos de cordas: *o tampo do violoncelo.*
tam.po.na.do *adj.* diz-se de medicamento envolvido por substância que protege as mucosas: *Pessoas que têm irritação no estômago devem tomar medicações tamponadas.*
tam-tam *s.m.* **1** gongo chinês. **2** certo tambor africano.
ta.na.ju.ra *s.f.* designação da fêmea alada das diferentes espécies de saúvas; içá.
tan.ga *s.f.* **1** espécie de avental curto com que indivíduos de algumas tribos cobrem parte do corpo, desde o ventre até as coxas. **2** calcinha em forma de triângulo, com laterais feitas de tiras bem finas. ✦ **de tanga** na miséria: *A mulher o deixou de tanga.*
tan.ga.rá *s.m.* pássaro canoro de cor predominantemente azul com cauda e asas pretas.
tan.gên.cia *s.f.* **1** qualidade do que é tangente. **2** (Geom.) contato entre superfícies.
tan.gen.ci.al *adj.* **1** relativo a tangência ou tangente. **2** superficial.
tan.gen.ci.ar *v.t.* **1** tocar levemente, abordar superficialmente: *Sua formulação apenas tangencia o problema.* **2** atingir, chegar a: *As acusações são tão inconsistentes e contraditórias que tangenciam os limites do ridículo.*
tan.gen.te *s.f.* **1** (Geom.) linha ou superfície que toca outra linha ou superfície num só ponto: *Fez um círculo e traçou uma tangente.* • *adj.* **2** diz-se da linha ou superfície que toca outra linha ou superfície num só ponto: *uma reta tangente a uma circunferência.*
tan.ger *v.t.* **1** fazer soar; tocar: *Quem vai tanger o sino?* **2** fazer andar; tocar: *O menino tangia o gado.* **3** fazer movimentar-se: *O vento tangia as nuvens.* • *int.* **4** produzir som; soar: *Um sino tange choroso.* ✦ **no que tange** no que diz respeito; no que concerne: *No que tange ao resgate da dívida social, no Brasil quase nada foi feito.*
tan.ge.ri.na *s.f.* fruta cítrica da mesma família da laranja e da lima, também conhecida como bergamota, mimosa, mexerica ou laranja-cravo.

tapa-buraco

tan.gí.vel *adj.* que se pode tocar: *Ele só se preocupa com coisas tangíveis.*
tan.go *s.m.* dança e música de origem hispano-americana popular na Argentina.
ta.ní.fe.ro *adj.* **1** que produz tanino: *plantas taníferas.* **2** de tanino: *fabricação de extratos taníferos.*
ta.ni.no *s.m.* classe de substâncias adstringentes encontradas em certos vegetais, muito usadas no curtimento de couro.
tan.que[1] *s.m.* **1** reservatório de pedra ou de metal, para conter água ou areia: *A criançada brincava num enorme tanque.* **2** reservatório para qualquer outro líquido: *tanque de gasolina.* **3** cuba de alvenaria ou de outros materiais usada para lavar roupas. **4** açude: *Com a seca, a água dos tanques já estava virando lama.*
tan.que[2] *s.m.* carro de guerra, blindado, apropriado para percorrer terrenos acidentados: *Tanques invadiam as cidades, destruíam casas.*
tan.quei.ro *s.m.* **1** pessoa que faz frete de carga líquida: *Os tanqueiros voltaram ao trabalho.* • *adj.* **2** relativo aos veículos usados para transportar uma carga.
tan.tã *adj.* louco; maluco: *Um rapaz meio tantã.*
tan.tan.tã *s.m.* onomatopeia representativa do som do tambor: *Passava a tarde toda ouvindo o tantantã dos tambores.*
tan.to *pron.* **1** tão grande; tamanho: *Não estava acostumada a tanto conforto.* **2** tal quantidade de: *Nunca vi tanto chuchu; Como arranjar tanto dinheiro?* **3** em igual quantidade, dimensão ou intensidade: *Os convidados aproveitaram a despedida e se retiraram com outras tantas palavras de elogio.* • *s.m.* **4** porção; quantia: *O dinheiro não deu para comprar o tanto que precisava.* **5** igual quantidade: *sala toda fechada, com 1,50 m de largura por outro tanto de comprimento.* • *adv.* **6** com tal frequência; tantas: *Nunca se falou tanto em solidariedade como agora.* **7** em tão alto grau; muito: *Só neste lugar terei a paz e o sossego a que tanto aspiro.* **8** introduz correlação consecutiva: *A chuva era tanta que as ruas se alagaram.* **9** de tal maneira; assim: *Mas não sentia que tivesse trabalhado tanto.* **10** introduz a correlação de igualdade: *Naquele ermo ele encontrara a paz e fugia tanto da hipocrisia quanto da ingratidão dos homens.* ✦ **pelas tantas** usada para indicar hora avançada; tarde: *Lá pelas tantas, a mulher levantou-se e foi apanhar uma vela.* **e tanto** chama a atenção para as qualidades de um ser mencionado imediatamente antes: *Era uma atriz e tanto.* **se tanto** quando muito: *O jovem fardado tinha uns 18 anos, se tanto.* **tanto que** assim é que; por isso: *Suas contas sempre estavam em dia, tanto que sempre conseguia crédito.* **um tanto/um tanto ou quanto** um pouco: *Ela está um tanto envelhecida.* **tanto faz** é indiferente; não importa: *Ganhar ou perder, tanto faz.*
tão *adv.* tanto.
ta.pa *s.m.* **1** pancada com a mão aberta: *Matou com um tapa um pequeno mosquito.* **2** (Coloq.) briga: *Apoiou as mãos na mesa como se me chamasse para o tapa.* ✦ **a tapa** de modo violento: *Foi expulso a tapas.*
ta.pa-bu.ra.co *s.m.* pessoa que substitui outra numa emergência: *Não me sinto como um tapa-buraco.* // Pl.: tapa-buracos.

tapado

ta.pa.do adj. **1** fechado; tampado: *Entrei de nariz tapado.* **2** tolo; bronco; ignorante: *Que rapaz tapado!*

ta.pa-o.lho s.m. **1** pancada no olho: *Levou um tapa-olho que o deixou zonzo.* **2** venda em um dos olhos: *O pirata usava um tapa-olho.* // Pl.: tapa-olhos.

ta.par v.t. **1** cobrir; ocultar: *O preso tapou o rosto quando viu os fotógrafos.* **2** obstruir; vedar: *O mau cheiro me fez tampar o nariz.* **3** preencher: *tampar os buracos da rua.* **4** pôr tampa em: *A cozinheira tampou a panela.* **5** conter: *tapar o choro* ♦ **tapar a boca** fazer calar: *O seu desempenho serviu para tapar a boca de muita gente.* **tapar os ouvidos** recusar-se a ouvir: *Tapava os ouvidos às intrigas.* **tapar o sol com (a) peneira** tentar esconder coisas evidentes: *Todo mundo sabe que ela está doente, não adianta tapar o sol com a peneira.*

ta.pe.a.ção s.f. engano; logro: *Quem é honesto não gosta de tapeação.* // Pl.: tapeações.

ta.pe.ar v.t. enganar; lograr; iludir: *Ninguém mais tapeia o povo.*

ta.pe.ça.ri.a s.f. estofo tecido, lavrado ou bordado, para parede, móveis e pisos.

ta.pe.cei.ro s.m. **1** fabricante ou vendedor de tapetes. **2** estofador de móveis ou de bancos de carros.

ta.pe.ra (é) s.f. casa arruinada ou em mau estado: *Moravam numa tapera de madeira e palha.*

ta.pe.te (ê) s.m. peça móvel, de fibras têxteis, para revestir parcialmente assoalhos.

ta.pi.o.ca (ó) s.f. **1** (Bras.) fécula de mandioca: *cuscuz de tapioca.* **2** bolo de massa dessa fécula: *Minha tia fazia e vendia tapioca.*

ta.pir s.m. (Bras.) anta.

ta.pi.ra.pé s.m. (Bras.) povo tupi da região do rio Tapirapé, afluente do Araguaia.

ta.pi.ri s.m. (Bras.) cabana provisória usada pelos seringueiros do Brasil como moradia.

ta.pui.a s.2g. **1** designação dada pelos portugueses aos indígenas que falavam línguas não filiadas ao tronco tupi; tapuio. **2** filho de branco e índio; mameluco. ♦ adj. **3** pertencente ou relativo aos tapuias.

ta.pu.me s.m. vedação provisória de um terreno, geralmente feita de tábuas.

ta.qua.ra s.f. designação genérica de várias plantas da família das gramíneas, de caule geralmente oco; bambu: *Ouvem-se estalos de taquara, ruídos de insetos.*

ta.qua.ral s.m. plantação de taquara: *A lua surgiu por trás de um taquaral.*

ta.qui.car.di.a s.f. estado caracterizado pelo aumento do número de batimentos cardíacos por minuto.

ta.qui.gra.far v.t. escrever por taquigrafia: *Duas secretárias taquigrafavam pateticamente a entrevista.*

ta.qui.gra.fi.a s.f. arte de escrever, por meio de sinais e abreviaturas, quase tão rápido quanto se fala.

ta.qui.grá.fi.co adj. relativo à taquigrafia: *notas taquigráficas.*

ta.quí.gra.fo s.m. quem escreve por taquigrafia.

ta.ra s.f. **1** peso de um veículo sem a carga. **2** desvio do padrão, principalmente em relação ao comportamento sexual. **3** inclinação perversa.

ta.ra.do s.m. **1** pessoa degenerada: *Prenderam o tarado da vila.* ♦ adj. (Bras.) **2** moralmente desequilibrado; sexualmente degenerado. **3** (Coloq.) profundamente atraído; apaixonado; maníaco: *jovens tarados por Internet.*

ta.ra.me.la (é) s.f. peça de madeira de formato alongado que gira em redor de um prego, destinada a fechar portas e janelas.

ta.ran.te.la (é) s.f. dança e música popular napolitana, de andamento muito vivo, acompanhada por pandeiro e castanholas.

ta.rân.tu.la s.f. aranha venenosa europeia, cuja picada causa febre e delírio, e, segundo crença popular, leva o doente a cantar e a dançar.

tar.dan.ça s.f. demora; delonga: *Precisamos agir sem tardança.*

tar.dar v.t. **1** fazer demorar; fazer atrasar; retardar: *Não queriam tardar ainda mais a construção do ginásio.* **2** levar tempo; demorar: *Os juros tardam a cair.* • int. **3** ocorrer tardiamente; demorar: *A justiça tarda, mas não falha.* **4** estar em atraso; demorar: *Faça o favor de não tardar, senão perde o emprego.* **5** demorar a vir: *Não tarda o dia em que a Internet será acessível para todos.* ♦ **no/o mais tardar** no máximo: *O dinheiro será liberado, no/o mais tardar, amanhã.*

tar.de s.f. **1** período entre o meio-dia e o início da noite: *a brisa da tarde.* • adv. **2** depois do tempo ajustado ou conveniente: *Acho que hoje chegarei tarde à escola.* **3** com a noite avançada; fora de hora: *A mulher sempre brigava quando ele chegava tarde.* ♦ **à/de tarde** no período da tarde: *Estuda de manhã e trabalha à tarde.*

tar.di.o adj. que vem tarde: *O socorro tardio custou a vida do acidentado.*

tar.do adj. vagaroso; lento: *Iam chegando no tardo passo de animais de bucho cheio.*

ta.re.co s.m. (Coloq.) **1** objeto velho ou sem valor; cacareco: *Saiu à cata de móveis velhos, mas não queria pagar nada por esses tarecos.* **2** qualquer conjunto de pequenos objetos: *O noivo apenas recolheu seus tarecos e mudou-se para a casa do sogro.*

ta.re.fa (é) s.f. **1** trabalho que se deve concluir em determinado prazo; incumbência: *Meu chefe me confiou a tarefa de apresentar o relatório em dois dias.* **2** trabalho; atividade: *Você faz tarefas domésticas o ano inteiro.* **3** encargo; função: *A nossa tarefa continua sendo defender e manter o referencial de qualidade da firma.* **4** trabalho escolar determinado para ser feito em casa: *Já fez a tarefa da escola?*

ta.re.fei.ro s.m. pessoa que trabalha por tarefa: *Não haverá aumento para os tarefeiros.*

ta.ri.fa s.f. custo fixado de serviços: *A tarifa de importação de carros foi seguidamente alterada.*

ta.ri.fa.ção s.f. aplicação de tarifa: *Os bancos recorreram à tarifação de serviços prestados.* // Pl.: tarifações.

ta.ri.fá.rio adj. de, ou relativo a tarifa: *reduções tarifárias.*

ta.rim.ba s.f. **1** estrado para dormir; cama rude e desconfortável: *O soldado deitou-se na tarimba.* **2** larga experiência; grande prática: *Eram jogadores que tinham tarimba internacional.*

ta.rim.ba.do adj. que tem tarimba; experiente: *Para o técnico, o ideal seria mesclar os atletas tarimbados com os novatos.*

tar.ja s.f. **1** tira estreita, geralmente de pano: *Os sem-terra usaram uma tarja preta no braço, em protesto.* **2** faixa pintada: *No Brasil, os remédios que necessitam de receita médica são vendidos em caixas com tarja*

taxa

vermelha. **3** texto curto usado como aviso: *O cartaz trazia uma tarja com os dizeres: "Procura-se cão desaparecido".*

tar.je.ta (ê) *s.f.* cartão; bilhete: *Suas ideias eram resumidas em tarjetas, que circulavam no grupo.*

tar.la.ta.na *s.f.* tecido leve e fino: *vestido de tarlatana.*

ta.rô *s.m.* baralho de 78 cartas, com desenhos diversos, usado por cartomantes: *Há quem acredite nas cartas do tarô.*

ta.rol *s.m.* pequeno tambor achatado dotado de dois bordões: *Tocava tarol na escola de samba.*

tar.ra.fa *s.f.* rede de pesca, de forma circular, com chumbo nas bordas.

tar.ra.fa.da *s.f.* lançamento da tarrafa no rio para pegar peixes: *Dei várias tarrafadas, todas com sucesso.*

tar.ra.far *v.int.* tarrafear.

tar.ra.fe.ar *v.int.* pescar com tarrafa: *Constatei que a maré estava baixando, mas ainda não dava para tarrafear.*

tar.ra.xa *s.f.* peça usada para ajustar ou prender algo: *tarraxa de brinco.*

tar.so *s.m.* (Anat.) porção posterior do esqueleto de cada pé, constituída por sete ossos dispostos em forma de grade.

tar.ta.mu.de.ar *v.t.* gaguejar: *Às vezes deixa o marido tartamudear uma ou outra palavra e continua a falar.*

tár.ta.ro¹ *s.m.* **1** indivíduo natural ou habitante da antiga Tartária (hoje uma república autônoma integrada à Federação Russa). **2** língua falada pelos tártaros. • *adj.* **3** próprio dos tártaros ou da língua tártara.

tár.ta.ro² *s.m.* **1** Depósito salino que se forma nas paredes dos tonéis de vinho. **2** depósito calcário que se forma nos dentes: *Alterações na gengiva e o tártaro podem piorar o hálito.*

tar.ta.ru.ga *s.f.* **1** réptil aquático de cabeça retrátil e corpo oval envolvido por uma carapaça óssea, com membros curtos e achatados, adaptados para a natação. **2** material extraído da carapaça da tartaruga: *óculos de tartaruga.* **3** carne desse réptil: *Comeram tartaruga à beça.* **4** pessoa que se move ou dirige muito devagar: *Ela é uma tartaruga!*

tar.tu.fo *s.m.* homem hipócrita; impostor: *Aquele sujeito é um tartufo.*

tas.ca *s.f.* taberna; boteco.

tas.car *v.t.* (Coloq.) **1** aplicar de maneira impetuosa ou violenta: *A moça tascou um beijo no senador.* **2** tirar pedaços mordendo: *A turma toda quis tascar meu sanduíche.* **3** (Bras.) rasgar; despedaçar (galões ou propagandas de papel que caem).

ta.ta.me *s.m.* espécie de colchão fino tipicamente japonês usado para cobrir o chão de residências ou de locais onde se praticam certas artes marciais: *O judoca caiu no tatame.*

ta.ta.ra.na *s.f.* taturana.

ta.ta.ra.ne.to (ê) *s.m.* filho do trineto ou da trineta: *O Senado aprovou pensão vitalícia especial à tataraneta de Joaquim José da Silva Xavier, o Tiradentes.*

ta.ta.ra.vô *s.m.* pai do trisavô ou trisavó: *O tataravô era partidário de Napoleão.*

ta.te.ar *v.t.* **1** examinar pelo tato para identificar ou conhecer: *O menino tateou o pacote, tentando adivinhar seu conteúdo; O cego explorou o quarto, tateando as paredes.* **2** sondar; procurar: *Aos 30 anos, ela está tateando um novo caminho em sua carreira.* • *int.* **3** procurar alguma coisa pelo tato: *tateou em busca da armadilha.* **4** guiar-se pelo tato: *Levanto-me e vou tateando até a janela.*

ta.ti.bi.ta.te *s.m.* **1** aquele que troca consoantes ao falar. **2** aquele que gagueja ao falar. **3** aquele que, por timidez ou inépcia, se embaraça ao falar. • *adj.* **4** que é próprio de tatibitate.

tá.ti.ca *s.f.* **1** modo de ordenar as tropas no campo de batalha, objetivando melhor ataque e defesa: *O chamado elemento "surpresa" é dos mais decisivos da tática e da estratégia militares.* **2** habilidade usada para obter maior sucesso num empreendimento: *Adotou a tática de bajular o chefe para garantir o emprego.*

tá.ti.co *adj.* relativo à tática: *O técnico surpreendeu ao modificar, mais uma vez, o esquema tático da equipe.*

tá.til *adj.* relativo ao tato: *sensações táteis.*

ta.to *s.m.* **1** sentido pelo qual se percebem as sensações de dor, de calor, de contato: *O tato descobriu uma coisa redonda e lisa, a curva de uma cantoneira.* **2** prudência, tino, sensibilidade: *Você podia ter agido com mais tato.*

ta.tu *s.m.* **1** mamífero desdentado, que vive em tocas escavadas no chão, de hábitos noturnos, corpo coberto por uma carapaça formada por faixas de pequenas placas ósseas, cauda fina e comprida. **2** carne desse mamífero: *Hoje no almoço vamos comer tatu.*

ta.tu.a.gem *s.f.* **1** arte de introduzir sob a epiderme substâncias corantes para produzir desenhos ou caracteres geralmente indeléveis: *Um especialista em tatuagem atuava no local.* **2** desenho ou caracteres produzidos por tatuagem: *Tinha uma bela tatuagem no ombro esquerdo.*

ta.tu.ar *v.t.* fazer tatuagem: *O rapaz tatuou um disco voador no antebraço.*

ta.tu.í *s.m.* crustáceo de coloração branca, com cerca de três centímetros de comprimento, que tem certa semelhança com o tatu.

ta.tu.ra.na *s.f.* lagarta de corpo coberto de pelos urticantes que, em contato com a pele, provocam uma lesão semelhante a uma queimadura.

tau.ma.tur.go *s.m.* pessoa que faz milagres: *Ele não é um taumaturgo, um milagreiro do qual se deva esperar soluções para todos os problemas.*

tau.ri.no *s.m.* **1** (Astrol.) pessoa nascida sob o signo de Touro: *Os taurinos gostam de conforto.* • *adj.* **2** vacum: *gado taurino.* **3** próprio de touro: *força taurina.* **4** grosso e forte, como de touro: *pescoço taurino.*

tau.ro.ma.qui.a *s.f.* a arte de tourear: *Sevilha é um dos mais importantes centros de tauromaquia da Andaluzia.*

tau.to.lo.gi.a *s.f.* **1** proposições que têm por sujeito e predicado um mesmo conceito: *Dizer que "uma rosa é uma rosa" envolve uma tautologia.* **2** vício de linguagem que consiste em dizer, de várias maneiras, a mesma coisa; redundância.

tau.xi.a.do *adj.* ornamentado ou lavrado com metais embutidos; marcheteado: *chapéu de couro tauxiado.*

ta.ver.na (ê) *s.f.* taberna.

ta.ver.nei.ro *s.m.* taberneiro.

ta.xa /ch/ *s.f.* **1** tributo: *taxa de importação.* **2** proporção; índice: *taxa de mortalidade infantil.* **3** preço de

taxação

gêneros e serviços previamente estipulado: *A taxa de franquia fica em torno de R$ 60 mil.* // Cp.: tacha.

ta.xa.ção /ch/ *s.f.* fixação de tributo: *taxação das transações financeiras.* // Pl.: taxações.

ta.xar /ch/ *v.t.* aplicar uma taxa sobre; cobrar imposto sobre: *O governo taxou pesadamente as importações.* // Cp.: tachar.

ta.xa.ti.vo /ch/ *adj.* **1** que não admite réplica ou contestação: *As ordens do diretor são sempre taxativas.* **2** categórico: *A aluna foi taxativa: "Não vou ao baile".*

tá.xi /ks/ *s.m.* automóvel destinado ao transporte de passageiros mediante pagamento, geralmente com tarifa regulada por taxímetro. ♦ **táxi aéreo** pequeno avião de aluguel: *O jogador chegou de táxi aéreo.*

ta.xi.a.men.to /ks/ *s.m.* ação de taxiar.

ta.xi.ar /ks/ *v.int.* falando-se de avião, movimentar-se em terra para decolar ou depois de ter aterrissado: *O avião taxiava pela pista auxiliar.*

ta.xi.der.mi.a /ks/ *s.f.* técnica de empalhar animais mortos.

ta.xí.me.tro /ks/ *s.m.* aparelho usado no painel de um táxi para registrar o preço da corrida ou se o táxi está ocupado.

ta.xi.o.no.mi.a /ks/ *s.f.* ciência ou técnica de classificação de seres vivos.

ta.xis.ta /ks/ *s.2g.* motorista de táxi.

tche.co *s.m.* **1** natural ou habitante da República Tcheca. **2** língua falada pela tchecos. ● *adj.* **3** relativo à República Tcheca. // Também se usa a forma checo.

tche.cos.lo.va.co *s.m.* **1** pessoa natural da antiga Tchecoslováquia, atuais República Tcheca e Eslováquia. ● *adj.* **2** relativo à Tchecoslosváquia. // Também se usa a forma Checoslováquia.

te *pron.* **1** refere-se à pessoa a quem se fala, e funciona como complemento verbal: *Não sei se te entendo.* **2** usado para chamar a atenção sobre o núcleo do predicado: *Vai-te daqui.* **3** usado pelo possessivo correspondente "teu": *Sonhei que te acariciava os cabelos.*

tê *s.m.* nome da letra **t**.

te.ar *s.m.* artefato ou máquina de tecer fios.

te.a.tral *adj.* **1** de teatro: *autor teatral.* **2** ostentoso; espetaculoso: *Deu uma gargalhada teatral.*

te.a.tra.li.da.de *s.f.* qualidade do que é teatral; dramaticidade.

te.a.tra.li.zar *v.t.* **1** adaptar para teatro; dramatizar: *A professora teatralizou um poema de Drummond.* ● *int.* **2** (Deprec.) conferir caráter dramático a: *A mulher gesticulava muito, teatralizando demais o incidente.*

te.a.tro *s.m.* **1** edifício onde se representam obras dramáticas, óperas, onde se realizam concertos ou outros espetáculos públicos: *Teatro municipal.* **2** conjunto das obras dramáticas de um autor, época ou nação: *Estudava o teatro grego e o latino.* **3** lugar onde se dá algum acontecimento memorável; palco: *A faculdade era o teatro das discussões.* **4** arte de representar: *Ana frequenta uma escola de teatro.* **5** fingimento; cambalacho: *A eleição foi puro teatro.*

te.a.tró.lo.go *s.m.* autor de obra teatral; dramaturgo; comediógrafo.

te.ca *s.f.* madeira clara e resistente retirada de uma árvore de grande porte, nativa da Ásia.

te.ce.la.gem *s.f.* **1** ato ou efeito de tecer: *indústria de tecelagem.* **2** estabelecimento onde se fabricam tecidos: *Era o primeiro a chegar à tecelagem.*

te.ce.lão *s.m.* pessoa que tece pano; pessoa que trabalha em tear. // Pl.: tecelões.

te.cer *v.t.* **1** entrelaçar regularmente (fios, palha etc.): *Os teares teciam fios de algodão.* **2** elaborar; tramar: *tecer um plano.* **3** fazer: *tecer considerações; tecer críticas.*

te.ci.do *s.m.* **1** produto que resulta da tecelagem regular de fios de lã, seda, algodão, ou outra fibra natural ou artificial, e que é usado na confecção de peças de vestuário; pano; fazenda: *loja de tecidos.* **2** (Anat.) conjunto de células de origem comum igualmente diferenciadas para o desempenho de certas funções, num organismo vivo: *tecido ósseo.* **3** entrelaçamento: *Vivemos num tecido de inquietações e sobressaltos.*

te.cla (é) *s.f.* **1** peça que se aciona com o dedo para produzir som, como no piano, no cravo e no órgão. **2** cada uma das peças que, em máquinas de escrever, teclados de computadores, calculadoras etc., corresponde a uma letra, algarismo ou outro símbolo qualquer, e que se aciona para imprimi-lo ou torná-lo visível na tela. **3** peça de certos aparelhos (gravador, liquidificador etc.) que se aciona para transmitir comandos.

te.cla.dis.ta *s.2g.* instrumentista que toca teclados, sobretudo de instrumentos eletrônicos.

te.cla.do *s.m.* **1** conjunto de teclas: *teclado do piano.* **2** instrumento musical com conjunto de teclas: *Fez curso de teclado.* **3** conjunto de teclas empregado para acionar uma máquina: *o teclado de um computador.*

te.clar *v.t.* **1** acionar teclas; digitar: *Teclava a informação no computador.* ● *int.* **2** acionar teclas: *passei a manhã teclando.*

téc.ni.ca *s.f.* **1** conjunto de procedimentos ligados a uma arte em ciência: *A técnica daquele violonista é impressionante.* **2** procedimento tático; tática: *Os engenheiros usaram a mesma técnica das vezes anteriores.*

tec.ni.cis.mo *s.m.* **1** aparato técnico: *Há um alto grau de tecnicismo na fabricação desse aparelho.* **2** abuso desse aparato: *Não convém sucumbir ao tecnicismo.*

téc.ni.co *s.m.* **1** pessoa que aplica determinada técnica; especialista; perito: *Consultei um técnico em informática.* **2** pessoa responsável pelo treinamento e escalação de equipe esportiva: *Já foi escolhido o novo técnico da seleção.* ● *adj.* **3** peculiar a uma determinada arte, ofício, profissão ou ciência: *Falta-lhe conhecimento técnico.* **4** do ponto de vista da técnica: *Quis saber se havia possibilidade técnica de alterar o resultado.* **5** constituído de técnicos: *comissão técnica da seleção.*

tec.no.cra.ci.a *s.f.* sistema de organização política e social baseado na predominância dos técnicos.

tec.no.cra.ta *s.m.* (Deprec.) funcionário ou administrador que procura soluções meramente técnicas, desprezando os aspectos humanos e sociais das questões.

tec.no.fo.bi.a *s.f.* aversão à tecnologia.

tec.no.lo.gi.a *s.f.* conjunto de conhecimentos, particularmente científicos, relativos à produção em geral; conjunto dos processos especiais relativos a uma arte ou indústria: *A tecnologia avança, mas os problemas sociais continuam os mesmos.*

tec.nó.lo.go *s.m.* pessoa versada em tecnologia.

telespectador

te.co-te.co *s.m.* avião pequeno, de um só motor de explosão, de reduzida potência, para trajetos curtos. // Pl.: teco-tecos.

tec.tô.ni.co *adj.* 1 relativo às placas que formam a crosta terrestre: *placas tectônicas.* 2 relativo à arte de construção de edifícios: *área tectônica da arquitetura.*

té.dio *s.m.* aborrecimento; enfado; desgosto: *Fala pouco e demonstra tédio.*

te.di.o.so (ô) *adj.* que causa tédio; enfadonho: *uma tediosa tarde de domingo.*

te.flon *s.m.* resina de polímero artificial, que torna certas superfícies antiaderentes e que é usada especialmente para revestimento de utensílios: *assadeira de teflon.*

te.gu.men.to *s.m.* (Anat.) tudo o que cobre o corpo do homem e dos animais (pele, pelos, penas, escamas).

tei.a *s.f.* 1 trama; enredo: *O historiador configura coerentemente a teia dos fatos.* 2 armadilha; ardil: *as teias da burocracia.* 3 entrelaçamento; rede: *A peça é também uma teia de relações afetivas.* 4 no tear, trama formada pela urdidura dos fios. 5 teia de aranha: *enormes teias brilhantes pendiam do teto.*

tei.ma *s.f.* insistência em fazer algo, ainda que enfrentando obstáculos; teimosia; obstinação: *Minha teima durou uma semana.*

tei.mar *v.t.* 1 afirmar com insistência: *Ele teima que não me conhece.* 2 insistir; obstinar-se: *Os analistas teimam em separar o Estado da sociedade real.* 3 persistir: *A inflação teima em subir.* 4 tentar convencer: *Como não convinha teimar com o treinador, concordei.*

tei.mo.si.a *s.f.* 1 resistência: *Pretendia vencer sua teimosia, sua relutância em aprender.* 2 pertinácia exagerada: *É bem conhecida a teimosia do técnico da seleção.* 3 obstinação: *Sua teimosia em sair sem guarda-chuva causou-lhe um resfriado.*

tei.mo.so (ô) *s.m.* 1 pessoa que teima: *O teimoso respondeu que não iria à festa de terno. adj.* 2 que teima; obstinado. 3 persistente: *Ele foi teimoso e não desistiu.*

tei.ú *s.m.* (Bras.) grande lagarto de cor escura e com faixas transversais amarelo-escuras.

te.la (é) *s.f.* 1 conjunto formado pelo entrelaçamento de fios. 2 tecido de arame ou outro fio duro: *O galinheiro era cercado por uma tela de arame.* 3 tecido especial sobre o qual se pintam quadros. 4 quadro pintado sobre tela: *Artista plástico é acusado de danificar uma tela de Miró.* 5 painel sobre o qual se projetam os filmes cinematográficos. 6 visor do aparelho de televisão ou do monitor do computador.

te.le.cur.so *s.m.* curso transmitido pela televisão: *A televisão põe no ar o primeiro telecurso de japonês.*

te.le.dra.ma.tur.gi.a *s.f.* dramaturgia voltada para a televisão.

te.le.fé.ri.co *s.m.* ascensor suspenso por cabos, que transporta passageiros ou mercadorias de um monte a outro ou de um ponto mais baixo a um ponto mais alto, ou vice-versa.

te.le.fo.nar *v.t.* falar, comunicar-se pelo telefone: *Telefonei ao diretor.*

te.le.fo.ne *s.m.* 1 aparelho que permite a comunicação verbal entre duas ou mais pessoas distantes uma da outra: *telefone sem fio.* 2 números por meio dos quais se efetua a ligação telefônica: *Antes de sair, deixe seu telefone.*

te.le.fo.ne.ma *s.m.* comunicação por telefone: *Recebi seis telefonemas anônimos.*

te.le.fo.ni.a *s.f.* transmissão da palavra falada ou de sons a distância feita por telefone e/ou rádio: *Temos uma das telefonias mais caras do planeta.*

te.le.fô.ni.co *adj.* relativo a telefone ou a telefonia: *linhas telefônicas.*

te.le.fo.nis.ta *s.2g.* pessoa que tem por ofício dar, receber e retransmitir telefonemas ou completar ligações.

te.le.gra.far *v.t.* comunicar-se por telegrama: *Vou telegrafar para os parentes.*

te.le.gra.fi.a *s.f.* transmissão de mensagens por meio de código de sinais, através de fios.

te.le.gra.fis.ta *s.2g.* pessoa que, nas estações telegráficas, transmite ou recebe telegramas.

te.lé.gra.fo *s.m.* 1 aparelho destinado a transmitir mensagens a distância, por código de sinais: *Os textos passaram a ser transmitidos por telégrafo.* 2 local onde funciona esse aparelho: *Quando precisávamos de comunicações seguras com outros estados, íamos ao telégrafo.*

te.le.gra.ma *s.m.* 1 comunicação telegráfica: *Enviou a mensagem por telegrama.* 2 mensagem escrita, transmitida por sinais: *Rasgou o telegrama assim que o leu.*

te.le.jor.nal *s.m.* programa de televisão que apresenta as notícias do dia.

te.le.jor.na.lis.mo *s.m.* atividade jornalística exercida em telejornal.

telemarketing (telemárketin) (Ingl.) *s.m.* venda de produtos ou serviços por telefone.

te.le.má.ti.ca *s.f.* ciência que trata da manipulação e utilização da informação pelo uso combinado do computador e dos meios de telecomunicação: *As transações financeiras são hoje instantâneas graças à telemática.*

te.le.má.ti.co *adj.* relativo à telemática: *serviços telemáticos.*

te.le.me.tri.a *s.f.* técnica de obtenção, processamento e transmissão de dados a distância.

te.le.no.ve.la (é) *s.f.* novela transmitida pela televisão.

te.le.ob.je.ti.va *s.f.* objetiva especial que permite fotografar a grande distância.

te.le.o.la.gi.a *s.f.* doutrina que considera o mundo como um sistema de relações entre meios e fins.

te.le.pa.ta *s.2g.* pessoa que pratica telepatia: *Seu sonho era ser um bom telepata.*

te.le.pa.ti.a *s.f.* suposta capacidade de transmissão de pensamentos a distância entre duas ou mais pessoas: *comunicar-se por telepatia.*

te.les.có.pi.co *adj.* 1 feito com o auxílio do telescópio: *as observações telescópicas de Galileu.* 2 constituído de gomos que se acomodam uns dentro dos outros, permitindo variar seu comprimento: *antena telescópica.*

te.les.có.pio *s.m.* instrumento óptico destinado a aproximar a imagem de objetos distantes, usado principalmente para observar corpos celestes.

te.les.pec.ta.dor (ô) *s.m.* 1 pessoa que assiste a programas de televisão; espectador de televisão. • *adj.* 2 que assiste a programas de televisão: *plateia telespectadora.*

televisão

te.le.vi.são s.f. **1** transmissão e recepção de imagens visuais e sonoras convertidas em sinais eletromagnéticos por meio de ondas hertzianas ou de cabo coaxial. **2** meio de comunicação que difunde informações, espetáculos etc.: *Há os que culpam a televisão pela violência existente no mundo.* **3** a emissora de televisão: *O presidente fez um pronunciamento em cadeia nacional de televisão.* **4** conjunto de programas apresentados pela televisão: *O nível da televisão está cada vez mais baixo.* **5** televisor: *Ligou a televisão para ver o jogo.*

te.le.vi.sio.nar v.t. transmitir por televisão: *Nenhuma emissora vai televisionar o jogo de domingo.*

te.le.vi.si.vo adj. **1** relativo à televisão: *documentários televisivos.* **2** feito por meio da televisão: *campanha televisiva.*

te.le.vi.sor (ô) s.m. aparelho receptor de imagens de televisão.

te.lex (é) /ks/ s.m. **1** serviço telegráfico de comunicação: *O correio eletrônico tornou praticamente obsoleto o telex.* **2** máquina telegráfica: *A empresa precisava comprar um telex.* **3** mensagem recebida ou enviada pelo serviço telegráfico: *Recebi um telex.*

te.lha (ê) s.f. peça, em geral de cerâmica, para cobrir casas.

te.lha.do s.m. **1** cobertura de uma construção: *A chuva destruiu o telhado do ginásio de esportes.* **2** abrigo; morada: *Perdemos quase tudo, mas ainda temos um telhado.* ♦ (Fig.) **telhado de vidro** passado comprometedor: *Sei que você tem telhado de vidro.*

te.lhei.ro s.m. construção constituída por uma cobertura sustentada por pilares e aberta em todas as suas faces.

te.lú.ri.co adj. **1** relacionado à Terra: *Há um lirismo telúrico em que pessoas e plantas parecem iguais.* **2** próprio de quem vive na Terra: *a energia telúrica do homem.* **3** da Terra: *O movimento telúrico durou um minuto.*

te.ma s.m. **1** proposição que vai ser tratada ou demonstrada; foco de interesse; assunto: *tema da palestra; tema da reunião.* **2** proposição de exercício escolar: *O tema da redação foi ecologia.* **3** em música, motivo sobre o qual se desenvolve uma composição: *O tema da sinfonia.* **4** (Gram.) na morfologia da língua portuguesa, raiz ou radical acompanhado de uma vogal temática: *tema verbal.*

te.má.rio s.m. conjunto de temas ou assuntos que são tratados em reuniões: *O temário do congresso girava em torno da poluição ambiental.*

te.má.ti.ca s.f. **1** conjunto de temas que caracteriza uma obra artística, literária ou científica: *A seca e suas consequências integram a temática da obra de Graciliano Ramos.* **2** tema: *O que interessa ao jornal é a temática urbana.*

te.má.ti.co adj. **1** feito de acordo com o tema: *agrupamento temático dos capítulos da obra.* **2** caracterizado por um tema: *Faremos um baile temático.*

te.ma.ti.zar v.t. pôr ou instituir como tema: *tematizar a guerra.*

te.mer v.t. **1** ter medo de; recear: *O povo teme a guerra.* **2** tributar reverência ou grande respeito: *temer a Deus.* **3** preocupar-se ou inquietar-se com: *A mãe teme pela saúde do filho.*

te.me.rá.rio adj. **1** arriscado; perigoso: *Os economistas dizem que será temerário reduzir os juros.* **2** destemido; ousado: *Só capitalistas temerários fariam esse negócio.* **3** sem fundamento; sem base: *Você está fazendo um juízo temerário sobre esse fato.*

te.me.ri.da.de s.f. imprudência; ousadia: *Sair à rua a pé durante a noite é uma temeridade.*

te.mor (ô) s.m. estado de quem teme; medo: *O temor do desemprego ronda os lares brasileiros.*

têm.pe.ra s.f. **1** ato de dar consistência aos metais, especialmente ao aço, introduzindo-os incandescentes em água fria: *Cedo ele aprendeu a técnica da têmpera.* **2** consistência que adquire o metal após ser introduzido incandescente em água fria: *A lâmina é aparelhada após receber a têmpera.* **3** inteireza de caráter: *É a fé que explica a têmpera dessas pessoas simples.* **4** pintura a cuja tinta se misturam cal e cola para lhe dar maior resistência: *O Masp expôs 50 têmperas de um artista italiano.*

tem.pe.ra.do adj. **1** em que se põe tempero; condimentado: *peru temperado.* **2** que recebeu têmpera: *aço temperado.* **3** diz-se do vidro endurecido por meio de alterações bruscas de temperatura durante o processo de fabricação: *vidro temperado.* **4** próprio da zona temperada: *clima temperado.* **5** em que há uma mistura: *Tinha nos olhos uma expressão temperada de maldade e sarcasmo.*

tem.pe.ra.men.tal adj. de caráter instável; emotivo; impulsivo: *pessoa temperamental.*

tem.pe.ra.men.to s.m. conjunto de traços psicofisiológicos de uma pessoa e que lhe determinam as reações emotivas, os estados de humor, o caráter; índole: *Ninguém aprova esse seu temperamento explosivo.*

tem.pe.ran.ça s.f. virtude de quem é moderado; sobriedade; comedimento: *viver com temperança é viver bem.*

tem.pe.rar v.t. **1** pôr tempero em; condimentar: *temperar a carne.* **2** dar temperatura amena: *temperar a água.* **3** dar consistência ou rijeza: *temperar o aço.* **4** amenizar; suavizar: *O orador temperava suas palavras.*

tem.pe.ra.tu.ra s.f. **1** quantidade de calor que existe no ambiente: *A temperatura na sala estava muito alta.* **2** quantidade de calor existente num corpo: *A temperatura normal de uma pessoa é de 36,5ºC.*

tem.pe.ro (ê) s.m. **1** conjunto de ingredientes que se adicionam aos alimentos para realce do sabor; condimento: *Refogue a carne com os temperos de sua preferência.* **2** ação de temperar: *Piquei cebola e alho para o tempero da salada.* **3** realce: *Os jogadores brasileiros dão um tempero especial aos times europeus.*

tem.pes.ta.de s.f. **1** agitação violenta da atmosfera com relâmpagos, trovões, chuva forte e vento; temporal. **2** (Fig.) estado de grande desordem ou perturbação: *Sua expressão de raiva anunciava a tempestade que estava para cair sobre mim.* **3** grande quantidade: *O Brasil conquistou o penta sob uma tempestade de críticas.* ♦ **fazer tempestade em copo d'água** no exagerar; exceder-se; atribuir a algo proporções maiores que as reais: *Você está fazendo tempestade em copo d'água.*

tensão

tem.pes.tu.o.so (ô) *adj.* que tem as características de uma tempestade; violento; agitado: *atitude tempestuosa.*

tem.plo *s.m.* **1** edifício destinado a culto religioso. **2** local de grande importância: *Aquele restaurante é o templo da culinária asiática.*

tem.po *s.m.* **1** sucessão dos anos, dos dias, das horas etc.: *O tempo implacável fez o trio cair no esquecimento.* **2** período cuja duração se especifica: *Já faz um bom tempo que ele não trabalha.* **3** disponibilidade: *Agora não tenho tempo.* **4** época: *Naquele tempo a vida era mais difícil.* **5** período do ano em que se dão certos fenômenos naturais; estação: *Ainda não é tempo de manga.* **6** duração: *Encurtei o tempo do trajeto.* **7** (Mús.) cada uma das unidades do compasso: *A mínima equivale a dois tempos e a semínima, a um tempo.* **8** cada um dos dois períodos em que se divide a partida de futebol ou outras competições esportivas: *Os gols só saíram no segundo tempo.* **9** estada: *Nosso tempo na França estava para terminar.* **10** conjunto de condições meteorológicas: *O tempo bom favoreceu o espetáculo.* **11** ocasião propícia para alguma coisa: *Já é tempo de escolher uma esposa.* **12** prazo: *É melhor dar um tempo.* ♦ **a tempo** no momento próprio: *Ainda bem que cheguei a tempo.* **ao mesmo tempo** simultaneamente: *Todos falavam ao mesmo tempo.* **de tempo em tempo** de vez em quando: *De tempo em tempo ele vai para a França.* **em dois tempos** muito rapidamente: *Resolvo isso em dois tempos.* **tempo do onça** tempo antigo: *Isso é música do tempo do onça.*

tem.po-quen.te *s.m.* (Bras.) discussão acalorada. // Pl.: tempos-quentes.

têm.po.ra *s.f.* (Anat.) cada uma das duas partes laterais da cabeça, situadas acima do zigoma: *Os cabelos dele estavam nascendo brancos nas têmporas.*

tem.po.ra.da *s.f.* **1** período do ano adequado ou fixado para a realização de certas atividades artísticas, esportivas, sociais etc.: *Temporada de pesca.* **2** período do ano em que costumam ocorrer certos fenômenos: *a temporada das chuvas.*

tem.po.ral¹ *s.m.* **1** chuva forte com vento, raios e trovões: *Desembarcamos debaixo de forte temporal.* ♦ *adj.* **2** do ou referente ao tempo: *sucessão temporal dos acontecimentos.* **3** profano, mundano: *o poder temporal dos príncipes.* **4** (Gram.) diz-se da conjunção subordinativa (enquanto, quando, desde, sempre que) e da oração subordinada adverbial que exprime tempo (anterior, simultâneo ou posterior).

tem.po.ral² *adj.* das têmporas: *Tinha uma dor de cabeça localizada na região temporal.*

tem.po.ra.li.da.de *s.f.* estado ou condição do que é temporal provisório: *a temporalidade de um cargo no governo.*

tem.po.rão *adj.* **1** diz-se do filho que nasce muito depois do que o precede, ou muito depois do casamento dos pais: *O casal teve um filho temporão.* **2** fora de época: *carnaval temporão.*

tem.po.rá.rio *adj.* **1** por pouco tempo; transitório: *cargo temporário.* **2** provisório; precário: *conceder um registro temporário.* **3** contratado por período curto: *trabalhadores temporários.*

tem.po.ri.za.dor (ô) *s.m.* circuito que tem a função de ligar ou desligar outro circuito num momento prefixado: *O carro possui limpador de para-brisa com temporizador.*

tem.po.ri.zar *v.t.* **1** adiar, demorar: *temporizar o negócio.* **2** *int.* contemporizar: *é preciso temporizar com o inimigo.*

te.na.ci.da.de *s.f.* qualidade do que é tenaz; persistência: *É preciso tenacidade e coragem para superar as dificuldades.*

te.naz *s.f.* **1** instrumento formado por duas hastes de ferro, unidas por um eixo, à maneira de tesoura, com que o ferreiro tira peças incandescentes da forja para as malhar na bigorna. ♦ *adj.* **2** vigoroso; renitente: *Fizemos um esforço tenaz para vencer a crise.* **3** persistente; obstinado: *pessoa tenaz.*

ten.ção *s.f.* (Coloq.) intenção: *Recostei-me na cama, na tenção de pensar na vida.* // Cf.: tensão.

ten.ci.o.nar *v.t.* pretender: *A agência tenciona expandir suas operações na América Latina.* // Cf.: tensionar.

ten.da *s.f.* **1** barraca de lona ou outro tecido, usada em acampamento ou instalação provisória: *A tenda desabou sobre um grupo de pessoas.* **2** loja para vender víveres ou outras mercadorias: *Debruçado sobre o balcão, o dono da tenda fitava os dois fregueses.* **3** local de reunião entre espíritas ou entre umbandistas: *tenda de umbanda.*

ten.dão *s.m.* (Anat.) cordão de tecido conjuntivo fibroso, pelo qual um músculo se prende a um osso. ♦ **tendão de Aquiles** o mais forte tendão do corpo humano, situado no tornozelo, acima do calcanhar. // É chamado atualmente de tendão calcâneo.

ten.dên.cia *s.f.* disposição natural; pendor, propensão: *tendência para a calvície.*

ten.der *v.t.* **1** ter propensão ou inclinação; inclinar-se: *A sociedade tende a endeusar seus ídolos.* **2** estar próximo; avizinhar-se: *A produtividade tende a zero.*

ten.di.ni.te *s.f.* (Med.) inflamação de tendão: *O jogador tem uma tendinite no joelho.*

te.ne.bro.so (ô) *adj.* terrível; medonho: *Aquele era um lugar tenebroso, cheio de armadilhas.*

te.nên.cia *s.f.* **1** vigor; firmeza: *Petronílio é um homem de tenência.* **2** precaução; prudência: *Este rapaz amalucado sem tenência de nada.* **3** juízo, consciência: *Só agora é que estou tomando tenência do perigo.*

te.nen.te *s.2g.* militar que ocupa, na hierarquia, posto acima de sargento e abaixo de major.

te.nen.tis.mo *s.m.* no Brasil, conjunto de movimentos militares liderados por tenentes das Forças Armadas, que ocorreu na década de 1930.

tê.nia *s.f.* (Bras.) verme intestinal, de corpo chato e comprido; solitária.

te.ní.a.se *s.f.* (Med.) infecção causada por tênia.

tê.nis *s.m.* **1** jogo com raquetes e bola, em campo dividido ao meio, transversalmente, por uma rede: *Estarão na olimpíada algumas estrelas do tênis.* **2** sapato de lona, couro ou outro material, com sola de borracha: *Ganhei meu primeiro tênis aos oito anos de idade.*

te.nis.ta *s.2g.* jogador de tênis.

te.nor (ô) *s.m.* **1** cantor que tem a voz masculina mais aguda. ♦ *adj.* **2** diz-se de instrumento de sopro cuja tessitura corresponde à de tenor: *sax tenor.*

ten.ro *adj.* **1** mole; macio: *carne tenra.* **2** que tem frescor; viçoso: *tenra idade.*

ten.são *s.f.* **1** estado de excitação nervosa acompanhado de instabilidade emotiva: *Não consigo viver nessa*

tensionamento

tensão. **2** conflito: *Aumenta a tensão entre torcidas rivais.* **3** estado de um corpo que possui força expansiva: *tensão da parede abdominal.* **4** força elástica dos gases e dos vapores: *tensão do oxigênio.* **5** rigidez em certas partes do organismo: *tensão dos músculos.* **6** voltagem: *fios de alta tensão.* // Cp.: tenção.

ten.si.o.na.men.to *s.m.* estado de tensão ou retesamento: *Verifique o tensionamento das correias e correntes.*

ten.si.o.nar *v.t.* **1** colocar tensão sobre: *tensionar os músculos.* **2** esticar; tornar tenso: *Um sistema de alavancas tensiona a corda.* // Cp.: tencionar.

ten.so *adj.* **1** esticado; estendido; distendido: *A corda estava muito tensa.* **2** carregado ou em estado de tensão: *O clima é tenso e o conflito pode ficar sério.*

ten.ta.ção *s.f.* **1** atração por; forte desejo: *Não resistiu às tentações daquele sorvete de chocolate.* **2** disposição de ânimo para a prática de atos censuráveis: *cair em tentação.* **3** o que provoca desejo, vontade: *Essa torta é uma tentação.*

ten.tá.cu.lo *s.m.* (Zool.) **1** apêndice móvel de certos animais, que serve para tatear ou para agarrar: *os tentáculos do polvo.* **2** (Fig.) extensão do poder; domínio: *Os tentáculos do imperialismo alcançam os países subdesenvolvidos.*

ten.ta.me *s.m.* tentativa. // Var.: tentâmem.

ten.tar *v.t.* **1** procurar seduzir; provocar: *A moça tentava o policial com seus lindos olhos verdes.* **2** despertar vontade em: *O doce me tentava.* **3** esforçar-se por; procurar: *Tento tirar leite de pedra.* **4** experimentar; exercitar: *Vou tentar uma nova vida.* **5** ensaiar; arriscar: *Maria tentou um risinho sem-vergonha.* **6** investir; acometer: *Tentou contra a própria vida.* ✦ **tentar a vida** procurar trabalho: *Ele está disposto a tentar a vida fora do Brasil.*

ten.ta.ti.va *s.f.* **1** experiência; exercício: *As primeiras tentativas literárias do autor foram um fracasso.* **2** esforço: *Ela sacudiu os braços numa última tentativa de liberdade.* **3** ameaça: *tentativa de homicídio.*

ten.te.ar *v.t.* sondar; tatear: *O melhor é ir tenteando a situação com calma.*

ten.to¹ *s.m.* atenção; cuidado: *Mantenha o tento aguçado.*

ten.to² *s.m.* ponto marcado no jogo: *O tento anulado foi, na verdade, legítimo.*

tê.nue *adj.* **1** delgado; fino: *fio tênue.* **2** fraco; suave: *luz tênue.* **3** de pouca importância; inexpressivo; escasso: *Sua intervenção foi tênue.*

te.o.cen.tris.mo *s.m.* teoria que considera Deus como o centro do universo: *O teocentrismo foi uma característica da Idade Média.*

te.o.cra.ci.a *s.f.* forma de governo em que o poder, tido como emanado dos deuses, é exercido por seus supostos representantes na Terra.

te.o.cra.ta *s.2g.* pessoa que exerce o poder em uma teocracia.

te.o.do.li.to *s.m.* instrumento óptico para medir com precisão ângulos horizontais e verticais, muito usado em trabalhos topográficos.

te.o.go.ni.a *s.f.* doutrina mística relativa ao nascimento dos deuses e à descrição de suas vidas.

te.o.lo.gi.a *s.f.* conjunto de conhecimentos sobre a divindade, seus atributos e suas relações com o mundo, com os homens e com a verdade religiosa.

te.or (ô) *s.m.* **1** conteúdo: *O teor do documento não foi revelado.* **2** dosagem de uma determinada substância que entra numa outra considerada em sua totalidade: *teor de gordura no sangue.* **3** propriedade; qualidade: *um alto teor alimentício.* **4** (Fig.) gênero; tipo: *Não gosto do teor dessa conversa.*

te.o.re.ma *s.m.* proposição que, para ser admitida como verdadeira, necessita de demonstração: *teorema de Pitágoras.*

te.o.ré.ti.co *adj.* teórico.

te.o.ri.a *s.f.* **1** conjunto de conhecimentos formulados e demonstrados cientificamente sobre determinado assunto. **2** conhecimento especulativo ou expositivo considerado independentemente de qualquer aplicação: *É preciso não confundir a teoria com a prática.* **3** suposição; hipótese: *Isso confirma a minha velha teoria de que os animais sentem uma atração particular pelas crianças.* **4** noções gerais; generalidades: *teoria literária* ✦ **em/na teoria** do ponto de vista teórico; abstratamente: *Teus planos são excelentes em/na teoria.*

te.ó.ri.co *s.m.* **1** pessoa que conhece os princípios de uma teoria: *Esse autor foi o grande teórico do modernismo.* ● *adj.* **2** relativo ou pertencente à teoria: *curso teórico.*

te.o.ri.za.ção *s.f.* ação de teorizar: *Não há, neste livro, uma nova teorização da realidade.*

te.o.ri.zar *v.t.* **1** explicar por meio de uma teoria: *A matemática teoriza que a ordem dos fatores não altera o produto.* ● *int.* **2** discorrer teoricamente: *teorizar sobre direitos humanos.* **3** criar teorias: *Uma das qualidades dos franceses é a grande capacidade de teorizar.*

te.o.so.fi.a *s.f.* doutrina de caráter religioso e filosófico que tem por objeto a união do homem com a divindade, mediante a elevação progressiva do espírito até à iluminação.

te.pi.dez (ê) *s.f.* caráter daquilo que é tépido ou morno: *Animou-se quando sentiu a tepidez da água.*

té.pi.do *adj.* **1** que tem pouco calor; morno: *água tépida.* **2** (Fig.) fraco; débil: *atitude tépida e frouxa.*

te.qui.la *s.f.* aguardente mexicana feita da destilação da *Agave tequilana*, planta das Américas do Norte e Central.

ter *v.t.* **1** possuir: *Leonardo já tem nove netos.* **2** estar com; apresentar: *Tinha os olhos vermelhos de tanto chorar.* **3** medir; ser de determinado tamanho ou volume: *A sucuri tinha quase seis metros.* **4** abrigar; conter: *O chiqueiro já tem mais de vinte porcos.* **5** estar com; apresentar a idade de: *Naquela época ele já tinha mais de quarenta anos.* **6** sentir: *Tive ganas de esbofetear o atrevido.* **7** sofrer: *A mulher quase teve um chilique.* **8** fazer: *A moça teve um gesto de carinho.* **9** avistar-se; encontrar-se: *No dia seguinte foi ter com o mestre para desculpar-se.* **10** considerar; julgar: *Tinha a comadre como sua confidente.* **11** existir; haver: *Tem gente aí?* **12** completar, fazer, em relação a tempo: *Já tem bem uns três anos que ela partiu.* // Nas acepções 11 e 12, o uso é praticamente absoluto no registro coloquial, sem boa aceitação, contudo, no registro formal, situação em que é substituído por haver (acepção 11) e fazer (acepção 12) ✦ **não ter cabeça para nada** não ser capaz de pensar. **ter de**

termo

necessidade, obrigação: *Tenho de estudar.* **ter uma coisa/ter um troço** ser acometido de algum mal súbito: *A igreja estava tão abafadaque uma senhora quase teve uma coisa.*

te.ra.peu.ta (ê) *s.2g.* profissional que exerce a terapêutica; médico; clínico: *Só passeava acompanhado por um terapeuta.*

te.ra.pêu.ti.ca *s.f.* **1** conjunto de conhecimentos sobre os meios de cura de doenças e sobre a natureza dos remédios: *A terapêutica evoluiu muito.* **2** tratamento dispensado a uma doença: *Esses analgésicos são a base da terapêutica da dor no câncer.*

te.ra.pêu.ti.co *adj.* **1** relativo à terapêutica: *métodos terapêuticos.* **2** de terapia; curativo: *A internação será utilizada como último recurso terapêutico.* **3** que serve para cura; medicinal: *ervas terapêuticas.*

te.ra.pi.a *s.f.* terapêutica; tratamento: *Essa terapia não parece ser eficiente para todos os casos.*

ter.ça (ê) *s.f.* **1** cada uma das três partes iguais em que pode ser dividido um todo. **2** na liturgia católica, hora canônica que se segue à prima (corresponde às 9 horas da manhã). **3** parceria agrícola na qual o parceiro proprietário das terras, fica com duas terças partes da colheita, cabendo ao parceiro trabalhador a outra terça parte. **4** peça de madeira que se coloca sob os caibros na estrutura do telhado. **5** terça-feira: *O programa estreia na terça.*

ter.ça.do *s.m.* facão: *A lâmina de um terçado abriu o ventre do animal.*

ter.ça-fei.ra *s.f.* terceiro dia da semana. ♦ **terça-feira gorda** o último dia do Carnaval. // Pl.: terças-feiras.

ter.cei.ra *s.f.* marcha do motor dos veículos, menos potente que a segunda: *Na subida, puxou uma terceira e pisou fundo.* ♦ **de terceira** de má qualidade; ruim: *O filme era de terceira categoria.* **terceira idade** faixa etária superior aos cinquenta anos. **terceira pessoa** a pessoa de quem se fala.

ter.cei.ri.za.ção *s.f.* delegação dos serviços de uma empresa a outra: *terceirização diminuiu os custos da empresa.*

ter.cei.ri.zar *v.t.* efetuar a terceirização de: *A construtora terceirizou os serviços hidráulicos da obra.*

ter.cei.ro *num.* **1** que, numa série, ocupa a posição do número três: *terceiro ano.* ● *s.m.* **2** pessoa que atua como intermediário entre o contratante e o contratado de um serviço: *Em vez de fazer, você passa a produção a um terceiro.* ● *pl.* **3** pessoas que não estão diretamente implicadas num evento: *aluguel em nome de terceiros.* **4** trabalhadores que não pertencem ao quadro de funcionários: *contratar serviços de terceiros.* **5** outras pessoas: *A liminar só vale para quem foi concedida e não para terceiros.*

ter.ci.á.rio *adj.* **1** diz-se do setor da economia que envolve a prestação de serviços: *No Brasil, o setor terciário emprega metade da mão de obra.* **2** em que predomina esse setor: *Os grandes centros urbanos estão se transformando em cidades terciárias.* **3** diz-se da era ou período geológico em que se observa intensa atividade do núcleo central da Terra, frequentes mudanças da crosta terrestre e extinção completa dos grandes sáurios: *Era Terciária.*

ter.ço (ê) *num.* **1** fração de um todo dividido em três partes iguais. ● *s.m.* **2** terça parte de um todo. **3** terça parte do rosário. **4** o conjunto das orações marcadas pelo terço: *rezar o terço.*

ter.çol *s.m.* (Med.) pequeno abscesso na borda das pálpebras.

te.re.bin.ti.na *s.f.* resina líquida extraída de certas árvores.

ter.gal *s.m.* nome comercial de um polímero utilizado para a elaboração de fios sintéticos, empregados em tecelagem: *Vestia uma calça de tergal.*

ter.gi.ver.sa.ção *s.f.* ato de tergiversar; desculpa; evasiva: *Não dava para tolerar as tergiversações das pessoas entrevistadas.*

ter.gi.ver.sar *v.int.* usar de evasivas ou subterfúgios: *Um político honesto não tergiversa.*

ter.mal *adj.* **1** quente: *águas termais.* **2** de termas: *estância termal.*

ter.mas (é) *s.f. pl.* estabelecimentos públicos de banhos.

tér.mi.co *adj.* **1** do calor, ou relativo ao calor: *o efeito térmico.* **2** que produz calor: *usina térmica.* **3** que conserva a temperatura: *garrafa térmica.*

ter.mi.na.ção *s.f.* **1** parte final de uma palavra: *Aprendemos regras de plural nas terminações –il e –ol.* **2** a parte final dos nervos; o ponto onde eles terminam: *terminações nervosas.*

ter.mi.nal *s.m.* **1** ponto de uma rede usado para a transmissão e recepção de dados processados por um computador central: *A meta do banco é instalar os terminais nos restaurantes de São Paulo.* **2** ponto na rede elétrica ou telefônica em que são feitas as ligações para uso dos particulares: *Cada terminal tem uma polaridade: um é positivo e outro é negativo.* **3** construção em portos e pontos finais de percursos de coletivos, devidamente aparelhada para embarque e desembarque: *terminal rodoviário.* ● *adj.* **4** diz-se da fase ou estágio muito avançado de uma doença: *O hospital abriga doentes em fase terminal.* **5** diz-se do doente que se encontra nessa fase: *doente terminal.*

ter.mi.nar *v.t.* **1** chegar ao final; concluir: *Não conseguia terminar a frase.* **2** fazer parar; interromper: *O acordo conseguiu terminar com a greve.* **3** dar cabo de; eliminar: *Uma das promessas é terminar com o problema da seca na região.* **4** romper: *Ela terminou definitivamente com o namorado.* **5** resultar; transformar-se: *Isso vai terminar em tragédia.* ● *int.* **6** chegar ao termo; findar: *O jogo terminou.* // Ant.: começar; iniciar.

tér.mi.no *s.m.* fim; limite: *O estagiário ficou na classe até o término da aula.*

ter.mi.no.lo.gi.a *s.f.* **1** conjunto dos termos técnicos; nomenclatura: *a terminologia da ciência.* **2** termo técnico: *O pesquisador encontrou a terminologia exata para o problema.*

ter.mo (ê) *s.m.* **1** fim; término: *Precisamos pôr um termo a essa situação.* **2** resultado: *O executivo levou a bom termo as negociações.* **3** teor; conteúdo: *termos jurídicos.* **4** conjunto de normas ou regras constitutivas (de documento oficial): *os termos do contrato.* **5** documento oficial: *assinar um termo de compromisso.* **6** vocábulo; palavra: *O orador usa uns termos!* **7** componente de oração: *Os termos essenciais da oração são sujeito e predicado.* **8** qualquer elemento constitutivo de uma expressão matemática: *termos*

termoacústico

de uma fração ♦ **em termos** (i) de modo relativo: *Em termos, pode-se dizer que ela é inteligente.* (ii) no que se refere a: *Foi um grande jogo de futebol, principalmente em termos de emoção.*

ter.mo.a.cús.ti.co *adj.* relativo à sensação de calor e à percepção de som: *isolamento termoacústico.*

ter.mo.di.nâ.mi.ca *s.f.* estudo que investiga os processos de transformação de energia e o comportamento dos sistemas nesses processos.

ter.mo.e.lé.tri.ca *s.f.* **1** usina geradora de energia elétrica em que a fonte primária de energia é uma fonte térmica: *Será necessário construir mais termoelétricas.* ● *adj.* **2** que produz eletricidade pela ação do calor: *usinas termoelétricas.*

ter.mô.me.tro *s.m.* **1** instrumento com que se mede a temperatura. **2** indicador ou avaliador do estado ou andamento: *O aumento das vendas à vista é um termômetro da situação econômica do país.*

ter.mo.nu.cle.ar *adj.* relativo ou pertencente às reações nucleares obtidas pelo emprego de altas temperaturas: *fusão termonuclear.*

ter.mo.plás.ti.co *s.m.* (Quím.) resina com estrutura linear de grandes moléculas, que enrijece quando esfriada e amolece quando aquecida.

ter.mos.ta.to *s.m.* dispositivo automático destinado a manter a temperatura de um corpo ou de um ambiente.

ter.ná.rio *adj.* **1** de três elementos: *São compostos ternários que incluem oxigênio, hidrogênio e carbono.* **2** (Mús.) diz-se do compasso dividido em três tempos iguais: *ritmo ternário.*

ter.nei.ro *s.m.* cria da vaca até um ano de idade; bezerro.

ter.ni.nho *s.m.* roupa feminina composta de calças compridas e casaco, confeccionada com o mesmo tecido.

ter.no[1] *s.m.* **1** grupo de três coisas ou pessoas. **2** vestuário masculino composto de paletó, calças e, às vezes, colete do mesmo tecido e cor: *Trajava um terno azul-marinho.*

ter.no[2] *adj.* meigo; afetuoso: *pessoa terna.*

ter.nu.ra *s.f.* qualidade de terno; meiguice; afeto: *O avô tinha gestos de ternura e bondade.*

ter.ra *s.f.* **1** terceiro planeta do sistema solar, pela ordem de afastamento do Sol, com um diâmetro equatorial de 12.756,8 quilômetros e um diâmetro polar de 12.713,8 quilômetros, e cujo movimento de rotação se efetua em 23 horas, 56 minutos e 4 segundos, enquanto o movimento de translação, em torno do Sol, se realiza em 365,3 dias: *A Terra vem se aquecendo.* // Nesta acepção escreve-se com inicial maiúscula. // **2** elemento da superfície terrestre que, misturado com água, transforma-se em barro: *Apanhou um punhado de terra e pôs na sacola.* **3** parte sólida da superfície terrestre; chão firme: *Assim que o marujo pisou em terra, foi preso.* **4** lugar de origem; pátria: *Vou voltar para minha terra.* **5** localidade; lugar; território: *Nunca mais volto para aquela terra.* **6** propriedade rural: *Muitos lavradores perderão suas terras.* **7** terreno próprio para o cultivo: *Tudo o que se planta nessa terra cresce.* ♦ **terra de ninguém** (i) área situada entre dois exércitos, sobre o qual nenhum dos oponentes estabeleceu controle. (ii) área indefinida ou ambígua; zona de incerteza. (iii) aquilo que não tem dono.

ter.ra a ter.ra *adj.2g e 2n.* trivial; rasteiro: *Falava sempre com ar sentencioso, por mais terra a terra que fossem as coisas que dissesse.*

ter.ra.ço *s.m.* **1** balcão descoberto e amplo; varanda. **2** pavimento descoberto sobre um edifício: *A equipe dirigiu-se ao terraço, a fim de aguardar o helicóptero.*

ter.ra.co.ta (ó) *s.f.* **1** argila modelada cozida: *Os vasos são de cimento, com acabamento em terracota.* **2** a cor dessa argila: *As cores do cimento podem ser escolhidas entre cinza, bege e terracota.* ● *adj.* **3** da cor dessa argila: *Trajava um terno terracota.*

ter.ra.pla.na.gem *s.f.* conjunto de operações necessárias para se proceder a uma construção, e que consiste, basicamente, no desmonte e transporte de terras no aterro.

ter.ra.pla.nar *v.t.* fazer terraplanagem: *É preciso terraplanar o local onde será o construído o hospital.*

ter.ra.ple.na.gem *s.f.* terraplanagem.

ter.ra.ple.nar *v.t.* terraplanar.

ter.rá.queo *s.m.* **1** habitante da Terra: *No filme, os terráqueos repudiam os alienígenas.* ● *adj.* **2** terrestre: *costumes terráqueos.*

ter.re.mo.to (ó) *s.m.* movimento do interior da Terra cuja localização da origem pode produzir ondas mais ou menos intensas, e capazes de se propagar pelo globo; tremor de terra; abalo sísmico.

ter.re.no *s.m.* **1** área destinada à construção ou à pequena agricultura; lote: *Era dono de alguns terrenos.* **2** ramo de atividades; setor: *Faz pesquisa no terreno da cultura.* **3** situação: *sondar o terreno.* **4** espaço: *Precisamos recuperar o terreno perdido.* **5** lado: *Levava as coisas para o terreno da brincadeira.* ● *adj.* **6** localizado na Terra: *vida terrena.* **7** próprio da vida material: *felicidade terrena.* **8** que habita a Terra: *fragilidade dos seres terrenos.*

tér.reo *s.m.* **1** nos edifícios de vários andares, o que fica ao rés do chão: *O elevador parou no térreo.* ● *adj.* **2** que fica ao rés do chão: *salão térreo.*

ter.res.tre (é) *adj.* **1** nascido na Terra: *bichos terrestres.* **2** pertencente à Terra: *atmosfera terrestre.* **3** localizado na Terra: *paraíso terrestre.* **4** por terra: *transportes terrestres.* **5** da vida material; terreno: *os bens terrestres.* **6** que não são marítimas: *fronteiras terrestres.* **7** que vive ou se desenvolve em contato com a terra e não com a água: *os aracnídeos terrestres.* **8** que funciona ou que se faz em terra: *esportes terrestres.*

terrier (terriê) (Ingl.) *s.2g.* designação de várias raças de cão, geralmente de nariz quadrado, pelagem basta e longa.

ter.rí.fi.co *adj.* terrificante; terrível: *Tinha visões terríficas.*

ter.ri.na *s.f.* recipiente com tampa para sopa ou caldo; sopeira.

ter.ri.to.ri.a.li.da.de *s.f.* **1** condição daquilo que faz parte do território de um Estado: *Os índios se organizam na luta por sua territorialidade.* **2** limitação da força imperativa das leis ao território do Estado que as promulga: *A territorialidade do Estado não pode ser questionada.*

ter.ri.tó.rio *s.m.* **1** área de um país, estado, província ou cidade: *território nacional.* **2** extensão considerável de terra: *um território onde reina a fraternidade e a justiça.* **3** local delimitado; região: *território indígena.*

4 em alguns países, região que não constitui estado e é administrada pela União: *Na época, o Amapá era ainda um território.*

ter.rí.vel *adj.* **1** que infunde ou causa terror: *um grito terrível.* **2** muito ruim; péssimo: *Seu destino é terrível.* **3** muito infeliz: *Ele leva uma vida terrível.* **4** muito grande; enorme: *Tive uma dor de cabeça terrível.* **5** de aspecto muito feio; horrível: *aparência terrível.*

ter.ror (ô) *s.m.* **1** estado de grande pavor ou apreensão: *Este ano trouxe de volta o terror das grandes rebeliões em presídios.* **2** pessoa ou coisa que espanta, aterroriza: *O craque é o terror dos goleiros.*

ter.ro.ris.mo *s.m.* **1** modo de coagir, ameaçar, influenciar, impor a vontade pelo uso sistemático do terror. **2** ação política exercida mediante atos de terror: *Os recentes atentados inspiraram uma campanha internacional de combate ao terrorismo.*

ter.ro.ris.ta *s.2g.* **1** pessoa que atua politicamente com terrorismo; pessoa que infunde terror: *Dois terroristas fugiram na calada da noite.* • *adj.* **2** que atua ou que se exerce com terrorismo: *ação terrorista.*

ter.tú.lia *s.f.* reunião informal para conversas de natureza cultural: *Naquela época eram comuns as tertúlias literárias e artísticas.*

te.são *s.m.* (Coloq.) **1** desejo sexual. **2** (Ch.) forte atração. **3** quem causa atração ou entusiasma.

te.se (é) *s.f.* **1** proposição que se apresenta para ser defendida; argumento: *O autor defende a tese de que os golfinhos são mais inteligentes que os outros animais.* **2** trabalho acadêmico desenvolvido nos estabelecimentos de ensino superior para ser defendido em público: *Pretendo ler sua tese de doutoramento.*
• **em tese** de um modo geral; teoricamente: *Não estou criticando, estou falando em tese.*

te.so (ê) *adj.* **1** tenso; estirado: *corda tesa.* **2** inteiriçado; hirto; duro: *corpo teso.* **3** imóvel; fito: *olhar teso.* **4** corajoso; audaz; intrépido: *policial teso.* **5** forte; rijo: *Meu pai, apesar da idade avançada, é um homem teso.* **6** forte; impetuoso; intenso: *Ventania tesa.*

te.sou.ra *s.f.* **1** instrumento para cortar, constituído por um par de lâminas cruzadas, unidas no centro e terminadas por cabos com orifícios para os dedos. **2** golpe em que se prende com as pernas parte do corpo do adversário, para derrubá-lo: *Dei uma tesoura na perna dele e o derrubei.*

te.sou.ra.da *s.f.* golpe ou corte executado por meio de tesoura: *A mulher deu uma tesourada no tecido e logo aprontou o vestido.*

te.sou.rar *v.t.* **1** cortar com tesoura. **2** (Coloq.) falar mal de; fofocar: *Ela vive tesourando a vida dos outros.*

te.sou.ra.ri.a *s.f.* **1** administração e controle de transações monetárias: *Era responsável pela tesouraria do clube.* **2** lugar onde se guarda dinheiro: *Passa na tesouraria e pega o teu dinheiro.*

te.sou.rei.ro *s.m.* encarregado da tesouraria: *O caixa recebia o dinheiro e entregava ao tesoureiro.*

te.sou.ro *s.m.* **1** grande porção de dinheiro ou de objetos preciosos: *Deixou um tesouro incomensurável em ouro e joias.* **2** administração incumbida da gerência dos dinheiros públicos; erário: *o Tesouro Nacional.* // Nesta acepção, grafa-se com iniciais maiúsculas. // **3** coleção de objetos úteis, belos ou preciosos, ou de coisas de grande estimação: *Estendi sobre a mesa o tesouro de*

testemunho

miudezas contido no baú. **4** coleção do maior número possível de palavras e/ou peculiaridades de uma língua. **5** pessoa de muita valia: *Você é o grande tesouro de minha vida.*

tes.ta (é) *s.f.* parte anterior do crânio, entre as sobrancelhas e a raiz dos cabelos; fronte.

tes.ta.da *s.f.* **1** parte que fica defronte a um prédio: *Contempla as casas na testada da rua.* **2** golpe com a testa: *Deu uma testada no poste.*

tes.ta de fer.ro *s.m.* pessoa que se apresenta como responsável por atos de outro. // Pl.: testas de ferro.

tes.ta.dor (ô) *s.m.* **1** quem testa, experimenta. **2** quem faz testamento.

tes.ta.men.tá.rio *adj.* de ou relativo a testamento: *José era executor testamentário.*

tes.ta.men.tei.ro *s.m.* pessoa que faz cumprir um testamento; pessoa nomeada para cumprir as disposições de última vontade, em testamento.

tes.ta.men.to *s.m.* ato pessoal, unilateral, solene e revogável, pelo qual a pessoa dispõe total ou parcialmente de seus bens, e estabelece direitos e deveres que devem vigorar depois de sua morte: *Preparou um testamento deixando todos os seus bens ao neto mais velho.*

tes.tar¹ *v.t.* submeter a teste; pôr à prova: *A moça testou o produto e não gostou.*

tes.tar² *v.t.* deixar ou dispor em testamento: *Ao menos, testou-me a casa.*

tes.te (é) *s.m.* **1** ensaio; verificação ou prova para determinar a qualidade, a natureza ou o comportamento de alguma coisa ou de um sistema, sob certas condições: *O técnico de som fazia testes com o microfone.* **2** prova; experiência: *Se o texto der certo, poderemos comercializar o produto.* **3** medida ou cálculo de determinadas características afetivas, intelectuais, sensoriais ou motoras de um indivíduo: *testes psicológicos.* **4** questão com resposta de múltipla escolha; prova ou exame em forma de teste: *Acertei metade dos testes da prova.*

tes.te.mu.nha *s.f.* **1** pessoa que assistiu a determinado fato, ou dele tem conhecimento, e é chamada a juízo para depor: *Várias testemunhas dizem ter ouvido o tiro.* **2** pessoa que presencia um fato ou que assiste a determinadas cerimônias para atestar a sua veracidade: *Para registrar o filho, precisava de duas testemunhas.*

tes.mu.nhal *adj.* fornecido ou apresentado por testemunha: *provas testemunhais.*

tes.te.mu.nhar *v.t.* **1** presenciar para atestar a veracidade: *Algumas pessoas foram nomeadas para testemunhar o depoimento do deputado.* **2** ver; presenciar: *O menino testemunhou o crime.* **3** ser prova de; atestar: *O desempenho dos alunos testemunha a eficiência do professor.* **4** fazer conhecer; demonstrar: *Seu objetivo era testemunhar a todos o trabalho que vinha desenvolvendo.* **5** declarar na justiça como testemunha: *Você vai testemunhar contra ou a favor dos companheiros?*

tes.te.mu.nho *s.m.* **1** narração real e circunstanciada que se faz em juízo: *Era importante o testemunho de uma pessoa presente ao crime.* **2** demonstração: *testemunho de sua habilidade.* **3** declaração: *O testemunho que ele deu de que seria um homem barbudo era falso.* **4** prova; sinal; indício: *Apresento o testemunho*

testículo

da minha gratidão. • *pl.* **5** conjunto de documentos que servem como prova de algo: *Tomou uma decisão com base nos testemunhos apresentados.*
tes.tí.cu.lo *s.m.* (Anat.) cada uma das duas glândulas seminais masculinas.
tes.tos.te.ro.na *s.f.* (Quím.) hormônio masculino produzido nos testículos.
te.ta (ê) *s.f.* glândula mamária; mama.
te.tâ.ni.co *adj.* do tétano: *Por causa do ferimento, começou a sentir sintomas tetânicos.*
té.ta.no *s.m.* (Med.) doença causada por bactéria que penetra no corpo através de cortes ou ferimentos, provocando rigidez dolorosa dos músculos.
te.tei.a (éi) *s.f.* **1** enfeite, berloque **2** (Bras.) pessoa ou coisa muito graciosa: *Aquela loirinha é uma teteia.*
te.to (é) *s.m.* **1** superfície que forma a parte superior interna de uma casa: *As paredes eram brancas e o teto, cinza.* **2** cobertura de uma casa; telhado: *O teto da casinha era de zinco.* **3** parte superior interna de qualquer compartimento fechado: *o teto do carro; o teto do elevador.* **4** casa; moradia: *Muitas famílias ficaram sem teto.* **5** abrigo; proteção: *Meus netos têm o meu carinho e o meu teto permanentes.* **6** o limite máximo; o máximo: *teto salarial.*
te.tra *s.m.* **1** tetracampeonato. • *adj.* **2** tetracampeão.
te.tra.cam.pe.ão *s.m.* **1** pessoa ou agremiação que é quatro vezes campeã: *Os tetracampeões foram homenageados.* • *adj.* **2** campeão pela quarta vez: *seleção tetracampeã.*
te.tra.cam.pe.o.na.to *s.m.* campeonato vencido pela quarta vez consecutiva. // Em Copas do Mundo, não se tem levado em consideração se os campeonatos são consecutivos ou não.
te.tra.e.dro (é) *s.m.* poliedro de quatro faces.
te.tra.lo.gi.a *s.f.* na produção artística, conjunto de quatro obras independentes, mas relacionadas entre si.
te.tra.ne.to *s.m.* tataraneto.
te.tra.plé.gi.co *s.m.* **1** pessoa que perdeu a capacidade de movimentar os quatro membros. • *adj.* **2** paralisado dos quatro membros: *O acidente deixou o motorista tetraplégico.*
te.tra.vô *s.m.* tataravô.
té.tri.co *adj.* horripilante; fúnebre; medonho: *O filme teve um final tétrico.*
teu *pron.* **1** pertencente a ti: *Cadê teu cachimbo?* **2** que te cabe ou que te toca: *tua sorte.* **3** passado ou vivido por ti: *Sabemos que no teu tempo era tudo diferente.* **4** onde trabalhas ou onde estás empregado: *É aqui tua sala?* **5** que faz parte inalienável de ti: *Teus olhos são brilhantes.* **6** a que pertences: *Amas tua terra?* **7** indica relação de parentesco, de amizade ou de dependência: *Conheci teu pai e teu avô.* **8** usado para se referir aos parentes da pessoa com quem se fala: *Tu me deste o teu sangue e o sangue dos teus.* // Fem.: tua. O uso de teu/tua pressupõe intimidade com a pessoa com que se fala.
teu.tô.ni.co *adj.* alemão: *cavaleiros teutônicos.*
te.vê *s.f.* (Coloq.) televisão: *Os jogos desta semana não serão transmitidos pela tevê.*
têx.til (ês) *adj.* de ou relativo a tecelagem: *arte têxtil; indústria têxtil.*
tex.to (ês) *s.m.* conjunto de frases escritas formando um todo orgânico: *Li seu texto, é muito bonito.*

tex.tu.al (ês) *adj.* **1** de ou relativo a texto: *análise textual.* **2** fielmente reproduzido: *São palavras quase textuais do autor.*
tex.tu.ra (ês) *s.f.* **1** constituição geral de uma substância ou de um corpo: *Gostei da textura que foi aplicada à parede.* **2** modo de entrecruzamento dos fios de um tecido: *A textura do pano era bem consistente.* **3** ligação ou arranjo das partes de um todo: *Há na textura desse livro leves traços cômicos.*
tex.tu.ri.zar (ês) *v.t.* dar textura a: *texturizar um tecido.*
tez (ê) *s.f.* a camada mais exterior da pele; cútis: *Era uma jovem alta de tez morena.*
ti *pron.* refere-se à pessoa a quem se fala: *Só vivo por ti e para ti, pois sem ti morrerei.* // Quando precedido da preposição *com*, usa-se a forma *contigo.*
ti.a.ra *s.f.* ornato semicircular usado por mulheres no alto da cabeça.
tí.bia *s.f.* (Anat.) o osso mais grosso e mais interno da perna.
ti.bi.e.za (ê) *s.f.* frouxidão; fraqueza: *O soldado percebeu a tibieza do inimigo.*
tí.bio *adj.* frouxo; fraco: *apoio tíbio; chefe tíbio.*
ti.ção *s.m.* pedaço de lenha acesa ou meio queimada: *Soprou o tição e acendeu o cigarro nele.*
ti.co *s.m.* (Coloq.) pequena quantidade; pedacinho: *Comeu um tico de doce.*
ti.co-ti.co *s.m.* (Bras.) passarinho de coloração parda, lavada de vermelho e pintada de preto no dorso, asas e cauda marginadas de vermelho ou cinzento. // Pl.: tico-ticos.
ti.e.ta.gem *s.f.* **1** ação ou comportamento de tiete: *Sua elegância acendeu a tietagem do público.* **2** conjunto de tietes: *O ator teve de enfrentar a tietagem na saída do espetáculo.*
ti.e.tar *v.t.* (Coloq.) agir como tiete de; assediar como fã: *As garotas vão ao autódromo só pra tietar os pilotos.*
ti.e.te (é) *s.2g.* (Coloq.) fã ardoroso; admirador extremado: *O cantor diz que não se irrita com tantas tietes.*
ti.fo *s.m.* (Patol.) doença febril e contagiosa produzida por um bacilo e que se caracteriza por grave comprometimento do estado geral, alterações cutâneas e perturbações nervosas.
ti.ge.la (é) *s.f.* vaso de louça ou outro material, de fundo mais estreito e boca mais larga, no qual se serve caldo, sopa etc.
ti.gre *s.m.* mamífero felino, carnívoro e feroz, de pelo macio e amarelado, com listras negras, cauda longa e garras afiadas nas patas.
ti.jo.la.da *s.f.* pancada com tijolo.
ti.jo.lo (ô) *s.m.* **1** bloco retangular de barro moldado e cozido, utilizado na construção de casas: *casa de tijolo.* **2** barra em forma de tijolo: *um tijolo de rapadura.*
til *s.m.* sinal gráfico (~) que, em português, se usa sobre as vogais *a* e *o* para indicar nasalização.
ti.lá.pia *s.f.* (Zool.) gênero de peixes actinopterígeos, que se alimentam de vegetais e detritos, e que podem ser criados em viveiros.
til.bu.ri *s.m.* carro de dois assentos, sem boleia, com capota, duas rodas e puxado por um só animal.
ti.lin.tar *v.t.* **1** fazer soar: *O gaúcho tilintou as esporas.* • *int.* **2** soar metalicamente: *A moeda tilintava no fundo do chapéu do cego.*

ti.ma.ço s.m. time de grande categoria.
ti.mão¹ s.m. barra ou roda do leme; leme: *Tinha os olhos no horizonte, as mãos no timão*.
ti.mão² s.m. timaço.
tim.ba.la.da s.f. (Bras.) gênero de música que se caracteriza pela marcação de timbales.
tim.ba.le s.m. tímpano.
tim.bi.ra s.m. **1** subfamília linguística da família jê, que reúne línguas faladas por indígenas do Maranhão, Pará e Goiás. • *pl.* **2** povo indígena que habita porções do Maranhão, Pará e Goiás. • *adj.* **3** relativo a timbira.
tim.bó s.m. (Bras.) nome comum a diversas plantas brasileiras que produzem um sumo que tem a propriedade de atordoar os peixes, sem, entretanto, ser nocivo a quem os come.
tim.brar v.t. marcar com timbre; carimbar: *Era preciso timbrar o nome da firma no papel*.
tim.bre s.m. **1** marca impressa em documentos para identificar empresas, instituições etc.: *O relatório não tem o timbre da Polícia Federal*. **2** (Fon.) efeito acústico proveniente da ressonância e determinado pelo grau de abertura da cavidade bucal: *vogais de timbre aberto*. **3** (Mús.) qualidade distintiva de sons da mesma altura e intensidade, e que resulta da quantidade maior ou menor dos harmônicos coexistentes com o som fundamental; tom (de voz): *O timbre da soprano é algo único*. **4** marca, característica; tom: *A reunião teve o timbre do desânimo*.
ti.me s.m. **1** em esporte coletivo, conjunto de pessoas que formam uma equipe: *time de futebol*. **2** conjunto de indivíduos associados numa ação comum, com vistas a um determinado fim: *Chegou o time da limpeza*.
ti.me.co s.m. (Deprec.) time de baixa categoria, de baixo rendimento.
timer (taimer) (Ingl.) s.m. dispositivo de determinados aparelhos, que permite ao usuário programá-los para que liguem ou desliguem automaticamente em determinado horário.
ti.mi.dez (ê) s.f. acanhamento excessivo: *Durante a sessão de fotos, a moça não demonstrou nenhuma timidez*.
tí.mi.do adj. **1** acanhado; retraído: *Sempre fui uma pessoa tímida*. **2** fraco; frouxo: *O time teve um tímido desempenho*.
timing (taimin) (Ingl.) s.m. senso de oportunidade em relação à escolha do momento exato ou da duração de determinado ato: *Você tem de ter o timing da comédia*.
ti.mo s.m. (Anat.) glândula endócrina localizada na parte ântero-superior do tórax.
ti.mo.nei.ro s.m. **1** aquele que governa o timão de uma embarcação: *Um bom timoneiro conhece os caminhos do mar revolto*. **2** condutor: *Até que enfim a luz do bom senso ilumina o timoneiro da seleção*.
ti.mo.ra.to adj. medroso por escrúpulo ou por temor: *Esse homem, embora timorato, teve a coragem de escrever dois livros*.
tim.pâ.ni.co adj. do ou relativo a tímpano: *curvatura timpânica; som timpânico*.
tím.pa.no s.m. **1** instrumento de percussão, formado por caixa semiesférica coberta com pele esticada, que, golpeada por baquetas, produz sons diversos; timbale:

tio

Ela é uma virtuosa da música moderna, toca xilofone, vibrafone e tímpanos. **2** campainha de mesa: *Sobre a mesa está o tímpano para chamar o mordomo*. **3** (Anat.) membrana delgada, circular, no fundo do ouvido externo: *Era uma discoteca com som de arrebentar os tímpanos*.
ti.na s.f. vasilha semelhante a um barril cortado pelo meio.
ti.ner (Ingl. *thinner*) s.m. solvente que se adiciona a uma tinta com o intuito de torná-la menos viscosa.
tin.gi.men.to s.m. coloração por meio de tinta: *tingimento dos cabelos*.
tin.gir v.t. **1** fazer corar; ruborizar: *O rubor tingiu-lhe o rosto*. **2** dar certa cor; colorir: *Resolveu tingir os cabelos de loiro*. **3** comunicar cor; manchar: *O sol tingiu de rosa as nuvens do horizonte*. • *pron.* **4** sofrer alterações de cor: *As faces da moça tingiram-se de vermelho*. **5** ficar manchado: *A roupa tingiu-se de sangue*.
ti.nho.rão s.m. planta herbácea, cultivada por sua beleza.
ti.nho.so (ô) s.m. **1** (Coloq.) o diabo: *O cara deve ter parte com o tinhoso*. • *adj.* **2** (Coloq.) teimoso; pertinaz: *gente tinhosa*.
ti.ni.do s.m. som agudo ou vibrante: *Da varanda vinha o tinido dos talheres*.
ti.nir v.t. **1** fazer vibrar ou soar: *Tiniu as pulseiras para chamar atenção*. • *int.* **2** soar agudamente: *A campainha tinia outra vez*. **3** zunir; zoar: *Os meus ouvidos tiniam*. (Coloq.) **4** estar em grande excitação nervosa: *O chefe saiu da reunião tinindo*. **5** estar em ótimas condições: *Seu time está tinindo*. **6** estar muito intenso: *O sol tinia*.
ti.no s.m. discernimento; tato; aptidão: *Meu pai sempre teve tino para os negócios*.
tin.ta s.f. **1** líquido colorido usado para escrever, imprimir, pintar ou tingir: *Comprou tinta e massa corrida*. **2** a cor da tinta: *A tinta da parede já estava desbotada*. • *pl.* **3** características; vestígios: *O reflexo vermelho na sua barba dava-lhe as tintas de um santo*.
tin.tei.ro s.m. recipiente para tinta de escrever.
tim-tim s.m. som de copos ou taças que se tocam num brinde: *O tim-tim das taças marcava a celebração da união*. • **tim-tim por tim-tim** ponto por ponto; minuciosamente; com todos os pormenores.
tin.to adj. **1** que foi tingido; colorido: *Fios brancos e tintos iam sendo trançados*. **2** diz-se do vinho de cor vermelho-escura: *vinho tinto*.
tin.tu.ra s.f. **1** tingimento; ação de tingir: *Só a tintura do cabelo levou quase o dia inteiro*. **2** produto usado para tingir: *tintura para cabelos*. **3** cor resultante da tintura: *A tintura dos cabelos se denunciava de longe*. **4** álcool ou éter carregado, por maceração dos princípios ativos de uma ou de diversas substâncias: *tintura de iodo*.
tin.tu.ra.ri.a s.f. lugar onde se lava, passa e tinge roupa.
tin.tu.rei.ra s.f. (Bras.) cação grande e muito feroz, de dorso acinzentado, abdome esbranquiçado, cabeça deprimida e arredondada.
tin.tu.rei.ro s.m. quem trabalha em tinturaria: *Trabalhei como tintureiro*.
ti.o s.m. **1** irmão do pai ou da mãe em relação aos filhos destes. **2** marido da tia em relação aos sobrinhos desta. **3** tratamento dado pelas crianças às pessoas mais velhas. // Fem.: tia.

823

tio-avô

ti.o-a.vô *s.m.* irmão do avô ou da avó; segundo tio. // Pl.: tios-avôs.
ti.pão *s.m.* (Coloq.) pessoa que sobressai pelo belo físico: *Meu namorado é um tipão.*
tí.pi.co *adj.* que serve de tipo; característico: *Abrimos um restaurante de comida típica.*
ti.pi.fi.ca.ção *s.f.* classificação; caracterização: *a tipificação dos crimes.*
ti.pi.fi.car *v.t.* **1** tornar típico; caracterizar segundo determinado tipo: *Suas atitudes tipificam seu caráter.* **2** prever em lei: *O governo também desistiu de tipificar o crime de tortura.*
ti.pi.ti *s.m.* (Bras.) cesto cilíndrico de palha, no qual se põe a massa de mandioca para ser espremida.
ti.po *s.m.* **1** quem reúne em si os caracteres distintivos de uma classe; representante de uma espécie: *Ele é o tipo do rapaz honesto.* **2** espécie: *Esse tipo de atitude tinha um grande valor intelectual na época.* **3** modelo: *Adquiriu um carro último tipo.* **4** padrão de gosto: *Esse rapaz não era o seu tipo.* **5** (Coloq.) indivíduo; sujeito: *Não quero que você se encontre com esse tipo.* **6** letra impressa: *O texto era escrito em tipos góticos.*
ti.po.gra.fi.a *s.f.* **1** estabelecimento onde se compõem e se imprimem textos. **2** a arte de imprimir.
ti.pó.gra.fo *s.m.* pessoa que trabalha em tipografia.
ti.poi.a (ói) *s.f.* (Bras.) lenço ou tira de pano que se prende ao pescoço para descansar braço ou mão quebrados ou feridos.
ti.po.lo.gi.a *s.f.* **1** organização em tipos. **2** conjunto de tipos de impressão: *O jornal aumentou o tamanho de sua tipologia e a distância entre as linhas impressas.*
ti.que *s.m.* contração muscular involuntária, mais ou menos localizada, e de tipo convulsivo, de frequência variável, e dependente de fatores psíquicos; cacoete: *tique nervoso.*
ti.que-ta.que *s.m.* som regular e cadenciado, especialmente dos relógios. // Pl.: tique-taques.
tí.que.te *s.m.* cartão ou cupom impresso que confere direito de ingressar em algum lugar ou de receber algum produto: *O restaurante não aceitava tíquetes.*
ti.qui.nho *s.m.* (Coloq.) pouquinho; bocadinho: *Hoje comi apenas um tiquinho de arroz.*
ti.ra[1] *s.f.* **1** pedaço comprido e fino: *tira de papel.* **2** parte da sandália que serve para prender o pé ao solado: *Usava uma sandália vermelha de tiras finas.*
ti.ra[2] *s.2g.* (Coloq.) agente de polícia; investigador: *Esse cara é um tira disfarçado.*
ti.ra.co.lo (ó) *s.m.* correia atravessada do ombro para o lado oposto do corpo. ♦ **a tiracolo** (i) com uma correia indo de um ombro até a cintura, no lado contrário, ou até debaixo do braço oposto: *Anda sempre com a bolsa a tiracolo.* (ii) (Coloq.) ao lado: *A atriz viajou para Los Angeles com os dois filhos a tiracolo.*
ti.ra.da *s.f.* **1** frase espirituosa; expressão de efeito: *Ela tem ótimas tiradas.* **2** frase extensa que desenvolve de modo ininterrupto uma mesma ideia: *Desabafou numa longa tirada.*
ti.ra.gem *s.f.* **1** operação de impressão. **2** número de exemplares impressos de uma só vez: *O jornal tem uma tiragem de 150 mil exemplares.*
ti.ra-gos.to *s.m.* qualquer salgadinho com que se acompanham bebidas alcoólicas, especialmente fora das refeições. // Pl.: tira-gostos.

ti.ra.ni.a *s.f.* **1** exercício arbitrário, despótico e cruel do poder: *Quando posto acima das leis, o poder degenera em tirania.* **2** dominação opressora: *Não suportava mais a tirania da mulher.* **3** domínio absoluto; opressão: *tirania da magreza.*
ti.ra.ni.zar *v.t.* tratar com tirania; oprimir; constranger: *O marido tiranizava a família toda.*
ti.ra.no *s.m.* **1** governante que abusa de seu poder, submetendo o povo a um governo arbitrário; déspota: *Os habitantes da cidade se revoltam contra o tirano local.* **2** quem oprime ou procede com injustiça e crueldade: *O pai dela é um verdadeiro tirano.* ♦ *adj.* **3** que procede com prepotência e crueldade; opressor: *Era um chefe tirano.* **4** impiedoso; cruel; injusto: *um sistema de governo tirano.*
ti.ra.nos.sau.ro *s.m.* (Paleont.) grande dinossauro carnívoro, com patas traseiras muito fortes, patas dianteiras pequenas e com longa cauda.
ti.ran.te *s.m.* **1** correia: *O baú foi preso às minhas costas com tirantes de couro.* ♦ *adj.* **2** de cor semelhante: *um muro tirante a roxo.* ♦ *prep.* **3** salvo; exceto: *Naquela terra, tirante o senhor, ninguém mais presta.*
ti.rar *v.t.* **1** obter; conseguir: *tirar carteira de motorista.* **2** despir ou descalçar: *tirar a roupa.* **3** deduzir; inferir: *tirar conclusões apressadas.* **4** convidar para (dançar): *Tirou a morena para dançar.* **5** rezar; recitar: *tirar uma ladainha.* **6** (Coloq.) medir; avaliar: *tirar as medidas.* **7** obter; receber: *tirar um bom salário.* **8** fazer sair; retirar: *Tire o carro da garagem.* **9** pegar; retirar: *Tirou um livro da estante.* **10** extrair; ordenhar *O vaqueiro tirava leite de todas as vacas.* **11** sacar: *Tirei a arma da cintura.* **12** afastar: *Tiramos o jovem daquele lugar horrendo.* **13** libertar; livrar: *tirar o país do atraso.* **14** tomar à força: *Tiraram as terras dos índios.* **15** suprimir: *tirar um peso das costas.* **16** roubar: *Ela tirou o namorado da prima.*
ti.ra-tei.ma *s.m.* **1** expediente para dirimir dúvida: *O tira-teima não serve de prova para validar ou anular um gol.* **2** disputa que decide qual é o melhor entre dois adversários: *O tira-teima entre os dois pugilistas será amanhã.* // Pl.: tira-teimas.
ti.re.oi.de (ói) *s.f.* (Anat.) glândula endócrina de situação anterior e inferior no pescoço, formada, habitualmente, por dois lobos unidos por um istmo e que desempenha importantes funções metabólicas.
ti.ri.ri.ca *s.f.* (Bras.) **1** erva daninha que invade rapidamente terrenos cultivados: *A tiririca tomou conta do canteiro.* ♦ *adj.* **2** (Coloq.) muito irritado; furioso: *O chefe está tiririca.*
ti.ri.tar *v.int.* tremer batendo os dentes: *A mulher tiritava de frio.*
ti.ro *s.m.* **1** descarga de arma de fogo: *Ouve-se um tiro, o comandante cai morto.* **2** (Fut.) pontapé na bola; chute: *Um tiro despretensioso do atacante resvala na perna do zagueiro e entra no gol.* **3** modalidade esportiva disputada por meio de tiros em um alvo: *O Brasil pode ganhar medalha no tiro.* ♦ **tiro de misericórdia** (i) tiro que põe fim à vida daquele que, gravemente ferido, está demorando a morrer: *O cavalo agonizava quando recebeu um tiro de misericórdia.* (ii) golpe final e decisivo: *O aumento dos juros foi o tiro de misericórdia na economia.* **tiro e queda** diz-se de tudo o que dá resultado infalível

e rápido: *Conheço um remédio que é tiro e queda para dor de cabeça.*
ti.ro.cí.nio *s.m.* experiência; vivência em determinada profissão: *Tudo isso requer tirocínio e muita habilidade para resolver problemas.*
ti.ro de guer.ra *s.m.* centro de instrução militar e formação de reservistas do Exército, destinado aos cidadãos que, por qualquer motivo, não se incorporam às unidades e subunidades regulares. // Pl.: tiros de guerra.
ti.roi.de *s.f.* (Coloq.) tireoide.
ti.ro.lês *s.m.* **1** natural ou habitante do Tirol, Áustria: *Sua aparência lembrava a dos antigos tiroleses.* • *adj.* **2** relativo ao Tirol: *dança tirolesa.*
ti.ro.tei.o *s.m.* **1** troca ou sucessão de tiros: *Houve intenso tiroteio no meio da rua.* **2** (Fig.) troca ou sucessão de acusações: *A situação tem sido submetida a um verdadeiro tiroteio por parte da oposição.*
tí.si.ca *s.f.* (Obsol.) tuberculose: *Havia uma endemia de tísica na época.*
tí.si.co *adj.* (Obsol.) doente de tísica; tuberculoso: *Ela era uma mocinha romântica e tísica.*
tis.na.do *adj.* manchado de preto; escurecido: *O casarão tinha portões tisnados.*
tis.nar *v.t.* manchar; macular: *Uma suspeita bombástica tisnou sua reputação.*
ti.tã *s.m.* **1** na mitologia grega, cada um dos gigantes que pretenderam destronar Júpiter. **2** (Fig.) pessoa que tem grandeza física, intelectual ou moral: *O diretor russo Serguei Eisenstein é um dos titãs do cinema.*
ti.tâ.ni.co *adj.* muito grande; muito forte: *esforço titânico.*
ti.tâ.nio *s.m.* (Quím.) elemento químico metálico, branco-prateado, leve e resistente, usado em ligas especiais. // Símb.: Ti; N. Atôm.: 22.
tí.te.re *s.m.* **1** marionete: *o teatro de títeres.* **2** (Fig.) quem não tem posição própria e é realizador das decisões de outros; fantoche: *O sistema é corrupto e poderoso o bastante para eleger e subjugar o títere de plantão.* • *adj.* **3** que não tem posições próprias: *governo títere.*
ti.ti.ca *s.f.* (Coloq.) **1** excremento: *titica de galinha.* **2** (Fig.) coisa sem valor; ninharia: *Brigaram por causa de umas titicas de heranças.*
ti.ti.lar *v.t.* fazer cócegas ligeiras; afagar: *A criança titilava o rosto da mãe com seus dedinhos.*
ti-ti-ti *s.m.* (Bras.) falatório; fofoca: *Toda vez que ela sai à noite sozinha é aquele ti-ti-ti.*
ti.tu.be.ar *v.t.* **1** hesitar: *Titubeou na resposta.* • *int.* **2** vacilar; perturbar-se: *Respondeu sem titubear.*
ti.tu.bei.o *s.m.* hesitação; vacilação: *O aluno respondia as questões sem titubeio.*
ti.tu.la.ção *s.f.* título ou grau acadêmico: *O concurso exige professor com titulação mínima de doutor.*
ti.tu.lar[1] *v.t.* conferir título: *O curso destinava-se a titular os professores.*
ti.tu.lar[2] *s.2g.* **1** a pessoa que efetivamente ocupa um cargo ou desempenha uma função: *O vice assumirá o cargo com a ausência do titular.* • *adj.* **2** ocupante efetivo de cargo ou de função: *jogador titular.* **3** diz-se do professor que obteve a titulação máxima na carreira universitária: *Ele era professor titular na universidade.*

tocar

ti.tu.la.ri.da.de *s.f.* **1** condição de titular: *Ele deve recuperar a titularidade e começar jogando.* **2** condição de dono: *A titularidade da empresa é minha.*
tí.tu.lo *s.m.* **1** designação que distingue e individualiza um texto, livro, jornal, capítulo, artigo etc.: *Devíamos colocar um título na redação.* **2** documento que autentica e prova a aquisição de um direito: *título de eleitor.* **3** promissória; duplicata: *Paguei o título que já estava vencendo.* **4** subdivisão de código, orçamento, lei etc.: *O deputado citou alguns títulos da Constituição.* **5** denominação honorífica: *título de marquês.* **6** qualificação profissional: *Já consegui o título de doutor.* **7** classificação; qualificação: *título de campeão.* • **a título** (i) sob pretexto; por causa; por: *Perguntou a título de curiosidade.* (ii) em sinal; como: *Faço-lhe esse favor a título de retribuição.* (iii) na qualidade; como; por: *Cedeu-me o livro a título de empréstimo.*
to.a (ô) *s.f.* cabo usado por uma embarcação para rebocar outra. • **à toa** (i) sem motivo; inutilmente: *Vocês estão brigando à toa.* (ii) por qualquer motivo: *Lá em casa está todo mundo rindo à toa.* (iii) a esmo; ao acaso: *Andei à toa pela cidade.* (iv) por acaso: *Não é à toa que todos os convidados preferem o champanhe francês.* (v) sem ocupação: *Atualmente estou à toa.*
to.a.da *s.f.* **1** cantiga de melodia simples e dolente: *toadas caipiras.* **2** rumor; ruído; som: *Ouvíamos a toada do riacho.* **3** voz; canto: *toada de passarinhos.* **4** ritmo; andamento: *A vida continua na mesma toada, cada um tentando se virar como pode.*
to.a.le.te (é) *s.m.* **1** higiene pessoal: *Onde posso fazer minha toalete?* **2** banheiro: *Todo bar deve ter toaletes.*
to.a.lha *s.f.* **1** peça de algodão ou de outro tecido, geralmente felpuda, para enxugar qualquer parte do corpo que se lave. **2** peça de tecido que se estende sobre uma mesa ou altar.
to.an.te *adj.* diz-se de rima em que a identidade de sons só existe nas vogais tônicas.
to.bo.gã *s.m.* rampa de grande altura, com ondulações por onde as pessoas deslizam.
to.ca (ó) *s.f.* **1** buraco no tronco de árvores, na terra ou na pedra, onde se abrigam vários animais: *O bicho, ferido, busca sua toca.* **2** abrigo; refúgio: *Ali era a nossa toca de trabalho.* **3** habitação pequena e miserável: *Queremos nos mudar dessa toca.*
to.ca-dis.cos *s.m.* aparelho elétrico provido de um dispositivo que imprime movimento giratório constante e regular em discos fonográficos, permitindo sua reprodução.
to.ca-fi.tas *s.m.* aparelho que reproduz o som gravado em fitas magnéticas.
to.cai.a *s.f.* emboscada: *Eles estavam de tocaia na avenida.*
to.cai.ar *v.t.* **1** emboscar para atacar ou caçar: *Ele disse que ficava tocaiando suas vítimas.* **2** espreitar; vigiar: *Por dias e dias eles tocaiavam a estrada.*
to.car *v.t.* **1** fazer soar: *O sacristão tocava o sino.* **2** fazer soar assoprando, tangendo ou percutindo; executar: *Toco violão; Toco trombone.* **3** fazer mover-se; conduzir: *tocar a boiada.* **4** gerenciar: *Tocamos o negócio.* **5** levar em frente; dar andamento; continuar: *tocar as obras; tocar os estudos.* **6** afetar; impressionar: *A justificativa não tocou os manifestantes.* **7** emocionar;

tocata

comover: *A homenagem tocou o diretor.* **8** (Bras.) expulsar; enxotar: *Tião tocava as galinhas que teimavam em comer suas verduras.* **9** atingir: *O barco tocou o litoral.* **10** entrar em contato; encostar: *O avião tocou a pista.* **11** roçar; relar: *Toquei seu rosto com carinho.* **12** estar relacionado; dizer respeito: *No que me toca, essa discussão já acabou!.* **13** ir; dirigir-se: *Daí a pouco, toquei para a igreja.* **14** falar de; referir-se a: *Espero que não toquem mais nesse assunto.* **15** caber; incumbir: *Essa é uma tarefa que não toca ao presidente.* • *int.* **16** emitir som; soar: *O telefone tocou.* • *pron.* **17** (Coloq.) cair em si; dar por si; entender: *O rapaz não se tocava.* • **tocar o barco** ir em frente; continuar; prosseguir. **tocar fogo** (i) incendiar: *O fazendeiro e ele tocaram fogo no canavial.* (ii) animar: *O sanfoneiro tocou fogo no baile.* **toca/toque (aqui)** usada, em discurso direto, quando se quer saudar alguém com entusiasmo ou quando as ideias dos interlocutores coincidem: *Estamos conversados. Toque aqui, sócio.*

to.ca.ta *s.f.* (Mús.) forma de composição originariamente destinada a instrumentos de teclado, caracterizada por movimentos contínuos, sem repetição de partes e desenvolvimento de temas: *O pianista executou dois prelúdios e uma tocata.*

to.cha (ó) *s.f.* utensílio que se leva na mão, com fogo numa extremidade; archote: *A tocha olímpica será transportada e, em seguida, será acesa a pira olímpica.*

to.co (ô) *s.m.* **1** parte do tronco vegetal que permanece ligada à terra, depois de cortada a ramagem: *Sentou-se num velho toco.* **2** pedaço ou parte final de coisa que se reduz com o uso: *Tocos de vela; toco de cigarro; toco de lápis.*

to.da.vi.a *conj.* **1** mas: *A embarcação se encheu de água, todavia não afundou.* **2** entretanto; contudo: *O gerente tinha muitos cursos em seu currículo, todavia não bastava ser tecnicamente capaz.* **3** porém: *Nada mais se dissera sobre o assunto. Todavia, no olhar que o velho pai lhe lançara, estava claramente expresso que a conversa não ficaria naquilo.*

to.do (ô) *s.m.* **1** conjunto; a totalidade: *Não me refiro às partes, mas ao todo.* • *adj.* **2** inteiro; completo: *Bebeu todo o suco.* • *pron.* **3** qualquer; cada: *Toda criança tem direito a proteção.* • *pl.* **4** toda a gente; todo mundo: *Dirigiram-se todos para o hotel.* • *adv.* **5** muito; bastante: *João ficou todo feliz com o presente.*

to.do-po.de.ro.so *s.m.* **1** aquele que tudo pode. **2** Deus. // Nesta acepção, escreve-se com iniciais maiúsculas. // • *adj.* **3** que tem poder sem limites; onipotente: *Ele se achava um assessor todo-poderoso.* // Pl.: todo-poderosos.

to.fu *s.m.* queijo feito de soja.

to.ga (ó) *s.f.* **1** manto usado pelos antigos romanos. **2** beca: *Surgiu o juiz, vestido de toga.*

toi.ci.nho *s.m.* toucinho.

tol.da *s.f.* (Bras.) cobertura abaulada: *A carreta tinha uma tolda de lona verde.*

tol.dar *v.t.* **1** cobrir, obscurecer: *Nuvens negras toldavam o céu.* **2** atrapalhar; perturbar: *A emoção acabou por toldar os meus sentimentos.* • *pron.* **3** turvar-se; anuviar-se: *Naquele instante, meus pensamentos toldaram-se.*

tol.do (ô) *s.m.* cobertura de lona ou outro material, destinada a proteger um lugar do sol ou da chuva; tolda: *O vento arrancou o toldo que protegia a barraca.*

to.le.rân.cia *s.f.* **1** capacidade de resistência: *É um tipo de planta com bastante tolerância às pragas.* **2** capacidade de absorção: *Seu organismo não tem tolerância para o álcool.* **3** permissão para que se atrase: *Só havia cinco minutos de tolerância aos alunos que se atrasassem.* **4** complacência; boa vontade: *É preciso ter tolerância (para) com as crianças.*

to.le.rar *v.t.* **1** suportar; aguentar: *Não tolero pessoas chatas.* **2** consentir; aceitar: *Não vou tolerar mais que você fale assim.*

to.le.te (ê) *s.m.* pequeno rolo: *tolete de madeira.*

to.lher *v.t.* **1** impedir de se manifestar; inibir: *Sua vigilância tolhe minha liberdade.* **2** pôr embaraços; estorvar: *tolher a ação.* **3** proibir; embargar: *O técnico não pode tolher o jogador de exercer sua criatividade.*

to.li.ce *s.f.* **1** atitude ou comportamento próprio de tolo: *Era tolice esperar coisa melhor.* **2** ninharia; insignificância: *Não vou discutir por uma tolice como essa.* **3** desatino: *Acho que cometi uma grande tolice.* **4** dito ou assunto sem importância ou sem interesse: *Você pode dizer as tolices que quiser.*

to.lo (ô) *s.m.* **1** pessoa tola: *Só os tolos desrespeitam os sinais de trânsito.* • *adj.* **2** desprovido de bom senso; idiota: *Não tome essa atitude tola que você se arrepende.* **3** simplório; ingênuo: *Fui tolo de imaginar que ela voltaria.* **4** ridículo: *Senti um medo tolo de morrer naquela hora.* **5** infundado: *Deixe de ciúmes tolos, mulher.*

to.lu.e.no *s.m.* (Quím.) líquido incolor, da série aromática, muito semelhante ao benzeno, de que é um dos derivados.

tom *s.m.* **1** altura de um som: *tons graves e agudos* **2** inflexão da voz: *Respondeu num tom áspero que me assustou.* **3** coloração; matiz; tonalidade; nuança: *O céu tinha um tom amarelado.* **4** (Mús.) variação das notas musicais: *tom menor; tom maior* **5** modo de se expressar: *Foi em tom de brincadeira que me referi a ela.* **6** caráter; estilo: *Trata-se de uma história da Filosofia em tom de romance de detetive.*

to.ma.da *s.f.* **1** conquista: *Os rebeldes se preparavam para a tomada do poder.* **2** medição; medida: *tomada da pressão arterial.* **3** trecho de filme rodado ininterruptamente: *Nesse filme, há tomadas belíssimas que valem o ingresso.* **4** dispositivo para se captar a eletricidade de uma rede: *Desligue a TV da tomada.*

to.mar *v.t.* **1** beber; ingerir; comer: *tomar sorvete.* **2** aspirar; sorver: *tomar ar.* **3** entrar num veículo para viajar; pegar: *Apressamo-nos para tomar o ônibus.* **4** seguir (uma direção ou caminho); ganhar: *A custo ele tomou o rumo de casa.* **5** medir: *Vou tomar sua altura.* **6** capturar; conquistar: *O exército tomou a cidade.* **7** invadir; assaltar; ocupar: *Os grevistas tomaram o prédio da fábrica.* **8** gastar; consumir: *Não quero mais tomar o seu tempo.* **9** pegar; segurar: *Tomei o lápis para fazer as contas.* **10** preencher; abranger; ocupar: *O cheiro, pouco a pouco, tomou toda a sala.* **11** receber: *tomar chuva.* **12** adquirir: *A democratização do acesso à Internet tomará um grande impulso este ano.* **13** arrebatar; tirar; roubar: *Não tome os seus filhos o que lhes pertence.* **14** suspender; sustentar; suster: *Tomou a criança nos braços.* **15** assumir; admitir; aceitar: *Não tome minhas palavras como ofensa.* **16** considerar; achar: *Tomaram o pobre coitado por louco.*

826

• *pron.* **17** ser invadido (por sentimento, emoção): *Ricardo tomou-se de curiosidade.* ♦ **tomar a peito** dedicar-se seriamente a; empenhar-se. **tomar ares de** querer parecer; assumir uma posição. **tomar atitude/iniciativa** agir num determinado sentido. **tomar a cargo** responder ou responsabilizar-se por. **tomar conta de** cuidar. **tomar a palavra** começar a falar. **tomar partido** colocar-se ao lado ou a favor. **tomar pé** estabelecer-se; fixar-se em. **tomar um porre** embebedar-se.

to.ma.ra que cai.a *s.m.* (Bras.) vestido ou blusa sem alças.

to.ma.te *s.m.* **1** fruto globoso, carnoso e suculento, de pele fina e brilhante, vermelho quando maduro: *salada de tomates.* **2** tomateiro: *pé de tomate.* **3** a produção desse fruto: *O país fará importação de tomate.*

to.ma.tei.ro *s.m.* erva que produz o tomate, de folhas verdes, moles e profundamente partidas e flores alvas.

tom.ba.di.lho *s.m.* superestrutura construída a popa, sobre o convés superior de um navio, destinada ao alojamento do comandante e dos oficiais.

tom.ba.men.to[1] *s.m.* **1** registro como patrimônio: *Fizemos o tombamento dos livros da biblioteca.* **2** transformação em patrimônio público para preservação: *tombamento de monumentos históricos.*

tom.ba.men.to[2] *s.m.* queda: *A árvore foi cortada, pois havia risco de tombamento.*

tom.bar[1] *v.t.* **1** fazer cair; derrubar: *O vento tombou a árvore.* **2** inclinar; abaixar: *Evite tombar a cabeça.* ● *int.* **3** morrer: *Milhares já tombaram nessa guerra.* **4** baixar; lentamente; declinar: *O sol já tombara.* **5** cair; ir ao chão: *Algumas árvores tombaram com a tempestade.* **6** cair de lado: *O caminhão tombou.* **7** inclinar-se: *O poste tombou um pouco, mas não caiu.*

tom.bar[2] *v.t.* **1** inventariar; registrar: *Tombar os livros.* **2** transformar em patrimônio público para preservação: *A cidade fez uma campanha para tombar a igreja.*

tom.bo[1] *s.m.* queda: *Levei um tombo daqueles.*

tom.bo[2] *s.m.* tombamento: *O pesquisador consultou os assentamentos no livro de tombo.*

to.mi.lho *s.m.* (Bot.) erva cultivada por suas propriedades aromáticas, usada como tempero, e de cujas flores se extrai óleo com propriedades antissépticas.

to.mis.mo *s.m.* doutrina de São Tomás de Aquino (1225-1274), caracterizada especialmente pela tentativa de conciliar o aristotelismo com o cristianismo.

to.mo *s.m.* volume; livro: *Só li o primeiro tomo dessa obra.*

to.mo.gra.fi.a *s.f.* (Med.) exame radiológico de imagens minuciosas.

to.mó.gra.fo *s.m.* aparelho com que se faz a tomografia.

to.na *s.f.* casca tênue; película. ♦ **à tona** (i) à flor d'água; à superfície: *Todos ficaram aguardando que o submarino voltasse à tona.* (ii) ao conhecimento público: *O escândalo veio à tona.*

to.nal *adj.* relativo ao tom ou à tonalidade.

to.na.li.da.de *s.f.* **1** matiz; nuança: *A blusa tem uma tonalidade violeta.* **2** inflexão de voz: *Falou numa tonalidade nostálgica.* **3** (Mús.) conjunto de fenômenos harmônicos e melódicos que regem a formação das escalas e seu encadeamento: *tonalidade da música.*

to.nel *s.m.* **1** grande vasilha bojuda para líquidos: *tonéis de vinho.* **2** o conteúdo de um tonel: *Hoje, eu seria capaz de beber um tonel de vinho.*

to.ne.la.da *s.f.* (Fís.) medida de peso, no sistema métrico, equivalente a mil quilogramas.

to.ne.la.gem *s.f.* **1** capacidade ou carregamento de veículo de carga: *caminhões de grande tonelagem.* **2** medida dessa capacidade: *As carretas estavam com tonelagem bem maior que a permitida.*

tô.ni.ca *s.f.* **1** ponto a que se dá maior realce, em que se insiste mais, no tratamento ou debate de um tema, de um problema, de um assunto qualquer: *Nos salões, a tônica era o bom gosto, o refinamento.* **2** (Gram.) sílaba tônica: *Na palavra "Quebrangulo", a sílaba tônica é* gu.

to.ni.ci.da.de *s.f.* **1** qualidade do que é tônico. **2** qualidade do tônus: *Na inspiração, há uma diminuição da tonicidade dos músculos abdominais.*

tô.ni.co *s.m.* **1** medicamento ou cosmético revigorante; elemento que dá energia, que revigora: *tônico capilar.* ● *adj.* **2** (Gram.) que recebe o acento de intensidade: *sílaba tônica.* **3** diz-se do acento que contém a intensidade.

to.ni.fi.car *v.t.* fortalecer; fortificar: *Um ar puro e doce tonificava meu corpo.*

to.ni.tru.an.te *adj.* **1** que tem voz forte como trovão: *Ele é um orador tonitruante.* **2** muito forte; atroador: *Ouviu-se um rugido tonitruante.*

to.no *s.m.* tônus.

ton.su.ra *s.f.* corte circular e rente do cabelo na parte superior e posterior da cabeça, que se faz nos clérigos: *Sem dúvida importava-lhe tão pouco a tonsura quanto o uso da batina.*

ton.te.ar *v.t.* **1** fazer perder o equilíbrio; atordoar: *O perfume tonteou o rapaz.* ● *int.* **2** ficar tonto ou atordoado: *Levou uma paulada na cabeça, tonteou e caiu.*

ton.tei.ra *s.f.* tontura: *Sempre que fumava tinha tonteira.*

ton.ti.ce *s.f.* (Coloq.) **1** comportamento de quem é tonto: *A tontice desse sujeito me enerva.* **2** bobagem: *Estão enchendo a cabeça de meu filho com muita tontice.*

ton.to *s.m.* **1** (Coloq.) quem é tolo, ingênuo: *Esse sujeito é um tonto.* ● *adj.* **2** que tem tontura; zonzo: *Tornando a sentir-se tonto, amparou as costas na parede.* **3** aturdido; atordoado: *A notícia me deixou tonto.* **4** embriagado: *Àquela hora ele já estava completamente tonto.* **5** (Coloq.) simplório; ingênuo; tolo: *homem tonto.*

ton.tu.ra *s.f.* perda repentina e rápida dos sentidos; vertigem: *O cheiro era tão forte que todos sentimos tontura.*

tô.nus *s.m.2n.* **1** contração muscular leve e contínua: *Esôfago, estômago, intestino grosso e delgado perdem tônus muscular com a idade.* **2** tensão ocular: *Os oculistas devem observar as variações do tônus nos acidentes oculares.* **3** força; energia: *Ela possui o tônus dramático da juventude.*

top (tâp) (Ingl.) *s.m.* **1** quem ou que ocupa a posição mais elevada; mais importante: *Este produto é top de linha.* **2** parte de cima do vestuário feminino que cobre apenas os seios: *A garota usava top e minissaia.* ♦ ***top model*** manequim ou modelo fotográfico de grande destaque.

topada

to.pa.da *s.f.* **1** encontrão; trombada: *Ao virar a esquina, deu uma topada numa moça.* **2** tropeção: *Dei uma topada num tijolo que estava no caminho.*

to.par *v.t.* **1** (Coloq.) aceitar: *Ela não topou sair comigo.* **2** (Coloq.) gostar; apreciar: *O pai não topava o rapaz.* **3** ir de encontro a; chocar-se: *Topei numa pedra e quebrei o dedão.* **4** deparar; encontrar: *Na volta topamos com um gambá perdido na estrada.*

to.pá.zio *s.m.* (Min.) pedra preciosa, geralmente de cor amarela.

to.pe (ó) *s.m.* **1** cume: *Chegamos no tope do monte.* **2** ponto mais alto da escala social.

to.pe.te (é) *s.m.* **1** cabelo mais elevado na parte anterior da cabeça: *Usava gel para manter o topete.* **2** (Coloq.) atrevimento; ousadia: *Teve o topete de desqualificar o chefe.*

to.pe.tu.do *s.m.* **1** pessoa que tem topete: *Elvis é o mais famoso topetudo de todos os tempos.* **2** (Coloq.) pessoa arrogante: *Ele quis bancar o topetudo e me enfrentar.* • *adj.* **3** que usa topete: *É um cantor topetudo de cujo nome não me lembro.* **4** (Coloq.) arrogante; desafiador: *Esse cara é muito topetudo para vir aqui me afrontar!*

tó.pi.co *s.m.* **1** tema; assunto: *Vamos listar os tópicos abordados na reunião.* **2** item; detalhe: *Falta ainda um tópico relacionado aos primeiros socorros após uma picada de serpente.* **3** parte (de um texto): *O tema será tratado num dos tópicos deste livro.* • *adj.* **4** diz-se de medicamento de uso externo: *pomada tópica.* **5** específico; localizado: *O documento sugere medidas tópicas para a indústria sobreviver nesse período difícil.*

topless (tâp-léz) (Ingl.) *s.m.* diz-se da vestimenta feminina que deixa o corpo nu, da cintura para cima.

to.po (ô) *s.m.* **1** parte mais alta; ponto mais elevado: *As luzes do topo do prédio terão a cor azul.* **2** o primeiro lugar numa classificação: *Meu time está no topo da tabela.* **3** auge; apogeu: *Ela chegou ao topo.*

to.po.gra.fi.a *s.f.* configuração do relevo de um terreno: *região de topografia regular.*

to.po.grá.fi.co *adj.* relativo a topografia: *Fizemos o levantamento topográfico do terreno.*

to.po.lo.gi.a *s.f.* (Gram.) estudo sobre a colocação das palavras na frase: *Esse professor é intransigente quanto à topologia pronominal.*

to.po.ní.mia *s.f.* conjunto de nomes de lugar: *Os frades e freiras cunharam a própria toponímia do país, como os nomes prestigiosos de Santa Catarina, de Santa Clara.*

to.pô.ni.mo *s.m.* nome próprio de lugar: *Refiro-me ao topônimo brasileiro mais famoso do mundo: Ipanema.*

to.que (ó) *s.m.* **1** batida leve e rápida: *Sentindo um toque no ombro, voltei-me.* **2** (Med.) palpação digital de certas regiões internas do corpo para reforço de diagnóstico. **3** (Fut.), falta que consiste no contato intencional na bola, com a mão ou com o braço, feito por qualquer jogador exceto o goleiro (este comete toque quando toca a bola, com a mão e com o braço, fora da grande área): *No gol do time, só uma câmera de TV flagrou o toque do atacante.* **4** aparência particular; aspecto: *restaurante com um toque interiorano.* **5** sinal sonoro; som: *o toque de recolher; o toque dos sinos.* **6** (Coloq.) dica; aviso: *Se você souber de algum concurso, me dê um toque.*

to.ra (ó) *s.f.* grande tronco de árvore, já cortado: *Foram apreendidos dois caminhões transportando toras.*

to.rá.ci.co *adj.* pertencente ou relativo ao tórax: *cavidade torácica.*

to.ran.ja *s.f.* fruto cítrico, maior do que a laranja, de casca grossa e polpa clara ou avermelhada.

tó.rax /ks/ *s.m.* a cavidade situada entre o pescoço e o abdome, incluindo os órgãos que ela contém e as paredes que a circunscrevem.

tor.ção *s.f.* **1** torcedura. **2** cólica de certos animais, especialmente equinos. **3** estiramento dos ligamentos: *O jogador sofreu uma torção no joelho.*

tor.ce.dor (ô) *s.m.* e *adj.* quem ou que torce por uma agremiação desportiva.

tor.ce.du.ra *s.f.* **1** ato ou efeito de torcer; torção. **2** sinuosidade; tortuosidade.

tor.cer *v.t.* **1** fazer girar sobre si mesmo; virar: *torcia o bigode.* **2** retorcer; entortar: *torcer a boca.* **3** deslocar; desarticular: *A cozinheira torceu o pescoço do frango.* **4** fazer girar sobre si mesmo para eliminar a água: *Torça a roupa antes de pôr no varal.* **5** alterar negativamente; distorcer: *Você está torcendo minhas palavras.* **6** sofrer torção ou desarticulação em: *Torci o pé num buraco.* **7** acompanhar as iniciativas ou ações de alguém com desejo de sucesso: *Torço por você.* **8** (Bras.) ser aficionado; ser torcedor de: *torcer pelo Remo.* **9** contrair o corpo; contorcer-se: *O rapaz se torcia de rir.* **10** retorcer-se: *Com o calor as barras de ferro torceram-se.* ♦ **torcer o nariz** desaprovar ou mostrar má vontade.

tor.ci.co.lo (ó) *s.m.* (Med.) contração de músculos cervicais, provocando torção do pescoço e posição forçada da cabeça.

tor.ci.da *s.f.* **1** mecha de candeeiro ou vela; pavio: *a torcida do lampião.* **2** (Bras.) conjunto de torcedores: *O jogador foi suspenso por fazer gestos obscenos para a torcida.* **3** ato ou efeito de torcer: *O professor me deu uma torcida na orelha.*

tor.di.lho *s.m.* **1** cavalo de pelagem negra com manchas brancas: *Montou no tordilho e partiu a galope.* • *adj.* **2** diz-se desse cavalo: *potro tordilho.*

tor.do (ô) *s.m.* **1** pássaro de plumagem de fundo esbranquiçado, com manchas escuras: *Os tordos voam em bando.* **2** carne desse pássaro: *Comemos tordo com aspargos.*

tó.rio *s.m.* (Quím.) elemento químico, metálico, acinzentado, denso, radioativo. // Símb.: Th; N. Atôm.: 90.

tor.men.ta *s.f.* **1** temporal violento: *Naquela noite desabou uma terrível tormenta.* **2** desordem; desarranjo: *tormenta financeira.*

tor.men.to *s.m.* aflição; sofrimento; suplício: *Meu maior tormento é dia de prova.*

tor.na.do *s.m.* fenômeno meteorológico caracterizado pelo aparecimento de uma grande nuvem negra da qual sai um prolongamento, que torneia com rapidez e desce à terra, produzindo forte redemoinho que pode causar destruição.

tor.nar *v.i.* **1** voltar; retornar; regressar: *No dia seguinte, a polícia tornou ao local do crime.* *v.t.* **2** voltar (a questão ou assunto): *Mais tarde tornei ao assunto.* **3** voltar (a

torto

estado ou condição anteriores): *A sociedade política tornou à obediência salutar*. **4** fazer ficar: *Esse dado torna o assunto mais interessante*. **5** mudar; transformar: *A melhor solução é tornar o inverossímil em rotina.* • *pron.* **6** vir a ser; ficar; transformar-se em: *O projeto pode tornar-se realidade*. **7** voltar: *O tempo tornou a escurecer*. ✦ **tornar à carga** voltar ao mesmo assunto. **tornar a si** cair em sí; dar-se conta. **tornar público** fazer que todos fiquem sabendo.

tor.ne.ar *v.t.* **1** modelar no torno: *Aprendi logo a tornear as peças de madeira*. **2** aprimorar.

tor.nei.o¹ *s.m.* **1** campeonato de curta duração: *A copa dos campeões é um torneio que será realizado no Nordeste*. **2** competição; disputa: *Em setembro haverá torneio de pesca*.

tor.nei.o² *s.m.* **1** construção rebuscada: *Eram brilhantes seus torneios de frase*. **2** rodeio de palavras; circunlóquio; perífrase: *Depois de muitos torneios, consegui explicar seu atraso*.

tor.nei.ra *s.f.* válvula que, acionada com a mão, possibilita a saída dos líquidos ou gases.

tor.nei.ro *s.m.* operário que trabalha com torno.

tor.ni.que.te (ê) *s.m.* instrumento ou engenho para apertar ou cingir apertando: *Fiz um torniquete para estancar o sangue*.

tor.no (ô) *s.m.* engenho em que se faz girar uma peça de madeira, ferro, aço etc., para lavrá-la ou para arredondá-la. ✦ **em torno** (i) em volta de: *Uma grande roda se formou em torno de mim.* (ii) acerca de: *Até hoje não houve o mesmo consenso em torno desse assunto.* (iii) por volta de; aproximadamente: *Era um indivíduo com idade em torno de 25 anos*.

tor.no.ze.lei.ra *s.f.* peça de malha que serve para proteger os tornozelos de pancadas.

tor.no.ze.lo (ê) *s.m.* (Anat.) parte do corpo humano correspondente à junção entre a perna e o pé.

to.ró *s.m.* (Coloq.) chuva forte; aguaceiro: *À tarde, caiu um toró daqueles*.

tor.pe (ô) *adj.* **1** repugnante; asqueroso: *Ele tinha uma cara torpe*. **2** infame; vil; abjeto: *Não passa de um boato torpe*. **3** obsceno; indecente: *Recorreu ao vocabulário mais torpe para me xingar*.

tor.pe.de.ar *v.t.* **1** atacar, arremessando torpedos: *Dez submarinos torpedearam cinco navios mercantes*. **2** (Fig.) atacar; combater: *Dessa vez as autoridades não estão torpedeando o projeto*.

tor.pe.do (ê) *s.m.* **1** engenho explosivo de forma cilíndrica alongada, com propulsão e direção próprias, destinado a afundar embarcações mediante explosão submarina. **2** (Bras.) (Coloq.) bilhete amoroso anônimo, que alguém manda entregar em recinto público: *Um torpedo deve levar um elogio*. **3** (Fut.) chute muito forte: *O atacante disparou um torpedo indefensável*.

tor.pe.za (ê) *s.f.* ação indigna ou ignóbil: *Ele jamais cometeria tal torpeza*.

tor.por (ô) *s.m.* **1** falta de ação ou de energia física; entorpecimento: *Senti um torpor se apoderar de mim*. **2** indiferença; inércia moral: *As fotos revelam um certo torpor das pessoas*. **3** marasmo: *Preparo-me para mais uma hora daquele estado de torpor que o horário eleitoral proporciona*.

tor.que *s.m.* força que um motor consegue imprimir e sustentar num intervalo de tempo; impulso: *Na aceleração para ultrapassagens, o motor mostrou ter bom torque*.

tor.quês *s.f.* alicate de pontas recurvadas.

tor.ra.da *s.f.* fatia de pão torrado: *chá com torradas*.

tor.ra.dei.ra *s.f.* eletrodoméstico para fazer torradas.

tor.rão *s.m.* **1** bloco de terra compactada: *A maior parte de terra preta permitirá a formação de torrões mais resistentes*. **2** terra de origem; território: *torrão natal*. **3** bolota; bloco: *torrão de açúcar*.

tor.rar *v.t.* **1** queimar levemente; tostar: *torrar o pão*. **2** secar muito; ressequir: *O sol torrou as folhas de alface*. (Coloq.) **3** vender por baixo preço; liquidar: *É hora de torrar as mercadorias*. **4** (Coloq.) gastar sem critério; esbanjar: *Torrava o dinheiro com mulheres*. • *int.* (pron.) (Coloq.) **5** bronzear(-se): *Belas garotas torrando(-se) nas areias de Copacabana.* ✦ **torrar a paciência** importunar.

tor.re (ô) *s.f.* **1** construção levantada objetivando defesa; fortaleza: *Alguns soldados se entrincheiraram numa torre*. **2** construção alta e estreita, anexa ou ao lado da igreja, onde ficam os sinos; campanário: *A igreja tinha duas torres*. **3** parte alta e estreita, anexa a uma construção: *Restauraram a torre do relógio*. **4** construção alta nos aeroportos, de onde se controlam os voos: *Pouco antes de pousar, o avião perdeu contato com a torre*. **5** estrutura elevada, de aço, em forma de pirâmide: *torre de petróleo; torre de alta-tensão*. **6** no jogo de xadrez, peça que se movimenta em sentido vertical e horizontal nas colunas do tabuleiro. ✦ **torre de marfim** lugar ou situação de isolamento das coisas práticas ou da realidade: *Alguns acadêmicos se fecham em suas torres de marfim e se esquecem das questões cotidianas*.

tor.re.ão *s.m.* torre larga em castelo ou outro edifício.

tor.re.fa.ção *s.f.* **1** ato de torrar grãos de café: *Alguns plantadores de café estão fazendo a sua própria moagem e torrefação*. **2** (Bras.) estabelecimento onde se torra o café: *Compramos uma torrefação de café em Minas Gerais*.

tor.re.fa.zer *v.t.* torrar; tostar.

tor.ren.ci.al *adj.* que cai em torrente; muito abundante: *chuvas torrenciais*.

tor.ren.te *s.f.* **1** curso d'água violento: *O garoto foi levado pela torrente*. **2** (Fig.) grande número ou quantidade: *torrente de elogios*.

tor.res.mo (ê) *s.m.* toucinho frito em pequenos pedaços.

tór.ri.do *adj.* **1** muito quente: *Um dia tórrido de verão*. **2** (Fig.) muito forte; ardente. *Tivemos um tórrido romance*. // Ant.: gélido.

tor.ro.ne *s.m.* massa doce em barra, à base de mel e clara de ovos, geralmente com frutos secos, como amêndoa ou amendoim, ou com frutas cristalizadas.

tor.so (ô) *s.m.* parte do corpo humano sem a cabeça e sem os membros; tronco.

tor.ta (ó) *s.f.* pastelão recheado, doce ou salgado: *torta de maçã*.

tor.to (ô) *adj.* **1** torcido; retorcido: *chifre torto; colheres tortas*. **2** sinuoso; tortuoso: *um caminho torto*. **3** oblíquo; inclinado: *Tinha as pernas tortas*. **4** (Fig.) errado; injusto: *Reagiu de maneira torta*. **5** (Coloq.) tido como parente: *Era um tio torto.* • *adv.* **6** erradamente: *O atacante chutou torto*. **7** enviesadamente; obliquamente: *Olhava torto para o vizinho*. ✦ **a torto e a direito** sem critério.

tortuosidade

tor.tu.o.si.da.de s.f. qualidade do que é tortuoso: *O documento tinha a tortuosidade rotineira da linguagem jurídica.*

tor.tu.o.so (ô) adj. 1 cheio de curvas; muito torto: *uma estrada tortuosa.* 2 (Fig.) oposto à verdade ou à justiça: *Valeu-se de um meio tortuoso para se enriquecer.*

tor.tu.ra s.f. 1 suplício ou tormento violento infligido a alguém, para obter confissões e revelações: *A tortura é um crime hodiondo.* 2 tormento; sofrimento: *Ouvir o discurso dele foi uma verdadeira tortura.*

tor.tu.rar v.t. 1 submeter a tortura; supliciar: *Torturaram o preso.* 2 atormentar; afligir: *Aquele pensamento torturava o rapaz.* • pron. 3 afligir-se; angustiar-se: *De nada adianta você se torturar desse jeito.*

tor.ve.li.nho s.m. redemoinho: *As quatro correntes fluem uma dentro da outra, criando o mais poderoso dos torvelinhos.*

tor.vo (ô) adj. que causa terror; terrível: *O monstro era uma figura torva.*

to.sa s.f. ação de tosar; corte de pelos; tosquia: *Era o momento da tosa das ovelhas.*

to.sar v.t. cortar rente; aparar: *Tosavam a crina e a cauda do cavalo.*

tos.co (ô) adj. 1 mal-acabado; grosseiro: *um móvel tosco.* 2 bronco; rude: *uma pessoa tosca.* 3 desataviado; simples: *Eram sermões toscos e rudes.*

tos.qui.a s.f. ação de tosquiar; tosa: *tosquia de ovelhas.*

tos.qui.ar v.t. 1 cortar rente o pelo ou a pelagem; tosar: *tosquiar ovelhas.* 2 cortar rente: *Quis tosquiar os cabelos com máquina zero.*

tos.se (ó) s.f. (Med.) reflexo respiratório ruidoso tendente a expulsar do aparelho respiratório substâncias irritantes.

tos.si.da s.f. ação ou efeito de tossir: *Entre uma tossida e outra, foram trocando ideias.*

tos.sir v.int. 1 emitir som semelhante ao da tosse: *Entrei na sala, tossi, e os dois nem ligaram.* 2 ter tosse: *Exceto pelo fato de tossir muito, ele aparentava estar normal.*

tos.ta.do adj. 1 dourado pelo sol: *Tinha o rosto tostado pelo sol.* 2 levemente queimado: *carne tostada.*

tos.ta.dor (ô) s.m. eletrodoméstico para tostar alimentos.

tos.tão s.m. 1 antiga moeda brasileira, de níquel, que valia cem réis. 2 moeda de valor muito baixo: *De tostão em tostão, faz-se um milhão.*

tos.tar v.t. 1 queimar ligeiramente; assar: *tostar a carne.* 2 fazer tomar cor escura; bronzear: *As moças passam no corpo óleos para tostar a pele.* • pron. 3 bronzear-se: *Passaram a tarde tostando-se na areia da praia.*

to.tal s.m. 1 totalidade; soma: *O número de projetos foi duas vezes maior que o total aprovado no ano passado.* • adj. 2 completo; absoluto: *Revelou uma total ignorância.* 3 inteiro: *Ocorrem profundas modificações no organismo total.* 4 máximo: *Ingeriu uma dose total de trinta gramas.*

to.ta.li.da.de s.f. 1 o conjunto todo: *Compareceu a totalidade dos trabalhadores.* 2 integralidade: *O projeto foi financiado em sua totalidade pelo governo.*

to.ta.li.tá.rio diz-se do governo em que um grupo concentra todos os poderes políticos e administrativos, excluindo sistematicamente as liberdades e as prerrogativas individuais.

to.ta.li.ta.ris.mo s.m. sistema de governo totalitário.

to.ta.li.za.ção s.f. a soma do total: *Aguardávamos a totalização dos votos.*

to.ta.li.zar v.t. 1 somar: *Um computador totalizava os votos.* 2 atingir um determinado total: *A folha de pagamento dos funcionários totaliza 50 mil.*

to.tem (ó) s.m. animal, vegetal ou qualquer objeto considerado como ancestral ou símbolo de uma coletividade, sendo, por isso, protetor dela e objeto de tabus.

to.tê.mi.co adj. fundamentado no culto a um totem: *Alguns grupos indígenas se achavam relacionados com nomes de animais e plantas, o que talvez indicasse um resto de ideias totêmicas.*

to.tó s.m. 1 (Coloq.) cão pequeno, de estimação, que recebe tratamento carinhoso. 2 jogo de futebol com bonecos movimentados sobre um tablado em que está desenhado um campo; pebolim: *Jogávamos totó a tarde inteira.*

tou.ca s.f. peça do vestuário que cobre a cabeça: *As enfermeiras usam toucas engomadas.*

tou.ca.dor (ô) s.m. móvel de quarto com espelho e que serve a quem se penteia: *Ela estava sentada na frente do toucador.*

tou.cei.ra s.f. 1 conjunto espesso de vegetação. 2 braçada; chumaço: *Apanhou uma touceira de capim e pôs nas costas.*

tou.ci.nho s.m. 1 gordura que fica por baixo da pele do porco. 2 essa gordura usada como alimento: *espaguete com toucinho.*

tou.pei.ra s.f. 1 (Zool.) mamífero insetívoro que vive em tocas embaixo da terra. 2 (Coloq.) pessoa pouco inteligente: *Esse técnico é uma toupeira.*

tour (tur) (Fr.) s.m. passeio por uma cidade, país ou região para conhecer pontos interessantes: *Terminadas as aulas, há um tour de seis dias pela Itália.*

tou.ra.da s.f. espetáculo público em que um ou mais toureiros enfrentam touros.

tou.re.ar v.int. enfrentar touros em tourada: *Dizem que todo espanhol sabe tourear.*

tou.rei.ro s.m. profissional que enfrenta touros em touradas.

tournée (turnê) (Fr.) s.f. turnê.

tou.ro s.m. 1 boi reprodutor. 2 (Astr.) segunda constelação do Zodíaco. 3 (Astrol.) o segundo signo do Zodíaco (20/4 a 20/5).

to.xe.mi.a /ks/ s.f. intoxicação do sangue.

to.xi.ci.da.de /ks/ s.f. caráter do que é tóxico.

tó.xi.co /ks/ s.m. 1 droga entorpecente: *Nenhum dos quatro consumia tóxicos.* • adj. 2 que tem a propriedade de envenenar: *gás tóxico.*

to.xi.co.lo.gi.a /ks/ s.f. conjunto de conhecimentos sobre tóxicos.

to.xi.co.lo.gis.ta /ks/ s.2g. especialista em toxicologia.

to.xi.cô.ma.no /ks/ s.m. pessoa dependente do uso de drogas.

to.xi.dez /ks/(ê) s.f. toxicidade: *Os suecos descobriram um preparado que reduz a toxidez do álcool.*

to.xi.na /ks/ s.f. substância venenosa secretada por seres vivos, capaz de provocar a formação de anticorpos: *Algumas bactérias produzem uma toxina que age sobre a mucosa do intestino.*

to.xo.plas.mo.se /ks/ (ó) s.f. (Med.) infecção congênita ou adquirida, causada por protozoário, que afeta

tradutor

homens, outros mamíferos e aves, podendo atingir o sistema nervoso central.

tra.ba.lha.dor (ô) *s.m.* **1** empregado; operário: *É preciso melhorar o salário do trabalhador brasileiro*. **2** pessoa que trabalha numa determinada profissão; profissional: *Falta assistência ao trabalhador do campo*. • *adj.* **3** que trabalha bastante; laborioso: *Somos um povo ordeiro e trabalhador*.

tra.ba.lhar *v.t.* **1** atuar para conseguir transformação: *Precisamos trabalhar mais o ferro*. **2** cultivar; lavrar: *trabalhar a terra*. **3** manipular ou industrializar; processar: *trabalhar o couro*. **4** preparar: *Temos de trabalhar o futuro*. **5** desenvolver: *trabalhar uma ideia*. **6** esforçar-se; empenhar-se: *trabalhar pelo progresso do país*. **7** contribuir; concorrer: *Tudo trabalhou para a nossa separação*. **8** desempenhar a função de ator; representar: *O ator não quer trabalhar só em telenovelas*. **9** dedicar-se: *Vou trabalhar com afinco neste projeto*. **10** utilizar; servir-se de: *O arqueólogo trabalha diretamente com a cultura material*. **11** negociar; comerciar: *Esta loja não trabalha com bijuterias*. **12** ocupar-se; atuar profissionalmente: *Há muitos cientistas hoje trabalhando com engenharia genética*. **13** desempenhar uma função específica: *Severino trabalhava como porteiro*. • *int.* **14** exercer uma atividade, ofício, função: *Esse rapaz não estuda nem trabalha*. **15** funcionar: *As máquinas trabalham sem parar*.

tra.ba.lhei.ra *s.f.* grande quantidade de trabalho; trabalhão: *Escrever um livro é uma trabalheira sem fim*.

tra.ba.lhis.mo *s.m.* conjunto de teorias econômicas e sociológicas que dizem respeito aos trabalhadores e operários.

tra.ba.lhis.ta *adj.2g.* **1** relativo ao trabalhismo. **2** da classe operária: *legislação trabalhista*.

tra.ba.lho *s.m.* **1** aplicação das forças e faculdades humanas para alcançar um determinado fim: *Após um ano de trabalho, o livro estava pronto*. **2** atividade ou ocupação remunerada; serviço: *Veio para a cidade grande à procura de trabalho*. **3** atividade: *Ele foi condenado a trabalhos forçados numa pedreira*. **4** tarefa; obrigação: *Só foi embora depois que terminou o trabalho*. **5** esforço; luta: *Tive muito trabalho para convencê-lo*. **6** faina; lida: *Hoje os maridos também cuidam dos trabalhos domésticos*. **7** feitiço; bruxaria: *O trabalho tinha de ser feito numa encruzilhada*. **8** atividade que se destina ao aprimoramento ou ao treinamento físico, intelectual etc.: *Graças ao trabalho do preparador físico, os jogadores mantiveram o ritmo na prorrogação*. **9** função: *O trabalho do coração é bombear o sangue*. **10** funcionamento: *O trabalho das máquinas não parava*. **11** atuação contínua e progressiva duma força natural: *As rochas estavam arredondadas pelo trabalho das águas correntes*. **12** dever: *O trabalho de um xerife é apenas manter a ordem no xadrez*. **13** incômodo; transtorno: *Não quero lhe dar mais trabalho do que já estou dando*. **14** qualquer obra realizada: *Li seu trabalho e achei excelente*. **15** local onde se exerce uma atividade: *Sempre ia de carro para o trabalho*. **16** aquilo que constitui uma tarefa para ser cumprida; serviço: *Levei um monte de trabalho para terminar em casa*.

tra.ba.lho.so (ô) *adj.* que dá trabalho; difícil; complicado: *O conserto foi muito trabalhoso*.

tra.bu.co *s.m.* espingarda de um só cano, curto e de grosso calibre.

tra.ça *s.f.* nome comum dos insetos que atacam tecidos, papéis e peles saindo de casulos achatados nos quais vivem.

tra.ça.do *s.m.* **1** contorno; delineamento: *A imagem da cidade foi surgindo ao fundo, marcada no traçado dos edifícios*. **2** formato (de ruas, estradas etc.): *o traçado da avenida*. **3** aquilo que foi combinado; trato: *O traçado era chegar à noite*. **4** projeto; esboço; planta: *Elaborou-se um novo traçado para o centro da cidade*.

tra.ção *s.f.* **1** força que faz movimentar veículos: *veículos de tração animal*. **2** movimento que impulsiona o corpo para a frente: *No nado de costas, recomenda-se usar as pernas em movimentos alternados, em tração dentro d'água*.

tra.çar *v.t.* **1** representar por meio de traços; desenhar: *O menino traçou um círculo no chão*. **2** elaborar: *Tracei um plano meio maluco*. **3** marcar; demarcar; assinalar: *traçar um limite*. • **4** (Coloq.) comer ou beber: *traçar uma picanha*.

tra.ce.ja.do *adj.* diz-se da linha formada por pequenos traços, uns seguindo-se aos outros.

tra.ce.jar *v.t.* **1** formar com pequenos traços, uns seguindo-se aos outros: *tracejar uma linha*. **2** (Fig.) planejar; esboçar: *tracejar ligeiramente um esboço de casa*.

tra.ci.o.nar *v.t.* **1** deslocar por tração; puxar: *um burrico traciona a carroça*.

tra.ço *s.m.* **1** característica; marca: *A sensatez e a ponderação são traços essenciais de sua personalidade*. **2** sinal; vestígio: *Não havia em seu rosto nenhum traço de emoção*. **3** linha traçada; risco: *Marcou alguns nomes com um traço vermelho*. **4** traço de união; hífen: *Escreve aí o telefone: dois, dois, cinco, traço, nove, zero, zero, três*.

tra.ço de u.ni.ão *s.m.* hífen.

tra.co.ma *s.m.* (Patol.) infecção oftálmica que compromete a córnea e a conjuntiva, levando à fotofobia, dor e lacrimejamento.

tra.di.ção *s.f.* **1** transmissão de geração em geração: *A tradição oral manteve muitos costumes vivos*. **2** conjunto de ideias, doutrinas ou valores morais transmitidos de geração em geração: *Aqui em casa somos liberais por tradição*. **3** conjunto de ideias ou de características culturais que identificam um grupo ou uma instituição: *A tradição jurídica manda que se aplique sempre a legislação mais benéfica ao réu*. **4** costume, uso ou rito que se conservam através dos tempos.

tra.di.ci.o.nal *adj.* **1** relativo ou pertencente à tradição: *Usava a tradicional roupa branca do Ano Bom*. **2** que segue a tradição; que existe há muito tempo: *família tradicional*.

tra.di.ci.o.na.lis.mo *s.m.* sistema de crenças baseado na tradição: *Aquele arquiteto conseguiu fugir do tradicionalismo e fez uma obra inovadora*.

tra.du.ção *s.f.* **1** ação de traduzir; versão: *tradução do inglês para o português*. **2** texto ou obra traduzidos: *tradução do relatório da ONU*. **3** (Fig.) manifestação; representação: *Aquele sorriso era a tradução da mais pura alegria*.

tra.du.tor (ô) *s.m.* pessoa que faz traduções.

traduzir

tra.du.zir *v.t.* **1** interpretar: *Vale lembrar que esse projeto traduz o sentimento da população.* **2** tornar explícito; manifestar; revelar: *Fez um gesto que traduzia a sua indiferença.* **3** transpor de uma língua para outra (um texto); verter: *Traduziu o romance do russo para o português.* **4** expressar; expor: *Não vou conseguir traduzir em palavras o meu sentimento.* • *pron.* **5** manifestar-se; revelar-se: *O gesto do presidente tem de se traduzir em/por algo concreto.*

tra.fe.gar *v.int.* transitar; passar: *Milhares de carros trafegam por esta estrada diariamente.*

trá.fe.go *s.m.* **1** fluxo de mercadorias transportadas por aerovia, ferrovia, hidrovia ou rodovia: *É muito intenso e diversificado o tráfego do rio Amazonas.* **2** fluxo de veículos: *O tráfego melhorou após a passagem do pedágio.* // Cp.: tráfico.

tra.fi.can.te *s.2g.* pessoa que comercializa drogas entorpecentes: *A polícia prendeu os traficantes.*

tra.fi.car *v.t.* comercializar ou negociar ilicitamente: *traficar maconha; traficar influências.*

trá.fi.co *s.m.* comércio ilícito ou indecoroso: *tráfico de drogas.* // Cp.: tráfego. • **tráfico de influência** negociação ilícita feita com autoridade pública para se obter uma vantagem qualquer.

tra.ga.da *s.f.* ato de inspirar a fumaça de cigarro, charuto ou cachimbo: *Um adolescente fuma um cigarro: a cada tragada, absorve inúmeras substâncias cancerígenas.*

tra.gar *v.t.* **1** fazer desaparecer; engolir: *O mar tragou o barco.* **2** ingerir, beber: *Tragou um litro de aguardente.* **3** fumar: *O operário ficou num canto, tragando seu cigarrinho.* **4** suportar; aguentar: *Tive de tragar o insulto porque quem falava era filho do general.* • *int.* **5** absorver a fumaça: *A atriz disse que fuma, mas não traga.*

tra.gé.dia *s.f.* **1** peça teatral com desfecho funesto, suscitando terror e piedade. **2** acontecimento que desperta lástima ou horror; ocorrência funesta; infortúnio; desgraça: *A guerra foi uma tragédia para muitas famílias.*

tra.gi.ci.da.de *s.f.* qualidade do que é trágico: *A tragicidade do final do filme sempre me faz chorar.*

trá.gi.co *s.m.* **1** autor de tragédia: *Dos trágicos gregos, tenho uma certa preferência por Sófocles.* **2** a característica de tragédia: *Senti o trágico da situação.* • *adj.* **3** relativo a tragédia: *Hoje vamos assistir a uma peça trágica.* **4** muito triste; funesto; calamitoso: *acontecimento trágico.*

tra.gi.co.mé.dia *s.f.* **1** peça teatral ou filme em que há elementos trágicos e cômicos: *Assisti ontem a uma grande tragicomédia.* **2** evento ao mesmo tempo trágico e cômico: *A última sessão na Câmara foi uma tragicomédia.*

tra.gi.cô.mi.co *adj.* que é, ao mesmo tempo, trágico e cômico: *Ele deparou com uma situação tragicômica.*

tra.go *s.m.* **1** ato de engolir algo de uma só vez; gole: *Esgotou o copo de uma vez.* **2** dose de bebida alcoólica: *Vamos tomar mais um trago.*

tra.i.ção *s.f.* **1** ação de passar para o lado do inimigo: *Era preso de guerra por traição.* **2** infidelidade no amor: *O marido temia que a mulher descobrisse a traição.* **3** deslealdade; perfídia: *Para o deputado, houve uma traição aos princípios do partido.*

tra.i.ço.ei.ro *adj.* **1** que usa de traição; pérfido; desleal: *um sujeito traiçoeiro.* **2** que ataca à traição: *um bicho traiçoeiro.* **3** em que há traição: *uma atitude traiçoeira.*

tra.i.dor *s.m.* e *adj.* quem ou o que comete traição.

trailer (trêilâr) (Ingl.) *s.m.* **1** conjunto de trechos curtos de filme exibido para fins publicitários: *Pelo trailer, o filme deve ser uma droga.* **2** reboque que serve de habitação adaptado na traseira de um automóvel: *Vendeu a casa e foi morar num trailer.*

trainee (treini) (Ingl.) *s.2g.* pessoa que está em treinamento em empresa: *O programa de trainee é aberto a recém-formados.*

trai.nei.ra *s.f.* pequena embarcação de pesca.

training (trêinin) (Ingl.) *s.m.* traje esportivo para ambos os sexos, de malha ou moletom, composto, em geral, de calças compridas folgadas e de blusão: *Usava um training azul.*

tra.ir *v.t.* **1** atraiçoar; enganar: *Não se deve trair um amigo.* **2** revelar; mostrar: *Seu rosto não traiu a menor emoção.* **3** contrariar; falsear: *Jamais vou trair meu modo de ser.* **4** enganar por infidelidade: *Ela traiu o namorado.* • *pron.* **5** deixar escapar o que pretende esconder; comprometer-se: *Lígia acabou se traindo.*

tra.í.ra *s.f.* (Bras.) peixe de dorso negro, flancos pardo-escuros, abdome branco, manchas escuras pelo corpo, sem nadadeira adiposa e com dentes muito cortantes.

tra.jar *v.t.* **1** usar; vestir: *Ela trajava um vestido de franjas.* • *pron.* **2** vestir-se: *Trajava-se com elegância.*

tra.je *s.m.* indumentária; roupa: *Vestiam trajes de gala.* • **em trajes menores** vestido apenas com as roupas de baixo: *Os invasores fugiram em trajes menores.*

tra.je.to (é) *s.m.* **1** espaço a percorrer; caminho; percurso: *O trajeto de duzentos quilômetros deveria ser percorrido sem pressa.* **2** ação de percorrer um espaço; viagem: *Durante o trajeto, não trocamos uma única palavra.*

tra.je.tó.ria *s.f.* **1** caminho percorrido por um corpo; percurso: *O menino seguia a trajetória de um gavião.* **2** história de vida; carreira: *Ao longo de sua trajetória, o cantor ganhou o respeito do público.*

tra.jo *s.m.* traje.

tra.lha *s.f.* **1** conjunto de objetos necessários para execução de algo: *tralha de cozinha; tralha de pescaria.* **2** conjunto de coisas de pouco valor: *Precisamos nos desfazer dessa tralha toda.*

tra.ma *s.f.* **1** enredo; intriga: *A trama da novela não agrada.* **2** complô; conspiração: *Os implicados na trama golpista foram presos.* **3** no ato de tecer em tear, o fio transversal, que se entrelaça com a urdidura. **4** entrelaçamento; teia; rede: *Uma trama de cipós impedia nossa passagem.*

tra.mar *v.t.* **1** armar; maquinar: *A oposição estava tramando um golpe.* **2** entrelaçar fios.

tram.bi.ca.gem *s.f.* (Coloq.) **1** negócio fraudulento; trambique: *Esse homem vive de trambicagem.* **2** burla; logro: *Esses chazinhos para emagrecer não passam de uma trambicagem praticada para as pessoas.*

tram.bi.car *v.int.* (Coloq.) praticar trambiques ou negócios fraudulentos: *Sozinho, sem dinheiro, precisei trambicar.*

tram.bi.que *s.m.* (Coloq.) **1** negócio fraudulento; trambicagem. **2** logro; burla: *A gente leva trambique até dos amigos.*

transbordo

tram.bi.quei.ro *s.m.* **1** (Coloq.) aquele que faz trambique. • *adj.* **2** vigarista.

tram.bo.lho (ô) *s.m.* **1** objeto que ocupa muito espaço: *A cama era um trambolho que quase não cabia no quarto.* **2** algo de pouca ou nenhuma utilidade: *Ela compra todos os trambolhos que anunciam na televisão.*

tra.me.la (é) *s.f.* taramela.

tra.mi.ta.ção *s.f.* curso; andamento: *O projeto está em tramitação no Congresso.*

tra.mi.tar *v.int.* estar em curso: *Meu pedido de aposentadoria já está tramitando.*

trâ.mi.tes *s.m. pl.* via legal que uma questão percorre para chegar à sua solução; meio apropriado à consecução de um fim: *Ele cuidava dos trâmites burocráticos de sua transferência.*

tra.moi.a (ói) *s.f.* velhacaria; falcatrua: *Descobrimos logo as tramoias do comerciante.*

tra.mon.ta.na *s.f.* **1** vento do norte. **2** a estrela polar. **3** a direção norte. **4** rumo; orientação; norte.

tram.po *s.m.* (Coloq.) trabalho: *Depois do trampo, Alessandra ainda encontra forças para dançar.*

tram.po.lim *s.m.* **1** prancha comprida fixa em uma das extremidades e oscilante na outra, de onde se toma impulso para saltar na água: *Subi no trampolim e pulei na piscina.* **2** situação ou atividade que viabiliza a obtenção de benefício ou de posição mais alta: *Alguns tentam usar o futebol como trampolim para uma carreira política.*

tram.po.li.na.gem *s.f.* velhacaria; falcatrua: *Uma denúncia anônima revelou a trampolinagem do negócio.*

tran.ca *s.f.* barra de ferro ou de madeira colocada transversalmente atrás de janelas e portas para fechá-las.

tran.ça *s.f.* **1** conjunto de três ou mais fios ou tiras entrelaçados regularmente: *Uma trança de três arames prendia o quadro na parede.* **2** conjunto de três madeixas de cabelo, geralmente longas, que são entrelaçadas passando-se sucessivamente a madeixa de cada lado sobre a do meio: *Todos elogiaram as tranças da menina.*

tran.ça.do *s.m.* **1** peça construída pelo entralaçamento de fios, cordas ou ripas: *Esse trançado fui eu mesma que fiz.* • *adj.* **2** enroscado como trança; entrelaçado: *laço de couro trançado.*

tran.ca.fi.ar *v.t.* **1** (Bras.) (Coloq.) encarcerar; prender: *O delegado trancafiou o empresário numa sela especial.* • *pron.* **2** (Bras.) (Coloq.) encarcerar-se; isolar-se: *Trancafiou-se durante um mês para escrever a tese.*

tran.ca.men.to *s.m.* **1** ato de trancar. **2** suspensão: *trancamento do processo; trancamento de matrícula.*

tran.çar *v.t.* **1** dispor em trança; entrelaçar: *Janete trançava os cabelos da filha.* **2** produzir, entrelaçando fios; tecer: *Aprendi a trançar redes.* **3** cruzar repetidamente (as pernas) ao andar: *Saiu do bar trançando as pernas.* • *int. pron.* **4** entrelaçar-se: *Os galhos da trepadeira já se trançavam diante de minha janela.*

tran.car *v.t.* **1** fechar à chave: *Quando sair tranque a porta.* **2** cancelar temporariamente a matrícula em qualquer curso, com direito de reabri-la posteriormente; suspender: *Tranquei matrícula no segundo ano.* **3** prender; trancafiar: *Os bandidos trancaram a família no banheiro.* • *pron.* **4** fechar-se: *Ela costumava trancar-se no banheiro para fumar.*

tran.co *s.m.* **1** esbarrão; empurrão: *Dei um tranco no rapaz.* **2** puxão forte: *No primeiro tranco que o peixe deu, ele o fisgou.* **3** golpe; impacto: *O povo não está conseguindo aguentar o tranco da alta dos preços.* **4** solavanco em veículos, pela retirada abrupta do pé da embreagem: *O carro pegou no tranco.* • **aos trancos e barrancos** de modo atabalhoado; com muitas dificuldades e percalços: *O time não pode parar e, aos trancos e barrancos, vamos para mais um campeonato.*

tran.quei.ra *s.f.* **1** cerca de estacas de madeira e arame. **2** obstáculo; empecilho: *Uma tranqueira no meio do caminho dificultava a passagem.* **3** coisa velha e sem valor: *Enchemos um caminhão de tranqueira.*

tran.qui.li.da.de (qüi) *s.f.* **1** ausência de agitação; sossego: *Enfim um dia de tranquilidade na minha vida.* **2** serenidade: *A tranquilidade do preso impressionou o comissário.* **3** ausência de tropeços; segurança: *Devemos assegurar a tranquilidade dos turistas.*

tran.qui.li.zan.te (qüi) *s.m.* **1** medicamento que exerce ação sobre a ansiedade e a tensão nervosa: *Os tranquilizantes não devem ser misturados com bebidas alcoólicas.* • *adj.* **2** que dá tranquilidade; que acalma: *Sempre que podemos, buscamos refúgio no mundo tranquilizante do lar.*

tran.qui.li.zar (qüi) *v.t.* **1** dar tranquilidade; acalmar; serenar: *A declaração do ministro tranquilizou os empresários.* • *pron.* **2** acalmar-se: *A mulher só se tranquilizou depois do telefonema do marido.*

tran.qui.lo (qüi) *adj.* **1** calmo; despreocupado: *Quando vi quem era o chefe, fiquei tranquilo.* **2** calmo; sem agitação: *Morei num vilarejo tranquilo.* **3** sem culpa ou remorso: *consciência tranquila.*

tran.sa /za/ *s.f.* **1** acordo; ajuste; transação. **2** (Coloq.) relação sexual.

tran.sa.ção /za/ *s.f.* **1** operação de venda e compra: *A transação quase gorou.* **2** negociação; combinação; ajuste: *Não queremos mais transação com pessoas hipócritas.*

tran.sa.ci.o.nar /za/ *v.t.* fazer transação com; negociar: *O negociante transaciona artigos não armazenáveis.*

tran.sa.do /za/ *adj.* (Coloq.) que foge do usual ao comum; incrementado; caprichado: *Ele está usando uma roupa transada.*

tran.sar /za/ *v.t.* (Coloq.) **1** lidar com: *A geração atual transa o corpo numa boa.* **2** conseguir; arranjar: *Vou transar um trabalho para você.* **3** relacionar-se; ligar-se: *Eu nunca transei com a polícia.* • *int.* **4** ter relações sexuais: *Eles estão transando.*

tran.sa.tlân.ti.co /za/ *s.m.* navio de grandes proporções para longas travessias.

trans.bor.dar *v.t.* **1** deixar sair fora das bordas em margens: *A enchente transbordou o riacho.* **2** deixar transparecer: *Seu rosto transbordava alegria.* **3** situar-se além; ultrapassar: *Isso transbordou os limites de minha paciência.* **4** estar muito cheio: *A sala transbordava de deputados e senadores.* **5** ter em demasia: *Ela transbordava de vitalidade.* **6** manifestar-se com ímpeto ou intensidade: *Uma grande alegria transbordou do meu peito.* • *int.* **7** sair fora das bordas; derramar: *Com as chuvas, o rio transbordou.*

trans.bor.do (ô) *s.m.* **1** ato de passar de um veículo a outro, para completar a viagem; baldeação: *fazer o*

transcendência

transbordo de cargas. **2** ato ou efeito de transbordar: *Nesta época, as chuvas sempre provocam o transbordo do Tietê.*

trans.cen.dên.cia *s.f.* **1** caráter do que é transcendente. **2** superioridade; qualidade. **3** caráter imanente à Divindade que, em sua perfeição e superioridade absolutas, situa-se em um plano radicalmente distinto e distante da realidade sensível.

trans.cen.den.tal *adj.* **1** (Fil.) em Kant, o que se refere ao conhecimento das condições *a priori* da experiência, ou ao que ultrapassa os limites da experiência. **2** que transcende.

trans.cen.den.te *s.m.* **1** aquilo que transcende; • *adj.* **2** que transcende; transcendental. **3** que transcende a natureza física; metafísica. **4** que provém diretamente da razão. **5** que se refere à Divindade, como distinta e distante da realidade sensível.

trans.cen.der (ê) *v.t.* **1** elevar-se além de; superar; exceder: *Os valores estéticos fazem uma obra transcender o seu tempo.* **2** salientar-se por algum atributo ou qualidade: *Sua obra transcende em perfeição.*

trans.cep.tor *s.m.* **1** equipamento com capacidade de transmitir e receber sinais: *transceptores portáteis.* • *adj.* **2** que transmite e recebe sinais: *estações transceptoras.*

trans.co.di.fi.ca.ção *s.f.* **1** adaptação para um outro código, pela conversão de padrões: *A transcodificação não deu certo.* **2** tradução de uma mensagem de um código para outro.

trans.co.di.fi.ca.dor (ô) *s.m.* aparelho que possibilita a transcodificação: *Transformar um televisor em monitor também é possível com transcodificador externo.*

trans.con.ti.nen.tal *adj.* que atravessa um continente de um extremo a outro: *ferrovia transcontinental.*

trans.cor.rer *v.int.* **1** decorrer; passar-se: *Transcorreram sete longos anos e ela não voltou.* **2** acontecer; ocorrer; dar-se: *As eleições presidenciais transcorreram em clima de tranquilidade.*

trans.cre.ver *v.t.* **1** fazer a transcrição; reproduzir copiando: *O jornal transcreveu minhas declarações de maneira fiel e completa.* **2** passar para a forma escrita algo que é só falado: *Ela está transcrevendo os debates que gravou em fita.* **3** apresentar, por meio de símbolos fonéticos, sons, palavras ou frases de uma língua: *O linguista transcrevia as palavras que o velho índio dizia.*

trans.cri.ção *s.f.* **1** ação de transcrever; cópia: *Ocorreram erros grosseiros na transcrição do discurso.* **2** transposição: *O filme é uma transcrição fiel do romance.* **3** (Mús.) ação de escrever, para um instrumento musical, um trecho de uma obra escrito para instrumento de outra tonalidade: *Já nos anos 1960, transcrições dessas peças para piano eram amplamente executadas nos conservatórios.* **4** texto ou obra transcritos: *As transcrições de escutas telefônicas.*

trans.cul.tu.ral *adj.* que vai além de uma única cultura; que ressalta do contato de duas culturas.

trans.cur.so *s.m.* **1** período de tempo; decurso: *No transcurso de um século a rocha desmoronou.*

tran.se /ze/ *s.m.* **1** momento aflitivo; ocasião difícil: *Contei com um olhar amigo para me acompanhar neste difícil transe.* **2** estado de êxtase: *A plateia entrou em transe ao ver juntos os dois cantores.* **3** estado em que a consciência e a percepção estão alteradas, que pode ser causado ou induzido por diversos fatores, químicos ou psíquicos. **4** estado do médium quando ele supostamente recebe um espírito, uma divindade ou entidade: *O médium caíra em transe.* • **a todo transe** de qualquer modo: *Querem a todo transe reformar a casa.*

tran.se.un.te /ze/ *s.2g.* quem transita ou passa por determinado local; passante: *Os transeuntes devem usar a calçada.*

tran.se.xu.al (se) /ks/ *s.2g.* **1** pessoa que se submete a tratamento e a intervenção cirúrgica para mudar de sexo. • *adj.* **2** de transexuais: *comunidade transexual.* **3** relativo a mudança de sexo: *cirurgia transexual.*

trans.fe.rên.cia *s.f.* **1** mudança; transposição; passagem: *Alguns deputados defendem a transferência da capital do Estado para o interior.* **2** cessão: *Numa franquia ocorre a transferência dos direitos de exploração da marca de uma empresa para outra, mediante pagamento.* **3** deslocamento (de um lugar ou de uma data para outra): *transferência de jogadores para o exterior; transferência de datas*

trans.fe.ri.dor (ô) *s.m.* **1** instrumento circular ou semicircular, com a borda dividida em 360 ou 180 graus, respectivamente, próprio para medir ângulos, ou traçá-los segundo a medida dada. • *adj.* **2** que transfere.

trans.fe.rir *v.t.* **1** mudar; fazer passar; deslocar: *A prefeitura transferiu o médico do centro para a periferia.* **2** abrir mão em favor de; ceder: *Transferiu o comando da casa para a esposa.* **3** transmitir: *Peço-lhe que transfira aos colegas do Rio um forte abraço.* • *pron.* **4** mudar-se; ir-se: *O professor transferiu-se da capital para o interior.* **5** deslocar-se; passar: *Toda sua raiva se transfere do coração para o olhar.*

trans.fi.gu.ra.ção *s.f.* **1** mudança radical na aparência, no caráter, na forma: *Seus esforços incluíram também atos de transfiguração física.* **2** transformação; metamorfose: *A ideia de purificação se dá pela transfiguração da violência em beleza.* **3** para os cristãos, estado glorioso em que Cristo apareceu aos apóstolos sobre o monte Tabor.

trans.fi.gu.rar *v.t.* **1** modificar; alterar: *A raiva transfigurou-lhe o rosto.* **2** converter; mudar: *Ele transfigura a falta de ternura em concessão de virilidade.* • *pron.* **3** transformar-se; converter-se: *O vigor da juventude se transfigura em rugas.* **4** mudar de figura, feição ou aparência: *Ao ver o fantasma, o rapaz se transfigurou.*

trans.for.ma.ção *s.f.* **1** alteração; metamorfose; mudança: *O cenário sofreu uma grande transformação.* **2** ato de transformar.

trans.for.ma.dor (ô) *s.m.* **1** aparelho de indução eletromagnética que transforma um sistema de correntes variáveis em um ou em vários outros sistemas de correntes variáveis, de intensidade e tensão em geral diferentes e de frequência igual: *O transformador explodiu.* • *adj.* **2** que transforma: *Ele acredita no papel transformador da sociedade.*

trans.for.mar *v.t.* **1** tornar diferente; modificar: *O homem transforma o meio em que vive.* **2** converter; tornar: *O grupo conseguiu transformar a tragédia numa comédia.* • *pron.* **3** assumir novo aspecto; alterar-se: *A partir de então, a vida dela se transformou.* • *pron.* **4** converter-se em; transfigurar-se: *O monólogo se transformou em diálogo.*

trasmissão

trans.for.mis.mo s.m. utilização de diversos recursos, como vestes, maquiagem e atitudes, utilizados por homem, para personificar uma mulher.

trans.for.mis.ta s.m. **1** homem que adota vestes e atitudes de mulher, por trabalho ou diversão: *Os transformistas dominaram o espetáculo.* • *adj.* **2** diz-se do homem que adota vestes e atitudes de mulher por trabalho ou diversão: *um ator transformista.*

trâns.fu.ga s.2g. **1** pessoa que abandona seus deveres, seu partido, sua crença: *O seu partido aceita trânsfugas de todos os lados.* **2** desertor.

trans.fun.dir v.t. introduzir (sangue, plasma ou soluções diversas) na corrente sanguínea de uma pessoa: *Era urgente transfundir o plasma para o doente.*

trans.fu.são s.f. **1** ação de introduzir (sangue, plasma etc.) diretamente na veia de um paciente: *transfusão de sangue.* **2** passagem; transformação: *transfusão de recursos.*

trans.gê.ni.co s.m. **1** organismo que contém material genético tirado de outras espécies. **2** *adj.* que contém material genético tirado de outras espécies: *leitões transgênicos; tomate transgênico.*

trans.gre.dir v.t. violar; infringir: *Não devo transgredir a lei.*

trans.gres.são s.f. **1** infração: *Não cometi nenhuma transgressão.* **2** ação de transgredir; violação; desobediência: *A transgressão da lei virou moda.*

trans.gres.sor (ô) s.m. **1** pessoa que transgride; infrator: *Os transgressores da lei devem ser punidos.* • *adj.* **2** que transgride; infrator: *Jamais cometi um ato transgressor das leis de trânsito.*

tran.si.ção /zi/ s.f. passagem; mudança: *transição do regime autoritário para a democracia.*

tran.si.do /zi/ *adj.* **1** impregnado; transpassado; esmorecido: *O rapaz estava transido de medo.* **2** apavorado, assustado: *O filme de terror deixou a plateia transida.*

tran.si.gên.cia /zi/ s.f. condescendência; tolerância: *Para meu pai, não havia transigência em matéria de princípios morais.*

tran.si.gir /zi/ *int.* ser condescendente; ceder; concordar; contemporizar: *Depois de duas horas de discussão, transigia.*

tran.sis.tor (ô) /zi/ s.m. **1** dispositivo constituído de semicondutores que substitui a válvula eletrônica: *O transistor revolucionou o mundo da eletrônica.* **2** (Coloq.) rádio portátil que usa esse dispositivo: *Sempre levava seu transistor ao estádio.* • *adj.* **3** diz-se do rádio que usa esse dispositivo: *A garota andava com um rádio transistor na mão.*

tran.sís.tor (ô) /zi/ s.m. transistor.

tran.si.tar /zi/ v.t. **1** andar; circular: *Alguns curiosos transitavam pela Câmara.* **2** estar em tramitação; tramitar: *Mais de duzentos projetos de lei transitam pelo Congresso Nacional.* **3** caminhar; passar: *Cerca de mil pessoas transitaram sábado pela feira.* **4** alternar; oscilar: *Essa obra transita entre a literatura e a ciência.* **5** mudar; passar: *O cineasta transita do histórico para o fantástico com desenvoltura.* • *int.* **6** andar; mover-se; ir; vir: *Ao fazer uma curva, bateu de frente com uma carreta que transitava em sentido contrário.*

tran.si.ti.vi.da.de /zi/ s.f. qualidade do que é transitivo: *a transitividade do verbo.*

tran.si.ti.vo /zi/ *adj.* **1** de transição: *Nossa economia passa por um período transitivo.* **2** (Gram.) diz-se do verbo que exige complemento(s) para integrar-lhe o sentido. Conforme o complemento pedido, o verbo transitivo pode classificar-se como: 1) *transitivo direto* quando requer um complemento (objeto direto) que se liga diretamente ao verbo, sem necessidade de preposição: *Aprecio música.* 2) *transitivo indireto* quando se liga ao verbo com o auxílio de preposição: *Gosto de música.* 3) simultaneamente *transitivo direto* e *indireto* quando, além do objeto direto, requer um objeto indireto, encabeçados pelas preposições *a* ou *para*: *Dei um livro a meu filho.*

trân.si.to /zi/ s.m. **1** passagem; circulação: *A areia trazida pelas ondas impedia o trânsito de pedestres.* **2** movimento, circulação de veículos; tráfego: *À noite, o trânsito na estrada já estava normalizado.* **3** movimentação; transporte; circulação: *o livre trânsito de mercadorias.* **4** boa aceitação: *O deputado tinha trânsito tanto na esquerda quanto na direita.* • **em trânsito** em viagem: *Nosso hóspede convidado já está em trânsito.*

tran.si.to.ri.e.da.de /zi/ s.f. qualidade do que é transitório; duração efêmera: *Um enterro é um bom momento para refletir sobre a transitoriedade da vida terrena.*

tran.si.tó.rio /zi/ *adj.* **1** de pouca duração; passageiro; efêmero: *Parece que nossas dificuldades são transitórias.* **2** de transição: *A abertura política foi um período transitório da ditadura para a democracia.*

trans.la.ção s.f. movimento realizado por um planeta em torno do Sol: *o movimento de translação da Terra.*

trans.la.dar v.t. trasladar.

trans.la.do s.m. traslado.

trans.li.te.rar v.t. escrever nomes ou palavras estrangeiras com um alfabeto diferente do normalmente usado naquela língua: *transliterar nomes árabes, russos, japoneses etc.*

trans.lú.ci.do *adj.* **1** que deixa passar a luz sem permitir que se vejam objetos situados atrás: *O vidro fumê é translúcido.* **2** reluzente: *Tinha a pele translúcida.* **3** (Fig.) lúcido: *Rui era dotado de uma inteligência translúcida.*

trans.mi.gra.ção s.f. **1** mudança da alma (de um corpo para outro); metempsicose: *Um traço arraigado na cultura hindu é a crença na transmigração das almas.* **2** mudança (de um lugar para outro): *O filme mostra um panorama da transmigração da civilização africana para o Brasil.*

trans.mi.grar v.t. **1** Mudar de um país (ou lugar) para outro. **2** Passar (a alma) de um corpo para outro.

trans.mis.são s.f. **1** transferência; entrega; passagem: *Breve haverá transmissão do poder.* **2** comunicação: *A transmissão de um recado errado causou confusão.* **3** comunicação de um mecanismo para outro por meio de engrenagem, polias, correias etc.: *As correntes de transmissão das rodas traseiras estavam gastas.* **4** comunicação por contágio; propagação: *transmissão de doenças.* **5** envio de mensagem visual ou sonora por meio de ondas eletromagnéticas: *Haverá transmissão do jogo pela TV.* **6** envio; expedição; emissão: *Estava péssima a transmissão de sinais.* **7** transferência por

transmissível

hereditariedade; legado: *transmissão de caracteres genéticos adquiridos.*

trans.mis.sí.vel *adj.* que pode ser transmitido: *doença transmissível.*

trans.mis.sor (ô) *s.m.* **1** pessoa ou coisa que transmite; veiculador; propagador: *Ele é transmissor de boas notícias.* **2** equipamento que envia mensagens por ondas eletromagnéticas: *Um transmissor irradia imagens, voz e texto por ondas de alta frequência.* • *adj.* **3** que transmite; propagador: *mosquito transmissor da dengue.*

trans.mi.tir *v.t.* **1** difundir som e/ou imagem por meio eletrônico de comunicação enviando-os através de ondas; irradiar; mostrar: *A TV vai transmitir os jogos.* **2** notificar; passar informação, conhecimento: *A empregada transmitiu o recado ao patrão.* **3** passar para outro; contaminar: *transmitiu a gripe para os colegas.* **4** transferir; entregar: *O ministro transmitiu o cargo para o advogado.* **5** infundir: *O técnico tem de transmitir entusiasmo ao time.* **6** transportar; conduzir: *O nervo transmite o estímulo ao cérebro.* • *pron.* **7** transferir-se; passar: *Essa doença raramente se transmite da mãe para o feto.*

trans.mu.dar *v.t.* transmutar.

trans.mu.ta.ção *s.f.* mudança; transformação: *Seria possível a transmutação de grafite em diamante?*

trans.mu.tar *v.t.* **1** fazer passar de um estado para o outro; transformar: *transmutar ódio em amor.* • *pron.* **2** converter-se; tornar-se; transformar-se: *Ele não passa de um cientista político tentando transmutar-se em estadista.*

trans.na.ci.o.nal *adj.* que ultrapassa os limites da nacionalidade: *monopólios transnacionais.*

tran.so.ce.â.ni.co /zo/ *adj.* que atravessa o oceano; ultramarino: *rotas transoceânicas.*

trans.pa.re.cer *v.t.* manifestar-se; revelar-se: *A nostalgia e a saudade transpareceram no seu discurso.*

trans.pa.rên.ci.a *s.f.* **1** qualidade do que é transparente: *A transparência das cortinas permitiam-nos ver o interior da sala.* **2** (Fig.) clareza nas intenções; franqueza: *As entrevistas do técnico primam pela transparência.* **3** folha plástica transparente em que se imprimem textos ou figuras a serem projetados por meio de retroprojetor: *O professor hoje usou várias transparências para ilustrar a aula.*

trans.pa.ren.te *adj.* **1** que deixa passar os raios de luz e permite ver através de sua espessura; diáfano: *plástico transparente.* **2** claro; límpido: *céu transparente.* **3** (Fig.) que não oculta nenhum dado; franco: *O governo tem uma política de ensino bastante transparente.*

trans.pas.sa.do *adj.* **1** varado; atravessado: *Seu corpo estava transpassado de balas.* **2** fechado sobrepondo-se um lado sobre o outro: *O roupão transpassado é muito prático.* **3** repleto: *voz transpassada de tristeza.*

trans.pas.sar *v.t.* **1** varar de lado a lado; atravessar: *A pedra transpassou a vidraça e atingiu a professora.* **2** ir além de; ultrapassar: *transpassar os limites.* **3** perpassar; percorrer: *Não se trata de um livro qualquer: a competência o transpassa.* **4** magoar, pungir: *A notícia transpassou seu coração como uma navalha.* • *pron.* **5** morrer: *Depois de ligeira agonia, o enfermo se transpassa.*

trans.pi.ra.ção *s.f.* **1** processo de transpirar; exsudação; sudação: *O atleta deve beber muito líquido para compensar o que perde na transpiração.* **2** suor.

trans.pi.rar *v.t.* **1** manifestar; revelar: *A paixão, o desejo, a solidão, tudo transpira emoção.* **2** dar-se a conhecer; surgir: *Nada transpirou dos debates.* • *int.* **3** verter suor pelos poros; suar: *Muitos candidatos, na hora da prova, transpiram sem parar.*

trans.plan.tar *v.t.* **1** arrancar de onde está plantado e replantar em outro lugar: *transplantar as mudas de alface.* **2** tirar do organismo de um ser vivo e passar para o de outro: *transplantar órgãos.* **3** transferir; transpor: *Estão transplantando para o Brasil alguns costumes estrangeiros.*

trans.plan.te *s.m.* **1** ato de transferir (planta) de um lugar para outro; ato de replantar: *transplante de mudas.* **2** transferência (de um órgão ou de parte dele) de um indivíduo para outro: *transplante de coração.*

trans.por *v.t.* **1** vencer; superar: *transpor um obstáculo.* **2** passar além; atravessar: *transpor o portão.* **3** passar para outra linguagem; transferir; traduzir; adaptar: *Um diretor de cinema decide transpor para a tela os mitos.* **4** passar para (outro lugar): *transpôs o móvel para a sala.* // Pp.: transposto.

trans.por.ta.dor (ô) *s.m.* **1** pessoa que faz transporte de produtos: *A greve dos transportadores pode deixar o país sem combustível.* • *adj.* **2** que transporta; condutor: *veículos transportadores.*

trans.por.tar *v.t.* **1** levar de um local para outro, geralmente utilizando algum meio de transporte: *No Brasil colônia, as mercadorias eram transportadas em lombo de burro.* **2** levar ou trazer; carregar: *Caminhões transportavam toras da mata para a serraria.* **3** transferir; transpor: *O diretor transportou o texto teatral para o cinema.* • *pron.* **4** transferir-se; mudar-se: *Em 1808, D. João transportou-se com sua corte para o Rio de Janeiro.*

trans.por.te (ó) *s.m.* **1** ação ou operação de transportar; condução: *As peruas estão fazendo transporte de passageiros.* **2** meio de condução: *Não encontramos transporte e fomos a pé.*

trans.po.si.ção *s.f.* **1** troca de lugares: *Um dos erros mais comuns dos digitadores é a transposição de letras ou palavras.* **2** superação: *transposição de obstáculos.* **3** transferência: *a transposição da linguagem dos quadrinhos para a do cinema.*

trans.pos.to (ô) *adj.* que sofreu transposição.

trans.tor.nar *v.t.* **1** causar grande perturbação; conturbar: *As chuvas vão continuar transtornando a vida da cidade.* • *pron.* **2** ficar tomado de grande perturbação; alterar-se: *Ao ver a namorada dançando com o rival, transtornou-se.*

trans.tor.no (ô) *s.m.* **1** contrariedade; contratempo: *Consertar o carro em uma oficina não autorizada pode causar inúmeros transtornos ao consumidor.* **2** perturbação; tumulto; desordem: *A greve causou um grande transtorno.* **3** distúrbio: *Fui atacado de um transtorno estomacal.*

tran.subs.tan.ci.a.ção /su/ *s.f.* **1** Mudança de uma substância em outra. **2** (Rel.) transformação do pão e do vinho da Eucaristia no corpo e no sangue de Cristo.

tratamento

trans.ver.sal *s.f.* **1** rua que corta outra: *A loja fica em uma transversal da avenida central da cidade.* • *adj.* **2** que está ou que passa obliquamente: *Era uma rua transversal à avenida.*

trans.ver.so (ê) *adj.* oblíquo; atravessado: *Ao depreciar o romance, o crítico acabou, por vias transversas, enaltecendo-o.*

trans.vi.a.do *s.m.* **1** quem se desviou dos padrões éticos e sociais vigentes: *Polícia prendeu alguns transviados.* • *adj.* **2** que se desviou dos padrões éticos e sociais vigentes; desencaminhado; perdido: *1950 foi a década da juventude transviada.*

tra.pa.ça *s.f.* manobra astuciosa usada para enganar alguém causando-lhe prejuízo; ardil; pilantragem: *O turista que não tomar cuidado pode ser vítima de trapaças.*

tra.pa.ce.ar *int.* fazer trapaças ou fraudes: *O jogador estava trapaceando.*

tra.pa.cei.ro *s.m. e adj.* que ou quem faz trapaça; espertalhão.

tra.pa.lha.da *s.f.* ação desastrosa; confusão; baralhada: *Os três rapazes acabaram se metendo numa trapalhada.*

tra.pa.lhão *s.m.* **1** pessoa que se atrapalha facilmente: *O empregado era um trapalhão. // Fem.: trapalhona.* • *adj.* **2** confuso; atabalhoado; atrapalhado: *trapalhão.*

tra.pé.zio *s.m.* **1** (Geom.) quadrilátero que tem dois lados paralelos de comprimentos desiguais: *Usava vestidos em forma de trapézio.* **2** aparelho circense para exercícios ginásticos constituído por uma barra presa nas extremidades por duas cordas pendentes: *A ginasta mostrou suas habilidades presa nas extremidades do trapézio.*

tra.pe.zis.ta *s.2g.* aquele que se exibe em trapézio: *O trapezista deixou a plateia boquiaberta.*

tra.pe.zoi.dal *adj.* que tem forma de trapezoide: *faróis trapezoidais.*

tra.pe.zoi.de (ói) *s.m.* **1** quadrilátero com todos os lados oblíquos entre si; quadrilátero sem lados paralelos: *Construído na crista de uma rocha, o castelo forma um trapezoide.* • *adj.* **2** que tem forma de trapézio: *salão trapezoide.*

tra.pi.che *s.f.* armazém à beira do cais onde se guardam mercadorias importadas ou para exportar.

tra.po *s.m.* **1** pedaço de pano velho e usado; farrapo: *Peguei um trapo e esfreguei o chão.* **2** roupa velha e gasta, frequentemente rasgada; molambo: *Muitas crianças se vestem com trapos e se alimentam mal.* **3** (Coloq.) pessoa acabada; malnutrida ou esgotada: *Estou um trapo.* ♦ **juntar (os) trapos** casar.

tra.que *s.m.* artefato pirotécnico constituído por um tubinho de papelão carregado com mistura explosiva, e cujo pavio, ao ser acendido, faz explodir a composição, provocando ruído.

tra.que.al *adj.* relativo ou pertencente à traqueia: *tubo traqueal.*

tra.quei.a (éi) *s.f.* c(Anat.) conduto aéreo que se inicia na parte inferior da laringe, terminando por uma bifurcação, onde se originam os dois brônquios.

tra.que.jar *v.t.* dar traquejo a; tornar apto; exercitar: *Você precisa traquejar seu filho.*

tra.que.jo (ê) *s.m.* prática; perícia; experiência: *É preciso um certo traquejo pra ser técnico da seleção.*

tra.que.os.to.mi.a *s.f.* incisão para a introdução de uma cânula no interior da traqueia, com o fim de restabelecer a entrada de ar para os pulmões, no caso de sufocamento.

tra.que.o.to.mi.a *s.f.* incisão praticada na traqueia.

tra.qui.na.da *s.f.* traquinagem: *O menino continuou com suas traquinadas.*

tra.qui.na.gem *s.f.* travessura; algazarra: *O velho, rindo, contava as traquinagens dos netos.*

tra.qui.nas *adj.* travesso: *criança traquinas.*

trás *s.m.* espaço situado na parte traseira ou posterior de alguma coisa: *Íamos para trás do muro; O mato alastrava-se por trás da cerca.* ♦ **por trás** (i) pelas costas; de modo traiçoeiro: *Não gosto de gente que fala mal por trás.* (ii) subjacente a; implícito em: *Por trás daquele gesto, havia um grande interesse.*

tra.san.te.on.tem *adv.* no dia anterior a anteontem.

tra.sei.ra *s.f.* parte de trás de um veículo: *O ciclista bateu na traseira do caminhão. // Ant.:* dianteira.

tra.sei.ro *s.m.* **1** (Coloq.) nádegas: *Você acabará levando um pontapé no traseiro.* • *adj.* **2** que fica na parte posterior; detrás: *pata traseira; bolso traseiro. // Ant.:* dianteiro.

tras.la.dar *v.t.* **1** transferir; transportar: *Trasladaram o corpo da Itália para o Brasil.* **2** traduzir: *Incumbi-me de trasladar os poemas gregos para o português.* • *pron.* **3** mudar-se; transferir-se: *O autor trasladou-se do Brasil para a Inglaterra.*

tras.la.do *s.m.* **1** transporte de um ponto a outro: *Por terra, o traslado do aeroporto para o centro da cidade leva cerca de duas horas e meia.* **2** mudança; transferência: *Estão aguardando o traslado da empresa para outra capital.*

tras.pas.sar *v.t.* transpassar.

tras.te[1] *s.m.* **1** móvel ou utensílio velho de escasso ou nenhum valor: *Entrei numa sala cheia de trastes.* **2** (Coloq.) pessoa de mau caráter; velhaco; tratante.

tras.te[2] *s.m.* filete de metal fixado no braço dos instrumentos de corda, marcando os semitons e indicando o lugar dos dedos.

tras.te.jar *int.* (Coloq.) **1** proceder mal ou de modo velhaco: *Esses malandros só pensam em trastejar.* **2** vacilar; pestanejar: *Viu o goleiro adiantado, não trastejou e chutou a bola do meio do campo.*

tra.ta.dis.ta *s.2g.* pessoa que escreveu um ou mais tratados.

tra.ta.do *s.m.* **1** acordo internacional referente a comércio, paz etc.: *Todos ansiavam por um tratado de paz definitivo.* **2** documento que registra um acordo: *Finalmente, o tratado de paz foi lido e assinado.* **3** obra desenvolvida a respeito de um assunto: *Publicou um grosso tratado de Filosofia.*

tra.ta.men.to *s.m.* **1** conjunto de meios terapêuticos utilizados para manutenção ou recuperação da saúde: *tratamento dentário.* **2** conjunto de meios utilizados para deixar algo em bom estado ou para mudar o aspecto, a textura, a resistência etc.: *O couro recebe um tratamento especial.* **3** cuidado; trato: *o tratamento dos animais.* **4** combate; extinção: *o tratamento da doença.* **5** forma pela qual se designa o interlocutor: *Dava aos presentes o tratamento de "você".* **6** maneira de tratar; atenção; cuidado: *O governo dará ao Nordeste um tratamento adequado.* **7** acolhimento; recepção: *O vigarista recebeu o tratamento que merecia.*

837

tratante

tra.tan.te s.2g. **1** pessoa velhaca: *num negócio sujo é que eu queria apanhar aqueles tratantes.* ● adj. **2** que não merece confiança; que procede com velhacaria: *Não negocio com sujeitos tratantes.*

tra.tar v.t. **1** alimentar; nutrir: *É hora de tratar o gado.* **2** contratar; ajustar: *Tratei um serviço muito bom.* **3** dispensar atenção: *Todos me trataram muito bem.* **4** dar tratamento sanitário: *tratar a água.* **5** dar a palavra; prometer: *Ele tratou que iria, mas não foi.* **6** discutir; debater: *Tenho um assunto a tratar com o delegado.* **7** dirigir-se, usando determinada forma de tratamento; chamar: *A mulher tratava o marido de "velho".* **8** tomar providência; cuidar: *Precisamos tratar da tua eleição.* **9** discorrer sobre; expor: *Neste capítulo, vamos tratar dos tempos verbais.* **10** dizer respeito a: *Estas fichas tratam de coisas confidenciais.* **11** lidar; trabalhar: *Agora só tratamos com gado.* ● pron. **12** cuidar da saúde: *Você está muito pálido. Precisa se tratar, rapaz.* ● pron. **13** estar em questão ou em causa: *Trata-se de um problema que eu tenho de resolver.* **14** indica decisão: *Tratei de sair logo dali.* **15** em discurso direto, indica ordem; conselho; advertência etc.: *Tratem de fazer tudo direito.*

tra.ta.ti.va s.f. negociação: *O partido só se integrará aos demais membros da coligação numa fase mais adiantada das tratativas.*

tra.to¹ s.m. **1** tratamento: *o trato da coisa pública.* **2** cuidado diário; alimentação: *o trato dos animais.* **3** ajuste; acordo: *Você não cumpriu o trato que havia entre nós.* **4** educação; boas maneiras: *Essa é gente de fino trato.* **5** maneira de agir ou relacionar-se com outros: *Ele é muito hábil no trato com os empregados.* **6** convívio; intimidade: *O nosso trato com a família da moça estava um pouco abalado.* **7** familiaridade; relação: *o trato com a terra.*

tra.to² s.m. **1** porção; pedaço: *Adquiriu grandes tratos de terra.* **2** região ou parte específica do organismo especialmente longa; via; sistema: *trato urinário; trato respiratório.*

tra.tor (ô) s.m. veículo motorizado que, deslocando-se sobre rodas ou esteiras, puxa equipamentos agrícolas, como arados, grades de discos, carretas, ou possui lâmina para trabalhos de terraplanagem.

tra.to.ri.a s.f. restaurante popular de especialidades italianas, principalmente massas.

tra.to.ris.ta s.2g. (Bras.) pessoa que opera trator.

trau.ma s.m. **1** traumatismo. **2** abalo psicológico de onde se desenvolveu ou pode desenvolver-se uma neurose: *Ele tem um trauma de infância.* **3** dificuldade; crise: *Criou-se um trauma com a proibição da entrada dos professores portugueses no Brasil.*

trau.ma.tis.mo s.m. (Med.) lesão de extensão, intensidade e gravidade variáveis, provocada por agentes externos: *O traumatismo craniano foi causado pelo acidente.*

trau.ma.ti.zar v.t. **1** causar traumatismo; ferir: *Os sons de intensidade violenta podem traumatizar a orelha interna.* **2** causar trauma; chocar; abalar: *Transmitida ao vivo pela TV, a cena da tragédia traumatizou o país.*

trau.ma.to.lo.gi.a s.f. (Med.) ramo da Medicina que se ocupa dos traumatismos.

trau.te.ar v.t. cantarolar: *O passageiro do lado trauteava baixinho uma canção.*

tra.va s.f. **1** dispositivo que impede movimento, abertura ou funcionamento: *trava de direção.* **2** cada um dos dispositivos de madeira, plástico ou qualquer outro material, colocados na sola das chuteiras: *O atacante enfiou as travas na perna do zagueiro.* **3** inclinação alternada dos dentes da serra ou serrote: *A trava do serrote deve ser igual de ambos os lados.* **4** aquilo que trava; freio: *Ele não tem travas na língua.*

tra.va.dei.ra s.f. instrumento de ferro com que se fazem travas nos dentes das serras ou serrotes.

tra.va.do adj. **1** fechado com trava; trancado; aferrolhado. **2** impedido; embarracado: *Seu amor havia sido travado pelo destino.* **3** que se expressa com dificuldades: *Era um orador travado.* **4** diz-se da sílaba terminada em consoante.

tra.va.men.to s.m. **1** ato ou processo de travar. **2** cessação de movimento: *O acidente deveu-se ao travamento das rodas.* **3** (Inf.) condição na qual o processamento em um computador parece estar suspenso, e o programa que controla o sistema não aceita nenhuma entrada de dados.

tra.var v.t. **1** tolher; impedir: *A falta de verba travou nosso projeto.* **2** fechar; trancar: *Travou as portas com cuidado.* **3** causar travo ou amargor; amarrar: *A uva, ainda verde, lhe travava a boca.* **4** tolher o movimento de; impedir; paralisar: *O susto travou-lhe a língua.* **5** começar; encetar: *travar uma discussão.* **6** levar adiante; disputar: *travar um duelo.* ● int. **7** ter o movimento repentinamente impedido; empenar: *As rodas do carro travaram.* **8** (Inf.) deixar de responder: *O computador travou.*

tra.ve s.f. **1** viga de sustentação do teto de uma construção: *A corda estava presa na trave da cumeeira.* **2** no futebol, cada uma das duas barras de madeira ou de ferro que sustentam o travessão e, com este, delimitam o gol: *A bola bateu na trave.*

tra.ve.ja.men.to s.m. **1** conjunto de traves dispostas numa sequência; vigamento. **2** conjunto de elementos de sustentação: *o travejamento das relações sociais.*

tra.vés s.m. direção oblíqua; esguelha. ◆ **de través** obliquamente; de lado: *Olhou a infeliz de través, sem coragem de encará-la.*

tra.ves.sa¹ (é) s.f. rua transversal entre duas outras mais importantes: *A casa ficava numa das travessas da avenida central.*

tra.ves.sa² (é) s.f. prato maior que os comuns, geralmente ovalado, em que as iguarias vão à mesa: *Acomodou o peru na travessa.*

tra.ves.são s.m. **1** travessa grande: *Em poucos minutos o travessão de arroz ficou vazio.* **2** (Fut.) barra que une as extremidades superiores das duas traves do gol: *A bola passou rente ao travessão.* **3** sinal de pontuação (–) empregado na escrita para separar frases ou expressões, substituir parênteses, pôr palavras ou expressões em evidência, além de distinguir, em um diálogo, os interlocutores. // Pl.: travessões.

tra.ves.sei.ro s.m. almofada que se põe na cabeceira da cama para repouso da cabeça, quando se está deitado.

tra.ves.si.a s.f. ação de atravessar: *Fizemos a travessia de um rio.*

tra.ves.so¹ (é) adj. **1** lateral: *Saímos pelas portas travessas.* **2** posto de través; torto: *linhas travessas.*

tra.ves.so² (ê) adj. que faz travessura; arteiro: *Sempre foi um menino travesso.*

838

tremer

tra.ves.su.ra *s.f.* traquinagem; diabrura; arte: *Como é bom ficar recordando as travessuras da infância.*

tra.ves.ti *s.m.* indivíduo que se veste com roupas do sexo oposto.

tra.ves.tir *v.t.* **1** vestir com roupa própria do sexo oposto: *Travestiu a filha de homem.* **2** dar a uma coisa a aparência de outra; disfarçar: *Vai-se tentar travestir esse imposto em contribuição social.* • *pron.* **3** vestir-se com roupa do sexo oposto: *travestir-se de mulher.* **4** tomar a aparência de; fingir-se de: *O garoto travestiu-se de empresário.*

tra.ves.tis.mo *s.m.* condição ou prática própria do travesti.

tra.vo *s.m.* **1** sabor adstringente de comida ou de bebida; amargor: *Caqui verde provoca travo na boca.* **2** sentimento; sensação: *Havia em seu sorriso um travo amargo de tristeza.*

tra.zer *v.t.* **1** transportar ou conduzir para o lugar onde está o sujeito da ação: *Trouxe todas as minhas coisas porque vim para ficar.* **2** portar; carregar: *Eu sempre trago comigo uma caneta.* **3** fazer-se acompanhar de: *O rapaz veio à festa, trazendo um grupo de amigos.* **4** produzir; causar; dar: *Vamos ver se essa reunião traz algum resultado concreto.* **5** ter: *Ela traz uma tatuagem na perna.* **6** conter: *A mala trazia alguns recortes de jornais.* **7** usar; trajar: *A menina trazia uma blusa de tricô.* **8** mostrar; exibir: *Seu rosto trazia as marcas de uma vida infeliz.* **9** transmitir; manifestar: *Foi um menino de oito anos que trouxe a notícia para a família.* **10** portar com intuito de entregar: *Trouxe uma carta para você.* // Ant.: levar. // **11** obter; conseguir: *Queremos um presidente que traga mais empregos para o povo.* **12** fazer vir; conduzir; encaminhar: *O guarda trouxe o menino para a nossa casa.* **13** manter; conservar: *Ela traz a casa sempre limpa.* • **trazer à baila/à tona** fazer surgir; colocar na ordem do dia: *O filme trouxe à baila/tona uma discussão sobre a Aids.* **trazer à lembrança** fazer lembrar. **trazer ao mundo** fazer nascer; ajudar a nascer: *A parteira já trouxe ao mundo mais de cem crianças.*

tre.cho (ê) *s.m.* **1** parte de um todo; segmento: *Um trecho da estrada estava interditado.* **2** excerto de uma obra literária ou musical; fragmento: *Copiei alguns trechos do livro.*

tre.co (é) *s.m.* (Bras. Gír.) **1** objeto; coisa; traço: *Que treco é esse em cima da mesa?* **2** qualquer objeto pequeno e mais ou menos insignificante: *Juntou os seus trecos e saiu.* // Usa-se comumente no plural. // **3** negócio; coisa: *Já cansei desse treco de procurar emprego.* **4** (Coloq.) sensação ou sentimento que não se sabe definir ou nomear: *Disse que estava sentindo um treco meio estranho no peito.* **5** indisposição; mal-estar; perturbação: *Se você continuar nervosa assim, vai ter um treco.*

trê.fe.go *adj.* **1** irrequieto: *criança tréfega.* **2** turbulento: *Levo uma vida tréfega.* **3** que denota astúcia; ardiloso: *Consegui elaborar uma argumentação tréfega.*

tré.gua *s.f.* **1** suspensão temporária de hostilidades ou de atividades: *Durante ato público, foi negociada uma trégua entre os sem-terra e a polícia.* **2** cessação temporária: *Finalmente, a doença deu uma trégua e ele pôde sair da cama.*

trei.na.dor (ô) *s.m.* **1** profissional que treina um atleta ou uma equipe esportiva; técnico: *o treinador da seleção.* **2** adestrador: *O policial era também um treinador de cães.* **3** preparador: *Precisamos de treinadores de mão de obra qualificada.*

trei.na.men.to *s.m.* **1** exercício de preparação ou de capacitação: *treinamento dos operários.* **2** adestramento: *treinamento de animais.*

trei.nar *v.t.* **1** submeter a treinamento; preparar: *A empresa treinou seus funcionários.* **2** realizar várias vezes para aprender ou aprimorar-se: *O zagueiro treina cobrança de faltas.* • *int.* **3** preparar-se mediante treinamento: *O time treinou de manhã.*

trei.no *s.m.* exercício de preparação: *os torcedores queriam assistir ao treino da seleção.*

tre.jei.to *s.m.* **1** gesto exagerado; careta: *A criança fazia trejeitos para chamar a atenção.* **2** imitação; gesto caricatural: *O ator fez o papel de um homossexual sem nenhum trejeito.*

tre.la (é) *s.f.* **1** tira de tecido, couro ou metal com que se prendem animais: *O cego levava o cão preso a uma trela.* **2** conversa: *O rapaz puxou trela com a empregada.* **3** falta de controle; liberdade excessiva: *Deu trela demais ao filho e veja no que deu.* • **dar trela** dar atenção à tagarelice de alguém: *Não dê trela à tagarela da minha prima.*

tre.li.ça *s.f.* conjunto de pequenas ripas coladas sobre outro conjunto semelhante, formando orifícios em forma de quadrado ou losango.

trem *s.m.* **1** (Bras.) série de vagões puxados por uma locomotiva, que anda sobre trilhos: *Fomos de trem para o litoral.* (Coloq.) **2** coisa; negócio; troço: *Que trem é esse que você tem na mão?* **3** pertence: *Bote seus trens numa carroça e suma daqui.* **4** traste: *Aquele cara é um trem.* **5** (Bras.) utensílios: *os trens de cozinha.*

tre.ma *s.m.* sinal diacrítico (¨) sobreposto ao *u*, usado em palavras derivadas de nomes próprios estrangeiros (mülleriano, de Müller). Para indicar a ortoépia do *u* pronunciado, pode-se usar este sinal.

tre.me.dal *s.m.* terreno cheio de lama; pântano; lodaçal.

tre.me.dei.ra *s.f.* **1** tremor: *A malária provoca febre alta, tremedeira e dores no corpo.* **2** medo; receio; temor: *Na hora do jogo, deu tremedeira no time inteiro.*

tre.me.li.car *int.* **1** tremer repetidamente: *Quando a água ferveu, a tampa da chaleira começou a tremelicar.* **2** tremer de frio ou susto; tiritar: *O menino tremelicava feito vara verde.*

tre.me.li.que *s.m.* tremor; tremido; tremedeira: *Quando eu vi aquela coisa, o que me deu foi um tremelique.*

tre.me.lu.zir *int.* brilhar com luz trêmula; cintilar: *Nenhuma estrela tremeluzia no céu.*

tre.men.do *adj.* **1** muito forte: *O estouro fez um tremendo barulho.* **2** grande; enorme: *Levei um tremendo susto.* **3** muito bom; formidável: *Pelé é um tremendo jogador.*

tre.mer *v.t.* **1** fazer oscilar o tom: *tremer a voz.* **2** agitar com tremor: *O homem tremeu os lábios.* **3** deixar eriçar-se: *O cavalo tremeu o pelo.* • *int.* **4** sentir arrepios ou vibrações causados por frio ou por um sentimento: *A criança tremia devido ao frio intenso.* **5** movimentar-se por impulsos neurológicos: *Sua mão tremia muito.* **6** manifestar temor: *O time tremeu diante do adversário.* **7** estremecer: *Dança-se tanto que o chão até treme.* **8** sofrer um terremoto: *A terra tremeu ontem no Japão.*

839

tremido

tremer na(s) base(s) assustar-se, abalar-se: *Quando vi o irmão dela, tremi nas bases.*
tre.mi.do *s.m.* **1** ato de tremer; tremelique: *A terra deu um tremido e a louça balançou no armário.* • **2** *adj.* trêmulo; vacilante; sem firmeza: *Ela canta com voz tremida.*
tre.mor (ô) *s.m.* **1** movimento causado por impulsos neurológicos: *Sentiu um tremor na mão esquerda.* **2** oscilação no tom: *Já havia certo tremor em sua voz.* **3** abalo; vibração: *A bomba provocou um grande tremor em toda a vizinhança.* **4** tremor de terra; terremoto: *O tremor atingiu seis graus na escala Richter.*
trem.pe *s.f.* **1** aro de ferro sobre o qual se põem panelas sobre fogo aceso. **2** chapa de ferro com orifícios redondos que cobre a parte de cima do fogão a lenha. **3** cada um desses orifícios circulares, onde se colocam as panelas. **4** qualquer grade ou suporte para panelas, nos fogões elétricos ou a gás.
tre.mu.lar *int.* agitar-se; balançar: *As bandeiras tremulavam.*
trê.mu.lo *s.m.* **1** em instrumentos de arco, repetição acelerada da mesma nota, por meio de arcadas rapidíssimas: *O músico caprichou num trêmulo.* • *adj.* **2** que treme: *Tinha as mãos trêmulas.* **3** oscilante; vacilante: *É um homem franzino, de voz e gestos trêmulos.* **4** tomado de tremor: *O namorado estava todo trêmulo diante do sogro.*
tre.mu.ra *s.f.* tremor; tremido; tremedeira: *Deu-lhe uma tremura nas pernas quando viu o rapaz.*
tre.na *s.f.* fita geralmente metálica usada para medir móveis, paredes etc., que se enrola em um invólucro próprio.
tre.nó *s.m.* veículo que se move sobre esquis, apropriado para deslizar sobre gelo ou neve.
tre.pa.dei.ra *s.f.* **1** planta que cresce apoiada sobre um suporte: *A trepadeira se alastrava e cobria toda a cerca.* • *adj.* **2** diz-se de planta que cresce apoiada sobre um suporte qualquer: *ervas trepadeiras.*
tre.par *v.t.* **1** subir em: *Trepei numa caixa para ver melhor.* • *int.* **2** subir: *plantas que trepam.*
tre.pi.da.ção *s.f.* movimento vibratório; tremor; abalo: *Depois da construção do metrô, começaram a aparecer rachaduras na parede de casa por causa da trepidação.* // Pl.: trepidações.
tre.pi.dar *v.t.* **1** vacilar; hesitar: *Não trepidou em aceitar o convite.* • *int.* **2** vibrar; tremer: *Notamos que o carro trepidava demais.* **3** tremer de medo ou susto: *Até os heróis trepidam.*
tré.pli.ca *s.f.* ação de treplicar; resposta a uma réplica: *O senador, em sua tréplica, citou dois casos de subversão.*
tre.pli.car *int.* refutar ou responder a uma réplica: *Critiquei a professora, que imediatamente replicou, todavia não trepliquei.*
três *num.* **1** indicação de quantidade igual a dois mais um: *Queria três filhos homens, teve três mulheres.* **2** terceiro: *capítulo três.* • *s.m.* **3** algarismo que representa o número três. **4** nota de avaliação que significa rendimento muito baixo em uma escala de zero a dez: *Tirei um belo três em matemática.*
tre.san.dar *v.t.* **1** deixar transparecer; revelar intensamente: *Seu olhar tresandava bondade.* **2** exalar ou cheirar muito: *Suas roupas tresandavam a gasolina.* **3** desandar; resultar: *A discussão pacífica tresandou em bate-boca.*
tres.ca.lar *v.t.* e *int.* **1** recender a; exalar: *As seis mulheres estão sempre trescalando fragrâncias matinais.* **2** emitir cheiro de: *o quarto trescalava a jasmim.*
tres.lou.ca.do *adj.* **1** desvairado; louco: *Tive uma ideia meio tresloucada de ir ao futebol.* **2** desesperado: *num gesto tresloucado, pulou do trem em movimento.* **3** louco; demente: *Como tresloucada, a pobre mulher andava a esmo pelas ruas.* **4** que age como doido; maluco: *Um piloto tresloucado fazia manobras perigosas.*
tres.ma.lha.do *adj.* isolado; desgarrado; transviado: *Ele vivia vagando, tresmalhado como uma rês perdida.*
tres.noi.ta.do *adj.* que passou em claro a noite, ou a maior parte dela.
tres.pas.sa.do *adj.* transpassado.
tres.pas.sar *v.t.* transpassar.
tres.pas.se *s.m.* **1** modo de fechamento do vestuário em que os dois lados se sobrepõem: *Comprou uma saia com trespasse.* **2** morte; desenlace; falecimento: *Quero muita música no meu trespasse.*
tres.va.ri.ar *int.* delirar; variar: *A febre fazia o menino tresvariar.*
tre.ta (ê) *s.f.* **1** (Coloq.) estratagema; ardil: *Esse pessoal está armando alguma treta.* • *pl.* **2** palavreado para iludir.
tre.va (ê) *s.f.* **1** escuridão absoluta: *A treva era total naquela noite sem lua.* **2** ausência de luz; escuridão; noite escura: *Os ladrões gostam de agir nas trevas.* //Mais usado no plural. // • *pl.* (Fig.) **3** estupidez; ignorância: *Costuma-se dizer que a Idade Média foi a idade das trevas.* **4** ofício celebrado na Semana Santa, no qual se relembram as trevas que teriam caído sobre Jerusalém, quando da morte de Cristo na cruz: *O "Ofício das Trevas", na quinta-feira, é uma das celebrações da Semana Santa.*
tre.vo (ê) *s.m.* **1** (Bras.) entroncamento de vias que se entrelaçam e se destinam a evitar cruzamentos em pontos de tráfego muito movimentado: *No trevo, faça a conversão à esquerda, com cuidado.* **2** (Bot.) planta herbácea cujas folhas são geralmente dotadas de três folíolos, e que cresce espontaneamente nas terras das regiões temperadas: *O trevo de quatro folhas dá sorte.*
tre.ze (ê) *num.* **1** dez mais três: *Não me esqueço dos meus treze anos.* • *s.m.* **2** número que representa dez mais três: *Ele tinha fixação no treze.* **3** décimo terceiro: *página treze.*
tre.ze.na *s.f.* **1** conjunto de treze coisas da mesma natureza: *uma trezena de lápis.* **2** período de treze dias seguidos. **3** reza ou devoção que se faz nos treze dias antecedentes à festa de um santo.
tre.zen.tos *num.* **1** designa a quantidade equivalente a três vezes cem: *A polícia apreendeu trezentos quilos de cocaína.* **2** que ocupa, em uma série, o lugar do número trezentos: *No quilômetro trezentos da rodovia, há um posto de gasolina.*
tri.a.cil.gli.ce.rí.deo *s.m.* triglicerídeo.
trí.a.de *s.f.* conjunto de três coisas ou três pessoas; trindade: *Dom Casmurro, Quincas Borba e Memórias Póstumas de Brás Cubas formam a tríade machadiana.*

840

tri.a.gem *s.f.* seleção; escolha; separação: *Depois de passar por uma triagem, o paciente é tratado de forma integral por um conjunto de profissionais.* // Pl.: triagens.

tri.an.gu.la.ção *s.f.* **1** processo de medição topográfica que consiste em cobrir a área levantada por uma rede de triângulos, sendo necessário medir diretamente apenas um lado do triângulo inicial, que passa a constituir a base do processo. **2** no futebol, jogada em que três jogadores trocam passes formando triângulos: *Após uma triangulação, o zagueiro chutou cruzado e fez o gol.* // Pl.: triangulações.

tri.an.gu.lar[1] *s.m.* **1** torneio esportivo de que participam três equipes: *Meu time não disputará o triangular.* • *adj.2g.* **2** que tem forma de triângulo: *A ilha, triangular, é formada por três vulcões.* **3** em que estão envolvidos três participantes: *o comércio triangular entre Brasil, Portugal e Inglaterra.*

tri.an.gu.lar[2] *v.t.* dividir em triângulos: *triangular o terreno.*

tri.ân.gu.lo *s.m.* **1** (Geom.) olígono com três ângulos e três lados: *determinar a área do triângulo.* **2** instrumento musical de percussão formado de uma barra de aço dobrada em forma de triângulo que se percute com uma baqueta de metal. **3** acessório obrigatório em automóveis, que consiste em um objeto triangular usado nas estradas para indicar perigo nas paradas de emergência: *Ao estacionar no acostamento, use sempre o triângulo como sinalização.* **4** (Fig.) relacionamento que envolve três elementos: *Todo triângulo amoroso acaba mal.*

tri.a.tle.ta *s.2g.* atleta praticante de triatlo.

tri.a.tlo *s.m.* (Esport.) competição esportiva composta de três provas: natação, ciclismo e corrida. // Var.: triatlon.

tri.bal *adj.* **1** relativo ou pertencente a tribo: *o conselho tribal da aldeia.* **2** organizado em tribo: *sociedade tribal.* **3** que vive em tribo: *as populações tribais.*

tri.ba.lis.mo *s.m.* organização social das sociedades tribais.

tri.bo *s.f.* **1** agrupamento em que se dividiam alguns povos antigos. **2** (Antrop.) grupo étnico unido pela língua, costumes e tradições, geralmente sob um chefe. **3** grupo numeroso e unido: *A vila estava ameaçada por uma tribo de bárbaros.*

tri.bu.fu *s.2g.* (Coloq.) pessoa feia, mal-arrumada; trubufu.

tri.bu.la.ção *s.f.* aflição; sofrimento; amargura; atribulação: *A família passou por tribulações com a falta de emprego.* // Pl.: tribulações.

tri.bu.na *s.f.* **1** estrado elevado onde os oradores falam: *Passaram por aquela tribuna oradores famosos.* **2** lugar reservado para autoridades por ocasião de desfiles, comícios etc.: *O presidente assistiu da tribuna de honra à final do campeonato.* **3** veículo de comunicação: *A notícia foi veiculada pelas principais tribunas do país.* **4** arquibancada.

tri.bu.nal *s.m.* **1** órgão do poder judiciário destinado à distribuição da justiça: *O caso vai aos tribunais.* **2** casa de audiências judiciais: *No tribunal, encontrou-se com o seu desafeto.* **3** conjunto de magistrados e pessoas que administram a justiça: *O tribunal decidiu, por unanimidade, que a lei era inconstitucional.* // Nesta acepção escreve-se com inicial maiúscula.

tri.bu.no *s.m.* **1** orador eloquente: *O deputado se gabava de ser o maior tribuno do Congresso.* **2** na Roma antiga, magistrado encarregado de defender direitos e interesses do povo: *Cícero, o grande tribuno romano.*

tri.bu.ta.ção *s.f.* cobrança de tributo: *Quem possui um carro está sujeito a várias tributações.*

tri.bu.tar *v.t.* **1** impor tributos; taxar: *O Brasil é um dos únicos países do mundo que tributa exportação de produtos agrícolas.* **2** pagar tributo. **3** prestar; render: *Tributo a Vossa Senhoria grande afeto e respeito.*

tri.bu.tá.rio *s.m.* **1** rio que deságua em outro maior; afluente: *Os rios Negro e Madeira se destacam como os grandes tributários do Amazonas.* • *adj.* **2** relativo a tributo: *o sistema tributário.* **3** que paga tributo; contribuinte: *O cidadão tributário merece mais respeito.* **4** afluente: *O Tietê está sendo poluído por um córrego tributário.* **5** que contribui para: *O estrangeiro aparece como tributário da cultura e da civilização indígena.*

tri.bu.ta.ris.ta *s.2g.* **1** quem é especialista em tributo. • *adj.* **2** que tem relação com tributos.

tri.bu.to *s.m.* **1** imposto de caráter geral e obrigatório, exigido de cada cidadão pelo poder público: *O ICMS é um tributo que varia de um Estado para o outro.* **2** aquilo que se é obrigado a sofrer como devido ou merecido: *O respeito à bandeira é um tributo cívico.* **3** homenagem: *A família veio render um tributo ao seu benfeitor.*

tri.cam.pe.ão *s.m.* **1** quem foi campeão por três vezes. • *adj.* **2** que ganhou um campeonato por três vezes: *A seleção tricampeã chega hoje.* // Fem.: tricampeã. // Pl.: tricampeões.

tri.cam.pe.o.na.to *s.m.* campeonato conquistado pela terceira vez.

tri.cen.te.ná.rio *s.m.* **1** aniversário dos trezentos anos: *O filme homenageia o tricentenário da morte do líder negro Zumbi dos Palmares.* **2** *adj.* que tem entre trezentos e quatrocentos anos.

tri.ci.clo *s.m.* **1** velocípede de três rodas movido a pedal: *Meu melhor presente de cinco anos foi um triciclo.* **2** qualquer veículo de três rodas.

tri.cô *s.m.* **1** confecção manual de tecido com o uso de duas agulhas onde se armam as malhas: *Acho que vou aprender a fazer tricô.* **2** malha tricotada: *Minha mãe esqueceu o tricô no banco do ônibus.*

tri.co.li.ne *s.f.* tecido de algodão leve e sedoso, de trama fechada: *camisas de tricoline.*

tri.co.lor (ô) *adj.* **1** jogador, torcedor ou associado de clube cujo símbolo apresenta três cores: *Os tricolores são fanáticos.* **2** clube cujo símbolo apresenta três cores: *O tricolor deixou escapar o campeonato.* • *adj.* **3** que tem três cores: *Usava uma berrante saia tricolor.* **4** relativo ou pertencente a clube cujo símbolo ostenta três cores: *A bandeira tricolor tremulava soberba no estádio.* **5** que é torcedor, jogador ou associado de time cujo símbolo apresenta três cores: *Ele sempre foi tricolor.*

tri.cór.nio *s.m.* chapéu de três bicos ou pontas: *Naquela época era chique ostentar um tricórnio.*

tri.co.tar *v.t.* **1** confeccionar malha de tricô: *Ela tricota um pulôver em um dia.* • *int.* **2** fazer tricô: *Ela bordava e tricotava como ninguém.* **3** (Coloq.; Fig.) comentar a vida alheia; fazer mexericos: *As comadres se reuniam para tricotar.*

tricoteiro

tri.co.tei.ro *s.m.* quem faz tricô.

tri.den.te *s.m.* **1** utensílio, semelhante a um garfo, que tem três dentes: *Com o tridente ia pegando as postas de peixe frito.* **2** forcado de três dentes: *Os camponeses se armaram de foices e tridentes.* **3** cetro de três dentes com que a mitologia apresenta Netuno e outros deuses: *o tridente de Netuno.*

tri.di.men.si.o.nal *adj.* que apresenta três dimensões: *A artista traz um trabalho tridimensional transformando em matriz objetos cilíndricos.*

trí.duo *s.m.* **1** período de três dias sucessivos. **2** festa ou celebração que se prolonga por três dias: *Ele só ficava sóbrio durante o tríduo carnavalesco.*

tri.e.nal *adj.* **1** que dura três anos: *A empresa faz planos de gastos trienais.* **2** que se faz ou acontece de três em três anos: *Os balanços, que eram trienais, passaram a ser feitos anualmente.*

tri.ê.nio *s.m.* período de três anos: *Nossa firma completou seu primeiro triênio.*

tri.fá.si.co *adj.* **1** que apresenta três fases: *Na criação trifásica de camarões, chega-se a produzir 2.500 quilos por hectare.* **2** (Eletr.) em que a corrente elétrica circula alternadamente em três circuitos independentes: *motor trifásico.*

tri.gal *s.m.* plantação de trigo.

tri.gê.meo *s.m.* **1** cada um dos três irmãos nascidos do mesmo parto: *Morreu um dos trigêmeos.* • *adj.* **2** diz-se dos três irmãos nascidos do mesmo parto: *Vai começar aquele desenho dos trigêmeos.* **3** diz-se do nervo cuja parte sensitiva se dirige para a face e a motora se dirige aos músculos da mastigação: *Ela está com problemas no trigêmeo.*

tri.gé.si.mo *num.* **1** que, numa série, ocupa a posição do número trinta: *Pegamos o primeiro elevador até o trigésimo andar.* **2** que corresponde a cada uma das trinta partes iguais em que pode ser dividido um todo.

tri.gli.cé.ri.de *s.m.* triglicerídeo.

tri.gli.ce.rí.deo *s.m.* qualquer éster de glicerol combinado com três moléculas de ácido graxo; são os lipídeos de reserva do organismo e são os constituintes essenciais dos óleos e gorduras alimentares: *A taxa de triglicerídeos no sangue do paciente estava acima do normal.*

tri.gli.cí.deo *s.m.* triglicerídeo.

tri.go *s.m.* **1** (Bot.) planta da família das gramíneas que produz grãos alimentícios: *colheita do trigo.* **2** grão produzido por essa planta: *Para fazer o quibe, deixe o trigo de molho por algumas horas.* **3** farinha feita do grão de trigo: *Falta trigo para as padarias.*

tri.go.no.me.tri.a *s.f.* (Mat.) parte da Matemática que estuda as funções circulares e a resolução dos triângulos por meio de cálculo.

tri.guei.ro *adj.* que tem a cor do trigo maduro; moreno: *Um rapaz alto, trigueiro, apresentou-se para o trabalho.*

tri.lar *v.t.* **1** fazer emitir o som; fazer soar: *O juiz trilou o apito encerrando a partida.* • *int.* **2** soltar a voz (a ave); trinar; gorjear: *Um grilo trilou a noite toda.* **3** emitir som parecido com um trinado longo: *Apitos trilavam durante a madrugada.*

tri.lha *s.f.* **1** rastro que pessoa ou animal deixam por onde passam; vestígio: *Os caçadores seguiram a trilha deixada pelo animal ferido.* **2** caminho estreito; vereda; atalho: *Pegamos a trilha indicada pelos escoteiros.* **3** conjunto de músicas de um filme, novela de televisão etc.: *As novelas estão incluindo música sertaneja em suas trilhas.* **4** caminho que se segue na vida; percurso: *A trilha da paixão pode nos levar à ruína.*

tri.lhar *v.t.* **1** percorrer; palmilhar: *Trilhamos uma estrada cheia de obstáculos.* **2** guiar-se por; seguir: *Nós haveremos de trilhar a legalidade.*

tri.lhei.ro *s.m.* **1** trilha: *Seguimos um trilheiro no meio do capinzal.* **2** quem percorre uma trilha: *Essa é a atividade dos trilheiros.*

tri.lho *s.m.* **1** caminho estreito; trilha; vereda: *No sítio não havia estrada, apenas trilhos.* **2** caminho de ferro por onde correm trens, bondes etc.; via férrea: *Vão tirar os trilhos da via férrea do centro da cidade.* **3** barras de ferro paralelas sobre as quais correm instrumentos com fins determinados: *Os trilhos das cortinas foram fixados com parafusos.* **4** rastro; vestígio: *Um trilho de sangue conduziu a polícia ao cadáver.* ♦ **andar nos trilhos** agir corretamente. **sair dos trilhos** desviar-se das normas de conduta aprovadas pela sociedade.

tri.lín.gue (güe) *adj.* **1** escrito em três línguas: *Distribuíram, durante o congresso, algumas publicações trilíngues.* **2** pessoa que fala três línguas: *uma secretária trilíngue.* **3** que tem três línguas: *país trilíngue.*

tri.li.o.ná.rio *s.m.* **1** quem tem acima de um trilhão; pessoa muito rica: *trilionário só trabalha por esporte.* • *adj.* **2** de montante muito elevado: *O país tem uma dívida trilionária.*

tri.mes.tral *adj.* **1** que se realiza a cada três meses: *Os funcionários chegaram a reivindicar reajustes trimestrais.* **2** que dura três meses: *A escola de informática oferece cursos trimestrais.* **3** que se publica a cada três meses: *Assino uma revista trimestral sobre agricultura.*

tri.mes.tre (é) *s.m.* período de três meses consecutivos.

tri.na.do *s.m.* **1** gorjeio; trino: *O trinado dos canários encanta os turistas.* **2** (Mús.) ornamento que consiste na articulação rápida e alternada de duas notas consecutivas. **3** série de sons produzidos com intervalos muito curtos: *Além dos estalidos, as baleias com dentes se comunicam por assobios e trinados.*

tri.nar *int.* soltar trinados; gorjear: *Os canários trinavam nas gaiolas numa bela orquestração.*

trin.ca[1] *s.f.* **1** (Bras.) rachadura: *Notou-se uma trinca na parede do prédio.* **2** (Bras.) fresta; fenda: *O vento frio entrava apitas pelas trincas das portas e janelas.*

trin.ca[2] *s.f.* **1** reunião de três coisas análogas: *O professor me deu uma trinca de alternativas para a solução do problema.* **2** conjunto de três cartas de baralho no mesmo valor: *trinca de ases.* **3** (Pop.) conjunto de três pessoas; trio.

trin.ca.men.to *s.m.* **1** fratura leve: *O jogador sofreu trincamento da tíbia.* **2** rachadura: *Observar se há trincamento nos ovos, pois eles facilitam a penetração das bactérias.*

trin.car *v.t.* **1** partir parcialmente; rachar: *Ao morder uma castanha, trincou dois dentes.* **2** ranger (os dentes); rilhar: *Durante o sono o rapaz trincava os dentes.* • *int.* **3** partir-se parcialmente: *O para-brisa dianteiro trincou.*

trin.cha *s.f.* espécie de pincel largo: *Usara uma trincha para espalhar a tinta com uniformidade.*

trissílabo

trin.char v.t. cortar em pedaços: *Meu tio trinchava galinha, peru e porco melhor que um açougueiro.*

trin.chei.ra s.f. **1** escavação no terreno, para que a terra retirada, colocada em elevação, proteja os combatentes: *Os soldados cavaram trincheiras de três metros de profundidade.* **2** parede de obstáculos destinada a proteger o combatente: *Uma trincheira de sacos de areia, pedras e paus protegia o grupo dos rebeldes.* **3** lado de combate; lugar de defesa: *Sempre lutamos na mesma trincheira.* **4** aquilo que constitui proteção; baluarte: *O ex-ministro promete resistir na trincheira da Comissão de Minas e Energia da Câmara.*

trin.co s.m. **1** lingueta da fechadura, movida pela maçaneta ou pela própria chave: *Ao girar a maçaneta notou que o trinco estava emperrado.* **2** peça com que se trancam portas e tampas: *A tampa da caixa tinha um trinco metálico, enferrujado.* **3** peça de ferro disposta verticalmente por detrás de janelas e portas, própria para fechá-las: *A janela fechada apenas com trinco facilitou a entrada dos ladrões.*

trin.da.de s.f. **1** (Rel.) dogma para alguns cristãos relativo à união de três pessoas distintas (Pai, Filho e Espírito Santo) em um só Deus: *Santíssima Trindade.* // Nesta acepção, grafa-se com inicial maiúscula. // **2** grupo de três coisas semelhantes ou pessoas; tríade: *Por pedagogia se entende a trindade: ensinar, comover e deleitar.*

tri.ne.to (ê) s.m. filho do bisneto ou da bisneta.

tri.ni.tá.rio s.m. **1** religioso pertencente à ordem da Santíssima Trindade: *O frei era o único trinitário vivo do lugar.* • adj. **2** que se desdobra em três; tríplice: *Tinha uma atividade trinitária, pois era médico, advogado e professor.* **3** (Rel.) relativo à Santíssima Trindade: *Cristo é a segunda pessoa do Deus trinitário.*

tri.no¹ adj. composto de três: *Uma regência trina foi escolhida para governar o país.*

tri.no² s.m. trinado; gorjeio: *O trino do canário soava dentro de seu coração.*

tri.nô.mio s.m. conjunto de três termos: *O trinômio conforto, funcionalidade e beleza não sai da cabeça do arquiteto.*

trin.que s.m. **1** cabide. **2** (Coloq.) elegância; esmero. **3** (Coloq.) que é novo em folha. ◆ **no(s) trinque(s)** (i) (Bras.) bem vestido; elegante: *andar no(s) trinque(s).* (ii) em ótimo estado: *O salão de baile estava nos trinques.* // Emprega-se quase sempre no plural.

trin.ta num. **1** três vezes dez: *Minha filha caçula completou trinta anos.* • s.m. **2** representação gráfica do número 30.

tri.o s.m. **1** peça musical para três vozes ou instrumentos. **2** parte intermediária de certas formas musicais, como o minueto, a valsa e o *scherzo*, geralmente de andamento mais lento. **3** conjunto instrumental ou vocal formado por três executantes. **4** grupo de três pessoas. ◆ **trio elétrico** (Bras.) caminhão provido de aparelhagem de som ou música ao vivo, e alto-falantes, que executa, em geral em alto som e em movimento, músicas populares.

tri.pa s.f. **1** intestinos dos animais: *tripa de porco.* **2** (Coloq.) intestinos do homem: *O sujeito procura o médico queixando-se de dores nas tripas.* ◆ **à tripa forra** à larga; à farta: *Todos ali comiam e bebiam à tripa forra.*

tri.pa.nos.so.mo s.m. (Biol.) gênero de protozoários flagelados, causadores de numerosas doenças no homem e nos animais: *O tripanossomo também afeta o fígado, o baço e a pele.*

tri.par.ti.ção s.f. divisão em três partes: *a tripartição dos poderes da República.*

tri.par.ti.do adj. dividido em três partes: *Durante anos discutiu-se a Terra era tripartida – composta de três continentes.*

tri.par.ti.te adj. tripartido: *Brasil, Argentina e Paraguai assinaram o acordo tripartite.*

tri.pé s.m. **1** banco de três pés: *Sentado num desconfortável tripé, seu Juca nos contava histórias.* **2** suporte portátil que se apoia em três escoras: *O equipamento será armado sobre um tripé.* **3** princípio, fundamento assentado em três elementos: *A justiça social fundamenta-se no tripé educação, saúde e habitação.*

trí.plex /ks/ s.m. **1** (Bras.) apartamento composto de três pavimentos. **2** objeto composto de três partes sobrepostas. • adj. **3** que possui três pavimentos.

tri.pli.car v.t. **1** multiplicar por três: *A universidade triplicou o número de vagas.* • int. **2** tornar-se o triplo: *Os casos de agressão à mulher triplicaram em cinco anos.* **3** ter o tamanho multiplicado por três: *O tamanho da planta triplicou com o uso de adubos.*

trí.pli.ce adj. **1** que se compõe de três elementos; triplo: *Um esquema tríplice (uso de três drogas simultaneamente) pode ser uma saída para o controle do vírus HIV.* • num. **2** que vale por três: *Aquele gerente tem uma função tríplice na empresa.*

tri.plo adj. **1** para três pessoas: *Ao hospedar-se num hotel de luxo, sempre exigiu apartamento triplo.* **2** que se organiza em três partes: *Havia uma fila tripla na entrada do banco.* **3** diz-se do salto que se realiza em três etapas: *Meu pai foi campeão de salto triplo.* • num. **4** que equivale a três vezes: *Minha vizinha casou-se com um homem que tem o triplo da sua idade.*

tríp.ti.co s.m. **1** pintura constituída de um painel central e duas partes laterais que podem ser postas lado a lado ou se fechar sobre esse painel, recobrindo-o: *Admirou o tríptico pendurado na parede.* **2** obra ou objeto que se compõe de três partes.

tri.pu.di.ar v.t. **1** atolar-se (no vício ou no crime). • int. **2** humilhar; desprezar; escarnecer: *Não parava de tripudiar.*

tri.pu.la.ção s.f. conjunto das pessoas embarcadas que trabalham num navio ou avião. // Pl.: tripulações.

tri.pu.lan.te s.2g. pessoa que faz parte da tripulação: *O avião levava vinte passageiros e seis tripulantes.*

tri.pu.lar v.t. **1** prover de tripulação: *A companhia aérea tentava tripular suas aeronaves com pessoal altamente qualificado.* **2** dirigir; comandar; pilotar: *Um grupo de jovens inexperientes estava tripulando o barco.*

tri.qui.na s.f. verme que vive em estado larvar nos músculos de animais e que pode ser transmitido ao homem pela carne de porco contaminada.

tri.qui.no.se s.f. (Patol.) infecção causada por triquinas.

tri.sa.vô s.m. **1** pai do bisavô ou da bisavó. • pl. **2** o pai e a mãe do bisavô ou da bisavó: *Meus trisavós eram portugueses.* // Fem.: trisavó.

tris.sí.la.bo s.m. (Gram.) **1** vocábulo ou verso de três sílabas. • adj. **2** trissilábico.

triste

tris.te *adj.* **1** melancólico; desgostoso: *Vivia triste e calado*. **2** que denota tristeza: *Olhou-me com aqueles olhos tristes*. **3** que inspira tristeza; lúgubre: *A chácara era um lugar triste e sombrio*. **4** aflitivo; penoso: *É triste ver a situação dessa gente sofrida*. **5** funesto; desastroso: *Estamos assistindo às tristes consequências das agressões à natureza.* // Ant.: alegre.

tris.te.za (ê) *s.f.* **1** estado de triste; falta de alegria: *A tristeza tomou conta daquela família*. **2** melancolia; desânimo: *Os olhos da menina demonstravam uma imensa tristeza*. **3** desalento; consternação: *Uma grande tristeza abateu-se sobre mim quando a vi partir*. // Ant.: alegria; gáudio.

tris.to.nho (ô) *adj.* **1** que experimenta ou denota tristeza; acabrunhado: *Naquele dia o professor estava tristonho*. **2** melancólico: *Ouvíamos uma música tristonha*.

tris.tu.ra *s.f.* (Coloq.) tristeza: *Bateu-me uma tristura imensa*.

tri.tí.co.la *adj.* **1** que produz trigo: *as principais regiões tritícolas do país*. **2** relativo à produção de trigo: *Houve uma duplicação da safra tritícola*.

tri.ti.cul.tor (ô) *s.m.* aquele que se dedica à triticultura.

tri.ti.cul.tu.ra *s.f.* cultura do trigo: *Agricultores sulinos se dedicam à triticultura*.

trí.tio *s.m.* (Fís.) isótopo do hidrogênio, gasoso, radioativo.

tri.ton.go *s.m.* (Gram.) encontro vocálico formado por semivogal, vogal e semivogal: *No vocábulo Uruguai, há um tritongo*.

tri.tu.ra.ção *s.f.* ação de triturar: *Os fazendeiros fazem a trituração da cana para trato dos animais*.

tri.tu.ra.dor (ô) *s.m.* **1** aparelho para triturar materiais sólidos: *Feita a separação, o material deve passar pelo moinho e pelo triturador*. • *adj.* **2** que tritura: *um aparelho triturador de grãos*.

tri.tu.rar *v.t.* **1** reduzir a pequenos fragmentos ou a pó: *O agricultor tritura o milho e a palha para o trato do gado*. **2** machucar: *O pugilista triturou o adversário*. **3** reduzir a nada; tornar insignificante: *Trituraram os nossos sonhos*.

tri.un.far *v.t.* **1** obter vitória sobre; subjugar: *O bem há de triunfar sobre o mal*. • *int.* **2** sair vencedor; vencer: *Acho que, finalmente, triunfei*. **3** prevalecer; predominar: *A verdade sempre triunfa*.

tri.un.fo *s.m.* **1** sucesso; êxito. **2** vitória obtida em demanda ou disputa: *Estou feliz com o triunfo do meu time*. **3** aclamação festiva pela vitória: *Os heróis foram carregados em triunfo*. **4** dominação: *O filme constata o triunfo da violência, da degeneração dos valores*. // Ant.: derrota.

tri.un.vi.ra.to *s.m.* **1** magistratura da antiga Roma, desempenhada por três cidadãos que tinham por missão conduzir os negócios supremos da república; governo de três indivíduos: *Crasso, Otávio e Antônio formaram o triunvirato romano*. **2** conjunto de três pessoas que tomam decisões: *O triunvirato decidia os destinos da cidade*.

tri.vi.al *s.m.* **1** conjunto dos pratos simples e cotidianos das refeições: *Hoje teremos para o almoço nada além do trivial*. **2** tudo o que é comum, corriqueiro e cotidiano: *Criei coragem para falar com ela, mas disse apenas o trivial*. • *adj.* **3** comum; simples; corriqueiro: *Fizemos hoje um passeio trivial*. **4** sabido de todos; banal: *uma verdade trivial*.

tri.vi.a.li.da.de *s.f.* coisa, conceito ou dito trivial; banalidade: *Não devemos poluir nossa comunicação com tantas trivialidades*.

tri.vi.a.li.za.ção *s.f.* ação de trivializar; banalização: *Evitemos a trivialização da vida*.

tri.vi.a.li.zar *v.t.* ação de tornar trivial; vulgarizar; banalizar: *A frenética cultura atual tudo trivializa*.

triz *s.m.* quase nada; pequena diferença. ♦ **por um triz** por muito pouco: *Por um triz, não venceu a corrida*.

tro.an.te *adj.* que troa; estrondoso; retumbante: *O troante vozeirão do orador chamou a atenção dos que passavam na rua*.

tro.ar *v.int.* **1** atroar; estrondear; retumbar: *Os canhões troarão a qualquer momento*. • *s.m.* **2** forte ressonância: *Isso foi mais berrado que dito, em meio ao troar dos atabaques*.

tro.ca *s.f.* (ó) **1** entrega de uma coisa por outra: *A loja não fazia troca após o Natal*. **2** mudança; substituição: *Deve haver uma troca constante do ar que circula nos ambientes de trabalho*. **3** alteração; confusão: *A troca de fonemas pela criança que está sendo alfabetizada é normal*. **4** permuta: *Os fazendeiros estão habituados a fazer trocas de bens entre si*. **5** comunicação recíproca: *Houve troca de palavras ásperas entre os deputados*. **6** doação recíproca: *A cena era comovente pela troca de carinhos*. **7** câmbio; permuta: *Fiz a troca de meu carro por um terreno*. ♦ **em troca** em recompensa: *Trabalhava em troca da comida*.

tro.ça (ó) *s.f.* (Coloq.) caçoada; zombaria: *A atendente nos recebeu com um ar de troça*.

tro.ca.di.lho *s.m.* jogo de palavras parecidas no som e diferentes no significado, e que dão margem a equívocos: *Foi vítima de um trocadilho infeliz*.

tro.ca.do *s.m.* **1** pequena quantia de dinheiro; cédula de pequeno valor ou moeda: *Você teria aí algum trocado?* *adj.* • **2** usado um em vez do outro; substituído: *Os dois gêmeos notaram que seus sapatos estavam trocados*. **3** vestido para um determinado fim: *A dez minutos da partida, os jogadores ainda não estavam trocados*. **4** dinheiro em cédulas de baixo valor ou em moedas: *Notou que não levava dinheiro trocado para o pedágio*.

tro.ca.dor (ô) *s.m.* **1** aquele que efetua a troca. **2** (Bras.) cobrador: *O trocador confessou que não conhecia o itinerário do ônibus*.

tro.car *v.t.* **1** usar um pelo outro; alterar: *Quando lia, gaguejava, trocava as letras*. **2** comunicar reciprocamente: *As duas mulheres trocavam confidências*. **3** alternar: *A professora não permitia que a gente trocasse de lugar*. **4** mudar; substituir: *Preciso trocar de carro*. **5** adquirir novo aspecto; mudar: *De repente o céu trocou de cor*. **6** permutar: *Troquei de apartamento com meu sogro*. **7** efetuar troca; cambiar: *Trocou sua coleção de revistas por um videocassete*. **8** abrir mão ou renunciar em favor de; dar primazia a: *Trocaria todos os meus títulos por um único troféu de Wimbledon*. • *pron.* **9** mudar de roupa; vestir-se: *Ela levava duas horas para se trocar*. ♦ **trocar em miúdos** explicar melhor; dar detalhes. **trocar as pernas** andar trôpego; cambalear: *Saía do bar trocando as pernas*.

tro.çar *v.t.* fazer troça; zombar; ridicularizar: *Os veteranos viviam troçando do novo aluno vindo da roça*.

tro.co (ô) *s.m.* **1** dinheiro miúdo; trocado: *Guardava seus trocos numa sacolinha encardida*. **2** conjunto

tropeção

de moedas ou cédulas de valor menor equivalentes a uma só que representa quantia superior: *O senhor tem troco para cem reais?* **3** dinheiro que o vendedor devolve ao comprador que pagou algo com moeda de valor superior ao preço ajustado: *Ao receber o troco, viu que faltavam dez reais.* **4** cálculo do valor a devolver a quem pagou algo com moeda maior do que o preço estipulado: *A primeira coisa que aprendi como balconista foi fazer troco.* **5** (Coloq.) resposta a tempo a uma ofensa; desforra: *Hoje você me ofende, mas amanhã vai levar o troco.* ♦ **a/em troco** em compensação ou recompensa; em troca: *Fiz-lhe um favor em troco de outro.*

tro.ço¹ (ó) *s.m.* (Coloq.) **1** (Bras.) objeto que não se sabe ou não se pode nomear: *Tinha um troço na mão que eu não distingui o que era.* **2** negócio; coisa: *Percebo que você não tem a menor ideia, mas existe um troço chamado bom senso.* **3** novidade; fato: *Venha até minha casa que tenho um troço para lhe dizer.* **4** distúrbio físico ou emocional: *Quando soube da notícia, quase tive um troço.* ● *pl.* **5** (Deprec.) trastes; pertences: *Junte os seus troços e dê o fora.*

tro.ço² /ô/ *s.m.* **1** pedaço; toco: *O enorme troço de madeira caiu sobre nossas cabeças.* **2** porção; grupo: *Cruzamos com um troço de tropeiros tangendo a boiada.* **3** (Coloq.) matéria fecal sólida e roliça. // Pl.: troços (ó).

tro.féu *s.m.* **1** taça ou outro objeto comemorativo de vitória: *Mandou construir uma sala só para expor os seus troféus.* **2** objeto considerado de valor, material ou sentimental: *Os livros eram-lhe troféus inestimáveis.*

tró.fi.co *adj.* referente à nutrição.

tro.glo.di.ta *s.m.* **1** membro de comunidade pré-histórica que habitava em cavernas. **2** pessoa de comportamento primitivo; selvagem: *Minha mulher diz que sou um troglodita emocional.* ● *adj.* **3** do homem pré-histórico: *A excursão inclui uma visita às habitações trogloditas de Matmata.*

troi.a.no *s.m.* **1** natural ou habitante de Troia: *Vênus protegia os troianos.* ● *adj.* **2** relativo a Troia (antiga cidade da Ásia Menor): *Estas são, supostamente, cerâmicas troianas.*

tro.le *s.m.* **1** espécie de carruagem rústica que se usava nas fazendas e nas cidades do interior para transporte de passageiros. **2** (Bras.) pequeno carro descoberto, que desliza sobre trilhos, movido a força humana.

tró.le.bus *s.m.* veículo de transporte coletivo urbano, que roda sobre pneus, movido a energia elétrica transmitida por cabos aéreos; ônibus elétrico.

tro.lo.ló *s.m.* **1** (Bras.) música ligeira, fácil de entoar. **2** (Coloq.) qualquer coisa dita ou escrita sem grande significado e sem compromisso; lero-lero: *Vivia de trololó com a vizinha.*

trom.ba *s.f.* **1** (Zool.) órgão do olfato e aparelho de apreensão dos elefantes: *O elefante erguia a árvore com a tromba.* **2** órgão sugador de certos invertebrados: *tromba da mosca.* **3** cara, nariz **4** nos gramofones, haste metálica, recurva, móvel, com um dispositivo circular onde se encaixava a agulha que corria no sulcos do disco.

trom.ba-d'á.gua *s.f.* grande massa de vapores espessos, dotada dos movimentos de rotação e translação, que forma um cone voltado para a terra. // Pl.: trombas-d'água.

trom.ba.da *s.f.* **1** choque de veículos; batida; colisão: *A chuva causou várias trombadas na rodovia.* **2** (Fig.) encontrão: *Na pressa, dei uma trombada no diretor.*

trom.bar *v.t.* **1** (Bras.) chocar-se; colidir: *Um carro de passeio trombou com o ônibus.* **2** topar: *As pessoas trombavam umas com as outras no corredor.*

trom.be.ta (ê) *s.f.* instrumento de sopro constituído de um tubo de metal ou chifre longo e afunilado, que emite som surdo.

trom.be.te.ar *v.t.* **1** tocar trombeta. **2** (Coloq.; Fig.) apregoar; alardear: *Os candidatos são os primeiros a trombetear que a educação é prioritária.*

trom.bo *s.m.* (Med.) coágulo sanguíneo: *Formou-se um trombo no vaso sanguíneo.*

trom.bo.ne *s.m.* instrumento de sopro de som grave, formado por longo tubo metálico cilíndrico cuja extremidade se abre em pavilhão.

trom.bo.se (ó) *s.f.* (Med.) formação, desenvolvimento e presença de trombo.

trom.pa *s.f.* **1** instrumento musical de sopro, formado de tubo cônico enrolado sobre si mesmo e terminado em um pavilhão largo. **2** canal que liga o útero aos ovários: *Na laqueadura, as trompas são cortadas e amarradas, impedindo a passagem do óvulo para o útero.* // Nesta acepção, são chamadas atualmente de tubas uterinas.

trom.pe.te (é) *s.m.* instrumento de sopro de metal, com embocadura de bocal e tubo cilíndrico alongado que termina em pavilhão cônico.

tron.cho *adj.* **1** privado de um membro ou parte do corpo: *O rapaz era troncho de uma orelha.* **2** curvado para um dos lados; torto.

tron.co *s.m.* **1** (Bot.) caule, em geral lenhoso, de árvore ou de arbusto: *o tronco do jequitibá.* **2** pau fincado no chão, ao qual se amarravam escravos para apanhar: *Por qualquer motivo o negro ia parar a tronco.* **3** parte do corpo dos humanos e dos animais, excluindo-se cabeça e membros; tórax. **4** estrada principal: *Várias vicinais saem do tronco da via Anhanguera.* **5** porção maior, indivisa e geralmente curta de um vaso sanguíneo ou nervo: *tronco nervoso.* **6** núcleo ou parte principal de uma rede de comunicação telefônica ou de dados: **7** estirpe: *Trinta emigrantes descobriram que pertenciam a uma família do mesmo tronco.*

tron.cu.do *adj.* que tem o tronco desenvolvido; corpulento: *Contratou um indivíduo troncudo para guarda-costas.*

tro.no *s.m.* **1** cadeira de braços e espaldar trabalhado, colocada em posição elevada para assento dos soberanos em atos de maior solenidade: *O soberano não se levantava do seu trono.* **2** assento para bispo em solenidades religiosas. **3** (Coloq.) bacia de sanitário: *o trono do banheiro.* **4** governo imperial; poder: *Com a morte de Taisho, em 1926, o imperador Hiroíto assumiu o trono.* **5** dinastia: *o trono nipônico.*

tron.quei.ra *s.f.* porteira rústica: *As tronqueiras do curral estavam abertas.*

tro.pa (ó) *s.f.* **1** (Bras.) caravana de animais equídeos, especialmente os de carga: *Um garoto conduzia a tropa.* **2** (Mil.) conjunto de soldados: *O exército colocou a tropa nas ruas.* **3** exército: *A tropa federal está de prontidão.*

tro.pe.ção *s.m.* topada involuntária com os pés nalgum objeto: *Levou um tropeção e quebrou a mão ao cair.* ♦

845

tropeçar

aos tropeções (i) de modo atabalhoado: *Fazia tudo aos tropeções.* (ii) com percalços; com dificuldade: *Fiz meu curso aos tropeções.* // Pl.: tropeções.

tro.pe.çar *v.t.* **1** dar com; esbarrar: *Ao sair da loja, tropecei numa caixa de ovos.* **2** (Fig.) encontrar como obstáculo: *O projeto do prefeito tropeçava na Constituição Federal.* **3** (Fig.) não atinar com; hesitar: *Não conseguia escrever, quando não tropeçava nas ideias, tropeçava nas palavras.* **4** errar: *O repórter tropeçou na comunicação e causou um conflito político.* • *int.* **5** dar involuntariamente topada com os pés nalgum objeto: *Ela consultou o médico reclamando de que vivia tropeçando.*

tro.pe.ço (ê) *s.m.* **1** tropeção: *Deixou as muletas e caminhou firme sem levar nenhum tropeço.* **2** dificuldade; embaraço; obstáculo: *Realizamos a tarefa sem qualquer tropeço.*

trô.pe.go *adj.* **1** de andar vacilante; cambaleante: *O seu andar trôpego denunciava a bebedeira.* **2** insuficiente: *Terminei a prova exultante, apesar de meus trôpegos conhecimentos de literatura.*

tro.pei.ro *s.m.* (Bras.) aquele que conduz uma tropa.

tro.pel *s.m.* **1** tumulto; balbúrdia; confusão: *Em seu espírito havia um tropel de indecisões, ansiedades e angústias.* **2** som ruidoso de passos: *O tropel da tropa se ouvia cada vez mais próximo.*

tro.pe.li.a *s.f.* **1** barulho causado por tropel: *A um quilômetro de distância se ouvia a tropelia dos animais.* **2** balbúrdia; bulício: *Não há como fazer poesia nessa tropelia em que vivemos.*

tro.pi.cal *s.m.* **1** tecido de fio de lã ou fibras sintéticas para roupas leves de verão: *Usava apenas terno de tropical.* • *adj.* **2** relativo aos trópicos: *frutas tropicais.* **3** situado entre os trópicos: *Tenho o privilégio de viver num país tropical.*

tro.pi.ca.lis.mo *s.m.* **1** qualidade do que é dos trópicos: *Prefiro o friozinho do Sul ao tropicalismo do Norte.* **2** tropicália, movimento artístico brasileiro, iniciado nos anos 1960, que une elementos de cultura popular com procedimentos estilísticos da literatura de vanguarda: *Caetano, Gal e Gil formam o grande trio do tropicalismo.*

tro.pi.car *v.int.* (Coloq.) **1** tropeçar: *Tropicou numa cadeira e caiu.* **2** levar tropeção: *Saiu daqui tropicando.*

tró.pi.co *s.m.* **1** (Astr.) cada um dos dois paralelos – Trópico de Câncer e Trópico de Capricórnio – situados em latitudes simétricas ao norte e ao sul do equador. **2** a região delimitada por esses paralelos.

tro.pi.lha *s.f.* (Bras.) grupo de cavalos que acompanham uma égua madrinha.

tro.pis.mo *s.m.* (Biol.) movimento de orientação realizado pela planta sob a ação de um estímulo exterior de ordem física ou química: *Verifica-se o tropismo da planta na direção do sol.*

tro.po (ó) *s.m.* (Gram.) figura de linguagem que consiste no emprego de uma palavra ou expressão em sentido diferente daquele que propriamente lhe corresponde, mas que tem com este relação de semelhança, compreensão, contrariedade ou conexão: *Dentre os principais tropos, destaca-se a metáfora.*

tro.pos.fe.ra (é) *s.f.* camada inferior da atmosfera, que se estende por 10 ou 12 km, na qual as nuvens e todos os outros fenômenos meteorológicos se produzem.

tro.ta.dor (ô) *adj.* diz-se do cavalo que anda de trote; trotão.

tro.tão *adj.* trotador: *Trocou sua égua marchadeira por um cavalo trotão.*

tro.tar *v.int.* **1** andar a trote: *A égua ia trotando com elegância.* **2** andar em cavalgadura a trote: *O capataz trotava à frente da tropa.*

tro.te[1] (ó) *s.m.* **1** andadura natural das cavalgaduras, entre o passo e o galope, caracterizada pelas batidas regularmente espaçadas das patas: *Na sua bicicleta, ia acompanhando o trote do meu cavalo.* **2** marcha acelerada: *Pela rua dura de gelo, avança-se em trote regular.*

tro.te[2] (ó) *s.m.* **1** (Bras.) brincadeira ou troça com o objetivo de enganar: *A central de polícia recebe inúmeros trotes por dia.* **2** (Bras.) zombaria a que veteranos das escolas sujeitam os calouros: *As universidades estão proibindo o trote.*

tro.te.ar *v.int.* trotar: *O cavalo troteava miúdo e ligeiro.*

trots.kis.mo *s.m.* desenvolvimento do marxismo, realizado pelo político russo Lev Davidovitch Bronstein, dito Trotski (1879-1940), e que se baseia na tese da "revolução permanente", em oposição ao stalinismo.

trou.xa *s.f.* **1** fardo de roupa; pacote: *Trazia uma pequena trouxa na mão.* • *s.2g.* **2** (Gír.) pessoa tola: *Só os trouxas se desgastam discutindo política e futebol.* • *adj.* **3** tolo; bobo: *Era um moço trouxa, vivia sendo enganado.*

tro.va (ó) *s.f.* **1** na Idade Média, composição poética acompanhada de música; cantiga. **2** composição poética de caráter popular, formada geralmente de quatro versos com sete sílabas; quadrinha.

tro.va.dor (ô) *s.m.* **1** poeta lírico das cortes medievais que compunha, musicava e declamava seus poemas: *A princesa se apaixona por um jovem trovador.* **2** poeta: *Luís é um trovador nato.* • *adj.* **3** que tem inspiração poética; dado à poesia: *Rendamos a nossa homenagem ao povo trovador do Nordeste.*

tro.va.do.res.co (ês) *adj.* relativo aos trovadores medievais: *A música que fazemos é inspirada na poesia portuguesa trovadoresca.*

tro.vei.ro *s.m.* trovador.

tro.vão *s.m.* (Met.) estrondo produzido por descarga de eletricidade atmosférica. // Pl.: trovões.

tro.ve.jan.te *adj.* **1** em que há ruído de trovão. **2** de som estrondoso: *O homem apareceu, com sua voz trovejante, dando ordens.*

tro.ve.jar *v.t.* proferir ou dizer com voz estrondosa: *Ouvíamos a diretora trovejando repreendendo ao professor.* • *int.* **2** falar muito alto: *O chefe não falava, trovejava.* **3** falando-se do trovão, soar fortemente; troar: *O céu escureceu e começou a trovejar.*

tro.vo.a.da (ô) *s.f.* (Met.) grande número de trovões seguidos: *A meteorologia prevê chuvas e trovoadas.*

tru.bu.fu *s.2g.* (Coloq.) tribufu.

tru.ca *s.f.* equipamento usado para produzir efeitos em imagens filmadas.

tru.ca.gem *s.f.* efeito cinematográfico obtido por meio de truca: *São extraordinárias as trucagens dos filmes de Spielberg.*

tru.ci.da.men.to *s.m.* **1** ação de trucidar; assassínio bárbaro: *Foi horrível o trucidamento do fazendeiro.* **2** destruição; aniquilamento.

tru.ci.dar *v.t.* **1** matar com violência; exterminar: *Um grupo de extermínio trucida delinquentes.* **2** destruir; aniquilar: *É preciso trucidar a concorrência.*

tru.co *s.m.* jogo de cartas em que tomam parte dois ou três grupos de parceiros: *Marcamos para hoje uma partida de truco.*

tru.cu.lên.cia *s.f.* qualidade de truculento; violência; crueldade: *Não confundir valentia com truculência.*

tru.cu.len.to *adj.* violento; cruel: *Lá havia um general truculento.*

tru.fa *s.f.* (Bot.) **1** cogumelo subterrâneo da Europa que produz corpos tuberosos, comestíveis pelo sabor e pelo aroma agradáveis: *Tomávamos sopa de trufas.* **2** bombom de chocolate fundido, aromatizado com uísque, licor, baunilha etc.: *Começou a fazer trufas por encomenda.*

tru.ís.mo *s.m.* verdade trivial tão evidente que não é necessário ser enunciada: *A redação estava cheia de truísmos como "só morre quem está vivo".*

trum.bi.car *v.t.* (pron.) (Bras. Gír.) dar-se mal: *Um apresentador costumava dizer que quem não se comunica, se trumbica!*

trun.car *v.t.* cortar ou omitir uma parte; mutilar: *Aquela gargalhada truncou meu pensamento.*

trun.fo *s.m.* **1** naipe que, em jogos de cartas, prevalece sobre os outros: *Bateu o jogo com um trunfo.* **2** (Fig.) vantagem: *A inflação baixa era o grande trunfo do governo.*

tru.pe *s.f.* grupo de artistas ou comediantes: *A trupe de bailarinos hospedou-se no melhor hotel da cidade.*

tru.que *s.m.* **1** ardil; tramoia: *Usava truques para enganar a mãe.* **2** estratagema: *Aprendi o truque para abrir o cofre.* **3** artifício de montagem: *Mostrou-me uma fotografia com marcas de truque.* **4** passe de mágica: *Aprendemos o truque de tirar um coelho da cartola.* **5** trunfo: *Guardo um truque para usar na hora certa.*

tru.quei.ro *adj.* jogador de truco.

trus.te *s.m.* combinação de empresas comerciais ou industriais sob o comando de um único centro financeiro, a fim de eliminar a concorrência e dominar o mercado: *os trustes do petróleo.*

tru.ta *s.f.* (Zool.) **1** peixe da família do salmão, de água doce, límpida e fresca. **2** prato preparado com a carne desse peixe: *Serviram-nos truta com alcaparras.*

truz *s.m* golpe; pancada. ♦ **de truz** (Obsol.) excelente; notável: *Era uma loirinha de truz.*

tsar *s.m.* czar.

tsa.ri.na *s.f.* czarina.

tsa.ris.ta *adj.* czarista.

tsé-tsé *s.f.* (Zool.) nome comum a várias moscas africanas cuja picada transmite a doença do sono. // Pl.: tsé-tsés.

tu *pron. pess.* refere-se à pessoa com quem se fala: *Tu sempre serás meu amigo.* // Não precisa ser usado quando puder ser identificado pela forma do verbo: *Como é, queres fazer força ou não queres?*

tu.ba *s.f.* **1** instrumento de sopro, formado por tubo metálico cilíndrico alongado e recurvado sobre si mesmo e que termina numa boca em forma de tuba, dotado de três a cinco pistões. **2** (Anat.) estrutura ou canal em forma de tuba. // Substituiu a designação trompa.

tu.ba.rão *s.m.* **1** (Zool.) peixe marinho cartilaginoso, carnívoro, corpo longo, cabeça em forma de cunha, grande cauda, boca ventral, dentes afiados. **2** (Bras.; Fig.) grande comerciante ou industrial ganancioso que só visa a aumentar seus lucros: *os tubarões do comércio atacadista.* // Pl.: tubarões.

tu.bá.rio *adj.* **1** (Anat.) localizado nas tubas (canais) uterinas: *gravidez tubária.* **2** relativo às tubas uterinas: *infecção tubária.*

tu.bér.cu.lo *s.m.* **1** (Anat.) superfície arredondada na superfície de um órgão. **2** caule espesso, geralmente subterrâneo, oblongo e arredondado, rico em nutrientes, como por exemplo a batata.

tu.ber.cu.lo.se (ó) *s.f.* (Med.) doença infectocontagiosa causada por bacilo, com a possibilidade de atingir várias partes do corpo, sobretudo os pulmões.

tu.ber.cu.lo.so (ô) *s.m.* **1** indivíduo que sofre de tuberculose: *Era uma tosse seca de tuberculoso.* ♦ *adj.* **2** atacado de tuberculose: *Foi hospitalizado o operário tuberculoso.*

tu.be.ro.so (ô) *adj.* cuja forma se assemelha a um tubérculo: *a parte tuberosa de uma planta.*

tu.bi.nho *s.m.* vestido reto, sem corte na cintura: *Ela usa o clássico tubinho preto.*

tu.bo *s.m.* **1** corpo cilíndrico, alongado, oco, dos mais variados materiais (borracha, vidro, ferro, plástico), pelo qual podem passar ar, gás ou líquido: *o tubo de borracha.* **2** vaso de vidro de forma cilíndrica, reto ou recurvado, usado em laboratórios: *tubo de ensaio.* **3** recipiente de forma alongada para conservar vários tipos de substâncias, principalmente medicamentosas: *um tubo de comprimidos.* **4** nos televisores, peça cônica que conduz a imagem para a tela: *O novo modelo de televisor tem tubo de imagens retangular.* **5** (Anat.) canal ou duto natural: *o tubo digestivo.* ♦ *pl.* **6** (Coloq.) muito dinheiro: *Vamos ganhar os tubos no negócio.*

tu.bu.la.ção *s.f.* conjunto de tubos para escoamento de água ou esgoto; encanamento: *Entupiu a tubulação da adutora.* // Pl.: tubulações.

tu.bu.lar *adj.* que tem a forma de tubo: *estrutura tubular.*

tu.ca.no *s.m.* (Zool.) ave trepadora da América do Sul, de bico muito grande e plumagem colorida de vermelho, amarelo, branco e preto; alimenta-se de frutas.

tu.cum (Bras.) *s.m.* (Bot.) palmeira alta de caule isolado, com anéis de espinhos longos, finos e pontiagudos, flores reunidas em cachos, cultivada pelo seu palmito e pelo uso em medicamentos e cosméticos.

tu.cu.na.ré (Bras.) *s.m.* (Zool.) peixe de água doce da Amazônia, de cor prateada carregada de pigmento cor de sépia no dorso, de carne muito apreciada.

tu.cu.pi (Bras.) *s.m.* (Amaz.) molho feito com mandioca e pimenta, muito usado na culinária do Norte do Brasil.

tu.cu.xi *adj.* espécie de boto.

tu.do *pron.* **1** a totalidade das coisas e/ou animais e/ou pessoas: *Para tudo no mundo há uma explicação.* **2** todas as coisas: *Nesta loja tem de tudo.* **3** o conjunto ou a totalidade daquilo que se mencionou: *Acredito em tudo o que ele disse.* **4** aquilo que é essencial ou fundamental: *Beleza não é tudo.* **5** usado para englobar uma enumeração precedente: *Estavam em desespero. Camas, colchões, mesas e cadeiras, tudo foi levado pela enchente.* // Ant.: nada.

tufão

tu.fão *s.m.* (Met.) tempestade com vento forte nos mares do Oriente; vendaval: *O tufão atingiu a ilha com ventos de até 280 km/h.* // Pl.: tufões.

tu.far *v.t.* **1** estufar; inflar: *O vento tufava as cortinas do quarto.* • *int.* **2** encher de ar; inflar-se: *As cortinas tufaram.*

tu.fo *s.m.* **1** porção de plantas ou flores: *um tufo de samambaia.* **2** punhado; chumaço; feixe: *um tufo de cabelos.*

tu.gú.rio *s.m.* **1** cabana; choupana: *A família morava num tugúrio.* **2** abrigo; refúgio.

tu.im *s.m.* (Zool.) periquito de pequeno porte.

tui.ui.ú (Bras.) *s.m.* (Zool.) jaburu.

tu.ís.te *s.m.* **1** dança de origem americana, surgida na década de 1960, de compasso quaternário e ritmo marcado, caracterizado por um movimento de rotação das pernas e dos quadris em que os dançarinos não se tocam fisicamente; *twist.* **2** a música desta dança.

tu.le *s.m.* filó, especialmente de seda: *Usava um véu de tule.*

tu.lha *s.f.* casa ou compartimento onde se guardam cereais em grão; celeiro.

tu.li.pa *s.f.* (Bot.) flor ornamental, inodora, solitária, de longos pedúnculos e variada coloração.

tum.ba *s.f.* túmulo; sepulcro: *Sobre a laje da tumba havia uma inscrição em latim.*

tu.me.fa.ção *s.f.* (Med.) aumento de volume em tecido do corpo; tumor; intumescência; inchação. // Pl.: tumefações.

tu.mes.cer *v.t. (pron.)* intumescer-se; inchar-se.

tú.mi.do *adj.* **1** intumescido; inchado. **2** saliente; proeminente: *Por estar amamentando, ela tinha os seios túmidos.*

tu.mor (ô) *s.m.* (Patol.) massa constituída pela multiplicação das células de um tecido, que pode ser benigno ou maligno.

tu.mo.ral *adj.* de ou relativo a tumor: *O paciente tinha uma pequena formação tumoral no pâncreas.*

tu.mu.lar *adj.* **1** de túmulo: *Alguém fotografava as inscrições tumulares.* **2** escondido como num túmulo; secreto: *Os dois jovens guardavam um segredo tumular.*

tú.mu.lo *s.m.* **1** lugar onde se enterram os mortos; sepultura; tumba. **2** monumento erguido em memória de alguém, no lugar onde está sepultado; jazigo; sepulcro: *Visitamos o túmulo do soldado desconhecido.*

tu.mul.to *s.m.* grande movimento desordenado; agitação; confusão: *Havia grande tumulto na entrada do estádio.*

tu.mul.tu.ar *v.t.* **1** desordenar; desarrumar. **2** perturbar a ordem: *Passageiros, em pânico, tumultuaram a saída do metrô.* **3** destruir a paz, a tranquilidade de: *Esse racionamento tumultua a vida doméstica.* • *int. (pron.)* **4** ficar agitado ou confuso; fervilhar: *as ideias tumultuam(-se) em sua mente.*

tu.mul.tu.o.so (ô) *adj.* em que há muito tumulto: *Vivemos dias tumultuosos.*

tun.da *s.f.* **1** surra: *dar uma boa tunda no adversário.* **2** (Coloq.) derrota: *Meu time levou uma tunda histórica.*

tun.dra *s.f.* vegetação ártica e subártica, que vive sobre solos rochosos e sob frio intenso, e que consta de líquens, musgos, ervas e subarbustos.

tú.nel *s.m.* caminho ou passagem subterrânea: *Estão sendo abertos dois novos túneis para desafogar o trânsito.*

tun.gar *v.t.* (Bras.; Coloq.) **1** lograr: *Não se deixe tungar por trapaceiros.* **2** roubar: *Já tungaram uma fortuna dos cofres públicos.*

tungs.tê.nio *s.m.* (Quím.) elemento químico, metálico, branco, duro, quebradiço, usado em filamentos de lâmpadas incandescentes. // Símb.: W; N. Atôm.: 74.

tú.ni.ca *s.f.* **1** vestimenta feminina de corte reto e mais longa que a blusa: *A moça usava conjunto de saia e túnica.* **2** antiga vestimenta longa e reta. **3** casaco de uniforme militar: *O capitão ostentava sua túnica brilhante.* **4** (Anat.) membrana ou camada externa de certos órgãos vegetais. **5** qualquer tecido que serve de revestimento a uma estrutura anatômica.

tu.ni.si.a.no *s.m.* **1** natural ou habitante da Tunísia (África): *Meu amigo apareceu vestido como um tunisiano.* • *adj.* **2** relativo à Tunísia: *Visitamos uma exposição de artesanato tunisiano.*

tu.pã *s.m.* (Bras.) na mitologia dos indígenas de língua tupi, o trovão, cultuado como divindade suprema. // Usa-se com inicial maiúscula.

tu.pi (Bras.) *s.m.* **1** (Etnôn.) língua geral falada na costa do Brasil até o século XIX, e ainda hoje em 14 estados brasileiros e alguns países da América do Sul: *Recomenda-se o ensino do tupi nas escolas.* • *pl.* **2** (Etnôn.) povos indígenas cujas línguas pertencem ao tronco tupi: *As terras dos tupis foram invadidas.*

tu.pi.a *s.f.* (Bras.) máquina de fazer molduras.

tu.pi-gua.ra.ni *s.m.* **1** (Gloss.) grande tronco linguístico indígena da região tropical sul-americana, que inclui o guarani, o tupi e outras línguas: *Ganhei um dicionário de palavras do tupi-guarani.* • *pl.* **2** grupo de tribos indígenas da América do Sul que têm idiomas afins ao tupi e ao guarani. • *adj.* **3** relativo a essas tribos: *Descobriram-se trabalhos de cerâmica tupi-guarani.*

tu.pi.nam.bá (Bras.) *s.2g.* **1** (Etnol.) indivíduo dos tupinambás: *O texto descreve a morte da tupinambá.* • *s.m. pl.* **2** grande nação indígena, hoje considerada extinta, que habitava grande extensão da costa brasileira. • *adj.* **3** relativo a esse povo: *os costumes tupinambás.*

tu.pi.ni.quim (Bras.) *s.2g.* **1** (Etnol.) indivíduo dos tupiniquins. **2** (Deprec.) brasileiro: *Há grande presença de tupiniquins na Flórida.* • *s.m. pl.* **3** povos indígenas que ocuparam o litoral do Espírito Santo e o da Bahia. • *adj.* **4** relativo ao Brasil: *música tupiniquim.*

tur.ba *s.f.* multidão em desordem: *A turba desesperada exigia a soltura do preso.*

tur.ban.te *s.m.* longa faixa de tecido que se enrola em torno da cabeça para protegê-la.

tur.bi.lhão *s.m.* **1** redemoinho de vento ou de água: *Ficava horas apreciando o turbilhão das águas revoltas.* **2** tudo aquilo que excita ou impele violentamente; agitação: *Um turbilhão de emoções me sufocava.* // Pl.: turbilhões.

tur.bi.lho.nar *v.t.* **1** fazer voltear como um turbilhão: *Borboletas turbilhonam o claro da luz.* • *int.* **2** redemoinhar: *Emoções estranhas turbilhonavam na alma do rapaz.* • *adj.* **3** de ou relativo a turbilhão: *As águas faziam um movimento turbilhonar sobre as rochas.*

tur.bi.na *s.f.* máquina que transforma em trabalho mecânico-rotatório a energia cinética de um fluido em movimento: *turbina hidráulica.*

tuvira

tur.bi.nar v.t. **1** prover de motor com turbina: *Mandou turbinar o carro.* **2** expandir, potenciar as qualidades de algo ou sua capacidade de funcionamento: *Turbinaram o computador.*

tur.bo s.m. **1** veículo equipado com motor turbo. • *adj.* **2** alimentado por turbocompressor (motor). **3** diz-se de veículo equipado com esse motor.

tur.bo.com.pres.sor (ô) s.m. compressor que opera pela ação de uma turbina cujas aletas impelem e comprimem o gás.

tur.bu.lên.cia s.f. **1** fluxo de ar submetido a flutuações irregulares motivadas por formações de nuvens: *O avião enfrentou forte turbulência.* **2** agitação desordenada: *Vivemos um momento de turbulência social.*

tur.bu.len.to adj. **1** em desordem; agitado; tumultuoso: *Nossa cidade se tornou turbulenta.* **2** irrequieto: *Os alunos desse colégio são turbulentos.*

tur.co s.m. **1** natural ou habitante da Turquia (Ásia): *Deu-se em 1453 a tomada de Constantinopla pelos turcos.* • *adj.* **2** relativo à Turquia ou aos turcos: *Foi significativa a dominação turca da Grécia.*

tur.fa s.f. (Ecol.) matéria orgânica (restos de gramíneas, plantas palustres, musgos) decomposta por bactérias e enzimas, e usada como fertilizante.

tur.fe s.m. esporte de corridas de cavalos montados e conduzidos por jóqueis.

tur.fis.ta s.2g. **1** (Bras.) pessoa aficionada do turfe: *O turfista fez uma aposta alta.* • *adj.* **2** de ou relativo ao turfe: *O público turfista é mais sofisticado.*

tur.gi.dez (ê) s.f. estado de túrgido; intumescimento; inchação: *a turgidez dos seios.*

túr.gi.do adj. dilatado; intumescido; inchado.

tu.rí.bu.lo s.m. vaso onde se queima incenso nos templos; incensário.

tu.ris.mo s.m. **1** viagem ou excursão feita por recreio ou prazer a lugares que despertam interesse: *Incentiva-se atualmente o turismo ecológico.* **2** promoção e organização do potencial turístico: *O turismo pode ser a base econômica das cidades históricas.* **3** conjunto de conhecimentos que possibilitam a organização e a prática de atividade turística: *a moça é formada em turismo.*

tu.ris.ta s.2g. pessoa que faz turismo.

tu.rís.ti.co adj. do ou relativo ao turismo: *uma atração turística.*

tur.ma s.f. **1** grupo: *uma turma de alunos.* **2** (Bras.) grupo de amigos; pessoal: *A turma hoje se reunirá na boate do clube.* **3** cada um dos grupos de estudantes que compõem uma sala de aula; classe: *Passei a estudar na turma do diurno.* **4** grupo profissional: *chefe de turma.* **5** bando; corja: *Cuidado com a turma de pivetes.*

tur.ma.li.na s.f. (Min.) pedra semipreciosa, de várias cores, que é essencialmente um silicato complexo de boro e alumínio com magnésio, ferro ou metais alcalinos.

tur.nê s.f. **1** viagem com itinerário, de fins profissionais, em geral de um artista ou de um conferencista: *O cantor fez uma turnê pelas capitais brasileiras.* **2** passeio turístico de uma pessoa ou de um grupo de pessoas; giro: *Faremos uma turnê pela Europa.*

tur.no s.m. **1** cada um dos grupos de pessoas que se alternam em certos atos ou serviços; turma: *O turno da tarde foi dispensado.* **2** cada uma das divisões do horário diário de trabalho: *o turno da noite.* **3** cada uma das etapas de disputa de um campeonato esportivo: *jogos do primeiro turno.* ✦ **por seu turno** por sua vez: *Ambos os jogadores tiveram, cada um por seu turno, uma conversa ríspida com o técnico.*

tur.que.sa (ê) s.m. **1** azul da cor da turquesa. • *s.f.* **2** (Min.) mineral azulado ou esverdeado, fosfato hidratado de alumínio e cobre, usado como pedra preciosa: *anel de turquesa.* • *adj.* **3** da cor da turquesa: *Vestido turquesa.*

tur.ra s.f. teima; birra: *Estava difícil acabar com a turra da criança.*

tur.rão adj. muito teimoso: *Ele era um velho turrão.* // Fem.: turrona. // Pl.: turrões.

tur.va.ção s.f. **1** processo de turvar-se; embaçamento: *a turvação da visão.* **2** alteração; perturbação: *turvações dos sentidos.*

tur.var v.t. **1** tornar turvo; embaçar: *O cansaço lhe turvava a vista.* • *int. (pron.)* **2** tornar-se turvo; embaçar-se: *Meus olhos turvaram-se.* **3** (Fig.) perturbar-se; alterar-se; embaralhar-se: *Minha mente se turvou.*

tur.vo adj. **1** embaçado: *Tinha os olhos turvos de lágrimas.* **2** escuro; toldado: *água turva.* **3** desordenado; confuso: *Minhas ideias estão turvas.* // Ant.: límpido.

tu.ta.no s.m. **1** substância mole e gordurosa do interior dos ossos; medula dos ossos. (Coloq.) **2** coragem: *É preciso ter tutano para enfrentar essa briga.* **3** talento: *A menina tinha tutano, ia ser um sucesso no teatro.*

tu.te.la (ê) s.f. **1** autoridade legal que se confere a alguém para proteger um menor e seus bens: *Vivia sob a tutela dos avós.* **2** dependência ou submissão; controle: *Não aceitaram a tutela religiosa do padre local.*

tu.te.la.do s.m. **1** pessoa que está sujeita a tutela; protegido: *Um tutelado de meu avô herdou sua herança.* • *adj.* **2** que tem ou recebe proteção; amparado. **3** sujeito a tutela.

tu.te.lar¹ v.t. exercer tutela sobre; proteger: *O governo insiste em tutelar os sindicatos.*

tu.te.lar² adj. **1** que regula e defende os direitos: *conselho tutelar da infância.* **2** protetor; defensor: *É preciso fazer valerem as medidas tutelares dos direitos do trabalhador.*

tu.tor (ô) s.m. pessoa legalmente encarregada de tutelar alguém: *Tive um tutor até os 18 anos.*

tu.to.rar v.t. atuar como tutor; tutelar: *tutorar as decisões do filho.*

tu.to.ri.a s.f. **1** função ou autoridade do tutor; exercício da tutela. **2** administração de negócios públicos ou particulares; superintendência; governo; direção. **3** ação de proteger, preservar alguém ou algo de outro alguém ou de algo; defesa; amparo; tutela.

tu.to.ri.al s.m. (Inf.) programa de computador que dá instruções básicas de uso aos usuários iniciantes.

tu.tu¹ s.m. (Bras. Cul.) iguaria com feijão. ✦ **tutu de feijão** prato típico da cozinha mineira feito com feijão refogado em gordura e temperos e engrossado com farinha de mandioca ou de milho, ao qual se acrescentam pedaços de linguiça.

tu.tu² s.m. (Bras. Coloq.) dinheiro; grana: *Estava sempre com a carteira recheada de tutu.*

tu.vi.ra s.f. peixe sem nadadeiras dorsal e ventral, corpo afilado na parte posterior, quase sem escamas e com orifício anal localizado sob a cabeça.

twist

twist (tuíst) (Ingl.) *s.m.* tuíste.
txu.car.ra.mãe *s.2g.* **1** indivíduo dos txucarramães. • *s.m. pl.* **2** povos indígenas do grupo caiapó, habitantes do Mato Grosso. • *adj.* **3** relativo aos txucarramães: *um índio txucarramãe.*

tzar *s.m.* czar.
tza.ri.na *s.f.* czarina.
tza.ris.ta *adj.* czarista.

u s.m. **1** vigésima primeira letra do alfabeto português. **2** o nome dessa letra. **3** a figura dessa letra. • num. **4** vigésimo primeiro numa série indicada por letras.
u.bá s.f. (Bras.) canoa de tronco de árvore, usada pelos índios.
ú.be.re[1] s.m. mama; teta das fêmeas dos mamíferos.
ú.be.re[2] adj. de alta capacidade produtiva; fértil: *As terras úberes de Mato Grosso do Sul.*
u.bi.qui.da.de (qüi) s.f. estado do que é ubíquo: *a ubiquidade da informação.*
u.bí.quo adj. que está ou pode estar em toda parte ao mesmo tempo.
ufa interj. expressa sufoco, cansaço e alívio: *Ufa, que calor!; Ufa, como isso cansa!*
u.fa.nar v.t. **1** tornar ufano ou vaidoso: *Os aplausos ufanaram o cantor.* • pron. **2** gabar-se; vangloriar-se: *São patriotas e se ufanam de seu país.*
u.fa.nis.mo s.m. otimismo nacionalista; vanglória: *O ufanismo do discurso do deputado.*
u.fa.nis.ta s.2g. **1** indivíduo muito ufano. • adj. **2** relativo ao ufanismo.
u.fa.no adj. **1** que se orgulha de algo. **2** que se vangloria, se arroga méritos extraordinários; arrogante; ostentoso; jactancioso.
u.fo.lo.gi.a s.f. conjunto de conhecimentos relacionados com objetos voadores não identificados.
u.fó.lo.go s.m. quem se dedica à ufologia.
ui interj. **1** expressa dor: *Ui! Ui! Minha cabeça parece que vai estourar.* **2** expressa espanto, surpresa: *Ui! Que susto!*
ui.ra.pu.ru s.m. ave pardo-avermelhada, cauda listrada de escuro, garganta e peito vermelho vivo, cujo canto, particularmente melodioso, só se ouve quinze dias por ano e por no máximo dez minutos.
u.ís.que s.m. bebida alcoólica destilada feita de centeio, cevada, trigo ou milho fermentado, que contém de 37 a 47% de álcool.
ui.var v.int. **1** som produzido pelo cão, pelo lobo: *Um cão uivava desesperado.* **2** gritar; berrar: *A pobre moça uivou de terror.* **3** produzir som semelhante a uivo: *A ventania uivava entre as árvores.*
ui.vo s.m. **1** voz lamentosa do cão e do lobo. **2** grito agudo e prolongado de dor ou tristeza. **3** ruído prolongado e agudo: *o uivo do vento.*
úl.ce.ra s.f. **1** (Patol.) lesão causada por perda de substância dos tecidos e que é difícil de cicatrizar. **2** ferida: *Tinha a perna cheia de úlceras.*
ul.ce.ra.ção s.f. ferida: *pequenos ferimentos que se transformam em graves ulcerações.*

ul.te.ri.or (ô) adj.2g. **1** que está ou ocorre depois; posterior: *Essa observação necessita de confirmação ulterior.* **2** que está além de; que se situa do lado oposto ao do falante, do lado de lá.
úl.ti.ma s.f. **1** notícia mais recente. • pl. **2** no fim; agitação que precede a morte: *A velha estava nas últimas.*
ul.ti.mar v.t. pôr fim ou termo; concluir: *Ele está ultimando os preparativos para a viagem.*
ul.ti.ma.to s.m. **1** exigência de rendição imediata do inimigo em condições de inferioridade, em tempo de guerra: *As forças armadas entregam um ultimato ao ditador.* **2** último prazo; intimação: *Dei um ultimato ao vendedor: entregar a mercadoria ou devolver-me o dinheiro em 24 horas.*
úl.ti.mo s.m. **1** pessoa ou coisa em posição final no espaço ou no tempo: *E os últimos da fila voltariam no outro dia.* **2** o mais humilde; o mais reles: *Sentia-se a última das mulheres.* • adj. **3** que está ou vem depois de todos os outros; que está ou vem no final: *O último mês do ano.* **4** derradeiro; extremo: *Não teve paz até exalar o último suspiro.* **5** mais próximo do momento em que se está; mais recente: *Ficou abalada pelos últimos acontecimentos políticos.* **6** decisivo; definitivo: *É então sua última palavra?* // Ant.: primeiro.
ul.tra.jar v.t. insultar; ofender: *Em seu discurso, ele ultajou o país.*
ul.tra.je s.m. insulto; ofensa: *Ele foi acusado de ultraje ao pudor.*
ul.tra.le.ve (é) s.m. **1** avião de muito pouco peso, dotado apenas dos requisitos indispensáveis para alçar voo. • adj. **2** extremamente leve quanto à massa ou peso: *liga ultraleve.*
ul.tra.mar s.m. região ou regiões situadas além do mar.
ul.tra.ma.ri.no adj. que fica do outro lado do mar.
ul.tra.pas.sa.gem s.f. ato ou efeito de passar a frente de pessoa ou do veículo: *É proibida a ultrapassagem pelo lado direito.*
ul.tra.pas.sar v.t. **1** transpor; superar. **2** exceder: *Deram-me uma incumbência que ultrapassa minha capacidade.* **3** estando em um veículo, passar à frente de outro: *É muito perigoso ultrapassar veículos longos nas curvas.*
ul.tras.som s.m. **1** (Fís.) oscilação de natureza acústica com frequência inaudível aos ouvidos humanos: *Os morcegos orientam seu voo por impulsos de ultrassom.* **2** ultrassonografia: *Um ultrassom é capaz de revelar o desenvolvimento de um feto.* // Pl.: ultrassons.
ul.tras.sô.ni.co adj. **1** relativo ao ultrassom. **2** diz-se de aeronave ou projétil que ultrapassa a barreira do som. // Pl.: ultrassônicos.

851

ultrassonografia

ul.tras.so.no.gra.fi.a *s.f.* diagnóstico feito mediante emissão de ondas sonoras de alta frequência, o que permite a visualização de órgãos internos do corpo. // Pl.: ultrassonografias.

ul.tra.vi.o.le.ta (ê) *adj.2g.2n.* diz-se de radiação eletromagnética de comprimento de onda situado, aproximadamente, entre 4 e 400 nanômetros: *O uso da luz ultravioleta permite observar a luminosidade colorida das pedras preciosas.*

u.lu.lar *v.int.* **1** som lamentoso produzido por alguns animais, especialmente aves noturnas, cães, lobos etc: *lobos famintos ululando na noite.* **2** bradar; gritar; uivar; ganir: *A multidão ululava feliz e vingada.* **3** soltar gemido triste e choroso.

um *num.* **1** número que denota a unidade; o primeiro dos números inteiros: *Tomou apenas um cálice de vinho.* **2** primeiro: *Confira o desenho na página um do capítulo III.* • *s.m.* **3** algarismo representativo do primeiro dos números inteiros: *Tinha o 1 bordado em vermelho na camiseta.* • *art. indef.* **4** antepõe-se ao nome para indicar, de forma indeterminada, pessoa, animal ou coisa: *Como um carro pode agradar tanto logo à primeira vista?* **5** todo; cada: *Uma criança é uma criança.* **6** algum: *Um dia você há de me compreender.* • *adj.* **7** singular; único: *Mãe é só uma.*

um.ban.da *s.f.* (Rel.) sincretismo nascido no Rio de Janeiro na virada do século XX, em que há associação de elementos afro-brasileiros e cristãos.

um.bi.ga.da *s.f.* (Bras.) dança de roda em que o dançarino, ao sair, dá com a região do umbigo na pessoa que entra.

um.bi.go *s.m.* cicatriz na região central do ventre, resultante do corte do cordão umbilical por ocasião do nascimento da criança.

um.bi.li.cal *adj.* do ou pertencente ao umbigo: *cordão umbilical.*

um.bral *s.m.* **1** limiar: *Seu tio surgiu no umbral da porta.* **2** portal; entrada: *Há tempos não cruzava os umbrais da casa de Deus!*

um.bro.so (ô) *adj.* que tem ou produz sombra.

um.bu *s.m.* (Bras.) fruto do umbuzeiro; imbu.

um.bu.ra.na *s.f.* (Bras.) árvore de folhas alternas, flores pequenas, fruto em drupa, madeira resistente e resina odorífera; imburana.

um.bu.zei.ro *s.f.* (Bras.) pequena árvore de copa larga e flores brancas e perfumadas, que produz o umbu; imbuzeiro.

u.mec.tar *v.t.* **1** tornar úmido com substância que dilui: *Use este creme para umectar sua pele.* • *pron.* **2** umedecer-se.

u.mec.tan.te *adj.2g.* que umedece; que dilui.

u.me.de.cer *v.t.* **1** tornar úmido; molhar ligeiramente: *Umedecia o selo com a língua.* • *pron.* **2** tornar-se úmido: *Seus olhos umedeceram-se.*

ú.me.ro *s.m.* osso do braço que vai do ombro ao cotovelo.

u.mi.da.de *s.f.* **1** qualidade daquilo que está levemente molhado. **2** quantidade de vapor d'água existente na atmosfera: *Nesta semana, será alta a umidade do ar.*

u.mi.di.fi.ca.ção *s.f.* leve impregnação de substância líquida: *Esse sistema de ar condicionado permite melhor umidificação dos locais de trabalho.*

u.mi.di.fi.car *v.t.* tornar úmido; umedecer: *Umidifica os olhos com colírios especiais.*

ú.mi.do *adj.* **1** impregnado de alguma substância líquida. **2** levemente molhado.

u.nâ.ni.me *adj.* **1** de que todos participam; de todos: *Seu projeto merecera aprovação unânime.* **2** que é do mesmo sentimento ou da mesma opinião que outrem: *Os especialistas são unânimes em reconhecer a superioridade dos nossos minérios.*

u.na.ni.mi.da.de *s.f.* **1** qualidade de unânime. **2** concordância de todos: *Decidimos, por unanimidade, parar a 500 metros da confusão.*

un.ção *s.f.* **1** ato ou efeito de ungir; untura. **2** (Rel.) administração dos santos óleos com a finalidade de sagrar ou conferir uma graça. **3** sentimento piedoso que comove, que leva à contrição. **4** caráter de mansidão que gera empatia. // Pl.: -ções.

un.dé.ci.mo *num.* que ocupa a posição do número onze: *Foi o undécimo colocado na competição.*

un.gi.do *s.m.* **1** eclesiástico que foi ordenado bispo. **2** soberano que foi sagrado rei. • *adj.* **3** que se ungiu. **4** friccionado com unguento. **5** (Rel.) que recebeu a extrema-unção. **6** sagrado; santo. **7** tocado pela graça, pelo destino; tomado por: *ungido pelo medo.* **8** escolhido; aprovado.

un.gir *v.t.* **1** untar com óleo ou unguento; esfregar com qualquer substância oleosa: *Ungiu os lábios com manteiga de cacau.* **2** aplicar os óleos santos a: *O padre ungiu o doente.* **3** investir da autoridade por meio da unção, sagração: *O papa Leão III ungiu o imperador Carlos Magno.* **4** dar extrema-unção. **5** infundir, impregnar de unção; purificar: *A hora do ângelus unge sua alma.* • *pron.* untar(-se): *Ungiu-se de cremes para se proteger do sol.*

un.guen.to *s.m.* preparado medicinal pastoso feito com substâncias gordurosas para ser aplicado sobre a pele: *Usou um unguento sobre a picada de inseto.*

u.nha *s.f.* **1** lâmina dura e meio transparente que recobre a extremidade dos dedos e artelhos. **2** garra: *unha de gato.* • *pl.* **3** domínio; sujeição: *Foi um custo livrar a pobre das unhas da madrasta.*

u.nha.da *s.f.* golpe com as unhas.

u.nha de fo.me *s.2g.* (Coloq.) quem é sovina; usurário. // Pl.: unhas de fome.

u.nhar *v.t.* **1** ferir ou riscar com as unhas; arranhar: *A criança, desesperada, unhava o rosto do médico.* **2** agarrar: *Ainda havemos de unhar esse cafajeste.*

u.ni.ão *s.f.* **1** entidade ou associação em defesa de interesses e objetivos comuns: *a União Nacional dos Estudantes.* **2** adesão; concórdia: *um povo sem união.* **3** laço; vínculo: *a união conjugal.* **4** aliança; pacto; acordo. **5** casamento. **6** ligação; associação. **7** coito animal; cruzamento. **8** o governo federal: *Estado e União chegaram a um acordo para sanear o banco.* // Nesta acepção, escreve-se com inicial maiúscula. // Pl.: -ões.

u.ni.ce.lu.lar *adj.* que só tem uma célula.

ú.ni.co *adj.* **1** que não há igual; exclusivo: *A impressão digital é única.* **2** de cuja espécie não existe outro; singular: *Este é o único retrato que tenho de minha mãe.*

u.ni.cór.nio *s.m.* animal mitológico representado por um cavalo com um único chifre no meio da testa.

uno

u.ni.da.de s.f. **1** condição ou propriedade daquilo que é único, indivisível e, como tal, completo em si mesmo: *Desde os gregos se sustenta a unidade do saber.* **2** qualidade do que é um ou único ou uniforme: *unidade de ideias.* **3** coesão; harmonia: *Falta unidade na maioria dos grandes partidos políticos.* **4** elemento constitutivo de um todo complexo: *um edifício com vinte unidades.* **5** o número 1. **6** cada corpo de tropas com incumbências e manobras próprias: *as unidades do exército.* **7** cada um dos objetos de uma produção em série.

u.ni.fi.ca.ção s.f. ato ou efeito de unificar-(se); reunião.

u.ni.fi.car v.t. **1** tornar uno; reunir em um só corpo ou num todo: *Por 14 votos contra 1, o tribunal unificou a sentença.* **2** tornar homogêneo ou coerente: *unificar preferências.*

u.ni.for.me (ó) s.m. **1** roupa padronizada usada por membros de uma categoria (militar, estudantil, profissional etc.); farda: *Enfermeiras usam uniforme branco.* • adj. **2** que só tem uma forma: *A atitude dos professores deve ser uniforme.* **3** que varia muito pouco: *temperatura uniforme.*

u.ni.for.mi.da.de s.f. **1** conservação de uma forma única; ausência de variedade: *A Igreja não pretende uniformidade de rituais.* **2** regularidade: *Não se conformava com aquela uniformidade de tratamento.* **3** coerência; harmonia: *uniformidade de conteúdo.*

u.ni.for.mi.za.ção s.f. processo pelo qual alguma coisa se torna uniforme: *Uniformização das ortografias lusitana e brasileira.*

u.ni.for.mi.zar v.t. **1** tornar uniforme: *O Mercosul pretende uniformizar as economias da América Latina.* **2** fazer vestir uniforme: *A prefeitura uniformizou os lixeiros.* • pron. **3** vestir uniforme ou farda. *Uniformizou-se para o desfile.* **4** tornar-se uniforme: *Aos poucos os hábitos e costumes diferentes foram se uniformizando.*

u.ni.gê.ni.to adj. único: *filho unigênito.*

u.ni.la.te.ral adj.2g **1** que se situa ou que vem de um lado só. **2** diz-se de contrato em que só uma das partes se obriga para com a outra: *O jogador reclama que houve rompimento unilateral do contrato por parte do clube.*

u.ni.la.te.ra.li.da.de s.f. consideração de um fato sob um único ponto de vista; parcialidade: *Houve unilateralidade da reportagem, que não ouviu a outra parte interessada.*

u.ni.la.te.ra.lis.mo s.m. unilateralidade.

u.ni.pes.so.al adj.2g **1** referente a uma só pessoa: *Combinava riqueza com estruturas organizatórias unipessoais.* **2** concentrado numa só pessoa: *fracasso da gestão administrativa unipessoal.* **3** (Gram.) diz-se do verbo que só se usa na terceira pessoa.

u.nir v.t. **1** tornar um só; reunir. **2** juntar; aproximar: *Uniu as mãos para rezar.* **3** aliar; associar: *unir o útil ao agradável.* • pron. **4** ligar-se pelo casamento: *O rapaz se unirá à filha do prefeito.* **5** reunir-se ou juntar-se; aliar-se: *A vizinhança uniu-se para enfrentar os ladrões.*

u.nis.sex /ks/ adj.2g.2n que serve tanto a homem quanto a mulher: *roupa unissex; cabeleireiros unissex.*

u.nís.so.no adj. **1** que tem um som só: *Um berro uníssono soou.* **2** unânime: *A comunidade é uníssona na verbalização da dor.* ♦ **em uníssono** no mesmo tom: *As cem mil pessoas presentes cantam em uníssono.*

u.ni.tá.rio adj. **1** formado por uma só unidade ou pertencente a uma só unidade: *um conjunto unitário.* **2** relativo à unidade política de um país: *O regime unitário será o mais eficiente.* **3** por unidade: *O consumidor optou por produtos de menor valor unitário.*

u.ni.ver.sal adj.2g. **1** relativo ou pertencente ao universo; cósmico: *gravitação universal.* **2** que abraça a terra toda; planetário; internacional; mundial: *estabelecer padrões de medidas universais.* **3** que se aplica a toda espécie humana: *O desejo universal de ser feliz.* **4** que serve para todos os tipos de uma determinada classe de pessoas ou coisas: *O sangue do tipo O é universal.* **5** com direitos ou deveres totais: *herdeiro universal.*

u.ni.ver.sa.li.da.de s.f. qualidade daquilo que é universal; globalidade: *a universalidade da língua inglesa.*

u.ni.ver.sa.li.za.ção s.f. **1** ação ou resultado de tornar-se universal; mundialização; internacionalização; generalização.

u.ni.ver.sa.li.zar v.t. **1** tornar comum a muitas pessoas, estender: *Pretendem universalizar os programas sociais do governo a todas as regiões do país.* • pron. **2** tornar-se universal; generalizar-se: *A violência universaliza-se.*

u.ni.ver.si.da.de s.f. **1** instituição de ensino superior que compreende um conjunto de faculdades ou escolas: *A universidade brasileira atravessa um período difícil.* **2** edificação ou conjunto de edificações onde funciona essa instituição: *Como foi sua visita à universidade ontem?* **3** curso universitário: *Ter universidade não garante uma boa visão política.*

u.ni.ver.si.tá.rio s.m. **1** aluno de universidade: *Houve violência contra universitários na praia Vermelha.* • adj. **2** próprio do ensino superior: *diploma universitário.* **3** da ou que pertence à universidade: *a rádio universitária.* **4** de estudantes ou de professores pertencentes à universidade: *público universitário.* **5** onde funciona a universidade: *o campus universitário.*

u.ni.ver.so (é) s.m. **1** conjunto de tudo o que existe no tempo e no espaço: *O universo está povoado de galáxias.* // Neste sentido, escreve-se com inicial maiúscula. // **2** o Sistema Solar: *O Sol é o centro do Universo.* // Neste sentido, escreve-se com inicial maiúscula. // **3** planeta Terra; mundo: *Uma conspiração que visava governar todo o universo.* **4** conjunto: *Em um universo de seis cursos, escolheu o mais fácil.* **5** conjunto de pessoas unidas por uma característica comum: *universo cristão.*

u.ni.vi.te.li.no adj. diz-se de cada um dos gêmeos que provêm do mesmo óvulo.

u.ní.vo.co adj. **1** que não é ambíguo; que só comporta uma forma de interpretação; inequívoco: *Esta frase não tem sentidos unívocos.* **2** que não comporta erro ou desvio: *Não tenho nenhuma resposta unívoca para a sua questão.*

u.no adj. **1** que é um só; singular; único: *A verdade é una.* **2** indiviso; inteiro: *O país tem de permanecer uno e forte.*

untar

un.tar v.t. cobrir ou recobrir com substância gordurosa; lubrificar: *Unte a assadeira com manteiga antes de ir ao forno.*
un.to s.m. 1 gordura animal; banha. 2 óleo.
un.tu.o.so (ô) adj. 1 gordurento; oleoso: *um patê untuoso.* 2 (Coloq.) melífluo; meloso: *O avô, todo untuoso, não sabia o que fazer com a neta.* 3 (Fig.) bajulador.
upgrade (âpgreid) (Ingl.) (Inf.) atualização de um programa ou equipamento ou sua substituição por outro mais moderno.
upload (âploud) (Ingl.) (Inf.) envio de dados de um computador local para outro remoto por meio de uma rede.
u.râ.nio s.m. elemento químico metálico, cor de prata, radioativo, usado como combustível nuclear, que se encontra em forma concentrada em vários tipos de rocha. // Símb.: U; N. Atôm.: 92.
u.ra.no s.m. 1 sétimo planeta do Sistema Solar, a partir do Sol. 2 divindade que representa o céu, na mitologia greco-romana.
ur.ba.ni.da.de s.f. educação; civilidade: *A roupa para ele vale como certificado de urbanidade.*
ur.ba.nis.mo s.m. conjunto de técnicas de edificação e organização de cidades.
ur.ba.nis.ta s.2g. pessoa especialista em urbanismo.
ur.ba.ni.za.ção s.f. 1 processo ou resultado de tornar-se urbano, isto é, não rural: *A urbanização do Brasil tornou-se mais intensa a partir dos anos 1960.* 2 criação e desenvolvimento de cidades segundo os princípios do urbanismo: *processos de urbanização das cidades.* 3 dotação de infraestrutura urbana: *os trabalhos de urbanização do centro da cidade.*
ur.ba.ni.zar v.t. 1 dotar de infraestrutura urbana; implantar serviços de interesse coletivo: *A prefeitura precisa urbanizar a periferia.* • pron. 2 adquirir hábitos de pessoa que mora na zona urbana; tornar-se citadino: *Emigrantes rurais se urbanizam rapidamente.*
ur.ba.no adj. 1 da ou relativo à cidade, por oposição à zona rural: *um compositor urbano.* 2 que vive na cidade; citadino: *jovens urbanos.* 3 civilizado; educado: *modos urbanos.*
ur.be s.f. cidade.
ur.di.du.ra s.f. 1 maquinação; trama: *O empresário foi vítima de terrível urdidura.* 2 enredo; entrecho: *É incomum a urdidura deste romance.* 3 em tecelagem, urdimento: *A urdidura é de fio branco e tinto.*
ur.di.men.to s.m. 1 passagem dos fios longitudinais pelos pregos no tear para fazer o tecido. 2 conjunto de traves do teto de um palco.
ur.dir v.t. 1 confeccionar com fios; tecer: *A aranha urde sua teia.* 2 construir; criar: *Urdir uma sociedade mais justa.* 3 tramar; maquinar: *Ele urdiu a queda do inimigo.*
u.rei.a s.f. (éi) (Quím.) substância cristalina, incolor, produto final da decomposição das proteínas no corpo, que constitui o principal componente sólido da urina.
u.re.mi.a s.f. (Med.) intoxicação causada pela presença de constituintes da urina no sangue devida à supressão ou deficiência de secreção urinária.
u.re.ter s.m. (Anat.) cada um dos dois canais que ligam os rins à bexiga. // Pl.: ureteres.
u.re.tra (é) s.f. (Anat.) conduto que liga a bexiga ao meio externo, destinado à descarga de urina e, no homem, também às descargas de sêmem.

ur.gên.cia s.f. 1 rapidez; pressa: *Não há necessidade de tanta urgência, diz o chefe.* 2 necessidade imediata e indispensável: *Tenho urgência de ir a Brasília.*
ur.gen.te adj.2g. 1 que é necessário ser feito com rapidez; que urge: *Estou redigindo um documento importantíssimo e urgente.* 2 que pressupõe necessidade de atendimento imediato; de urgência: *Recebeu um chamado urgente.*
ur.gir v.int. 1 ser urgente; ser inadiável: *Urge que se faça a cirurgia, antes que o mal prolifere.* 2 não admitir demora: *O tempo urge, temos de terminar o trabalho.*
ú.ri.co adj. (Quím.) diz-se do ácido cristalizável e solúvel em soluções de sais alcalinos, encontrado na urina de carnívoros.
u.ri.na s.f. 1 líquido residual do metabolismo animal segregado pelos rins, armazenado na bexiga e expelido pela uretra. 2 (Coloq.) xixi.
u.ri.nar v.int. 1 expelir urina: *Urinou ali mesmo, no gramado.* • pron. 2 molhar-se com a própria urina: *urinou-se todo.*
u.ri.ná.rio adj. da urina ou relacionado com ela: *as vias urinárias.*
u.ri.nol s.m. vaso portátil para nele se urinar e defecar. // Pl.: -nóis.
ur.na s.f. 1 pequeno vaso ou recipiente com tampa onde se depositam as cinzas dos mortos. 2 caixão de defunto ou vaso de cerâmica grande onde se depositam restos mortais de pessoas ou animais: *Foram encontrados um crânio e duas tíbias numa urna de mármore.* 3 vaso, caixa ou sacola onde se recolhem os votos em eleições ou os números de um sorteio: *Colocaram uma urna no salão para receber os votos dos parlamentares.* • **urna eletrônica** equipamento eletrônico no qual o eleitor vota apertando teclas e botões. **urna funerária** caixão de defunto.
u.ro.lo.gi.a s.f. (Med.) conjunto de conhecimentos relacionados com as doenças do aparelho urinário.
u.ro.lo.gis.ta s.2g. médico especializado em urologia.
ur.rar v.int. 1 onomatopeia do som produzido por um animal feroz: *Leões urravam nas jaulas.* 2 gritar; protestar: *A torcida começa a urrar contra o juiz.*
ur.ro s.m. 1 voz forte de alguns animais: *um urro de leão.* 2 grito forte; berro: *O ferido soltou um urro de dor.*
ur.so s.m. animal mamífero de grande porte, de pelagem espessa, membros com garras não retráteis e focinho alongado.
ur.ti.can.te adj.2g que causa prurido: *Apareceram lesões urticantes na sua pele.*
ur.ti.cá.ria s.f. (Med.) placas rosadas e levemente elevadas que aparecem na pele, causando prurido.
ur.ti.ga s.f. planta com numerosos pelos nas folhas e no caule, que em contato com a pele produzem ardor e irritação.
u.ru s.2g. (Bras.) ave de cor predominantemente marrom que vive na mata em pequenos bandos, no chão, alimentando-se de frutos e insetos.
u.ru.bu s.m. (Bras.) ave de rapina, preta, pescoço pelado e bico adunco, que anda aos pulos, voa muito alto e alimenta-se de carniça.
u.ru.cu s.m. urucum.
u.ru.cu.ba.ca s.f. (Coloq.) falta de sorte; azar: *O técnico achava que o time estava com urucubaca.*

úvula

u.ru.cum *s.m.* (Bras.) **1** fruto em forma de cápsula vermelha ou amarela, com numerosas sementes. **2** tintura vermelha, extraída da polpa desse fruto: *Certos índios pintam o corpo com urucum.* **3** tempero ou corante em pó extraído desse fruto: *Vovó fazia arroz com urucum.*

u.ru.guai.o *s.m.* **1** natural ou habitante do Uruguai (América do Sul): *Os uruguaios vieram conhecer o Rio.* • *adj.* **2** relativo ao Uruguai: *o litoral uruguaio.*

u.ru.tu *s.2g.* (Bras.) **1** cobra venenosa de dorso castanho-pardo, com mancha em forma de cruz na cabeça.

ur.ze *s.f.* arbusto lenhoso que cresce em terreno infecundo.

u.sar *v.t.* **1** servir-se de; utilizar: *Ela usou uma desculpa muito esfarrapada.* **2** empregar: *Nossa cozinheira usa muito óleo na comida.* **3** aproveitar-se: *O que ela quer é usar você para seu trabalho, só isso.* **4** vestir: *Só usa roupas vermelhas.* **5** apresentar-se habitualmente com: *Ele usava a cabeça raspada.* **6** ter por hábito; costumar: *Usa levantar cedo.* **7** fazer uso de; utilizar-se: *Usou de vários recursos para lidar com os filhos adolescentes.*

u.si.na *s.f.* (Bras.) **1** engenho de açúcar: *As usinas de açúcar do Nordeste.* **2** indústria de produção ou beneficiamento de determinadas matérias-primas, em grande escala: *usina hidrelétrica; usina siderúrgica.*

u.si.na.gem *s.f.* ação de usinar: *A usinagem de qualquer metal produz sempre calor.*

u.si.nar *v.t.* dar forma a (matéria-prima) usando uma máquina que aciona várias ferramentas: *Existem muitas técnicas para usinar metais.*

u.si.nei.ro *s.m.* proprietário de usina de açúcar ou álcool.

u.so *s.m.* **1** utilização; emprego: *O uso adequado de facas durante as refeições.* **2** consumo: *Não faça uso de remédios sem indicação médica.* **3** costume; hábito: *Cabeça raspada é agora uso.*

u.su.al *adj.* habitual; comum; frequente: *A forma mais usual de produção de energia é em usinas hidrelétricas.*

u.su.á.rio *s.m.* **1** aquele que desfruta alguma coisa por direito de uso: *o usuário dos veículos coletivos.* **2** aquele que faz uso de alguma coisa: *usuário de medicamentos.*

u.su.ca.pi.ão *s.m.* meio de adquirir o domínio de algo pela sua posse continuada durante certo período de tempo com o concurso dos requisitos que a lei estabelece para tal fim: *Ele diz que aquele pedaço é dele, por usucapião, está ocupado há mais de trinta anos.*

u.su.fru.ir *v.t.* **1** gozar; desfrutar: *Leva a família para usufruir de todo o conforto oferecido por um hotel cinco estrelas.* **2** ter a posse e o gozo de: *Usufrui dos benefícios de seu plano de saúde.*

u.su.fru.to *s.m.* **1** desfrute; gozo: *Foi-lhes garantido o usufruto exclusivo das riquezas do solo, dos rios e dos lagos.* **2** direito de usufruir de um bem que pertence a outrem: *Ela tem o usufruto da casa dos pais.*

u.su.ra *s.f.* **1** juro sobre capital. **2** ambição; cobiça: *A usura é condenada pelos cristãos.*

u.su.rá.rio *s.m.* que cobra usura; agiota: *Infeliz daquele que cai nas mãos de um usurário.*

u.sur.pa.ção *s.f.* tomada de posse indevida, por meio de força, fraude ou outro artifício: *Não permitiu a usurpação de seus direitos.*

u.sur.par *v.t.* tomar a força; apoderar-se indevidamente: *Foi acusado de usurpar o poder.*

u.ten.sí.lio *s.m.* **1** qualquer instrumento de que se utiliza o homem: *uma exposição de utensílios usados pelos homens primitivos.* **2** objeto de uso doméstico.

u.te.ri.no *adj.* relativo ao útero.

ú.te.ro *s.m.* **1** (Anat.) órgão feminino musculoso, oco e elástico, que recebe o óvulo fecundado, conserva e nutre o embrião. **2** lugar onde alguma coisa se desenvolve: *O útero da terra é fonte de energia benéfica.*

ú.til *adj.2g.* **1** que tem serventia: *um presente útil.* **2** produtivo: *A vida útil desse carro é curta.* **3** que se pode utilizar ou ocupar: *espaços internos úteis.* **4** diz-se do dia em que se trabalha. **5** vantajoso; proveitoso: *serviços úteis à coletividade.* // Pl.: úteis.

u.ti.li.da.de *s.f.* **1** emprego; aplicação: *O facão tem grande utilidade na mata.* **2** qualidade daquilo que serve à satisfação das necessidades humanas: *A poesia, a arte enfim, está acima dos critérios de utilidade.* **3** serventia; proveito: *A ciência deve ter utilidade social.* **4** vantagem: *A real utilidade da prevenção na área da saúde.* **5** objeto de uso doméstico: *uma feira de utilidades domésticas.*

u.ti.li.tá.rio *s.m.* **1** veículo geralmente empregado no transporte de mercadorias. • *adj.* **2** que tem utilidade. **3** ligado à vida prática: *Gosto muito da cerâmica utilitária.*

u.ti.li.za.ção *s.f.* **1** uso; emprego: *a utilização de agulhas descartáveis.* **2** aproveitamento: *Houve uma boa utilização das instalações das fábricas.*

u.ti.li.zar *v.t.* **1** fazer uso; empregar; usar: *Utilizou detergente na lavagem do carro.* **2** tornar-se útil; aproveitar: *Ele é um escultor que utiliza arame, pedra e papel em suas obras.* • *pron.* **3** fazer uso; usar: *Os cientistas utilizam-se de ratinhos e sapos para suas experiências.*

u.to.pi.a *s.f.* **1** representação de uma sociedade ideal onde vigorem leis justas e instituições políticas comprometidas com o bem do povo. **2** plano ou sonho irrealizável ou de realização imprevisível; ideal: *Será que estamos a disputar a mesma utopia?*

u.tó.pi.co *s.m.* **1** relativo a utopia; fantasioso: *Falta muito para a democracia plena, não a utópica, que não existe.* **2** irreal; irrealizável: *projetos utópicos.*

u.va *s.f.* **1** fruto em cachos de bagos pequenos, ovalados, verdes ou arroxeados, polpa suculenta, doce e ácida, com sementes pequenas: *um cacho de uvas.* **2** planta que fornece a uva; videira: *uma plantação de uvas.*

ú.vu.la *s.f.* (Anat.) **1** apêndice cônico do véu palatino, situado na parte posterior da boca. **2** (Coloq.) campainha.

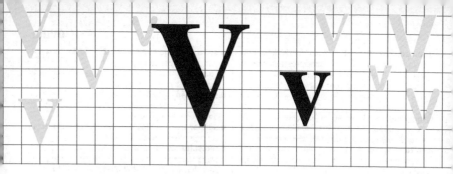

v s.m. (vê) **1** vigésima segunda letra do alfabeto português. **2** a figura dessa letra • num. **3** vigésimo segundo numa série indicada por letras.
va.ca s.f. **1** fêmea do boi. **2** (Ch.) mulher devassa; rameira.
va.ca.da s.f. vacaria.
va.cân.cia s.f. **1** estado daquilo que está vago ou que ficou vago: *Quando há vacância na Presidência, o vice assume a chefia do Executivo*. **2** estado de imóvel vazio, disponível para locação ou venda: *Houve aumento da taxa de vacância de escritórios na região central*. **3** tempo durante o qual permanece vago um cargo ou emprego.
va.ca.ri.a s.f. **1** manada de vacas. **2** curral de vacas. **3** estabelecimento onde se guardam e se ordenham vacas à vista dos compradores.
va.ci.lan.te adj.2g. **1** indeciso, que vacila. **2** que oscila.
va.ci.lar v.int. **1** tremer; oscilar: *O barco vacilava sobre as ondas*. **2** (Fig.) hesitar: *O técnico não vacilou e convocou o jogador carioca para treinar com o time*. **3** (Coloq.) descuidar-se; bobear: *Se eu vacilar, corro o risco de adoecer*.
va.ci.lo s.m. (Bras.) hesitação; indecisão: *O goleiro deu um vacilo e tomou um gol*.
va.ci.na s.f. substância à base de um vírus enfraquecido que, introduzida no organismo, gera a formação de anticorpos contra o mesmo vírus.
va.ci.na.ção s.f. aplicação de vacina: *a vacinação contra a paralisia infantil*.
va.ci.nar v.t. **1** aplicar vacina em: *Vacinou o rebanho contra febre aftosa*. • pron. **2** submeter-se à vacinação: *No inverno os idosos devem vacinar-se contra a gripe*.
va.cui.da.de s.f. **1** condição do que está vazio. **2** falta de conteúdo; vazio moral.
va.cum adj.2g. constituído por vacas, bois e novilhos: *rebanho vacum*. // Pl.: vacuns.
vá.cuo s.m. **1** espaço vazio: *a pressão provocada pelo vácuo*. **2** espaço no qual não há pressão atmosférica: *a velocidade da luz no vácuo*. **3** o vazio; o nada: *Os países, em geral, atravessam uma espécie de vácuo cultural*.
va.de.ar v.t. passar a vau; atravessar rio, brejo, sem uso de embarcação: *vadear o rio*. // Cp.: vadiar.
va.di.a.ção s.f. ato ou efeito de vadiar; vadiagem.
va.di.a.gem s.f. **1** traquinagem: *a vadiagem dos moleques da vizinhança*. **2** vadiação; desocupação.
va.di.ar v.int. **1** andar ociosamente; vaguear. **2** não trabalhar; folgar: *A vida está difícil, não dá para vadiar*. **3** fazer traquinagem; brincar: *A meninada vadiava no quintal*. **4** (Reg. NE) manter relações sexuais. // Cp.: vadear.
va.di.o s.m. **1** pessoa desocupada; vagabundo: *Os alunos vadios repetiram de ano*. • adj. **2** desocupado; vagabundo. **3** pouco estudioso.
va.ga¹ s.f. **1** onda grande: *as vagas do mar*. **2** ímpeto; impulso: *Uma vaga de inveja inundou o coração da jovem*.
va.ga² s.f. **1** espaço não ocupado e que pode ser preenchido: *Havia poucas vagas para carros*. **2** cargo, função ou posto não preenchido: *vagas para professores*. **3** lugar garantido: *A atleta brasileira já tem vaga nas Olimpíadas*.
va.ga.bun.do s.m. **1** indivíduo vadio, não afeito ao trabalho. • adj. **2** vadio; ocioso. **3** (Fig.) reles; ordinário; de má qualidade: *tecido vagabundo*.
va.ga.lhão s.m. grande vaga: *Um vagalhão açoitou o barco*.
va.ga-lu.me s.m. **1** inseto que tem órgãos fosforescentes localizados na parte inferior dos segmentos abdominais. **2** (Coloq.) nos cinemas, funcionário que, munido de lanterna, presta assistência aos espectadores; lanterninha: *O vaga-lume direcionou a luz da lanterna para a poltrona vazia*. // Pl.: vaga-lumes.
va.gão s.m. cada um dos carros que compõem os trens de estrada de ferro ou metrô. // Pl.: vagões.
va.gar¹ v.t. **1** desocupar; abrir vaga em. **2** ficar vago; ficar disponível: *Vagou um apartamento no meu prédio*.
va.gar² v.int. **1** andar sem rumo; vaguear: *naves e telescópios vagando pelo universo*. **2** ser do conhecimento público; repercutir: *Vagavam rumores sobre o ministro*.
va.ga.ro.so (ô) adj. **1** sem pressa; lento; demorado: *Esse trem é vagaroso*. **2** sereno; calmo; tranquilo: *fala mansa e vagarosa*. // Pl.: vagarosos (ó).
va.gem s.f. **1** bainha ou invólucro das sementes ou grãos das plantas leguminosas: *as vagens do feijão*. **2** feijão verde: *salada de vagem*.
va.gi.do s.m. **1** choro de criança recém-nascida: *Emocionou-se com os primeiros vagidos do filho*. **2** gemido; lamento.
va.gi.na s.f. (Anat.) canal que se estende do colo do útero à vulva.
va.gi.nal adj. relativo à vagina: *mucosas vaginais*.
va.gi.nis.mo s.m. (Gin.) espasmo doloroso e involuntário da vagina.
va.go¹ adj. **1** inconstante; instável: *um vago entusiasmo*. **2** indefinido; impreciso; confuso: *o vago sorriso da Mona Lisa*.
va.go² s.m. **1** (Anat.) cada um dos nervos cranianos (décimo par) que transmitem as sensações e os

valor

impulsos de movimento e se originam em pequenos cordões nos lados da medula. • *adj.* **2** que não está ocupado ou preenchido: *o preenchimento de cargos vagos.* **3** desocupado; vazio: *O apartamento está vago.* **4** ocioso: *Aproveita bem todo o tempo vago.*

va.gue.ar *v.int.* **1** andar sem rumo certo; vagar. **2** ter vida ociosa; vadiar.

vai.a *s.f.* manifestação de desagrado, desaprovação ou desprezo por meio de brados, assobios ou ruídos orais; apupo. // Ant.: aclamação; aplauso.

vai.ar *v.t.* dar vaias; apupar: *A torcida vaiava os jogadores.*

vai.da.de *s.f.* **1** qualidade do que é vão, instável: *A vaidade dos artistas pode prejudicar sua atuação.* **2** ostentação; exibicionismo: *Os pais, por vaidade, querem que os filhos participem de comerciais.* **3** presunção; arrogância: *Evito qualquer vaidade derivada do sucesso pessoal.* **4** coisa insignificante; fútil.

vai.do.so (ô) *adj.* **1** orgulhoso: *Estava vaidoso de suas conquistas amorosas.* **2** que cuida da aparência para ser admirado: *A acne me assusta porque sou vaidoso.*

vai.vém *s.m.* **1** movimento contínuo de ir e vir: *o vaivém dos carros na avenida.* **2** movimento oscilatório; balanço: *o vaivém dos quadris no ritmo da velha marchinha.* **3** porta que abre e fecha com o movimento de ir e vir. // Pl.: vaivéns.

va.la *s.f.* **1** escavação de profundidade média, aberta para coleta de detritos, escoamento de água etc.; valeta. **2** (Reg. ES/MG) leito de rio cujas águas secam em certa estação do ano. • **vala comum** sepultura coletiva onde são enterrados gratuitamente corpos de indigentes ou de pessoas que morreram em conjunto.

va.le[1] *s.m.* **1** depressão de terreno entre dois espigões adjacentes: *montanhas e vales profundos.* **2** várzea ou planície à beira do rio: *o vale do rio São Francisco.* • **vale de lágrimas** como lugar de sofrimento.

va.le[2] *s.m.* **1** documento, sem formalidade legal, representativo de dívida, por empréstimo ou adiantamento, de determinada soma em dinheiro: *Na falta de troco, o comerciante fornecia vales aos fregueses.* **2** documento sem formalidade, que comprova retirada de numerário em caixa: *Os funcionários recebiam vales a cada quinze dias.*

va.lên.cia *s.f.* **1** (Quím.) capacidade de ligação de um átomo ou radical com hidrogênio. **2** validade. **3** préstimo; ajuda.

va.len.tão *s.m.* **1** pessoa destemida; valente: *O valentão foi preso pela polícia.* • *adj.* **2** muito valente; corajoso: *rapaz destemido e valentão.* // Pl.: valentões. Fem.: valentona.

va.len.te *adj.2g.* **1** que tem valentia; corajoso; destemido: *soldado valente.* **2** que tem força; vigoroso; enérgico: *missão para pessoas valentes.* **3** forte; rijo; resistente: *O boxe é um esporte violento, feito para homens valentes.*

va.len.ti.a *s.f.* **1** intrepidez; coragem: *a valentia do peão de rodeio.* **2** força; vigor: *Mesmo nessa situação, o carro mostra muita valentia.* **3** atitude de fanfarrão; bazófia: *O jogador era famoso por suas valentias em campo.* • *pl.* **4** ato corajoso: *Ouvir as valentias do caçador.*

va.ler *v.t.* **1** ter como preço; custar: *Esse carro vale muito dinheiro.* **2** merecer: *Essa exposição vale uma visita.* **3** ajudar; socorrer: *Devemos valer aos amigos nas horas difíceis.* **4** corresponder em valor; equivaler: *Essa lâmpada vale por dez.* • *pron.* **5** servir-se; utilizar-se: *No aperto, vali-me das economias.* **6** proporcionar: *O gol valeu ao time o título de campeão.* • *int.* **7** ter valor ou validade; vigorar: *As novas regras já estão valendo.* **8** ter crédito; prestígio. • **a valer** muito: *divertir-se a valer.* **para valer** de fato; efetivamente: *fazer um regime para valer.* **valer a pena** compensar: *Não está valendo a pena fazer horas extras.*

va.le.ta (ê) *s.f.* pequena vala à beira de ruas e estradas, para escoamento de águas: *O veículo caiu em uma valeta.*

va.le.te (é) *s.m.* carta de baralho que, em geral, é inferior à dama e ao rei.

va.le-tu.do *s.m.2n.* **1** variedade de luta livre na qual se permitem golpes de natureza muito violenta. **2** situação em que se pode usar, ou se usa, de qualquer expediente: *A lei transforma a campanha eleitoral em um vale-tudo.*

va.lha.cou.to *s.m.* esconderijo; refúgio: *A cidade transformou-se num valhacouto de vadios.*

va.li.a *s.f.* **1** utilidade; serventia: *Este é um livro de grande valia para os estudantes.* **2** mérito; merecimento: *A Justiça Militar tem mostrado a sua valia.* **3** valor: *terras sem valia de compra.*

va.li.da.ção *s.f.* reconhecimento da validade: *O juiz decidiu pela validação do gol.*

va.li.da.de *s.f.* **1** legitimidade: *a validade do gol.* **2** valor; importância: *definir a validade das medidas adotadas.* **3** vigência: *Vamos estender por mais trinta dias a validade do contrato.*

va.li.dar *v.t.* tornar válido; dar validade; confirmar: *O juiz não vê a falta e valida o lance.*

va.li.dez (ê) *s.f.* característica ou estado do que é válido; validade; legitimidade: *a validez das multas de trânsito; medicamento de validez restrita.*

va.li.do *s.m.* **1** pessoa estimada. **2** pessoa que recebe proteção; protegido. • *adj.* **3** que é favorecido; protegido. **4** que é estimado; querido.

vá.li.do *adj.* **1** em vigor: *Esses preços são válidos até novembro.* **2** legítimo; legal: *votos válidos.* **3** lícito; justo; correto: *resposta válida.* **4** que surte efeito; eficaz: *método válido.*

va.li.o.so (ô) *adj.* **1** que tem valor; válido: *achado arqueológico valioso.* **2** que vale muito: *joia valiosa.* **3** que tem importância ou muitos merecimentos: *Sua colaboração nos será muito valiosa.* // Pl.: valiosos (ó).

va.li.se *s.f.* mala de mão.

va.lo *s.m.* grande sulco natural ou artificial, destinado geralmente a servir de limite entre propriedades rurais: *Um valo separava as duas chácaras.*

va.lor (ô) *s.m.* **1** preço atribuído a uma coisa: *o valor do carro usado.* **2** poder de compra: *O salário perde valor ao longo do ano.* **3** quantia em dinheiro; montante: *o valor arrecadado na bilheteria.* **4** pontuação estabelecida previamente: *Cada questão da prova tem um valor.* **5** importância; mérito: *o valor artístico das canções folclóricas.* **6** eficácia: *o valor dos testes de gravidez.* **7** teor; qualidade: *bebida de alto valor energético.* **8** função: *uma mesma palavra com valor de substantivo,*

valoração

de advérbio, de adjetivo. **9** (Mat.) quantidade numérica atribuída a uma incógnita ou variável: *determinar o valor de y.* • *pl.* **10** conjunto de princípios ou preceitos aceitos por um indivíduo ou por uma comunidade: *os valores da nossa geração.* **11** qualquer coisa que represente uma riqueza: *empresas de transporte de valores.* **12** bens; riquezas: *Está havendo transferência de valores para fora do país.* **13** títulos negociáveis: *a Bolsa de Valores.* • **valor nominal** valor da moeda e do papel-moeda, fixado pelo governo.

va.lo.ra.ção *s.f.* ato de valorar: *valoração dos custos de transmissão de energia elétrica.*

va.lo.rar *v.t.* **1** emitir juízo de valor acerca de: *mecanismos adequados para valorar os candidatos.* **2** avaliar; analisar: *Um técnico vai valorar terras improdutivas.*

va.lo.ra.ti.vo *adj.* que envolve valoração: *Antes de indicar, o professor fez uma ordenação valorativa dos livros.*

va.lo.ri.za.ção *s.f.* **1** aumento do valor: *a crescente valorização do dólar.* **2** aumento da importância: *a valorização do meio ambiente.* **3** aumento do mérito; destaque: *a valorização do cinema brasileiro.* // Pl.: valorizações.

va.lo.ri.zar *v.t.* **1** aumentar o valor de: *Uma pintura nova valoriza a casa.* **2** pôr em destaque; acentuar: *Malhas valorizam o corpo feminino.* **3** atribuir mérito: *Devemos valorizar a honestidade das pessoas.* • *int.* **4** aumentar de valor: *O dólar valorizou muito ultimamente.*

va.lo.ro.so (ô) *adj.* **1** destemido; corajoso: *guerreiro valoroso.* **2** ativo; esforçado: *homem público valoroso.* **3** valioso: *o valoroso trabalho dos voluntários.* // Pl.: valorosos (ó).

val.sa *s.f.* **1** dança em compasso ternário: *dançar uma valsa.* **2** música apropriada para essa dança: *disco de valsas vienenses.*

val.sar *v.int.* dançar valsa: *Os noivos valsavam felizes.*

val.va *s.f.* **1** qualquer das peças sólidas que recobrem o corpo de um molusco; concha: *as duas valvas da ostra.* **2** nos vegetais, parte destacável de um órgão com cavidade e que se abre quando maduro: *as valvas dos legumes lenhosos, enroladas em hélice.*

vál.vu.la *s.f.* **1** pequena valva. **2** qualquer dispositivo para fechamento completo que impeça a saída de um gás ou de um líquido: *A válvula do botijão de gás quebrou.* **3** (Anat.) cada uma de várias estruturas corporais, em especial nos vasos sanguíneos e linfáticos, cuja função é fechar temporariamente uma passagem ou orifício. • **válvula de escape** (Coloq.) expediente de alívio de tensões: *A dança funcionava como uma válvula de escape, para alívio das frustrações.*

val.vu.la.do *adj.* provido de válvula.

vam.pi.res.co *adj.* de ou relativo a vampiro: *dentes vampirescos.*

vam.pi.ris.mo *s.m.* **1** natureza de vampiro: *O vampiro, como se diz, transmite vampirismo às vítimas.* **2** manifestação de características próprias de vampiros: *O policial investiga um caso de vampirismo.* **3** posse indevida; exploração: *Já desbarataram a estrutura de vampirismo que há muito tempo suga o dinheiro que sai do bolso de todos nós.*

vam.pi.ri.zar *v.t.* **1** transmitir a natureza de vampiro a: *O Drácula vampiriza suas vítimas.* **2** sugar a energia vital de. **3** sugar como vampiro; extorquir: *O chantagista há muito a vampiriza.* **4** explorar: *Seitas malucas vampirizam a crendice das pessoas simples.*

vam.pi.ro *s.m.* **1** (Zool.) morcego hematófago, transmissor da raiva aos bovinos: *Vampiros atacam bezerros.* **2** entidade fantástica que sai, de noite, da sepultura para sugar o sangue de seres humanos. **3** explorador: *combate aos vampiros do dinheiro público.*

van (van) (Ingl.) *s.f.* veículo automóvel usado para transporte de mercadorias leves e também para transporte de um número limitado de pessoas; caminhonete; perua.

van.da.lis.mo *s.m.* ato de vândalo; destruição violenta; demolição; depredação: *Vandalismo destrói orelhões.*

vân.da.lo *s.m.* **1** indivíduo dos vândalos. • *pl.* **2** povo germânico que na Antiguidade devastou o sul da Europa e o norte da África: *A Sicília foi invadida pelos vândalos.* **3** pessoa que pratica vandalismo: *Vândalos vão ao estádio cometer atrocidades.* • *adj.* **4** que pratica vandalismo; destruidor: *Turistas vândalos quebram orelhões.*

van.gló.ria *s.f.* presunção; jactância: *Ele cultiva a vanglória de ser um bom cantor.*

van.glo.ri.ar *v.t.* **1** estimular vanglória em. • *pron.* **2** gloriar-se; gabar-se: *O rapaz vangloria-se de seu porte atlético.*

van.guar.da *s.f.* **1** destacamento de segurança que atua à frente de uma tropa militar. **2** dianteira; frente: *O corredor vai tentar acompanhar o pelotão da vanguarda.* **3** atitude pioneira e renovadora, de ruptura com o tradicional: *Obra de Villa-Lobos inaugura a vanguarda musical no Brasil.*

van.guar.dis.ta *s.2g.* **1** pioneiro; precursor: *os vanguardistas da Semana de Arte Moderna.* • *adj.2g.* **2** de vanguarda: *movimentos vanguardistas.*

van.ta.jo.so (ô) *adj.* **1** em que há vantagem; útil; proveitoso: *proposta vantajosa.* **2** que proporciona lucro.

vão *s.m.* **1** espaço vazio ou desocupado: *o vão da parede.* **2** espaço livre entre dois pontos: *o vão da cerca.* **3** vácuo, lacuna. • *adj.* **4** (Fig.) inútil: *esforços vãos.* **5** fútil; sem valor: *cuidados vãos.* **6** vazio, oco. • **em vão** à toa, debalde: *Não foram, porém, totalmente em vão os nossos esforços.* **vão livre** distância medida entre as faces de apoios consecutivos. // Pl.: vãos. // Fem.: vã.

va.por (ô) *s.m.* **1** estado gasoso de uma substância sólida ou líquida, resultante de temperatura e pressão incomuns. **2** o que exala dos corpos sólidos em decomposição ou em combustão. **3** barco ou navio movido por máquina a vapor. • **a todo vapor** muito rapidamente.

va.po.ri.za.ção *s.f.* mudança do estado líquido para o gasoso; transformação em vapor.

va.po.ri.zar *v.t.* **1** converter em vapor: *Fazia experiência vaporizando as moléculas de água.* **2** aspergir (com vapor ou líquidos): *vaporizar as flores com água.* • *pron.* **3** impregnar-se de vapor: *Vaporizou-se com o perfume importado.*

va.po.ro.so (ô) *adj.* **1** que contém vapores. **2** leve; tênue; delicado: *Usava um vestido vaporoso.* // Pl.: vaporosos (ó).

vapt *interj.* exprime movimento ou golpe muito rápido.

variedade

va.que.a.no *s.m.* aquele que, bom conhecedor dos caminhos e atalhos de uma região, serve de guia a quem precisa percorrê-la: *Andei muito por essas regiões, como vaqueano.*

va.quei.ro *s.m.* indivíduo que, nos campos, lida com o gado.

va.que.ja.da *s.f.* **1** reunião do gado que se acha disperso. **2** (Bras.) festa popular nordestina na qual um boi é perseguido, numa arena, por dois vaqueiros que tentam derrubá-lo pelo rabo.

va.que.jar *v.t.* (Bras.) procurar gado espalhado ou perdido pelos campos, caatingas e matos.

va.qui.nha *s.f.* **1** vaca pequena. **2** associação de várias pessoas que contribuem com um tanto de dinheiro para compra de alguma coisa ou para realização de algo: *Vamos fazer uma vaquinha para comprar um presente para a professora.*

va.ra *s.f.* **1** haste ou ramo delgado de árvore ou de arbusto: *O boi é estimulado com varas.* **2** ramo de taquara delgado e flexível em cuja extremidade se prende uma linha com anzol, para pesca: *vara de anzol.* **3** pau comprido e fino usado como auxiliar nos concursos atléticos para certa modalidade de salto em altura: *concurso de salto com vara.* **4** qualquer haste de madeira ou outro material. **5** barra: *Siderúrgicas brasileiras exportam varas de ferro.* **6** (Jur.) cada uma das divisões de jurisdição, nas comarcas onde há mais de um juiz de direito: *A ação tramitou na Vara da Infância e da Juventude.* **7** manada de porcos.

va.ral *s.m.* **1** nos veículos puxados por animal, cada uma das duas varas às quais o animal é atrelado. **2** fio de arame ou outro material, estendido entre dois suportes, no qual se pendura roupa lavada para secar ou objetos para exposição e venda. **3** fieira; enfiada: *O rapaz trazia no ombro um varal de siris.* // Pl.: varais.

va.ran.da *s.f.* **1** terraço com cobertura que, numa casa, serve como espaço de lazer: *As famílias costumavam se reunir nas varandas.* **2** balcão; sacada: *Eram comuns casas de até três andares, com varandas cercadas por trabalhos de serralheria.* **3** guarnição franjada ao longo das laterais da rede: *rede de varandas rasgadas.*

va.rão *s.m.* **1** indivíduo do sexo masculino; homem. **2** homem respeitável; sábio: *Sérgio é varão exemplar, cidadão respeitador das leis deste país.* • *adj.* **3** do sexo masculino: *o único filho varão.* // Pl.: varões.

va.ra.pau *s.m.* **1** pau comprido que serve como apoio ou arma de defesa: *multidão armada de varapaus.* **2** (Fig.) pessoa alta e magra; magricela: *adolescentes magros, verdadeiros varapaus.*

va.rar *v.t.* **1** furar de lado a lado; transpassar: *A bala varou a parede.* **2** (Bras.) passar por entre; atravessar; transpor: *Varamos a fronteira.* **3** passar por toda a extensão: *A gargalhada varava a casa.* **4** durar: *As festas varavam semanas.* **5** atravessar ou passar rapidamente: *O menino varou pela sala a correr.*

va.rei.o *s.m.* **1** manifestação de censura. **2** surra: *O time levou um vareio no Maracanã.*

va.re.jão *s.m.* **1** vara de madeira, forte e comprida utilizada para impelir a canoa; vara de barco. **2** (Coloq.) estabelecimento comercial que vende produtos a preços baixos, a varejo. // Pl.: varejões.

va.re.jar (ê) *v.t.* **1** fustigar ou açoitar com vara. **2** revistar; revirar: *O soldado varejou todas as gavetas da casa.*

va.re.jei.ra *s.f.* mosca-varejeira.

va.re.jis.ta *s.2g.* **1** negociante ou comerciante que vende a varejo: *Os varejistas conseguiram comercializar o produto tabelado.* • *adj.2g.* **2** de ou relativo a venda a varejo: *comércio varejista de frutas e legumes.*

va.re.jo *s.m.* **1** ato de varejar. **2** inspeção realizada por autoridade fiscal em estabelecimento comercial, a fim de averiguar se há irregularidade fiscal, a qualidade das mercadorias etc. **3** venda de mercadorias em pequenas quantidades, a retalho ou miúdo: *as vendas de veículos no varejo.* **4** loja onde se vende a varejo: *O varejo fará novas encomendas à indústria.*

va.re.ta (ê) *s.f.* **1** vara pequena. **2** haste: *a vareta da antena do carro.* **3** haste de rojões e foguetes: *busca-pés sem varetas.* **4** cada uma das hastes de leques, sombrinhas ou guarda-chuvas: *Quando abriu o guarda-chuva, percebeu que as varetas estavam quebradas.*

var.gem *s.f.* várzea.

va.ri.a.bi.li.da.de *s.f.* **1** possibilidade de variação: *a variabilidade genética dos seres vivos.* **2** inconstância: *Há grande variabilidade das taxas de câmbio.*

va.ri.a.ção *s.f.* **1** diversificação: *a variação de altitude.* **2** modificação; alteração: *variação do preço do dólar.* **3** (Mús.) modificação melódica ou ornatos adicionados a uma ária musical, conservando os elementos do tema principal: *O jazz admite improvisos com variações sobre determinados temas.*

va.ri.an.te *s.f.* **1** aquilo que se representa mutável. **2** coisa que apresenta uma diferença não essencial em relação à outra. **3** cada uma das formas linguísticas que se diferenciam minimamente entre si e que possuem o mesmo significado: *Accessível e acessível são variantes.* **4** trecho de estrada alternativo. • *adj.* **5** que varia; variável.

va.ri.ar *v.t.* **1** tornar variado; diversificar: *variar as cores dos tecidos.* **2** apresentar variação: *As geladeiras variam de tamanho.* **3** ter variação delimitada: *As notas escolares variam de zero a dez.* **4** fazer variação; diversificar: *Gosto de variar minhas roupas.* • *int.* **5** sofrer variação; alterar-se: *Os preços das roupas variam muito, de loja para loja.* **6** delirar; desvairar: *A criança passou a noite variando por causa da febre alta.* • **para variar** usada para frisar uma situação que se perpetua: *E, para variar, quando eu mais preciso, cadê você para ajudar?*

va.ri.á.vel *s.f.* **1** elemento que concorre para um resultado; fator: *O cuidado com a coisa pública foi a variável decisiva do processo eleitoral.* • *adj.* **2** sujeito a variações; instável; inconstante: *O diretor é de humor variável.* **3** que pode apresentar valores distintos: *As mesas da sala têm dimensões variáveis.* // Pl.: variáveis.

va.ri.ce.la (ê) *s.f.* (Med.) catapora.

va.ri.e.da.de *s.f.* **1** qualidade de vário. **2** inconstância, instabilidade. **3** diversidade; multiplicidade: *a variedade de plantas medicinais.* **4** (Bot.) cada um dos grupos em que se dividem algumas espécies vegetais e que se distinguem entre si por certos traços secundários, mas permanentes: *as variedades de uva Itália.* • *pl.* **5** miscelânea de temas em literatura ou jornalismo: *revista de variedades.* **6** espetáculo com quadros diversos: *O programa mistura telecompras e variedades.*

variegado

va.ri.e.ga.do adj. 1 diversificado; variado: experiência de vida rica e variegada. 2 de várias cores; matizado: pulseira de contas variegadas.

vá.rio adj. 1 de diversas formas, cores, espécies ou tipos; variado; diversificado: Vendia peças de seda, de origem vária. • pl. 2 diversos; muitos: Viajou por vários países.

va.rí.o.la s.f. (Med.) doença febril, infectocontagiosa e epidêmica caracterizada pelo aparecimento de bexigas na pele, que se transformam em pústulas.

va.riz s.f. veia, artéria ou vaso linfático dilatado. • pl. varizes. (Usa-se geralmente no plural.)

var.jão s.m. (Bras.) várzea grande: o varjão do Tocantins.

va.ro.nil adj.2g. 1 viril; másculo: atletas varonis. 2 determinado; valoroso: nosso Brasil varonil. 3 ilustre; heroico: passado varonil. // Pl.: varonis.

var.re.dor (ô) s.m. funcionário que varre locais, públicos ou não: varredor de ruas.

var.re.du.ra s.f. 1 ato de varrer: varredura de sarjetas. 2 diligência; batida: A polícia iniciou uma varredura na área onde houve a troca de tiros. 3 verificação cuidadosa; inspeção: fazer varredura na linha telefônica à procura de 'grampos'.

var.rer v.t. 1 limpar com vassoura: varrer a casa. 2 esquadrinhar; inspecionar: O farol do policial varreu meu carro. 3 devastar; destruir: Ciclones varrem o arquipélago japonês. 4 alastrar-se; tomar conta; invadir: Uma onda de corrupção varria o país. 5 afastar; banir: varrer do mapa servidores insolentes.

var.ri.ção s.f. (Bras.) ato de varrer: a varrição das ruas.

vár.zea s.f. planície fértil e cultivada num vale: Na várzea plantava-se arroz.

vas.cu.lar adj. (Anat.) 1 de ou relativo aos vasos, geralmente os sanguíneos: cirurgia vascular. 2 diz-se de plantas que têm vasos. 3 constituído ou formado por vasos.

vas.cu.lhar v.t. 1 varrer com vasculho. 2 (Bras.) investigar minuciosamente; esquadrinhar: Pedro vasculhava nervosamente as gavetas da escrivaninha.

vas.cu.lho s.m. vassoura de cabo longo utilizada para limpar fornos, tetos etc.

va.sec.to.mi.a s.f. (Cir.) esterilização do homem feita por intervenção cirúrgica nos canais que levam o esperma dos testículos à uretra.

va.se.li.na s.f. 1 substância cremosa, derivada do petróleo. • s.2g. 2 (Coloq.) pessoa melíflua, maleável nas opiniões.

va.si.lha s.f. 1 qualquer vaso para guardar líquidos. 2 grande recipiente para líquidos.

va.si.lha.me s.m. 1 conjunto de vasilhas. 2 (Coloq.) vaso para guardar líquidos.

va.so s.m. 1 objeto côncavo próprio para conter substâncias líquidas ou sólidas; recipiente: vaso de cristal. 2 recipiente em que se colocam flores. 3 recipiente que se enche de terra para o cultivo de plantas. 4 bacia sanitária, própria para receber dejetos: Não jogue papel higiênico no vaso. 5 (Anat.) canal do organismo humano através do qual circula sangue, linfa ou bile.

va.so.cons.tri.ção s.f. (Fisiol.) diminuição de calibre dos vasos sanguíneos.

va.so.di.la.ta.ção s.f. (Fisiol.) aumento de calibre dos vasos sanguíneos.

vas.sa.la.gem s.f. 1 estado ou condição de vassalo. 2 tributo a que era obrigado o vassalo perante o senhor feudal de quem dependia. 3 tributo; homenagem: Líder sindical presta vassalagem ao presidente. 4 sujeição; submissão: Há vassalagem espiritual do Brasil a Roma. // Pl.: vassalagens.

vas.sa.lo s.m. 1 indivíduo dependente de um senhor feudal, a quem estava ligado por juramento de fé e submissão. 2 indivíduo submisso a um rei ou príncipe; súdito: os vassalos de Sua Majestade. 3 (Coloq.) indivíduo submisso, dependente. • adj. 4 dependente; submisso: um rapaz vassalo das vaidades.

vas.sou.ra s.f. 1 utensílio para varrer, feito de um feixe de ramos de piaçaba, pelos naturais ou artificiais, presos a um cabo comprido. 2 denominação comum a diversas plantas cujos galhos são usados para a confecção das vassouras.

vas.sou.ra.da s.f. 1 pancada com vassoura: Ela deu uma vassourada no ladrão de pastéis. 2 limpeza feita com vassoura: É melhor dar uma vassourada rápida na sala.

vas.sou.ra-de-bru.xa s.f. fungo que ataca a plantação de cacau.

vas.sou.ri.nha s.f. 1 pequena vassoura. 2 erva muito ramificada e lenhosa, com pequenas flores brancas ou alaranjadas, da qual se juntam feixes para fazer vassouras.

vas.ti.dão s.f. 1 grande extensão: a vastidão do nosso país. 2 grande importância: a vastidão dos nossos problemas.

vas.to adj. 1 muito extenso; amplo: o vasto salão de baile. 2 que oferece grande quantidade: bairros com vasta vegetação. 3 numeroso: uma vasta plateia. 4 considerável; importante: O chefe tem uma vasta bagagem profissional.

va.ta.pá s.m. (Bras.) prato da cozinha afro-baiana, feito de peixe, camarão seco, camarão fresco, pão amolecido (ou farinha de trigo), farinha de mandioca, temperado com azeite de dendê, leite de coco e pimenta.

va.te s.m. 1 indivíduo que faz vaticínio. 2 poeta: a voz nostálgica do vate caipira.

va.ti.ca.no s.m. (Bras.) 1 vapor de navegação fluvial maior do que o gaiola. • adj. 2 de ou referente ao Vaticano (Itália), estado soberano chefiado pelo Papa.

va.ti.ci.nar v.t. profetizar; prever: A cartomante vaticinou a morte do poeta.

va.ti.cí.nio s.m. prognóstico; predição: vaticínios fúnebres sobre a guerra.

vau s.m. lugar, num rio, por onde se pode passar a pé ou a cavalo: ♦ **a vau** a pé, sem necessidade de nadar.

va.za.men.to s.m. 1 escoamento: vazamento de água. 2 quebra de sigilo: vazamento de informações.

va.zan.te s.f. 1 terreno baixo e úmido; várzea: plantar melancia na vazante. 2 diminuição do volume de água de um rio: o início do período de vazante.

va.zão s.f. escoamento: conter a vazão do rio. // Pl.: vazões.

va.zar v.t. 1 segregar: a ferida vaza pus. 2 transpassar: Os tiros vazam as janelas das casas. 3 escorrer; escapar: O óleo está vazando do navio mercante. 4 transmitir em sigilo: Funcionários vazam informações. • int. 5 perder líquido ou gás: O botijão estava vazando. 6 ser descoberto ou revelado; escapar: Vazaram

velar

documentos confidenciais da CPI. **7** baixar o nível das águas: *À tarde a maré começa a vazar.*

va.zi.o *s.m.* **1** espaço desprovido de objetos ou referências: *preencher o vazio da página.* **2** falta de sentido: *a sensação de vazio.* **3** ausência; carência: *Há um vazio de lideranças no país.* • *adj.* **4** que nada contém, ou só contém ar: *Sobre a pia, uma garrafa vazia.* **5** sem gente: *Seus passos ecoavam na rua vazia.* **6** desocupado: *apartamento vazio.* **7** desprovido de ideias ou sentimentos: *cabeça vazia; alma vazia.* **8** (Fig.) frívolo; fútil: *existência vazia.* **9** desprovido: *O estádio estava vazio de policiais.*

vê *s.m.* nome da letra v.

ve.a.dei.ro *s.m.* **1** caçador de veados: *as trilhas dos veadeiros.* • *adj.* **2** (Bras.) adestrado na caça de veados: *Titio cria cachorros veadeiros.*

ve.a.do *s.m.* **1** mamífero ruminante selvagem muito veloz, porte médio, cauda curta e chifres com ramificações: *veado galheiro.* **2** (Ch.) homossexual masculino.

ve.da.ção *s.f.* **1** material que veda a passagem de líquido ou gás: *Mandei trocar a vedação da geladeira.* **2** fechamento completo para evitar a saída de líquido ou gás: *geladeira com excelente sistema de vedação.* **3** proibição: *a vedação de utilização de veículos a gás.* // Pl.: vedações.

ve.dar *v.t.* **1** fazer vedação; obstruir: *vedar a janela.* **2** interditar; proibir: *O governador vedou a contratação de novos funcionários.*

ve.de.te (é) *s.f.* **1** pequeno navio de guerra empregado como posto de vigia e observador dos movimentos do inimigo: *Vedetes rápidas rodearam a ilha.* **2** atriz que se sobressai no teatro de revista: *vedete do teatro rebolado.* **3** artista principal de um espetáculo; estrela: *entrevista com a vedete do filme.* **4** (Fig.) aquele que sobressai: *uma vedete das passarelas.* **5** (Fig.) aquilo que chama a atenção: *Salmão é uma das vedetes da cozinha chilena.*

ve.e.mên.cia *s.f.* **1** energia; vigor: *Falou com veemência.* **2** impetuosidade; vivacidade: *Reagiu com veemência às injustiças praticadas pelo chefe.*

ve.e.men.te *adj.* **1** enérgico; forte; vigoroso: *Está havendo o mais veemente protesto mundial contra a guerra.* **2** impetuoso; animado; arrojado: *a reação veemente do senador.* **3** vivo; intenso; forte: *momentos difíceis de veemente confronto entre os países.*

ve.ge.ta.ção *s.f.* conjunto de plantas de uma área determinada: *áreas de vegetação nativa.* // Pl.: vegetações.

ve.ge.tal *s.m.* **1** relativo à planta: *o corpo de um vegetal.* • *adj.* **2** que provêm das plantas: *óleo vegetal.* **3** das plantas ou referente a elas: *reino vegetal.* // Pl.: vegetais.

ve.ge.tar *v.t.* **1** brotar; desenvolver-se. • *int.* **2** viver sem perspectiva. **3** viver inerte, sem interesse ou emoção: *Se eu ficar em casa, vou vegetar.*

ve.ge.ta.ri.a.nis.mo *s.m.* regime alimentar exclusivamente à base de vegetais.

ve.ge.ta.ri.a.no *s.m.* **1** indivíduo que se alimenta só de vegetais: *Os vegetarianos não comem carne.* • *adj.* **2** que é vegetariano: *comida vegetariana.*

ve.ge.ta.ti.vo *adj.* **1** de vegetação: *a riqueza vegetativa do parque.* **2** relativo aos processos responsáveis pelo crescimento fisiológico e pela nutrição de animais e vegetais: *As chuvas beneficiaram o desenvolvimento vegetativo do milho e da soja.* **3** que se multiplica naturalmente: *o crescimento vegetativo da população jovem.* **4** alheio a tudo que se passa em redor; inerte: *A doença condenou o garoto à vida vegetativa.*

vei.a *s.f.* **1** vaso que leva o sangue dos capilares ao coração. **2** tendência; disposição: *a veia romântica dos poetas.*

ve.i.cu.la.ção *s.f.* circulação: *veiculação de notícias.*

ve.i.cu.la.dor *adj.* que veicula; propagador: *programa veiculador do capitalismo.*

ve.i.cu.lar *v.t.* **1** transmitir; divulgar: *veicular uma propaganda de incentivo ao uso de camisinha.* • *adj.* **2** relativo aos veículos: *campanha de segurança veicular.*

ve.í.cu.lo *s.m.* **1** qualquer meio mecânico de transporte de pessoas ou coisas: *Está crescendo o número de veículos nas ruas.* **2** substância líquida ou cremosa usada para ligar, dissolver ou modificar o gosto de outra, que serve de medicamento: *Desodorantes têm como veículo o álcool etílico.* **3** qualquer meio de transmissão: *O ensino do catecismo tem como veículo principal a linguagem oral.* **4** qualquer meio de divulgação; canal: *O jornal foi o grande veículo de informação do século XX.*

vei.o *s.m.* **1** camada de terra ou de rocha que se diferencia da que a ladeia pela qualidade ou pela cor: *os veios da terra.* **2** cada uma das listas onduladas ou ramificadas que têm certas pedras ou madeiras: *madeira de veios avermelhados.* **3** parte da mina onde se encontra água ou mineral; filão: *veio de água.* **4** filete; fio: *Um veio de sangue escorria do nariz do menino.* **5** vertente; ramificação: *O pastelão é um dos veios mais fecundos da comédia americana.*

ve.la *s.f.* **1** peça de tecido destinada a impelir embarcações quando enfunada pelo vento: *barco a vela.* **2** barco a vela: *Contemplava, da areia, as velas passando ao longe, quase no limite da baía.* **3** esporte praticado com barcos a vela: *Pratiquei vela por muitos anos.* **4** peça cilíndrica de substância gordurosa e combustível, com pavio no centro e em todo o comprimento, e que serve para alumiar: *jantar à luz de velas.* **5** peça que produz a ignição nos motores de explosão. **6** cilindro oco, poroso, fechado numa extremidade, usado nos filtros de água: *a vela do filtro.*

ve.la.me *s.m.* **1** conjunto de velas de um navio: *Os marujos diminuíram o velame, numa tentativa de fazer o barco parar.* **2** armação de paraquedas: *Após o salto, o silêncio só é quebrado pelo estalar do velame.* **3** arbusto medicinal do Brasil: *Havia moitas de velame ao lado da varanda.*

ve.lar *v.t.* **1** dissimular; esconder: *O feiticeiro velava seus conhecimentos por meio de símbolos secretos.* **2** cobrir; ocultar: *Lágrimas sem sentimento velam-me os olhos.* **3** vigiar; proteger: *velar a criança no berço.* **4** permanecer em velório, junto de: *Fiéis velam o corpo do cardeal.* **5** zelar de; cuidar de: *velar pela felicidade da família.* **6** cuidar; atentar: *Devemos todos velar para não permitir a repetição de experiência tão dolorosa.* • *int.* (pron.) **7** tornar-se menos visível; ocultar-se: *A luz do sol se velava.* • *adj.* **8** que se refere ao véu palatino, ou ao fonema que nele se produz. **9** diz-se do fonema produzido na região velar, como o *g* e o *u*.

861

velário

ve.lá.rio s.m. pano de boca dos teatros: *O velário subiu, em silêncio, invisível na escuridão.*

vel.cro s.m. **1** material sintético de pelos cerrados que aderem quando se aproxima uma porção da outra: *As luvas trazem, nas extremidades dos dedos, uma camada de velcro para melhor aderência.* **2** fecho que funciona pela pressão de uma tira com esses pelos sobre a outra: *O velcro da blusa.*

ve.lei.da.de s.f. **1** fantasia: *Minha primeira veleidade artística foi o teatro.* **2** desejo; pretensão: *O time tem a veleidade de se tornar o melhor do mundo.*

ve.lei.ro s.m. **1** embarcação a vela: *Veleiros dominavam a paisagem do porto.* • adj. **2** movido a vela: *navios veleiros.*

ve.le.ja.dor (ô) s.m. quem maneja embarcação a vela.

ve.le.jar v.int. **1** viajar ou passear em embarcação a vela: *velejar pelo litoral brasileiro.* **2** mover-se, como veleiro: *O país vai velejar serenamente em direção ao seu futuro de ouro.*

ve.lha.ca.ri.a s.f. **1** ação própria de velhaco; patifaria. **2** manha de velho.

ve.lha.co s.m. **1** indivíduo velhaco. • adj. **2** patife; ordinário; fraudulento: *comerciantes velhacos.* **3** maroto; malicioso: *Ele tinha um sorriso velhaco.*

ve.lha.ri.a s.f. (Deprec.) **1** traste ou objeto antigo: *baú de velharias.* **2** costume antiquado.

ve.lhi.ce s.f. **1** condição ou estado de velho: *as doenças da velhice.* **2** idade avançada: *trabalhar até a velhice.* **3** conjunto das pessoas idosas: *amparo à velhice.*

ve.lho (é) s.m. **1** pessoa idosa: *Precisamos ter paciência com os velhos.* **2** (Coloq.) pai: *O meu velho não admitia mentiras.* • adj. **3** muito idoso: *homem velho.* **4** de época remota; antigo: *velhos hábitos de família.* **5** gasto pelo uso; usado: *roupas velhas.* **6** que há muito possui certa qualidade ou exerce certa profissão: *um velho pesquisador de histórias de lobisomem.* ✦ **velha guarda** num determinado grupo de pessoas, o subconjunto dos de mais idade: *os ídolos da velha guarda da Portela e da Mangueira.*

ve.lo.ci.da.de s.f. **1** rapidez; ligeireza: *a velocidade do barco.* **2** agilidade ou presteza: *a velocidade do atendimento ao cliente.* **3** marcha de motor: *carro com quatro velocidades.*

ve.lo.cí.me.tro s.m. instrumento indicador da velocidade de deslocamento de um veículo: *O velocímetro marcava 100 quilômetros por hora.*

ve.lo.cí.pe.de s.m. pequeno veículo infantil com um assento e três rodas, tendo na dianteira dois pedais, que se impulsionam com os pés, fazendo-o movimentar-se.

ve.lo.cis.ta s.2g. pessoa que se dedica ao esporte de corrida de velocidade.

ve.lo.dro.mo s.m. pista para corrida de bicicleta.

ve.ló.rio s.m. **1** vigília que antecede o sepultamento: *O velório do prefeito foi no salão nobre da Câmara Municipal.* **2** lugar onde se realiza o velório: *Iniciou-se a construção do velório municipal.*

ve.loz (ó) adj. **1** que se desloca com rapidez; ligeiro: *carro veloz.* **2** que se move com rapidez ou agilidade: *jogador veloz.* **3** que passa rapidamente: *Parece que os dias atuais são mais velozes.* **4** que se desenvolve com rapidez: *o curso veloz da doença.* **5** onde se corre a alta velocidade: *Este é um dos circuitos mais velozes do mundo.*

ve.lu.do s.m. **1** tecido de seda ou de algodão, com felpas curtas, macias e acetinadas num dos lados: *almofada de veludo.* **2** (Fig.) superfície macia: *A pele do rosto era um veludo.*

ve.nal adj. **1** diz-se do valor de venda que uma mercadoria tem: *o valor venal do veículo.* **2** subornável; corrupto: *Para a torcida aquele era um juiz venal.*

ven.ce.dor (ô) s.m. **1** aquele que vence uma competição; ganhador: *os vencedores da prova.* • adj. **2** ganhador; vitorioso: *música vencedora do festival.*

ven.cer v.t. **1** derrotar: *Ele venceu seus inimigos.* **2** dominar: *vencer o vício.* **3** superar; suplantar: *vencer barreiras.* **4** sair vitorioso de; ganhar: *Vencemos o campeonato.* **5** percorrer: *Vencemos mil quilômetros em um dia.* • int. **6** expirar; terminar: *O prazo de inscrição vence na próxima semana.* **7** ter o prazo de quitação esgotado: *Essas promissórias já venceram.* **8** prevalecer: *Tua opinião venceu.*

ven.ci.men.to s.m. **1** expiração do prazo para pagamento de dívida ou para o cumprimento de qualquer encargo: *o vencimento do aluguel.* • pl. **2** remuneração: *prestação de serviços sem vencimentos.*

ven.da s.f. **1** cessão ou transferência de posse mediante preço estipulado: *a venda de computadores para pequenas empresas.* **2** loja de secos e molhados; empório; armazém: *Íamos à venda comprar bombinhas.* **3** tira de pano com que se cobrem os olhos.

ven.da.gem s.f. venda; comércio: *queda na vendagem de livros.* // Pl.: vendagens.

ven.dar v.t. **1** pôr venda em, para impedir a visão: *Vendaram os olhos do prisioneiro.* **2** esconder; ocultar: *máscara de vendar o rosto.* **3** cegar; turvar: *O ódio venda a razão.*

ven.da.val s.m. vento forte e tempestuoso: *estragos provocados pelo vendaval.*

ven.dá.vel adj. que tem boa venda; que se vende facilmente: *produto vendável.* // Pl.: vendáveis.

ven.de.dor (ô) s.m. **1** profissional, cujo trabalho é fazer vendas. • adj. **2** que vende; responsável pela venda: *empresa vendedora de seguros.*

ven.dei.ro s.m. dono de venda; taberneiro.

ven.der v.t. **1** ter venda de: *O livro vendeu mais de 1 milhão de cópias.* **2** ceder a posse mediante preço estipulado: *vender figurinhas aos garotos.* **3** entregar, mediante remuneração ou recompensa. • int. **4** ser vendável; ter boa aceitação no mercado: *A nova marca de suco vende bem.* • pron. **5** vender o próprio corpo; prostituir-se: *Garotas de programa se vendem por dinheiro.* ✦ **vender a alma** corromper-se. **vender saúde** ser muito saudável. **vender o seu peixe** valorizar a si mesmo ou ao próprio serviço.

ven.de.ta (ê) s.f. **1** revanche entre famílias, provocada por um assassínio ou uma ofensa grave: *vendeta entre grupos de delinquentes.* **2** vingança: *agir por vendeta.*

ven.di.lhão s.m. aquele que negocia ou trafica coisas que não devem ser negociadas: *vendilhão da pátria.* // Pl.: vendilhões. // Fem.: vendilhona.

ve.ne.no s.m. **1** substância que, absorvida em determinada quantidade, pode ser mortal para os homens e animais: *veneno para rato.* **2** secreção venenosa de

alguns animais; peçonha: *veneno de cobra*. **3** secreção tóxica de certas plantas: *o veneno da mandioca*. **4** prejuízo para a saúde: *O fumo é um veneno para os pulmões*. **5** (Fig.) malignidade: *Espalhava o veneno de suas fofocas*. **6** (Coloq.) poder de sedução; fascínio: *o veneno da mulher brasileira*.
ve.ne.no.so (ô) *adj*. **1** que tem veneno: *cobra venenosa*. **2** nocivo à saúde; deletério: *gases venenosos*. **3** maledicente; caluniador: *comentários venenosos*. // Pl.: venenosos (ó).
ve.ne.ra.ção *s.f*. **1** reverência; respeito: *Os antiquários têm veneração pelo passado*. **2** devoção; culto; adoração: *a veneração dos santos*.
ve.ne.ran.do *adj*. **1** que deve ser venerado ou cultuado; venerável: *a veneranda imagem da santa*. **2** que deve ser respeitado; respeitável: *Minhas venerandas tias*.
ve.ne.rar *v.t*. **1** tratar com veneração; cultuar: *venerar as imagens dos santos*. **2** ter em grande consideração: *O povo venera seus ídolos*.
ve.ne.rá.vel *adj.2g*. **1** digno de veneração; respeitável; venerando: *Minha venerável mestra*. **2** diz-se ordinariamente de pessoa religiosa e virtuosa já falecida, cujo processo de beatificação já teve começo: *Anchieta esperou quase quatrocentos anos para ser considerado venerável*.
ve.né.reo *adj*. relativo à aproximação sexual; sensual; erótico: *apetite venéreo*. **2** diz-se da doença transmitida pelo ato sexual: *HPV é uma doença venérea*.
ve.ne.ta (ê) *s.f*. **1** impulso: *Sempre andei no rumo de minhas venetas*. **2** desejo; vontade: *ter veneta de sair pelo mundo*. ♦ **dar na veneta**: vir à ideia, ocorrer: *E assim me deu na veneta fazer um cruzeiro*.
vê.ne.to *s.m*. **1** quem nasceu ou habitou a Venécia. **2** língua indo-europeia extinta que se falou no nordeste da Itália. • *pl*. **3** grupo étnico que antecedeu à ocupação dos romanos. • *adj*. **4** relativo aos vênetos.
ve.ne.zi.a.na *s.f*. **1** janela cujas folhas se compõem de lâminas de madeira sobrepostas que vedam o sol, mas permitem a passagem do ar. **2** folha composta de lâminas sobrepostas: *As frestas da veneziana deixavam entrever um vulto*.
ve.ne.zi.a.no *s.m*. **1** natural ou habitante de Veneza (Itália): *O veneziano desembarcou no Rio*. • *adj*. **2** relativo à Veneza: *gôndolas venezianas*.
ve.ne.zu.e.la.no *s.m*. **1** natural ou habitante da Venezuela: *venezuelanos insatisfeitos com o resultado do jogo*. • *adj*. **2** relativo à Venezuela: *povo venezuelano; o petróleo venezuelano*.
vê.nia *s.f*. **1** mesura; reverência: *Entrou fazendo vênia com a cabeça*. **2** licença; permissão: *pedir vênia para apresentar uma proposta*.
ve.ni.al *adj*. perdoável; desculpável: *pecados veniais*. // Pl.: veniais.
ve.no.so (ô) *adj*. **1** diz-se do sangue que circula nas veias: *sangue venoso*. **2** por meio das veias: *reidratação oral ou venosa*. **3** cheio de veias: *mãos venosas*. // Pl.: venosos (ó).
ven.ta *s.f*. cada uma das fossas nasais, especialmente dos animais; nariz.
ven.ta.na *s.f*. janela.
ven.ta.ni.a *s.f*. vento forte e contínuo.
ven.tar *v.int*. haver vento: *Aqui, no inverno chove e venta pouco*.

venusiano

ven.ta.ro.la (ó) *s.f*. leque de um só cabo e sem varetas: *abanar-se com ventarolas*.
ven.ti.la.ção *s.f*. **1** operação que tem por finalidade conservar o ar puro em um recinto fechado. **2** circulação de ar: *regular a ventilação*. // Pl.: ventilações.
ven.ti.la.dor (ô) *s.m*. aparelho que produz corrente de ar, por meio de pás giratórias.
ven.ti.lar *v.t*. **1** fazer renovar-se o ar de; arejar: *ventilar o quarto*. **2** fazer circular: *aquecedor com pás que ventilam ar quente*. **3** tranquilizar; distrair: *Saiu um pouco para ventilar a cabeça*. **4** aventar; sugerir: *ventilar a possibilidade de tirar férias*. **5** (Fig.) tratar; discutir: *A imprensa começa a ventilar todas as propostas*. ♦ *int*. **6** ser divulgado; circular: *Isso não pode ventilar*.
ven.to *s.m*. **1** ar em movimento ou em deslocação: *dia de vento e de sol*. **2** sorte; destino: *enfrentar temporada de vento contrário*. • *pl*. **3** conjunto de influências: *Fazendas coletivas resistem aos ventos capitalistas*. **4** conjunto de circunstâncias: *Os ventos mudaram*. ♦ **aos quatro ventos** em todas as direções. **de vento em popa** em condições favoráveis; de modo próspero.
ven.to.i.nha *s.f*. **1** lâmina móvel: *ventoinhas de turbinas de helicópteros*. **2** hélice que resfria o ar ou a água do motor de veículos: *a ventoinha do radiador*.
ven.to.sa *s.f*. **1** (Zool.) órgão de fixação de certos animais, provido de bordas adesivas e um centro retrátil, capaz de criar uma depressão aspiradora: *O corpo das sanguessugas é achatado, apresentando uma ventosa em cada extremidade*. **2** vaso cônico em que se rarefaz o ar para provocar sangria: *O enfermeiro tem que aplicar ventosas em suas costas*. **3** qualquer dispositivo que serve para sugar.
ven.to.so (ô) *adj*. de muito vento: *mês de agosto ventoso*. // Pl.: ventosos (ó).
ven.tre *s.m*. **1** cavidade abdominal; abdome. **2** útero: *os filhos que as mães trazem nos ventres*.
ven.tri.cu.lar *adj*. do ou relativo aos ventrículos: *contração ventricular*.
ven.trí.cu.lo *s.m*. **1** (Anat.) cada uma das duas cavidades do coração, direita e esquerda, com grossas paredes musculares: *O sangue circula do ventrículo direito para a artéria pulmonar*. **2** cavidade única do coração dos peixes, répteis e anfíbios: *O coração dos anfíbios apresenta duas aurículas e um ventrículo*. **3** cada uma das cavidades do interior do encéfalo: *introdução do ar diretamente nos ventrículos cerebrais*.
ven.trí.lo.quo *s.m*. pessoa que consegue falar praticamente sem mexer os lábios e cuja voz não parece provir dela.
ven.tu.ra *s.f*. **1** boa sorte; felicidade: *Tive a ventura de conhecê-lo*. **2** oportunidade feliz: *Tivemos a ventura de chegar no momento propício ao sucesso*.
ven.tu.ro.so (ô) *adj*. **1** feliz; afortunado: *esse momento venturoso*. **2** que traz ou trouxe felicidade: *amizade venturosa*. // Pl.: venturosos (ó).
vê.nus *s.f*. **1** segundo planeta do Sistema Solar a partir do Sol. **2** deusa do amor entre os romanos, correspondente à deusa grega Afrodite.
ve.nu.si.a.no *s.m*. **1** possível habitante do planeta Vênus: *mensagens dos venusianos para os terráqueos*. • *adj*. **2** do planeta Vênus: *a superfície venusiana*. **3** que se assemelha a Vênus, deusa do amor e da beleza na

ver

mitologia greco-latina; sensual: *Ela era de uma beleza venusiana.* **4** na astrologia, característica de quem é regido pelo planeta Vênus: *a suavidade venusiana.*
ver *v.t.* **1** perceber pela visão; enxergar: *Pela janela vejo as flores do jardim.* **2** acompanhar com os olhos e os ouvidos; assistir a: *ver televisão.* **3** conferir; examinar: *ver as horas no relógio.* **4** procurar: *Vou ver um emprego.* **5** visitar: *Verei meus avós nas férias.* **6** encontrar; deparar com: *Nunca vi pessoa mais mal humorada!* **7** reparar; notar: *Vimos que o preço do feijão subiu.* **8** considerar: *A mãe via a filha muito nova para o casamento.* **9** deparar: *Quero vê-lo formado.* • *pron.* **10** sentir-se; achar-se: *Viu-se obrigado a pagar a multa.* ✦ **já viu** usada para reforçar uma constatação ou para chamar a atenção sobre algo: *Se eu tirar nota baixa, já viu, nada de passear no fim de semana.* **não viu nada** usada para acentuar que ainda há mais coisa além do que se pensa: *Quem se assusta ao encontrar garotos de quinze anos com mais de 1,90 m ainda não viu nada.* **onde (já) se viu** usada para expressar admiração ou espanto diante de um fato: *Onde (já) se viu um ciclone no Brasil!* **só vendo** usada para expressar admiração ou espanto: *A mulher levou um susto que só vendo.* **vai ver (que)** indica dúvida ou possibilidade: *Vai ver que os japoneses preferem jogadores mais velhos.* **vê/veja lá** usada para advertência: *Vê lá com quem você está saindo!* **vê se pode** usada para indicar admiração: *Vê se pode, o cara diz que sabe jogar no gol!* **ver com bons olhos** aprovar: *Vejo estas mudanças com bons olhos.*
ve.ra *s.f.* verdadeiro; usado na locução *à vera.* ✦ **à vera** a valer; a sério; deveras: *Vamos falar à vera.*
ve.ra.ci.da.de *s.f.* **1** exatidão; verdade: *apurar a veracidade das informações.* **2** autenticidade: *a veracidade dos documentos.*
ve.ra.ne.ar *v.int.* passar o verão fora, em lugar aprazível: *A família foi veranear.*
ve.ra.nei.o *s.m.* ato de veranear: *casas de luxo para veraneio.*
ve.ra.ni.co *s.m.* período curto de temperaturas elevadas no meio do inverno: *Houve um veranico de cinco dias.*
ve.ra.nis.ta *s.2g.* pessoa que veraneia.
ve.rão *s.m.* período do ano compreendido entre 21 de dezembro e 21 de março, no hemisfério sul, e 21 de junho e 22 de setembro, no hemisfério norte; estio: *chuvas de verão.* // Pl.: verões.
ve.raz *adj.* **1** que diz a verdade: *testemunha veraz.* **2** verdadeiro: *denúncia veraz.*
ver.ba (ê) *s.f.* **1** designação ou consignação de uma quantia em dinheiro para determinado fim: *a verba da educação.* **2** qualquer soma ou quantia em dinheiro: *Não tenho verba para custear a festa.*
ver.bal *adj.* **1** oral: *disputa verbal.* **2** de palavras: *confusão verbal.* **3** linguístico: *a comunicação verbal.* **4** do verbo: *conjugação verbal.* **5** constituído por verbo: *locução verbal.* // Pl.: verbais.
ver.ba.li.za.ção *s.f.* expressão por meio da linguagem: *É difícil a verbalização da dor.*
ver.ba.li.zar *v.t.* expressar por palavras; expor verbalmente: *Não consigo verbalizar minhas emoções.*
ver.be.na *s.f.* **1** (Bot.) flor de espigas brancas, vermelhas, azuis ou cor-de-rosa. **2** essência preparada com a planta que dá essa flor: *Comprei verbena para o preparo da água de cheiro.*
ver.be.rar *v.t.* reprovar com veemência; protestar: *É preciso sempre verberar os desmandos e as injustiças.*
ver.be.te (ê) *s.m.* **1** na organização de um dicionário, glossário ou enciclopédia, conjunto que compreende a palavra de entrada mais as informações que se quer dar sobre ela, seguidas ou não de abonações. **2** nota; informação: *coletânea de súmulas jurídicas precedidas por verbetes esclarecedores.*
ver.bo (ê) *s.m.* **1** (Gram.) palavra com desinências próprias para indicar as categorias de tempo, modo, voz, número e pessoa. **2** discurso; fala: *É muito interessante ver o verbo virar imagem.* **3** oratória; discurso: *O advogado soube usar o verbo para convencer os jurados.* **4** a sabedoria eterna: *Deus é o Verbo.*
ver.bor.ra.gi.a *s.f.* (Depr.) abundância excessiva de palavras a esconder a falta de ideias: *Usava de uma verborragia pomposa, temperada por superlativos.*
ver.da.de *s.f.* **1** conformidade das coisas com o conceito que a mente forma delas: *Procuremos sempre a verdade científica.* **2** princípio fundamental de uma doutrina; dogma: *as verdades do catolicismo.* **3** sinceridade; franqueza: *Podem confiar na verdade de minhas palavras.* ✦ **de verdade** verdadeiro; real: *Ele portava um revólver de verdade na mão.* **em/na verdade** efetivamente; realmente: *Em/na verdade, o rapaz só cumpria ordens.*
ver.da.dei.ro *s.m.* **1** a verdade; a realidade: *Não é fácil discernir o verdadeiro e o falso.* • *adj.* **2** real; exato: *um verdadeiro milagre.* **3** exato; correto: *explicação verdadeira.* **4** autêntico; legítimo: *Somos os verdadeiros herdeiros da fazenda.* **5** sincero: *sentimentos verdadeiros.*
ver.de (ê) *s.m.* **1** a vegetação: *a proteção do verde.* **2** a cor verde: *iniciais bordadas em verde.* • *adj.* **3** da cor mais comum das ervas e das folhas das árvores: *anel de pedra verde.* **4** com vegetação; verdejante: *conservação das áreas verdes.* **5** que ainda não amadureceu: *fruta verde.* **6** feito com uva não madura: *vinho verde.* **7** jovem ou inexperiente: *verde para o casamento.*
ver.de-a.ma.re.lo *s.m.* **1** manifestação patriótica: *O presidente quer mais verde-amarelo em nossas atitudes.* • *adj.* **2** que possui as cores verde e amarela: *camisa verde-amarela.* **3** diz-se do que é brasileiro; do Brasil: *músicas do repertório verde-amarelo.*
ver.de.jan.te *adj.2g.* de cor verde: *planície verdejante.*
ver.dor (ô) *s.m.* **1** conjunto das plantas; vegetação: *estradas ladeadas de verdor.* **2** cor verde: *o verdor das folhagens.* **3** viço; vigor: *o verdor dos anos.*
ver.du.go *s.m.* **1** carrasco; torturador; algoz. **2** (Fig.) pessoa cruel e desumana.
ver.du.ra *s.f.* planta hortense, hortaliça: *O médico receitou ao menino frutas e verduras frescas.*
ver.du.rei.ro *s.m.* (Bras.) quem cultiva e vende verduras.
ve.re.a.dor (ô) *s.m.* membro da câmara municipal; edil.
ve.re.an.ça *s.f.* **1** conjunto de vereadores: *projetos aprovados pela vereança.* **2** cargo de vereador: *lista de candidatos à vereança.*
ve.re.da (ê) *s.f.* **1** caminho estreito; atalho: *seguir pela vereda.* **2** local recoberto por vegetação abundante:

vereda de gravatá e dormideira. **3** direção; rumo: *a vereda do bem e da verdade.*
ve.re.dic.to *s.m.* veredito.
ve.re.di.to *s.m.* **1** decisão de um júri ou de qualquer outro tribunal judiciário acerca de uma causa cível ou criminal. **2** juízo pronunciado em qualquer matéria; opinião abalizada: *Aguarda-se o veredito dos professores sobre o exame do aluno.* **3** opinião: *O veredito da atriz sobre o desfecho da novela é importante.*
ver.ga (ê) *s.f.* **1** vara flexível. **2** barra delgada de metal. **3** peça que se põe horizontalmente sobre ombreiras de porta ou janela. **4** (Náut.) peça de madeira ou de ferro que cruza o mastro de embarcação ou que se prende a ele por um dos extremos.
ver.ga.lhão *s.m.* barra de ferro comprida, estreita e relativamente grossa, de seção cheia. // Pl.: vergalhões.
ver.gar *v.t.* **1** curvar como se fosse verga; dobrar: *Não consegui vergar o arco.* **2** submeter; sujeitar; subjugar: *Os policiais tentavam vergar os grevistas.* **3** ficar curvado como verga; entortar: *O arco vergou.* • *pron.* **4** abater-se; humilhar-se; ceder: *Teve de se vergar à realidade dos fatos.*
ver.gas.tar *v.t.* **1** sacudir violentamente: *O vento forte vergastava as velas.* **2** açoitar: *O policial vergastava o preso.* **3** fustigar: *vergastar o ar com o chicote.* **4** censurar de modo contundente: *O orador vergastava os banqueiros.*
ver.go.nha *s.f.* **1** timidez; acanhamento: *Tenho vergonha de falar em público.* **2** opróbrio; desonra: *A desnutrição é uma vergonha nacional.* **3** vexame: *O evento foi uma vergonha.* **4** sentimento de desgosto que desperta em nós a ideia ou o receio de desonra; pejo; pudor: *vergonha de ser analfabeto.* ♦ **de vergonha** de brio; honrado: *mulher de vergonha.* **vergonha na cara** decência; dignidade: *ter vergonha na cara.*
ver.go.nho.so (ô) *adj.* **1** que causa vergonha; indigno: *ato vergonhoso.* **2** infame; odioso: *os vergonhosos sequestros-relâmpago.* **3** obsceno; indecoroso: *Havia fotos vergonhosas na revista.* // Pl.: vergonhosos.
ve.rí.di.co *adj.* **1** veraz; verdadeiro: *fatos verídicos.* **2** autêntico; real: *uma verídica sensação de morte.* **3** bem fundamentado; irrefutável: *argumento verídico.*
ve.ri.fi.ca.ção *s.f.* **1** averiguação: *a verificação das contas a pagar.* **2** prova; demonstração: *a verificação de uma hipótese.* **3** constatação: *a verificação de doença incurável.*
ve.ri.fi.car *v.t.* **1** examinar: *Verifique as janelas antes de sair.* **2** medir: *verificar a temperatura ambiente.* **3** descobrir; constatatar: *Verificamos que o dinheiro acabou.* • *pron.* **4** ocorrer; realizar-se: *Sua profecia verificou-se.*
ve.ri.fi.cá.vel *adj.* que pode ser comprovado ou verificado; suscetível de verificação: *hipótese verificável.*
ve.ris.ta *adj.* realista; naturalista: *o cunho verista da narrativa.*
ver.me (ê) *s.m.* **1** (Zool.) animal invertebrado sem patas, muito pequeno: *A sanguessuga é um verme parecido com a minhoca.* **2** parasita intestinal. **3** (Fig.) pessoa vil: *O moço era um verme oportunista.*
ver.me.lhão *s.m.* **1** rubor; vermelhidão: *pele manchada de vermelhão.* **2** revestimento de piso, feito com cimento tingido de vermelho: *arquibancada feita sobre chão de vermelhão.* **3** anomalia/doença que ataca a plantação de algodão: *lavoura vítima do vermelhão.* // Pl.: vermelhões.
ver.me.lhi.dão *s.f.* **1** vermelhão: *a vermelhidão dos olhos.* **2** eritema: *O emplastro provoca vermelhidão na pele.*
ver.me.lho (ê) *s.m.* **1** a cor vermelha: *o vermelho do caqui.* **2** manchado; rubor: *o vermelho da timidez.* • *adj.* **3** da cor do sangue vivo; rubro: *A saleta estava iluminada com luz vermelha.* **4** fulvo; ruivo: *Ela tem cabelos vermelhos.* **5** corado; afogueado: *a face vermelha.* **6** manchado; tinto: *boca vermelha de molho de tomate.* **7** sanguíneo; congestionado: *Tinha os olhos vermelhos de chorar.* ♦ **no vermelho** acima do crédito permitido: *conta bancária no vermelho.*
ver.mí.fu.go *s.m.* **1** remédio para destruir vermes: *A criança tomou vermífugo.* • *adj.* **2** diz-se de processo higiênico ou medicamento que evita a penetração de vermes ou helmintos em um hospedeiro ou destrói os vermes ou helmintos.
ver.mi.no.se (ó) *s.f.* (Patol.) doença causada pela abundância de vermes nos intestinos: *Ela estava com verminose.*
ver.mu.te *s.m.* vinho composto (branco ou tinto) ao qual se adicionam extratos de plantas aromáticas: *Ele degustava uma taça de vermute.*
ver.ná.cu.lo *s.m.* **1** o idioma próprio de um país: *Sempre me dediquei ao ensino do vernáculo.* • *adj.* **2** próprio da região em que está; nacional; vernacular: *Valorizemos a cultura vernácula.* **3** do idioma de um determinado país; da língua nacional: *expressão vernácula.* **4** diz-se da linguagem genuína, correta, sem estrangeirismos na pronúncia, na sintaxe e no vocabulário: *um português vernáculo.*
vernissage (Fr.) *s.m.* inauguração, ou abertura, de uma exposição de obras de arte: *O vernissage do pintor espanhol.* **2** estreia: *O vernissage do filme nos cinemas.*
ver.niz *s.m.* **1** solução obtida a partir da combinação de resinas e óleos diversos, usada para cobertura e proteção de metais, madeiras e pinturas. **2** couro envernizado: *sapatos de verniz.* **3** aparência: *Aquela delicadeza do comerciante é só verniz.*
ve.ro (é) *adj.* real; exato; verdadeiro, autêntico.
ve.ros.sí.mil *s.m.* **1** aquilo que se aproxima do real; aquilo que parece verdadeiro ou possível: *O que seduz não é o evidente, é o verossímil.* • *adj.* **2** semelhante à verdade; que se aproxima do real; que parece verdadeiro: *personagens verossímeis.*
ve.ros.si.mi.lhan.ça *s.f.* **1** grau de conformidade com os fatos ou com a realidade: *O gênero fantástico desafia as leis da verossimilhança.* **2** parecença; semelhança: *Há perfeita verossimilhança da narrativa com os fatos da vida real.*
ver.ru.ga *s.f.* pequena protuberância na pele, de aspecto e consistência calosos: *Ele tinha o braço coberto por verrugas.*
ver.ru.ma *s.f.* instrumento cuja extremidade inferior é aberta em espiral e termina em ponta, usado para abrir furos, especialmente na madeira; broca: *furar a madeira com a verruma.*
ver.sa.do *adj.* bom conhecedor; perito; experimentado: *Era uma farmacêutica versada em plantas medicinais.*

versão

ver.são s.f. **1** interpretação; formulação: *a versão cristã da lei do divórcio*. **2** modelo: *O novo carro era vendido na versão duas portas*. **3** apresentação: *a nova versão dos fatos*. **4** montagem: *a versão teatral do romance de Jorge Amado*. **5** tradução: *fazer a versão do inglês para o português*. **6** obra publicada em tradução: *A versão portuguesa de Shakespeare está mais cara que a obra original*. // Pl.: versões.

ver.sar v.t. **1** discorrer; falar: *O texto versava sobre a liberdade sexual*. **2** tratar; apresentar: *O documentário versa sobre o artesanato nordestino*. **3** ter por objeto ou assunto: *A entrevista deveria versar sobre a minha vida profissional*.

ver.sá.til adj. **1** que tem qualidades variadas e numerosas: *profissional versátil*. **2** que tem várias formas de aplicação: *produto versátil*.

ver.sa.ti.li.da.de s.f. **1** força criadora; criatividade; inventividade: *a versatilidade do artista de circo*. **2** utilidade múltipla: *a versatilidade do eletrodoméstico*. **3** capacidade para mudar segundo as necessidades: *a versatilidade do povo brasileiro*.

ver.se.jar v.int. fazer versos: *Versejava em homenagem à amada*.

ver.sí.cu.lo s.m. **1** trecho bíblico de duas ou três linhas com sentido completo: *Leu várias vezes todos os versículos do Apocalipse*. **2** trecho pequeno e de sentido completo de qualquer livro sagrado: *os versículos do Corão*.

ver.si.fi.ca.ção s.f. elaboração de versos: *manual de versificação*.

ver.so (é) s.m. **1** palavra ou combinação de palavras sujeitas a certa medida e cadência e que, na escrita, ocupa uma linha da composição poética: *um verso de cinco sílabas*. **2** composição poética; poema: *versos do cancioneiro popular*. **3** versificação; metrificação: *O verso não tinha mais segredos para o rapaz*. **4** página oposta à da frente: *o verso do formulário*. **5** face oposta à da frente; lado posterior: *O papel estava revestido, no verso, com uma matéria colante*.

vér.te.bra s.f. (Anat.) osso componente da espinha dorsal: *A vértebra estava fraturada*.

ver.te.bra.do s.m. (Zool.) **1** indivíduo pertencente ao grupo dos vertebrados: *Encontrados os restos de um vertebrado extinto*. • pl. **2** grupo de animais que têm esqueleto ósseo ou cartilaginoso sustentado pela coluna vertebral: *Estudava o sistema nervoso central dos vertebrados*. • adj. **3** que tem vértebras: *animais vertebrados*.

ver.te.bral adj. de ou relativo a vértebra: *coluna vertebral*. // Pl.: vertebrais.

ver.ten.te s.f. **1** declive de montanhas, por onde escoam as águas pluviais; encosta: *a vertente oeste da Serra da Mantiqueira*. **2** face; lado: *Essa é a mais difícil vertente do problema*. **3** subgrupo; corrente: *Livros de culinária constituem outra vertente da editora*.

ver.ter v.t. **1** derramar; despejar: *verter água na bacia*. **2** brotar; fluir; escoar: *Doces palavras vertiam de seus lábios*. **3** traduzir de uma língua para outra. ✦ **verter água** urinar.

ver.ti.cal adj. **1** perpendicular ao plano horizontal: *traço vertical*. **2** ereto; aprumado; reto: *posição vertical*. **3** organizado em diferentes andares ou níveis: *garagem vertical*. **4** em altura: *salto vertical*. **5** que obedece a uma hierarquia; hierárquico: *a divisão vertical do trabalho*. // Pl.: verticais.

ver.ti.ca.li.za.ção s.f. desenvolvimento em posição vertical: *a urbanização e verticalização das favelas*.

ver.ti.ca.li.zar v.t. **1** construir no sentido vertical: *verticalizar favelas*. **2** assumir um produto, desde a matéria-prima até o resultado final: *A estratégia das empresas é cada vez mais verticalizar seus negócios, participando da produção e da veiculação de seus produtos*. **3** transmitir de cima para baixo: *É preciso verticalizar estas medidas moralizadoras*.

vér.ti.ce s.m. **1** ponto oposto mais afastado da base de uma figura; ponto mais alto de algo; ápice; cume; culminação: *o vértice do edifício*. **2** ponto para o qual convergem todos os lados de uma pirâmide. **3** (Geom.) ponto onde duas ou mais retas se interceptam: *O vértice do triângulo estava formado*. **4** ponto em que dois caminhos se cruzam: *As ruas se encontravam e formavam um vértice*.

ver.ti.gem s.f. **1** perturbação da mente, repentina e, em geral, passageira, que provoca a sensação de que tudo gira; tontura: *Ele teve uma sensação de vertigem ao ver o roubo*. **2** qualquer sensação de desfalecimento; desmaio; fraqueza: *A fome o levou à vertigem*. **3** (Fig.) perda momentânea do autocontrole; tentação súbita; desvario; loucura.

ver.ti.gi.no.so adj. **1** que causa vertigens: *efeitos especiais vertiginosos*. **2** que perturba a razão ou a serenidade do espírito: *a paixão vertiginosa por uma francesa*. **3** muito rápido: *a vertiginosa decadência física do homem*. **4** muito grande ou intenso; espantoso: *a vertiginosa riqueza visual do filme*.

ver.ve (é) s.f. **1** entusiasmo que anima uma pessoa; inspiração: *O rapaz confirma sua verve de roqueiro*. **2** graça e vivacidade no falar ou escrever: *textos escritos com verve e imaginação*.

ves.go (ê) s.m. **1** pessoa estrábica. • adj. **2** estrábico: *O menino vesgo foi operado*.

ve.sí.cu.la s.f. (Anat.) **1** pequena bexiga ou saco membranoso: *vesícula seminal*. **2** órgão que contém a bile: *vesícula biliar*. **3** bolha: *Aquelas vesículas na pele foram provocadas por virose*.

ve.si.cu.lar adj. relativo à vesícula: *lesões vesiculares*.

ves.pa (ê) s.f. (Zool.) **1** inseto de asas membranosas, da mesma família das abelhas, de cor amarela e preta ou avermelhada, e com ferrão: *A vespa picou o menino*. **2** (Obsol.) moto; lambreta: *Ele chegou pilotando uma vespa*.

ves.pei.ro s.m. ninho de vespas: *O vespeiro estava na laranjeira*.

vés.pe.ra s.f. dia que antecede imediatamente àquele de que se trata: *a véspera de Natal*. ✦ **na/em véspera, às vésperas** próximo; perto: *Estamos às vésperas da eliminação do analfabetismo*.

ves.pe.ral s.f. sessão da tarde; matinê: *Crianças frequentam a sessão vesperal do cinema*.

vés.pe.ras s.f. pl. na liturgia católica, hora canônica que se canta ou recita no cair da tarde: *Pessoas recitavam as vésperas*.

ves.per.ti.no s.m. **1** jornal que circula à tarde: *Era um vespertino que só noticiava brigas familiares*. • adj. **2** que se faz ou que acontece à tarde: *encontros vespertinos*. **3** do período da tarde: *horas vespertinas*.

vezeiro

ves.tal *s.f.* **1** sacerdotisa de Vesta, deusa do fogo entre os romanos antigos. **2** (Fig.) que não se corrompe; honesto.

ves.te (é) *s.f.* roupa; traje: *A veste era velha.*

ves.ti.á.rio *s.m.* local, nos clubes, onde se troca de roupa.

ves.ti.bu.lan.do *s.m.* quem se prepara para prestar exame de ingresso em instituição de ensino superior: *O vestibulando se preparava para as provas finais.*

ves.ti.bu.lar *s.m.* **1** exame de admissão a um curso superior: *Rui vai prestar vestibular.* • *adj.* **2** diz-se do exame de admissão à graduação de um curso superior: *concursos vestibulares.*

ves.ti.bu.li.nho *s.m.* exame de seleção para entrada no primeiro ano do segundo grau: *O vestibulinho foi muito concorrido.*

ves.tí.bu.lo *s.m.* **1** espaço entre a porta e as demais salas no interior de uma casa: *O espelho do vestíbulo está partido.* **2** saguão: *o vestíbulo do edifício.* **3** (Anat.) cavidade central do labirinto ósseo do ouvido: *A infecção atingiu o vestíbulo.*

ves.ti.do *s.m.* **1** vestimenta de uso feminino que consiste numa peça única, que cobre o tronco e os membros, no todo ou em parte: *Usava um vestido de cetim.* • *adj.* **2** trajado: *O rapaz estava sempre bem vestido.* **3** trajado para sair; pronto: *Disse que estaria vestida num instante.* **4** com roupa: *O menino estava vestido de azul.* **5** travestido; fantasiado: *foliã vestida de baiana.*

ves.tí.gio *s.m.* **1** indício; sinal: *vestígio de chuva.* **2** traços; marcas: *vestígios de animais.* **3** restos; ruínas: *Havia vestígios de casebres derrubados pela cheia.*

ves.ti.men.ta *s.f.* roupa; traje: *Ela apareceu com aquela vestimenta exótica.*

ves.tir *v.t.* **1** colocar em si mesmo: *A criança não conseguia vestir o pijama.* **2** usar roupa: *Veste branco da cabeça aos pés.* **3** fornecer roupa; prover de roupa: *Trabalha para alimentar e vestir os filhos.* **4** assumir; adotar: *O paraninfo veste um ar solene e começa a discursar.* **5** colocar; pôr: *vestir o casaco na criança.* • *pron.* **6** trajar-se: *O diretor se veste com esmero.* **7** apresentar-se com: *Minha tia se vestia sempre de luto.* **8** apresentar-se travestido ou disfarçado: *vestir-se de Papai Noel.* ♦ **vestir a carapuça** tomar para si alusão, dirigida a outrem: *O garoto vestiu a carapuça após ouvir os comentários.* **vestir a camisa** assumir totalmente os ideais ou interesses de: *Ele vestiu definitivamente a camisa da ecologia.*

ves.tu.á.rio *s.m.* traje; roupa: *as despesas com vestuário.*

ve.tar *v.t.* **1** apor veto: *O prefeito vetou a lei aprovada pela câmara.* **2** recusar: *vetar a sugestão dos alunos.* **3** proibir: *O restaurante veta a entrada de homens sem camisa.* **4** impedir; obstar: *vetar aos estrangeiros a permanência no país.*

ve.te.ra.no *s.m.* **1** militar reformado por tempo de serviço ou por invalidez: *Ele é um veterano de guerra.* **2** pessoa experiente em uma atividade; perito: *É um veterano em corridas automobilísticas.* • *adj.* **3** experiente; antigo: *jogador veterano.*

ve.te.ri.ná.rio *s.m.* **1** profissional que cuida da saúde dos animais: *Meu vizinho é um bom veterinário.* • *adj.* **2** de animais: *medicina veterinária.* **3** da saúde dos animais: *assistência veterinária.*

ve.to (é) *s.m.* **1** ato pelo qual o chefe do Poder Executivo nega, total ou parcialmente, sanção a uma lei votada pelo Legislativo; veto presidencial: *Houve veto à nova lei.* **2** recusa; oposição: *o veto dos pais aos caprichos dos filhos.*

ve.tor (ô) *s.m.* **1** elemento de orientação, condução ou direcionamento: *Brasília é síntese de todos nossos vetores culturais.* **2** força que atua em determinada direção: *A presença de corporações militares em todo o território age como vetor principal de integração nacional.* **3** veículo transmissor de doenças; hospedeiro intermediário: *É preciso haver controle dos vetores da dengue.* **4** veículo; intermediário: *O shopping center foi o vetor da expansão do varejo.* • *adj.* **5** transmissor: *enxames de moscas vetores do berne.*

ve.to.ri.al *adj.* de orientação; de direcionamento: *Urge a aceleração dos elementos vetoriais representativos do progresso econômico.*

ve.tus.to *adj.* **1** muito velho: *Era um mordomo vetusto.* **2** muito antigo: *O museu de nossa cidade tem um ar vetusto.*

véu *s.m.* **1** tecido fino com que se oculta ou cobre alguma coisa: *véu de noiva.* **2** tudo o que serve para ocultar algo; disfarce: *Lançaram sobre o caso o véu da impunidade.*

ve.xa.me /ch/ *s.m.* **1** vergonha; humilhação; afronta: *sofrer vexame.* **2** (Bras.) (Reg. NE) pressa: *No vexame, ele rasgava com a espora o lombo da montaria.*

ve.xar /ch/ *v.t.* **1** constranger; incomodar: *As brincadeiras do aluno vexaram a professora.* • *pron.* **2** aborrecer-se; apoquentar-se: *Os políticos se vexam com situações malucas.* **3** afligir-se: *Não me vexo com a final do campeonato.* **4** envergonhar-se: *Eu me vexei de pedir dinheiro emprestado.*

ve.xa.tó.rio /ch/ *adj.* que causa vexame; vergonhoso: *situação vexatória.*

vez (ê) *s.f.* **1** turno: *Espere a vez de falar.* **2** ensejo; oportunidade: *Não perdia a vez de contar uma piada.* **3** ocasião: *Certa vez fui ao Rio de Janeiro participar de um campeonato.* ♦ **às vezes** com alguma frequência; em certas ocasiões: *ir às vezes ao clube.* **de quando em vez/de vez em quando/(uma) vez ou outra/vez por outra/(de) vez em vez** de tempos em tempos; de quando em quando: *De quando em vez/de vez em quando os cinemas apresentam novidade; ir ao cinema (uma) vez ou outra; tomar vinho (de) vez em vez/vez por outra.* **de uma vez** (i) definitivamente: *acabar de uma vez com o namoro* (ii) logo; rapidamente: *Tome esse xarope de uma vez!* **de uma vez para sempre/por todas** definitivamente: *pôr as coisas a limpo de uma vez por todas; ir embora de uma vez para sempre.* **de vez** (i) quase maduro: *fruta de vez.* (ii) definitivamente: *voltar de vez para a casa dos pais.* **em vez de** em lugar de: *rir em vez de chorar.* **mil vezes** muitíssimo: *Mil vezes melhor dizer a verdade.* **uma vez na vida, outra na morte** muito raramente: *ir ao circo uma vez na vida outra na morte.* **uma vez que** já que; visto que: *Nem pergunto o preço do carro, uma vez que não tenho dinheiro para comprá-lo.*

ve.zei.ro *adj.* **1** habitual; costumeiro: *O amor-paixão é vezeiro na literatura romântica.* **2** habituado; acostumado: *Esse turista era vezeiro em trocar sua mala por outra.*

ve.zo (ê) *s.m.* costume; hábito: *O colunista tem o vezo de criticar tudo e todos.*

vi.a *s.f.* **1** estrada; caminho: *via férrea.* **2** rodovia; auto-estrada: *Viemos pela via Anchieta.* **3** rua ou avenida: *vias expressas.* **4** exemplar de uma letra ou documento: *Tirou a certidão em duas vias.* **5** (Anat.) qualquer canal do organismo animal; conduto: *vias urinárias.* **6** meio; expediente: *Precisamos intensificar nossas vias de entendimento.* • *prep.* **7** por: *ir de São Paulo a Atenas, via Roma.* **8** por intermédio de: *transmissão do jogo via satélite.* ♦ **em via** a caminho: *país em via de desenvolvimento.* **por via** por causa; em virtude: *Eu só saí da cidade por via de um caso que eu não te contei.* **por via das dúvidas** para prevenir enganos: *Por via das dúvidas, na noite de estreia procurou imitar as colegas.* **via de regra** comumente: *Via de regra, os alunos vêm de boné para a escola.* **vias de fato** luta corporal; violência: *Os dois iam passar às vias de fato.* **Via Láctea** nebulosa que forma enormes manchas esbranquiçadas no céu escuro; comumente chamada de caminho de São Tiago.

vi.a-crú.cis *s.f.* **1** caminho do calvário: *Você acaba de repetir a via-crúcis, sofrendo o martírio de Jesus.* **2** caminhada ou percurso penoso: *fazer a via-crúcis de hospital em hospital para receber socorro médico.* // Pl.: vias-crúcis.

vi.a.bi.li.da.de *s.f.* possibilidade de realização ou de utilização: *projetos de pouca viabilidade prática.*

vi.a.bi.li.zar *v.t.* **1** tornar viável; tornar possível: *Não conseguimos viabilizar a realização do trabalho.* **2** tornar possível o funcionamento: *Criaram novos impostos para viabilizar o programa de saúde.* • *pron.* **3** tornar-se viável ou possível: *Sem entendimento com o Congresso, o projeto não se viabiliza.*

vi.a.ção *s.f.* **1** sistema ou conjunto de estradas: *A viação estadual está bem cuidada.* **2** empresa de transporte coletivo: *A viação Via Láctea está mais rápida.* **3** deslocamento por caminhos ou ruas: *Boas estradas facilitam a viação.*

vi.a.du.to *s.m.* construção que permite passagem sobre depressões ou vales: *O viaduto foi recém-construído.*

vi.a.gei.ro *s.m.* **1** aquele que viaja; viajante: *O viageiro estava fatigado, após tantas horas de viagem.* **2** que viaja. • *adj.* **3** relativo a viagem: *Era um homem viageiro, conhecia muitos lugares.*

vi.a.gem *s.f.* **1** percurso: *Uma hora de viagem foi o que gastamos.* **2** carga; carregamento: *Encomendei uma viagem de areia.* **3** deslocamento para se chegar a lugar distante; percurso: *viagem a São Paulo.* (Coloq.) **4** (Fig.) experiência intensa causada pela ingestão de uma substância alucinógena ou pela audição de determinada música.

vi.a.jan.te *s.2g.* **1** pessoa que viaja: *pensão de viajantes.* **2** passageiro: *Como sofrem os viajantes dos trens de subúrbio!* **3** representante comercial; caixeiro-viajante: *Meu tio era viajante da empresa de alimentos.* • *adj.* **4** que viaja: *Sou um professor viajante.*

vi.a.jar *v.t.* **1** empreender viagem: *viajar para o interior.* **2** deslocar-se: *Sementes viajam para longe e depositam-se em ambientes distantes.* **3** excursionar: *O balé viajará para a Europa.* **4** passar: *viajar por terras estranhas.* • *int.* **5** fazer viagem ou viagens: *Fiz uma viagem para a Europa.* **6** passar por alucinações quando se está sob o efeito de drogas: *As drogas o levaram a uma viagem alucinógena.*

vi.an.da *s.f.* **1** qualquer tipo de alimento. **2** qualquer espécie de carne alimentar: *As viandas de porco eram cortadas em nacos gordos.* **3** carne de animais terrestres. ♦ **carne de vianda** (Bras.) (Reg. RS) ato de comer de marmita.

vi.an.dan.te *s.2g.* quem viaja por estrada; viajante: *aviso aos viandantes.* **2** quem caminha; caminhante; transeunte.

vi.á.rio *adj.* **1** referente à viação: *sistema viário; fluxo viário; O anel viário facilita a vida de muitos motoristas.*

vi.a-sa.cra *s.f.* **1** série de catorze quadros que representam as principais cenas da Paixão de Cristo; via-crúcis: *uma pintura moderna da via sacra.* **2** conjunto de orações rezadas em frente à série dos quadros que representam as principais cenas da Paixão de Cristo: *Na quaresma, os cristãos fizeram a via-sacra.* **3** tarefa que exige muitas idas e vindas; via-crúcis: *Fizemos uma via-sacra pelas distribuidoras de gás da região na esperança de conseguir o produto.* // Pl.: vias-sacras.

vi.a.tu.ra *s.f.* veículo: *a viatura da polícia.*

vi.á.vel *adj.* **1** exeqüível; realizável: *projeto viável.* **2** possível: *única saída viável.* **3** que pode ser bem-sucedido; que tem chances: *disputa entre três candidatos viáveis.*

ví.bo.ra *s.f.* **1** cobra; serpente: *o veneno da víbora.* **2** (Fig.) pessoa má; peste: *Minha vizinha é mesmo uma víbora.*

vi.bra.ção *s.f.* **1** oscilação; balanço: *as vibrações da vara de anzol.* **2** agitação; frêmito: *a vibração do corpo.* **3** movimento repetido das partículas de um corpo ou meio elástico, em sentidos alternativamente opostos com relação à posição de equilíbrio: *o movimento de vibração das moléculas.* **4** entusiasmo; animação: *Houve muita vibração dos brasileiros com a conquista do pentacampeonato.* // Pl.: vibrações.

vi.bra.dor *s.m.* e *adj.* que ou aquilo que produz vibração.

vi.bra.fo.ne *s.m.* marimba eletrônica com uma série de lâminas de aço que se percutem com baquetas e com ressonadores: *O som do vibrafone soa agradável.*

vi.bran.te *adj.* **1** que vibra; vibratório; sonoro: *Ouvimos um som vibrante.* **2** que vibra; que se agita: *corda vibrante.* **3** alegre; vivo; colorido: *Ela veste-se com cores vibrantes.* **4** entusiasmado; animado; empolgado: *locutor vibrante.*

vi.brar *v.t.* **1** fazer tremular: *A agitação da torcida vibrava a arquibancada.* **2** fazer soar; tanger: *vibrar as cordas da viola.* **3** lançar; arremessar: *O balconista vibrou a garrafa no lixo.* **4** desferir; aplicar: *vibrar chicotadas no animal.* • *int.* **5** soar: *As cordas da viola vibraram.* **6** ecoar: *A música vibrava nas igrejas.* **7** trepidar; estremecer: *O estádio vibra quando a torcida pula.* **8** empolgar-se: *vibrar de alegria.*

vi.bra.tó.rio *adj.* **1** que vibra; trepidante: *esponja de banho vibratória.* **2** de vibração: *condições vibratórias do tímpano.*

vi.bri.ão *s.m.* (Zool.) gênero de bactérias móveis em forma de bastonete recurvo: *o vibrião do cólera.*

vi.cá.rio *adj.* diz-se do termo que se usa em lugar de outro para lhe enviar a repetição, como acontece com os verbos *ser* e *fazer*, o pronome *o*, a palavra *sim*: *Não discuto o seu direito, mas sim* (= discuto) *o meu.*

868

vi.ce- *s.2g.* redução de vice-presidente, vice-governador, vice-prefeito etc.

vi.ce-cam.pe.ão *s.m.* **1** quem ou que se classifica em segundo lugar numa competição: *vice-campeão consagrado pela torcida.* • *adj.* **2** que se classificou em segundo lugar: *time vice-campeão*.

vi.ce-di.re.tor *s.m.* substituto do diretor, em suas faltas e impedimentos.

vi.ce-go.ver.na.dor *s.m.* substituto do governador, em suas faltas ou impedimentos.

vi.ce.jar (ê) *v.int.* **1** brotar: *Ervas daninhas vicejavam no jardim*. **2** ter viço; destacar-se pelo viço: *O vaso de violetas vicejava na janela*.

vi.cen.ti.no *s.m.* **1** natural ou habitante de São Vicente: *Os vicentinos se orgulham de sua cidade*. **2** membro da associação beneficente Conferência de São Vicente de Paulo: *o trabalho beneficente dos vicentinos.* • *adj.* **3** relativo a São Vicente.

vi.ce-pre.si.den.te *s.m.* substituto do presidente, em suas faltas e impedimentos.

vi.ce-ver.sa *adv.* **1** do latim *vice versa*, que significa em sentido inverso ou oposto: *levar experiências do teatro para a TV e vice-versa*. **2** reciprocamente; mutuamente: *Deve-se considerar a responsabilidade do esposo para com a esposa e vice-versa*.

vi.ci.a.do *s.m.* **1** dependente de substância psicotrópica: *os viciados em drogas*. **2** pessoa que adquire hábito de que não se livra facilmente: *Já fui um viciado em jogos de azar.* • *adj.* **3** adulterado; falsificado: *O comerciante usava uma balança viciada*. **4** impuro: *Respirávamos o ar viciado da sala*. **5** dependente de substância psicotrópica: *rapaz viciado em entorpecentes*. **6** fanático; vidrado: *criança viciada em gibi*.

vi.ci.ar *v.t.* **1** tornar viciado; causar dependência: *O cigarro vicia e causa danos à saúde*. **2** corromper: *O corporativismo vicia as relações entre os médicos e os pacientes*. **3** acostumar: *Os pais viciaram o menino em TV.* • *pron.* **4** tornar-se viciado ou dependente de: *É um perigo viciar-se em entorpecente*.

vi.ci.nal *adj.* **1** entre vizinhos: *solidariedade vicinal*. **2** que, secundariamente a uma via principal, liga povoações próximas: *estradas vicinais*. // Pl.: vicinais.

ví.cio *s.m.* **1** inclinação para o mal: *passar do vício à virtude*. **2** erro; falha: *grotesco vício de linguagem*. **3** hábito inveterado: *vício de pescar*. **4** toxicomania; dependência: *O rapaz tinha o vício das drogas.* • *pl.* **5** depravação; libertinagem: *cidade cheia de vícios*. // Pl.: vícios.

vi.ci.o.so (ó) *adj.* cheio de vícios; corrupto: *costumes viciosos*. // Pl.: viciosos (ó).

vi.cis.si.tu.de *s.f.* **1** mudança ou diversidade de coisas que se sucedem: *O século XX passou por muitas vicissitudes*. **2** inconstância dos sucessos, uns prósperos, outros adversos: *as vicissitudes da sorte*. **3** instabilidade: *as vicissitudes da economia mundial*.

vi.ço *s.m.* **1** força vegetativa da planta; vigor: *o viço da flor*. **2** exuberância; força; vigor: *o viço da criança*.

vi.ço.so *adj.* **1** que tem viço; exuberante; verdejante: *O gramado viçoso foi devastado*. **2** forte; vigoroso: *animal viçoso*.

vi.cu.nha *s.f.* **1** mamífero ruminante, de porte médio, da família dos camelos, que vive na região dos Andes e que fornece lã muito apreciada: *rebanho de vicunhas*. **2** tecido feito com a lã desse animal: *Rui usava um belo paletó de vicunha*.

vi.da *s.f.* **1** duração do nascimento à morte: *A expectativa de vida média da população brasileira é de 65 anos*. **2** história do nascimento à morte; biografia: *Já li a vida de Garrincha*. **3** duração; conservação: *Ar seco é ideal para a vida dos livros*. **4** existência: *O princípio da vida é a alma*. **5** modo de viver: *hábitos típicos da vida americana*. **6** subsistência; sustento: *ganhar a vida honestamente*. **7** trabalho; ocupação: *vida de bailarina*. **8** vigor; energia: *crianças cheias de vida*. **9** convivência: *a vida dos casais*. **10** situação econômica: *estar bem de vida*. **11** razão ou motivo da existência: *Os filhos são a vida dos pais*. **12** conjunto de seres vivos classificados de acordo com o ambiente; a flora e a fauna situadas em seu meio natural: *a vida lacustre*.

vi.de[1] *s.f.* (Bot.) muda de videira; videira nova em desenvolvimento: *A vide crescia rapidamente*.

vide[2] (vide) (Lat.) fórmula para remeter a livro ou texto ou para introduzir exemplo; veja-se; confira-se; observe--se: *A abolição dos escravos ocorreu gradualmente. Vide as várias leis, como a do Ventre Livre*.

vi.dei.ra *s.f.* (Bot.) planta trepadeira lenhosa que produz a uva: *A videira estava carregada de uvas*.

vi.dên.cia *s.f.* **1** capacidade de prever o futuro: *a vidência dos adivinhos*. **2** capacidade de visão de seres sobrenaturais: *médium dotado de vidência*.

vi.den.te *s.2g.* **1** pessoa que diz ter a faculdade de prever o futuro: *O vidente previu a morte do cantor*. **2** pessoa que diz ter visão de seres sobrenaturais: *A vidente dizia-se capaz de conversar com uma santa.* • *adj.* **3** que prevê o futuro: *Na dúvida, consultar um tarólogo vidente*. **4** que vê seres sobrenaturais: *médium vidente*.

ví.deo *s.m.* **1** parte do televisor onde aparecem as imagens: *a imagem nítida no vídeo*. **2** aparelho de videocassete: *Liguei o vídeo para gravar o programa*.

vi.de.o.cas.se.te (é) *s.m.* **1** sistema de gravação em fita pelo processo de videoteipe: *assistir a um filme em videocassete*. **2** aparelho para gravação/reprodução em fitas: *acoplar o videocassete à TV*.

vi.de.o.cli.pe *s.m.* vídeo para a apresentação de música acompanhada de um roteiro, protagonizado pelo cantor ou grupo de músicos: *A TV exibiu o novo videoclipe da banda do momento*.

videogame (videoguêime) (Ingl.) *s.m.* brinquedo com programa interativo em que o jogador controla imagens numa tela; jogo eletrônico: *O lançamento do videogame de última geração foi o maior sucesso*.

vi.de.o.tei.pe *s.m.* gravação simultânea de som e imagem em fita magnética, permitindo reprodução futura: *transmissões de futebol em videoteipe: A gravação em videoteipe do concerto será apresentada ao público*.

vi.dra.ça *s.f.* conjunto de placas de vidro assentadas nos caixilhos de portas e janelas: *A vidraça resplandecia de tão limpa*.

vi.dra.ça.ri.a *s.f.* **1** técnica de fabricação de vidros: *artesão especialista em vidraçaria*. **2** loja que fabrica ou comercializa vidros; vidraria: *Compre o quadro numa vidraçaria*.

vi.dra.cei.ro *s.m.* **1** pessoa que corta e coloca vidros em caixilhos. **2** quem trabalha com vidro em geral.

vi.dra.do *adj.* **1** coberto de substância que tem natureza ou aspecto de vidro: *tigela de barro vidrado*.

vidraria

2 semelhante ao vidro; vítreo: *chão duro e vidrado.* **3** (Fig.) apaixonado por; gamado: *criança vidrada por chocolate.* **4** fixado; preso: *os olhos vidrados na televisão.*

vi.dra.ri.a *s.f.* **1** fábrica de vidros: *Vidraria lança nova garrafa térmica.* **2** fabricação de vidros: *a arte da vidraria.*

vi.dri.lho *s.m.* pequena conta ou miçanga em forma de cilindro oco, para ornatos e bordados: *O vidrilho compunha o colar.*

vi.dro *s.m.* **1** substância dura, transparente e frágil resultante da fusão e solidificação de mistura de quartzo, carbonato de cálcio e carbonato de sódio: *cacos de vidro.* **2** vaso pequeno de vidro; frasco: *vidros de perfume.* **3** vidraça: *baixar o vidro da janela.* **4** lâmina de vidro que serve de divisória ou parede externa: *o vidro da vitrina.*

vi.ei.ra *s.f.* **1** molusco marinho, de concha dupla: *A vieira é uma iguaria na culinária.* **2** concha desse molusco: *praias cheias de vieiras cintilantes.* // Pl.: vieiras.

vi.e.nen.se *s.2g.* **1** natural ou habitante de Viena. • *adj.* **2** relativo a Viena: *valsas vienenses.*

vi.és *s.m.* **1** meio indireto: *criticar a sociedade pelo viés do humor.* **2** afastamento da direção ou da posição normal; desvio: *evitar o viés antipedagógico.* **3** tira estreita de pano, cortada em diagonal e usada para acabamento: *roupa enfeitada com vieses de cetim.* // Pl.: vieses. ♦ **de viés** em diagonal; obliquamente: *olhar de viés.*

vi.et.na.mi.ta *s.2g.* **2** natural ou habitante do Vietnã. • *adj.* **2** relativo ao Vietnã: *povo vietnamita.*

vi.ga *s.f.* **1** trave de madeira: *A porta da sala era trancada por uma viga.* **2** trave de sustentação de construções: *corrente amarrada à viga de madeira do cômodo.*

vi.ga.men.to *s.m.* conjunto de vigas de uma construção: *Casas antigas cujos vigamentos de pinho lembram o madeirame de antigas caravelas.*

vi.ga.ri.ce *s.f.* logro; tapeação: *Coisa que não suporto é vigarice.*

vi.gá.rio *s.m.* **1** pároco: *missas rezadas por vigários.* **2** aquele que faz as vezes de outro; substituto: *Os governantes se consideram vigários, representantes do povo.*

vi.ga.ris.ta *s.2g.* **1** ladrão que passa o conto do vigário: *O vigarista foi conduzido à delegacia.* **2** pessoa que explora a boa-fé de incautos; trapaceiro: *Vigarista se faz passar por diretor de cinema e acaba preso.* • *adj.* **3** velhaco; trapaceiro: *um negociante vigarista.*

vi.ge *interj.* exprime surpresa, espanto, repulsão, menosprezo ou ironia: *Vige, que coisa mais feia!*

vi.gên.cia *s.f.* **1** tempo durante o qual alguma coisa vige ou vigora: *acordo salarial com vigência a partir de agosto.* **2** vigor: *o problema da vigência dos direitos humanos no mundo.*

vi.gen.te *adj.* que vigora; em vigor: *a ordem vigente.*

vi.gi.a *s.f.* **1** abertura, geralmente circular, no costado ou numa superestrutura da embarcação para iluminar ou arejar: *O ar entrava pelas vigias.* **2** orifício ou abertura pela qual se espreita: *uma vigia aberta na parede.* • *s.2g.* **3** pessoa que exerce vigilância; guarda; sentinela: *O vigia estava de prontidão na entrada da casa.*

vi.gi.ar *v.t.* **1** olhar; observar: *vigiar as brincadeiras das crianças.* **2** tomar conta; cuidar: *vigiar o bolo para não queimar.* **3** fiscalizar: *vigiar as importações.* **4** espreitar: *A polícia andava alerta, vigiando a casa.*

vi.gi.lân.cia *s.f.* **1** atenção desvelada; cuidado ativo: *a constante vigilância do médico.* **2** exame; observação cuidadosa: *vigilância constante de alterações da pele.* **3** precaução; cautela antecipada: *Esteja em vigilância contínua contra os perigos do sol.*

vi.gi.lan.te *s.2g.* **1** pessoa que exerce vigilância: *vigilantes particulares.* • *adj.* **2** atento: *olhar vigilante.* **3** cuidadoso: *uma atitude vigilante de defesa.*

vi.gí.lia *s.f.* **1** falta de sono; insônia: *no rosto fatigado, os sinais da vigília intranquila.* **2** estado de quem vela: *a vigília de Dom Quixote montando guarda às armas.*

vi.gor (ô) *s.m.* **1** força física; robustez: *o vigor do atleta.* **2** energia; força: *Chutou a bola com vigor.* **3** vigência: *Essa lei não está mais em vigor.*

vi.go.rar *v.int.* estar em vigor, vigência ou curso: *A nova tabela de preços vigora desde ontem.*

vi.go.ro.so (ô) *adj.* **1** que tem vigor; forte; robusto: *braços vigorosos.* **2** forte; intenso; enérgico: *um vigoroso sinal de alerta.* // Pl.: vigorosos (ó).

viking (víquin) (do nórdico *vikingr*) *s.2g.* **1** indivíduo de um povo escandinavo, composto de navegadores que exploraram os mares da Europa do século VIII ao XI. • *adj.* **2** relativo aos vikings: *capacetes vikings.*

vil *adj.* **1** desprezível; infame: *Não acredito como ele pôde ser tão vil.* **2** mesquinho: *intenções vis.* **3** que tem pouco valor; ordinário: *estatueta composta dos mais vis metais.* **4** baixo; ínfimo: *Os imóveis foram alugados a preço vil.* ♦ **vil metal** dinheiro: *O agiota é apegado ao vil metal.* // Pl.: vis.

vi.la *s.f.* **1** povoação de maior importância que a aldeia e menor que a cidade: *as pequenas vilas de pescadores.* **2** bairro: *Moro em uma vila da periferia da cidade.* **3** conjunto de casas em rua sem saída: *alugar uma casa de vila.*

vi.la.ni.a *s.f.* vileza; infâmia: *Os guerreiros praticam atos de vilania.*

vi.lão *s.m.* **1** em obras de ficção, o personagem mau: *Fez o papel de vilão do filme.* **2** pessoa de mau caráter ou de maus costumes: *Os vilões devem ser punidos.*

vi.la.re.jo (ê) *s.m.* pequena vila.

vi.le.za (ê) *s.f.* **1** ação vil: *É condenável a vileza do comerciante.* **2** característica de vil ou vilão: *a vileza das torturas.*

vi.li.pen.di.ar *v.t.* ofender, aviltar: *Estão vilipendiando a moral e os bons costumes.*

vi.li.pên.dio *s.m.* **1** aviltamento; ofensa: *Foi vítima de vilipêndio.* **2** grande desprezo: *Os perversos tratam com vilipêndio os necessitados.*

vi.lo.si.da.de *s.f.* **1** (Anat.) pequena saliência vascular, especialmente em superfície livre de membrana: *célula de defesa com vilosidades.* **2** ponto saliente: *o contraste entre a lisura do exterior da escultura e as vilosidades de seu interior.*

vi.me *s.m.* haste ou vara tenra e flexível de vimeiro, que depois de descascada e seca serve para a fabricação de móveis e utensílios: *cesta de vime.*

vi.mei.ro *s.m.* (Bot.) tipo de salgueiro de que se extrai o vime: *O vimeiro era abundante naquela área.*

vi.na.gre *s.m.* **1** líquido azedo e adstringente feito com vinho ou bebida alcoólica fermentada: *vinagre*

violentar

de vinho. **2** azedume; amargor: *o vinagre de minha solidão.*
vi.na.gre.te (é) *s.m.* mistura de vinagre puro ou aromatizado e azeite de oliveira, temperada com sal e pimenta, com que se temperam saladas ou iguarias que se comem frias: *O vinagrete tinha um sabor especial.*
vin.car *v.t.* **1** tornar vincado ou sulcado; enrugar: *A idade vincou o rosto da artista.* **2** fazer vinco em: *vincar a calça do terno.* **3** assinalar; marcar: *É preciso vincar a importância da ecologia.*
vin.co *s.m.* **1** friso resultante da dobradura de um papel ou pano; dobra: *o vinco da calça.* **2** ruga: *O rosto cansado estava repleto de rugas.* **3** em artes gráficas, sulco produzido por filete em papel ou outro material.
vin.cu.la.ção *s.f.* **1** processo de votação pelo qual o eleitor só pode votar em candidatos do mesmo partido: *a vinculação de votos.* **2** ligação; associação: *a vinculação dos universitários com a comunidade carente.*
vin.cu.lar *v.t.* **1** unir: *O amor nos vincula.* **2** unir com vínculo; ligar: *A educação física vincula a energia física com a nervosa.* • *pron.* **3** tornar-se submetido; ligar-se: *vincular-se a um novo partido.*
vin.cu.la.ti.vo *adj.* em que há vinculação: *Ainda existe um caráter vinculativo do ex-funcionário com a empresa.*
vín.cu.lo *s.m.* **1** associação; relação: *vínculo trabalhista do empregado com o patrão.* **2** relação; relacionamento: *o vínculo dos pais com os filhos.*
vin.da *s.f.* **1** deslocamento para o lugar em que está o falante: *a vinda do ator para o Brasil.* **2** advento; chegada: *a vinda do Salvador ao nosso mundo.*
vin.di.ma *s.f.* colheita da uva: *Era época da vindima.*
vin.dou.ro *adj.* futuro: *os séculos vindouros.*
vin.ga.dor *s.m.* **1** quem executa vingança: *Era comum na vila contratar um vingador.* • *adj.* **2** que executa vingança: *Não creio que haja um deus vingador.*
vin.gan.ça *s.f.* **1** desforra. **2** represália; retaliação: *Os estudantes há muito vinham sofrendo a vingança.*
vin.gar *v.t.* **1** tirar desforra; reparar; punir: *Eles preparavam-se para vingar a morte do pai.* **2** reparar; compensar: *O time pretende vingar a eliminação do último campeonato.* **3** reparar ofensa; desagravar: *vingar o pai.* • *int.* **4** desenvolver-se: *A semente de romã não vingou.* • *pron.* **5** desforrar-se: *Ela pretende vingar-se da fofoqueira.*
vin.ga.ti.vo *adj.* **1** que se vinga; que se apraz com a vingança: *povo vingativo.* **2** que denota ou traduz desejo de vingança: *Suas palavras eram vingativas.*
vi.nha *s.f.* (Bot.) plantação de videiras.
vi.nha.ça *s.f.* resíduo líquido obtido na destilação do álcool; vinhoto: *O cheiro da vinhaça invadia o ar.*
vi.nhe.do (ê) *s.m.* grande extensão de vinhas.
vi.nhe.ta (ê) *s.f.* **1** ilustração que enfeita, delimita ou identifica seções de livros, revistas ou outros trabalhos de composição gráfica: *vinhetas de livros antigos.* **2** chamada usada em televisão, imagem, geralmente produzida por computação gráfica, que identifica o programa a ser exibido ou a própria emissora; chamada de programa: *a vinheta da nova novela.* **3** gravações de curta duração que vão ao ar no intervalo de uma programação de televisão ou rádio: *Apresentavam vinhetas com curiosidades sobre as Olimpíadas.*

vi.nho *s.m.* **1** bebida alcoólica resultante da fermentação da uva: *O vinho era de excelente qualidade.* **2** bebida alcoólica semelhante ao vinho: *vinho de caju.*
vi.nho.to (ô) *s.m.* vinhaça: *As águas do rio foram contaminadas com vinhoto.*
vi.ní.co.la *s.f.* **1** empresa produtora de vinho. • *adj.* **2** que produz vinho: *região vinícola.* **3** de vinho: *produção vinícola.*
vi.ni.cul.tor (ô) *s.m.* quem se ocupa de vinicultura.
vi.ni.cul.tu.ra *s.f.* fabricação de vinho.
vi.ní.fe.ro *adj.* que produz vinho: *O Rio Grande do Sul é vinífero por excelência.*
vi.ni.fi.ca.ção *s.f.* produção de vinho: *Um técnico fez palestra sobre o processo de vinificação.*
vi.nil *s.m.* **1** (Quím.) resina feita de uma substância derivada do etileno com a perda de um átomo de hidrogênio: *discos de vinil.* **2** disco fonográfico gravado em vinil: *O novo lançamento do cantor pode ser encontrado em CD ou em vinil.*
vin.te *num.* **1** duas vezes dez: *Comemorou seus vinte anos com a despedida de solteiro.* • *s.m.* **2** número que representa duas vezes dez: *Escreveu num papel o número vinte.* **3** período compreendido entre 1921 e 1930: *Na década de vinte surgiram os maiores movimentos modernistas em São Paulo.*
vin.tém *s.m.* **1** moeda de cobre que valia 20 réis: *presente de dois vinténs.* **2** (Coloq.) dinheiro; pecúlio: *não ter um vintém para ir ao cinema.* // Pl.: vinténs.
vin.te.na *s.f.* conjunto de vinte: *uma vintena de estudantes.*
vi.o.la (ó) *s.f.* **1** instrumento musical que consiste numa caixa de madeira com braço, sobre o qual se estendem dez ou doze cordas dispostas duas a duas, que soam quando dedilhadas. **2** espécie de violino maior, de timbre grave e que faz parte da orquestra moderna; suas cordas soam pela fricção de um arco.
vi.o.la.ção *s.f.* **1** infração de norma legal ou contratual; transgressão: *violação dos direitos humanos.* **2** invasão: *violação do espaço aéreo brasileiro.* **3** quebra: *violação do sigilo bancário.* **4** profanação; atentado: *violação do túmulo do cantor.*
vi.o.lá.ce.o *adj.* referente ou semelhante à violeta.
vi.o.la.dor *s.m.* **1** quem viola: *os violadores da lei.* **2** profanador: *Prenderam o violador do túmulo.* • *adj.* **3** que transgride: *grupo violador dos direitos humanos.*
vi.o.lão *s.m.* instrumento musical que consiste numa caixa de madeira com braço, sobre o qual se estendem seis cordas, que soam pela ação dos dedos. Pl.: violões.
vi.o.lar *v.t.* **1** desrespeitar, ofender com violência. **2** transgredir; infringir: *violar a lei.* **3** estuprar. **4** divulgar indevidamente; desrespeitar: *violar o sigilo.* **5** profanar: *Há bandidos que violam até sepulturas.*
vi.o.lei.ro *s.m.* quem toca viola caipira ou violão popular: *O violeiro tocava a viola com emoção.*
vi.o.lên.cia *s.f.* **1** ímpeto; arrebatamento: *Impressionou-me a violência do abraço.* **2** força; vigor: *a violência das águas.* **3** agressividade: *Diminui a violência do futebol.* **4** agressão; ataque: *violência contra o meio ambiente.* **5** transgressão; violação: *violência contra os direitos humanos.*
vi.o.len.tar *v.t.* **1** manter conjunção carnal com violência; estuprar. **2** deturpar; alterar: *violentar documentos.* **3** desrespeitar; violar: *violentar regras.*

violento

vi.o.len.to *adj.* 1 que se exerce com força; forte: *No cruzamento houve uma colisão violenta.* 2 agitado; tumultuoso: *mar violento.* 3 impetuoso; descontrolado: *pessoa de gênio violento.* 4 intenso: *calor violento.* 5 diz-se de morte provocada por acidentes ou homicídio: *Os jovens são as maiores vítimas de morte violenta.*

vi.o.le.ta (ê) *s.m.* 1 a cor roxa: *o violeta da ametista.* • *s.f.* 2 (Bot.) pequena erva de flores de cores variadas, sendo a roxa a mais comum, e folhas arredondadas e aveludadas. 3 a flor dessa erva: *um buquê de violetas.*

vi.o.li.nis.ta *s.2g.* quem toca violino: *O violinista foi muito aplaudido.*

vi.o.li.no *s.m.* instrumento musical que se toca apoiado sobre um dos ombros e que consiste numa caixa de madeira com braço, sobre o qual se estendem quatro cordas postas em vibração pela fricção das crinas de um arco.

vi.o.lis.ta *s.2g.* tocador de viola clássica: *Era um violista formado em arranjo, composição e instrumentação.*

vi.o.lon.ce.lis.ta *s.2g.* quem toca violoncelo.

vi.o.lon.ce.lo (é) *s.m.* instrumento musical, da família do violino, que se toca apoiando-o entre as pernas e que consiste numa caixa de madeira com braço, sobre o qual se estendem quatro cordas, que soam pela fricção das crinas de um arco especial.

vi.o.lo.nis.ta *s.2g.* quem toca violão.

vi.pe.ri.no *adj.* 1 próprio de víbora. 2 (Fig.) mordaz; perverso; maléfico: *língua viperina.*

vip (Ingl.) (sigla de *Very Important Person* – pessoa muito importante) *s.2g.* 1 pessoa que detém prestígio ou influência. • *adj.* 2 diz-se de local para este tipo de pessoa: *camarote VIP.* 3 diz-se dessa pessoa.

vi.quin.gue *s.2g.* viking.

vir *v.t.* 1 surgir; aparecer: *Por sorte só boas lembranças lhe vieram à memória.* 2 comparecer; apresentar-se: *A testemunha veio à delegacia prestar depoimento.* 3 aproximar-se de; dirigir-se: *Deixai vir a mim as crianças.* 4 descender: *Vinha de uma família de rústicos imigrantes portugueses.* 5 provir de uma experiência; haver passado por: *O goleiro vinha de uma lesão e achava que fosse senti-la.* 6 transportar-se de um lugar para outro (em direção ao lugar em que está o falante); dirigir-se a: *vir da capital para o interior.* 7 regressar; voltar: *vir do trabalho para casa.* 8 apresentar-se; ser; estar: *O celular vem em várias cores; O aparelho vem programado para operações especiais.* 9 proceder; provir; originar-se: *O avião vinha de Miami.* 10 estar situado; encontrar-se: *Na lista dos aprovados, meu nome vem em oitavo lugar.* • *int.* 11 ocorrer; acontecer; chegar: *O sucesso veio rápido.* 12 chegar: *A morte veio a galope.* 13 marca o desenvolvimento daquilo que o gerúndio expressa: *O dia vinha clareando.* ◆ **vir à baila/à tona** surgir (como assunto): *Conversava com o professor, quando veio à baila o jogo de futebol.* **vir abaixo** desabar; desmoronar. **vir a calhar** ser oportuno. **vir à luz** (i) nascer. (ii) surgir; aparecer. **vir ao mundo** nascer. **vir a ser** significar; ser.

vi.ra.bre.quim *s.m.* peça do motor de explosão que possibilita o movimento alternado dos pistões.

vi.ra.ção *s.f.* 1 vento suave e fresco que sopra durante o dia, do mar para a terra: *a viração da tarde.* (Coloq.) (Bras.) 2 ocupação passageira para auferir pequenos lucros; bico: *viver de viração, sem emprego fixo.* 3 prostituição; meretrício. 4 giro; passeio: *nossa viração pela Europa.* // Pl.: virações.

vi.ra-ca.sa.ca *s.2g.* (Coloq.) pessoa que troca de partido ou de ideias segundo suas conveniências. // Pl.: vira-casacas.

vi.ra.da *s.f.* 1 movimento de retorno feito pelo nadador quando chega ao fim da raia: *Fez uma virada de peito espetacular.* 2 (Bras.) em competição esportiva, processo em que a parte já considerada derrotada reage e vence: *a impressionante virada do time.* 3 mudança; guinada: *dar uma virada na vida.* 4 alteração da posição: *dar uma virada nos holofotes.* 5 período terminal; fim: *a virada do século.*

vi.ra.do *s.m.* 1 prato feito à base de feijão amassado com farinha de milho ou de mandioca: *Aprecio um virado à paulista.* • *adj.* 2 voltado: *mural virado para o público.* 3 colocado; posto: *mesa virada de pernas para o ar.*

vi.ra.dor (ô) *s.m.* 1 utensílio ou instrumento usado para mudar alguma coisa de uma posição para outra: *Já saiu o virador de fritura em aço inoxidável.* 2 (Coloq.) pessoa que vive de bico; trambiqueiro: *O virador loquaz aplicava engodos.*

vi.ra.gem *s.f.* 1 mudança; virada: *o momento de viragem na Astronomia.* 2 passagem; virada: *Assistimos à viragem do século.* 3 movimento circular do corpo; giro: *a viragem do capoeirista.* 4 manobra de mudança de direção de um veículo: *O espaço é pequeno para a viragem do carro.*

vi.ra.go *s.f.* (Deprec.) mulher muito forte ou de modos viris.

vi.ral *adj.* relativo a vírus ou causado por vírus.

vi.ra-la.ta *s.m.* (Bras.) 1 cão que vive solto pelas ruas. 2 cão sem raça definida. • *adj.* 3 diz-se do cão sem dono ou sem raça definida: *Cães vira-latas participam de um concurso de beleza.* 4 reles; sem importância: *time vira-lata.* // Pl.: vira-latas.

vi.ra-mun.do *s.m.* pessoa de vida errante; andarilho.

vi.rar *v.t.* 1 mudar de posição; mexer: *virar um pouco a cabeça.* 2 mudar; passar para o seguinte: *virar a página do livro.* 3 dobrar: *O ônibus já virou a esquina.* 4 percorrer: *Virei a cidade de ponta a ponta.* 5 perturbar; transtornar: *virar a cabeça das moças.* 6 verter; despejar: *virar o leite no balde.* 7 mover; direcionar: *Virou o carro para a esquerda.* • *int.* 8 sofrer mudança; alterar-se: *Depois desse baile, minha vida virou.* 9 mudar de direção: *O vento virou.* 10 tombar: *O caminhão virou.* • *pron.* 11 revoltar-se; investir: *Teve a coragem de se virar contra os avós.* 12 mudar de posição: *Virei-me na cama até dormir.* 13 voltar-se: *O ator virou-se para o público e curvou-se.* 14 (Coloq.) resolver suas dificuldades; defender-se: *Mesmo sem dinheiro, eu me virava.* • *lig.* 15 tornar-se; transformar-se em: *Isso já virou moda; Na história um príncipe virava um sapo.* ◆ **virar a cara** indispor-se com alguém. **virar casaca** mudar de posição ideológica. **virar fera/bicho** enfurecer-se. **virar a mesa** fazer escândalo; brigar. **vira essa boca pra lá** usada para repelir ou esconjurar o que alguém diz.

vir.gem *s.f.* 1 Maria, a mãe de Cristo: *prece à Virgem.* 2 (Astr.) sexta constelação do Zodíaco. 3

(Astrol.) sexto signo do Zodíaco (23/8 a 22/9). • *s.2g.* **4** pessoa que nunca teve relações sexuais. • *adj.* **5** que nunca teve relações sexuais: *moça ou rapaz virgem.* **6** diz-se do primeiro azeite, extraído das azeitonas por pressão: *óleo virgem.* **7** intocado; inexplorado: *floresta virgem.* **8** inexperiente; ignorante: *A empresa é absolutamente virgem neste segmento.* // Pl.: virgens.
vir.gi.li.a.no *adj.* **1** de Virgílio (70-19 a.C.), poeta latino: *temática virgiliana.* **2** da obra de Virgílio: *pastores virgilianos.*
vir.gi.nal *s.m.* **1** (Mús.) instrumento musical de teclado. • *adj.* **2** diz-se de pessoa que ainda é virgem: *Os sonhos virginais do adolescente.* **3** que denota pureza: *o aspecto virginal da santa.*
vir.gin.da.de *s.f.* condição de virgem: *perder a virgindade.*
vir.gi.ni.a.no *s.m.* **1** pessoa nascida sob o signo de Virgem: *O virginiano gosta de bichos.* • *adj.* **2** nascido sob o signo de Virgem: *namorada virginiana.*
vír.gu.la *s.f.* **1** sinal gráfico de pontuação que indica pausa: *separar os nomes por vírgula.* **2** o mesmo sinal usado para expressar a separação de números inteiros dos decimais. • *interj.* **3** termo usado para discordar veementemente: *Ela, minha amiga, vírgula!*
vi.ril *adj.* **1** próprio de homem; de homem: *força viril.* **2** masculino: *O elemento viril se admira das suas proezas.* // Pl.: viris.
vi.ri.lha *s.f.* região de junção da coxa com o ventre.
vi.ri.li.da.de *s.f.* **1** qualidade de viril. **2** idade viril, situada entre a adolescência e a velhice: *estar em plena virilidade.* **3** masculinidade: *a virilidade do rapaz.* **4** vigor; energia: *a virilidade do time.*
vi.ro.lo.gi.a *s.f.* ramo da Microbiologia que estuda os vírus.
vi.ró.lo.go *s.m.* especialista em virologia.
vi.ro.se (ó) *s.f.* (Patol.) qualquer doença causada por vírus.
vi.ró.ti.co *adj.* **1** que tem como característica ser causado por vírus. **2** viral.
vir.tu.al *adj.* **1** passível de se realizar; em potencial: *a virtual paralisação do país.* **2** possível: *virtual candidato ao governo.* **3** que se simula pelos processos eletrônicos da Informática: *uma imagem virtual.* // Pl.: virtuais.
vir.tu.de *s.f.* **1** disposição firme e constante para a prática do bem: *O Natal também é um convite à virtude.* **2** ética; moral: *Não se mede a virtude de um homem pela classe à qual ele pertence.* **3** atributo ou qualidade apreciável: *rapaz de muitas virtudes.* **4** pré-requisito: *Ele tem todas as virtudes para ser juiz.* **5** propriedade; característica positiva: *É importante descobrir as virtudes curativas das substâncias medicinais.* ♦ **em virtude** por causa de; devido a: *O convalescente sentia sono mais cedo em virtude dos efeitos secundários dos medicamentos.*
vir.tu.o.se (ô) *s.2g.* músico de grande talento: *Ele é um virtuose do trompete.*
vir.tu.o.sis.mo *s.m.* capacidade técnica em alto grau: *Foi impressionante o virtuosismo dos instrumentistas.*
vir.tu.o.sís.ti.co *adj.* **1** em que há virtuosismo. **2** que se presta ao virtuosismo: *um instrumento altamente virtuosístico.*

viscoso

vir.tu.o.so (ô) *s.m.* **1** pessoa cheia de virtudes: *O demônio tenta os virtuosos.* • *adj.* **2** cheio de virtudes: *esposo virtuoso.* **3** que denota ou que traduz virtude: *Exibia suas virtuosas vestes.* // Pl.: virtuosos (ó).
vi.ru.lên.cia *s.f.* **1** qualidade ou estado do que é virulento: *A cólera é uma moléstia que recobrou sua virulência.* **2** violência: *Por que tanta virulência na agressão?*
vi.ru.len.to *adj.* **1** contagioso: *moléstias virulentas.* **2** violento: *discussões virulentas.* **3** acirrado; exacerbado: *adversários virulentos.*
ví.rus *s.m.* (Patol.) **1** agente causador de doenças infecciosas: *Não se descobriu o vírus responsável pelo quadro infeccioso.* **2** (Inf.) programa que causa danos ao sistema operacional do computador: *um vírus que apaga arquivos.* **3** princípio de contágio moral mórbido: *ser contaminado pelo vírus da corrupção.*
vi.sa.gem *s.f.* **1** gesto calculado para impressionar; exibição: *O futebol brasileiro é pródigo em visagens.* **2** (Bras.) aparição sobrenatural; fantasma: *lendas que falam de bichos, visagens, assombrações.*
vi.são[1] *s.f.* (Anat.) **1** sentido pelo qual se percebem as imagens: *deficiência de visão.* **2** contemplação: *A visão do mar faz bem ao espírito.* **3** possibilidade de enxergar; visibilidade: *O nevoeiro ofusca a visão do motorista.* **4** discernimento; perspicácia: *Papai era pessoa de grande visão.* **5** apanhado; resumo: *apresentar uma visão geral do livro.* **6** ponto de vista; perspectiva: *Ele tem uma visão médica controversa.* **7** profecia: *as visões do profeta.* **8** percepção; compreensão: *ter uma visão negativa do mundo.* **9** imagem que se julga ver em sonho ou como em sonho por medo, superstição ou alucinação; miragem: *Ela diz que tem visões.* **10** ser sobrenatural; espectro: *A visão vestida de branco estendia-me o braço.* **11** imagem ou figura percebida pela vista; cena: *O filme abre com a visão penosa das crianças vítimas da fome.* **12** os olhos: *Não há órgão mais melindroso do que a visão.* // Pl.: visões.
vi.são[2] *s.f.* (Zool.) **1** mamífero carnívoro, pequeno, de pele pardacenta, macia e lustrosa. **2** pele valiosa desse animal: *uma estola de visão.*
vi.sar *v.t.* **1** apor visto em: *O funcionário visou o cheque.* **2** mirar: *Para visar um alvo, o piloto deve apenas olhar para ele e lançar o míssil.* **3** ter como alvo ou objetivo: *A ação da quadrilha visava à libertação de três presos.*
vís.ce.ra *s.f.* (Anat.) **1** designação comum a certos órgãos alojados na cavidade abdominal. ♦ *pl.* **2** entranhas: *jacarés alimentados com vísceras bovinas.*
vis.ce.ral *adj.* **1** das vísceras ou relativo às vísceras: *membranas viscerais.* **2** localizado nas vísceras: *lesão visceral.* **3** convicto: *Ele é torcedor visceral.* **4** (Fig.) entranhado; profundo: *Tinha pela mulher uma paixão visceral.* // Pl.: viscerais.
vis.con.de *s.m.* título de nobreza inferior ao de conde e superior ao de barão: *Sua mulher era neta de um visconde.*
vis.co.se *s.f.* fio ou tecido obtido de uma solução viscosa resultante do tratamento da celulose: *O tecido do vestido é viscose.*
vis.co.si.da.de *s.f.* estado daquilo que é viscoso: *a viscosidade do óleo lubrificante.*
vis.co.so (ô) *adj.* **1** que tem a consistência do visgo; pegajoso: *um líquido viscoso.* **2** coberto de substância

viseira

pegajosa: *As enguias são viscosas.* **3** escorregadio; difícil de detectar. // Pl.: viscosos (ó).

vi.sei.ra *s.f.* parte anterior do capacete ou do boné destinada a encobrir e proteger o rosto.

vis.go *s.m.* substância pegajosa; grude.

vi.si.bi.li.da.de *s.f.* **1** propriedade pela qual os corpos são percebidos pelo sentido da visão. **2** possibilidade de visão: *Os altos encostos dos bancos de trás atrapalham a visibilidade do motorista.*

vi.si.o.ná.rio *s.m.* **1** quem tem ideias extravagantes ou quiméricas: *um sonho de visionário.* ● *adj.* **2** sonhador: *Ele é um líder visionário.* **3** profético: *Einstein foi visionário em certas passagens, prevendo um mundo cheio de ogivas nucleares.*

vi.si.ta *s.f.* **1** encontro por compromisso social, afetivo ou profissional: *Hoje farei uma visita aos velhos amigos.* **2** vistoria; verificação; inspeção: *visita dos fiscais ao laboratório.* **3** visitante: *Amanhã vamos receber visitas.*

vi.si.ta.ção *s.f.* visita: *horário de visitação à feira de livros.* // Pl.: visitações.

vi.si.ta.dor (ô) *s.m.* quem faz visita de inspeção, observação ou controle: *Foi contratado como visitador da equipe de combate à dengue.*

vi.si.tan.te *s.2g.* **1** pessoa que faz visita: *Fomos cumprimentar o visitante.* **2** pessoa que visita para conhecer: *os visitantes da feira de automóveis.* **3** turista: *As estâncias garantem um atendimento personalizado a cada visitante.* ● *adj.* **4** diz-se de time, bem como de sua torcida, que atua no campo do time adversário: *A torcida visitante vibrava a cada gol.*

vi.si.tar *v.t.* **1** fazer visita; ir ver por compromisso social, afetivo ou profissional: *Visito os parentes.* **2** ir para conhecer: *visitar o Rio de Janeiro.* **3** verificar; vistoriar: *É necessário visitar o imóvel antes de alugá-lo.* **4** percorrer: *A exposição visitou as capitais do país.*

vi.sí.vel *s.m.* **1** o mundo sensível: *Há luta constante entre o visível e o invisível.* ● *adj.* **2** que pode ser visto: *estrela visível a olho nu.* **3** evidente; manifesto: *A professora demonstrava uma visível irritação.* **4** esperável; previsível: *problema sem solução visível.* // Pl.: visíveis.

vis.lum.brar *v.t.* **1** ver indistintamente; entrever: *Vislumbramos um vulto ao longe.* **2** perceber: *O diretor vislumbrou o talento da atriz.* **3** pressentir; antever: *vislumbrar o futuro.*

vis.lum.bre *s.m.* **1** indício; sinal: *um vislumbre de aumento salarial.* **2** conjetura; suposição: *Tive o vislumbre do desastre do time.* **3** luz tênue; pequeno clarão: *Vimos um vislumbre de meteoro.*

vi.sor (ô) *s.m.* **1** dispositivo instalado nas portas de entrada pelo qual se pode ver a pessoa que está do lado de fora: *o visor da porta do apartamento.* **2** (Eletrôn.) dispositivo de aparelhos eletrônicos que permitem a identificação de códigos visuais: *telefones celulares com visor de cristal para receber mensagens escritas.* **3** dispositivo fixado a um aparelho fotográfico para mostrar a área que será incluída na fotografia.

vis.ta *s.f.* **1** o sentido da visão: *Ler no escuro prejudica a vista.* **2** olhar: *fixar a vista na imagem colorida.* **3** ângulo de visão: *escapar da vista da mãe.* **4** foco de atenção; interesse: *programa com vista fixada para as populações carentes.* **5** percepção dos objetos ou seres operada pelo sentido da visão; visão: *A simples vista da enfermeira apavorava a criança.* **6** percepção; compreensão: *pais com largueza de vista.* **7** exame rápido; olhada; mirada: *passar uma vista rápida na questão do desemprego.* **8** um dos olhos: *Reclamava de ardor na vista esquerda.* **9** extensão ou área que se avista; panorama: *Da minha janela, tenho uma bela vista do mar.* ♦ **à/em vista de** por causa de; devido a. **à vista** (i) próximo; breve: *festa à vista.* (ii) ao alcance do ângulo visual; visível: *terra à vista.* (iii) em parcela única, feita na data da compra: *vendas à vista.* **com vista a** com a finalidade de; para. **em vista** programado: *ter um emprego em vista.* **haja vista** usada para introduzir uma justificação, explicação ou esclarecimento. **à primeira vista** (i) superficialmente: *À primeira vista a prova parecia fácil.* (ii) que surge na primeira vez em que se vê algo ou alguém: *amor à primeira vista.*

vis.to *s.m.* **1** declaração escrita em documento para mostrar que ele foi visado pela autoridade competente ou para lhe dar autenticidade ou validade: *aguardar o visto do gerente.* ♦ **pelo visto** aparentemente: *Pelo visto, a noiva vai chegar atrasada.* **visto que/como** introduz oração subordinada adverbial causal; já que: *Fomos conhecer a cidade, visto que tínhamos a manhã livre.*

vis.to.ri.a *s.f.* **1** inspeção judicial: *fazer vistoria dos supermercados.* **2** revista; exame: *fazer a vistoria do carro.*

vis.to.ri.ar *v.t.* **1** fazer vistoria em; inspecionar: *A polícia vai vistoriar o edifício suspeito.* **2** revistar; examinar: *vistoriar a mochila do turista.*

vis.to.so (ô) *adj.* **1** que atrai a vista; agradável de ver. **2** que chama a atenção; chamativo: *roupas vistosas; rapaz vistoso.* // Pl.: vistosos (ó).

vi.su.al *s.m.* **1** aparência física: *o belo visual da modelo.* **2** cenário: *O prédio da prefeitura faz parte do visual da praça.* ● *adj.* **3** relativo ou próprio da visão: *Era estreito o ângulo visual do motorista.* **4** percebido ou apreendido pela visão: *realidade visual.* **5** que impressiona a vista: *poluição visual.* **6** diz-se de artes que se manifestam pelas imagens: *artes visuais.* // Pl.: visuais.

vi.su.a.li.za.ção *s.f.* **1** ato ou efeito de visualizar: *A indústria tenta influenciar os consumidores por meio de estímulos de visualização.* **2** exame; observação: *a visualização do vírus da Aids.* **3** visão: *Etiquetas de cores diferentes ajudam a visualização dos produtos.*

vi.su.a.li.zar *v.t.* **1** tornar visível; fazer ver; mostrar: *As radiografias visualizam as condições do pulmão do paciente.* **2** perceber pela visão; ver: *visualizar um vulto.* **3** fazer uma imagem mental; imaginar: *visualizar passeios interessantes.*

vi.tal *adj.* **1** relativo à vida e à sua preservação: *ciclo vital.* **2** que dá vida: *a energia vital.* **3** que revela a existência de vida: *O acidentado ainda tinha sinais vitais.* **4** de importância capital; essencial: *uma questão vital.* // Pl.: vitais.

vi.ta.lí.cio *adj.* **1** que dura a vida inteira ou que a isso é destinado: *o poder vitalício do rei.* **2** que tem a garantia legal da vitaliciedade: *os membros vitalícios da magistratura.*

viver

vi.ta.li.da.de *s.f.* **1** força vital; vigor: *É admirável a vitalidade do povo brasileiro.* **2** conjunto das funções orgânicas: *a vitalidade cerebral.*

vi.ta.mi.na *s.f.* **1** componente orgânico do reino animal ou vegetal que atua em pequeníssimas quantidades sobre o metabolismo. **2** (Bras.) batida de frutas e/ou legumes, com gelo e açúcar, à qual se podem adicionar leite e aveia: *uma vitamina de abacate.*

vi.ta.mí.ni.co *adj.* que contém vitaminas: *complemento vitamínico.*

vi.te.la (é) *s.f.* **1** novilha que tem menos de um ano. **2** carne de novilha ou novilho.

vi.te.lo (é) *s.m.* **1** vitela. **2** (Anat.) parte do ovo que contém as reservas necessárias para nutrir o embrião.

vi.ti.cul.tor (ô) *s.m.* **1** cultivador de vinhas. • *adj.* **2** de cultivo de vinhas: *as propriedades viticultoras.*

vi.ti.li.go *s.m.* (Patol.) doença que provoca despigmentação da pele e a deixa com manchas brancas.

ví.ti.ma *s.f.* **1** pessoa ou animal imolado em holocausto: *Cordeiro era a vítima sacrificada às divindades.* **2** que sofre qualquer violência (acidente, desastre, guerra etc.): *Fez-se a identificação do corpo da vítima do assalto.* **3** que está sujeito a danos ou perdas morais: *Os filhos são as vítimas da dissolução da família.*

vi.ti.mar *v.t.* **1** sacrificar; matar: *A disputa pela terra continua a vitimar trabalhadores rurais.* **2** atingir; prejudicar: *A falta de justiça vitima os humildes.*

vi.ti.vi.ní.co.la *adj.* relacionado com a vitivinicultura: *regiões vitivinícolas.*

vi.ti.vi.ni.cul.tu.ra *s.f.* cultura de vinha e produção de vinho: *Os franceses são os especialistas da vitivinicultura mundial.*

vi.tó.ria *s.f.* **1** triunfo: *A vitória na guerra foi demorada.* **2** vantagem definitiva numa competição: *candidatos à vitória na prova de São Silvestre.* **3** resultado positivo; êxito: *a vitória na luta contra a pobreza.*

vi.to.ri.a.no *adj.* **1** do ou relativo ao reinado da rainha da Inglaterra, Vitória (1837-1901): *o período vitoriano.* **2** diz-se do estilo de mobiliário do século XIX: *uma sala de jantar vitoriana.* **3** típico dos padrões morais dessa época; puritano e rígido: *Era uma senhora de imagem vitoriana.*

vi.tó.ria-ré.gi.a *s.f.* (Bot.) planta aquática de grandes folhas redondas, flutuantes, de bordos arredondados, das quais brotam grandes flores alvas ou rosadas.

vi.to.ri.o.so (ô) *s.m.* **1** pessoa que venceu na vida; vencedor: *Todos me julgam um vitorioso.* • *adj.* **2** que alcançou vitória: *time vitorioso.* **3** triunfante: *Ele é um profissional competente e vitorioso.* **4** glorioso: *Ele é um ator vitorioso.*

vi.tral *s.m.* vidraça composta de pequenos vidros coloridos, geralmente representando personagens ou cenas.

ví.treo *adj.* **1** que tem a natureza ou o aspecto do vidro: *a superfície plana e vítrea.* **2** brilhante como o vidro: *a alvura vítrea do azulejo.* **3** límpido; transparente; diáfano: *atmosfera vítrea.* **4** (Anat.) diz-se da substância gelatinosa existente no espaço interno do globo ocular.

vi.tri.na *s.f.* em estabelecimento comercial, local provido de paredes externas envidraçadas, para a exposição de objetos.

vi.tri.ne *s.f.* vitrina: *A vitrine estava repleta de novidades.*

vi.tri.nis.ta *s.2g.* pessoa especializada no arranjo e/ou adorno de vitrinas.

vi.trô *s.m.* janela na qual os vidros são emoldurados por ferro ou alumínio e tem um dispositivo para abrir e fechar.

vi.tro.la (ó) *s.f.* aparelho elétrico para reprodução de sons gravados em discos.

vi.tu.pe.rar *v.t.* injuriar; insultar: *Um senhor grisalho vituperava o atendente do banco.* **2** desaprovar; censurar; repreender: *Um grupo de mulheres vitupera a emissora de televisão.*

vi.tu.pé.rio *s.m.* insulto; injúria: *Vitupérios eram dirigidos aos atores no palco.*

vi.u.vez (ê) *s.f.* **1** estado de quem é viúvo: *Ela não se acostuma com a viuvez.* **2** estado de desolação: *Ela morreu e a viuvez foi enorme entre os fãs.*

vi.ú.vo *s.m.* **1** pessoa cujo cônjuge morreu: *Hoje é comum o casamento de viúva.* • *adj.* **2** cujo cônjuge morreu: *uma senhora viúva.*

vi.va *interj.* expressa entusiasmo; desejo de felicidade e sucesso: *— Viva os noivos! — Viva!*

vi.va-voz *s.m.* dispositivo para telefone que permite falar ou ouvir mensagens sem segurar o aparelho: *telefone com recursos de viva-voz.* ♦ **de viva voz** de quem se pronuncia pessoalmente: *ouvir de viva voz certas respostas desagradáveis.*

vi.va.ci.da.de *s.f.* **1** qualidade do que tem vida ou vitalidade; vigor; energia: *criança cheia de vivacidade.* **2** agilidade; presteza: *O garoto tem vivacidade de raciocínio.* **3** modo expressivo de falar ou gesticular: *O orador expressa-se com vivacidade.* **4** brilho: *a vivacidade de seus olhos.* **5** atividade; dinamismo: *A novela começou com pouca vivacidade.*

vi.val.di.no *adj.* (Coloq.) (Bras.) espertalhão: *comerciante vivaldino.*

vi.val.ma *s.f.* nenhuma pessoa: *Na rua não havia vivalma.*

vi.vaz *adj.* **1** intensivo; ativo; forte: *vinho de paladar vivaz.* **2** que tem vivacidade; vivo; esperto: *menino vivaz.*

vi.vei.ro *s.m.* recinto preparado para criação e reprodução de plantas ou animais: *viveiro de orquídeas; viveiro de galinhas.*

vi.vên.cia *s.f.* **1** existência: *É preciso acrescentar uma dimensão espiritual à vivência humana.* **2** (Fig.) experiência: *Ela tem anos de vivência no ensino primário.*

vi.ven.ci.ar *v.t.* sentir ou captar em profundidade; viver: *vivenciar o cotidiano da favela.*

vi.ven.da *s.f.* **1** moradia; casa: *vivendas rurais.* **2** residência suntuosa: *É luxuosa a vivenda do industrial.*

vi.ven.te *s.2g.* **1** criatura viva: *Neste planeta há toda espécie de viventes.* **2** pessoa: *Está aí um vivente que lhe quer falar.* • *adj.* **3** que tem vida ou que está vivo: *animais viventes.*

vi.ver *v.t.* **1** morar: *Até os dezoito anos vivi com meus pais.* **2** nutrir-se; alimentar-se: *Ninguém vive de brisa.* **3** sobreviver: *A família vive de plantar café.* **4** morar; residir: *Meus pais vivem em Ibirá.* • *int.* **5** existir no decorrer do tempo; estar vivo: *Meu bisavô ainda vive.* **6** frequentar com assiduidade: *viver em bares.* **7** dedicar-se a: *O moço vivia para a família.* **8** experimentar; vivenciar: *viver aventuras.* • *lig.* **9** levar a vida de determinada maneira; estar em certa condição:

víveres

Prefere viver sozinha. **10** estar sempre: *Minha casa vivia cheia de visitas.* • *s.m.* **11** vida: *Meu viver já não tem sentido.* **12** modo de vida: *Tentemos mudar o viver dos deprimidos.* ♦ **vivendo e aprendendo** usada para se referir a uma experiência nova. **viver à sombra** ser ajudado ou protegido: *viver à sombra dos pais famosos*

ví.ve.res *s.m. pl.* gêneros alimentícios; mantimentos: *A expedição tinha víveres suficientes para dois anos.*

vi.vi.do *adj.* experiente: *Sou um homem vivido.*

ví.vi.do *adj.* **1** que tem muita vivacidade; cheio de vida: *criança vívida.* **2** ardente; intenso: *vívida paixão.* **3** vivaz; vivo; brilhante: *olhares vívidos.*

vi.vi.fi.can.te *adj.* que vivifica ou reanima: *palavras vivificantes; sono vivificante.*

vi.vi.fi.car *v.t.* **1** dar vida; reanimar: *Tais acontecimentos vivificaram nossas esperanças.* **2** dar vigor ou força: *vivificar o solo.* • *int.* **3** tornar-se vigoroso; vívido; ativar-se: *Nossas crenças vivificam.* **4** crescer; desenvolver-se: *O ideal da solidariedade vivifica em tempos de crise.*

vi.vo *s.m.* **1** ser dotado de vida: *A alma do morto ainda caminhava entre os vivos.* • *adj.* **2** com vida: *um ser vivo.* **3** diz-se da planta que não está seca ou murcha. **4** intenso; forte: *Seus lábios tinham uma cor viva.* **5** aceso; ardente: *um vivo sentimento.* **6** esperto; vivaz: *Jacó é um vendedor vivo.* **7** (Coloq.) astucioso; ardiloso: *Julgava-se muito vivo, até que descobriram suas trapaças.* **8** diz-se de cerca feita com plantas: *Há uma cerca viva em volta da mansão.* **9** diz-se de dinheiro em moeda ou em nota: *Só aceito dinheiro vivo.* ♦ **ao vivo** no exato momento em que ocorre, ou se executa: *transmissão do jogo ao vivo; música ao vivo.* **em carne viva** sem a pele.

vi.zi.nhan.ça *s.f.* **1** relações entre vizinhos: *A vizinhança entre todos é possível e desejável.* **2** proximidade: *A vizinhança de nosso bairro, com todos os comerciantes, provocou o aumento do preço dos imóveis.* **3** conjunto das pessoas que habitam nos lugares vizinhos: *A vizinhança implicava com o barulho na quadra da escola de samba.* **4** lugar próximo; cercania: *Trechos florestais são preservados nas vizinhanças da usina hidrelétrica.*

vi.zi.nho *s.m.* **1** pessoa que mora próximo a alguém: *Ela namora o vizinho.* **2** aquele que ocupa um lugar próximo: *É meu vizinho de mesa no escritório.* • *adj.* **3** localizado a uma pequena distância; próximo: *Compramos pão na padaria vizinha.* **4** limítrofe: *bairro vizinho ao/do aeroporto.* **5** contíguo: *Ocupamos a sala vizinha à nossa.* **6** situado nas proximidades: *As ruas vizinhas do teatro ficaram com trânsito congestionado.* **7** análogo; semelhante: *Lagartixas e salamandras são animais com características vizinhas.*

vô *s.m.* (Coloq.) avô; vovô. // Fem.: vó, vovó.

vo.a.dor (ô) *adj.* que voa: *Há esquilos voadores.*

vo.ar *v.t.* **1** explodir; ir pelos ares: *Sob pesados bombardeios, as fortalezas voaram pelos ares.* • *int.* **2** falando-se de pássaros ou insetos, deslocar-se no ar: *Os beija-flores voam rápido.* **3** (Fig.) locomover-se muito depressa; correr: *Ela foi voando contar a novidade à mãe.* **4** viajar em avião: *Tenho voado muito ultimamente.* **5** deslocar-se no ar com propulsão própria: *aviões voando a pequenas alturas.* **6** ser arremessado: *Quando secos, os frutos estouram e as sementes voam.* **7** decorrer rapidamente; passar depressa: *O tempo voa depressa.*

vo.ca.bu.lar *adj.* **1** do ou relativo aos vocábulos: *estrutura vocabular.* **2** do vocabulário: *Um romancista cuidadoso na escolha vocabular.*

vo.ca.bu.lá.rio *s.m.* **1** conjunto dos vocábulos de uma língua: *O professor é um estudioso do vocabulário do português.* **2** conjunto de vocábulos específicos de um setor do conhecimento: *O vocabulário da Mecânica Celeste é complicado.* **3** conjunto de vocábulos empregados por um autor em sua obra ou por um determinado grupo social: *Os jovens têm seu vocabulário próprio.*

vo.cá.bu.lo *s.m.* palavra considerada principalmente quanto a sua estrutura fonética, independente de seu significado: *Em português há poucos vocábulos proparoxítonos.*

vo.ca.ção *s.f.* **1** disposição natural; talento; dom: *Tinha vocação para a música.* **2** do espírito; índole: *É uma pessoa enérgica por vocação.* **3** inclinação; propensão: *Nasceu com vocação para médico.* // Pl.: vocações.

vo.ca.ci.o.nal *adj.* (Bras.) **1** relativo ou próprio de uma vocação: *A escola desenvolve um programa de orientação vocacional.* **2** que identifica a vocação: *Há um ano fiz um teste vocacional.*

vo.cal *s.m.* **1** grupo de cantores num conjunto musical. • *adj.* **2** diz-se da música escrita para ser cantada: *Ela é a rainha do choro vocal.* **3** relativo ou pertencente à voz: *Ela recebeu alguns ensinamentos de empostação vocal.* // Pl.: vocais.

vo.cá.li.co *adj.* (Fon.) de vogais: *O ditongo é um encontro vocálico.*

vo.ca.li.se *s.m.* (Mús.) trecho musical sem palavras: *Em duas horas e dezoito músicas, o cantor conteve o ímpeto do vocalise.*

vo.ca.lis.ta *s.2g.* pessoa que canta em conjunto musical.

vo.ca.li.za.ção *s.f.* (Fon.) **1** canto sem letra, feito sobre vogais: *Dança marcada por uma vigorosa vocalização de um grupo de cantores.* **2** passagem de uma consoante a semivogal.

vo.ca.li.zar *v.t.* **1** transformar em palavras; verbalizar: *O povo é incapaz de vocalizar suas insatisfações.* • *int.* **2** cantar sem articular palavras ou notas, modulando a voz sobre uma vogal: *O tenor vocaliza bastante todas as manhãs, certamente para treinar.*

vo.ca.ti.vo *adj.* (Gram.) **1** termo da oração, por vezes precedido da interjeição ó, que se usa para chamar ou interpelar o ser a que nos dirigimos: *Ó Deus, tem piedade de mim!* **2** caso gramatical que, em línguas como o latim, se usa para chamar, interpelar alguém.

vo.cê *pron. pess.* redução da forma Vossa Mercê, é usado entre pessoas de mesma condição ou de superior para inferior: *— Você concorda comigo?* // É pronome da 2ª pessoa do singular usado com as flexões verbais e os pronomes da 3ª pessoa.

vo.ci.fe.rar *v.t.* **1** pronunciar em voz alta contra algo ou alguém: *Um homem vocifera contra a gravidade da crise.* • *int.* **2** berrar; bradar; gritar: *Encolerizado, vociferava em plena rua.*

vod.ca (ó) *s.f.* aguardente russa, feita de cereais, especialmente centeio e cevada.

vo.du s.m. culto animista difundido entre os negros das Antilhas e do Haiti, e que consiste na fusão de práticas de magia de origem africana com elementos rituais cristãos.

vo.e.jar v.int. fazer voos curtos e seguidos: *O gavião voeja procurando a presa.*

vo.ga s.f. **1** ato de vogar. **2** aceitação; popularidade: *Aproveitando a voga do forró.* **3** uso atual; moda: *E os exageros em torno dessa voga acabam sendo, inevitavelmente, objeto de zombaria.* ♦ **em voga** em uso; em vigência: *A minissaia ainda está em voga.*

vo.gal s.m. **1** membro de uma assembleia, câmara, conselho ou tribunal, deliberativo ou judicial, com direito a voto: *A empresa é estatal e comporta dois vogais.* ● s.f. **2** (Fon.) fonema sonoro, ou som laríngeo, que chega livremente ao exterior sem fazer ruído. **3** letra correspondente a cada um desses sons: *O nome bíblico Aarão tem quatro vogais e uma consoante.* ♦ **vogal de ligação** vogal que, por eufonia ou necessidade de acomodação fonética, liga dois radicais: *frutífero, gasômetro.* **vogal temática** cada uma das vogais a, e, i que se acrescenta ao radical de um verbo e lhe caracteriza a conjunção: *a,* a 1ª; *e* a 2ª; *e i* a 3ª.

vo.gar v.int. **1** navegar: *Um barquinho vogando na baía.* **2** boiar: *Remava até o meio da lagoa, e depois ficava vogando deitado de costas.* **3** ter validade ou importância: *Na vida, o que voga mesmo é o amor.* **4** estar em moda ou em voga.

vo.lan.te s.m. **1** roda que comanda a direção dos veículos automotores: *Você não estava com as duas mãos no volante?* **2** correia contínua na roda das máquinas: *Nas sondas manuais o avanço é feito manualmente através de um volante associado a uma cremalheira.* **3** jogador de meio de campo com função defensiva: *Esse jogador é uma espécie de quarto volante em seu time.* **4** soldado: *De repente apareceu ali um volante que andava caçando uns escravos fugidos.* **5** impresso onde se marcam apostas de jogos: *Em cima do balcão estão dois volantes da loto.* ● s.2g. **6** trabalhador diarista: *A usina já está contratando volantes.* ● adj. **7** que voa ou tem a capacidade de voar. **8** que se pode mudar facilmente; móvel: *A vigilância do bairro é feita agora por esquema volante.* **9** temporário; transitório: *O trabalho nas usinas de cana hoje é predominantemente volante.*

vo.lá.til adj. **1** que pode ser reduzido a gás ou a vapor; que se evapora: *O álcool é menos volátil que a gasolina.* **2** que desaparece facilmente: *Na mão dos gastadores o dinheiro é volátil.* **3** inconstante; mutável: *O amor dos jovens é frequentemente volátil.* // Pl.: voláteis.

vo.la.ti.li.da.de s.f. qualidade de volátil; possibilidade de evaporação: *óleos de grau de volatilidade variada.*

vo.la.ti.li.zar v.t. **1** fazer passar ao estado de gás: *A alta temperatura volatiliza o mercúrio, purificando o ouro.* ● int. (pron.) **2** dissolver-se; sumir: *Minhas ideias se volatizaram.*

vo.le.ar v.int. no tênis e no voleibol, executar um lance, devolvendo a bola ao adversário sem deixá-la cair no chão: *O tenista está mudando de estilo, está voleando mais.*

vô.lei s.m. voleibol.

voltar

vo.lei.bol s.m. jogo entre duas equipes de seis jogadores cada, no qual se arremessa a bola na quadra do adversário com as mãos ou com os punhos por sobre uma rede. // Pl.: voleibóis.

vo.lei.o s.m. **1** no jogo de tênis, devolução da bola ao adversário sem que ela caia no chão: *A tenista alemã aplica um voleio na vitória sobre sua maior rival.* **2** no futebol, jogada feita com o pé no ar, a meia altura: *O atacante finalizou de voleio.*

vo.li.ção s.f. vontade: *A alma racional do homem realiza também o raciocínio e a volição.* // Pl.: volições.

vo.li.ti.vo adj. **1** proveniente da vontade: *Andar é uma atividade volitiva.* **2** com vontade própria; com capacidade de decisão: *Está se refinando a capacidade volitiva do eleitor brasileiro.*

volt s.m. (Fís.) unidade de medida de tensão elétrica ou força eletromotriz equivalente à diferença de potencial elétrico existente entre as extremidades de um condutor de resistência igual a um ohm, percorrido por uma corrente de intensidade invariável igual a um ampère.

vol.ta (ó) s.f. **1** retorno: *Tudo neste mundo tem sua volta.* **2** regresso: *Sua volta para casa era muito esperada.* **3** contorno; circuito: *O acidente ocorreu na terceira volta.* **4** passeio; giro: *Saiu para dar uma volta com a filha.* **5** rodeio; contorno: *O professor dá muita volta antes de entrar no assunto da aula.* **6** formação em círculo: *Quando chegamos ao colégio, a fila já dava uma volta no quarteirão.* **7** movimento em torno do próprio eixo: *Ele deu só uma volta na chave e abriu a porta.* **8** retorno de dinheiro ou qualquer outro valor com que se iguala uma troca: *Troco minha égua por sua porca, mas quero volta.* **9** curva ou ângulo: *A canoa logo sumiu na volta do rio.* ♦ **à volta** em redor; em torno: *À sua volta, não havia ninguém.* **de volta** novamente; outra vez: *Vejam quem está aí, de volta.* **por volta** perto; em torno: *Chegamos à festa por volta das 23 horas.* **às voltas** envolvido; ocupado: *A dona da casa anda às voltas com os insetos.* **volta e meia** de vez em quando: *Volta e meia o violeiro aparece por aqui.* **volta por cima** superação de uma situação difícil: *Não se abateu com a derrota e deu a volta por cima.*

vol.ta.gem s.f. (Fís.) **1** tensão elétrica medida em volts. **2** indicação do potencial de corrente elétrica necessário ao funcionamento de aparelhos: *Ninguém lhe informara que a voltagem costuma ser diferente em certos países.* // Pl.: voltagens.

vol.tai.ri.a.no (té) adj. de ou relativo a Voltaire, pseudônimo de François-Marie Arouet, escritor francês (1694-1778).

vol.tar v.t. **1** devolver; dar como diferença numa transação de negócios. **2** virar (para o lado oposto): *Calmamente voltou a página do jornal.* **3** virar; volver: *Voltou as costas ao desconhecido.* **4** apontar: *Ele voltou o dedo para a estrela.* **5** retornar; regressar: *O conde voltou para a Itália.* **6** retornar; retomar: *Sentiu que o rubor voltava à sua face.* ● int. **7** vir de volta; retornar: *Foi ao quintal e voltou depressa.* ● pron. **8** virar-se: *Ela voltou-se para o noivo e sorriu.* **9** revoltar-se; investir: *Ele não pretendia voltar-se contra o pai.* ♦ **voltar atrás** desistir; retroceder: *Era homem de palavra, não voltava atrás.* **voltar a si** recobrar os sentidos: *Quando ela voltou a si, estava numa cama de hospital.*

877

voltear

vol.te.ar *v.t.* **1** girar; rodopiar: *A dançarina volteia o corpo como uma cobra.* **2** dar voltas em; andar em torno de; contornar: *Moças volteavam a praça alegremente.* **3** (Reg. RS) conduzir (o gado) de um lugar para outro: *Ele ensinava como laçar direito e como voltear uma rês.* • *int.* **4** voar em círculo: *Urubus volteavam num céu azul sem nuvens.* **5** dar muitas voltas; girar: *Os pensamentos volteiam em sua cabeça.*

vol.tei.o *s.m.* **1** giro: *O fundista fez um volteio na direção oposta.* **2** rodopio; dança ao redor de: *os volteios dos bailarinos.* **3** sinuosidade; volta: *Prestava atenção aos volteios da estrada.* **4** linha curva; arabesco: *Tinha uma assinatura cheia de volteios.*

vol.tí.me.tro *s.m.* (Fís.) instrumento para medir a diferença de potencial elétrico entre dois pontos: *O voltímetro deve ser colocado no painel.*

vo.lu.bi.li.da.de *s.f.* caráter de volúvel; inconstância: *A apregoada volubilidade das mulheres talvez seja um mito.*

vo.lu.me *s.m.* **1** quantidade; número: *E o maior volume de aplicações em poupança é de pequenos investidores.* **2** quantidade; massa: *O volume do tanque era de 2.000 m³.* **3** amplitude (da voz): *O cantor é afinado, mas sua voz não tem volume.* **4** intensidade ou altura do som: *O volume da televisão estava alto.* **5** tomo: *um livro em dois volumes.* **6** pacote; embrulho: *Carregava um pesado volume sobre os ombros.* **7** (Geom.) em geometria, medida do espaço ocupado por um sólido; tamanho.

vo.lu.me.tri.a *s.f.* (Quím.) **1** processo de adição gradativa de certo volume de uma substância sobre outra até completar a reação. **2** volume; proporção.

vo.lu.mé.tri.co *adj.* relativo ao volume ou à medida do volume: *O produto foi reprovado no ensaio de capacidade volumétrica.*

vo.lu.mo.so (ô) *adj.* **1** que tem grande volume ou dimensão: *Ela entrou na sala com um pacote volumoso.* **2** numeroso: *O clube não possui recursos volumosos.* // Pl.: volumosos (ó).

vo.lun.ta.ri.a.do *s.m.* **1** movimento que agrupa pessoas dispostas a desenvolverem trabalho não remunerado, geralmente social: *As igrejas vêm estimulando muito o voluntariado.* **2** programa de demissão voluntária, mediante um pagamento estipulado: *Os trabalhadores estão aderindo ao voluntariado.*

vo.lun.tá.rio *s.m.* **1** quem se alista por vontade própria nas forças armadas: *Os voluntários são bem-vindos ao exército.* **2** quem se engaja por vontade própria em algum movimento ou atividade social: *As escolas oficiais aceitam voluntários para qualquer atividade.* • *adj.* **3** que desenvolve por vontade própria trabalho não remunerado, geralmente de cunho social: *Ela trabalha na escola como professora voluntária.* **4** que se alista, por vontade própria, nas forças armadas: *soldado voluntário.* **5** de vontade própria: *Ele solicitou o afastamento voluntário do cargo que exercia.*

vo.lun.ta.ri.o.so (ô) *adj.* **1** que age apenas segundo a própria vontade: *Todos estranhavam sua natureza voluntariosa.* **2** caprichoso; obstinado: *Ele é um rebelde voluntarioso.* // Pl.: voluntariosos (ó).

vo.lun.ta.ris.mo *s.m.* **1** doutrina que preconiza a preeminência da vontade sobre a razão. **2** comportamento autoritário; vontade exacerbada: *Isto não aconteceu por voluntarismo deles.*

vo.lú.pia *s.f.* grande prazer dos sentidos; avidez: *A criança comia com volúpia.*

vo.lup.tu.o.si.da.de *s.f.* grande prazer; volúpia: *Era espantosa a voluptuosidade com que apreciava um copo de vinho.*

vo.lup.tu.o.so (ô) *adj.* **1** em que há grande prazer ou volúpia. **2** que revela sensualidade: *A atriz tem lábios voluptuosos.* **3** prazeroso: *Era voluptuoso tê-la em nossa companhia.*

vo.lu.ta *s.f.* **1** ornato de capitel de coluna em forma de espiral: *Havia quatro colunas terminando em volutas, dobras e arabescos.* **2** espiral: *A sala iluminada por um lustre em voluta.*

vo.lú.vel *adj.* **1** inconstante; mudável: *Os poetas dizem que as mulheres são volúveis.* **2** instável; volátil: *O ministro disse que qualquer capital externo se torna volúvel se o país enfrenta dificuldades.* **3** (Bot.) que se enrola num suporte: *Há caules trepadores e caules volúveis.* // Pl.: volúveis.

vol.ver *v.t.* **1** fazer girar; voltar: *Ela volveu os olhos para mim; Volvemos nossos pensamentos a Deus.* **2** retornar; retroceder: *Quem me dera poder volver ao passado.* **3** tornar a aparecer; ressurgir: *De repente, o sangue volveu-lhe às faces.* • *pron.* **4** revolver-se; revirar-se: *Volvia-se no leito; insone e preocupado.* **5** escoar-se (o tempo); decorrer; passar: *Volver-se mais um ano.*

vo.mi.tar *v.t.* **1** pôr pela boca; deixar sair pela boca: *A criança começou a vomitar sangue.* **2** dizer com ímpeto ou irreverência: *Naquele momento ele só sabia vomitar palavras de ódio.* • *int.* **3** pôr pela boca o que já estava no estômago: *O doente vomitava sem parar.*

vô.mi.to *s.m.* **1** eliminação do conteúdo gástrico pela boca e de forma violenta: *Certos medicamentos produzem vômitos.* **2** aquilo que se vomitou.

vo.mi.tó.rio *s.m.* processo de vomitar.

von.ta.de *s.f.* **1** impulso para agir; volição: *E o que sinto vai além da razão e da vontade.* **2** capacidade de tomar livremente uma deliberação: *É uma questão de vontade política, de visão clara da crise do Estado.* **3** energia; firmeza; empenho: *Trabalhou com vontade e conseguiu sucesso.* **4** decisão; resolução. **5** desejo expresso; determinação: *Era fraca, incapaz de impor sua vontade.* **6** desígnio; arbítrio: *Uma difícil tarefa me coube por vontade de Deus.* **7** propensão natural e mais ou menos irresistível para a prática de certo ato: *Sentiu vontade de fazer uma besteira.* **8** necessidade fisiológica: *Estava com muita vontade de tomar um refresco.* **9** desejo ou disposição de ânimo: *E aquela incrível vontade de sair gritando pela rua.* • *pl.* **10** caprichos; fantasias: *Ele é um avô que satisfaz todas as vontades do neto.* ✦ **à vontade** (i) comodamente: *Entre, ponha-se à vontade.* (ii) à larga; com fartura: *Comeram e beberam à vontade.*

vo.o *s.m.* **1** falando-se de aves ou insetos, deslocamento no ar: *o voo em círculo dos pássaros.* **2** viagem por avião: *Fizemos um voo tranquilo até Roma.* **3** deslocamento no ar com propulsão própria: *o voo do balão.* **4** (Fig.) arrebatamento; arroubo: *Um lugar cheio de surpresas e sustos, que permite voos de imaginação.* **5** ímpeto; impulso: *Já era um ator coadjuvante, mas ambicionava voos mais altos: ser protagonista, por exemplo.*

vulcânico

vo.ra.ci.da.de s.f. **1** apetite devorador e insaciável; sofreguidão extrema no comer e no beber. **2** avidez: *Não entendia aquela voracidade dos fiscais.*

vo.ra.gem s.f. aquilo que absorve, devora ou consome: *Deixou-se envolver na voragem consumista.* // Pl.: voragens.

vo.raz adj. **1** que devora: *Um boi foi entregue a um cardume de piranhas vorazes.* **2** ávido; ambicioso: *Um bando de empresários vorazes.* **3** sôfrego; insaciável: *Era dono de um apetite voraz.* **4** destruidor; destrutivo: *O invasor foi voraz e insensível.*

vór.ti.ce s.m. redemoinho; turbilhão; voragem: *Eu estava mergulhado num vórtice de ideias absurdas.*

vos pron. pess. **1** segunda pessoa do plural, forma oblíqua átona de *vós*; que funciona como objeto ou complemento nominal: *Maus pensamentos são aqueles que vos afastam da simplicidade humana.* **2** refere-se à divindade em preces e invocações: *Senhor, peço-Vos que nos ilumineis sempre.* // Neste caso, escreve-se com inicial maiúscula. // **3** usado pelo possessivo correspondente vosso: *Bem percebo o rubor que vos abrasa o rosto.*

vós pron. pess. **1** segunda pessoa do plural do caso reto, indicando aqueles a quem se fala ou escreve; funciona como sujeito ou predicativo: *Nada vejo, minha senhora, vinde vós mesma espiar.* **2** usado para se dirigir a um conjunto de pessoas: *Vinde a mim todos vós que tendes sede.* **3** usado, em preces ou em invocações, para se dirigir a Deus: *E Vós, Senhor do Universo, me abandonais por quê?* // Neste caso, escreve-se com inicial maiúscula.

vos.me.cê pron. (Obsol.) contração de vossemecê: *Vosmecê não é jardineiro da casa das rosas?*

vos.se.me.cê pron. contração de Vossa Mercê.

vos.so (ó) pron. (Bras.) **1** pertencente a vós: *Enchei de vinho vossas taças.* **2** passado ou vivido por vós: *Já sofrestes muito em vossa vida.* **3** de que fazeis parte: *Grande lealdade vosso povo vos dedica!* **4** que faz parte inalienável de vós: *E estranha doença de vossos corpos se apoderará.* **5** que ofereceis: *Aceito a vossa cama e o vosso pão.* **6** a que pertenceis: *Não vos diz nada a música de vossa terra?* **7** que provém de vós: *Senhor, lançai sobre nós a Vossa luz e a Vossa verdade.* **8** indica relação de parentesco, de amizade ou de dependência: *Talvez vosso pai vos pedisse que casásseis com uma mulher a quem não amásseis.* **9** (Coloq.) usado por teu ou seu: *Podem entrar, a casa é vossa.* **10** usado para se referir aos parentes, aos amigos ou aliados: *Nenhuma responsabilidade assumirá o governo contra o que vos possa acontecer e aos vossos.*

vo.ta.ção s.f. **1** conjunto de votos dados ou recolhidos numa eleição: *Certamente, foi o deputado que teve a maior votação do país.* **2** aprovação por meio de votos: *Foram discutidas e submetidas à votação as propostas dos senhores acionistas.* **3** coleta de opinião: *Na última hora fez-se a votação pela permanência ou não da greve.* // Pl.: votações.

vo.tan.te s.2g. **1** quem vota: *O bloco governamental perdeu 50% de seus votantes.* • adj. **2** que vota: *Já estava registrada a presença dos diretores votantes.*

vo.tar v.t. **1** aprovar por meio de votos: *Os vereadores votaram uma lei para corrigir a fisionomia espon-* *tânea da cidade.* **2** submeter à votação: *A Câmara dos Deputados votou vários projetos.* **3** dar o seu voto: *Sou seu adversário, mas vou votar no senhor.* **4** dedicar; consagrar: *Desde então, votou ao vizinho um ódio surdo.* **5** relegar: *O bom pai não vota ao abandono o próprio filho.* **6** devotar: *Sempre votei a meus pais o maior respeito.* • int. **7** exercer o direito de voto em processo eleitoral: *Nunca votei em branco.* • pron. **8** dedicar-se; devotar-se: *D. Laura votou-se a Deus e à igreja.*

vo.ti.vo adj. que se oferece em cumprimento de voto ou promessa: *Ali havia uma vendedora de ramalhetes votivos destinados ao culto dos santos.*

vo.to (ó) s.m. **1** manifestação formal da vontade de escolher alguém para uma função política: *Mantendo-se este quadro, vou ter coragem de pedir votos para mim.* **2** promessa solene; juramento: *Os padres fazem voto de castidade.* **3** apoio; aprovação: *O diretor da escola fazia promessas absurdas para conseguir os votos dos pais.* **4** jura: *Fiz-lhe votos de amor eterno.* **5** parecer favorável: *No tribunal, o ato foi anulado por cinco votos a quatro.* **6** desejo sincero: *Quero dar-lhes os nossos votos de boas-vindas.* ♦ **voto de cabresto** voto de eleitores que obedecem a um chefe político. **voto de Minerva** voto de desempate concedido aos presidentes dos corpos administrativos; voto de qualidade: *O presidente do Senado terá o voto de Minerva.* **voto de qualidade** voto de Minerva.

vo.vô s.m. (Coloq.) avô. // Fem.: vovó.

voyeur (vua-iér) (Fr.) s.m. quem é dado ao voyeurismo.

voy.eu.ris.mo (vua-iéres) s.m. **1** excitação sexual pela visão de cenas ou imagens eróticas. **2** curiosidade mórbida pelo que é privativo ou íntimo: *O voyeurismo do público não tem limites.*

voz (ó) s.f. (Fon.) **1** som produzido pelas cordas vocais do aparelho fonador humano: *Ele falava com voz forte.* **2** ruído; barulho: *Ouvia-se a voz do vento por entre as ramagens.* **3** som produzido pelos animais; grito: *A girafa não tem voz.* **4** pessoa que fala: *Da multidão ergueu-se uma voz.* **5** meio de comunicação e expressão: *O samba é a voz do morro, sim senhor.* **6** apelo; chamamento: *Os governantes já não ouvem a voz dos necessitados.* **7** capacidade de linguagem ou de fala: *Fala, fala! Perdeu a voz?* **8** direito de opinar ou de falar: *Ele fazia parte da diretoria da empresa, mas não tinha voz nem voto.* **9** forma que um verbo transitivo direto assume para indicar que o sujeito pratica, sofre ou ao mesmo tempo pratica e recebe a ação: *voz ativa; voz passiva; voz reflexiva.* ♦ **voz corrente** opinião consensual; opinião da maioria: *Foi morto por contrariar, segundo voz corrente no país, interesses de grupos extremistas.* **voz de comando** ordem em voz alta: *A voz de comando do general era obedecida sem contestação.* **voz do povo** opinião pública.

vo.zei.rão s.m. voz muito forte: *Um cantor como Vicente Celestino cantava de costas para o microfone por causa do vozeirão.* // Pl.: vozeirões.

vo.ze.ri.o s.m. rumor de vozes: *Lá da sala ouvia-se o vozerio na cozinha.*

vu.du s.m. vodu.

vul.câ.ni.co adj. **1** originário de vulcões: *uma ilha vulcânica.* **2** procedente de vulcões: *lava vulcânica.*

vulcanismo

(Fig.) **3** ardente; muito intenso: *Sentia uma paixão vulcânica por ela.* **4** explosivo: *atriz de temperamento vulcânico.*
vul.ca.nis.mo *s.m.* atividade dos vulcões.
vul.ca.ni.za.ção *s.f.* tratamento dado à borracha, com enxofre ou sulfetos, para torná-la mais resistente. // Pl.: vulcanizações.
vul.ca.no.lo.gi.a *s.f.* ramo da Geologia que trata dos vulcões.
vul.ca.nó.lo.go *s.m.* especialista em vulcanologia.
vul.cão *s.m.* abertura na crosta terrestre através da qual se expele ou já se expeliu material magmático, como gases e fumaças, cinzas e lavas. // Pl.: vulcões.
vul.gar *adj.* **1** comum; trivial: *Para mim, a falta de dinheiro é uma questão vulgar.* **2** popular: *A chamada cultura vulgar é dominada por todo o povo.* **3** chulo; reles; ordinário: *Estava sendo vilipendiado por um jornaleco vulgar.* **4** grosseiro: *Escrevia em papel vulgar.* **5** diz-se da língua corrente falada pelo povo: *As línguas românicas vieram do latim vulgar.*
vul.ga.ri.da.de *s.f.* **1** condição daquilo que é vulgar ou comum; trivialidade: *Esta capacidade de síntese, sem recair em vulgaridade ou facilidade, é um dos traços da poesia de mulheres.* **2** condição de reles ou ordinário: *a vulgaridade das letras de músicas apelativas.* **3** atitude, coisa ou dito vulgar: *Ele costuma dizer vulgaridades.*
vul.ga.ri.za.ção *s.f.* **1** divulgação; popularização: *a vulgarização dos aparelhos de videocassete.* **2** propagação; difusão: *a introdução e vulgarização do papel na Europa.*
vul.ga.ri.zar *v.t.* **1** tornar conhecido; tornar comum: *Turista vulgariza tudo, até mesmo a tragédia.* **2** tornar vulgar ou reles; inferiorizar: *Tentaram vulgarizar a arte interiorana.* • *pron.* **3** tornar-se conhecido; popularizar--se: *O uso do telefone celular vulgarizou-se rapidamente.* **4** tornar-se vulgar ou reles: *No teatro e no cinema, a nudez se vulgariza cada vez mais.*
vul.go *s.m.* **1** (Deprec.) o povo; plebe: *Não tolerava a gritaria do vulgo.* **2** na língua vulgar; vulgarmente: *Salustiano, vulgo Barril, queria levar o cachorro pra morar com ele.*
vul.ne.ra.bi.li.da.de *s.f.* possibilidade de ser atingido; qualidade do que é vulnerável: *Se você está bêbado, fica sujeito a vulnerabilidades.*
vul.ne.rá.vel *adj.* que se deixa ou que se pode atingir ou ferir: *Os ataques mostraram a vulnerabilidade das muralhas da cidade.* // Pl.: vulneráveis.
vul.to *s.m.* **1** figura indistinta: *Acompanhou-me um vulto branco.* **2** pessoa de grande importância: *Caxias e Tamandaré foram grandes vultos nacionais.* **3** quantidade; número: *A produção de soja atinge grande vulto no Brasil.* **4** valor: *Não tem justificativa fazer uma obra desse vulto.* **5** importância: *As preocupações com as desigualdades sociais vêm tomando vulto.*
vul.to.so (ô) *adj.* **1** que faz vulto; volumoso: *Transportavam cargas vultosas.* **2** muito grande; considerável: *Conseguiram transferir somas vultosas.* **3** de grande vulto ou importância; importante: *um investimento vultoso.* // Pl.: vultosos (ó).
vul.tu.o.so (ô) *adj.* diz-se do rosto em que as faces e os lábios estão vermelhos e inchados, e os olhos, salientes e injetados. // Pl.: vultuosos (ó).
vul.va *s.f.* (Anat.) parte externa do órgão genital da mulher e das fêmeas dos mamíferos.
vul.var *adj.* relativo à vulva: *região vulvar.*
vupt *interj.* expressa movimento rápido; vapt.

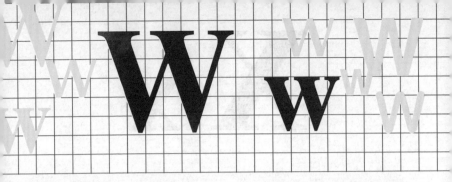

w *s.m.* **1** vigésima terceira letra do alfabeto português, usada em derivados de nomes próprios estrangeiros, em símbolos ou abreviaturas internacionais e em empréstimos cuja grafia segue o alfabeto fonético internacional. **2** a figura dessa letra.• *num.* **3** vigésimo terceiro numa série indicada por letras.

wag.ne.ri.a.no **1** *s.m.* admirador de Wagner. • *adj.* **2** próprio do compositor alemão Richard Wagner (1813-1883): *prelúdios wagnerianos*.

wag.ne.ris.mo *s.m.* conjunto das composições musicais do compositor alemão Richard Wagner.

walkman (uólkmén) (Ingl.) *s.m.* pequeno aparelho de som, portátil, com fones que se adaptam aos ouvidos. // Marca registrada.

watt (uót) *s.m.* (Fís.) unidade de medida de energia elétrica ou mecânica.

w.c. (Ingl.) *s.m.* abreviatura de *water closet:* compartimento ou recinto com vaso sanitário; banheiro.

web (uéb) (Ingl.) *s.f.* nome pelo qual se popularizou a rede mundial de computadores (Internet) a partir de 1991.

web designer (uéb dizáinâr) (Ingl.) *s.2g.* profissional responsável pela concepção de um *site* na Internet; *webmaster*.

webmaster (uéb máster) (Ingl.) *s.2g.* **1** editor ou administrador de um *site* na Internet. **2** *web designer*.

winchester (vintchéstâr))(Ingl.) *s.m.* disco rígido do computador.

wind.sur.fe (uind) *s.m.* navegação sobre prancha semelhante à do surfe, equipada de vela, com uma barra pela qual o esportista se equilibra e dá a direção desejada.

w.o. (Ingl.) *s.m.* abreviatura de *walk over:* **1** no esporte, vitória quando um dos concorrentes não comparece ou desiste da disputa. **2** no turfe, corrida de que participa apenas um cavalo, pela retirada dos demais.

workaholic (uârkarrólik) (Ingl.) *s.2g.* e *adj.* que ou quem é viciado em trabalho.

workshop (uârkxóp)(Ingl.) *s.m.* reunião de pessoas com artistas ou profissionais das mais diversas áreas para aplicação ou demonstração de suas atividades.

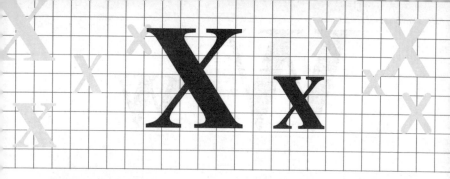

x s.m. **1** vigésima quarta letra do alfabeto português. **2** a figura dessa letra. • num. **3** vigésimo quarto numa série indicada por letras.

xá s.m. título dado aos antigos soberanos do Irã que governaram esse país até 1979. // Cp.: chá.

xa.dor (ô) s.m. traje geralmente negro, usado pelas mulheres no Irã e em outros países muçulmanos, que cobre a cabeça, parte do rosto e o corpo até os tornozelos.

xa.drez (ê) s.m. **1** jogo que simula uma batalha campal entre dois exércitos, para duas pessoas, cada uma das quais faz mover, sobre um tabuleiro de 64 casas, 16 peças ou figuras: *O jogador de xadrez se chama enxadrista*. **2** (Coloq.) prisão; cadeia: *Os presos foram recolhidos ao xadrez*. **3** tecido cujo padrão são traços dispostos perpendicularmente, formando quadrados. • adj. **4** que apresenta uma estampa que lembra o tabuleiro de xadrez.

xa.le s.m. peça de vestuário, geralmente quadrada ou triangular, que as mulheres usam como adorno ou agasalho nos ombros e nas costas e, às vezes, na cabeça.

xa.mã s.m. **1** entre vários povos do norte da Ásia, sacerdote ou feiticeiro, com supostos poderes de lidar com os espíritos. **2** qualquer feiticeiro ou curandeiro.

xa.ma.nis.mo s.m. religião de certos povos do norte da Ásia, baseada na crença de que os espíritos bons e maus são dirigidos pelos xamãs.

xam.pu s.m. preparado saponáceo, geralmente líquido, usado para limpeza dos cabelos.

xan.gô s.m. Bras. orixá relacionado aos raios e trovões. // Usado com inicial maiúscula.

xan.tun.gue s.m. **1** tecido de seda de superfície irregular e um tanto áspera, originário da China. **2** qualquer tecido natural ou sintético com características semelhantes.

xa.rá s.2g. **1** pessoa que tem o mesmo nome que outra; homônimo: *Meu xará Marcelo caiu da moto.* **2** (Coloq.) companheiro: *E ergueu o copo: — Um brinde, xará!*

xa.réu s.m. (Reg. NE) grande peixe marinho.

xa.ro.pa.da s.f. **1** grande quantidade de xarope. **2** (Fig.) discurso enfadonho; coisa aborrecida: *Tinha mania de uma música: era aquela xaropada até as duas da manhã.*

xa.ro.pe (ó) s.m. **1** solução farmacêutica de açúcar, água, essência ou outra substância aquosa que serve de veículo para um medicamento: *um xarope para tosse.* **2** concentrado de suco de frutas com açúcar: *xarope de groselha.* **3** melado: *Fiz xarope de cana.* **4** (Coloq.) qualquer coisa maçante ou enjoativa: *Esse filme romântico é um xarope.*

xa.van.te s.2g. **1** indivíduo dos xavantes: *Casou-se com uma xavante.* • s.m. pl. **2** povo indígena brasileiro que ocupa várias áreas no leste de Mato Grosso e noroeste de Goiás: *Passou dois meses entre os xavantes.* • adj. **3** da nação xavante: *o sofrido povo xavante.*

xa.ve.car v.t. (Coloq.) **1** chantagear; trapacear: *Xavecou a cozinheira para ela preparar-lhe alguma coisa àquela hora.* **2** namorar; paquerar: *Gosta de forró só pra xavecar as meninas.*

xa.ve.co (é) s.m. **1** pessoa ou coisa sem valor, sem importância, sem merecimento. (Coloq.) **2** pessoa muito feia. **3** patifaria; velhacaria. **4** namoro; paquera: *No baile, todo mundo estava de xaveco.*

xa.xa.do s.m. **1** dança nordestina masculina. **2** gênero de música que acompanha essa dança.

xa.xim s.m. Bras. **1** espécie de feto arborescente nativo da Mata Atlântica. **2** massa fibrosa e muito leve que constitui o caule dessa planta, da qual se fabricam vasos e jardineiras, usados em floricultura. // Pl.: xaxins.

xei.que s.m. xeque.

xe.no.fo.bi.a s.f. aversão a pessoas ou a coisas estrangeiras.

xe.nó.fo.bo s.m. **1** indivíduo que tem xenofobia. • adj. **2** que repele tudo o que é estrangeiro.

xe.pa (ê) s.f. **1** comida servida em quartel. **2** sobra de alimento; resto de comida não consumido. **3** papel velho e já utilizado, recolhido com o objetivo de venda para reciclagem em fábrica de celulose. **4** mercadoria comercializada nos momentos finais de uma feira livre, com preço rebaixado. **5** o momento em que passa a vigorar, na feira livre, essa prática.

xe.pei.ro s.m. Bras. **1** soldado arranchado que come no quartel. **2** indivíduo que se mantém de esmola e outros meios, abrigando-se em qualquer lugar. **3** pessoa que tem o costume de pedir coisas emprestadas ou aproveitar o que não é seu. **4** (Coloq.) pessoa que recolhe xepa na feira livre.

xe.que[1] (é) s.m. **1** lance do jogo de xadrez em que o rei ou a rainha encontram-se ameaçados diretamente por alguma peça: *partida empatada por xeque perpétuo.* **2** (Fig.) risco; perigo: *O país está em situação de xeque diante da atual crise* ♦ **em xeque** em situação difícil; em perigo: *Dessa vez, está em xeque a própria autoridade do presidente.*

xe.que[2] s.m. entre os árabes, chefe de tribo; xeique.

xe.que-ma.te s.m. **1** lance do jogo de xadrez pelo qual o rei atacado não pode escapar, o que põe fim à partida, com a derrota do jogador que o recebe: *O campeão de xadrez pensa muito antes do xeque-mate.* **2** golpe decisivo: *O artigo representa um xeque-mate para os*

xucro

defensores do contrato com a multinacional. // Pl.: xeques-mates ou xeques-mate.
xe.re.ca *s.f.* (Ch.) vulva.
xe.rém *s.m.* Bras. milho pilado grosso, que não passa na peneira: *papa de xerém de milho.* // Pl.: xeréns.
xe.re.ta (ê) *s.2g.* **1** pessoa bisbilhoteira: *Só mesmo um xereta poderia saber tudo aquilo.* • *adj.* **2** (Coloq.) intrometido; bisbilhoteiro: *Discutia com uma francesa muito xereta.*
xe.re.tar *v.t.* (Coloq.) **1** bisbilhotar; intrometer-se: *Vive xeretando a vida dos outros.* **2** investigar por curiosidade: *Põe-se a xeretar a programação dos outros canais.*
xe.rez *s.m.* vinho licoroso espanhol, seco ou doce, produzido na Andaluzia.
xe.ri.fe *s.m.* **1** nos Estados Unidos, funcionário administrativo municipal encarregado de executar as leis e manter a ordem: *No filme, o ator é um xerife malvado.* **2** fiscal: *O xerife dos impostos quer mais poder.*
xe.ro.car *v.t.* (Coloq.) reproduzir por meio de xerox; fotocopiar: *Xerocava a prova dos colegas.*
xe.ro.có.pia *s.f.* cópia xerocada de um documento original.
xe.rox (ó) /ks/ *s.m.* **1** processo pelo qual se tiram cópias fotográficas de documentos em máquina copiadora eletrônica: *Alugaram uma máquina de xerox.* • *s.2g.* **2** cópia de documento feita por xerox: *Vou tirar um(a) xerox e afixar em cada porta de redação.* // Marca registrada.
xi *interj.* **1** exprime espanto: *Xi, a grana sumiu.* **2** exprime impaciência, desagrado: *Xi, chegou o chefe. Não dá para continuar conversando.*
xí.ca.ra *s.f.* **1** pequeno vaso com asa, geralmente acompanhado de pires, onde se toma café ou chá: *xícaras de porcelana.* **2** o conteúdo da xícara: *Tomou uma xícara de café.*
xi.foi.de (ói) *adj.* **1** que apresenta forma semelhante a uma espada. **2** diz-se da parte saliente, cartilaginosa e alongada no término inferior do osso esterno: *apêndice xifoide.*
xi.fó.pa.go *adj.* unido pelo apêndice xifoide: *gêmeos xifópagos.*
xi.i.ta *s.2g.* **1** membro de uma seita muçulmana que sustenta que só são verdadeiras as tradições do profeta Maomé transmitidas por membros de sua família. • *adj.* **2** dos ou relativo aos xiitas: *uma organização xiita libanesa.* **3** (Coloq.) radical ou fanático: *a linha xiita da defesa dos animais.*
xi.lin.dró *s.m.* (Coloq.) cadeia; prisão.
xi.lo.ca.í.na *s.f.* anestésico superficial, próprio para mucosas.
xi.lo.fo.ne *s.m.* instrumento de percussão que consiste em tiras de madeira dura ou metal, de tamanhos diferentes, dispostas em fileira, percutidas com baquetas.
xi.lo.gra.vu.ra *s.f.* **1** gravação em madeira para posterior reprodução com tinta: *ilustrações em xilogravura.* **2** gravura feita por esse processo: *uma exposição de xilogravuras.*
xin.ga.men.to *s.m.* insulto ou ataque por palavras ofensivas: *Depois dos xingamentos e da gritaria, tudo se acalmou.*
xin.gar *v.t.* Bras. **1** reclamar; manifestar desagrado: *Viviam xingando a vila em que nasceram e cresceram.* **2** ofender por meio de xingamento: *Não insulte o técnico, nem xingue o presidente do clube.* • *int.* **3** proferir palavras insultuosas ou indecorosas: *Vamos vaiar, xingar e pegar no pé.*
xin.ga.tó.rio *s.m.* **1** xingamento: *Os comentários tomaram em geral a forma de xingatórios.* • *adj.* **2** que agride verbalmente; insultuoso.
xin.to.ís.mo *s.m.* religião nacional do Japão, anterior ao budismo, que cultua os antepassados e as forças da natureza.
xin.to.ís.ta *adj.* **1** que segue o xintoísmo. **2** do ou relativo ao xintoísmo: *Em seguida, um monge celebrará o culto xintoísta.*
xi.que.xi.que *s.m.* Bras. cacto da caatinga nordestina: *Mande buscar xiquexique na serra, faça um chá da raiz e tome.*
xis *s.m.* **1** nome da letra *x*: *Xuxa tem dois xis.* **2** sinal em forma de *x* com que se preenchem casas em branco num formulário: *Marcou um xis no quadradinho.* **3** ponto mais difícil: *Aí é que está o xis da questão.*
xis.to *s.m.* designação das rochas de textura folheada, como a ardósia: *Para saber se há esmeralda dentro da rocha de xisto, o minerador olha a pedra contra a luz.*
xi.xi *s.m.* (Coloq.) urina.
xo.dó *s.m.* **1** namorado/a: *Toda tarde ia ver seu xodó.* **2** amor; paixão: *Estava de xodó, parava olhando, pateta, esquecido de si.* **3** pessoa preferida: *O atleta era o xodó da torcida do clube.* **4** amor; afeto: *E o homem tomou xodó com ela, criou como neta.* **5** carinho; estima: *o galo do meu xodó.*
xo.ta *s.f.* (Ch.) xoxota.
xo.te (ó) *s.m.* **1** dança de salão cujos passos são semelhantes aos da polca. **2** música em compasso binário e andamento não muito rápido que a acompanha.
xo.xo.ta (ó) *s.f.* (Ch.) vulva.
xu.cro *adj.* **1** não domesticado; selvagem: *burro xucro.* **2** rude; bronco: *homens xucros.*

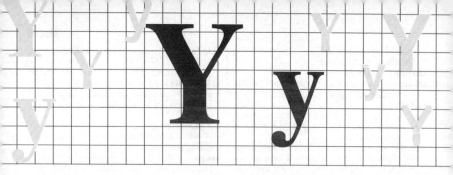

y (ípsilon) *s.m.* **1** vigésima quinta letra do alfabeto português, usada em derivados de nomes próprios estrangeiros, em símbolos ou abreviaturas internacionais e em empréstimos cuja grafia segue o alfabeto fonético internacional. **2** a figura dessa letra. • *num.* **3** vigésimo quinto numa série indicada por letras.
yakisoba (iakisoba) (Jap.) *s.m.* comida japonesa preparada com macarrão, verduras e carne.
yakuza (iakuza) (Jap.) *s.f.* nome genérico dos grupos mafiosos japoneses: *Empresas japonesas com sede no Brasil teriam sido chantageadas pela yakuza.*
yang (ian) (Chin.) *s.m.* na religião e filosofia taoísta, a força ativa, luminosa, quente, masculina, do homem e do Universo.
yin (iín)(Chin.) *s.m.* no taoísmo, a força passiva, escura, feminina, do homem e do Universo.
yom kippur (iom kipur) (Heb.) *s.m.* a mais importante data da religião judaica, dedicada ao arrependimento e ao perdão; dia do perdão. // Usa-se com iniciais maiúsculas.
yuppie (iúpi) (Ingl.) *adj.2g.2n.* jovem profissional muito preocupado com a aparência, muito ativo e atualizado, cuja principal ambição é chegar às mais altas posições sociais: *Ele era um* yuppie *de origem vietnamita.*

z (zê) s.m. **1** vigésima sexta letra do alfabeto português. **2** a figura dessa letra. • *num.* **3** vigésimo sexto numa série indicada por letras.
za.bum.ba s.m. tipo de tambor grande; bombo.
za.ga s.f. **1** posição dos jogadores da defesa entre a linha média e o gol. **2** conjunto dos jogadores que atuam nessa posição, num time ou numa partida.
za.gai.a s.f. lança curta de arremesso.
za.guei.ro s.m. jogador que ocupa a zaga; beque.
zai.no s.m. **1** cavalo zaino: *E no silêncio, tornei a vestir-me, encilhei o zaino e montei.* • *adj.* (Reg. S) **2** diz-se de animal que tem o pelo preto e pouco brilhante. **3** diz-se de animal de pelo castanho-escuro, sem manchas.
zan.ga s.f. **1** irritação; amuo: *Baratinei-me com aquela zanga de mamãe.* **2** raiva; inimizade; bronca: *Não entendo a zanga dele com o animal.* **3** ira; fúria.
zan.ga.do adj. **1** que se zangou; mal-humorado; irritadiço: *Era um cara zangado.* **2** aborrecido; irritado: *Papai ficará muito zangado com você.*
zan.gão s.m. **1** macho da abelha, de tamanho bem maior que as abelhas operárias, mas desprovido de ferrão; não fabrica mel. **2** indivíduo que vive à custa de outros.
zan.gar v.pron. **1** aborrecer-se; irritar-se: *Estava tão feliz que não conseguia zangar-se com ninguém naquela noite.* **2** repreender; ralhar: *Zangou-se com as filhas.*
zan.zar v.int. andar ao acaso; vaguear: *Zanzava pelas estradas à procura dele.*
za.ra.ba.ta.na s.f. sarabatana.
zar.cão s.m. óxido vermelho de chumbo, muito usado como pigmento em diversas tintas, em base para a primeira mão de pintura em peças de ferro ou de aço para evitar ferrugem etc.
za.ro.lho (ô) s.m. **1** pessoa cega de um olho: *Você conhece um zarolho chamado Dimas?* • *adj.* **2** cego de um olho; caolho. **3** que tem desvio em um ou dois olhos; vesgo.
zar.par v.int. **1** ir rapidamente; sair: *Meu amigo zarpou em busca de parceiros.* **2** levantar âncora; fazer-se ao mar: *Os navios zarparam para longas viagens.*
zar.zue.la (Esp.) s.f. **1** ópera ou opereta cômica espanhola. **2** música dessa ópera.
zás interj. indica golpe ou movimento muito rápido: *O cão aproximou-se da mesa e — zás! — levou um pedaço de carne.*
zás-trás interj. indica algo muito rápido ou repentino; zás: *Bastou ela passar sob meus olhos e — zás-trás — fiquei apaixonado.*

zê s.m. nome da letra z.
ze.bra (ê) s.f. **1** equino originário da África, listrado de preto ou castanho, sobre fundo branco ou amarelo--claro. **2** pessoa sem inteligência; burro. **3** competidor fraco que inesperadamente vence um forte ou que, da mesma forma, se classifica; azarão. **4** vitória inesperada; vitória contrária à expectativa.
ze.bra.do adj. **1** listrado de branco e preto: *um traje de noite zebrado.* **2** com listas amarelas e pretas: *Ai do pedestre que atravesse a rua fora da faixa zebrada.*
ze.brar v.t. listrar ou raiar dando a aparência de pele de zebra: *A luz viva que penetrava pela veneziana zebrava-lhe o rosto impassível.*
ze.bu s.m. **1** animal bovino corpulento, com grande corcova e chifres geralmente pequenos, importado da Índia para cruzamento com gado nativo. • *adj.* **2** que tem as características do zebu; zebuíno: *gado zebu.*
ze.bu.ei.ro s.m. zebuzeiro.
ze.bu.í.no s.m. **1** gado zebu; zebu: *A Federação uniformizou o padrão de zebuíno.* • *adj.* **2** descendente de zebu: *cruzamentos de raças europeias e zebuínas.*
ze.bu.zei.ro s.m. criador ou negociante de gado zebu.
ze.la.dor (ô) s.m. **1** pessoa encarregada de cuidar de algum lugar: *Marina era zeladora do templo.* **2** empregado que toma conta de prédio: *Sou zelador deste prédio há seis anos.*
ze.la.do.ri.a s.f. **1** função ou cargo de zelador. **2** setor encarregado de zelar: *Para a rede municipal, uma das principais ideias é a criação de zeladorias nas escolas.*
ze.lar v.t. **1** cuidar com interesse e atenção: *Gerações se sucederam zelando pelos rebanhos.* **2** tomar precaução; tomar cuidado: *O pai zela para que a filha não se machuque.*
ze.lo (ê) s.m. **1** pontualidade e aplicação ao serviço: *Ele sempre deu demonstração de zelo profissional.* **2** cuidado; atenção: *zelo com a própria imagem.* **3** ardor religioso: *zelo para com os santos.*
ze.lo.so (ô) adj. **1** atencioso; desvelado: *São padres muito zelosos.* **2** esmerado: *Deu ao filho a mais zelosa educação.*
zen s.m. **1** forma de budismo caracterizada por valorizar a contemplação intuitiva; zen-budismo. • *adj.* **2** do ou relativo ao zen: *Um estudante zen.* **3** calmo; tranquilo; sem agitação, agressão ou barulho: *Jogo direitinho numa defesa estilo zen.*
zé-nin.guém s.m. pessoa muito pobre; pé-rapado; João-ninguém. // Pl.: zés-ninguéns ou zés-ninguém.
zê.ni.te s.m. **1** ponto em que uma linha hipotética vertical encontra a esfera celeste acima da cabeça do

zepelim

observador. **2** (Fig.) ponto ou grau mais elevado que se pode atingir; auge: *Há quem diz que o zênite amoroso tem um pouco de divindade.*
ze.pe.lim *s.m.* grande balão dirigível, com formato de um charuto, que foi usado na década de 1930 em viagens transatlânticas.
zé-pe.rei.ra *s.m.* **1** tambor grande; zabumba. **2** tocador de zabumba. **3** grupo de tocadores de zabumba que saía pelas ruas no carnaval. // Pl.: zé-pereiras.
zé-po.vi.nho *s.m.* **1** homem comum; homem do povo. **2** (Deprec.) camada pobre da população. // Pl.: zé-povinhos.
ze.ra.gem *s.f.* anulação; liquidação: *Os deputados federais exigiam a zeragem da dívida.*
ze.rar *v.t.* **1** reduzir a zero; liquidar; anular: *Zerar a inflação é a meta de qualquer governo.* **2** reduzir a nada; esgotar; acabar com: *Zeramos o estoque da loja.* **3** voltar ao zero; reiniciar: *Antes da partida, zere o cronômetro.*
ze.ro (é) *s.m.* **1** algarismo representativo do número zero (0). **2** nota nula: *Já tirei quatro zeros e um oito!* **3** ponto em que se inicia a contagem dos graus, negativos ou positivos, principalmente nos termômetros: *A temperatura era inferior a zero grau.* **4** ponto de partida: *É difícil voltar sempre ao zero.* ● *adj.* **5** sem quilometragem, sem uso, novo: *Comprei um carro zero.* ● *num.* **6** cardinal dos conjuntos vazios. **7** nulo: *crescimento zero da economia.* ◆ **zero absoluto** zero numa escala de temperaturas absolutas, equivalente a -273,15° na escala Celsius.
zi.go.ma *s.m.* (Anat.) osso molar; maçã do rosto.
zi.go.to (ô) *s.m.* célula resultante da fusão do gameta masculino com o feminino; ovo.
zi.gue-za.gue *s.m.* **1** linha quebrada que forma alternadamente ângulos salientes e reentrantes. **2** movimento sinuoso; vaivém: *Não sei quanto tempo levamos nesse zigue-zague de fugas e insistências.*
zi.gue.za.gue.ar *v.int.* **1** andar em zigue-zague: *As cobras ziguezagueavam pelo chão.* **2** apresentar-se em zigue-zagues; compor-se em zigue-zague: *Sua caligrafia ruim ziguezagueava na folha sem linhas.*
zim.ba.bu.a.no *s.m.* **1** natural ou habitante do Zimbábue. ● *adj.* **2** relativo ao Zimbábue (antiga Rodésia, Sul da África Central).
zim.ba.bu.en.se *s.m.* zimbabuano.
zim.bó.rio *s.m.* parte superior, em geral convexa, que arremata a cúpula de edifícios, sobretudo igrejas; domo.
zi.na.bre *s.m.* azinhavre: *Tinha manchas de zinabre nas mãos.*
zin.co *s.m.* **1** elemento metálico branco-acinzentado usado em ligas ou puro para diversos fins. **2** folha do zinco usada para cobrir edificações: *A chuva tamborilava no zinco do telhado.* // Símb.: Zn; N. Atôm.: 30.
zín.ga.ro *s.m.* cigano.
zi.nha *s.f.* (Deprec.) mulher qualquer: *Estou enrolado com duas zinhas.*
zí.nia *s.f.* erva tropical, da família das compostas, que tem flores duráveis raiadas.
zi.nir *v.int.* zunir.
zi.par *v.t.* (Inf.) compactar (arquivo) para armazenamento de dados ou transmissão via *modem*: *Vou zipar o arquivo.*

zí.per *s.m.* fecho constituído de duas fileiras de dentes metálicos, que se engrenam uns nos outros pela ação de uma peça que corre. // Pl.: zíperes.
zir.cão *s.m.* silicato natural de zircônio.
zir.cô.nio *s.m.* elemento químico metálico, branco-acinzentado, dobrável, denso e de alto grau de fusão. // Símb.: Zr; N. Atôm.: 40.
zi.zi.ar *v.int.* falando-se da cigarra, produzir ruído característico: *As cigarras ziziam no mato.*
zo.a.da *s.f.* **1** som forte e continuado; barulho: *a zoada dos pandeiros.* **2** zunido; zumbido: *Sentiu uma forte zoada nos ouvidos.* **3** confusão: *Que zoada é essa aí?*
zo.ar *v.int.* soar constante e fortemente: *um confuso sussurro que zoa nos ouvidos.* **2** sentir zoeira, zunido: *Eu estava fraco, a cabeça zoando.*
zo.di.a.cal *adj.* do ou relativo ao zodíaco.
zo.dí.a.co *s.m.* faixa na esfera celeste dividida em doze seções de 30° de extensão, a que se associam os signos.
zo.ei.ra *s.f.* **1** conjunto de vozes; barulho; zoada: *Houve uma zoeira geral de desaprovação.* **2** zunido: *uma zoeira nos ouvidos.*
zom.bar *v.t.* **1** escarnecer; caçoar: *As colegas zombavam do penteado da moça.* **2** desdenhar; menosprezar: *Ele costuma zombar dos pobres.*
zom.ba.ri.a *s.f.* chacota; caçoada: *Sabia que aquela gravata seria motivo de zombaria.*
zom.be.tei.ro *adj.* **1** que zomba: *rapazes zombeteiros.* **2** em que há zombaria: *sorriso zombeteiro.*
zo.na *s.f.* **1** região: *Há anos percorria aquela zona.* **2** (Coloq.) região onde está estabelecido o meretrício. **3** região delimitada que se caracteriza por certas particularidades: *zona rural; zona desértica.* **4** desordem, bagunça ◆ **zona franca** região de um país submetida a regime administrativo especial, à qual se concede franquia aduaneira: *a zona franca de Manaus.*
zo.ne.a.men.to *s.m.* divisão racional de uma área em setores reservados a certas atividades.
zo.ne.ar *v.t.* **1** distribuir por zonas: *Zonearam o estado para administrar melhor.* ● *int.* **2** fazer bagunça; desordem: *Meus irmãos zonearam no meu quarto.*
zon.zei.ra *s.f.* vertigem; tontura.
zon.zo *adj.* **1** estonteado; desorientado: *As buzinas deixaram-no zonzo.* **2** com tontura; com vertigem: *Tinha a cabeça zonza e um sorriso maroto.*
zo.o *s.m.* jardim zoológico; zoológico.
zo.o.fo.bi.a *s.f.* medo doentio de qualquer animal.
zo.o.lo.gi.a *s.f.* ramo das ciências biológicas que trata dos animais.
zo.o.ló.gi.co *s.m.* **1** jardim zoológico: *Animais ferozes ficam em zoológicos.* ● *adj.* **2** relativo à Zoologia. **3** relativo aos animais.
zo.ó.lo.go *s.m.* especialista em zoologia: *Os zoólogos sabem tudo sobre animais.*
zoom (zum) (Ingl.) *s.m.* conjunto de lentes que se ajustam para oferecer efeito de afastamento ou aproximação sucessiva.
zo.o.no.se *s.f.* (Med.) doença de animal que se transmite ao homem.
zo.o.tec.ni.a *s.f.* conjunto de técnicas de criação e aperfeiçoamento de animais domésticos.
zo.o.téc.ni.co *s.m.* **1** zootecnista: *A prefeitura está contratando zootécnicos.* ● *adj.* **2** de ou relativo à

zurro

Zootecnia: *Foram reservadas áreas de pesquisa zootécnica.*

zo.o.tec.nis.ta *s.2g.* especialista em Zootecnia; zootécnico.

zo.o.tec.no.lo.gi.a *s.f.* **1** ciência e técnica voltadas para a reprodução, criação, trato, domesticação ou manejo de animais. **2** princípios práticos cujo objetivo é a melhoria da produtividade e da rentabilidade na criação de animais comercializáveis.

zor.ra (ô) *s.f.* (Coloq.) bagunça; desordem: *Aqui dentro está uma zorra.*

zor.ro (ô) *s.m.* pessoa astuta.

zu.ar.te *s.m.* tecido de algodão encorpado, com fios brancos e azuis ou pretos; azulão.

zu.lu *s.m.* **1** povo africano concentrado sobretudo na província de Natal (África do Sul). • *adj.* **2** relativo aos zulus: *a cultura zulu.*

zum *s.m.* ruído; zunido.

zum.bi *s.m.* (Bras.) **1** fantasma que, segundo a crença popular afro-brasileira, vagueia pela noite; morto-vivo: *Fica acordado como um zumbi.* • *adj.* **2** que vagueia à noite; noctívago: *Como um espírito zumbi, zanzei a noite toda.*

zum.bi.do *s.m.* **1** barulho; zoada: *zumbidos de insetos.* **2** zunido: *Sentia um forte zumbido nos ouvidos.*

zum.bir *v.int.* **1** emitir zumbidos; zunir: *Zumbiam os insetos.* **2** emitir ruído semelhante ao zumbido: *um vento forte zumbia.*

zum-zum *s.m.* **1** ruído incessante; barulho: *Queria ficar longe do zum-zum dos shoppings.* **2** murmúrio: *Havia um zum-zum no cinema.* **3** boato: *Já há novo zum-zum no mercado de ações.*

zu.ni.do *s.m.* **1** som agudo e sibilante: *Ouvia o zunido do relho cortando o ar.* **2** som constante e perturbador: *Fiquei com aquele zunido de mosquito no ouvido.*

zu.nir *v.int.* emitir som agudo e sibilante; zumbir: *O marimbondo entrava e saía, zunindo macio.*

zu.re.ta (ê) *adj.* (Coloq.) adoidado; amalucado: *A pobre mulher era zureta.*

zur.rar *v.int.* **1** emitir zurros: *Um burro zurrava escandalosamente.* **2** produzir som semelhante ao zurro: *A multidão zurra, punhos fechados varrem o ar.*

zur.ro *s.m.* voz do burro ou jumento: *Ouvi um zurro vindo da cocheira.*

PEQUENA GRAMÁTICA DA LÍNGUA PORTUGUESA

- Fonemas
- Vogais
- Encontros vocálicos
- Consoantes
- Encontros consonantais
- Dígrafos
- Sílaba
- Divisão silábica
- Hífen
- Acentuação gráfica
- Crase
- Plural dos substantivos compostos
- Plural dos adjetivos compostos
- Paradigmas de conjugação verbal
- Concordância nominal
- Concordância verbal
- Colocação pronominal
- Emprego das iniciais maiúsculas e minúsculas
- Sinais de pontuação
- Numeral
- Correspondência entre os algarismos romanos e arábicos
- Prefixos
- Sufixos
- Radicais
- Coletivos de seres e objetos

ANEXOS

- Adjetivos pátrios dos estados brasileiros e de suas capitais
- Formas de tratamento
- Abreviaturas, siglas e símbolos
- Sistema internacional de medidas
- Continentes, países e capitais

PEQUENA GRAMÁTICA DA LÍNGUA PORTUGUESA

FONEMAS

1. CLASSIFICAÇÃO DOS FONEMAS

Os **fonemas** da língua portuguesa classificam-se em *vogais, semivogais* e *consoantes*.

- **Vogais** são fonemas sonoros que chegam livremente ao exterior sem fazer ruído: **a, é, ê, i, ó, ô, u**.
- **Semivogais** são os fonemas /i/ e /u/ átonos, que se unem a uma vogal, formando com esta uma só sílaba: pa*i*, ande*i*, o*u*ro, ág*u*a.
- **Consoantes** são ruídos provenientes da resistência que os órgãos bucais opõem à corrente de ar: *bo*la, *c*opo, *d*epósito.

Como o nome diz, consoante é o fonema que **soa com** a vogal.

Na língua portuguesa, a vogal é o elemento básico e indispensável para a formação da sílaba. As consoantes só podem formar sílaba com o auxílio das vogais.

2. CLASSIFICAÇÃO DAS VOGAIS

Classificam-se as vogais conforme:

- **a zona de articulação**
   a) média: *a* (*a*ve)
   b) anteriores: *é, ê, i* (f*é*, v*ê*, r*i*)
   c) posteriores: *ó, ô, u* (n*ó*, av*ô*, tat*u*)

- **o papel das cavidades bucal e nasal**
   a) orais: *a, é, ê, i, ó, ô, u* (*a*to, s*é*, v*ê*, v*i*, s*ó*, f*o*go, *u*va)
   b) nasais: *ã, ẽ, ĩ, õ, ũ* (l*ã*, v*en*to, s*im*, s*om*, m*un*do)

- **a intensidade**
   a) tônicas: p*á*, at*é*, g*e*lo, tup*i*, d*ó*, gl*o*bo, l*u*z
   b) subtônicas: *a*rvorezinha, c*a*fezinho, espl*e*ndidamente, s*o*mente, c*o*modamente
   c) átonas: el*a*, m*o*le, l*i*ção, l*a*do, l*u*gar, órf*ã*, l*e*nçol

- **o timbre**
   a) abertas: *a, é, ó* (l*á*, p*é*, cip*ó*)
   b) fechadas: *ê, ô, i, u* e todas as nasais: v*ê*, am*o*r, v*i*, cr*u*, s*ã*, l*en*da
   c) reduzidas: as vogais átonas orais ou nasais (vel*a*, val*e*, v*i*tal, sap*o*, *u*nido, *a*ndei, *en*tão)

3. ENCONTROS VOCÁLICOS

Os encontros vocálicos são três: *ditongo, tritongo* e *hiato*.

- **Ditongo**

   É a combinação de uma *vogal* + uma *semivogal*, ou vice-versa, na mesma sílaba. Exemplos: p*ai*, r*ei*, s*ou*, p*ão*, f*ui*, her*ói*, s*ér*io, q*ua*ndo.

   Dividem-se os ditongos em:

   a) **orais**: p*ai*, p*ou*co, je*i*to, etc.
   b) **nasais**: m*ãe*, p*ão*, p*õe*, m*ui*to (m*ũi*to), etc.
   c) **decrescentes** (vogal + semivogal): p*au*ta, m*eu*, d*ói*, etc.
   d) **crescentes** (semivogal + vogal): gên*io*, pátr*ia*, sér*ie*, q*ua*tro, etc.

Tritongo

É o conjunto *semivogal + vogal + semivogal*, formando uma só sílaba. O tritongo pode ser:

a) **oral**: ig*uai*s, aver*iguei*, aver*iguou*, delinq*uiu*, etc.
b) **nasal**: q*uão*, sag*uão*, sag*uões*, etc.

Hiato

É o encontro de duas vogais pronunciadas em dois impulsos distintos, formando sílabas diferentes:

fa*í*sca (f**a**-**í**s-ca)   *a*orta (**a**-**o**r-ta)
sa*ú*de (s**a**-**ú**-de)   do*e*r (d**o**-**e**r)
pre*e*ncher (pr**e**-**e**n-cher)   vo*o* (v**o**-**o**)
cr*u*el (cr**u**-**e**l)   lago*a* (la-g**o**-**a**)
ju*í*zo (j**u**-**í**-zo)   fr*ií*ssimo (fr**i**-**í**s-si-mo)

4. CLASSIFICAÇÃO DAS CONSOANTES

As consoantes são classificadas de acordo com quatro critérios:

- **modo de articulação**
- **ponto de articulação**
- **função das cordas vocais**
- **função das cavidades bucal e nasal**

Modo de articulação é a maneira pela qual os fonemas consonantais são articulados.

Vindo da laringe, a corrente de ar chega à boca, onde encontra obstáculo total ou parcial dos órgãos bucais. Se o fechamento dos lábios ou a interrupção da corrente de ar é total, dá-se a oclusão; se parcial, a constrição: daí a divisão em consoantes *oclusivas* e *constritivas*.

No segundo caso, conforme o modo por que a corrente expiratória escapa, podem as consoantes ser:

a) *fricativas* — quando o ar sai roçando ruidosamente as paredes da boca estreitada: **f, v, x, ç, s, z, j**;

b) *vibrantes* — quando o ar produz um movimento vibratório áspero: *r* brando e *r* forte;

c) *laterais* — quando o ar, encontrando a língua apoiada no palato, é forçado a sair pelas fendas laterais da boca: *l, lh*.

Ponto de articulação é o lugar onde os órgãos entram em contato para a emissão do som.

Quando entram em ação ou contato com:

• os lábios, as consoantes são *bilabiais*: **p, b, m**;

• os lábios e os dentes, as consoantes são *labiodentais*: **f, v**;

• a língua e os dentes, as consoantes são *linguodentais*: **t, d**;

• a língua e os alvéolos, temos consoantes *alveolares*: **s, z, l, r** (brando), **r** (forte ou múltiplo), **n**;

• o dorso da língua e o palato duro (céu da boca), as consoantes se chamam *palatais*: **j, g** (= j), **x, lh, nh**;

• a parte posterior da língua e o véu palatino (palato mole), as consoantes denominam-se *velares*: **c** (k), **q**, **g** (guê).

Função das cordas vocais. Se a corrente de ar põe as cordas vocais em vibração, temos uma consoante *sonora*; caso contrário, a consoante será *surda*.

Função das cavidades bucal e nasal. Quando o ar sai exclusivamente pela boca, as consoantes são *orais*; se, pelo abaixamento da úvula, o ar penetra nas fossas nasais, as consoantes são *nasais*: **m**, **n**, **nh**.

FUNÇÃO DAS CAVIDADES BUCAL E NASAL	ORAIS					NASAIS
MODO DE ARTICULAÇÃO	OCLUSIVAS		CONSTRITIVAS			
			Fricativas	Vibrantes	Laterais	
FUNÇÃO DAS CORDAS VOCAIS	surdas	sonoras	surdas	sonoras	sonoras	sonoras	sonoras
bilabiais	p	b					m
labiodentais			f	v			
linguodentais	t	d					
alveolares			s c ç	s z	r rr	l	n
palatais			x ch	g j		lh	nh
velares	c(k) q	g(guê)					

(Ponto de articulação)

5. ENCONTROS CONSONANTAIS

Encontro consonantal é a sequência de dois ou mais fonemas consonânticos numa palavra. Exemplos:

brado, **cr**eme, **pl**ano, re**gr**a, ci**cl**o, a**tl**eta, a**tr**ás, **tr**ans**tr**no, **ps**íquico, **pn**eumático, o**bt**urar, di**gn**o, eni**gm**a, o**bstr**uir, su**bd**elegado, infe**cç**ão, i**stm**o, etc.

6. DÍGRAFOS

Dígrafo é o grupo de duas letras representando um só fonema.

a) Dígrafos que representam consoantes:

ch: chapéu, cheio
lh: pilha, galho
nh: banho, ganhar
rr: barro, erro
ss: asseio, passo

gu (antes de *e* ou *i*): guerra, seguinte
qu (antes de *e* ou *i*): leque, aquilo
sc (antes de *e* ou *i*): descer, piscina
sç (antes de *a* ou *o*): desça, cresço
xc (antes de *e* ou *i*): exceção, excitar

b) Dígrafos que representam vogais nasais:

am: tampa (tãpa)
em: tempo (tẽpu)
im: limpo (lĩpu)
om: ombro (õbru)
um: jejum (jejũ)

an: santa (sãta)
en: venda (vẽda)
in: linda (lĩda)
on: sonda (sõda)
un: mundo (mũdu)

SÍLABA

Sílaba é um fonema ou grupo de fonemas emitidos num só impulso da voz (impulso expiratório).

Na palavra ou vocábulo *azeite*, por exemplo, há três sílabas: *a-zei-te*.

Na língua portuguesa, a sílaba se forma necessariamente com uma vogal, a que se juntam, ou não, semivogais ou consoantes.

1. CLASSIFICAÇÃO DAS PALAVRAS QUANTO AO NÚMERO DE SÍLABAS

Quanto ao número de sílabas, classificam-se as palavras em:

- **monossílabas** – as que têm uma só sílaba:
  pó, luz, é, pão, pães, mau, reis, boi, véus, etc.
- **dissílabas** – as que têm duas sílabas:
  café, livro, leite, caixas, noites, caí, roer, etc.
- **trissílabas** – as constituídas de três sílabas:
  jogador, cabeça, ouvido, saúde, circuitos, etc.
- **polissílabas** – as que têm mais de três sílabas:
  casamento, americano, responsabilidade, jesuíta, etc.

2. DIVISÃO SILÁBICA

A divisão silábica faz-se pela silabação, isto é, pronunciando as palavras por sílabas. Na escrita, separam-se as sílabas com o hífen:

te-sou-ro, di-nhei-ro, con-te-ú-do, ad-mi-tir, guai-ta-cá.

Regra:

Na escrita, não se separam letras representativas da mesma sílaba.

Regras práticas:

✔ Não se separam letras que representam:

a) ditongos: s**au**-dar, tr**ei**-no, ân-s**ia**, ré-**gua**s, etc.
b) tritongos: Pa-ra-g**uai**, q**uai**s-quer, sa-g**uão**, etc.
c) os dígrafos *ch, lh, nh, gu* e *qu*: fa-**ch**a-da, fro-**nh**a, co-**lh**ei-ta, pe-**gue**i, **que**i-jo, etc.
d) encontros consonantais inseparáveis: re-**cl**a-mar, re-**pl**e-to, **pn**eu-mo-ni-a, etc.

✔ Separam-se as letras que representam hiatos:

sa-ú-de, sa-í-da, ca-o-lho, fe-é-ri-co, te-a-tro, co-e-lho, zo-o-ló-gi-co, du-e-lo, ví-a-mos, etc.

✔ Contrariamente à regra, separam-se, por tradição, as letras dos dígrafos *rr*, *ss*, *sc*, *sç* e *xc*:

gue**r-r**a, so**s-s**e-go, pi**s-c**i-na, cre**s-ç**o, e**x-c**e-ção, etc.

✔ Separam-se, obviamente, os encontros consonantais separáveis, obedecendo-se ao princípio da silabação:

a**b-d**o-me   in-fe**c-ç**ão   a**d-m**i-rar   dig-**n**o   e-cli**p-s**e
su**b-m**a-ri-no   té**c-n**i-co   a**f-t**a   de-ce**p-ç**ão   ré**p-t**il
a**b-s**o-lu-to   a**d-j**e-ti-vo   e-nig-**m**a   a**p-t**i-dão   su**bs-t**ân-cia

✔ O *x* com valor fonético de /cs/ junta-se à vogal seguinte (quando houver):

fi-**x**ar, com-ple-**x**o, tó-**x**i-co, re-fle-**x**ão, o-**x**i-gê-nio, etc.

✔ Na divisão silábica, não se levam em conta os elementos mórficos das palavras (prefixos, radicais, sufixos):

de-sa-ten-to, **di-s**en-te-ri-a, **tran-s**a-tlân-ti-co, **su-b**en-ten-di-do, **in-te-r**ur-ba-no, etc.

3. EMPREGO DO HÍFEN

O hífen deve ser usado:

- em palavras compostas cujos elementos perderam sua significação individual para constituir um conceito único:

  amor-perfeito, beija-flor, quinta-feira, corre-corre, sempre-viva, bem-te-vi, etc.

- para ligar pronomes átonos a verbos e à palavra *eis*:

  deixa-o, obedecer-lhe, chamar-se-á, ei-lo, etc.

- em adjetivos compostos:

  mato-grossense, rio-grandense, latino-americano, greco-latino, verde-amarelo, cor-de--rosa, sem-vergonha, etc.

- em vocábulos formados pelos seguintes elementos acentuados:

  além-: além-túmulo, além-mar
  pós-: pós-escolar
  pré-: pré-nupcial
  pró-: pró-alfabetização
  recém-: recém-nascido

- para ligar os elementos ***circum-***, ***mal-*** e ***pan-*** a palavras que começam por ***vogal***, ***h*** ou ***n***:

  pan-americano, pan-helênico, mal-educado, mal-humorado, circum-navegação.

  Antes de outras letras, esses prefixos não requerem o hífen:

  malcriado, malferido, malfeito, panteísmo, circumpolar, etc.

- ***bem-*** (como prefixo e não como advérbio), antes de palavras que têm vida autônoma e quando a pronúncia o exigir:

bem-amado, bem-aventurado, bem-estar, bem-me-quer, bem-nascido, bem-vindo, etc.

Não se usa hífen:

- sempre que se perdeu a consciência da composição da palavra:

   aguardente, girassol, madrepérola, malmequer, passatempo, pontapé, rodapé, sobremesa, vaivém, etc.

- nas locuções:

   um a um, de vez em quando, à toa, a fim de, de repente, por isso, etc.

   Mas, por serem consideradas palavras compostas e não locuções, escrever-se-á:

   vice-versa, de meia-tigela, sem-par, sem-sal, sem-terra, etc.

- em expressões do tipo:

   estrada de ferro, doce de leite, anjo da guarda, farinha de trigo, dona de casa, etc.

Emprega-se o hífen nas palavras formadas com prefixos:

- quando o segundo elemento começa por *h:*

   anti-higiênico, super-homem, etc.

- quando o prefixo termina com a mesma vogal com que começa o segundo elemento:

   micro-onda, semi-interno, supra-auricular, etc.

   Exceção – Excetua-se o prefixo *co-*, que se une sem hífen:

   coordenar, cooperar, cooperação, etc.

- **hiper-**, **inter-** e **super-**, quando o segundo elemento começa por *r*: hiper-realismo, inter-racial, super-requintado, etc.

- **ex-** (denotando estado anterior) e **vice-**:

   ex-diretor, ex-alunos, vice-presidente, vice-rei, etc.

- **sub-**, antes de *b*, *h* ou *r*: sub-bibliotecário, sub-humano, sub-raça.

   Antes de outras letras, sem hífen: subdiretor, subsolo, etc.

Não se usa hífen:

- quando o prefixo termina em vogal e o segundo elemento começa por *r* ou *s*, caso em que essas consoantes se duplicam:

   antirreligioso, antissemita, minissaia, etc.

- quando o prefixo termina em vogal e o segundo elemento começa com vogal diferente:

   antiaéreo, autoestrada, socioeconômico, radioatividade, eletroímã, termoelétrico, etc.

- quando o prefixo pode ser unido sem promover pronúncia errônea: aeroporto, audiovisual, biocombustível, fotocópia, semibárbaro, etc.

4. PARTIÇÃO DE PALAVRAS EM FIM DE LINHA

Ao passar de uma linha para a seguinte, na escrita, além das normas estabelecidas para a divisão silábica, observe estas duas regras:

- Dissílabos como *aí*, *saí*, *ato*, *rua*, *ódio*, *unha*, etc. não devem ser partidos, para que uma letra não fique isolada no fim ou no início da linha.

- Na partição de palavras de mais de duas sílabas, não se isola sílaba de uma só vogal:

   agos-to (e não *a-gosto*), *la-goa* (e não *lago-a*), *ida-de* (e não *i-dade*)

ACENTUAÇÃO GRÁFICA

1. PRINCIPAIS REGRAS DE ACENTUAÇÃO GRÁFICA

■ **Regra 1**

Põe-se acento agudo na base dos ditongos abertos e tônicos nas oxítonas **éi, éu, ói**: *papéis, chapéu, anzóis, destrói*, etc.

Obs.: Estes ditongos não se acentuam quando fechados ou subtônicos: *areia, ateu, tamoio, chapeuzinho, heroizinho*.

■ **Regra 2**

Acentuam-se, via de regra, o **i** e o **u** tônicos dos hiatos: *saída, saúde, caía, egoísta, ruína, juízes, país, baú, baús, construí*, etc.

Obs.: Não se acentuam as ditas vogais antes de *nh* e também quando formam sílaba com **l, m, n, r, z, i** ou **u**: *rainha, paul, amendoim, ainda, sair, juiz, pauis, saiu, contribuiu*, etc.

■ **Regra 3**

Acentuam-se todas as palavras proparoxítonas com acento agudo ou circunflexo, conforme o timbre da vogal tônica for aberto ou fechado: *lágrima, médico, déssemos, péssimo, católico, único, seríamos, lâmpada, lêssemos, pêssego, fôssemos, estômago*, etc.

■ **Regra 4**

Acentuam-se com o competente acento as palavras paroxítonas terminadas em ditongo crescente: *sábio, planície, Gávea, nódoa, régua, ânsia, espontâneo, ciência, colônia, ingênuo, tênue, amêndoas*, etc.

■ **Regra 5**

Acentuam-se com o devido acento as palavras paroxítonas terminadas em:

1) **i, is, us, um, uns**: *júri, lápis, vírus, álbum, álbuns*.

2) **l, n, r, x**: *fácil, amável, imóvel, hífen, mártir, fênix*.

3) **ei, eis**: *jóquei, incríveis, úteis, fósseis, lêsseis*.

4) **ã, ãs, ão, ãos**: *imã, imãs, órfão, órfãos, bênção, bênçãos*, etc.

■ **Regra 6**

Acentuam-se com o devido acento as palavras oxítonas terminadas em:

1) **a, e, o**, seguidos ou não de **s**: *será, atrás, pajé, avô, compôs*.

Obs.: Seguem esta regra os verbos infinitivos terminados em **a, e, o**, seguidos de pronome: *tratá-lo, vendê-los, compô-lo*.

2) **em, ens** (nas palavras de duas ou mais sílabas): *refém, reféns, contém, entreténs, retém, reténs*, etc.

3) **éis, éu, éus, ói, óis**: *fiéis, chapéu, chapéus, herói, heróis, Niterói, corrói*, etc.

■ **Regra 7**

Acentuam-se os monossílabos tônicos terminados **em a(s), e(s), o(s), éis, éu(s), ói(s)**: *pá, pás, pé, pés, dê, dês, pó, pós, réis, véu, véus, rói, róis*, etc.

Regra 8

Usa-se o acento grave exclusivamente para indicar a crase:

Cheguei à estação às 8 horas.

Assistimos às aulas.

Você já foi àquela ilha?

Entregue o livro àquele professor.

2. CRASE

A palavra *crase* (do grego *krásis* = mistura, fusão) designa, em gramática normativa, a contração da preposição *a* com:

- **o artigo *a* ou *as*:**

   Fomos à cidade e assistimos às festas.

- **o pronome demonstrativo *a* ou *as*:**

   Irei à (loja) do centro.

- **o *a* inicial dos pronomes *aquele*, *aquela*, *aquilo*:**

   Refiro-me àquele fato.

Observação:

✔ Na escrita, assinala-se a crase com acento grave.

3. CRASE DA PREPOSIÇÃO *A* COM OS ARTIGOS *A*, *AS*

Considere estes exemplos:

Irei à cidade. [Irei *a a* cidade.]

Apresentei-me à diretora. [Apresentei-me *a a* diretora.]

A crase, como se vê dos exemplos citados, resulta da contração da preposição *a* (exigida por um termo subordinante) com o artigo feminino *a* ou *as* (reclamado por um termo dependente).

Outros exemplos:

preposição	artigo	
↓	↓	
Fomos a	a praia.	→ Fomos à praia.
Estava junto a	a porta.	→ Estava junto à porta.
Compareci a	as reuniões.	→ Compareci às reuniões.

Se não houver a presença da preposição ou do artigo, não haverá crase:

	preposição	artigo	
	↓	↓	
Os turistas visitaram		a	cidade.
A concórdia une		as	nações.
Não digas isto		a	ninguém.
Ele parecia entregue		a	tristes cogitações.

Regra: o acento da crase só tem cabimento diante de palavras femininas determinadas pelo artigo definido *a* ou *as* e subordinadas a termos que exigem a preposição *a*.

Veja mais estes exemplos:

As crianças voltaram *à* piscina.   Ninguém é insensível *à* dor.

Observação:

✔ Os termos diante dos quais ocorre a crase exercem as funções de complementos ou de adjuntos adverbiais.

4. CASOS EM QUE NÃO HÁ CRASE

Não havendo o artigo *a(s)* antes do termo dependente, é claro que não terá lugar a crase. Por isso, não se acentua o *a*:

- **diante de palavras masculinas:**
  Não assisto *a* filmes de guerra.
  Isto cheira *a* vinho.
  Escreveu um bilhetinho *a* lápis.
  Venho *a* mando de meu patrão.

Observação:

✔ Ocorrendo a elipse da palavra *moda* ou *maneira*, haverá crase diante de nomes masculinos: calçados *à* Luís XV (*à moda* Luís XV).

- **diante de substantivos femininos usados em sentido geral e indeterminado:**
  Não vai *a* festas nem *a* reuniões.
  A Funai decidiu fechar o parque indígena *a* visitas.
  Não dê atenção *a* pessoa suspeita.

- **diante de nomes de parentesco, precedidos de possessivo:**
  Recorri *a* minha mãe. Peça desculpas *a* tua irmã.
  Faremos uma visita *a* nossa(s) tia(s).

- **diante de nomes próprios que repelem o artigo:**
  Rezo *a* Nossa Senhora.   O historiador referiu-se *a* Joana d'Arc.
  Dedicaram templos *a* Minerva e *a* Júpiter.   Iremos *a* Curitiba e depois *a* Londrina.

Observação:

✔ Haverá crase quando o nome próprio admitir o artigo ou vier acompanhado de adjetivo ou locução adjetiva: Maria tinha devoção *à* Virgem. Entreguei a carta *à* Júlia (no trato familiar e íntimo). Fomos *à* Bahia. Chegamos *à* Argentina. Cheguei *à* histórica Ouro Preto.

- **diante da palavra casa no sentido de *lar, domicílio*, quando não acompanhada de adjetivo ou locução adjetiva:**

    Voltamos *a* casa tristes.　　　　　Chegavam *a* casa quase sempre sujos.

    Observação:

    ✔ Se a palavra *casa* vier acompanhada de adjetivo ou locução adjetiva, terá lugar o acento da crase: Voltou *à casa paterna*. Fui *à casa de meu colega*.

- **nas locuções formadas com a repetição da mesma palavra:**

    Tomou o remédio *gota a gota*.　　*Dia a dia*, a empresa foi crescendo.

- **diante do substantivo terra, em oposição a bordo:**

    Os marinheiros tinham descido *a terra* para visitar a cidade.

- **diante de artigos indefinidos e de pronomes pessoais (inclusive de tratamento, com exceção de *senhora* e *senhorita*) e interrogativos:**

    Chegamos *à* cidade *a uma* hora morta.
    Recorreram *a mim* (*a nós, a ela, a você*, etc.).
    Solicito *a Vossa Senhoria* o obséquio de...
    Falaste *a que* pessoa?
    A qual delas se refere você?

    Escreve-se, porém, com crase:
    Peço *à senhora* que tenha paciência.

- **diante dos outros pronomes que repelem o artigo, o que ocorre com a maioria dos indefinidos e relativos e boa parte dos demonstrativos:**

    Escrevi *a todas as* (ou *a algumas, a várias, a muitas*) colegas.
    Estamos *a pouca* distância da fronteira.
    O letreiro pode despencar *a qualquer* momento.
    A tia gostava de Jacinta, *a quem* sempre ajudava.

    Observação:

    ✔ Há, no entanto, pronomes que admitem o artigo, dando ensejo à crase: Não fale nada *às outras*. Assistimos sempre *às mesmas* cenas. Diga *à tal* senhora que... Não temo as acusações de fulano, *às quais* responderei oportunamente. Estavam atentas umas *às outras*.

- **diante de numerais cardinais referentes a substantivos não determinados pelo artigo:**

    Chanceler inicia visita *a oito* países africanos.
    Daqui *a quatro* semanas muita coisa terá mudado.
    O número de aprovados não chega *a vinte*.

Observação:

✔ Usa-se, porém, a crase nas locuções adverbiais que exprimem hora determinada e nos casos em que o numeral estiver precedido de artigo: Chegamos *às oito* horas da noite. Assisti *às duas* sessões de ontem. Entregaram-se os prêmios *às três* alunas vencedoras.

■ **diante de verbos:**
Estamos dispostos *a trabalhar*.   Puseram-se *a discutir* em voz alta.

5. CASOS ESPECIAIS

O uso do artigo diante dos possessivos, salvo em alguns casos, fica ao arbítrio de quem escreve. Daqui a possibilidade de haver, ou não, a crase:

A minha viagem é certa.   Referiu-se *à* minha viagem.
Minha viagem é certa.   Referiu-se *a* minha viagem.

Observação:

✔ Seguindo-se a atual tendência, é preferível usar o artigo, e, portanto, a crase, diante dos possessivos que não se referem a nomes de parentesco.

Acentua-se, geralmente, o *a* ou *as* de locuções adverbiais, prepositivas e conjuntivas formadas de substantivo feminino (expresso ou elíptico):

à noite, à farta, à vista, à primeira vista, à esquerda, à direita, à toa, à milanesa, às vezes, às pressas, às sete horas, à custa de, à força de, à espera de, à medida que, à proporção que, etc.

Note-se no entanto: comprar *a prestação*, escrever *a máquina*, escrever *a mão*, fechar *a chave*.

Em algumas de tais locuções, o emprego do acento é opcional; em outras, porém, depende do sentido do contexto. Exemplos:

a distância ou *à distância, a bala* ou *à bala, a fome* ou *à fome*.

Observação:

✔ Nessas locuções, o acento nem sempre representa uma contração; usa-se antes como sinal esclarecedor do sentido da frase. Compare: *matar a fome* e *matar à fome, cheirar a gasolina* e *cheirar à gasolina, receber a bala* e *receber à bala*.

6. CRASE DA PREPOSIÇÃO *A* COM OS PRONOMES DEMONSTRATIVOS

A crase pode também resultar da contração da preposição *a* com os pronomes demonstrativos *aquele, aquela, aqueles, aquelas, aquilo, a, as*:

Não irás *àquela* festa. [*a aquela*]
Vou *àquele* cinema. [*a aquele*]
Não ligo *àquilo*. [*a aquilo*]

Refiro-me *à* que você namora. [*a a garota*]
Àquela ordem estranha, o soldado estremeceu.
Esta anedota é semelhante *à* que meu professor contou.

7. PLURAL DOS SUBSTANTIVOS COMPOSTOS

Formam o plural de acordo com as seguintes normas:

- Pluralizam-se os dois elementos, quando houver:
    a) substantivo + substantivo:
       abelha-mestra, *abelhas-mestras*
       couve-flor, *couves-flores*
    b) substantivo + adjetivo:
       guarda-noturno, *guardas-noturnos*
       obra-prima, *obras-primas*
    c) adjetivo + substantivo:
       boa-vida, *boas-vidas*
       curta-metragem, *curtas-metragens*
    d) numeral + substantivo:
       terça-feira, *terças-feiras*
       quinta-feira, *quintas-feiras*

- Varia apenas o segundo elemento, quando houver:
    a) elementos unidos sem hífen:
       o girassol, *os girassóis*.
    b) verbo + substantivo:
       o guarda-roupa, os *guarda-roupas*, o beija-flor, os *beija-flores*.
    c) elemento invariável + palavra variável:
       a sempre-viva, as *sempre-vivas*, a ave-maria, as *ave-marias*, o vice-rei, os *vice-reis*, o alto-falante, os *alto-falantes*, o abaixo-assinado, os *abaixo-assinados*.
    d) palavras repetidas:
       o tico-tico, os *tico-ticos*, o reco-reco, os *reco-recos*.

- Varia apenas o primeiro elemento:
    a) quando houver substantivo + de + substantivo:
       a queda-d'água, as *quedas*-d'água.
    b) quando o segundo elemento limita ou determina o primeiro:
       o pombo-correio, os *pombos*-correio, o pau-brasil, os *paus*-brasil.

- Os dois elementos ficam invariáveis quando houver:
    a) verbo + advérbio:
       o bota-fora, os *bota-fora*.
    b) verbo + substantivo plural:
       o saca-rolhas, os *saca-rolhas*, o guarda-vidas, os *guarda-vidas*.

- Casos especiais:
    o louva-a-deus, os *louva-a-deus*, o bem-te-vi, os *bem-te-vis*, o bem-me-quer, os *bem-me-queres*, o joão-ninguém, os *joões-ninguém*.

8. PLURAL DOS ADJETIVOS COMPOSTOS

Para formar o plural dos adjetivos compostos, observem-se os seguintes princípios:

- Os componentes sendo adjetivos, somente o último toma a flexão do plural:

    cabelos *castanho-escuros*, ciências *político-sociais*, lenços *verde-claros*

    Exceções: surdo-mudo, *surdos-mudos*, surda-muda, *surdas-mudas*. *Azul-marinho* e *azul-celeste* são invariáveis: ternos *azul-marinho*, mantos *azul-celeste*

- Os componentes sendo *palavra* (ou *elemento*) *invariável* + *adjetivo*, somente esse último se flexionará:

    meninos *mal-educados*, esforços *sobre-humanos*, crianças *recém-nascidas*

- Os compostos de *adjetivo* + *substantivo* são invariáveis:

    tapetes *verde-esmeralda*, blusas *amarelo-laranja*, chapéus *escuro-cinza*, gravatas *verde-malva*, ternos *verde-oliva*, saias *azul-pavão*, olhos *verde-mar*

Observação:

✔ Nos adjetivos compostos desse último tipo, subentende-se a expressão *da cor de*: tapetes *verde-esmeralda* = tapetes *da cor verde da esmeralda*.

- Invariáveis ficam também as locuções adjetivas formadas de *cor* + *de* + *substantivo*:

    vestidos *cor-de-rosa*, olhos *da cor do mar*, cabelos *cor de palha*, olhos *da cor da safira*, suéteres *cor de café*, etc.

Observação:

✔ Para sermos mais concisos, frequentemente dizemos apenas: fitas *violeta*, ternos *cinza*, luvas *creme*, sapatos *gelo*, botões *rosa*, gravatas *grená*, etc.

VERBOS REGULARES

1ª conjugação	2ª conjugação	3ª conjugação
AMAR	BATER	PARTIR

INDICATIVO

presente

am**o**	bat**o**	part**o**
am**as**	bat**es**	part**es**
am**a**	bat**e**	part**e**
am**amos**	bat**emos**	part**imos**
am**ais**	bat**eis**	part**is**
am**am**	bat**em**	part**em**

pretérito imperfeito

am**ava**	bat**ia**	part**ia**
am**avas**	bat**ias**	part**ias**
am**ava**	bat**ia**	part**ia**
am**ávamos**	bat**íamos**	part**íamos**
am**áveis**	bat**íeis**	part**íeis**
am**avam**	bat**iam**	part**iam**

pretérito perfeito simples

am**ei**	bat**i**	part**i**
am**aste**	bat**este**	part**iste**
am**ou**	bat**eu**	part**iu**
am**amos**	bat**emos**	part**imos**
am**astes**	bat**estes**	part**istes**
am**aram**	bat**eram**	part**iram**

pretérito perfeito composto

tenho amado	tenho batido	tenho partido
tens amado	tens batido	tens partido
tem amado	tem batido	tem partido
temos amado	temos batido	temos partido
tendes amado	tendes batido	tendes partido
têm amado	têm batido	têm partido

pretérito mais-que-perfeito simples

am**ara**	bat**era**	part**ira**
am**aras**	bat**eras**	part**iras**
am**ara**	bat**era**	part**ira**
am**áramos**	bat**êramos**	part**íramos**
am**áreis**	bat**êreis**	part**íreis**
am**aram**	bat**eram**	part**iram**

pretérito mais-que-perfeito composto

tinha amado	tinha batido	tinha partido
tinhas amado	tinhas batido	tinhas partido
tinha amado	tinha batido	tinha partido
tínhamos amado	tínhamos batido	tínhamos partido
tínheis amado	tínheis batido	tínheis partido
tinham amado	tinham batido	tinham partido

futuro do presente simples

amar**ei**	bater**ei**	partir**ei**
amar**ás**	bater**ás**	partir**ás**
amar**á**	bater**á**	partir**á**
amar**emos**	bater**emos**	partir**emos**
amar**eis**	bater**eis**	partir**eis**
amar**ão**	bater**ão**	partir**ão**

futuro do presente composto

terei amado	terei batido	terei partido
terás amado	terás batido	terás partido
terá amado	terá batido	terá partido
teremos amado	teremos batido	teremos partido
tereis amado	tereis batido	tereis partido
terão amado	terão batido	terão partido

futuro do pretérito simples

amar**ia**	bater**ia**	partir**ia**
amar**ias**	bater**ias**	partir**ias**
amar**ia**	bater**ia**	partir**ia**
amar**íamos**	bater**íamos**	partir**íamos**
amar**íeis**	bater**íeis**	partir**íeis**
amar**iam**	bater**iam**	partir**iam**

futuro do pretérito composto

teria amado	teria batido	teria partido
terias amado	terias batido	terias partido
teria amado	teria batido	teria partido
teríamos amado	teríamos batido	teríamos partido
teríeis amado	teríeis batido	teríeis partido
teriam amado	teriam batido	teriam partido

MODO SUBJUNTIVO
presente

ame	bata	parta
ames	batas	partas
ame	bata	parta
amemos	batamos	partamos
ameis	batais	partais
amem	batam	partam

pretérito imperfeito

amasse	batesse	partisse
amasses	batesses	partisses
amasse	batesse	partisse
amássemos	batêssemos	partíssemos
amásseis	batêsseis	partísseis
amassem	batessem	partissem

pretérito perfeito

tenha amado	tenha batido	tenha partido
tenhas amado	tenhas batido	tenhas partido
tenha amado	tenha batido	tenha partido
tenhamos amado	tenhamos batido	tenhamos partido
tenhais amado	tenhais batido	tenhais partido
tenham amado	tenham batido	tenham partido

pretérito mais-que-perfeito

tivesse amado	tivesse batido	tivesse partido
tivesses amado	tivesses batido	tivesses partido
tivesse amado	tivesse batido	tivesse partido
tivéssemos amado	tivéssemos batido	tivéssemos partido
tivésseis amado	tivésseis batido	tivésseis partido
tivessem amado	tivessem batido	tivessem partido

futuro simples

amar	bater	partir
amares	bateres	partires
amar	bater	partir
amarmos	batermos	partirmos
amardes	baterdes	partirdes
amarem	baterem	partirem

futuro composto

tiver amado	tiver batido	tiver partido
tiveres amado	tiveres batido	tiveres partido
tiver amado	tiver batido	tiver partido
tivermos amado	tivermos batido	tivermos partido
tiverdes amado	tiverdes batido	tiverdes partido
tiverem amado	tiverem batido	tiverem partido

MODO IMPERATIVO
afirmativo

am**a** (tu)	bat**e** (tu)	part**e** (tu)
am**e** (você)	bat**a** (você)	part**a** (você)
am**emos** (nós)	bat**amos** (nós)	part**amos** (nós)
am**ai** (vós)	bat**ei** (vós)	part**i** (vós)
am**em** (vocês)	bat**am** (vocês)	part**am** (vocês)

negativo

não am**es** (tu)	não bat**as** (tu)	não part**as** (tu)
não am**e** (você)	não bat**a** (você)	não part**a** (você)
não am**emos** (nós)	não bat**amos** (nós)	não part**amos** (nós)
não am**eis** (vós)	não bat**ais** (vós)	não part**ais** (vós)
não am**em** (vocês)	não bat**am** (vocês)	não part**am** (vocês)

FORMAS NOMINAIS

infinitivo presente impessoal

am**ar**	bat**er**	part**ir**

infinitivo presente pessoal

am**ar**	bat**er**	part**ir**
am**ares**	bat**eres**	part**ires**
am**ar**	bat**er**	part**ir**
am**armos**	bat**ermos**	part**irmos**
am**ardes**	bat**erdes**	part**irdes**
am**arem**	bat**erem**	part**irem**

infinitivo pretérito impessoal

ter amado	ter batido	ter partido

infinitivo pretérito pessoal

ter amado	ter batido	ter partido
teres amado	teres batido	teres partido
ter amado	ter batido	ter partido
termos amado	termos batido	termos partido
terdes amado	terdes batido	terdes partido
terem amado	terem batido	terem partido

Gerúndio presente

am**ando**	bat**endo**	part**indo**

Gerúndio pretérito

tendo amado	tendo batido	tendo partido

Particípio

am**ado**	bat**ido**	part**ido**

VERBOS IRREGULARES
1ª CONJUGAÇÃO

DAR:

Indic. pres.: dou, dás, dá, damos, dais, dão. *Pret. imperf.*: dava, davas, dava, dávamos, dáveis, davam. *Pret. perf.*: dei, deste, deu, demos, destes, deram. *Pret. m.-q.-p.*: dera, deras, dera, déramos, déreis, deram. *Fut. do pres.*: darei, darás, dará, daremos, dareis, darão. *Fut. do pret.*: daria, darias, daria, daríamos, daríeis, dariam. *Imperat. afirm.*: dá, dê, demos, dai, deem. *Imperat. neg.*: não dês, não dê, não demos, não deis, não deem. *Subj. pres.*: dê, dês, dê, demos, deis, deem. *Pret. imperf.*: desse, desses, desse, déssemos, désseis, dessem. *Fut.*: der, deres, der, dermos, derdes, derem. *Inf. pres. impess.*: dar. *Inf. pres. pessoal*: dar, dares, dar, darmos, dardes, darem. *Ger.*: dando. *Part.*: dado.

Verbos terminados em *-iar*

Os verbos terminados em *-iar* podem ser distribuídos em dois grupos:

1º) Os que se conjugam regularmente, que são a maioria: *abreviar, alumiar, caluniar, presenciar, premiar*, etc. Seguem o modelo *copiar*.

COPIAR:

Indic. pres.: copio, copias, copia, copiamos, copiais, copiam. *Pret. perf.*: copiei, copiaste, copiou, etc. *Pret. m.-q.-p.*: copiara, copiaras, etc. *Subj. pres.*: copie, copies, copie, copiemos, copieis, copiem. *Imperat. afirm.*: copia, copie, copiemos, copiai, copiem. *Imperat. neg.*: não copies, não copie, não copiemos, não copieis, não copiem, etc.

2º) Os que mudam o *i* da penúltima sílaba em *ei*, nas formas rizotônicas. São os cinco seguintes: *mediar, ansiar, remediar, incendiar, odiar*. Conjugaremos este último.

ODIAR:

Indic. pres.: ode*i*o, ode*i*as, ode*i*a, odiamos, odiais, ode*i*am. *Pret. imperf.*: odiava, odiavas, odiava, etc. *Pret. perf.*: odiei, odiaste, odiou, etc. *Pret. m.-q.-p.*: odiara, odiaras, odiara, odiáramos, odiáreis, odiaram. *Subj. pres.*: ode*i*e, ode*i*es, ode*i*e, odiemos, odieis, ode*i*em. *Imperat. afirm.*: ode*i*a, ode*i*e, odiemos, odiai, ode*i*em. *Imperat. neg.*: não ode*i*es, não ode*i*e, não odiemos, não odieis, não ode*i*em.

2ª CONJUGAÇÃO

CABER:

Indic. pres.: caibo, cabes, cabe, cabemos, cabeis, cabem. *Pret. perf.*: coube, coubeste, coube, coubemos, coubestes, couberam. *Pret. m.-q.-p.*: coubera, couberas, coubera, coubéramos, coubéreis, couberam. *Subj. pres.*: caiba, caibas, caiba, caibamos, caibais, caibam. *Pret. imperf.*: coubesse, coubesses, coubesse, coubéssemos, coubésseis, coubessem. *Fut.*: couber, couberes, couber, coubermos, couberdes, couberem. *Ger.*: cabendo. *Part.*: cabido. *Não tem imperativo*.

PÔR:

Indic. pres.: ponho, pões, põe, pomos, pondes, põem. *Pret. imperf.*: punha, punhas, punha, púnhamos, púnheis, punham. *Pret. perf.*: pus, puseste, pôs, pusemos, pusestes, puseram. *Pret. m.-q.-p.*: pusera, puseras, pusera, puséramos, puséreis, puseram. *Fut. do pres.*: porei, porás, porá, poremos, poreis, porão. *Fut. do pret.*: poria, porias, poria, poríamos, poríeis, poriam. *Imperat. afirm.*: põe, ponha, ponhamos, ponde, ponham. *Subj. pres.*: ponha, ponhas, ponha, ponhamos, ponhais, ponham. *Pret. imperf.*: pusesse, pusesses, pusesse, puséssemos, pusésseis, pusessem. *Fut.*: puser, puseres, puser, pusermos, puserdes, puserem. *Inf. impessoal*: pôr. *Inf. pessoal*: pôr, pores, pôr, pormos, pordes, porem. *Ger.*: pondo. *Part.*: posto.

Como *pôr* se conjugam todos os seus derivados: *compor, depor, dispor, expor, impor, indispor, opor, pressupor, propor, recompor, repor, sobrepor, supor, transpor*, etc.

REQUERER:

Indic. pres.: requeiro, requeres, requer, requeremos, requereis, requerem. *Pret. perf.*: requeri, requereste, requereu, etc. *Pret. m.-q.-p.*: requerera, requereras, requerera, etc. *Imperat. afirm.*: requere, *requeira, requeiramos,* requerei, *requeiram*. *Subj. pres.*: requeira, requeiras, requeira, etc. *Pret. imperf.*: requeresse, requeresses, requeresse, etc. *Fut.*: requerer, requereres, requerer, etc. *Ger.*: requerendo. *Part.*: requerido.

Este verbo não segue a conjugação de *querer*. É irregular apenas na 1ª e na 3ª pessoas do singular do indic. pres. e, portanto, no pres. do subjuntivo e no imperativo.

3ª CONJUGAÇÃO

FALIR:

Indic. pres.: falimos, falis. *Pret. imperf.*: falia, falias, etc. *Pret. perf.*: fali, faliste, faliu, etc. *Pret. m.-q.-p.*: falira, faliras, falira, etc. *Part.*: falido.

Verbo regular defectivo. Usa-se apenas nas formas em que ao *l* se segue *i*.

Modelam-se por *falir*: *espavorir, remir*, etc.

IR:

Indic. pres.: vou, vais, vai, vamos, ides, vão. *Pret. imperf.*: ia, ias, ia, íamos, íeis, iam. *Pret. perf.*: fui, foste, foi, fomos, fostes, foram. *Pret. m.-q.-p.*: fora, foras, fora, etc. *Fut. do pres.*: irei, irás, irá, etc. *Fut. do pret.*: iria, irias, etc. *Imperat. afirm.*: vai, vá, vamos, ide, vão. *Subj. pres.*: vá, vás, vá, vamos, vades, vão. *Pret. imperf.*: fosse, fosses, etc. *Fut.*: for, fores, for, formos, fordes, forem. *Inf. pessoal*: ir, ires, ir, irmos, irdes, irem. *Ger.*: indo. *Part.*: ido.

SINTAXE DE CONCORDÂNCIA

Na frase, as palavras dependentes se harmonizam, nas suas flexões, com as palavras de que dependem. É o que se denomina *concordância*.

Assim:

1) os adjetivos, pronomes, artigos e numerais concordam em gênero e número com os substantivos determinados (*concordância nominal*);
2) o verbo concordará com o seu sujeito em número e pessoa (*concordância verbal*).

CONCORDÂNCIA NOMINAL

1. CONCORDÂNCIA DO ADJETIVO ADJUNTO ADNOMINAL

A concordância do adjetivo, com a função de adjunto adnominal, efetua-se de acordo com as seguintes regras gerais:

- O adjetivo concorda em gênero e número com o substantivo a que se refere. Exemplo:

    O **alto** ipê cobre-se de flores **amarelas**.

- O adjetivo que se refere a mais de um substantivo de gênero ou número diferentes, quando posposto, poderá concordar no masculino plural (concordância mais aconselhada), ou com o substantivo mais próximo. Exemplos:

    a) no masculino plural:

    Vilma tinha muitas joias e vestidos **caros**.

    Descobrimos rios e grutas **desconhecidos.**

    b) com o substantivo mais próximo:

    A Marinha e o Exército **brasileiro** estavam alerta.

    "... toda ela cheirando ainda a cal, a tinta e a barro **fresco**."

    (HUMBERTO DE CAMPOS)

- Anteposto aos substantivos, o adjetivo concorda, em geral, com o mais próximo:

    Velhas revistas e livros enchiam as prateleiras.

    Velhos livros e revistas enchiam as prateleiras.

    Para diverti-los haverá **magníficos** espetáculos e atrações.

2. CONCORDÂNCIA DO ADJETIVO PREDICATIVO COM O SUJEITO

A concordância do adjetivo predicativo com o sujeito obedecerá às seguintes normas:

- O predicativo concorda em gênero e número com o sujeito simples:

    Os campos estavam **floridos**, as colheitas seriam **fartas**.

    É **proibida** a caça nesta reserva.

- Quando o sujeito é composto e constituído por substantivos do mesmo gênero, o predicativo concordará no plural e no gênero deles:
  O mar e o céu estavam **serenos**.
  A ciência e a virtude são **necessárias**.

- Sendo o sujeito composto e constituído por substantivos de gêneros diversos, o predicativo concordará no masculino plural:
  Longos eram os dias e as noites para o prisioneiro.
  O garoto e as meninas avançaram **cautelosos**.

- Se o sujeito for representado por um pronome de tratamento, a concordância se efetua com o sexo da pessoa a quem nos referimos:
  Vossa Alteza foi **bondoso**. (Com referência a um príncipe)
  Vossa Alteza foi muito **severa**. (Com referência a uma princesa)

- O predicado pode ficar no masculino singular nas locuções fixas *é bom, é necessário, é preciso*, embora o sujeito seja substantivo feminino ou plural:
  Água mineral é muito **bom**.
  "É **necessário** muita fé." (MÁRIO BARRETO)

  Observe-se que em tais casos o sujeito não vem determinado pelo artigo e a concordância se faz não com a forma gramatical da palavra, mas com o fato que se tem em mente:
  Tomar água mineral é muito bom.
  É necessário **ter muita fé**.

- Havendo determinação do sujeito, ou sendo preciso encarecer o predicativo, efetua-se a concordância normalmente:
  É **necessária** a tua presença aqui. [= indispensável]
  "Seriam **precisos** outros três homens." (ANÍBAL MACHADO)

3. CONCORDÂNCIA DO PREDICATIVO COM O OBJETO

A concordância do adjetivo predicativo com o objeto direto ou indireto subordina-se às seguintes regras:

- O adjetivo concorda em gênero e número com o objeto quando este for simples:
  Vi **ancorados** na baía os navios da Petrobras.
  O prisioneiro tinha as mãos **algemadas**.

- Quando o objeto é composto e constituído por elementos do mesmo gênero, o adjetivo se flexiona no plural e no gênero dos elementos:
  A justiça declarou **criminosos** o empresário e seus auxiliares.
  Deixe bem **fechadas** a porta e as janelas.

- Sendo o objeto composto e formado de elementos de gêneros diversos, o predicativo concordará no masculino plural:
  Considero **autores** do crime o motorista e sua filha.

Se anteposto ao objeto, poderá o predicativo, neste caso, concordar com o núcleo mais próximo:

É preciso que se mantenham **limpas** as ruas e os jardins.

4. CONCORDÂNCIA DO PARTICÍPIO PASSIVO

- Na voz passiva, o particípio concorda em gênero e número com o sujeito, como os adjetivos:

    Passadas duas semanas, procurei o devedor.
    Foram **vistas** centenas de rapazes pedalando nas ruas.

- Quando o núcleo do sujeito é um numeral coletivo, como no último exemplo, pode-se, em geral, efetuar a concordância com o substantivo que o acompanha:

    Centenas de rapazes foram **vistos** pedalando nas ruas.
    Dezenas de soldados foram **feridos** em combate.

- Referindo-se a duas ou mais substâncias de gênero diferente, o particípio concordará no masculino plural:

    O quadro e as joias foram **leiloados**.
    Atingidos por mísseis, a corveta e o navio foram a pique.

5. CONCORDÂNCIA DO PRONOME COM O NOME

- O pronome que se refere a dois ou mais substantivos de gêneros diferentes flexiona-se no masculino plural:

    Vi Carlos e suas irmãs, porém não **os** cumprimentei.

6. OUTROS CASOS DE CONCORDÂNCIA NOMINAL

Registramos aqui alguns casos especiais de concordância nominal:

- **Anexo**. Concorda com o substantivo em gênero e número:

    Vão **anexos** os pareceres das comissões técnicas.

- **A olhos vistos**. Locução adverbial, invariável; significa *visivelmente*:

    "Lúcia emagrecia **a olhos vistos**." (COELHO NETO)

- **Só**. Como adjetivo, *só* (= sozinho, único) concorda em número com o substantivo. Quando significa *apenas, somente*, é invariável.

    Eles estavam **sós**, na grande sala iluminada.   Elas estavam **sós**.
    Só eles estavam na sala.   Elas **só** passeiam de carro.

Observação:

✔ Forma a locução *a sós* (= sem mais companhia, sozinhos): Estávamos *a sós*.

- **Adjetivos adverbiados**. Certos adjetivos, como *sério, claro, caro, alto, raro*, quando usados com o valor de advérbios em *-mente*, são invariáveis:

    Vamos falar **sério**.
    Penso que falei bem **claro**.
    Esses produtos passam a custar mais **caro**.
    Estas aves voam **alto**.
    Gilberto e Regina **raro** vão ao cinema.

- **Junto** e **direto** ora funcionam como adjetivos, ora como advérbios:
  "Era como se tivessem estado **juntos** na véspera." (Autran Dourado)
  "Elas moram **junto** há algum tempo." (José Gualda Dantas)
  "Foram **direto** ao galpão do engenheiro-chefe." (Josué Guimarães)
  "As gaivotas iam **diretas** como um dardo." (Josué Guimarães)

- **Todo**. No sentido de *inteiramente*, *completamente*, costuma-se flexionar, embora advérbio.
  A planície ficou **toda** (ou **todo**) branca.   As meninas iam **todas** de branco.

- **Alerta**. Pela origem, *alerta* (= atentamente, de prontidão, em estado de vigilância) é advérbio e, portanto, invariável:
  Estamos **alerta**. Os soldados ficaram **alerta**.
  Contudo, esta palavra é, atualmente, sentida antes como adjetivo, sendo, por isso, flexionada no plural:
  Nossos chefes estão **alertas**. (= vigilantes)

CONCORDÂNCIA VERBAL

O verbo concorda com o sujeito, em harmonia com as seguintes regras:

1. O SUJEITO É SIMPLES

O sujeito sendo simples, com ele concordará o verbo em número e pessoa. Exemplos:
- verbo depois do sujeito
  "As saúvas **eram** uma praga." (C. Povina Cavalcânti)
- verbo antes do sujeito
  Acontecem tantas desgraças neste planeta!
  Não **faltarão** pessoas que nos queiram ajudar.

2. O SUJEITO É COMPOSTO E DA 3ª PESSOA

- O sujeito, sendo composto e anteposto ao verbo, leva este para o plural:
  A guerra e a fome **dizimaram** a população.
  O professor e os alunos **estavam** na sala.

- Sendo o sujeito composto e posposto ao verbo, este poderá concordar no plural (o que é mais comum na língua moderna) ou com o substantivo mais próximo:
  Não lhe **faltam** coragem e talento.
  "E de tudo, só **restaria** a árvore, a relva e o cestinho de morangos." (Lígia F. Telles)

3. O SUJEITO É COMPOSTO E DE PESSOAS DIFERENTES

Se o sujeito composto for de pessoas diversas, o verbo se flexiona no plural e na pessoa que tiver prevalência [a 1ª pessoa prevalece sobre a 2ª e a 3ª ; a 2ª sobre a 3ª]:
"Foi o que **fizemos** Capitu e eu." (Machado de Assis)
Você e meu irmão não me **compreendem**.
Meus primos, você e eu **podemos** trabalhar juntos.

CASOS ESPECIAIS DE CONCORDÂNCIA VERBAL

1. SUJEITOS RESUMIDOS POR *TUDO, NADA, NINGUÉM*

Quando o sujeito composto vier resumido por um dos pronomes *tudo, nada, ninguém*, etc., o verbo concorda no singular:

Dinheiro, documentos, livros, tudo **ficou** perdido.

2. SUJEITO ORACIONAL

Concorda na 3ª pessoa do singular o verbo cujo sujeito é uma oração:

Ainda **falta** comprar os cartões.

[sujeito: *comprar os cartões*]

Estas são realidades que não **adianta** esconder.

[sujeito de **adianta**: *esconder que (as realidades)*]

São problemas que não **cabe** a nós resolver.

3. SUJEITO COLETIVO

O verbo concorda no singular com o sujeito coletivo do singular:

A multidão **vociferava** ameaças.

O exército dos aliados **desembarcou** na Itália.

4. *A MAIOR PARTE DE, GRANDE NÚMERO DE*, ETC.

Sendo o sujeito uma das expressões *a maior parte de, a maioria de, grande número de*, etc., seguida de substantivo ou pronome no plural, o verbo pode ir para o singular ou para o plural, conforme se queira destacar a ideia de conjunto ou a ação individual dos elementos:

A maior parte dos alunos **veio** (ou **vieram**) a pé.

Pelo menos um terço dos trabalhadores **aderiu** (ou **aderiram**) à greve.

Grande número de eleitores **votou** (ou **votaram**) em branco.

A maioria dos carros **apresentava** (ou **apresentavam**) defeitos.

5. *UM E OUTRO, NEM UM NEM OUTRO*

O sujeito sendo uma dessas expressões, o verbo concorda, de preferência, no plural:
Um e outro **tinham** ou (**tinha**) parentes no Rio.
Nem uma nem outra **prestavam** (ou **prestava**).

6. *UM OU OUTRO*

O verbo concorda no singular com o sujeito *um ou outro* (ou *uma ou outra*):
"Respondi-lhe que um ou outro lhe **ficava** bem." (Machado de Assis)

7. *UM DOS QUE, UMA DAS QUE*

Modernamente, prefere-se o plural:
Lúcio é um dos que mais **trabalham**.
Rita era uma das cantoras que mais **viajavam**.

Deixar-se-á, contudo, o verbo no singular, quando este se aplica apenas ao ser de que se fala ou quando se deseja destacar o indivíduo do grupo:

Mauro foi um dos jogadores que mais **se destacou** na partida.

8. MAIS DE UM

O verbo concorda em regra no singular. O plural será de rigor se o verbo exprimir reciprocidade. Exemplos:

Mais de um lavrador **ficou** na miséria.

Mais de um dos circunstantes **se entreolharam** com espanto.

9. QUAIS DE VÓS? ALGUNS DE NÓS

Sendo o sujeito um dos pronomes interrogativos *quais? quantos?* ou um dos indefinidos *alguns, muitos, poucos*, etc., seguidos dos pronomes *nós* ou *vós*, o verbo concordará com estes últimos, ou na 3ª pessoa do plural (o que é mais lógico):

Alguns de nós **vieram** (ou **viemos**) de longe.

Poucos dentre nós **conhecem** (ou **conhecemos**) as leis.

10. PRONOMES RELATIVOS *QUEM, QUE,* COMO SUJEITOS

O verbo concordará, em regra, na 3ª pessoa, com os pronomes *quem* e *que*, em frases como estas:

Sou eu quem **responde** pelos meus atos.
Somos nós quem **leva** o prejuízo.

Eu sou o que **presenciou** o fato.

- A concordância do verbo precedido do pronome relativo *que* far-se-á obrigatoriamente com o sujeito do verbo (*ser*) da oração principal, em frases do tipo:

Sou **eu** que **pago**.
Somos **nós** que **cozinhamos**.
Eram **eles** que mais **reclamavam**.

11. CONCORDÂNCIA COM OS PRONOMES DE TRATAMENTO

Os pronomes de tratamento exigem o verbo na 3ª pessoa, embora se refiram à 2ª pessoa do discurso:

Vossa Excelência **agiu** com moderação.

12. CONCORDÂNCIA COM CERTOS SUBSTANTIVOS PRÓPRIOS NO PLURAL

Certos substantivos próprios de forma plural, como *Estados Unidos, Andes, Campinas, Lusíadas*, etc., levam o verbo para o plural quando se usam com o artigo; caso contrário, o verbo concorda no singular:

Os Lusíadas **tornaram** Camões imortal.

Campinas **orgulha-se** de ter sido o berço de Carlos Gomes.

13. CONCORDÂNCIA DO VERBO PASSIVO

Quando apassivado pelo pronome apassivador *se*, o verbo concordará normalmente com o seu sujeito:

Vendem-se roupas usadas.   **Consertaram-se** os carros.

Observação:

✔ Em frases como
   Trata-se de fenômenos desconhecidos.
   Não **se responde** a cartas desse tipo.
   o **se** não é pronome apassivador, mas índice de indeterminação do sujeito. Por isso, o verbo concorda na 3ª pessoa do singular.

Nas locuções verbais formadas com os verbos auxiliares *poder*, *dever* e *costumar*, a língua permite usar o verbo auxiliar no plural ou no singular, indiferentemente:

Não **se podem** (ou **pode**) cortar essas árvores.

Devem-se (ou **deve-se**) ler bons livros.

14. VERBOS IMPESSOAIS

Os verbos *haver* e *fazer*, quando usados como impessoais, ficam na 3ª pessoa do singular.
Na cidade **havia** poucos hospitais.   **Faz** três meses que não chove aqui.

Observação:

✔ Também fica invariável na 3ª pessoa do singular o verbo que forma locução com os impessoais *haver* e *fazer*:
   Deverá haver cinco anos. *Vai* haver grandes festas.

15. CONCORDÂNCIA DO VERBO *SER*

O verbo *ser* concorda com o predicativo nos seguintes casos:

- quando o sujeito for um dos pronomes *tudo*, *o*, *isto*, *isso*, ou *aquilo*:
  Na mocidade tudo **são** esperanças.

- quando o sujeito é um nome de coisa, no singular, e o predicativo um substantivo do plural:
  A cama dele **são** alguns trapos.

Observação:

✔ O sujeito sendo nome de pessoa, com ele concordará o verbo *ser*: Emília *é* os encantos de sua avó. Abílio *era* só problemas. O homem *é* cinzas.

- quando o sujeito é uma palavra ou expressão de sentido coletivo ou partitivo:
  A maior parte **eram** pobres.
  O resto (ou *o mais*) **são** trastes velhos.

- se o predicativo for um pronome pessoal e o sujeito não for pronome pessoal reto:
  "Nas minhas terras o rei **sou** eu." (A. Herculano)

- quando o predicativo é o pronome demonstrativo *o*:

  Divertimentos **é** o que não lhe falta.

- nas locuções *é muito, é pouco, é mais de, é menos de*, etc., cujo sujeito exprime *quantidade, preço, medida*, etc.:

  Três metros **é** menos do que preciso.   Seis quilos **era** mais do que suficiente.

16. VERBO *SER* NA INDICAÇÃO DE HORAS, DATAS E DISTÂNCIAS

Observe a concordância do verbo *ser* na indicação das horas, datas e distâncias:

Era meio-dia e meia.   Hoje **são** vinte e dois do mês.
São dez horas e meia.   **Eram** seis de agosto de 1945.
Hoje **é** dia três de maio.

Observação:

✔ Pode-se, entretanto, deixar o verbo no singular, concordando com a ideia implícita de "dia":

"Hoje é seis de março." (J. Matoso Câmara Jr.)

[Hoje é *dia* seis de março.]

17. A LOCUÇÃO DE REALCE *É QUE*

O verbo *ser* permanece invariável na expressão de realce *é que*:

Eu **é que** mantenho a ordem aqui. [= **Sou** eu que mantenho...]

18. CONCORDÂNCIA DOS VERBOS *BATER, DAR* E *SOAR*

Referindo-se às horas, os três verbos *bater, dar* e *soar* concordam regularmente com o sujeito, que pode ser *horas* (claro ou oculto), *badaladas* ou *relógio*:

O relógio da sala **deu** doze horas.

No relógio do mosteiro **deram** seis horas.

Na torre da estação **bateram** oito horas.

19. CONCORDÂNCIA DO VERBO *PARECER*

Em frases em que ao verbo *parecer* segue um infinitivo, pode-se flexionar o verbo *parecer* ou o infinitivo que o acompanha:

a) As paredes **pareciam estremecer**. (construção corrente)

b) As paredes **parecia estremecerem**. (construção literária)

Análise da construção *b*: parecia (*oração principal*); as paredes estremecerem (*or. sub. subst. subjetiva*).

Usando-se a oração desenvolvida, **parecer** concordará no singular:

Os pais **parecia** que não se importavam.

"As notícias **parece** que têm asas." (Otto Lara Resende)

[Isto é: **Parece** que as notícias têm asas.]

20. COLOCAÇÃO DOS PRONOMES OBLÍQUOS ÁTONOS

Conforme sua posição junto ao verbo, os pronomes oblíquos átonos podem ser:
- **proclíticos** (antepostos ao verbo)
Isso não **se** faz.
- **mesoclíticos** (intercalados no verbo)
Chamar-**me**-iam de louco.
- **enclíticos** (pospostos ao verbo)
Quero-**lhe** muito bem.

Essas três colocações dos pronomes átonos denominam-se, respectivamente, *próclise, mesóclise* e *ênclise*.

21. PRÓCLISE

A próclise será de rigor:
- Quando antes do verbo houver, na oração, palavras que possam atrair o pronome átono. Tais palavras são principalmente:

a) as de sentido negativo:
Não *o maltratei*. Nunca *se queixa* nem *se aborrece*.

Observação:

✔ Se a palavra negativa preceder um infinitivo não flexionado, é possível a ênclise:
Calei para não *magoá-lo*.

b) os pronomes relativos:
Há pessoas que *nos querem* bem.

c) as conjunções subordinativas:
Quando *nos viu*, afastou-se. Irei, se *me aprouver*.
Não iria, ainda que *me convidassem*.

d) certos advérbios:
Sempre *me lembro* dele.

e) os pronomes indefinidos *tudo, nada, pouco, muito, quem, todos, alguém, algo, nenhum, ninguém, quanto*:
Tudo *se acaba*.
Todos *lhe obedecerão*.
Ignoro de quem *se trata*.
Pouco *se sabe* a respeito desse artista.

f) Nas orações optativas cujo sujeito estiver anteposto ao verbo:
Deus *o guarde*! Os céus *te favoreçam*! A terra *lhe seja* leve!

g) Nas orações exclamativas iniciadas por palavras ou expressão exclamativa:
Como *te iludes*! Quanto *nos custa* dizer a verdade!

h) Nas orações interrogativas iniciadas por uma palavra interrogativa:
Quando *me visitas*? Quem *se apresenta*?

22. MESÓCLISE

A intercalação das variações pronominais átonas ocorre somente no futuro do presente e no futuro do pretérito, desde que antes do verbo não haja palavra que exija a próclise. Exemplos:

Realizar-se-á uma grande obra.
Retirar-me-ia só se me expulsassem.

Havendo palavra atrativa, impõe-se a próclise:
Não *lhe pedirei* nada. Ninguém *se importaria*.

Observações:

✔ Em caso algum se haverá de pospor o pronome átono ao futuro do indicativo: *dir-lhe-ei, dir-lhe-ia, far-se-ia, vender-lhe-ei, chamá-lo-ia*, e nunca: *direi-lhe, diria-lhe, faria-se, venderei-lhe, chamaria-o*.

✔ A mesóclise é colocação da língua culta; não se usa na fala popular nem na conversação informal.

23. ÊNCLISE

Os pronomes átonos estarão em ênclise:

- Nos períodos iniciados pelo verbo (que não seja o futuro), pois, na língua culta, não se abre frase com pronome oblíquo:

Afastaram-se rapidamente do local.
"*Diga-me* isto só, murmurou ele." (Machado de Assis)

Observação:

✔ Iniciar a frase com o pronome átono só é lícito na conversação familiar, despreocupada, ou na língua escrita, quando se deseja reproduzir a fala dos personagens: *Me ponho a correr na praia*. "*Nos atirarmos* à água pode nos ser fatal." (Millôr Fernandes)

- Nas orações reduzidas de gerúndio, quando nelas não houver palavras atrativas:
A sucuri enroscou-se na vítima, *estrangulando-a*.

Observação:

✔ Se o gerúndio vier antecedido da preposição expletiva *em*, ou modificado por um advérbio, usar-se-á a próclise: "Em *se tratando* de um caso urgente, nada o retinha em casa." "Não *o achando* em casa, voltei desanimado." "Custódio era dado ao luxo, pouco *se importando* com os gastos."

- Nas orações imperativas afirmativas:
"Romano, *escuta-me*!" (Olavo Bilac)
Procure suas colegas e *convide-as*.

- Junto a infinitivo não flexionado, precedido da preposição *a*, em se tratando dos pronomes *o, a, os, as*:
  Todos corriam *a ouvi-lo*.   Começou *a maltratá-la*.   Dispôs-se *a servi-los*.

Observação:

✔ Junto a infinitivo flexionado, regido de preposição, é de rigor a próclise: Repreendi-os por *se queixarem* sem razão.

- Vindo o infinitivo impessoal regido da preposição *para*, quase sempre é indiferente a colocação do pronome oblíquo antes ou depois do verbo, mesmo com a presença do advérbio *não*:
  Corri para *defendê-lo*. Corri para *o defender*.
  Calei para não *contrariá-lo*. Calei para não *o contrariar*.

24. COLOCAÇÃO DOS PRONOMES ÁTONOS NOS TEMPOS COMPOSTOS

Nos tempos compostos, os pronomes átonos se juntam, na língua culta, ao verbo auxiliar e jamais ao particípio, podendo ocorrer, de acordo com as regras já estudadas, a próclise, a ênclise ou a mesóclise:
  Os amigos *o tinham prevenido*.
  Os presos *tinham-se revoltado*.
  Haviam-no já *declarado* vencedor.

- A colocação do pronome átono junto ao particípio, censurada pela Gramática, é própria da língua portuguesa do Brasil e encontra acolhida nos escritores modernos:
  "Tinha *se esquecido* de conferir o bilhete." [*se esquecido*] (VIVALDO COARACI)

25. COLOCAÇÃO DOS PRONOMES ÁTONOS NAS LOCUÇÕES VERBAIS

Nas locuções verbais podem os pronomes átonos, conforme as circunstâncias, estar em próclise ou ênclise ora ao verbo auxiliar, ora à forma nominal:
- Verbo auxiliar + infinitivo:
  Devo calar-me, ou *devo-me calar*, ou *devo me calar*.
  Não devo calar-me, ou *não me devo calar*, ou *não devo me calar*.
- Verbo auxiliar + preposição + infinitivo:
  Há de acostumar-se, ou *há de se acostumar*.
  Não se há de acostumar, ou *não há de acostumar-se*.
- Verbo auxiliar + gerúndio:
  Vou-me arrastando, ou *vou me arrastando*, ou *vou arrastando-me*.
  Não me vou arrastando, ou *não vou arrastando-me*.
  Não o estou criticando, ou *não estou criticando-o*.

26. EMPREGO DAS INICIAIS MAIÚSCULAS E MINÚSCULAS

- **Escrevem-se com letra inicial maiúscula:**
  a) a primeira palavra de período ou citação:
    Diz um provérbio árabe: "**A** agulha veste os outros e vive nua".
  b) substantivos próprios (nomes de pessoas, de lugares, países, nomes sagrados, mitológicos, astronômicos, etc.):
    José, **T**iradentes, **B**rasil, **A**mazônia, **C**ampinas, **D**eus, **T**upã, **M**inerva, **V**ia **L**áctea, **M**arte, **C**ruzeiro do **S**ul, etc.

c) nomes de épocas históricas, datas e fatos importantes, festas religiosas:
Idade Média, a Páscoa, o Natal, o Dia das Mães, etc.
d) nomes de altos cargos e dignidades:
Papa, Presidente da República, etc.
e) nomes de altos conceitos religiosos ou políticos:
Igreja, Nação, Estado, Pátria, União, República, etc.
f) nomes de ruas, praças e edifícios, estabelecimentos, agremiações, órgãos públicos:
Rua do Ouvidor, Praça da Paz, Academia Brasileira de Letras, Banco do Brasil, Teatro Municipal, Colégio Santista, Ministério do Trabalho, etc.
g) nomes de artes, ciências, títulos de produções artísticas, literárias e científicas, títulos de jornais e revistas:
Medicina, Os Lusíadas, Correio da Manhã
h) expressões de tratamento:
Sr. Presidente, Excelentíssimo Senhor Ministro, etc.

- **Escrevem-se com letra inicial minúscula:**

    a) nomes de meses, de festas populares, nomes de povos, nomes próprios tornados comuns:

    maio, julho, carnaval, ingleses, ave-maria, etc.

    b) os nomes a que se referem os itens *d* e *e* do tópico anterior, quando empregados em sentido geral:

    São Pedro foi o primeiro papa. Todos amam sua pátria.

    c) palavras, depois de dois-pontos, não se tratando de citação direta:

    "Chegam os magos do Oriente, com suas dádivas: ouro, incenso, mirra."
    (Manuel Bandeira)

SINAIS DE PONTUAÇÃO

Tríplice é a finalidade dos sinais de pontuação:
 I. assinalar as pausas e as inflexões da voz (a entoação) na leitura;
 II. separar palavras, expressões e orações que devem ser destacadas;
 III. esclarecer o sentido da frase, afastando qualquer ambiguidade, isto é, duplo sentido.

1. EMPREGO DA VÍRGULA

- **Emprega-se a vírgula:**

    a) para separar palavras, ou orações justapostas assindéticas:
    Os passantes chegam, olham, perguntam e prosseguem.
    b) para separar vocativos:
    Vem, *Humberto*, nós te esperamos.
    c) para separar apostos e certos predicativos:
    André, *menino pobre*, estuda à noite.

d) para separar orações intercaladas e outras de caráter explicativo:
A História, *diz Cícero*, é a mestra da vida.
Segundo afirmam, há no mundo 396.000 espécies vivas de animais.

e) para separar certas expressões explicativas, ou retificativas, como *isto é, a saber, por exemplo, ou melhor, ou antes*, etc.
O amor, *isto é*, o mais forte e sublime dos sentimentos humanos, tem seu princípio em Deus.

f) para separar orações adjetivas explicativas:
Pelas 11h do dia, *que foi de sol ardente*, alcançamos a margem do rio Paraná.

g) de modo geral, para separar orações adverbiais:
As aves, *quando anoitece*, buscam seus ninhos.
Enquanto o marido pescava, Rosa ficava pintando a paisagem.

h) para separar adjuntos adverbiais:
Após duas horas de espera, fui afinal atendido.

i) para indicar a elipse de um termo:
Uns diziam que se matou, outros, que fora para o Acre.

j) para separar os elementos paralelos de um provérbio:
Mocidade ociosa, velhice vergonhosa.

■ **Não se empregará vírgula:**

a) entre o sujeito e o verbo da oração, quando juntos:
Atletas de várias nacionalidades participarão da grande maratona.

b) entre o verbo e seus complementos, quando juntos:
Dona Elza pediu ao diretor do colégio que colocasse o filho em outra turma.

c) antes de oração adverbial consecutiva do tipo:
O vento soprou tão forte *que arrancou mais de uma árvore*.

2. PONTO E VÍRGULA

O ponto e vírgula denota uma pausa mais sensível que a vírgula e emprega-se principalmente:

■ para separar orações coordenadas de certa extensão:
Astrônomos já tentaram estabelecer contato com seres extraterrestres; suas tentativas, porém, foram infrutíferas.

■ para separar os considerandos de um decreto, sentença, petição, etc.

3. DOIS-PONTOS

Emprega-se este sinal de pontuação:

■ para anunciar a fala dos personagens nas histórias de ficção:
"Ouvindo passos no corredor, abaixei a voz:
— Podemos avisar sua tia, não?" (GRACILIANO RAMOS)

- antes de uma citação:
  Bem diz o ditado: *Vento ou ventura, pouco dura.*
- antes de certos apostos, principalmente nas enumerações:
  Tudo ameaça as plantações: vento, enchentes, geadas, insetos daninhos, bichos, etc.
- antes de orações apositivas:
  A verdadeira causa das guerras é esta: os homens se esquecem do Decálogo.
- para indicar um esclarecimento, um resultado ou resumo do que se disse:
  Em resumo: os dois se embriagaram e foram parar na delegacia.

4. PONTO FINAL

- Emprega-se, principalmente, para fechar o período:
  "Mestre Vitorino morava no mar." (ADONIAS FILHO)
- Usa-se também nas abreviaturas:
  Sr. (senhor), *a.C.* (antes de Cristo), *pág.* (página).

5. PONTO DE INTERROGAÇÃO

- Usa-se no fim de uma palavra, ou frase, para indicar pergunta direta:
  Quem está livre de perigos?

Observação:

✔ Não se usa o ponto interrogativo nas perguntas indiretas: *Dize-me o que tens.*
Desejo saber quem vai. Perguntei quem era.

6. PONTO DE EXCLAMAÇÃO

- Usa-se depois de interjeições, locuções ou frases exclamativas, exprimindo surpresa, espanto, susto, indignação, piedade, ordem, súplica, etc.:
  Oh! Como você é ingênuo!

7. TRAVESSÃO

O travessão (–) é um traço maior que o hífen e usa-se:

- nos diálogos, para indicar mudança de interlocutor, ou, simplesmente, início da fala de um personagem:
  "– Você é daqui mesmo? perguntei.
  – Sou, sim, senhor, respondeu o garoto." (ANÍBAL MACHADO)
- para separar expressões ou frases explicativas:
  "E logo me apresentou à mulher, – uma estimável senhora – e à filha." (MACHADO DE ASSIS)
- para ligar palavras em cadeia de um itinerário:
  A via férrea São Paulo–Sorocaba.
  A linha aérea Brasil–Estados Unidos.
  A estrada Belém–Brasília.

8. ASPAS

- Usam-se antes e depois de uma citação textual (palavra, expressão, frase ou trecho):

    Disse Apeles ao sapateiro que o criticara: "Sapateiro, não passes além da sandália".

- Põem-se entre aspas ou, então, grifam-se palavras estrangeiras e termos da gíria:

    O "iceberg" flutuava nas águas geladas do mar.

    Assim me contou o "tira"... (ANÍBAL MACHADO)

NUMERAL

Nos exemplos seguintes, as palavras destacadas são numerais:

Comprei **cinco** livros.	**cinco** → número, quantidade
Moro no **segundo** andar.	**segundo** → número de ordem
Comemos um **terço** do bolo.	**terço** → parte, fração
Trinta é o **triplo** de dez.	**triplo** → múltiplo

1. NUMERAL

É uma palavra que exprime número, número de ordem, múltiplo ou fração.

O numeral pode ser *cardinal*, *ordinal*, *multiplicativo* ou *fracionário*.

Incluem-se entre os numerais as palavras:

- **zero**
    grau *zero*, *zero* hora, *zero* quilômetro

- **ambos**
    (= os dois, um e outro), **ambas** (= as duas, uma e outra)

2. FLEXÃO DOS NUMERAIS

Alguns numerais variam em gênero e número:

- Os cardinais **um**, **dois** e os terminados em -**entos** possuem formas femininas: *uma* vez, *duas* vezes, *duzentas* folhas, *trezentas* casas, etc.
- **Milhão**, **bilhão**, **trilhão**, etc. flexionam-se em número: dez *milhões*, cinco *bilhões*, dois *trilhões*.
- Os ordinais variam em gênero e número: *primeiro, primeiros, primeira, primeiras*, etc.
- No plural, flexionam-se os números cardinais substantivados que terminam por fonema vocálico: dois *cinquentas*, dois *setes*, três *oitos*, dois *cens*, quatro *uns*, etc. Permanecem invariáveis os que finalizam por fonema consonantal: Pedro tirou quatro *seis* e dois *dez* nas provas.

3. LEITURA E ESCRITA DOS NÚMEROS

Intercala-se a conjunção **e** entre as centenas e as dezenas e entre estas e as unidades. Exemplo:

3.655.264 = três milhões seiscentos *e* cinquenta *e* cinco mil duzentos *e* sessenta *e* quatro.

Observação:

✔ Na escrita dos números por extenso, não é necessário pôr vírgula entre uma classe e outra.

4. QUADRO DOS PRINCIPAIS NUMERAIS

Cardinais	Ordinais	Multiplicativos	Fracionários
um	primeiro	simples	—
dois	segundo	dobro, duplo	meio, metade
três	terceiro	triplo (tríplice)	terço
quatro	quarto	quádruplo	quarto
cinco	quinto	quíntuplo	quinto
seis	sexto	sêxtuplo	sexto
sete	sétimo	sétuplo	sétimo
oito	oitavo	óctuplo	oitavo
nove	nono	nônuplo	nono
dez	décimo	décuplo	décimo
onze	déc. primeiro	—	onze avos
doze	déc. segundo	—	doze avos
treze	déc. terceiro	—	treze avos
catorze	déc. quarto	—	catorze avos
quinze	déc. quinto	—	quinze avos
dezesseis	déc. sexto	—	dezesseis avos
dezessete	déc. sétimo	—	dezessete avos
dezoito	déc. oitavo	—	dezoito avos
dezenove	déc. nono	—	dezenove avos
vinte	vigésimo	—	vinte avos
trinta	trigésimo	—	trinta avos
quarenta	quadragésimo	—	quarenta avos
cinquenta	quinquagésimo	—	cinquenta avos
sessenta	sexagésimo	—	sessenta avos
setenta	septuagésimo	—	setenta avos
oitenta	octogésimo	—	oitenta avos
noventa	nonagésimo	—	noventa avos
cem, cento	centésimo	cêntuplo	centésimo
duzentos	ducentésimo	—	ducentésimo
trezentos	trecentésimo	—	trecentésimo
quatrocentos	quadringentésimo	—	quadringentésimo
quinhentos	quingentésimo	—	quingentésimo
seiscentos	sexcentésimo	—	sexcentésimo
setecentos	septingentésimo	—	septingentésimo
oitocentos	octingentésimo	—	octingentésimo
novecentos	nongentésimo	—	nongentésimo

mil	milésimo	—	milésimo
milhão	milionésimo	—	milionésimo
bilhão	bilionésimo	—	bilionésimo

CORRESPONDÊNCIA ENTRE OS ALGARISMOS ROMANOS E ARÁBICOS

Romano	Arábico	Romano	Arábico	Romano	Arábico
I	1	XXIII	23	XCIX	99
II	2	XXIV	24	C	100
III	3	XXV	25	CC	200
IV (IIII)	4	XXVI	26	CCC	300
V	5	XXVII	27	CD	400
VI	6	XXVIII	28	D	500
VII	7	XXIX	29	DC	600
VIII	8	XXX	30	DCC	700
IX	9	XXXI	31	DCCC	800
X	10	XXXIV	34	CM	900
XI	11	XXXIX	39	M	1000
XII	12	XL	40	MC	1100
XIII	13	L	50	MCD	1400
XIV	14	LV	55	MDC	1600
XV	15	LX	60	MDCLXVI	1666
XVI	16	LXV	65	MDCCCLXXXVIII	1888
XVII	17	LXX	70	MDCCCXCIX	1899
XVIII	18	LXXX	80	MCM	1900
XIX	19	XC	90	MCMLXXVI	1976
XX	20	XCII	92	MCMLXXXIV	1984
XXI	21	XCV	95	MCMXCI	1991
XXII	22	XCVIII	98	MM	2000

PREFIXOS

1. PREFIXOS LATINOS

Eis os principais prefixos de origem latina que figuram em palavras portuguesas:

- **ab-, abs-, a-** – **indicam afastamento, separação, privação:**
  abdicar, abster-se, abstêmio, afastar.

- **a-, ad-** – **indicam aproximação, passagem a um estado, tendência:**
  apodrecer, admirar.

- **ambi-** – **exprime duplicidade:**
  ambíguo, ambiguidade, ambivalente.

- **ante-** – **antes, anterioridade, antecedência:**
  antepor, antevéspera, antebraço, antedatar.

- **bene-, bem-, ben- – bem, excelência:**
  beneficente, benevolência, bem-amada.

- **bis-, bi- – duas vezes, repetição:**
  bimensal, bisavô, bipartir.

- **circum-, cirun-, circu- – em redor, em torno:**
  circumpolar, circunlóquio, circum-navegação.

- **cis- – do lado de cá, aquém:**
  cisandino, cisatlântico, cisplatino.

- **com-, con-, co- – companhia, concomitância:**
  compadre, concidadão, condomínio, colaborar, cooperar, coerdeiro, corredentora, coautor.

- **contra- – direção contrária, oposição:**
  contraindicado, contraveneno, contramarcha.

- **de- – para baixo, separação:**
  declínio, decrescer, demover, decompor.

- **des-, dis- – negação, ação contrária, separação, afastamento:**
  desarmonia, desonesto, descascar, desfazer, desterrar.

- **ex-, es-, e- – para fora, antigo, separação, conversão em:**
  expulsar, ex-ministro, esgotar, emigrar, evaporar.

- **extra- – fora de:**
  extraordinário, extraviar, extraoficial.

- **in-, i-, en-, em-, e- – para dentro, conversão em, tornar:**
  ingerir, imerso, engarrafar, engordar, embarcar, emudecer.

- **infra- – abaixo, na parte inferior:**
  infravermelho, infraestrutura, infrarrenal.

- **in-, im-, i- – negação, carência:**
  infelicidade, impune, imberbe, ilegível, ilegal, irreal, irracional.

- **inter-, entre- – posição ou ação intermediária, ação recíproca ou incompleta:**
  interstício, intercomunicação, entreter, entrelinha, entreabrir.

- **intra-, intro- – dentro, movimento para dentro:**
  intramuscular, introduzir, introvertido.

- **justa- – proximidade, posição ao lado:**
  justafluvial, justapor.

- **male-, mal- – opõem-se a *bene*:**
  malevolência, mal-educado, mal-estar, maldizer.
- **multi- – ideia de "muitos":**
  multinacional, multissecular.
- **o-, ob- – posição fronteira, oposição:**
  objetivo, objeção, obstáculo, obstar, opor.
- **pene- – quase:**
  penumbra, penúltimo, península.
- **pluri- – ideia de multiplicidade, como *multi*:**
  pluricelular, pluripartidário.
- **pos-, pós- – atrás, depois:**
  póstumo, pospor, pós-guerra, postônica, pós-operatório.
- **pre-, pré- – antes, acima:**
  prefixo, predizer, pretônica, predominar, pré-escolar, pré-estreia, pré-moldado.
- **pro-, pró- – para frente, diante, em lugar de, em favor de:**
  progresso, prosseguir, propor, pronome, propugnar, pró-paz.
- **re- – repetição:**
  reaver, reeleição, recomeçar, revigorar.
- **retro- – para trás:**
  retrocesso, retroativo, retropropulsão.
- **semi- – metade, meio:**
  semimorto, semicírculo, se(mi)mínima.
- **sesqui- – um e meio:**
  sesquicentenário (= 150 anos, um século e meio).
- **sub-, sob-, so- – inferior, debaixo, deficiência, ação incompleta:**
  subdelegado, subestimar, subalimentado, sobpor, soterrar.
- **super-, sobre- – posição superior, em cima, excesso:**
  superpor, super-homem, superlotado, sobrecarga, sobreloja, sobreviver.
- **supra- – o mesmo que *super*:**
  supracitado, suprarrenal.
- **trans-, tras-, tra-, tres- – além, através de:**
  transoceânico, transatlântico, transandino, trasladar.
- **ultra- – além de:**
  ultramarino, ultrapassar.
- **vice-, vis- – substituição, no lugar de, imediatamente inferior a:**
  vice-rei, vice-presidente, visconde, vice-almirante.

2. PREFIXOS GREGOS

Os prefixos de origem grega aparecem, geralmente, anexados a radicais gregos. Eis os mais comuns:

- **a-, an- – negação, carência:**
  ateu, afônico, acéfalo, anemia, anarquia, analgésico, anestesia.

- **ana- – inversão, afastamento, decomposição:**
  anagrama, anacronismo, analisar, anatomia.

- **anfi- – em torno de, duplicidade:**
  anfiteatro, anfíbio.

- **anti- – oposição, contra:**
  antibiótico, anticristo, antididático, antipatia, antiaéreo.

- **apo- – separação, afastamento:**
  apostasia, apogeu.

- **arqui-, arque- (arce-) – superioridade, excesso:**
  arquipélago, arquidiocese, arquimilionário, arcebispo.

- **cata- – posição superior, movimento de cima para baixo:**
  catadupa, catarata, catástrofe, cataclismo.

- **di- – dois:**
  dípode, díptero, dissílabo.

- **dia- – através, por meio de:**
  diâmetro, diálogo, diagnóstico, diáfano.

- **dis- – dificuldade, afecção:**
  disenteria, dispneia, dispepsia.

- **en-, em- – dentro, posição interna:**
  encéfalo, empíreo.

- **endo- – dentro, para dentro:**
  endocarpo, endovenoso, endosmose.

- **epi- – sobre, posição superior:**
  epígrafe, epigrafia, epiderme, epitáfio.

- **eu-, ev- – bem, bondade, excelência:**
  eugenia, euforia, eufemismo, eucaristia, evangelho.

- **ex-, exo- – fora, movimento para fora:**
  exorcismo, exosmose, êxodo.

- **hemi-** – meio, metade:
  hemiciclo, hemisfério, hemiplegia.
- **hiper-** – sobre, superioridade, demais, excesso:
  hipérbole, hipertensão, hipertrofia.
- **hipo-** – sob, posição inferior, deficiência:
  hipogeu, hipoglosso, hipótese, hipotenusa, hipotensão.
- **meta-** – mudança, atrás, além, depois de, no meio:
  metamorfose, metáfora, metafísica, metacarpo, metatarso.
- **para-** – junto de, proximidade, semelhança:
  parasita, parônimo, parapsicologia.
- **peri-** – em torno de:
  periferia, perímetro, perífrase, periscópio.
- **pro-** – antes, anterioridade:
  programa, prólogo, prognosticar, prognóstico, próclise, profilaxia.
- **sin, sim, si-** – reunião, conjunto, simultaneidade:
  sintonizar, sintaxe, síntese, sinfonia, simpatia, sistema, simetria.

SUFIXOS

Sufixos são elementos (isoladamente, insignificativos) que, acrescentados a um radical, formam nova palavra.

A maioria dos sufixos provém do latim ou do grego. Classificam-se em:
- **nominais**: os que formam substantivos e adjetivos;
- **verbais**: os que formam verbos;
- **adverbial**: o sufixo *-mente*, formador de advérbios.

1. PRINCIPAIS SUFIXOS NOMINAIS

Eis os mais importantes sufixos nominais com algumas de suas múltiplas significações:

- **-ada, -agem, -al, -edo, -io**
  Formam substantivos com ideia de coleção, agrupamento:
  boiada, ramagem, laranjal, arvoredo, mulherio, gentio.

- **-aço, -aça, -arra, -orra, -aréu, -ázio, -ão (este com numerosas variantes)**
  São sufixos aumentativos:
  balaço, barcaça, bocarra, cabeçorra, povaréu, copázio, portão, casarão, homenzarrão, vozeirão.

- **-acho, -ejo, -ela, -eta, -ete, -eto, -ico, -isco, -(z)inho, -im, -ola, -ote, -(c)ulo, -(c)ula**
  São sufixos diminutivos:
  riacho, lugarejo, ruela, saleta, artiguete, poemeto, burrico, chuvisco, dedinho, animalzinho, espadim, fazendola, velhote, glóbulo, gotícula.

- **-ada, -dade, -dão, -ança, -ância, -ção, -ença, -ência, -ez, -eza, -ice, -ície, -mento, -(t)ude, -ume, -ura**

    Formam substantivos significando ação, resultado de ação, qualidade, estado:

    paulada, maldade, escuridão, esperança, relutância, traição, detença, imponência, altivez, surdez, beleza, velhice, calvície, ferimento, quietude, atitude, negrume, brancura, pintura.

- **-aria, -eria**

    Exprimem coleção, estabelecimento comercial ou industrial, repartição, ação:

    maquinaria, vozeria, gritaria, sapataria, leiteria, loteria, secretaria, pirataria, zombaria.

- **-ário, -eiro, -dor, -sor, -tor, -nte**

    Denotam profissão, ofício, agente:

    bibliotecário, pedreiro, vendedor, agrimensor, professor, inspetor, ajudante, escrevente, ouvinte.

    Formam também adjetivos: *rodoviário, lisonjeiro, consolador, produtor, confiante, recente, seguinte*.

- **-douro**

    Forma substantivos que exprimem lugar:

    ancoradouro, bebedouro.

    Forma também alguns adjetivos: *duradouro, vindouro*, etc.

- **-ório**

    Forma substantivos que indicam, às vezes, lugar e, outras vezes, conjunto:

    papelório, palavrório, dormitório, laboratório.

    Forma também adjetivos: *finório, provisório*, etc.

- **-cida, -cídio**

    (= o que mata e o crime de matar, respectivamente):

    homicida, homicídio, suicida, suicídio.

- **-al, -ar, -eo**

    Formam adjetivos que denotam referência, relação:

    imperial, escolar, vítreo, férreo, corpóreo.

- **-ano, -ão, -eiro, -ense, -eu, -ino, -ês, -esa**

    Formam adjetivos que exprimem naturalidade, origem:

    curitibano, alemão, brasileiro, paraense, europeu, florentino, chinês, montanhês, chinesa, montanhesa.

    O sufixo -ino indica também referência: *bovino, ovino, caprino, leonino, taurino, suíno*.

- **-oso, -udo**

    Formam adjetivos denotadores de abundância, qualificação acentuada:

    gorduroso, arenoso, corajoso, barrigudo, beiçudo, cabeludo, pontudo.

- **-imo, -érrimo e -íssimo**

    Exprimem o grau superlativo dos adjetivos:

    facílimo, paupérrimo, belíssimo.

- **-ia, -ismo**

  Formam substantivos que traduzem ciência, escola, sistema político, ou religioso: astronomia, romantismo, modernismo, socialismo, catolicismo.

  Observação:

  ✔ O sufixo -ia exprime também qualidade: *valentia, ufania, melancolia.*

- **-ista (= naturalidade, adepto, profissão):**
  campista, comunista, maquinista.
- **-ite (= inflamação):**
  apendicite, bronquite, nefrite, gastrite.
- **-esa, -essa, -isa (= título ou dignidade de pessoa do sexo feminino):**
  baronesa, marquesa, condessa, abadessa, sacerdotisa, pitonisa.
- **-ico forma adjetivos:**
  físico, helênico, histórico, olímpico, histérico, mecânico, cíclico, sulfúrico, telúrico, bíblico, faraônico.
- **-ose (= estado mórbido, doença):**
  neurose, psicose, tuberculose, esclerose.
- **-oide (= semelhança):**
  antropoide, esferoide, metaloide, negroide, ovoide.
- **-tério (= lugar):**
  batistério, cemitério, necrotério.

Outros sufixos nominais

- **-ado**: bispado, consulado, desalmado, barbado;
- **-aico**: judaico, arcaico, prosaico;
- **-ando**: doutorando, bacharelando, examinando;
- **-âneo**: instantâneo, conterrâneo;
- **-ardo**: felizardo, galhardo;
- **-ático**: lunático, aromático, aquático, asiático;
- **-ato**: sindicato, cardinalato, timorato;
- **-engo**: realengo, mulherengo, verdolengo;
- **-ento**: sedento, poeirento, cruento, areento;
- **-esco**: dantesco, gigantesco, grotesco;
- **-ício**: desperdício, alimentício, patrício;
- **-iço**: movediço, enfermiço;
- **-il**: gentil, febril, varonil, Brasil;

-**ivo**: corrosivo, impulsivo, explosivo;

-**onho**: medonho, tristonho, enfadonho;

-**ugem**: penugem, lanugem, ferrugem;

-**usco**: velhusco, patusco, chamusco, pardusco;

-**vel**: inflamável, adorável, solúvel, imóvel.

Alguns sufixos da terminologia científica

-**ato**, -**eno**, -**eto**, -**ina**, -**ol** (em Química): *sulfato, carbonato, acetileno, cloreto, anilina, cocaína, fenol, metanol*;

-**áceo**, -**ácea** (em Botânica): *rubiáceo, rubiácea, liliáceo, liliácea*. Tem outras aplicações: *cetáceo, farináceo*;

-**ite**, -**ose** (em Medicina): *apendicite, neurose*;

-**oide** (em várias ciências): *antropoide, alcaloide*.

2. SUFIXOS VERBAIS

Eis os sufixos que maior vitalidade tiveram na formação de verbos portugueses:

■ **Formam verbos que exprimem, entre outras ideias, prática de ação:**

-**ar**: cruzar, fonfonar, analisar, limpar, telefonar;

-**ear**: pratear, guerrear, golear, cabecear;

-**entar**: afugentar, amamentar, amolentar;

-**ficar**: dignificar, gaseificar, liquidificar, petrificar, ossificar;

-**izar**: civilizar, finalizar, organizar, comercializar.

■ **Formam verbos *incoativos*, isto é, que exprimem início de ação, fenômeno progressivo, passagem a novo estado:**

-**ecer**: amadurecer, amanhecer, endurecer, enriquecer, enlouquecer, envelhecer, escurecer, fortalecer, reverdecer, alvorecer, etc.

■ **Formam verbos *frequentativos*, isto é, que traduzem ação repetida muitas vezes:**

-**açar**: esvoaçar, espicaçar;

-**ear**: espernear, escoicear, chicotear, balancear;

-**ejar**: gotejar, bracejar, grugulejar, doidejar, voejar;

-**ilhar**: fervilhar, dedilhar, pontilhar.

■ **Formam verbos *diminutivos*, isto é, que exprimem ação pouco intensa *(dormitar = dormir levemente)*, ou com sentido depreciativo *(escrevinhar = escrever mal)*:**

-**icar**: adocicar, bebericar, depenicar, namoricar, saltaricar;

-**inhar**: cuspinhar, escrevinhar;

-**iscar**: lambiscar, mordiscar, namoriscar, petiscar;

-**itar**: dormitar, saltitar.

3. SUFIXO ADVERBIAL

O único sufixo adverbial, em português, é **-mente** (da palavra latina *mentem* = mente, espírito, intenção), que se acrescenta aos adjetivos na flexão feminina (quando houver), para exprimir circunstâncias de modo, quantidade, tempo:

comodamente, bondosamente, copiosamente, atualmente

RADICAIS GREGOS

Estes são os principais radicais gregos:

acros, alto:	acrópole, acrobacia
aér, aéros, ar:	aeródromo, aeronáutica
agogós, o que conduz:	demagogo, pedagogo
agón, luta:	agonia, antagonista
agrós, campo:	agronomia, agrônomo
álgos, dor:	algofilia, nevralgia
álos, outro:	alopatia, alopata
ánemos, vento:	anemômetro
ánthos, flor:	antografia, antologia
ánthropos, homem:	antropologia, antropófago
archáios, antigo:	arcaico, arqueologia
arché, comando, governo:	anarquia, monarca
áristos, o melhor:	aristocracia, aristocrata
astér, astéros, astro:	asteroide, astronomia
autós, próprio, mesmo:	automóvel, autonomia
báros, peso, pressão:	barômetro, barostato
barýs, pesado, grave:	barimetria, barítono
bathýs, profundo:	batímetro, batiscafo
biblíon, livro:	biblioteca, bibliófilo
bíos, vida:	biologia, anfíbio
brachýs, curto, breve:	braquicéfalo, braquidátilo
bróma, brómatos, alimento:	bromatologia, teobroma
cir-, quiro- (de **chéir, cheirós**, mão):	cirurgia, cirurgião, quiromante
chróma, chrómatos, cor:	cromático, policromia
chrónos, tempo:	cronômetro, anacrônico
chrýsos, ouro:	crisóstomo, crisântemo
dáktylos, dedo:	datilografia, datilografar
déka, dez:	decálogo, decâmetro
démos, povo:	democracia, demografia
dérma, dérmatos, pele:	dermatologia, epiderme
dóxa, opinião, doutrina:	ortodoxo, paradoxo
drómos, corrida:	autódromo, hipódromo
dýnamis, força, potência:	dínamo, dinamite

élektron, âmbar, eletricidade:	elétrico, eletrônica
énteron, intestino:	enterite, enterologia
éthnos, povo, raça:	étnico, etnografia
étymos, verdadeiro:	etimologia, etimológico
gámos, casamento:	poligamia, monogamia
gastér, gastrós, estômago:	gastrite, gastrônomo
géo- (de **gê**, terra):	geografia, geologia
glótta, glóssa, língua:	poliglota, glossário
gonía, ângulo:	goniômetro, polígono
grámma, letra, escrito:	gramática, telegrama
grápho, escrevo:	grafia, ortografia
gymnós, nu:	ginástica, gimnofobia
gyné, gynaikós, mulher:	gineceu, ginecologia
hema- (de **háima, háimatos**, sangue):	hematófago, anemia
hédra, base, face, lado:	poliedro, hexaedro
hélios, sol:	heliocêntrico, heliotropismo
heméra, dia:	hemeroteca, efêmero
hépar, hépatos, fígado:	hepático, hepatite
héteros, outro, diferente:	heterogêneo, heterônimo
hexa- (de **hex**, seis):	hexacampeão, hexágono
hierós, sagrado:	hierarquia, hierático
híppos, cavalo:	hipódromo, hipismo
hodós, caminho:	hodômetro, êxodo
hómoios, semelhante, igual:	homeopatia, homeopata
hómos, semelhante, igual:	homônimo, homogêneo
hýdro- (de **hýdor, hýdatos**, água):	hidratar, hidrografia
hygrós, úmido:	higrômetro, higrófito
hýpnos, sono:	hipnose, hipnotizar
iatreia, tratamento médico:	pediatria, psiquiatria
ichthýs (ictís), **ichthýos**, peixe:	ictiófago, ictiografia
icon- (de **eikón, eikónos**, imagem):	iconoclasta, iconografia
ídios, próprio:	idioma, idiotismo
ísos, semelhante, igual:	isósceles, isotérmico
kakós, mau:	cacofonia, cacografia
kalli- (de **kalós**, belo):	caligrafia, calidoscópio
kardía, coração:	cardíaco, cardiologia
karpós, fruto:	endocarpo, mesocarpo
kephalé, cabeça:	cefalalgia, acéfalo
kínema, kinématos, movimento:	cinema, cinematógrafo

kósmos, mundo:	cosmografia, cosmopolita
krátos, poder, força, domínio:	aristocrata, democracia
kýon, **kynós**, cão:	cínico, cinegética
kýstis, bexiga:	cistite, cistoscopia
latreia, culto, adoração:	idolatria, idólatra
leukós, branco:	leucócitos, leucemia
líthos, pedra:	aerólito, litografia
lógos, palavra, colóquio, estudo:	diálogo, biologia
lýsis, dissolução, ato de desatar:	análise, eletrólise
makrós, longo, grande:	macróbio, macrobiótica
manía, loucura, inclinação:	cleptomania, manicômio
mancia- (de **manteia**, adivinhação):	cartomancia, quiromancia
mégas, **megálo-**, grande:	megalomania, megaton
méter, **metrós**, mãe:	metrópole, metropolitano
métron, medida:	métrico, quilômetro
mikrós, pequeno:	micróbio, microscópio
mísos, ódio:	misógamo, misógino
mnéme, memória, lembrança:	mnemônico, amnésia
mónos, um só, sozinho:	monólogo, monoteísta
morphé, forma:	morfologia, metamorfose
nekrós, morto, cadáver:	necrotério, necropsia
néos, novo:	neologismo, neolatino
néuron, nervo:	neurologia, nevralgia
nómos, lei, norma, costume:	autônomo, anomalia
nósos, doença, moléstia:	nosofobia, zoonose
odóus, **odóntos**, dente:	odontologia, odontologista
olígos, pouco:	oligarquia, oligúria
óneiros, sonho:	oniromancia, onírico
ónoma, **ónyma**, nome:	pseudônimo, antônimo
óphis, **ophídion**, cobra:	ofídio, ofídico, ofidismo
ophthalmós, olho:	oftalmologia, oftalmologista
óps, **opós**, vista:	óptica, miopia, míope
órnis, **órnithos**, ave:	ornitologia, ornitólogo
orthós, reto, correto:	ortografia, ortopedista
ous, **otós**, ouvido:	otite, otorrino
páis, **paidós**, criança:	pedagogia, pediatria
paidéia, educação, correção:	ortopedia, enciclopédia
pan, **pantós**, tudo, todo:	panorama, panteísmo
páthos, doença, sentimento:	patologia, simpatia

penta- (de **pente**, cinco): pentacampeão, pentágono
phagô, eu como: fagocitose, antropófago
phílos, amigo: filosofia, filantropia
phóbos, medo, aversão: hidrofobia, xenofobia
phoné, voz, som: telefone, cacofonia, afônico
phós, **photós**, luz: fotografia, fósforo
phytón, vegetal: fitotecnia, xerófito
plóutos, riqueza: plutocracia, plutocrata
pnéuma, **pnéumatos**, respiração, ar, sopro: pneumática, pneumático (pneu)
pnéumon, pulmão: pneumonia, pneumologia
pólis, cidade: política, metrópole
polýs, muito, numeroso: poliglota, polígono
pótamos, rio: potamografia, hipopótamo
pséudos, mentira, falsidade: pseudônimo, pseudotopázio
psyché, alma: psicologia, psicose
pterón, asa: coleóptero, helicóptero
pyr, **pyrós**, fogo: pirosfera, pirotécnico
rhéo, fluir, correr: reumatismo, diarreia
seismós, abalo, tremor: sismógrafo, sísmico
skopéo, ver, olhar: telescópio, microscópio
sóma, **sómatos**, corpo: somatologia, somático
sophós, sábio: filósofo, filosofia
stóma, **stómatos**, boca: estomatite, estomático
táxis, arranjo, classificação: sintaxe, taxidermista
téchne, arte, ofício: tecnologia, politécnica
téle, longe: televisão, telefone
théke, caixa: biblioteca, discoteca
theós, deus: teologia, teólogo
therapéia, tratamento: hidroterapia, fisioterapia
thermós, quente: térmico, termômetro
tópos, lugar: topônimo, topografia
tráuma, **tráumatos**, ferimento: trauma, traumatismo
týpos, marca, modelo, tipo: tipografia, protótipo
xýlon, madeira: xilogravura, xiloteca
zóon, animal: zoologia, zoológico

COLETIVOS DE SERES E OBJETOS

Eis os principais substantivos coletivos:
acervo – objetos, bens, obras de arte
álbum – de fotografias, selos

alcateia – de lobos, feras
antologia – de trechos de leitura
armada – de navios de guerra
arquipélago – de ilhas
assembleia – de parlamentares, membros de associações
atlas – de mapas reunidos em livro
bagagem – objetos de viagem
baixela – utensílios de mesa
banca – de examinadores
bando – de aves, crianças, etc.
batalhão – de soldados
biblioteca – de livros
boiada – de bois
cacho – de uvas, bananas, cabelos
cáfila – de camelos, de patifes
cambada – de vadios, malvados
cancioneiro – de canções
caravana – de peregrinos, excursionistas
cardume – de peixes, piranhas
chusma – de criados, populares
clientela – de clientes de médicos, advogados, etc.
código – de leis
colmeia – de cortiços de abelhas
concílio – de bispos em assembleia
conclave – de cardeais, de cientistas em assembleia
confraria – de pessoas religiosas
congregação – de religiosos, de professores
constelação – de estrelas
corja – de vadios, canalhas, malfeitores
década – período de dez anos
discoteca – de discos
elenco – de atores, artistas
enxame – de abelhas, insetos
enxoval – de roupas e adornos
fauna – de animais de uma região
feixe – de espigas, varas, canas, etc.
filmoteca – de filmes
flora – as plantas de uma região
fornada – de pães, tijolos, etc.
frota – de navios, ônibus
galeria – de quadros, estátuas
hemeroteca – de jornais, revistas
horda – de invasores, salteadores
hoste – de inimigos, soldados
irmandade – de membros de associações religiosas
junta – de dois bois, de médicos (**junta** médica)

júri – de jurados
legião – de soldados, anjos, demônios
leva – de recrutas, prisioneiros
malta – de ladrões, desordeiros, bandidos, capoeiras
manada – de bois, porcos, etc.
mapoteca – de mapas
maquinaria – de máquinas
matilha – de cães de caça
milênio – período de mil anos
miríade – infinidade de estrelas, insetos, etc.
molho – de chaves, capim, etc.
nuvem – de gafanhotos, mosquitos, etc.
penca – de frutos
pente – de balas de armas automáticas
pinacoteca – de quadros, telas
piquete – de soldados montados, grevistas
pomar – de árvores frutíferas
prole – os filhos de um casal
quadrilha – de ladrões, assaltantes
ramalhete – de flores
rebanho – de bois, ovelhas, carneiros, cabras, gado, reses
renque – de árvores, pessoas ou coisas enfileiradas
repertório – de peças teatrais ou músicas interpretadas por artistas
resma – quinhentas folhas de papel
réstia – de alhos, cebolas
revoada – de aves voando
século – período de cem anos
súcia – de velhacos, patifes, malandros
tertúlia – de amigos, intelectuais, em reunião
tríduo – período de três dias
triênio – período de três anos
tropilha – de cavalos
turma – de trabalhadores, alunos
vara – de porcos

ANEXOS
ADJETIVOS PÁTRIOS DOS ESTADOS BRASILEIROS E DE SUAS CAPITAIS

ESTADO	ADJETIVO PÁTRIO	CAPITAL	ADJETIVO PÁTRIO
BRASIL	BRASILEIRO	BRASÍLIA	BRASILIENSE
Acre (AC)	acreano ou acriano	Rio Branco	rio-branquense
Alagoas (AL)	alagoano	Maceió	maceioense
Amapá (AP)	amapaense	Macapá	macapaense
Amazonas (AM)	amazonense	Manaus	manauense, manauara
Bahia (BA)	baiano	Salvador	salvadorense, soteropolitano
Ceará (CE)	cearense	Fortaleza	fortalezense
Espírito Santo (ES)	espírito-santense, capixaba	Vitória	vitoriense
Goiás (GO)	goiano	Goiânia	goianiense
Maranhão (MA)	maranhense	São Luís	são-luisense, ludovicense
Mato Grosso (MT)	mato-grossense	Cuiabá	cuiabano
Mato Grosso do Sul (MS)	mato-grossense-do-sul, sul-mato-grossense	Campo Grande	campo-grandense
Minas Gerais (MG)	mineiro, montanhês	Belo Horizonte	belo-horizontino
Pará (PA)	paraense	Belém	belenense
Paraíba (PB)	paraibano	João Pessoa	pessoense
Paraná (PR)	paranaense	Curitiba	curitibano
Pernambuco (PE)	pernambucano	Recife	recifense
Piauí (PI)	piauiense	Teresina	teresinense
Rio de Janeiro (RJ)	fluminense	Rio de Janeiro	carioca
Rio Grande do Norte (RN)	rio-grandense-do-norte, norte-rio-grandense, potiguar	Natal	natalense
Rio Grande do Sul (RS)	rio-grandense-do-sul, sul-rio-grandense, gaúcho	Porto Alegre	porto-alegrense
Rondônia (RO)	rondoniense, rondoniano	Porto Velho	porto-velhense
Roraima (RR)	roraimense	Boa Vista	boa-vistense
Santa Catarina (SC)	catarinense, barriga-verde	Florianópolis	florianopolitano
São Paulo (SP)	paulista	São Paulo	paulistano
Sergipe (SE)	sergipano	Aracaju	aracajuano, aracajuense
Tocantins (TO)	tocantinense	Palmas	palmense

FORMAS DE TRATAMENTO

1. AUTORIDADES DE ESTADO

Civis	Por Escrito	Pessoalmente	Abrev.
Autoridades (presidente da República, senadores, ministros de Estado, embaixadores, cônsules, chefes das Casas Civis e Casas Militares, deputados e prefeitos)	Excelentíssimo Senhor	Vossa Excelência	V. Ex.ª
Vereadores	Senhor Vereador	Vossa Excelência	V. Ex.ª
Reitores de Universidade	Magnífico Reitor	Vossa Magnificência	V. M.
Diretores de Autarquias Federais, Estaduais e Municipais	Senhor Diretor	Vossa Senhoria	V. S.ª

Judiciárias	Por Escrito	Pessoalmente	Abrev.
Desembargadores da Justiça, curadores e promotores	Excelentíssimo Senhor	Vossa Excelência	V. Ex.ª
Juízes de Direito	Excelentíssimo Senhor	Meritíssimo Juiz	M. Juiz
Militares			
Oficiais Generais (até coronéis)	Excelentíssimo Senhor	Vossa Excelência	V. Ex.ª
Outras patentes militares	Senhor...	Vossa Senhoria	V. S.ª

2. AUTORIDADES ECLESIÁSTICAS

	Por Escrito	Pessoalmente	Abrev.
Papa	Santíssimo Padre	Vossa Santidade	V. S.
Cardeais	Eminentíssimo Senhor	Vossa Eminência Reverendíssima	V. Em.ª Revm.ª

Arcebispos e Bispos	Reverendíssimo Senhor	Vossa Excelência Reverendíssima	V. Ex.ª Revm.ª
Abades, superiores de conventos, outras autoridades eclesiásticas e sacerdotes em geral	Reverendíssimo Senhor	Vossa Reverendíssima	V. Revm.ª

3. AUTORIDADES MONÁRQUICAS

	Por Escrito	Pessoalmente	Abrev.
Reis e Imperadores	Sua Majestade Real Sua Majestade Imperial	Vossa Majestade	V. M.
Príncipes	Sua Alteza Imperial Sua Alteza Real Sua Alteza Sereníssima	Vossa Alteza	V. A.

4. OUTROS TÍTULOS

	Por Escrito	Pessoalmente	Abrev.
Dom	Digníssimo Dom	Vossa Senhoria	V. S.ª
Doutor	Senhor Doutor	Doutor	Dr.
Comendador	Senhor Comendador	Comendador	Com.
Professor	Senhor Professor	Professor	Prof.

Expressões Latinas			
Ad hoc	para o caso	*Idem*	igualmente, o mesmo
Ad judicia	para o juízo	*In*	em citações extraídas de obras coletivas
Ad libitum	não é obrigatório		
Ad referendum	que depende da aprovação do outro	*In extremis* *In loco*	no fim, à hora da morte no próprio local
A posteriori	depois, em consequência do que foi exposto	*Ipsis literis* *Ipsis verbis*	literalmente com as mesmas palavras
A priori	antes, anterior à exposição	*Lato sensu*	no sentido amplo
Bis in idem	incidência de um mesmo contribuinte ou sobre matéria já tributada	*Modus vivendi* *Mutatis mutandis*	modo de viver mudado ou que deve ser mudado

Carpe diem	aproveite o dia	*Opus citatum*	abreviatura: Op. Cit. na obra citada
Causa mortis	causa da morte		
Curriculum vitae	conjunto de dados sobre a vida de alguém	*Post scriptum*	abreviatura: P.S. depois do escrito
De facto	de fato	*Quorum*	número mínimo para funcionamento de colegiado
De jure	de direito		
Dura lex, sed lex	a lei é dura, mas é a lei	*Sic*	assim, deste modo (em transcrição literal)
Ex officio	em decorrência do cargo		
Ex voto	conforme voto, a promessa	*Sine die*	sem data estabelecida
Fac simile	reprodução exata do original	*Sub judice*	em julgamento, à espera de julgamento
Habeas corpus	garantia em favor de quem sofre ou está na iminência de sofrer coação ou violência em sua liberdade	*Sui generis*	especial, particular
		Versus	em oposição
Honoris causa	honra por causa de merecimento		
Ibidem	no mesmo lugar, o mesmo autor citado		

ABREVIATURAS, SIGLAS E SÍMBOLOS

1 **Abreviatura** é a representação escrita abreviada de uma palavra ou expressão. Exemplos:

R. (Rua), *Av.* (Avenida), *ed.* (edição), *loc. adv.* (locução adverbial).

Em geral, a abreviatura termina por consoante seguida de ponto final. Os símbolos científicos, porém, são grafados sem ponto e, no plural, sem s: m (metro ou metros), h (hora ou horas), 10h30min (dez horas e trinta minutos).

Mantêm-se os acentos nas abreviaturas. Exemplos:

Gên. (gênero), séc. (século).

2 **Sigla** é a abreviatura formada com as letras iniciais de nomes de entidades, associações, organismos administrativos, empresas, partidos políticos, etc.:

FAB (Força Aérea Brasileira), ONU (Organização das Nações Unidas).

Na prática, eliminam-se, modernamente, os pontos abreviativos nas siglas, cuja finalidade, aliás, é poupar tempo e espaço. Por serem práticas e cômodas, as siglas vão se multiplicando na língua de hoje, e até passam a funcionar como substantivos: o Senai, o CEP, a Funai, a TV, a Petrobras, a Vasp, etc.

As palavras radar e sonar, formadas com as letras ou sílabas iniciais de expressões inglesas, são outros exemplos de siglas convertidas em substantivos.

Há siglas que deram origem a outras palavras:

DDT – dedetizar; CLT – celetista.

3 Eis algumas abreviaturas, siglas e símbolos de uso mais frequente:

A

a = are(s)
ABI = Associação Brasileira de Imprensa
a.C. = antes de Cristo
AC = Acre (Estado do)
A/C = ao(s) cuidado(s)
AL = Alagoas (Estado de)
AM = Amazonas (Estado do)
apart. ou ap. (apartamento)
AP = Amapá (Estado do)
Au = ouro (lat. *aurum*)
Av. = Avenida

B

BA = Bahia (Estado da)
BCG = Bacilo de Calmette e Guérin (vacinação contra a tuberculose)
BID = Banco Interamericano de Desenvolvimento
Bird = Banco Internacional para Reconstrução e Desenvolvimento
BNDES = Banco Nacional de Desenvolvimento Econômico e Social
Bovespa = Bolsa de Valores do Estado de São Paulo
BR = Brasil

C

CAN = Correio Aéreo Nacional
CE = Ceará (Estado do)
CBF = Confederação Brasileira de Futebol
CEP = Código de Endereçamento Postal
cf. = confira ou confronte
Cia. = companhia
CLT = Consolidação das Leis Trabalhistas
cm = centímetro(s)
CNE = Conselho Nacional de Educação
CNI = Confederação Nacional da Indústria
CNPq = Conselho Nacional de Desenvolvimento Científico e Tecnológico
Cofins = Contribuição para Financiamento da Seguridade Social
CPF = Cadastro de Pessoas Físicas
CPI = Comissão Parlamentar de Inquérito
CPMF = Contribuição Permanente sobre Movimentação Financeira
CPU = *Central Processing Unit* (Unidade Central de Processamento)
cx. = caixa

D

D. = Dom, Dona
D.ª = Dona
DDD = Discagem Direta a Distância
DD. = digníssimo
Detran = Departamento Estadual de Trânsito
DF = Distrito Federal
Dm = decímetro(s)
DNA = *desoxyrubonucleic acid* (= ácido desoxirribonucleico)
DNER = Departamento Nacional de Estradas de Rodagem
Dr. = Doutor
Dr.ª ou Dra. = Doutora

E

ed. = edição
Embraer = Empresa Brasileira de Aeronáutica
ECT = Empresa Brasileira de Correios e Telégrafos
ES = Espírito Santo (Estado do)
etc. = *et cetera* (e as outras coisas)
EUA = Estados Unidos da América
Ex.mo = Excelentíssimo

F

FAB = Força Aérea Brasileira
Febem = Fundação do Bem-Estar do Menor
FGTS = Fundo de Garantia do Tempo de Serviço
Fifa = Federação Internacional das Associações de Futebol
Fipe = Fundação Instituto de Pesquisas Econômicas
FM = frequência modulada
FMI = Fundo Monetário Internacional
fl. = folha; fls. = folhas
Funai = Fundação Nacional do Índio
Fuvest = Fundação Universitária para o Vestibular

G

g = grama(s)
GMT = *Greenwich Meridian Time* (Hora do Meridiano de Greenwich)
GO = Goiás (Estado de)

H

h = hora(s)
ha = hectare(s)
HIV = *Human Immunodeficiency Virus* (vírus de imunodeficiência humana), agente causador da aids.
HPV = *Human Papilloma Virus* (papiloma vírus humano), agente causador de verrugas nos órgãos genitais. O papiloma vírus está relacionado com alguns tipos de câncer, especialmente o de colo de útero.
HP = *horse power* (cavalo-vapor)

I

Ib. = *ibidem* (no mesmo lugar)
Ibama = Instituto Brasileiro do Meio Ambiente e dos Recursos Naturais Renováveis
IBGE = Instituto Brasileiro de Geografia e Estatística
ICM = Imposto sobre Circulação de Mercadorias
ICMS = Imposto sobre Circulação de Mercadorias e Serviços
id. = *idem* (o mesmo)
IGP = Índice Geral dos Preços
IGP-M = Índice Geral dos Preços do Mercado
Il.^{ma} = ilustríssima
Il.^{mo} = Ilustríssimo
I.N.R.I. = *Iesus Nazarenus Rex Iudaeorum* (Jesus Nazareno, Rei dos Judeus)
INSS = Instituto Nacional de Seguro Social
IOF = Imposto sobre Operações Financeiras
IPC = Índice Nacional de Preços ao Consumidor
IPC-R = Índice Nacional de Preços ao Consumidor-Real
IPI = Imposto sobre Produtos Industrializados
IPTU = Imposto Predial e Territorial Urbano
IPVA = Imposto sobre Propriedade de Veículos Automotores
IR = Imposto de Renda
ir. = irmão, irmã

K

K = kalium (potássio)
kg = quilograma(s)
km = quilômetro(s)
km^2 = quilômetro(s) quadrado(s)
kW = quilowatt(s)

L

l = litro(s)
L. = Leste (ponto cardeal)
lat. = latitude, latim
lb. = libra(s)
long. = longitude
Lt.^{da} ou Ltda. = limitada

M

m = metro(s)
m^2 = metro(s) quadrado(s)
m^3 = metro(s) cúbico(s)
MA = Maranhão (Estado do)
MAM = Museu de Arte Moderna
MEC = Ministério da Educação
Mercosul = Mercado Comum do Sul. Bloco econômico formado por Brasil, Argentina, Uruguai e Paraguai.
Metrô = Companhia do Metropolitano
MG = Minas Gerais (Estado de)
mg = miligrama(s)
min = minuto(s)
ml = mililitro(s)
mm = milímetro(s)
MP = Medida Provisória
MPB = Música Popular Brasileira
MS = Mato Grosso do Sul (Estado de)
MST = Movimento dos Trabalhadores Rurais Sem Terra
MT = Mato Grosso (Estado de)
MW = megawatt(s)

N

N. = Norte
N.E. = Nordeste (ponto entre o Norte e o Leste)
n.º = número
N.O. = Noroeste
N.S.^{a} = Nossa Senhora

O

O. = Oeste
OAB = Ordem dos Advogados do Brasil
OEA = Organização dos Estados Americanos
O.k. = *oll korrect* por *all correct* (tudo certo). Tudo bem; tudo certo, tudo em ordem

OMS = Organização Mundial da Saúde
ONG = Organização Não Governamental
ONU = Organização das Nações Unidas
Opep = Organização dos Países Exportadores de Petróleo
Otan = Organização do Tratado do Atlântico Norte
OVNI = Objeto voador não identificado de origem extraterrestre, disco voador

P

pág. ou p. = (página; págs. = páginas)
PA = Pará (Estado do)
PABX = *Private Automatic Branch Exchange* (Troca Automática de Ramal Privado)
PB = Paraíba (Estado da)
PE = Pernambuco (Estado de)
Pe. = padre
Petrobras = Petróleo Brasileiro S.A.
PhD = (Classificador de nome humano) *Philosophical Doctor*. Usado para referir-se a quem obteve o título de doutor nos Estados Unidos
PI = Piauí (Estado do)
PIB = Produto Interno Bruto
PIS = Programa de Integração Social
PM = Polícia Militar
PNB = Produto Nacional Bruto
PR = Paraná (Estado do)
Proálcool = Programa Nacional do Álcool
Procon = Coordenadoria de Proteção e Defesa do Consumidor
Prof. = professor
Prof.ª ou Profa. = professora
P.S. = *post scriptum* (depois do escrito)
PVC = *polyvinyl chloride* (policloreto de vinila)

Q

QG = Quartel-general
ql = quilate(s)

R

R. = rua
Rem.te ou Remte. = remetente
Rev.mo ou Revmo. = Reverendíssimo
RG = Registro Geral
Rh = Rhesus (nome do macaco usado em experimentos científicos que resultaram na descoberta do fator Rh, de grande importância nas transfusões de sangue)
RH = Recursos Humanos
RJ = Rio de Janeiro (Estado do)
RN = Rio Grande do Norte (Estado do)
RO = Rondônia (Estado de)
RR = Roraima (Estado de)
RS = Rio Grande do Sul (Estado do)

S

s = segundo(s)
S. = São, Santo(a), Sul
S.A. = Sociedade Anônima
SBPC = Sociedade Brasileira para o Progresso da Ciência
SC = Santa Catarina (Estado de)
SE = Sergipe (Estado de)
séc. = século
Senac = Serviço Nacional de Aprendizagem Comercial
Senai = Serviço Nacional de Aprendizagem Industrial
Sesc = Serviço Social do Comércio
Sesi = Serviço Social da Indústria
Sivam = Sistema de Vigilância da Amazônia
S.O. = Sudoeste
S.O.S. = *save our souls* (salvai nossas almas: pedido de socorro enviado por navios e aviões)
SP = São Paulo (Estado de)
SPC = Serviço de Proteção ao Crédito
Sr. = Senhor; Srs. = Senhores
Sr.ª ou Sra. = Senhora; Sr.as = Senhoras
Sr.ta ou Srta. = Senhorita
STF = Supremo Tribunal Federal
STJ = Superior Tribunal de Justiça
STM = Superior Tribunal Militar
Sucen = Superintendência de Controle de Endemias
SUS = Sistema Único de Saúde

T

t = tonelada(s)
TBC = Teatro Brasileiro de Comédia
TC = Tribunal de Contas
tel. = telefone, telegrama
TJ = Tribunal de Justiça
TO = Tocantins (Estado do)
TRE = Tribunal Regional Eleitoral
TRF = Tribunal Regional Federal
TSE = Tribunal Superior Eleitoral

TST = Tribunal Superior do Trabalho
TV = televisão

U

UE = União Europeia
UNE = União Nacional dos Estudantes
Unesco = *United Nations Educational Scientific and Cultural Organization* (= Organização Educacional, Científica e Cultural das Nações Unidas)
Unicef = Fundo das Nações Unidas para a Infância

V

v = volt(s)
V.S.ª = Vossa Senhoria
V.S.ᵃˢ = Vossas Senhorias
V. Ex.ª = Vossa Excelência
v. g. = *verbi gratia* (por exemplo)

W

W = watt(s)
W.C. = *water-closet* (banheiro, sanitário)
www = *World Wide Web* (teia de alcance mundial)

SISTEMA INTERNACIONAL DE MEDIDAS

UNIDADES FUNDAMENTAIS		
GRANDEZA	**UNIDADE**	**SÍMBOLO**
Ângulo plano	radiano	rad
Ângulo sólido	esferorradiano	r
Comprimento	metro	m
Corrente elétrica	ampère	A
Intensidade luminosa	candela	cd
Massa	quilograma	kg
Quantidade de matéria	mol	mol
Temperatura	grau kelvin	K
Tempo	segundo	s
PRINCIPAIS UNIDADES DERIVADAS		
GRANDEZA	**UNIDADE**	**SÍMBOLO E EQUIVALÊNCIA**
Aceleração	metro por segundo por segundo	m/s²
Aceleração angular	radiano por segundo por segundo	rad/s²
Área	metro quadrado	m²
Atividade radioativa	bequerel	Bq
Calor específico	joule por quilograma por kelvin	J/kg.K
Capacidade térmica	joule por kelvin	J/K
Capacitância	farad	C/V
Carga elétrica	coulomb	C = A.s
Condutância	siemens	S = A/V
Condutividade	siemens por metro	S/m
Condutividade térmica	watt por metro por kelvin	W/m.K
Convergência	dioptria	1/m

Densidade	quilograma por metro cúbico	kg/m³
Eficiência luminosa	lúmen por watt	m/W
Energia	joule	J = N.m
Exposição luminosa	lux.segundo	lx.s
Exposição radioativa	coulomb por quilograma	C/kg
Fluxo luminoso	lúmen	lm = cd.sr
Fluxo magnético	weber	Wb = V.s
Força	newton	N = kg.m/s²
Frequência	hertz	s⁻¹
Iluminância	lux	lx = lm/m²
Indução magnética	tesla	T = Wb/m²
Indutância	henry	H = V/A.s
Intensidade de campo elétrico	volt por metro	V/m
Intensidade de campo magnético	ampère por metro	A/m
Irradiância	watt por metro quadrado	W/m²
Luminância	candela por metro quadrado	cd/m²
Potência	watt	W = J/s
Pressão	pascal	Pa = N/m²
Radiação ou energia absorvida	gray	Gy = J/kg
Resistência elétrica	ohm	Ω = V/A
Tensão elétrica	volt	V = W/A
Velocidade angular	radiano por segundo	rad/s
Velocidade linear	metro por segundo	m/s
Volume	metro cúbico	m³

CONTINENTES, PAÍSES E CAPITAIS

África		
País	Capital	Área (km²)
África do Sul	Pretória	1.223.201
Angola	Luanda	1.246.700
Argélia	Argel	2.381.741
Benin	Porto Novo	112.680
Botsuana	Gaborone	581.730
Burquina Fasso	Uagadugu	274.400
Burundi	Bujumbura	25.949
Cabo Verde	Praia	4.033
Camarões	Iaundê	475.442

País	Capital	Área (km^2)
Centro-Africana, Rep.	Bangui	622.436
Comores, Ilhas	Moroni	1.862
Congo	Brazzaville	342.000
Congo, Rep. Dem. do	Kinshasa	2.344.858
Costa do Marfim	Yamoussoukro	320.763
Djibuti	Djibuti	23.200
Egito	Cairo	997.739
Eritreia	Asmará	117.400
Etiópia	Adis-Abeba	1.133.882
Gabão	Libreville	267.667
Gâmbia	Banjul	10.689
Gana	Acra	238.533
Guiné	Conacri	245.857
Guiné-Bissau	Bissau	36.125
Guiné-Equatorial	Malabo	28.051
Lesoto	Maseru	30.355
Libéria	Monróvia	99.067
Líbia	Trípoli	1.757.000
Madagascar	Antananarivo	587.041
Malaui	Lilongwe	94.276
Mali	Bamako	1.248.574
Maurício, Ilhas	Port Louis	2.040
Mauritânia	Nuakchott	1.030.700
Namíbia	Windhoek	825.118
Níger	Niamey	1.186.408
Nigéria	Abuja	923.768
Quênia	Nairóbi	632.022
Ruanda	Kigali	25.271
São Tomé e Príncipe	São Tomé	1.001
Senegal	Dakar	196.712
Serra Leoa	Freetown	71.740
Seicheles	Vitória	455
Somália	Mogadíscio	637.000
Suazilândia	Mbabane	17.364
Sudão	Khartum	2.503.890
Tanzânia	Dodoma	942.799
Tchad	N'Djamena	1.284.000
Togo	Lomé	56.785
Tunísia	Túnis	164.150
Uganda	Kampala	197.040
Zâmbia	Lusaka	752.614
Zimbábue	Harare	390.757

País	Capital	Área (km^2)
América Central		
Antígua e Barbuda	Saint John's	442
Bahamas	Nassau	13.939
Barbados	Bridgetown	430
Belize	Belmopan	22.965
Bermudas	Hamilton	54
Costa Rica	San José	51.100
Cuba	Havana	110.861
Dominica	Roseau	750
Dominicana, República	Santo Domingo	48.443
El Salvador	San Salvador	21.041
Granada	St. George's	344
Guatemala	Cid. de Guatemala	108.889
Haiti	Porto Príncipe	27.700
Honduras	Tegucigalpa	112.088
Jamaica	Kingston	10.991
Nicarágua	Manágua	131.670
Panamá	Cid. do Panamá	75.517
Porto Rico	San Juan	3.522.037
Santa Lúcia	Castries	617
São Cristóvão e Névis	Basseterre	269
São Vicente e Granadinas	Kingstown	389
Trinidad e Tobago	Port of Spain	5.128.40
América do Norte		
Canadá	Ottawa	9.970.610
Estados Unidos da América	Washington	9.529.063
México	Cid. do México	1.958.201
América do Sul		
Argentina	Buenos Aires	2.780.400
Bolívia	La Paz	1.096.581
Brasil	Brasília	8.511.965
Chile	Santiago	756.626
Colômbia	Santa Fé de Bogotá	1.141.748
Equador	Quito	272.045
Guiana	Georgetown	215.083
Guiana Francesa	Caiena	91.000
Paraguai	Assunção	406.752
Peru	Lima	1.285.216
Suriname	Paramaribo	163.820
Uruguai	Montevidéu	175.016
Venezuela	Caracas	912.050

Ásia

País	Capital	Área (km^2)
Afeganistão	Cabul	652.225
Arábia Saudita	Riyad	2.240.000
Armênia	Yerevan	29.800
Bahrein	Manama	694
Bangladesh	Dhaka	148.393
Brunei	Bandar Seri Begawan	5.765
Butão	Thimphu	47.000
Camboja	Phnom Penh	176.238
Cazaquistão	Akmola	2.717.300
China	Pequim	9.572.900
Cingapura	Cingapura	641
Coreia do Norte	Pyongyang	122.762
Coreia do Sul	Seul	99.274
Emirados Árabes Unidos	Abu Dhabi	83.600
Filipinas	Manila	300.076
Formosa (Taiwan)	Taipei	36.179
Iêmen	Sanaa	472.099
Índia	Nova Délhi	3.165.596
Indonésia	Jacarta	1.919.317
Irã	Teerã	1.633.189
Iraque	Bagdá	435.052
Israel	Jerusalém	6.199
Japão	Tóquio	377.835
Jordânia	Amman	88.946
Kuwait	Cidade do Kuwait	17.818
Laos	Vientiane	236.800
Líbano	Beirute	10.230
Malásia	Kuala Lumpur	329.758
Maldivas	Male	298
Mongólia	Ulan Bator	1.566.500
Myanmar	Yangun	676.577
Nepal	Katmandu	147.181
Omã	Mascate	306.000
Paquistão	Islamabad	790.095
Qatar	Doha	11.427
Quirguistão	Bishkek	198.500
Rússia[1]	Moscou	17.075.400
Síria	Damasco	185.180
Sri Lanka	Colombo	65.610
Tadjiquistão	Dushanbe	143.100

País	Capital	Área (km^2)
Tailândia	Bangcoc	513.115
Timor Leste	Dili	15.007
Turcomenistão	Ashkhabad	488.100
Turquia[2]	Ankara	779.452
Uzbequistão	Tashkent	447.400
Vietnã	Hanói	331.041

Europa		
País	Capital	Área (km^2)
Albânia	Tirana	28.748
Alemanha	Berlim	356.733
Andorra	Andorra la Vella	468
Áustria	Viena	83.859
Azerbaidjão	Baku	86.600
Bélgica	Bruxelas	30.518
Bielorrússia	Minsk	207.600
Bósnia-Herzegovina	Sarajevo	51.129
Bulgária	Sófia	110.994
Chipre	Nicósia	9.251
Croácia	Zagreb	56.538
Dinamarca	Copenhague	43.094
Eslováquia	Bratislava	49.036
Eslovênia	Liubliana	20.256
Espanha	Madri	504.750
Estônia	Tallinn	45.227
Finlândia	Helsinki	304.593
França	Paris	543.965
Geórgia	Tbilisi	69.700
Grécia	Atenas	131.957
Hungria	Budapeste	93.033
Irlanda	Dublin	68.895
Islândia	Reykjavík	102.819
Itália	Roma	301.277
Letônia	Riga	64.610
Liechtenstein	Vaduz	160
Lituânia	Vilna	65.310
Luxemburgo	Luxemburgo	2.586
Macedônia	Skopje	25.713
Malta	Valletta	316
Moldávia	Chisinau	33.700

País	Capital	Área (km^2)
Mônaco	Mônaco	2
Noruega	Oslo	323.878
Países Baixos[3]	Amsterdã	41.526
Polônia	Varsóvia	312.685
Portugal	Lisboa	91.831
Reino Unido[4]	Londres	244.110
Romênia	Bucareste	237.500
San Marino	San Marino	61
Sérvia e Montenegro[5]	Belgrado	102.173
Suécia	Estocolmo	410.929
Suíça	Berna	41.284
Tcheca, República	Praga	18.864
Ucrânia	Kiev	603.700
Vaticano	Cidade do Vaticano	0,44

Oceania

País	Capital	Área (km^2)
Austrália	Canberra	7.682.300
Fiji	Suva	18.274
Kiribati	Bairiki	811
Marshall, Ilhas	Majuro	181
Micronésia, Est. Fed. da	Palikir	701
Nauru	Yaren	21,2
Nova Zelândia	Wellington	270.534
Palau	Koror	487
Papua-Nova Guiné	Port Moresby	462.840
Salomão, Ilhas	Honiara	28.370
Samoa Ocidental	Ápia	2.831
Tonga	Nuku 'alofa	750
Tuvalu	Fongafale	24
Vanuatu	Porto-Vila	12.190

[1] Parte do território russo encontra-se na Europa.
[2] Há uma pequena parte do território turco que pertence ao continente europeu.
[3] Nome oficial da Holanda.
[4] Inclui Escócia, Inglaterra, Irlanda do Norte e País de Gales.
[5] Antiga Iugoslávia.

BRASIL
DIVISÃO POLÍTICA

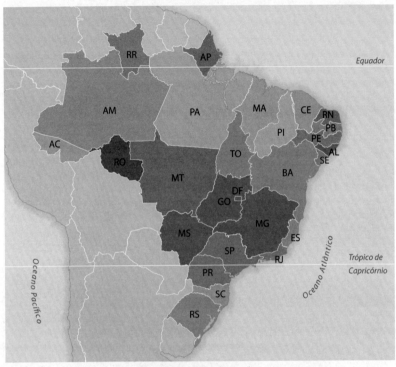

DF - Distrito Federal - Brasília

Sigla	Estado	Capital
AC	Acre	Rio Branco
AL	Alagoas	Maceió
AM	Amazonas	Manaus
AP	Amapá	Macapá
BA	Bahia	Salvador
CE	Ceará	Fortaleza
ES	Espírito Santo	Vitória
GO	Goiás	Goiânia
MA	Maranhão	São Luís
MG	Minas Gerais	Belo Horizonte
MS	Mato Grosso do Sul	Campo Grande
MT	Mato Grosso	Cuiabá
PA	Pará	Belém
PB	Paraíba	João Pessoa
PE	Pernambuco	Recife
PI	Piauí	Teresina
PR	Paraná	Curitiba
RJ	Rio de Janeiro	Rio de Janeiro
RN	Rio Grande do Norte	Natal
RO	Rondônia	Porto Velho
RR	Roraima	Boa Vista
RS	Rio Grande do Sul	Porto Alegre
SE	Sergipe	Aracaju
SC	Santa Catarina	Florianópolis
SP	São Paulo	São Paulo
TO	Tocantins	Palmas

Fonte IBGE

BRASIL
GRANDES RIOS

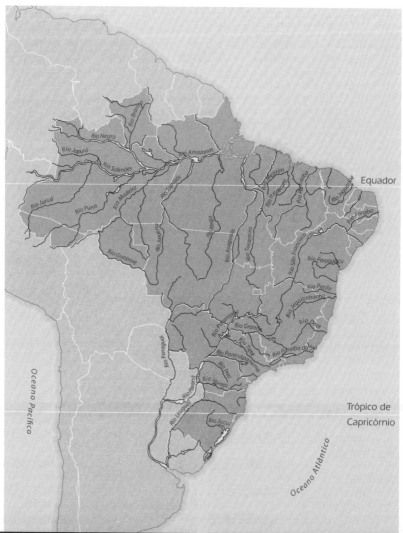

Rio	Extensão (km)
Amazonas	6.868
Paraná	4.200
Purus	3.300
Madeira	3.200
Juru	2.782

Rio	Extensão (km)
São Francisco	2.614
Paraguai	2.477
Tocantins	2416
Xingu	2.266
Japurá	1.945

Fonte IBGE

BRASIL
DIVISÃO REGIONAL

Fonte IBGE

BRASIL
REGIÃO NORTE

★ capitais
● principais cidades

Fonte IBGE

BRASIL
REGIÃO NORDESTE

Fonte IBGE

BRASIL
REGIÃO SUDESTE

★ capitais
○ principais cidades

Fonte IBGE

BRASIL
REGIÃO SUL

★ capitais   ● principais cidades

Fonte IBGE

BRASIL
REGIÃO CENTRO-OESTE

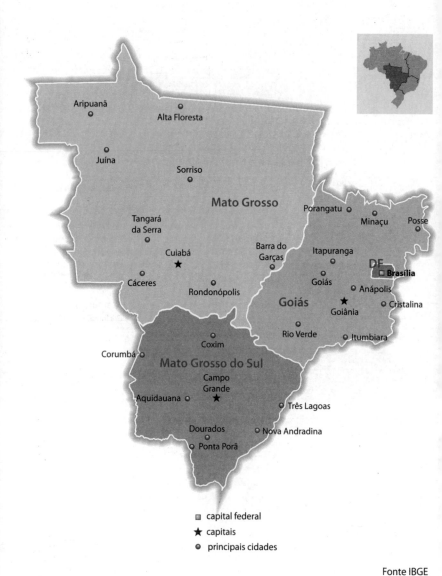

Fonte IBGE